Sehen · Staunen · Wissen

DAS VISUELLE LEXIKON

ÄUSSERE MERKMALE EINES SCHMETTERLINGS

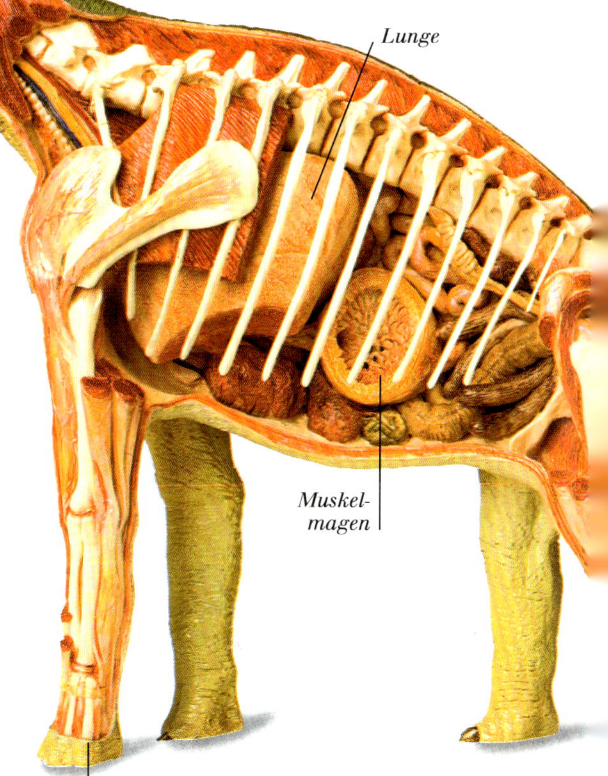

ANATOMIE EINES BRACHIOSAURUS

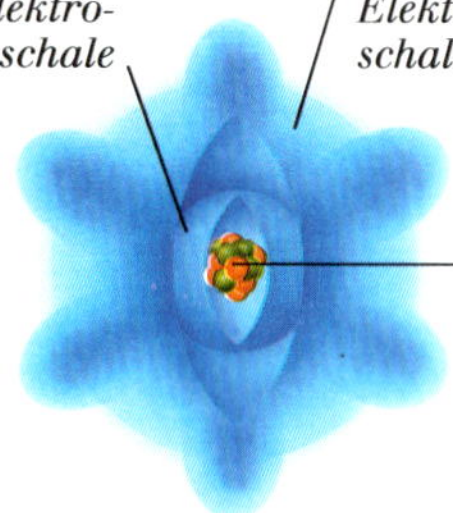

AUFBAU EINES FLUOR-ATOMS

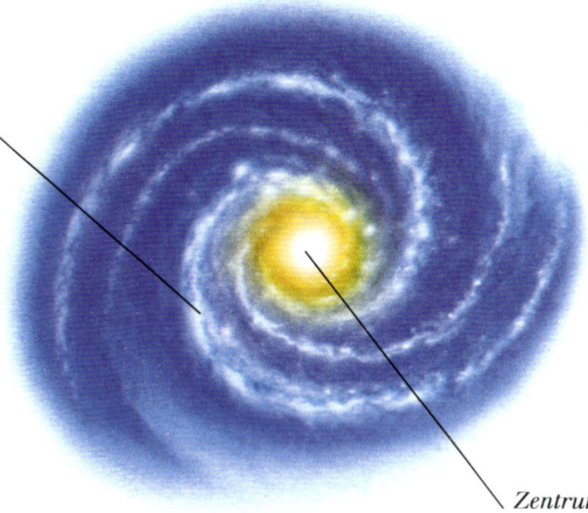

AUFSICHT AUF UNSERE GALAXIS

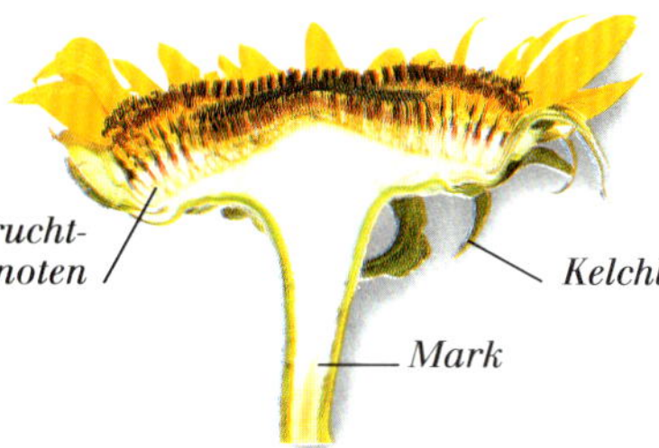

LÄNGSSCHNITT DURCH DEN BLÜTENSTAND EINER SONNENBLUME

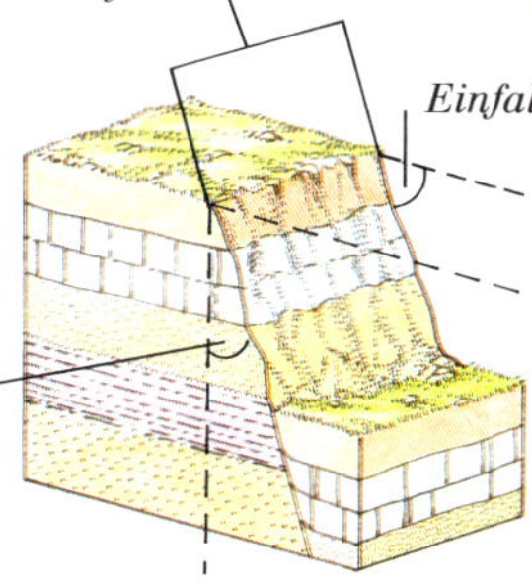

GEOMETRIE EINER VERWERFUNG

VELOCETTE-OHV-MOTOR

MOSCHEEMOSAIK

Sehen · Staunen · Wissen

DAS VISUELLE LEXIKON

736 Seiten, 6 000 Abbildungen, 20 000 Begriffe

BUG EINES 74-KANONEN-SCHIFFES

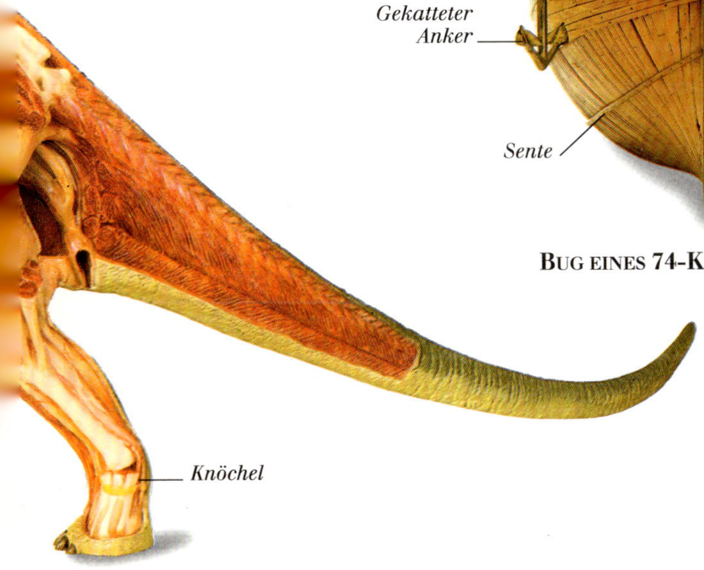

Gerstenberg Verlag

Die Deutsche Bibliothek – CIP-Einheitsaufnahme

Das visuelle Lexikon : 20000 Begriffe / [Red.: Luisa Caruso ...
Lektorat und Bearb. von Margot Wilhelmi. Aus dem Engl.
übers. von Margot Wilhelmi ...]. –
Erw. Neuausg. – Hildesheim : Gerstenberg, 1997
(Sehen, Staunen, Wissen)
Einheitssacht.: Ultimate visual dictionary <dt.>
ISBN 3-8067-4488-2

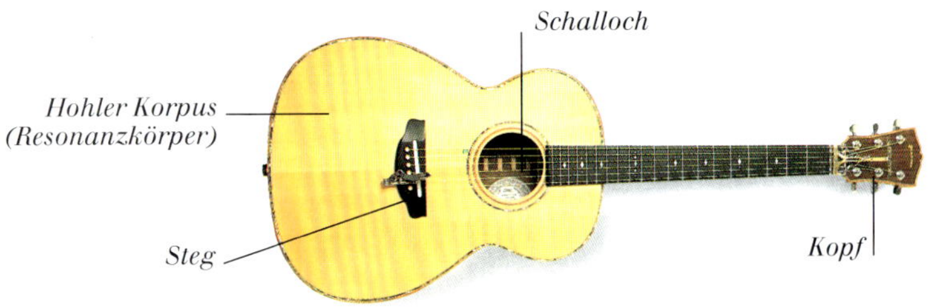

AKUSTISCHE GITARRE

Erweiterte Neuausgabe, 1997
Ein Dorling-Kindersley-Buch
Originaltitel: Dorling Kindersley: Ultimate Visual Dictionary

Redaktion: Luisa Caruso, Jo Evans, Peter Jones, Jane Mason,
Sean Moore, Geoffrey Stalker, Roger Tritton
Layout und Gestaltung: Zirrinia Austin, Toni Kay, Heather McCarry,
Simon Murrell, Johnny Pau, Chris Walker, Kevin Williams
Bildredaktion: Charlotte Bush
Herstellung: Hilary Stephens
Anatomische und botanische Modelle: Somso-Modelle, Coburg
Lektorat und Bearbeitung der deutschsprachigen Ausgabe
von Margot Wilhelmi, Sulingen
Aus dem Englischen wurden folgende Kapitel übersetzt
von Margot Wilhelmi: *Das Universum (S. 54–59),*
Erdgeschichte (S. 70–75, 82–93, 110–115),
Physik und Chemie, Die bildenden Künste,
Dinge des täglichen Lebens, Musik; von Paul Harrison: *Schiene*
und Straße (S. 334–343, 368–377); von Werner Roller: *Sport.*

Zweisprachiges Register von Margot Wilhelmi.

Satz: Gerstenberg Druck GmbH, Hildesheim
Printed in Spain
ISBN 3-8067-4488-2

98 99 01 02 5 4 3 2

ÄUSSERE MERKMALE EINER SPINNE

ARV-SUPER 2-SPORTFLUGZEUG

INHALT

EINFÜHRUNG 6

DAS UNIVERSUM 8

ERDGESCHICHTE 60

PFLANZEN 116

TIERE 170

DER MENSCHLICHE KÖRPER 218

DIE ERDE 272

PHYSIK UND CHEMIE 314

SCHIENE UND STRASSE 332

SEE UND LUFT 378

DIE BILDENDEN KÜNSTE 432

ARCHITEKTUR 460

MUSIK 504

SPORT 526

DINGE DES TÄGLICHEN LEBENS 556

ANHANG: DATEN 588

REGISTER 590

DEUTSCH-ENGLISCH 590

ENGLISCH-DEUTSCH 668

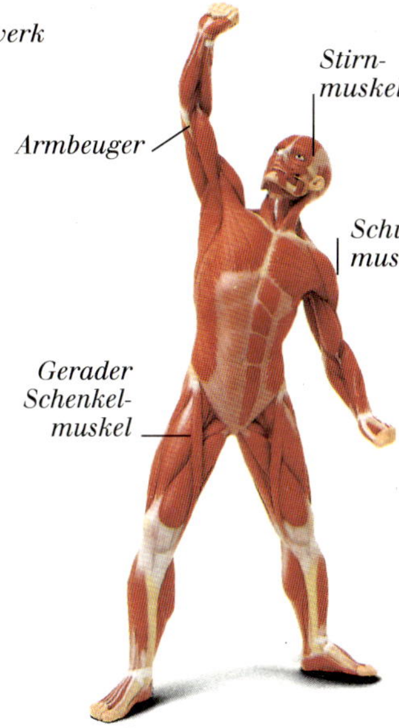

OBERFLÄCHLICHE SKELETTMUSKULATUR

FÜLLFEDERHALTER UND TINTE

TEMPEL DER VESTA, TIVOLI, ITALIEN, CA. 80 V.CHR.

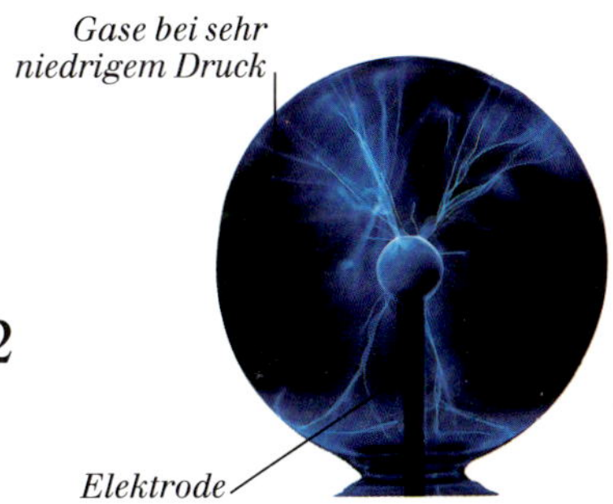

KUGEL MIT EXTREM HEISSEM GAS (PLASMA)

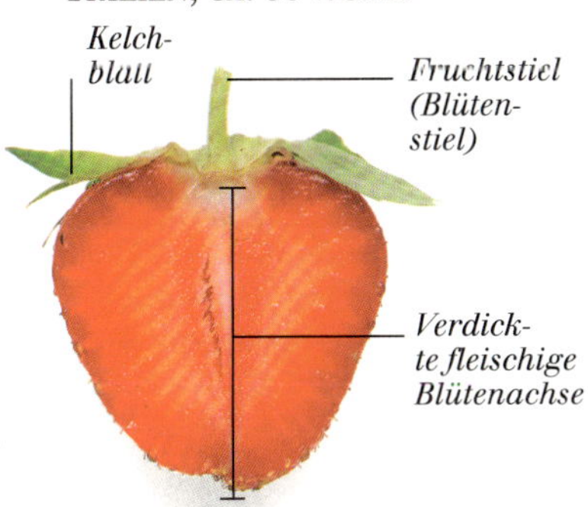

LÄNGSSCHNITT DURCH EINE ERDBEERE

ONYX

Einführung

„Ein Bild sagt mehr als tausend Worte" lautet eine alte chinesische Weisheit. Das Visuelle Lexikon setzt diese Weisheit um. Dieses ganz neuartige Nachschlagewerk verbindet Worte und Bilder ganz anders, als man es von einem Lexikon gewohnt ist. Die meisten Lexika erklären mit Worten, was ein anderes Wort bedeutet. Das Visuelle Lexikon zeigt die Bedeutung eines Wortes am Bild. Man braucht keine langen Definitionen zu lesen. Auf einen Blick läßt sich erkennen, was ein Wort bedeutet und worauf es sich bezieht. Gleichzeitig erklärt Das Visuelle Lexikon nicht nur Wörter, sondern auch die unterschiedlichsten Gegenstände anhand ausführlich beschrifteter Bilder. Es ist somit ein doppelt hilfreiches Nachschlagewerk.

Wie benutzt man *Das Visuelle Lexikon?*
Der Umgang mit dem *Visuellen Lexikon* ist ganz einfach. Es ist nicht alphabetisch geordnet, sondern nach Sachgebieten in 14 Kapitel aufgeteilt – Das Universum, Erdgeschichte, Pflanzen, Tiere, Der menschliche Körper usw. Jedem Kapitel ist ein Inhaltsverzeichnis vorangestellt, das die großen Themenbereiche innerhalb eines Sachgebiets auflistet. So findet man z.B. im Kapitel Die bildenden Künste die Themengebiete *Zeichnen, Tempera, Fresko, Ölfarben, Aquarell, Pastell, Acrylfarben, Kalligraphie, Druck, Mosaik* und *Bildhauerei.* In einem Einführungstext wird jedes Themengebiet kurz umrissen, die Abbildungen werden in einen allgemeineren Zusammenhang gestellt.

Wenn man weiß, wie etwas aussieht, aber nicht, wie es heißt, muß man nur den Hinweisstrich von der Abbildung zur entsprechenden Bezeichnung verfolgen. Will man dagegen wissen, was mit einem Wort gemeint ist, schlägt man im Register nach, auf welcher Seite das Wort mit der dazugehörigen Abbildung zu finden ist.

Will man z.B. wissen, wie die alten Römer oder Griechen den Steuermann eines Schiffes nannten, so sieht man nach unter *Schiffe der Griechen und Römer* und findet „Kubernetes" als Bezeichnung bei den Griechen, „Gubernator" bei den Römern. Gleichzeitig kann man erfahren, daß die Ruder, die der Steuermann bediente, bei den Griechen „Pedalia" und bei den Römern „Gubernacula" hießen und wo am Schiff sie angebracht waren.

Möchte man wissen, wie z.B. ein Katalysator aussieht, so sind die meisten üblichen Lexika nicht besonders hilfreich. Sie erläutern, was ein Katalysator ist und wo er Anwendung findet, doch wie er aussieht und woraus er besteht, wissen wir immer noch nicht. Schlägt man dagegen „Katalysator" im Register des *Visuellen Lexikons* nach, wird man auf Seite 354 verwiesen (*Moderne Motoren*). Der Eingangstext stellt u.a. den Katalysator und seine Verwendung vor. Außerdem verweist das Register auf Seite 360. Hier sind die mechanischen Bauteile eines Renault Clio zu sehen. Man erfährt, wie ein Katalysator aussieht und wo am Auto er sich befindet. Wofür man auch einen Namen oder ein Bild sucht, mit dem *Visuellen Lexikon* findet man die Antwort schnell und einfach: Wie sieht das Sternbild des Orion aus, und wie heißen die Sterne in diesem Sternbild? Was ist eine Seegurke? Haben Vögel Nasenlöcher? Mit dem *Visuellen Lexikon* sind die Antworten auf diese Fragen und viele, viele mehr leicht zu finden. Mit dem zweisprachigen Register, deutsch-englisch, englisch-deutsch, ist das visuelle Lexikon auch als Bildwörterbuch verwendbar.

Das Visuelle Lexikon bezeichnet nicht nur einfach die einzelnen Teile eines Gegenstandes. Sie sind zudem noch so fotografiert und angeordnet, daß erkennbar wird, wie die Teile zusammengehören und zusammenarbeiten.

Das Visuelle Lexikon dient aber nicht nur zum gezielten Nachschlagen. Es lädt auch zum Stöbern und Blättern ein. Die über 6000 Farbfotos und farbigen Zeichnungen sind nicht nur zum Sehen und Staunen da, sie machen Lust auf Wissen. Die Texte führen ein in die Sprache der Astronomen und Architekten, der Musiker und Techniker, der Naturwissenschaftler und Sportler. So soll dieses Buch nicht die üblichen Lexika oder gar die großen Enzyklopädien ersetzen, sondern ergänzen und zum Nachschlagen und Wissenserwerb anregen.

Die Kapitel des Visuellen Lexikons

Die 14 Kapitel des *Visuellen Lexikons* umfassen insgesamt über 20 000 Begriffe aus einer Vielzahl von Themenbereichen.

•**Das Universum** bezeichnet nicht nur die Namen der Planeten unseres Sonnensystems und die Sternbilder am Abendhimmel, sondern informiert auch über Galaxien, Sternennebel, Kometen, Rote Riesen und Schwarze Löcher.

•Das Kapitel **Erdgeschichte** zeigt und beschreibt die Entwicklung unseres Planeten und seiner Lebewesen seit Anbeginn der Erde. Hier finden wir Fossilien, Modelle und Zeichnungen ausgestorbener Pflanzen- und Tierarten, unter ihnen natürlich auch die Dinosaurier.

•Das Kapitel **Pflanzen** stellt eine Vielzahl von bekannten und exotischen Arten vor. Mikroskopische Aufnahmen enthüllen dem bloßen Auge verborgene Einzelheiten wie die Oberflächenstruktur eines Pollenkorns oder den Feinbau von Stengeln, Blättern und Wurzeln.

•Bis ins kleinste Detail sind die Skelette, anatomischen Zeichnungen und die einzelnen Körperteile im Abschnitt **Tiere** bezeichnet. Eine Reise durch die Tierwelt vom Skelett des Badeschwamms bis zum Fuß des Känguruhs.

•Einblick in die Organe des Menschen vermittelt das Kapitel **Der menschliche Körper**. Lebensnahe dreidimensionale Modelle und hochmoderne Falschfarbenbilder mit einer detaillierten Beschriftung zeigen unser Innenleben.

•**Die Erde** beschreibt den Aufbau unseres Planeten und stellt die Erscheinungen vor, die die Erdoberfläche formen und bestimmen – wie Vulkane, Flüsse, Gletscher und Klima.

•Das Kapitel **Physik und Chemie** veranschaulicht das wissenschaftliche Weltbild vom Aufbau der Materie, zeigt, wie die Vielfalt der Stoffe geordnet werden kann, und erklärt die physikalischen Gesetze für alltägliche Phänomene wie Kraft, Licht, Elektrizität usw.

•**Schiene und Strasse** präsentiert die Verkehrsmittel für die Landwege: von der Dampfeisenbahn, über Auto und Fahrrad bis zum Motorrad.

•**See und Luft** erklärt den Aufbau von zivilen und militärischen, historischen und modernen Schiffen und Flugzeugen.

•**Die bildenden Künste** stellt das Handwerkszeug und die Materialien vor, die Maler, Bildhauer, Drucker und andere Künstler benötigen, und verdeutlicht an bekannten Werken verschiedene Techniken und ihre Wirkung.

•**Architektur** gibt anhand architektonischer Modellbeispiele einen Abriß der Bau- und Stilgeschichte und illustriert Dutzende von Gestaltelementen wie Säulen, Kuppeln und Bögen.

•**Musik** führt in Wort und Bild in Sprache und Schrift der Musik ein. Detailliert beschriftete Fotos erläutern Bau und Einordnung traditioneller Blechblas-, Holzblas-, Saiten- und Schlaginstrumente sowie moderner elektronischer Instrumente.

•Das Kapitel **Sport** erläutert bekannte und beliebte Sportarten, die dazugehörige Ausrüstung, die Spielregeln, Spielfelder und Spieltechniken.

•**Dinge des täglichen Lebens** gewährt im wahrsten Sinne des Wortes Einblicke in Gegenstände, mit denen wir täglich zu tun haben. Schuhe, Uhren, Toaster und vieles mehr ist bis ins letzte Detail, bis zum letzten Faden und zur letzten Schraube, dargestellt und bezeichnet.

Das Universum

Das Universum 10
Galaxien 12
Die Milchstrasse 14
Nebel und Sternhaufen 16
Sterne am Nordhimmel 18
Sterne am Südhimmel 20
Sterne 22
Kleine Sterne 24
Massereiche Sterne 26
Neutronensterne und Schwarze Löcher . 28
Das Sonnensystem 30
Die Sonne 32
Merkur 34
Venus 36
Die Erde 38
Der Mond 40
Mars 42
Jupiter 44
Saturn 46
Uranus 48
Neptun und Pluto 50
Asteroiden, Kometen und Meteroiden ... 52
Die Beobachtung des Weltraums 54
Bemannte Raumfahrt 56
Monderforschung 58

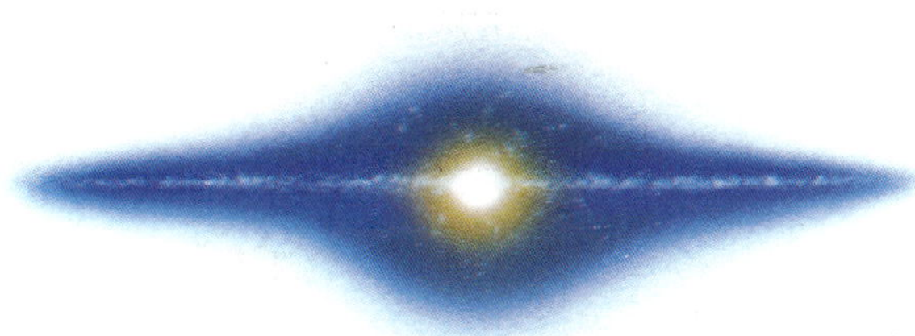

Das Universum

Niemand weiß, wie groß das Universum ist, aber Astronomen schätzen, daß es etwa 100 Milliarden Galaxien enthält, von denen jede durchschnittlich aus 100 Milliarden Sternen besteht. Die von den meisten Wissenschaftlern akzeptierte Theorie über die Entstehung des Universums ist die Urknalltheorie, nach der das Universum vor etwa 10 bis 20 Milliarden Jahren bei einer gewaltigen Explosion – dem Urknall – entstanden ist. Das Universum bestand zunächst aus einem sehr heißen, dichten Feuerball aus Gas, der sich ausdehnte und dabei abkühlte. Nach etwa einer Million Jahren kondensierte das Gas allmählich, so daß Klumpen entstanden, die sogenannten Protogalaxien. Während der nun folgenden fünf Milliarden Jahre kondensierten die Protogalaxien immer weiter und bildeten Galaxien, in denen Sterne entstanden. Heute, viele Milliarden Jahre danach, dehnt sich das gesamte Universum immer noch aus, obwohl die Schwerkraft Gegenstände in manchen Gebieten zusammenhält, so treten beispielsweise viele Galaxien in Haufen auf. Bestätigt wird die Urknalltheorie auch durch die Entdeckung einer schwachen, „kalten" Hintergrundstrahlung, die uns gleichmäßig aus allen Richtungen erreicht. Man vermutet, daß es sich bei dieser Strahlung um einen Rest der Strahlung handelt, die beim Urknall freigesetzt wurde. Geringfügige Unregelmäßigkeiten in der Temperatur der kosmischen Hintergrundstrahlung weisen möglicherweise auf kleine Schwankungen in der Dichte des frühen Universums hin, die zu der Entstehung der Galaxien führten. Astronomen wissen zur Zeit noch nicht, ob das Universum in sich „geschlossen" ist, was bedeuten würde, daß es irgendwann einmal aufhört, sich auszudehnen, und anfängt, sich wieder zusammenzuziehen, oder ob es „offen" ist, sich also ständig weiter ausdehnt.

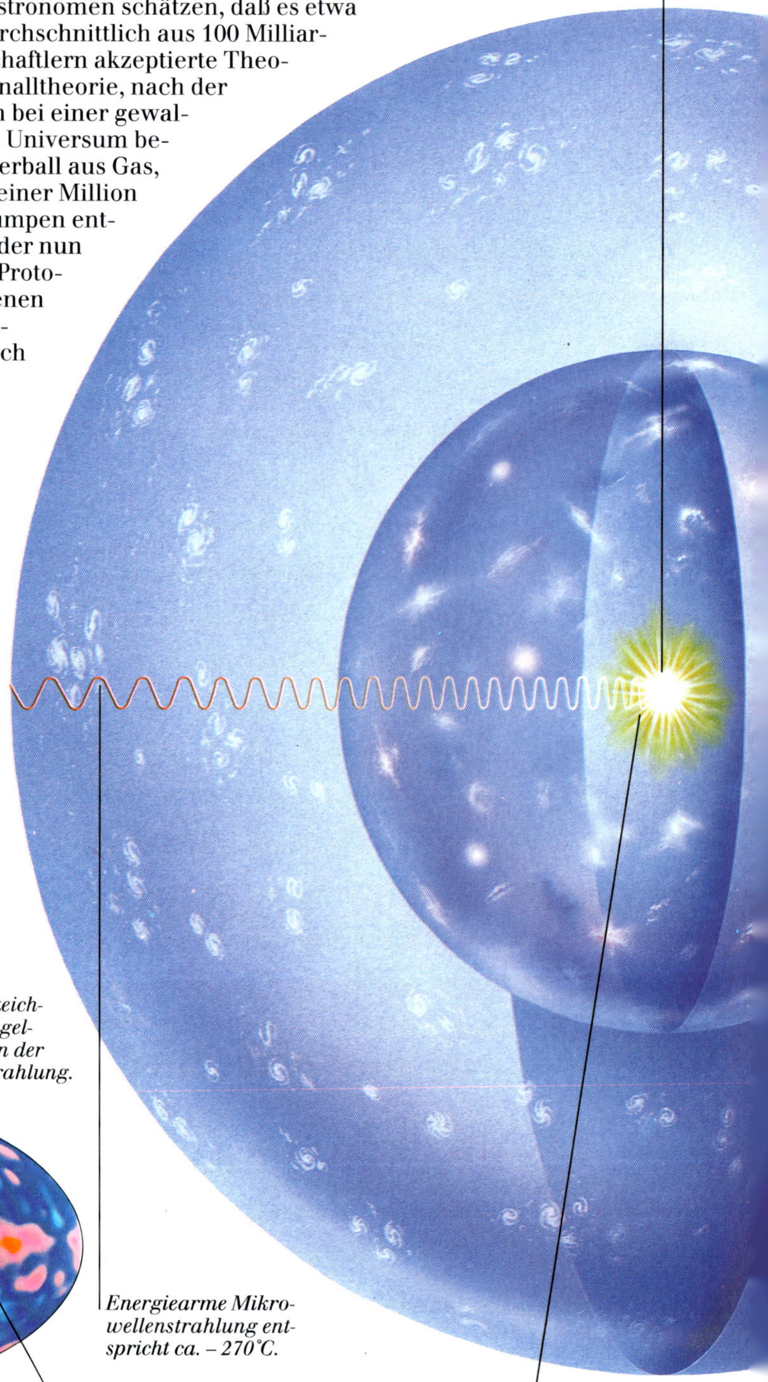

FALSCHFARBEN-MIKROWELLENKARTE DER KOSMISCHEN HINTERGRUNDSTRAHLUNG

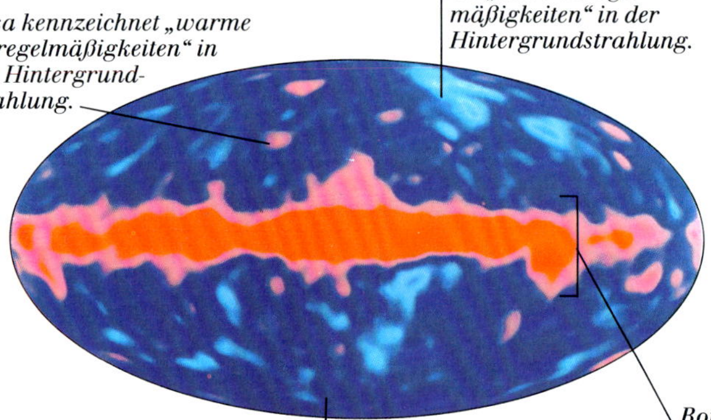

Entstehung und Expansion des Universums

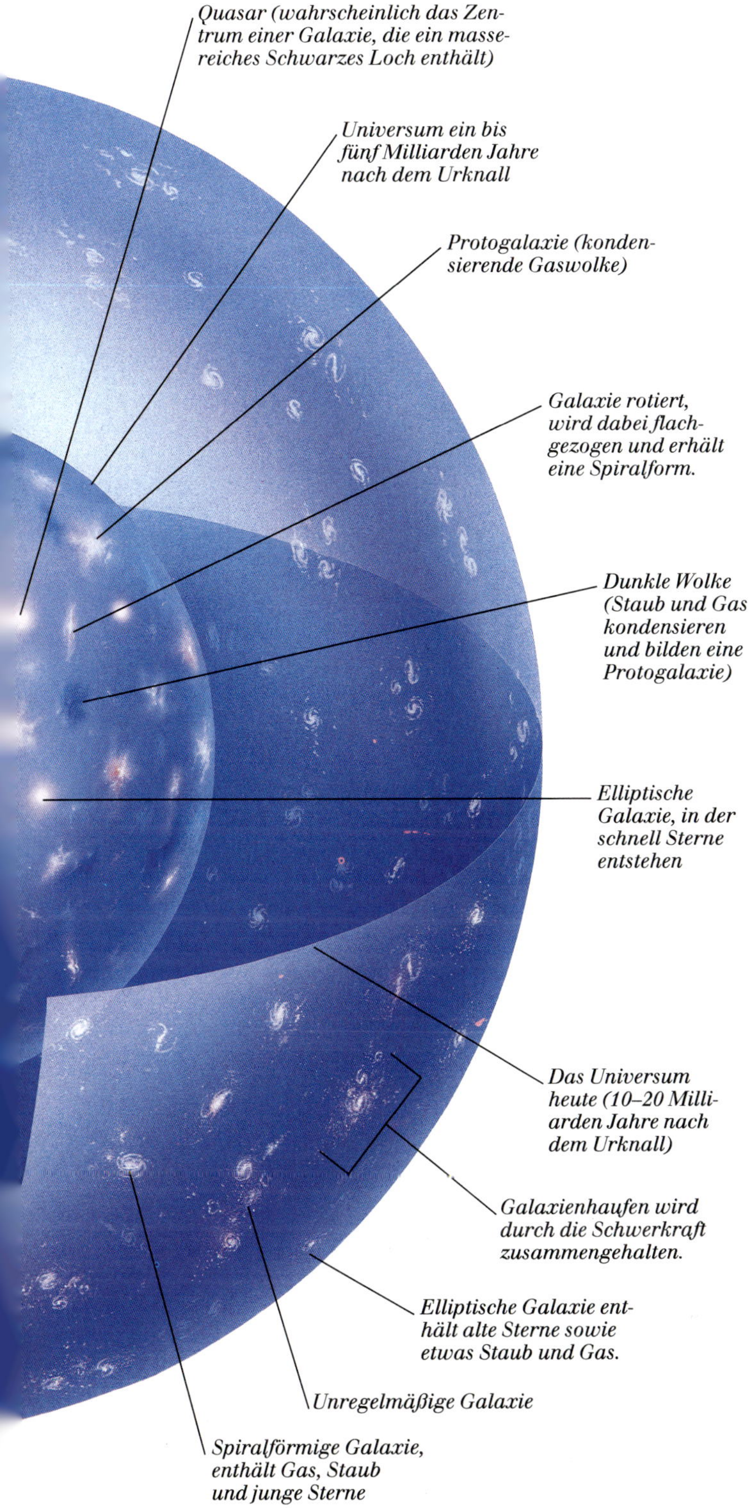

Objekte im Universum

Galaxienhaufen im Sternbild Virgo (Jungfrau)

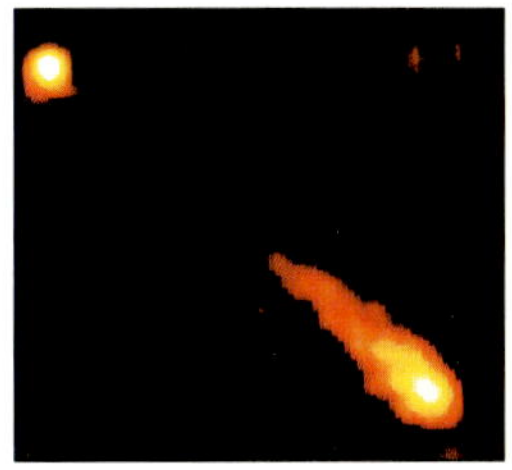

Falschfarbenaufnahme des Quasars 3C273

NGC 4406 (Elliptische Galaxie)

NGC 5236 (Spiralförmige Galaxie)

NGC 6822 (Unregelmäßige Galaxie)

Der Rosettennebel (Emissionsnebel)

Das Schmuckkästchen (Sternhaufen)

Die Sonne (Hauptreihenstern)

Die Erde

Der Mond

Galaxien

Sombrero, eine Spiralgalaxie

Eine Galaxie ist eine riesige Ansammlung von Sternen, Nebeln und interstellarer Materie. Die kleinsten Galaxien enthalten ca. 100 000 Sterne, die größten dagegen bis zu 3 Billionen. Je nach Form unterscheidet man drei Grundarten von Galaxien: elliptische, spiralförmige, die um einen gewölbten Zentralbereich angeordnet sind, und unregelmäßige Galaxien, die gar keine eindeutige Form haben. Manchmal verzerrt sich eine Galaxie durch die Kollision mit einem zweiten Sternensystem. Bei Quasaren (quasistellaren Objekten) handelt es sich vermutlich um die Kerne einzelner Galaxien, aber sie sind so weit weg, daß eine genaue Bestimmung nicht möglich ist. Es handelt sich dabei um kompakte, sehr hell leuchtende Objekte am Rande des uns bekannten Universums: Während die entferntesten uns bekannten „herkömmlichen" Galaxien etwa 10 Milliarden Lichtjahre weit weg sind, beträgt der Abstand zum entferntesten bekannten Quasar 15 Milliarden Lichtjahre. Aktive Galaxien, wie Seyfert-Galaxien und Radiogalaxien, senden Strahlung aus. Bei einer Seyfert-Galaxie kommt diese Strahlung aus dem Kern der Galaxie, bei einer Radiogalaxie entsteht sie außerdem in gewaltigen, seitlich angeordneten Blasen. Die Strahlung, die von aktiven Galaxien und Quasaren ausgeht, wird vermutlich durch Schwarze Löcher verursacht (siehe S. 28–29).

OPT. AUFNAHME VON NGC 4486 (ELLIPTISCHE GALAXIE)

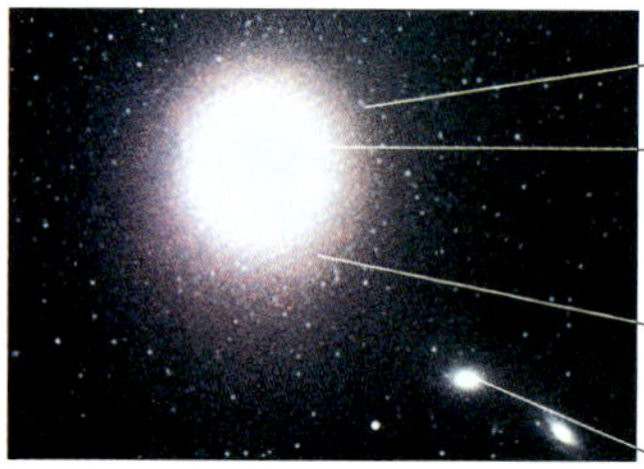

OPT. AUFNAHME DER GROSSEN MAGELLANSCHEN WOLKE (UNREGELMÄSSIGE GALAXIE)

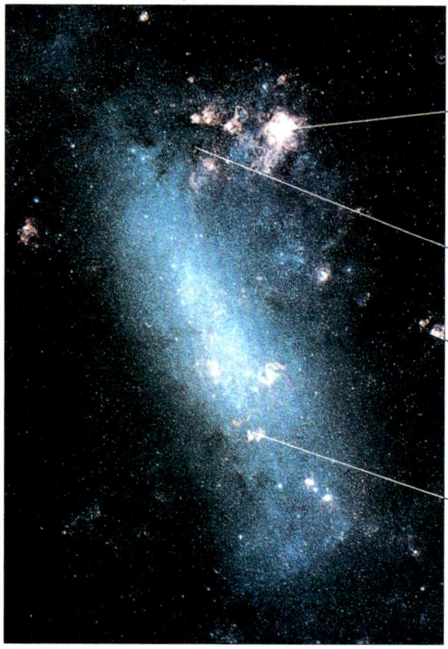

OPTISCHE AUFNAHME VON NGC 2997 (SPIRALGALAXIE)

Optische Aufnahme von Centaurus A (Radiogalaxie)

Falschfarben-Radiowellenaufnahme von Centaurus A

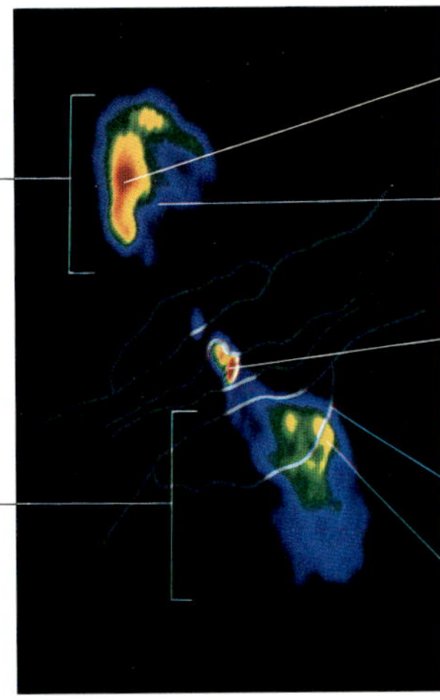

Falschfarben-Radiowellenaufnahme von 3C273 (Quasar)

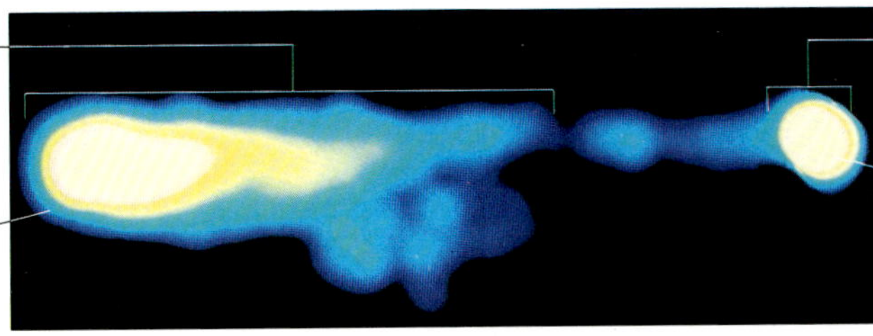

Optisches Bild von NGC 1566 (Seyfert-Galaxie)

Optische Falschfarbenaufnahme von NGC 5754 (zwei kollidierende Galaxien)

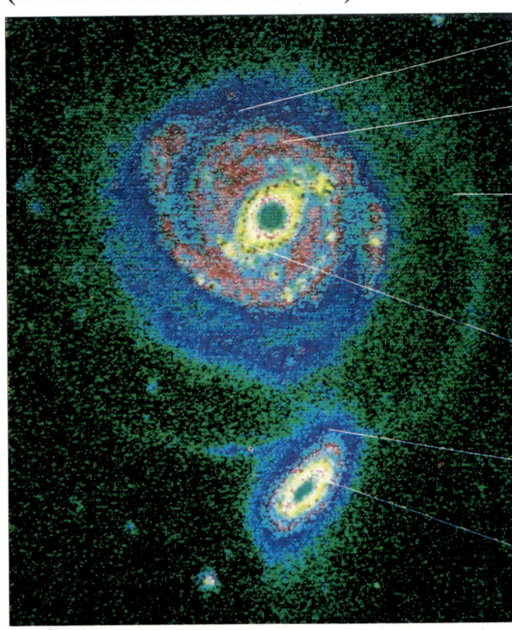

Die Milchstraße

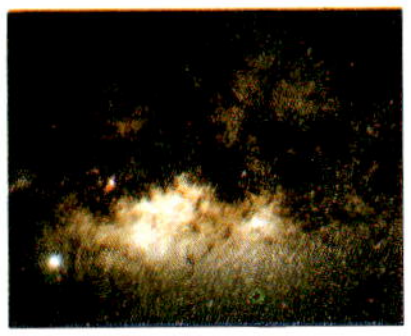

Blick auf das galaktische Zentrum

Das schwach leuchtende Band, das sich über unseren Nachthimmel erstreckt, trägt den Namen Milchstraße. Das Licht stammt von den Sternen und Nebeln in unserer Galaxie, die als das Milchstraßensystem oder einfach als „die Galaxis" bezeichnet wird. Die Galaxis ist spiralförmig und besteht aus einem dichten, gewölbten Zentralbereich, von dem vier Spiralarme ausgehen, sowie einem weniger dichten Halo („Strahlenhof"), der beide umgibt. Wir selbst können diese Spiralform nicht erkennen, weil sich unser Sonnensysten in einem der Spiralarme befindet, dem Orion-Arm (auch Lokaler Arm genannt). Von uns aus gesehen wird die Mitte der Galaxis vollkommen durch Staubwolken verdeckt, deshalb geben optische Karten nur einen begrenzten Einblick in die Galaxis. Ein vollständigeres Bild erhält man jedoch, wenn man zusätzlich Radiowellen, Infrarotstrahlung und andere Strahlungsarten hinzuzieht. Die Wölbung in der Mitte der Galaxis ist eine verhältnismäßig kleine, dichte Kugel, die überwiegend ältere rote und gelbe Sterne enthält. Der Halo ist ein weniger dichter Bereich, in dem sich die ältesten Sterne befinden, einige dieser Sterne sind vielleicht genauso alt wie die Galaxis selbst (vielleicht 15 Milliarden Jahre). In den Spiralarmen befinden sich überwiegend junge, heiße, blaue Sterne sowie Nebel (Wolken aus Staub und Gas, in denen Sterne entstehen). Die Galaxis ist riesig, etwa 100 000 Lichtjahre im Durchmesser (1 Lichtjahr entspricht etwa 9,461 x 10^{12} Kilometer), dagegen mutet unser Sonnensystem, mit seinem Durchmesser von 12 Lichtstunden (etwa 13 Milliarden Kilometer), eher klein an. Die gesamte Galaxis dreht sich um die eigene Achse, obgleich sich die Sterne im Innern schneller drehen als die äußeren. Die Sonne liegt auf etwa zwei Drittel der Strecke vom Zentrum zum äußeren Rand, und sie umrundet die Galaxis einmal etwa alle 220 Millionen Jahre.

Seitenansicht unserer Galaxis

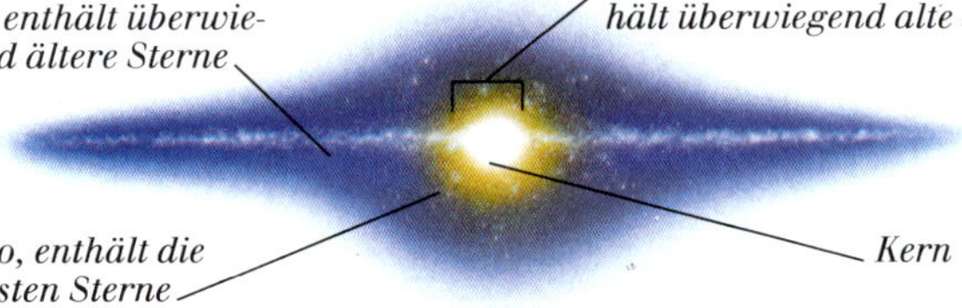

Aufsicht unserer Galaxis

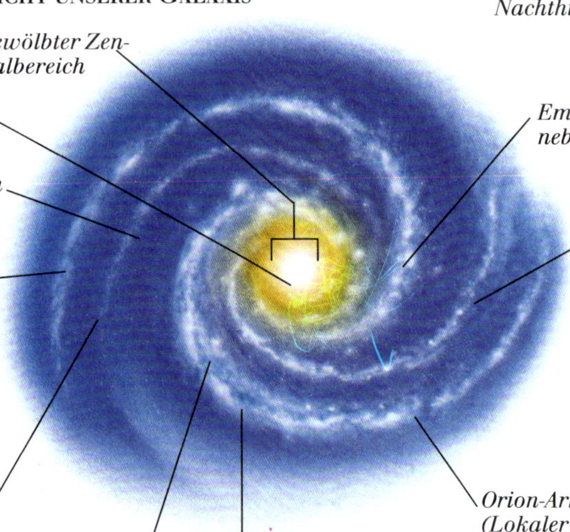

Optische Panoramakarte unserer Galaxis und nahe gelegener Galaxien

Radio-Panoramakarte unserer Galaxis

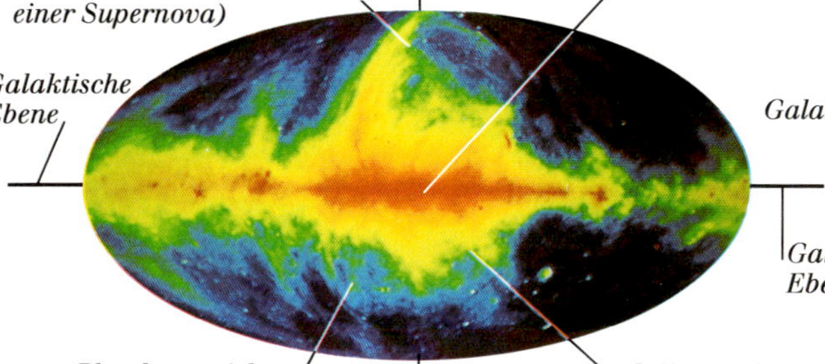

Infrarot-Panoramakarte unserer Galaxis

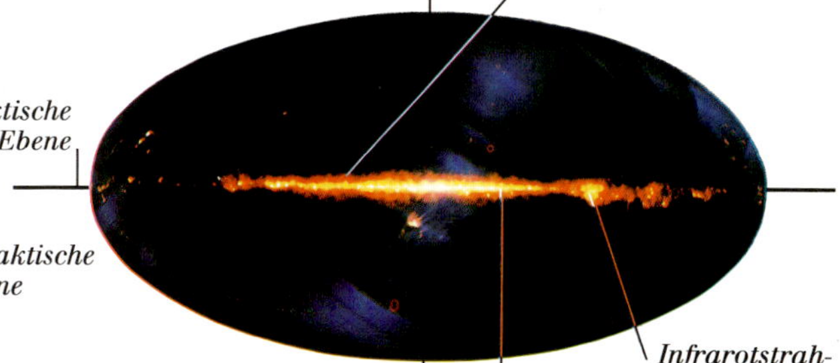

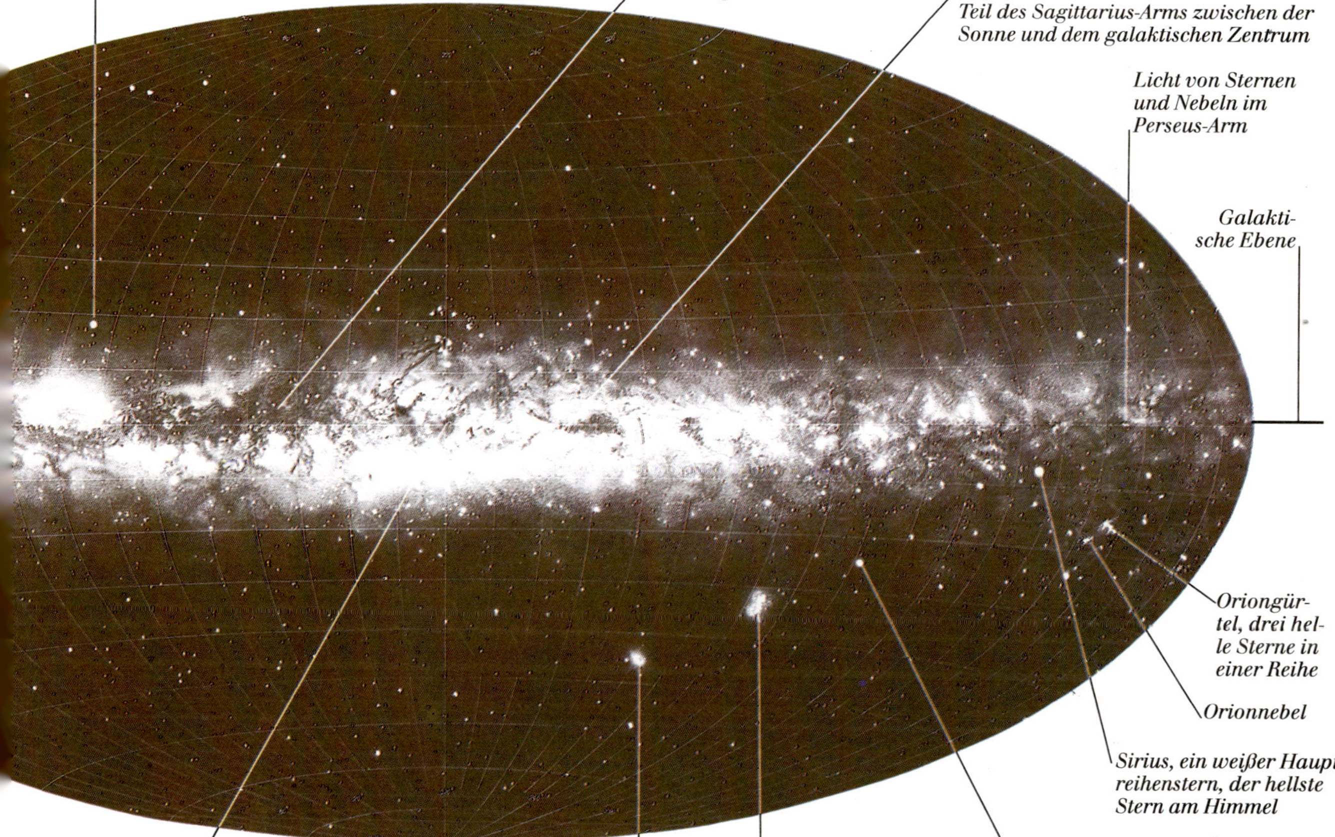

Nebel und Sternhaufen

Hodge 11, Kugelsternhaufen

Ein Nebel ist eine Wolke aus Staub und Gas innerhalb einer Galaxie. Nebel werden sichtbar, wenn ihr Gas leuchtet oder die Wolke das Licht eines Sterns reflektiert oder das Licht dahinterliegender Objekte verdunkelt. Emissionsnebel leuchten, weil das in ihnen enthaltene Gas – durch die Strahlung heißer, junger Sterne angeregt – Licht aussendet. Reflexionsnebel leuchten, weil der in ihnen enthaltene Staub das Licht von Sternen reflektiert, die sich im Nebel oder in seiner Nähe befinden. Dunkelnebel treten als Silhouetten auf, da sie das Licht dahinterliegender Nebel oder Sterne nicht durchlassen. Zwei Arten von Nebel treten in Verbindung mit sterbenden Sternen auf: Planetarische Nebel und Supernovaüberreste, beides expandierende, kugelförmige Gaswolken, die einst die äußeren Schichten eines Sterns bildeten. Ein planetarischer Nebel ist eine Gaswolke, die von einem sterbenden Stern forttreibt. Ein Supernovaüberrest ist eine Gashülle, die sich nach einer gewaltigen Explosion (Supernova, S. 25–26), mit hoher Geschwindigkeit von einem Reststern entfernt. Sterne treten oft in Gruppen auf, als Sternhaufen. Offene Sternhaufen sind lockere Gruppierungen einiger tausend junger Sterne, die der gleichen Wolke entsprungen sind und auseinandertreiben. Kugelhaufen sind dichte, in etwa kugelförmige Ansammlungen von Hunderttausenden von älterer Sterne.

TRIFIDNEBEL (EMISSIONSNEBEL)

PLEJADEN (OFFENER STERNHAUFEN) MIT EINEM REFLEXIONSNEBEL

PFERDEKOPFNEBEL (DUNKELNEBEL)

ORIONNEBEL (DIFFUSER EMISSIONSNEBEL)

HELIX (PLANETARISCHER NEBEL)

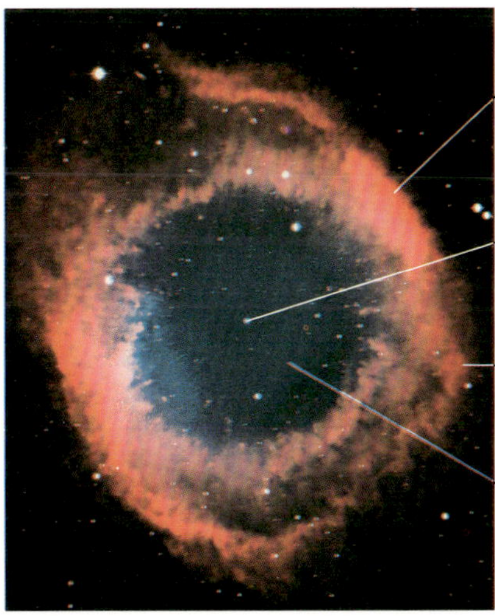

VELA-SUPERNOVA-ÜBERREST

Sterne am Nordhimmel

Wenn man auf den Nordhimmel blickt, schaut man dabei vom dichtbesiedelten galaktischen Zentrum weg, so daß der Nordhimmel meist weniger hell erscheint als der Südhimmel (siehe S. 20–21). Zu den bekanntesten Erscheinungen am Nordhimmel gehören die Sternbilder Ursa Major (Großer Bär) und Orion. Im Altertum glaubten manche Völker, die Sterne wären an einer Himmelskugel befestigt, welche die Erde umgibt, und moderne Sternkarten beruhen auf dem gleichen Prinzip. Die Nord- und Südpole dieser gedachten Himmelskugel liegen genau über dem Nord- bzw. Südpol der Erde, dort, wo die verlängerte Erdachse die Kugel durchstößt. Der nördliche Himmelspol befindet sich genau in der Mitte der hier dargestellten Karte, und Polaris (Polarstern) liegt dicht daneben. Der Himmelsäquator ist die Projektion des Erdäquators auf die Himmelskugel. Die Ekliptik bezeichnet die Bahn der Sonne am Himmelsgewölbe, während die Erde um die Sonne wandert. Der Mond und die Planeten bewegen sich im Verhältnis zu den Sternen, weil die Sterne viel weiter entfernt sind, der nächstgelegene Stern außerhalb unseres Sonnensystems (Proxima Centauri) ist 50 000mal weiter weg als der Planet Jupiter.

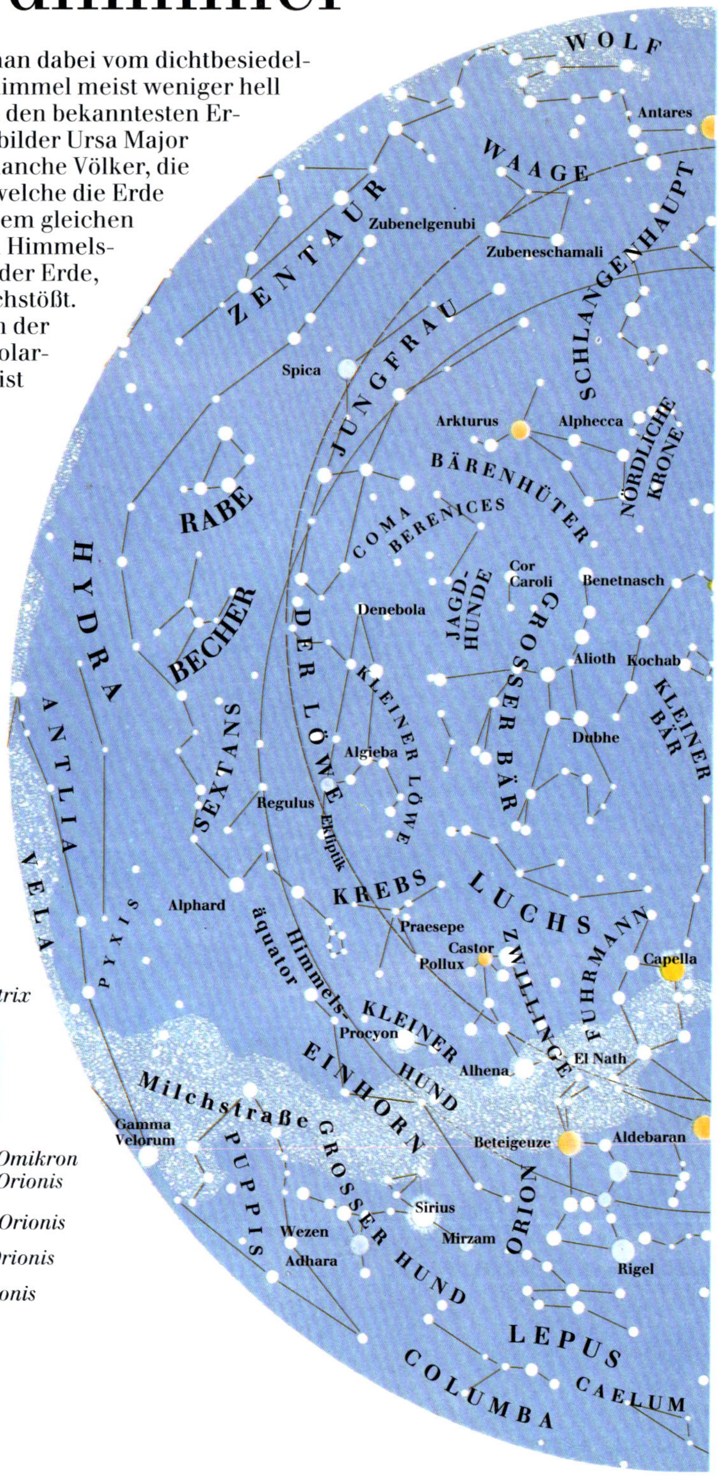

Sichtbare Sterne am Nordhimmel

Orion

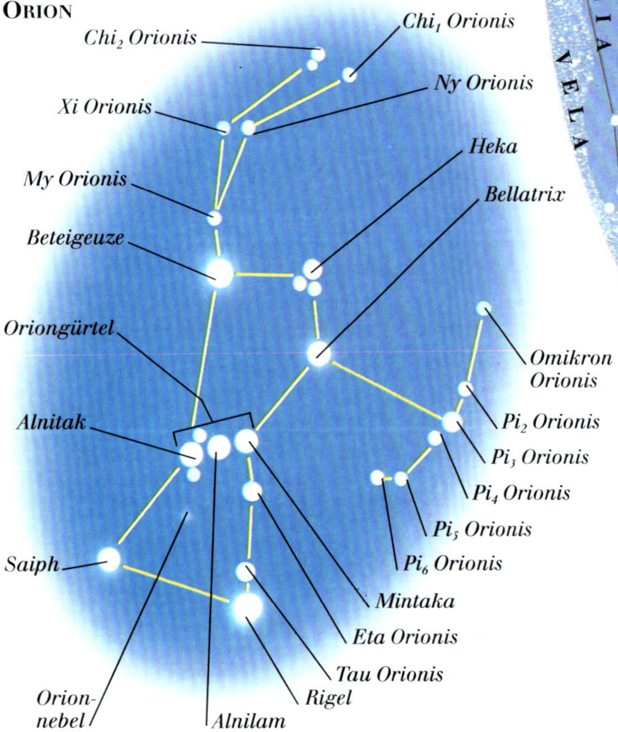

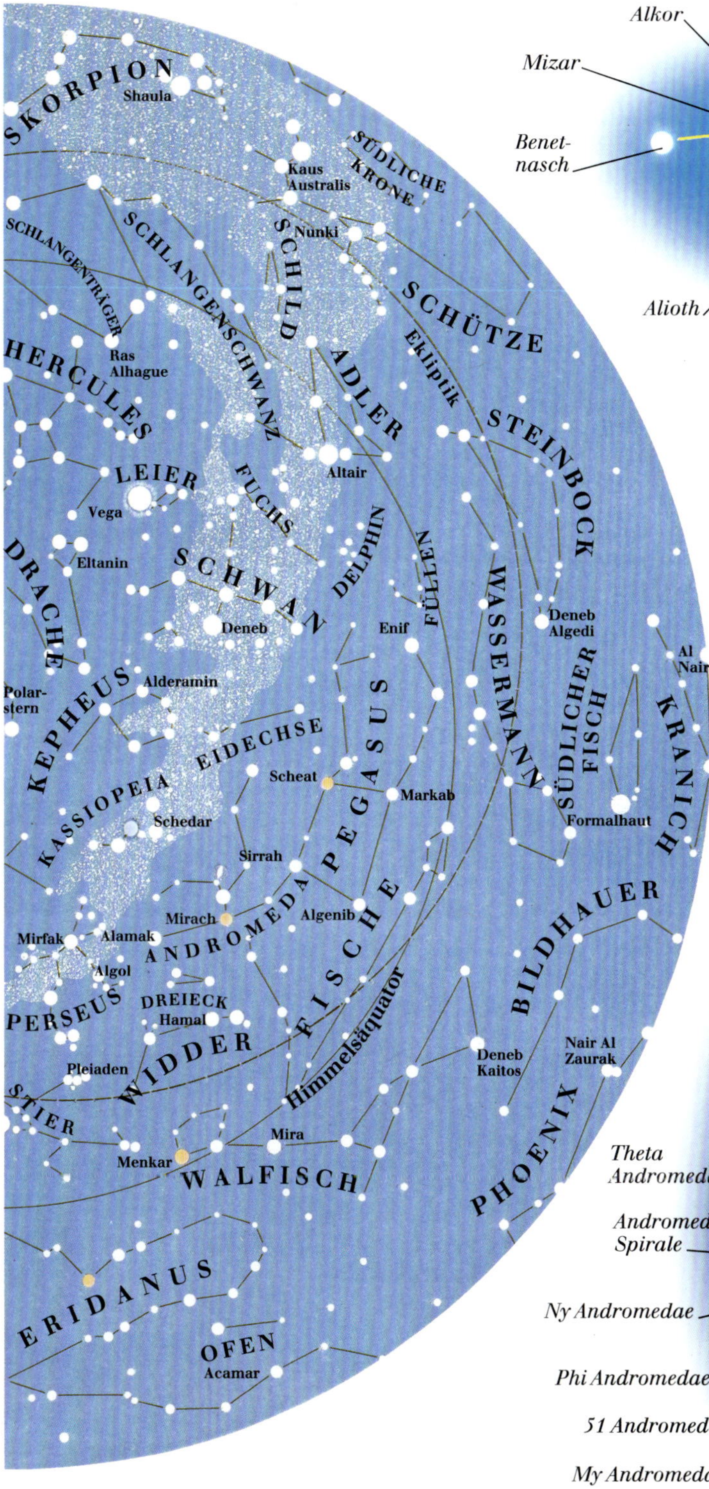

Der Grosse Wagen, Teil von Ursa Major (Grosser Bär)

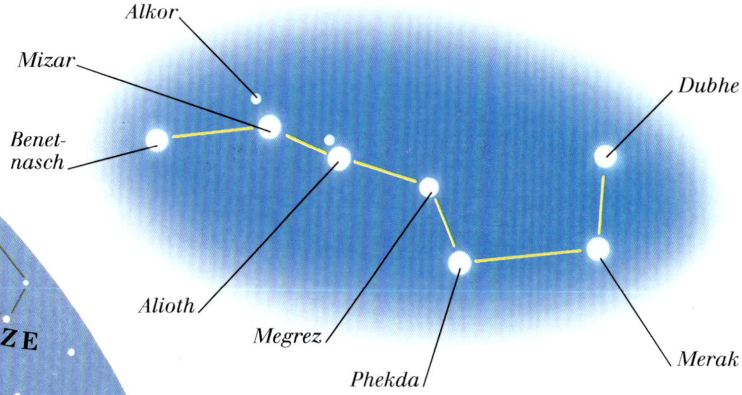

Pegasus und Andromeda

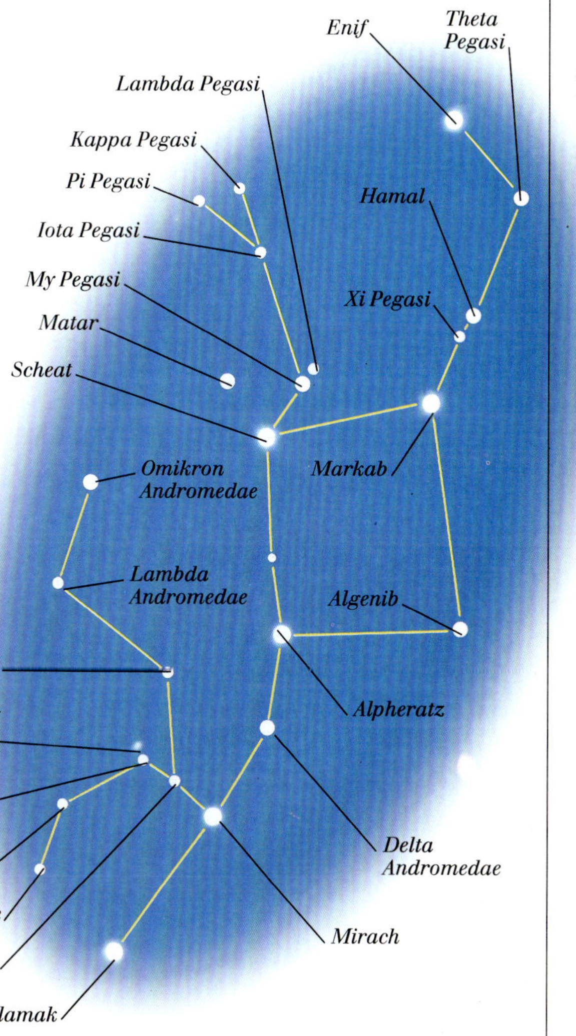

Sterne am Südhimmel

Wenn man auf den Südhimmel blickt, schaut man dabei in Richtung des galaktischen Zentrums. Die Milchstraße erscheint folglich am Südhimmel heller als am Nordhimmel (siehe S. 18–19). Der Südhimmel weist reichliche Nebel und Sternhaufen auf. Er enthält die Große und die Kleine Magellansche Wolke, die beiden nächstgelegenen Galaxien. Die Sterne bilden am Himmel feste Muster, die auch Konstellationen oder Sternbilder genannt werden. Bei diesen Sternbildern handelt es sich jedoch nur scheinbar um Gruppierungen, denn die Entfernung zu den einzelnen Sternen einer Konstellation kann sehr unterschiedlich sein. Ein Sternbild kann im Verlauf von vielen Tausenden von Jahren seine Form verändern, weil sich die Sterne im Verhältnis zueinander bewegen. Die Bewegung der Sternbilder am Himmelsgewölbe sind das Ergebnis der erdeigenen Bewegung. Durch die tägliche Erdrotation bewegen sich die Sternbilder am Himmel von Osten nach Westen, und die Bahn der Erde um die Sonne führt dazu, daß die Bereiche des Himmels zu den verschiedenen Jahreszeiten unterschiedlich sichtbar sind. Ob ein bestimmter Himmelsbereich sichtbar ist, hängt außerdem vom Standort des Beobachters ab. Ein Stern in der Nähe des Himmelsäquators ist für Beobachter auf beiden Halbkugeln zu einer bestimmten Jahreszeit sichtbar, dagegen können Sterne nie von der gegenüberliegenden Halbkugel gesehen werden, die sich in der Nähe eines Himmelspols befinden (der südliche Himmelspol ist auf der nebenstehenden Karte in der Mitte).

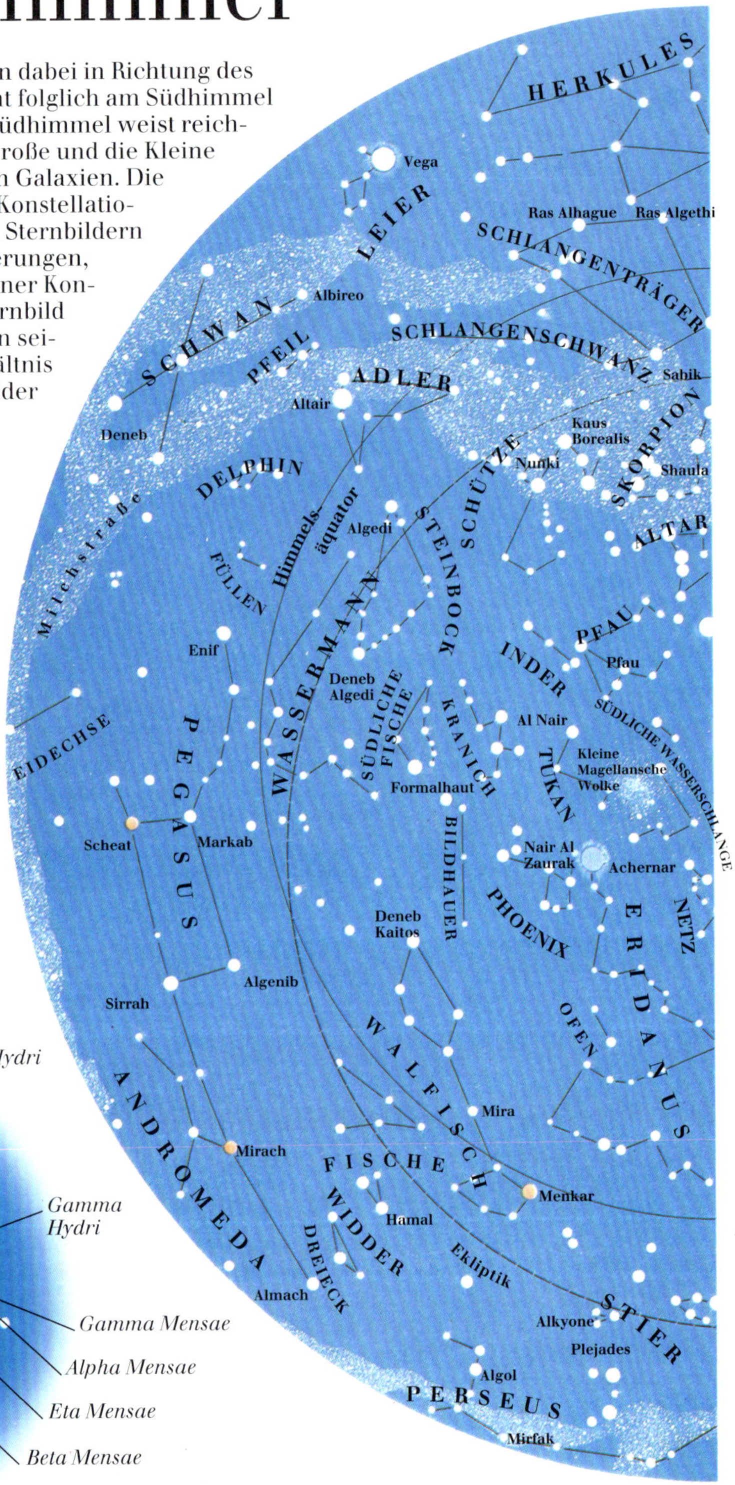

Sichtbare Sterne am Südhimmel

Hydra (die Wasserschlange) und Mons Mensae (der Tafelberg)

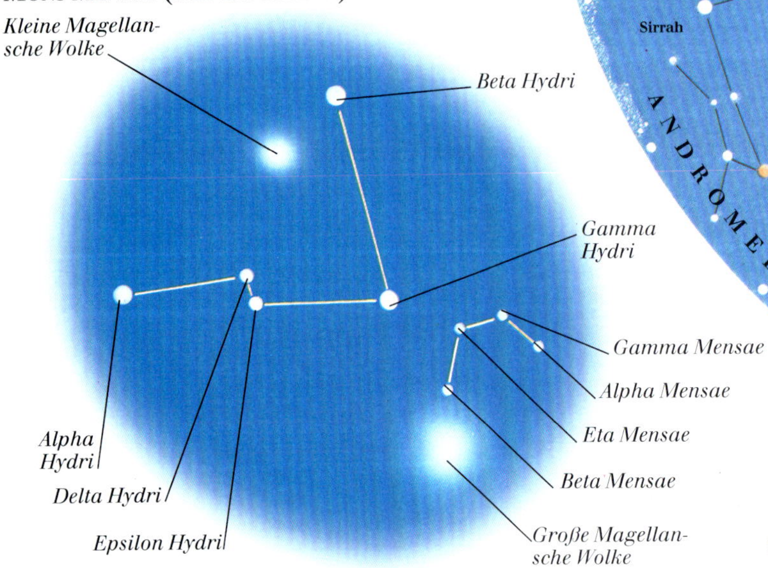

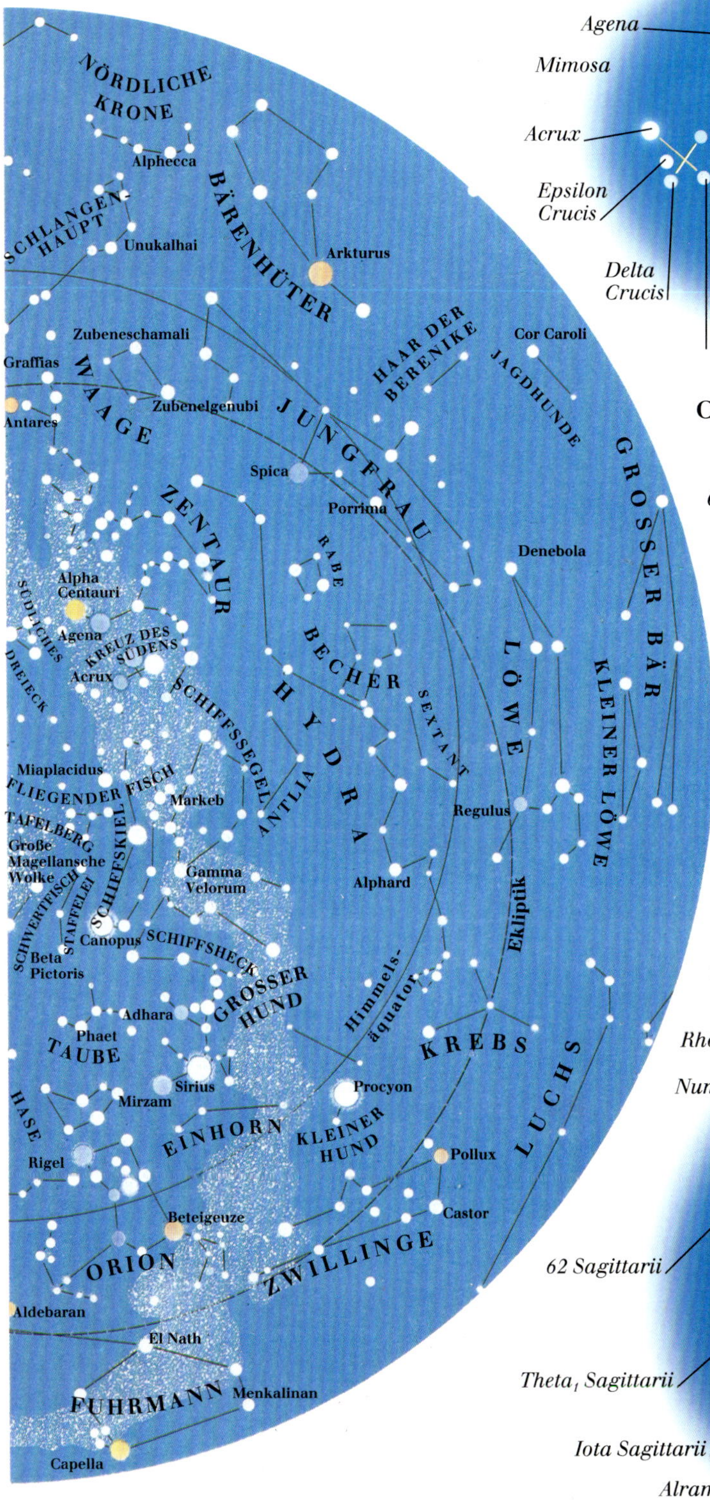

CENTAURUS (ZENTAUR) UND CRUX (KREUZ DES SÜDENS)

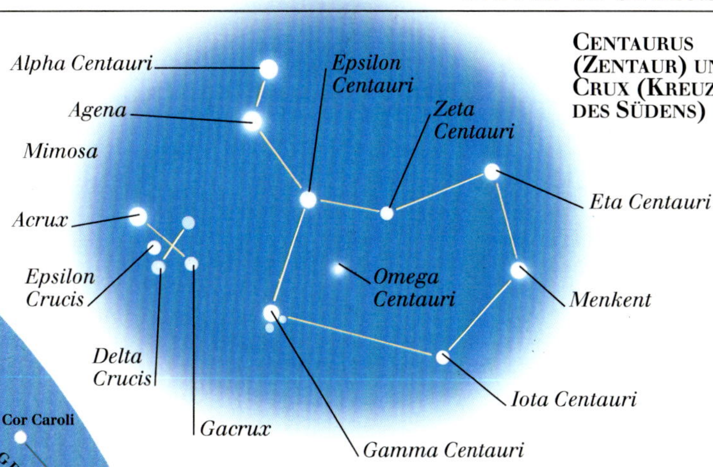

CANIS MAJOR (GROSSER HUND)

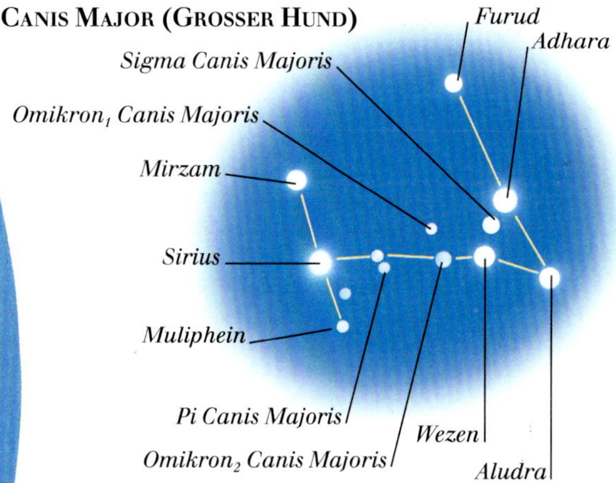

SAGITTARIUS (SCHÜTZE)

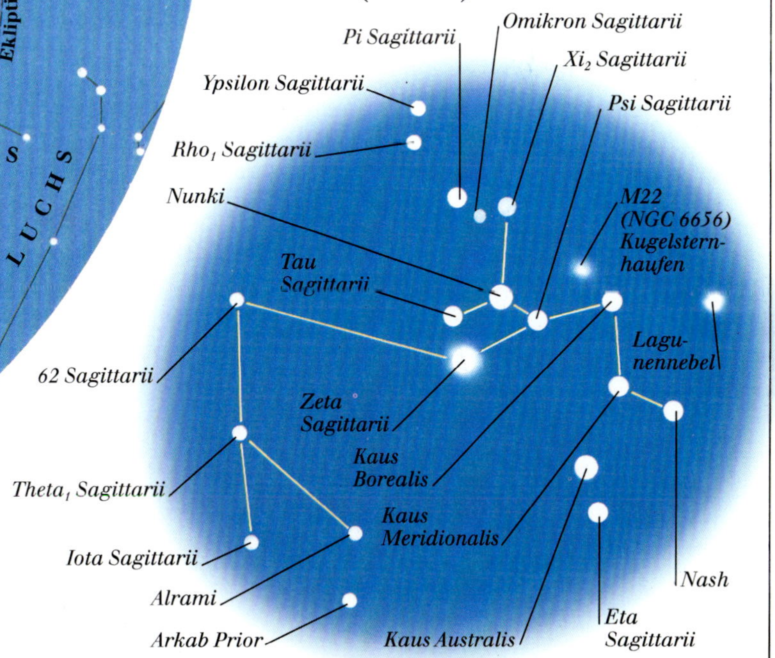

Sterne

Offener Sternhaufen und Staubwolke

Sterne bestehen aus heißem, glühendem Gas und entstehen in Nebeln (siehe S. 24–27). Sie sind von sehr unterschiedlicher Größe, Masse und Temperatur: ihre Durchmesser reichen vom 450stel bis zum über 1000fachen des Sonnendurchmessers, ihre Massen reichen von etwa einem 20stel der Sonnenmasse bis zum über 50fachen, und ihre Temperaturen reichen von etwa 3000°C bis über 50 000°C. Die Temperatur eines Sterns bestimmt seine Farbe: die heißesten Sterne sind blau, die kältesten rot. Die Sonne, deren Oberflächentemperatur 5500°C beträgt, liegt dazwischen und erscheint daher gelb. Die Energie, die ein leuchtender Stern ausstrahlt, wird durch Kernfusion im Innern des Sterns erzeugt. Die Helligkeit eines Sterns wird in Sterngrößen gemessen: Je heller der Stern, desto niedriger die Größenklasse. Man unterscheidet zwei Arten von Helligkeit: die scheinbare richtet sich nach der Helligkeit, die auf der Erde beobachtet wird, und die absolute nach der Helligkeit, die in einer Standardentfernung von 10 Parsec (32,6 Lichtjahre) vom Stern zu beobachten wäre. Das Licht, das ein Stern ausstrahlt, kann in ein Farbspektrum aufgespalten werden, das eine Reihe von dunklen Linien enthält (Absorptionslinien). Das Muster dieser Linien weist auf die Anwesenheit einzelner chemischer Elemente hin und ermöglicht es, die Zusammensetzung der Atmosphäre des jeweiligen Sterns zu bestimmen. Trägt man die Größenklasse einzelner Sterne gegen die Spektralklasse (Farbe) auf, erhält man ein sogenanntes Hertzsprung-Russell-Diagramm. An diesem erkennt man, daß sich die Sterne in mehrere deutlich voneinander abgegrenzte Gruppen aufteilen lassen. Die wichtigsten Gruppen sind Hauptreihensterne (in denen Wasserstoff zu Helium verschmilzt), Riesensterne, Überriesen und Weiße Zwerge.

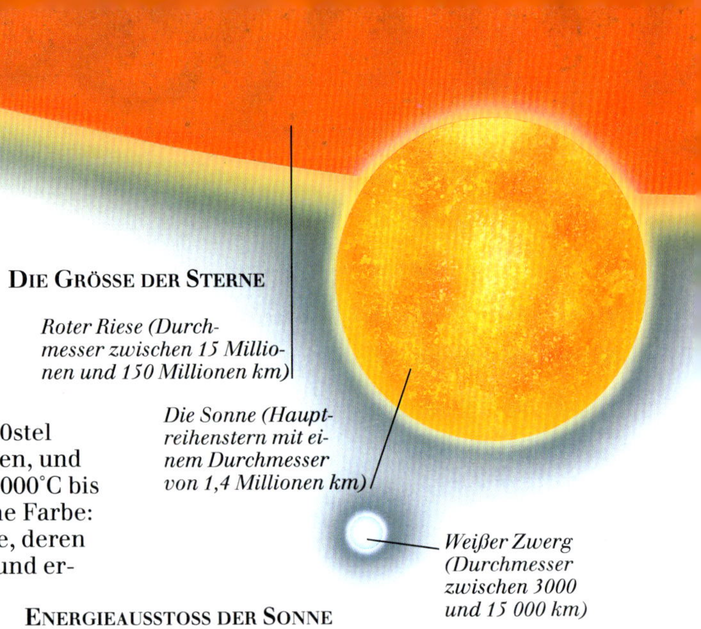

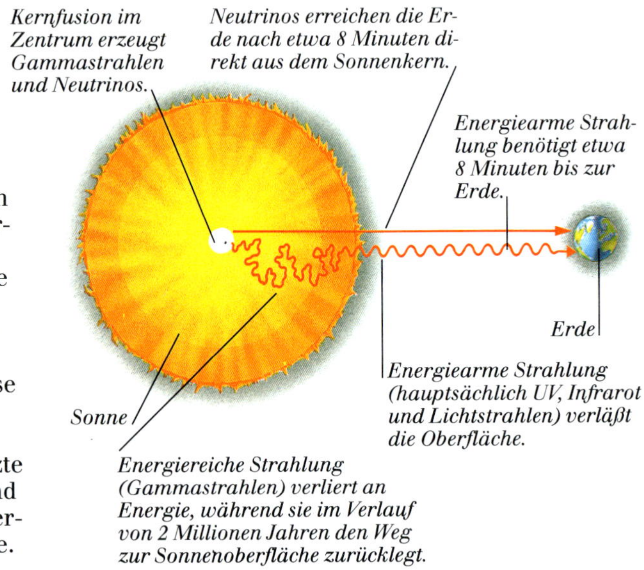

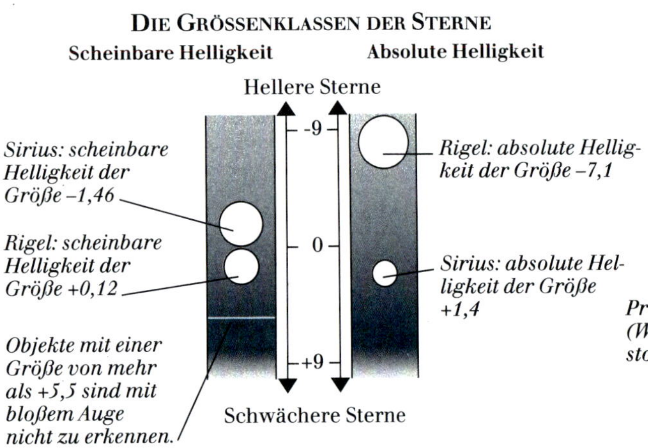

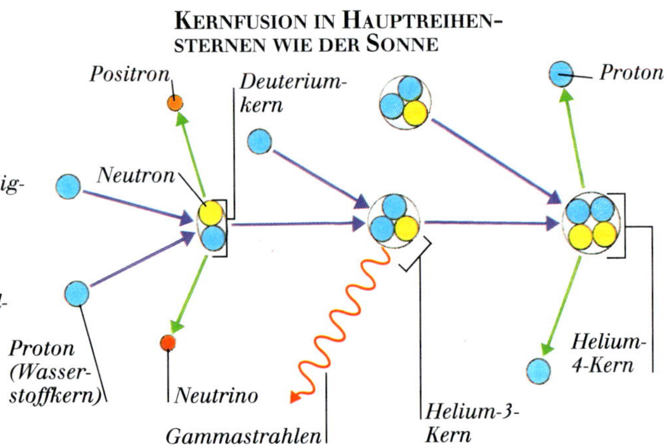

HERTZSPRUNG-RUSSELL-DIAGRAMM

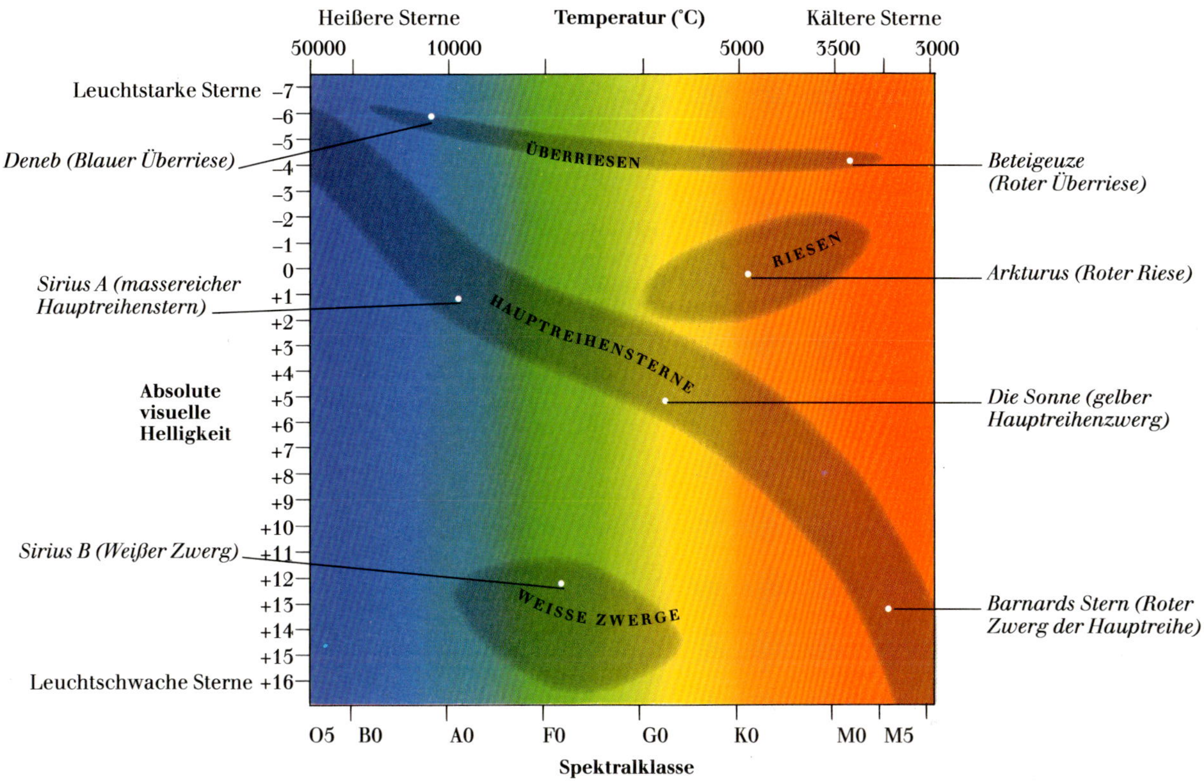

ABSORPTIONSLINIEN IN STELLAREN SPEKTREN

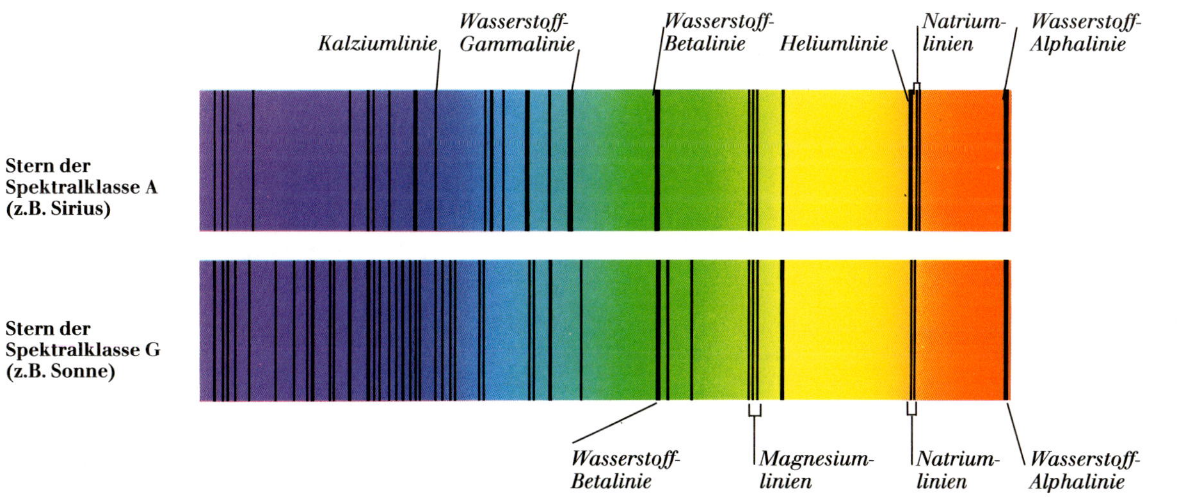

Kleine Sterne

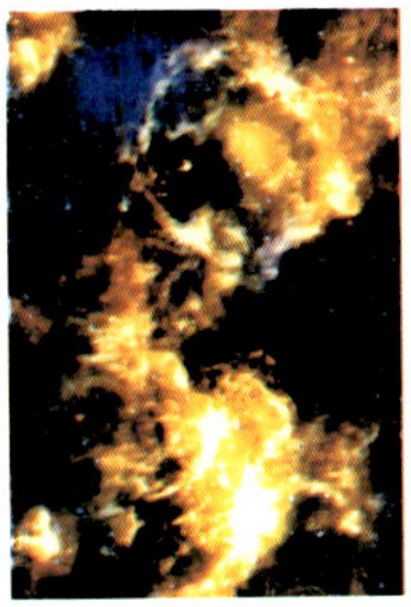

Bereich der Sternbildung im Orion

Kleine Sterne haben eine Masse bis zum 1,5fachen der Sonne. Ihre Entstehung beginnt damit, daß ein Bereich höherer Dichte innerhalb eines Nebels zu einer riesigen Gas- und Staubkugel kondensiert, die sich unter dem Einfluß der eigenen Schwerkraft zusammenzieht. Innerhalb einer solchen Kugel erwärmen sich einzelne Bereiche der kondensierenden Materie und beginnen zu glühen, sie bilden Protosterne. Wenn ein Protostern genügend Materie enthält, kann die Temperatur in seiner Mitte etwa 15 Mio. °C erreichen. Bei dieser Temperatur können die Kernreaktionen beginnen, bei denen Wasserstoff zu Helium verschmilzt. Durch diese Reaktion wird Energie freigesetzt, die verhindert, daß der Stern weiter kollabiert, und die ihn außerdem leuchten läßt. Er ist nun ein Hauptreihenstern. Ein Stern von etwa einer Sonnenmasse bleibt etwa 10 Mrd. Jahre in der Hauptreihe, bis der Wasserstoff in seinem Kern in Helium verwandelt worden ist. Der Heliumkern zieht sich dann erneut zusammen, und die Kernreaktionen gehen in einer Hülle um den Kern weiter. Der Kern wird dabei so heiß, daß das Helium zu Kohlenstoff verschmelzen kann, gleichzeitig dehnen sich die äußeren Schichten des Sterns aus, kühlen ab und leuchten schwächer. Der sich ausdehnende Stern wird als Roter Riese bezeichnet. Ist der Heliumvorrat im Kern erschöpft, treiben die äußeren Schichten u.U. als expandierende Gaswolke (Planetarischer Nebel) auseinander. Der übrigbleibende Kern (etwa 80 % des ursprünglichen Sterns) wird nun zum Weißen Zwerg, der allmählich abkühlt und immer schwächer leuchtet. Wenn er ganz aufhört zu leuchten, ist aus dem toten Stern ein Schwarzer Zwerg geworden.

Struktur eines Hauptreihensterns

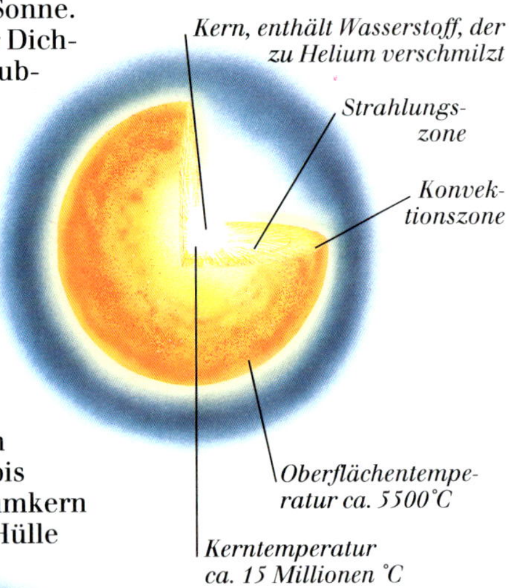

Struktur eines Nebels

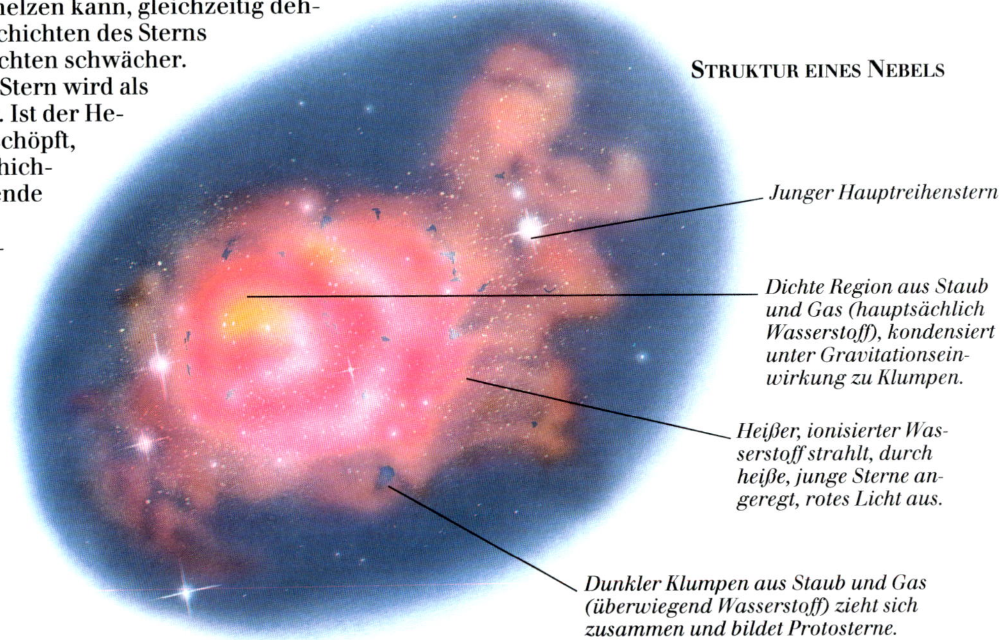

Leben eines kleinen Sterns von etwa einer Sonnenmasse

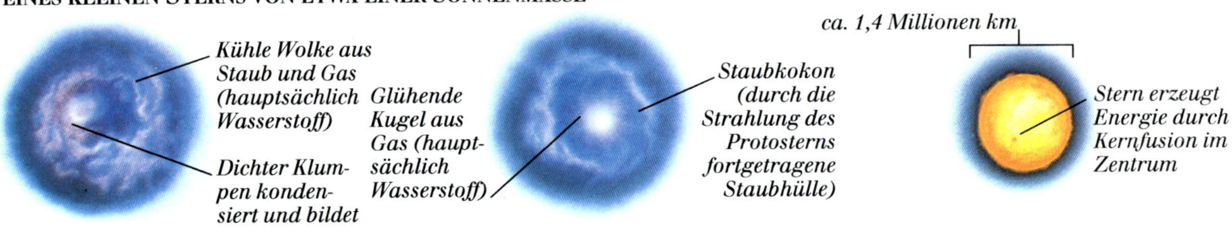

Nebel

Protostern
Lebensdauer: 50 Millionen Jahre

Hauptreihenstern
Lebensdauer: 10 Milliarden Jahre

Struktur eines Roten Riesen

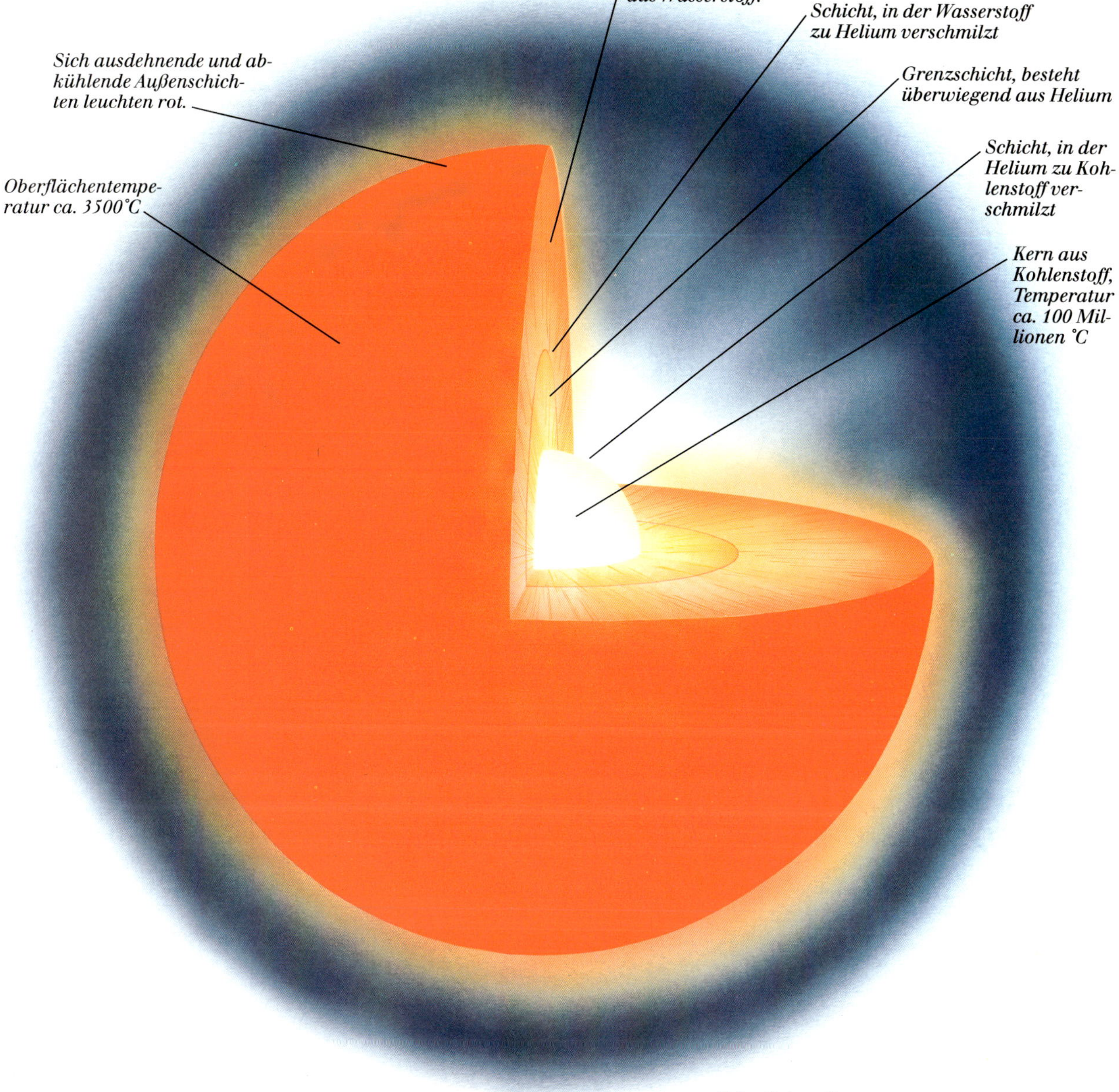

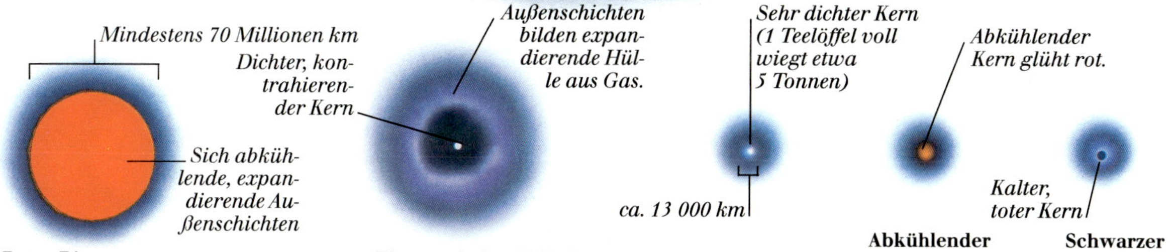

Roter Riese
Lebensdauer: 100 Millionen Jahre

Planetarischer Nebel
Lebensdauer: 35 000 Jahre

Weißer Zwerg

Abkühlender Weißer Zwerg

Schwarzer Zwerg

Massereiche Sterne

Massereiche Sterne haben mindestens die dreifache Sonnenmasse, manche sogar etwa die 50fache Sonnenmasse. Ein massereicher Stern entsteht ähnlich wie ein kleiner Stern, bis er die Hauptreihe erreicht (s. S. 24–25). In diesem Stadium leuchtet ein Stern gleichmäßig, bis der Wasserstoff in seinem Kern zu Helium verschmolzen ist. Dieser Vorgang dauert bei einem kleinen Stern einige Milliarden, bei einem massereichen Stern hingegen nur einige Millionen Jahre. Ein massereicher Stern wird dann zum Roten Überriesen. Er besteht zunächst aus einem Heliumkern, der von äußeren, sich abkühlenden und ausdehnenden Gasschichten umgeben ist. Im Verlauf der nächsten Jahrmillionen bilden sich nun durch Kernreaktionen Schichten von verschiedenen Elementen um einen Eisenkern. Der Kern kollabiert schließlich in weniger als einer Sekunde und verursacht eine gewaltige Explosion, die Supernova genannt wird und in der eine Stoßwelle die äußeren Schichten des Sterns fortschleudert. Supernovae leuchten kurze Zeit heller als eine ganze Galaxie. Manchmal überlebt der Kern die Explosion. Beträgt die Masse des Reststerns zwischen anderthalb und drei Sonnenmassen, zieht er sich weiter zusammen und bildet einen winzigen, dichten Neutronenstern. Ist der Kern wesentlich größer als drei Sonnenmassen, zieht er sich zu einem Schwarzen Loch zusammen (s. S. 28–29).

SUPERNOVA

Tarantelnebel vor der Supernova

STRUKTUR EINES ROTEN ÜBERRIESEN

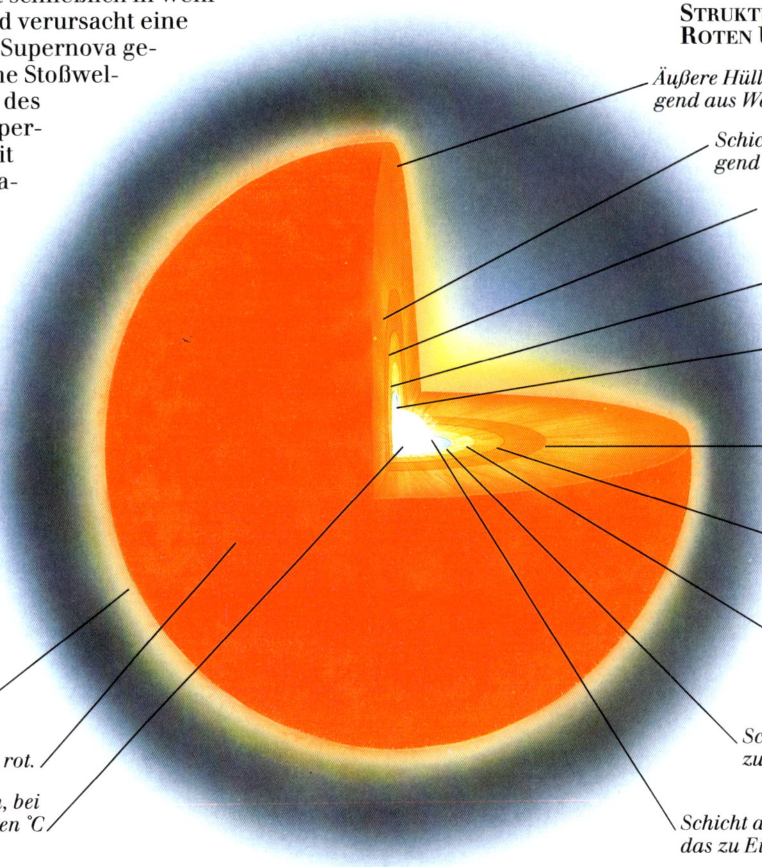

LEBEN EINES MASSEREICHEN STERNS (10FACHE MASSE DER SONNE)

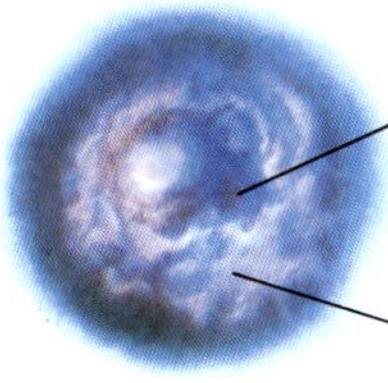

Nebel

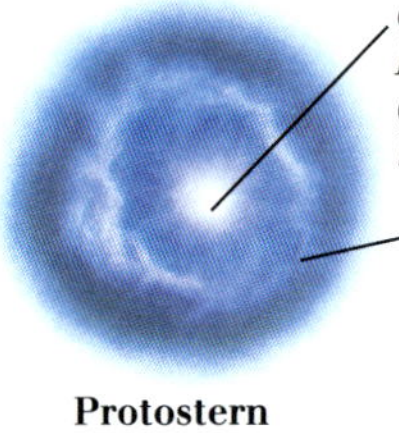

Protostern
Lebensdauer: einige hunderttausend Jahre

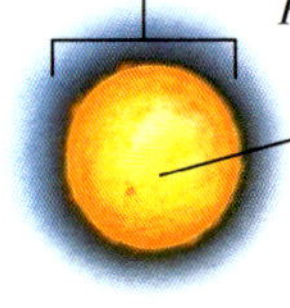

Hauptreihenstern
Lebensdauer: 10 Millionen Jahre

Tarantelnebel mit Supernova im Jahre 1987

Merkmale einer Supernova

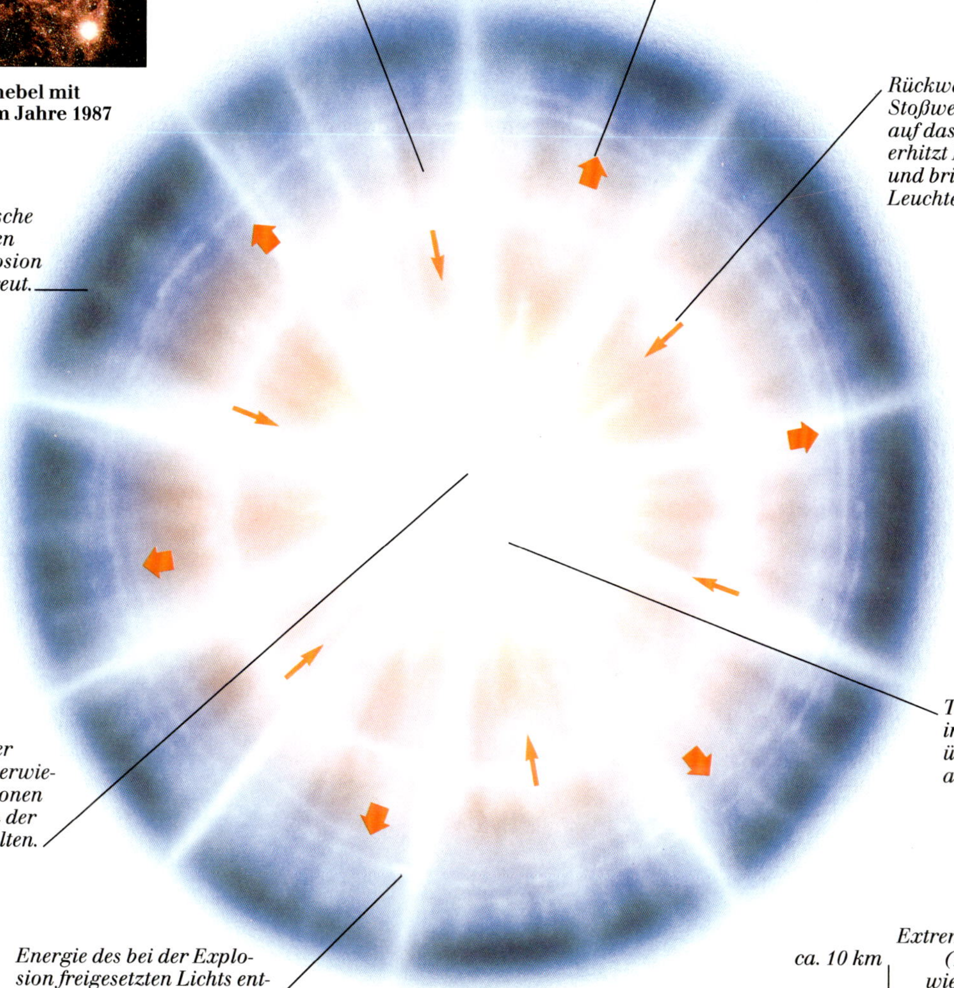

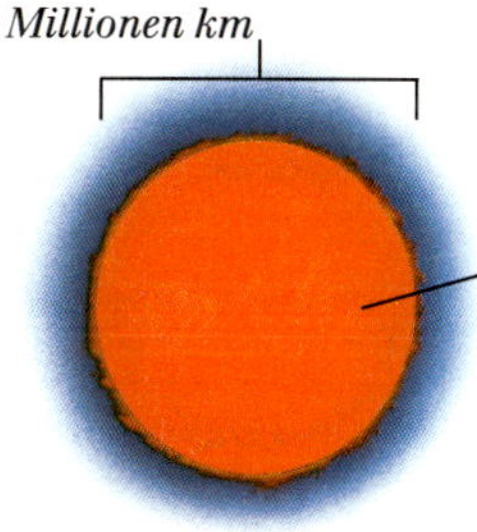

Roter Überriese
Lebensdauer: 4 Millionen Jahre

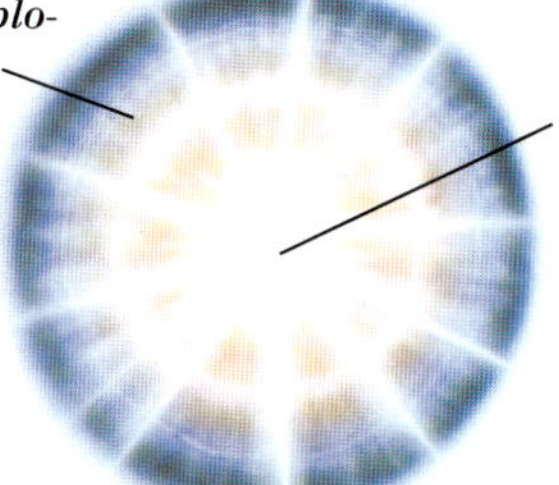

Supernova
Dauer der Sichtbarkeit: 1–2 Jahre

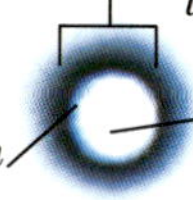

Neutronenstern

Schwarzes Loch

Neutronensterne und Schwarze Löcher

Neutronensterne und Schwarze Löcher entstehen aus den Kernen von Sternen, die als Supernovae explodiert sind (s. S. 26–27). Hat der Reststern zwischen anderthalb und drei Sonnenmassen, zieht er sich zu einem Neutronenstern zusammen. Ist der Reststern größer als drei Sonnenmassen, zieht er sich zu einem Schwarzen Loch zusammen. Neutronensterne haben normalerweise einen Durchmesser von nur 10 km und bestehen fast nur aus Neutronen. Solche Sterne sind so dicht, daß ein einziger Teelöffel davon etwa 1 Mrd. t wiegen würde. Neutronensterne treten als Pulsare in Erscheinung, deren Name daher rührt, daß sie sehr rasch rotieren und dabei zwei Strahlenbündel von Radiowellen aussenden, die über den Himmel fegen und so als kurze Impulse beobachtet werden. Schwarze Löcher haben eine derart starke Gravitation, daß ihnen nicht einmal Lichtstrahlen entkommen können, infolgedessen sind Schwarze Löcher unsichtbar. Man kann sie allerdings beobachten, wenn sich ganz in ihrer Nähe ein anderer Stern befindet. Das Gas des Begleitsterns wird durch das Gravitationsfeld des Schwarzen Lochs angezogen und bildet eine Akkretionsscheibe, die sich sehr schnell um das Schwarze Loch dreht, dabei heiß wird und Strahlung abgibt. Die Materie in dieser Scheibe nähert sich dem Schwarzen Loch spiralförmig, bis sie schließlich den Ereignishorizont überquert und nicht mehr zu sehen ist.

Röntgenbild des Krabbennebels (Supernovaüberrest)

Pulsar (rotierender Neutronenstern)

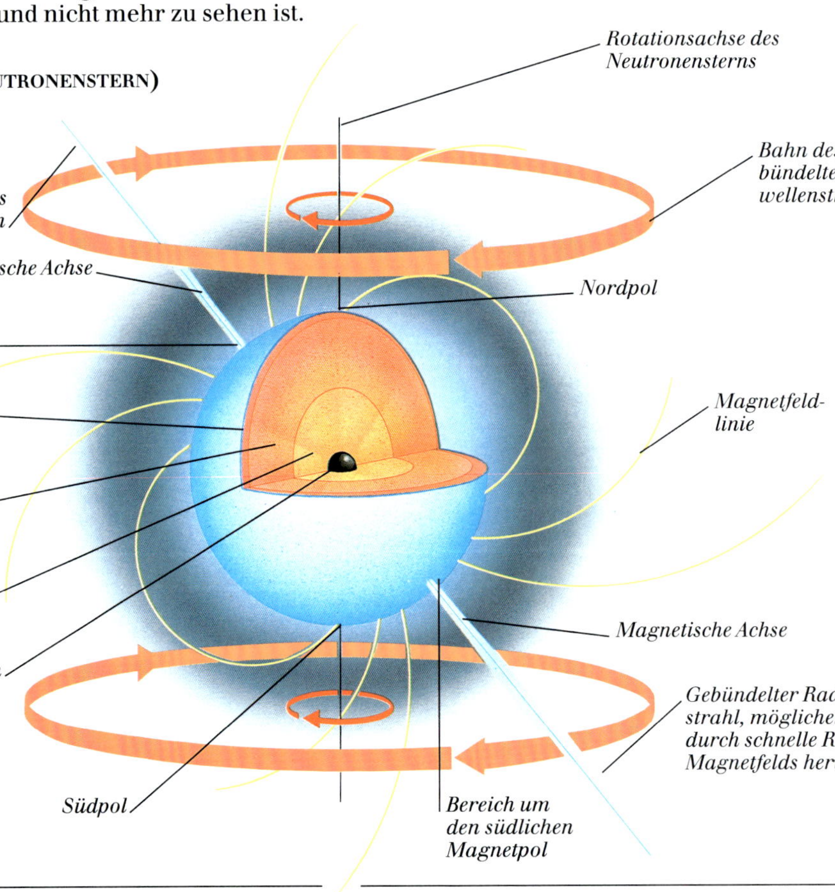

Stellares Schwarzes Loch

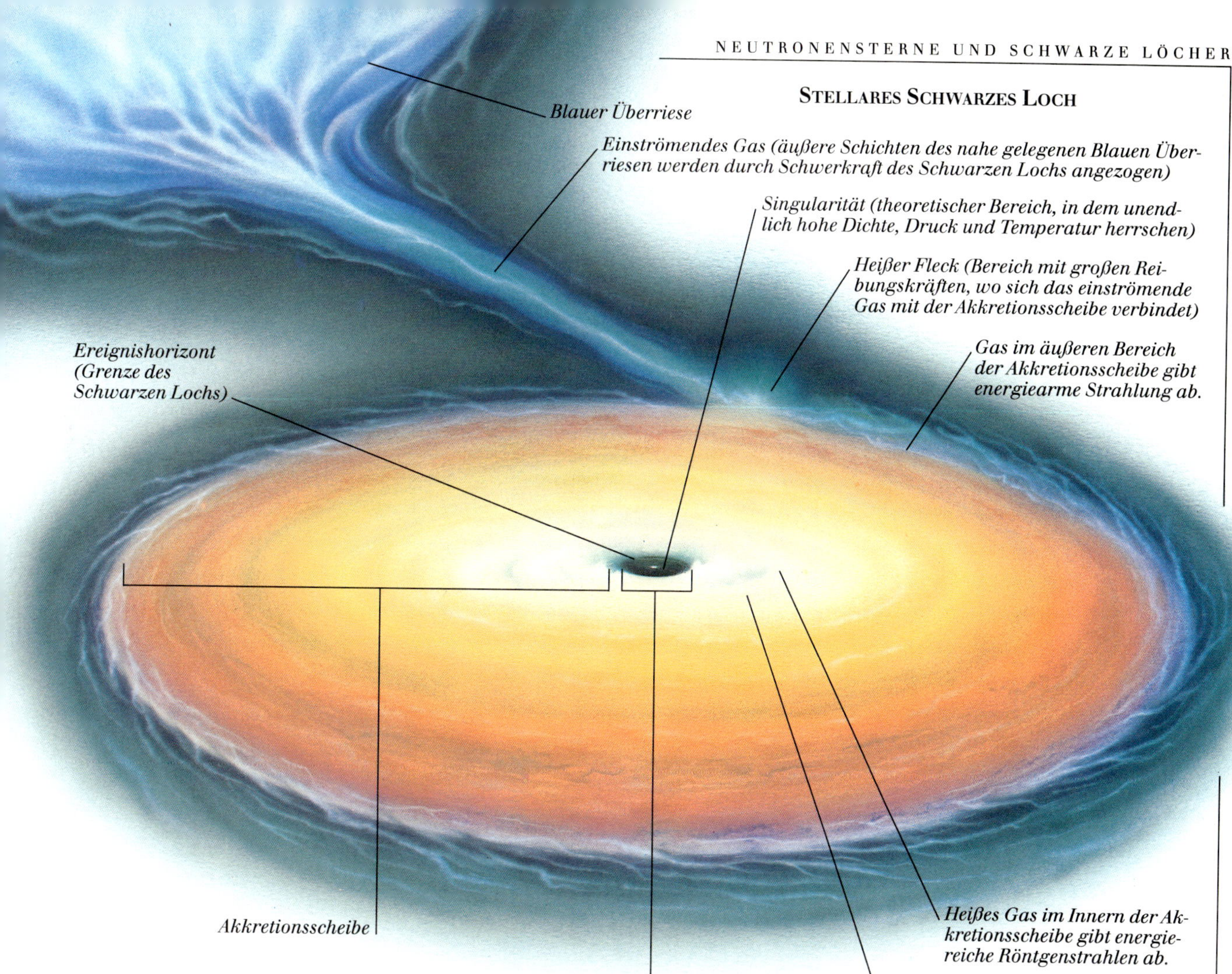

Entstehung eines Schwarzen Lochs

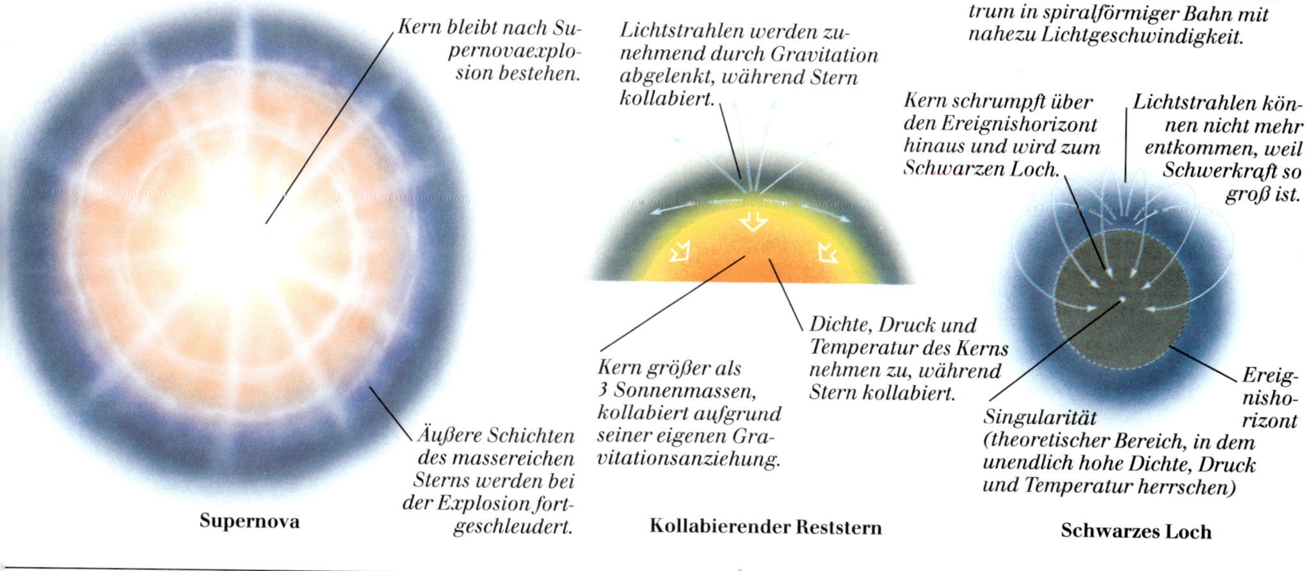

Das Sonnensystem

Die Sonne

Das Sonnensystem besteht aus einem zentralen Stern (Sonne) und den Himmelskörpern, die ihn umkreisen: neun Planeten und ihre 61 bekannten Monde sowie Asteroiden, Kometen und Meteoriten. Das Sonnensystem enthält außerdem interplanetarischen Staub und Gas. Es gibt vier kleine, erdähnliche Gesteinsplaneten nahe der Sonne (Merkur, Venus, Erde und Mars) und vier äußere, gasförmige Riesenplaneten (Jupiter, Saturn, Uranus und Neptun). Pluto (der äußerste Planet, außer wenn er sich kurzzeitig innerhalb der Umlaufbahn Neptuns aufhält) gehört keiner der beiden Gruppen an; er ist sehr klein, fest und vereist. Zwischen den erdähnlichen Planeten und den Riesenplaneten liegt ein Asteroidengürtel mit Tausenden von Gesteinsbrocken, die um die Sonne kreisen. Die meisten Körper im Sonnensystem bewegen sich auf elliptischen Bahnen um die Sonne, wobei diese Bahnen alle innerhalb einer dünnen Scheibe in der Ebene des Sonnenäquators liegen. Alle Planeten kreisen in der gleichen Richtung um die Sonne (von oben gesehen gegen den Uhrzeigersinn), und alle außer Venus, Uranus und Pluto drehen sich auch in dieser Richtung um ihre eigene Achse. Auch die Monde drehen sich um ihre eigene Achse, und sie umkreisen ihre Planeten. Das Sonnensystem umkreist die Milchstraße (s. S. 14–15).

Planetenumlaufbahn

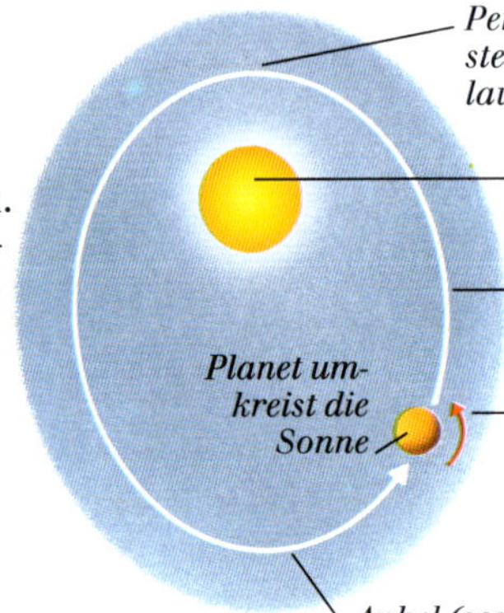

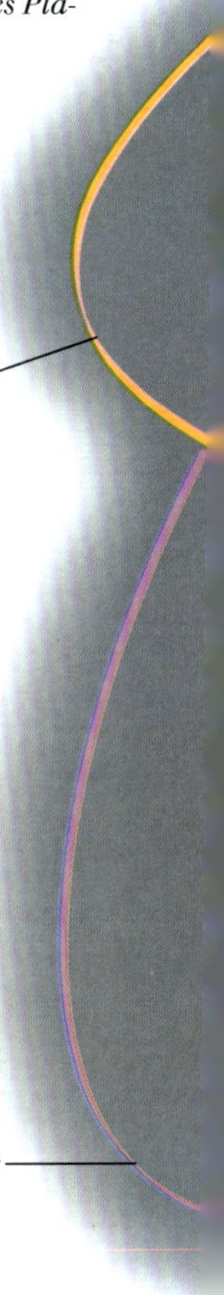

Umlaufbahnen der inneren Planeten

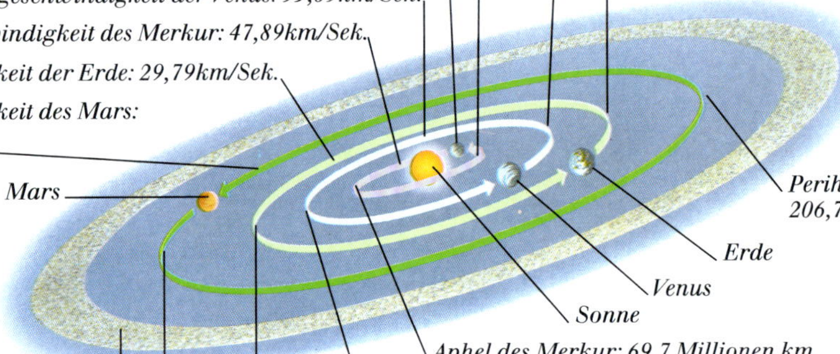

Merkur
Jahr: 87,97 Erdentage
Masse: 0,06 Erdmassen
Durchmesser: 4878 km

Venus
Jahr: 224,7 Erdentage
Masse: 0,81 Erdmassen
Durchmesser: 12 103 km

Erde
Jahr: 365,26 Tage
Masse: 1 Erdmasse
Durchmesser: 12 756 km

Mars
Jahr: 1,88 Erdenjahre
Masse: 0,11 Erdmassen
Durchmesser: 6786 km

Jupiter
Jahr: 11,86 Erdenjahre
Masse: 317,94 Erdmassen
Durchmesser: 142 984 km

Umlaufbahnen der äusseren Planeten

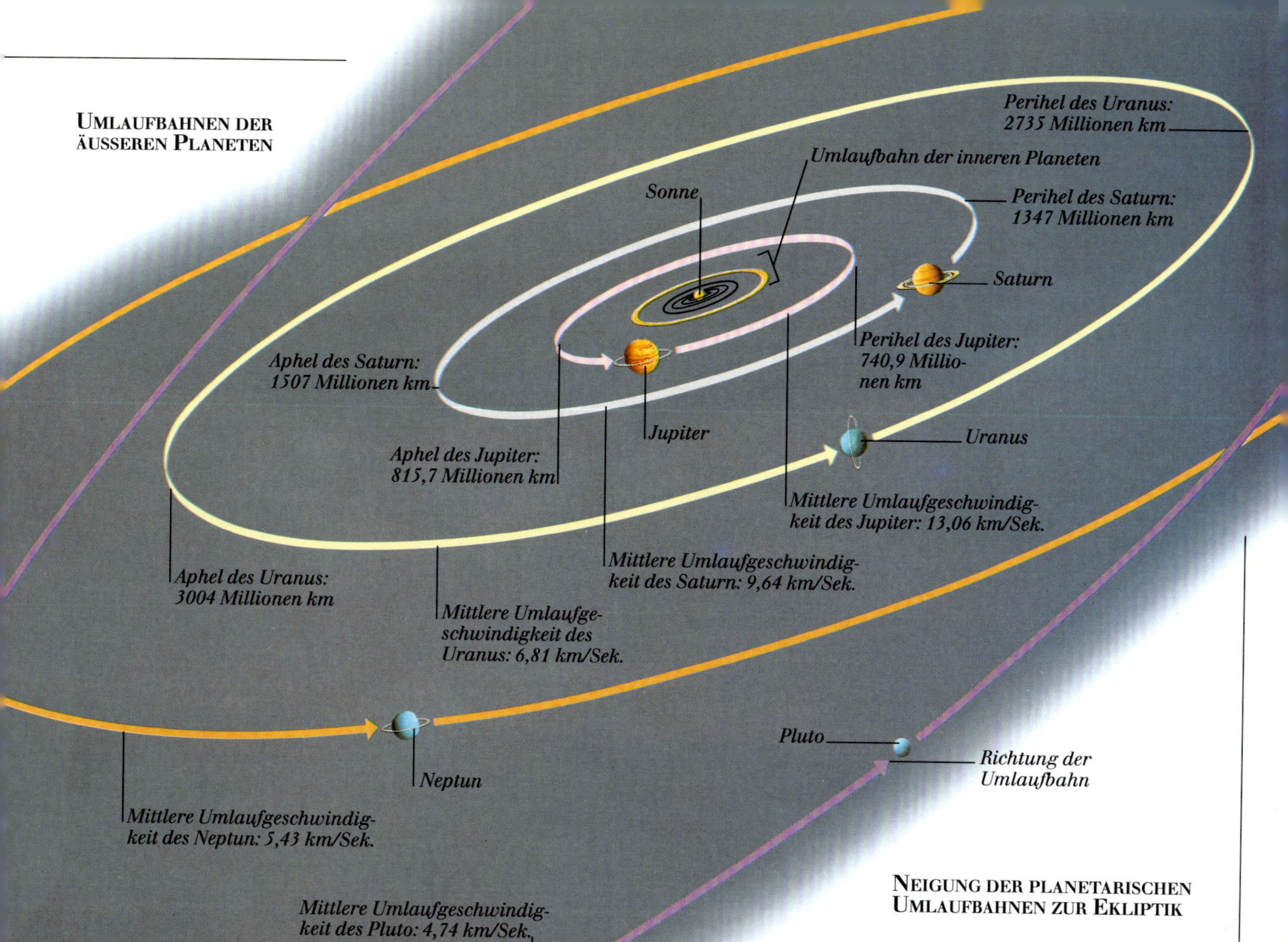

Neigung der planetarischen Umlaufbahnen zur Ekliptik

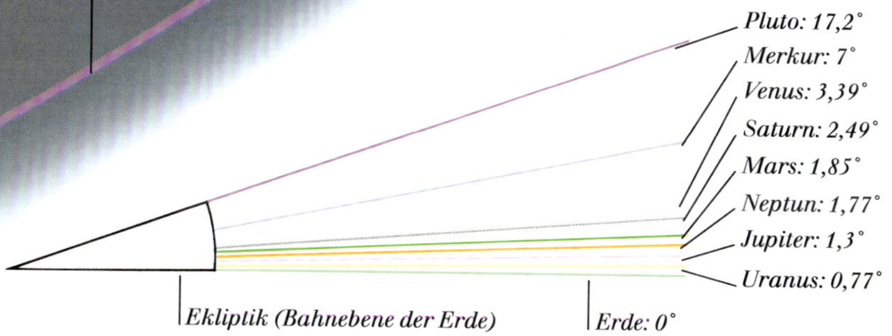

Saturn
Jahr: 29,46 Erdenjahre
Masse: 95,18 Erdmassen
Durchmesser: 120 536 km

Uranus
Jahr: 84,01 Erdenjahre
Masse: 14,54 Erdmassen
Durchmesser: 51 118 km

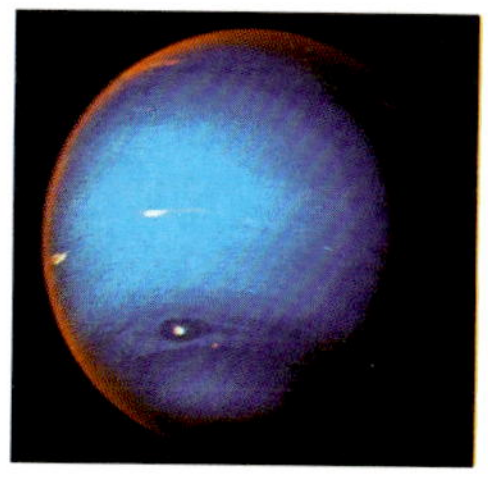

Neptun
Jahr: 164,79 Erdenjahre
Masse: 17,14 Erdmassen
Durchmesser: 49 528 km

Pluto
Jahr: 248,54 Erdenjahre
Masse: 0,0022 Erdmassen
Durchmesser: 2300 km

Die Sonne

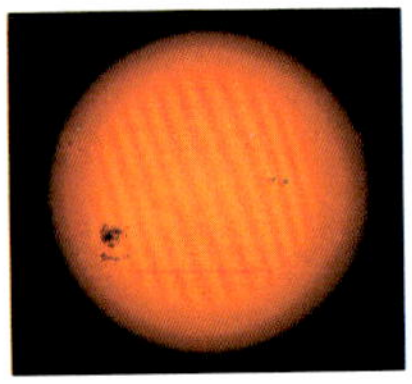

Photosphäre der Sonne

Die Sonne ist der Stern im Zentrum unseres Sonnensystems. Sie ist etwa 5 Mrd. Jahre alt und wird ungefähr noch weitere 5 Mrd. Jahre so leuchten wie bisher. Die Sonne ist ein gelber Hauptreihenstern (s. S. 22–23) mit einem Durchmesser von rund 1,4 Mio. Kilometern. Sie besteht fast ausschließlich aus Wasserstoff und Helium. Im Kern der Sonne wird Wasserstoff durch Kernfusion in Helium umgewandelt, wobei Energie freigesetzt wird. Die Energie wandert vom Kern durch die Strahlungszone und die Konvektionszone zur Photosphäre (sichtbare Oberfläche), wo sie die Sonne als Wärme und Licht verläßt. Auf der Photosphäre befinden sich oft dunkle, verhältnismäßig kalte Bereiche, die Sonnenflecken. Sie treten meist paarweise oder in Gruppen auf und werden wahrscheinlich durch Magnetfelder verursacht. Eine andere Art Sonnenaktivität sind Fackeln (Flares), die meist in Verbindung mit Sonnenflecken auftreten, und Protuberanzen. Fackeln sind plötzliche Ausstöße energiereicher Strahlung und atomarer Teilchen. Protuberanzen sind riesige Gasbögen oder -streifen, die sich in die Sonnenatmosphäre erstrecken, manche halten sich einige Stunden, andere Monate. Jenseits der Photosphäre befindet sich die Chromosphäre (innere Atmosphäre) und die Korona (äußere Atmosphäre). Letztere ist von sehr geringer Dichte und erstreckt sich weit in den interplanetarischen Raum. Winzige Teilchen, die sich von der Korona lösen können, verursachen den Sonnenwind, der sich mit Hunderten von Kilometern in der Sekunde durch den Raum bewegt. Die Chromosphäre und die Korona kann man von der Erde aus sehen, wenn der Mond die Sonnenscheibe bei einer totalen Sonnenfinsternis verdeckt.

Wie es zu einer Sonnenfinsternis kommt

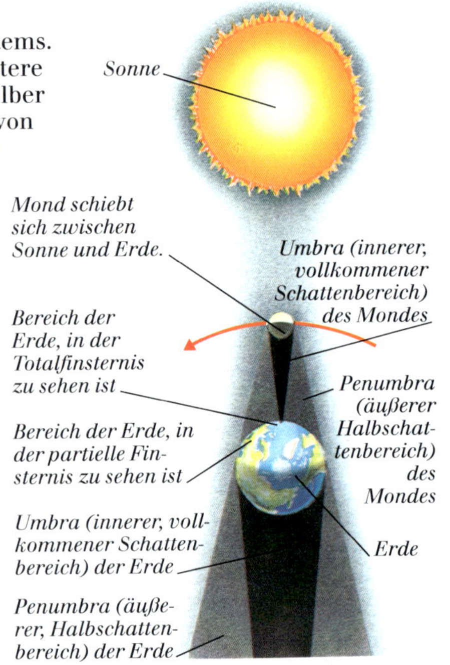

Totale Sonnenfinsternis

Oberflächenmerkmale

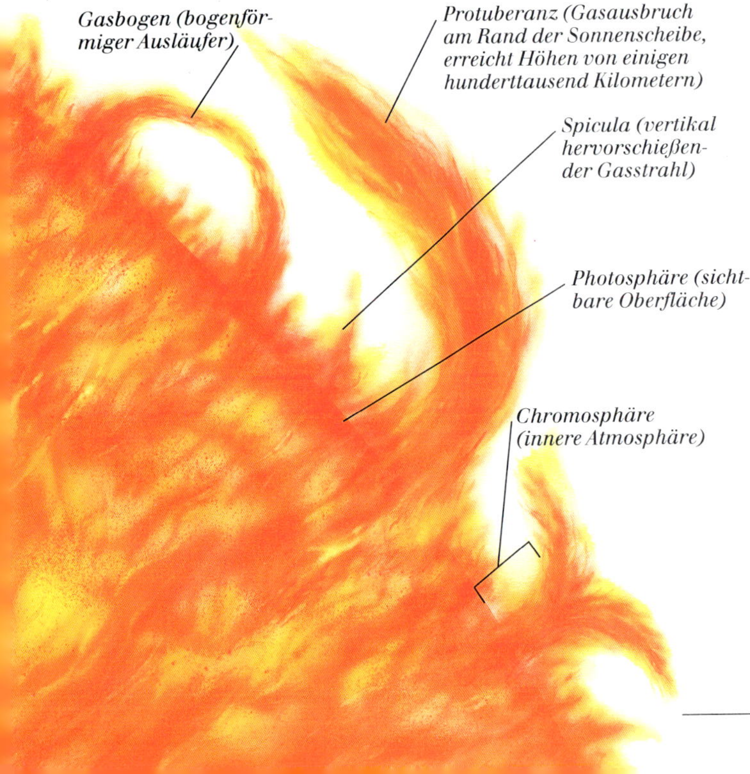

Sonnenflecken

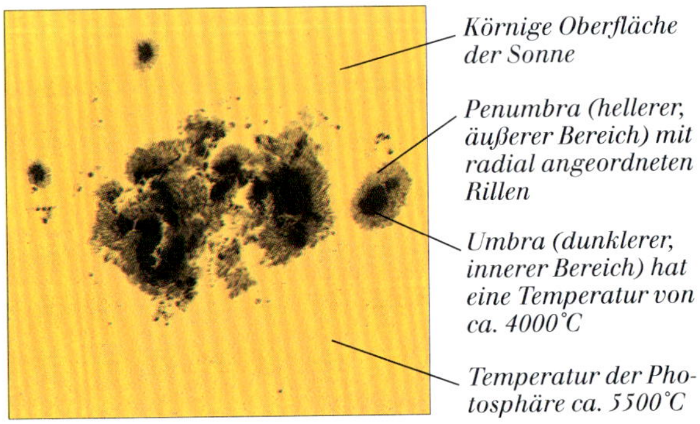

Äussere Merkmale und innere Struktur der Sonne

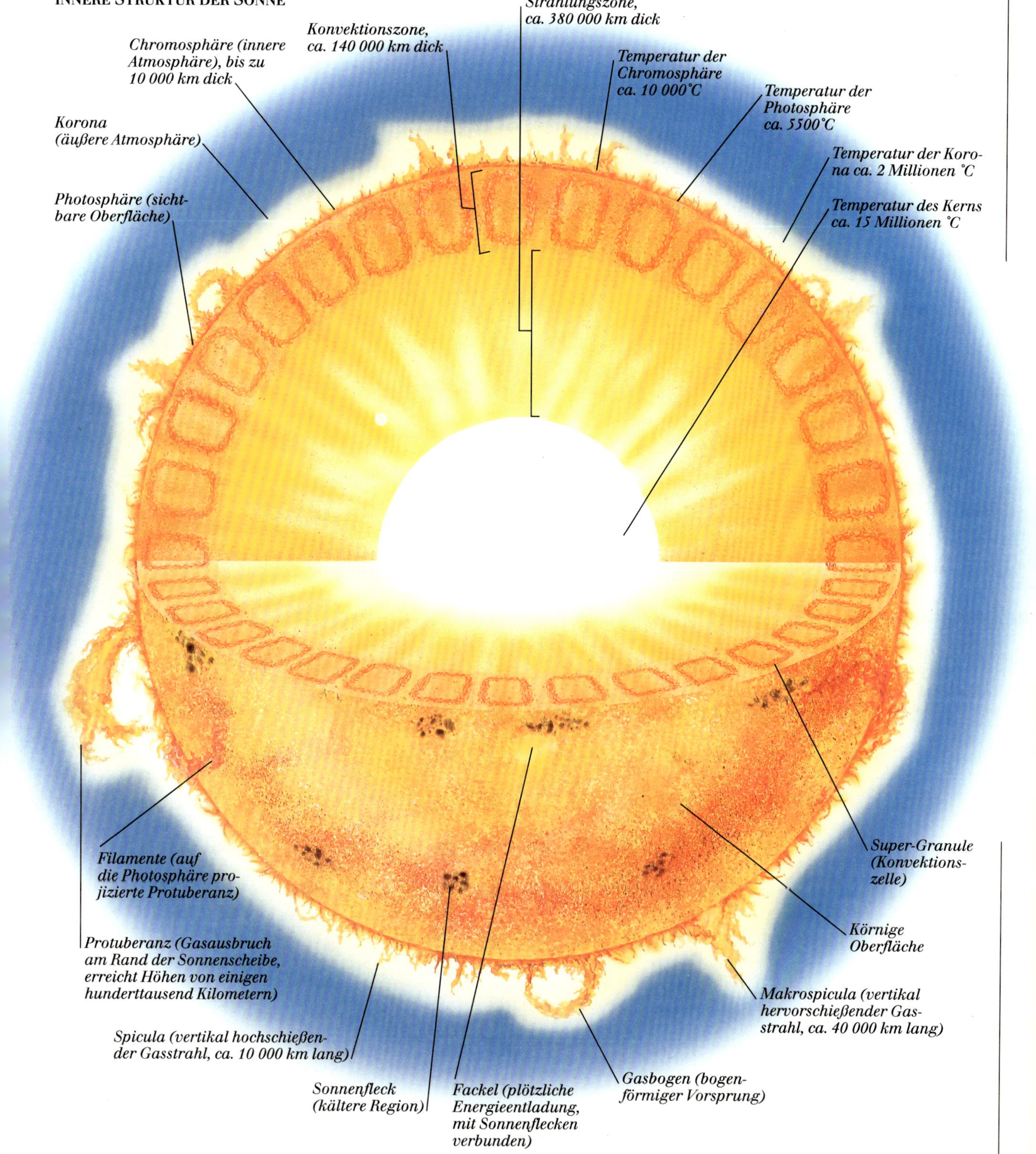

Merkur

Merkur

Merkur ist der Sonne am nächsten und umkreist sie in einer Entfernung von durchschnittlich etwa 58 Millionen Kilometern. Aufgrund seines geringen Abstands zur Sonne bewegt sich der Merkur bei einer mittleren Geschwindigkeit von 48 Kilometern pro Sekunde schneller als alle anderen Planeten und hat eine Umlaufzeit von knapp 88 Tagen. Merkur ist sehr klein (nur Pluto ist noch kleiner) und felsig. Der überwiegende Teil seiner Oberfläche ist, durch den Aufprall von Meteoriten, mit Kratern übersät, obwohl man auch glatte Ebenen mit wenigen Kratern findet. Das Caloris-Becken ist der größte Krater und mißt im Durchmesser etwa 1300 Kilometer. Er ist wahrscheinlich durch den Aufprall eines Gesteinsbrockens von der Größe eines Asteroiden entstanden und ist von konzentrischen Bergringen umgeben, die durch den Aufprall aufgeworfen wurden. Die Oberfläche weist außerdem viele Furchen auf (sogenannte Rupes), die wahrscheinlich entstanden sind, als der heiße Kern des jungen Planeten vor etwa 4 Milliarden Jahren abkühlte und zusammenschrumpfte. Der Planet dreht sich sehr langsam um seine eigene Achse, er benötigt fast 59 Tage für eine Umdrehung. Infolgedessen dauert ein Tag auf Merkur (die Zeit von Sonnenaufgang bis Sonnenaufgang) etwa 176 Erdentage – doppelt so lang wie das 88 Tage lange Merkurjahr. Auf Merkur herrschen extreme Oberflächentemperaturen, von maximal +430°C auf der Sonnenseite bis –170°C auf der dunklen Seite. Bei Anbruch der Nacht sinkt die Temperatur sehr rasch ab, weil der Planet fast keine Atmosphäre hat. Diese besteht lediglich aus winzigen Mengen an Helium und Wasserstoff, die vom Sonnenwind eingefangen werden, und außerdem noch aus Spuren anderer Gase.

Neigung und Rotation des Merkur

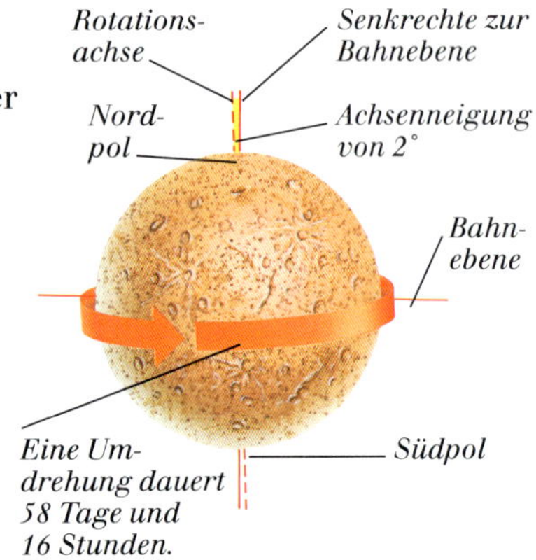

Degas und Brontë (strahlenförmige Krater)

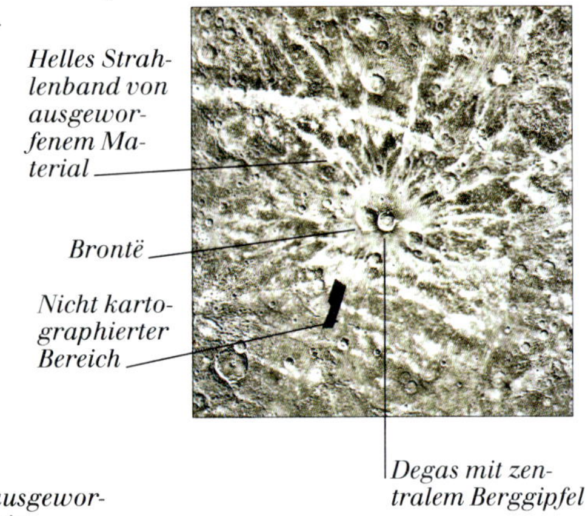

Entstehung eines strahlenförmigen Kraters

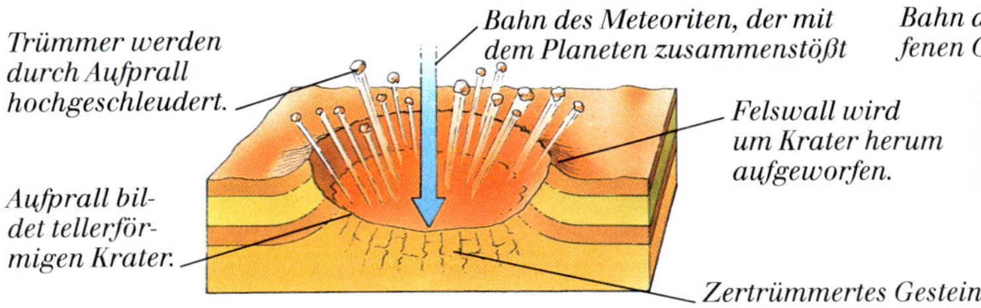

Aufprall des Meteoriten

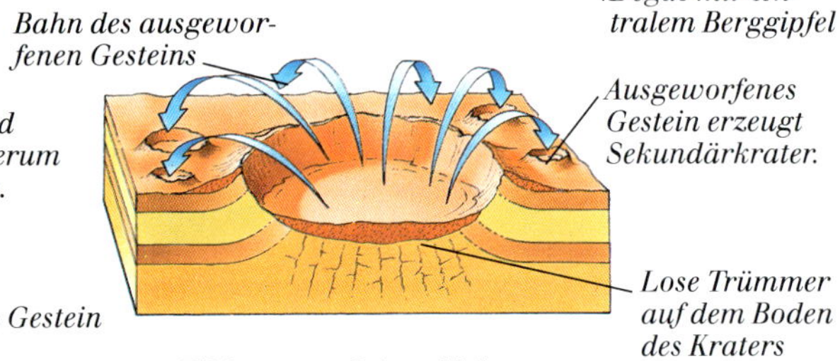

Bildung von Sekundärkratern

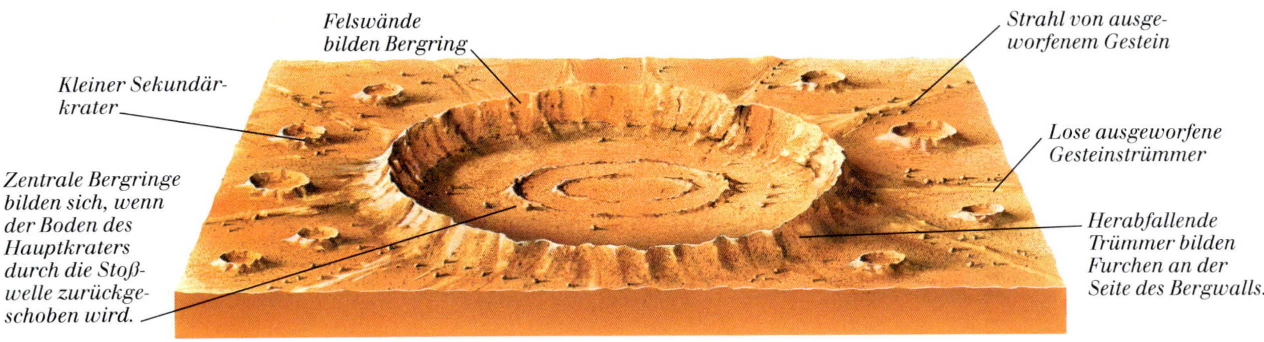

Strahlenförmiger Krater

Zusammensetzung der Atmosphäre

Äussere Merkmale und innere Struktur des Merkur

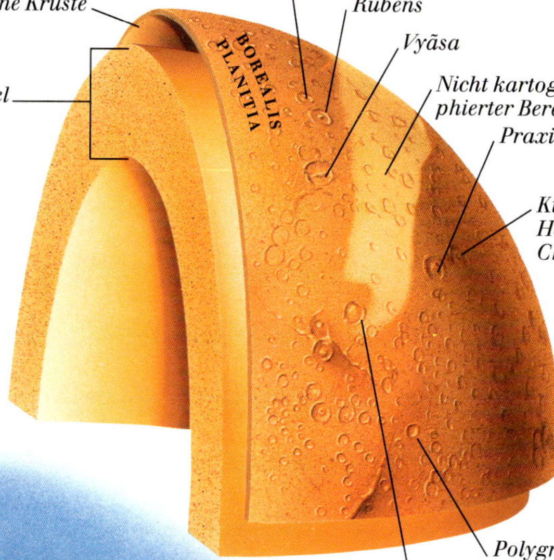

Krater und Ebenen im Bereich des Nordpols vom Merkur

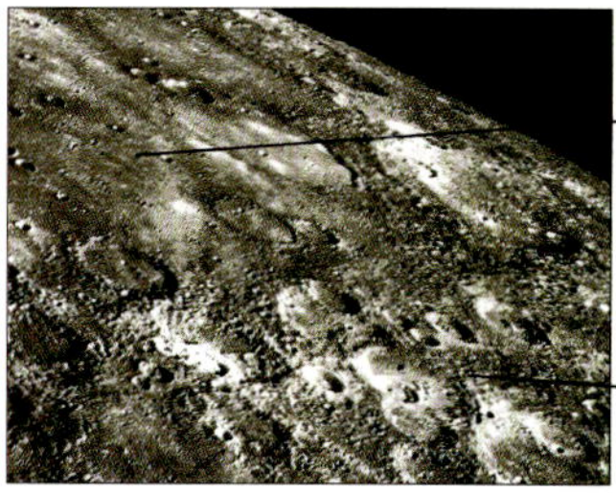

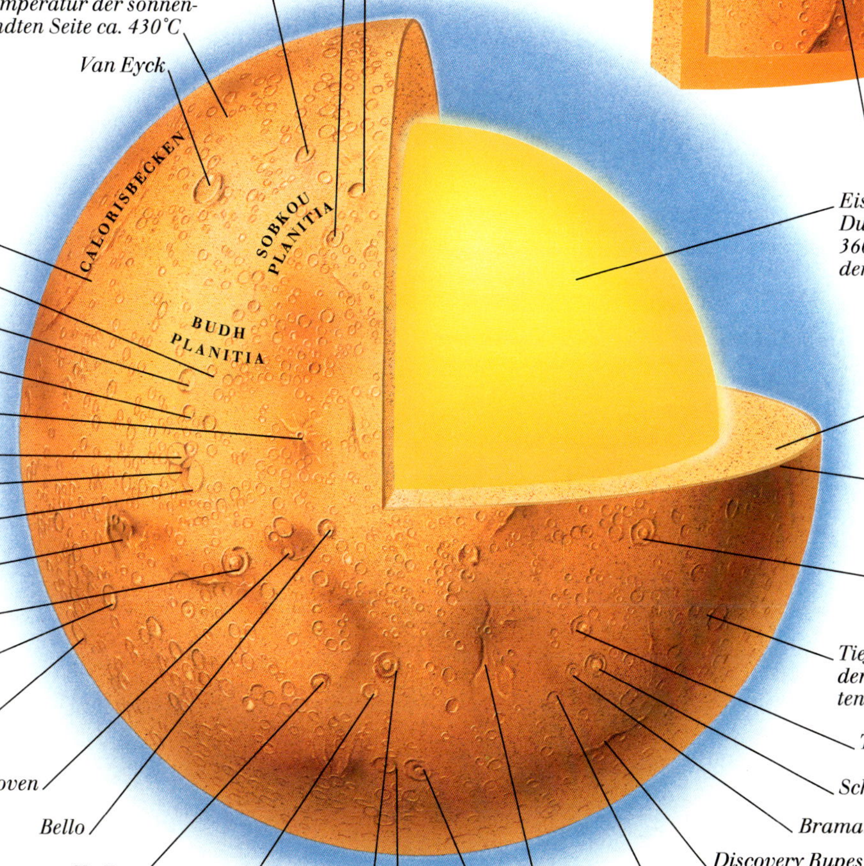

Venus

Radarbild der Venus

Die Venus ist ein Gesteinsplanet und von der Sonne aus gesehen der zweite Planet. Während sie die Sonne umkreist, dreht sich Venus sehr langsam rückläufig. Dadurch ist ihre Rotationszeit mit etwa 243 Erdentagen die längste im Sonnensystem. Venus ist etwas kleiner als die Erde und ähnlich aufgebaut, mit einem halbfesten Metallkern, umgeben von einem Mantel und einer Kruste aus Stein. Sie ist nach Sonne und Mond das hellste Objekt am Himmel, weil ihre Atmosphäre das Sonnenlicht stark reflektiert. Die Atmosphäre besteht hauptsächlich aus Kohlendioxid, das die Wärme durch einen Treibhauseffekt staut, der viel stärker ist als der auf der Erde. Venus ist deshalb der heißeste Planet, mit bis zu 480°C an der Oberfläche. Die dicken Wolkenschichten enthalten Tropfen von Schwefelsäure und wandern, durch den Wind getrieben, mit bis zu 360 km/h um den Planeten. Obwohl der Planet 243 Tage benötigt, um sich einmal um seine eigene Achse zu drehen, ziehen die Wolken aufgrund der schnellen Winde in nur vier Erdentagen um den Planeten. Durch die hohen Temperaturen, die sauren Wolken und den gewaltigen atmosphärischen Druck (etwa 90mal größer als auf der Erdoberfläche) herrschen auf der Venus sehr unwirtliche Bedingungen. Trotzdem konnten Raumsonden auf der Venusoberfläche landen und ihre trockene, staubige Oberfläche fotografieren. Die Oberfläche wurde außerdem durch viele Sonden und durch Radargeräte kartiert, die durch die Wolkenschichten „hindurchsehen“ können. Solche Radarkarten zeigen eine Landschaft mit Kratern, Bergen, Vulkanen und Gegenden, in denen Krater durch erstarrte vulkanische Lava zugedeckt wurden. Es gibt zwei große Hochlandregionen, Aphrodite Terra und Ishtar Terra.

Neigung und Rotation der Venus

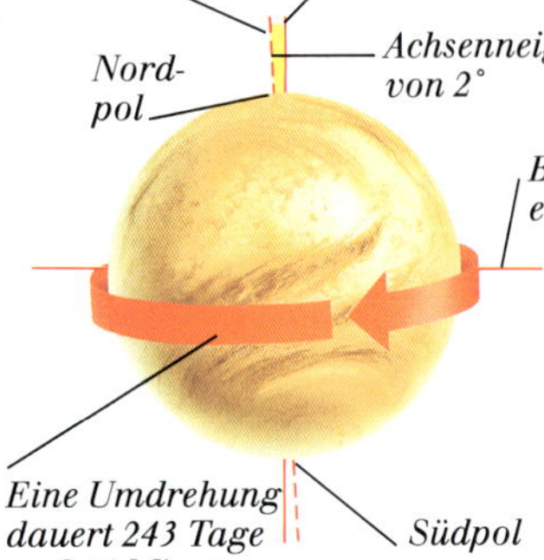

Wolkenstrukturen

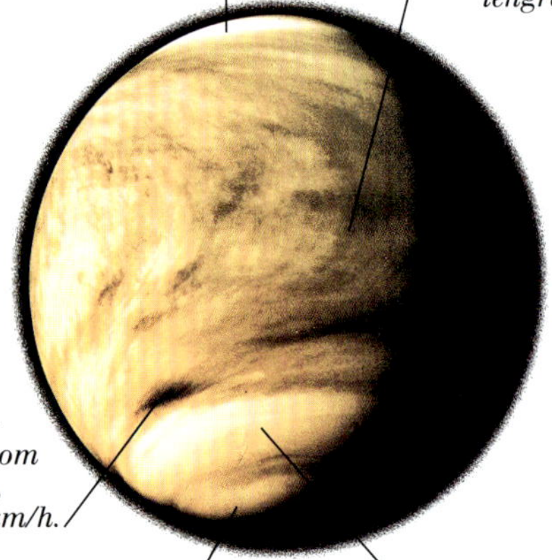

Venuskrater

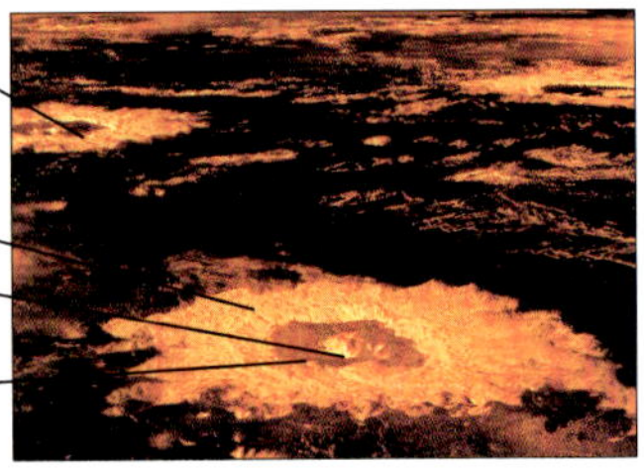

Falschfarben-Radarkarte der Venusoberfläche

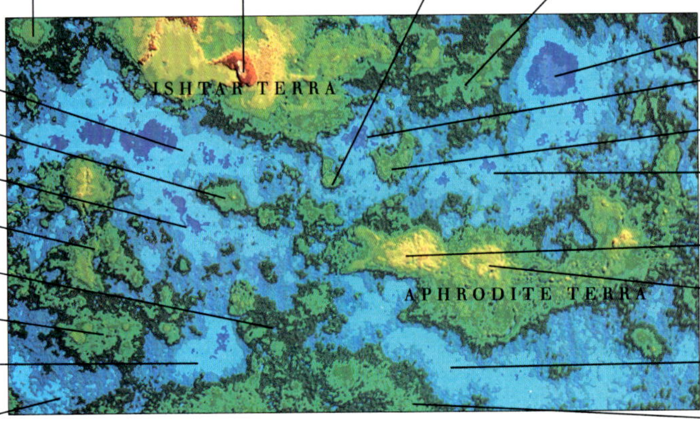

Äussere Merkmale und innere Struktur der Venus

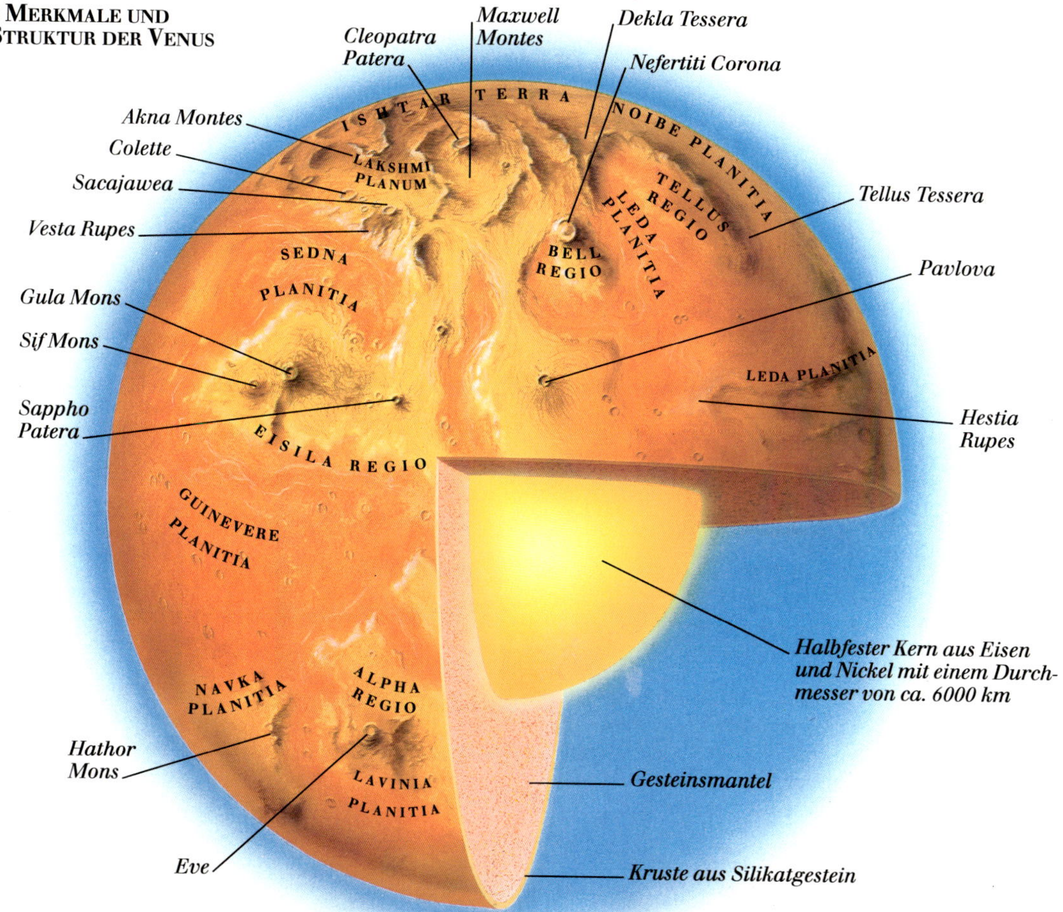

Atmosphäre

Struktur

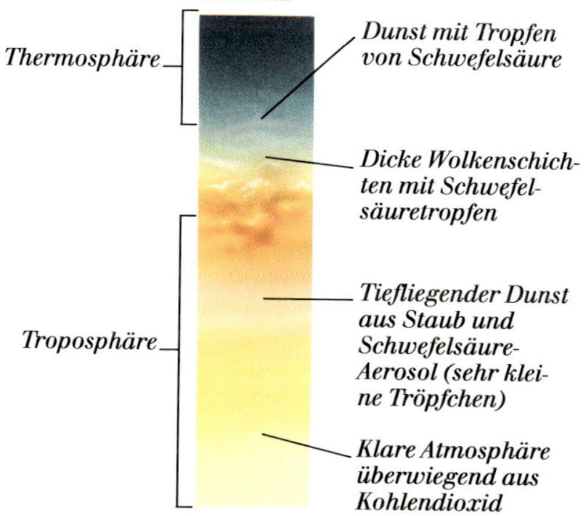

Zusammensetzung

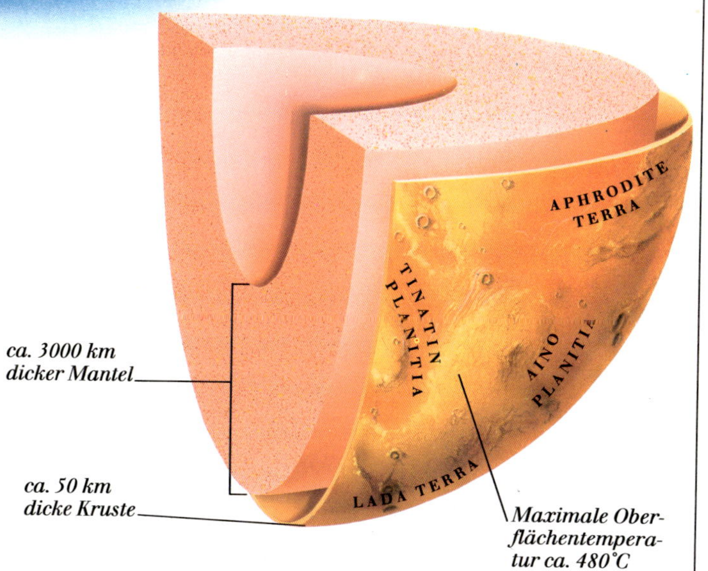

Die Erde

Erde

Die Erde ist von der Sonne aus der dritte Planet, der größte und dichteste der Gesteinsplaneten, und der einzige Planet, von dem wir wissen, daß Leben auf ihm möglich ist. Das Erdinnere besteht aus Gestein und Metall und ist damit typisch für einen Gesteinsplaneten. Doch ist die Kruste ungewöhnlich, da sie aus einzelnen Platten besteht, die sich langsam gegeneinander verschieben. Dort, wo die Platten aufeinandertreffen, kommt es zu Erdbeben und Vulkantätigkeit. Die Erdatmosphäre wirkt wie eine Schutzhülle, indem sie die schädliche Strahlung der Sonne abweist und verhindert, daß Meteoriten die Oberfläche des Planeten erreichen. Gleichzeitig staut sie genug Wärme, um extrem niedrige Temperaturen zu verhindern. Etwa 70 Prozent der Erdoberfläche sind von Wasser bedeckt, das auf keiner anderen Planetenoberfläche im flüssigen Zustand vorkommt. Die Erde besitzt einen natürlichen Satelliten, den Mond, der so groß ist, daß beide Körper als Doppelplanet aufgefaßt werden können.

Neigung und Rotation der Erde

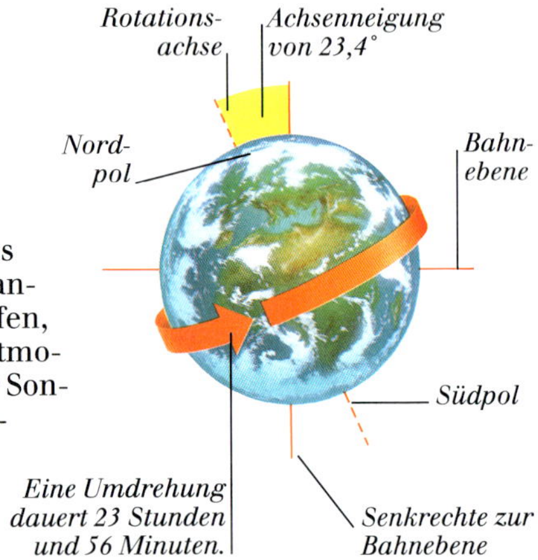

Die Entstehung der Erde

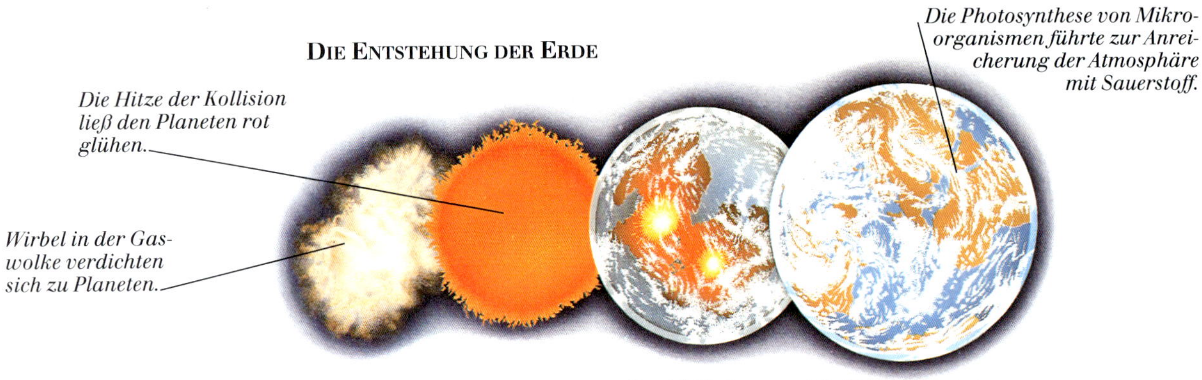

Vor 4,6 Mrd. Jahren entstand das Sonnensystem aus einer Staub- und Gaswolke.

Die Erde entsteht aus aufeinanderprallenden Gesteinsbrocken.

Vor 4,5 Mrd. Jahren kühlte die Erdkruste ab und erstarrte.

Die Urkontinente brachen auseinander und verschmolzen neu. Langsam entstand das Bild der heutigen Erde.

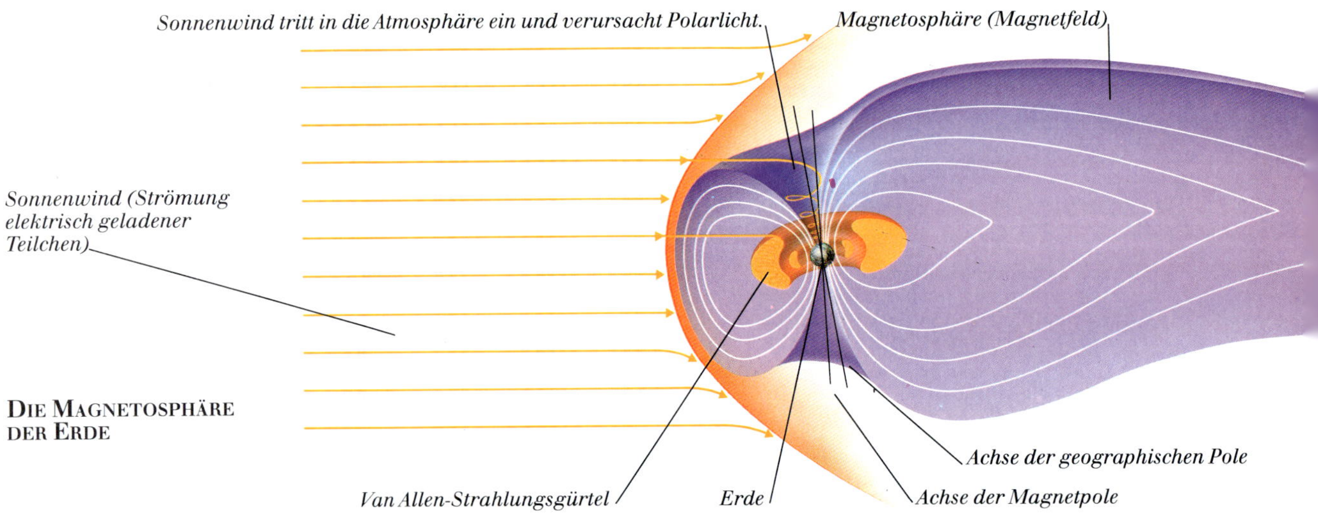

Die Magnetosphäre der Erde

Äussere Merkmale und innere Struktur der Erde

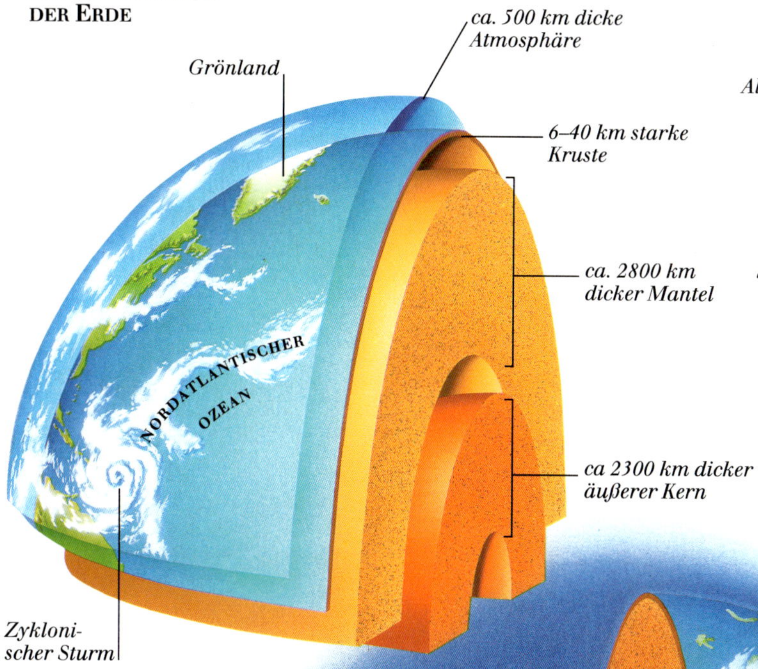

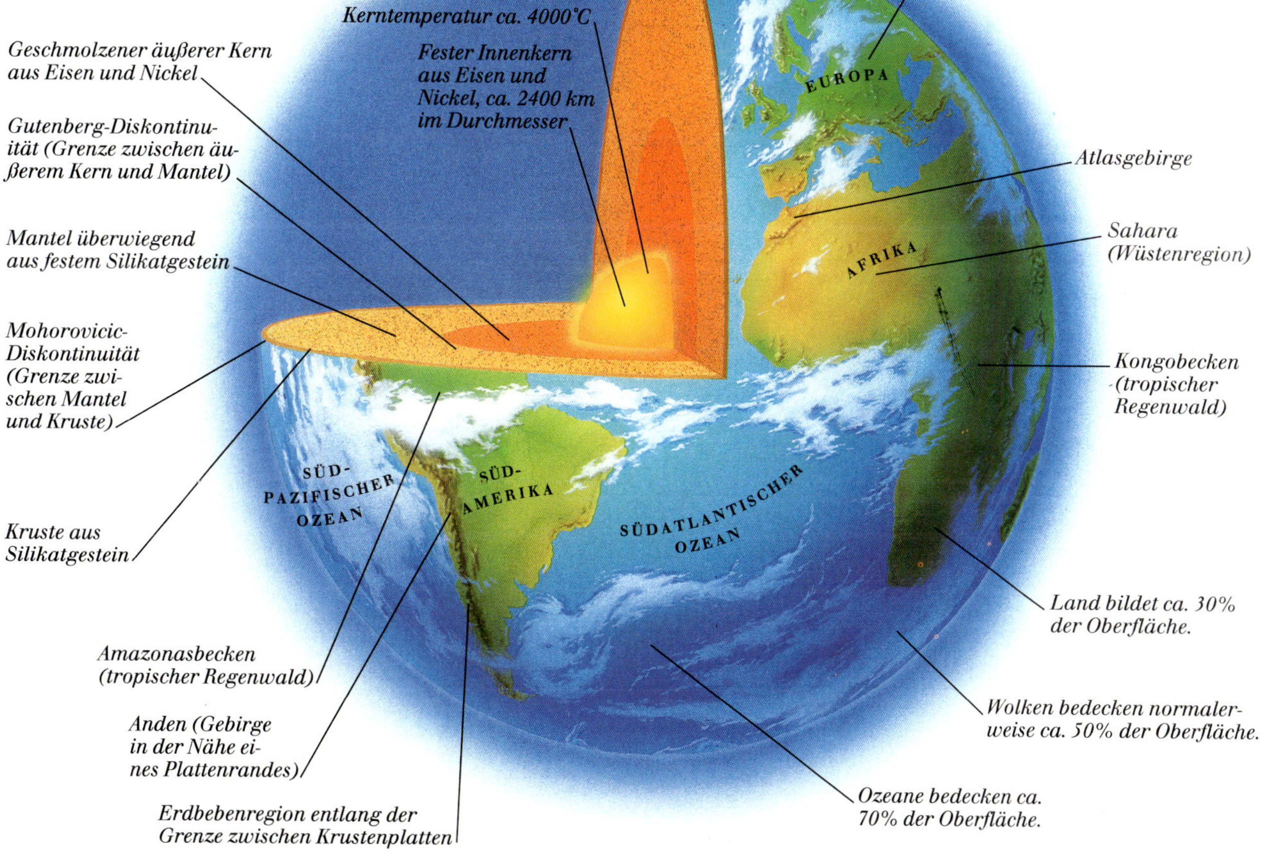

Zusammensetzung der Erde

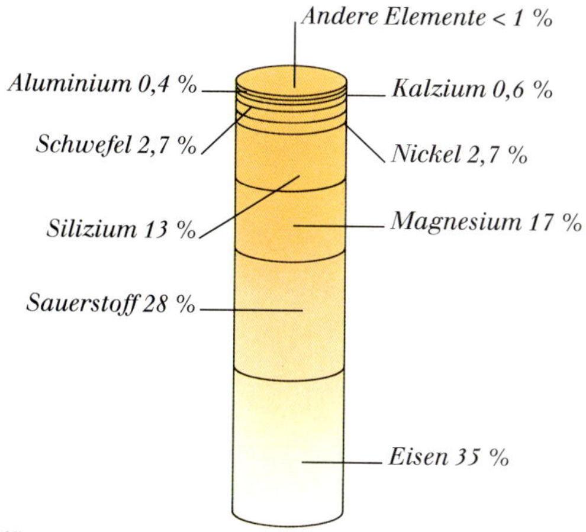

Der Mond

Der Mond von der Erde gesehen

Der Mond ist der einzige natürliche Satellit der Erde. Er ist verhältnismäßig groß für einen Mond. Sein Durchmesser beträgt ca. 3470 Kilometer – etwas mehr als ein Viertel des Erddurchmessers. Der Mond benötigt für die Rotation um seine eigene Achse die gleiche Zeit wie für einen Erdumlauf (27,3 Tage), deshalb ist uns immer die gleiche Mondseite zugewandt. Der Teil, den wir sehen können – die Mondphase – hängt jedoch davon ab, wieviel der erdzugewandten Seite von der Sonne angestrahlt wird. Der Mond ist trocken und öd, ohne Atmosphäre und ohne Wasser. Er besteht hauptsächlich aus festem Gestein, obwohl sein Kern eventuell geschmolzenes Gestein oder Eisen enthält. Die Oberfläche ist staubig, das Hochland übersät mit Kratern, die durch den Aufprall von Meteoriten entstanden sind, während im Tiefland große Krater durch erstarrte Lava gefüllt wurden und dunkle Flächen bilden, „Maria“ oder Meere genannt. Meere treten überwiegend auf der erdzugewandten Seite auf, da die Kruste hier dünner ist. Viele Krater sind von Gebirgsketten umsäumt, welche den Kraterrand bilden und viele tausend Meter hoch sein können.

Neigung und Rotation des Mondes

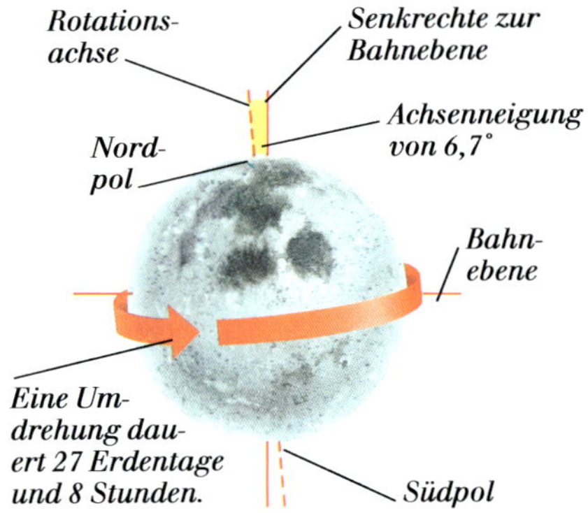

Krater im Oceanus Procellarum

Erdzugewandte Seite des Mondes

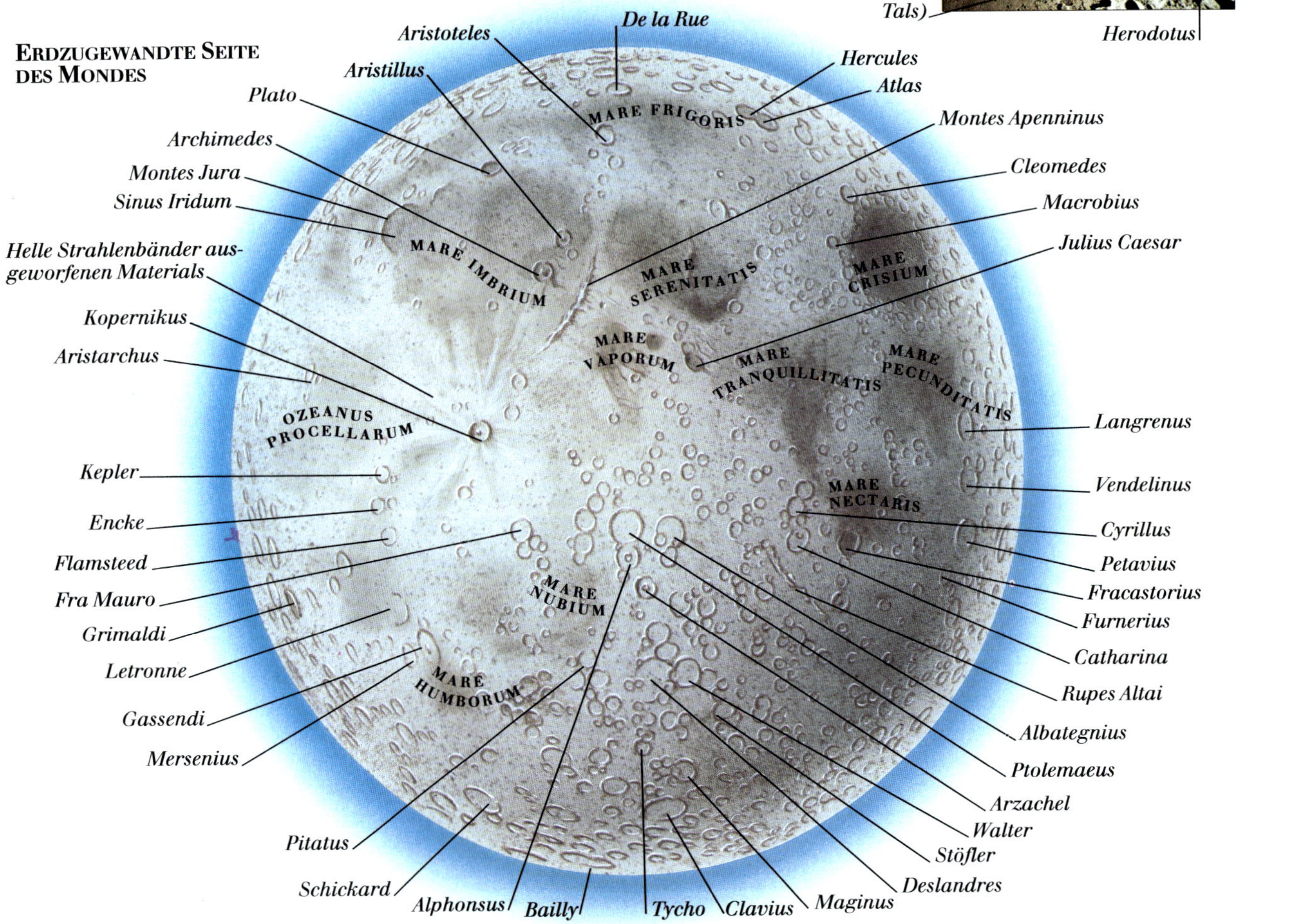

MONDPHASEN

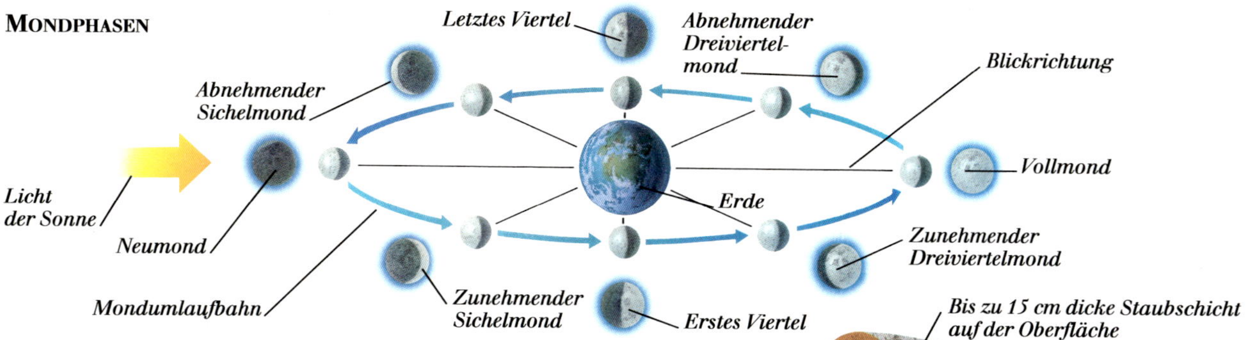

ERDABGEWANDTE SEITE DES MONDES

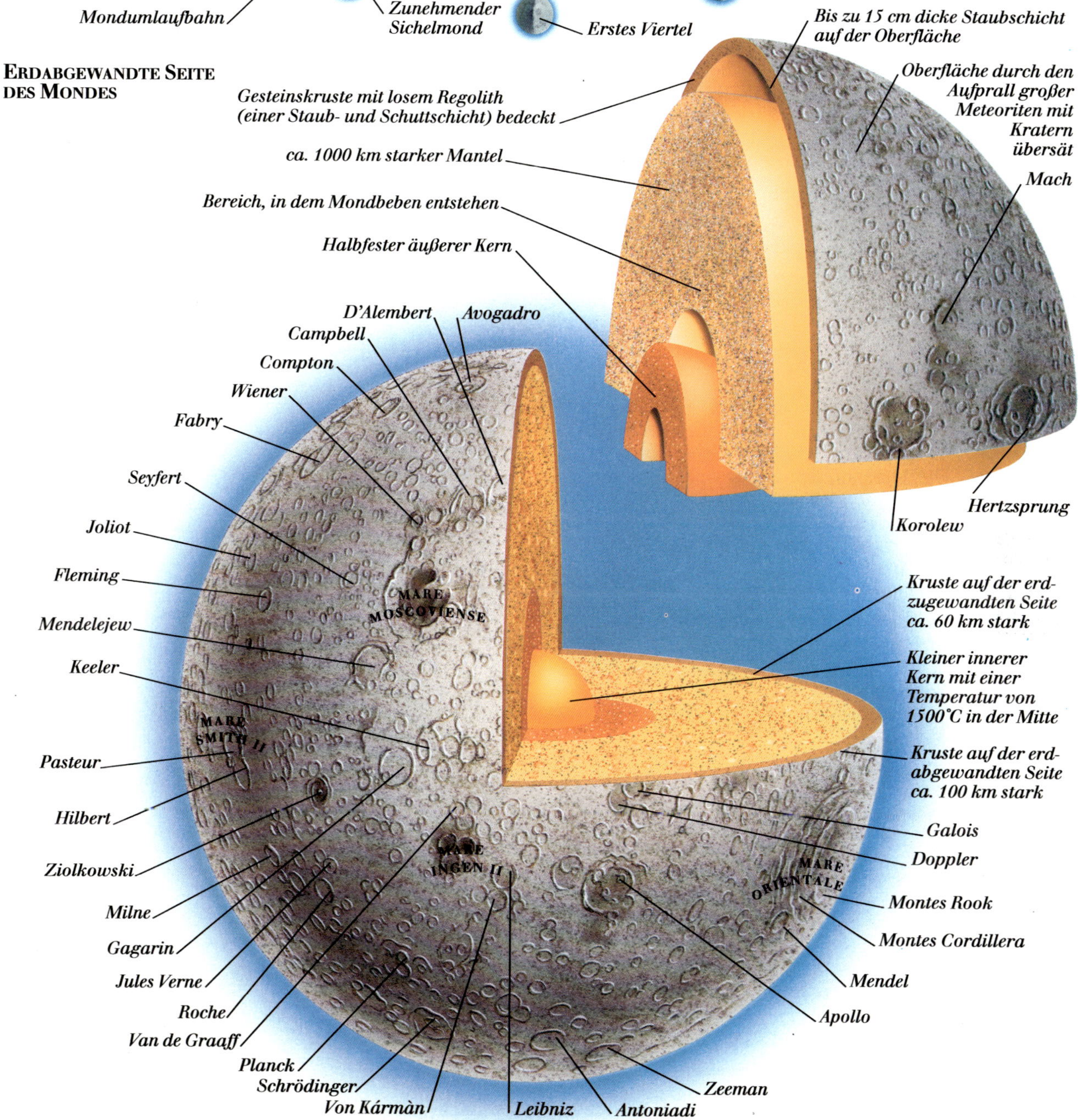

Mars

Mars

Mars, den man auch als Roten Planeten bezeichnet, ist von der Sonne aus der vierte Planet und gleichzeitig der äußerste der erdähnlichen Planeten. Im 19. Jahrhundert wurden von den Astronomen erstmals Zeichen entdeckt, die auf ein Leben auf dem Mars hinzuweisen schienen. Dazu zählten kanalähnliche Gebilde auf der Oberfläche und dunkle Flecken, die man für Vegetation hielt. Inzwischen weiß man, daß es sich bei den „Kanälen“ um eine optische Täuschung handelt und daß die dunklen Flecken Bereiche sind, von denen der rote Staub, der den größten Teil des Planeten bedeckt, fortgeweht wurde. Die feinen Staubpartikel werden oft durch den Wind zu Staubstürmen aufgepeitscht, die manchmal fast die gesamte Oberfläche verdecken. Staubrückstände in der Atmosphäre färben den Marshimmel rosa ein. Die nördliche Hemisphäre des Mars weist viele große Ebenen auf, die aus erstarrter vulkanischer Lava bestehen, während sich auf der südlichen Halbkugel viele Krater und große Einschlagbecken befinden. Außerdem gibt es mehrere riesige erloschene Vulkane, darunter Olympus Mons, der mit einem Durchmesser von 600 Kilometern und einer Höhe von 25 Kilometern der größte bekannte Vulkan im Sonnensystem ist. Die Oberfläche ist außerdem durch viele Schluchten und verzweigte Rinnen unterbrochen. Die Schluchten sind durch Bewegungen der Oberflächenkruste entstanden, aber die Rinnen wurden vermutlich durch fließendes Wasser erzeugt, das inzwischen ausgetrocknet ist. Die Marsatmosphäre ist wesentlich dünner als die der Erde und weist nur wenige Wolken auf sowie etwas Morgendunst. Mars besitzt zwei winzige, unregelmäßig geformte Monde namens Phobos und Deimos. Ihre geringe Größe weist darauf hin, daß es sich bei ihnen um Asteroiden handeln könnte, die vom Gravitationsfeld des Mars eingefangen wurden.

Neigung und Rotation des Mars

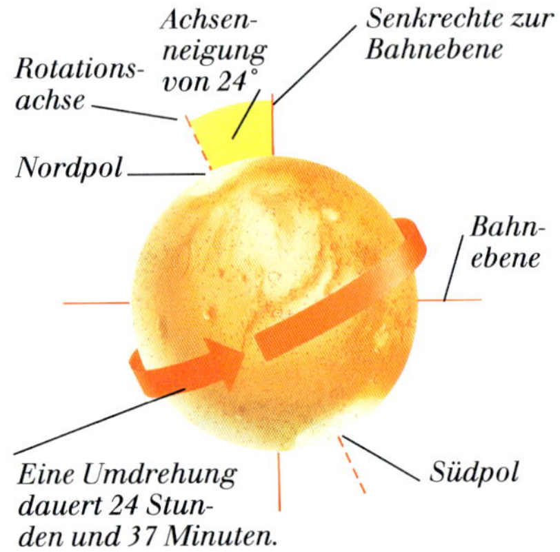

Oberflächenmerkmale des Mars

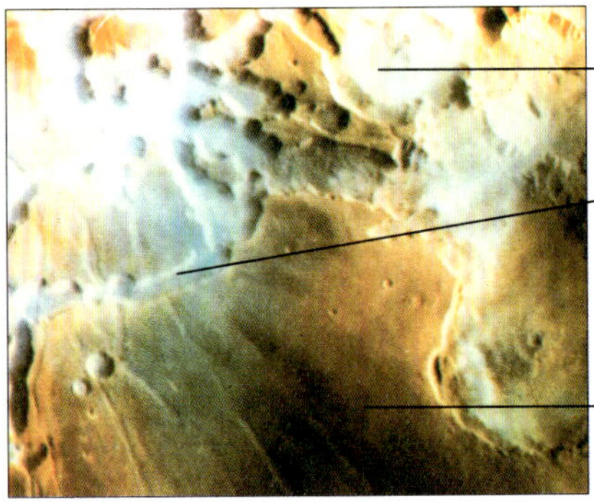

Noctis Labyrinthus (Schluchtensystem)

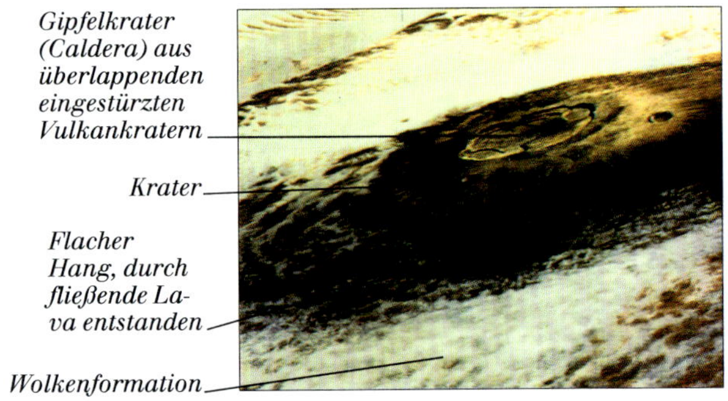

Olympus Mons (erloschener Schildvulkan)

Die Marsoberfläche

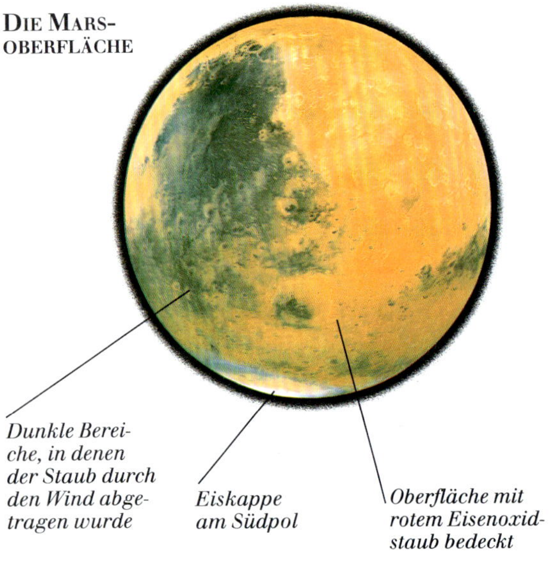

Die Monde des Mars

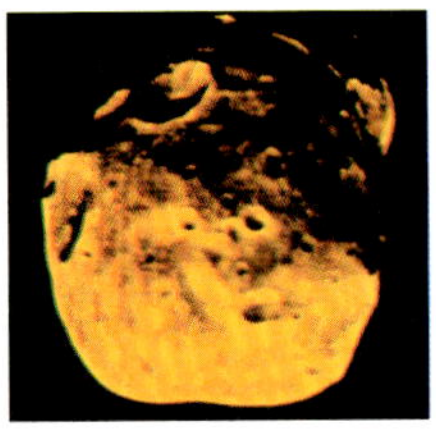

Phobos
Mittlerer Durchmesser: 22 km
Mittlere Entfernung vom Planeten: 9400 km

Deimos
Mittlerer Durchmesser: 13 km
Mittlere Entfernung vom Planeten: 23 500 km

Äussere Merkmale und innere Struktur des Mars

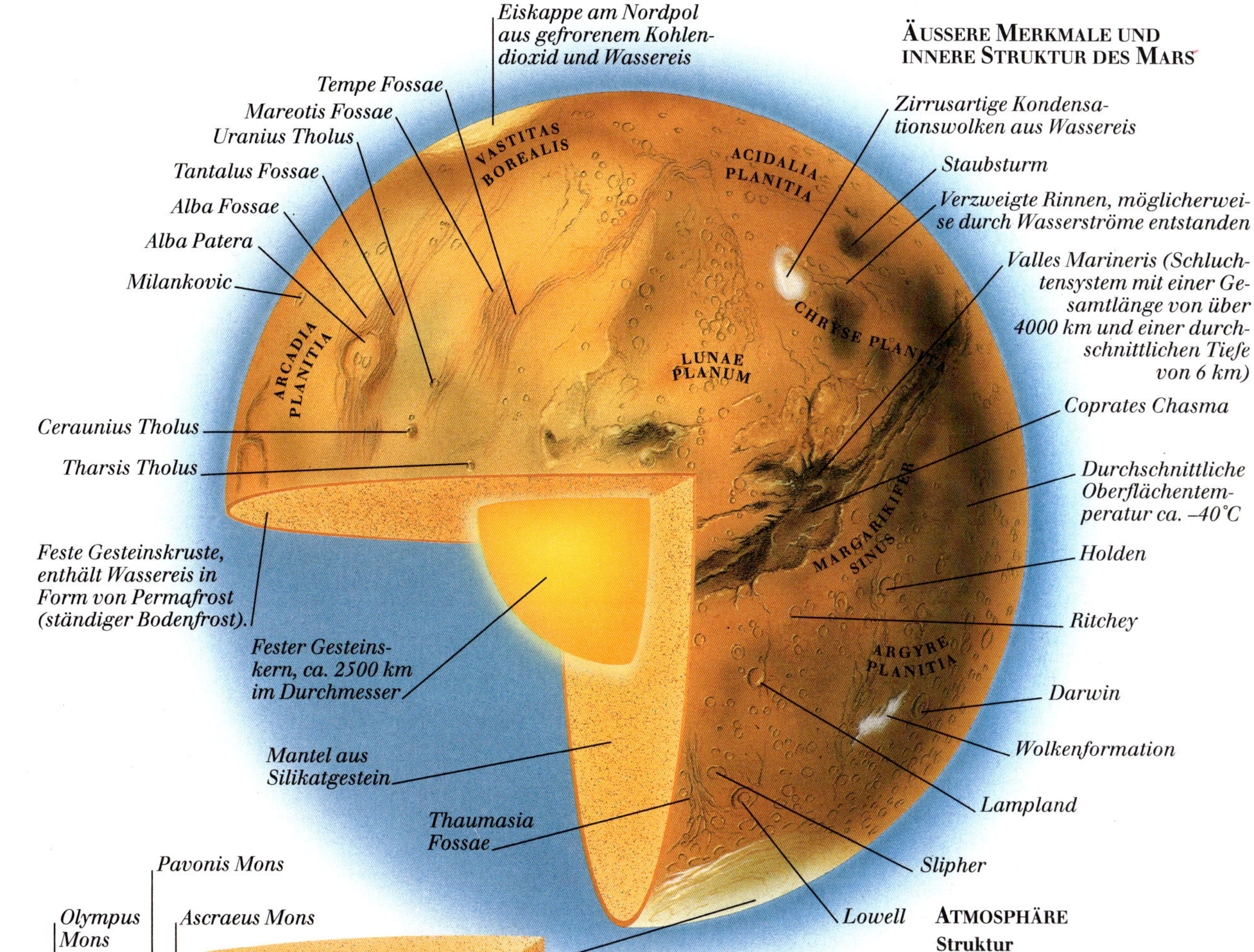

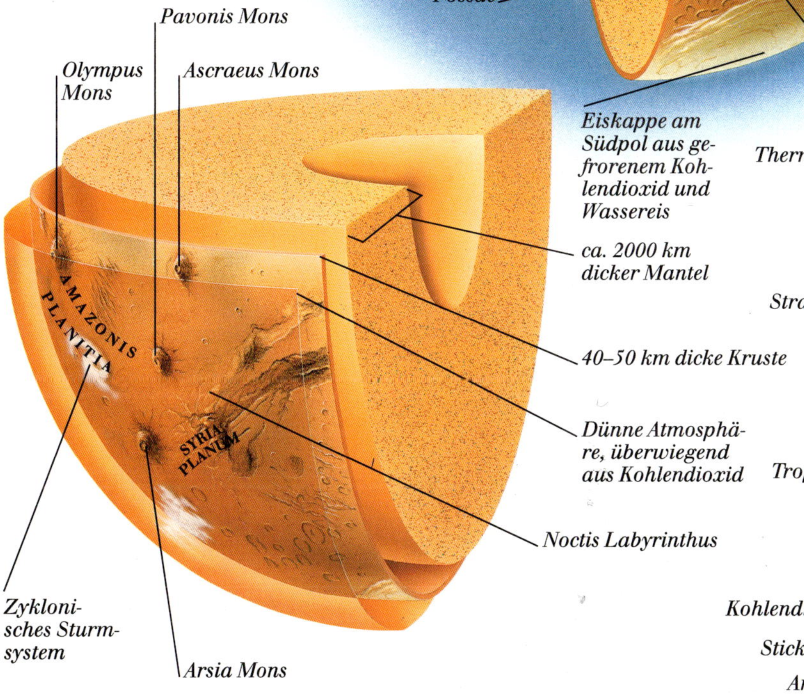

Atmosphäre

Struktur

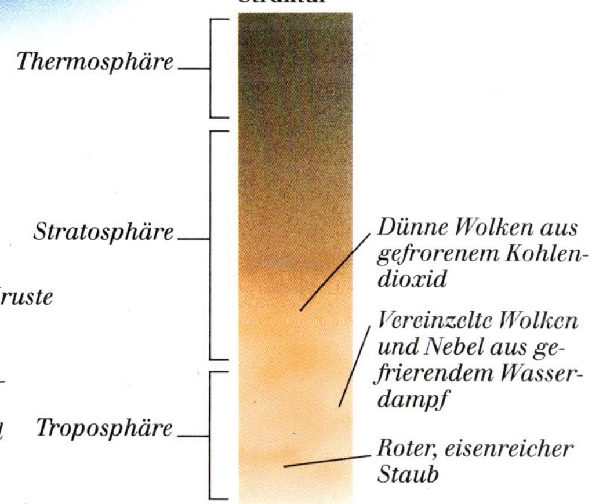

Zusammensetzung

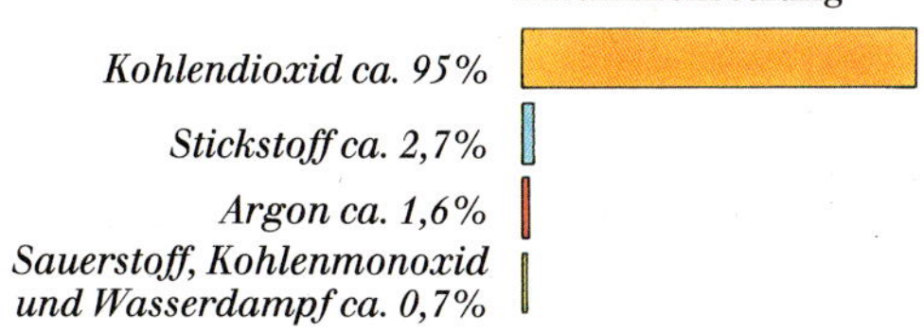

Jupiter

Jupiter

Jupiter ist von der Sonne aus der fünfte Planet und der erste der vier Riesenplaneten. Er ist der größte und zugleich massereichste Planet, sein Durchmesser ist 11mal so groß wie der der Erde, und seine Masse macht etwa das 2,5fache des Gesamtgewichts aller acht übrigen Planeten zusammen aus. Jupiter hat vermutlich einen kleinen Gesteinskern, der von einem inneren Mantel aus metallischem Wasserstoff umgeben ist (flüssiger Wasserstoff mit metallischen Eigenschaften). Außerhalb dieses inneren Mantels befindet sich ein Außenmantel aus flüssigem Wasserstoff und Helium, der in eine gasförmige Atmosphäre übergeht. Jupiters hohe Rotationsgeschwindigkeit bewirkt, daß die Wolken in seiner Atmosphäre Gürtel und Zonen bilden, die den Planeten parallel zum Äquator umspannen. Bei den Gürteln handelt es sich um dunkle, niedrige, verhältnismäßig warme Wolkenschichten, bei den Zonen um helle, höhergelegene, kältere Wolkenschichten. Innerhalb der Gürtel und Zonen führen Turbulenzen zur Bildung von Wolkenformationen wie weiße Ovale und rote Flecken, in beiden Fällen handelt es sich um gewaltige Sturmsysteme. Die hervorstechendste Wolkenformation ist ein Wirbelsturm, der als Großer Roter Fleck bekannt ist und der aus spiralförmig aufsteigenden Wolkensäulen besteht. Diese ragen etwa 8 Kilometer über die oberste Wolkenschicht hinaus und sind dreimal so breit wie die Erde. Jupiter hat einen schmalen, blassen Hauptring und weiter innen einen flüchtigen Haloring aus winzigen Partikeln, der bis an die Planetenatmosphäre heranreicht. Es sind außerdem 16 Jupitermonde bekannt. Die vier größten Monde (Galiläische Monde) heißen Ganymed, Kallisto, Io und Europa. Ganymed und Kallisto sind verkratert und wahrscheinlich vereist. Europa ist glatt und vereist und enthält möglicherweise Wasser. Io ist mit hellroten, orangefarbenen und gelben Flecken bedeckt. Diese Färbung rührt von Schwefelverbindungen aus aktiven Vulkanen her, deren Lavafahnen einige hundert Kilometer über die Oberfläche aufsteigen.

Neigung und Rotation des Jupiter

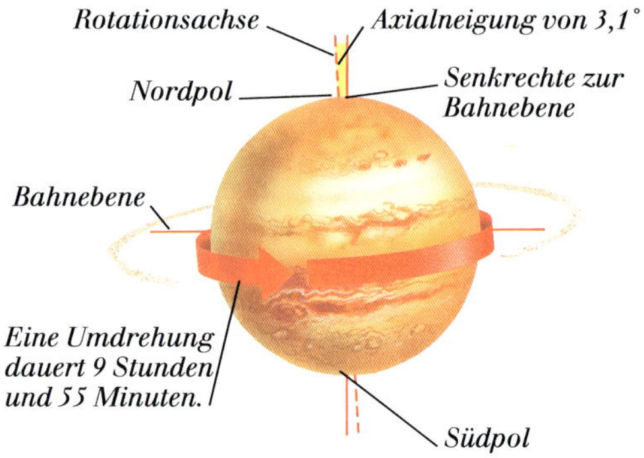

Grosser Roter Fleck und weisses Oval

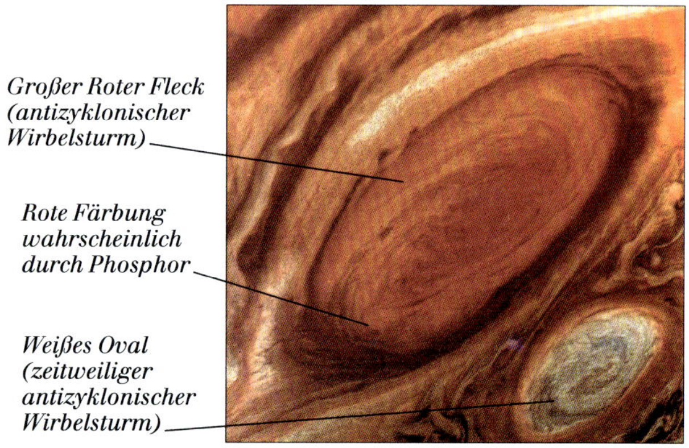

Galiläische Monde des Jupiter

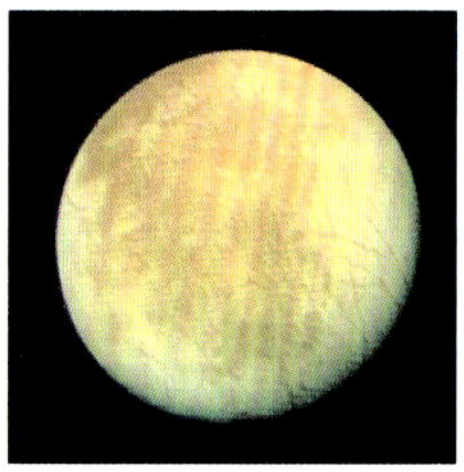

Europa
Durchmesser: 3138 km
Mittlere Entfernung vom Planeten: 670 900 km

Kallisto
Durchmesser: 4800 km
Mittlere Entfernung vom Planeten: 1 880 000 km

Ganymed
Durchmesser: 5262 km
Mittlere Entfernung vom Planeten: 1 070 000 km

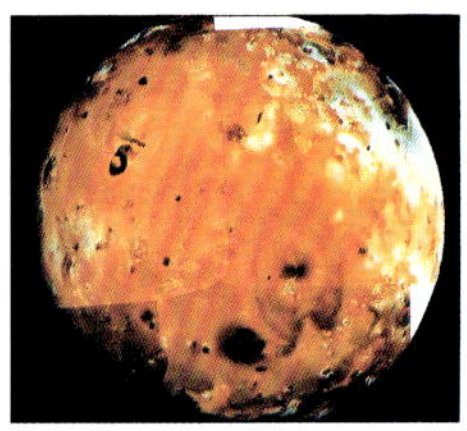

Io
Durchmesser: 3642 km
Mittlere Entfernung vom Planeten: 421 800 km

Jupiterringe

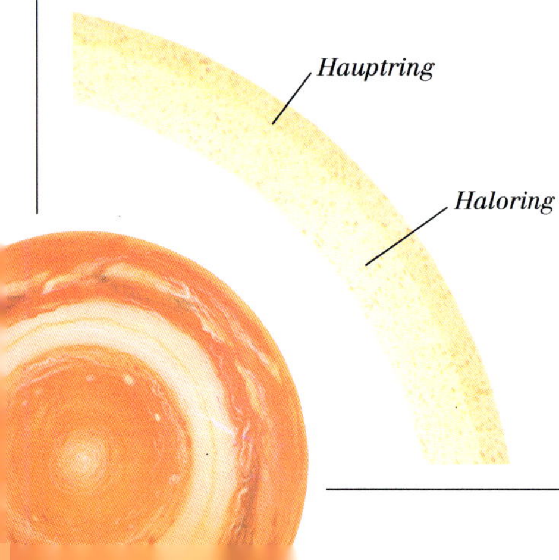

Atmosphäre

Struktur

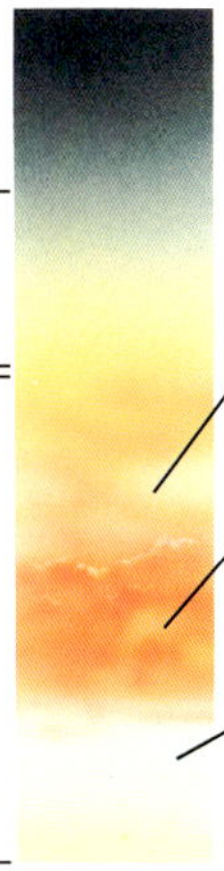

Zusammensetzung

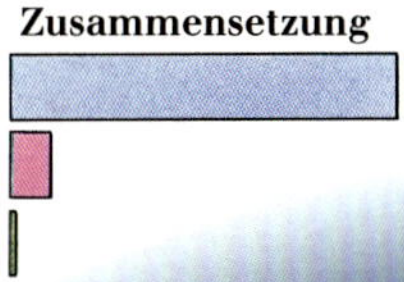

Äussere Merkmale und innere Struktur des Jupiter

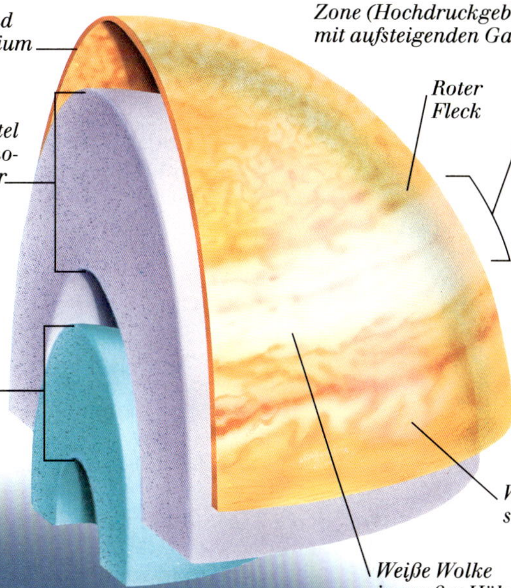

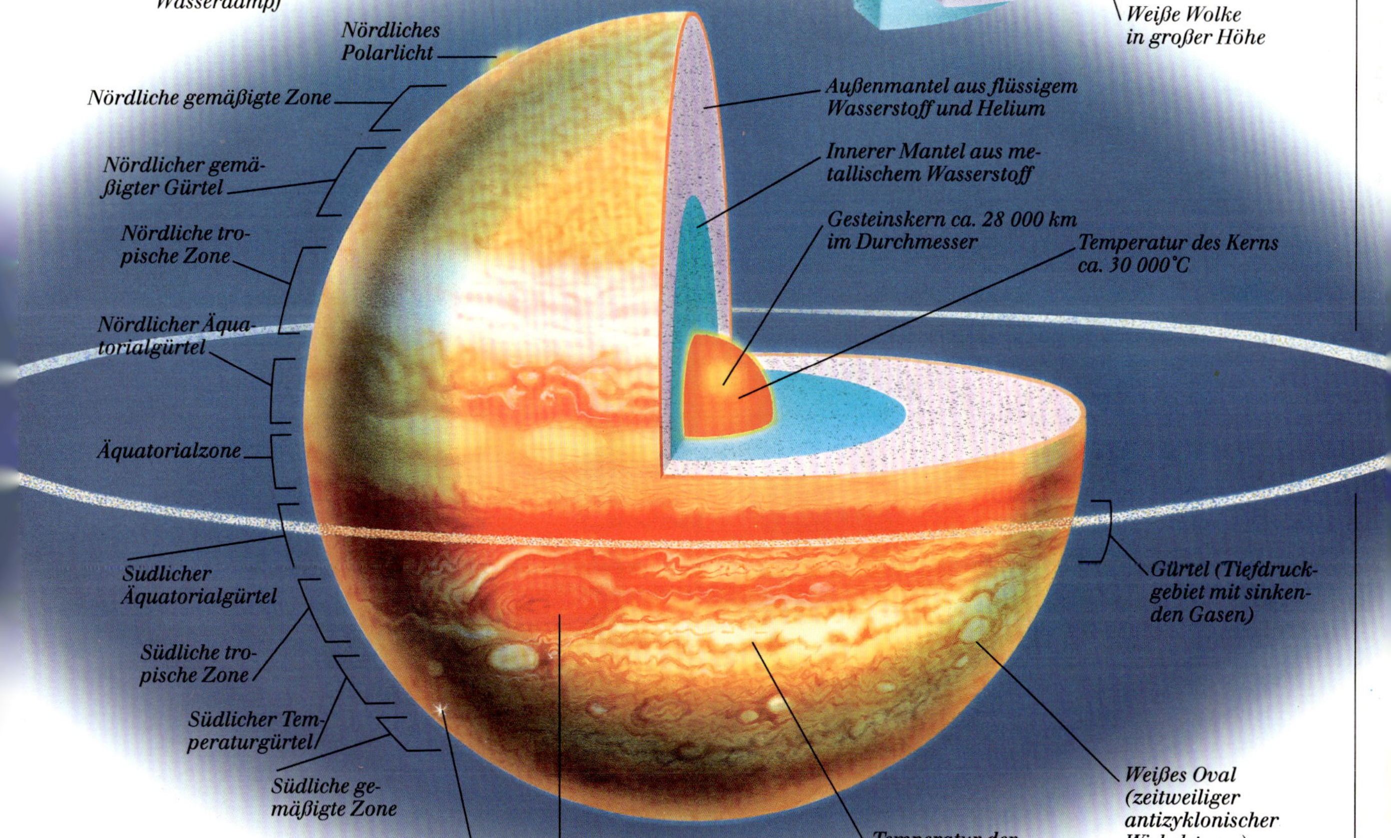

Saturn

Falschfarbenaufnahme des Saturn

Saturn ist von der Sonne aus der sechste Planet. Er gehört zu den Riesenplaneten und ist, mit einem Durchmesser von ca. 120 500 km am Äquator, fast so groß wie Jupiter. Dem Saturn wird ein kleiner Kern aus Eis und Gestein zugeschrieben, um den ein innerer Mantel aus metallischem Wasserstoff (flüssiger Wasserstoff mit metallischen Eigenschaften) liegt. Außerhalb dieses inneren Mantels befindet sich ein Außenmantel aus flüssigem Wasserstoff. Die Wolken des Saturn bilden, wie die des Jupiter, Gürtel und Zonen, die jedoch durch einen Dunstschleier verhüllt sind. In den hohen Wolken kommt es zu Stürmen und Wirbeln, die als rote oder weiße Ovale in Erscheinung treten. Der Saturn hat ein ausgesprochen dünnes, aber breites Ringsystem, das weniger als 1 Kilometer dick ist, aber von der Planetenoberfläche aus ca. 420 000 km in den Raum hinausragt. Die Hauptringe bestehen aus vielen tausend schmalen Ringen. Jeder besteht aus vereisten Klumpen, von winzigen Teilchen bis hin zu Brocken von mehreren Metern Größe. Die Ringe D, E und G sind sehr blaß, der Ring F ist heller, und die Ringe A, B und C sind hell genug, um von der Erde aus mit einem Fernglas gesehen zu werden. Von den insgesamt 18 bekannten Saturnmonden liegt die Umlaufbahn einiger innerhalb der Ringe, so daß diese wahrscheinlich durch ihre Schwerkraft zur Form der Ringe beitragen. Ungewöhnlich ist, daß sieben der Monde koorbital sind – das heißt, sie teilen sich die Umlaufbahn mit einem anderen Mond. Astronomen glauben, diese koorbitalen Monde könnten aus einem einzigen Satelliten entstanden sein, der auseinandergebrochen ist.

Neigung und Rotation des Saturn

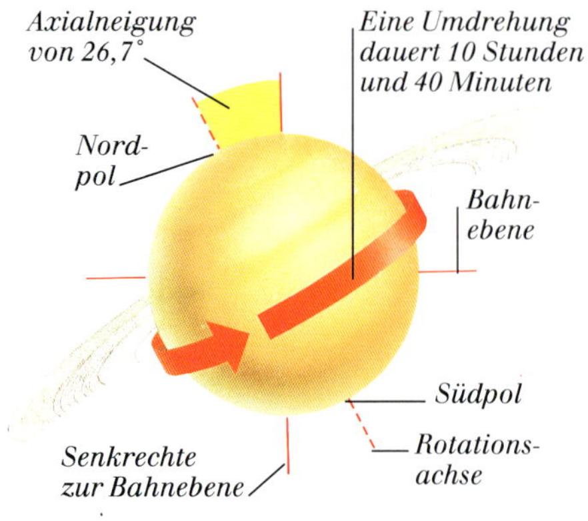

Falschfarbenaufnahme der Wolkenstrukturen des Saturn

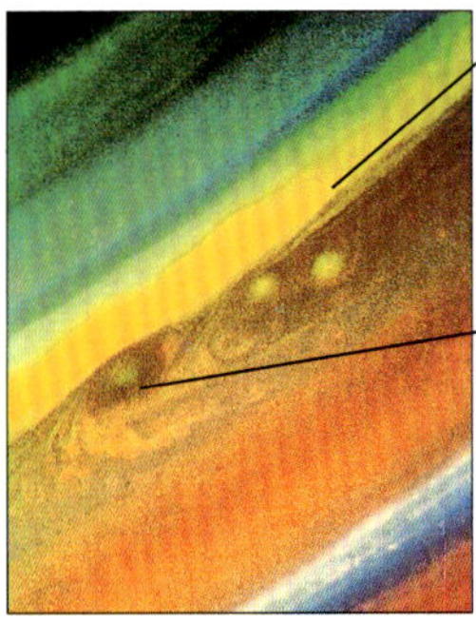

Die inneren Ringe des Saturn

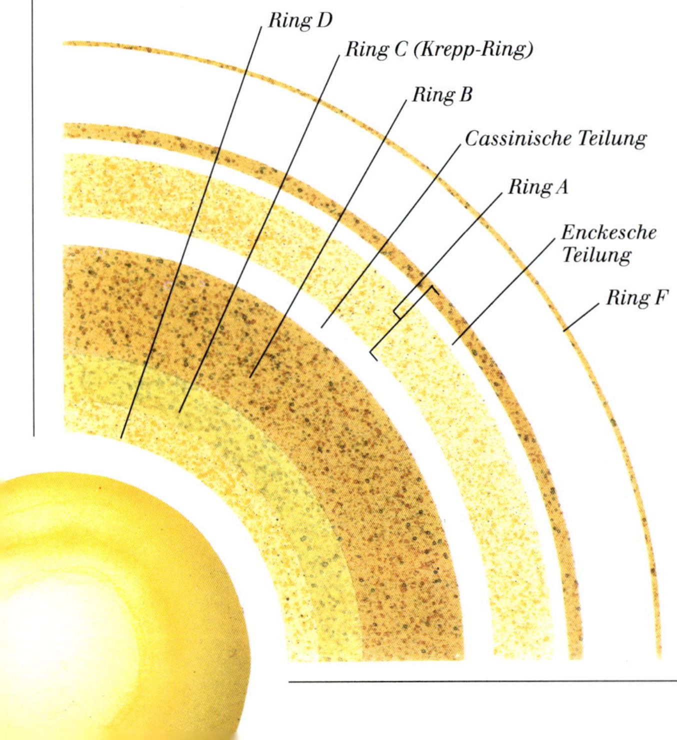

Die Monde des Saturn

Enceladus
Durchmesser: 498 km
Mittlere Entfernung vom Planeten: 238 000 km

Tethys
Durchmesser: 1050 km
Mittlere Entfernung vom Planeten: 295 000 km

Dione
Durchmesser: 1118 km
Mittlere Entfernung vom Planeten: 377 000 km

Mimas
Durchmesser: 397 km
Mittlere Entfernung vom Planeten: 186 000 km

Äussere Merkmale und innere Struktur des Saturn

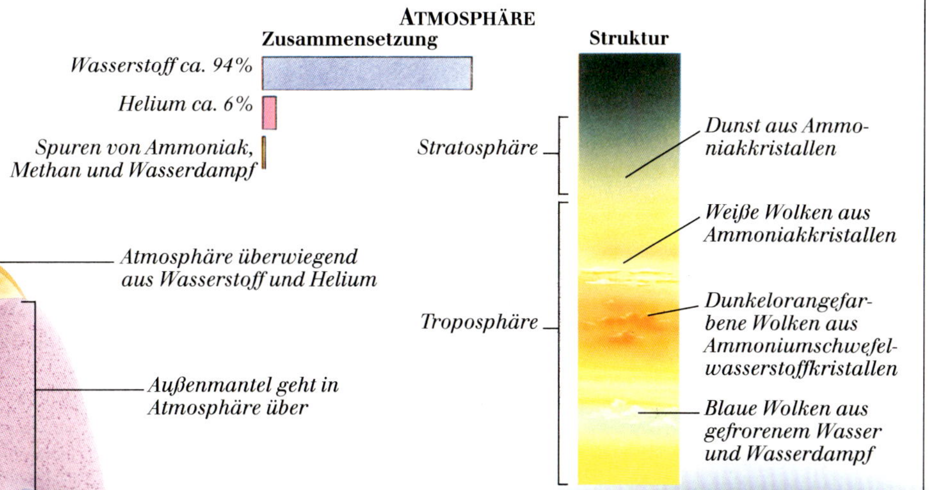

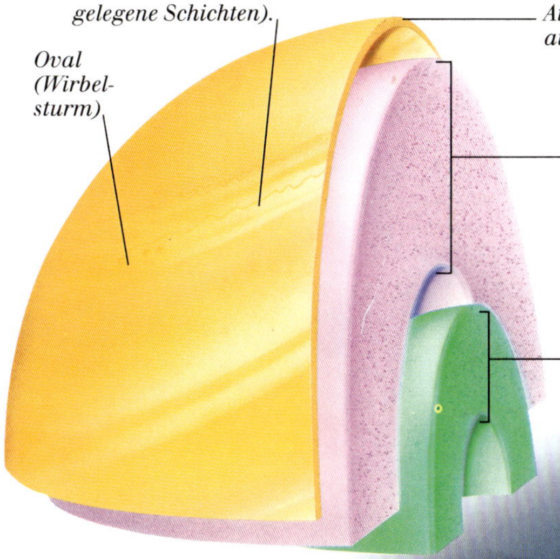

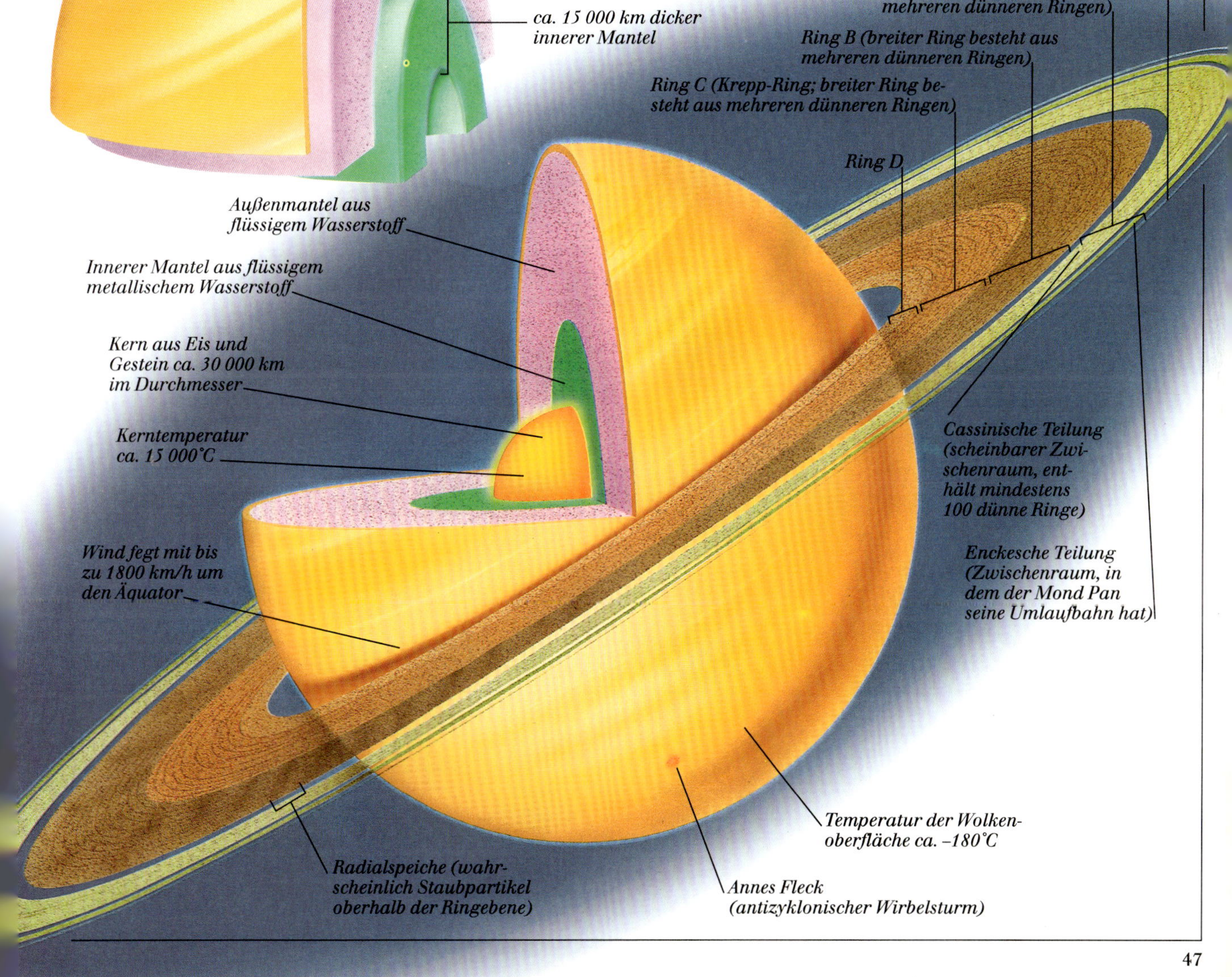

Uranus

Falschfarbenaufnahme des Uranus

Uranus ist von der Sonne aus der siebte Planet, und mit einem Durchmesser von rund 51 000 Kilometern der drittgrößte des Sonnensystems. Er besteht wahrscheinlich aus einer dichten Mischung verschiedener Eis- und Gasarten, die einen festen Kern umgeben. Seine Atmosphäre enthält Spuren von Methan, die dem Planeten seine blaugrüne Farbe verleihen, und die Temperatur beträgt an der Wolkenoberfläche etwa –210°C. Uranus ist von allen Planeten, die aus der Nähe untersucht wurden, derjenige mit den wenigsten auffälligen Merkmalen: bisher wurden lediglich einige Eiswolken aus Methan beobachtet. Uranus ist insofern einmalig unter den Planeten, als seine Rotationsachse dicht neben seiner Bahnebene liegt. Auf Grund dieser stark geneigten Rotationsachse rollt Uranus gewissermaßen seitlich entlang seiner Umlaufbahn um die Sonne, während sich die anderen Planeten mehr oder weniger aufrecht um ihre eigene Achse drehen. Uranus ist von 11 Ringen umgeben, die aus Felstrümmern mit dazwischenliegenden Staubbahnen bestehen. Die Ringe enthalten Materie, die zu der dunkelsten im gesamten Sonnensystem gehört; sie sind ausgesprochen schmal und somit schwierig zu beobachten: neun der Ringe sind weniger als 10 Kilometer breit, wogegen die meisten Saturnringe mehrere tausend Kilometer breit sind. Es sind 15 Uranusmonde bekannt: alle sind vereist, und die meisten von ihnen sind weiter entfernt als die Ringe. Die zehn innersten Monde sind klein und dunkel, mit Durchmessern von weniger als 160 Kilometern, und die fünf äußeren Monde haben Durchmesser zwischen 470 und 1600 Kilometer. Diese äußeren Monde haben sehr unterschiedliche Oberflächenstrukturen. Die Oberfläche des Mondes Miranda weist die verschiedensten Formationen auf, mit verkraterten Gebieten, die durch gewaltige Bergrücken und Klippen von 20 Kilometer Höhe unterbrochen werden.

Neigung und Rotation des Uranus

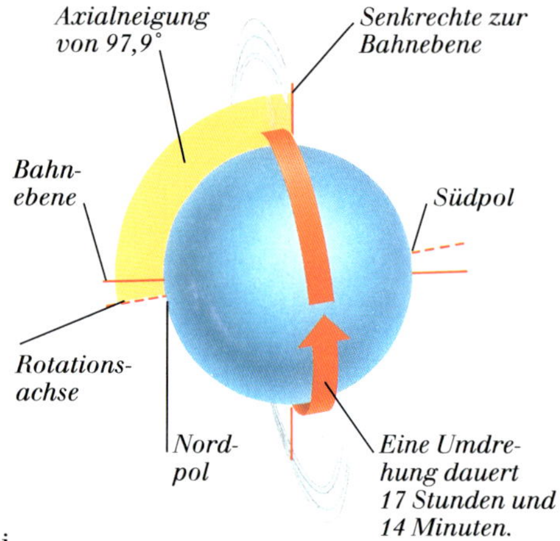

Äussere Monde

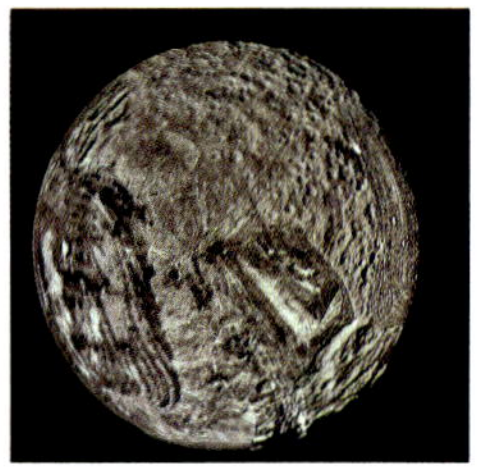

Miranda
Durchmesser: 472 km
Mittlere Entfernung vom Planeten: 129 800 km

Ringe des Uranus

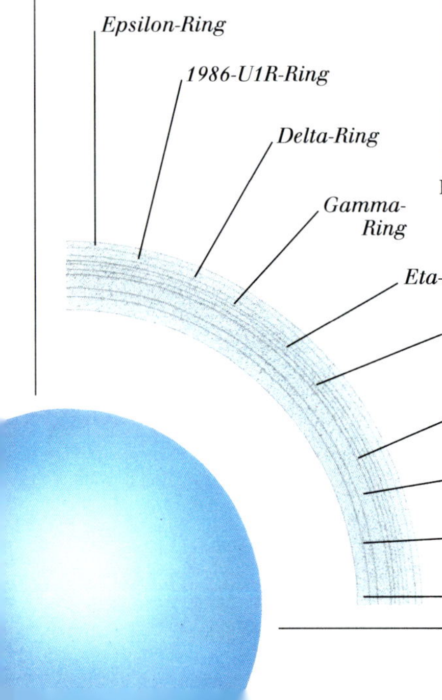

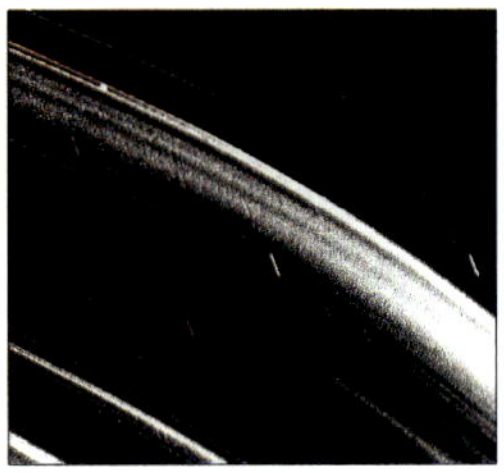

Ringe und Staubbahnen

Ariel
Durchmesser: 1158 km
Mittlere Entfernung vom Planeten: 191 200 km

Titania
Durchmesser: 1578 km
Mittlere Entfernung vom Planeten: 435 900 km

Umbriel
Durchmesser: 1169 km
Mittlere Entfernung vom Planeten: 266 000 km

Oberon
Durchmesser: 1523 km
Mittlere Entfernung vom Planeten: 582 600 km

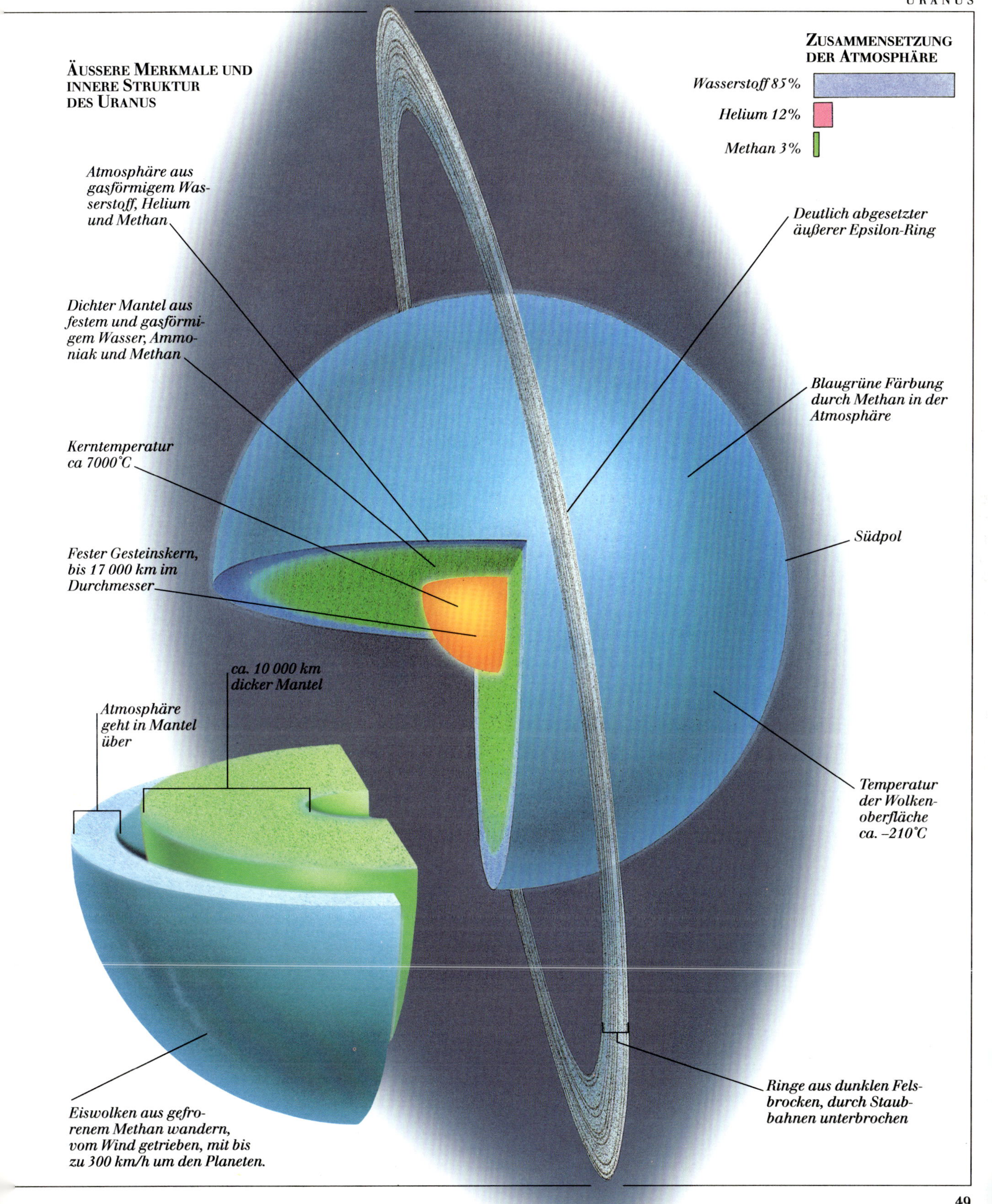
Äussere Merkmale und innere Struktur des Uranus
Zusammensetzung der Atmosphäre
Wasserstoff 85%
Helium 12%
Methan 3%
Atmosphäre aus gasförmigem Wasserstoff, Helium und Methan
Deutlich abgesetzter äußerer Epsilon-Ring
Dichter Mantel aus festem und gasförmigem Wasser, Ammoniak und Methan
Blaugrüne Färbung durch Methan in der Atmosphäre
Kerntemperatur ca 7000°C
Südpol
Fester Gesteinskern, bis 17 000 km im Durchmesser
ca. 10 000 km dicker Mantel
Atmosphäre geht in Mantel über
Temperatur der Wolkenoberfläche ca. –210°C
Ringe aus dunklen Felsbrocken, durch Staubbahnen unterbrochen
Eiswolken aus gefrorenem Methan wandern, vom Wind getrieben, mit bis zu 300 km/h um den Planeten.

Neptun und Pluto

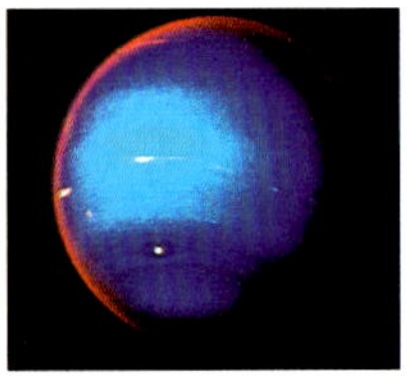

Falschfarbenaufnahme des Neptun

Neptun und Pluto sind von der Sonne aus die beiden äußersten Planeten, mit einer mittleren Entfernung von jeweils 4500 Millionen und 5900 Millionen Kilometern. Neptun gehört zu den Riesenplaneten und besteht vermutlich aus einem kleinen Gesteinskern, der von einer Mischung aus Flüssigkeiten und Gasen umgeben ist. Die Atmosphäre enthält verschiedene auffällige Wolkenformationen. Die größten davon sind der Große Dunkle Fleck, der so breit ist wie die Erde, der Kleine Dunkle Fleck und der Skooter. Der Große und der Kleine Dunkle Fleck sind gewaltige Sturmwirbel, die vom Wind mit einer Geschwindigkeit von ca. 2000 Kilometer pro Stunde um den Planeten getrieben werden. Der Skooter ist ein großes Wolkengebiet aus Zirruswolken. Neptun hat vier dünne Ringe, und es sind acht Monde bekannt. Triton ist der größte Mond Neptuns und gleichzeitig, mit einer Temperatur von –235°C, der kälteste Gegenstand im Sonnensystem. Anders als die meisten Monde im Sonnensystem umkreist Triton seinen Mutterplaneten in entgegengesetzter Richtung zur planeteneigenen Rotation. Pluto ist normalerweise der äußerste Planet, aber aufgrund seiner elliptischen Umlaufbahn verbringt er 20 Jahre seiner insgesamt 248 Jahre langen Umlaufzeit innerhalb der Umlaufbahn von Neptun. Pluto ist so klein und so weit weg, daß nur wenig über diesen Planeten bekannt ist. Er ist ein steiniger Planet, der wahrscheinlich von Eis und gefrorenem Methan bedeckt ist. Der einzige bekannte Mond Plutos, Charon, ist recht groß für einen Mond: halb so groß wie sein Mutterplanet. Aufgrund des geringen Größenunterschiedes werden Pluto und Charon manchmal auch als Doppelplanetensystem betrachtet.

Neigung und Rotation des Neptun

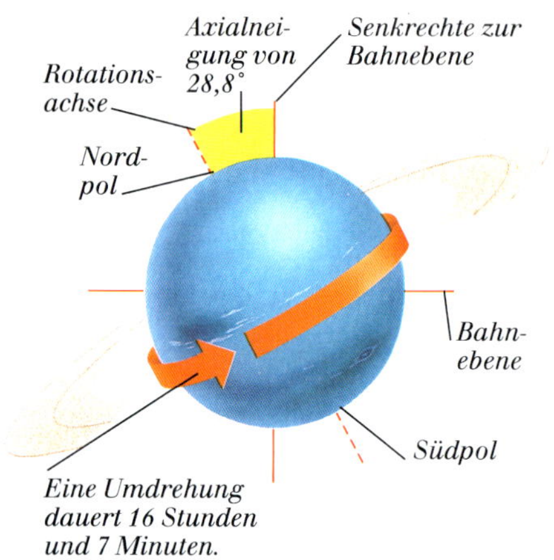

Wolkenformationen auf Neptun

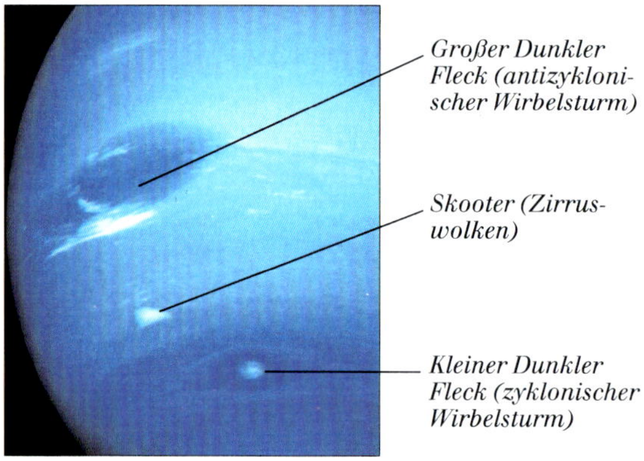

Die Ringe des Neptun

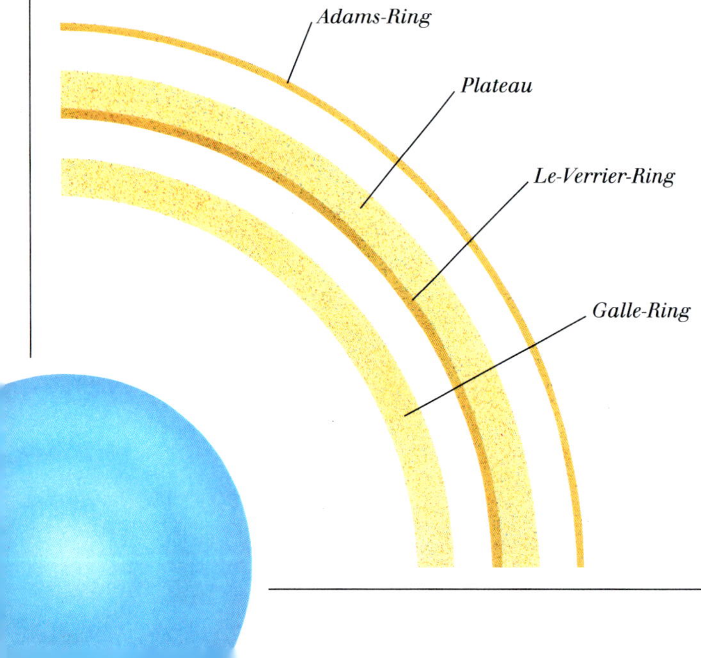

Wolken in großer Höhe

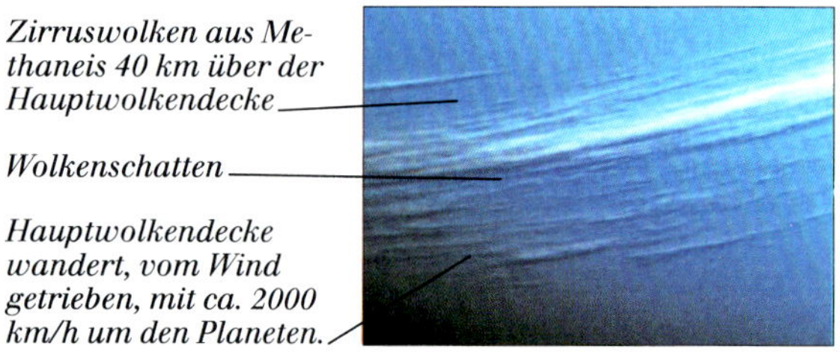

Die Monde des Neptun

Triton
Durchmesser: 2705 km
Mittlere Entfernung vom Planeten: 354 800 km

Proteus
Durchmesser: 416 km
Mittlere Entfernung vom Planeten: 117 600 km

Äussere Merkmale und innere Struktur des Neptun

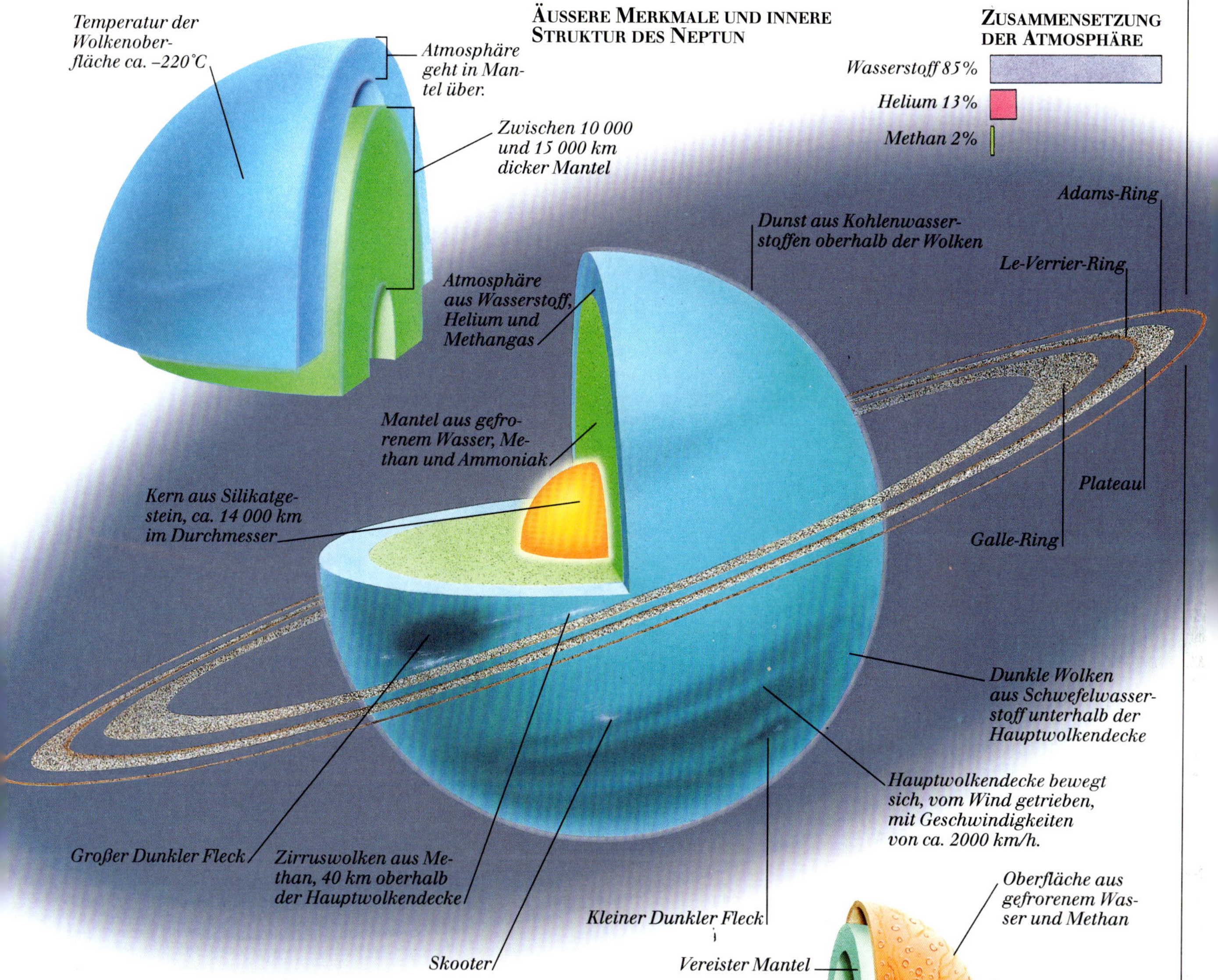

Neigung und Rotation des Pluto

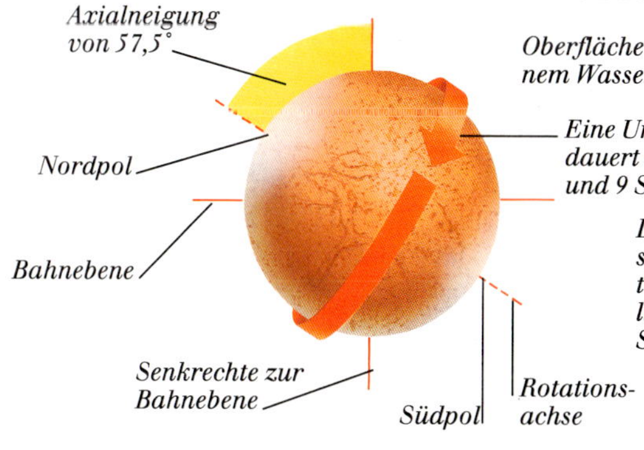

Äussere Merkmale und innere Struktur des Pluto

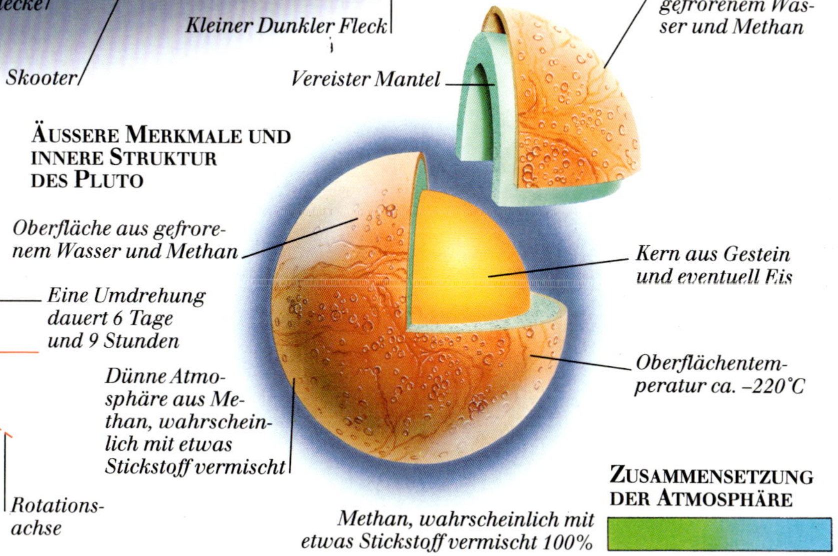

Asteroiden, Kometen und Meteoriden

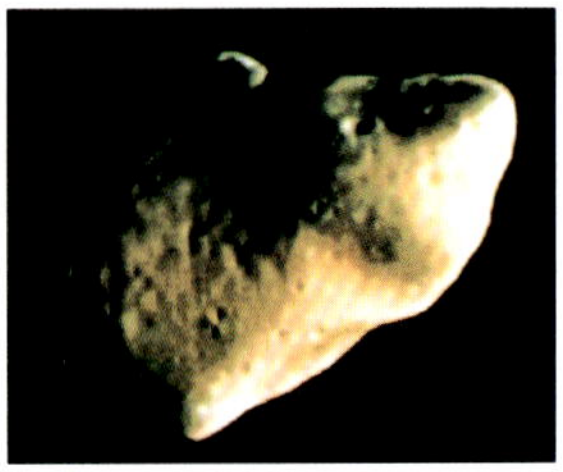

Asteroid 951 Gaspra

Asteroiden, Kometen und Meteoriden sind übriggebliebene Trümmer des Nebels, aus dem das Sonnensystem vor 4,6 Milliarden Jahren entstanden ist. Asteroiden sind Gesteinskörper bis etwa 1000 Kilometer im Durchmesser, obwohl viele wesentlich kleiner sind. Die meisten umkreisen die Sonne im Asteroidengürtel, der zwischen den Bahnen des Mars und des Jupiter liegt. Kometen stammen möglicherweise aus einer riesigen Wolke (Oortsche Wolke genannt), die vermutlich unser Sonnensystem umgibt. Sie bestehen aus gefrorenen Gasen und Staub und sind einige Kilometer im Durchmesser. Hin und wieder wird ein Komet aus der Oortschen Wolke abgelenkt und umkreist die Sonne dann in einer langgezogenen elliptischen Bahn. Wenn sich der Komet der Sonne nähert, beginnt seine Oberfläche aufgrund der Hitze zu verdampfen, und es entstehen eine helleuchtende Koma (eine riesige Kugel aus Gas und Staub, die den Kern umhüllt) sowie ein Plasmaschweif und ein Staubschweif. Meteoriden sind kleine Brocken aus Stein oder Stein und Eisen, von denen einige die Trümmer von Asteroiden oder Kometen darstellen. Die Größe von Meteoriden schwankt zwischen Staubkorngröße und mehreren zehn Metern Durchmesser. Betritt ein Meteorid die Erdatmosphäre, wird er durch die Reibungskräfte erhitzt und erscheint als leuchtender Lichtstreifen am Himmel, den man als Meteor bezeichnet (auch Sternschnuppe genannt). Durchquert die Erde die Staubspur, die ein Komet hinterlassen hat, kommt es zu einem Meteorschauer. Die meisten Meteore verglühen in der Erdatmosphäre. Die wenigen, die groß genug sind, um die Erdoberfläche zu erreichen, werden Meteoriten genannt.

Optische Aufnahme des Halleyschen Kometen

Falschfarbenaufnahme des Halleyschen Kometen

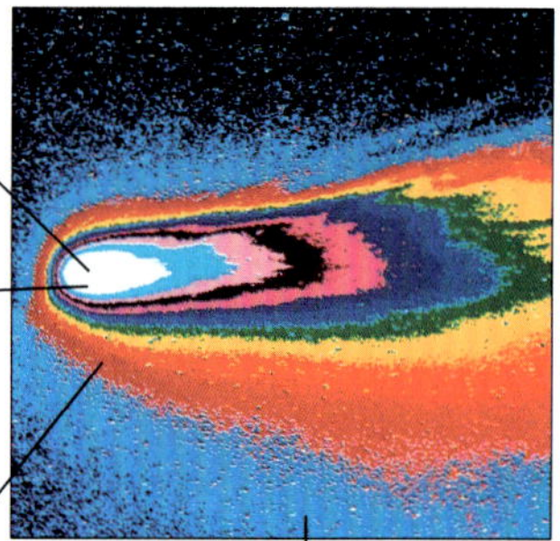

Falschfarbenaufnahme eines Leonid-Meteorschauers

Meteoriten

Entwicklungsstadien eines Kometenschweifs

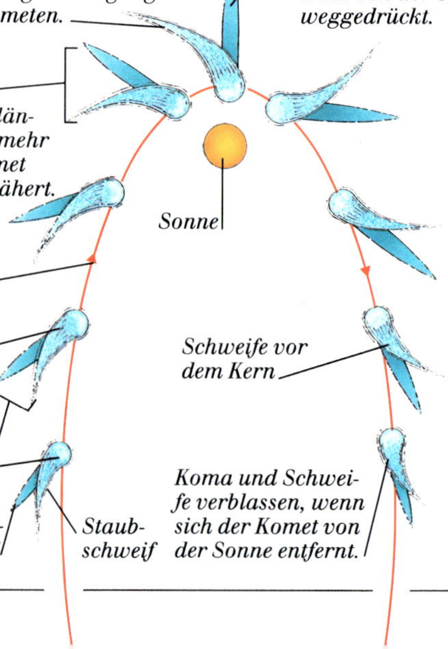

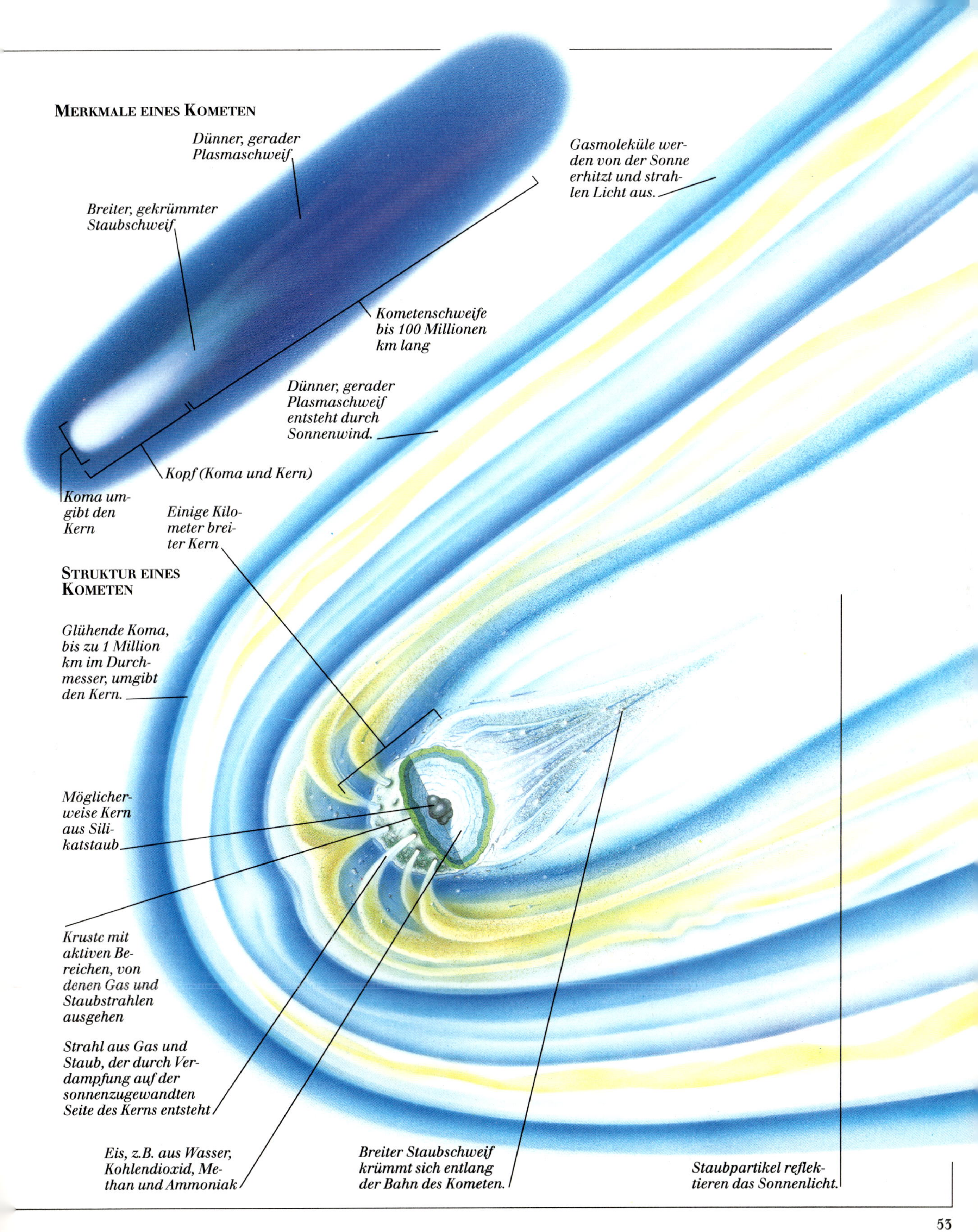
Merkmale eines Kometen
Dünner, gerader Plasmaschweif
Breiter, gekrümmter Staubschweif
Gasmoleküle werden von der Sonne erhitzt und strahlen Licht aus.
Kometenschweife bis 100 Millionen km lang
Dünner, gerader Plasmaschweif entsteht durch Sonnenwind.
Kopf (Koma und Kern)
Koma umgibt den Kern
Einige Kilometer breiter Kern
Struktur eines Kometen
Glühende Koma, bis zu 1 Million km im Durchmesser, umgibt den Kern.
Möglicherweise Kern aus Silikatstaub
Kruste mit aktiven Bereichen, von denen Gas und Staubstrahlen ausgehen
Strahl aus Gas und Staub, der durch Verdampfung auf der sonnenzugewandten Seite des Kerns entsteht
Eis, z.B. aus Wasser, Kohlendioxid, Methan und Ammoniak
Breiter Staubschweif krümmt sich entlang der Bahn des Kometen.
Staubpartikel reflektieren das Sonnenlicht.

Die Beobachtung des Weltraums

Radioteleskop

Die Menschen beobachten seit jeher den Sternenhimmel, aber erst mit der Erfindung des Fernrohrs im 17. Jh. wurde es möglich, die Himmelskörper vergrößert zu betrachten. Man unterscheidet Reflektoren (Spiegelteleskope), Refraktoren (Linsenteleskope) und Radioteleskope. Reflektoren und Refraktoren sammeln und vergrößern sichtbares Licht. Das Hubble-Weltraumteleskop, das den Weltraum von einer Umlaufbahn um die Erde aus beobachtet, ist ein Reflektor. Weltraumteleskope haben den Vorteil, daß ihr Bild nicht durch die Erdatmosphäre verzerrt wird. Einige können außerdem Strahlung aus dem Weltraum aufzeichnen, die von der Erdatmosphäre aufgenommen wird, wie UV- und Infrarotstrahlung. Radioteleskope sammeln Radiowellen, die von Himmelskörpern ausgestrahlt werden, und verwandeln sie in elektrische Signale, die zu Bildern verarbeitet werden. Seit Ende der fünfziger Jahre setzt man Raumsonden ein. Die sowjetische „Mars 3“ erreichte 1971 ihre Umlaufbahn um den Mars. Die amerikanischen „Viking“-Sonden sammelten Wetterdaten, fotografierten die Oberfläche und untersuchten Bodenproben vom Mars. Die US-Sonde „Voyager 2“ hat die Planeten Jupiter, Saturn, Uranus und Neptun besucht und wird weiter Daten übermitteln, wenn sie jetzt unser Sonnensystem verläßt.

Das Hubble-Weltraumteleskop

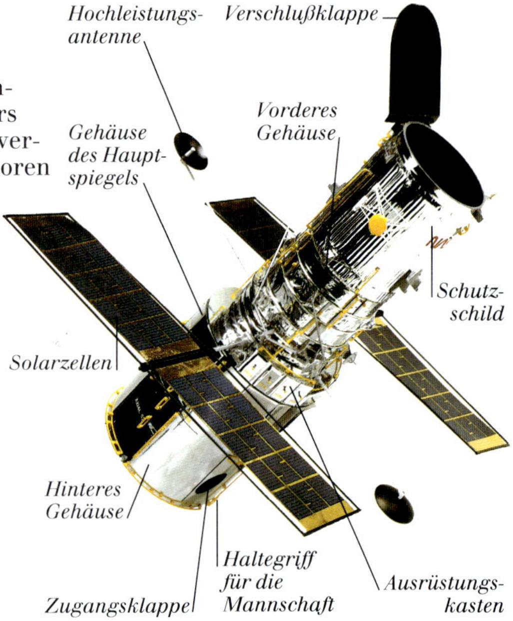

Funktionsweise von Fernrohren

Refraktor

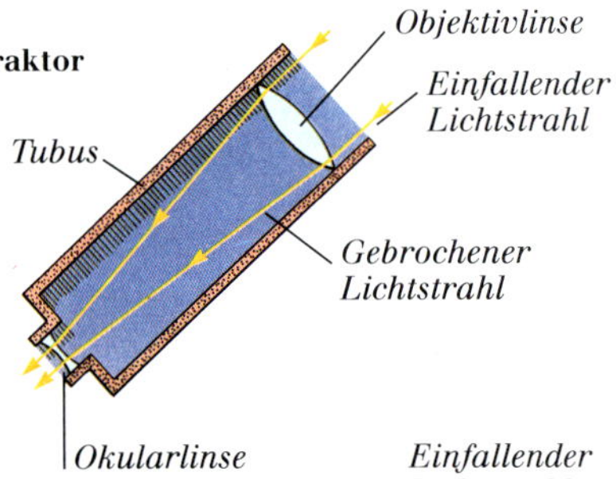

Reflektor

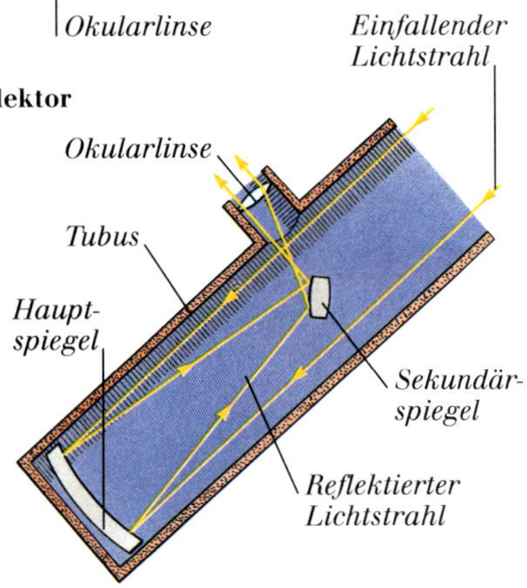

Kleines Linsenfernrohr

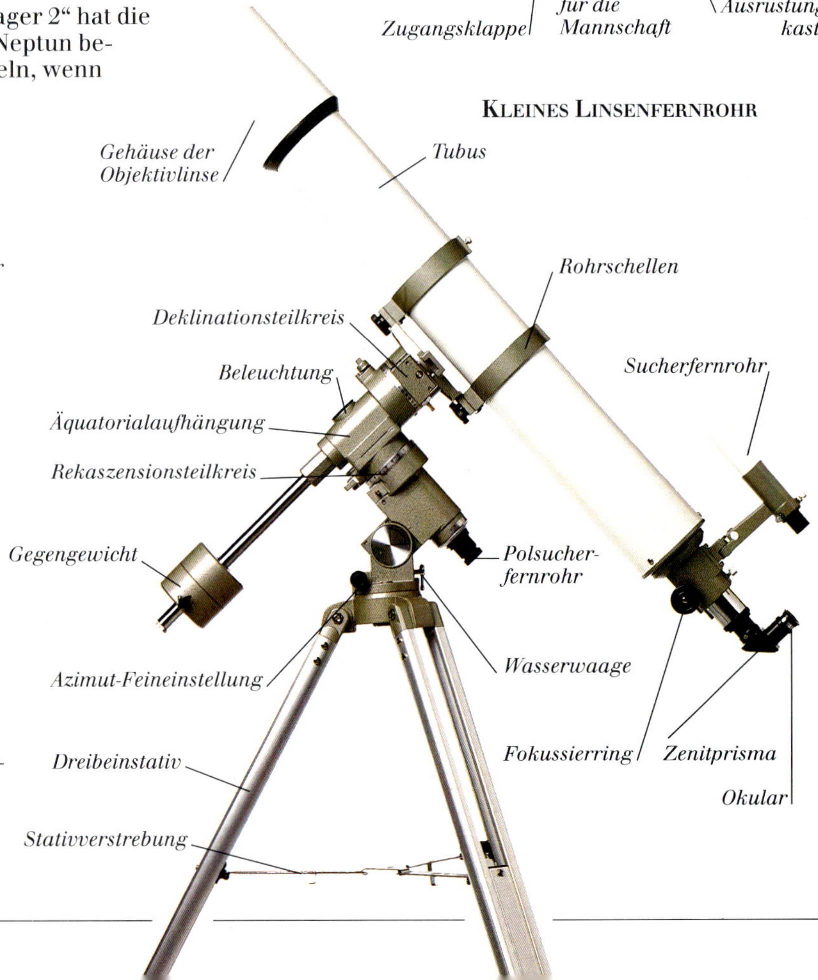

„Mars 3“ – Orbiter und Landeeinheit

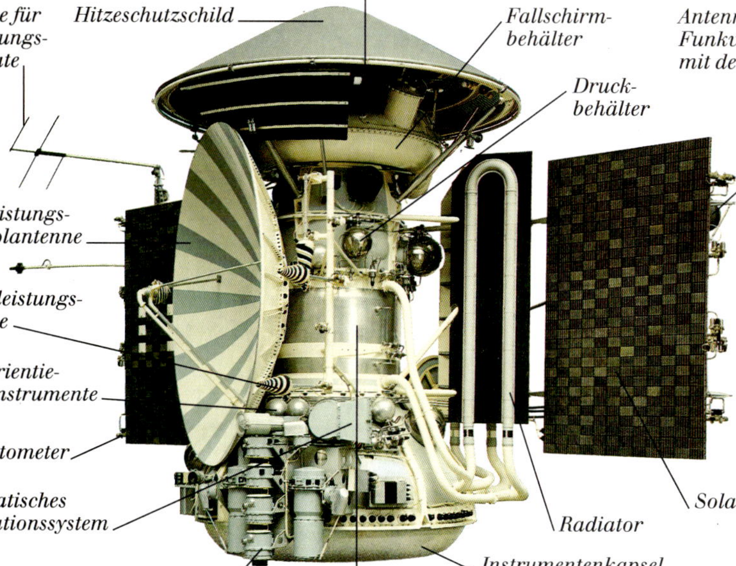

„Voyager 2“

„Viking“ – Orbiter und Landeeinheit

„Viking“ – Landeeinheit

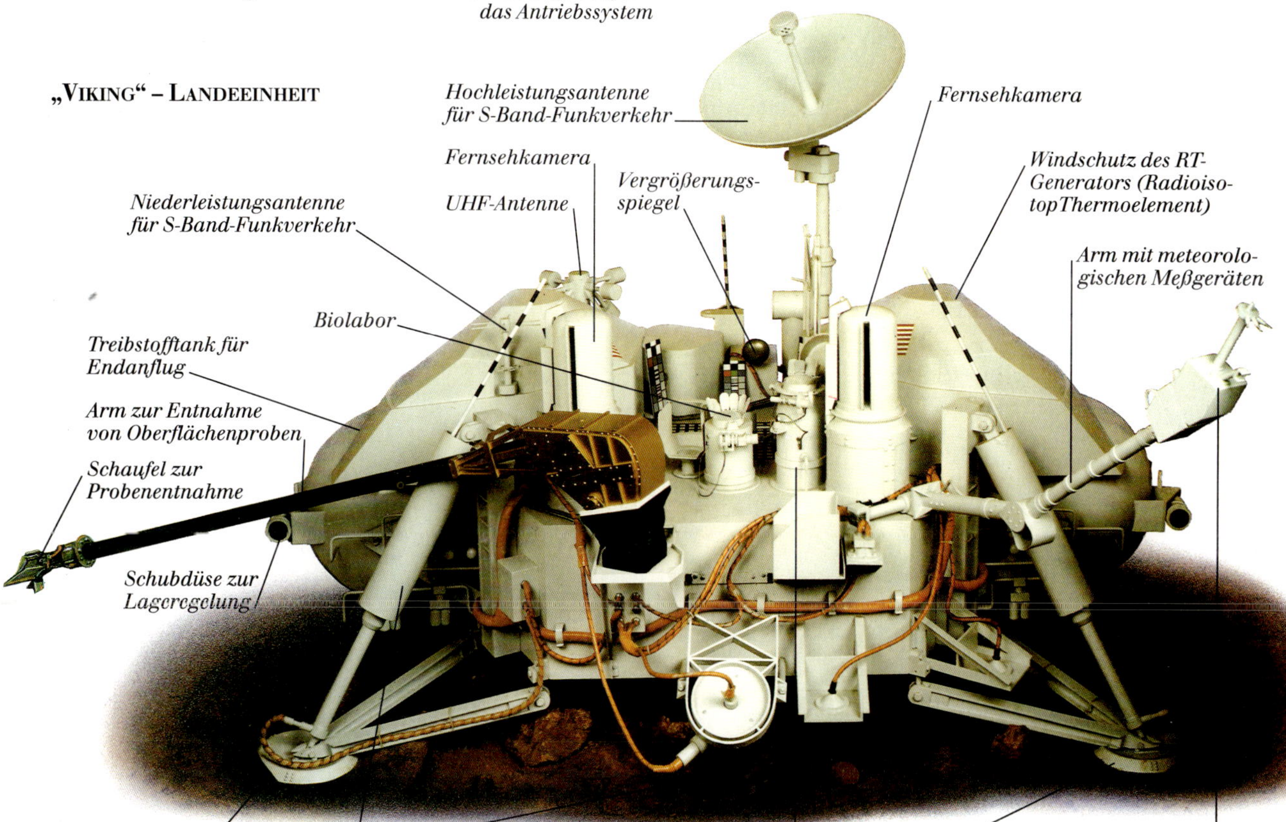

Bemannte Raumfahrt

Space-Shuttle beim Start

Der erste Mensch im Weltall war der sowjetische Kosmonaut Jurij Gagarin, der die Erde am 12. April 1962 in seiner Kapsel „Wostok 1“ einmal umrundete. Damit Astronauten unter den im Weltraum herrschenden lebensfeindlichen Bedingungen überleben können, benötigen sie eine künstliche Umgebung, die innerhalb eines Raumanzugs oder eines Raumfahrzeugs geschaffen werden muß. Diese versorgt den Astronauten mit Druck und Atemluft, schützt ihn vor Strahlung und Mikrometeoriden und reguliert seine Körpertemperatur. Zur Erforschung des freien Weltraums oder der Mondoberfläche schließen Astronauten ein tragbares Lebenserhaltungssystem an ihre Raumanzüge an. Die amerikanische Raumfähre „Space-Shuttle“ ist wahrscheinlich die derzeit bedeutendste Entwicklung in der bemannten Raumfahrt, da sie wiederverwendet werden kann. Lediglich der äußere Treibstofftank geht bei jeder Mission verloren, die Feststoffraketen-Zusatzantriebe werden geborgen, und der Orbiter gleitet zurück zur Erde. „Space-Shuttle“ verfügt über einen Nutzlastraum sowie einen ferngesteuerten Roboterarm, mit dessen Hilfe Satelliten ausgesetzt, geborgen und repariert werden. Im Nutzlastraum können ein Weltraumlaboratorium oder die Bauteile einer Raumstation befördert werden. Auch Weltraumstationen haben in jüngster Zeit in der bemannten Raumfahrt eine wichtige Rolle gespielt, und die Entwicklung von Raumstationen wie „Skylab“ (USA) und „Mir“ (UdSSR) haben bewiesen, daß Astronauten monate- und sogar jahrelang im Weltraum leben und arbeiten können. Das „Apollo“-Mondfahrtprogramm der USA zeigte, daß es möglich ist, Menschen zum Mond zu schicken (siehe S. 58–59). Der nächste Schritt wird sein, bemannte Raumfahrzeuge zu den Planeten zu schicken, um diese zu erkunden, obwohl es bis dahin noch Jahrzehnte dauern kann.

„Wostok 1“

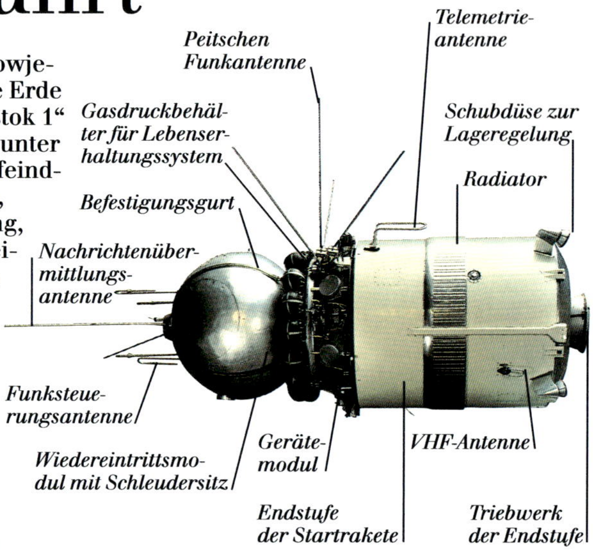

Space-Shuttle im Flug

Space-Shuttle

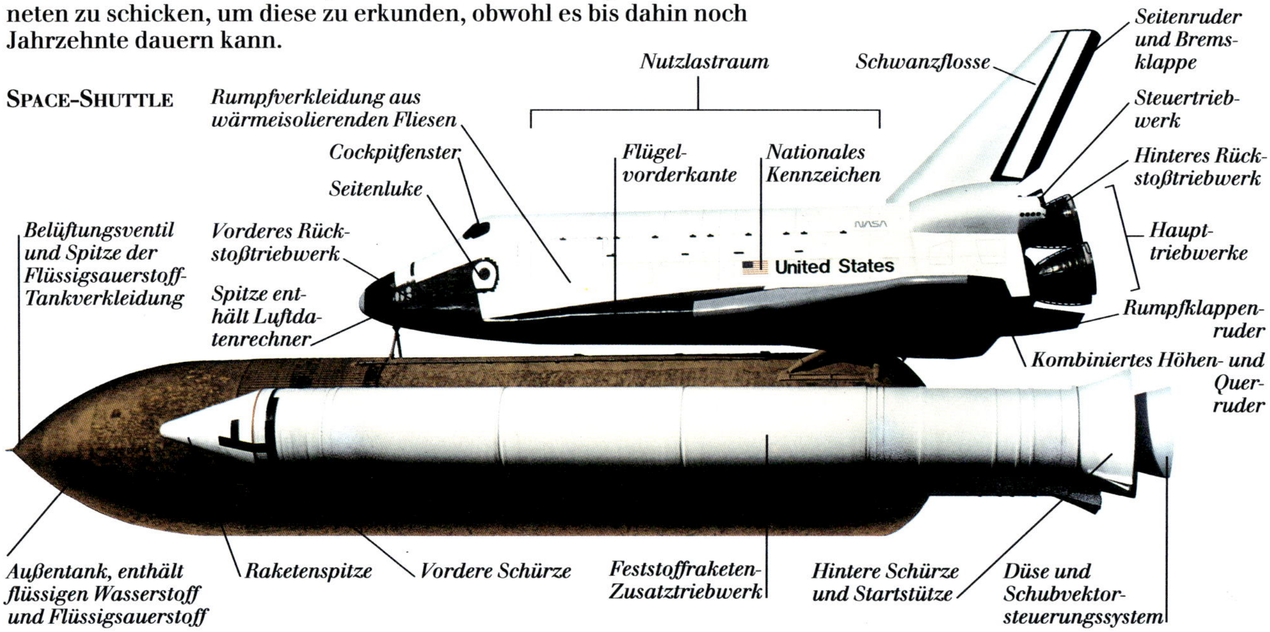

Raumanzüge

„Apollo 9"-Raumanzug

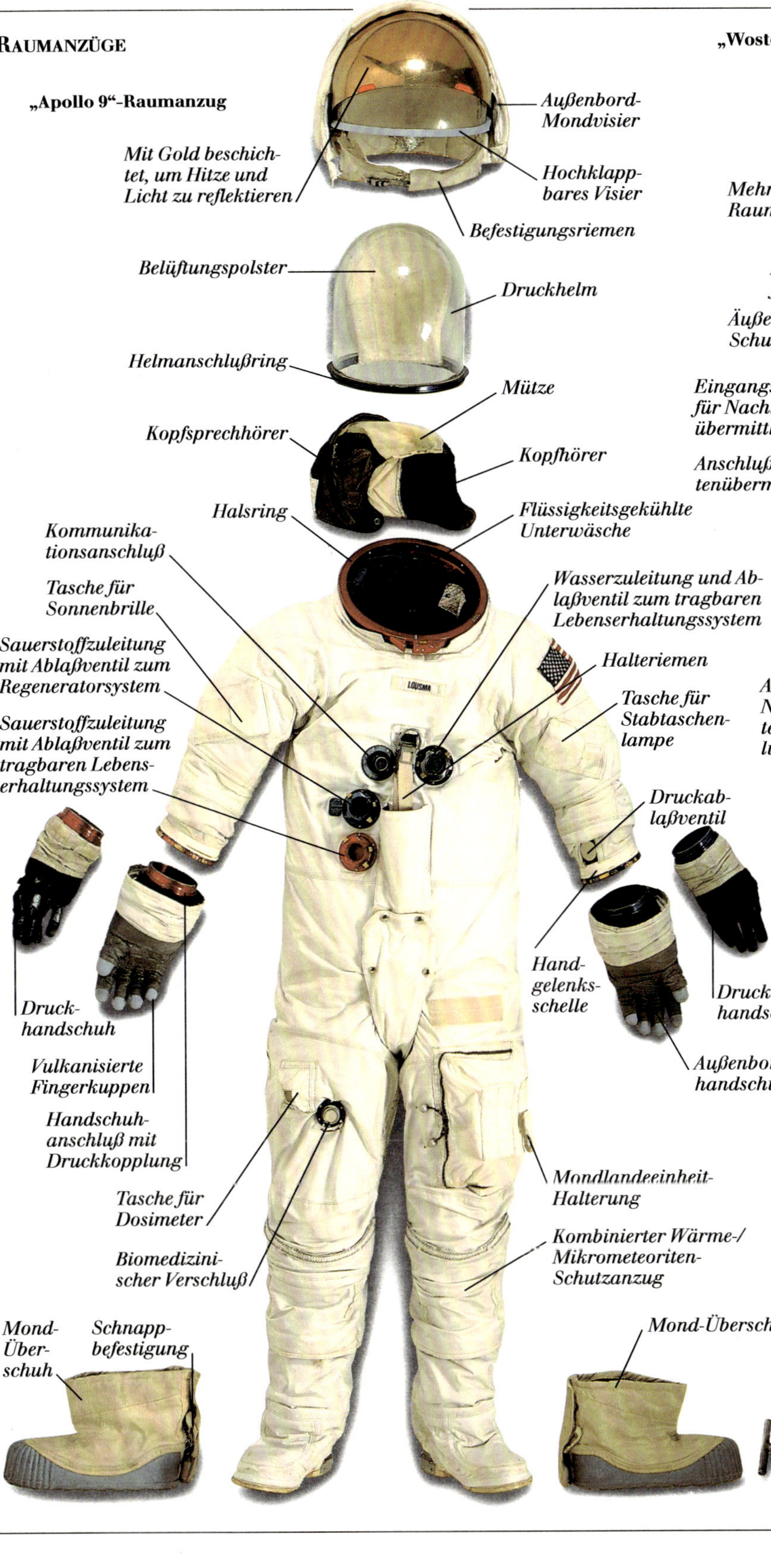

„Wostok"-Raumanzug

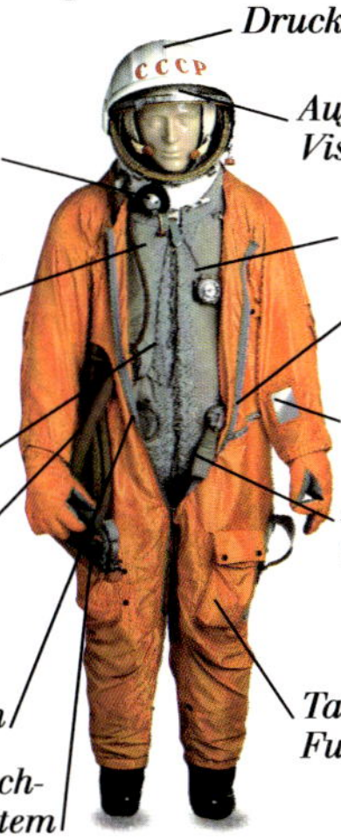

„Orlan D"-Raumanzug

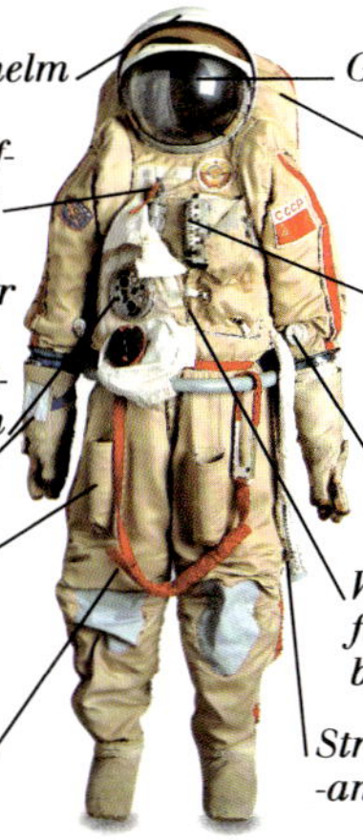

„Apollo" -Probenbehälter

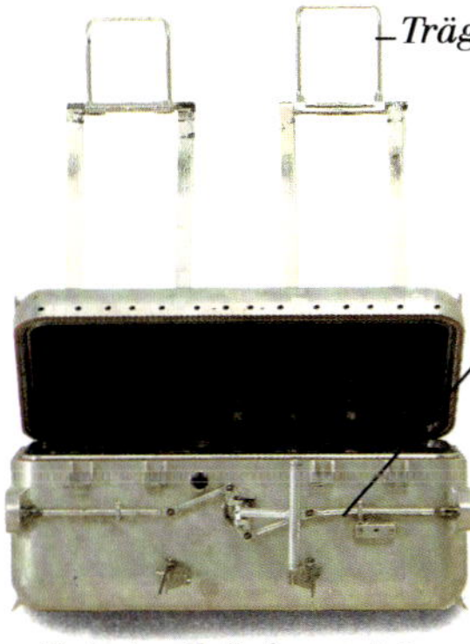

Bei „Apollo" eingesetzte langstielige Zange

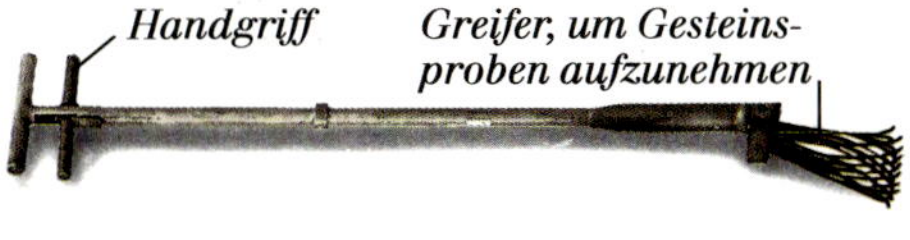

Monderforschung

„Apollo 11“ beim Start

Der Mond ist von der Erde aus der nächstgelegene Himmelskörper, doch war bis vor kurzem verhältnismäßig wenig über ihn bekannt. Eine ausführliche Auskundschaftung wurde zunächst mit Hilfe unbemannter Sonden vorgenommen. Die sowjetische „Luna 2“ erreichte 1959 als erste Sonde den Mond, und 1966 übermittelte „Luna 9“ die ersten Bilder von der Oberfläche. Eine der ausgeklügeltsten Mondsonden war das ferngesteuerte sowjetische Mondfahrzeug „Lunochod 1“, das auf der Mondoberfläche herumfuhr, Videoaufnahmen machte und Bodenproben untersuchte. Die ersten Menschen landeten am 20. Juli 1969 im Rahmen der amerikanischen „Apollo 11“-Mission auf dem Mond. „Apollo 11“ bestand aus drei Teilen: einer Kommandokapsel, einer Betriebs- und Versorgungskapsel und einer Mondlandekapsel. Nachdem sie in einen Orbit um den Mond gegangen war, landete die Mondkapsel mit zwei Astronauten (Neil Armstrong und Edwin „Buzz“ Aldrin) auf der Mondoberfläche. Die Astronauten sammelten Gesteinsproben, machten Fotos und stellten Meßgeräte auf. Sie starteten in der Wiederaufstiegsstufe der Landekapsel und dockten an die Kommandokapsel an, um dann die 384 400 Kilometer lange Reise zurück zur Erde anzutreten. Weitere zehn Astronauten erforschten den Mond, bevor das „Apollo“-Programm 1972 beendet wurde. Seither sind nur noch einige wenige unbemannte Raumfahrzeuge auf dem Mond gelandet.

„Luna 9“

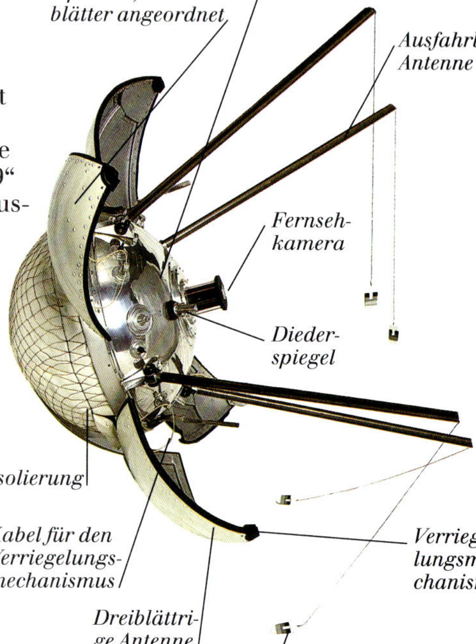

„Lunochod 1“

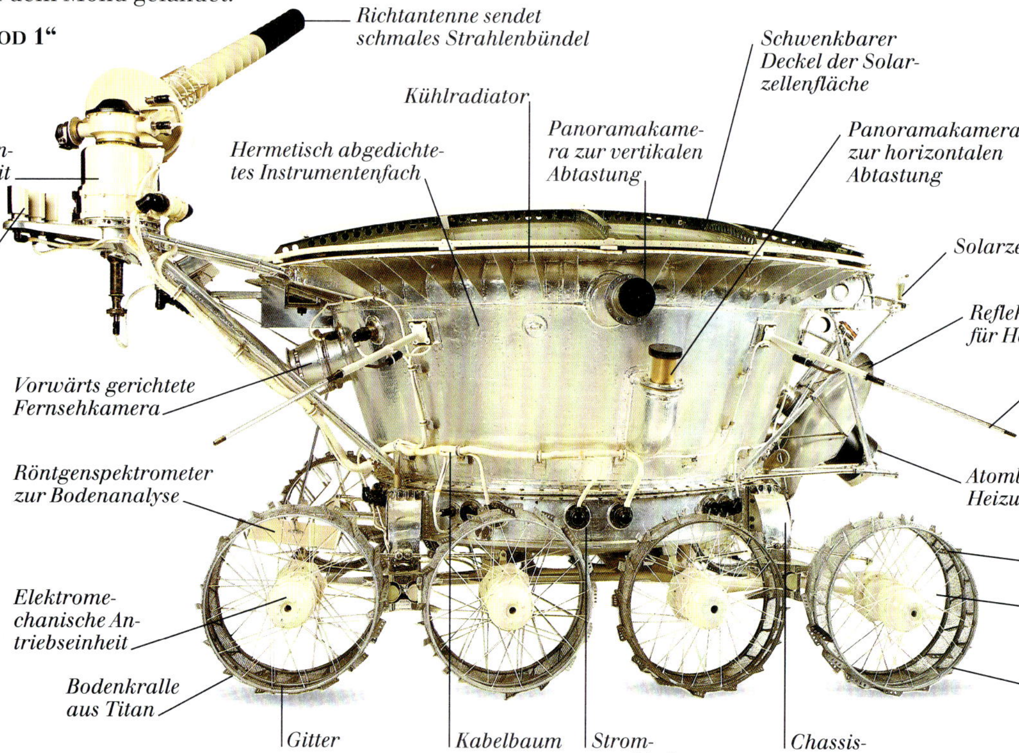

„APOLLO 16“-MONDKAPSEL

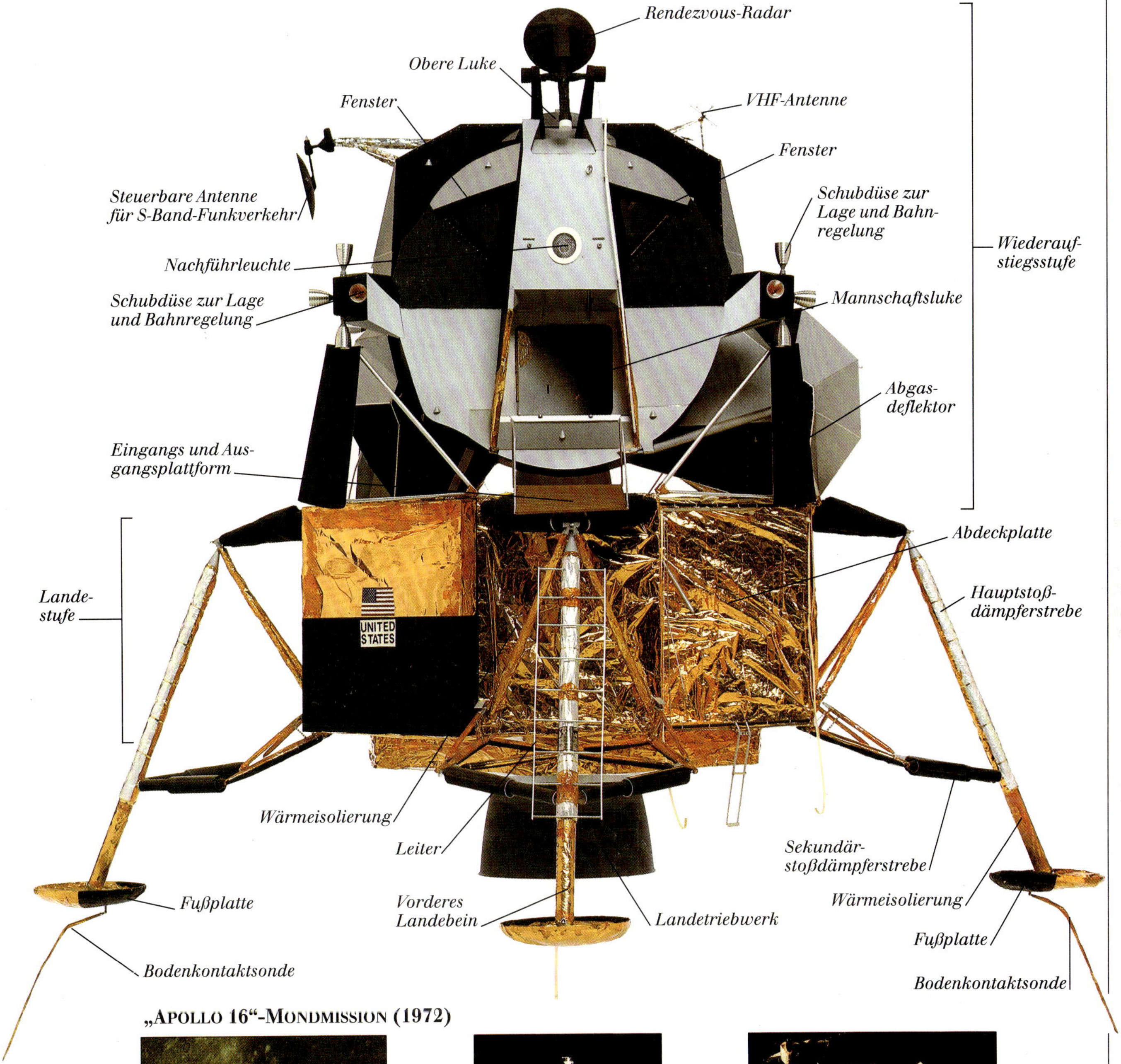

„APOLLO 16“-MONDMISSION (1972)

Kommandoeinheit und Betriebs- und Versorgungseinheit in der Mondumlaufbahn

Mondkapsel bei der Landung

Mondkapsel, Monderkundungsfahrzeug und Astronaut auf der Mondoberfläche

Erdgeschichte

Erdgeschichte 62
Die Erdkruste 64
Verwerfungen und Falten 66
Die Entstehung von Gebirgen 68
Präkambrium bis Devon 70
Karbon bis Perm 72
Die Trias 74
Der Jura 76
Die Kreide 78
Das Tertiär 80
Das Quartär 82
Erste Lebensspuren 84
Amphibien und Reptilien 86
Dinosaurier 88
Theropoden 1 90
Theropoden 2 92
Sauropodomorphen 1 94
Sauropodomorphen 2 96
Thyreophora 1 98
Thyreophora 2 100
Ornithopoden 1 102
Ornithopoden 2 104
Marginocephalier 1 106
Marginocephalier 2 108
Säugetiere 1 110
Säugetiere 2 112
Die ersten Menschen 114

Erdgeschichte

Die Erde entstand aus einer Wolke von Staub und Gasen, die vor 4.600 Millionen Jahren durch den Weltraum trieb. Dabei wurde das dichtere Material im Zentrum konzentriert, während weniger dichtes die dünne Erdkruste bildete. Anschließend dauerte es aber immerhin noch 3.500 Millionen Jahre, bis mit den Bakterien die ersten bekannten Lebensformen auftauchten; die komplexer aufgebauten Pflanzen und Tiere entwickelten sich sogar erst vor ungefähr 570 Millionen Jahren. Seither gibt es Tausende von Tieren und Pflanzen, von denen einige noch heute existieren, während andere, beispielsweise die Dinosaurier, ausgestorben sind. Aber nicht nur Pflanzen und Tiere, auch die Erde selbst unterliegt einem ständigen Wandel. So bewegen sich die Kontinente, die ihre jetzige Position vor etwa 50 Millionen Jahren einnahmen, noch immer langsam über die Erdoberfläche. Gebirge wie der Himalaja, dessen Entstehung vor etwa 40 Millionen Jahren begann, türmen sich auch heute noch auf und werden wieder abgetragen. Auch das Klima ist Änderungen unterworfen. So erlebte die Erde immer wieder Eiszeiten (die letzte endete vor ungefähr 20.000 Jahren), die von wärmeren Perioden unterbrochen wurden.

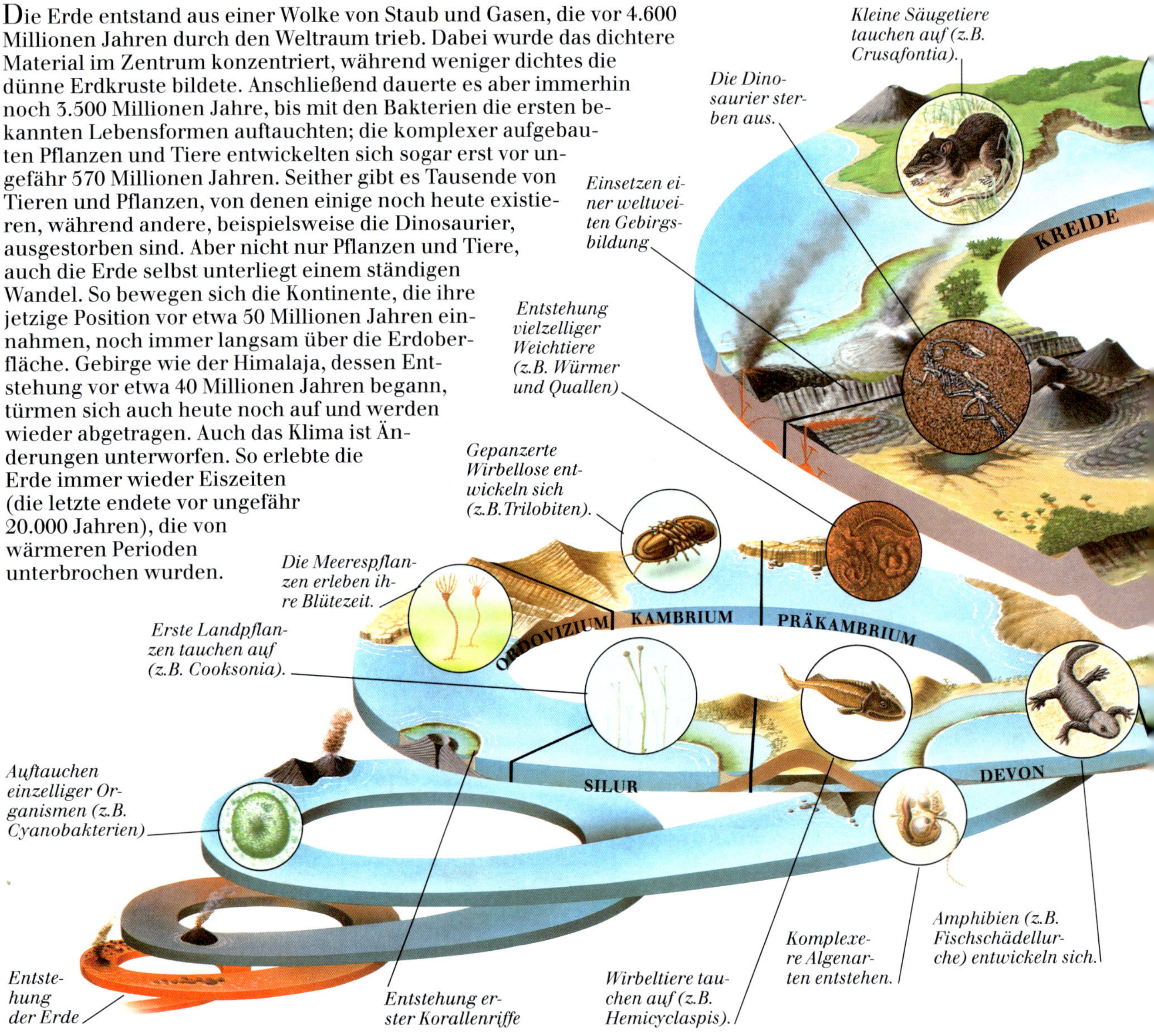

Die geologische Zeittafel

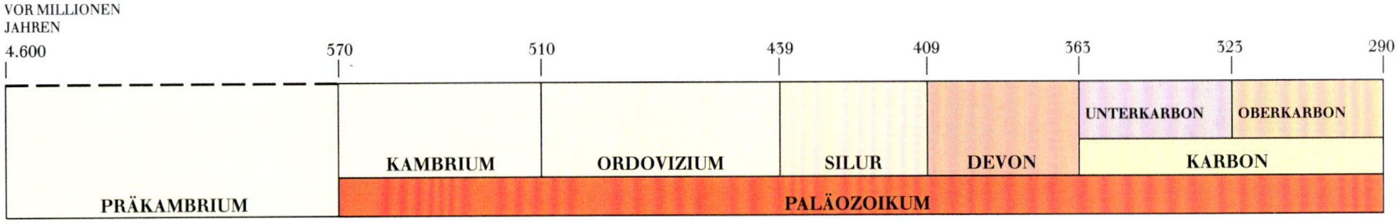

Die Evolution der Erde

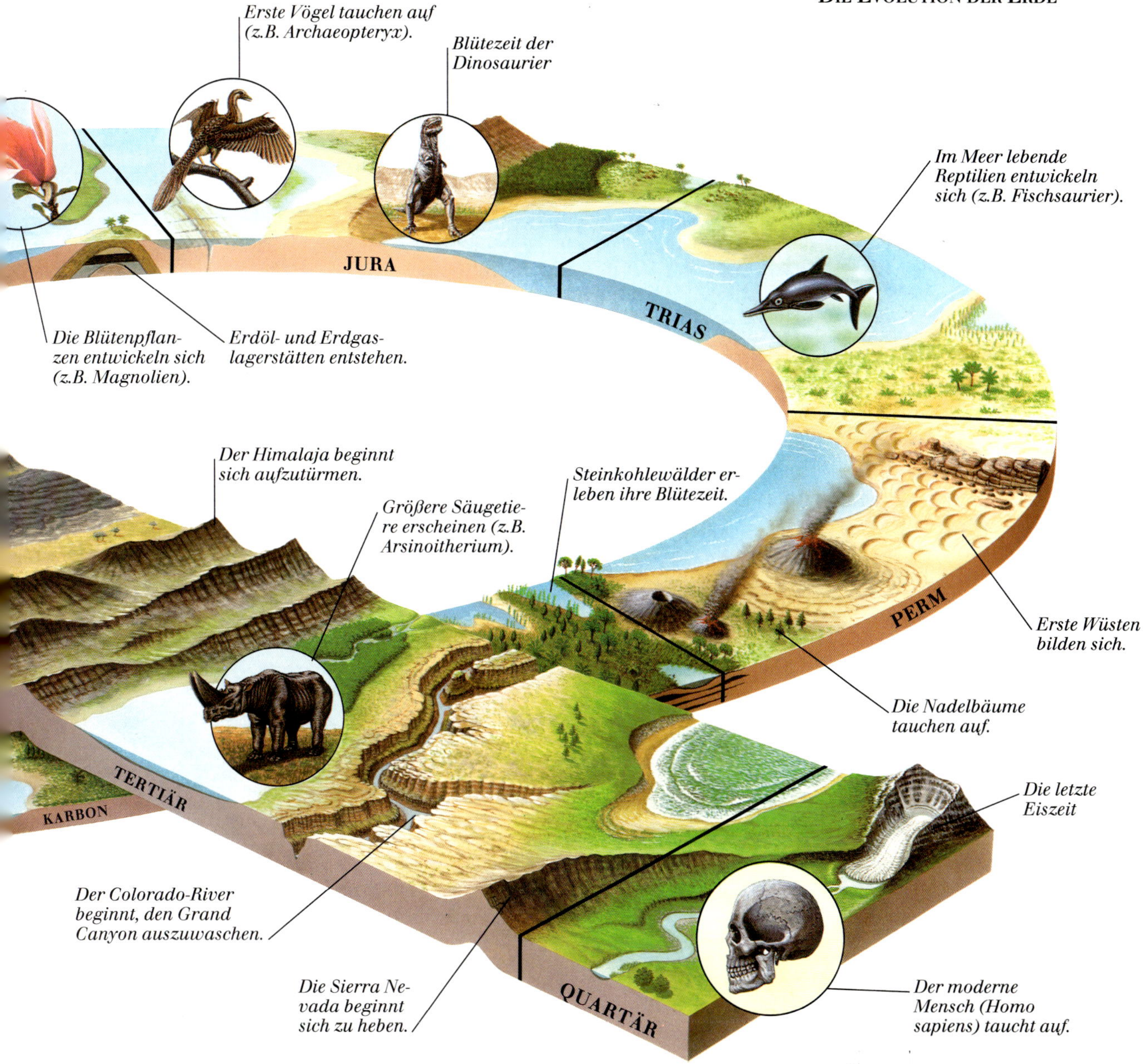

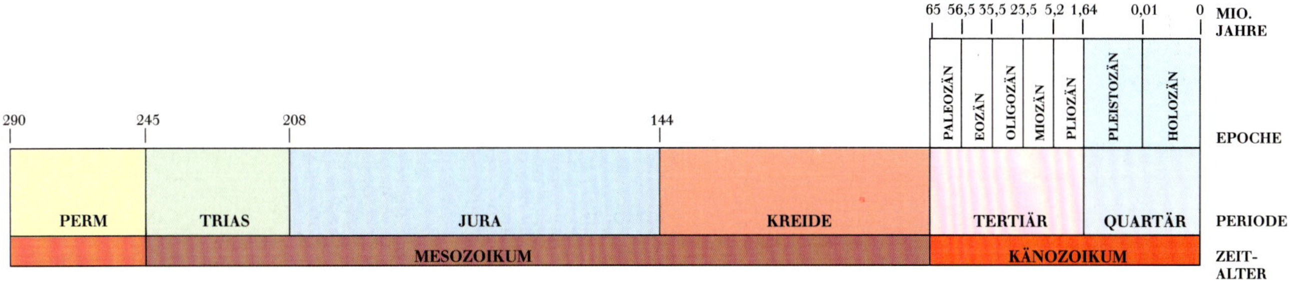

Die Erdkruste

Die Erdkruste stellt die feste äußere Schale der Erde dar und läßt sich in die kontinentale Kruste (etwa 40 km mächtig) und die ozeanische Kruste ca. 6 km dick) untergliedern. Die Kruste und die oberste Mantelschicht bilden die Lithosphäre. Sie besteht aus mehr oder weniger starren Platten, die sich auf der darunter liegenden Asthenosphäre (einer teilweise schmelzflüssigen Schicht des Mantels) bewegen (Plattentektonik). An den Stellen, an denen sich die Platten auseinanderbewegen, entstehen in der Erdkruste des Festlandes Gräben und im Meer mittelozeanische Schwellen. Diese Schwellen werden von einem Zentralgraben durchzogen, in dem Magma ins Wasser gelangt und unterseeische Gebirgsrücken bildet. Wenn zwei Platten aufeinanderstoßen, wird die eine unter die andere gedrückt. Im Meer kann das zur Entstehung von Tiefseegräben, zu seismischer Aktivität und zur Bildung von Vulkaninseln führen. Dort, wo sich die ozeanische Kruste unter die kontinentale Kruste schiebt oder zwei Kontinente zusammenstoßen, können sich Gebirgszüge auffalten (s.S. 68–69). An einigen Stellen, z.B. an der San-Andreas-Verwerfung, reiben zwei Platten aneinander. Mit der Plattentektonik kann auch die Kontinentaldrift erklärt werden.

Die chemischen Elemente der Erdkruste

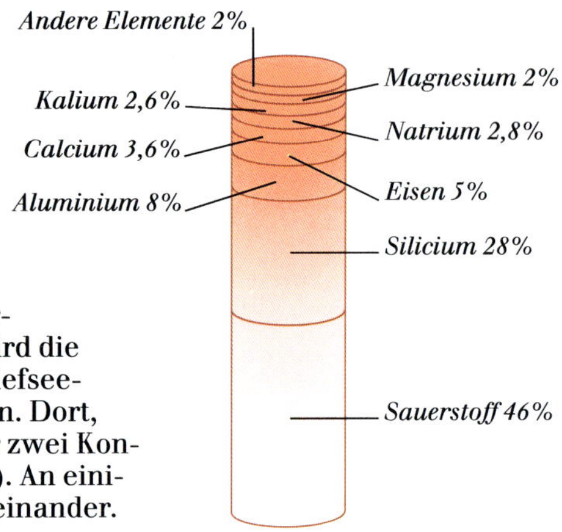

Charakteristische Merkmale der Plattentektonik

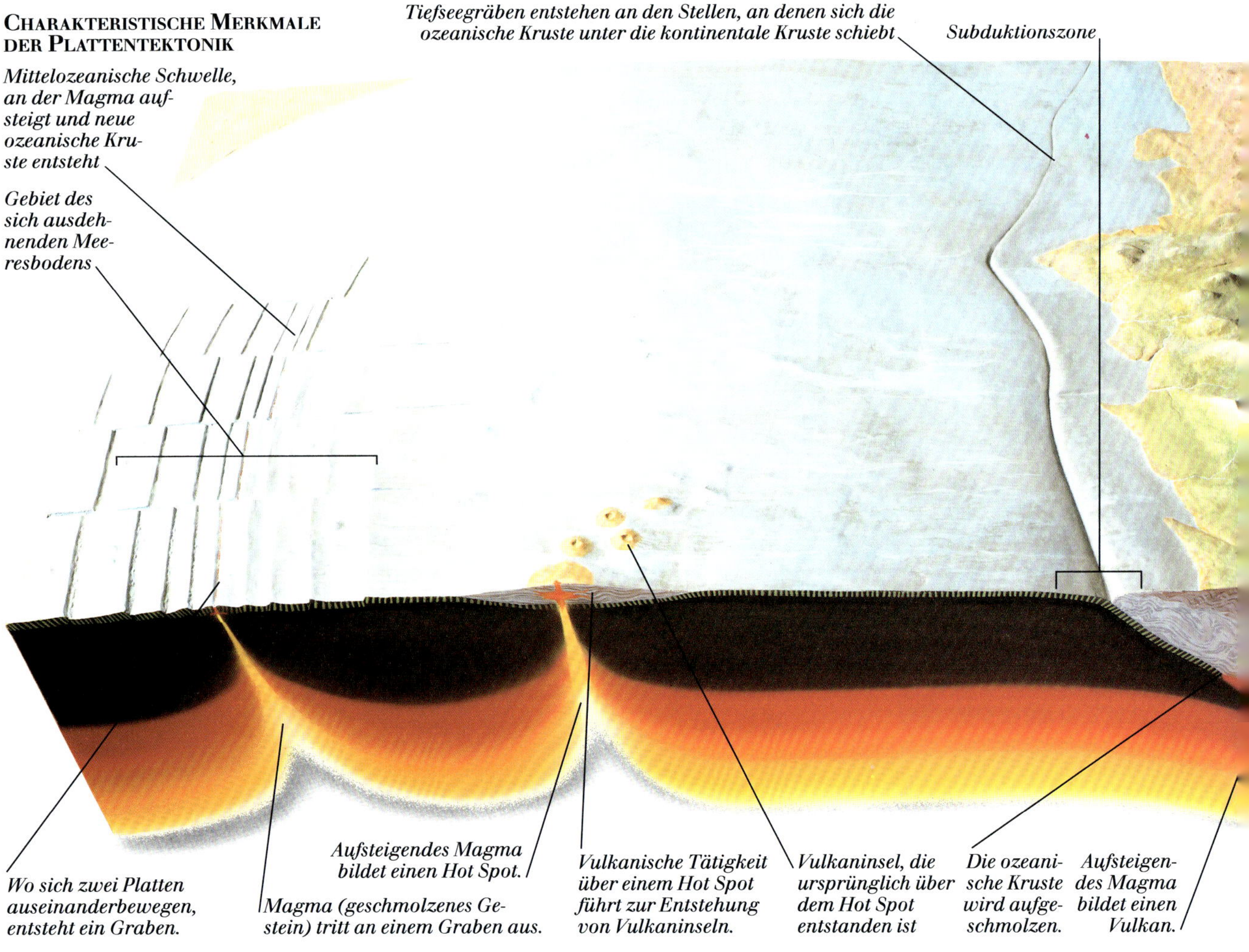

Die grössten Platten der Erdkruste

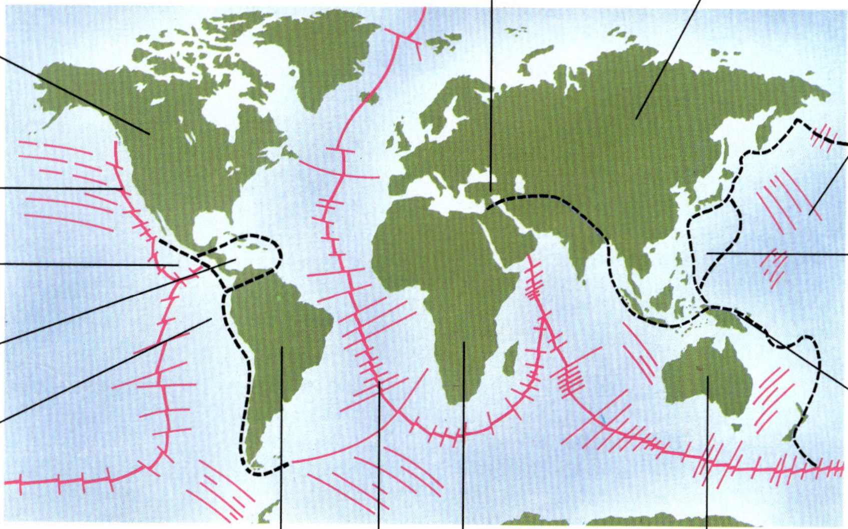

Bodenbewegungen entlang mittelozeanischer Rücken

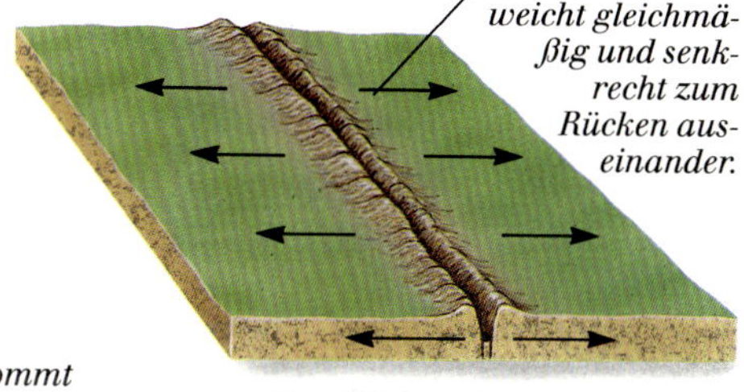

Geradliniger Rücken

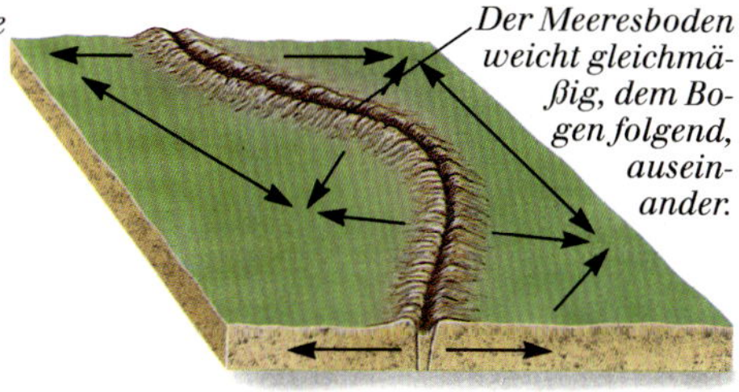

Gebogener Rücken

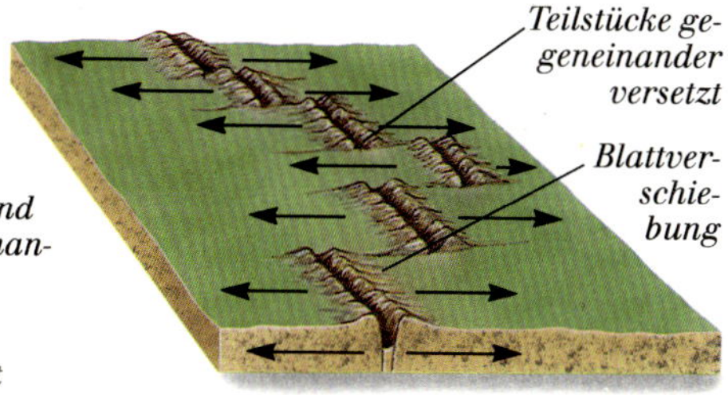

Versatz durch Blattverschiebung

Verwerfungen und Falten

Die stete Bewegung der Erdkrustenplatten (s.S. 64–65) kann dazu führen, daß Gesteinsschichten zusammengepreßt oder gedehnt werden, wodurch Verwerfungen und Falten entstehen. Bei einer Verwerfung, die dadurch entsteht, daß Zug oder Druck auf eine Gesteinsschicht einwirkt, wird ein Gesteinskomplex in zwei Schollen zerbrochen, die dann gegeneinander verschoben werden. Verwerfungen kommen hauptsächlich in harten, wenig flexiblen Gesteinen vor, also solchen, die kaum biegsam sind und daher leicht zerbrechen. Es gibt mikroskopisch kleine Verwerfungen, beispielsweise in mineralischen Kristallen, aber auch sehr große, wie den Ostafrikanischen Graben, der über 9.000 Kilometer lang ist. Die plötzlichen Bewegungen, die an solchen Verwerfungen entstehen können, sind häufig die Ursache für Erdbeben. Falten sind dagegen durch Druck entstandene Biegungen in einer Gesteinsschicht. Sie treten in relativ elastischen Gesteinsschichten auf, die nachgeben, anstatt zu zerbrechen. Die beiden Haupttypen der Falten heißen Sattel (Antiklinale) und Mulde (Synklinale). Falten können eine Größe von nur wenigen Millimetern haben oder sich, wie aufgefaltete Gebirgszüge, viele hundert Kilometer weit erstrecken. Zusätzlich zu den Verwerfungen und Falten gibt es mit Boudinagen, Mullion-Strukturen und Fiederspalten noch weitere Vorgänge, die bei der Veränderung von Gesteinsschichten eine Rolle spielen können.

Geometrie der Falte

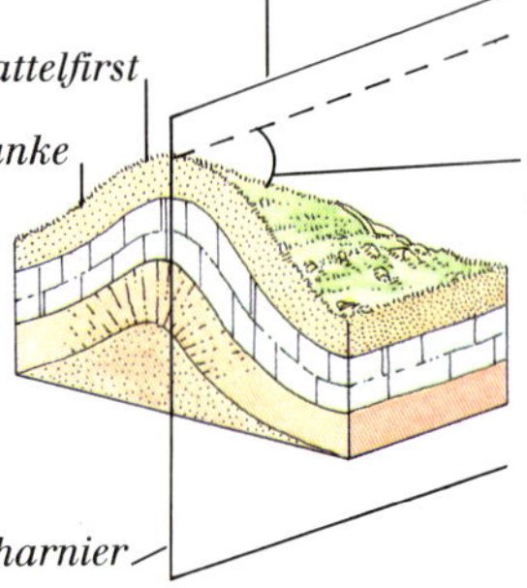

Geometrie der Verwerfung

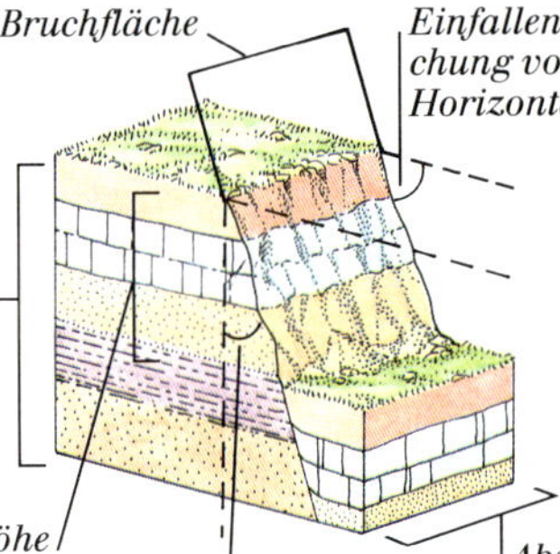

Geometrie des Hanges

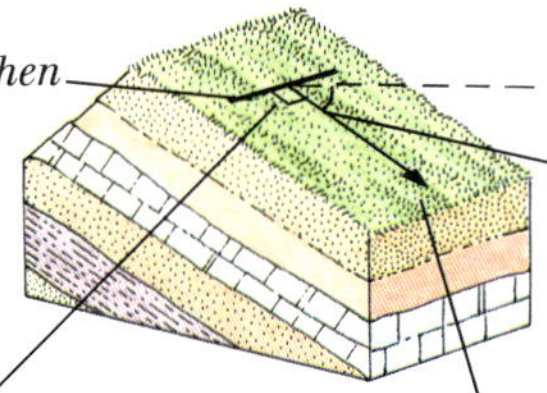

Faltung

Verwitterungsprofil gefalteter Gesteinsschichten

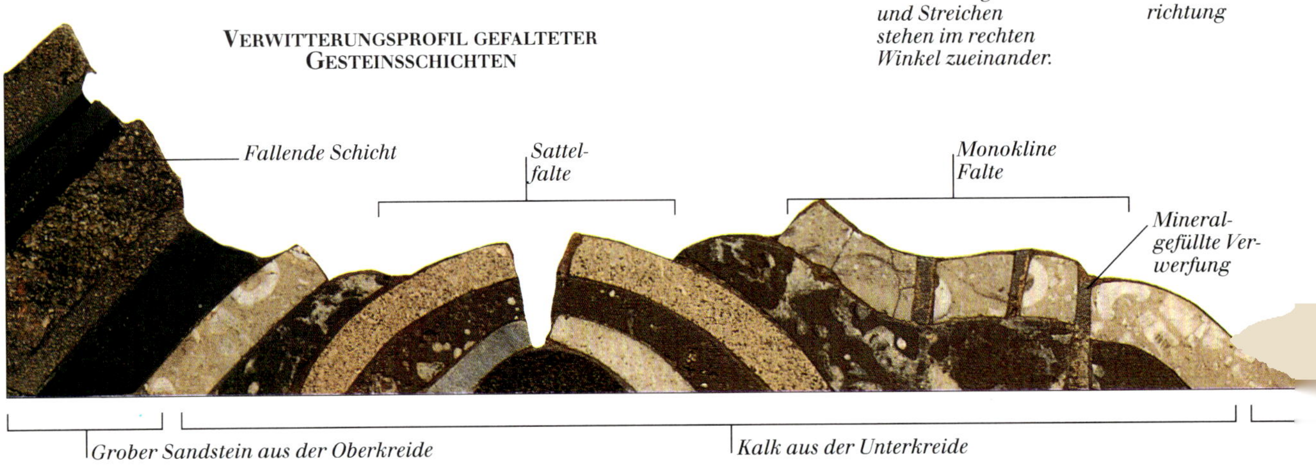

Faltentypen

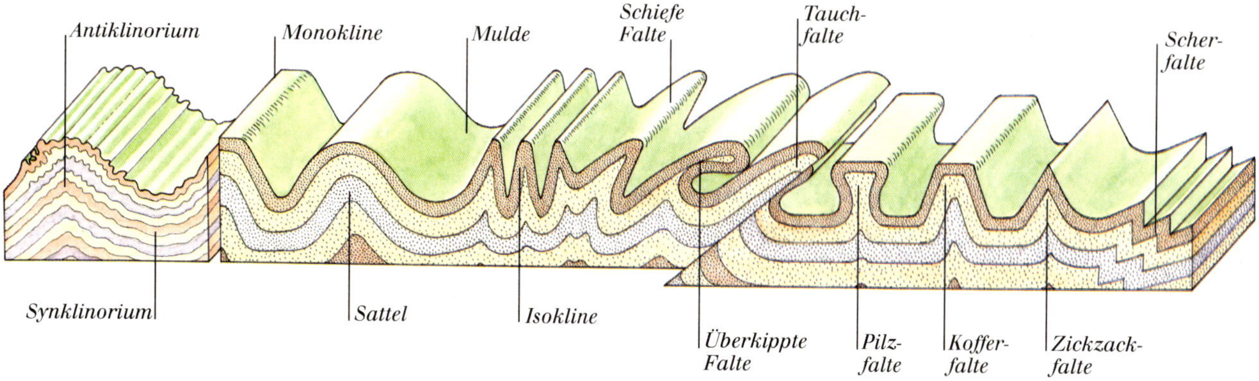

Verwerfungstypen

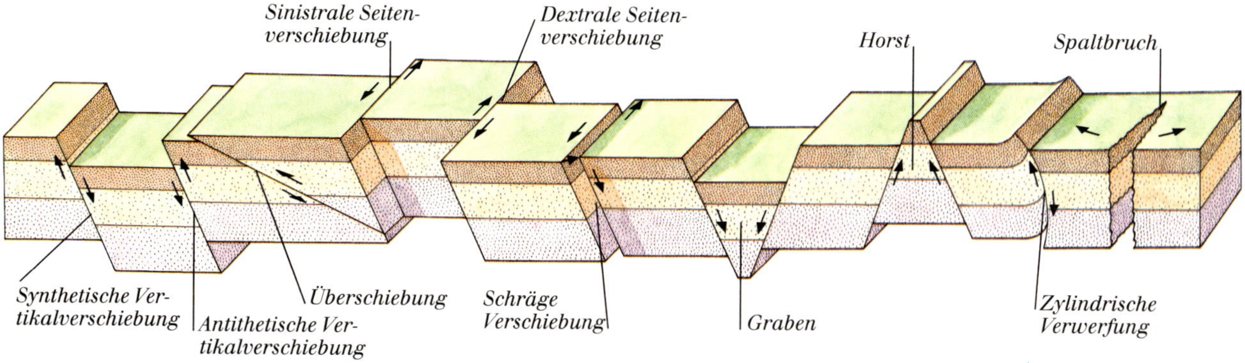

Deformationen in Gesteinen

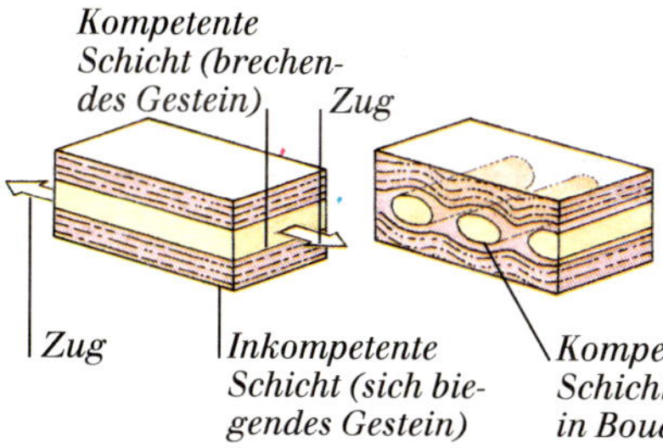

Boudinage

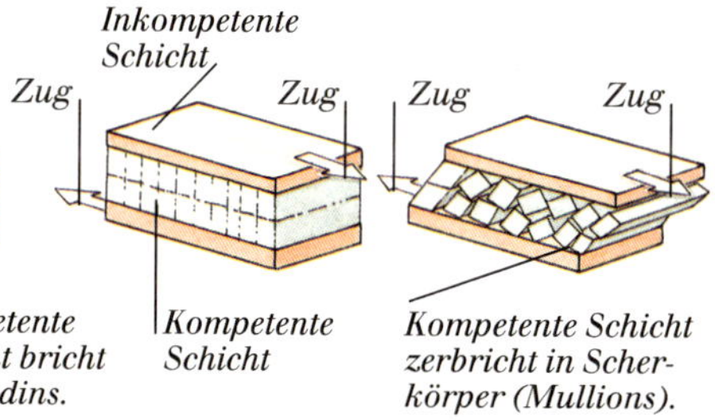

Mullion-Strukturen

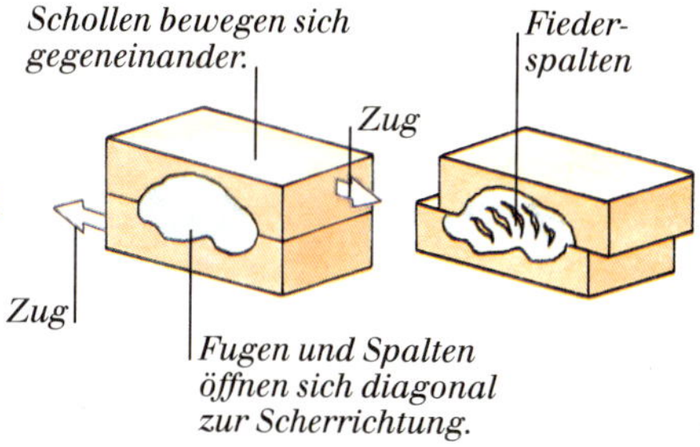

Fiederspalten

Die Entstehung von Gebirgen

Die Gebirgsbildung (Orogenese) ist eine Folge der Plattentektonik (s.S. 64–65). Es gibt drei Haupttypen von Gebirgen: vulkanische Gebirge, Faltengebirge und Schollengebirge. Die meisten vulkanischen Gebirge entstehen, wo Platten aneinanderstoßen oder aneinander entlanggleiten und Lava oder anderes Gesteinsmaterial an die Erdoberfläche gedrückt wird. Die Lava und das übrige Gestein können sich anhäufen und so einen Kegel um den Krater des Vulkans bilden. Faltengebirge entstehen, wo Platten aneinanderstoßen und Gesteinsschichten nach oben gedrückt werden. Das ist z.B. an Stellen der Fall, an denen die ozeanischen Kruste unter die weniger dichte kontinentale Kruste gedrückt wird. Dadurch faltet sich die kontinentale Kruste zu Gebirgen wie den Appalachen in Nordamerika auf. Faltengebirge entstehen auch, wenn zwei Teile der kontinentalen Kruste zusammenstoßen. Hierfür ist der Himalaja ein Beispiel. Er bildete sich durch den Aufprall der Indisch-Australischen auf die Eurasische Platte, bei dem Sedimente und Teile der ozeanischen Kruste sich auftürmten. Schollengebirge entstehen, wenn eine Scholle zwischen zwei Verwerfungen nach oben gedrückt wird (s.S. 66–67). Die Verschiebung kann viele Millionen Jahre dauern. Es kann aber auch zu plötzlichen Bewegungen kommen und damit zu heftigen Erdbeben (Beispiel: San-Andreas-Verwerfung).

Bhagirati Parbat, Himalaja

Entstehung des Himalaja

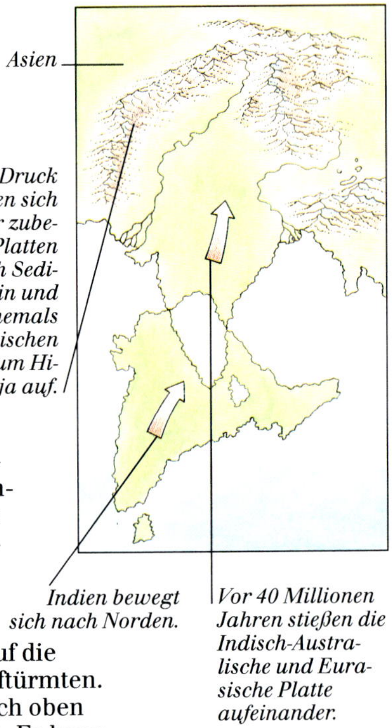

Unterschiedliche Gebirgstypen

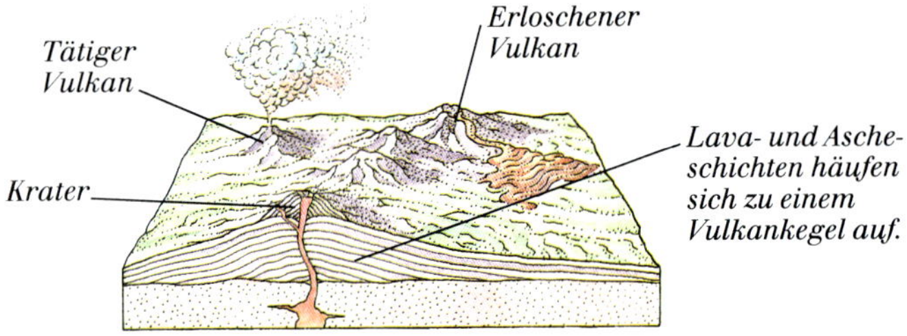

Vulkanisches Gebirge

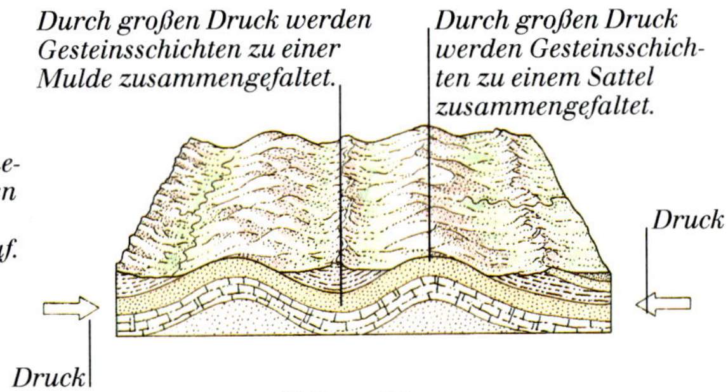

Faltengebirge

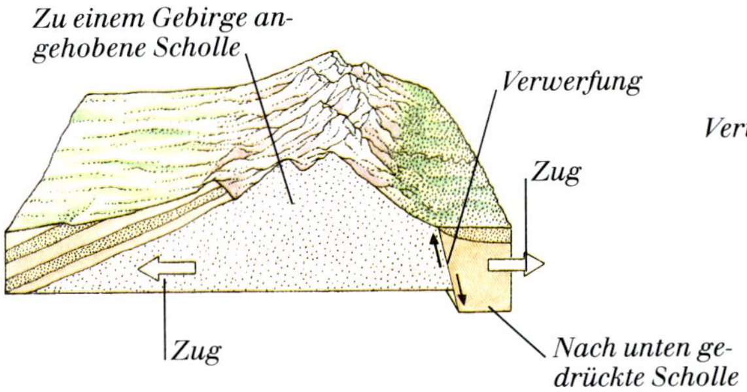

Schollengebirge

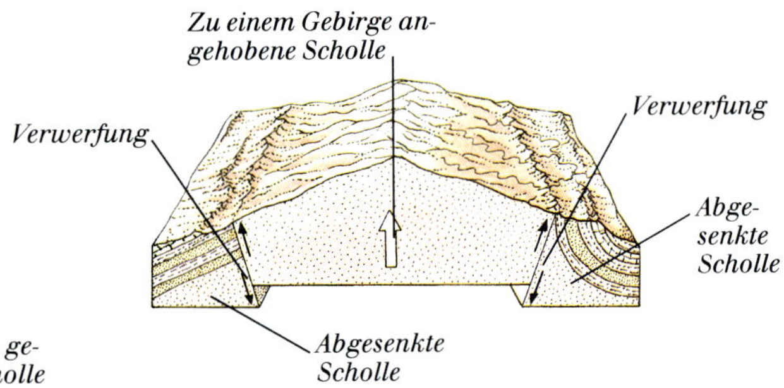

Hochschollengebirge

Stadien in der Bildung des Himalaja

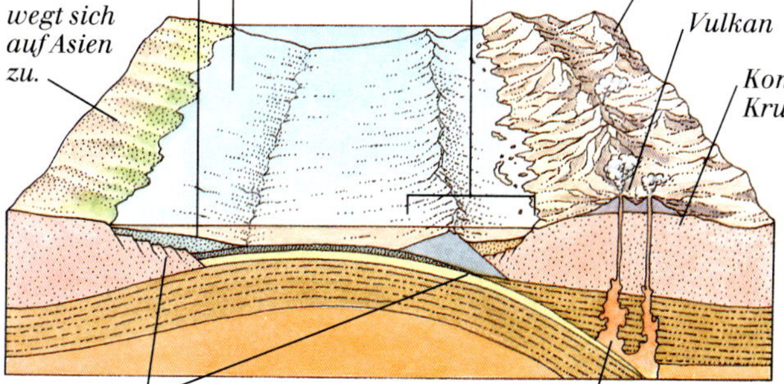

Vor 60 Millionen Jahren

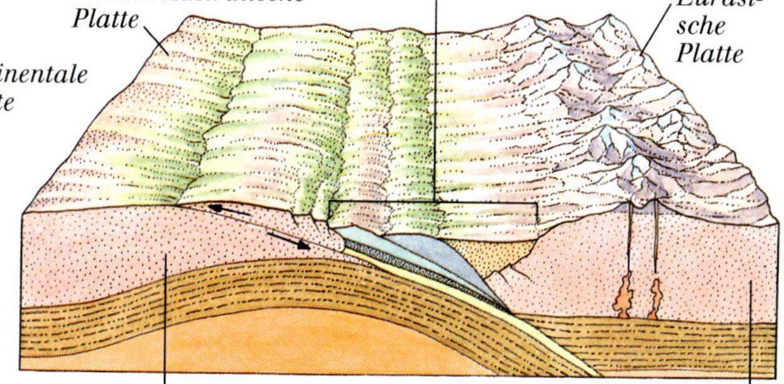

Vor 40 Millionen Jahren

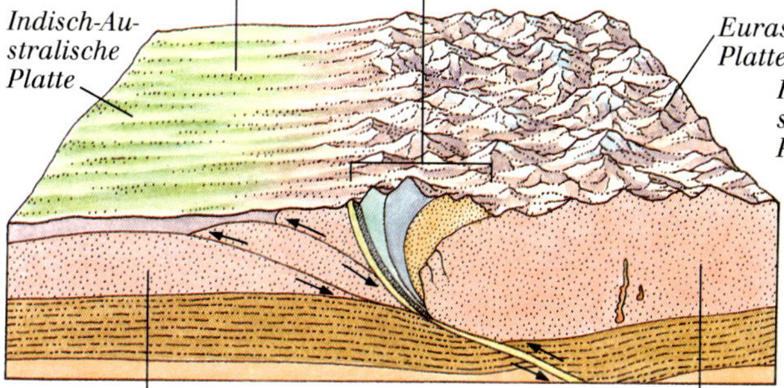

Vor 20 Millionen Jahren

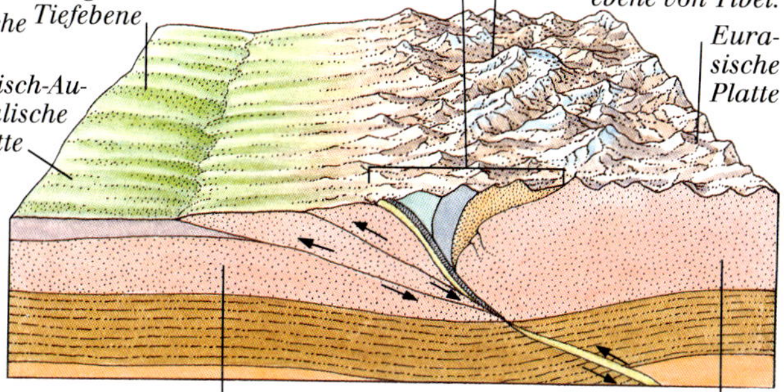

Heute

San-Andreas-Verwerfung

Entlang der Bruchlinie kann es zu Reibungen zwischen zwei Kontinentalplatten und damit zu Erdbeben kommen.

Erdbeben

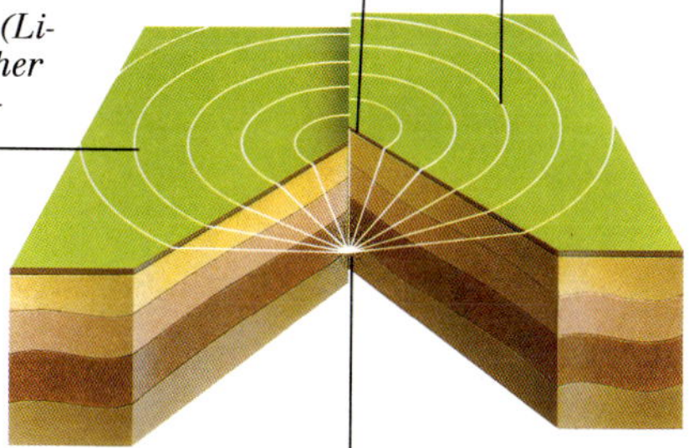

Schematische Darstellung der Ausbreitung seismischer Wellen

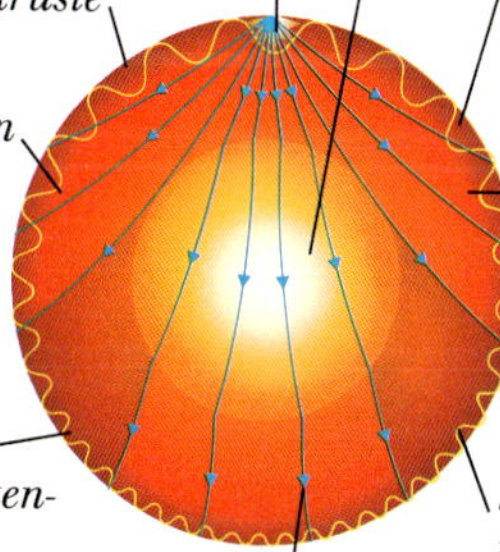

Ausbreitung der Schockwellen durch die Erde

Präkambrium bis Devon

Die Atmosphäre der jungen Erde vor 4,6 Mrd. Jahren enthielt viele verschiedene Gase, aber kaum Sauerstoff. Der gewaltige Superkontinent Gondwanaland bedeckte die Südpolarregion, mehrere kleinere Kontinente waren über die restliche Welt verteilt. Plattenbewegungen der Erdkruste verschoben (und verschieben noch heute) die Kontinente auf dem Erdball. Die ersten einfachen Lebensformen entwickelten sich vor etwa 3,6 Mrd. Jahren in warmen Flachmeeren. Die Entwicklung der Photosynthese führte zu vermehrter Sauerstoffbildung, und es entstand ein Ozonschild rund um die Erde. Dieser schützte die Lebewesen vor der gefährlichen UV-Strahlung und ermöglichte den Aufbau einer Atmosphäre, in der sich Leben entfalten konnte. Die ersten Wirbeltiere traten vor etwa 470 Mio. Jahren im Ordovizium (vor 510–439 Mio. J.) auf, die ersten Landpflanzen vor etwa 400 Mio. Jahren im Devon (vor 409–363 Mio J.), die ersten Landwirbeltiere etwa 30 Mio. Jahre später.

Lage heutiger Landmassen im mittleren Ordovizium

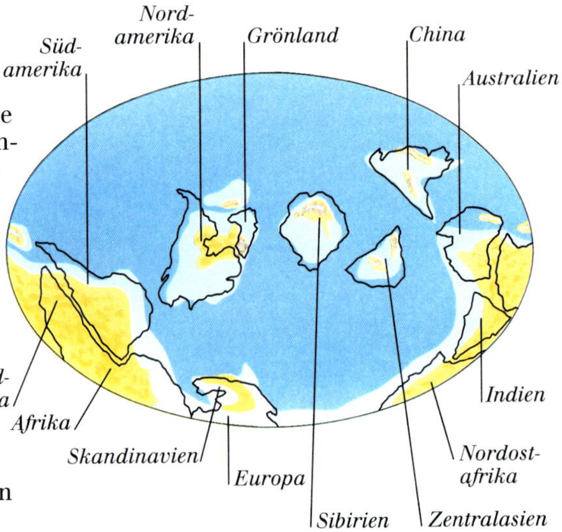

Pflanzengruppen aus der Zeit von Präkambrium bis Devon

Heutiger Bärlapp
(Lycopodium sp.)

Heutige Landpflanze
(Asparagus setaceous)

Fossil einer ausgestorbenen Landpflanze
(Cooksonia hemisphaerica)

Fossil einer ausgestorbenen Sumpfpflanze
(Zosterophyllum llanoveranum)

Beispiele von Trilobiten aus Präkambrium bis Devon

Acadagnostus
Familie: Agnostidae
Länge: 8 mm

Phacops
Familie: Phacopidae
Länge: 4,5 cm

Olenellus
Familie: Olenellidae
Länge: 6 cm

Elrathia
Familie: Ptychopariidae
Länge: 2 cm

Die Erde im mittleren Devon

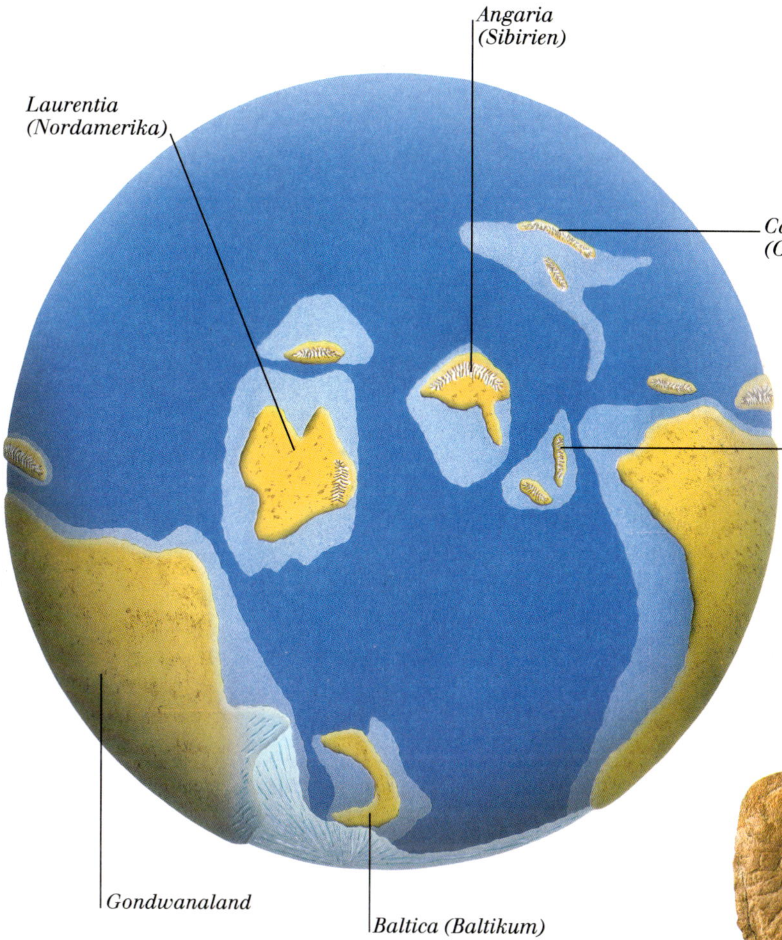

Beispiele früher Meeres-Wirbelloser

Fossiler Nautiloid
(Estonioceras perforatum)

Fossiler Armfüßer
(Dicoelosia bilobata)

Meduse
(Mawsonites spriggi)

Fossiler Graptolith
(Monograptus convolutus)

Beispiele von Fischen aus dem Devon

Rhamphodopsis
Familie: Ptyctodontidae
Länge: 15 cm

Pteraspis
Familie: Pteraspidae
Länge: 25 cm

Coccosteus
Familie: Coccosteidae
Länge: 35 cm

Bothriolepis
Familie: Bothriolepididae
Länge: 40 cm

Cheiracanthus
Familie: Acanthodidae
Länge: 30 cm

Pterichthyodes
Familie: Asterolepididae
Länge: 15 cm

Cheirolepis
Familie: Cheirolepididae
Länge: 17 cm

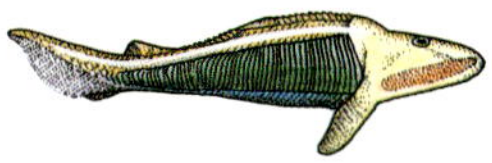

Cephalaspis
Familie: Cephalaspidae
Länge: 22 cm

Karbon bis Perm

Feuchtwarmes Klima begünstigte im Karbon (vor 363–290 Mio. Jahren) ein reiches Pflanzenwachstum. Auf der Nordhalbkugel und um den Äquator entstanden riesige Sumpfwälder – die Steinkohleformationen von heute. Zu Beginn des Karbon traten die ersten Reptilien auf. Eier mit wasserdichter Schale und eine vor Wasserverlust schützende dicke (Schuppen-)Haut machten diese Tiere vom Wasser weitgehend unabhängig. Gegen Ende der Karbonzeit stießen die beiden großen Kontinente Laurasia (Nordkontinent) und Gondwanaland (Südkontinent) zusammen und verbanden sich zur gewaltigen Landmasse Pangaea. Im Perm (vor 290–245 Mio. Jahren) bedeckten Gletscher weite Teile der Südhalbkugel: Antarktika, Teile Australiens sowie große Gebiete Südamerikas, Afrikas und Indiens. Im Eis war ein Großteil der Wassermassen der Erde gebunden, wodurch auf der Nordhalbkugel der Meeresspiegel sank. Abseits der Pole herrschte trocken-heißes Wüstenklima. Gegen Ende des Perms kam es zum größten Massenaussterben aller Zeiten. Damals starben noch viel mehr Arten aus als bei dem Massensterben Ende der Kreidezeit, das durch den Untergang der Dinosaurier bekannt wurde.

Lage heutiger Landmassen gegen Ende der Karbonzeit

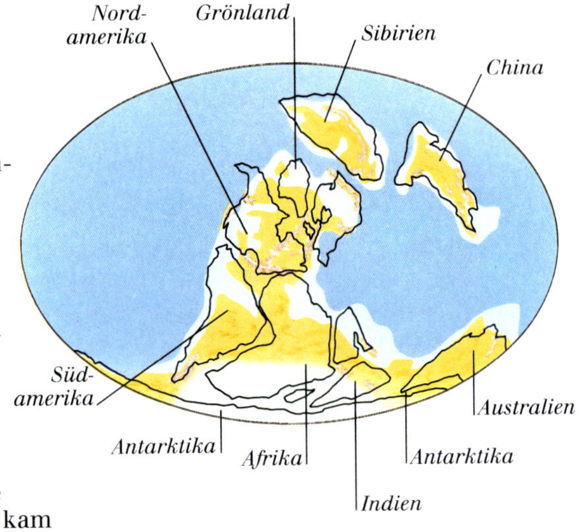

Einige Pflanzen aus dem Karbon und dem Perm

Heutige Tanne
(Abies concolor)

Fossil eines ausgestorbenen Farns
(Zeilleria frenzlii)

Fossil eines ausgestorbenen Schachtelhalms
(Equisetites sp.)

Fossil eines ausgestorbenen Bärlapps
(Lepidodendron sp.)

Einige Bäume aus Karbon und Perm

Pecopteris
Familie: Marattiaceae
Höhe: 4 m

Paripteris
Familie: Medullosaceae
Höhe: 5 m

Mariopteris
Familie: unbekannt
Höhe: 5 m

Medullosa
Familie: Medullosaceae
Höhe: 5 m

Die Erde Ende der Karbonzeit

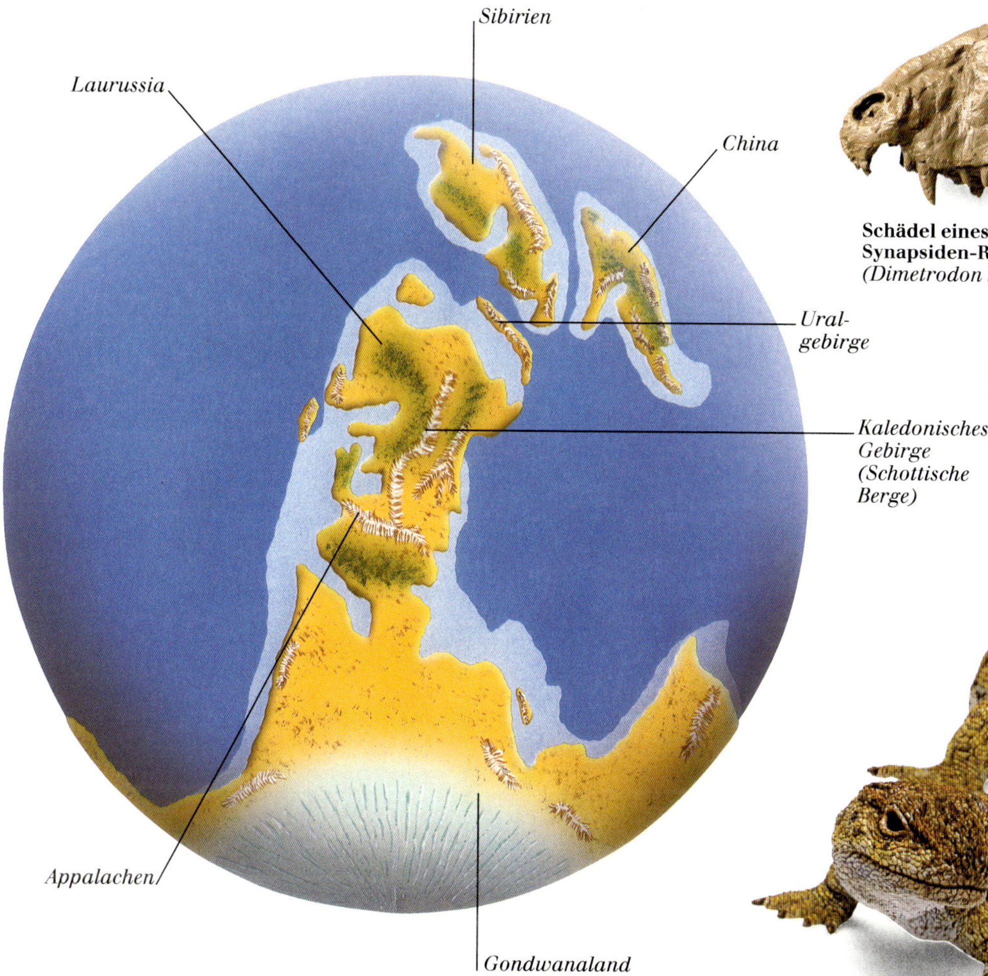

Einige Tiere aus dem Karbon und dem Perm

Schädel eines ausgestorbenen Synapsiden-Reptils
(Dimetrodon loomisi)

Fossile Zähne eines ausgestorbenen Hais
(Helicoprion bessonowi)

Modell eines ausgestorbenen Reptils aus dem Karbon
(Westlothiana lizziae)

Lepidodendron
Familie: Lepidodendraceae
Höhe: 30 m

Cordaites
Familie: Cordaitaceae
Höhe: 10 m

Glossopteris
Familie: Glossopteridaceae
Höhe: 8 m

Alethopteris
Familie: Medullosaceae
Höhe: 5m

Die Trias

Mit der Trias (vor 248 bis 208 Mio. Jahren) begann nicht nur das Mesozoikum, sondern auch das Zeitalter der Dinosaurier. Damals bildeten die heutigen Kontinente eine einzige Landmasse, den Superkontinent Pangaea. Auf Pangaea gab es extrem unterschiedliche Klimazonen: Auf den Küstenstreifen und an den Ufern der Seen und Flüsse wuchs üppige Tropenvegetation, während das Binnenland von heiß-trockenen Wüsten bedeckt war. In der damaligen Vegetation gab es noch keine bedecktsamigen Blütenpflanzen, da diese erst in der Kreide entstanden, sondern nur Nadelgewächse (Koniferen), Farne, Baumfarne und Ginkgos. Typische Vertreter der Landfauna waren u.a. primitive Amphibien und Krokodile sowie Rhynchosaurier, eine weitere Reptiliengruppe. Erst vor etwa 230 Mio. Jahren, gegen Ende der Trias, kamen die ersten Dinosaurier auf, wie z.B. die carnivoren Herrerasaurier und Staurikosaurier (*Herrerasaurus*, *Staurikosaurus*); die ersten pflanzenfressenden Dinosaurier waren u.a. *Plateosaurus* und *Technosaurus*. Am Ende der Trias wurde Pangaea von Dinosauriern beherrscht, die wahrscheinlich viele andere Reptilien verdrängt hatten.

Lage der heutigen Kontinente während der Trias

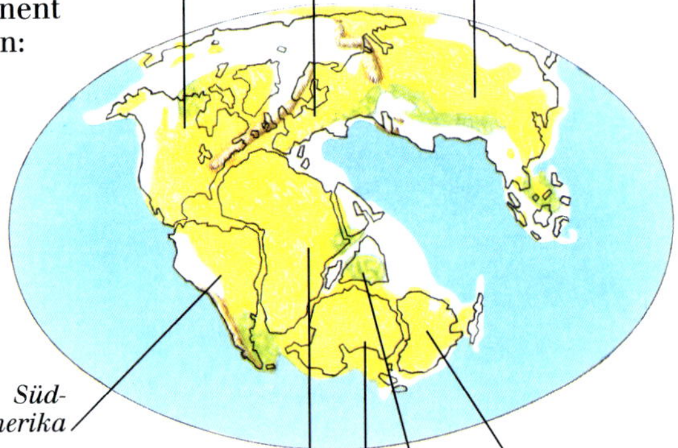

Einige Pflanzen der Trias

Heutiger Baumfarn
(Cycas revoluta)

Heutiger Ginkgo
(Ginkgo biloba)

Heutiger Nadelbaum
(Araucaria araucana)

Fossiler Farn
(Pachypteris sp.)

Fossiler Baumfarn
(Cycas sp.)

Einige Dinosaurier der Trias

Melanorosaurus
Familie: Melanorosauridae
Länge: 12,20 m

Mussaurus
Familie: Plateosauridae
Länge: 2–3 m

Herrerasaurus
Familie: Herrerasauridae
Länge: 3 m

Pisanosaurus
Ein primitiver Ornithischier
Länge: 90 cm

DIE ERDE WÄHREND DER TRIAS

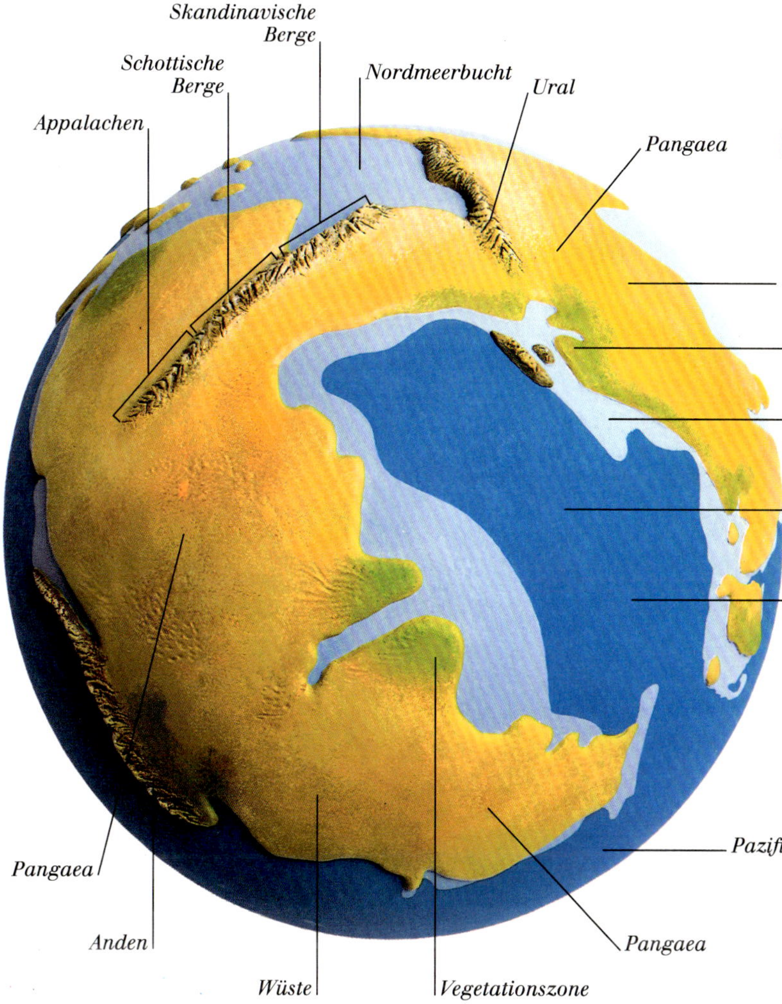

EINIGE TIERE DER TRIAS

Fossiler Lurch

Perlboot
(Nautilus sp.)

Fossiler Fisch
(Cleithrolepis granulatus)

Fossiler Nothosaurier
(Pachypleurosaurus sp.)

Fossiler Rhynchosaurier
(Scaphonyx fischeri)

Plateosaurus
Familie: Plateosauridae
Länge: ca. 8 m

Technosaurus
Ein primitiver Ornithischier
Länge: 1 m

Coelophysis
Familie: Coelophysidae
Länge: 3 m

Staurikosaurus
Familie: Staurikosauridae
Länge: 2 m

Der Jura

Der Jura, die mittlere Periode des Mesozoikums, dauerte von vor 208 bis vor 144 Mio. Jahren. In dieser Zeit zerfiel Pangaea in die beiden Kontinente Gondwana und Laurasia; auch hob sich der Meeresspiegel, so daß große Tieflandbereiche überflutet wurden. Das Klima war feuchtwarm; die Vegetation wurde vor allem von Nadelgewächsen dominiert, darunter auch Mammutbäume, und und es gab die ersten bedecktsamigen Blütenpflanzen. Der üppige Pflanzenbewuchs machte es möglich, daß zahlreiche herbivore (d.h. pflanzenfressende) Dinosaurier aufkamen, wie etwa die großen Sauropoden (z.B. *Diplodocus*) und Stegosaurier (z.B. *Stegosaurus*). Allerdings gab es auch schon zahlreiche carnivore (also fleischfressende) Dinosaurier (Raubsaurier), z.B. *Allosaurus* und *Compsognathus*, die die pflanzenfressenden Saurier und die damaligen (etwa spitzmausgroßen) Säugetiere jagten. Andere Tiere dieser Periode waren flugfähige Reptilien, die Flugsaurier (Pterosaurier), aber auch Meeresreptilien wie Plesiosaurier und Fischsaurier (Ichtyosaurier).

Lage der heutigen Kontinente während des Jura

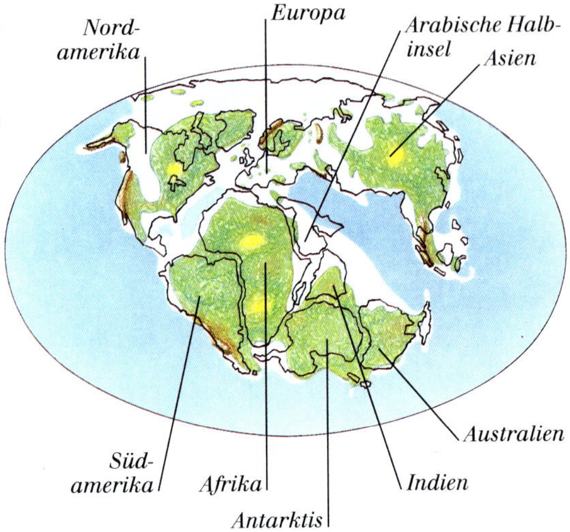

Einige Pflanzen des Jura

Heutiger Farn
(Dicksonia antarctica)

Heutiger Schachtelhalm
(Equisetum arvense)

Heutiger Nadelbaum
(Taxus baccata)

Fossiler Nadelbaum
(Taxus sp.)

Fossiler Mammutbaum
(Sequoiadendron affinis)

Einige Dinosaurier des Jura

Diplodocus
Familie: Diplodocidae
Länge: ca. 27 m

Camptosaurus
Familie: Camptosauridae
Länge: ca. 5–7 m

Dryosaurus
Familie: Dryosauridae
Länge: 3–4 m

Die Erde während des Jura

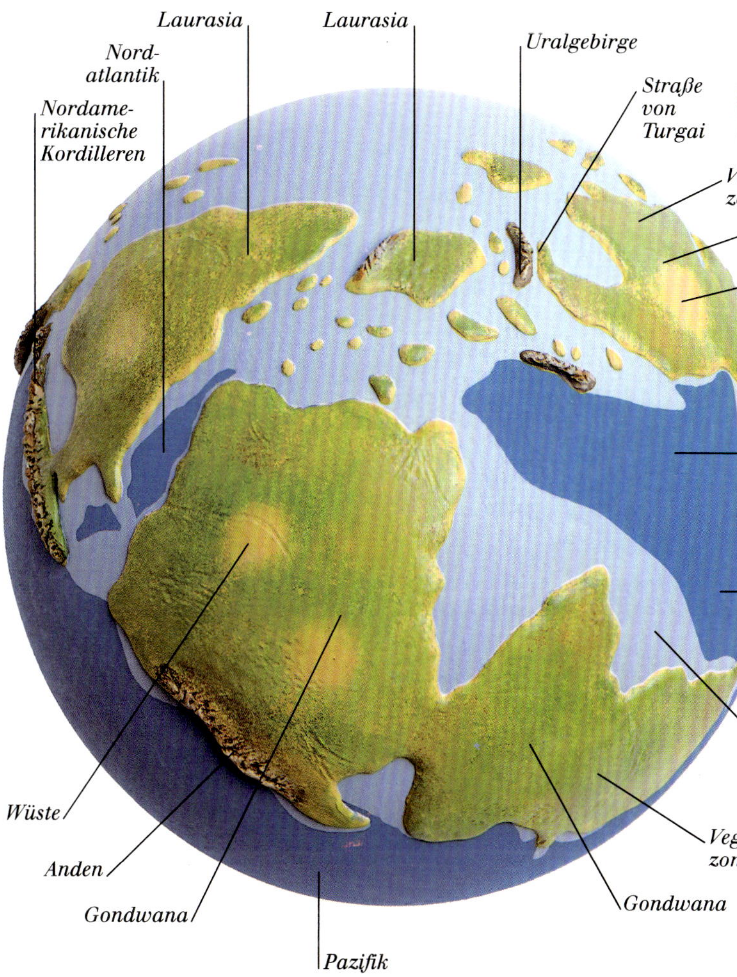

Einige Tiere des Jura

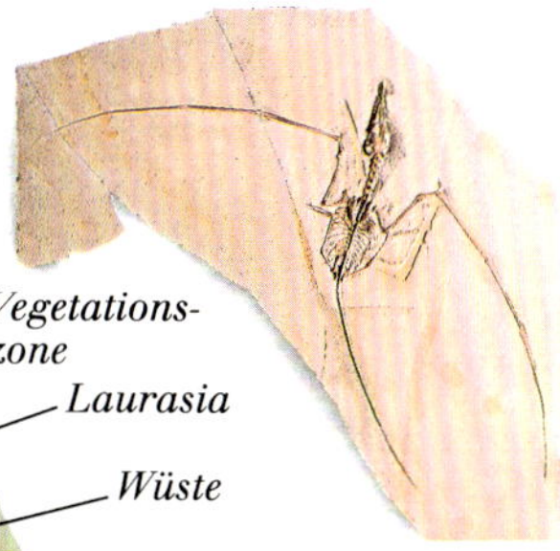

Fossiler Flugsaurier
(Rhamphorhynchus sp.)

Fossiler Belemnit
(Belemnoteuthis sp.)

Fossiler Rhynchosaurier
(Homeosaurus pulchellus)

Fossiler Plesiosaurier
(Peloneustes philarcus)

Fossiler Fischsaurier
(Ichthyosaurus megacephalus)

Allosaurus
Familie: Allosauridae
Länge: 11 m

Scelidosaurus
Familie: Scelidosauridae
Länge: 4 m

Stegosaurus
Familie: Stegosauridae
Länge: ca. 9 m

Die Kreide

Das Mesozoikum endete mit der Kreide (vor 144 bis 65 Mio. Jahren). In dieser Zeit zerbrachen Gondwana und Laurasia in etwa in die heutigen Kontinente. Das Klima blieb weiterhin feuchtwarm, schwankte jedoch stärker in Abhängigkeit von den Jahreszeiten. In der Vegetation wurden viele Palmfarne, Samenfarne und Nadelgewächse durch bedecktsamige Blütenpflanzen, vor allem durch Laubbäume, verdrängt. Auch unter Insekten, Krebstieren, Fischen, Schildkröten und Säugern kamen viele neue Arten auf. Bei den Dinosauriern entwickelten sich in dieser Zeit ebenfalls zahlreiche neue Arten, wie beispielsweise *Iguanodon*, *Deinonychus*, *Tyrannosaurus* und *Hypsilophodon*. Gegen Ende der Kreide starben allerdings alle Dinosaurier aus. Die Ursachen dafür sind unbekannt; wahrscheinlich kam es infolge drastischer Klimaveränderungen, die möglicherweise durch den Einschlag eines riesigen Meteoriten auf die Erde oder durch gewaltige Vulkanausbrüche ausgelöst wurden, zu einem Massenaussterben. Diesem fielen nicht nur die Dinosaurier zum Opfer, sondern u.a. auch Meereslebewesen wie die Fischsaurier (s.S. 76-77) oder die Ammoniten (s.S. 288).

Lage der heutigen Kontinente während der Kreide

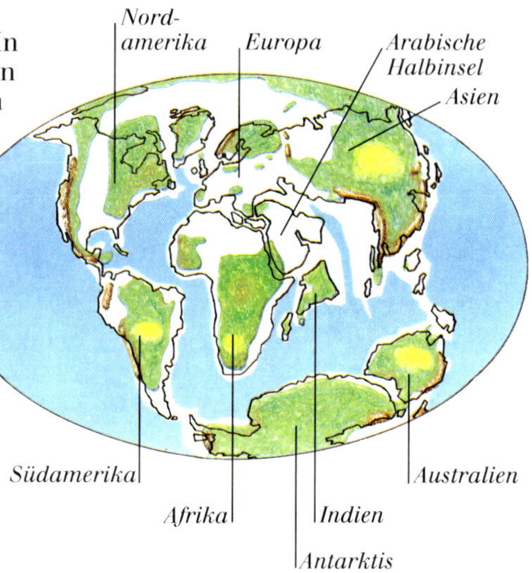

Einige Pflanzen der Kreide

Heutige Kiefer
(Pinus muricata)

Heutige Magnolie
(Magnolia sp.)

Fossiler Farn
(Sphenopteris latiloba)

Fossiler Ginkgo
(Ginkgo pluripartita)

Fossiler Laubbaum
(Cercidyphyllum sp.)

Einige Dinosaurier der Kreide

Saltasaurus
Familie: Titanosauridae
Länge: ca. 12 m

Torosaurus
Familie: Ceratopsidae
Länge: ca. 7,50 m

Hypsilophodon
Familie: Hypsilophodontidae
Länge: ca. 1,50–2,50 m

Die Erde während der Kreide

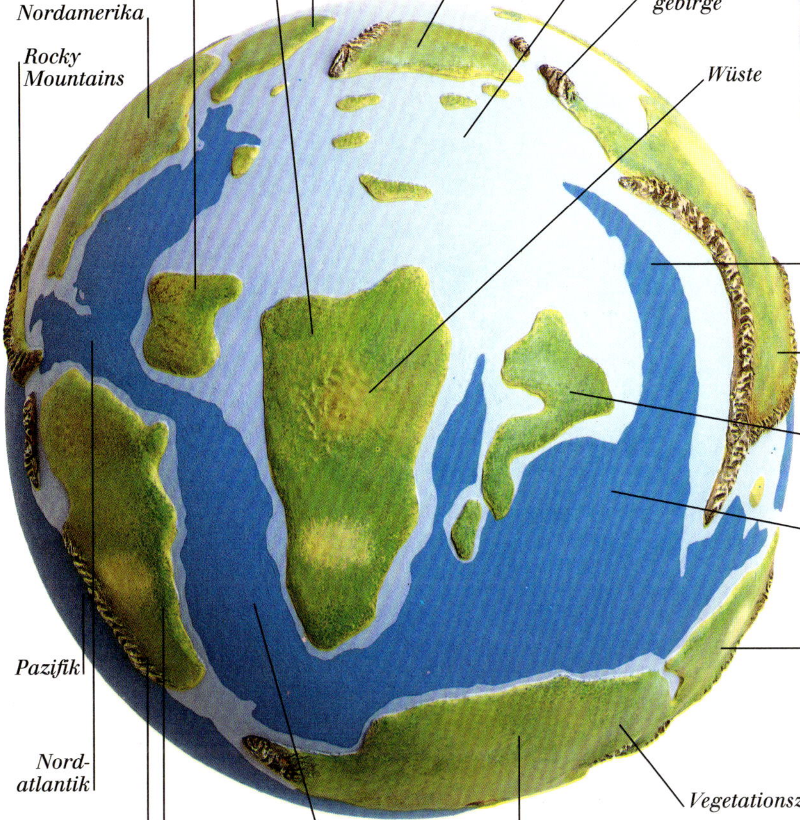

Einige Tiere der Kreide

Fossiles Insekt
(Libellulium longialatum)

Fossile Meeres-schildkröte
(Plesiochelys latiscutata)

Fossiler Hummer
(Homarus sp.)

Fossiles Krokodil

Fossiler Knochenfisch
(Lepidotes maximus)

Tyrannosaurus
Familie: Tyrannosauridae
Länge: ca. 12 m

Deinonychus
Familie: Dromaeosauridae
Länge: ca. 2,50–3,50 m

Iguanodon
Familie: Iguanodontidae
Länge: ca. 9 m

Das Tertiär

Dem Untergang der Dinosaurier Ende der Kreidezeit folgte das Tertiär (vor 65–1,6 Mio. J.), das den ersten Abschnitt der Erdneuzeit (Känozoikum, vor 65 Mio. J. bis heute) darstellt. Diese Zeit ist geprägt vom Aufstieg der Säugetiere. Bei den plazentalen Säugetieren wachsen die Jungen im Mutterleib heran und werden über den Mutterkuchen (Plazenta) ernährt. In der Kreidezeit gab es nur drei Gruppen dieser echten Säugetiere, im Tertiär dagegen stieg die Zahl auf 25. Zu einer dieser 25 Ordnungen gehörte auch der afrikanische *Australopithecus*, der erste Hominide (s.S.114–115). Zu Beginn der Tertiärzeit hatten die Kontinente nahezu ihre heutige Lage erreicht. Die Tethys, die die Nordkontinente von Indien und Afrika getrennt hatte, schrumpfte zum Mittelmeer. Nun konnten Tiere von Afrika nach Europa gelangen und umgekehrt. Wo Indien auf Asien prallte, erhob sich der Himalaja. Im mittleren Tertiär wurden waldlebende, laubäsende Säugetiere von Tieren wie den Pferden abgelöst, die besser an ein Leben in der sich nun immer weiter ausbreitenden Grassteppe angepaßt waren. Wiederholte Kälteperioden im Tertiär führten zur Ausprägung des Kontinents Antarktika als Eisinsel.

Lage heutiger Landmassen im Tertiär

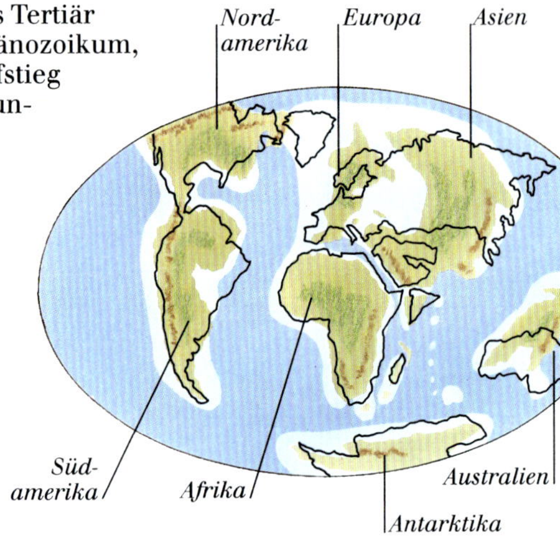

Beispiele von Pflanzengruppen aus dem Tertiär

Eine heutige Eiche
(Quercus palustris)

Eine heutige Birke
(Betula sp.)

Versteinertes Blatt einer ausgestorbenen Birke
(Betulites sp.)

Versteinerter Stamm einer ausgestorbenen Palme
(Palmoxylon sp.)

Beispiele für Tiergruppen aus dem Tertiär

Hyaenodon
Familie: Hyaenodontidae
Länge: 2 m

Titanohyrax
Familie: Pliohyracidae
Länge: 2 m

Phorusrhacus
Familie: Phorusrhacidae
Länge: 1,5 m

Samotherium
Familie: Giraffidae
Länge: 3m

Die Erde im Tertiär

Tiere aus dem Tertiär

Ein ausgestorbenes Säugetier
(Arsinoitherium)

Ausgestorbener Säuger
(Merycoidodon culbertsonii)

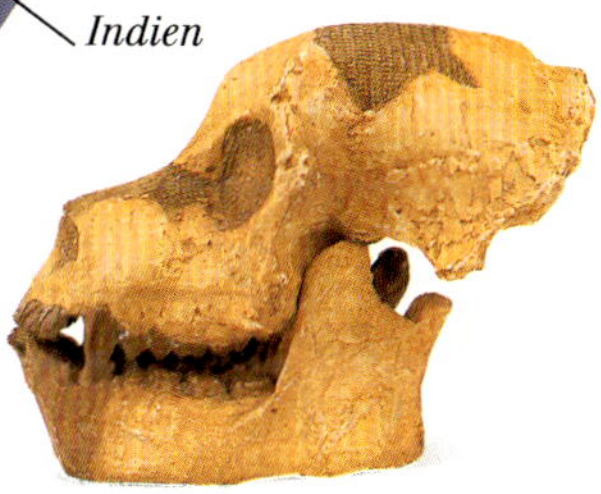

Ausgestorbener Hominide
(Aegyptopithecus sp.)

Eine ausgestorbene Gehäuseschnecke
(Ecphora quadricostata)

Mammut
Familie: Mammutidae
Länge: 2,5 m

Tetralophodon
Familie: Gomphotheriidae
Länge: 2,5 m

Das Quartär

Das Quartär (vor 1,6 Mio. Jahren bis heute), der zweite Abschnitt der Erdneuzeit, ist gekennzeichnet durch einen ständigen Wechsel von Eis- und Warmzeiten (Zwischeneiszeiten). Während der Eiszeiten bedeckten Gletscher weite Teile der Kontinente im Norden und im Süden. Vereisung und Kälte in Nordamerika und Eurasien, in geringerem Maße auch in Südamerika und Australien, führten zum Rückzug vieler Lebensformen in wärmere Gebiete um den Äquator. Lediglich besonders kälteangepaßte Tiere wie Mammut oder Wollnashorn konnten mit ihrem dichten Fell und einer isolierenden Speckschicht in den kalten Regionen überleben. Der Mensch entwickelte sich im Pleistozän (vor 1,6 Mio.– vor 10.000 Jahren) in Afrika und zog nordwärts nach Europa und Asien. Der moderne Mensch, *Homo sapiens*, lebte vor 30.000 Jahren auch im eiszeitlichen Europa und jagte Säugetiere. Das Ende der letzten Eiszeit und die damit verbundenen klimatischen Veränderungen vor etwa 10.000 Jahren führten zum Aussterben vieler Tiere des Pleistozäns, der Mensch aber breitete sich über die ganze Erde aus.

Lage der Kontinente im Pleistozän

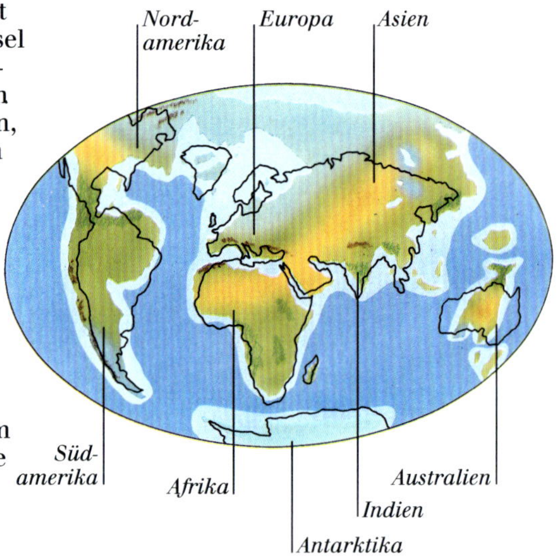

Pflanzengruppen aus dem Quartär

Heutige Birke
(Betula lenta)

Heutiger Amberbaum
(Liquidambar styraciflua)

Fossiles Amberbaumblatt
(Liquidambar europeanum)

Fossiles Birkenblatt
(Betula sp.)

Tiergruppen aus dem Quartär

Procoptodon
Familie: Macropodidae
Länge: 3 m

Diprotodon
Familie: Diprotodontidae
Länge: 3 m

Toxodon
Familie: Toxodontidae
Länge: 3m

Mammuthus
Familie: Elephantidae
Länge: 3 m

Die Erde im Quartär

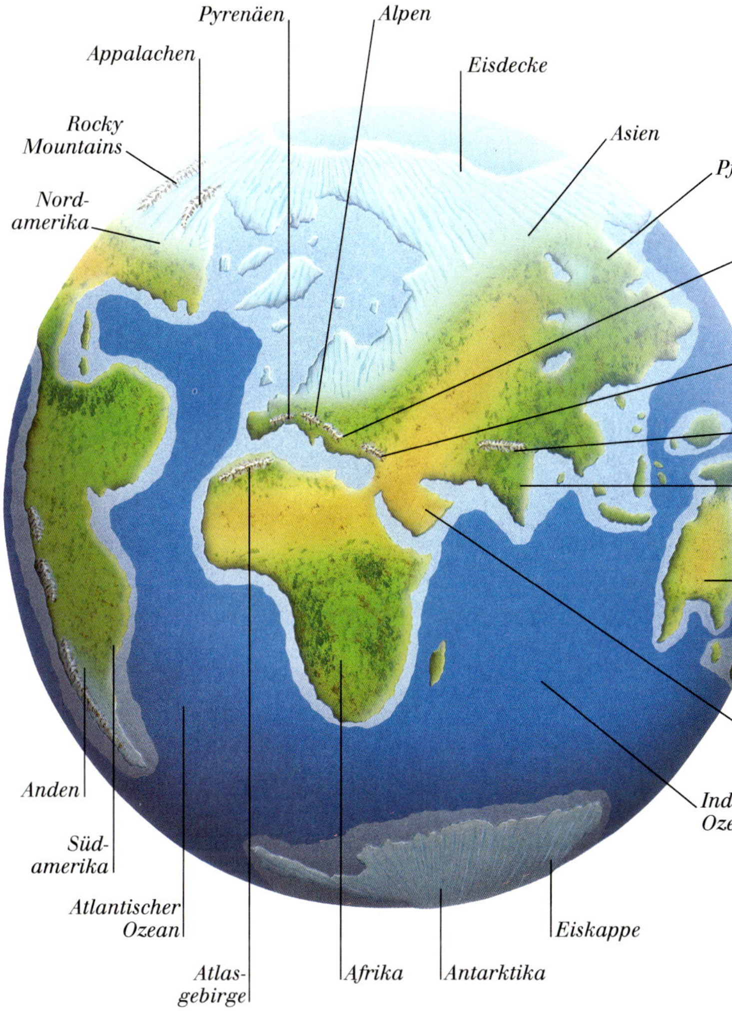

Einige Tiere aus dem Quartär

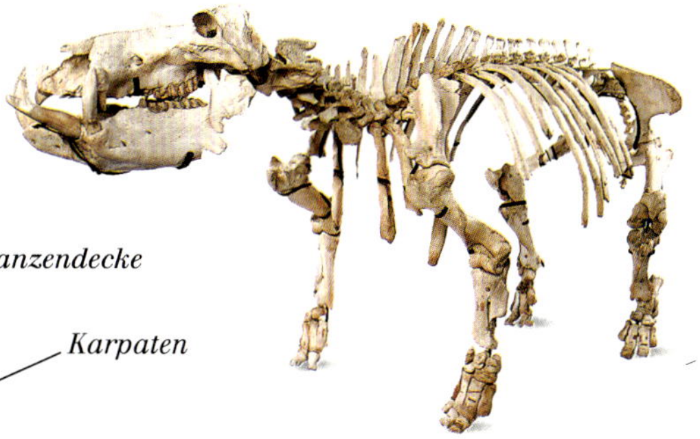

Ein Säugerskelett
(Hippopotamus amphibius)

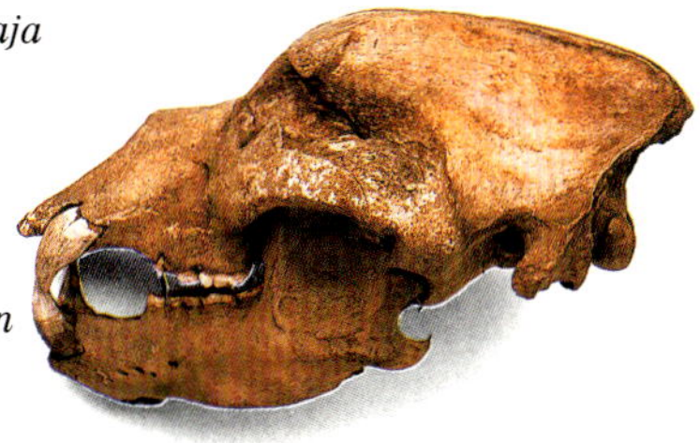

Schädel eines ausgestorbenen Höhlenbären
(Ursus spelaeus)

Schädel einer ausgestorbenen Schildkröte
(Meiolania platyceps)

Zahn eines Mammuts
(Mammuthus primigenius)

Deinotherium
Familie: Deinotheriidae
Länge: 4 m

Coelodonta
Familie: Rhinocerotidae
Länge: 4 m

Australopithecus
Familie: Hominidae
Länge: 1,2 m

Erste Lebensspuren

Als die Erde entstanden war, gab es noch fast 1 Mrd. Jahre lang kein Leben auf ihr. Die ersten bekannten organischen Strukturen entstanden vor etwa 3,4 Mrd. Jahren im Meer. Prokaryonten, einzellige Mikroorganismen wie die Blaualgen, konnten Photosynthese treiben (s.S.144–145) und produzierten auf diese Weise Sauerstoff. Eine weitere Milliarde Jahre später hatte sich in der Erdatmosphäre genügend Sauerstoff angesammelt, daß mehrzellige Lebewesen sich in den Meeren des Präkambriums (vor über 570 Mio. Jahren) ausbreiten konnten. Weiche Quallen, Korallen und Meereswürmer hatten ihre Blütezeit vor etwa 700 Mio. Jahren. Trilobiten, die ersten Tiere mit einem harten Außenskelett, entwickelten sich im Kambrium (vor 570–510 Jahren). Doch erst zu Beginn des Devons (vor 409–363 Mio Jahren) bildeten die ersten Landpflanzen, z.B. *Asteroxylon* eine Cuticula („Blatthaut") aus, die eine schnelle Wasserverdunstung aus der Pflanze verhinderte. Damit konnten diese Pflanzen das Land erobern. Vor etwa 363 Mio. Jahren gingen die ersten Amphibien (s.S.86–87) an Land, doch sie brauchten das Wasser noch zur Eiablage. Erst die Reptilien konnten auch trockene Lebensräume besiedeln; ihre Jungen entwickelten sich in verdunstungsgeschützten Eiern außerhalb des Wassers.

STROMATOLITHISCHER KALKSTEIN

VERSTEINERTER KIEFERLOSER FISCH

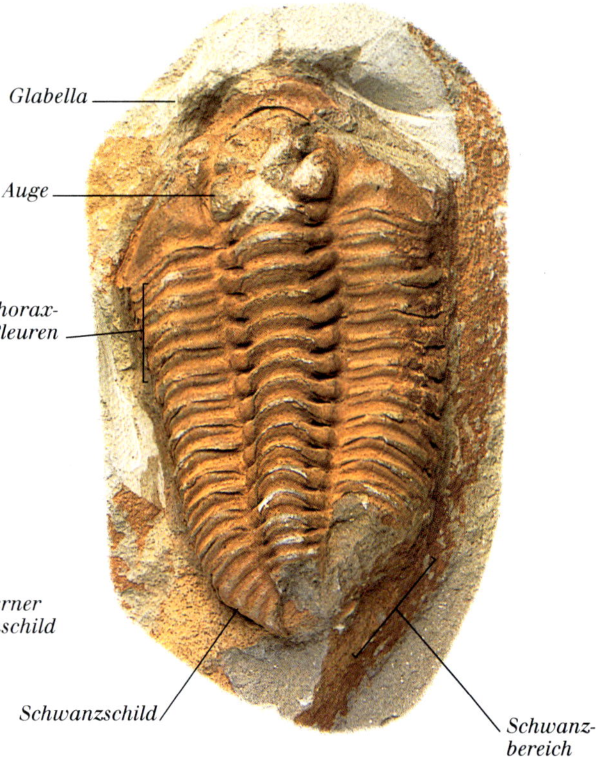

VERSTEINERTER TRILOBIT

Versteinerter Seestern

Oberseite eines Seesternfossils

Unterseite eines Seesternfossils

Versteinerter Eurypteride (von unten)

Fossil einer ausgestorbenen Garnele

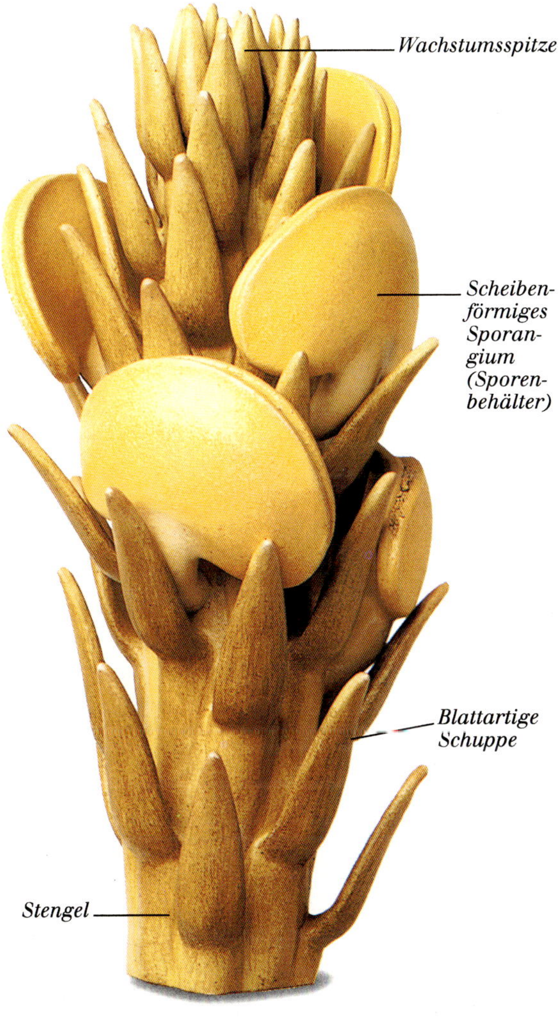

Nachbildung eines Asteroxylon

Amphibien und Reptilien

Die ältesten bekannten Amphibien, *Acanthostega* und *Ichthyostega*, lebten vor etwa 363 Mio. Jahren am Ende des Devon (vor 409–363 Mio. Jahren). Ihre Beine entstanden wahrscheinlich aus den muskulösen Flossen von lungenfischartigen Vorfahren. Lungenfische können mit ihren Flossen am Grunde von Gewässern entlang„laufen“, und einige von ihnen können Luft atmen. Amphibien (s. Lurche, S. 188-189) können zwar auf dem Land leben, doch sie sind noch vom Wasser abhängig, weil ihre Haut keinen Schutz vor Wasserverlust bietet und sie zur Eiablage ins nasse Element zurückkehren müssen. Aus Amphibienvorfahren entwickelten sich die Reptilien (s.S.190–193). Sie traten erstmals im Karbon (vor 363–290 Mio Jahren) auf: *Westlothiana*, das älteste bekannte Reptil, besiedelte vor 338 Mio. Jahren das Festland. Die Entwicklung amniotischer Eier, bei denen der Embryo in einer Hülle (Schafshaut oder Amnion) seinen eigenen Wasservorrat hat und in denen er von einer wasserundurchlässigen Schale geschützt ist, machte die Reptilien unabhängig von Gewässern. Eine schuppige Haut bewahrte sie vor dem Austrocknen und ermöglichte somit die Eroberung von Lebensräumen, die ihren Amphibienahnen verwehrt blieben. Zu den Reptilien zählen auch die Dinosaurier, die das Land im Mesozoikum (vor 245–65 Mio. Jahren) beherrschten (s.S. 88–109).

Fossiler Acanthostega-Schädel

Modell eines Ichthyostega

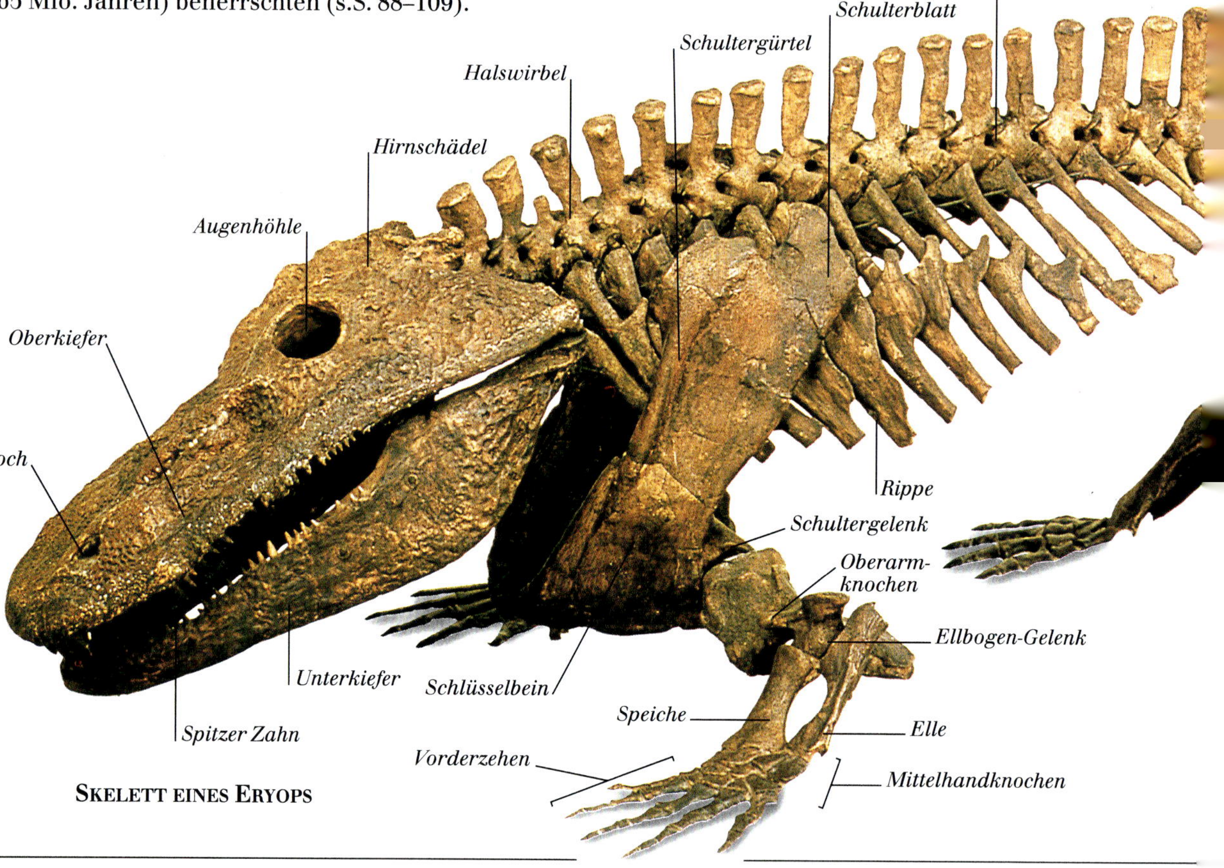

Skelett eines Eryops

FOSSILES SKELETT VON WESTLOTHIANA

FOSSILES SKELETT EINES PAREIASAURUS

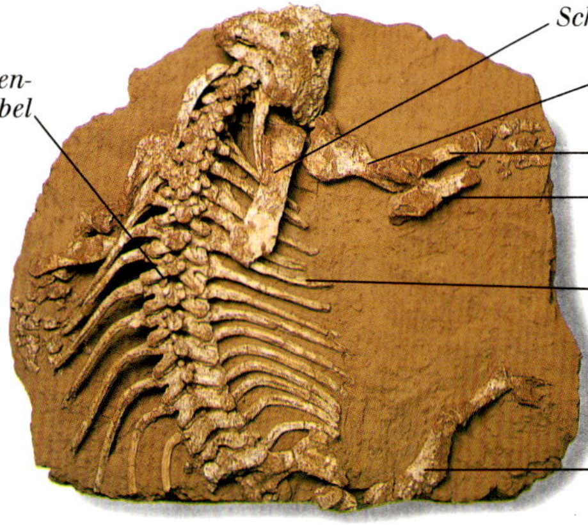

MODELL VON WESTLOTHIANA

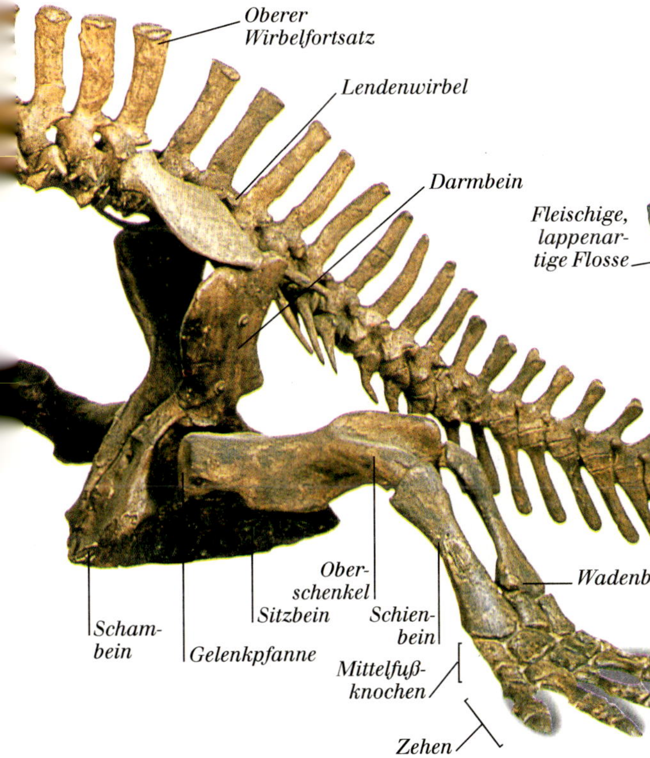
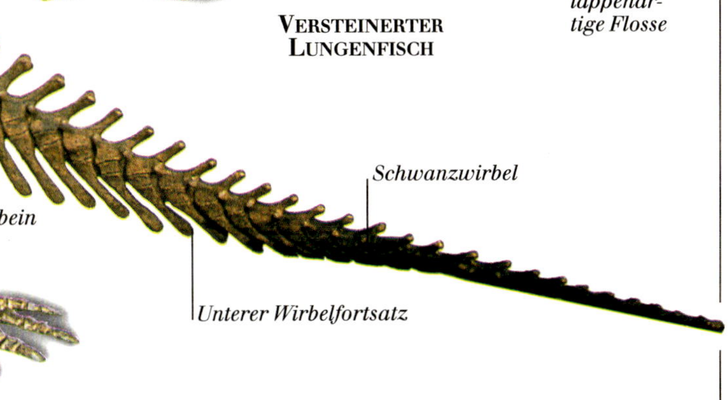

VERSTEINERTER LUNGENFISCH

Dinosaurier

Die Dinosaurier sind die wohl bekannteste und beliebteste Reptiliengruppe. Über 165 Mio. Jahre beherrschten sie im Mesozoikum (vor 245–65 Mio. Jahren) das Land. Die ersten Dinosaurier lebten vor etwa 230 Mio. Jahren. Was diese Gruppe von allen anderen Reptilien unterschied, war ihre Gliedmaßenstellung: Bei den Dinosauriern saßen die Beine wie bei heutigen Säugetieren gerade unter dem Körper. So war der Körper, anders als bei den typischen Kriechtieren, deutlich vom Boden abgehoben. Ein hochentwickeltes Hüftgelenk ermöglichte eine fortschrittliche Fortbewegung. Anhand ihres Beckens unterscheidet man zwei Gruppen: Saurischier (Echsenbeckensaurier) und Ornithischier (Vogelbeckensaurier). Bei den Saurischiern weist das Schambein nach vorn, während es bei den Ornithischern parallel zum Sitzbein nach hinten zeigt. An Formenvielfalt waren die Dinosaurier den heutigen Säugetieren vergleichbar. In allen Lebensräumen, als riesige Räuber, als Rudeljäger, als große und kleine Pflanzenfresser waren sie erfolgreich – bis sie vor 65 Mio. Jahren ausstarben.

SAURISCHIERBECKEN

Gallimimus
Ein Echsenbeckensaurier

Lage der Beckenknochen bei einem Echsenbeckensaurier

ORNITHISCHIERBECKEN

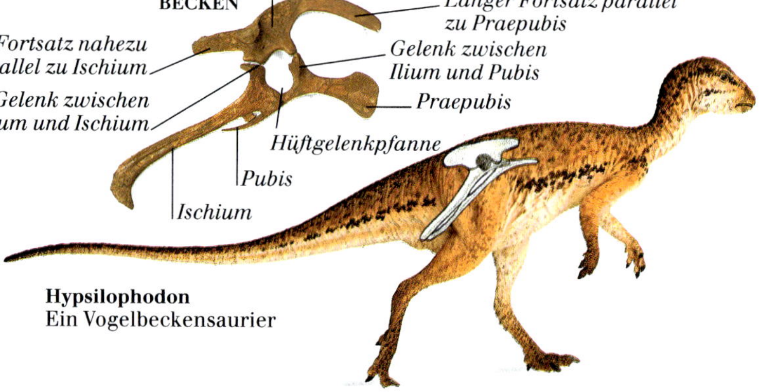

Hypsilophodon
Ein Vogelbeckensaurier

Lage der Beckenknochen bei einem Vogelbeckensaurier

Barosaurus
Ein Echsenbeckensaurier

VERGLEICH DER GLIEDMASSENSTELLUNG

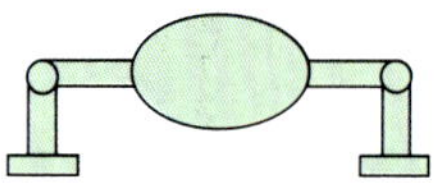

Schubkriechend
Oberschenkel und Oberarme stehen seitlich vom Körper ab, die Unterschenkel bzw. Unterarme sind rechtwinklig nach unten abgeknickt.

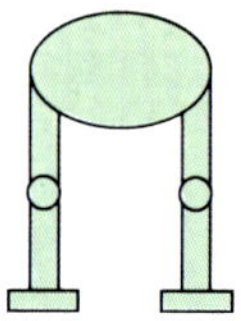

Voll erhoben
Bei allen Dinosauriern standen Arme und Beine gerade unter dem Körper (wie bei Säugetieren).

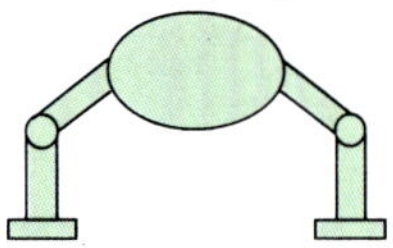

Halb erhoben
Oberschenkel und Oberarme weisen seitlich nach unten. Unterschenkel und Unterarme sind stumpfwinklig abgeknickt.

Grüner Leguan
(Iguana iguana)
Ein heutiges Reptil

Stumpfkrokodil
(Osteolaemus tetraspis)
Ein heutiges Reptil

DINOSAURIERKLAUEN

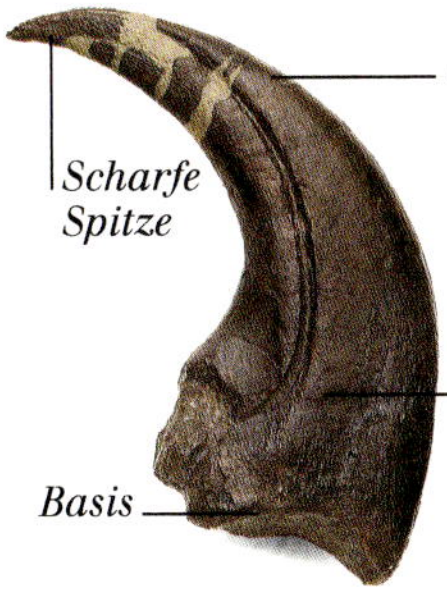

Daumenklaue von Baryonyx

Daumenklaue von Massospondylus

Daumenklaue von Apatosaurus

Fingerklaue von Ornithomimus

DINOSAURIERSTAMMBAUM

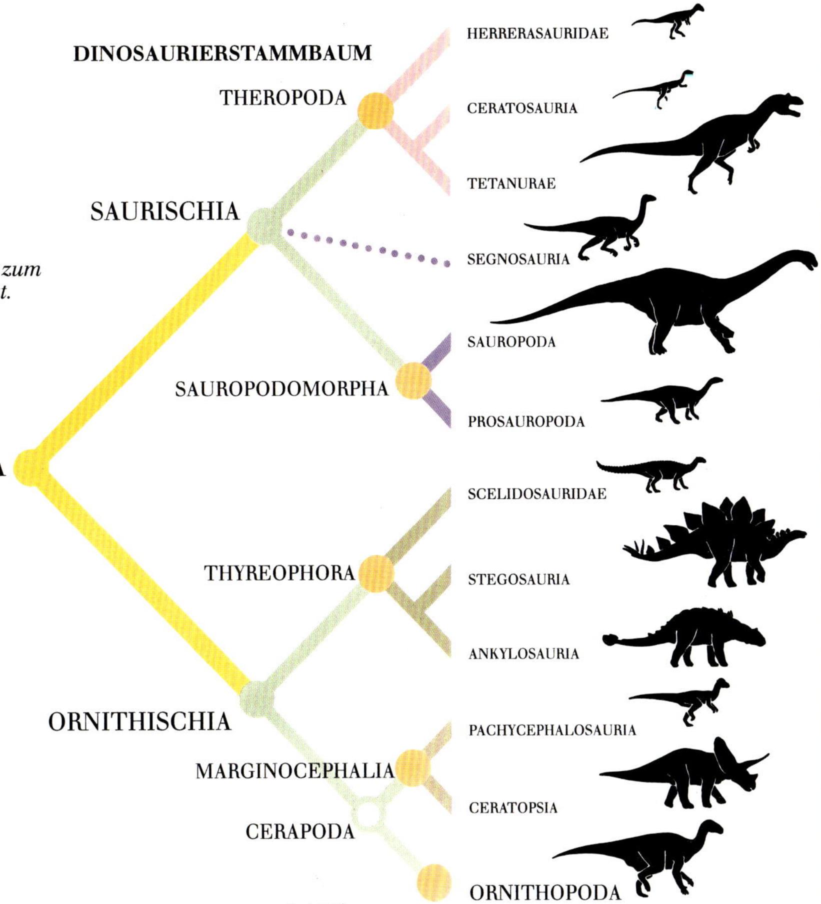

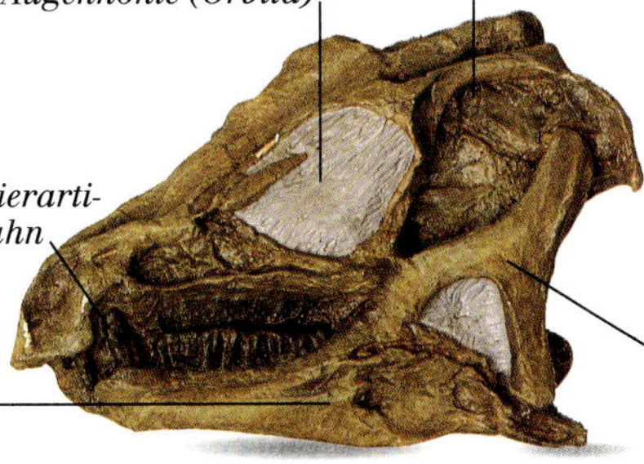

SCHÄDEL EINES HETERODONTOSAURUS

SCHÄDEL EINES BARYONYX

Theropoden 1

Vor etwa 230 Mio. Jahren, Ende der Trias, entstand eine besonders erfolgreiche Unterordnung der Echsenbeckensaurier: die zweibeinigen Theropoden („Tierfüßer“). Sie lebten während der gesamten Dinosaurierzeit (vor 230–65 Mio. Jahren). Der älteste Fund stammt aus Südamerika. Zu den Theropoden gehörten die meisten bekannten Raubsaurier. Der typische Theropode hatte kleine Arme mit spitz bekrallten Fingern, kräftige Kiefer mit spitzen Zähnen, einen s-förmigen Hals und lange, muskulöse Hinterbeine mit bekrallten, meist vierzehigen Füßen. Viele waren wahrscheinlich warmblütig, die meisten Räuber. Das Größenspektrum reichte von nur hühnergroßen Arten bis zu Riesen wie *Tyrannosaurus* und *Baryonyx.* Zu dieser Gruppe gehörten aber auch straußenartige Allesfresser und Pflanzenfresser mit zahnlosen Schnäbeln wie *Struthiomimus* und *Ornithomimus.* Die nächsten lebenden Verwandten der Dinosaurier, die Vögel, leiten sich von einem gemeinsamen Vorfahren mit den Theropoden ab. Der Urvogel *Archaeopteryx* lebte zur gleichen Zeit wie seine Dinosaurierverwandten.

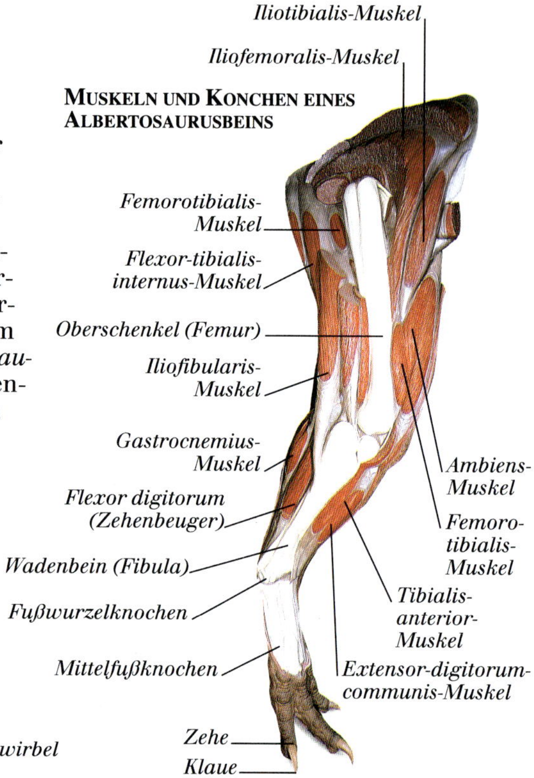

Muskeln und Konchen eines Albertosaurusbeins

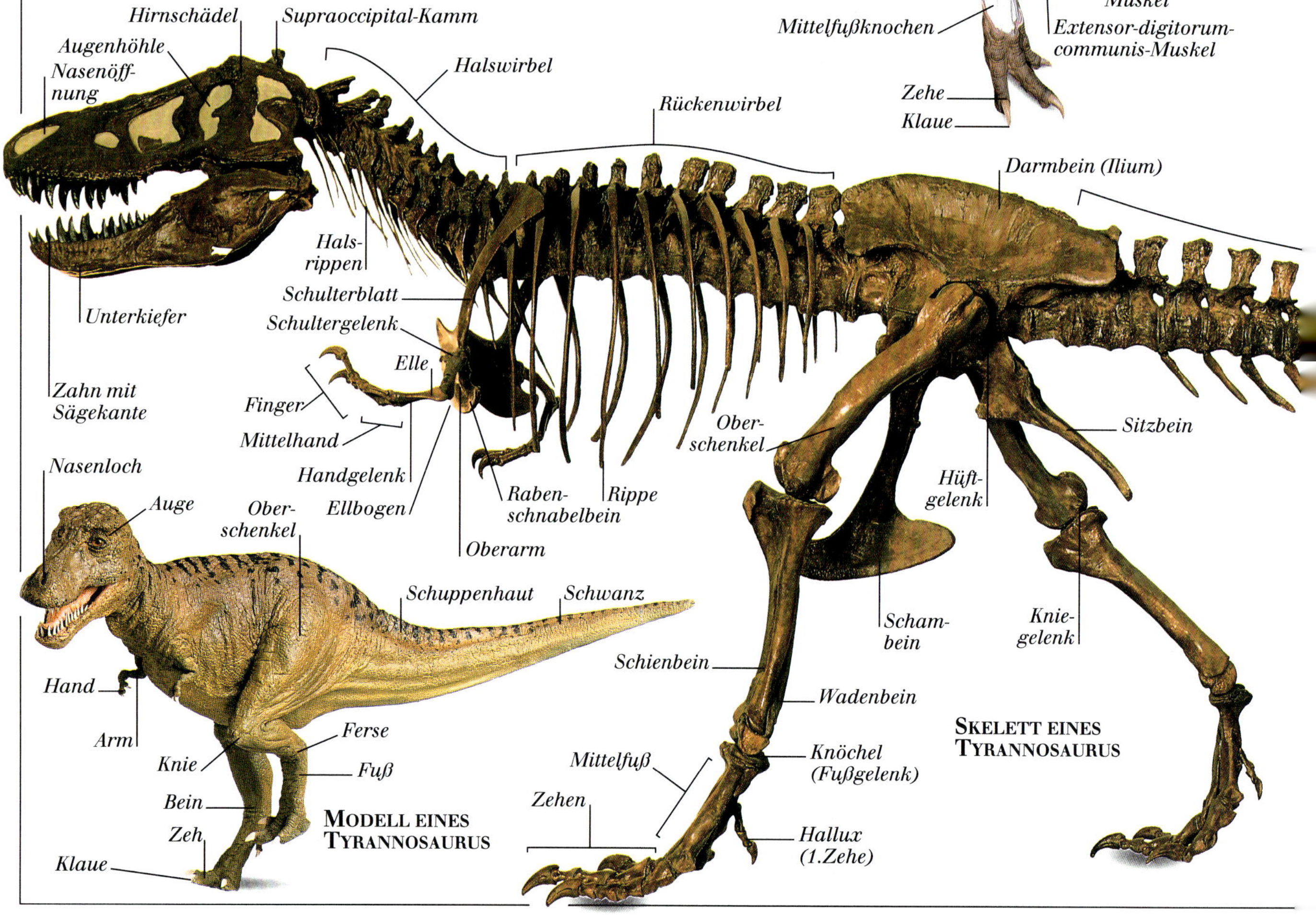

Skelett eines Tyrannosaurus

Modell eines Tyrannosaurus

Fossiles Skelett von Archaeopteryx

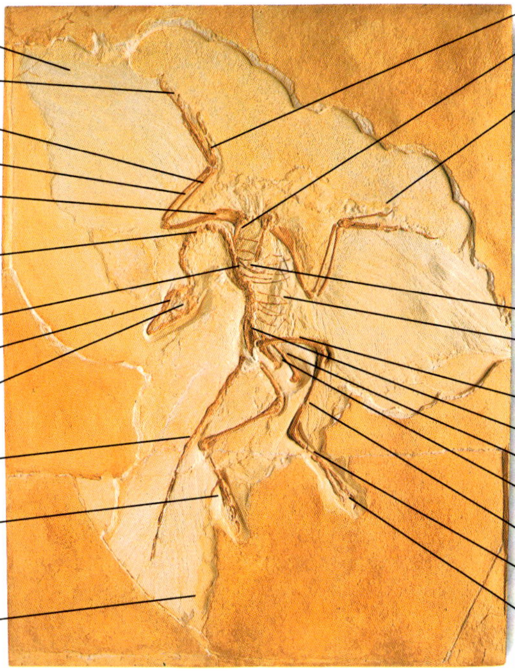

Skelett einer Baryonyx-Hand

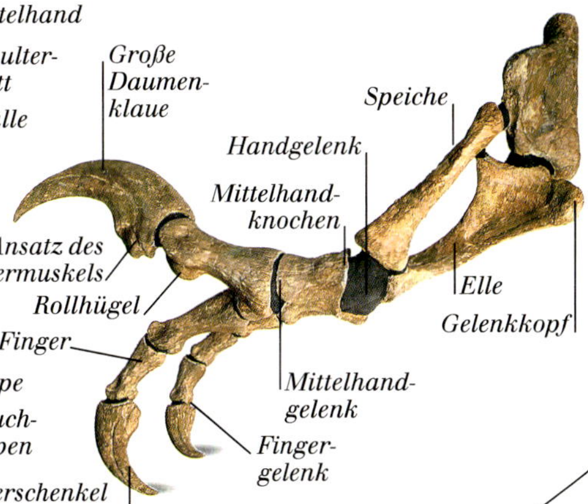

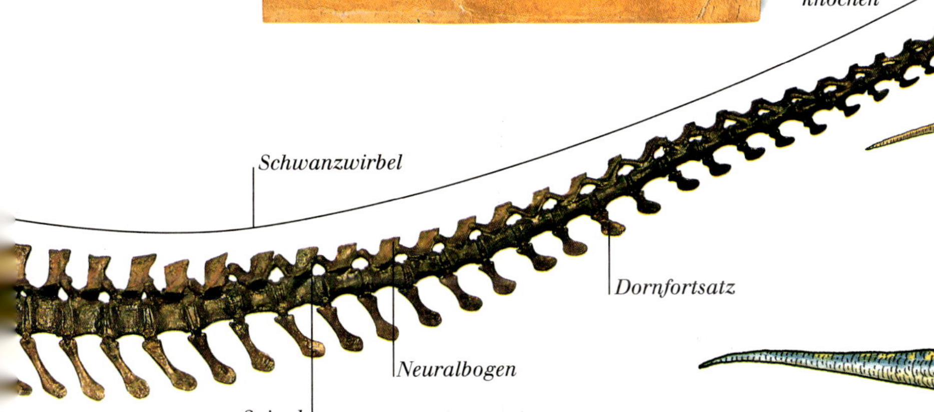

Kopf eines Allosaurus

Einige grosse Theropoden

Eustreptospondylus
Familie: Megalosauridae
Länge: 7 m

Baryonyx
Familie: Baryonychidae
Länge: 9,1 m

Yangchuanosaurus
Familie: Ceratosauridae
Länge: 10 m

Theropoden 2

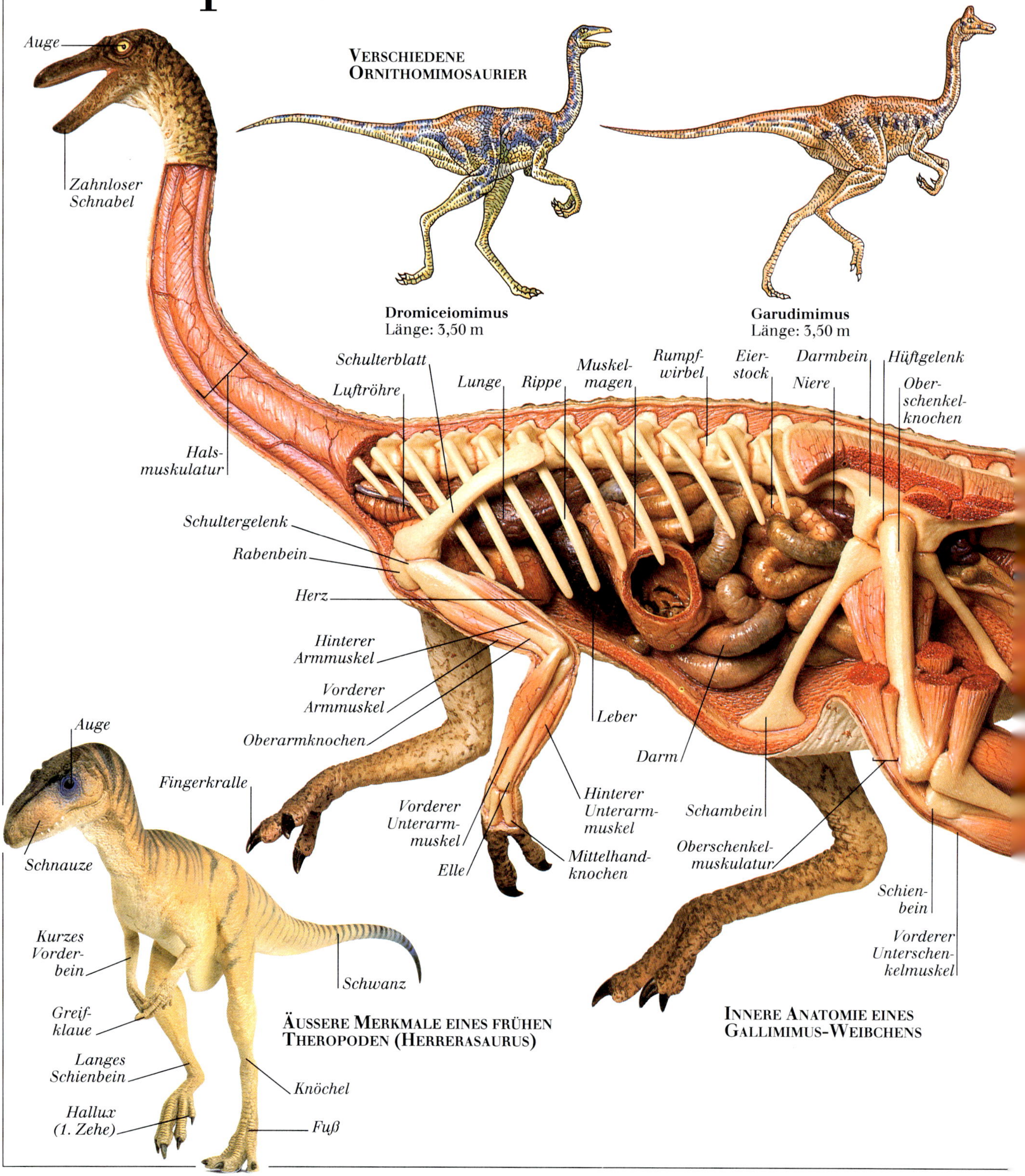

ÄUSSERE MERKMALE EINES FRÜHEN THEROPODEN (HERRERASAURUS)

INNERE ANATOMIE EINES GALLIMIMUS-WEIBCHENS

VERSCHIEDENE KLEINE THEROPODEN

Struthiomimus
Länge: 3,50 m

Chirostenotes
Länge: 2 m

Avimimus
Länge: 1,5 m

Coelurus
Länge: 1,8 m

Procompsognathus
Länge: 1,2 m

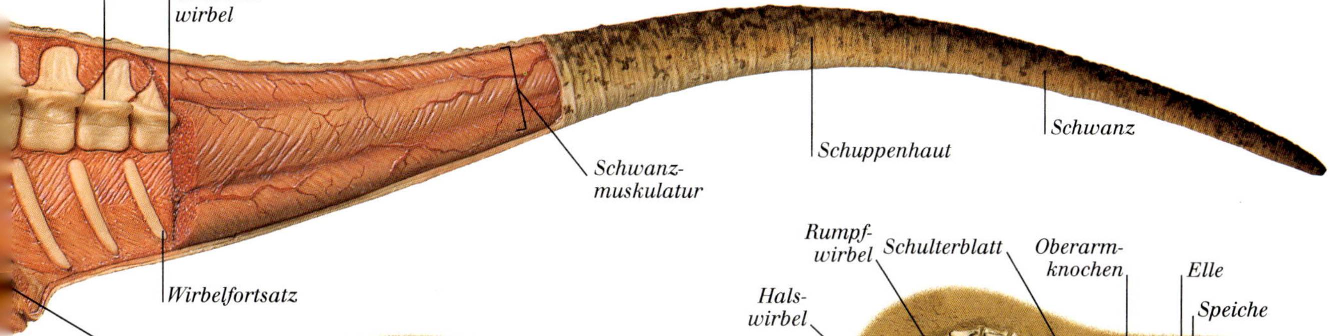

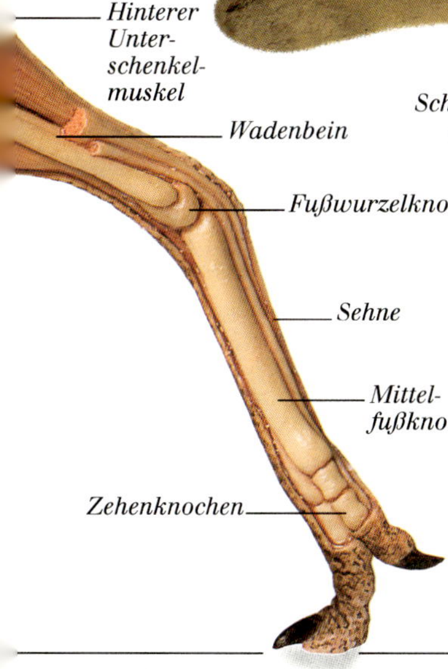

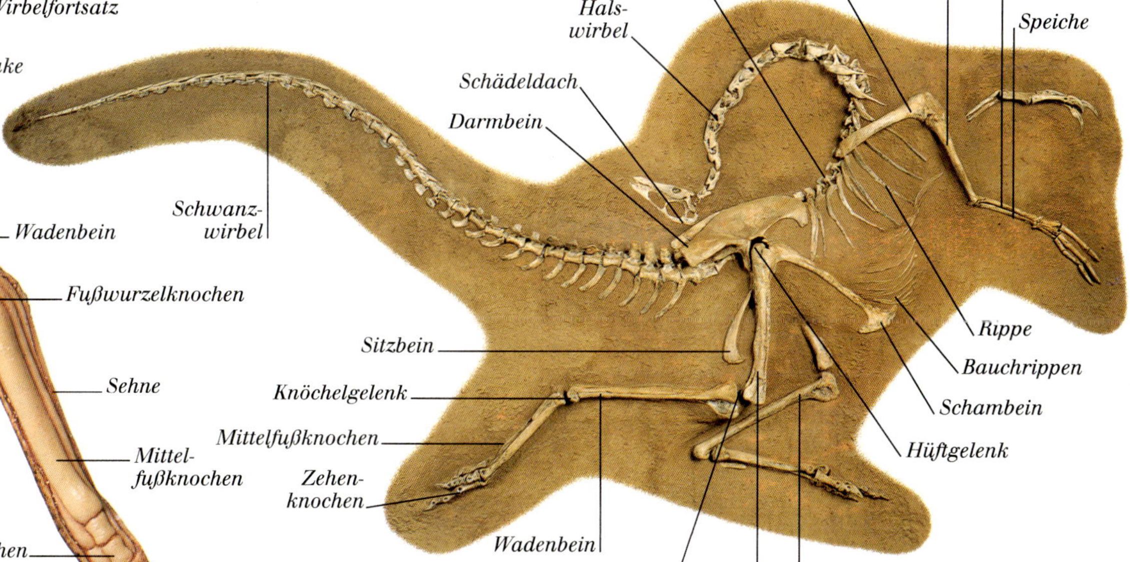

SKELETT EINES STRUTHIOMIMUS

Sauropodomorphen 1

Thecodontosaurus

Die Sauropodomorpha bilden eine Unterordnung der Saurischia (Echsenbeckensaurier) und unterscheiden sich wesentlich von der zweiten Unterordnung, den Theropoden (s.S. 90-93). Sie liefen auf allen vieren. Die Sauropodomorphen lassen sich in zwei Zwischenordnungen unterteilen: Frühe Pflanzenfresser (Prosauropoda) und Langhalsige Pflanzenfresser (Sauropoda, s.S. 96-97). Die Prosauropoden bilden eine weltweit verbreitete Saurischiergruppe, die von der Oberen Trias bis zum Unteren Jura (vor 231 bis 188 Mio. Jahren) lebte. Sie waren die ersten großen herbivoren Dinosaurier. Der knapp 2,50 m lange *Anchisaurus* war ein besonders kleiner Vertreter, *Melanchosaurus* mit über 12 m Länge einer der größten Prosauropoden. Charakteristisch für Prosauropoden und Sauropoden waren u.a. ein kleiner Schädel, blattförmige Zähne, lange Hälse und Schwänze. Die Hinterbeine waren bei den Prosauropoden länger als die Arme, bei den Sauropoden war es eher umgekehrt. Zu den Sauropoden gehören die größten Landtiere aller Zeiten, u.a. *Diplodocus* und *Brachiosaurus*.

Schädel und Unterkiefer eines Plateosaurus

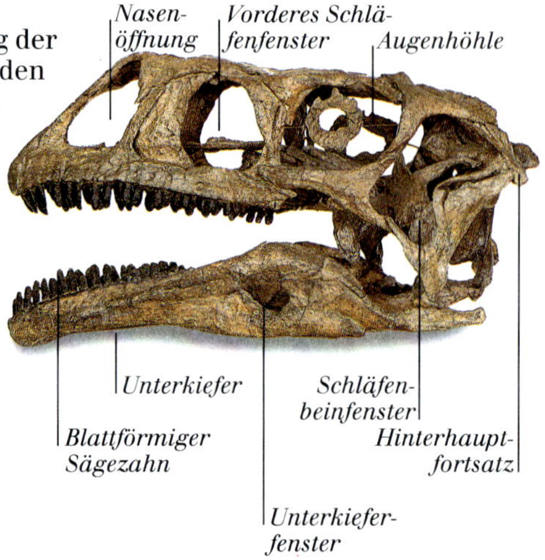

Skelett eines Plateosaurus

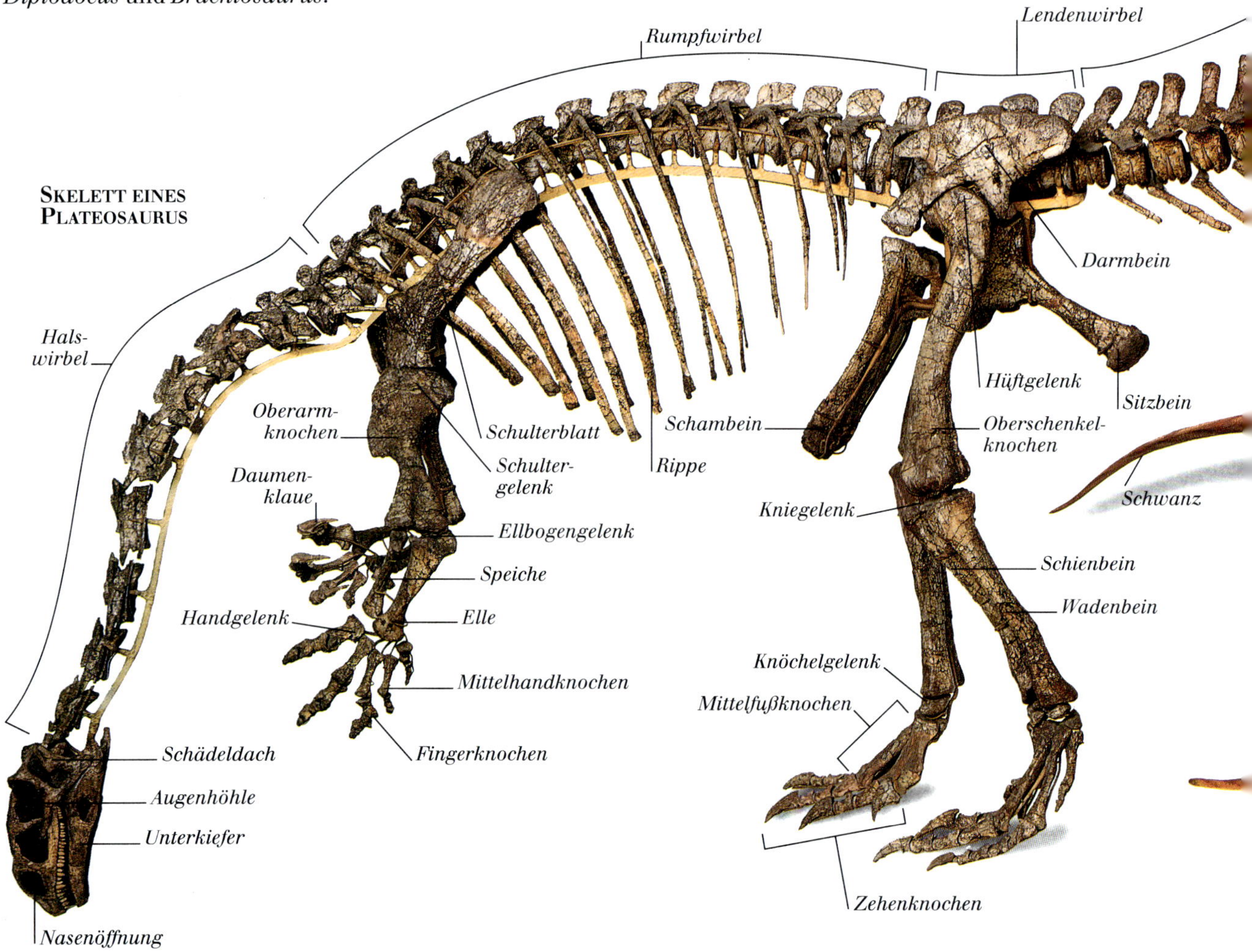

Daumenklaue eines Massospondylus

Verschiedene Prosauropoden

Äussere Merkmale eines Anchisaurus

Massospondylus
Familie: Massospondylidae
Länge: 4 m

Lufengosaurus
Familie: Plateosauridae
Länge: ca. 6 m

Riojasaurus
Familie: Melanosauridae
Länge: 11 m

Melanosaurus
Familie: Melanosauridae
Länge: ca. 12 m

Ansicht eines Anchisaurus von oben

Seitenansicht eines Anchisaurus

Sauropodomorphen 2

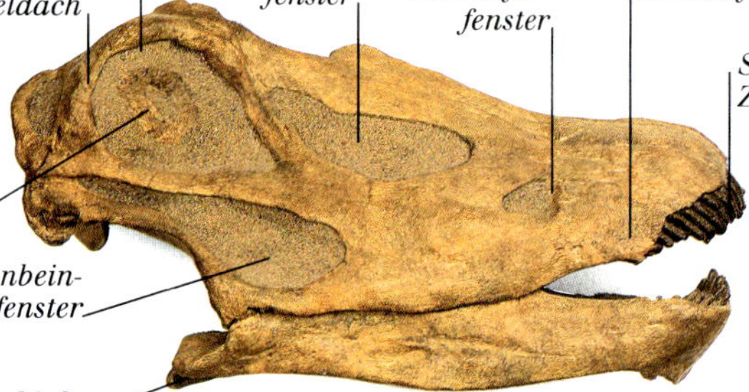

SCHÄDEL UND UNTERKIEFER EINES DIPLODOCUS

Vorderbein eines Elefanten

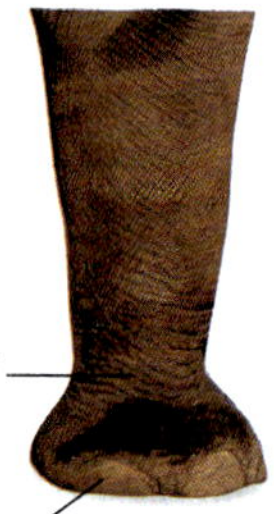

Vorderbeinknochen eines Elefanten

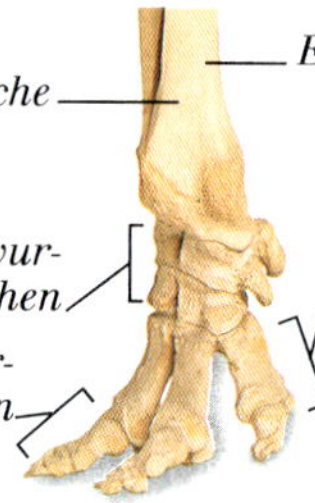

VORDERBEINE EINES ELEFANTEN UND EINES DIPLODOCIDEN IM VERGLEICH

Vorderbeinknochen eines Diplodocus

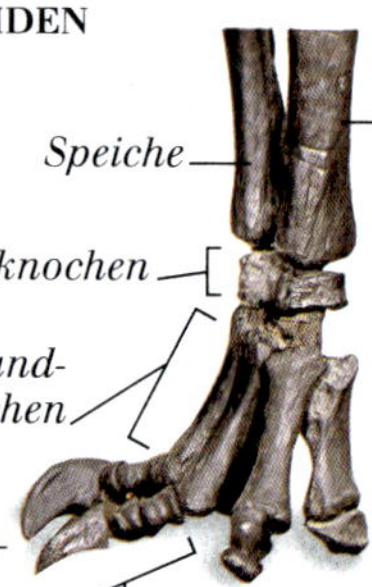

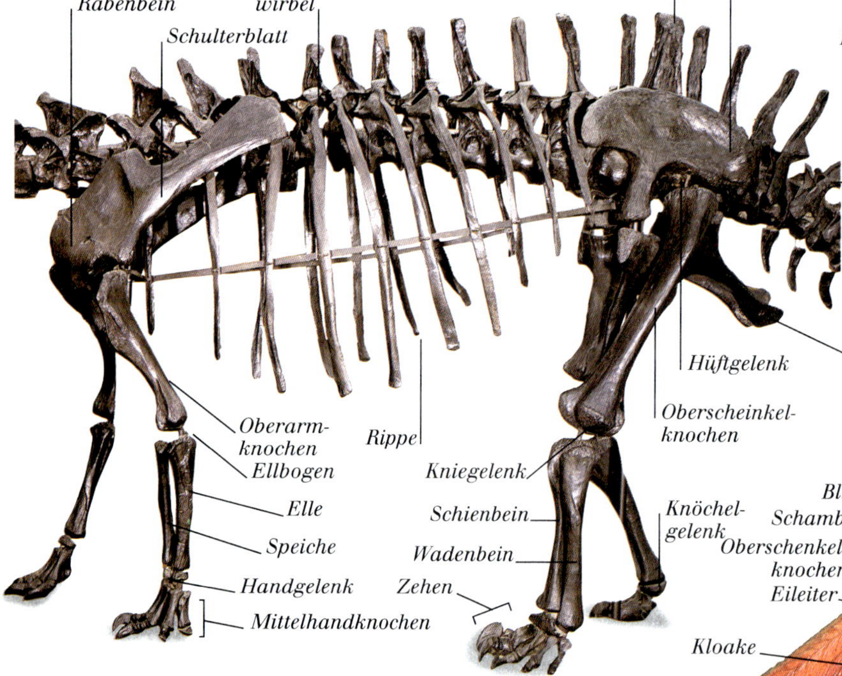

MITTLERER ABSCHNITT EINES DIPLODOCUS-SKELETTS

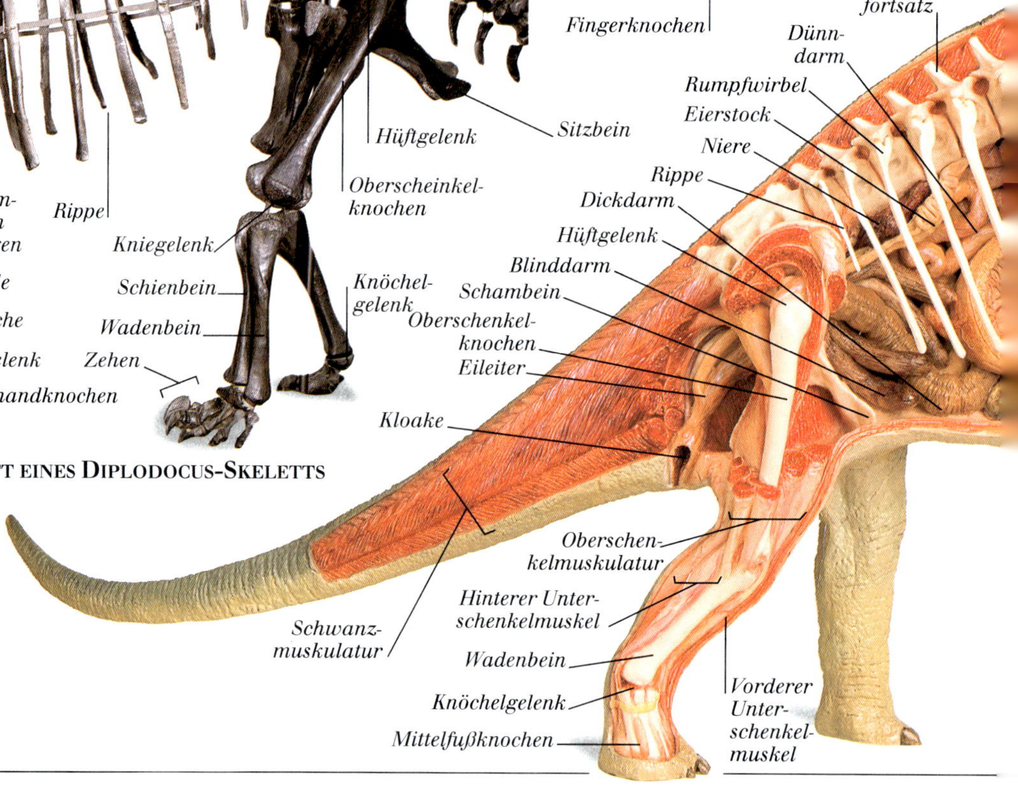

FOSSILE EIER VON TITANOSAURIERN

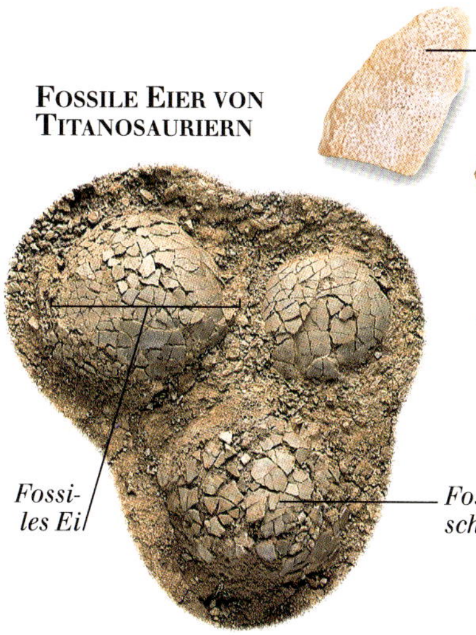

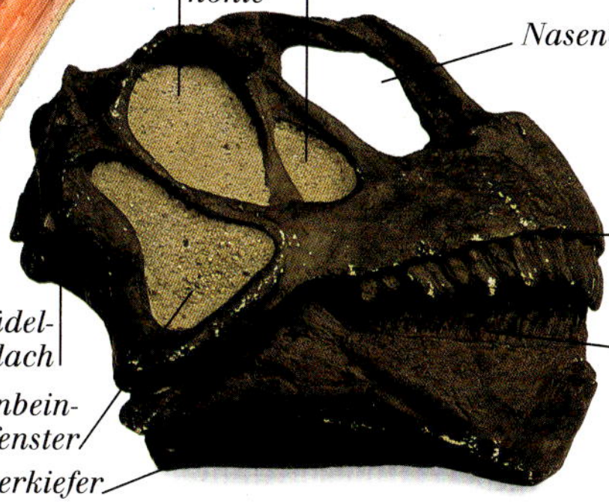

SCHÄDEL UND UNTERKIEFER EINES CAMARASAURUS

INNERE ANATOMIE EINES BRACHIOSAURUS-WEIBCHENS

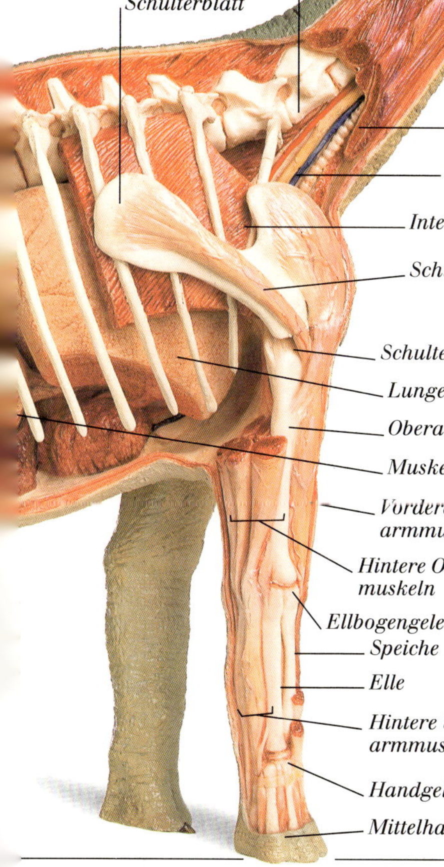

Cetiosaurus
Familie: Cetiosauridae
Länge: 18 m

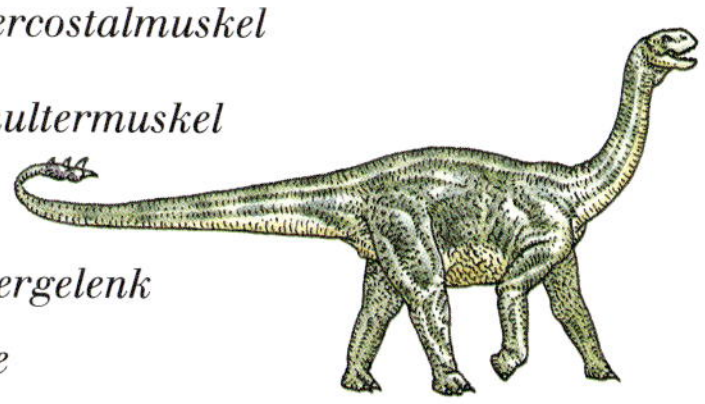

Shunosaurus
Familie: Cetiosauridae
Länge: 10 m

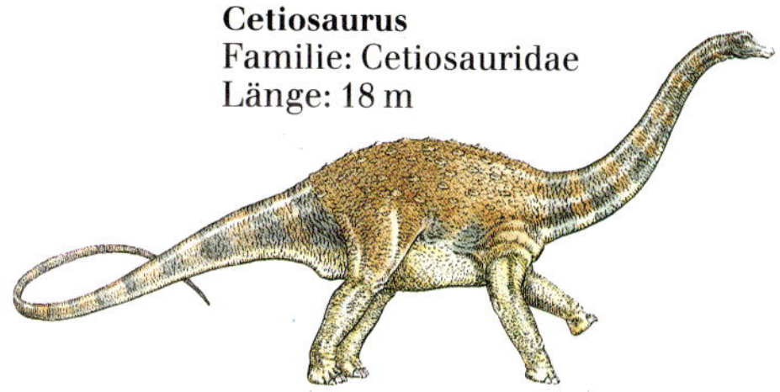

Saltasaurus
Familie: Titanosauridae
Länge: ca. 12 m

Diplodocus
Familie: Diplodocidae
Länge: 27,4 m

Thyreophora 1

Zur Ordnung Thyreophora („Schildträger“) zählen Scelidosaurier, Ankylosaurier und Stegosaurier. Die durchschnittlich 1,5 t schweren Stegosaurier (Stachelechsen) bildeten eine Gruppe mittelgroßer Ornithischier (von 3 bis 9 m Länge), die vom Mittleren Jura bis zur Oberkreide (vor 188 bis 65 Mio. Jahren) im heutigen Afrika, in Asien, Europa und Nordamerika vorkamen. Stegosaurier besaßen knöcherne Platten und Stacheln, die in einer Doppelreihe auf ihrem Rücken saßen. Die genaue Funktion dieser Körperanhänge ist unbekannt: Vielleicht dienten sie zur Verteidigung, zur Regulation der Körperwärme, oder sie wurden vielleicht auch bei Paarungsritualen eingesetzt. Stegosaurier verteidigten sich vermutlich auch mit Hilfe zusätzlicher Stacheln, die am Schwanzende, bei einigen Arten auch auf den Schultern saßen. Es gab zwei Familien – zum einen die Stegosauridae (z.B. *Stegosaurus*, *Tuojiangosaurus*), zum anderen die Huayangosauridae mit der einzigen Gattung *Huayangosaurus*, der als ziemlich urtümlicher Stegosaurier gilt. Die Ankylosaurier (Panzerechsen, s.S. 100–101) mit ihren zahnlosen Schnäbeln und den kleinen blattartigen Backenzähnen traten erst später als die Stegosaurier auf, zuerst vor etwa 155 Mio. Jahren in Nordamerika. Sie lebten bis zum Untergang der Dinosaurier vor etwa 65 Mio. Jahren.

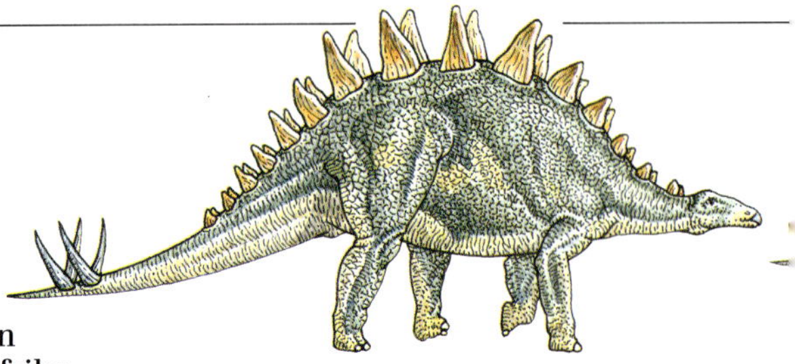

Tuojiangosaurus
Familie: Stegosauridae
Länge: 7 m

Ansicht eines Stegosaurus von oben

ÄUSSERE MERKMALE EINES STEGOSAURUS

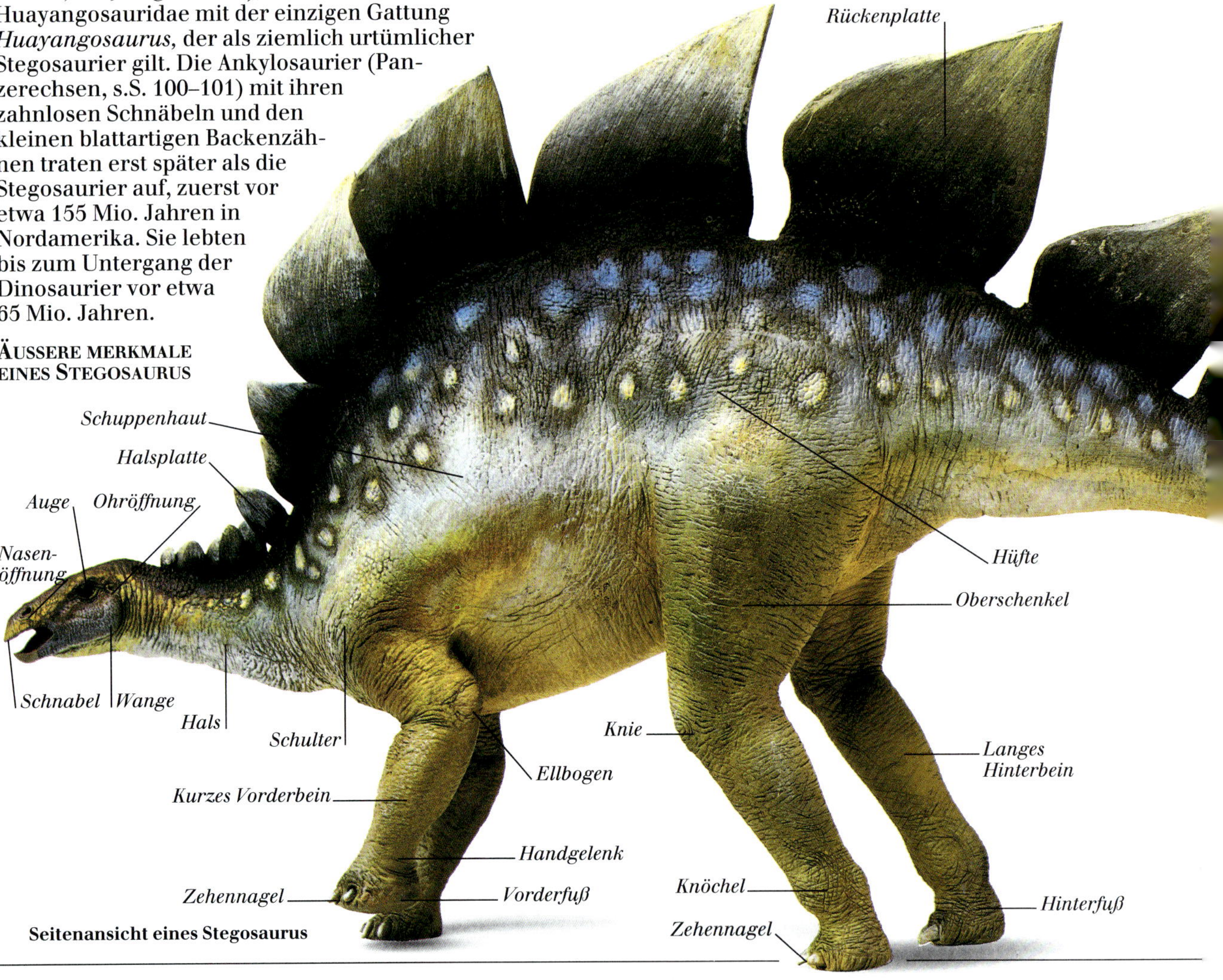

Seitenansicht eines Stegosaurus

Verschiedene Stegosaurier

Huayangosaurus
Familie: Huayangosauridae
Länge: 4 m

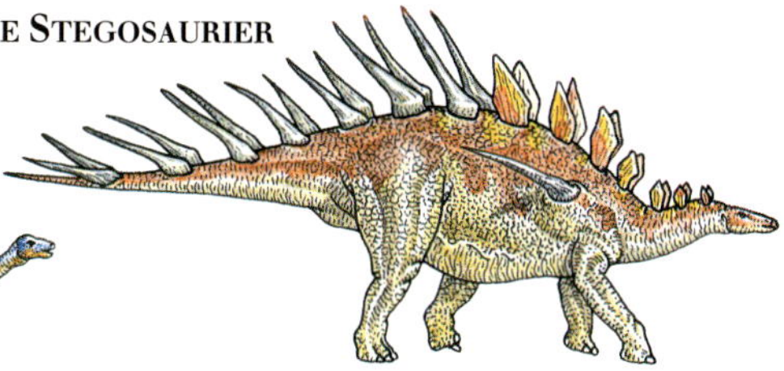

Kentrosaurus
Familie: Stegosauridae
Länge: ca. 5 m

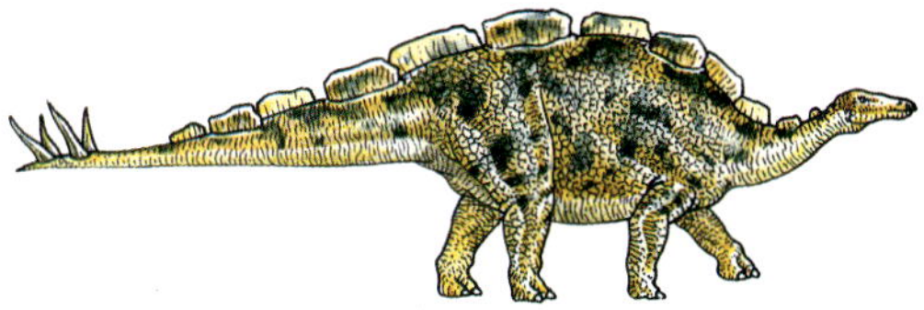

Wuerhosaurus
Familie: Stegosauridae
Länge: ca. 6 m

Rückenplatte eines Stegosauriers

Seitenansicht einer Rückenplatte

Schnitt durch eine Rückenplatte

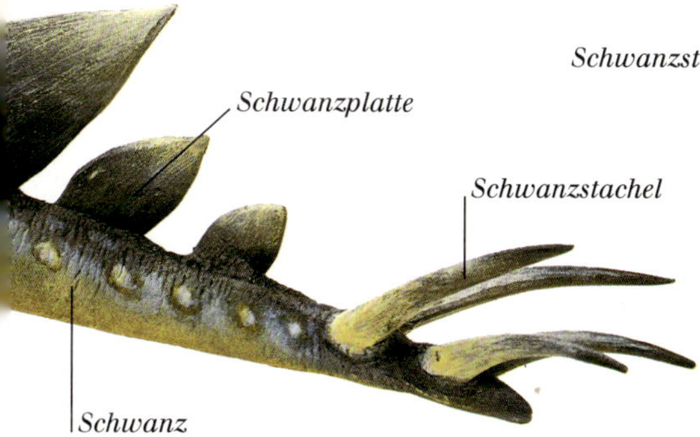

Verschiedene Stegosaurierskelette

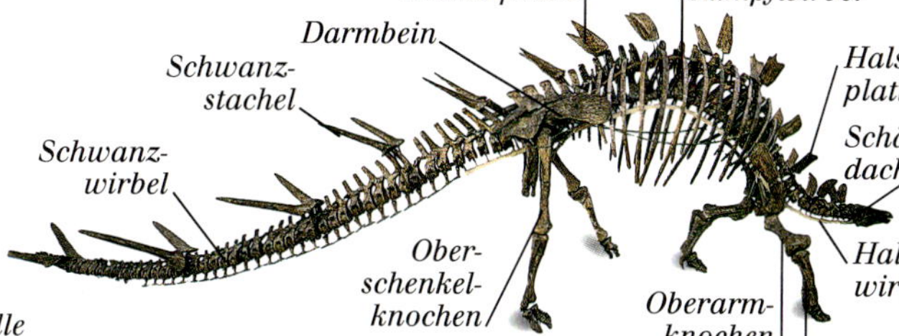

Kentrosaurus

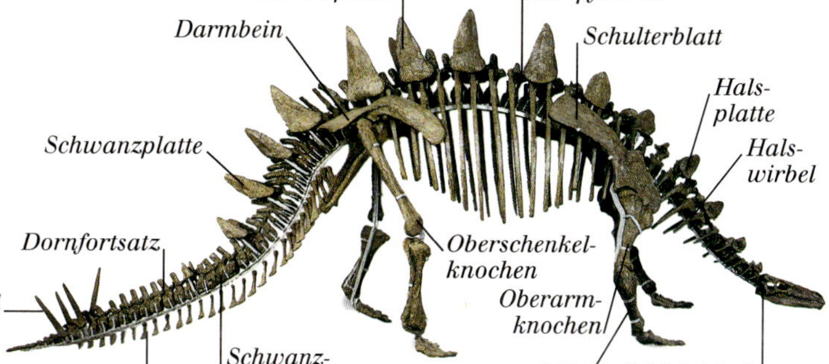

Tuojiangosaurus

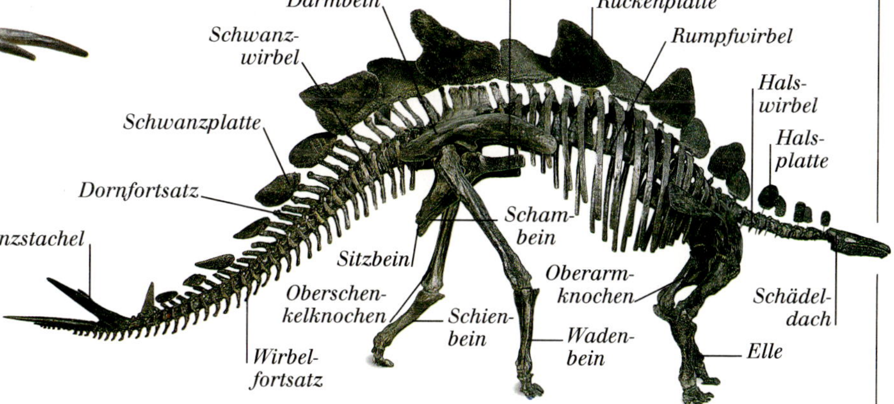

Stegosaurus

Thyreophora 2

VERSCHIEDENE ANKYLOSAURIER-SCHÄDEL

Schädel und Unterkiefer eines Euoplocephalus

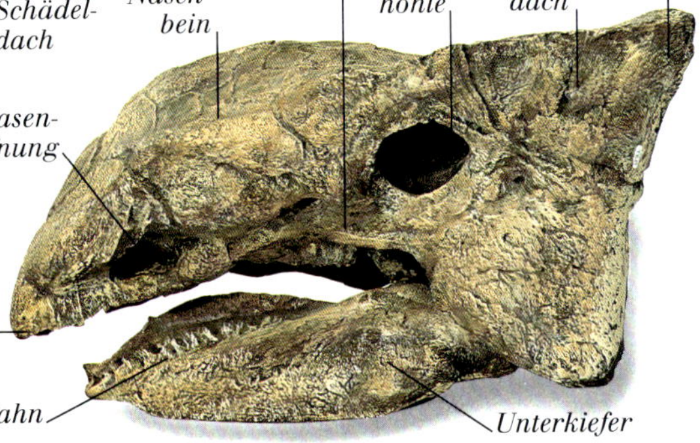

Schädel und Unterkiefer eines Ankylosaurus

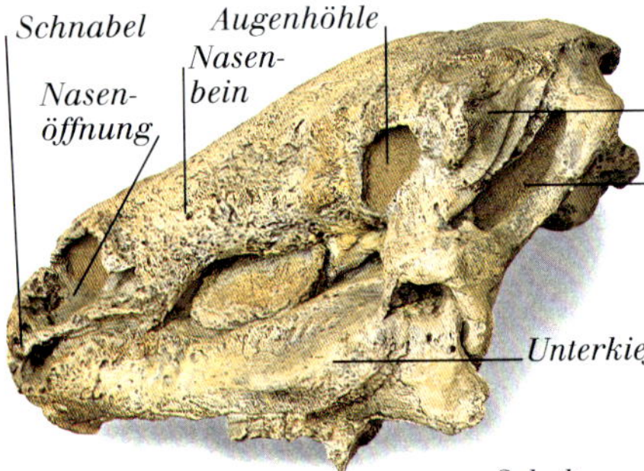

Schädel und Unterkiefer eines Panoplosaurus

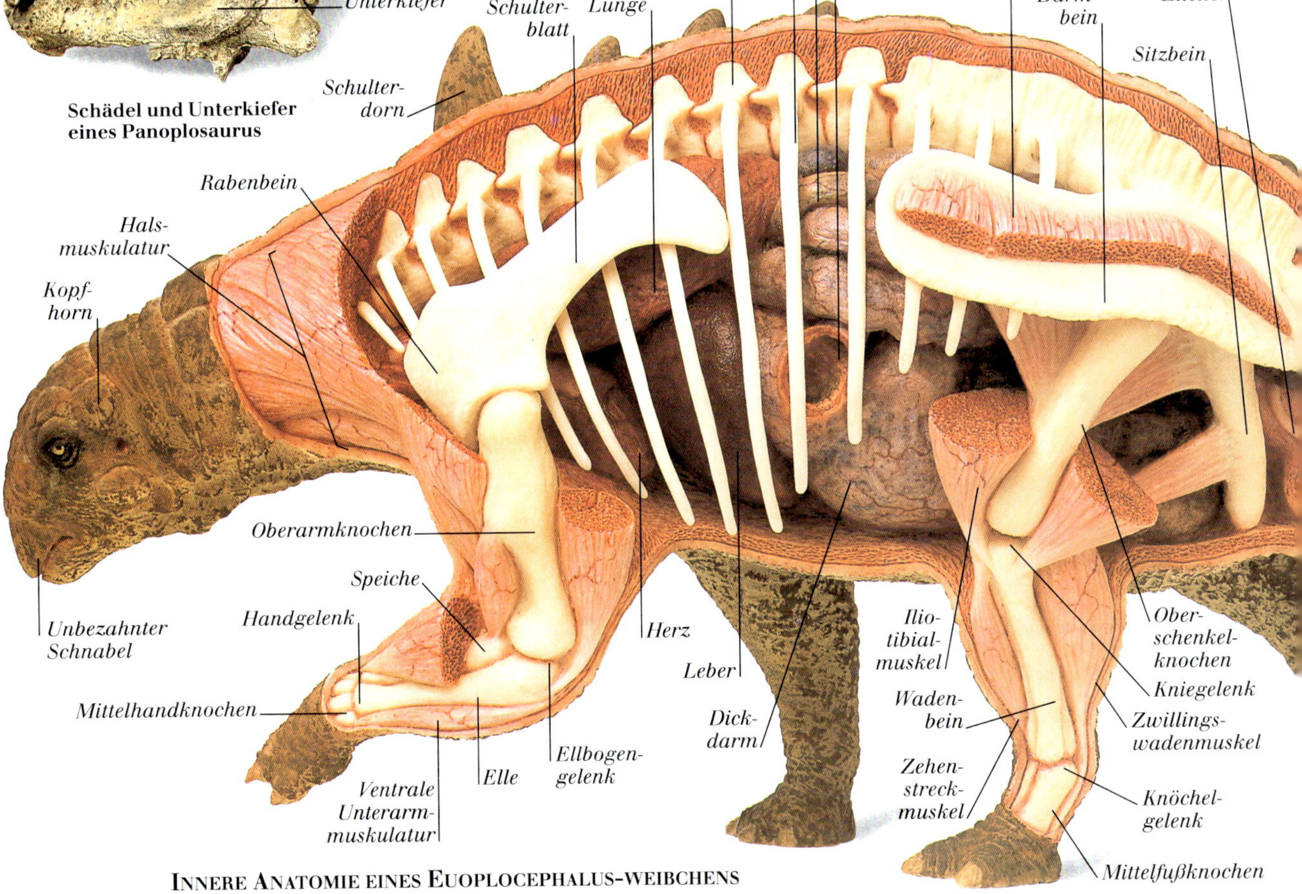

INNERE ANATOMIE EINES EUOPLOCEPHALUS-WEIBCHENS

Äussere Merkmale von Edmontonia

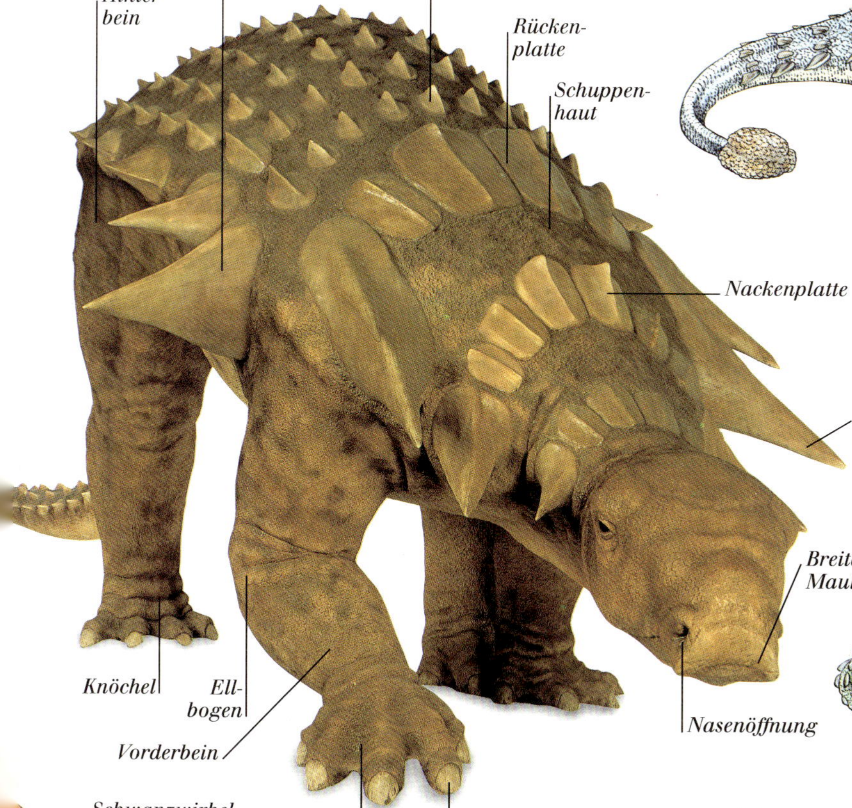

Verschiedene Ankylosaurier

Pinacosaurus
Familie: Ankylosauridae
Länge: 5 m

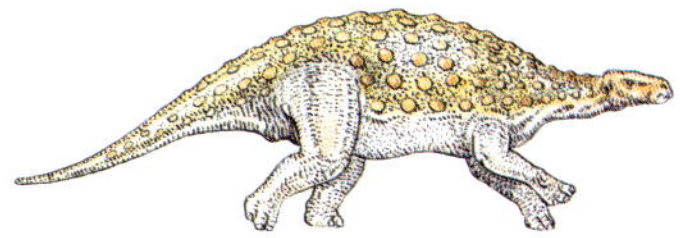

Minmi
Familie: Nodosauridae
Länge: ca. 2,50 m

Polacanthus
Familie: Nodosauridae
Länge: 4 m

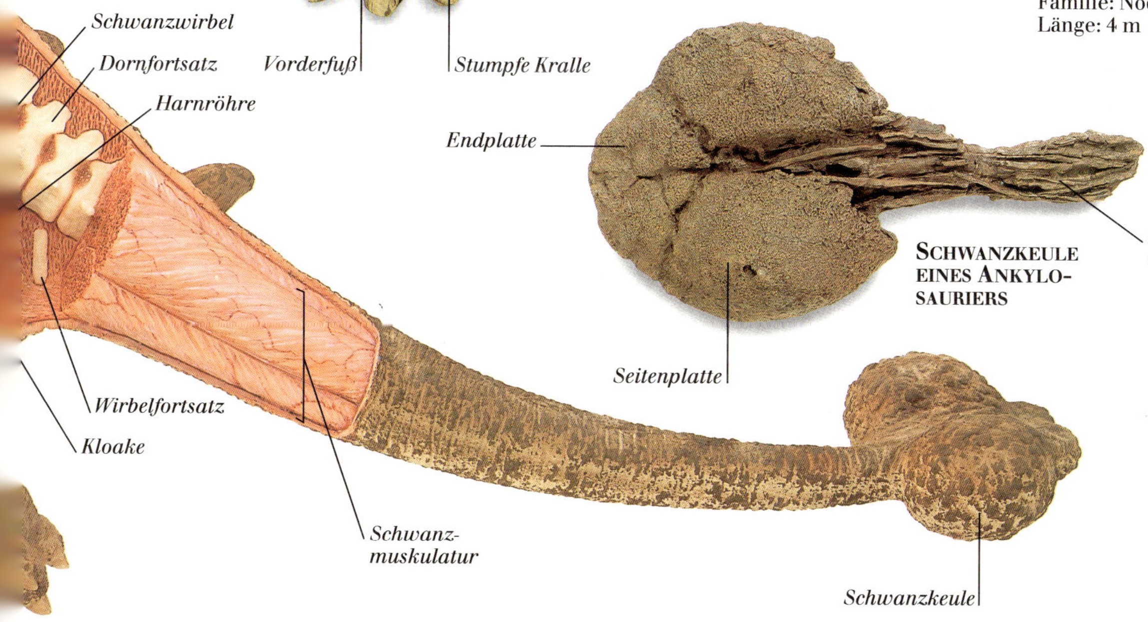

Schwanzkeule eines Ankylosauriers

Ornithopoden 1

Zahn eines Iguanodon

Die Ornithopoden (Vogelfuß-Dinosaurier) waren eine Unterordnung der Vogelbecken-Dinosaurier (Ornithischia). Körpergröße, Lebensweise und Verbreitung dieser Pflanzenfresser war recht unterschiedlich, aber wohl sehr erfolgreich. Die ersten Ornithopoden entstanden bereits im Unterjura, und insgesamt hatte die Gruppe eine Lebensspanne von fast 150 Mio. Jahren. Es gab Vertreter der Vogelfuß-Dinosaurier in Nordamerika, Europa, Afrika, China, Australien und in der Antarktis. Die Familie der Iguanodontiden lebte vom Oberjura bis in die Oberkreide (vor 165 bis 70 Mio. Jahren) auf der ganzen Welt (außer Indien, Antarktis und Südamerika). Sie besaßen eine lange Schnauze, die in einen breiten, unbezahnten Schnabel auslief, große Kieferknochen mit dichtgepackten Zahnbatterien, einen massigen Rumpf und einen kräftigen Schwanz, der durch verknöcherte Sehnen stabilisiert wurde. *Iguanodon* und einige andere Iguanodontiden besaßen mächtige Daumendornen, mit denen sie sich gegen Angreifer verteidigen konnten. Die formenreichste Familie war die der Hadrosaurier (Entenschnabel-Dinosaurier, u.a. *Gryptosaurus*, *Hadrosaurus*, *Corythosaurus* und *Lambeosaurus*). Sie traten erst in der Kreide auf (vor 97-65 Mio. Jahren) und wurden in Nordamerika, Asien und Südamerika gefunden.

SKELETT EINES IGUANODON

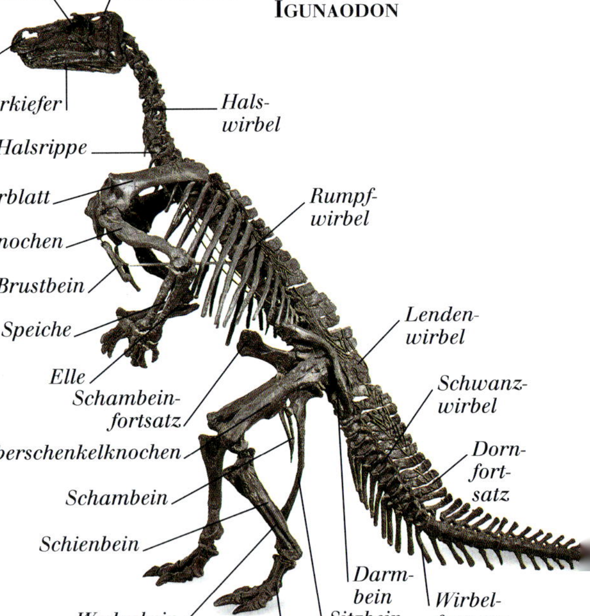

SCHÄDEL UND UNTERKIEFER EINES JUNGEN IGUANODON

Verschiedene Iguanodontiden

Ouranosaurus
Familie: Iguanodontidae
Länge: 7 m

Camptosaurus
Familie: Camptosauridae
Länge: 5–7 m

Muttaburrasaurus
Familie: Camptosauridae
Länge: 7 m

Probactrosaurus
Familie: Iguanodontidae
Länge: ca. 6 m

Äussere Merkmale eines Iguanodon

Innerer Aufbau des Hinterbeins eines Iguanodon

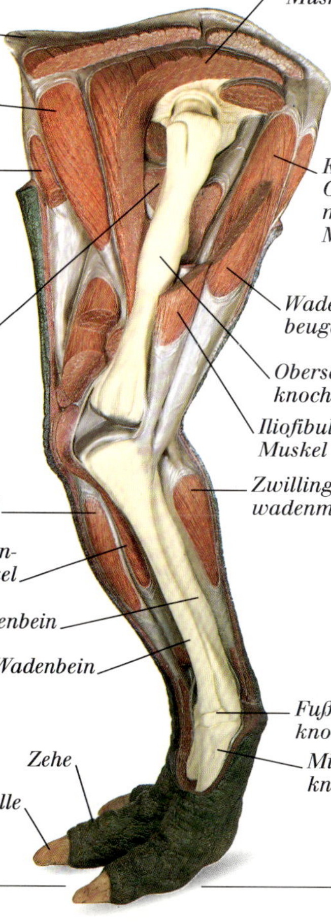

Ornithopoden 2

Brachylophosaurus
Länge 7 m

Lambeosaurus
Länge: ca. 15 m

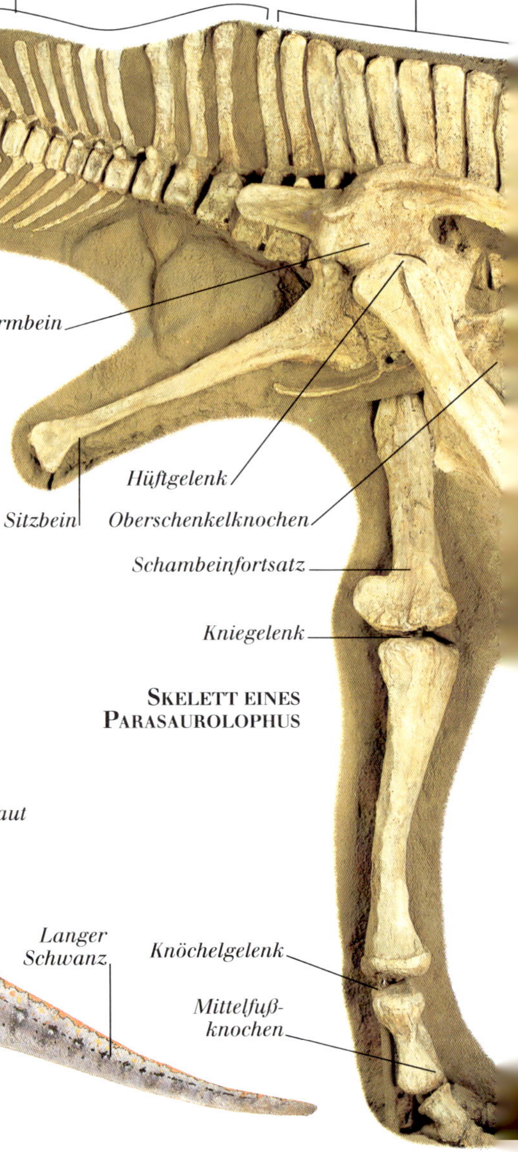

SKELETT EINES PARASAUROLOPHUS

NEST EINER MAIASAURA

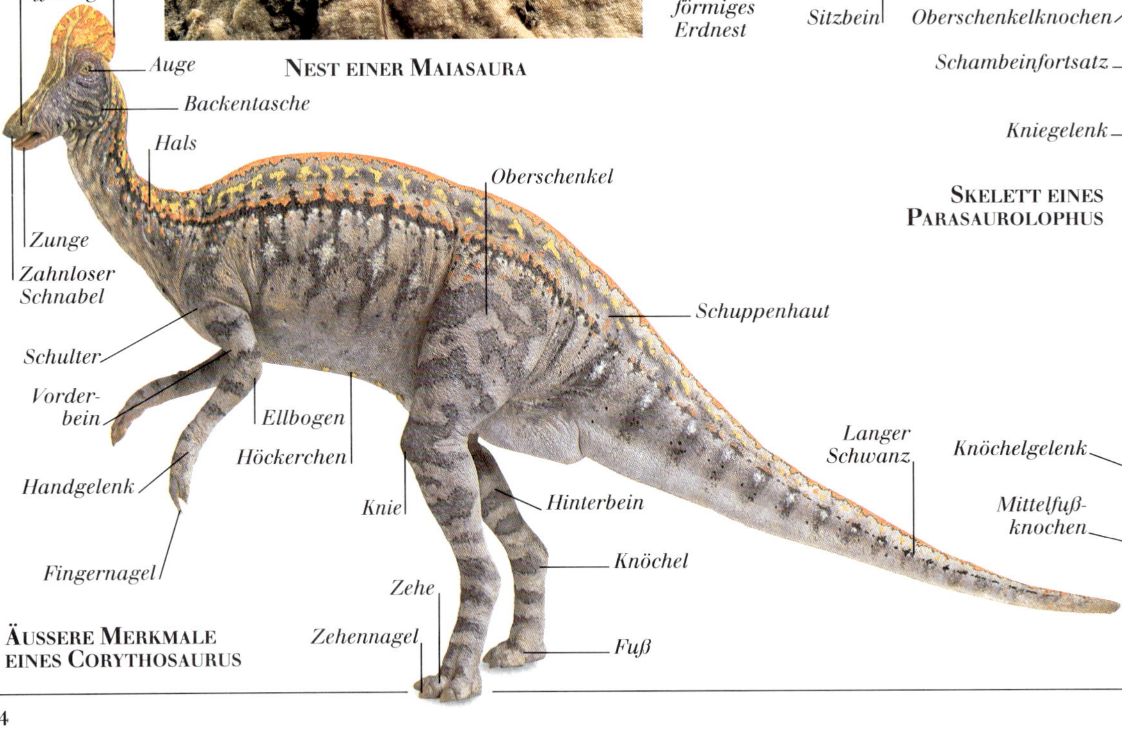

ÄUSSERE MERKMALE EINES CORYTHOSAURUS

VERSCHIEDENE HADROSAURIER

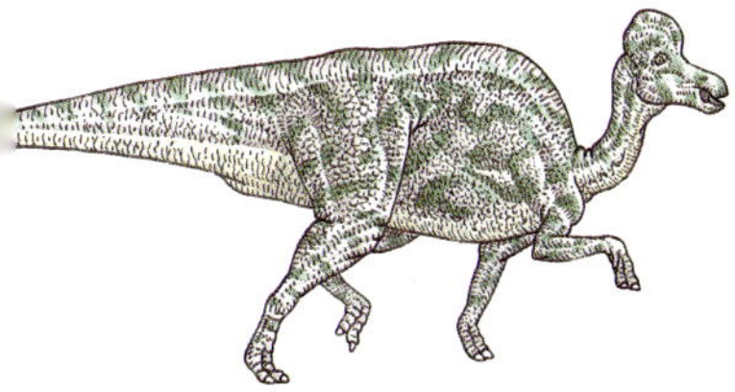

Hypacrosaurus
Länge: ca. 9 m

Hadrosaurus
Länge: ca. 8–10 m

Gryposaurus
Länge: ca. 8–10 m

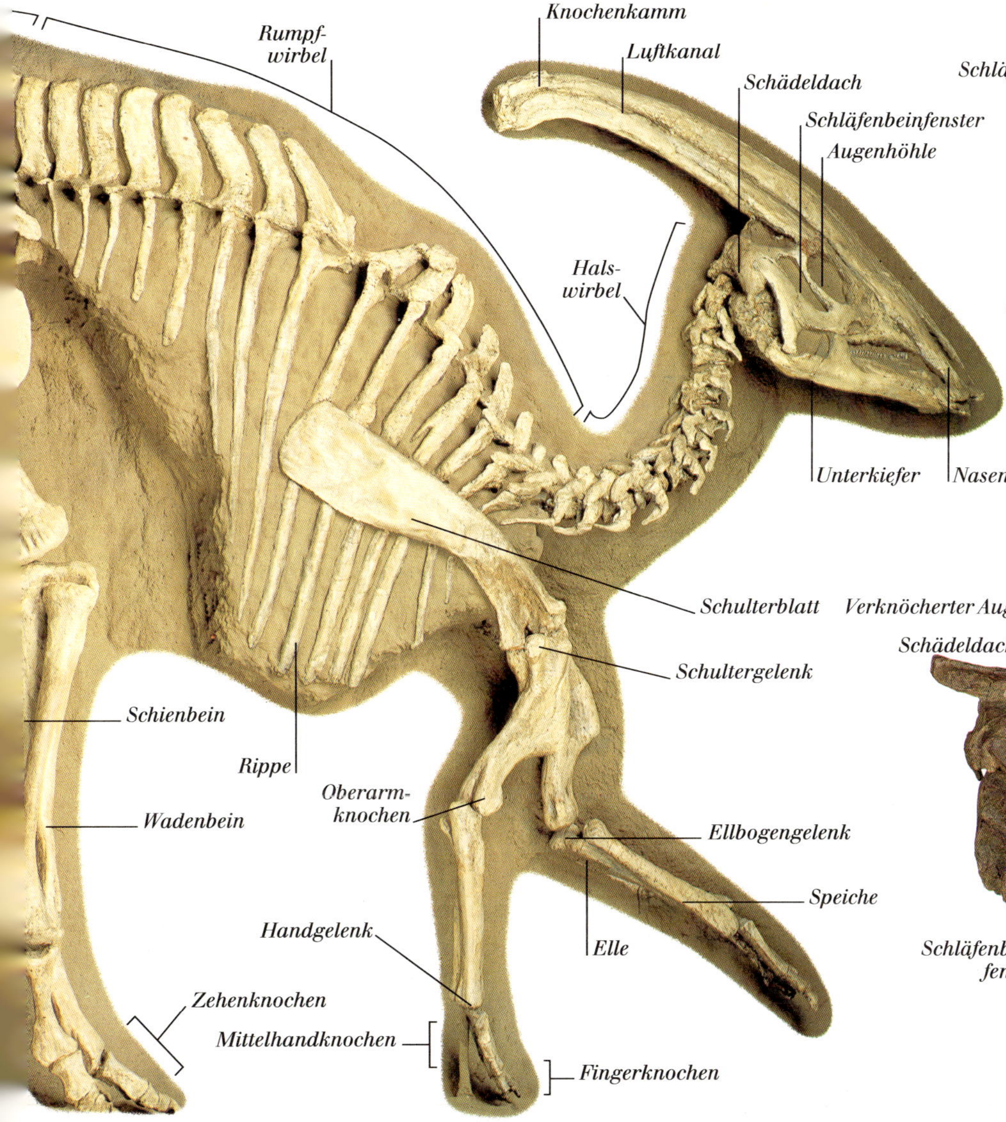

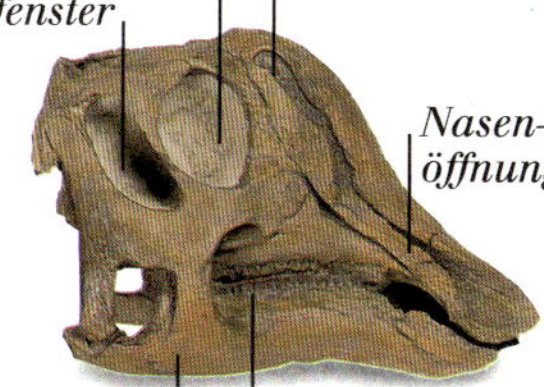

SCHÄDEL UND UNTERKIEFER EINES JUGENDLICHEN LAMBEOSAURUS

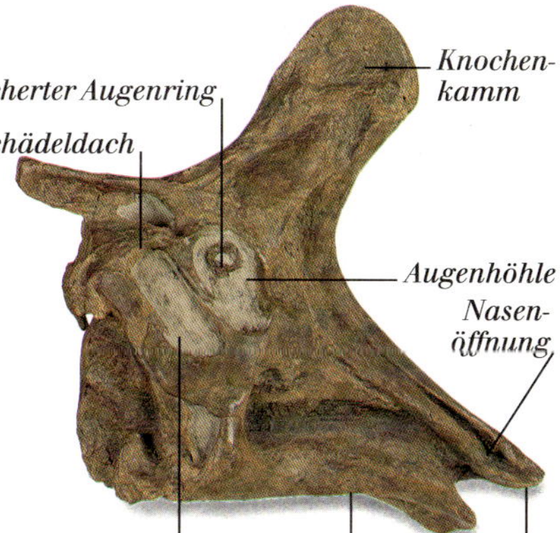

SCHÄDEL UND UNTERKIEFER EINES ERWACHSENEN LAMBEOSAURUS

Marginocephalier 1

Zwei kämpfende Prenocephale-Männchen

Unter Marginocephaliern (Randkopfechsen) werden hier zwei Gruppen von Dinosauriern mit eigentümlichen Schädelformen zusammengefaßt. Die Pachycephalosaurier (Dickkopfechsen) besaßen eine außerordentlich dicke Schädeldecke (bis 25 cm). Diese Tiere waren pflanzenfressende Ornithischier, die in der Oberkreide (vor 97,5 bis 65 Mio. Jahren) hauptsächlich im heutigen Nordamerika, in China und der Mongolei und auf Madagaskar lebten. Die dicken Schädel spielten eine Rolle bei Zweikämpfen um Reviere und Weibchen (ähnlich wie man es heute bei Schafböcken kennt). Die Protoceratopsiden und Ceratopsiden (Horn-Dinosaurier, s.S. 108-109) wie Protoceratops oder Triceratops waren ebenfalls pflanzenfressende Ornithischier. Sie besaßen eine knöcherne Halskrause, an der mächtige Kaumuskeln ansetzten. Alle hatten einen Papageienschnabel, einige Vertreter auch Hörner oder knöcherne Kopfleisten. Die Ceratopsiden hatten ihre Blütezeit vor 97-65 Mio. Jahren, in der Oberkreide.

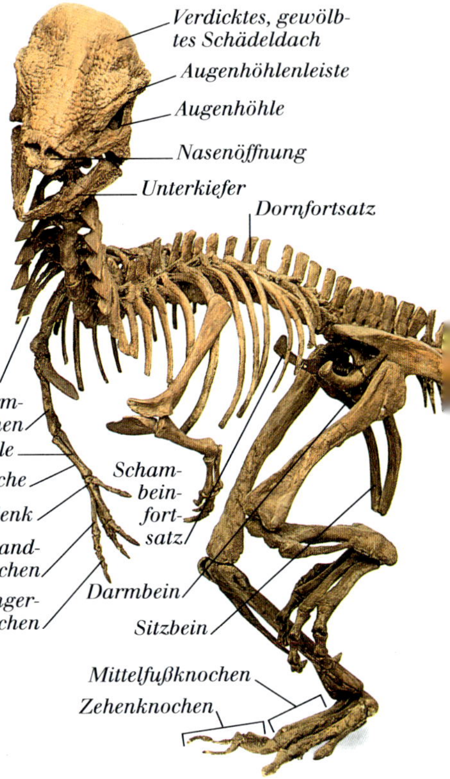

Verschiedene Pachycephalosaurierschädel

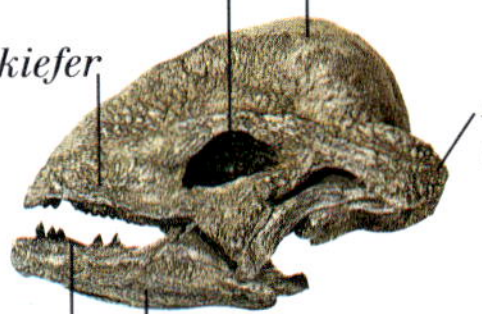

Schädel und Unterkiefer eines Stegoceras

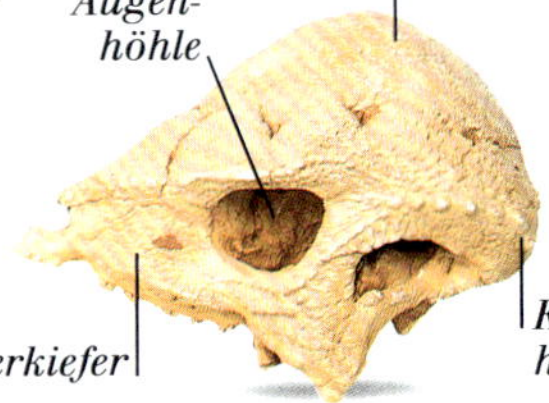

Schädel und Unterkiefer eines Prenocephale

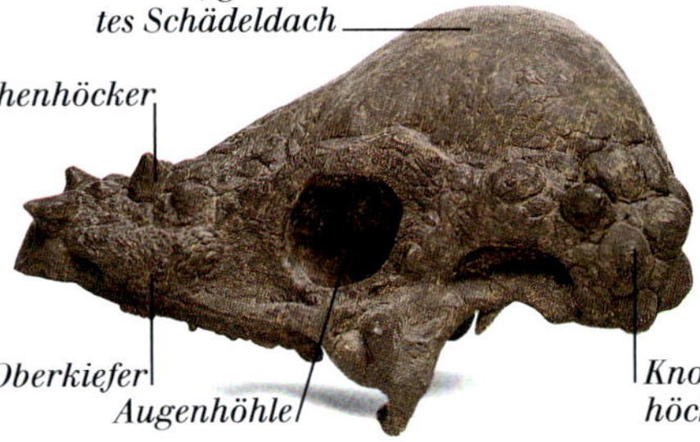

Schädel und Unterkiefer eines Pachycephalosaurus

Äussere Merkmale eines Pachycephalosaurus

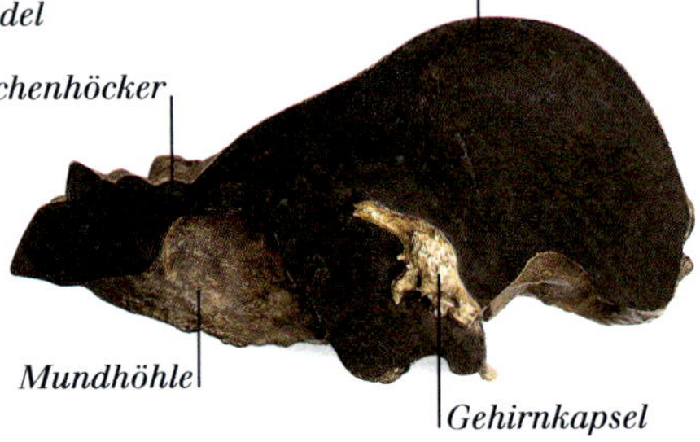

Schnitt durch den Schädel eines Pachycephalosaurus

Verschiedene Pachycephalosaurier

Homalocephale
Länge: 3 m

Wannanosaurus
Länge: 60 cm

Prenocephale
Länge: ca. 2,50 m

Skelette eines Stegoceras

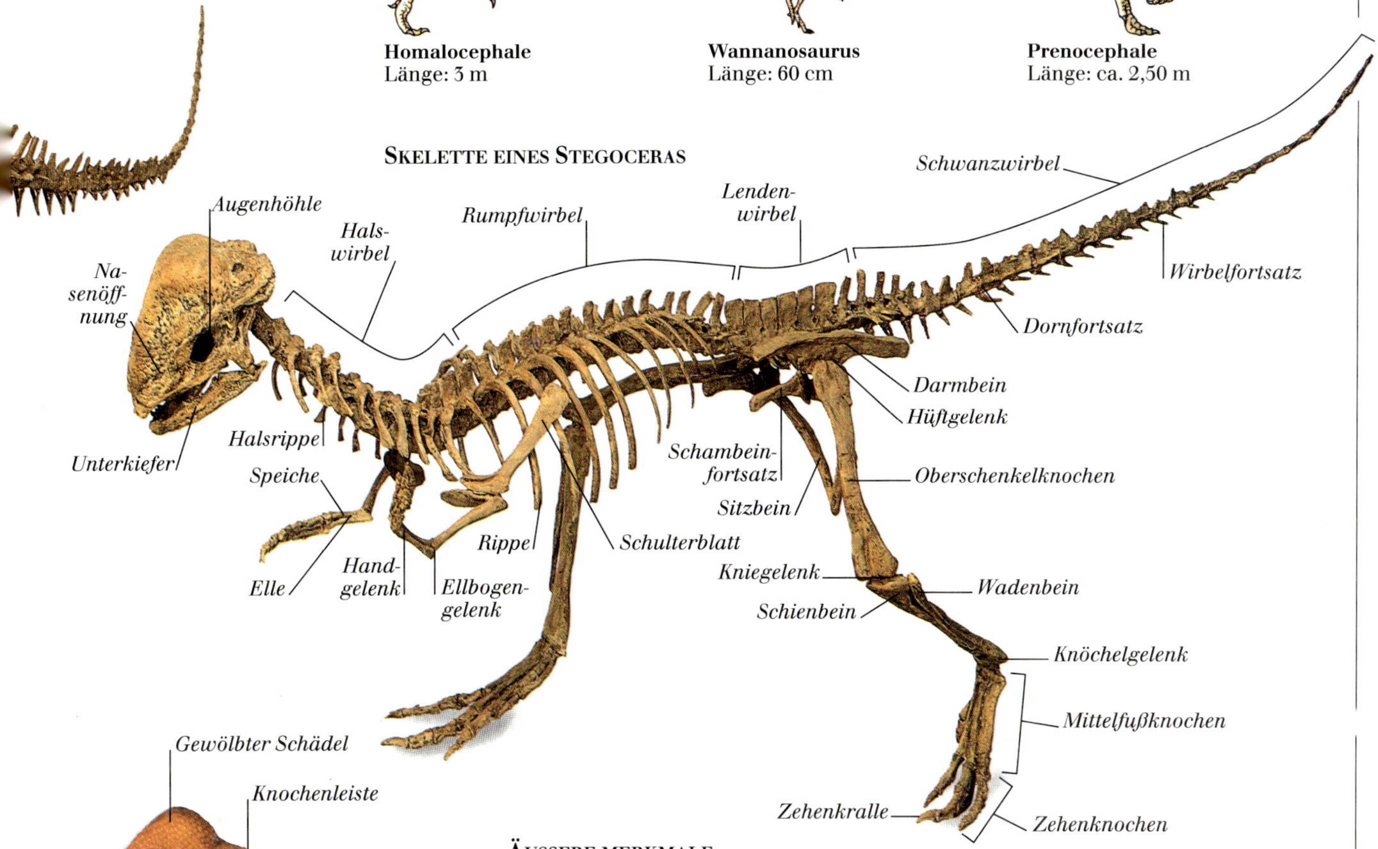

Äussere Merkmale eines Stegoceras

Marginocephalier 2

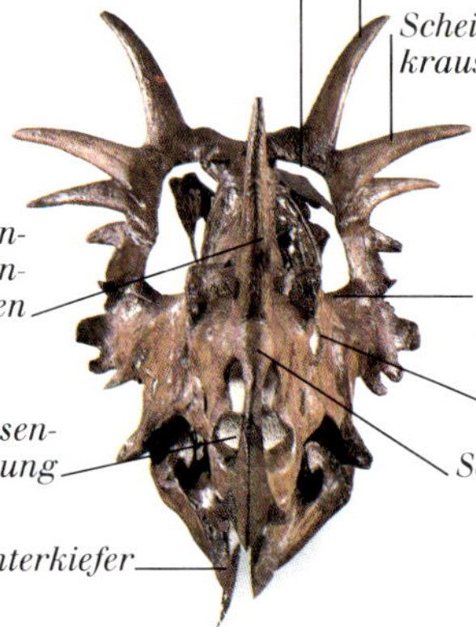

Schädel und Unterkiefer eines Styracosaurus

ÄUSSERE MERKMALE EINES TRICERATOPS

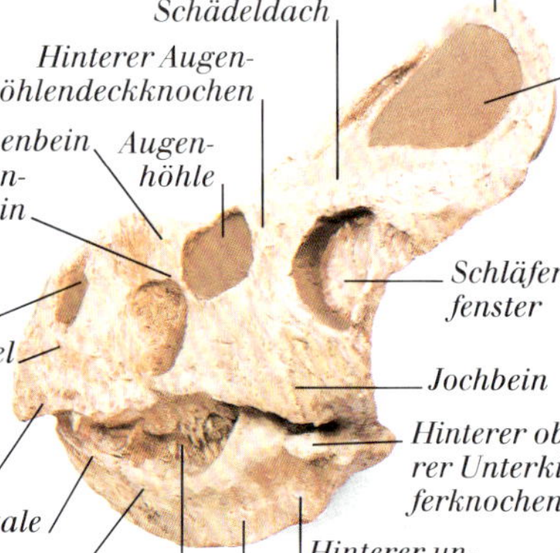

SCHÄDEL UND UNTERKIEFER EINES PROTOCERATOPS

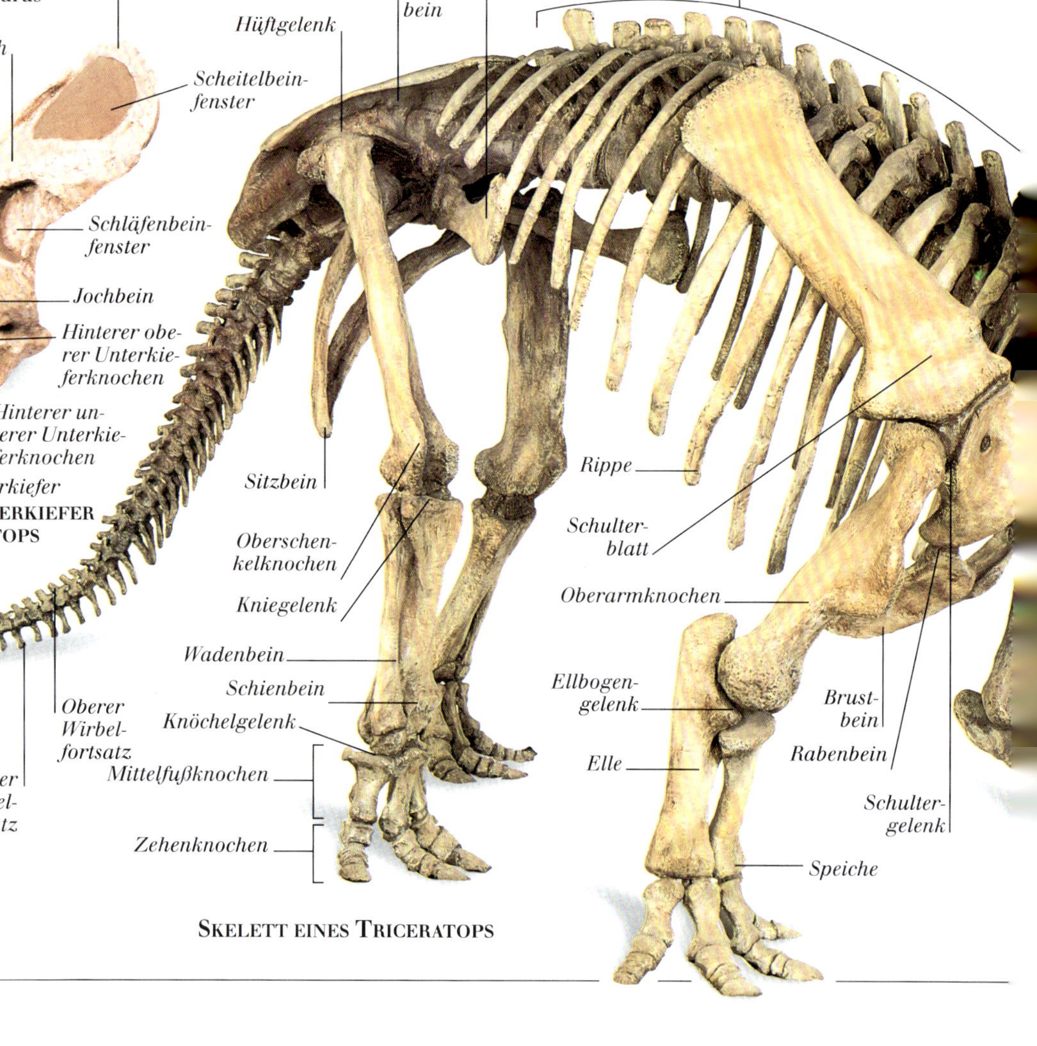

SKELETT EINES TRICERATOPS

Äussere Merkmale eines Psittacosaurus

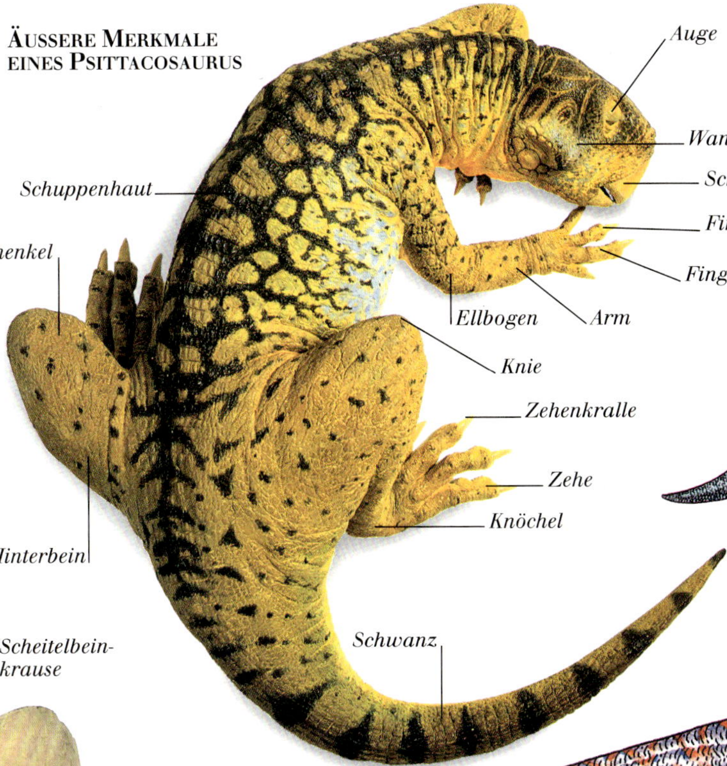

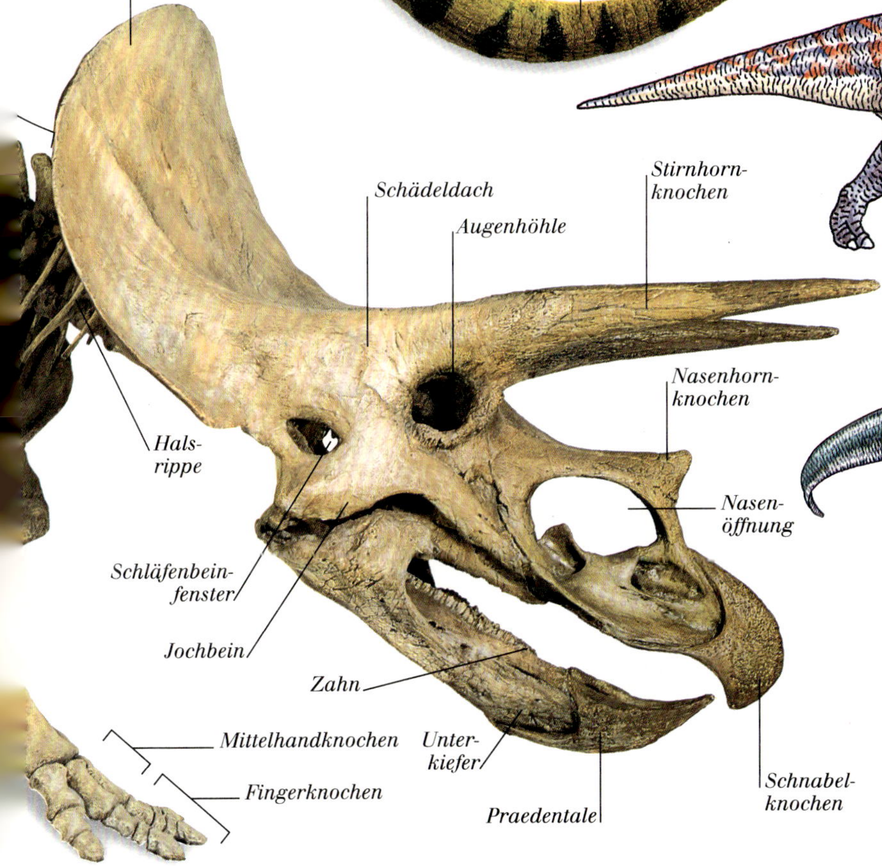

Verschiedene Ceratopsiden

Protoceratops
Familie: Protoceratopsidae
Länge: ca. 3 m

Styracosaurus
Familie: Ceratopsidae
Länge: 5,50 m

Triceratops
Familie: Ceratopsidae
Länge: 9,1 m

Pachyrhinosaurus
Familie: Ceratopsidae
Länge: 5,50 m

Leptoceratops
Familie: Ceratopsidae
Länge: ca. 2 m

Säugetiere 1

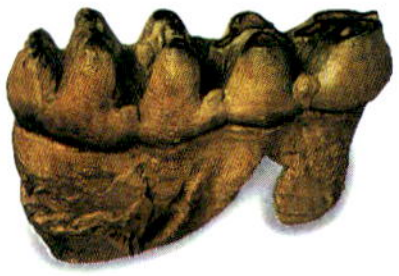

Backenzähne von Tetralophodon

Seit dem Untergang der Dinosaurier vor 65 Mio. Jahren haben die Säugetiere alle Lebensräume – Land, Wasser und sogar die Luft – erobert. Aus den Therapsiden, den Reptilienahnen, entwickelten sich kleine, nachtlebende Säuger, die heutigen Nagern glichen. Zu diesen Ursäugetieren gehörte *Megazostrodon*, das vor über 200 Mio. Jahren während der Trias lebte. Gegenüber ihren Reptilienahnen besaßen die Säugetiere einige vorteilhafte Neuerungen: ein vierkammriges Herz und Lungen mit großer Oberfläche ermöglichten den warmblütigen Tieren körperliche Hochleistungen; ein Haarpelz half, eine gleichmäßige Körpertemperatur aufrechtzuerhalten; eine verbesserte Beinstellung machte die Tiere beweglicher; die Geburt lebender Junge, die mit der Muttermilch sofort eine hochwertige Nahrung zur Verfügung hatten, unterstützte ein schnelles Wachstum. Seit dem Ende des Mesozoikums (vor 65 Mio. Jahren) war die Zahl der Säugerordnungen und die Artenfülle in den einzelnen Ordnungen ständigen Schwankungen unterworfen. So waren zu Beginn der Trias (vor etwa 54 Mio. Jahren) die Unpaarhufer (zu denen *Coelodonta* und die heutigen Pferde gehören) am weitesten verbreitet. Heute sind die größten und artenreichsten Ordnungen die der Nager (mit Ratten und Mäusen), der Raubtiere (mit Bären, Katzen und Hunden) und der Paarhufer (mit Rindern, Hirschen und Schweinen). Die Rüsseltiere dagegen, die einst viele Gattungen umfaßten, u.a. *Phiomia*, *Moeritherium*, *Tetralophodon*, und *Mammuthus*, haben heute nur noch zwei Gattungen: den Asiatischen und den Afrikanischen Elefanten. In Australien und Südamerika führten Jahrmillionen der Isolation zur Artenvielfalt der Beuteltiere, während Plazentatiere (s.S. 80) die übrige Welt eroberten.

MODELL EINES MEGAZOSTRODON

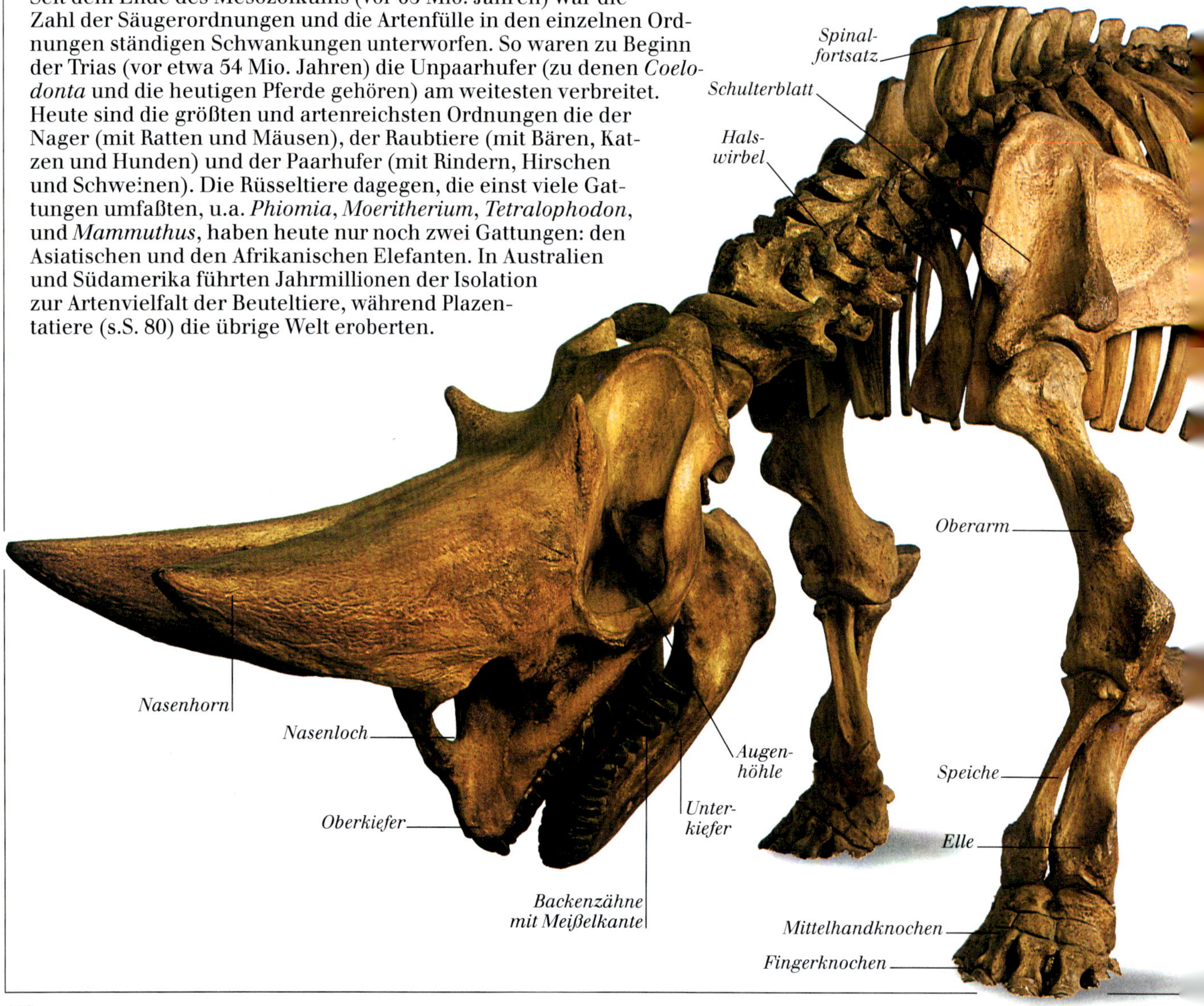

OBERKIEFER EINES PFERDES

HUF (DRITTER FINGER/ZEH) EINES PFERDES

SCHÄDEL VON MOERITHERIUM

SCHÄDEL VON PHIOMIA

MODELL EINER PHIOMIA

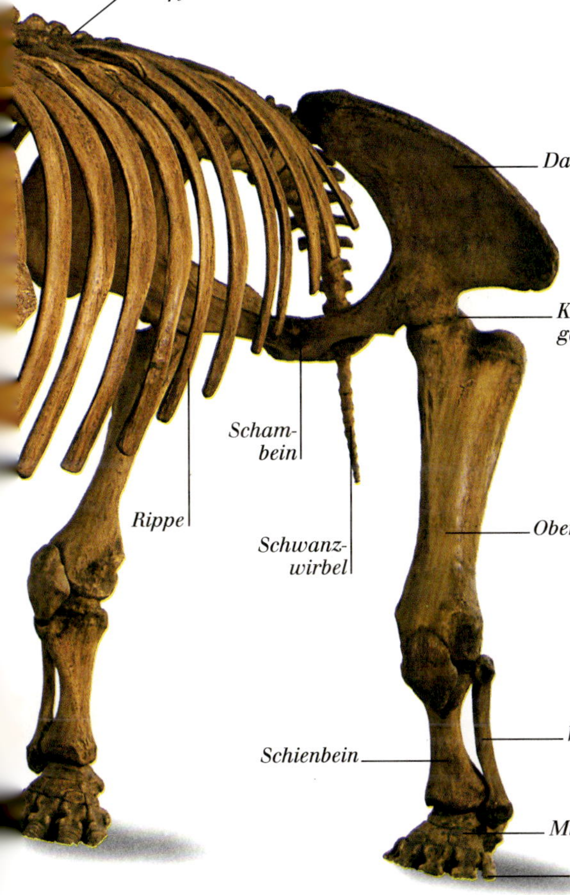

SKELETT VON ARSINOITHERIUM

FOSSILES SKELETT EINER FLEDERMAUS

Säugetiere 2

Unterkiefer eines Bären

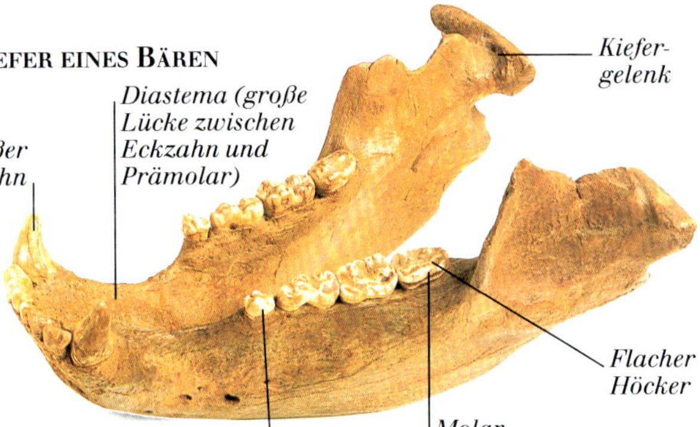

Skelett eines Toxodon

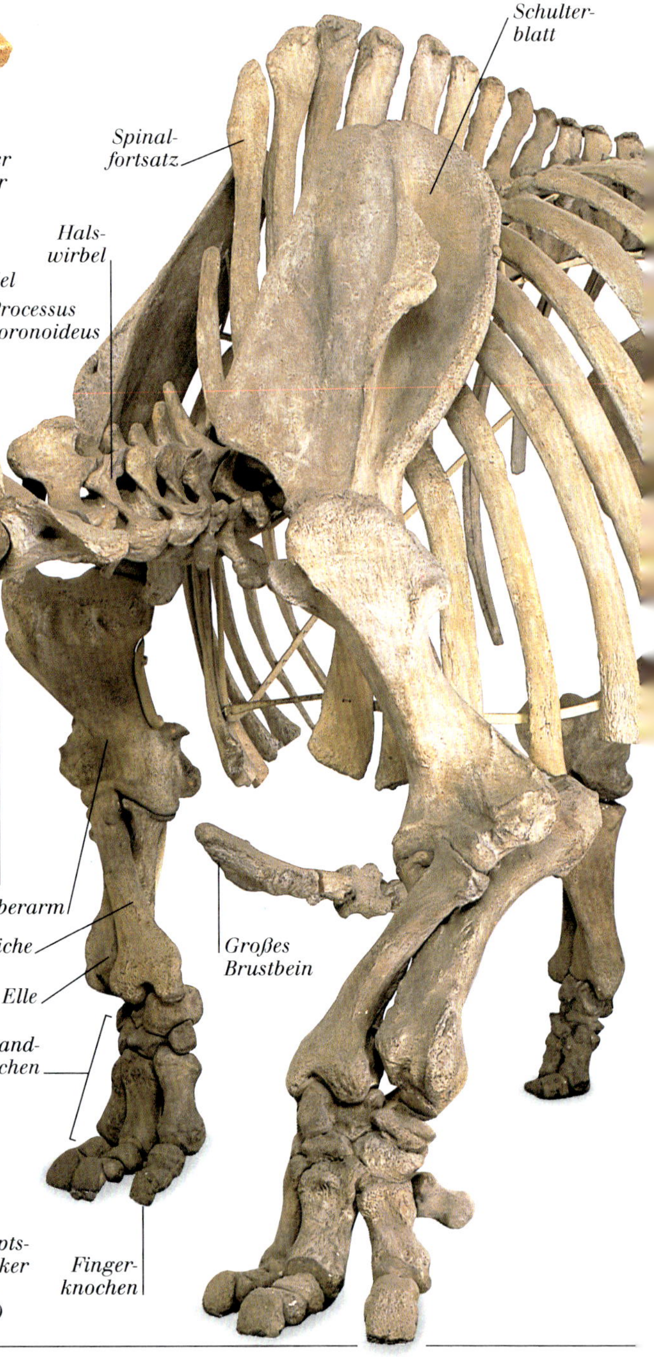
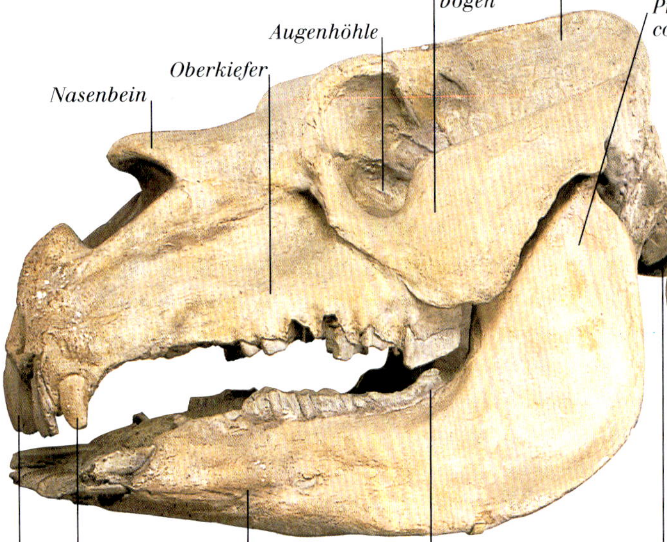

Schädel eines Opossum

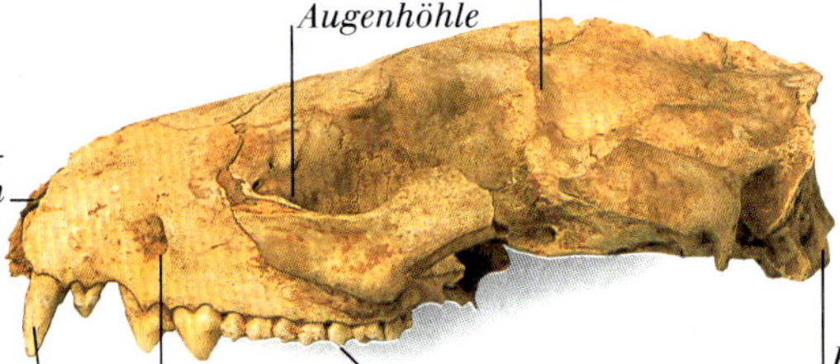

Fossiler Schädel von Hyaenodon

Unterkiefer eines Australopithecus

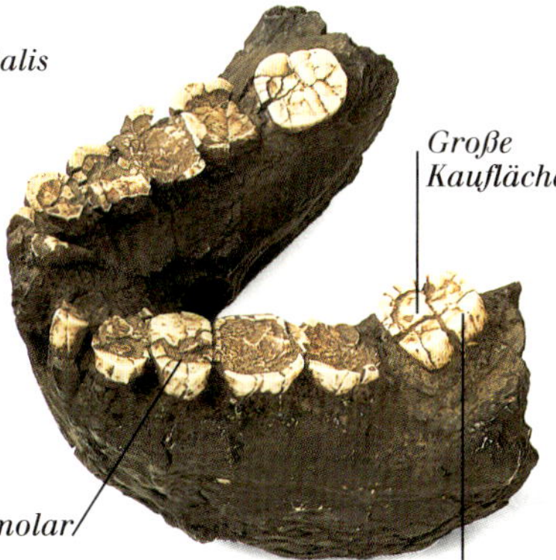

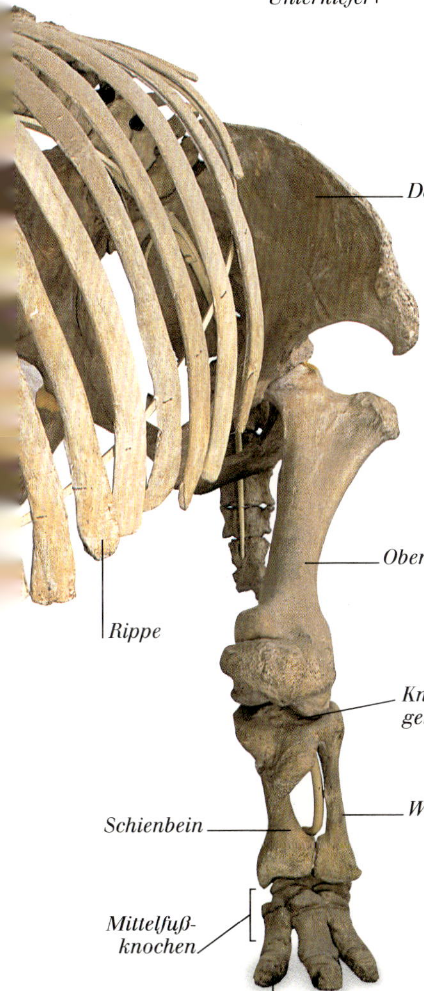

Schädel eines Smilodon

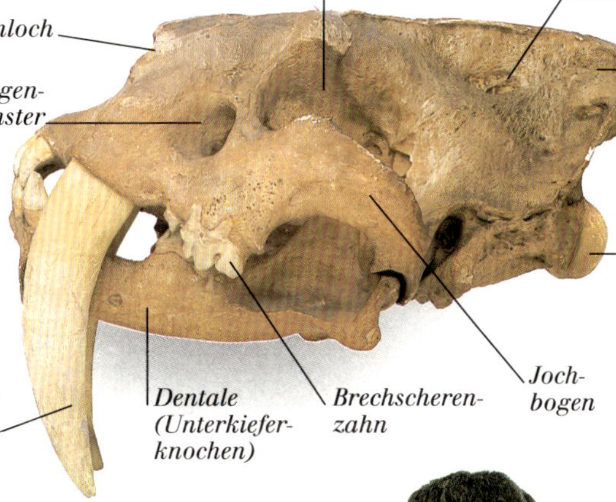

Nachbildung eines Mammuts

Die ersten Menschen

Der Mensch gehört zur Säugerordnung der Primaten (s.S. 212–213), die vor etwa 55 Mio. Jahren entstand. Der moderne Mensch ist der einzige lebende Vertreter der Familie der Hominiden. Der erste Hominide, Bindeglied zwischen Affen und Menschen, war *Australopithecus.* Sein Gehirn war noch relativ klein, aber er beherrschte schon den aufrechten Gang. *Homo habilis,* der erste echte Mensch, lebte vor mindestens 2 Mio. Jahren. Dieser „geschickte Mensch" hatte ein größeres Gehirn und konnte Werkzeuge herstellen. *Homo erectus,* der „aufrechte Mensch", trat vor etwa 1,8 Mio. Jahren in Afrika auf. Etwa 800 000 Jahre später hatte er sich nach Asien ausgebreitet. Er entdeckte die Kunst des Feuermachens. Der Neandertaler, ein naher Verwandter des heutigen Menschen, trat vor etwa 200 000 Jahren in Europa und dem nahen Osten auf und *Homo sapiens sapiens,* der moderne Mensch, vor etwa 100 000 Jahren (in Afrika). Beide lebten Jahrtausende nebeneinander, doch vor etwa 30 000 Jahren starb der Neandertaler aus. Die verwandtschaftliche Zuordnung des *Homo sapiens* zu seinen Vorfahren gestaltet sich schwierig: nicht nur der Knochenbau kennzeichnet den heutigen Menschen, sondern auch sein Verhalten – die Fähigkeit vorauszudenken, Traditionen zu folgen und sich mit Symbolen zu verständigen, wozu auch die Sprachfähigkeit gehört.

KIEFERKNOCHEN VON AUSTRALOPITHECUS

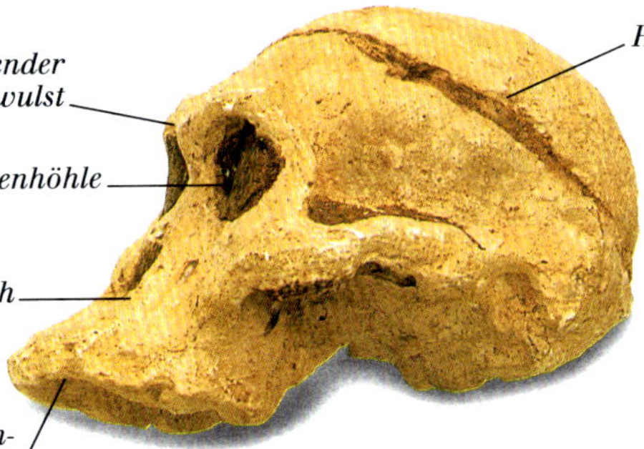

SCHÄDEL EINES AUSTRALOPITHECUS

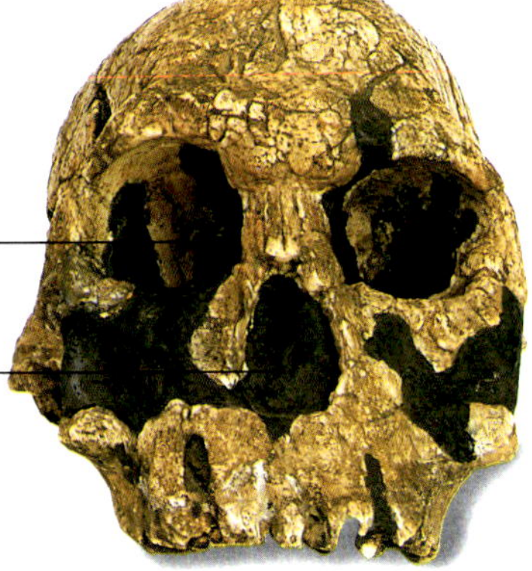

SCHÄDEL EINES HOMO HABILIS (ERSTER BEKANNTER MENSCH)

SCHÄDEL VON HOMO ERECTUS

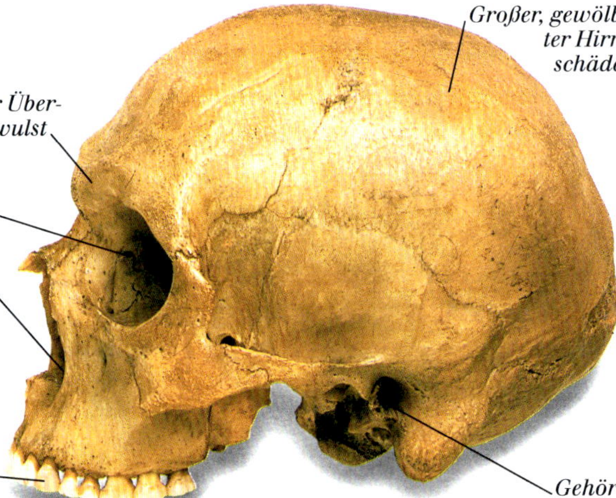

SCHÄDEL VON HOMO SAPIENS (MODERNER MENSCH)

Feuersteinwerkzeug (250.000 Jahre alt)

Faustkeil aus Feuerstein

Feuersteinmesser

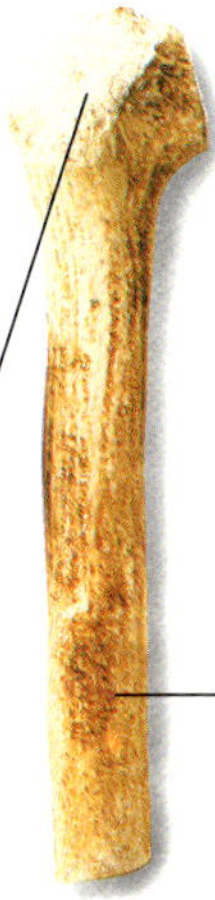

Geweihhammer

Rothirsch-Geweihhammer

Einige Werkzeuge des frühen Homo sapiens

Axt für Ackerbau

Altes Feuerzeug

Hölzernes Mundstück

Feuerbohrer

Stroh

Bohrholz

Prähistorische Nahrung

Minze

Weizen

Lachs

Speer- und Pfeilspitzen

Harpunenspitze

Fischspeer

Holzpfeil

Pfeil mit Feuersteinspitze

Pflanzen

Die Pflanzenvielfalt 118
Pilze und Flechten 120
Algen und Tange 122
Leber- und Laubmoose 124
Schachtelhalme, Bärlappe, Farne 126
Nacktsamer 1 128
Nacktsamer 2 130
Einkeimblättrige und Zweikeimblättrige 132
Krautige Blütenpflanzen 134
Holzige Blütenpflanzen 136
Wurzeln 138
Sprosse 140
Blätter 142
Photosynthese 144
Blüten 1 146
Blüten 2 148
Bestäubung 150
Befruchtung 152
Saftfrüchte 154
Trockenfrüchte 156
Keimung 158
Vegetative Fortpflanzung 160
Trockenpflanzen 162
Wasserpflanzen 164
Fleischfressende Pflanzen 166
Aufsitzer und Schmarotzer 168

Die Pflanzenvielfalt

Blütenpflanze
Bromelie
(*Acanthostachys strobilacea*)

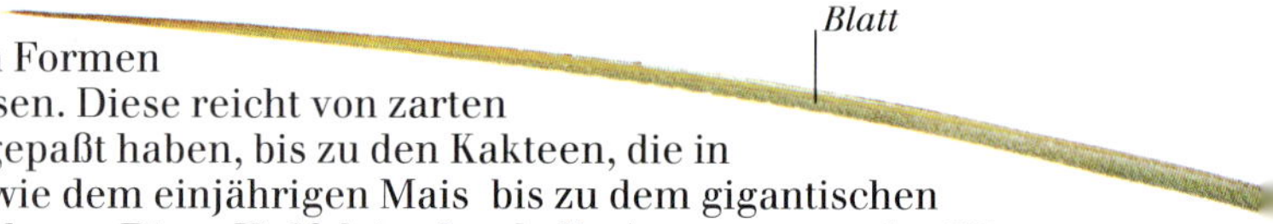

Es gibt heute mehr als 300 000 Pflanzenarten, deren Formen und Lebensweisen eine erstaunliche Vielfalt aufweisen. Diese reicht von zarten Lebermoosen, die sich an feuchte Lebensräume angepaßt haben, bis zu den Kakteen, die in Wüsten überleben können; von krautigen Pflanzen wie dem einjährigen Mais bis zu dem gigantischen Mammutbaum, der einige tausend Jahre alt werden kann. Diese Vielfalt ist durch die Anpassungen der Pflanzen an die verschiedensten Lebensräume bedingt. Als charakteristisches Beispiel sind hier die Blütenpflanzen (Abteilung Angiospermophyta) mit ihren über 250 000 Arten zu nennen. Von den Tropen bis zu den Polen sind sie über die ganze Erde verbreitet. Trotz ihrer Unterschiede weisen die Pflanzen gemeinsame Merkmale auf: Eine typische Pflanze ist grün, produziert ihre Nährstoffe durch Photosynthese, lebt in oder auf einem Substrat (z.B. Boden) und ist ortsfest. Die höheren Pflanzen gliedern sich in Wurzeln, Stengel und Blätter und unterscheiden sich dadurch von Algen und Pilzen.

Grünalge
Mikroskopische Aufnahme einer Zieralge
(*Micrasterias sp.*)

Farn
Baumfarn
(*Dicksonia antarctica*)

Moos
Laubmoos
(*Bryum sp.*)

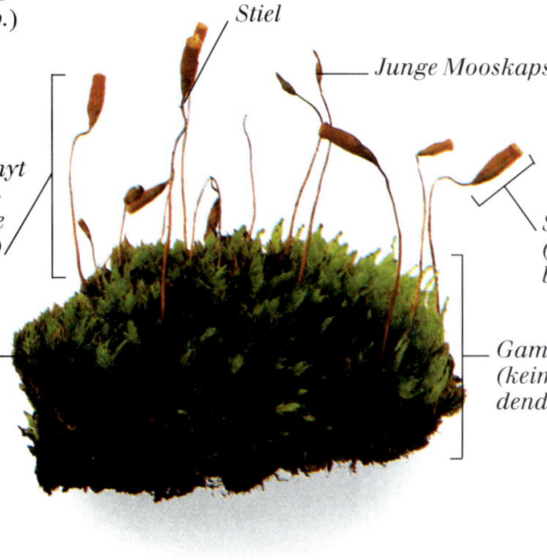

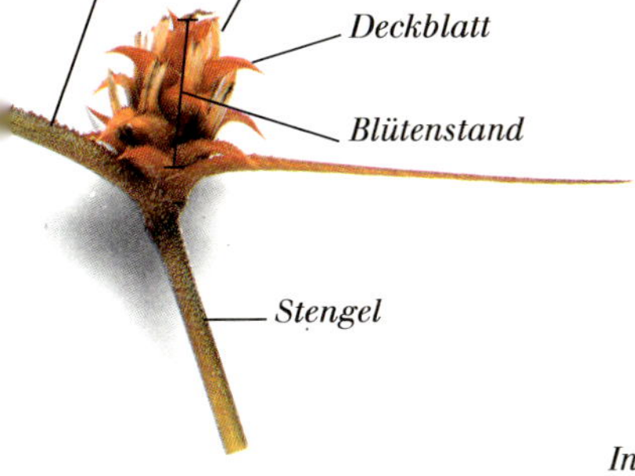

BLÜTENPFLANZE
Sukkulente
(*Kedrostis africana*)

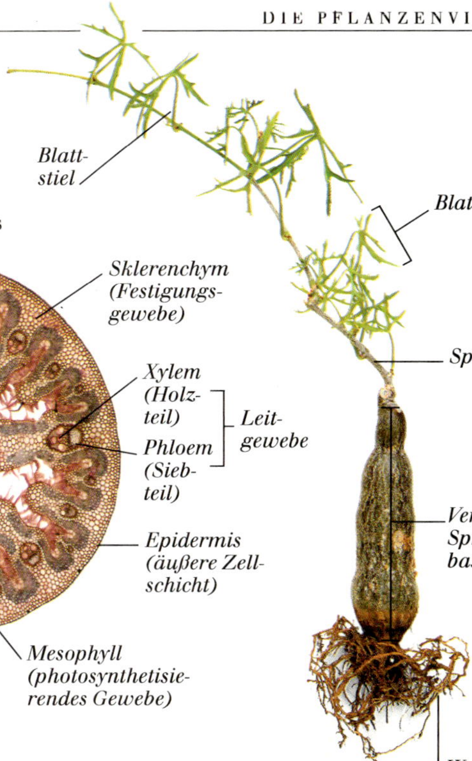

BLÜTENPFLANZE
Mikroskopische Aufnahme eines Blattquerschnitts des Strandhafers (*Ammophila arenaria*)

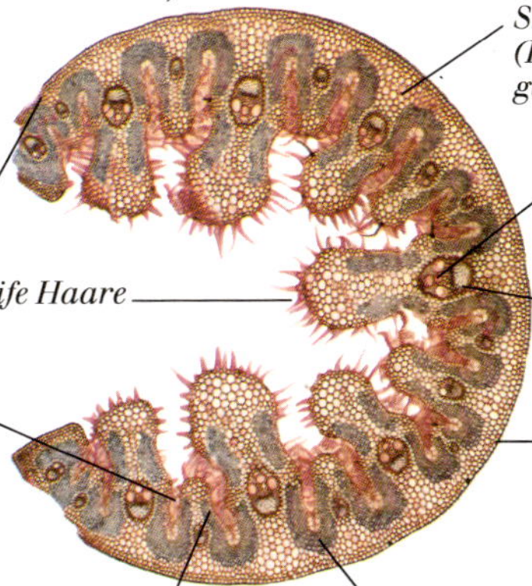

BLÜTENPFLANZE
Quecke
(*Agropyron repens*)

BLÜTENPFLANZE
Schlauchpflanze
(*Sarracenia purpurea*)

Pilze und Flechten

Die Pilze wurden früher zu den Pflanzen gezählt. Heute führt man sie aber als eigene Gruppe. Zu ihnen gehören nicht nur die Ständerpilze, Boviste, Stinkmorcheln und Schimmelpilze, sondern auch Hefen, Brandpilze und Roste. Die meisten Pilze sind vielzellig und bestehen aus einer Fülle fadenförmiger Hyphen, die zusammen das Myzel bilden. Die einfachen Pilze (z.B. Hefen) sind mikroskopisch kleine, einzellige Organismen. Die Pilze vermehren sich gewöhnlich durch Sporenbildung und ernähren sich meistens von totem und zerfallendem Substrat oder von lebenden Organismen. Einige wenige Pilze beziehen ihre Nährstoffe von Algen oder Pflanzen, mit denen sie in einer symbiontischen (zum gegenseitigen Vorteil) Gemeinschaft leben. Flechten sind Symbiosen aus Algen und Pilzen und werden zu einer eigenen Gruppe zusammengefaßt. Ihre drei bekanntesten der insgesamt sechs Formen sind die Krusten-, Laub- und Strauchflechten. Einige Flechten (z.B. *Cladonia floerkeana*) sind eine Kombination dieser Formen. Flechten vermehren sich durch Sporenbildung oder Soredien (pulverige vegetative Bruchstücke).

BEISPIELE VON PILZEN

Austernseitling
(*Pleurotus pulmonarius*)

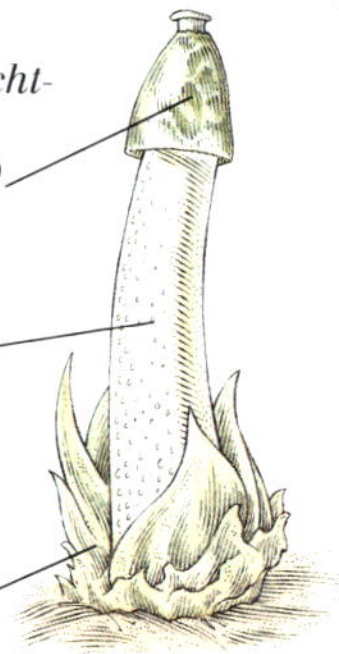

Stinkmorchel
(*Phallus impudicus*)

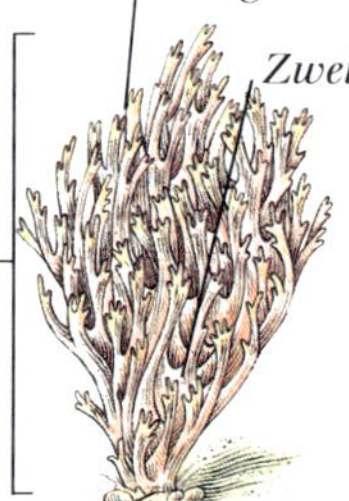

Dreifarbiger Ziegenbart
(*Ramaria formosa*)

BEISPIELE FÜR FLECHTEN

Strauchartig
Cladonia portentosa

Laubig
Hypogymnia physodes

Schuppiger und strauchartiger Thallus
Cladonia floerkeana

SCHNITT DURCH EINE LAUBFLECHTE BEI DER VERMEHRUNG DURCH BRUTKÖRPER

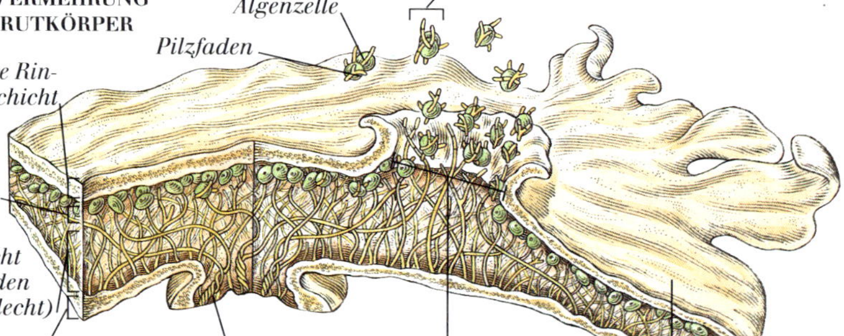

Dickschaliger Kartoffelbovist
(Scleroderma citrinum)

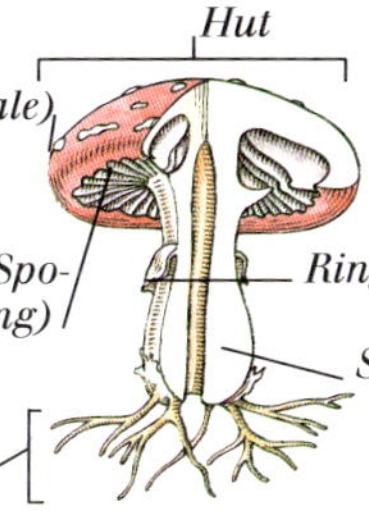

Ausgewachsener Fruchtkörper

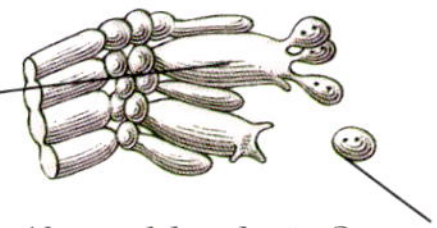

Teil einer Lamelle

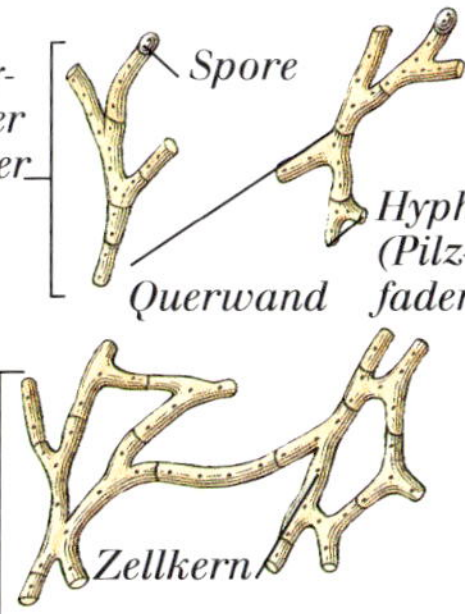

Sporen keimen aus und wachsen zu einem Myzel

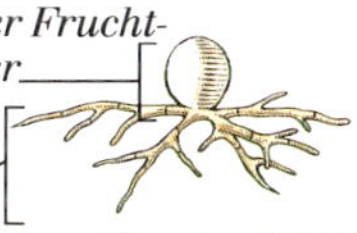

Aus dem Myzel gebildeter Fruchtkörper

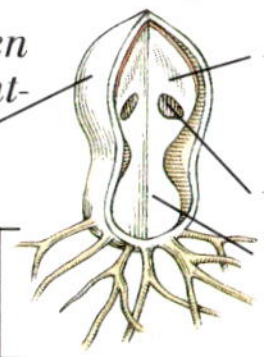

Über der Erde wachsender Fruchtkörper

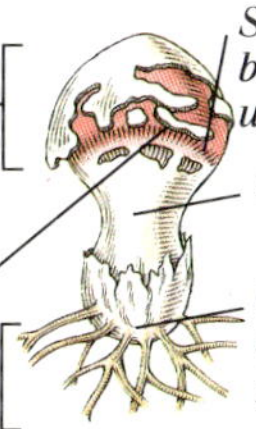

Hülle reißt auf

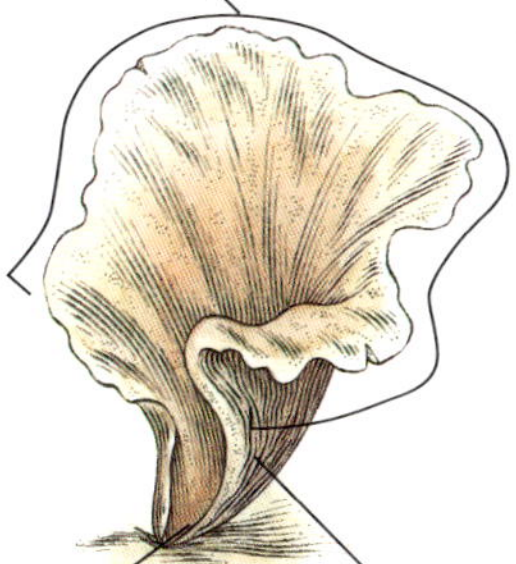

Trichterförmiger Muschelseitling
(Hohenbuehelia petaloides)

Lilablättriger Saumpilz
(Psathyrella candolleana)

Algen und Tange

Die Algen bilden eine eigene Abteilung des Pflanzenreichs. Sie besitzen, wie auch die höheren Pflanzen, das grüne Pigment Chlorophyll und bilden ihre eigenen Nährstoffe durch Photosynthese (s.S. 144–146). Viele Algen haben weitere Pigmente, nach denen sie auch klassifiziert werden können. In Braunalgen ist zum Beispiel das braune Pigment Fucoxanthin enthalten. Einige Algengruppen sind ausschließlich einzellig. Andere dagegen bilden Zellfäden oder -kolonien. Große, vielzellige, thallöse Formen sind die marinen Chlorophyta (Grünalgen), Rhodophyta (Rotalgen) und Phaeophyta (Braunalgen). Letztere werden auch als Tange bezeichnet. Die meisten Algen können sich geschlechtlich vermehren. Bei der Braunalge *Fucus vesiculosus* werden die Gameten (Keimzellen) in Konzeptakeln (Kammern) gebildet, die in den fruchtbaren Spitzen der Blattorgane lokalisiert sind. Nach ihrer Freisetzung ins Meer verschmelzen die männlichen und weiblichen Gameten zu einer Zygote. Diese setzt sich auf Gestein fest und entwickelt sich zu einem neuen Tang.

BRAUNALGE
Rinnentang
(*Pelvetia canaliculata*)

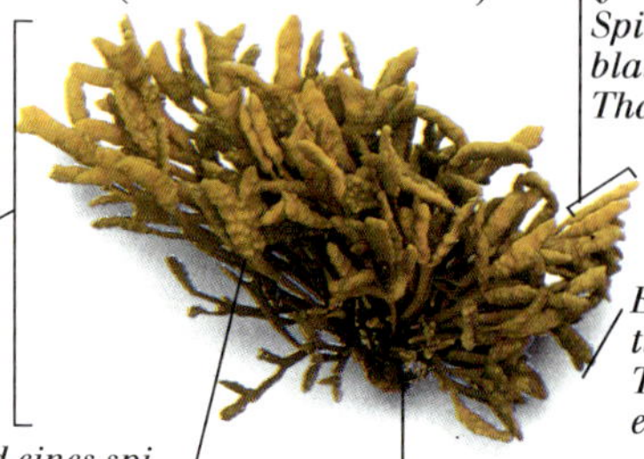

BRAUNALGE
Spiraltang
(*Fucus spiralis*)

BEISPIELE FÜR ALGEN

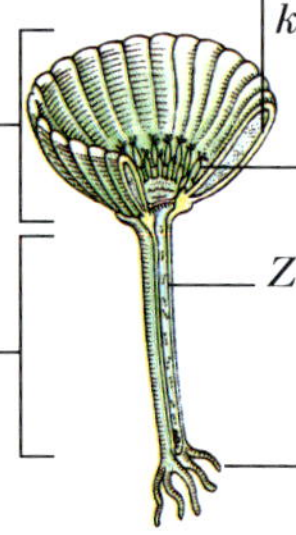

Grünalge
(*Acetabularia sp.*)

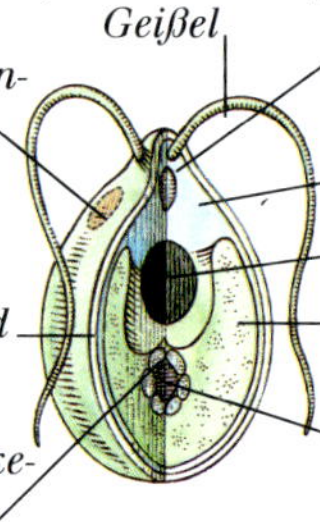

Grünalge
(*Chlamydomonas sp.*)

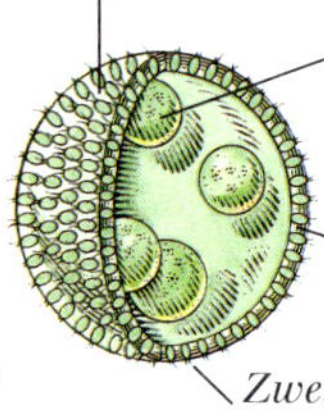

Grünalge
(*Volvox sp.*)

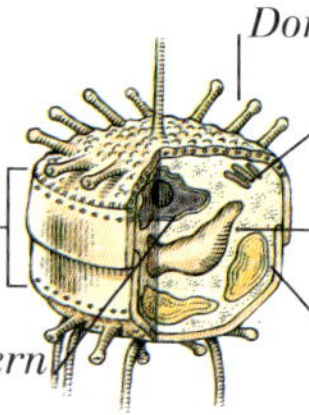

Kieselalge
(*Thalassiosira sp.*)

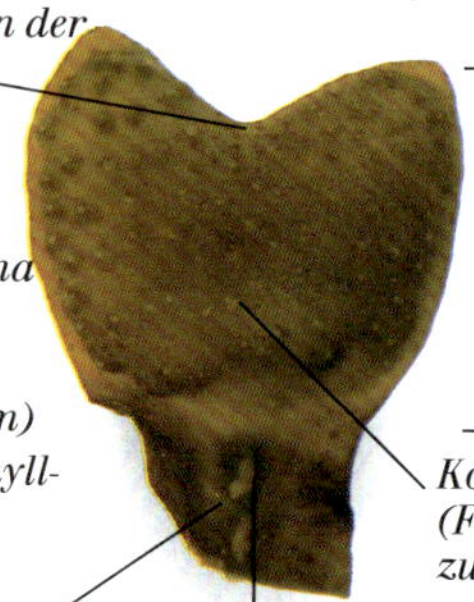

Rezeptakel
Spiraltang
(*Fucus spiralis*)

BRAUNALGE
Fingertang
(*Laminaria digitata*)

GRÜNALGE
(Enteromorpha linza)

ROTALGE
(Corallina officinalis)

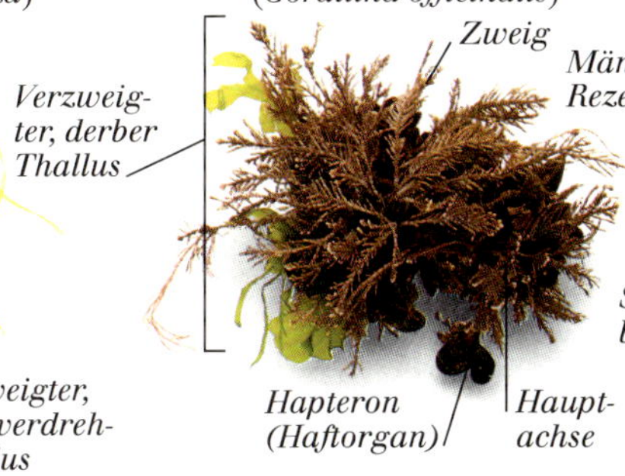

ENTWICKLUNG EINER BRAUNALGE
Blasentang
(Fucus vesiculosus)

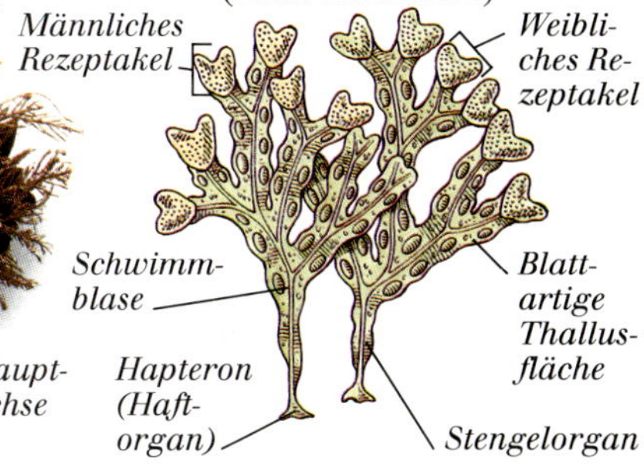

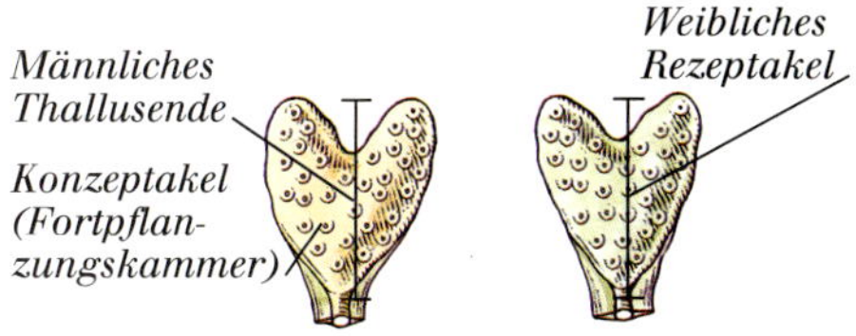

Männliche und weibliche Rezeptakel

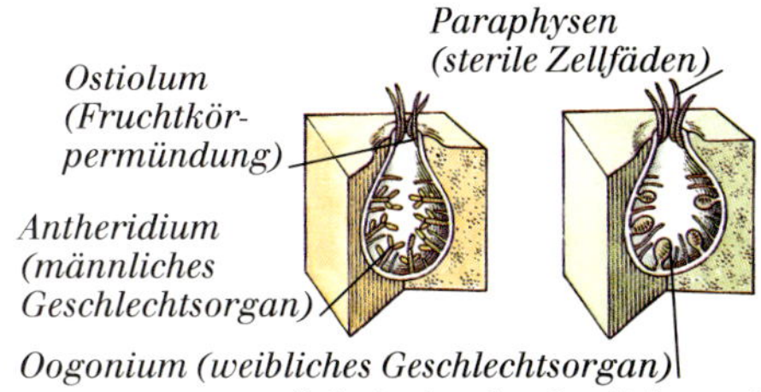

Schnitt durch männliche und weibliche Konzeptakel

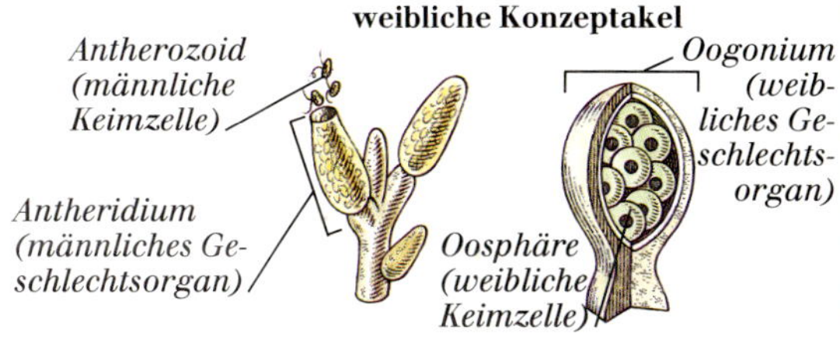

Bildung der Keimzellen

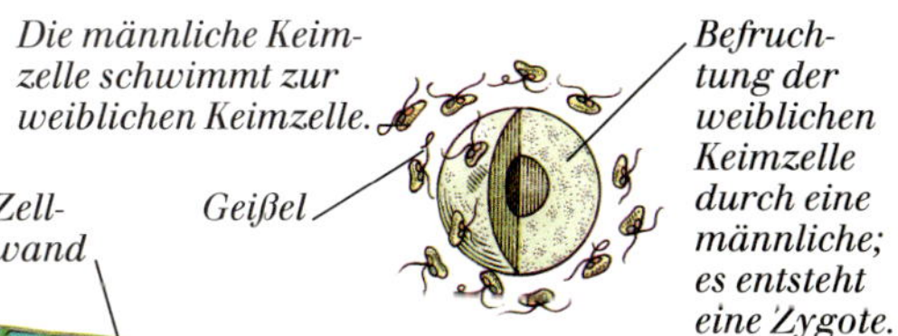

Befruchtung

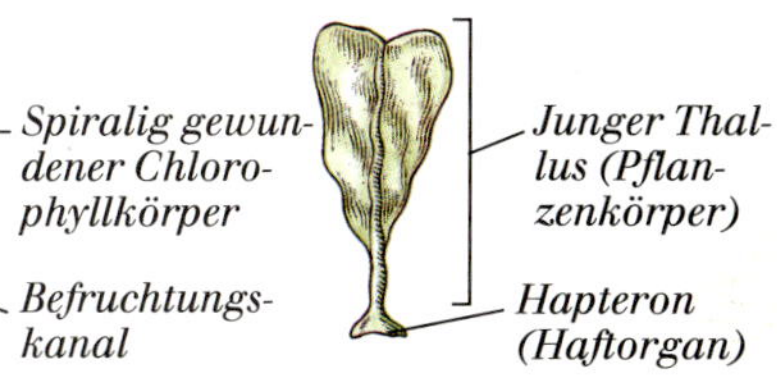

Aus Zygote entwickelter junger Tang

MEERESROTALGE
(Dilsea carnosa)

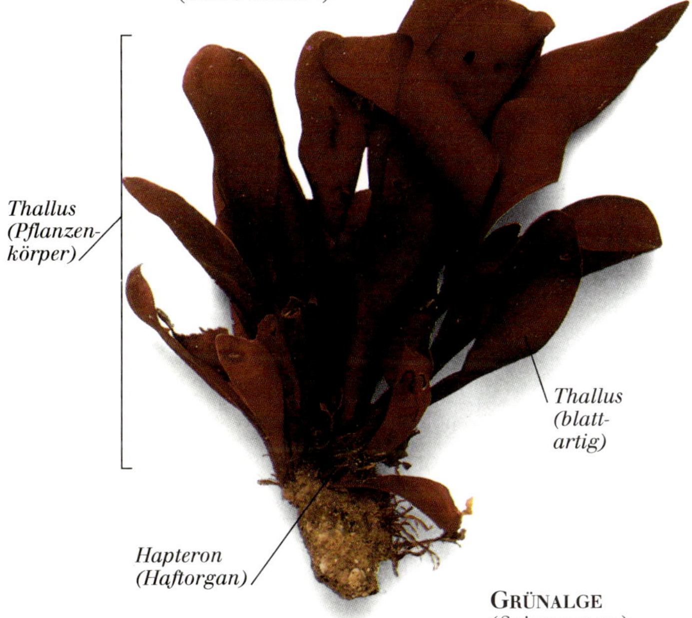

GRÜNALGE
(Spirogyra sp.)

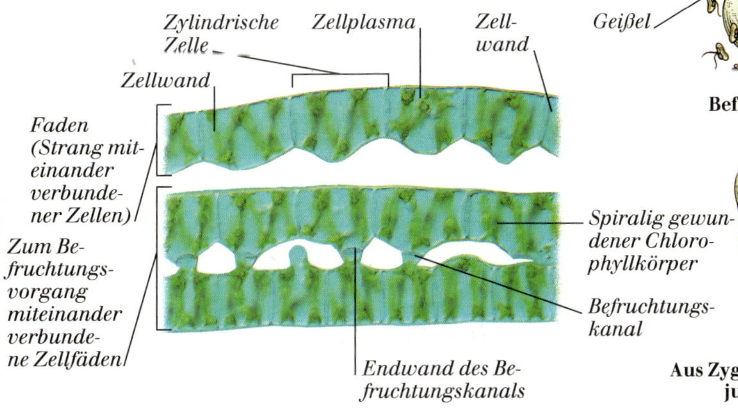

Leber- und Laubmoose

Die Leber- und Laubmoose sind kleine, niederliegende Pflanzen, die zur Abteilung Bryophytha gehören. Die Moose besitzen weder einen richtigen Sproß noch eigentliche Blätter oder Wurzeln (sie sind mit Rhizoiden im Untergrund verankert). Ebenfalls fehlen ein Leitgewebe (Xylem und Phloem), das bei höheren Pflanzen dem Wasser- und Nährstofftransport dient, sowie eine Kutikula, die sie vor dem Austrocknen bewahrt. Deswegen wachsen viele Moose in feuchten Lebensräumen. Die Entwicklung verläuft in zwei Phasen: Zunächst bildet die Moospflanze (Gametophyt) männliche und weibliche Keimzellen (Gameten), die zu einer Zygote verschmelzen. Danach entwickelt sich aus der Zygote die Sporenpflanze (Sporophyt), welche mit dem Gametophyten verbunden bleibt. Die Sporenpflanze bildet Sporen, die zu neuen Moospflanzen heranwachsen. Die Lebermoose (Klasse Hepaticae) wachsen waagerecht und können thallös (flach und bandartig) oder beblättert sein. Die Laubmoose (Klasse Musci) besitzen meist ein aufrechtes Stämmchen mit spiralig angeordneten Blättchen.

BEBLÄTTERTES LEBERMOOS
Scapania undulata

THALLÖSES LEBERMOOS
Marchantia polymorpha

Brutbecher

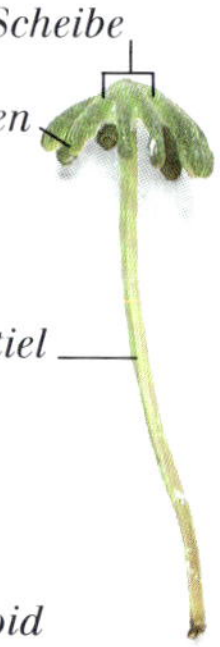

Seitenansicht eines weiblichen Gametangienstandes

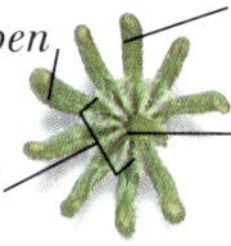

Weiblicher Gametangienstand von unten

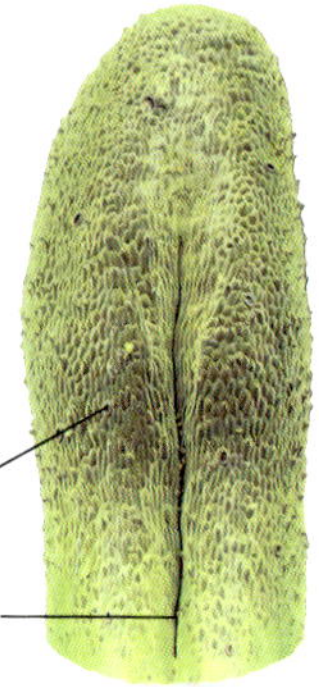

Mikrofoto eines Lappens

Weibliche Moospflanze

MIKROFOTO DES THALLUS
Conocephalum conicum

GOLDENES FRAUENHAARMOOS
Polytrichum commune

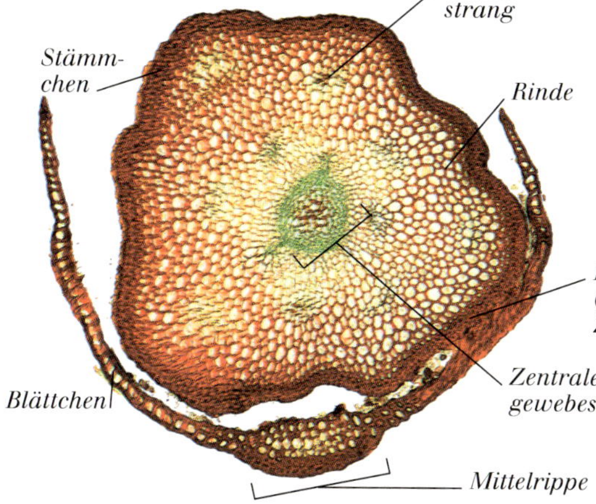

Mikro-Aufnahme eines Querschnitts durch Stämmchen und Blättchen

MIKROSKOPISCHE AUFNAHME EINER MOOSSPORE (*Funaria hygrometrica*)

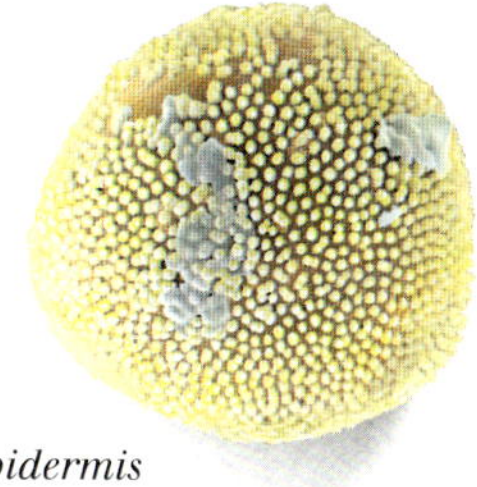

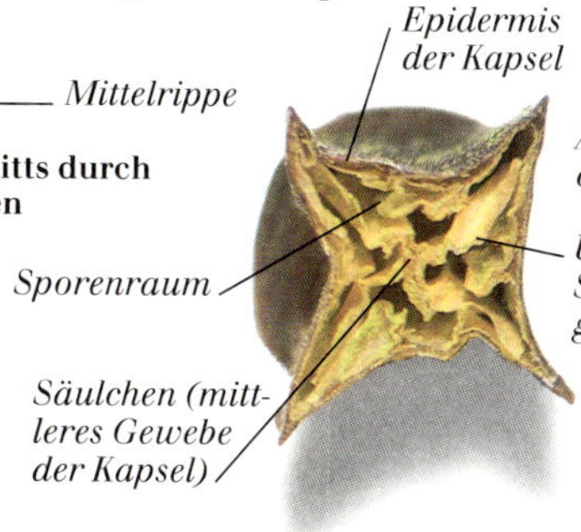

Querschnitt durch eine Kapsel

Laubmoos

ENTWICKLUNG EINES LAUBMOOSES *Funaria sp.*

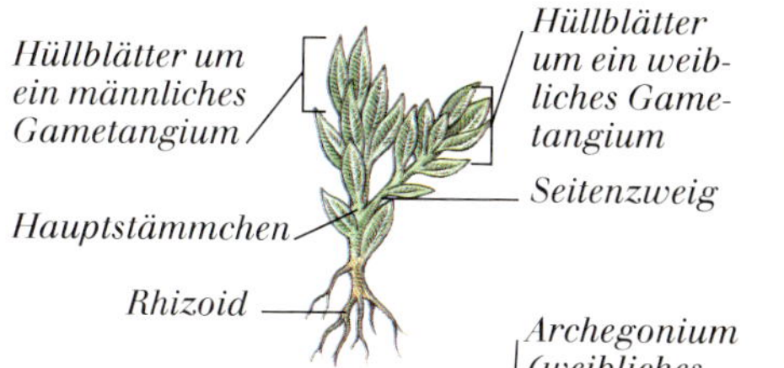

Moospflanze

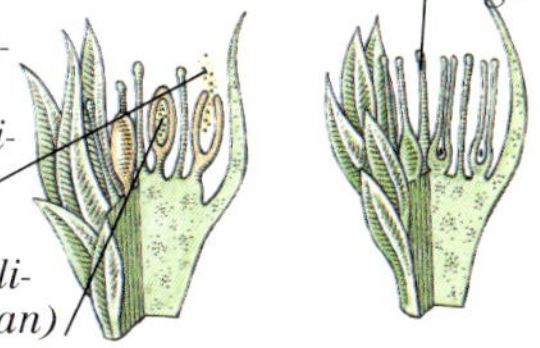

Schnitt männliche Stämmchenspitze

Schnitt weibliche Stämmchenspitze

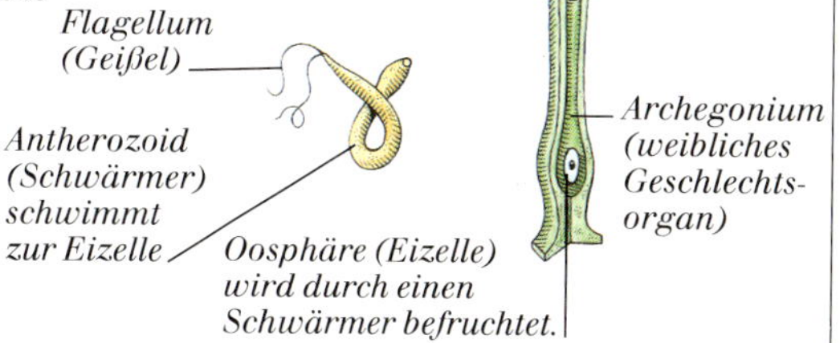

Befruchtung

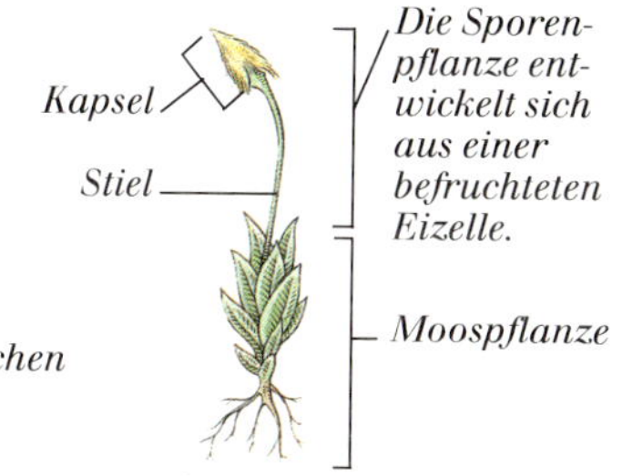

Sporophyt

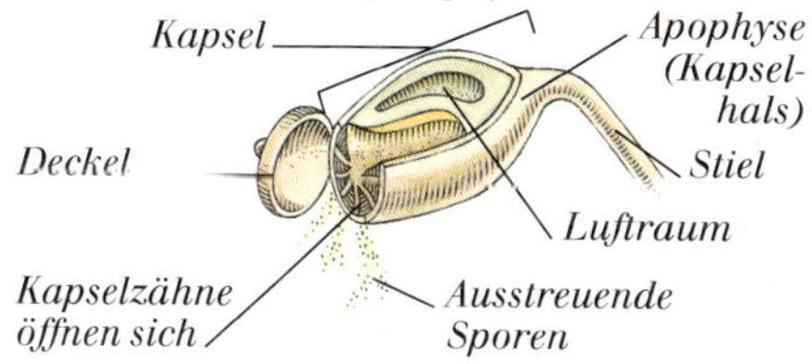

Reife Kapsel

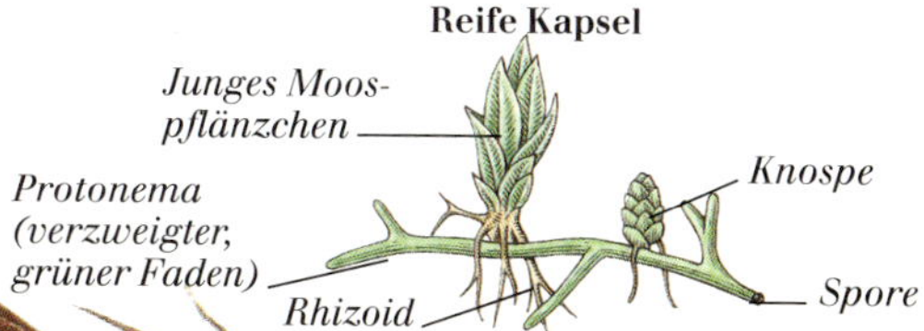

Junges Moospflänzchen

Schachtelhalme, Bärlappe, Farne

WEDEL
Wurmfarn
(*Dryopteris filix-mas*)

Schachtelhalme, Bärlappe, Moosfarne und Farne sind primitive Landpflanzen. Wie auch die höheren Pflanzen besitzen sie Sprosse, Wurzeln und Blätter sowie Leitgewebe, die Wasser, Mineral- und Nährstoffe transportieren. Im Gegensatz zu den höheren Pflanzen bilden sie aber bei der Fortpflanzung keine Samen. Ihre Entwicklung verläuft in zwei Phasen: Zunächst produziert die Sporenpflanze in Sporangien Sporen. Danach wachsen die Sporen zu kurzlebigen Gametophyten heran, welche männliche und weibliche Gameten (Keimzellen) bilden. Die Gameten verschmelzen zu einer Zygote, aus der sich ein neuer Sporophyt entwickelt. Die Schachtelhalmgewächse (Abteilung Sphenophyta) haben grüne, aufrecht wachsende Sprosse mit quirlig angeordneten Zweigen. Einige der Sprosse sind fertil und bilden einen Sporophyllstand (Gruppe von Sporangien) an ihrer Spitze aus. Die Bärlappgewächse (Abteilung Lycopodophyta) verfügen gewöhnlich über kleine, schraubig um den Sproß angeordnete Blätter, die mit Sporophyllständen an den Spitzen einiger Sprosse ausgestattet sind. Die Farne (Abteilung Filicophyta) haben meistens große, gefiederte Wedel. Auf der Unterseite von fertilen Wedeln entwickeln sich die zu Sori gehäuften Sporangien.

BÄRLAPP
Lycopodium sp.

MOOSFARN
Selaginella sp.

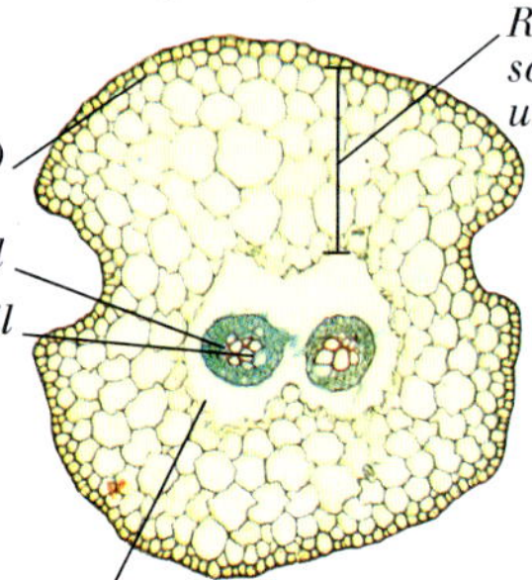

Mikro-Aufnahme eines Moosfarnsproßquerschnitts

SCHACHTELHALM
Ackerschachtelhalm
(*Equisetum arvense*)

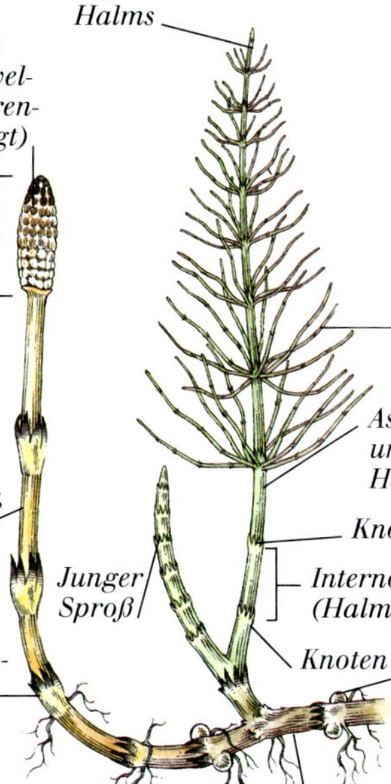

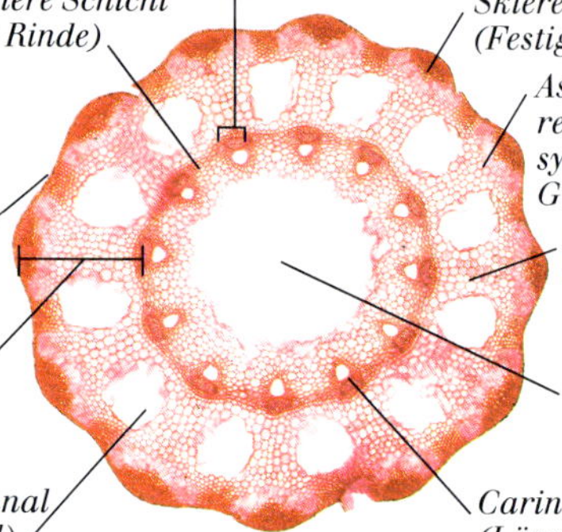

Mikro-Aufnahme eines Schachtelhalmquerschnitts

Sporenbildung im Farn

Adlerfarn (*Pteridium aquilinum*)

Mikroskopische Aufnahme der Unterseite einer fertilen Fieder

Mikro-Aufnahme von Sporenkapseln auf der Unterseite eines fertilen Fiederblättchens

Entwicklungszyklus eines Farns

Sporenpflanze

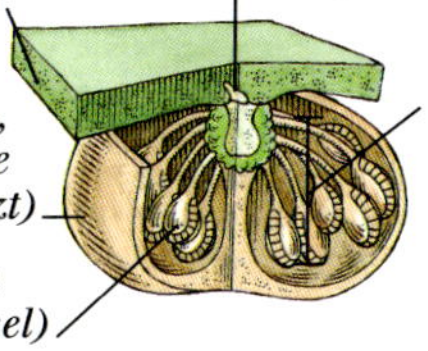

Schnittdarstellung eines ausgewachsenen Wedels

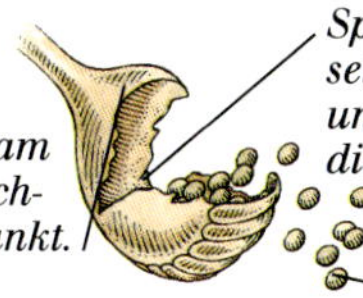

Freisetzung der Sporen aus dem Sporenbehälter

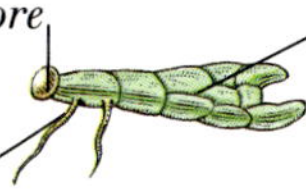

Keimung der Spore

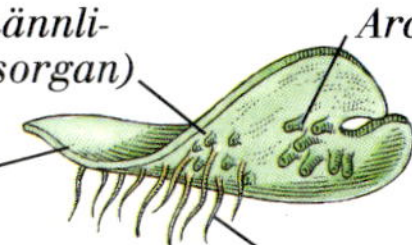

Prothallium (Vorkeim) bildet Keimzellen

Befruchtung

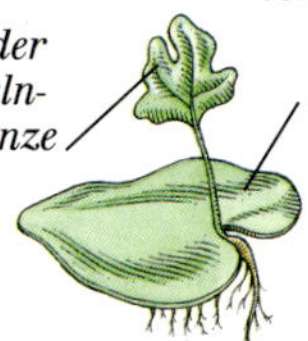

Die befruchtete Eizelle wächst zu einer neuen Farnpflanze heran

Farn

Wurmfarn (*Dryopteris filix-mas*)

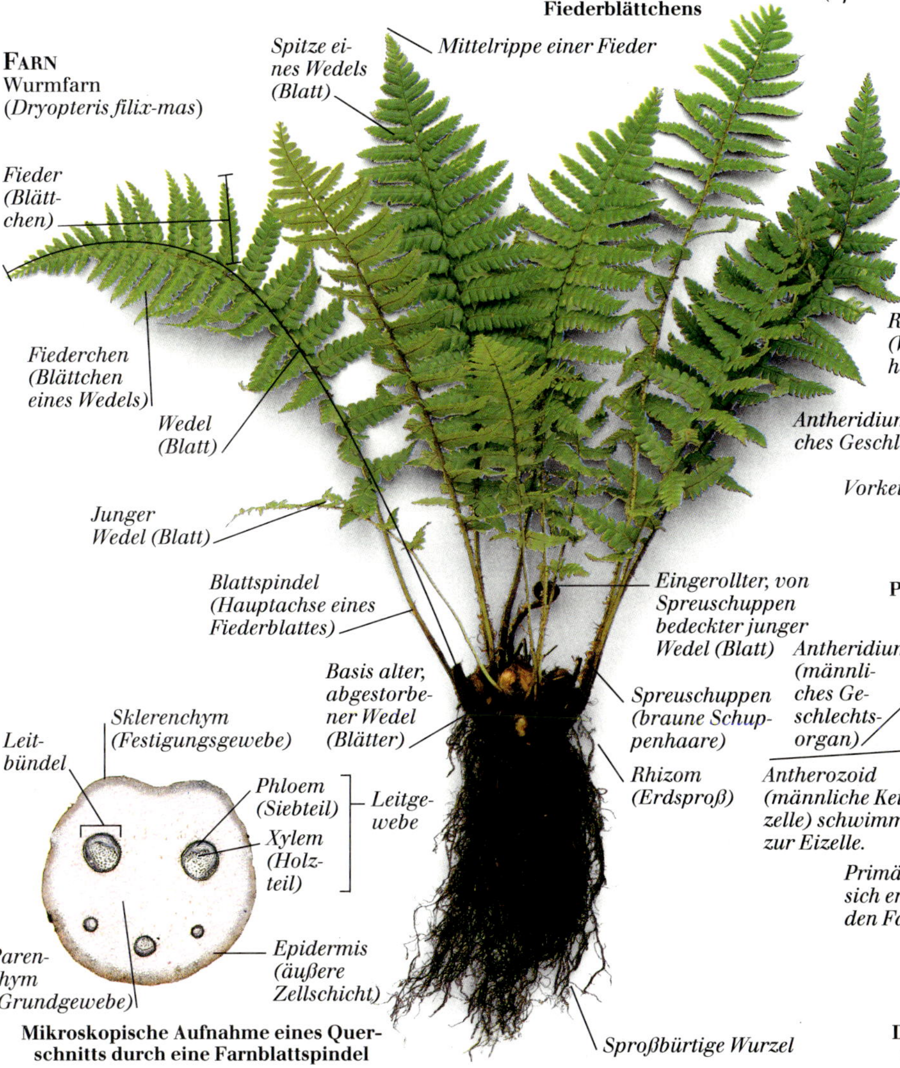

Mikroskopische Aufnahme eines Querschnitts durch eine Farnblattspindel

Nacktsamer 1

Die Gymnospermen umfassen vier verwandte Gruppen samenbildender Pflanzen (Spermatophyta). Im Unterschied zu den Blütenpflanzen fehlt ihren Samen eine schützende, äußere Abdeckung. Vorwiegend sind die Gymnospermen holzige, ausdauernde Sträucher oder Bäume, die mit Sprossen, Blättern und Wurzeln sowie einem hochentwickelten Leitgewebesystem ausgestattet sind. Die Fortpflanzungsorgane der meisten Gymnospermen sind Zapfen. Die männlichen Zapfen bilden Mikrosporen, die weiblichen Megasporen, in denen sich die Gameten entwickeln. Der Wind trägt die Mikrosporen zu den weiblichen Zapfen. Dort verschmelzen die männlichen und weiblichen Keimzellen während der Befruchtung, und ein neuer Same kann entstehen. Die vier Abteilungen der Gymnospermen sind die Nadelhölzer (Coniferophyta), die Palmfarne (Cycadophyta), die Ginkgogewächse (Ginkgophytha) und die Gnetophyten (Gnetophyta). Der Ginkgo oder Fächerblattbaum ist ein großer Baum mit zweilappigen Blättern. Die Gruppe der Gnetophyten ist sehr vielfältig. Neben Sträuchern gehört hierzu auch die waagrecht wachsende Welwitschie.

Entwicklungszyklus der Kiefer
(Pinus sylvestris)

Männlicher Zapfen

Junger weiblicher Zapfen

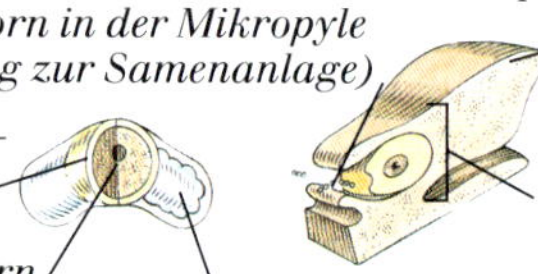

Bestäubung

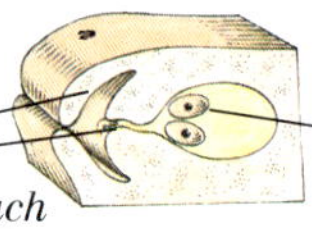

Befruchtung

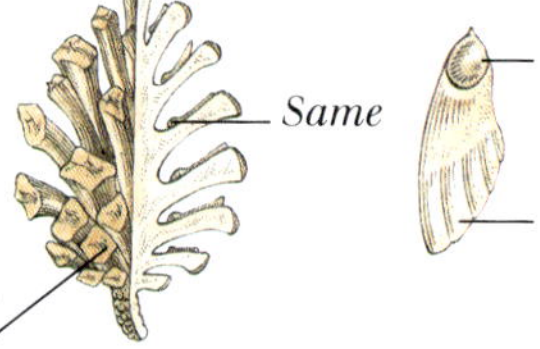

Ausgewachsener weiblicher Zapfen und geflügelter Samen

Keimung eines Kiefernsämlings

Schuppe und Samen
Kiefer
(Pinus sp.)

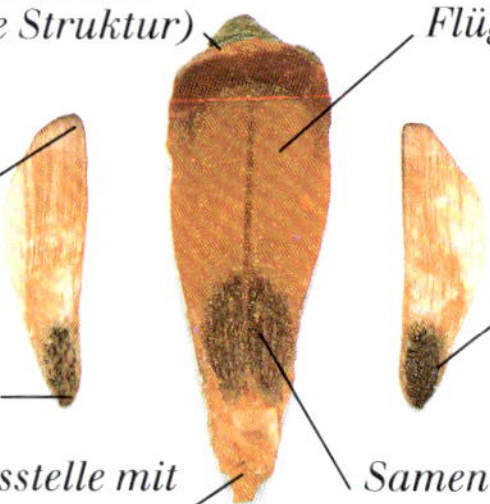

Samenschuppe eines dreijährigen weiblichen Zapfens

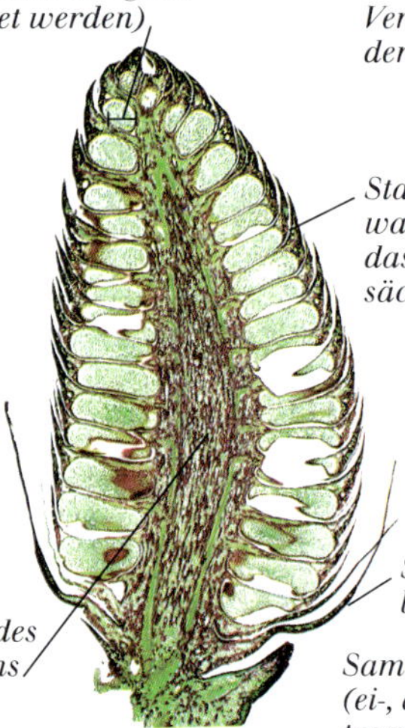

Mikroskopische Aufnahme eines Längsschnitts durch einen jungen männlichen Zapfen

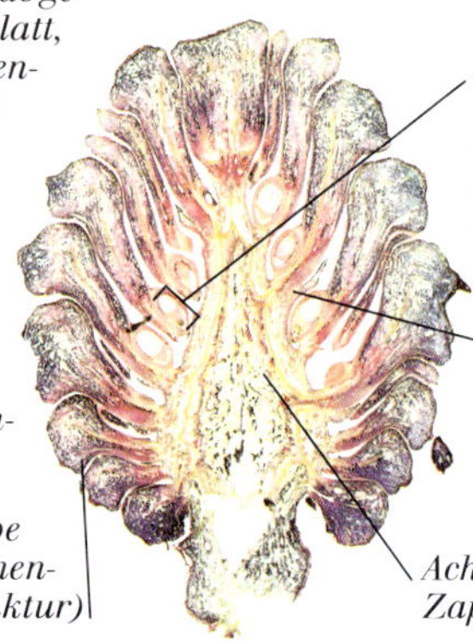

Mikroskopische Aufnahme eines Längsschnitts durch einen zweijährigen weiblichen Zapfens

Welwitschie
(Welwitschia mirabilis)

GLATTE ARIZONA-ZYPRESSE
(*Cupressus glabra*)

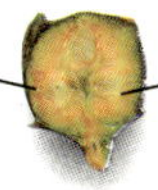

Schnittdarstellung eines jungen Zapfens

Querschnitt durch einen ausgewachsenen Zapfen

Abgefallener Zapfen

EIBE
(*Taxus baccata*)

Weiblicher „Zapfen" in unterschiedlichen Entwicklungsstufen

CYCADEE
Palmfarn
(*Cycas revoluta*)

FÄCHERBLATTBAUM
(*Ginkgo biloba*)

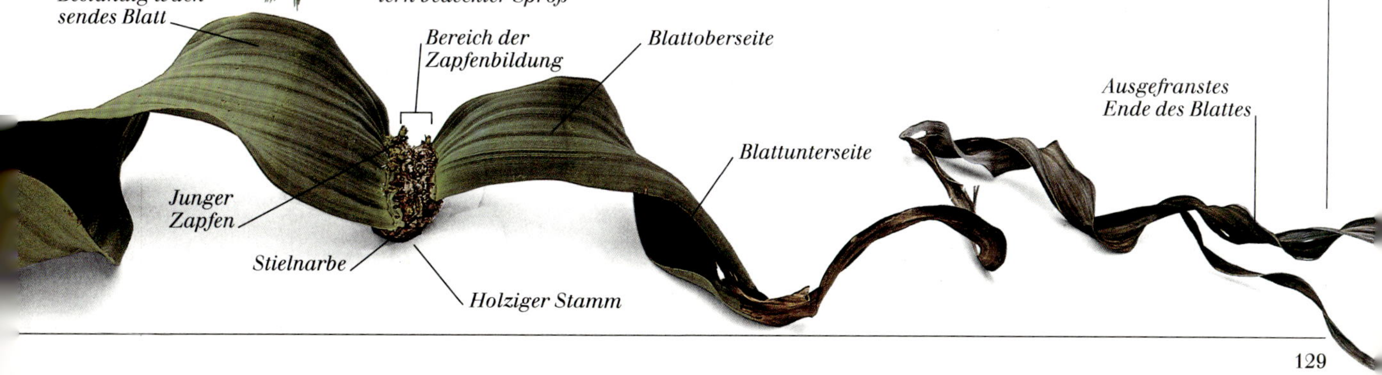

Nacktsamer 2

ZWEIG EINER BISCHOFSKIEFER
(Pinus muricata)

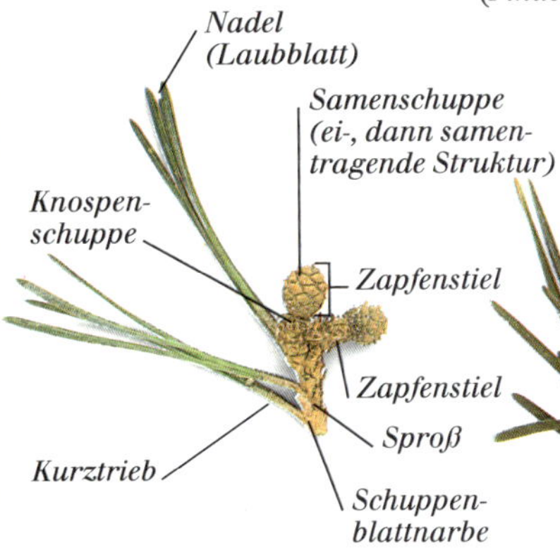

Weiblicher Zapfen (1. Jahr)

Weiblicher Zapfen (3. Jahr)

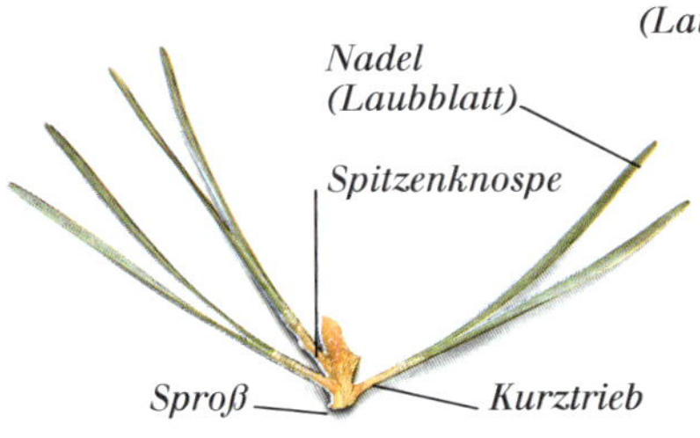

Spitzenbereich eines Zweiges

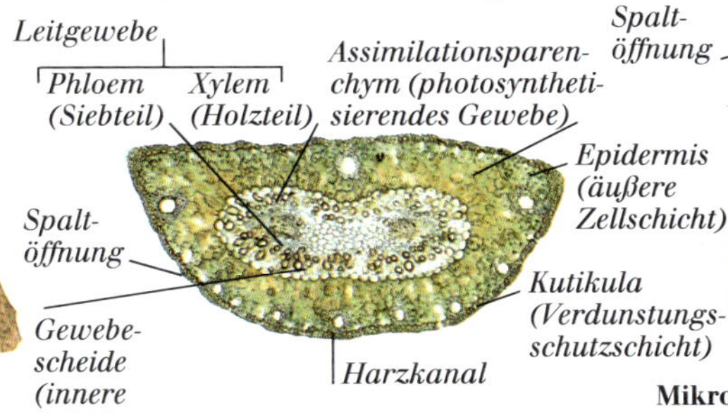

Mikroskopische Aufnahme eines Nadelquerschnitts

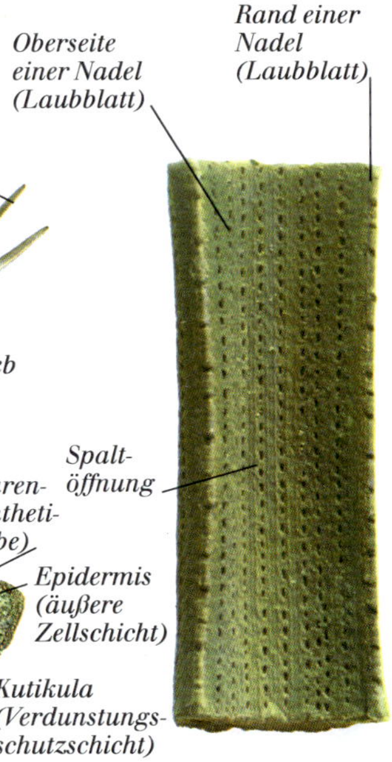

Mikroskopische Aufnahme einer Kiefernnadel *(Pinus sp.)*

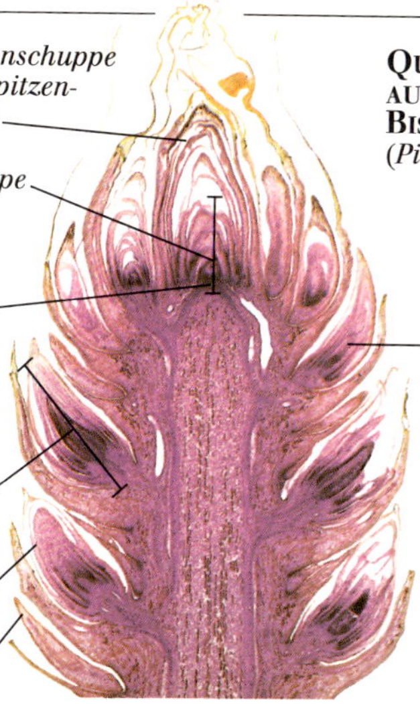

Mikroskopische Aufnahme eines Längsschnitts durch eine Kiefernsproßspitze (*Pinus sp.*)

Querschnitt durch einen ausgewachsenen Stamm der Bischofskiefer (*Pinus muricata*)

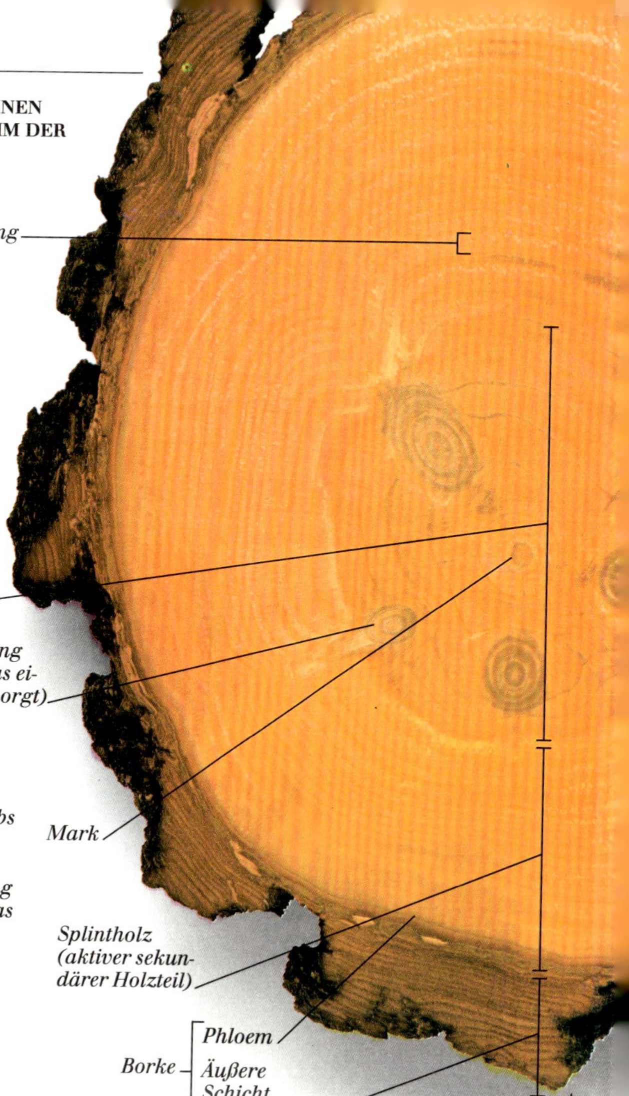

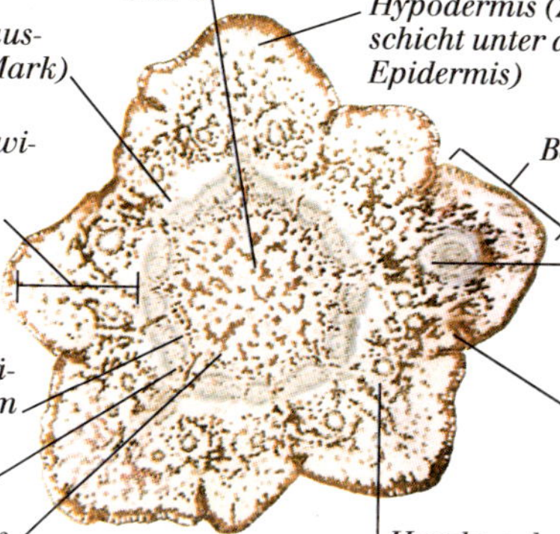

Mikroskopische Aufnahme eines Querschnittes durch einen jungen Kiefernsproß (*Pinus sp.*)

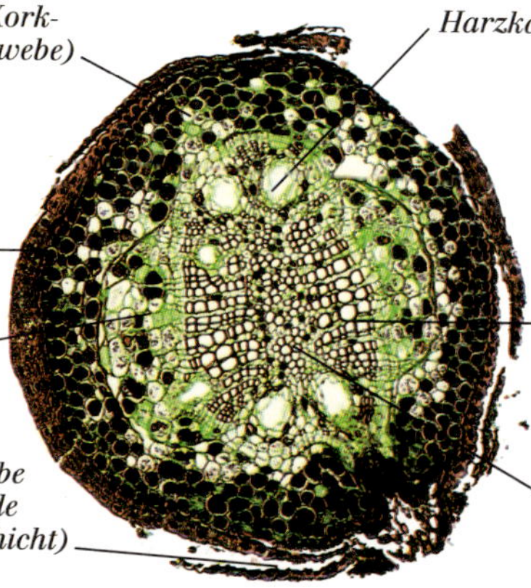

Mikroskopische Aufnahme eines Querschnitts durch eine junge Kiefernwurzel (*Pinus sp.*)

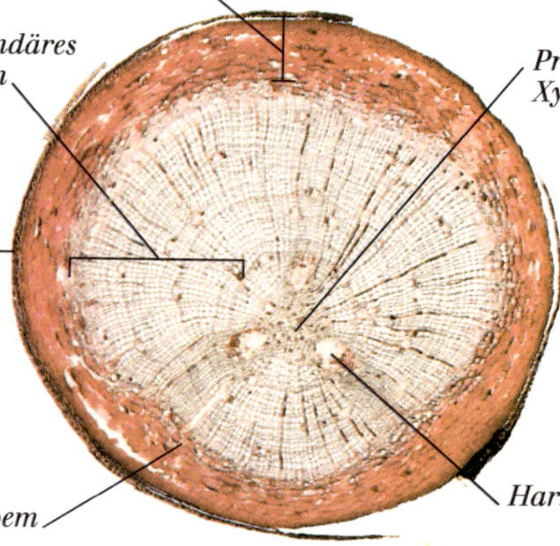

Mikroskopische Aufnahme eines Querschnitts einer ausgewachsenen Kiefernwurzel (*Pinus sp.*)

Einkeimblättrige und Zweikeimblättrige

Die Blütenpflanzen (Unterabteilung Angiospermae) werden in zwei Klassen eingeteilt: die einkeimblättrigen (Monocotyledoneae) und die zweikeimblättrigen (Dicotyledoneae) Pflanzen. Die Keimlinge der monokotylen Pflanzen haben nur ein Keimblatt. Ihre Blätter sind schmal mit einer parallelen Nervatur. Alle Teile der Blüten kommen in Vielfachen von drei vor. Die Kron- und Kelchblätter sind gleichartig und werden Perigonblätter genannt. Die Leitbündel sind über den ganzen Sproß verteilt. Diese Pflanzen sind meistens krautig, da es ihnen an Sproßkambium mangelt. Die Keimlinge der dikotylen Pflanzen besitzen hingegen zwei Keimblätter. Ihre breiten Blätter haben eine zentrale Mittelrippe und verzweigte Adern. Die Zahl der Blütenteile ist immer ein Vielfaches von fünf oder vier. Im allgemeinen sind die Kelchblätter klein und grün, die Kronblätter dagegen groß und farbenfroh. Die Leitbündel sind ringförmig am Rand des Sprosses angeordnet. Viele dikotyle Pflanzen besitzen auch holzbildendes Sproßkambium, so daß holzige wie auch krautige Formen auftreten.

Schnitt durch die Blattbasis einer monokotylen Pflanze

Vergleich zwischen ein- und zweikeimblättrigen Pflanzen

Eine einkeimblättrige Pflanze
Kentiapalme (*Howea forsteriana*)

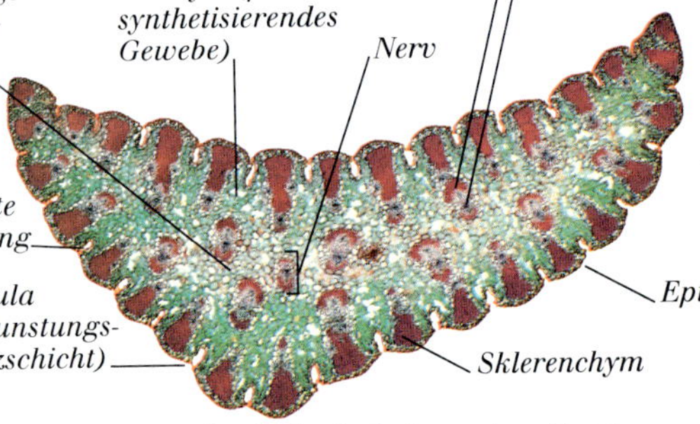

Mikroskopische Aufnahme eines Querschnitts durch ein Monokotylenblatt
Yucca (*Yucca sp.*)

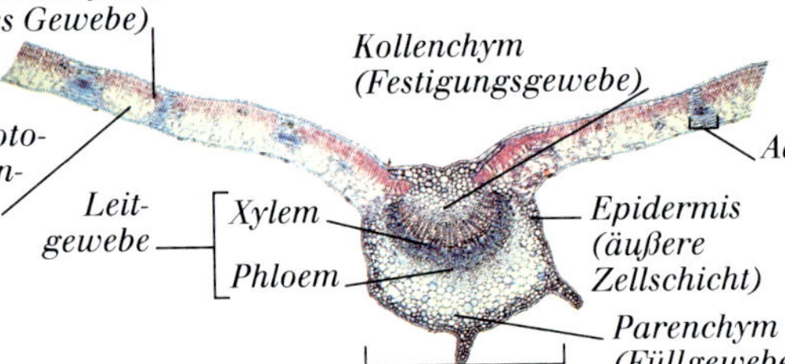

Mikroskopische Aufnahme eines Querschnitts durch ein Dikotylenblatt
Apfel (*Malus sp.*)

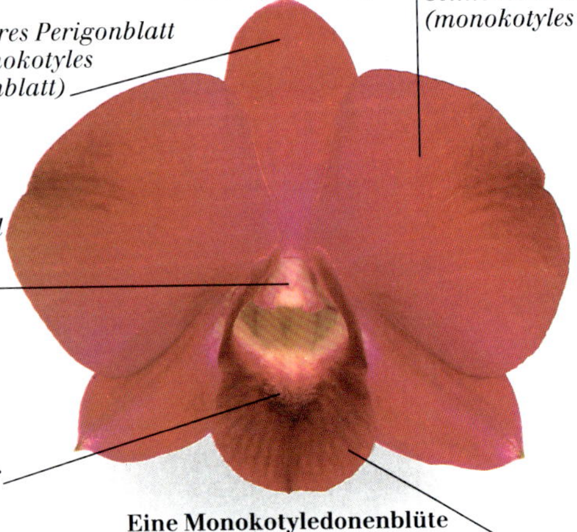

Eine Monokotyledonenblüte
Nachtfalter-Orchidee
(*Phalaenopsis sp.*)

Eine Dikotyledonenblüte
Roseneibisch
(*Hibiscus rosa-sinensis*)

Monokotyle Blattscheiden bilden den Sproß
Hanfpalme (*Trachycarpus fortunei*)

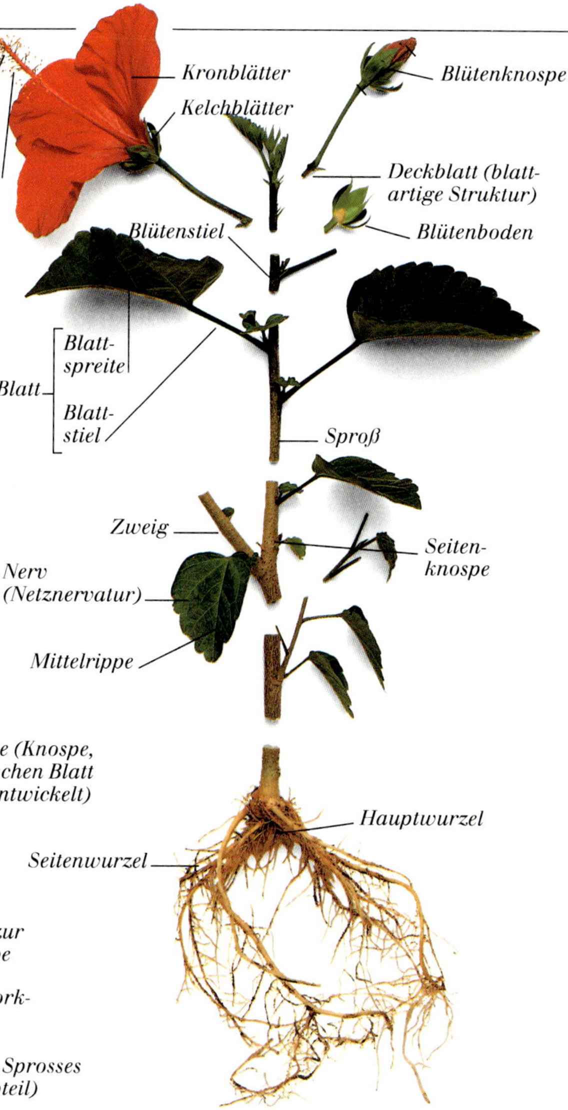

Eine Dikotyledone
Roseneibisch (*Hibiscus rosa-sinensis*)

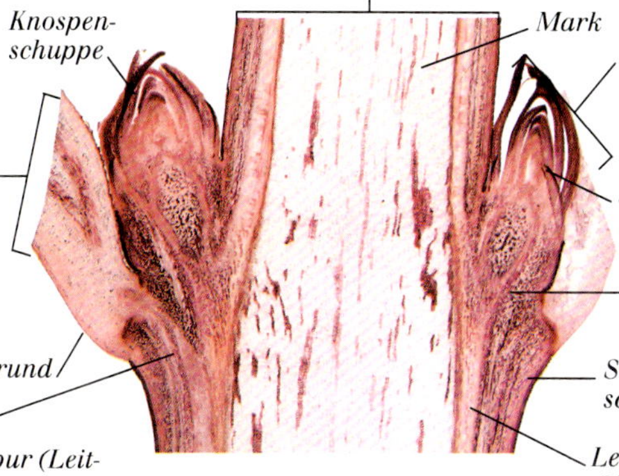

Mikroskopische Aufnahme eines Längsschnitts durch einen holzigen Dikotylenspross
Ahorn (*Acer sp.*)

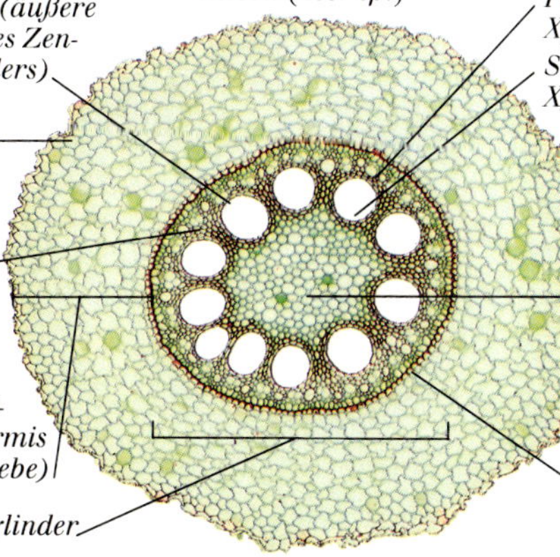

Mikroskopische Aufnahme eines Querschnitts durch eine Monokotyledonenwurzel
Mais (*Zea mays*)

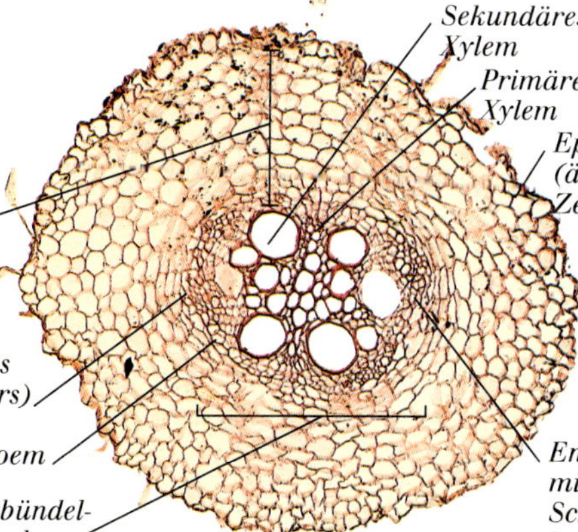

Mikroskopische Aufnahme eines Querschnitts durch eine Dykotyledonenwurzel
Hahnenfuß (*Ranunculus sp.*)

Krautige Blütenpflanzen

Die krautigen Blütenpflanzen zeichnen sich durch grüne, nicht verholzte Sprosse aus. Viele krautige Pflanzen leben nur ein oder zwei Jahre. Die einjährigen Pflanzen (z.B. Wicken) keimen, wachsen und fruchten innerhalb eines Jahres. Die zweijährigen Pflanzen (z.B. Möhren) entwickeln sich aus Samen zu neuen Pflanzen, die Reserven in unterirdischen Speicherorganen anlegen. Im zweiten Jahr bilden sich aus diesen Speicherorganen neue Blätter, Blüten und Früchte. Danach stirbt die Pflanze ab. Einige krautige Pflanzen sind mehrjährig (z.B. Kartoffeln). Jedes Jahr entwickeln sie aus unterirdischen Knollen oder Rhizomen Sprosse und Blüten. Der oberirdische Teil stirbt jährlich ab; die unterirdischen Teile der Pflanze überwintern.

Gartenwicke
(*Lathyrus odoratus*)

Erdbeere
(*Fragaria x ananassa*)

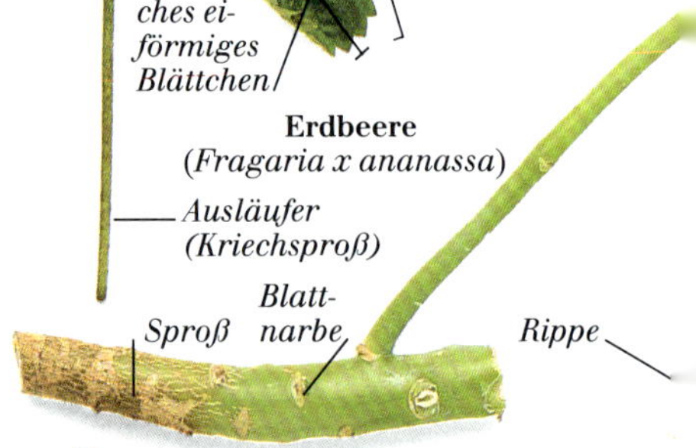

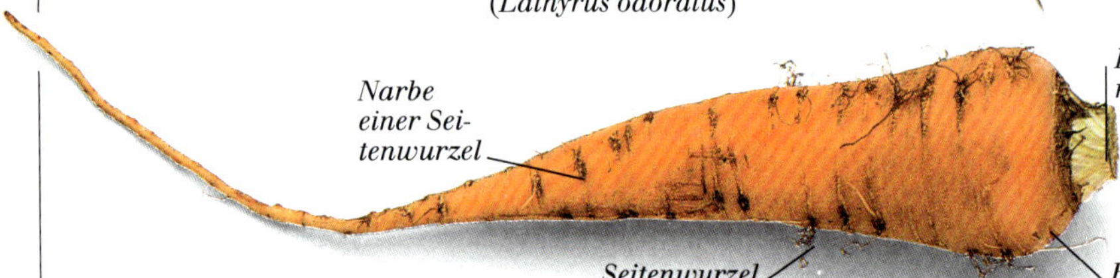

Möhre
(*Daucus carota*)

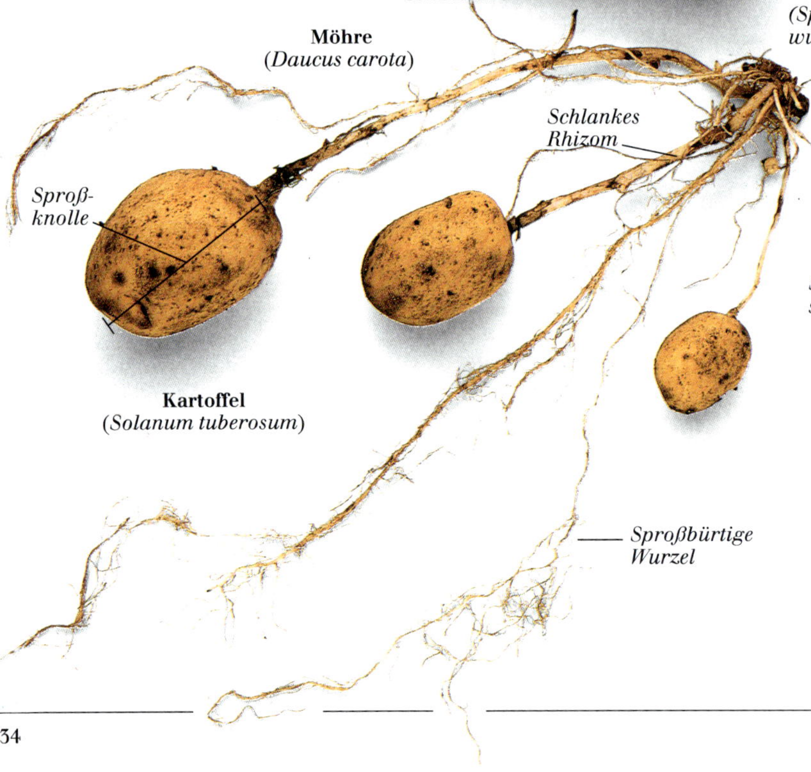

Kartoffel
(*Solanum tuberosum*)

Ockergelbe Fetthenne
(*Sedum rupestre*)

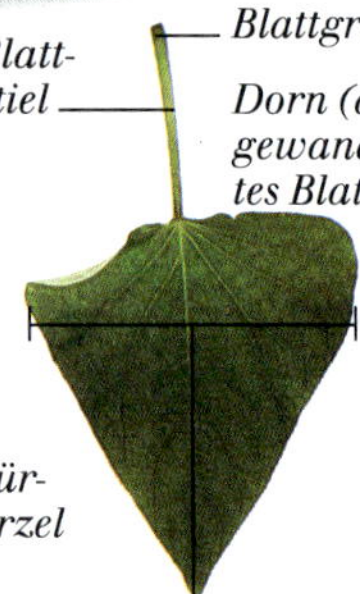

Teile krautiger Blütenpflanzen

Fetthenne
(*Sedum spectabile*)

Gärtnerchrysantheme
(*Chrysanthemum morifolium*)

Säulenkaktus

Begonie
(*Begonia x tuberhybrida*)

Distel
(*Carduus tenuiflorus*)

Lein
(*Linaria sp.*)

Gemeiner Bärenklau
(*Heracleum sphondylium*)

Inkalilie
(*Alstroemeria aurea*)

Breitblättrige Platterbse
(*Lathyrus latifolius*)

Weihnachtskaktus
(*Schlumbergera truncata*)

Holzige Blütenpflanzen

Die holzigen Blütenpflanzen sind mehrjährig. Sie haben zahlreiche kleinere Zweige und einen oder mehrere dauerhafte Äste über der Erde. Die Äste und Zweige besitzen zur Stabilisierung einen verholzten Kern und Leitgewebe, das Wasser und Mineralstoffe transportiert. Außerhalb des Holzkerns befindet sich die rauhe, schützende Borke, die über Lentizellen (winzige Öffnungen) den Gasaustausch gewährleistet. Die holzigen Blütenpflanzen weisen verschiedene Wuchsformen auf: Sträucher mit mehreren Leitästen aus dem Wurzelstock; Büsche, d.h. Sträucher mit dichter Belaubung und Verzweigung, sowie Bäume, die einen einzigen, aufrechten Stamm besitzen, der die Äste trägt. Die sommergrünen Holzpflanzen (z.B. Rosen) werfen ihr Laub jährlich ab und überdauern den Winter unbelaubt. Die immergrünen Holzpflanzen (z.B. Efeu) verlieren ihre Blätter vereinzelt im Laufe der Jahre und sind deshalb das ganze Jahr belaubt.

TEILE HOLZIGER BLÜTENPFLANZEN

Wurzeln

Wurzeln sind die unterirdischen Teile der Pflanze. Sie haben drei wichtige Aufgaben: Sie verankern die Pflanze im Boden und nehmen Wasser und Mineralstoffe aus den Räumen zwischen den Bodenteilchen auf und sind Teil des pflanzlichen Transportsystems. Ihre Aufnahmefähigkeit wird durch feine Wurzelhaare unterstützt. Im Holzteil, dem Xylem, werden Wasser und Mineralstoffe von der Wurzel zum Sproß und zu den Blättern befördert. Im Siebteil, dem Phloem, werden Nährstoffe von den Blättern zu allen Teilen des Wurzelsystems geleitet. Einige Wurzeln dienen auch als Reservespeicher (z.B. Möhren). Die Wurzeln besitzen eine Epidermis, welche die Rinde aus Parenchym und den Leitbündelzylinder umgibt. Dank dieser Anordnung können die Wurzeln den sie umgebenden Boden beim Wachstum verdrängen.

MIKROSKOPISCHE AUFNAHME DER PRIMÄRWURZEL-ENTWICKLUNG
Kohl (*Brassica sp.*)

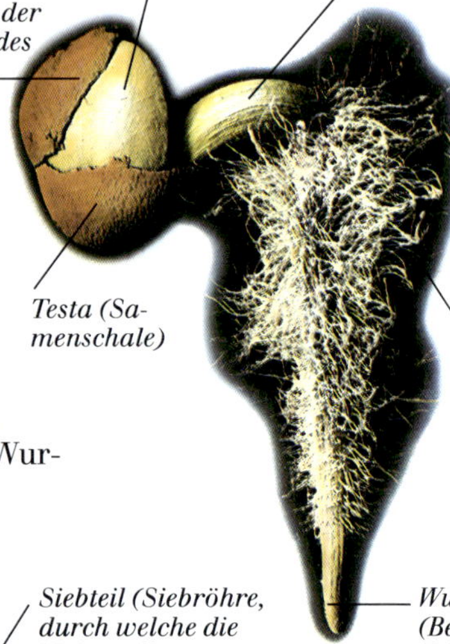

Möhre
(*Daucus carota*)

HAUPTTEILE EINER TYPISCHEN WURZEL
Hahnenfuß
(*Ranunculus sp.*)

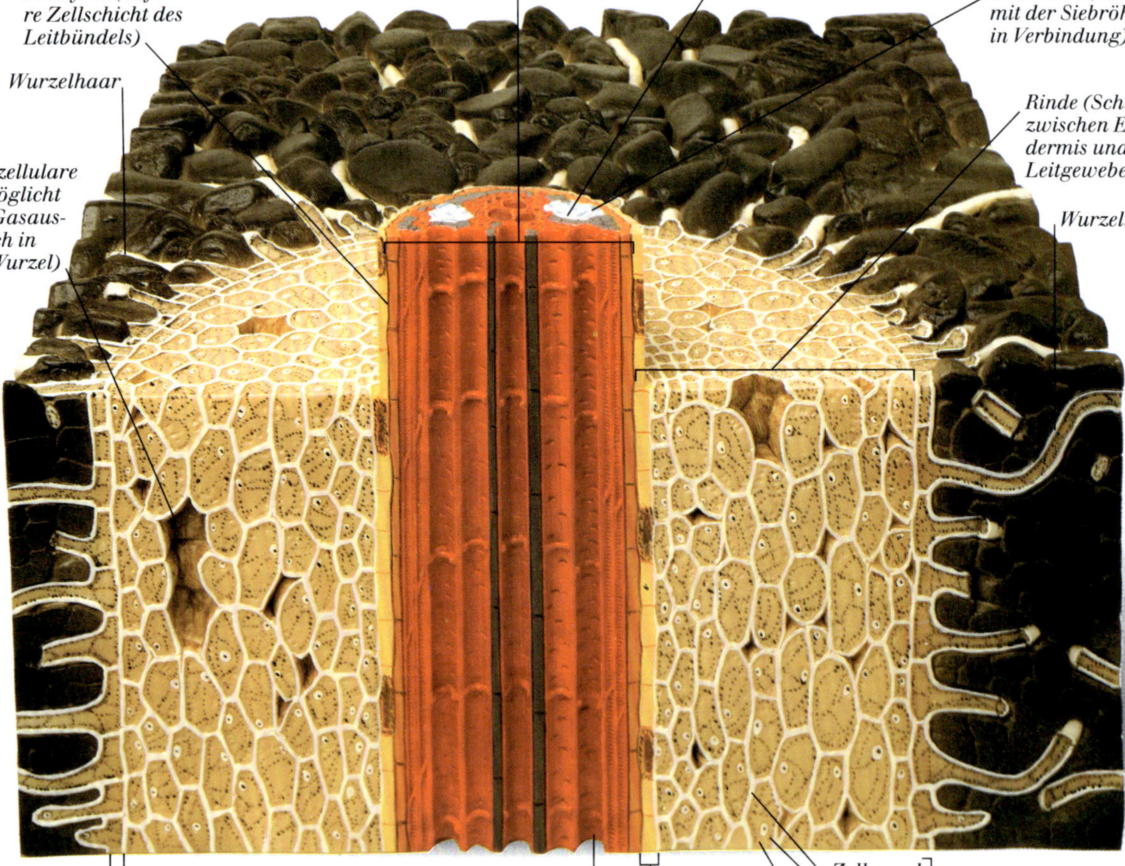

Die Primärwurzel und mikroskopische Aufnahmen von Schnitten durch Wurzeln

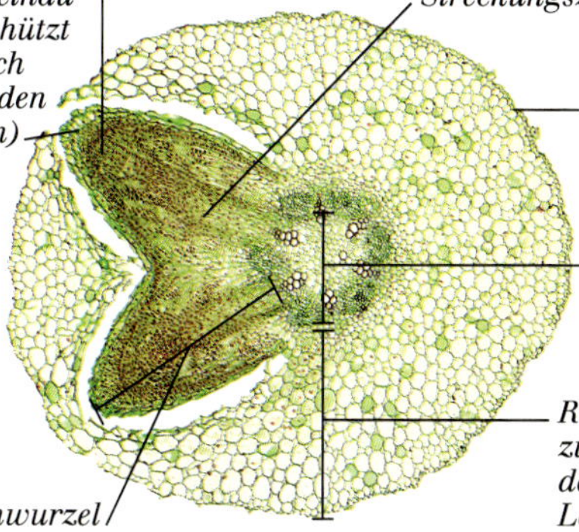

Querschnitt durch die Wurzel der Puffbohne
(*Vicia faba*)

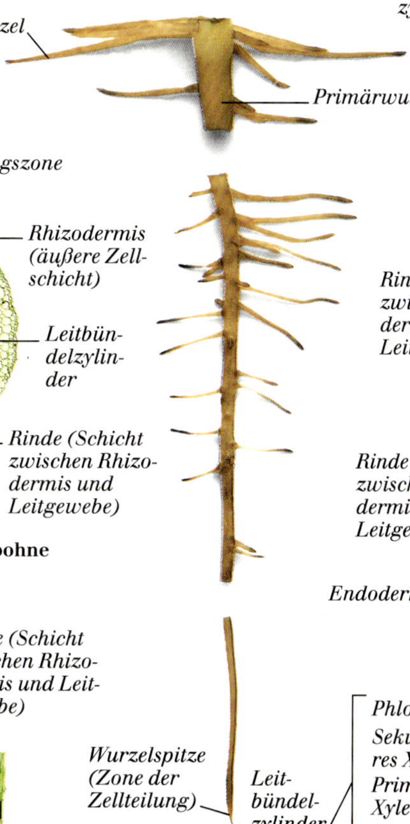

Primärwurzel der Puffbohne
(*Vicia faba*)

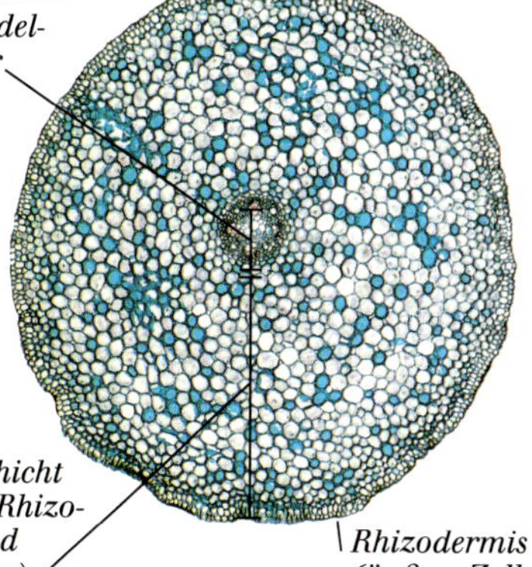

Querschnitt durch eine Wurzel des Hahnenfußes
(*Ranunculus sp.*)

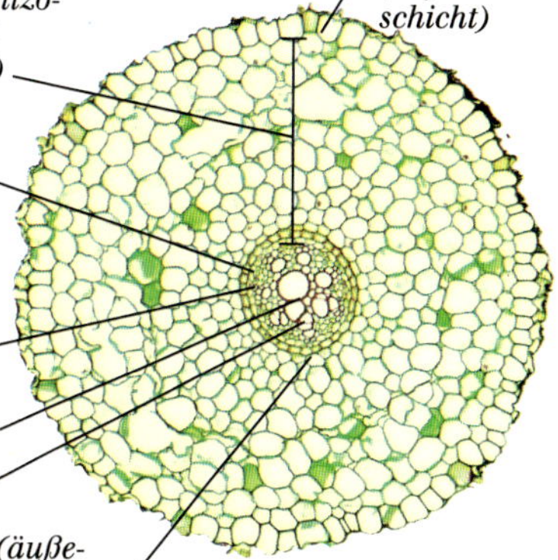

Querschnitt durch die Wurzel der Lilie
(*Lilium sp.*)

Längsschnitt durch die Wurzelspitze der Puffbohne
(*Vicia faba*)

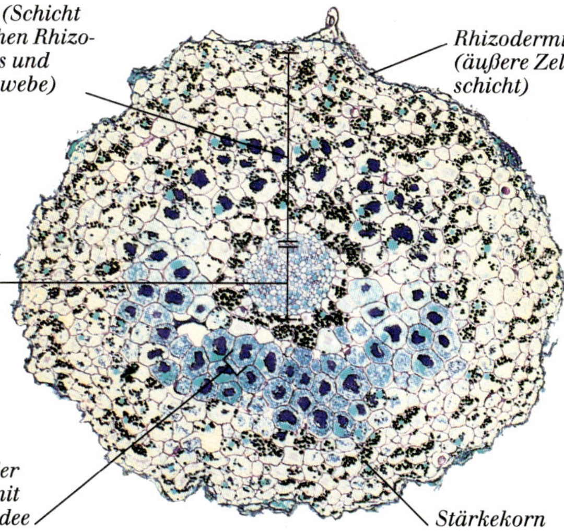

Querschnitt durch die Wurzel einer Orchidee in Symbiose mit einem Pilz

Sprosse

Der Sproß trägt den oberirdischen Teil der Pflanze. An den Sprossen wachsen die Blätter (Photosyntheseorgane) und im Winkel zwischen Blatt und Sproß oder an der Sproßspitze die Knospen und Blüten. Der Sproß stellt einen Teil des pflanzlichen Transportsystems dar. Im Xylem (Holzteil) des Sprosses findet der Wasser- und Mineralstofftransport von den Wurzeln zu den oberirdischen Pflanzenteilen statt. Im Phloem (Siebteil) werden die in den Blättern gebildeten Nährstoffe zu anderen Teilen der Pflanze befördert. Die Sproßgewebe dienen auch der Speicherung von Wasser und Nährstoffen. Krautige (nicht verholzte) Sprosse besitzen eine schützende äußere Epidermis, welche das Grundgewebe, das auch Festigungsgewebe enthält, umgibt. Das Leitgewebe solcher Sprosse ist in Bündeln angeordnet und setzt sich aus dem Xylem und dem Phloem sowie dem Festigungsgewebe zusammen. Verholzte Sprosse sind mit einer schützenden äußeren Schicht aus Borke ausgestattet. Diese ist mit Lentizellen (Öffnungen) durchsetzt, die den Gasaustausch ermöglichen. In der Borke umhüllt ein Ring aus sekundärem Phloem den inneren Kern aus sekundärem Xylem.

Mikroskopische Aufnahme eines Längsschnitts durch eine Sprossspitze
(Coleus sp.)

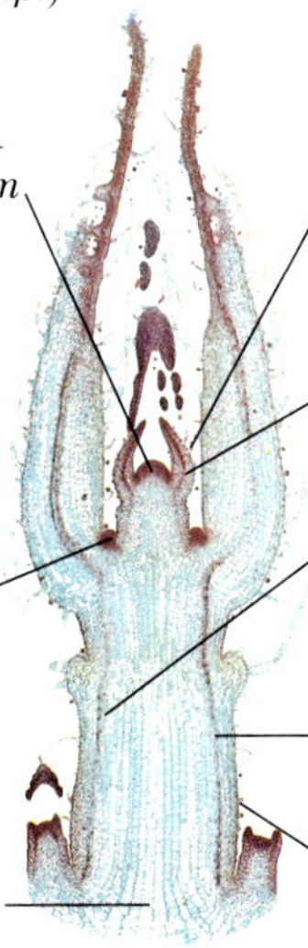

Junger holziger Spross
Linde
(Tilia sp.)

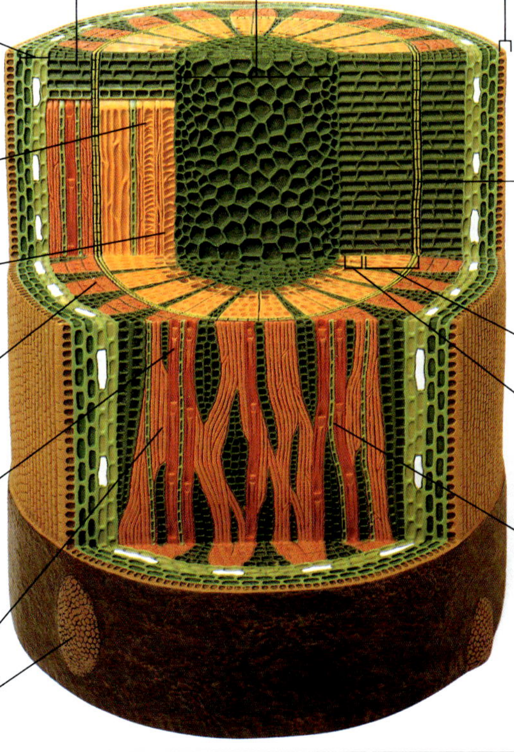

Sich entwickelnde Knospen
Platane
(Platanus x acerifolia)

Mikroskopische Aufnahmen von Querschnitten

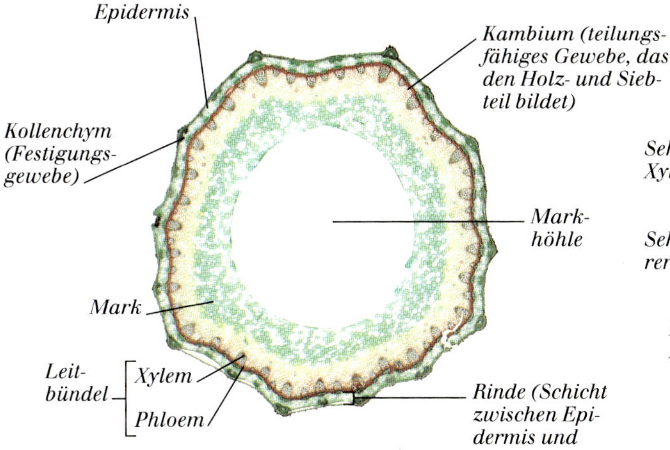

Kerbel
(*Anthriscus sp.*)

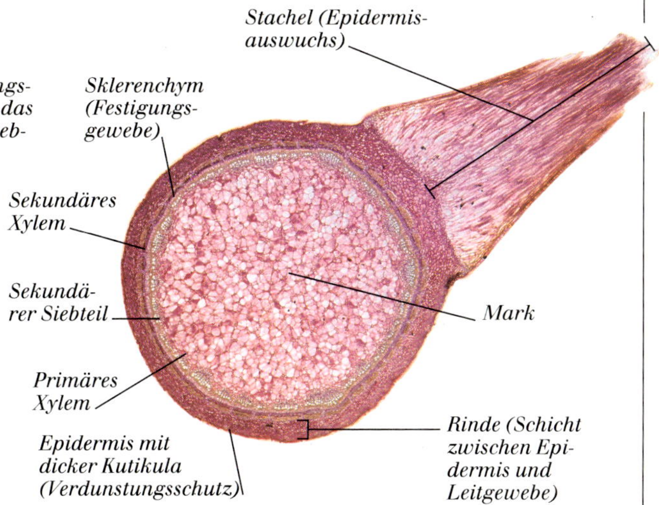

Rose
(*Rosa sp.*)

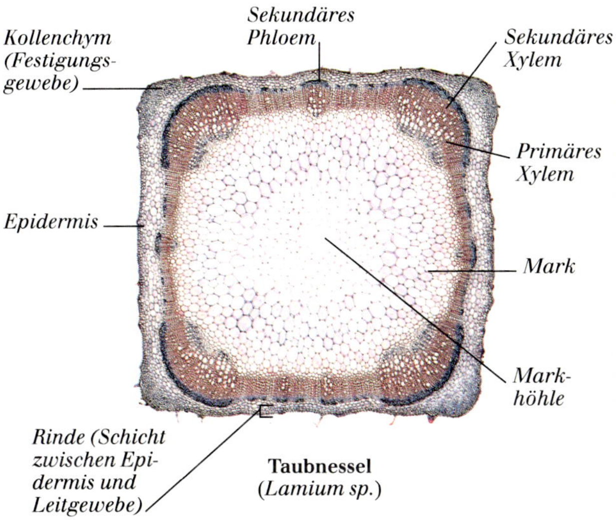

Taubnessel
(*Lamium sp.*)

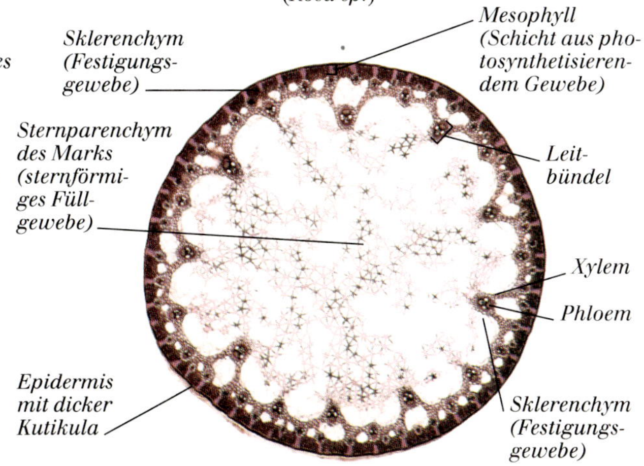

Binse
(*Juncus sp.*)

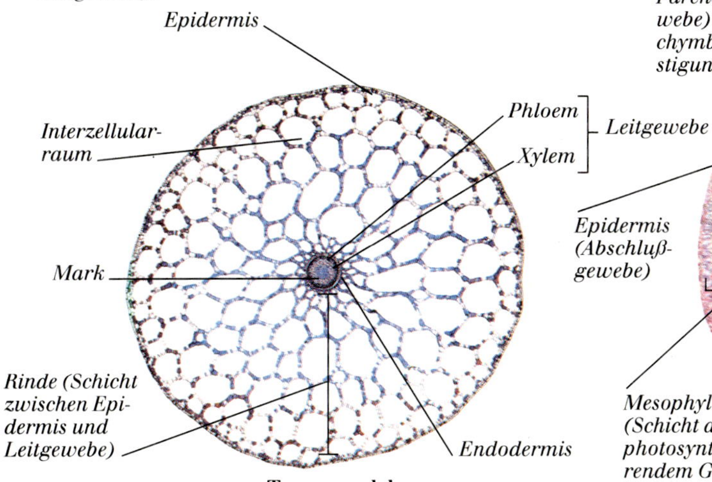

Tannenwedel
(*Hippuris vulgaris*)

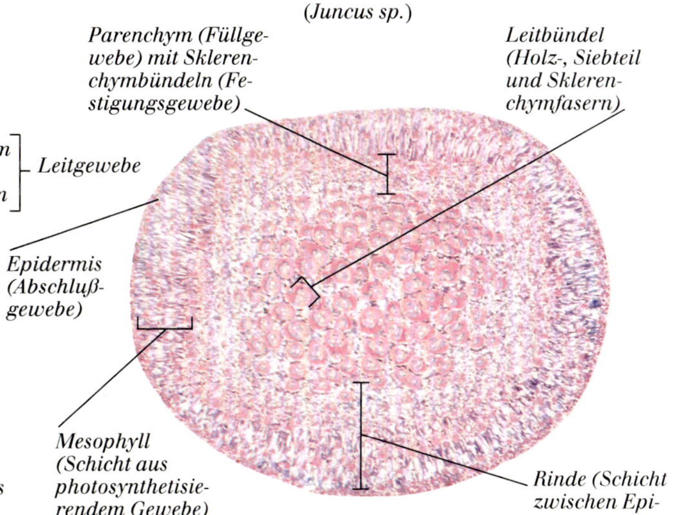

Kokospalme
(*Cocos nucifera*)

Blätter

Präriemalve
(*Sidalcea malviflora*)

Die Blätter sind die Hauptorte der Photosynthese (s.S. 144–145) und der Transpiration (Wasserabgabe durch Verdunstung). Ein typisches Blatt besteht aus einer dünnen, flachen Lamina (Blattspreite), die von einem Netzwerk aus Adern versorgt wird, einem Blattstiel (Petiolus) und dem Blattgrund, der Ansatzstelle des Blattstiels am Sproß. Die Blätter können einfach gebaut (die Blattspreite bildet eine Einheit) oder zusammengesetzt (die Blattspreite ist in getrennte Blättchen geteilt) sein. Zusammengesetzte Blätter sind entweder gefiedert oder gefingert. Fieder setzen an beiden Seiten der Blattspindel (Rhachis) an. Bei gefingerten Blättern gehen die Fieder von einem Punkt des Blattstiels aus. Eine weitere Klassifizierung der Blätter kann auch anhand der Form der Blattspreite und Blattspitze, des Blattrandes und der Blattbasis vorgenommen werden.

Allgemeine Blattmerkmale

Eßkastanie
(*Castanea sativa*)

Einfache Blattformen

Geigenförmig
Wunderstrauch
(*Codiaeum variegatum*)

Lanzettlich
Sanddorn
(*Hippophae rhamnoides*)

Zusammengesetzte Blattformen

Unpaarig gefiedert
Robinie
(*Robinia pseudoacacia*)

Verkehrt eiförmig
Tupelobaum
(*Nyssa sylvatica*)

Rautenförmig
Kaukasischer Efeu
(*Hedera colchica*)

Ellyptisch
Feige
(*Ficus sp.*)

Kreisrund
Kamelie
(*Camellia japonica*)

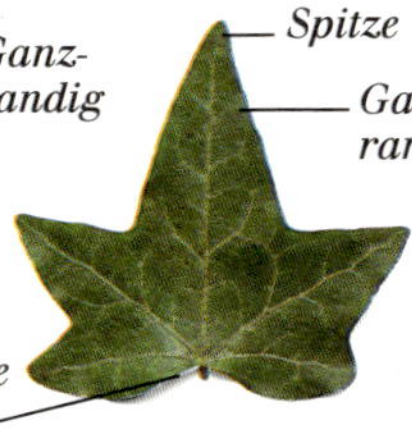

Handförmig gelappt
Gemeiner Efeu
(*Hedera helix*)

Dreieckig
Kaukas. Efeu
(*Hedera colchica*)

Linear
Iris
(*Iris lazica*)

Paarig gefiedert
Schwarznußbaum
(*Juglans nigra*)

Gefingert
Roßkastanie
(*Aesculus parviflora*)

Doppelt gefiedert
Lederhülsenbaum
(*Gleditsia triacanthos*)

Doppelt dreizählig
Waldrebe
(*Clematis sp.*)

Dreizählig
Goldregen
(*Laburnum x watereri*)

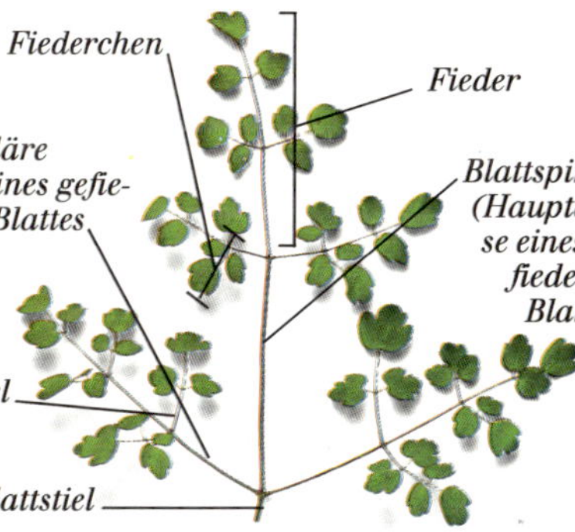

Dreifach gefiedert
Wiesenraute
(*Thalictrum delavayi*)

Photosynthese

Die Photosynthese ist ein Vorgang, bei dem die Pflanze Sonnenenergie in chemische Energie umwandelt. Sie findet in besonderen Strukturen der Blattzellen – den Chloroplasten – statt. Die Chloroplasten enthalten ein grünes Pigment, das Chlorophyll, welches die Sonnenenergie aufnimmt. Mit Hilfe der Energie des Sonnenlichts werden bei der Photosynthese aus Kohlendioxid und Wasser energiereiche Zuckerverbindungen aufgebaut, in denen die für die Pflanzen verfügbare Energie gespeichert ist. Bei diesem Prozeß wird Sauerstoff als Abfallprodukt frei und in die Atmosphäre abgegeben. Die Photosynthese ist die Grundlage für das Leben auf der Erde. Hierbei werden die für die Nahrungskette notwendigen organischen Substanzen und der zum Atmen erforderliche Sauerstoff gebildet. Die Blätter sind die Hauptorte der Photosynthese und haben sich zu diesem Zweck auf vielfältige Weise angepaßt: Flache Blattspreiten bieten eine große Oberfläche zur Lichtaufnahme; die Spaltöffnungen auf der Unterseite gewährleisten den Gasaustausch (Kohlendioxid und Sauerstoff). Ein dichtes Netz von Adern dient der Wasserversorgung sowie dem Transport von Kohlenhydraten in die übrigen Pflanzenteile.

Mikroskopische Aufnahme eines Blattes
Lilie (*Lilium sp.*)

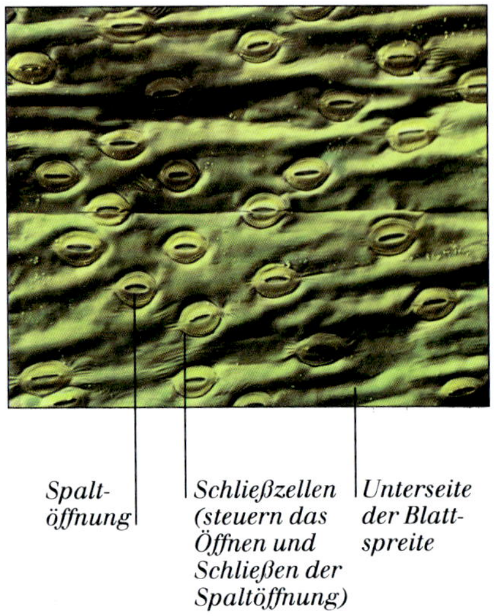

Die Photosynthese

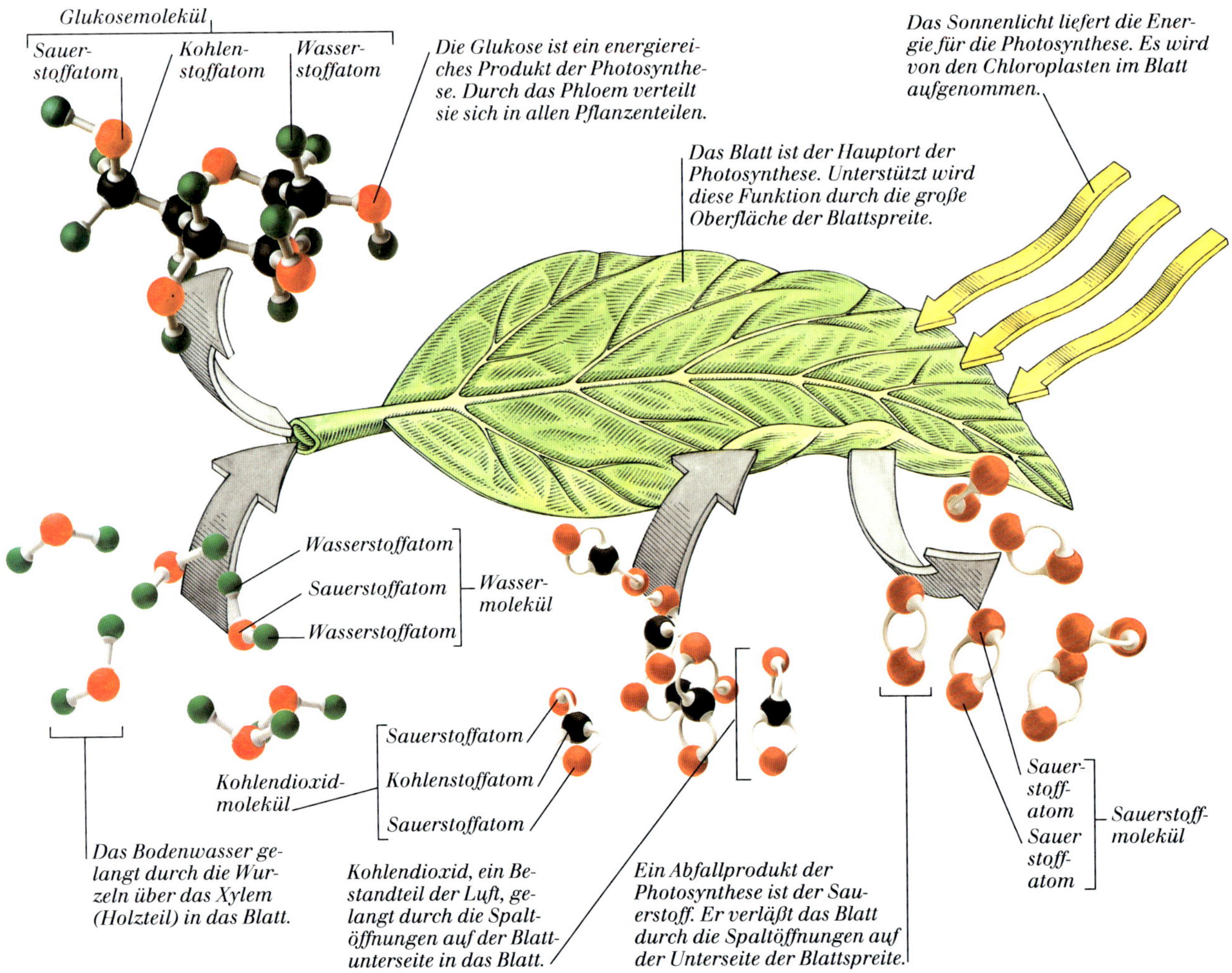

Schnittdarstellung eines Christrosenblattes
(*Helleborus niger*)

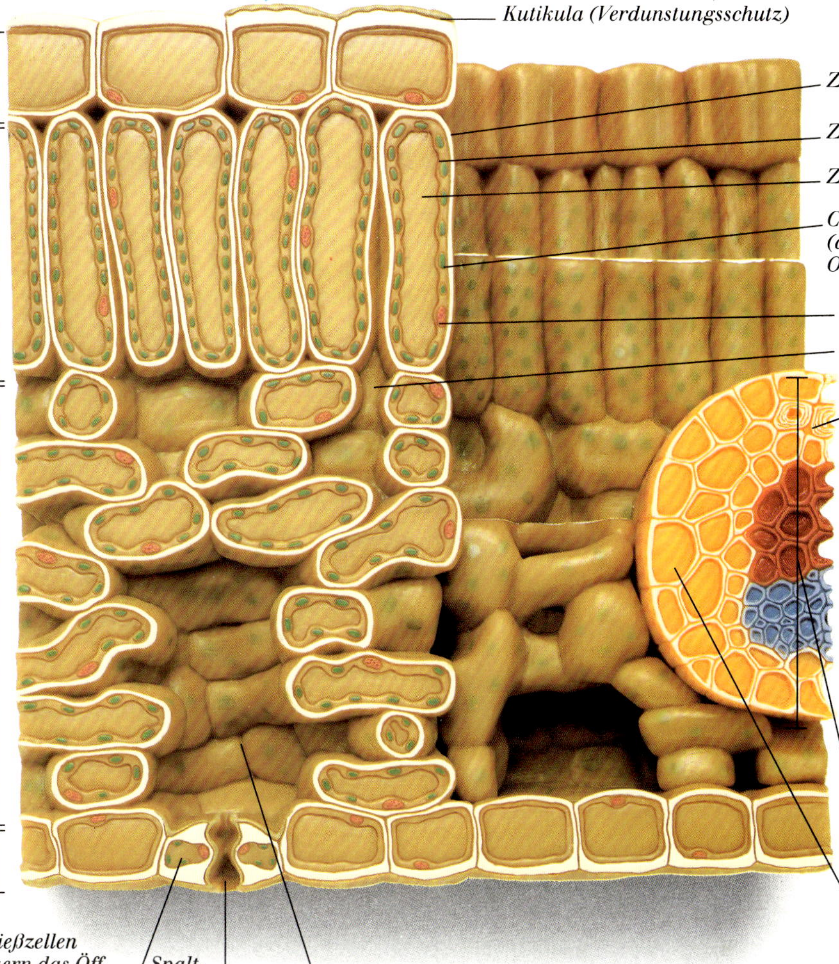

Aufbau eines Chloroplasten

Blüten 1

Die Blüten dienen der geschlechtlichen Fortpflanzung. Ihre Organe sind kreisförmig um den Blütenboden (Spitze des Blütenstiels) angeordnet. Kleine, grüne Kelchblätter schützen die sich entwickelnde Blüte. Die Kronblätter sind meistens groß und leuchtend gefärbt und stehen innerhalb der Kelchblätter. Bei monokotylen Blüten (s.S. 132–133) sind die Kelch- und Kronblätter gleichartig und werden Perigonblätter genannt. Die Kronblätter umgeben die männlichen und weiblichen Fortpflanzungsstrukturen (Androeceum und Gynoeceum). Das Androeceum besteht aus den Staubblättern, wobei jedes Staubblatt (Stamen) aus Staubfaden (Filament) und Staubbeutel (Anthere) aufgebaut ist. Das Gynoeceum weist ein oder mehrere Fruchtblätter (Karpelle) auf. Jedes Fruchtblatt ist aus Fruchtknoten (Ovar), Griffel (Stylum) und Narbe (Stigma) aufgebaut. Einige Blüten, wie z.B. die der Lilien, sitzen einzeln auf einem Blütenstiel. Andere, beispielsweise die des Holunders oder der Sonnenblume, bilden einen Blütenstand (Infloreszenz), der auf einem Blütenstandstiel (Pedunculus) sitzt.

Vorderansicht

MONOKOTYLEDONENBLÜTE
Lilie
(*Lilium sp.*)

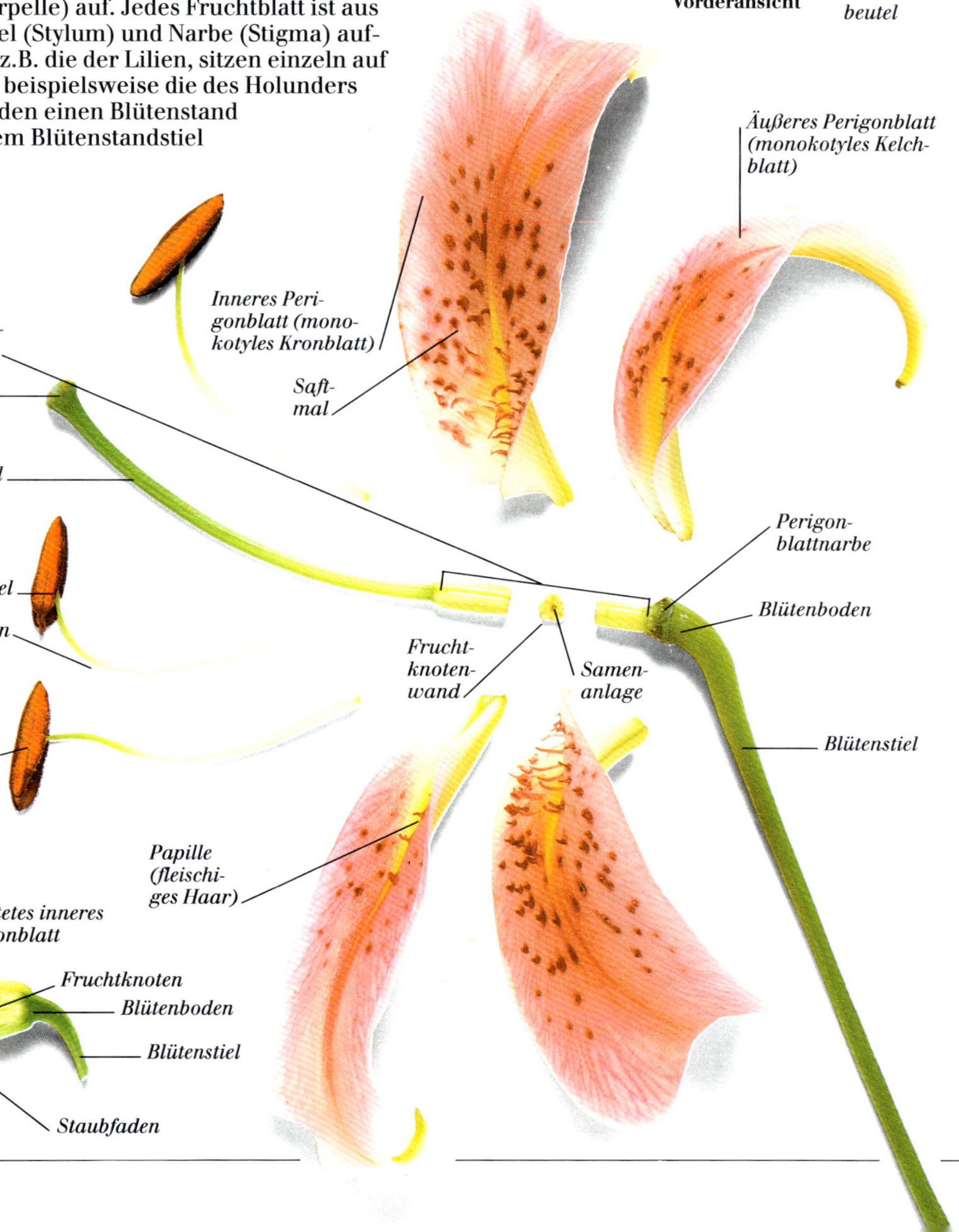

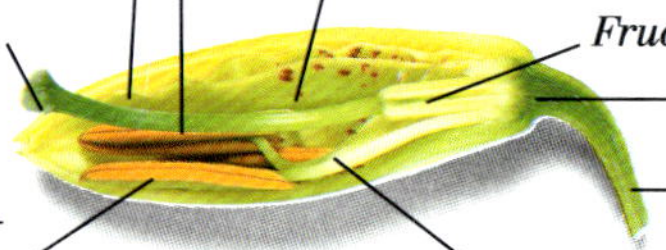

Längsschnitt durch eine Blütenknospe

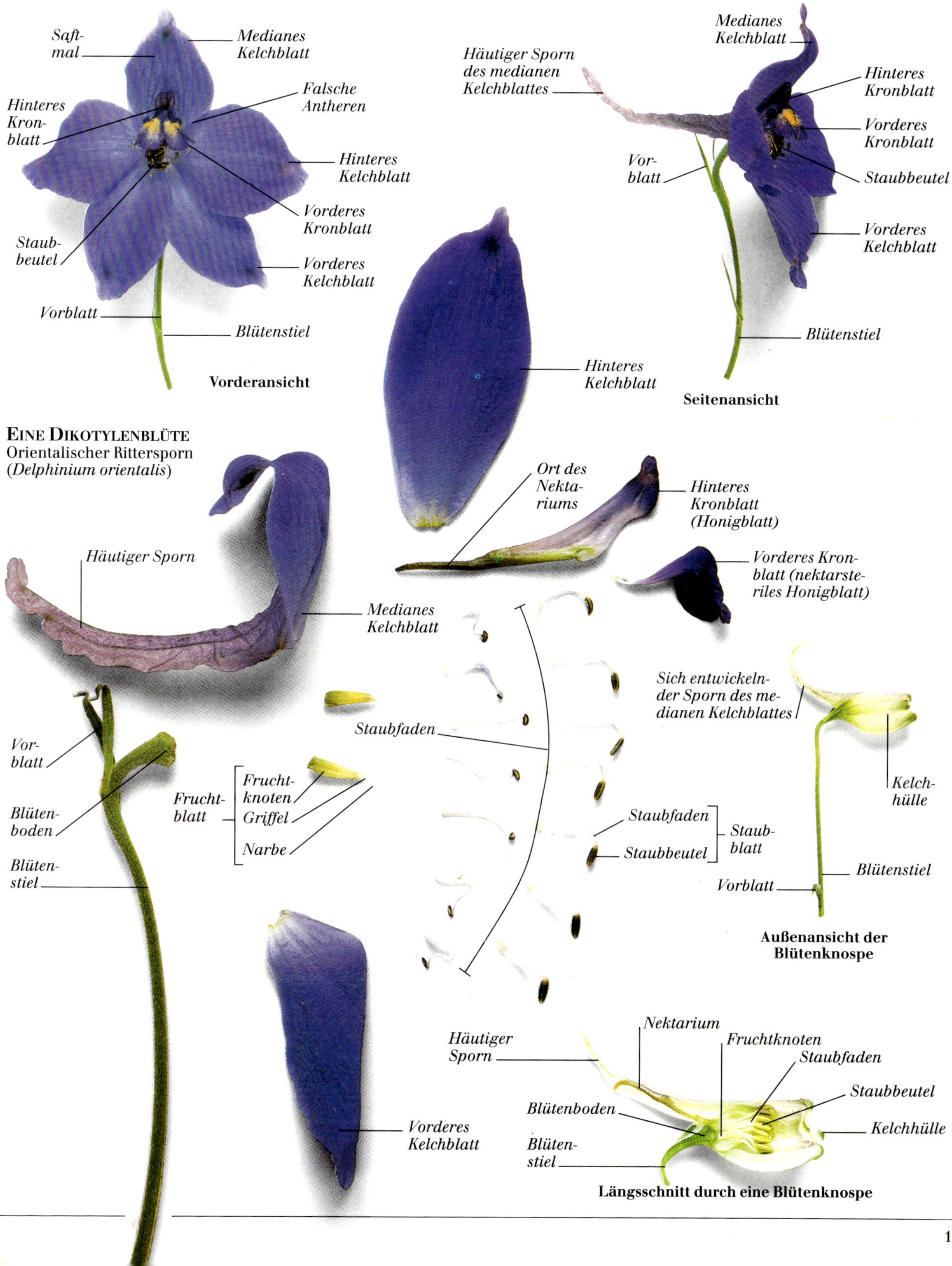

Eine Dikotylenblüte
Orientalischer Rittersporn
(*Delphinium orientalis*)

Blüten 2

EINFACHER BLÜTENSTAND (KÖPFCHEN)
Sonnenblume
(*Helianthus annulus*)

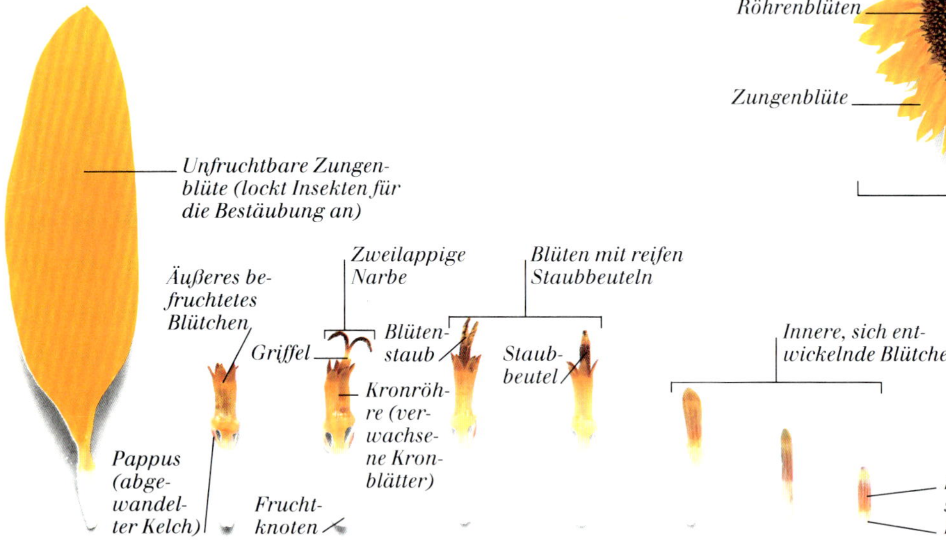

Blütchen einer Sonnenblume

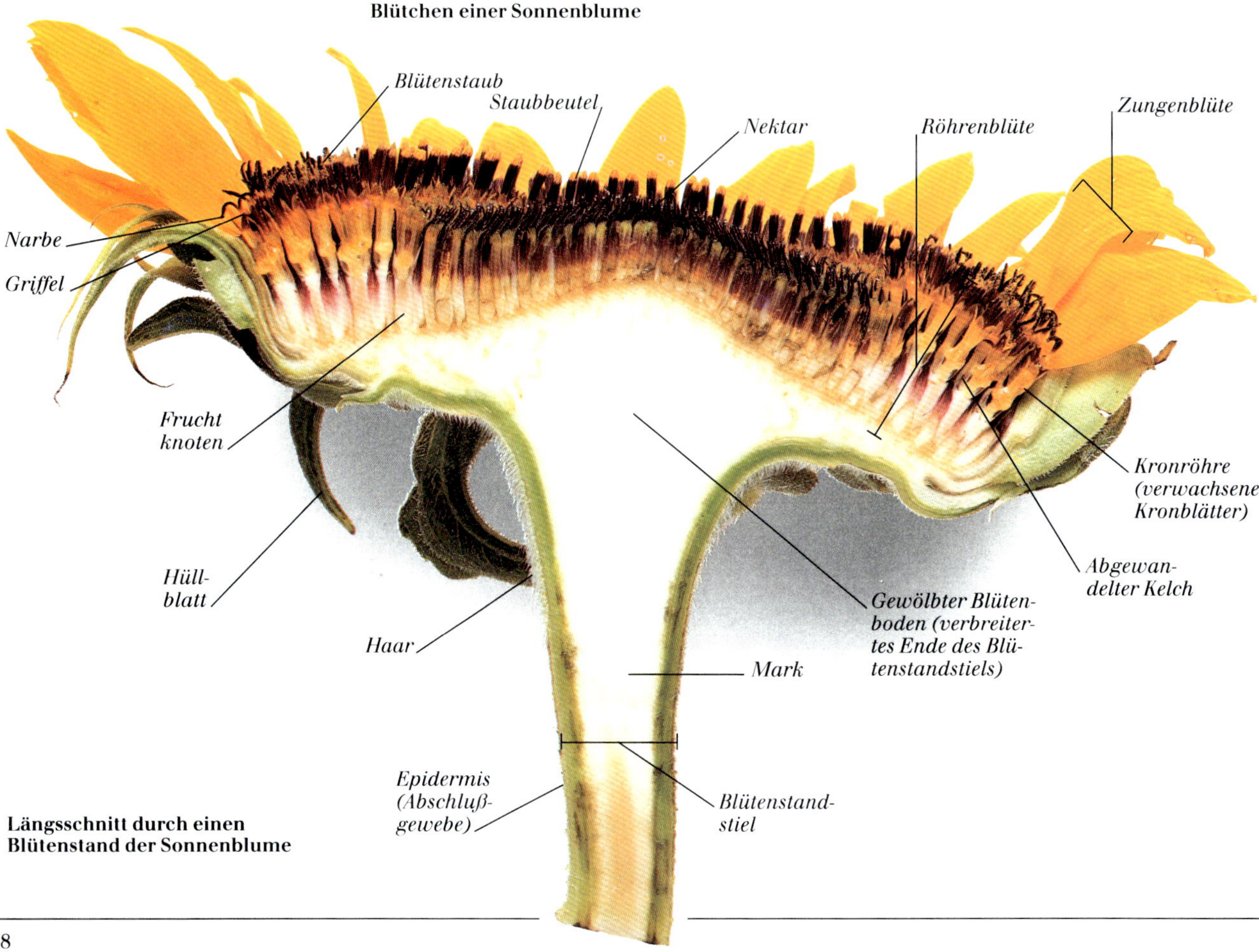

Längsschnitt durch einen Blütenstand der Sonnenblume

Anordnung der Blüten auf dem Spross

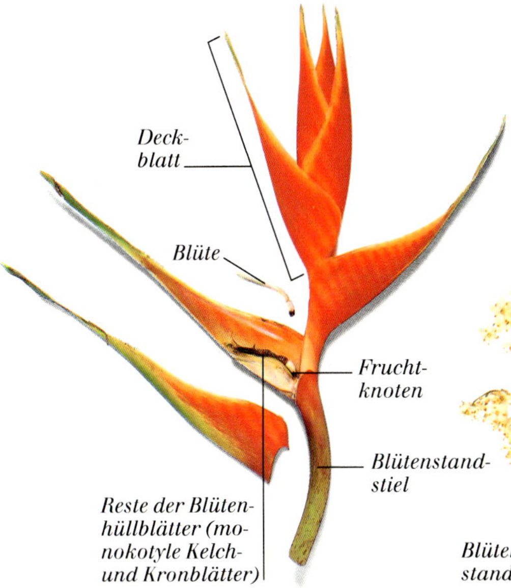

Blütenstand (Ähre)
(*Heliconia peruviana*)

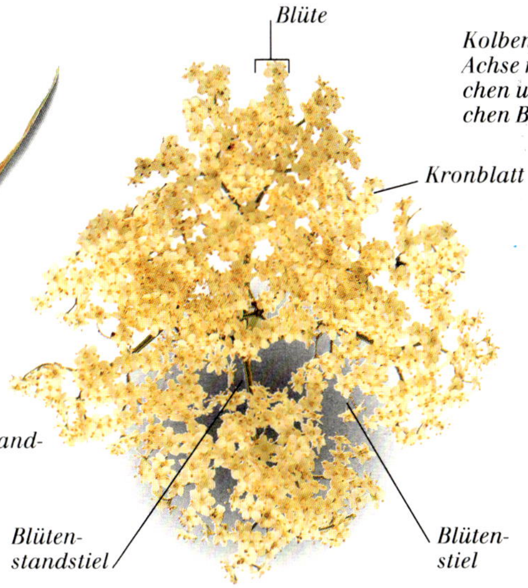

Blütenstand (Schirmrispe)
Holunder
(*Sambucus nigra*)

Blütenstand (Kolben)
Flamingoblume
(*Anthurium andreanum*)

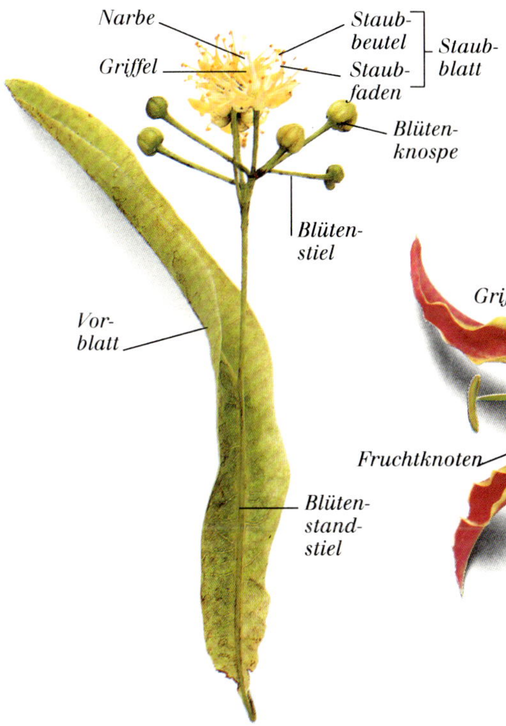

Blütenstand (Dichasium)
Winterlinde
(*Tilia x europaea*)

Einzelne Blüte
Ruhmeskrone
(*Gloriosa superba*)

Einzelne Blüte

Blütenstand (kugelförmige Dolde)
(*Allium sp.*)

Bestäubung

Unter Bestäubung versteht man die Übertragung von Pollen, welche die männlichen Keimzellen enthalten, auf die Narbe, einen Teil des weiblichen Fortpflanzungsorgans. Die Bestäubung findet vor der Befruchtung (s. S. 152–153) statt. Sie geschieht innerhalb derselben Blüte (Selbstbestäubung) oder zwischen Blüten getrennter Pflanzen gleicher Art (Fremdbestäubung). Die Bestäubung erfolgt hauptsächlich durch Insekten (Entomophilie) oder durch den Wind (Anemophilie), seltener aber auch durch Vögel, Fledermäuse oder das Wasser. Die Insektenblumen sind meist leuchtend, duftend und produzieren Nektar, von dem sich die Insekten ernähren. Diese Blumen können zudem noch mit Mustern ausgestattet sein, die Signalwirkung auf bestimmte Insekten haben, für den Menschen aber nur unter ultraviolettem Licht sichtbar werden. Den durch diese Eigenschaften angelockten Insekten haften die hakigen oder klebrigen Pollen an und werden beim Besuch der nächsten Blüte übertragen. Blüten, die durch den Wind bestäubt werden, sind im allgemeinen sehr klein, unauffällig und geruchlos. Sie produzieren riesige Mengen an schwebefähigen Pollen, die vom Wind auf andere Blüten getragen werden können.

Fortpflanzungsstrukturen bei Blüten, die durch den Wind bestäubt werden

Eßkastanie (*Castanea sativa*)

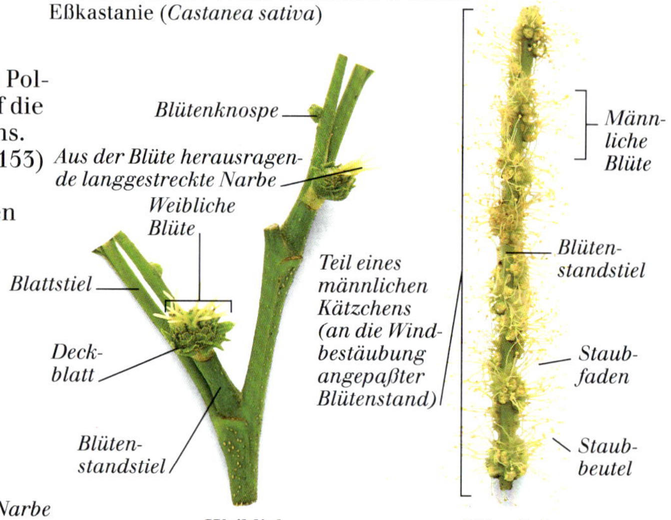

Weiblich **Männlich**

Fortpflanzungsstrukturen bei insektenbestäubten Pflanzen

Mikro-Aufnahme eines Fruchtblattes
Verwachsenblättriger Bitterling
(*Blackstonia perfoliata*)

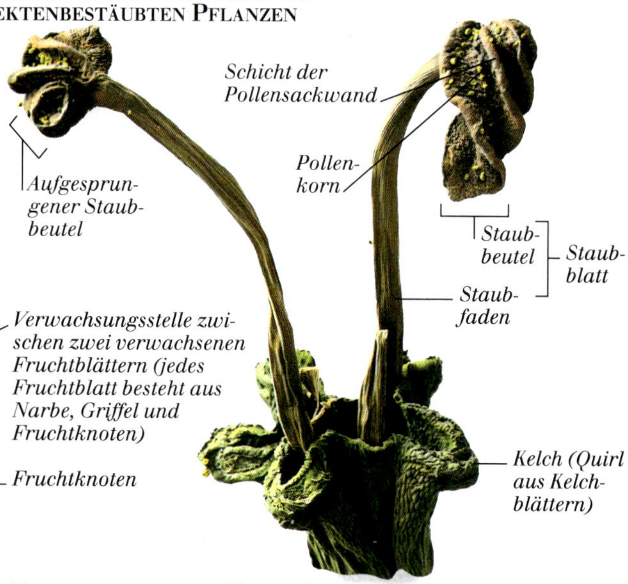

Mikro-Aufnahme eines Staubblattes
Echtes Tausendgüldenkraut
(*Centaurium erythraea*)

Mikroskopische Aufnahme von Pollenkörnern

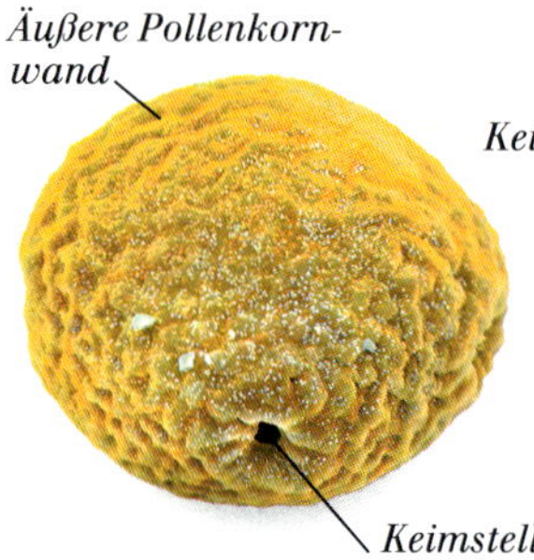

Feldulme
(*Ulmus minor*)

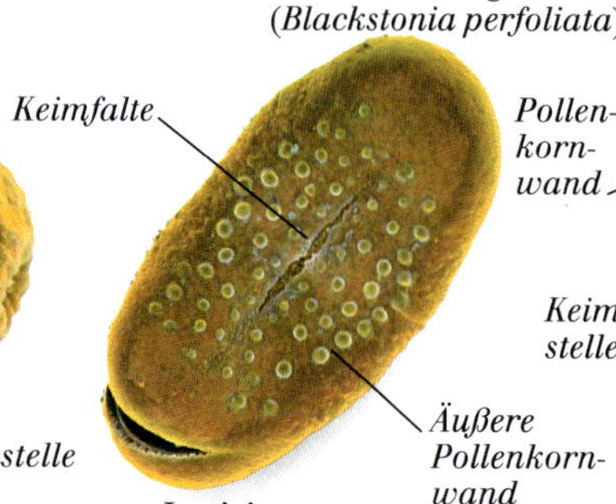

Justicia aurea

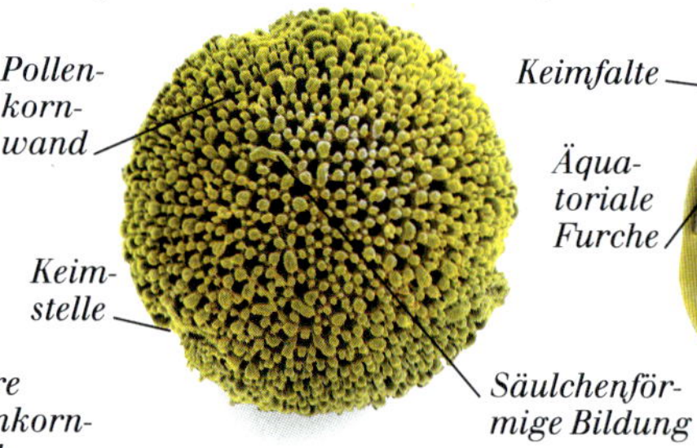

Wiesenstorchschnabel
(*Geranium pratense*)

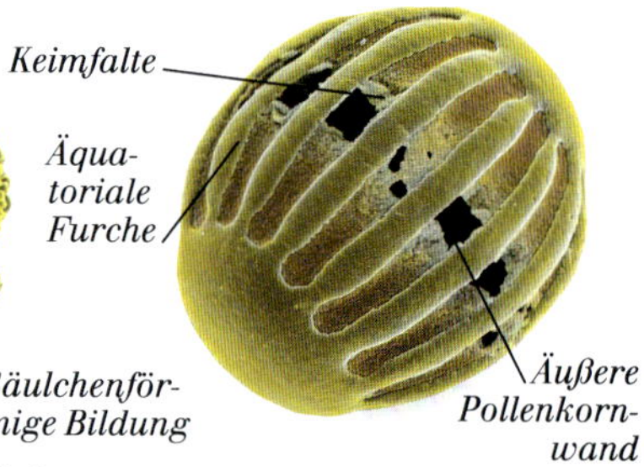

Zwergbuchs
(*Polygala chamaebuxus*)

Insektenbestäubung von Wiesensalbei

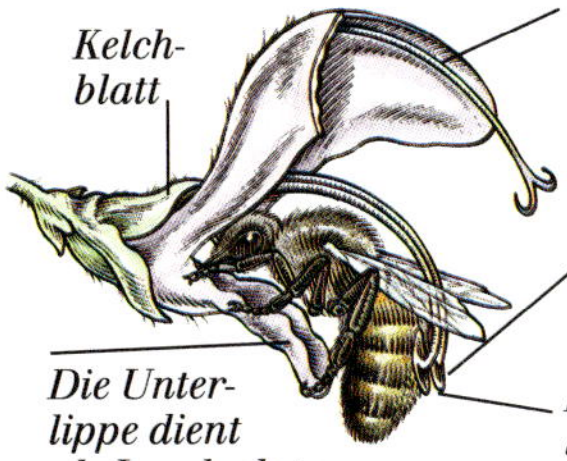

1. Die Biene besucht eine Blüte mit ausgewachsenem Staubbeutel, aber unreifer Narbe.

2. Die Biene fliegt zu einer anderen Blüte.

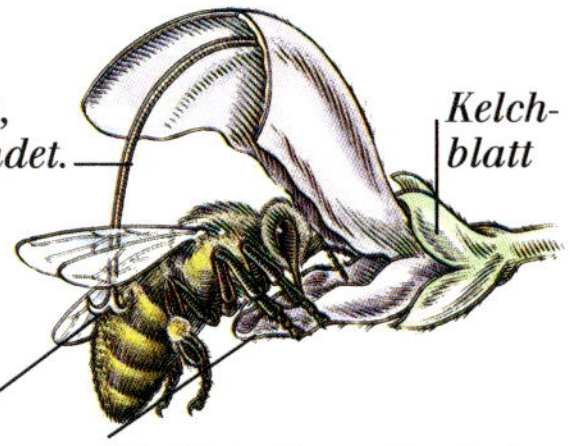

3. Die Biene besucht eine Blüte mit verwelkten Staubbeuteln und reifer Narbe.

Sonnenblume bei normalem und ultraviolettem Licht

Normales Licht

Ultraviolettes Licht

Johanniskraut unter normalem und ultraviolettem Licht

Normales Licht

Ultraviolettes Licht

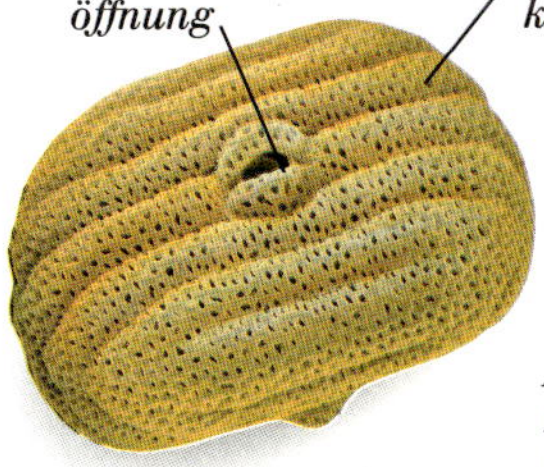

Mimulopsis solmsii

Alpenbergflachs (*Thesium alpinium*)

Ruellia grandiflora

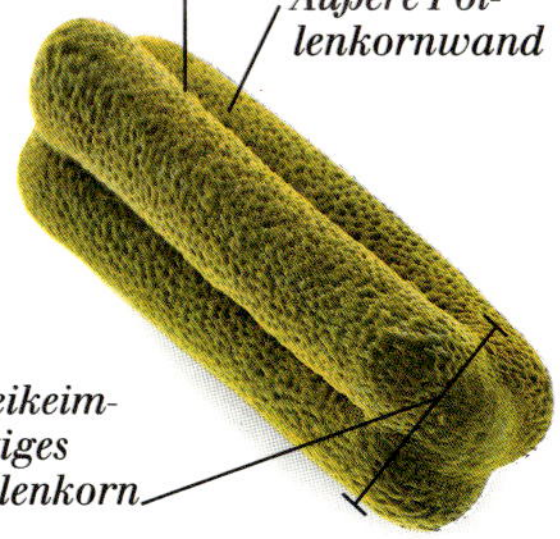

Fransenbeutel (*Crossandra nilotica*)

Befruchtung

Banane
(*Musa ‚lacatan‘*)

Die Verschmelzung von männlichen und weiblichen Keimzellen wird Befruchtung genannt. Dabei entsteht die Zygote. Nach der Bestäubung (s.S. 150–151) befindet sich das Pollenkorn, das die männlichen Keimzellen enthält, auf der Narbe. Es ist damit immer noch von der weiblichen Keimzelle getrennt, die in der Samenanlage liegt. Damit eine Befruchtung stattfinden kann, bildet das Pollenkorn einen Pollenschlauch aus. Dieser wächst bis zum Embryosack, dem inneren Teil der Samenanlage, der die Eizelle enthält. Mit dem Pollenschlauch gelangen zwei männliche Keimzellen in den Embryosack. Eine der beiden Keimzellen und die Eizelle verschmelzen zu einer Zygote, die sich zur Keimpflanze entwickelt. Die andere Keimzelle verschmilzt mit zwei Polkernen, und es entsteht das Endosperm. Dieses stellt die Nahrungsquelle für den wachsenden Embryo dar. Die Befruchtung löst noch andere Vorgänge aus: Das Integument (äußerer Teil der Samenanlage) bildet die Testa (Samenhülle) um den Embryo und das Endosperm. Außerdem fallen die Kronblätter ab, während Narbe und Griffel verwelken. Weiterhin bildet die Fruchtknotenwand (Perikarp) eine Hülle um den Samen. Der Same und die Fruchtknotenwand bilden gemeinsam die Frucht, die entweder saftig (s.S. 154–155) oder trocken (s.S. 156–157) sein kann. Bei manchen Arten, z.B. Brombeere, kann Apomixis auftreten. Dies bedeutet, daß sich Same und Frucht ohne Befruchtung entwickeln.

Entwicklung einer Saftfrucht

Brombeere
(*Rubus fruticosus*)

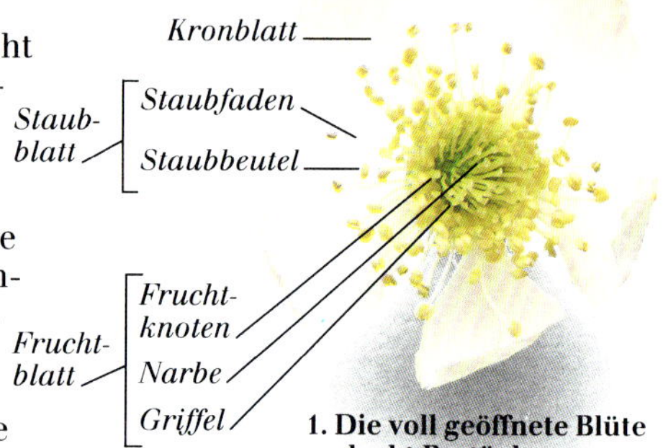

1. Die voll geöffnete Blüte lockt Bestäuber an.

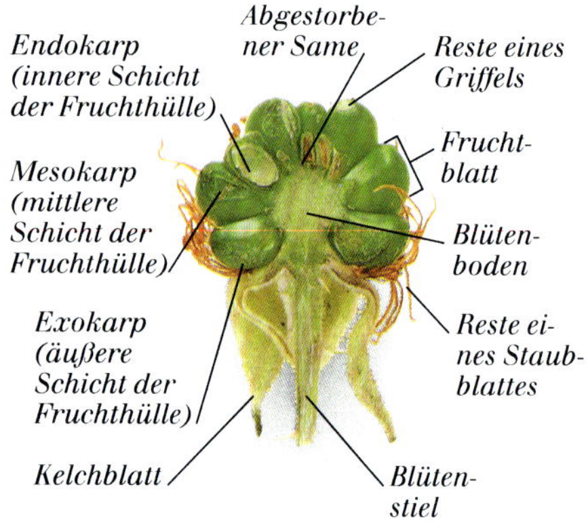

4. Die Fruchthülle bildet Fleisch, Haut und die harte, innere Schicht (Querschnitt).

7. Mesokarp (fleischiger Teil der Fruchthülle) beginnt seine Farbe zu ändern.

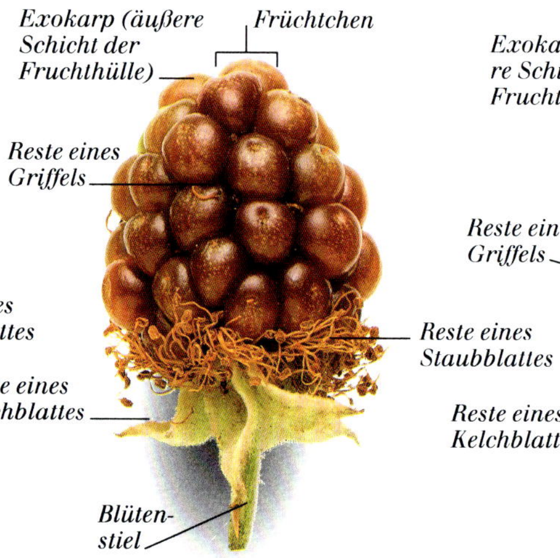

8. Fruchtblätter wachsen zu Steinfrüchten heran (kleine, fleischige Früchte mit einzelnen Samen, von hartem Endokarp umgeben).

9. Das Mesokarp der Steinfrüchtchen wird dunkler und süßer.

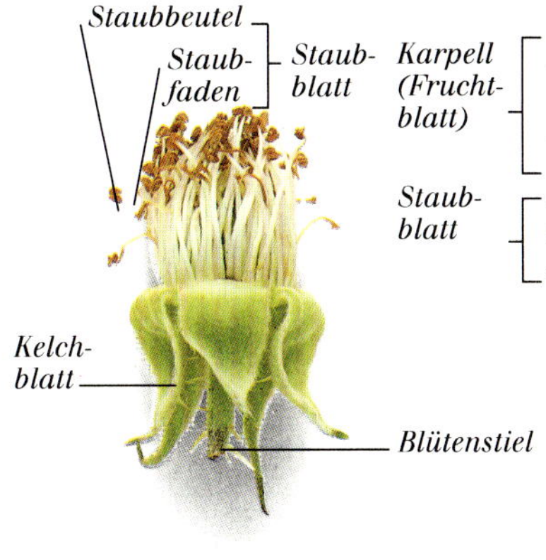

2. Nach der Befruchtung fallen die Kronblätter ab.

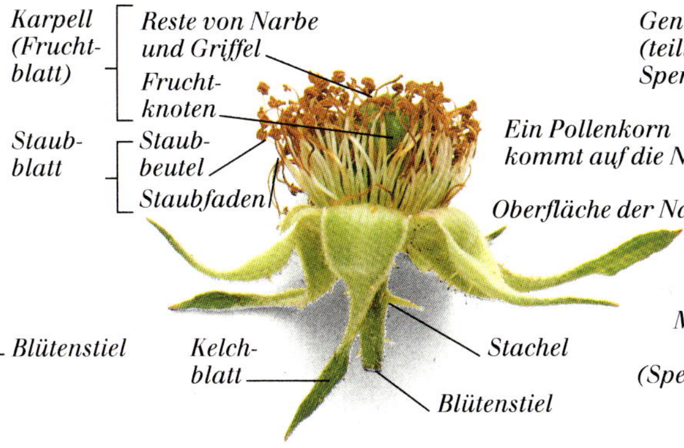

3. Die Fruchtknoten beginnen zu wachsen; Staubblätter verwelken und fallen ab.

ABLAUF DER BEFRUCHTUNG

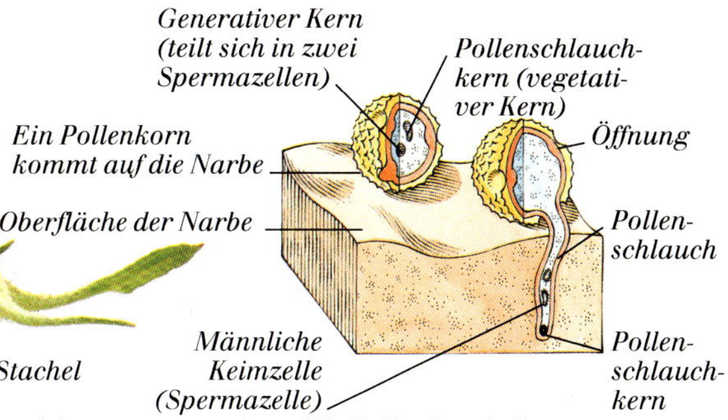

Die Pollenkornkeimung

5. Die Fruchtblätter wachsen und werden fleischiger.

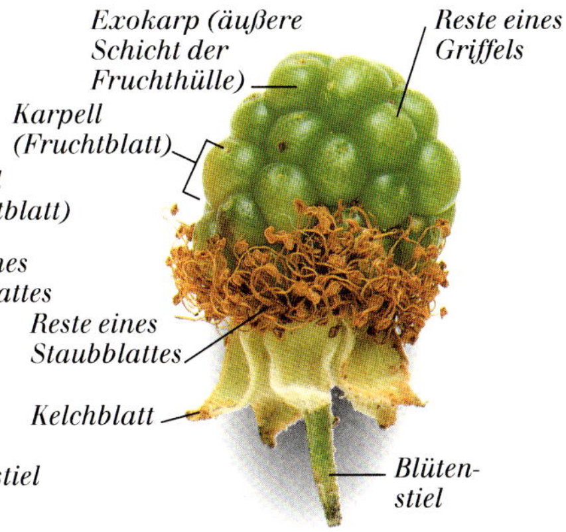

6. Die Fruchtblätter wachsen weiter.

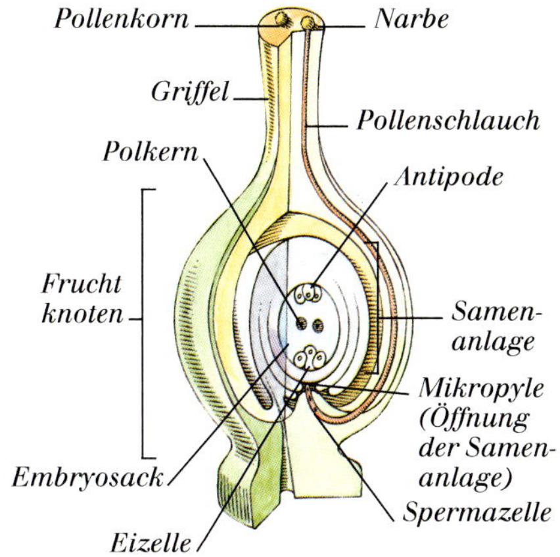

Die Spermazelle gelangt zum Embryosack.

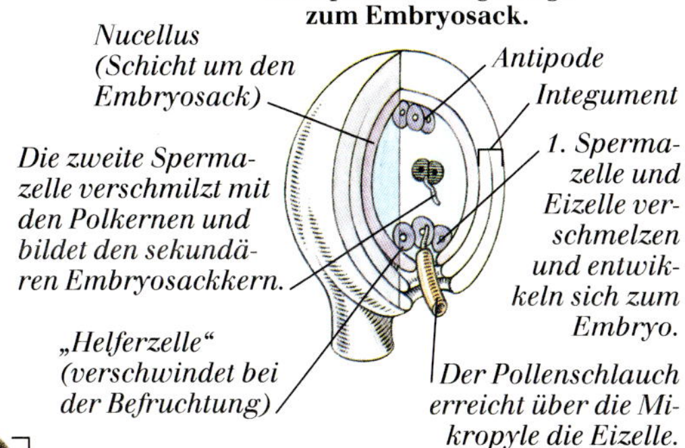

Befruchtung

10. Steinfrüchtchen (zusammen: Sammelsteinfrucht) wachsen.

11. Die Steinfrüchte reifen aus.

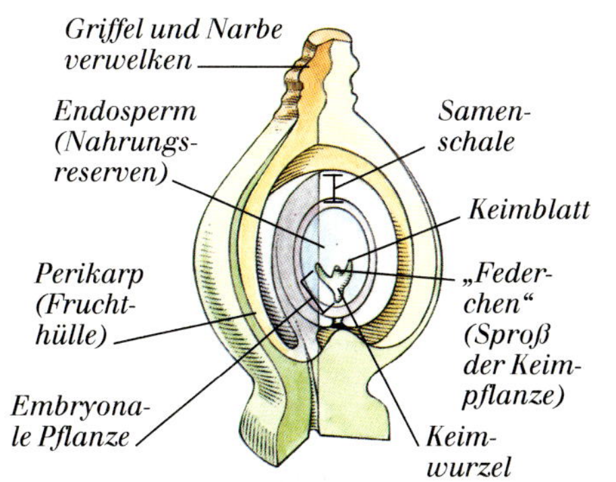

Entwicklung des Embryos

Saftfrüchte

Einen voll entwickelten und gereiften Fruchtknoten (samenbildender Teil des weiblichen Fortpflanzungsorgans) bezeichnet man als Frucht. Früchte können saftig oder trocken sein (s.S. 156–157). Die Saftfrüchte sind fleischig, leuchtend gefärbt und wohlschmeckend. Die Fruchtwand einer Saftfrucht besteht aus drei Schichten: einem äußeren Exokarp, einem mittleren Mesokarp und einem inneren Endokarp. Je nach Fruchttyp variieren diese drei Schichten in Stärke und Struktur; teilweise gehen sie auch ineinander über. Die Einteilung der Saftfrüchte kann unter anderem in Einzel- (aus einem Fruchtknoten entstanden) oder Sammelfrüchte (aus mehreren Fruchtknoten entstanden) erfolgen. Zu den Einzelsaftfrüchten gehören Beeren, die meistens viele Samen haben, und Steinfrüchte, die gewöhnlich nur einen Samen (z. B. Kirsche, Pfirsich) besitzen. Die aus vielen Fruchtblättern zusammengesetzten Sammelsteinfrüchte gehören zu den Sammelfrüchten. Die Früchte eines Blütenstandes können auch zu einem Fruchtstand vereinigt sein. Sind außer den Fruchtblättern weitere Blütenteile am Fruchtaufbau beteiligt, so spricht man von Scheinfrüchten. Als Beispiel ist das Fruchtfleisch des Apfels, das aus dem Blütenboden hervorgeht, zu nennen.

Beere
Kakaobaum
(*Theobroma cacao*)

BEERE
Zitrone (*Citrus limon*)

Außenansicht der Frucht

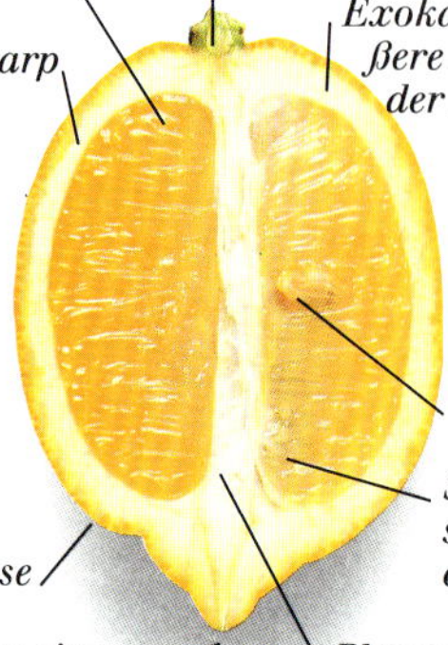

Längsschnitt durch die Frucht

Außenansicht und Schnitt durch einen Samen

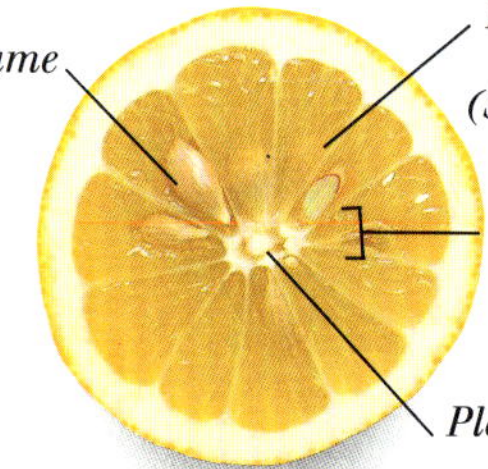

Querschnitt durch eine Frucht

SCHEINFRUCHT
Feige
(*Ficus carica*)

Außenansicht des Fruchtstandes

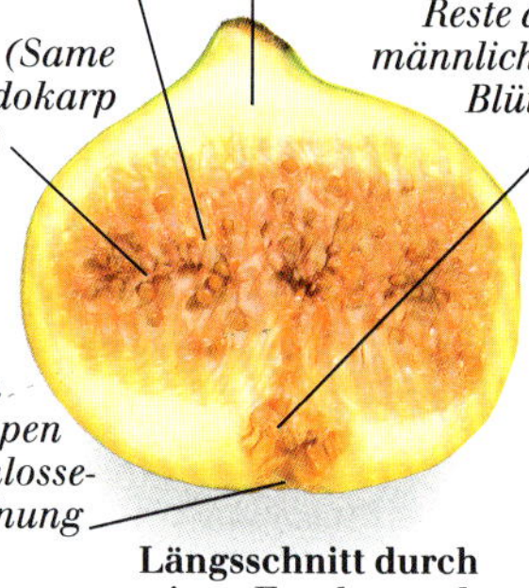

Längsschnitt durch einen Fruchtstand

Reste einer weiblichen Blüte

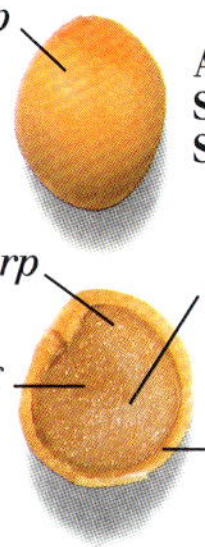

Außenansicht und Schnitt durch einen Steinkern

FRUCHT MIT FLEISCHIGEM SAMENMANTEL
Litchibaum
(*Litchi chinensis*)

Außenansicht der Frucht

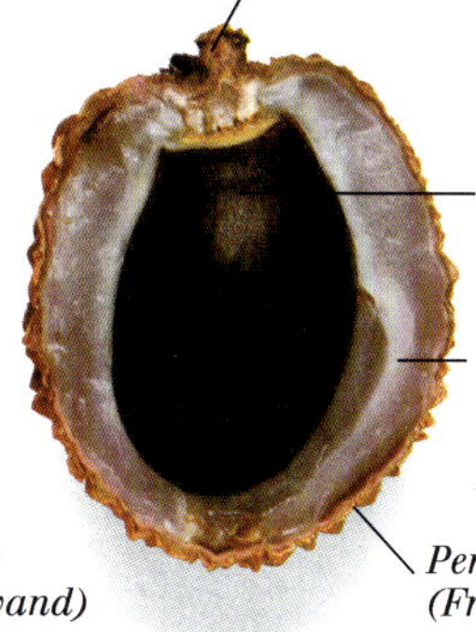

Längsschnitt durch die Frucht

Beere
Kapstachelbeere (*Physalis peruviana*)

Außenansicht der Frucht

Innenansicht einer Frucht

Querschnitt durch eine Frucht

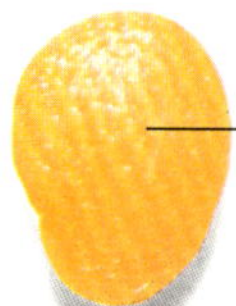

Außenansicht eines Samens

Sammelsteinfrucht
Himbeere (*Rubus idaeus*)

Außenansicht der Frucht

Längsschnitt durch die Frucht

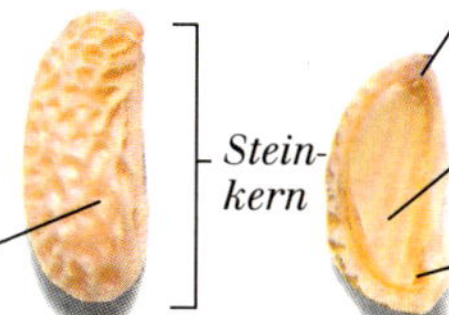

Außenansicht und Schnitt durch einen Steinkern

Apfelfrucht (Scheinfrucht)
Apfel (*Malus sylvestris*)

Außenansicht der Frucht

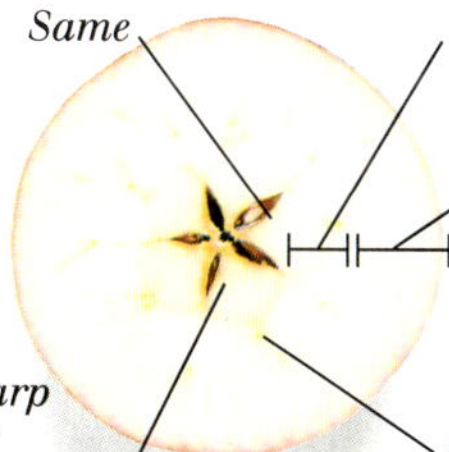

Querschnitt durch eine Frucht

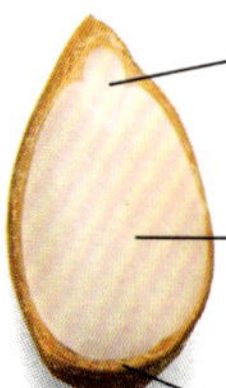

Außenansicht und Schnitt durch einen Samen

Melone (Panzerbeere)
Zuckermelone (*Cucumis melo*)

Außenansicht der Frucht

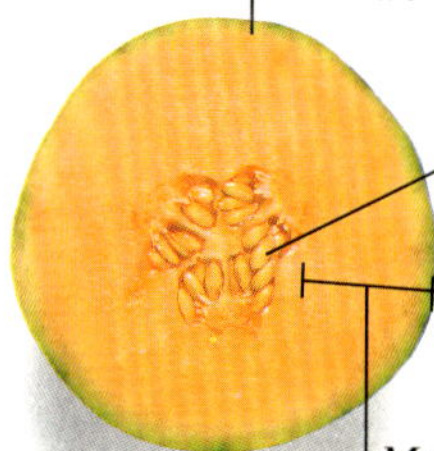

Querschnitt durch eine Frucht

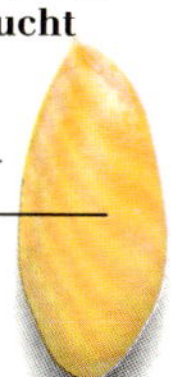

Außenansicht und Schnitt durch einen Samen

Trockenfrüchte

Bei den Trockenfrüchten sind die Samen von einem harten und trockenen Perikarp (Fruchtwand) umgeben. Sie werden in drei Gruppen eingeteilt: die Öffnungsfrüchte, bei denen das Perikarp aufspringt, um die Samen zu entlassen; die Schließfrüchte, die nicht aufreißen, und schließlich die Spaltfrüchte, bei denen die Früchte zerfallen, aber die Samen nicht freigesetzt werden. Zu den sich öffnenden Trockenfrüchten gehören Kapseln (z.B. Jungfer im Grünen), Bälge (z.B. Rittersporn), Hülsen (z.B. Erbse) und Schoten (z.B. Silberblatt). In der Regel werden die Samen der Öffnungsfrüchte durch den Wind transportiert. Die Schließfrüchte umfassen Nüsse (z. B. Edelkastanie), Nüßchen (z.B. Klebkraut), Sammelnußfrüchte (z.B. Erdbeere), Karyopsen (z.B. Weizen), Flügelnüsse (z.B. Ulme) und Achaenen (z.B. Löwenzahn). Einige Schließfrüchte werden durch den Wind verbreitet. „Flügel" (z.B. Ulme) oder „Fallschirme" (z.B. Löwenzahn) unterstützen ihre Schwebefähigkeit. Andere hingegen (z.B. Klebkraut) haften mit ihrem hakigen Perikarp an Fellen von Tieren und werden auf diese Weise verbreitet. Die Früchte des Bärenklaus und des Bergahorns gehören zu den Spaltfrüchten.

Nüßchen
Klebkraut
(*Galium aparine*)

Hülse
Erbse (*Pisum sativum*)

Außenansicht der Frucht

Innenansicht der Frucht

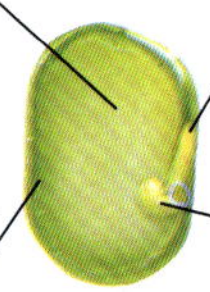

Außenansicht und Schnitt durch den Samen

Nuss
Edelkastanie
(*Castanea sativa*)

Außenansicht einer durch eine Cupula umgebenen Frucht

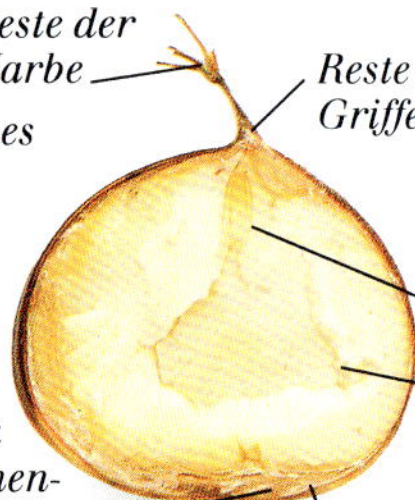

Außenansicht und Schnitt durch eine Frucht

Sammelnussfrucht
Erdbeere (*Fragaria x ananassa*)

Außenansicht einer Frucht

Längsschnitt durch eine Frucht

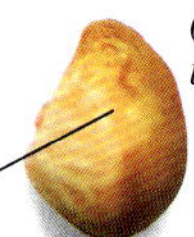

Außenansicht und Schnitt durch eine Frucht

SPALTFRUCHT
Spitzahorn
(*Acer platanoides*)

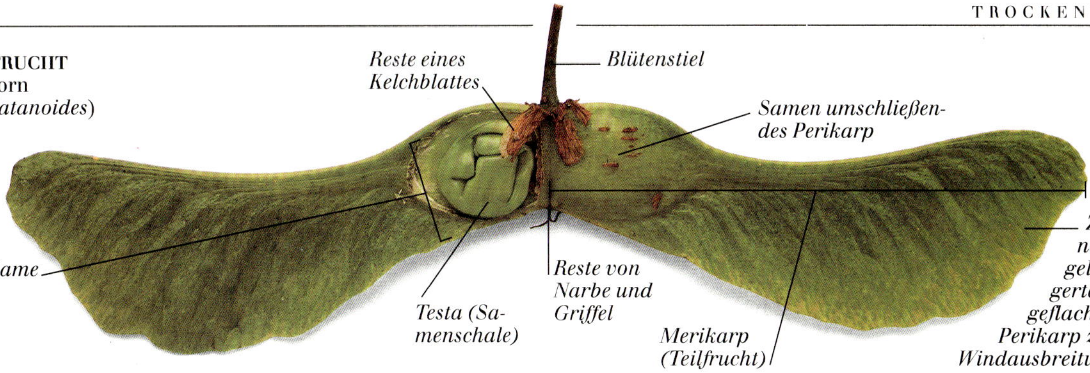

KAPSEL
„Jungfer im Grünen"
(*Nigella damascena*)

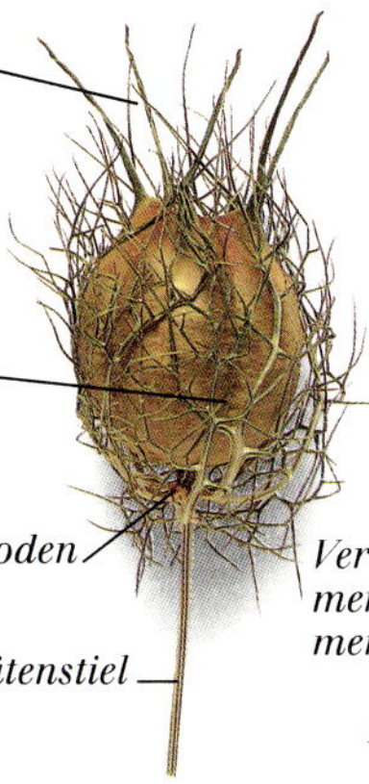

Außenansicht einer Frucht

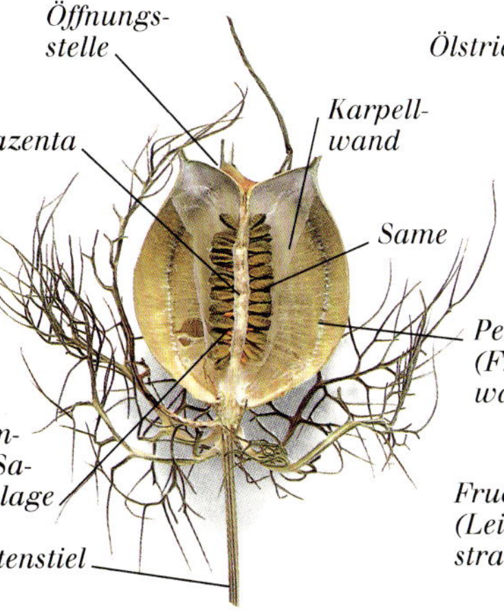

Längsschnitt durch eine Frucht

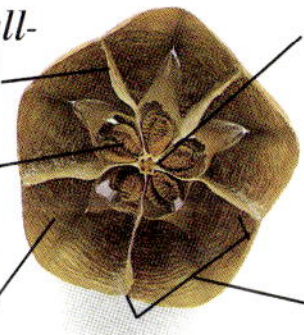

Querschnitt durch eine Frucht

Außenansicht und Schnitt durch einen Samen

SPALTFRUCHT
Bärenklau
(*Heracleum sp.*)

Außenansicht einer Frucht

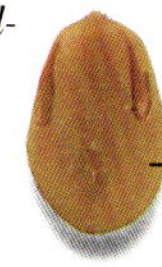

Außenansicht eines Samens

Ansicht von getrennten Fruchtblättern

SCHOTE
Silberblatt
(*Lunaria annua*)

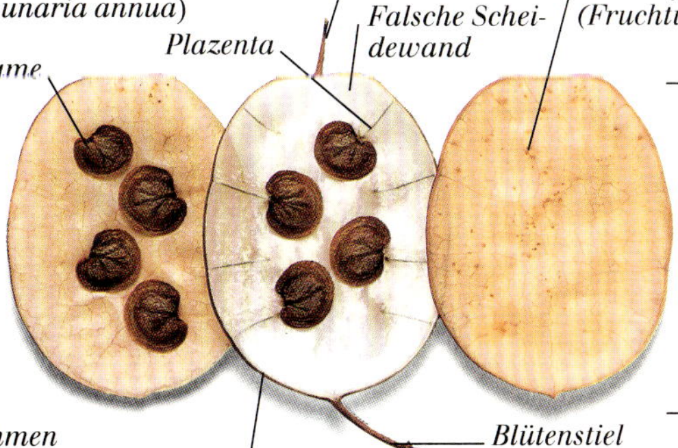

Teile einer geöffneten Frucht

Außenansicht und Schnitt durch einen Samen

BALG
Rittersporn
(*Delphinium sp.*)

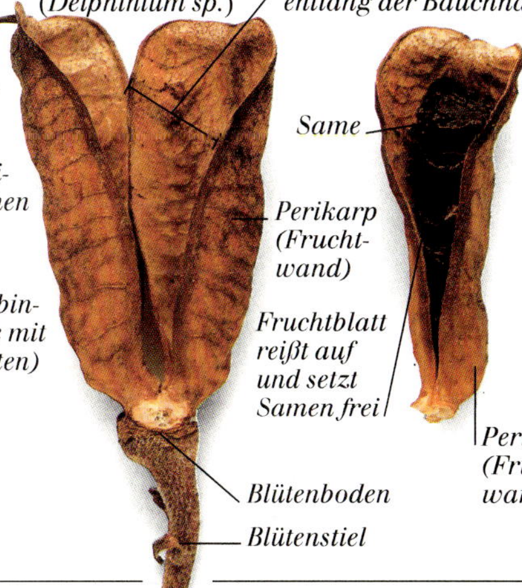

Keimung

Den Vorgang, bei dem sich aus einem Samen eine Keimpflanze entwikkelt, bezeichnet man als Keimung. Zu Beginn wird der im Boden ruhende Samen aktiv. Der Keimungsvorgang endet, wenn die ersten Blättchen erscheinen. Ein Same besteht aus einem Embryo und dessen Nährgewebe sowie der umhüllenden Samenschale (Testa). Der Embryo hat gewöhnlich ein oder zwei Keimblätter, die mit einer Hauptachse verbunden sind. Der obere Teil des Achsenkörpers besteht aus einem Epikotyl, an dessen Spitze sich die Plumula (embryonaler Sproß) befindet. Der untere Teil des Achsenkörpers setzt sich aus einem Hypokotyl und der Radicula (Keimwurzel) zusammen. Nach der Trennung von der Mutterpflanze trocknet der Same und durchläuft eine Ruheperiode. Voraussetzungen für den Beginn der Keimung sind Wasser, Wärme, Sauerstoff und manchmal auch Licht. Zunächst nimmt der Same Wasser auf. Danach beginnt der Embryo seine Reserven aufzuzehren. Die Keimwurzel schwillt an, durchbricht die Samenschale und wächst nach unten. Je nach Samen gibt es zwei verschiedene Arten der weiteren Entwicklung. Bei der epigäischen Keimung streckt sich das Hypokotyl des Samens und hebt die Plumula mit ihren schützenden Keimblättern aus der Erde, wohingegen bei der hypogäischen Keimung die Keimblätter im Boden bleiben. Das Epikotyl streckt sich und schiebt die Plumula nach oben.

HYPOGÄISCHE KEIMUNG
Puffbohne
(*Vicia faba*)

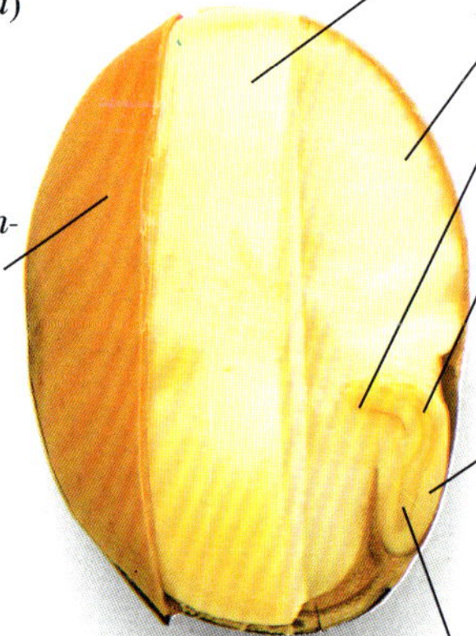

Same zu Beginn der Keimung

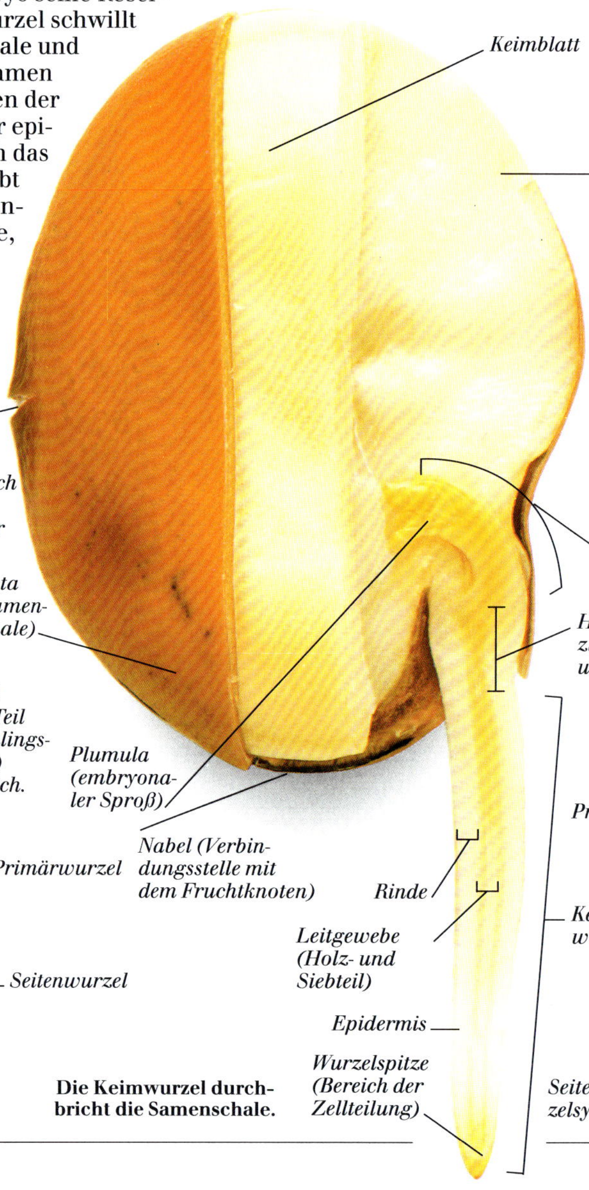

Die Keimwurzel durchbricht die Samenschale.

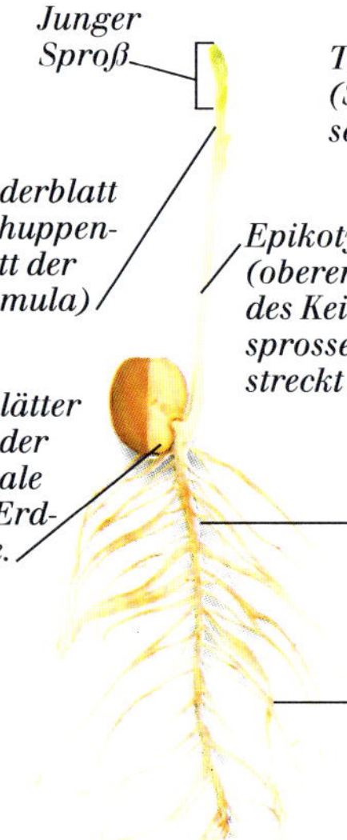

Der Sproß durchbricht den Boden.

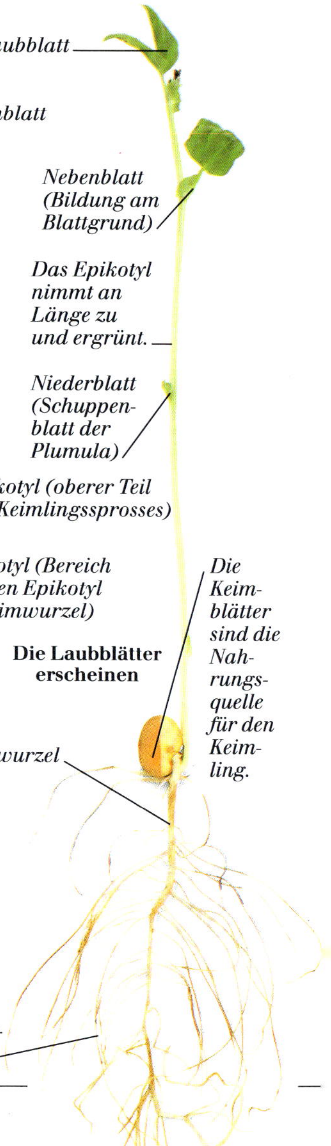

Die Laubblätter erscheinen

Epigäische Keimung

Bohne
(*Phaseolus sp.*)

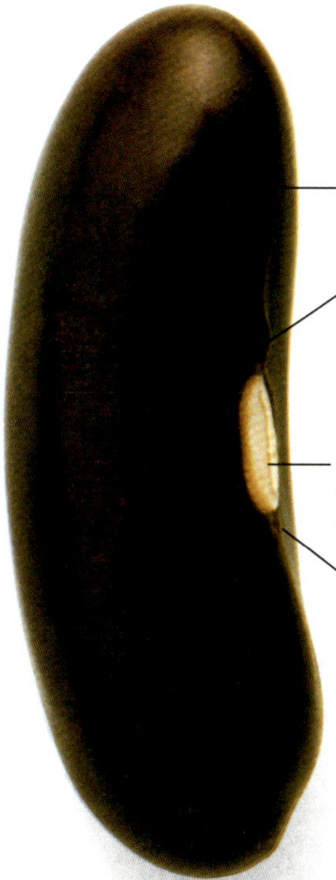

Außenansicht eines Samens zu Beginn der Keimung

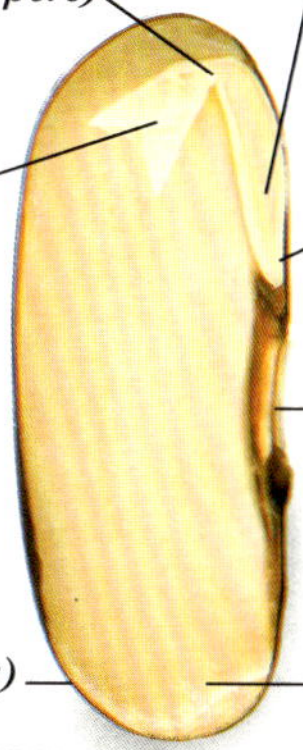

Längsschnitt durch einen Samen zu Beginn der Keimung

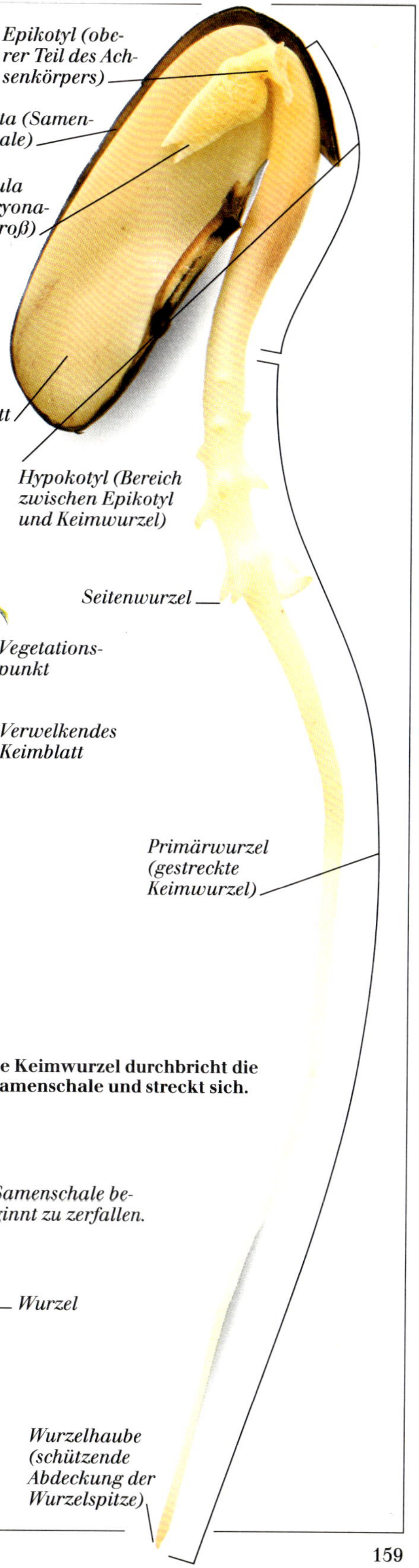

Die Keimwurzel durchbricht die Samenschale und streckt sich.

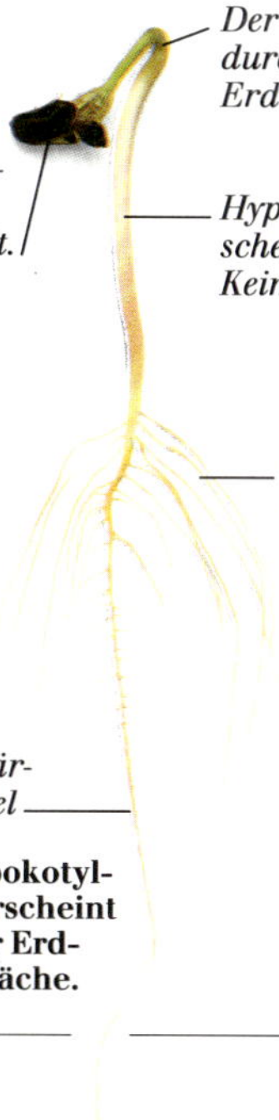

Der Hypokotylhaken erscheint an der Erdoberfläche.

Das Hypokotyl richtet sich auf und schiebt Laub- und Keimblätter aus dem Boden.

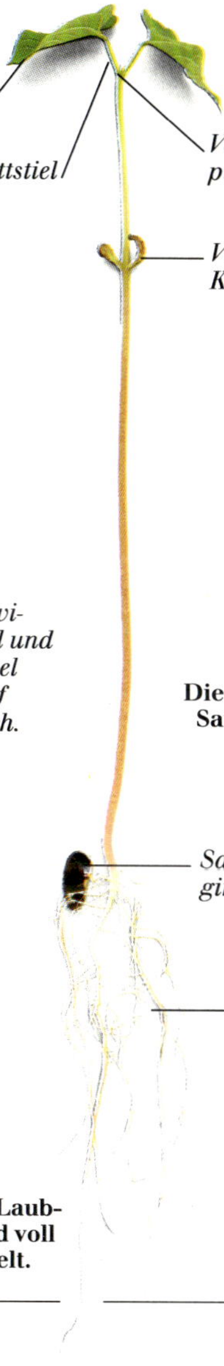

Die ersten Laubblätter sind voll entwickelt.

Vegetative Fortpflanzung

Knolle
Gladiole
(*Gladiolus sp.*)

Viele Pflanzen können sich durch vegetative Fortpflanzung vermehren. Bei diesem Vorgang trennt sich ein Teil der Pflanze ab, bildet Wurzeln und wächst zu einer neuen Pflanze heran. Die vegetative Fortpflanzung ist eine Form der ungeschlechtlichen Vermehrung einer einzigen Pflanze, ohne daß eine Verschmelzung von Keimzellen stattfindet. Es gibt verschiedene Varianten der vegetativen Fortpflanzung. Bei einigen Pflanzen bringen die Verzweigungen unterirdischer Speicherorgane, wie Rhizome (liegende, unterirdische Sprosse), komplette Pflanzen hervor. Zwiebeln (verdickter Blattgrund) und Knollen (verdickte Sprosse) bilden Tochterzwiebeln oder -knollen, die sich später vom Elternteil trennen. Man unterscheidet Sproß- (verdickte, unterirdische Sprosse) und Wurzelknollen (angeschwollene, sproßbürtige Wurzeln). Andere Vermehrungsformen sind zum Beispiel Ausläufer. Darunter versteht man kriechende, waagrechte Sprosse, die Wurzeln bilden und zu neuen Pflanzen heranwachsen. Eine andere Form sind Bulbillen (Brutsprosse), die sich am Sproß oder anstelle von Blüten entwickeln, abfallen und zu neuen Pflanzen heranwachsen. Weiterhin sind die Brutknospen zu nennen. Diese sind kleine Pflänzchen, die sich am Blattrand einer Pflanze entwickeln und ebenfalls nach der Abtrennung neue Pflanzen bilden.

Brutknospen
Brutblatt
(*Kalanchœ daigremontiana*)

Brutspross anstelle von Blüten
Feuerlilie
(*Lilium bulbiferum*)

Sprossausläufer
Gundermann
(*Glechoma hederacea*)

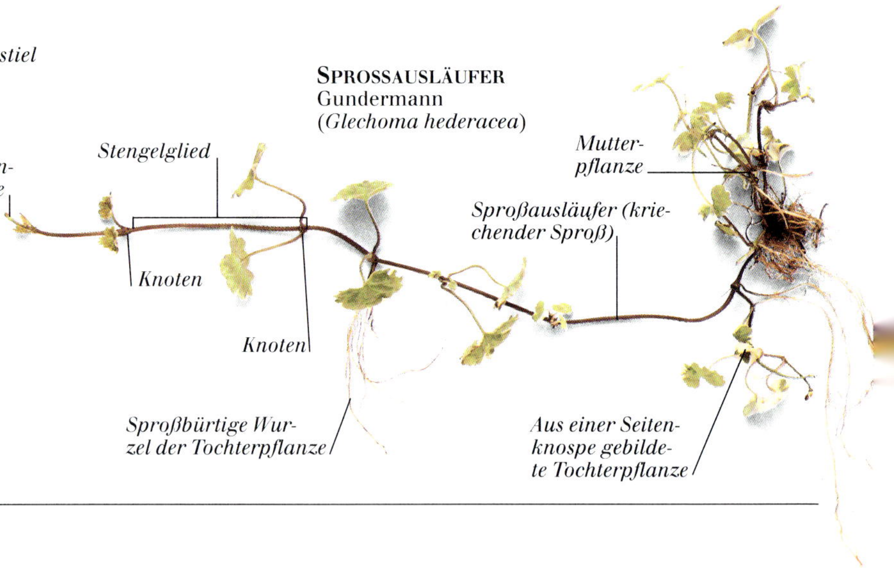

WURZELKNOLLE
Süßkartoffel
(*Ipomea batatas*)

BRUTSPROSS
Lilie
(*Lilium sp.*)

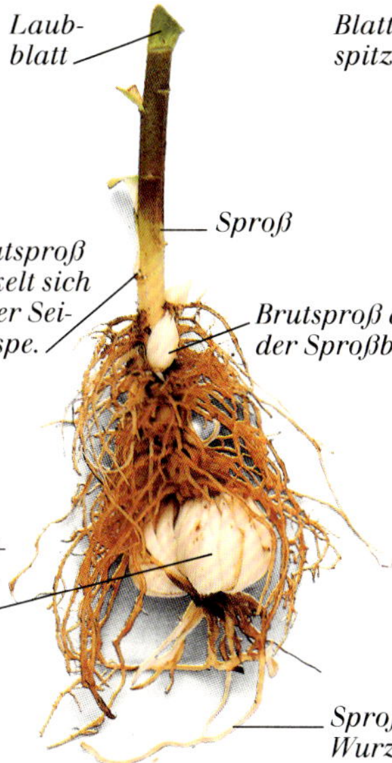

WACHSENDE ZWIEBEL
Traubenhyazinthe
(*Muscari sp.*)

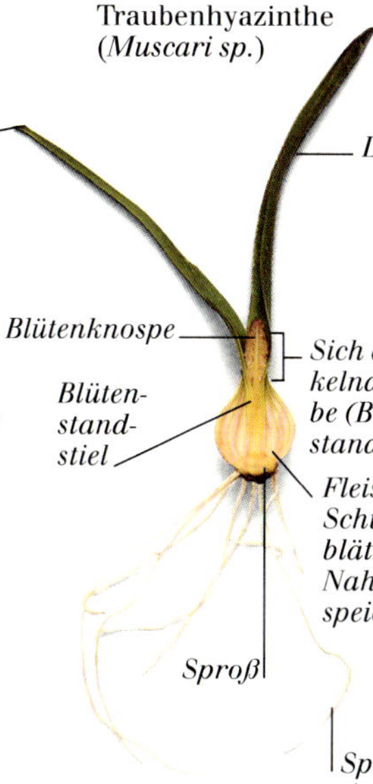

WURZELKNOLLE
Begonie
(*Begonia x tuberhybrida*)

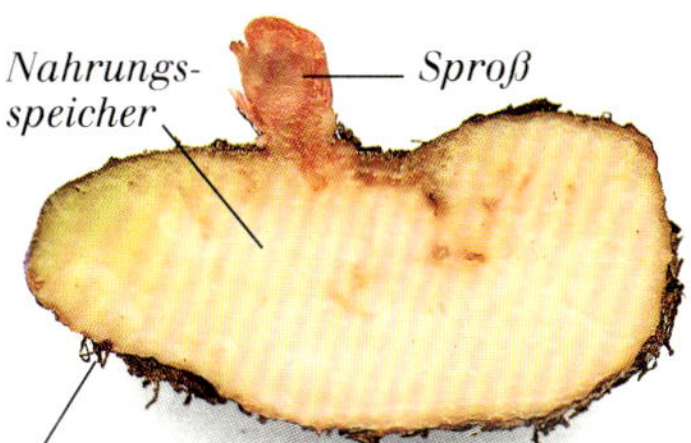

KNOLLE
Gladiole
(*Gladiolus sp.*)

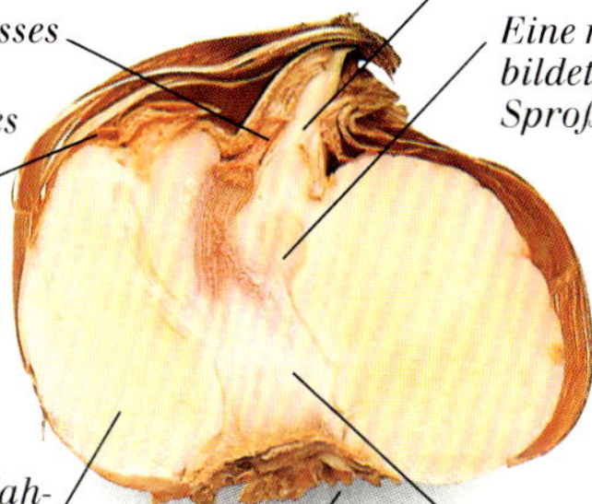

ZWIEBEL MIT SPROSS
Amaryllis
(*Hippeastrum sp.*)

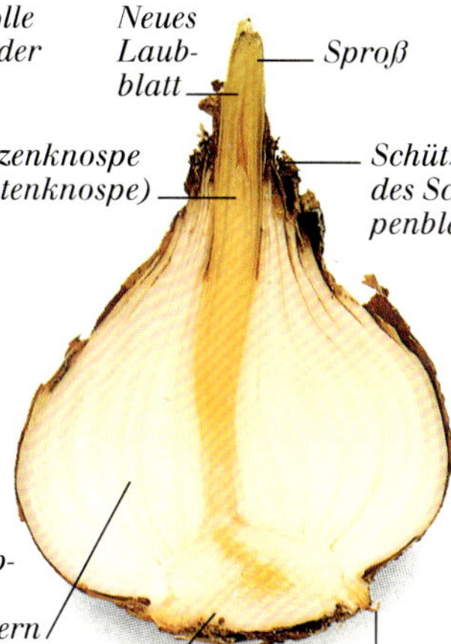

ERDSPROSS
Ingwer
(*Zingiber officinale*)

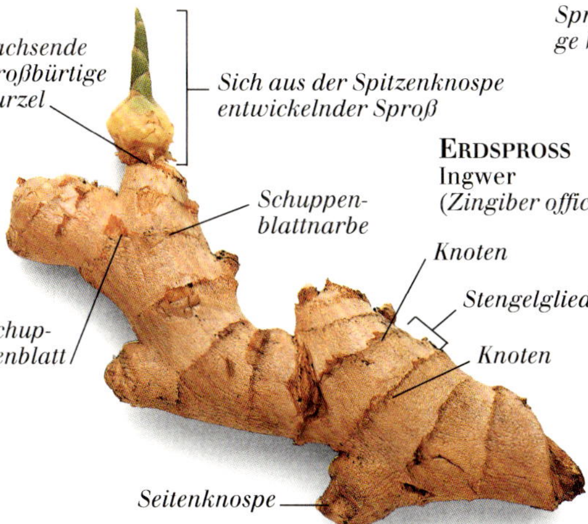

Außenansicht

Längsschnitt durch einen oberirdischen Sproß

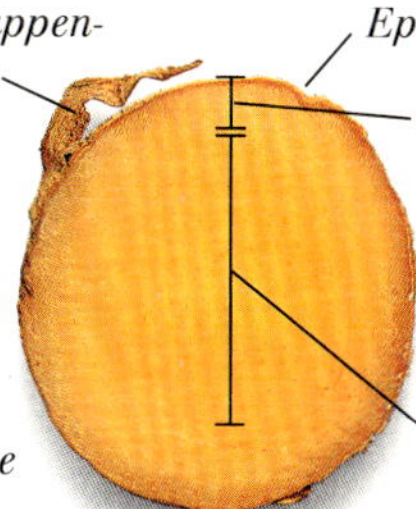

Querschnitt durch einen Erdsproß

Trockenpflanzen

BLATTSUKKULENTE
(Lithops sp.)

Trockenpflanzen (Xerophyten) sind in der Lage, auch in ansonsten lebensfeindlichen Gebieten zu überleben. Man findet sie an Standorten mit geringer Wasserversorgung. Auch bei hohen Temperaturen, die starke Wasserverluste durch Verdunsten zur Folge haben, sind solche Pflanzen lebensfähig. Ihre Anpassungen an die trockenen Bedingungen sind: eine verkleinerte Blattfläche, eingerollte Blätter, versenkte Spaltöffnungen, Haare und Stacheln sowie dicke Kutikulen. Sukkulenten speichern Wasser in vergrößerten, schwammigen Geweben, die sich in Blättern, Sprossen oder Wurzeln befinden können. Blattsukkulenten besitzen vergrößerte, fleischige, wasserspeichernde Blätter, Wurzelsukkulenten ein großes, unterirdisches Wasserspeicherorgan mit kurzlebigen oberirdischen Sprossen und Blättern. Bei Sproßsukkulenten wie den Kakteen (Cactaceae) sind die Sprosse fleischig, grün und photosynthetisch aktiv. Sie sind entweder gerippt oder mit in Reihen stehenden Warzen bedeckt. Ihre Blätter sind zu Dornen reduziert oder fehlen.

STAMMSUKKULENTE
Goldkugelkaktus
(Echinocactus grusonii)

Längsschnitt durch den Sproß

Außenansicht

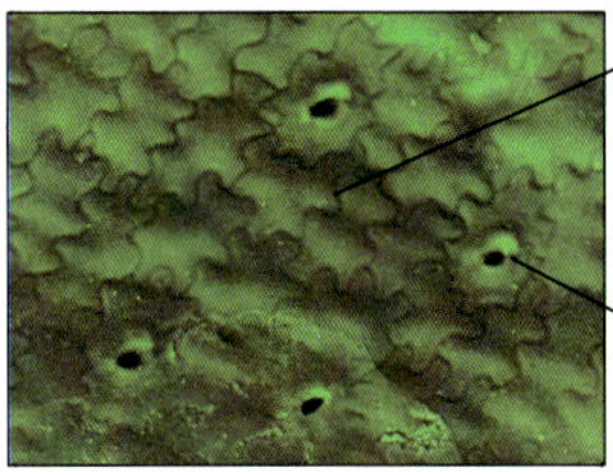

Mikroskopische Aufnahme der Sproßoberfläche

Ausschnitt der Sproßoberfläche

BLATTSUKKULENTE
(Haworthia truncata)

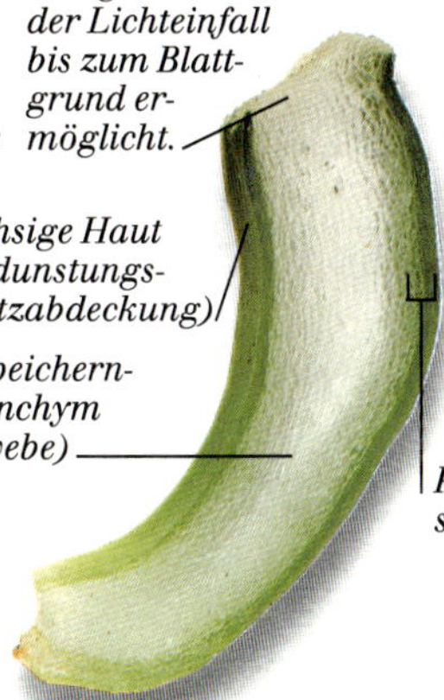

Längsschnitt durch ein Blatt

BLATTSUKKULENTE
(Lithops bromfieldii)

Längsschnitt durch ein Blattpaar

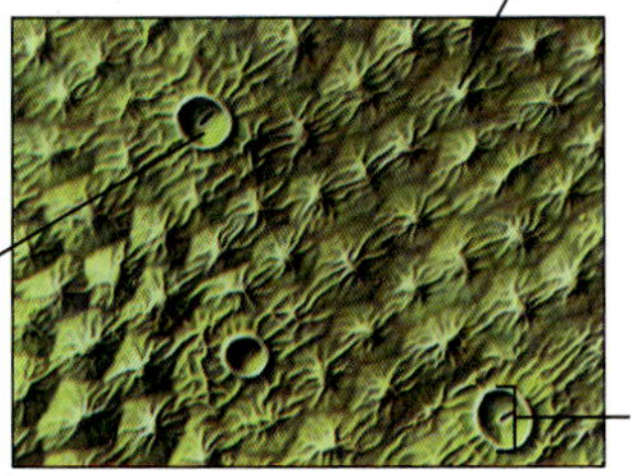

Mikroskopische Aufnahme der Blattoberfläche

WURZELSUKKULENTE
(Oxalis sp.)

SPROSS-WURZELSUKKULENTE
Leuchterblume
(Ceropegia woodii)

Außenansicht

Längsschnitt durch eine Wurzelknolle

Wasserpflanzen

Die Wasserpflanzen wachsen teilweise, wie Wasserhyazinthen, oder ganz unter Wasser, wie die Wasserpest. Sie zeigen die verschiedensten Anpassungen an diesen Lebensraum. Zahlreiche Lufträume in Sprossen, Blättern und Wurzeln dienen dem Gasaustausch und dem Auftrieb. Unterwasserpflanzen besitzen gewöhnlich keine Kutikula. Dadurch ist den Pflanzen eine direkte Mineralstoff- und Gasaufnahme im Wasser möglich. Wegen des Auftriebs im Wasser benötigen die Pflanzen nur wenig Festigungsgewebe. Die Wasserpflanzen, deren Blätter sich unterhalb der Wasseroberfläche befinden, besitzen keine Spaltöffnungen. Die Wasserpflanzen, deren Blätter auf der Wasseroberfläche schwimmen, z.B. Seerosen, haben auf der Blattoberseite Spaltöffnungen. Eine Wachsschicht verhindert, daß die Spaltöffnungen unter Wasser geraten.

WASSERHYAZINTHE (*Eichhornia crassipes*)

ALGENFARN (*Azolla sp.*)

Blattspreite und Schnitt durch den aufgeblasenen Blattstiel der Wasserhyazinthe

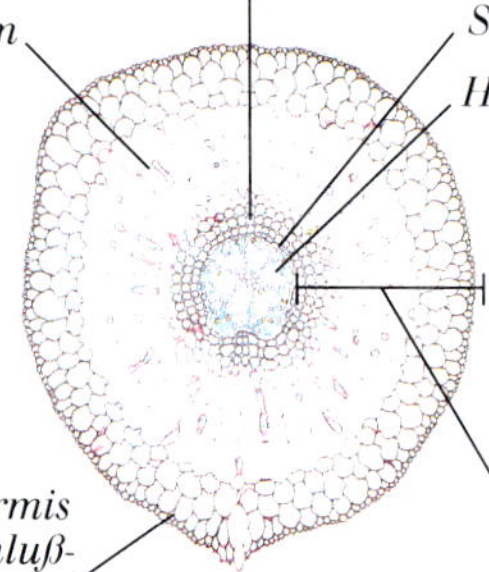

Mikroskopische Aufnahme eines Querschnitts durch die Wurzel einer Wasserhyazinthe

WASSERPEST (*Elodea canadensis*)

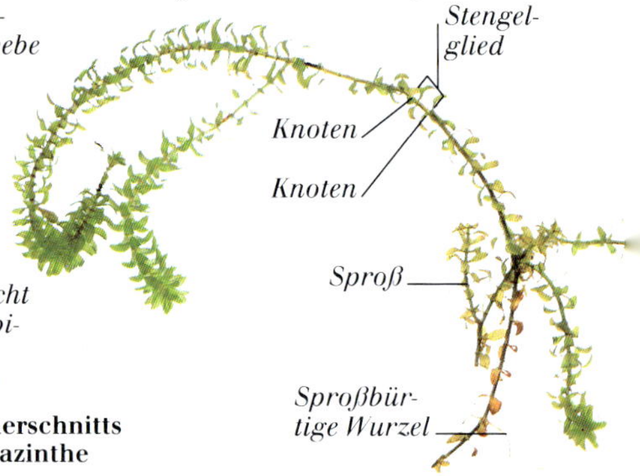

SEEROSE
(*Nymphaea sp.*)

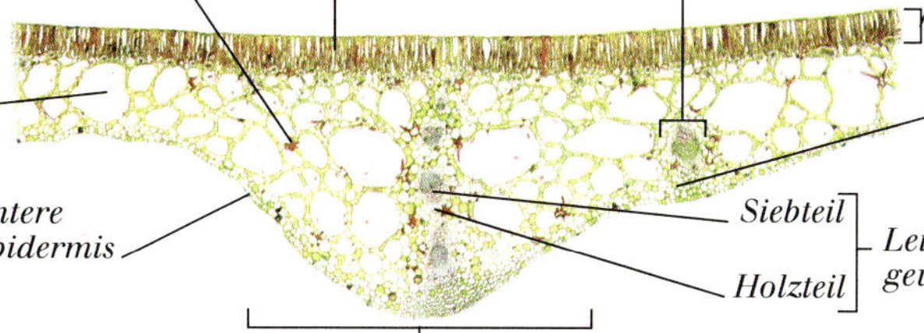

Mikroskopische Aufnahme eines Querschnitts durch das Blatt einer Seerose

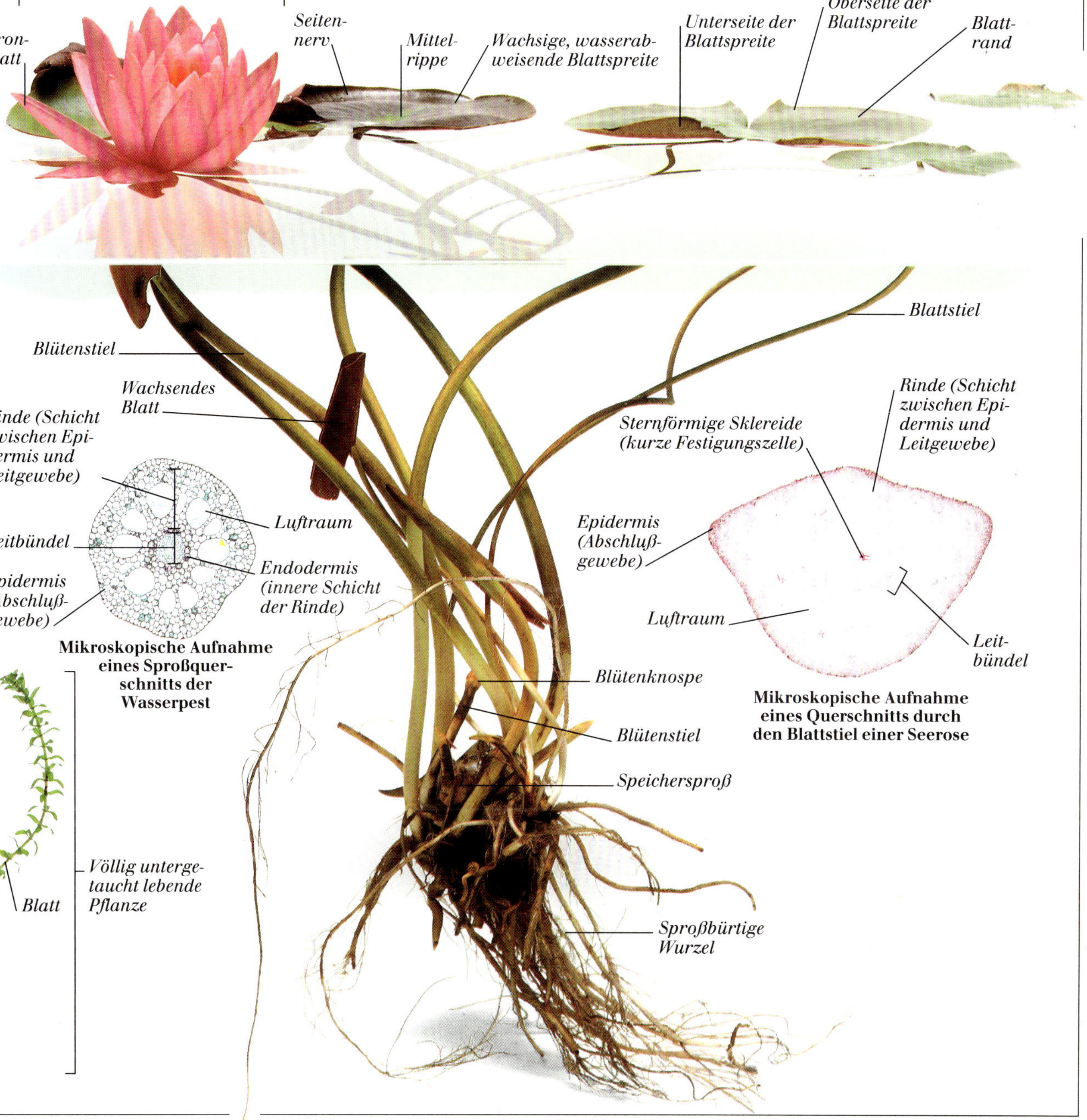

Mikroskopische Aufnahme eines Sproßquerschnitts der Wasserpest

Mikroskopische Aufnahme eines Querschnitts durch den Blattstiel einer Seerose

Fleischfressende Pflanzen

Fleischfressende (insektivore) Pflanzen fangen Insekten und andere kleine Tiere als Zusatznahrung zu den durch Photosynthese gewonnenen Nährstoffen. Die Nährstoffe, insbesondere Stickstoffverbindungen, welche aus den gefangenen Tieren aufgenommen werden, ermöglichen den fleischfressenden Pflanzen ein Leben in sauren, sumpfigen Böden, denen es an lebenswichtigen Mineralstoffen fehlt, vor allem an Nitrat. Die fleischfressenden Pflanzen besitzen zu Fallen umgewandelte Blätter. Sie sind oft leuchtend gefärbt und geben Nektar ab, um ihre Opfer anzulocken. Mit Hilfe von Enzymen verdauen die Pflanzen ihre Opfer. Man unterscheidet drei Typen von Fallen. Kannenstrauch und Kobrapflanze besitzen krugförmige Fallgrubenfallen, die zur Hälfte mit Wasser gefüllt sind. Die Insekten werden dabei durch eine Öffnung in die Falle gelockt, rutschen über die Fallenoberfläche, fallen in die Flüssigkeit und werden dort verdaut. Die Venusfliegenfalle besitzt einen Klappfallenmechanismus. Berührt ein Insekt die Borsten an den Innenseiten der Blätter, so klappen die beiden Blatthälften zusammen. Fettkraut und Sonnentau fangen ihre Opfer mit Hilfe klebriger Tröpfchen auf der Blattoberfläche. Ist ein Insekt dort gelandet, rollt sich das Blatt ein und verdaut das Opfer.

FALLGRUBENPFLANZE
Kobrapflanze (*Darlingtonia californica*)

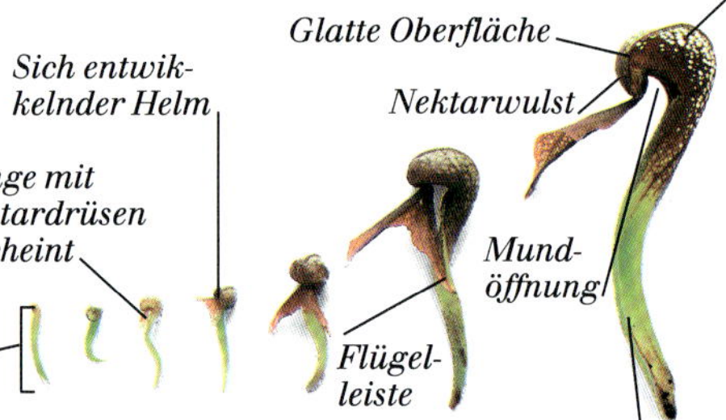

Entwicklung eines abgewandelten Blattes der Kobrapflanze

VENUSFLIEGENFALLE
(*Dionaea muscipula*)

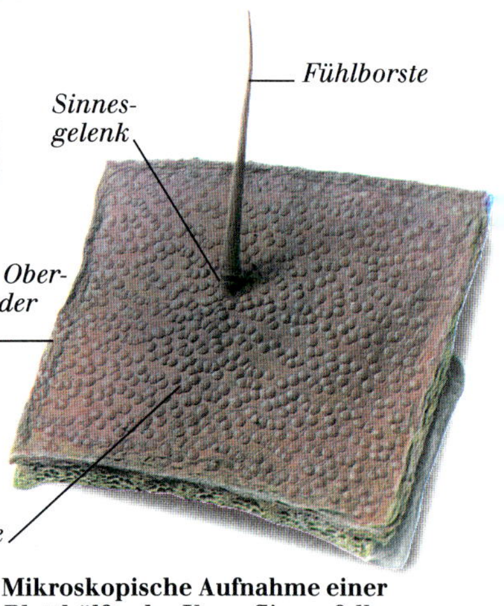

Mikroskopische Aufnahme einer Blatthälfte der Venusfliegenfalle

FALLGRUBENPFLANZE
Kannenstrauch
(*Nepenthes mirabalis*)

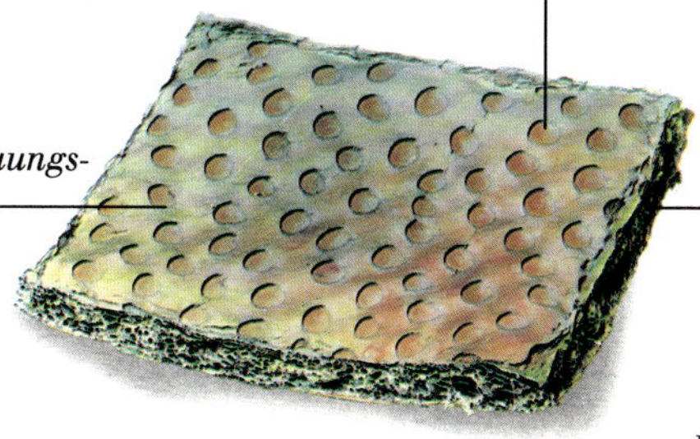

Mikroskopische Aufnahme der Wand einer Fallgrube

Entwicklung eines abgewandelten Blattes der Fallgrubenpflanze

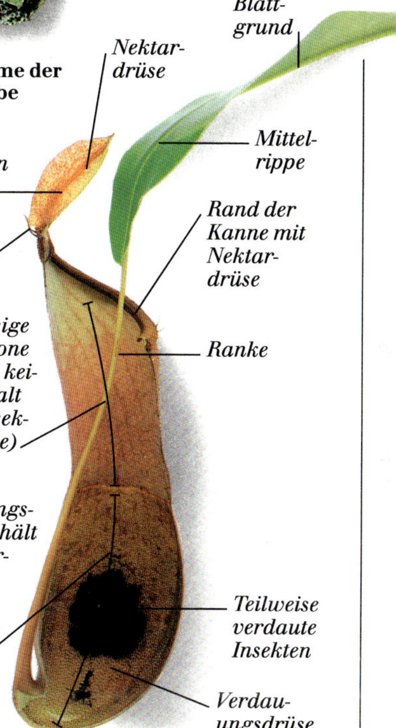

Schnitt durch die Kanne

FETTKRAUT
(*Pinguicula caudata*)

Mikroskopische Aufnahme eines Fettkrautblattes

Aufsitzer und Schmarotzer

Aufsitzer- und Schmarotzerpflanzen wachsen auf anderen lebenden Pflanzen. Aufsitzerpflanzen (Epiphyten) sind nicht im Boden verwurzelt und leben auf Ästen und Zweigen anderer Pflanzen. Sie nutzen das Wasser aus Niederschlägen und der Luftfeuchtigkeit. Auch die Epiphyten gehören zu den Photosynthese betreibenden Pflanzen. Mineralstoffe, die andere Pflanzen aus dem Boden beziehen, finden sie in organischen Materialien, die sich auf der Oberfläche von Wirtspflanzen angesammelt haben. Zu den Epiphyten gehören tropische Orchideen, Bromeliaceen und einige Moose, die in den gemäßigten Zonen vorkommen. Schmarotzerpflanzen (Parasiten) erhalten von der Wirtspflanze, auf der sie wachsen, alle lebensnotwendigen Stoffe. Über Saugwurzeln zapfen sie das Leitgewebe des Wirts an und entnehmen Wasser, Mineral- und Nährstoffe. Da für den Parasiten keine Notwendigkeit für die Nährstoffproduktion besteht, fehlen ihm Chlorophyll und Laubblätter. Halbparasiten (z. B. Mistel) entziehen der Wirtspflanze Wasser und Mineralstoffe. Sie besitzen jedoch grüne Sprosse und Blätter und treiben Photosynthese.

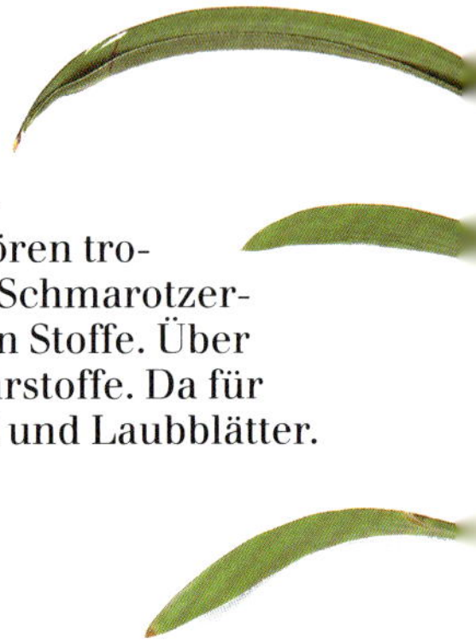

AUFSITZENDE BROMELIE
(*Aechmea miniata*)

EPIPHYTISCHE ORCHIDEE
(*Brassavola nodosa*)

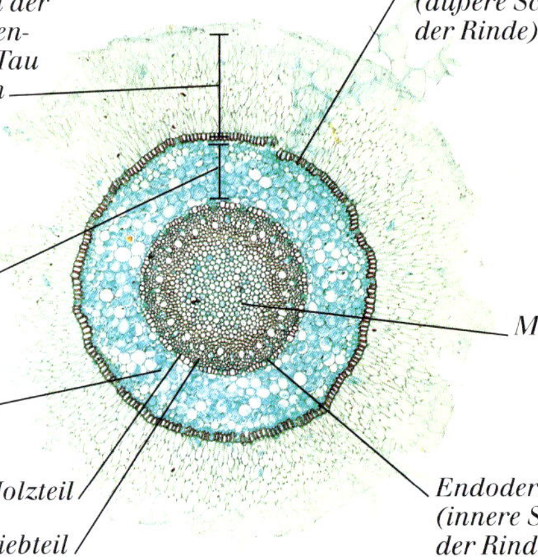

Mikroskopische Aufnahme eines Querschnitts durch die Luftwurzel einer epiphytischen Orchidee

Längsschnitt durch eine aufsitzende Bromelie
Gutsmanie (*Guzmania lingulata*)

Wurzelschmarotzer
Sommerwurz
(*Orobanche sp.*)

Spross-Schmarotzer
Europäische Seide
(*Cuscuta europaea*)

Außenansicht einer von Seide parasitierten Pflanze

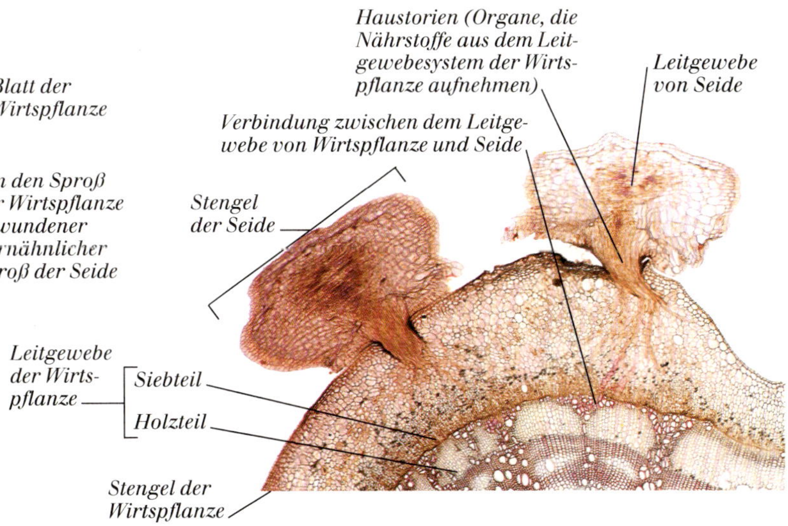

Mikroskopische Aufnahme eines Querschnitts durch den Sproß einer durch Seide parasitierten Pflanze

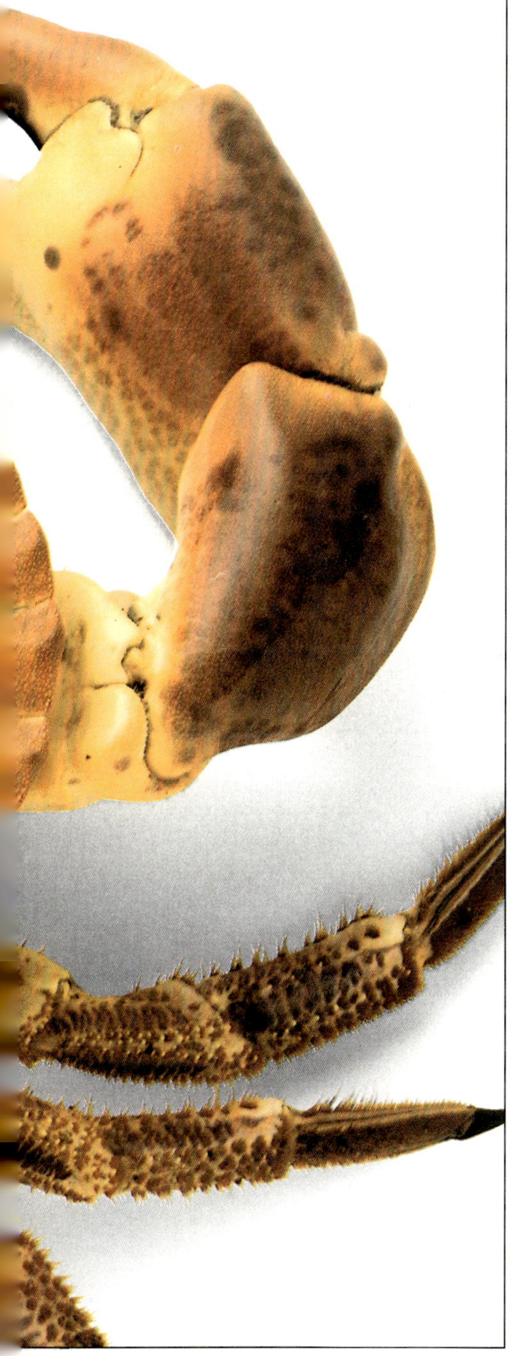

TIERE

SCHWÄMME, QUALLEN UND SEEANEMONEN ... 172
INSEKTEN ... 174
SPINNENTIERE ... 176
KREBSE ... 178
SEESTERNE UND SEEIGEL ... 180
WEICHTIERE ... 182
HAIE UND KIEFERLOSE FISCHE ... 184
KNOCHENFISCHE ... 186
LURCHE ... 188
ECHSEN UND SCHLANGEN ... 190
KROKODILE UND SCHILDKRÖTEN ... 192
VÖGEL 1 ... 194
VÖGEL 2 ... 196
EIER ... 198
RAUBTIERE ... 200
HASEN UND NAGETIERE ... 202
HUFTIERE ... 204
LEICHTE PFERDE ... 206
SCHWERE PFERDE ... 208
ELEFANTEN ... 210
PRIMATEN ... 212
DELPHINE, WALE UND ROBBEN ... 214
BEUTELTIERE UND KLOAKENTIERE ... 216

Schwämme, Quallen und Seeanemonen

Schwämme (Stamm Porifera) sind sehr einfach gebaute, in der Mehrzahl marine, koloniebildende Tiere ohne echtes Gewebe und Organe. Ihre Körperwand besteht aus zwei Zellschichten, die durch eine glatte Mittelschicht (Mesogloea) getrennt sind. Die Mittelschicht wird durch Proteinfasern (Spongin) oder Nadeln aus Kalk oder Kieselsäure verstärkt. Die Körperwand ist von zahlreichen verschließbaren kleinen Poren durchsetzt, durch die mit dem bewegten Wasser kleinste Nahrungspartikel einströmen. Quallen (Klasse Scyphozoa), Seeanemonen und Korallen (beide Klasse Anthozoa) gehören zum Stamm der Cnidaria (Nesseltiere). Ihr Bau ist wesentlich komplexer und zeichnet sich durch einen radiärsymmetrischen Körperbau sowie die Ausbildung echten Gewebes und eines Nerven- und Muskelsystems aus. Die Mundöffnung ist von Tentakeln umgeben und mit den ausschließlich bei den Cnidariern vorkommenden Nesselzellen (Cnidocyten) besetzt.

Anatomie eines Schwammes

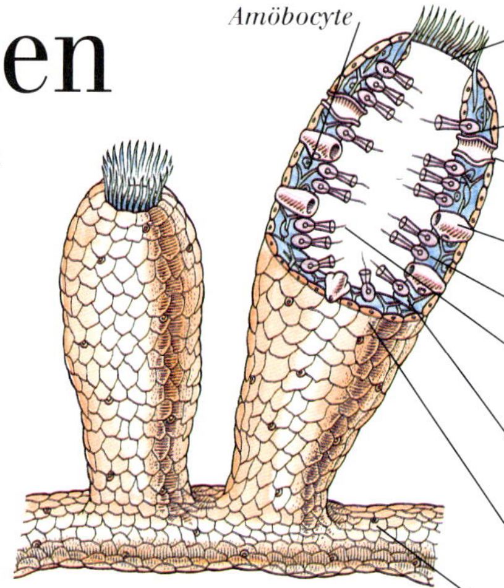

Skelett eines Schwammes

Äussere Merkmale einer Seeanemone

Beispiele für Seeanemonen

LEBENDBILD EINER QUALLE

ANATOMIE EINER QUALLE

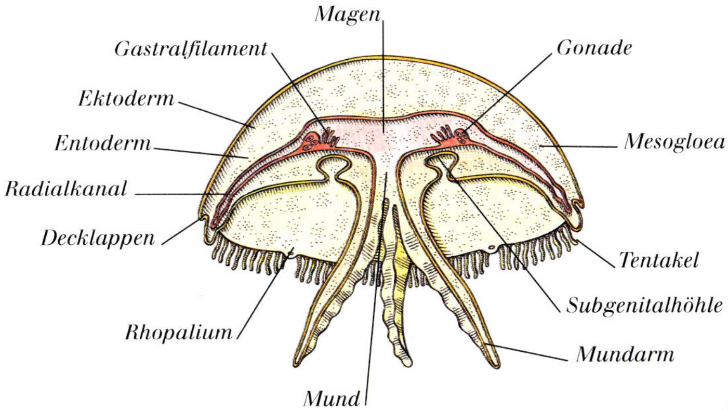

BEISPIELE FÜR KORALLEN

Lochkoralle
(*Goniastrea aspera*)

Pilzkoralle
(*Fungia fungites*)

Sternkoralle
(*Balanophyllia regia*)

BAU EINER NESSELZELLE

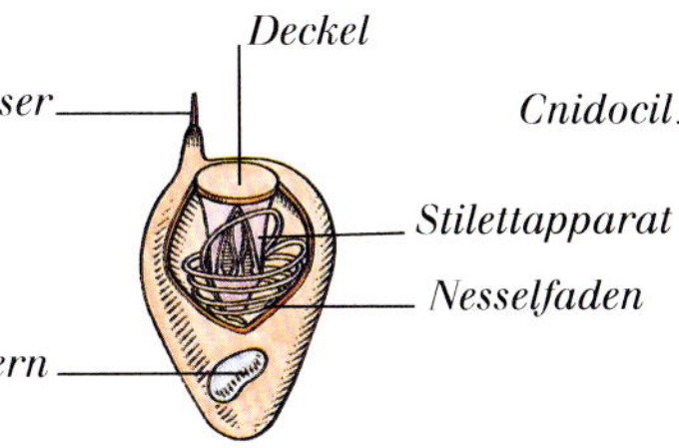

Vor der Entladung

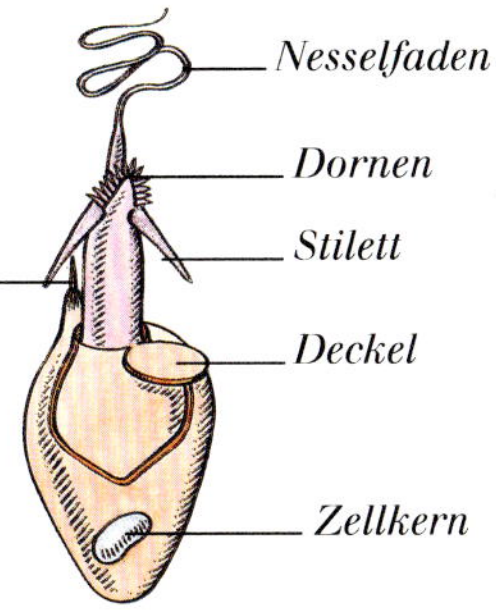

Nach der Entladung

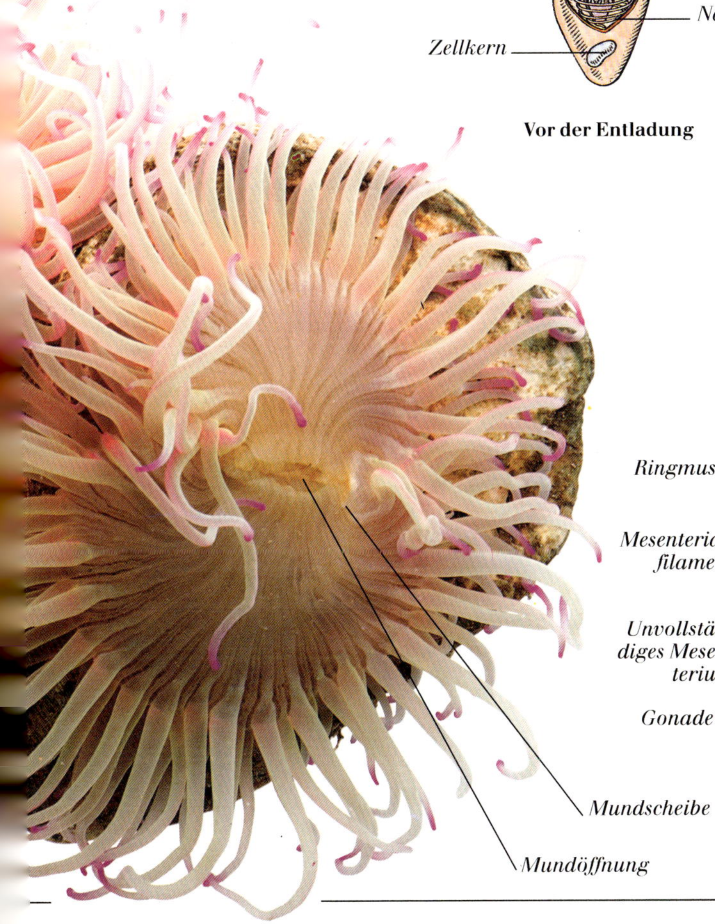

ANATOMIE EINER SEEANEMONE

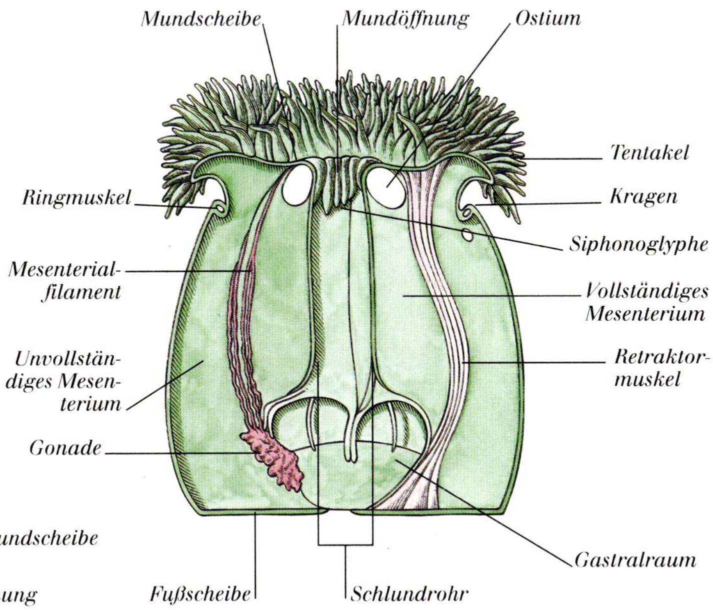

Insekten

Puppe

Käfer, Ameisen und Bienen gehören zu verschiedenen Ordnungen innerhalb der Insecta. Die Käfer (Ordnung Coleoptera) sind mit rund 300 000 Arten die größte Gruppe der Insekten. Ihr charakteristisches Merkmal sind die zu einem Paar harter Deckflügel (Elytren) umgebildeten Vorderflügel. Diese schützen die zum Fliegen dienenden Hinterflügel. Die Ameisen bilden zusammen mit Bienen und Wespen die Ordnung der Hymenoptera (Hautflügler), die etwa 200 000 Arten umfaßt. Diese Gruppe zeichnet sich durch eine deutliche Einschnürung zwischen Brust und Hinterleib aus. Beide Ordnungen besitzen zusätzlich Merkmale, die allen Insekten gemein sind: ein Außenskelett, drei Paar Gliederfüße, drei Körperabschnitte (Kopf, Brust und Hinterleib) sowie ein Paar sensorische Antennen. Die Schmetterlinge (Ordnung Lepidoptera) bilden mit mehr als 150 000 Arten (etwa 15 Prozent aller bekannten Insekten) eine der zahl- und artenreichsten Gruppen innerhalb der großen Klasse der Insecta. Als charakteristisches Merkmal besitzen sie Flügel, die wie ihr ganzer Körper mit feinen Schuppen bedeckt sind. Ihre Mundwerkzeuge sind zu einem Saugrüssel umgebildet. Weitere Merkmale haben sie mit allen anderen Insekten gemeinsam: das Außenskelett, drei Paar Gliederfüße, die Dreiteilung des Körpers in Kopf, Brust und Hinterleib sowie ein Fühlerpaar (Antennen). Wie einige andere Insektenordnungen durchlaufen Schmetterlinge in ihrem Lebenszyklus eine vollständige Metamorphose vom Ei zur Larve (Raupe), dann zur Puppe und schließlich zur Imago (Falter).

Verschiedene Insekten

Hummel

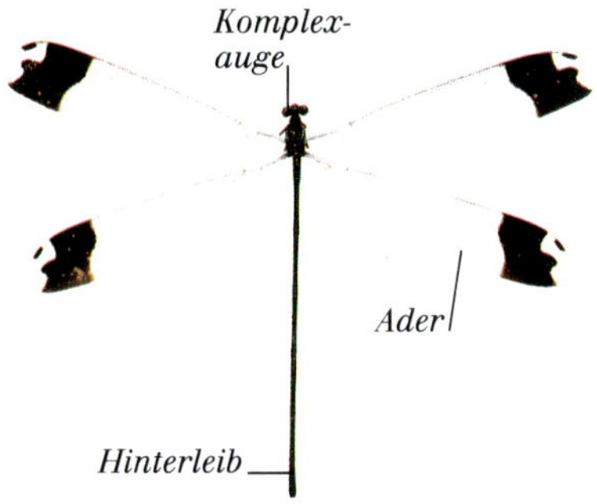

Libelle

Grille

Ameise

Fliege

Ohrwurm

Äussere Merkmale eines Käfers

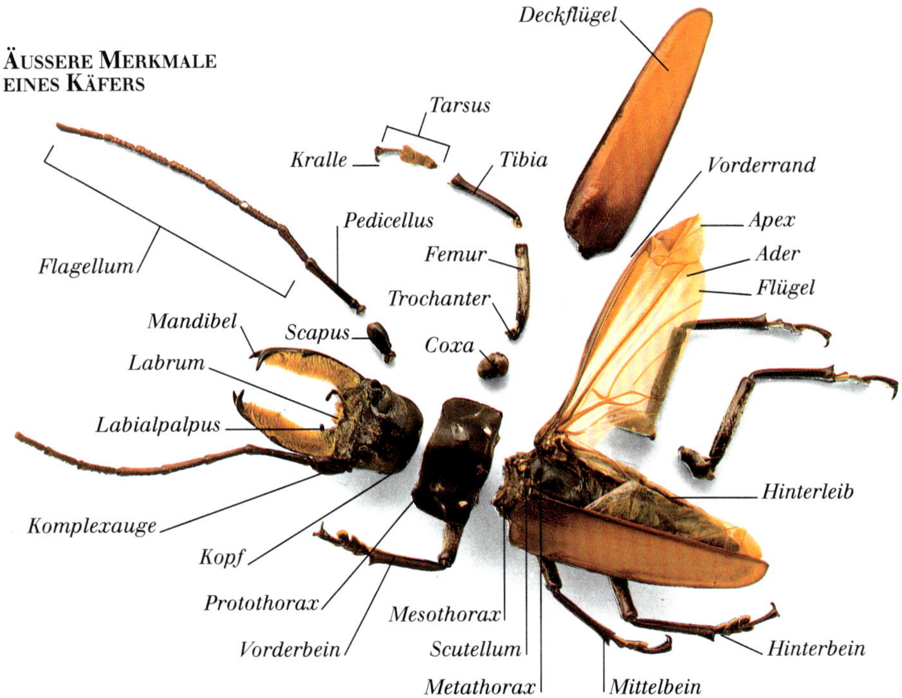

Äussere Merkmale einer Raupe

Äussere Merkmale eines Schmetterlings

Anatomie eines weiblichen Schmetterlings

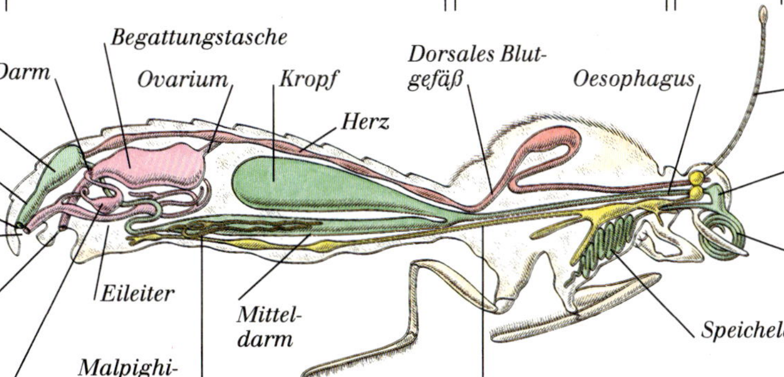

Spinnentiere

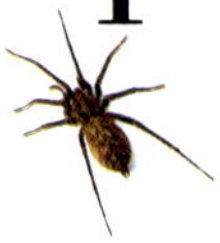

Die Klasse der Spinnentiere (Arachnida) schließt verschiedene Tiergruppen ein, deren bekannteste Vertreter die Spinnen (Ordnung der Araneae) und Skorpione (Ordnung der Scorpiones) sind. Zusammen mit den Insekten und den Krebsen bilden die Arachnida den Stamm der Arthropoda. Neben den vier Laufbeinpaaren ist bei ihnen ein weiteres Beinpaar bei Spinnen zu Tastern und bei Skorpionen zu kräftigen Fangwerkzeugen umgebildet. Sie besitzen ein Paar zangenähnlicher Mundwerkzeuge, die Cheliceren. Im Gegensatz zu anderen Arthropoden fehlen ihnen Antennen. Der Rumpf gliedert sich in Vorderkörper (Prosoma) und Hinterkörper (Opisthosoma). Spinnen und Skorpione leben räuberisch. Während Spinnen ihre Beute durch einen Biß mit den Cheliceren betäuben, benutzen Skorpione hierfür die in einem Giftstachel endende Schwanzspitze.

Tarantel
(*Euathlus emilia*)

Anatomie einer weiblichen Spinne

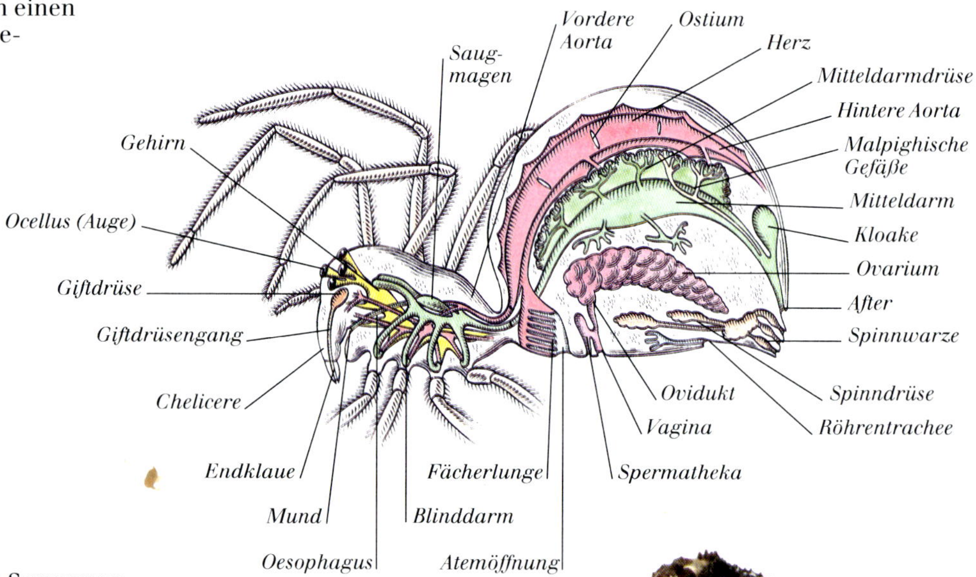

Äussere Merkmale eines Skorpions

Verschiedene Spinnen

Gerandete Jagdspinne (*Dolomedes fimbriatus*)

Kugelspinne (*Nuctenea umbratica*)

Jägerspinne (*Heteropoda venatoria*)

Schwarze Witwe (*Latrodectus mactans*)

Hausspinne (*Tegenaria gigantea*)

Äussere Merkmale einer Spinne

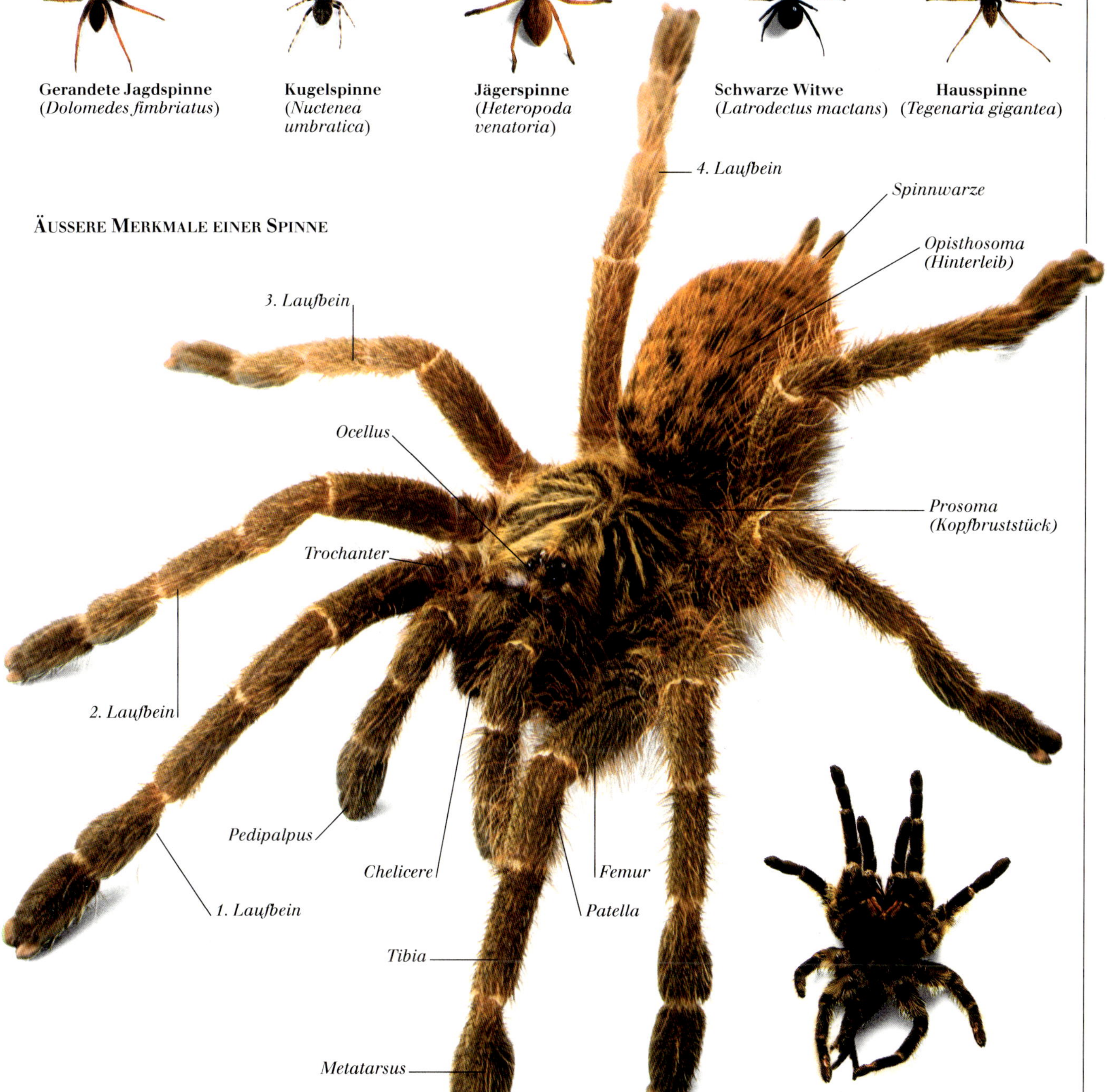

Exuvie einer Tarantel
Spinnen müssen ihr starres Außenskelett mehrfach abstreifen, um wachsen zu können. Während dieser Häutung bricht das Außenskelett an bestimmten Stellen auf, und die Spinne entschlüpft der alten Hülle (Exuvie).

Krebse

Die Krebse (Unterstamm Crustacea) sind eine der größten Gruppen innerhalb des Stammes der Arthropoda. Der Unterstamm umfaßt mehrere Klassen. Die wichtigsten sind die Malacostraca und die Cirripedia. Zur Klasse der Malacostraca zählen beispielsweise Flußkrebse, Hummer, Krabben und Garnelen. Charakteristische Merkmale dieser Tiere sind die gestielten Komplexaugen, zwei Paar Antennen, das harte Außenskelett und die Gliederung des Körpers in Cephalothorax (Kopf und Brust verschmolzen) und Abdomen (Pleon). Der Cephalothorax wird von einem gewölbten Rückenschild (Carapax) umschlossen. Die Klasse der Cirripedia (Rankenfüßer) umfaßt in der Mehrzahl festsitzende Krebse (Entenmuscheln, Seepocken). Ihr Körper wird von einem zweiklappigen Carapax umschlossen, in dessen Außenwand verschiedene Kalkplatten eingelagert sind. Kopf und Hinterleib sind stark reduziert, die sechs Beinpaare zu rankenförmigen Filterorganen umgebildet.

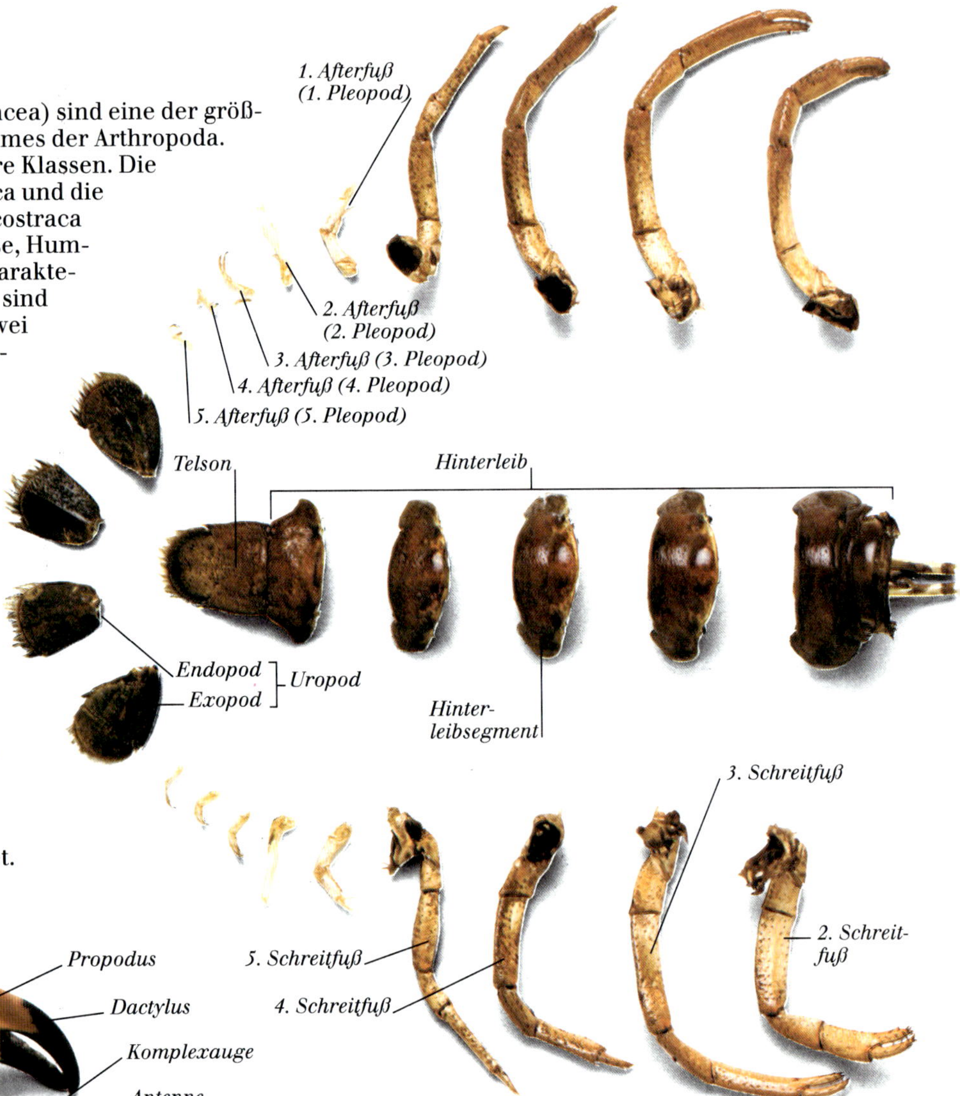

Äussere Merkmale einer Krabbe

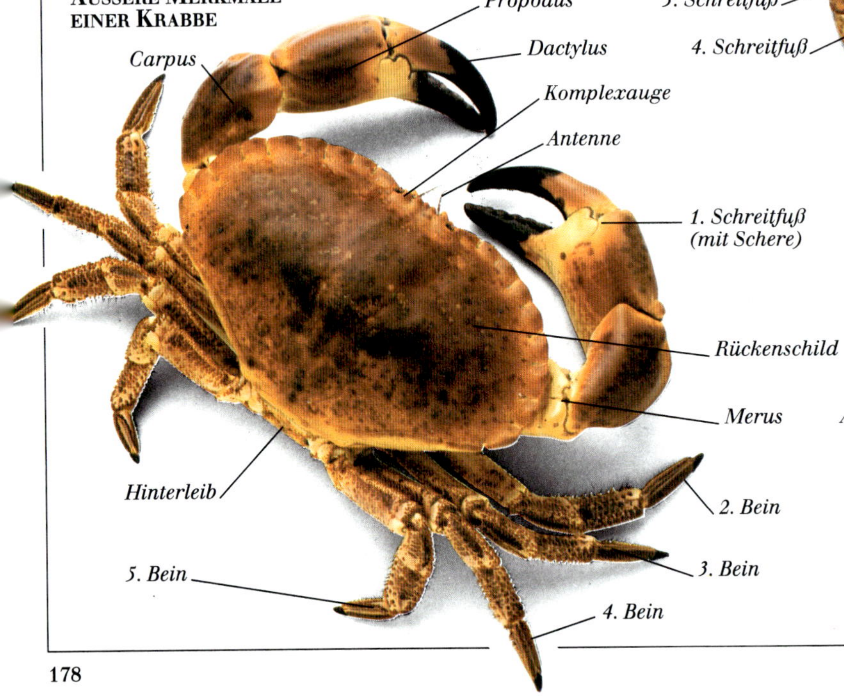

Äussere Merkmale einer Garnele

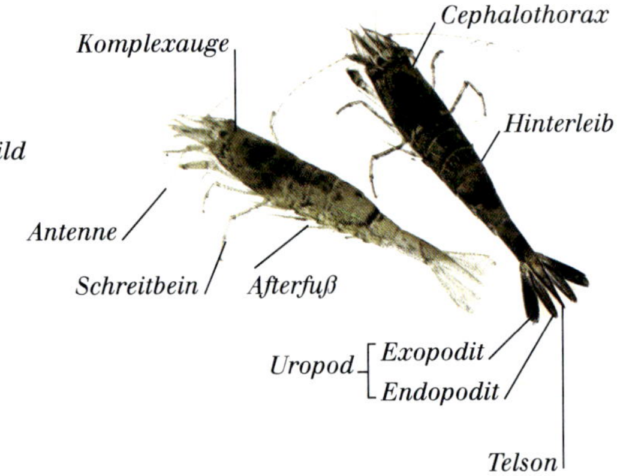

Äussere Merkmale eines Flusskrebses

Äussere Merkmale einer Entenmuschel

Anatomie einer Entenmuschel

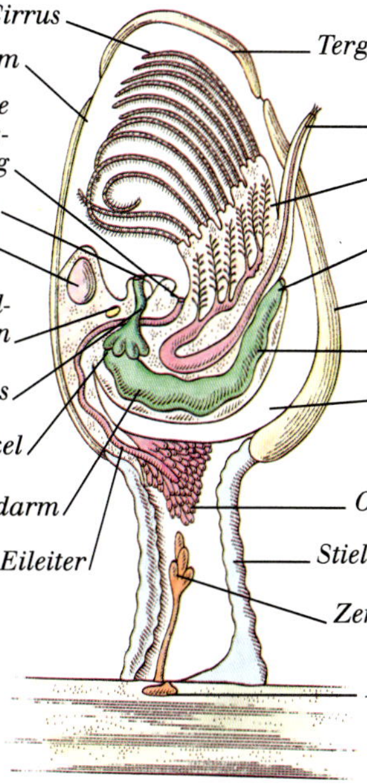

Anatomie eines weiblichen Flusskrebses

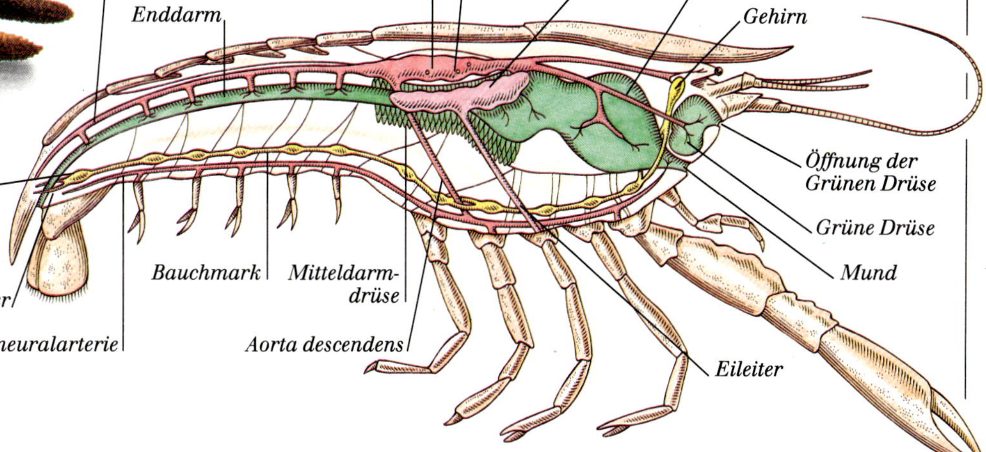

Seesterne und Seeigel

Seesterne, Seeigel und ihre Verwandten (Schlangensterne, Haarsterne und Seegurken) bilden zusammen den Stamm der Stachelhäuter (Echinodermata). Besonderes Merkmal dieser Gruppe sind die kompliziert gebauten coelomatischen Kanalsysteme. Eines dieser Systeme, das sogenannte Wassergefäßsystem, bildet Tausende kleiner, tentakelartig beweglicher Hautschläuche (Füßchen) aus, die als Fühler, zur Nahrungsaufnahme, aber auch zur Fortbewegung dienen. Charakteristisch sind weiterhin die fünfstrahlige Radiärsymmetrie, das Fehlen eines Kopfes, fehlende Exkretionsorgane und ein diffuses, dezentralisiertes Nervensystem ohne Gehirn. Das Außenskelett der Stachelhäuter besteht aus harten Calcitplättchen, die verstreut in der Unterhaut liegen können (Seegurken), oft aber zu größeren Platten zusammengeschlossen sind und letztlich eine starre Schale bilden (Seeigel). Zum Skelett gehören auch die Stacheln, die den Calcitplättchen gelenkig aufsitzen.

ÄUSSERE MERKMALE EINES SEESTERNS

ANATOMIE EINES SEESTERNS

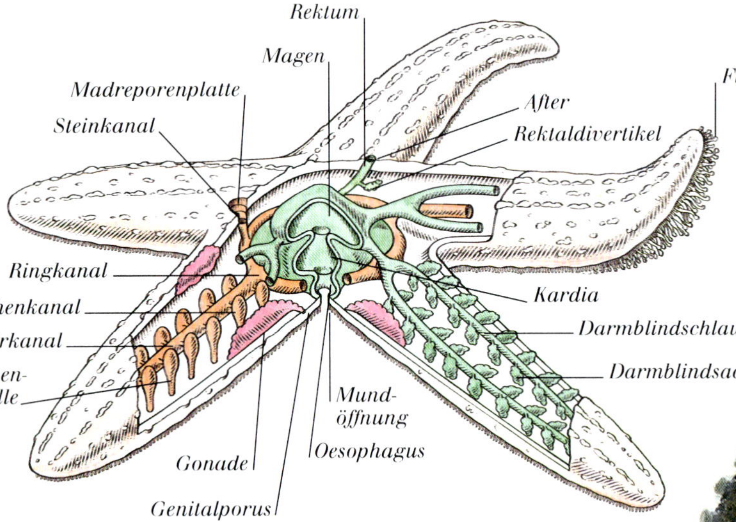

Beispiele für Seeigel

Eßbarer Seeigel
(*Echinus esculentus*)

Nordamerikanischer Purpurseeigel
(*Strongylocentrotus purpuratus*)

Griffelseeigel
(*Heterocentrotus mammillatus*)

Anatomie eines Seeigels

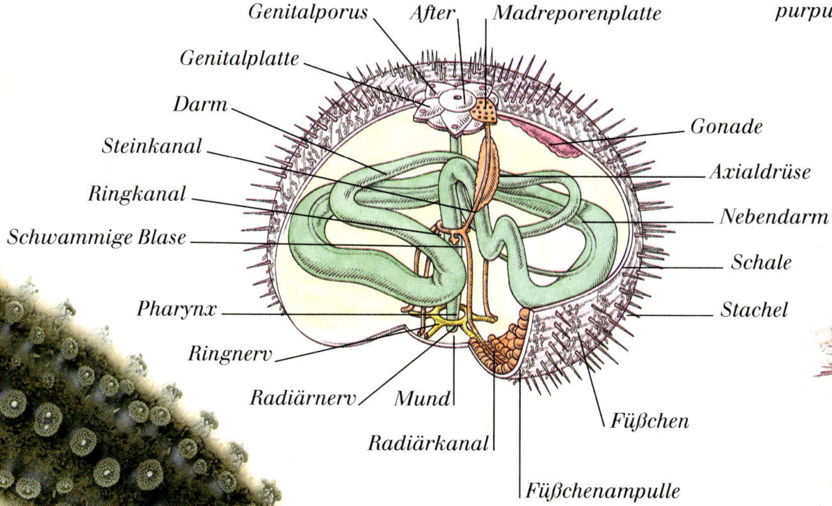

Äussere Merkmale eines Seeigels

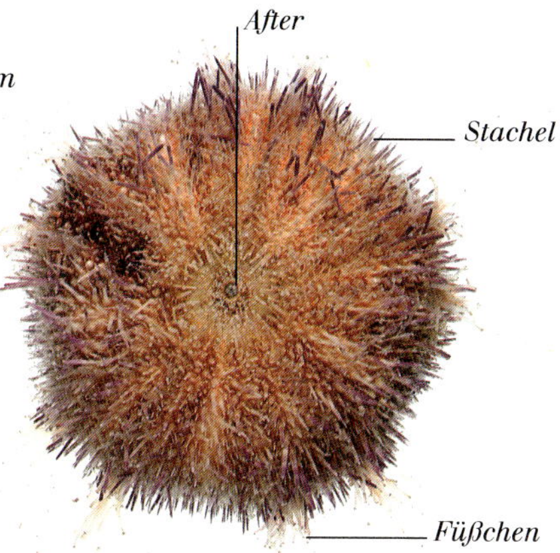

Beispiele für Seesterne

Fünfeckstern
(*Asterina gibbosa*)

Schlangenstern
(*Ophiothix fragilis*)

Gemeiner Seestern
(*Asterias rubens*)

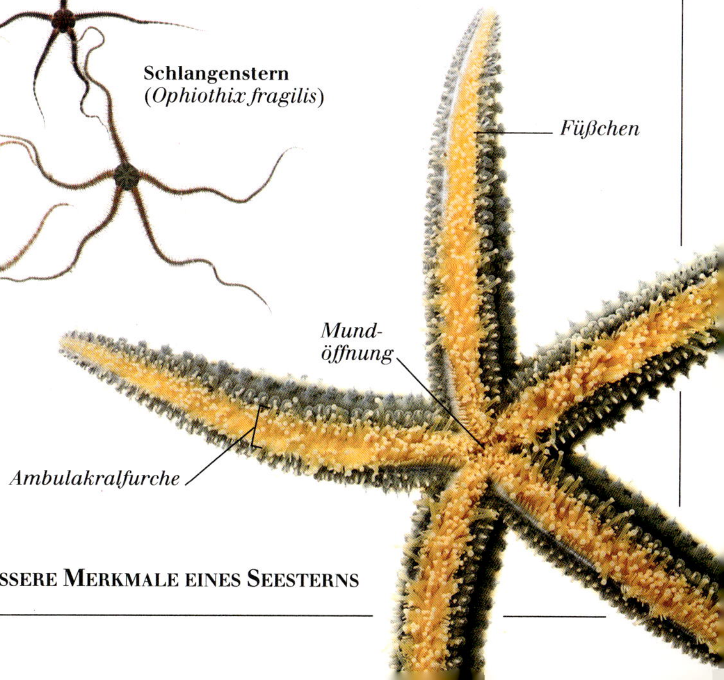

Äussere Merkmale eines Seesterns

Weichtiere

Der Stamm der Weichtiere (Mollusca) ist mit nahezu 130 000 Arten der zweitgrößte Tierstamm. Zu ihm gehören Schnecken (Klasse Gastropoda), Muscheln (Klasse Bivalvia) und Tintenfische (Klasse Cephalopoda). Typische Merkmale der Cephalopoden sind die saugnapftragenden Tentakel, das hochentwickelte Nervensystem, eine kleine oder fehlende äußere Schale sowie ein muskulöser Mantel (Teil der Körperwand), der mit großer Wucht Atemwasser durch den Sipho austreiben kann und dem Tier damit nach dem Rückstoßprinzip eine schnelle Fortbewegung ermöglicht. Im Mund sitzen zwei kräftige, hornige Kiefer (Schnabel) und eine Raspelzunge (Radula). Am Kopf der Gastropoden befinden sich Fühler und eine Radula. Ihre Schale ist meist gewunden, bei einigen Gruppen reduziert und nach innen verlegt (Wegschnecken) oder ganz zurückgebildet (Nacktschnecken). Den Muscheln fehlt eine Radula; ihre Schale besteht aus zwei Klappen. Die stark vergrößerten Kiemen dienen der Atmung und als Nahrungsfilter.

Äussere Merkmale einer Kammuschel

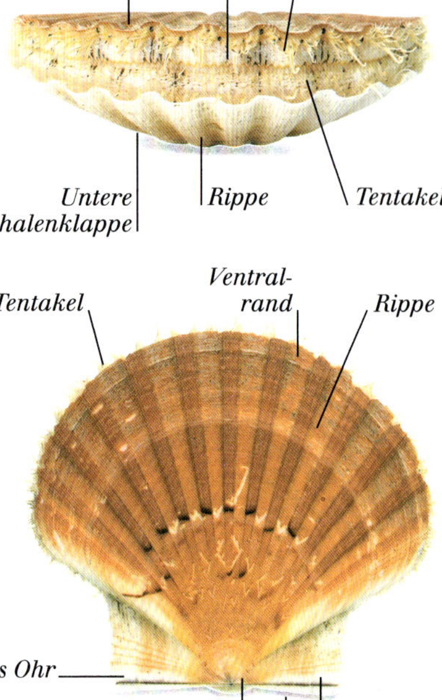

Anatomie eines Kraken

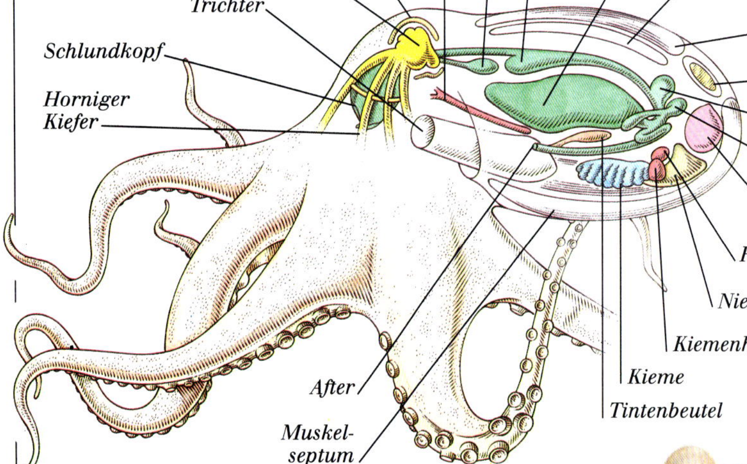

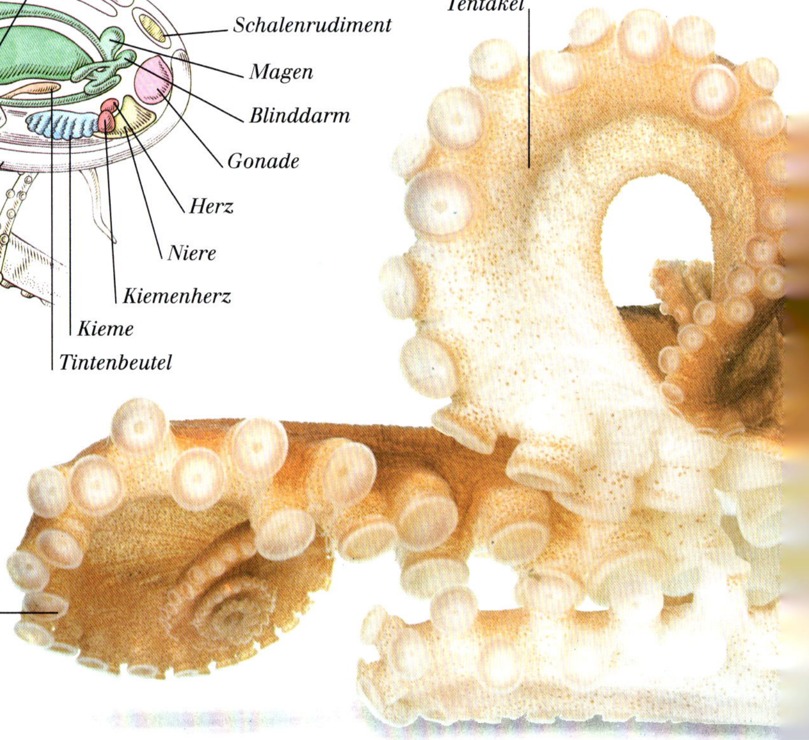

Äussere Merkmale einer Schnecke

Anatomie einer Schnecke

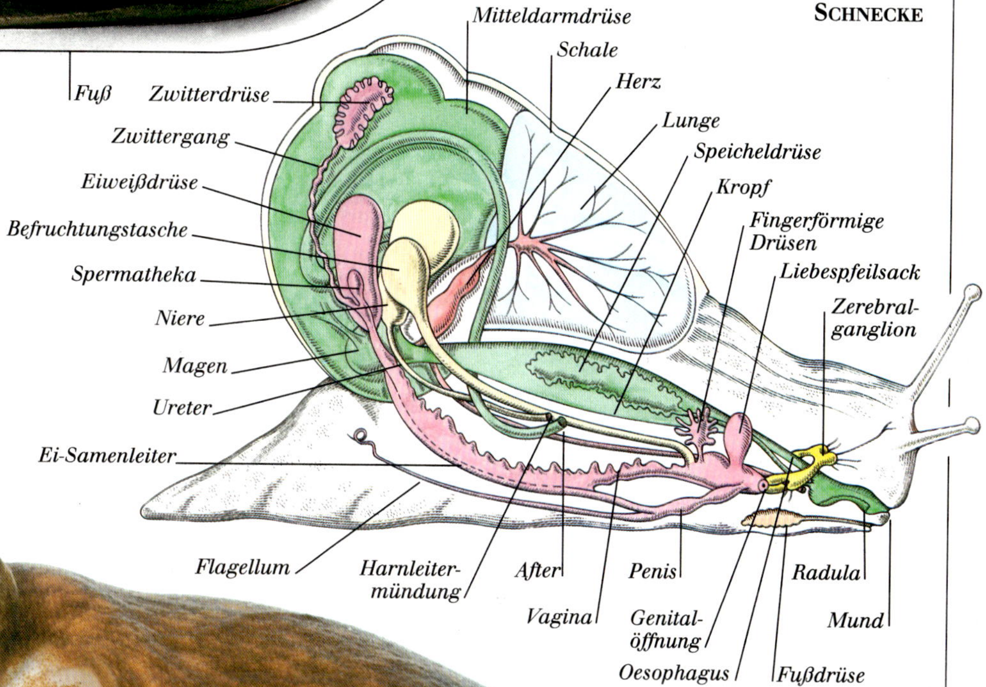

Äussere Merkmale eines Kraken

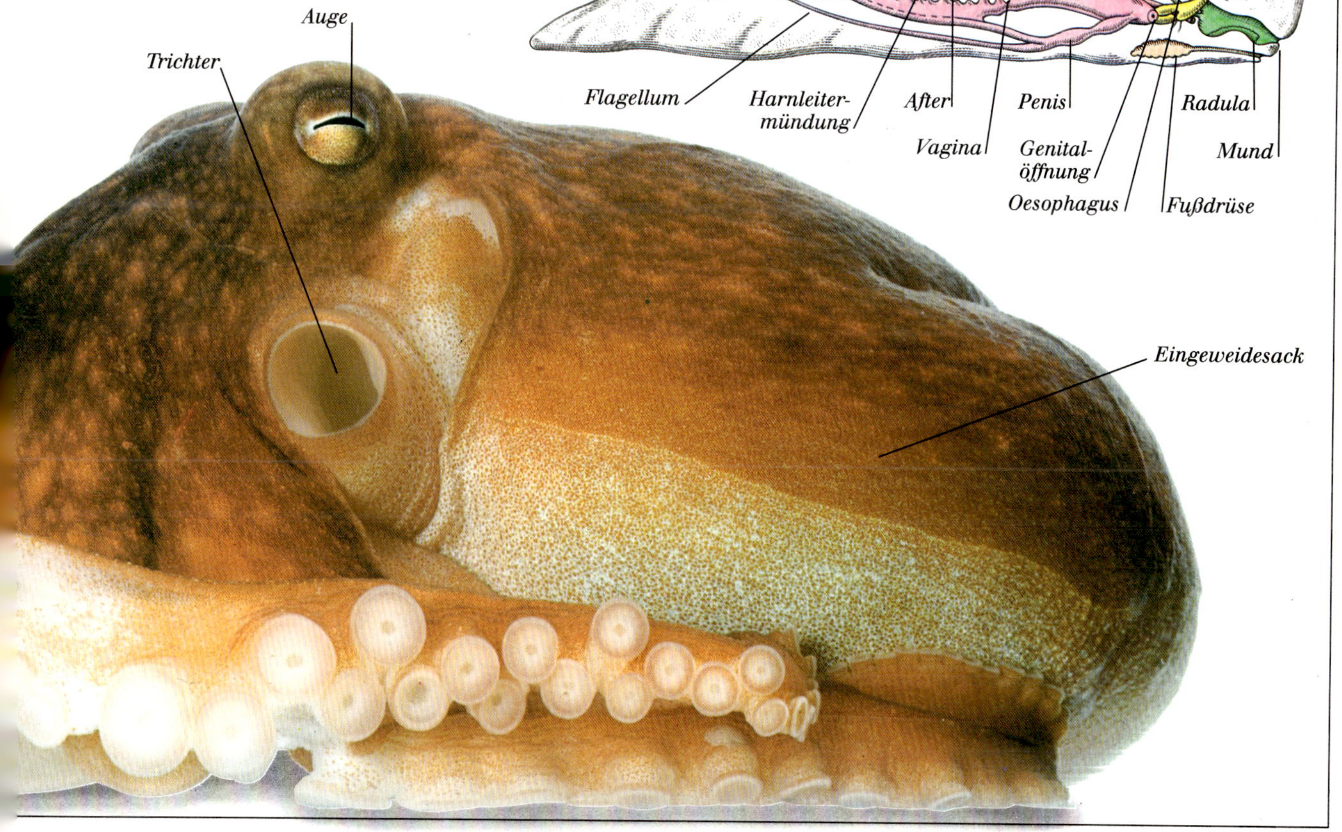

Haie und kieferlose Fische

Haie, Rochen und Seeratten gehören zur Klasse der Chondrichthyes (Knorpelfische), die gemeinsam mit den Osteichthyes (Knochenfische) innerhalb der Überklasse der Gnathostomata (Wirbeltiere mit Kiefer) die Reihe der Pisces (Fische) bilden. Knorpelfische haben, wie der Name besagt, ein knorpeliges Innenskelett. Dieses Charakteristikum und das Fehlen einer Schwimmblase unterscheidet sie von den Knochenfischen. Weitere äußere Merkmale der Haie und Rochen sind ihre harten, zahnähnlichen Schuppen. Die Überklasse der Agnatha (Wirbeltiere ohne Kiefer) umfaßt als einzige Klasse die Cyclostomata oder Rundmäuler (Neunaugen und Inger). Die Körperform dieser Tiere erinnert an Aale. Zu ihren charakteristischen Merkmalen zählen das kieferlose Maul, welches zu einem mit Hornzähnchen besetzten Haftorgan umgebildet ist, glatte, schleimige und schuppenlose Haut sowie die unpaarigen Flossen.

Haifischkiefer

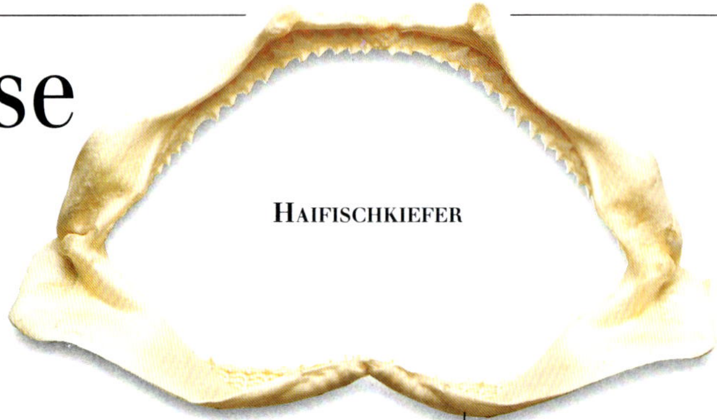

Äussere Merkmale eines Katzenhais

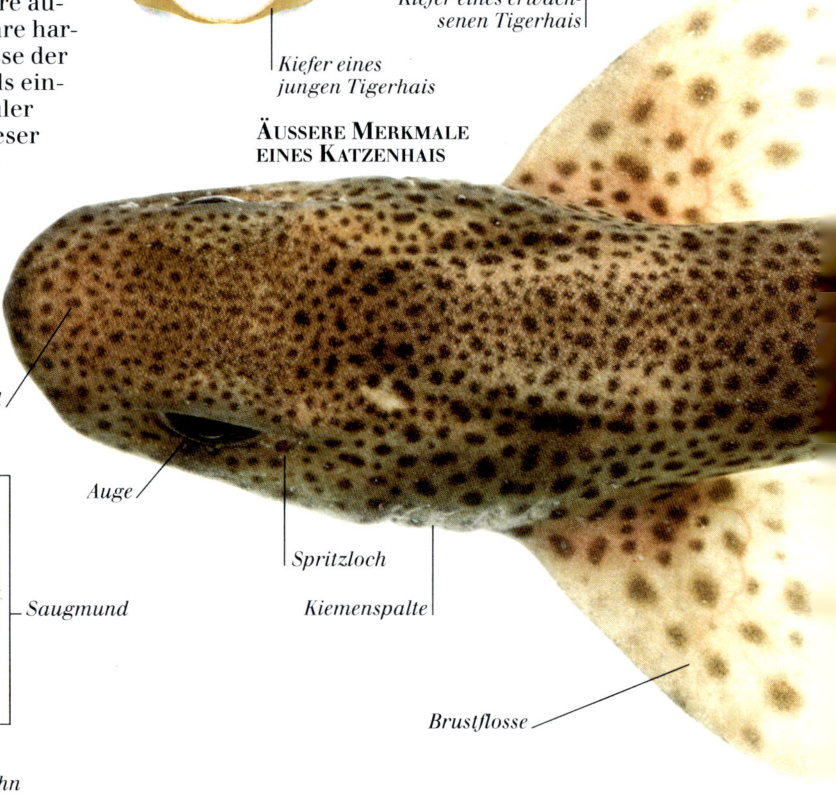

Äussere Merkmale eines Neunaugenkopfes

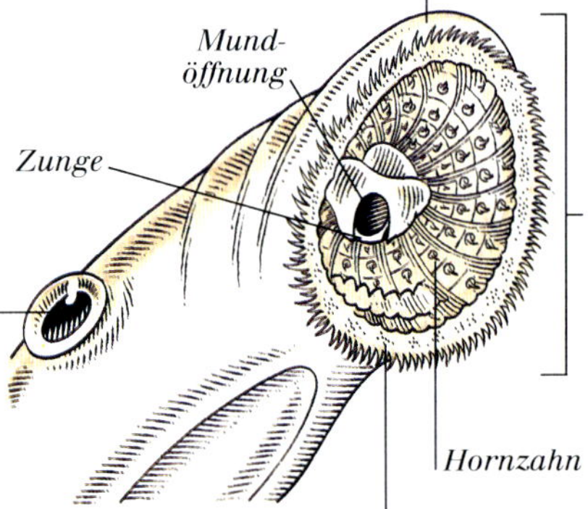

Äussere Merkmale eines Neunauges

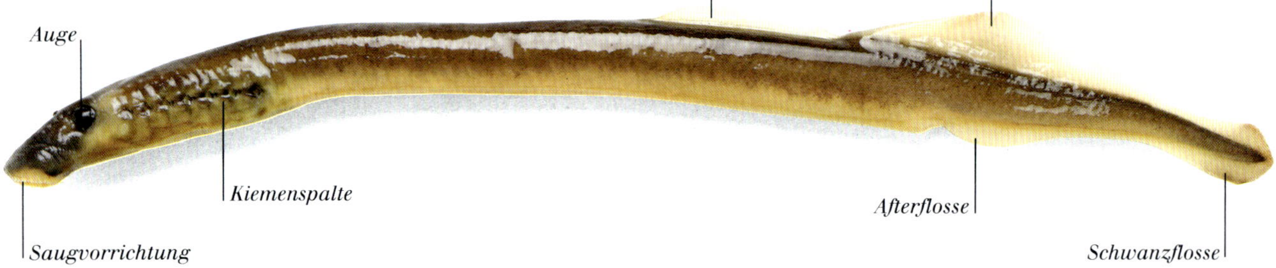

Beispiele für Knorpelfische

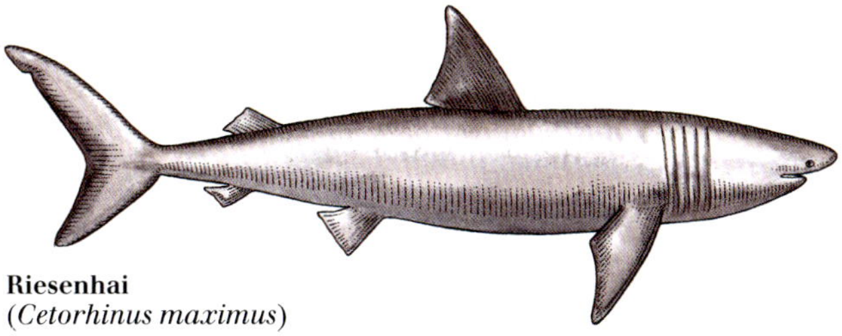

Riesenhai
(*Cetorhinus maximus*)

Tigerhai
(*Galeocerdo cuvieri*)

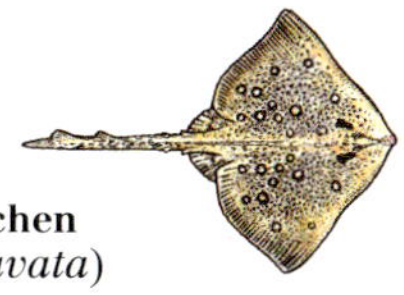

Nagelrochen
(*Raja clavata*)

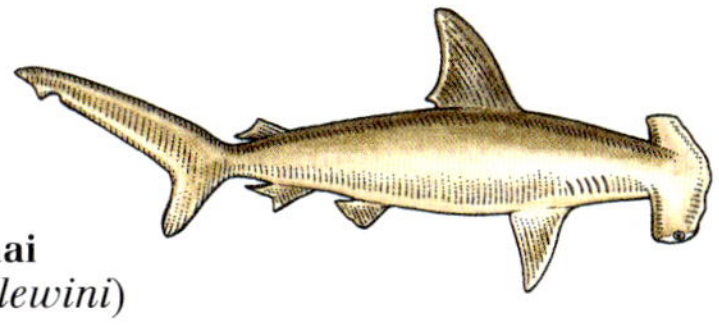

Hammerhai
(*Sphyrna lewini*)

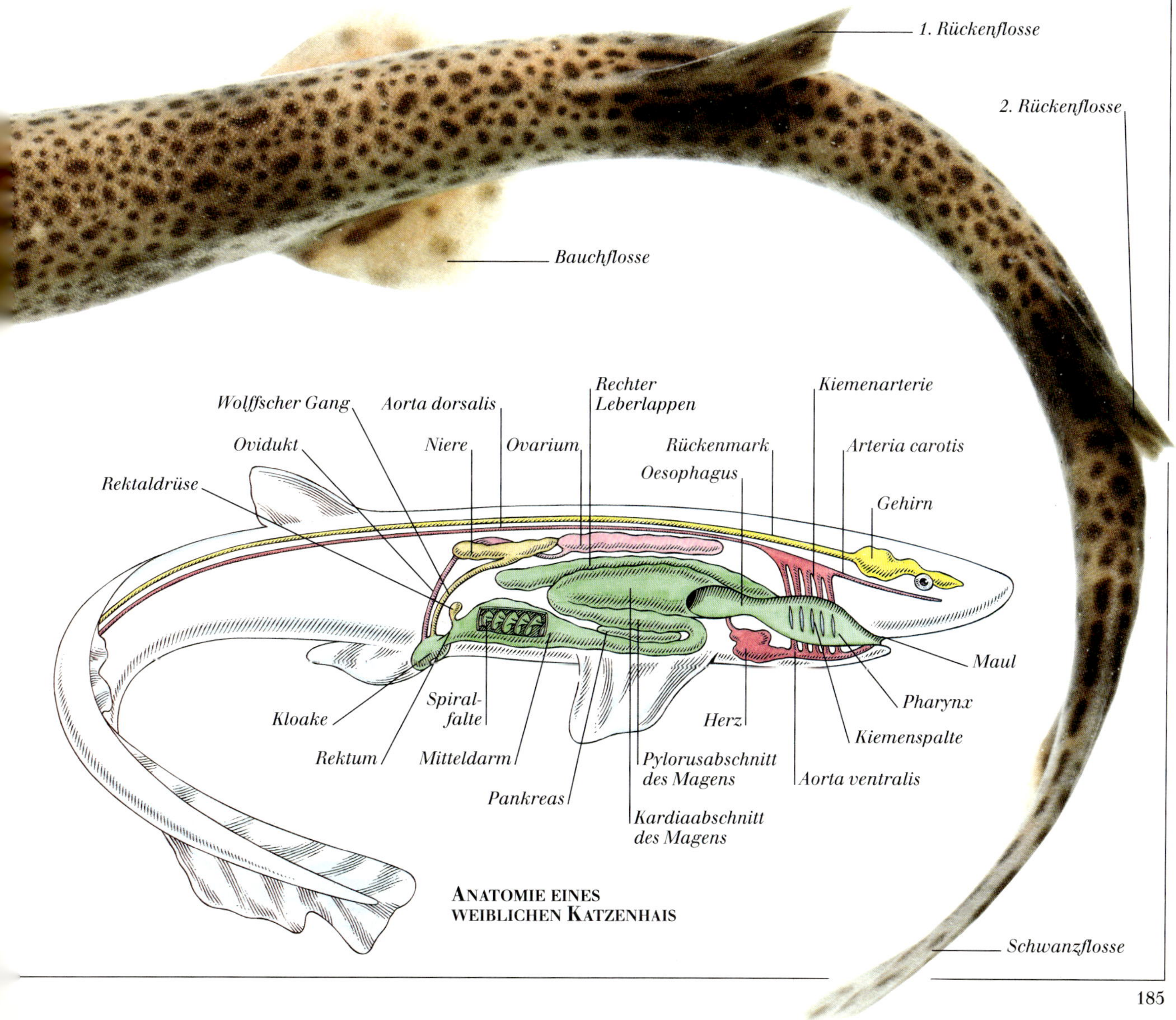

Anatomie eines weiblichen Katzenhais

Knochenfische

Knochenfische (Osteichthyes), wie Karpfen, Forellen, Lachse, Barsche oder Heringe, sind die bei weitem bekannteste und mit mehr als 20 000 Arten (das sind über 95 Prozent aller bekannten Fischarten) auch die größte Gruppe der Fische. Im Gegensatz zum knorpeligen Endoskelett der Chondrichthyes besitzen die Osteichthyes ein knöchernes Innenskelett. Die Kiemen liegen in einer gemeinsamen Kammer und werden von einem Kiemendeckel (Operculum) geschützt. Andere typische Merkmale sind die relativ dünnen, knochenähnlichen Schuppen, paarige Brust- und Bauchflossen und eine Schwimmblase. Hauptaufgabe dieses Organs ist es, dem Fisch ohne zusätzliche Muskelkraft den Aufenthalt in unterschiedlichen Wassertiefen zu ermöglichen.

Wie Fische atmen

Fische „atmen“, indem sie über die Kiemen den im Wasser gelösten Sauerstoff aufnehmen. Das Wasser strömt bei geschlossenen Kiemendeckeln durch das geöffnete Maul ein. Dann wird das Maul geschlossen. Durch die Bewegung der Kiemendeckel, die dabei wie eine leistungsstarke Saugpumpe wirken, fließt das Wasser an den Kiemen vorbei und hinter den Kiemendeckeln wieder nach außen. Einige Fische schwimmen mit geöffnetem Maul und nutzen das einströmende Stauwasser zur Atmung (passive Einatmung).

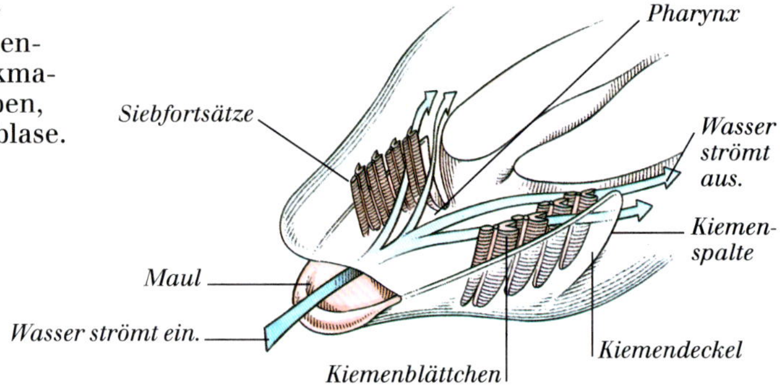

Beispiele für Knochenfische

Mandarinfisch
(*Synchiropus splendidus*)

Seepferdchen
(*Hippocampus kuda*)

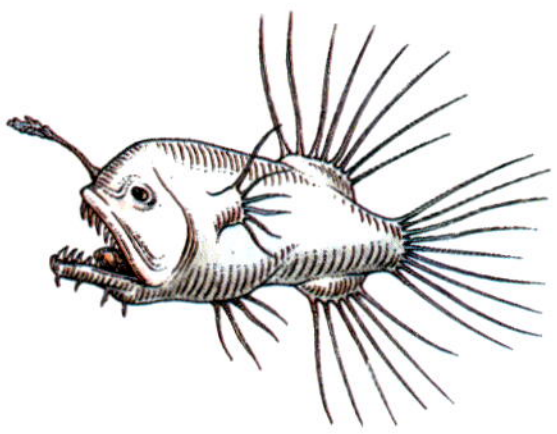

Anglerfisch
(*Caulophryne jordani*)

Strahlenrotfeuerfisch
(*Pterois volitans*)

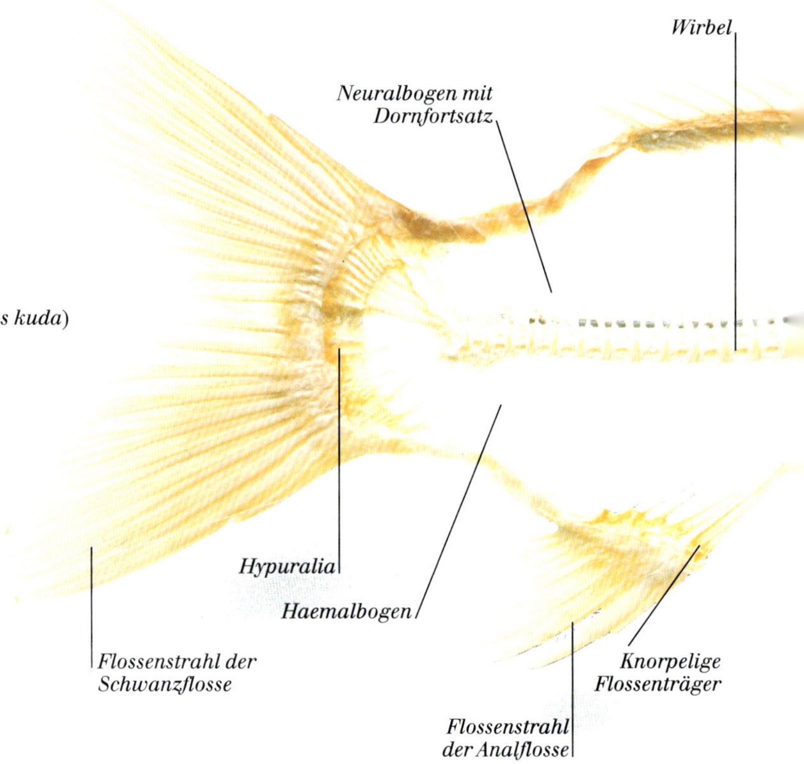

Atlantischer Stör
(*Acipenser sturio*)

Weiße Muräne
(*Echidna nebulosa*)

Anatomie eines weiblichen Knochenfisches

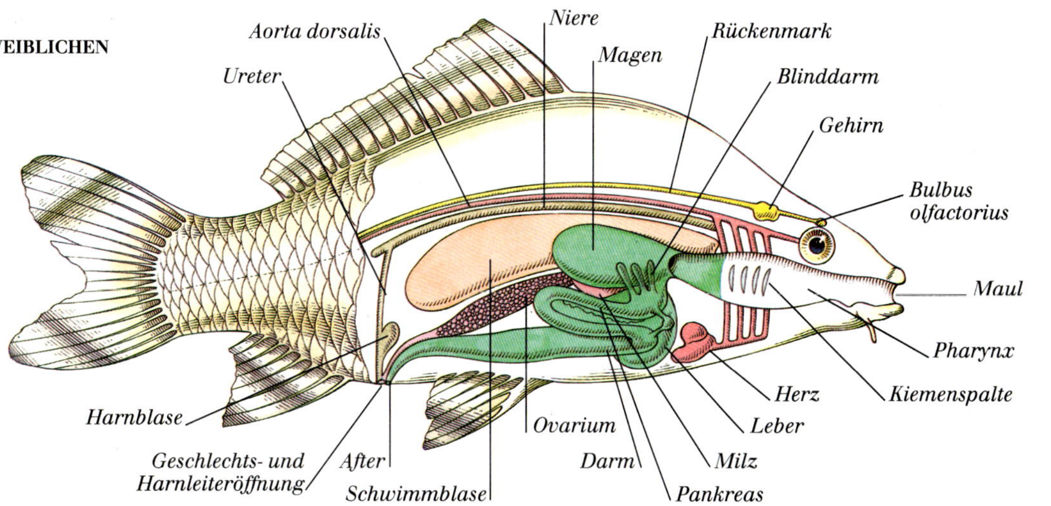

Skelett eines Knochenfisches

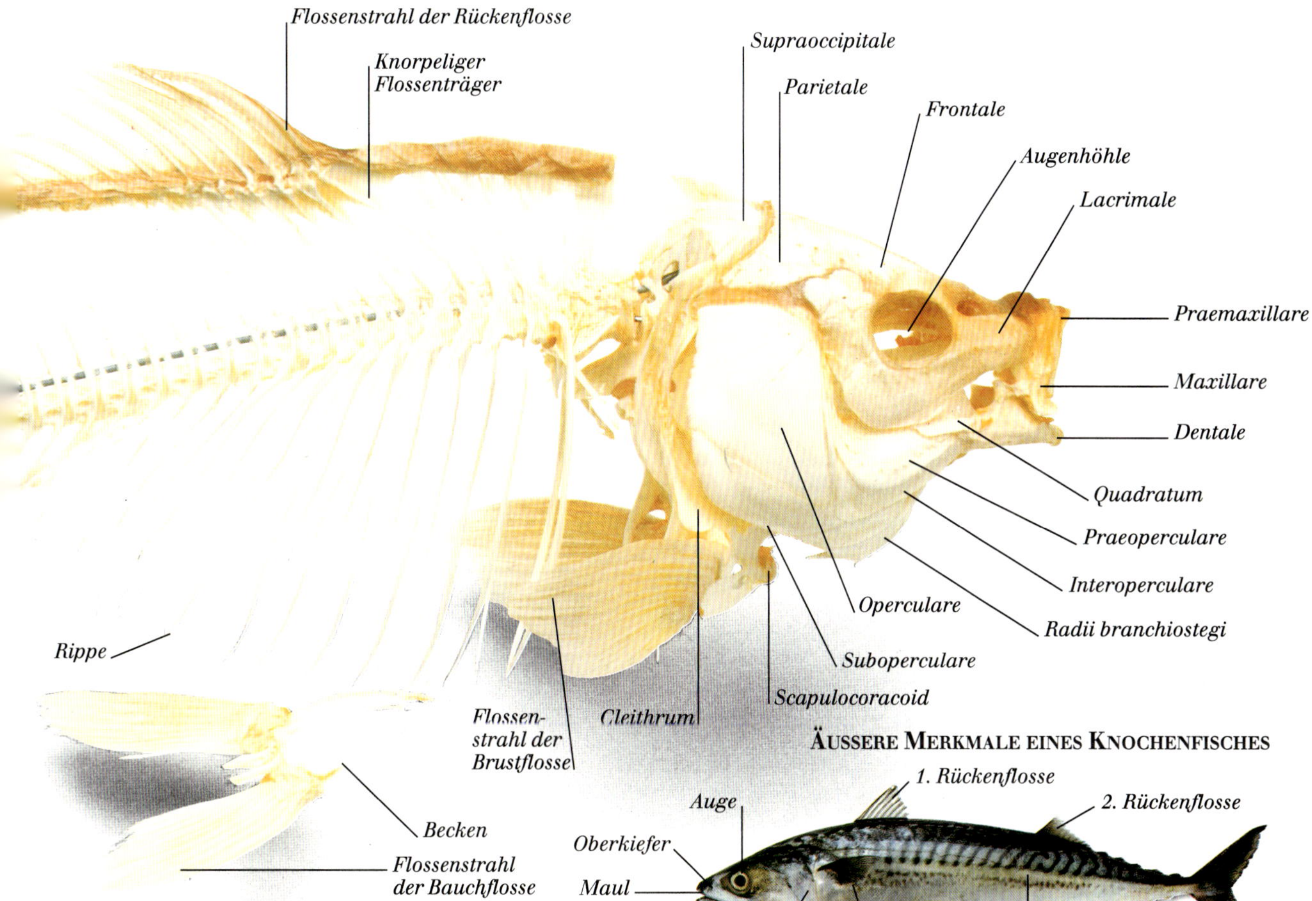

Äussere Merkmale eines Knochenfisches

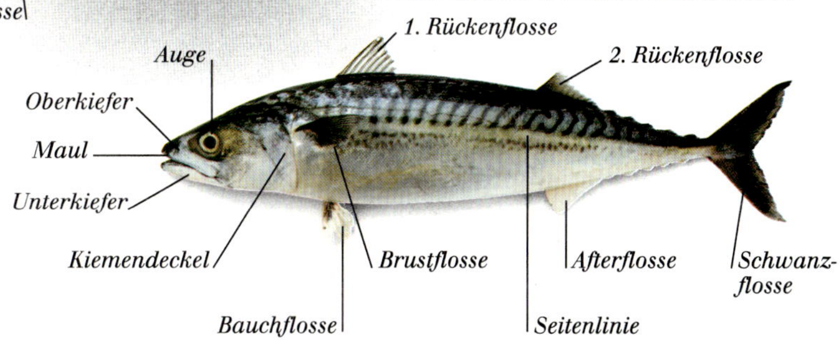

Lurche

Zur Klasse der Lurche (Amphibia) gehören die Ordnungen der Anura (Frösche und Kröten), Urodela (Schwanzlurche) und Gymnophiona (Blindwühlen). Amphibien sind wechselwarme Tiere. Sie haben eine drüsenreiche, feuchte und meist nackte Haut sowie Lungen. Ihre Entwicklung verläuft in einer Form der Metamorphose, die vom Ei über im Wasser lebende Larvenstadien (wie Kaulquappen) zum lebenden erwachsenen Tier führt. Frösche und Kröten zeichnen sich durch einen gedrungenen, schwanzlosen Körper, lange, kräftige Hinterbeine und große, oft hervortretende Augen aus. Im Gegensatz dazu ist der Körper erwachsener Urodelen (Salamander, Molche) langgestreckt mit wohlentwickeltem Schwanz und relativ kurzen, gleich langen Beinen. Die Variationsbreite innerhalb der Urodelen ist groß. Es gibt Arten mit winzigen Beinen und äußeren Kiemen anstatt Lungen, die ihr gesamtes Leben im Wasser verbringen.

Anatomie eines weiblichen Frosches

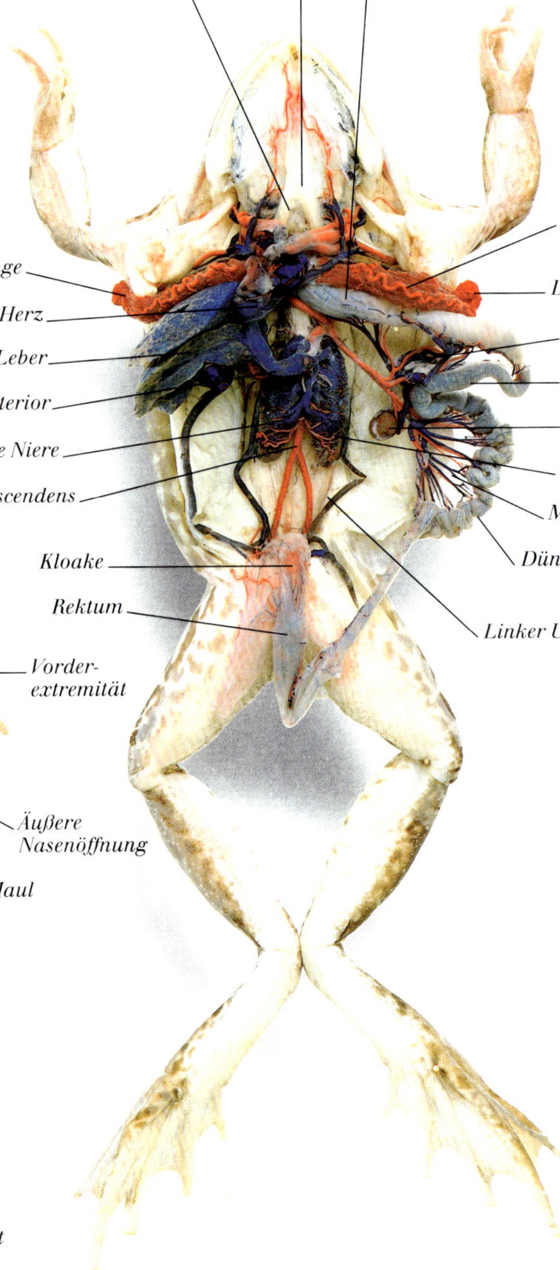

Äussere Merkmale eines Frosches

Äussere Merkmale eines Salamanders

Eier (Laich)

Junge Kaulquappen

Ältere Kaulquappe

Junger Frosch

METAMORPHOSE DER FRÖSCHE
Frösche durchlaufen eine vollständige Metamorphose. Aus den im Wasser abgelegten Eiern (Laich) schlüpfen junge Kaulquappen mit Schwanz und äußeren Kiemen, aber ohne Beine. Mit zunehmendem Wachstum verschwinden die Kiemen. Es entwickeln sich erst die Vorder-, dann die Hinterbeine. Der Schwanz schrumpft und ist beim jungen Frosch schließlich ganz verschwunden.

SKELETT EINES FROSCHES

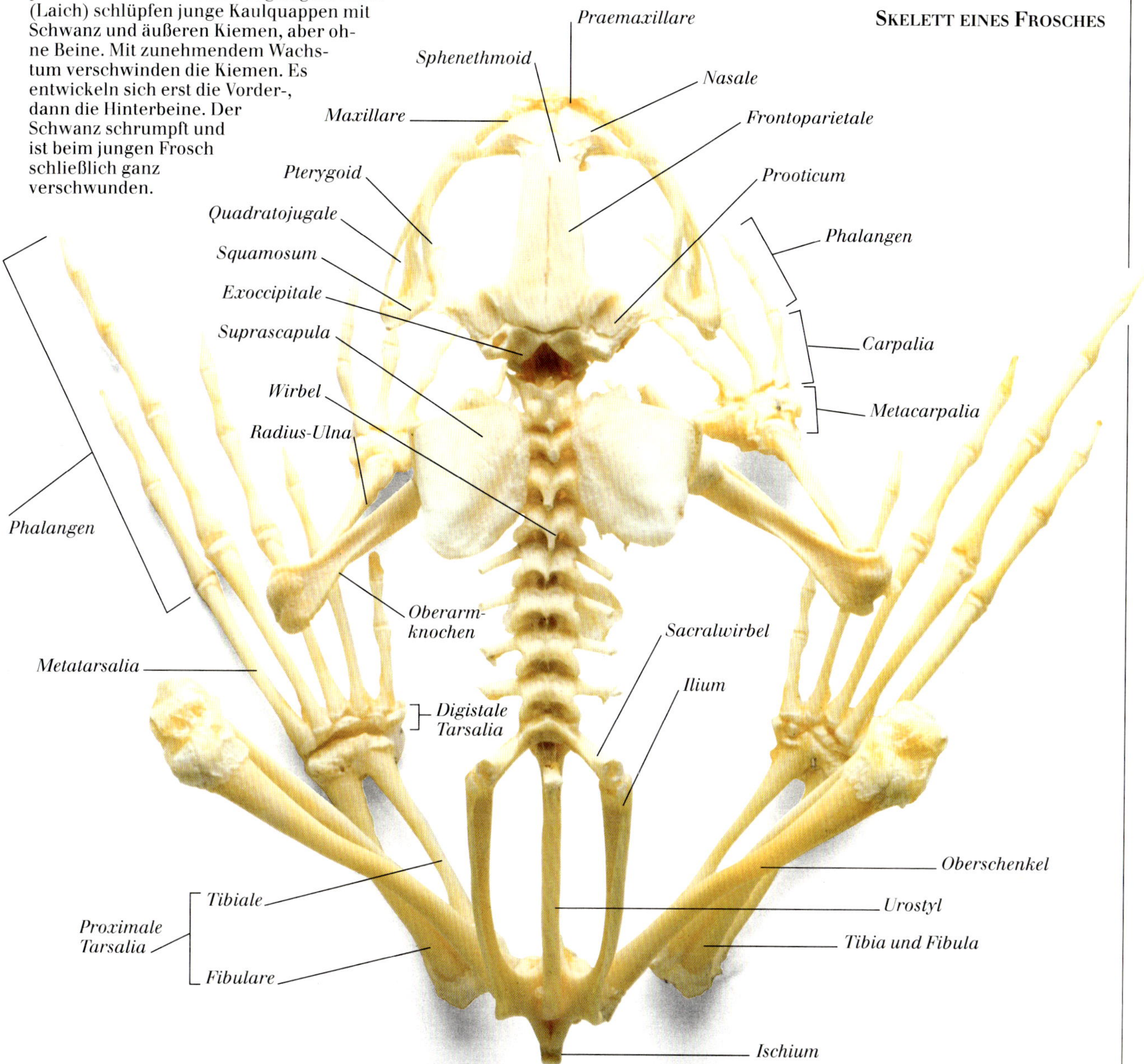

Echsen und Schlangen

Echsen und Schlangen bilden innerhalb der Klasse der Kriechtiere (Reptilia) die Ordnung Squamata. Alle Reptilien haben eine drüsenarme, mit Hornschuppen bedeckte Haut. Sie sind wechselwarm und atmen über Lungen. Die meisten Reptilien legen Eier mit lederartiger Schale. Bei einigen Arten schlüpfen die Jungen bereits im Mutterleib. Eidechsen (Unterordnung Lacertilia) haben einen langen Schwanz, den sie bei Verlust mehrmals regenerieren können. Die Haut wird fetzenweise abgestoßen. Manche Arten können ihre Farbe wechseln, manche haben stark reduzierte Extremitäten (Blindschleiche). Schlangen (Unterordnung Ophidia oder Serpentes) haben einen beinlosen, langgestreckten Körper. Ihre Augenlider sind zu einer durchsichtigen „Brille“ verwachsen. Die Haut wird meist als Ganzes abgestreift. Der Unterkiefer kann stark verschoben werden, um große Beutetiere zu verschlingen. Würgeschlangen umschlingen und erdrücken ihre Beute. Giftschlangen töten sie durch einen Biß.

Beispiele für Schlangen

Mexikanische Bergkönigsnatter (*Lampropeltis triangulum annulata*)

Gebänderte Milchschlange (*Lampropeltis ruthveni*)

Skelett einer Echse

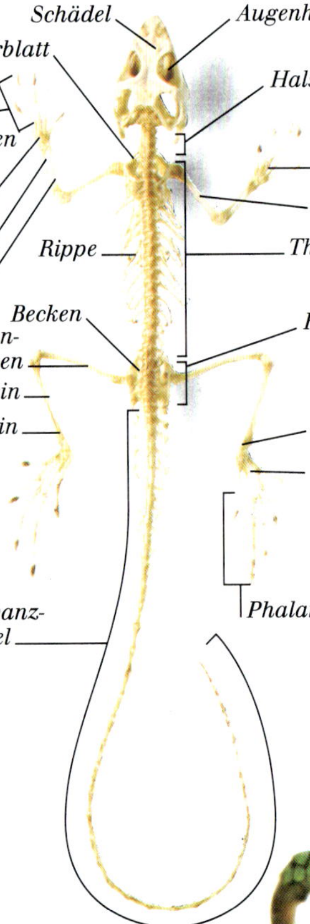

Äussere Merkmale einer Echse

SKELETT EINER SCHLANGE

ÄUSSERE MERKMALE EINER KLAPPERSCHLANGE

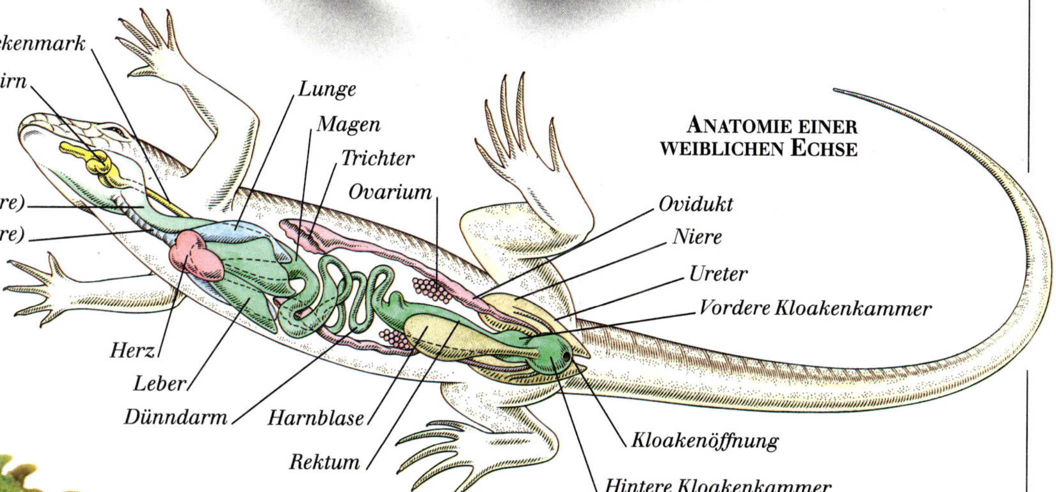

ANATOMIE EINER WEIBLICHEN ECHSE

Krokodile und Schildkröten

Krokodile und Schildkröten gehören innerhalb der Klasse der Reptilia unterschiedlichen Ordnungen an. Krokodile, Alligatoren, Kaimane und Gaviale zählen zur Ordnung Crocodilia (Panzerechsen). Sie sind carnivor (fleischfressend), besitzen eine lange Schnauze und scharfe Zähne. Ihre Haut ist mit harten, viereckigen Schuppen bedeckt. Alle Krokodile sind sowohl an das Leben an Land wie an das im Wasser angepaßt: Der Fortbewegung an Land dienen vier kräftige Beine und der im Wasser der mächtige Schwanz. Augen und Nasenöffnungen liegen so hoch am Kopf, daß sie aus dem Wasser ragen, während der restliche Körper untergetaucht bleibt. Der Körper der Schildkröte (Ordnung Chelonia) ist kurz und breit und wird von einem knöchernen Panzer umgeben, dem außen Hornschilde aufgelagert sind. Kopf, Extremitäten und Schwanz können in den Panzer eingezogen werden. Anstelle der Zähne besitzen Schildkröten hornige Kiefer.

Schädel von Krokodilen

Gavial
(Gavialis gangeticus)

Nilkrokodil
(Crocodylus niloticus)

Amerikanischer Alligator
(Alligator mississippiensis)

Skelett eines Krokodils

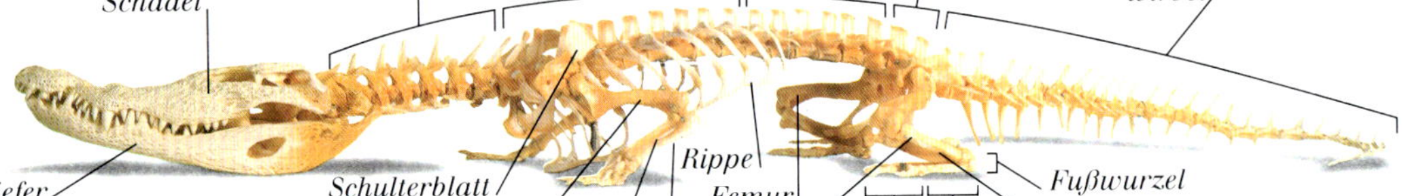

Äussere Merkmale eines Kaimans

ÄUSSERE MERKMALE EINER SCHILDKRÖTE

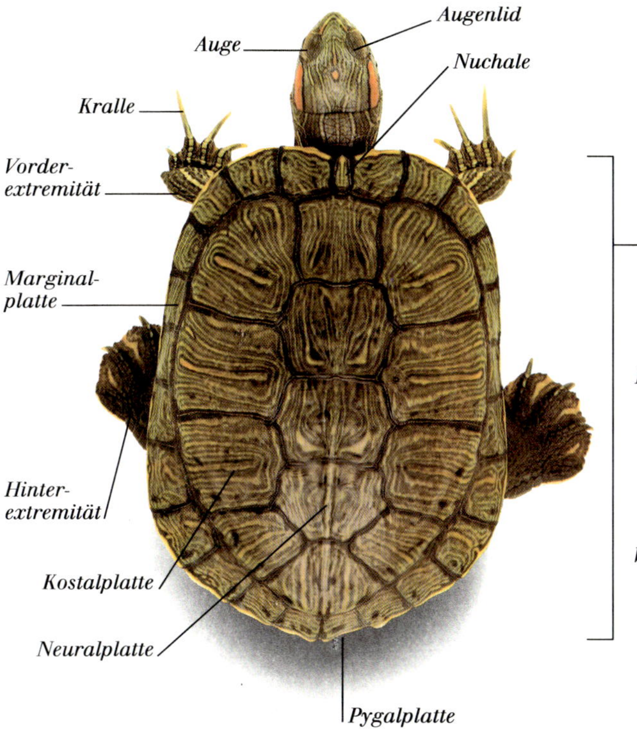

SKELETT EINER SCHILDKRÖTE

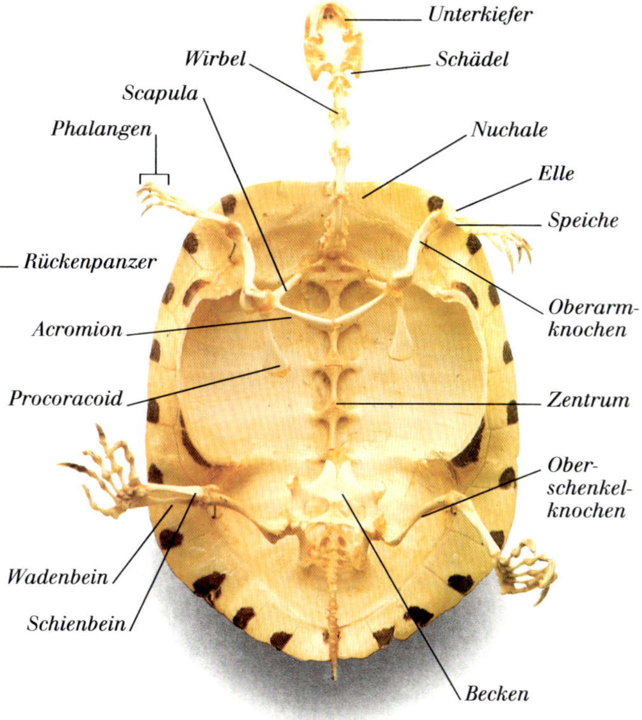

ANATOMIE EINER WEIBLICHEN SCHILDKRÖTE

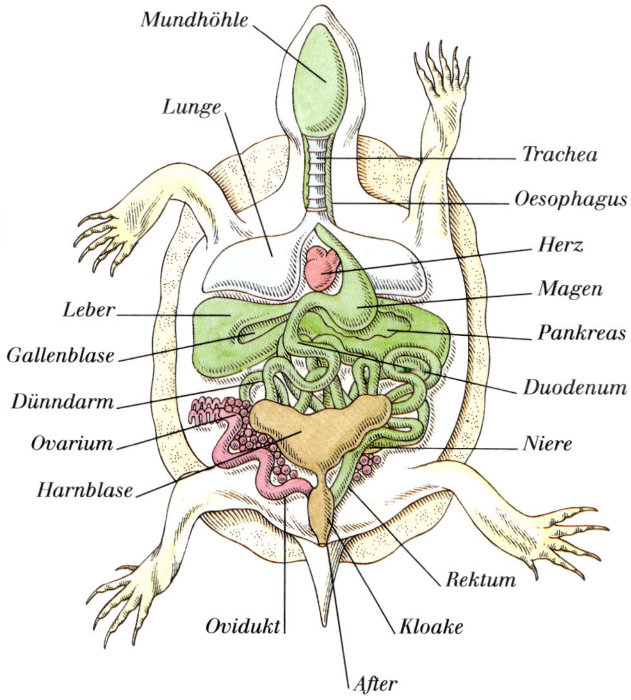

Vögel 1

Die Klasse der Vögel umfaßt mehr als 9000 Arten, die mit Ausnahme der Pinguine, Strauße, Nandus, Kasuare und anderer alle fliegen können. Die Fähigkeit des Fliegens spiegelt sich auch im Körperbau wider: Die Vorderextremitäten sind zu Flügeln umgebildet, der Körper ist stromlinienförmig, die Knochen sind pneumatisiert (Gewichtsersparnis!). Die hartschaligen Eier werden meist von den Eltern ausgebrütet. In Abhängigkeit von der Ernährung und der Lebensweise der Vögel variieren ihre Schnäbel und Füße von universell einsetzbaren Schnäbeln, die ein vielseitiges Nahrungsspektrum erschließen können (z.B. bei Drosseln), bis hin zu hochspezialisierten Schnabelformen (wie der große gebogene Siebschnabel der Flamingos). Die Variationsmöglichkeiten der Füße reichen von dem mit Schwimmhäuten versehenen „Paddel" der Enten bis hin zum krallenbewehrten Fuß der Raubvögel. Auch das Gefieder ist sehr unterschiedlich, wobei das Männchen oft auffallender gefärbt ist als das Weibchen.

Äussere Merkmale eines Vogels

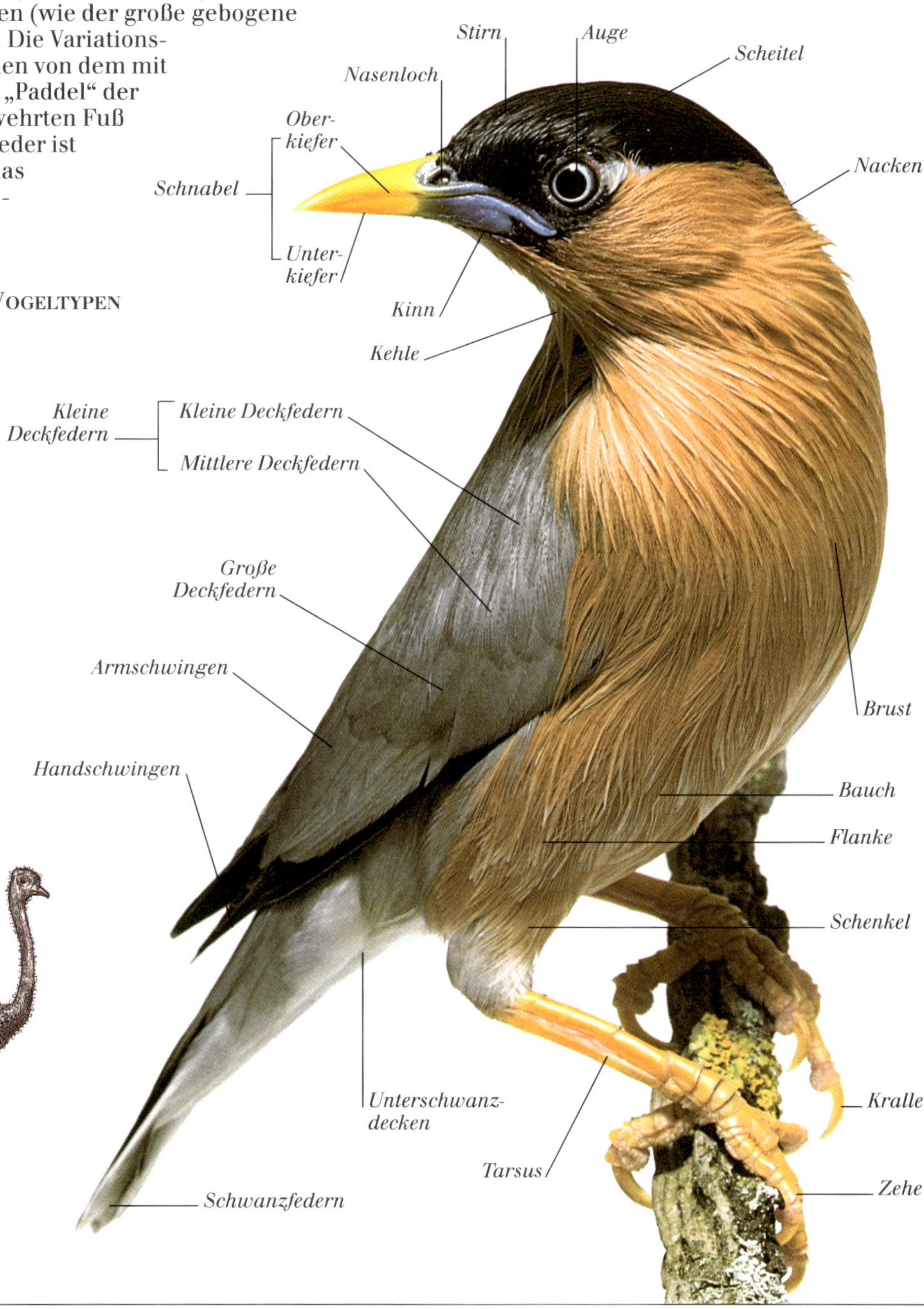

Unterschiedliche Vogeltypen

Männliche Reiherente
(*Aythya fuligula*)

Weißstorch
(*Ciconia ciconia*)

Männlicher Strauß
(*Struthio camelus*)

Skelett eines Vogels

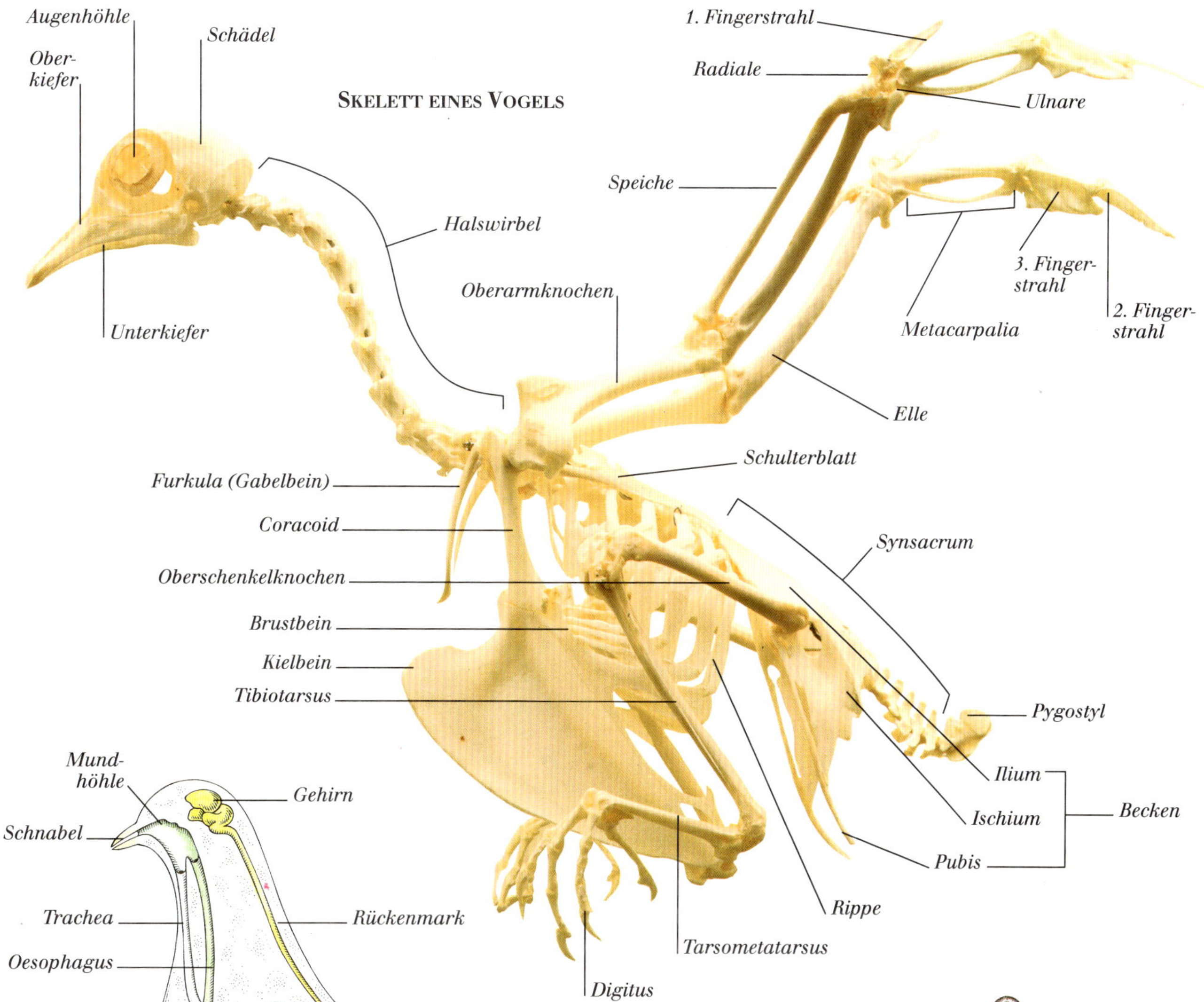

Anatomie eines Vogels

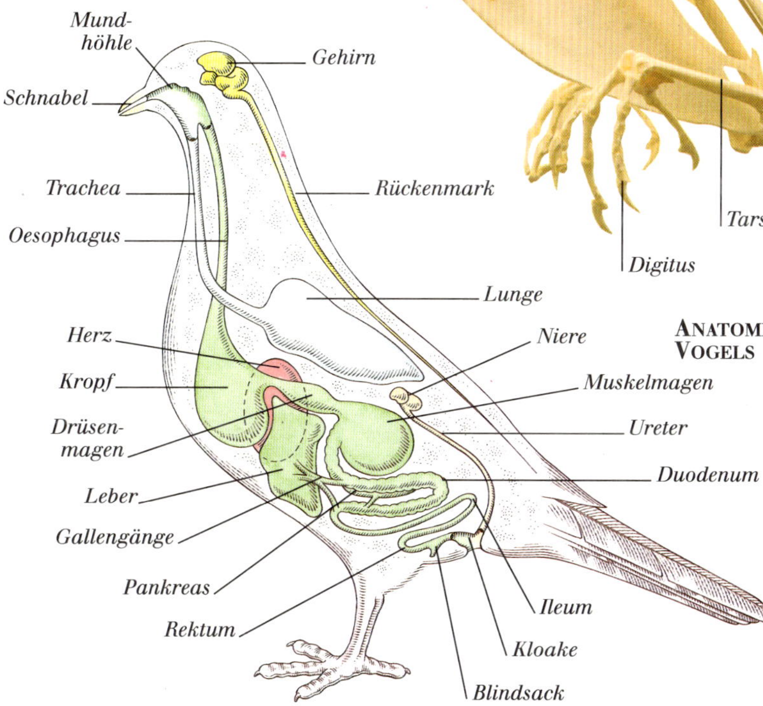

Turmfalke
(*Falco tinnunculus*)

Lachmöwe (*Larus ridibundus*)

Vögel 2

Beispiele für Vogelfüsse

Dreizehenmöwe
(*Rissa tridactyla*)
Die mit Schwimmhäuten besetzten Füße sind an die paddelnde Fortbewegung im Wasser angepaßt.

Zwergtaucher
(*Tachybaptus ruficollis*)
Die gelappten, abgeflachten Füße sind an das Schwimmen unter Wasser angepaßt.

Waldkauz
(*Strix aluco*)
Die Krallen dienen zum Ergreifen der Beute.

Beispiele für Vogelschnäbel

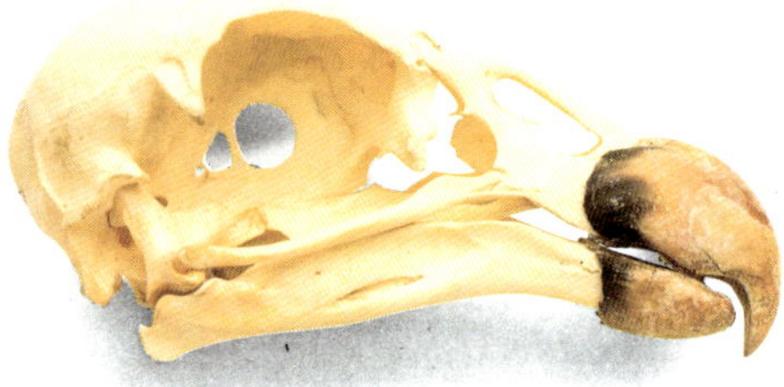

Königsgeier
(*Sarcorhamphus papa*)
Der gebogene Schnabel ist eine Anpassung an das Abreißen von Fleischstücken.

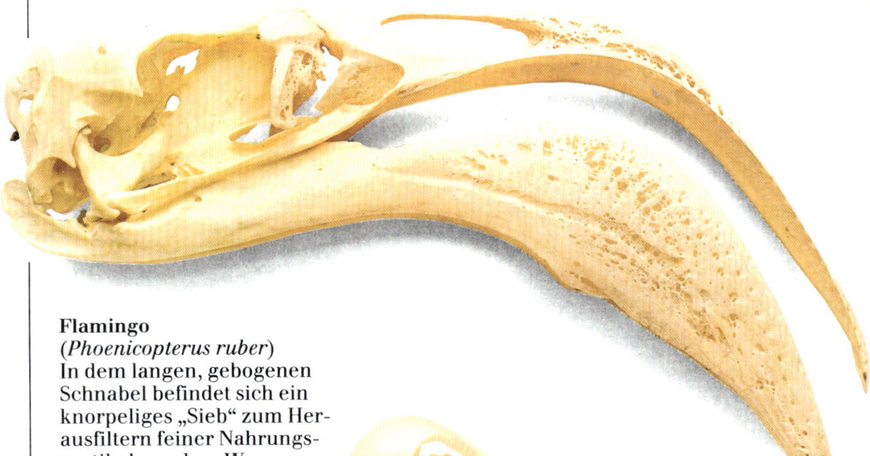

Flamingo
(*Phoenicopterus ruber*)
In dem langen, gebogenen Schnabel befindet sich ein knorpeliges „Sieb“ zum Herausfiltern feiner Nahrungspartikel aus dem Wasser.

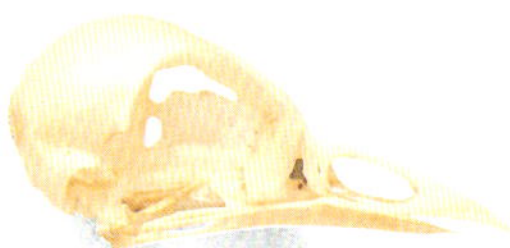

Misteldrossel
(*Turdus viscivorus*)
Dieser „Allzweck“-Schnabel kann sowohl pflanzliche als auch tierische Nahrung aufnehmen.

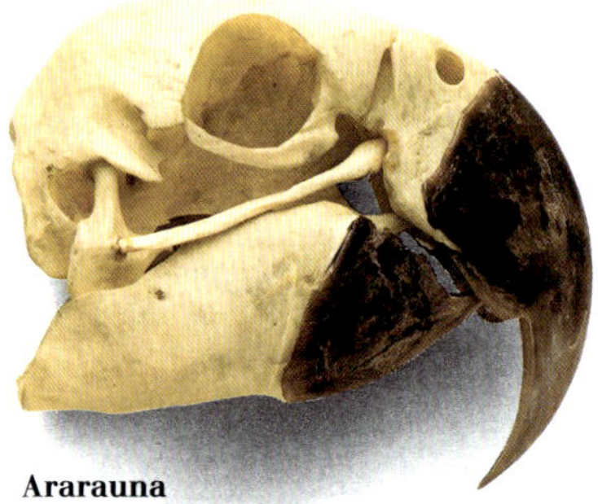

Ararauna
(*Ara ararauna*)
Der breite, kräftige, gebogene Schnabel ist eine Anpassung an das Fressen von Samen und Früchten.

Knochen eines Vogelflügels

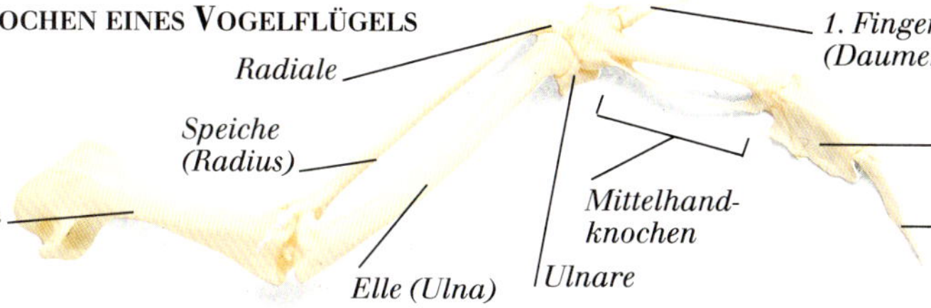

Federn eines Vogelflügels

Aufbau einer Vogelfeder

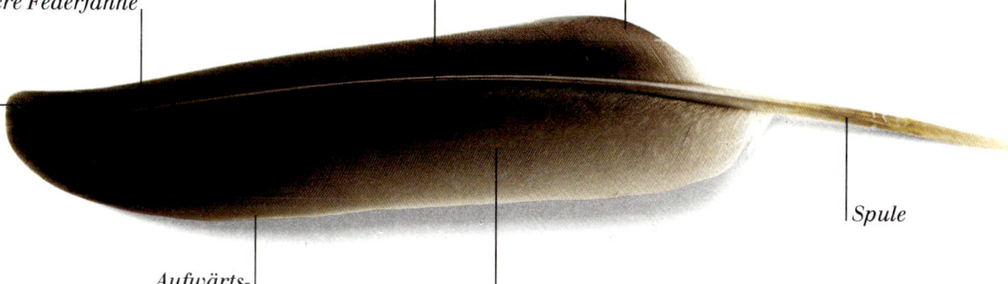

Eier

Das Ei stellt eine einzelne weibliche Fortpflanzungszelle dar, die die Fähigkeit zur Bildung eines neuen Individuums besitzt. Die Entwicklung erfolgt innerhalb des mütterlichen Körpers oder außerhalb, was eine schützende Eihülle (Schale) erfordert. Der heranwachsende Embryo ernährt sich von dem Dottermaterial. Eier, die sich im Muttertier entwickeln, haben gewöhnlich wenig Dotter, da während der weiteren Embryonalentwicklung der mütterliche Körper die Ernährung übernimmt. Entwickeln sich die Eier außerhalb der Mutter, so ist dann wenig Dotter vorhanden, wenn die geschlüpften Jungtiere ein Larvalstadium (wie Raupen) durchlaufen und sich während ihrer Entwicklung zum erwachsenen Tier selbst ernähren. Die hartschaligen Eier von Vögeln und Reptilien sind dagegen so dotterreich, daß die Ernährung des Embryos bis zum Schlüpfen als lebensfähiges Jungtier gesichert ist.

Längsschnitt durch ein Hühnerei

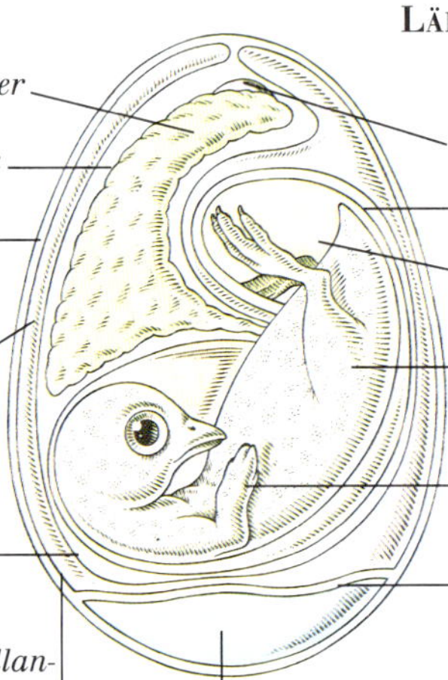

Unterschiedliche Eiformen

Eier der Gespenstheuschrecke

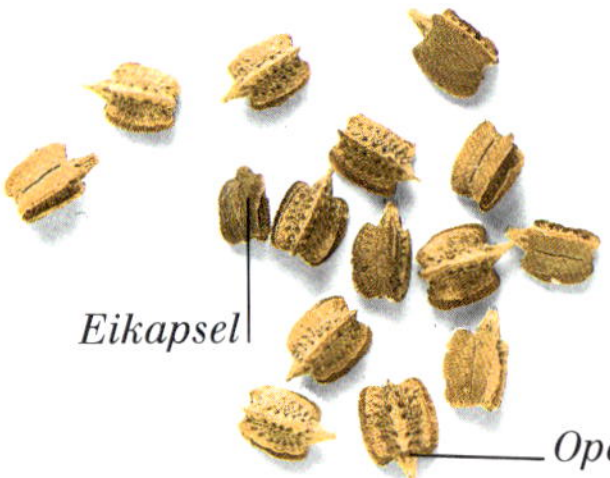

Eier der Riesenstabheuschrecke

Eier der Stabheuschrecke

Froscheier (Laich)

Eier des Katzenhais

Schlupf eines Wachtelkükens

Schlupfbeginn

Das Küken pickt die Schale auf

Auseinanderbrechendes Ei

Beispiele für Vogeleier

Mantelmöwe
(*Larus marinus*)

Hummelkolibri
(*Calypte helenae*)

Baltimore-Trupial
(*Icterus galbula*)

Moorschneehuhn
(*Lagopus lagopus*)

Flußseeschwalbe
(*Sterna hirundo*)

Rabenkrähe
(*Corvus corone*)

Buchfink
(*Fringilla coelebs*)

Strauß
(*Struthio camelus*)

Schlupf aus dem Ei

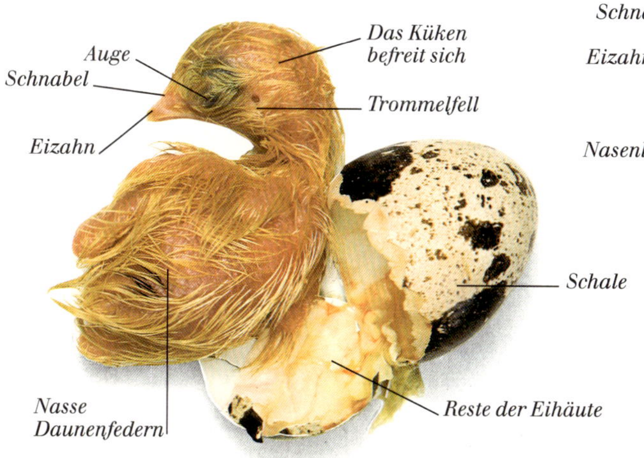

Frisch geschlüpftes Küken

Raubtiere

Die Säugetierordnung Carnivora (Raubtiere) umfaßt katzen-, marder- und hundeartige Raubtiere, Schleichkatzen, Hyänen, Großbären und Kleinbären. Wie der Ordnungsname besagt, ist die Mehrzahl dieser Tiere fleischfressend (carnivor). Ihre meist jagende Lebensweise kommt in den typischen Raubtiermerkmalen zum Ausdruck: Schnelligkeit und Behendigkeit, scharfe Krallen und gutentwickelte Eckzähne zum Ergreifen und Töten der Beute, spezialisierte Backenzähne (Reißzähne bilden eine Brechschere zum Zerkleinern von Fleisch und Knochen), scharfes, räumliches Sehvermögen. Gleichwohl sind einige Vertreter – Bären, Dachse, Füchse – eher Gemischtköstler und wenige Arten, insbesondere Pandas, sogar reine Pflanzenfresser (Herbivore). Diese Tiere besitzen keine Brechscheren und bewegen sich allgemein langsamer als reine Fleischfresser.

SCHÄDEL EINES LÖWEN

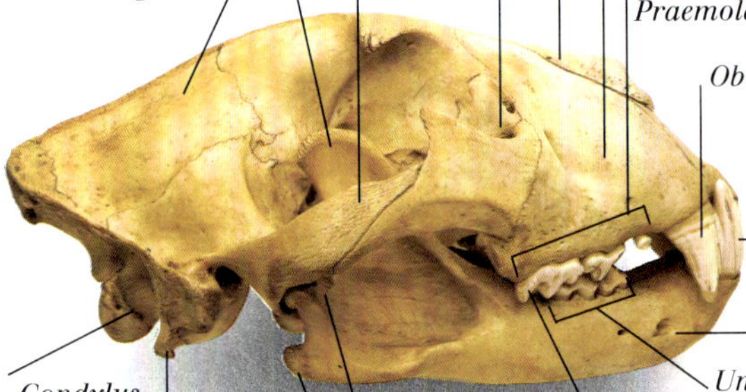

SCHÄDEL EINES BÄREN

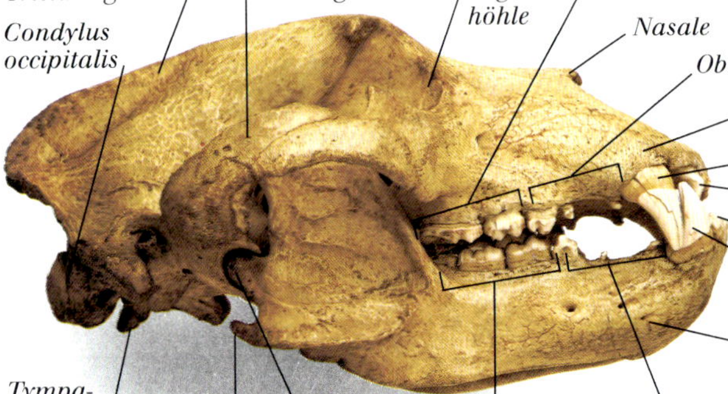

ÄUSSERE MERKMALE EINES LÖWEN

Beispiele für Raubtiere

Schäferhund
(*Canis familiaris*)

Mähnenwolf
(*Chrysocyon brachyurus*)

Waschbär
(*Procyon lotor*)

Amerikanischer Schwarzbär
(*Ursus americanus*)

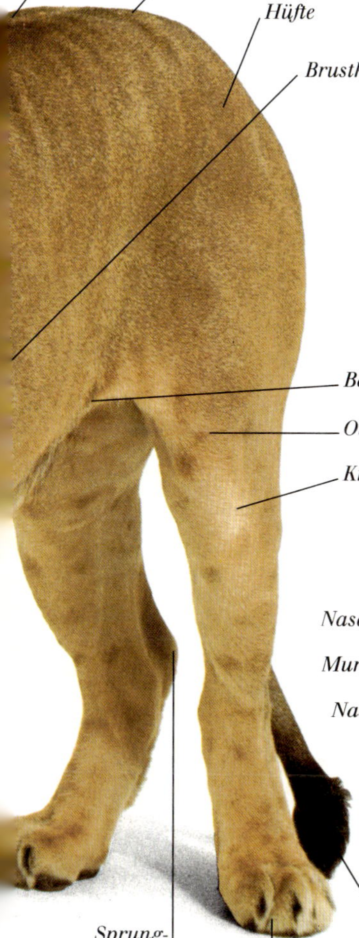

Skelett einer Hauskatze

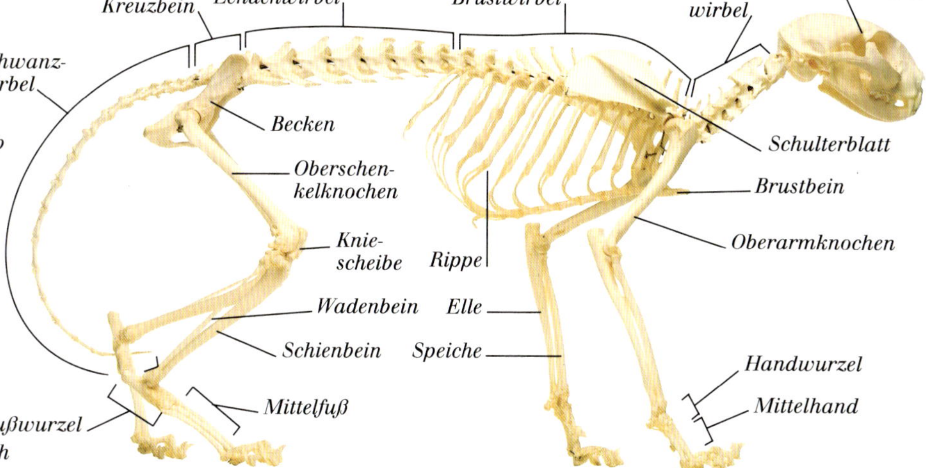

Anatomie einer männlichen Hauskatze

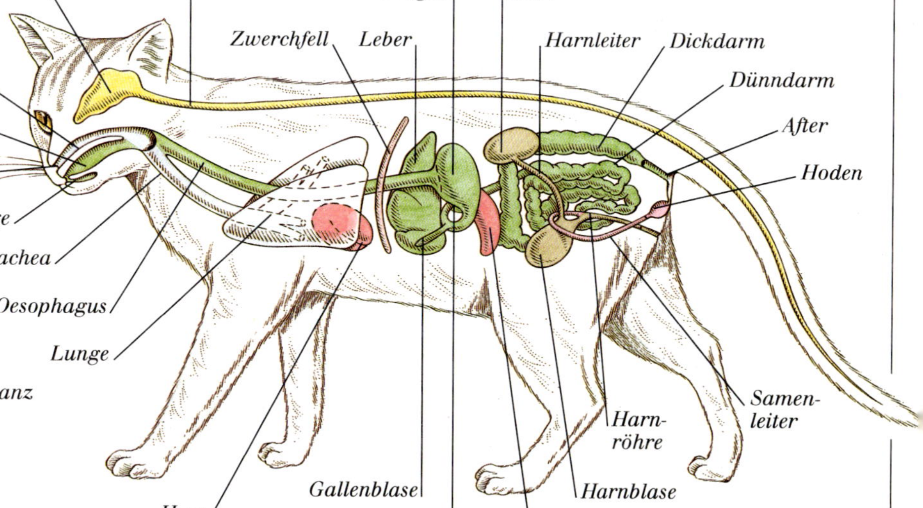

Hasen und Nagetiere

Obwohl Hasen und Nagetiere unterschiedlichen Säugetierordnungen angehören, besitzen sie doch einige Gemeinsamkeiten. Beide Gruppen haben meißelartige Schneidezähne (Nagezähne), die kontinuierlich nachwachsen. Der gesondert abgesetzte Blinddarmkot wird erneut aufgefressen, um die darin aufgeschlossenen Nährstoffe resorbieren zu können (Caecotrophie). Bei den zur Ordnung Lagomorpha gehörenden Hasen und Kaninchen befinden sich vier Nagezähne im Oberkiefer und zwei im Unterkiefer. Weitere Charakteristika dieser Gruppe sind lange Ohren, ein kurzer Schwanz, kräftige Hinterbeine für die springende Fortbewegung und Vorderbeine, die an das Graben angepaßt sind. Die Nagetiere (Ordnung Rodentia) bilden mit über 1700 Arten die größte Säugetierordnung. Bekannte Vertreter sind Eichhörnchen, Biber, Meerschweinchen, Mäuse, Ratten, Lemminge, Stachelschweine und das Wasserschwein. Im Ober- und Unterkiefer stehen je zwei Nagezähne, die kleineren Vorderextremitäten sind oft sehr beweglich. In Backentaschen kann Nahrung gesammelt werden.

ÄUSSERE MERKMALE EINER RATTE

ÄUSSERE MERKMALE EINES KANINCHENS

ANATOMIE EINES MÄNNLICHEN KANINCHENS

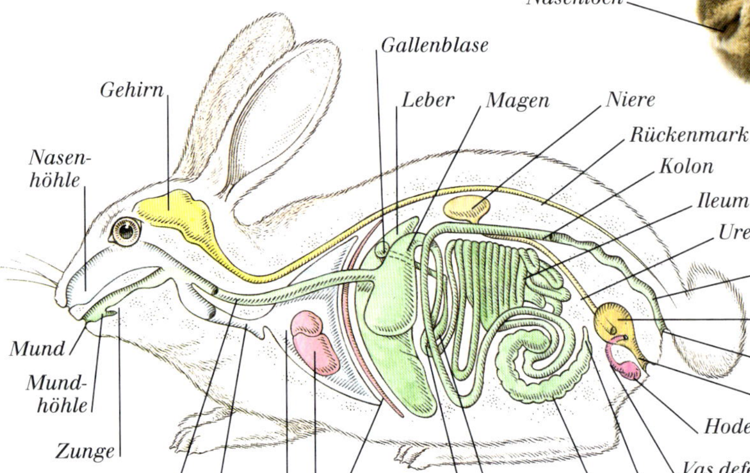

Skelett eines Hasen

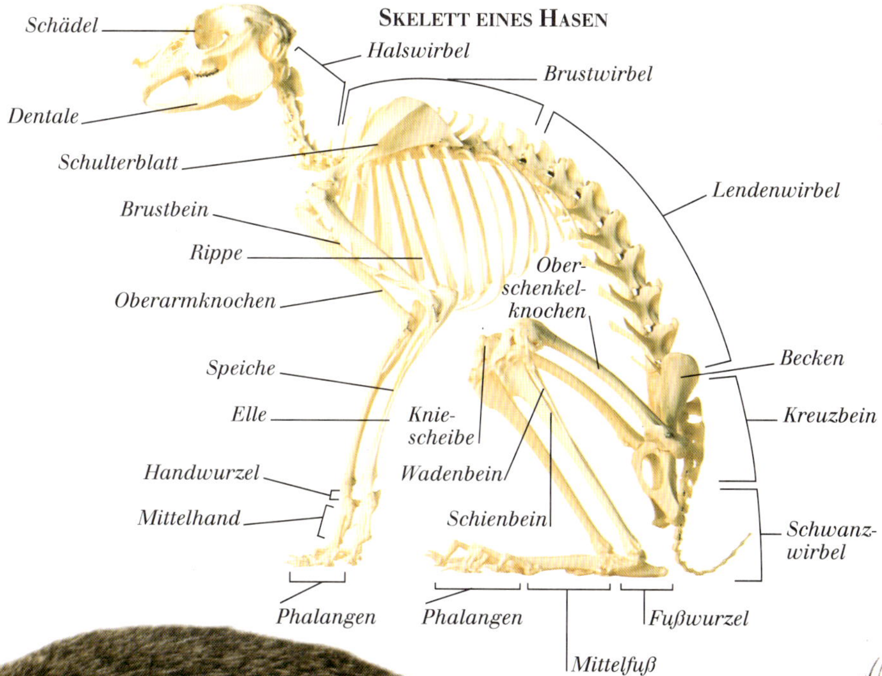

Beispiele für Nagetiere

Grauhörnchen
(*Sciurus carolinensis*)

Viscacha
(*Lagostomus maximus*)

Stachelschwein
(*Hystrix africaeaustralis*)

Kanadischer Biber
(*Castor canadensis*)

Wasserschwein
(*Hydrochoerus hydrochaeris*)

Huftiere

Unter dem allgemeinen Begriff Huftiere (Ungulaten) werden zwei verschiedene Ordnungen der Säugetiere zusammengefaßt, die sich durch die Anzahl der Zehen unterscheiden. Unpaarzehige Huftiere (Ordnung Perissodactyla) besitzen entweder eine Zehe (Pferde, Esel, Zebras) oder drei Zehen (Nashörner und Tapire). Paarzehige Huftiere (Ordnung Artiodactyla) haben zwei oder vier Zehen. Die meisten Paarzeher besitzen zwei Zehen, die an ihren Endgliedern (dem Hufbein) jeweils einen Huf (Ungula) tragen und somit den charakteristischen „gespaltenen Huf" bilden. Zu dieser Gruppe der Artiodactyla gehören Rinder, Schafe, Ziegen, Antilopen, Hirsche und Giraffen. Andere zweizehige Paarhufer sind die Kamele und Lamas. Fast alle zweizehigen Artiodactyla sind Wiederkäuer mit vierkammerigem Magen. Die Hauptvertreter der vierzehigen Paarhufer sind Schweine, Pekaris und Flußpferde.

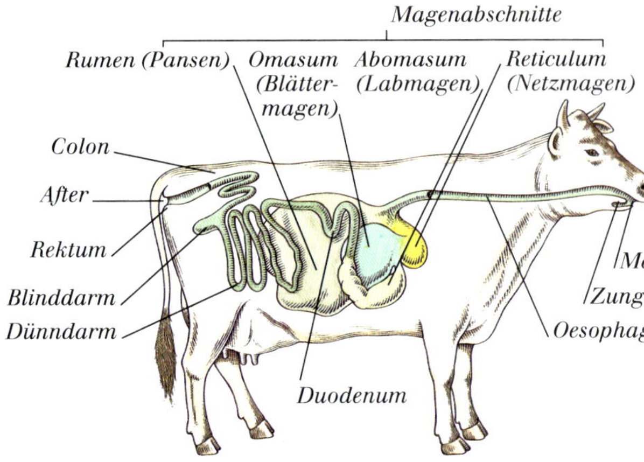

VERDAUUNGSSYSTEM EINER KUH

VERGLEICH ZWISCHEN DEM VORDERFUSS EINES PFERDES UND DEM EINER KUH

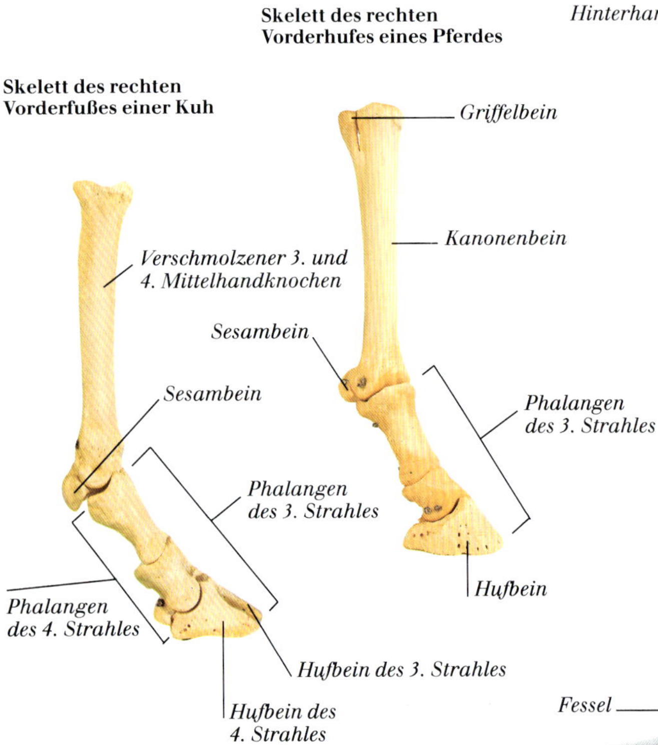

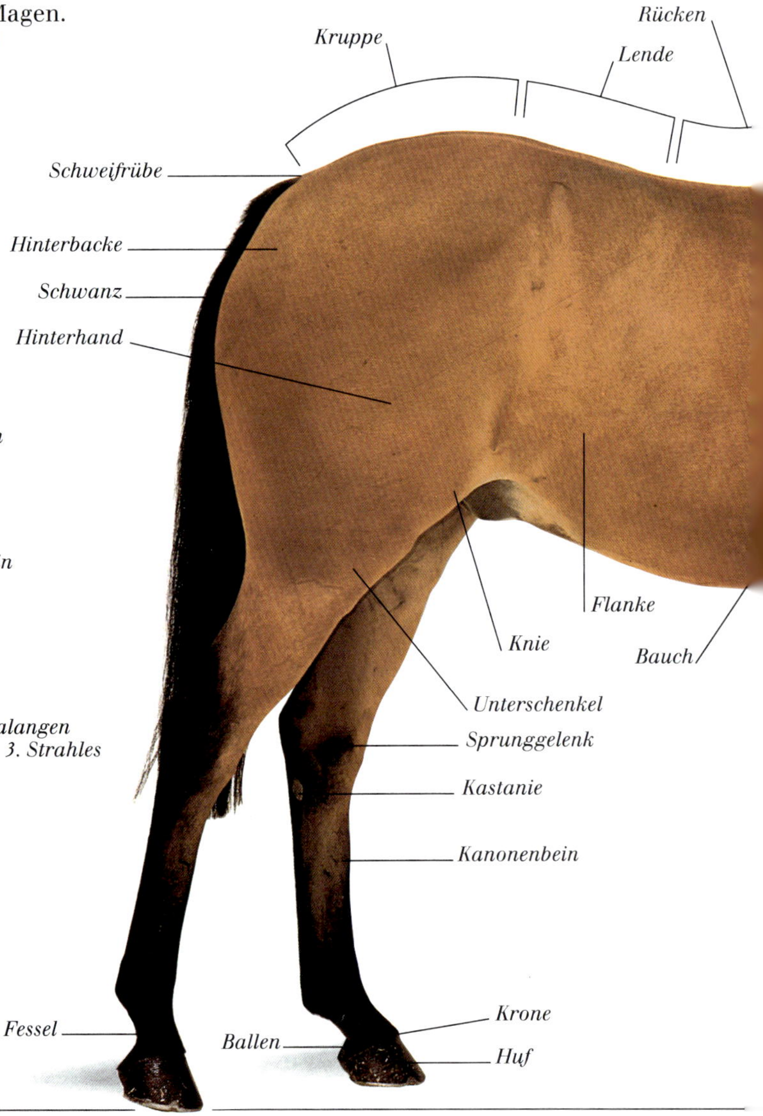

Beispiele für Huftiere

Rothirsch
(*Cervus elephas*)
Ein paarzehiges Huftier
(Ordnung Artiodactyla)

Kamel
(*Camelus ferus*)
Ein paarzehiges Huftier
(Ordnung Artiodactyla)

Giraffe
(*Giraffa camelopardalis*)
Ein paarzehiges Huftier
(Ordnung Artiodactyla)

Spitzmaulnashorn
(*Diceros bicornis*)
Ein unpaarzehiges Huftier
(Ordnung Perissodactyla)

Äussere Merkmale eines Pferdes

Skelett eines Pferdes

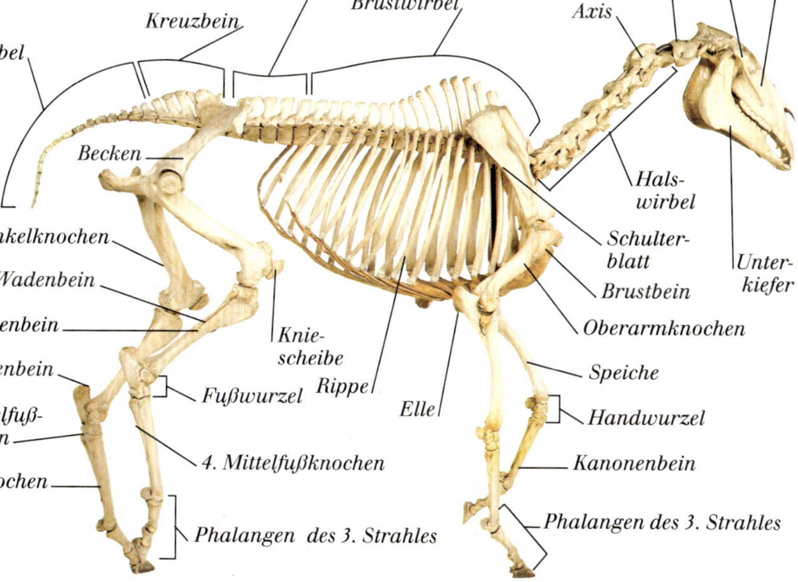

Leichte Pferde

Araber
Herkunft: Mittlerer Osten

Achal-Tekkiner
Herkunft: Turkmenistan

Kabardiner
Herkunft: Nördlicher Kaukasus

Shagya-Araber
Herkunft: Ungarn

Anglo-Araber
Herkunft: Großbritannien und Frankreich

Berber
Herkunft: Marokko

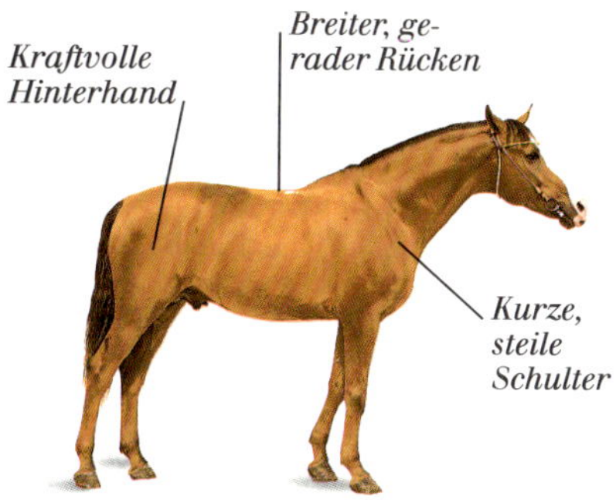

Donpferd
Herkunft: GUS

Trakehner
Herkunft: Ostpreußen

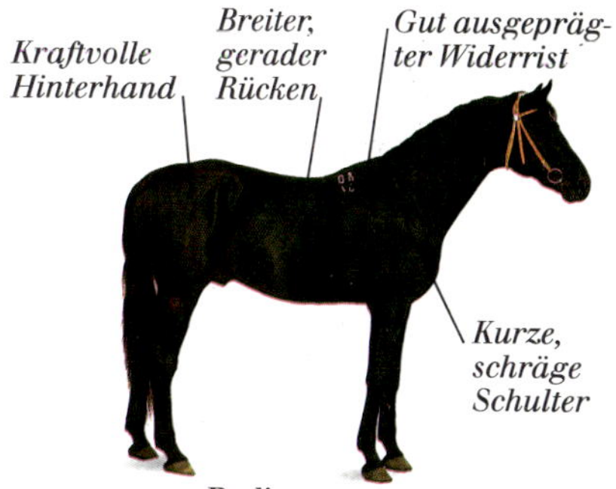

Budjonny
Herkunft: GUS

Tersker
Herkunft: Nördlicher Kaukasus

Nonius
Herkunft: Ungarn

Holländisches Warmblut
Herkunft: Niederlande

Französischer Traber
Herkunft: Frankreich

Selle Français
Herkunft: Frankreich

Andalusier (Pferd reiner spanischer Rasse)
Herkunft: Spanien

Schwere Pferde

Russisches Kaltblut
Herkunft: Ukraine

Wladimirer Kaltblut
Herkunft: GUS

Murakozer
Herkunft: Ungarn

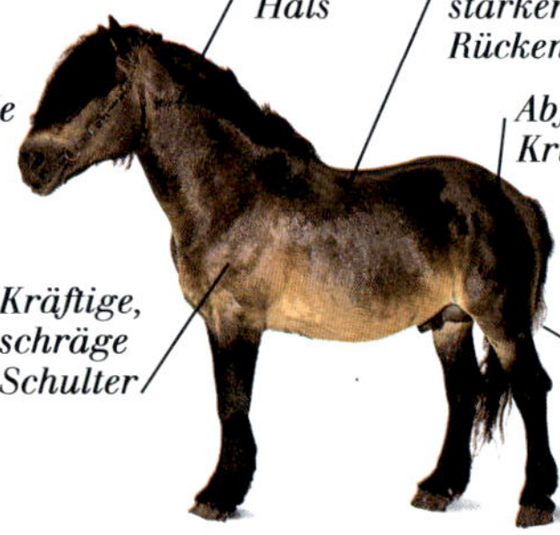

Nordschwedisches Pferd
Herkunft: Schweden

Niederländisches Kaltblut
Herkunft: Niederlande

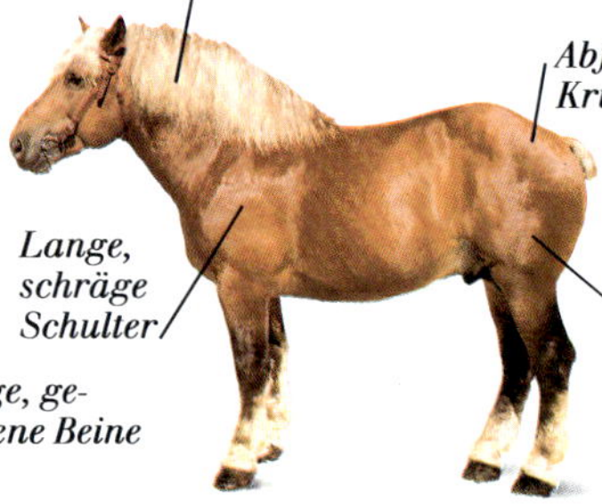

Comtois
Herkunft: Frankreich

Potevin (Mulassier)
Herkunft: Frankreich

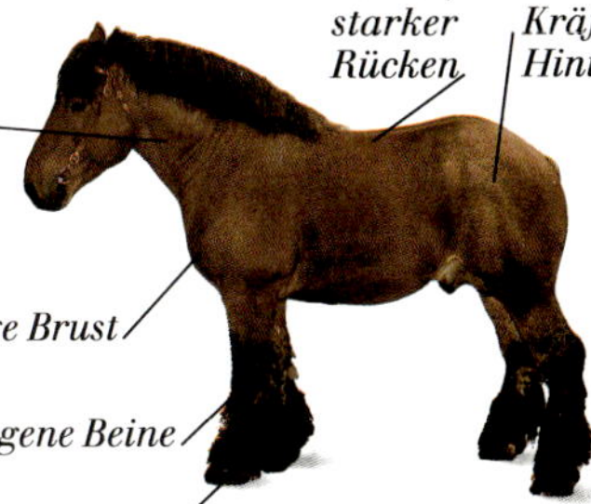

Ardenner
Herkunft: Frankreich

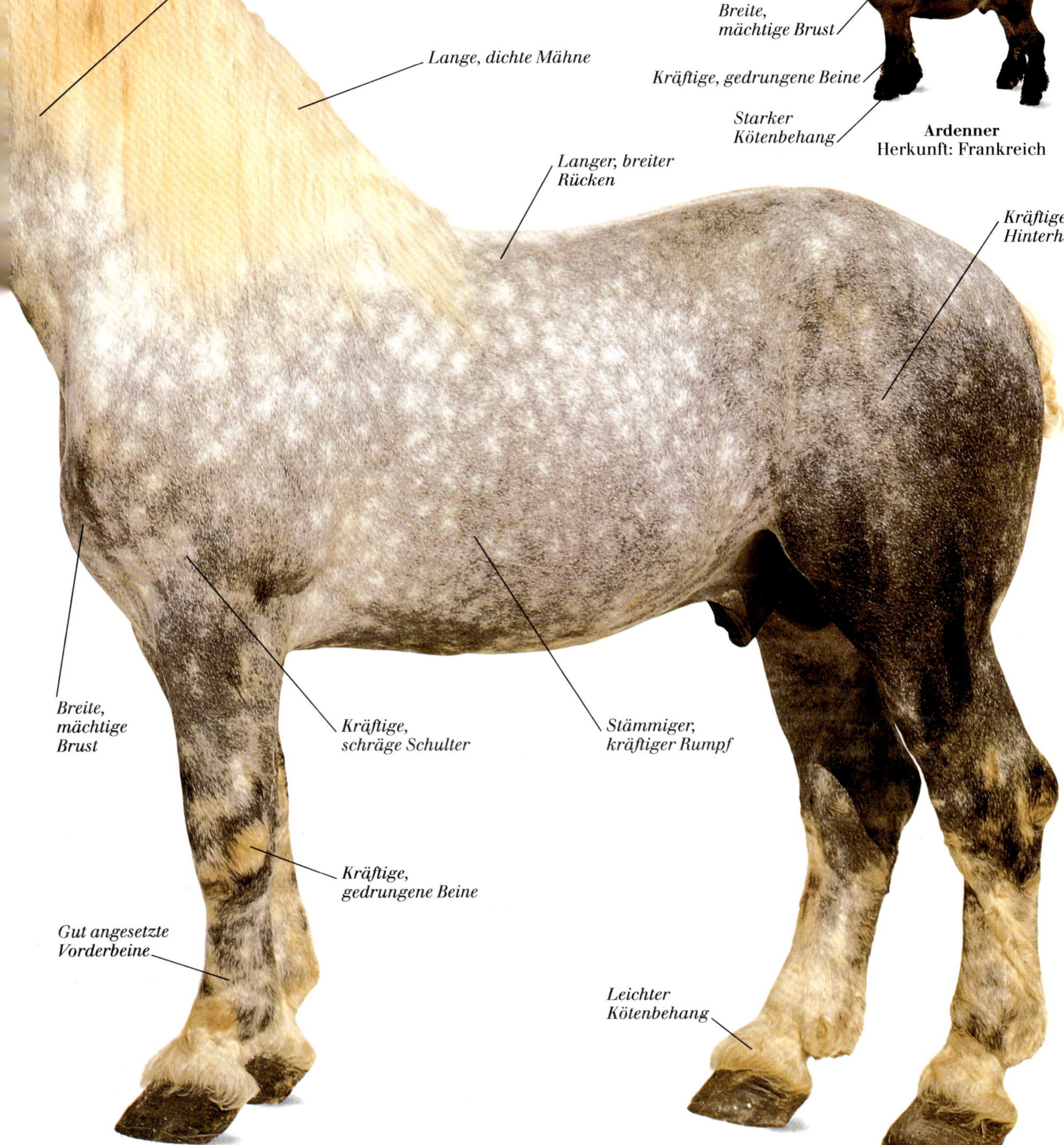

Percheron
Herkunft: Frankreich

Elefanten

Lediglich zwei Arten von Elefanten – der Afrikanische und der Asiatische – bilden die Säugetierordnung der Proboscidea (Rüsseltiere). Der Afrikanische Elefant ist das größte noch lebende Landtier: ein ausgewachsener Bulle wird bis zu 4 m hoch und bis zu 7 t schwer. Ein männlicher Asiatischer Elefant kann bis zu 3,30 m hoch und 5,4 t schwer werden. Das auffallendste Merkmal, der Elefantenrüssel (Proboscis), wird durch die Verlängerung von Nase und Oberlippe gebildet. Der Rüssel ist ein Greif- und Tastorgan. Weiterhin dient er zur Geruchswahrnehmung, zum Aufsaugen und Ausspritzen von Wasser und zur Erzeugung trompetender Laute. Die Stoßzähne werden zur Verteidigung und zum Umdrücken von Gebüsch und Bäumen eingesetzt. Hohe, säulenartige Beine und breite Füße tragen und stützen den massigen Körper. Mit den riesigen Ohrmuscheln kann sich der Elefant Kühlung verschaffen.

Unterschiede zwischen den Elefantenarten

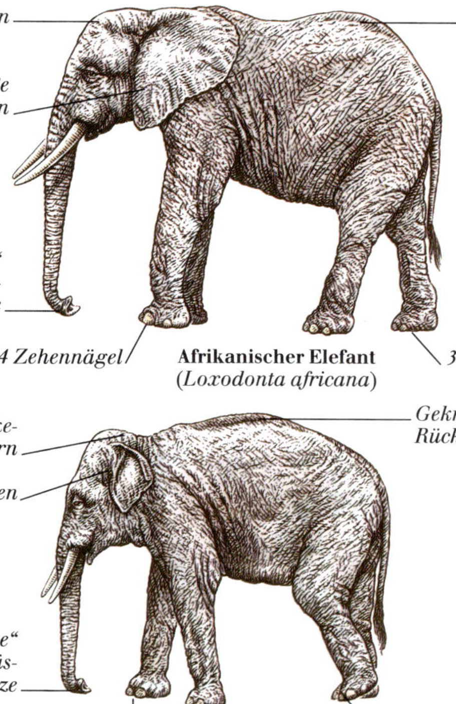

Afrikanischer Elefant (*Loxodonta africana*)

Asiatischer Elefant (*Elephas maximus*)

Anatomie eines weiblichen Elefanten

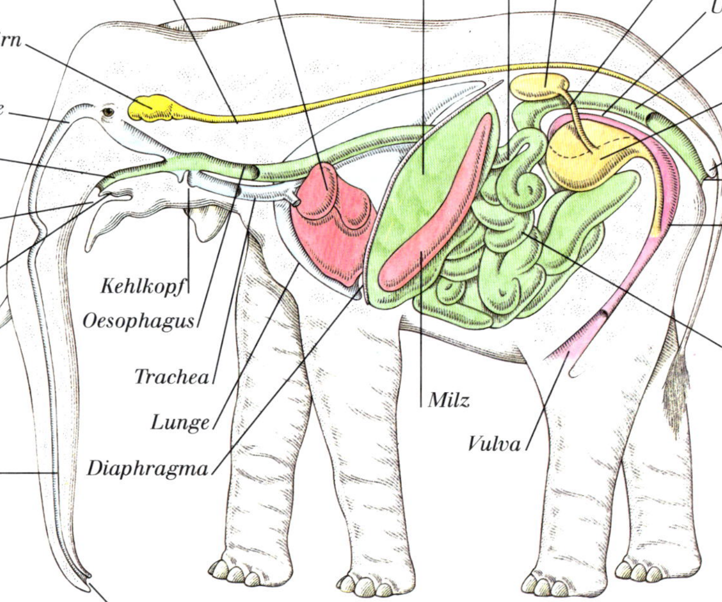

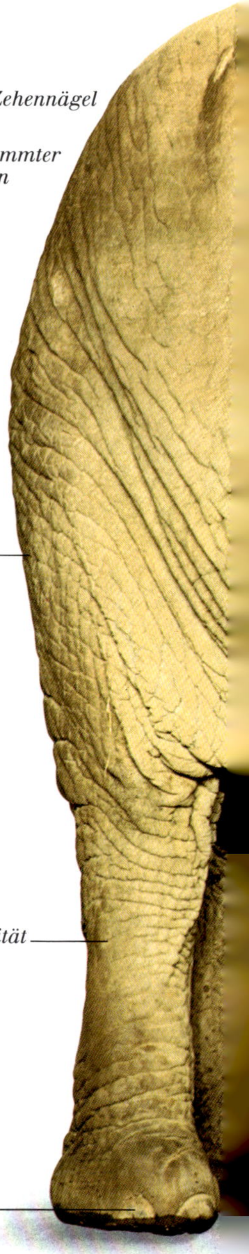

Äussere Merkmale eines weiblichen afrikanischen Elefanten (ohne Stosszähne)

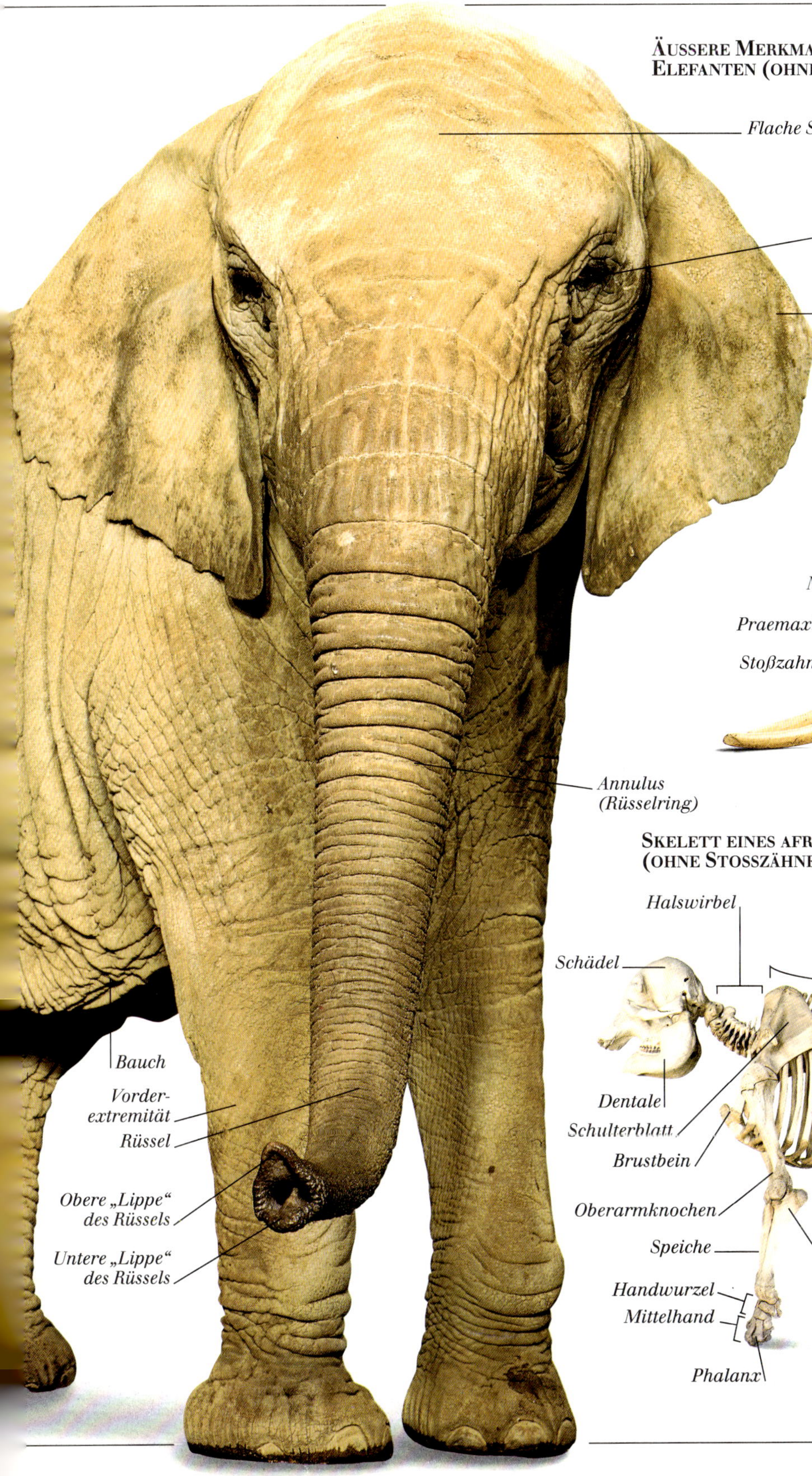

Schädel eines asiatischen Elefanten

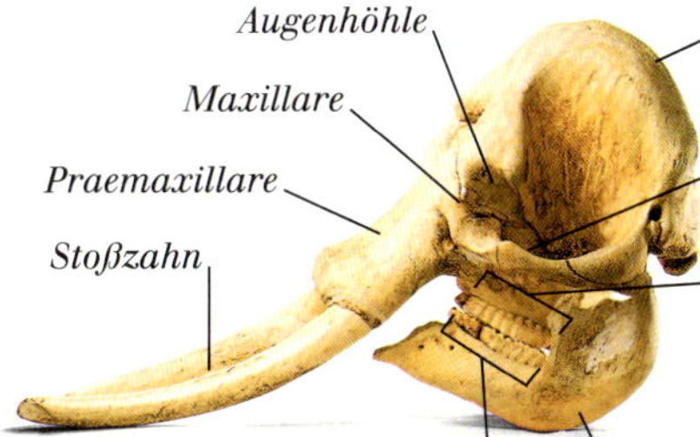

Skelett eines afrikanischen Elefanten (ohne Stosszähne)

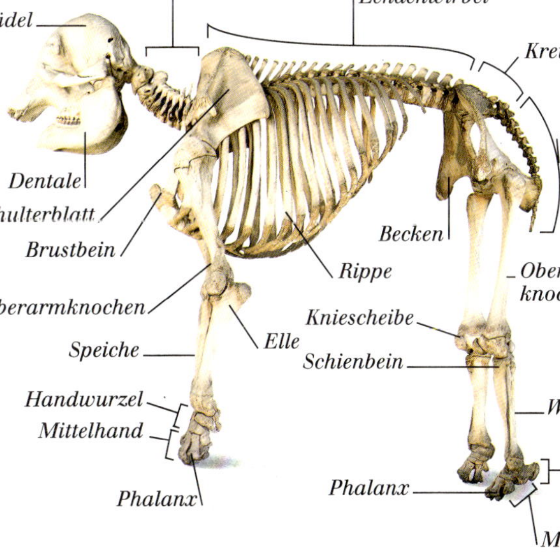

Primaten

Die Säugetierordnung Primates unterteilt sich in zwei Unterordnungen: die recht ursprünglichen Prosimii oder Halbaffen, vertreten durch Lemuren, Makis und Loris, sowie die höherentwickelten Anthropoidea (Affen). Die Anthropoidea werden wiederum in Neuweltaffen, Altweltaffen und Hominoidea unterteilt. Für die Neuweltaffen sind weit auseinanderstehende, seitwärts gerichtete Nasenlöcher und ein langer Schwanz, der bei einigen Arten auch als Greifschwanz ausgebildet ist, charakteristisch. Diese Gruppe der Affen lebt in Südamerika. Altweltaffen sind über Afrika und Asien verbreitet. Ihre Nasenlöcher stehen eng beisammen und sind nach vorn oder unten gerichtet; der Schwanz hat keine Greiffunktion. Typische Merkmale der Hominoidea sind das große Gehirn und der rückgebildete Schwanz. Zu dieser Gruppe gehören Gibbons, Menschenaffen (Schimpansen, Orang-Utans, Gorillas) und der Mensch.

Anatomie eines weiblichen Schimpansen

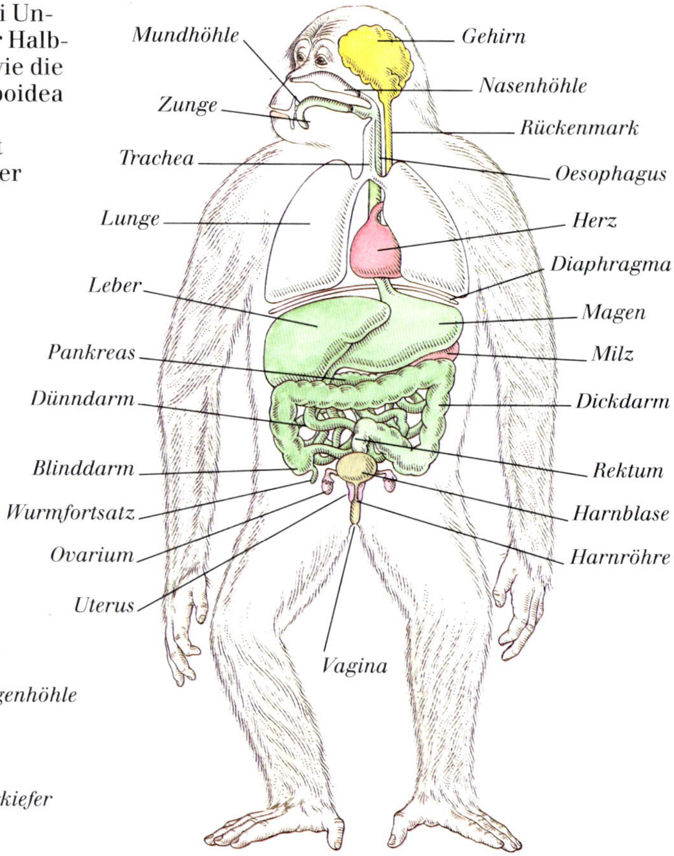

Skelett eines Rhesusaffen

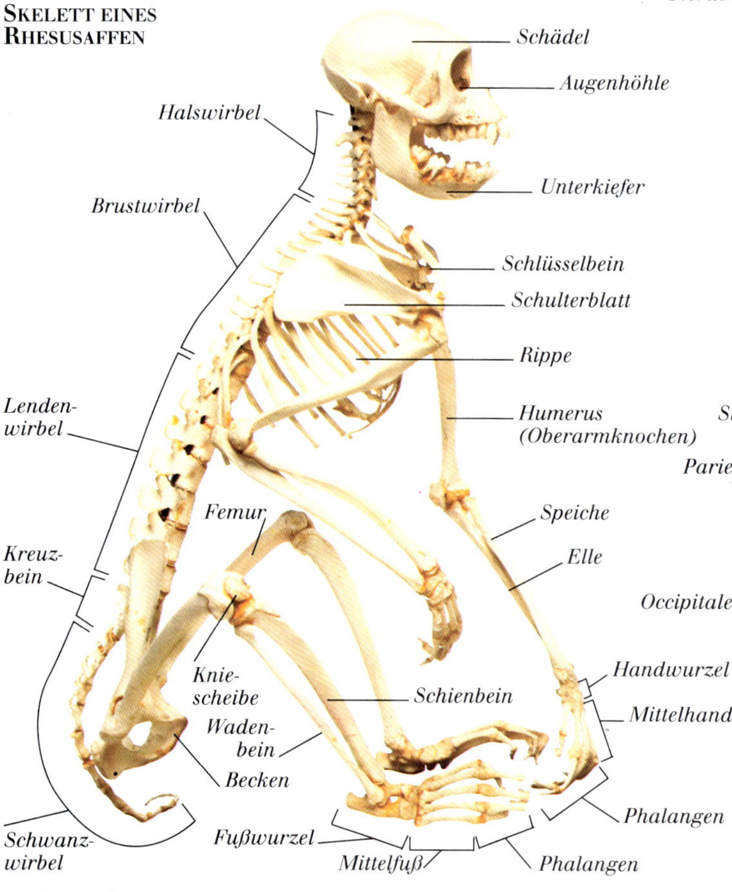

Schädel eines Schimpansen

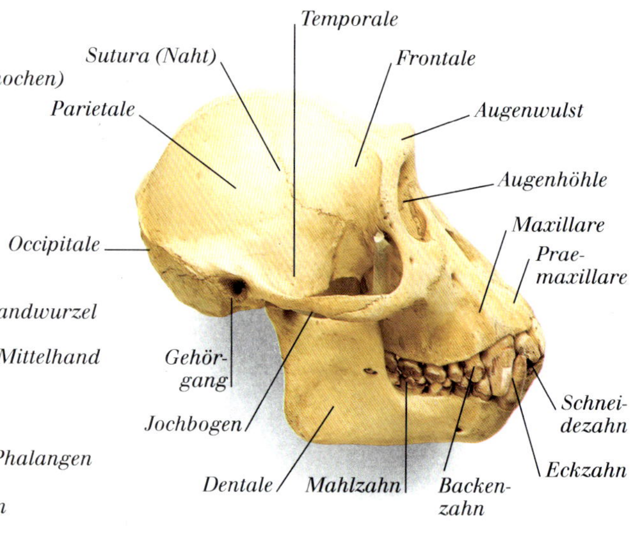

Beispiele für Primaten

Katta
(*Lemur catta*)
Halbaffe (Prosimii)

Roter Brüllaffe
(*Alouatta seniculus*)
Neuweltaffe

Mandrill
(*Mandrillus sphinx*)
Altweltaffe

Schimpanse
(*Pan troglodytes*)
Menschenaffe

Löwenäffchen
(*Leontopithecus rosalia*)
Neuweltaffe

Äussere Merkmale eines jungen Gorillas

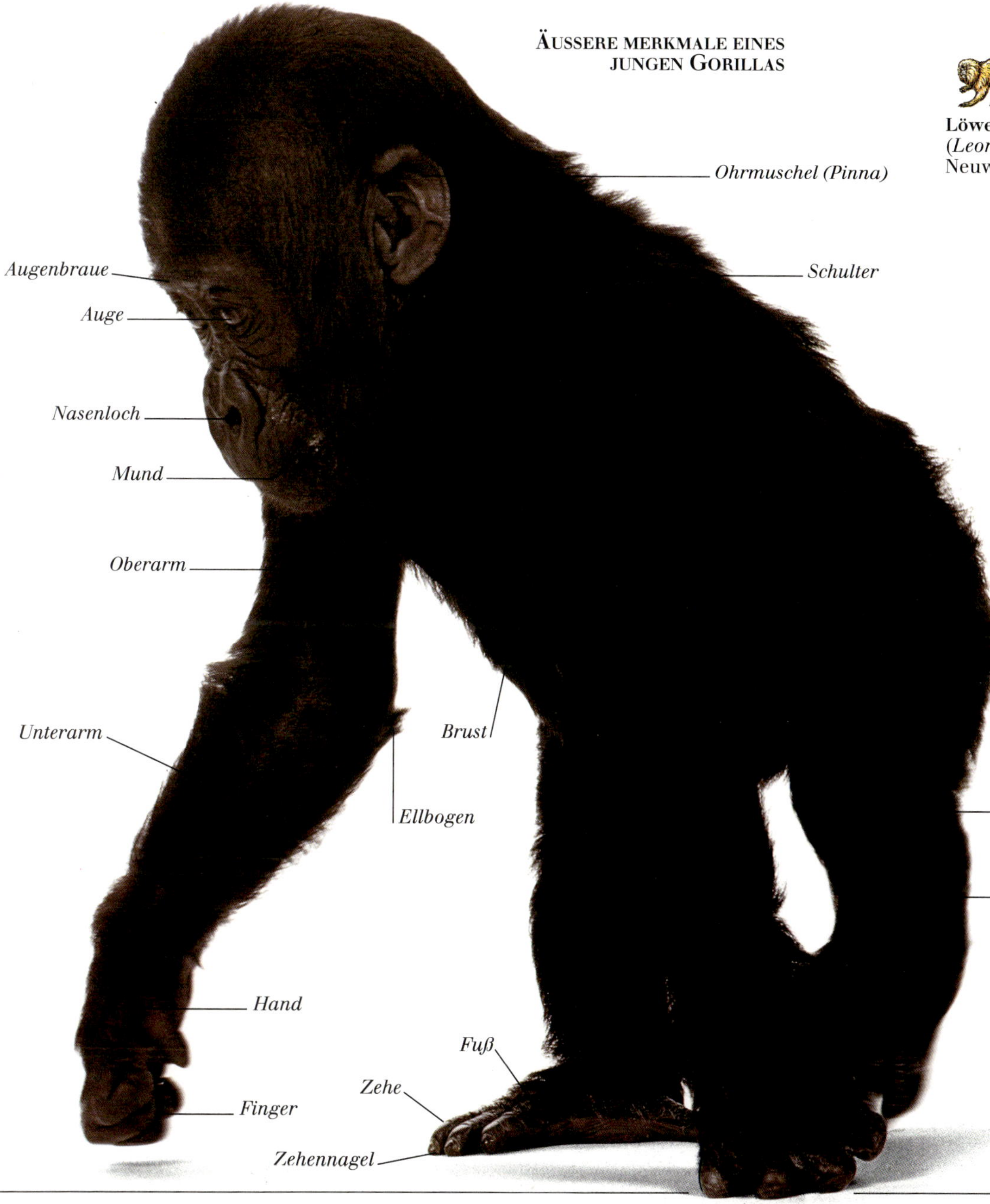

Delphine, Wale und Robben

Wale und Robben gehören zwei verschiedenen Säugetierordnungen an, die an das Leben im Wasser angepaßt sind. Die Vertreter der Ordnung der Wale (Cetacea) zeichnen sich durch stromlinienförmige, fischähnliche Körper, ein vollkommen reduziertes Haarkleid und eine dicke Fettschicht unter der Haut aus. Die Vorderextremitäten sind kurz und flossenähnlich, die Hinterextremitäten fehlen äußerlich völlig. Der Schwanz ist zu einer breiten, horizontalen Flosse umgebildet. Innerhalb der Wale unterscheidet man Zahnwale (Pottwale, Weißwale, Delphine, Tümmler, Schwertwale, Narwale) und Bartenwale (Furchenwale, Glattwale, Grauwale). Der Blauwal, ein Furchenwal, ist das größte lebende Tier: ein erwachsener Wal wird bis zu 30 m lang und 140 t schwer. Robben (Hundsrobben wie Seehunde und See-Elefanten und Ohrenrobben wie Seelöwen und Walrosse) bilden die Ordnung Pinnipedia. Auch sie besitzen einen stromlinienförmigen Körper und eine dicke Fettschicht. Vorder- und Hinterextremitäten sind zu Flossen umgebildet.

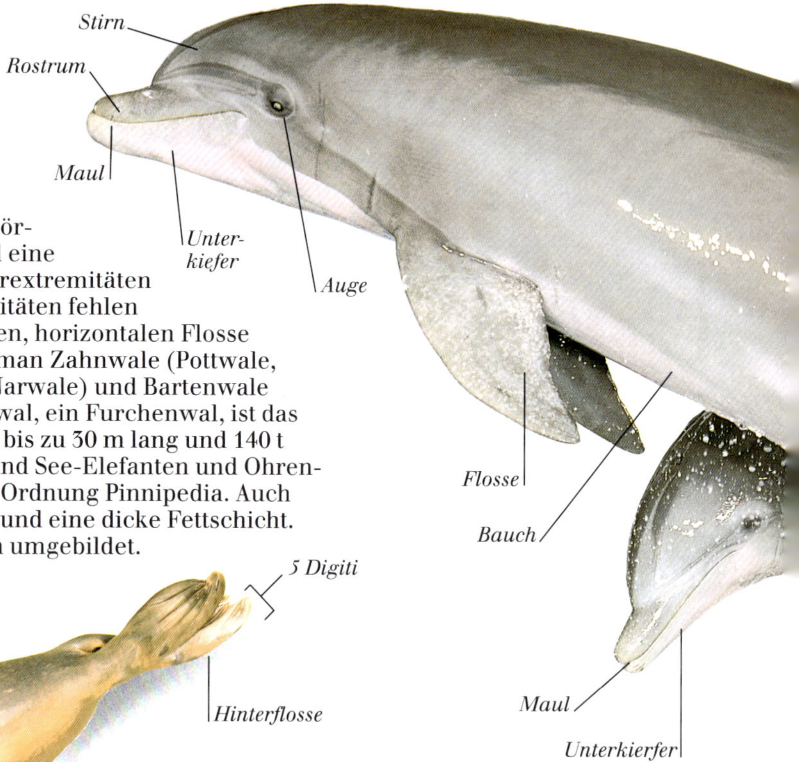

Äussere Merkmale einer Robbe (Seehund)

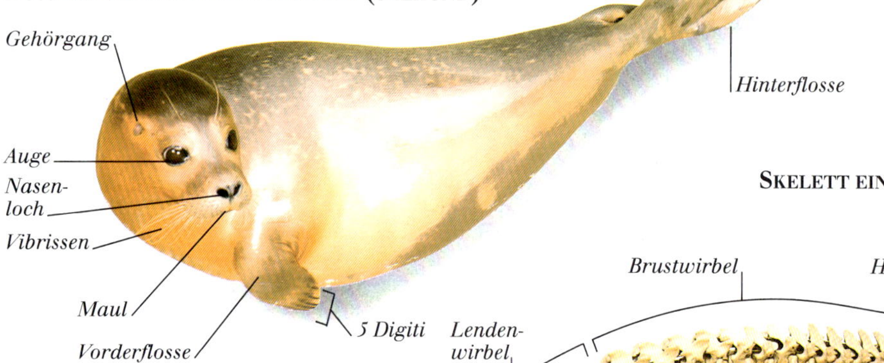

Skelett einer Robbe

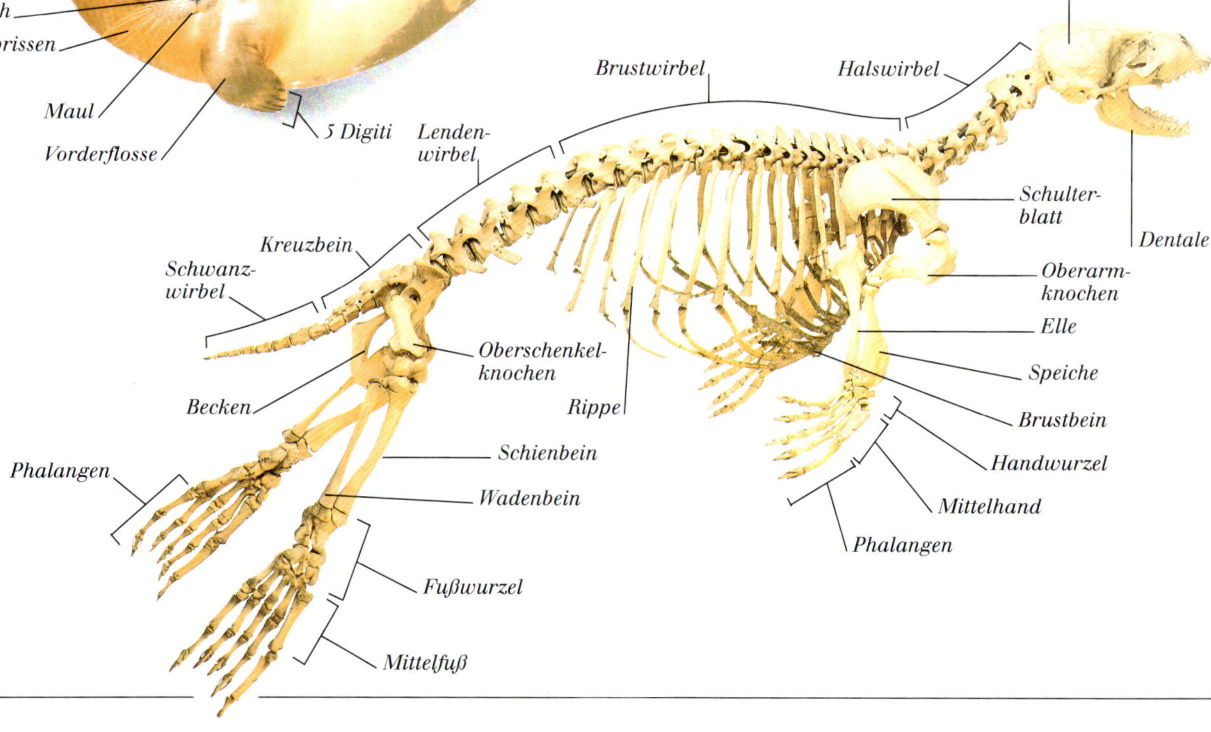

Äussere Merkmale eines Delphins

Beispiele für Wale

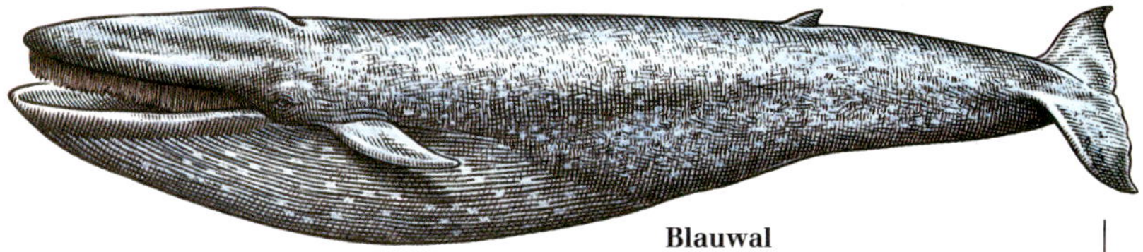

Blauwal
(Balaenoptera musculus)

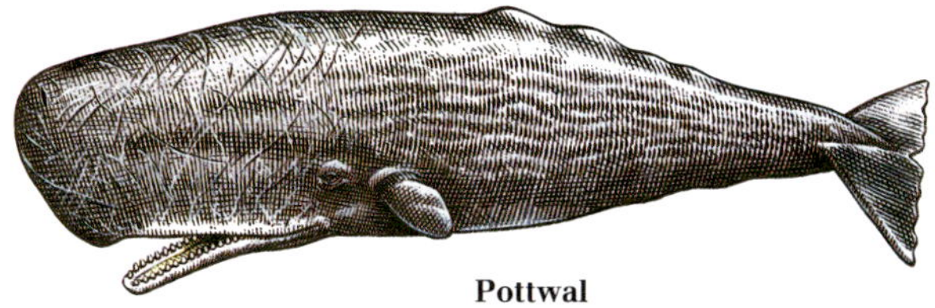

Pottwal
(Physeter catodon)

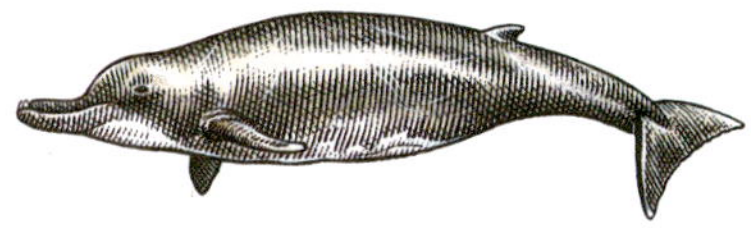

Bairds Schnabelwal
(Berardius bairdi)

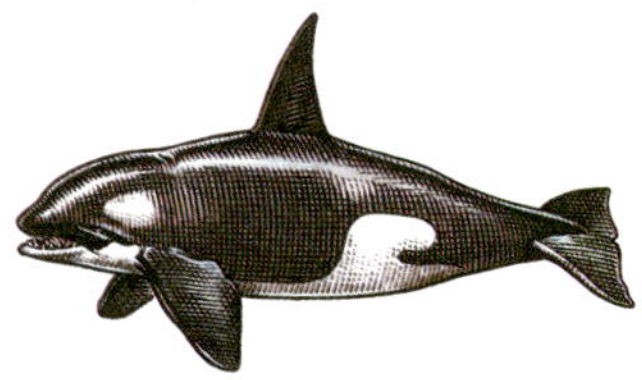

Männlicher Schwertwal
(Orcinus orca)

Männlicher Narwal
(Monodon monoceros)

Anatomie eines männlichen Delphins

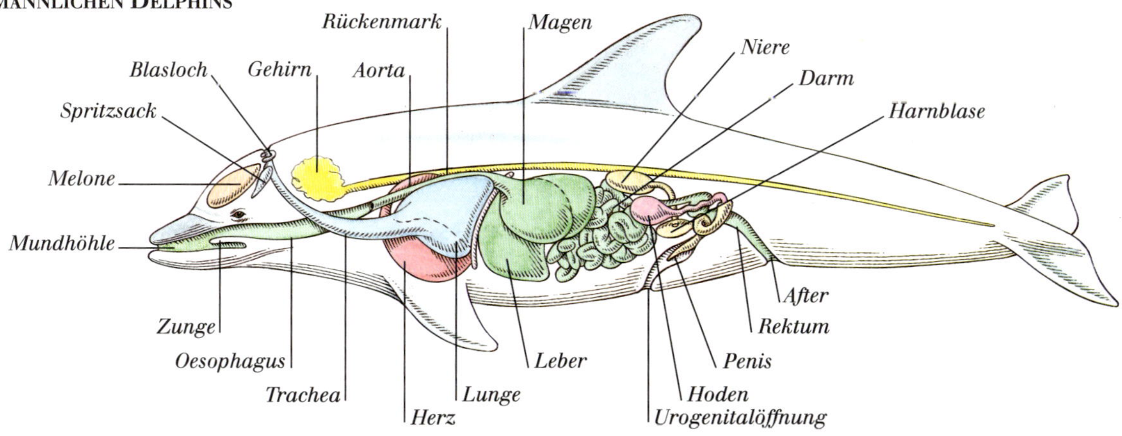

Beuteltiere und Kloakentiere

Beuteltiere und Kloakentiere unterscheiden sich in der Art der Entwicklung ihrer Jungen wesentlich von den anderen Säugern. Beuteltiere (Ordnung Marsupialia) gebären ihre Jungen in einem sehr frühen Entwicklungsstadium. Diese kriechen dann in den vorn am Bauch der Mutter sitzenden Beutel, wo sie sich an einer Zitze festsaugen und dort ihre weitere Entwicklung durchlaufen. Die meisten Beuteltiere leben in Australien; das Opossum (Beutelratte) ist auch auf dem amerikanischen Kontinent weit verbreitet. Von den Kloakentieren (Ordnung Monotremata) sind nur sehr wenige Arten (Schnabeltier, Ameisenigel) bekannt. Es handelt sich um recht ursprüngliche Säugetiere, die Eier legen und diese dann ausbrüten. Das Vorkommen der Kloakentiere ist auf Australien und Neuguinea beschränkt.

Skelett eines Känguruhs

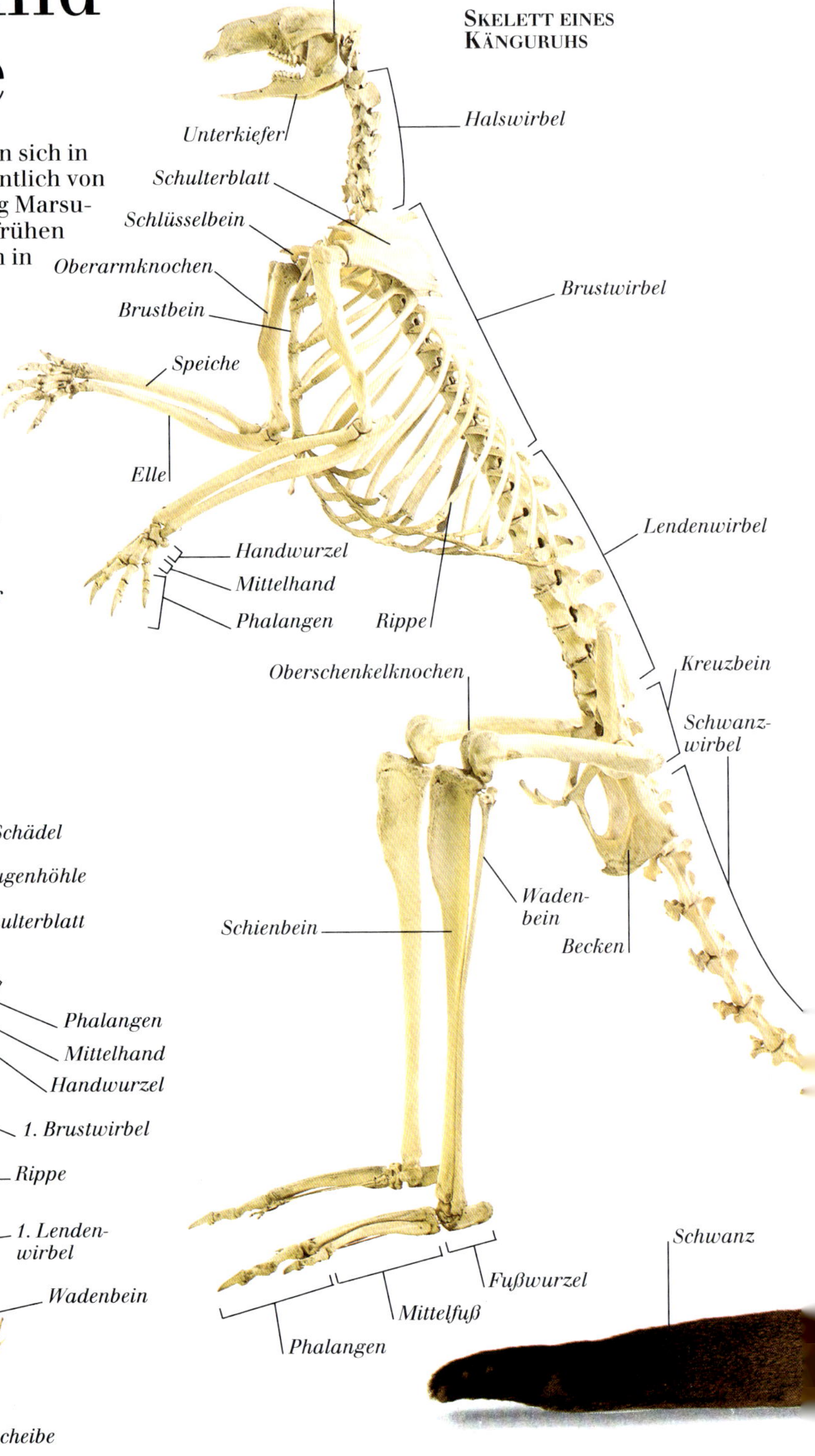

Skelett eines Schnabeltieres

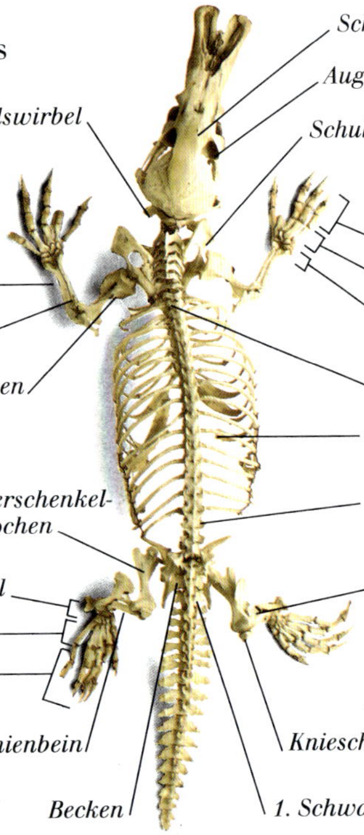

Beispiele für Beuteltiere und Kloakentiere

Koala
(*Phascolarctos cinereus*)
Beuteltier

Schnabeltier
(*Ornithorhynchus anatinus*)
Kloakentier

Tasmanischer Teufel
(*Sarcophilus harrisii*)
Beuteltier

Opossum
(*Didelphis virginiana*)
Beuteltier

Äussere Merkmale eines Känguruhs

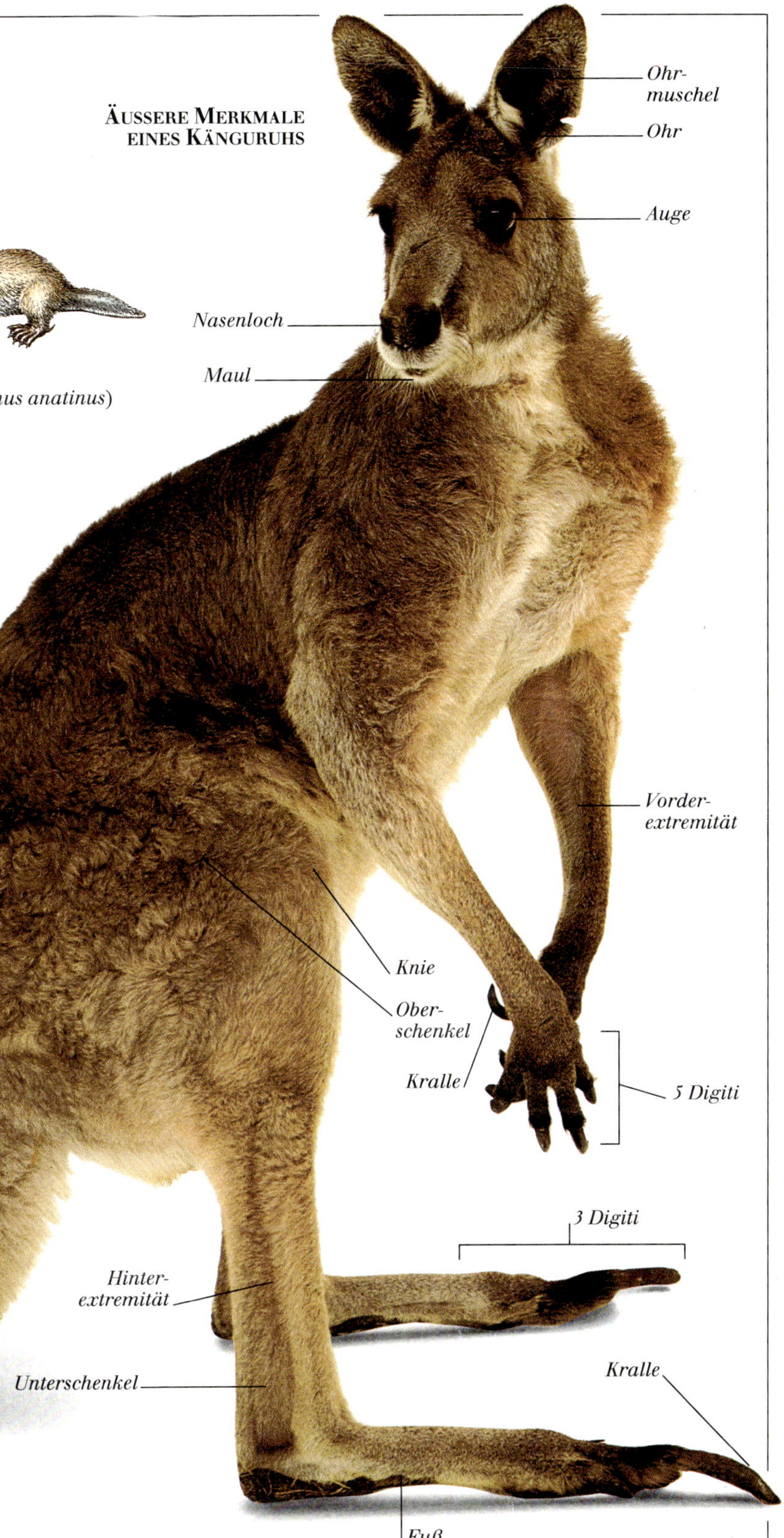

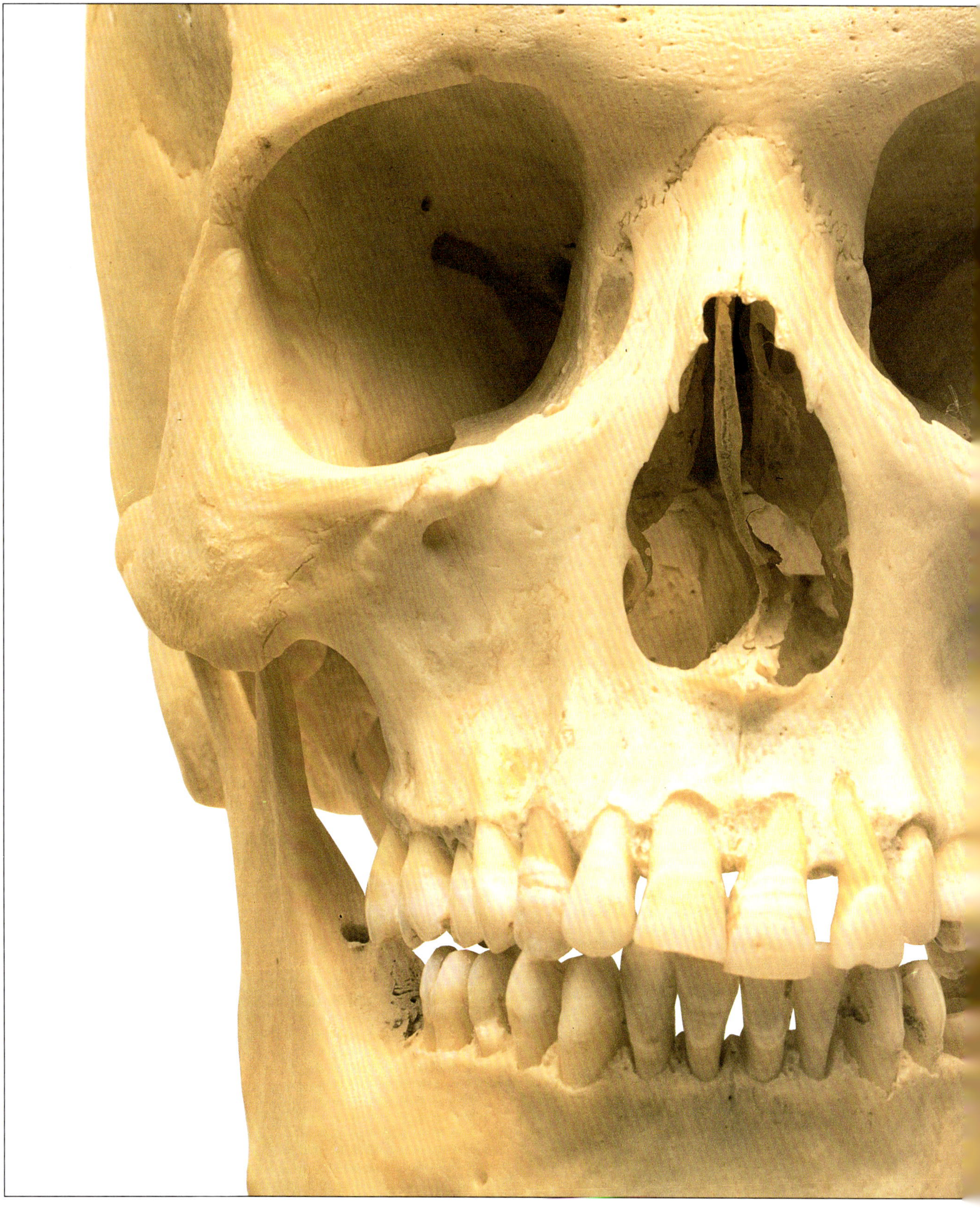

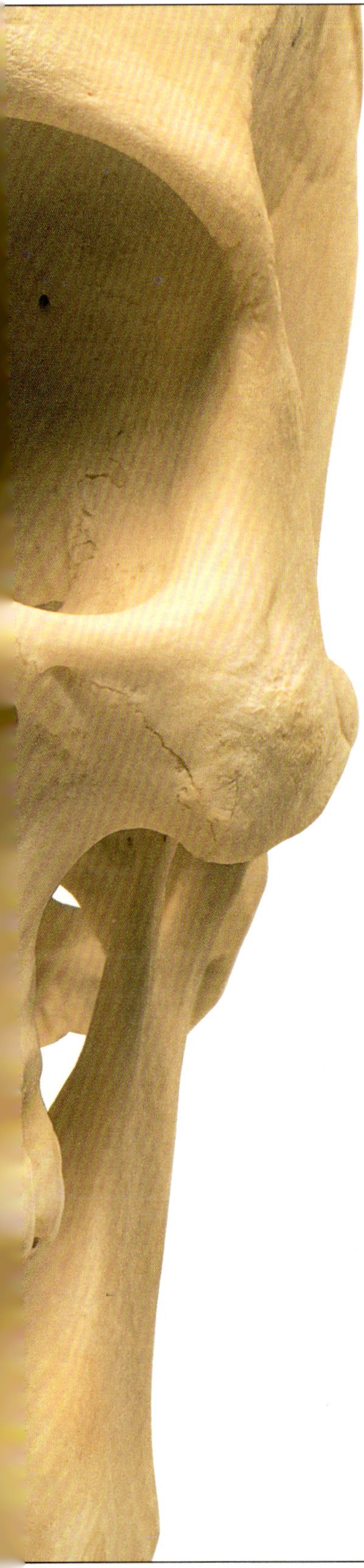

Der menschliche Körper

Der menschliche Körper 220
Der Kopf 222
Die Körperorgane 224
Die Körperzellen 226
Das Skelett 228
Der Schädel 230
Die Wirbelsäule 232
Knochen und Gelenke 234
Muskeln 1 236
Muskeln 2 238
Die Hand 240
Der Fuss 242
Haut und Haare 244
Das Gehirn 246
Das Nervensystem 248
Das Auge 250
Das Ohr 252
Nase, Mund und Rachen 254
Die Zähne 256
Das Verdauungssystem 258
Das Herz 260
Das Kreislaufsystem 262
Das Atmungssystem 264
Das Harnsystem 266
Das Fortpflanzungssystem 268
Die Entwicklung eines Babys 270

Der menschliche Körper

Im äußeren Erscheinungsbild gleicht kein Mensch genau dem anderen, doch die grundlegenden Merkmale des menschlichen Körpers sind bei allen gleich. Die äußere Form des Körpers ist abhängig vom Geschlecht, vom Alter, der Größe des Skeletts, der Form der Muskeln, der Stärke, der Fettschicht unter der Haut sowie der Elastizität der Haut. Männer sind im Durchschnitt größer als Frauen. Sie haben breitere Schultern, eine stärkere Körperbehaarung und eine andere Verteilung der Fettpolster als Frauen. Der weibliche Körper ist weniger muskulös. Das Becken einer Frau ist flacher und breiter gebaut und damit für die Geburt eines Kindes geeignet.

WEIBLICHE UND MÄNNLICHE RÜCKENANSICHT

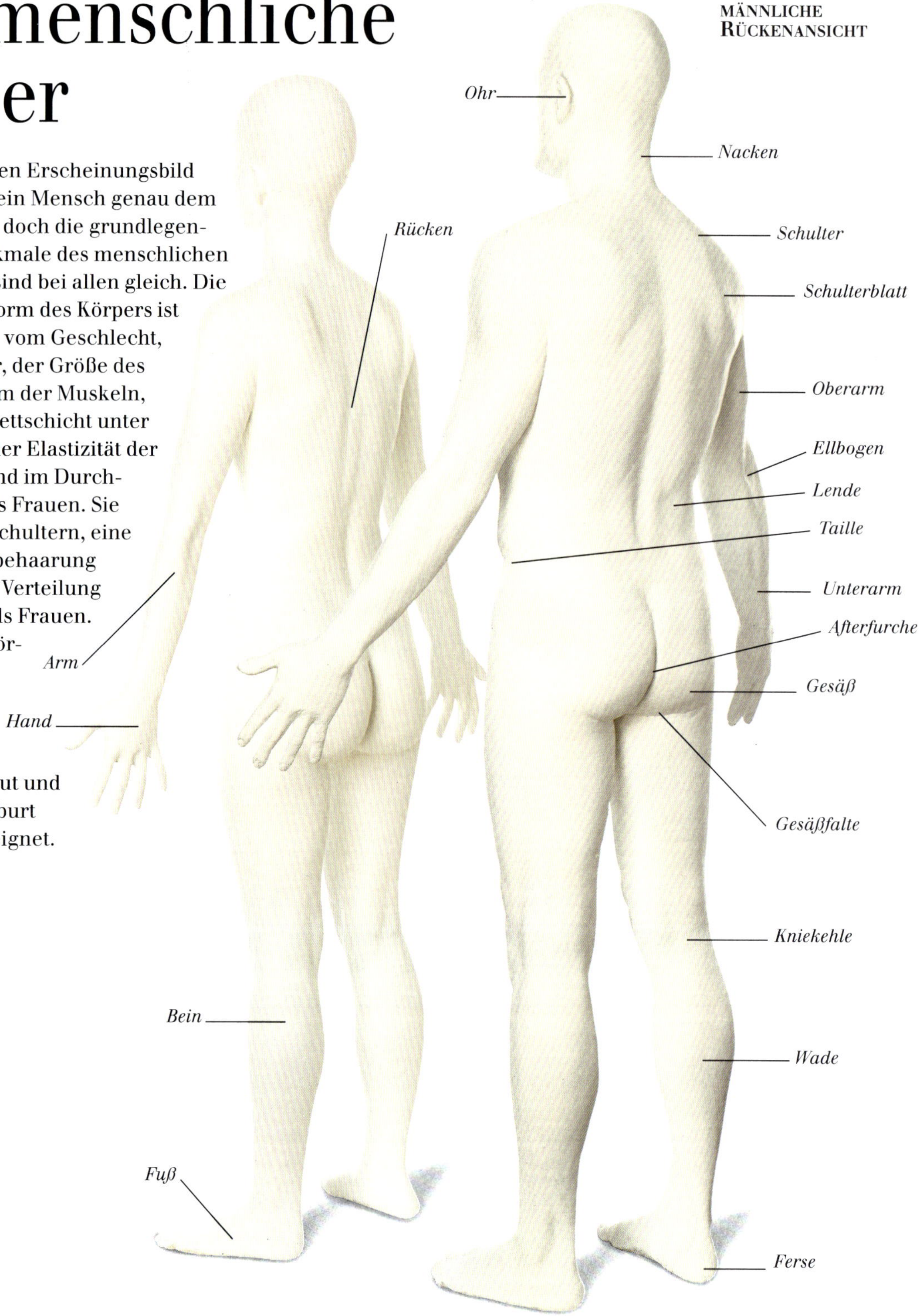

Männliche und weibliche Vorderansicht

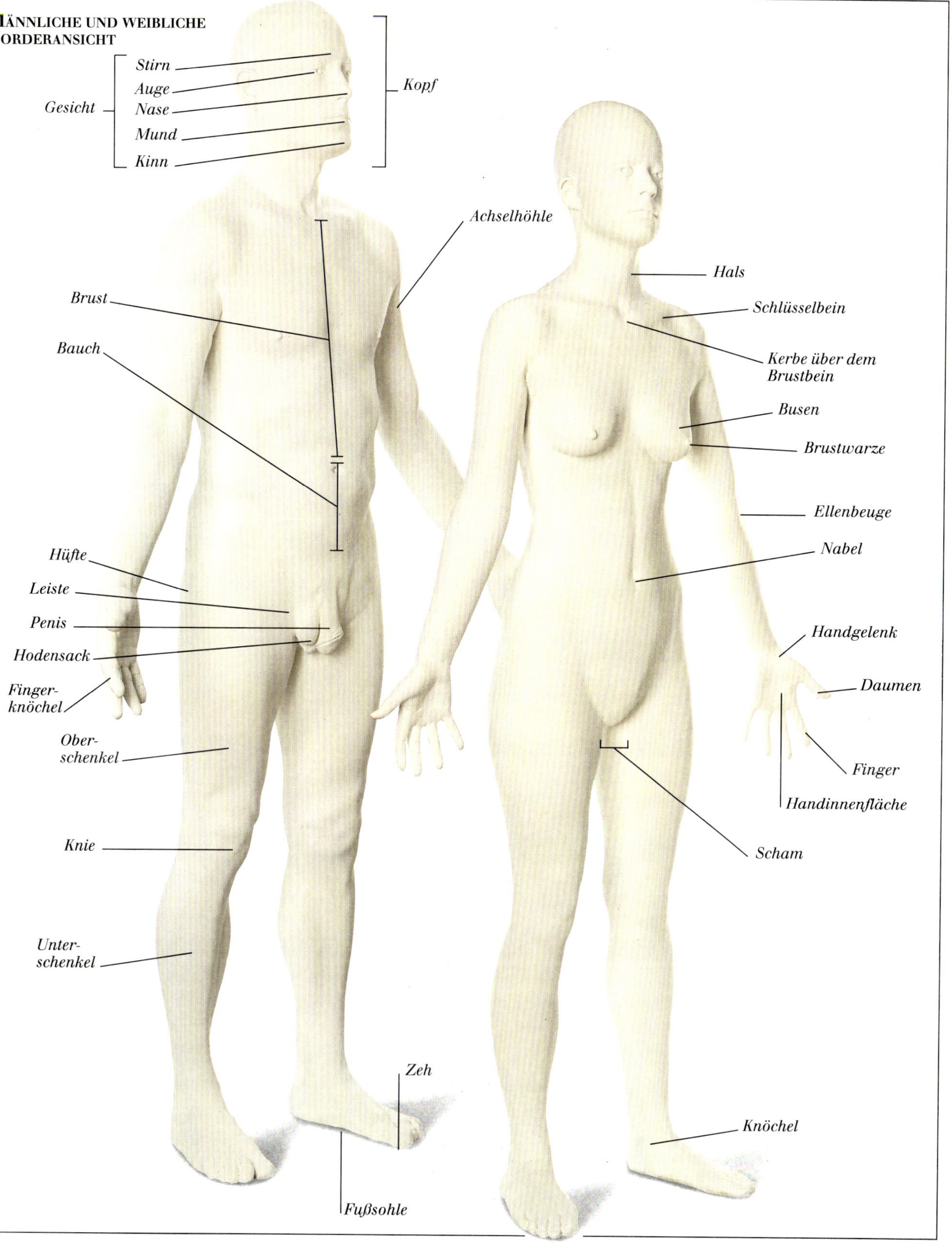

Der Kopf

Bei einem Neugeborenen nimmt der Kopf ein Viertel der gesamten Körperlänge ein; bei einem Erwachsenen reduziert sich dieses Verhältnis auf ein Achtel. Im Kopf sind die Hauptsinnesorgane des Menschen konzentriert: Augen, Ohren, Geruchsnerven – und die Geschmacksnerven der Zunge. Signale werden von diesen Organen zu dem großen Koordinationszentrum des Körpers, dem Gehirn, weitergeleitet. Dieses ist geschützt in den knöchernen Schädel gebettet. Die Haare auf dem Kopf schützen vor Wärmeverlust und gegen Kälte. Im Gesicht sind drei wichtige Öffnungen: zwei Nasenlöcher, durch die Luft eingesogen wird, und der Mund, mit dem man Nahrung aufnimmt und spricht und durch den man ein- und ausatmen kann. Obwohl alle Köpfe im Grundaufbau gleich sind, gibt es so viele individuelle Variationen wie Menschen.

Äussere Merkmale des Kopfes

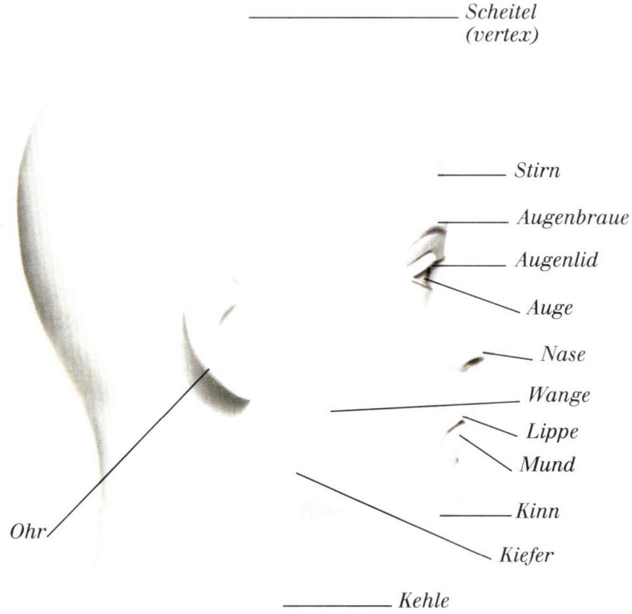

Schnittdarstellung eines Kopfes

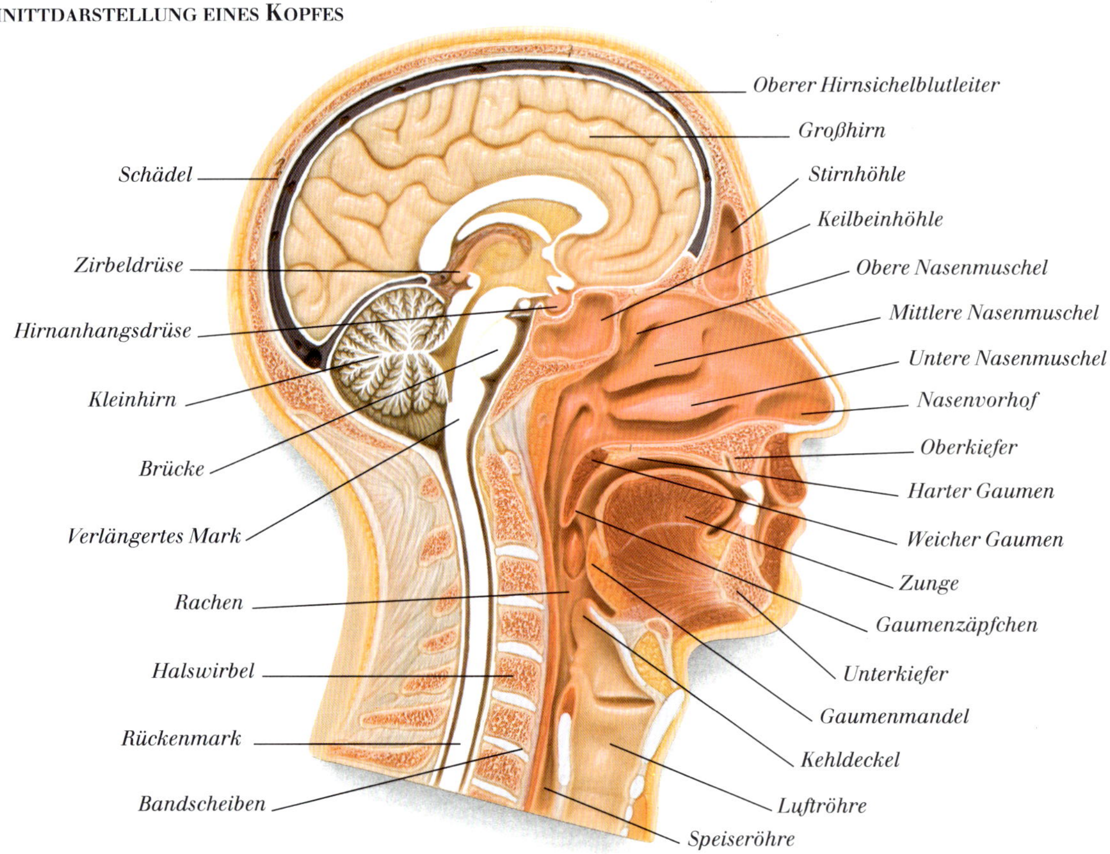

ÄUSSERE MERKMALE EINES KOPFES IN FRONTALANSICHT

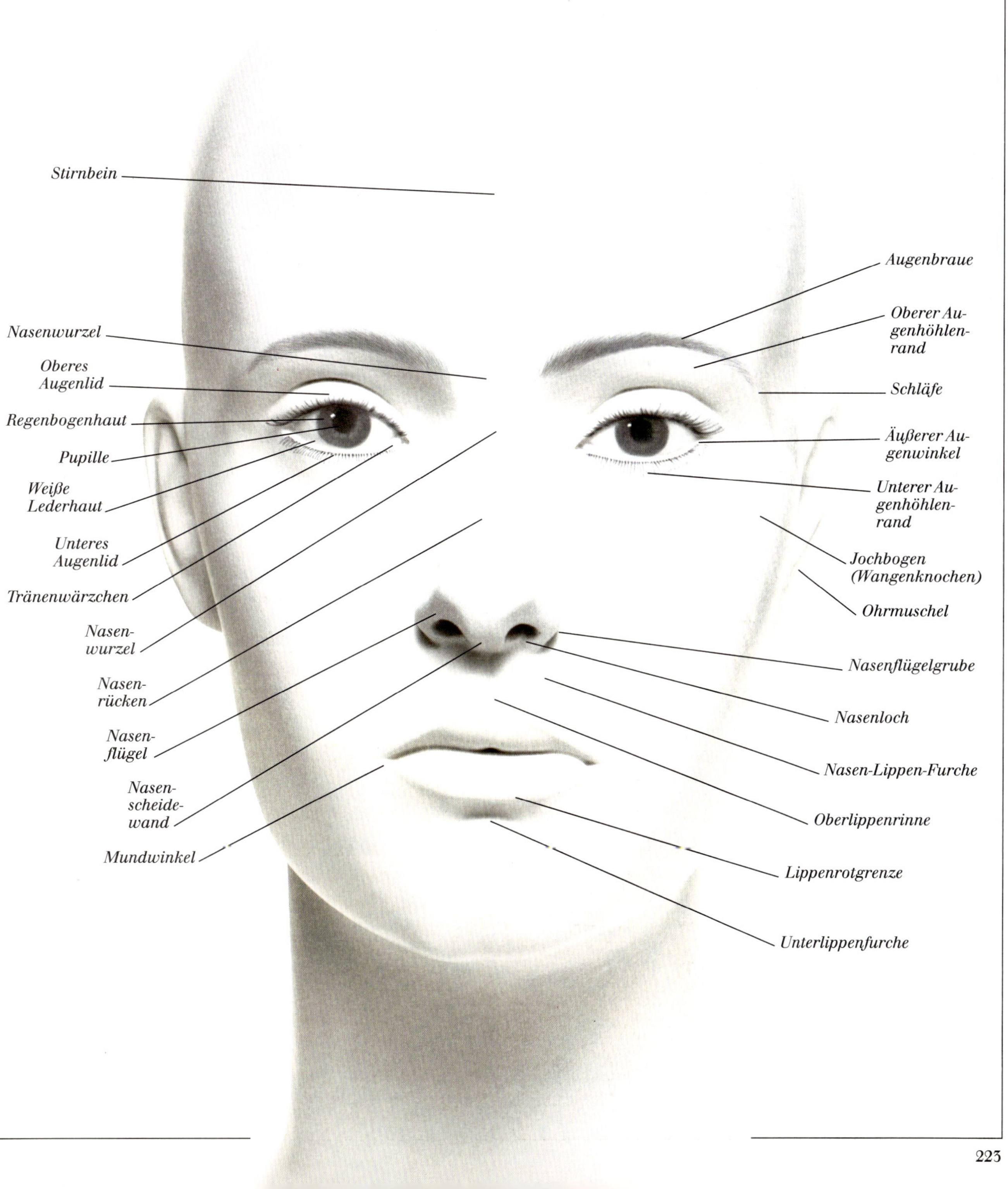

Die Körperorgane

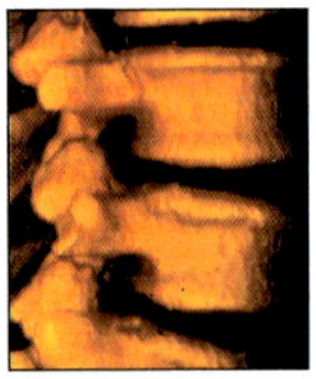

Alle lebenswichtigen Körperorgane außer dem Gehirn konzentrieren sich im Rumpf (Körper ohne Kopf und Extremitäten). Der Rumpf ist in zwei große Höhlen unterteilt, die durch ein muskulöses Blatt, das Zwerchfell, getrennt werden. In der oberen Höhle, dem Brustkorb oder Thorax, befinden sich das Herz und die Lungen. In der unteren Höhle, Bauchhöhle genannt, liegen der Magen, der Darm, die Leber und die Bauchspeicheldrüse. Diese Organe dienen der Verdauung. Auch das Harnsystem mit den Nieren und der Blase sowie die weiblichen Fortpflanzungsorgane liegen in der Bauchhöhle. Moderne Darstellungsverfahren wie Kontrastmittel-Röntgenbilder, computertomographische Aufnahmen (CT) und verschiedene Arten von Aufnahmetechniken, ermöglichen es, Körperorgane zu sehen und zu studieren, ohne die schützenden Schichten der Haut zu verletzen.

DIE INNEREN ORGANE

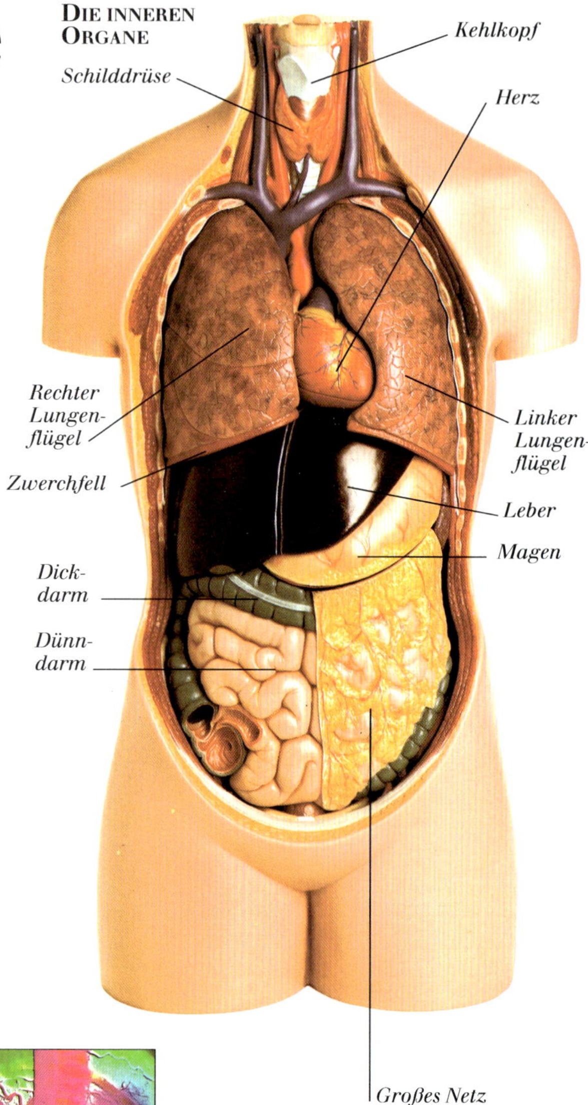

KÖRPERDARSTELLUNGEN

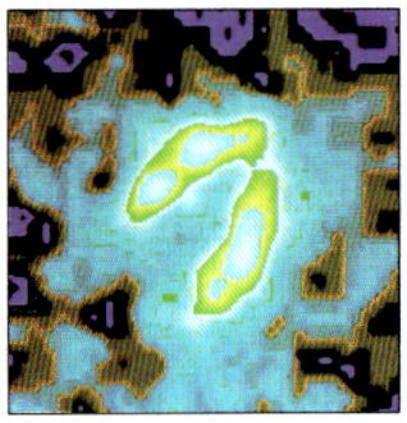

Szintigramm der Herzkammern

Angiogramm der rechten Lunge

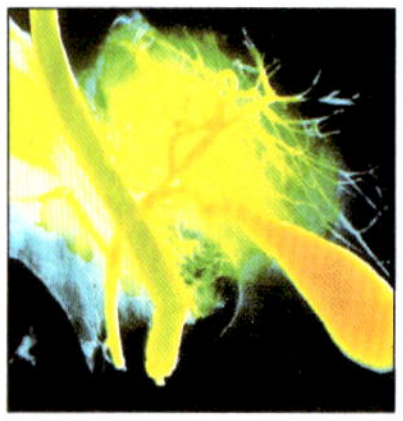

Kontrast-Röntgenbild der Gallenblase

Szintigramm des Nervensystems

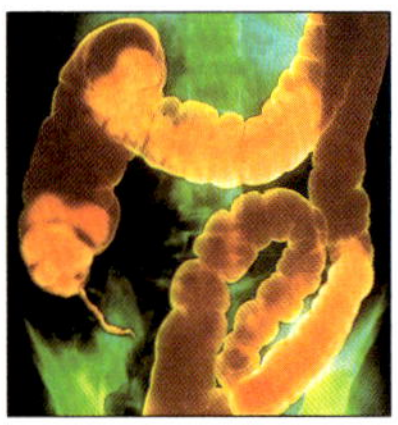

Doppelkontrast-Röntgenbild des Dickdarms

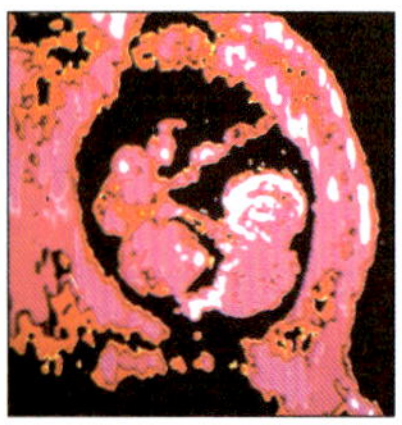

Ultraschalldarstellung von Zwillingen

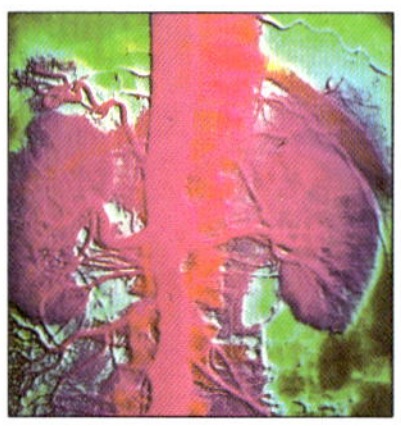

Angiogramm der Nieren

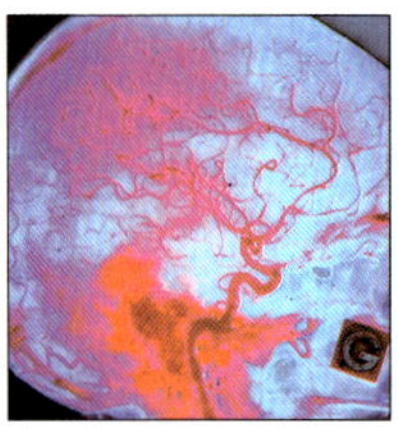

Angiogramm der Kopfarterien

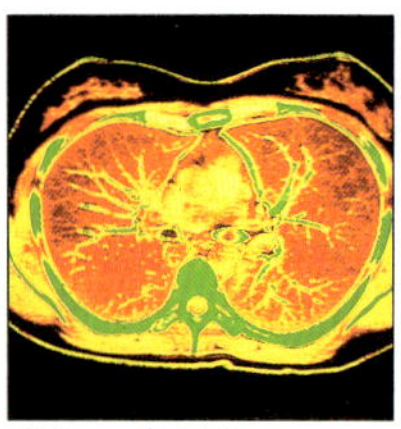

CT: weiblicher Brustraum

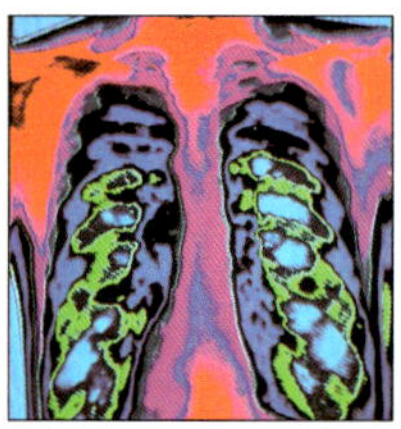

Thermogramm des Brustkorbes

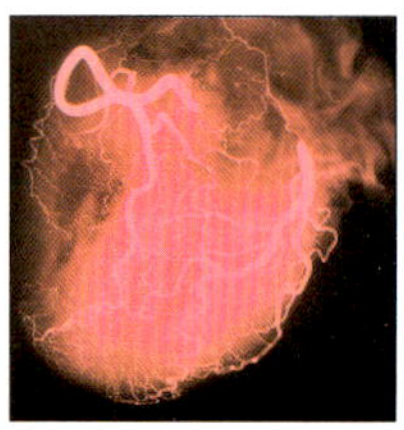

Angiogramm der Herzarterien

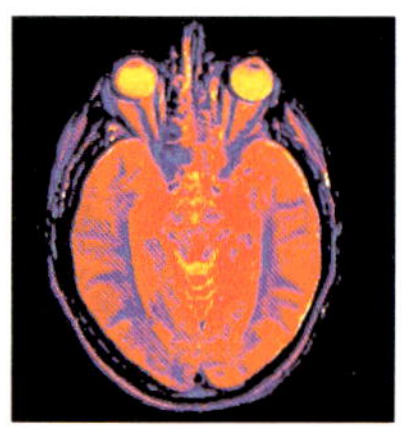

Kernspinresonanztomographie

Brust- und Bauchhöhle (einige Organe fehlen)

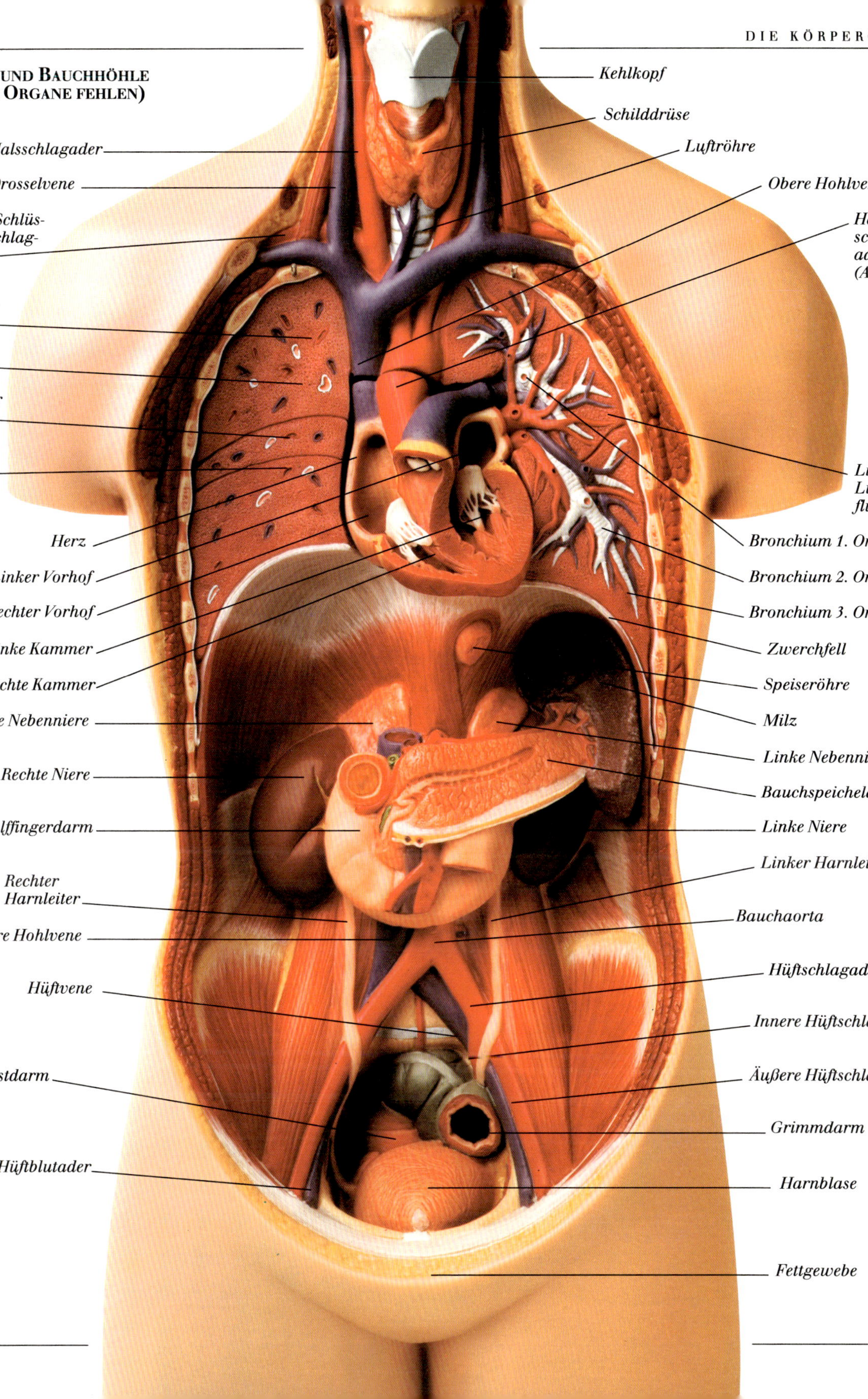

Die Körperzellen

Jeder Mensch besteht aus Milliarden von Zellen. Diese bilden die elementaren strukturellen Einheiten eines Körpers. Knochen, Muskeln, Organe, Haut, Blut und alle anderen Körpergewebe bestehen aus verschiedenen Zelltypen. Jeder Zelltyp hat eine spezielle Funktion. Sie arbeiten wiederum mit anderen Zellsystemen zusammen, um die vielfältigen lebenswichtigen Aufgaben zu erfüllen. Die meisten Körperzellen haben eine identische Grundstruktur. Jede Zelle besitzt eine Außenschicht (Zellmembran) und darin eine flüssige Grundsubstanz (Zytoplasma). Innerhalb des Zytoplasmas sind viele spezielle Strukturen (Organellen) enthalten. Die wichtigste Organelle ist der Zellkern. Dieser enthält das genetische Material und bildet das Zellkontrollzentrum.

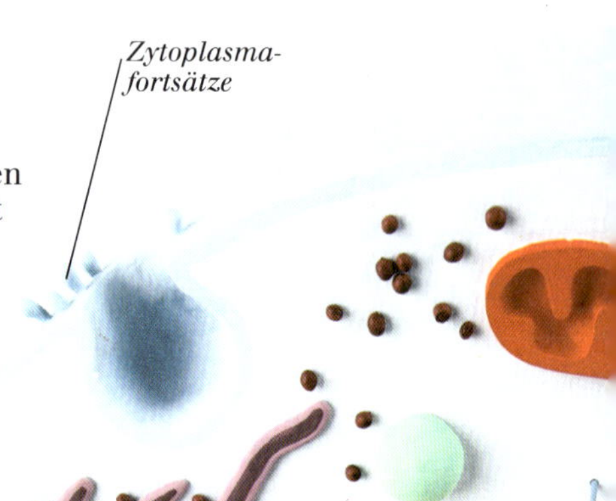

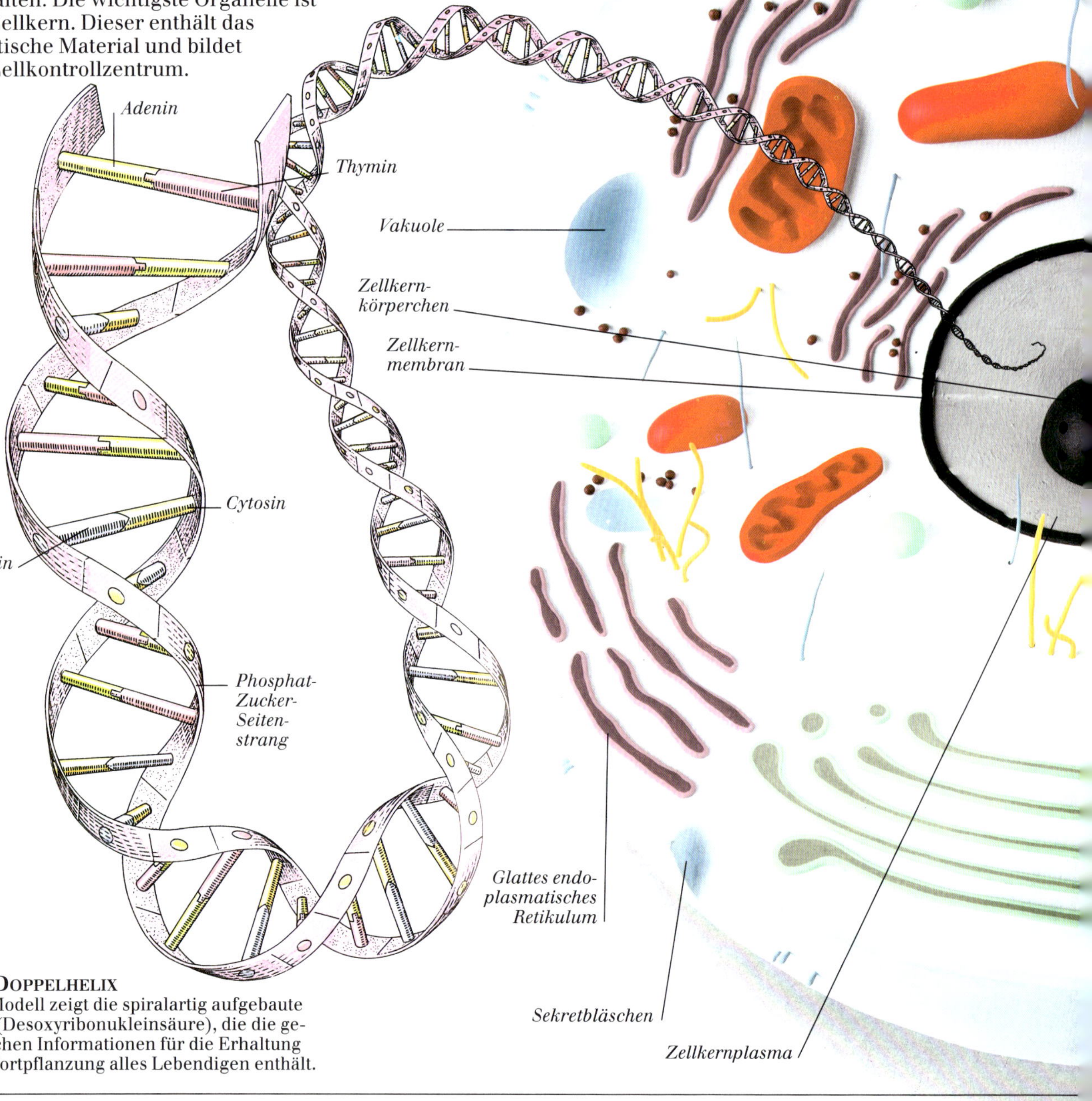

Die Doppelhelix
Das Modell zeigt die spiralartig aufgebaute DNA (Desoxyribonukleinsäure), die die genetischen Informationen für die Erhaltung und Fortpflanzung alles Lebendigen enthält.

Schema einer Zelle

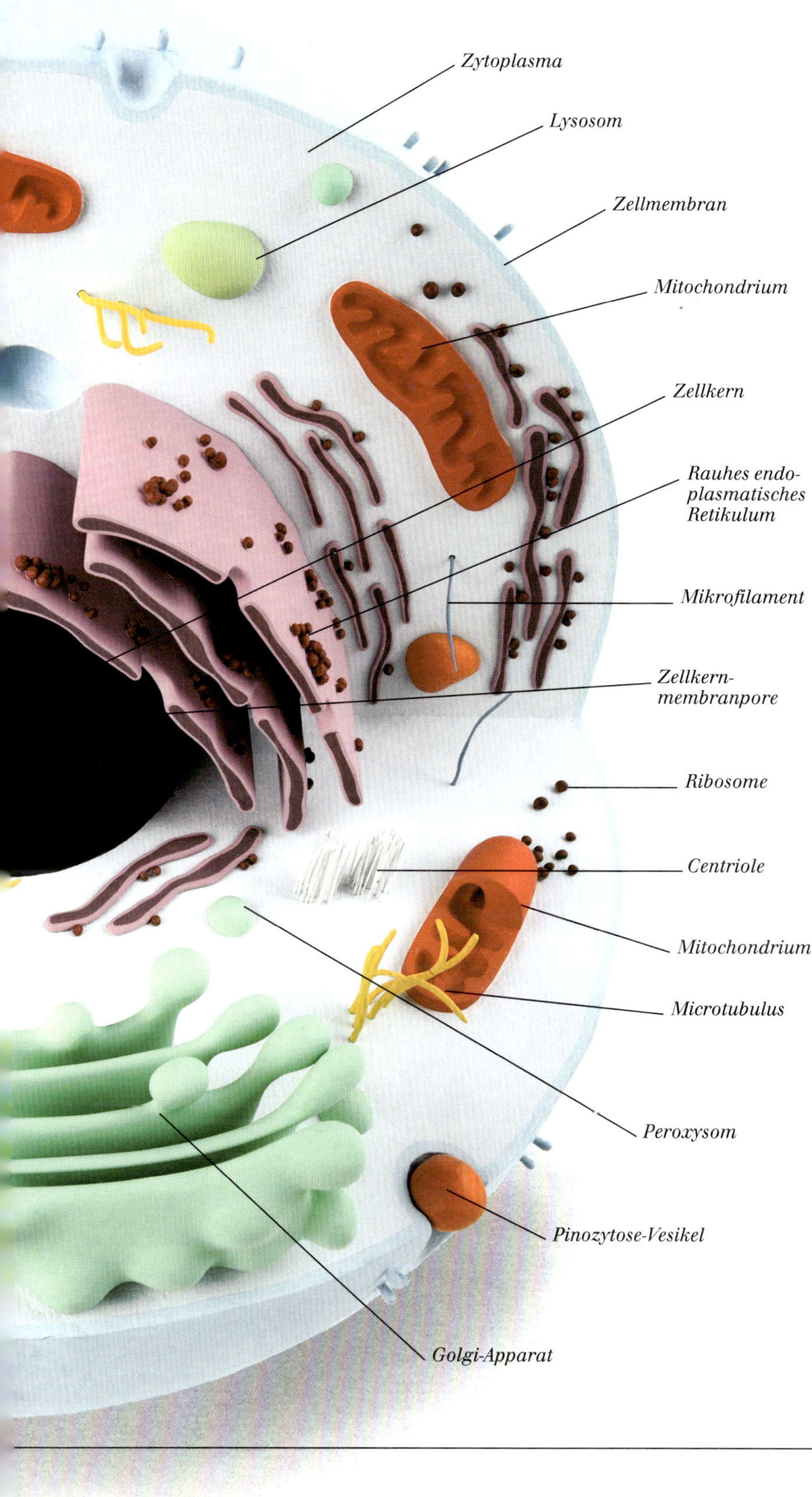

Zelltypen

Knochenbildende Zelle

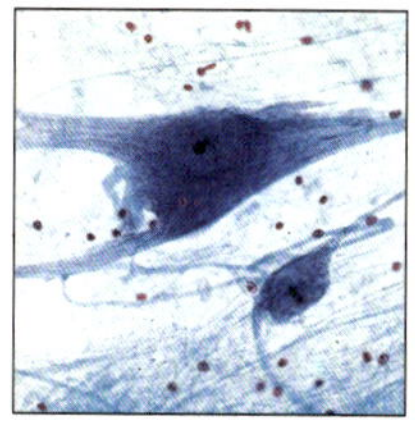

Nervenzellen im Rückenmark

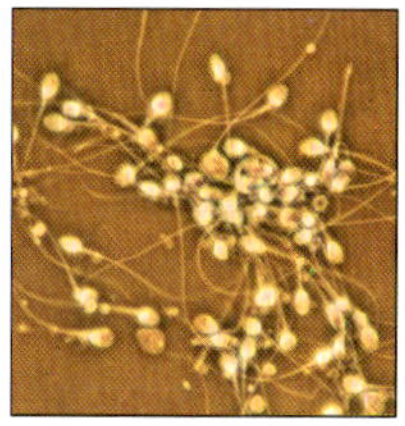

Spermazellen

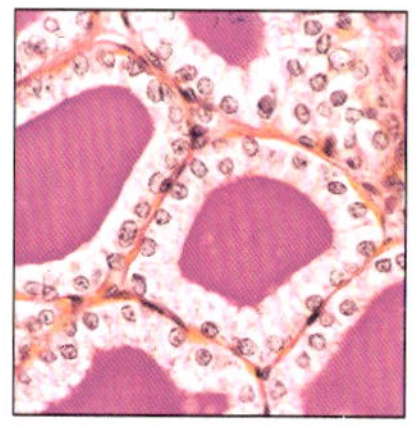

Schilddrüsenzellen

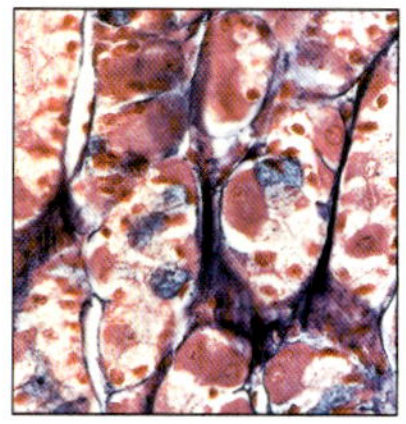

Säureproduzierende Magenzellen

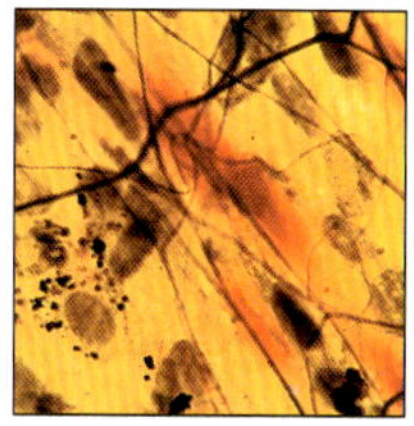

Bindegewebszellen

Schleimbildende Darmzellen

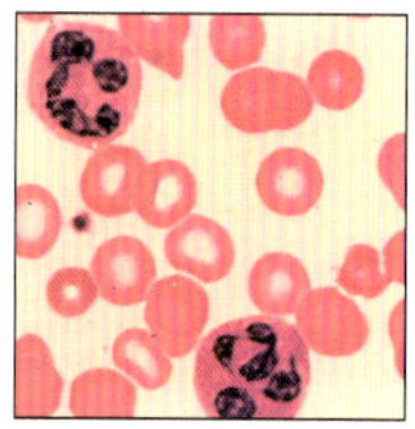

Rote und zwei weiße Blutzellen

Fettzellen im Fettgewebe

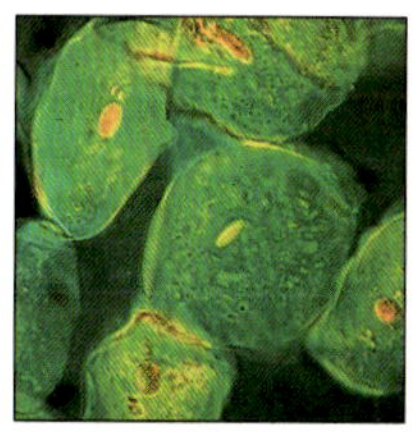

Hautzellen der Wange

Das Skelett

Das Skelett ist ein bewegliches, aus 206 Knochen bestehendes Gerüst. Annähernd die Hälfte der Knochen sind in den Händen und Füßen konzentriert. Obwohl die einzelnen Knochen in sich starr sind, ist das Skelett als Ganzes bemerkenswert flexibel und erlaubt dem Körper vielfältige Bewegungen. Das Skelett dient den Skelettmuskeln als Anker und den Organen als schützender Käfig. Weibliche Knochen sind in der Regel schmaler und leichter als männliche. Das weibliche Becken ist weniger stark gewölbt und breiter als das männliche.

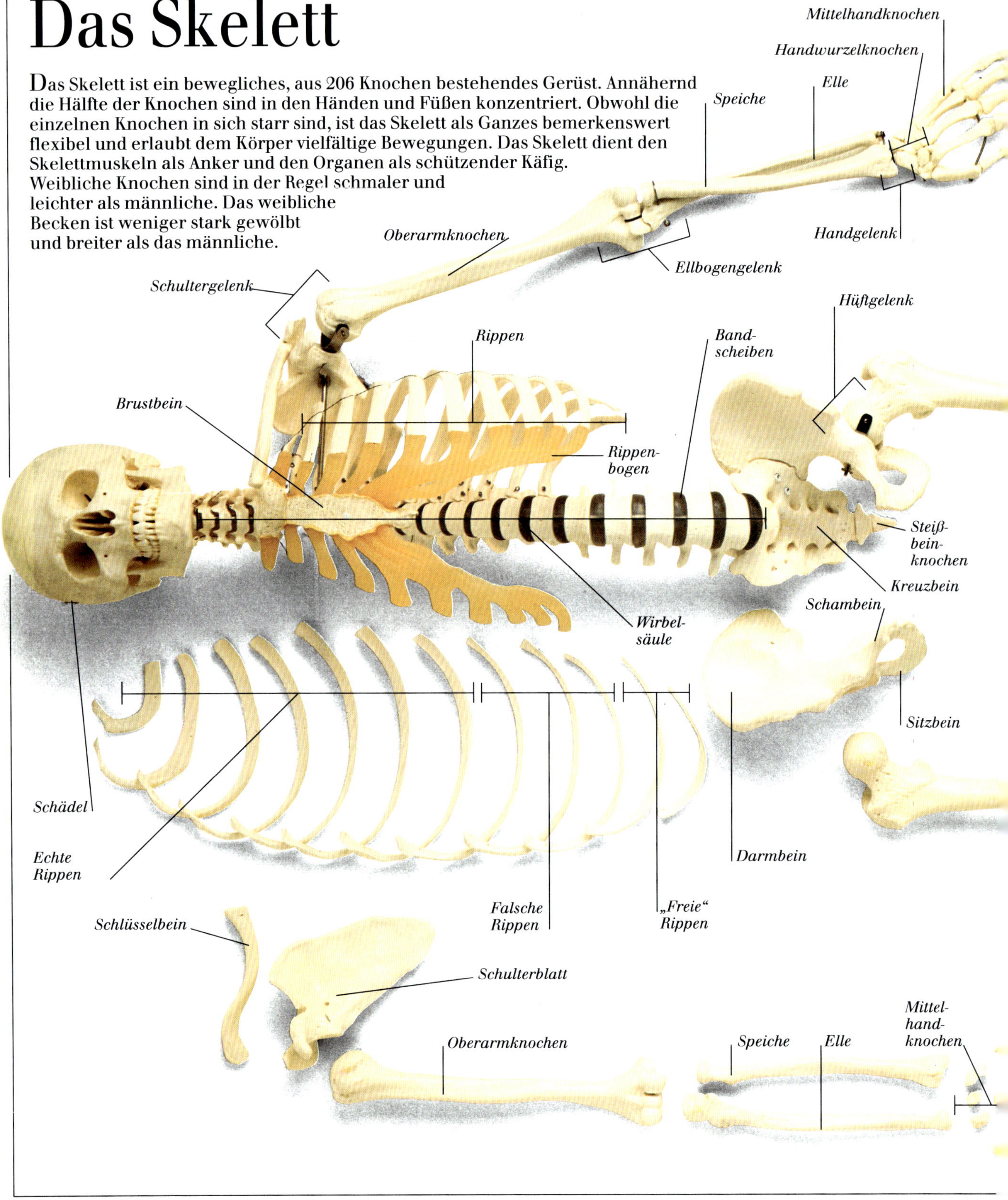

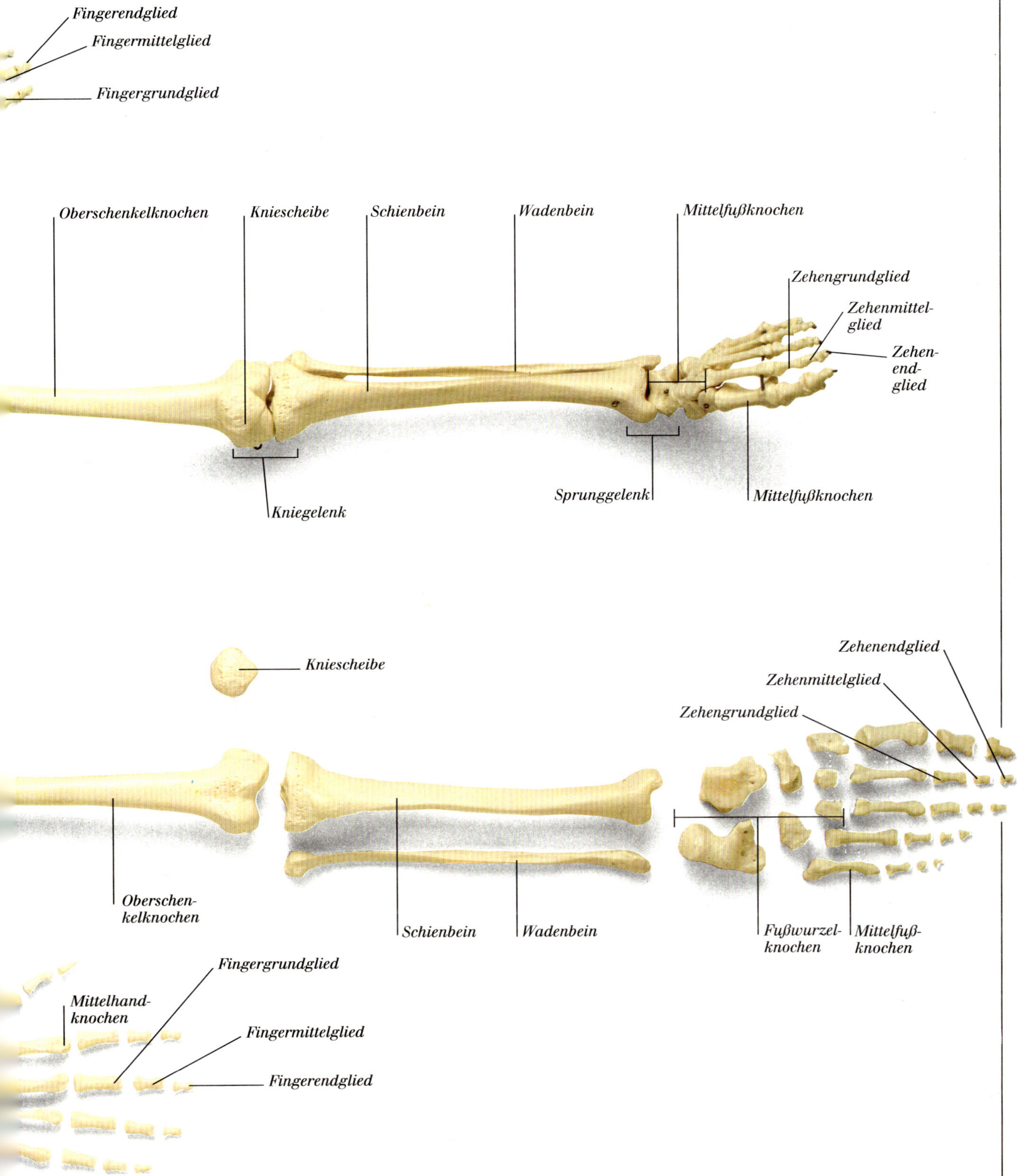
Fingerendglied
Fingermittelglied
Fingergrundglied
Oberschenkelknochen
Kniescheibe
Schienbein
Wadenbein
Mittelfußknochen
Zehengrundglied
Zehenmittel-
glied
Zehen-
end-
glied
Kniegelenk
Sprunggelenk
Mittelfußknochen
Kniescheibe
Zehenendglied
Zehenmittelglied
Zehengrundglied
Oberschen-
kelknochen
Schienbein
Wadenbein
Fußwurzel-
knochen
Mittelfuß-
knochen
Fingergrundglied
Mittelhand-
knochen
Fingermittelglied
Fingerendglied

Der Schädel

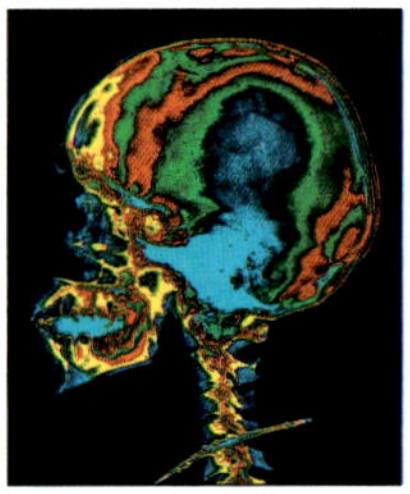

Der Schädel ist die komplizierteste Knochenstruktur des menschlichen Körpers und dabei äußerst zweckdienlich aufgebaut. Innerhalb der Schädelhöhle befinden sich drei Ebenen, die das Gehirn aufnehmen. Diese Ebenen haben Höcker und Aushöhlungen, die mit der Gestalt des Gehirns übereinstimmen. Ein großes, rundes Loch, das sogenannte Hinterhauptloch, befindet sich im hinteren unteren Teil des Schädels. Durch dieses führt der zentrale Nervenkanal. Vor dem Hinterhauptloch befinden sich viele kleine Löcher als Durchgang für Nerven, Arterien und Venen, die Verbindungen vom und zum Gehirn sind. Das Schädeldach wird aus vier dünnen, gebogenen Knochenplatten gebildet, die im Alter von ungefähr zwei Jahren fest miteinander verwachsen sind. An der Schädelvorderseite befinden sich die Augenhöhlen und eine zentrale Öffnung für den Luftweg der Nase. Der Unterkieferknochen ist beidseitig in Ohrhöhe beweglich am Schädel befestigt.

Rechte Seitenansicht eines fetalen Schädels

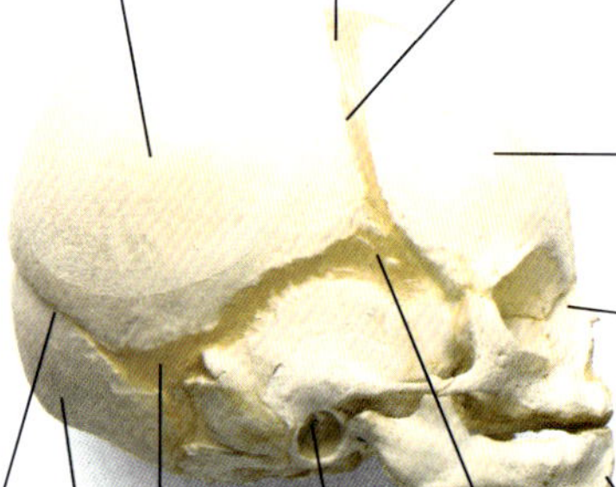

Rechte Seitenansicht eines Schädels

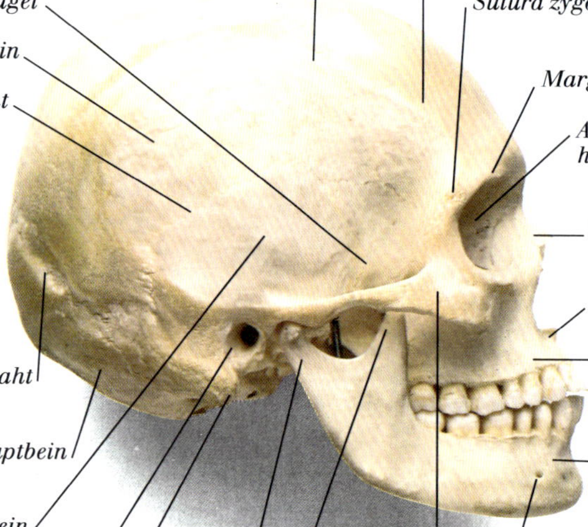

Ansicht des Schädels von unten

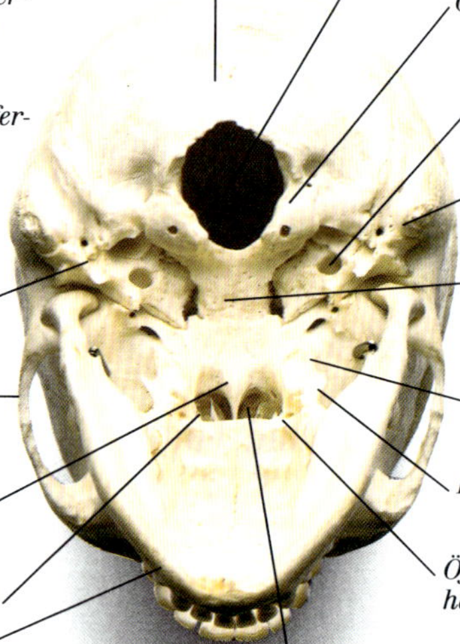

FRONTALANSICHT EINES SCHÄDELS

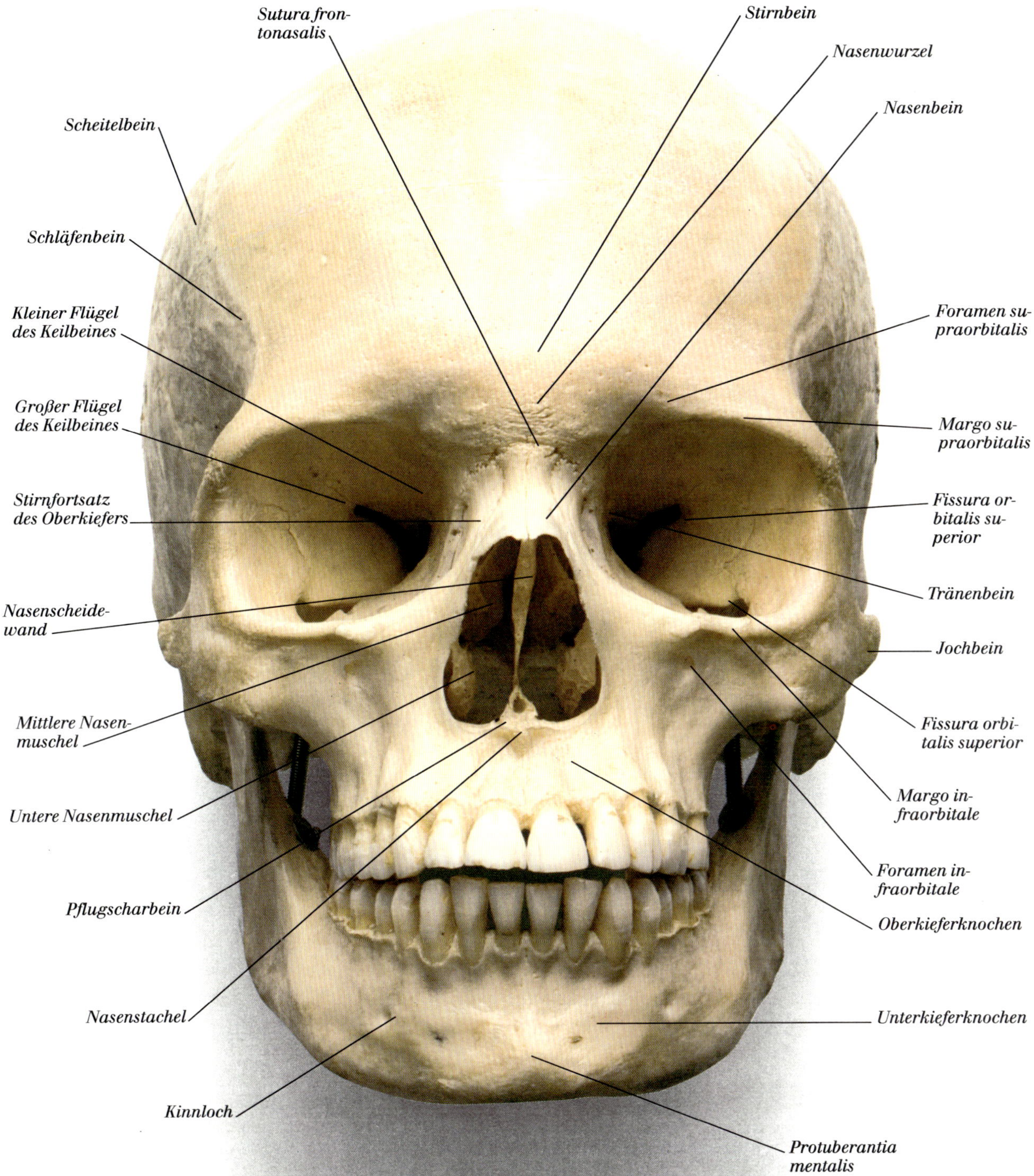

Die Wirbelsäule

Die Wirbelsäule hat zwei Hauptfunktionen: den Schutz des Rückenmarks und das Stützen des gesamten Skeletts. Die Wirbelsäule setzt sich aus 24 einzelnen, verschieden geformten Wirbeln mit einem dreieckigen, gekrümmten Knochen (Kreuzbein) am Ende zusammen. Das Kreuzbein besteht aus zusammengewachsenen Wirbeln. An seinem unteren Ende schließt sich ein schmales, schwanzartiges Gebilde an, das Steißbein. Zwischen jedem Wirbelpaar liegt eine knorpelige Bandscheibe, welche die Knochen während der Bewegungen abfedert. Die zwei oberen Wirbel unterscheiden sich von den übrigen und bilden ein Paar. Der erste, Atlas genannt, dreht sich auf einem kräftigen, vertikalen Zapfen, welcher auf dem zweiten Wirbel, dem Axis, aufsitzt. Diese Anordnung ermöglicht es, den Schädel frei nach oben, nach unten und nach den Seiten zu bewegen.

Verschiedene Abschnitte der Wirbelsäule

Vorderansicht

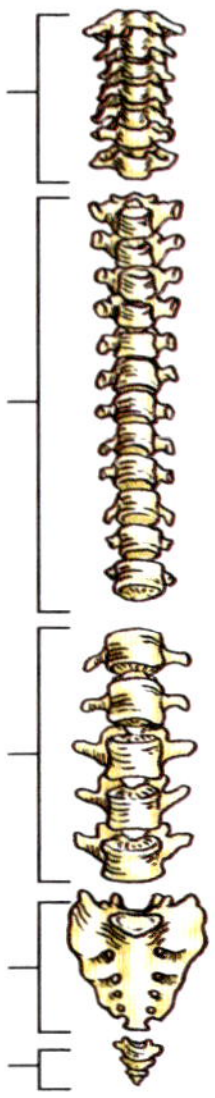

Verschiedene Wirbeltypen (Ansicht von oben)

Atlas

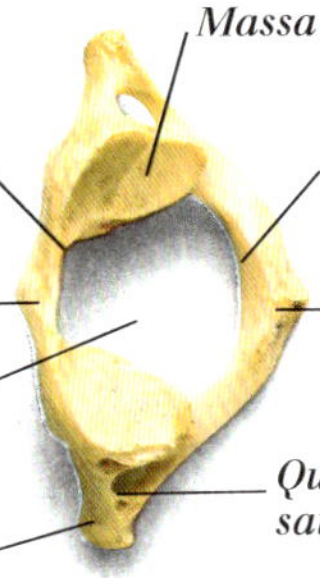

Axis

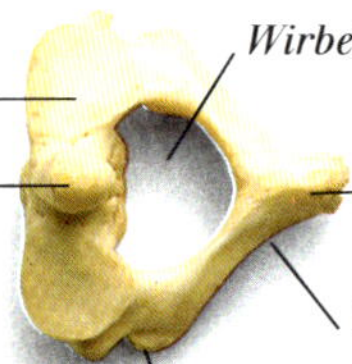

Halswirbel

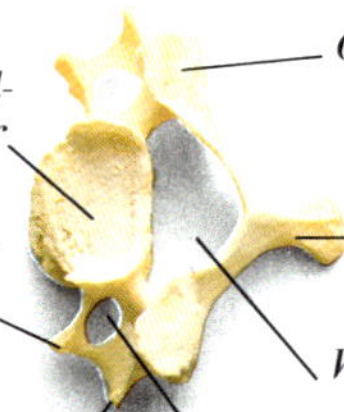

Schädel und Wirbelsäule

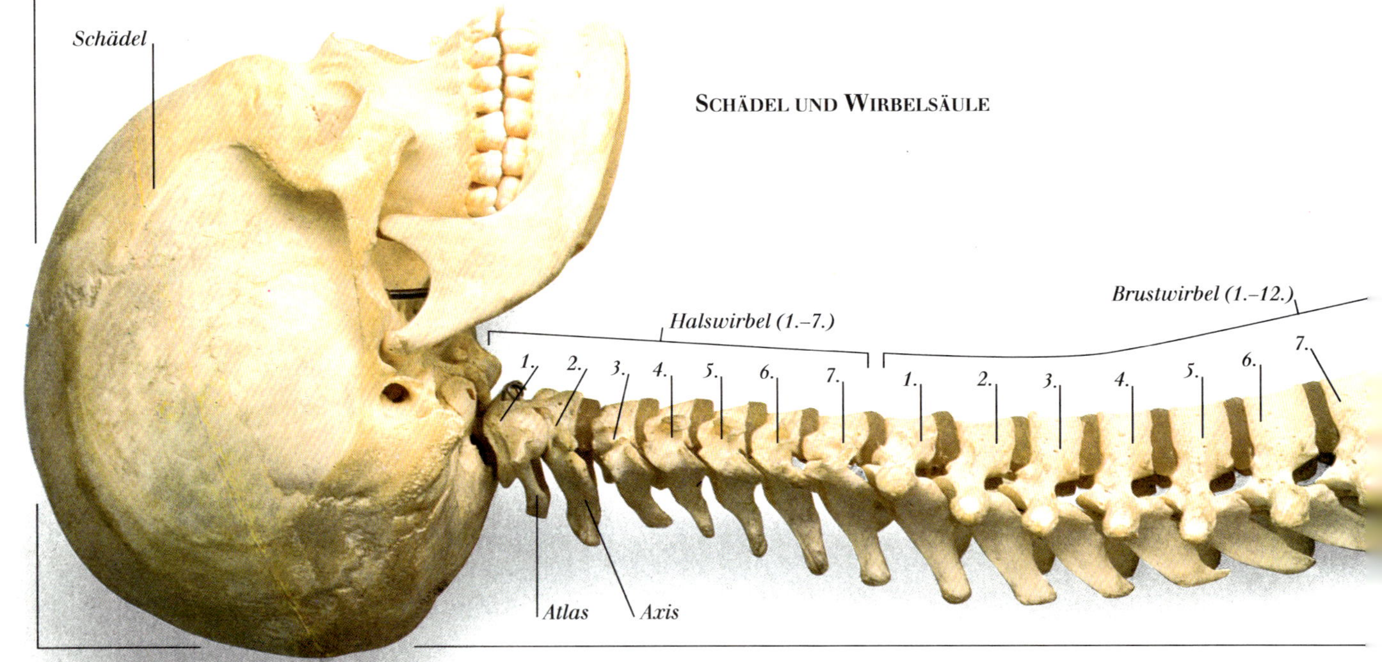

Rechte Seite

Rückseite

Halswirbel mit Rückenmark

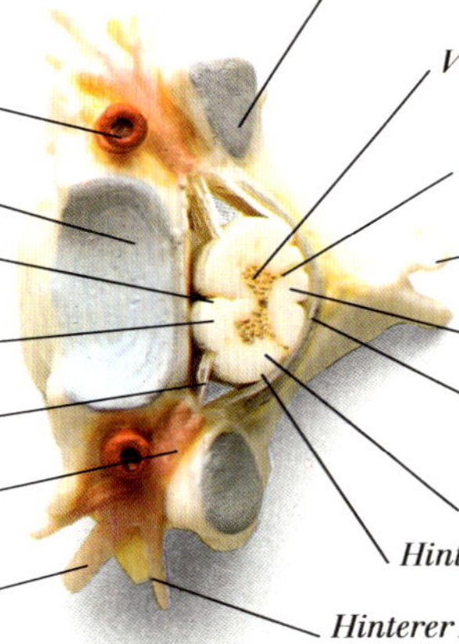

Brustwirbel

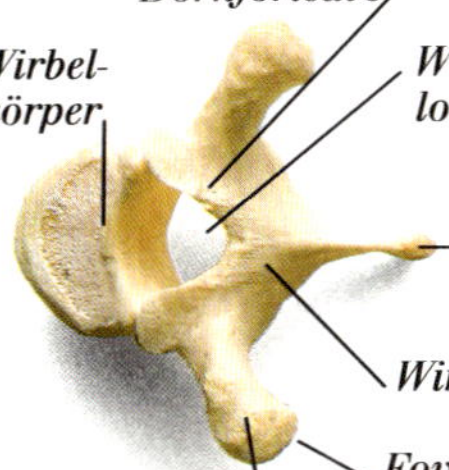

Lendenwirbel

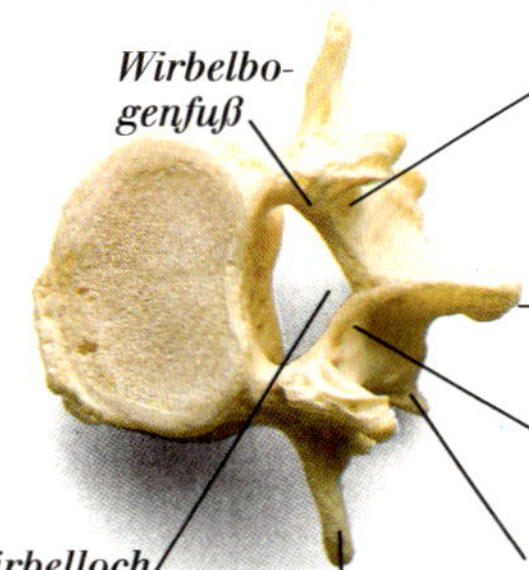

Kreuzbein

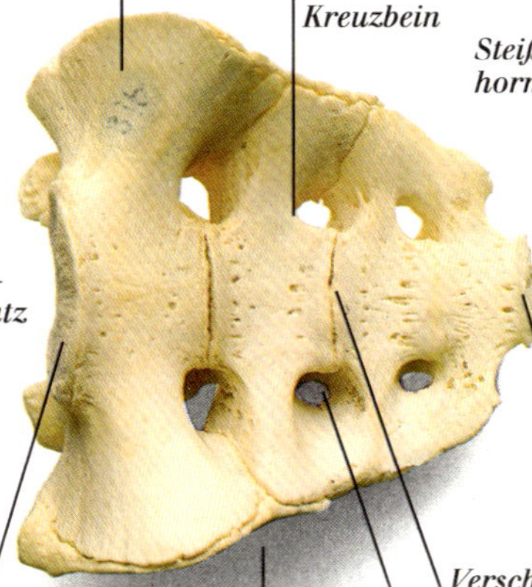

Steißbein

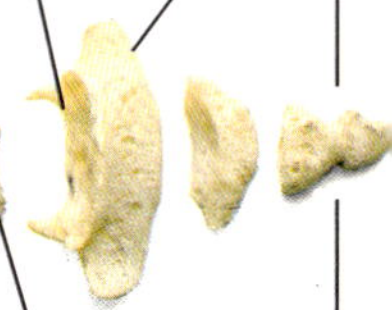

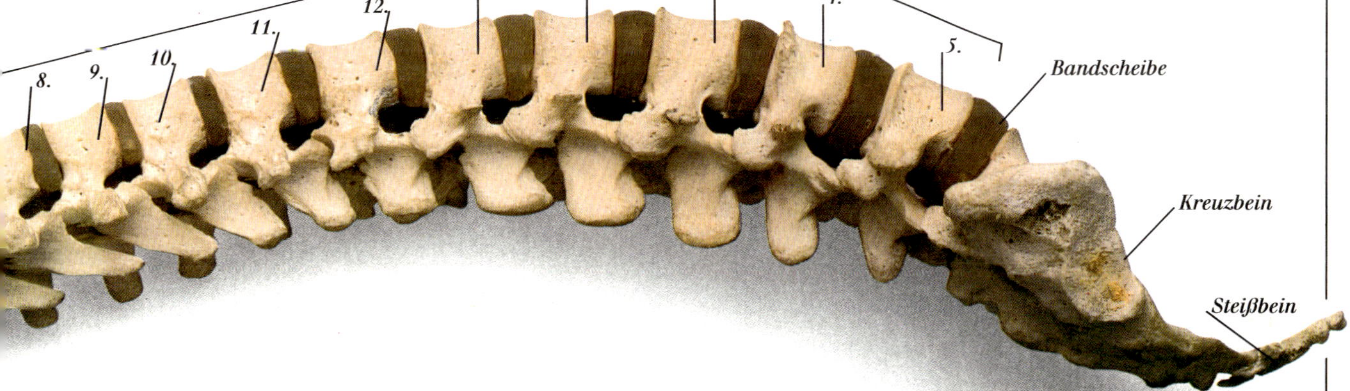

Knochen und Gelenke

Die Knochen bilden das harte, kräftige Skelettkörpergerüst. Jeder Knochen hat eine kompakte Außenhülle und eine poröse, leichtere Innenstruktur. Die langen Arm- und Beinknochen, wie zum Beispiel der Oberschenkel, sind mit Knochenmark gefüllt. Die Knochen bestehen hauptsächlich aus Kalzium, Phosphor und einer faserigen Substanz, dem Kollagen. Knochen werden von ganz unterschiedlichen Gelenkarten miteinander verbunden. Die Hüfte ist beispielsweise ein Nußgelenk – eine Sonderform des Kugelgelenks –, das dem Oberschenkel vielfältige Bewegungsmöglichkeiten einräumt. Fingergelenke wiederum sind einfache Scharniergelenke, die nur gestreckt und gebeugt werden können. Gelenke werden durch Gewebestreifen, Bänder genannt, gehalten, und ihre Bewegungen werden durch weiche hyaline (glasig durchscheinende) Knorpel, welche die Knochenenden überziehen, und durch von der Gelenkkapsel abgesonderte Gelenkschmiere erleichtert.

Das Hüftgelenk mit Bändern

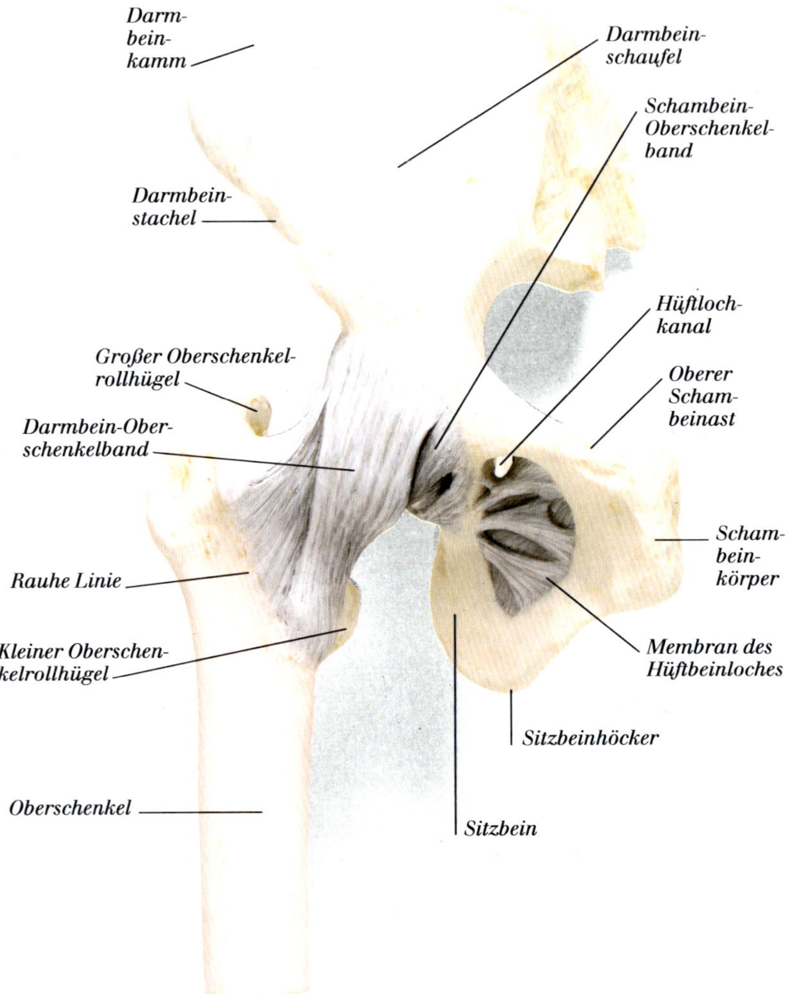

Schnitt durch den linken Oberschenkelknochen

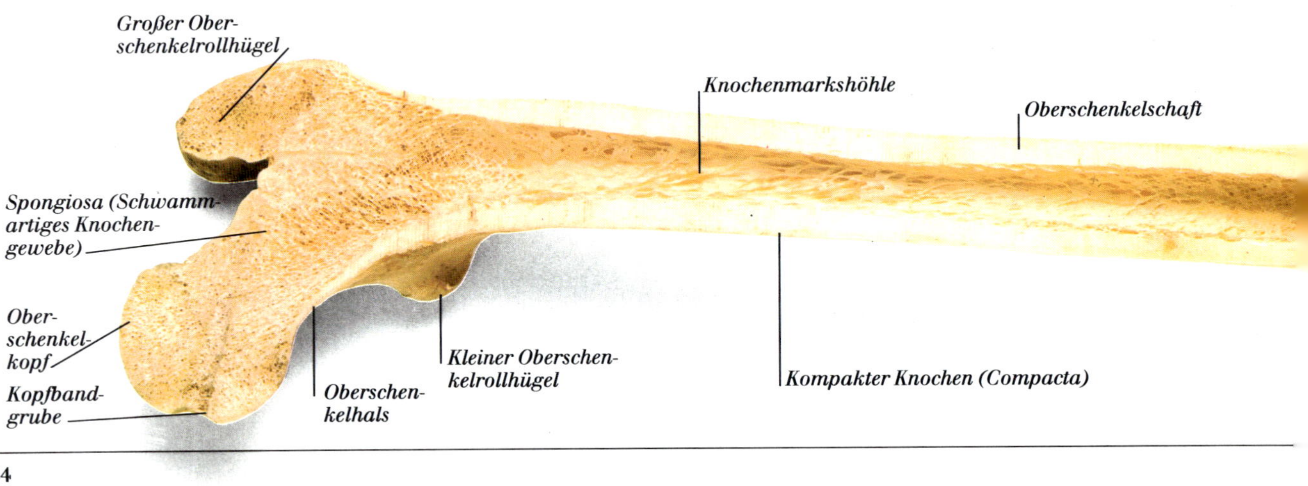

Schnitt durch das Hüftgelenk

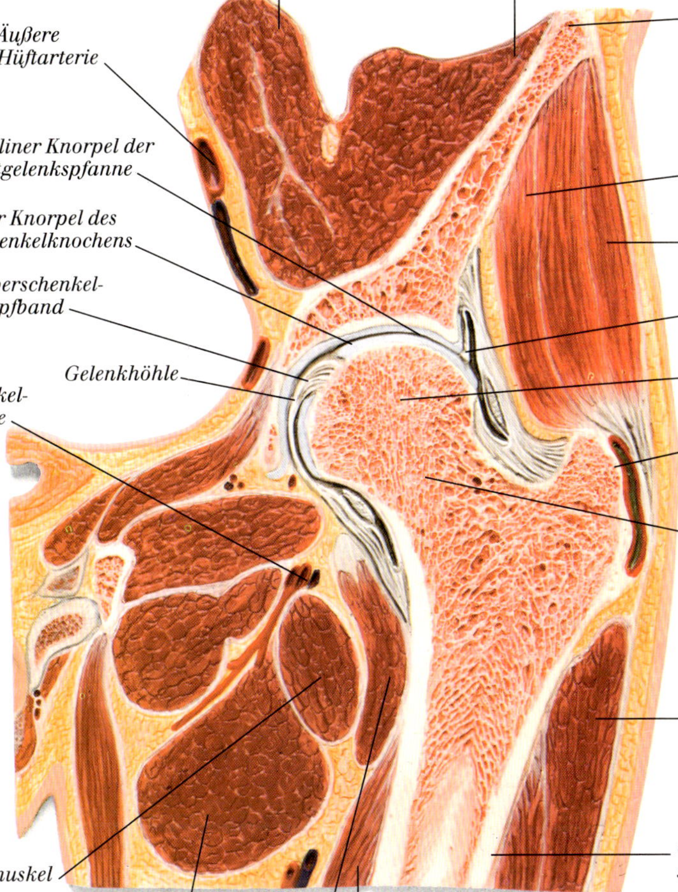

Schnittdarstellung eines Lamellenknochens

Parallele konzentrische Reihen von Knochenlamellen bilden eine harte Struktur.

Knochenmark

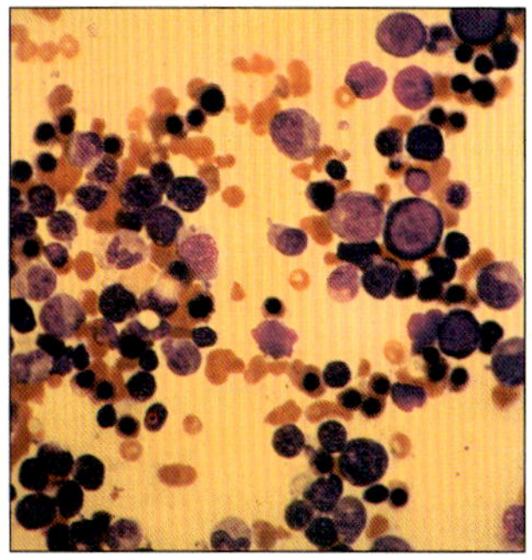

Das hauptsächlich aus roten und weißen Blutkörperchen bestehende Knochenmark füllt die Knochenhöhlungen aus.

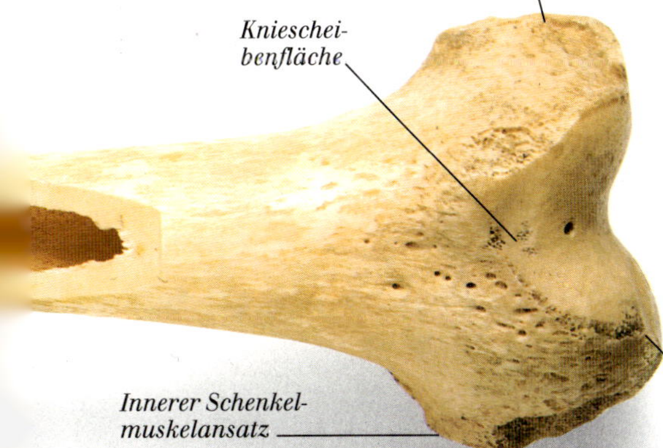

Schnitt durch einen Röhrenknochen

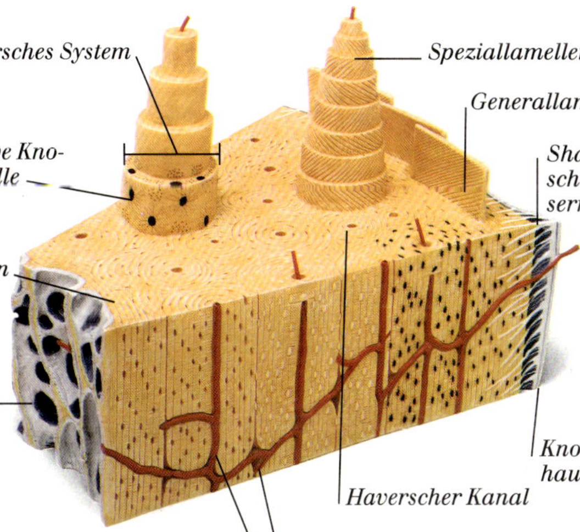

Muskeln 1

Man unterscheidet drei verschiedene Arten von Muskeln: die Skelettmuskeln (auch quergestreifte Muskulatur), die glatten Muskeln und das hochspezialisierte Muskelgewebe des Herzens. Im Gegensatz zur Skelettmuskulatur unterliegen die glatten Muskeln und der Herzmuskel nicht dem Willen. Menschen haben mehr als 600 Skelettmuskeln, die in Größe und Form ihrer Funktion angepaßt sind. Die Skelettmuskeln greifen entweder direkt oder indirekt am Knochen an und arbeiten als entgegengesetzte Paare (ein Muskel zieht sich zusammen, der Gegenspieler entspannt sich), um verschiedene Bewegungen, wie zum Beispiel Gehen, Nadeleinfädeln oder Mimik auszuführen. Die glatte Muskulatur befindet sich in den Organwänden und hat verschiedene Funktionen, wie zum Beispiel die Nahrung durch den Darm transportieren, Gebärmutterkontraktionen bei der Geburt oder das Pumpen des Blutes durch die Gefäße.

Oberflächliche Skelettmuskeln

Vorderansicht

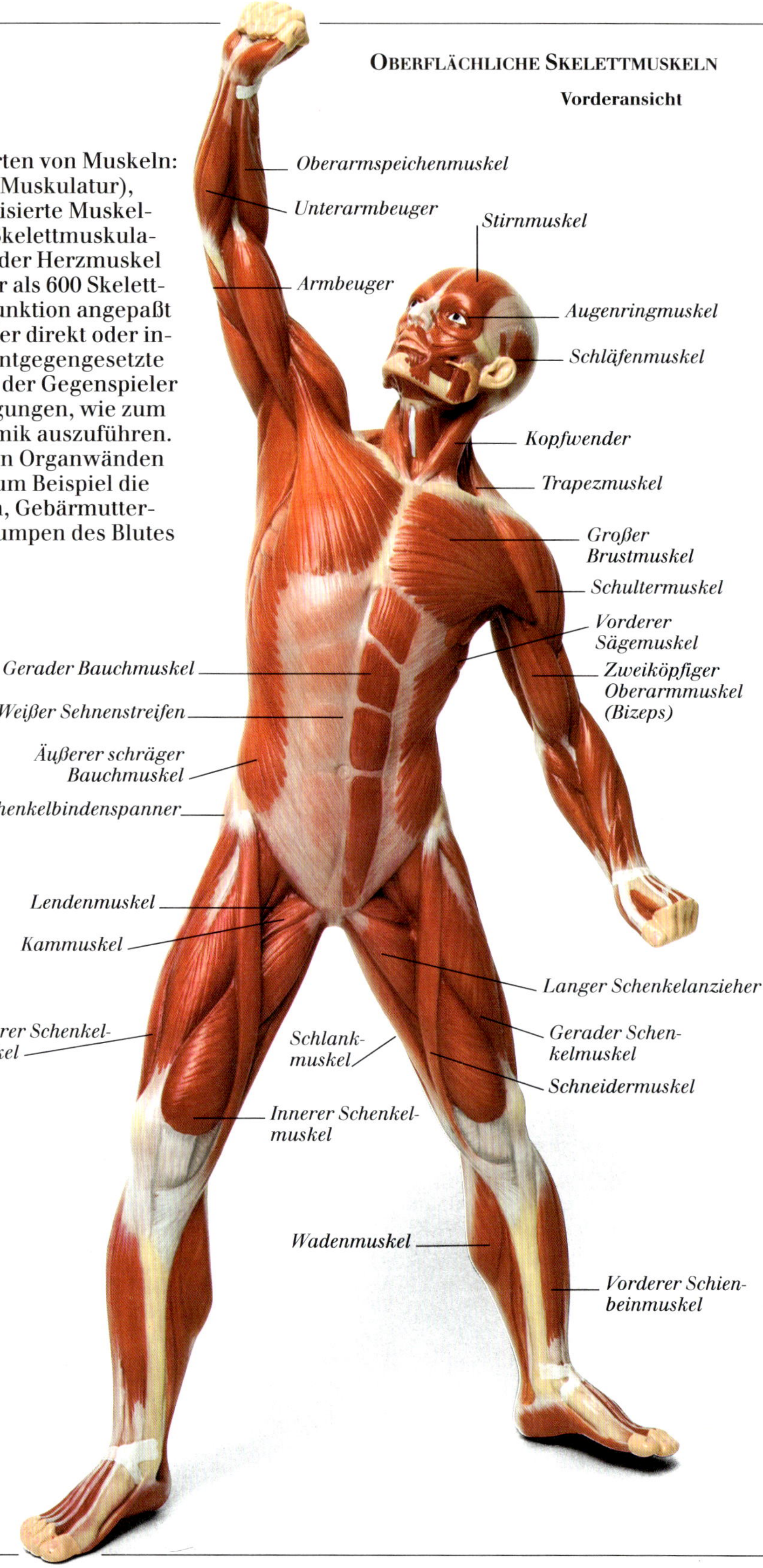

Andere Körpermuskeln

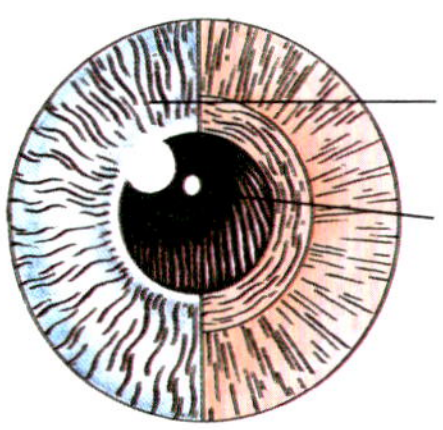

Iris
Um die Pupillengröße zu verändern, ziehen sich die Muskelfibrillen zusammen oder entspannen sich.

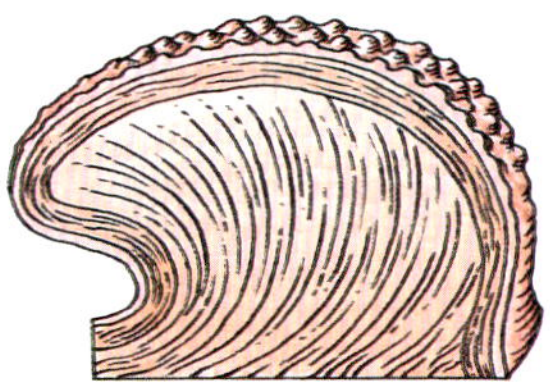

Zunge
Innenliegende Muskelschichten ermöglichen ein breites Bewegungsspektrum.

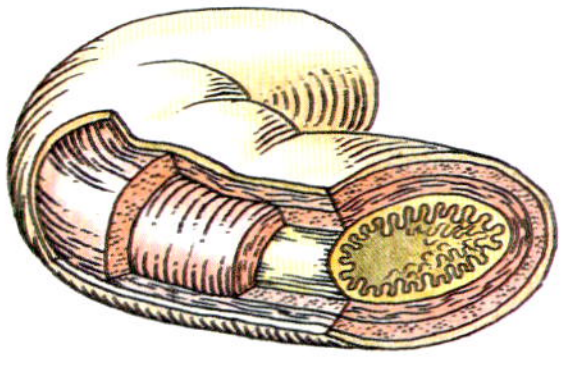

Krummdarm
Entgegengesetzt arbeitende Muskelschichten transportieren halbverdaute Nahrung.

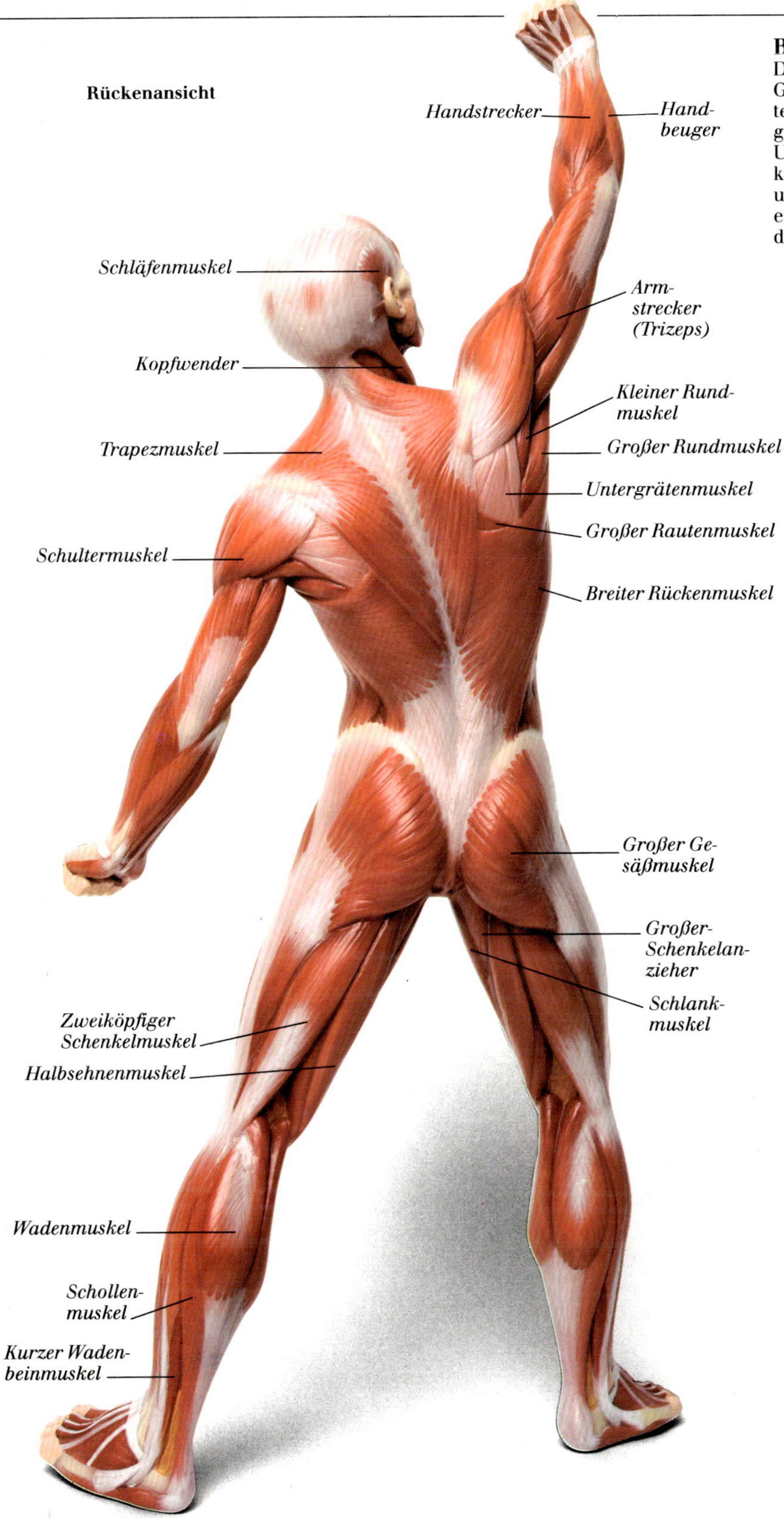

Bewegung des Unterarms

Die kontrollierten Bewegungen der Gliedmaßen werden von der koordinierten Anspannung und Entspannung entgegengesetzter Muskeln bewirkt. Um den Unterarm anzuwinkeln, wird der zweiköpfige Bizeps verkürzt und angespannt und der dreiköpfige Trizeps gleichzeitig entspannt. Bei der Streckung kehrt sich dieser Vorgang um.

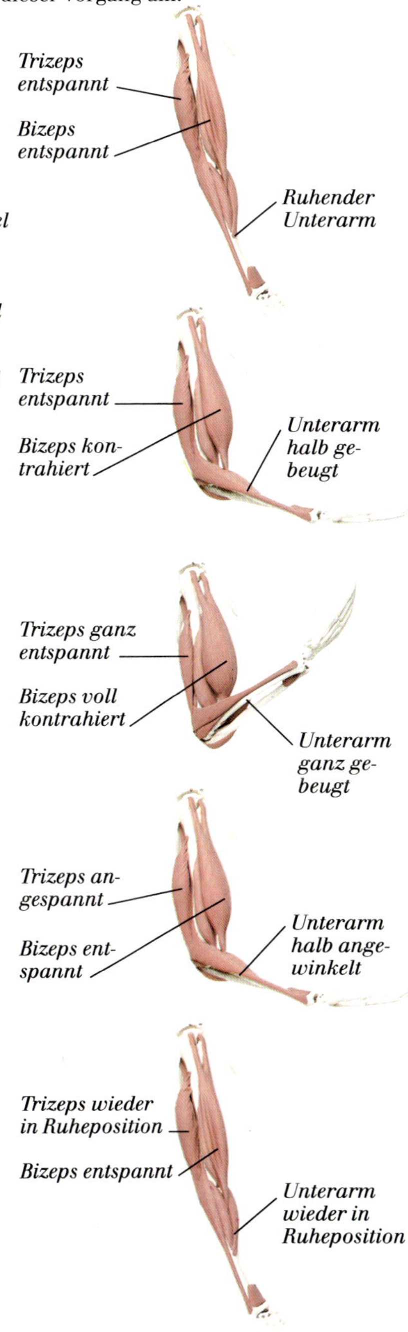

Muskeln 2

Skelettmuskelfaser

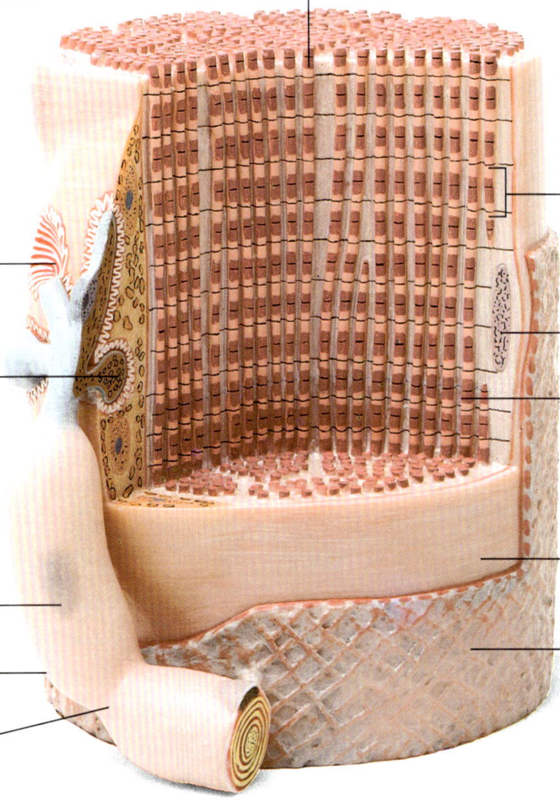

Mimische Muskulatur

Ein Gesichtsausdruck ist das Resultat vieler Muskelbewegungen. Die wichtigsten Mimikmuskeln werden hier gezeigt.

Stirnmuskel

Augenbrauenrunzler

Mundringmuskel

Großer Jochbeinmuskel

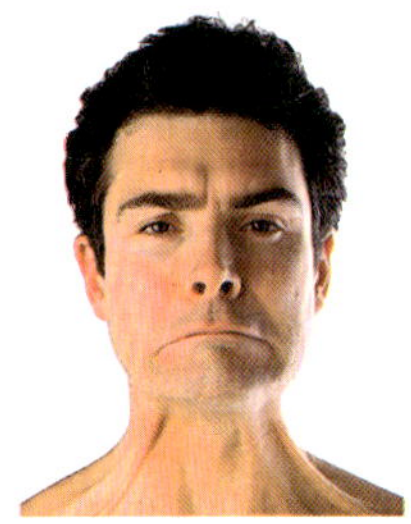

Mundwinkelherabzieher

Muskelgewebetypen

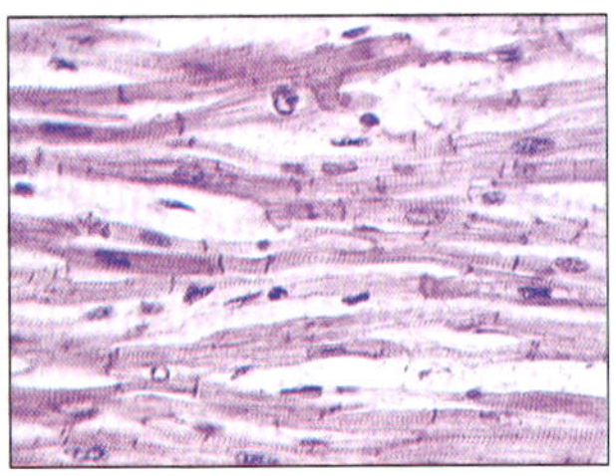

Herzmuskulatur

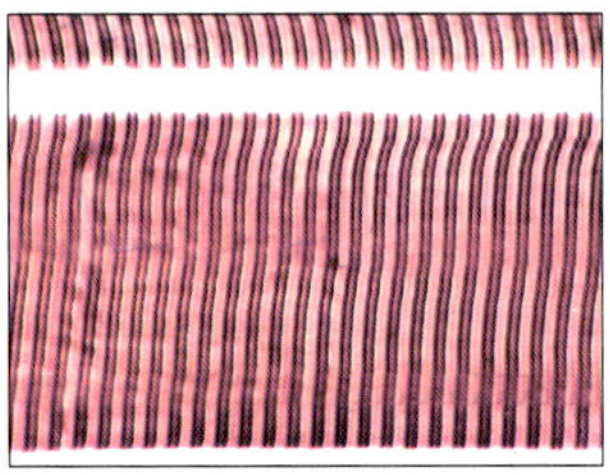

Skelettmuskulatur

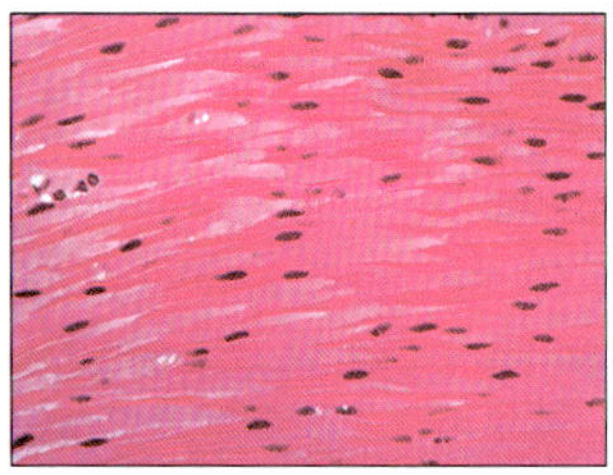

Glatte Muskulatur

Kontraktion der Skelettmuskulatur

Entspannter Zustand

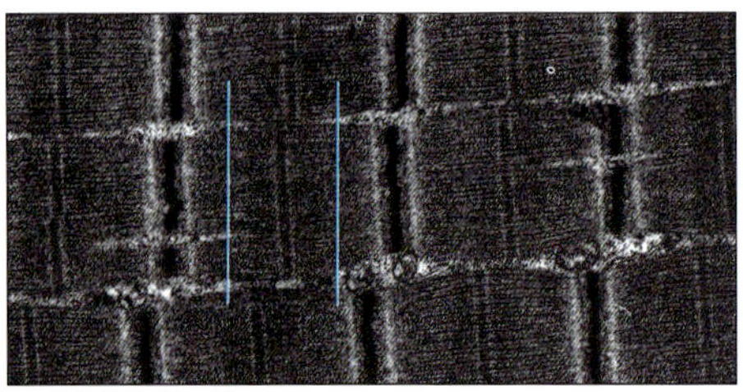

Kontrahierter Zustand

Kopf- und Halsmuskeln

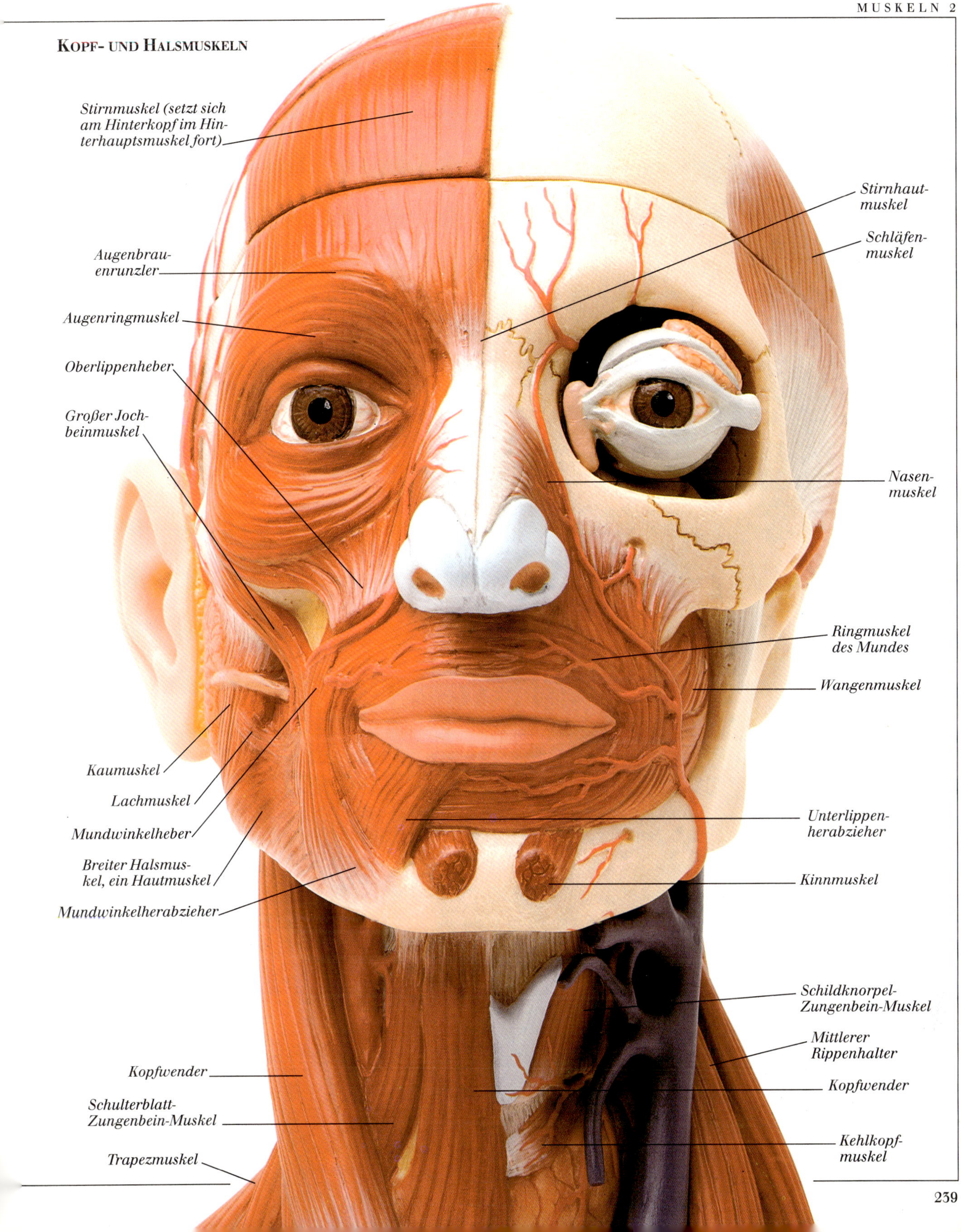

Die Hand

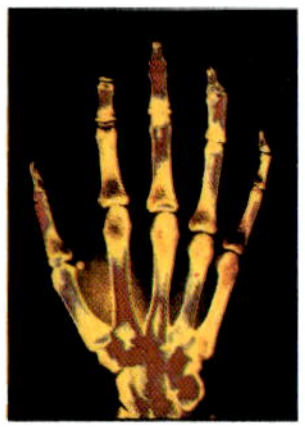

Die menschliche Hand ist ein äußerst vielseitiges Werkzeug. Sie ist in der Lage, feinste Bewegungen auszuführen, kann aber auch kräftig zupacken. Die komplizierte Anordnung von 27 kleinen Knochen und deren Zusammenspiel mit 37 Muskeln, die wiederum durch Sehnen an den Knochen befestigt sind, gestatten einen großen Bewegungsspielraum. Die Möglichkeit, Daumenspitzen und Fingerspitzen zusammenzuführen, und die hohe Sensibilität der Fingerspitzen, bedingt durch zahlreiche Nervenenden, zeichnet die menschliche Hand aus und verleiht ihr außerordentliche Geschicklichkeit.

Röntgenaufnahme der linken Hand eines Kindes

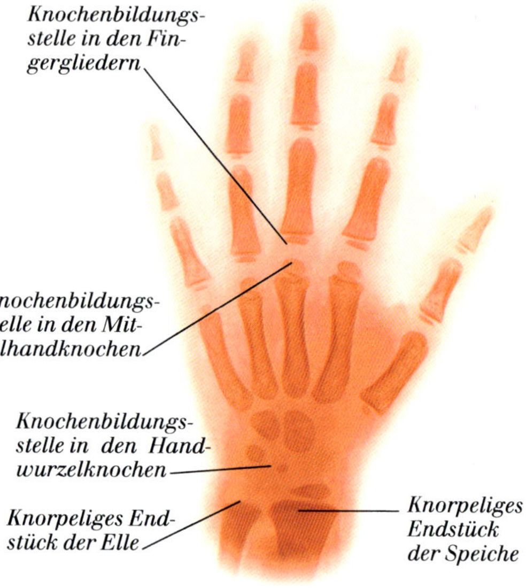

Die knorpeligen Stellen in der Handwurzel und in den Fingergliedern sind die Wachstumszonen, die erst in späteren Jahren verknöchern.

Handknochen

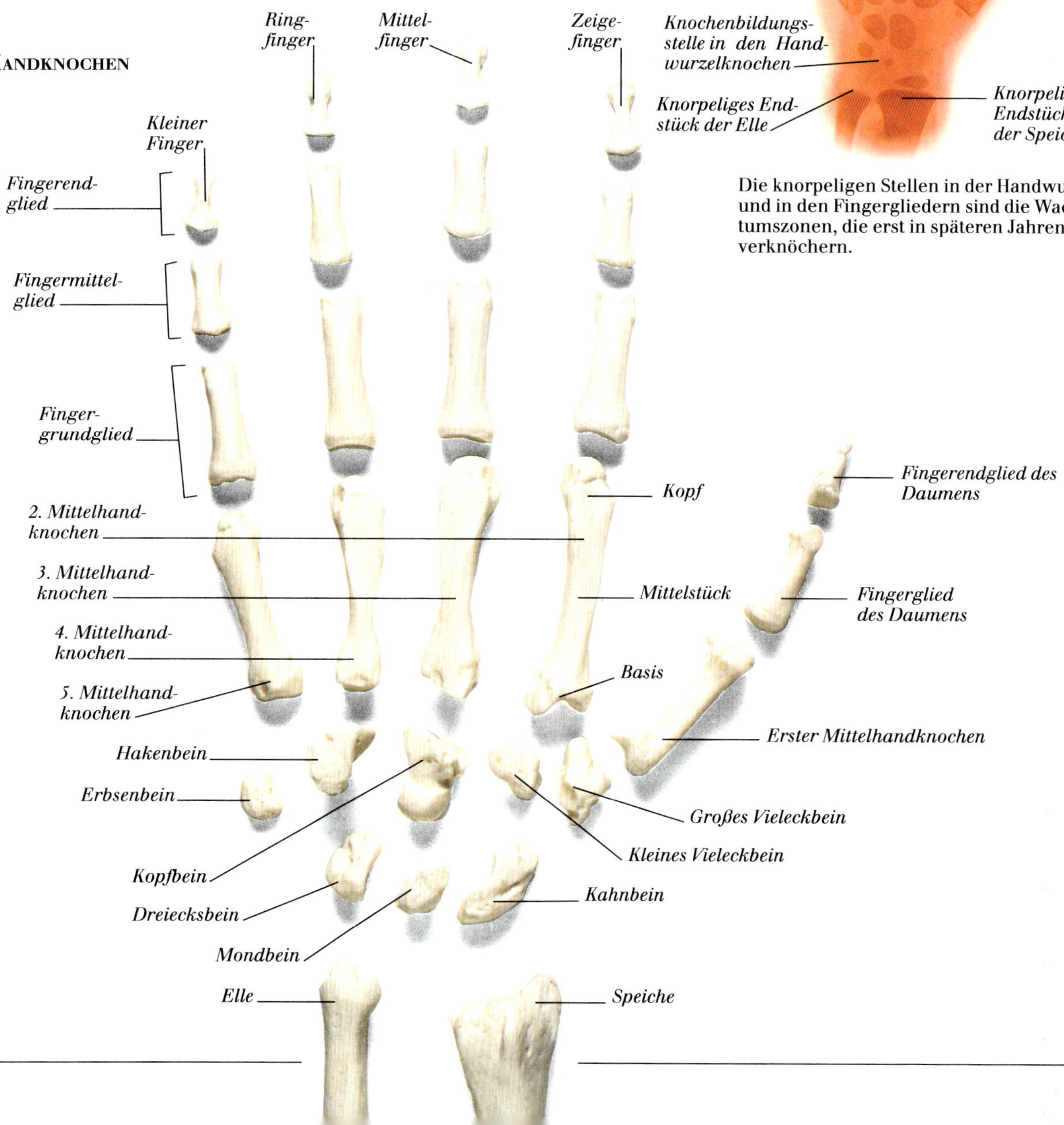

Strukturen der Handinnenfläche

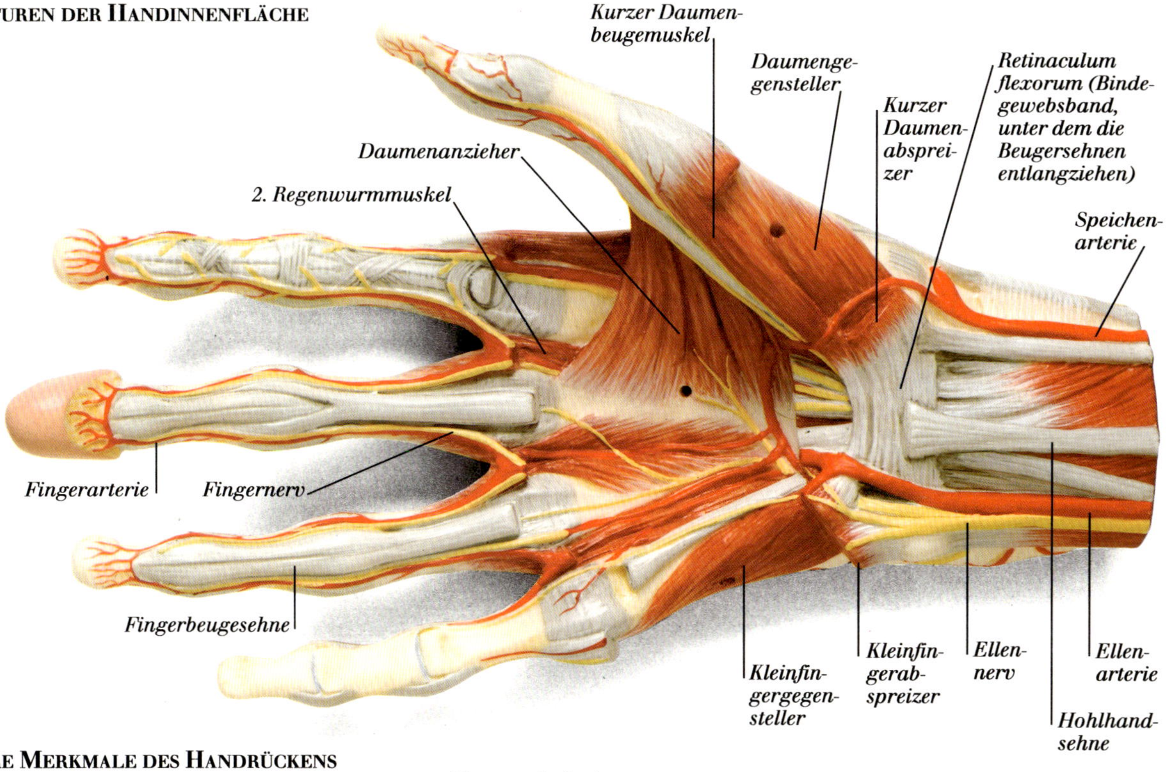

Äussere Merkmale des Handrückens

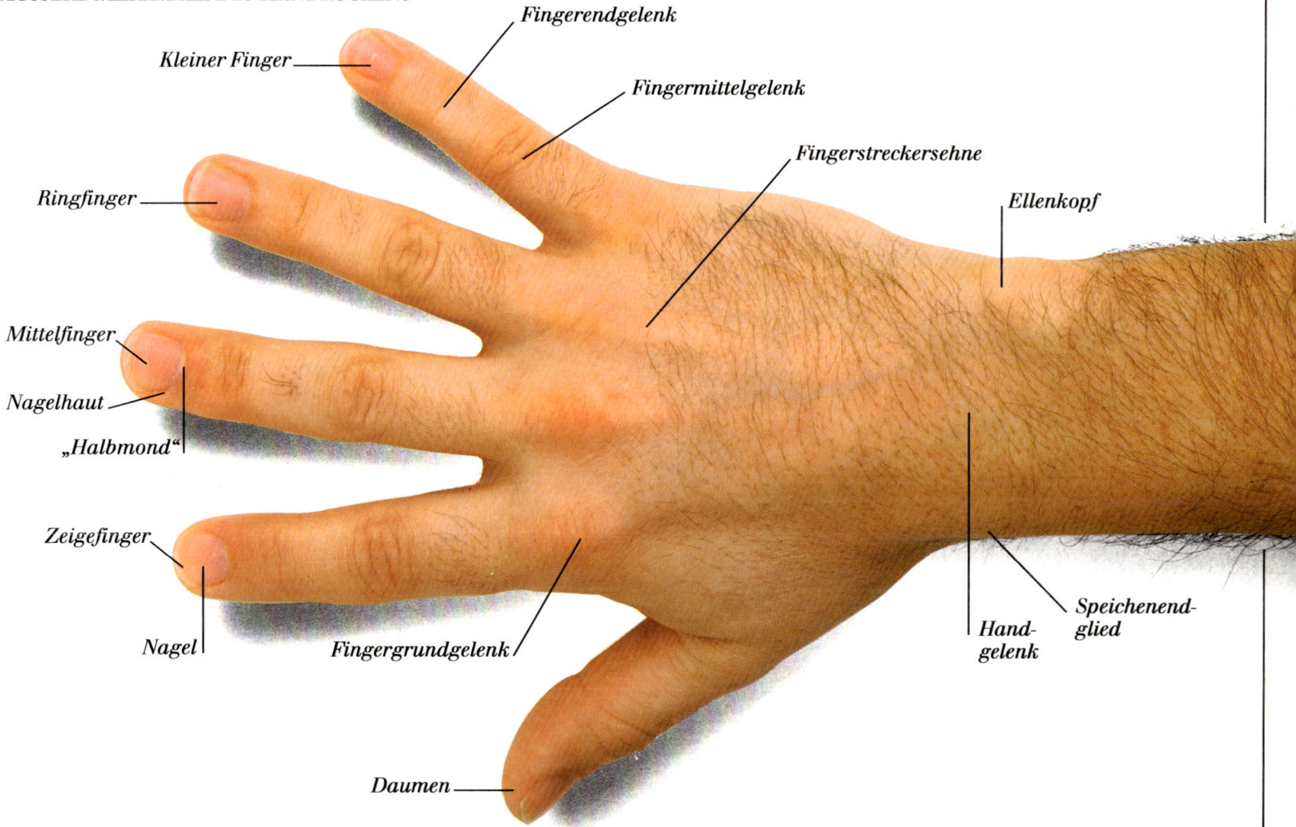

Der Fuß

Die Füße und Zehen sind wesentliche Elemente für die Körperbewegungen. Sie tragen das Gewicht des Körpers während des Stehens und Laufens und helfen, die Balance bei der Gewichtsverlagerung zu halten. Jeder Fuß hat 26 Knochen, mehr als 100 Bänder und 33 Muskeln. Einige davon sind mit dem Unterschenkel verbunden. Die Ferse und der Fußballen sind eine Art Stoßdämpfer, die jede Erschütterung abschwächen.

FUSSKNOCHEN

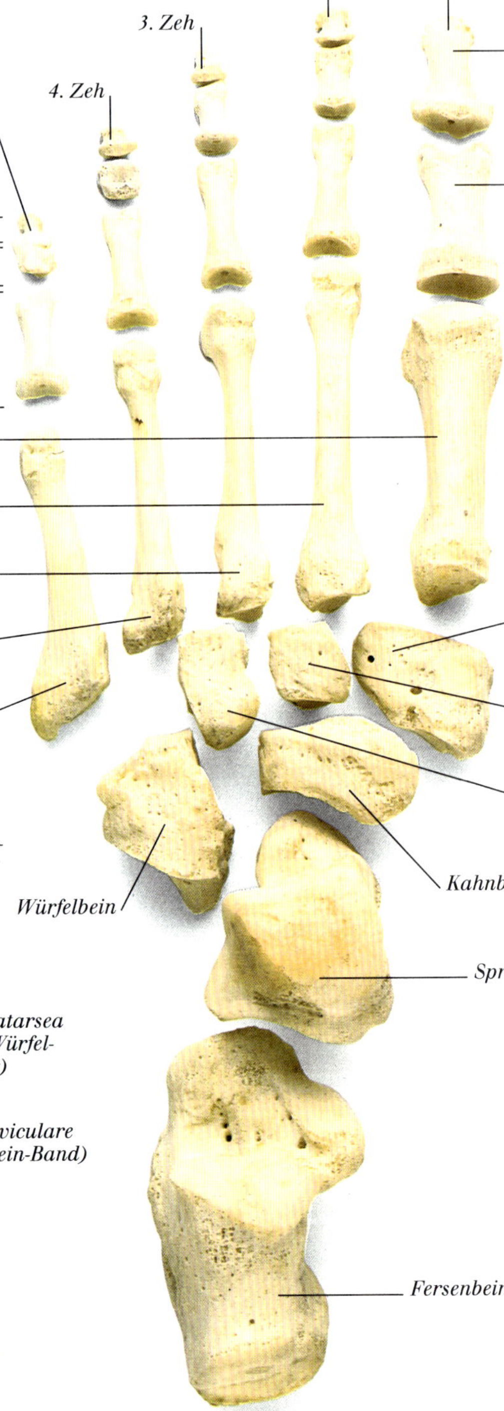

FUSSBÄNDER

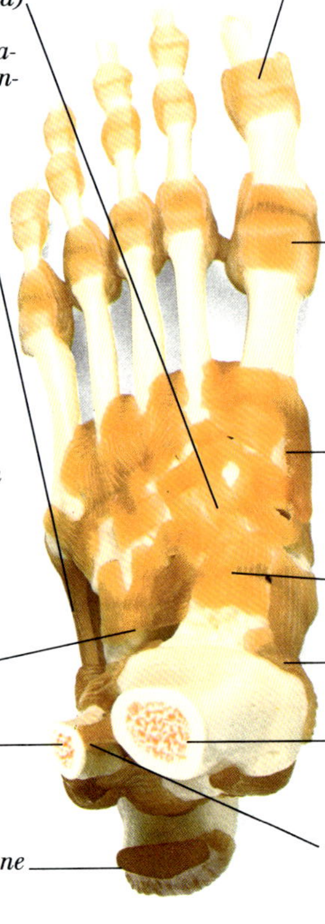

Muskeln und Sehnen

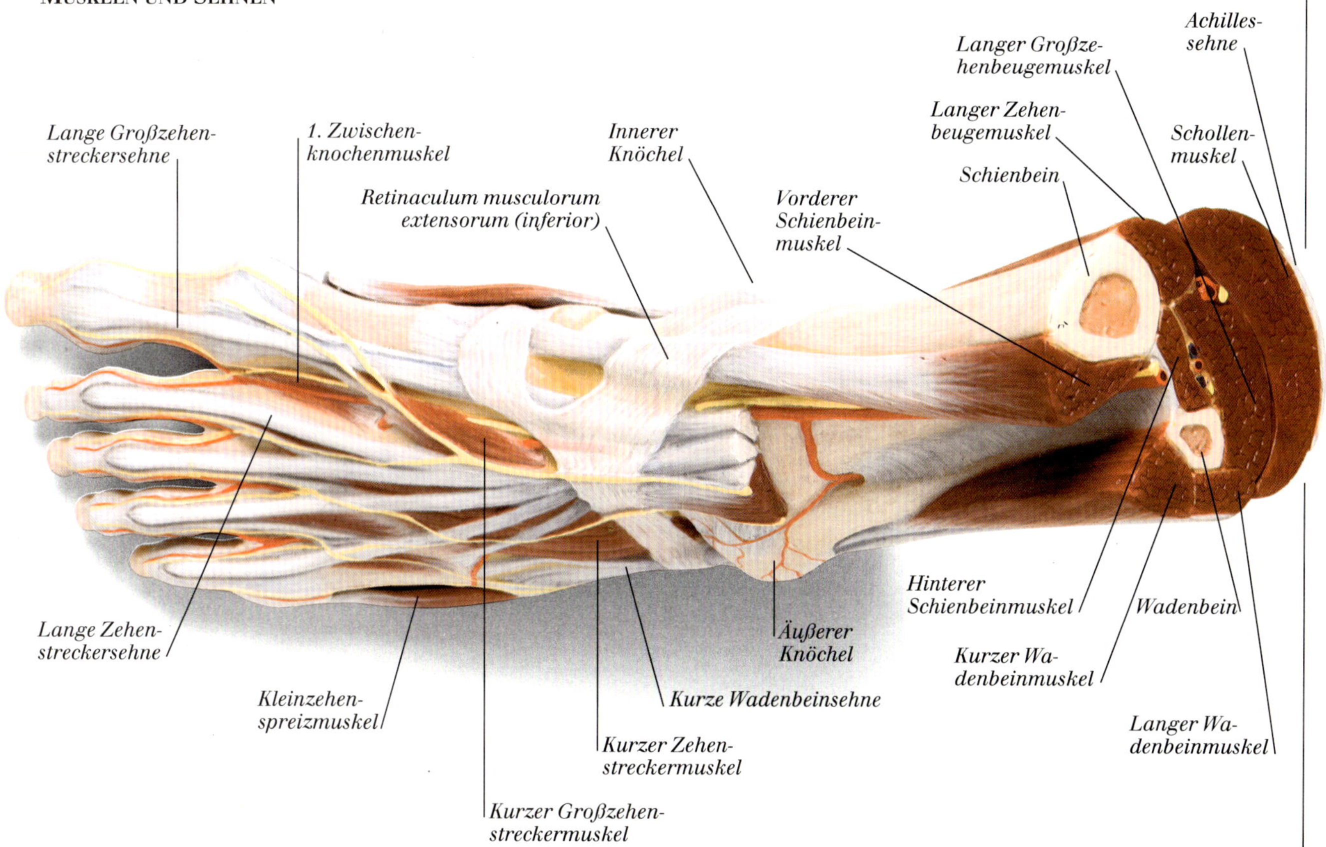

Äussere Merkmale eines Fusses

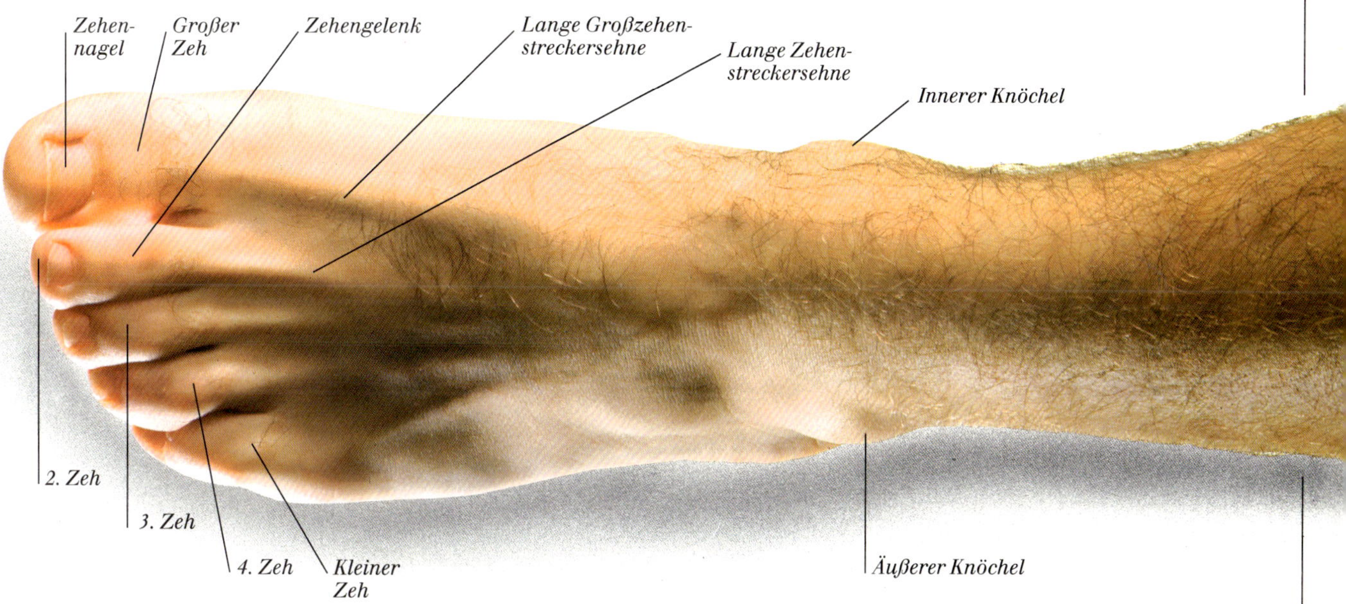

Haut und Haare

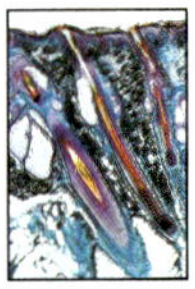

Die Haut ist das größte Körperorgan und bildet eine wasserfeste Barriere, welche die inneren Organe vor Infektionen, Verletzungen und schädlichen Sonnenstrahlen schützt. Die Haut ist zudem ein wichtiges Sinnesorgan und reguliert die Körpertemperatur. Die Oberhaut (Epidermis) besteht aus mehreren Lagen von Zellen und wird von der untersten Lage her, der Keimschicht, ständig neu gebildet. Die so entstehende Hornschicht aus Keratin wird laufend abgestoßen und neu ergänzt. Die Lederhaut beinhaltet die meisten der vitalen Hautstrukturen: Nervenenden, Blutgefäße, elastische Fasern und Schweißdrüsen, welche die Haut kühlen, sowie Talgdrüsen, die eine Art Öl produzieren, damit die Haut geschmeidig bleibt. Unterhalb der Lederhaut liegt das Unterhautgewebe (Subcutis). Dieses ist reich an Fett und Blutgefäßen. Die Haarschäfte wachsen aus Haarwurzeln, die in der Lederhaut und im Unterhautgewebe liegen. Bis auf die Handinnenflächen und Fußsohlen ist die gesamte Körperoberfläche des Menschen mit Haaren bedeckt.

Modell eines Haares

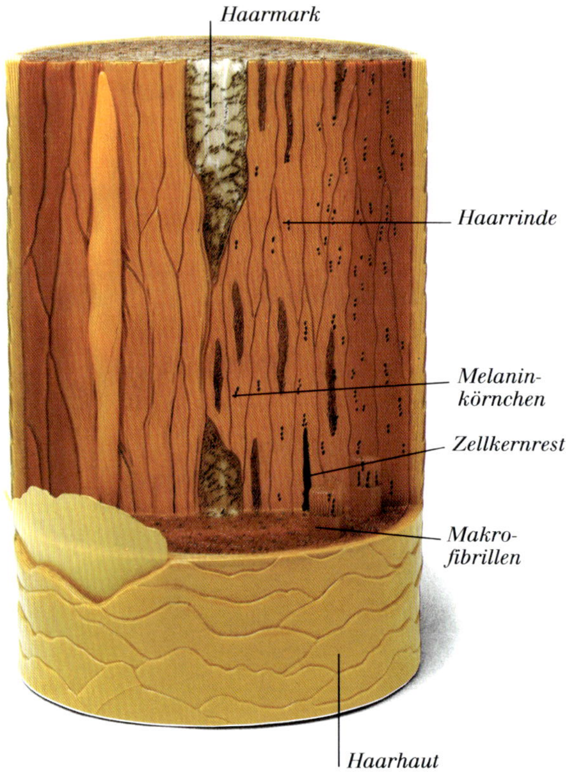

Schnitt durch verschiedene Hauttypen

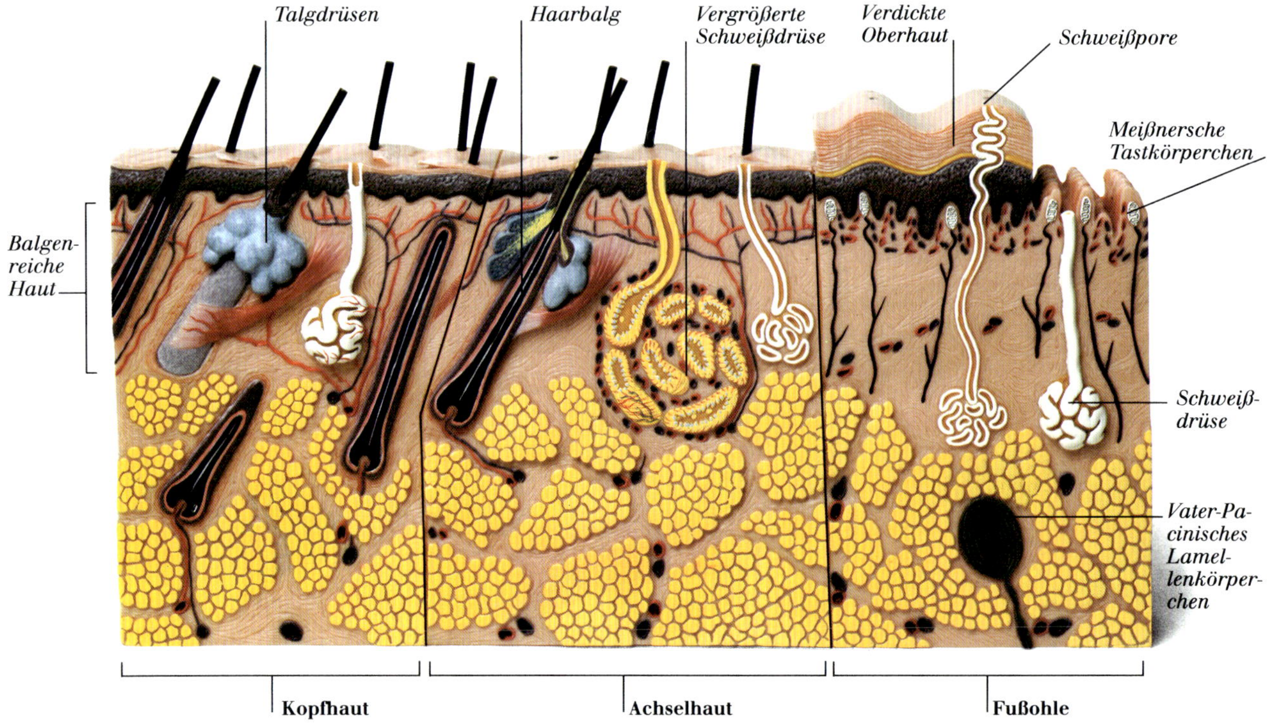

Blockmodell der Haut

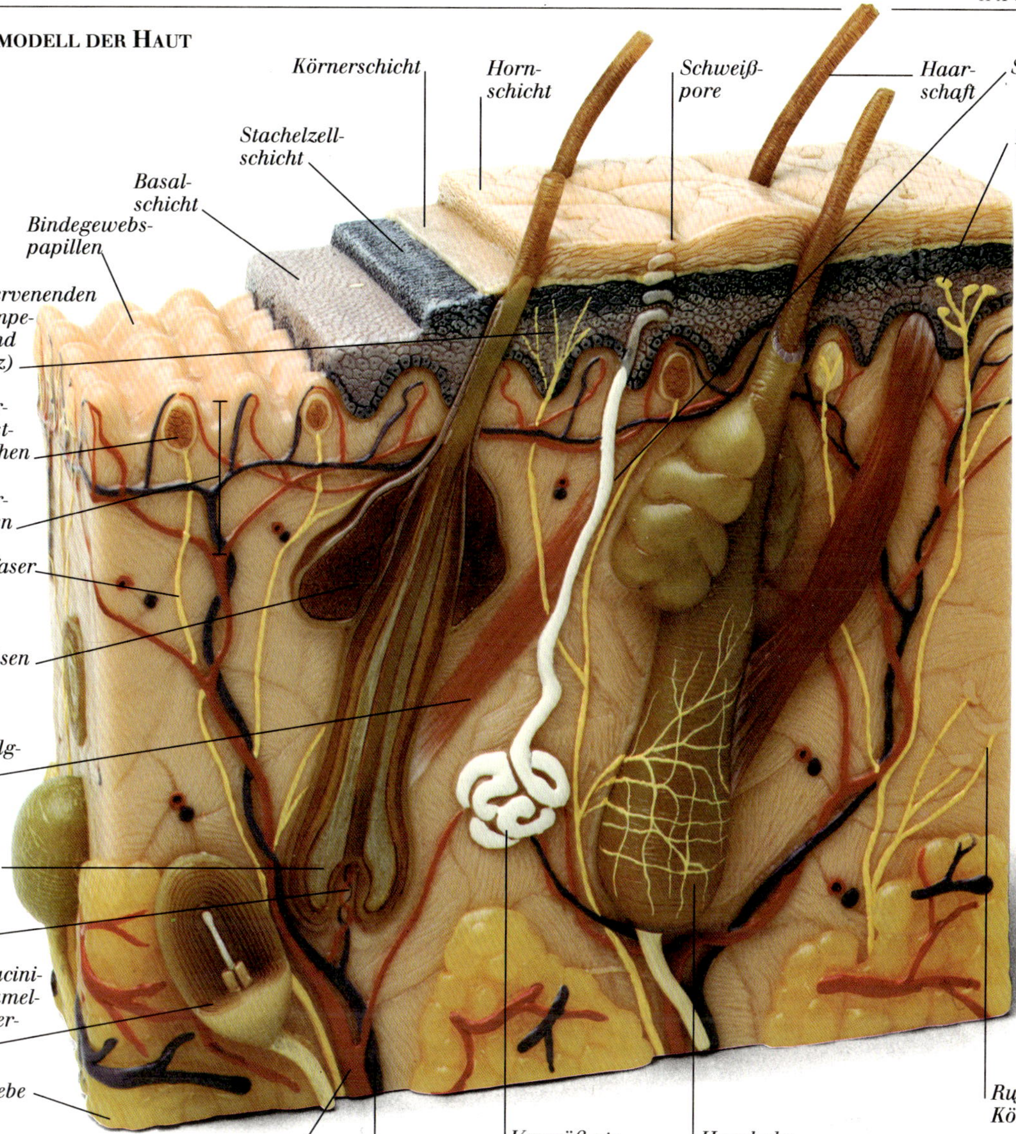

Mikroskopische Aufnahmen von Haut und Haaren

Hautschnitt
Die oberflächlichen Hautzellen schuppen sich kontinuierlich ab.

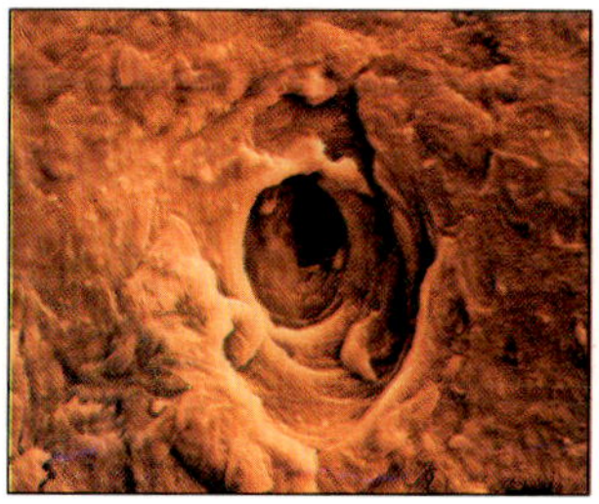

Schweißpore
Diese scheidet Flüssigkeit u. a. zur Temperaturregulation aus.

Hauthaar
Zwei Haare treten aus der Außenhaut aus.

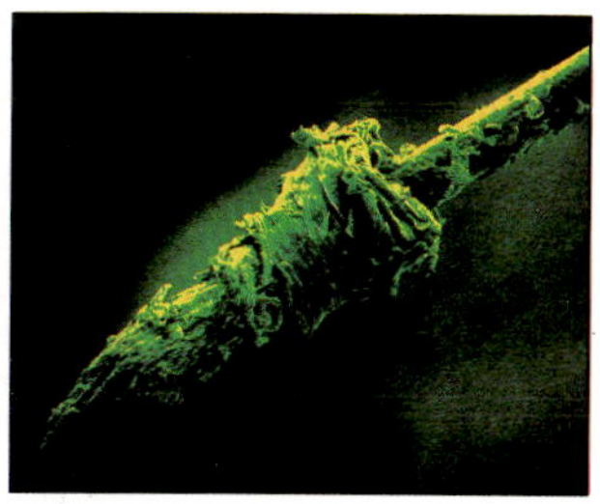

Kopfhaar
Wurzel und Teil des Haarschaftes eines Kopfhaares.

Das Gehirn

Das Gehirn ist das wichtigste Organ des Zentralnervensystems und stellt das Kontrollsystem für alle bewußten und unbewußten Aktivitäten dar. Es ist außerdem für das Denken, das Erinnern, die Emotionen und die Sprache verantwortlich. Bei Erwachsenen wiegt dieses komplexe Organ nur ca. 1,4 kg und enthält dabei über 10 Milliarden Nervenzellen. Drei getrennte Bereiche lassen sich leicht unterscheiden: das Großhirn, das Kleinhirn und der Hirnstamm. Letzterer kontrolliert die vitalen Funktionen wie Atmung und Verdauung. Das Kleinhirn dient hauptsächlich der Erhaltung des Gleichgewichtes und der Bewegungskoordination zahlreicher Muskelgruppen. Das Großhirn besteht aus zwei Hälften (Hemisphären), die durch den Balken (Corpus callosum) miteinander verbunden sind. In diesem Bereich sind unsere wesentlichen Bewußtseins- und Intelligenzaktivitäten lokalisiert.

KERNSPINRESONANZTOMOGRAPHIE

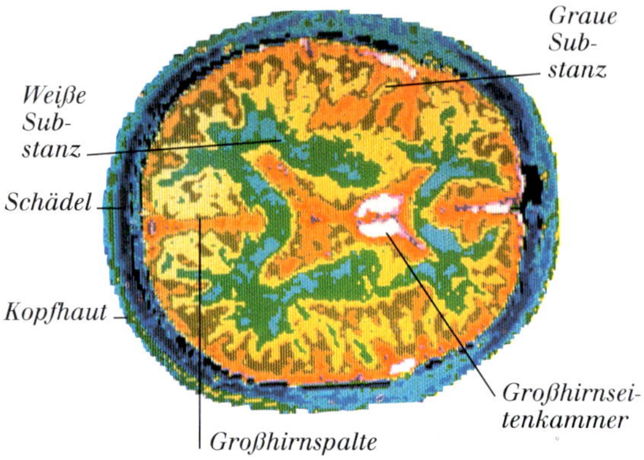

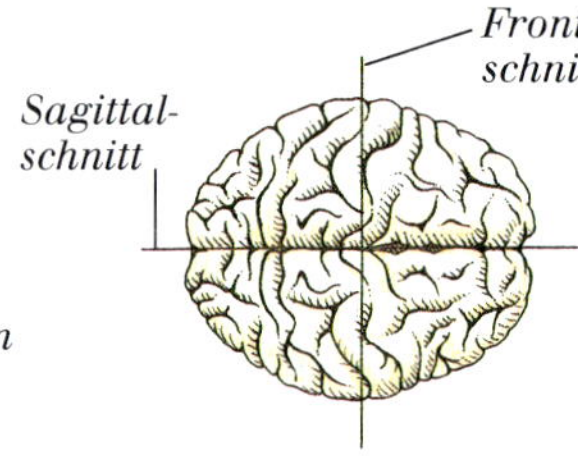

SAGITTALSCHNITT DURCH DAS GEHIRN

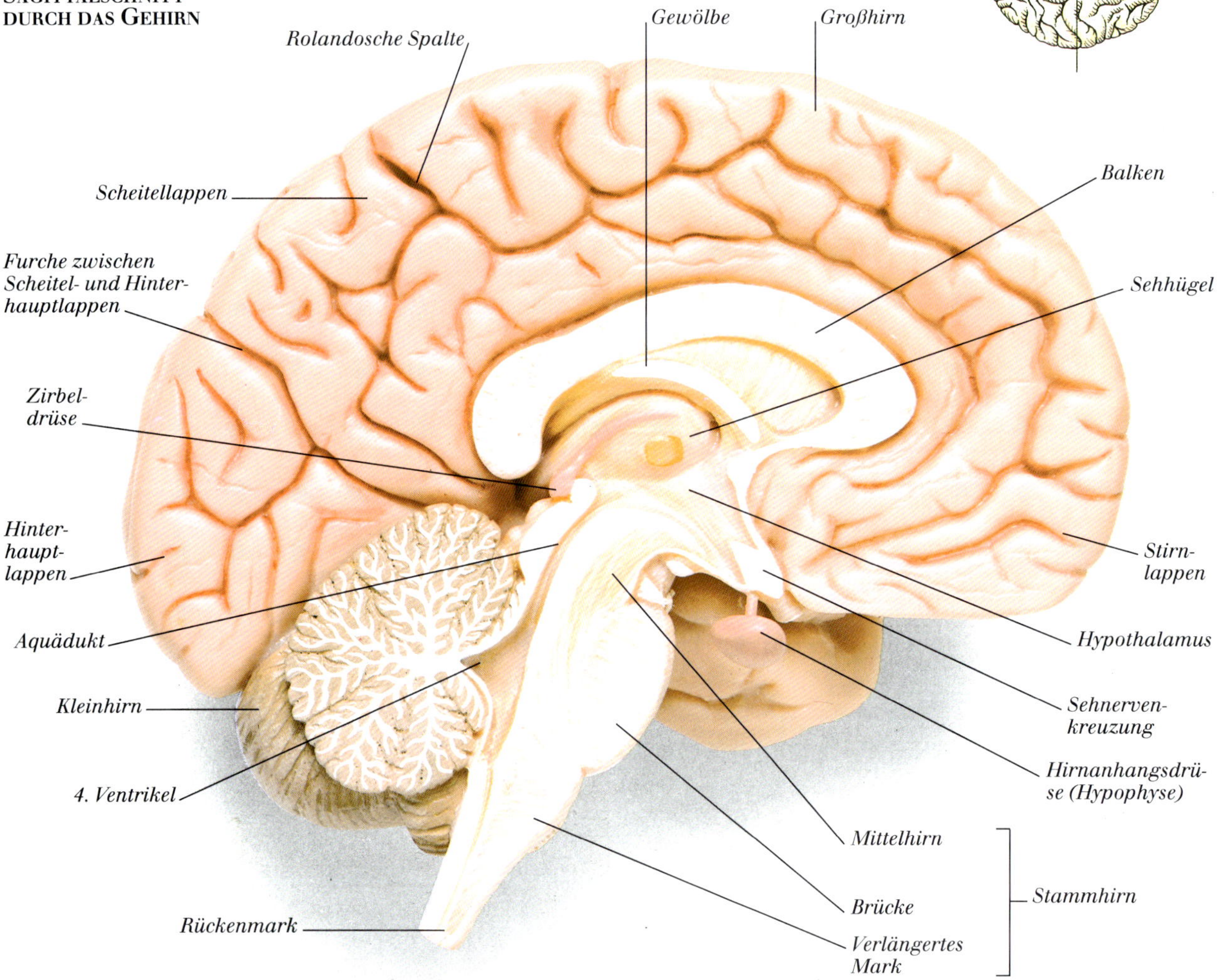

Schnittdarstellung eines Schädel- und Gehirnsegments

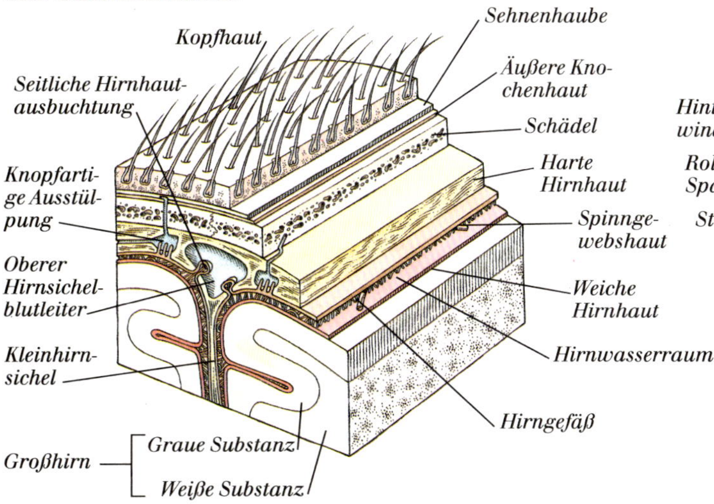

Äussere Merkmale des Gehirns

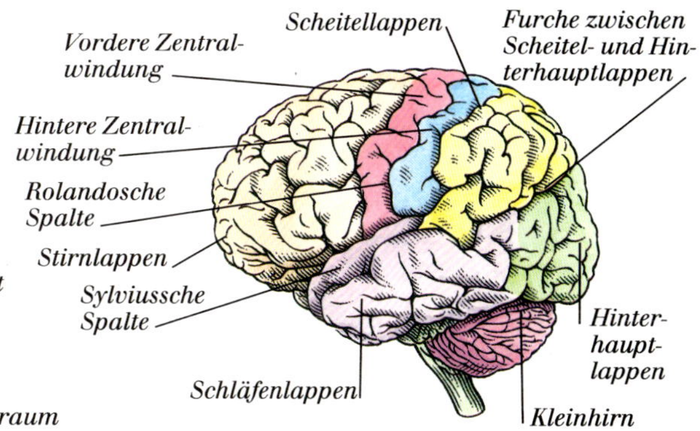

Funktionen einzelner Hirnabschnitte

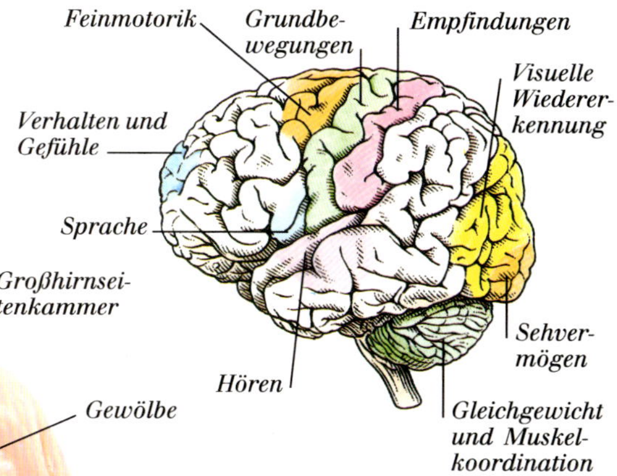

Frontalschnitt durch das Gehirn

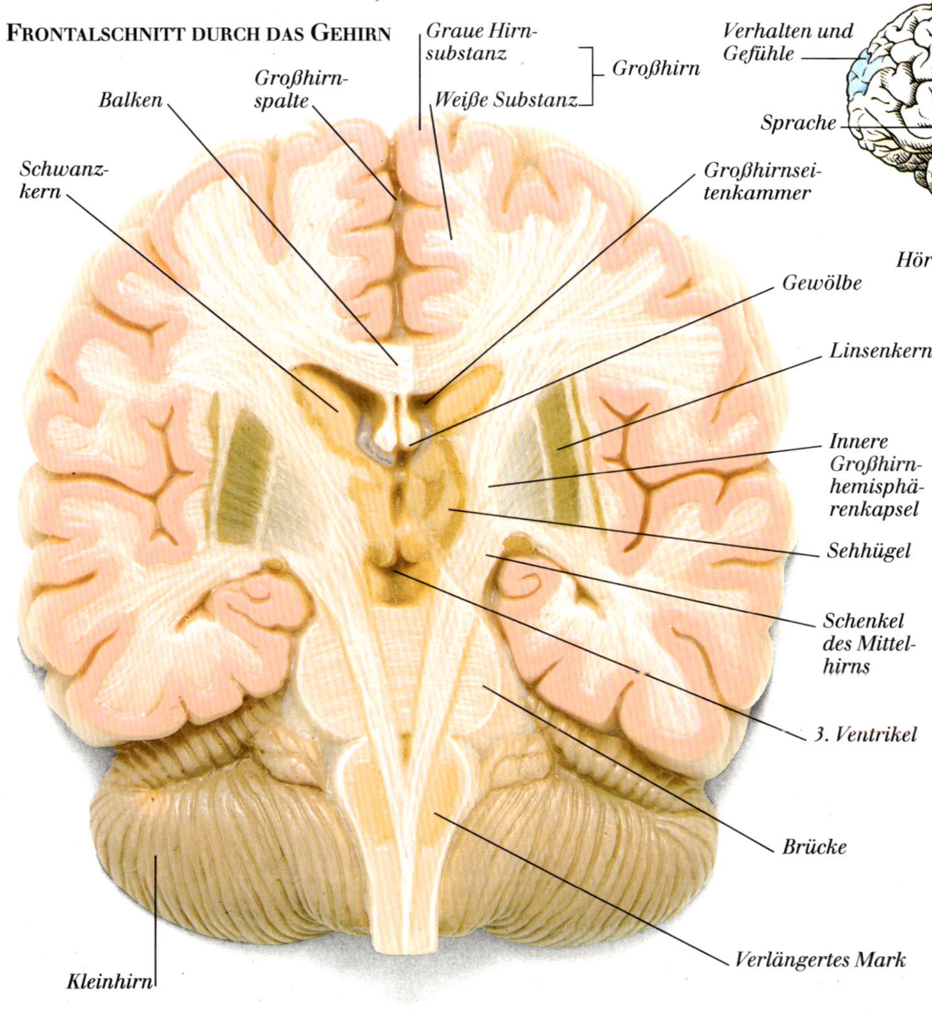

Nervenzellen im Gehirn

Die dunklen Zellen sind die sogenannten Purkinje-Zellen. Sie sind mit die größten Nervenzellen im menschlichen Körper.

Das Nervensystem

Das Nervensystem ist ein inneres, mit elektrochemischen Signalen kommunizierendes Netzsystem. Seine wichtigsten Teile sind das Gehirn, der zentrale Nervenkanal in der Wirbelsäule und die Nerven. Das Gehirn und der zentrale Nervenkanal bilden zusammen das Zentralnervensystem (ZNS), das Hauptkontroll- und Koordinationszentrum. Milliarden von langen, zu Nerven gebündelten Neuronen bilden das periphere Nervensystem. Dieses übermittelt Impulse zwischen dem Zentralnervensystem und anderen Körperregionen. Jedes Neuron besteht aus drei Teilen: dem Zellkörper, dem Dendritenast, welcher chemische Signale von anderen Neuronen empfängt, und einem Axon, das diese Signale in einen elektrischen Impuls umwandelt.

Zentrales und peripheres Nervensystem

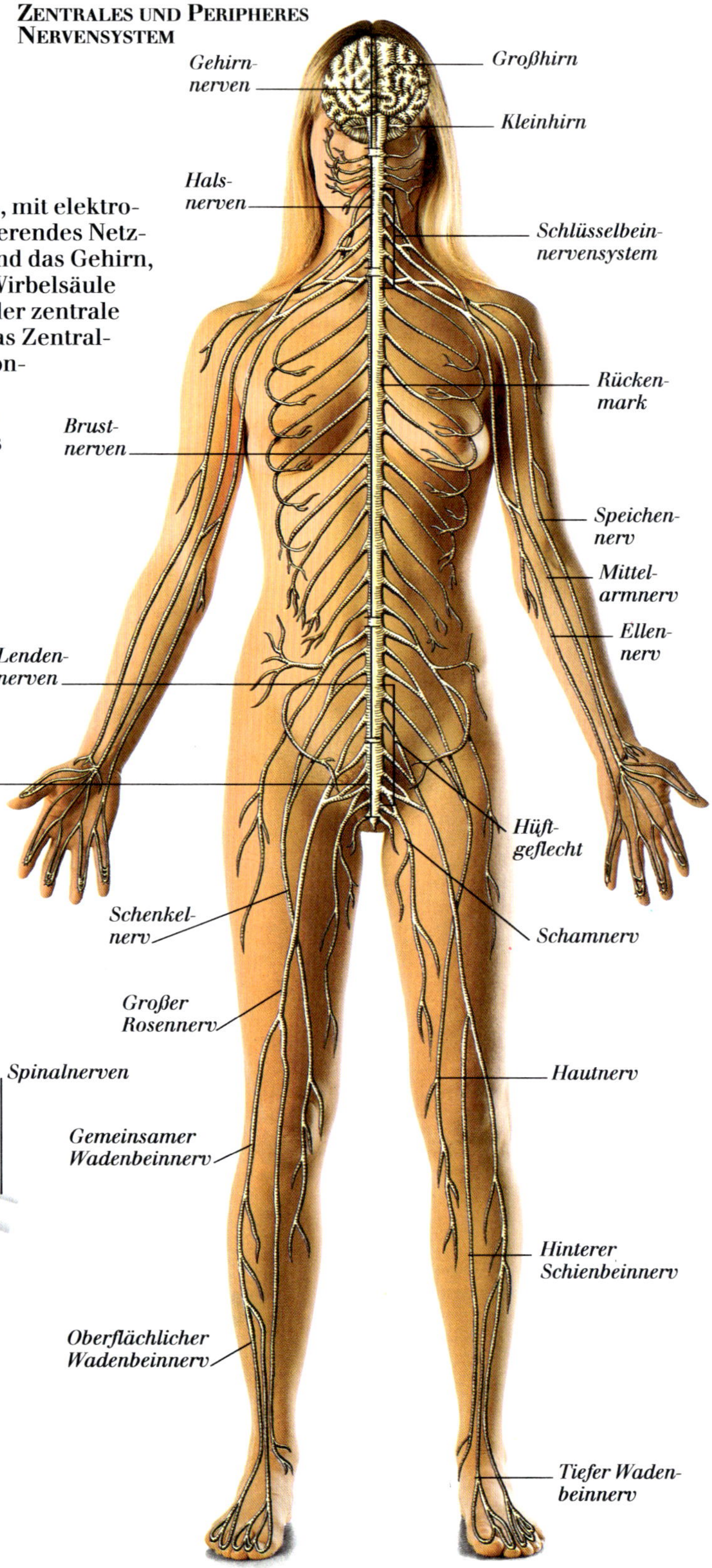

Schnitt durch das Rückenmark

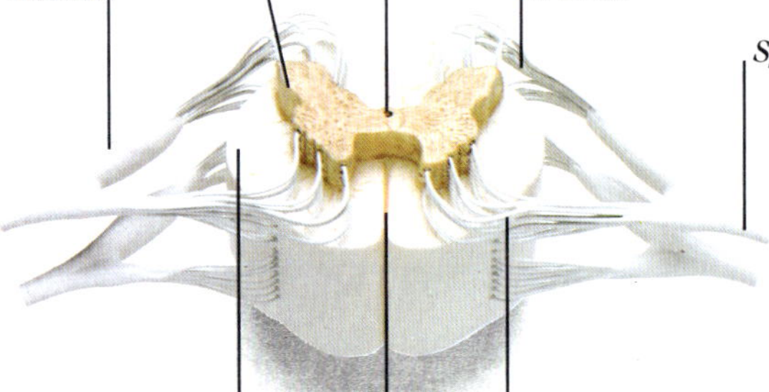

AUFBAU EINES MOTONEURONS

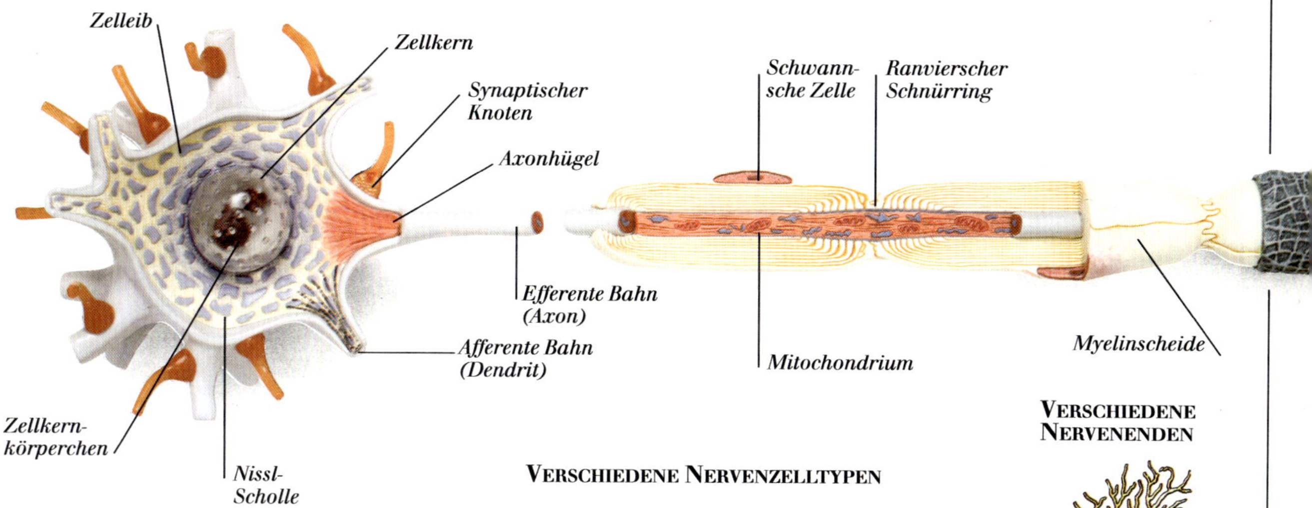

AUFBAU EINES SYNAPTISCHEN KNOTENS

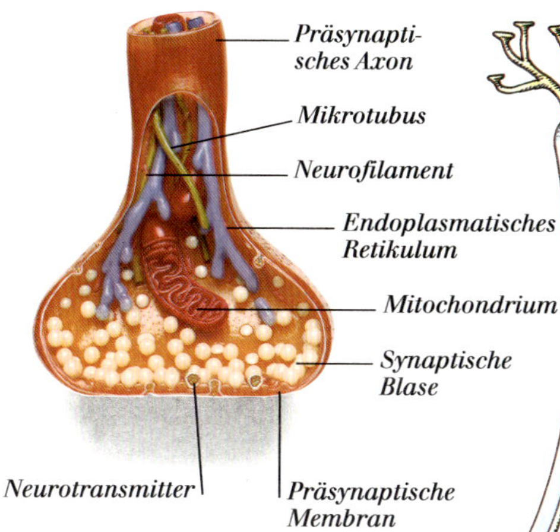

VERSCHIEDENE NERVENZELLTYPEN

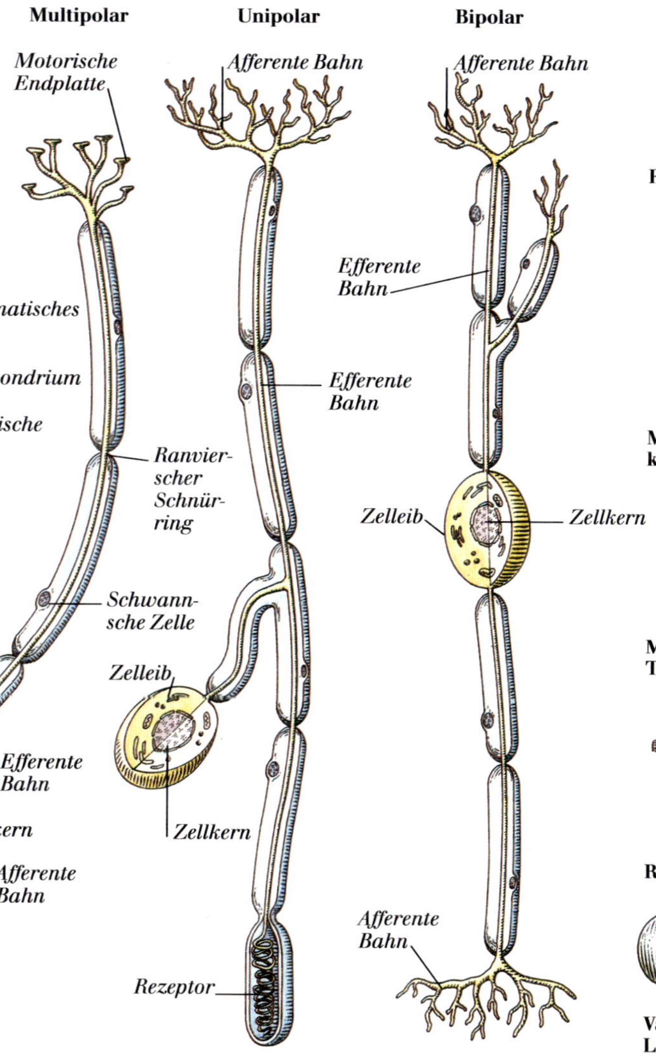
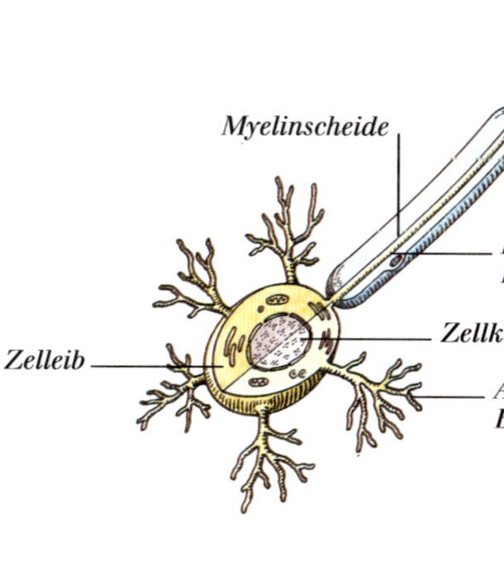

VERSCHIEDENE NERVENENDEN

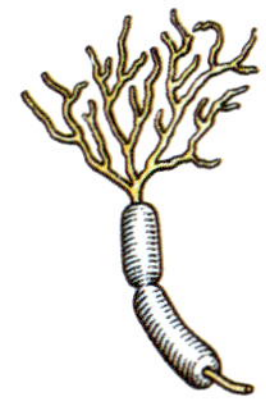

Freies Nervenende

Meißnersches Tastkörperchen

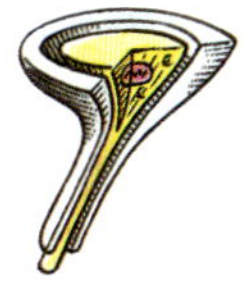

Merkelsche Tastscheibe

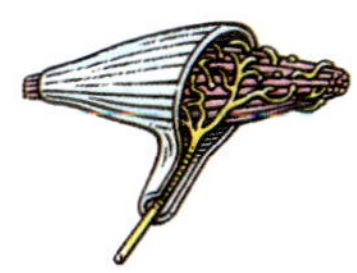

Ruffinikörperchen

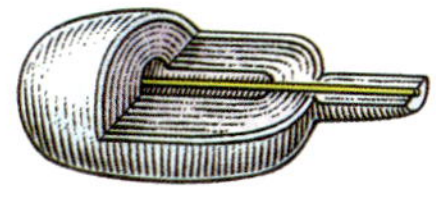

Vater-Pacinisches Lamellenkörperchen

Das Auge

Das Auge ist das Sehorgan. Die beiden Augäpfel liegen in den knochigen Augenhöhlen und werden von außen durch die Augenlider, die Augenbrauen und den Tränenfilm geschützt. Sie sind direkt über die Sehnerven mit dem Gehirn verbunden. Jedes Auge wird durch sechs Muskeln, die um den Augapfel herum angeordnet sind, bewegt. Lichtstrahlen fallen durch die Pupille in das Innere und werden von der Hornhaut und der Linse fokussiert. Die Linsen projizieren das Bild auf die Netzhaut. Die Netzhaut wird von Millionen lichtempfindlicher Zellen, den Stab- und Zapfenzellen, gebildet. Diese Zellen verwandeln die empfangenen Bilder in ein Muster von Nervenimpulsen, welche durch den Sehnerv zum Gehirn geleitet werden. Die Informationen beider Nerven werden im Gehirn zu einem Bild koordiniert.

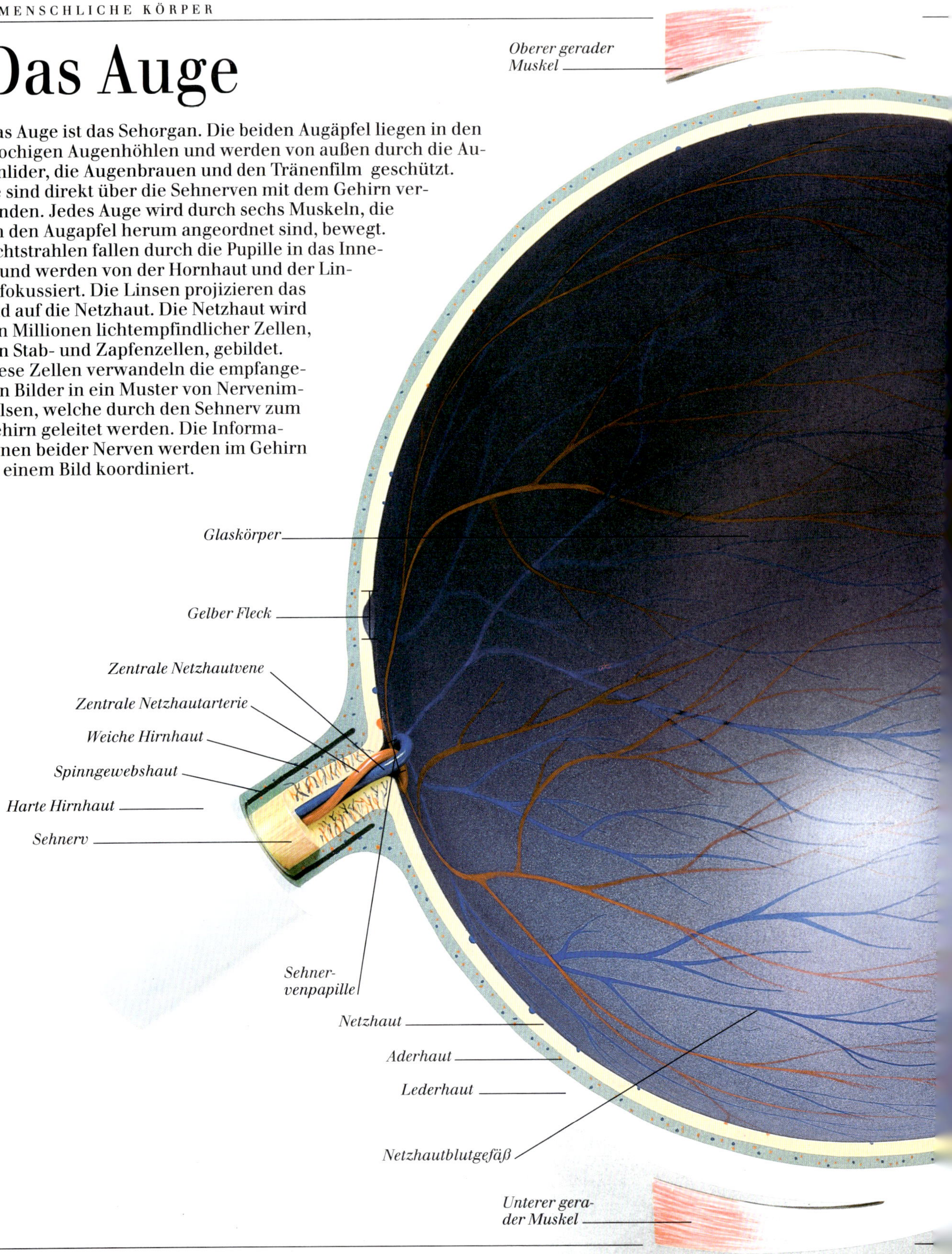

Schnitt durch das linke Auge

Tränendrüsenapparat

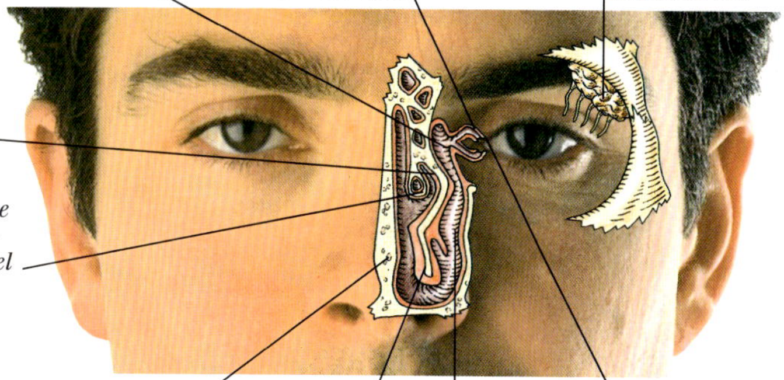

Ophthalmoskopie der Netzhaut

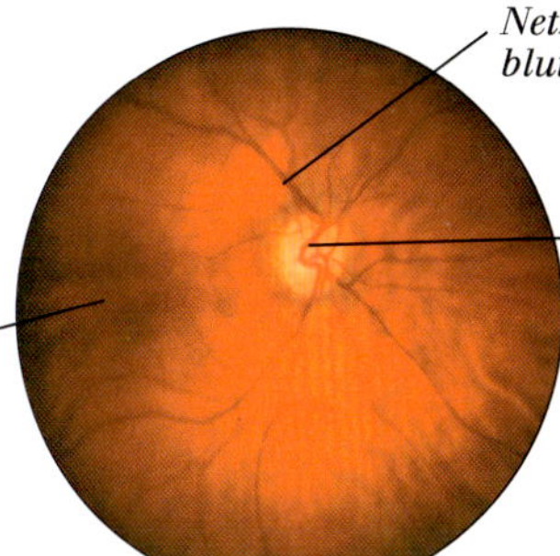

Der Gelbe Fleck, die Stelle des schärfsten Sehens, wo nur Zapfen vorhanden sind, kann deutlich als ein heller, runder Fleck auf der Netzhaut erkannt werden.

Muskeln des rechten Auges

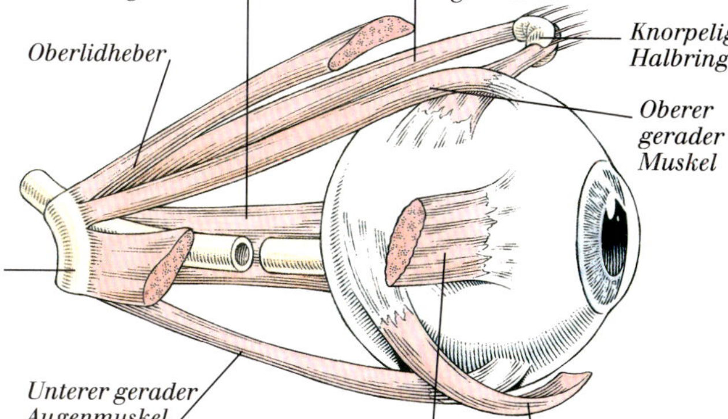

Das Ohr

Das Ohr ist das Hör- und Gleichgewichtsorgan. Das Außenohr besteht aus einer knorpeligen Gehörmuschel und dem Gehörgang. Die wichtigsten Funktionsteile, das Mittel- und das Innenohr, liegen im Schädel. Das Mittelohr besteht aus drei sehr kleinen Knochen – den Gehörknöchelchen – und der Eustachischen Röhre, die das Ohr mit dem hinteren Nasenraum verbindet. Das Innenohr setzt sich aus einem spiralförmigen Labyrinth, den Bogengängen und dem Gleichgewichtsorgan (Vestibularapparat) zusammen. Schallwellen dringen durch den Gehörkanal zum Trommelfell, wo sie in Vibrationen umgewandelt werden, die wiederum zu der knochigen Gehörschnecke geleitet werden. Hier werden sie von Millionen mikroskopisch kleiner Härchen in elektrische Nervenimpulse, die vom Gehirn verarbeitet werden, umgesetzt.

Rechtes Ohr

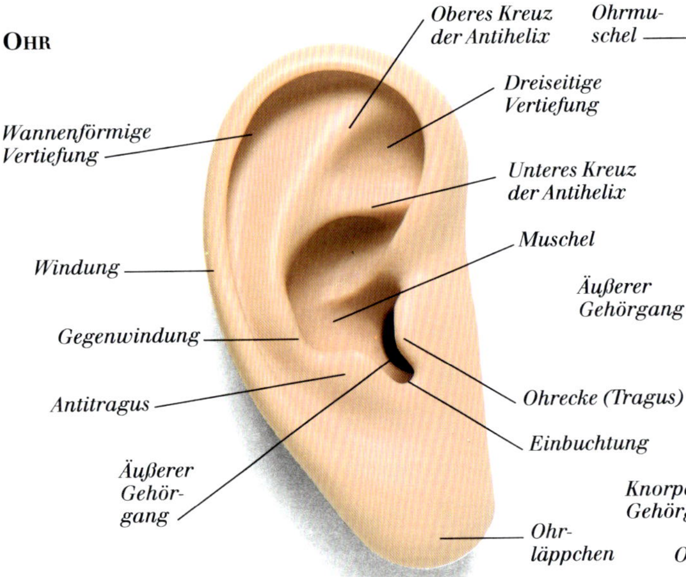

Aufbau des Ohres

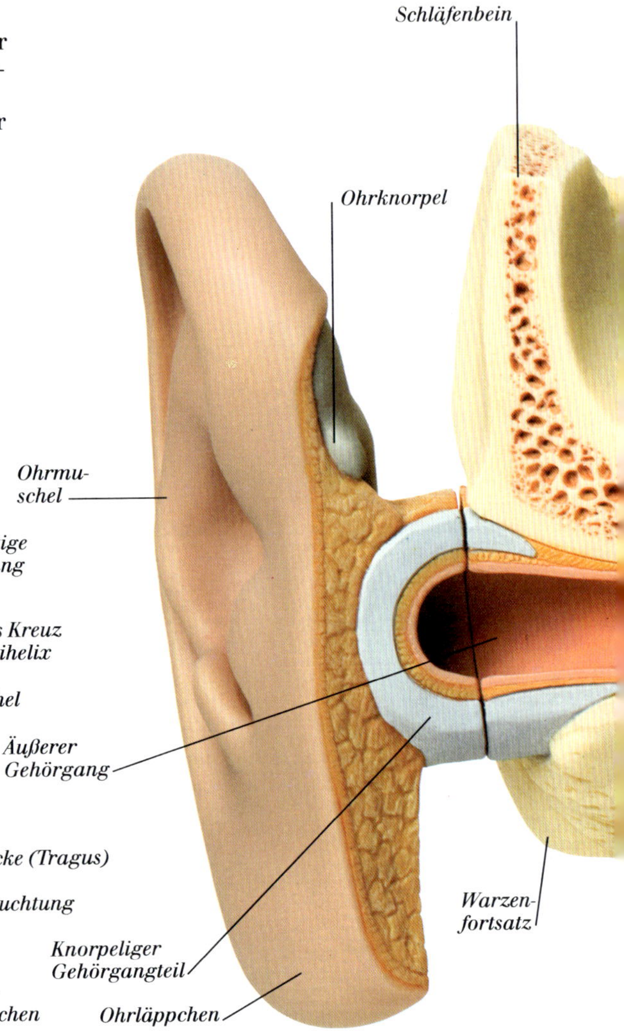

Gehörknöchelchen des Mittelohres

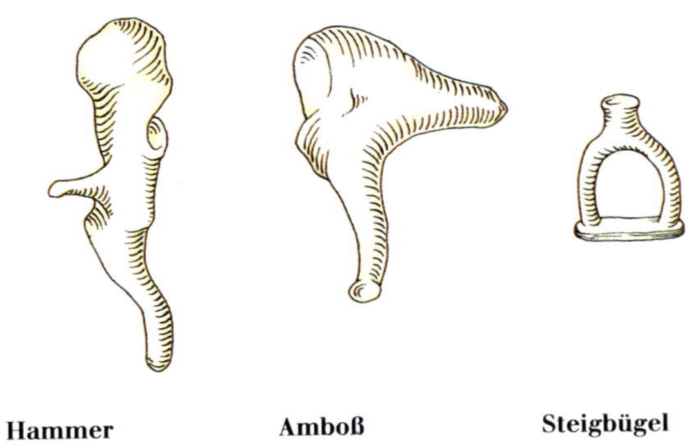

Die Gehörknöchelchen bilden zusammen eine Brücke zwischen dem Trommelfell und dem Ovalen Fenster. Durch ein Membransystem übermitteln sie Schallwellen in das Mittelohr.

Innere Ampullenstrukturen

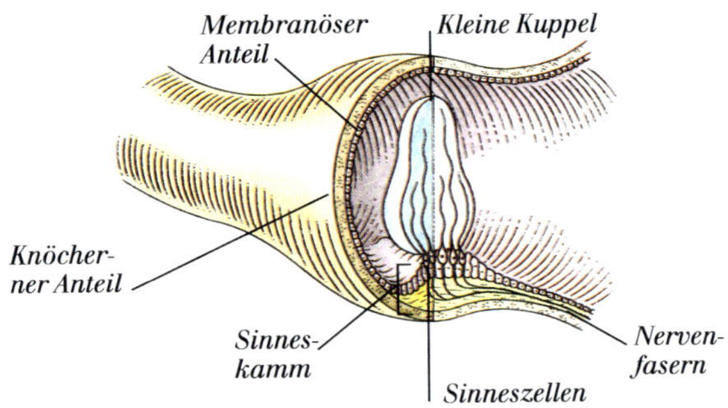

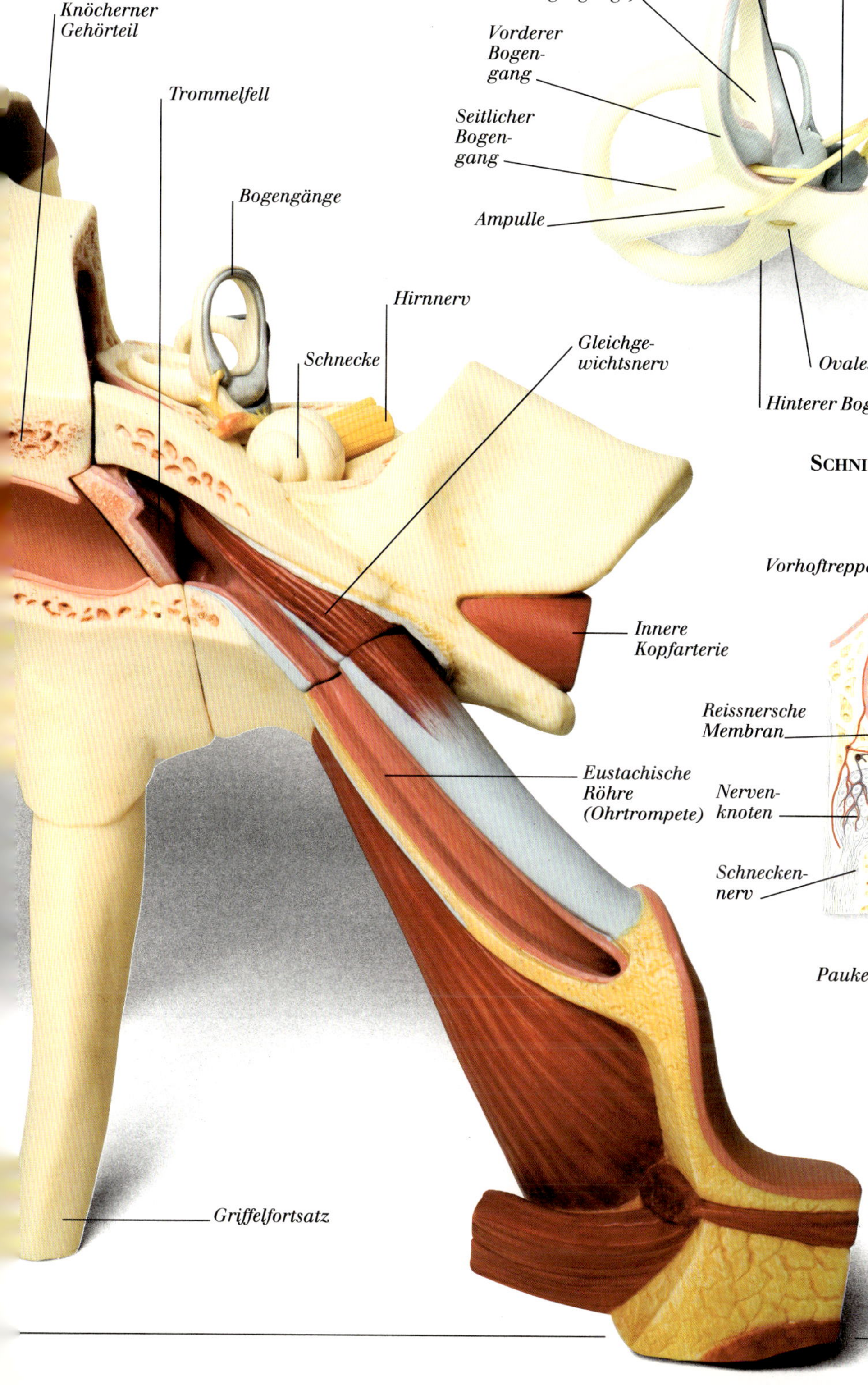

Innenohr

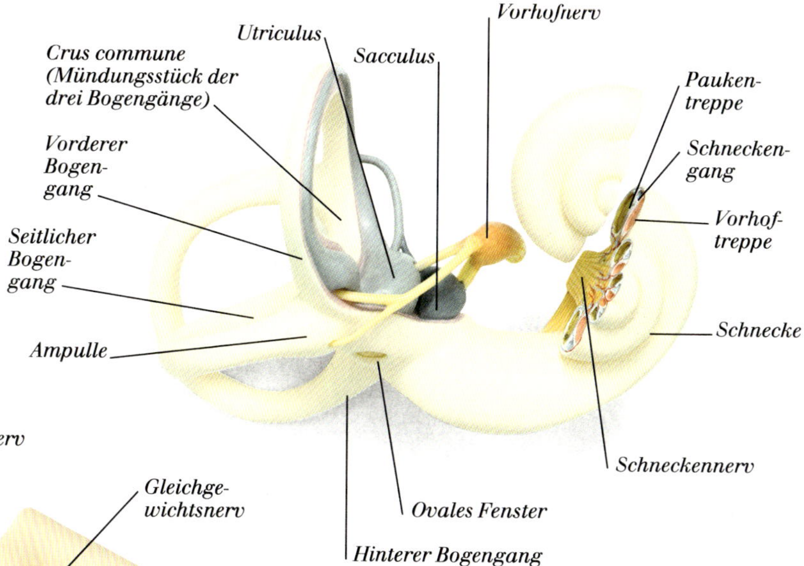

Schnitt durch die Schnecke

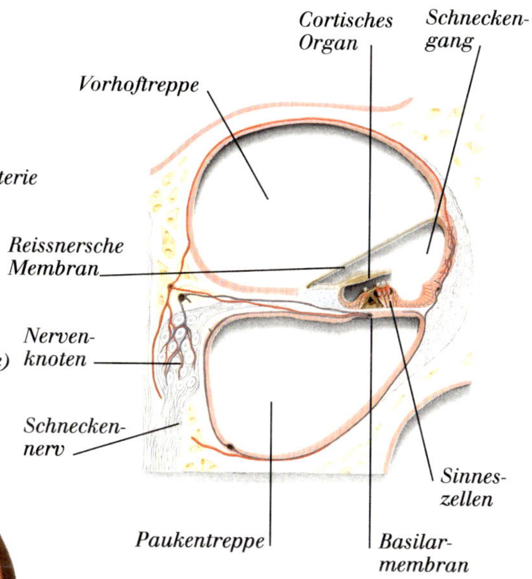

Nase, Mund und Rachen

Mit jedem Atemzug strömt Luft durch die Nasenlöcher, den Rachen (Pharynx), den Kehlkopf (Larynx) und die Luftröhre (Trachea) zu den Lungen. Die Nasenhöhlen wärmen und befeuchten die Luft, und kleine Härchen reinigen die Luftwege von Fremdkörpern. Während des Schluckens bewegt sich die Zunge nach oben und nach hinten. Der Kehlkopf gleitet nach oben. Der Kehldeckel schließt den Luftweg, und der weiche Gaumen trennt die Nasenwege vom Rachen. Speichel wird von drei Paar Speicheldrüsen gebildet. Er vermischt sich mit der Nahrung, erleichtert das Schlucken und unterstützt die Geschmacksentwicklung. Mit dem Einspeicheln beginnt auch die chemische Zersetzung der Nahrung, und es hilft bei der Geschmacksentwicklung. Geschmacks- und Geruchssinn sind eng miteinander verbunden. Beide hängen von der Wahrnehmung gelöster Moleküle durch Sinnesrezeptoren in den Riechnervenenden der Nase und in den Geschmacksknospen der Zunge ab.

AUFBAU DER ZUNGE

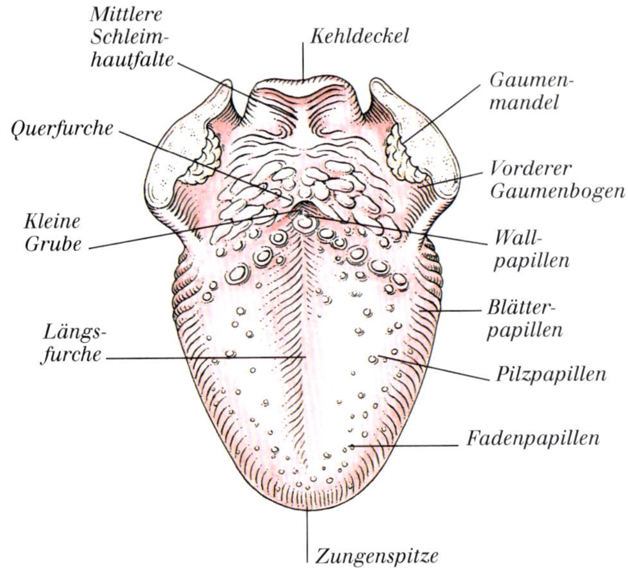

GESCHMACKSZONEN AUF DER ZUNGE

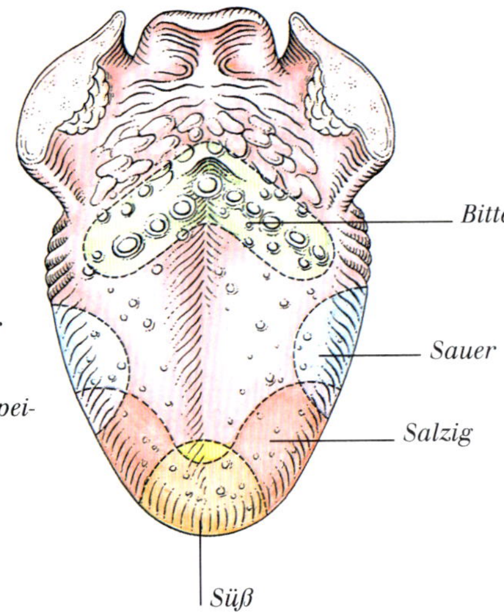

DARSTELLUNG DES RACHENS

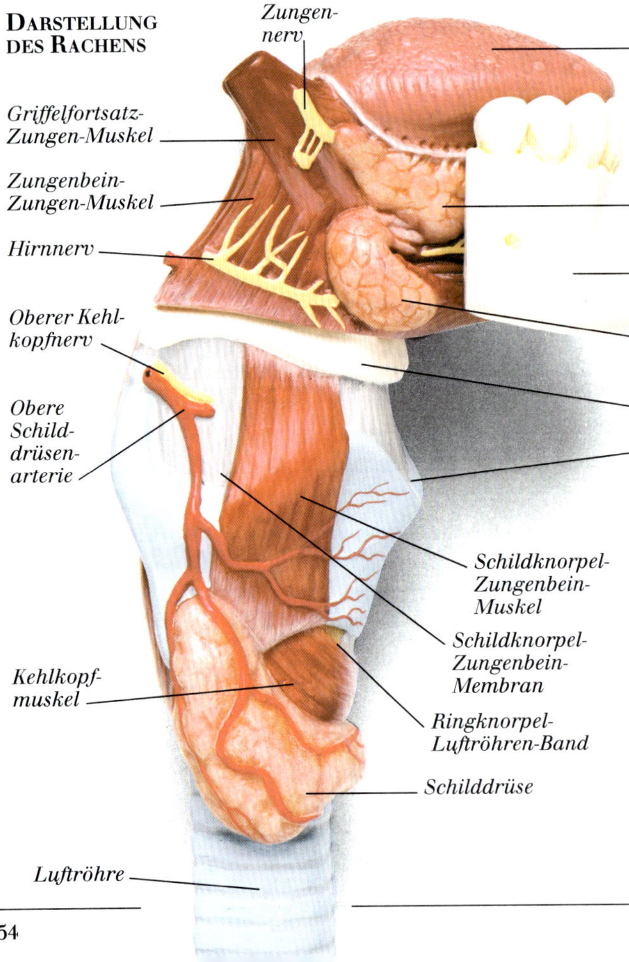

ZUNGENPAPILLENARTEN

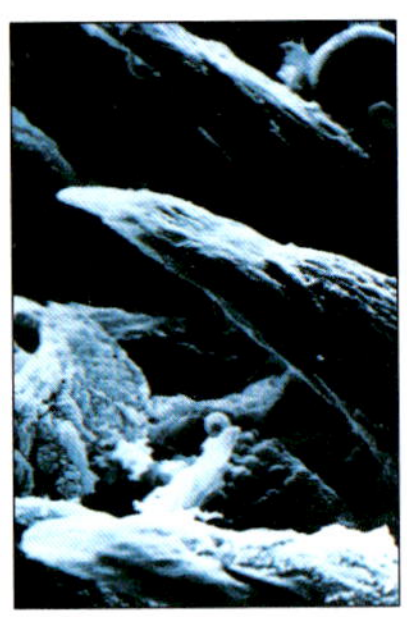
Fadenpapillen

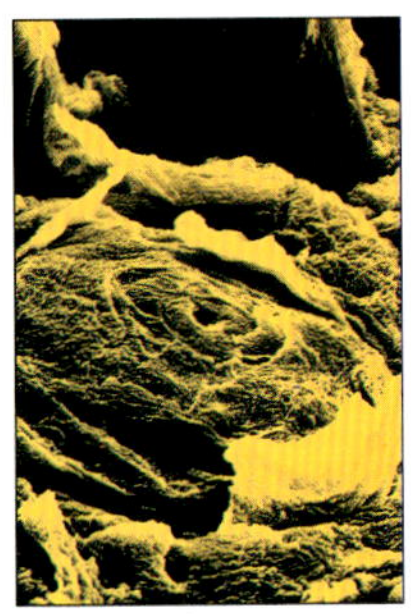
Pilzpapillen

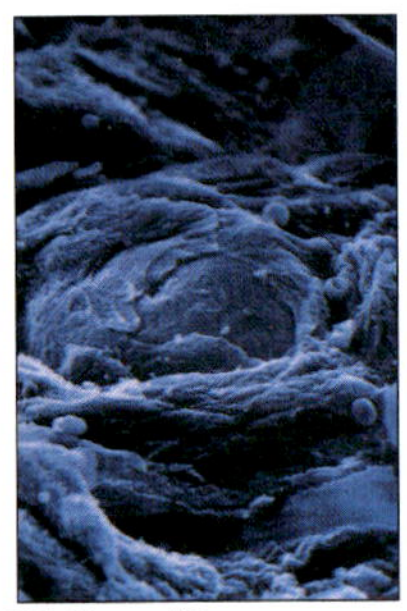
Wallpapillen

Schnitt durch Nase, Mund und Rachen

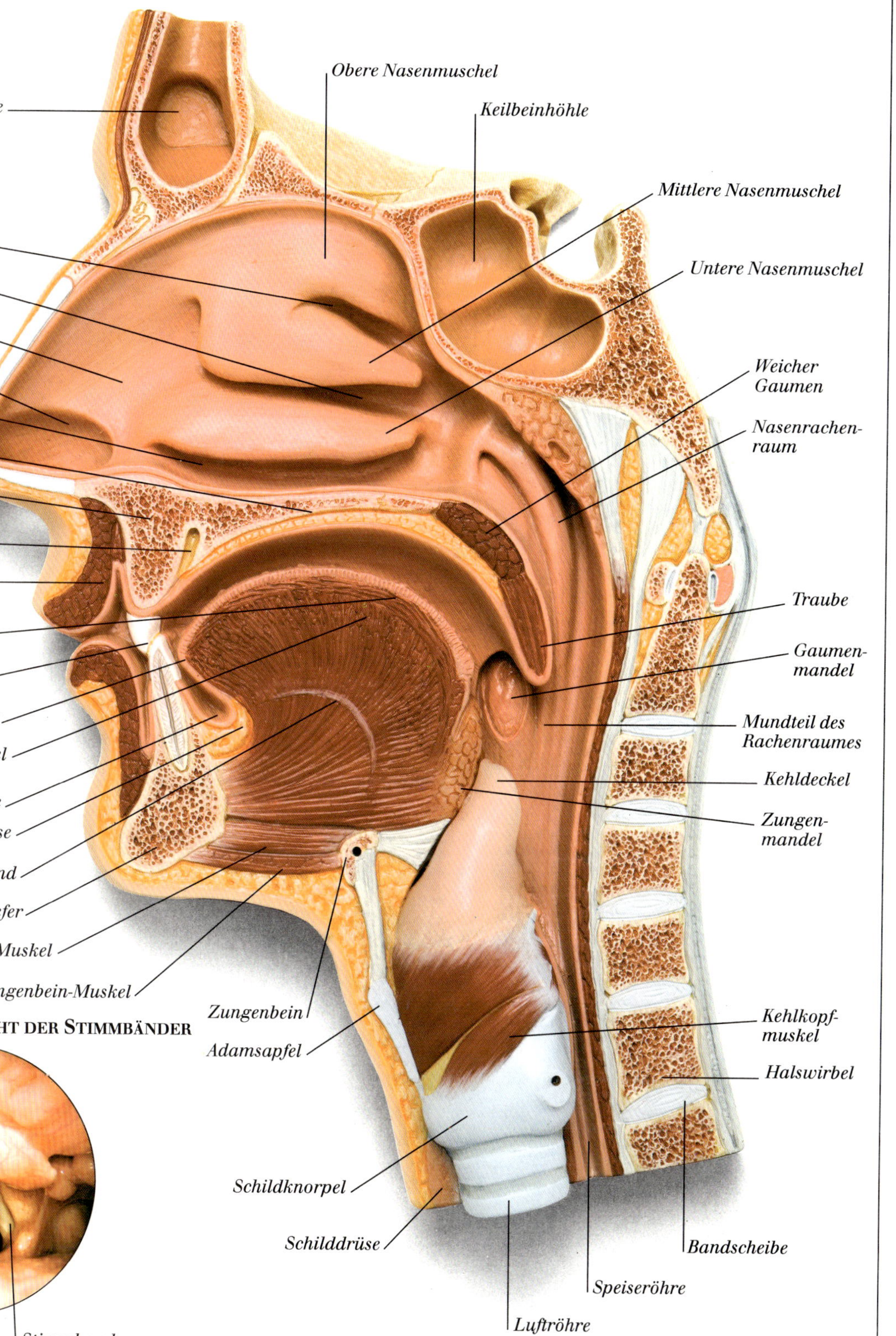

Endoskopische Ansicht der Stimmbänder

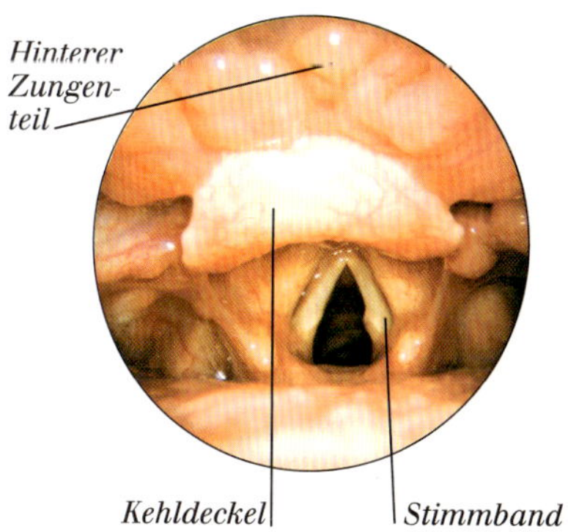

Die Zähne

Die 20 ersten Zähne (Milchzähne) beginnen in der Regel bei einem Baby im Alter von etwa sechs Monaten durchzubrechen. Sie werden im Alter von ungefähr sechs Jahren nach und nach durch die bleibenden Zähne ersetzt. Im Alter von 20 Jahren haben die meisten Erwachsenen ein vollständiges, 32 Zähne zählendes Gebiß, obgleich die Weisheitszähne oft niemals durchbrechen. Die primäre Funktion der Zähne ist es, Nahrung zu zerkleinern. Schneidezähne und Eckzähne reißen und schneiden die Nahrung in Stücke. Backenzähne (Prämolaren und Molaren) zermahlen und zerreiben sie weiter. Der Zahnschmelz ist die härteste Substanz des Körpers, wird jedoch leicht durch Säure, die in der Mundhöhle entsteht, angegriffen und zerstört.

Zahnentwicklung eines Fetus

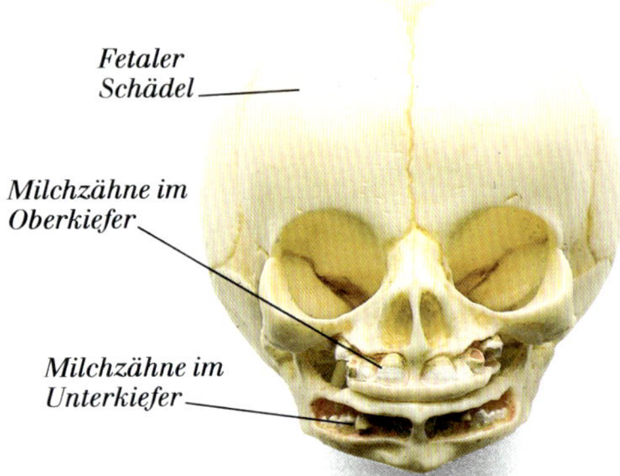

Fetaler Kiefer
Bei einem sechs Wochen alten Embryo entwickeln sich in jedem Kiefer dickere Bereiche. Hier bilden sich die Zahnknospen. Bei einem sechs Monate alten Feten (Bild) hat sich auf den Knospen Zahnschmelz gebildet.

Kiefer- und Zahnentwicklung

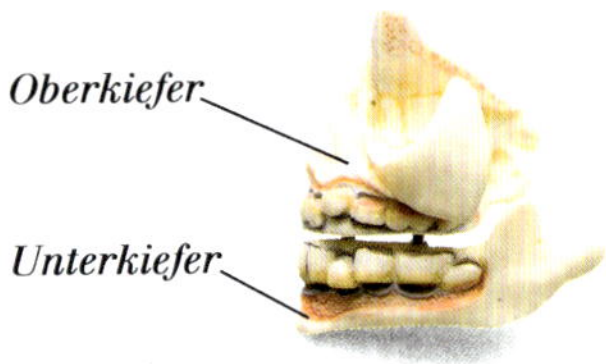

Kiefer eines Neugeborenen
Die Milchzähne entwickeln sich im Kieferknochen und beginnen im Alter von etwa sechs Monaten durchzubrechen.

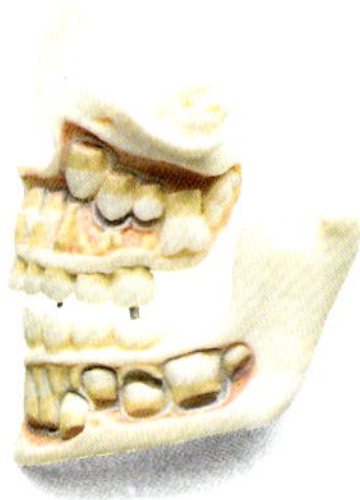

Gebiß eines fünfjährigen Kindes
Ein voller Satz von 20 Milchzähnen ist durchgebrochen. Die bleibenden Zähne entwickeln sich im Ober- und Unterkiefer.

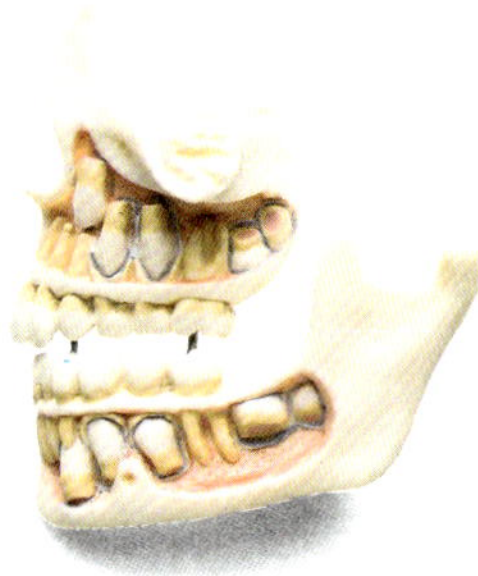

Gebiß eines neunjährigen Kindes
Die meisten Zähne sind Milchzähne. Die bleibenden Schneidezähne und die Mahlzähne sind aber schon hervorgetreten.

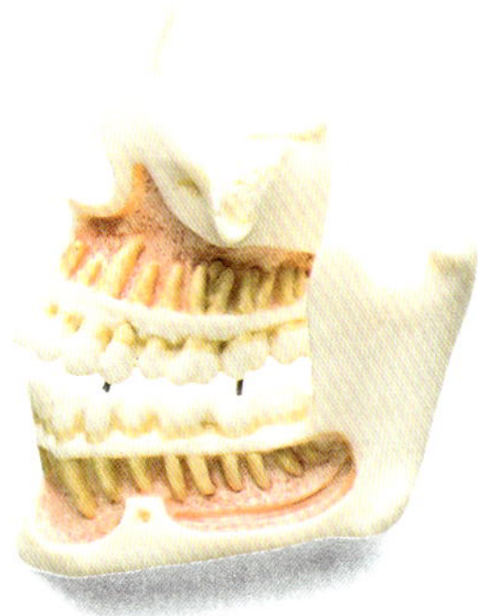

Gebiß eines Erwachsenen
Im Alter von 20 Jahren sind in der Regel alle 32 bleibenden Zähne (mit den Weisheitszähnen) durchgebrochen.

Die bleibenden Zähne

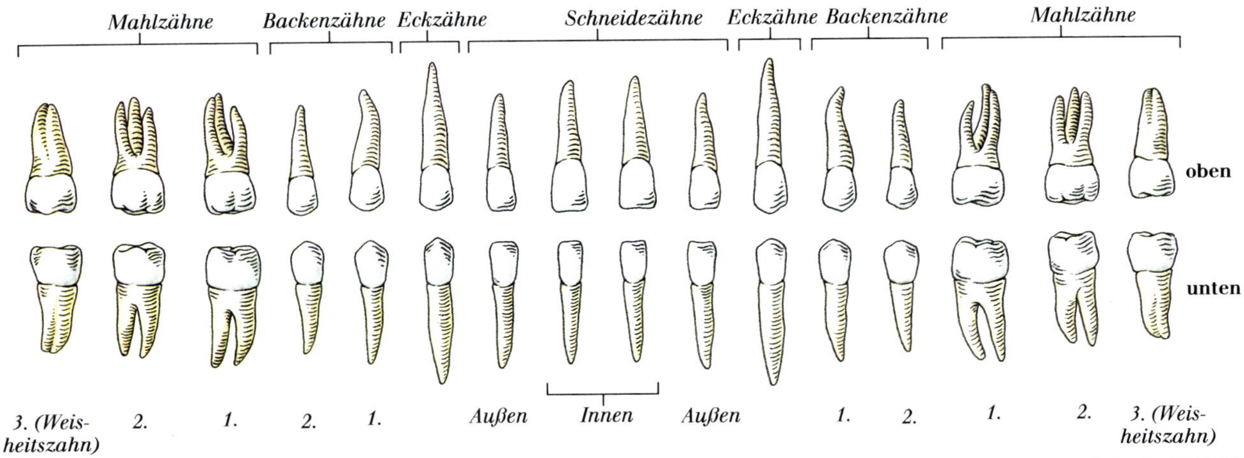

Aufbau eines Zahnes

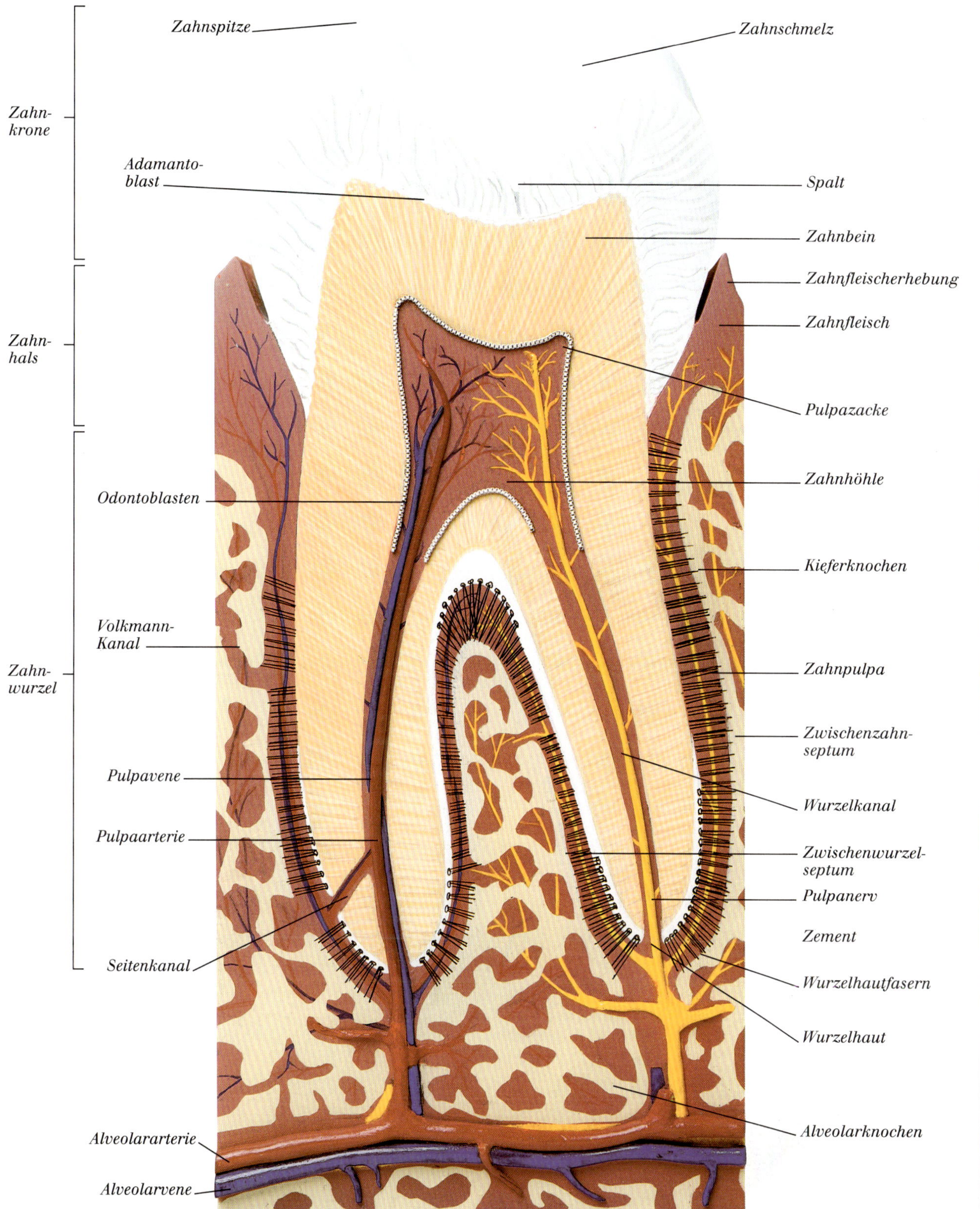

Das Verdauungssystem

Das Verdauungssystem bereitet die Nahrung soweit auf, daß sie vom Blut als Nährstoffe zu jedem Körperteil transportiert werden kann. Der Haupttrakt des Verdauungssystems ist ein neun Meter langer „Schlauch", der vom Mund bis zum Enddarm reicht. Muskeln entlang dieses Systems transportieren die Nahrung weiter. Die zerkaute Nahrung gelangt zuerst durch die Speiseröhre in den Magen, der sie speichert. Hier wird sie weiter verdünnt und zersetzt, bevor sie durch den Zwölffingerdarm, den Leerdarm und den Krummdarm in die drei langen, gewundenen Dünndarmteile befördert wird. Dort spalten die Verdauungssäfte der Gallenblase und der Bauchspeicheldrüse den Nahrungsbrei weiter auf. Die verdaute Nahrung wird von den kleinen Darmzotten auf der inneren Dünndarmwand absorbiert und im Blut weitertransportiert. Die unverdauten Nahrungsreste verlassen durch den Dickdarm (das Colon) und den Mastdarm (das Rektum) den Körper.

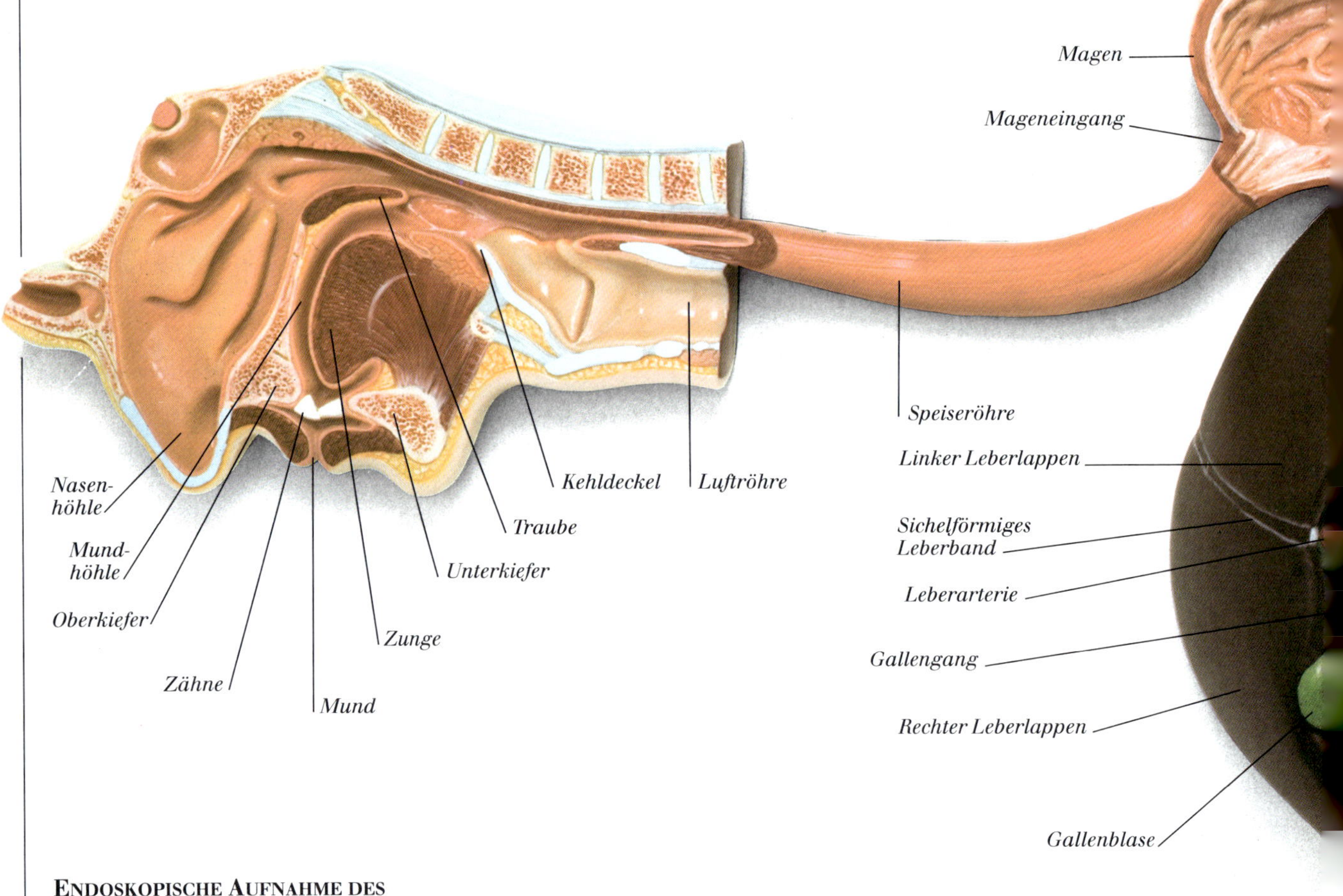

ENDOSKOPISCHE AUFNAHME DES ERNÄHRUNGS- UND VERDAUUNGSKANALS

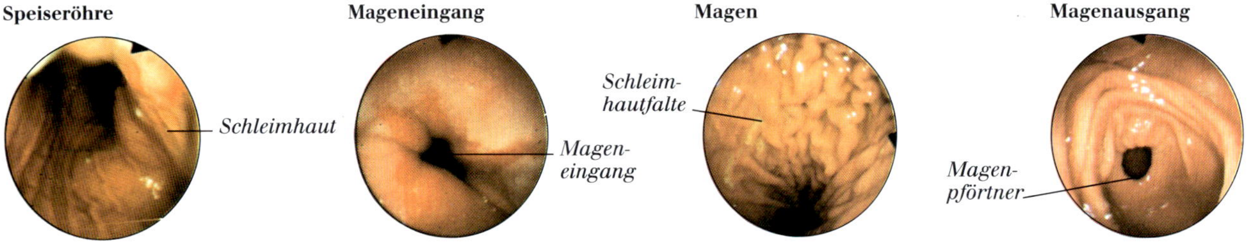

Ernährungs- und Verdauungskanal

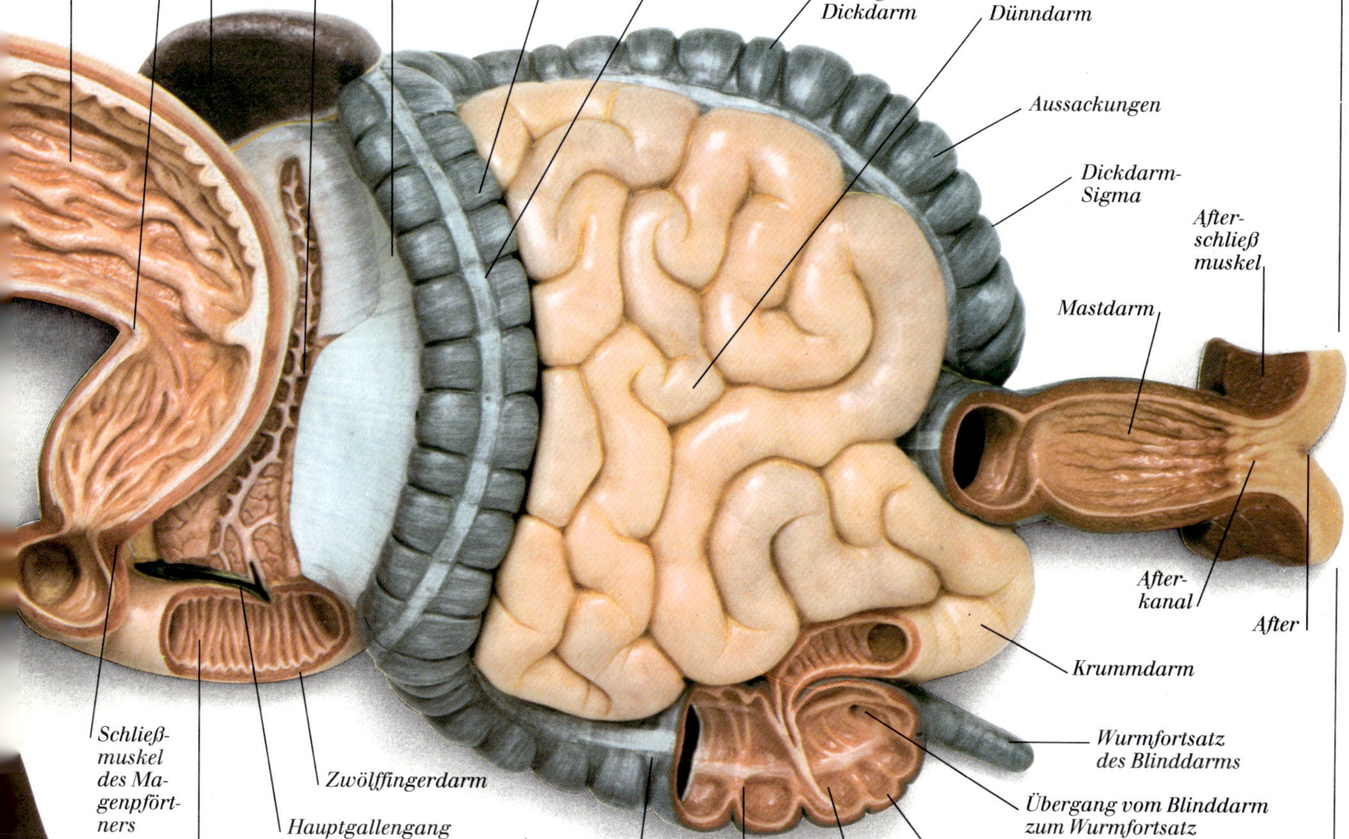

Zwölffingerdarm

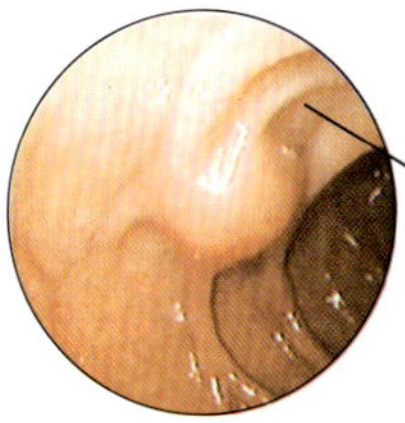

Krummdarm

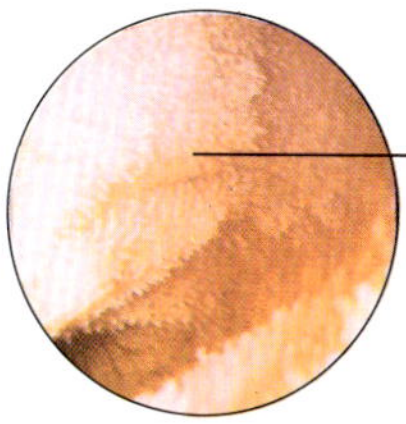

Grimmdarm

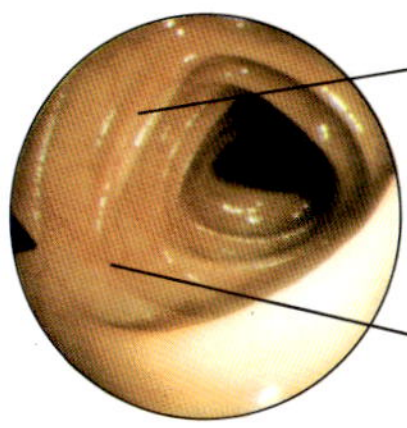

Mastdarm

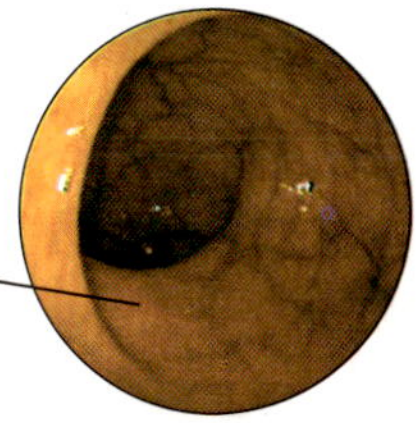

Das Herz

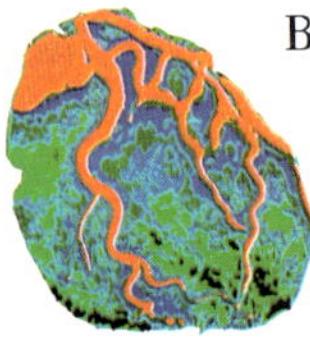

Das Herz ist ein Hohlmuskel, der sich etwa in der Brustmitte befindet. Es pumpt das Blut durch den Körper und versorgt so die Zellen mit Sauerstoff und Nährstoffen. Eine Muskelwand, die Herzscheidewand (Septum), teilt das Herz in Längsrichtung in eine rechte und ein linke Seite. Jeweils eine Klappe unterteilt die beiden Herzseiten in zwei Kammern – einen oberen Vorhof und eine untere Kammer. Wenn sich der Herzmuskel zusammenzieht, wird Blut durch die Vorhöfe und dann durch die Kammern geleitet. Sauerstoffreiches Blut aus den Lungen fließt von den Lungenvenen in den linken Vorhof, durch die linke Kammer, danach durch die Aorta und wird von dort in alle Körperteile verteilt. Sauerstoffarmes Blut kommt zurück, sammelt sich in der Hohlvene und fließt in den rechten Vorhof, durch die rechte Kammer und danach durch die Lungenarterie zur Lunge, um Sauerstoff aufzunehmen. Im Ruhestadium schlägt das Herz zwischen 60- und 80mal in einer Minute. Während der Bewegungsphase oder bei Streß kann der Puls bis zu 200 Schlägen in der Minute ansteigen.

Arterien und Venen des Herzens

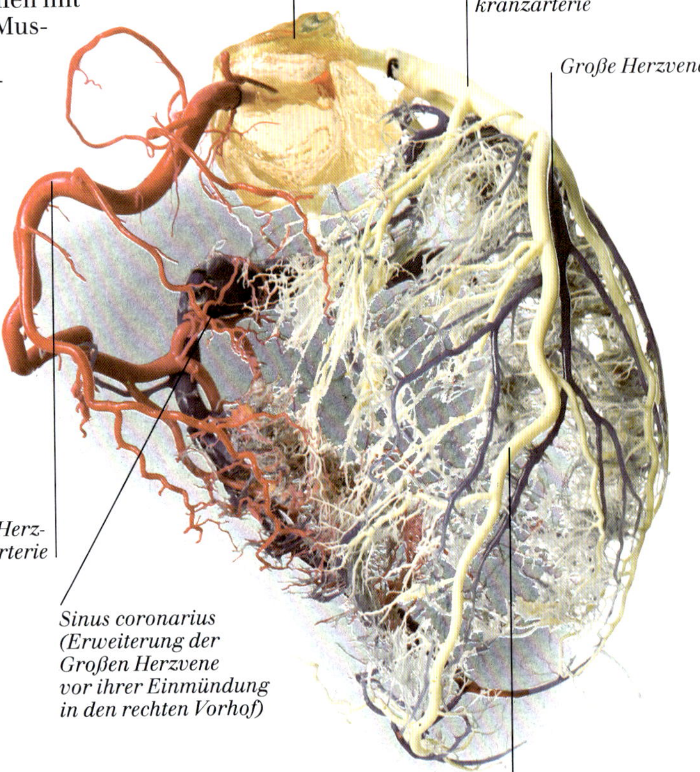

Schnittdarstellung der Herzwand

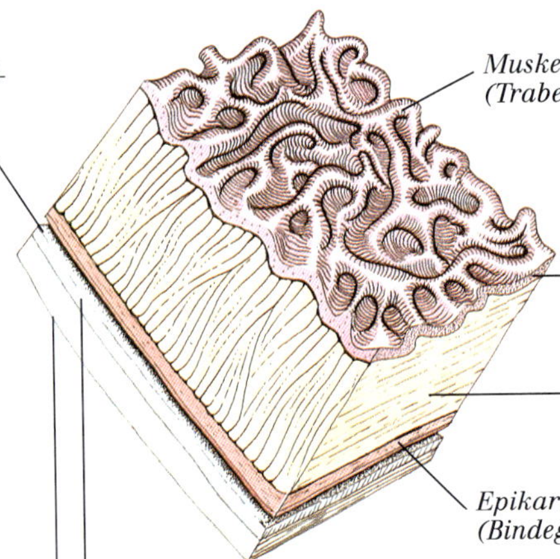

Herzschlagsequenz

Vorhofdiastole

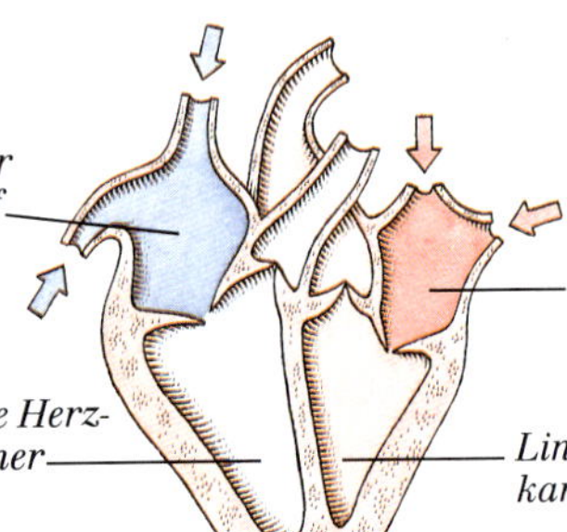

Sauerstoffarmes Blut fließt in den rechten Vorhof, während der linke Vorhof sauerstoffreiches Blut aufnimmt.

AUFBAU DES HERZENS

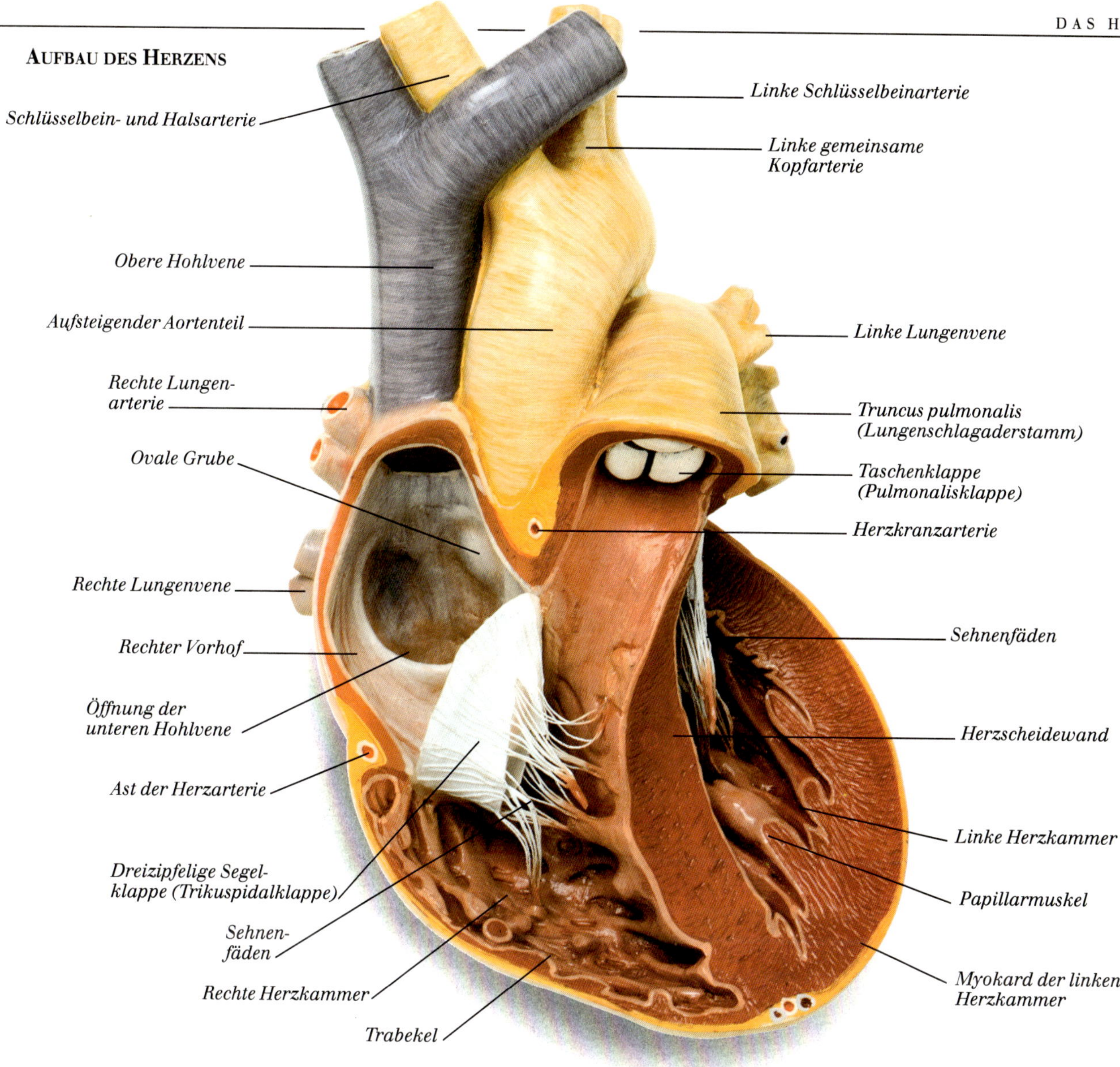

Vorhofsystole (Kammerdiastole): Diastole

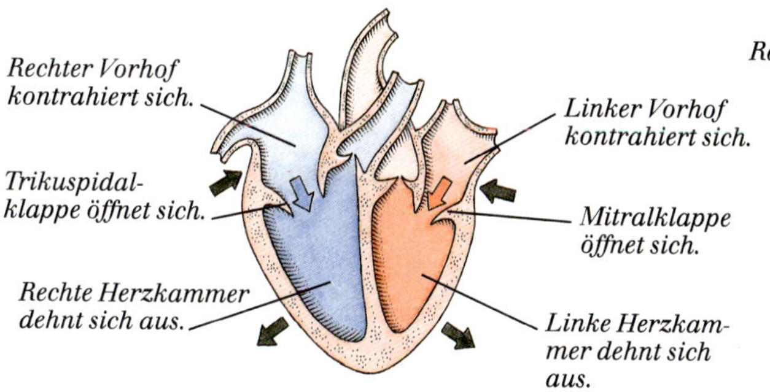

Rechter und linker Vorhof kontrahieren sich und pressen Blut in die entspannten Kammern.

Kammerkontraktion (Systole)

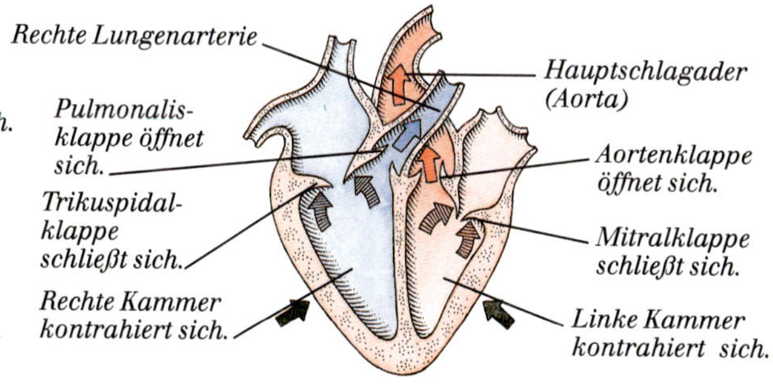

Die Kammern kontrahieren sich und transportieren Blut in die Lunge zur Sauerstoffanreicherung und durch die Aorta in den restlichen Körper.

Das Kreislaufsystem

Das Kreislaufsystem umfaßt das Herz und die Blutgefäße, die zusammen einen kontinuierlichen Blutstrom im Körper gewährleisten. Das Herz pumpt durch ein Netzwerk von Röhren, die Arterien, und kleine Gefäße, die Arteriolen, sauerstoffreiches Blut aus den Lungen in alle

Körperteile. Das Blut fließt durch kleine Venen (Venolen), die es wiederum zu größeren Venen führen, zum Herzen zurück. Das Herz (s.S. 260-261) ist der wichtigste „Motor" der Blutbewegung. Die Arteriolen und die Venolen sind durch kleine Kapillaren miteinander verbunden, in denen der Austausch von Sauerstoff und Kohlendioxid zwischen Blut und Körperzellen stattfindet. Das Blut setzt sich aus vier Hauptkomponenten zusammen: rote Blutkörperchen, weiße Blutkörperchen, Plättchen und Plasma. Es transportiert nicht nur Sauerstoff, sondern auch Nährstoffe zu den Verbrauchsorganen.

Arteriensystem des Gehirns

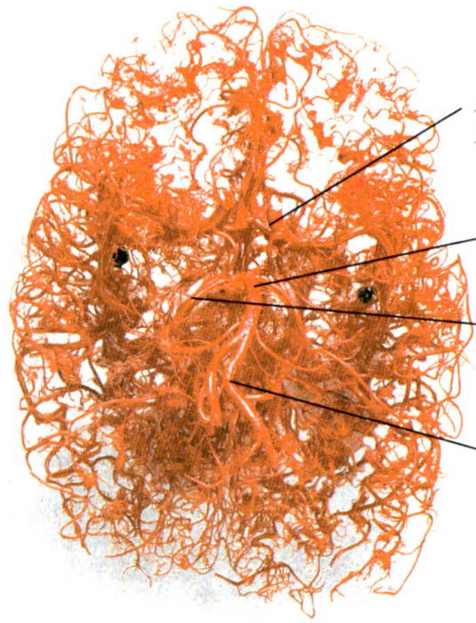

Leberkreislaufsystem

Herz- und Lungenkreislauf

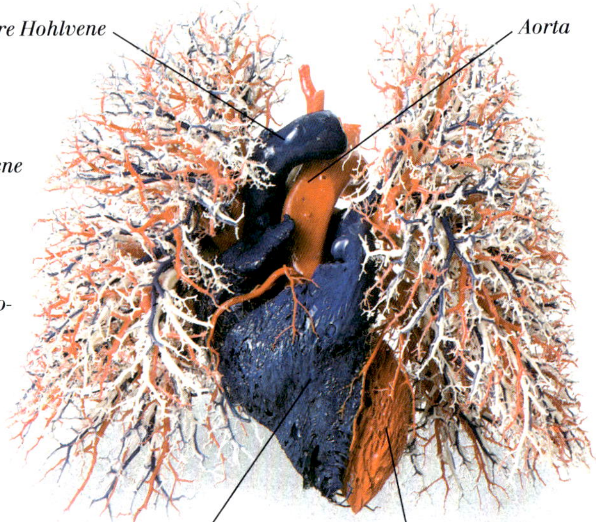

Schnittdarstellung der Hauptarterie

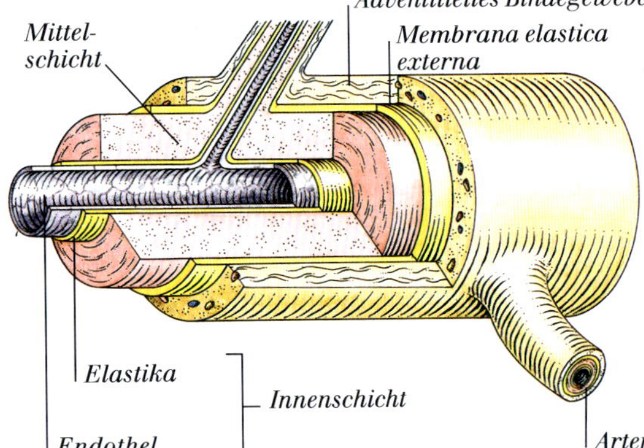

Schnittdarstellung der Hauptvene

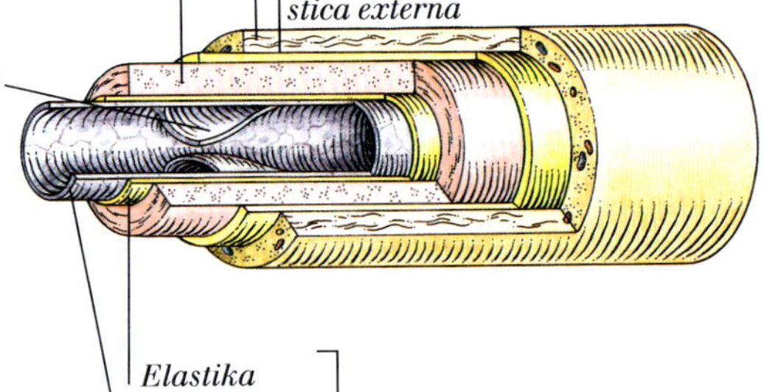

Hauptarterien und -venen im Kreislaufsystem

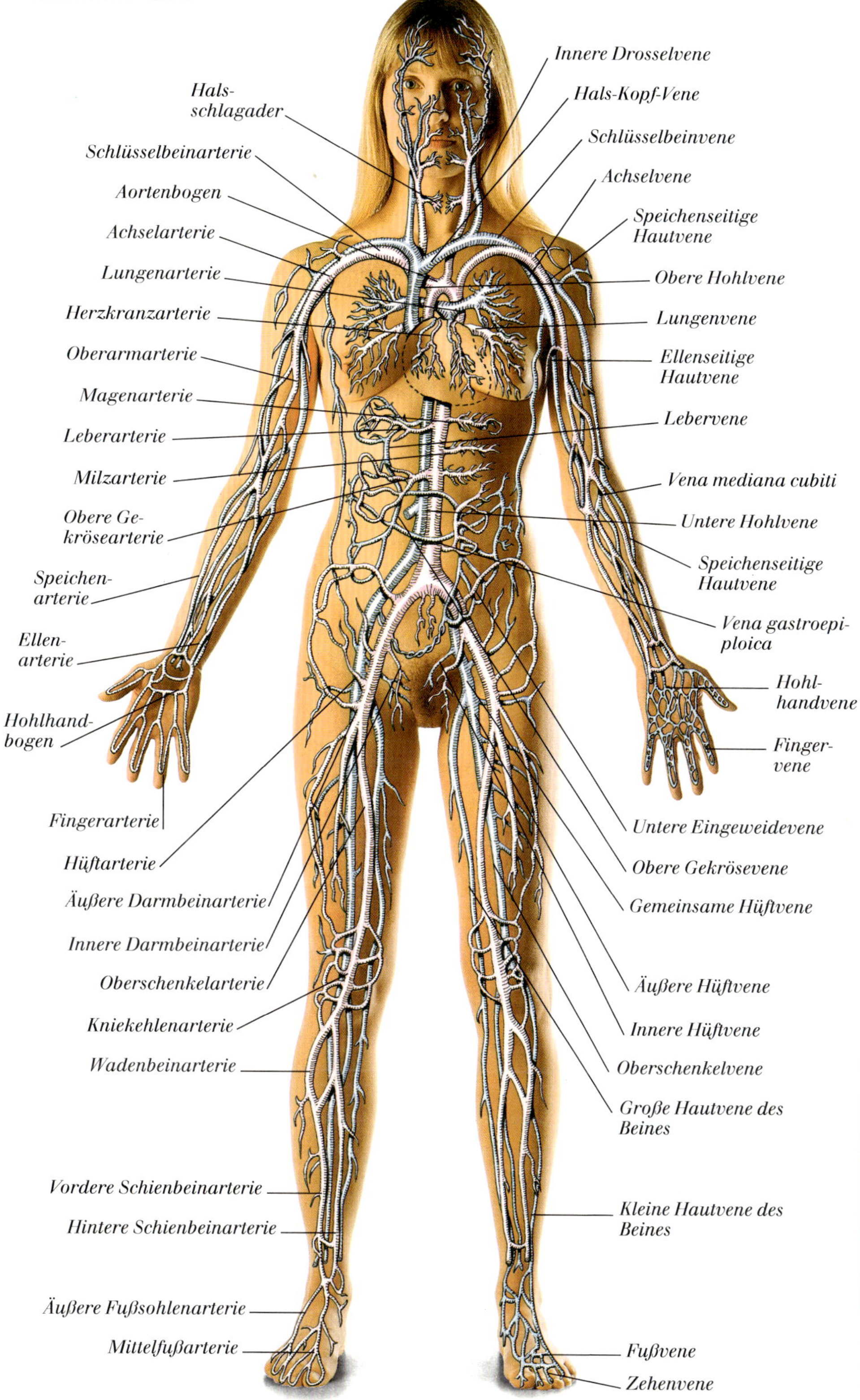

Blutzellentypen

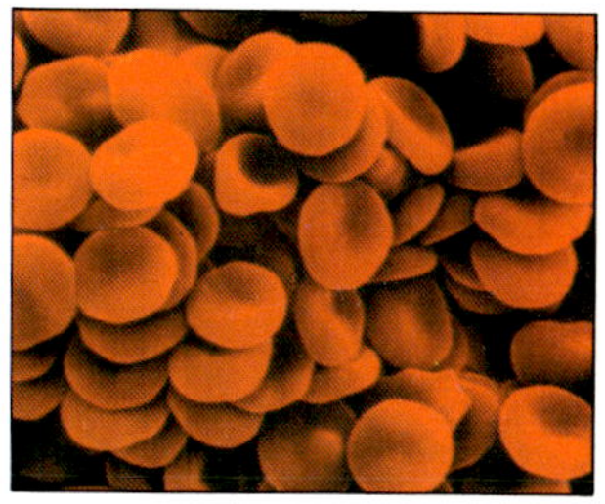

Rote Blutkörperchen
Diese Zellen sind konkav geformt, um die Oberfläche zu vergrößern, wodurch ein besserer Gasaustausch ermöglicht wird.

Weiße Blutkörperchen
Lymphozyten sind die kleinsten weißen Blutkörperchen. Sie produzieren bei Infektionen Antikörper.

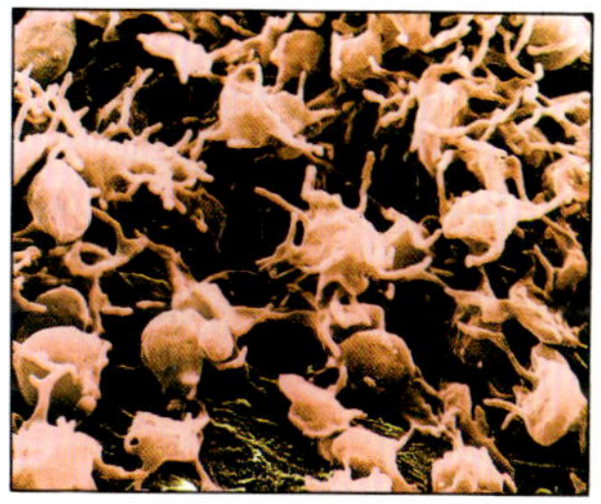

Blutplättchen
Sie sind die kleinsten Blutzellen, die aktiviert werden, wenn ein Wundverschluß oder die Reparatur eines Gefäßes notwendig ist.

Wundverschluss

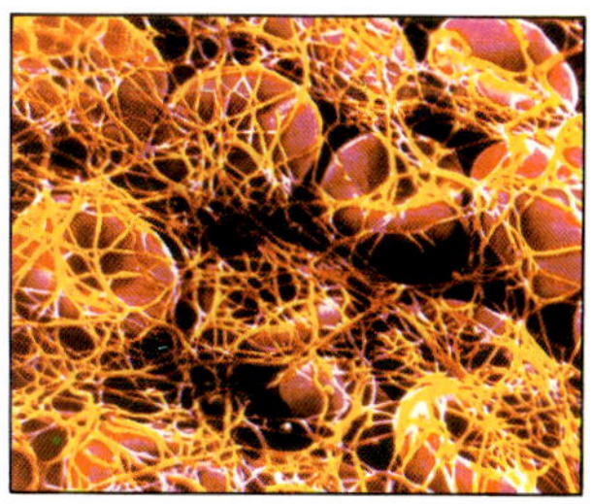

Fibrinfäden verflechten sich zusammen mit Erythrozyten und bilden so einen Blutpfropf.

Das Atmungssystem

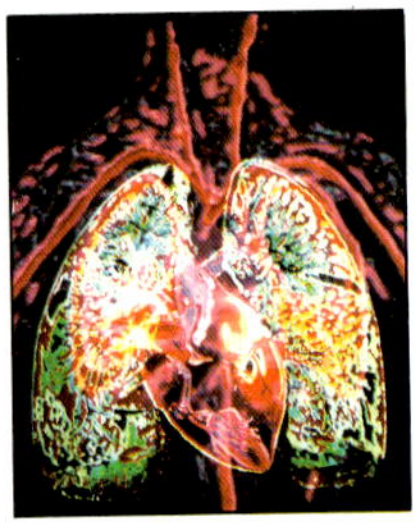

Das Atmungssystem besorgt den Sauerstoff, der von den Körperzellen gebraucht wird, und gibt das durch die Zellen produzierte Kohlendioxid an die Umgebung ab. Inhalierte Luft strömt durch die Luftröhre (Trachea) über zwei enge Röhren, die Hauptbronchien, in die Lunge. In den Lungen verzweigen sich die Bronchien in viele kleine Äste, die Bronchiolen. Diese verzweigen sich noch weiter in Alveolen. Gase diffundieren durch die dünne Alveolwand in ein dünnes Blutgefäßnetz. Die Rippenmuskeln und das muskulöse Zwerchfell unter der Lunge bewegen die Luft wie ein Blasebalg. In regelmäßigen Intervallen ziehen sie Luft an und drängen sie wieder hinaus.

Bronchiolen und Lungenbläschen

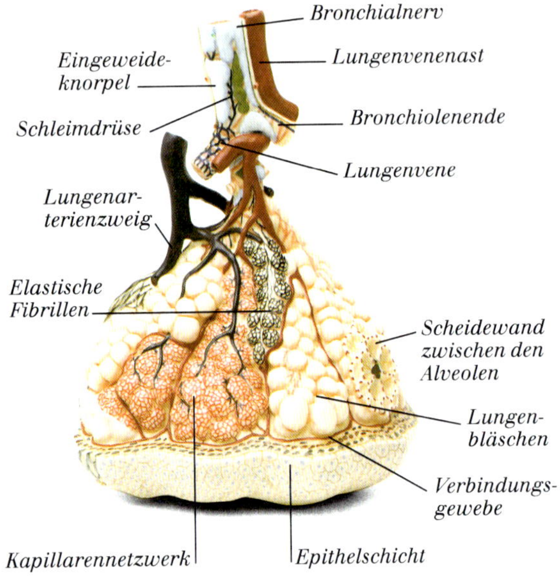

Bronchialbaumsegmente

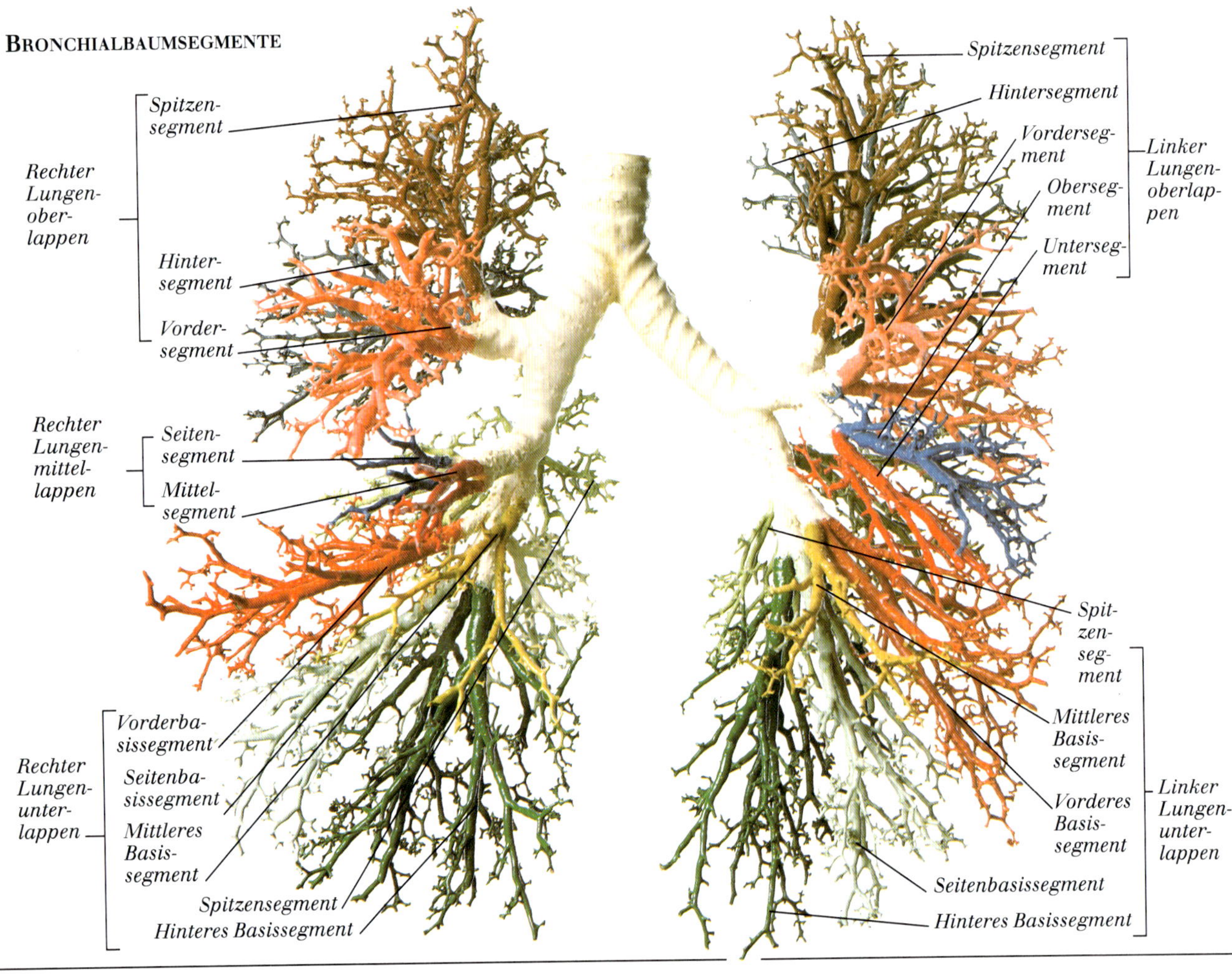

Organe der Brusthöhle

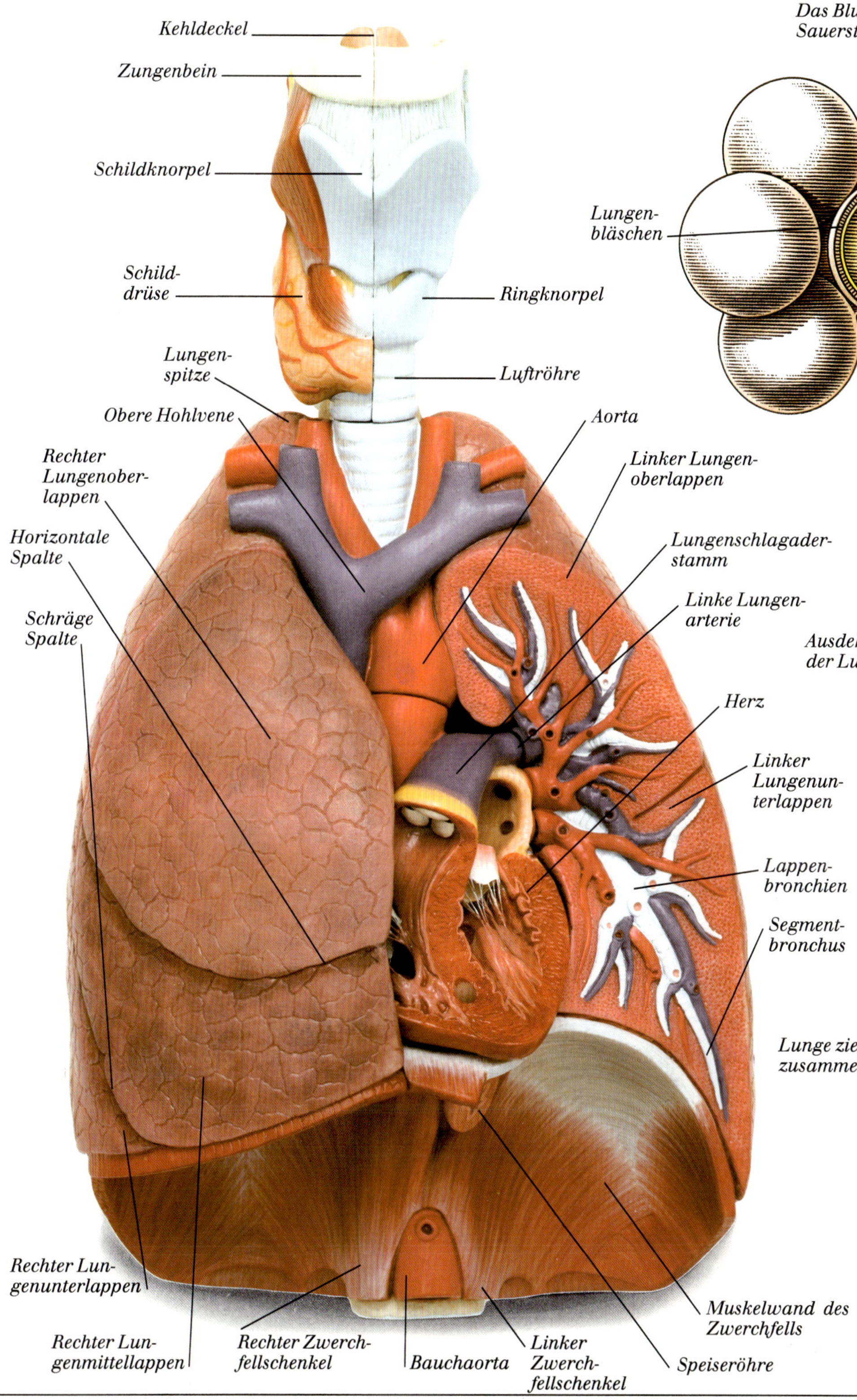

Gasaustausch in den Lungenbläschen

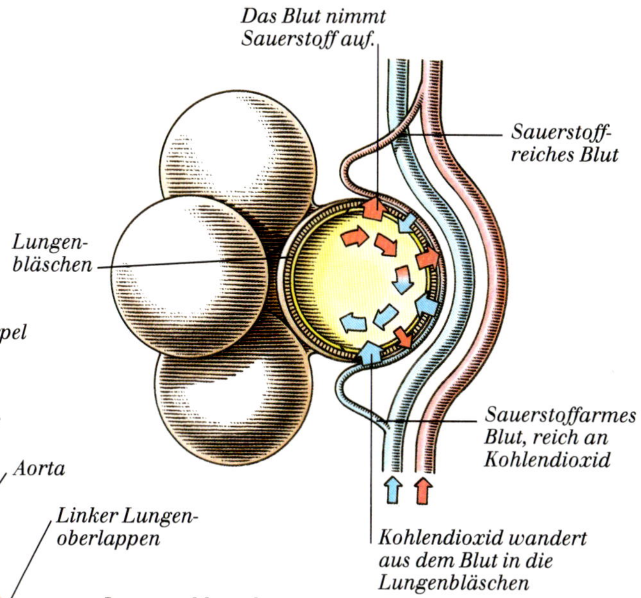

Atmungs-mechanismus

Einatmung

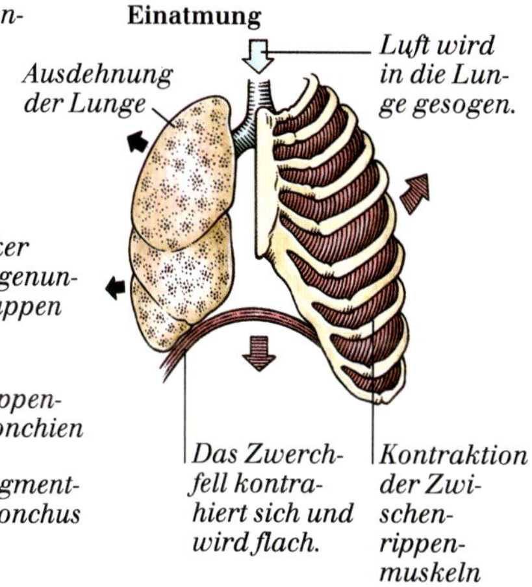

Ausatmung

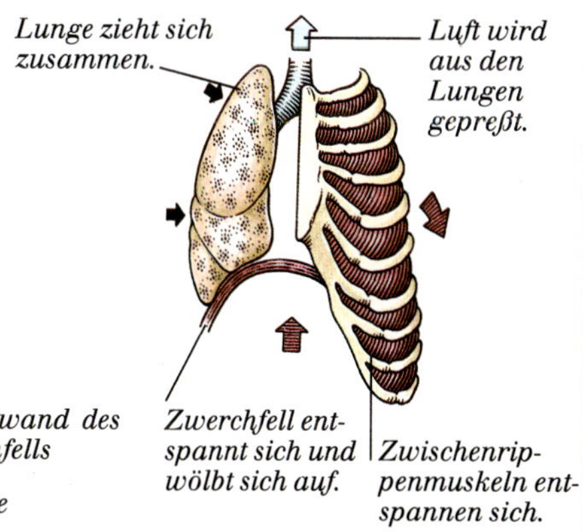

Das Harnsystem

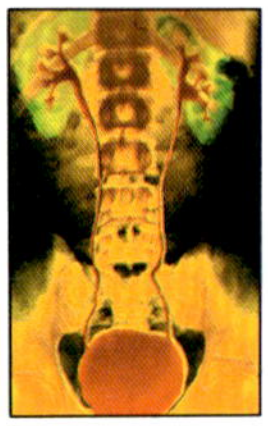

Das Harnsystem filtert unbrauchbare Stoffe aus dem Blut und leitet sie durch ein Leitungssystem aus dem Körper. Das Blut wird in zwei faustgroßen, bohnenförmigen Nieren gefiltert. Die Nierenarterien transportieren es dorthin. Die Nierenvenen führen es nach dem Filtern wieder in den Kreislauf zurück. Jede Niere besteht aus etwa einer Million winzig kleinen Einheiten, den Nierenkörperchen (Nephrone). Jedes Nephron besteht wiederum aus einem Sammelrohr und einem Filtersystem, dem Glomerulus. In diesem gibt es Knäuel von dünnen Blutgefäßen, die von der Bowmanschen Kapsel umgeben sind. Bei dem Filterprozeß entsteht eine wäßrige Substanz, welche von den Nieren durch je einen Harnleiter zur Blase geleitet wird. Dort wird der Urin gesammelt und dann durch die Harnröhre ausgeschieden.

Blutversorgung der Nieren

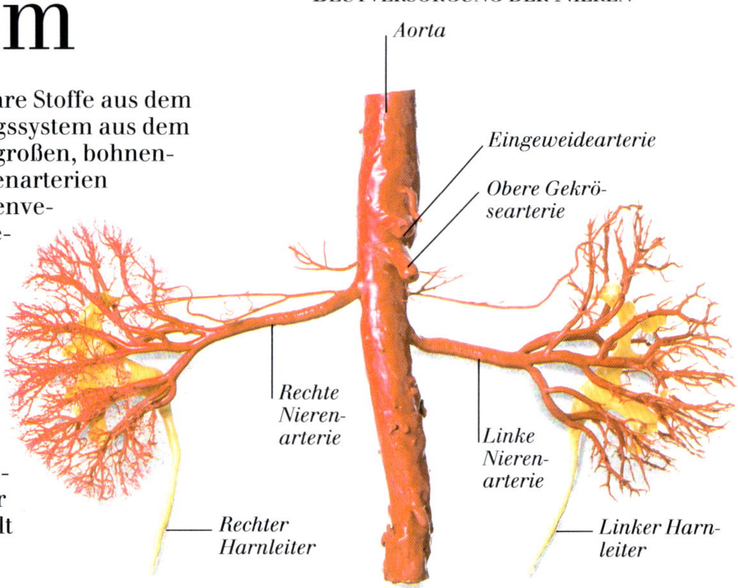

Schnitt durch die linke Niere

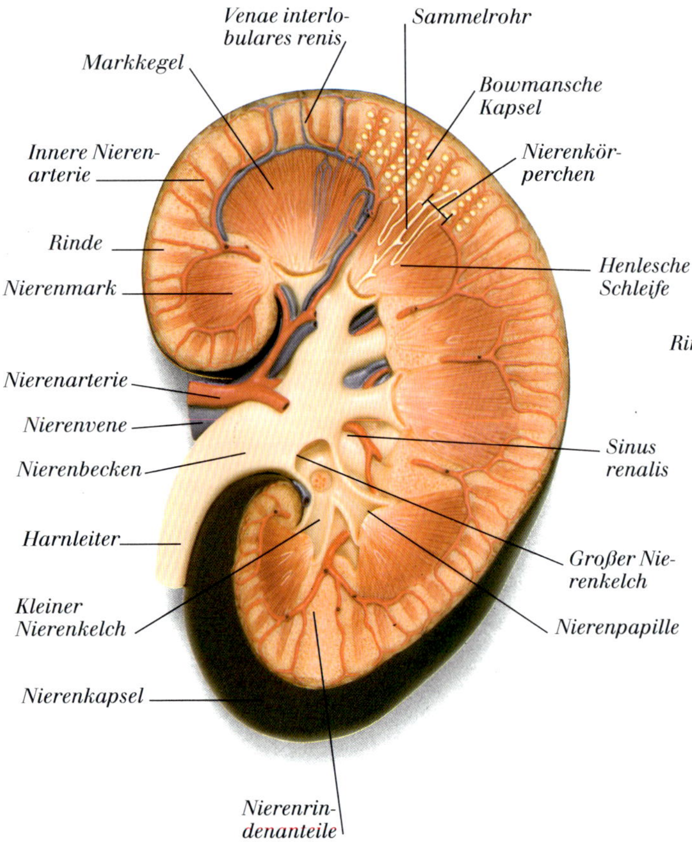

Schnittdarstellung der Niere

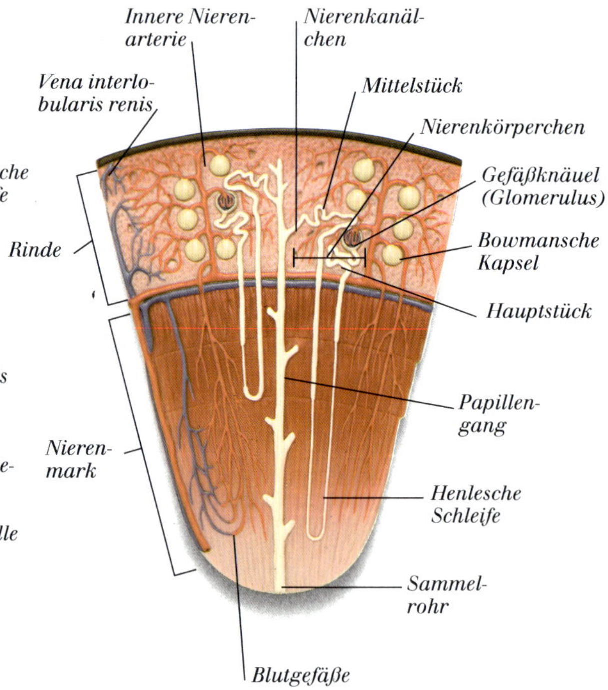

Männliches Harnsystem

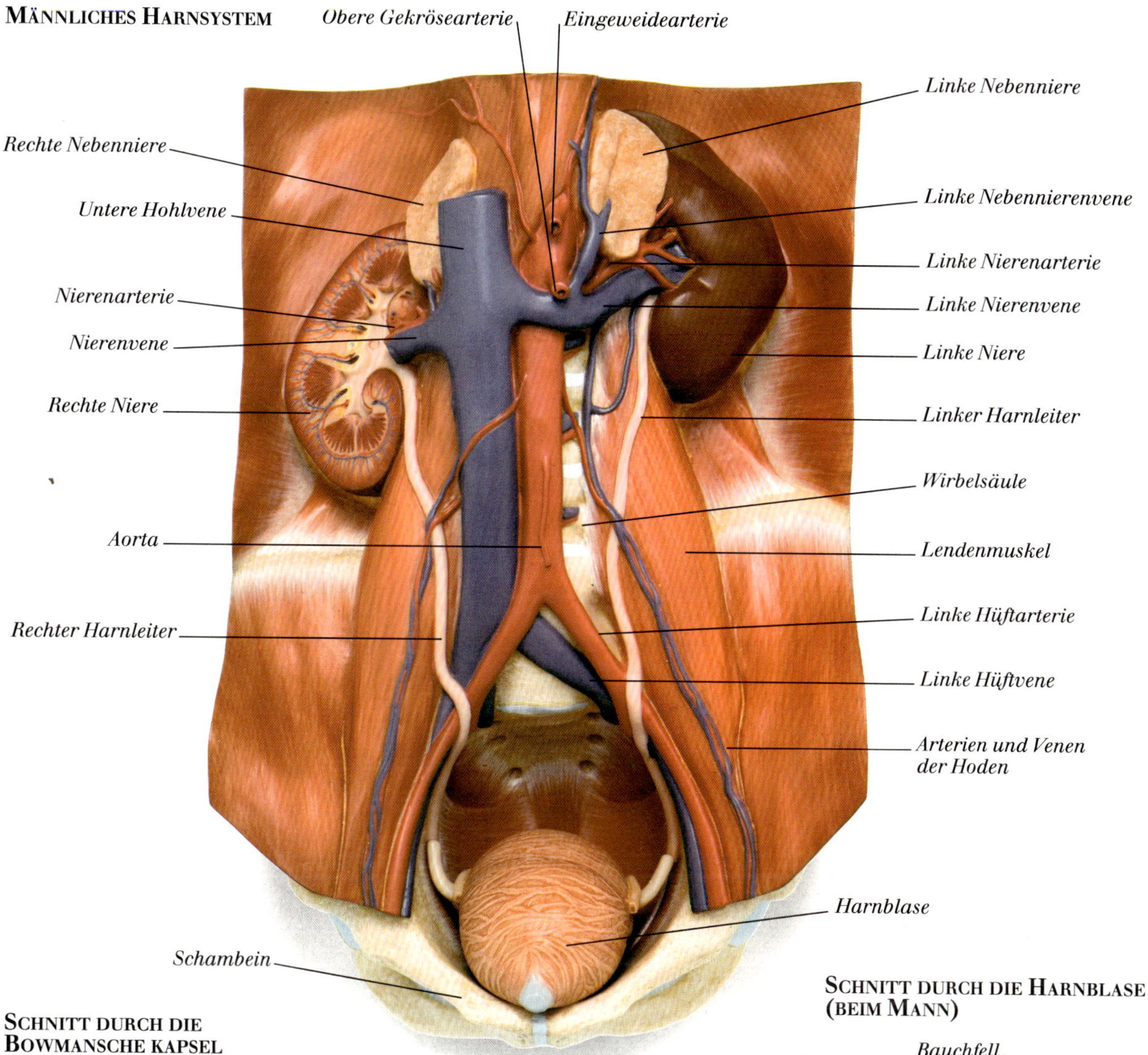

Schnitt durch die Bowmansche Kapsel

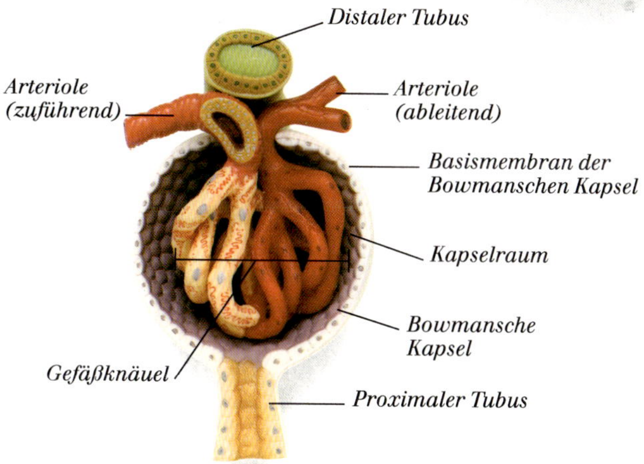

Schnitt durch die Harnblase (beim Mann)

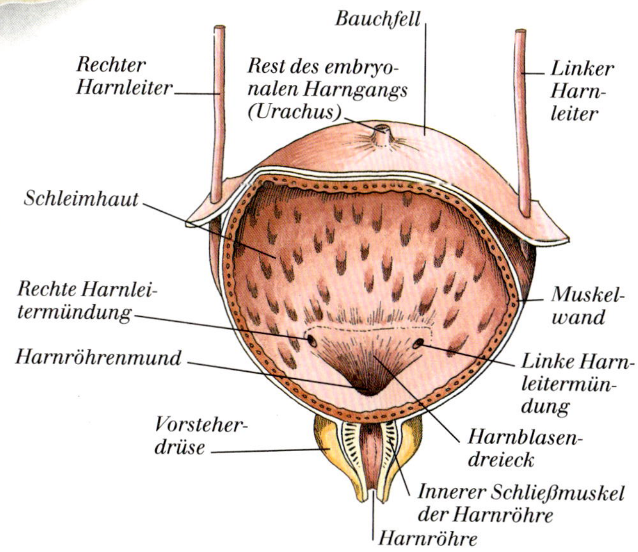

Das Fortpflanzungssystem

Die im Becken liegenden Geschlechtsorgane sind dazu geschaffen, neues menschliches Leben entstehen zu lassen. Jeden Monat wird ein reifes Ei aus einem der weiblichen Eierstöcke in die Eileiter abgegeben. Diese führen das Ei in die Gebärmutter, ein muskulöses, birnenförmiges Organ. Der Mann produziert in zwei ovalen Drüsen, Hoden genannt, das Sperma. Beim Geschlechtsakt wandern unzählige Spermazellen durch die Samenleiter und den Penis des Mannes, weiter über die Scheide der Frau in die Gebärmutter. Wenn ein Spermium in ein reifes Ei eindringt, befruchtet es dieses. Das befruchtete Ei nistet sich in der Gebärmutterwand ein und entwickelt sich zu einem neuen Menschen.

Schnitt durch den Eierstock

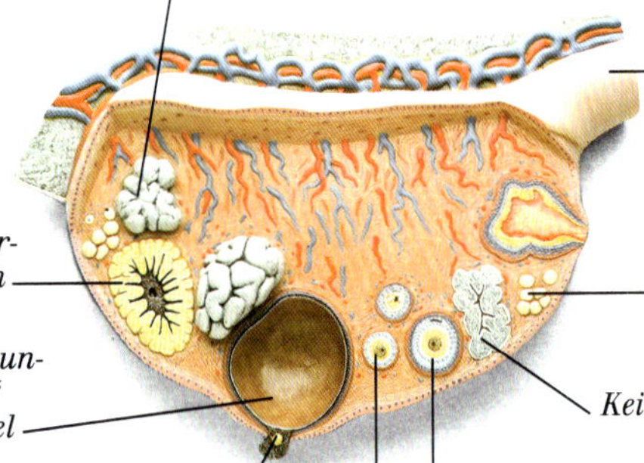

Schnitt durch die weibliche Beckenregion

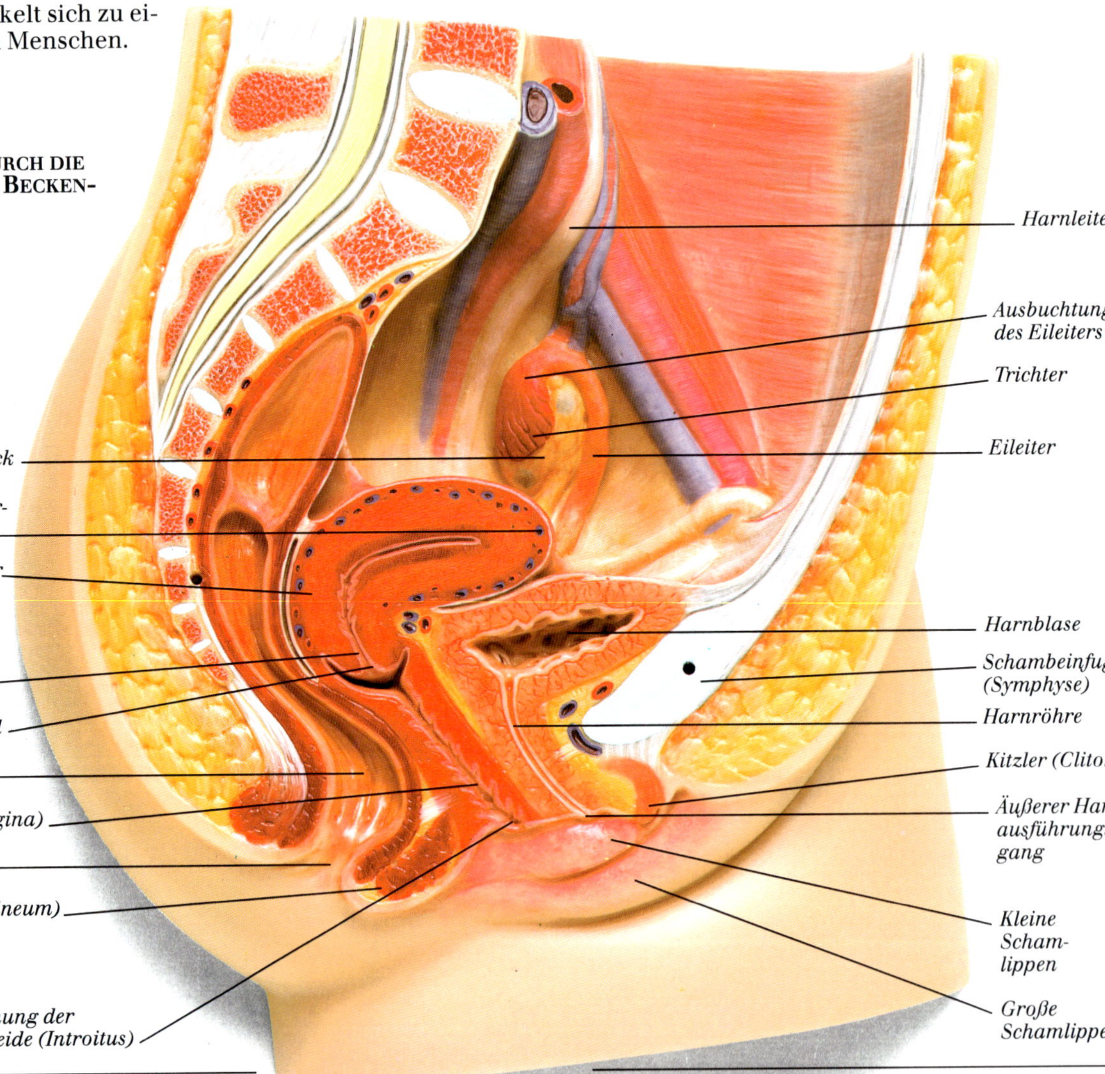

Weiblich

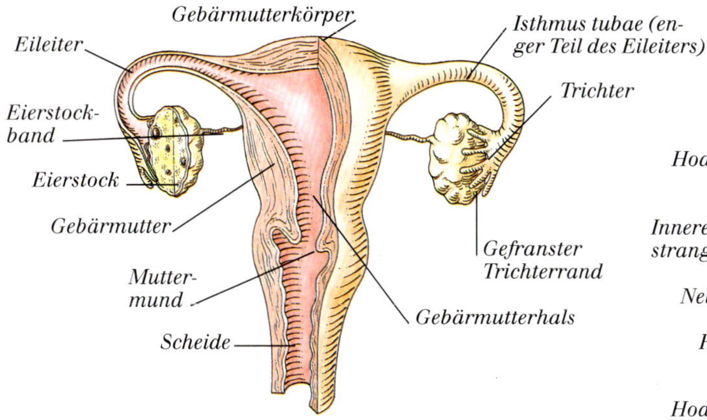

Männlich

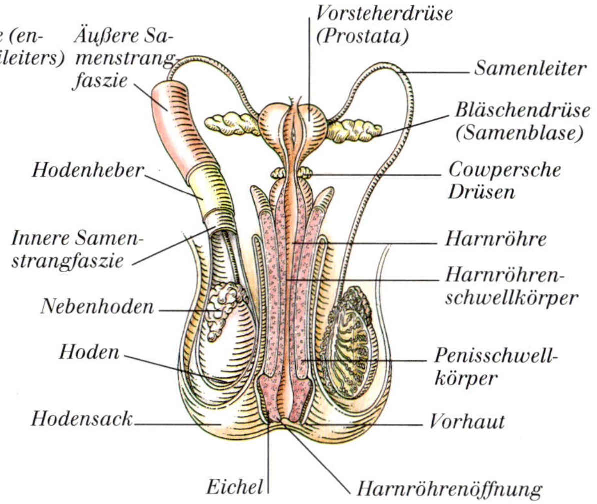

Schnitt durch die männliche Beckenregion

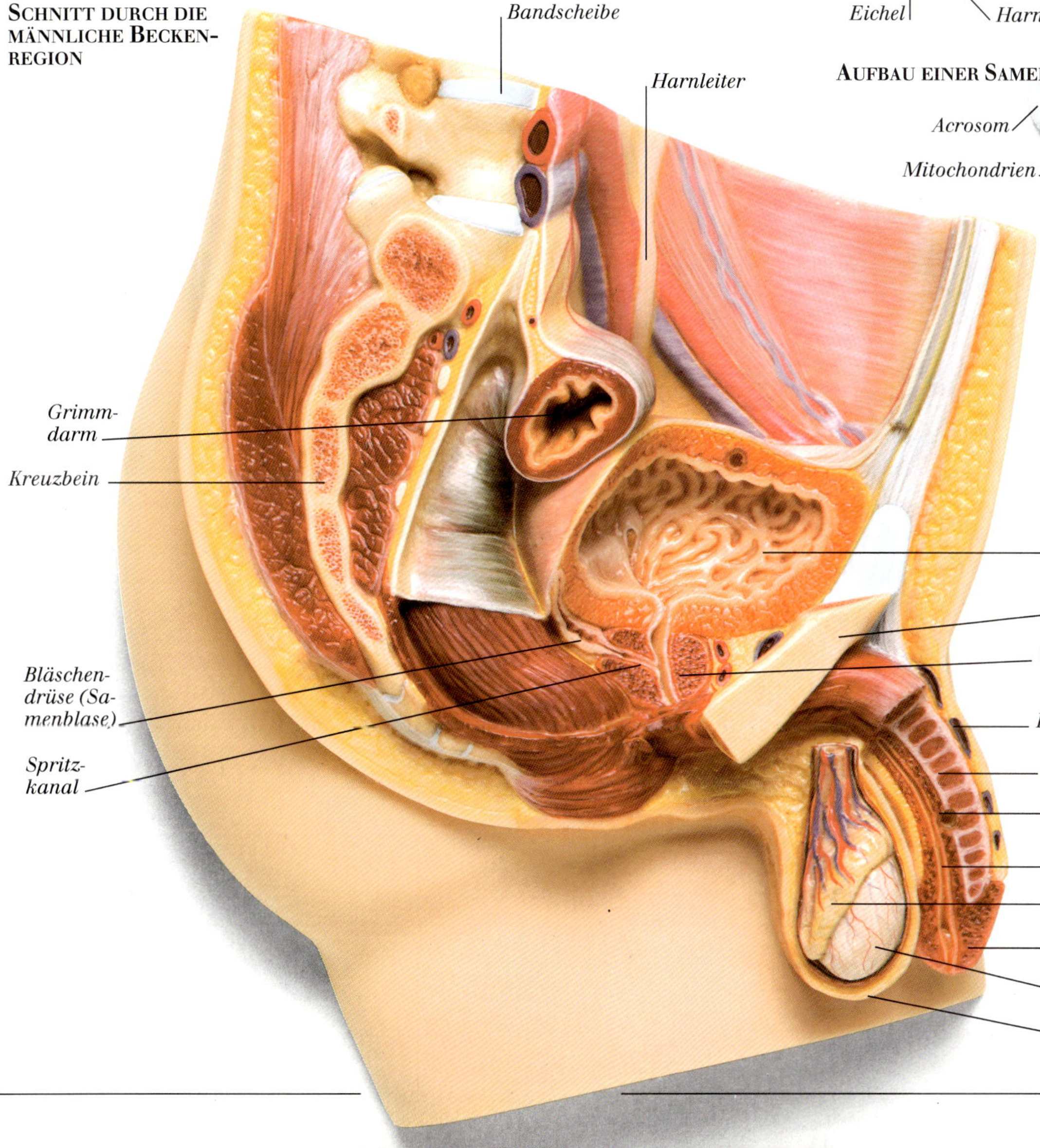

Aufbau einer Samenzelle

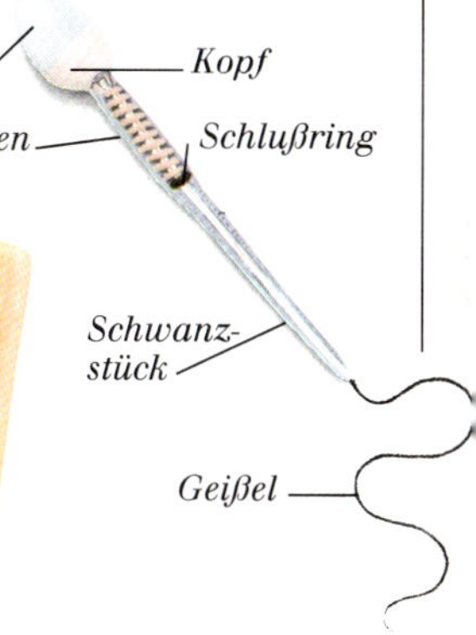

Die Entwicklung eines Babys

Ein befruchtetes Ei wird beschützt und ernährt, während es sich in der 40 Wochen dauernden Schwangerschaft zu einem Embryo und dann zu einem Fetus entwickelt. Die Plazenta, ein stark durchblutetes Gewebe, das in der Uterusfalte eingebettet ist, liefert durch die Nabelschnur Nährstoffe und Sauerstoff und beseitigt im Gegenzug Abfallstoffe. Der Fetus liegt behaglich in der Fruchtblase im Fruchtwasser und wird hier vor Erschütterungen geschützt. In den letzten Schwangerschaftswochen dreht sich der schnell wachsende Fetus mit dem Kopf nach unten: Das Baby ist geburtsreif.

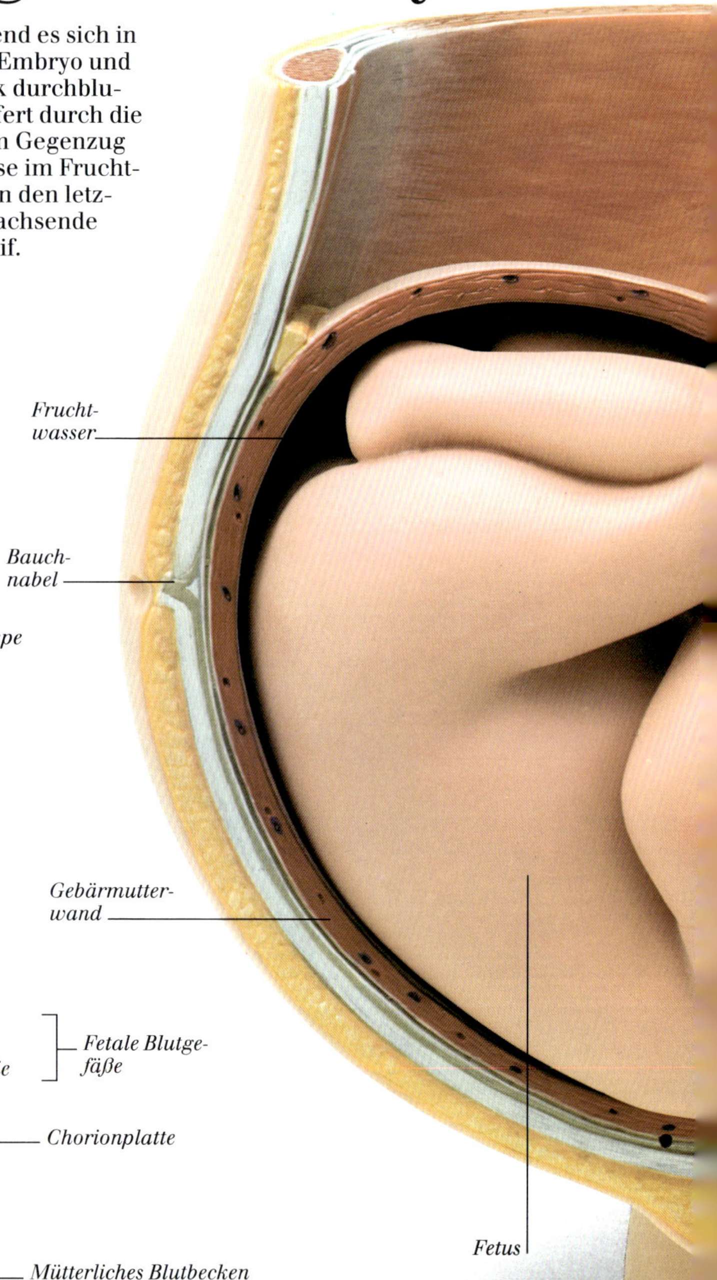

FÜNFWÖCHIGER EMBRYO

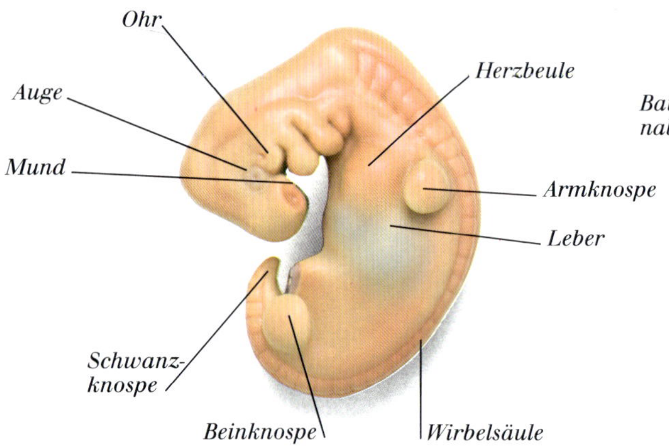

SCHNITT DURCH DIE PLAZENTA

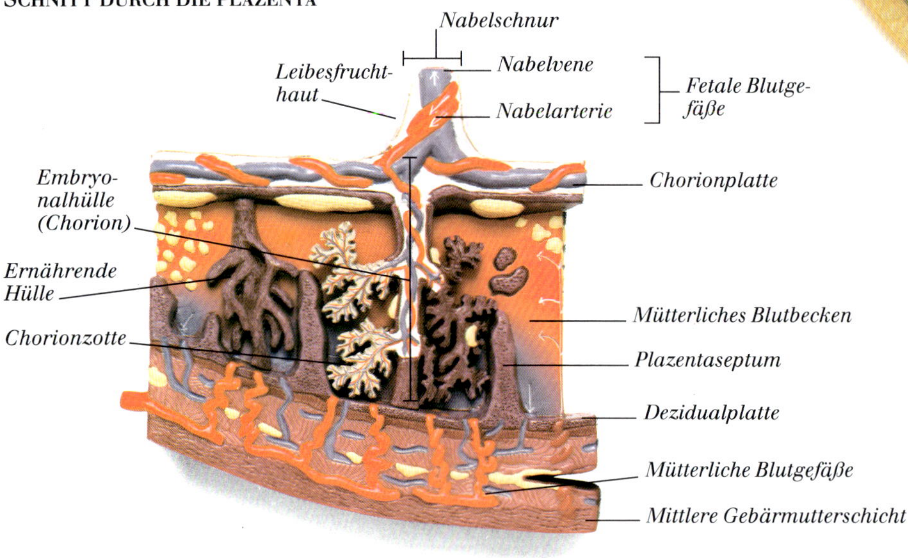

Beckenschnittdarstellung im neunten Monat

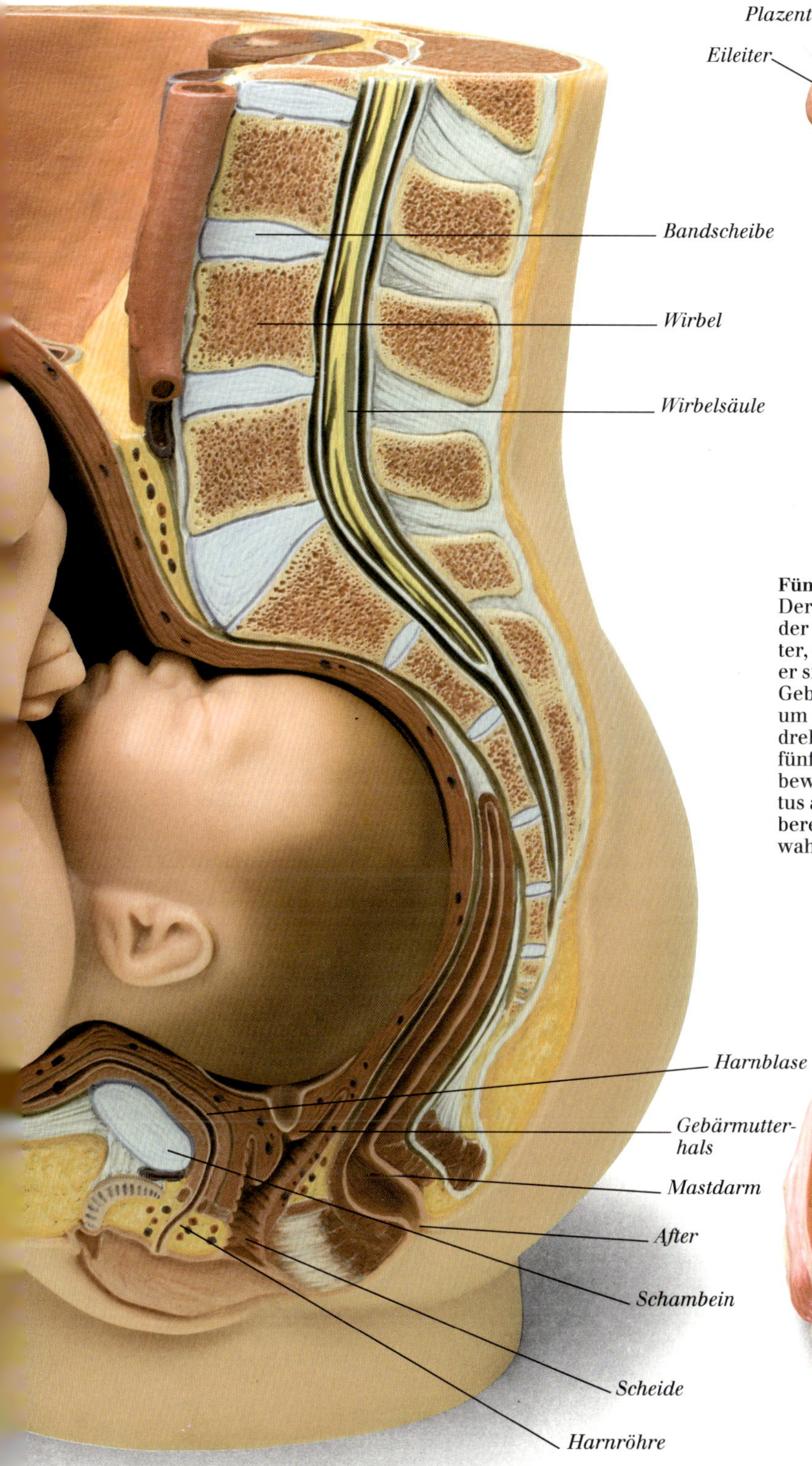

Die Entwicklung eines Fetus

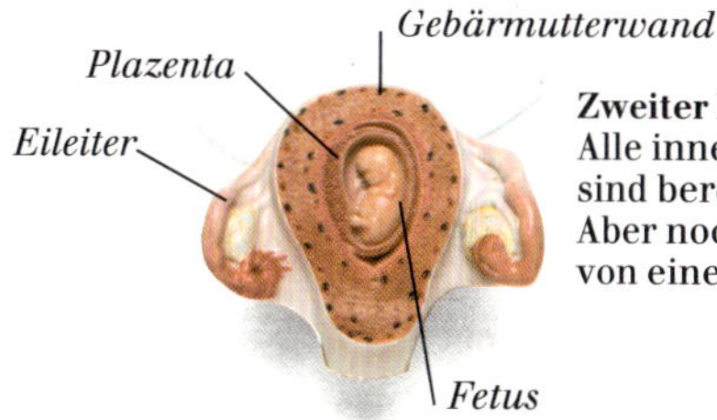

Zweiter Monat
Alle inneren Organe sind bereits entwickelt. Aber noch spricht man von einem Embryo.

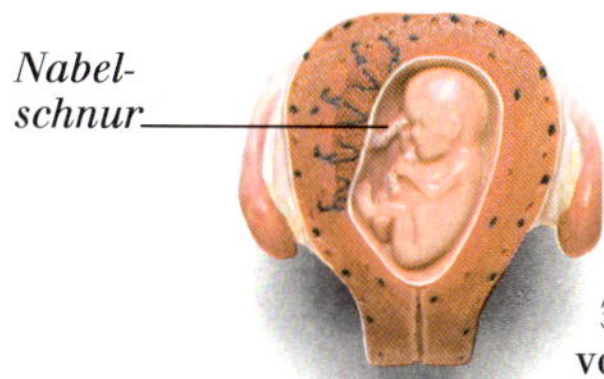

Dritter Monat
Der Fetus (Bezeichnung der Leibesfrucht ab 3. Monat) ist voll entwickelt und tritt jetzt in eine Phase schnellen Wachstums ein.

Fünfter Monat
Der Fetus sitzt in der Gebärmutter, doch wird er sich vor der Geburt noch um 180 Grad drehen. Im fünften Monat bewegt sich der Fetus aktiv und nimmt bereits Geräusche wahr.

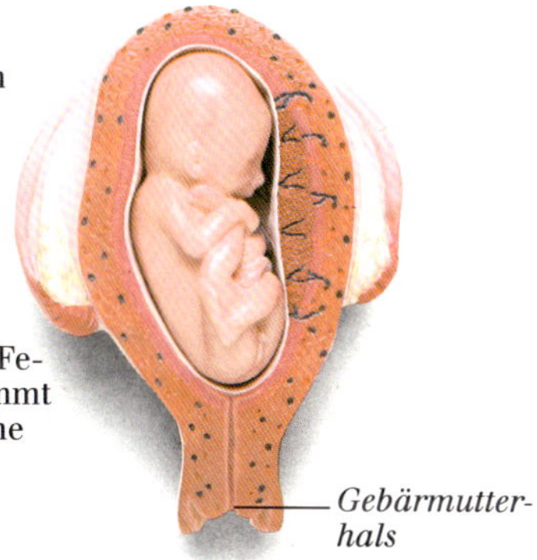

Siebter Monat
Die inneren Organe sind nun für ein Leben außerhalb der Gebärmutter geeignet.Das Baby ist so groß, daß es kaum noch Platz für Bewegungen hat.

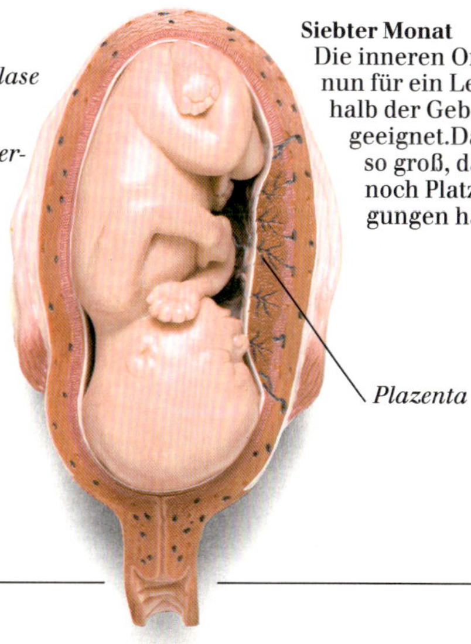

ERDE

Die Erdoberfläche 274
Der Kreislauf der Gesteine 276
Minerale 278
Die Eigenschaften der Minerale 280
Vulkane 282
Magmatische und metamorphe Gesteine .. 284
Sedimentgestein 286
Fossilien 288
Bodenschätze 290
Verwitterung und Erosion 292
Höhlen 294
Gletscher 296
Flüsse 298
Flusslandschaften 300
Seen und Grundwasser 302
Küstenformen 304
Meere 306
Der Meeresboden 308
Die Atmosphäre 310
Das Wetter 312

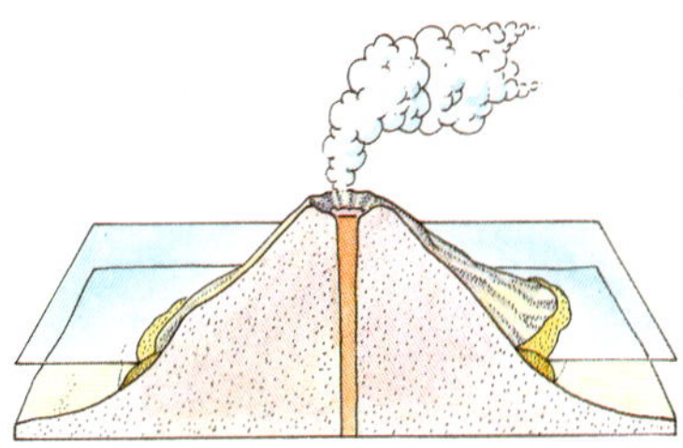

Die Erdoberfläche

Der größte Teil der Erdoberfläche (etwa 70 Prozent) ist von Wasser bedeckt. Dabei nimmt allein der Pazifik, der größte unserer Ozeane, etwa 30 Prozent ein. Die Landmassen sind in sieben Erdteile untergliedert, die (in der Reihenfolge ihrer Größe) Asien, Afrika, Nordamerika, Südamerika, Antarktika, Europa und Australien genannt werden. Im geographischen Aufbau der Landmassen gibt es bemerkenswerte Unterschiede, wobei einige Gebirge, Flüsse und Wüsten besonders eindrucksvoll sind. Die größten Gebirgszüge, der Himalaja in Asien und die Anden in Südamerika, erstrecken sich über Tausende von Kilometern. Im Himalaja liegt auch der höchste Berg der Erde, der Mount Everest (8.848 Meter). Die längsten Flüsse sind der Nil in Afrika (6.695 Kilometer) und der Amazonas in Südamerika (6.437 Kilometer). Etwa 20 Prozent der Landmasse bestehen aus Wüsten, von denen die größte, die Sahara, etwa ein Drittel des afrikanischen Kontinents bedeckt. Die charakteristischen Ausprägungen der Erdoberfläche können in sehr unterschiedlicher Weise dargestellt werden. Die korrekteste Darstellung der Formen und Größen einzelner Gebiete liefert der Globus, da es hier nicht zu den Verzerrungen kommt, die stets auftreten, wenn die kugelförmige Erdoberfläche in die ebene Form einer Landkarte gebracht wird. Jede Darstellung auf einer Karte ist daher ein Kompromiß: einige Charakteristika werden korrekt wiedergegeben, andere verzerrt. Auch die Anfertigung von sehr genauen Karten ist schwierig; selbst Satellitenaufnahmen leisten da keine Abhilfe, obwohl die geographischen Einzelheiten auf solchen Fotos besonders deutlich zu erkennen sind.

Beispiele für Kartennetzentwürfe

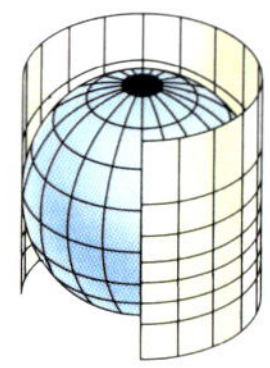

Zylinderprojektion

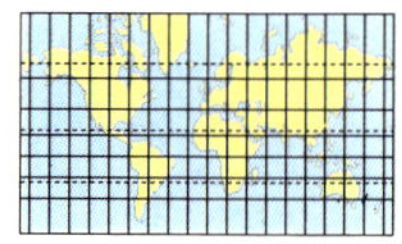

Durch Zylinderprojektion erstellte Karte

Erstellung von Satellitenkarten der Erde

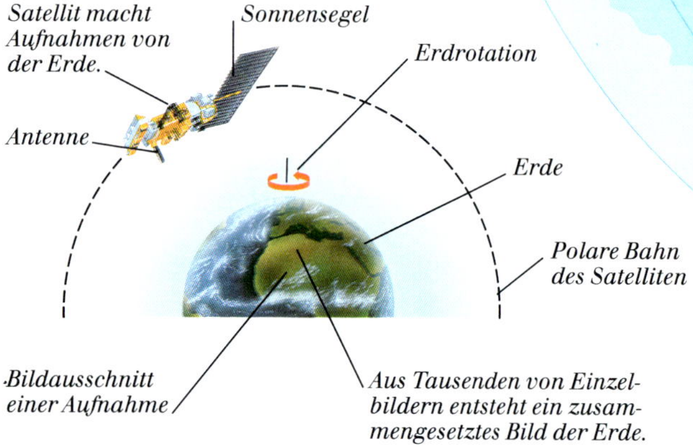

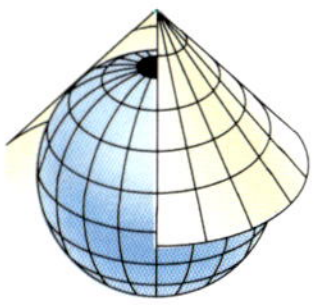

Kegelprojektion

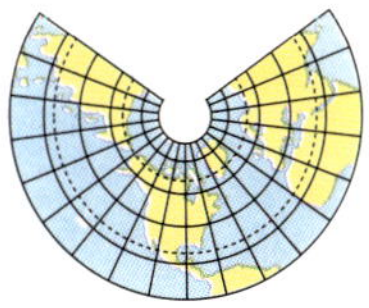

Durch Kegelprojektion erstellte Karte

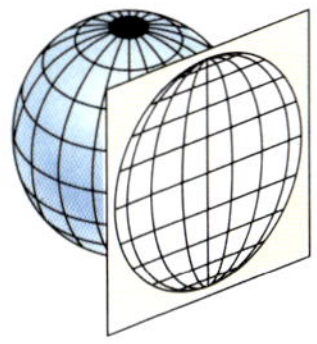

Azimutalprojektion

Durch Azimutalprojektion erstellte Karte

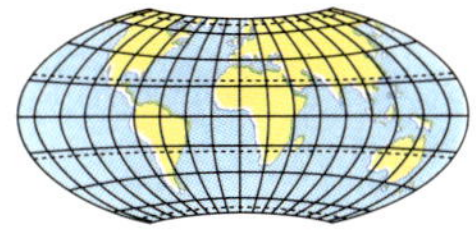

Auf Azimutalprojektion basierende, veränderte Karte

Erstellung von Satellitenkarten der Erde

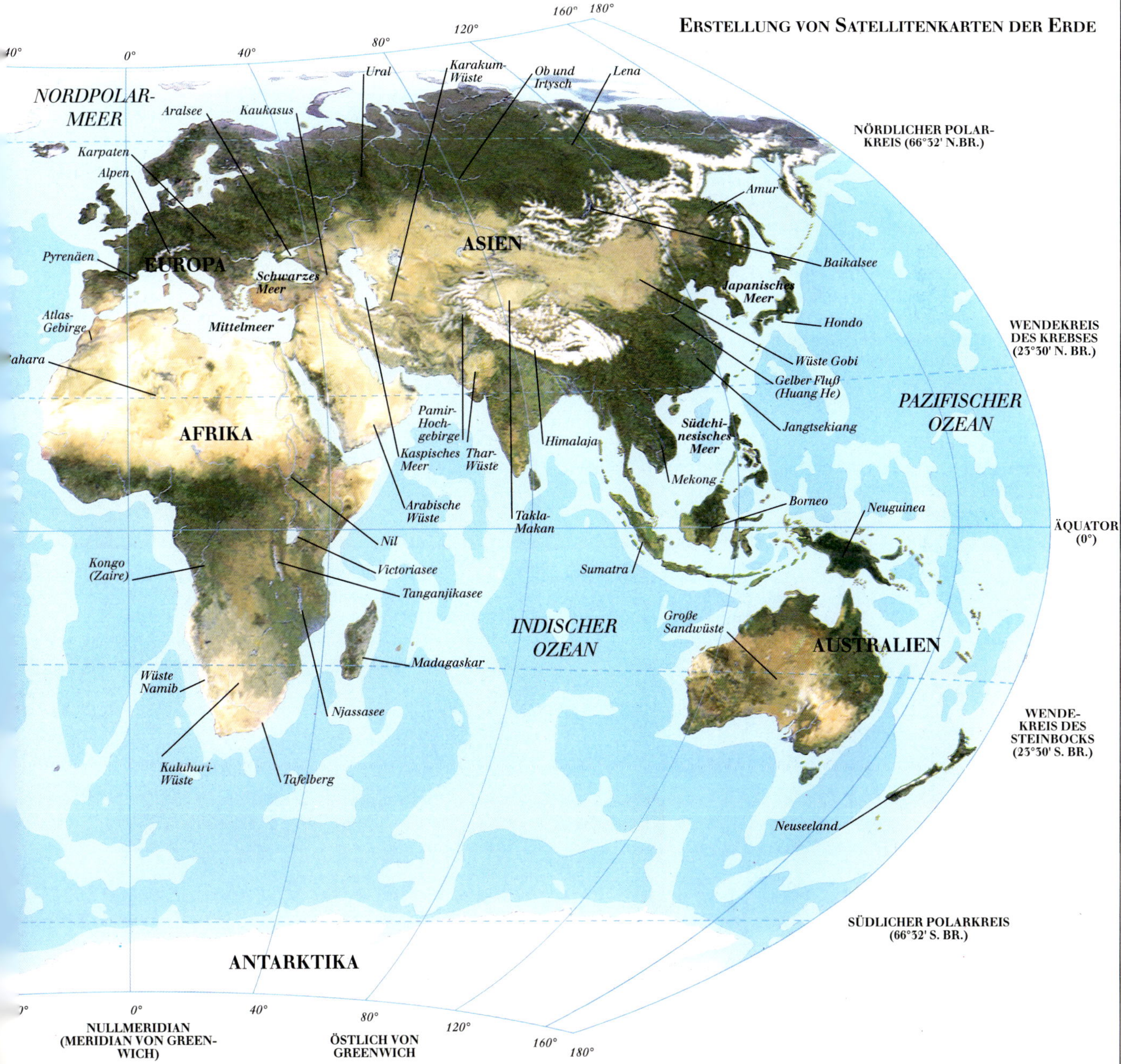

Der Kreislauf der Gesteine

Hexagonale Basaltsäulen in Island

Der Kreislauf der Gesteine ist ein kontinuierlicher Vorgang, durch den altes Gestein in neues verwandelt wird. Grundsätzlich lassen sich Gesteine in drei Hauptgruppen einteilen: magmatische Gesteine, Sedimentgesteine und metamorphe Gesteine. Magmatische Gesteine entstehen, wenn Magma (geschmolzenes Gestein aus dem Erdinneren) abkühlt und fest wird (s.S. 284-285). Sedimentgesteine entstehen aus Sedimenten (beispielsweise Gesteinspartikeln), die stark zusammengedrückt und dadurch verfestigt wurden (s.S. 286–287). Metamorphe Gesteine werden gebildet, wenn magmatische Gesteine, Sedimentgesteine oder bereits bestehende metamorphe Gesteine durch Hitze oder Druck verändert werden (s.S. 284-285). Gesteine gelangen durch die Bewegungen der Erdkruste und durch vulkanische Aktivität an die Erdoberfläche, wo sie nach und nach verwittern (s.S. 292–293). Die Bruchstücke werden durch Gletscher, Flüsse und den Wind fortgetragen und in Wüsten oder als Sedimente in Seen, Flußdeltas und in den Meeren abgelagert. Einige dieser Sedimente können später zusammengepreßt und so zu Sedimentgestein werden, das anschließend durch die Bewegungen der Erdkruste entweder erneut an die Erdoberfläche gelangen kann oder tiefer ins Innere der Erde abgesenkt wird, wo die Hitze und der hohe Druck es möglicherweise in metamorphes Gestein verwandeln. Dieses gelangt dann vielleicht wieder an die Erdoberfläche, oder es wird zu Magma verflüssigt, das entweder unterhalb oder an der Erdoberfläche abkühlt und fest wird, so daß schließlich wieder magmatisches Gestein entsteht. Dadurch schließt sich der Kreislauf.

Der Kreislauf der Gesteine

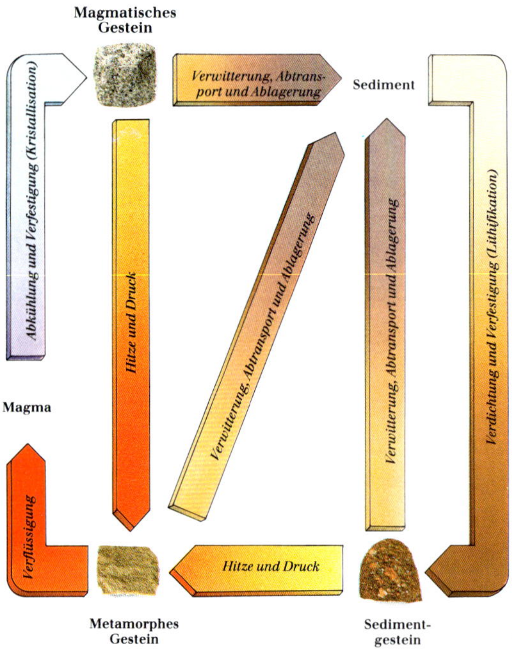

Stadien im Kreislauf der Gesteine

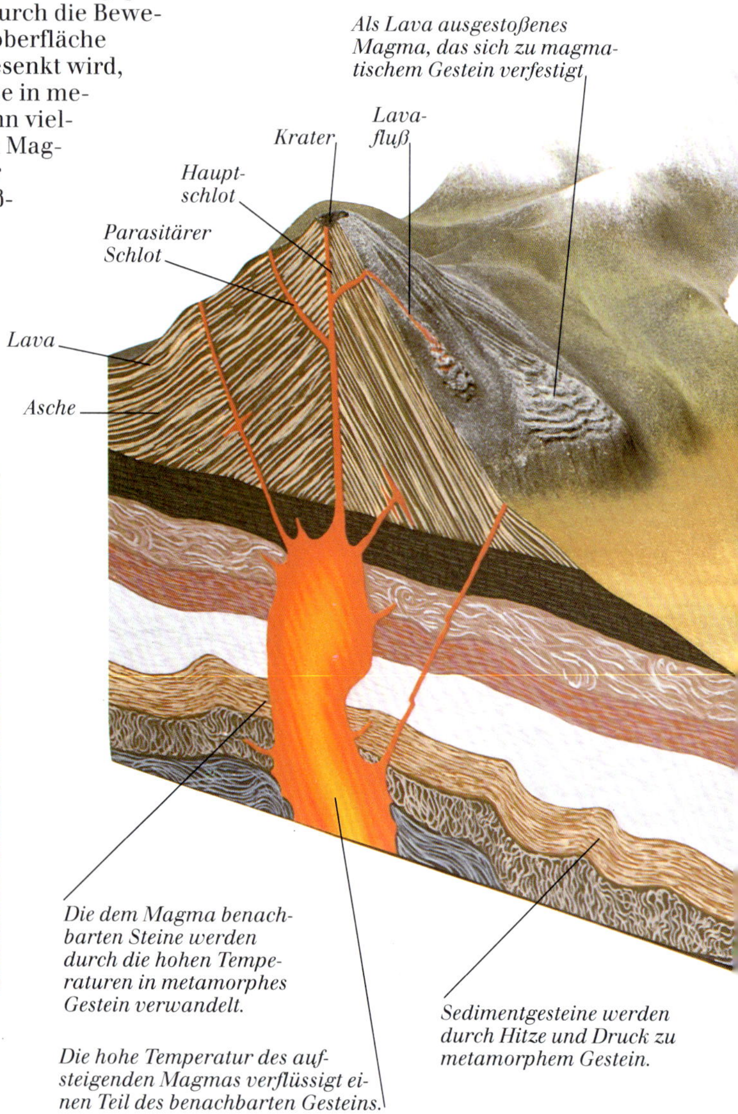

Magmatisches Gestein

Gabbro (Ausschnitt)

Gabbro (Übersicht)

Sedimentgestein

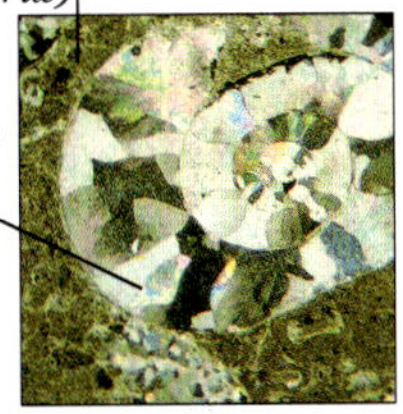

Fossiler Kalkstein (Ausschnitt)

Fossiler Kalkstein (Übersicht)

Metamorphes Gestein

Granat-Glimmer-Schiefer (Ausschnitt)

Granat-Glimmer-Schiefer (Übersicht)

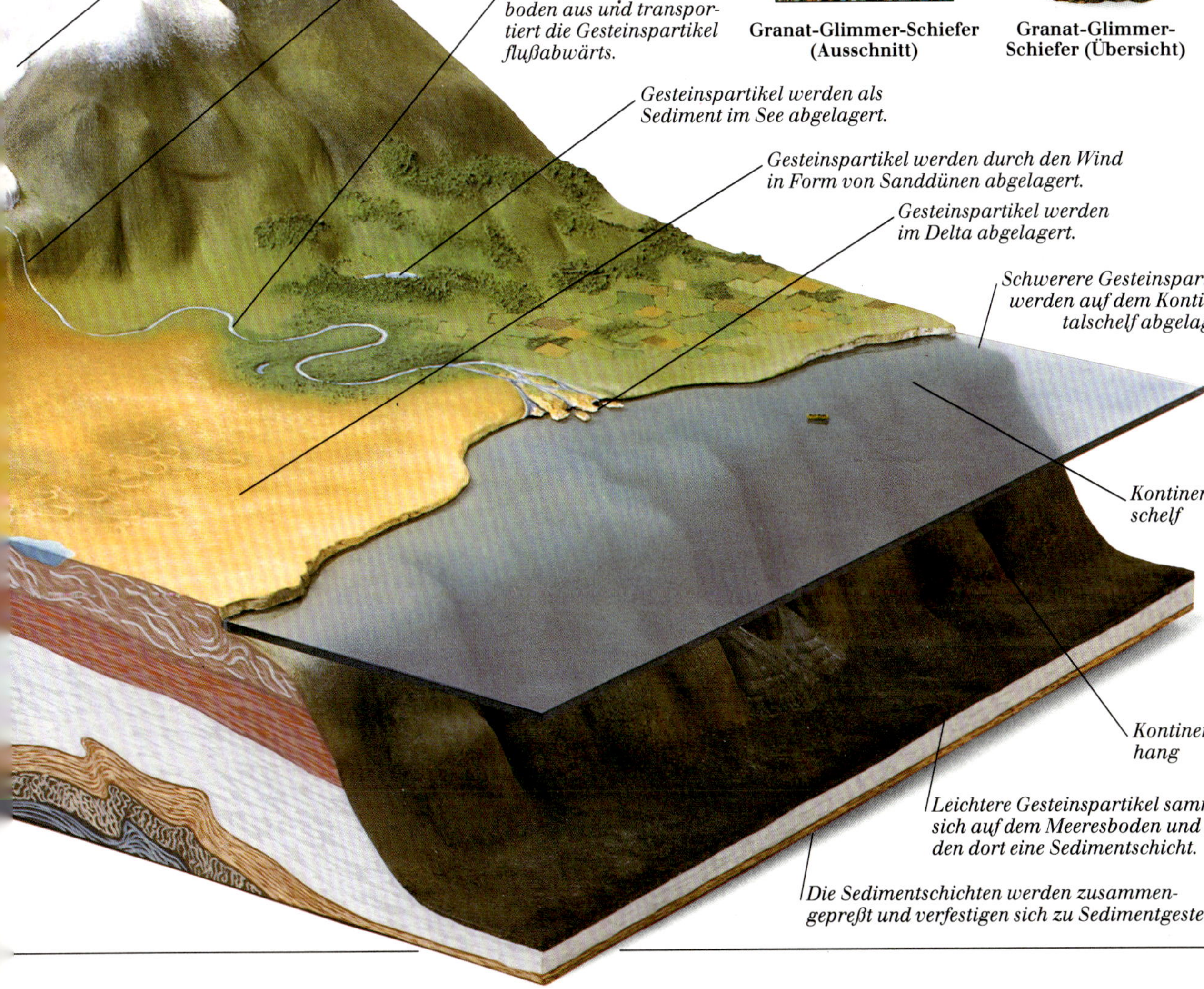

Minerale

Minerale sind natürlich vorkommende Substanzen, die eine charakteristische chemische Zusammensetzung und bestimmte physikalische Eigenschaften besitzen. Dagegen bestehen Gesteine aus verschiedenen Mineralen, die häufig keine bestimmte chemische Zusammensetzung haben. Minerale sind aus Elementen aufgebaut, also aus Substanzen, die nicht weiter in ihre chemischen Bestandteile zerlegt werden können und die jeweils mit einem bestimmten chemischen Symbol bezeichnet werden. Minerale lassen sich in zwei Gruppen unterteilen: in Minerale aus natürlichen Elementen und Minerale aus Verbindungen von Elementen. Natürliche Elemente sind aus nur jeweils gleichen Atomen aufgebaut, z.B. aus Gold (das chemische Symbol ist Au), Silber (Ag), Kupfer (Cu) oder Kohlenstoff (C). Kohlenstoff kommt in reiner Form als Diamant oder Graphit vor. Chemisch zusammengesetzte Minerale sind Zusammenschlüsse von zwei oder mehr Elementen. So handelt es sich bei den Sulfiden um Verbindungen von Schwefel (S) und mindestens einem weiteren Element, etwa Blei (Pb) in dem Mineral Bleiglanz oder Antimon (Sb) beim Antimonit.

Natürliche Elemente

Kupfer
Cu

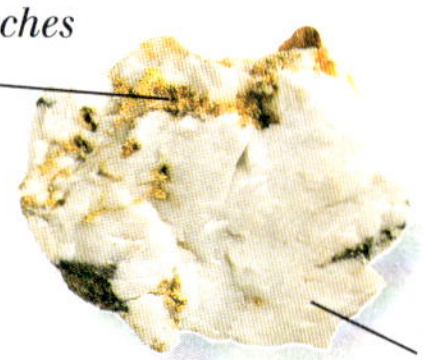

Gold
Au

Diamant
C

Graphit
C

Sulfide

Bleiglanz
PbS

Antimonit
Sb_2S_3

Pyrit
FeS_2

Oxide und Hydroxide

Rauchquarz
SiO_2

Bauxit
FeO(OH) und $Al_2O_3 \cdot 2H_2O$

Hämatit
Fe_2O_3

Onyx
SiO_2

Nierenerz (Hämatit)
Fe_2O_3

Phosphate

Cerussit
$PbCO_3$

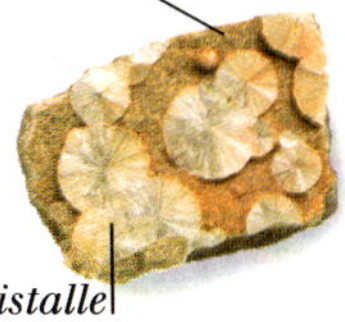

Wavelit
$Al_3(PO_4)_2(OH,F)_3 \cdot 5H_2O$

Carbonate

Cerussit
$PbCO_3$

Calcit
$CaCO_3$

Sulfate

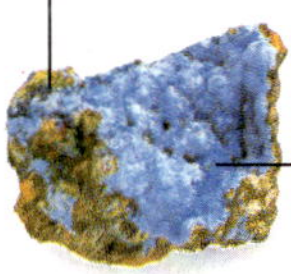

Cyanotrichit
$Cu_4Al_2(SO_4)(OH)_{12} \cdot 2H_2O$

Gips
$CaSO_4 \cdot 2H_2O$

Molybdänium-Oxide

Wulfenit
$PbMoO_4$

Silikate

Sodalith
$Na_8Al_6Si_6O_{24}Cl_2$

Turmalin
$Na(Mg,Fe,Li,Mn,Al)_3(Al_6(BO_3)_3Si_6 \cdot O_{18}(OH,F)_4$

Olivin
Fe_2SiO_4-Mg_2SiO_4

Epidot
$Ca_2(Al,Fe)_3(SiO_4)_3(OH)$

Muskovit
$KAl_2(Si_3Al)O_{10}(OH,F)_2$

Orthoklas
$KAlSi_3O_8$

Halogenide

Grüner Fluorit
CaF_2

Orangefarbenes Steinsalz
NaCl

Die Eigenschaften der Minerale

Minerale sind u.a. durch Spaltbarkeit, Bruch, Kristallsystem, Habitus, Härte, Farbe und Strich charakterisiert. So können sie z.B. auf unterschiedliche Weise zerbrechen. Geschieht das unregelmäßig und mit rauher Bruchfläche, spricht man von Bruch, während man mit Spaltbarkeit das Zerbrechen an einer bestimmten, von der Struktur des Kristalls abhängigen Fläche bezeichnet. Die Spaltbarkeit ist charakteristisch für ein Mineral: Glimmer besitzt z.B. vollkommene Spaltbarkeit. Die meisten Minerale bilden Kristalle, die sich anhand ihrer Symmetrie und Kristallformen einordnen lassen. Innerhalb jeder Gruppe können unterschiedliche, aber ähnliche Formen vorkommen; so kann z.B. ein kubischer Kristall sechs, acht oder zwölf Seiten haben. Die Zusammensetzung der Kristalle in einer Verbindung bestimmt den Habitus des Minerals. So können Mineralverbindungen z.B. einem Bündel Weintrauben ähneln, aber auch als mehr oder weniger formlose Masse auftreten. Mit der Härte eines Minerals wird der Widerstand bezeichnet, den ein Mineral dem Einritzen entgegensetzt. Diese Eigenschaft wird nach der Mohsschen Härteskala bewertet, die von 1 (Talk) bis 10 (Diamant) reicht. Die normale Färbung eines Minerals ist häufig kein gutes Bestimmungsmerkmal, da einige Minerale sehr unterschiedliche Farben haben können. Der sogenannte Strich, also die Farbe des pulverigen Abriebs eines Minerals, gilt dagegen als verläßlicheres Merkmal.

Bruch

Muscheliger Bruch

Hackiger Bruch

Unebener Bruch

Splittriger Bruch

Spaltbarkeit

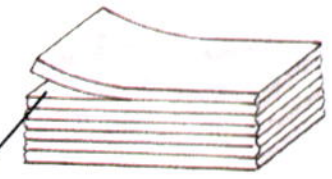

Spaltbarkeit in einer Ebene

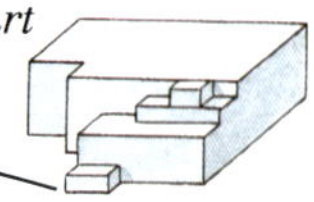

Spaltbarkeit in drei Ebenen

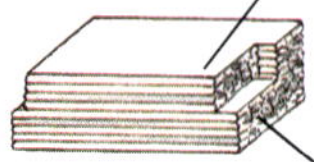

Spaltbarkeit in zwei Ebenen

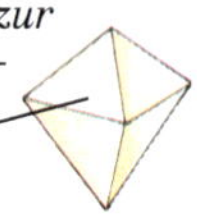

Spaltbarkeit in vier Ebenen

Kristallsysteme

Kubisches Kristallsystem

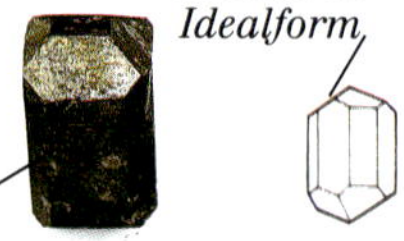

Tetragonales Kristallsystem

Hexagonales/Trigonales Kristallsystem

Rhombisches Kristallsystem

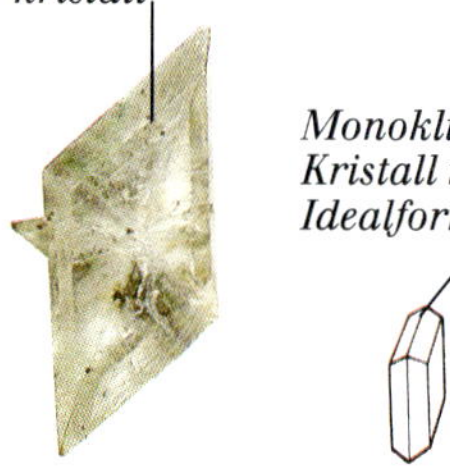

Monoklines Kristallsystem

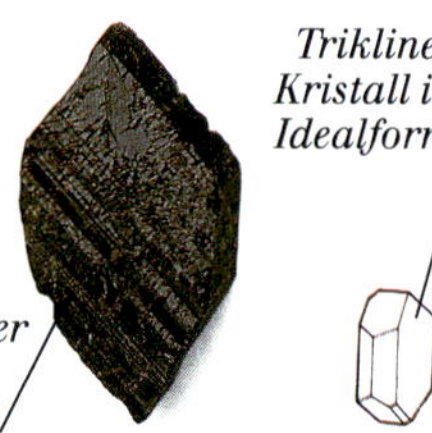

Triklines Kristallsystem

Habitus

Prismatischer Habitus

Drahtartiger Habitus

Tafeliger Habitus

Faseriger Habitus

Traubiger Habitus

Massiver Habitus

Strich

Farbe des Minerals — **Farbe des Strichs**

Farbe

Rosa

Grauweiß

Orange

Beige, durchsichtig

Härteskala (nach Mohs)

Talk 1

Gips 2

Calcit 3

Fluorit 4

Apatit 5

Orthoklas 6

Quarz 7

Topas 8

Korund 9

Diamant 10

Vulkane

Pahoehoe-Lava (Stricklava)

Vulkane sind Schlote oder Spalten in der Erdkruste, durch die Magma (geschmolzenes Gestein aus tieferen Schichten der Erdkruste) als Lava an die Erdoberfläche kommt. Sie entstehen meist an den Grenzen der Kontinentalplatten, wobei die Mehrzahl auf sogenannten mittelozeanischen Rücken liegt. Vulkane können anhand der Heftigkeit und Häufigkeit ihrer Ausbrüche eingeteilt werden. Nichtexplosive Ausbrüche finden normalerweise dort statt, wo sich die Platten voneinander entfernen. Diese Ausbrüche produzieren flüssige, aus Basalt bestehende Lava, die sich schnell über ein größeres Gebiet ergießt und so relativ flache Kegel bildet. Sehr viel heftigere Ausbrüche finden dort statt, wo Platten zusammenstoßen. Derartige Ausbrüche produzieren dickflüssige, aus Rhyolith bestehende Lava und können außerdem Wolken von Staub und Agglomeraten (Lava-Bruchstücke) ausstoßen. Diese Lava fließt bis zu ihrem Erstarren meist nicht sehr weit, so daß steile Vulkankegel entstehen. Einige Vulkane stoßen neben Lava auch Asche aus und bilden so einen geschichteten Vulkankegel. Regelmäßig ausbrechende Vulkane nennt man tätige, diejenigen, die nur sehr selten aktiv werden, ruhende und solche, die keinerlei Aktivität mehr zeigen, erloschene Vulkane. In vulkanisch aktiven Regionen gibt es häufig noch weitere auffällige geothermale Erscheinungen, etwa Geysire, heiße Mineralquellen, Solfatarenfelder, Fumarolen oder Schlammsprudel.

Der Horu-Geysir in Neuseeland

Unterschiedliche Vulkantypen

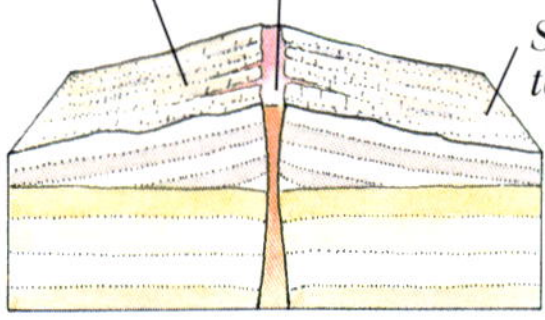

Spaltenvulkan

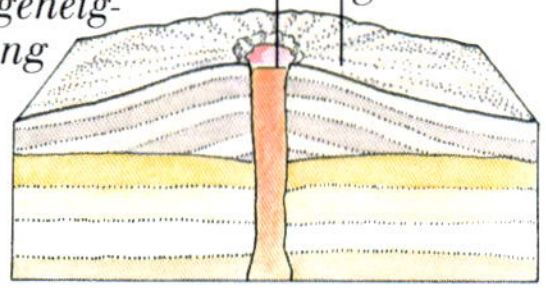

Schildvulkan

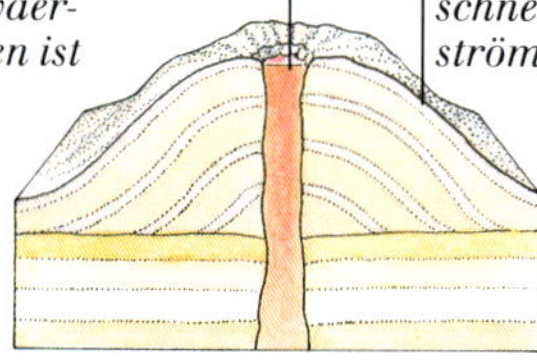

Staukuppen-Vulkan

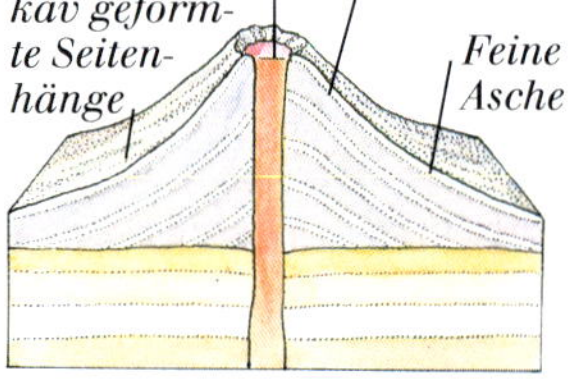

Schichtvulkan

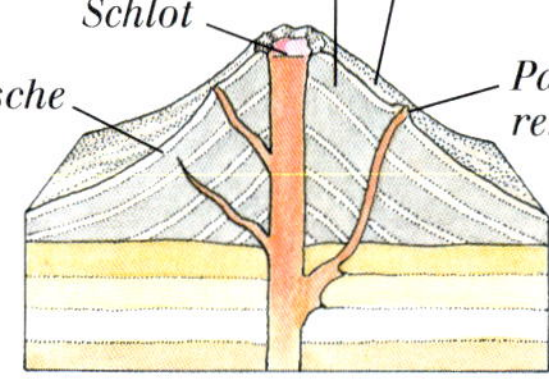

Zusammengesetzter Vulkan

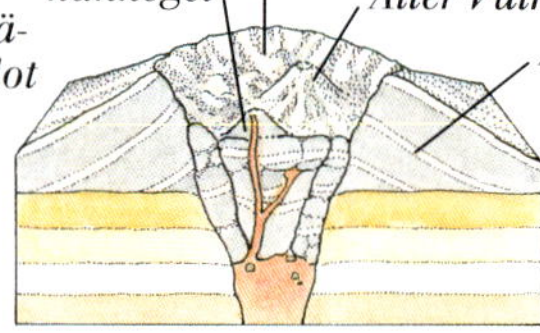

Vulkanische Caldera

Die Entstehung von Vulkanstotzen

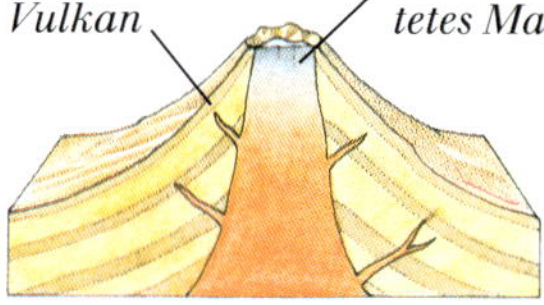

Bildung des Vulkanstotzens

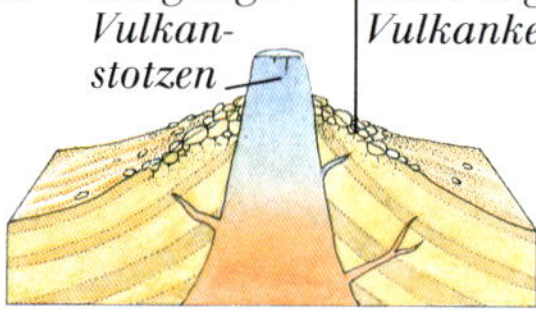

Beginnende Abtragung um den Vulkanstotzen

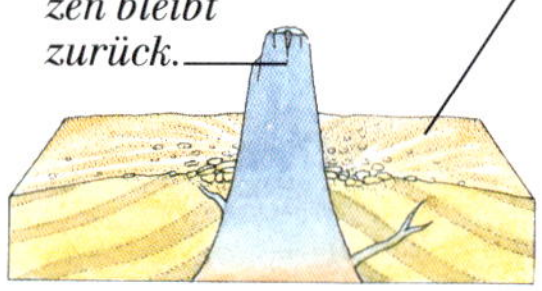

Vollständige Freilegung des Vulkanstotzens

Lapilli (Vulkanisches Auswurfmaterial)

Lavatypen

Aa-Lava (Brockenlava)

Schlacke

Die Verbreitung von Vulkanen

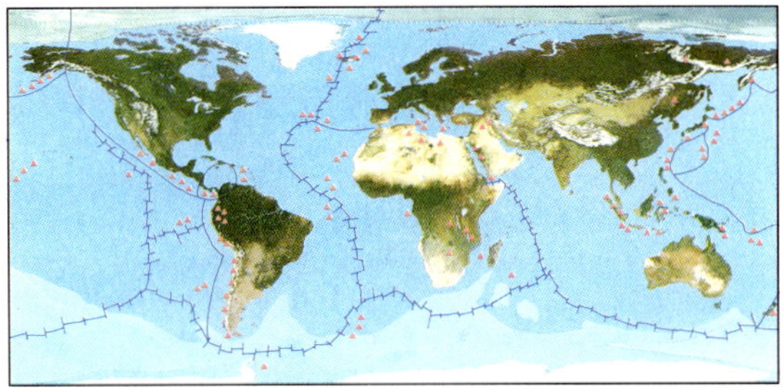

▲ Vulkan
Plattengrenze

Aufbau eines Vulkans

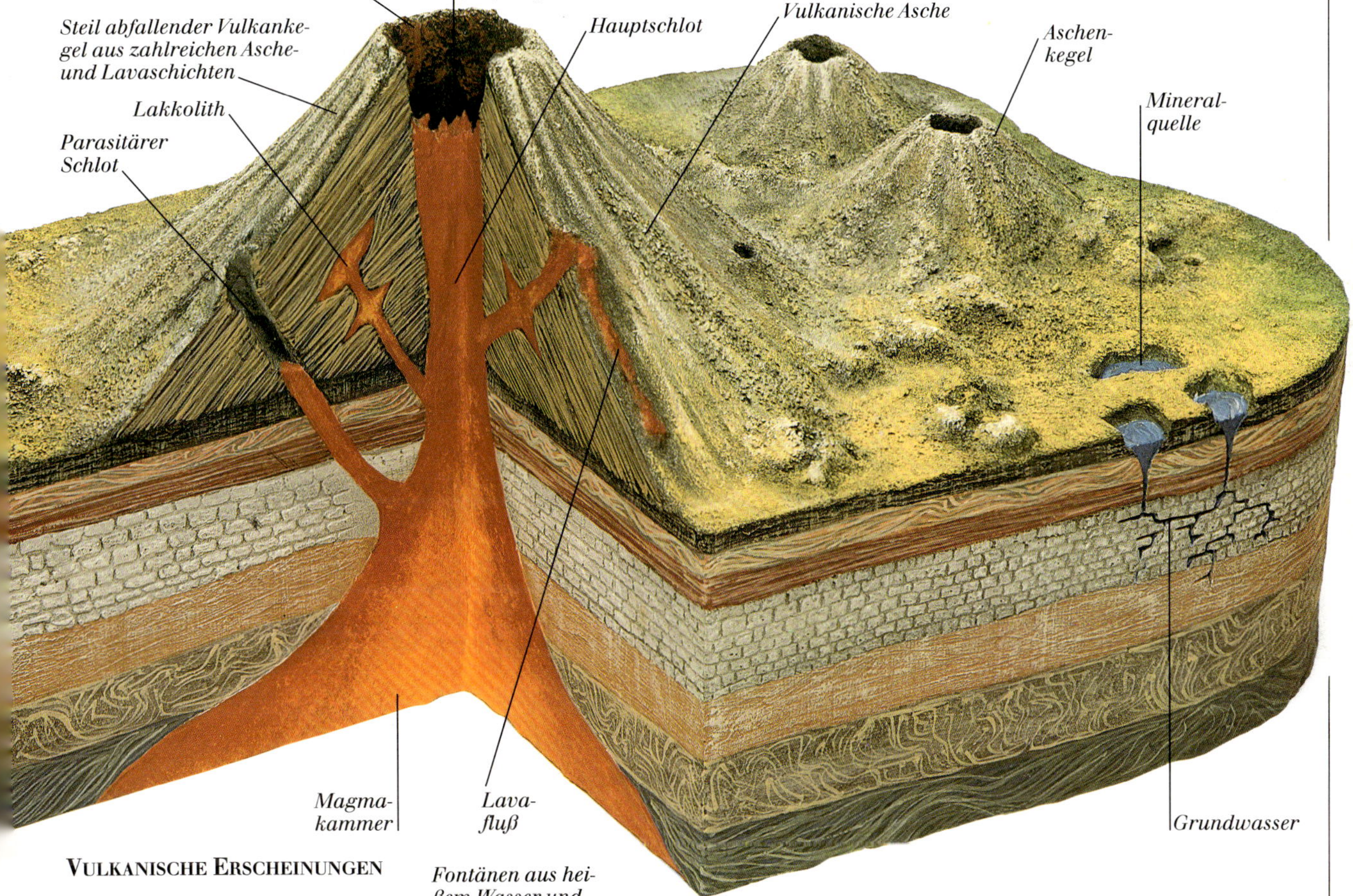

Vulkanische Erscheinungen

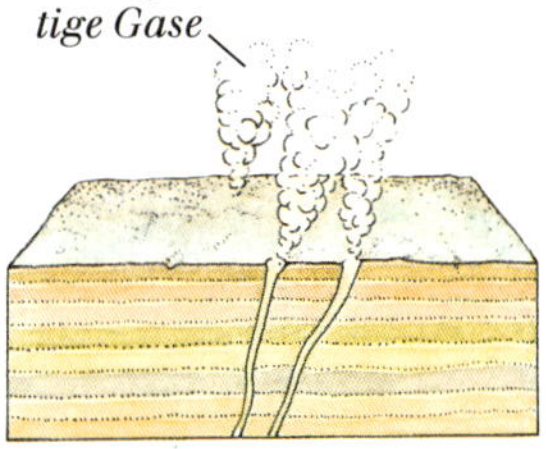

Solfatare

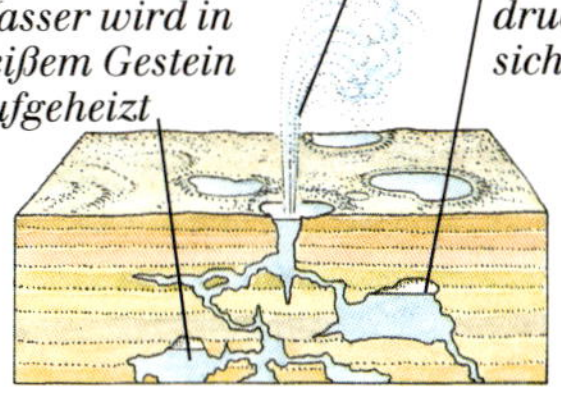

Geysir

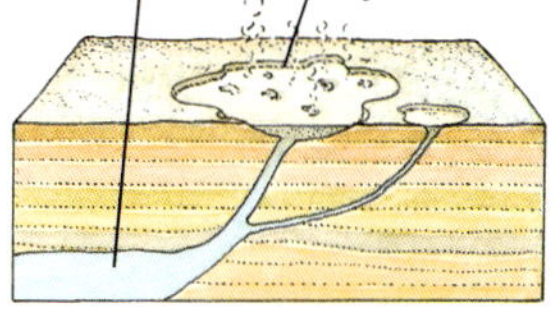

Schlammsprudel

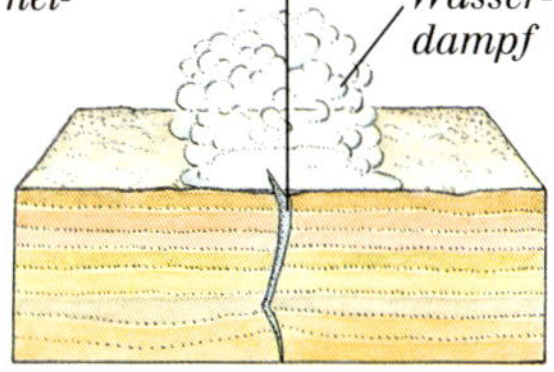

Fumarole

Magmatische und metamorphe Gesteine

Basaltsäulen

Magmatische Gesteine entstehen, wenn Magma (geschmolzenes Gestein) abkühlt und sich verfestigt. Man unterscheidet zwei Typen: Tiefengestein (Intrusiva) und Lava (Effusivgestein). Tiefengestein entsteht tief unter der Erdoberfläche, wo Magma in Felsspalten und zwischen Gesteinsschichten gepreßt wird und senkrechte und waagerechte Lagergänge (Intrusionsgänge) sowie Batholithe bildet. Das Magma kühlt langsam ab, und dadurch bilden sich grobkörnige Gesteine wie Gabbro und Granitpegmatit. Effusivgesteine entstehen an der Erdoberfläche, wenn Magma durch Vulkanausbrüche an die Oberfläche gelangt. Die Lava erkaltet schnell und bildet dabei feinkörnige Gesteine wie Rhyolith und Basalt. Metamorphe Gesteine entstehen durch hohe Temperaturen (Kontaktmetamorphose) oder hohen Druck (Regionalmetamorphose). Zur Kontaktmetamorphose kommt es, wenn Gestein durch Hitze verändert wird, also etwa in Intrusionsgängen oder in der Umgebung flüssiger Lava. Wenn Gestein inmitten sich auftürmender Gebirge zusammengepreßt wird, kommt es zur Regionalmetamorphose. Metamorphe Gesteine können aus magmatischen Gesteinen, aus Sedimentgesteinen und sogar aus bereits vorher einmal durch Metamorphose verändertem Gestein entstehen.

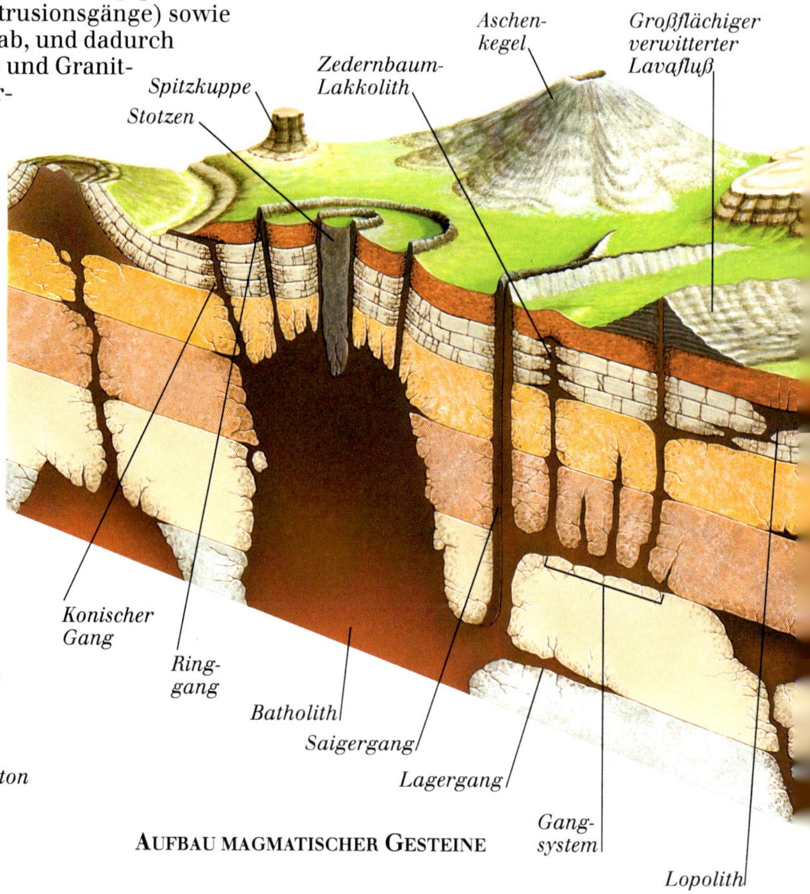

Aufbau magmatischer Gesteine

Kontaktmetamorphose

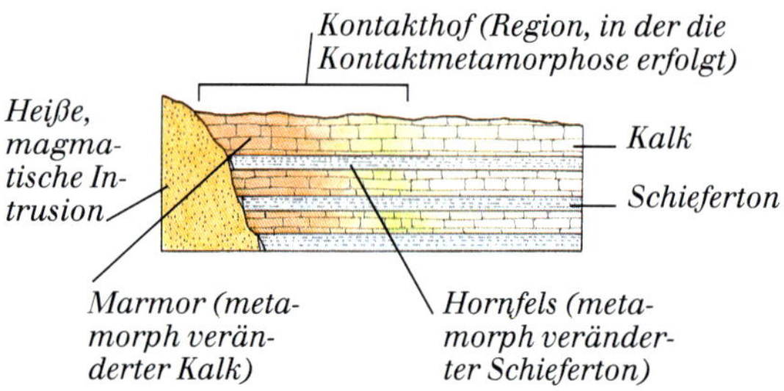

Regionalmetamorphose

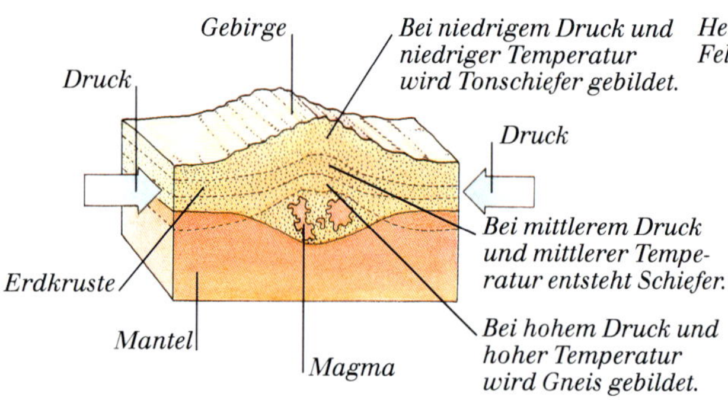

Beispiele für metamorphes Gestein

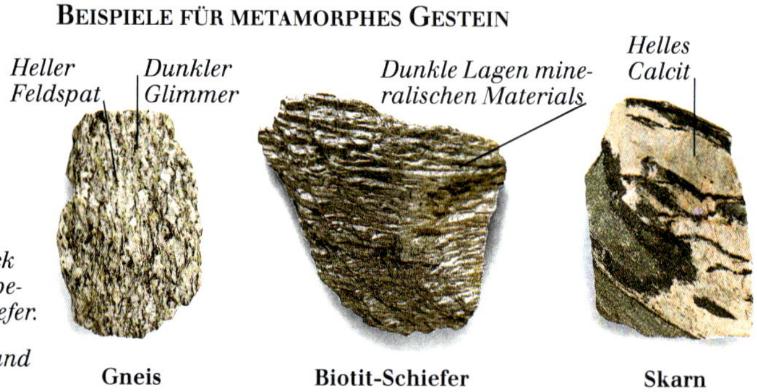

Beispiele für magmatisches Effusivgestein

Rhyolith

Basalt

Bimsstein

Andesit

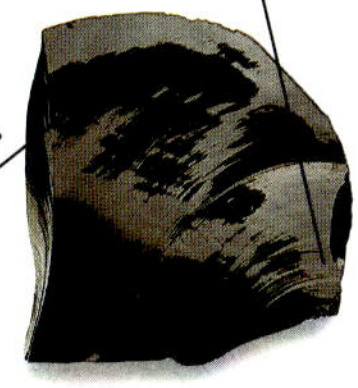

Obsidian

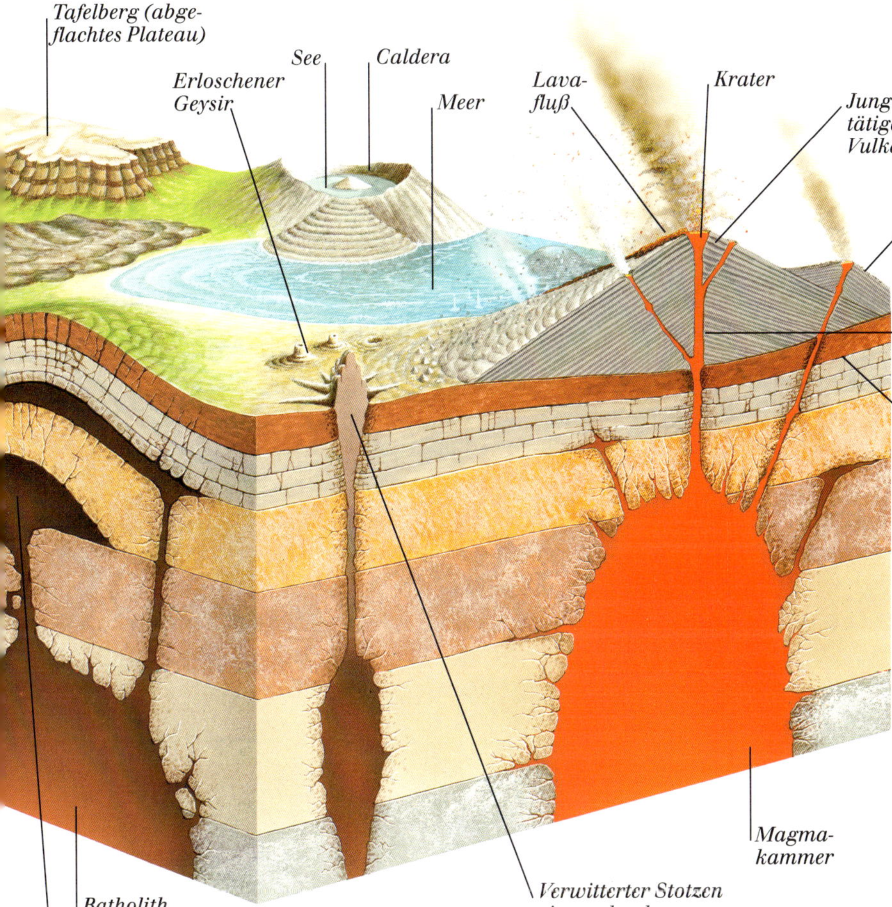

Beispiele für magmatisches Tiefengestein

Kimberlit

Olivingabbro

Granitpegmatit

Pyrit-Tonschiefer

Chiastolith-Hornfels

Grüner Marmor

Hälleflint

Syenit

Sedimentgesteine

Sedimentgesteine entstehen durch Ablagerung und Verfestigung von Sedimenten (s.S. 276–277). Es existieren drei große Gruppen: Mechanische Sedimente wie Brekzie oder Sandstein werden aus Gesteinen gebildet, die durch Verwitterung (s.S. 292–293) zerfielen und dann abgetragen und an anderer Stelle wieder abgelagert wurden. Organische Sedimente, beispielsweise Kohle (s.S. 290–291), entstehen aus abgestorbenem pflanzlichen und tierischen Material. Chemische Sedimentgesteine werden durch chemische Prozesse gebildet; so entsteht z.B. Steinsalz, wenn Wasser, in dem Salz gelöst ist, verdunstet. Sedimentgesteine werden häufig in Schichten abgelagert, und zwar die jeweils jüngste Schicht über der nächstälteren. Häufig gibt es Lücken in dieser Schichtung, die Diskordanzen genannt werden. Diese zeigen an, daß es Zeiten gegeben hat, in denen keine Sedimente mehr abgelagert wurden oder daß die Sedimentschichten über die Meeresoberfläche hinausragten und so verwittern konnten.

Der Grand Canyon (USA)

Beispiele für Diskordanzen

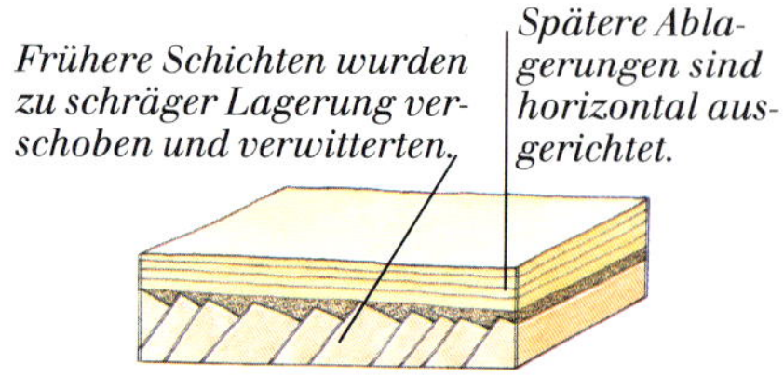

Winkeldiskordanz

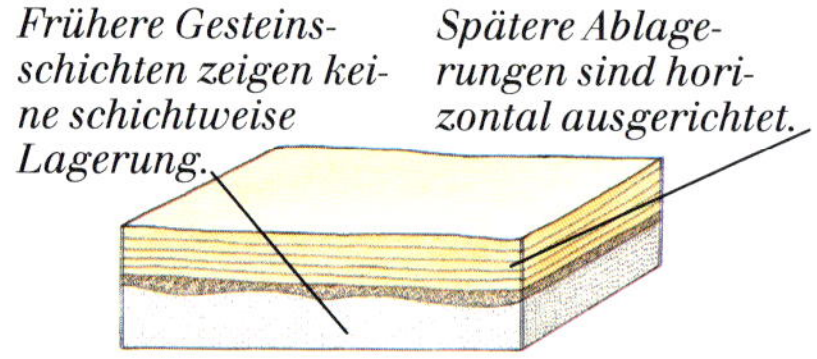

Ohne Diskordanz

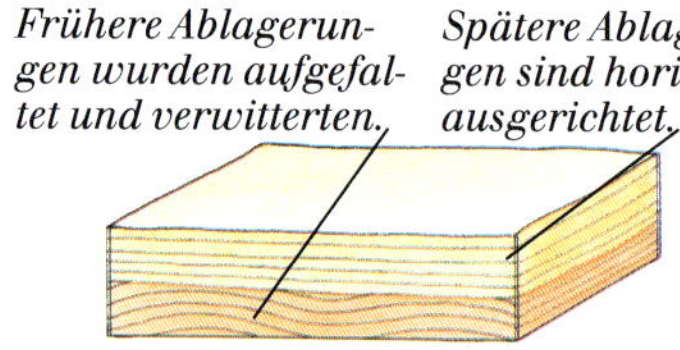

Diskordanz

Sedimentablagerungen im Gebiet des Grand Canyon

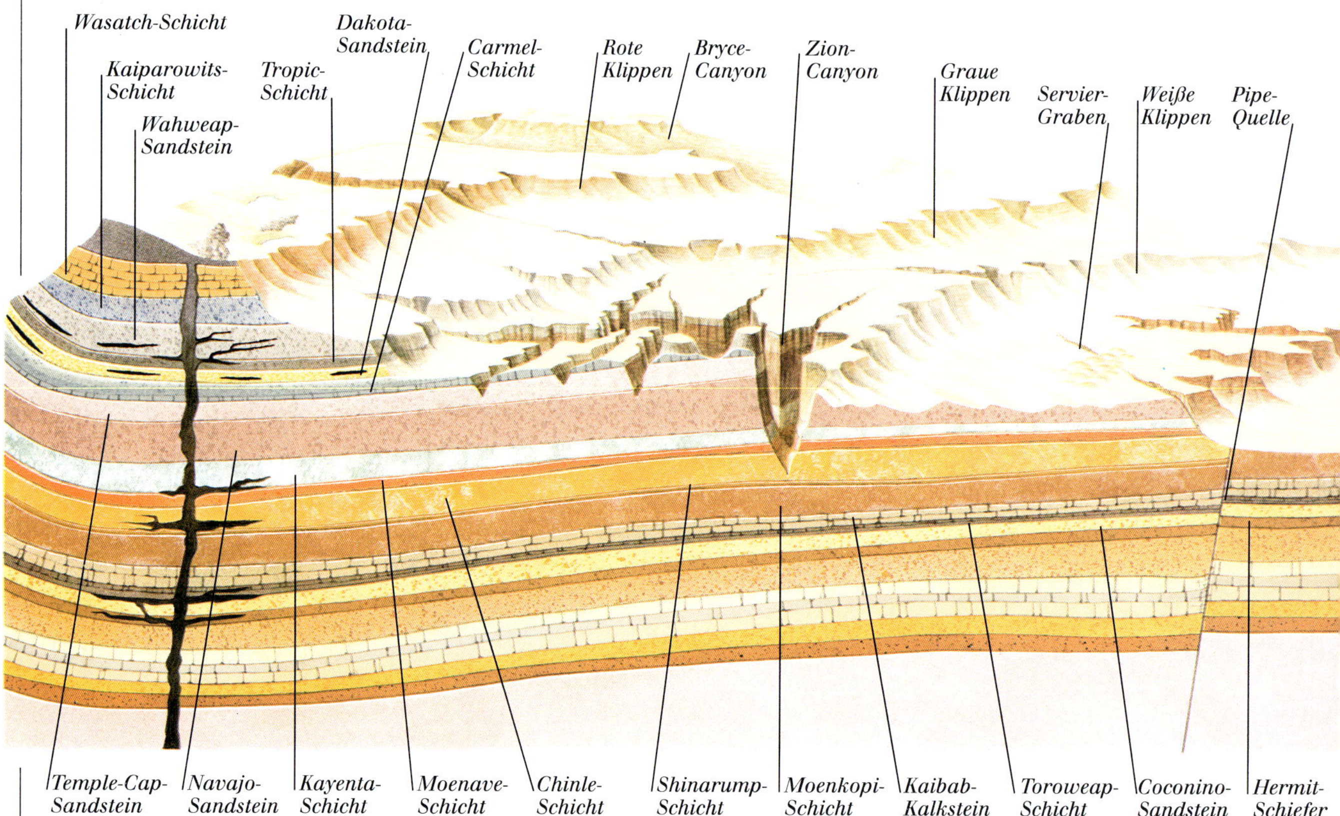

Beispiele für Sedimentgestein

Kalk

Gebänderter Eisenstein

Brekzie

Roter Sandstein

Feuerstein

Oranger Halit (Steinsalz)

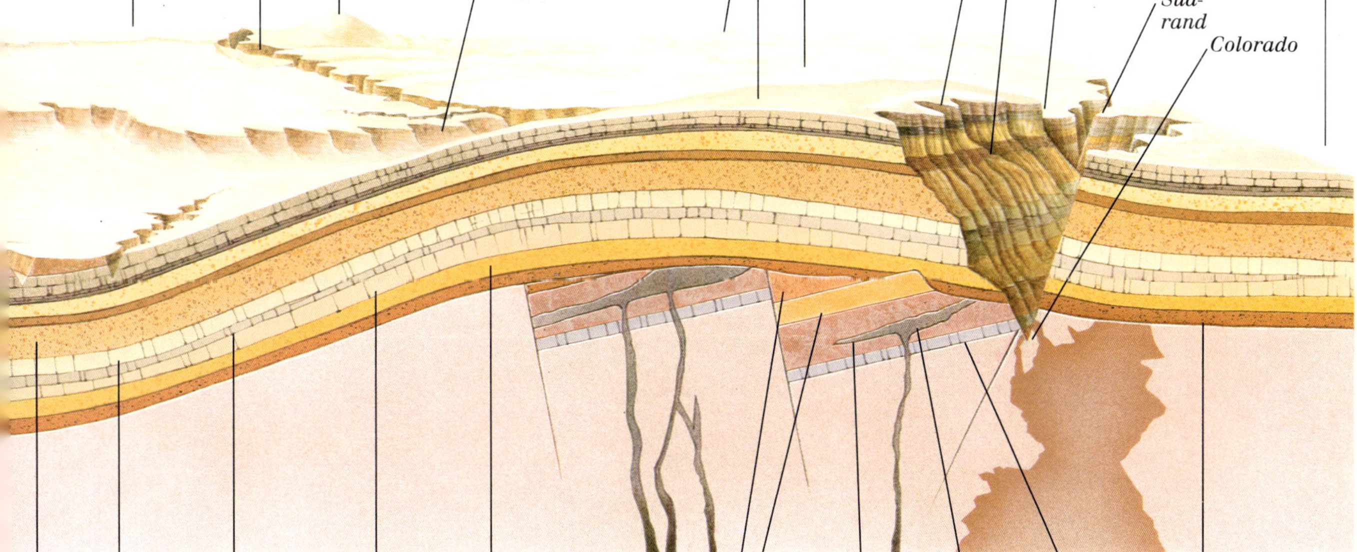

Fossilien

Fossilien sind versteinerte Überreste von Pflanzen und Tieren: Reste des Organismus selbst oder auch fossile Spuren aus der Zeit, da der Organismus lebte, z.B. Abdrücke des Körpers im Gestein, versteinerte Fußabdrücke oder Ausscheidungen. Die meisten toten Organismen verrotten sehr schnell oder werden von Aasfressern beseitigt. Damit es zu Versteinerungen kommen kann, muß der abgestorbene Organismus möglichst bald von Sediment bedeckt werden. Der Kadaver verwest, wobei die widerstandsfähigeren Teile wie Knochen, Zähne oder Gehäuse, zunächst verschont bleiben. Diese werden dann durch Mineralien aus dem umliegenden Sediment imprägniert und dadurch konserviert. Es kann aber auch zu Versteinerungen kommen, wenn nur noch ein Hohlraum vorhanden ist, der sich mit Mineralien füllen kann, so daß ein Abdruck des Organismus zurückbleibt (Verdrängung). Die Paläontologie kann nicht nur zeigen, wie sich die Organismen im Laufe der Zeit verändert haben, sondern auch dazu beitragen, die geologische Vergangenheit der Erde zu erschließen, u.a. durch Bestimmung des Alters von Gesteinsschichten anhand von Leitfossilien.

Der Prozess der Versteinerung

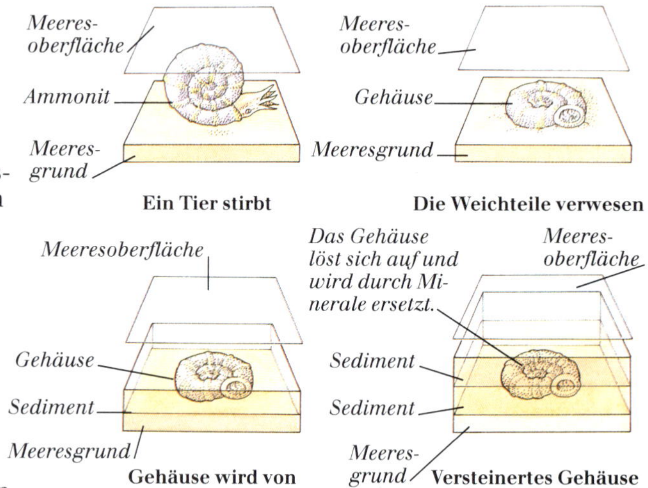

Ein Tier stirbt | **Die Weichteile verwesen** | **Gehäuse wird von Sediment bedeckt** | **Versteinertes Gehäuse**

Unterschiedliche Versteinerungen

Alethopteris (Samenfarne)

Frosch (Amphibien)

Pavlovia (Ammoniten)

Dicyothyris (Brachyopoden)

Pilgermuschel (Muschel)

Acroteuthis (Belemnit)

Skorpion (Arthropode)

Fossilfunde

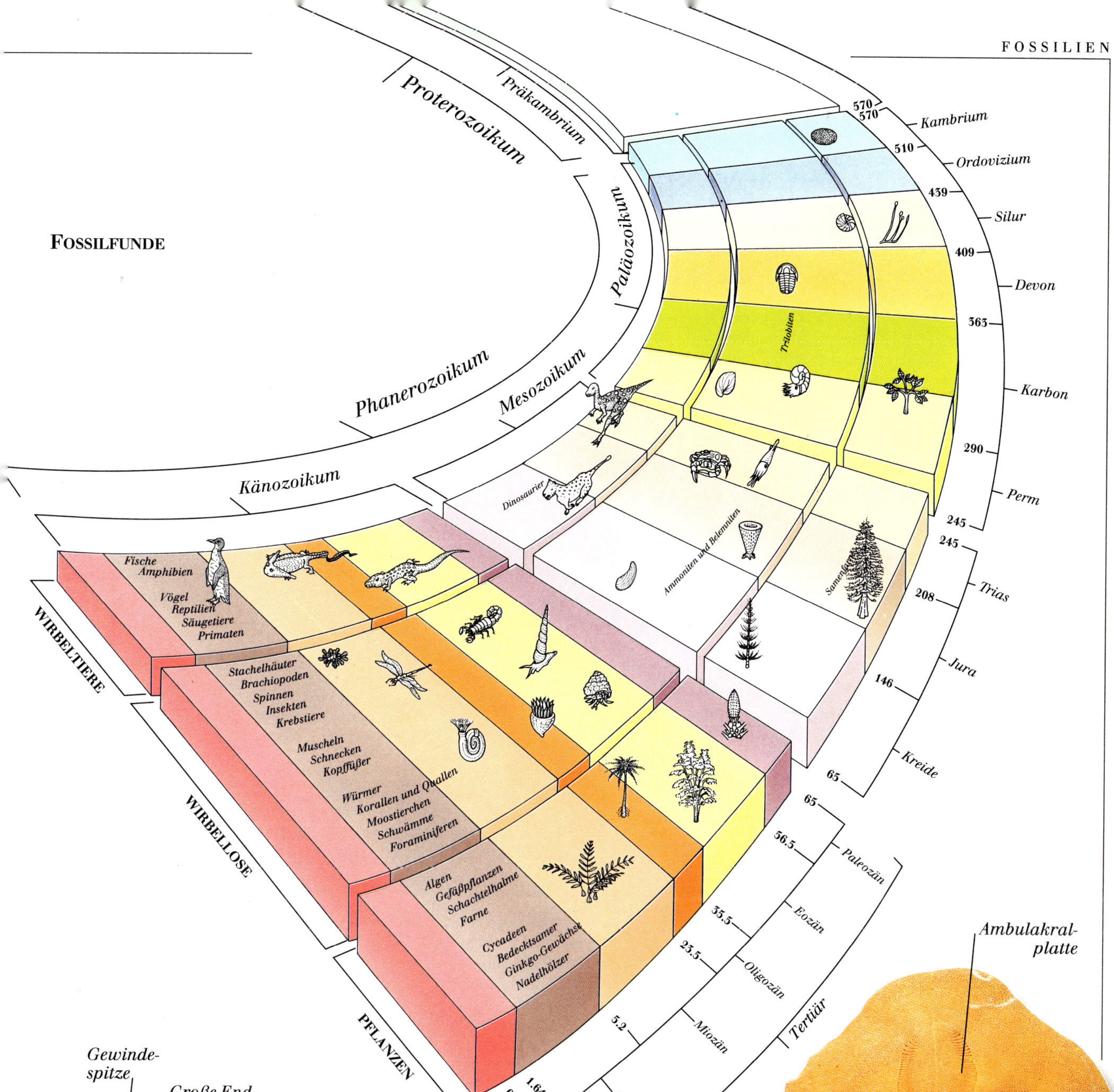

Struthiolaria (Schnecke)

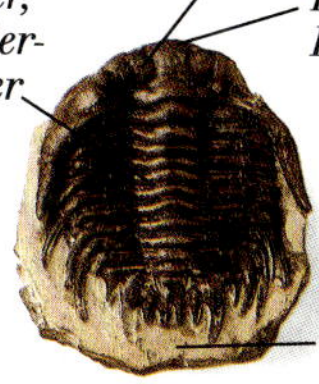

Leonapsis (Trilobit)

Schlammkrabbe (Krebs)

Clypeaster (Stachelhäuter)

Bodenschätze

Bodenschätze sind natürlich vorkommende Substanzen, die aus der Erde gewonnen und als Brenn- oder Rohstoffe verwendet werden. Zur ersten Gruppe gehören Kohle, Erdöl und Erdgas, die auch als fossile Brennstoffe bezeichnet werden. Kohle entsteht normalerweise dadurch, daß Pflanzen absterben und unter Sauerstoffabschluß teilweise zu Torf kompostiert werden. Darüber abgelagerte Sedimente pressen den Torf dann zusammen und verwandeln ihn in Braunkohle. Werden weitere Sedimentschichten angehäuft, erhöhen sich Druck und Temperatur, so daß Steinkohle oder der sehr feste Anthrazit entstehen. Erdöl und Erdgas entstammen in der Regel organischem Material, das unter Meeressedimenten abgelagert wurde und unter Hitze und Druck viele chemische Veränderungen erfahren hat. Später werden Erdöl und Erdgas durch poröse, durchlässige Schichten nach oben gedrückt und gelangen so an die Erdoberfläche oder sammeln sich unter einer undurchlässigen Gesteinsschicht, die durch Faltungen oder Verschiebungen so umgeformt wurde, daß eine Falle gebildet wird, beispielsweise eine Antiklinalfalle. Minerale sind dagegen anorganische Substanzen, die aus einzelnen chemischen Elementen bestehen können, wie z.B. Gold, Silber oder Kupfer, aber auch aus Kombinationen einzelner Elemente (s.S. 278–279). Einige dieser Bodenschätze sind in den Gesteinsschichten konzentriert, die durch die Bewegungen der Erdkrustenplatten oder durch vulkanische Tätigkeit entstanden sind, andere findet man dagegen in Sedimentgesteinsschichten, in denen sich Minerale anreicherten, die einst durch Verwitterung aus Gesteinen freigesetzt und anschließend fortgeschwemmt und abgelagert wurden.

Ölbohrinsel in der Nordsee

Die Entstehung von Kohle

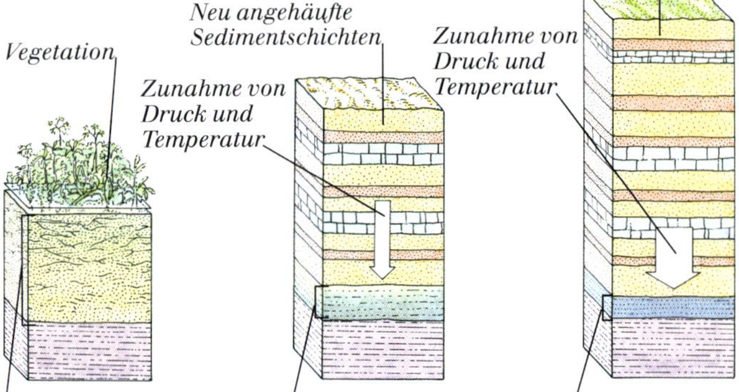

Torf **Braunkohle** **Steinkohle**

Stadien der Kohlebildung

Pflanzenmaterial

Torf

Braunkohle

Steinkohle

Anthrazit

Beispiele für Erdöl- und Erdgasfallen

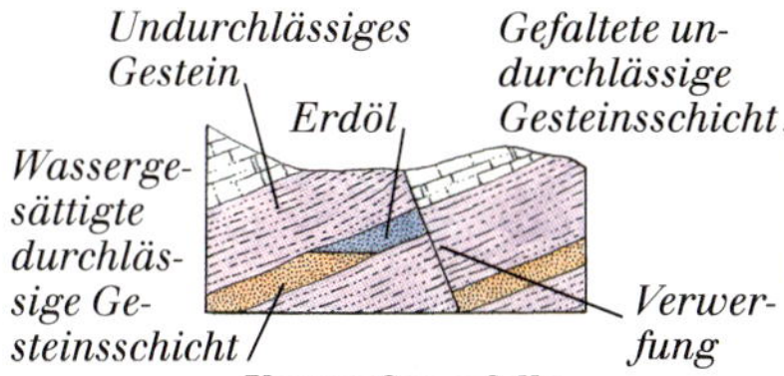

Verwerfungsfalle

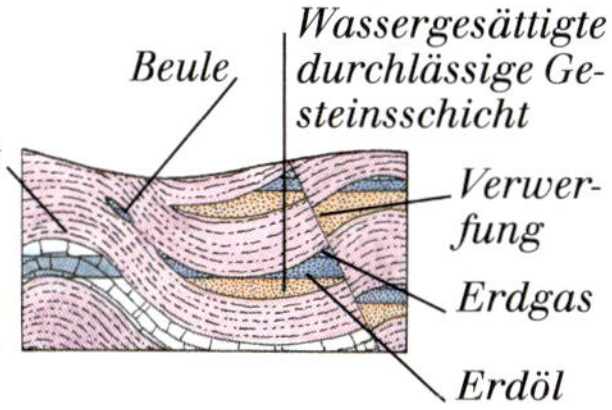

Beulenfalle

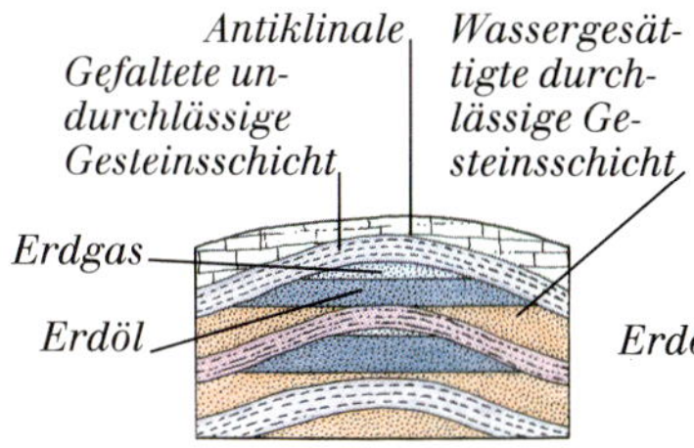

Antiklinalfalle

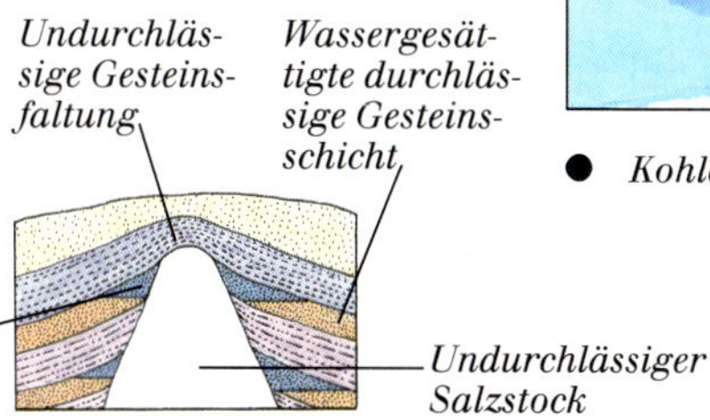

Salzstockfalle

Wichtigste Kohle-, Erdöl- und Erdgaslagerstätten

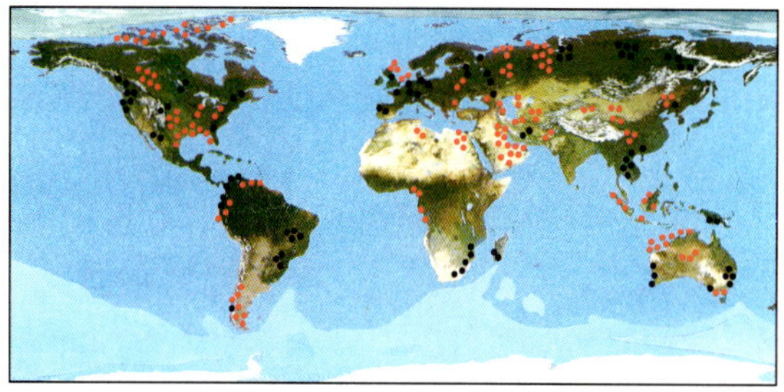

● *Kohle* ● *Erdöl und Erdgas*

Bildung einer Antiklinalfalle

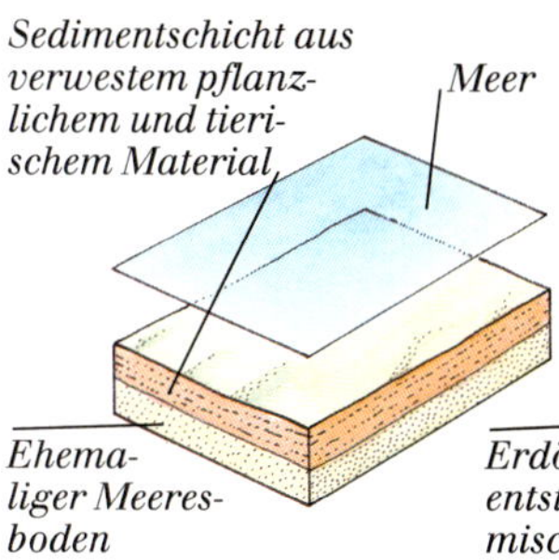

Ablagerung dekompostierten organischen Materials

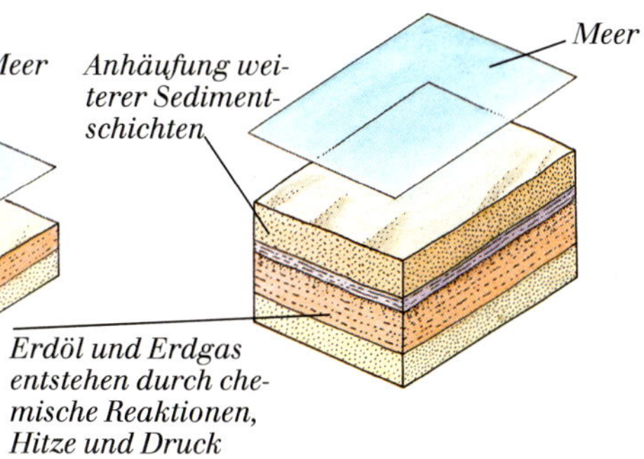

Bildung von Erdöl und Erdgas

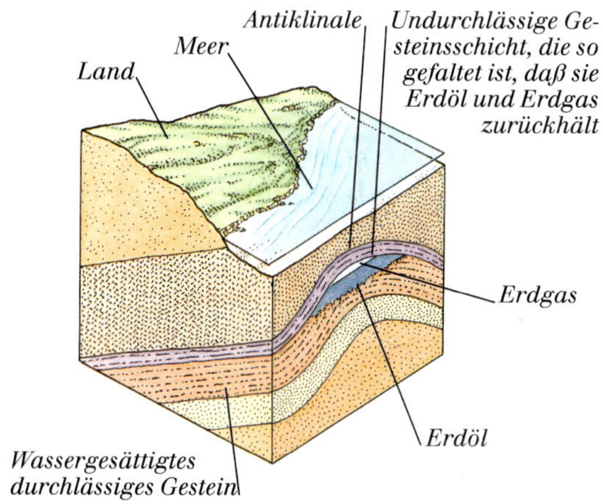

Erdöl und Erdgas werden in einer Antiklinale gesammelt

Entstehung von Erzlagerstätten

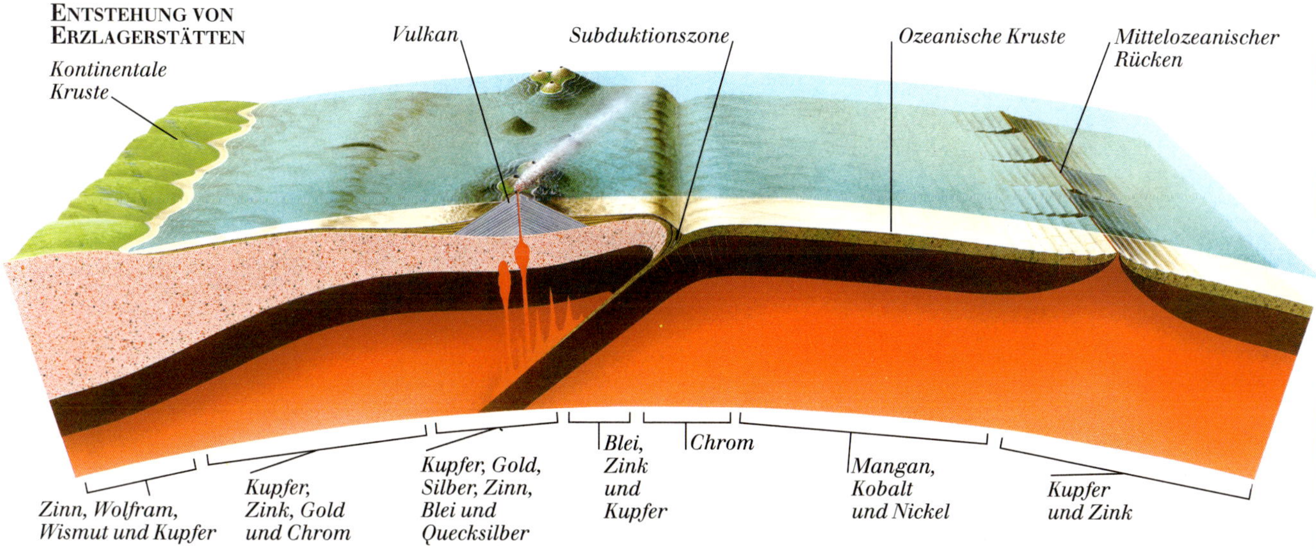

Verwitterung und Erosion

Unter Verwitterung versteht man den Zerfall von Gesteinen an der Erdoberfläche. Physikalische Verwitterung kann durch Temperaturdifferenzen hervorgerufen werden, z.B. Frost- und Tauwetter, aber auch durch den Wind oder Flüsse und Gletscher. Selbst pflanzliche und tierische Aktivitäten, also etwa Wurzelsprengungen oder die Erdbauten von Tieren, tragen dazu bei. Während der chemischen Verwitterung zerfällt das Gestein durch Änderung der chemischen Zusammensetzung, wenn also z.B. Regenwasser bestimmte Minerale eines Gesteins herauslöst. Die einschneidende und ausräumende Tätigkeit des Wassers wird Erosion genannt, die Abtragung von Erdschichten durch Wind heißt Deflation, und bei Eis spricht man von Glazialerosion. Letztere Vorgänge spielen besonders in Gebieten mit geringer Vegetation eine große Rolle, z.B. in Wüsten mit Sanddünenbildung.

Entstehung einer Felswüste (Hammada)

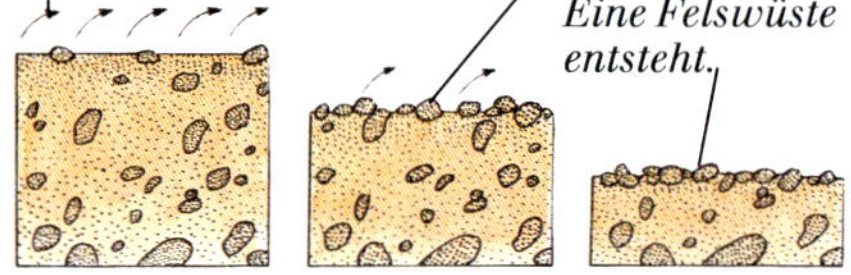

Typische, durch Verwitterung und Erosion entstandene Formen

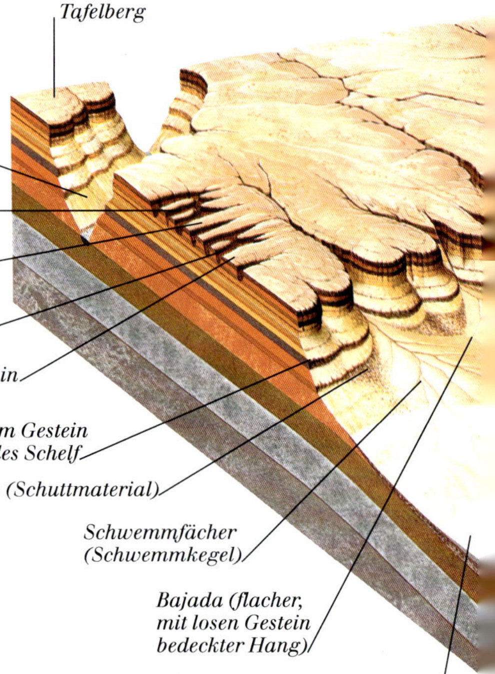

Durch Wind entstandene Felsformationen

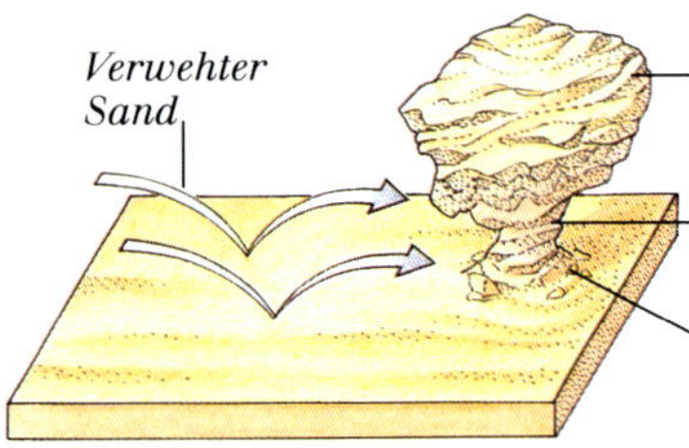

Pilzfelsen

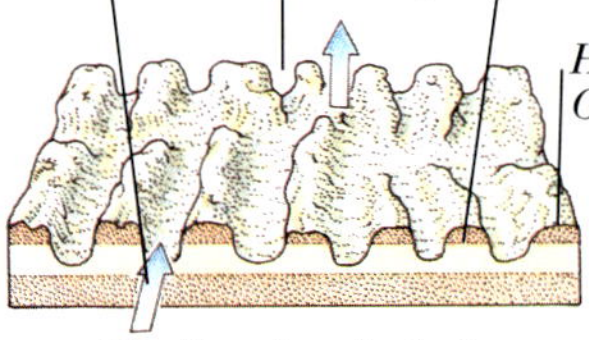

Härtling-Landschaft

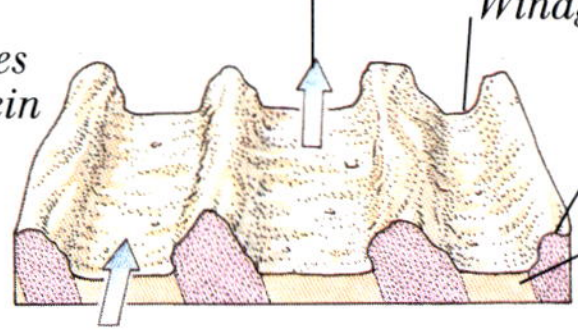

Jardang (Windhöcker)

Beispiele für physikalische Verwitterung

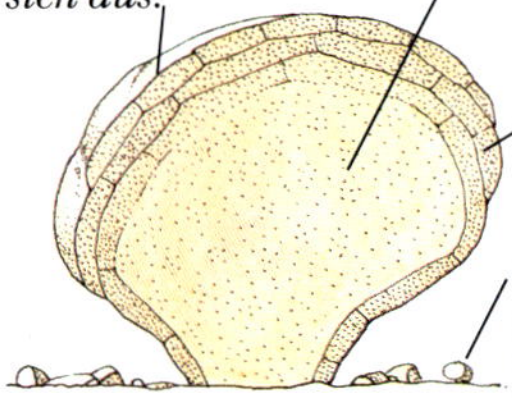

Schalenverwitterung

Wollsackverwitterung

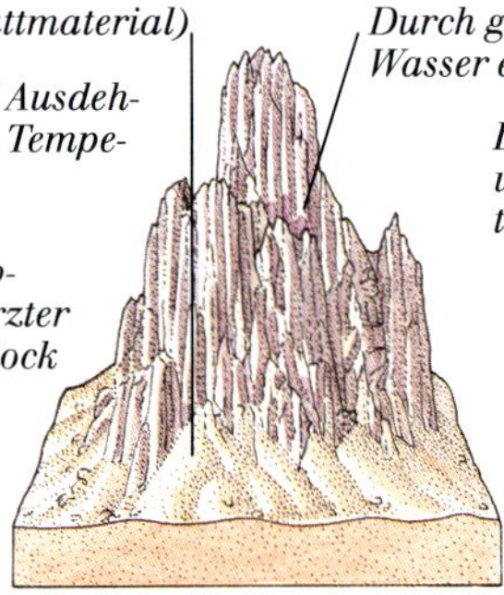

Frostsprengung

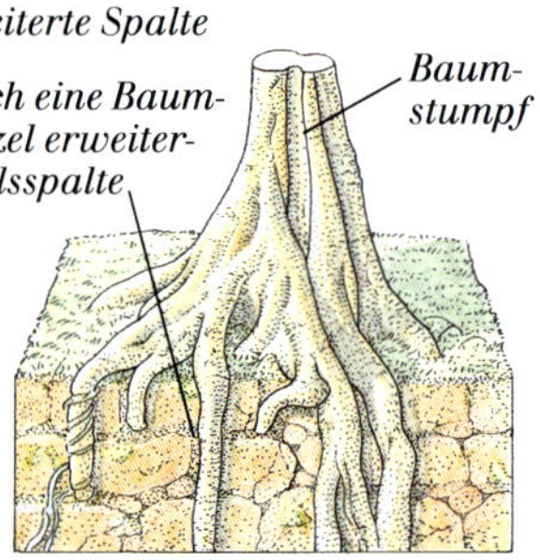

Verwitterung durch Baumwurzeln

Schnitt durch eine Sicheldüne (Barchan)

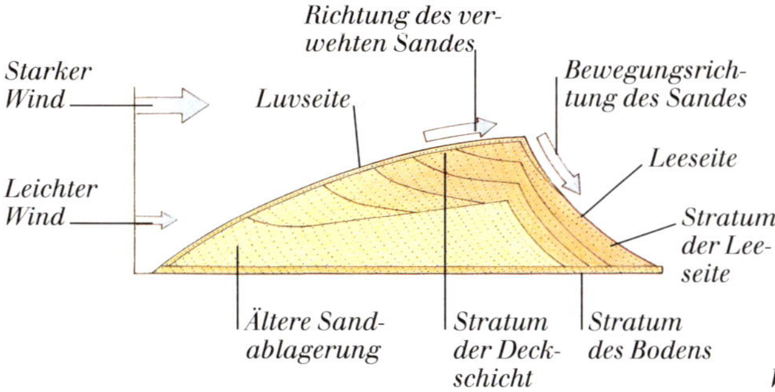

Beispiele für Sanddünen

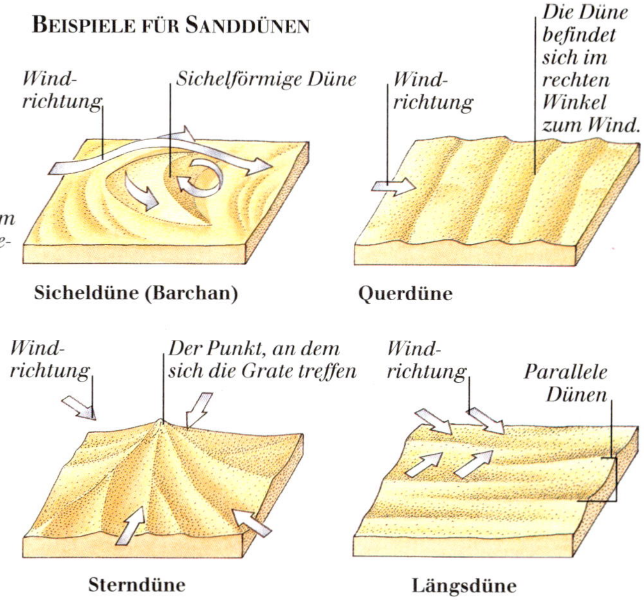

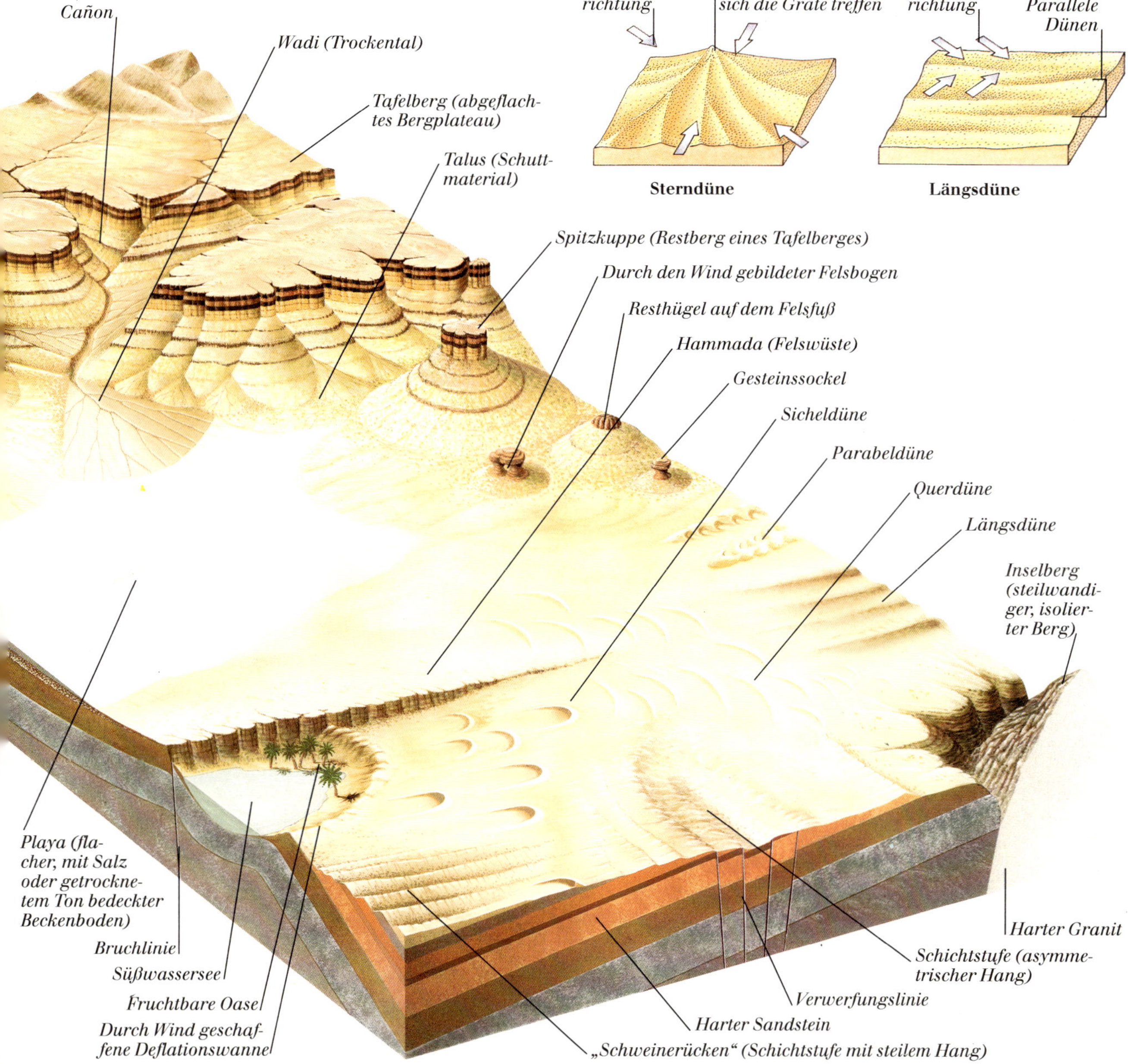

Höhlen

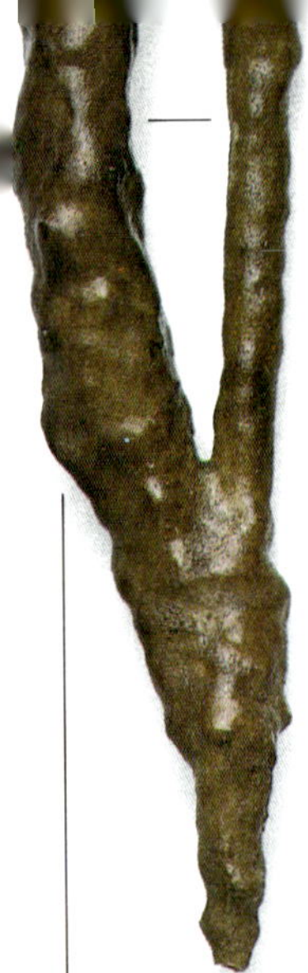

Zusammengewachsene Stalaktiten

Stalaktit mit ringförmiger Zeichnung

Höhlen bilden sich hauptsächlich in Kalksteingebieten, wenngleich sie an den Küsten auch in anderem Gestein entstehen können. Kalkstein besteht fast vollständig aus Calcit (Kalziumkarbonat), das durch Kohlensäure relativ leicht gelöst werden kann, die normalerweise im Regenwasser oder in Huminsäuren verwesender Vegetation enthalten ist. Das nun säurehaltige Wasser sickert durch die Spalten und Klüfte des Kalkgesteins und zwischen einzelne Gesteinsschichten. Dabei kann die Erdoberfläche durch die Bildung von Dolinen (trichterförmige Hohlräume) und Riedeln (langgestreckte Geländerücken) stark verändert werden. An einigen Stellen entstehen Schwundlöcher, in denen ganze Flüsse verschwinden können. Ausgehend von kleinen Rissen und Spalten, löst das saure Wasser das Gestein auf und schafft so ein System aus Gängen und Höhlen, die sich durch den Einsturz von Zwischendecken zu großen Höhlendomen vereinigen können. Durch die Ablagerung gelösten Calcits können dort sehr unterschiedliche Gebilde entstehen, z.B. Wandsinter und Sintervorhänge oder auch Stalaktiten und Stalagmiten. Stalaktiten entstehen, wo Calcit zurückbleibt, wenn Wasser von der Decke tropft, Stalagmiten, wo Tropfen auf den Boden fallen.

Oberflächentopographie eines Höhlensystems

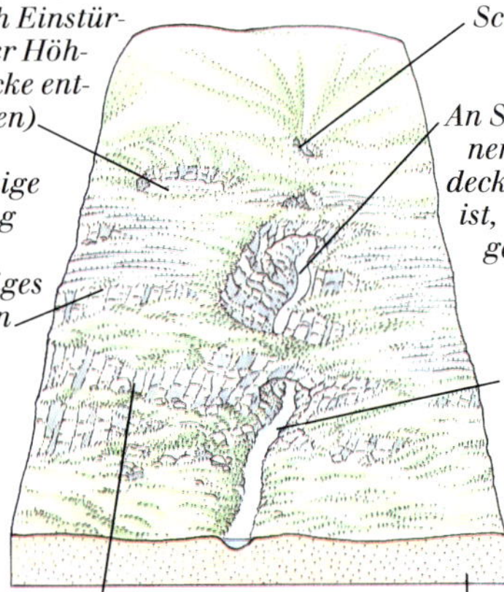

Stalagmitenbildung

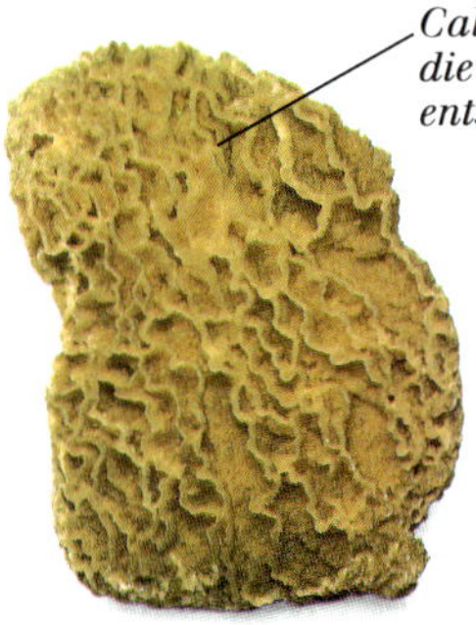

Kristalliner Bodenzapfen

Kalktuff

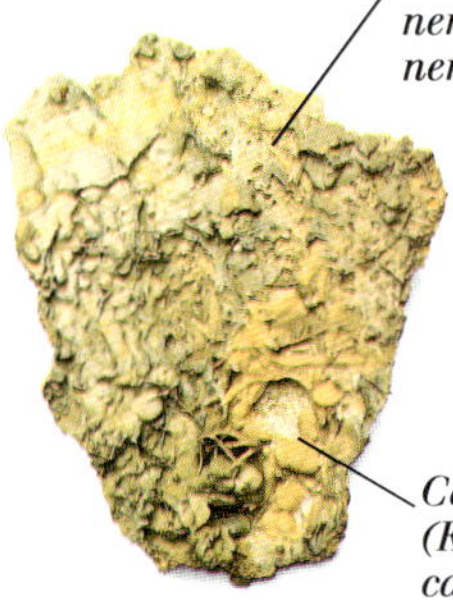

Bodenzapfen

Stalagmit

Entstehung eines Höhlensystems

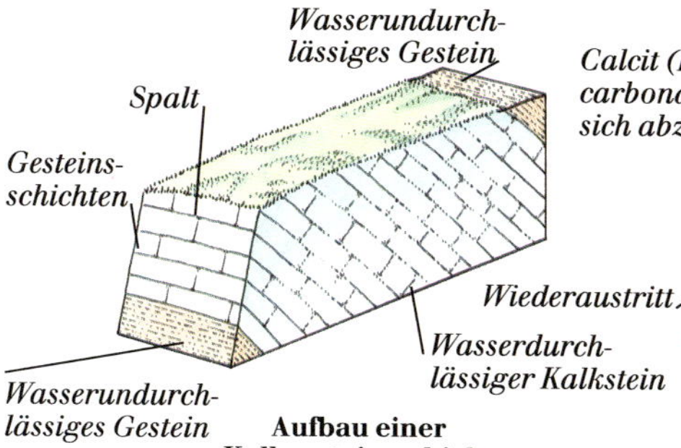

Aufbau einer Kalkgesteinsschicht

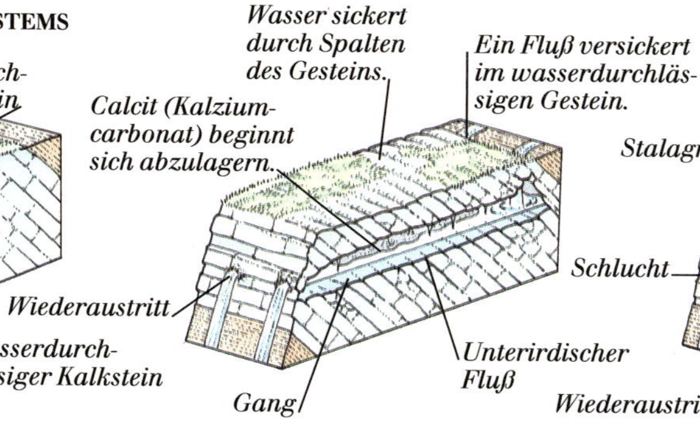

Beginn der Höhlenbildung

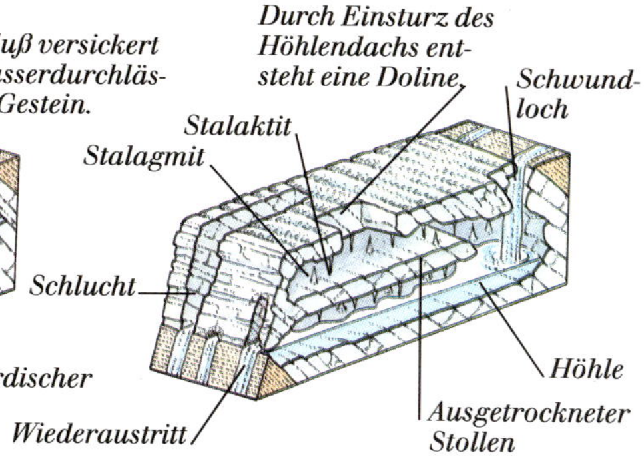

Erweitertes Höhlensystem

Zusammenhängendes Höhlensystem

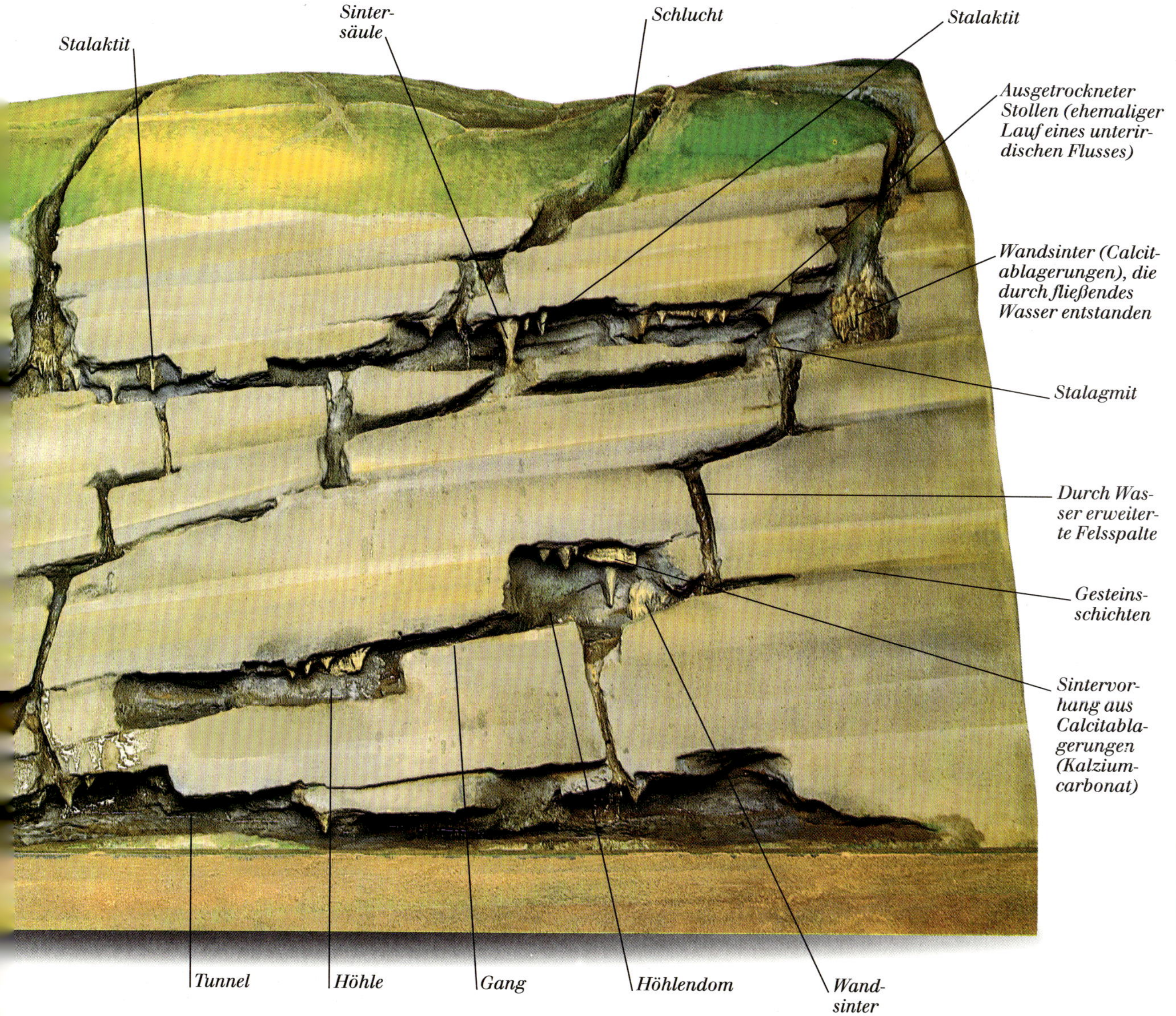

Gletscher

Glacier Bay in Alaska

Gletscher sind große, geschlossene Eismassen, die sich an Land bilden. Sie sind aus Schneemassen entstanden, die sich in Firnmulden (muldenartige Senken in Hochflächen) angesammelt hatten und deren untere Schichten zu Firneis zusammengepreßt wurden, als sich weiterer Schnee auflagerte. Die Firnmulde wird in der Regel durch Frostbruch und Abtragung (s.S. 292–293) erweitert, und es bilden sich schließlich scharfe Grate, die einzelne Firnmulden voneinander trennen. Wenn sich ausreichend Firneis angesammelt hat, bewegt sich der Gletscher talwärts. Dabei nimmt er Schotter und Gesteinsbrocken aller Größen mit, angefangen von Staubkörnern bis hin zu großen Felsbrocken. Werden diese über die Unterlage des Gletschers geschleift, bildet sich nach und nach das typische trogförmige Gletschertal heraus. Der Gletscher endet am unteren Ende mit einer Gletscherzunge, an der das Eis normalerweise ebenso schnell schmilzt, wie es von oben nachtransportiert wird. Tritt eine Erwärmung ein, schmilzt das Eis schneller, als es zu Tal fließt, so daß es zu einem Rückzug des Gletschers kommt. Unter einem sich zurückziehenden Gletscher bleiben die sogenannten Moränen und Findlinge (isoliert liegende, abgerundete Felsbrocken) zurück. Durch die Abtragung kleiner Gesteinspartikel durch die abfließenden Gletscherbäche entstehen Rinnenseen, wobei dieses Material teilweise wieder in sogenannten Osern und Kames (Hügel aus Kies und Sand) abgelagert werden kann. Wenn größere Eisbrocken in solche Schwemmgebiete getragen werden und dort schmelzen, entstehen Löcher, die Toteiskessel genannt werden.

Talgletscher

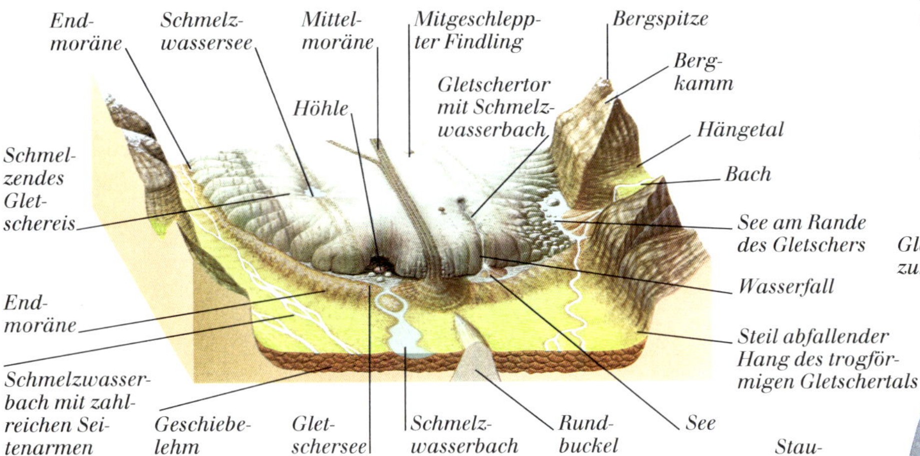

Ablagerungen nach Rückzug des Gletschers

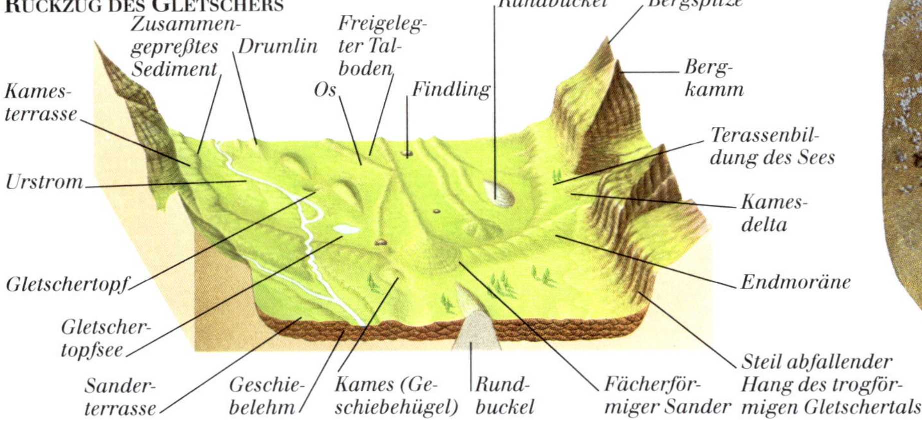

Typische Merkmale eines Gletschers

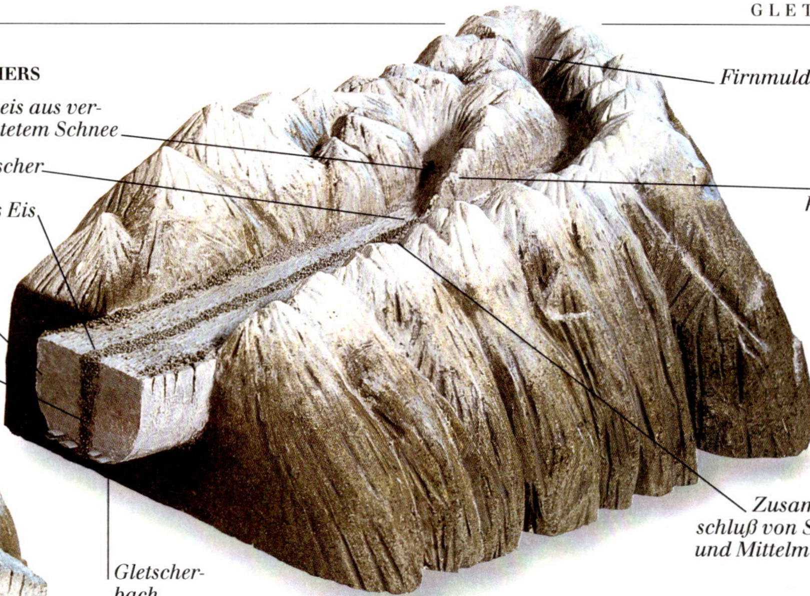

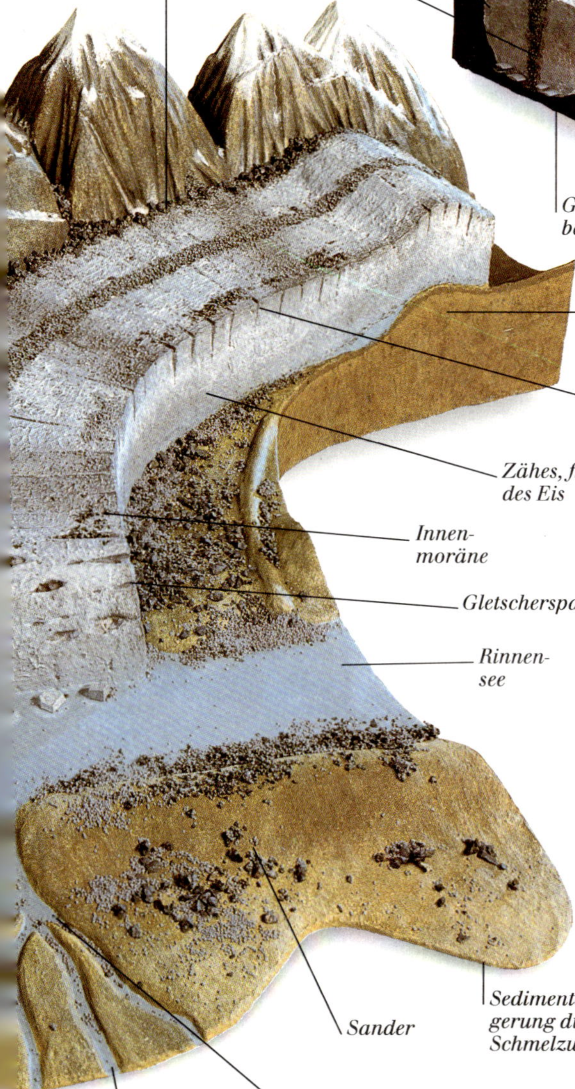

Gletschersturz

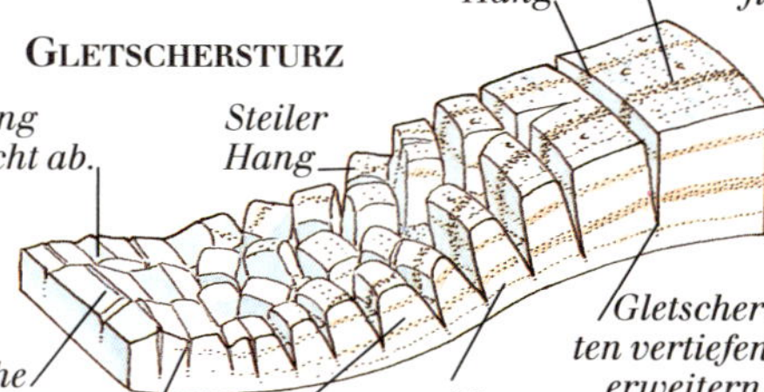

Entstehung einer Firnmulde

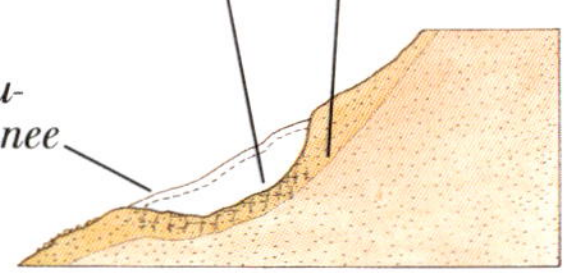

Anfangsstadium

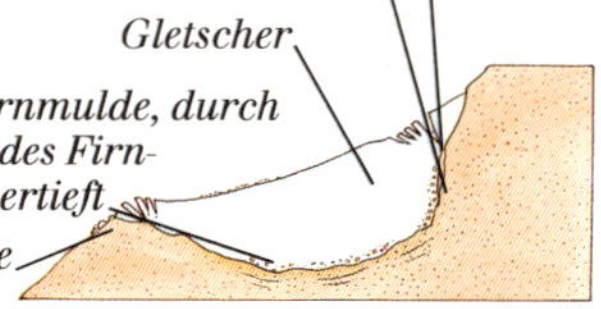

Späteres Stadium

Entstehung eines trogförmigen Gletschertals

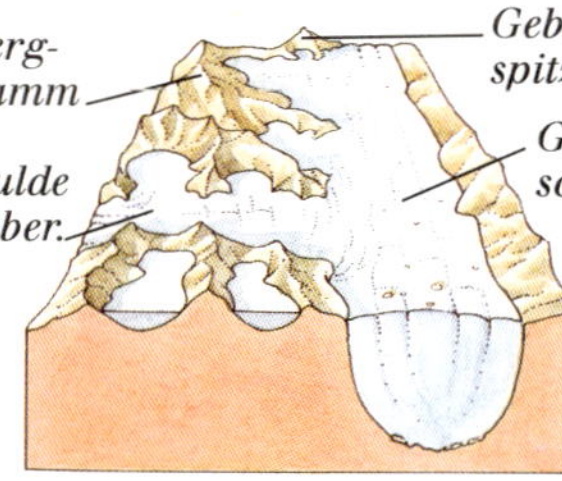

Während der Vergletscherung

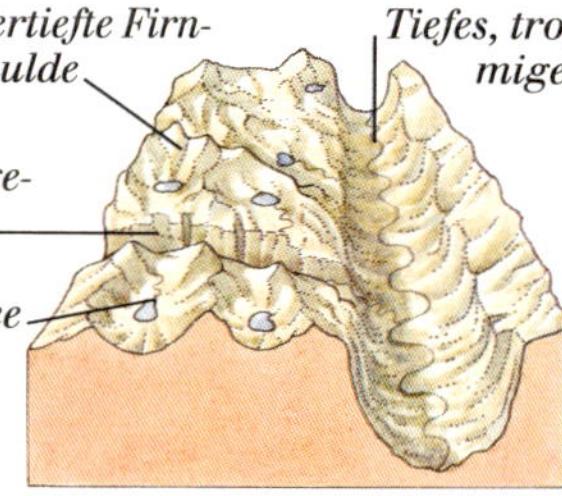

Nach Rückzug des Gletschers

Flüsse

Flüsse sind Teil des Wasserkreislaufs, also der unaufhörlichen Zirkulation des Wassers zwischen Land, Meer und Atmosphäre. Der Ursprung eines Flusses kann eine Bergquelle, ein Bergsee oder ein schmelzender Gletscher sein. Der Verlauf, den ein Fluß letztlich nimmt, hängt vom Gefälle und von der Art des Untergrundgesteins ab. In höheren Lagen stürzen die noch jungen Flußläufe über Steine und Felsbrocken zu Tal und waschen dabei oft steilwandige, keilförmige Schluchten aus. Weiter flußabwärts fließen sie dagegen ruhiger über die Sedimentböden dahin, bilden Mäander, tragen die Seitenränder ab und bilden so breite Täler und Überschwemmungsebenen. Wenn ein Fluß das Meer erreicht, kann er mitgeführte Sedimente ablagern und Ästuare oder Deltas bilden (s.S. 300–301).

Flussanzapfung

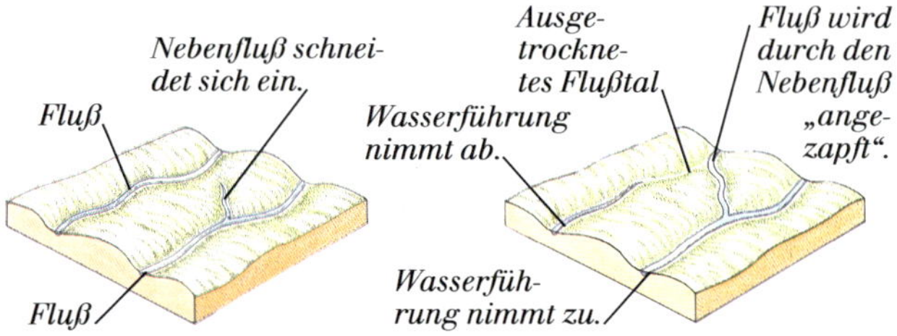

Anfangsstadium **Endstadium**

Der Wasserkreislauf

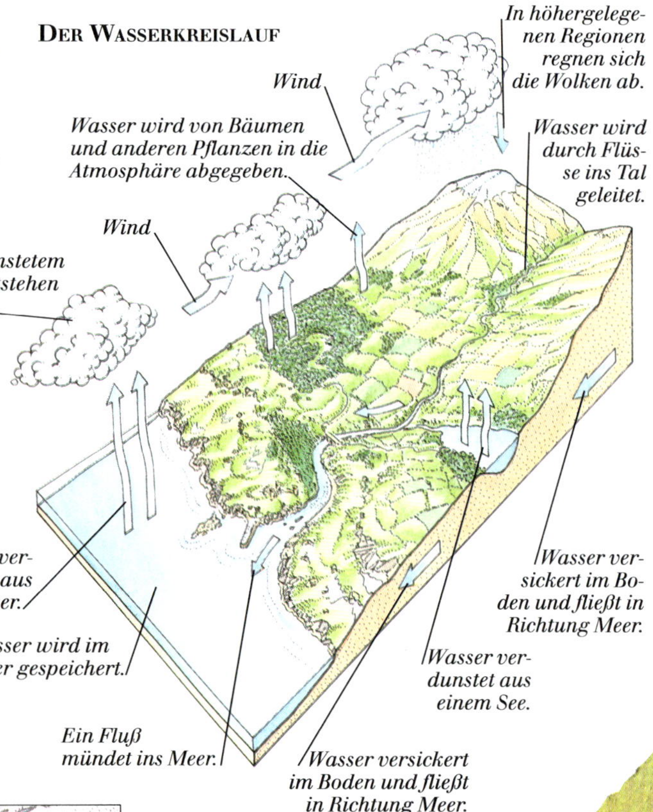

Satellitenaufnahme des Ganges-Deltas in Bangladesch

Stromgebietsformen

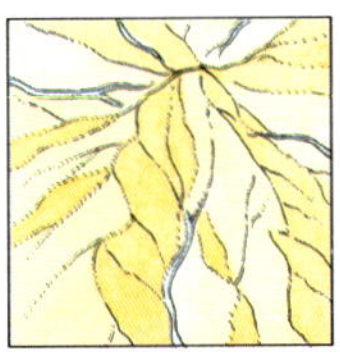

Radial

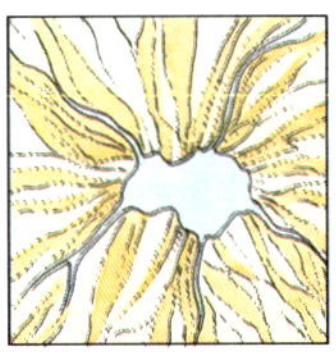

Zentripetal

Parallel

Dendritisch

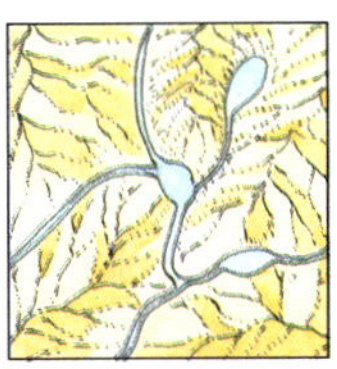

Regellos

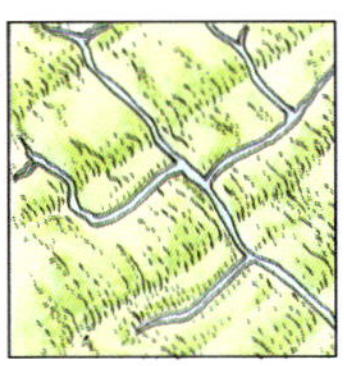

Gitterförmig

Ringförmig

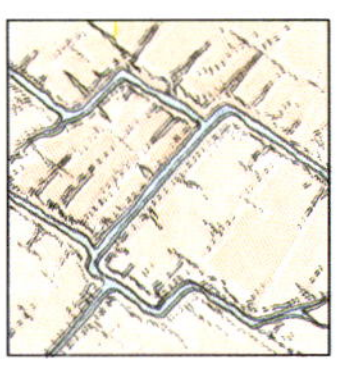

Rechtwinklig

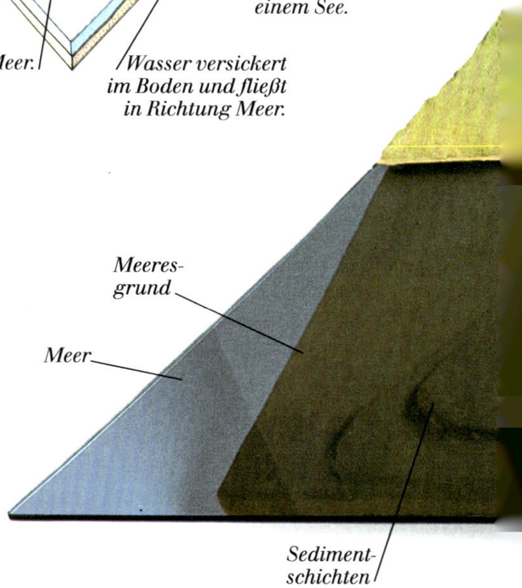

Die Stadien in der Entwicklung eines Flusses

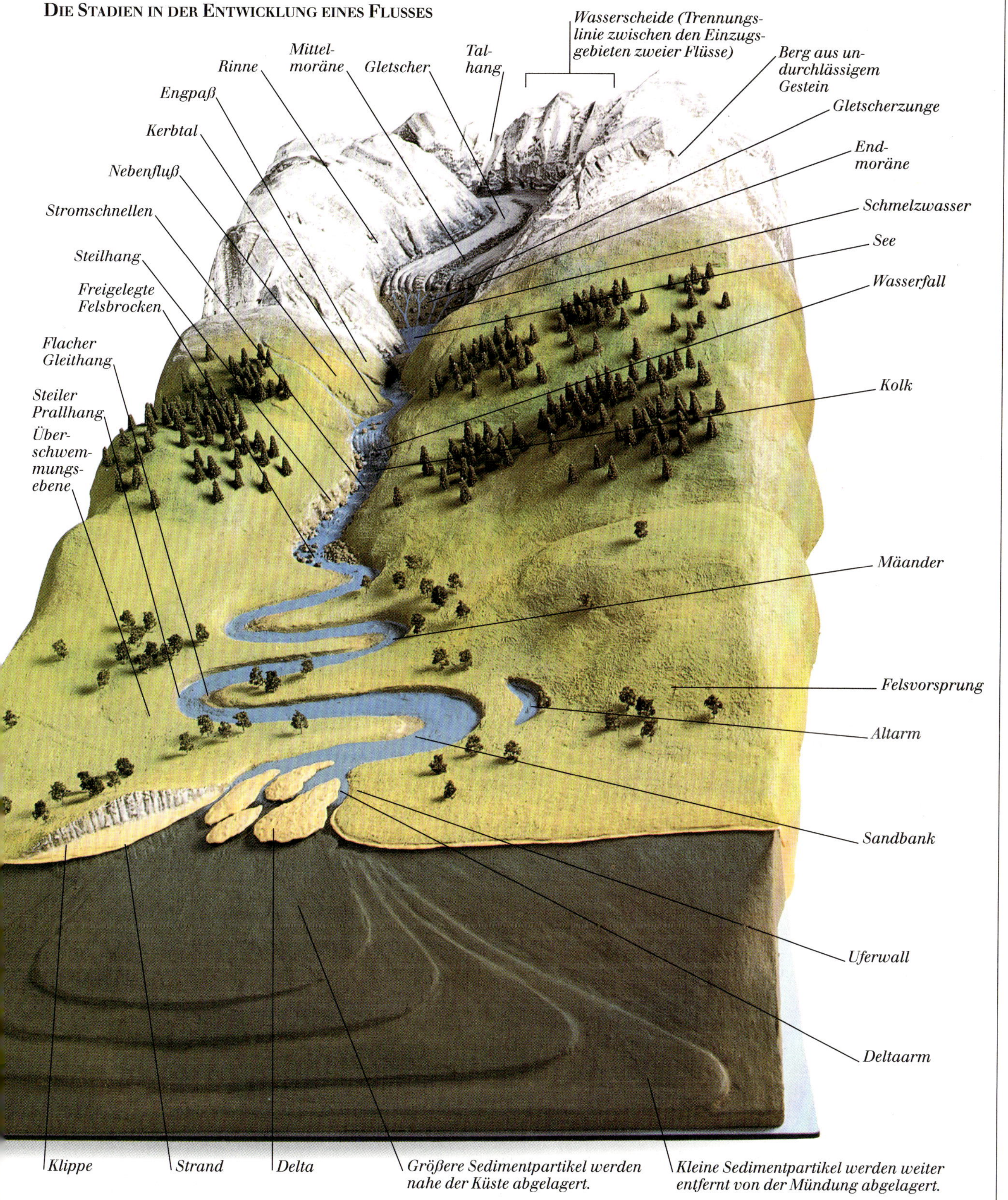

Flußlandschaften

Flüsse tragen in erheblichem Umfang zur Gestaltung der Landschaft bei. In der Nähe der Quelle gräbt sich der Fluß tief in den Boden und bildet so Kerbtäler und enge Schluchten (s.S. 298–299). An Stellen, an denen der Fluß von hartem auf weicheres Gestein gelangt, entstehen Wasserfälle und Stromschnellen. Flußabwärts bilden sich häufig Mäander, und eine vermehrte seitliche Erosion führt zur Bildung breiter Flußtäler. Die Ablagerung von Sedimenten durch mäandrierende Flüsse oder durch Überschwemmungen führt zur Bildung fruchtbarer Überschwemmungsebenen. Lagert der Fluß bei seiner Mündung in einen See oder ins Meer große Sedimentmengen ab, kann dadurch ein Delta entstehen. Unter einem Delta versteht man ein Gebiet von Sandbänken, Sümpfen und Lagunen, durch das sich der Fluß in Form mehrerer Deltaarme hinzieht. Das Mississippi-Delta ist ein Beispiel für eine solche Mündungsform. Von Ästuaren oder Mündungstrichtern spricht man, wenn sich der Gezeitenwechsel des Meeres in der Flußmündung bemerkbar macht, so daß es zur Durchmischung des schwereren Salz- und leichteren Süßwassers in einer Brackwasserzone kommt.

Die Entstehung von Wasserfällen und Stromschnellen

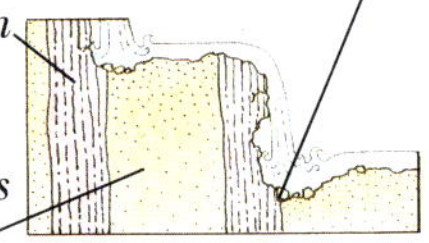

Wasserfall

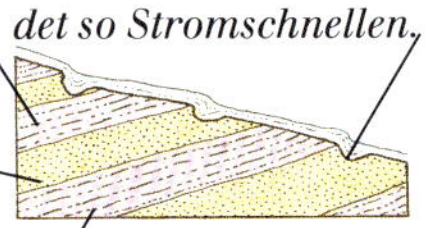

Stromschnellen

Ein Flussentwässerungssystem

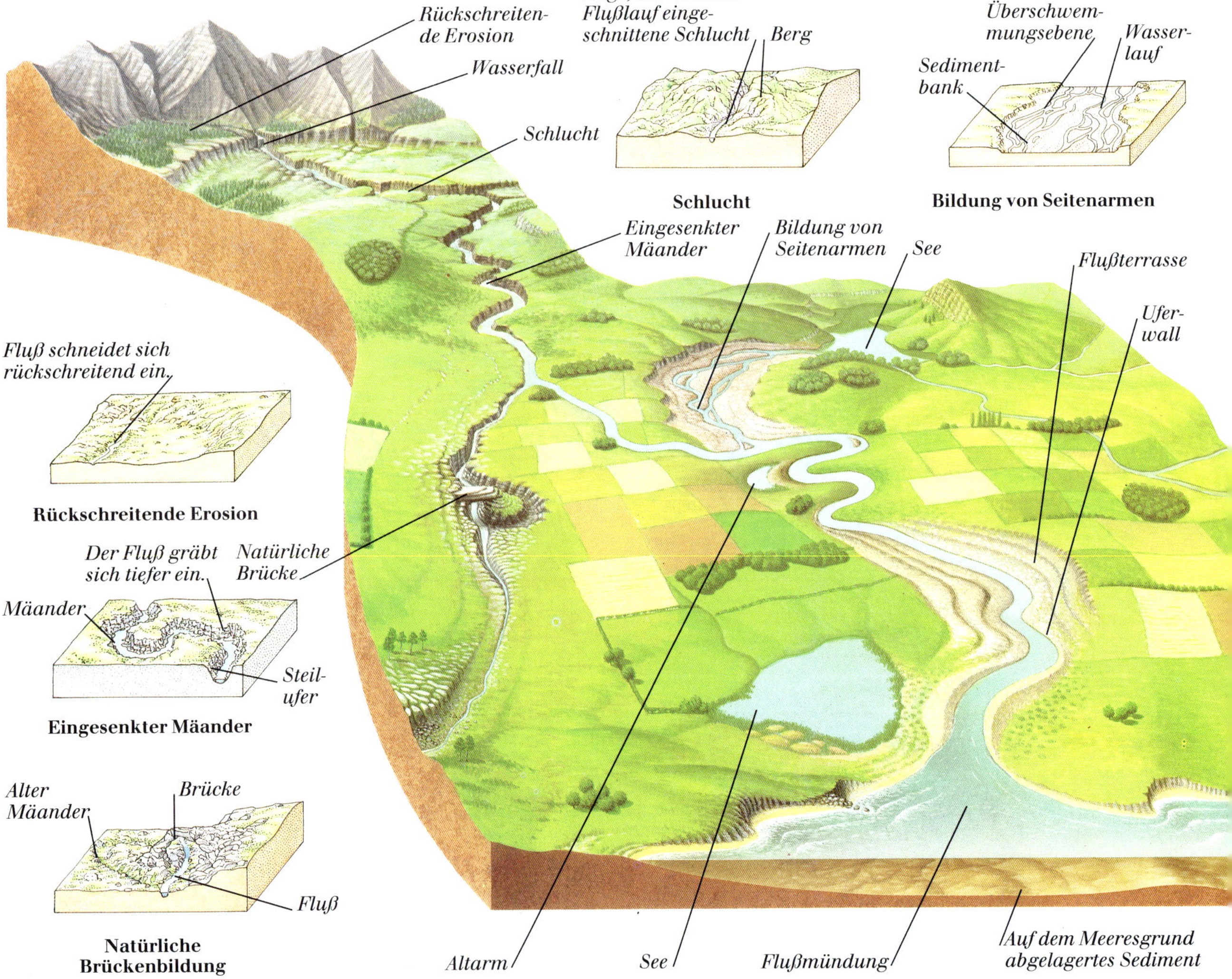

Schlucht

Bildung von Seitenarmen

Rückschreitende Erosion

Eingesenkter Mäander

Natürliche Brückenbildung

Typische Merkmale eines Wasserfalls

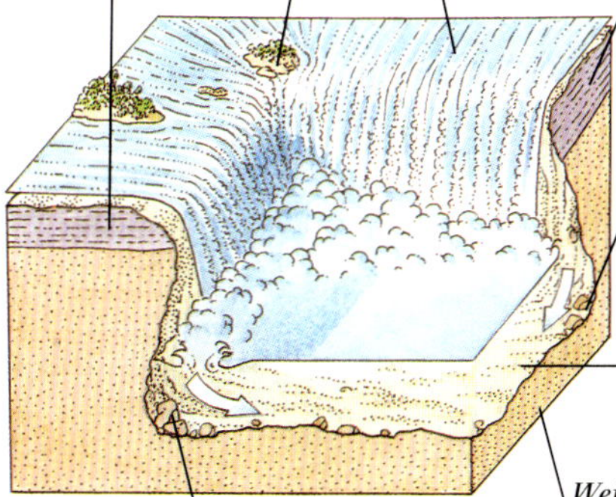

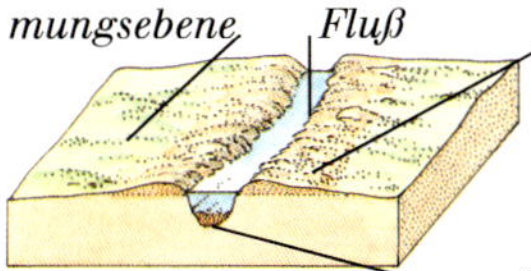

Uferwall

Flußterrasse

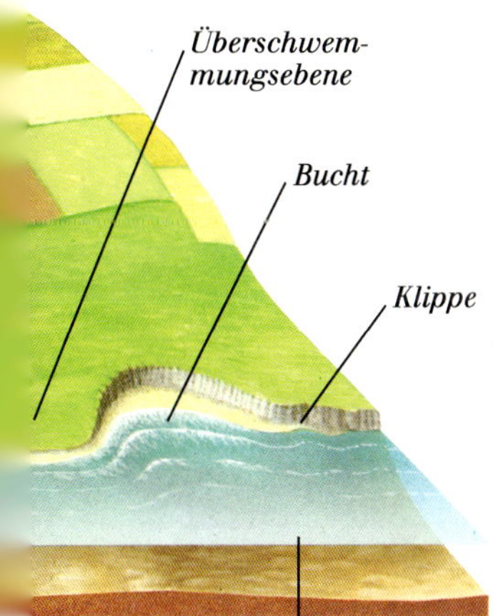

Das Mississippi-Delta

Bildung eines Deltas

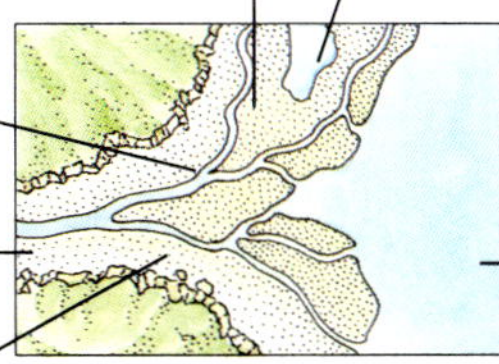

Anfangsstadium

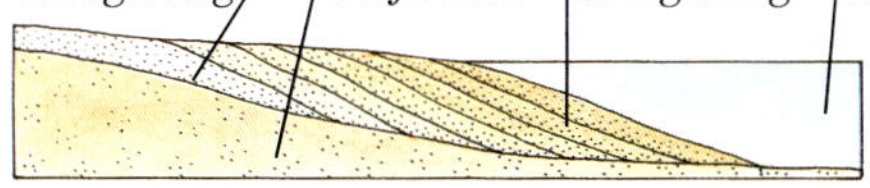

Schnitt durch ein Delta

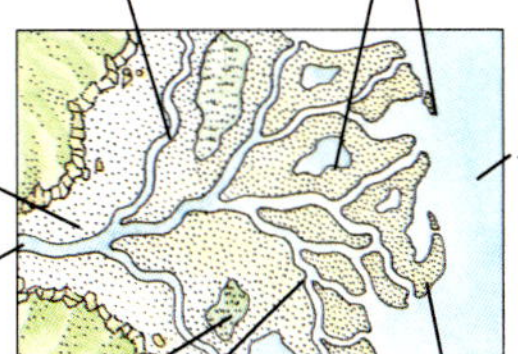

Zwischenstadium

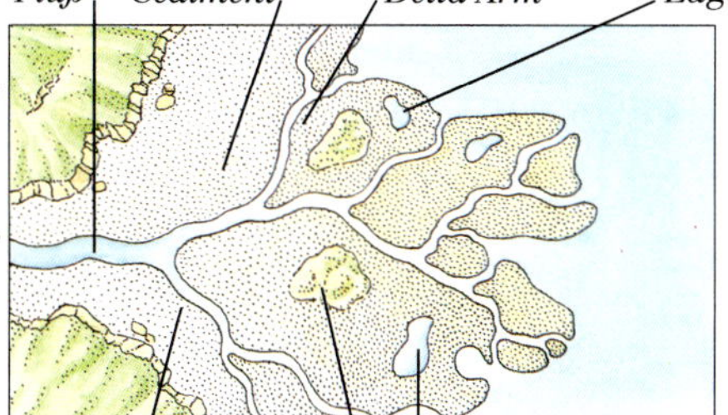

Spätes Stadium

Seen und Grundwasser

Natürliche Seen entstehen dort, wo sich große Mengen Wasser in einer Senke aus wasserundurchlässigem Gestein sammeln oder wo das Abfließen durch natürliche Barrieren wie Moränen oder erstarrte Lava verhindert wird. Seen sind häufig sehr kurzlebige Landschaftselemente, die relativ schnell durch die Sedimente einmündender Flüsse aufgefüllt werden. In tektonischen Senkungsgräben findet man dagegen beständigere Seen, beispielsweise den Baikalsee in Rußland, den größten Süßwassersee der Erde, oder auch das Tote Meer im Nahen Osten, einen der salzigsten Seen der Erde. An den Stellen, an denen das Wasser versickern kann, verschwindet es im Untergrund, bis es auf eine Schicht undurchlässigen Gesteins trifft. Die entstehende wassergesättigte Schicht heißt Aquifer oder Grundwasserleiter. In Abhängigkeit von saisonbedingten und klimatischen Veränderungen variiert diese Schicht in ihrer Mächtigkeit. An den Stellen, an denen der oberste Rand – der Grundwasserspiegel – auf die Erdoberfläche trifft, tritt Wasser in Form einer Quelle zutage. Bei einem artesischen Brunnen, in dem der Aquifer sich unterhalb der Aquifuge (einem wasserundurchlässigen Gesteinskörper) befindet, wird der Grundwasserspiegel durch die Höhe des Beckenrandes bestimmt. Im Mittelpunkt eines solchen Beckens liegt der Grundwasserspiegel oberhalb der Erdoberfläche. Daher ist das Wasser unter der Erdoberfläche gefangen und kann durch den Eigendruck an Verwerfungslinien oder Bohrlöchern in Form einer Fontäne aus der Erde schießen.

Der Baikalsee in Rußland

Beispiele für Quellen

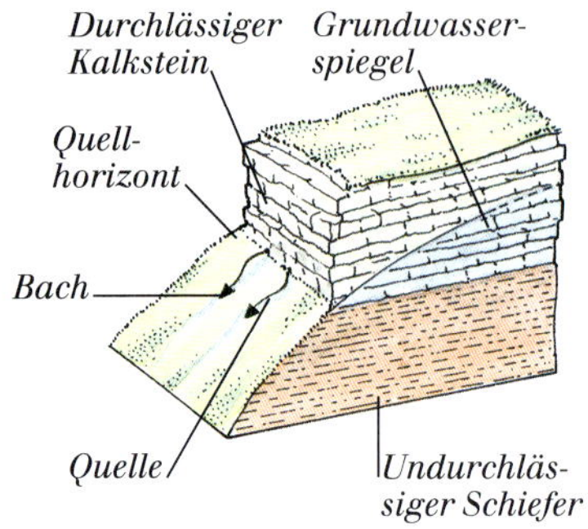

Karstquelle

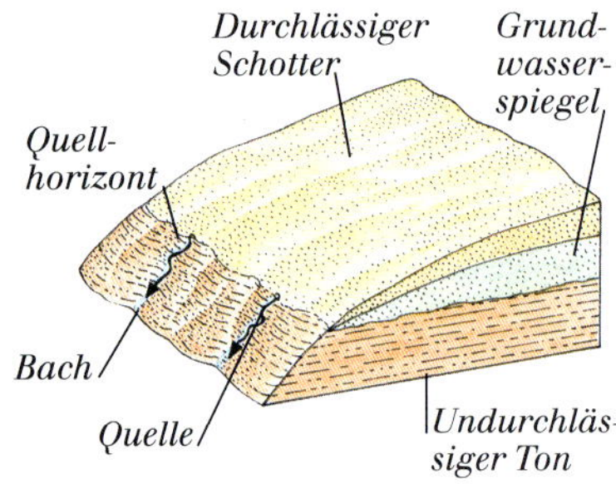

Schuttquelle

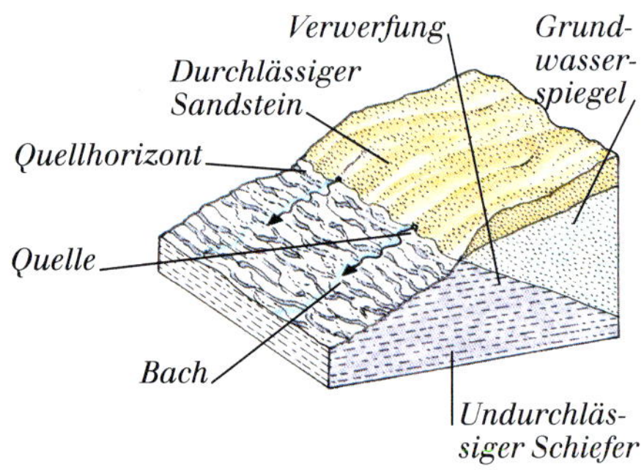

Verwerfungsquelle

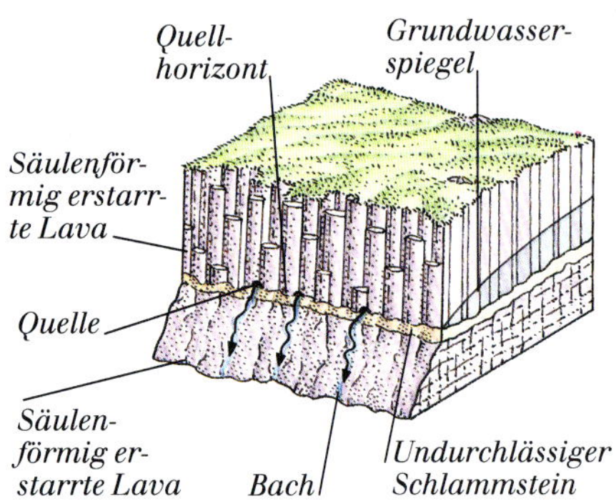

Schichtquelle

Schnitt durch ein Artesisches Becken

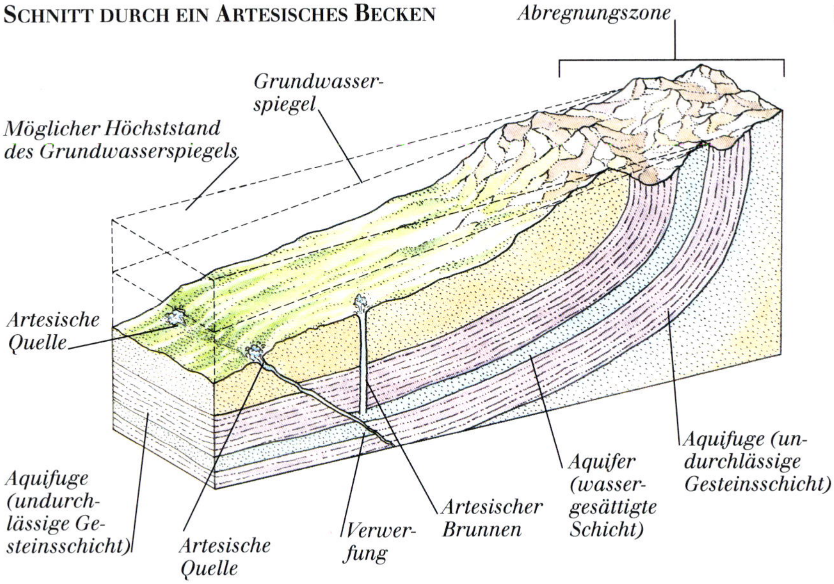

Typische Merkmale des Grundwassersystems

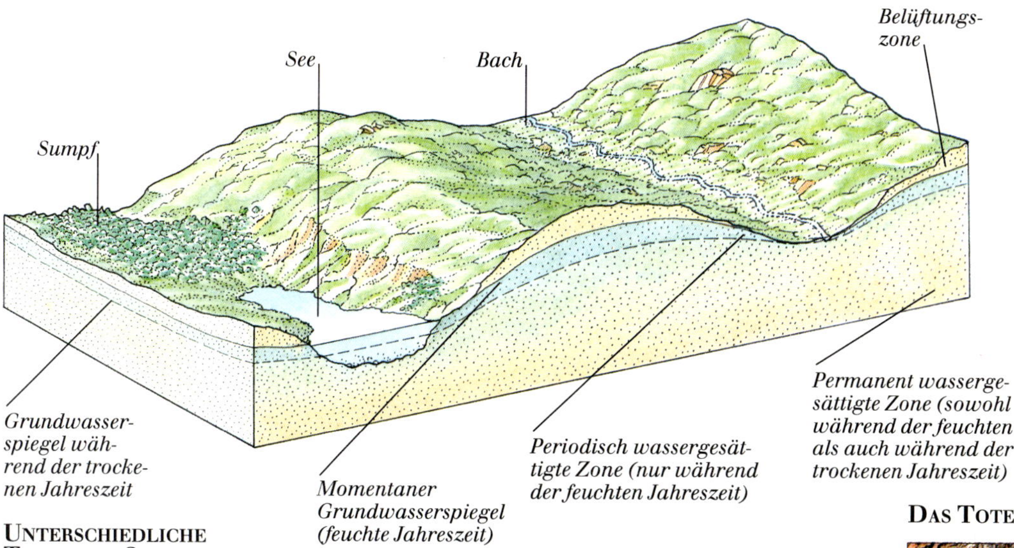

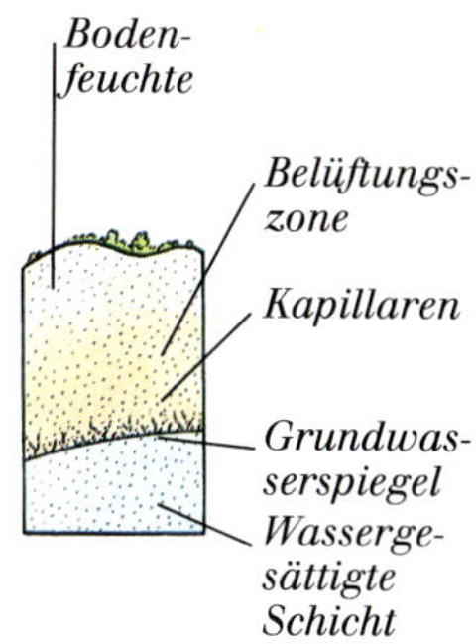

Die Oberflächen-schichten (Ausschnitt)

Unterschiedliche Typen von Seen

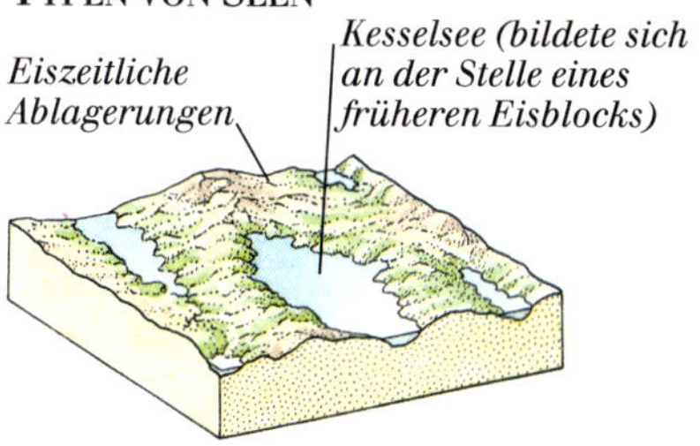

Kesselsee

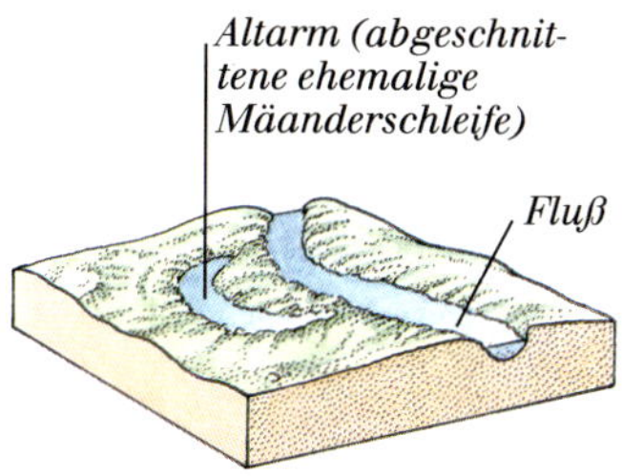

Altarm

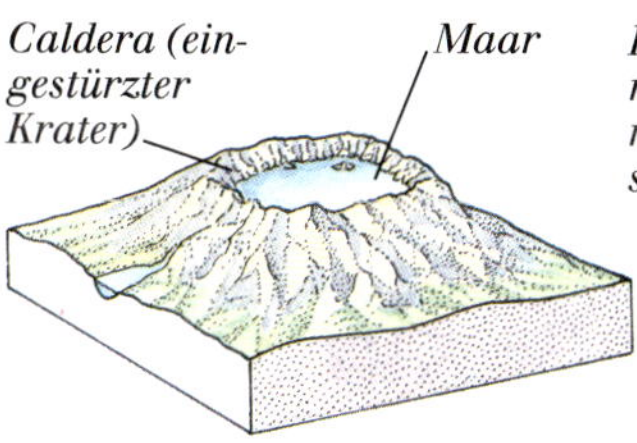

Maar

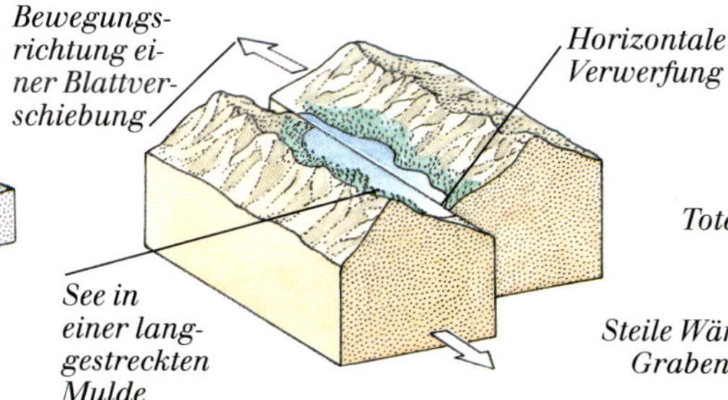

Verwerfungssee

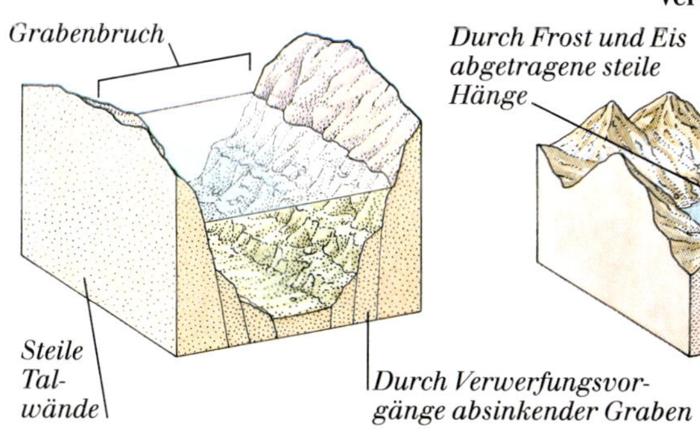

Grabensee

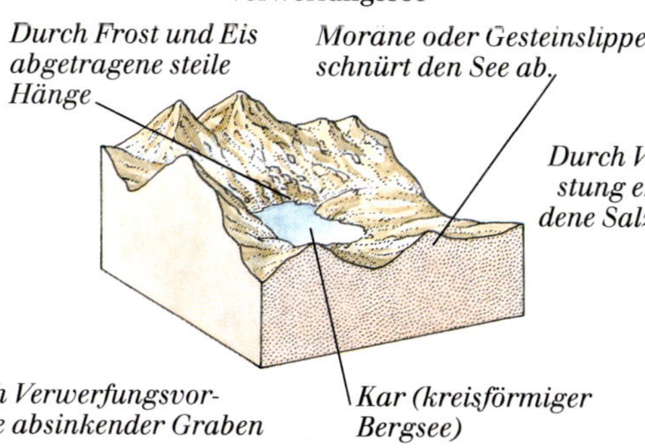

Kar

Das Tote Meer

Küstenformen

Die Meeresküsten gehören zu den Landschaften, die sich sehr schnell verändern. Einige werden durch Wellen, Wind und Regen abgetragen, wodurch Klippen unterspült und Brandungshöhlen aus festem Gestein ausgewaschen werden; andere werden durch Strandversetzung verlängert. Außerdem lagern Flüsse Sedimente ab, z.B. in einem Delta, und weitere Einflüsse kommen durch die Aktivitäten lebender Organismen, beispielsweise Korallen, zustande. Durch tektonisches Heben des Landes oder das Fallen des Meeresspiegels tauchen neue Küstenstreifen mit Klippen und Stränden oberhalb des neuen Meeresspiegels auf. Ein Absinken der Landmasse oder ein Ansteigen des Meeresspiegels führt dagegen zu ertrunkenen Küstenlinien, die sich z.B. in Fjorden („ertrunkene“ Gletschertäler) oder Meerengen erkennen lassen.

Typische Merkmale von Steilküsten

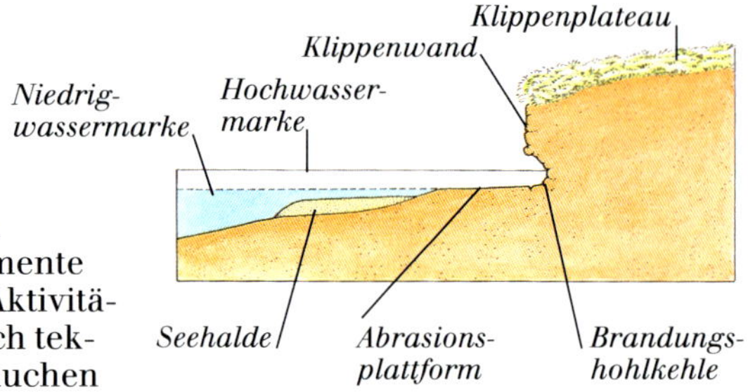

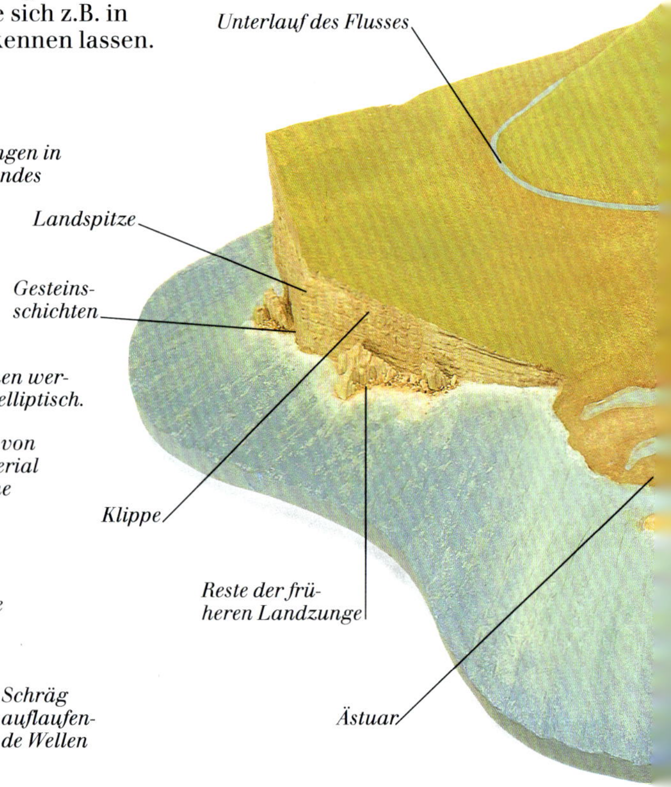

Typische Merkmale von Wellen

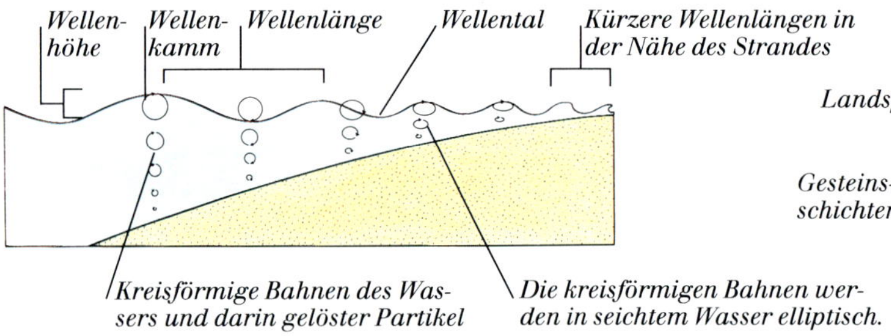

Strandversetzung

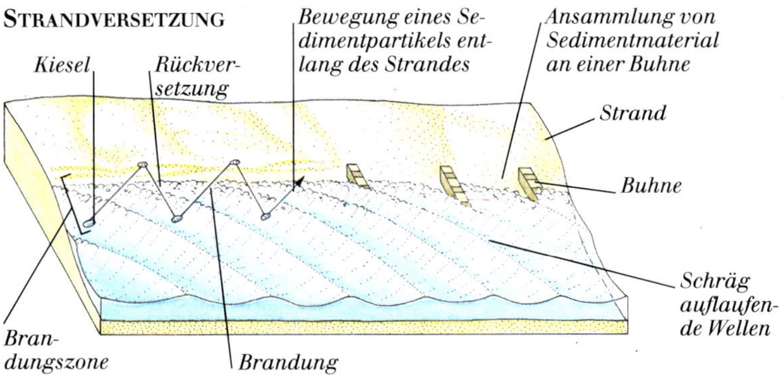

Ablagerungen an der Küste

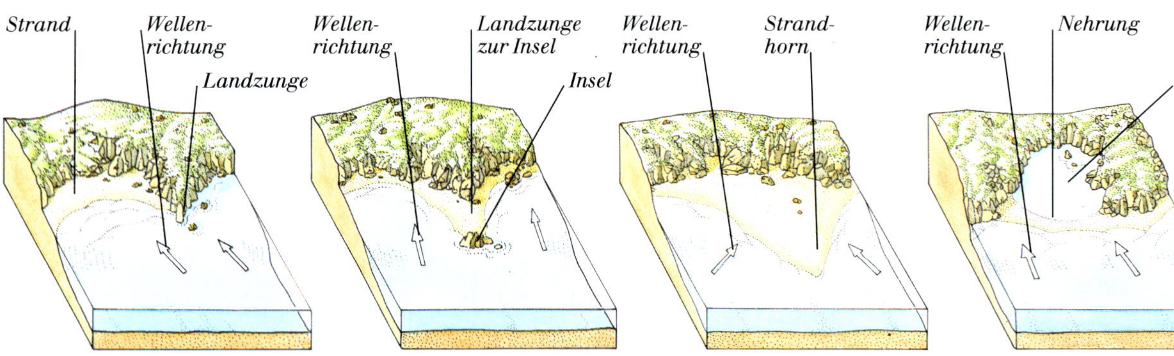

Strand in einer Bucht **Landzungenbildung** **Strandhorn** **Nehrung**

Typische Merkmale einer Küste

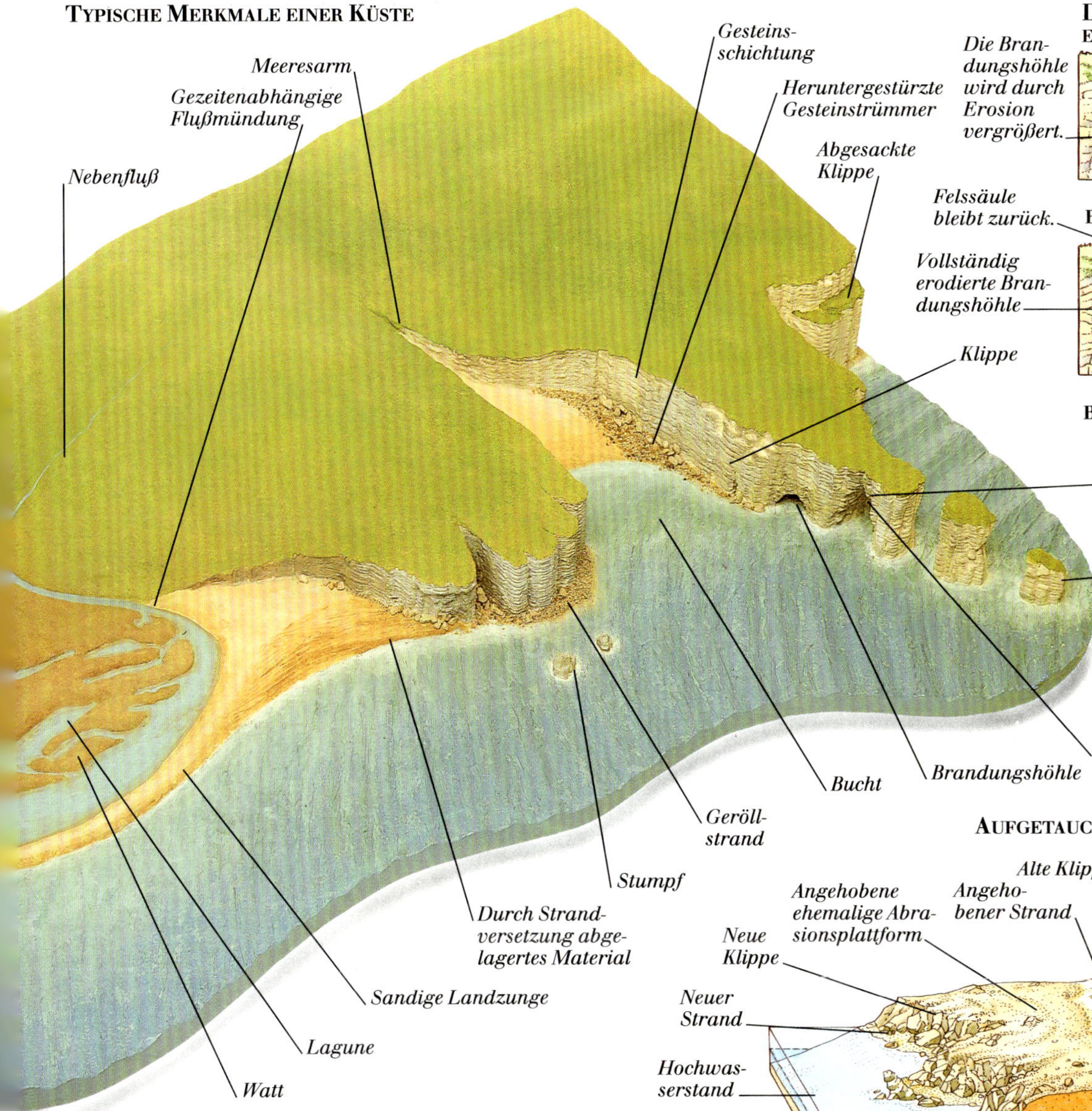

Die Entstehung einer Felssäule

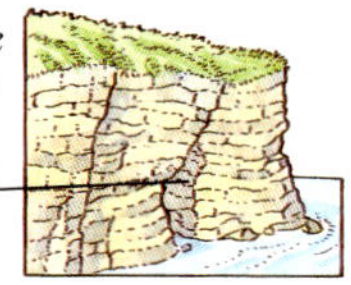

Bildung einer Brandungshöhle

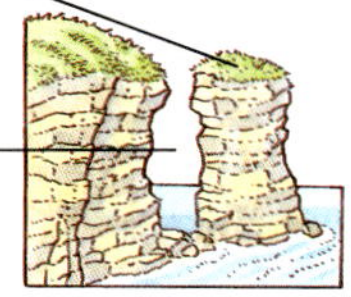

Einsturz der Brandungshöhle

Aufgetauchte Küstenlinie

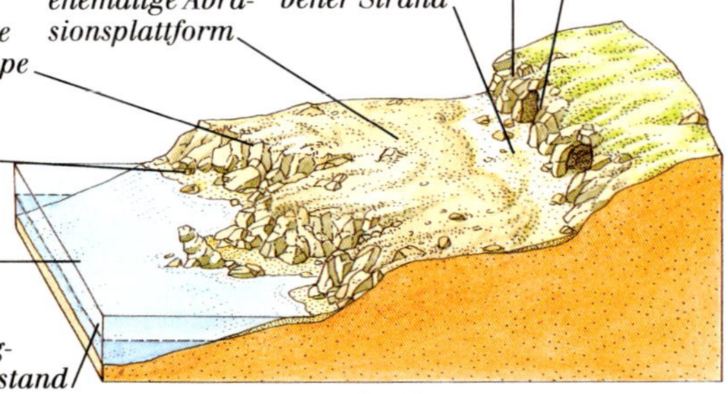

Steilküste

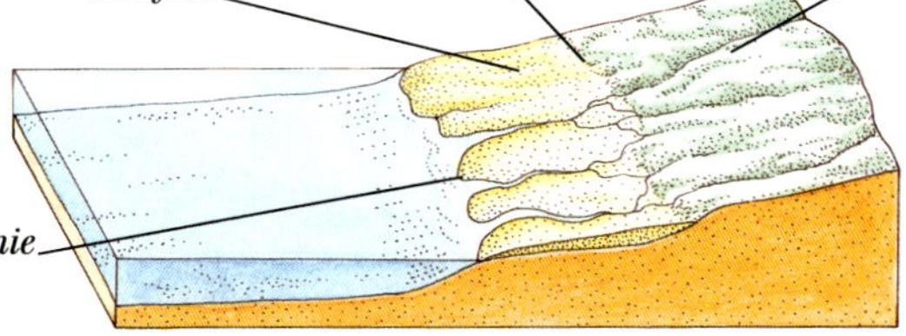

Flachküste

Ertrunkene Küstenlinien

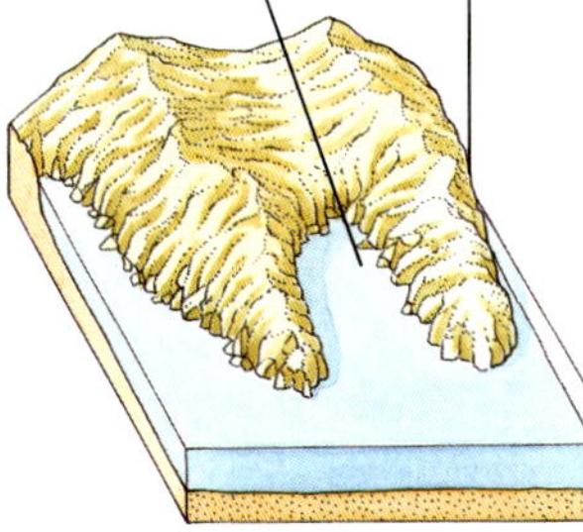

Fjordküste

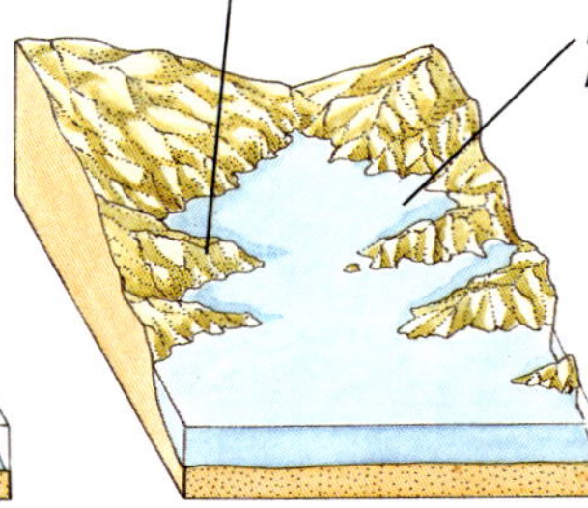

Längsküste

Meere

Unsere Erde ist zu etwa 70 % von Meeren bedeckt, die einen großen Einfluß auf das Klima und die Regulation der Temperatur haben. Besonders in tropischen Gebieten nimmt das Wasser die Wärme der Sonne auf. Anschließend verteilen Oberflächenströmungen dieses Wasser über den gesamten Erdball und erwärmen die darüber befindlichen Luftmassen. Während des Winters hält das Wasser auch angrenzende Landmassen warm, während es sie im Sommer abkühlt. Die Ozeane sind ständig in Bewegung. Unterschiede in der Temperatur und im Salzgehalt führen zu Tiefenströmen, während die Oberflächenströmungen durch den Wind entstehen, der ständig über den Meeren weht. Durch die Erdrotation werden alle Strömungen abgelenkt, in der nördlichen Erdhalbkugel nach rechts, in der südlichen nach links. Diesen Ablenkungsfaktor nennt man Coriolis-Kraft. Durch sie wird eine Strömung, die direkt an der Meeresoberfläche beginnt, sofort abgelenkt. Diese Strömung erzeugt wiederum eine Strömung in der darunterliegenden Wasserschicht, die ebenfalls abgelenkt wird, und während sich diese Bewegung nach unten fortpflanzt, bildet sich eine sogenannte Ekman-Spirale. Das Wasser in den Meeren wird außerdem durch die Gezeiten, also durch Ebbe und Flut, in Bewegung gehalten. Diese werden durch die Anziehungskräfte des Mondes und der Sonne verursacht. Der Tidenhub (die Gezeiten, die wir als Ebbe und Flut wahrnehmen) ist bei Voll- und Neumond am höchsten (Springtiden), und am niedrigsten, wenn Mond und Sonne im rechten Winkel zur Erde stehen (Nipptiden).

Oberflächenströmungen

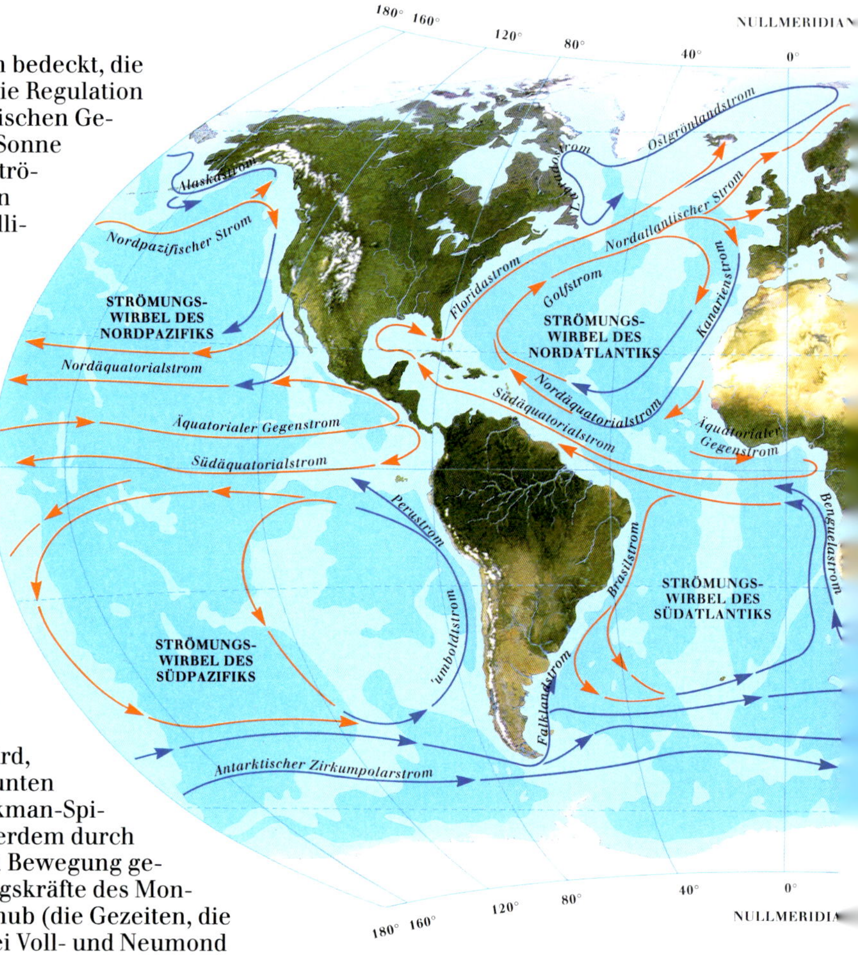

Die Salze des Meerwasser

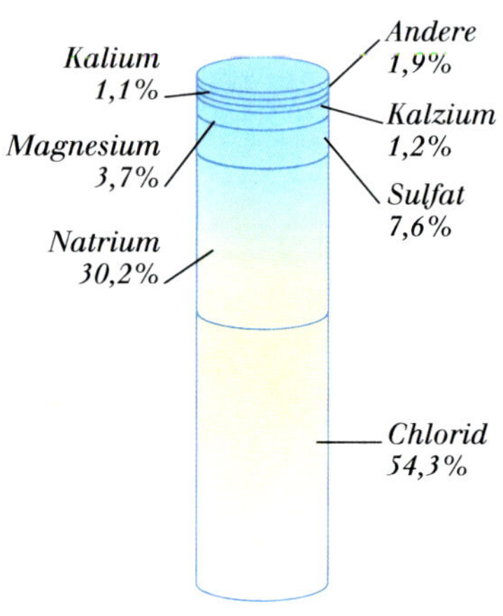

Meeresströmungen

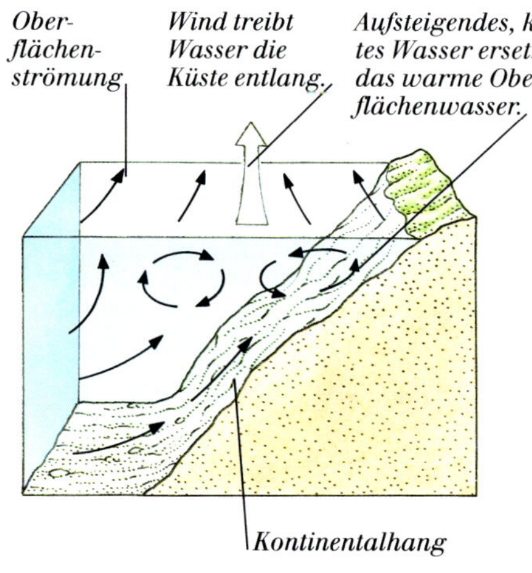

Aufsteigendes Tiefenwasser auf der südlichen Erdhalbkugel

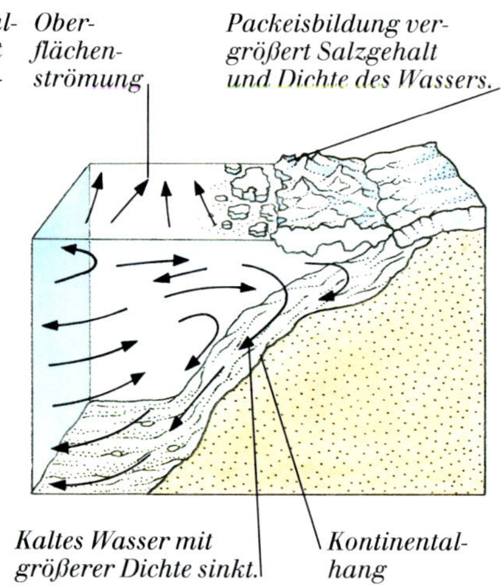

Antarktisches Bodenwasser

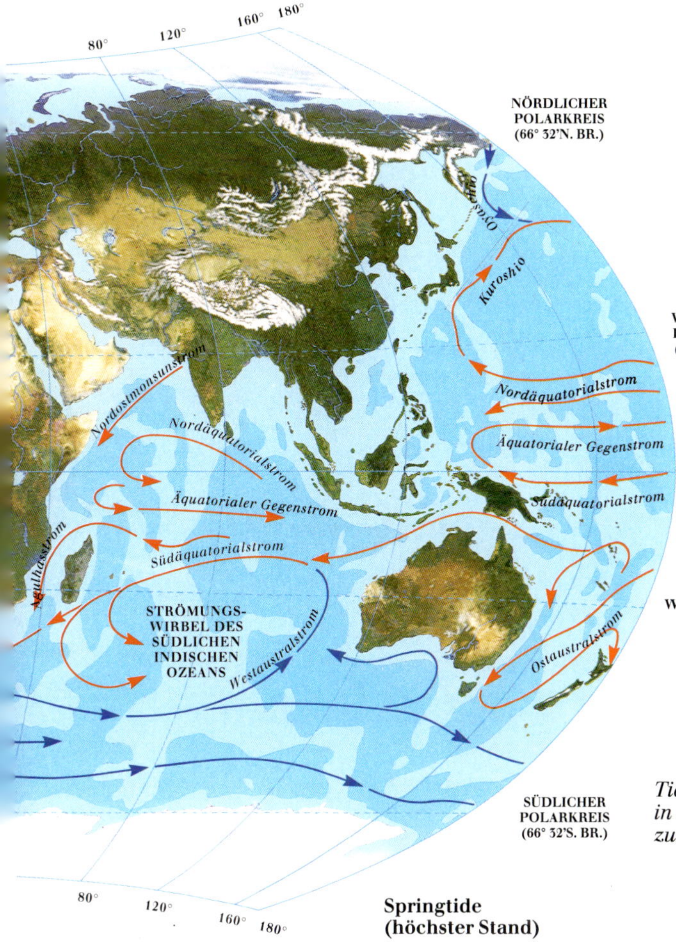

Die Auswirkungen der Coriolis-Kraft

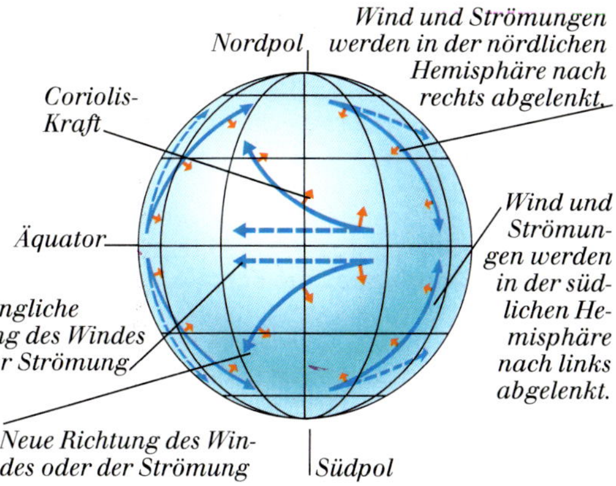

Ekman-Spirale (auf der Nordhalbkugel)

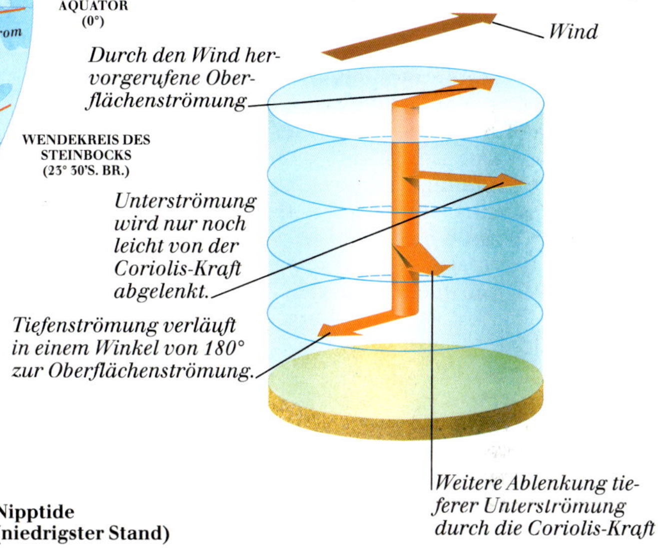

Die Entstehung der Gezeiten

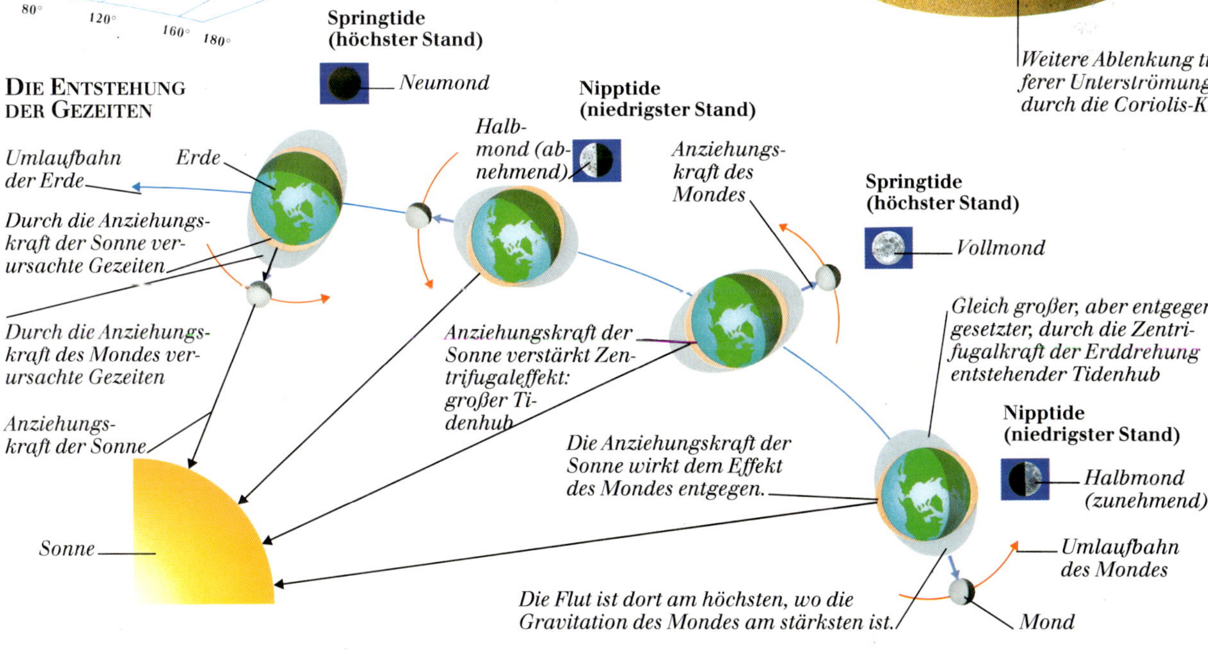

Der Meeresboden

Der Meeresboden läßt sich in zwei Bereiche einteilen, das Kontinentalschelf mit dem Kontinentalhang und das Tiefseebecken. Das Kontinentalschelf und der Kontinentalhang sind Teil der kontinentalen Kruste, können sich aber bis weit ins Meer erstrecken. Das Kontinentalschelf neigt sich langsam bis zu einer Tiefe von 140 Metern und ist von sandigen Ablagerungen bedeckt, die durch Wellen und Gezeitenströmungen geformt wurden. Das Tiefseebecken erstreckt sich bis in eine durchschnittliche Tiefe von 3.800 Metern, und dort lagern sich Schlamm, Schlick aus den Resten winziger Meerestiere und vereinzelt mineralische Sedimente ab. Durch Echolotuntersuchungen und Satellitenaufnahmen konnten im Tiefseebecken Gebirgszüge sichtbar gemacht werden, die höher sind als alle Gebirge auf dem Festland: die mittelozeanischen Rücken. An diesen Stellen tritt Magma aus dem Erdinneren aus und erstarrt, wodurch eine Ausdehnung des Meeresbodens erfolgt (s.S. 64–65). Durch diese Verschiebung des Meeresbodens werden Vulkane, die sich über sogenannten Hot Spots gebildet haben, von ihrer Magmaquelle entfernt. Solche Vulkane erlöschen, erodieren und versinken schließlich. Vulkane, die nicht mehr über den Meeresspiegel hinausragen, werden Seamounts genannt. In warmen Meeren wird ein Vulkan, der über die Meeresoberfläche hinausragt, oft von Korallenriffen umgeben, die ein Atoll bilden, wenn der erloschene Vulkan versinkt.

Der Boden des Kontinentalschelfs

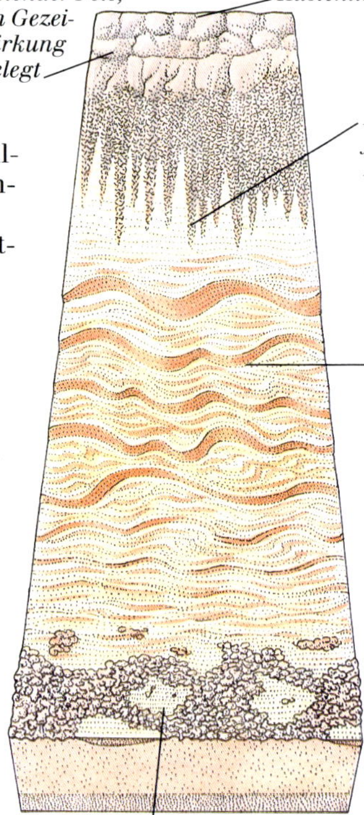

Typische Merkmale des Tiefseebeckens

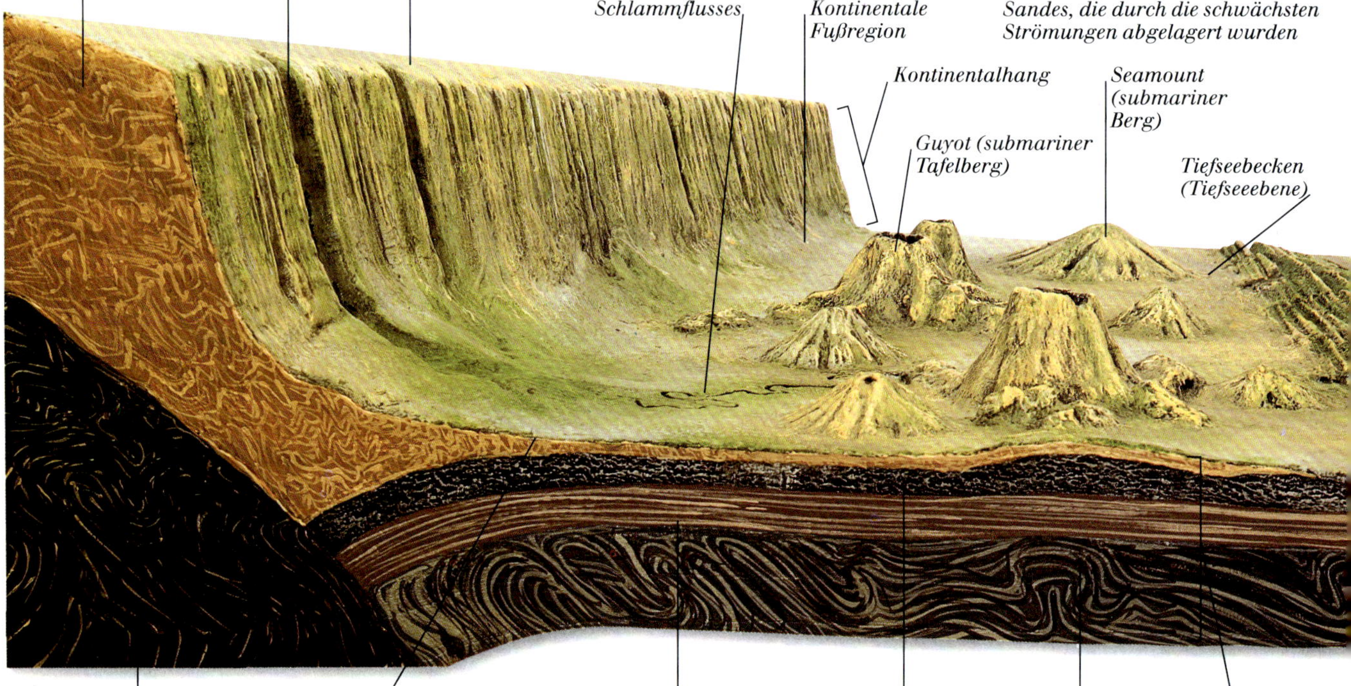

Verbreitung der Tiefseesedimente

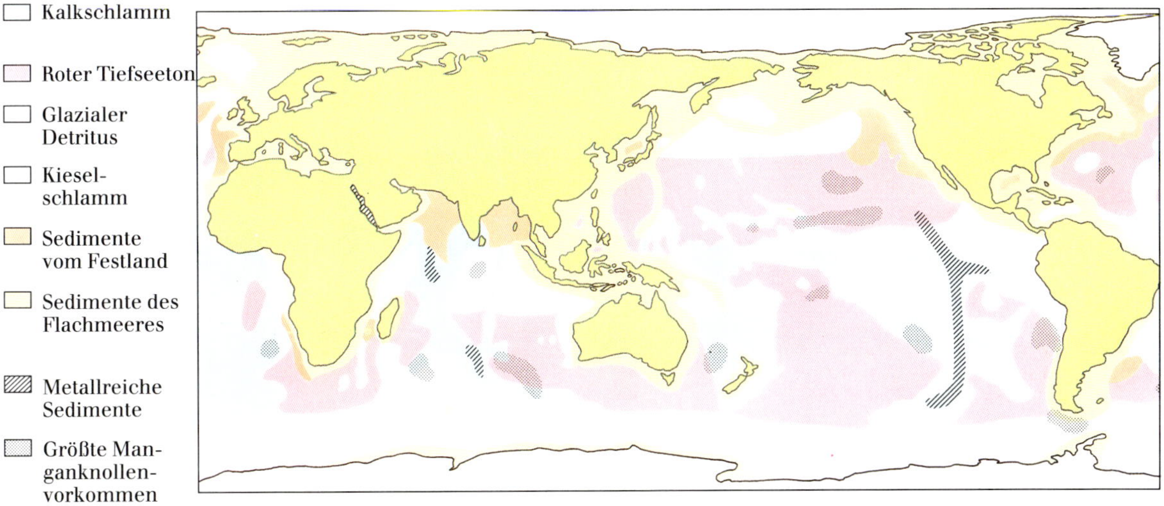

Echogramm des Meeresbodens

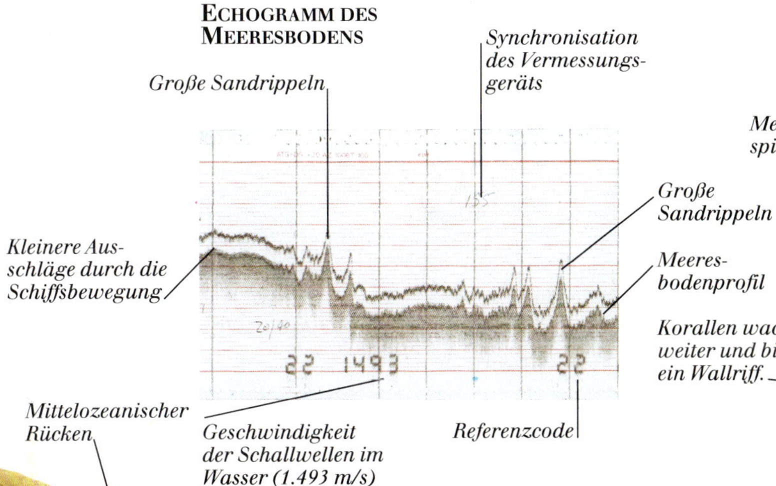

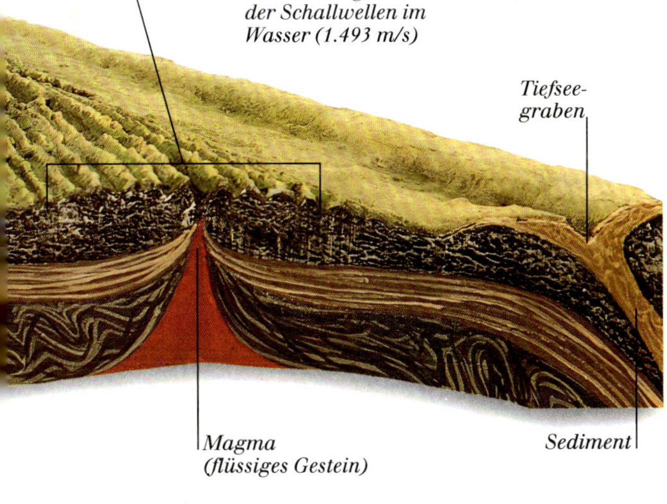

Entstehung eines Atolls

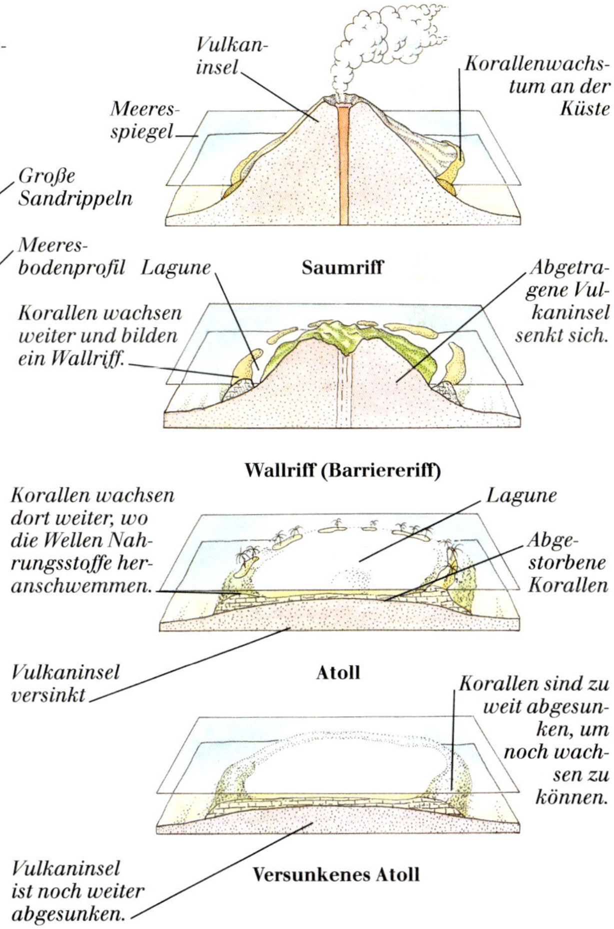

Die Atmosphäre

Der Strahlstrom

Bekanntlich ist die Erde von einer Atmosphäre umgeben, also von einer Hülle aus Gasen, die es uns ermöglicht, auf diesem Planeten zu leben. Die Atmosphäre hält einen großen Teil der gefährlichen ultravioletten Sonnenstrahlen zurück und schützt die Erde außerdem vor extremen Temperaturen, da sie einerseits die Sonneneinstrahlung vermindert, aber auch verhindert, daß zuviel Wärme wieder in den Weltraum entweicht. Dieses natürliche Gleichgewicht wird heute durch den sogenannten Treibhauseffekt beeinflußt, der dadurch zustande kommt, daß Gase wie Kohlendioxid sich in der Atmosphäre anreichern und dadurch mehr eingestrahlte Wärme zurückhalten. In der Nähe der Erdoberfläche führen Unterschiede in der Lufttemperatur und im Luftdruck dazu, daß die Luft zwischen dem Äquator und den Polen zirkuliert. Diese Zirkulation verursacht zusammen mit der Coriolis-Kraft die vorherrschenden erdnahen Winde und den in der Höhe auftretenden Strahlstrom (Jetstream).

ATMOSPHÄRISCHE ZIRKULATIONEN UND WINDE

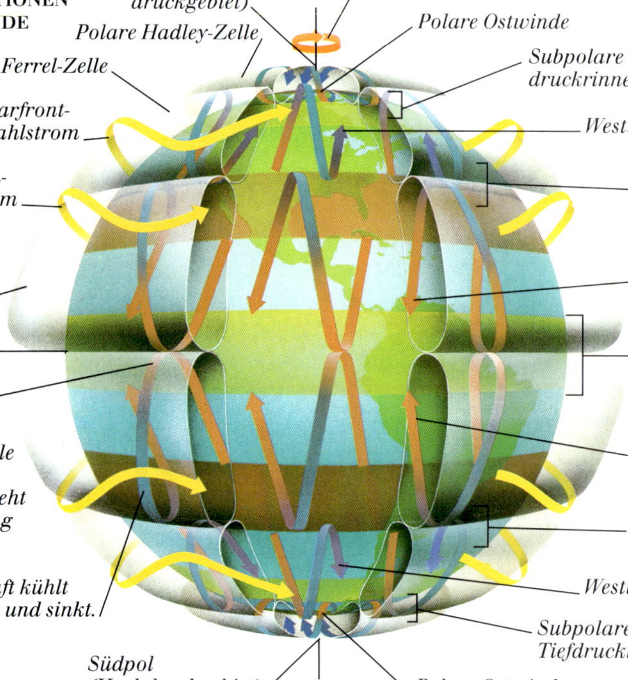

BILDUNG VON ROSSBY-WELLEN IM STRAHLSTROM

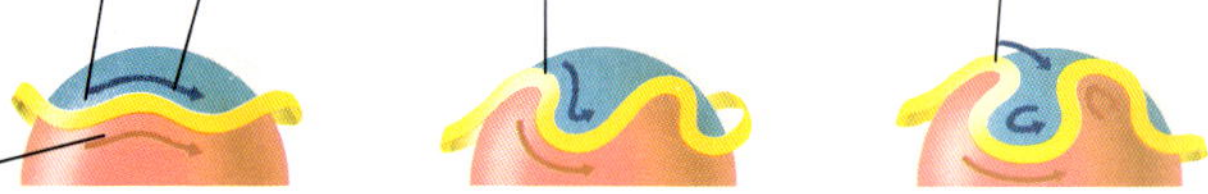

Anfangsstadium | **Entwicklung starker Wellen** | **Endstadium**

Aufbau der Atmosphäre

Das Wärmesystem der Erde

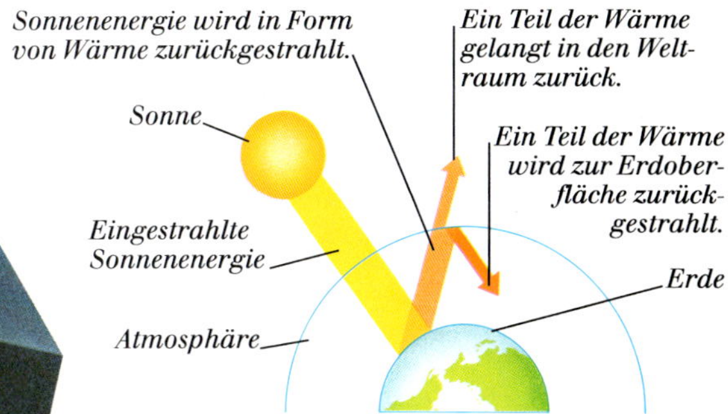

Die Schutzfunktion der Atmosphäre

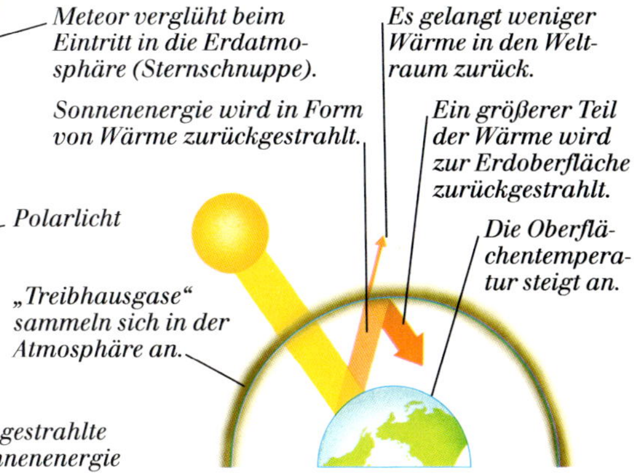

Treibhauseffekt

Chemische Zusammensetzung der unteren Atmosphäre

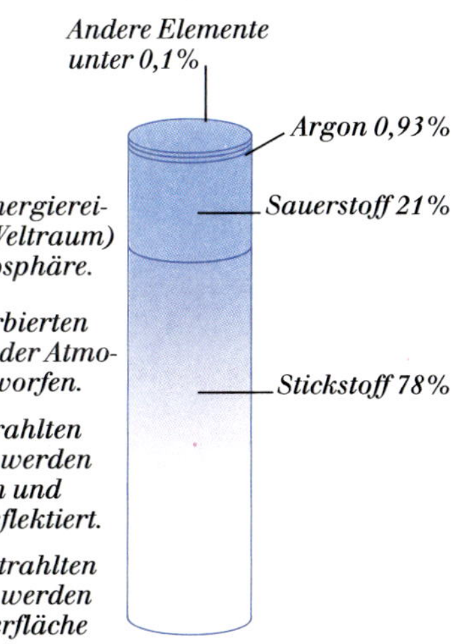

Das Wetter

Unter Wetter versteht man die atmosphärischen Bedingungen zu einer bestimmten Zeit an einem bestimmten Ort; unter Klima die durchschnittlichen Wetterbedingungen in einer bestimmten Region. Beim Wetter geht es um die Temperatur, den Wind, die Bewölkung und um Niederschläge. „Gutes“ Wetter hängt mit Hochdruckgebieten zusammen, wolkiges, niederschlagsreiches Wetter mit Zonen geringen Luftdrucks und aufsteigender, unbeständiger Luft. Solche Bedingungen treten in gemäßigten Breiten auf, wo warme und kalte Luftmassen an einer Polarfront aufeinandertreffen. Hier entstehen häufig Tiefdruckgebiete aus wellenförmigen Deformationen der Polarfront. Bei der Entstehung eines Tiefdruckgebiets oder Zyklons treffen eine Warmfront und eine Kaltfront aufeinander. Der Warmluftsektor zwischen beiden Fronten wird dabei nach oben gedrückt, so daß ein sogenannter okkludierter Zyklon entsteht. Bei einem Hurrikan (auch Taifun oder tropischer Wirbelsturm genannt) handelt es sich um eine extreme Form des Tiefdruckgebiets, das mit sintflutartigen Regenfällen und außergewöhnlich heftigen Winden verbunden ist.

Hauptwolkentypen

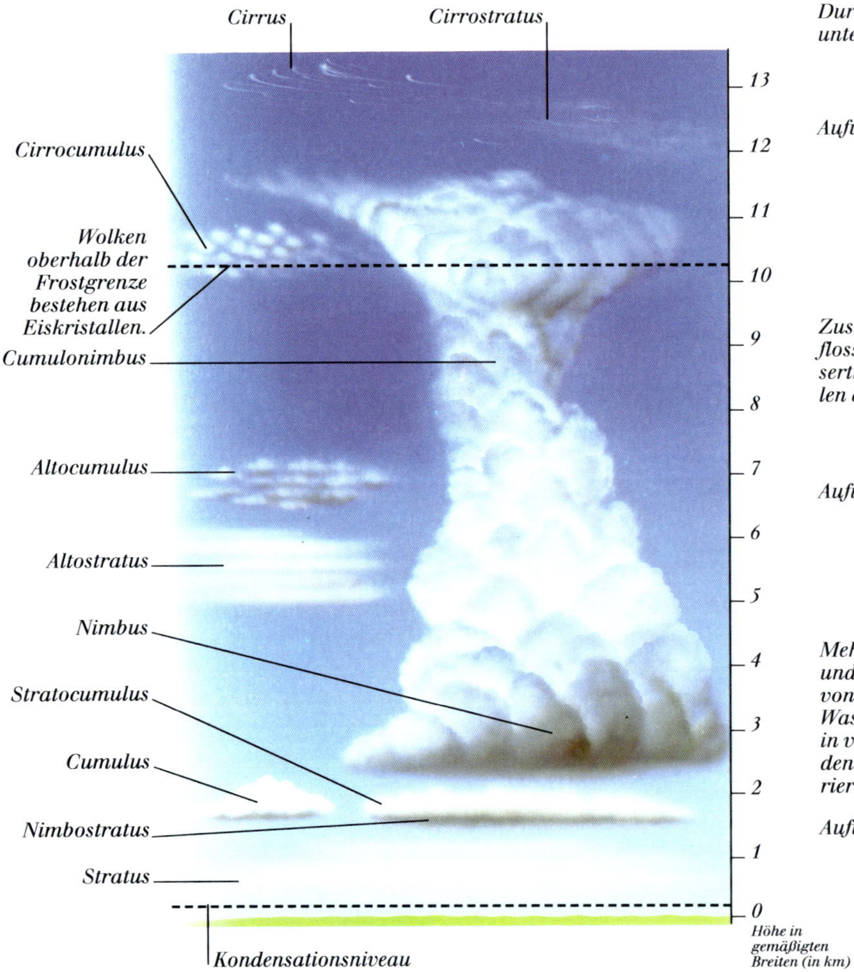

Okklusionstypen

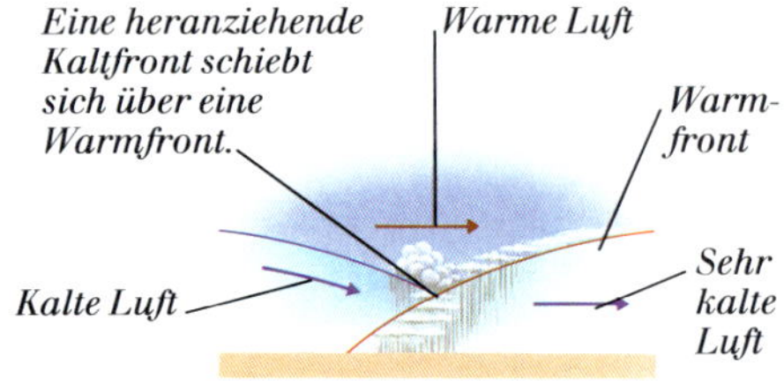

Warmfrontokklusion

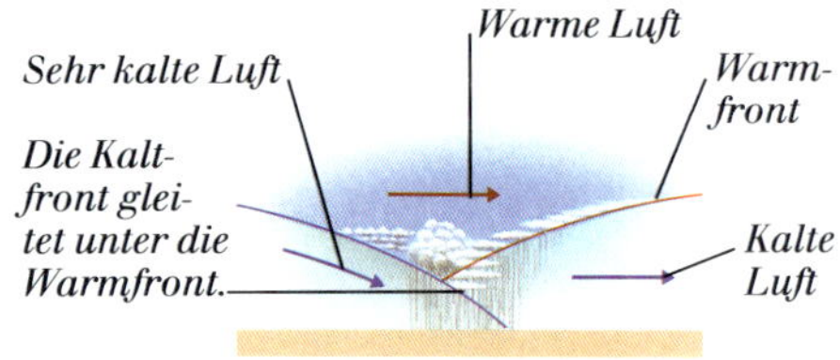

Kaltfrontokklusion

Niederschlagsarten

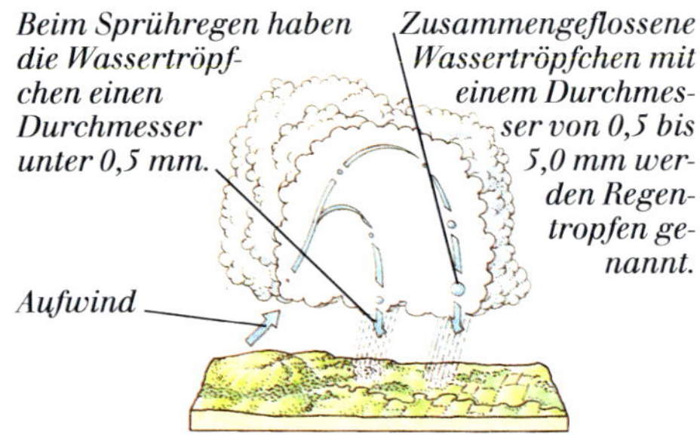

Regen aus Wolken über der 0°C-Grenze

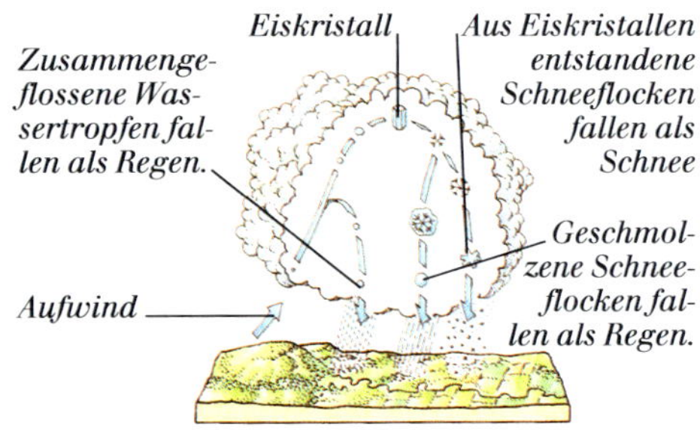

Regen und Schnee aus Mischwolken an der Frostgrenze

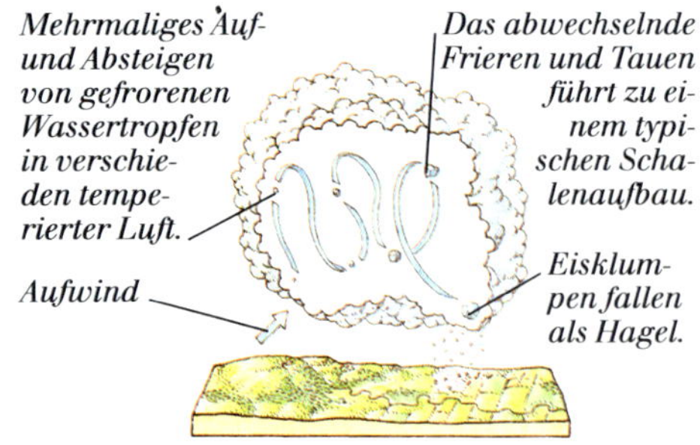

Hagel

Schnitt durch einen Hurrikan

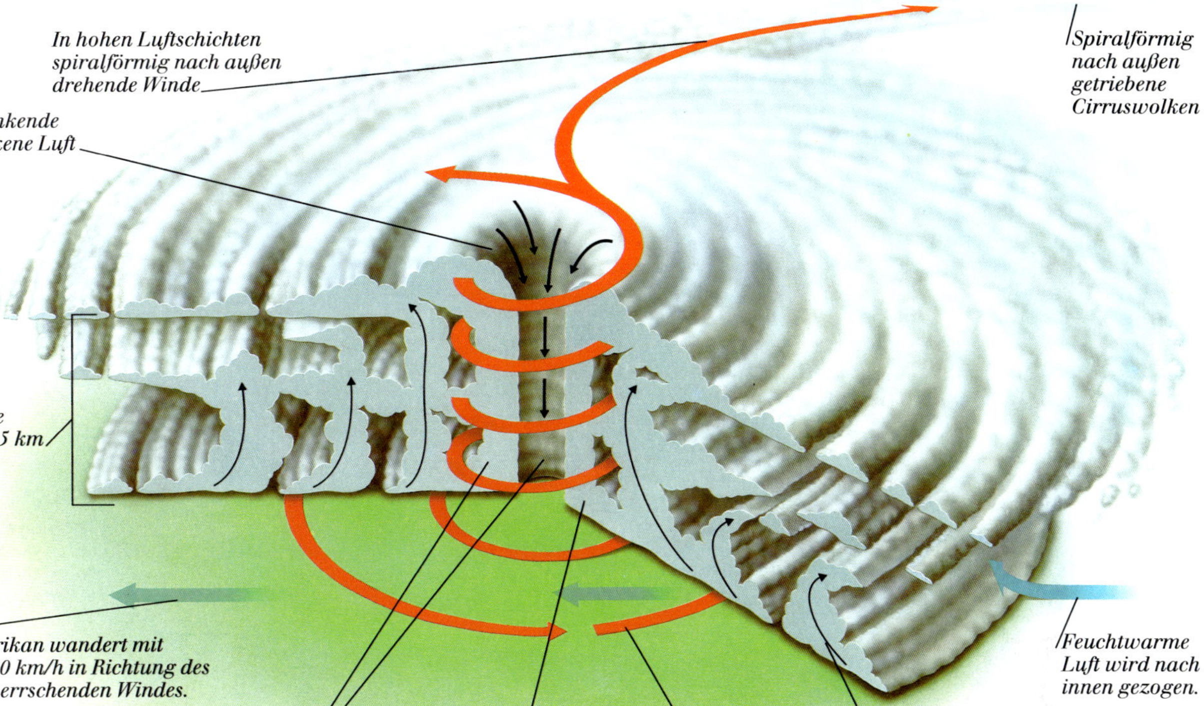

Wetterkarte

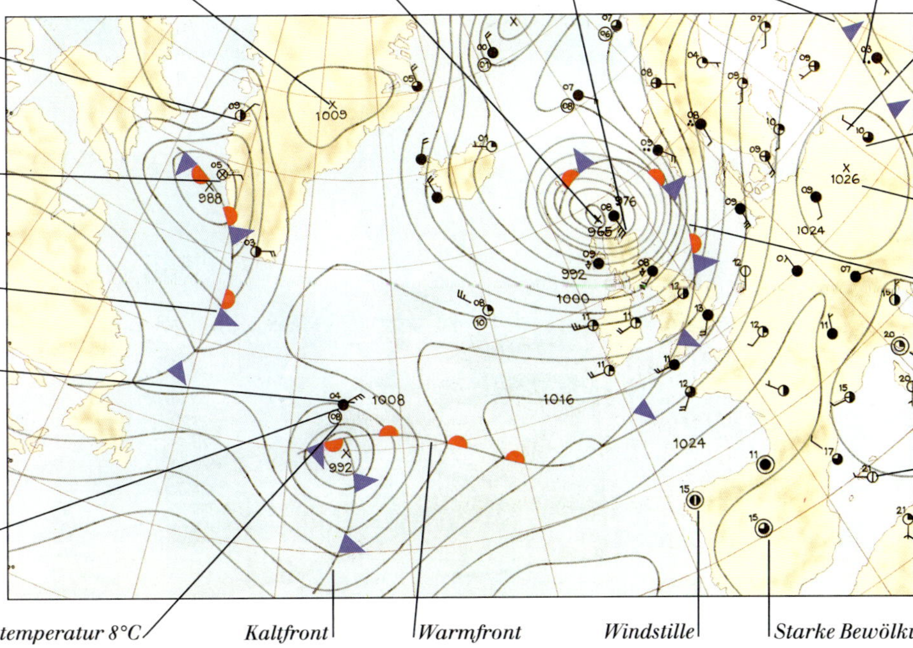

Physik und Chemie

Vielfalt der Materie 316

Atome und Moleküle 318

Das Periodensystem 320

Chemische Reaktionen 322

Energie 324

Elektrizität und Magnetismus 326

Licht 328

Kraft und Bewegung 330

Vielfalt der Materie

Pflanze und Insekt (belebte Materie)

Materie ist alles, was einen Raum beansprucht. Sie kann in drei Aggregatzuständen auftreten: fest, flüssig und gasförmig. Bei einem Feststoff sind Form und Volumen konstant. Eine Flüssigkeit verändert ihre Form, nicht aber das Volumen, bei einem Gas können sich Form und Volumen ändern. Die meisten Stoffe kommen – je nach Temperatur – in allen drei Zuständen vor. Bei extrem hohen Temperaturen zerfallen Atome und Moleküle, und es entsteht Plasma (vierter Aggregatzustand). Alle Stoffe bestehen aus kleinsten Teilchen (Atome und Moleküle, s.S. 318–319). Ihre Anordnung und Wechselwirkungen bestimmen die Eigenschaften jedes Stoffs. Die Vielfalt der chemischen Stoffe beruht auf den vielen Kombinationsmöglichkeiten für die kleinsten Teilchen. Glas nennt man einen Feststoff, in dem die Teilchen nicht regelmäßig angeordnet sind und wie bei einer Flüssigkeit aneinander vorbeigleiten können. Besteht ein Stoff nur aus gleichen Atomen, spricht man von einem Element (s.S. 320), besteht er aus Molekülen aus verschiedenen Atomen, liegt eine Verbindung vor. Nur wenige Substanzen kommen in der Natur rein vor, meist sind sie mit anderen vermischt. Solche Stoffgemische sind z.B. Lösungen eines Stoffs in einem anderen oder Kolloide, bei denen größere Teilchen eines Stoffs gleichmäßig in einem anderen Stoff verteilt sind.

Kolloide

Haargel (Feststoff in Flüssigkeit)

Rasierschaum (Luft in Flüssigkeit)

Nebel (Flüssigkeit in Gas)

Verschiedene Stoffe

Polyethylen = PE (Kunststoff)

Reines Silicium (Halbleiter)

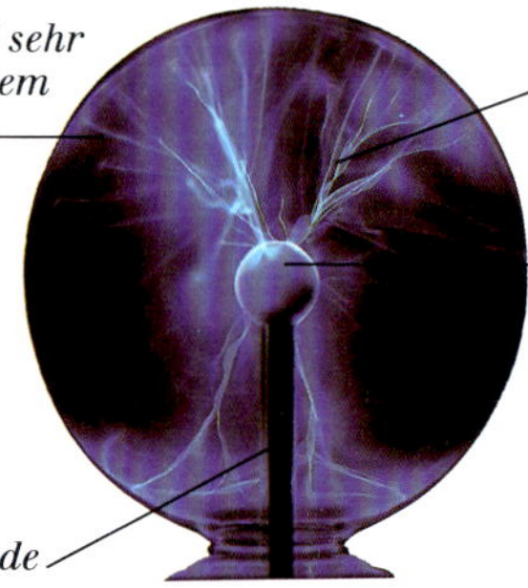

Kugel mit extrem heißen Gas (Plasma)

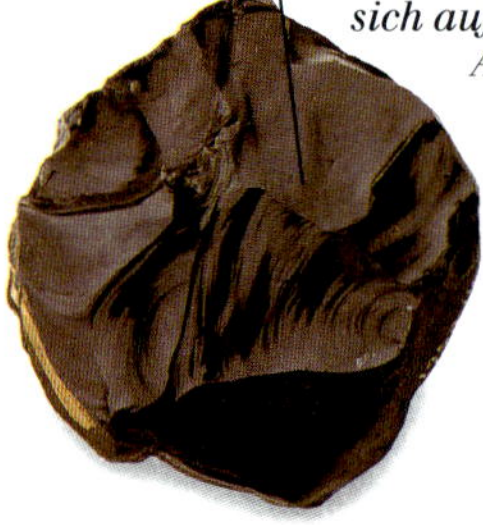

Obsidian (Natürliches Glas)

Azurit (Kristallines Mineral)

Kaliumpermanganat und Wasser (Lösung)

Aggregatzustände

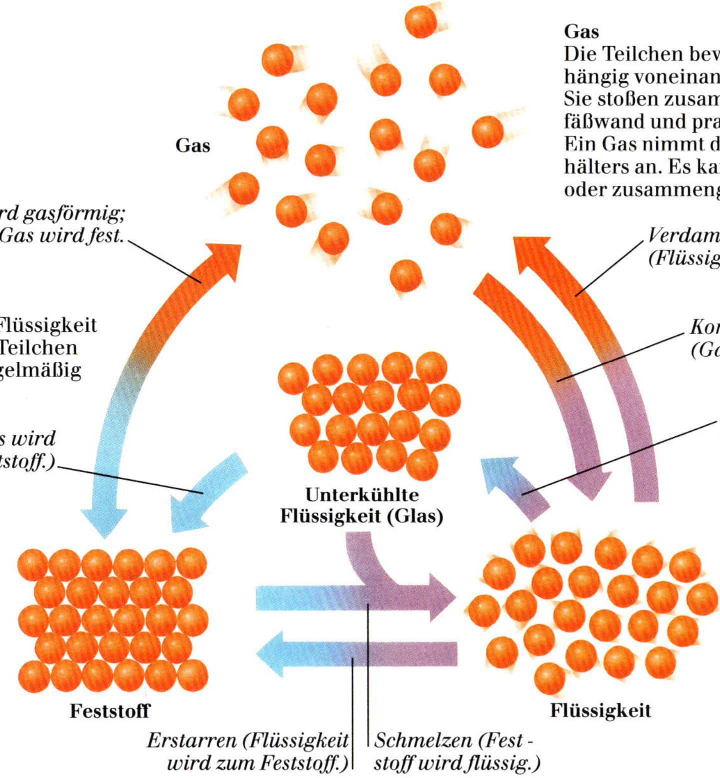

Gas
Die Teilchen bewegen sich unabhängig voneinander frei im Raum. Sie stoßen zusammen oder an die Gefäßwand und prallen sofort zurück. Ein Gas nimmt die Form seines Behälters an. Es kann sich ausdehnen oder zusammengedrückt werden.

Glas
Eine unterkühlte Flüssigkeit (Glas) ist fest, die Teilchen sind aber nicht regelmäßig angeordnet.

Feststoff
Starke Kräfte (Gitterkräfte) halten die Teilchen an ihrem Platz. Feststoffe sind meist kristallin mit einer regelmäßigen Anordnung der Teilchen (Kristallgitter).

Flüssigkeit
Schwache Anziehungskräfte halten die Teilchen im Flüssigkeitsverband fest. Sie können aber aneinander vorbeigleiten, die Flüssigkeit fließt. Da sich die Teilchen berühren, kann man eine Flüssigkeit kaum zusammendrücken.

Aggregatzustände des Wassers

Feststoff: Eis
Kühlt man Wasser immer weiter ab, erhält man Eis. Eiswürfel besitzen eine feste Form und ein konstantes Volumen.

Flüssigkeit: Wasser
Wenn die Temperatur eines Stoffs über den Festpunkt steigt, schmilzt er und wird flüssig. Aus Eis wird Wasser.

Gas: Wasserdampf
Oberhalb der Siedetemperatur wird ein Stoff gasförmig. Aus Wasser wird Wasserdampf, ein farbloses Gas.

Atome und Moleküle

Falschfarbenbild von Goldatomen

Atome sind die kleinsten Teilchen, in die man ein Element (s.S.320–321) aufspalten kann. Ihr Durchmesser liegt in der Größenordnung eines zehnmillionstel Millimeters (10^{-10} m). Zwei oder mehr Atome können Moleküle bilden. Wenn sich z.B. je ein Atom der Elemente Wasserstoff und Fluor verbinden, erhält man ein Molekül der Verbindung Fluorwasserstoff (Hydrogenfluorid). Atome besitzen eine innere Struktur. In der Mitte befindet sich der Atomkern mit praktisch der gesamten Masse. Er besteht aus positiv geladenen (s.S.326) Protonen und ungeladenen Neutronen. Die negativ geladenen Elektronen bilden die Atomhülle und bestimmen weitgehend die physikalischen und chemischen Eigenschaften der Stoffe. Sie halten sich in bestimmten Räumen auf, den Orbitalen. Diese sind auf Schalen um den Kern angeordnet. Jedes Orbital entspricht einem bestimmten Energieniveau und kann zwei Elektronen aufnehmen. Die erste Schale (1) besitzt nur ein s-Orbital (1s) mit zwei Elektronen. Die zweite Schale (2) kann bis zu acht Elektronen aufnehmen: in ein s-Orbital (2s) und drei p-Orbitalen (2p). Wenn ein Atom ein Elektron abgibt, wird es zu einem positiv geladenen Ion (Kation), durch Elektronenaufnahme zu einem negativ geladenen Anion. Ionen entgegengesetzter Ladung ziehen einander an (Ionenbindung) und bilden im typischen Fall Kristalle. Bei der kovalenten Bindung teilen sich Atome Elektronen: Halbbesetzte Orbitale der beteiligten Atome verschmelzen zu Molekülorbitalen, die die Atome verbinden. Aus der räumlichen Anordnung der halbbesetzten Orbitale kann man die Struktur des Moleküls vorhersagen.

Atomorbitale

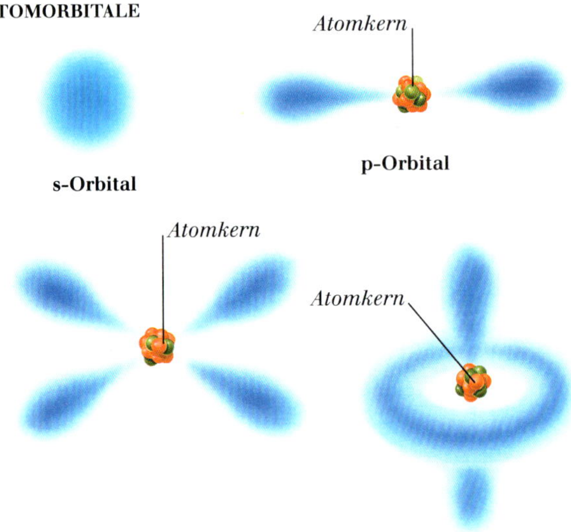

s-Orbital **p-Orbital** **d-Orbitale**

Molekülorbitale

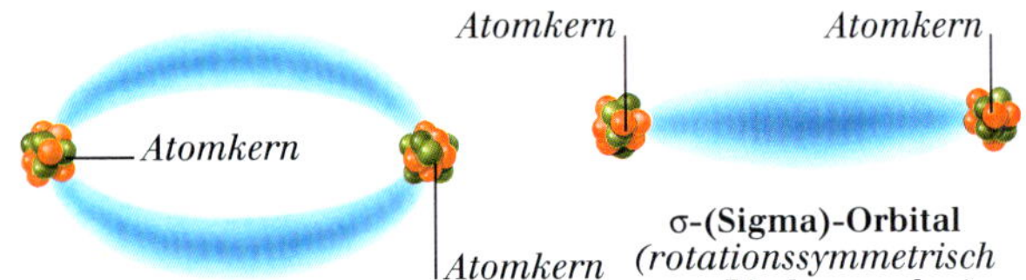

π-(Pi)-Orbital *(nicht rotationssymmetrisch zur Bindungsachse)*

σ-(Sigma)-Orbital *(rotationssymmetrisch zur Bindungsachse)*

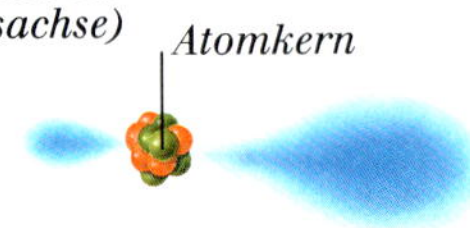

sp^3-Hybrid-Orbital

Oft entstehen aus einem s- und drei p-Orbitalen vier gleichwertige tetraedrisch angeordnete sp^3-Hybrid-Orbitale, die zu stabilen Molekülorbitalen überlappen können.

Beispiel einer Ionenbindung

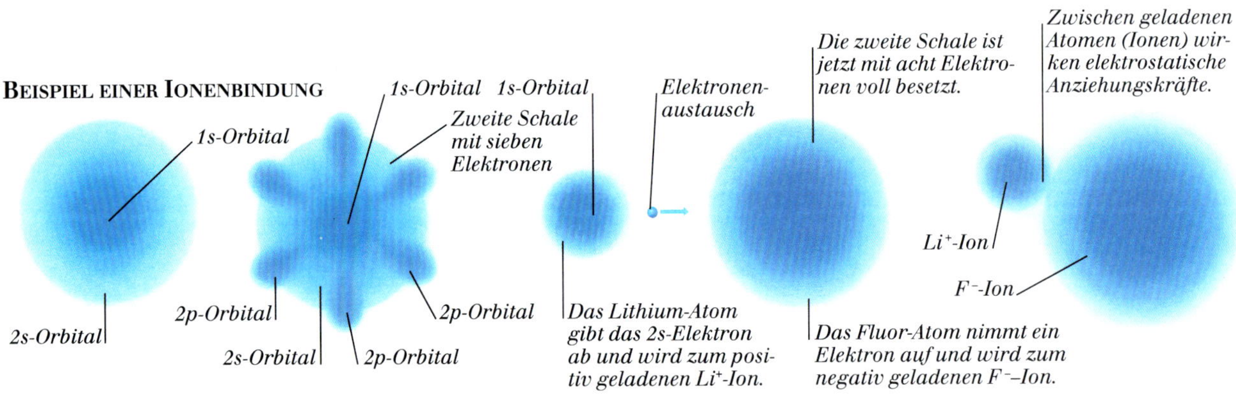

1. Ungeladenes Lithium-Atom (Li) **Ungeladenes Fluor-Atom (F)** **2. Elektronenaustausch** **3. Ionenbindung: Lithiumfluorid (LiF)**

AUFBAU EINES FLUOR-19-ATOMS
Bei vielen Elementen gibt es verschiedene Atomsorten (Isotope). Sie haben gleich viele Protonen aber eine unterschiedliche Neutronenzahl und damit verschiedene Massen. Jedes Fluor-Isotop hat neun Protonen im Kern, die Zahl der Neutronen reicht von sechs bis 17. In der Natur kommt nur Fluor-19 mit zehn Neutronen vor.

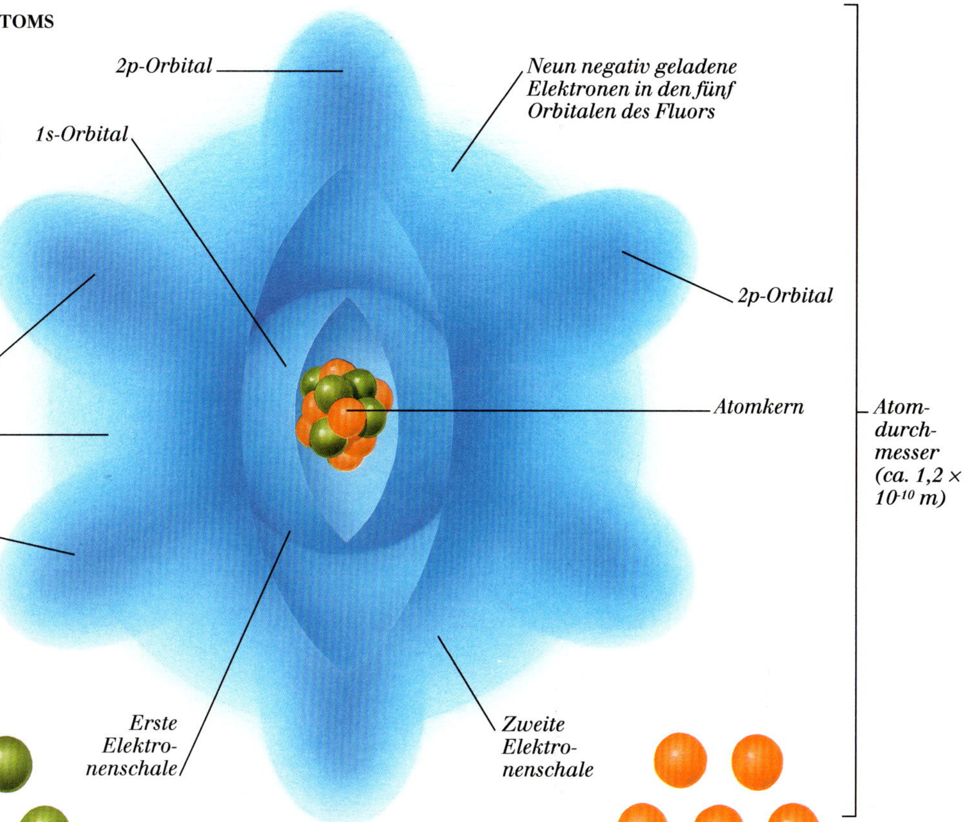

AUFBAU EINES ATOMKERNS VON FLUOR-19

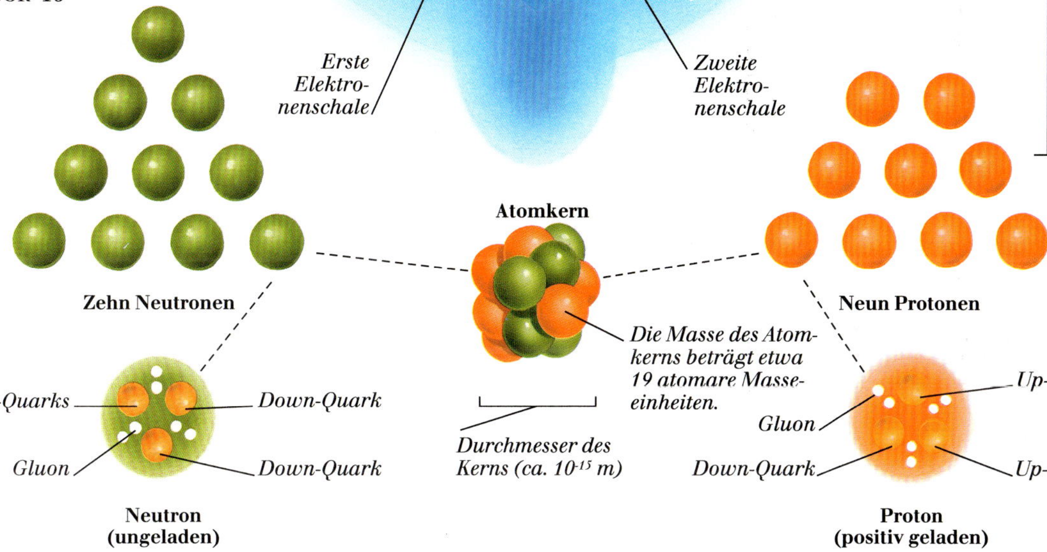

BEISPIEL EINER KOVALENTEN BINDUNG

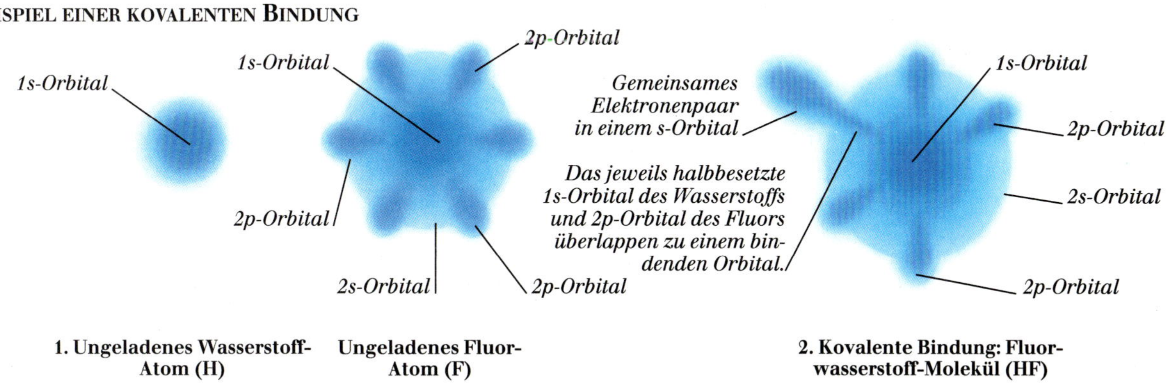

Das Periodensystem

Ein Element besteht aus gleichen Atomen (gleiche Zahl der Protonen, Isotope s.S.319). Die 92 in der Natur vorkommenden und die bisher 19 künstlich erzeugten Elemente (zwei davon 1994) werden im Periodensystem der Elemente zusammengestellt. Jedes Element ist durch seine Ordnungszahl gekennzeichnet, der Protonenzahl im Kern (sie entspricht der Elektronenzahl des ungeladenen Atoms). Die Zeilen des Periodensystems heißen Perioden, die Spalten Gruppen. Als das Periodensystem entwickelt wurde, war der Atombau noch unbekannt. Man ordnete die Elemente nach der Atommasse und stellte die Elemente mit ähnlichen Eigenschaften untereinander. Heute kann man den Aufbau des Periodensystems mit der Atomstruktur erklären. Die Elektronenschalen entsprechen bestimmten Energieniveaus (s.S.318-319). In den Perioden werden von links nach rechts die Schalen mit Elektronen aufgefüllt. Die Elemente einer Gruppe besitzen die gleiche Zahl von Elektronen in der Außenschale (Valenzelektronen). Da diese Valenzelektronen die chemischen Eigenschaften bestimmen, haben die Elemente einer Gruppe ähnliche Eigenschaften. Bei den Elementen der Gruppe VIII ist die Außenschale mit Elektronen gefüllt, ein besonders stabiler Zustand. Die Elemente der Gruppe I geben ihr einziges Valenzelektron leicht ab. Sie sind reaktionsfreudig und reagieren z.T. heftig mit anderen Stoffen.

1 – *Ordnungszahl*
H – *Elementsymbol*
Wasserstoff – *Name des Elements*
1,0 – *Relative Atommasse*

Relative Atommasse
Die Atommasse entspricht der Summe aus Protonen- und Neutronenzahl (die Masse der Elektronen ist vernachlässigbar). Der angegebene Durchschnittswert berücksichtigt die unterschiedliche Häufigkeit der Isotope. Die atomare Masseneinheit 1 u entspricht einem Zwölftel der Masse des Kohlenstoff-Isotops ^{12}C.

Die Ordnungszahl entspricht der Zahl der Protonen im Atomkern.

In den Perioden nimmt die Ordnungszahl mit jedem Element um 1 zu.

Gruppe I	Gruppe II	Übergangsmetalle				
1 H Wasserstoff 1,0						
3 Li Lithium 6,9	4 Be Beryllium 9,0					
11 Na Natrium 23,0	12 Mg Magnesium 24,3					
19 K Kalium 39,1	20 Ca Calcium 40,1	21 Sc Scandium 45,0	22 Ti Titan 47,9	23 V Vanadium 50,9	24 Cr Chrom 52,0	25 Mn Mangan 54,9
37 Rb Rubidium 85,5	38 Sr Strontium 87,6	39 Y Yttrium 88,9	40 Zr Zirconium 91,2	41 Nb Niob 92,2	42 Mo Molybdän 95,9	43 Tc Technetium 99,0
55 Cs Cäsium 132,9	56 Ba Barium 137,4	57 – 71	72 Hf Hafnium 178,5	73 Ta Tantal 181,0	74 W Wolfram 183,9	75 Re Rhenium 186,2
87 Fr Francium 223,0	88 Ra Radium 226,0	89 – 105	104 Rf Rutherfordium (261)	105 Db Dubnium (262)	106 Sg Saeborgium (263)	107 Bh Bohrium (262)

Auffüllen der s-Orbitale

Actinoide und Lanthanoide werden meist getrennt dargestellt.

Auffüllen der d-Orbitale

Metalle und Nichtmetalle
Links im Periodensystem stehen die Metalle. Sie geben Elektronen ab und bilden positiv geladene Ionen. Die Nichtmetalle auf der rechten Seite nehmen Elektronen auf und bilden negativ geladene Ionen. Die Halbmetalle stehen zwischen den beiden Gruppen.

Weiches, silbriges, reaktionsfreudiges Metall

Natrium: Alkalimetall

Silbrig glänzendes, reaktionsfreudiges Metall

Magnesium: Erdalkalimetall

Hartes silbrig glänzendes Metall

Chrom: Übergangsmetall

Schlüssel zu den Elementgruppen:

- Alkalimetalle
- Erdalkalimetalle
- Übergangsmetalle
- Lanthanoide (Seltene Erden)
- Actinoide
- Weitere Hauptgruppenmetalle
- Halbmetalle
- Nichtmetalle
- Edelgase

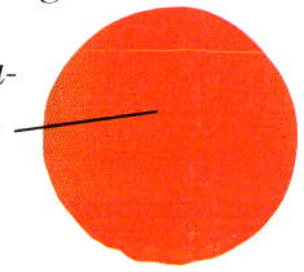

Das radioaktive Metall ist silbrig weiß. Abgebildet ist das ziegelrote Plutoniumsulfat.

Plutonium: Actinoid

57 La Lanthan 138,9	58 Ce Cer 140,1	59 Pr Praseodym 140,9	60 Nd Neodym 144,2
89 Ac Actinium 227,0	90 Th Thorium 232,0	91 Pa Protactinium 231,0	92 U Uran 238,0

Diamant

Modifikationen des Kohlenstoffs
Graphit und Diamant sind Modifikationen, Zustandsformen, des Kohlenstoffs. Sie bestehen aus Kohlenstoffatomen, die allerdings unterschiedlich angeordnet sind, so daß sich ihre Eigenschaften unterscheiden.

Hellgelbe Kristalle

Schwefel: Nichtmetall (Chalkogen)

Iod: Nichtmetall (Halogen)

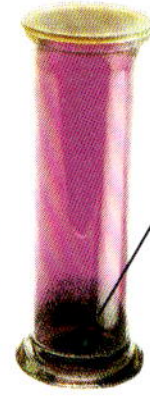

Die dunkelvioletten Kristalle sublimieren leicht.

Graphit

Amorpher Kohlenstoff (Ruß)

Übergangsmetalle			*Übergangsmetalle*		*Bor- und Kohlenstoff-Gruppe*		*Stickstoff- und Sauerstoff-Gruppe*		*Halogene*	*Gruppe VIII*	
					Gruppe III	*Gruppe VI*	*Gruppe V*	*Gruppe VI*	*Gruppe VII*		
										2 He Helium 4,0	*Periode*
					5 B Bor 10,8	6 C Kohlenstoff 12,0	7 N Stickstoff 14,0	8 O Sauerstoff 16,0	9 F Fluor 19,0	10 Ne Neon 20,2	*Kurze Periode*
					13 Al Aluminium 27,0	14 Si Silicium 28,1	15 P Phosphor 31,0	16 S Schwefel 32,1	17 Cl Chlor 35,5	18 Ar Argon 40,0	
26 Fe Eisen 55,9	27 Co Cobalt 58,9	28 Ni Nickel 58,7	29 Cu Kupfer 63,5	30 Zn Zink 64,4	31 Ga Gallium 69,7	32 Ge Germanium 72,6	33 As Arsen 74,9	34 Se Selen 79,0	35 Br Brom 79,9	36 Kr Krypton 83,8	*Lange Periode*
44 Ru Ruthenium 101,0	45 Rh Rhodium 102,9	46 Pd Palladium 106,4	47 Ag Silber 107,9	48 Cd Cadmium 112,4	49 In Indium 114,8	50 Sn Zinn 118,7	51 Sb Antimon 121,8	52 Te Tellur 127,6	53 I Iod 126,9	54 Xe Xenon 131,3	
76 Os Osmium 190,2	77 Ir Iridium 192,2	78 Pt Platin 195,1	79 Au Gold 197,0	80 Hg Quecksilber 200,6	81 Tl Thallium 204,4	82 Pb Blei 207,2	83 Bi Bismut 209,0	84 Po Polonium 210,0	85 At Astat 210,0	86 Rn Radon 222,0	
108 Hs Hassium (265)	109 Mt Meitnerium (266)										

Auffüllen der d-Orbitale

Auffüllen der p-Orbitale

Die Atommassen der Elemente ab 104 sind geschätzt, ihre Namen sind erst seit dem 30. August 1997 international anerkannt.

Das äußerst reaktionsträge, farblose Gas leuchtet rot in der Entladungsröhre.

Gelbes, reaktionsträges Edelmetall

Gold: Übergangsmetall (Edelmetall)

Weiches, glänzendes, reaktionsfreudiges Metall

Zinn: Metall (Kohlenstoffgruppe)

Glänzendes Halbmetall

Antimon: Halbmetall (Stickstoffgruppe)

Edelgase
Bei den Edelgasen (Gruppe VIII) sind die Außenschalen vollständig mit Elektronen besetzt. Sie geben weder Elektronen ab, noch nehmen sie welche auf, d.h. sie verbinden sich nicht mit anderen Atomen. Nur mit viel Energie kann man Elektronen aus ihren Außenschalen abspalten.

Neon: farbloses Edelgas

61 Pm Promethium 147,0	62 Sm Samarium 150,4	63 Eu Europium 152,0	64 Gd Gadolinium 157,3	65 Tb Terbium 158,9	66 Dy Dysprosium 162,5	67 Ho Holmium 164,9	68 Er Erbium 167,3	69 Tm Thulium 168,9	70 Yb Ytterbium 173,0	71 Lu Lutetium 175,0
93 Np Neptunium 237,0	94 Pu Plutonium 242,0	95 Am Americium 243,0	96 Cm Curium 247,0	97 Bk Berkelium 247,0	98 Cf Californium 251,0	99 Es Einsteinium 254,0	100 Fm Fermium 253,0	101 Md Mendelevium 256,0	102 No Nobelium 254,0	103 Lr Lawrencium 257,0

Auffüllen der f-Orbitale

Chemische Reaktionen

Bei chemischen Reaktionen werden Bindungen zwischen Atomen gelöst oder neu gebildet. Immer findet eine Umgruppierung der Atome statt, bei der neue Stoffe (Produkte) aus vorhandenen (Reaktanten) entstehen. Reaktionen können freiwillig ablaufen oder erzwungen werden. Sie können Jahre dauern oder blitzschnell erfolgen. Reaktionen sind mit einem Energieumsatz (s.S.324–325) verbunden. Beim Verbrennen z.B. wird durch die Neubildung von Bindungen Energie in Form von Wärme und Licht frei. Reaktionen, bei denen Wärme frei wird, heißen exotherm. Viele Reaktionen, wie das Verbrennen, sind nicht umkehrbar. Andere hingegen können in beide Richtungen ablaufen, sie sind reversibel. Durch Reaktionen kann man Feststoffe aus Lösungen ausfällen: Aus zwei gelösten Stoffen enstehen zwei neue Verbindungen, wobei sich ein Niederschlag (unlöslicher Feststoff) bildet. Bei einer Zementation wird ein Metall (z.B. Silber) durch ein unedleres (z.B. Kupfer) aus einer Lösung abgeschieden. Die Reaktionsgeschwindigkeit wird z.B. von der Temperatur und der Größe und Form der Reaktanten beeinflußt. Reaktionen werden mit international gültigen Symbolen in Form von Reaktionsgleichungen beschrieben. Durch ihre charakteristischen Reaktionen kann man Stoffe identifizieren. Kerzenwachs verbrennt zu Kohlendioxid und Wasser. Diese Produkte zeigen, daß das Wachs Kohlenstoff und Wasserstoff enthält.

Salzbildung aus Säure und Metall

Die Reaktion
Aus Zink und Salzsäure entstehen Zinkchlorid und Wasserstoff.
$Zn + 2HCl \rightarrow ZnCl_2 + H_2$

Zementation

Die Reaktion
Aus Kupfer und gelöstem Silbernitrat entstehen Kupfernitrat und Silber.
$Cu + 2AgNO_3 \rightarrow Cu(NO_3)_2 + 2Ag$

Künstlicher Vulkan

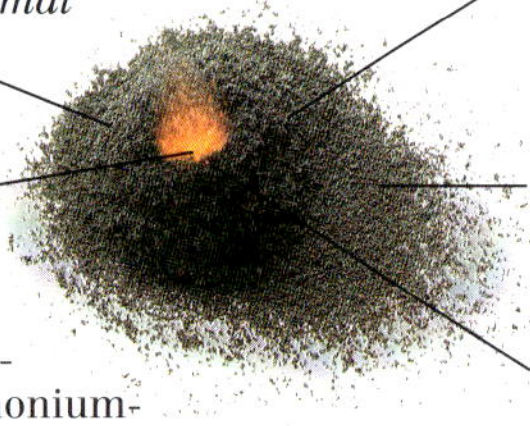

Die Reaktion
Nach dem Entzünden reagiert Ammoniumdichromat mit dem Luftsauerstoff.
$(NH_4)_2Cr_2O_7 + O_2 \rightarrow Cr_2O_7 + 4H_2O + 2NO$

Eine umkehrbare Reaktion

1. Die Reaktanten
Kaliumchromat dissoziiert in Wasser zu Kalium-Ionen und Chromat-Ionen.
$K_2CrO_4 \rightarrow 2K^+ + CrO_4^{2-}$

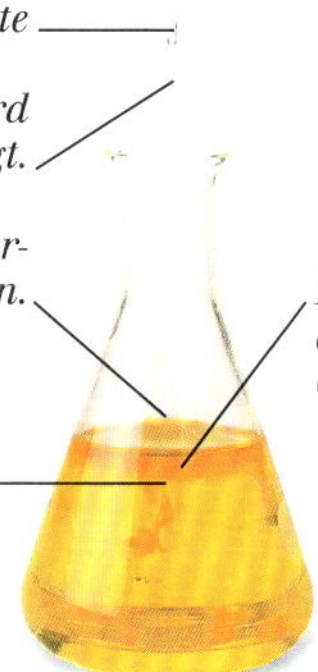

2. Die Reaktion
Zwei Chromat-Ionen verbinden sich zum Dichromat-Ion.
$2CrO_4^{2-} + 2H^+ \rightarrow Cr_2O_7^{2-} + H_2O$

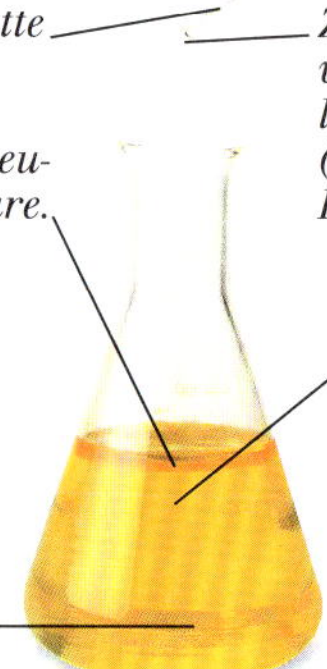

3. Die Rückreaktion
Die Hydroxid-Ionen binden die Wasserstoff-Ionen. Dichromat reagiert zu Chromat.
$Cr_2O_7^{2-} + H_2O \rightarrow 2CrO_4^{2-} + 2H^+$

Gärung

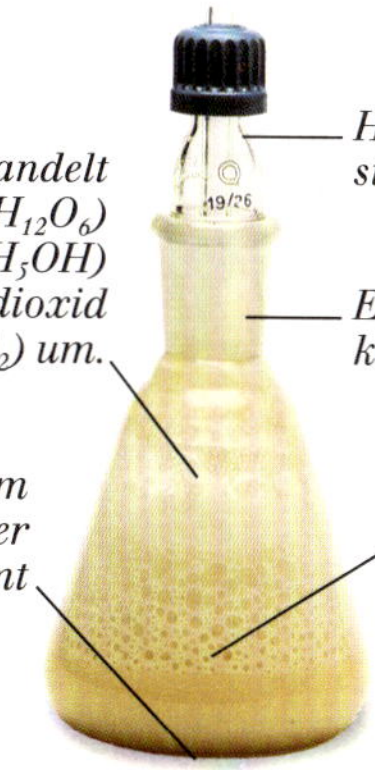

Die Reaktion
Im warmen Wasser wandelt die Hefe Zucker in Alkohol und Kohlendioxid um.
$C_6H_{12}O_6 \rightarrow 2C_2H_5OH + 2CO_2$

Fällungsreaktion

Die Reaktanten
Kaliumiodid (KI) und Bleinitrat ($Pb(NO_3)_2$) lösen sich jeweils zu einer farblosen Lösung.

2. Die Reaktion
Beim Vermischen der Lösungen fällt ein Bleiiodid-Niederschlag aus, es bleibt eine Kaliumnitrat-Lösung.
$2KI + Pb(NO_3)_2 \rightarrow PbI_2 + 2KNO_3$

Analyse von Kerzenwachs, einer organischen Verbindung

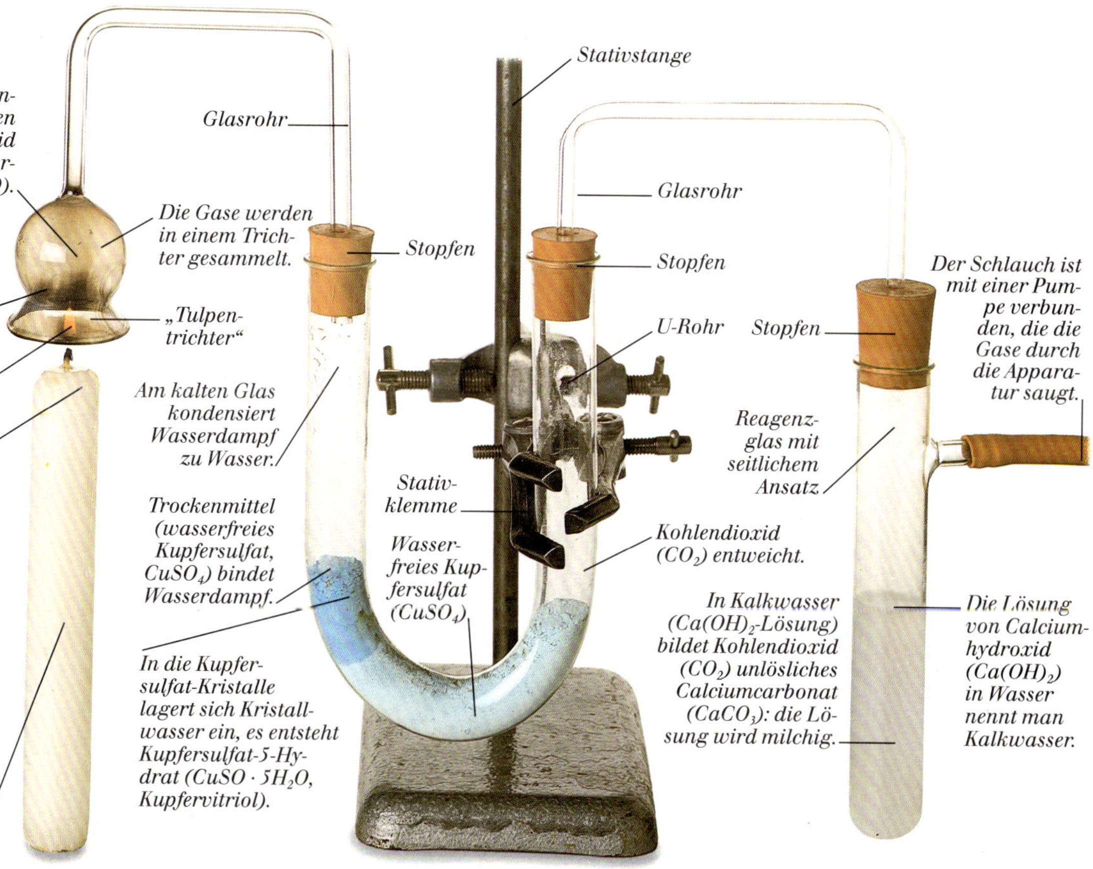

1. Die Verbrennung
Bei der Verbrennung entstehen gasförmiges Kohlendioxid und Wasserdampf.
$2C_{18}H_{38} + 55O_2 \rightarrow 36CO_2 + 38H_2O$

2. Wassernachweis
Kupfersulfat bindet den Wasserdampf und weist Wasserstoff in der Kerze nach.
$CuSO_4 + 5H_2O \rightarrow CuSO_4 \cdot 5H_2O$

3. Nachweis von Kohlendioxid
Calciumhydroxid reagiert mit Kohlendioxid zu Calciumcarbonat, das als Niederschlag ausfällt.
$Ca(OH)_2 + CO_2 \rightarrow CaCO_3 + H_2O$

Energie

Jedes Ereignis – vom leichtesten Lufthauch bis zur Explosion – erfordert Energie. Energie ist die Fähigkeit, Arbeit zu verrichten. Energieformen sind Licht-, Wärme-, Schallenergie, elektrische und chemische Energie, Kern-, Bewegungs- und Lageenergie. Das Gesetz von der Erhaltung der Energie besagt, daß Energie weder erzeugt noch vernichtet werden kann. Man kann nur eine Energieform in eine andere überführen (Energieumwandlung). Potentielle Energie (Lageenergie) kann man speichern und später nutzen. Ein Körper erhält potentielle Energie, wenn man ihn emporhebt. Wenn man ihn losläßt, fällt er zur Erde. Dabei wird Lageenergie in Bewegungsenergie (kinetische Energie) umgewandelt. Bei Energieumwandlungen entsteht immer Wärme. In einem Blockheizkraftwerk wird ein Teil der Wärme zum Heizen von Gebäuden genutzt. Die wichtigste Energiequelle der Erde ist die Sonne. Ihre Energie erreicht uns als Licht (elektromagnetische Strahlung, s.S.326–327). Ein kleiner Teil dieser Energie wird von Pflanzen und dann von Tieren genutzt und kann in fossilen Brennstoffen als chemische Energie gespeichert sein. Unser Körper erhält Energie mit der Nahrung. Energie für andere Zwecke, für Heizgeräte oder für den Transport, gewinnt man durch die Verbrennung fossiler Energieträger, aus Wind und Wasserkraft. Eine andere Quelle ist die Kernenergie: beim Zerfall von Atomkernen wird Wärme und Strahlung frei. Die Maßeinheit für Energie ist das Joule (J). Als Anhaltspunkt: ein Joule entspricht der Energie, mit der man einen Apfel 1 m hochheben kann. Die früher gebräuchliche Kalorie (cal) entspricht etwa 4,2 J. Mit 1 cal kann man 1 ccm Wasser um 1 °C erwärmen.

ENERGIEFLUSSDIAGRAMM FÜR EIN KOHLE-BLOCKHEIZKRAFTWERK

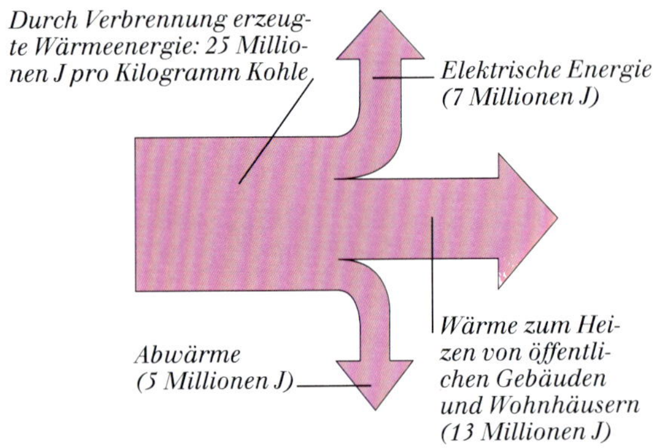

SCHNITT DURCH EIN WASSERKRAFWERK MIT FRANCIS-TURBINE

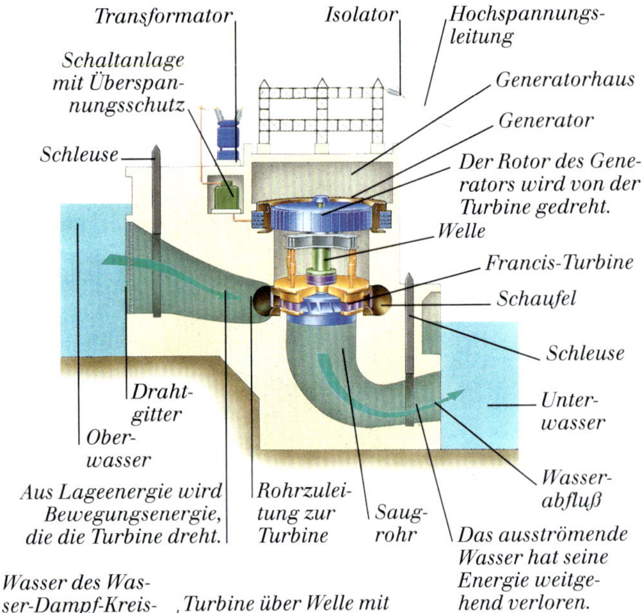

SCHNITT DURCH EIN KERNKRAFTWERK MIT DRUCKWASSERREAKTOR

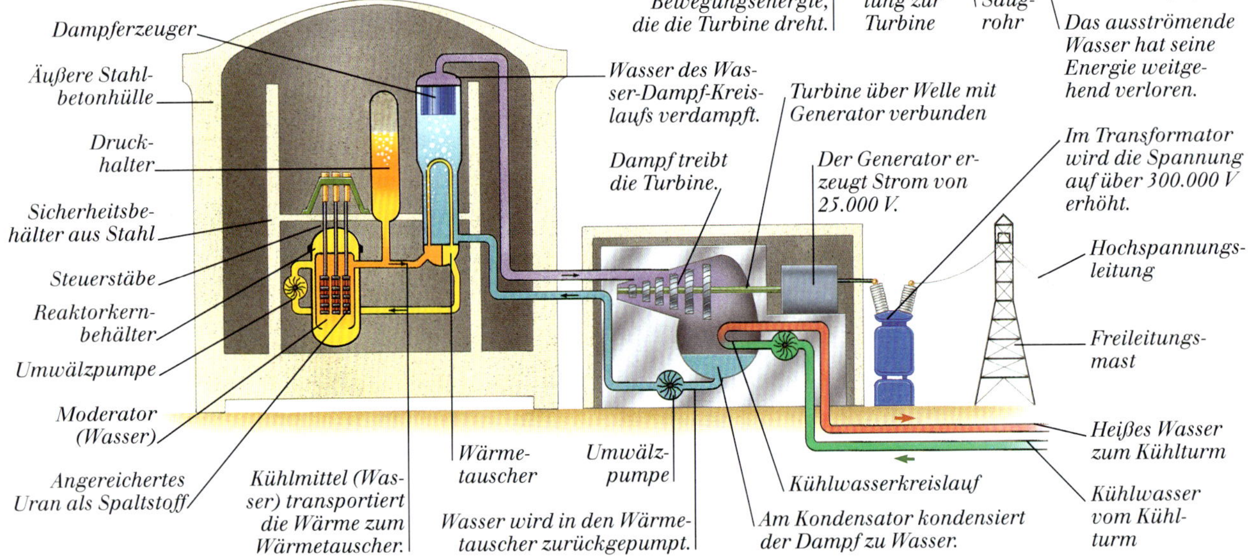

Energiekreislauf

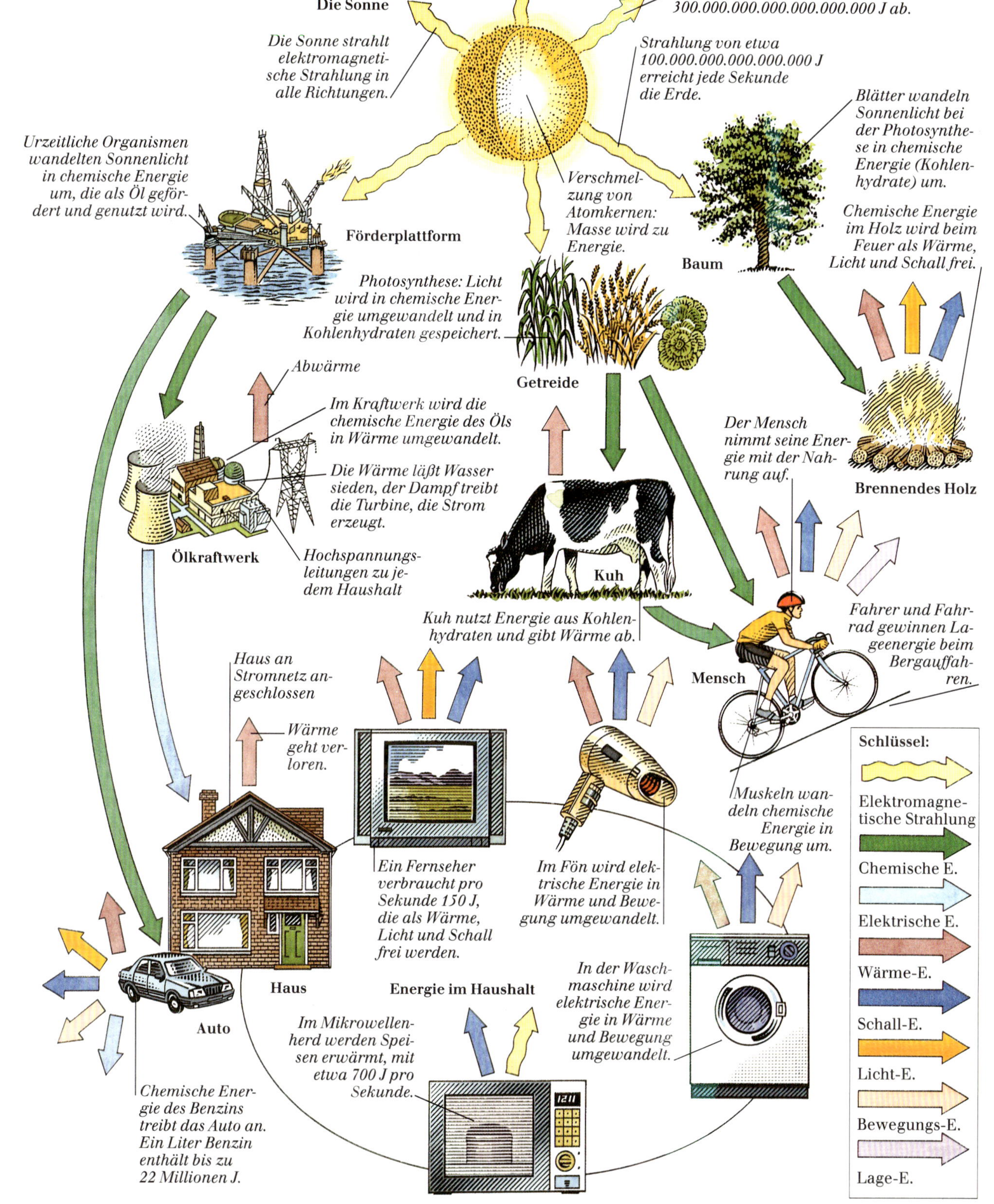

Elektrizität und Magnetismus

Elektrische Erscheinungen beruhen auf der Ungleichverteilung elektrischer Ladungen. Es gibt zwei entgegengesetzte elektrische Ladungen: positive Ladung geht auf Protonen zurück, negative auf Elektronen. Entgegengesetzte Ladungen ziehen sich an, gleiche Ladungen stoßen sich ab. Anziehung und Abstoßung (elektrostatische Kräfte) bestehen zwischen allen geladenen Körpern. Materie ist normalerweise ungeladen, durch Elektronenaufnahme wird ein Körper negativ, durch Elektronenabgabe positiv geladen. Wenn zwei Körper entgegengesetzt elektrisch geladen sind, besteht das Bestreben zum Ladungsausgleich. Gewitterblitze z.B. stellen einen Ladungsausgleich zwischen negativ geladenen Wolken und positiv geladenem Erdboden dar. Wenn die Ladungen frei beweglich sind – in Metalldrähten oder anderen Leitern – erfolgt der Ladungsausgleich durch einen elektrischen Strom. Bei einigen Stoffen kann man die Erscheinung des Magnetismus beobachten, die ebenfalls mit Anziehung und Abstoßung verbunden ist. Magnetismus beruht auf kleinen Elementarmagneten. Sie sind im nicht magnetisierten Zustand regellos angeordnet, in einem Magnetfeld richten sie sich aus, und man erhält einen Magneten. Magnetische Felder können einen elektrischen Strom verursachen und umgekehrt. Darauf beruhen Elektromotoren und Generatoren.

Blitz

Van-de-Graaff-Generator

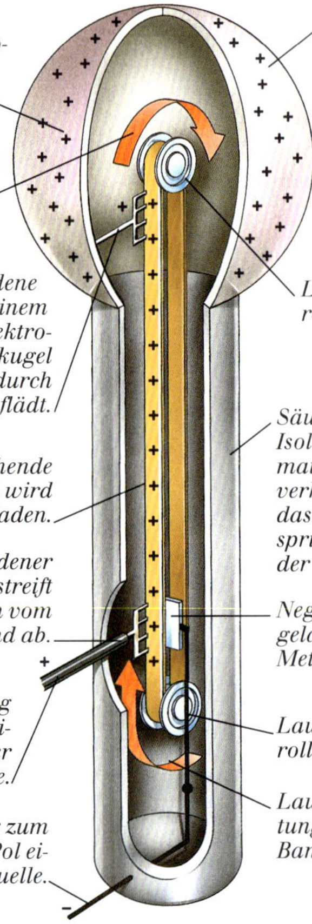

Elektrischer Strom

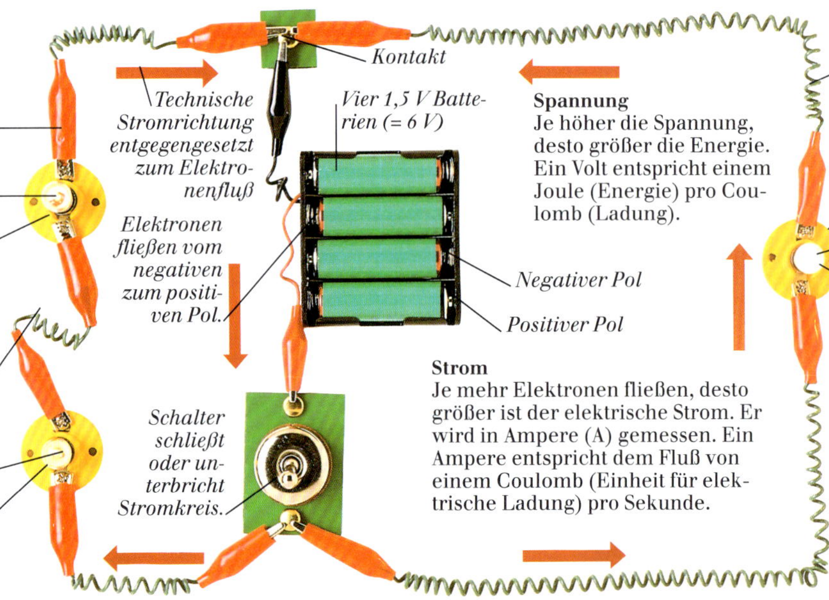

Reihenschaltung

Einfacher elektrischer Stromkreis

Spannung
Je höher die Spannung, desto größer die Energie. Ein Volt entspricht einem Joule (Energie) pro Coulomb (Ladung).

Strom
Je mehr Elektronen fließen, desto größer ist der elektrische Strom. Er wird in Ampere (A) gemessen. Ein Ampere entspricht dem Fluß von einem Coulomb (Einheit für elektrische Ladung) pro Sekunde.

Widerstand
Bei einer gegebenen Spannung hängt der Stromfluß vom Widerstand des Stromkreises ab. Der Widerstand gibt an, wie stark ein Leiter den Stromfluß behindert. Er wird gemessen in Ohm (Ω).

Magnetische Felder und Kräfte

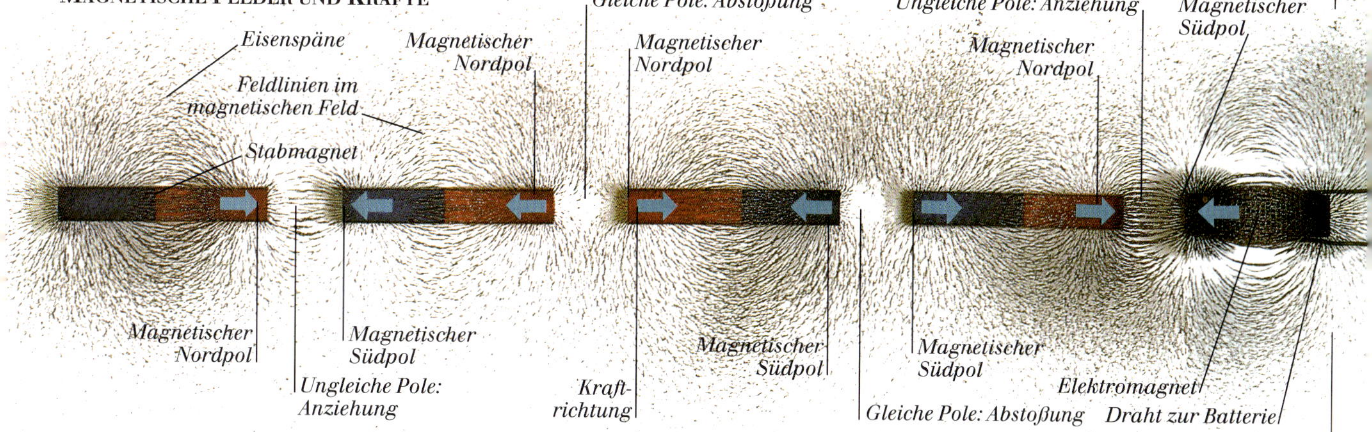

Weissche Bezirke

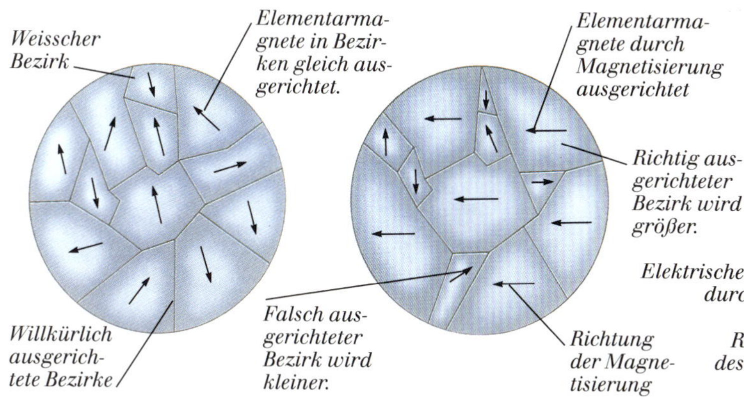

Nicht magnetisiertes Eisen

Magnetisiertes Eisen

Magnetismus aus Elektrizität

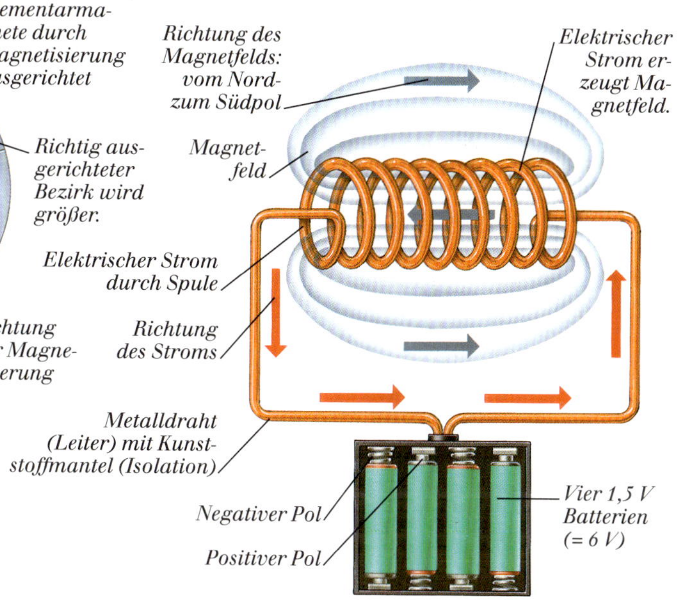

Stromkreis mit Elektromagnet

Strom aus Magnetismus

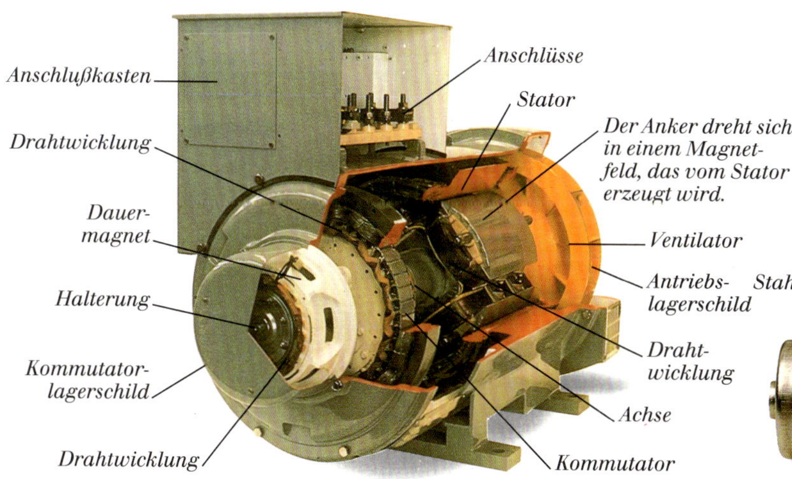

Stromgenerator
In einem Generator dreht sich ein Anker in einem Magnetfeld und erzeugt elektrischen Strom.

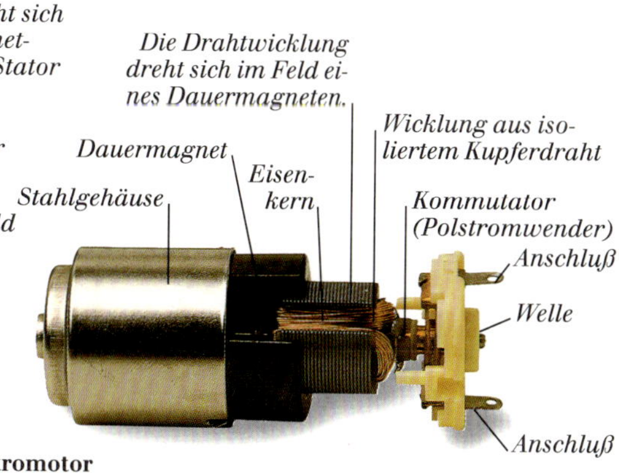

Elektromotor
Im Elektromotor erzeugen magnetische Kräfte zwischen der Wicklung und einem Dauermagneten eine Drehbewegung.

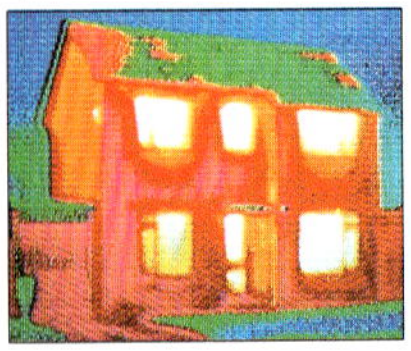

Infrarotbild eines Hauses

Licht

Licht ist eine Energieform aus dem Bereich der elektromagnetischen Strahlung wie Röntgenstrahlung oder Radiowellen. Elektromagnetische Strahlung wird von elektrischen Ladungen (s.S. 326–327) erzeugt: untereinander verknüpfte elektrische und magnetische Felder wandern durch den Raum. Elektromagnetische Strahlen besitzen sowohl die Eigenschaften von Wellen, als auch die einer Teilchenstrahlung. Im ersten Fall stellen sie eine Welle aus einem oszillierenden elektrischen und magnetischen Feld dar. Die verschiedenen Strahlungsformen unterscheiden sich in ihrer Wellenlänge. Licht als Teilchenstrahlung besteht aus Photonen, kleinen Massen- oder Energieportionen. Der Unterschied zwischen z.B. Licht- und Röntgenstrahlen besteht in der Energie der Photonen. Das gesamte Spektrum der elektromagnetischen Wellen reicht von den langwelligen Radiowellen mit geringer Energie bis zur sehr energiereichen, kurzwelligen Gammastrahlung. Einen ganz geringen Ausschnitt aus diesem Spektrum können wir als Licht sehen. Das weiße Licht der Sonne besteht aus allen Wellenlängen des sichtbaren Spektrums. Mit einem Prisma kann man dieses Licht in seine unterschiedlichen Wellen aufspalten. Licht und alle elektromagnetische Strahlung kann reflektiert und gebrochen werden. Elektromagnetische Strahlung wird auf unterschiedlichen Wegen erzeugt. Warme oder heiße Körper strahlen Licht und Wärme (Infrarotstrahlen) ab. Von Fluoreszenz spricht man, wenn ein Körper kurzwellige Strahlen absorbiert und längerwelliges Licht abstrahlt. Bei der Phosphoreszenz können Körper die aufgenommene Energie speichern und erst allmählich abgeben.

Elektromagnetische Strahlung als Welle

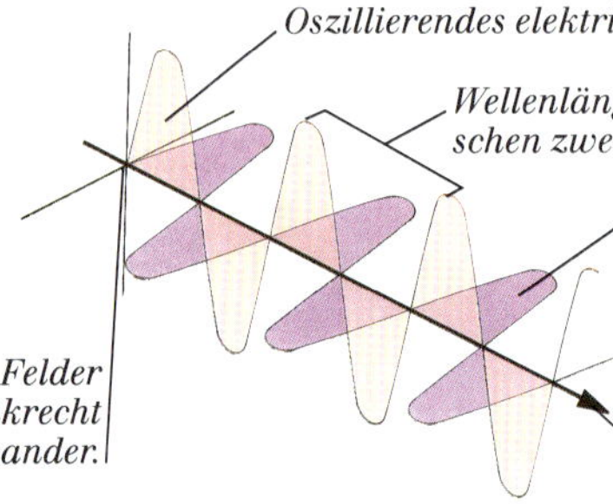

Elektromagnetische Strahlung als Teilchen

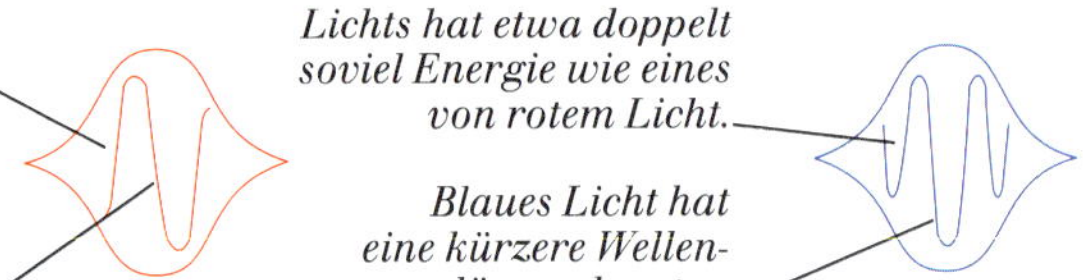

Photon von rotem Licht **Photon von blauem Licht**

Aufspaltung von weissem Licht in das Spektrum

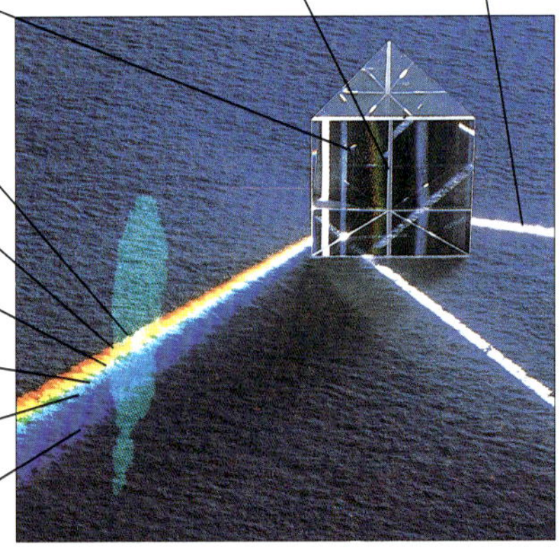

Das elektromagnetische Spektrum

Künstliche Lichtquellen

Leuchtstoffröhre

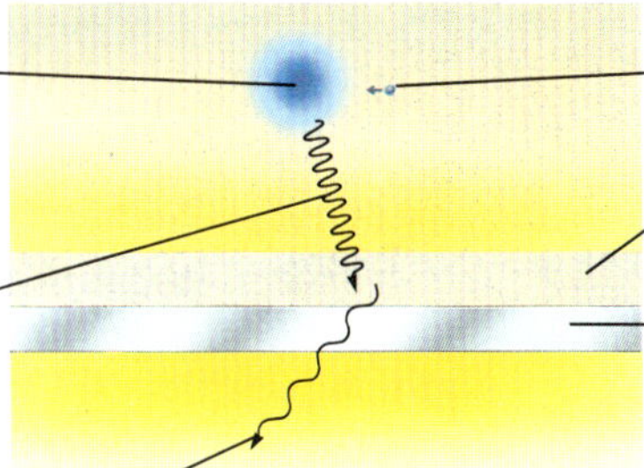

Schnitt durch die Leuchtstoffschicht: wie Fluoreszenzlicht entsteht

Glühlampe

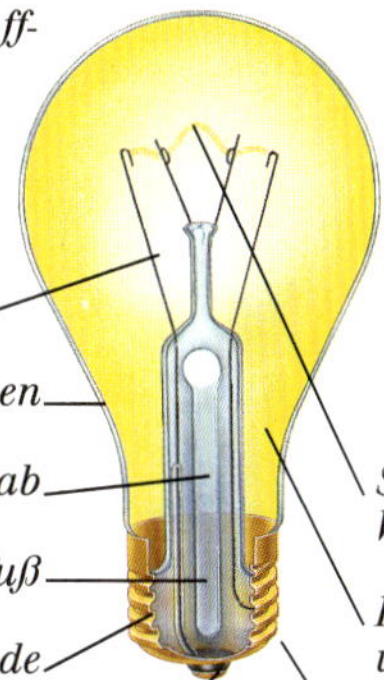

Schnitt durch die Glühwendel einer Glühlampe: wie Glühlicht entsteht

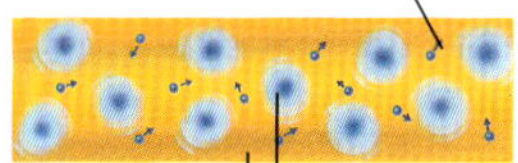

Spiegelung des Lichts

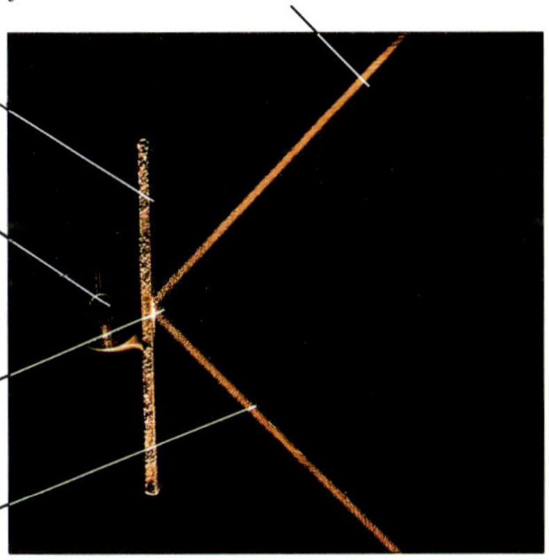

Brechung des Lichts

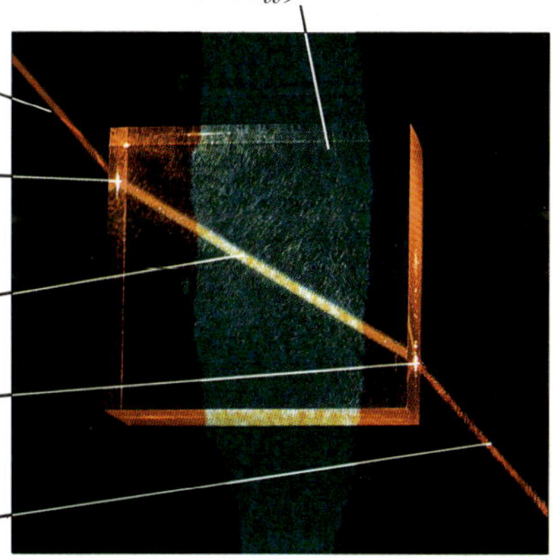

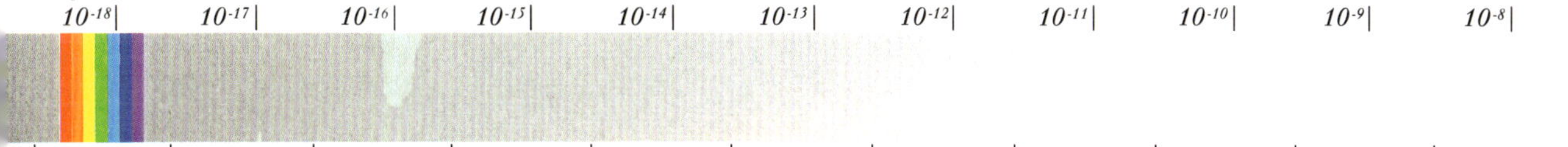

Kraft und Bewegung

Durch eine Kraft wird der Bewegungszustand eines Körpers verändert, ein ruhender Körper wird beschleunigt, ein bewegter Körper abgebremst oder seine Richtung geändert. Veränderung von Geschwindigkeit und Richtung bezeichnet der Physiker als Beschleunigung. Die Beschleunigung hängt von der Stärke der Kraft und der Masse des Körpers ab. Den Kraftbegriff der klassischen Physik hat Isaak Newton geprägt. Nach ihm wurde die Maßeinheit der Kraft Newton (N) benannt. 1 N entspricht etwa der Erdanziehungskraft auf einen Apfel. Kräfte können mit einem Kraftmesser (Federwaage) gemessen werden. Die koordinierte Wirkung von Kräften setzt Maschinen in Bewegung. Einfache Maschinen wie ein Rad auf einer Achse sind Vorrichtungen, um Größe und Richtung einer Kraft zu verändern. Ein Hebel dreht sich um einen Drehpunkt und hat zwei Hebelarme. Es gilt Kraft mal Kraftarm = Last mal Lastarm, mit Hilfe eines langen Hebels kann man mit geringer Kraft schwere Lasten heben. Die verrichtete Arbeit ergibt sich aus Kraft mal Weg. Bei einem Flaschenzug wird der Weg verlängert, so daß man mit geringer Kraft schwere Gegenstände emporheben kann.

Einfache Maschinen

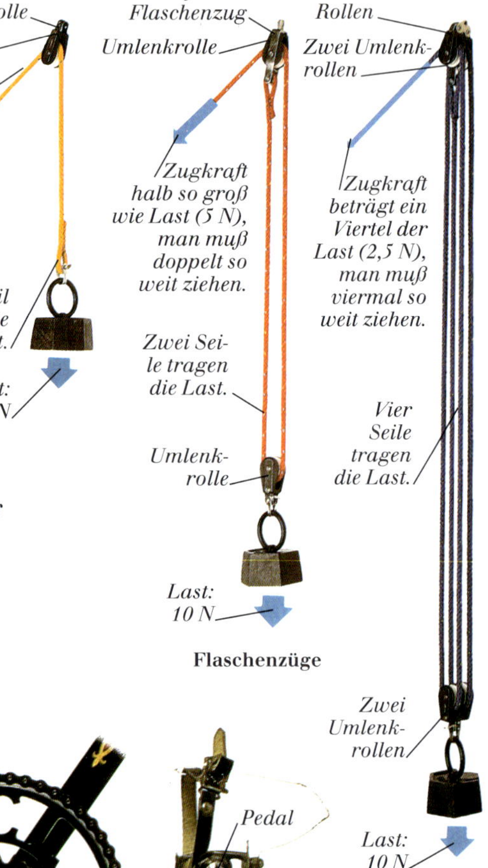

Flaschenzüge

Rad und Achse

Kraftmesser (Federwaage)

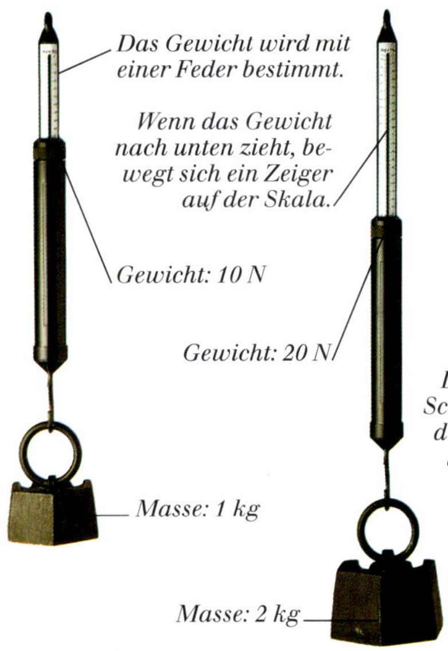

Masse und Gewicht
Jeder Körper besitzt auch in der Schwerelosigkeit eine Masse. Sie wird in Gramm (g) oder Kilogramm (kg) angegeben. Das Gewicht ist die Kraft, mit der die Erdanziehung eine Masse nach unten zieht, und wird in Newton (N) angegeben.

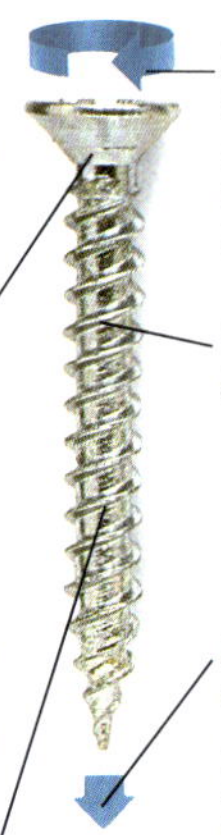

Schraube

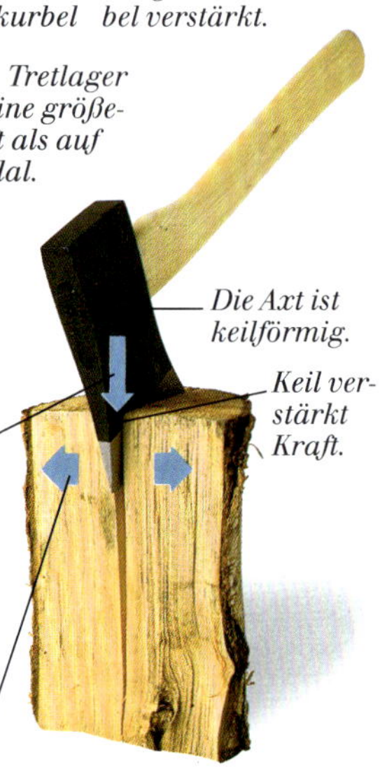

Keil

Grundgesetze der Mechanik (Newtonsche Gesetze)

Das Erste Newtonsche Gesetz: Trägheitsgesetz
Wenn auf einen Körper keine Kraft wirkt, verharrt er in seinem Bewegungszustand (Ruhe oder gleichförmige Bewegung auf geradliniger Bahn).

Keine Kraft, keine Beschleunigung, Zustand der Ruhe

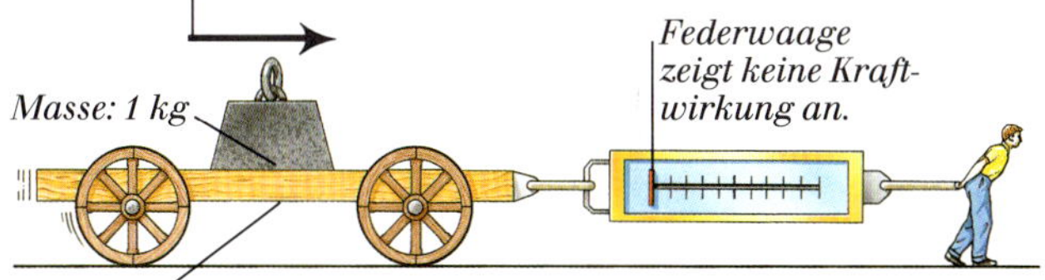

Keine Kraft, keine Beschleunigung, gleichförmige Bewegung

Das Zweite Newtonsche Gesetz: Grundgleichung der Mechanik
Wenn eine Kraft auf einen Körper wirkt, ändert sich sein Bewegungszustand. Die Größe der Veränderung hängt von der Masse des Körpers und der Größe der Kraft ab.

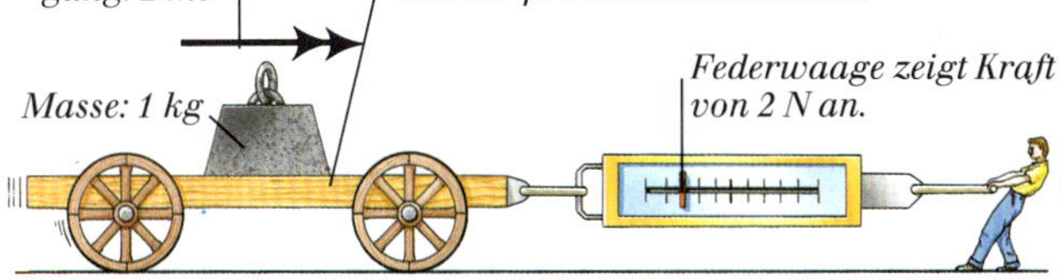

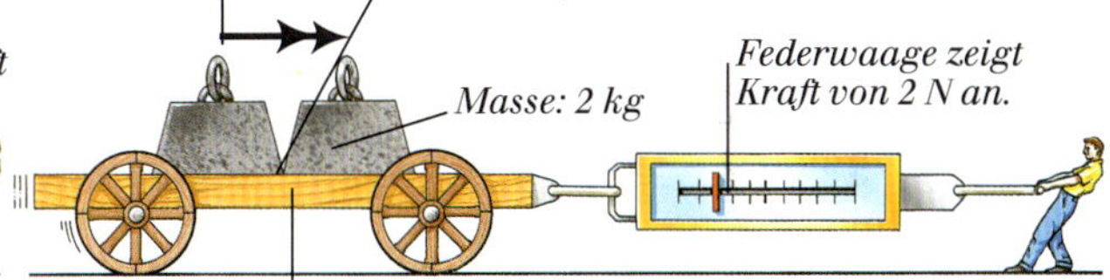

Wenn jeweils die gleiche Kraft wirkt, ist die Beschleunigung bei einer Masse von 2 kg halb so groß wie bei einer Masse von 1 kg.

Kraft und Beschleunigung: kleine Masse, große Beschleunigung

Kraft und Beschleunigung: große Masse, kleine Beschleunigung

Das Dritte Newtonsche Gesetz: Wechselwirkungsgesetz
Übt ein Körper auf einen anderen eine Kraft (Actio) aus, übt der zweite eine gleichgroße, entgegengesetzte Kraft (Reactio) auf den ersten aus.

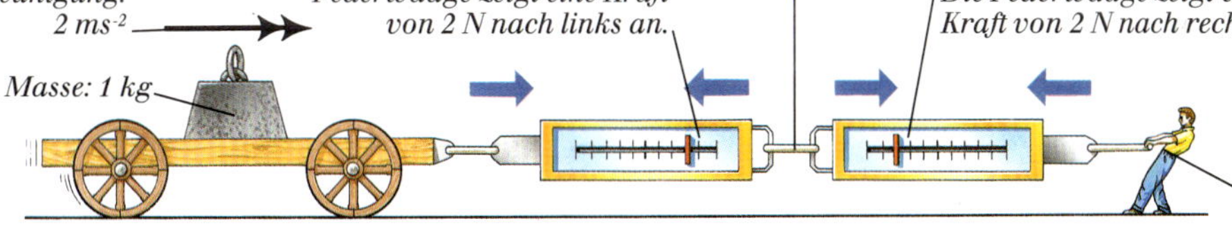

Actio und Reactio

Verschiedene Arten von Hebeln

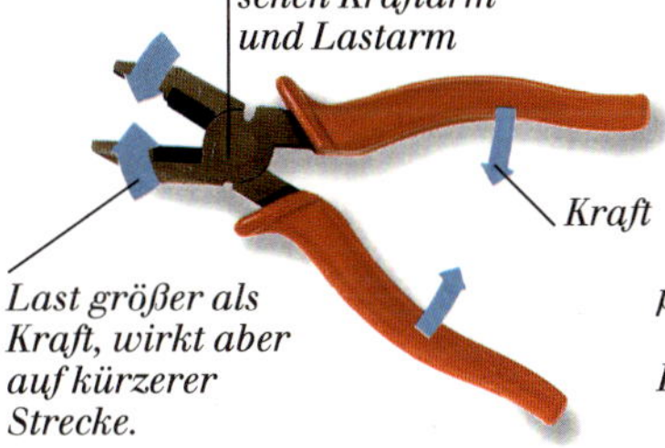

Zweiseitige ungleicharmige Hebel
Die Kombizange nutzt die Hebelwirkung.

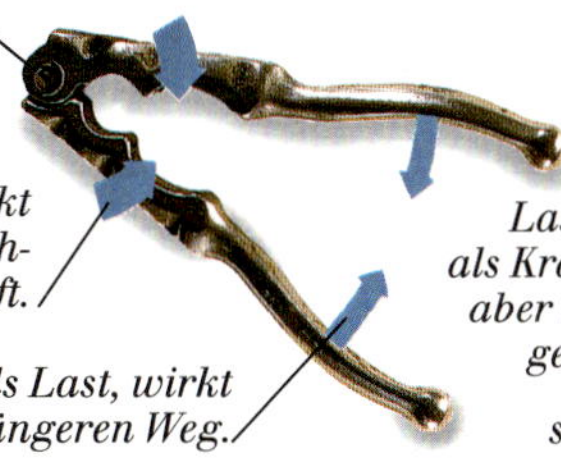

Einseitige ungleicharmige Hebel
Nußknacker knackt harte Schalen.

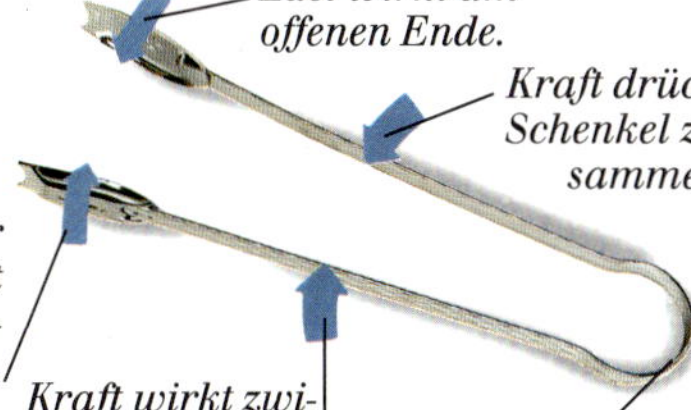

Einseitige ungleicharmige Hebel
Die Last ist kleiner als die Kraft.

ELECTRIC
E

Schiene und Strasse

Dampflokomotiven 334
Dieselloks 336
Elektroloks und schnelle Züge 338
Eisenbahntechnik 340
Strassenbahnen und Busse 342
Die ersten Automobile 344
Nobelkarossen 346
Massenproduktion 348
Der Volkswagen 350
Erste Motoren 352
Moderne Motoren 354
Alternative Motoren 356
Die Karosserie 358
Mechanik 360
Ausstattung 362
Geländefahrzeuge 364
Rennwagen 366
Fahrräder 368
Das Motorrad 370
Das Motorrad-Fahrgestell 372
Motorradmotoren 374
Rennmaschinen 376

Dampflokomotiven

Schon seit dem 16.Jh. setzte man auf Schienen gezogene Waggons zum Materialtransport ein, aber bis zur Erfindung der Dampflokomotive lieferten Menschen oder Pferde die notwendige Zugkraft. Erst die Dampflokomotive ermöglichte den Siegeszug der Eisenbahn. 1804 baute Richard Trevithick in South Wales die erste arbeitsfähige Dampflokomotive der Welt. Obwohl nicht ganz erfolgreich, regte sie doch andere zu neuen Konstruktionen an. 1829 vollendete der britische Ingenieur Robert Stephenson seine "Rocket", die als Vorläufer der modernen Lokomotive gilt. Die "Rocket" führte einen Kohlevorrat zur Kesselfeuerung und einen Wasservorrat zur Dampferzeugung mit. Dampf aus dem Kessel trieb die Kolben an, deren Bewegung wiederum die Treibräder zum Rotieren brachte und so die Lokomotive vorwärtsbewegte. Der verbrauchte Dampf wurde mit dem für Dampflokomotiven typischen Schnaufen ausgestoßen. Spätere Dampfloks wie "Ellerman Lines" und die "Mallard" funktionierten ähnlich, waren aber größer und brachten mehr Leistung. Ihre einfache Bauweise und ihre Zuverlässigkeit sorgten dafür, daß sich die Dampflokomotiven in 120 Jahren kaum änderten. Erst in den 1950er Jahren wurden sie durch den wirkungsvolleren Diesel- bzw. Elektroantrieb abgelöst (s.S.336–339).

DAMPFLOKOMOTIVE „ROCKET", 1829

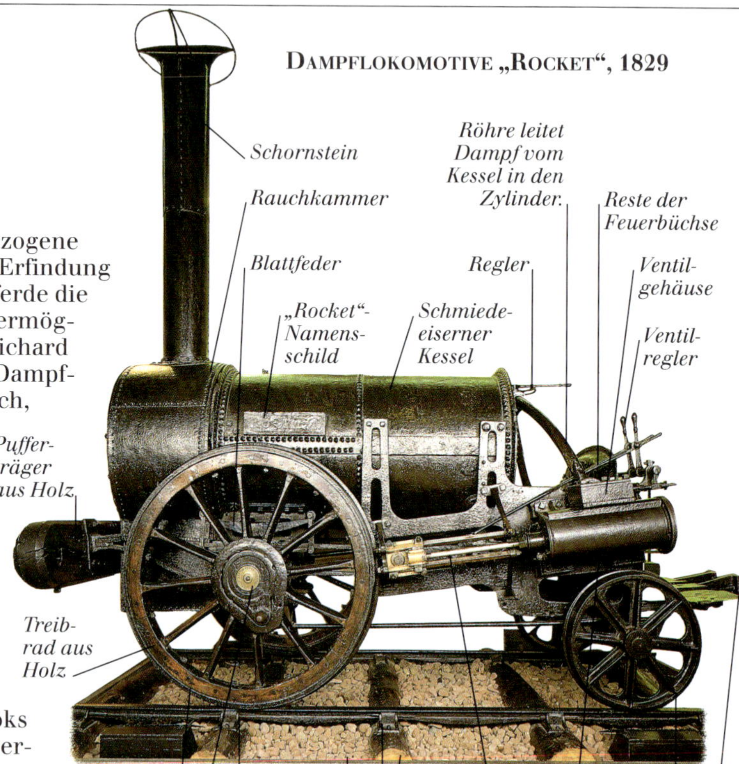

„ELLERMAN LINES", 1949

Tender

Führerstand der „Mallard“ Schnellzug-Dampflokomotive

Dampflok

Dieselloks

Rudolf Diesel meldete 1892 das Patent für seinen Selbstzündermotor an, aber erst in den 1930er Jahren setzten sich in den USA Diesellokomotiven für den Passagier- und Güterverkehr durch. Der Bau von Diesellokomotiven wie der „Union Pacific" war teurer als der von Dampfloks, aber ihr Wirkungsgrad war höher, und sie waren billiger zu betreiben, besonders dort, wo Öl im Überfluß vorhanden war. Dieselmotoren können ihre Kraft nicht direkt auf die Radachsen einer Lok übertragen. Dazu braucht man ein Getriebe. Fast alle Diesellokomotiven haben elektrische Getriebe und heißen deshalb „dieselelektrische" Loks. Beim Dieselmotor wird Luft in die Zylinder gesogen, die dann zur Temperaturerhöhung verdichtet wird. Anschließend wird eine geringe Menge Dieselkraftstoff eingespritzt. Der resultierende Verbrennungsvorgang treibt einen Generator zur Stromerzeugung an (neuerdings einen Drehstromgenerator), und dieser Strom wird Elektromotoren an den Rädern zugeführt. Im Prinzip sind dieselelektrische Lokomotiven elektrische Loks, die ihr eigenes Elektrizitätswerk mit sich führen; sie kommen überall auf der Welt zum Einsatz. Die dieselelektrische Lok "Deltic", die der hier gezeigten ähnlich war, löste die herkömmlichen Dampfschnellzuglokomotiven ab und erreichte Geschwindigkeiten von bis zu 100 km/h.

VORDERANSICHT DER DIESELELEKTRISCHEN LOKOMOTIVE „UNION PACIFIC", UM 1950

DIESELELEKTRISCHE LOK „DELTIC", PROTOTYP 1956

Dieselmotor einer dieselelektrischen Lok British Rail Class 20

Beispiele für Güterwagen

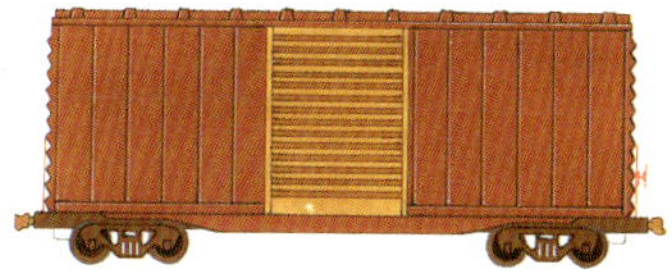

Geschlossener Güterwagen

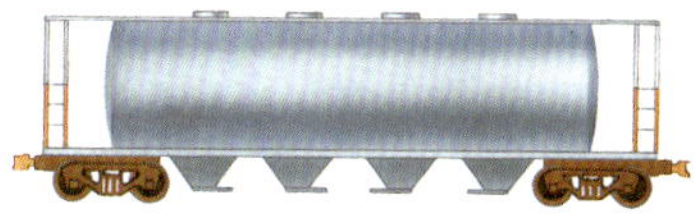

Füllwagen (Selbstentladewagen)

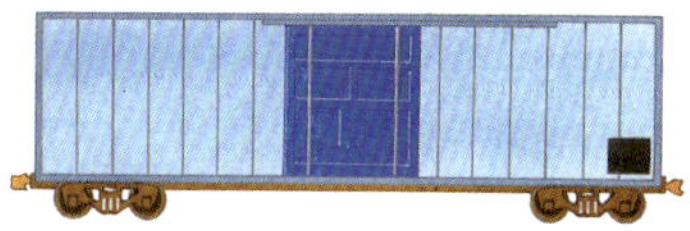

Kühlwagen

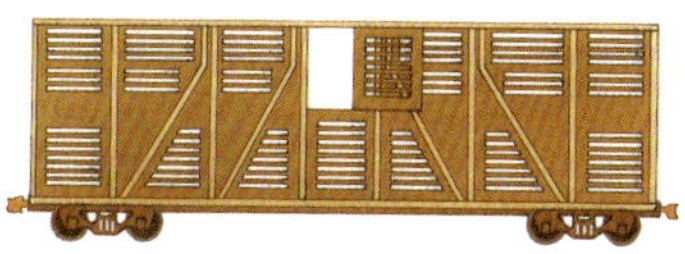

Viehwagen

Flachwagen mit Rungen

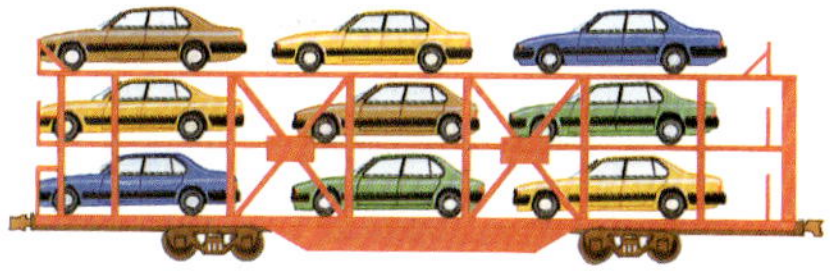

Autotransportwagen

Elektroloks und schnelle Züge

Die erste elektrische Lokomotive fuhr 1879 in Berlin. In Europa entwickelten sich Elektroloks als bessere Alternative zu Dampf- und Dieselloks. Wie bei der dieselelektrischen Lok werden die Räder von Elektromotoren angetrieben, der Strom kommt aber von einem Kraftwerk. Er wird durch einen Stromabnehmer von einer Oberleitung abgenommen oder von einer Stromschiene geliefert. Da sie keine Stromgeneratoren mitführt, ist eine elektrische Lokomotive leichter und kann schneller beschleunigen als die Diesellok. Das macht elektrische Züge attraktiv für Linien mit vielen Haltepunkten, z.B. in Ballungsgebieten. Außerdem sind sie schneller, leiser und umweltfreundlicher. Der französische TGV (Train à Grande Vitesse) und der deutsche ICE (Intercity-Express) erreichen bis zu 300 km/h. Der „Eurostar", der zwischen London, Paris und Brüssel verkehrt, kann mit unterschiedlichen Spannungen betrieben und somit in mehreren Ländern eingesetzt werden. Einfachere elektrische Züge erfüllen besondere Aufgaben – der „People Mover" z.B. verbindet mehrere Terminals auf dem Londoner Flughafen Gatwick.

Wie ein Wechselstromzug funktioniert

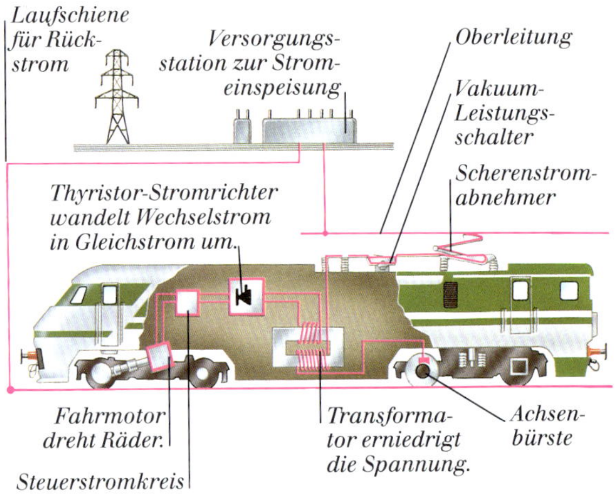

Vorderansicht einer Klasse-402-Lokomotive der Italienischen Staatsbahnen

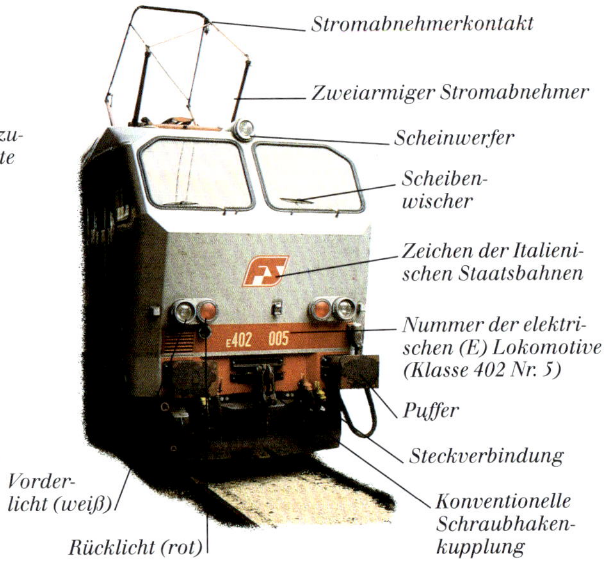

Vorderansicht eines Zuges der Pariser Metro

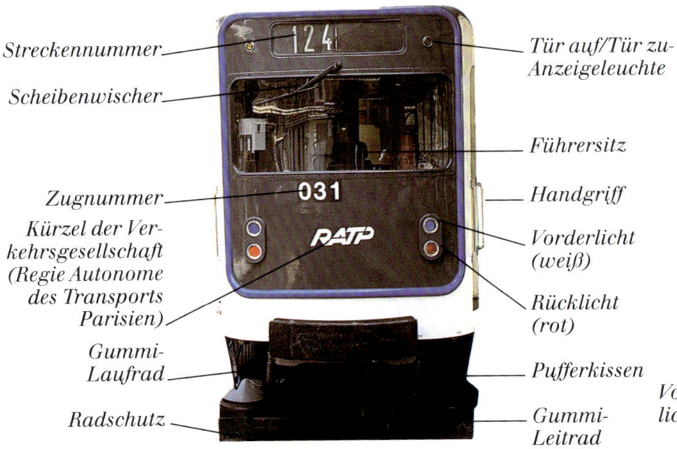

Seitenansicht des „People Mover", Gatwick

„EUROSTAR“ MIT VERÄNDERLICHER SPANNUNG

Vorderansicht

Seitenansicht

ELEKTRISCHER HOCHGESCHWINDIGKEITSZUG TGV

TGV-Innenansicht

TGV-Seitenansicht

Eisenbahntechnik

Moderne Eisenbahnschienen bestehen aus zwei parallelen Stahlschienen, die auf „Schwellen" befestigt sind. Diese sind heute meist aus Stahlbeton, z.T. aber auch noch aus Holz oder Stahl. Den Abstand zwischen den Innenkanten der Schienen bezeichnet man als „Spurweite". In den meisten europäischen Ländern und in Nordamerika beträgt die Spurweite 1435 mm (Normalspur). Mit fortschreitender Technik stellte man schmalere Spuren her, weil sie kostengünstiger sind. Das Lademaß ist ebenfalls wichtig. Es bestimmt die maximale Größe eines vollbeladenen Waggons, der mit genügend Freiraum Tunnel und Brücken passieren kann. Für einen sicheren Eisenbahnbetrieb ist ein zuverlässiges Signalsystem erforderlich. Anfangs hielt man einfach ein bestimmtes Zeitintervall zwischen den Zügen ein, heute sorgt man für einen Sicherheitsabstand zwischen allen Zügen, die in der gleichen Richtung fahren. Dazu verwendet man meist Lichtzeichenanlagen, z.T. werden aber auch noch die älteren mechanischen Flügelsignale eingesetzt. Auf Hochgeschwindigkeitsstrecken werden dem Zugführer die Steueranweisungen elektronisch übermittelt. Gute Bremsen sind für die Sicherheit des Zugverkehrs besonders wichtig. Bei schnellen, modernen Zügen mit großer Bewegungsenergie ist es notwendig, daß jeder Wagen vom Fahrer oder von einem Bremssteuerungssystem wie der Automatic Train Protection (ATP) angehalten werden kann. Gebremst wird mit Felgenbremsen, Scheibenbremsen oder zunehmend mit elektrischen Bremssystemen.

Mechanisches Flügelsignal

Farbiges Lichtsignal mit vier Signalzuständen

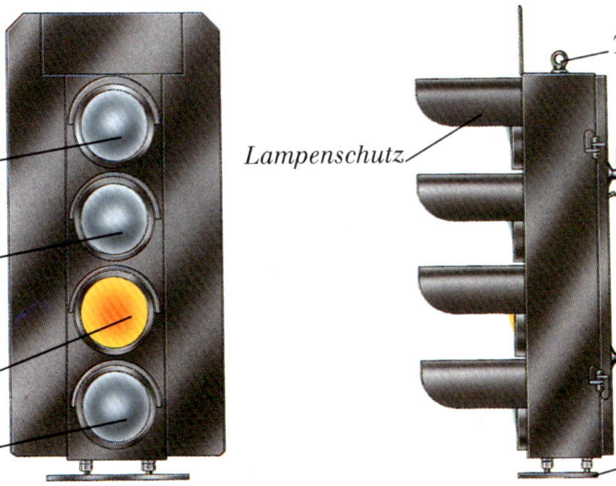

Vorderansicht **Seitenansicht**

Wie ein modernes Signalsystem für Fernzüge funktioniert

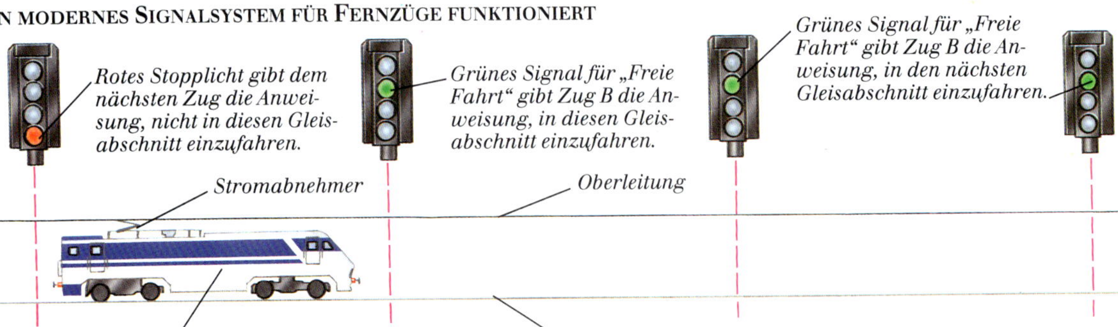

Spurweiten der Welt (Beispiele):

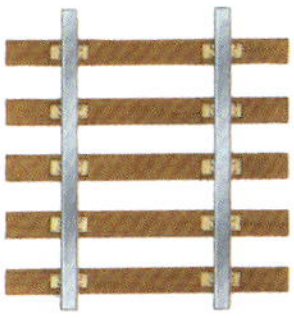

1000 mm
Ostafrika, Indien, Malaysia, Chile, Argentinien

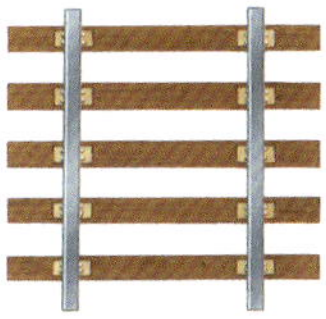

1067 mm
Japan, Australien, Sudan, Westafrika, Südafrika, Neuseeland

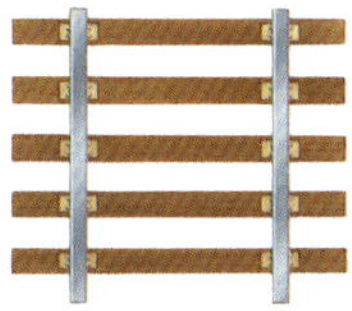

1435 mm
USA, Kanada, China, Ägypten, Türkei, Iran, Japan, Peru, fast ganz Europa, Australien, Brasilien, Mexiko

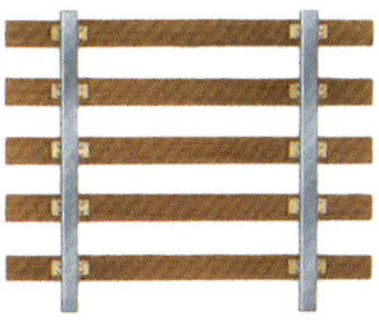

1524 mm
Rußland, Finnland

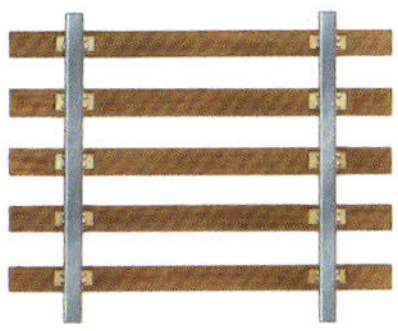

1600 mm
Irland, Australien, Brasilien

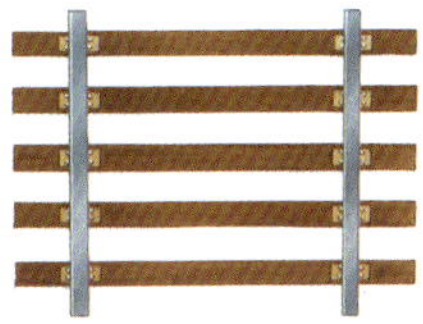

1675 mm
Indien, Pakistan, Spanien, Argentinien

Lademasse aus aller Welt (Beispiele):

Großbritannien:	2,75 m × 3,95 m
Europa:	3,1 m × 4,5 m
USA:	3,3 m × 4,9 m
Rußland:	3,4 m × 5,3 m

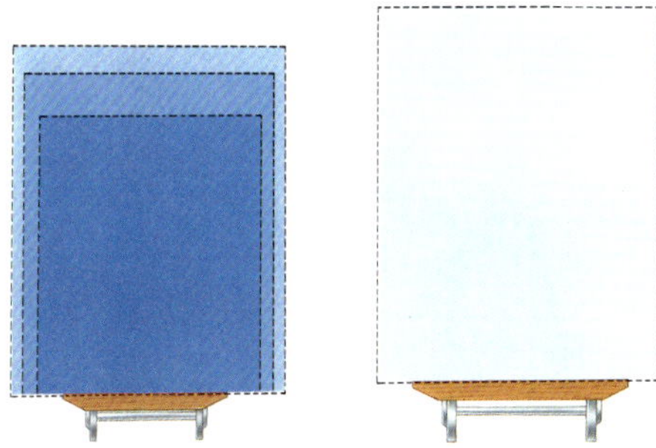

1435 mm
Normalspur

1524 mm
Breitspur in Rußland (mit größtem Lademaß)

Schiene mit Breitfussprofil

Schiene mit Bullenkopfprofil

Scheibenbremsen bei modernem Drehgestell

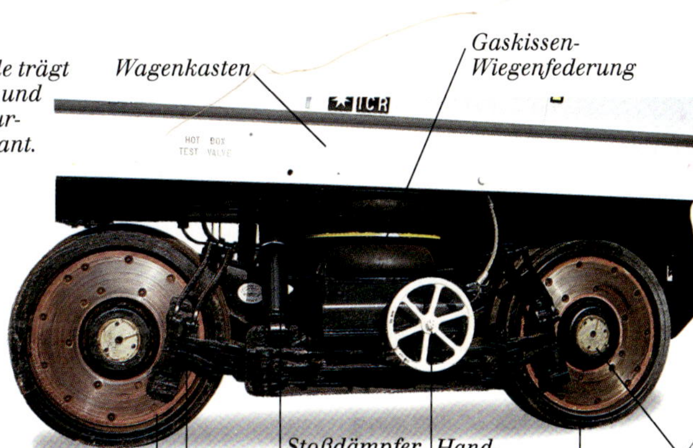

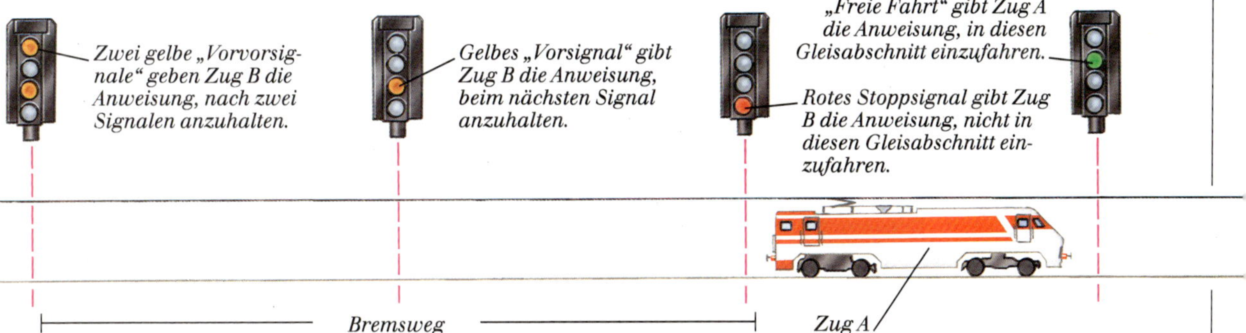

Straßenbahnen und Busse

Metrolink-Straßenbahn, Manchester

Der sprunghafte Anstieg der Stadtbevölkerung machte im 19.Jh. Massenverkehrsmittel notwendig. Die ersten Straßenbahnen wurden, wie auch die ersten Busse, von Pferden gezogen. 1881 fuhren in Berlin die ersten elektrischen Straßenbahnen, und bald waren sie in Europa und Nordamerika verbreitet. Straßenbahnwagen laufen auf einem festen Schienenstrang, und ihre Elektromotoren beziehen ihren Strom von einer Oberleitung. Mit der Entwicklung des Straßennetzes wurden Motorbusse zu einer flexiblen Alternative zur Straßenbahn. Um 1930 hatten sie in vielen Städten die Straßenbahnen ersetzt. Stadtbusse haben meist vorn und hinten Türen. Das erleichtert das Ein- und Aussteigen. Doppeldeckerbusse sind beliebt, da sie bei gleichem Bedarf an Straßenfläche doppelt so viele Menschen transportieren können. Häufig setzt man Busse für Überlandreisen ein. Reisebusse haben Liegesitze, große Fenster, einen großen Gepäckraum und Toiletten. In den letzten Jahren staute sich der Stadtverkehr zunehmend, so daß viele Städteplaner im Rahmen eines integrierten Transportsystems neue Straßenbahnlinien zur Entlastung der Buslinien entworfen haben.

Früher Strassenbahnwagen, um 1900

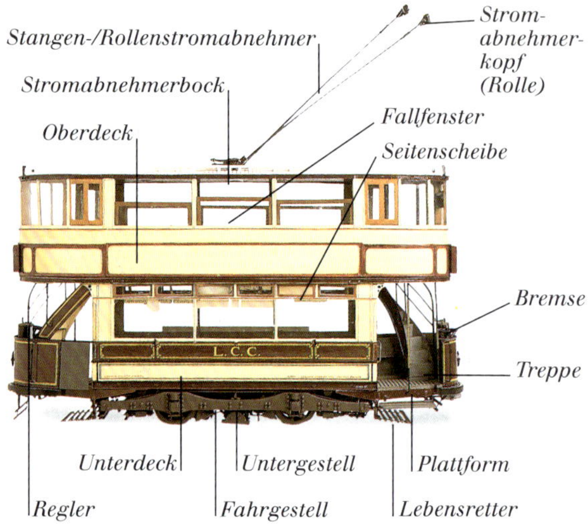

MCW-Metrobus aus London

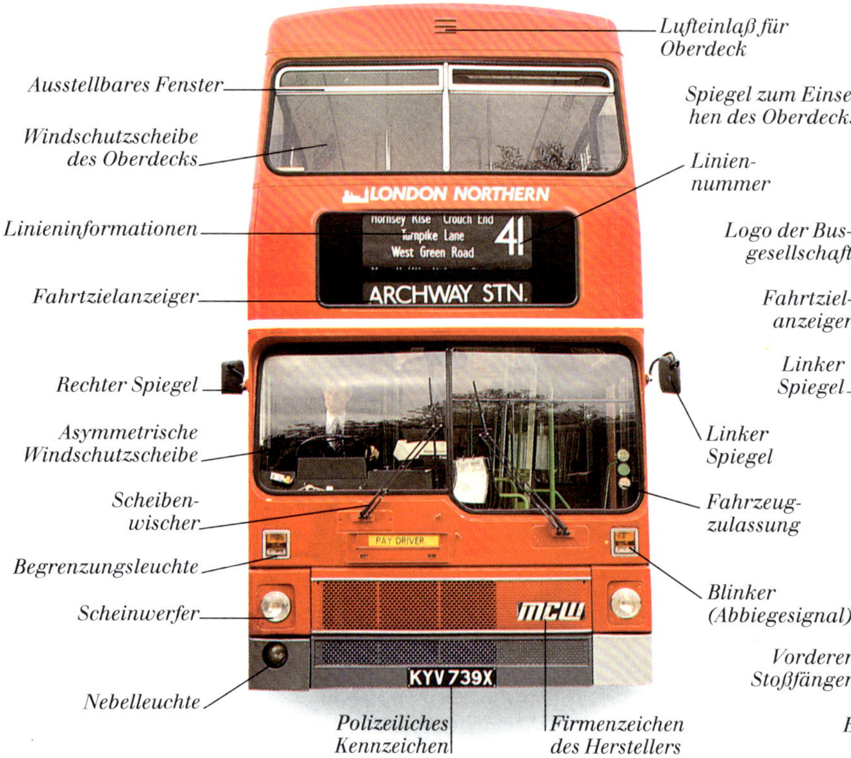

Vorderansicht

Bus aus New York

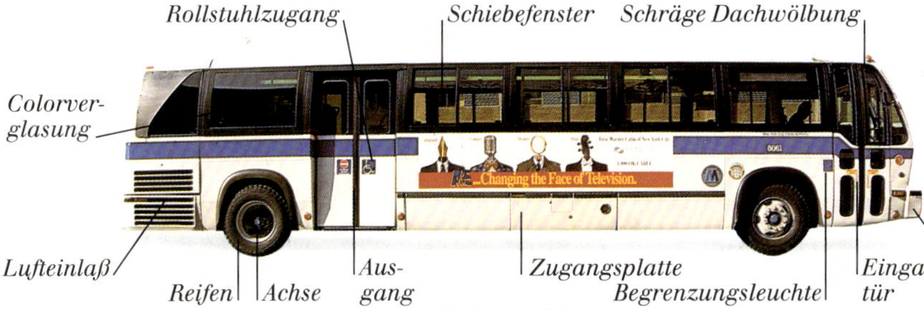

Seitenansicht

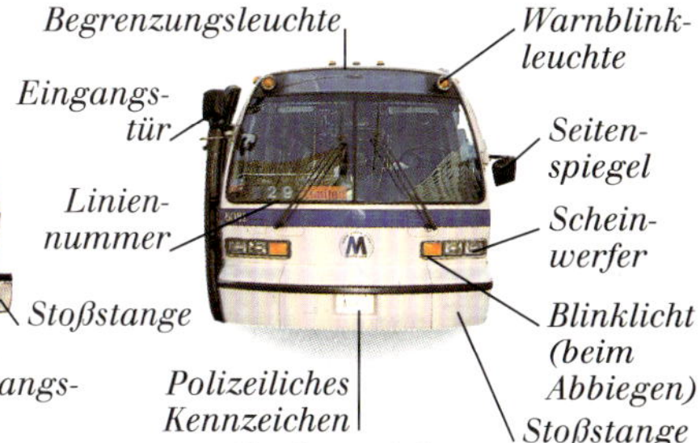

Vorderansicht

Doppeldecker-Reisebus aus Paris

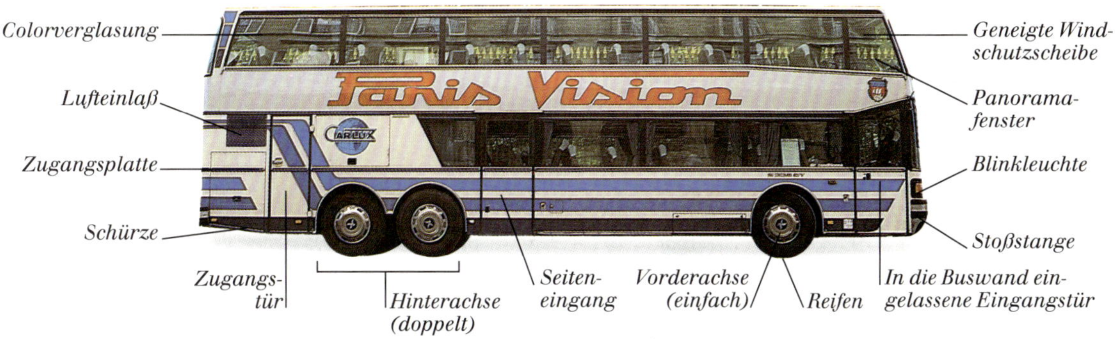

Seitenansicht

Die ersten Automobile

Das erste Straßenkraftfahrzeug war der 1770 gebaute Cugnot-Dampfwagen. Doch erst im frühen 19. Jh. konnte man von gebrauchsfähigen Dampfwagen sprechen, die aber wegen ihres hohen Eigengewichts sehr schwerfällig waren (Beispiel: Bordino-Dampfwagen). Mit der Eisenbahn, die den Vorteil einer größeren Transportkapazität besaß und immer schneller wurde, kam der Niedergang der dampfgetriebenen Fahrzeuge. Mit der Erfindung des Verbrennungsmotors durch den Belgier Etienne Lenoir im Jahr 1860 begann die Ära der ersten ernstzunehmenden Antriebseinheiten für Straßenfahrzeuge. Bereits 1890 bauten in Deutschland Albert Benz und Gottlieb Daimler, in Frankreich Albert de Dion und Armand Peugeot Automobile, die an Kunden verkauft wurden. Sie leiteten das Zeitalter der Kraftfahrzeuge ein.

CUGNOT-DAMPFWAGEN „FARDIER", 1770

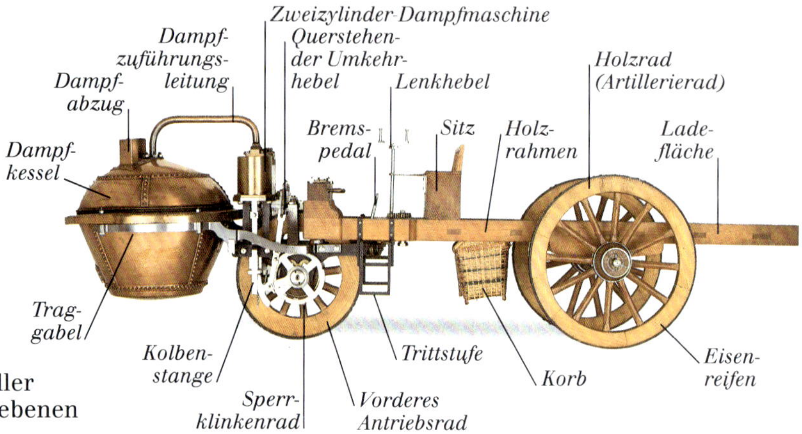

BORDINO-DAMPFWAGEN, 1854

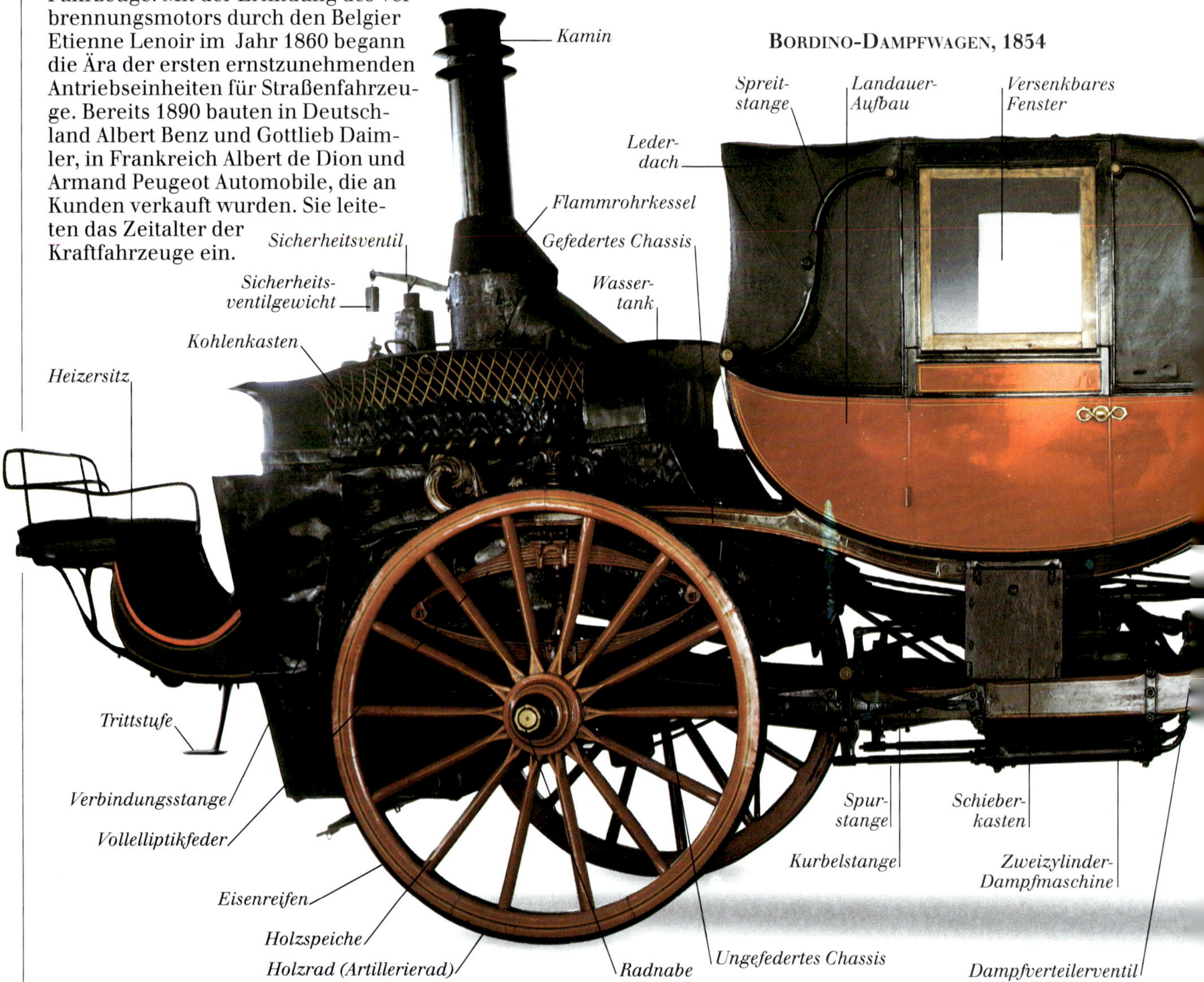

Seitenansicht Benz-Motorwagen, 1886

Rückansicht Benz-Motorwagen, 1886

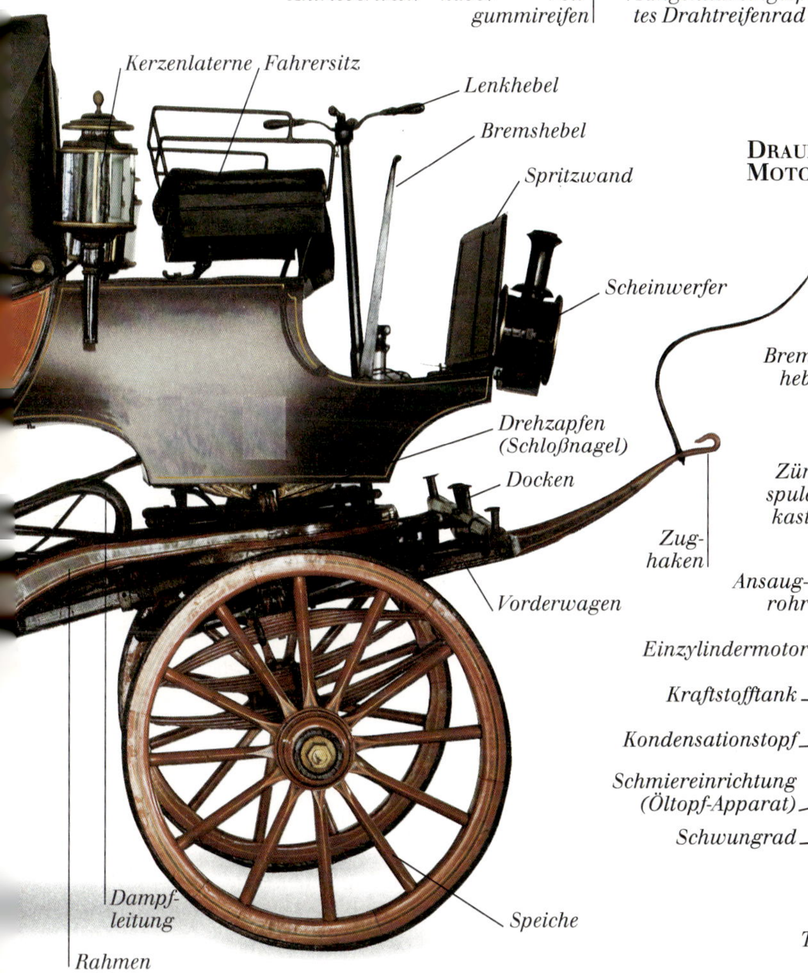

Draufsicht Benz-Motorwagen, 1886

Nobelkarossen

Im ersten Jahrzehnt unseres Jahrhunderts konnten sich wohlhabende Automobilisten Autos bauen lassen, die mit zu den schönsten jemals gefertigten Fahrzeugen gehören. Diese ausschließlich in Handarbeit produzierten, leistungsstarken Autos waren durch die Verwendung von besten Hölzern, Leder und edlen Stoffen sehr luxuriös. Die Karosserien wurden nach den individuellen Wünschen und Anforderungen der Kunden als Einzelstücke gebaut. Einige dieser Luxuswagen hatten Sechszylindermotoren mit Hubräumen bis zu 15 Litern. Die Preise solcher Fahrzeuge betrugen vergleichsweise das Vielfache eines Einfamilienhauses, und auch die Unterhaltskosten waren extrem hoch. Infolgedessen wurden einfache, zweckmäßige Fahrzeuge immer beliebter. Diese Automobile mit Einzylindermotor und einfacher Ausstattung kosteten nur etwa ein Zehntel der damaligen Luxusfahrzeuge.

OLDSMOBILE-EINZYLINDERMOTOR, 1904

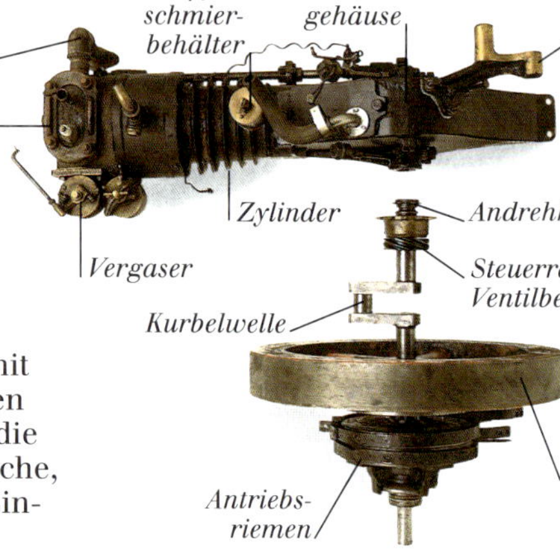

VORDERANSICHT RENAULT, 1906

SEITENANSICHT 1906 RENAULT

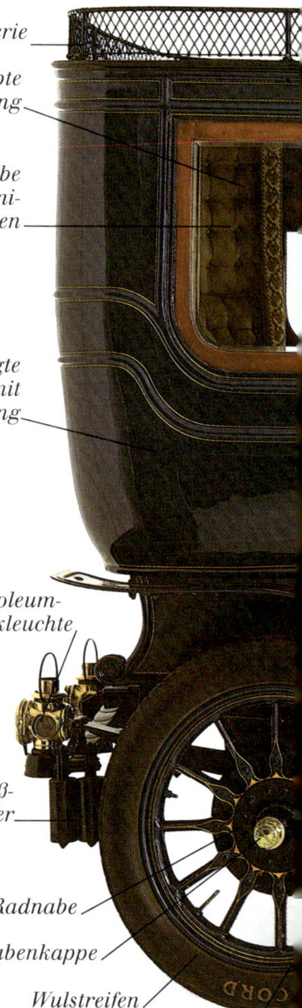

Ausstattung und Karosserie eines Oldsmobile, 1904

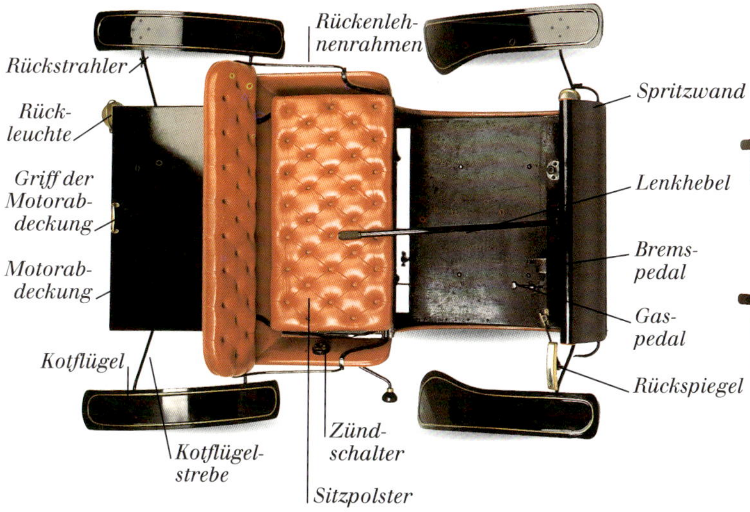

Oldsmobile-Chassis, 1904

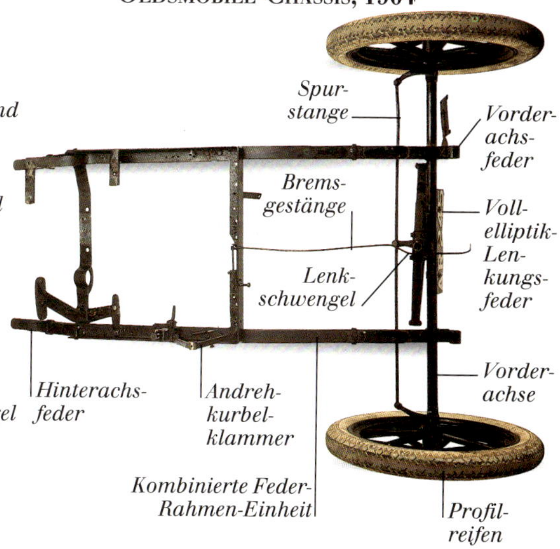

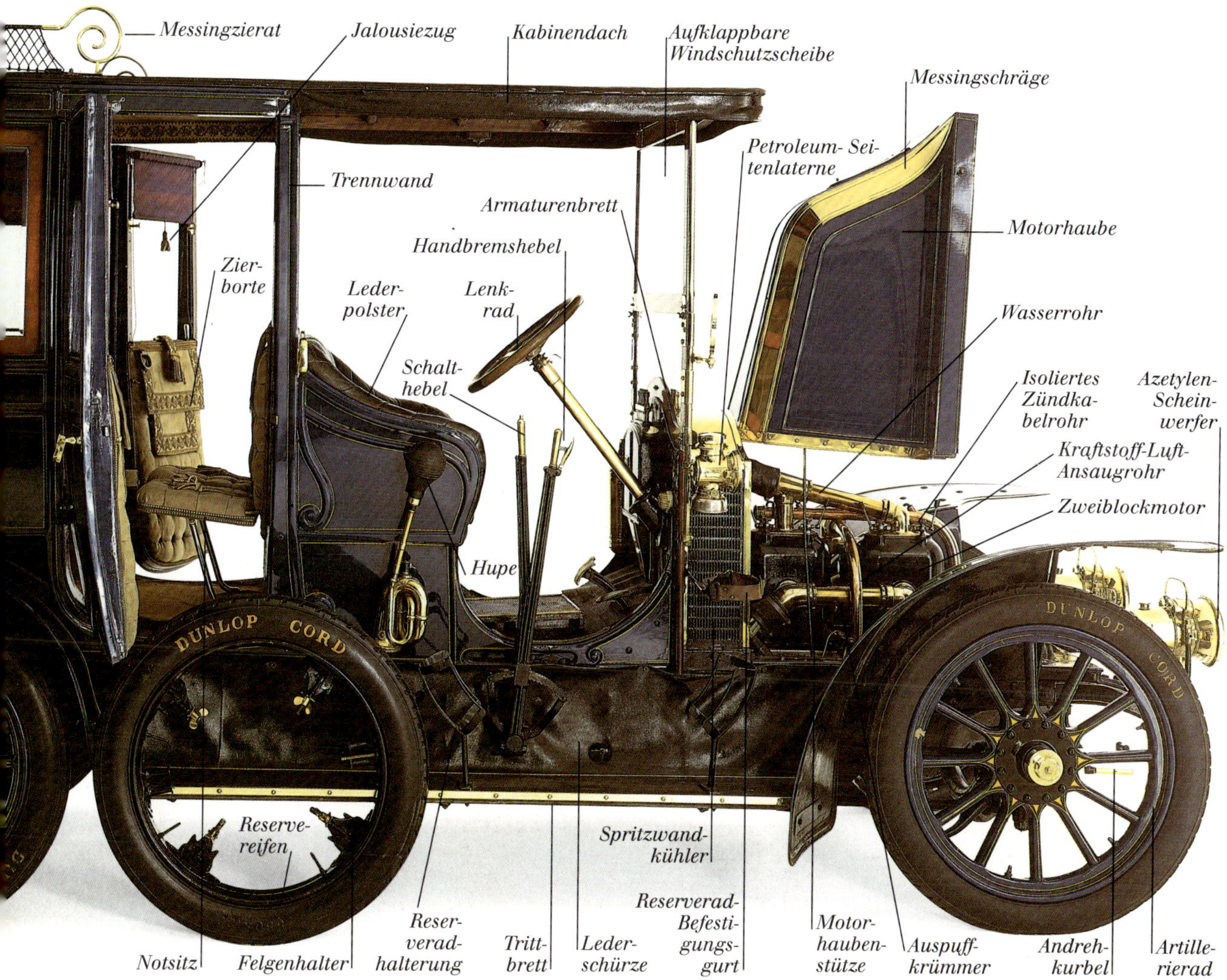

Massenproduktion

Die ersten Automobile wurden in Handarbeit aus einzeln gefertigten Teilen zusammengebaut. Dies war eine sehr zeitintensive Arbeit, und infolgedessen waren die Autos sehr teuer. Henry Ford, ein Autohersteller aus Detroit/USA, löste dieses Problem; er führte die Massenproduktion ein, indem er standardisierte Teile herstellen und diese später an einem Fließband montieren ließ. Der Vorteil dieser Methode bestand darin, daß die Arbeit zu jedem Arbeiter gebracht wurde und jeder nur eine Aufgabe innerhalb des Montagevorgangs zu verrichten hatte, während die Chassis auf dem Fließband fortbewegt wurden. Das erste in Massenproduktion hergestellte Auto, das Ford-T-Modell, lief bereits 1908 vom Stapel und war nur in einer begrenzten Anzahl an Farben und Karosserieformen erhältlich. Als dann 1914 das Fließband eingeführt wurde, wurden gleichzeitig die Fahrzeuge nur noch in einer Farbe hergestellt. Henry Fords Kommentar damals war: „Das T-Modell ist in jeder Farbe, die Sie wollen, erhältlich, solange sie schwarz ist.“ So gelang es Ford, die Produktionszeit eines Autos von mehreren Tagen auf ca. 12 Stunden zu verkürzen. Dadurch wurden Autos wesentlich billiger. Das Ergebnis dieser Entwicklung war, daß 1920 die Hälfte aller Kraftfahrzeuge Ford-T-Modelle waren.

Vorderansicht eines Ford Modell T, 1913

Produktionsstadien

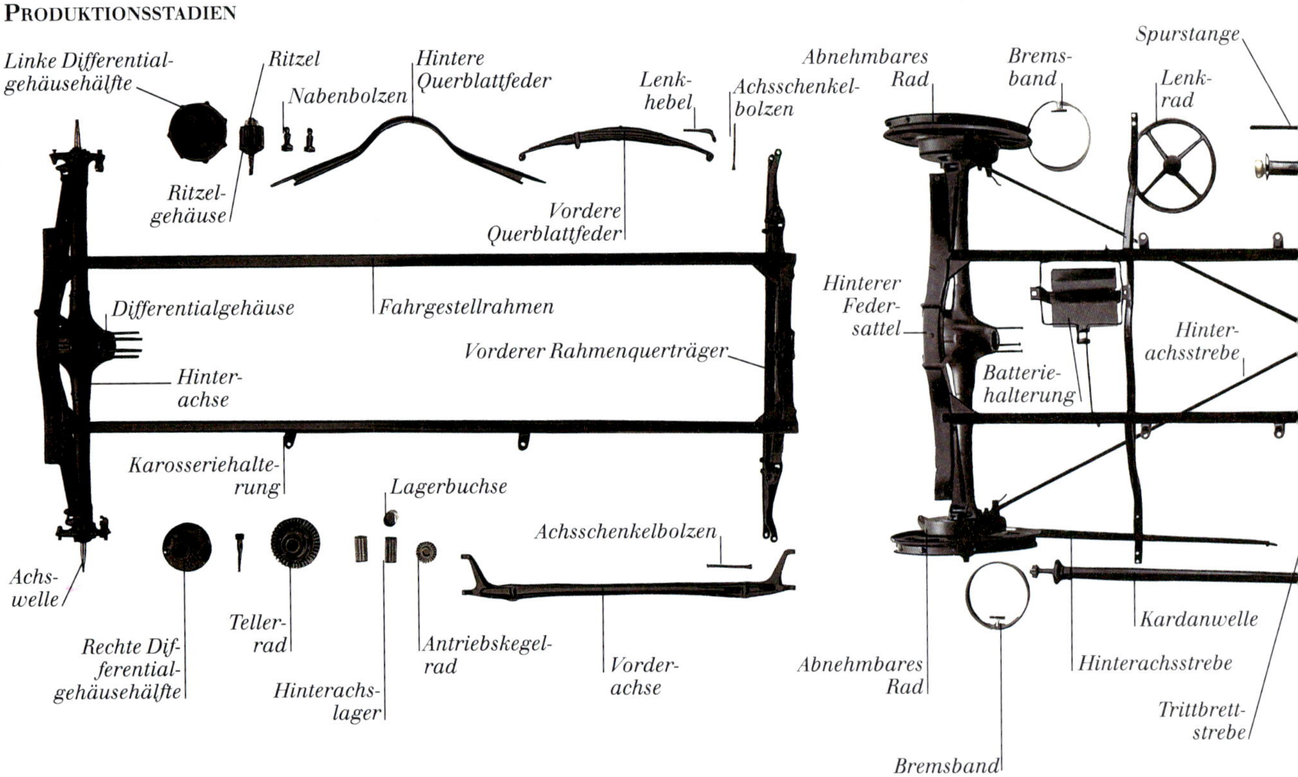

Seitenansicht eines Ford Modell T, 1913

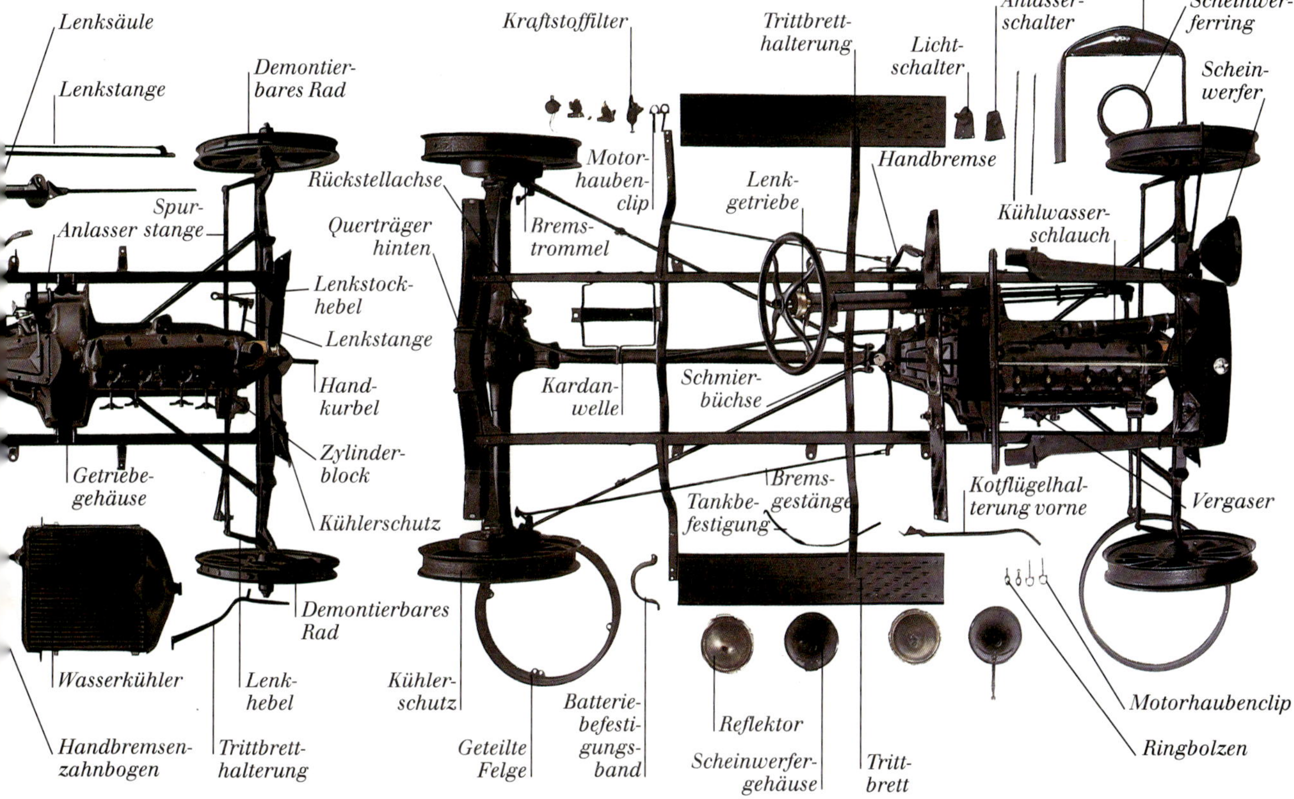

Der Volkswagen

Das am meisten verkaufte Fahrzeug in der Geschichte des Automobilbaus ist der VW-Käfer, ursprünglich auch KdF-Wagen genannt. Das Auto wurde in den 30er Jahren in Deutschland von Dr. Ferdinand Porsche entwickelt. Damals war der deutsche Fahrzeugbestand nur etwa halb so groß wie der in England oder Frankreich. Adolf Hitler hatte ein persönliches Interesse an der Entwicklung eines „Volks-Wagens". Seine Absicht war es, eine neue Industrie mit vielen Arbeitsplätzen zu schaffen und ein Auto so billig anbieten zu können, daß es sich jedermann leisten konnte. Dr. Ferdinand Porsche konstruierte ein Auto, welches sowohl in der Herstellung als auch im Unterhalt billig war. Der luftgekühlte Heckmotor reduzierte die Anzahl der Bauteile und damit das Fahrzeuggewicht. Bis zum Ausbruch des Zweiten Weltkriegs schafften es allerdings nur wenige, sich einen Käfer zu kaufen. Nach dem Krieg aber wurde er so beliebt, daß bis heute über 20 Millionen Exemplare verkauft wurden.

Standard-Ausführung des VW-Käfers

Vierzylinder-Boxer-Anordnung

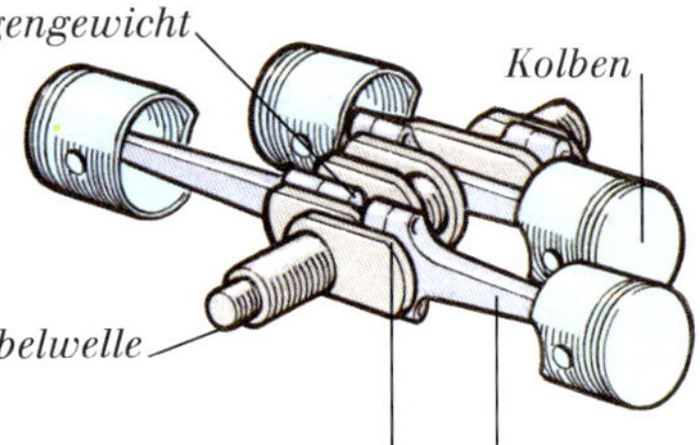

Bauteile eines VW-Käfers

Bauteile Volkswagen

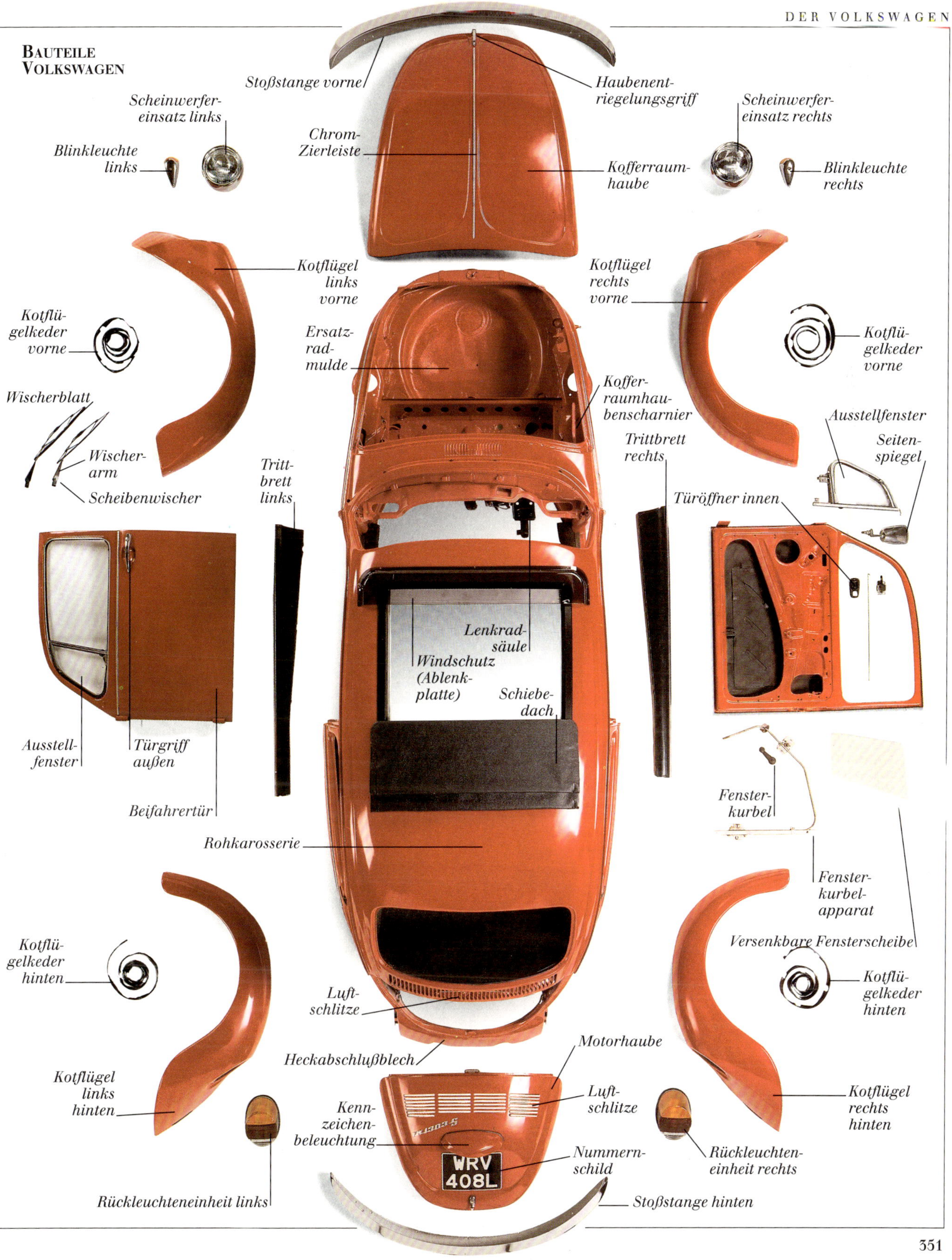

Erste Motoren

Noch bis zum Anfang des 20. Jhs. wurden Dampf oder Elektrizität zum Antrieb von Fahrzeugen benutzt, wobei keine dieser Energiequellen wirklich geeignet war. Elektrisch betriebene Fahrzeuge mußten regelmäßig anhalten, um ihre schweren Batterien wiederaufzuladen. Dampfwagen hatten zwar eine harmonische Leistungsabgabe, waren aber in der Handhabung viel zu kompliziert. Als eine konkurrenzfähige Art der Energielieferung erwies sich der Verbrennungsmotor, den 1860 Etienne Lenoir (s. S. 344–345) erfand. Diese Maschine formt die bei einer Explosion frei werdende Energie in eine Drehbewegung um und kann somit die Räder eines Fahrzeugs antreiben. Erste Motoren dieser Bauart besaßen noch Schieberventile, einzeln gegossene Zylinder und arbeiteten oft im Zweitaktverfahren. Heutzutage arbeiten jedoch nahezu alle Verbrennungsmotoren, inklusive dem Drehkolben- und Dieselmotor (s. S. 356–357), im Viertaktverfahren, welches 1876 von Nikolaus Otto entwickelt wurde.

Bersey-Elektrowagen, 1896

TROJAN-ZWEITAKT-DOPPELKOLBEN-MOTOR, 1927

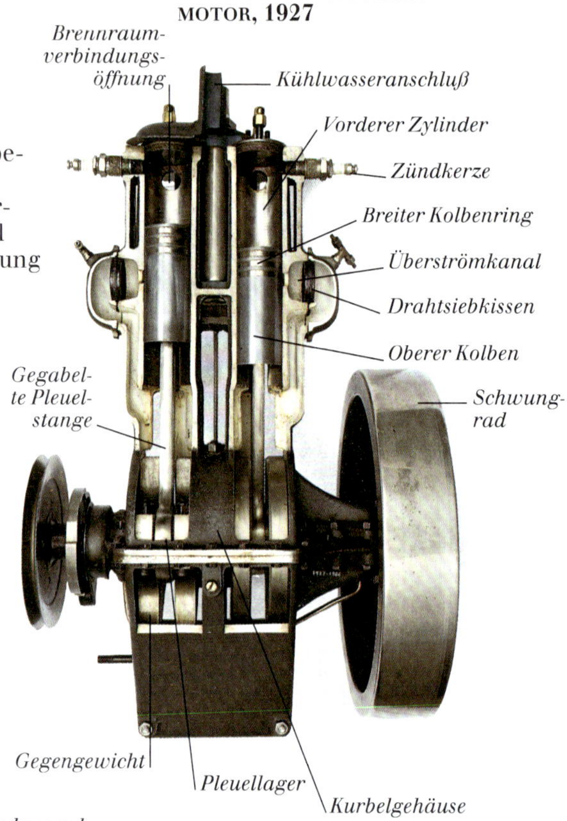

SCHNITTDARSTELLUNG EINES WHITE-DAMPFWAGENS, 1903

Arbeitsspiele eines Viertaktmotors

Ansaugtakt

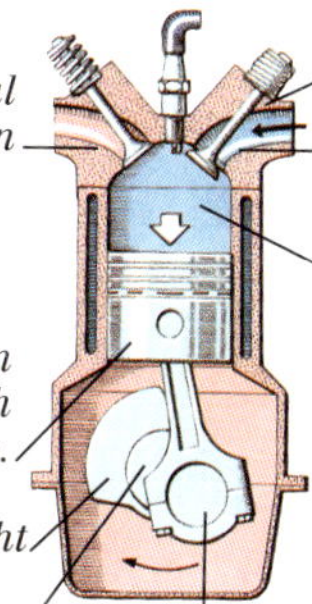

Verdichtungstakt

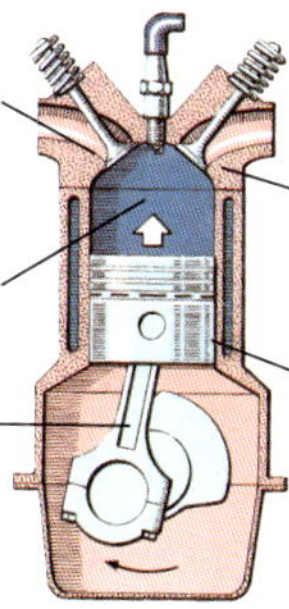

Arbeitstakt

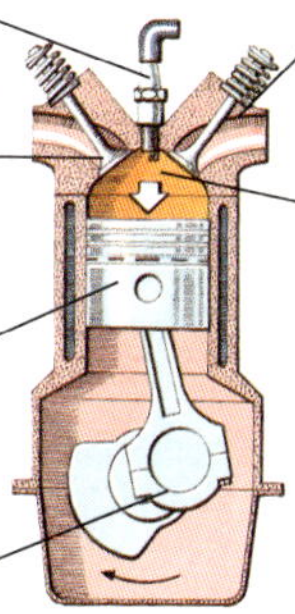

Auspufftakt

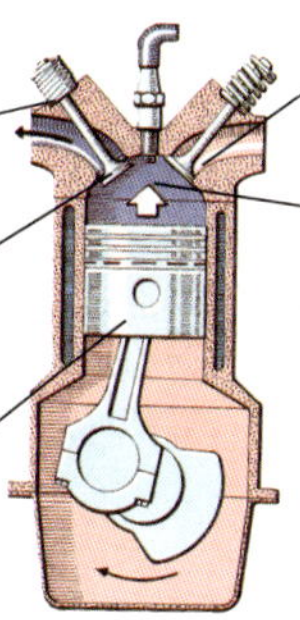

16-PS-Humber-Motor, 1911

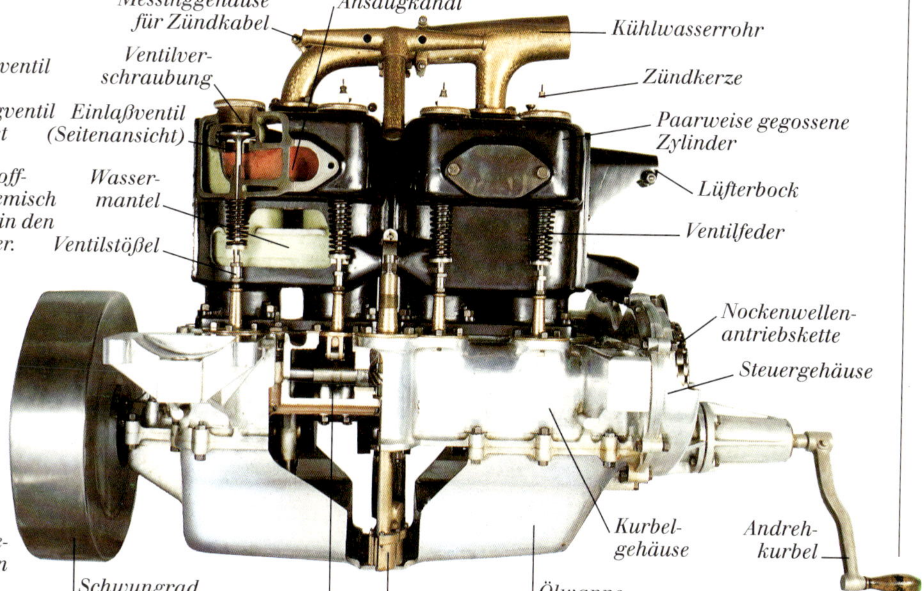

Daimler-Doppelscheibenmotor, 1910

Äußeres Schieberventil

Inneres Schieberventil

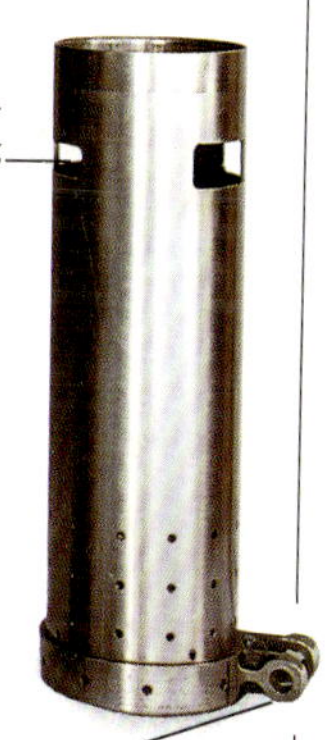

Moderne Motoren

Die Konstruktionen moderner Benzinmotoren basieren auf den gleichen Grundsätzen wie die der ersten Fahrzeugmotoren vor über 100 Jahren, auch wenn sich während dieser Zeit viel verändert hat. Heute wiegen Motoren, die meist aus speziellen Leichtmetallegierungen hergestellt sind, nur einen Bruchteil dessen, was alte Motoren wogen. Durch computergesteuerte Zündsysteme, Einspritzanlagen und Mehrventilzylinderköpfe kann eine wesentlich effizientere Verbrennung des Benzin-Luft-Gemischs erzielt und so weniger Kraftstoff verbraucht werden. Ein weiterer Effekt des gesteigerten Wirkungsgrades ist, daß trotz erheblicher Leistungssteigerung die Abgasemissionen moderner Motoren gesenkt werden konnten. Hierzu trägt hauptsächlich der Einsatz spezieller Filter (Katalysatoren) bei, die viele Abgasbestandteile absorbieren oder umwandeln können. Die Forderung nach immer wirtschaftlicheren Motoren bedeutet auch eine intensive Entwicklungsarbeit. Es kann bis zu 7 Jahre dauern, um einen neuen Motor für ein Serienauto zu entwickeln, was mit Kosten in mehrstelliger Millionenhöhe verbunden ist.

Vorderansicht eines Ford-Cosworth-V6-12-Ventilmotors

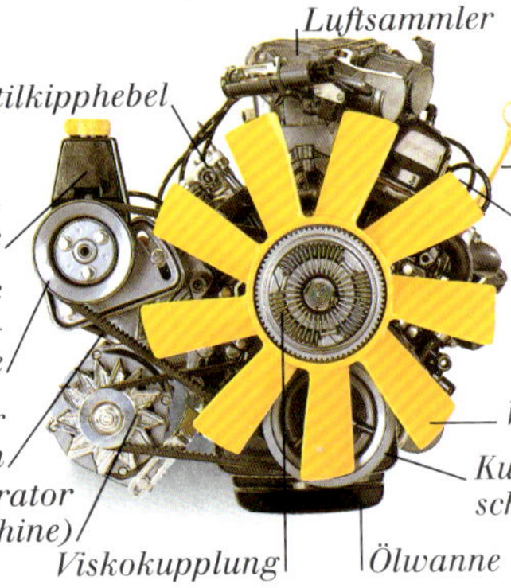

Vorderansicht eines Ford-Cosworth-V6-24-Ventilmotors

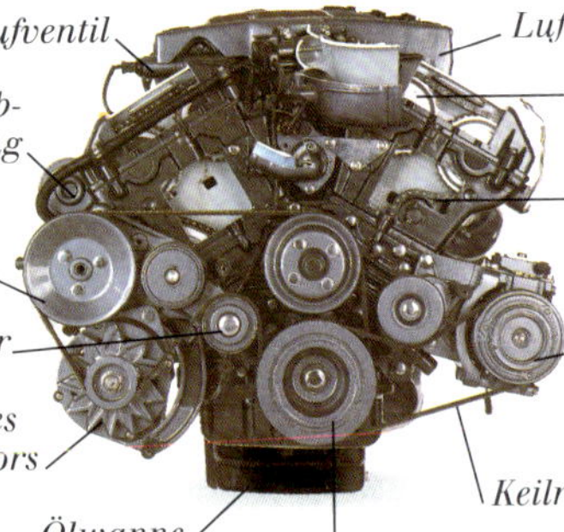

Schnittdarstellung eines Jaguar-6-Zylinder-Reihenmotors

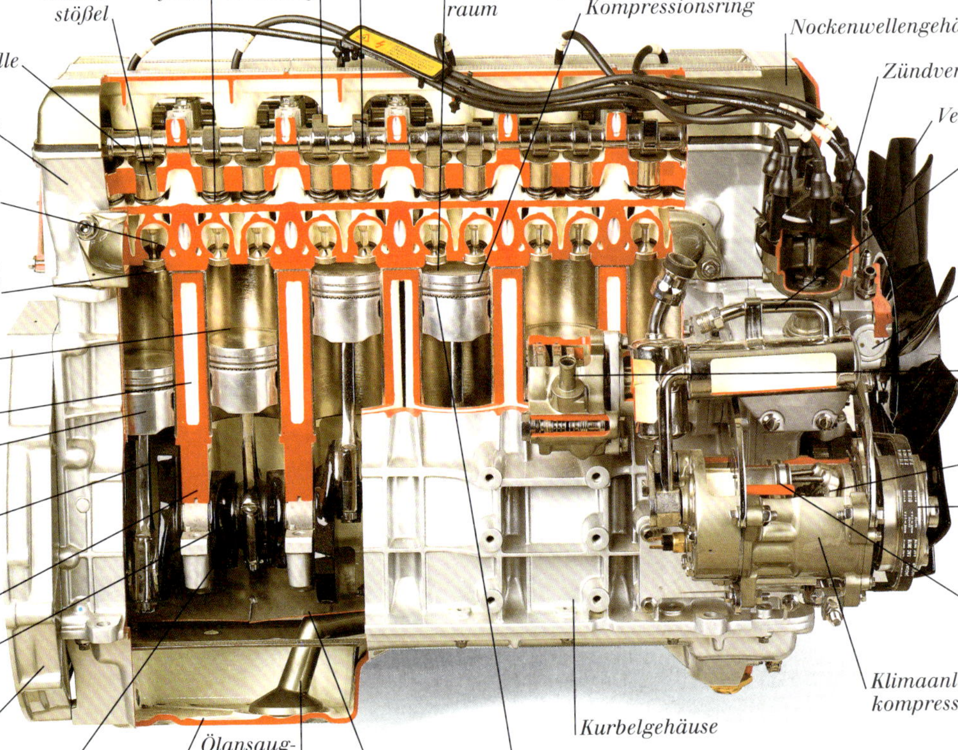

Vorderansicht eines Jaguar-V12-Motors

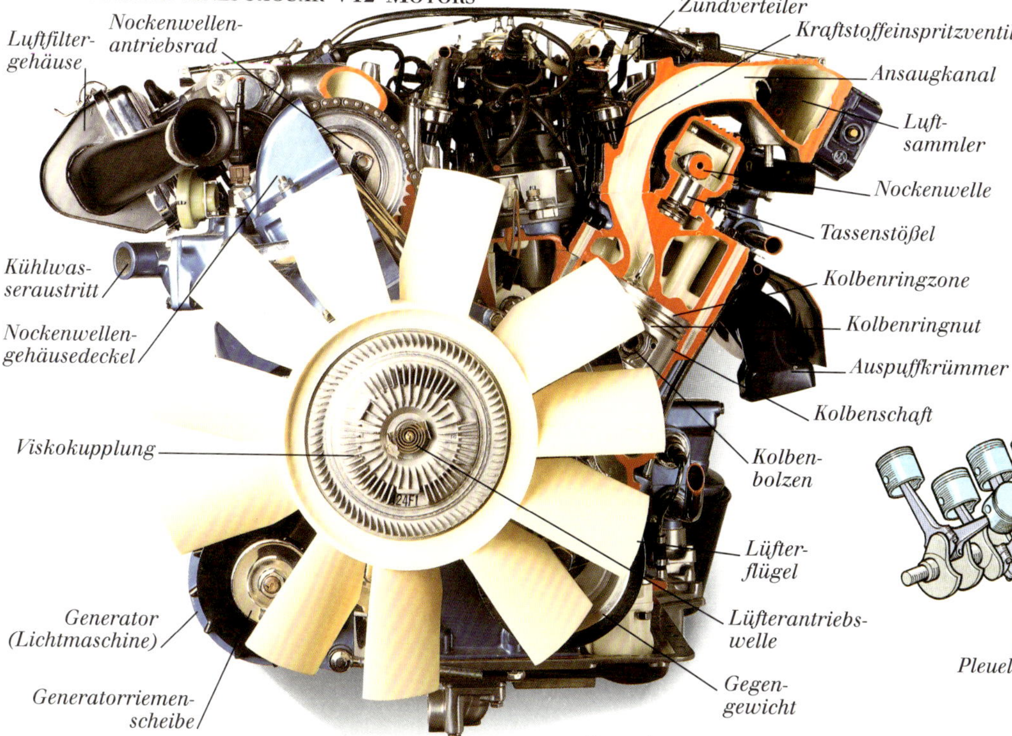

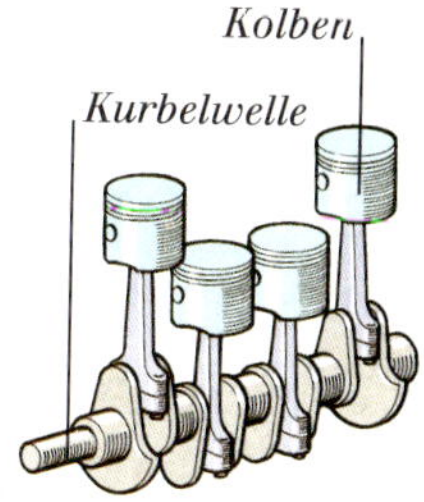

Kolbenanordnung eines 4-Zylinder-Reihenmotors

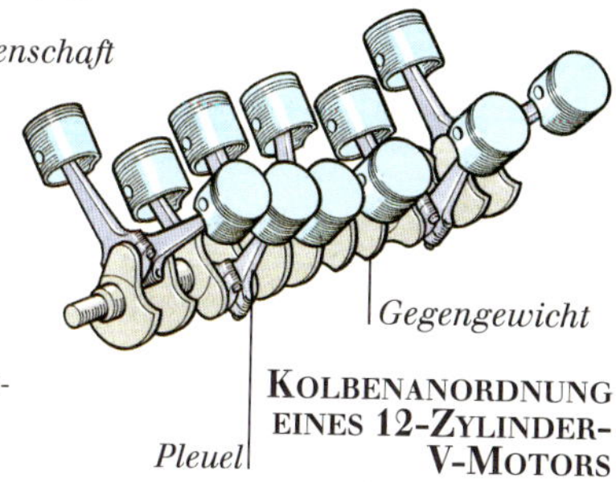

Kolbenanordnung eines 12-Zylinder-V-Motors

Schnittdarstellung eines Jaguar-V12-Motors

Alternative Motoren

Der bekannteste und am meisten eingesetzte „Nicht-Benzinmotor" ist der Dieselmotor. Bei diesem wird nicht ein komprimiertes Benzin-Luft-Gemisch mit einer Zündkerze gezündet, sondern allein durch Kompression eine Explosion hervorgerufen. Der Kraftstoffverbrauch eines Dieselmotors ist gegenüber hubraumgleichen Benzinmotoren geringer, obwohl er schwerer gebaut ist und einen massiveren Zylinderblock benötigt. Ein anderer Motortyp ist der Drehkolbenmotor (Wankel-Motor), der in den 50er Jahren von Felix Wankel erstmals erfolgreich zur Serienreife entwickelt wurde. Sein dreieckiger Kolben rotiert in einem Gehäuse in Form einer bauchigen Acht. Die Vorteile des Drehkolbenmotors sind, daß er nur zwei rotierende (Kolben und Exzenterwelle) und ein oszillierendes Bauteil besitzt.

Mazda RX-7 mit Drehkolbenmotor

Drehkolbenmotor mit Doppelzündung

Die Arbeitstakte eines Drehkolbenmotors

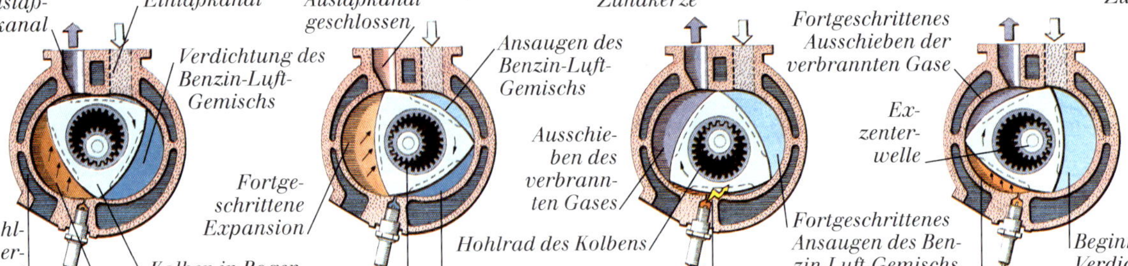

Ford Turbo-Diesel-Motor

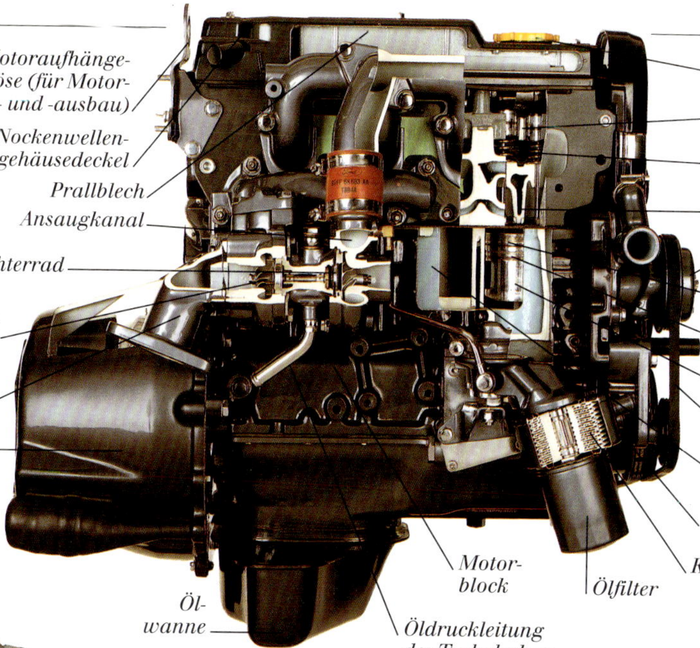

Seitenteil Antriebsseite

Rotor und Dichtung

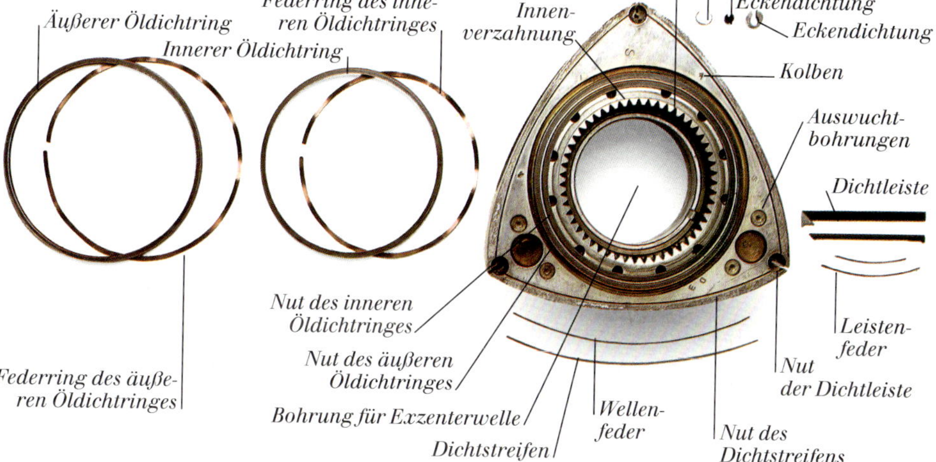

Exzenterwelle

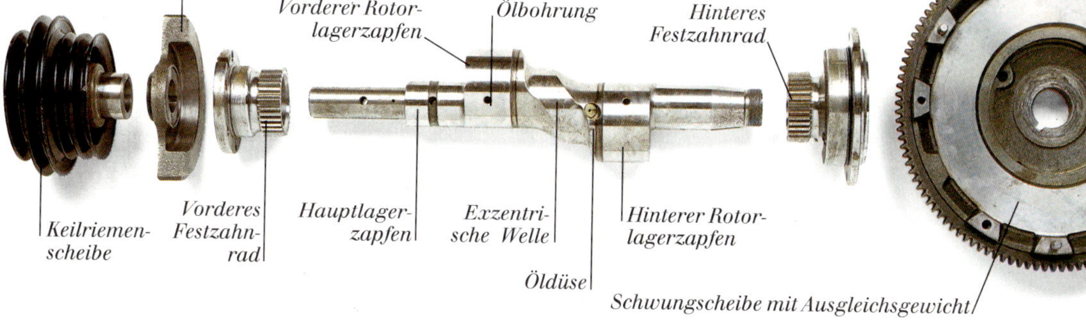

Die Karosserie

Renault-Logo

Die Karosserie eines modernen, in Massenproduktion hergestellten Autos wird nach dem Prinzip der selbsttragenden Karosserie gebaut, bei dem Dach, Seitenteile und Fahrzeugboden zu einer tragenden Einheit – der Rohkarosserie – zusammengeschweißt werden. Diese Rohkarosserie trägt und schützt die Innenteile des Autos. Die aus Stahl und Glas bestehende Karosserie muß sowohl leicht als auch sehr widerstandsfähig gebaut sein. Bei geringem Gewicht wird Energie gespart; die Widerstandsfähigkeit ist notwendig, um bei eventuellen Kollisionen die Insassen zu schützen. Durch den Einsatz von Computern bei der Konstruktion sollen im voraus viele Faktoren, wie Aerodynamik oder Crashverhalten, berücksichtigt werden. Bei der Herstellung von Karosserien steuern und überwachen Computer die Tätigkeit von Robotern, die die Karosserien zusammenschweißen und lackieren.

Karosserie eines Renault Clio

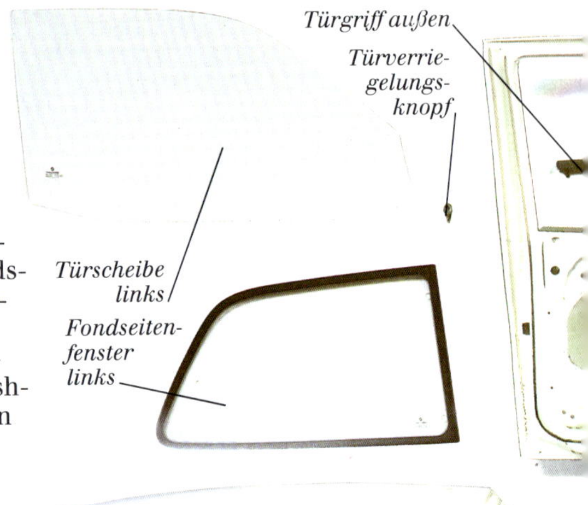

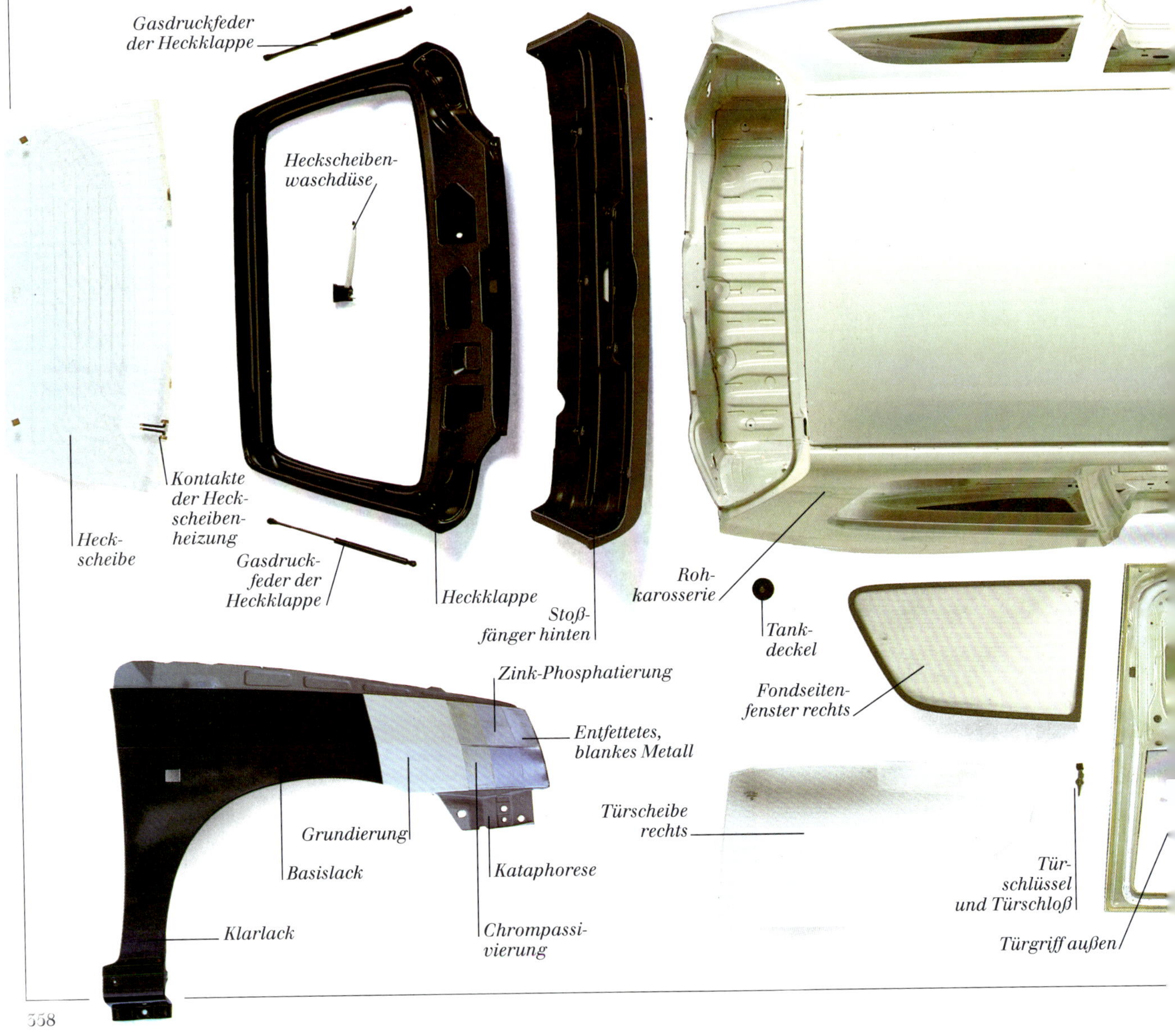

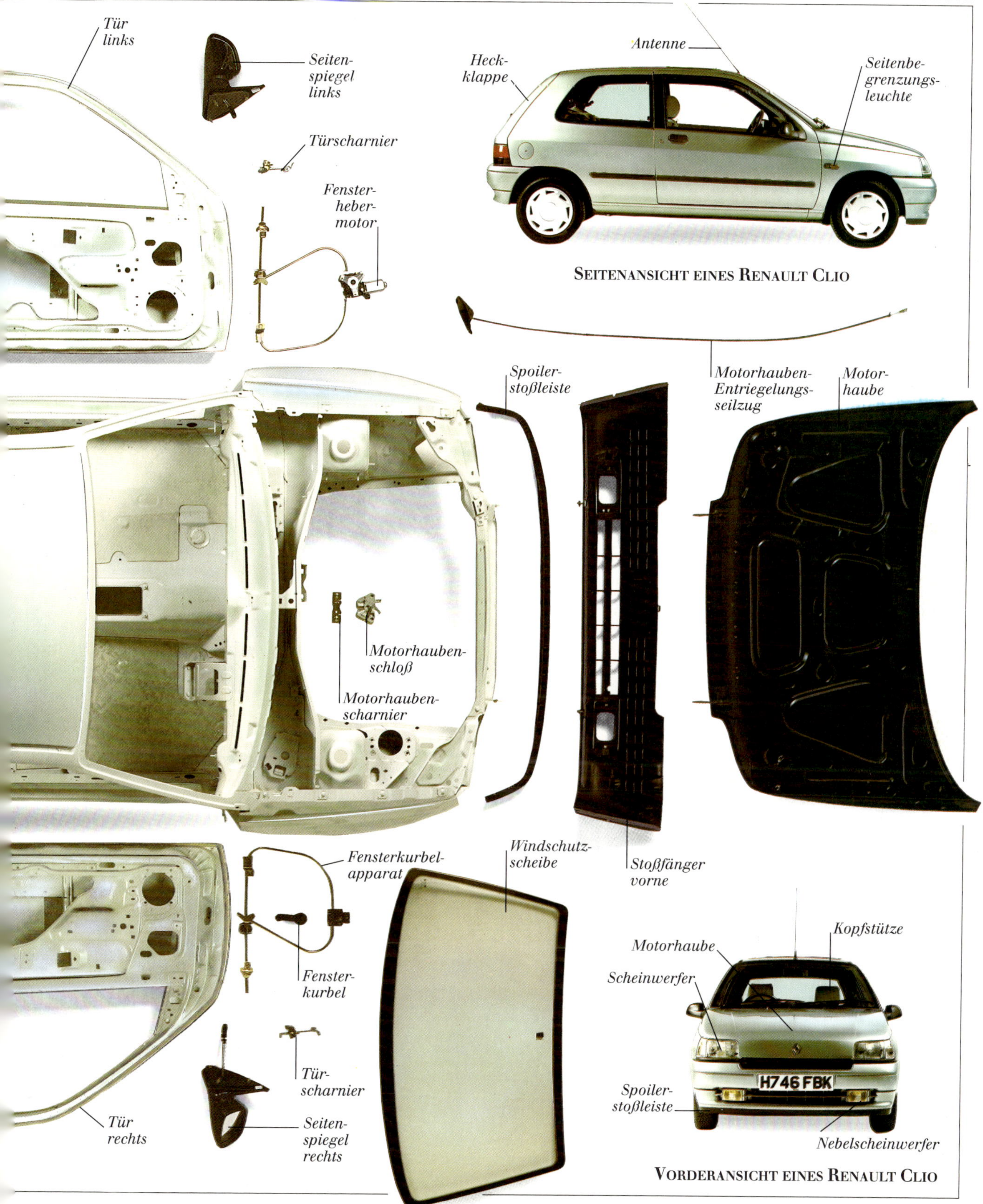

SEITENANSICHT EINES RENAULT CLIO

VORDERANSICHT EINES RENAULT CLIO

Mechanik

Ein modernes Auto hat weit über tausend verschiedene mechanische Bauteile. Ihr Zusammenspiel bildet verschiedene mechanische Systeme wie Motor, Auspuff, Kraftübersetzung, Lenkung, Federung, Bremsen. Um ein ordnungsgemäßes Arbeiten dieser Komponenten zu garantieren, werden sie nach höchsten Qualitätsmaßstäben und geringsten Toleranzen (bis zu 1/500 mm) gefertigt. Bevor sie in den Serieneinsatz gelangen, müssen sie zahlreiche Tests unter allen nur erdenklichen Betriebszuständen durchlaufen.

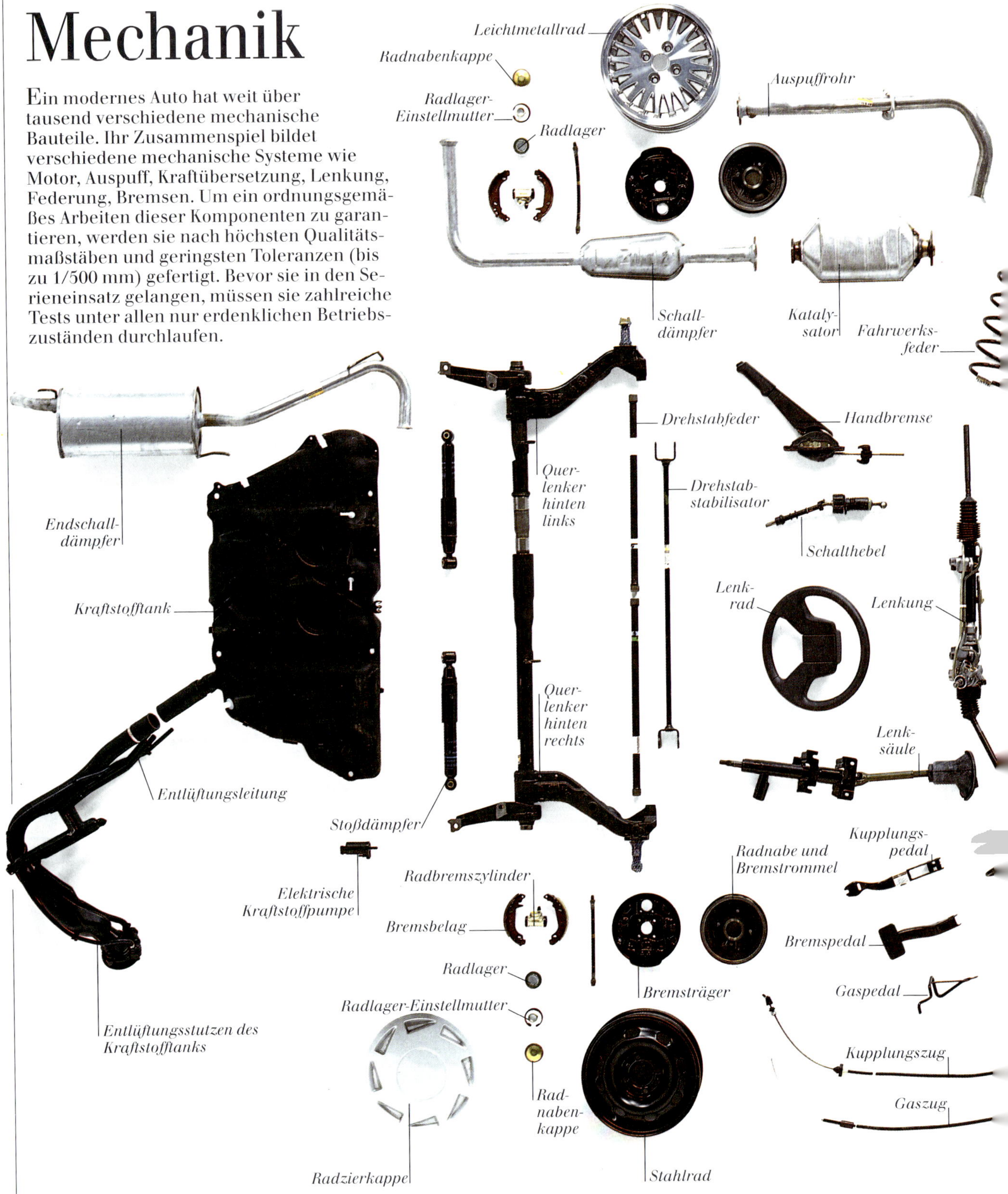

Mechanische Bauteile eines Renault Clio, 1991

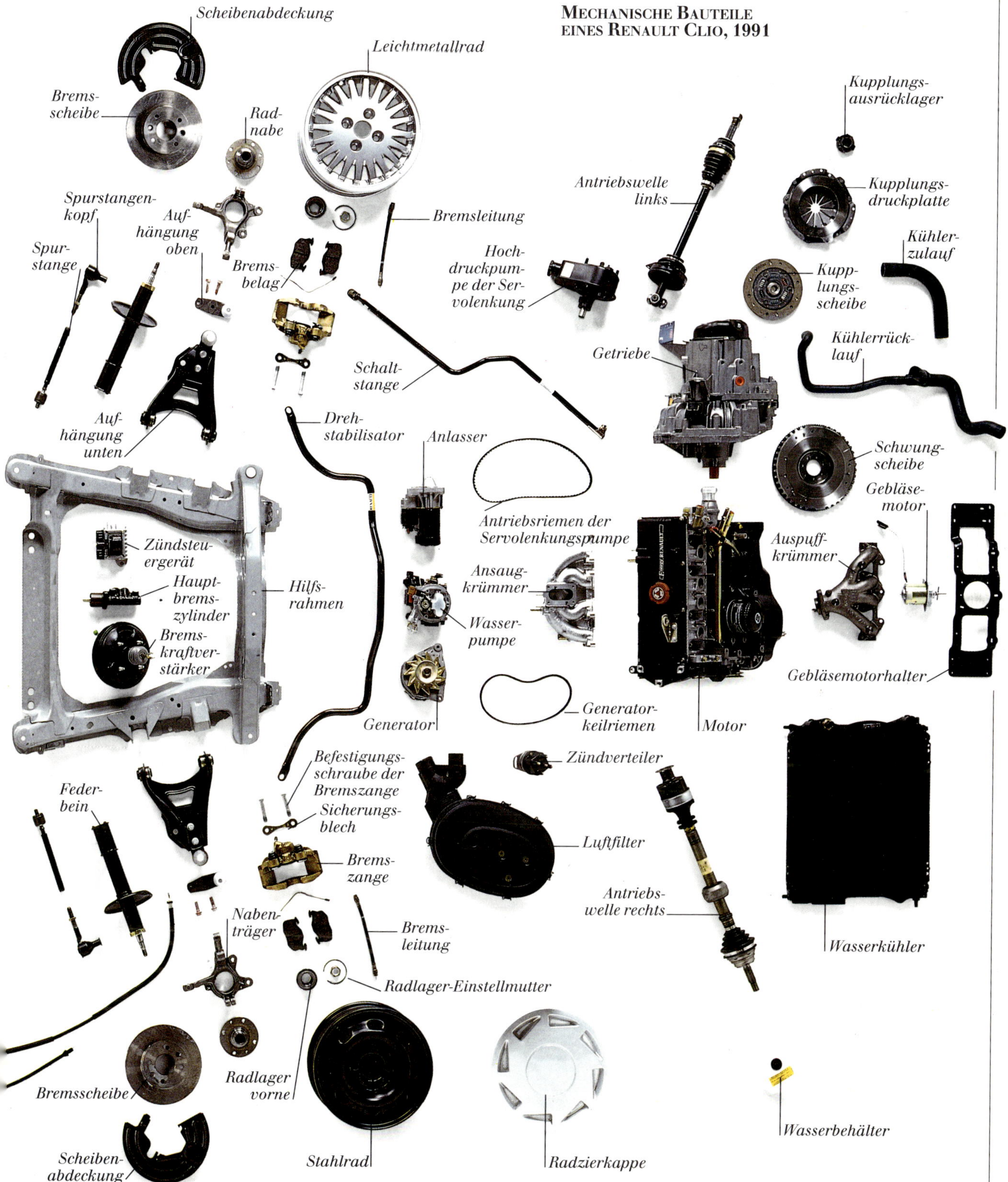

Ausstattung

Hatten alte Fahrzeuge noch handgearbeitete und mit Leder bezogene Sitze oder mühevoll bearbeitete Holzarmaturenbretter, beherrschen heute maschinell hergestellte Kunststoffteile den Fahrzeuginnenraum. Automatische Fertigung und lasergesteuerte Roboter reduzieren Kosten und Produktionszeiten. So werden moderne Verkleidungen und Armaturenbretter geschäumt oder im Spritzgußverfahren hergestellt. Sicherheit und Komfort sind die Prioritäten. Nach ergonomischen Gesichtspunkten konstruierte Sitze lassen die Insassen eine bequeme Position einnehmen; Gummidichtungen halten Feuchtigkeit oder Staub vom Fahrzeuginnenraum fern.

AUSSTATTUNG EINES RENAULT CLIO, 1991

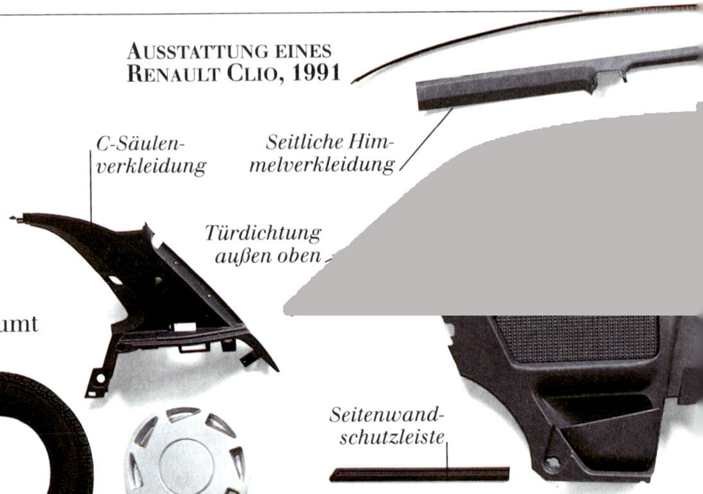

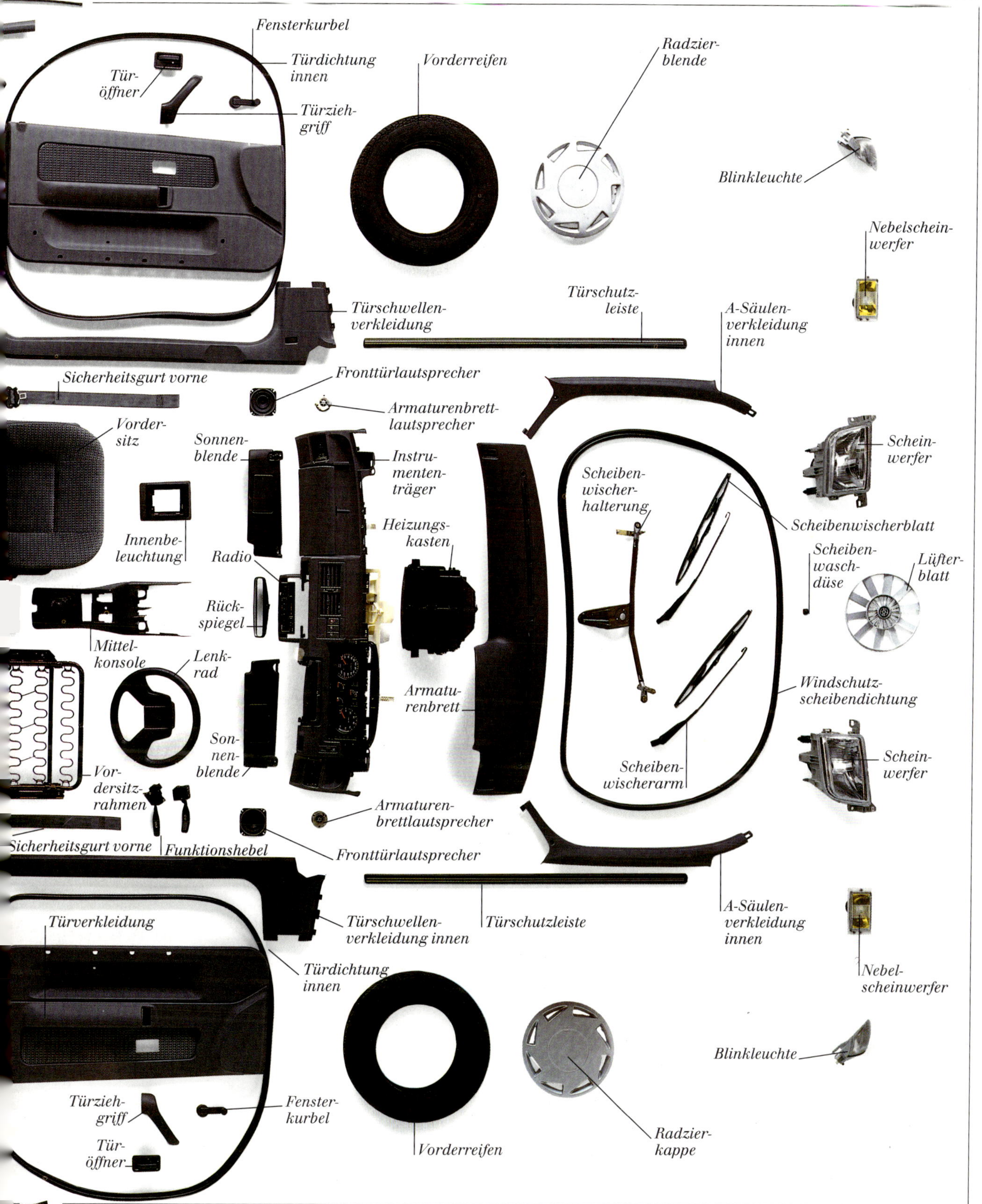
Fensterkurbel
Tür-
öffner
Türdichtung
innen
Türzieh-
griff
Vorderreifen
Radzier-
blende
Blinkleuchte
Nebelschein-
werfer
Türschwellen-
verkleidung
Türschutz-
leiste
A-Säulen-
verkleidung
innen
Sicherheitsgurt vorne
Fronttürlautsprecher
Armaturenbrett-
lautsprecher
Vorder-
sitz
Sonnen-
blende
Instru-
menten-
träger
Schein-
werfer
Scheiben-
wischer-
halterung
Innenbe-
leuchtung
Heizungs-
kasten
Scheibenwischerblatt
Radio
Scheiben-
wasch-
düse
Lüfter-
blatt
Rück-
spiegel
Mittel-
konsole
Lenk-
rad
Armatu-
renbrett
Windschutz-
scheibendichtung
Son-
nen-
blende
Scheiben-
wischerarm
Schein-
werfer
Vor-
dersitz-
rahmen
Armaturen-
brettlautsprecher
Sicherheitsgurt vorne
Funktionshebel
Fronttürlautsprecher
Türverkleidung
Türschwellen-
verkleidung innen
Türschutzleiste
A-Säulen-
verkleidung
innen
Nebel-
scheinwerfer
Türdichtung
innen
Blinkleuchte
Türzieh-
griff
Fenster-
kurbel
Tür-
öffner
Vorderreifen
Radzier-
kappe

Geländefahrzeuge

Die Ära der Allradfahrzeuge nahm mit den amerikanischen Militärjeeps der 40er Jahre und den britischen Rovern ihren Anfang. Diese beiden Fahrzeuge gelten als die eigentlichen Begründer dieser Kategorie von Automobilen. Sie wurden so ausgelegt, daß sie ein möglichst breites Anwendungsspektrum – von Militär bis Safari – haben. Alle Fahrzeuge haben aber die gleiche Grundkonstruktion mit 4 oder 6 angetriebenen Rädern, großer Bodenfreiheit und verstärkten Bauteilen, wie Bremsen, Radaufhängung und Kraftübertragung. Unterschiede gibt es lediglich hinsichtlich der für spezielle Einsatzbereiche zugeschnittenen Aufbauten und Sonderausstattungen. Der hier abgebildete Pinzgauer Turbo D ist ein spezielles Safari-Fahrzeug.

KOCHAUSRÜSTUNG

Spirituskocher mit 2 Kochstellen

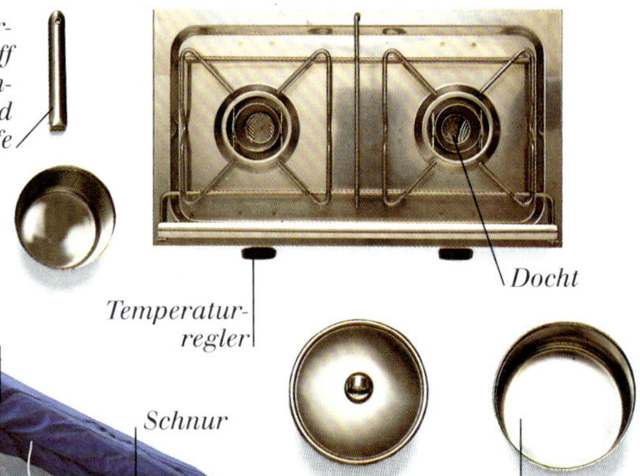

Handwinde

SEITENANSICHT EINES PINZGAUER TURBO D

Reifenpumpe

Reifenheber

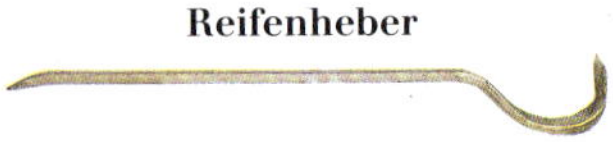

Fußstütze links **Fußstütze rechts**

Spannriemen

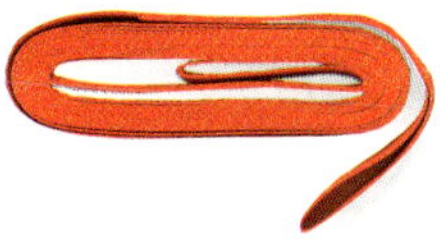

Schwerlastschäkel

Windschutzscheiben-Sicherungsklemmleisten

Waschbehälter

Sicherheitskette

Vorderansicht eines Pinzgauer Turbo D

Rückansicht eines Pinzgauer Turbo D

Rennwagen

Seit Beginn der Motorisierung sind Rennwagen die Innovationsträger neuer Techniken in der Fahrzeugentwicklung. Bauteile, die heute selbstverständlich sind, z.B. Scheibenbremsen oder Turbolader, stammen aus dem Rennfahrzeugbau. Die Forschung für Rennwagen hat die Grenzen der Motorleistung, Aerodynamik und Reifenhaftung in neue Bereiche gehoben und auch im Karosseriebau die Entwicklung von Ultraleichtmaterialien forciert. Ähnlich dem Williams-Formel-1-Rennwagen hatte bereits der 1937 gebaute Bugatti einen tiefen Schwerpunkt, freistehende Räder und ein offenes Cockpit. Bei heutigen Formel-1-Fahrzeugen dienen aerodynamische Hilfsmittel wie Seitenschürzen, Heck- oder Frontspoiler dazu, das Fahrzeug auf den Boden zu pressen, um höhere Kurvengeschwindigkeiten zu erzielen. Durch Sensoren werden Betriebszustände des Fahrzeugs und Motors erfaßt und zur Aufzeichnung und Kontrolle an die Boxen gefunkt.

Draufsicht eines Williams-Formel-1-Rennwagens, 1990

Bugatti TYP 57 S, 1937

Renault-V10-RS-1-Motor

Motorverkleidung

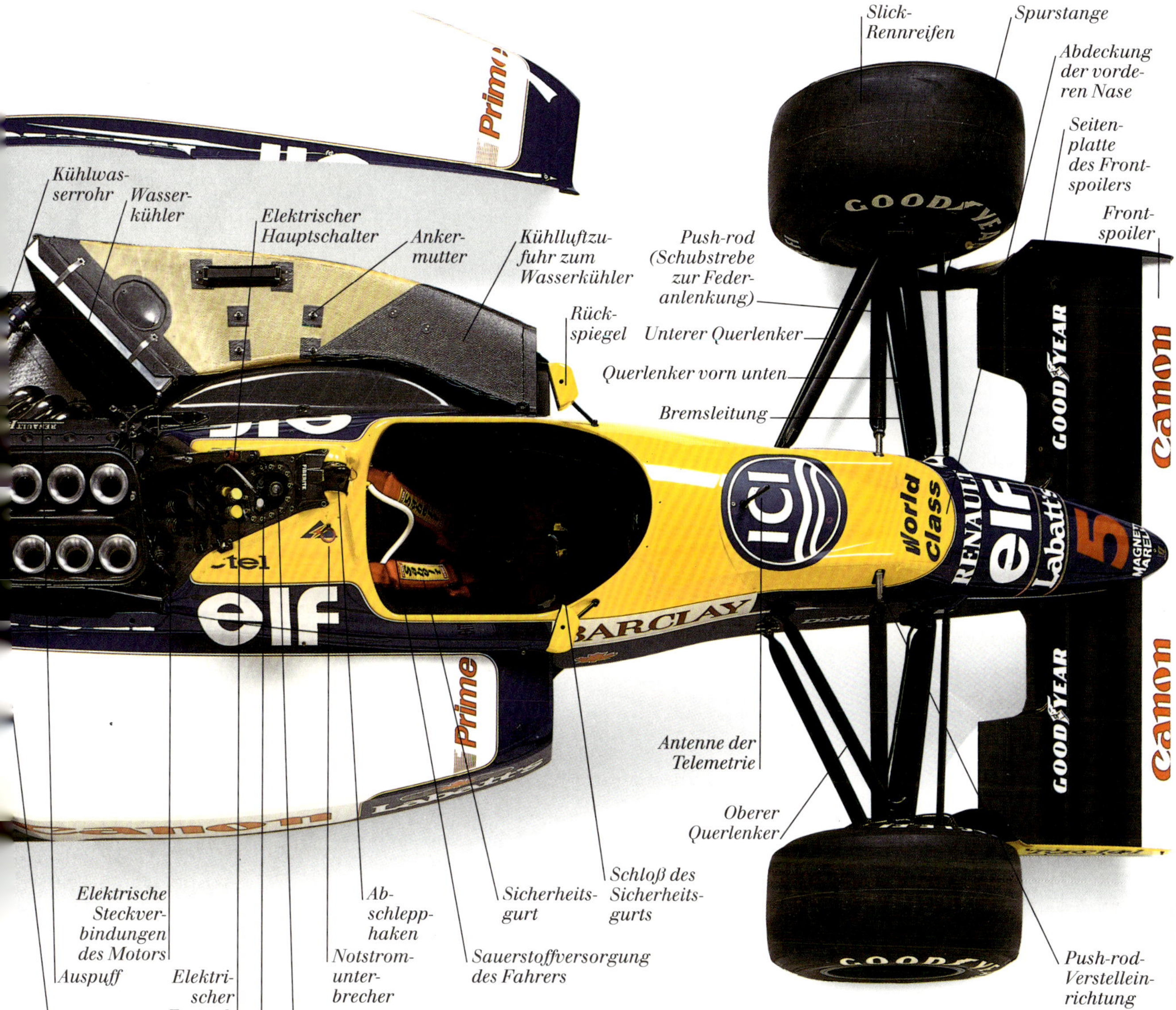

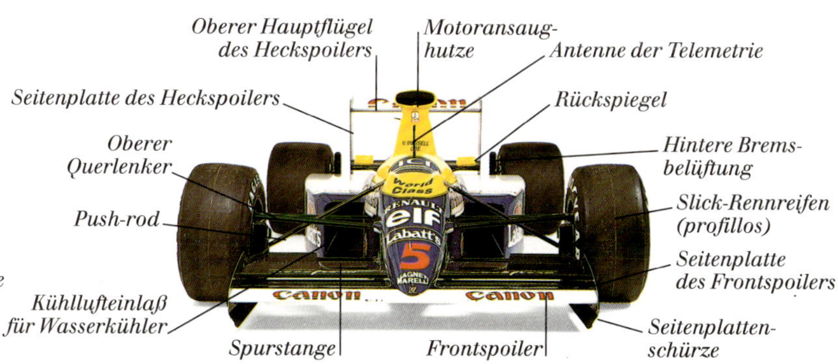

VORDERANSICHT EINES WILLIAMS-FORMEL-1-RENNWAGENS, 1990

Fahrräder

Fahrräder bestehen zwar grundsätzlich aus den gleichen Bauteilen, aber es gibt viele unterschiedliche Modelle. Ein Rennrad (große Abb.) besitzt einen Leichtbaurahmen und einen steilen Lenkstangenschaft- und Sattelstützrohrwinkel und ist auf hohe Geschwindigkeiten ausgelegt. Seine Bauart zwingt den Fahrer zu einer gebückten, aerodynamisch günstigen Körperhaltung. Ein Tourenrad weist viele Ähnlichkeiten mit einem Rennrad auf, ist aber auf Komfort und Stabilität auf Langstrecken ausgelegt: Der Rahmenwinkel ist größer, die Hinterradgabel schwerer, der Achsstand (Abstand zwischen den Radachsen) länger. Allzweckfahrräder („Hybride") verbinden das geringe Gewicht und die hohe Geschwindigkeit der Sporträder mit der Strapazierfähigkeit der Mountain Bikes. Nicht für den Einsatz auf öffentlichen Straßen konzipiert sind Testfahrräder mit kurzem Lenkstangenschaft, schrägem Scheitelrohr, „Aero"-Lenkstange und aerodynamischer Rohrkonstruktion. Bei den meisten HPVs (Human Powered Vehicles) befindet sich der Fahrer in einer liegenden Position. Das erhöht die Ausgangsleistung bei gleichzeitiger Reduzierung des Luftwiderstandes. Unerläßlich für die Sicherheit der Fahrer sind Helme sowie Vorder- und Rücklicht. Fahrradschlösser dienen als Diebstahlsicherung.

Vorder- und Rücklicht

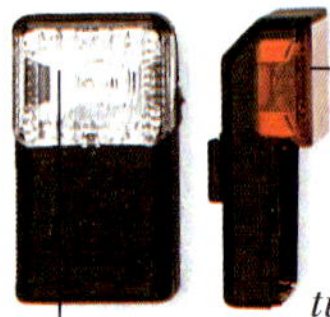

Schutzhelm

Rennrad „Eddy Merckx"

Stahlschloss

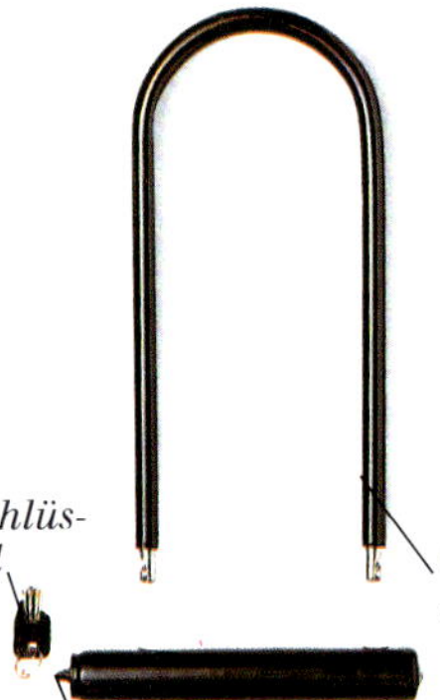

Hybridfahrrad Cannondale Sh600

Tourenrad Cannondale St100

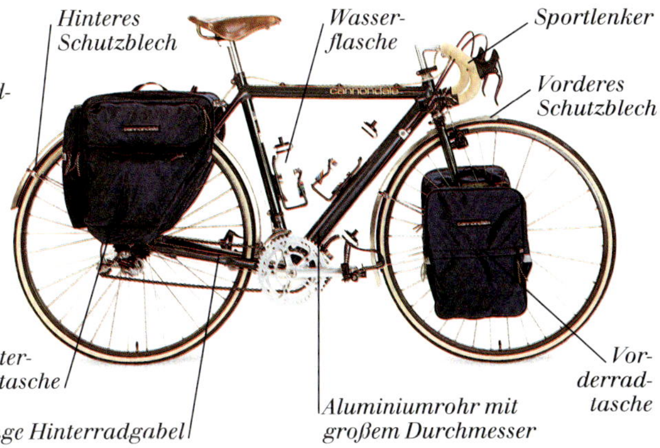

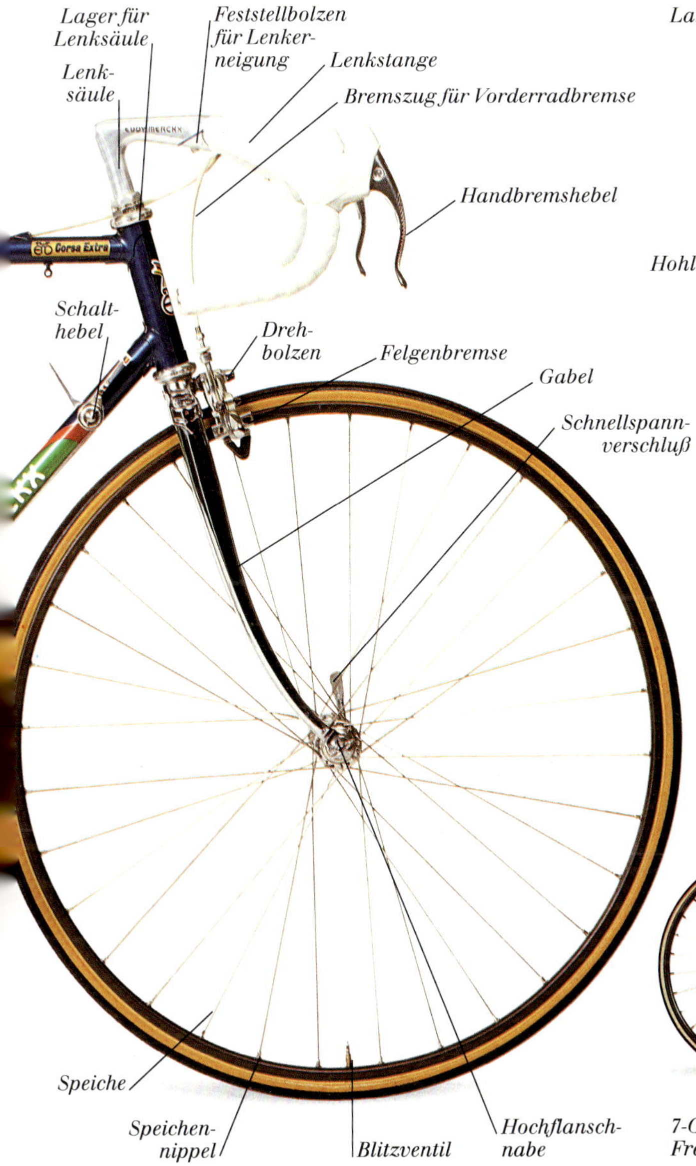

Italienisches Testfahrrad von Rossin

HPV-Rennrad Windcheetah SL Mark VI „Speedy“

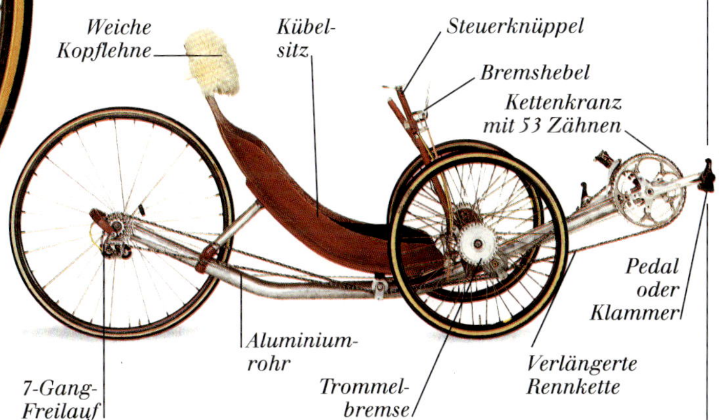

Das Motorrad

Das Motorrad entwickelte sich aus einem Fahrrad mit Hilfsmotor, heute aber ist es eine komplizierte Hochleistungsmaschine. 1901 fanden die Gebrüder Werner den günstigsten Platz für den Motor. Sie brachten ihn tief in der Fahrgestellmitte an: die Motocyclette Werner wurde der Prototyp des modernen Motorrades. Es gibt Motorräder für vielerlei Zwekke – zum Pendeln und Touren, für Rennen und Botendienste –, und für die unterschiedlichen Erfordernisse entwickelte man unterschiedliche Maschinen. Der Vespa-Roller z.B. wurde für Berufspendler konzipiert. Er hat kleine Räder und ist wirtschaftlich und leicht zu fahren. Für Familien waren Beiwagen ideal, bis sie von preiswerten Autos verdrängt wurden. Liebhaber bevorzugen im allgemeinen Maschinen mit größerem Hubraum und mehr Komfort. Mit der Honda CB750 kamen 1969 Vierzylindermaschinen auf. Trotz aller Fortschritte in der Motorradtechnologie fühlen sich viele Motorradfahrer nach wie vor zu traditionellen Modellen wie der Zweizylinder-Harley-Davidson hingezogen. Ein Charakteristikum der Harley-Davidson-Glides ist der klassische amerikanische V2-Motor, bei dem die Zylinder V-förmig angeordnet sind.

MOTOCYCLETTE WERNER, 1901

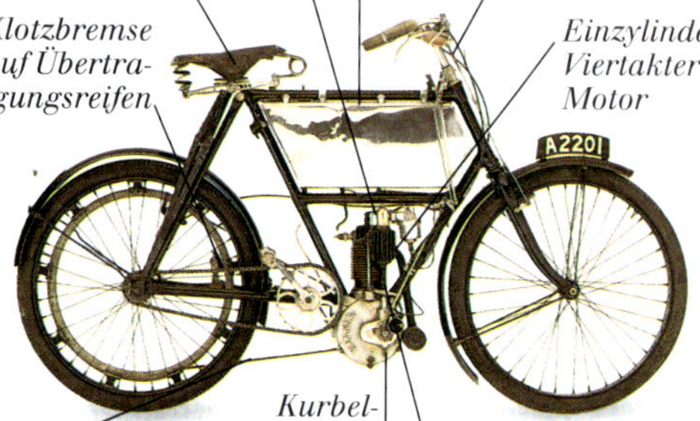

HARLEY-DAVIDSON FLHS ELECTRA GLIDE, 1988

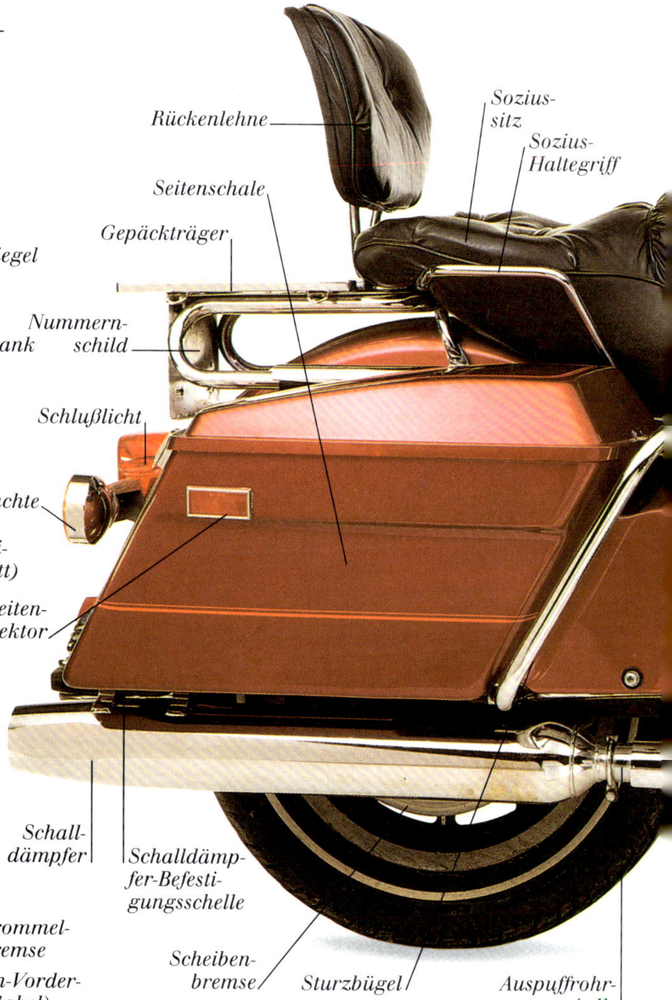

BMW R/60 (1965) MIT STEIBE-SEITENWAGEN (1953)

Vorderansicht

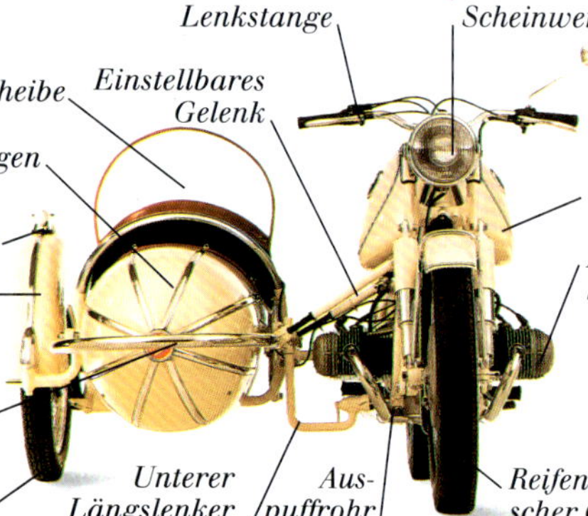

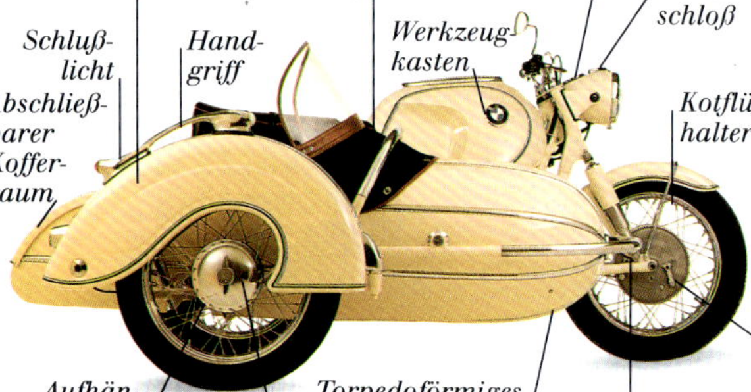

Seitenansicht

Honda CB750, 1969

Vespa Grand Sport 160 Mark 1, 1963

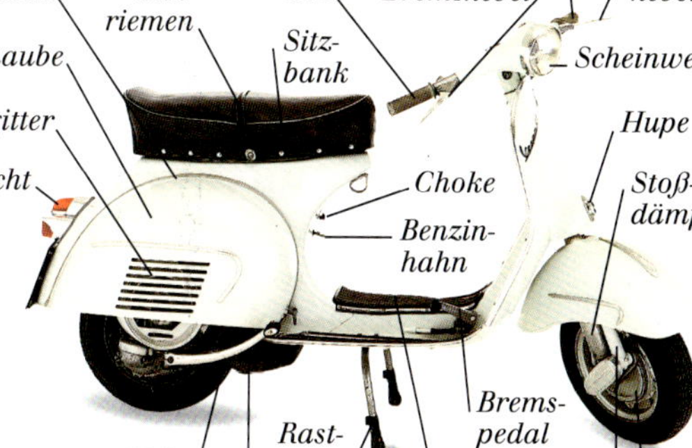

Das Motorrad-Fahrgestell

Das Fahrgestell ist der „Rumpf“ des Motorrads, an dem der Motor befestigt ist. Es setzt sich aus Rahmen, Rädern, Aufhängung und Bremsen zusammen. Der Rahmen aus Stahl oder Leichtmetall sorgt dafür, daß die Räder fluchten und das Motorrad beherrschbar bleibt, und dient als Gerüst zur Aufnahme anderer Bauteile. Motor und Getriebe sind fest verschraubt, während Sitz, Kotflügel und Verkleidung leichter zu lösen sind. Die Aufhängung federt Unregelmäßigkeiten der Straßenoberfläche ab. Bei den meisten Aufhängungssystemen isolieren ölgedämpfte Spiralfedern den Hauptanteil des Motorrades von den Rädern. Vorn sind Feder und Dämpfer meist in eine Teleskopgabel integriert, während hinten eine drehbare Pendelachse zum Einsatz kommt. Die Aufhängung dient auch dazu, möglichst viel Kontakt zwischen Reifen und Straßenoberfläche aufrechtzuerhalten, eine Voraussetzung für wirkungsvolle Brems- und Lenkvorgänge. Bis in die 70er Jahre hinein waren Trommelbremsen weit verbreitet, aber moderne Motorräder besitzen leistungsfähigere Scheibenbremsen.

HONDA VF750 MIT AUFBAU, 1985

HONDA VF750 OHNE AUFBAU, 1985

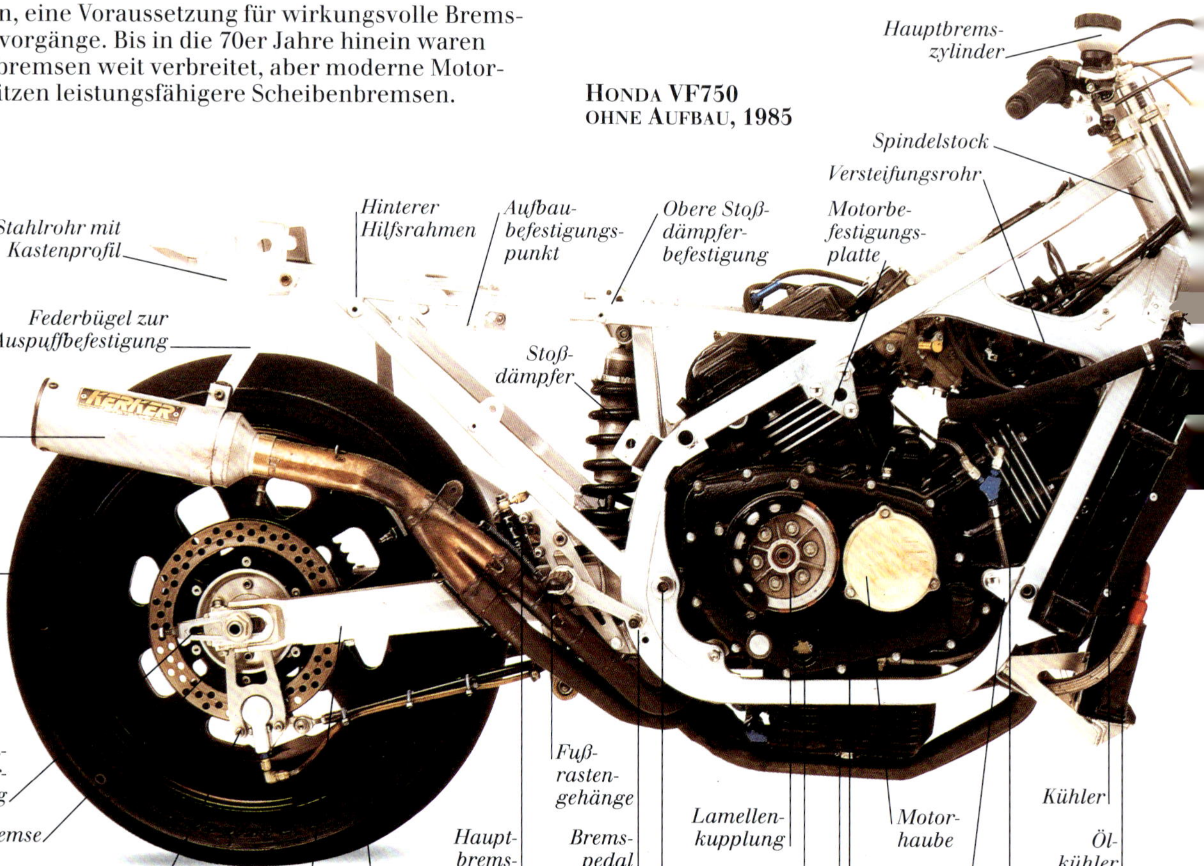

Trommelbremse

Trommelbremse von außen

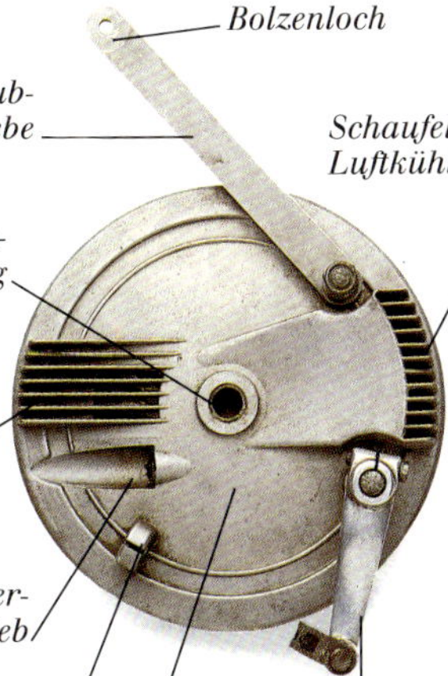

Trommelbremse von innen

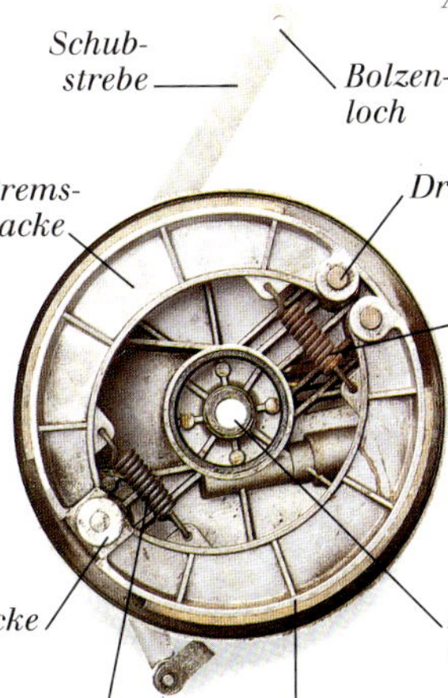

Funktionsteile einer Scheibenbremse

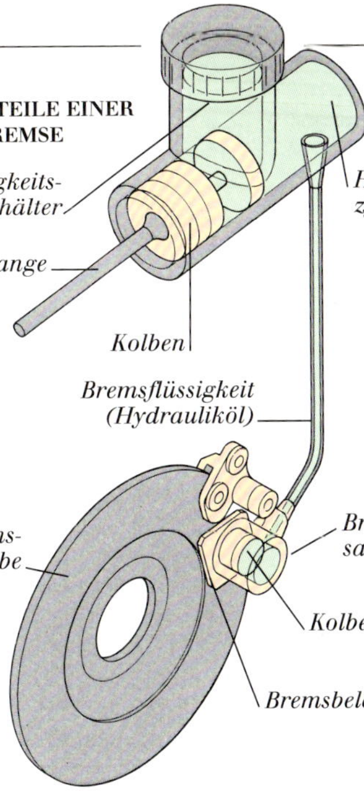

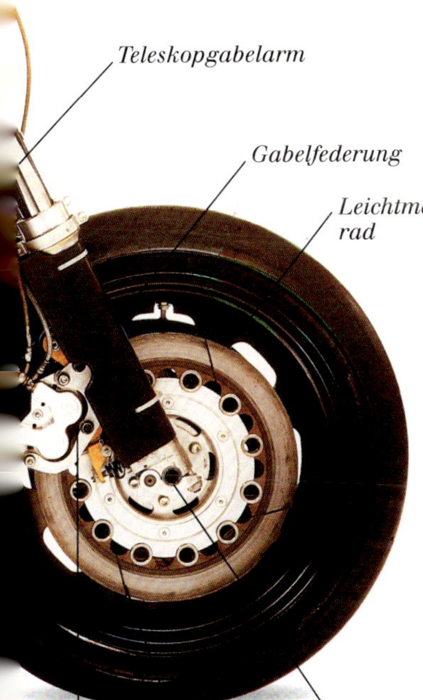

Schwingarmaufhängung/Stossdämpfer

Außen

Innen

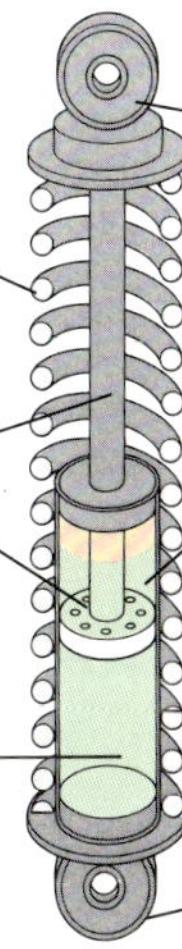

Reifen

Glatter Rennreifen (Slick)

Schlauchloser Sportreifen

Trials-Reifen

Mehrzweckreifen

Motorrad-motoren

Motorradmotoren müssen leicht und kompakt sein und eine hohe Nutzleistung erbringen. Sie haben zwischen einem und sechs Zylindern, eine Luft- oder Wasserkühlung und einen Hubraum von zwischen 49 cm³ und 150 cm³. Gebräuchliche Verbrennungsmotoren sind der in Autos übliche Viertakter (s.S.352–355) und der Zweitakter. Ein einfacher Zweitakter hat nur drei bewegliche Teile – Kurbelwelle, Pleuelstange und Kolben –, aber die Nutzleistung ist hoch. Der Motor zündet nach jedem zweiten Takt (statt nach jedem vierten), so daß es pro Umdrehung einen „Arbeitstakt" gibt (s.S.353). Das Getriebe überträgt die Kraft vom Motor auf die Hinterachse. Es besteht aus Kupplung, Getriebe und Achsantriebssystem. Kupplungen haben zahlreiche Lamellen und laufen in Öl. Getriebe haben fünf oder sechs Gänge und werden durch Fußpedale betätigt. In einigen Fällen werden Wellenantriebe und Riemenantriebe eingesetzt, aber am gebräuchlichsten ist der Kettenantrieb auf die Hinterachse.

Serienmässiger Zweitaktmotor

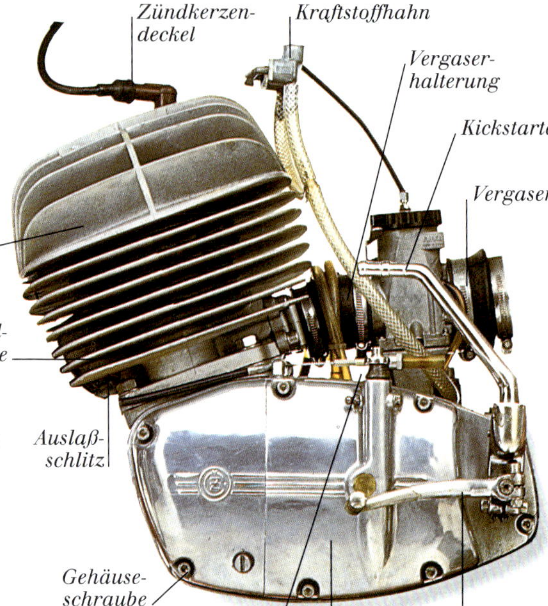

Getriebesystem

Getriebe

Lamellenkupplung

Antriebskette

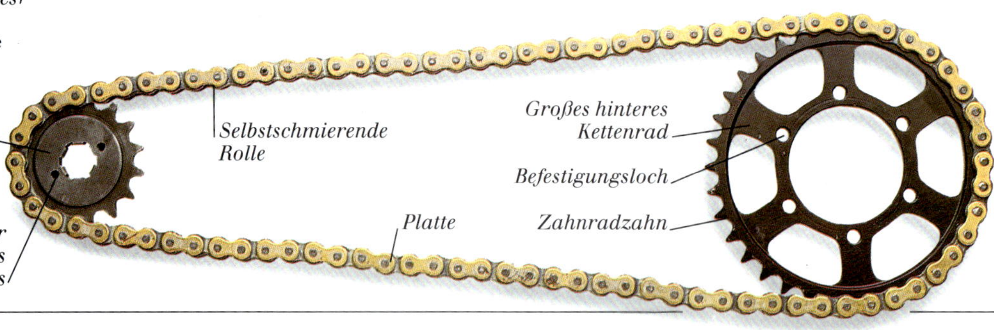

Velocette-Einzylinder-Viertaktmotor mit obenliegenden Nockenwellen

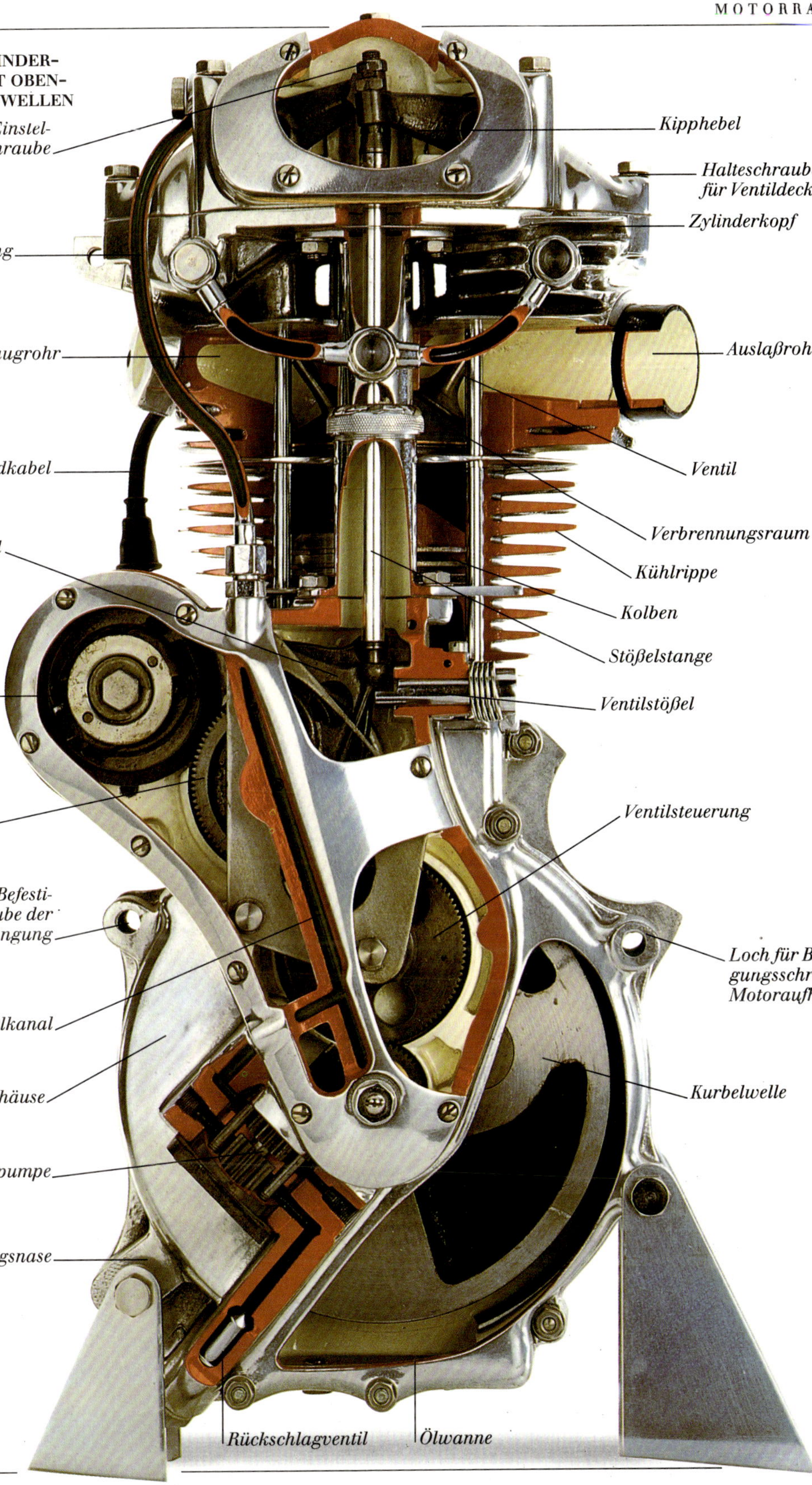

Renn- maschinen

Für die besonderen Anforderungen jeder Motorradsportsparte wurde eine spezielle Maschine entwickelt. Rennen finden auf Straßen oder Feldwegen statt, auf Feldern und sogar in der Wüste. Für die Hubraumklassen 125 cm^3, 250 cm^3 und 500 cm^3 sowie für Beiwagen gibt es „Grand Prix“-Weltmeisterschaften im Straßenrennen. Die neuesten Rennbeiwagen haben mit Rennwagen mehr gemeinsam als mit Motorrädern. Fahrer und Beifahrer sind von einer aerodynamischen Rundumverkleidung eingehüllt. Die hier gezeigte Suzuki RGV500 wirbt, wie andere Grand-Prix-Maschinen, für den Hersteller. Durch die Werbung wird ein Teil der Entwicklungskosten gedeckt. Beim Speedway-Rennen, das 1902 in den USA entstand, fahren Motorräder ohne Bremsen und ohne Schaltgetriebe. Bei Motorrädern für Wettbewerbe im Gelände steht die hohe Leistung nicht mehr im Vordergrund. Bei Motocross-Rennen z.B., die in schwierigem Terrain abgehalten werden, brauchen sie viel Bodenfreiheit, eine flexible Aufhängung mit langem Federweg und Reifen mit Stollenprofil, die besser in Sand oder Schlick greifen.

Husqvarna Motocross TC610, 1992

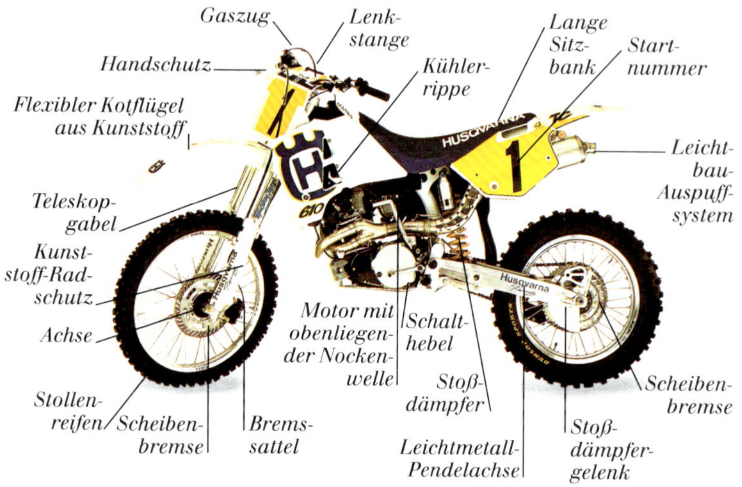

Suzuki RGV500, 1992
Seitenansicht

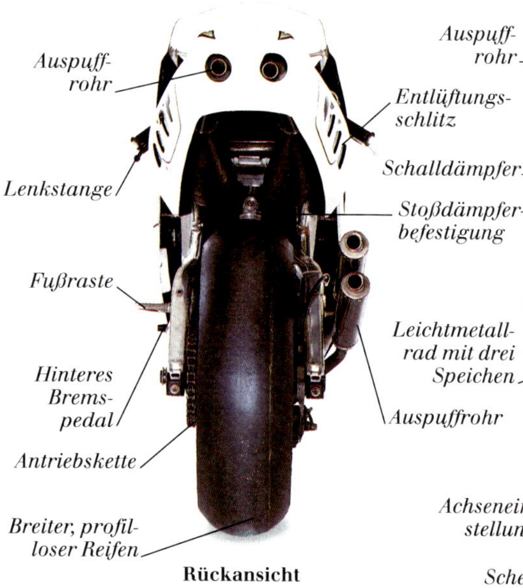

Rückansicht

Weslake Speedway, 1981

Kirby BSA Rennbeiwagen, 1968

Vorderansicht

Seitenansicht

Vorderansicht

See und Luft

Schiffe der Griechen und Römer 380
Wikingerschiffe 382
Kriegs- und Handelsschiffe 384
Die Zeit der Segelschiffahrt 386
Das Linienschiff 388
Das Rigg 390
Segel 392
Festmachen und Ankern 394
Tauwerk und Knoten 396
Schaufelräder und Schrauben 398
Aufbau des eisernen Schiffes 400
Das Schlachtschiff 402
Fregatten und U-Boote 404
Luftfahrtpioniere 406
Frühe Eindecker 408
Doppel- und Dreidecker 410
Frühe Passagierflugzeuge 412
Moderne Kolbentriebwerke 414
Moderne Turbinenflugzeuge 1 416
Moderne Turbinenflugzeuge 2 418
Überschallflugzeuge 420
Strahltriebwerke 422
Moderne Militärflugzeuge 424
Hubschrauber 426
Leichtflugzeuge 428
Segelflugzeuge, Drachen, Ultraleichtflugzeuge 430

Schiffe der Griechen und Römer

Die großen Reiche der Griechen und Römer erforderten mächtige Flotten für Handel, Verkehr und Krieg. Die griechischen Galeeren wurden durch Segel und eine Vielzahl von Rudern angetrieben. Als neuartige Bewaffnung hatte ihr Bug einen Rammkopf (Embolos). Zusätzliche Ruderer sorgten für die für Rammduelle nötige Schnelligkeit und Wendigkeit. Der Höhepunkt dieser Entwicklung war die Tiere (lat. Trireme), die im 5. und 4. Jahrhundert v. Chr. das Mittelmeer beherrschte. 170 Ruderer, auf drei verschiedenen Ebenen plaziert, bedienten jeweils einen Riemen. Zur Besatzung der Trieren/Triremen gehörten auch Bogenschützen und Soldaten, um feindliche Schiffe zu entern. Wurden die Galeeren nicht benötigt, zogen die Griechen sie an Land. Auch die Handelsschiffe waren außerordentlich groß. Die bauchige römische Corbita beispielsweise konnte bis zu 400 Tonnen Ladung aufnehmen. Ihre Konstruktion basierte auf einem kräftigen Rumpf, dessen Beplankung mit Schlitz-Zapfen-Verbindungen zusammengefügt war. Corbitae wurden für lange Seereisen eingesetzt. Um sie manövrierfähiger zu machen, setzte man ein „Artemon" genanntes Vorsegel, das an einem nach vorn geneigten Mast gehißt wurde. Dieser Mast war ein Vorläufer des langen Bugspriets der großen Klipper des 19. Jahrhunderts.

RÖMISCHER ANKER

ATTISCHE VASE MIT DARSTELLUNG EINER GALEERE

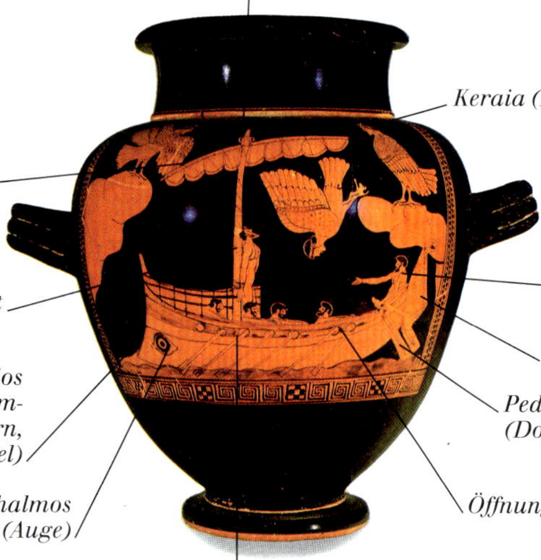

RÖMISCHE CORBITA

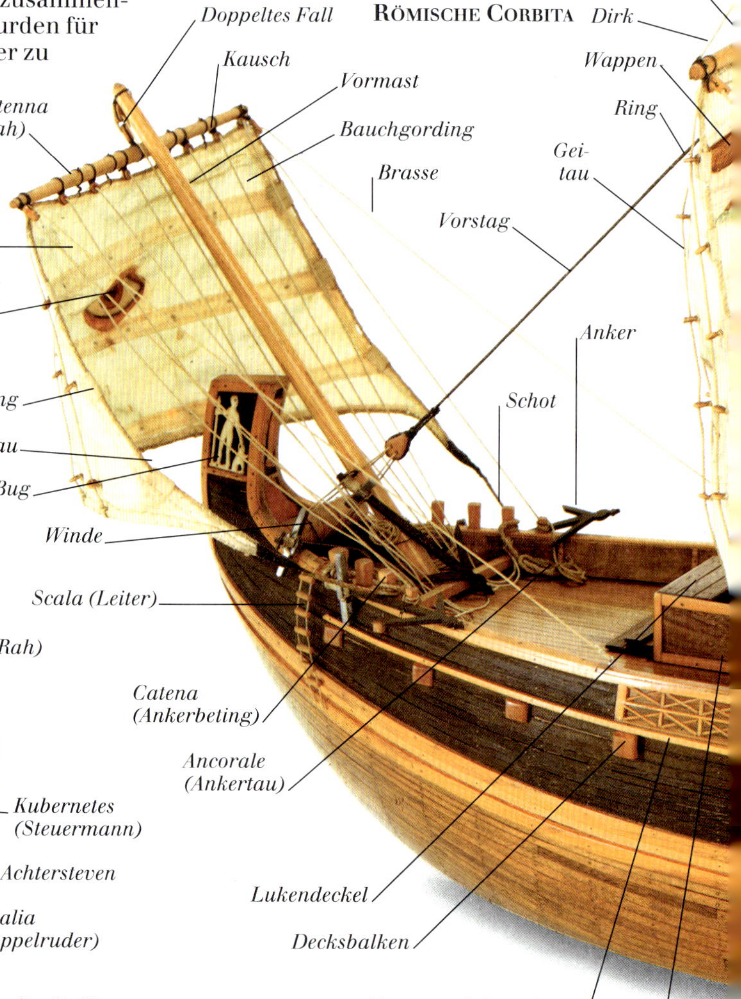

ANORDNUNG DER RUDERER AUF EINER GRIECHISCHEN TRIERE
Das Deck (Katastroma) ist bei diesem Modell abgenommen, um die Position der Ruderer auf einer Triere/Trireme zu verdeutlichen.

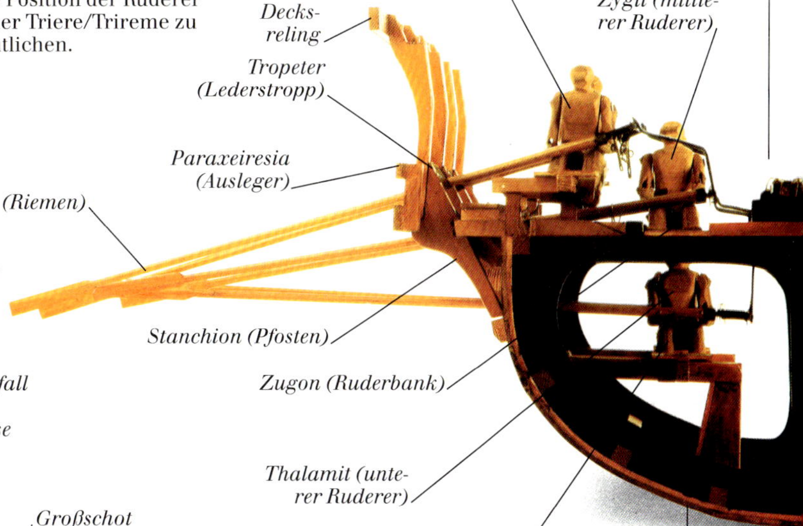

SCHLITZ-ZAPFEN-VERBINDUNG FÜR RUMPFPLANKEN

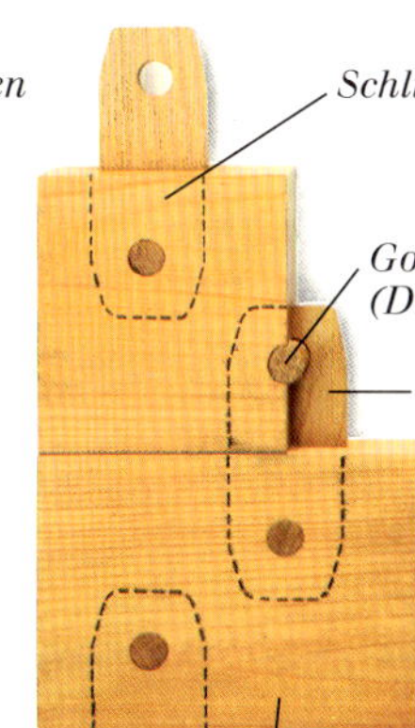

Wikingerschiffe

Im frühen Mittelalter waren die skandinavischen Langschiffe einer der gefürchtetsten Anblicke für die Menschen in Nordeuropa. Jeden Sommer unternahmen die Wikinger von Skandinavien aus Raubzüge mit ihren Schiffen. Zu deren Steuerung diente ein einzelnes Ruder an der rechten Seite des Rumpfes; deshalb wird diese Seite auch heute noch „Steuerbord" genannt. Die Wikingerschiffe waren auf beiden Seiten mit Riemen bestückt und mit einem einzelnen Segel ausgerüstet. Die Beplankung des Rumpfes war geklinkert, also überlappend ausgeführt. Bei Kriegszügen schmückten Figuren den Bug der Schiffe. Das Langschiff war auch ein beliebtes Transportmittel für die Küstenfahrt über kürzere Strecken. Die Karv wurde vermutlich als Reiseschiff für Familien höherer Abstammung gebaut, während die Faering nur als Ruderboot genutzt wurde. Der Flotte von Wilhelm dem Eroberer, der 1066 von der Normandie aus England eroberte, lag die Bootsbaukunst der Wikinger zugrunde. Sie wurde auf dem Wandteppich von Bayeux (Abbildung oben) festgehalten. Die Siegel der Hafenstädte und Königshöfe geben Zeugnis von der sich im Lauf der Jahrhunderte wandelnden Schiffbauweise. Das abgebildete Siegel läßt erkennen, wie sich die Schiffe vom Zeitalter der Wikinger bis zum ausgehenden Mittelalter verändert haben. Kampfdecks (Kastelle) sowie weitere Masten und Segel veränderten das Aussehen der mittelalterlichen Schiffe. Darüber hinaus wurde das Seitenruder durch das Mittelruder ersetzt.

Werkzeuge der Bootsbauer

Drachenkopf am Bug

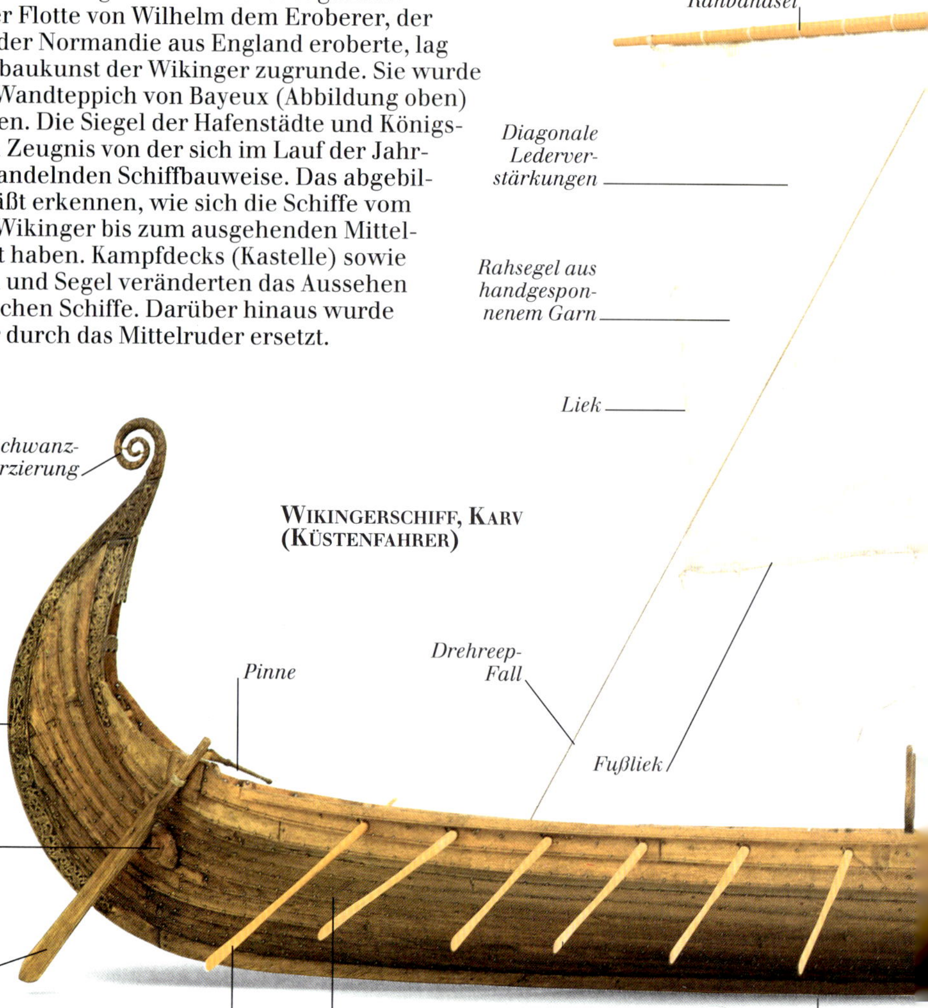

Wikingerschiff, Karv (Küstenfahrer)

FAERING (RUDERBOOT)

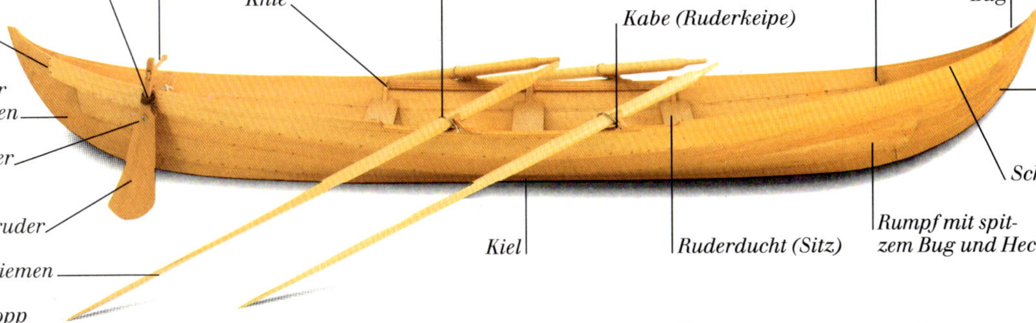

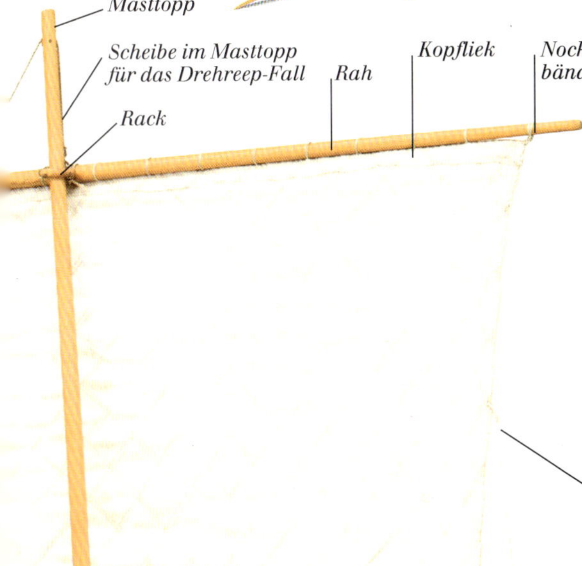

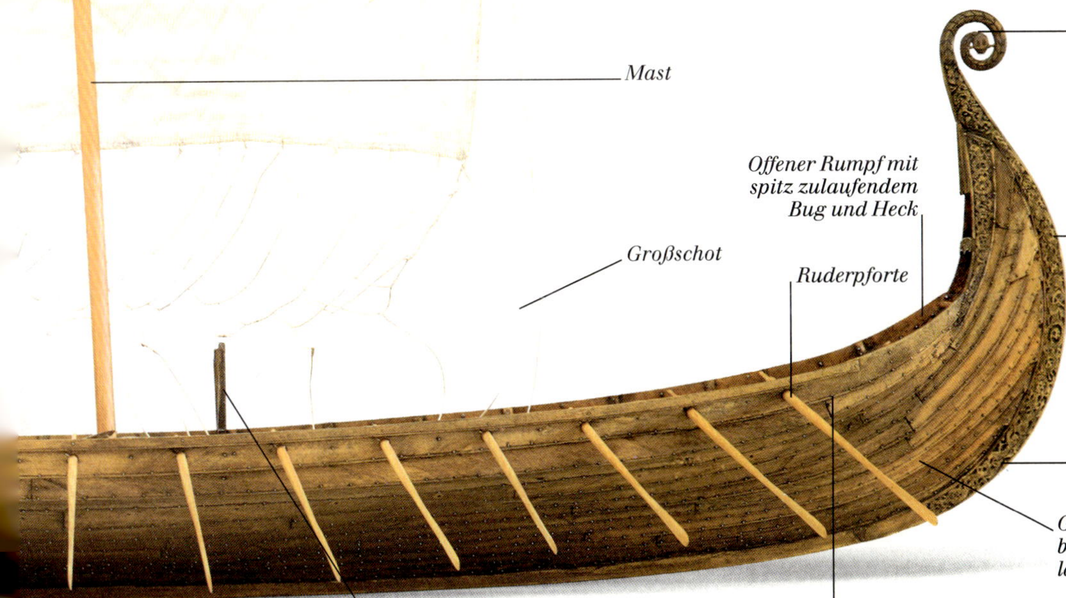

GERICHTSSIEGEL MIT EINEM DREIMASTRAHSCHIFF

Kriegs- und Handelsschiffe

Ab dem 16. Jahrhundert setzte sich eine neue Rumpfform mit Karweelbeplankung durch. Die einzelnen Planken sind dabei Kante an Kante aneinandergesetzt. Die Kriegsschiffe jener Zeit, wie etwa die „Mary Rose“ König Heinrichs VIII. von England, verfügten über eine beeindruckende Feuerkraft, denn sie waren sowohl mit weitreichenden Bronzegeschützen als auch mit kleineren eisernen Geschützen bestückt; letztere wurden auf die feindliche Schiffsbesatzung gerichtet. Außerhalb von Europa hatten Schiffe viele andere Formen. Dhaus transportierten Sklaven von Ostafrika nach Arabien, wobei sie mit ihren längsschiffs geriggten Lateinersegeln hart am Wind entlang der Küste über den Indischen Ozean segelten. Chinesische Dschunken erreichten Ostafrika und Arabien. Ihre Handelsgüter waren in wasserdichten Lagerräumen untergebracht. Neue astronomische Instrumente erleichterten den Seeleuten des Mittelalters die Navigation (Kursbestimmung). Mit Jakobsstab und Astrolabium konnte der Steuermann den Stand der Sonne oder anderer Gestirne bestimmen. Beim Jakobsstab wurde zum Messen des Höhenwinkels einer von vier Querstäben entlang dem mit einer Gradeinteilung versehenen Längsstab verschoben, bis sich die Basis mit dem Horizont und die Spitze mit dem Himmelskörper deckten. Der Peilstab des Astrolabiums wurde auf einen bekannten Stern ausgerichtet und sein Stand an der Gradskala einer Metallscheibe abgelesen. Sonnenuhren zeigten durch den Schatten des Zeigers die Uhrzeit an.

DHAU

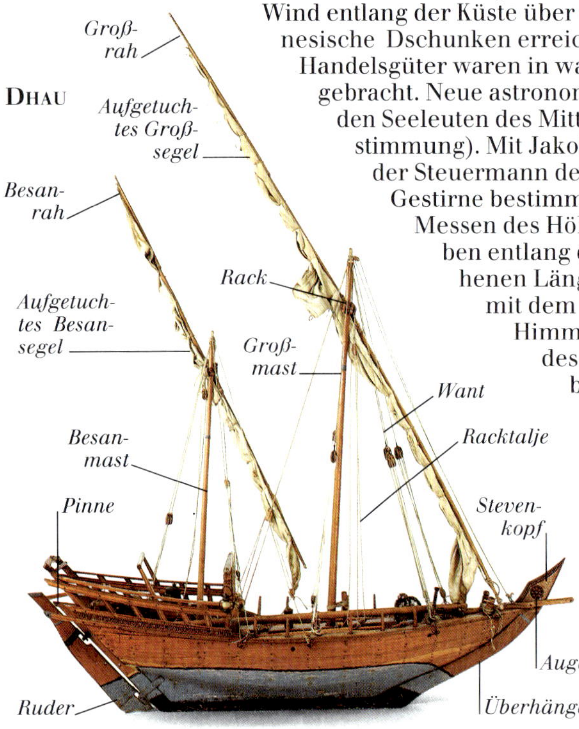

DSCHUNKE

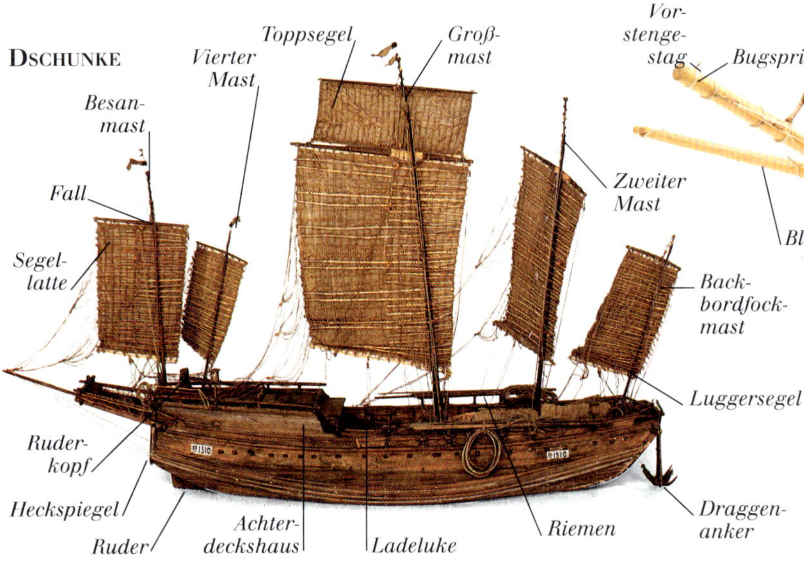

KRIEGS-SEGELSCHIFF

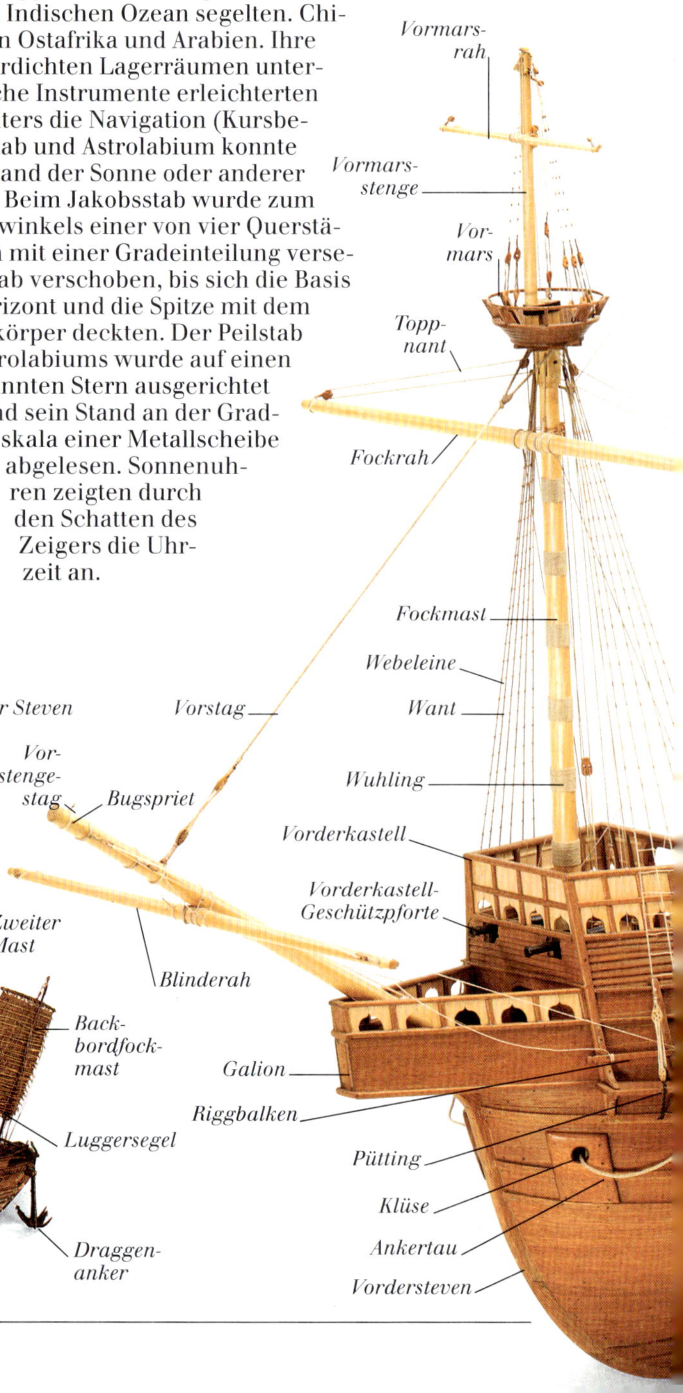

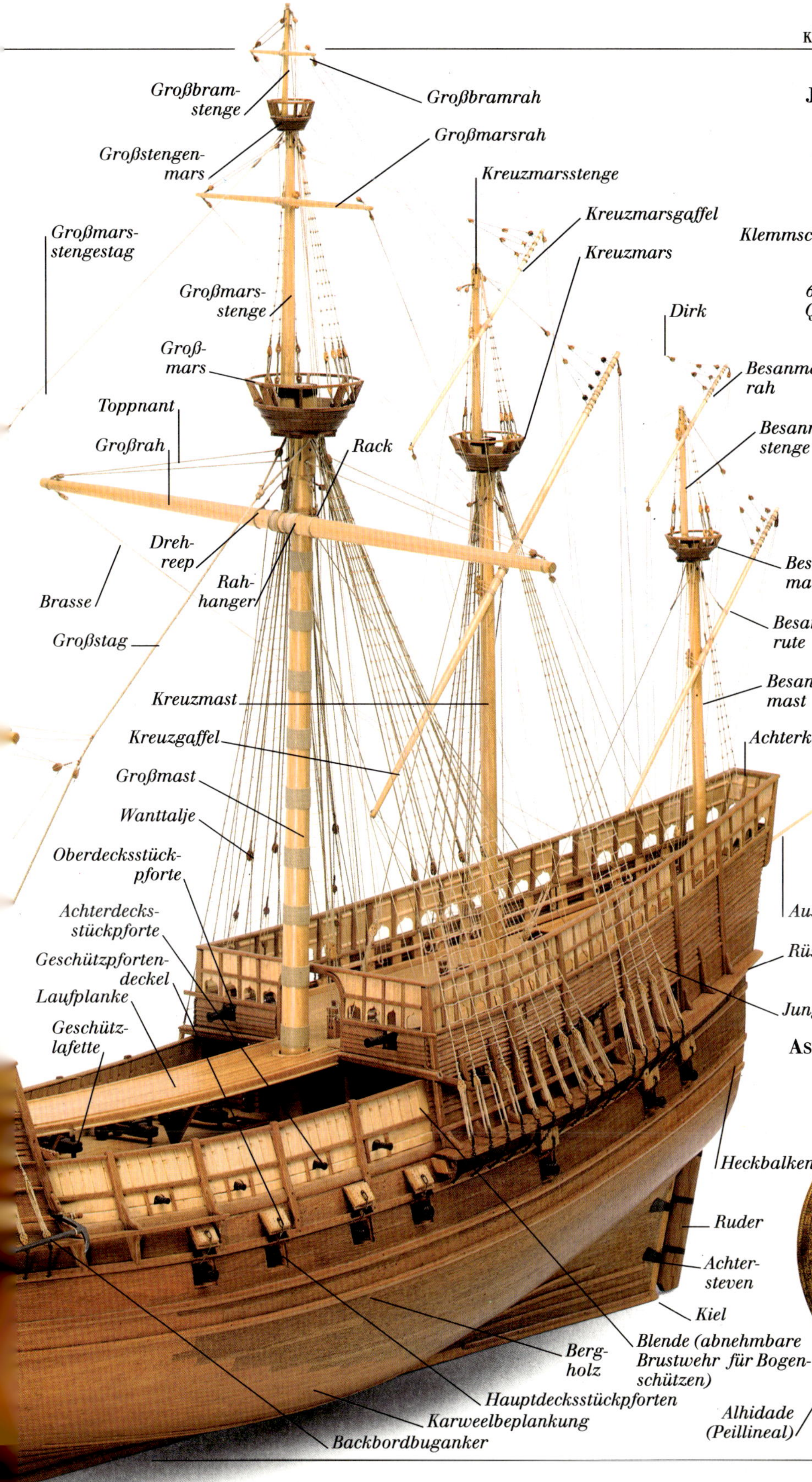

Jakobsstab

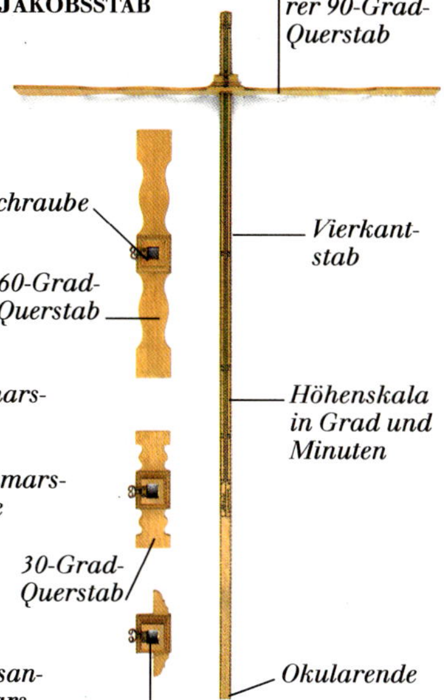

Sonnenuhr

Astrolabium

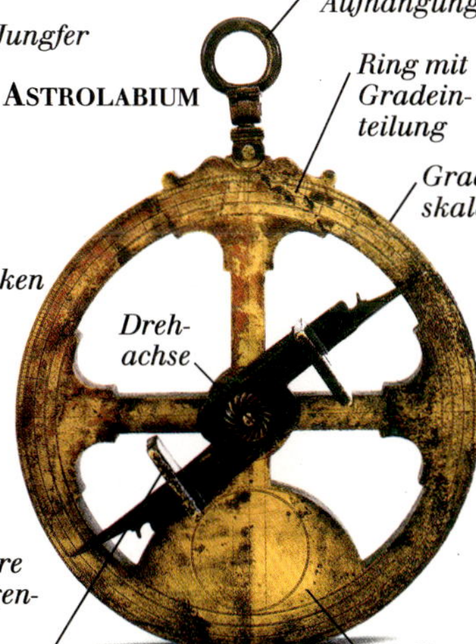

Die Zeit der Segelschiffahrt

Im 18. Jahrhundert hatten sich die Segelschiffe zu schnellen schwimmenden Festungen entwickelt. Die Marineflotten der nordeuropäischen Mächte suchten einander beim Bau von schwerbewaffneten Kriegsschiffen zu übertreffen. Das ausgeprägte Rundheck des abgebildeten Schiffes mit seiner offenen Achtergalerie und den prächtigen Schnitzereien ist für jene Zeit typisch. Die Rümpfe weisen einen halbkreisförmigen Querschnitt auf. Viele Bootsbaumeister sollten jedoch bald wieder zu den V-förmigen Rumpfspanten der Wikinger zurückkehren. Auch die Segelfläche war größer als je zuvor. Ein labyrinthähnliches Rigg hielt die Masten und Spieren, an denen die unzähligen Rahsegel gesetzt wurden. Mit dem Ansetzen von Stengen an die Untermasten wuchs das Rigg immer höher, und längere Bugspriets ermöglichten das Aufziehen von Stag- und Klüversegeln. Eine Reihe von hintereinander segelnden Schiffen stellte die Schlachtordnung bei Kämpfen zur See dar, so daß die Breitseiten mit allen Decksgeschützen die größtmögliche Wirkung erzielen konnten. Die Schiffskategorien wurden nach der Anzahl der Kanonen festgelegt, wobei ein Schiff ersten Ranges mehr als 100 Kanonen trug, deren Geschosse massive, meist eiserne Kugeln waren.

Hölzernes Segelschiff

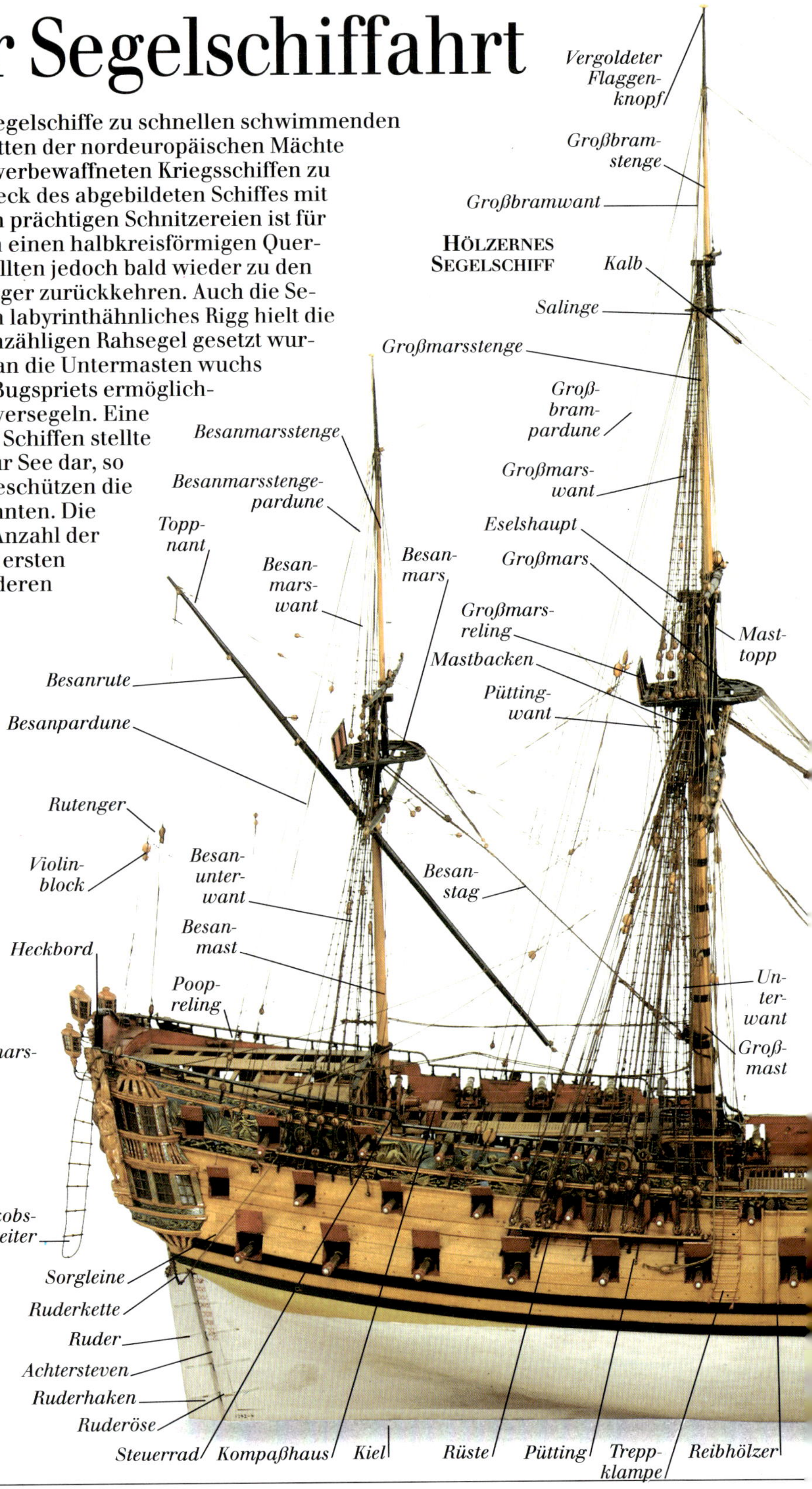

Bug

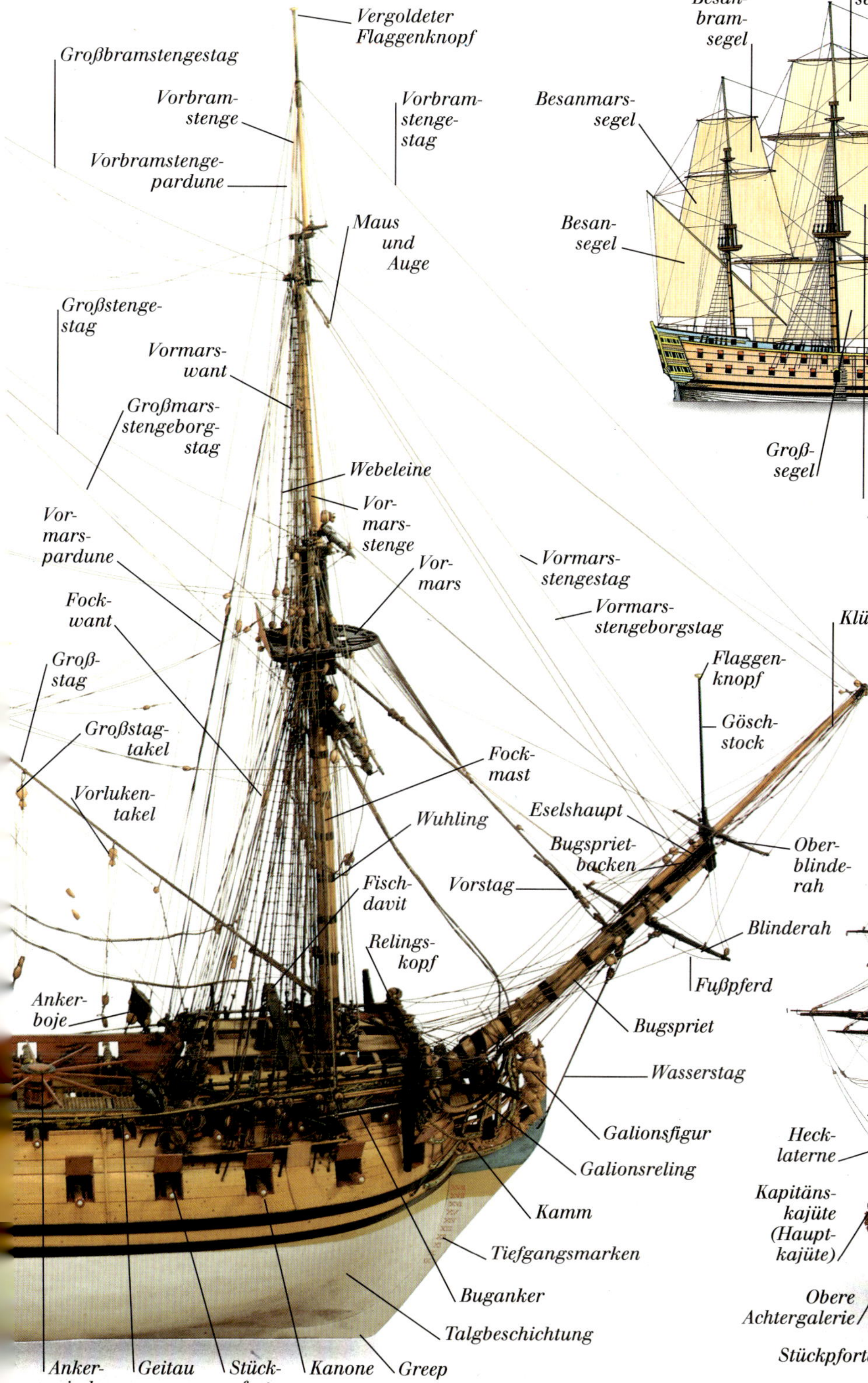

Besegelung eines 74-Kanonen-Schiffes

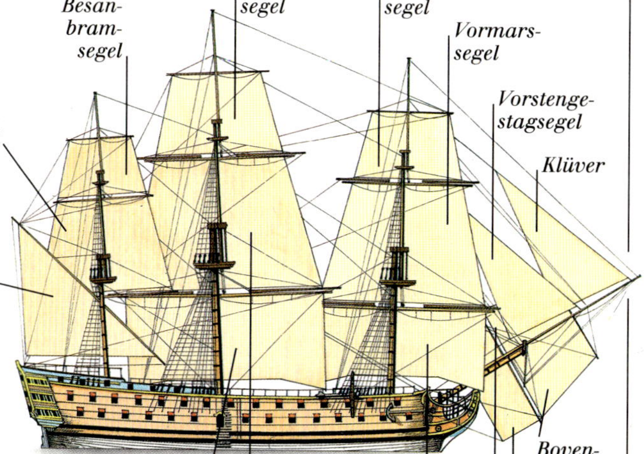

Heck

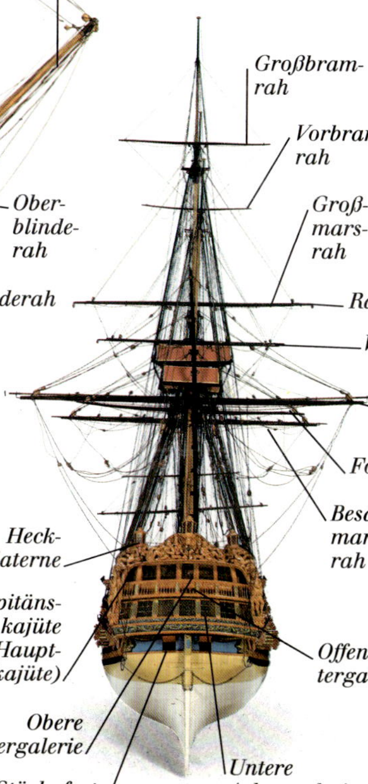

Das Linienschiff

Das hölzerne 74-Kanonen-Schiff bildete das Rückgrat der britischen und französischen Kriegsflotten im ausgehenden 18. und frühen 19. Jahrhundert. Dieses „Linienschiff" konnte es dank seiner Tonnage auch mit größeren Schiffen aufnehmen, war aber zugleich außerordentlich wendig. Die Länge des Rumpfes war durch die Anzahl der Kanonen und den Raumbedarf der für sie zuständigen Mannschaften bestimmt. Das Batteriedeck hatte eine Länge von etwa 52 m (170 Fuß). Um das Gewicht der Kanonen tragen zu können, mußten die Decks sehr solide gebaut sein. Bei dem abgebildeten Schiff sind die Decksplanken abgenommen, um einen Blick auf die engstehenden Balken zu gewähren, die dem Rumpf die nötige Stabilität verliehen. Nur Hölzer allerhöchster Qualität fanden Verwendung. Bug- und heckwärts vom offenen Mittelteil des Oberdecks lagen die Offizierskabinen. Vor- und Achterdeck waren mit leichten Kanonen bestückt und dienten als Arbeitsdeck zur Handhabung des Riggs und zur Erkundung. Die Langboote des Schiffes (Beiboote) hingen an Bäumen zwischen den Laufplanken.

Barkasse

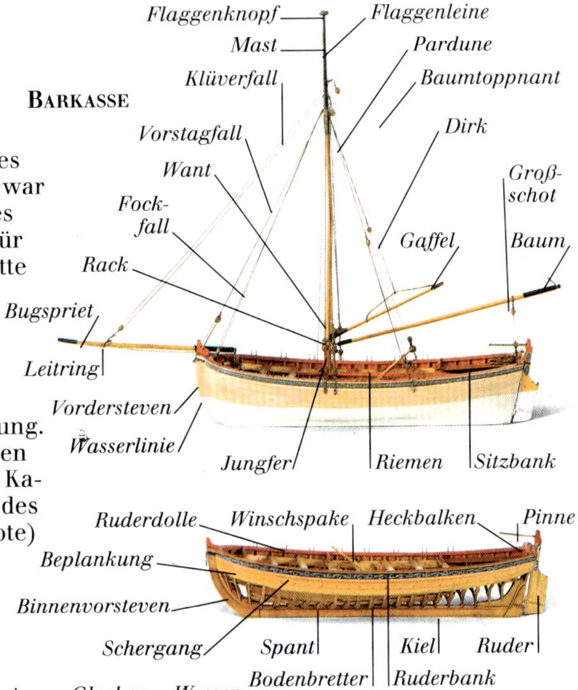

Oberdeck eines 74-Kanonen-Schiffes

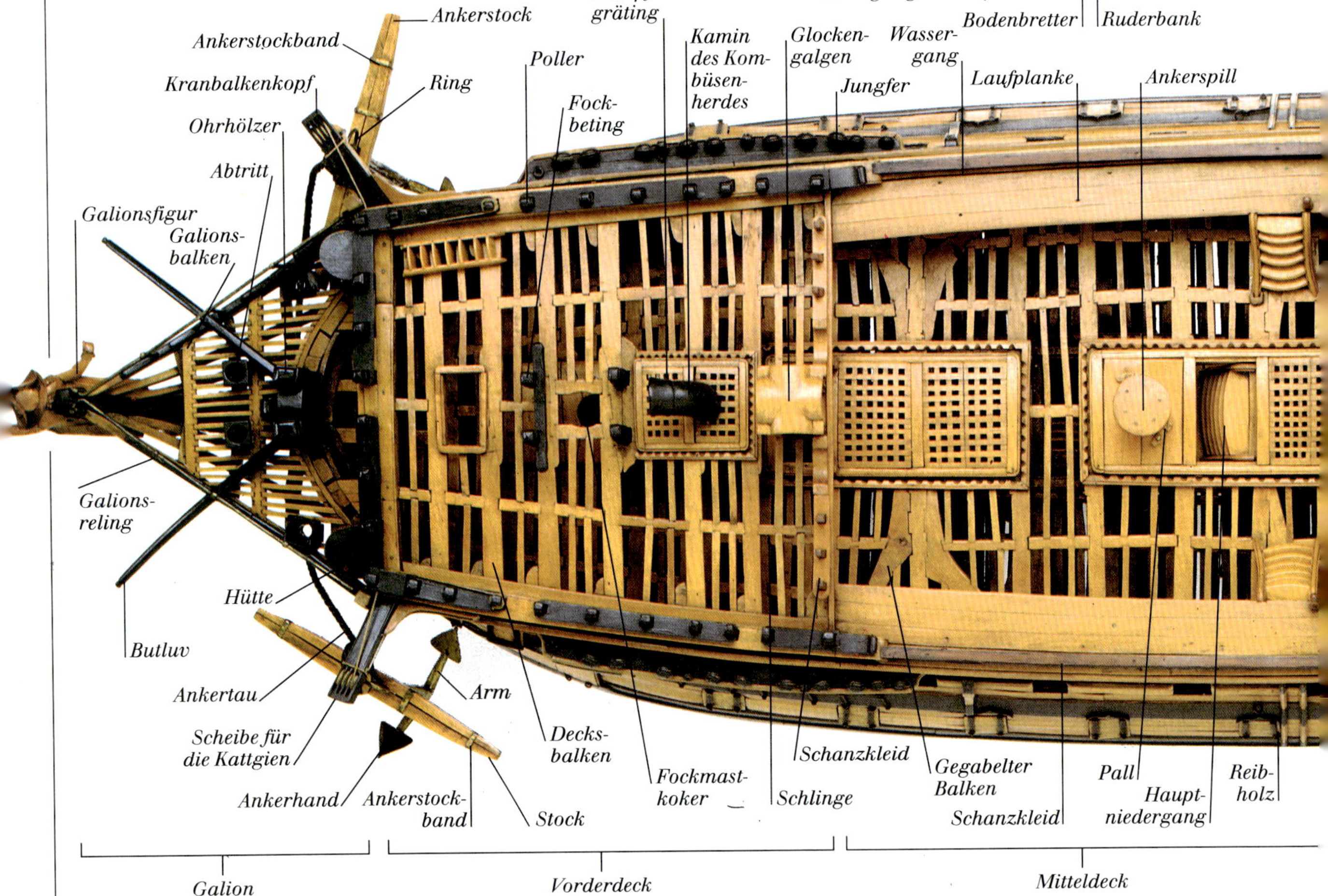

Bug

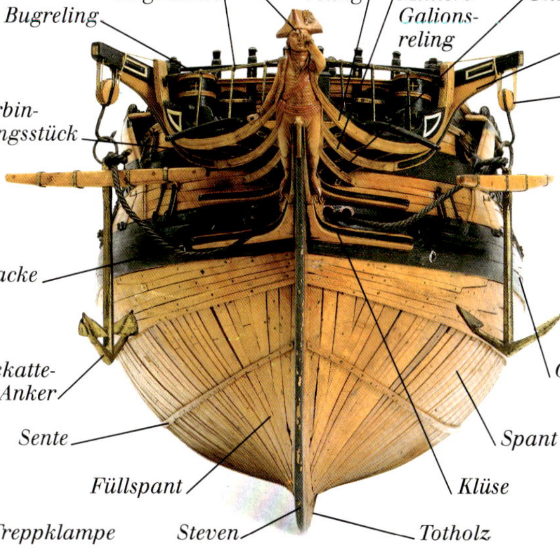
Galionsfigur
Obere Galionsreling
Bugbalken
Mittlere Galionsreling
Untere Galionsreling
Bugreling
Drücker
Kattblock
Verbindungsstück
Backe
Gekatteter Anker
Großes Bergholz
Sente
Spant
Füllspant
Klüse
Steven
Totholz

Heck

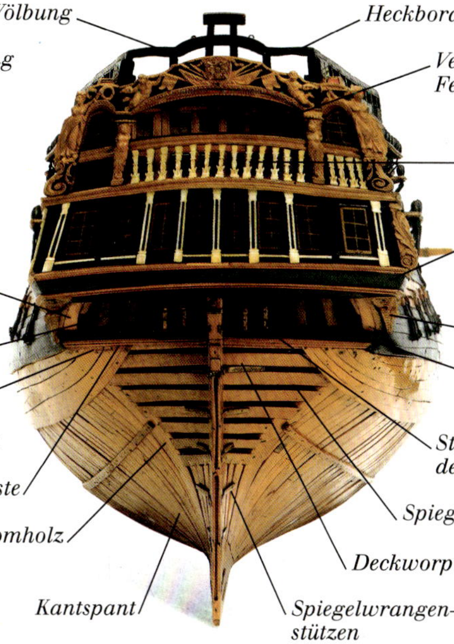
Wölbung
Heckbordreling
Verglastes Fenster
Offene Galerie
Heck seitenstütze
Obere Gillung
Gillungsknie
Drücker
Ansatz
Untere Gillung
Stückpfortendeckel
Ansetzleiste
Spiegelwrange
Randsomholz
Deckworp
Kantspant
Spiegelwrangenstützen

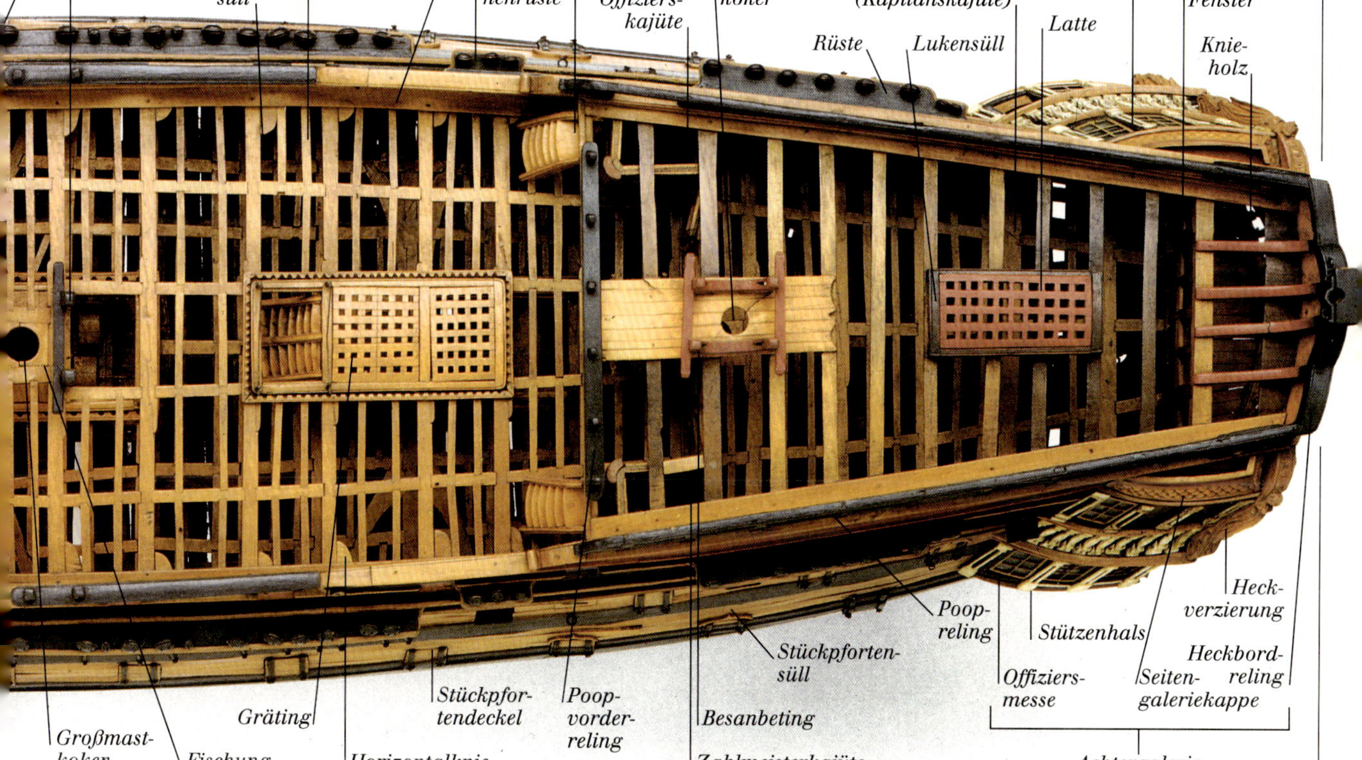
Treppklampe
Augbolzen
Großbeting
Decksrippe
Lukensüll
Wassergang
Pardunenrüste
Niedergangstreppe
Offizierskajüte
Besanmastkoker
Hauptkajüte (Kapitänskajüte)
Heckstütze
Verglastes Fenster
Rüste
Lukensüll
Latte
Knieholz
Heckverzierung
Poopreling
Stützenhals
Heckbordreling
Stückpfortensüll
Offiziersmesse
Seitengaleriekappe
Gräting
Stückpfortendeckel
Poopvorderreling
Besanbeting
Großmastkoker
Fischung
Horizontalknie
Zahlmeisterkajüte
Achtergalerie
Mitteldeck
Poopdeck

Das Rigg

Die meisten Segelschiffe verfügen im Rigg über zwei Kategorien von Tauwerk: Das stehende Gut – auf Spannung durch Spannschrauben oder früher durch Taljereep und Jungfern gehalten – bezeichnet die Taue, Drahtseile und Ketten, die Masten und Rahen (horizontale Spieren) halten. Das laufende Gut dient zum Setzen, Einholen sowie Trimmen der Segel und umfaßt verschiedene Arten von Blöcken und Taljen, Fallen und Schoten.

Bugspriet und Klüverbaum

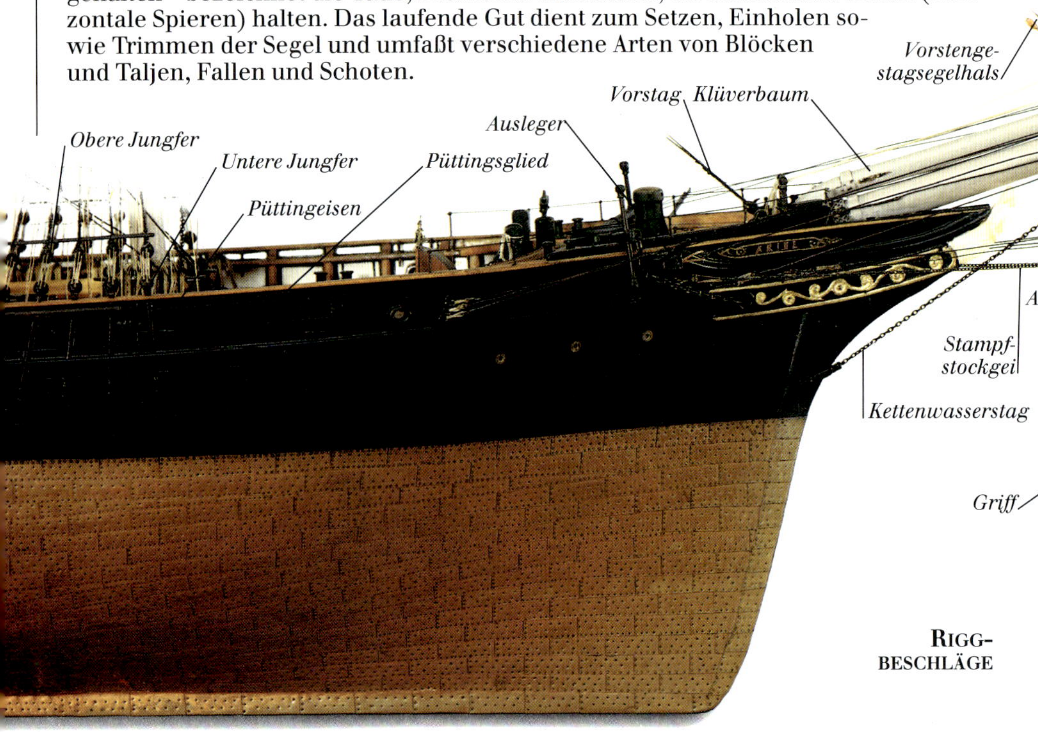

Rigg-beschläge

Belegnagel

Mastband

Blöcke und Taljen

Schäkel

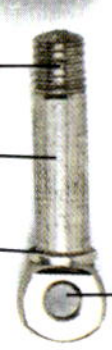

Schäkelbolzen

Fester Block

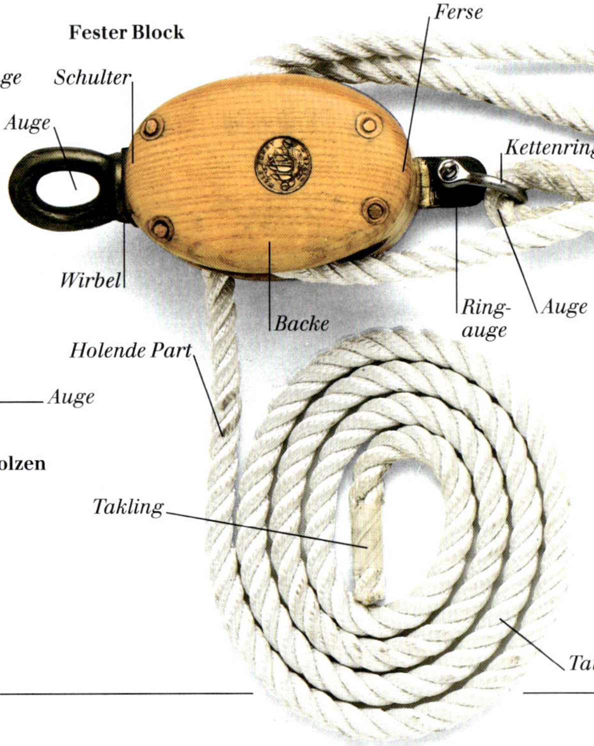

Takelwerkzeuge

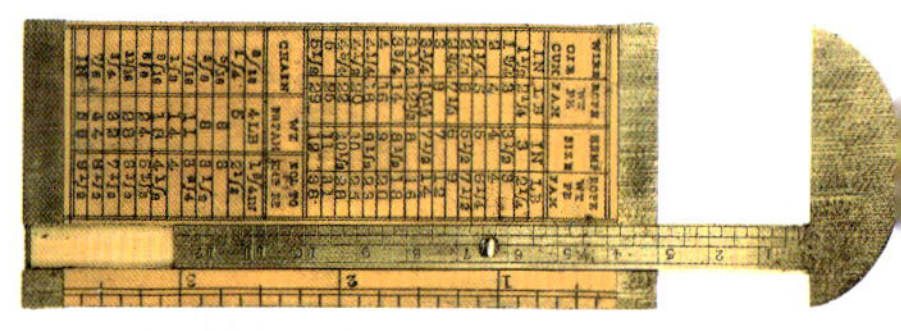

Taklerlehre zur Messung der Durchmesser von Tauen und Drahtseilen

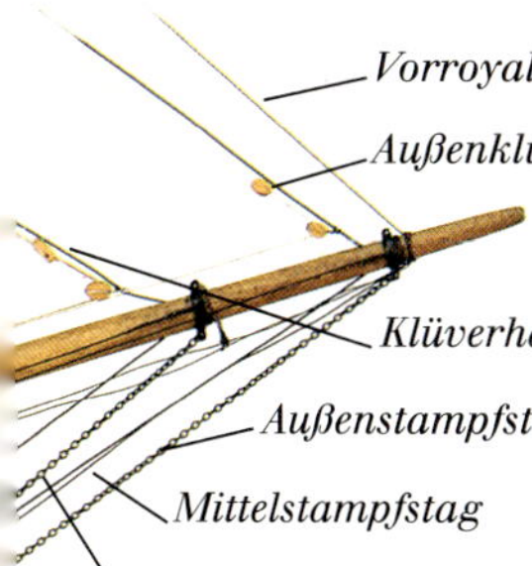

Dreischeibiger holländischer Violinenblock

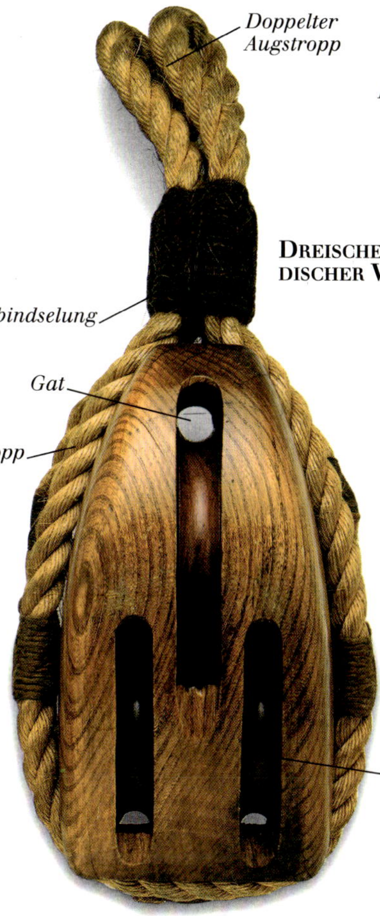

Klotje

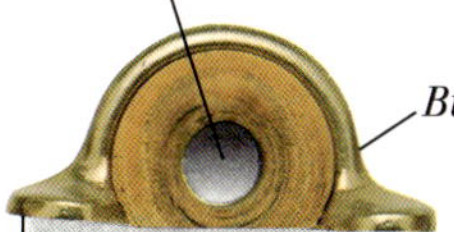

Leitöse

Laufender Block

Haken

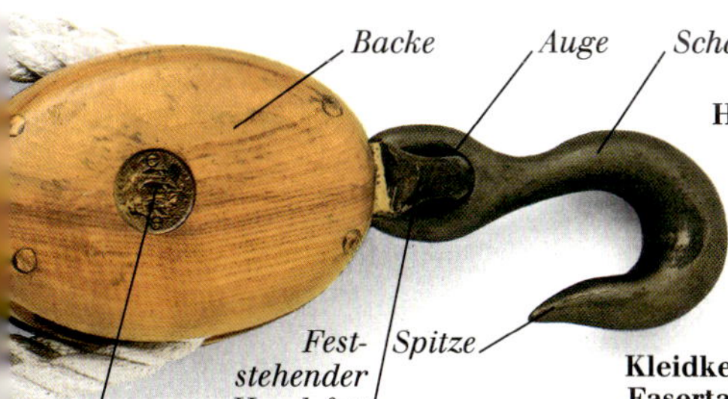

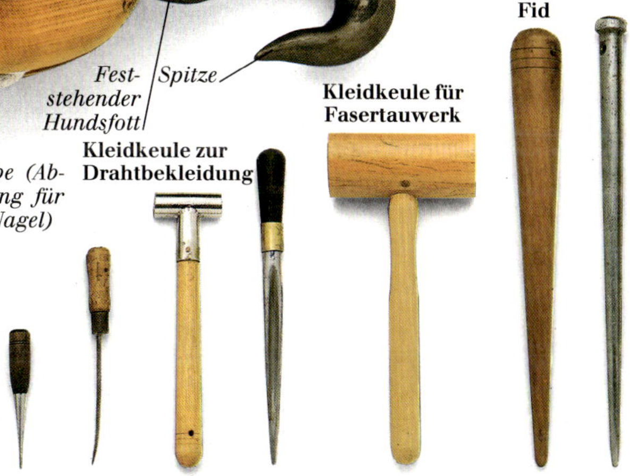

Pricker

Kleidkeule zur Drahtbekleidung

Gekehlter Marlspieker zum Drahtspießen

Kleidkeule für Fasertauwerk

Fid

Marlspieker

Taljereep und Jungfern

Spannschraube

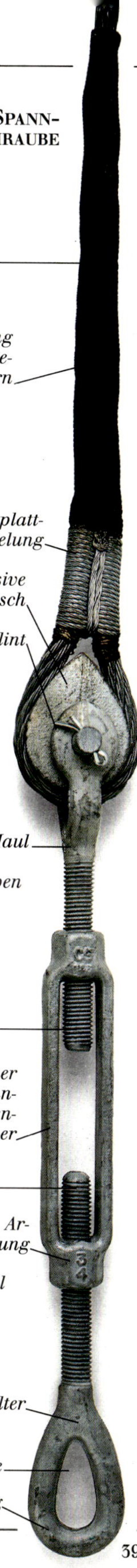

Segel

Es gibt zwei Hauptkategorien von Segeln, die oftmals gemeinsam geriggt werden. Rahsegel sind Vorwindsegel, die mit Anschlagbändseln an Rahen festgemacht werden und quer zum Mast gesetzt sind, um den achterlichen Wind einzufangen. Bei Schratsegeln hingegen, z.B. Lugger- oder Lateinersegeln, liegt das Mastliek (Vorderrand des Segels) normalerweise direkt am Mast oder einem Stag an. Der Kopf des Segels kann mit einer Gaffel verbunden sein, der Fuß mit einem Baum. Je nach Region gibt es unterschiedliche Riggs (Segelanordnungen), z.B. Ketsch, Lugger oder Schoner. Ein Segel ist aus Tuchstreifen gefertigt, die so geschnitten sind, daß das fertige Segel eine gebauchte Form erhält. Die Segel müssen fest genug sein, um auch stärksten Winden zu trotzen.

Teil eines Segels

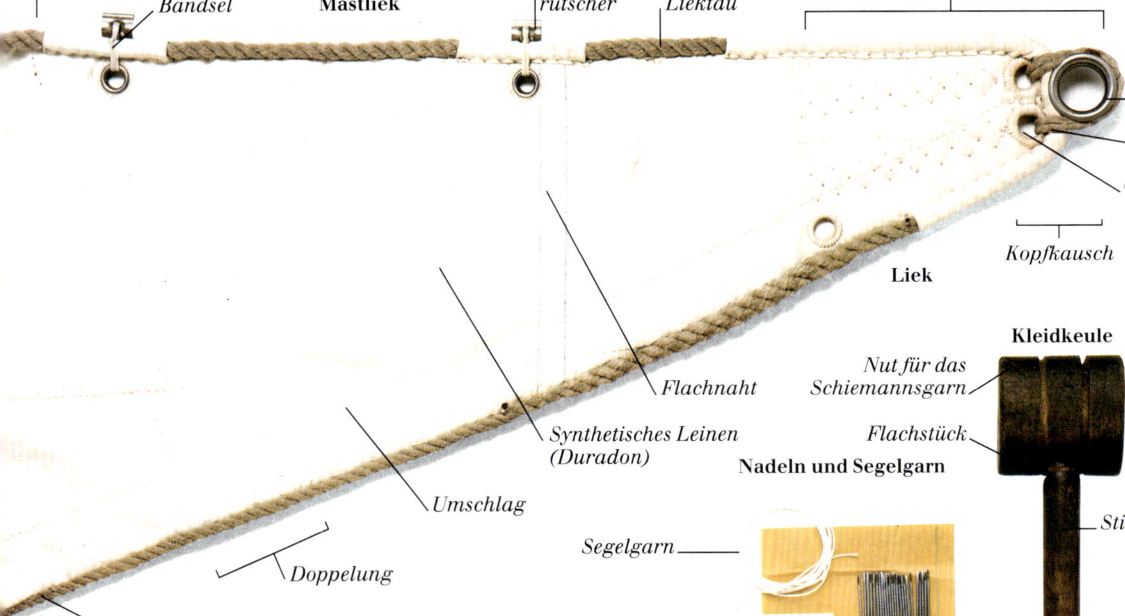

Kleidkeule

Fid des Segelmachers

Nadeln und Segelgarn

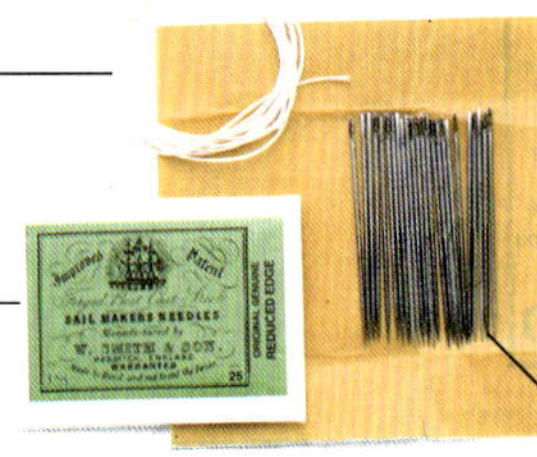

Segeltuch

Segelhaken

Segelmacherhandschuh

Bienenwachs

Segelmacherhammer

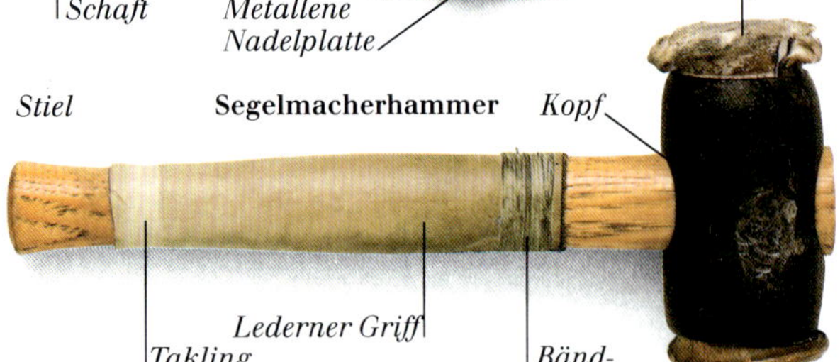

Segelmacherwerkzeuge

Verschiedene Riggarten

Ketsch

Lugger

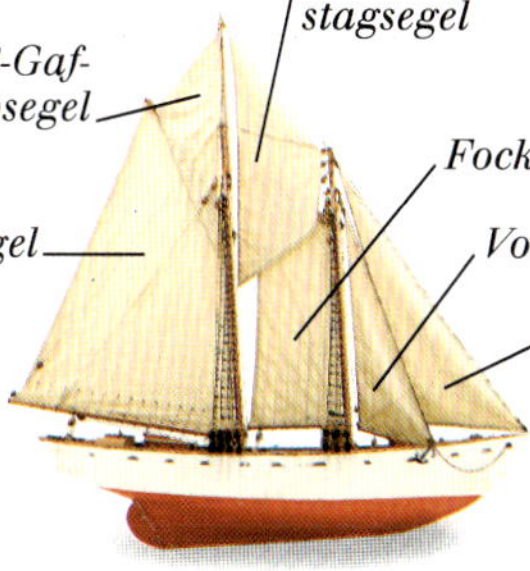

Schoner für den Fischfang (Schratsegelschoner)

Segel und laufendes Gut eines Toppsegelschoners

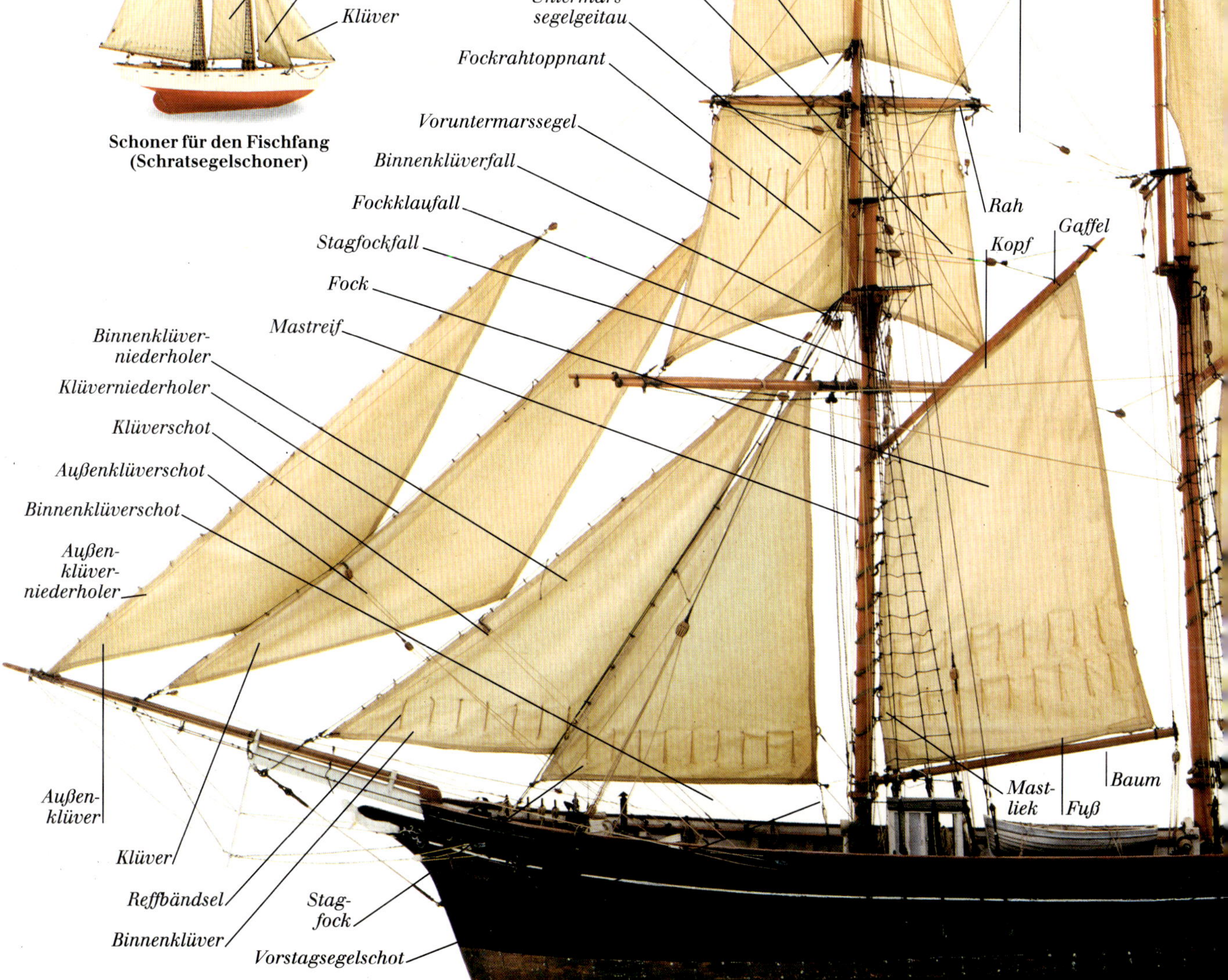

Festmachen und Ankern

Für große Schiffe im offenen Wasser ist eine gute Verankerung von großer Bedeutung. Durch die feste Verbindung mit dem Meeresgrund ist ein Schiff vor den Einflüssen von Wellen, Gezeiten und Strömungen geschützt. Die ersten Anker waren einfache Steine, wobei sich die Ankerform immer mehr dem hier gezeigten Admiralitätsanker annäherte. Der Danforth-Anker besitzt durch seine starken Arme eine größere Haltekraft. Auf den großen Segelschiffen bedienten immer mehrere Seeleute den Anker. Mit Spaken, die in die Welle des Ankerspills gesteckt wurden, betätigten sie die Winde zum Einholen des Ankers. In ruhigen Häfen oder Buchten können Schiffe festmachen, ohne den Anker zu werfen. Festmachertaue werden an Pollern am Schiff und an der Kaimauer belegt. Die Festmacher werden durch Knoten miteinander verbunden.

STEIN-ANKER

VERSCHIEDENE ANKER

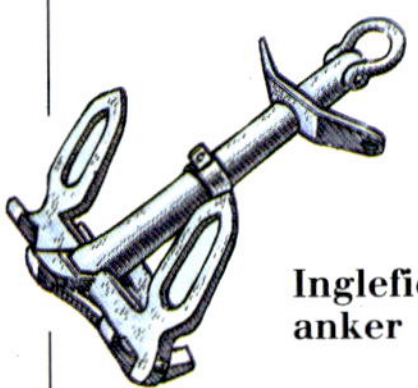

Inglefield-anker

Ankerkette

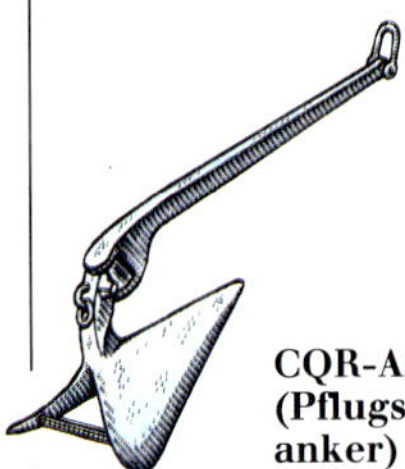

CQR-Anker (Pflugschar-anker)

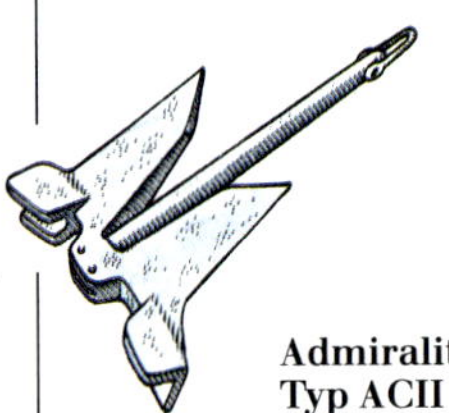

Admiralitätsanker Typ ACII

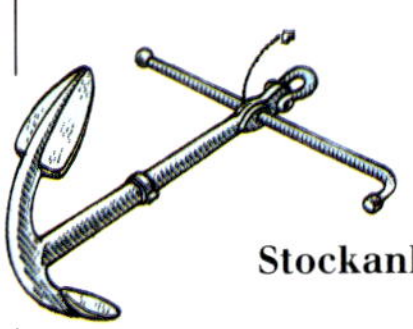

Stockanker

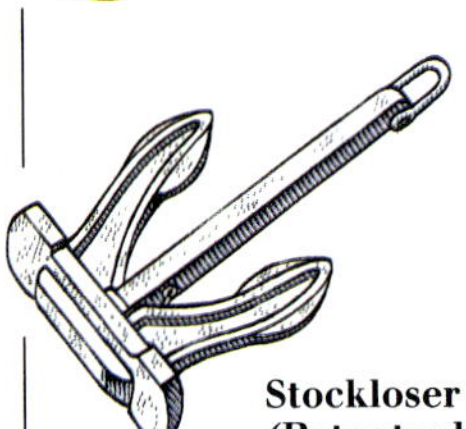

Stockloser Anker (Patentanker)

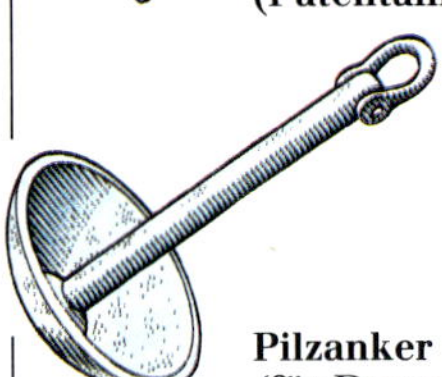

Pilzanker (für Dauerlieger)

DANFORTH-ANKER

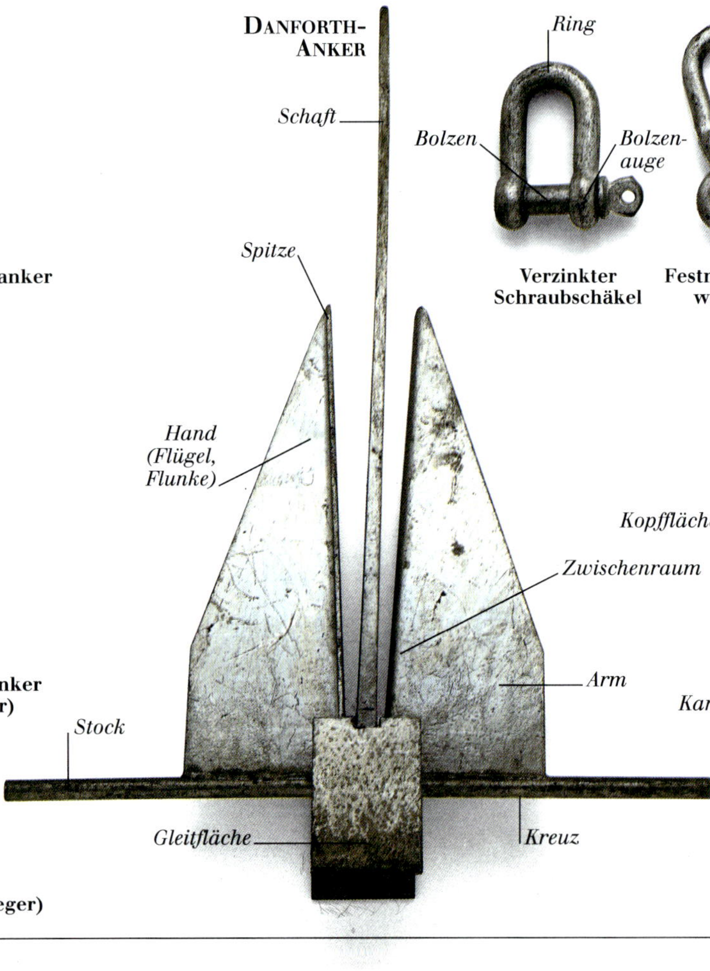

SCHÄKEL, WIRBEL UND GLIED

Verzinkter Schraubschäkel **Festmacher-wirbel** **Ketten-wirbel** **Schot-schäkel**

DOPPELPOLLER MIT SCHRÄGEN PFOSTEN UND EINER TROSSE (SCHWERES TAU)

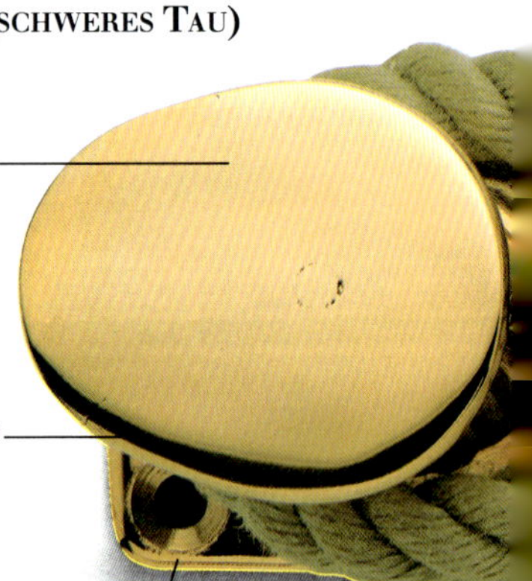

Festmachertaue (Trossen)

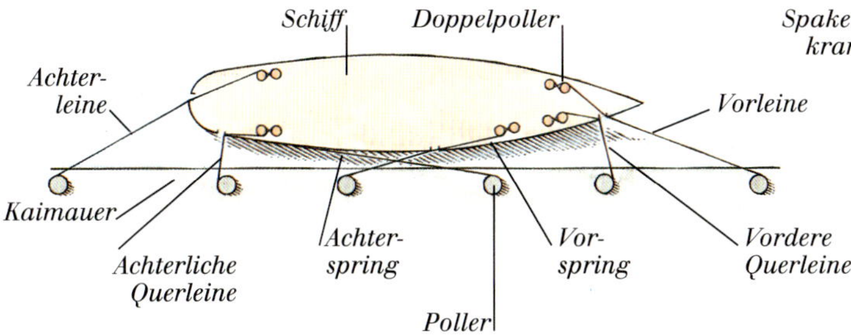

Festmacherknoten

Kabelstek (zwei Rundtörns und zwei halbe Schläge)

Trossenstek

Einfacher Schotstek

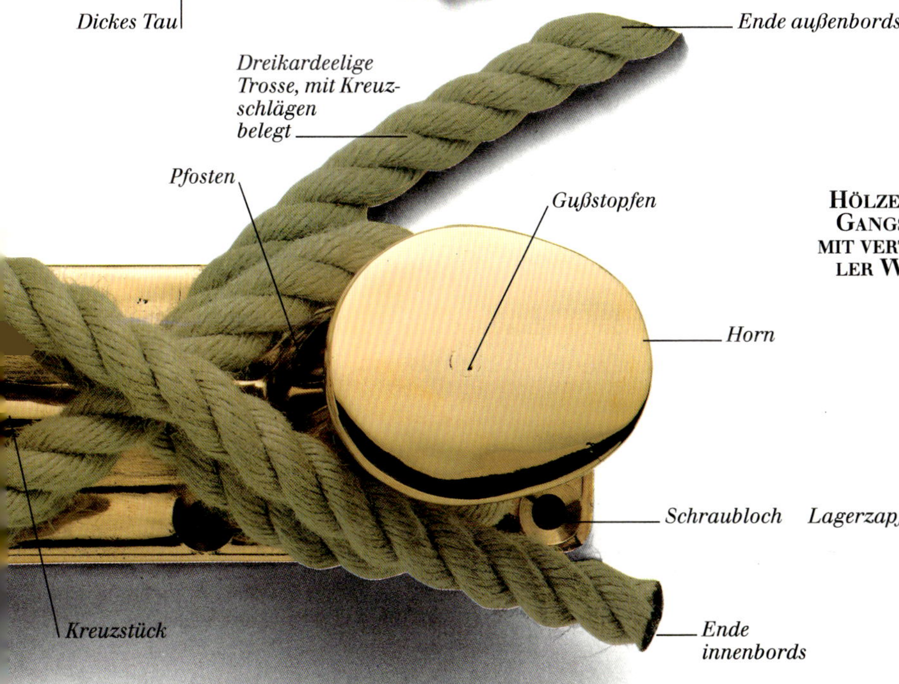

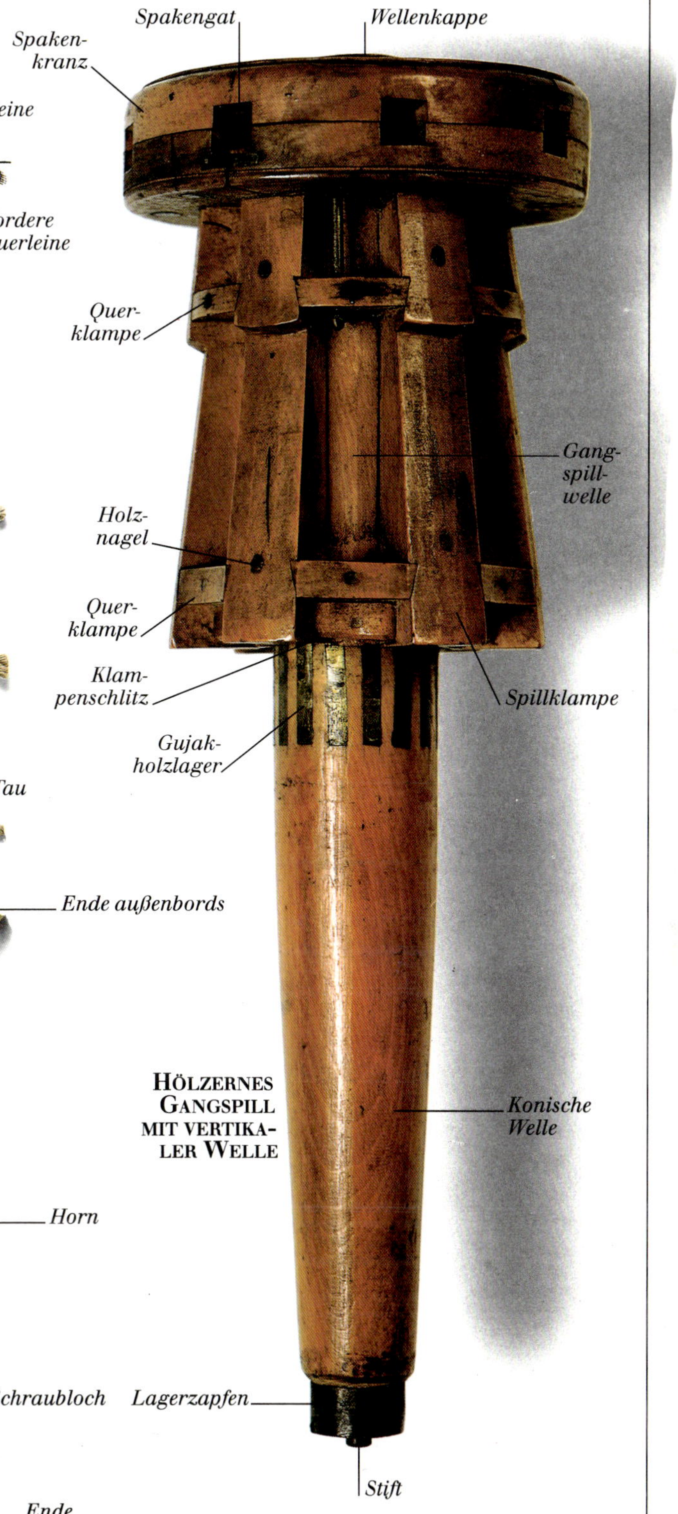

Hölzernes Gangspill mit vertikaler Welle

Tauwerk und Knoten

In der Seefahrt finden die verschiedensten Arten von Tauwerk (von dünnem Zwirn bis zur dicken Trosse) Verwendung. Spezielle Synthetikfasern sind für den Gebrauch auf See entwickelt worden. Dehnbare Nylonseile sind ideale Ankertaue. Polypropylen (wenig Reck) eignet sich besonders für Falle und Schoten. Die vielfältigen Knoten, die nach ihrer Machart und Verwendung Stek oder Schlag genannt werden, müssen nach der Belastung wieder leicht zu lösen sein. Dauerhafte Verbindungen zwischen Leinen und Tauen bilden Spleiße, die durch das Aufdrehen und anschließende Verflechten der Kardeelen entstehen. Auch Bändselungen können aneinandergelegte Seile fest miteinander verbinden.

Doppelter Palstek

SYNTHETISCHE TAUE

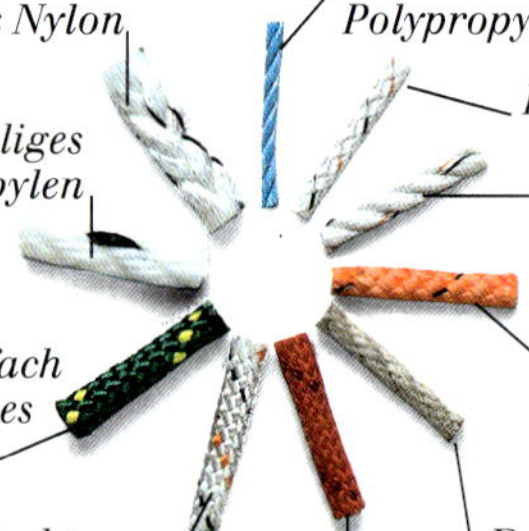

Halber Schlag mit Bändsel

TAUWERK

Kreuzknoten

Halber Schlag

Hunter-Knoten

Rollstek

Webeleinstek

Marlschlag

Palstek

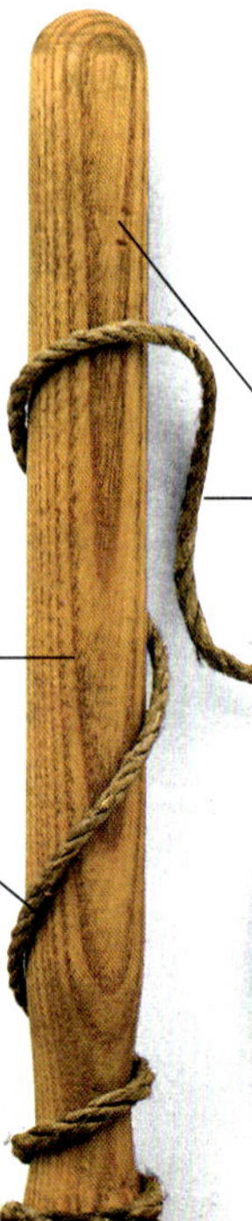

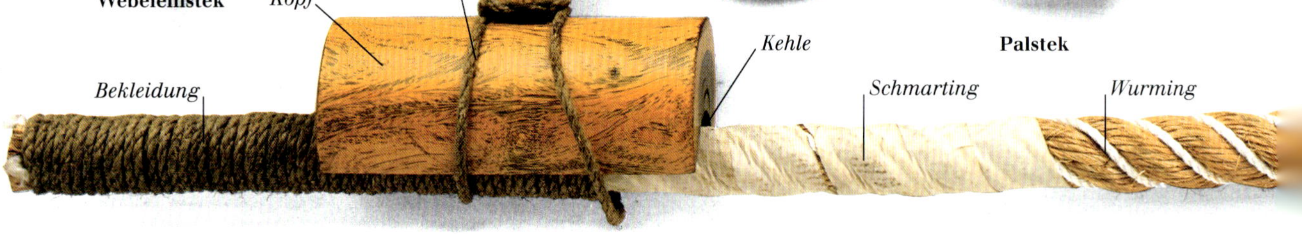

WURMING, SCHMARTING UND BEKLEIDUNG

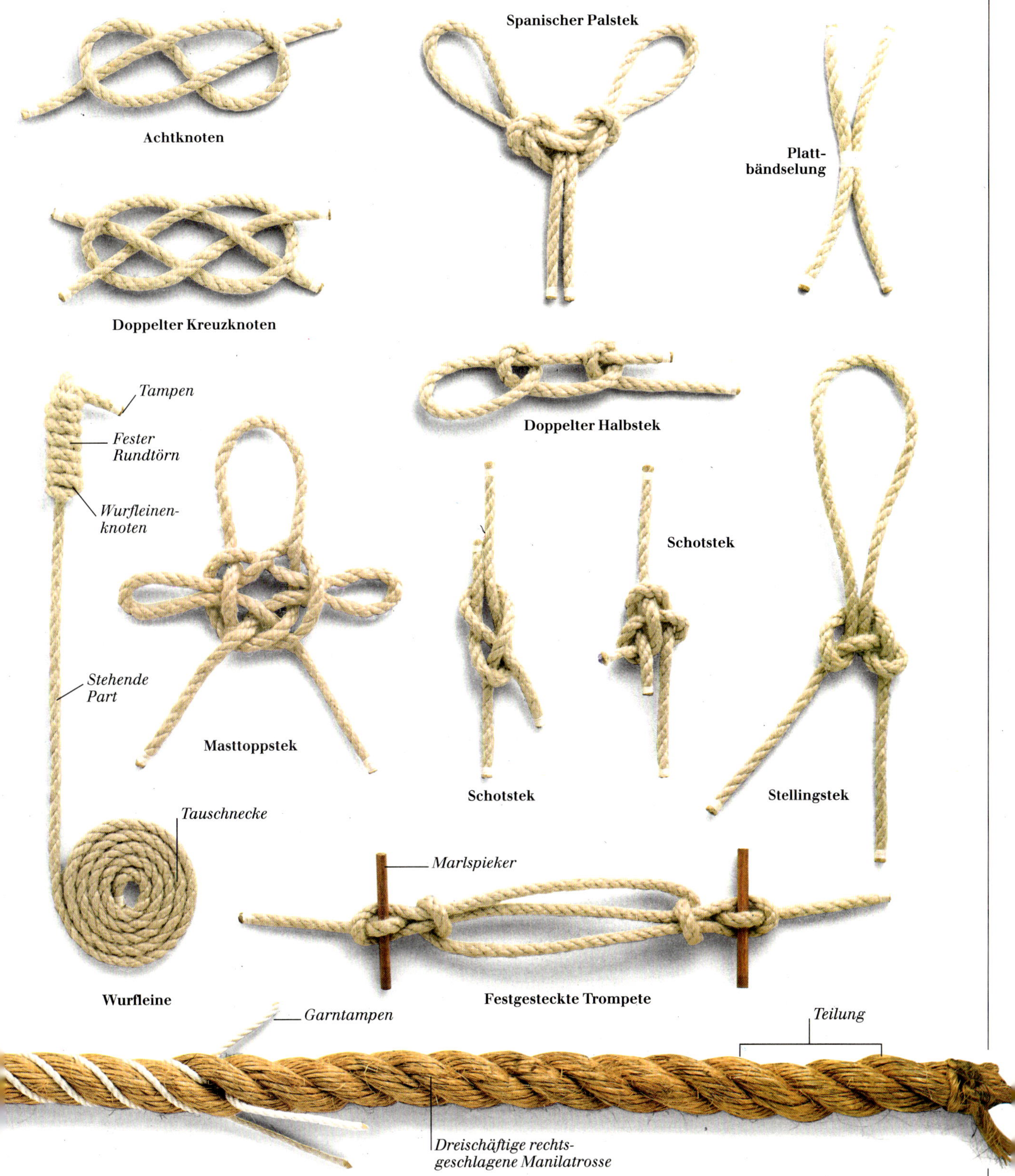
Achtknoten
Spanischer Palstek
Plattbändselung
Doppelter Kreuzknoten
Doppelter Halbstek
Tampen
Fester Rundtörn
Wurfleinenknoten
Schotstek
Stehende Part
Masttoppstek
Schotstek
Stellingstek
Tauschnecke
Marlspieker
Wurfleine
Festgesteckte Trompete
Garntampen
Teilung
Dreischäftige rechtsgeschlagene Manilatrosse

Schaufelräder und Schrauben

Mit der Erfindung der Dampfmaschine im 18. Jh. wurden mechanisch angetriebene Schiffe mit Schaufelrädern oder Propellern zu einer ernsthaften Konkurrenz für die Segler. Die Schaufelräder sind mit feststehenden oder verstellbaren Schaufeln ausgerüstet. Auf dem abgebildeten Modell sind beide Varianten dargestellt, wobei die Antriebskraft verstellbarer Schaufeln größer ist; sie stehen auf ihrem Weg durch das Wasser fast immer aufrecht. Mitte des 19. Jh.s verdrängte der Propeller (die Schraube) dank des höheren Wirkungsgrades, der besseren Seegangseigenschaften und der geringeren Anfälligkeit bei Kollisionen die Schaufelräder auf hochseetüchtigen Schiffen. Die ersten Schrauben hatten zwei Flügel, doch bald entwickelte man stärkere, drei- und vierflügelige Schrauben. Auch die Form und die Neigung der Flügel wurde im Lauf der Jahre ständig verbessert. Im frühen 18. Jh. ersetzte auf vielen größeren Schiffen das Steuerrad die bis dahin übliche Pinne zur Bedienung des Ruders.

STEUERRAD

DREIFLÜGELIGE SCHRAUBE

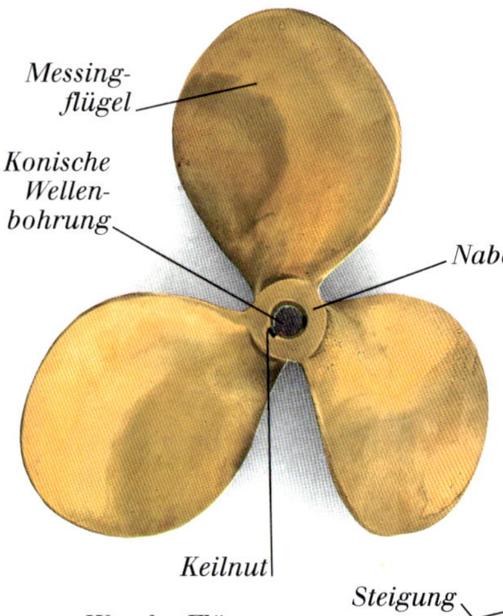

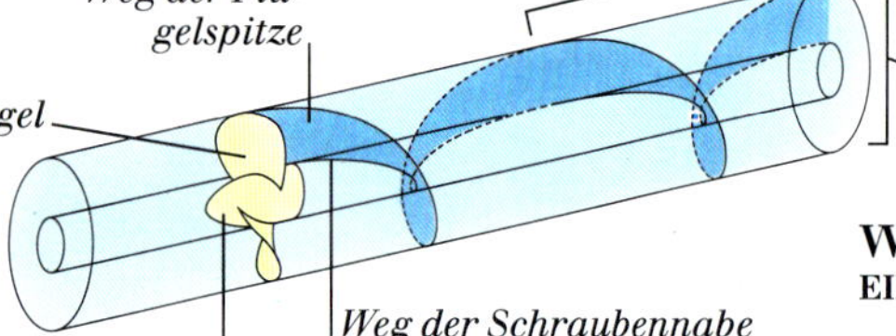

WIRKUNGSWEISE EINER SCHIFFSSCHRAUBE

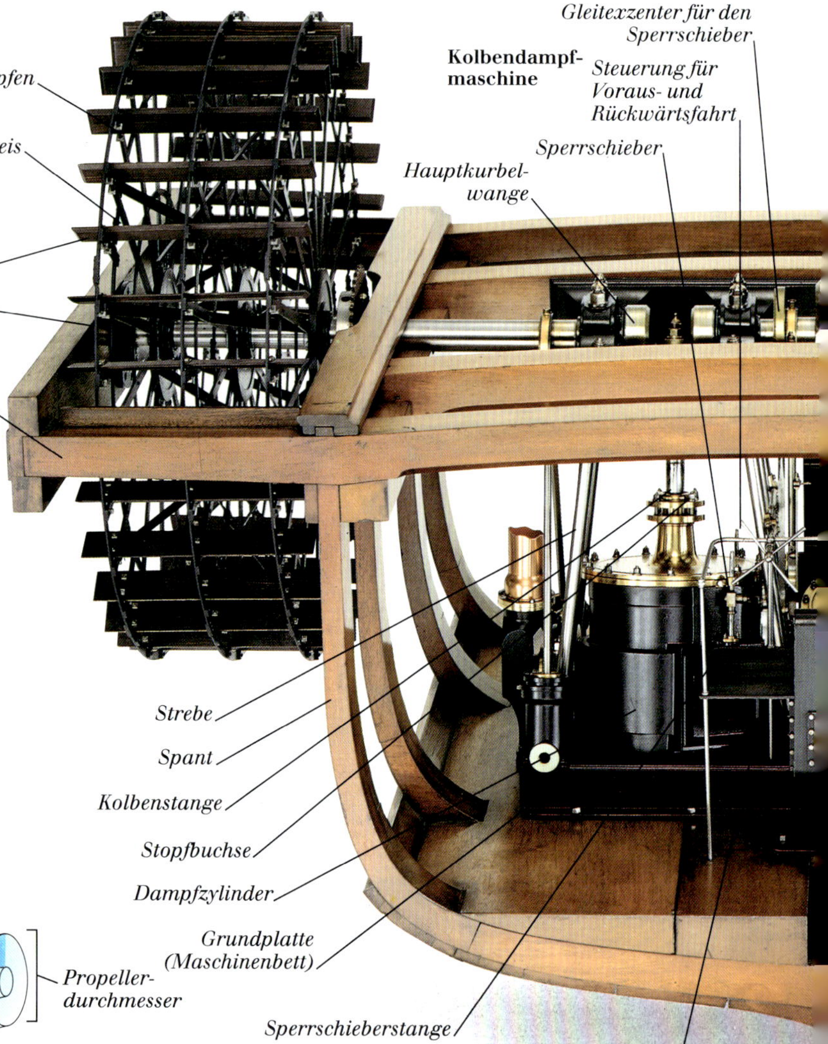

Konstruktion eines Dampfbootes mit Schaufelrädern

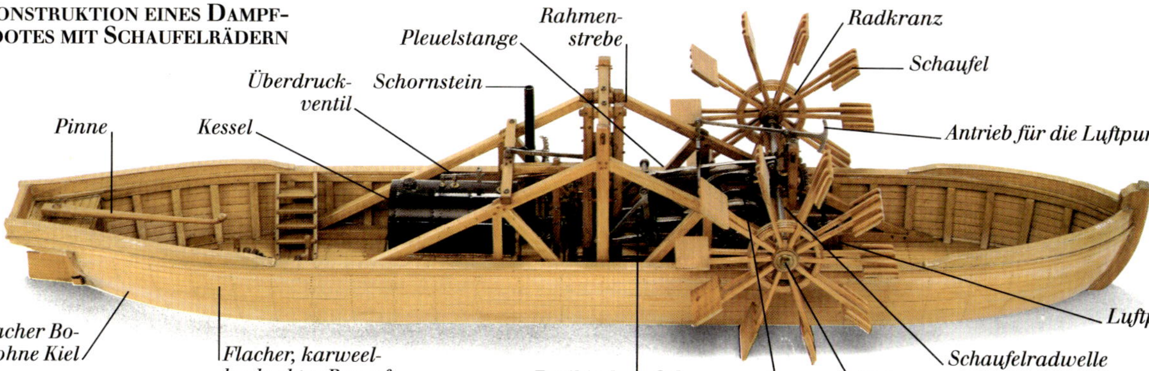

Antrieb eines Raddampfers

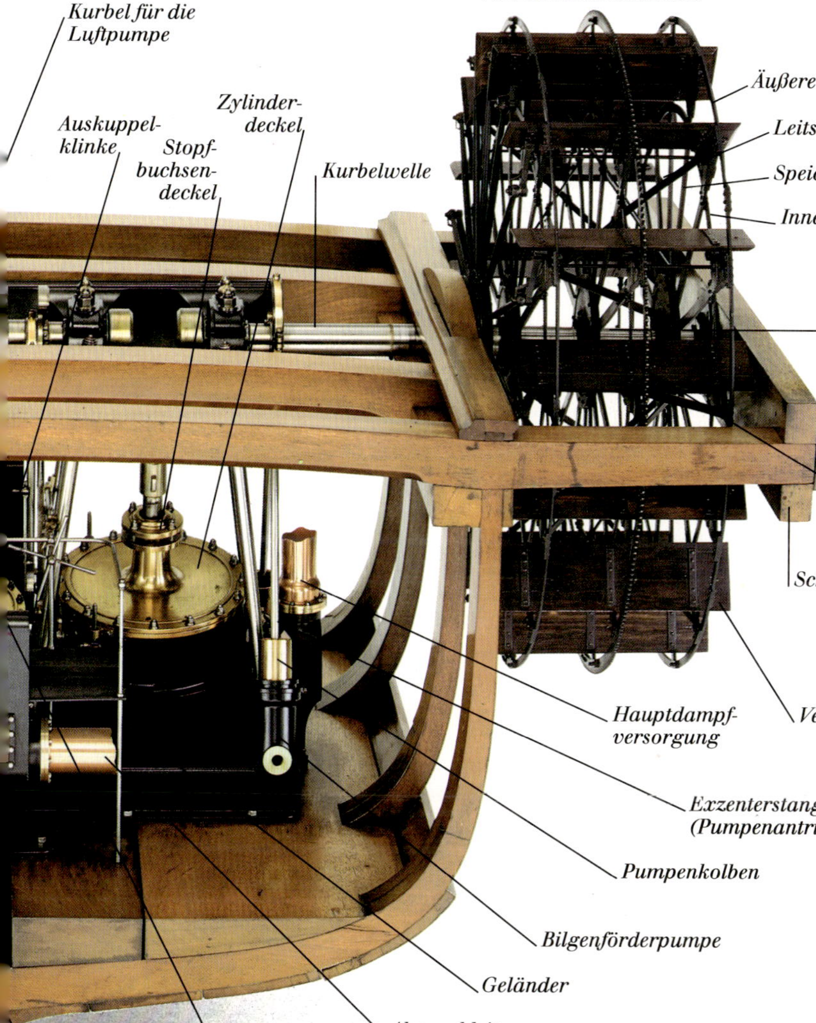

Verschiedene Schrauben

Früher Versuchspropeller von Froude

Schleppschraube

„Selbstantreibende“ Schraube

Mantelschraube

Aufbau des eisernen Schiffes

Bereits 1675 wurden beim Bau der Schiffsrümpfe Holzbauteile durch Eisenelemente ersetzt; beide ähnelten sich oft in der Form. Schließlich setzte sich auch das stählerne Rigg, wie hier bei dem Teeklipper „Cutty Sark“, gegen die schwächeren Wanten und Stage aus Tauwerk durch. Die ersten eisenverkleideten Wasserfahrzeuge waren Kriegsschiffe, deren Holzrümpfe durch Panzerplatten geschützt wurden. Später wurden die Rümpfe dann ganz aus Eisen gefertigt. Abgebildet ist das Modell des britischen Kriegsschiffes „HMS Warrior“, das 1860 als erstes vollständig aus Eisen gebautes Schlachtschiff vom Stapel lief. Der Plan des etwas neueren eisernen Schaufelraddampfers zeigt, daß es sich im Grunde um ein Segelschiff handelte. Mittschiffs allerdings war er mit einer Dampfmaschine ausgerüstet, die zwei seitliche Schaufelräder antrieb. Zunächst mußten die Eisenplatten der Rümpfe mühsam zusammengenietet werden. Erst Anfang des 20. Jh.s wurden die Schiffe aus großen Eisenplatten zusammengeschweißt. Das im Zweiten Weltkrieg eingesetzte „Libertyship“ war eines der ersten Schiffe vom „Fließband“.

TEE-KLIPPER

VERNIETETE PLATTEN

LIBERTY-SHIP

PLAN EINES EISERNEN RADDAMPFERS

SCHNITTMODELL EINES EISENVERKLEIDETEN SCHIFFES

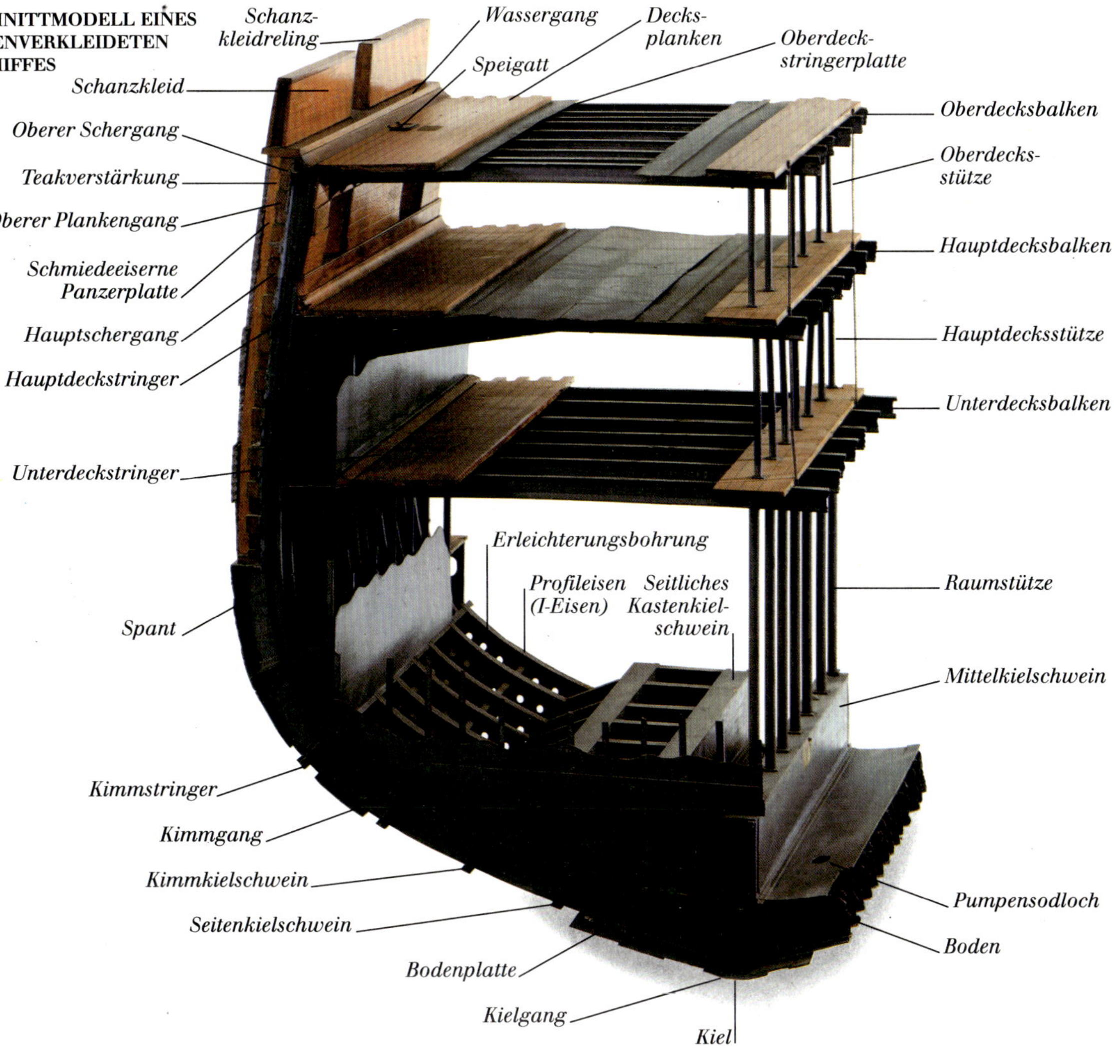

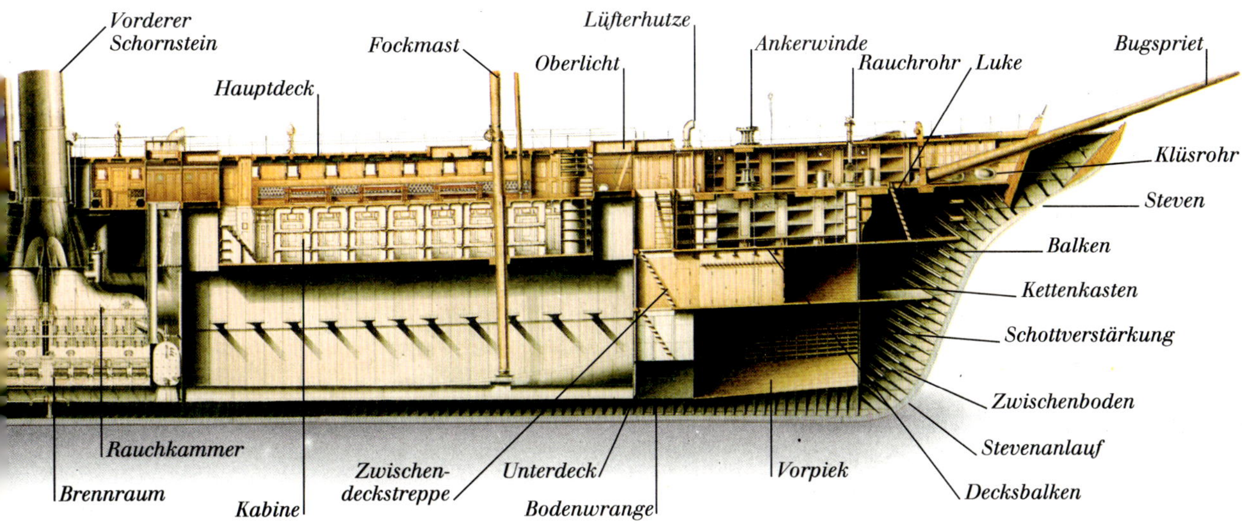

Das Schlachtschiff

Zu Beginn des 20. Jahrhunderts revolutionierte die Einführung von Schlachtschiffen der Dreadnought-Klasse die Kriegsführung zur See sowohl hinsichtlich des Angriffs als auch der Verteidigung. Dieser Schiffstyp, hier am Beispiel eines brasilianischen Kriegsschiffes dargestellt, vereinte die jüngsten Errungenschaften auf dem Gebiet des Dampfantriebs, der Bewaffnung und der Panzerung. Die Reichweite der mit 30 cm dicken Panzerplatten versehenen Geschütztürme war außerordentlich groß. Die für die Geschütze des Schiffes angegebenen Maße beziehen sich auf den Durchmesser der Laufbohrung. Gewichtsangaben weisen auf die Schwere der abgefeuerten Geschosse hin. Torpedos, wie hier auf dem Zigarettenbildchen dargestellt, sind Unterwassergeschosse, die mit einem eigenen Antrieb und oft mit einer Kreiselsteuerung ausgerüstet sind. Unterwasserminen wurden im Ersten Weltkrieg zur Bekämpfung untergetauchter U-Boote entwickelt. Dabei handelt es sich um sprengstoffgefüllte Behälter, die von druckempfindlichen Zündern zur Detonation gebracht werden. Das Zigarettenbildchen zeigt Unterwasserminen, die von einem Werfer oder einem Torpedorohr abgefeuert oder über Heck gerollt wurden. Vom späten 19. Jahrhundert an trugen Kriegsschiffe Schilder. Das abgebildete Schild zeigt eine alte Schiffskanone.

Bewaffnung im 20. Jahrhundert

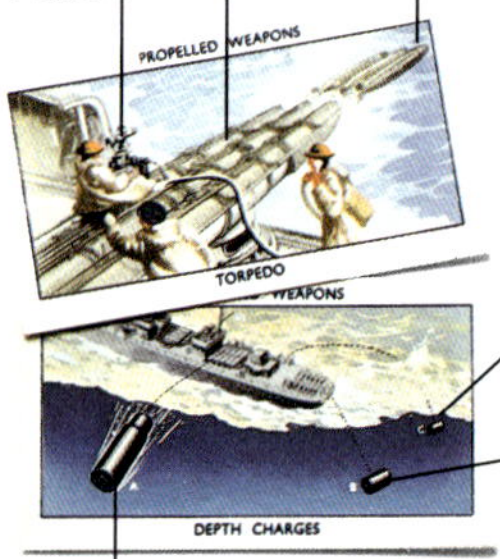

Brasilianisches Schlachtschiff

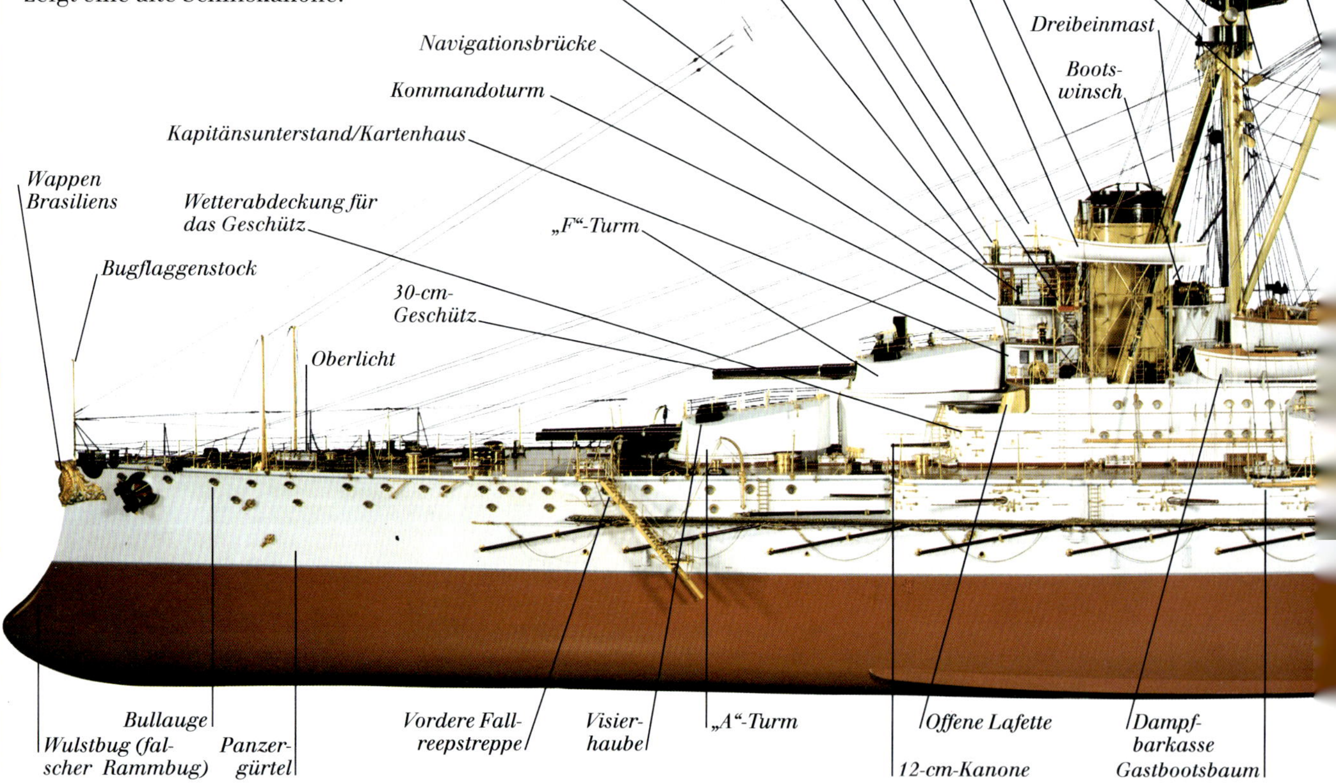

SCHILD EINES SCHIFFES

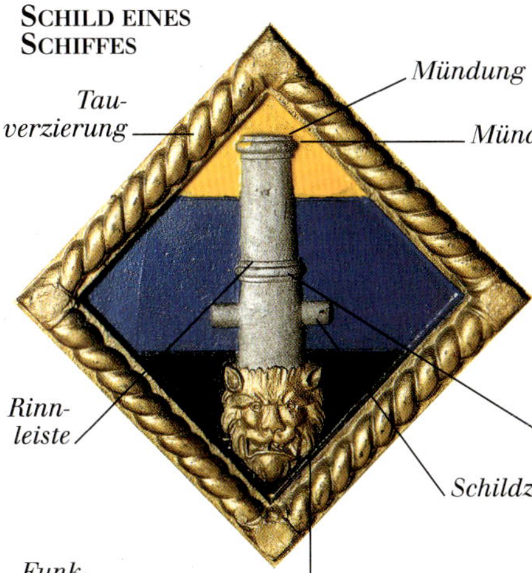

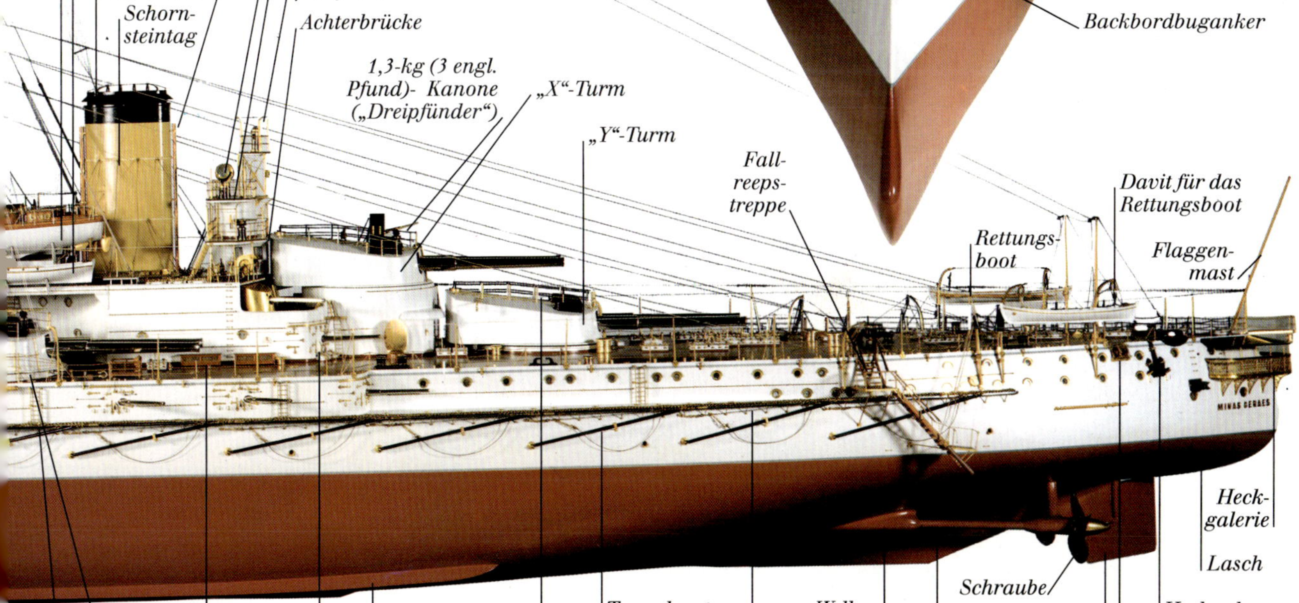

Fregatten und U-Boote

Seit Mitte des 19. Jh.s stellten gepanzerte Seekreuzer für feindliche Schiffe eine neue Herausforderung dar. Man reagierte mit dem Bau riesiger drehbarer Geschütztürme, die in beinahe jede Richtung feuern konnten und sehr schnell von hinten nachladbar waren. Zudem feuerten sie statt Kanonenkugeln Explosivgranaten ab. Moderne Kampfschiffe wie die Fregatte verbinden die schwere Schiffsbewaffnung mit der leichteren Hubschrauberbewaffnung. U-Boote operieren unter der Meeresoberfläche, ihre Hauptvorteile sind die hohe Geschwindigkeit und die Abfeuerung von Unterwassergeschossen. Ein atomgetriebenes U-Boot könnte mit einer Brennstoffladung mehrere Jahre lang unter Wasser bleiben.

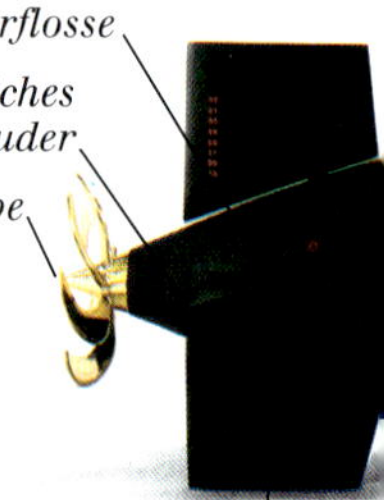

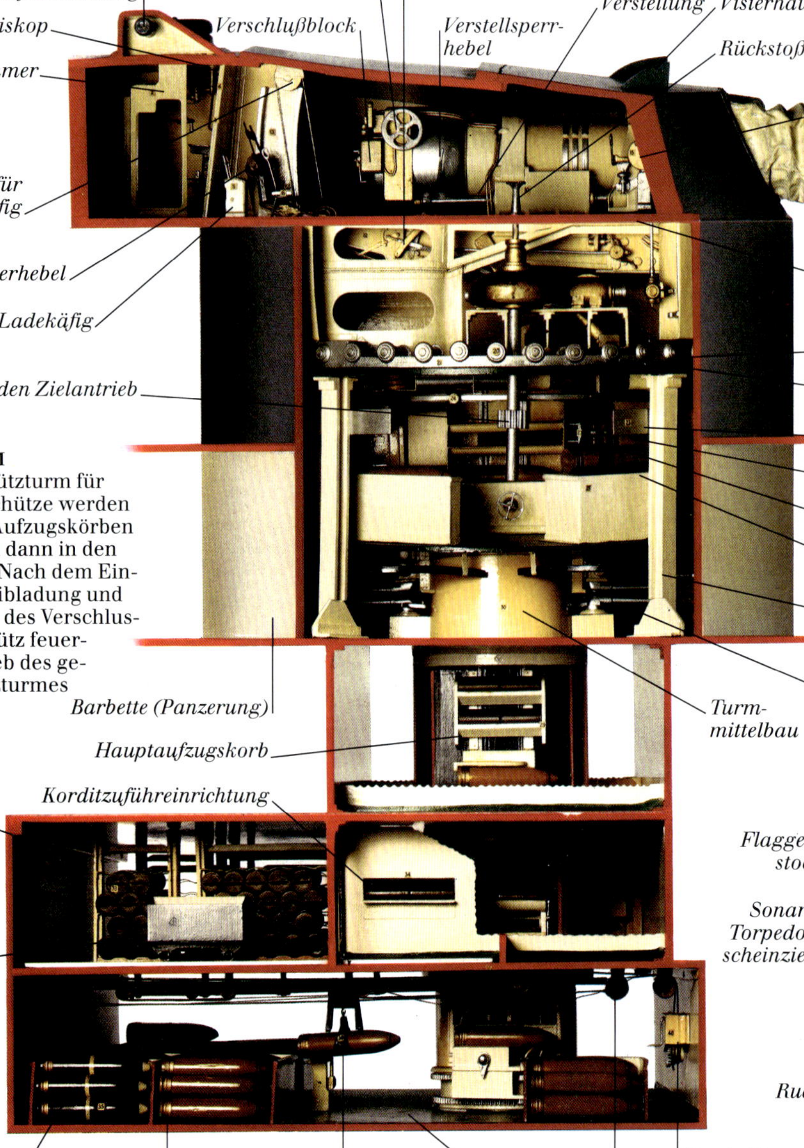

GESCHÜTZTURM
In diesem Geschützturm für zwei 37-cm-Geschütze werden die Granaten in Aufzugskörben transportiert und dann in den Lauf eingeführt. Nach dem Einschieben der Treibladung und der Verriegelung des Verschlusses ist das Geschütz feuerbereit. Der Betrieb des gesamten Geschützturmes erfordert etwa 70 Mann.

FREGATTE

„Hunter-Killer"-Atom-U-Boot

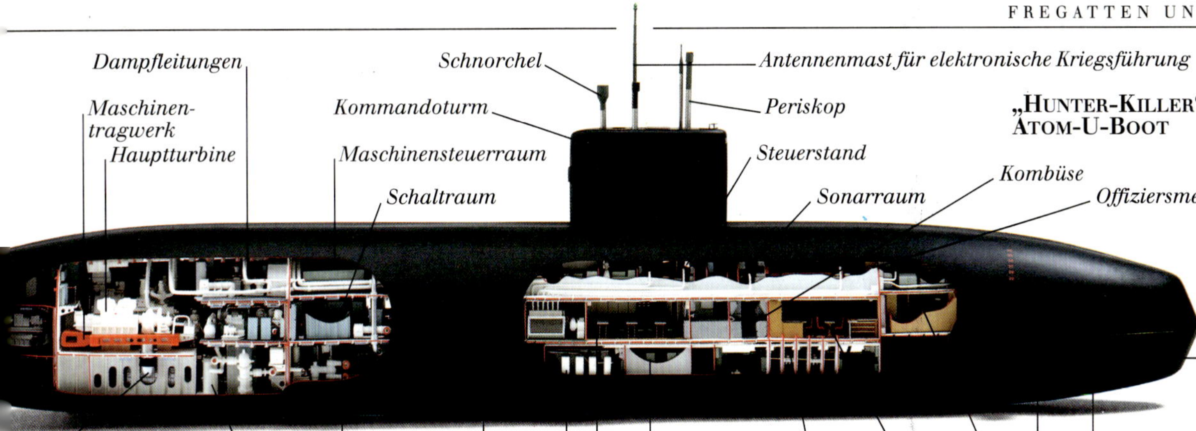

15-cm-Granate

Diese Granate ist so aufgebaut, daß sie über dem Ziel in der Luft explodiert.

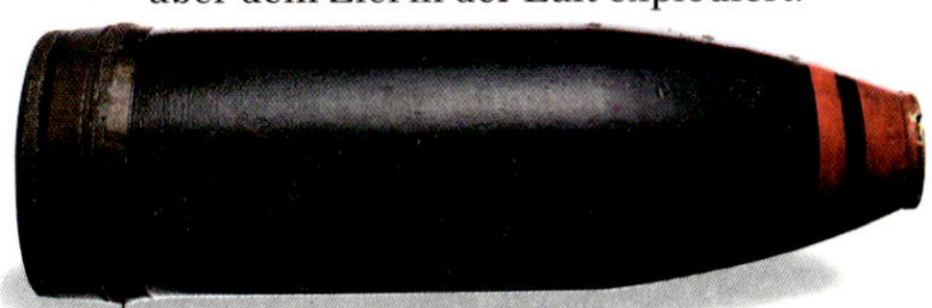

Geschoßhülle

Schnittdarstellung einer Granate

Luftfahrtpioniere

Die Fliegerei fasziniert die Menschheit seit Jahrhunderten, und es wurden ungeheuer viele Flugmaschinen entworfen, die aber meist schon bei ihrer Erprobung scheiterten. Den ersten erfolgreichen Flug unternahmen die Brüder Montgolfier 1783 in ihrem Heißluftballon über Paris. Die nächsten ernstzunehmenden Versuche startete der Engländer Sir George Cayley, dem mit seinem 1845 entwickelten Segler ein längerer Flug glückte. Der Deutsche Otto Lilienthal wurde als erster Pilot der Welt bekannt, da ihm erstmals gesteuerte Flüge gelangen. Die Erfindung des leichten Benzinmotors schuf die Möglichkeit für den motorisierten Flug. Dieser gelang 1903 den amerikanischen Brüdern Orville und Wilbur Wright in ihrem Wright-Flyer-Doppeldecker. Sie verwendeten einen 4-Zylinder-Benzin-Verbrennungsmotor. Von da an schritt die Entwicklung im Flugzeugbau schnell voran, und bereits 1909 flog der Franzose Louis Blériot als erster über den Ärmelkanal (s.S. 408–409). Auch der Amerikaner Glen Curtiss vollbrachte mit seinem Model-D Pusher und dessen Weiterentwicklungen beachtliche Leistungen. Er gewann unter anderem 1909 die erste Weltmeisterschaft für Fluggeschwindigkeit in Reims.

Vorderansicht des Wright Flyer, 1903

Curtiss Model-D Pusher, 1911

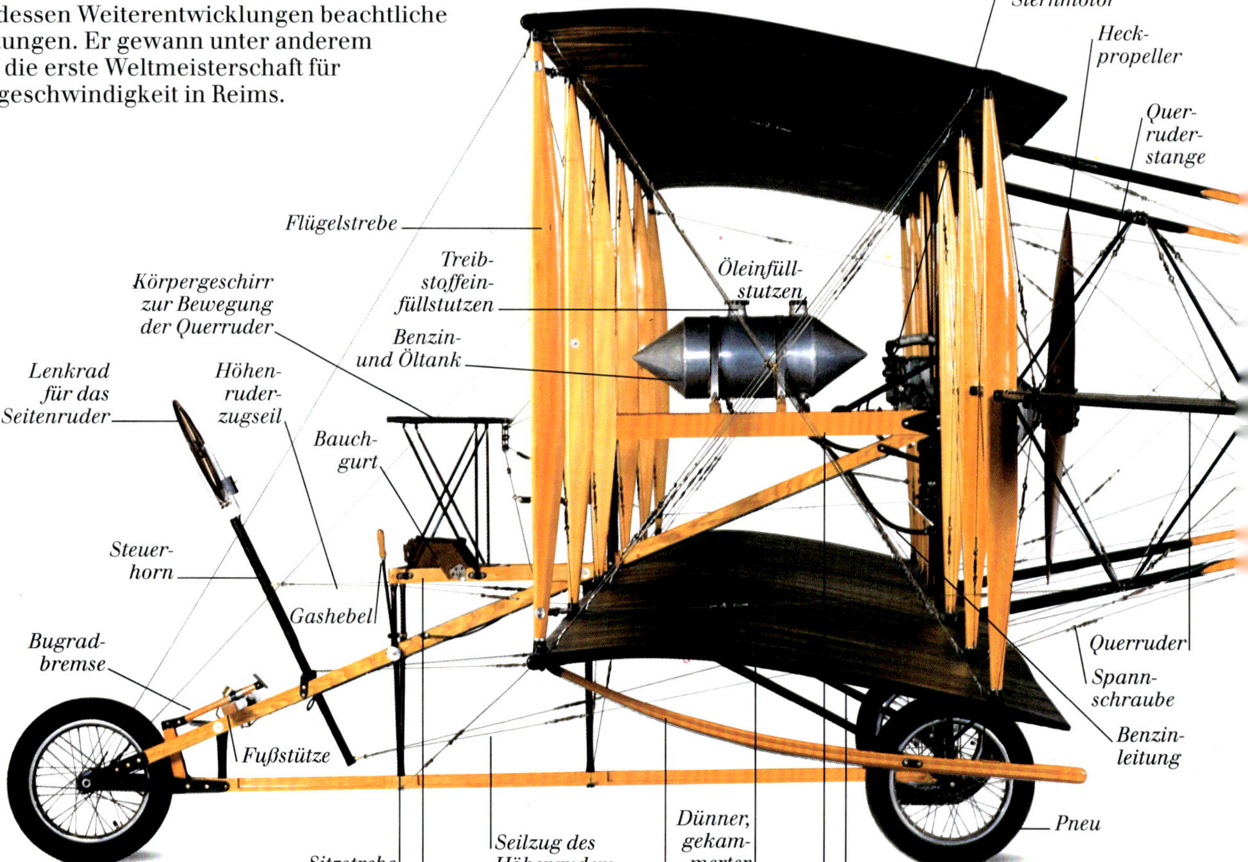

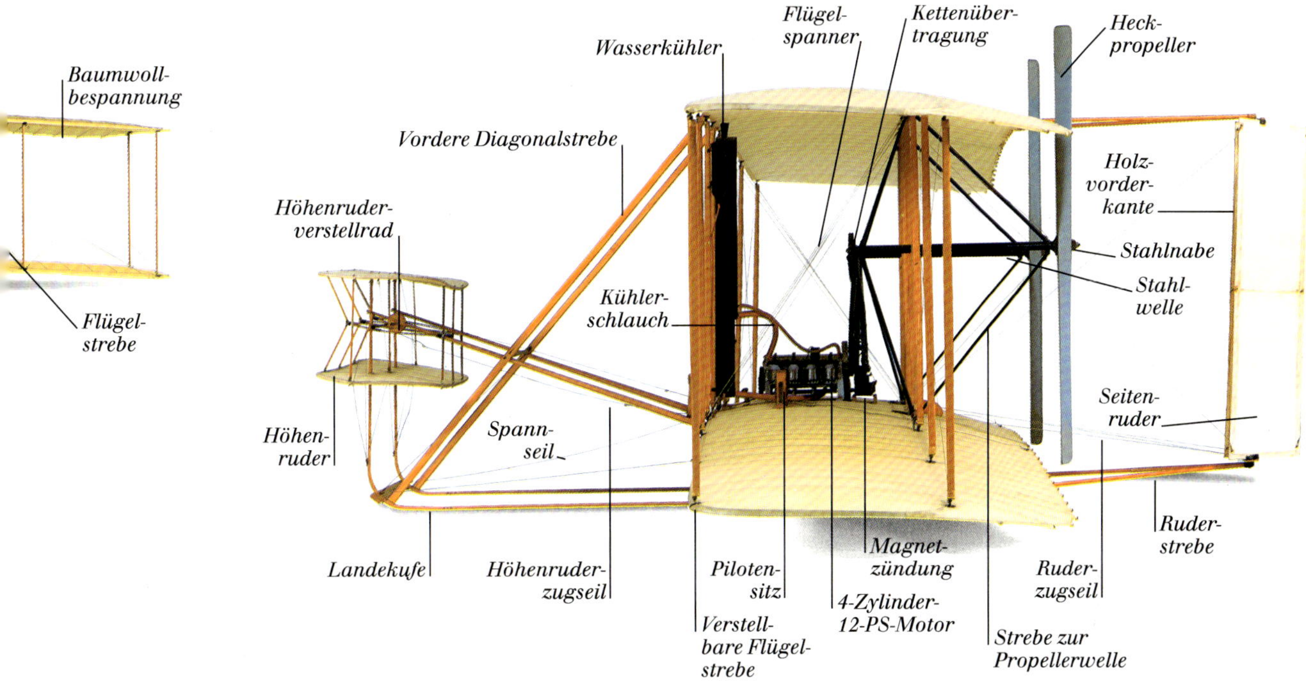

WRIGHT FLYER, 1903

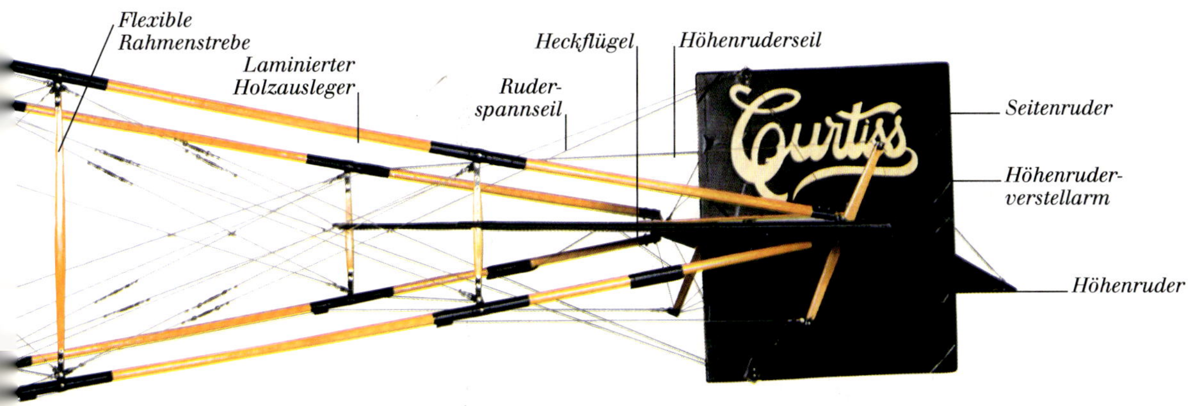

VORDERANSICHT DES CURTISS MODEL-D PUSHER, 1911

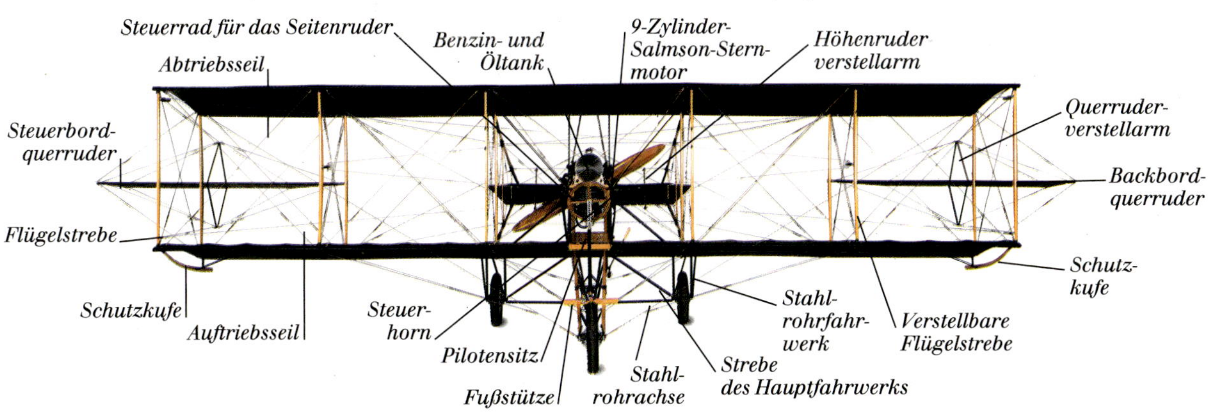

Frühe Eindecker

Rumpler-Monoplane, 1908

Eindecker haben je einen Tragflügel auf jeder Seite des Rumpfes. Der große Nachteil bei dieser Anordnung liegt darin, daß die Tragflügel der frühen Holzrahmenkonstruktionen in sich nicht stabil genug waren und deshalb mit festen Spannseilen an Spannmasten oberhalb und besonders unterhalb des Rumpfes befestigt werden mußten. Die Vorteile liegen in den höheren Geschwindigkeiten, die wegen des relativ kleineren Widerstands erreicht werden können, sowie in der besseren Manövrierfähigkeit aufgrund der biegsameren Flügel. Die Rollbewegungen wurden in früher Zeit durch Verwindung der Tragflügel gesteuert und noch nicht, wie heute üblich, durch Querruder. Bis zum Jahr 1912 wurde intensiv an der Entwicklung von Eindeckern gearbeitet. Der französische Pilot Louis Blériot überquerte 1912 erstmals den Ärmelkanal in einem Eindecker. Der Brite Robert Blackburn und der Franzose Armand Deperdussin erreichten mit diesen Flugzeugen Rekordgeschwindigkeiten. Eine Serie von Unfällen, verursacht durch gebrochene Tragflügel, gebot der Produktion von Eindeckern jedoch Einhalt. Nur in Deutschland entwickelte man im Jahr 1917 einen Ganzmetalleindecker, dessen Tragflügel nicht mehr durch Abspannseile verstärkt werden mußten. Ansonsten fand aber diese Art von Flugzeugen vor den 30er Jahren kaum Beachtung.

Vorderansicht des Blackburn Monoplane, 1912

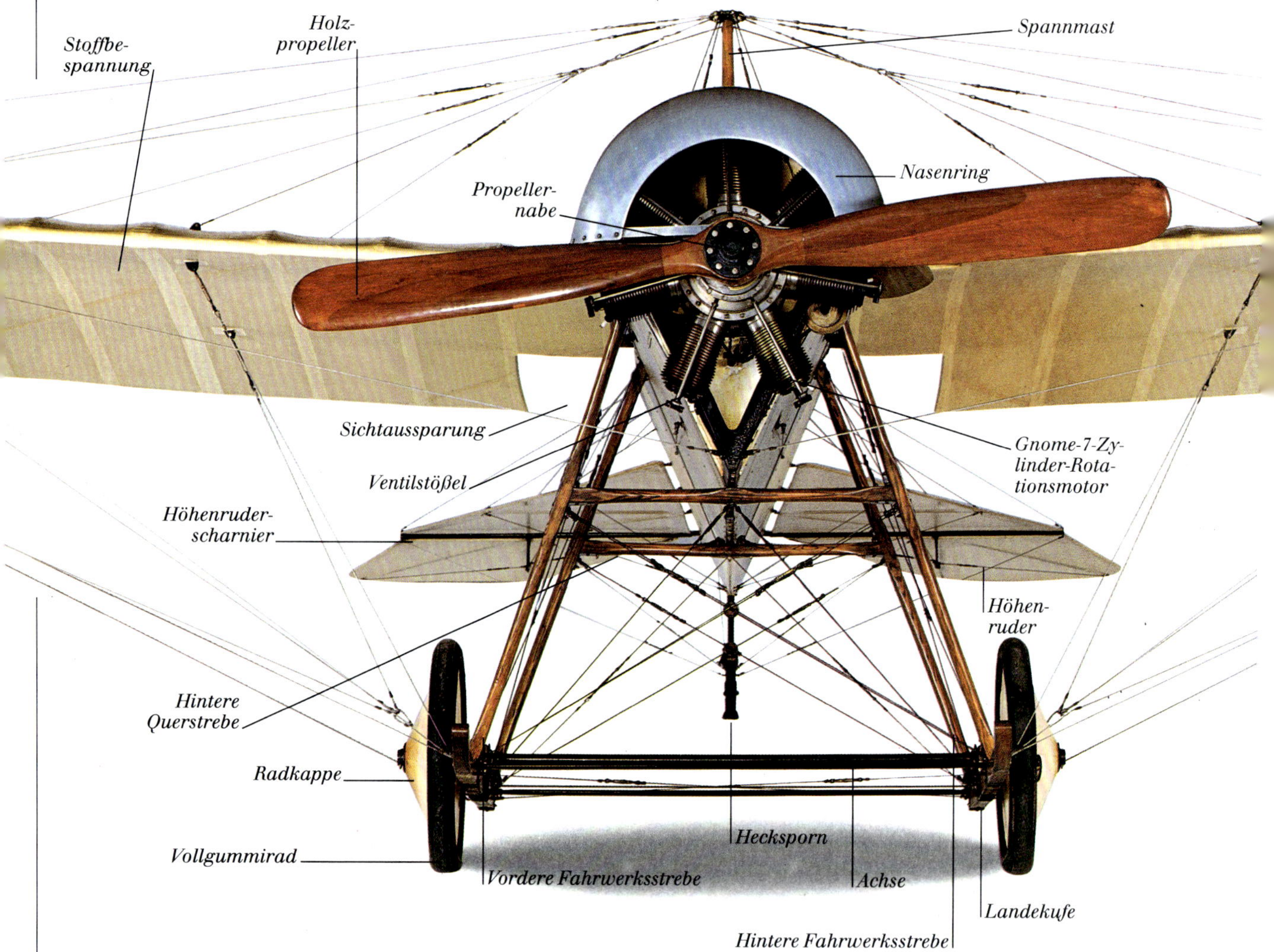

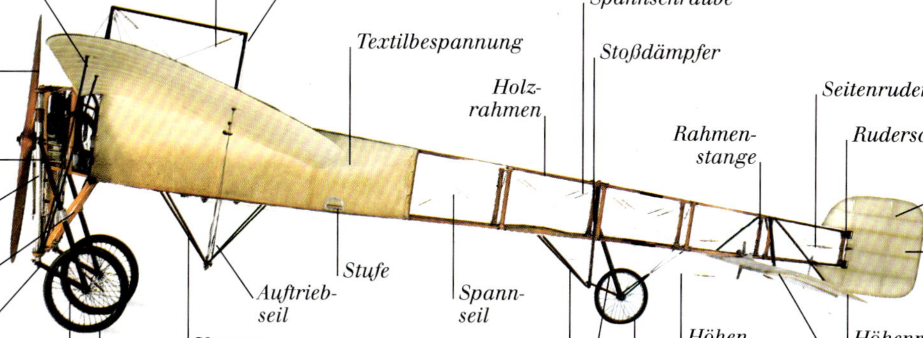

Seitenansicht des Blériot XI, 1909

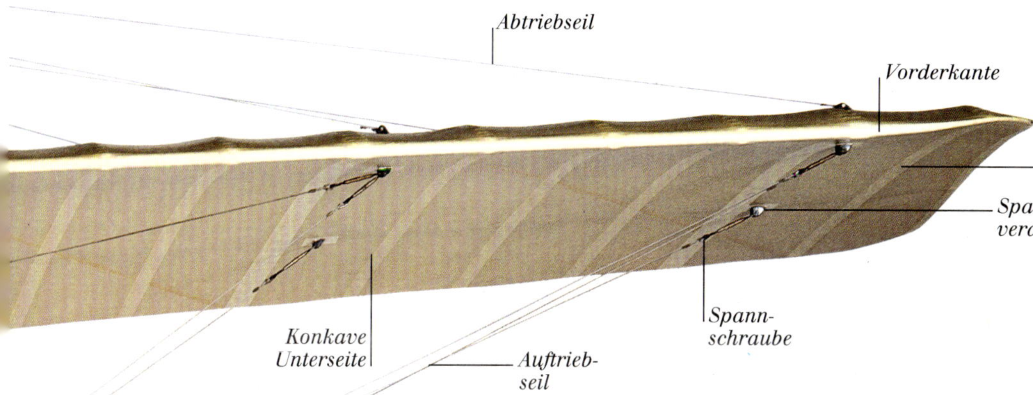

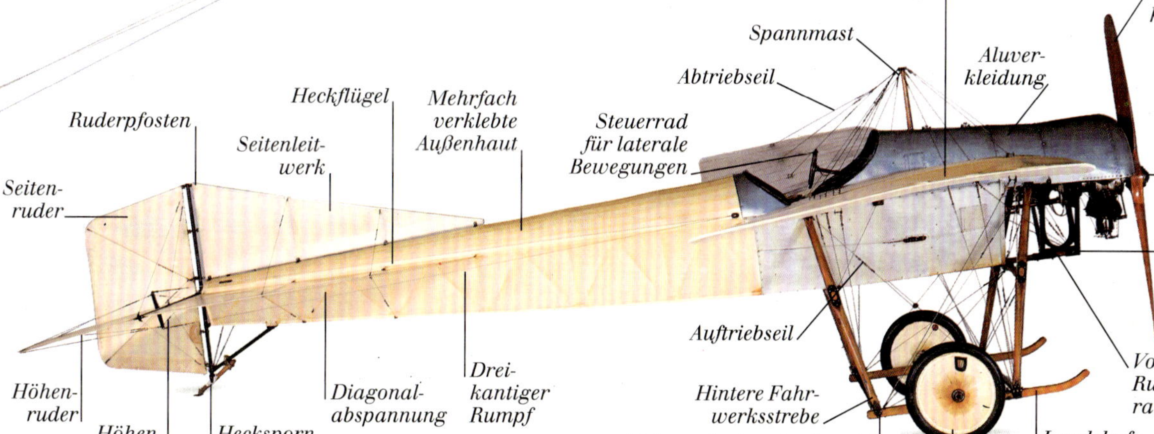

Seitenansicht des Blackburn Monoplane, 1912

Doppel- und Dreidecker

Laminierter Propeller

Der Doppeldecker war bis in die 30er Jahre der beliebteste und am meisten hergestellte Flugzeugtyp, was hauptsächlich auf die Labilität der Eindecker zurückzuführen war. Die Streben zwischen den Tragflügeln machten die Doppeldecker einerseits stabiler, andererseits erhöhte diese Bauweise aber den Luftwiderstand immens und machte diese Flugzeuge deutlich langsamer gegenüber Eindeckern. Viele Flugzeugkonstrukteure entwickelten einen Dreidecker, der gegenüber dem Doppeldecker einen gewissen Vorteil besaß: Er erlaubte eine kürzere Spannweite der Tragflügel, um denselben Auftrieb zu erzeugen, und war somit manövrierfähiger. Das prädestinierte ihn zum Kampfflugzeug des 1. Weltkriegs, allen voran der deutsche Fokker-Dreidecker. Jedoch war diese Eigenschaft für die zivile Luftfahrt nicht maßgebend, und die meisten Hersteller bauten hauptsächlich Doppeldecker. Es gab aber auch viele andere Versuche, wie z.B. Vierdecker oder Tandemflügel (zwei Paare Eindecker – hintereinander angeordnet). Die wohl bizarrste Entwicklung war die des Engländers Horatio Phillips: Sein Flugzeug hatte 20 kurze Flügel und sah aus wie eine Jalousie.

Seitenansicht des Avro Triplane IV, 1910

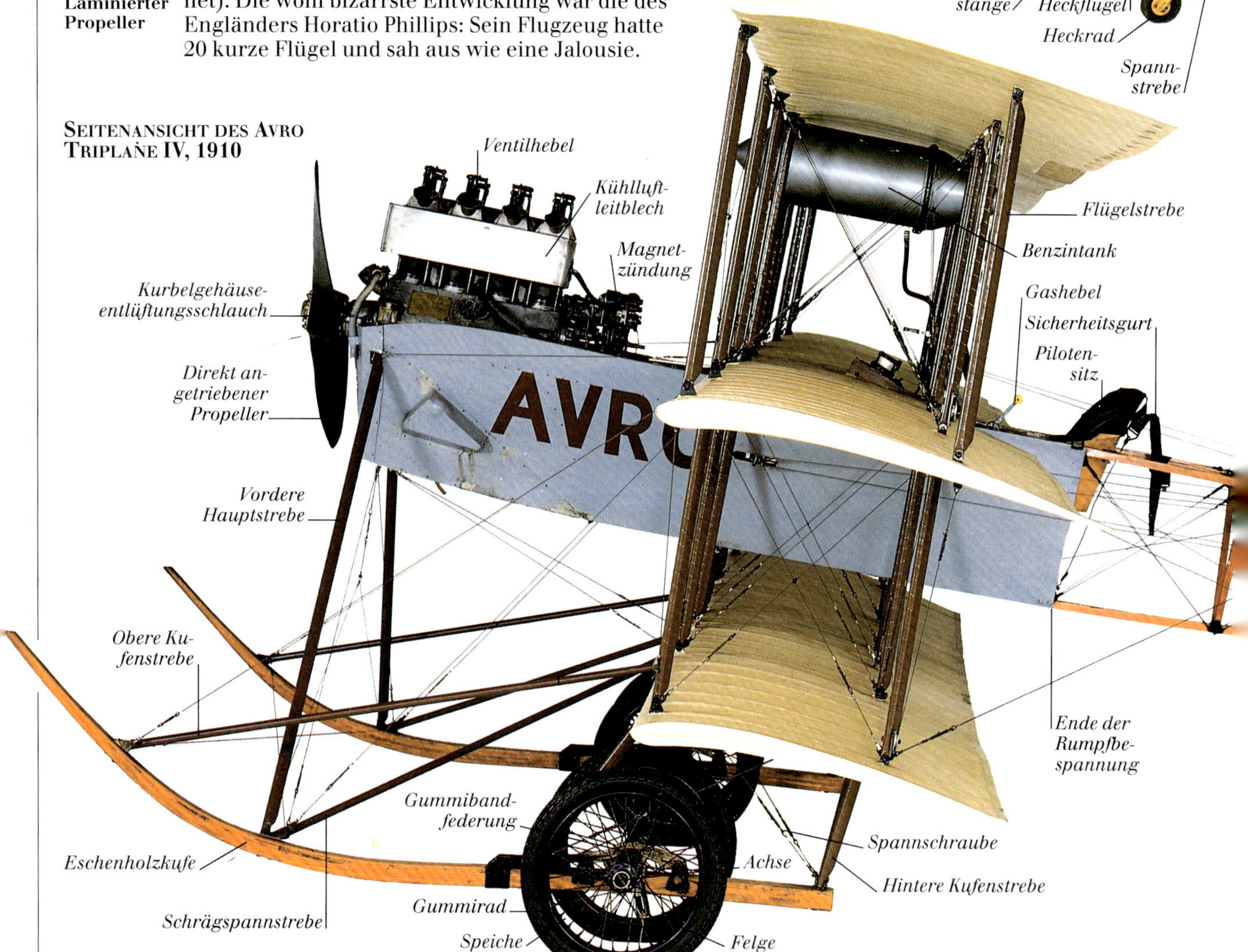

Avro Tutor Biplane, 1931

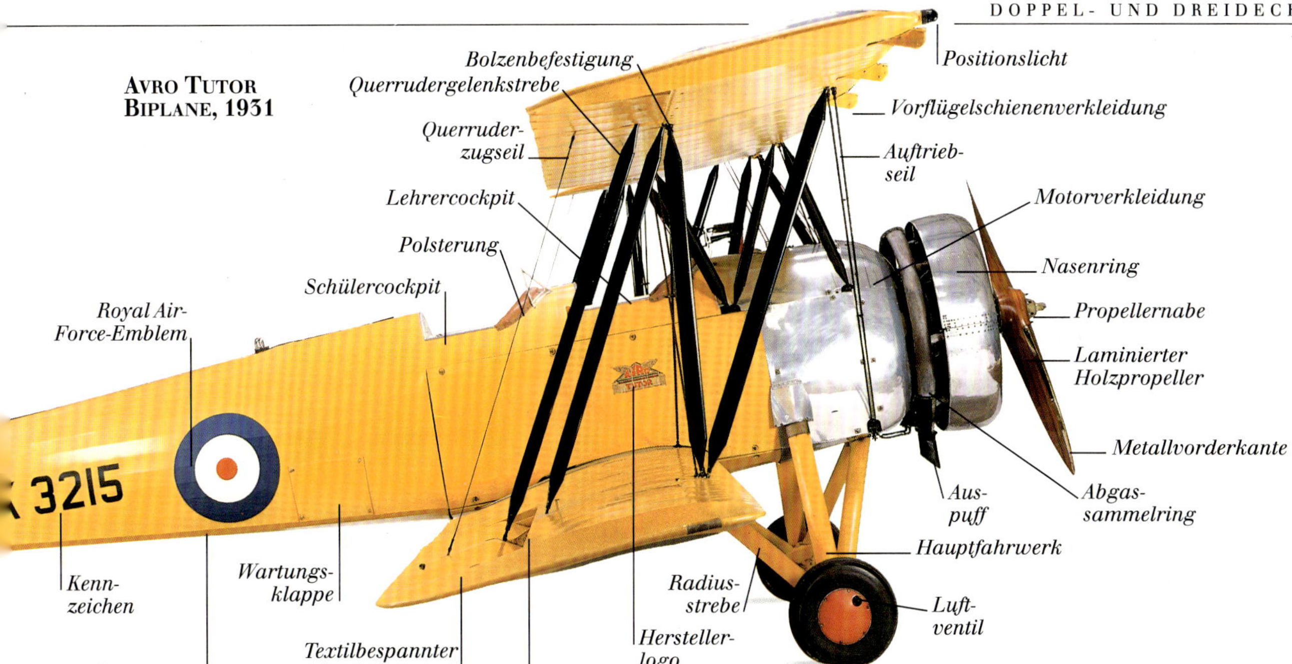

Vorderansicht eines Avro Triplane IV, 1910

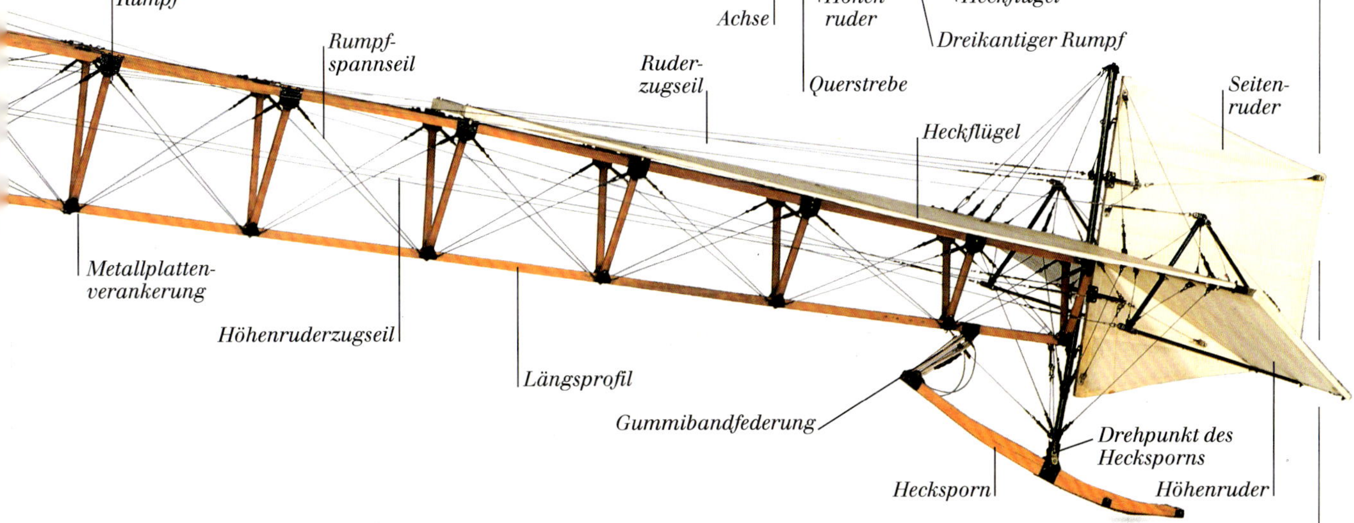

Frühe Passagierflugzeuge

Bis in die 30er Jahre handelte es sich bei den meisten Passagierflugzeugen um Doppeldecker. Sie hatten Holz- oder Metallrahmen und waren textil- oder seltener sperrholzverkleidet. Diese Flugzeuge konnten nur niedrig und langsam fliegen, da sie einen hohen Luftwiderstand boten und nur schwach motorisiert waren. Viele hatten ein offenes Cockpit, das vor oder hinter einer geschlossenen Kabine lag, in der höchstens zehn Passagiere Platz fanden. Ebenfalls gab es noch keine Druckkabinen und nur selten eine Heizung. Warme Kleidung und Gehörschutz waren daher unbedingt erforderlich. Die Stühle der Passagiere waren gewöhnlich nicht auf dem Boden verankert und gerieten beim Flug durch Turbulenzen in Bewegung, was für die Reisenden ausgesprochen ungemütlich werden konnte. In den 30er Jahren verbreiteten sich dann Ganzmetalleindecker wie die hier abgebildete „Lockheed Electra“. Durch den stromlinienförmigen Rumpf, stärkere Motoren und Druckkabinen (1939 in die zivile Luftfahrt eingeführt) konnten Geschwindigkeit und Flughöhen gesteigert werden, was das Fliegen viel komfortabler machte. Flugboote behielten weiterhin bis 1945 ihre Notwendigkeit, da einmal das Netz der zivilen Landebahnen nicht ausreichte und weil zum anderen häufig Notwasserungen nötig waren. Mit dem Ende des 2. Weltkriegs standen aber genug Landebahnen zur Verfügung, so daß Landflugzeuge immer wichtiger wurden.

Vorderansicht der Lockheed Electra, 1934

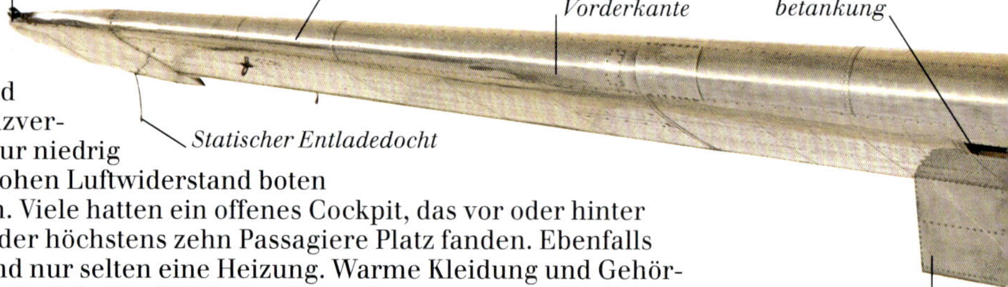

Kabinenverkleidung

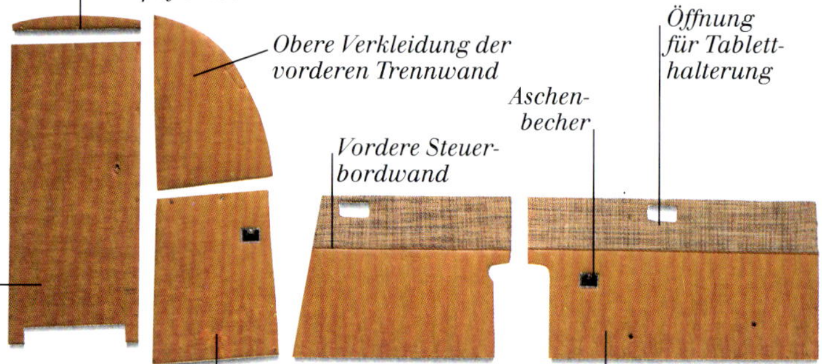

Seitenansicht der Lockheed Electra, 1934

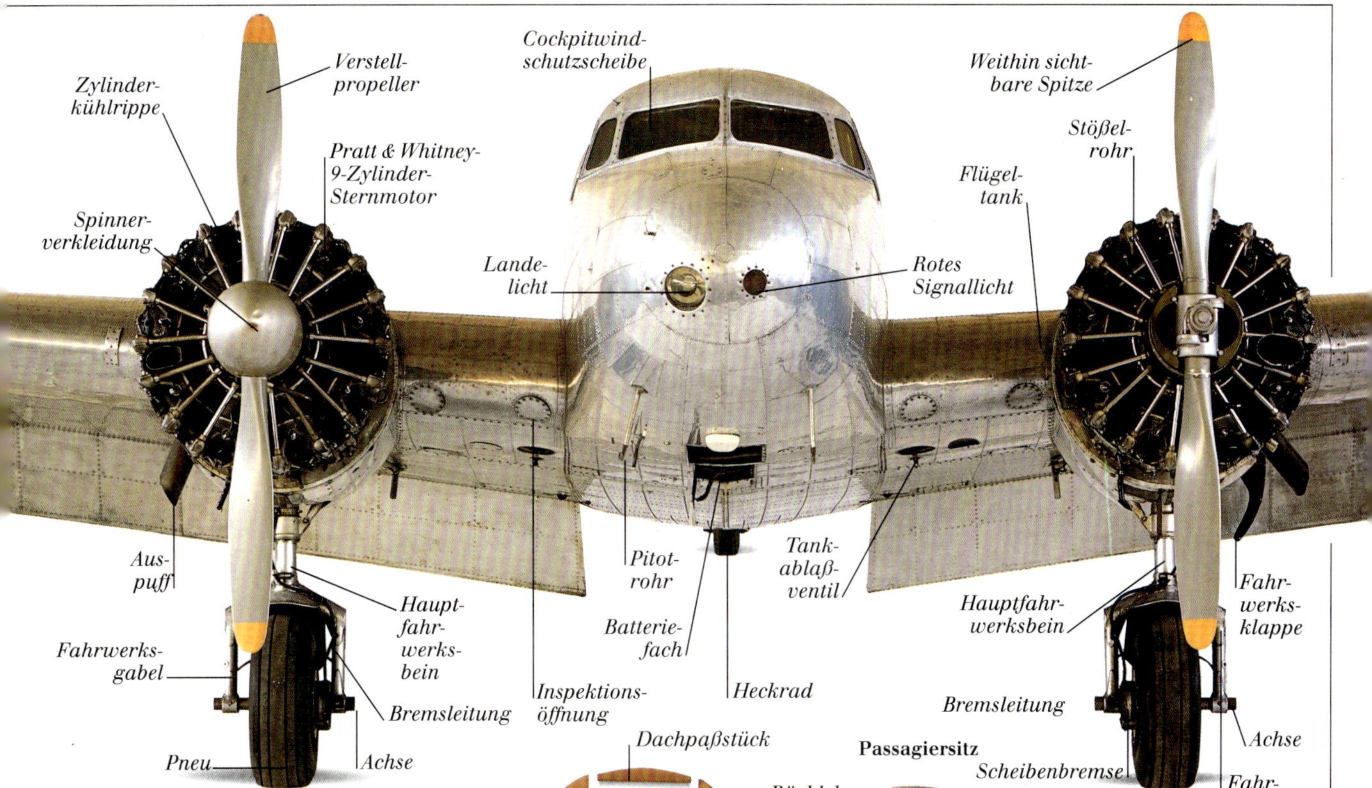

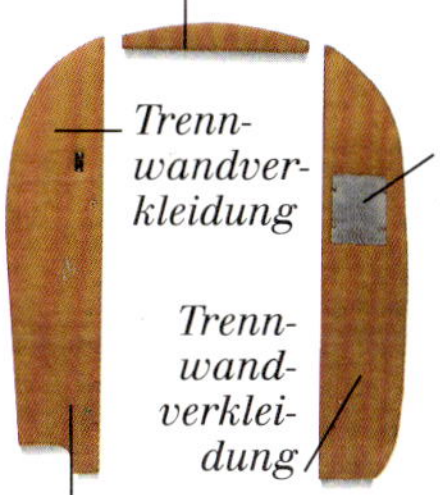

Passagiersitz

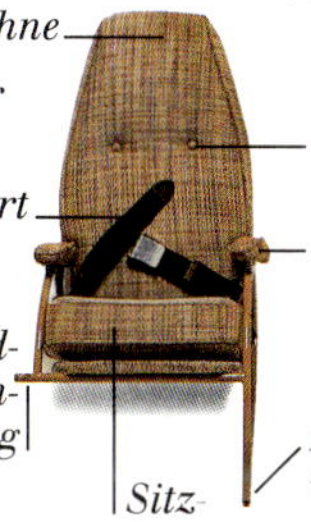

Motorverkleidung

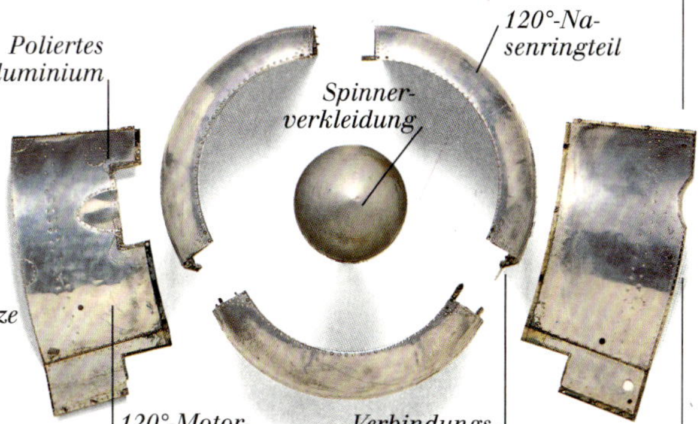

Moderne Kolbentriebwerke

Mid-West-Zweitakt-3-Zylinder-Wankelmotor

Heutzutage werden Kolbentriebwerke vorwiegend zum Antrieb von Leicht- und Ultraleichtflugzeugen, von Agrarflugzeugen sowie von kleinen Hubschraubern und Löschflugzeugen verwendet. Größere Fluggeräte werden normalerweise mit Strahltriebwerken angetrieben. Das Prinzip des Kolbenmotors hat sich seit dem Aggregat des „Wright Flyer" von 1903 kaum gewandelt. Die Ausführung hat allerdings heute einen weitaus höheren Standard. Zum Beispiel verwendet man Zwei- oder Viertaktmotoren; die Motoren haben 1–9 luft- oder wassergekühlte Zylinder, die horizontal, in Reihe, V- oder sternförmig angeordnet sind. Der Propeller wird entweder direkt oder über ein Untersetzungsgetriebe in Rotation versetzt. Der Wankelmotor findet ebenfalls noch Verwendung, wenn auch nur sehr selten. Bei dem hier abgebildeten dreht sich ein dreieckiger Rotor in einer achtförmigen Kammer.

75-PS-Mid-West-Zweitakt-3-Zylinder-Wankelmotor

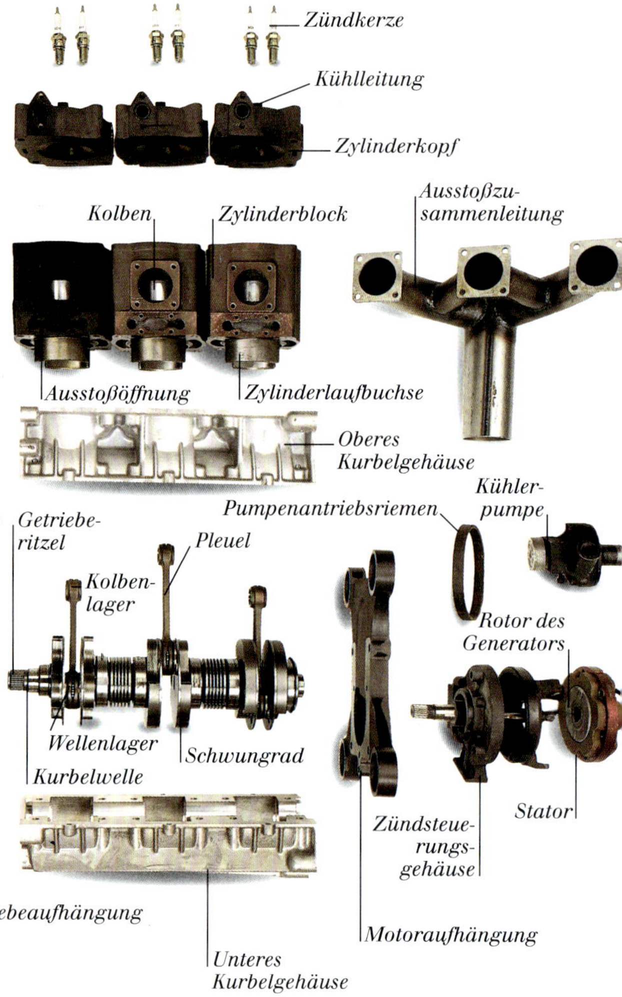

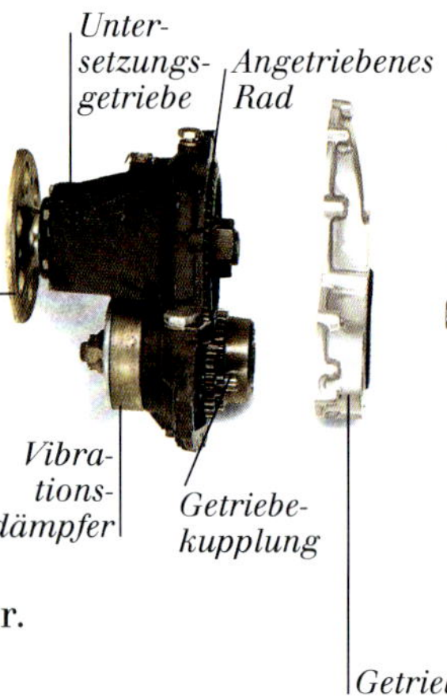

Rotor und Gehäuse eines Mid-West-1-Zylinder-Wankelmotors

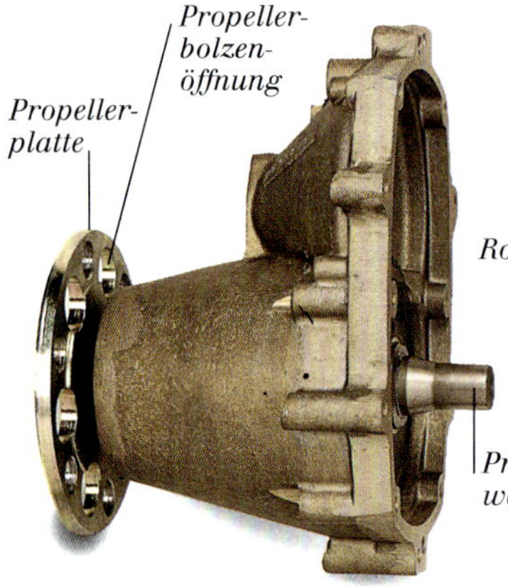

Getriebekasten

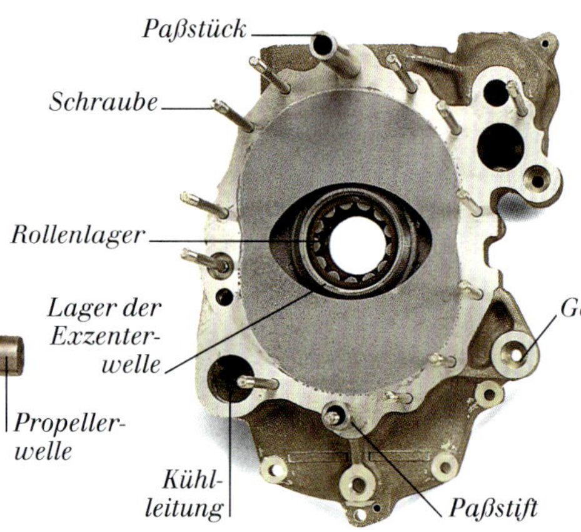

Vordere Gehäuseplatte

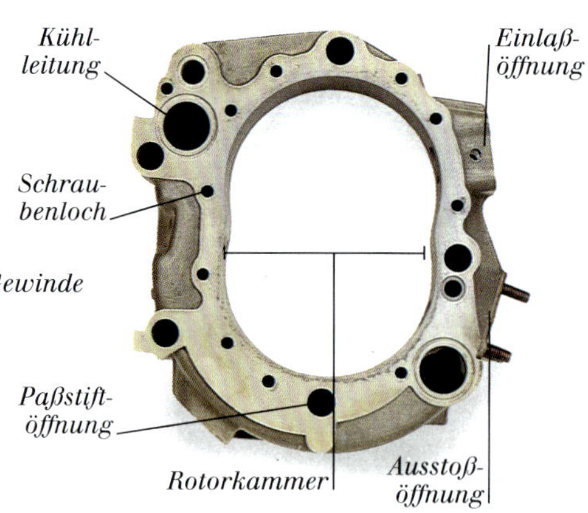

Rotorgehäuse

MID-WEST-90-PS-2-ZYLINDER-WANKELMOTOR

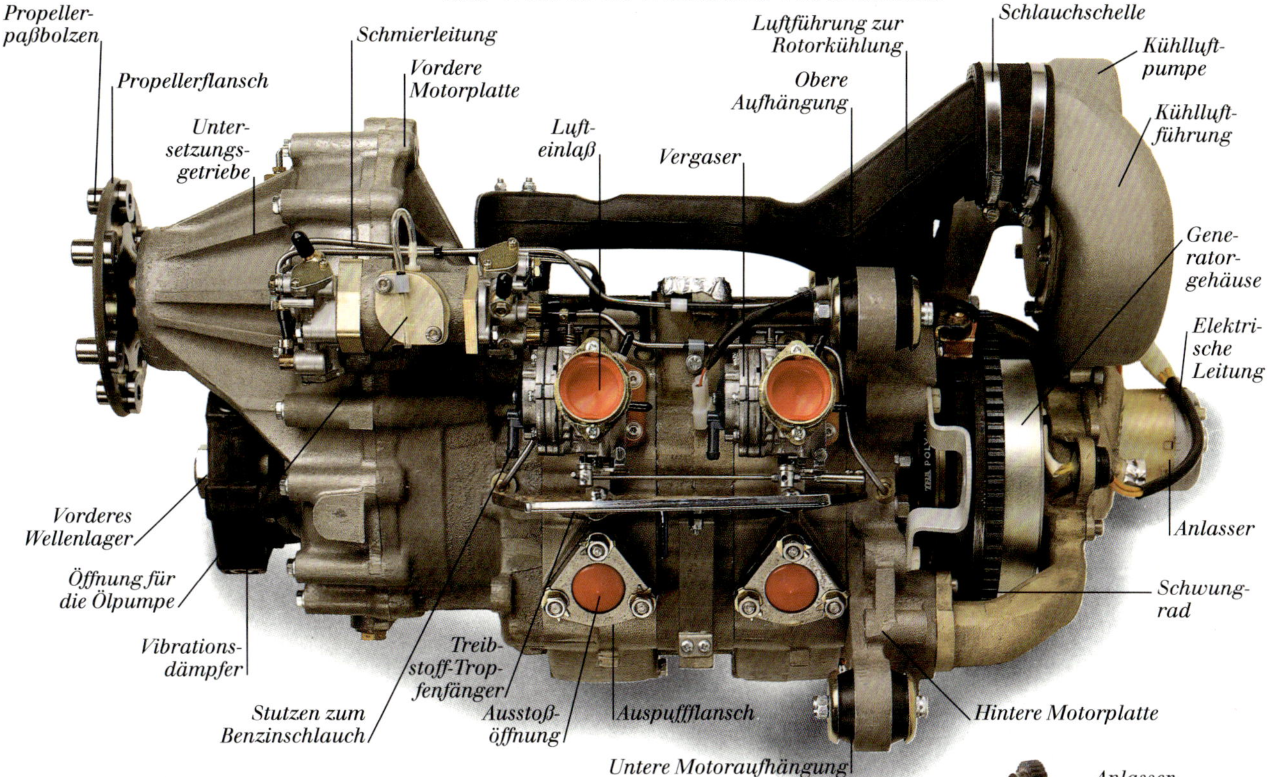

ANTRIEBSWELLE EINES MID-WEST-WANKELMOTORS

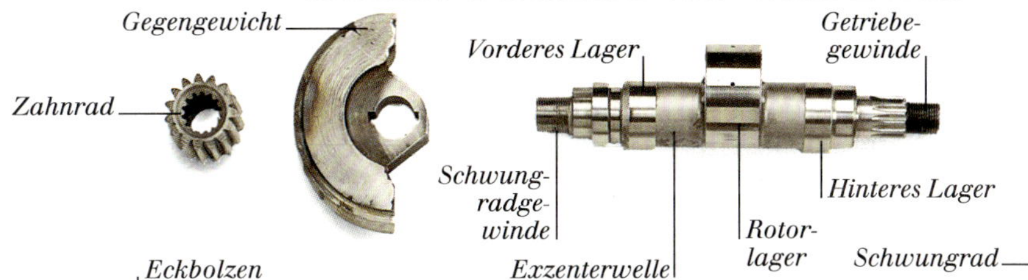

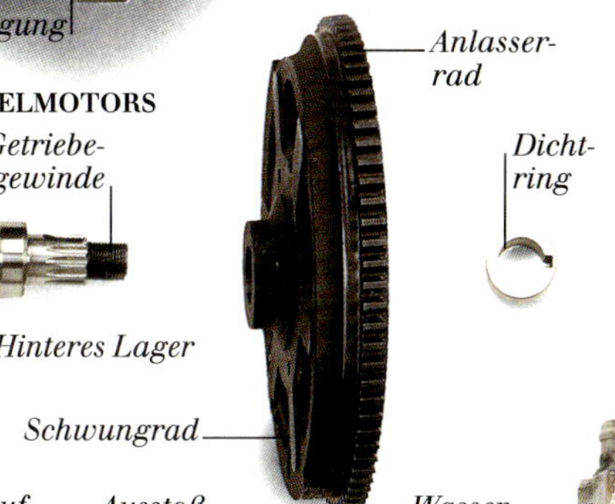

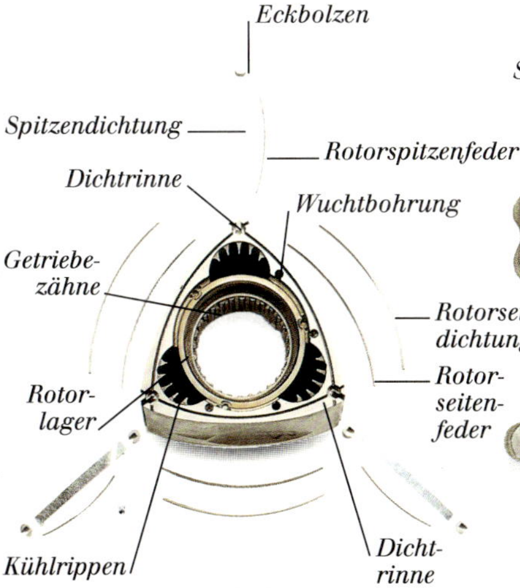

Rotor und Dichtungen

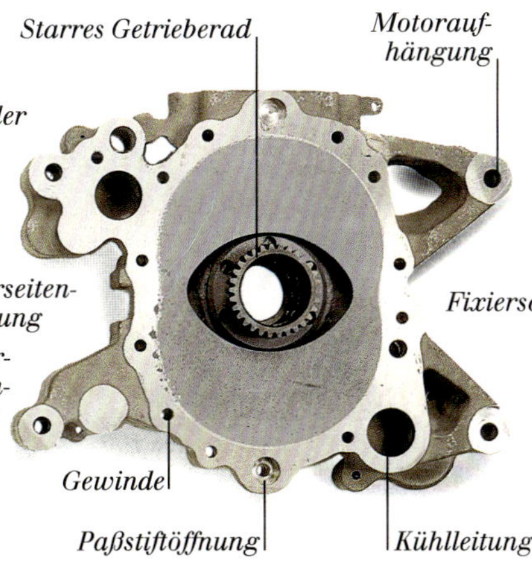

Hintere Gehäuseplatte

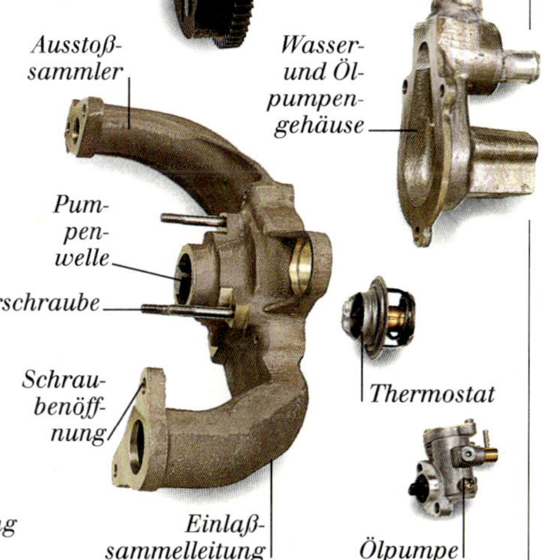

Pumpengehäuse

Moderne Turbinenflugzeuge 1

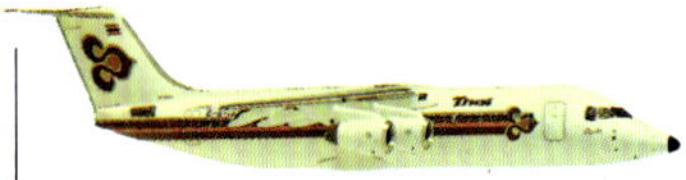

Bae-146-Turbinenflugzeug

Die Entwicklung von Turbinenflugzeugen (Düsenjets) ermöglicht es heute breiten Bevölkerungsschichten in aller Welt, so zu reisen, wie es sich vorher nur wenige Reiche erlauben konnten. Verglichen mit den ersten Turbinenflugzeugen, die in den 40er Jahren eingeführt wurden, sind die heute üblichen Geräte viel leiser, effizienter und in der Treibstoffverbrennung sauberer. Dies ist hauptsächlich auf die Entwicklung des Turbofan-Triebwerks zurückzuführen, welches das Turbojet-Triebwerk in der Verkehrs- und Transportfliegerei abgelöst hat (s. S. 422–423) Die größere Schubentwicklung eines Turbofan-Triebwerks bei geringer Geschwindigkeit und Flughöhe ermöglicht es heutigen Verkehrsflugzeugen, mit mehr Treibstoff und Passagieren zu starten und zu steigen. Eine moderne Boeing 747–400 kann in normaler Ausführung mit 400 Passagieren 13.700 km weit fliegen, ohne nachzutanken. In den großen Reiseflughöhen von 8.000 bis 11.000 m haben Turbinenflugzeuge die effizienteste Treibstoffverbrennung und vermeiden in der Regel Schlechtwetterzonen. Das Flugzeug wird während des Starts und der Landung von den Piloten manövriert; während des Reiseflugs übernehmen jedoch die Autopiloten die Steuerung und Kontrolle. Autopiloten sind komplexe Bordcomputer, die Abweichungen von Route, Höhe und Geschwindigkeit korrigieren. Heute errechnen sie sogar die optimale Triebwerkseinstellung. Zur Ausstattung gehört auch ein Wetterradar, welches aber auch Berge und andere Flugzeuge darstellen kann.

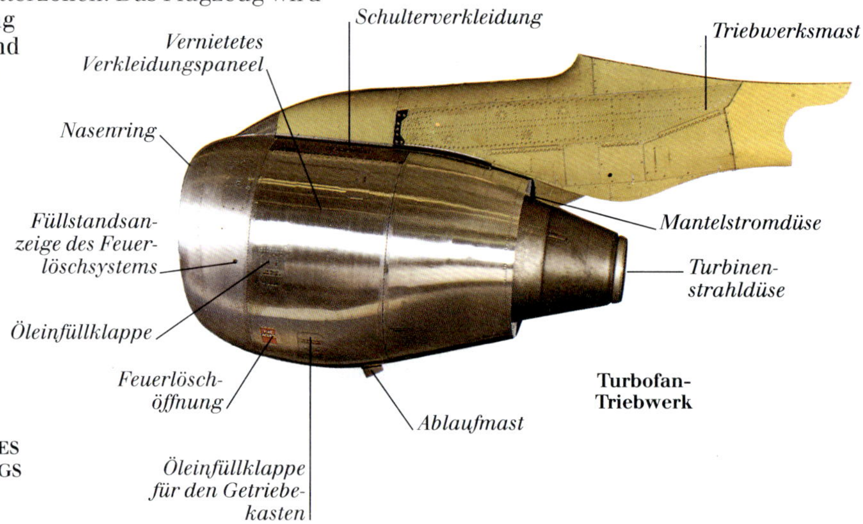

Turbofan-Triebwerk

STRUKTURELLE BAUTEILE EINES BAE-146-TURBINENFLUGZEUGS

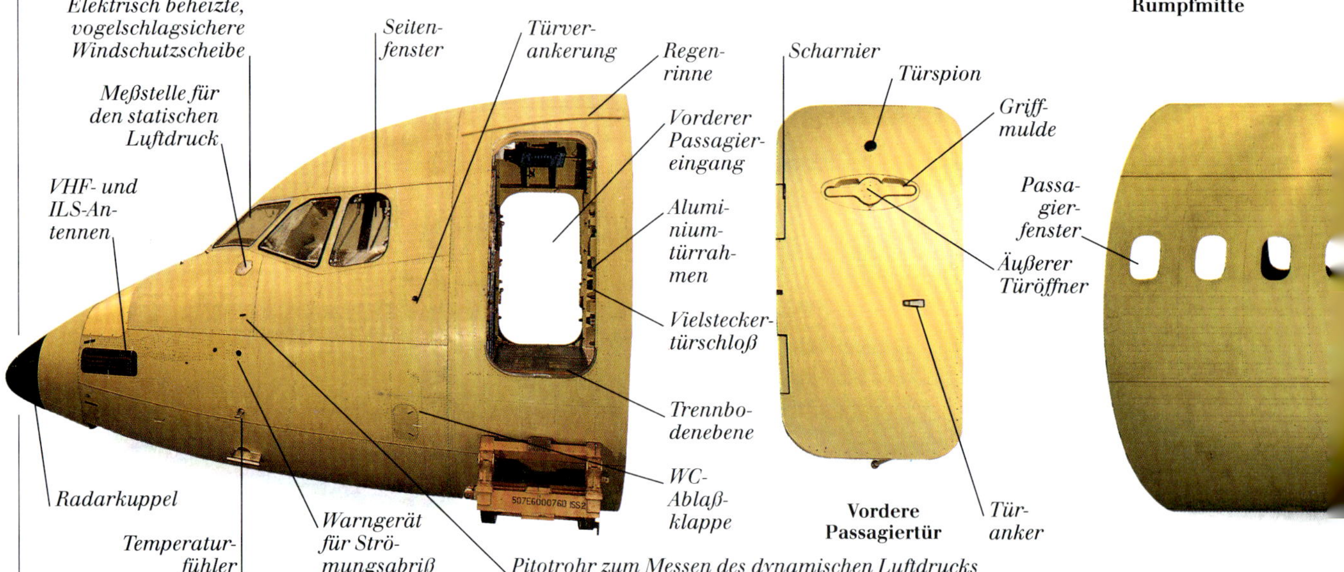

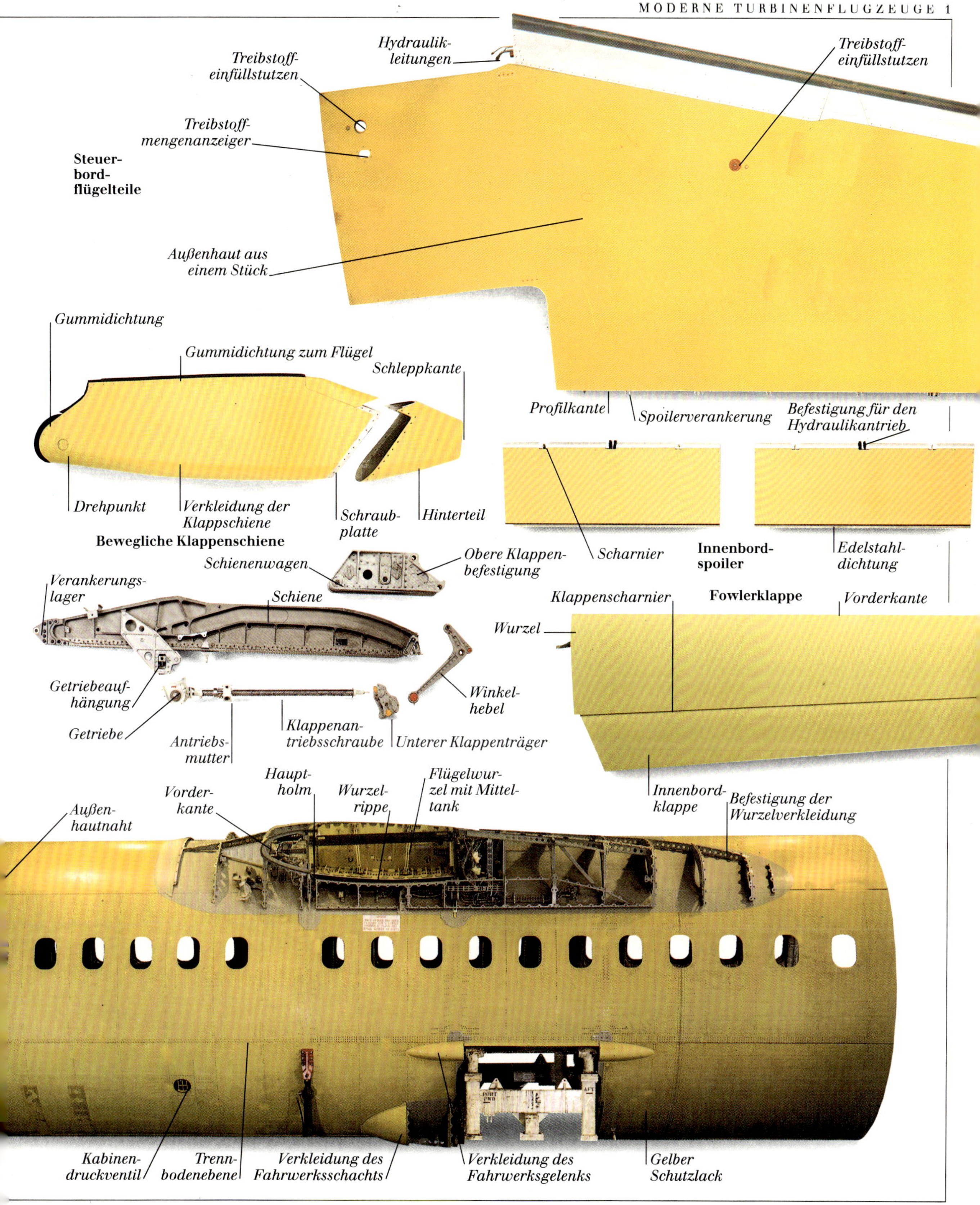

Steuerbordflügelteile
Hydraulikleitungen
Treibstoffeinfüllstutzen
Treibstoffmengenanzeiger
Treibstoffeinfüllstutzen
Außenhaut aus einem Stück
Gummidichtung
Gummidichtung zum Flügel
Schleppkante
Drehpunkt
Verkleidung der Klappschiene
Schraubplatte
Hinterteil
Bewegliche Klappenschiene
Profilkante
Spoilerverankerung
Befestigung für den Hydraulikantrieb
Scharnier
Innenbordspoiler
Edelstahldichtung
Schienenwagen
Obere Klappenbefestigung
Verankerungslager
Schiene
Getriebeaufhängung
Getriebe
Antriebsmutter
Klappenantriebsschraube
Unterer Klappenträger
Winkelhebel
Klappenscharnier
Fowlerklappe
Vorderkante
Wurzel
Innenbordklappe
Befestigung der Wurzelverkleidung
Außenhautnaht
Vorderkante
Hauptholm
Wurzelrippe
Flügelwurzel mit Mitteltank
Kabinendruckventil
Trennbodenebene
Verkleidung des Fahrwerksschachts
Verkleidung des Fahrwerksgelenks
Gelber Schutzlack

Moderne Turbinenflugzeuge 2

Steuerbordflügel

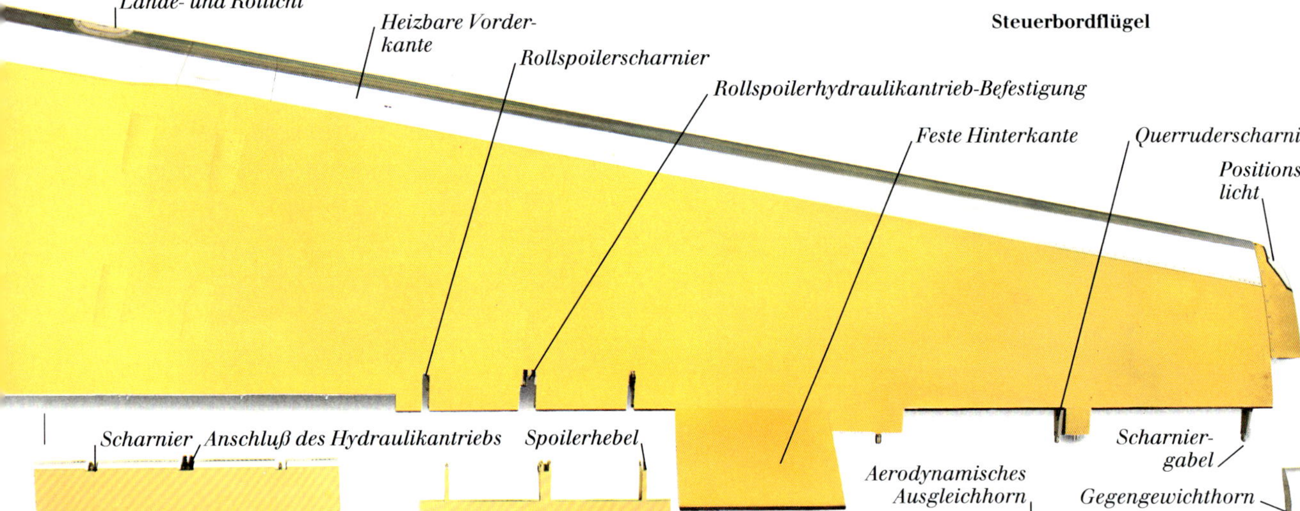

Störklappe (Spoiler)

Außenbordspoiler

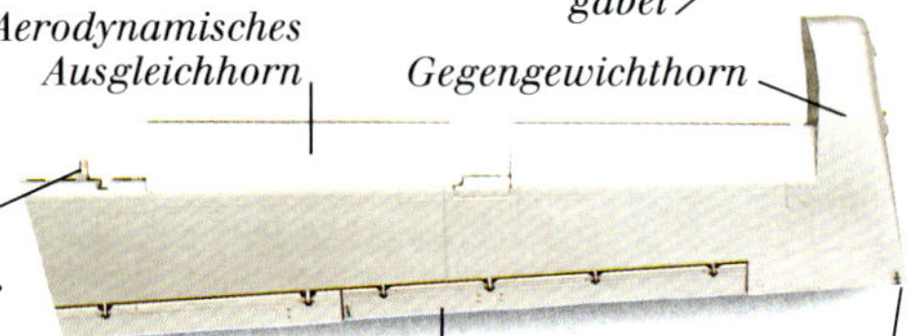

Querruder

Fowlerklappe

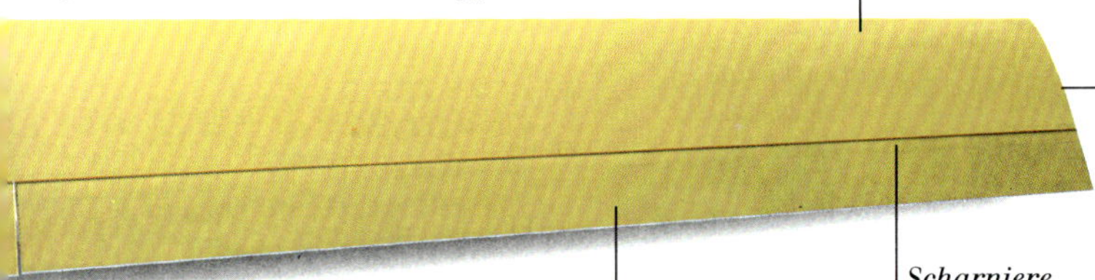

Antennenverkleidung

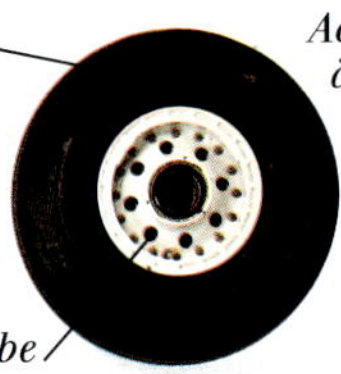

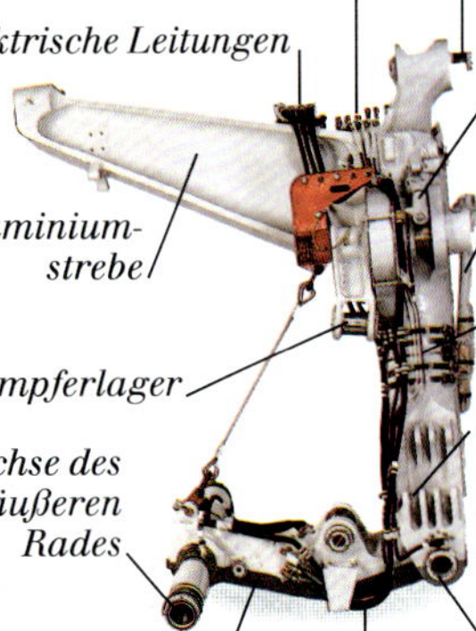

Steuerbordhauptfahrwerk

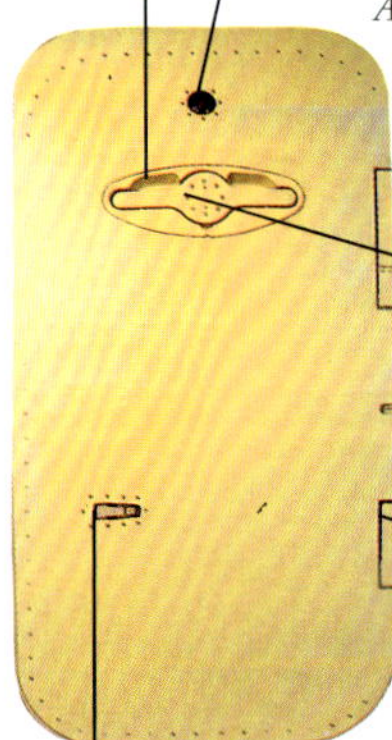

Hintere Haupttür

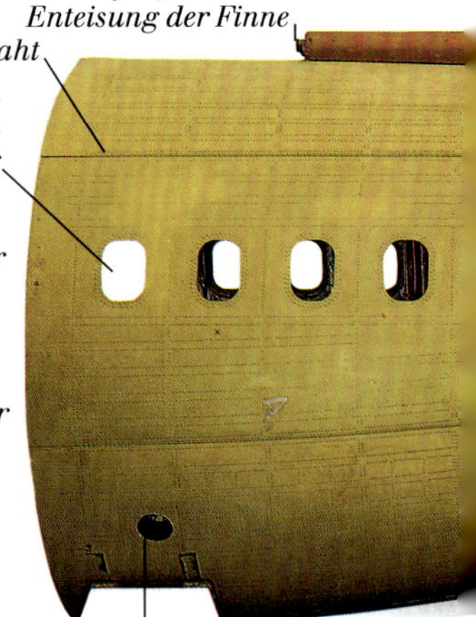

MODERNES BAE-146-TURBINENFLUGZEUG

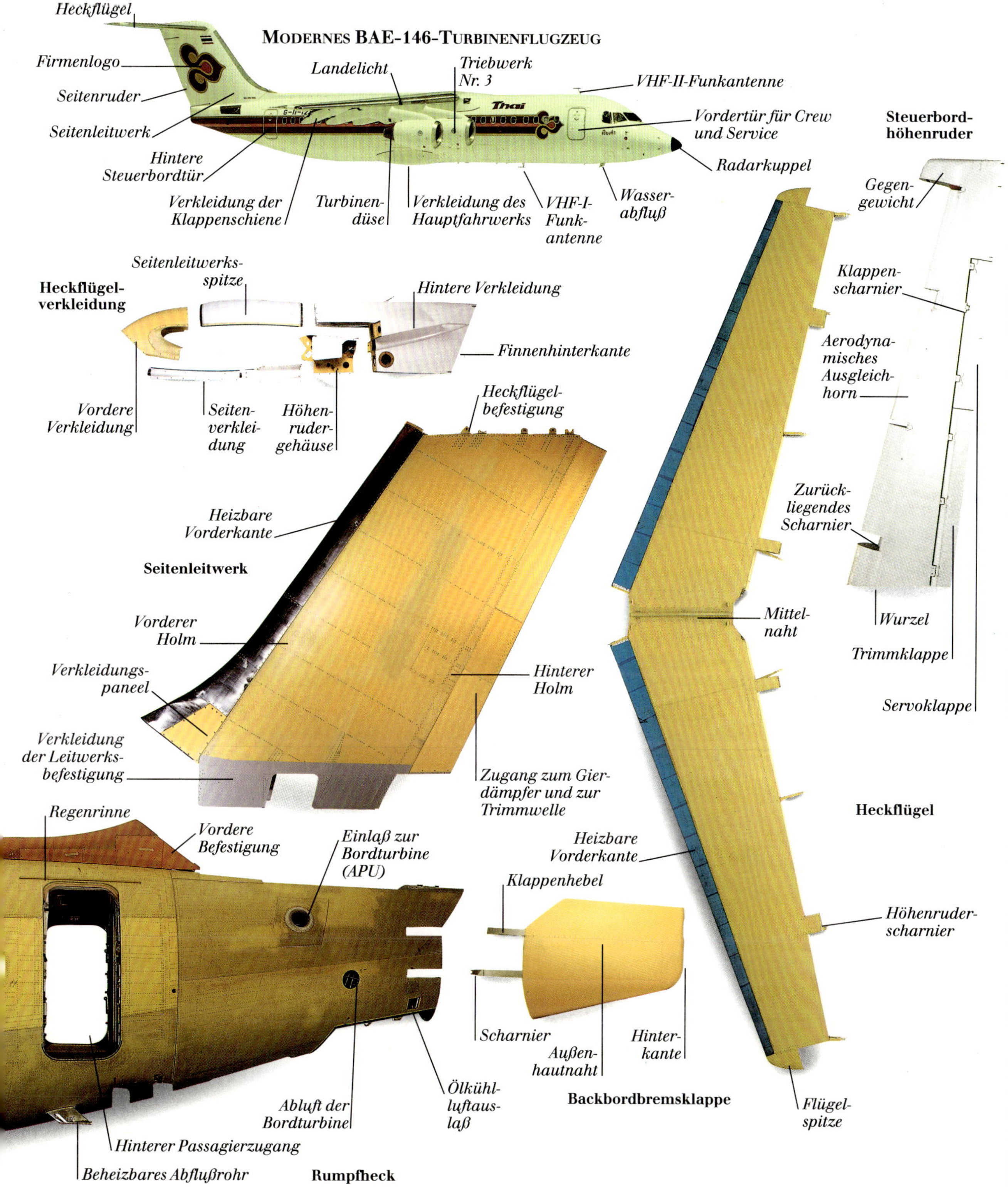

Überschallflugzeuge

Computergraphik eines Überschalltransportflugzeugs, SST

Überschallflugzeuge fliegen schneller als der Schall (Mach 1). Es gibt viele Militärflugzeuge, aber nur zwei zivile Passagierflugzeuge, die dazu in der Lage sind: die russische „Tu-144“ und die französisch-britische „Concorde“. Die „Tu-144“ hatte eine höhere Maximalgeschwindigkeit als die „Concorde“, wurde aber bereits 1978, nach siebenmonatigem Einsatz, wieder aus dem Verkehr gezogen. Die „Concorde“ ist seit 1976 im Einsatz. Mit der „Concorde“ wurden einige technische Innovationen in der Luftfahrt eingeführt: Die absenkbare Nase ermöglicht während des Starts und der Landung trotz großer Anstellwinkel eine freie Sicht aus dem Cockpit. Durch das Umpumpen von Treibstoff zwischen den verschiedenen Tanks wird das Flugzeug stabilisiert. Die „Concorde“ zeichnet sich durch einen sehr schmalen Rumpf und eine kleine Spannweite des Deltaflügels aus, was den Widerstand verringert. Die lauten Turbinentriebwerke, die zusätzlich mit Nachbrennern ausgestattet sind, ermöglichen den Transport von 100 Passagieren mit Mach 2 (≈ 2.400 km/h) in 15.000 bis 18.000 m Höhe. Ab Mach 1 (≈ 1.200 km/h) produziert das Flugzeug eine ständige Luftdruckwelle, die man als Überschallknall hört.

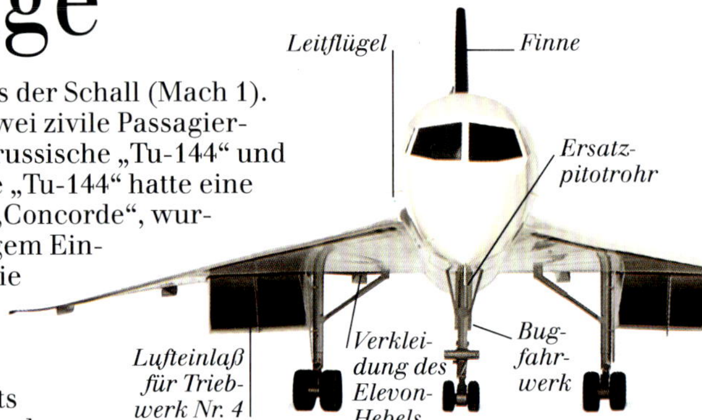

VORDERANSICHT DER CONCORDE

OBERANSICHT DER CONCORDE

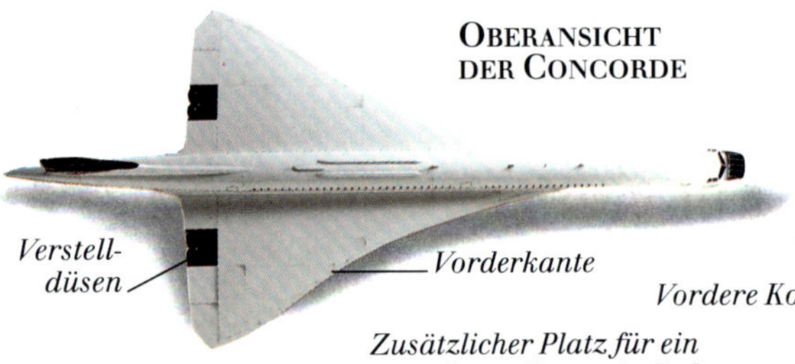

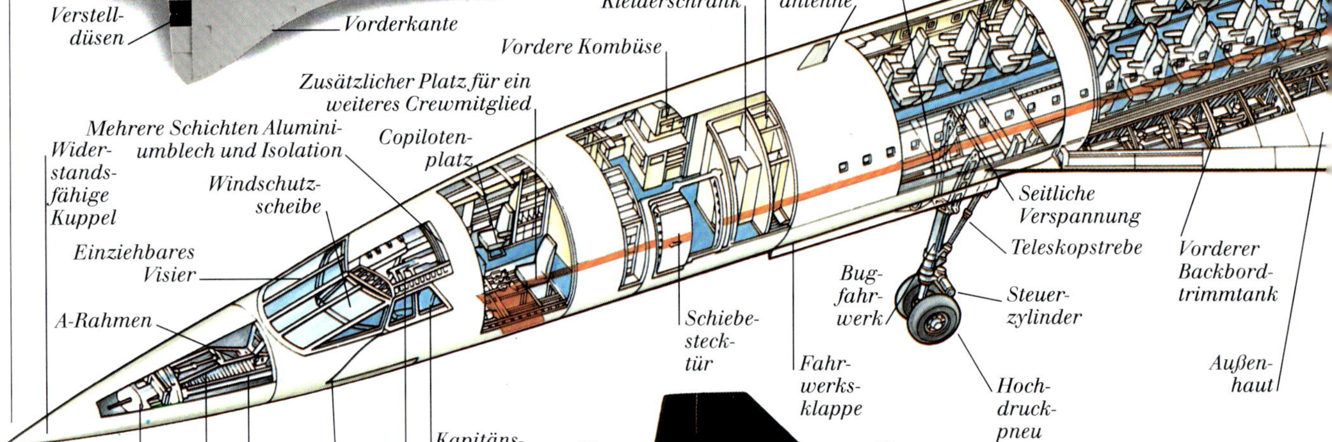

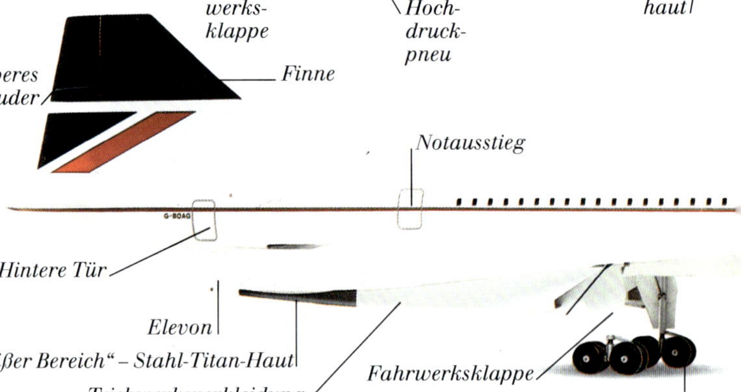

Schnittbild einer Concorde

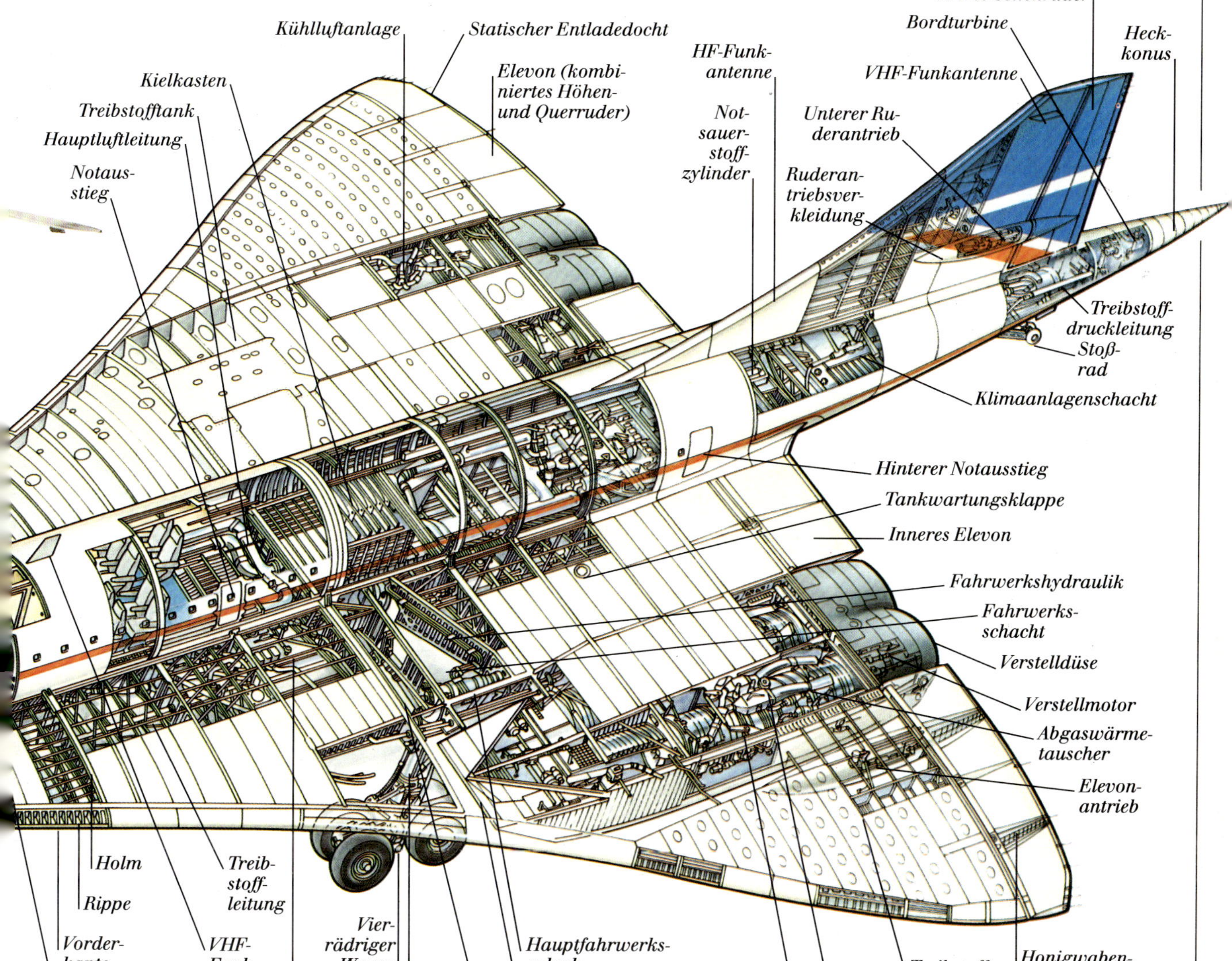

Seitenansicht einer Concorde

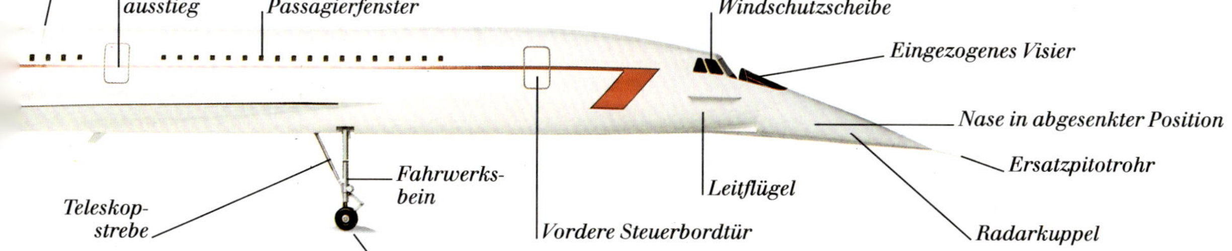

Strahltriebwerke

Strahltriebwerke werden von den meisten militärischen und schweren zivilen Flugzeugen sowie von einigen Hubschraubern verwendet. Die einfachste Bauart ist das Turbinenluftstrahltriebwerk (TL/Turbojet), bei dem ständig ein Treibstoff-Luft-Gemisch in einer Brennkammer verbrannt wird. Durch den heißen Strahl, der aus der Schubdüse austritt, entsteht Schub. Viele der schnellsten Flugzeuge benutzen das Turbojettriebwerk mit zusätzlichem Nachbrenner (Afterburner). Die meisten Turbinenverkehrsflugzeuge benutzen aber das im Vergleich zum Turbojettriebwerk sehr viel leisere Zweikreis-Turbinenluftstrahltriebwerk (ZTL/Turbofan). Hier wird ein großer Fan (Luftschaufelrad) durch eine Niederdruckturbine angetrieben. Viele kleinere Flugzeuge haben ein Propeller-Turbinenluftstrahltriebwerk (PTL/Turboprop), wobei dort statt eines ummantelten Fan ein freier Propeller angetrieben wird.

NPT 301, MODERNES TURBINENLUFTSTRAHLTRIEBWERK

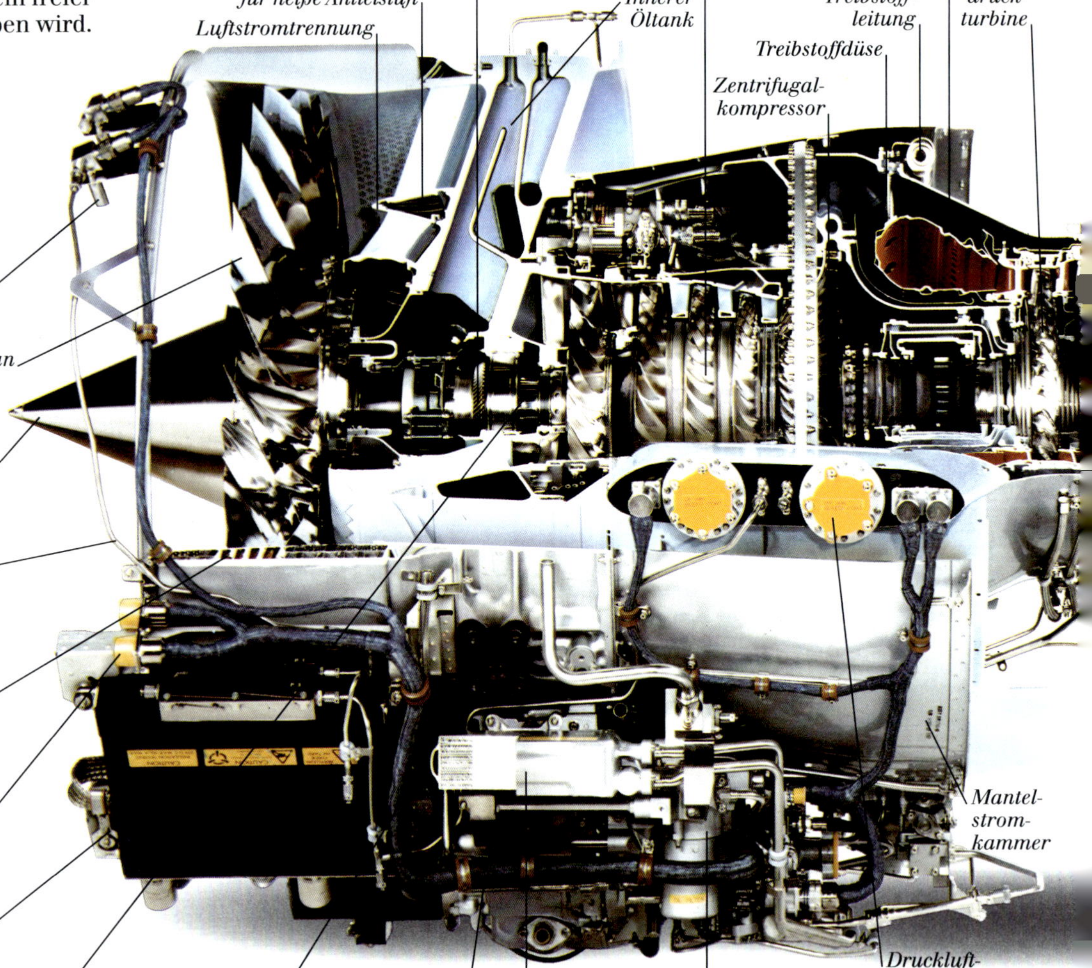

Pratt & Whitney Canada PW 120 Series, modernes Turboprop-Triebwerk

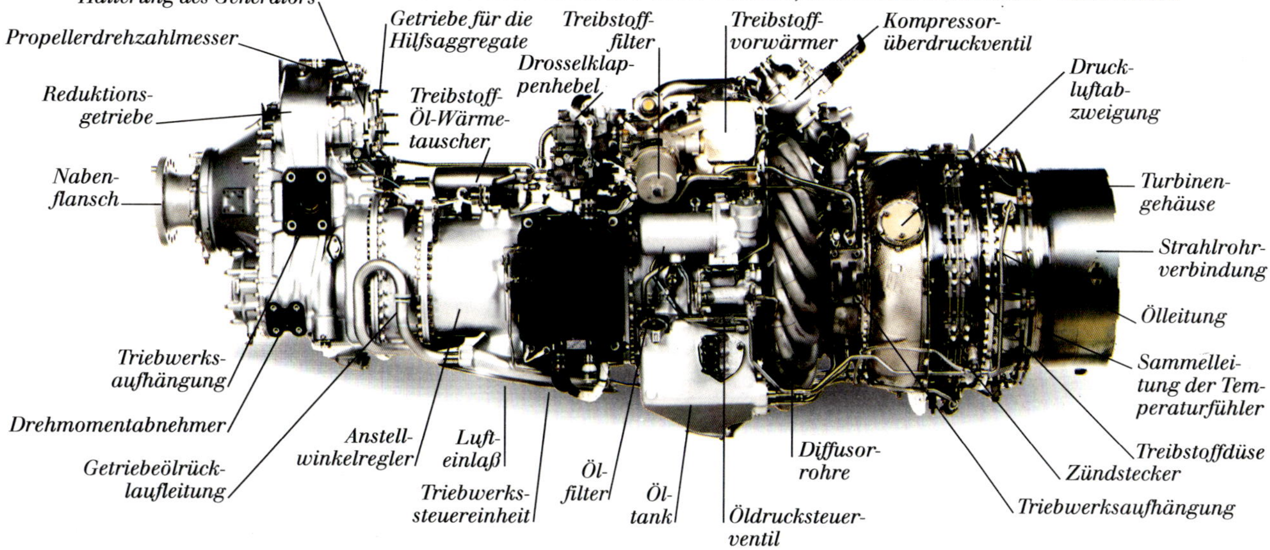

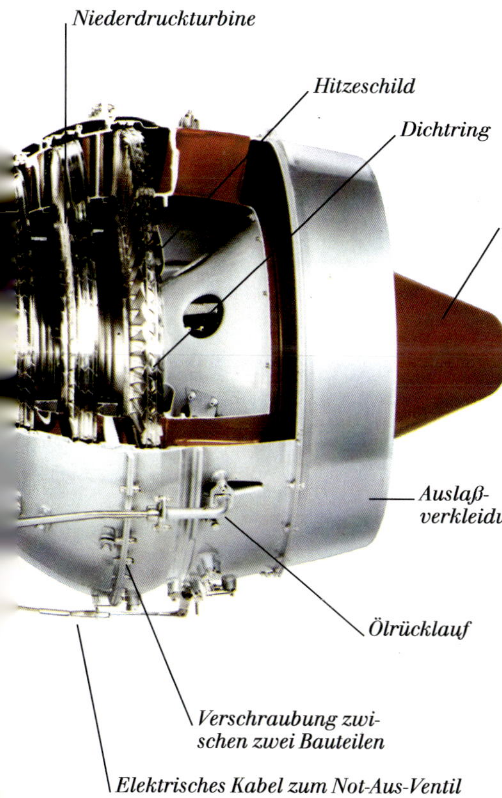

Schnittbild eines Pratt & Whitney PW 305 Turbofan

Funktionszeichnungen von Luftstrahltriebwerken

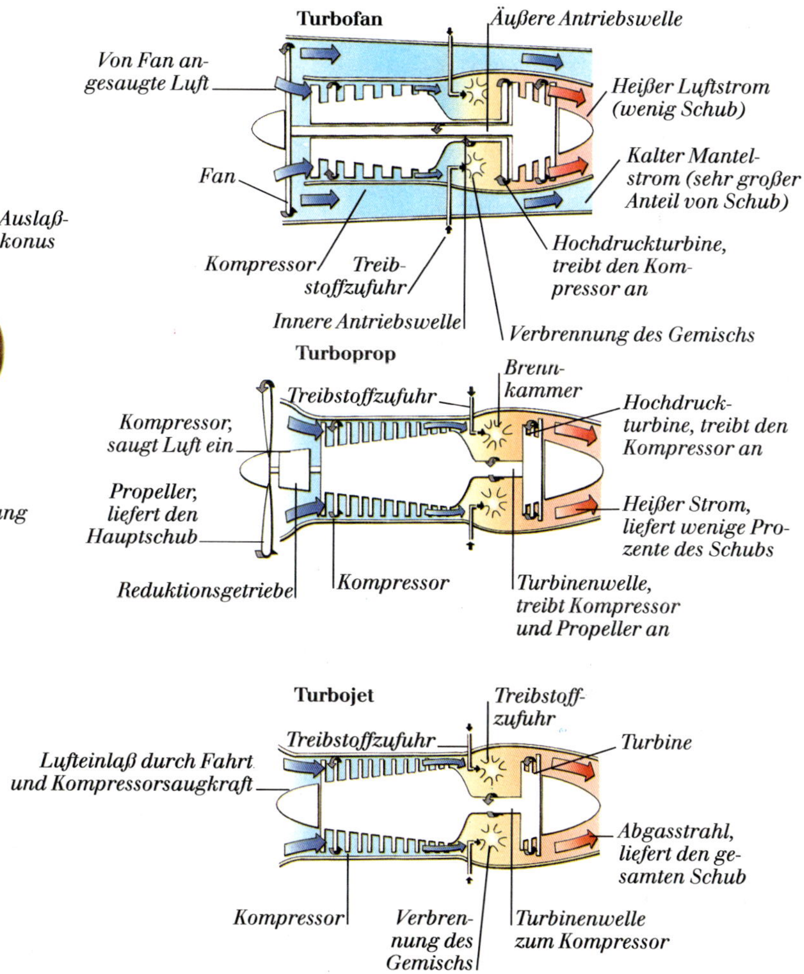

Moderne Militärflugzeuge

Militärflugzeuge der heutigen Generation gehören zu den am höchsten entwickelten und teuersten Produkten dieses Jahrhunderts. Kampfflugzeuge verfügen über computergesteuerte Steuerorgane zur Erhöhung der Manövrierfähigkeit, leistungsstarke Triebwerke und hochentwickelte Waffensysteme, wie z. B. Lenkraketen, Aufklärungsradar und passive Infrarotsensoren. Diese Entwicklungen lassen Angriffe und Luftkämpfe mit Zielen zu, die außer Sichtweite sind. Bomber transportieren große Waffenladungen und genug Treibstoff für Langstreckenflüge. Einige wenige Kampfflugzeuge, wie der „Tornado" oder die F-14 „Tomcat", haben schwenkbare Tragflügel. Für den Start und die Landung werden sie ganz ausgestellt und beim Flug zum Erreichen von großen Geschwindigkeiten nach hinten geschwenkt. Die jüngste Entwicklung ist der „Stealth"-Bomber (Tarnkappenbomber), der von Radarsystemen nicht aufgespürt werden kann. Frühere Kampfflugzeuge mußten unter dem Radarerfassungsbereich fliegen und waren daher mit einem Bodenfolgeradar ausgerüstet, so z. B. der „Tornado".

Vorderansicht eines Panavia Tornado

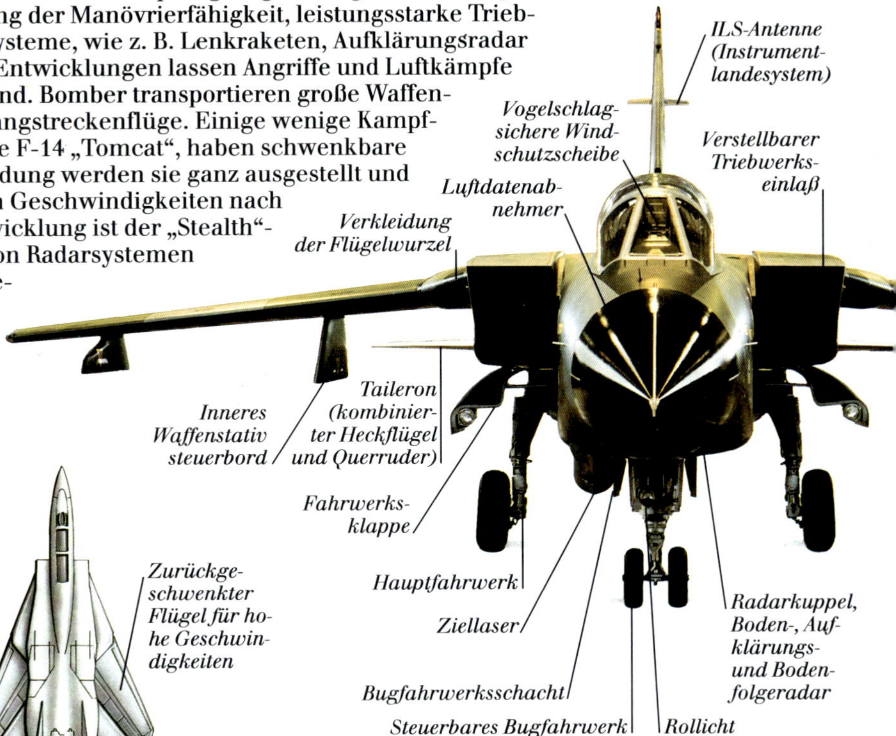

Verstellflügel der F-14 Tomcat

Seitenansicht des Panavia-Tornado-GR-1A-Aufklärer, 1986

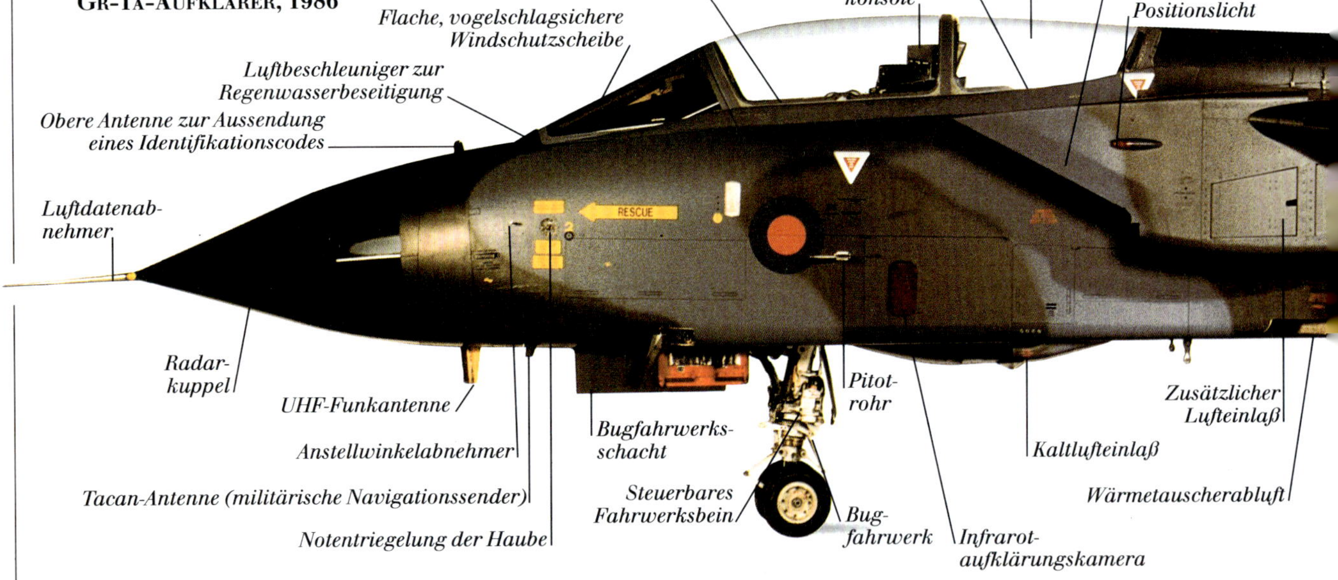

NORTHROP B-2 (TARNKAPPENBOMBER), 1989

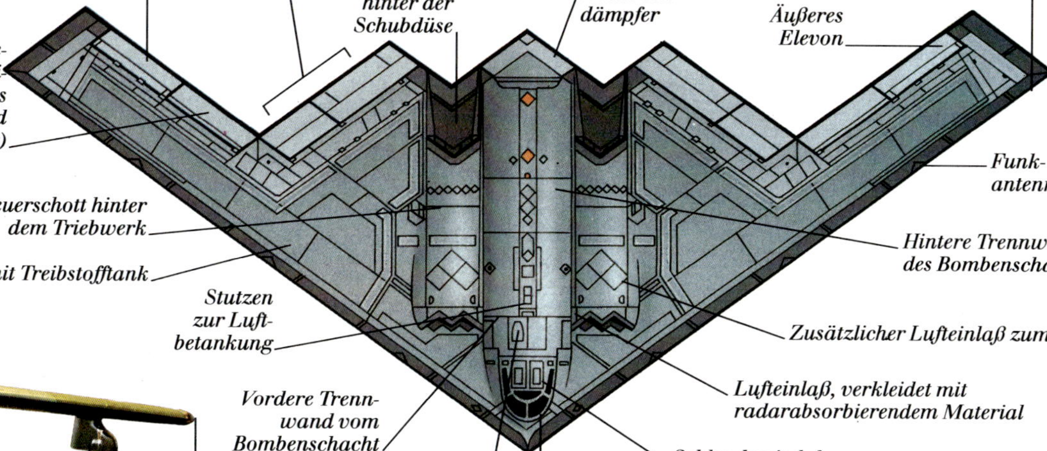

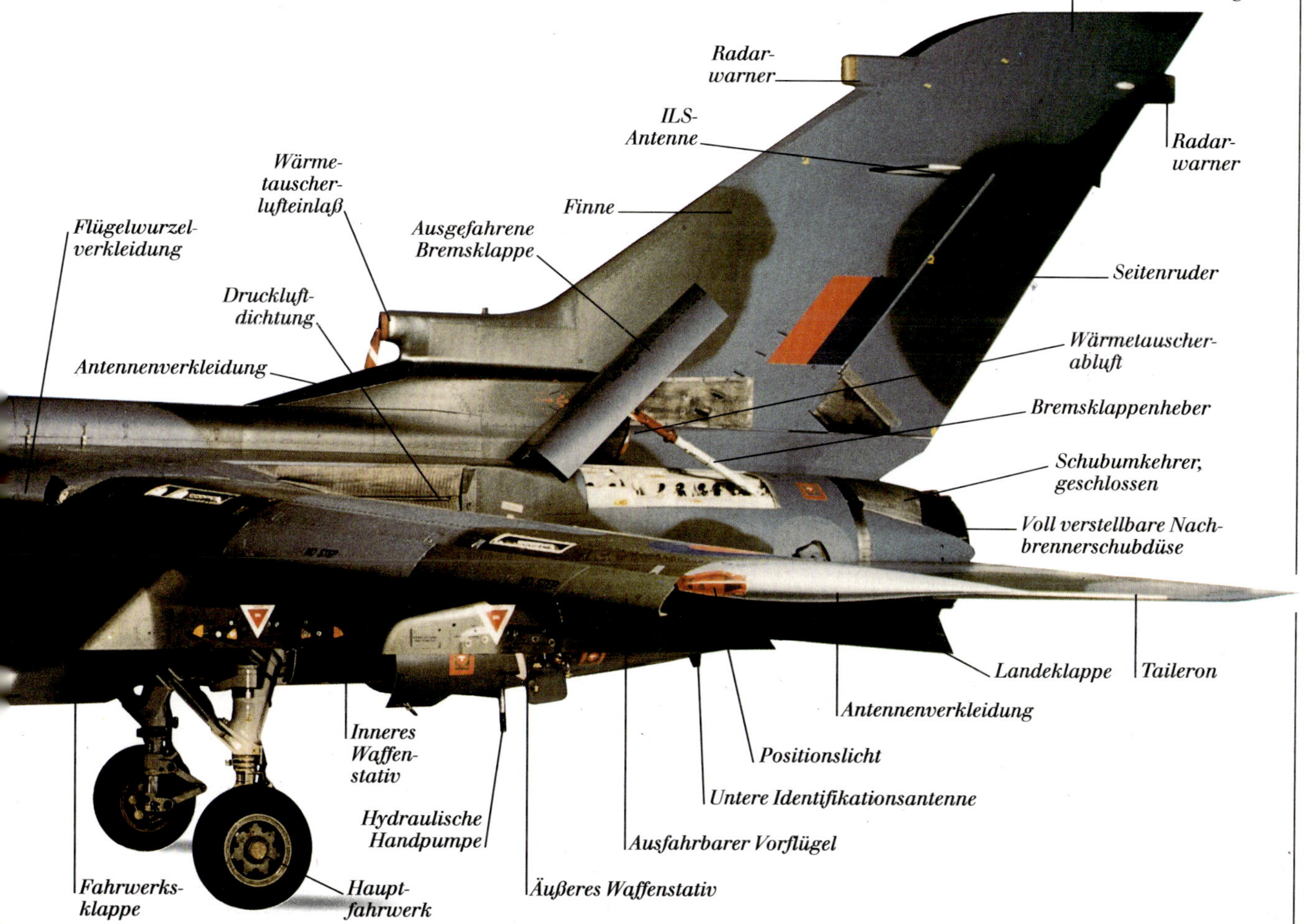

Hubschrauber

Bell 47G-3B1

Hubschrauber verfügen über rotierende Blätter, durch die Auftrieb, Vortrieb und die Steuerkräfte erzeugt werden. Das erste Fluggerät, welches einen längeren gesteuerten Flug mit Hilfe von Rotoren absolvierte, war der „Autogiro" des Spaniers Juan de la Cierva. Dieser hatte unangetriebene Blätter oberhalb des Rumpfes, die vom Fahrtwind bewegt wurden und so für Auftrieb sorgten. Den Vortrieb lieferte ein gewöhnlicher Flugzeugpropeller. 1939 baute der in Rußland geborene Amerikaner Igor Sikorsky seinen „VS 300", den Vorläufer des heutigen Hubschraubers, dessen angetriebener Rotor Vortrieb, Auftrieb, und Steuerkräfte erzeugte. Er konnte senkrecht starten und landen, schweben und in jede Richtung fliegen und verfügte über einen Heckrotor, um das Drehmoment des Rotors auszugleichen. Durch den Einsatz von Turbinen bei Hubschraubern ab dem Jahre 1955 wurden die Triebwerke leiser, sicherer und leistungsfähiger. Aufgrund ihrer besonderen Flugeigenschaften setzt man Hubschrauber heute zu vielfältigen Aufgaben, wie etwa zur Felderbesprühung, zum Transport von und zu Bohrinseln, zur Verkehrsbeobachtung, zu Montagen, als Geschützträger, als Lufttaxi oder als Rettungshubschrauber ein.

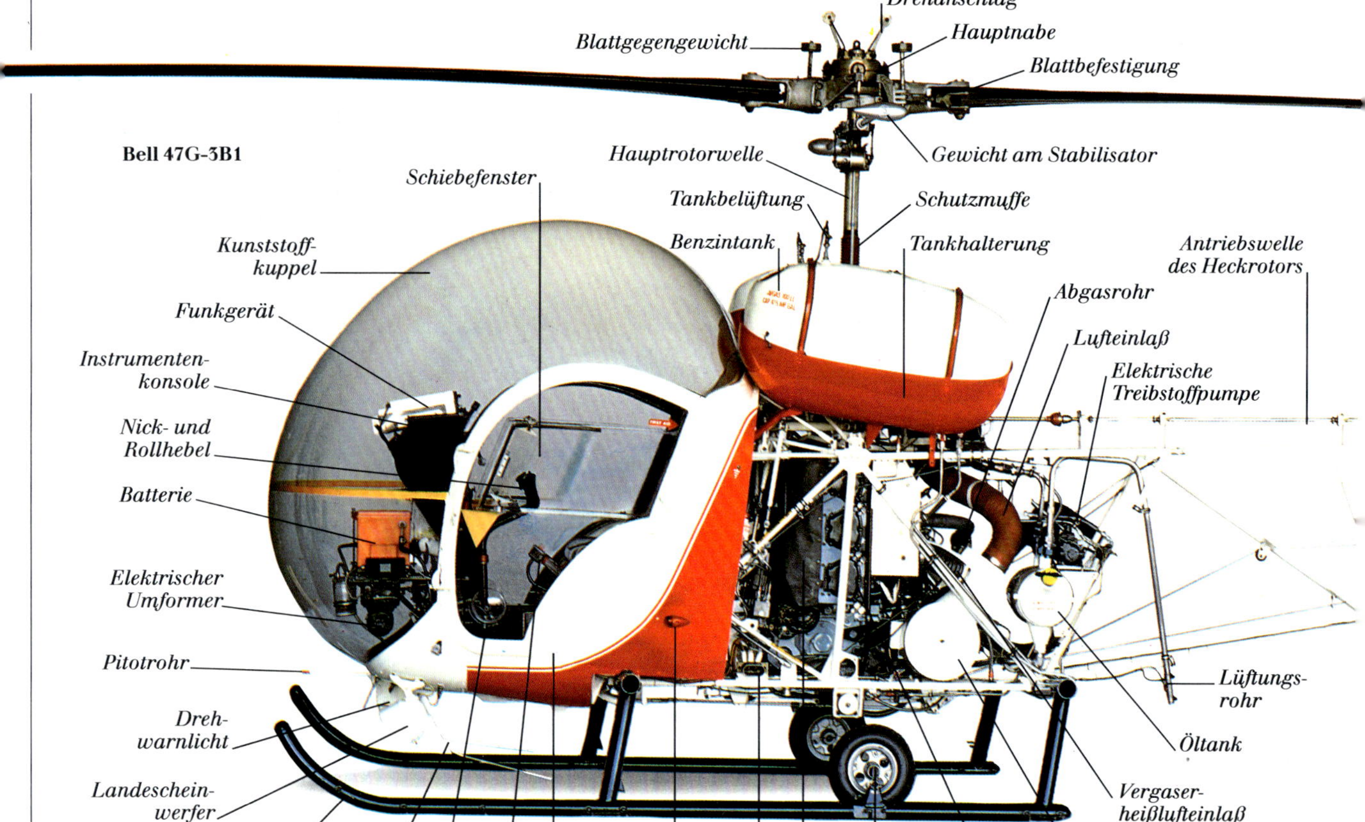

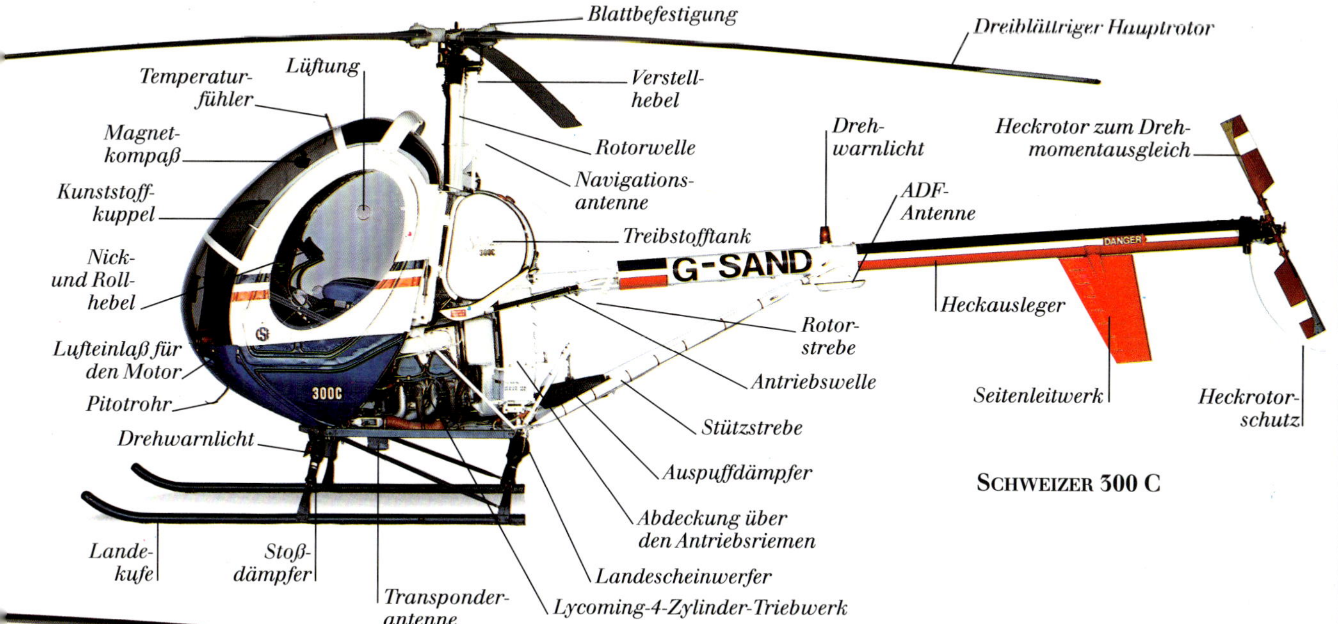

Schweizer 300 C

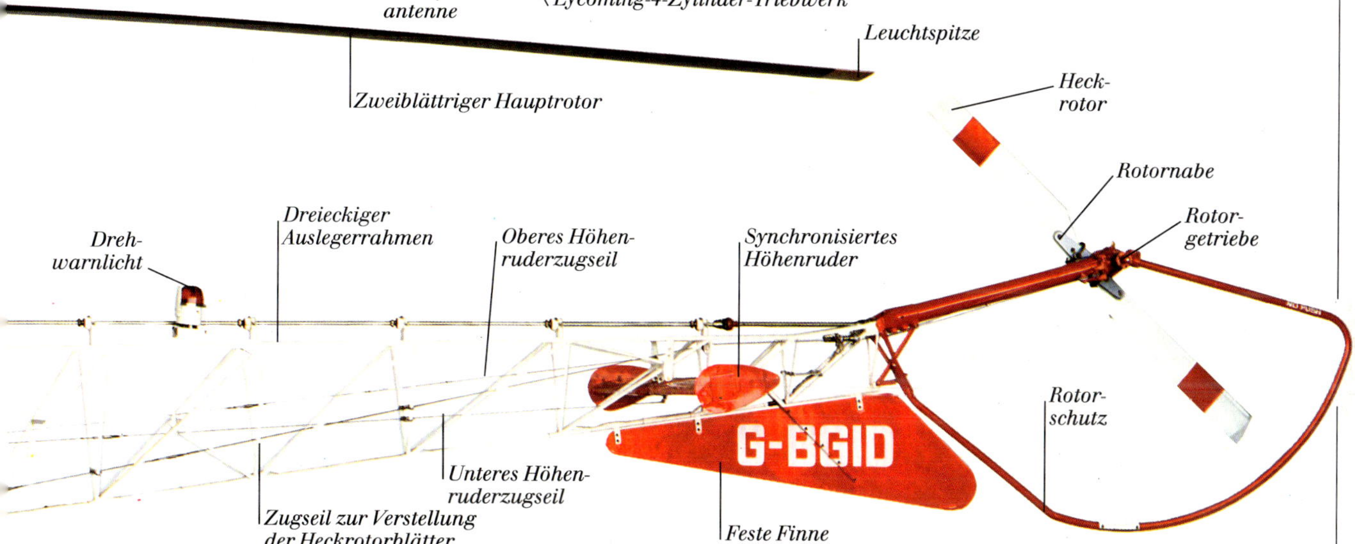

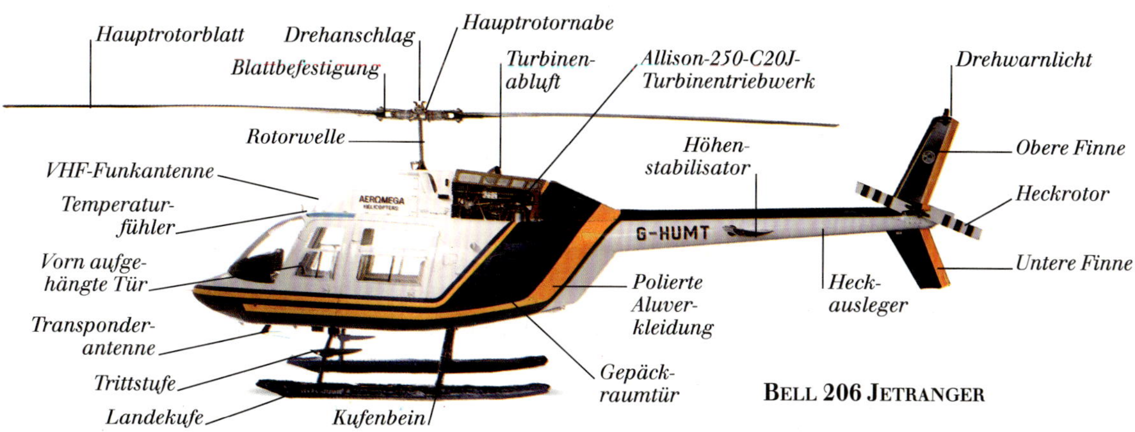

Bell 206 Jetranger

Leichtflugzeuge

Leichtflugzeuge, wie die hier abgebildete „ARV Super 2“, sind klein, leicht und von einfacher Bauweise. Seit dem 1. Weltkrieg wurden mehr als eine Million Stück gebaut und hauptsächlich für die private Sportfliegerei benutzt. So gut wie alle leichten Flugzeuge verfügen über Kolbenmotoren, von denen die meisten luftgekühlt sind. Offene Cockpits, wie sie in den 20er Jahren üblich waren, sind heute fast gänzlich der geschlossenen Kabine gewichen. Die Kabinen von Hochdeckern haben eine oder zwei Türen, wohingegen die der Tiefdecker normalerweise mit Klapp- oder Schiebedächern ausgerüstet sind. Der Großteil der modernen Leichtflugzeugrümpfe besteht aus Aluminiumlegierungen, aber es gibt auch Flugzeuge aus Holz oder faserverstärkten Kunststoffen. Heute verfügen die Sportflugzeuge meist über Navigationshilfen und -instrumente, ein elektrisches System, Kabinenheizung, bremsbare Räder und eine Sprechfunkanlage.

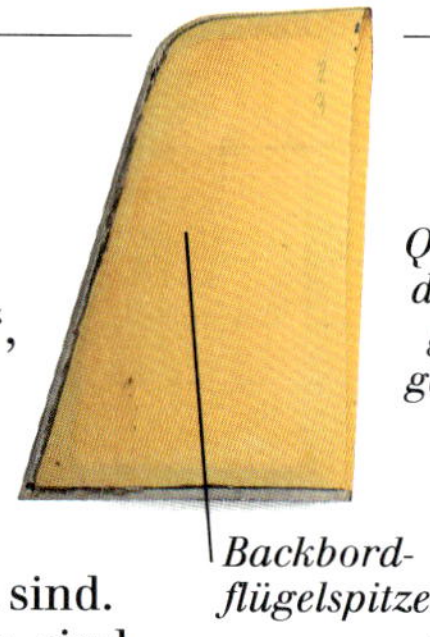

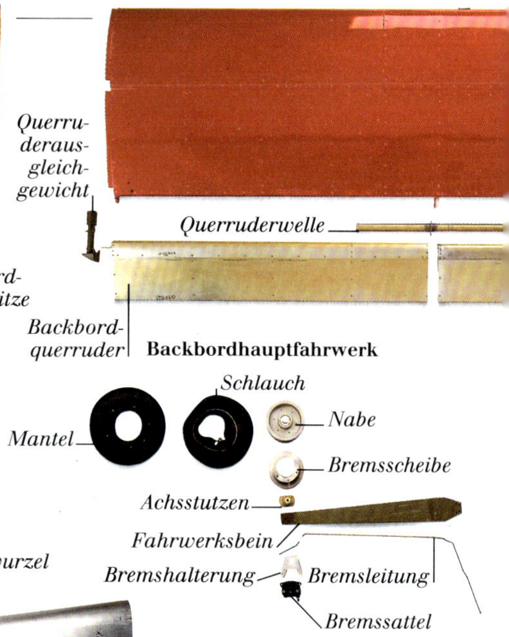

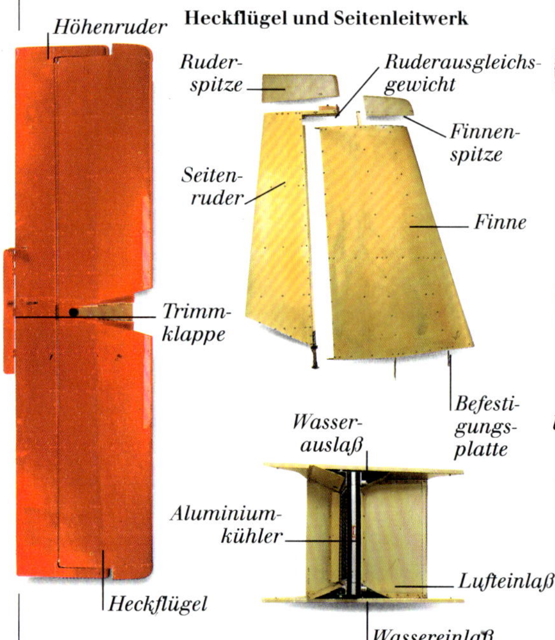

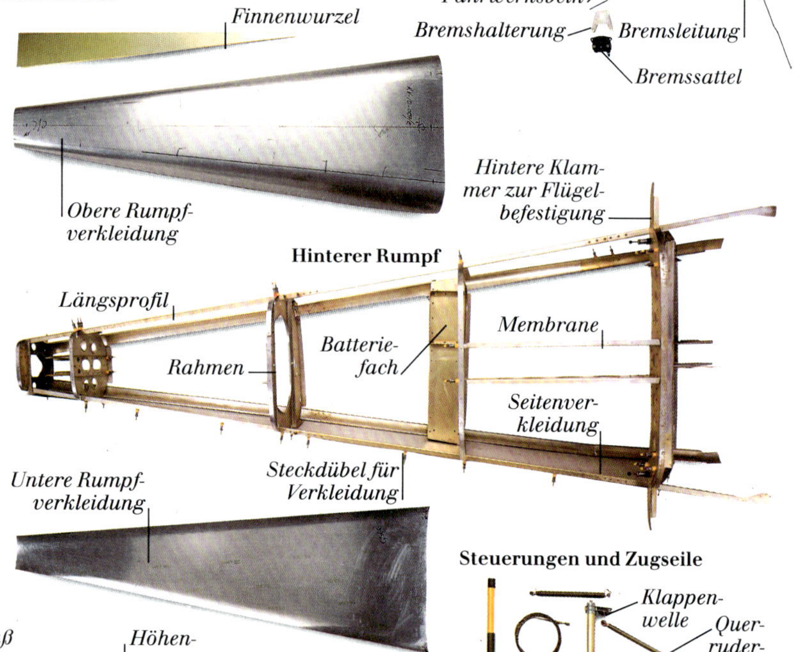

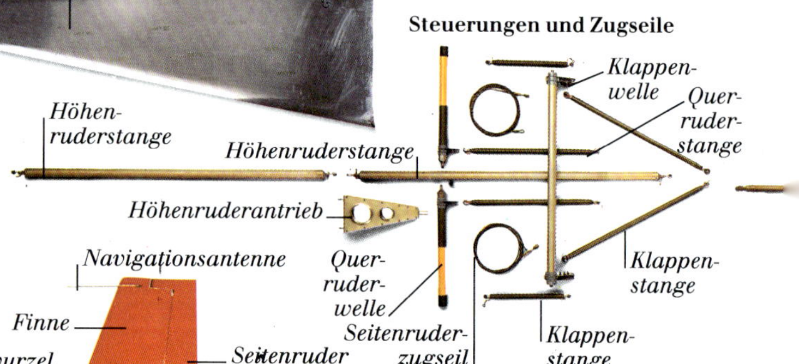

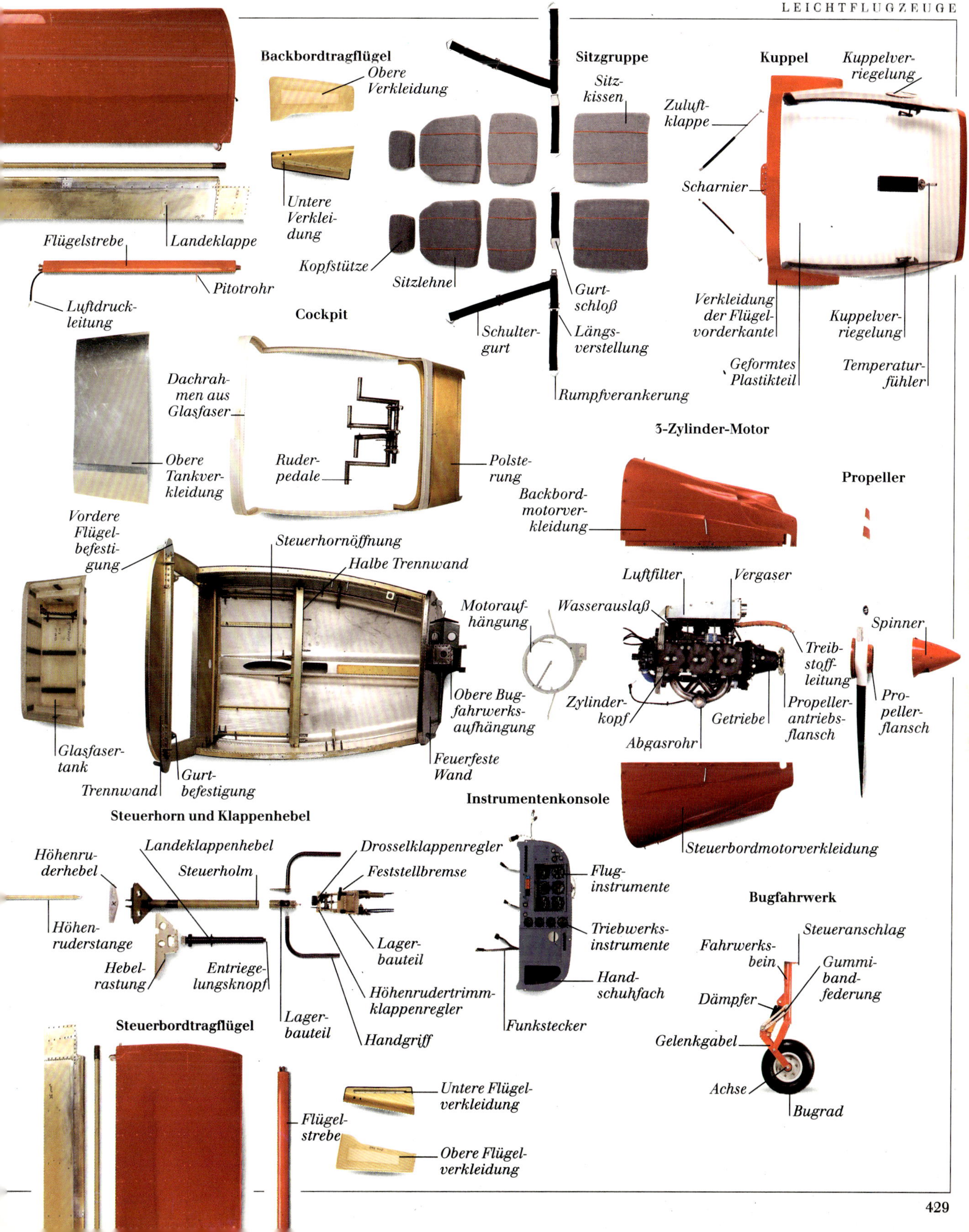
Backbordtragflügel
Obere Verkleidung
Untere Verkleidung
Flügelstrebe
Landeklappe
Pitotrohr
Luftdruckleitung
Sitzgruppe
Sitzkissen
Kopfstütze
Sitzlehne
Gurtschloß
Schultergurt
Längsverstellung
Rumpfverankerung
Kuppel
Kuppelverriegelung
Zuluftklappe
Scharnier
Verkleidung der Flügelvorderkante
Geformtes Plastikteil
Kuppelverriegelung
Temperaturfühler
Cockpit
Dachrahmen aus Glasfaser
Obere Tankverkleidung
Ruderpedale
Polsterung
3-Zylinder-Motor
Backbordmotorverkleidung
Propeller
Vordere Flügelbefestigung
Steuerhornöffnung
Halbe Trennwand
Glasfasertank
Trennwand
Gurtbefestigung
Obere Bugfahrwerksaufhängung
Feuerfeste Wand
Motoraufhängung
Luftfilter
Vergaser
Wasserauslaß
Treibstoffleitung
Zylinderkopf
Abgasrohr
Getriebe
Propellerantriebsflansch
Spinner
Propellerflansch
Steuerbordmotorverkleidung
Steuerhorn und Klappenhebel
Höhenruderhebel
Landeklappenhebel
Steuerholm
Höhenruderstange
Hebelrastung
Entriegelungsknopf
Drosselklappenregler
Feststellbremse
Lagerbauteil
Höhenrudertrimmklappenregler
Handgriff
Lagerbauteil
Instrumentenkonsole
Fluginstrumente
Triebwerksinstrumente
Handschuhfach
Funkstecker
Bugfahrwerk
Steueranschlag
Fahrwerksbein
Gummibandfederung
Dämpfer
Gelenkgabel
Achse
Bugrad
Steuerbordtragflügel
Flügelstrebe
Untere Flügelverkleidung
Obere Flügelverkleidung

Segelflugzeuge, Drachen, Ultraleichtflugzeuge

Drachen

Moderne Segelflugzeuge gehören zu den elegantesten und aerodynamisch effektivsten Flugzeugen. Da sie nicht motorisiert sind, müssen sie sich von Aufwinden tragen lassen, was ihre große Spannweite (bis zu 25 m) erklärt. Die Steuerung erfolgt konventionell über Seiten-, Höhen- und Querruder. Segelflugzeuge bewältigen Flüge über mehr als 1.450 m und Höhen über 15.000 m. Drachen bestehen aus einem Rahmen, der meist mit einem Gewebe bespannt ist. Der Pilot hängt unter der Tragfläche und hält einen dreieckigen Rahmen, über den er durch Gewichtsverlagerung den Drachen steuert. Wie auch bei den Segelflugzeugen steigen die Drachen durch Aufwinde. Ultraleichtflugzeuge sind im Prinzip motorgetriebene Drachen. Ein kleiner Motor und ein offener Wagen mit drei Rädern, in dem bis zu zwei Personen Platz finden, hängen an einer stärkeren, drachenähnlichen Tragfläche. Gesteuert wird das Ultraleichtflugzeug dann ebenfalls durch Gewichtsverlagerung. Es erreicht Geschwindigkeiten bis zu 160 km/h.

Bugverkleidung

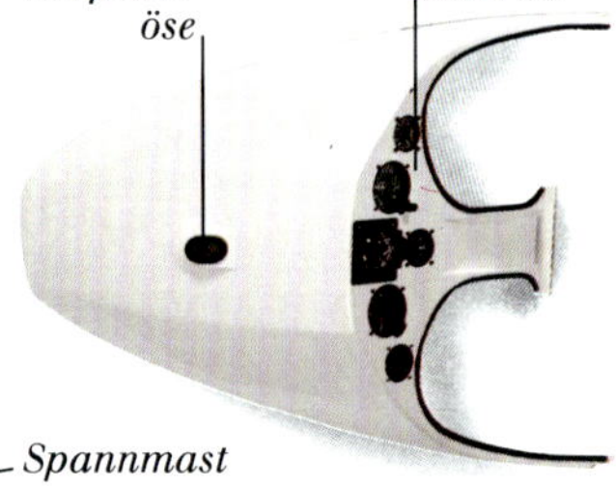

PEGASUS-XL-SE-ULTRALEICHTFLUGZEUG

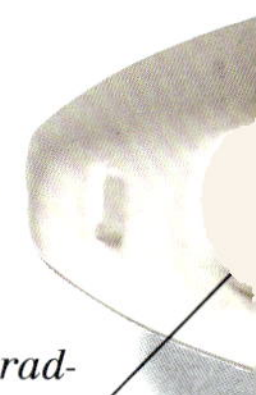

DRACHENKÖRPERBEUTEL

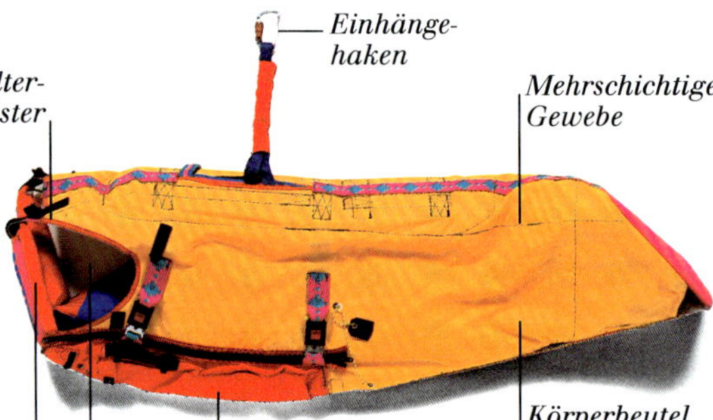

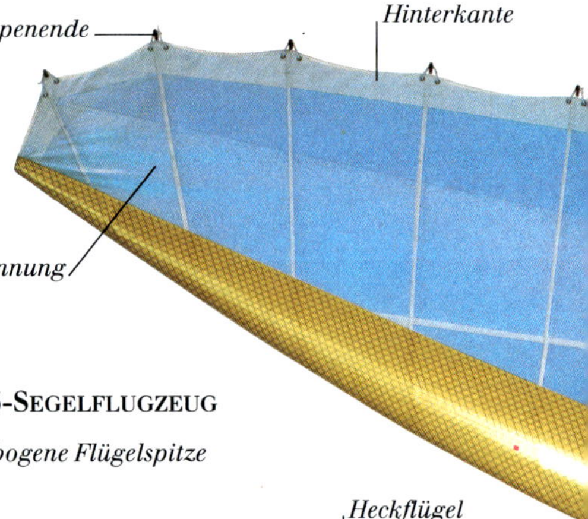

SCHLEICHER-K23-SEGELFLUGZEUG

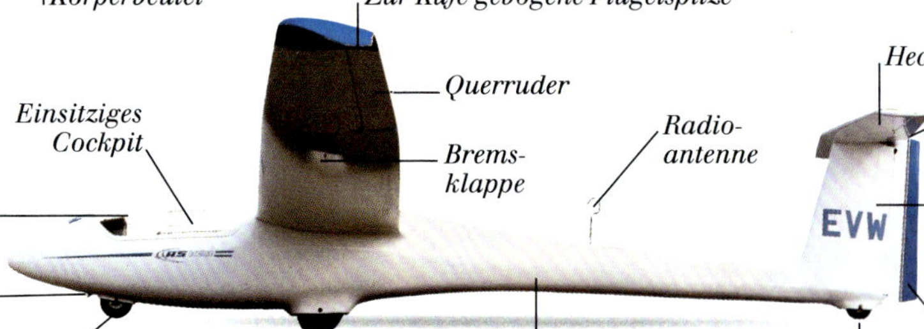

Solar-Wings-Pegasus-Quasar-Ultraleichtflugzeug

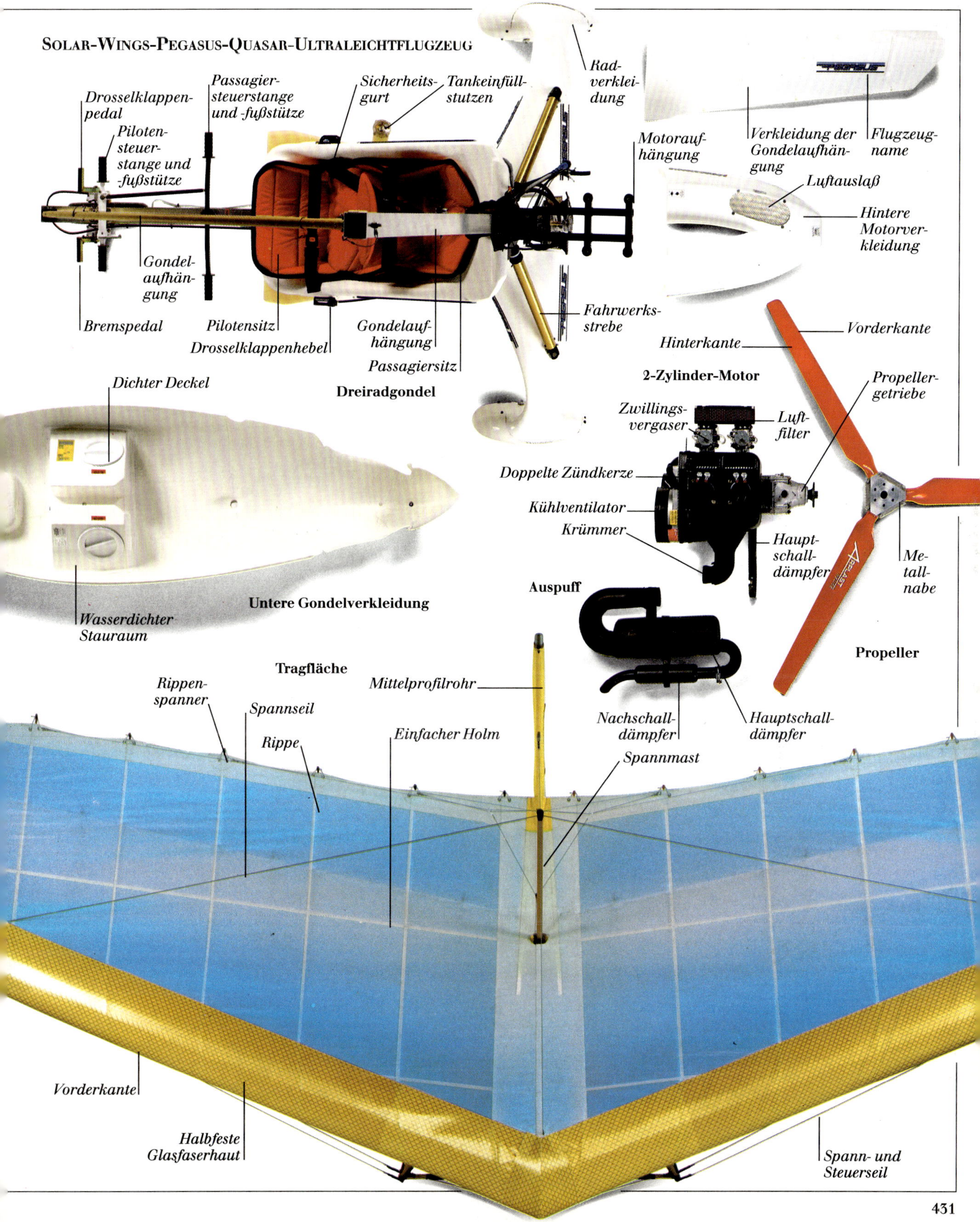

75 Moosgrün 1
moss green 1
vert de mousse 1
85 Olivengrün 1
olive green 1
PASTELS EXTRA-FINS SOUPLES POUR ARTISTES
03 Echtgelb 2 hell
sunproof yellow 2 light
jaune solide 2 clair
04 Echtgelb 3 dkl.
sunproof yellow 3 deep
jaune solide 3 foncé
05 Echtorange 1
sunproof orange 1
orange solide 1
42 Permanentrot 1 hell
permanent red 1 pale
rouge permanent 1 clair
49 Purpur 1
purple 1
pourpre 1
46 Karminrot
carmine red
rouge carminé
44 Permanentrot 3 dkl.
permanent red 3 deep
rouge permanent 3 foncé
45 Krapplack
madder lake
laque de garance
91 Graublau 1
grey blue 1
gris bleu 1
64 Kobaltblau imit.
cobalt blue imit.
bleu de cobalt imit.
66 Preußischblau
Prussian blue
bleu de Prusse
57 Violett bläulich
bluish violet
violet bleuâtre
68 Grün bläulich
bluish green
vert bleuâtre
76 Moosgrün 2
moss green 2
vert de mousse 2
71 Hellgrün
light green
vert clair
73 Laubgrün 2
leaf green 2
vert d'herbe 2
80 Kaltgrün 1
cold green 1
vert cru 1
30 Umbra grün
greenish umber
terre d'ombre verte
23 Caput mortuum hell
caput mortuum pale
tête morte clair

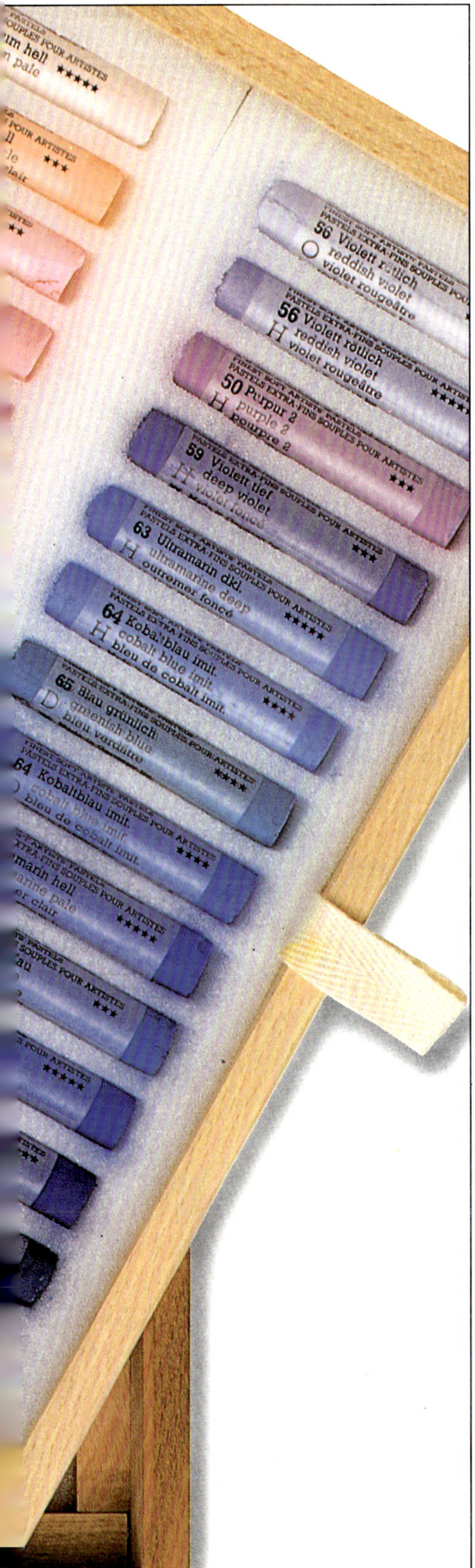

DIE BILDENDEN KÜNSTE

ZEICHNEN 434
TEMPERA 436
FRESKO 438
ÖLFARBEN 440
AQUARELL 442
PASTELL 444
ACRYLFARBEN 446
KALLIGRAPHIE 448
DRUCK 1 450
DRUCK 2 452
MOSAIK 454
BILDHAUEREI 1 456
BILDHAUEREI 2 458

Zeichnen

Zeichnungen können fertige Kunstwerke darstellen, aber auch vorbereitende Skizzen für Gemälde oder andere Kunstwerke. Als Zeichengrund dienen Papier, Seide oder Pergament, als Zeichenwerkzeug Feder, Pinsel oder Stifte aus unterschiedlichen Materialien: Bleistift, Pastellstift, Rötel, Kohle, Kreide oder Silberstift. Am häufigsten benutzt werden Bleistifte, bleigraue Graphit-Ton-Minen in einer Ummantelung aus Holz. Eines der ältesten Zeichenwerkzeuge ist Kohle, die man durch Brennen von Zweigen bei hohen Temperaturen und unter Luftabschluß erhält. Mit Radiergummis lassen sich Bleistift oder Kohle wieder entfernen oder für besondere Effekte verwischen. Auf eine fertige Zeichnung wird eine Fixierung aufgebracht (z.B. in Sprayform), damit das Bild nicht verwischt. Bei der Silberstift-Zeichnung zeichnet man mit einem Metallgriffel mit Silberspitze auf mit Kreide oder Knochenpulver grundiertem Papier. Diese Zeichnung läßt sich nicht korrigieren. Die silbernen Linien werden mit der Zeit braun.

Fixativ und Mundsprühgerät

Radiergummis

Kreide und Kohle

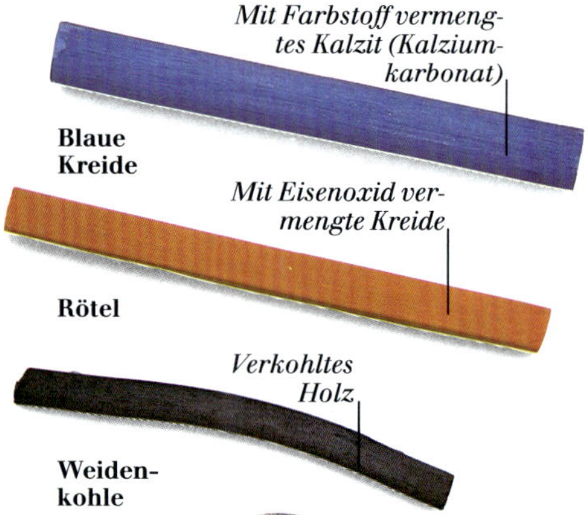

Zeichenwerkzeuge

Zeichenbrett

Zeichenmaterialien

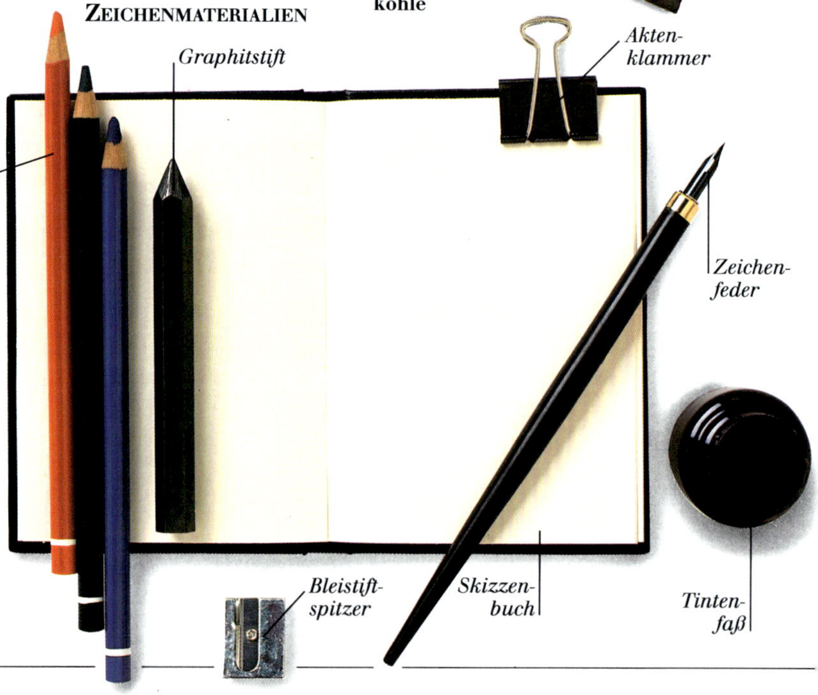

BEISPIEL EINER SILBERSTIFTZEICHNUNG
Studie zu Leonardo da Vincis unvollendetem Gemälde
Die Anbetung der Könige (1481)
Federzeichnung über Silberstiftzeichnung
16,5 x 29,2 cm

BEISPIEL FÜR EINE KOHLEZEICHNUNG
David Bomberg: St.Paul's and the River (Kathedrale St. Paul und Themse) (1945)
Kohle auf Papier
50,8 x 65,8

Tempera

Buchmalerei-Initiale

Temperamalerei (von lat. *temperare* = mit einem Bindemittel mischen) ist Malerei mit deckenden Farben, die mit einem Bindemittel auf Wasserbasis angemacht sind, meist mit Eigelb und Leim. Eitempera wird auf eine glatte Oberfläche aufgebracht, für Buchmalerei z.B. auf Pergament, für die Tafelmalerei auf eine mit Gips-Kreide (ital.: *gesso*) grundierte Holztafel. Aufgebracht wird der Malgrund mit einem Flachpinsel aus Schweineborsten. Dabei wird eine Lage *gesso grosso* (grober Gesso) aufgebracht, anschließend mehrere Lagen *gesso sotile* (feiner Gesso) besandet übereinander. So entsteht ein glatter, aber saugfähiger Malgrund. Die Farben werden mit leichten Strichen mit feinen Haarpinseln aufgetragen. Sie trocknen matt auf und glänzen samtig. Die weiße Gipsschicht mit den überlagernden kräftigen Farben verleihen den Bildern eine charakteristische Leuchtkraft. Zur Vergoldung von Temperabildern wird gehämmertes Blattgold in überlappenden Lagen auf einen sog. Bolusgrund (aus Terra di Siena, einer rötlichbraunen Erde) aufgetragen und mit einem Polierstab geglättet.

Material zum Vergolden

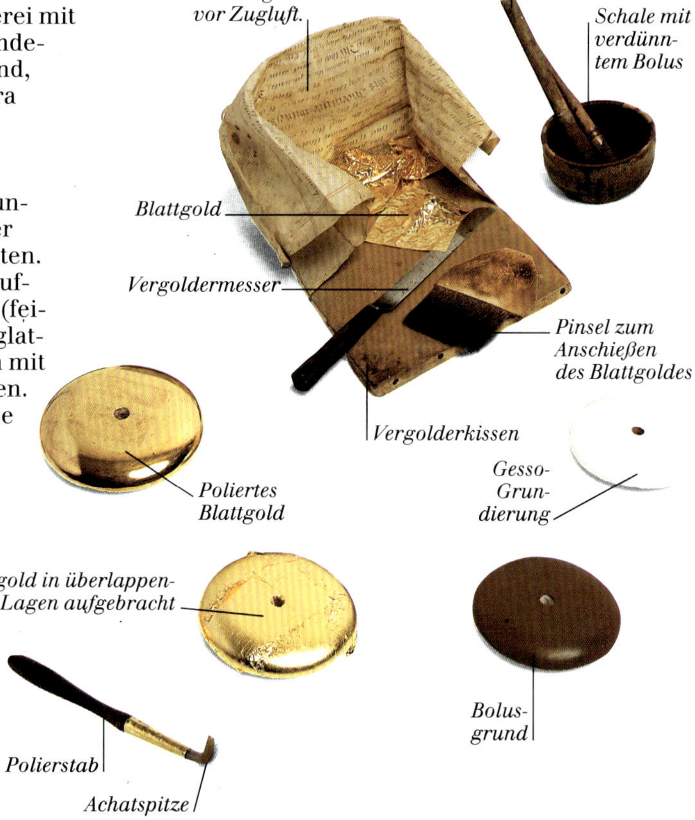

Materialien für Tafelmalerei mit Eitempera

Ein Tafelbild in Temperamalerei

Ambrogio Lorenzetti: Darstellung des Jesusknaben im Tempel (1342)
Tempera auf Holz, 257 x 168 cm

Altarbild, Auftragsarbeit für den Dom von Siena/Italien

In die Blattgoldauflage sind Muster geprägt.

Das Rot des Bolusgrundes scheint schwach durch die Vergoldung.

Rand eines Goldblattes

Rissiger Rand typisch für Temperamalerei

Frankfurter Schwarz (Rebenschwarz) für den dunklen Hintergrund

Lichter im Bart durch Aufbringen dünner Deckweißschichten auf trockene Farbe

Rotes Gewand mit Zinnober gemalt

Prophetische Geste: erhobene Hand mit weisendem Zeigefinger

Die seitlichen Linien der Fliesen laufen auf einen Fluchtpunkt zu. So entsteht ein Eindruck der Tiefe.

Rest verfärbten Firnisses (von vor der letzten Bildreinigung)

Pigmente für Fleischfarben

Verdaccio (Terra Verde)

Cinabrese (Zinnober mit Bleiweiß)

Zinnober

Sinoper Rote Erde (Eisenoxid)

Farbpigmente

Malachit

Ultramarin Lapislazuli

Frankfurter Schwarz

Bleigelb

Warme Hauttöne durch Übermalung von Verdaccio (Grün) mit Zinnober und Bleiweiß

Der geprägte goldene Heiligenschein glitzert im Kerzenlicht.

Das aus dem Schmuckstein Lapislazuli gewonnene Ultramarin war bedeutenden Figuren wie der Jungfrau Maria vorbehalten.

Craqueluren (Risse im Firnis bzw. in der Farbschicht)

Ausschnitt aus der „Darstellung im Tempel“

Fresko

Das Fresko (von ital. *fresco* = frisch) ist eine Form der Wandmalerei. Beim echten Fresko (ital. *buon fresco*) werden die Farbpigmente mit Wasser angerührt und auf den feuchten *intonaco* (Verputz aus gipsfreiem Kalk, Sand und Marmorstaub) aufgetragen. Wenn der Putz trocknet, verbindet sich die Farbe mit ihm, und der Kalk bildet eine schützende Sinteroberfläche. Das Fresko verlangt daher Schnelligkeit. Es wird stückweise von oben nach unten gemalt. An den Fugen zwischen den einzelnen Abschnitten erkennt man das jeweilige Tagewerk des Künstlers. Die Farbskala beim Fresko ist auf alkaliresistente Pigmente, vor allem Erdfarben (unten), begrenzt. Für die Weißtöne sorgen gelöschter Kalk (gebrannter Kalk, vermischt mit Wasser), Kreide oder das *Bianco di San Giovanni,* ein getrockneter mit Weinessig behandelter Grundierkalk. Farben wie Azurblau (Azurit) aber behalten ihren Farbton nur bei, wenn sie *al secco,* d.h. trocken, aufgetragen werden. Da sie sich dann nicht mit dem Untergrund verbinden, blättern sie jedoch leicht ab.

FRESKOSCHICHTEN

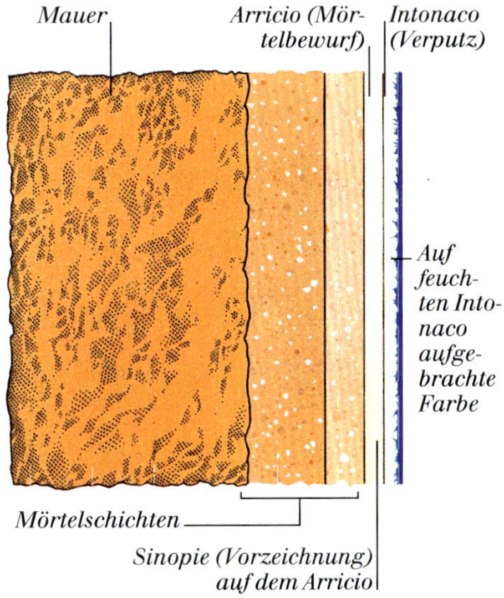

FRESKOFARBEN (ERDFARBEN)

PINSEL FÜR DIE FRESKOMALEREI

Tondo **Muccini** **Riga**

ZUTATEN FÜR WEISSTÖNE

Beispiel für ein Fresko
Giotto: Die Vertreibung der Händler aus dem Tempel (um 1306)
Fresko, 200 x 185 cm

Der Tempel dient als Hintergrund für die Handlung.

Bianco di San Giovanni, ein häufig benutztes Freskoweiß

Heiligenschein des Apostels mit Blattgoldauflage

Gewand mit Grüner Erde gemalt

Das Kind wurde auf den Mantel des Apostels gemalt.

Ein Bild aus einem Freskenzyklus in der Arenakapelle in Padua/Italien

Der azurblaue Azuritfarbstoff hat sich durch Reaktion mit Kohlendioxid aus dem Kalkputz grün verfärbt.

Haarfeine Linie als Grenze zwischen zwei Tagewerken erkennbar

Das in echter Freskotechnik aufgetragene rote Sinoper-Pigment hat seine Leuchtkraft behalten.

Das al secco aufgetragene Azurit ist abgeblättert. Man sieht den Putz.

Die trockene, matte Oberflächenbeschaffenheit ist charakteristisch für ein echtes Fresko.

In echter Freskotechnik aufgetragene Gesichtsfarbe

Die weiße Taube symbolisiert den Heiligen Geist.

Al secco aufgetragene Farbe ist abgeblättert.

Sinopie (Vorzeichnung) in roter Sinoperde (daher der Name!)

Ausschnitt aus „Die Vertreibung …“

Der Künstler muß den Abschnitt fertigstellen, ehe der Putz trocknet.

Grenze zwischen zwei Tagewerken

Ein Fresko entstand in der Regel in Abschnitten von oben nach unten.

Ein Abschnitt mit wenigen Einzelheiten läßt sich recht schnell malen; das Tagewerk ist entsprechend groß.

Ein Abschnitt mit vielen Feinheiten benötigt entsprechend viel Zeit, das Tagewerk ist klein.

Giornate (Tagewerke) in „Die Vertreibung …“

Ölfarben

Nierenförmige Palette

Für Ölfarben rührt man das pulverisierte Farbpigment mit langsam trocknendem Mohn-, Lein- oder Nußöl an. Diese Farbe läßt sich auf die unterschiedlichsten Bildträger auftragen – am häufigsten benutzt man Leinwand. Sie wird auf einen Holzrahmen gespannt und mit Leim und Grundierung vorgestrichen. Größere Farbflächen werden mit steifen Schweineborstenpinseln aufgetragen, feine Details mit weichen Haarpinseln, z.B. aus Rotmarder- oder Kunsthaar. Mit Spachteln und anderen Utensilien kann man besondere Effekte erzielen. Ölfarben lassen sich in Impasto-Technik (ital. *impasto* = Teig) als dicke Farbe opak (undurchsichtig) oder, mit Terpentin verdünnt, schwach durchsichtig bis transparent auftragen. Nach dem Trocknen überzieht man die Bilder meist mit einem schützenden Leinölfirnis oder in Terpentin gelöstem Dammar- oder Mastixharz (Lackfirnis). Bei der Primamalerei wird das Bild Zug um Zug vollendet; bei der Schichtmalerei werden verschiedene Farbschichten deckend oder lasierend-transparent übereinander aufgetragen.

DAMMARHARZ

Die Harzkristalle werden in Terpentin gelöst. Der Firnis wird dann als Schutzüberzug auf das fertige Ölbild aufgetragen.

HANDELSÜBLICHE ÖLFARBEN

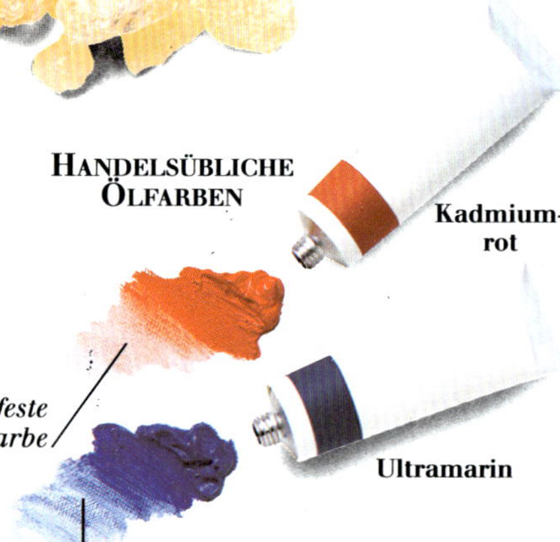

Kadmiumrot

Lichtfeste opake Farbe

Ultramarin

Transparente Farbe

LEINÖL

Das Öl wird aus Leinsamen gewonnen.

PIGMENTE

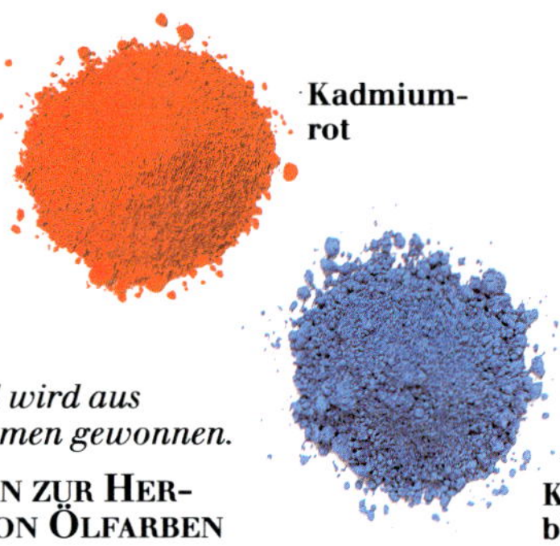

Kadmiumrot

Kobaltblau

PALETTENSTECKER

Schraubverschluß

Behältnis für Öl oder Lösungsmittel

UTENSILIEN ZUR HERSTELLUNG VON ÖLFARBEN

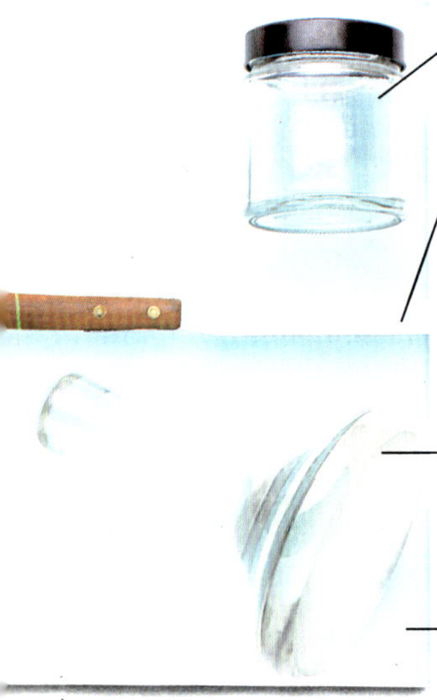

Luftdichtes Glas zur Aufbewahrung der Farbe

Palettenmesser zum Mischen von Öl und Farbpigment

Gläserner Reibstein zum Zerreiben von Öl und Pigment

Schmirgelrauhe Glasplatte

SPACHTEL

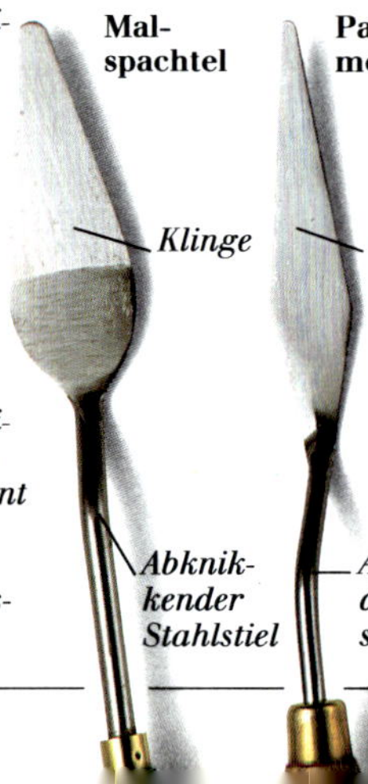

Malspachtel

Klinge

Abknikkender Stahlstiel

Palettenmesser

Klinge

Abknickender Stahlstiel

VERSCHIEDENE PINSEL

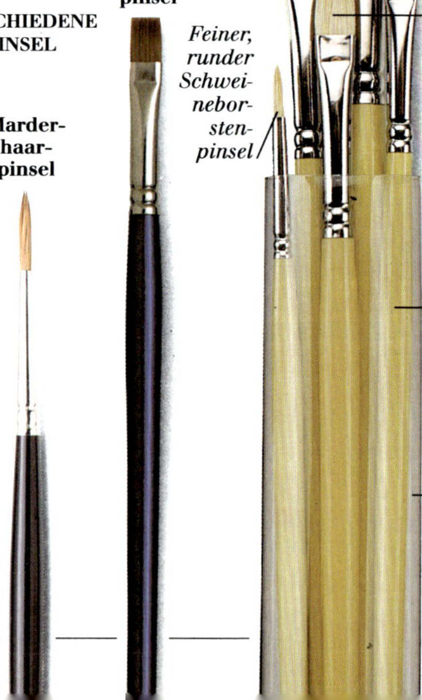

Marderhaarpinsel

Kunsthaarpinsel

Feiner, runder Schweineborstenpinsel

Schweineborstenpinsel

Flachpinsel aus Schweineborsten

Abgerundeter Flachpinsel

Flachpinsel aus Schweineborsten

Abgerundeter Flachpinsel aus Schweineborsten

Langer Holzstiel

Schützendes Kunststoffglas

Beispiel für ein Ölgemälde

Vincent van Gogh: Kaiserkronen in Kupfervase (1886)
Öl auf Leinwand, 73,5 x 60,5 cm

Atelier-staffelei

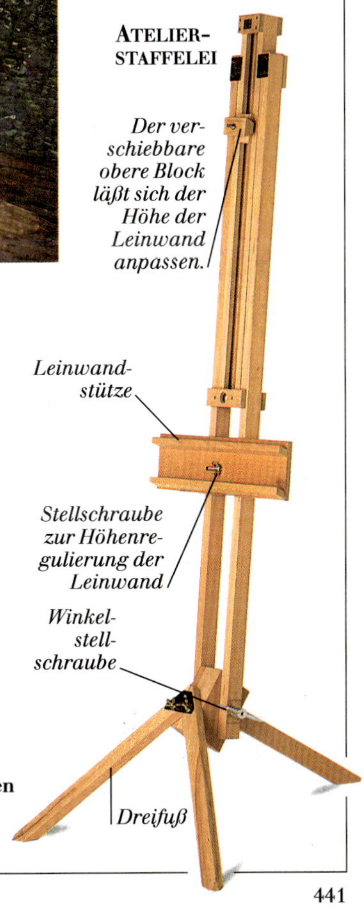

Auf Keilrahmen gespannte Leinwand (von hinten gesehen)

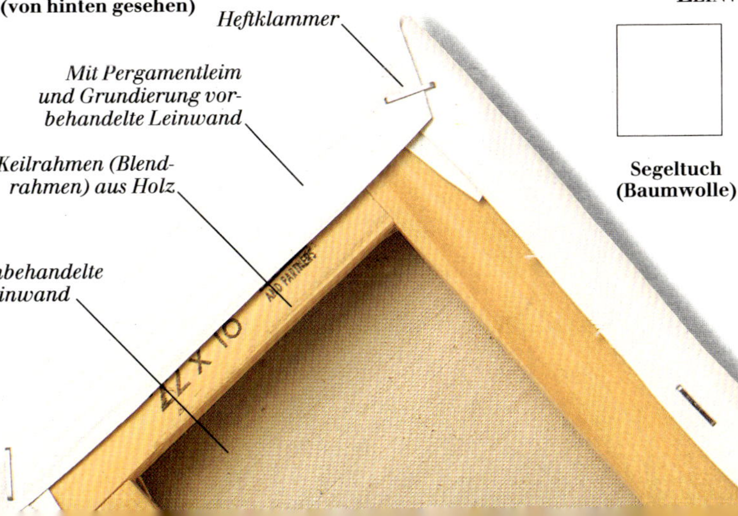

Leinwandarten

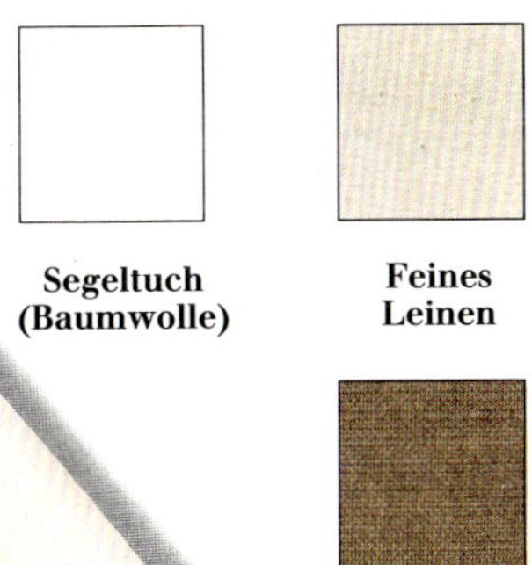

Segeltuch (Baumwolle)

Feines Leinen

Grobes Leinen

Aquarell

Aquarellmalerei (Wasserfarbenmalerei) ist ein Malverfahren auf der Grundlage eines feinkörnigen Farbpulvers, das mit einem wasserlöslichen Bindemittel, meist mit Gummi arabicum, vermischt und mit Wasser vermalt wird – heute fast nur noch auf Papier oder Zeichenkarton, wobei man weiche Haarpinsel benutzt. Die Wasserfarben laufen leicht ineinander und sind transparent. Ein bekanntes Verfahren ist die Naß-in-Naß-Technik, bei der man mit nasser Farbe über nasse Farbe malt, wobei Farben und Konturen verschwimmen und ineinanderlaufen. Mit feuchten Schwämmchen kann man Farbe aufnehmen und somit Stellen aufhellen. Mit nur wenig Wasser (trocken) aufgetragen wirkt die Farbe brüchig. Die transparenten Aquarellfarben lassen den Malgrund oder die darunterliegende Farbschicht durchscheinen. Weißeffekte lassen sich durch „Höhung" mit Deckweiß erreichen. Werden alle Aquarellfarben mit Zusatz von Deckweiß vermalt, verlieren sie ihre Transparenz. Diese deckende Aquarellmalerei nennt man Gouache.

GUMMI ARABICUM

NATURSCHWAMM

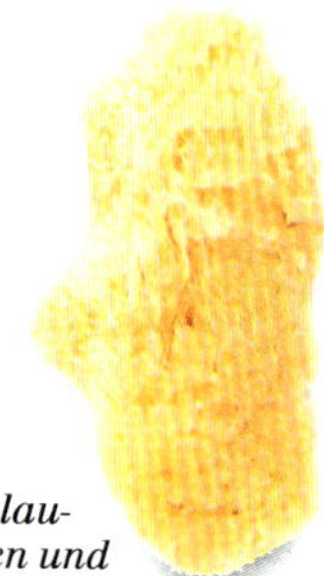

AUFBAU EINES HAARPINSELS

WEICHE HAARPINSEL

Marderhaarpinsel (Stärke 6)

Runder Marderhaarpinsel (Stärke 1)

Flachpinsel aus Kunsthaar

Dicker, runder Fehhaarpinsel

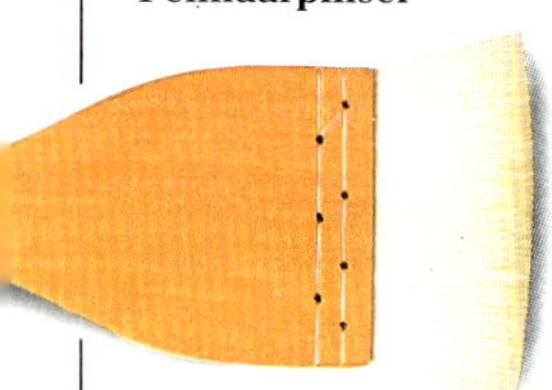

Breiter Ziegenhaarflachpinsel (Grundierpinsel)

TUBEN MIT AQUARELLFARBEN

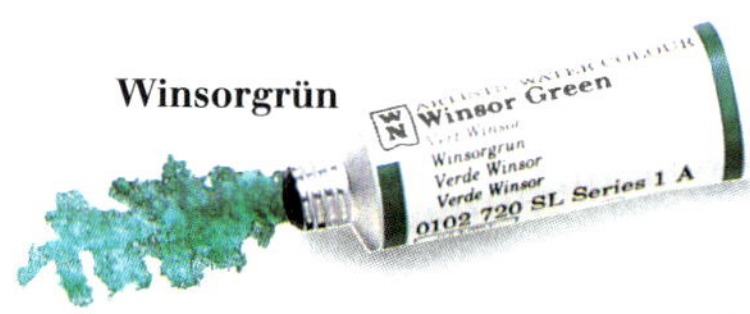

Winsorgrün

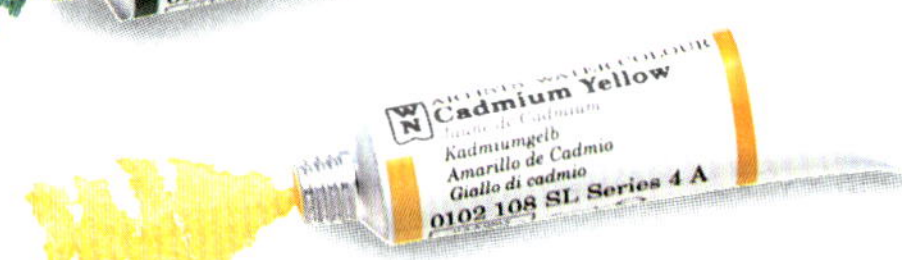

Kadmiumgelb

TRAGBARER WASSERFARBKASTEN

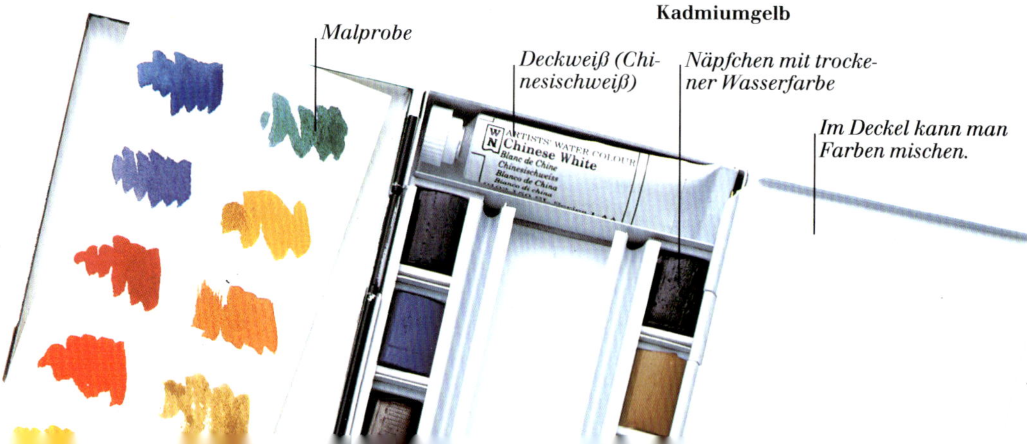

BEISPIEL FÜR EIN AQUARELL

William Turner: Brand des Londoner Parlaments am 16. Oktober 1834 (1835)
Wasserfarben auf Papier, 29,2 x 44,5

Mehrere Farbaufträge übereinander ergeben tiefen Ton.

Licht mit Skalpell herausgekratzt.

Die Menge ist mit dünnen Pinselstrichen auf einer hellen Grundierung gemalt.

Hier wurde die Farbe unverdünnt aufgetragen und dann teilweise ausgewaschen, so daß der Eindruck von Wasser entsteht.

Durch die transparenten Farbschichten wird Licht vom Papier reflektiert. So entsteht ein feuriges Leuchten.

Das Papier scheint durch die dünne Farbschicht und verleiht den Flammen zusätzliche Helligkeit.

VERSCHIEDENE AQUARELLPAPIERARTEN

Feinkorn

Mittelkorn

Grobkorn

AQUARELLTECHNIKEN

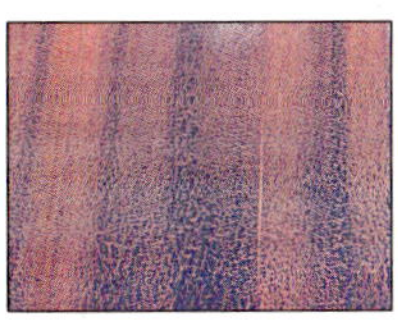

Naß auf trocken
Ein feuchter Farbauftrag auf trocken aufgebürsteter Farbe ergibt einen Zweiton-Effekt.

Abgestuft
Ein kräftiger, nasser Farbauftrag ergibt auf schräg gestelltem Papier einen abgestuften Effekt.

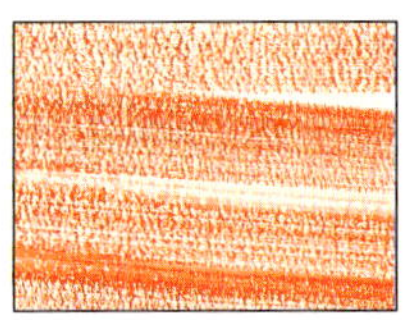

Trockentechnik
Unverdünnt aufgestrichene Farbe wirkt brüchig.

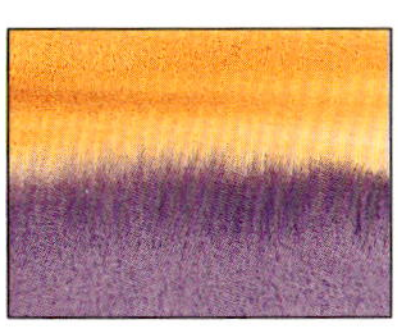

Naß-in-Naß
Zwei feucht aufgetragene Farben verlaufen an den Rändern. Die Konturen sind verschwommen.

DER FARBKREIS BEI WASSERFARBEN

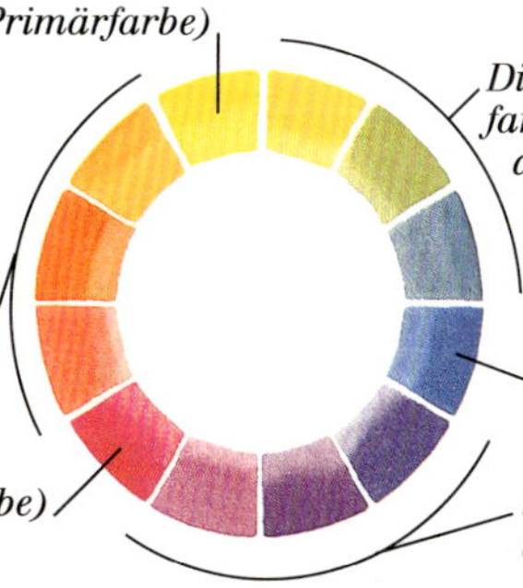

Gelb (Primärfarbe)

Diese Sekundärfarben entstehen durch Mischen von Gelb und Blau.

Blau (Pimärfarbe)

Sekundärfarben aus Rot und Blau

Rot (Primärfarbe)

Diese Sekundärfarben erhält man durch Mischen der Primärfarben Rot und Gelb.

Pastell

Bei der Pastellmalerei (ital. *pastello* = Farbstift) malt man mit farbigen Kreiden auf rauhem Untergrund. Pastellkreiden bestehen aus pulverisierten Pigmenten, die mit Kreide und Bindemittel, z.B. Gummi arabicum, vermischt und dann zu Stäbchen geformt werden. Je nach Mischungsverhältnis des Bindemittels zur Kreide sind die Stifte härter oder weicher. Am häufigsten verwendet man weiche Pastellkreiden, denen gerade soviel Bindemittel beigemengt ist, daß sie stabförmig bleiben. Pastellkreiden lassen sich direkt auf jede rauhe Oberfläche auftragen. Beim Malen reibt sich der Stift ab, und feinste Teilchen bleiben in den Fasern des Malgrundes hängen. Pastellfarben wirken hell und samtig, und man kann mit ihnen besonders gut sanfte Farbübergänge und weiche Konturen erzielen. Mit dem Finger, einem Wischer aus Leder oder Papier, einem Papierröllchen, einem weichen Radiergummi oder weichem Brot lassen sich die Farbstriche verreiben und einzelne Farben auf dem Malgrund vermischen. Man kann auch einzelne Farbschichten übereinandersetzen. Dazu reibt man mit der Längsseite oder einer stumpfen Spitze der Kreide über einen vorgemalten Grund, so daß die Farbe des Untergrundes stellenweise durchscheint. Eine andere Technik ist das Aufbringen zarter Striche wie mit einer Feder auf einer schon vorhandenen Pastellfarbschicht. Da Pastellfarben verwischen und sich nicht ausreichend fixieren lassen, muß man sie mit einer dünnen Lackschicht (Fixativ) schützen.

Utensilien zur Herstellung von Pastellkreiden

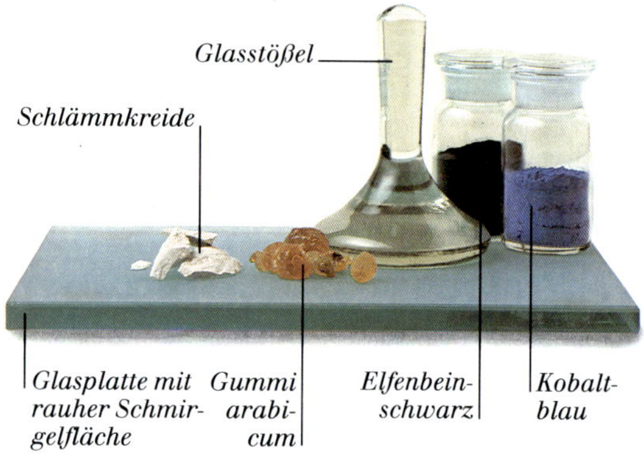

Weiche Pastellkreiden

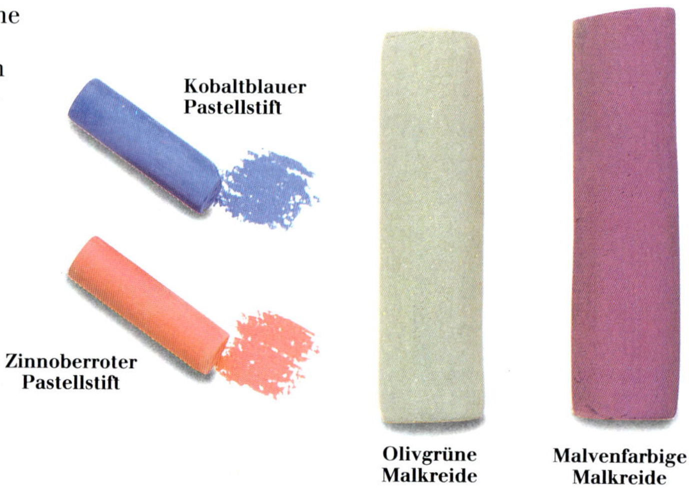

Pastellfarbkasten

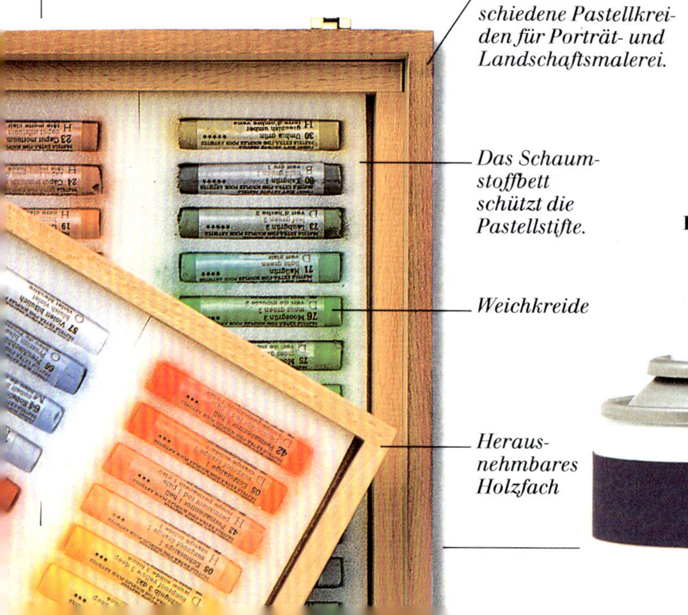

Utensilien für die Pastellmalerei

Beispiel für eine Pastellmalerei

Edgar Degas: Frau, sich den Hals trocknend (um 1898)
Pastell auf Karton, 62, 5 x 65,5 cm

Ausschnitt aus „Frau, sich den Hals trocknend“

Zeichenpapier und Zeichenkarton

Aquarellpapier (grobkörnig)

Glaspapier

Aquarellpapier (mittelfeine Körnung)

Ingrespapier

Geflockter Pastellkarton

Cansonpapier

Farbiges Tonzeichenpapier

Acrylfarben

Für Acrylfarben wird das Farbpigment mit einem Kunstharz gemischt. Diese Farben können mit Wasser verdünnt werden, sind nach dem Trocknen aber wasserfest. Acrylfarben lassen sich auf die unterschiedlichsten Bildträger auftragen, u.a. auf Papier und acrylgrundierte Pappe oder Leinwand. Für den Farbauftrag benutzt man viele verschiedene Pinsel, Farbrollen, Sprühgeräte und Schaber. Acrylfarben lassen sich vielseitig verwenden und daher in den verschiedensten Techniken verarbeiten. Man kann sie dekkend auftragen oder – mit Wasser verdünnt – aquarellartig lasierend. Durch verschiedene Zusätze werden die Farben hochglänzend oder matt, pastos oder durchscheinend. Acrylfarben trocknen schnell, so daß man ohne lange Wartezeiten Farbschichten übereinander auftragen kann.

VERSCHIEDENE PINSEL

EINIGE ACRYLFARBEN

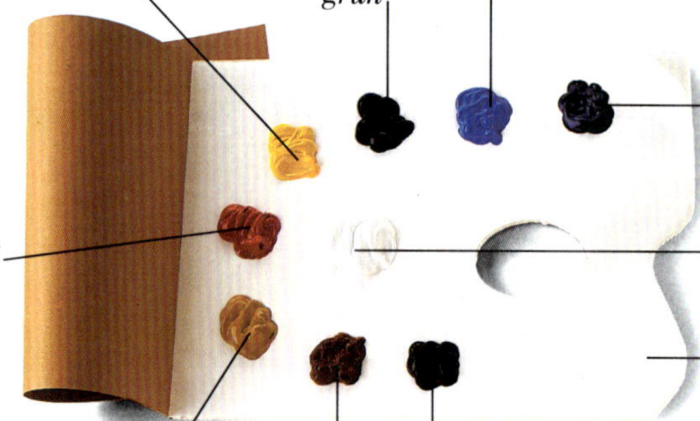

MALUTENSILIEN

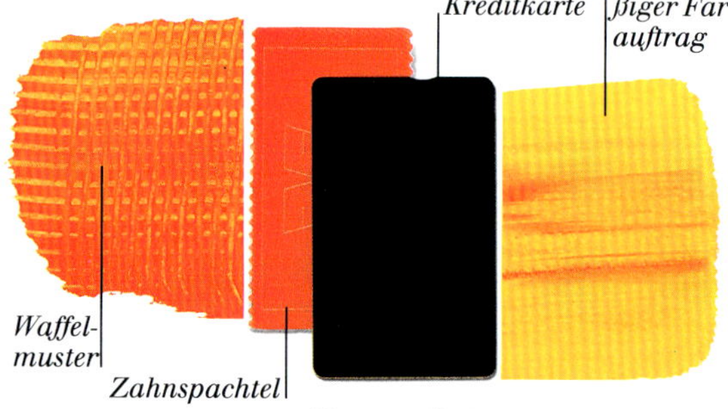

Kunststoffschachtel

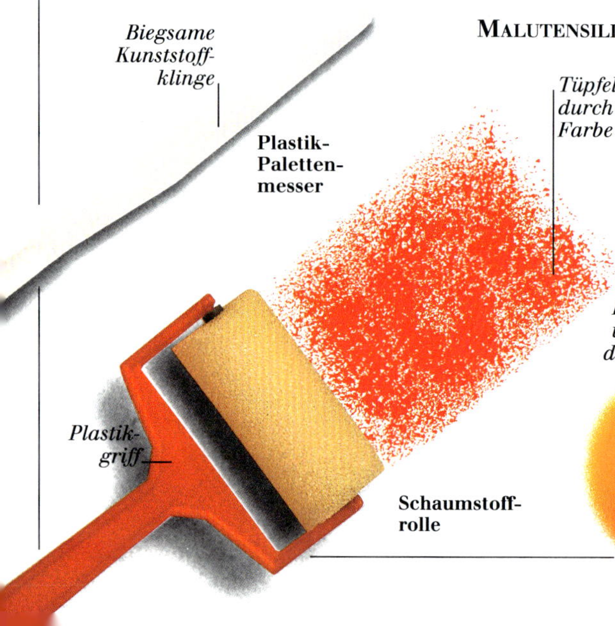

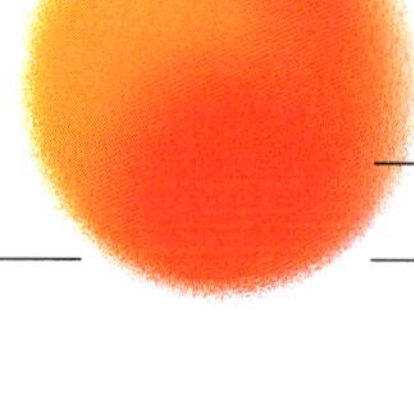

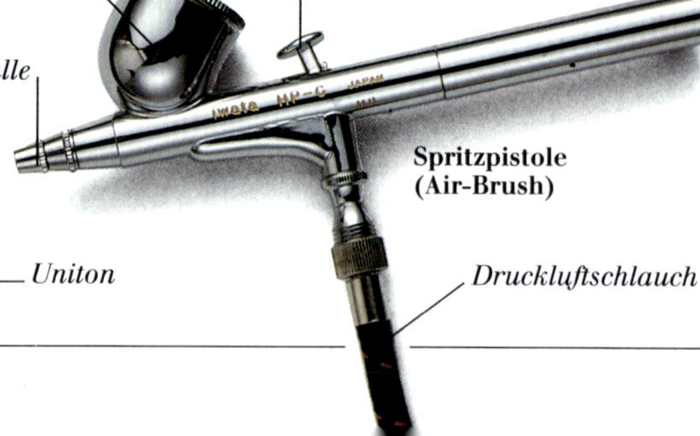

Ein Pop-Art-Acrylbild

David Hockney: A Bigger Splash (1967)
Acryl auf Leinwand, 24,5 x 243,8 cm

Farbe mit einer Rolle gleichmäßig aufgetragen

Baumwollsegeltuch als Bildträger

Durch Zusatz eines Gels wirkt die aufgerollte Farbe noch flacher.

Die Hauptkonturen wurden mit Malerband (Kreppband) abgeklebt und die Farbe mit Rollen aufgetragen.

Schmaler Streifen am Beckenrand unbemalt

Spritzer mit dickerer Farbe und kleinem Pinsel aufgetragen

Ausgefranster Rand des Sprungbretts, wo Farbe unter das Kreppband gelaufen ist.

Acrylfarben und -techniken

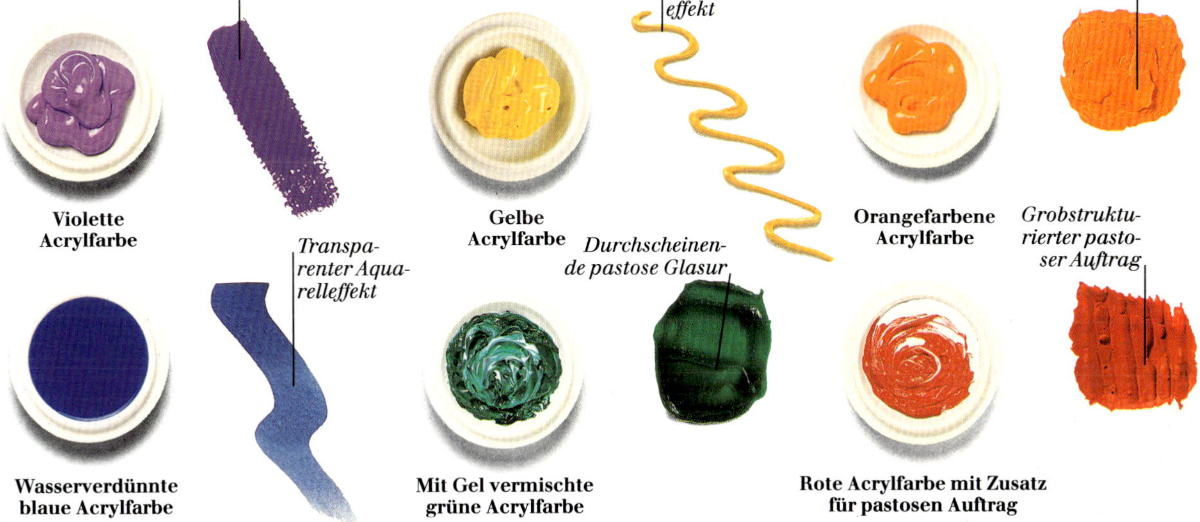

Deckend

Tubenspritzeffekt

Farbe mit Messer aufgetragen

Violette Acrylfarbe

Gelbe Acrylfarbe

Orangefarbene Acrylfarbe

Transparenter Aquarelleffekt

Durchscheinende pastose Glasur

Grobstrukturierter pastoser Auftrag

Wasserverdünnte blaue Acrylfarbe

Mit Gel vermischte grüne Acrylfarbe

Rote Acrylfarbe mit Zusatz für pastosen Auftrag

Kalligraphie

Das Wort Kalligraphie kommt aus dem Griechischen und bedeutet „Schönschrift“. Man benutzt diesen Begriff für künstlerisch gestaltete Schrift, wozu im weiteren Sinn auch die Buchmalerei, d.h. die Verzierung von Manuskripten mit Figuren und Ornamenten in Blattgold und Farbe, gehört. Die wichtigsten Materialien für Kalligraphie sind ein Schreibinstrument, Tinte und etwas zum Beschreiben (ein Beschreibstoff). Zu den ältesten Schreibwerkzeugen gehören Federkiele. Besonders geeignet sind biegsame Gänse- und Truthahnfedern. Mit Federkielen kann man zwar feine Linien ziehen, sie sind aber nicht sehr haltbar und müssen auch regelmäßig beschnitten werden. In der westlichen Kalligraphie benutzt man daher heute meist einen Federhalter mit auswechselbaren Metallfedern. Die Metallfedern sind sehr haltbar, und es gibt die verschiedensten Stärken und Formen für unterschiedliche Schriftformen. Es gibt auch Federn mit Tintenreservoir. Häufig verwendet man zum Schreiben oder zum Ausmalen von Initialen auch Pinsel. In der fernöstlichen Kalligraphie sind Pinsel das Hauptschreibwerkzeug. Weiterhin finden Füllfederhalter, Filzschreiber, Tuschestifte und Rohrfedern Verwendung. Zum Schreiben benutzt man flüssige Tinte, oder man rührt die Schreibtusche selbst an, indem man Stangentusche mit Wasser anreibt. Als Beschreibstoff ist glattes, holzfreies Papier beliebt. Am besten kann der Kalligraph arbeiten, wenn er das Papier auf ein Zeichenbrett auflegt, das schräg gestellt ist.

Chinesische Kalligraphie-Utensilien

Pinselablage mit Pinseln

Stangentusche und Tintenstein

Federn, Stifte, Pinsel für die Kalligraphie

Federhalter

Verkupferte Feder

Redisfeder (für Gleichzüge)

Filzschreiber

To-Feder mit Überfeder

Rotringfeder

Rohrfeder

Marderhaarflachpinsel

Marderhaarspitzpinsel

Gänsefeder

Ziegenhaarpinsel

Wolfshaarpinsel

Füller und Tinte

Einige Schriftarten

Antiqua-Majuskeln (Großbuchstaben)

Humanistische Kursive

Versal (Großbuchstaben)

Eine illuminierte Handschrift

Chinesische Schrift

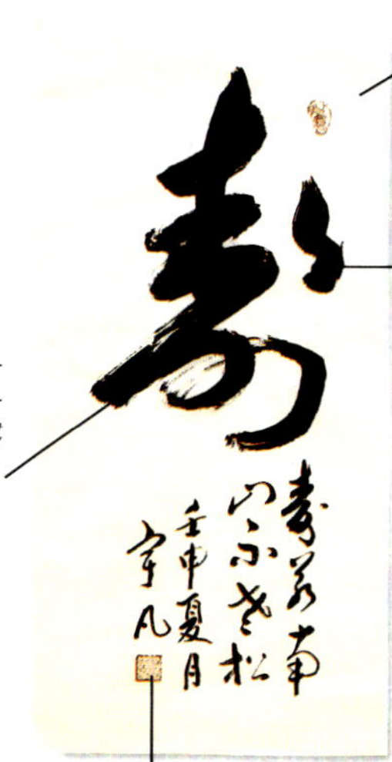

Signaturstempel

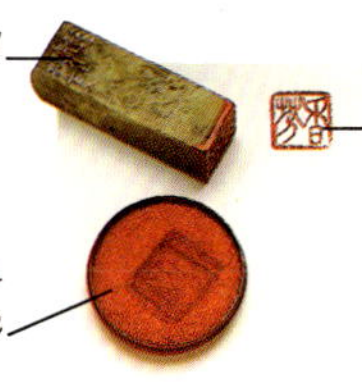

Reissbrett (Zeichenbrett)

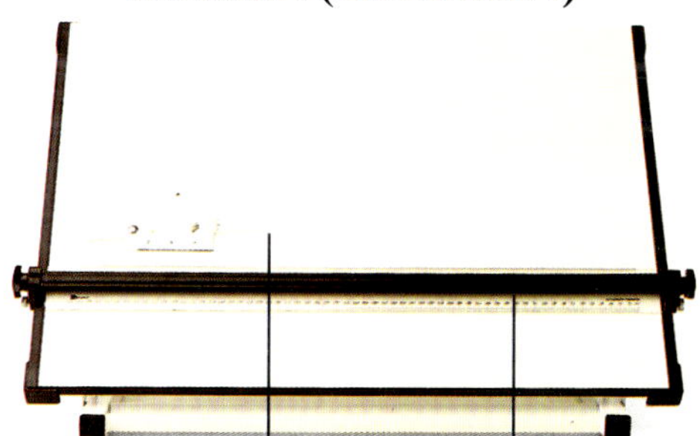

Kalligraphie-Papier

Druck 1

In der Druckkunst gibt es vier grundlegende Verfahren – Tiefdruck, Flachdruck, Hochdruck und Siebdruck. Bei Tiefdruckverfahren wie dem Kupferstich wird das Bild mit spitzen Metallwerkzeugen in Metall geritzt oder mit Säure eingeätzt. Dann trägt man Druckerschwärze oder Farbe auf die Platte auf und nimmt diese mit einer „Rakel“ wieder auf, wobei in den Vertiefungen die Farbe zurückbleibt. Man legt angefeuchtetes Papier auf und rollt Platte und Papier durch eine Kupferdruckpresse. Durch den Druck des Druckzylinders saugt das Papier die Farbe aus den Vertiefungen, und es entsteht ein Abdruck. Beim Flachdruck macht man sich die Unvermischbarkeit und gegenseitige Abstoßung von Wasser und fetter Druckerfarbe zunutze. Beim Steindruck (Lithographie) z.B. zeichnet man das Bild mit Fettkreide (Lithokreide) oder Fettusche auf eine Stein- oder Metallplatte und fixiert es mit einer sauren Lösung, z.B. mit Gummi arabicum. Dann wird die Oberfläche angefeuchtet und eingefärbt. Die Farbe wird von den fettigen Stellen aufgenommen und vom Wasser abgewiesen. In einer Steindruckpresse druckt man dann das Bild auf aufgelegtes Papier. Beim Hochdruck (Holzschnitt, Holzstich, Linolschnitt) werden die Bereiche eines Bildes, die nicht gedruckt werden sollen, aus einer Holzplatte (Holzschnitt) oder einer Linolplatte (Linoldruck) herausgeschnitten. Das Bild bleibt als Relief stehen und wird mit Farbe bestrichen. Man überträgt das Bild in einer Presse auf aufgelegtes Papier oder man streicht einfach von hinten über das Papier. Beim Siebdruck (Durchdruck) spannt man ein feines Netz in einen Rahmen und legt dann eine Schablone auf, die die nicht zu druckenden Bereiche versiegelt. Die Farbe wird dann durch die Sieböffnungen auf das Papier gepreßt.

DIE VIER WICHTIGSTEN DRUCKVERFAHREN

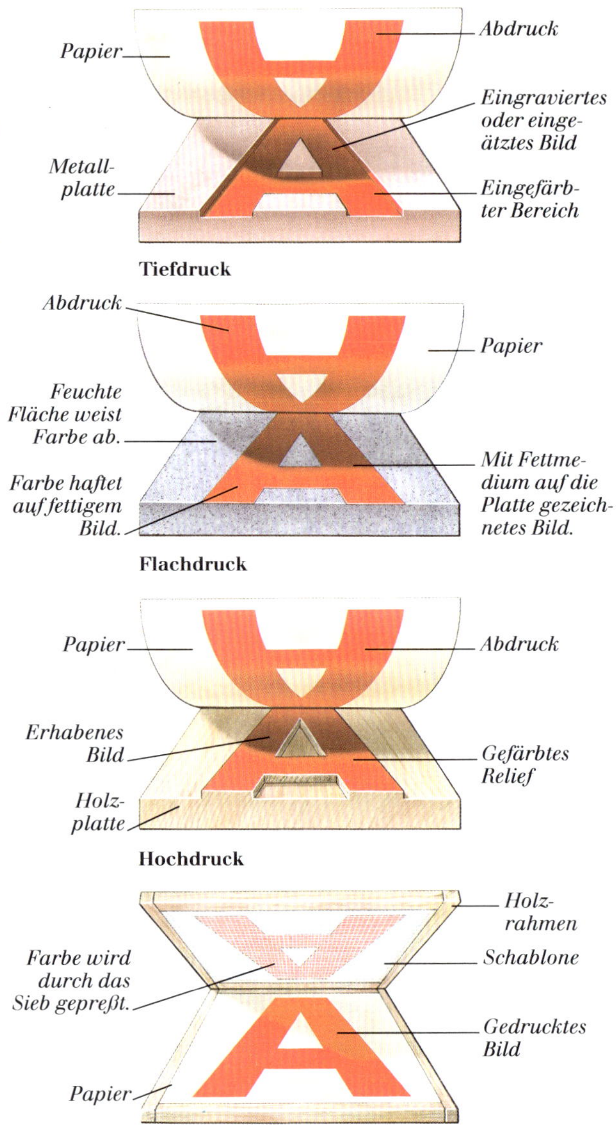

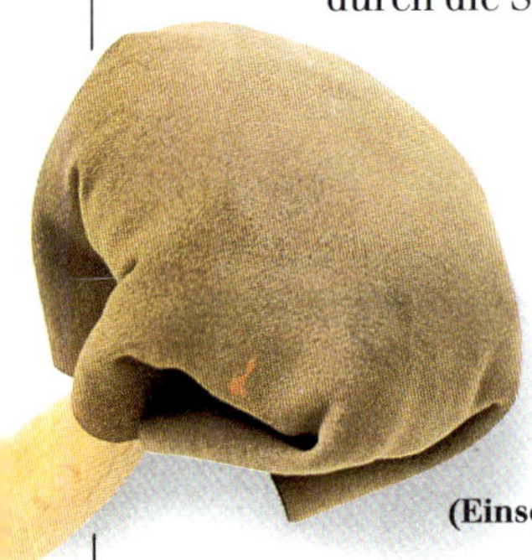

Ledertampon (Einschwärzballen)

WERKZEUG FÜR DEN TIEFDRUCK

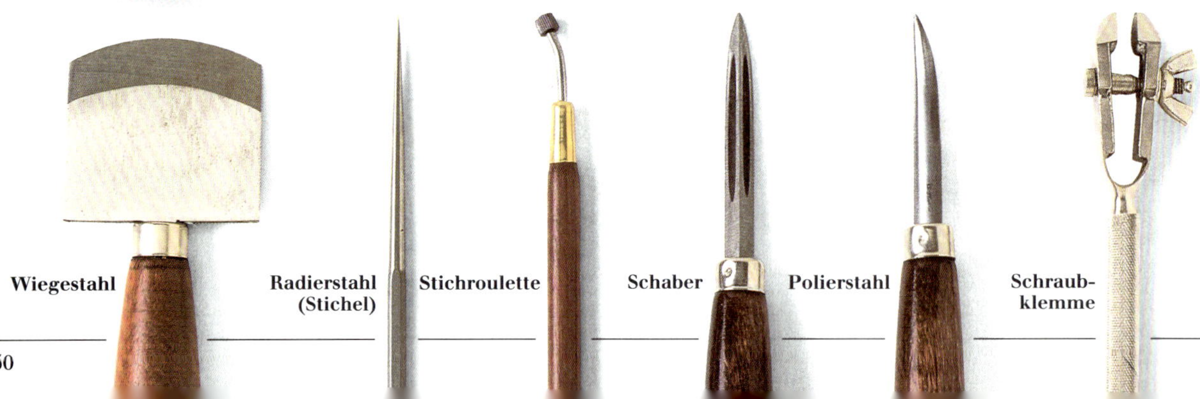

Kupferdruckpresse für Tiefdruckverfahren

Deckgrund

Verschiedene Sorten Druckpapier

Gelatinewalze

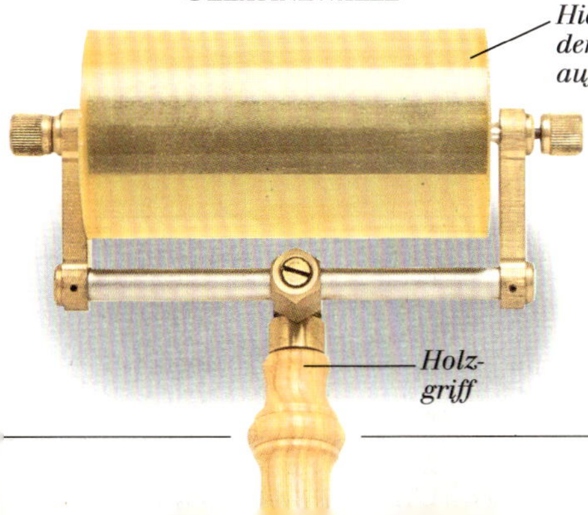

Ein Kupferstich (Tiefdruckbild)
Jock McFadyen: Annie mit Sonnenhut (1993)
Radierung, 41 x 40 cm

Druck 2

Eine Lithographie mit zugehörigem Lithostein

Mandy Bonell: Crown Gateway 2 (1987)
Lithographie (Steindruck), 50 x 40 cm

Bild auf Stein

Lithographie

Ein Siebdruck

Patrick Hughes: Sea Change (1992)
Siebdruck, 77 x 94,5 cm

Drucksieb

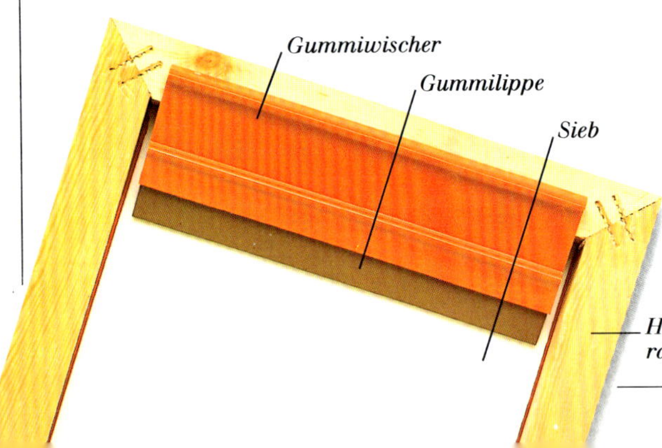

Utensilien für den Steindruck

Lithokreide und Kreidehalter

Lithostift

Tuschfeder

Radierstift

Schwamm (zum Anfeuchten des Lithosteins)

Stangentusche

Reibetusche

Einfärbwalze

Säurelösung

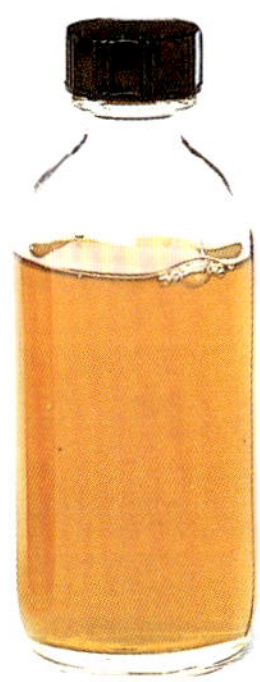

Gummilösung

Siebdruckfarben auf Wasserbasis

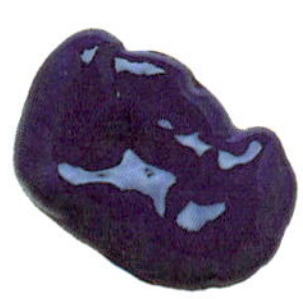

Blaue Acrylfarbe

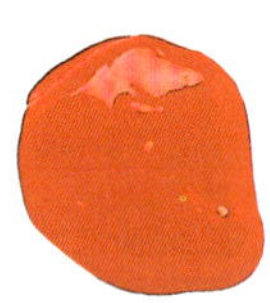

Rote Acrylfarbe

Braune Textilfarbe

Utensilien für den Hochdruck

Geißfuß

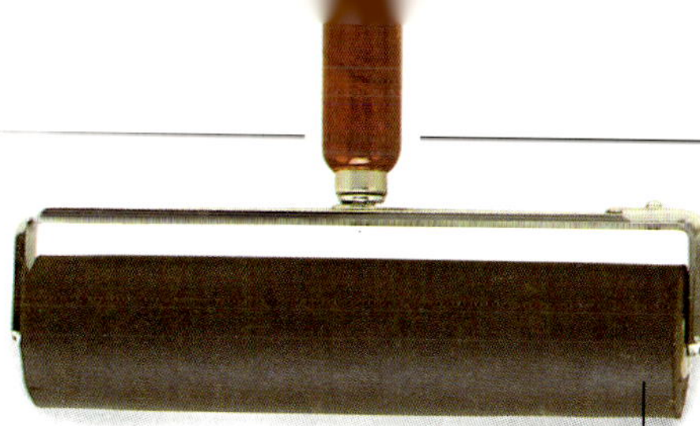

Farbwalze

Rundeisen

Konturenstichel

Konturenmesser

Flacheisen

Linoleumplatte und Holzplatte

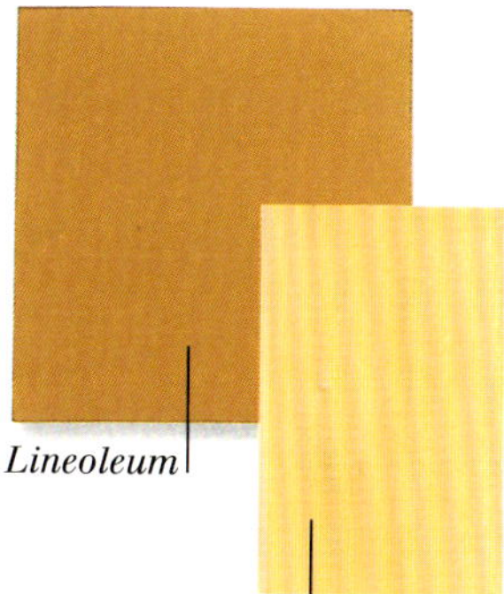

Holzstich

Hirnholzplatte

Gravierter Holzblock

Holzstichdruck

Handpresse für Hochdruck

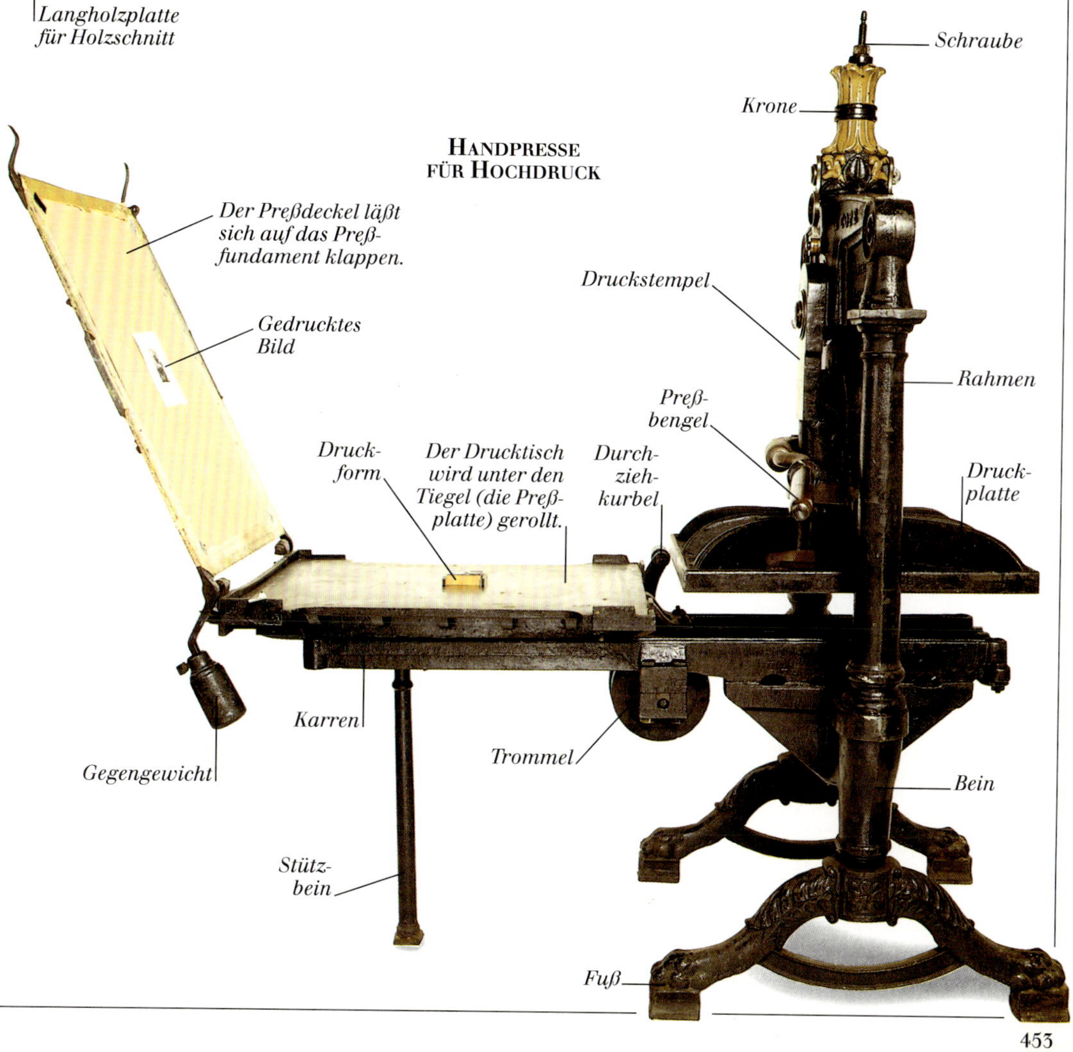

Mosaik

Mosaiken sind aus Steinen, Glasplättchen oder anderen Materialien zusammengesetzte ornamentale oder bildhafte Flächendekorationen. Die Mosaiksteinchen (Tesserae) werden mit einem Hammer und einem in einem Holzklotz eingebetteten Amboßschröter abgeschlagen. Glas läßt sich auch mit einer Zange abkneifen. Die Steinchen werden direkt in noch feuchten Mörtel eingesetzt (direktes Setzverfahren). Oder man zeichnet ein seitenverkehrtes Bild auf Papier oder Stoff und setzt die Steinchen Gesicht nach unten mit wasserlöslichem Kleber auf. Dann verteilt man mit einem Spachtel Klebemörtel auf einem Bildträger, z.B. auf einer Wand, und drückt das Mosaik mit der Rückseite in den Kleber. Schließlich löst man das Papier oder Tuch mit viel Wasser ab, und das fertige Mosaik kommt zum Vorschein (indirektes Setzverfahren). Zwischenräume zwischen den Mosaiksteinchen kann man mit Hilfe eines Gummispachtels mit Fugenmörtel ausfüllen. Mosaiken dienen meist als Wand- oder Fußbodendekoration, man kann aber auch kleinere Gegenstände damit schmücken.

WERKZEUG ZUM MARMORBRECHEN

Der in Streifen gesägte Marmor wird zu Würfeln gebrochen.

Mosaikhammer

Alicante (Roter Marmor)

Amboßschröter in Holzklotz eingebettet

Kneifzange

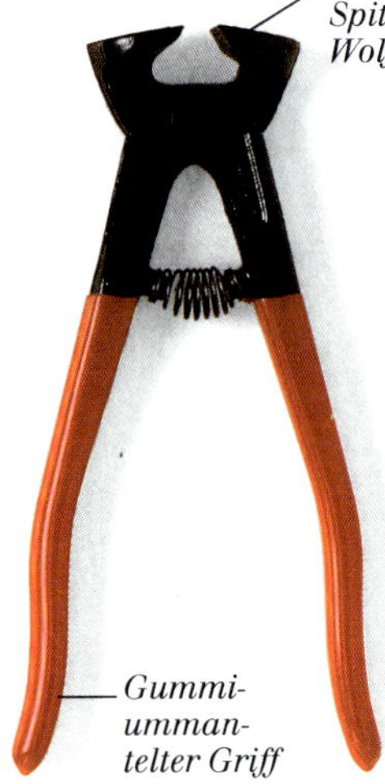

Diamantharte Spitze aus Wolframcarbid

Gummiummantelter Griff

MOSAIKZUBEHÖR

Klebemörtel

Fugenmörtel

SMALTEN (EMAILGLAS)

Rote Smalten

Gelbe Smalten

Blaue Smalten

EIN MOSAIK IM DIREKTEN SETZVERFAHREN
Tessa Hunkin: Seascape (1993)
Emailglasmosaik auf Karton
Durchmesser 80 cm

Mit Glas überfangenes Blattgold

Zahnspachtel

Zahn

Stahlkelle

Holzgriff

Gummispachtel

Holzgriff

Gummilippe

Ein Mosaik entsteht (indirektes Setzverfahren)

Farbskizze
Eine Farbskizze in Ölpastell soll einen Eindruck davon vermitteln, wie das fertige Mosaik aussieht.

Umkehrbild
Die Mosaiksteinchen werden Oberseite nach unten auf das Papier geklebt. Das Mosaik wird dann auf einen festen Untergrund aufgebracht und das Papier entfernt.

Andamenti (Linie entlang derer die Mosaiksteinchen gelegt werden)

Die Zwischenräume sind mit Mörtel (Fugenfüller) ausgefüllt.

Mosaik auf Karton aufgeklebt

Glasdreiecke mit Kneifzange gebrochen

Strukturierte Blattgoldsmalten

Blattgoldsteinchen Unterseite nach oben verlegt

Rand aus quadratischen Glassteinchen

Das fertige Mosaik
Tessa Hunkin: Goldfisch (1993)
Glasmosaik auf Karton
33,5 x 25,5 cm

Mosaiktopf

Geometrisches Muster

Fugenmörtel

Moscheemosaik

Stilisiertes Blumenmuster

Geometrische Borte

Buntglas

Grünes Glas mit Blattgold

Glatte Glasur

Blasige Glasur wirkt wie gehämmertes Gold.

Rotes Glas

Blaues Glas

Blätter mit Glasmosaiksteinchen

Bildhauerei 1

Skulpturen oder Plastiken lassen sich durch Behauen oder Schnitzen oder durch Modellieren anfertigen. Eine Stein- oder Marmorplastik wird aus einem Block herausgehauen, eine Holzskulptur wird aus einem Holzblock geschnitzt. Die Werkzeuge, die man dafür benötigt, variieren je nach Material. Stein oder Marmor bearbeitet der Bildhauer mit Flacheisen, Punktiereisen und Zahneisen aus Stahl, die er mit einem Eisenhammer (Fäustel) schlägt. Der Holzschnitzer benutzt unterschiedliche Beitel, die er mit einem Holzschlegel (Klöpfel) ins Material treibt. Die Skulptur wird abschließend meist mit Raspeln, Schmirgelpapier o.ä. poliert. Zum Modellieren bearbeitet man formbare Materialen wie Ton, Gips oder Wachs mit Modellierschlingen aus Draht, Modellierhölzern, Modellierinstrumenten aus Metall, aber auch mit bloßen Händen. Für große Plastiken erstellt man ein Gerüst aus Metall oder Holz, auf das man dann die Modelliermasse aufbringt. Die fertigen Werke kann man an der Luft trocknen lassen. Tonplastiken werden durch Brennen in einem Brennofen haltbarer. Wachs- oder Tonfiguren dienen aber auch als Modelle oder Formen für Metallguß wie den Bronzeguß (s.S.458–459). Die Entwicklung neuer Materialien im 20.Jh. eröffnete den Bildhauern ganz neue Möglichkeiten. So findet man heute Skulpturen, die aus Maschinenteilen, Spiegeln und Möbelstücken zusammengesetzt sind, und auch bewegte (kinetische) Plastiken.

Werkzeuge zum Behauen von Marmor

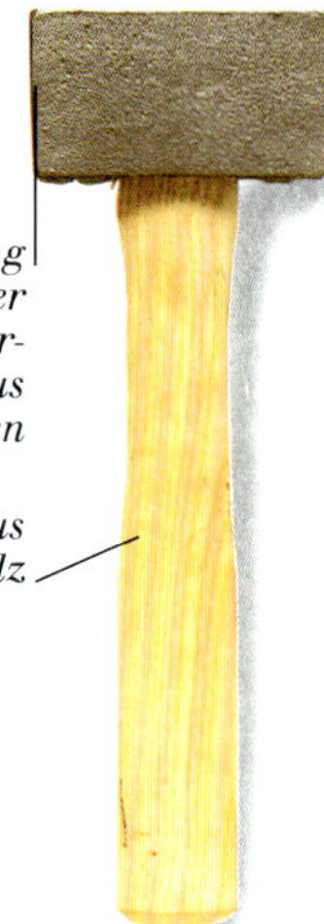

Eisenhammer (Fäustel)

Breites Zahneisen

Schmales Zahneisen

Punktiereisen

Schlageisen (Kantenmeißel)

Rundmeißel

Tastzirkel

Werkzeuge für die Holzbildhauerei

Grobe Raspel

Hohlbeitel

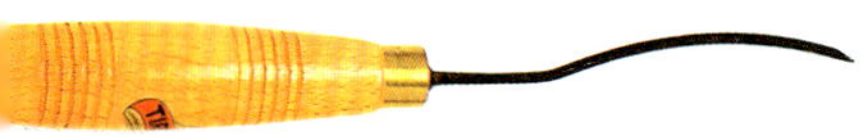

Kröpfeisen

Stechbeitel

Wetzstein

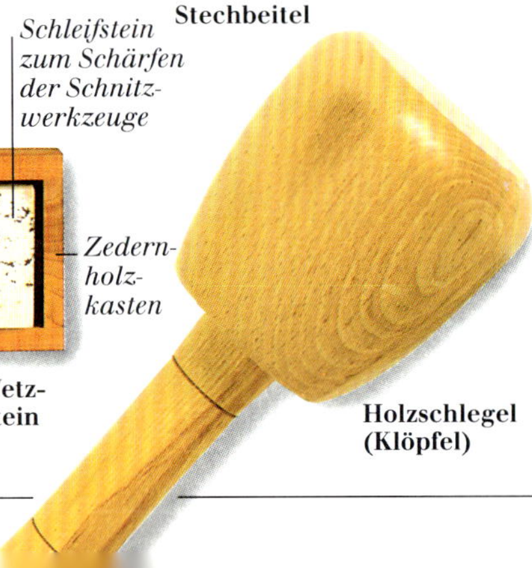

Holzschlegel (Klöpfel)

Feilen (für Stein, Marmor und Holz)

30 cm-Feile

15 cm-Feile

Diamantwetzstein

Beispiel für eine Holzplastik
Donatello: Maria Magdalena (1454–1455)
Pappelholz, Höhe: 188 cm

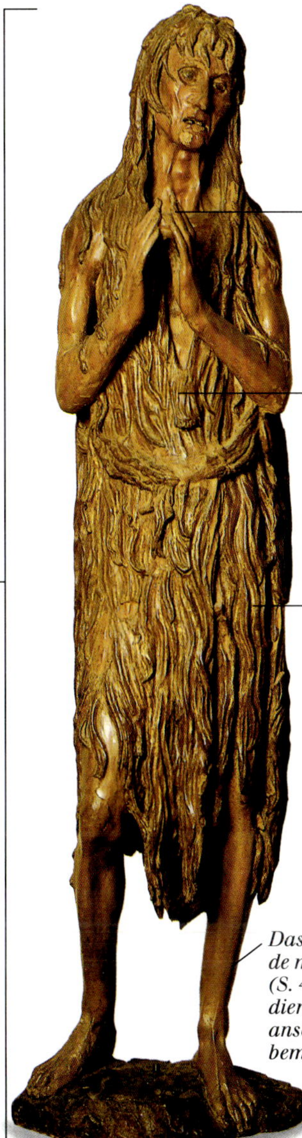

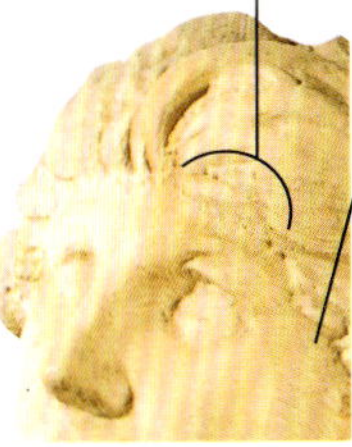

Sklavenkopf (Detailansicht)

Beispiel für eine Marmorplastik
Michelangelo: Der gefesselte Sklave (1513–1516)
Marmor, Höhe: 213 cm

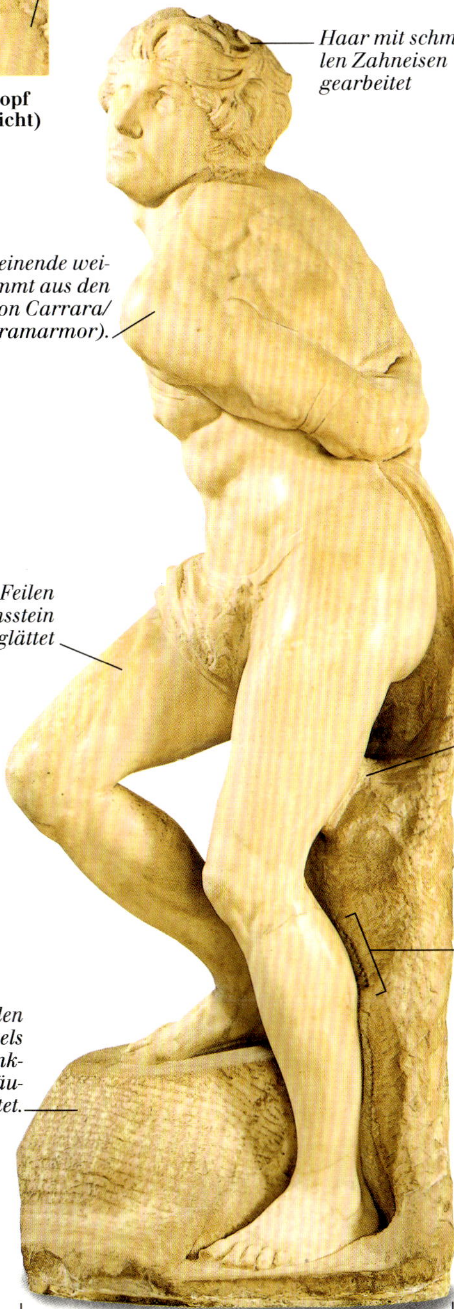

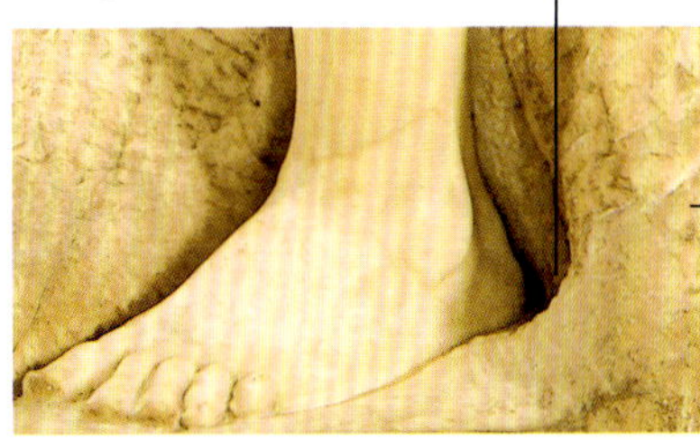

Detailansicht des Sklavenfußes

Bildhauerei 2

Modellierwerkzeuge

Modellierschlinge

Modellierholz

Wachsmodellierspatel

Runder Wachsmodellierspatel

Polierwerkzeug für Bronzeplastiken

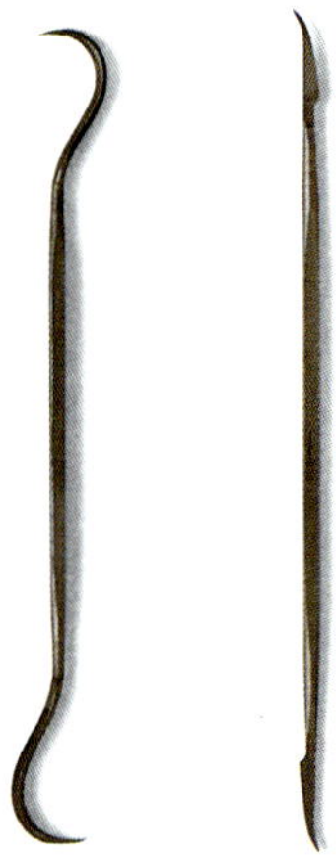

Hakenriffler **Spitzer Riffler**

Spirituslampe (zum Erhitzen von Wachsmodelliergerät)

Guss mit verlorener Form

Nachbildung des Mars von Giambologna (um 1546)

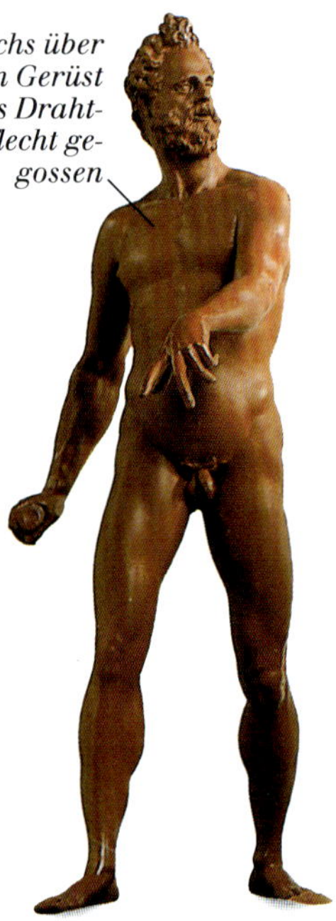

Originalmodell
Das Originalmodell aus festem Wachs bleibt erhalten, damit mehrere Abgüsse angefertigt werden können.

Hohle Wachsfigur
Nach dem Originalmodell entsteht ein hohles Wachsmodell mit Gipskern und Wachs-Ablaufkanälen. Nägel verhindern Verschiebungen.

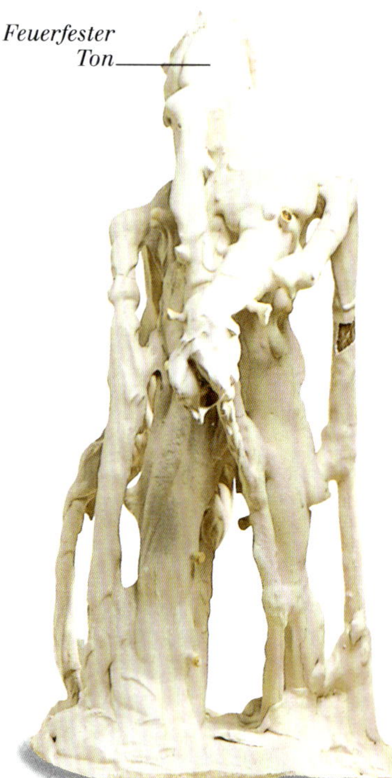

Brennen im Formmantel
Das Modell wird mit Ton ummantelt und gebrannt. Das schmelzende Wachs entweicht durch die Kanäle, in die dann flüssige Bronze gefüllt wird.

Modelliertisch mit Gerüst

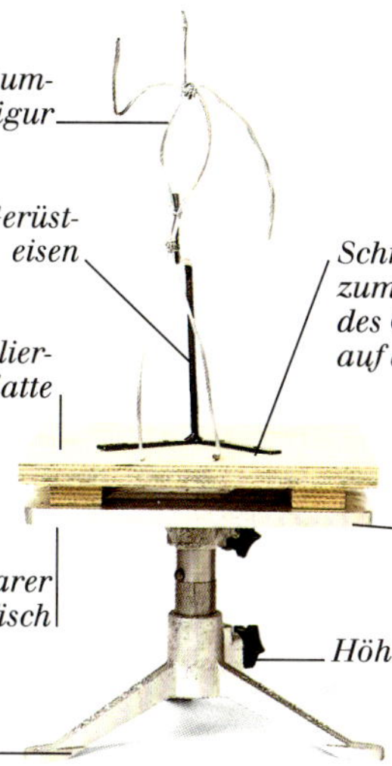

Beispiel für ein Tonmodell

Henry Moore: Madonna mit Kind (1943)
Terrakotta, Höhe: 18,4 cm

Vom Formmantel befreit
Ist die Bronze erkaltet, zerschlägt man den Formmantel. Bronzezapfen und Stäbe finden sich an der Stelle der Gußkanäle.

Letzter Schliff
Die Stütznägel werden herausgezogen und eine große Öffnung gebrochen, durch die der Gipskern entfernt wird. Nach Absägen der Kanalstäbe wird die Plastik glattgefeilt.

Endbehandlung
Das Werk wird gereinigt und poliert. Eine Behandlung mit Chemikalien sorgt für eine künstliche Patina (Dunkelfärbung).

Architektur

Das alte Ägypten 462
Griechenland 464
Das alte Rom 1 466
Das alte Rom 2 468
Mittelalterliche Gebäude 470
Mittelalterlicher Kirchenbau 472
Die Gotik 1 474
Die Gotik 2 476
Die Renaissance 1 478
Die Renaissance 2 480
Barock und Klassizismus 1 482
Barock und Klassizismus 2 484
Barock und Klassizismus 3 486
Bogen und Gewölbe 488
Kuppeln 490
Bauwerke des Islam 492
Südostasiatische Baukunst 494
Das 19. Jahrhundert 496
Frühes 20. Jahrhundert 498
Moderne Architektur 1 500
Moderne Architektur 2 502

Das alte Ägypten

Die Kultur des alten Ägyptens war etwa um 3100 v. Chr. in ihren wesentlichen Zügen ausgebildet und ging schließlich um 30 v. Chr. in der römischen Kultur auf. Altägypten ist berühmt für seine großartigen Tempel und Grabbauten. Dabei gehörten Symmetrie und Axialität zu den wichtigsten Prinzipien der ägyptischen Architektur. Die gewaltigsten Grabanlagen des Alten und Mittleren Reiches (2600–1700 v. Chr.) sind die Pyramiden. Nach dem Glauben der Ägypter waren sie sowohl komfortables „Wohnhaus" für den toten Pharao (König) als auch Abbild der jenseitigen Welt, in die der Verstorbene eintritt. Das höchste Heiligtum seit dem Mittleren Reich ist der Tempel des Amun-Re in Karnak. Grundprinzipien und Elemente des Tempelschemas finden sich hier gesteigert zu enormer Größe. Einzigartig ist vor allem der große Säulensaal (Hypostyl) mit dreischiffiger Grundordnung (unten und rechts). Größe und Pracht des Tempels sollten den Ruhm des Königs verewigen. Viele der von den Ägyptern verwendeten architektonischen Formen wurden später von anderen Kulturen übernommen, so z.B. die Säulen und Kapitelle von den Griechen (s.S. 464-465) und Römern (s.S. 466-469).

VORDERANSICHT DER HYPOSTYL, TEMPEL DES AMUN-RE

SEITENANSCICHT DES HYPOSTYL, TEMPEL DES AMUN-RE, KARNAK, ÄGYPTEN, CA. 1290 V. CHR.

Scheintür aus Kalkstein mit Hieroglyphen, Grabanlage des Königs Teti, Gise, Ägypten, ca. 2400 v. Chr.

Pflanzenkapitell aus der Ptolemäischen Periode, Ägypten, 332–330 v. Chr.

Altägyptischer Bauwerkschmuck

Verziertes Fenster, Medinet Habu, Ägypten, ca. 1198 v. Chr.

Seil- und Pateraformen als Dekorationsmotiv

Hathorkapitell aus dem Tempel der Isis, Philae, Ägypten, 283–247 v. Chr.

Friesschmuck mit Lotos und Papyrus

Griechenland

Die klassischen Tempel der Griechen wurden in dem Glauben errichtet, daß bestimmte Formen und Proportionen die Götter erfreuen. Die Griechen haben drei Ordnungen hervorgebracht, die sich in der Gestaltung von Säule, Kapitell und Gebälk unterscheiden: Die dorische ist die älteste; sie entstand im 7. Jh. im griechischen Mutterland, später findet sie sich auch in Unteritalien und Sizilien. Die dorische Säule hat keine Basis, das Kapitell besteht aus Echinus (wulstförmiger Ring) und Abakus (quadratische Deckplatte). Als klassisches Beispiel für diese Ordnung steht der hier gezeigte Poseidontempel, ein Hypäthral- (die Cella ist nicht überdeckt) bzw. Peripteraltempel (mit von einem Säulenkranz umgebener Cella). Das Hauptverbreitungsgebiet der ionischen Ordnung (ca. 6. Jh. v. Chr.) lag in den griechischen Kolonien Kleinasiens. Die ionische Säule steht auf einer Basis und hat ein Kapitell aus ornamentiertem Polster zwischen zwei schneckenförmig geschwungenen Voluten. Die korinthische Ordnung entwickelte sich im 5. Jh. v. Chr. in Athen. Sie entspricht der ionischen, nur daß das Kapitell aus einem Kranz von Akanthusblättern mit aufsteigenden Voluten besteht. Die römische Architektur übernahm im wesentlichen diese drei Ordnungen.

KAPITELLE DER DREI KLASSISCHEN GRIECHISCHEN ORDNUNGEN

Dorisches Kapitell, Propyläen (Eingangstor), Akropolis, Athen, 449 v. Chr.

Ionisches Kapitell, Propyläen, Athenatempel, Priene, ca. 334 v. Chr.

Korinthisches Kapitell einer Stoa (Portikus), vermutlich aus Kleinasien

POSEIDONTEMPEL, PAESTUM, ITALIEN, CA. 460 V. CHR.

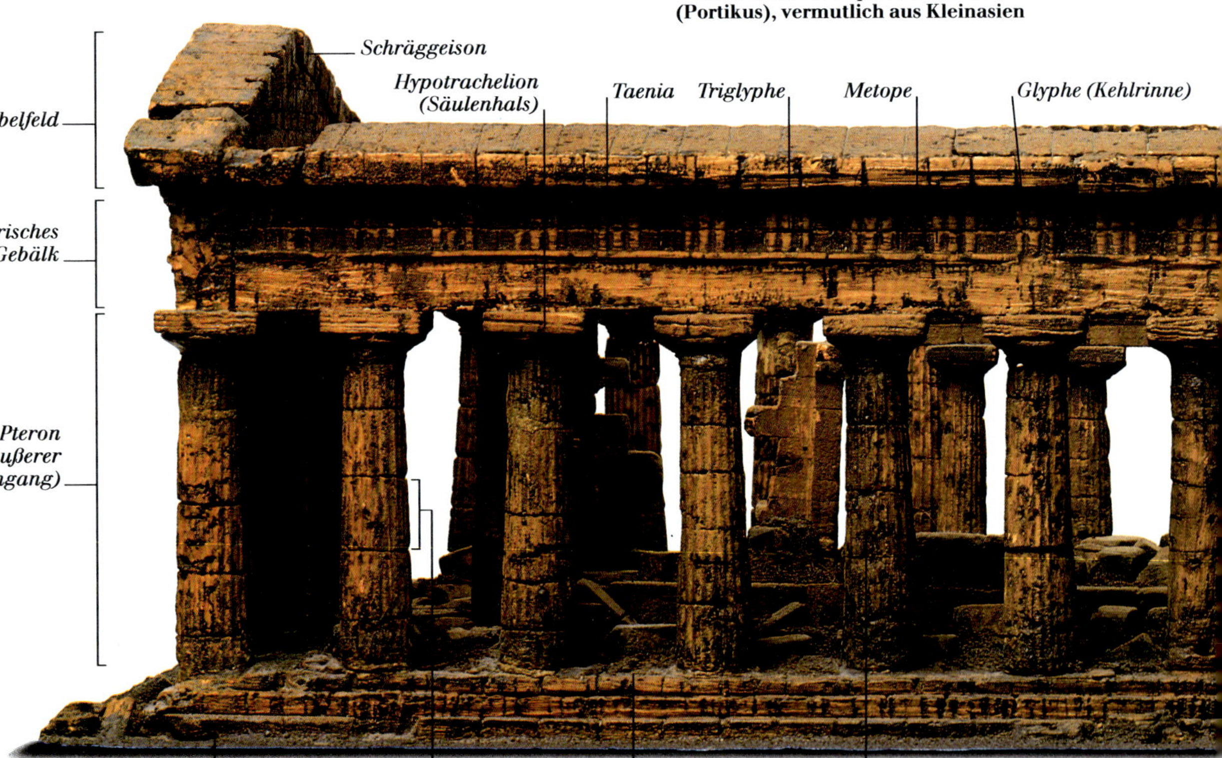

Aufsicht des Poseidontempels, Paestum

Antiker griechischer Bauwerkschmuck

Fassade, Schatzhaus des Atreus, Mykene, Griechenland, 1350–1250 v. Chr.

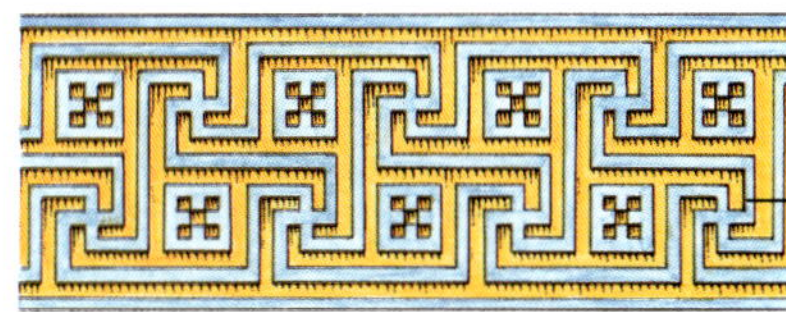

Gitterwerk, Parthenon, Athen, Griechenland, 447–436 v. Chr.

Akroterion, Aphaia-Heiligtum, Ägina, Griechenland, 490 v. Chr.

Antefix, Aphaia-Heiligtum, Ägina, Griechenland, 490 v. Chr.

Das alte Rom 1

Die Herkunft der römischen Architektur ist nicht völlig geklärt. Offenbar wurde sie aber stark von etruskischen und griechischen Vorbildern geprägt. Entsprechend der römischen Liebe für Pracht wurde die korinthische Ordnung (s.S. 464-465) für kunstvoll gestaltetes Gebälk und andere Ornamentik bevorzugt. Manche frühen römischen Bauten – so der Tempel der Vesta (s.S. 467) – waren griechischen Vorbildern noch sehr nahe. Ein eigener römischer Stil entwickelte sich seit dem 1. Jh. Besonders entfaltete er sich bei der Innenraumgestaltung mit einer Vorliebe für runde Formen, (Bögen, Gewölbe, Kuppeln) sowie reichdekorierte Wände. Einige dieser Merkmale sind im Pantheon zu sehen. Säulen – bei den Griechen das wichtigste Bauglied – haben am Außenbau oft nur dekorative und gliedernde Funktion, wie beim Kolosseum und der Porta Nigra (s.S. 468-469). Kleinere Häuser waren Holzbauten. Die Wände bestanden aus mit Lehm beworfenem Flechtwerk, wie in der Mühle (s.S. 468-469). Die Baukunst der Römer wurde für Jahrhunderte die Grundlage der Architekturentwicklungen. Ihre Prinzipien finden sich in der Romanik (s.S. 472-473) und der Renaissance (s.S. 478-479) wieder.

ANTIKER RÖMISCHER BAUWERKSCHMUCK

Girlande, Tempel der Vesta, Tivoli, Italien, ca. 80 v. Chr.

Reichverziertes römisches Eierornament

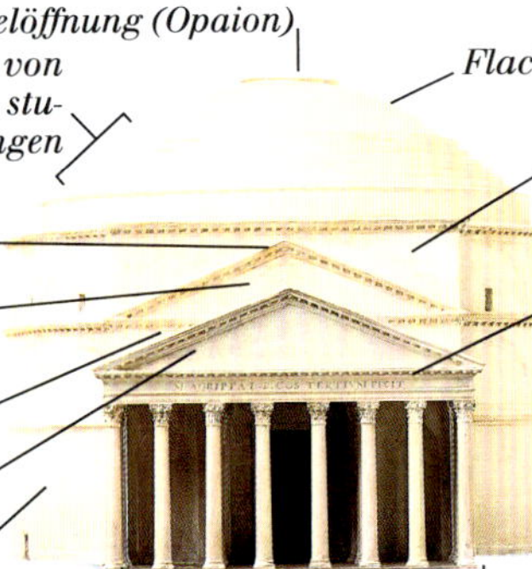

VORDERANSICHT DES PANTHEON

SEITENANSCICHT DES PANTHEON

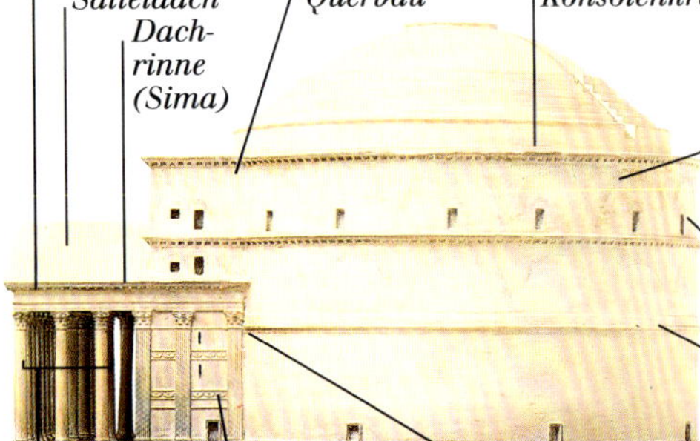

INNENANSICHT DES PANTHEON, ROM, ITALIEN, 118–CA. 128

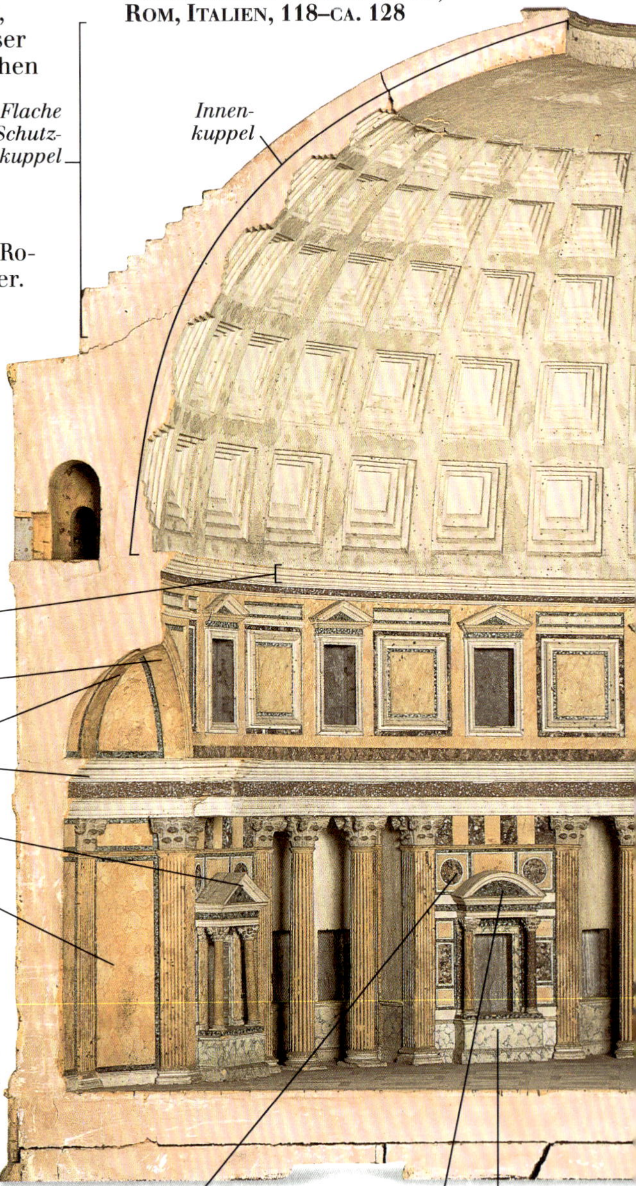

Fries, Trajansforum, Rom, Italien, 98–113

Schlußstein, Titusbogen, Rom, Italien, 81

Tempel der Vesta, Tivoli, Italien, ca. 80 v. Chr.

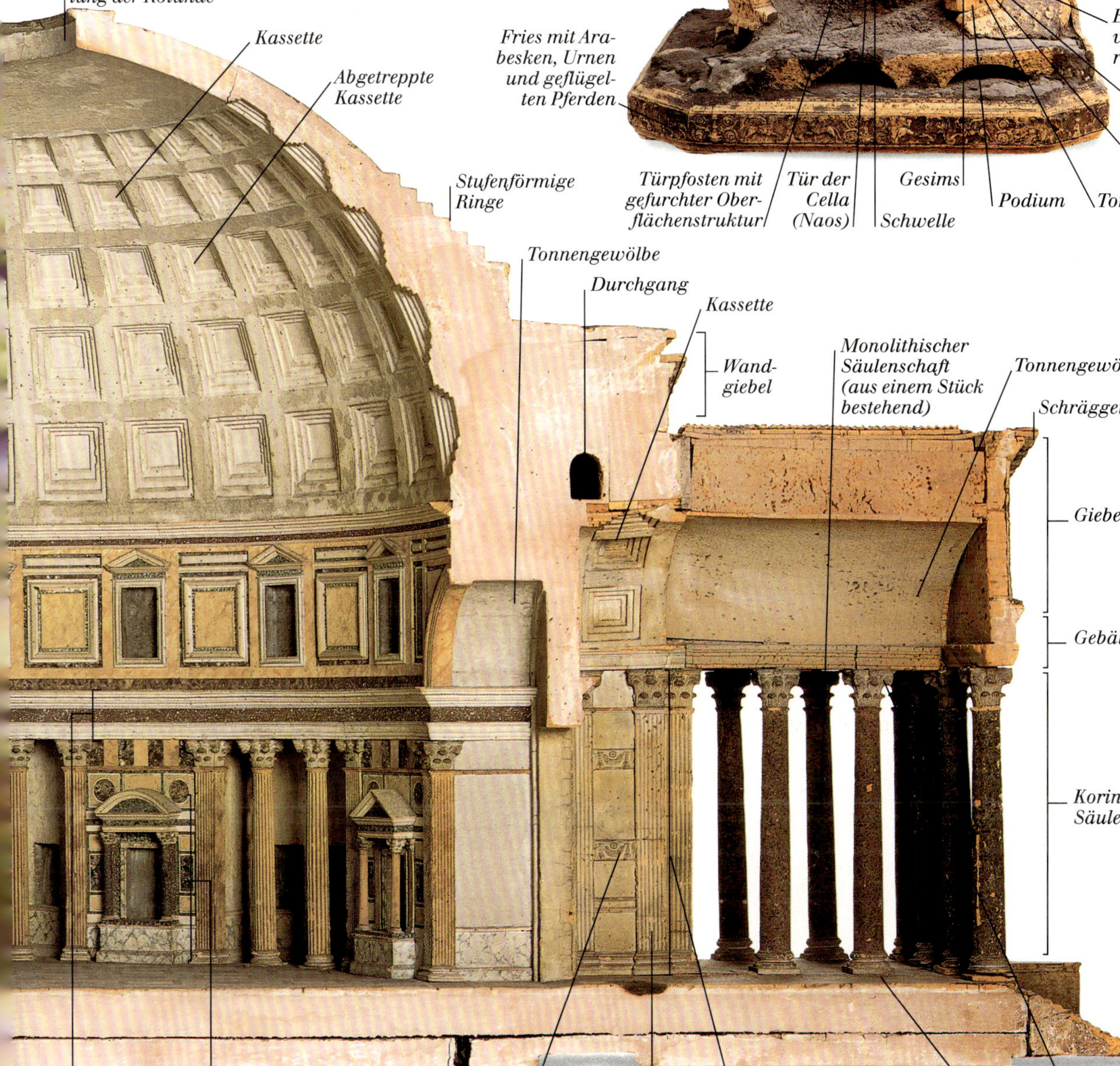

Das alte Rom 2

SEITENANSICHT EINER RÖMISCHEN MÜHLE

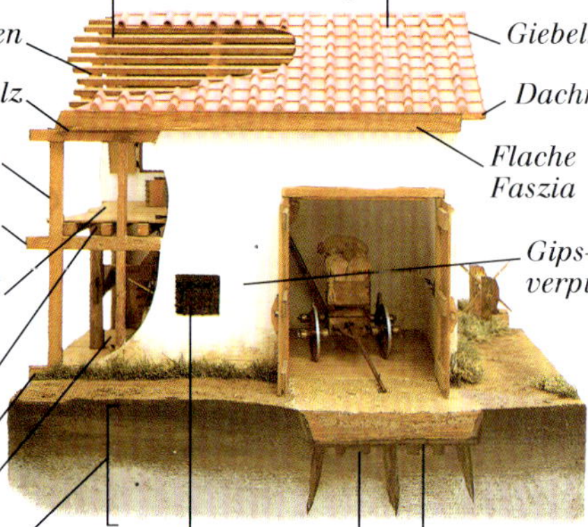

VORDERANSICHT EINER RÖMISCHEN MÜHLE, 1. JH. V. CHR.

DAS KOLOSSEUM (FLAVISCHES AMPHITHEATER), ROM, ITALIEN, 70–82

Porta Nigra, Trier, Deutschland, ca. 240–260

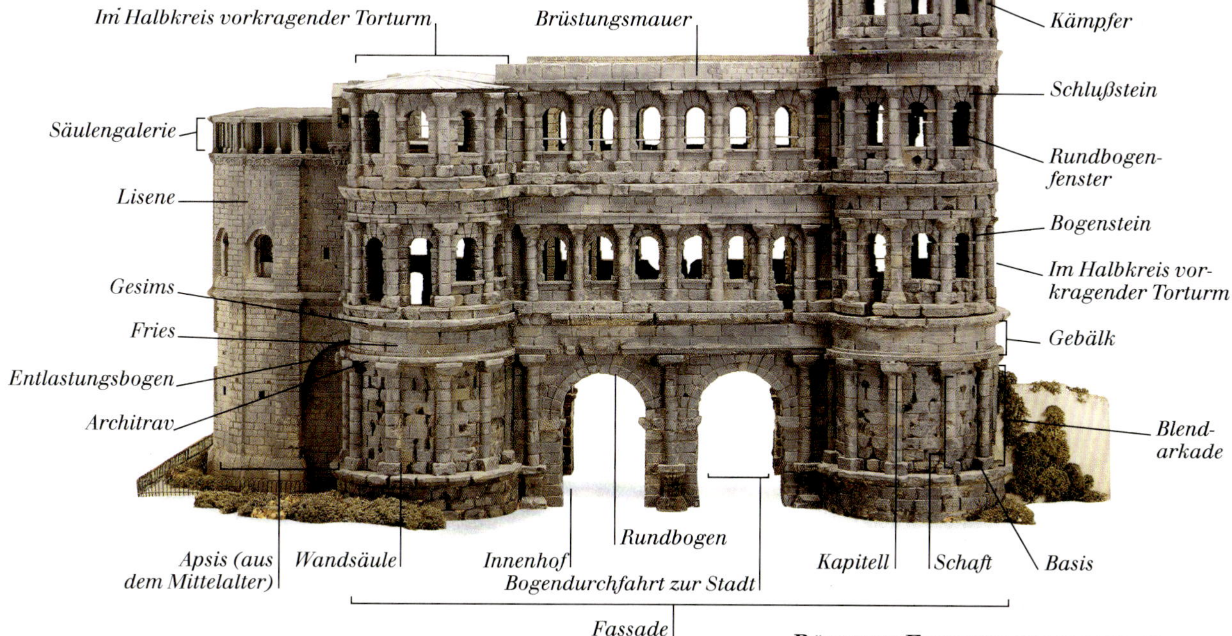

Römische Flechtwerktrennwand, 1. Jh. v. Chr.

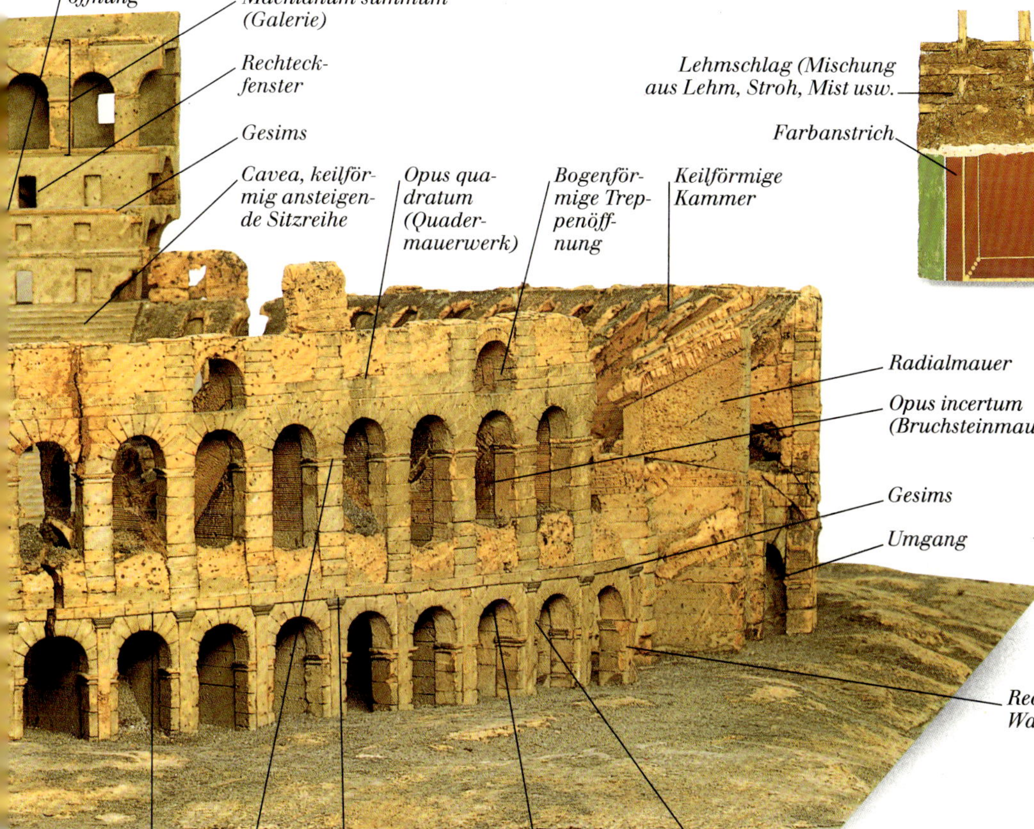

Mittelalterliche Gebäude

Kriege waren im Mittelalter an der Tagesordnung. Überall in Europa ließ der Adel daher massive Burgen zur Verteidigung und als sichere Wohnsitze bauen. Burghof und Gebäude waren in der Regel von einer starken Ringmauer (Zingel, Bering) umschlossen und häufig noch durch einen (wassergefüllten) Graben geschützt. Besonders stark war das Burgtor durch Zugbrücke und Fallgatter gesichert. Der wichtigste Bau der Burganlage war der wehrhafte Burgturm (Bergfried). In französischen Burgen enthielt der große Bergfried (Donjon) auch die Wohngemächer. Als Beispiel hierfür stehen der Tour de César und Coucy-le-Château. In Großbritannien gab es diesen Typ vereinzelt unter der Bezeichnung „hall-keep“ (z.B. Tower von London). Wohnhäuser bestanden meist aus einem Fachwerkgerüst (z.B. „cruck-frame“, unten), dessen Gefache mit Flechtwerk und Lehmschlag gefüllt waren.

DONJON, TOUR DE CESAR, PROVINS, FRANKREICH, 12. JH.

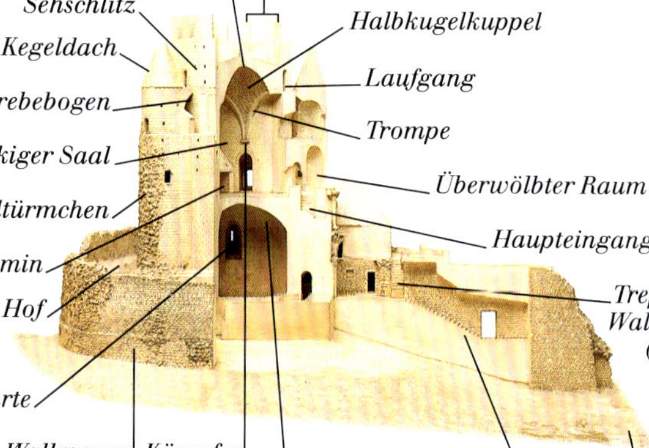

BERGFRIED, BURG CAERNARVON, GROSSBRITANNIEN, 1283–1323

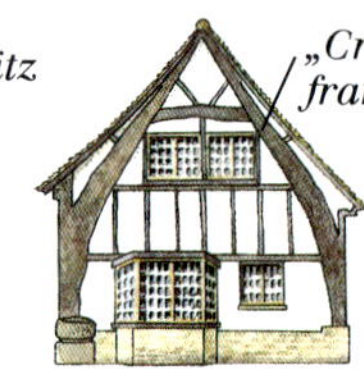

„CRUCK-FRAME“-HAUS, GROSSBRITANNIEN, CA. 1200

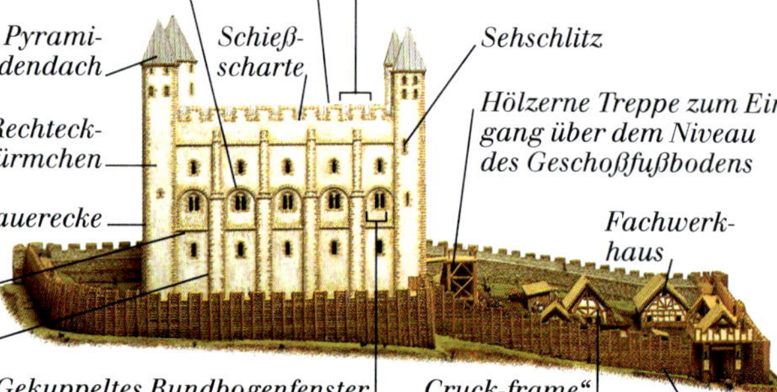

TOWER VON LONDON, GROSSBRITANNIEN, 1070

BASTILLE, PARIS, FRANKREICH, 14. JH.

London Bridge im Mittelalter, Grossbritannien, 1176

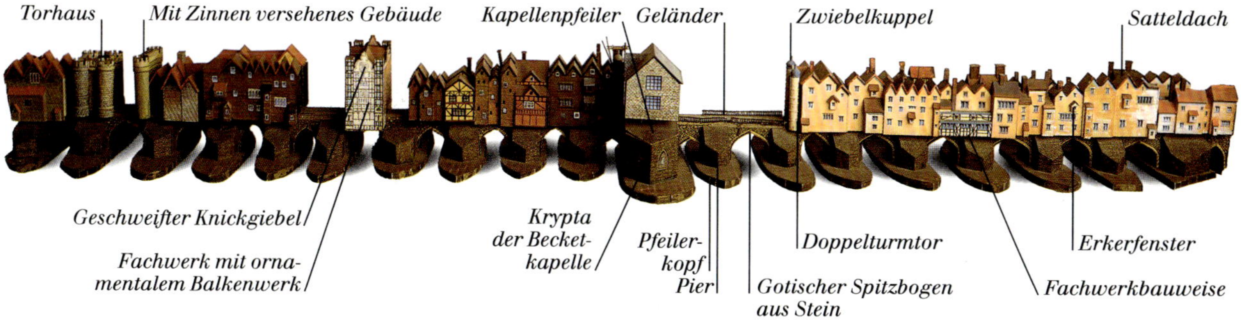

Donjon, Coucy-le-Chateau, Aisne, Frankreich, 1225–1245

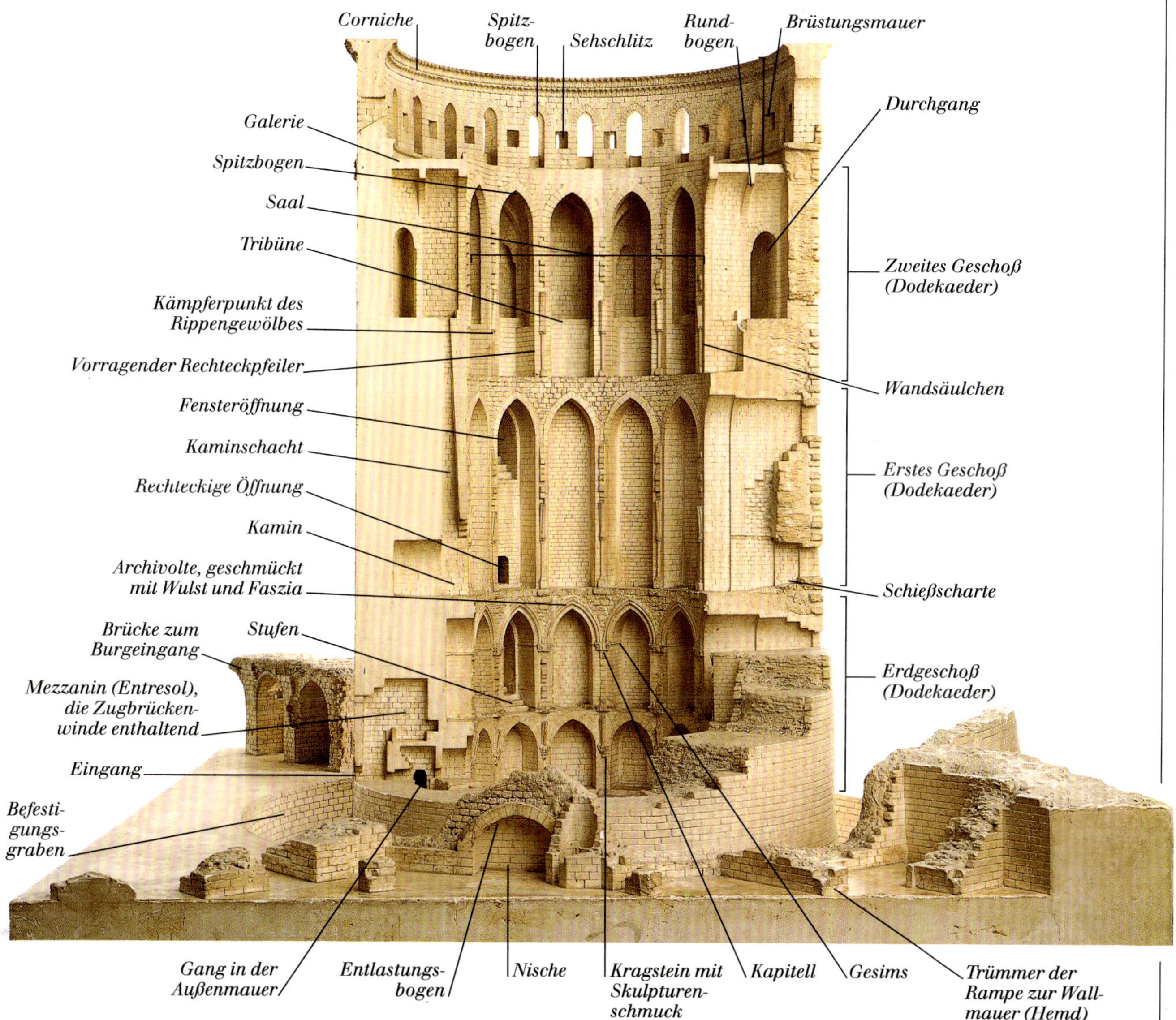

Mittelalterlicher Kirchenbau

ABTEIKIRCHE ST. FOI, CONQUES, FRANKREICH, CA. 1050–1130

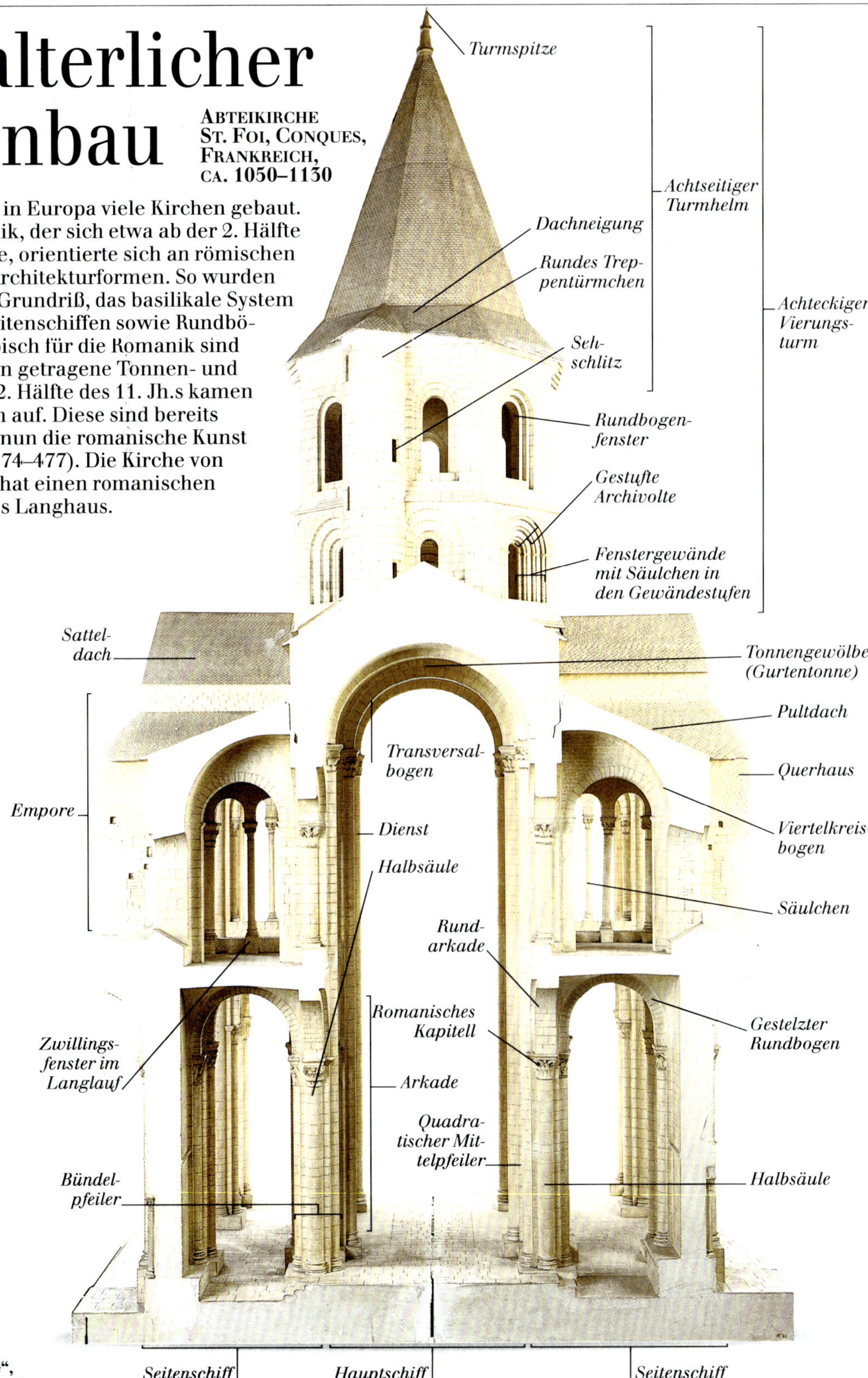

Im Mittelalter wurden in Europa viele Kirchen gebaut. Der Baustil der Romanik, der sich etwa ab der 2. Hälfte des 10. Jh.s entwickelte, orientierte sich an römischen und frühchristlichen Architekturformen. So wurden z.B. der kreuzförmige Grundriß, das basilikale System mit Mittelschiff und Seitenschiffen sowie Rundbögen übernommen. Typisch für die Romanik sind von Säulen und Pfeilern getragene Tonnen- und Kreuzgewölbe. In der 2. Hälfte des 11. Jh.s kamen Spitz- und Strebebögen auf. Diese sind bereits Formen der Gotik, die nun die romanische Kunst langsam ablöste (s.S. 474–477). Die Kirche von Bagneux (gegenüber) hat einen romanischen Turm und ein gotisches Langhaus.

BOSSENORNAMENT EINES KIRCHENDACHS, GROSSBRITANNIEN

ROMANISCHE KAPITELLE

„Die Flucht nach Ägypten", Kapitell, St. Lazare, Autun, Frankreich, 1120–1130

„Die Mystische Mühle", Kapitell, St. Madeleine, Vezelay, Frankreich, 1120–1140

Grundriss der Kathedrale von Angouleme, Frankreich, ca. 1105

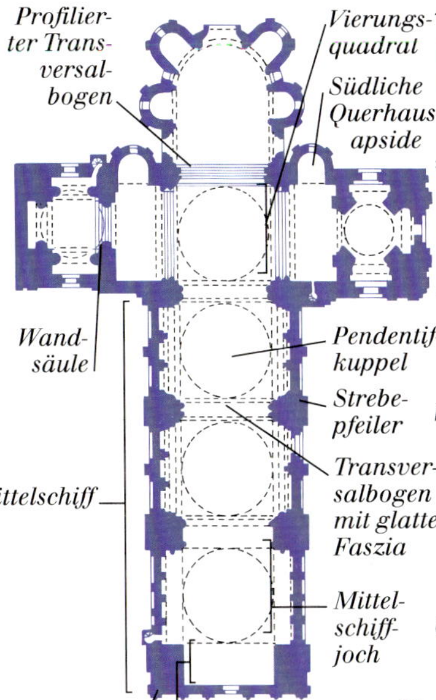

Chor, St. Serge, Angers, Frankreich, ca. 1215–1220

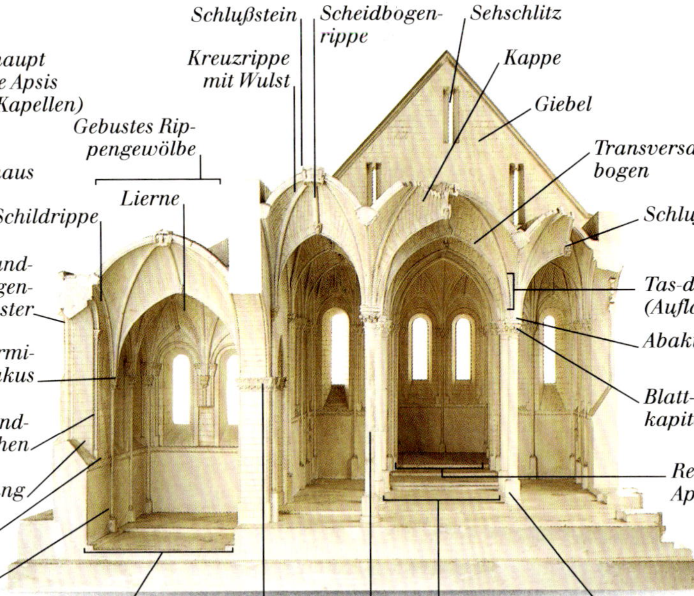

Kirche von Bagneux, Frankreich, 1170–1190

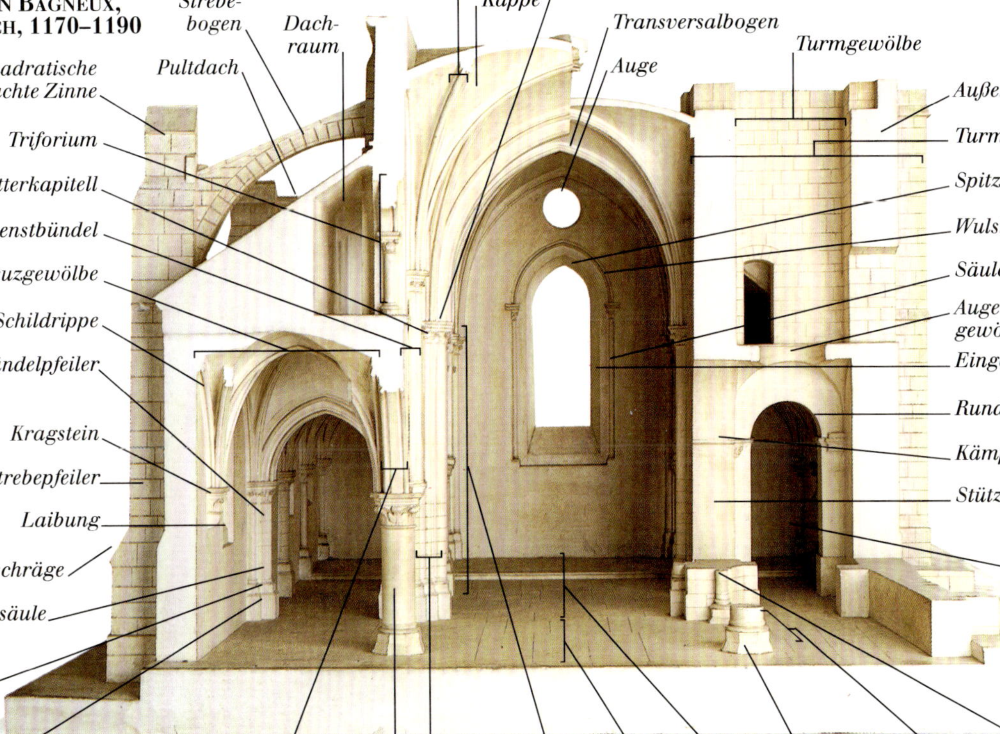

Gotik 1

Gotisches Ornamentglas auf Holzschalung, mit Blattwerk verziertes Schneckenmotiv

Auffallende Merkmale der gotischen Baukunst sind Spitzbögen in allen Varianten, die Betonung der Vertikalen und der Längsrichtung der lichten Innenräume sowie hohe, kunstvolle Rippengewölbe, die von Strebewerk gestützt werden, im Inneren von Pfeilern mit Diensten; am Außenbau nehmen Strebebögen und Strebepfeiler die starken Schubkräfte auf. Die Wände wirken leicht und filigran. Maßwerk ist das Bauornament der Gotik, welches die großen, oft bunt verglasten Fenster, aber auch Wände, Brüstungen u.a. schmückt. Die Gotik entstand in der ersten Hälfte des 12. Jh.s in Frankreich (s.S. 472-473) und trat von dort aus ihren Siegeszug durch ganz Europa an. In England, wo die Gotik sich zu einer Art Nationalstil entwickelte, entstand ein eigenes System von Bezeichnungen: dem Early English (Ende 12. bis 2. Hälfte 13. Jh.) folgte der Decorated Style (spätes 13. bis spätes 14. Jh.). Vor allem in Frankreich verbreitete sich der Flamboyant-Stil mit dem charakteristischen züngelnden Maßwerk. Diese Stilrichtungen sind im Turm der Kathedrale von Salisbury und im Treppenaufgang der Kirche St. Maclou (s.S. 476-477) verdeutlicht. Typisch für den Perpendicular Style (1330–1560) ist das Sprengwerk mit Bogenstreben.

Grundriss der Kathedrale von Salisbury

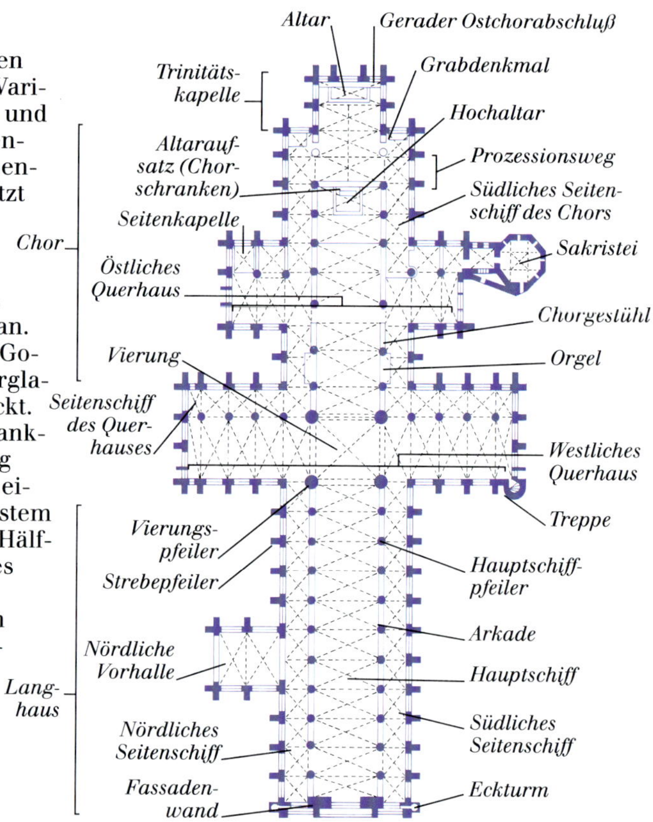

Gotische Rundleiste mit Ballenblumen

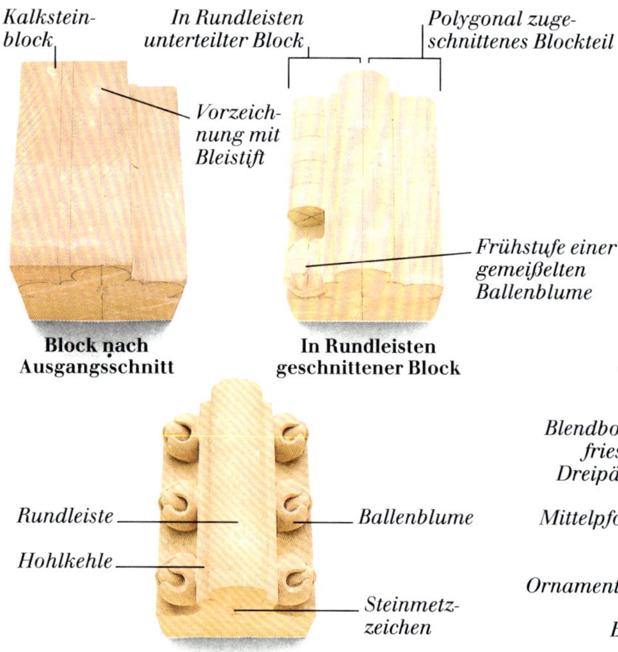

Block nach Ausgangsschnitt

In Rundleisten geschnittener Block

Fertiggestellter Block

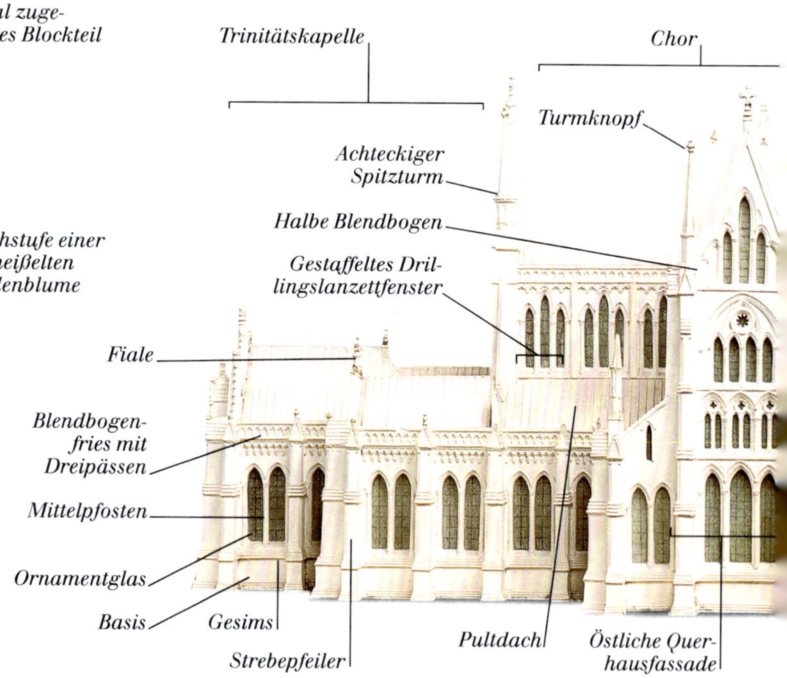

Nordseite, Kathedrale von Salisbury, Grossbritannien, 1220–1280 (Turm und Spitze im 14. Jh. ergänzt)

Westfassade, Kathedrale von Salisbury

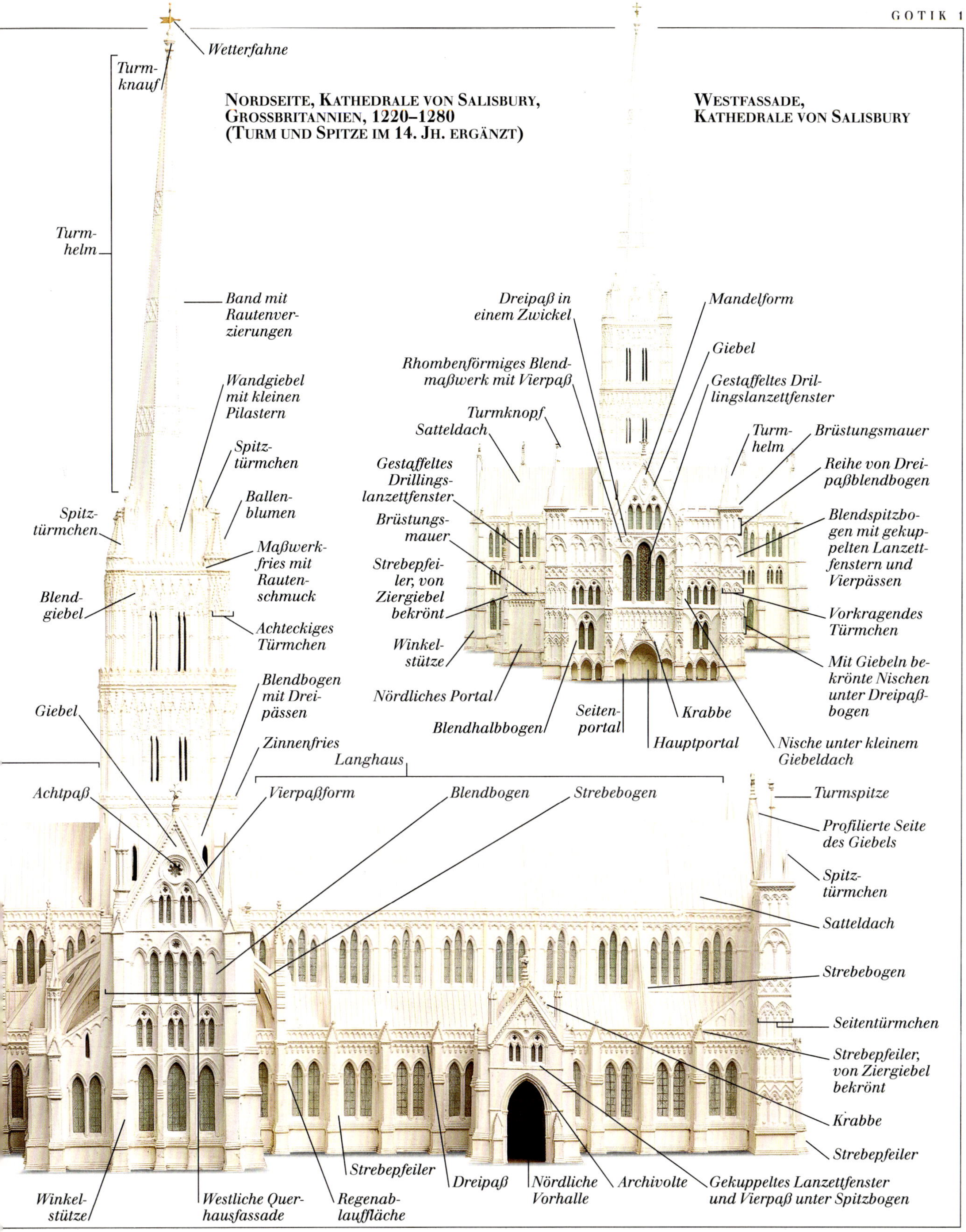

Gotik 2

Züngelndes Masswerk einer Balustrade, 14. oder 15. Jh.

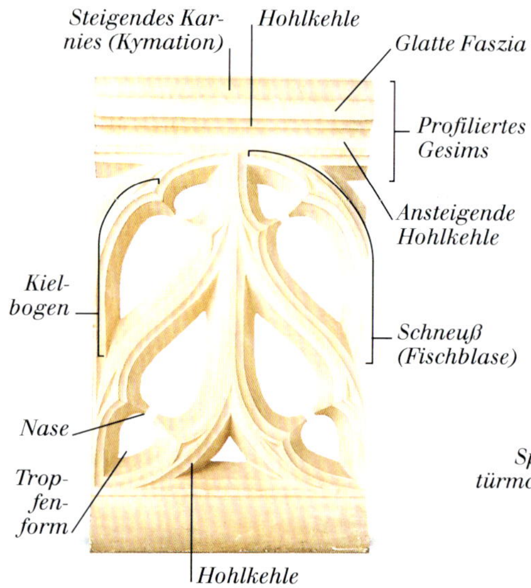

Wendeltreppe zur Orgel, St. Maclou, Rouen, Frankreich, ca. 1519

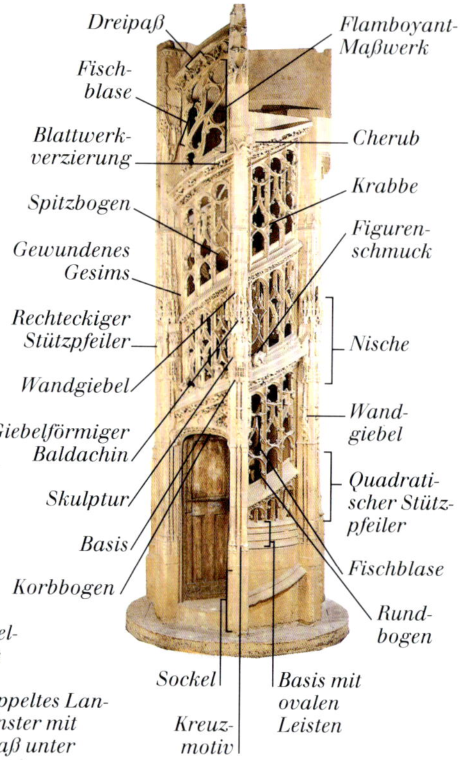

Turm und Teile von Hauptschiff und Chor, Old-St.-Paul's-Kathedrale, London, 1087–1666

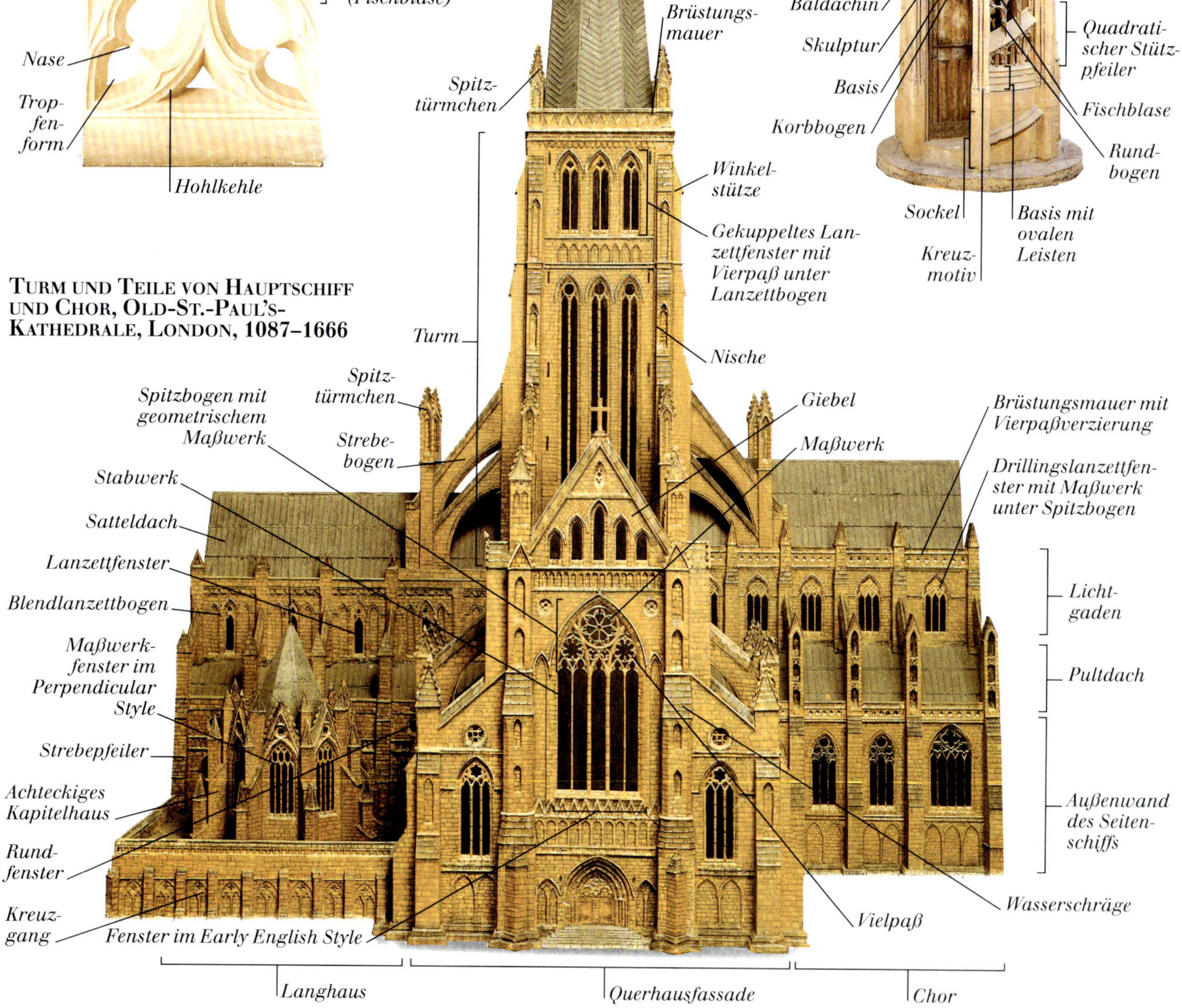

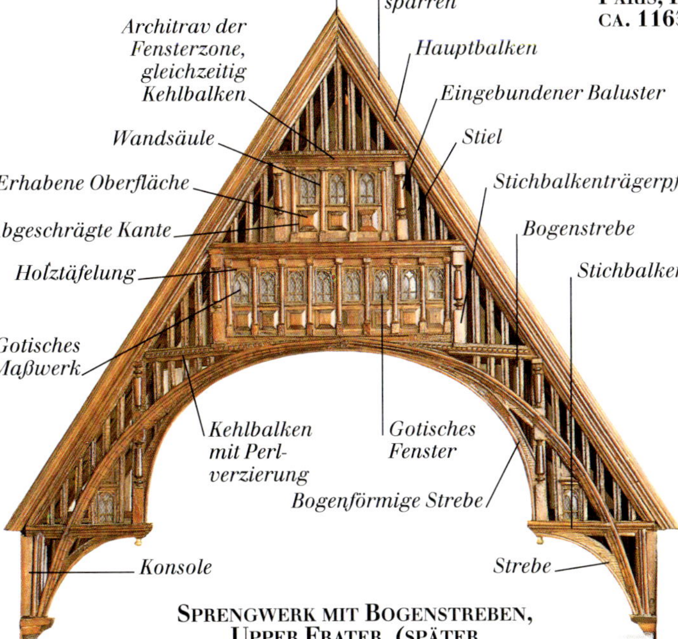

SPRENGWERK MIT BOGENSTREBEN, UPPER FRATER, (SPÄTER BLACKFRIARS' PLAYHOUSE), LONDON, GROSSBRITANNIEN, VERMUTLICH 14. JH.

STILMERKMALE DER GOTIK

Strebebogen über den Seitenschiffen, Mailänder Dom, Italien, ca. 1385–1485

Wasserspeier, Kirche von Horsley, Derbyshire, Großbritannien, ca. 1450

Sprengwerk mit Bogenstreben, St. Botolph, Norfolk, Großbritannien, 1360–1380

TURM UND QUERSCHIFFDACH, NOTRE-DAME, PARIS, FRANKREICH, CA. 1163–1250

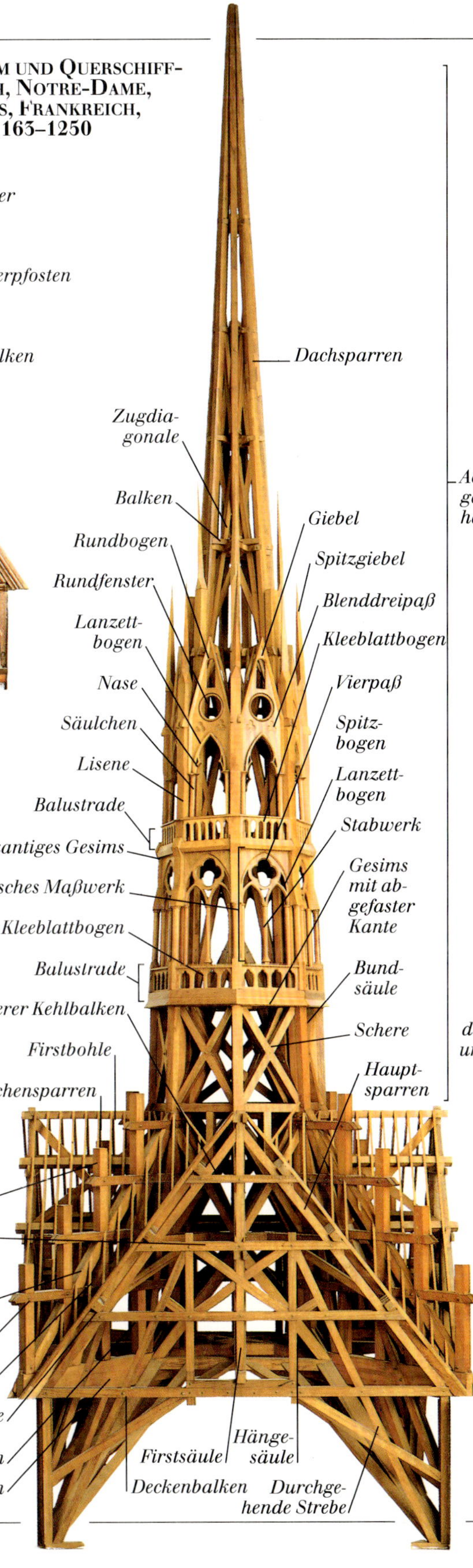

Renaissance 1

Die Renaissance ist eine europäische Kulturentwicklung, in der die Künste und Wissenschaften geradezu revolutionäre Veränderungen erlebten. Die Renaissancebaukunst (von etwa 1420 bis etwa 1600) war durch die Rückbesinnung auf die klaren, harmonischen Formen der Antike gekennzeichnet, so wie bei dem hier gezeigten Palazzo Strozzi in Florenz. Der Manierismus ist eine Kunstentwicklung zwischen Renaissance und Barock und bedeutet die bewußte Abkehr von der Klarheit des klassischen Ideals. Ein Beispiel ist die Biblioteca Laurenziana. Die italienische Renaissance hatte starken Einfluß auf die Architektur in ganz Europa, wie am Schloß Montal (s.S. 479-480) zu sehen ist. Viele dieser italienischen Bauformen wurden übernommen oder abgewandelt. Aber auch einheimische Traditionen spielten in Ländern außerhalb Italiens eine Rolle, sodaß der Stil regional oft einzigartig ist.

FASSADE ZUR PIAZZA, PALAZZO STROZZI

SEITENANSICHT DES PALAZZO STROZZI, FLORENZ, ITALIEN, 1489 (ARCHITEKTEN: G. DA SANGALLO, B. DA MAIANO UND LE CRONACA)

Details von italienischen Renaissancebauwerken

Vertäfelung des Kuppeltambours, Dom von Florenz, 1420–1436

Deckenfeld der Kuppel, Pazzikapelle, Florenz, 1429–1461

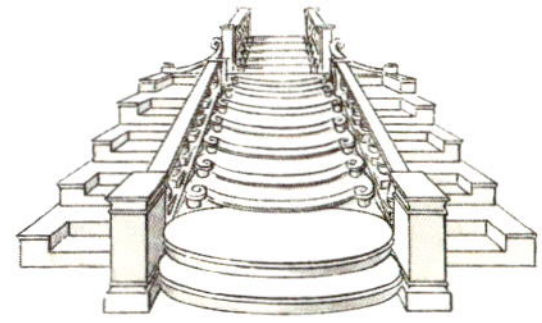

Treppenaufgang, Biblioteca Laurenziana, Florenz, 1559

Portikus, Villa Rotonda, Vicenza, 1567–1569

Renaissance 2

Details von europäischen Renaissance-bauwerken

Steinmauer, Mauerecken- und Muschelschmuck, Casa de las Conchas, Salamanca, Spanien, 1475–1483

Wendeltreppenturm, Schloß Blois, Frankreich, 1514–1530

Konische Kuppel, Schloß Chambord, Frankreich, 1519–1547

Schornsteinpaar, Schloß Fontainebleau, Frankreich, 1528

Nordflügel, Schloss Montal, Lot, Frankreich, 1523

Treppenaufgang des Nord-Flügels, Schloss Montal

Glockenturm, St. Eustache, Paris, Frankreich, 1532–1640

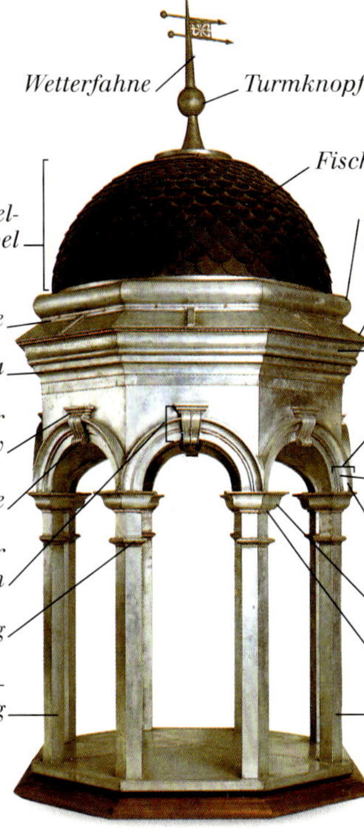

Globe Theater, London, Grossbritannien, 1599

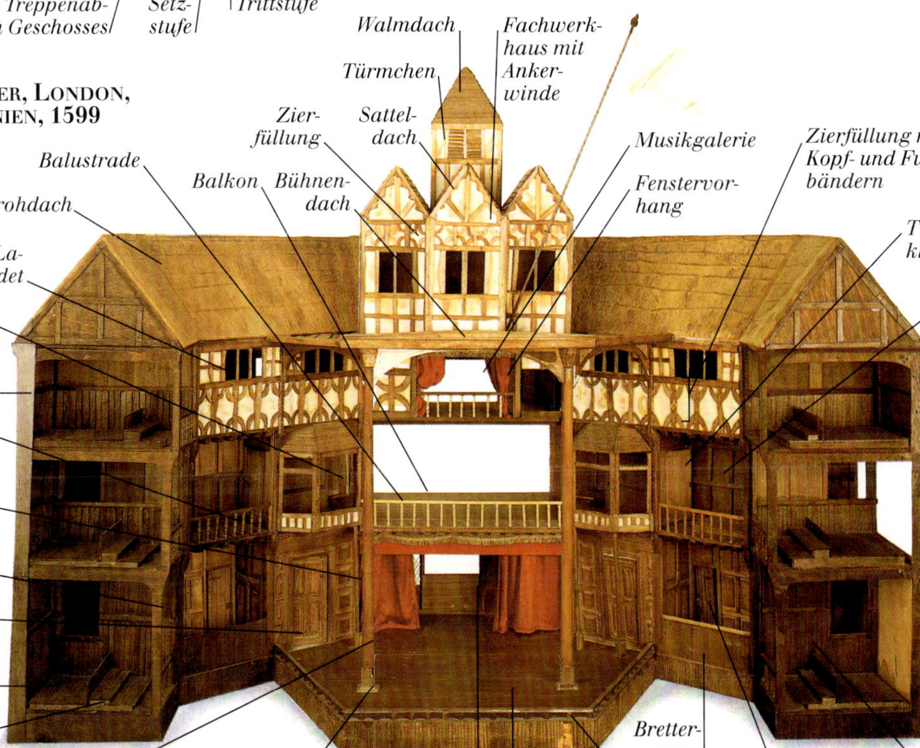

Barock und Klassizismus 1

Die Barockarchitektur entstand im 17. Jh. in Italien und verbreitete sich von hier aus über ganz Europa, wobei sich jedoch nationale Sonderformen herausbildeten. In Deutschland, Spanien, Frankreich, den südlichen Niederlanden und Großbritannien wurde der Barock jeweils von einheimischen Künstlern geprägt. Hauptkennzeichen des Barocks sind schwellende, kraftvolle plastische Formen, wie in den Details (rechts) zu sehen ist, die Vorliebe für geschwungene Linien (auch im Grundriß) und komplexe Raumkompositionen. Die britischen Architekten Christopher Wren und Nicholas Hawksmoor übernahmen Stilelemente des Barocks z.B. in der St.-Paul's-Kathedrale und in der Kirche St. George in the East (s.S. 484-485). In der zweiten Hälfte des 18. Jh.s entstand als Gegenbewegung zu den überschwenglichen Formen des Barocks der Klassizismus (auch Neoklassizismus), der sich wieder auf die klaren Formen und die strengen Gliederungen der Antike besann. Typisch für diesen Stil waren Kirchen wie die Madeleine (Fassadenentwurf unten) oder Profanbauten wie der Cirque Napoléon (gegenüber) und die Bauwerke des britischen Architekten Sir John Soane (s.S. 486-487). Im frühen 18. Jh. entwickelte sich in Frankreich der Stil des Rokokos, bei dem die Schwere und Üppigkeit des Barock zu verspielten Dekorationen und kleinteiligen, grazilen Formen abgewandelt wurde. Der Balkon in Nantes (s.S. 486-487) ist typisch für diesen Stil.

DETAILS ITALIENISCHER BAROCKKIRCHEN

Strebepfeiler mit Rollmotiv, S. Maria della Salute, Venedig, Italien, 1631–1682

Darstellung der Verzückung der hl.Theresa, S. Maria della Vittoria, Rom, Italien, 1645–1652

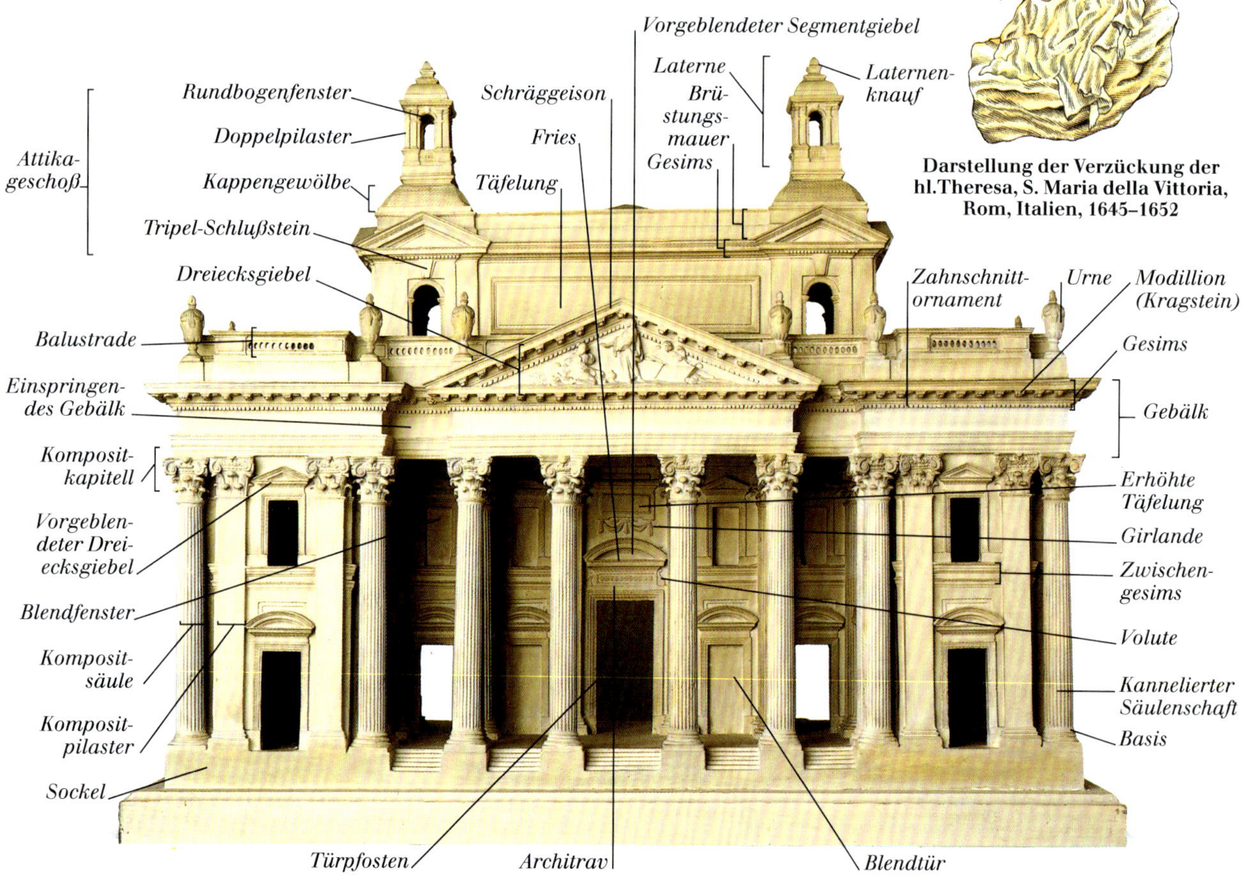

FASSADENENTWURF, MADELEINE, PARIS, FRANKREICH, 1764 (ARCHITEKT: P. CONSTANT D'IVRY)

CIRQUE NAPOLEON (KLASSIZISMUS), PARIS, FRANKREICH, 1852 (ARCHITEKT: JACQUES-IGNACE HITTORFF)

Außenansicht

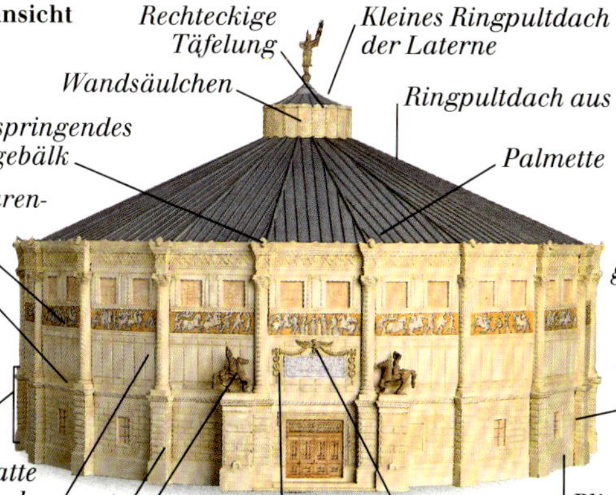

Innenansicht

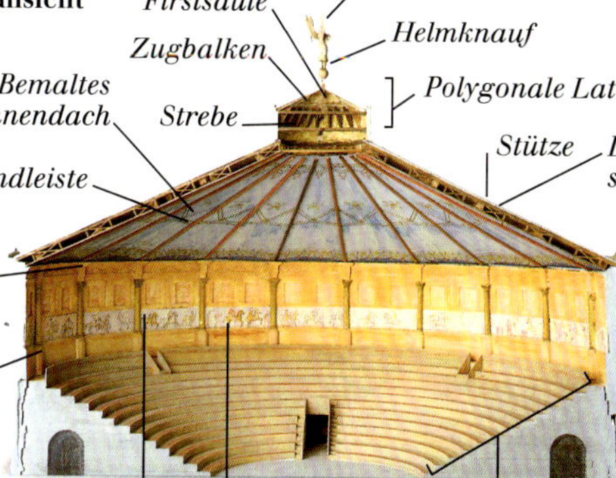

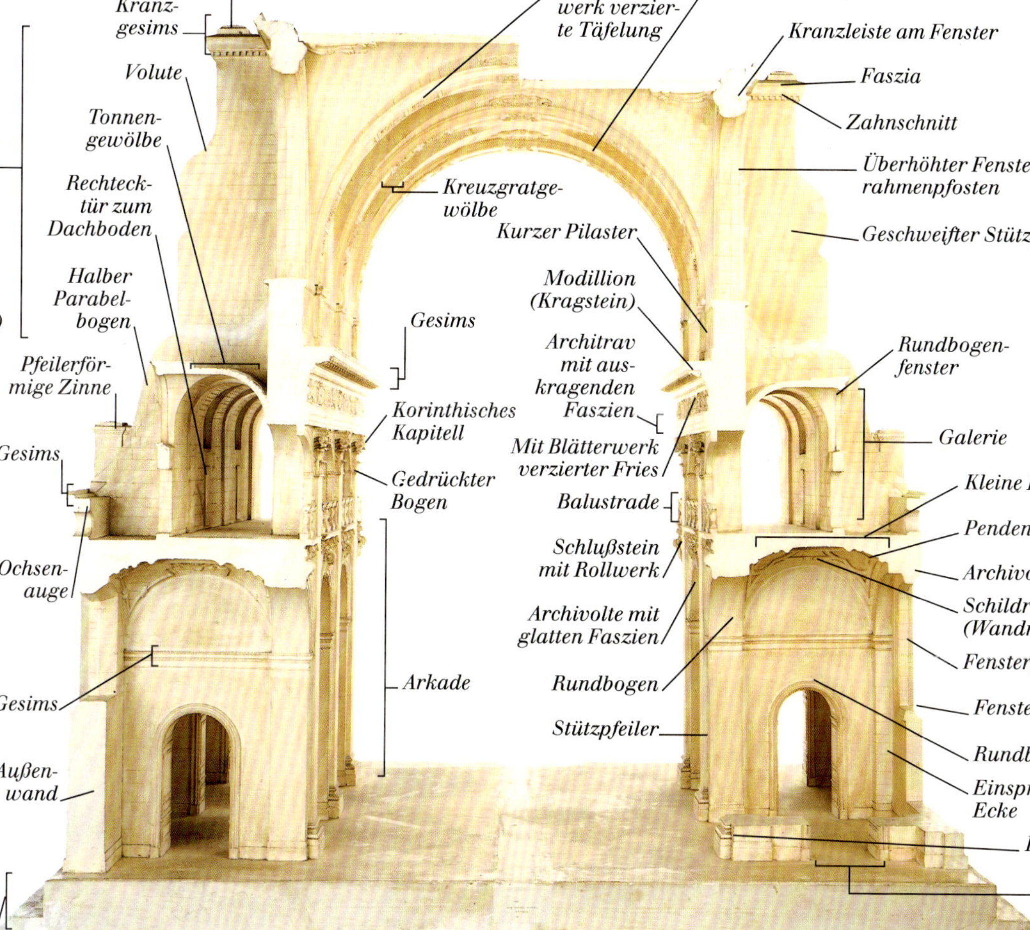

LANGHAUS, ST. PAUL – ST. LOUIS (FRANZ. BAROCK), PARIS, FRANKREICH, 1627 (ARCHITEKT: E. MARTELLANGE)

Barock und Klassizismus 2

Arabeske

Lorbeergirlande

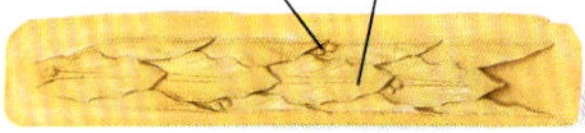

Patera

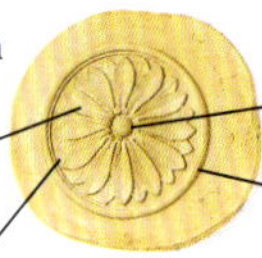

SCHMUCKLEISTEN ENGLISCHER KLASSIZISMUSBAUTEN

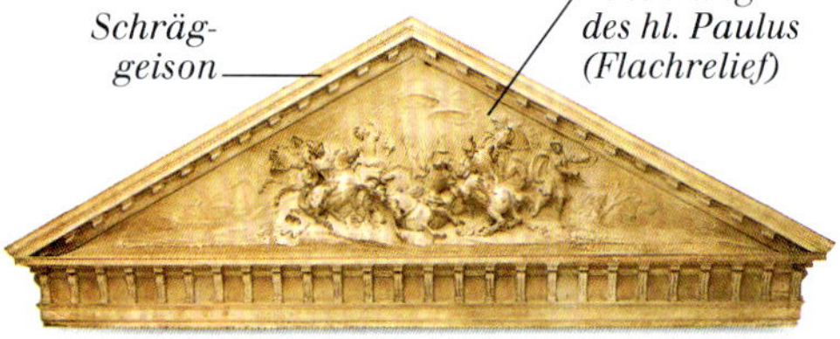

DREIECKSGIEBEL, WESTFASSADE DER ST.-PAUL'S-KATHEDRALE

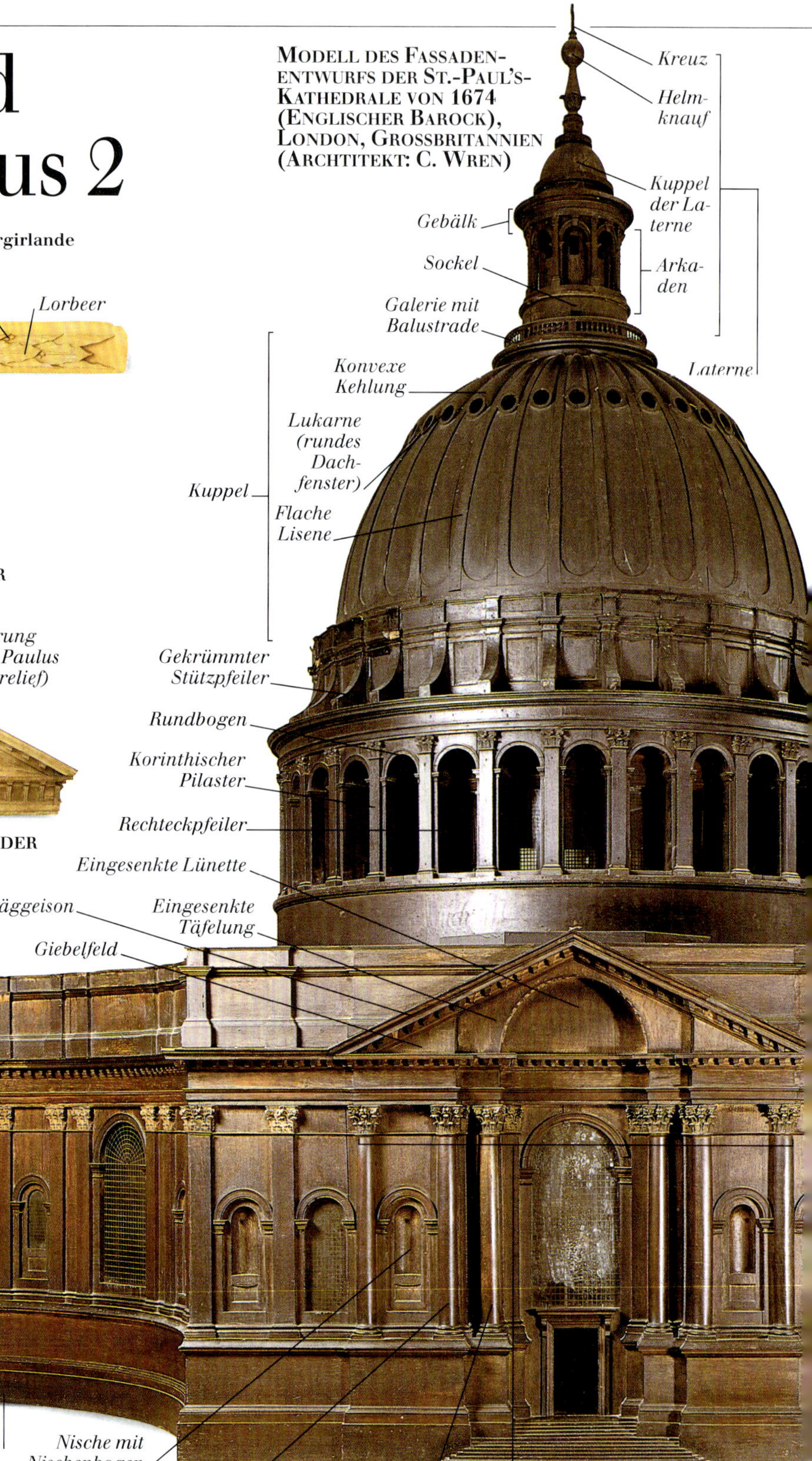

MODELL DES FASSADENENTWURFS DER ST.-PAUL'S-KATHEDRALE VON 1674 (ENGLISCHER BAROCK), LONDON, GROSSBRITANNIEN (ARCHTITEKT: C. WREN)

St. George in the East (Englischer Barock), London, Großbritannien (Architekt: N. Hawksmoor)

Südseite

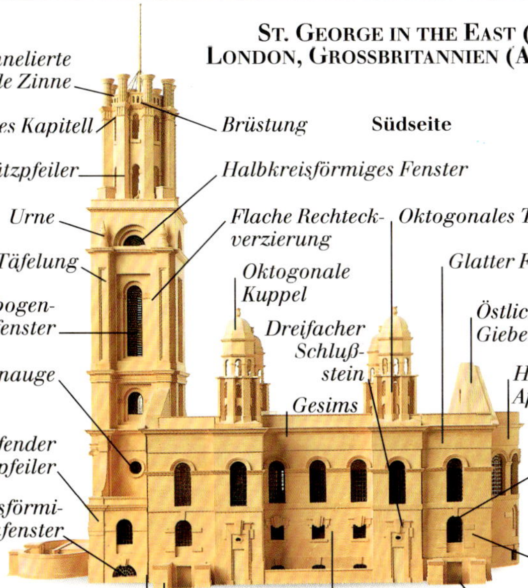

Westfassade

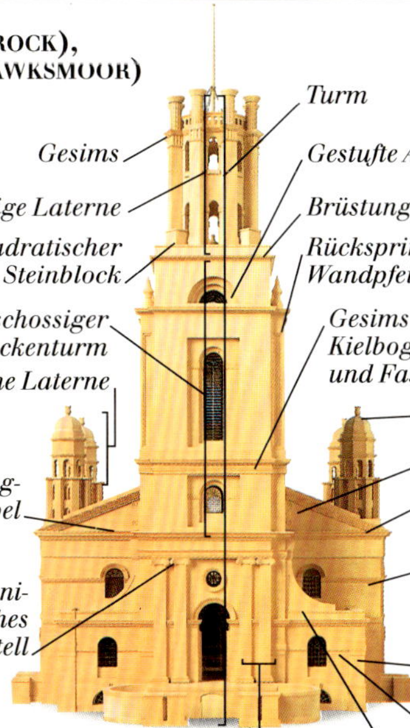

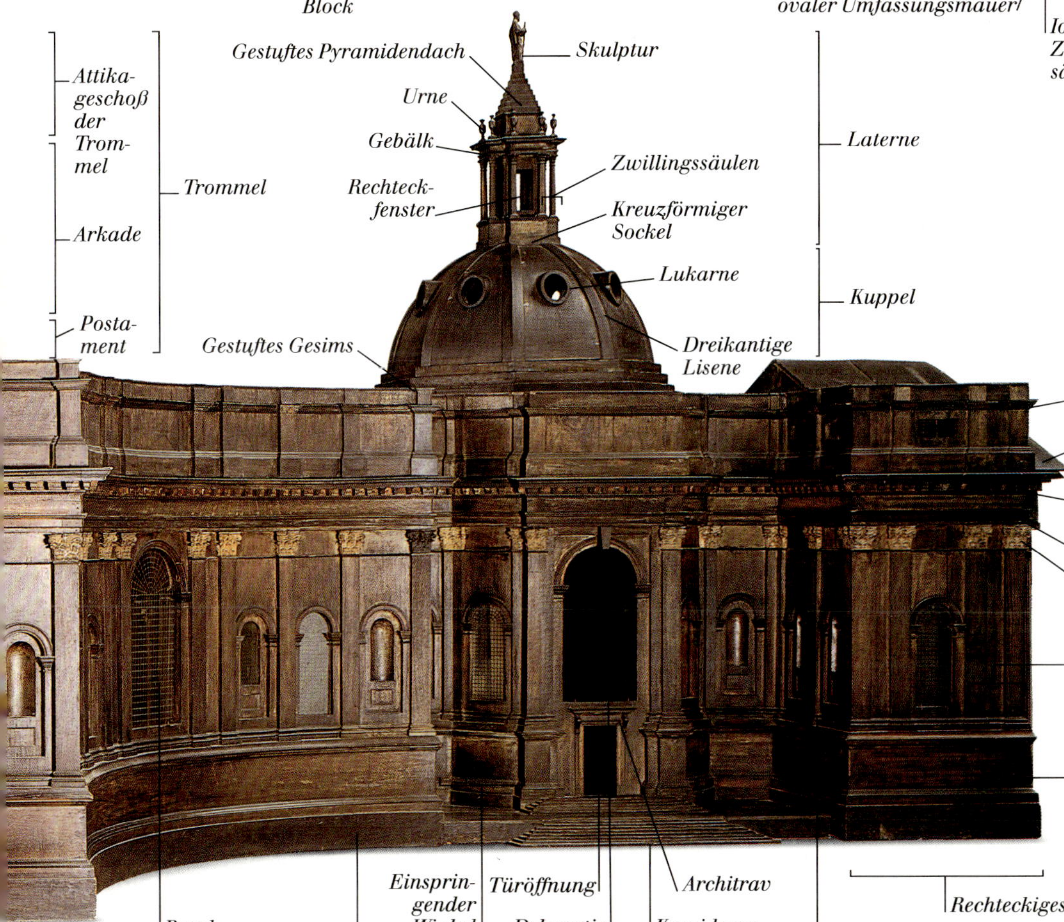

Barock und Klassizismus 3

Details von Barock-, Klassizismus- und Rokokobauwerken

Portikus, Vyne, Hampshire, Großbritannien, 1654 (Klassizismus)

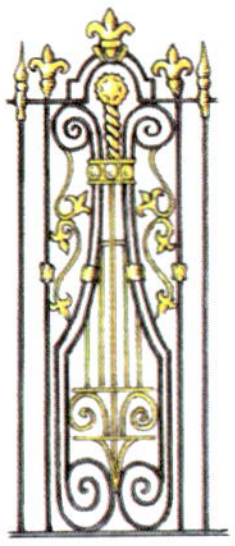

Vergoldete Eisenbeschläge einer Gitterwand, Schloß von Versailles, Frankreich, 1669-1674 (Französischer Barock)

Fenster, Palazzo Stanga, Cremona, Italien, frühes 18. Jh. (Rokoko)

Atlas, Oberes Belvedere, Wien, Österreich , 1721 (Deutscher Barock)

Balkon, Nantes, Frankreich, 1730-1740 (Rokoko)

Mauerwerk einer Nische der Rotunde (Klassizismus), Bank of England, London, Großbritannien, 1794

Ecke des New State Paper Office (Klassizismus), London, Grossbritannien, 1830-1831

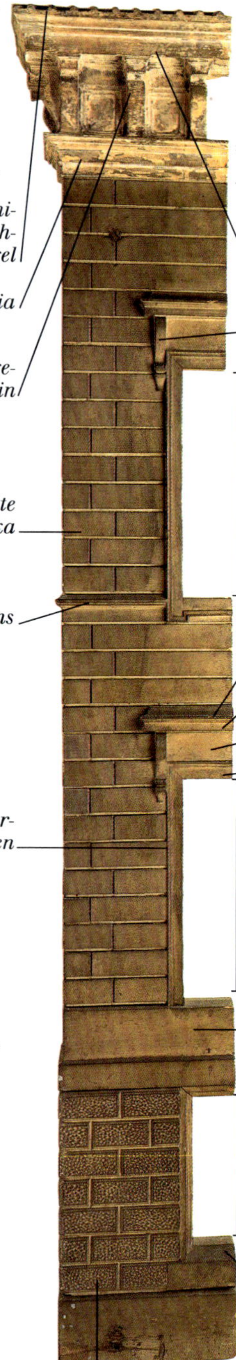

Tyringham House (Klassizismus), Buckinghamshire, Grossbritannien, 1793–1797 (J. Soane)

Dachgeschoß (Attikageschoß)

Erstes Geschoß (Wohngeschoß)

Erdgeschoß (Hauptgeschoß)

Fassade des Tyringham House

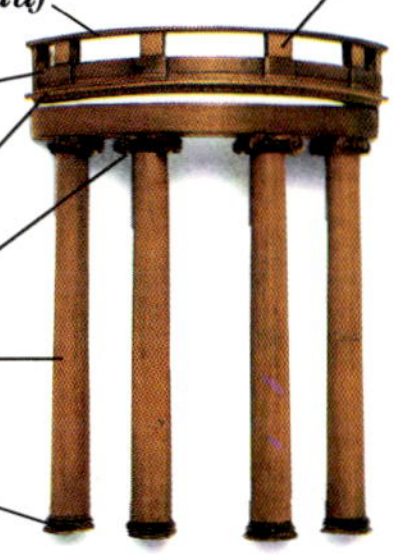

Säulengang der Säulenvorhalle

Bogen und Gewölbe

Außer zur Überspannung von Öffnungen dienen Bögen der Entlastung von Bauteilen, z.B. für die Kuppel der St.-Paul's-Kathedrale (unten) oder der des antiken Tempels (gegenüber), zur Vergrößerung der Standfläche auf schlechtem Baugrund, zur Ableitung von Schubkräften, zum Überdecken, Gliedern und Unterteilen von Innenräumen und zur Gliederung von Wandflächen (Blendbogen, Wandbogen). Ein Gewölbe ist ein gerundeter oberer Abschluß eines Raums. Wie gegenüber gezeigt, gibt es mehrere Gewölbeformen. Die einfachste Form eines Gewölbes ist das Tonnengewölbe. Die Durchdringung zweier gleich hoher Tonnengewölbe ergibt ein Kreuzgewölbe. Wegen der dabei entstehenden Grate heißt diese Form auch Kreuzgratgewölbe. Sind die Grate durch Rippen verstärkt, die die Lasten des Gewölbes aufnehmen, so hat man ein Kreuzrippengewölbe. Beim Fächergewölbe strahlen zahlreiche Rippen von der Stütze bzw. vom Scheitel aus.

TEILE EINES BOGENS

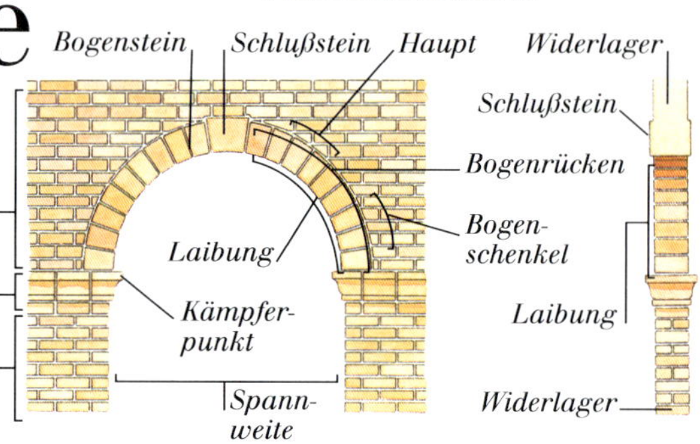

Vorderansicht

Seitenansicht

BOGEN UND BASIS DER KUPPEL, ST.-PAUL'S-KATHEDRALE, LONDON, 1675-1710 (C. WREN)

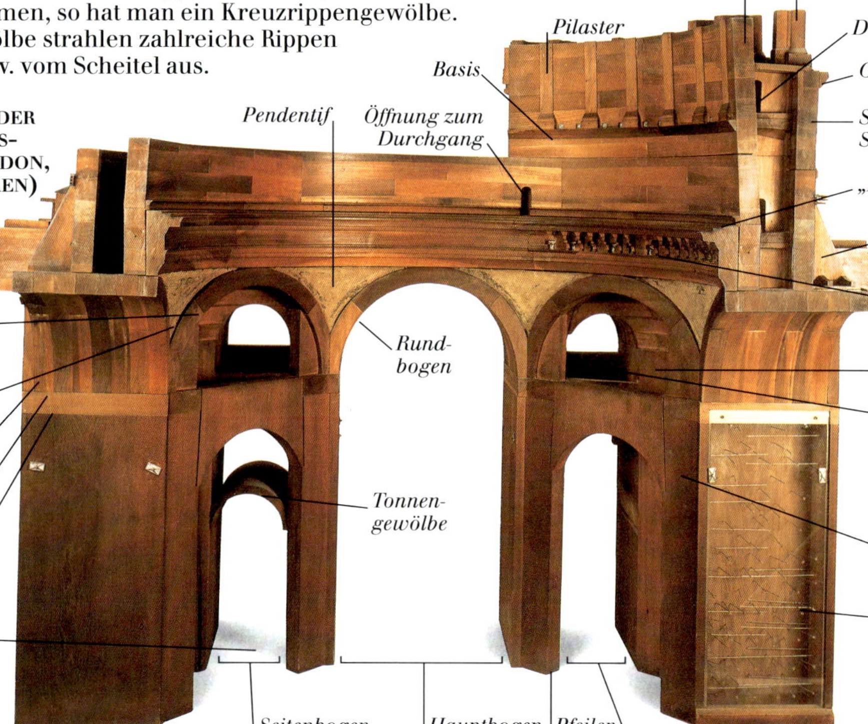

BOGENFORMEN

Hufeisenbogen (Maurischer Bogen), Große Moschee, Cordoba, 785

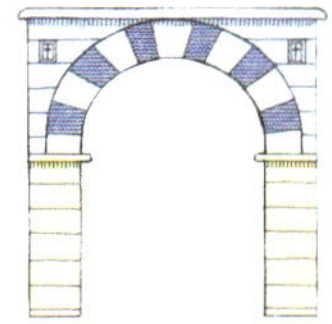

Korbbogen, Pfalzkapelle, Aachen, 790-798

Tudorbogen, Tower von London, ca. 1086-1097

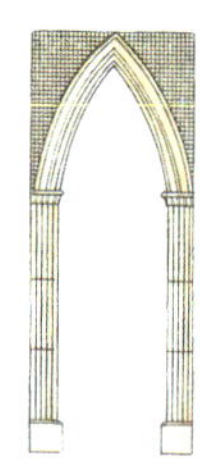

Lanzettbogen, Westminster Abbey, London, 1503-1519

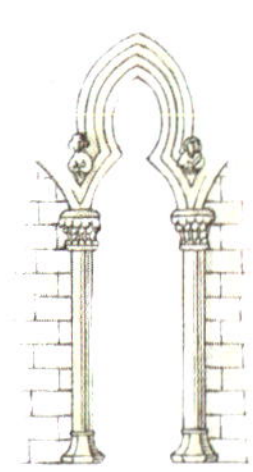

Kleeblattbogen, Kirche von Beverley, Yorkshire, ca. 1300

Gewölbeformen

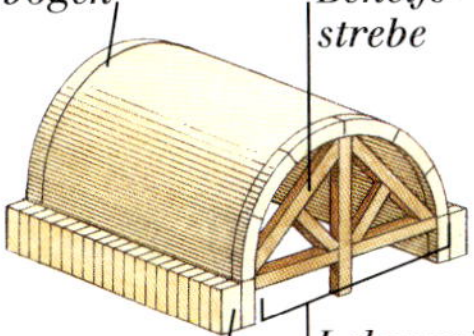

Tonnengewölbe (Rundtonne)

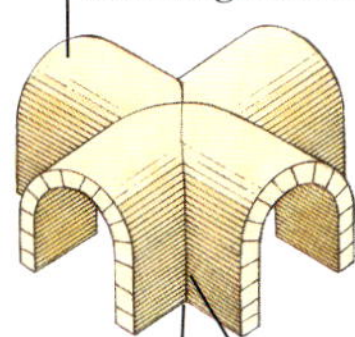

Kreuzgratgewölbe

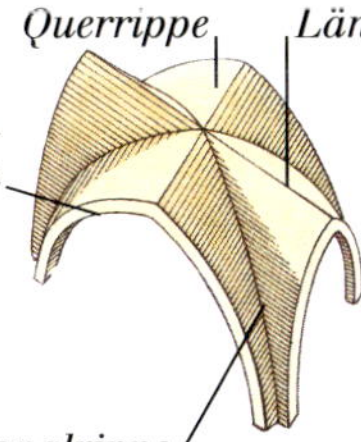

Kreuzrippengewölbe

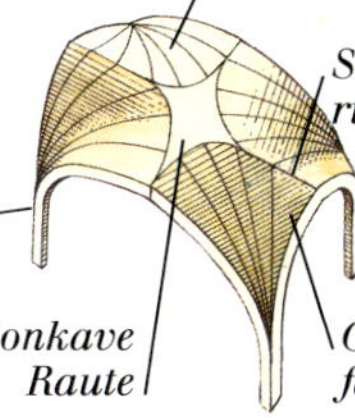

Fächergewölbe

Kompositmodell eines antiken französischen Tempels

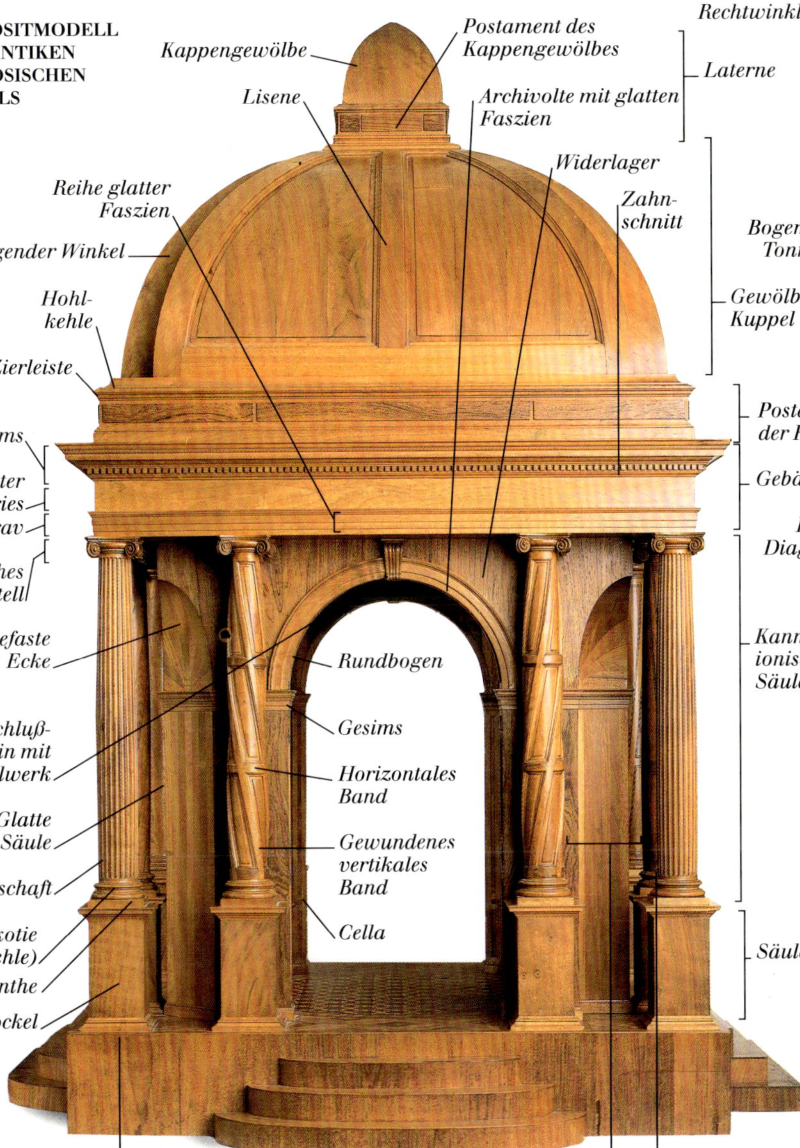

Englischer Verband eines Kreuzgrat- und Rippengewölbes

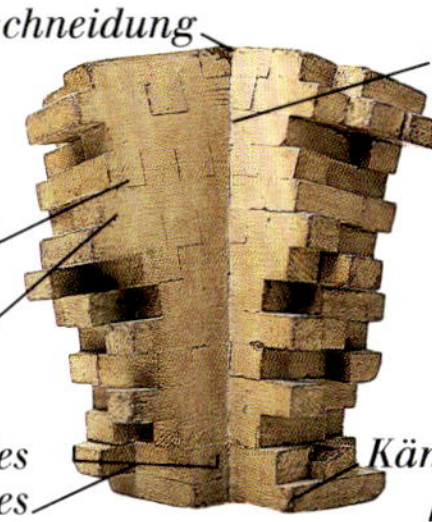

Rücken eines Kreuzgratgewölbes

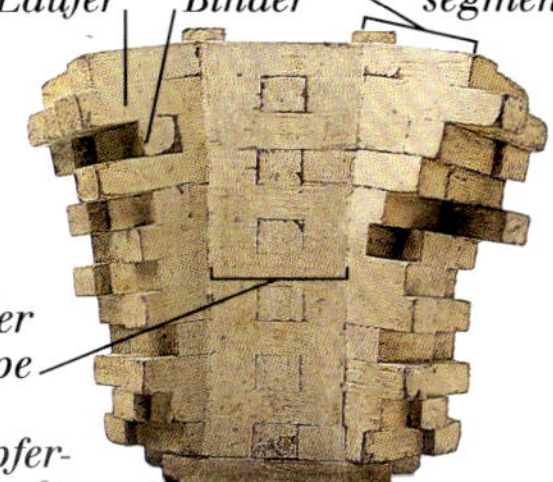

Rücken eines Rippengewölbes

Innenschmuck eines Kassettengewölbes

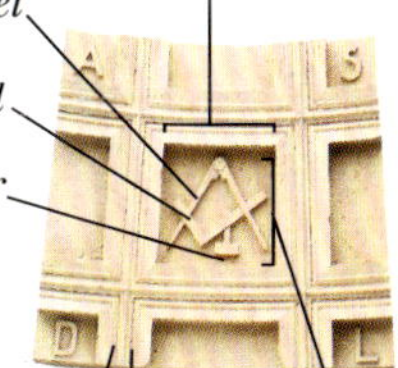

Kuppeln

Laterne und oberer Teil der Kuppelverschalung, St.-Paul's-Kathedrale

Die Kuppel ist eine Gewölbe- und Dachform, deren Mantelfläche in der Regel ein Kugelabschnitt ist. Der Grundriß kann rund, quadratisch, elliptisch oder polygonal sein. Will man eine Kuppel über den Unterbau hinausheben, so kann man ein zylindrisches Zwischenstück (Tambour, Trommel) einschieben. Es gibt verschiedene Kuppelformen, so Halbkugel-, Flach-, Spitz- oder Kugelkuppeln. Die Kuppel kann durch Tambourfenster oder durch Öffnung dcs Kuppelscheitels (Opaion) belichtet werden. Über der Scheitelöffnung sitzt oft ein von Fenstern durchbrochenes Türmchen, die Laterne.

Kuppelkonstruktion aus Holz, Kirche der Sorbonne, Paris, Frankreich, 1635-1642 (Architekt: J. Lemercier)

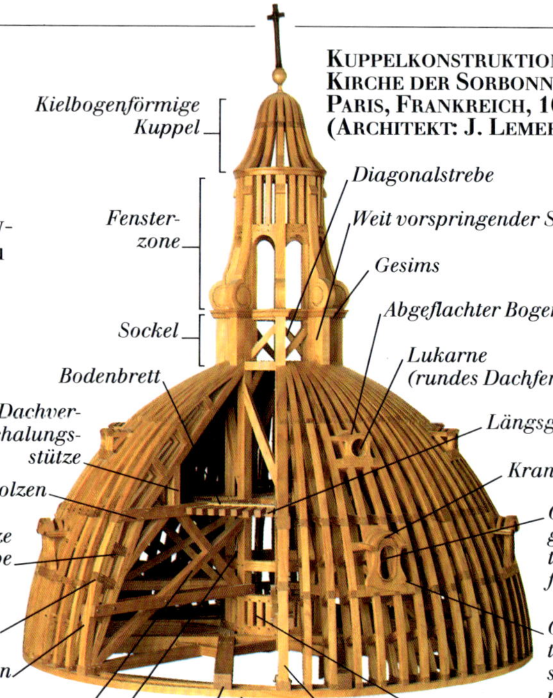

Dach mit Laterne und Zwiebelturm

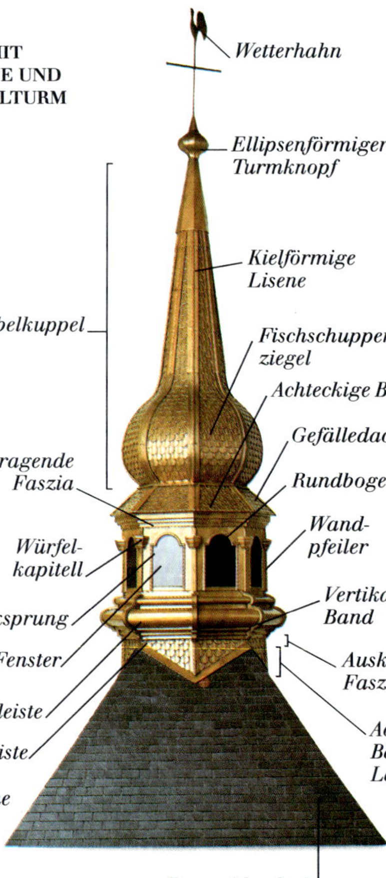

Metalldeckung der Kuppel, Kirche der Sorbonne

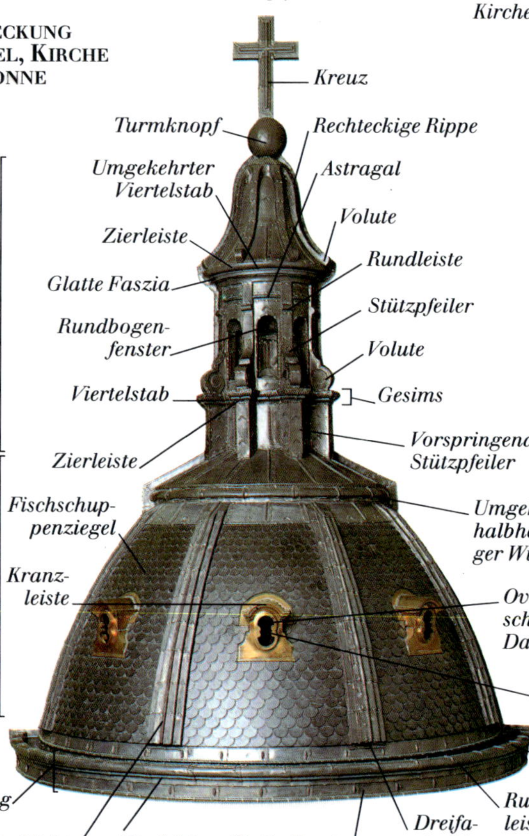

KUPPELFORMEN

Felsendom, Jerusalem, Israel, ca. 684 v. Chr. (Halkugelkuppel)

Hagia Sophia, Istanbul, Türkei, 532-537 (Flachkuppel)

Dom von Florenz, Italien, 1420-1436 (Spitzkuppel)

Basilikuskathedrale, Moskau, 1551-1561 (Zwiebelkuppel)

KUPPEL, ST.-PAUL'S-KATHEDRALE, LONDON, 1675-1710 (ARCHITEKT: C. WREN)

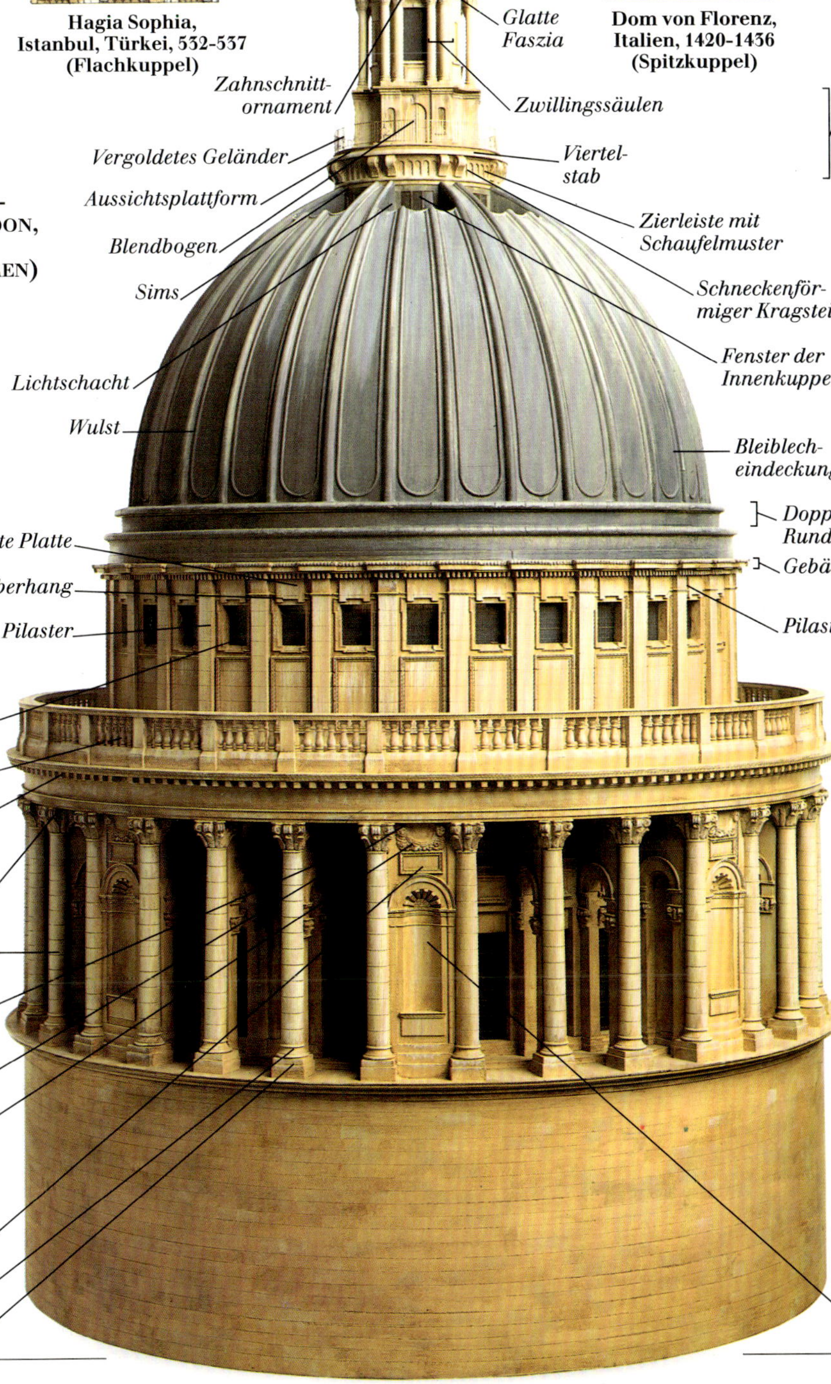

Bauwerke des Islam

Opus-Sectile-Mosaik

Gleichzeitig mit dem Beginn der abendländischen Kultur im 8. Jahrhundert setzte die Entwicklung der islamischen Kunst ein. Die von dem Propheten Mohammed (um 570-632) gestiftete neue Weltreligion hatte sich innerhalb weniger Jahrzehnte nach seinem Tod über Syrien, Mesopotamien, den Iran, Ägypten und über ganz Nordafrika und Spanien ausgebreitet und im Osten das Indus-Tal erreicht. Charakteristisch für die islamische Baukunst sind die Eselsrückenformen, die Zwiebelkuppeln und Wanddekorationen (farbige Fayencemosaike, glasierte Kacheln). Die Moschee ist der wichtigste Gegenstand islamischer Architektur. Am Eingang zur Moschee steht das Minarett (Turm) für den Muezzin (Gebetsrufer). In der Gebetshalle markiert eine Gebetsnische (Mihrab) die Richtung nach Mekka. Durch das strikte Bilderverbot des Islam mußten sich die islamischen Architekten und Kunsthandwerker ganz auf das dekorative Ornament (Arabeske, geometrisches Ornament, Zierschriften) beschränken.

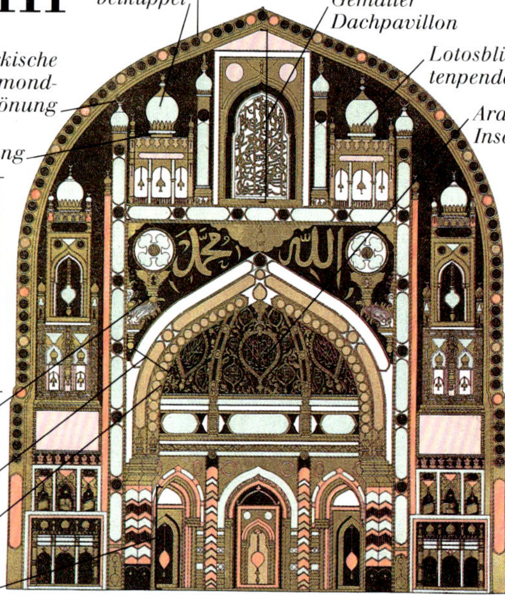

MIHRAB, JAMI MASJID, HAUPT- ODER GEMEINDEMOSCHEE, BIJAPUR, INDIEN, CA. 1636

BOGEN, ALHAMBRA, GRANADA, SPANIEN, 1333-1354

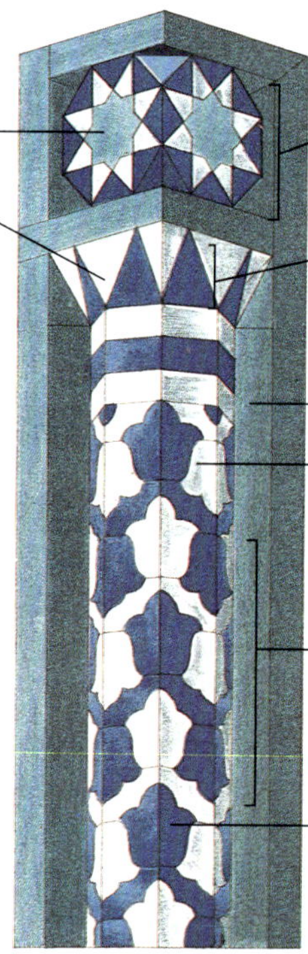

MIHRAB MIT SÄULE, EL-AINYI-MOSCHEE, KAIRO, ÄGYPTEN, 15. JH.

Islamische Mosaiken, Ägypten und Syrien

Mosaik mit Stern- und griechischen Kreuzmotiven

Gitterwerkmosaik

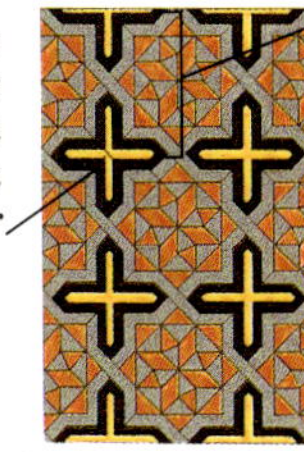

Mosaik mit Stern- und griechischen Kreuzmotiven

Mosaik aus Sechsecken, Dreiecken und symmetrischen Vierecken

Mosaik mit Sechseck- und Bandformen

Mosaik mit Zickzackmuster

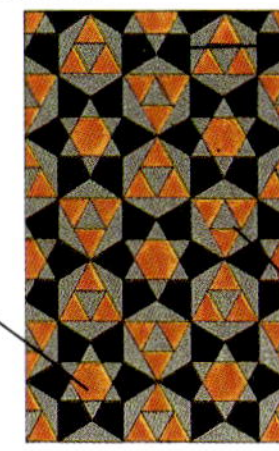

Mosaik aus Sechsecken, Dreiecken und symmetrischen Vierecken

Marmorgrab des Itimad-Ud-Daula, Agra, Indien, ca. 1622-1628

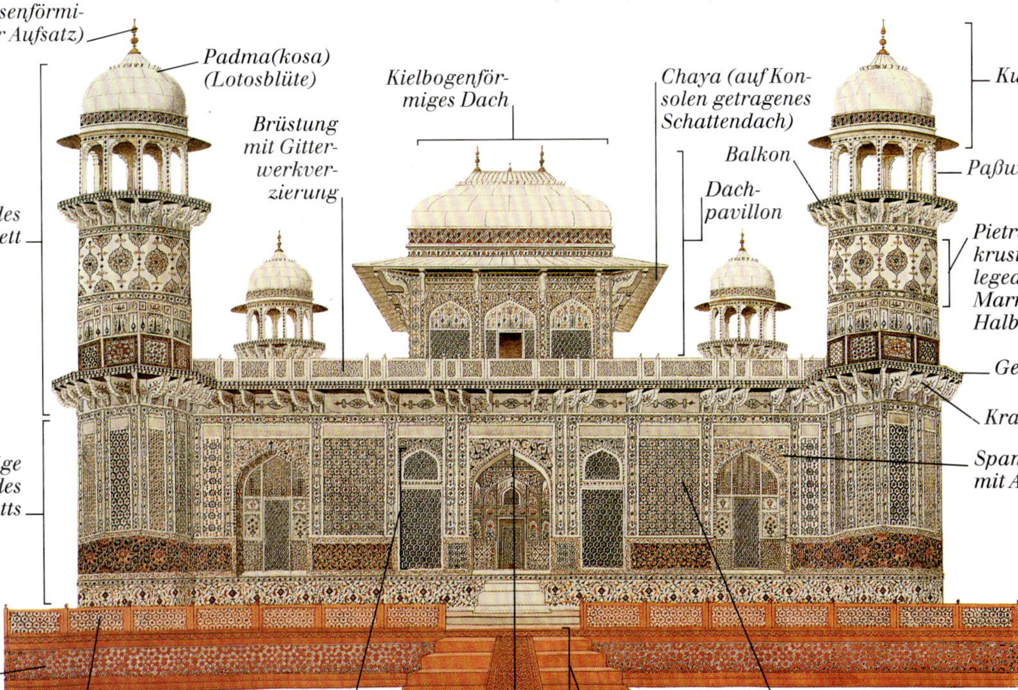

Südostasiatische Baukunst

Die traditionelle Architektur Südostasiens stand unter dem prägenden Einfluß der hohen Kulturen des indischen Hinduismus und Buddhismus. Dies zeigt sich in den architektonischen Formen der Tempel und Schreine. Frühe indische Tempel wurden vollständig aus dem anstehenden Fels – meist einem Steilabbruch oder einer Felswand – herausgehauen; etwa im 8. Jahrhundert n. Chr. begann man mit der Errichtung freistehender Tempel. Viele wurden im Dravidastil errichtet, wie der Virupaksha-Tempel (gegenüber) mit seiner charakteristischen Antarala, durchbrochenen Fenstern und zahlreichen Bögen, Pilastern und Reliefs. Aus der ersten Blütezeit der buddhistischen Architektur stammt der Stupa, ein aus dem Grabhügel entstandener indischer Reliquienbehälter. Über einem kreisrunden Grundriß befindet sich ein kuppelförmiger Aufbau (Anda) mit einem würfelförmigen Aufsatz (Harmika). Den oberen Abschluß bildet ein schirmförmiges Gebilde (Tschattra, Hit). In Hinterindien ist der Stupa glockenförmig und heißt Dagoba. Er wird häufig von einem Zaun mit Torbauten umgeben. Die Pagode, wie das Beispiel aus Birma (rechts), ist ein aus dem schirmförmigen Kuppelbau des Stupa weiterentwickelter Stockwerkbau (Turm) auf quadratischem oder polygonalem Grundriß. Die oft kunstvoll gebildeten Dächer laden weit aus (unten).

SIEBENGESCHOSSIGE PAGODE IM BIRMANISCHEN STIL, CA. 9.-10. JH.

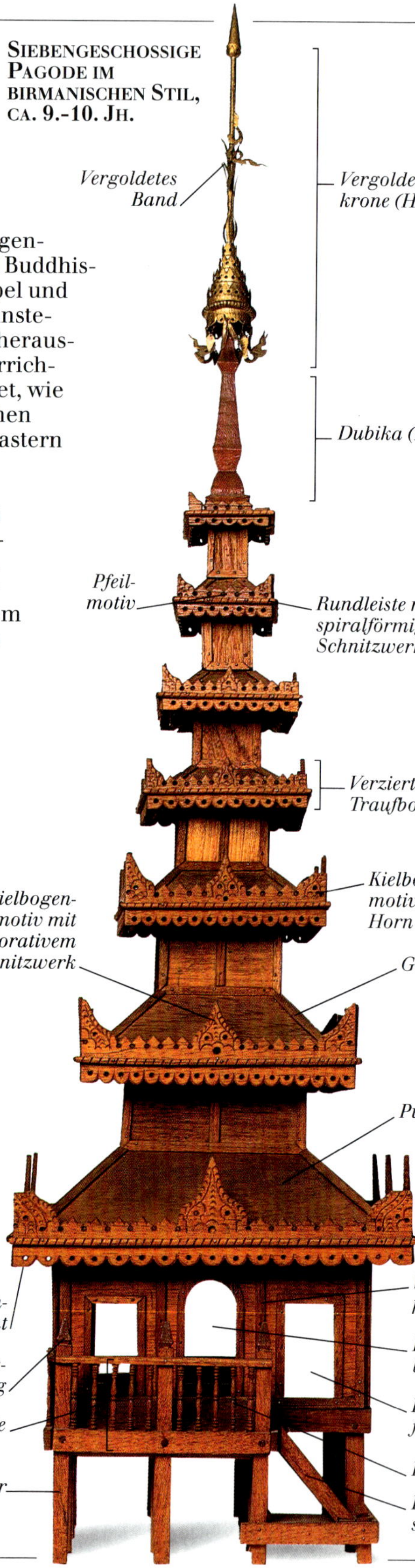

DETAILS AN OSTASIATISCHEN BAUWERKEN

Dach im Kasugastil mit Gratsparren, Kasugadoschrein von Enjoji, Nara, Japan, 12.-14. Jh.

Terrassen, Himmelstempel, Peking, China, 15. Jh.

Mansardendach mit nach oben gebogener Dachrinne und wellenförmigen Giebeln, Schloß von Himeji, Japan 1608-1609

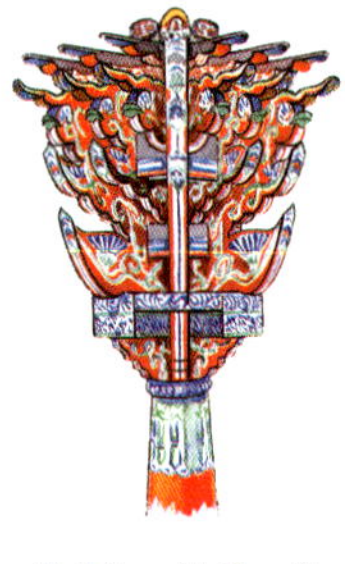

Eckkapitell mit Dachbalken, Tempel von Popchu-Sa, Südkorea, 17. Jh.

Durchbrochene Steinfenster, indischer Tempel, 8. Jh.

Dagoba (Reliquienbehälter), Candi, Sri Lanka, ca. 2. Jh. v. Chr.-7. Jh. n. Chr.

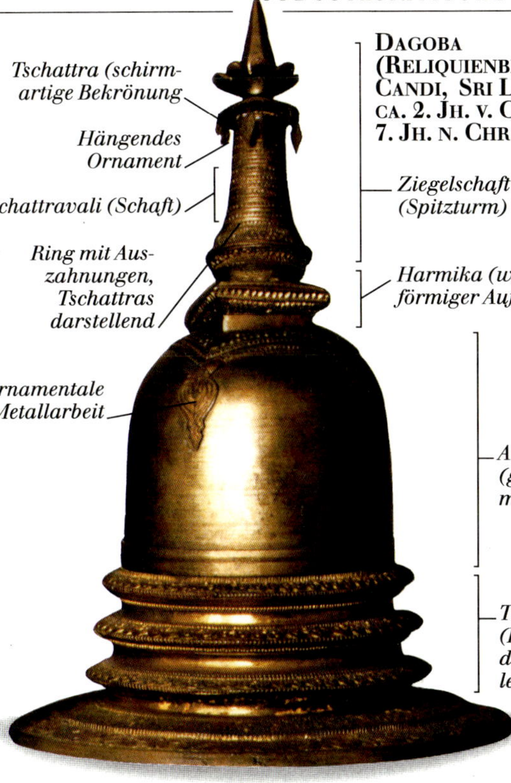

Seitenansicht und Grundriss, Virupaksha-Tempel, Pattadakal, Indien, ca. 746

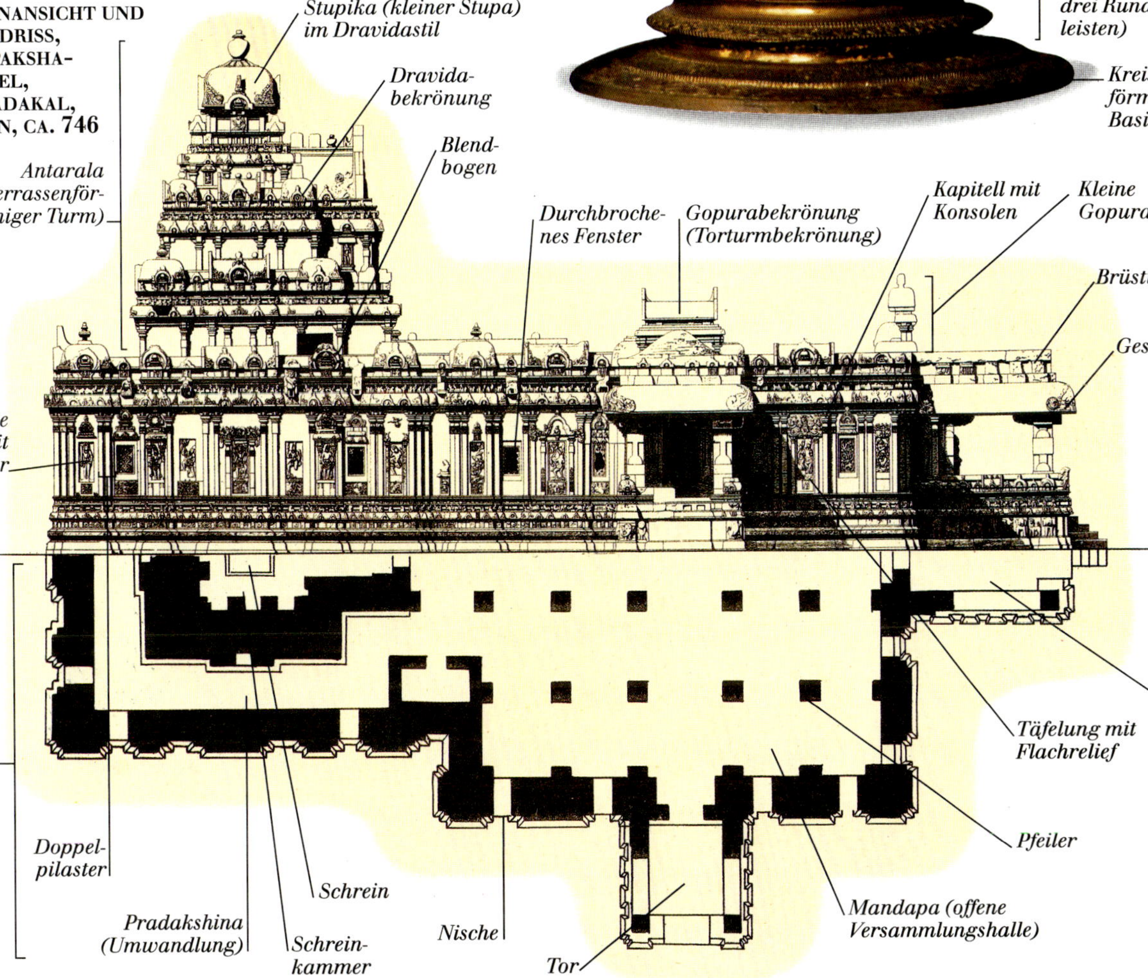

Das 19. Jahrhundert

Die europäische Architektur des 19. Jahrhunderts stand unter dem Einfluß der Veränderungen, welche die industrielle Revolution mit sich brachte. Schon gegen Ende des 18. Jahrhunderts ersetzten zunehmend Eisen und Stahl das Holz der Fachwerkkonstruktionen, wie am Beispiel des unten gezeigten Fabrikgebäudes zu sehen ist. Der Historismus prägte die Architektur des 19. Jahrhunderts. Er war kein neuer Baustil, sondern durch die Rückbesinnung auf historische Architekturstile und deren Vermischung gekennzeichnet. So wurde in Deutschland z.B. die Romanik neu „entdeckt", in Frankreich herrschte eine Vorliebe für den Neubarock, in England für die Neugotik, wie am Palast von Westminster und der Tower Bridge zu sehen ist. Das Industriezeitalter veränderte auch das Bauen wesentlich: Viele Bauteile wurden industriell vorgefertigt, neue Materialien und Elemente fanden Verwendung, z.B. Gußeisen, Portlandzement, gezogenes Tafelglas, Profilträger, Stahlseile und Eisenbeton. Die hier gezeigte Flachsspinnerei von 1796 verdeutlicht, wie Eisen und Stahl das Holzfachwerk ablösten. Eines der berühmtesten Beispiele des frühen industriellen Bauens war der Kristallpalast des britischen Architekten Paxton.

SCHNITT DURCH EINE FLACHSSPINNEREI

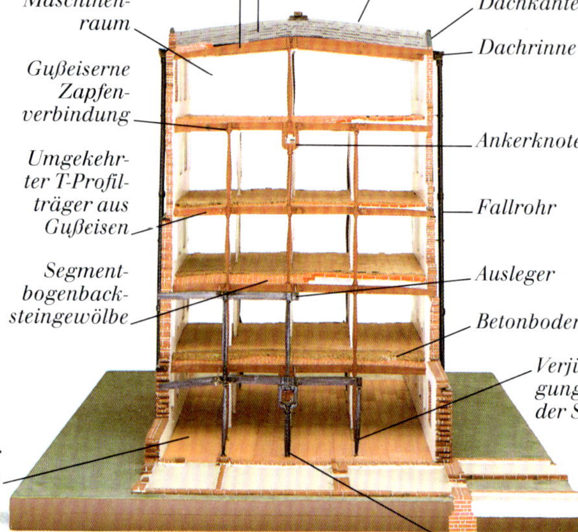

FLACHSSPINNEREI, SHREWSBURY, GROSSBRITANNIEN, 1796 (ARCHITEKT: C. BAGE)

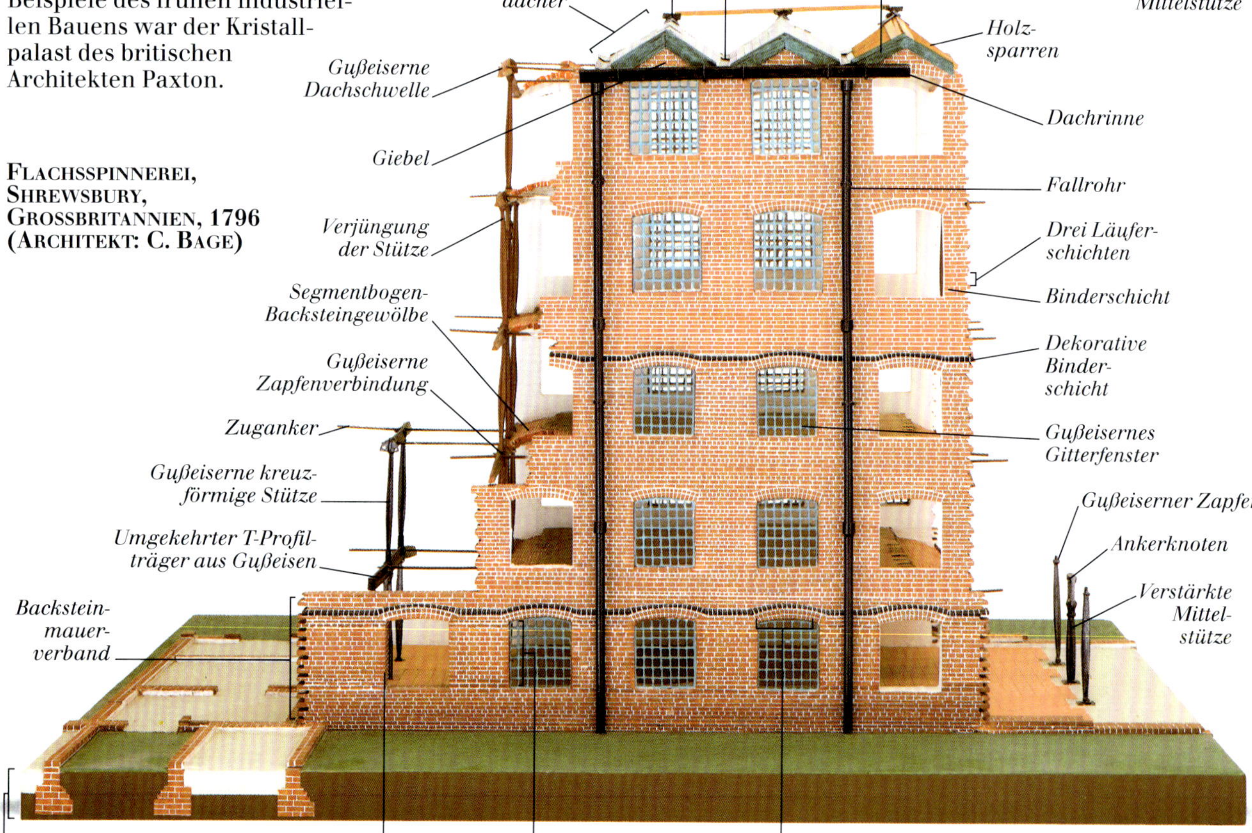

GLOCKENTURM („BIG BEN"), PALAST VON WESTMINSTER, LONDON, GROSSBRITANNIEN, 1836-1868 (ARCHITEKTEN: C. BARRY UND A. W. N. PUGIN)

DETAILS VON BAUWERKEN DES HISTORISMUS

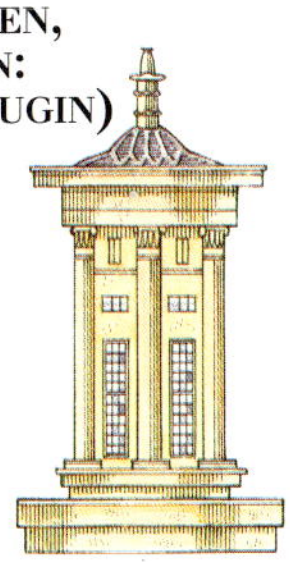

Kuppel, Merchant's Exchange (Börse), Philadelphia, USA, 1832-1834 (Klassizismus)

Skulptur und Giebelfeld, Oper, Paris, Frankreich, 1861-1874 (Neubarock)

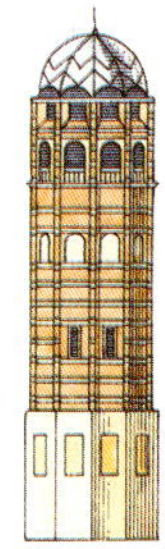

Kuppelturm, Westminster-Kathedrale, London, 1894-1903 (Neubyzantinisch)

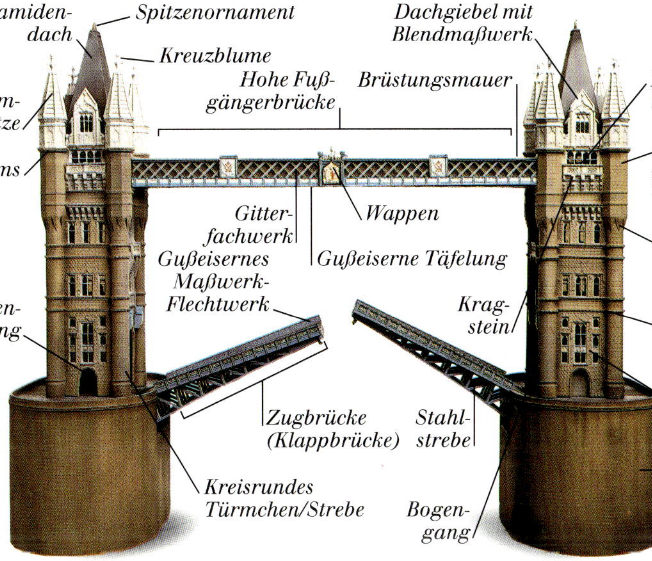

TOWER BRIDGE, LONDON, GROSSBRITANNIEN, 1886-1894 (ARCHITEKT: H. JONES)

KRISTALLPALAST-AUSSTELLUNGSHALLE, LONDON, 1851 (ARCHITEKT: J. PAXTON)

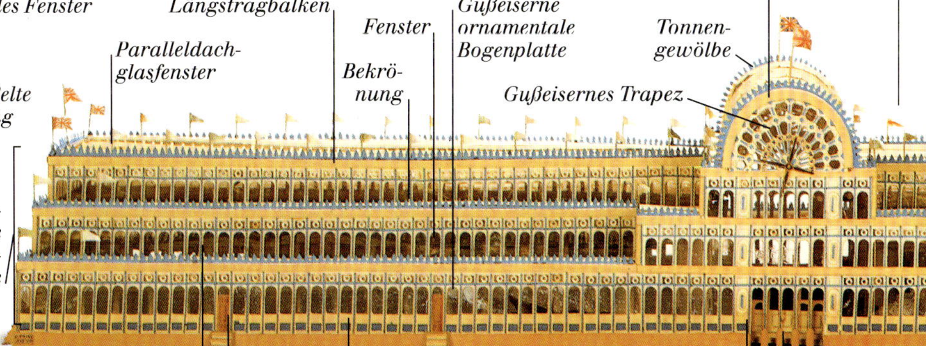

Frühes 20. Jahrhundert

Zu Beginn des 20. Jahrhunderts zeichneten sich verschiedene, z.T. gegensätzliche Bewegungen zur Erneuerung der Architektur, d.h. zur Befreiung vom Historismus, ab. Beispiele dieser Architekturrichtungen sind auf der gegenüberliegenden Seite dargestellt. Der Industriebau mit dem schon bewährten Eisen- und Glasbau und der neuen Technik des Eisen- und Stahlbetons orientierte sich am Vorrang der Konstruktion und wurde zur Grundlage einer völlig neuen Architektur, die sich weltweit durchsetzte. Brennpunkte der Entwicklung waren New York und Chicago. Die Architekten der 1. Schule von Chicago bauten zwischen 1880 und 1895 mit Hilfe der Stahlskelettbauweise die Prototypen des multifunktionalen Hochhauses und Großraumgebäudes. Seit der Jahrhundertwende entstanden in New York die als „Wolkenkratzer" bekannten Hochhäuser. Das Empire State Building (rechts) hat 102 Stockwerke. Die neuen Baustoffe, wie Eisen- und Spannbeton, bewirkten eine höhere Belastbarkeit durch Druck (Tragfähigkeit) und erlaubten ein dünnes Pfeilergerüst oder Piloten als tragende Elemente, wie im Haus Savoye (unten).

HAUS SAVOYE, POISSY, FRANKREICH, 1929-1931 (ARCHITEKT: LE CORBUSIER)

Aufsicht

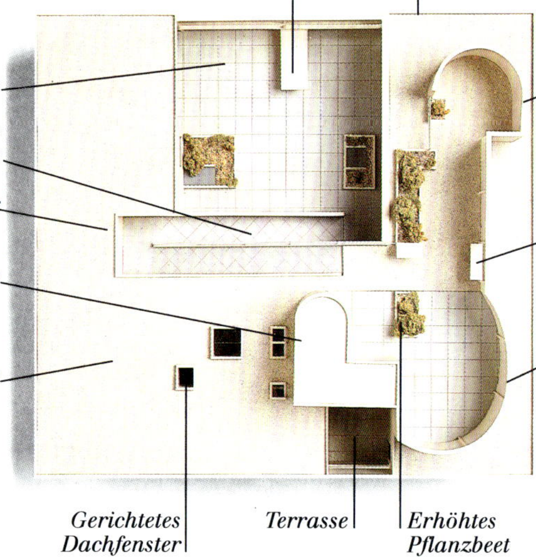

Seitenansicht

EMPIRE STATE BUILDING, NEW YORK, USA, 1929-1931 (ARCHITEKTEN: R. H. SHREVE, T. LAMB UND A. L. HARMON)

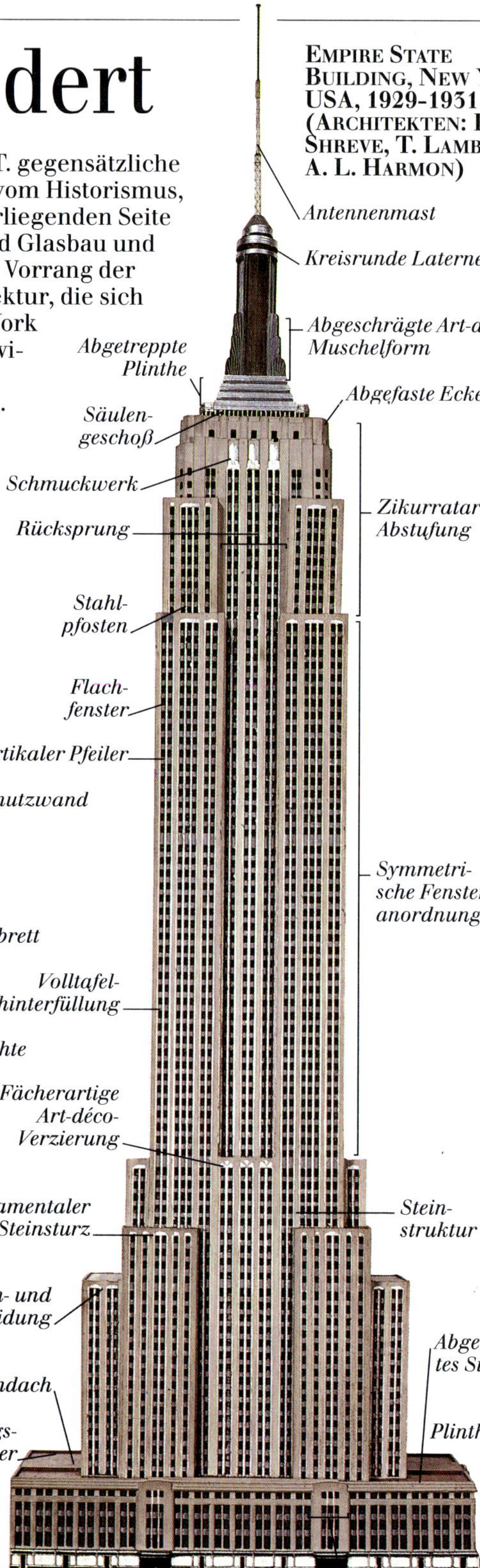

MIDWAY GARDENS, CHICAGO, USA, 1914, (ARCHITEKT: F. L. WRIGHT)

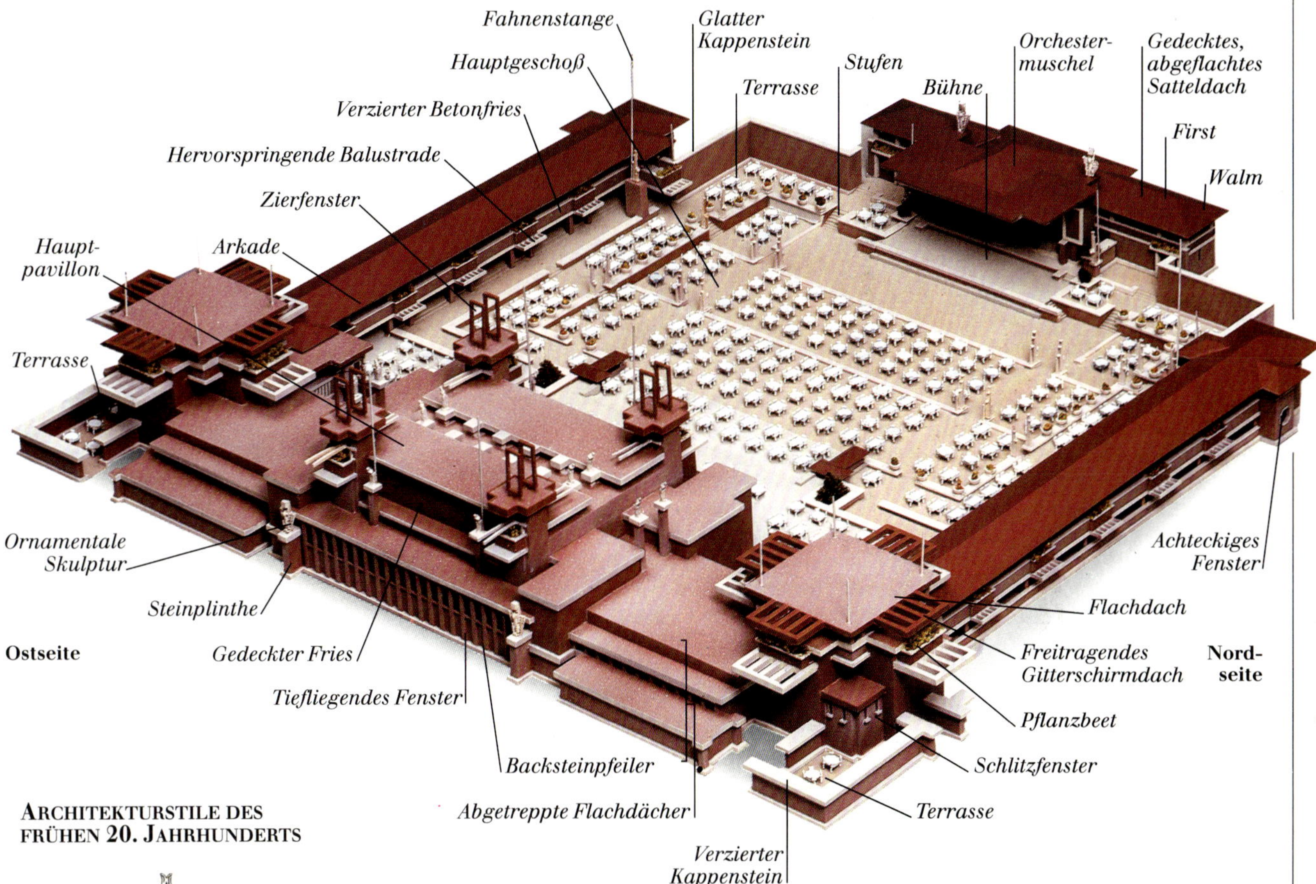

ARCHITEKTURSTILE DES FRÜHEN 20. JAHRHUNDERTS

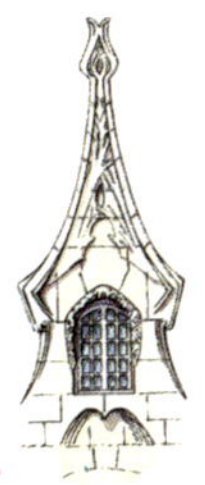

Mansardenfenster, Fotoatelier Elvira, München, Deutschland, 1902 (Jugendstil)

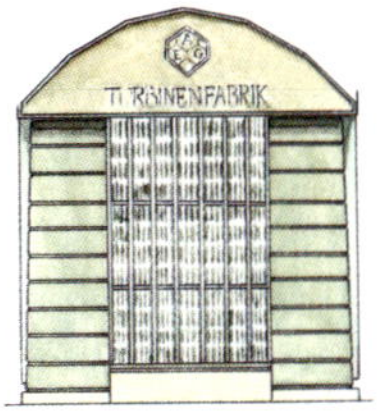

AEG-Turbinenfabrik, Berlin, Deutschland, 1909 (Deutscher Werkbund)

Haus Robie, Chicago, USA, 1909-1910 (Präriestil)

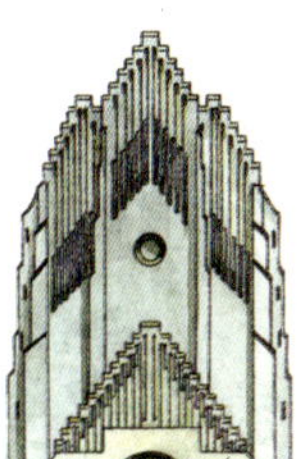

Grundtvigskirche, Kopenhagen, 1920 (Expressionismus)

Vertex (Spitze), Chrysler Building, New York, 1928-1930 (Art Déco)

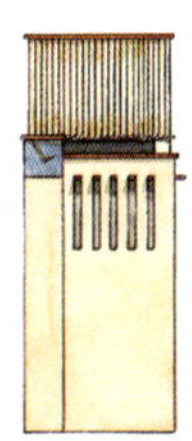

Turm, Rathaus, Hilversum, 1930 (Niederl. Kubismus)

Casa del Fascio, Como, 1932-1936 (Gruppe 7)

Motiv über dem Torweg, Hoover Factory, London, 1933 (Art Déco)

Moderne Architektur 1

Der Begriff „moderne Architektur" bezieht sich auf die Baukunst ab den 50er Jahren des 20. Jh.s. Einer der wichtigsten Leitgedanken sind die Prinzipien des Funktionalismus. Für das Bauen bedeutete dies, die Form von Gebäuden aus deren praktischer Funktion abzuleiten. Das Centre Pompidou oder die Hongkong-und-Shanghai-Bank (s.S. 502) sind ausgezeichnete Beispiele des Funktionalismus. Konstruktive Bauteile und die gesamte Haustechnik werden sichtbar an den Außenbau verlagert und bewußt zu dekorativen Gestaltungselementen. Die Postmoderne stellt mehr eine Reaktion dar als eine klar definierte architektonische Richtung. Sie wendet sich bewußt gegen die Strenge und Kargheit, die die Baukunst des 20. Jh.s zu einem großen Teil kennzeichnet. Die postmodern orientierten Architekten nutzen auch weiterhin die ihnen zur Verfügung stehenden modernen Baumaterialien, suchen aber gleichzeitig in den verschiedenen Baustilen früherer Epochen nach künstlerischen Anregungen. Bei zahlreichen modernen Bauwerken bestehen die Fassaden aus sogenannten Vorhangwänden aus Glas, wie beim Kawanahaus (rechts). Andere beeindruckende Beispiele moderner Konstruktionen sind auch das Opernhaus in Sydney (s.S. 503) und die Kirche St. Pierre in Libreville (s.S. 503).

KAWANAHAUS, JAPAN, 1987 (ARCHITEKT: N. FOSTER)

Seitenansicht

Frontansicht

VERSORGUNGSFASSADE, CENTRE POMPIDOU, PARIS, 1977 (ARCHITEKTEN: R. PIANO UND R. ROGERS)

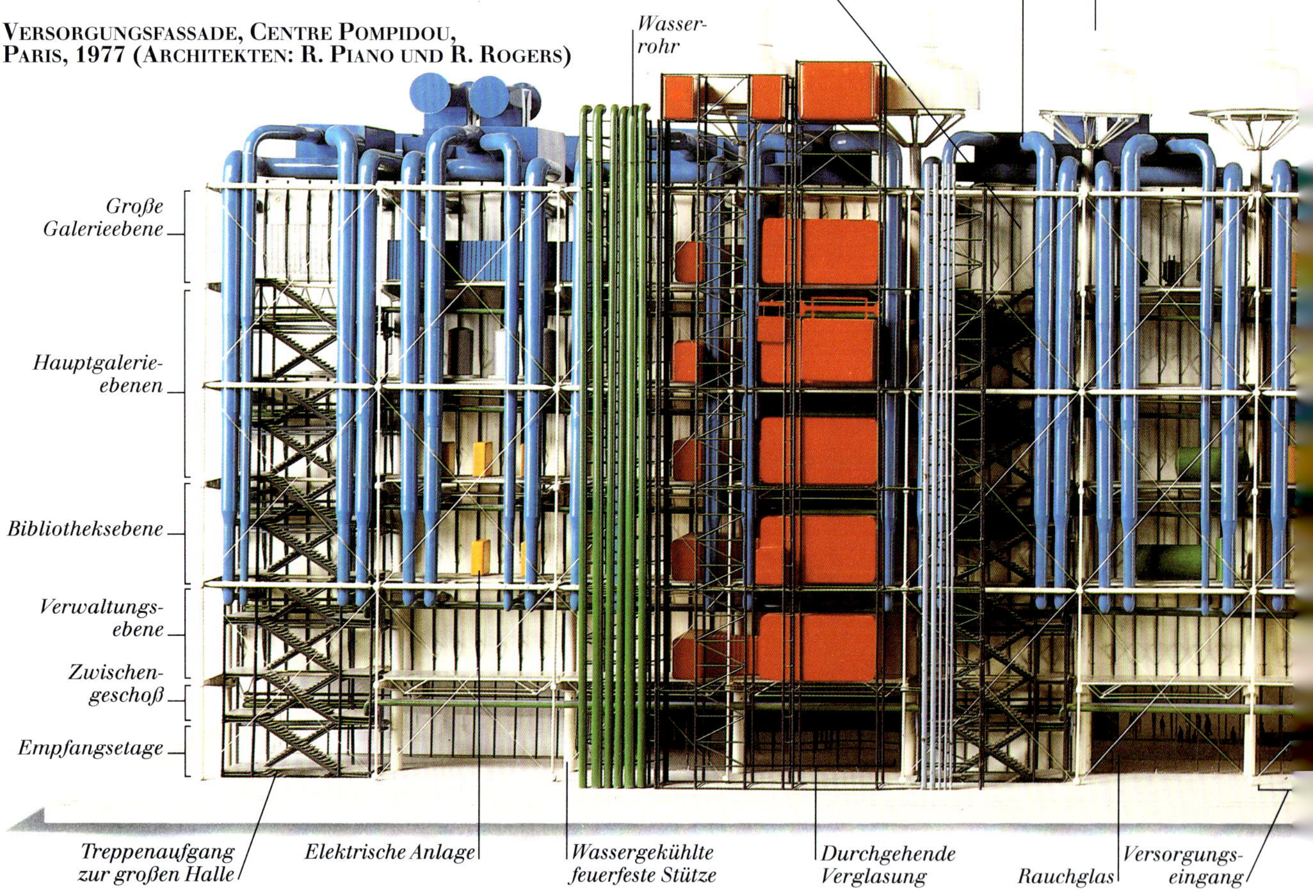

Hauptfassade, Centre Pompidou

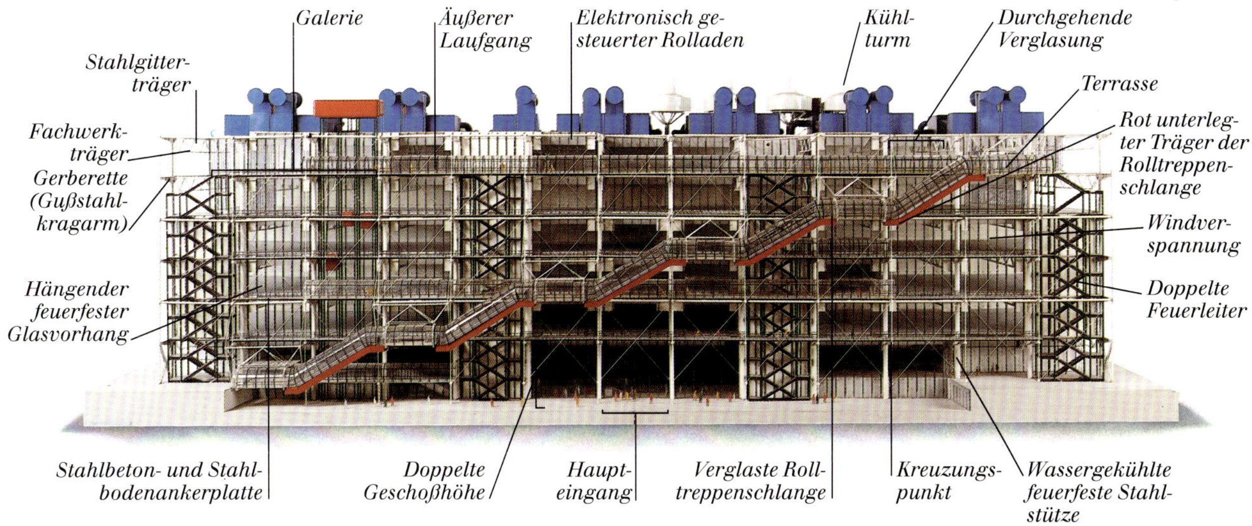

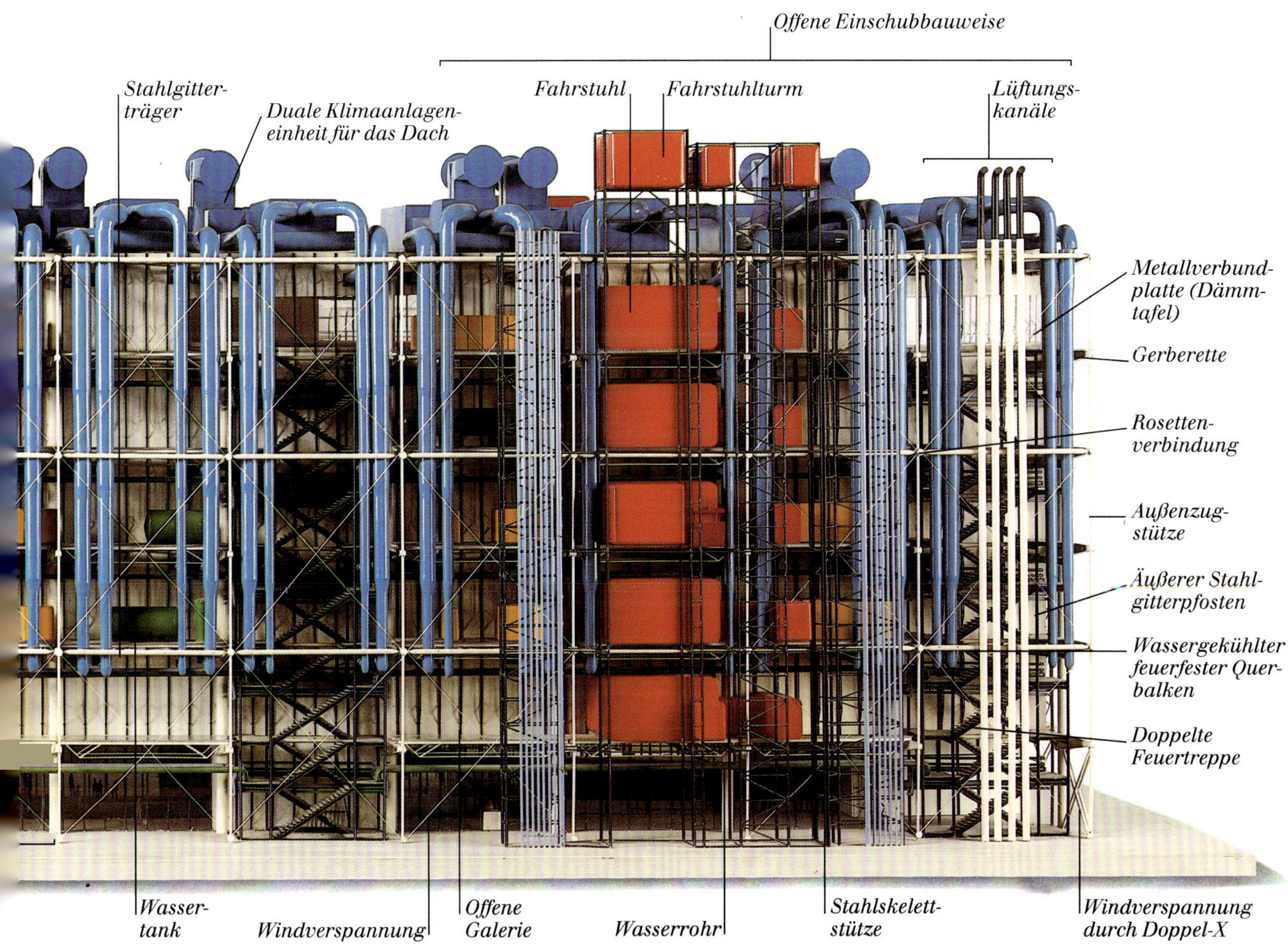

Moderne Architektur 2

HONGKONG- UND SHANGHAI-BANK, HONGKONG, 1981-1985 (ARCHITEKT: N. FOSTER)

Südfassade

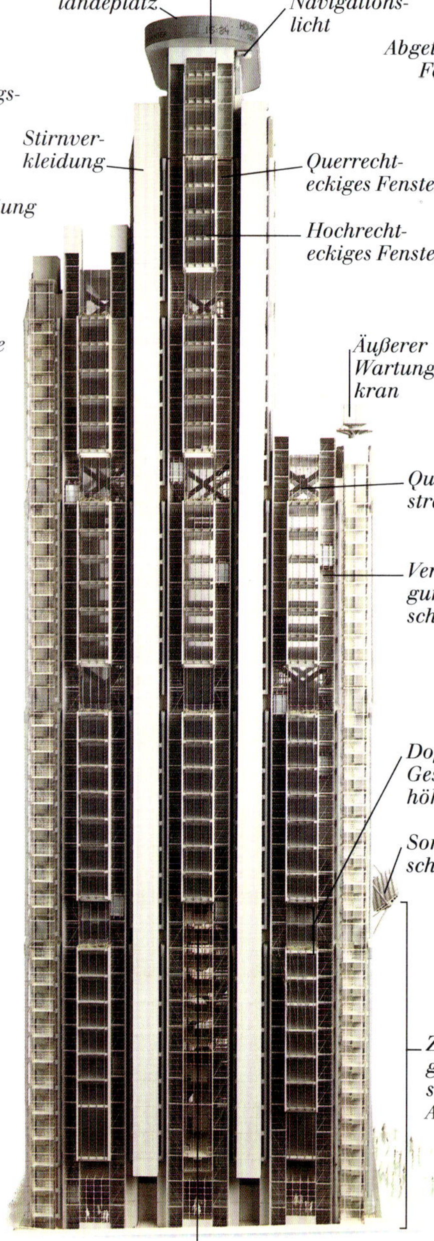

Ostseite

St. Pierre, Libreville, Gabun, 1990

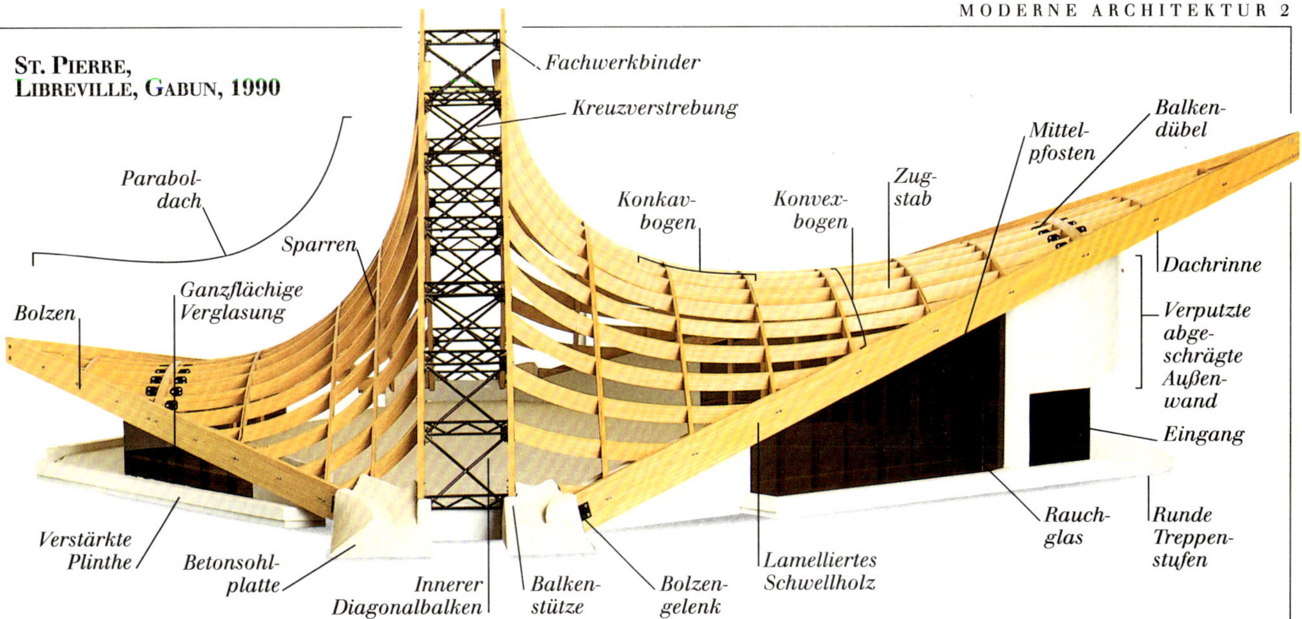

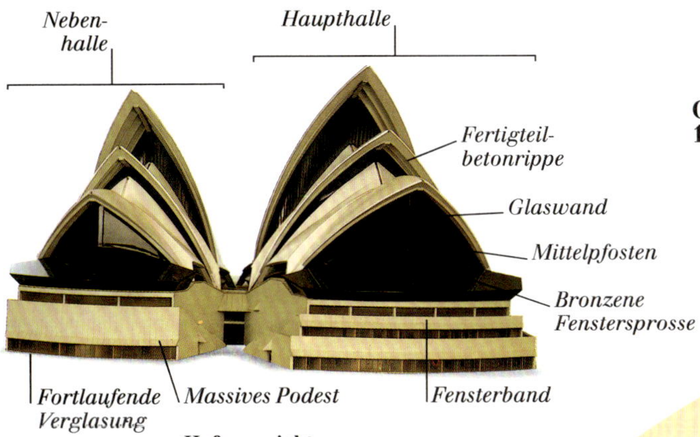

Hafenansicht

Opernhaus, Sydney, Australien, 1959-1973 (Architekt: J. Utzon)

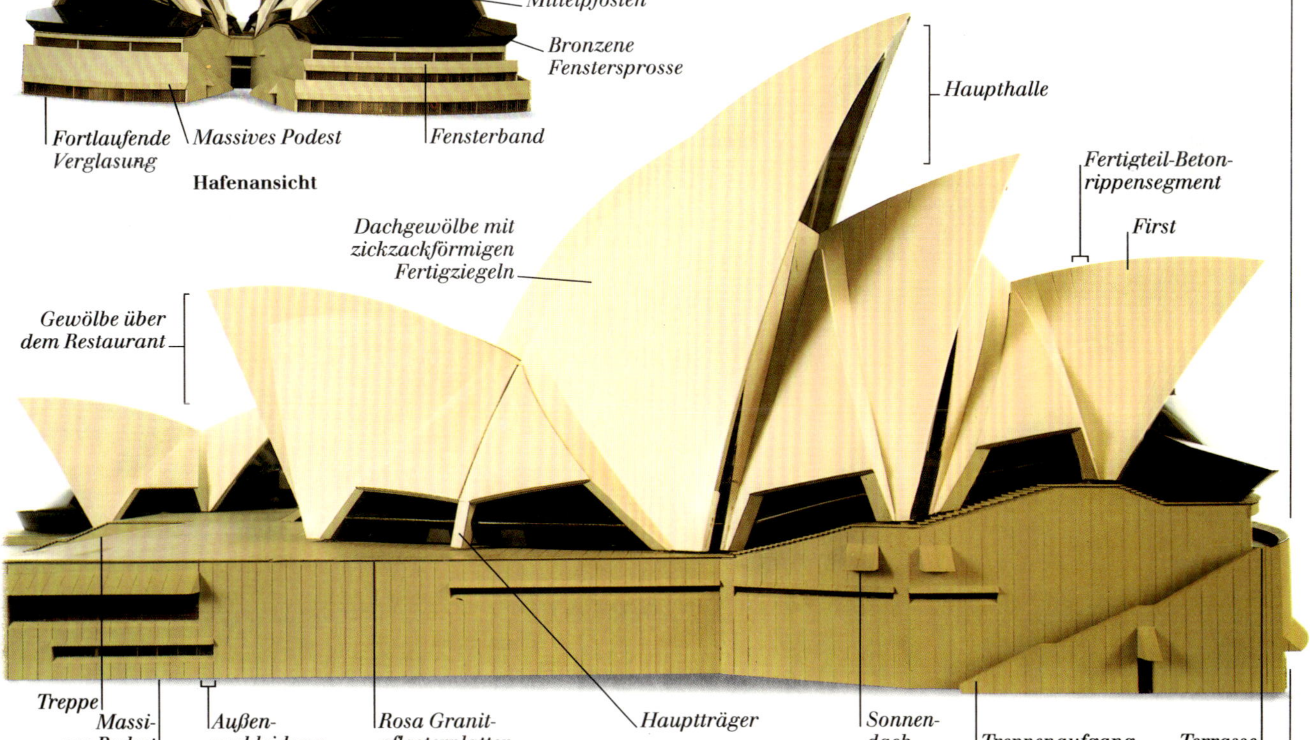

Westseite

B
518422

MUSIK

MUSIKNOTATION 506
ORCHESTER 508
BLECHBLASINSTRUMENTE 510
HOLZBLASINSTRUMENTE 512
SAITENINSTRUMENTE 514
GITARREN 516
TASTENINSTRUMENTE 518
SCHLAGINSTRUMENTE 520
SCHLAGZEUG 522
ELEKTRONISCHE INSTRUMENTE 524

Musiknotation

Die Musiknotation (Notenschrift) ist ein System von Zeichen zur schriftlichen Darstellung von Musik. So können andere das spielen, was der Komponist sich erdacht hat. Die heutige Notenschrift benutzt ein Liniensystem mit fünf waagerechten Linien, die von senkrechten Strichen in Takte unterteilt werden. Auf den Linien werden Noten, Pausen, Vorzeichen und andere Symbole notiert. Die verschiedenen Notenformen geben den rhythmischen Wert an, die Lage im Liniensystem die Tonhöhe. Wo und wie lange eine Stimme schweigt, wird durch Pausenzeichen angegeben. Ein vorgesetzter Notenschlüssel legt die Tonhöhen im Liniensystem fest. Direkt hinter dem Schlüssel notierte Vorzeichen geben die Tonart an. Die Taktart wird in Zahlen nach den Tonartvorzeichen notiert. Vorzeichen geben Tonerhöhungen (Kreuz) oder Erniedrigungen (B) – jeweils um einen Halbton – an.

Elemente der Notenschrift

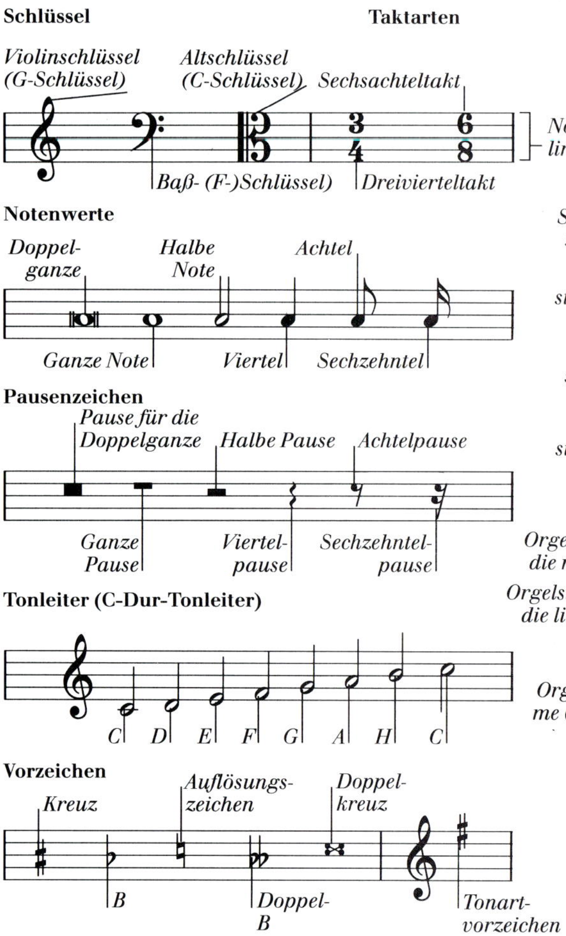

Originalnotenhandschrift: Partitur zu Arthur Sullivans „Der verlorene Sohn“ (1869)

Flöten
Oboen
Klarinetten in A
Fagott
Hörner in D
Trompeten in D
Pauken in D und A
Erste und zweite Geigen
Bratschen
Singstimmen
Celli
Kontrabässe
Orgel
Kreuz (Halbtonerhöhung)
Bindebogen
Auflösungszeichen (hier: für Kreuz, d.h. Note C statt Cis)
Unisono (beide Klarinetten spielen denselben Ton)
Ganze Note
Viertelnote
Legato (gebunden)
Viertelpause
Ganze Pause
Kreuz
Piano (leise)
Pianissimo (sehr leise)

Orchester

Ein Orchester ist eine Gruppe von Instrumentalisten, die für eine bestimmte Zusammensetzung von Instrumentengruppen geschriebene Musik spielt. Anzahl, Art und Zusammensetzung der Instrumente hängt von der jeweiligen Musik ab. In der klassischen Musik Europas spielt das Sinfonieorchester die größte Rolle. Hier spielen vier Instrumentengruppen zusammen – Streicher, Holz-, Blech- und Schlaginstrumente. Die Streichergruppe besteht aus Violinen (Geigen), Bratschen (Violen), Celli (Violoncelli) und Kontrabässen. Manchmal kommt als zusätzliches Saiteninstrument eine Harfe (s.S. 514–515) hinzu. Die wichtigsten Holzblasinstrumente sind Querflöten, Oboen, Klarinetten und Fagotte. Je nach Werk sind auch Pikkoloflöte, Englischhorn, Baßklarinette, Saxophon und Kontrafagott vertreten (s.S. 512–513). Bei den Blechbläsern spielen in der Regel Hörner, Trompeten, Posaunen und die Tuba (s.S. 510–511). Die wichtigsten Schlaginstrumente des Orchesters sind die Kesselpauken (s.S. 522–523). Je nach Musikstück kommen auch Kleine und Große Trommel, Becken, Tamburin, Triangel, Glockenspiel, Xylophon, Vibraphon, Gong, Kastagnetten oder Maracas bei den Schlaginstrumenten vor (s.S. 520–523). Die Musiker sitzen meist in einem Halbkreis – an den Flügeln vorn die Streicher, in der Mitte die Bläser, die Schlaginstrumente ganz hinten. Die Leitung des Orchesters übernimmt ein Dirigent. Er steht vor dem Ensemble, vermittelt den Musikern durch Mimik und Gesten Takt, Tempo, Lautstärke und Phrasierung des Werks und gibt den einzelnen Instrumentengruppen ihre Einsätze.

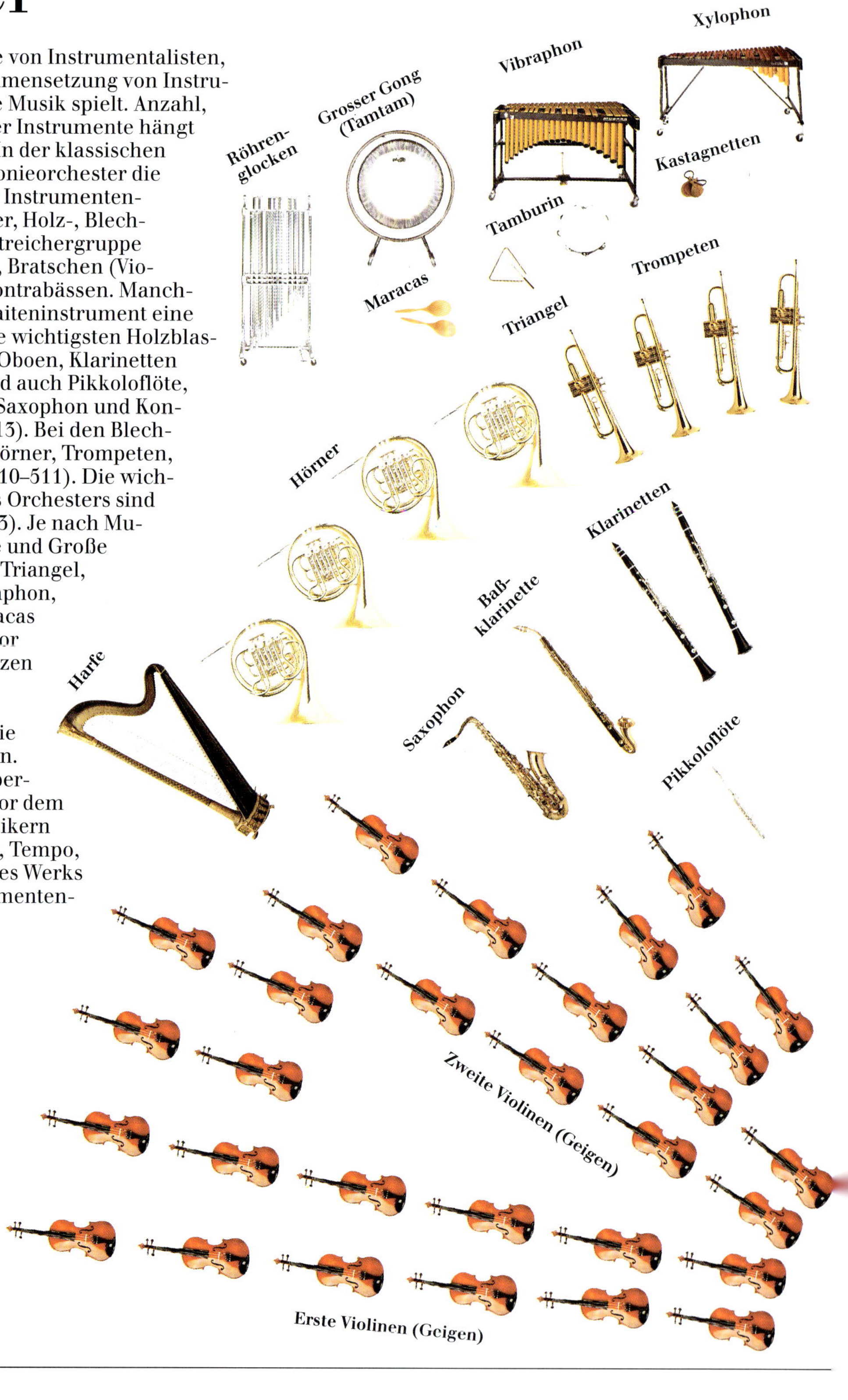

MÖGLICHE ZUSAMMENSETZUNG EINES MODERNEN SYMPHONIEORCHESTERS

Blechblasinstrumente

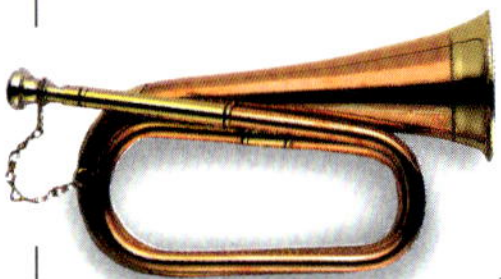

Jagdhorn

Blechblasinstrumente werden meist aus Messing hergestellt. Form und Größe sind unterschiedlich, doch alle besitzen ein Mundstück, ein langes, oft gewundenes Rohr und einen Schalltrichter. Das Mundstück kann kesselförmig sein wie beim Kornett oder trichterförmig wie beim Horn. Das Schallrohr ist weit und konisch wie bei Hörnern und Tuben und klingt dann weich. Instrumente mit enger und zylindrischer Bohrung klingen schärfer und brillanter (z.B. Trompete, Posaune). Bei allen Blechblasinstrumenten erzeugt man die Töne mit den Lippen. Durch die Lippenschwingung bringt man die Luft in der Schallröhre zum Schwingen, und es entstehen Töne. Durch Veränderung der Lippenspannung läßt sich die Tonhöhe variieren. Ventile oder Züge erweitern den Tonumfang. Eine Trompete z.B. besitzt drei Pumpventile (Périnetventile) mit Luftkanälen, die die Luft durch zusätzliche unterschiedlich lange Ventilbögen umleiten. Durch verschiedene Kombinationen der drei Ventile lassen sich alle Töne zwischen den Naturtönen (Töne, die nur durch Veränderung der Lippenspannung geblasen werden) erreichen. Bei der Posaune wird die Länge der Luftsäule und damit die Tonhöhe durch Einschieben bzw. Ausziehen eines Zuges beim Spielen verändert. Durch in den Schalltrichter gesteckte Dämpfer läßt sich die Klangfarbe eines Blechblasinstrumentes verändern. Davon macht man vor allem im Jazz Gebrauch.

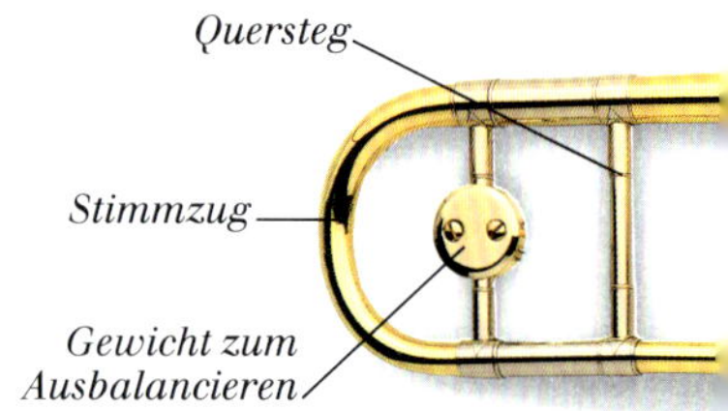

Funktionsweise eines Luftventilsystems

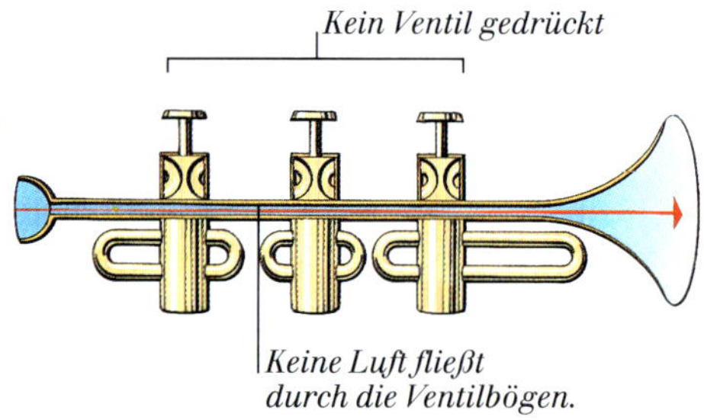

Ventile nicht gedrückt

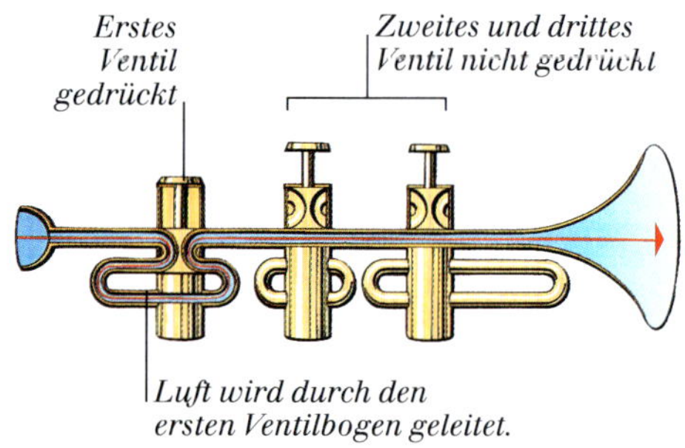

Ein Ventil gedrückt

Trompete

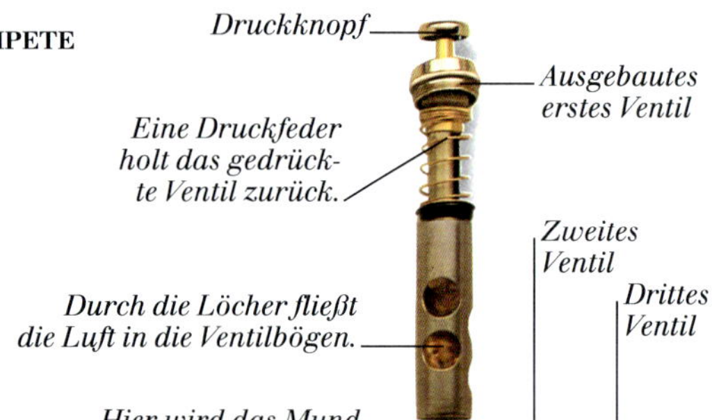
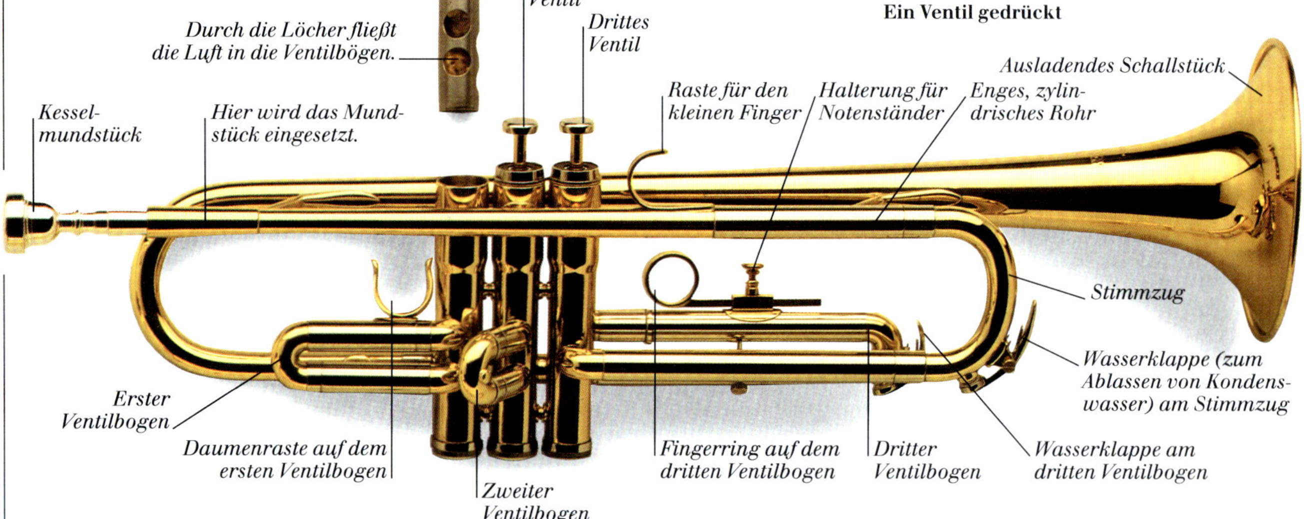

Teile einer Posaune

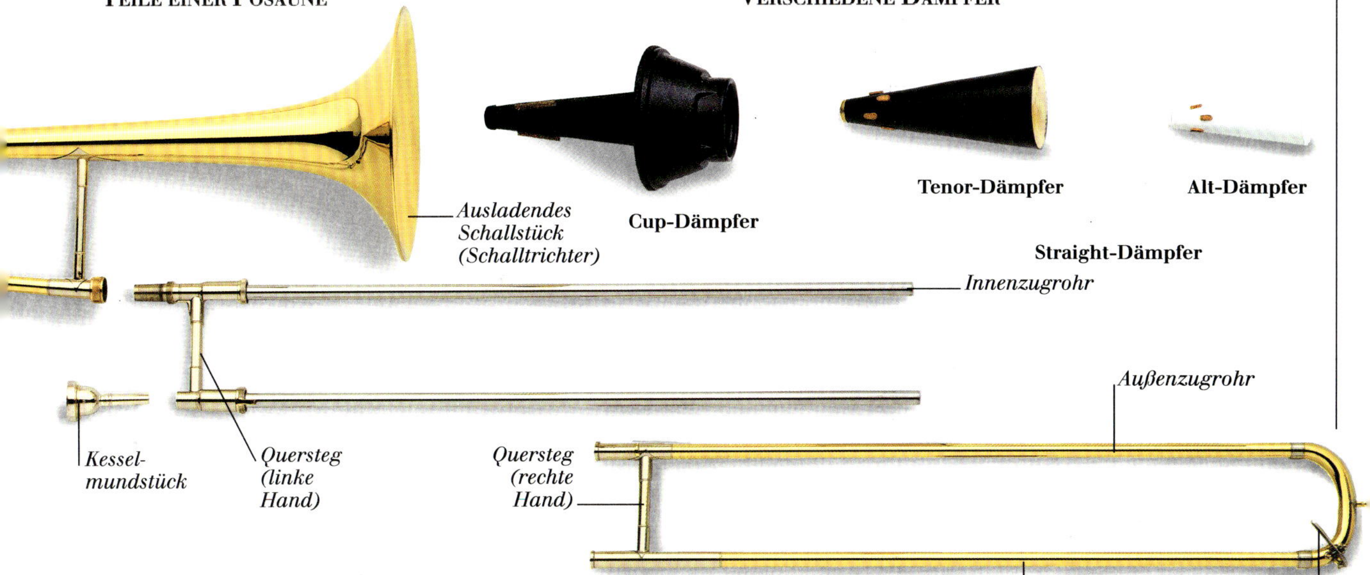

Posaune

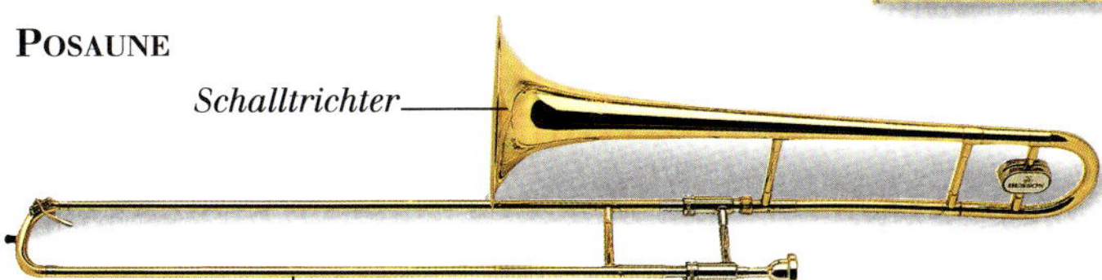

Flügelhorn

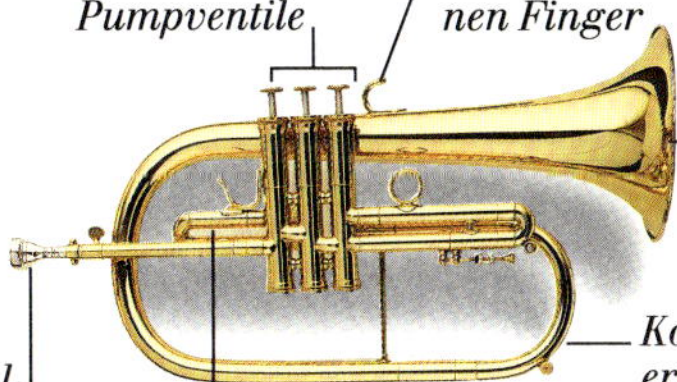

Kornett

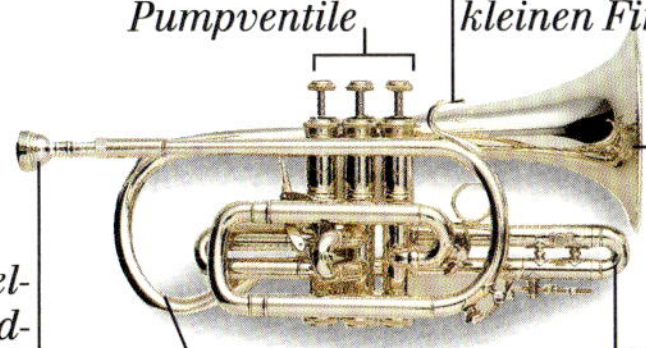

Waldhorn

Tuba

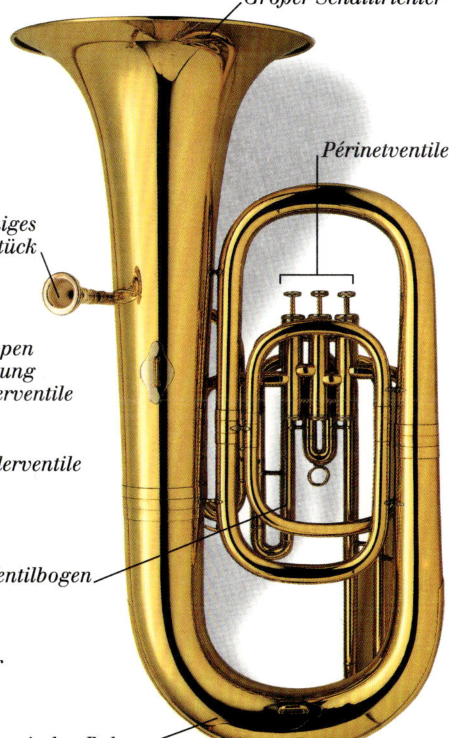

Holzblasinstrumente

Früher wurden Holzblasinstrumente aus Holz gefertigt, heute bestehen sie z.T. auch aus Metall oder Kunststoff. Der Ton entsteht durch Luftschwingungen in einer Röhre. Die Luftsäule wird durch Blasen über ein Loch (Querflöte, Pikkoloflöte), ein Einfachrohrblatt (Klarinette, Saxophon) oder ein Doppelrohrblatt (Fagott, Englischhorn, Oboe) in Schwingung versetzt. Die Tonhöhe bestimmt man durch Öffnen oder Schließen einer bestimmten Anzahl und Anordnung von Löchern im Rohr.

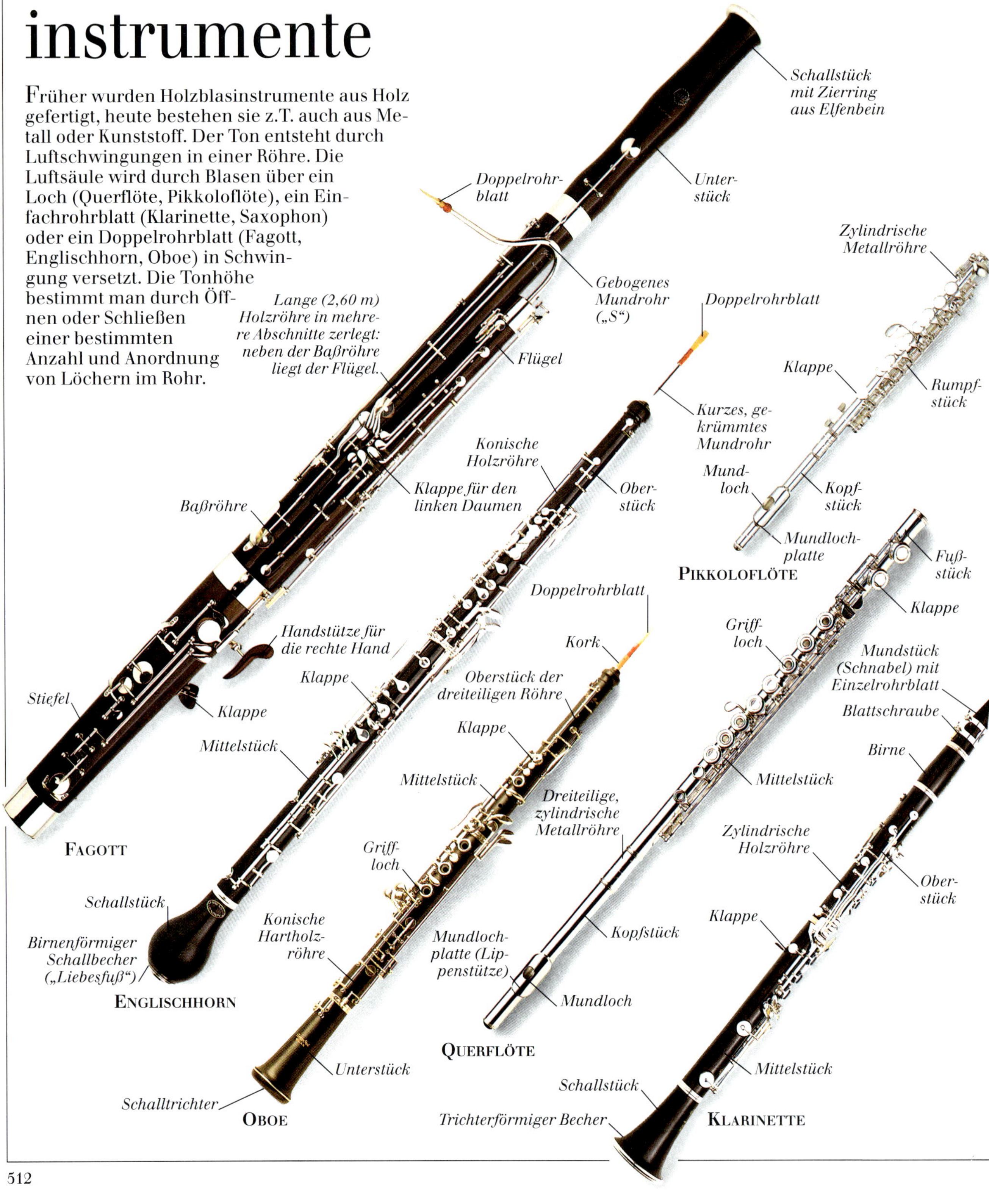

Tenorsaxophon

Teile eines Tenorsaxophons

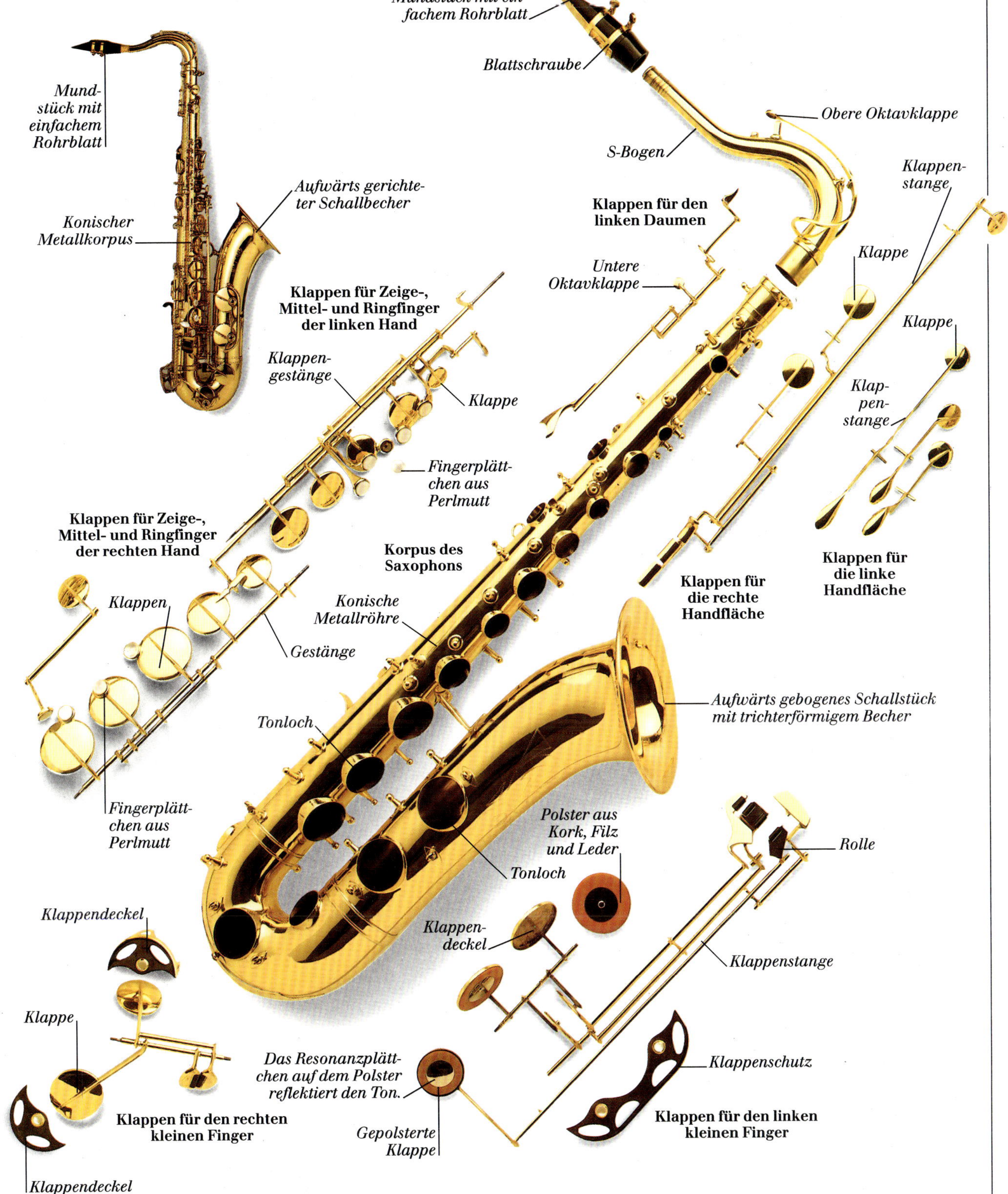

Saiten-instrumente

Bei Saiteninstrumenten entsteht der Ton durch Schwingungen gespannter Saiten. Bei Streichinstrumenten werden die Saiten durch Überstreichen mit einem Bogen in Schwingung versetzt, bei Zupfinstrumenten wie Harfe oder Gitarre (s.S. 516-517) werden sie mit Fingern oder einem Plektron angerissen. Die vier heute gebräuchlichen klassischen Streichinstrumente sind Violine, Viola, Cello und Kontrabaß. Der Aufbau der Instrumente in der Violinfamilie ist im Grunde gleich, alle besitzen einen hölzernen Resonanzkörper, einen langen Hals und sind mit vier Saiten bespannt, unterschiedlich ist die Größe. Die Schwingungen, die durch Streichen mit dem Bogen über eine Saite entstehen, übertragen sich auf den Resonanzkörper, der nun mitschwingt und den Ton verstärkt. Bei der Harfe sind Saiten in einen Rahmen gespannt. Sie werden mit Daumen, Zeige-, Mittel- und Ringfinger beider Hände gezupft. Bei allen Saiteninstrumenten hängt die Tonhöhe von der Länge, der Dicke und der Spannung der Saite ab. Je kürzer, dünner oder straffer die Saite, desto höher ist der Ton.

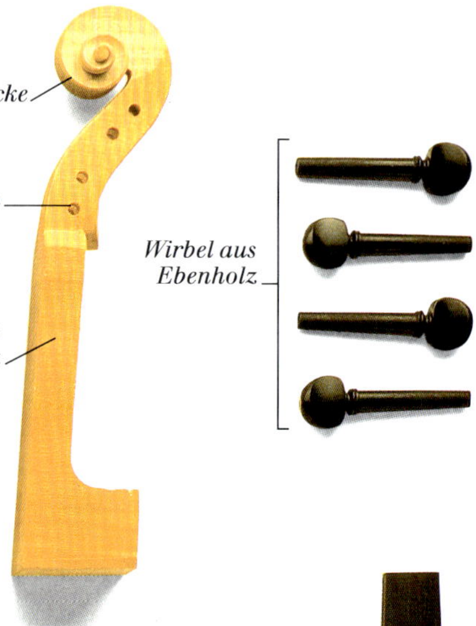

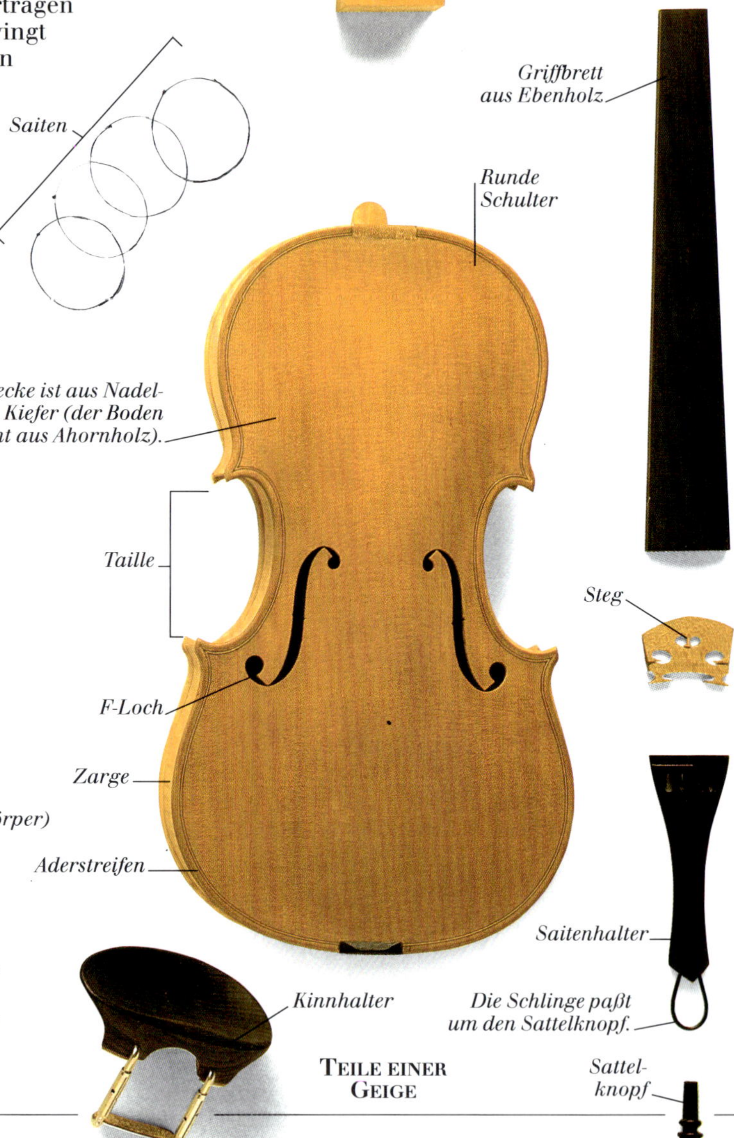

TEILE EINER GEIGE

GEIGENBOGEN

GEIGE (VIOLINE)

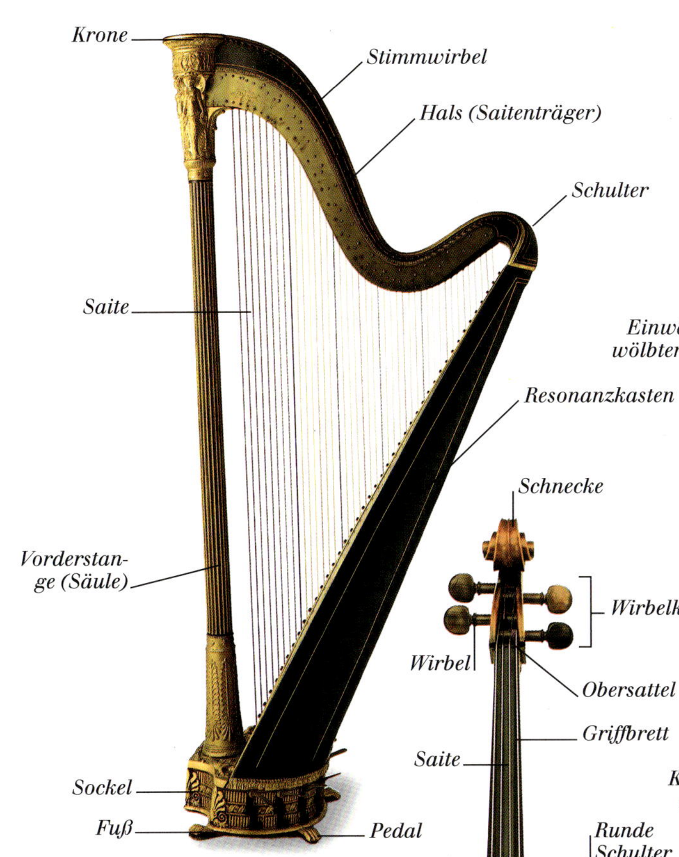

HARFE

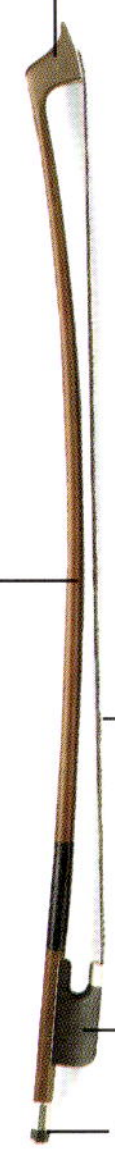

BASSBOGEN

CELLO (VIOLONCELLO)

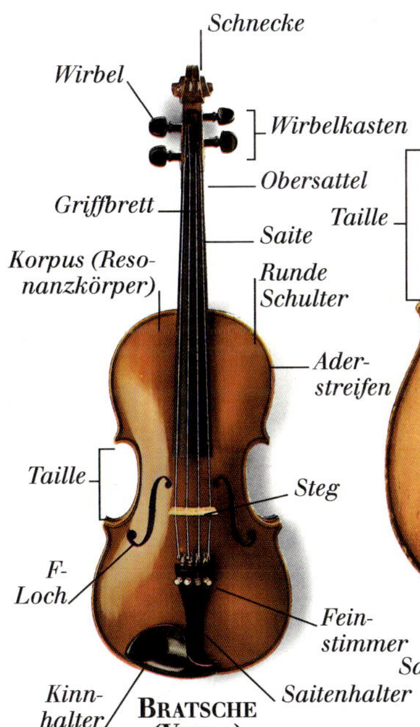

BRATSCHE (VIOLA)

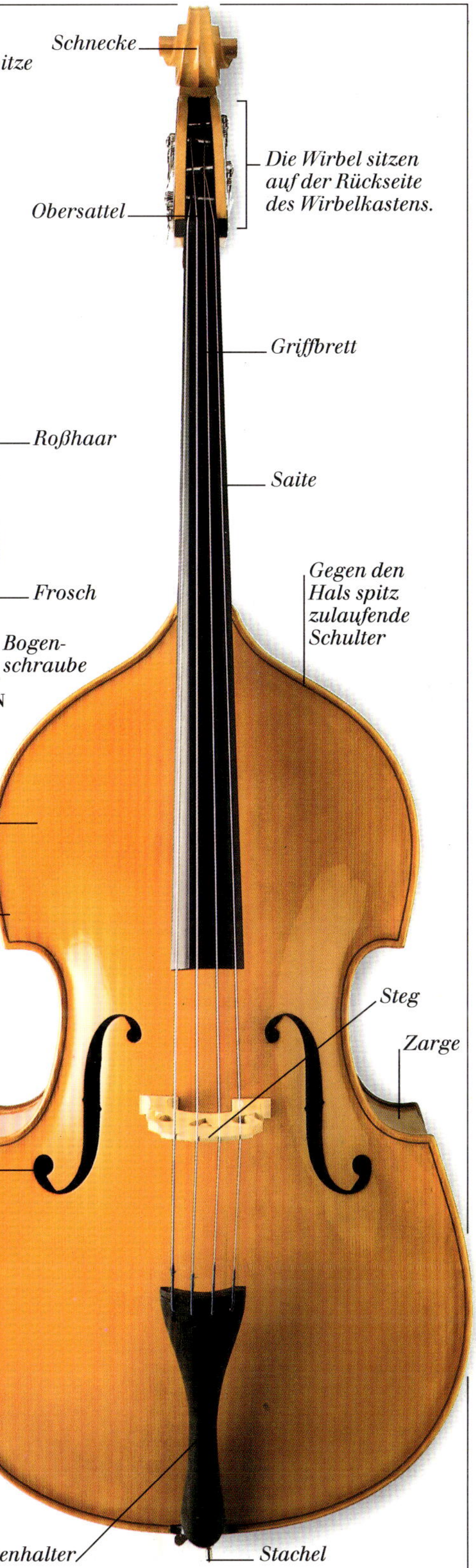

KONTRABASS

Gitarren

Bei der Gitarre werden Saiten durch Anreißen mit den Fingern oder einem Plektron in Schwingung versetzt. Heute gibt es akustische und elektrische Gitarren. Bei der akustischen Gitarre werden die Saitenschwingungen vom hohlen Resonanzkörper verstärkt. Elektrogitarren besitzen einen massiven Korpus. Die Schwingungen der Saiten werden von Tonabnehmern abgegriffen, in elektrische Signale umgewandelt und gelangen über einen Verstärker zum Lautsprecher, wo sie wieder als Schallwellen abgestrahlt werden (s.S. 524–525). Elektrogitarren gibt es als sechssaitige Melodiegitarren und als viersaitige Baßgitarren. Akustische Gitarren haben sechs Saiten (Konzertgitarren, Wandergitarren) oder zwölf Saiten (Westerngitarren).

Akustische Gitarre (Konzertgitarre)

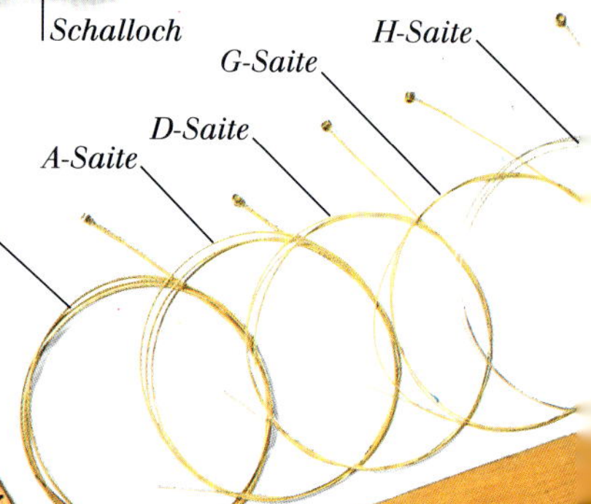

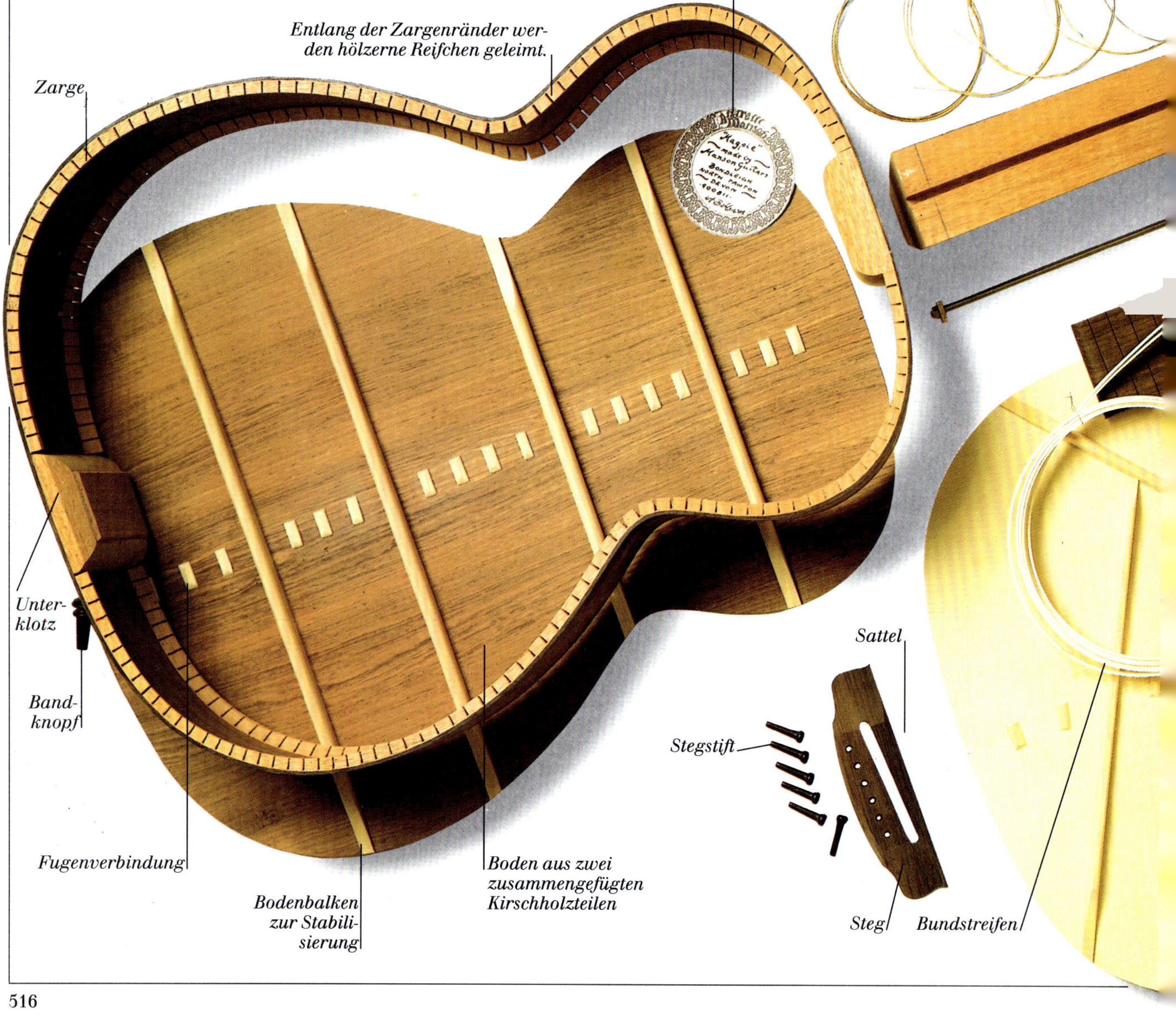

Teile einer akustischen Gitarre

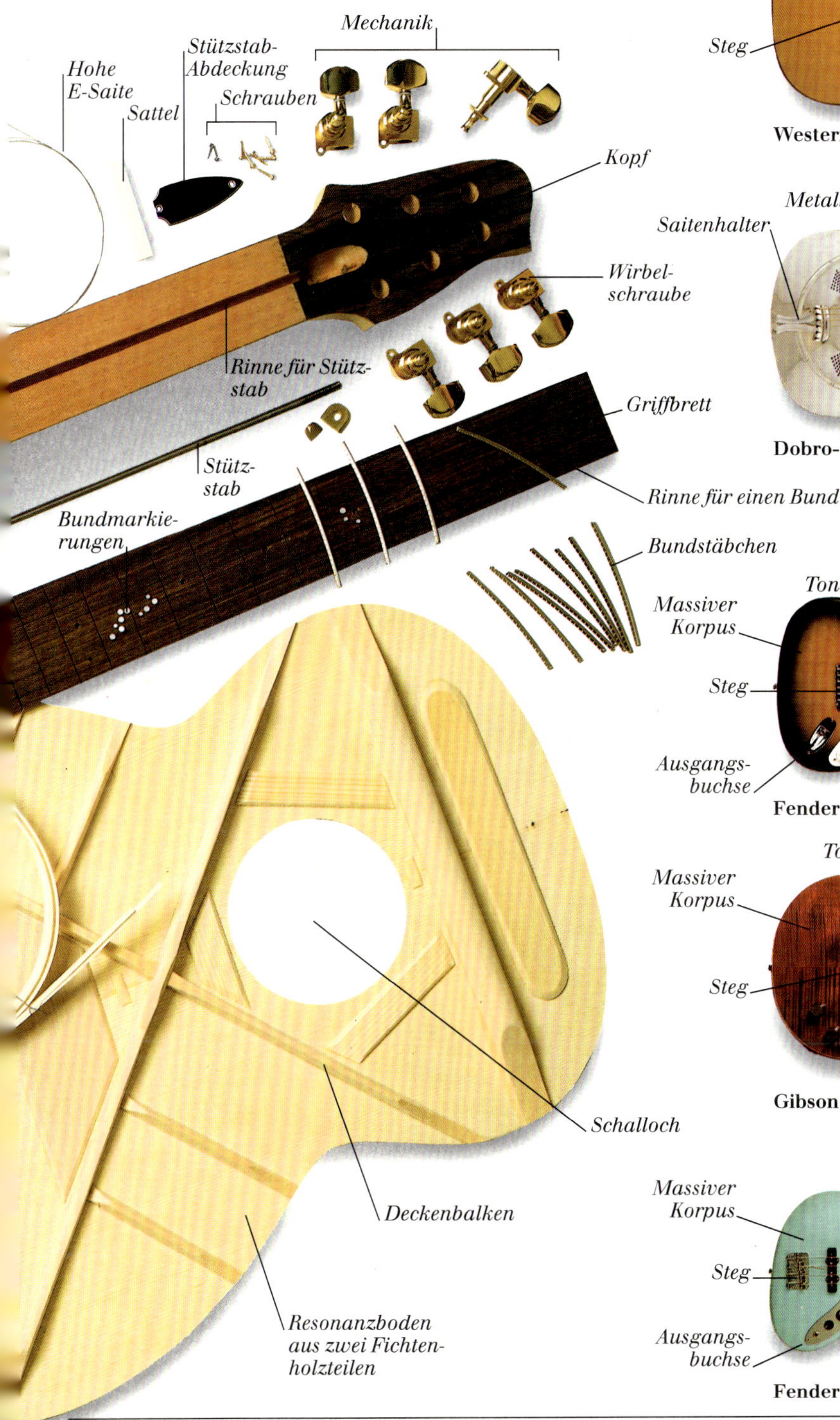

Beispiele für akustische Gitarren

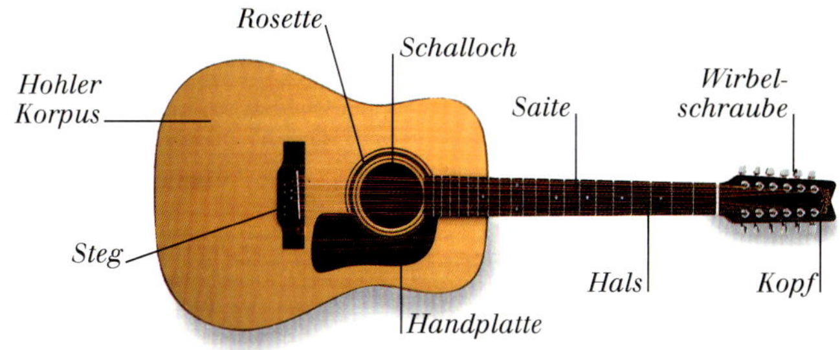

Westerngitarre (zwölfsaitig)

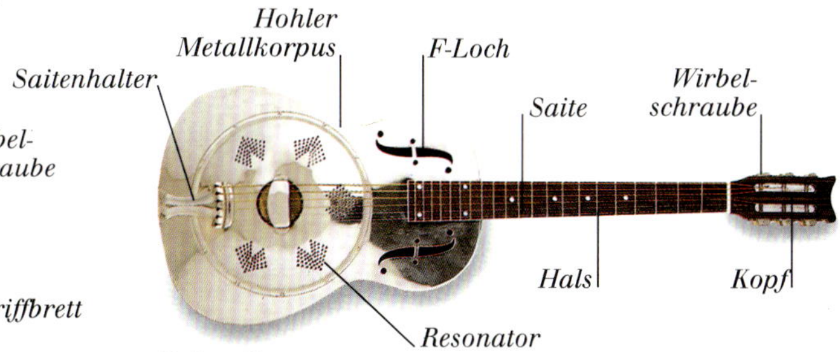

Dobro-Resonator

Beispiele für Elektrogitarren

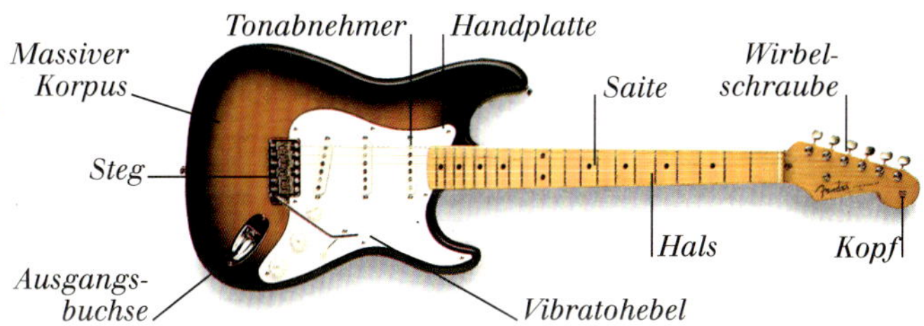

Fender Stratocaster

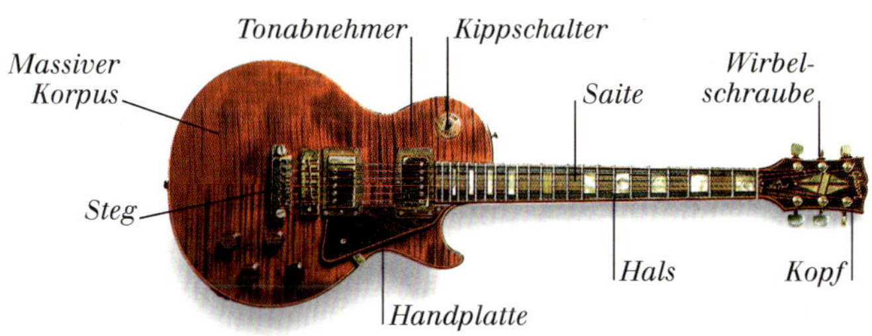

Gibson les Paul

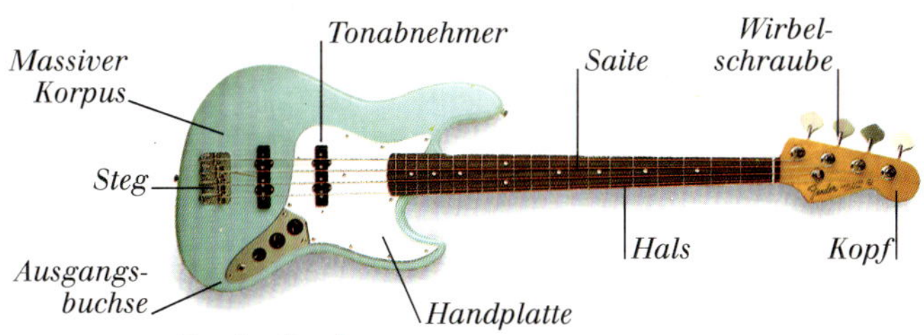

Fender Jazzbass

Tasteninstrumente

Orgelpfeife

Bei Tasteninstrumenten werden die Töne durch hebelartig ausgebildete Manual- oder Pedaltasten ausgelöst. Die Gesamtheit der Tasten heißt Klaviatur (Tastatur). Die beiden bekanntesten Tasteninstrumente sind die Orgel und das Klavier. Bei der Orgel werden die Töne von Pfeifen erzeugt, die über ein oder mehrere Manuale (für die Hände) und ein Pedal (für die Füße) bedient werden. Die Pfeifen der Orgel sind in sog. Register gegliedert, die über ein Windwerk zum Klingen gebracht werden. Durch Drücken einer Manual- oder Pedaltaste wird über das Windwerk Luft in die Pfeifen geleitet. Beim Klavier (Piano, Pianoforte) werden in einen Metallrahmen gespannte Saiten von Hämmerchen angeschlagen, wenn man die Tasten anschlägt. Heute versteht man unter Klavier meist das Pianino mit aufrechtem Gehäuse, aber auch der waagerechte Flügel ist eine Form des Klaviers. Neben dem Hammerklavier gibt es auch noch Tasteninstrumente, bei denen über die Tasten ein Mechanismus zum Zupfen der Saiten gesteuert wird (Spinett, Virginal, Cembalo).

Klavier (Piano)

Funktionsweise eines Klaviers

Taste nicht gedrückt

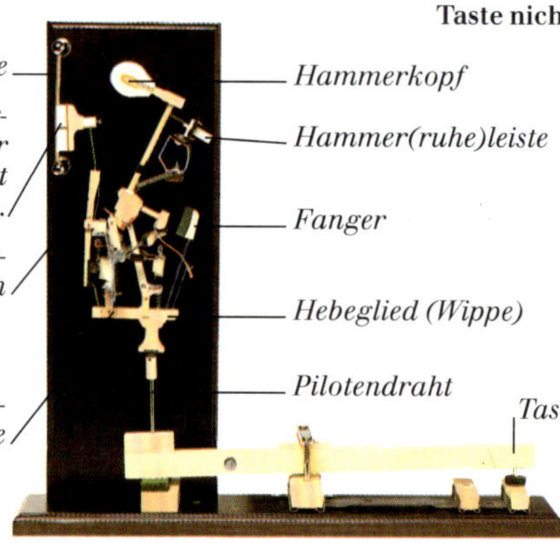

Taste gedrückt

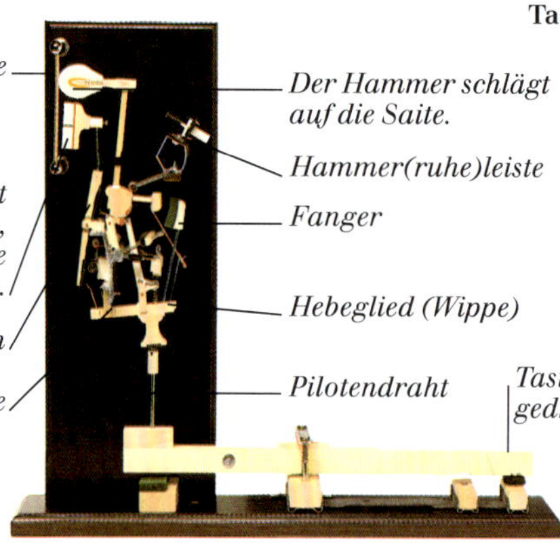

Orgelspieltisch

Konzertflügel (Aufsicht)

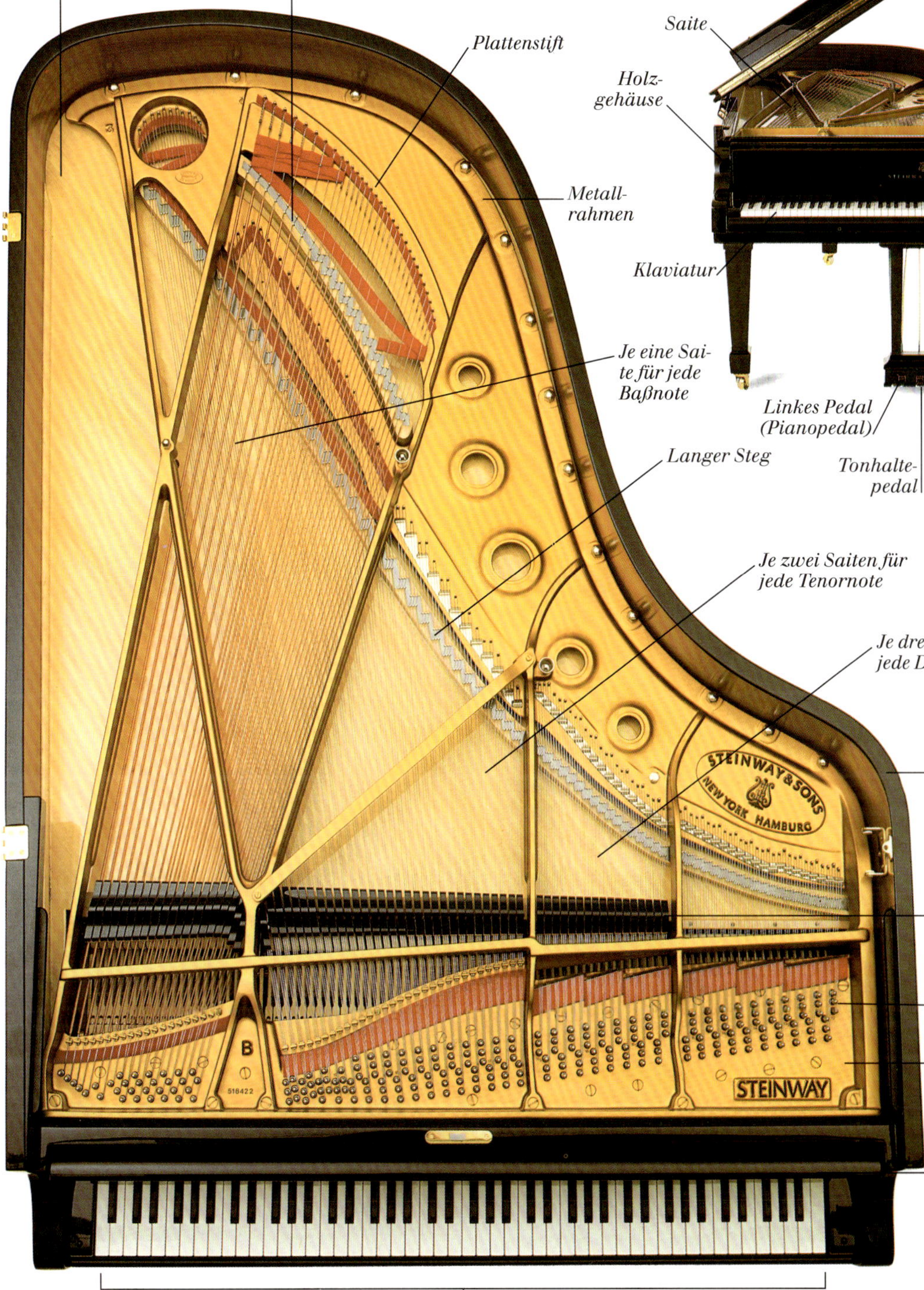

Konzertflügel (Vorderansicht)

Schlag-instrumente

Tempelblöcke

Bei Schlag- oder Perkussionsinstrumenten entstehen die Töne durch Anschlag – direkt wie bei der Trommel oder indirekt wie bei einer Rassel. Viele Schlaginstrumente – u.a. Trommeln, Becken und Maracas – können keine unterschiedlichen, abgestimmten Töne erzeugen. Sie dienen hauptsächlich als Rhythmusinstrumente. Pauken lassen sich stimmen, doch auch sie können keine Melodien spielen. Xylophon, Vibraphon und Röhrenglocken sind gestimmt und können Melodien, Harmonien und Rhythmen spielen. Beim Xylophon und Vibraphon sind Klangplatten aus Holz bzw. Metall klaviaturmäßig angeordnet. Als Resonatoren dienen herabhängende Röhren. Beim Vibraphon treibt ein Elektromotor am Oberende der Röhren angebrachte Drehklappen an. Sie bewirken das „Vibrato“, das An- und Abschwellen des Tons.

Röhrenglocken

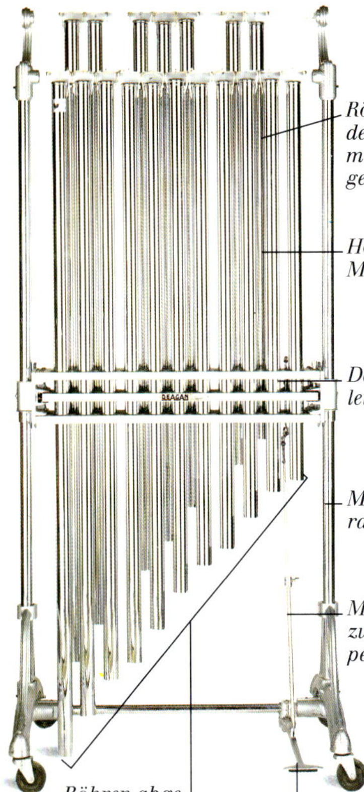

Schlegel

Weicher Trommelschlegel

Harter Schlegel

Hämmerchen

Gong (Tamtam)

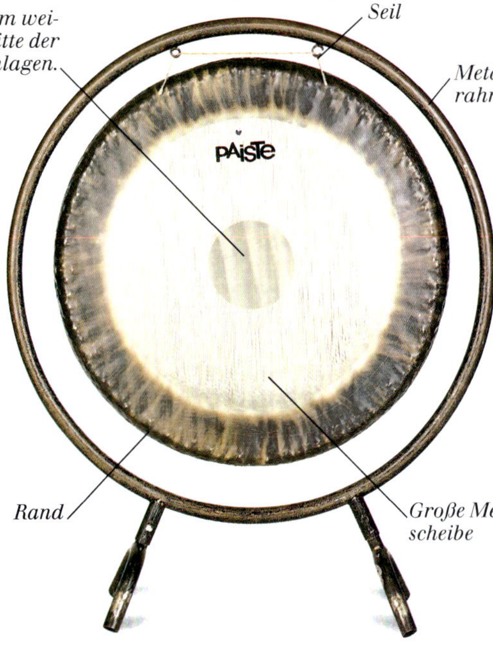

Xylophon

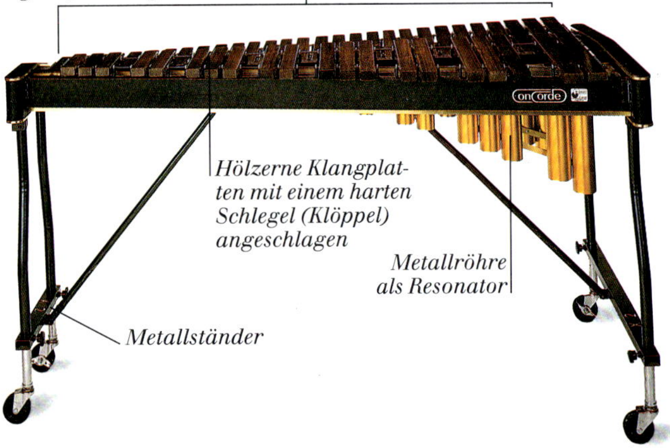

Becken

Bestandteile einer Maraca

Triangel

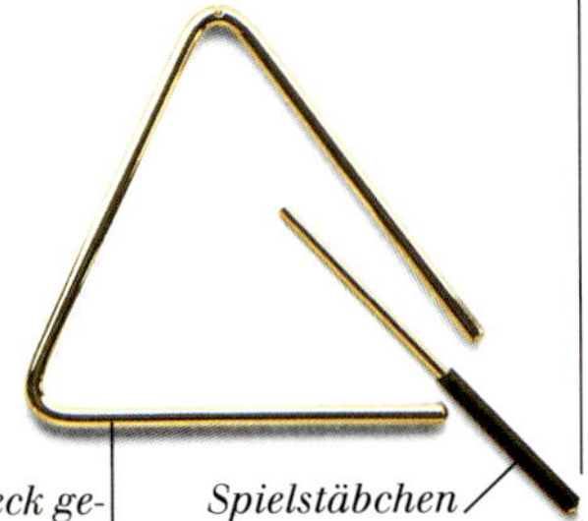

Claves (Rumbastäbchen)

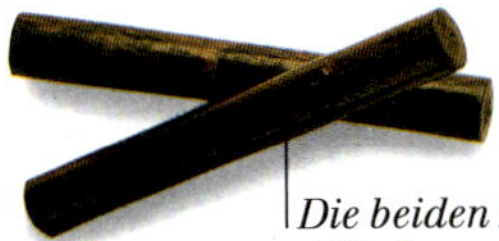

Kastagnetten

Vibraphon

Schlagzeug

Tamburin

Eine Trommel besteht aus einem Trommelfell aus Tierhaut oder Kunststoff, das über einen oder beide Seiten eines Hohlkörpers gespannt ist. Trommeln gehören zu den ältesten bekannten Instrumenten und werden in vielfältiger Form überall auf der Welt gespielt. Es gibt u.a. Rahmentrommeln (z.B. Tamburin), Becher- oder Kesseltrommeln (z.B. Pauke) und röhrenförmige Trommeln (z.B. Congas). Zum Klingen bringt man die Instrumente in der Regel durch Schlagen mit den Händen oder einem Schlegel. Das Trommelfell wird dadurch in Schwingung versetzt, und die Schwingung vom Trommelkörper verstärkt. Die Kleine Trommel, wie man sie auch im Sinfonieorchester benutzt, besitzt zudem Schnarrseiten, die über das untere Trommelfell gespannt sind. Wird die Trommel geschlagen, schwingt der Schnarrteppich gegen das Trommelfell. Viele Trommeln, z.B. die Congas, sind nicht stimmbar und daher nur als Rhythmusinstrumente geeignet. Andere, wie die Pauke, werden durch Veränderung der Trommelfellspannung gestimmt und können nicht nur Rhythmus, sondern auch unterschiedliche Töne spielen. In der Pop- und Rockmusik spielt das Schlagzeug eine große Rolle, eine Kombination mehrerer Trommeln und Becken.

Schlagzeug (Drums)

Kleine Trommel (von unten)

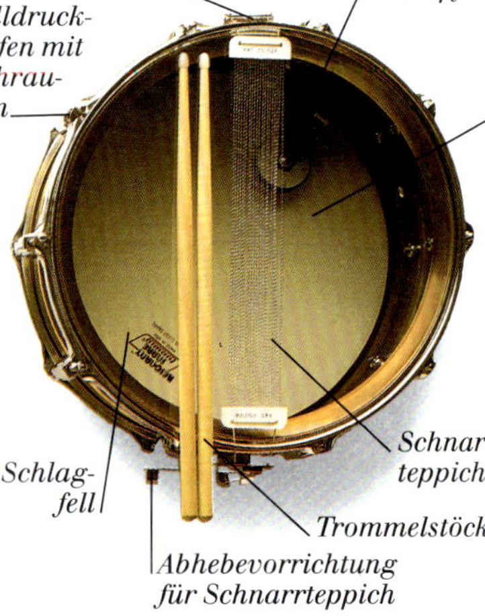

Schlegel und Besen

Congas (Tumbas)

Kesselpauke

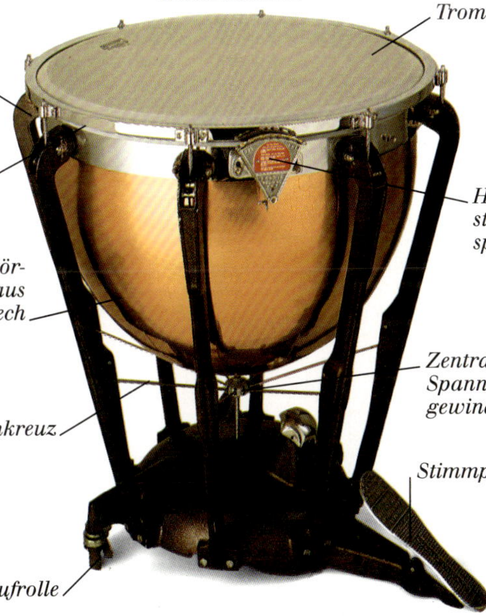

Elektronische Instrumente

Elektronische Instrumente wie z.B. Synthesizer erzeugen keine eigenen Klänge, sondern Tongeneratoren produzieren elektrische Signale, diese gelangen über elektrische Leitungen zu Filtern, Effektgeräten und Verstärker und schließlich zum Lautsprecher, dessen Membran durch die Signale in Schwingung versetzt wird und somit Schall, d.h. Töne, abstrahlt. Elektronische Instrumente ahmen den Klang konventioneller Instrumente nach und können auch ganz neue Klangfarben erzeugen. Die meisten elektronischen Instrumente werden über Tasten bedient, doch elektronische Blas- und Schlaginstrumente erfreuen sich zunehmender Beliebtheit. Mit einem MIDI-(Musical Instrument Digital Interface) System kann man elektronische Instrumente mit einem Computer verbinden und über diesen die einzelnen Instrumente steuern. Außerdem gibt es heute Computersoftware, mit der man an einem PC Musik komponieren und spielen kann.

Schlagzeugsynthesizer

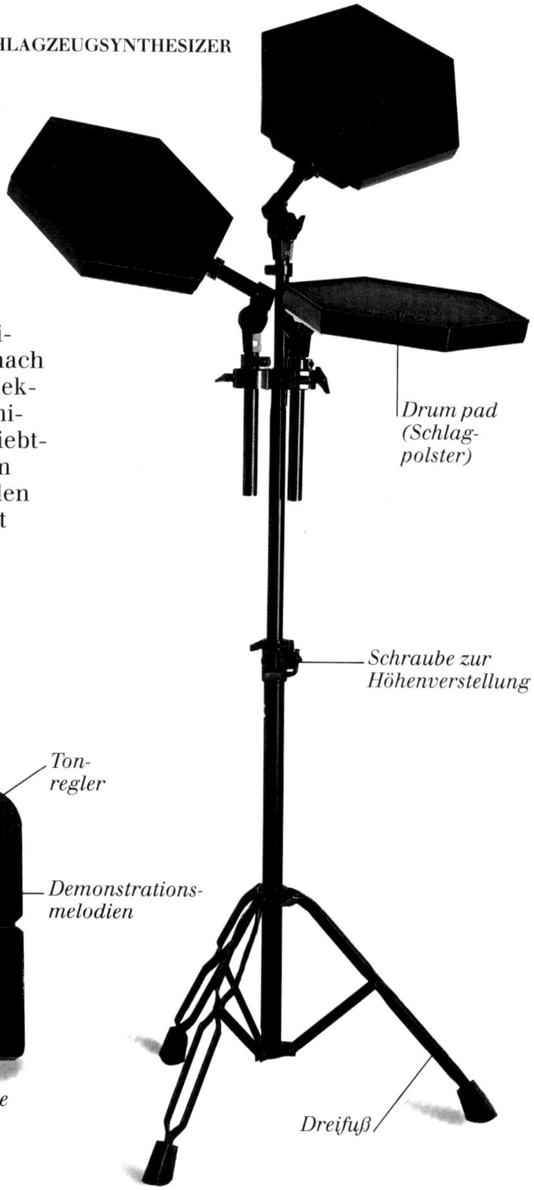

Keybord

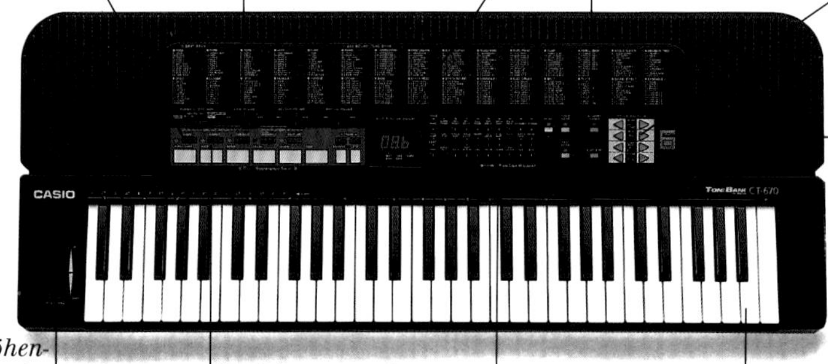

Synthesizer

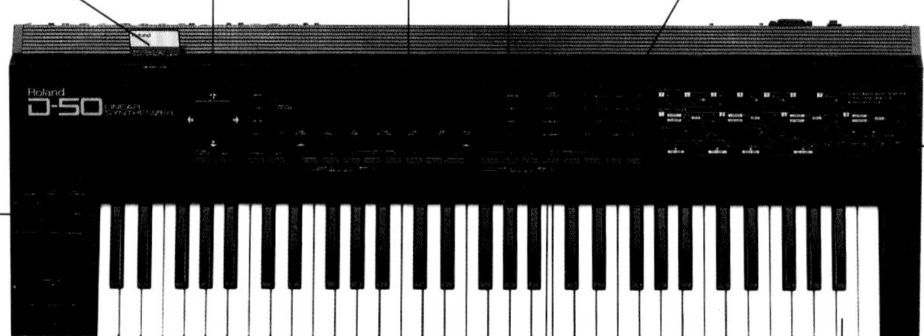

Blas-Synthesizer

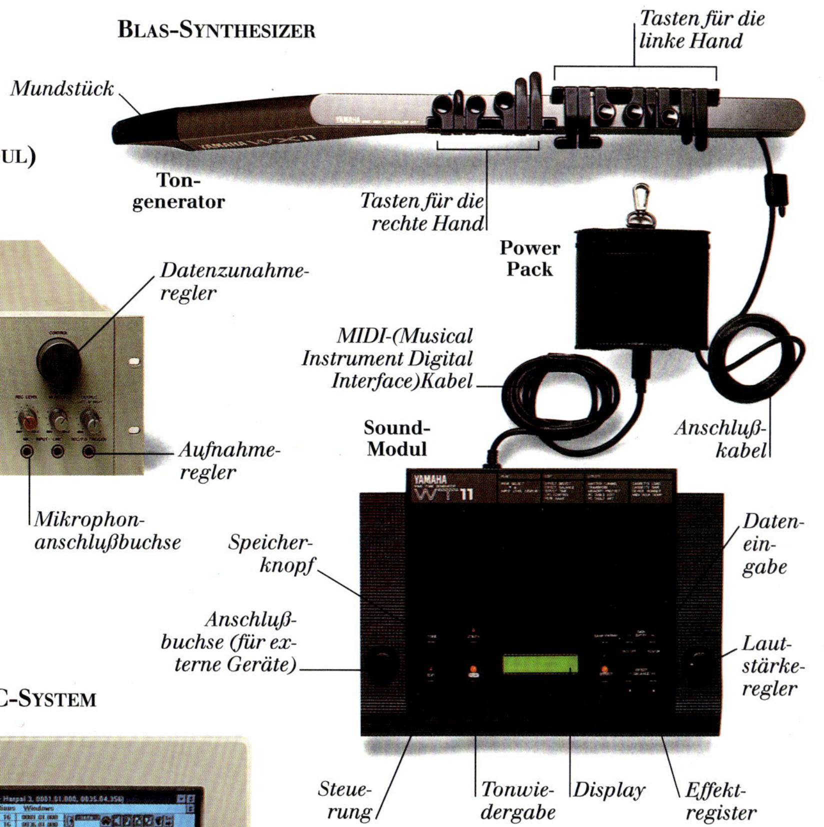

Tongenerator (Sound-Modul)

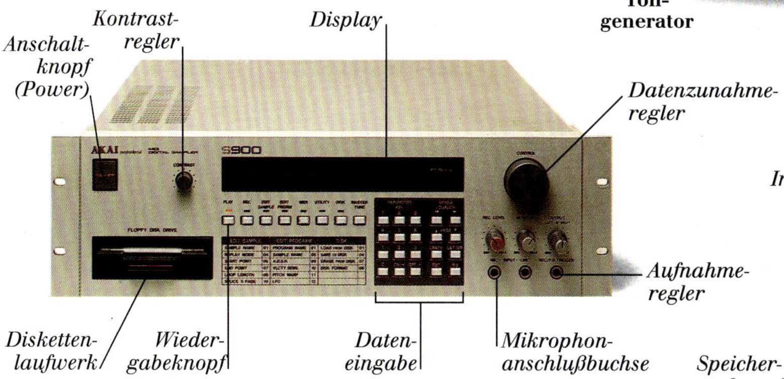

PC-System

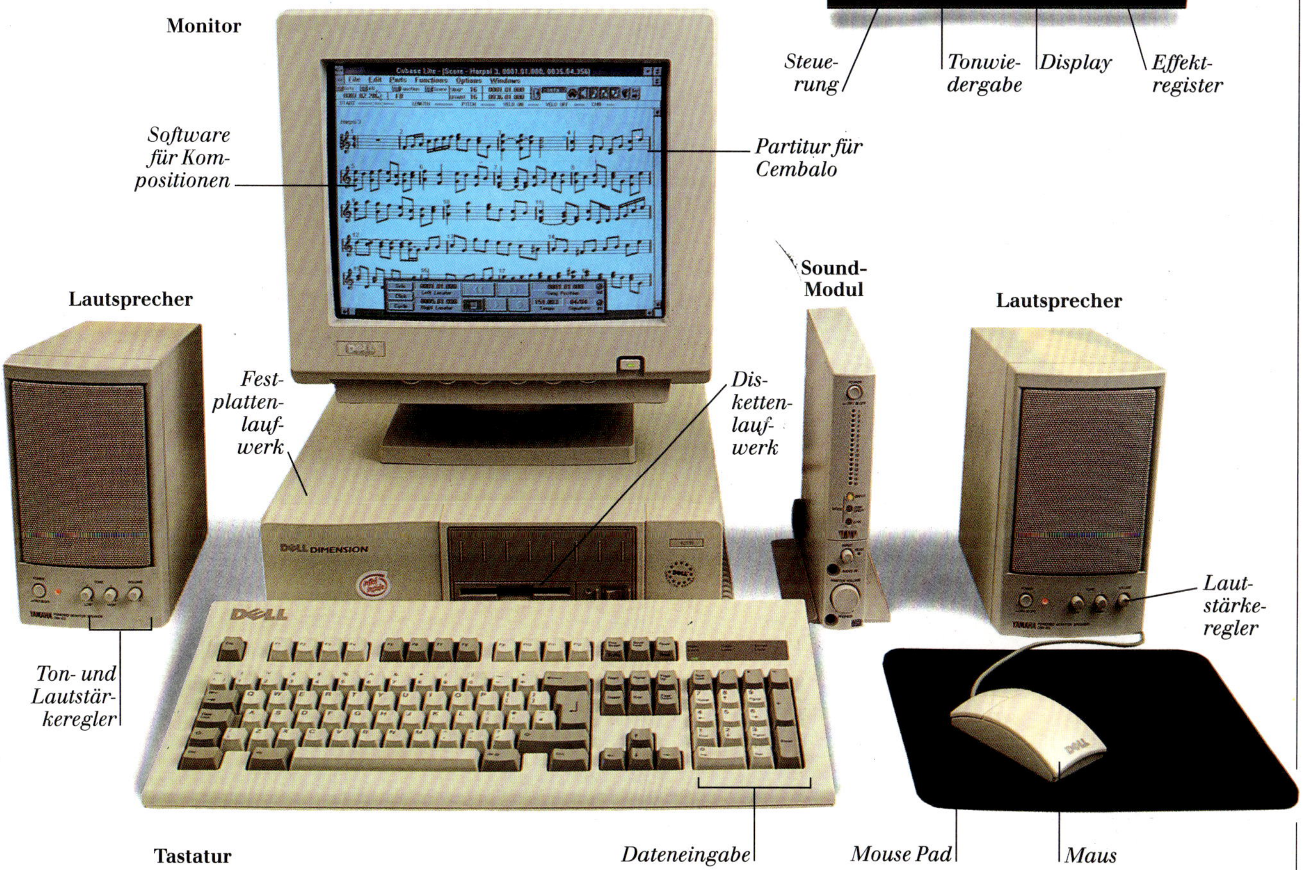

PRECISION

SPORT

FUSSBALL 528
BASKETBALL 530
VOLLEYBALL, NETBALL UND HANDBALL 532
LEICHTATHLETIK 534
RÜCKSCHLAGSPIELE 536
GOLF 538
SCHIESS-SPORT 540
EISHOCKEY 542
ALPINER SKISPORT 544
PFERDESPORT 546
JUDO UND FECHTEN 548
SCHWIMMEN UND WASSERSPRINGEN 550
KANU, RUDERN UND SEGELN 552
ANGELN 554

Fußball

In China wird Fußball bereits 300 v.Chr. erwähnt. Im mittelalterlichen Europa war Straßenfußball als öffentliches Ärgernis untersagt. Erst 1863 wurden Regeln eingeführt, deren wichtigste es allen Spielern mit Ausnahme des Torwarts untersagt, den Ball zu tragen. Fußball ist eine Mannschaftssportart, bei der es gilt, den Ball in das Tor der gegnerischen Mannschaft zu bringen. Die Spieler spielen sich den Ball zu oder führen ihn eng am Fuß, überspielen die gegnerische Verteidigung und schießen oder köpfen den Ball ins Tor. Dabei muß noch der Torwart der gegnerischen Mannschaft überlistet werden. Jede Mannschaft besteht aus zehn Feldspielern (Verteidiger, Mittelfeldspieler und Stürmer) und einem Torwart. Spieler der gegnerischen Mannschaft dürfen den Spieler, der sich im Ballbesitz befindet, angreifen. Unerlaubte oder unfaire Angriffe werden bestraft: mit einem Elfmeter, wenn sich das Foul innerhalb des Strafraums ereignet hat, außerhalb des Strafraums mit einem Freistoß. Der runde Ball des europäischen Fußballs ist einfacher unter Kontrolle zu halten als der eiförmige beim amerikanischen, kanadischen und australischen Football und beim Rugby, das Spiel wirkt flüssiger.

Fahne des Linienrichters

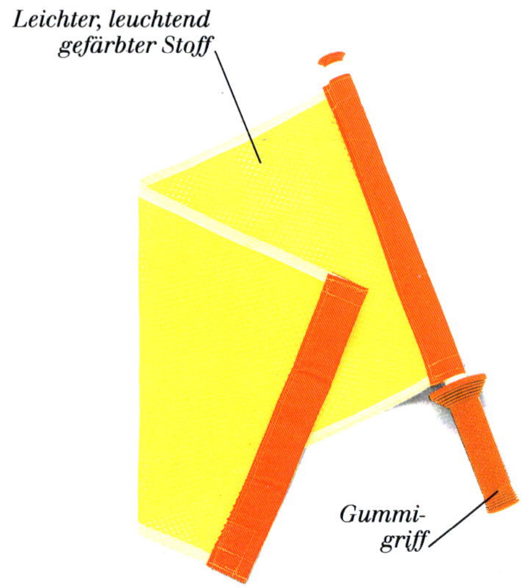

Schiedsrichter-Ausrüstung

Fussballplatz

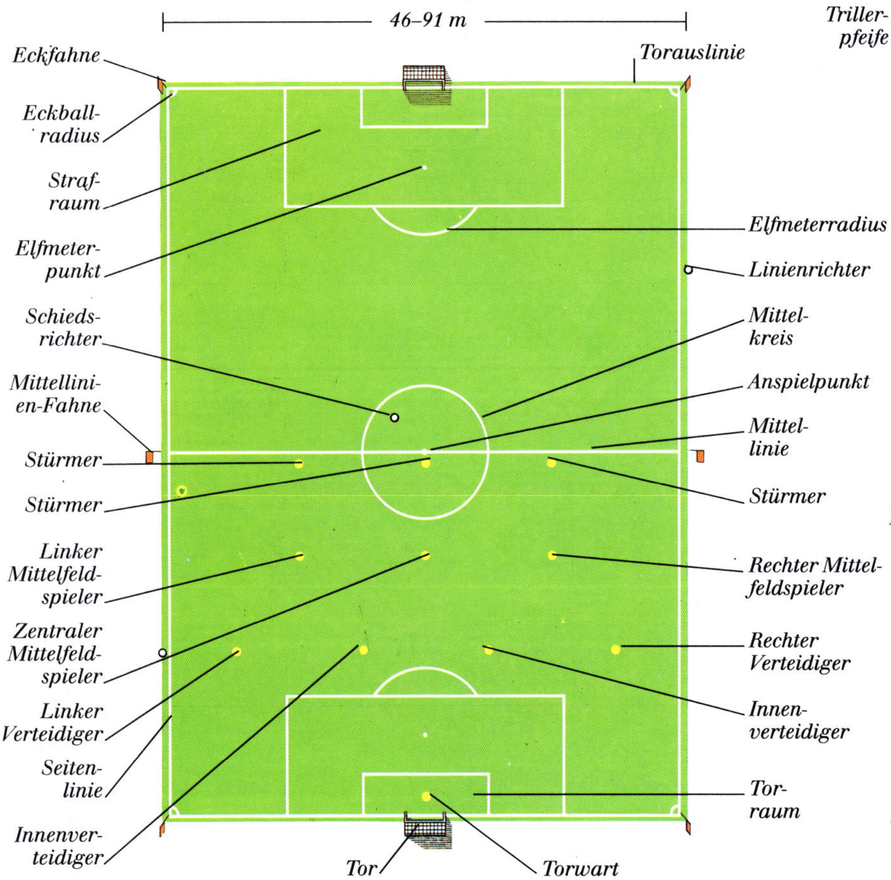

Spielfeldmarkierungen

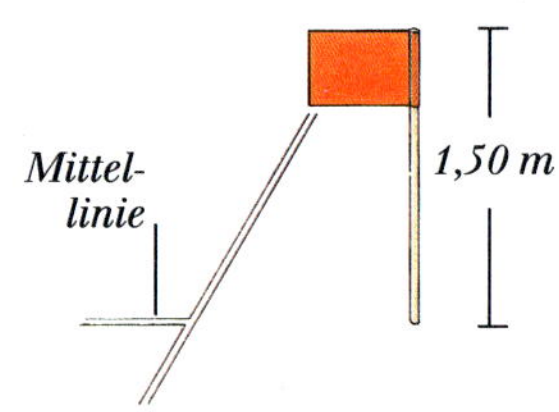

Mittellinienfahne

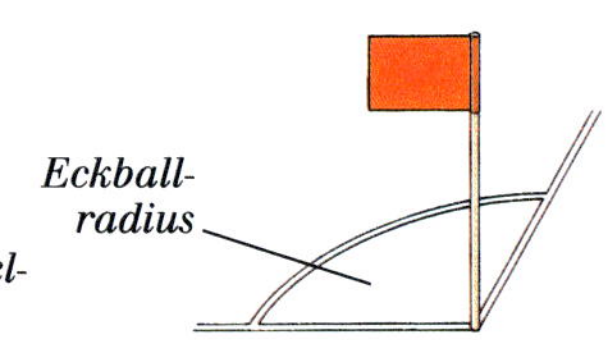

Eckfahne

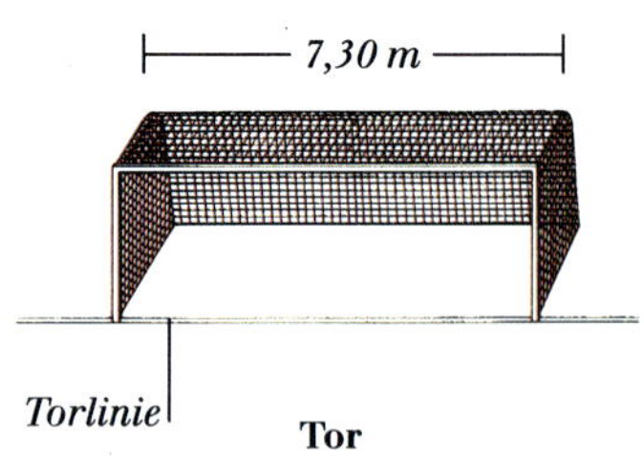

Tor

Torwart

Fussballdress

Herstellung eines Fussballs

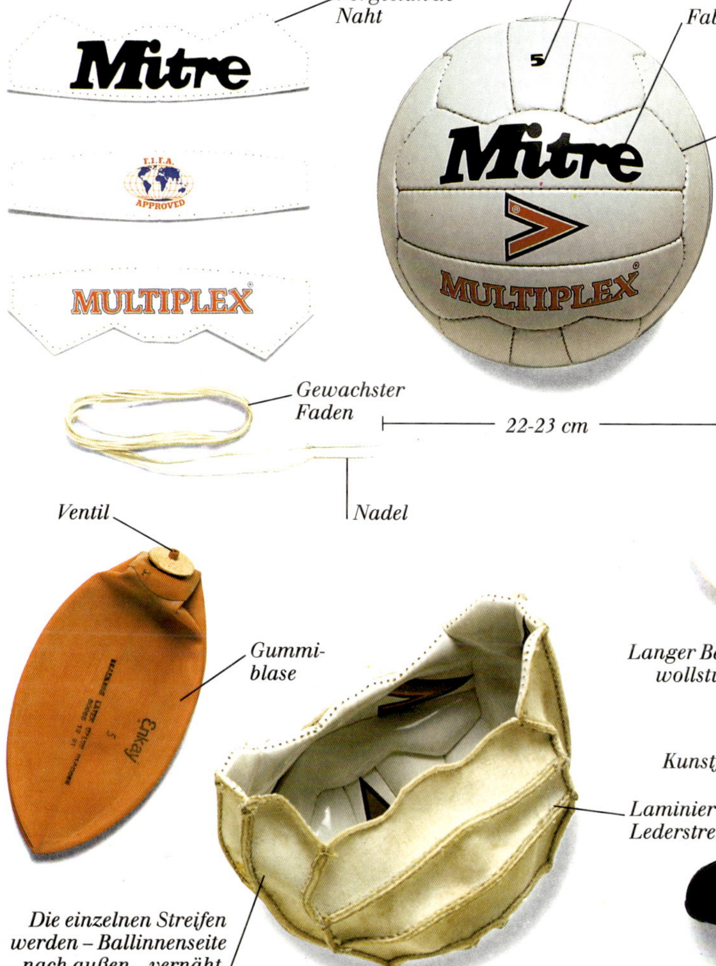

Fussballschuh

Basketball

Basketball, 1890 von James Naismith in Springfield/Massachusetts (USA) entwickelt, ist ein Spiel für zwei Mannschaften mit je fünf Spielern. Ziel des Spiels ist es, in Ballbesitz zu kommen und Punkte zu erzielen, indem man den Ball in den Korb der gegnerischen Mannschaft wirft. Während eines Laufs über das Spielfeld wird der Ball immer wieder aufgetippt („Dribbling"). Er darf den Mitspielern direkt zugeworfen, aufgetippt oder zugerollt werden. Die Spieler dürfen nicht mit dem Ball in der Hand laufen, der Ball darf auch nicht mit dem Fuß gespielt werden. Drehen mit dem gehaltenen Ball um das Standbein (Sternschritt) ist allerdings erlaubt. Das Spiel beginnt, wenn der Schiedsrichter den Ball in die Luft wirft und je ein Spieler aus beiden Mannschaften hochspringt, um den Ball zu einem Mitspieler zu „tippen". Spieldauer und Anzahl der Spielabschnitte sind je nach Spielklasse verschieden. Es gibt Amateur-, Profi- und internationale Regeln. Ein Unentschieden gibt es nicht. Bei Punktgleichheit wird das Spiel zunächst um fünf Minuten verlängert, danach wird weiter verlängert, bis ein Sieger feststeht. Zusätzlich zu den fünf Akteuren auf dem Spielfeld hat jede Mannschaft bis zu sieben Auswechselspieler. Basketball ist eine Sportart ohne direkten Körperkontakt. Fouls werden durch einen Einwurf gegen den Regelverletzer geahndet. Ein Freiwurf auf den Korb wird gegeben, wenn ein Spieler während eines Korbwurfs gefoult wird. Basketball ist ein schnelles Spiel, und gute Koordination und eine ausgefeilte Taktik sind wichtiger als Körperkraft.

Basketballfeld

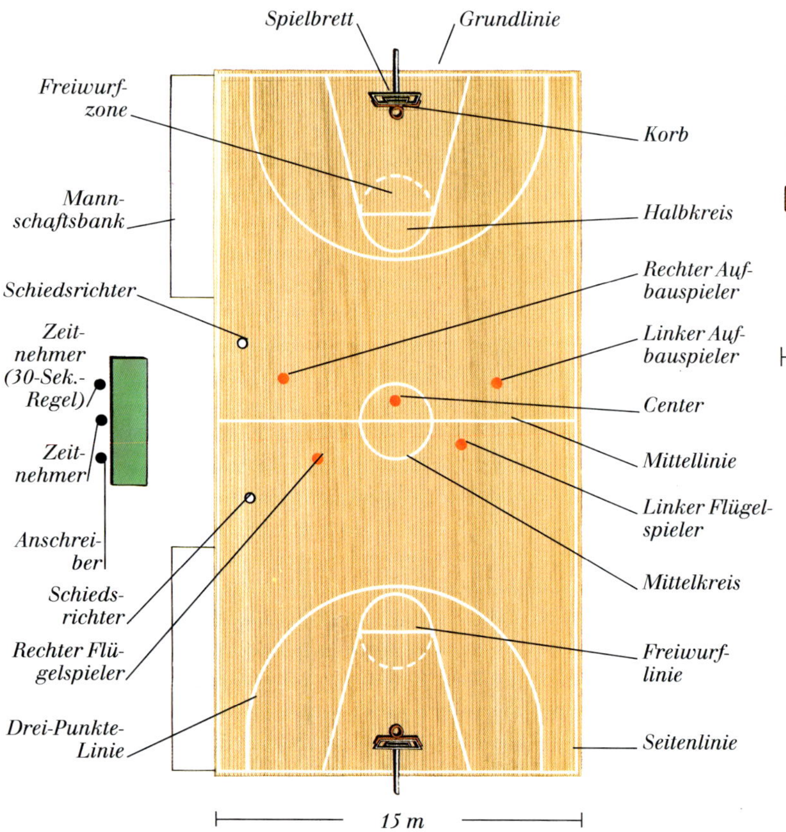

Korbanlage

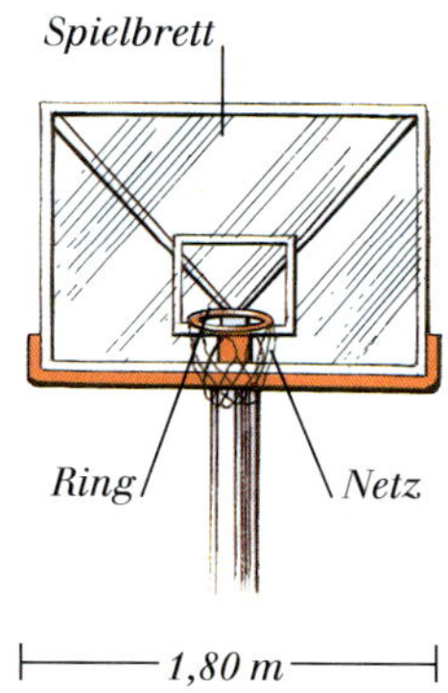

Aufbau der Korbanlage

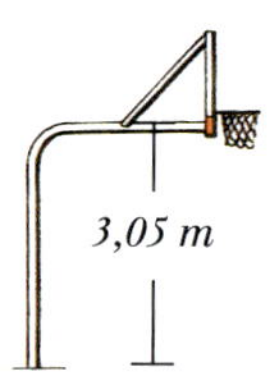

Spieltechniken

Brustpaß

Dribbling

Überkopfpaß

Korbleger

Sprungwurf

Handballpaß

Zonenverteidigung

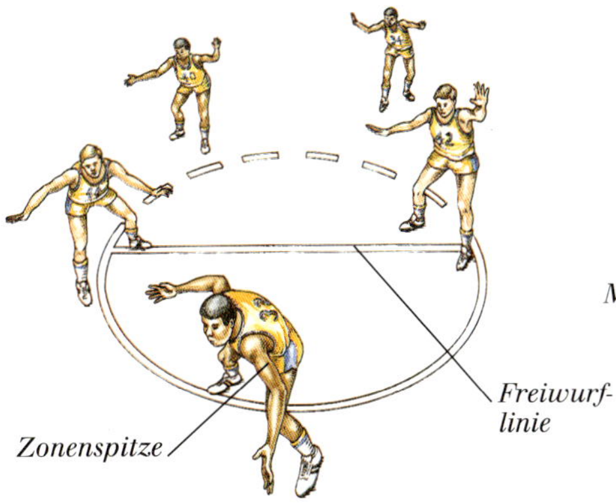

1-2-2-Zone

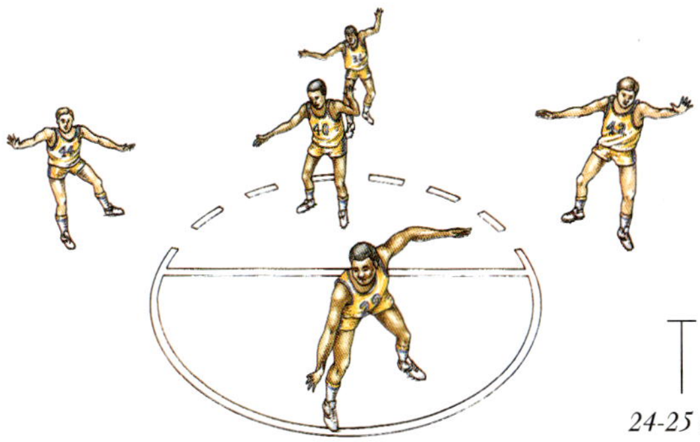

1-3-1-Zone

2-3-Zone

Basketballtrikot

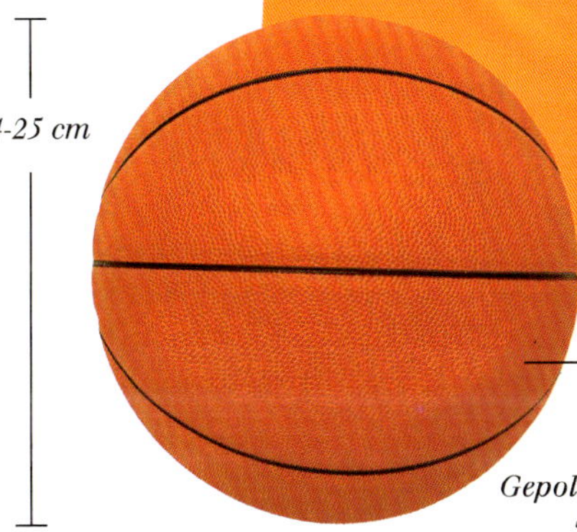

Basketball

Basketballschuh

Internationale Schiedsrichterzeichen

Technisches Foul

Absichtliches Foul

Sprungball

Uhr anhalten (nach einem Foul)

Spielerwechsel

Persönliches Foul (keine Freiwürfe)

Schrittfehler

Doppeldribbel

Rempeln (Stürmerfoul)

Ein Freiwurf

Uhr anhalten

Volleyball, Netball und Handball

Volleyball, Netball und Handball sind tempogeladene Mannschaftssportarten, die auf Spielfeldern mit Hartboden gespielt werden. Beim Volleyball gilt es, den Ball über ein quer über die Spielfeldmitte gespanntes Netz zu schlagen, so daß er auf der gegnerischen Seite den Boden berührt. Eine Mannschaft hat sechs Spieler. Sie darf den Ball während eines Spielzugs dreimal berühren, um ihn über das Netz zu schlagen. Ein Spieler darf den Ball aber nicht zweimal nacheinander berühren. Der Ball darf mit den Armen, Händen oder jedem anderen Teil des Oberkörpers gespielt werden. Nur wer Aufschlag hat, kann Punkte erzielen. Sieger ist die Mannschaft, die drei Sätze (Satz: 15 Punkte und dabei mindestens zwei Punkte Vorsprung vor dem Gegner) gewonnen hat. Netball ist eine dem Basketball ähnliche reine Damen-Sportart. Das Spiel wird auf einem etwas größeren Feld mit sieben Spielerinnen gespielt. Der Ball wird durch Werfen, Passen und Fangen weitergegeben. Ziel ist es, den Ball in den gegnerischen Korb zu werfen. Der Aktionsradius der Spielerinnen ist auf bestimmte Spielfeldbereiche beschränkt. Beim Handball hat jede Mannschaft sieben Spieler. Der Ball wird durch schnelles Dribbeln, Passen oder Prellen gespielt. Die Spieler dürfen den Ball mit jedem beliebigen Körperteil oberhalb der Knie stoppen, fangen, werfen, prellen oder schlagen. Jede Mannschaft versucht, den Ball am gegnerischen Torwart vorbei ins Tor zu befördern.

Volleyballtechniken

Spielkleidung

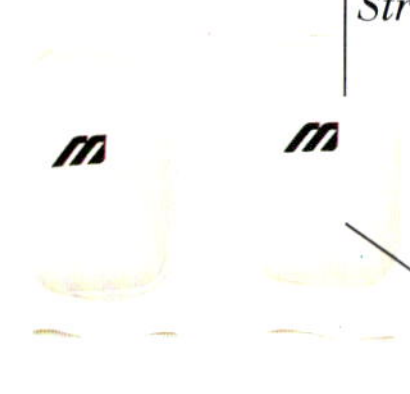

Knieschützer

Volleyballfeld

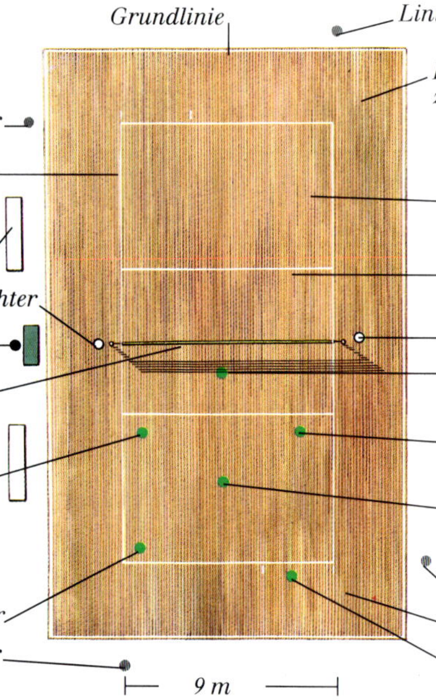

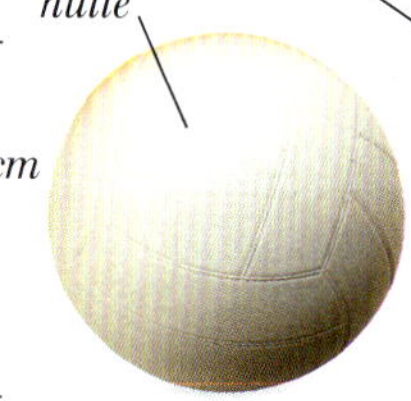

Volleyball

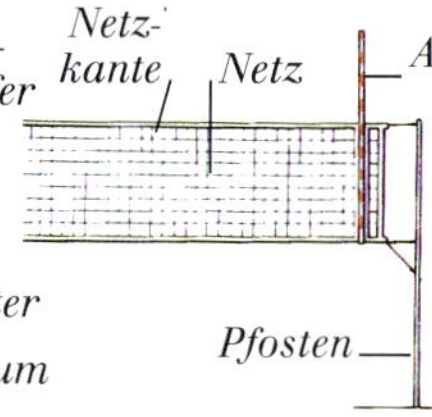

Volleyballnetz

NETBALLFELD

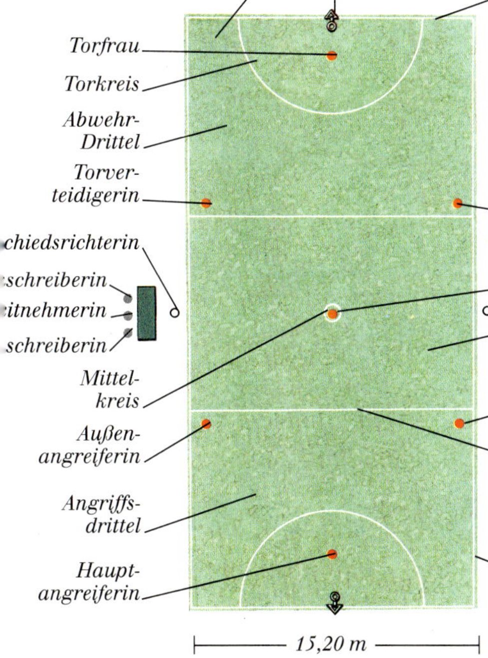

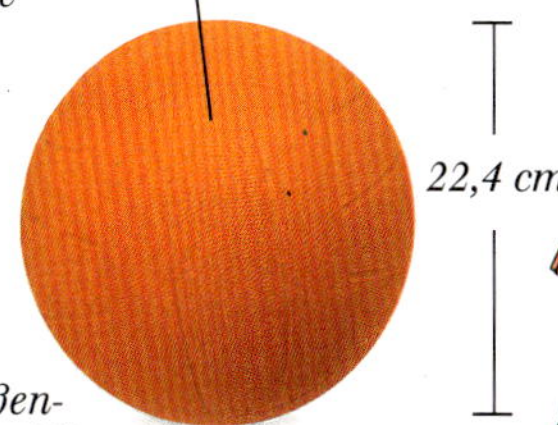

NETBALL

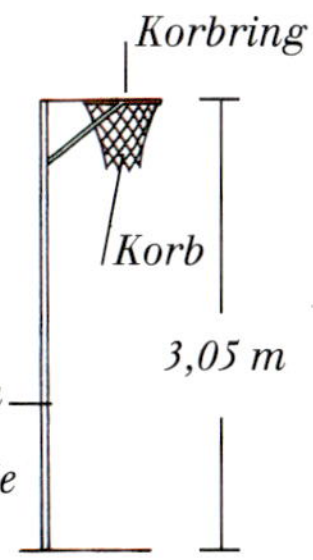

NETBALL-KORB-ANLAGE

ZUSPIELFORMEN BEIM NETBALL

Brustpaß

Unterhandpaß

Schulterpaß

Indirektes Zuspiel

HANDBALLFELD

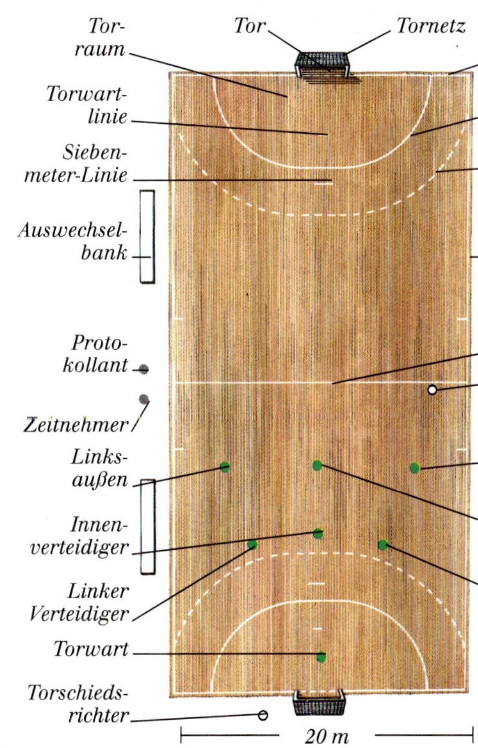

HANDBALL
Herren: 58–60 cm Umfang
Damen: 54–56 cm Umfang

HANDBALLSCHUH

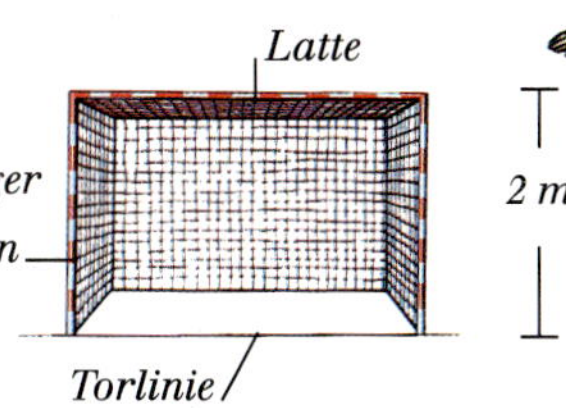

HANDBALLTOR

HANDBALLTECHNIKEN

Schlagwurf

Dribbeln

Indirektes Zuspiel

Sprungwurf

Leichtathletik

Zur Leichtathletik zählen Laufdisziplinen (Kurz-, Mittel- und Langstreckenlauf, Staffel- und Hürdenlauf und Gehen) und technische Disziplinen (Sprung- und Wurfsportarten). Wettkämpfe, bei denen sich Athleten in Schnelligkeit, Stärke, Gewandtheit und Ausdauer maßen, gab es bei den alten Griechen schon vor über 4000 Jahren. Die Abschaffung der Olympischen Spiele im Jahre 393 v.Chr. führte dann jedoch zu einem Niedergang der Leichtathletik. Erst Mitte des 19.Jh.s kam es zu einer Wiederbelebung. Moderne Stadien verfügen über meist außerhalb der Laufbahn gelegene Bereiche für Weitsprung, Dreisprung und Stabhochsprung. Speer-, Hammer- und Diskuswerfen sowie Kugelstoßen finden auf dem Rasen innerhalb der Laufbahn statt. Die meisten Athleten spezialisieren sich auf eine oder zwei Disziplinen. Im Siebenkampf allerdings treten Frauen in 200- und 800-m-Lauf, 100 m Hürden, Speerwurf, Kugelstoßen, Hoch-und Weitsprung an (verteilt auf zwei Tage). Beim Zehnkampf messen sich Männer an zwei Tagen im 100-, 400- und 1500-m-Lauf, 110 m Hürden, Speerwurf, Diskuswerfen, Kugelstoßen, Stabhochsprung, Hoch- und Weitsprung.

Geräte für Technik-Disziplinen

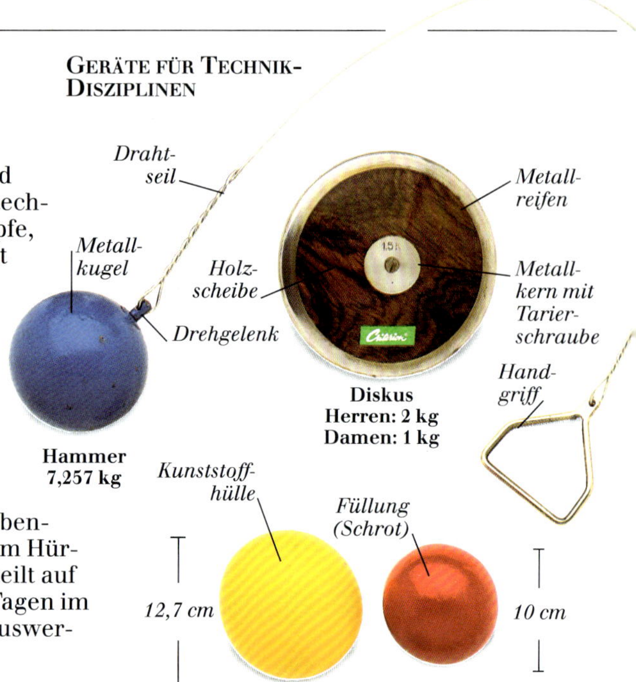

Speer

Leichtathletik-Stadion

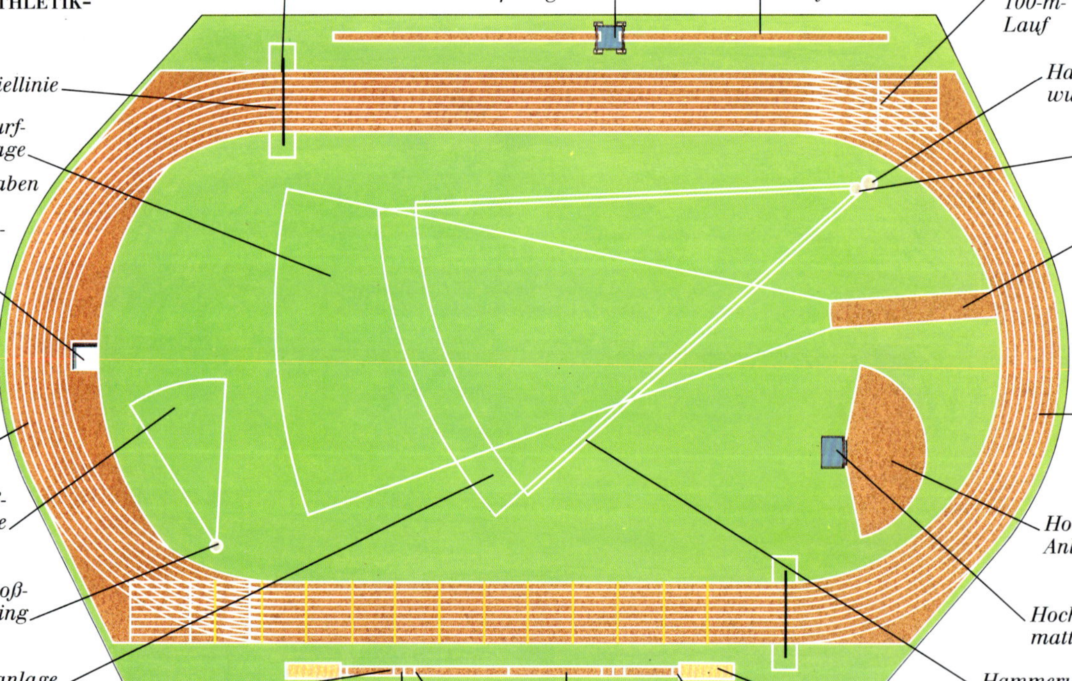

Staffelstäbe

Schuhe

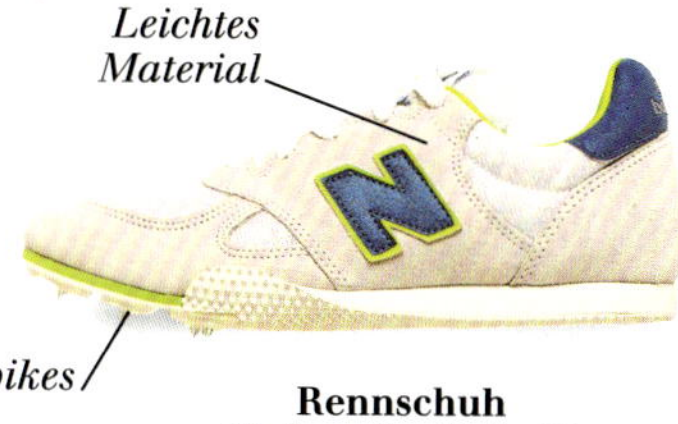

Rennschuh (Bahnenlaufschuh)

Laufschuh (Dauerlauf)

Diskuswurf

Kugelstossen

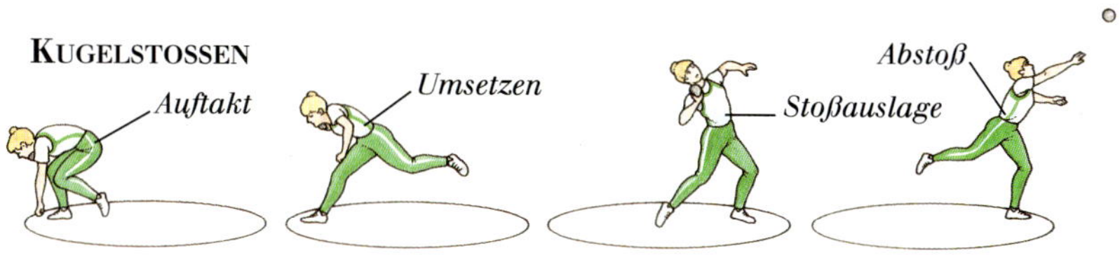

Hammerwerfen

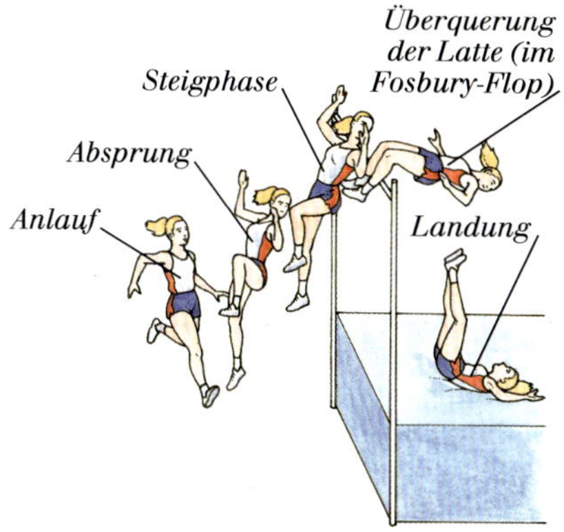

Hochsprung

Speerwerfen

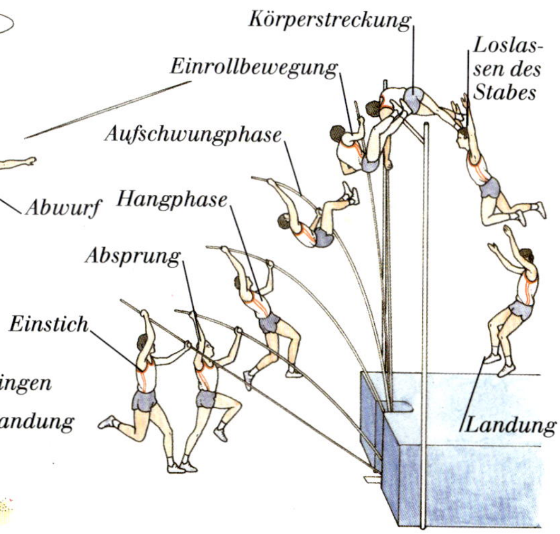

Weitsprung (Laufsprungtechnik)

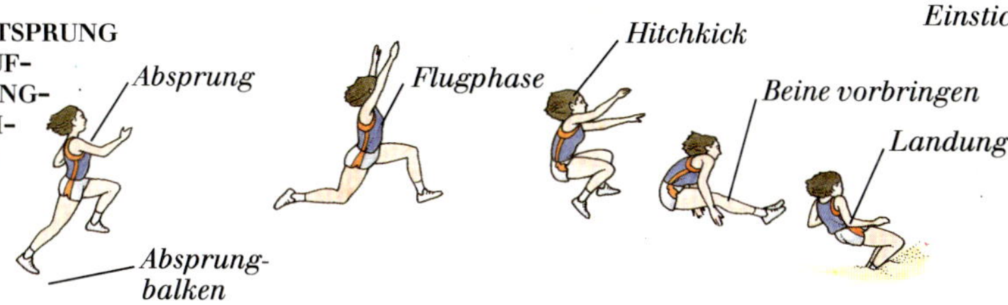

Stabhochsprung

Dreisprung

Rückschlagspiele

Schutzbrille

Ziel aller Rückschlagspiele ist es, den Ball mit einem Schläger so zu schlagen, daß ihn der Gegner nicht zurückschlagen kann. Die Spiele werden von zwei Spielern (Einzel) oder vier Spielern (Doppel) bestritten. Schlägerform und -größe sind auf die jeweilige Sportart zugeschnitten. Als Material für den Rahmen dienen Holz, Kunststoff, Aluminium oder Fiberglas. für die Bespannung verwendet man Kunstfasersaiten, z.T. auch noch Naturdarmsaiten. Beim Tennis ist der Platz (mit Beton-, Gras-, Sand- oder Kunststoffboden) durch ein niedrig gespanntes Netz in zwei Hälften geteilt. Die gegnerischen Spieler schlagen abwechselnd zu den Spielen auf. Um einen Satz für sich zu entscheiden, muß man mindestens sechs Spiele gewinnen. Für einen Matchsieg braucht man zwei, manchmal auch drei Gewinnsätze. Badminton ist eine Hallensportart, die mit leichten, elastischen Schlägern und einem Federball auf einem Feld mit hoch gespanntem Netz gespielt wird. Man kann nur bei eigenem Aufschlag Punkte erzielen. Wer zuerst 15 (im Frauen-Einzel 11) Punkte erreicht , gewinnt den Satz. Für einen Matchsieg braucht man zwei Gewinnsätze. Squash und Racquetball (Racquets) werden auf einem von Wänden begrenzten Feld gespielt. Ein Spieler schlägt den Ball gegen die vordere Wand, der andere versucht, ihn zurückzuschlagen, ehe er mehr als einmal auf dem Boden aufspringt. In den USA ist der Squashplatz kleiner als beim internationalen Spiel, der Ball ist härter. Im Squash spielt man auf 9 (international) oder 15 Punkte (amerikanisch). Der Ball beim Racquetball ist größer und springt höher als ein Squashball. Der Schläger ist dick und stabil, mit großem Kopf, kurzem Griff und einer Handgelenkschlaufe. Punkten kann nur der Aufschläger, und wer zuerst 21 Punkte erreicht, hat gewonnen.

Tennisschläger

Tennisplatz

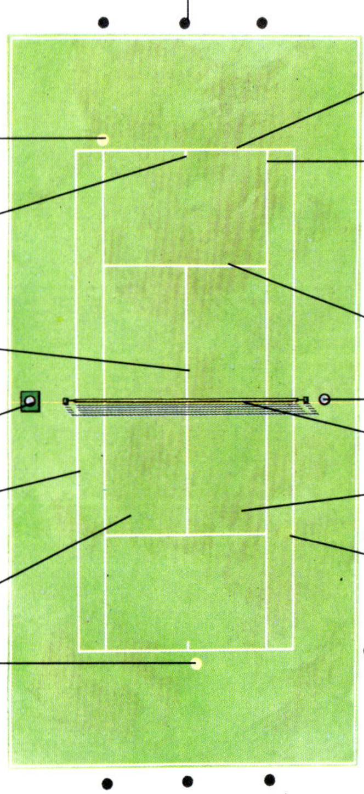

Tennisspielerin

Tennisball (Aufbau)

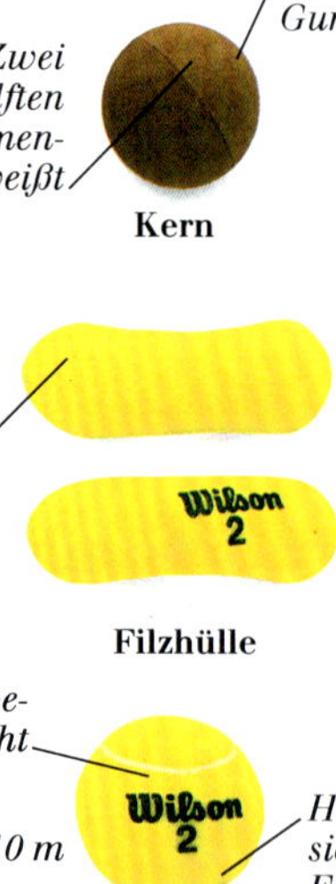

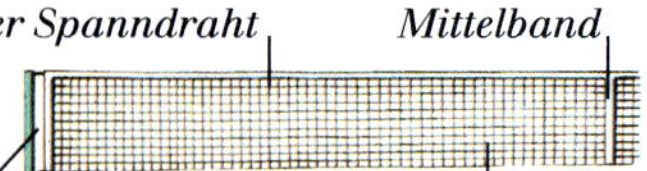

Tennisnetz

Badmintonschläger und Federball

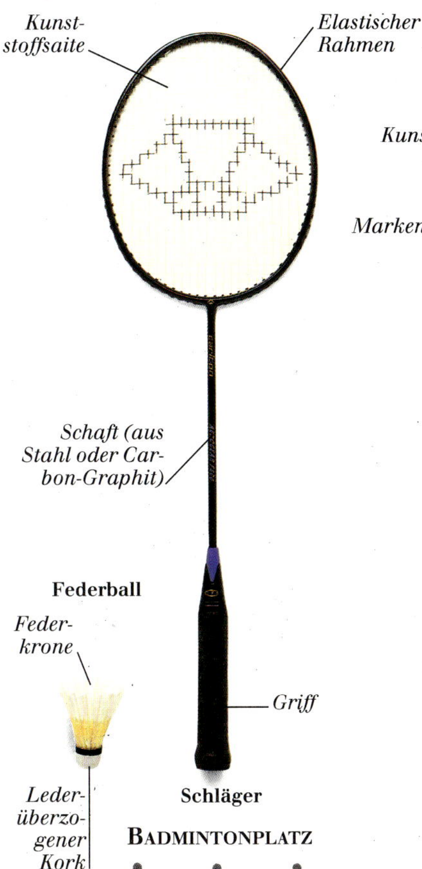

Squashschläger und Bälle

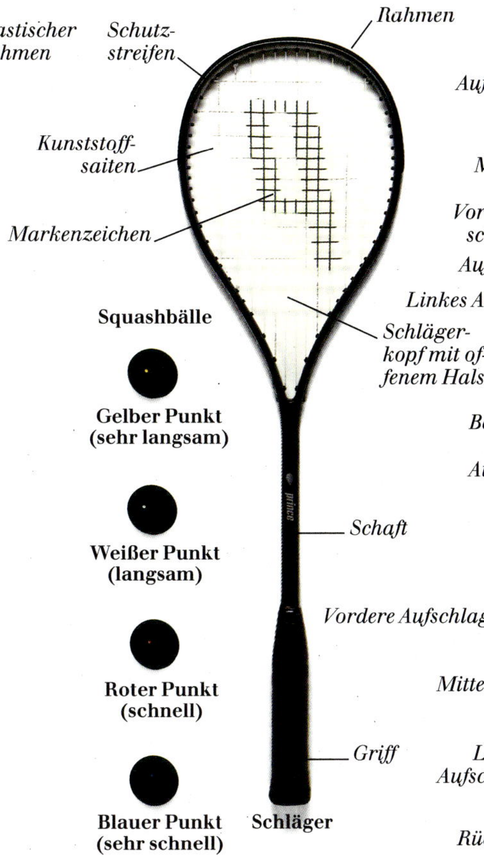

Amerikanischer Squashcourt

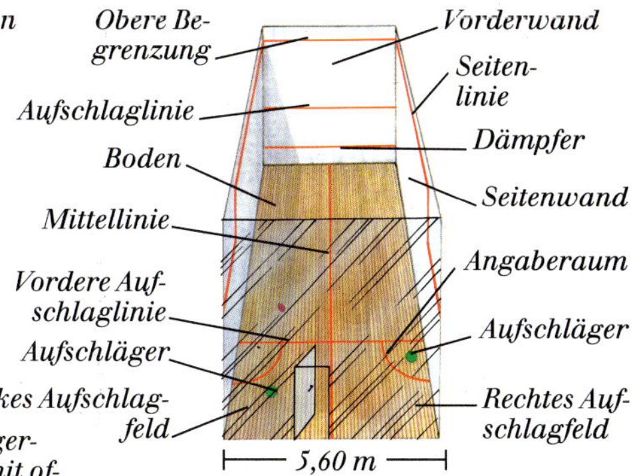

Internationaler Squashcourt

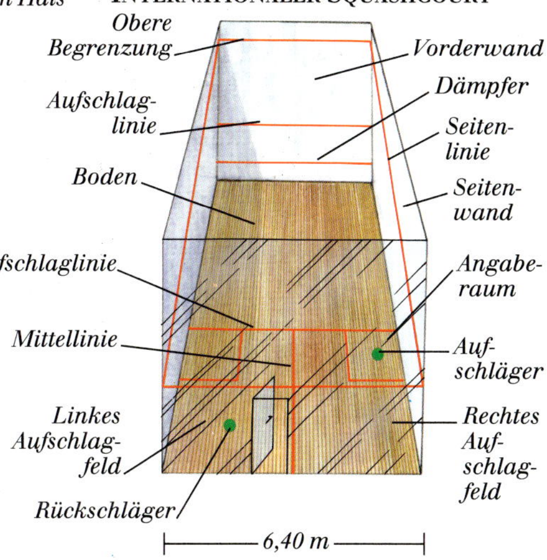

Badmintonplatz

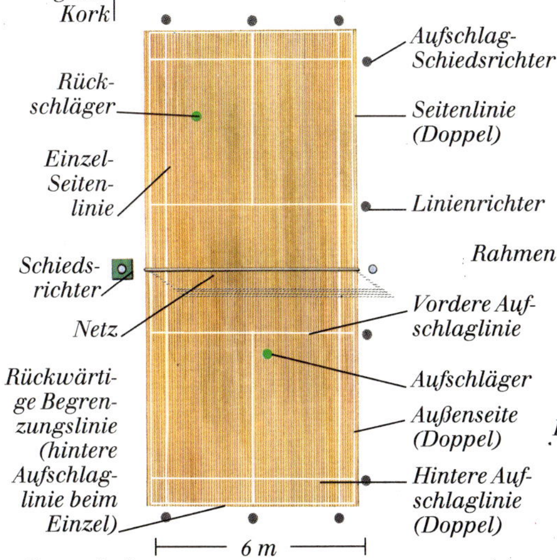

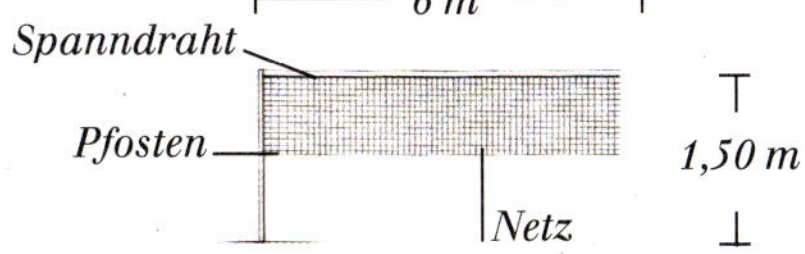

Badmintonnetz

Racquetball: Schläger, Ball und Handschuh

Racquetball-„Käfig“

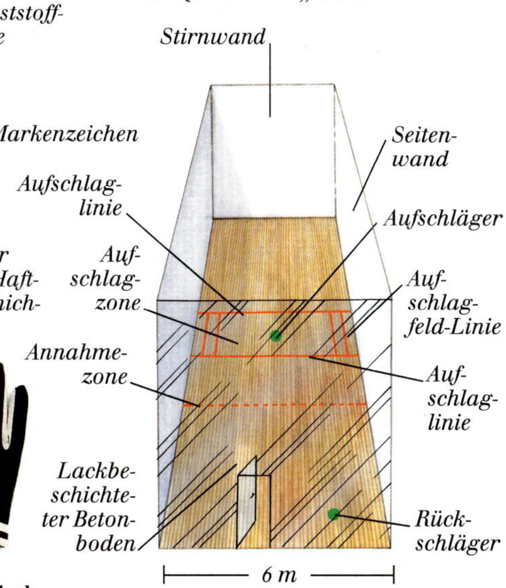

Golf

Golfball und Tee

Golf ist ein Rasenballspiel, bei dem der Ball mit Holz- oder Stahlschlägern gespielt wird. Am Abschlag (Tee) wird der Ball auf einen in den Boden gedrückten Holz- oder Kunststoffstift gesetzt. Von dort geht es über die von hohem Gras und Buschwerk (Rough) begrenzte Spielbahn (Fairway), eine kurz gemähte Rasenfläche, mit Hindernissen (z.B. Teiche, Bäche, sandgefüllte Bunker) bis zum Zielbereich (Green) mit dem Loch. Wettkampf-Golfplätze haben 18 Löcher. Ziel des Spiels ist es, den Ball mit möglichst wenigen Schlägen der Reihe nach in jedem Loch zu versenken (zu putten). Die Spieler treten einzeln oder in Mannschaften gegeneinander an. Dabei absolvieren sie die Runde in Gruppen von zwei, drei oder vier Personen. Man unterscheidet zwei Wettspielarten: Lochspiele und Zählspiele. Beim Lochspiel siegt die Partei, die die Mehrzahl der Löcher über eine gewisse Anzahl von Runden gewonnen hat. Beim Zählspiel gewinnt der Spieler, der nach einer bestimmten Anzahl von Runden die wenigsten Schläge gebraucht hat.

GOLFBALL

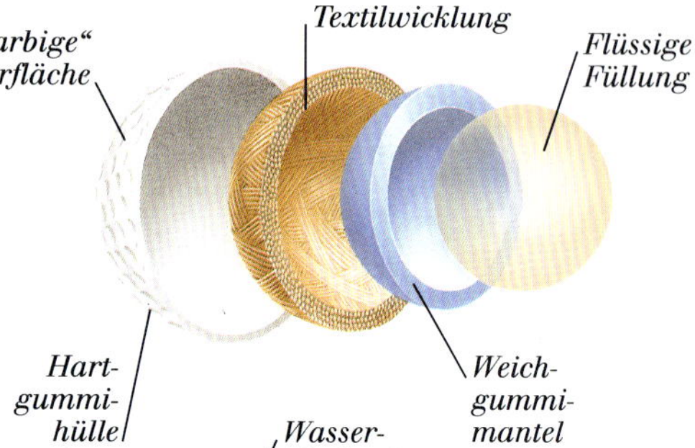

AUGUSTA-NATIONAL-GOLFPLATZ IN AUGUSTA, GEORGIA/USA

EIN TYPISCHES LOCH

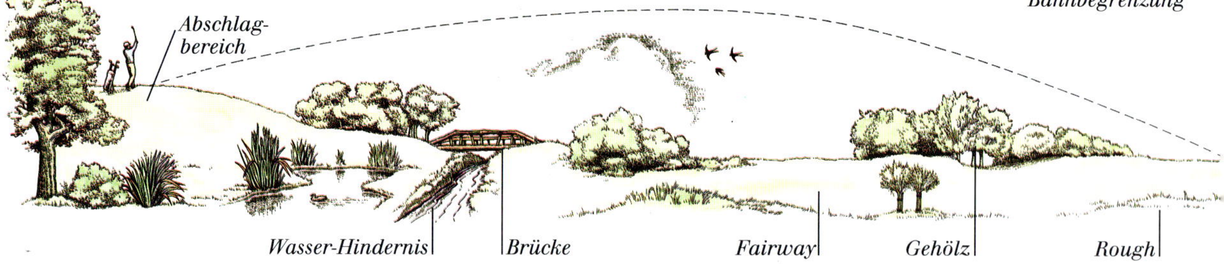

Herstellung eines Holzschlägers

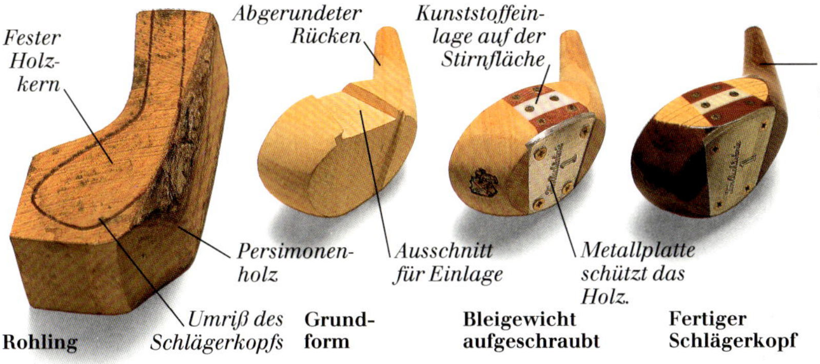

Holzschläger

Eisenschläger

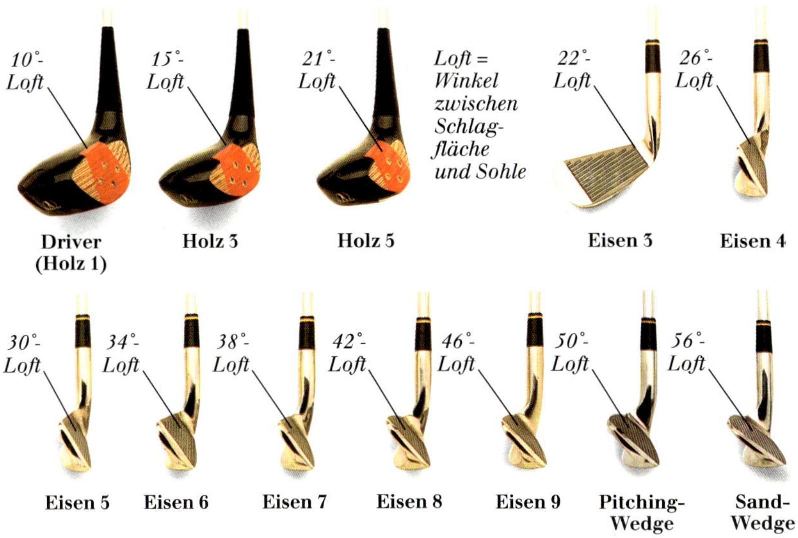

Golfzubehör

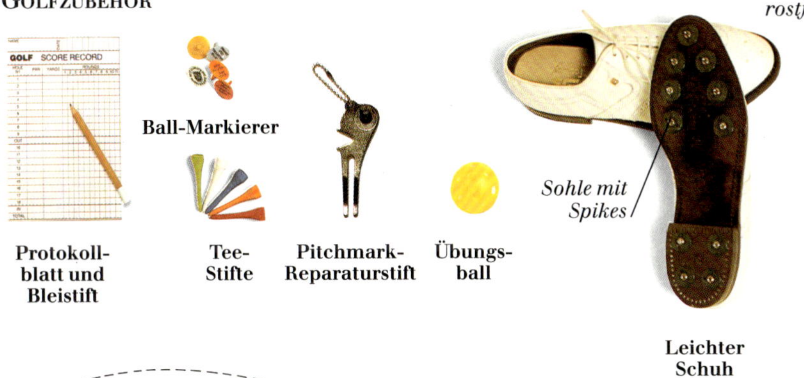

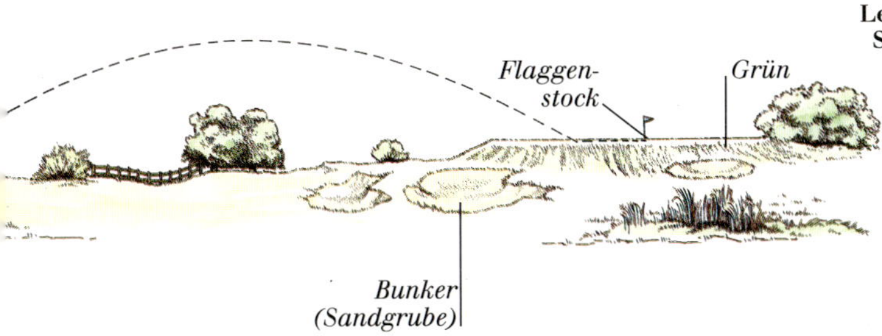

Putter, Holz und Eisen

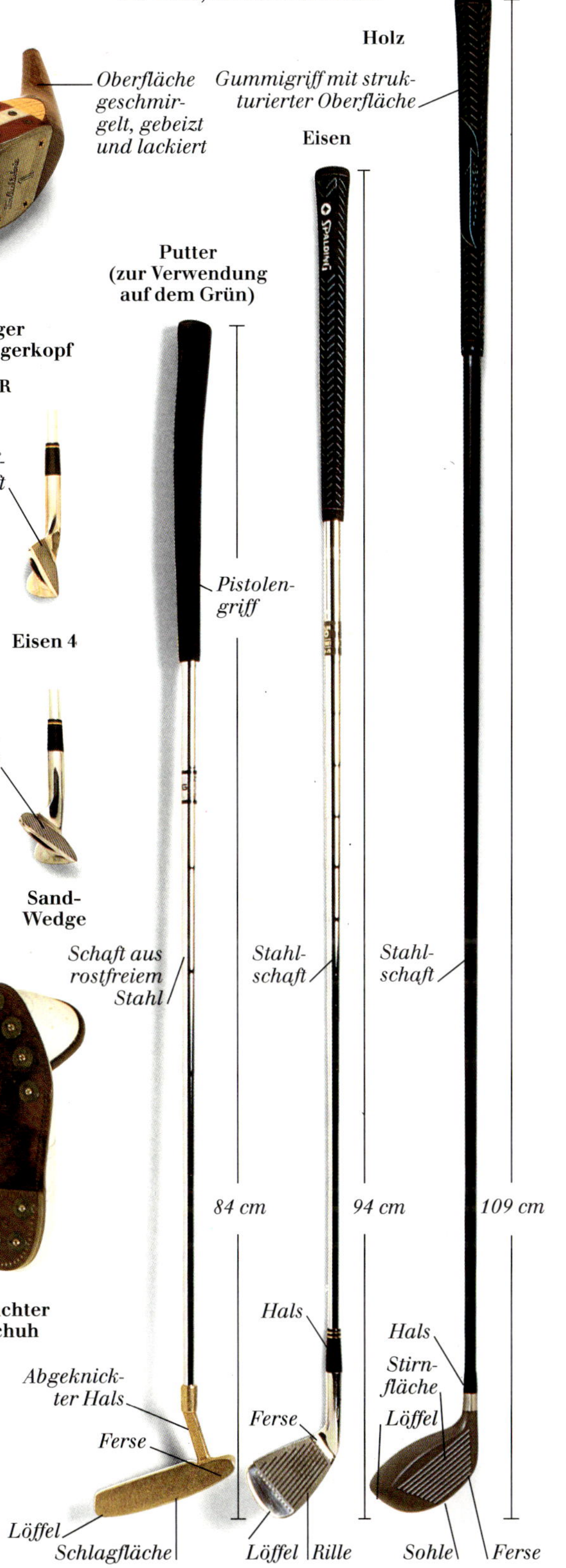

Schieß-Sport

Zielschießen und Bogenschießen entwickelten sich aus Geschicklichkeitsübungen für die Jagd und für kriegerische Auseinandersetzungen. Doch wenngleich Sportbögen nach dem Vorbild der frühen Jagdbögen gestaltet sind, hergestellt werden sie aus laminiertem Holz, Kunststoff, Glas- und Kohlefaser, und sie sind mit Zielvorrichtungen und Stabilisatoren ausgestattet. Bei Wettkämpfen wird über Distanzen von 30, 50, 70 und 90 m (Herren) und 30, 50, 60 und 70 m (Damen) geschossen. Je näher der Einschuß der Mitte der Zielscheibe kommt, desto höher ist die Ringzahl. Die Ringe der einzelnen Durchgänge werden zusammengezählt, der Schütze mit der höchsten Ringzahl gewinnt den Wettbewerb. Armbrust-Wettkämpfe finden über Entfernungen von 10 und 30 m statt. Beim Gewehrschießen unterscheidet man Kleinkaliber-, Großkaliber- und Luftgewehrschießen. Wettbewerbe finden über eine Vielzahl von Entfernungen statt, außerdem wird nach Schießpositionen unterteilt: liegend, kniend oder stehend. Das olympische Biathlon kombiniert Skilanglauf mit Gewehrschießen. Es gibt 10- und 20-km-Einzelwettbewerbe bei den Herren, bzw. über 7,5 und 15 km bei den Damen, außerdem Staffelwettbewerbe. Als Waffe benutzt man ein Spezial-Kleinkalibergewehr. Weitere Schießsportwettbewerbe mit Gewehren sind Wurftaubenschießen (Trap und Skeet), Laufende Scheibe (Laufender Keiler) und Vorderladerschießen. Pistolenwettbewerbe, bei denen Schnellfeuerpistolen, Sportpistolen und Luftpistolen benutzt werden, finden über 10, 25 und 50 Meter statt. Beim Schießen mit der Schnellfeuerpistole werden insgesamt 60 Schüsse aus einer Entfernung von 25 Metern abgefeuert.

Armbrust und Bolzen

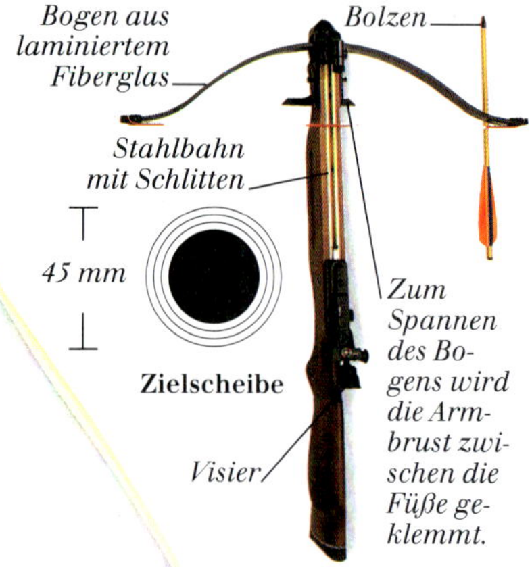

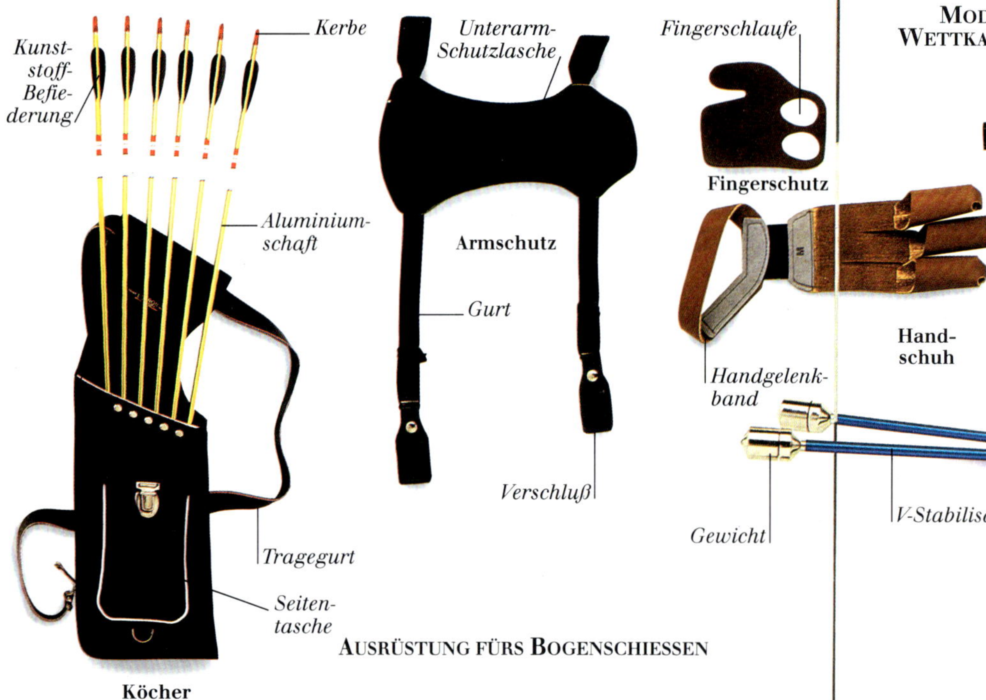

Ausrüstung fürs Bogenschiessen

Moderner Wettkampfbogen

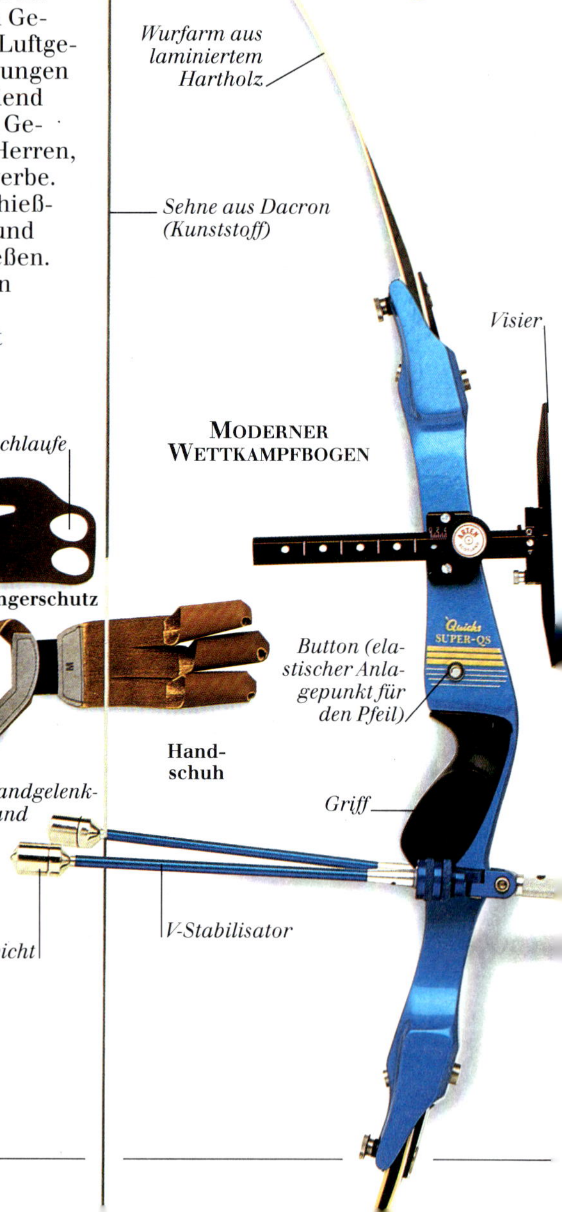

BIATHLON-KLEINKALIBERGEWEHR

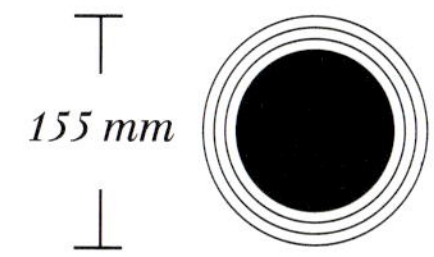

Zielscheibe für Kleinkaliber 50 m

GROSSKALIBER-JAGDWAFFE

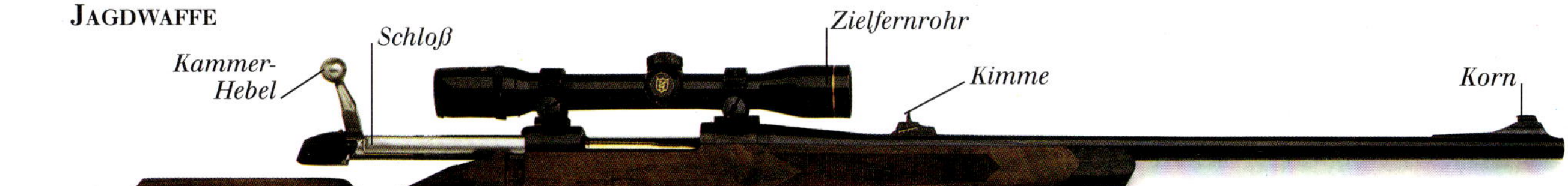

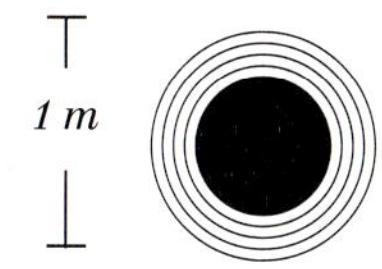

Zielscheibe für Großkalibergewehr (300 m)

LUFTPISTOLE

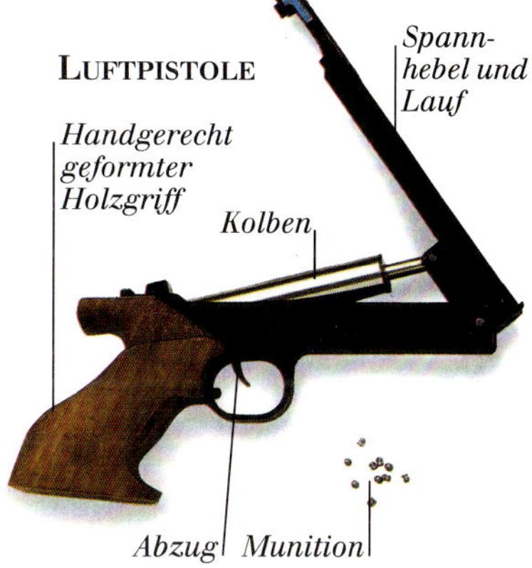

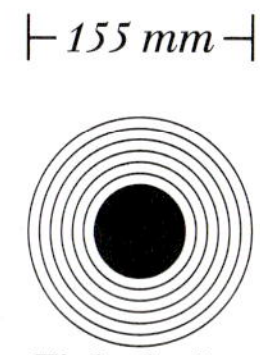

Zielscheibe für Luftpistole (10 m)

GROSSKALIBER-SPORTPISTOLE

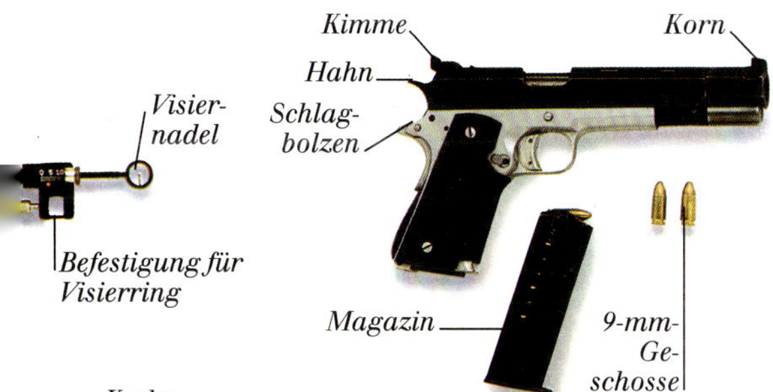

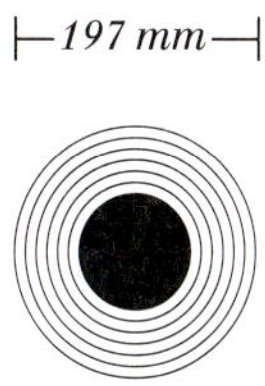

Zielscheibe für Pistolenschießen (18 m)

Feldpfeil

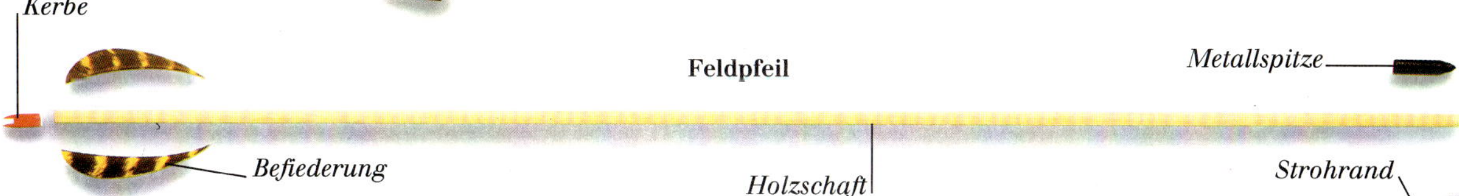

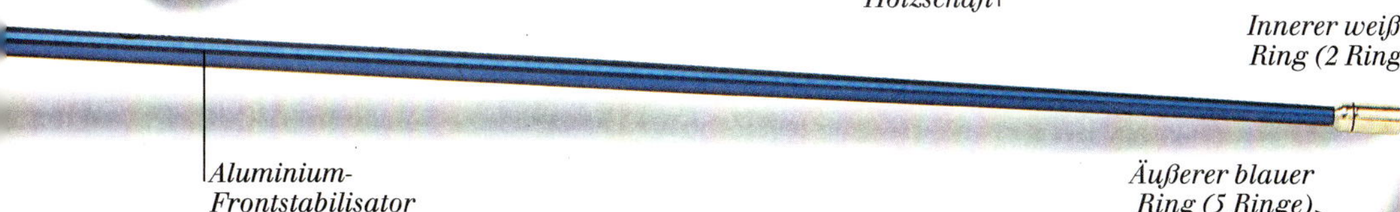

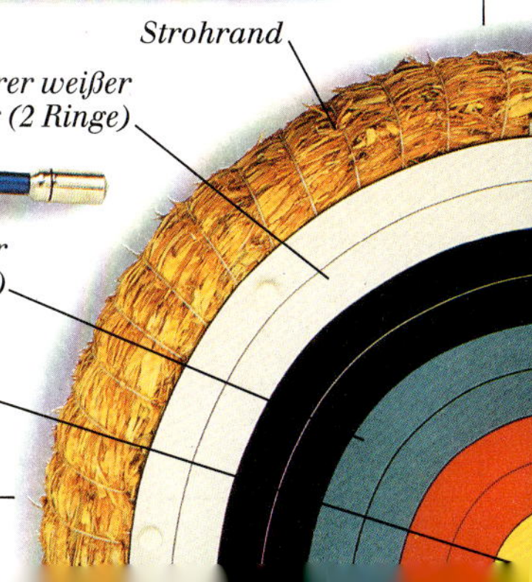

Zielscheibe für Bogenschießen

Eishockey

Der Mannschaftssport Eishockey wird auf einer Eisbahn mit je einem Tor an den Spielfeldenden gespielt. Ziel des schnellen und oft gefährlichen Spiels ist es, eine Hartgummischeibe (Puck) mit einem Schläger (Stock) ins gegnerische Netz zu befördern. Das Spiel beginnt, wenn der Schiedsrichter den Puck zwischen die Schläger von zwei gegnerischen Spielern wirft, die den „Bully" ausführen. Die Eisfläche ist in Verteidigungs-, neutrale und Angriffszone unterteilt. Die Spieler dürfen sich mit dem Puck bewegen und ihn sich gegenseitig zuspielen – allerdings nicht über mehr als zwei markierte Zonen hinweg. Ein Tor ist erzielt, wenn der Puck die Torlinie zwischen den Pfosten und unterhalb der Querlatte überquert hat. Jede Mannschaft darf bis zu 22 Spieler aufbieten, auf dem Eis dürfen aber immer nur sechs Spieler sein. Gespielt werden dreimal 20 Minuten, nach jedem Drittel werden die Seiten gewechselt.

TORWART

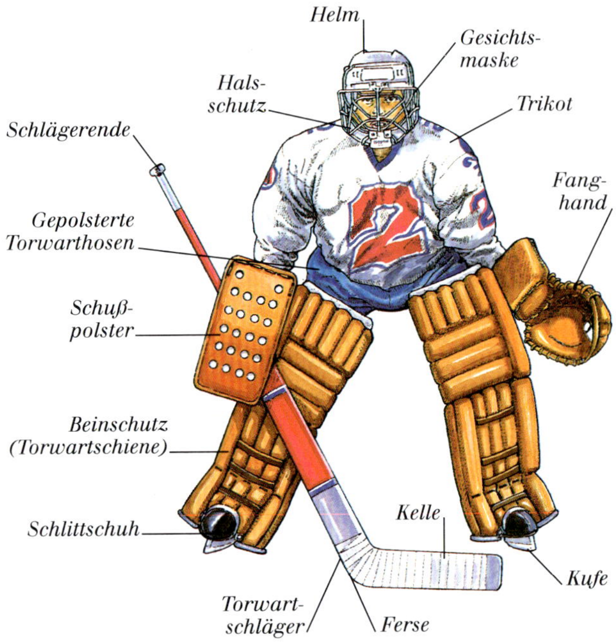

EISHOCKEYFELD

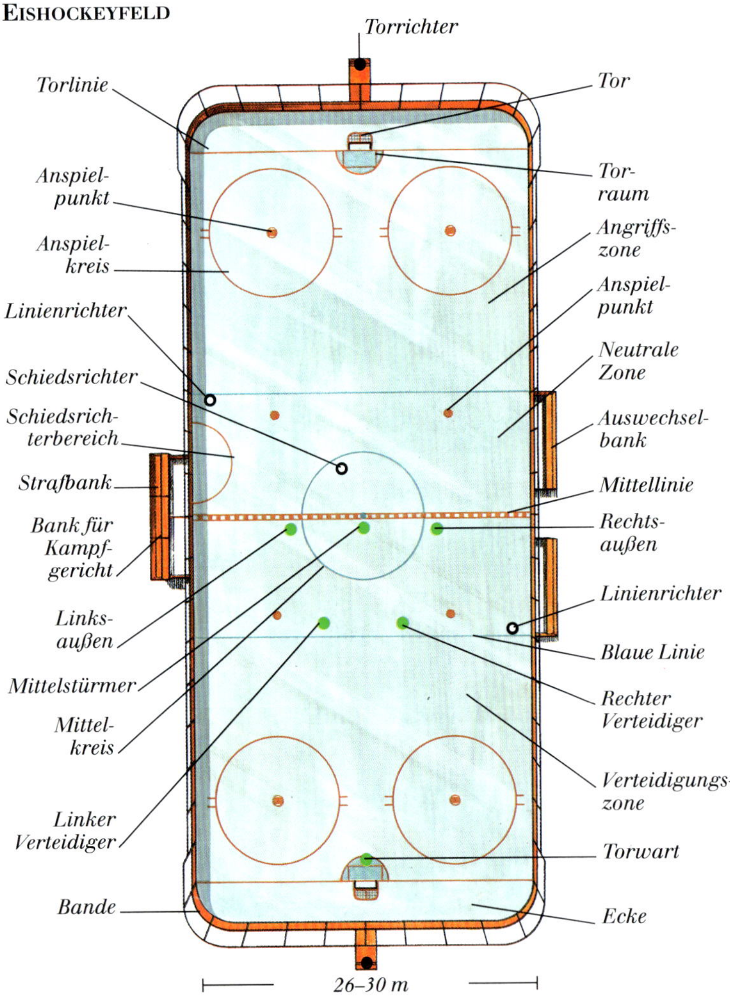

EINWURF (BULLY)

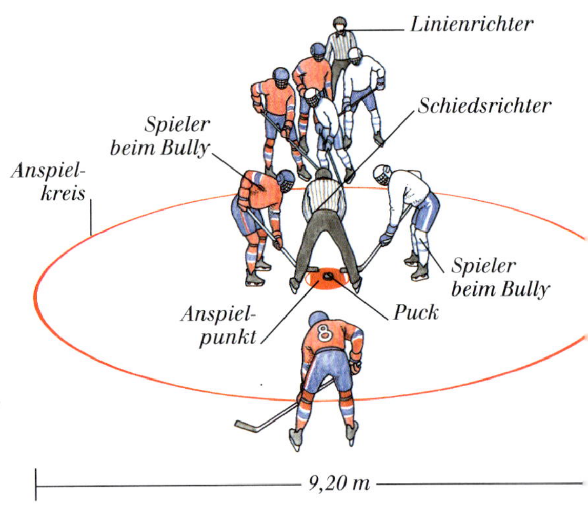

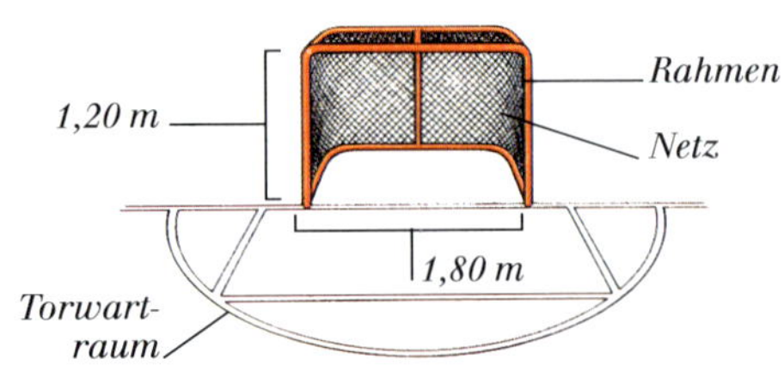

EISHOCKEYTOR

TORWARTHELM
Bemalung
Gesichtsschutz
JOFA
Kinnschutz
FELDSPIELER-KÖRPERSCHUTZ
Luftschlitz
Stoßfester Kunststoff
CANADIEN
Markenzeichen
Schaumstoffpolster
Kinnriemen
Helm
Schulterpolster
Schulter- und Brustpolster
D'R
Daignault - Rolland
4355 M
DÉFENSE-PRO-DEFENCE
Zugriemen
Brustpolster
Ellbogenpolster
3075N
GRAND/LARGE
TORSPO
Handgelenkschutz
Dicke Polsterung
Bewegliches Grundgelenk
Feste Fingerhülle
Handschuh
Beinschiene
Fester Kunststoff
Knieschützer
16.5" 43cm CENTURION-J
Dickes Schaumstoffpolster
Schienbeinschutz
Puck-Stopper
Fersenstütze
501
Abgerundetes Kufenende
Kufe
Schlittschuh
Hartgummi
7,62 cm
Puck
SCHLÄGER (STÖCKE)
Torwartschläger
Feldspielerschläger
MADE IN FINLAND
TORSPO
Pro 5000
Pro 500
1,47 m
Schaft unten verbreitert
Dünner Schaft
39 cm
32 cm
Breite Schaufel
Schaufel sitzt schräg am Schaft.

Alpiner Skisport

Der Alpine Skisport gliedert sich in die vier Disziplinen Abfahrtslauf, Slalom, Riesenslalom und Superriesenslalom (Super-G). Beim Abfahrtslauf fahren die Wettkämpfer einen durch Kontrollflaggen (Tore) markierten Hang hinab. Dabei zählt nur die Zeit dieses einen Durchgangs. Die Wettkämpfer tragen Sturzhelme. Einteilige, hautenge Rennanzüge halten den Luftwiderstand gering. Die langen Skier besitzen abgeflachte Spitzen. Auf den kurvenreichen Slalom- und Riesenslalomstrecken zählen Balance, Beweglichkeit und schnelle Reaktion. Die Strecke wird durch Tore markiert, die die Läufer durchfahren müssen. Die Zeit wird bei zwei Läufen auf verschiedenen Strecken genommen. Gewinner ist, wer das Rennen in der kürzesten Gesamtzeit beendet. Ausrüstung und Schutzvorrichtungen der Slalomläufer sind hier abgebildet. Beim Super-G absolvieren die Wettkämpfer nur einen Durchgang. Die Rennstrecke verlangt den Wettkämpfern mittlere bis weite Kurvenfahrten bei hoher Geschwindigkeit ab und enthält bis zu zwei Sprünge. Die Rennkleidung entspricht der beim Abfahrtslauf, die Skier sind etwas kürzer.

ABFAHRTSLÄUFER

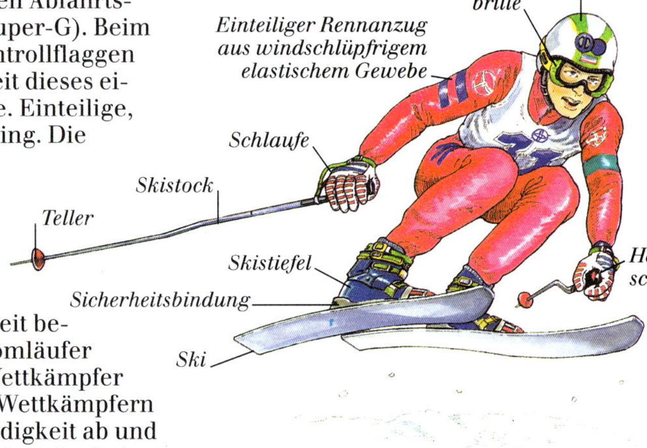

ALPINE WETTKAMPFPISTEN

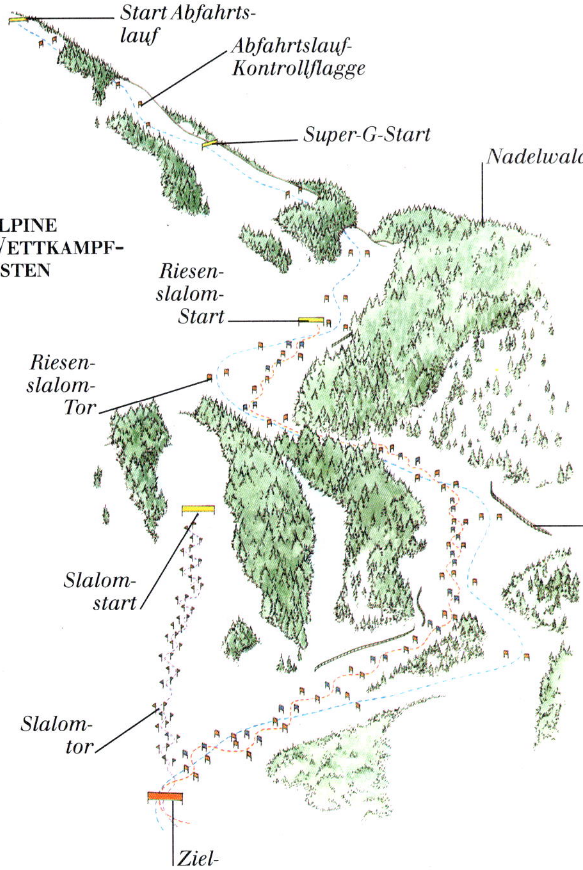

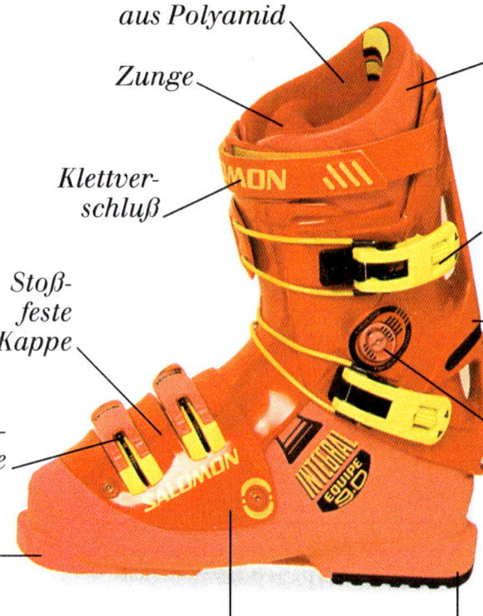

Skistiefel (Schalenstiefel)

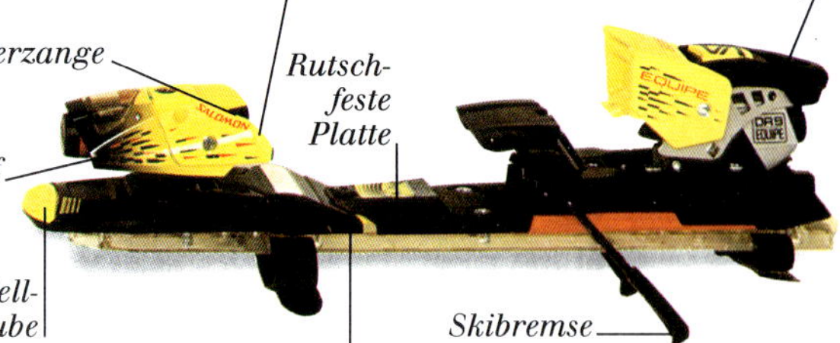

Sicherheitsbindung

SLALOMAUSRÜSTUNG

Pferdesport

Pferderennen fanden schon bei den Olympischen Spielen der Antike im Jahre 648 v. Chr. statt, Wagenrennen schon 680 v.Chr. Das Springreiten aber ist eine moderne Erfindung. Springwettbewerbe gibt es erst seit Ende des 19.Jh.s. Bei dieser Sportart müssen Pferd und Reiter einen Hindernis-Parcours möglichst fehlerfrei bewältigen. Die Hindernisse bestehen aus hölzernen Gestellen, auf denen Planken oder Stangen liegen. Teile des Hindernisses fallen bei einem Aufprall herunter, um Verletzungen bei Pferd und Reiter zu verhindern. Fehler wie das Umwerfen von Hindernissen oder Hindernisteilen, ein Verweigern des Sprungs oder Abweichungen vom vorgeschriebenen Kurs werden von Kampfrichtern durch Zurechnung bestimmter Sekundenzahlen bestraft. Springpferde sind meist Warmblüter. Beim Pferderennen unterscheidet man Flachrennen und Rennen mit Sprüngen, z.B. Hindernisrennen (Steeplechase) oder Hürdenrennen. Bei diesem Sport setzt man Vollblutpferde ein, die über große Kraft und Ausdauer verfügen. Sie erreichen Geschwindigkeiten von bis zu 65 km/h. Die Jockeys tragen Rennfarben (Silks), Kappen und Trikots in charakteristischen Farben und Mustern, was die Identifizierung von Pferd und Reiter erleichtert. Beim Trabrennen wird das Pferd von einem leichten, zweirädrigen Wagen aus gesteuert, dem Sulky. Traberpferde sind eine spezielle Züchtung und werden eigens für diese Rennen trainiert. In Nordamerika weit verbreitet, in Australien und Neuseeland bei Rennen vorgeschrieben ist der Paßgang. Dafür werden eigene „Pacer" (Paßgänger)-Rassen gezüchtet, so der „Standardbred" und der „French Trotter".

SPRINGSATTEL

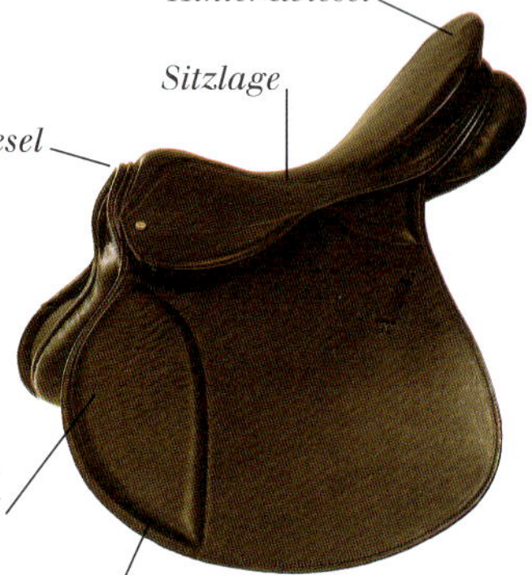

HINDERNISSE

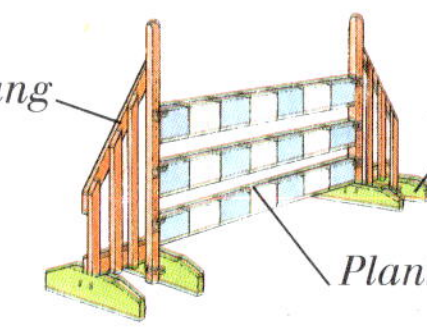

Steilsprung mit Planken

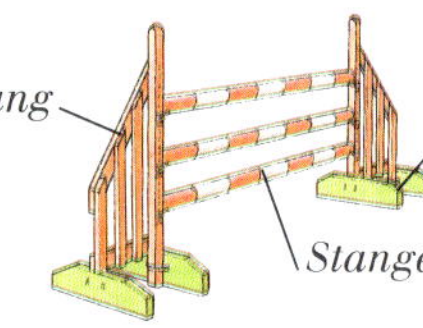

Steilsprung mit Stangen

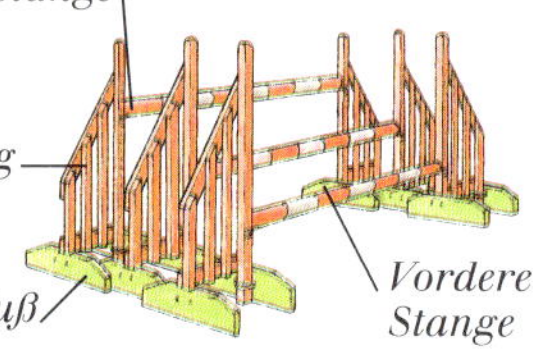

Triplebarren

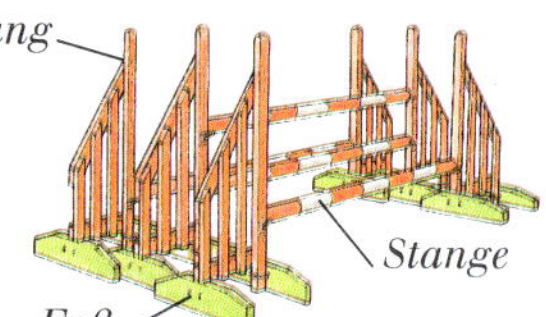

Schweinerücken

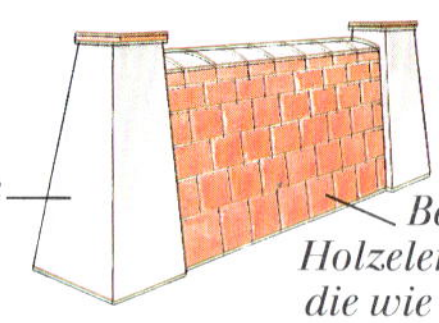

Mauer

SPRINGPFERD MIT REITER

Rennsattel

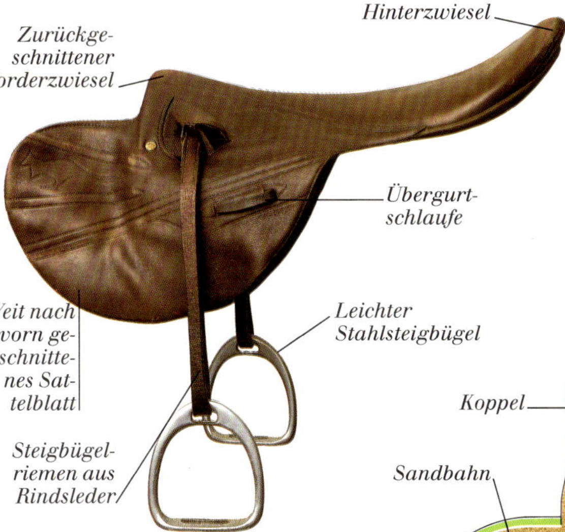

Rennfarben

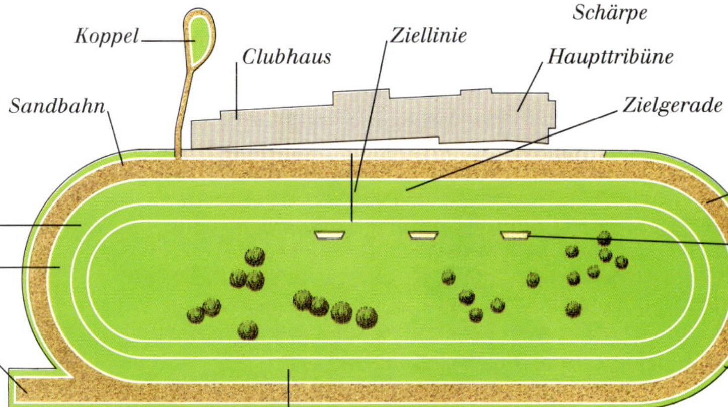

Saratoga-Rennparcours in Saratoga/New York (USA)

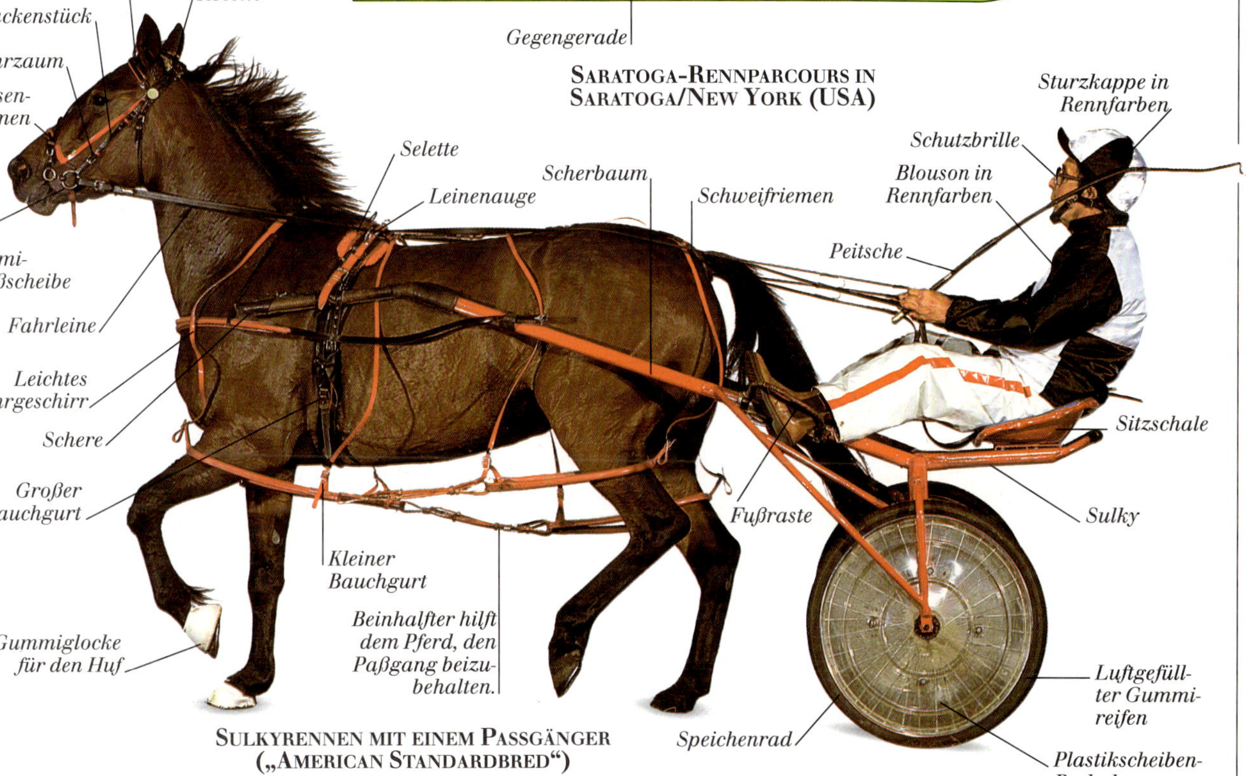

Sulkyrennen mit einem Passgänger („American Standardbred“)

Judo und Fechten

Es gibt Kampfsportarten, bei denen die Wettkämpfer unbewaffnet sind wie Judo oder Boxen und solche, bei denen Waffen eingesetzt werden wie Fechten und Kendo. Judo stammt aus dem Fernen Osten. Der japanische Name bedeutet „Der sanfte Weg“. Judo-Schüler lernen, die Kraft des Gegners zum eigenen Vorteil zu nutzen. Der Judoanzug besteht aus einer weiten, weißen Hose (Zubon) und einer Jacke (Kimono), die mit einem Stoffgürtel (Obi) gebunden wird. Die Gürtelfarbe zeigt den Grad des Könnens an, von den weißgegürteten Anfängern bis zu den „Schwarzgurten“. Wettbewerbe finden auf einer 9x9 oder 10x10 Meter großen Matte statt, die von „Warn-“ und „Sicherheitsflächen“ begrenzt wird, um Verletzungen zu verhindern. Die Wettkämpfer versuchen, ihren Gegner zu Boden zu werfen, festzuhalten oder wehrlos zu machen. Ansatzpunkte sind vor allem Armgelenke und Hals des Kontrahenten. Judo-Wettkämpfer erhalten Punkte für eine überlegene Technik, nicht dafür, daß sie den Gegner verletzen. Fechtwettkämpfe werden mit Florett, Degen oder Säbel ausgetragen. Sie finden auf einer 14 Meter langen Fechtbahn (Planche) statt. Die Wettkämpfer versuchen mit der Spitze ihrer Waffe bestimmte Trefferzonen beim Gegner zu berühren und müssen dabei vermeiden, selbst getroffen zu werden. Fechter tragen eine Spezialkleidung aus einem weißem Stoff, die maximalen Schutz bei gleichzeitiger Bewegungsfreiheit bietet, außerdem eine Stahldrahtgesichtsmaske (Kopfschutz) mit Halslatz und an der Fechthand einen langen weißen Stulpenhandschuh. Fechtwaffen sind stumpf und die Spitzen mit einem Knopf versehen, um Verletzungen zu verhindern. Bei Florett- und Degenwettkämpfen wird ein elektrisches Trefferanzeigesystem eingesetzt. Die Spitzen der Fechtwaffen sind durch einen langen Leitungsdraht, der unter der Jacke eines jeden Fechters verläuft, an Lampen angeschlossen. Wird ein Treffer erzielt, leuchtet eine Glühbirne auf.

Judo: Würfe und Haltegriffe

Seitvierer

Hinteres Schulterwürgen

Körperwurf

Punktschulterwurf

Schulterrad

Hüftfeger

Kopfwurf

Knierad

Judomatte

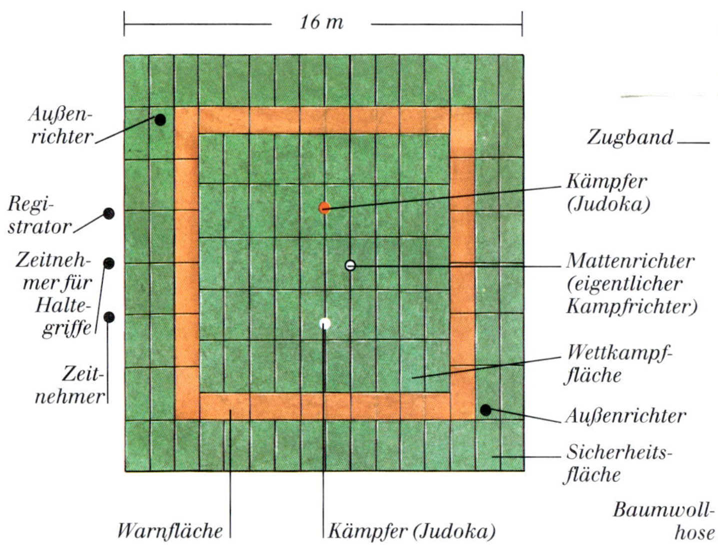

Judoanzug (Judogi)

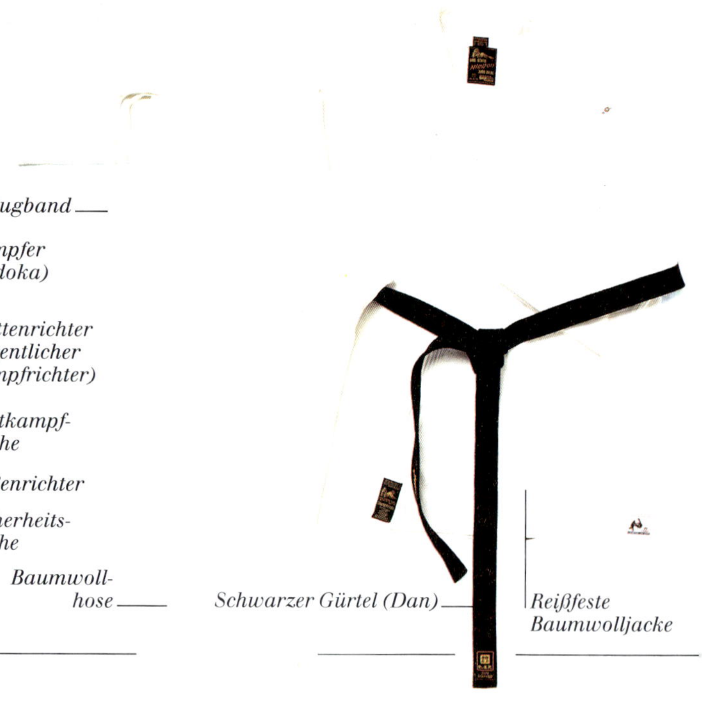

Fechtbahn (Planche)

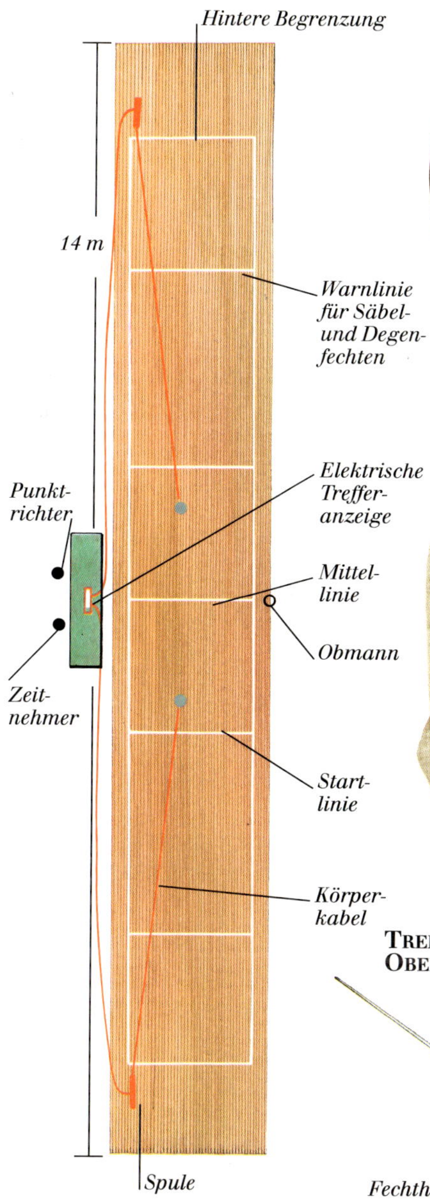

Kleidung und Waffen

Teile der Fechtwaffe

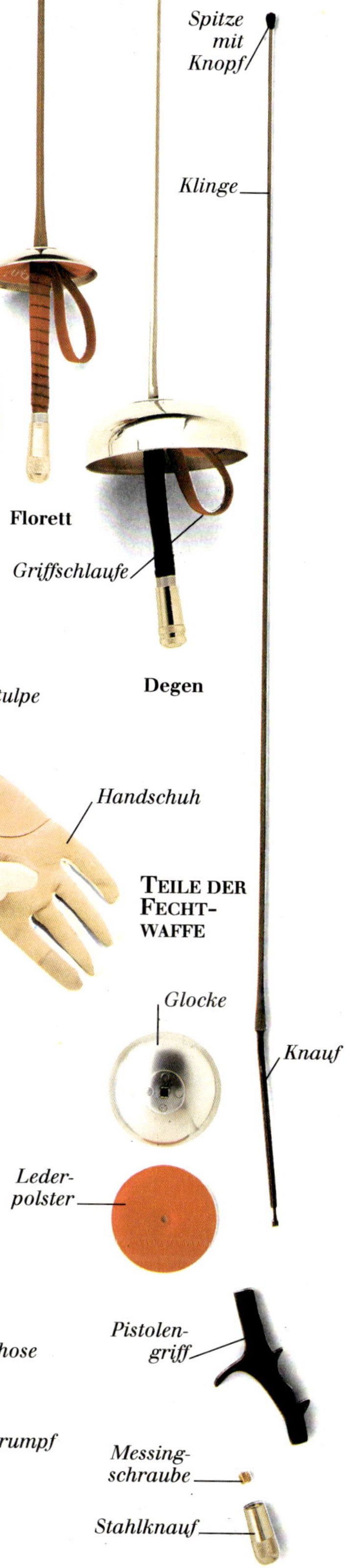

Treff-Flächen am Oberkörper

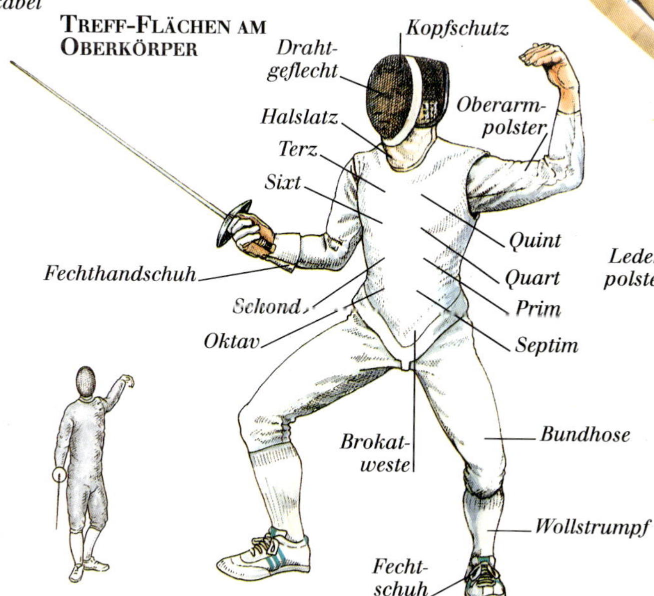

Treff-Flächen (Grau)

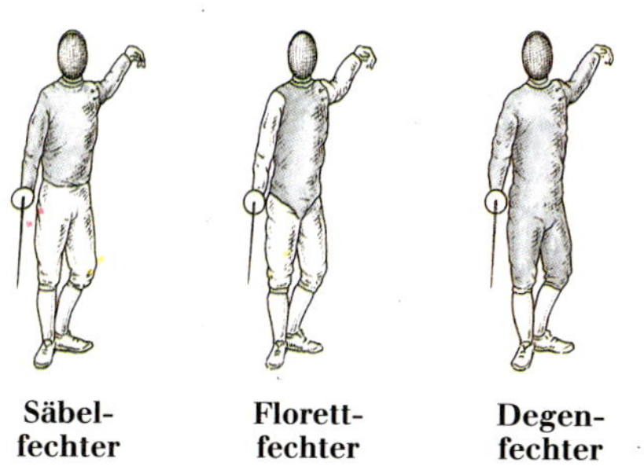

Schwimmen und Wasserspringen

Schwimm-
brille

Schwimmwettbewerbe gab es schon bei den ersten modernen Olympischen Spielen 1896. Wasserspringen kam 1904 dazu. Schwimmwettkämpfe werden als Einzel- und Mannschaftssport über verschiedene Distanzen und in vier Schwimmstilen ausgetragen: Freistil (Kraul), Schmetterling (Delphin), Rücken- und Brustschwimmen. Die Bahnen bei Wettkämpfen sind voneinander abgegrenzt, wellenbrechende Markierungsleinen sollen das Wasser möglichst ruhig halten. Sieger ist die Mannschaft bzw. der Schwimmer, die oder der zuerst am Ziel anschlägt. Beim Wasserspringen gibt es Wettbewerbe für Damen und Herren, vom Brett (Kunstspringen) und von starren Blattformen aus (Turmspringen). Die sechs offiziellen Sprunggruppen sind: Vorwärts-, Rückwärts-, Auerbach-, Delphin-, Schrauben- und Handstandsprünge. Die Wettkämpfer zeigen eine vorgeschriebene Anzahl von Sprüngen. Nach jedem Sprung verteilen die Kampfrichter Noten für die Qualität der Ausführung und den Schwierigkeitsgrad.

Sprungstile

Schwimmkleidung

Schwimmbecken

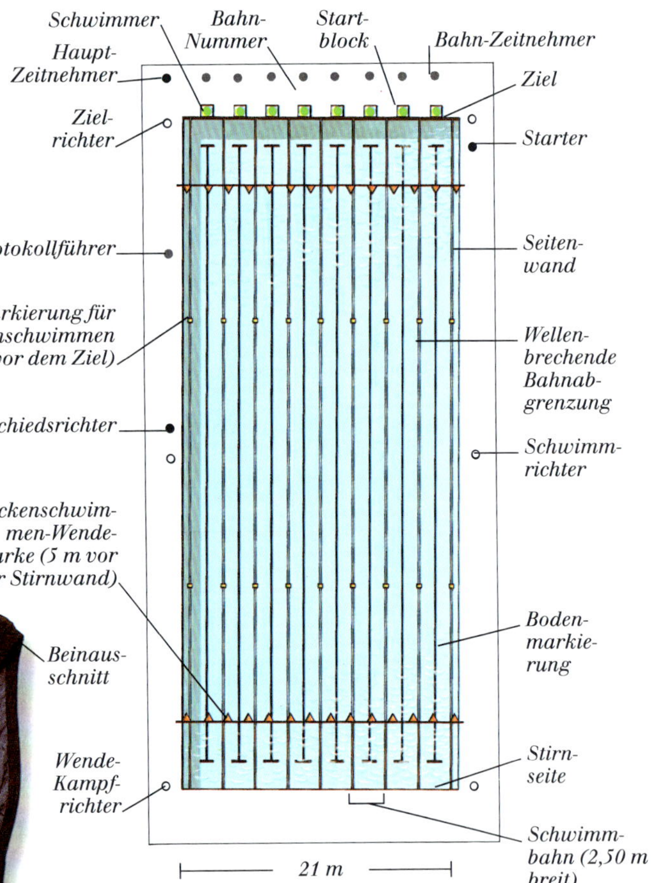

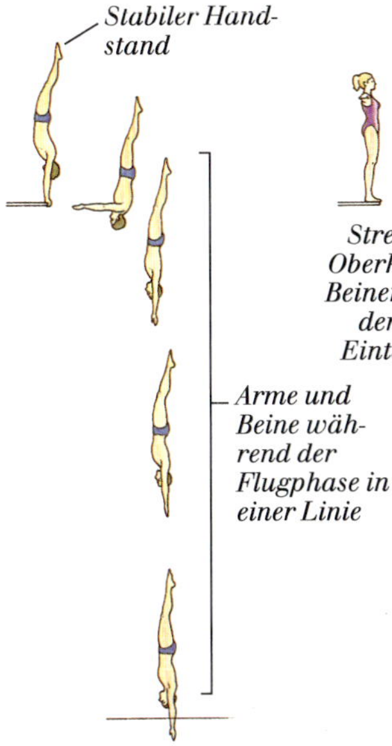

Handstandsprung

Schraube

Auerbach (gehechtet)

Delphinsprung (gehechtet)

KRAULSCHWIMMEN

Ganzkörperstreckung

Unterer Arm: Druckphase

Stromlinienförmiges Eintauchen

Seitliche Körperdrehung

BRUSTSCHWIMMEN

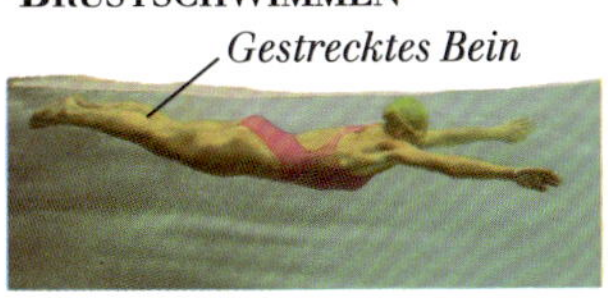

Gleiten

Beidseitiger Armzug

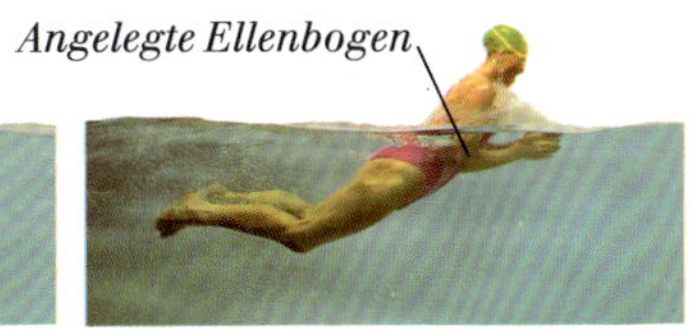

Arme unter dem Körper

„Froschkick“

RÜCKENSCHWIMMEN

Rollbewegung

Zugphase

Druckphase

Schulter anheben

DELPHIN

Druck aufnehmen

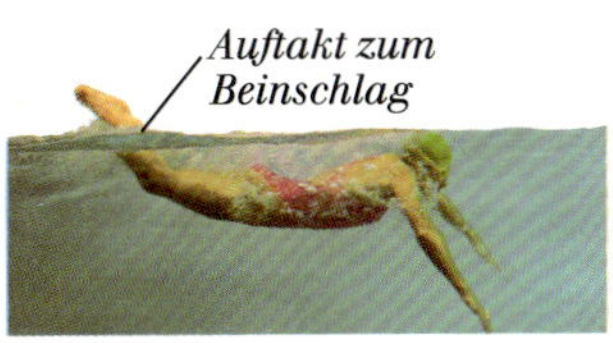

Doppelarmzug

Beinschlag (Kick-Down)

Ganzkörperwelle

Kanu, Rudern und Segeln

Im Rudersport gibt es Riemenboote, bei denen jeder Ruderer beidhändig ein Ruder mit zwei Blättern führt, das abwechselnd rechts und links eintaucht, und Skullboote, bei denen die Ruderer rechts und links jeweils ein Ruder (Skull) einsetzen. Es gibt eine Reihe von olympischen und nichtolympischen Ruderwettbewerben für Damen und Herren, unterschieden nach Anzahl der Ruderer und nach Gewichtsklassen, mit und ohne Steuermann. Im Kanusport gibt es Rennen und Slalomwettbewerbe mit Kajaks und Kanadiern auf Strecken und im Wildwasser, seit 1936 auch Kanusegeln. Bei Segelregatten müssen die Wettkämpfer genau vorgeschriebene Kurse in der kürzestmöglichen Zeit bewältigen, wobei als Antrieb nur Segel eingesetzt werden dürfen. Zu den olympischen Wettkämpfen gehören u.a. Rennen für Kielboote, Jollen und Katamarane.

SEGELKLEIDUNG

EINER-KAJAK UND DOPPELPADDEL

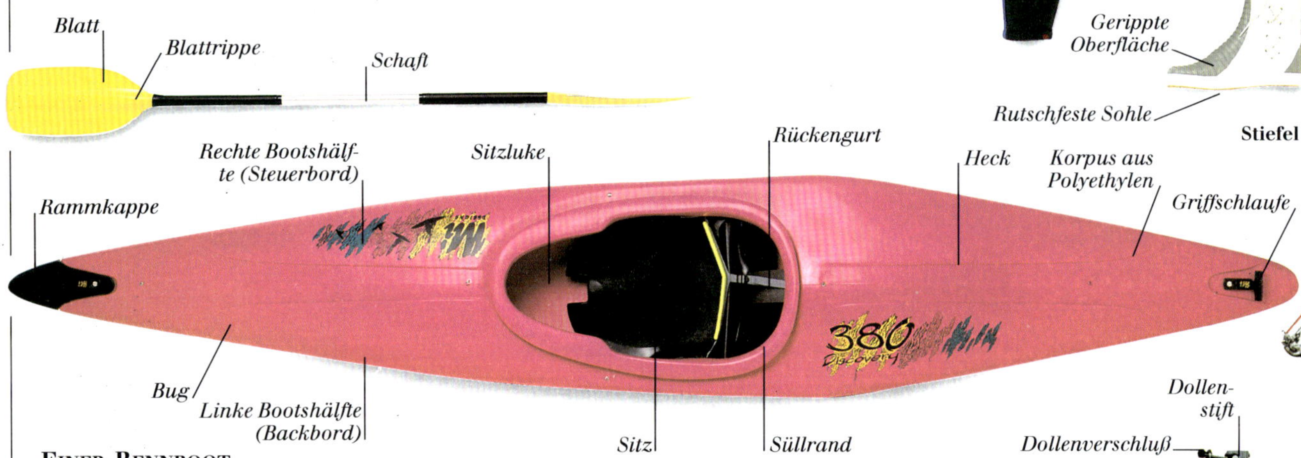

EINER-RENNBOOT (OHNE ABDECKUNG) UND SKULLS

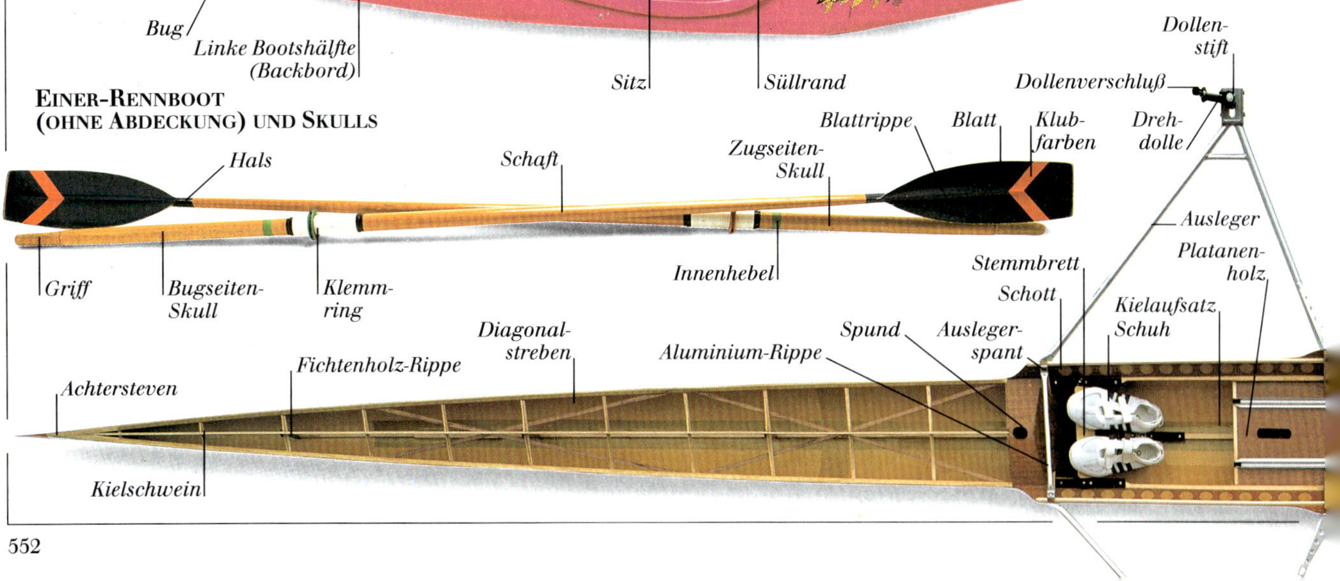

SCHWIMMWESTE

SEGELBOOT (JOLLE)

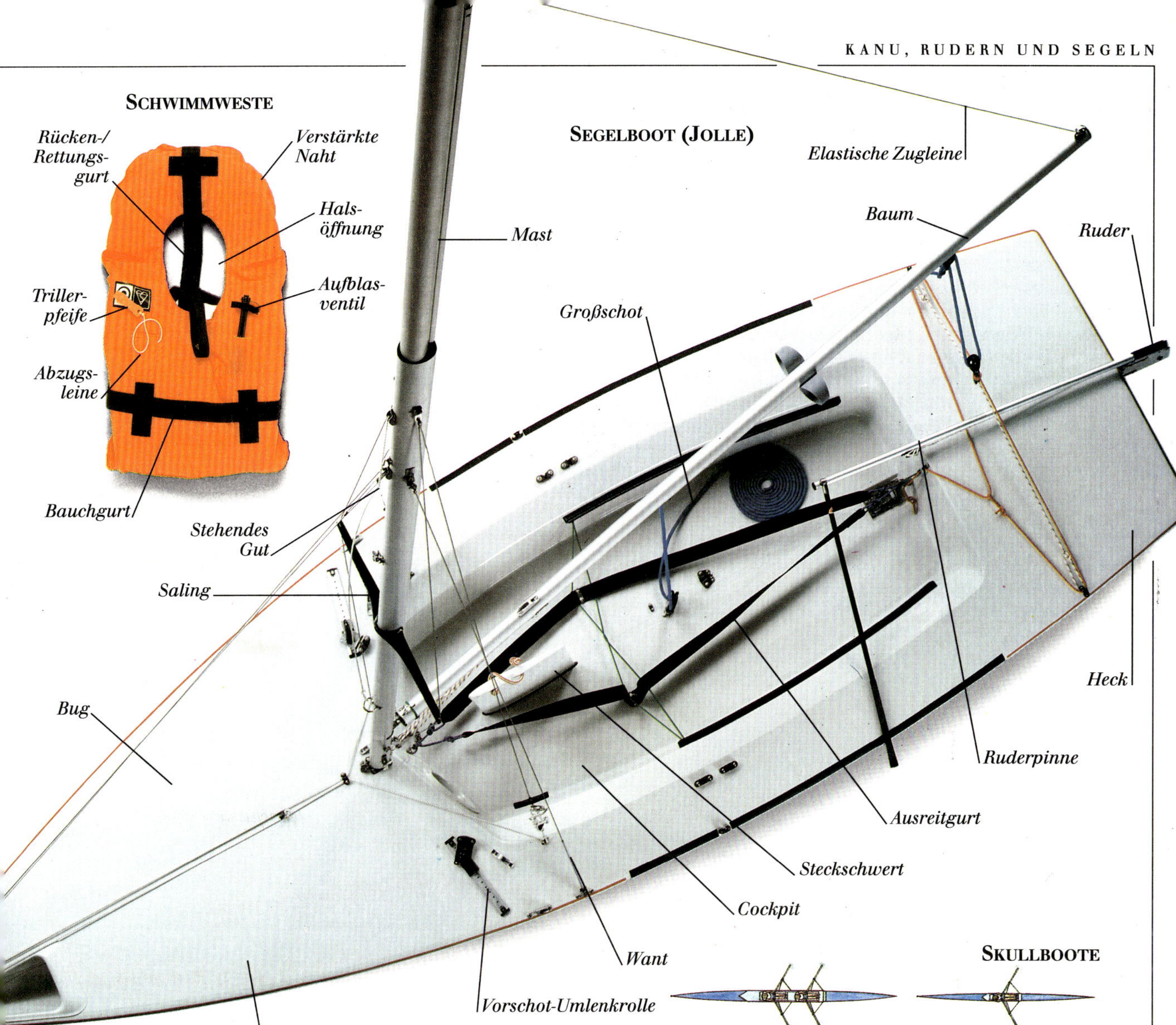

SKULLBOOTE

Doppel-Zweier

Einer (Skiff)

RIEMENBOOTE

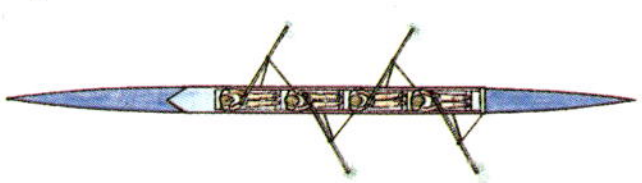
Vierer ohne Steuermann

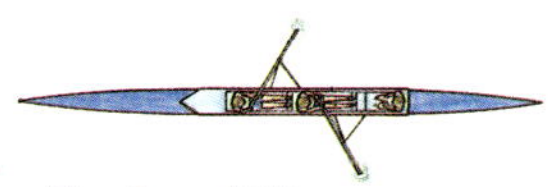
Zweier mit Steuermann

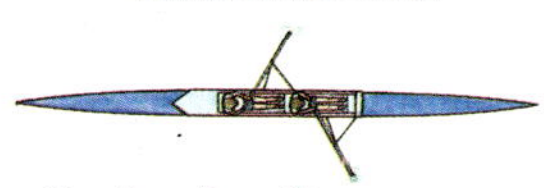
Zweier ohne Steuermann

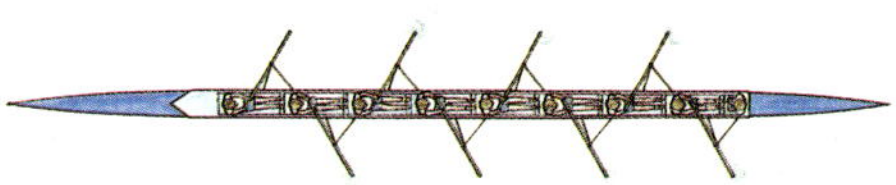
Achter

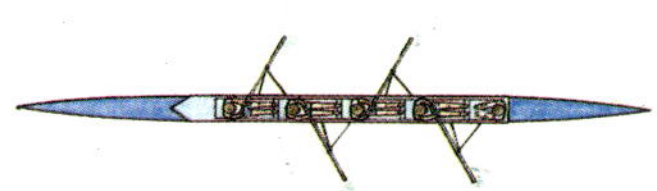
Vierer mit Steuermann

Angeln

Beim Angeln wird mit einer Rute mit Rolle und Schnur und mit einem Köder gefischt. Im Angelsport unterscheidet man Wettfischen und Casting. Beim Wettfischen werden nach einem Punktsystem an Flüssen, stehenden Gewässern oder dem Meer in einer bestimmten Zeit gefangene Fische gewertet. Beim Casting gibt es Wettbewerbe mit der Fliege, mit Kunststoff- oder Aluminiumgewichten als Ziel- und Weitwurf. Zum Fischfang benutzt man als Köder u.a Futter zum Anlocken der Fische. Beim Fliegenfischen verwendet man eine echte oder künstliche Fliege. Beim Spinnangeln benutzt man einen künstlichen Köder, den „Spinner", der wie ein kleiner Fisch aussieht und sich dreht, wenn man ihn durchs Wasser zieht. Der Köder wird durch Ausholen mit der Rute an der Schnur ins Wasser geworfen. Die Rolle reguliert den Lauf der Schnur beim Abrollen und Aufwickeln. Gewichte lassen die Schnur sinken, Wirbel verhindern ein Verheddern. Wenn ein Fisch anbeißt, muß sich der Haken in sein Maul bohren und dort festsitzen, während der Fang eingeholt wird.

Fliege

Rücklaufsperre

Rollen

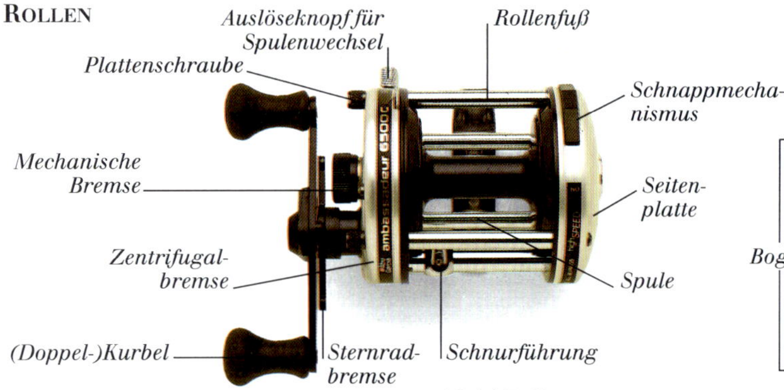

Multi-Rolle

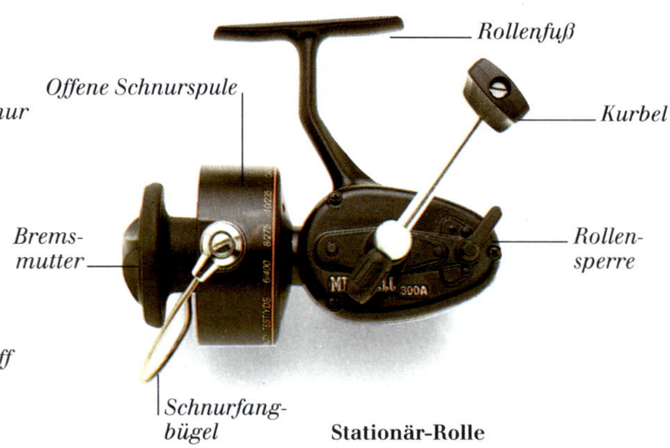

Stationär-Rolle

Haken, Wirbel, Gewichte

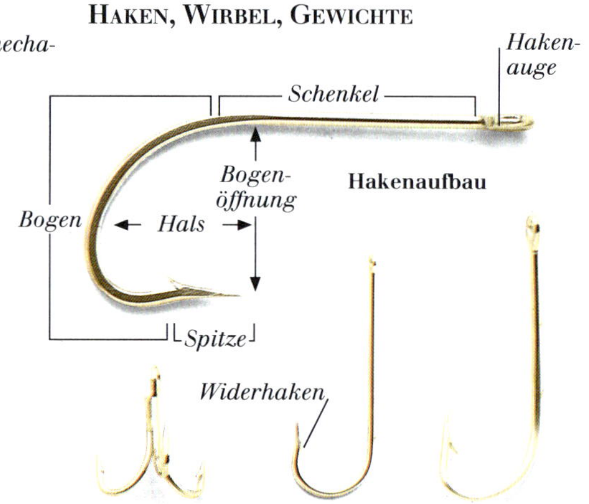

Hakenaufbau

Drilling **Aberdeen-Haken** **Einwärts gebogener Haken**

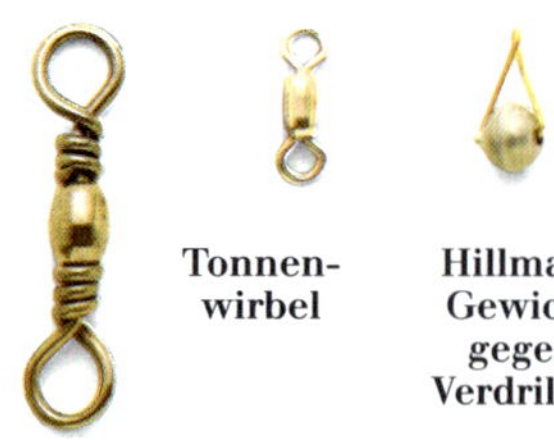

Tonnen-wirbel **Hillman-Gewicht gegen Verdrillen**

Fliegenrute und Rolle

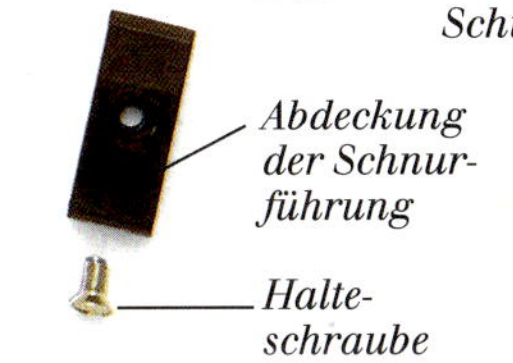

Künstliche Fliegen

Dunkeld-Naßfliege

Dear-Hopper-Trockenfliege

Künstliche Köder

Devon-Elritze

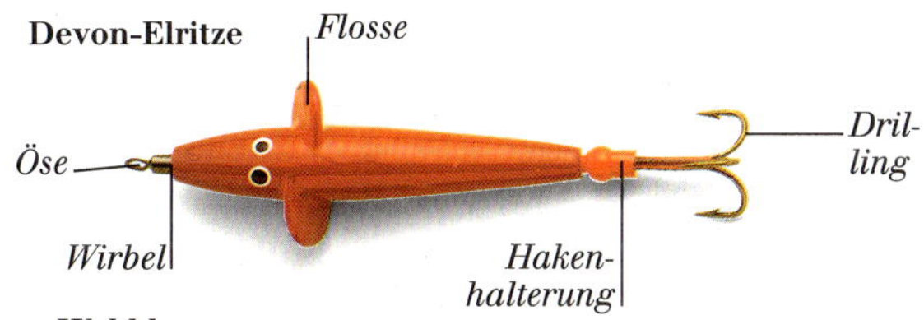

Wobbler

Dinge des täglichen Lebens

Bohrer 558
Schuhe 560
Die Uhr 562
Die Lampe 564
Der Minifernseher 566
Das Telefon 568
Der Stuhl 570
Der Toaster 572
Der Rasenmäher 574
Sättel 576
CD-Rom 578
Der Walkman 580
Bücher 582
Die Kamera 584
Das Fahrrad 586

Bohrer

Der Elektromotor einer Bohrmaschine dreht mit hoher Geschwindigkeit eine Spindel. Diese ist mit einem Getriebe verbunden, welches das Bohrfutter noch schneller rotieren läßt. Die in das Bohrfutter gespannte Bohrmine schneidet das Loch. Spiralförmige Nuten in der Bohrmine befördern gleichzeitig die Späne aus dem Loch heraus. Um auch in sehr hartes Material bohren zu können, haben viele Bohrmaschinen einen Schlagmechanismus. Durch ihn wird das Bohrfutter mit der eingespannten Bohrmine während des Bohrens zusätzlich vor- und zurückgestoßen. Ein Handbohrgerät ist zwar langsamer und nicht so leistungsstark wie eine elektrische Bohrmaschine, dafür aber viel einfacher zu beherrschen. Für das Ausbohren großer Löcher verwenden Schreiner manchmal eine Bohrwinde. Sie nutzt das Hebelprinzip: Der abgewinkelte Griff der Kurbel hat einen weiteren Weg zurückzulegen als der Bohrer und dreht diesen dadurch mit zusätzlicher Kraft.

MOTOR

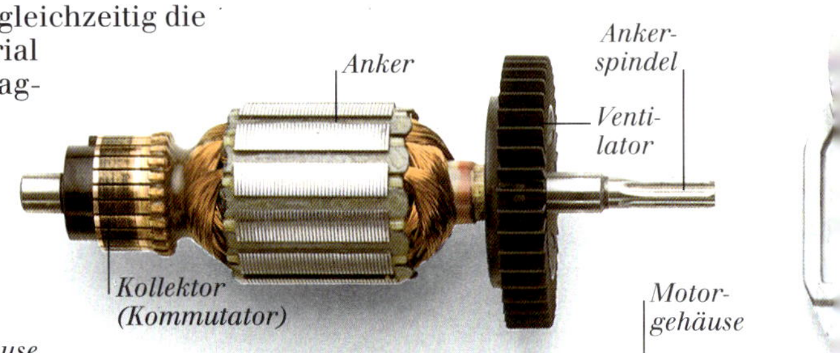

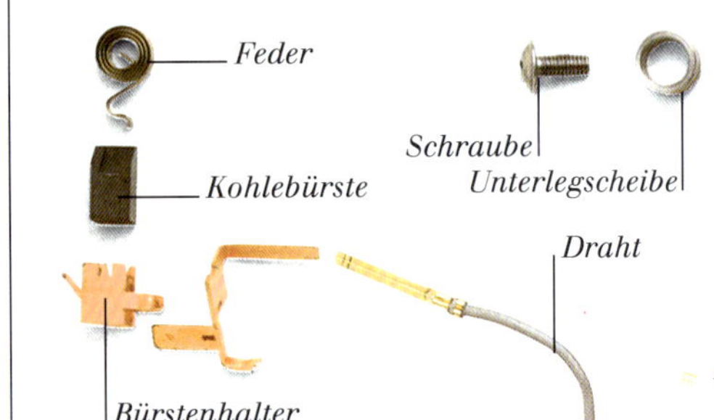

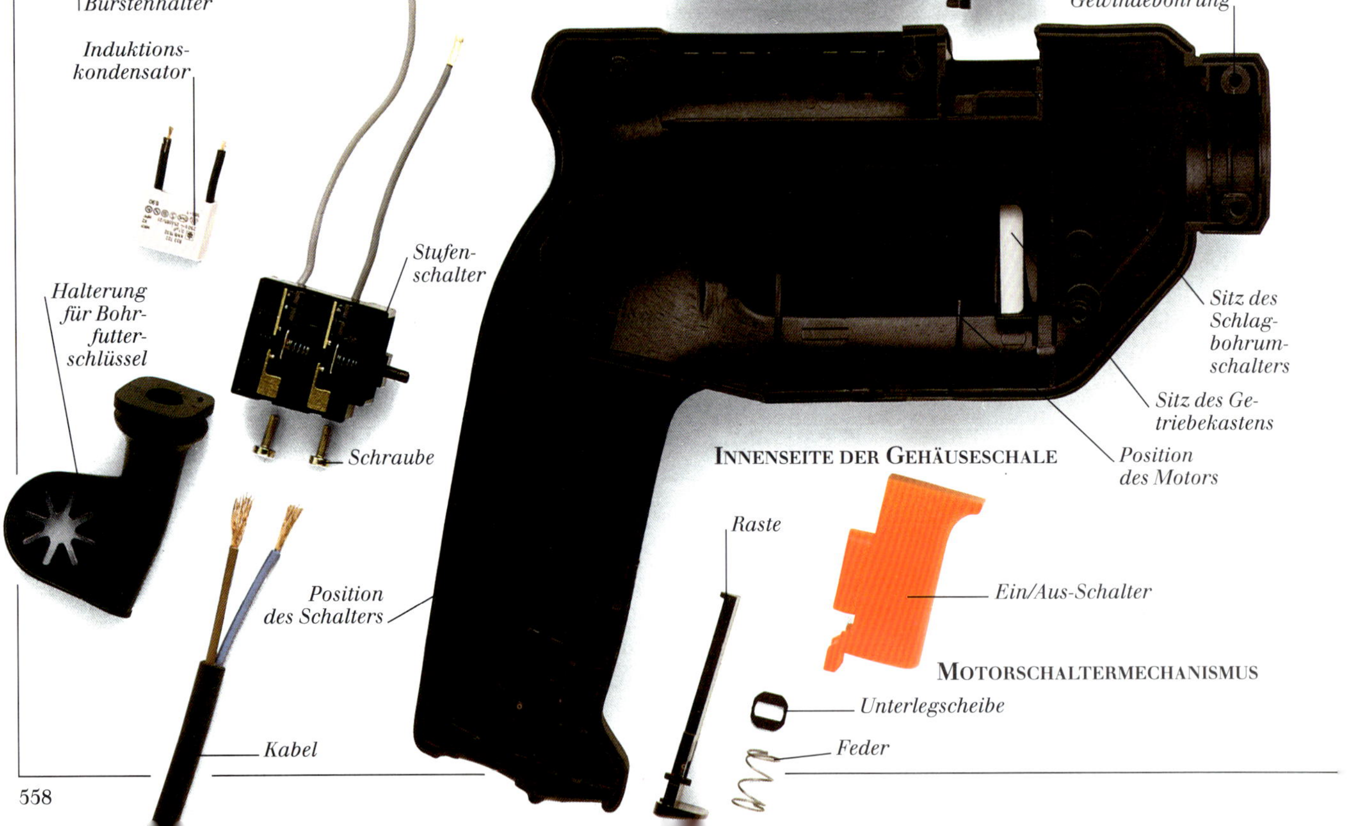

INNENSEITE DER GEHÄUSESCHALE

MOTORSCHALTERMECHANISMUS

Getriebemechanismus

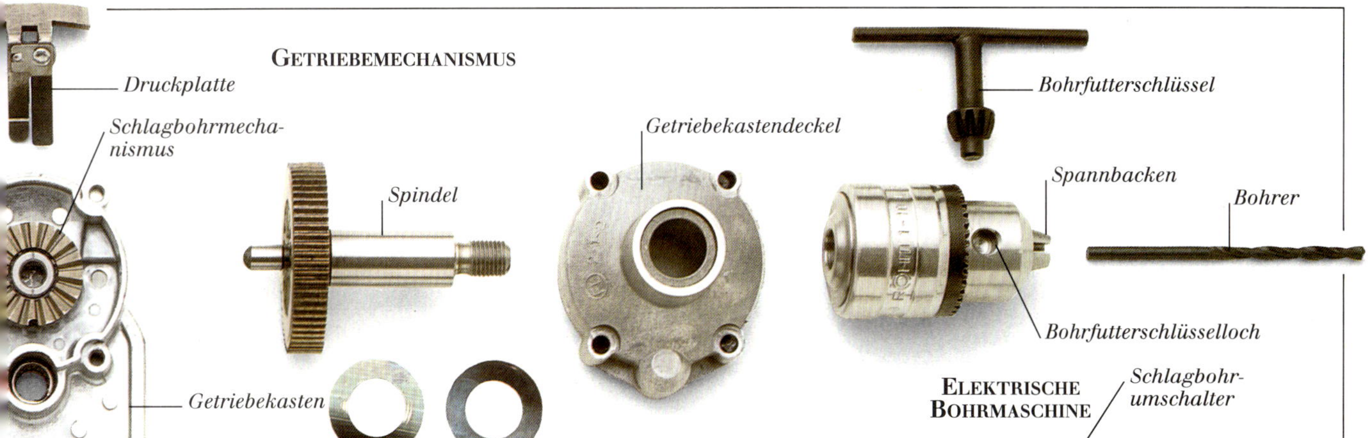

Elektrische Bohrmaschine

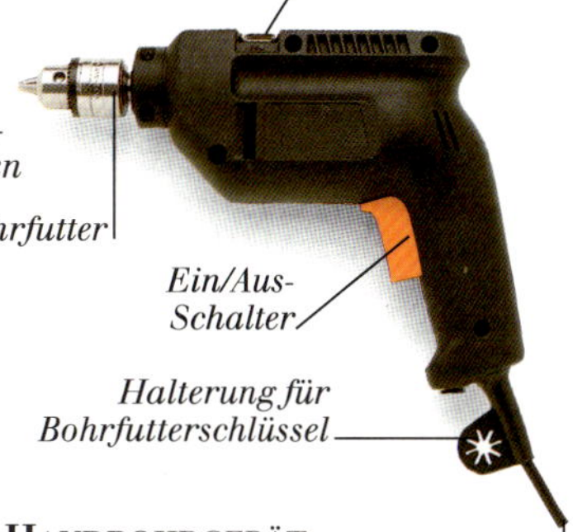

Handbohrgerät

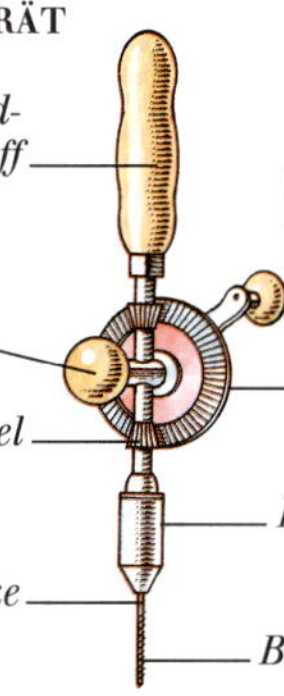

Gehäuseschale

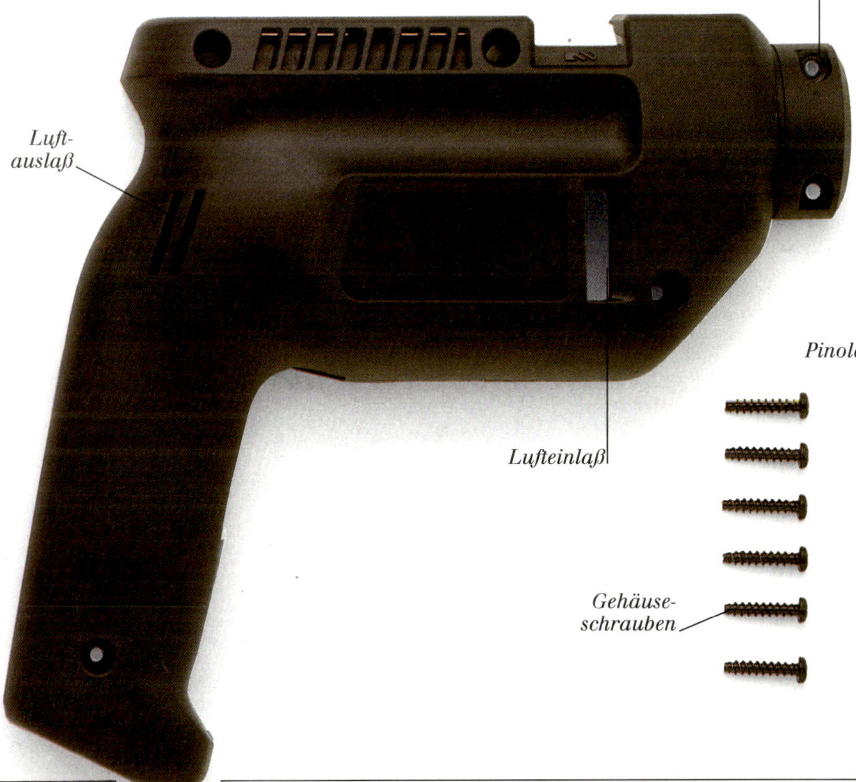

Bohrwinde

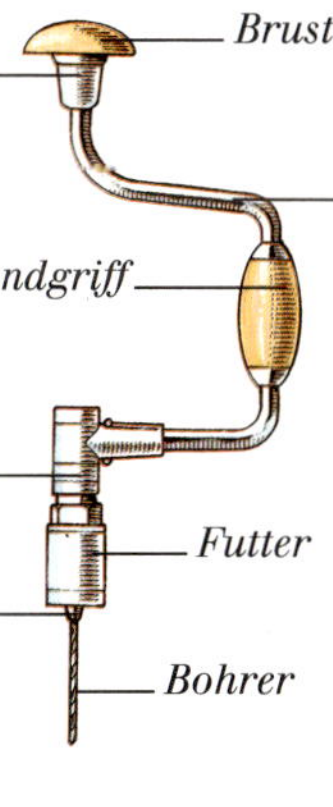

Schuhe

Gut gearbeitete Schuhe schützen die Füße, sind dabei bequem und strapazierfähig. Traditionelle Schuhmacher verwenden ein hölzernes Fußmodell, den sogenannten Leisten, welcher der Fußform des Kunden exakt entspricht. Die verschiedenen Teile eines Schuhs werden auf diesem Leisten zusammengenäht und -geklebt. Stifte und Nägel benötigt man nur für den Absatz, der aus mehreren Leder- und Gummischichten aufgebaut ist. Ein Stahlgelenkstück stützt die Fußwölbung und unterstützt zusammen mit der Aufdoppelung den richtigen Sitz des Schuhs am Fuß. Die verschiedenen Sohlenschichten verleihen dem Schuh Festigkeit; die weiche, innenliegende Brandsohle schmiegt sich dem Fuß an. Ein Rahmenstreifen, der zwischen Lederschaft und Sohle genäht wird, sorgt für deren stabile und gute Verbindung.

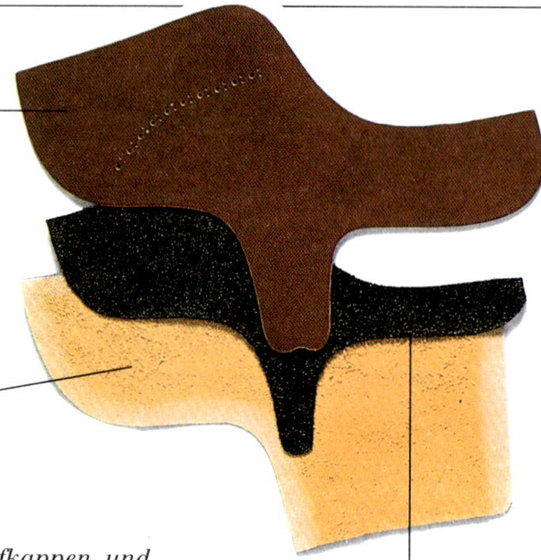

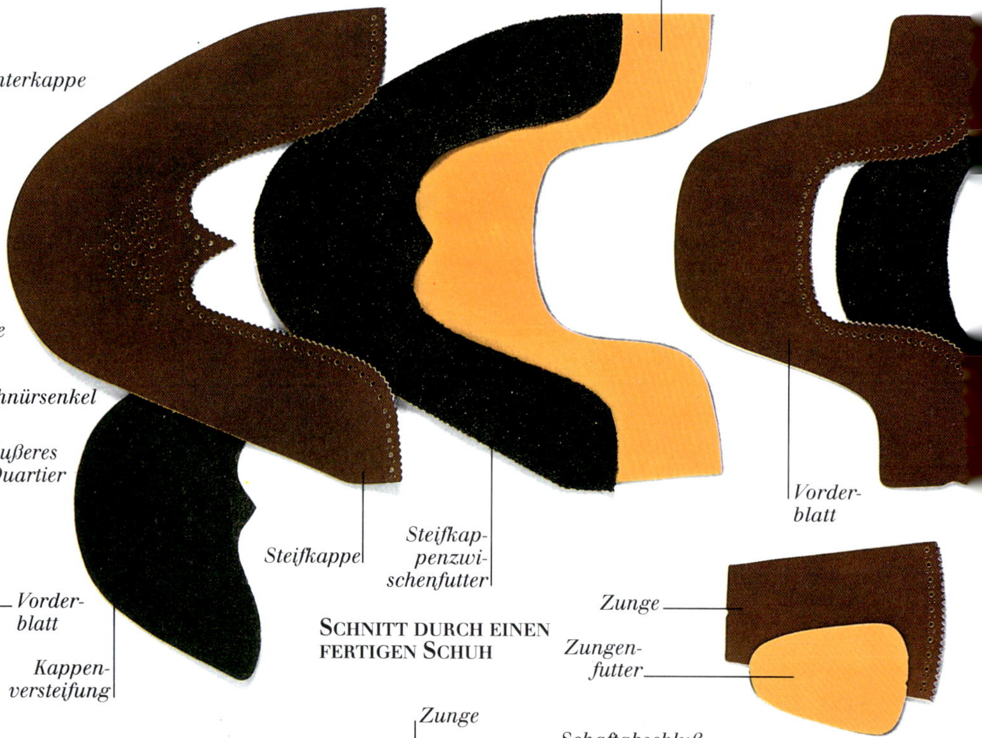

Schnitt durch einen fertigen Schuh

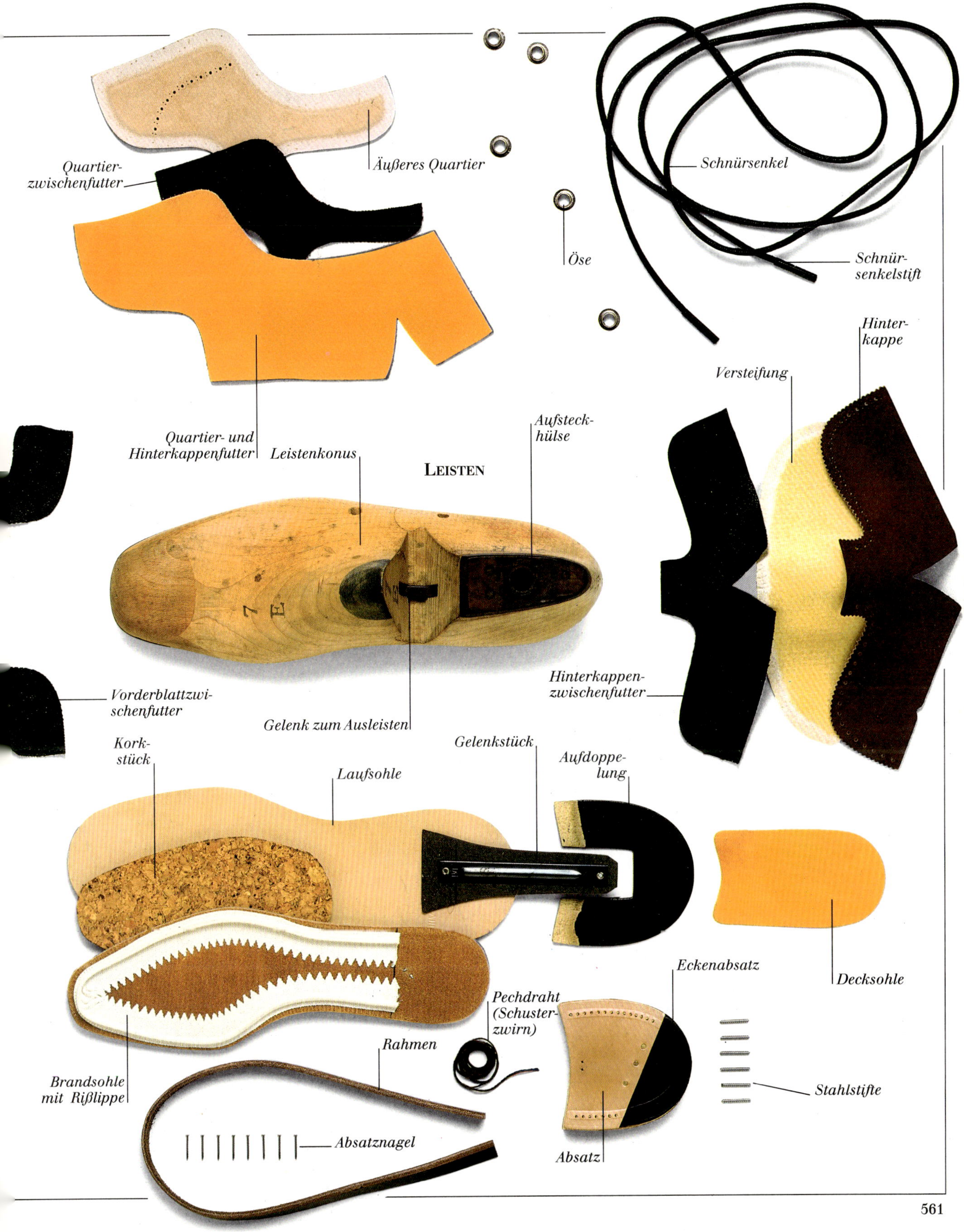
Quartier-
zwischenfutter
Äußeres Quartier
Schnürsenkel
Öse
Schnür-
senkelstift
Hinter-
kappe
Versteifung
Quartier- und
Hinterkappenfutter
Leistenkonus
Aufsteck-
hülse
LEISTEN
Hinterkappen-
zwischenfutter
Vorderblattzwi-
schenfutter
Gelenk zum Ausleisten
Gelenkstück
Kork-
stück
Laufsohle
Aufdoppe-
lung
Eckenabsatz
Decksohle
Pechdraht
(Schuster-
zwirn)
Rahmen
Brandsohle
mit Rißlippe
Stahlstifte
Absatznagel
Absatz

Die Uhr

Mechanische Uhren bestehen aus zwei Grundbestandteilen: einer Zugfeder und einem Pendel. Zieht man eine Uhr mit dem Schlüssel auf, wird die Zugfeder gespannt. Während sich nun die Feder langsam abwickelt, setzt sie das Räderwerk in Gang, welches den Minuten- und den Stundenzeiger mit unterschiedlicher Geschwindigkeit um das Zifferblatt bewegt. Das Pendel sorgt dafür, daß die Zeiger gleichmäßig laufen. Am oberen Ende des Pendels befindet sich der Anker mit zwei Haken, die Paletten genannt werden. Schwingt das Pendel, so greifen die Paletten in das Hemmungsrad, welches sich dadurch langsam und gleichmäßig dreht.

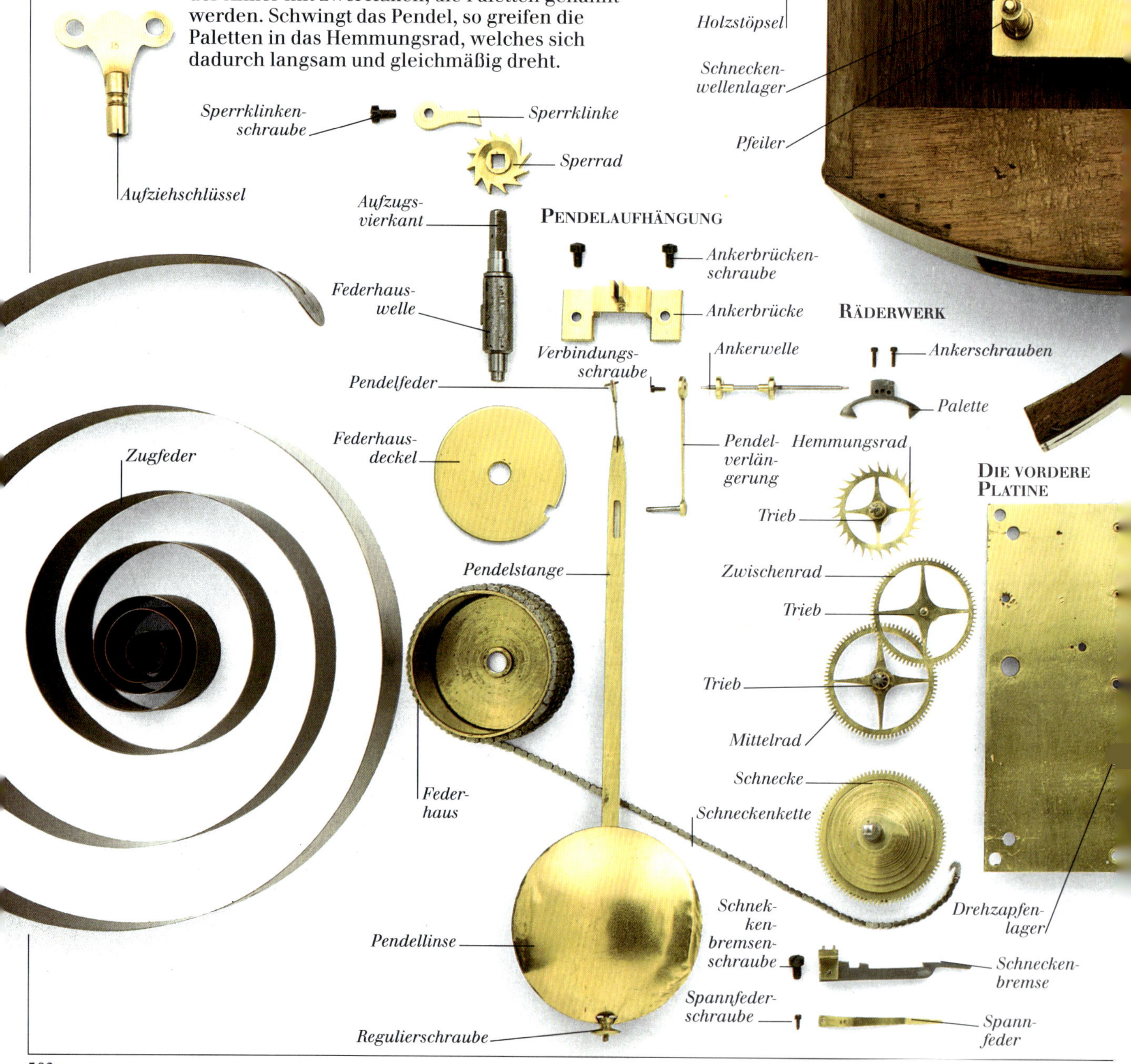

Zifferblatt

Die Lampe

Die erste mit Hilfe von Spiralfedern verstellbare Arbeitslampe wurde 1934 von George Carwardine entworfen. Lampen dieser Art lassen sich leicht in die gewünschte Position bringen. Die Beweglichkeit dieser Lampe entspricht im Prinzip der eines menschlichen Armes, bei dem die Bewegungen durch das koordinierte Zusammenspiel entgegengesetzt wirkender Muskelpaare erreicht werden (wenn sich der Bizeps zusammenzieht, entspannt sich der Trizeps). Bei diesem Lampenmechanismus entsprechen die Spiralfedern einem Muskel, der an einem Gelenkarm zieht. Dieser Zugkraft wirken die Schrauben, Bolzen und Muttern der Gelenkverbindungen entgegen. Die Höhe und der Winkel der Lampe lassen sich mit minimalem Druck verändern, indem man die Zugkraft der Federn mit dem Widerstand der Gelenkverbindungen ausgleicht.

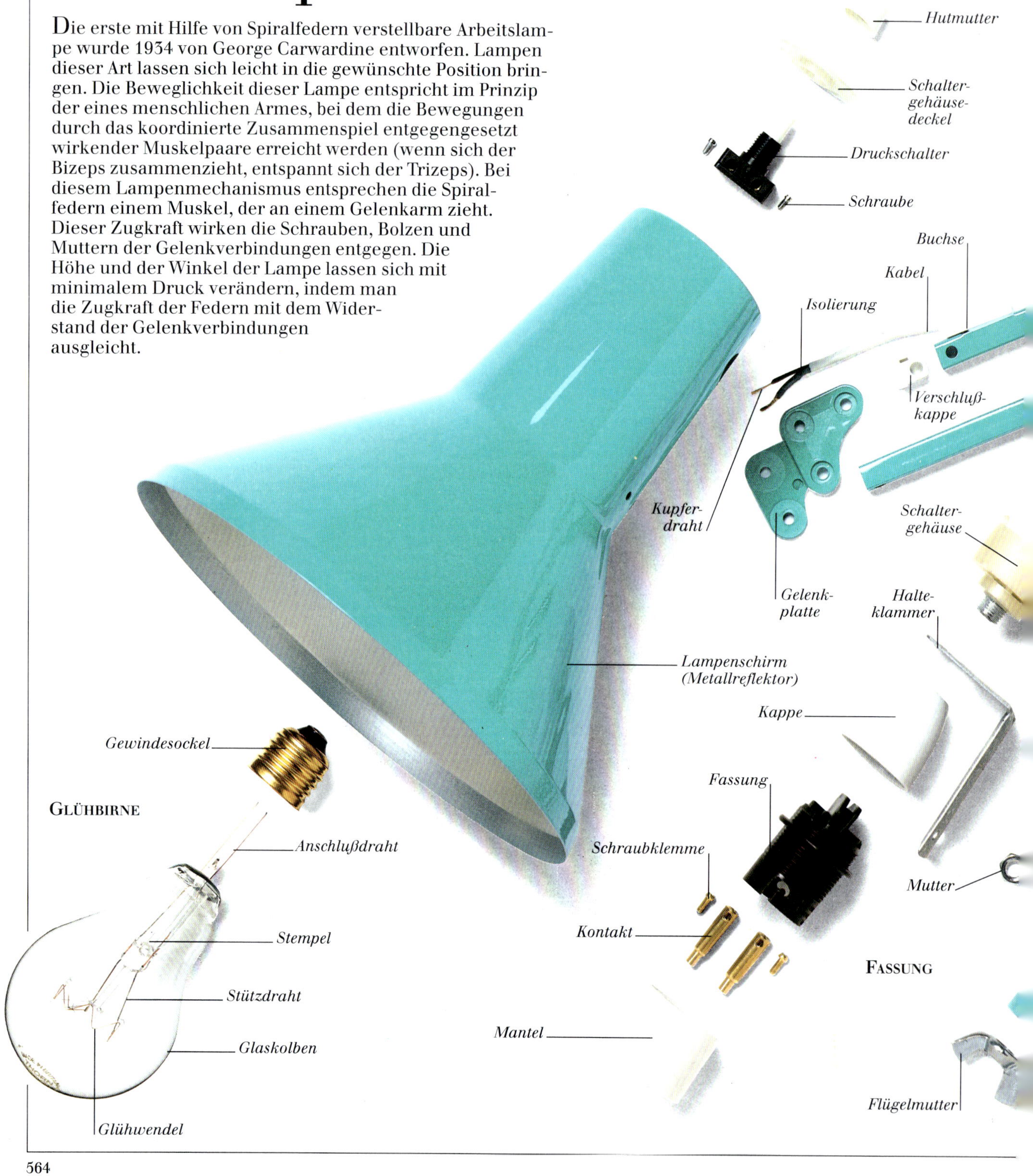

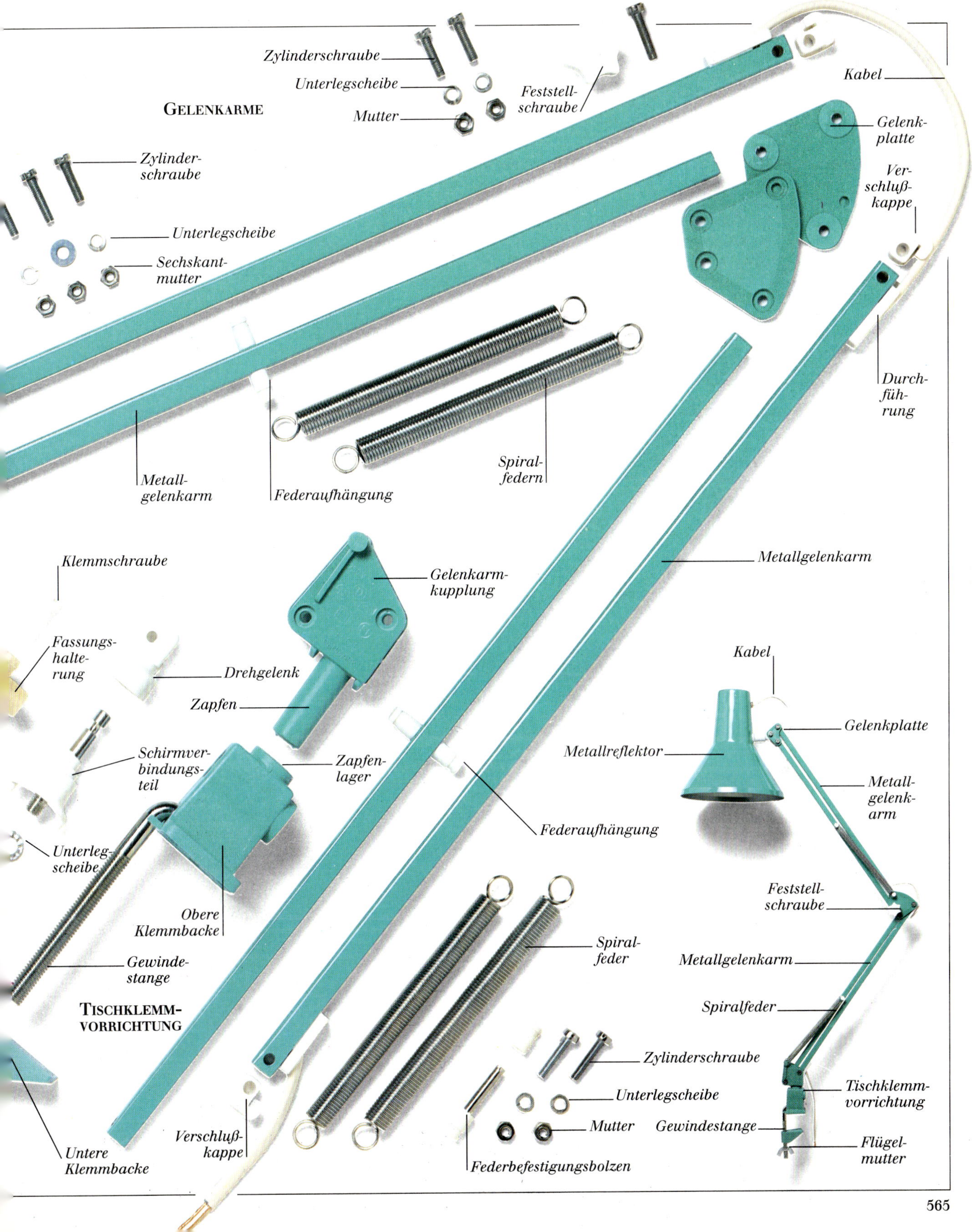
Gelenkarme
Zylinderschraube
Unterlegscheibe
Mutter
Feststell-
schraube
Kabel
Zylinder-
schraube
Gelenk-
platte
Ver-
schluß-
kappe
Unterlegscheibe
Sechskant-
mutter
Durch-
füh-
rung
Spiral-
federn
Metall-
gelenkarm
Federaufhängung
Metallgelenkarm
Klemmschraube
Gelenkarm-
kupplung
Fassungs-
halte-
rung
Drehgelenk
Zapfen
Kabel
Gelenkplatte
Schirmver-
bindungs-
teil
Zapfen-
lager
Metallreflektor
Metall-
gelenk-
arm
Federaufhängung
Unterleg-
scheibe
Feststell-
schraube
Obere
Klemmbacke
Spiral-
feder
Metallgelenkarm
Gewinde-
stange
Spiralfeder
Tischklemm-
vorrichtung
Zylinderschraube
Tischklemm-
vorrichtung
Unterlegscheibe
Mutter
Gewindestange
Flügel-
mutter
Verschluß-
kappe
Untere
Klemmbacke
Federbefestigungsbolzen

Der Minifernseher

Wie bei den großen Geräten wird das von einem Sender ausgestrahlte Signal von der Fernsehantenne aufgefangen und zu einer Elektronenstrahlkanone im Inneren des Apparates weitergeleitet. Dieses Signal löst in der Kanone einen Elektronenstrahl aus, der durch eine Ablenkspule geleitet wird. In der Ablenkeinheit sitzen Elektromagneten und Wickelspulen, die so auf den Elektronenstrahl einwirken, daß er den Bildschirm zeilenförmig abtastet. Der Bildschirm ist mit Phosphor beschichtet, welcher an der Stelle aufglüht, an der er von dem Strahl getroffen wird. Während der Strahl den Bildschirm abtastet, variiert seine Stärke, und der Phosphor leuchtet an verschiedenen Stellen des Bildschirms unterschiedlich stark auf. Bei einer kontinuierlichen Folge von 25 Schwarzweißbildern pro Sekunde entsteht auf dem Bildschirm der Eindruck eines sich bewegenden Bildes.

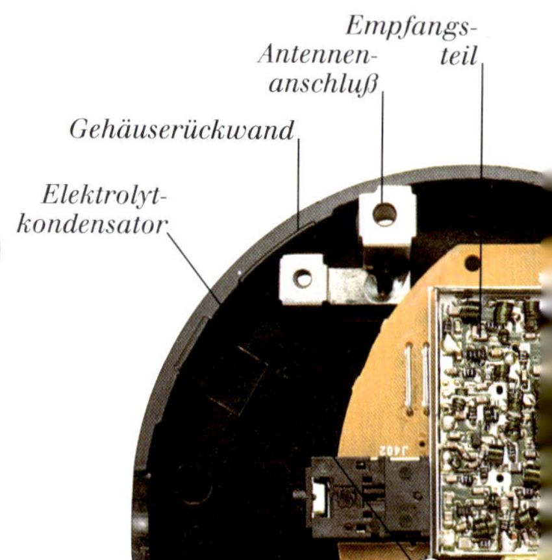

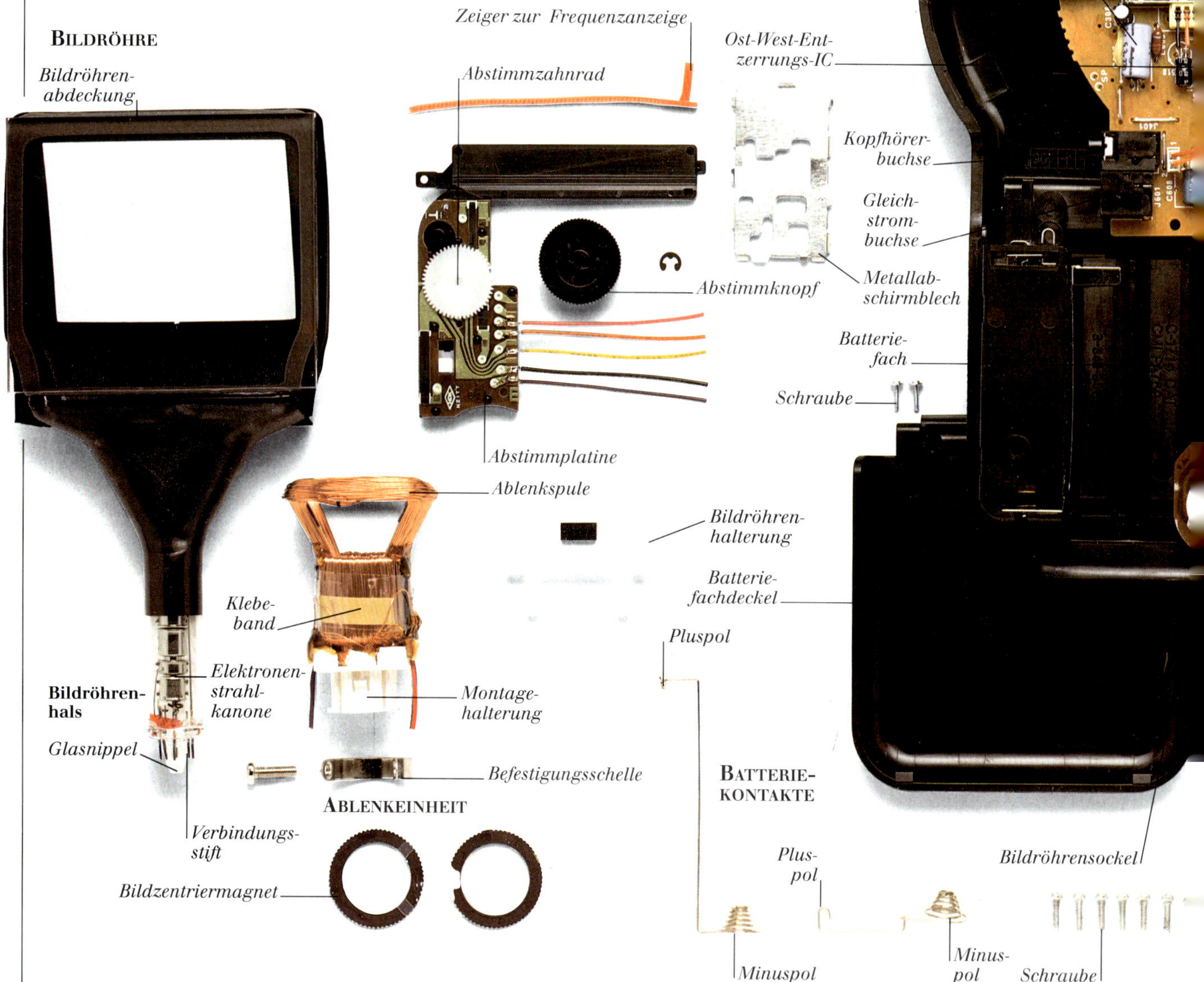

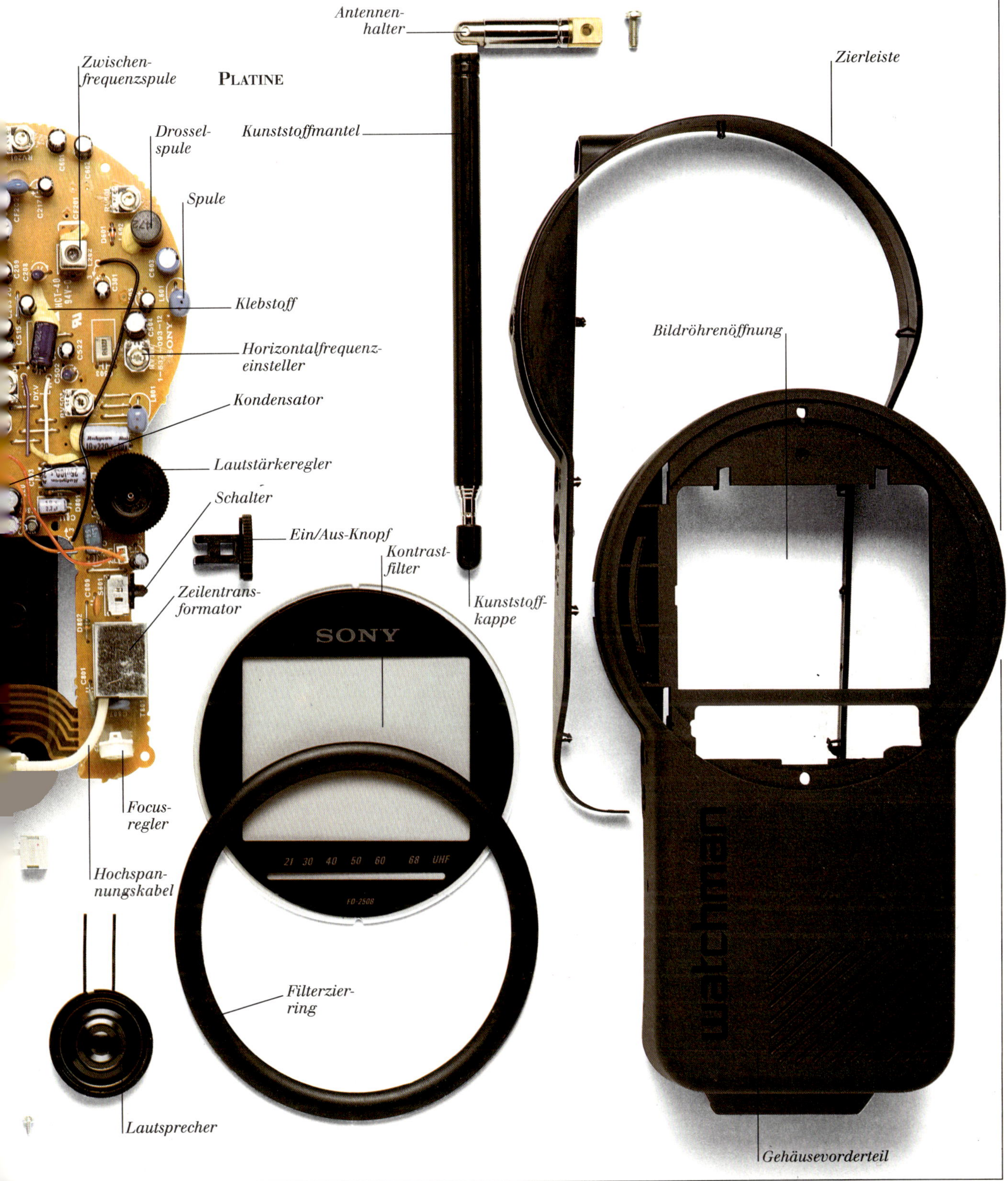
Antennen-
halter
Zwischen-
frequenzspule
PLATINE
Zierleiste
Drossel-
spule
Kunststoffmantel
Spule
Klebstoff
Bildröhrenöffnung
Horizontalfrequenz-
einsteller
Kondensator
Lautstärkeregler
Schalter
Ein/Aus-Knopf
Kontrast-
filter
Zeilentrans-
formator
Kunststoff-
kappe
SONY
21 30 40 50 60 68 UHF
FD-250B
watchman
Focus-
regler
Hochspan-
nungskabel
Filterzier-
ring
Lautsprecher
Gehäusevorderteil

Das Telefon

Ein Telefon ermöglicht es, über große Distanzen hinweg mit einer Person sprechen zu können. Jeder Telefonanschluß hat seine eigene Nummer. Um mit einem anderen Anschluß verbunden zu werden, wählt man auf der Wählscheibe oder durch Tastendruck dessen Nummer an. Wenn das Signal beim Empfängertelefon ankommt, aktiviert es dort den Tonrufgeber; ein Klingeln meldet den Anruf. Spricht man in die Sprechmuschel des Hörers, so setzen die Schallwellen der Stimme im Inneren des Mikrofons ein dünnes Metallblättchen in Schwingung, wodurch ein elektrisches Signal entsprechend modifiziert wird. Akustische Signale werden also in elektrische umgewandelt, die im Fernsprechnetz übertragen werden. Diese Signale gelangen zum Empfänger und werden dort zu einem Elektromagneten im Hörer geleitet, der wiederum auf eine Membrane wirkt, welche die Luft so in Schwingungen versetzt, daß die Stimme des Anrufers reproduziert wird.

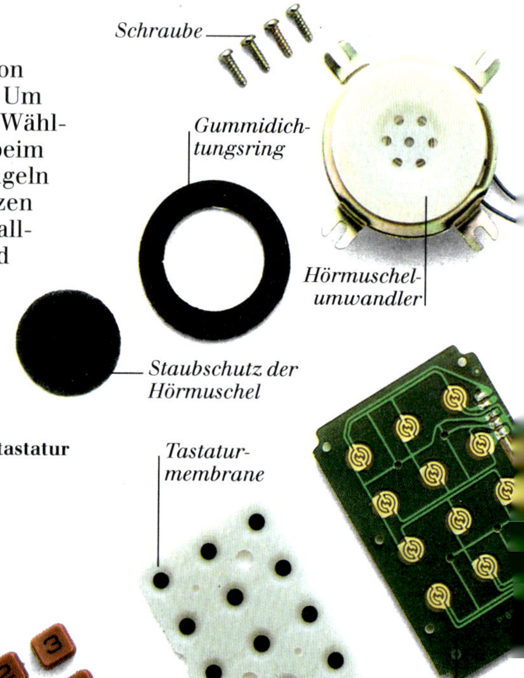

Druckwahltastatur

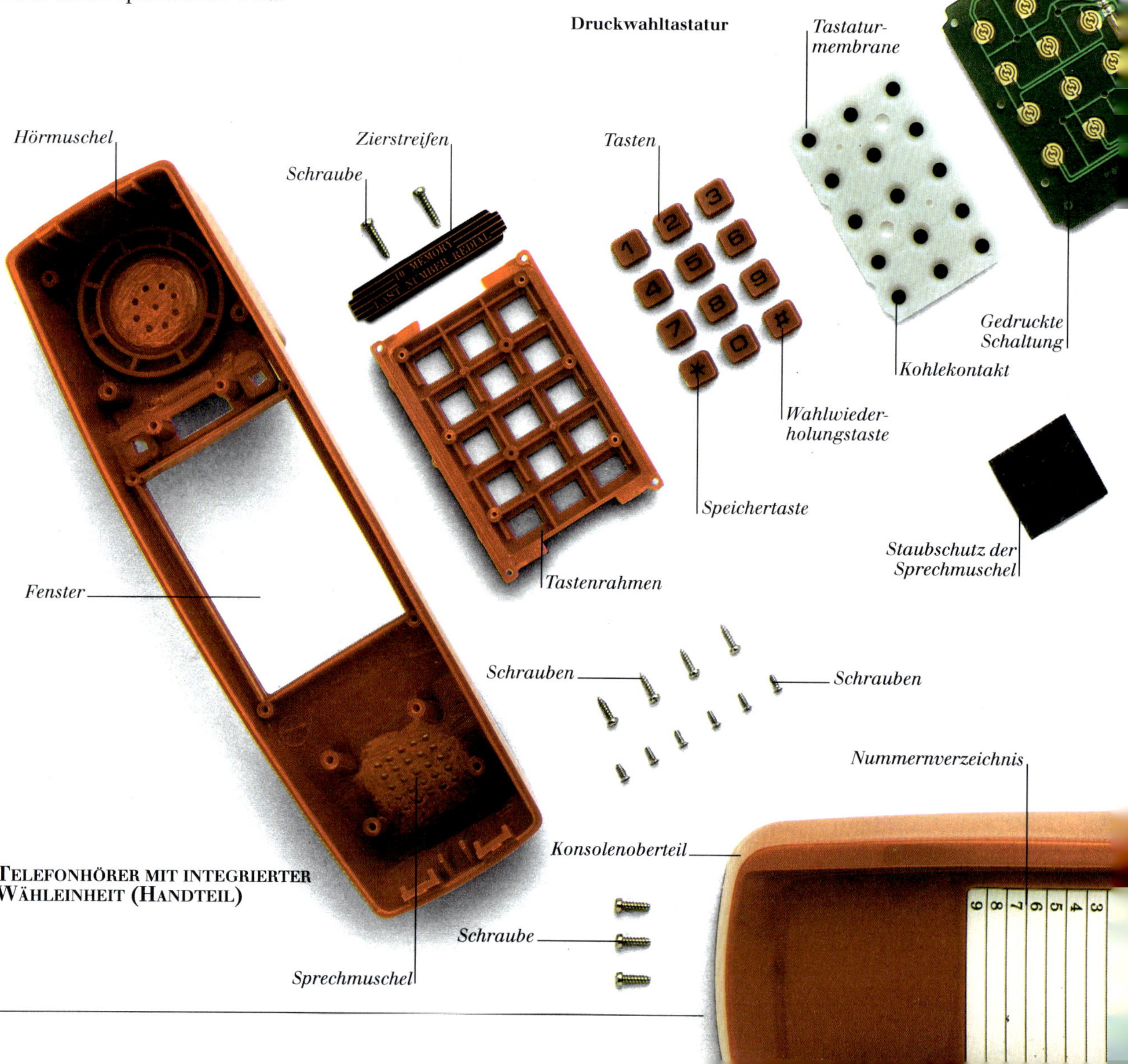

TELEFONHÖRER MIT INTEGRIERTER WÄHLEINHEIT (HANDTEIL)

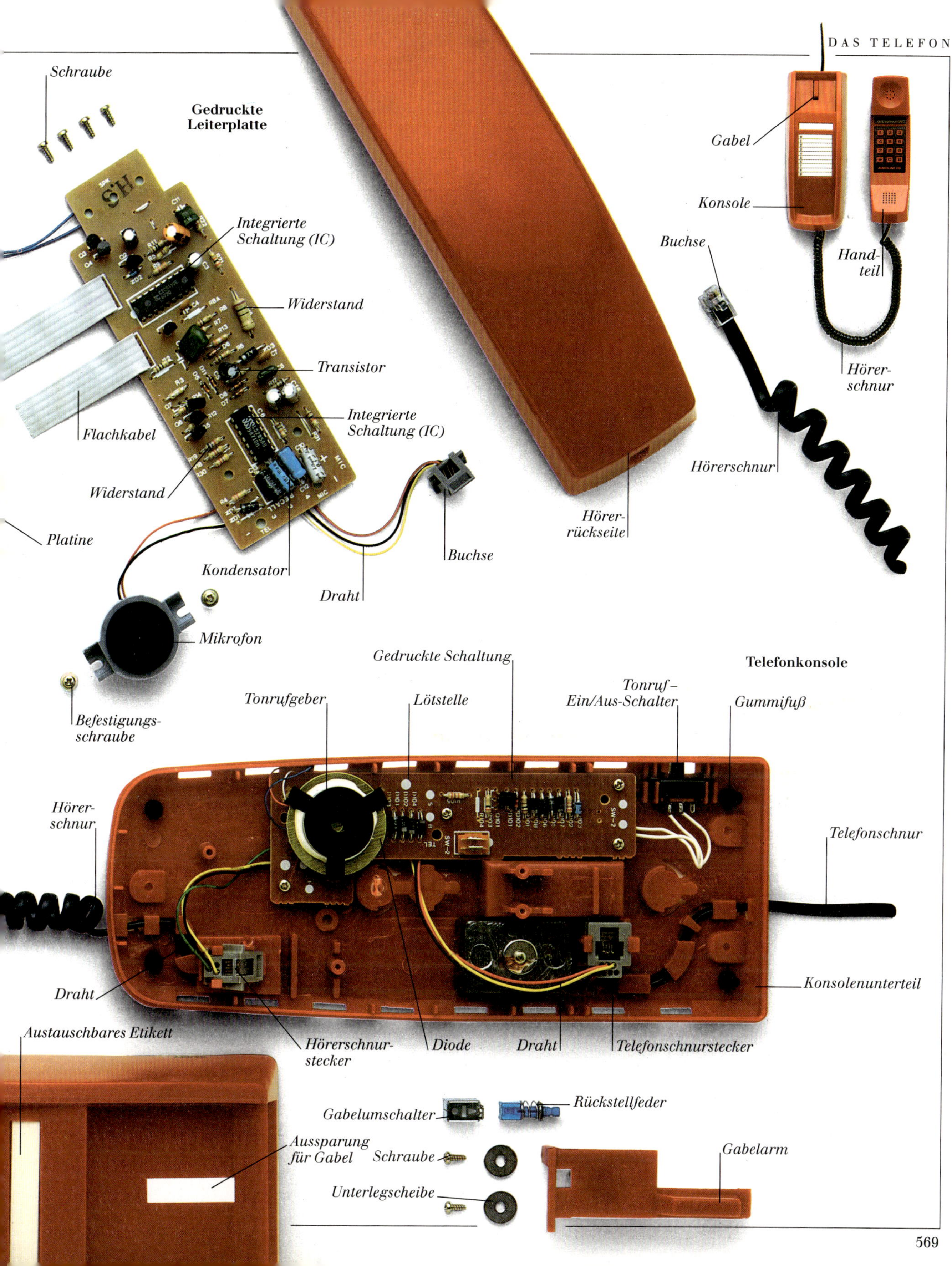
Schraube
Gedruckte Leiterplatte
Integrierte Schaltung (IC)
Widerstand
Transistor
Integrierte Schaltung (IC)
Flachkabel
Widerstand
Platine
Kondensator
Draht
Buchse
Mikrofon
Befestigungs-schraube
Hörer-rückseite
Gabel
Konsole
Buchse
Hand-teil
Hörer-schnur
Hörerschnur
Telefonkonsole
Gedruckte Schaltung
Tonrufgeber
Lötstelle
Tonruf-Ein/Aus-Schalter
Gummifuß
Hörer-schnur
Telefonschnur
Draht
Konsolenunterteil
Austauschbares Etikett
Hörerschnur-stecker
Diode
Draht
Telefonschnurstecker
Gabelumschalter
Rückstellfeder
Aussparung für Gabel
Schraube
Unterlegscheibe
Gabelarm

Der Stuhl

Der hier gezeigte auf traditionelle Weise gebaute Armlehnstuhl im Regency-Stil wird von genau passenden Schlitz-und-Zapfen-Verbindungen, Dübeln und Leim zusammengehalten. Die geschwungenen Armlehnen und die Rückenlehne wie auch die sich nach unten verjüngenden Beine sind aus abgelagertem, also trockenem Mahagoni hergestellt. Die Schlitze in den Hinterbeinen nehmen die Zapfen der Rückenlehne und der Querstrebe auf; die geschwungene Armlehne stößt stumpf auf das Hinterbein und wird zusätzlich verschraubt. Obwohl die verschiedenen Verbindungen so gut passen, daß sie auch von alleine einen stabilen Rahmen bilden würden, werden sie zur Verstärkung noch verschraubt und verleimt. Die bequeme, gepolsterte Sitzfläche besteht aus einem gemusterten Bezug, Nesselfutterstoff und Schaumstoffpolster, das feuerhemmend imprägniert ist. Das Polster wird von Gurtbändern getragen, die über einen Holzrahmen gespannt sind.

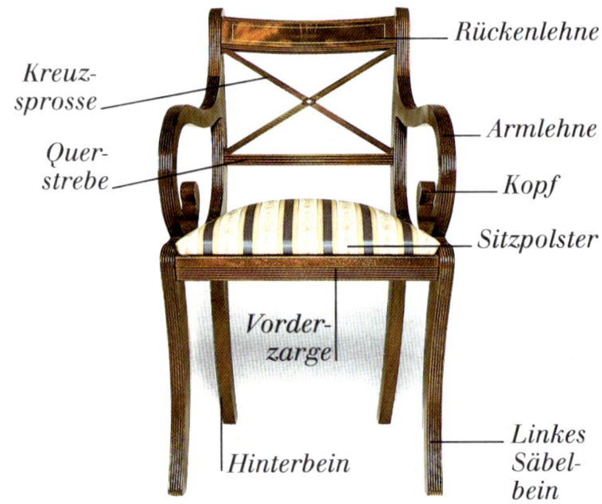

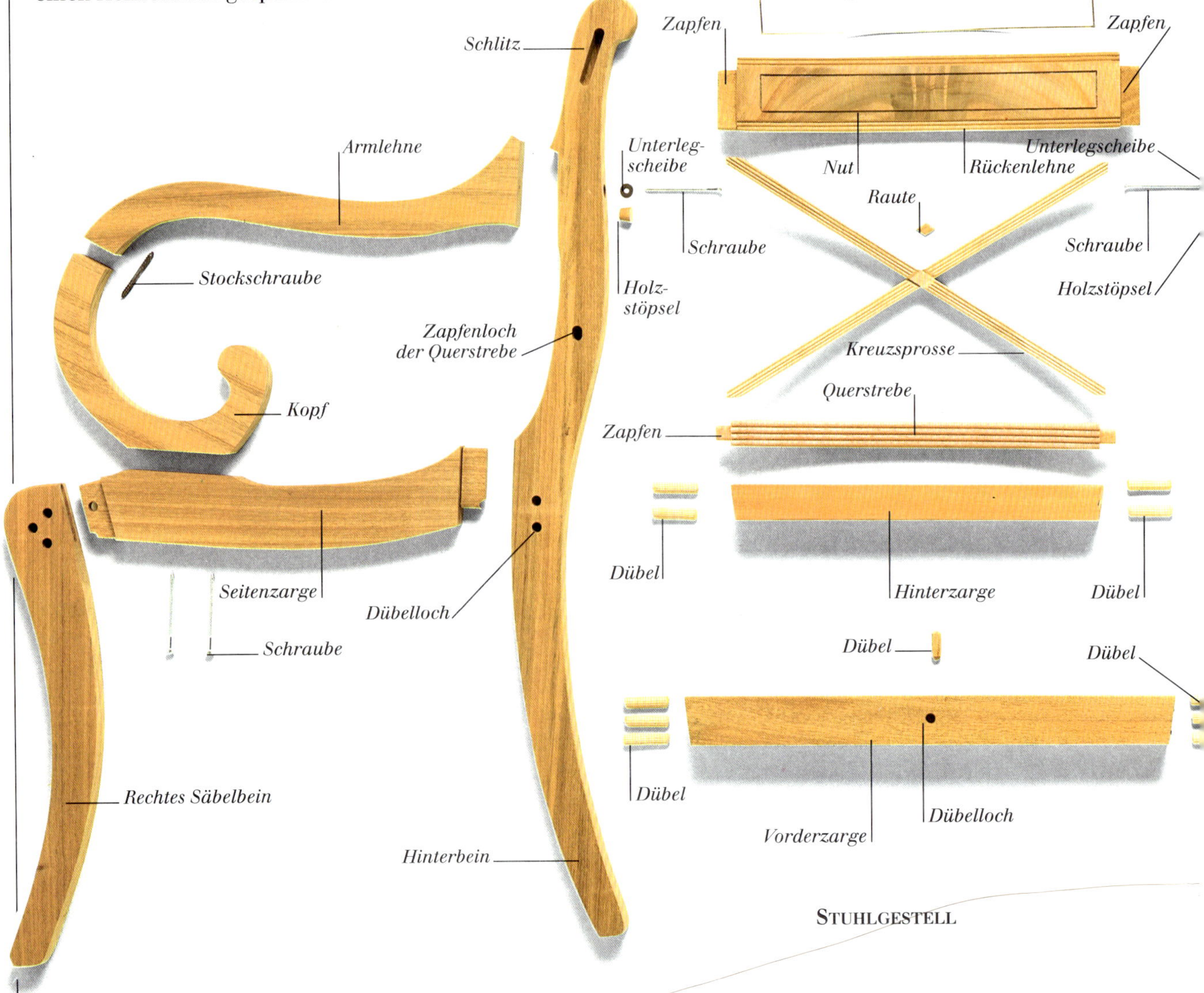

STUHLGESTELL

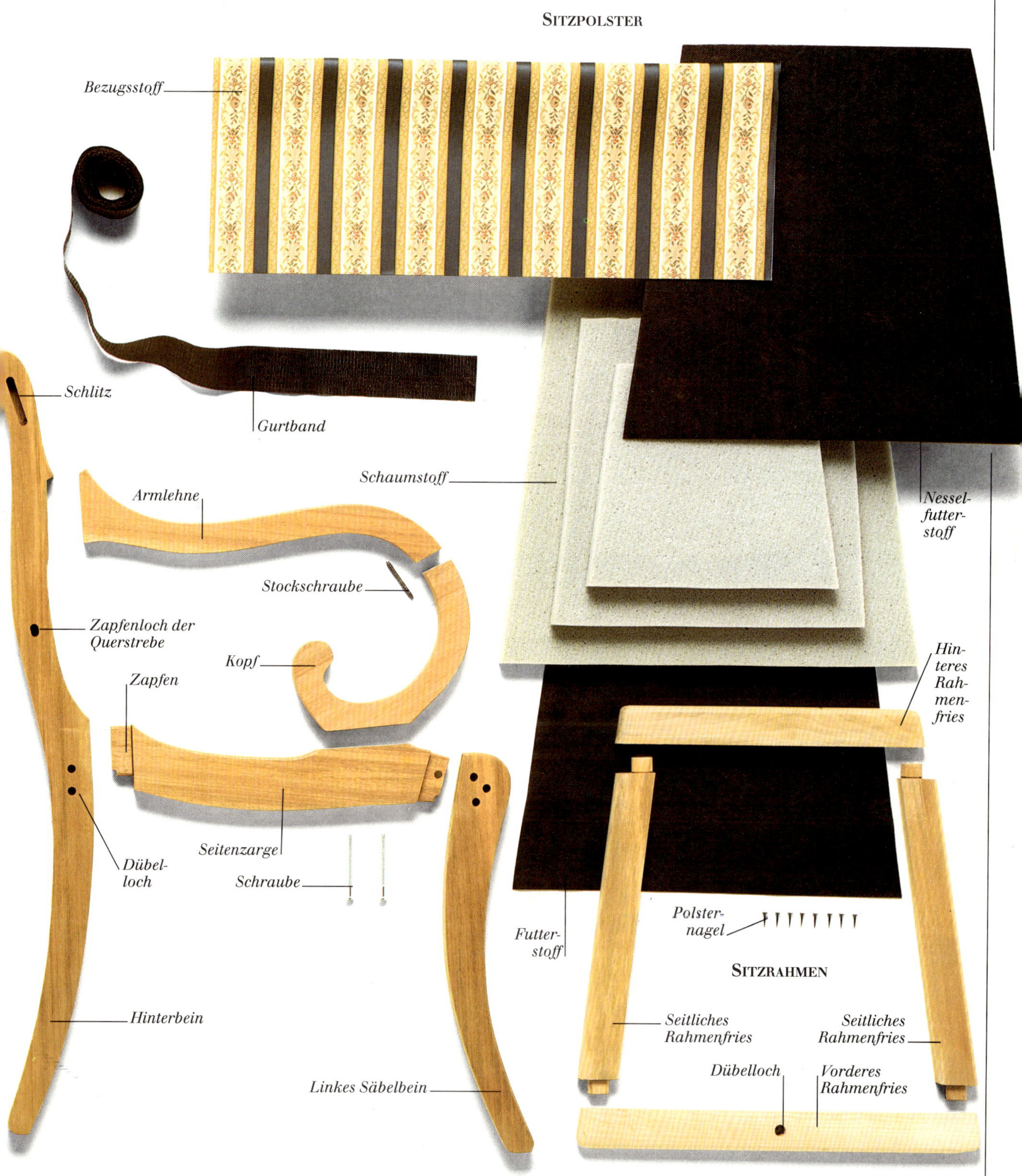

Sitzpolster
Bezugsstoff
Schlitz
Gurtband
Schaumstoff
Armlehne
Nessel-futter-stoff
Stockschraube
Zapfenloch der Querstrebe
Kopf
Zapfen
Hinteres Rahmenfries
Dübel-loch
Seitenzarge
Schraube
Polster-nagel
Futter-stoff
Sitzrahmen
Hinterbein
Seitliches Rahmenfries
Seitliches Rahmenfries
Dübelloch
Vorderes Rahmenfries
Linkes Säbelbein

Der Toaster

Die meisten elektrischen Toaster rösten nicht nur die Brotscheiben, sondern werfen sie auch aus, wenn sie fertig sind. Beim Toasten stehen die Brotscheiben auf einem unter Federdruck gehaltenen Gestell zwischen den elektrischen Heizelementen. Gleichzeitig erwärmt sich ein Bimetallstreifen und dehnt sich dabei aus. Durch ungleiches Ausdehnen der beiden unterschiedlichen Metalle verbiegt sich der Streifen. Dabei wird ein Kontakt hergestellt, der einen Elektromagneten aktiviert. Dieser Magnet zieht eine Sperrklinke an und löst dabei die Feder, die das Brotgestell unten hält. Die Heizelemente schalten sich ab, und die getoasteten Scheiben werden nach oben befördert.

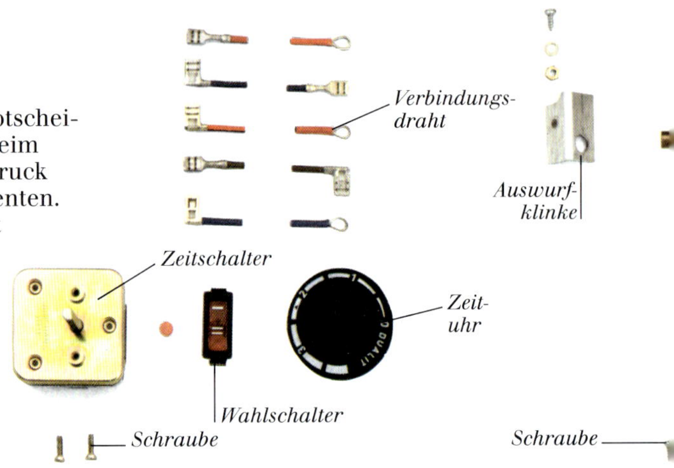

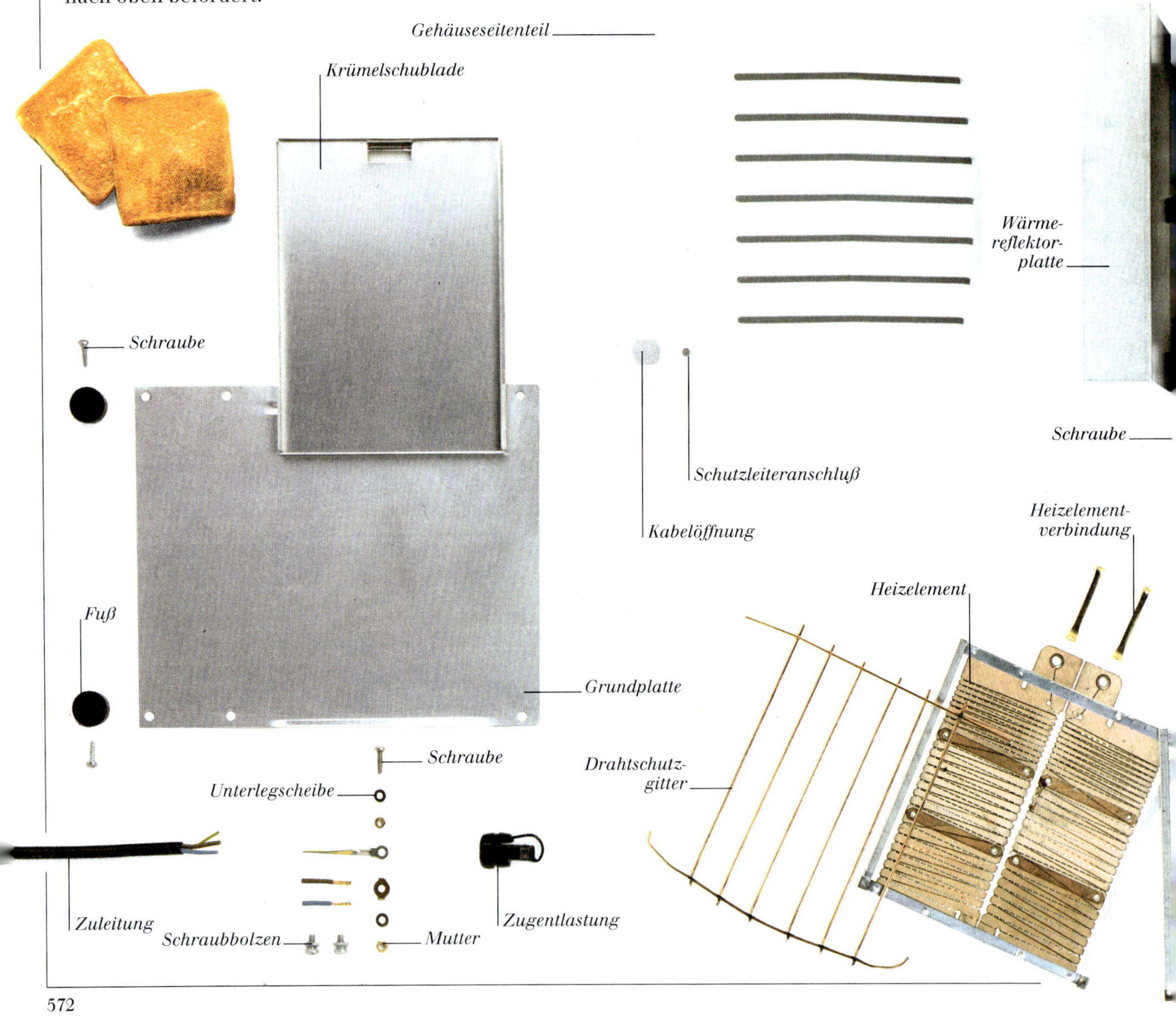

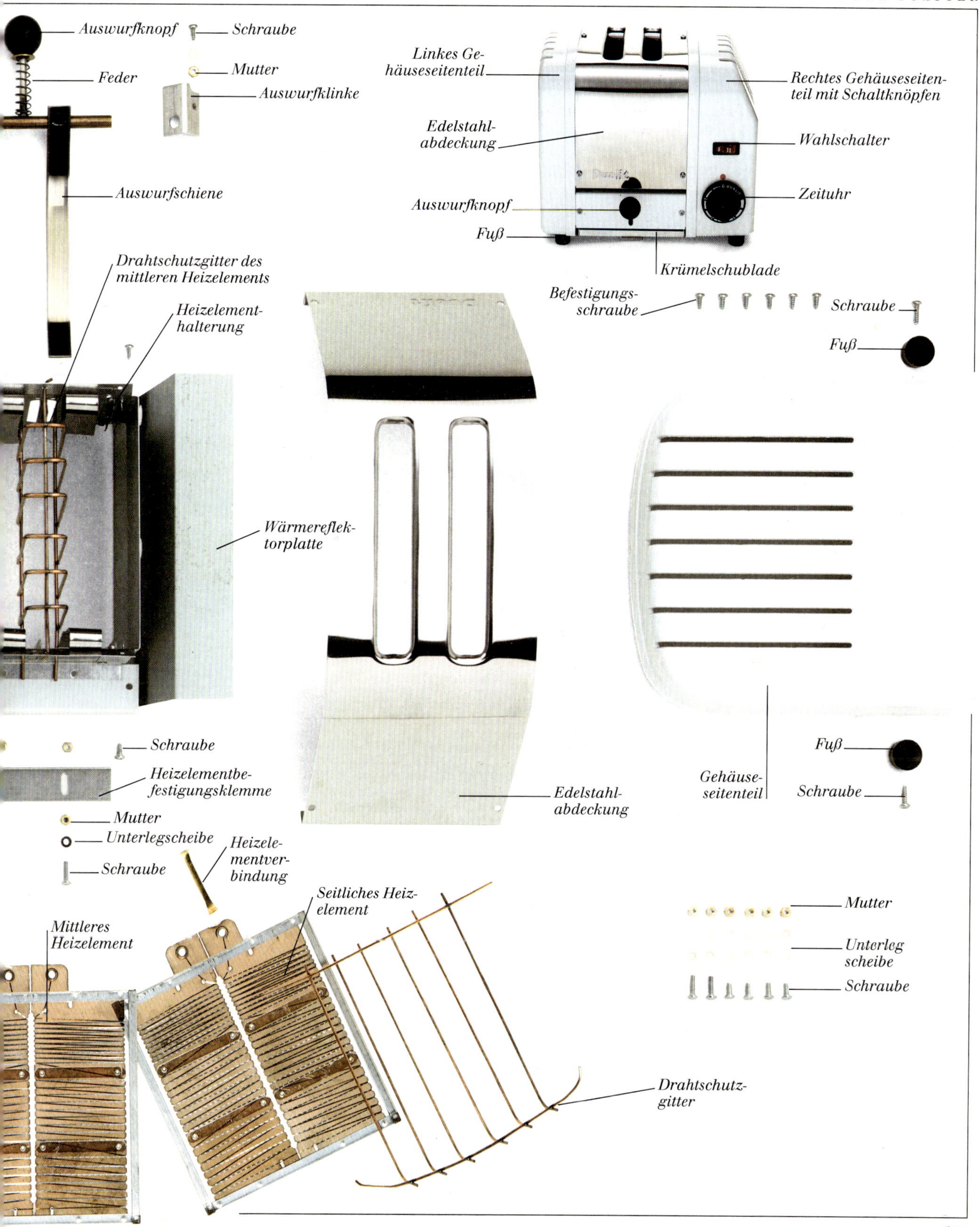
Auswurfknopf
Schraube
Feder
Mutter
Auswurfklinke
Auswurfschiene
Linkes Gehäuseseitenteil
Rechtes Gehäuseseitenteil mit Schaltknöpfen
Edelstahlabdeckung
Wahlschalter
Auswurfknopf
Zeituhr
Fuß
Krümelschublade
Drahtschutzgitter des mittleren Heizelements
Heizelementhalterung
Befestigungsschraube
Schraube
Fuß
Wärmereflektorplatte
Schraube
Heizelementbefestigungsklemme
Edelstahlabdeckung
Gehäuseseitenteil
Fuß
Schraube
Mutter
Unterlegscheibe
Schraube
Heizelementverbindung
Seitliches Heizelement
Mittleres Heizelement
Mutter
Unterlegscheibe
Schraube
Drahtschutzgitter

Der Rasenmäher

Die scharfen Messer eines Rasenmähers schneiden das Gras dicht über dem Boden ab. Es gibt Elektrorasenmäher, Benzinrasenmäher und Handrasenmäher. Das hier gezeigte Gerät wird von einem Benzinmotor angetrieben, der mit einer Batterie und einer Zündkerze elektrisch gezündet wird. Dieser Motor treibt ein waagerechtes rotierendes Messer an der Unterseite des Mähers an, welches das Gras gegen ein stehendes Messer schneidet. Ein Auffangbehälter hinter der Maschine sammelt das Schnittgut. Die Maschine treibt auch die Hinterräder an und läßt den Mäher dabei vorwärts fahren. Ein spezielles Getriebe sorgt dafür, daß sich das Messer schneller dreht als die Hinterräder. Ein schnell rotierendes scharfes Messer ist die Voraussetzung für einen sauberen Schnitt.

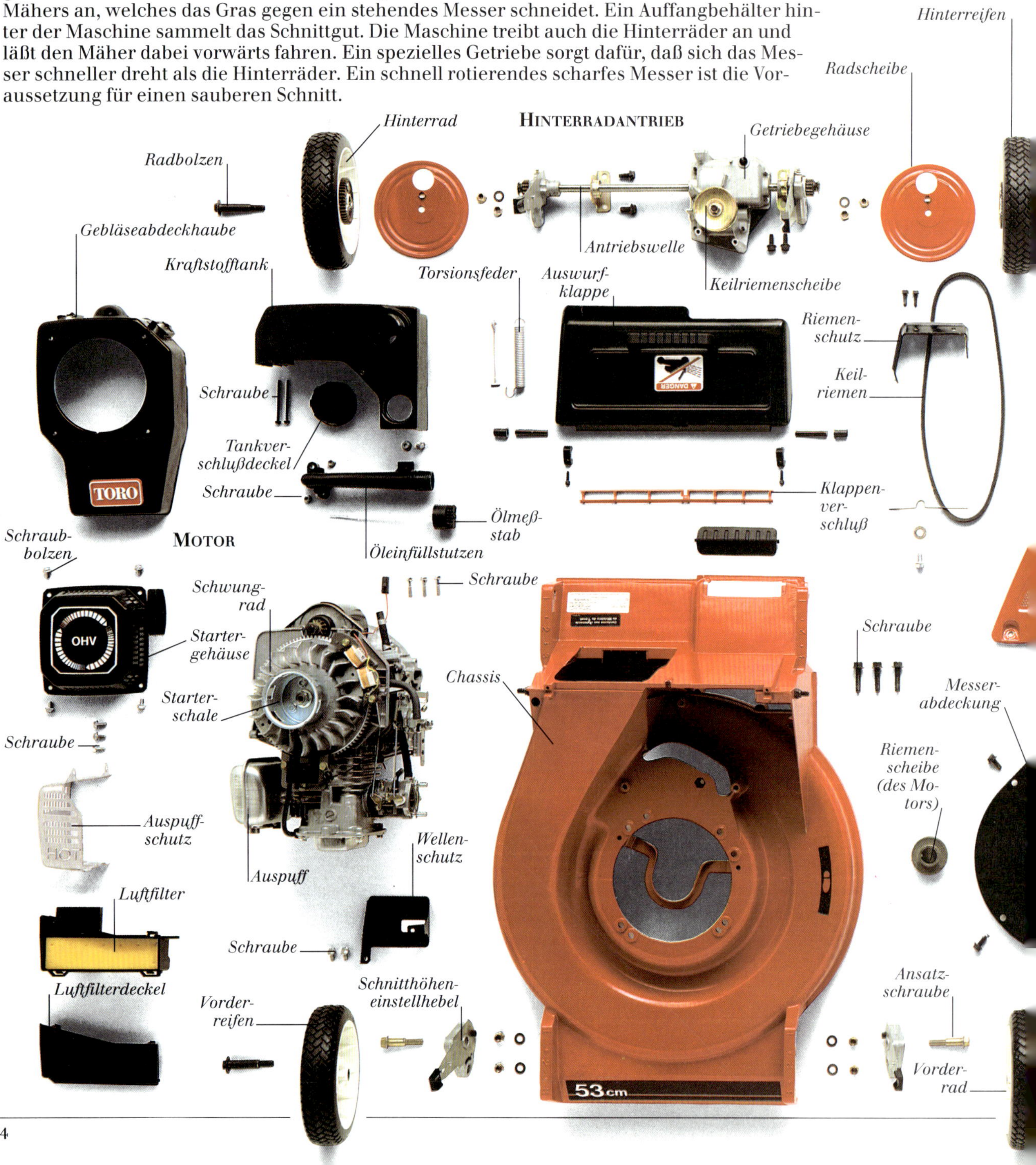

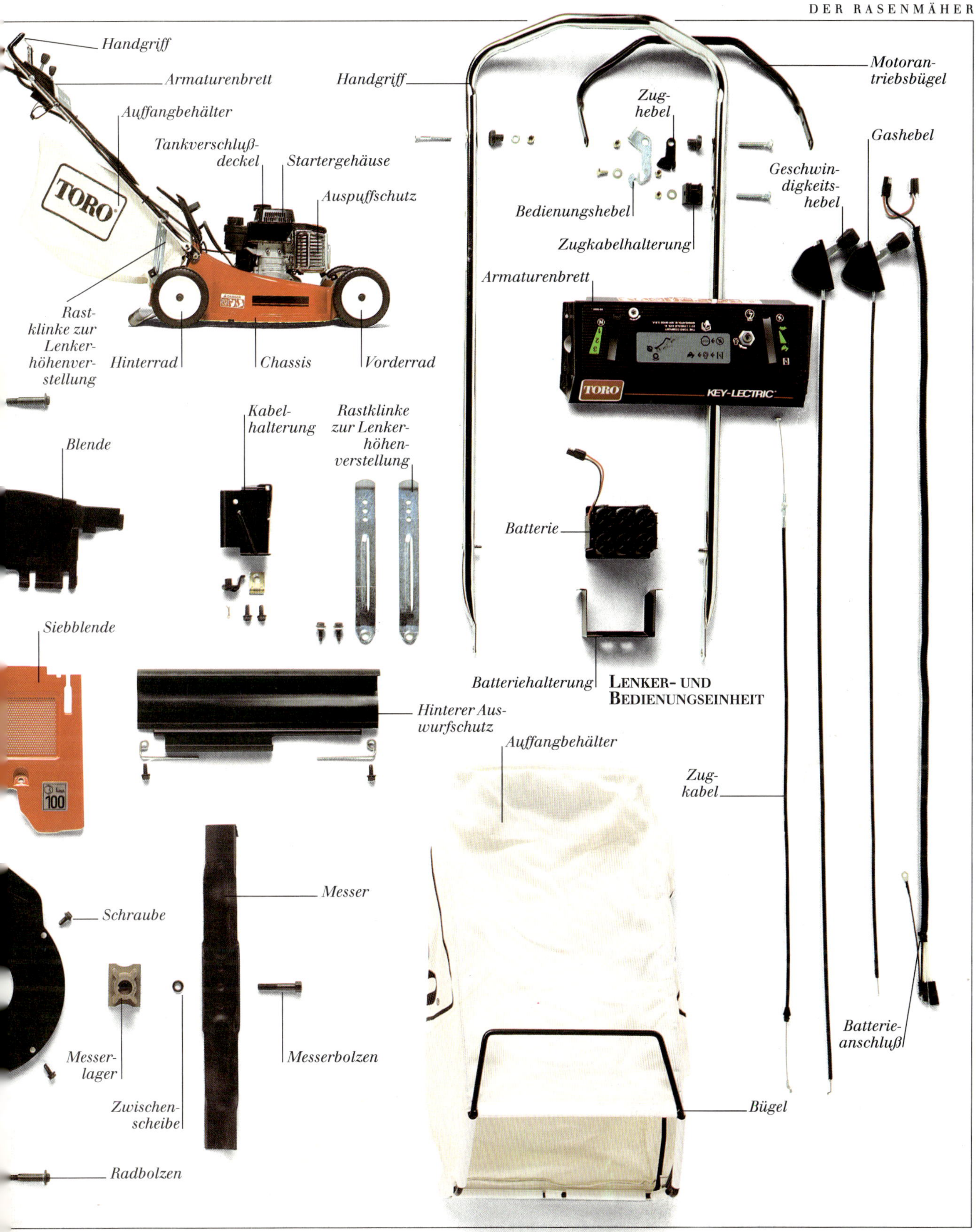

LENKER- UND BEDIENUNGSEINHEIT

Sättel

Die ersten Reiter saßen auf dem bloßen Pferderücken und hielten sich an der Mähne des Pferdes fest. Später wurde dann eine Decke untergelegt. Der Ledersattel, vor etwa 2000 Jahren von den Kriegern der asiatischen Steppen erfunden, veränderte das Reiten von Grund auf. Er ermöglichte den Reitern, dem Feind entgegenzugaloppieren und Pfeile in alle Richtungen zu schießen, ohne dabei vom Pferd zu fallen. Bei modernen Sätteln unterscheidet man zwei Grundtypen: Der Westernsattel ist ein schwerer Arbeitssattel, der vor allem von den Rancharbeitern in den Vereinigten Staaten benutzt wird. Er hat vorne einen Sattelknopf aus Metall, an dem das Lasso befestigt wird, und einen hohen Hinterzwiesel, der den Reiter fest im Sattel hält. Der englische Sattel ist viel leichter gebaut und entspricht mehr sportlichen Anforderungen. Mit diesem Sattel kann das Pferd ungehindert galoppieren. Er bietet aber dem Reiter, der seine Beine fest an den Pferdekörper pressen muß, weniger Halt.

ENGLISCHER SATTEL

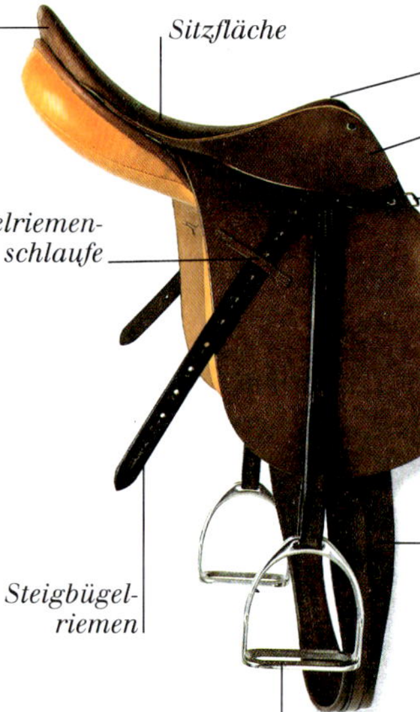

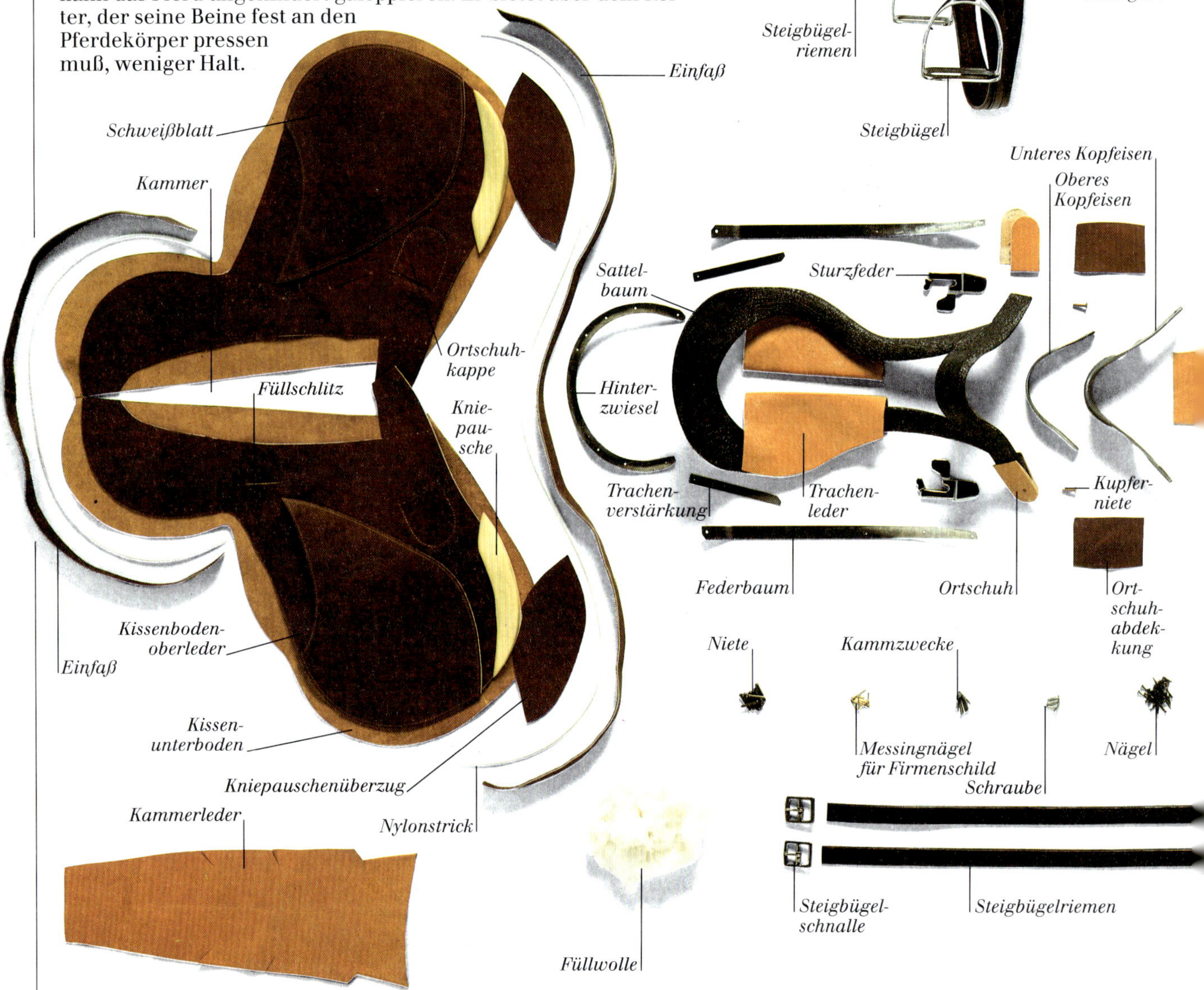

Ledergurt

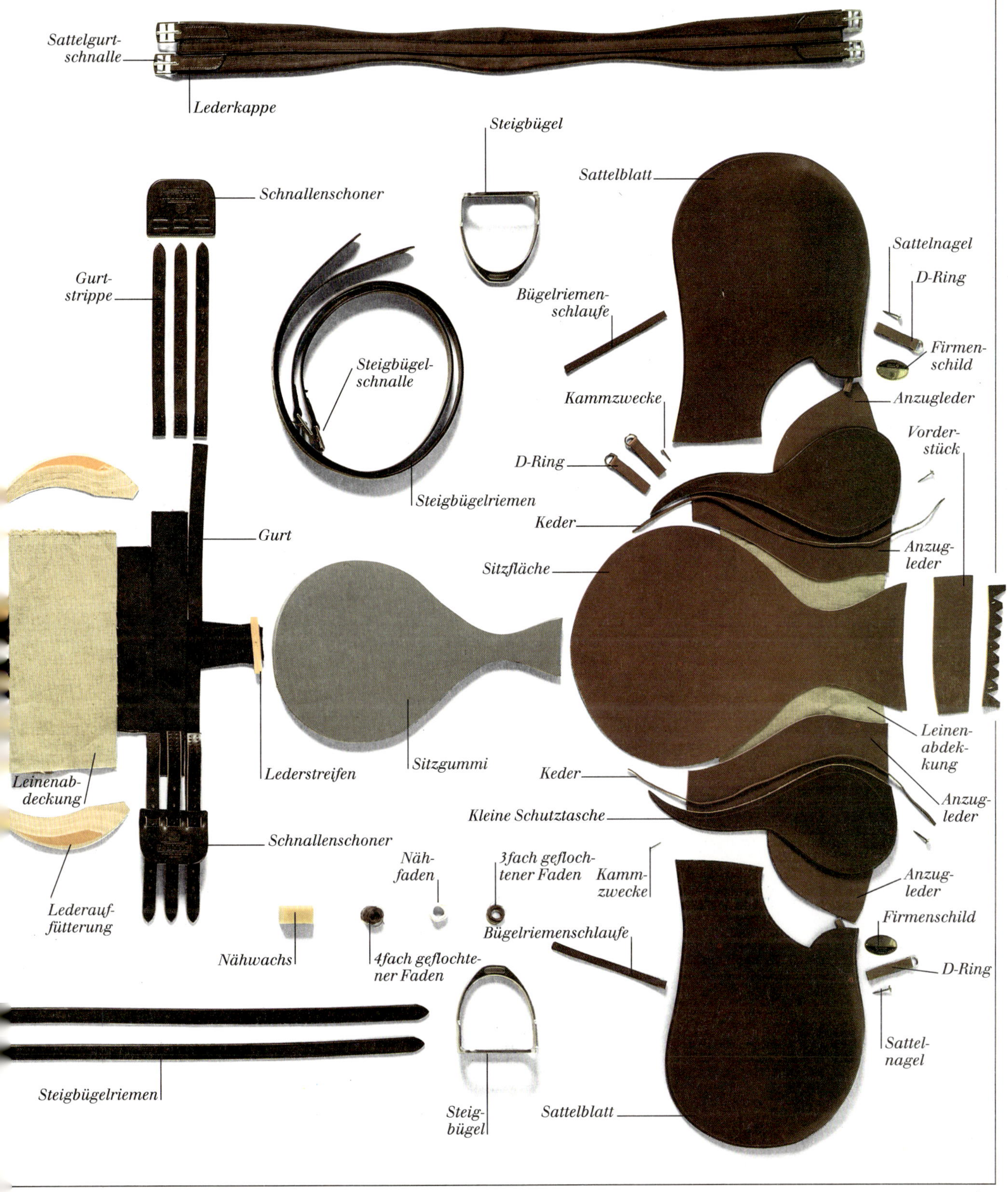
Sattelgurt-
schnalle
Lederkappe
Steigbügel
Sattelblatt
Schnallenschoner
Sattelnagel
D-Ring
Gurt-
strippe
Bügelriemen-
schlaufe
Firmen-
schild
Steigbügel-
schnalle
Anzugleder
Kammzwecke
Vorder-
stück
D-Ring
Steigbügelriemen
Keder
Gurt
Anzug-
leder
Sitzfläche
Leinen-
abdek-
kung
Lederstreifen
Sitzgummi
Keder
Leinenab-
deckung
Anzug-
leder
Kleine Schutztasche
Schnallenschoner
Näh-
faden
3fach gefloch-
tener Faden
Kamm-
zwecke
Anzug-
leder
Lederauf-
fütterung
Firmenschild
Bügelriemenschlaufe
Nähwachs
4fach geflochte-
ner Faden
D-Ring
Sattel-
nagel
Steigbügelriemen
Steig-
bügel
Sattelblatt

CD-ROM

Die CD-ROM ist eine Compact Disc (CD), auf der große Datenmengen gespeichert sind, die man per Computer abrufen kann. ROM ist die Abkürzung für „Read Only Memory“, d.h. die digital aufgenommenen, als Vertiefungen auf der Oberfläche der CD gespeicherten Daten können weder verändert noch ersetzt werden. Die CD wird in das CD-ROM-Laufwerk geladen, wo die Daten auf der rotierenden Scheibe von einem Laser gelesen werden. Anders als eine Schallplatte wird eine CD-ROM nicht entlang einer spiralförmigen Rille von außen nach innen gelesen, sondern jedes Bild oder jede Informationseinheit hat eine Koordinate auf der CD, und diese Koordinate wird vom Laser lokalisiert. Vom Laser gelesene Informationen werden zum Computer weitergeleitet, wo sie verarbeitet werden und als Text oder Bilder auf dem Bildschirm erscheinen. Die Informationen werden durch ein SCSI (Small Computer System Interface) übermittelt, das die elektronischen Impulse zwischen CD-Laufwerk und Computersystem verarbeitet. Der Benutzer kann sich im Programm bewegen, indem er Teile des Bildschirmes mit einer Maus (Handgerät mit Klickschalter, dessen Bewegungen auf dem Mouse Pad von einem Symbol auf dem Bildschirm dargestellt werden) anklickt. Das Bild im Ausschnitt (s. rechte Seite) kann durch Anklicken des aktiven Pfeiles verändert werden: das Rechteck über dem Übersichtsbild wird verschoben, und es erscheint der neu ausgewählte Ausschnitt auf dem großen Bild. Durch Anklicken des aktiven Textes kommen mehr Informationen auf den Bildschirm – als Texte, Bilder und/oder Ton.

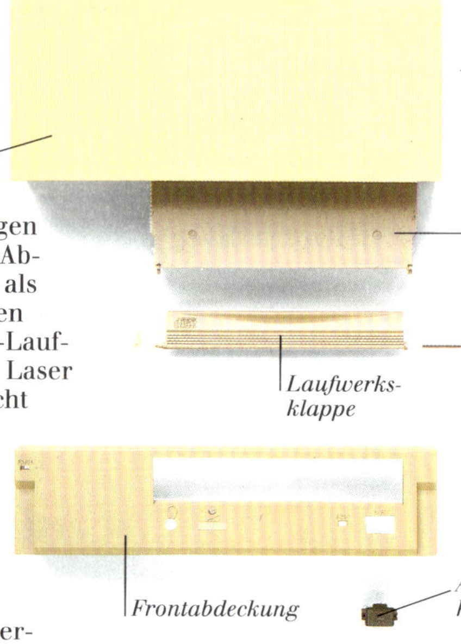

CD-ROM-GEHÄUSE

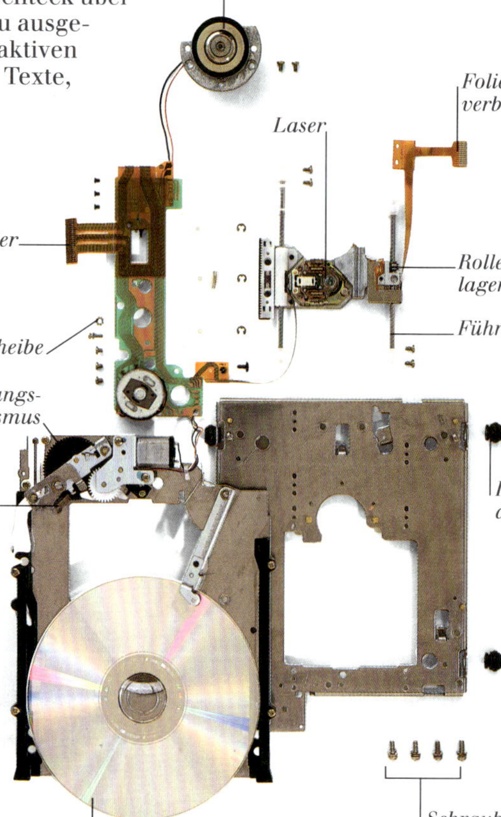

CD-ROM-LADEMECHANISMUS

CD-ROM-LAUFWERK

Inhaltsverzeichnis

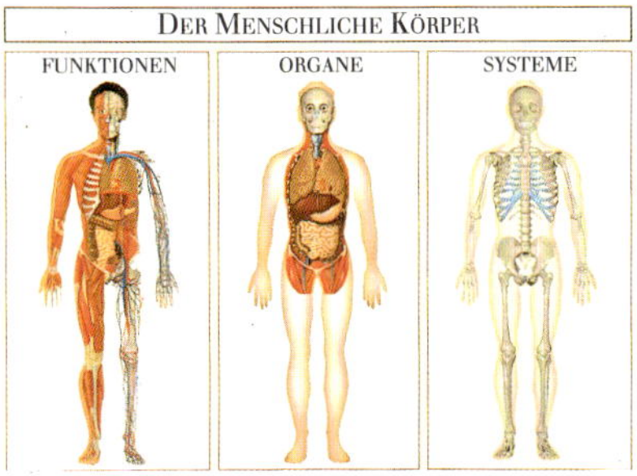

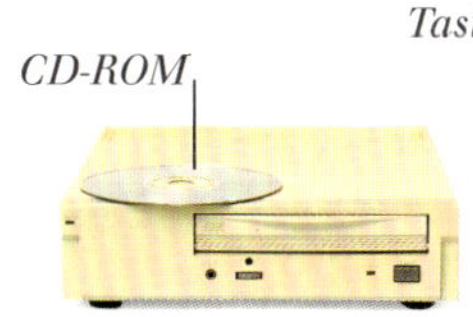

CD-ROM-Player

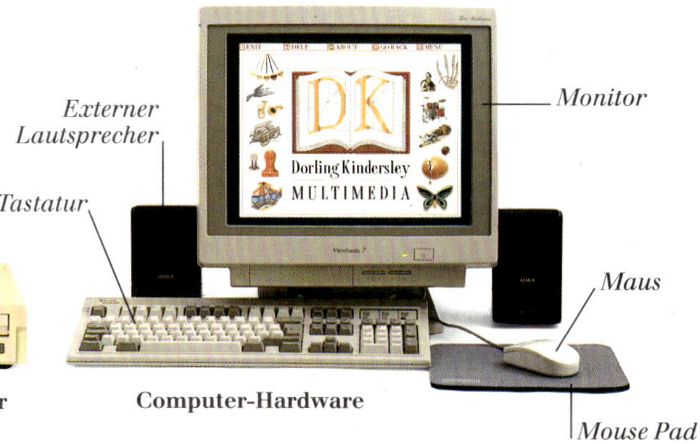

Computer-Hardware

Bildschirmseite eines CD-ROM-Programms

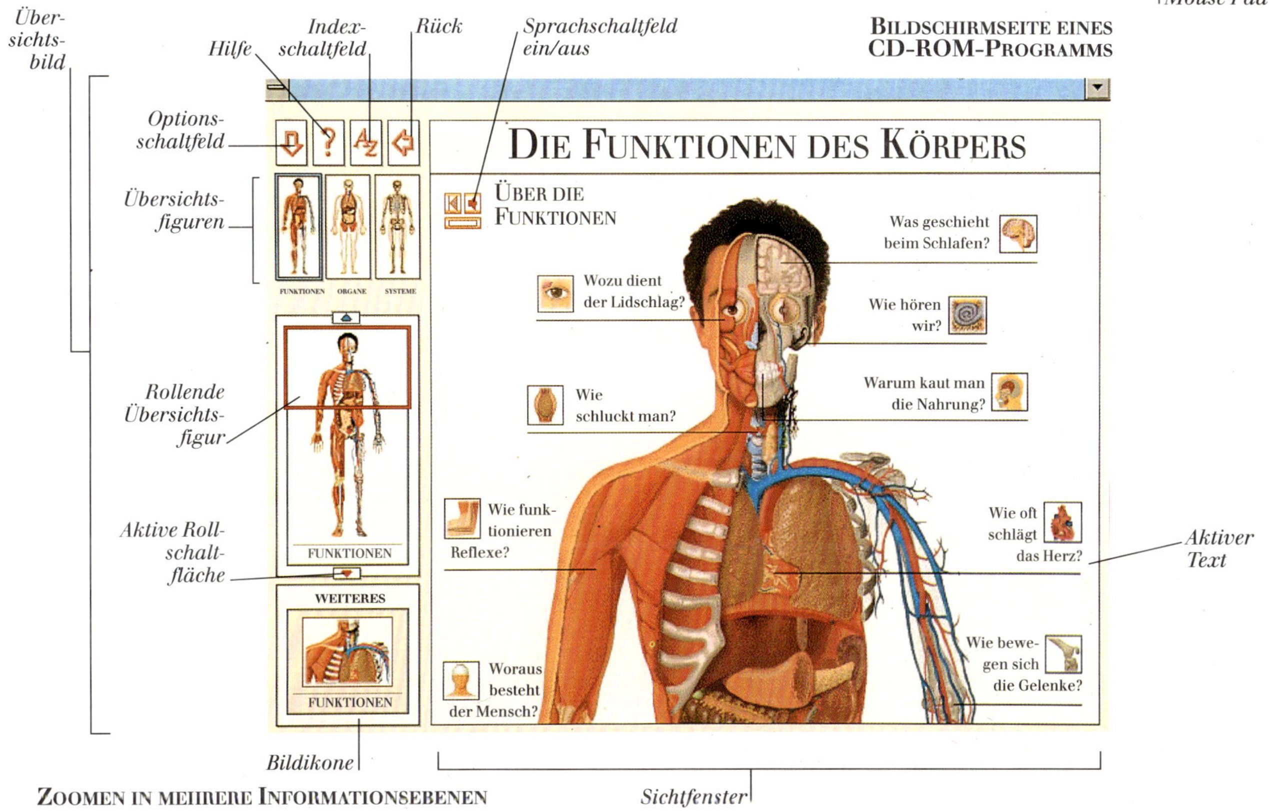

Zoomen in mehrere Informationsebenen

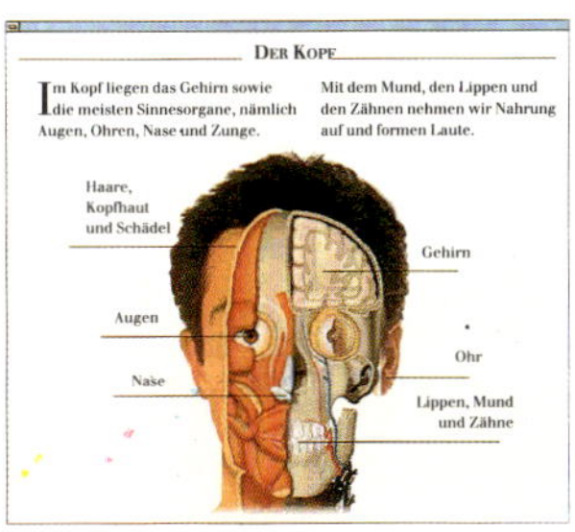

Bildschirmseite unter Menü „Organe“

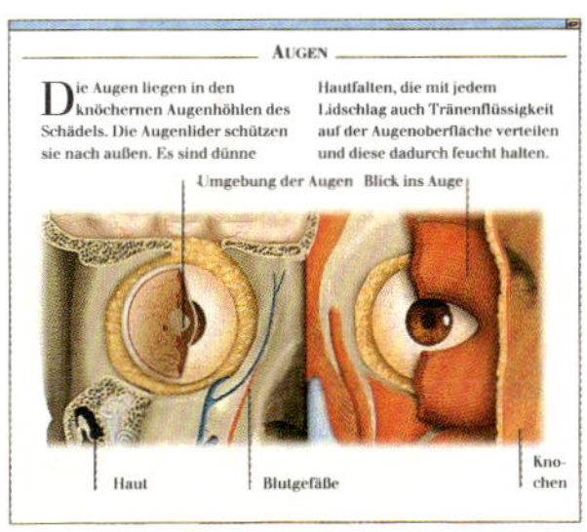

„Auge“ anklicken ruft weitere Informationen auf.

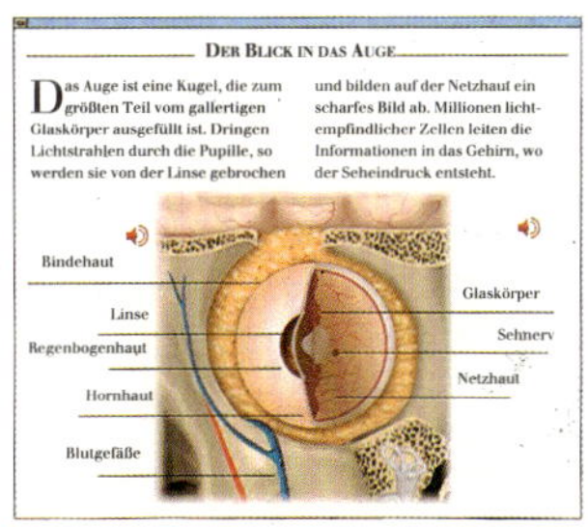

Jeder Anklickvorgang ruft eine neue Bildschirmseite auf.

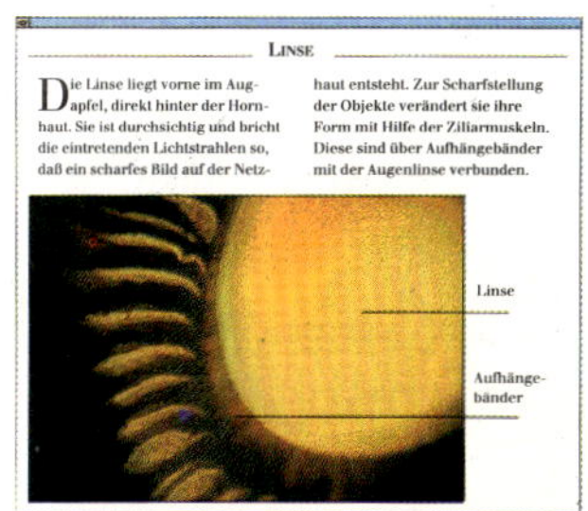

Letzte Bildschirmseite: mikroskopische Einzelheiten.

Der Walkman

Ein Walkman ist ein kleines, tragbares, batteriebetriebenes Kassettengerät. Die Kassette, in der das Band auf zwei Spulen aufgewickelt ist, wird so in das Gerät eingelegt, daß die Spulen auf zwei Achsen einrasten. Drückt man die Wiedergabetaste, drehen sich die Andruckrolle und der Antriebsriemen und führen das Magnetband am Tonkopf entlang, wobei eine Spule ab- und die andere aufgewickelt wird. Das bei der Aufnahme durch unterschiedliche Schallschwingungen verschieden stark magnetisierte Band induziert am Wiedergabekopf eine schwache elektrische Spannung. Diese Spannung, die entsprechend der Magnetfelder stärker oder schwächer ist, wird durch einen Verstärker und zu den Hörkapseln geleitet. In der Hörkapsel wird die elektrische Spannung in ein Magnetfeld umgewandelt, welches einen kleinen Konus in Schwingungen versetzt. Diese Schwingungen erzeugen wiederum Schallwellen. Der Stereoklang wird erzeugt, wenn zwei Magnetspuren – eine für das rechte und eine für das linke Ohr – aufgenommen werden.

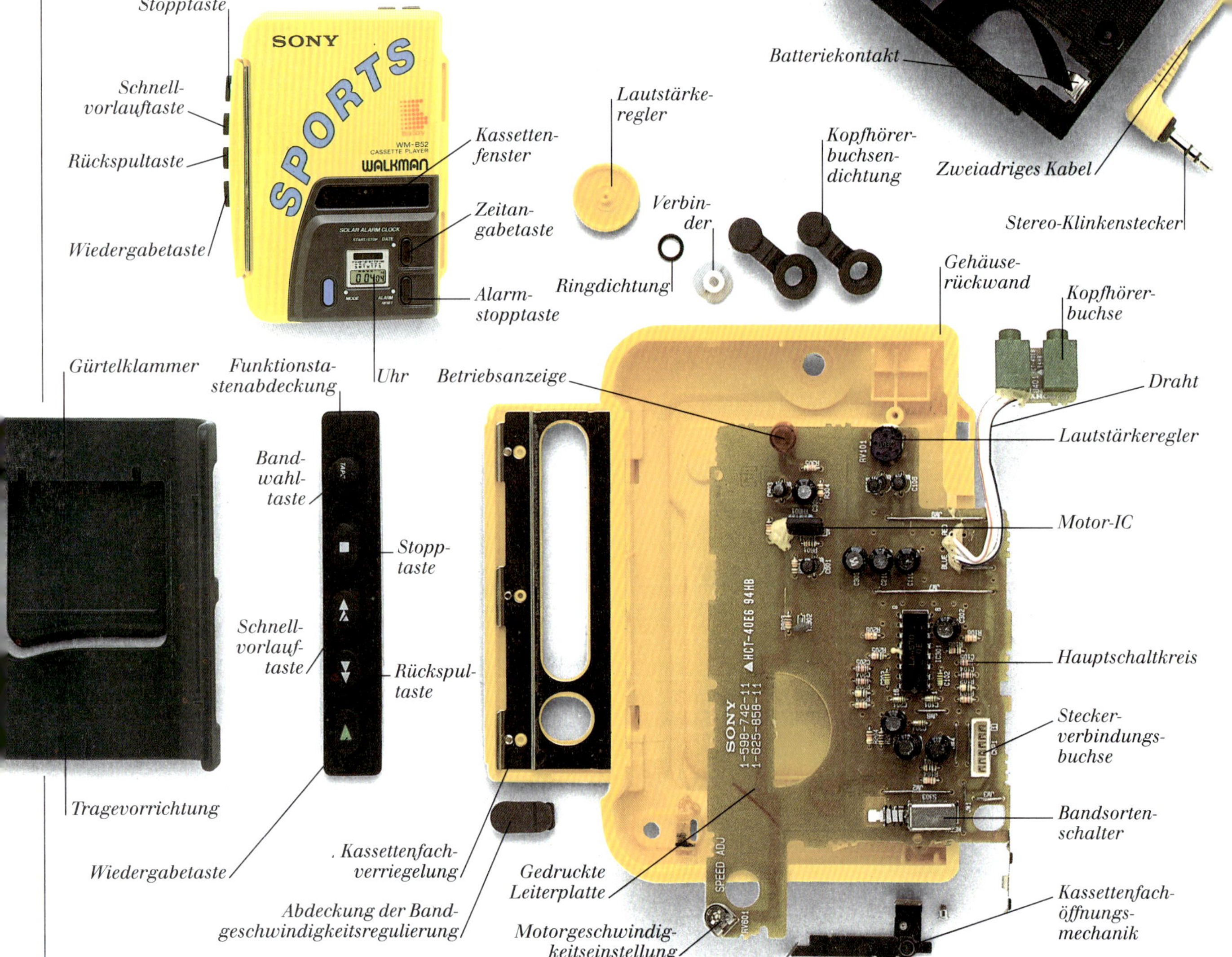

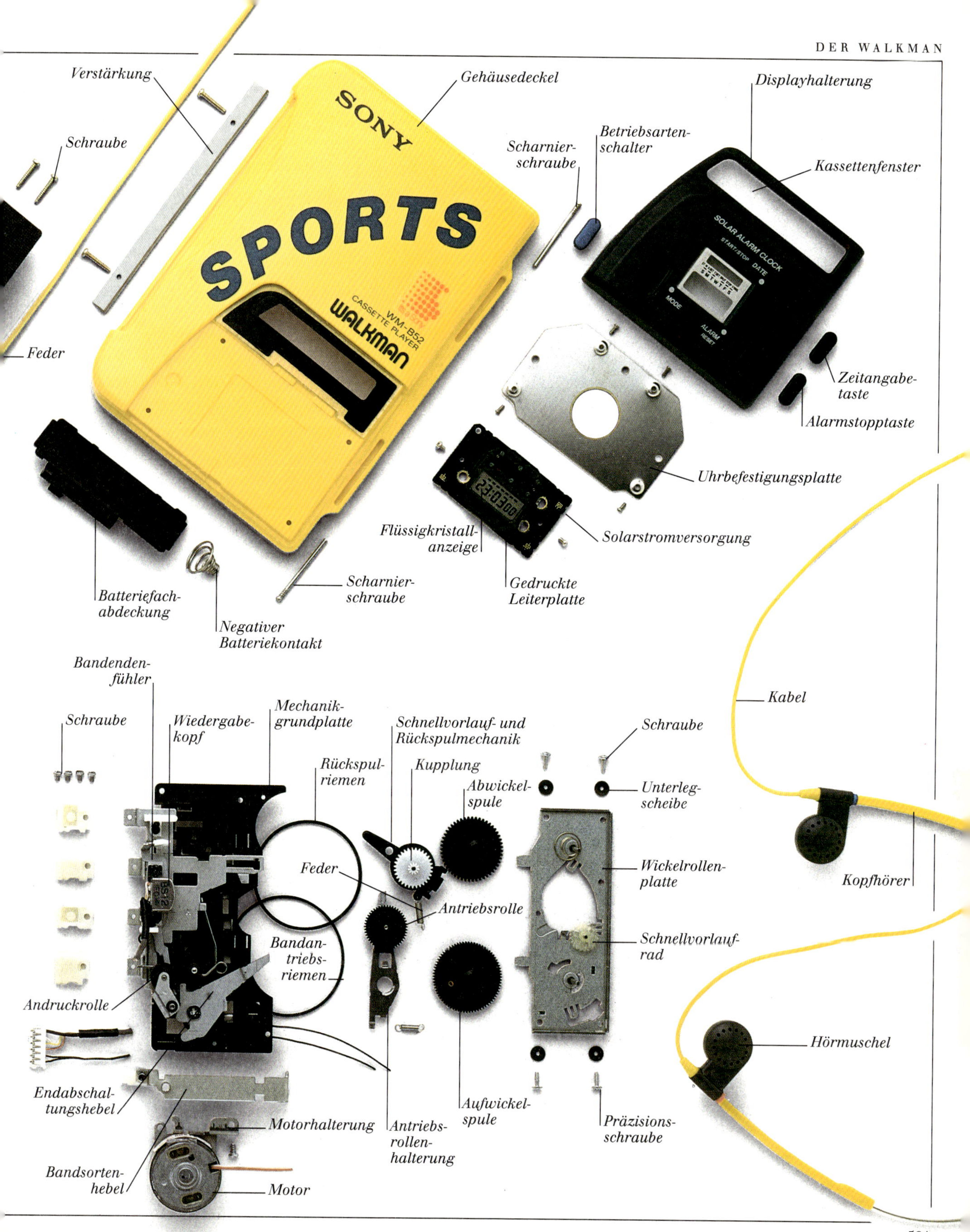
Verstärkung
Gehäusedeckel
Displayhalterung
Schraube
Scharnier-schraube
Betriebsarten-schalter
Kassettenfenster
SONY
SPORTS
WM-B52
CASSETTE PLAYER
WALKMAN
SOLAR ALARM CLOCK
START/STOP
DATE
MODE
ALARM RESET
Feder
Zeitangabe-taste
Alarmstopptaste
Uhrbefestigungsplatte
Flüssigkristall-anzeige
Solarstromversorgung
Scharnier-schraube
Gedruckte Leiterplatte
Batteriefach-abdeckung
Negativer Batteriekontakt
Bandenden-fühler
Schraube
Wiedergabe-kopf
Mechanik-grundplatte
Schnellvorlauf- und Rückspulmechanik
Schraube
Rückspul-riemen
Kupplung
Abwickel-spule
Unterleg-scheibe
Kabel
Feder
Wickelrollen-platte
Kopfhörer
Antriebsrolle
Bandan-triebs-riemen
Schnellvorlauf-rad
Andruckrolle
Hörmuschel
Endabschal-tungshebel
Motorhalterung
Antriebs-rollen-halterung
Aufwickel-spule
Präzisions-schraube
Bandsorten-hebel
Motor

Bücher

Das Buchbinden geht heutzutage weitgehend industriell vor sich. Trotzdem gibt es noch kleine Buchbindereien, die Einzelbücher oder Kleinstserien von Hand, d. h. mit einfachen Arbeitsmitteln und Maschinen herstellen. Die Seiten eines Buches werden auf große Papierbogen gedruckt, dann meist in Bogen zu 8, 16 oder 32 Seiten geschnitten und gefalzt. Diese Falzbogen sammelt der Buchbinder in der richtigen Reihenfolge und legt am Anfang und Ende ein Vorsatz dazu. Dann heftet er mit starkem Faden die Bogen zusammen und bestreicht den Rücken des so entstandenen Buchblocks mit Leim. Anschließend wird der Buchblock in eine Presse gespannt und der Rücken gerundet. Danach leimt der Buchbinder weitere Materialien zur Verstärkung auf den Buchrücken. Nach Fertigstellung der Buchdecke wird die Prägung aufgebracht und der Buchblock in die Decke eingeklebt.

Halbband

Ganzlederband

Halbband

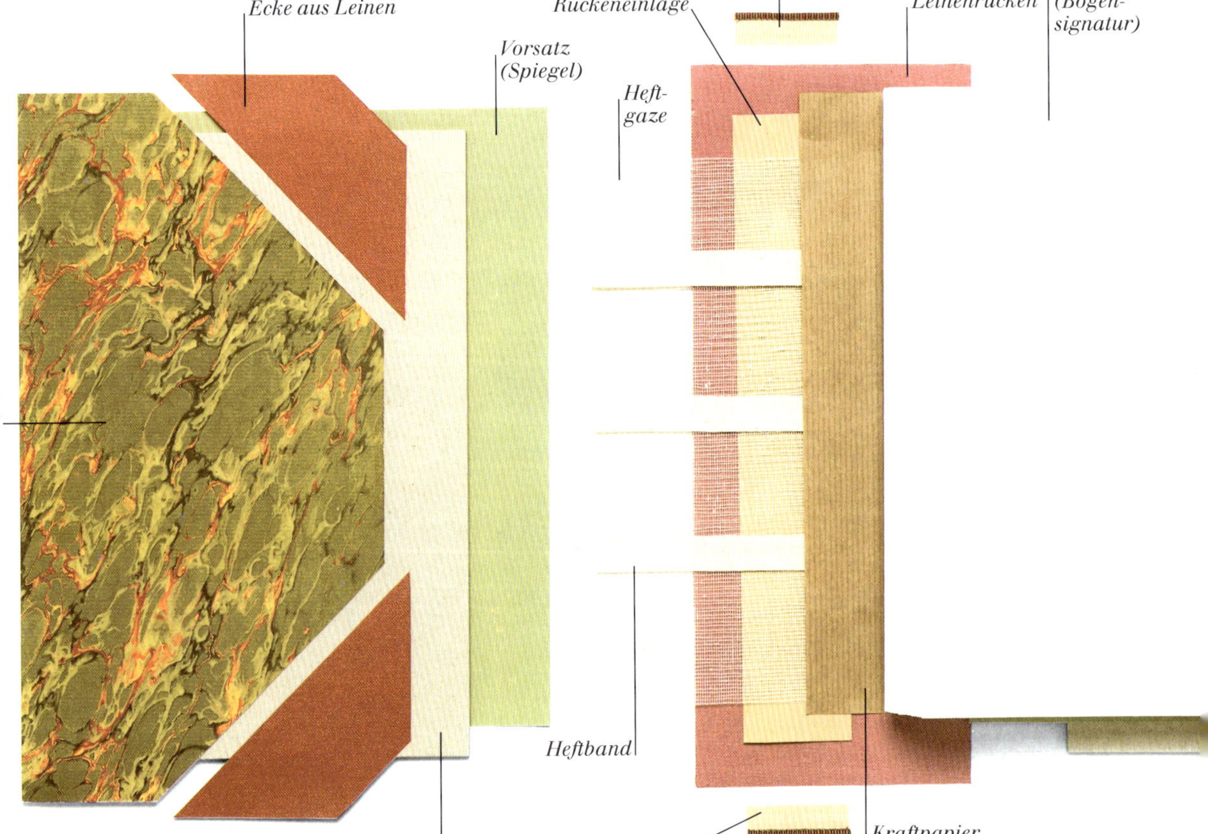

Ganzlederband

Ganzlederband

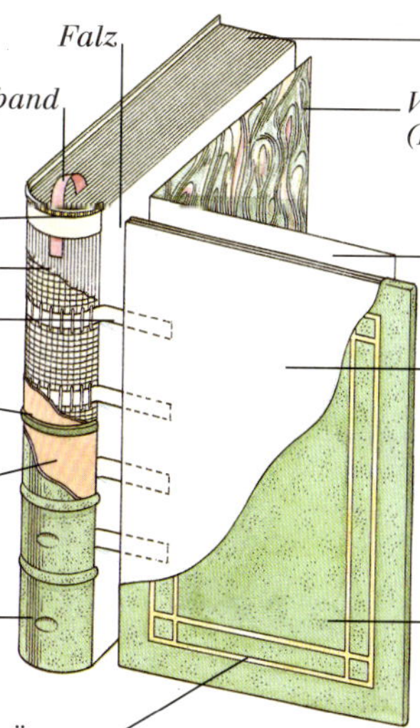

Die Kamera

Eine Kamera ist ein optisches Gerät, mit dessen Hilfe man einen Fotofilm belichten kann. Sie besteht aus einem lichtundurchlässigen Gehäuse mit einem Verschluß, dem Objektiv mit einer Blende und einem Okularsystem. Drückt man auf den Auslöseknopf, wird der Film vom Licht, das von dem zu fotografierenden Objekt reflektiert wird, belichtet. Durch das Einstellen der Verschlußzeit läßt sich die Zeit des Lichteinfalls regulieren. Durch Veränderung der Blendenöffnung kann der Wert der relativen Lichtstärke eingestellt werden. Die Lichtstärke des Objektivs, Blendenöffnung und Belichtungszeit steuern die Menge des einfallenden Lichts bei der Belichtung. Die Linse fokussiert das Licht auf den Film. Wenn das vorhandene Licht nicht zum Fotografieren ausreicht, kann zusätzlich ein Blitzgerät benutzt werden, um zur Verstärkung kurzzeitig ein helles, künstliches Licht zu erzeugen.

Kamerafront

Bauteile der Gehäusefront

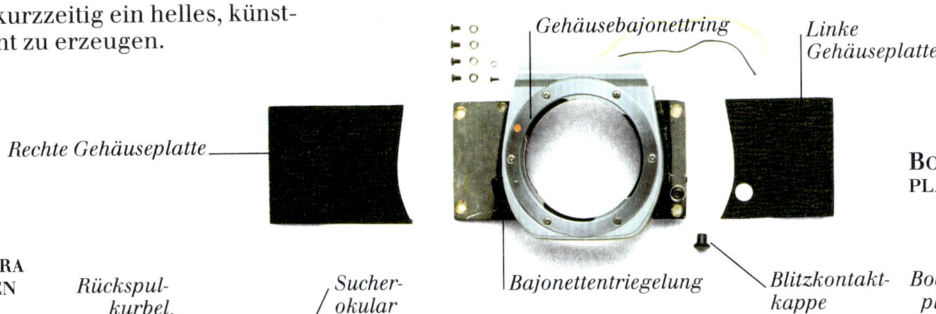

Bodenplatte

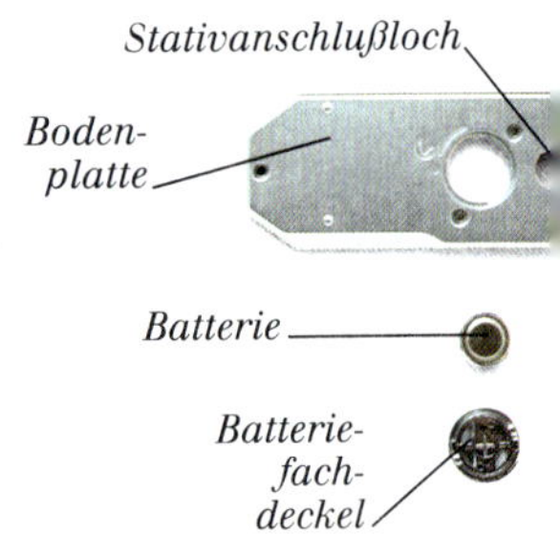

Die Kamera von hinten

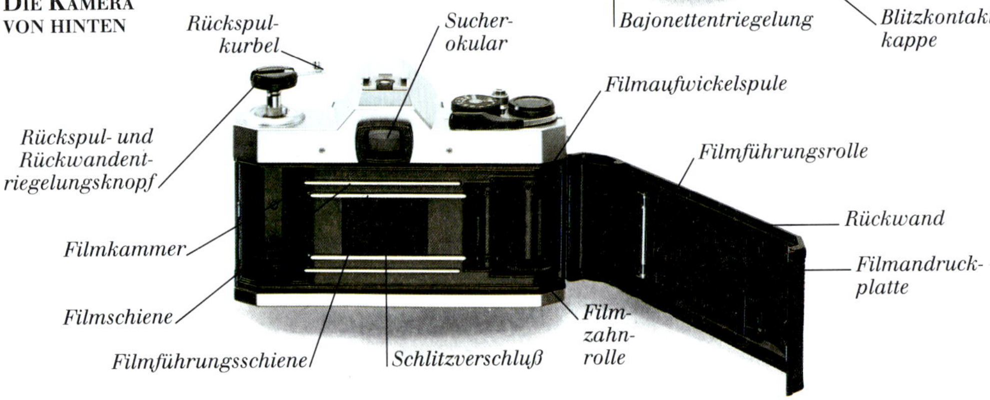

Aufbau des Objektivs

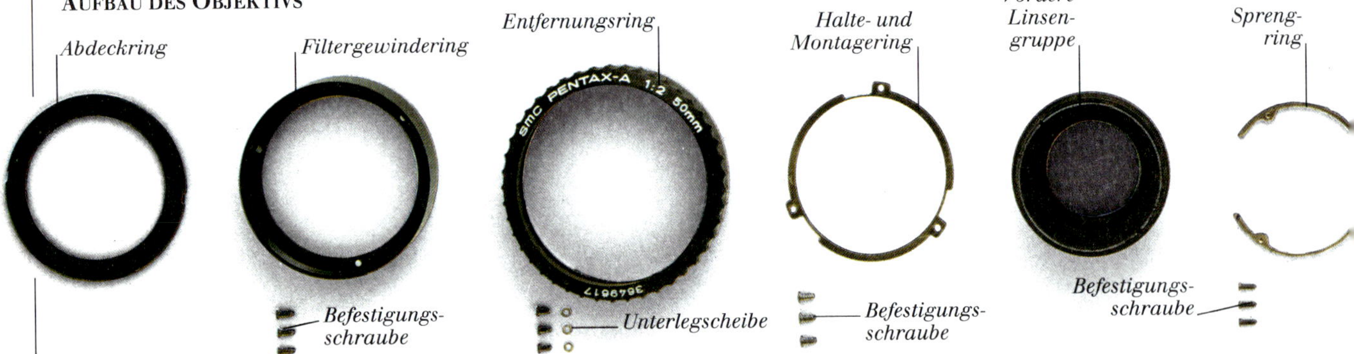

AUFBAU DES GEHÄUSEDECKELS
Bildzähler-abdeck-scheibe
Fenster
Befesti-gungs-schraube
Zählwerk-scheibe
Unterleg-scheibe
Zählwerk-gehäuse
Spann-feder-ring
Verschluß-zeitenring
Distanz-ring
Prismahalte-klammer
Prisma-haltefeder
Prisma
Verschluß-zeitenein-stellscheibe
Feder
Filmempfindlichkeitsanzeige
Verschlußzeiteneinstellscheibe
Befestigungs-schraube
Gehäuse-deckel
Blitzlicht-kontakt
Blitzschuh
Rückspulkurbel
Rückspul- und Rück-wandentrie-gelungsknopf
Auslöser
Verschluß-zeitenein-stellmarke
Abdeckrahmen
Befestigungs-schraube
Unterleg-scheibe der Rückspul-gabel
Rückspulkurbel
GRUNDGEHÄUSE
Sucher-okular
Öse für Tragriemen
Öffnung für Rückspulstift
Befestigungs-schraube
DIE KAMERA VON OBEN
Scharf-einstellung
Tiefenschär-fenskala
Automatik-einstellung
Entfernungs-skala
Markierungspunkt für Objektivwechsel
Bajonettentriegelung
Auslöser
Filmtrans-portanzeige
Bild-zählwerk
Rückspul-kurbel
Rückspul- und Rück-wandentriegelungsknopf
Blitzschuh
Blitzlichtkontakt
Verschlußzeiten-einstellmarke
Filmempfind-lichkeitsanzeige
Verschlußzeiten-einstellscheibe
Filmtrans-porthebel
Spreng-ring
Blenden-korb
Blendenlamellen
Blenden-verstellring
Fixierring für Blendenkorb
Objektivgehäuse
Hintere Linsen-gruppe

Das Fahrrad

Das Fahrrad gehört zu den beliebtesten Fahrzeugen der Erde. Das erste mit einer Tretkurbel angetriebene Fahrrad wurde 1839 in Schottland gebaut. Seither wurde diese Konstruktion ständig verbessert; es kamen die Kette, Mantelreifen und eine Gangschaltung hinzu. Die jüngste Entwicklung des Mountain- oder All-Terrain-Bikes ist eine interessante Neuerung. Mit dem hier gezeigten Mountainbike mit seinem starken, robusten Rahmen, breiten Reifen und 21 Gängen läßt sich steiles, bergiges und unebenes Gelände befahren, das früher für Fahrradfahrer völlig unzugänglich war.

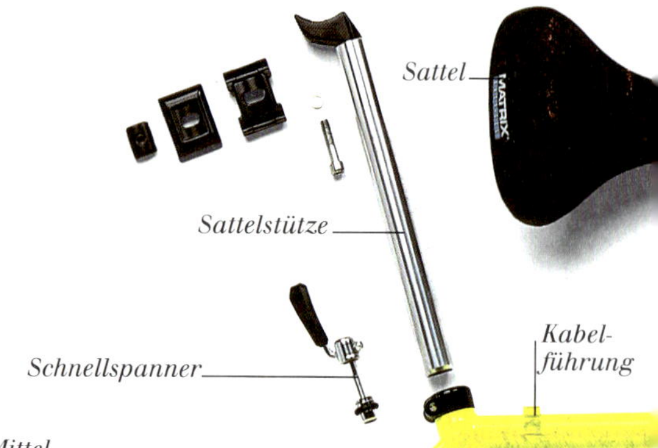

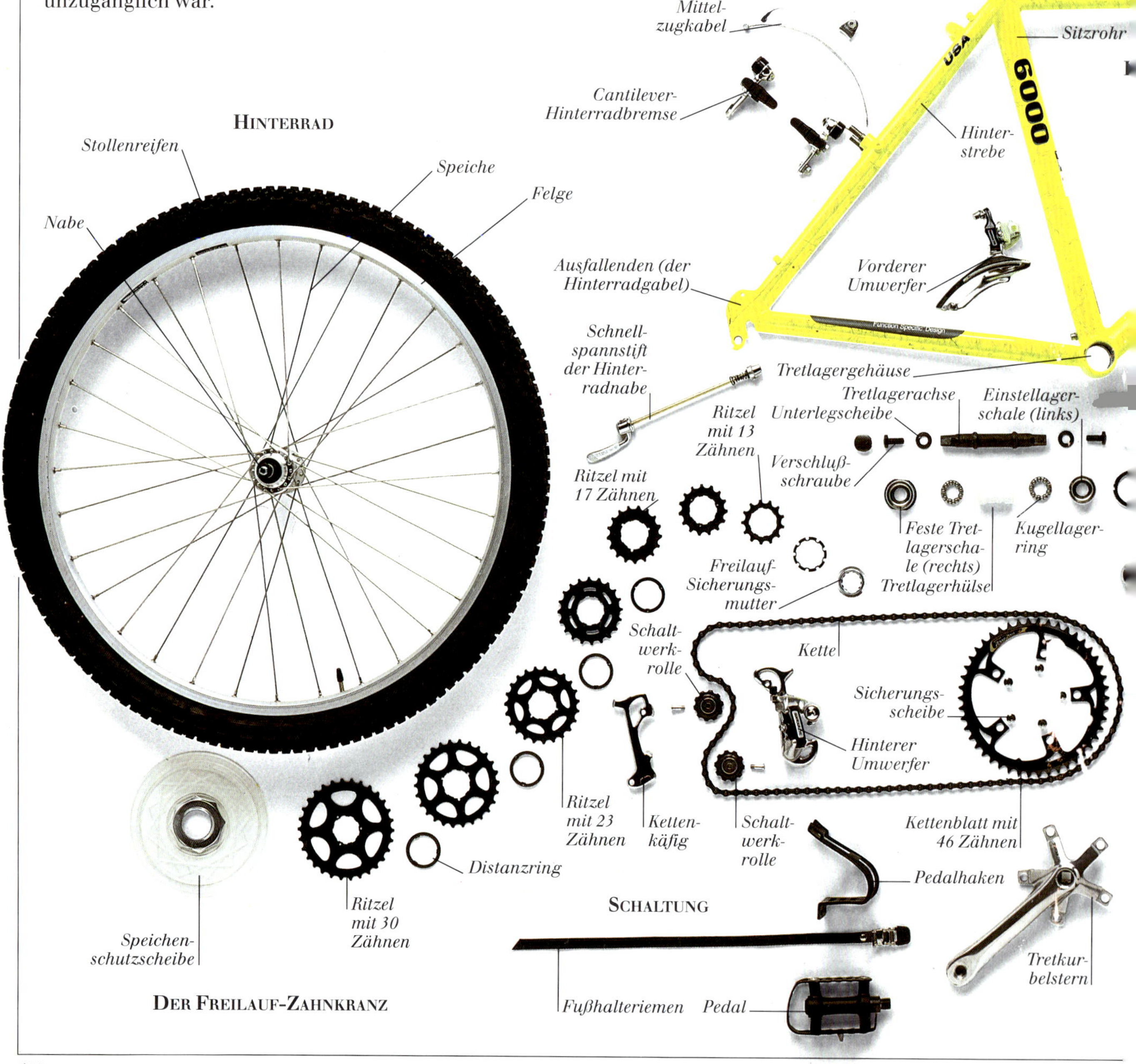

Schaltzug
Schalthebel
Schalthebel
Klemmspindel
Lenkerschaft
Lenkerbügel
Griff
Abschlußmutter
Oberrohr
Bremszug hinten
Oberer Konus
Sicherungs-
ring
Brems-
griff
Bremsgriff
Bremszug vorne
Lenkkopfrohr
Obere Lagerschale
Nabe
N
Kugellagerring
Speiche
Untere
Lager-
schale
Unterrohr
Mittelzug-
kabel
Gabelschaft
Gummi-
dichtung
Unterer Konus
Cantilever-
Vorderrad-
bremse
Pedalhaken
Fußhalteriemen
Cantilever-
Sockel
Sicherungs-
ring
Pedal
Radgabel
Linke Tretkurbel
Felge
Schlauch
Kettenblatt
mit 24 Zähnen
Schnellspan-
ner der Vor-
derradnabe
Kettenblatt mit
36 Zähnen
Lenker-
bügel
Sattel
Rahmen
Bremsgriff
und Schalthebel
Staubkappe
Ventil
Reifen
VORDERRAD
Pedal
Kette

Anhang: Maße, Gewichte

MASSEINHEITEN

Einheit	entspricht
Längenmaße	
1 Zentimeter (cm)	10 Millimeter (mm)
1 Meter (m)	100 Zentimeter
1 Kilometer (km)	1000 Meter
1 Seemeile	1852 m
Massenmaße	
1 Kilogramm (kg)	1000 Gramm (g)
1 Tonne (t)	1000 Kilogramm
Zentner (Ztr.)	50 Kilogramm
Doppelzentner (dz)	100 Kilogramm
Pfund	0,5 Kilogramm
Karat (ct)	0,2 g (bei Edelsteinen)
Karat (ct)	1/24 Masseanteil Gold (24ct Gold ist rein)
Flächenmaße	
1 Quadratzentimeter (cm^2)	100 Quatratmillimeter(mm^2)
1 Quadratmeter (m^2)	10.000 cm^2
1 Ar (a)	100 m^2
1 Hektar (ha)	10.000 Quadratmeter
1 Quadratkilometer (km^2)	1.000.000 Quadratmeter
Raum- oder Volumenmaße	
1 Kubikzentimeter (cm^3)	1 Milliliter (ml)
1 Liter (l)	1000 Milliliter
1 Kubikmeter (m^3)	1000 Liter
Hohlmaße	
1 Zentiliter (cl)	10 Milliliter (ml)
1 Deziliter (dl)	10 Zentiliter
1 Liter (l)	10 Deziliter
1 Dekaliter (dal)	10 Liter
1 Hektoliter (hl)	10 Dekaliter
1 Kiloliter (kl)	10 Hektoliter

Engl./amerik. Einheit	entspricht
Längenmaße	
1 foot/Fuß (ft)	12 Zoll oder Inch (" oder in)
1 Yard (yd)	3 Fuß
1 mile/Meile (stat.mile)	1,760 Yards
Massenmaße (Handelsgewichte)	
1 dram (dr) ~ 1,77 g	27,34 grains (gr)
1 ounze/Unze (oz)	16 dr
1 pound/engl. Pfund (lb)	16 oz
1 hundredweight (cwt) (long)	112 lb
1 hundredweight (cwt) (short)	100 lb
1 ton (long)	2240 lb
1 ton (short)	2000 lb
Flächenmaße	
1 square foot (ft^2)	144 square inches (in^2)
1 square yard (yd^2)	9 square feet
1 acre	4840 square yards
1 square mile	640 acres
Raummaße	
1 cubic foot	1728 cubic inches
1 cubic yard	27 cubic feet
Hohlmaße	
1 fluidram (fl dr)	60 minims (min)
1 fluid ounze (fl oz)	8 fluidrams
1 gill (gi)	5 fluid ounzes
1 pint (pt)	4 gills
1 quart (qt)	2 pints
1 gallon (gal)	4 quarts
1 peck (pk)	2 gallons
1 bushel (bu)	4 pecks

TEMPERATURMASSE

Umwandlung von Celsius (C) in Fahrenheit (F): F = (C x 9:5)+32
Umwandlung von Fahrenheit in Celsius: C = (F - 32) x 5 : 9
Umwandlung von Celsius in Klevin (K): K = C + 273
Umwandlung von Kelvin in Celsius: C = K - 273

Celsius	-20	-10	0	10	20	30	40	50	60	70	80	90	100
Fahrenheit	-4	14	32	50	68	86	104	122	140	158	176	194	212
Kelvin	253	263	273	283	293	303	313	323	333	343	353	363	373

FLÄCHEN UND HOHLKÖRPER

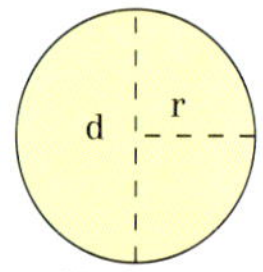

Radius r
Durchmesser
d= 2 × r

KREIS
Umfang = 2 × π × r
Fläche = D x r²
(π = 3,1416)

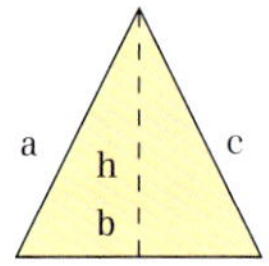

Höhe h
Seiten a, b, c

DREIECK
Umfang = a + b + c
Fläche: $^1/_2$ × b × h

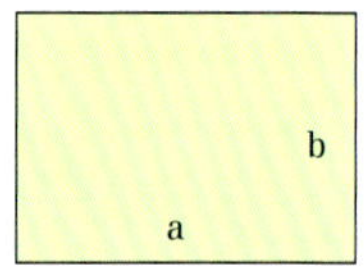

Seiten a, b

RECHTECK
Umfang = 2 × (a+b)
Fläche = a × b

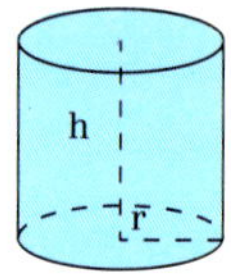

Höhe h
Radius r

ZYLINDER
Oberfläche: 2 × π × r x h
(ohne Kopfflächen)
Rauminhalt (Volumen) = π × r² × h

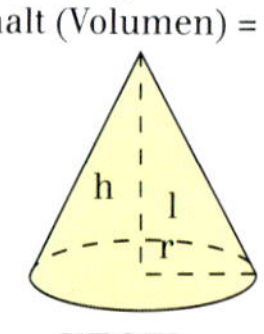

Höhe h
Radius r
Kantenlänge l

KEGEL
Oberfläche = π × r × l (ohne Fußfläche)
Rauminhalt = $^1/_3$ π × r² × l

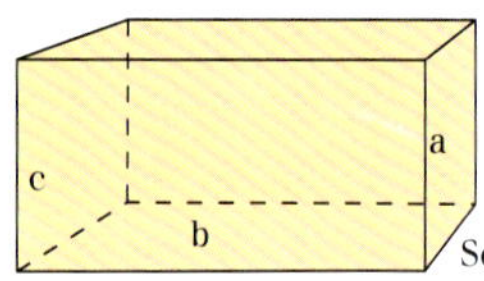

Seiten a, b, c

QUADER
Oberfläche = 2 × (a × b + b × c + a × c)
Rauminhalt: a × b × c

UMRECHNUNG: METRISCHE – ENGL./AMERIK. MASSE

Von	in	Malnehmen mit
Längenmaße		
Zentimeter	Zoll	0,3937
Meter	Fuß	3,281
Kilometer	Meilen	0,6214
Meter	Yard	1,094
Massenmaße		
Gramm	Ounzes	0,0352
Kilogramm	Pounds	2,205
Tonnen	long tons	0,9843
Tonnen	short tons	1,1025
Flächenmaße		
Quadratzentimeter	Quadratzoll	0,155
Quadratmeter	Quadratfuß	10,76
Hektar	Acres	2,471
Quadratkilometer	Quadratmeilen	0,3861
Quadratmeter	Quadratyaerds	1,196
Raummaße		
Kubikzentimeter	Kubikzoll	0,061
Kubikmeter	Kubikfuß	35,31
Hohlmaße (Flüssigkeitsmaße)		**Brit/USA**
Liter	Pints	1,76/2,114
Liter	Gallonen	0,22/0,264

UMRECHNUNG: ENGL./AMERIK. MASSE – METRISCHE

Von	in	Malnehmen mit
Längenmaße		
Zoll	Zentimeter	2,54
Fuß	Meter	0,3048
Meilen	Kilometer	1,609
Yards	Meter	0,9144
Massenmaße		
Ounces	Gramm	28,35
Pounds	Kilogramm	0,4536
Long tons	Tonnen	1,0160
Short tons	Tonnen	0,9070
Flächenmaße		
Quadratzoll	Quadratzentimeter	6,452
Quadratfuß	Quadratmeter	0,0929
Acres	Hektar	0,4047
Quadratmeilen	Quadratkilometer	2,59
Quadratyards	Quadratmeter	0,8361
Raummaße		
Kubikzoll	Kubikzentimeter	16,39
Kubikfuß	Kubikmeter	0,0283
Hohlmaße (Flüssigkeitsmaße)		**Brit/USA**
Pints	Liter	0,568/0,473
Gallonen	Liter	4,546/3,787

ZAHLENSYSTEME

Römisch	Arabisch
I	1
II	2
III	3
IV	4
V	5
VI	6
VII	7
VIII	8
IX	9
X	10
XI	11
XII	12
XIII	13
XIV	14
XV	15
XX	20
XXI	21
XXX	30
XL	40
L	50
LX	60
LXX	70
LXXX	80
XC	90
C	100
CI	101
CC	200
CCC	300
CD	400
D	500
DC	600
DCC	700
DCCC	800
CM	900
M	1000
MM	2000

PHYSIKALISCHE SYMBOLE

Symbol	Bedeutung
α	Alphateilchen
β	Betastrahl
γ	Gammastrahl; Photon
ε	Elektromotorische Kraft
η	Wirkungsgrad; Zähigkeit
λ	Wellenlänge
μ	Mikro-; Permeabilität
ν	Frequenz des Lichtes
ρ	Dichte; Widerstand
σ	Leitfähigkeit
c	Lichtgeschwindigkeit
e	Elementarladung

MATHEMATISCHE SYMBOLE

Symbol	Bedeutung
+	plus
−	minus
±	plus/minus
×	multipliziert mit (mal)
÷	geteilt (dividiert) durch
=	ist gleich
>	größer als
<	kleiner als
≥	größer oder gleich
≤	kleiner oder gleich
%	Prozent
√	Wurzel aus
π	pi (3,1416)
°	Grad
∞	unendlich
~	ungefähr gleich
/	Winkel
‖	parallel zu

CHEMISCHE SYMBOLE

Symbol	Bedeutung
+	plus; zusammen mit
→	reagiert zu
•	einzelnes, ungepaartes Elektron; „und" (bei Kristallwasser)
−	Einfachbindung
=	Doppelbindung
≡	Dreifachbindung
R	Restgruppe
X	Halogenatom
Z	Atomzahl

BIOLOGISCHE SYMBOLE

Symbol	Bedeutung
o	weibliches Individuum (in Stammbäumen)
□	männliches Individuum (in Stammbäumen)
♀	Weibchen/weiblich
♂	Männchen/männlich
×	gekreuzt mit; Hybrid
+	Wildtyp
F_1	Nachkommen der ersten Generation
F_2	Nachkommen der zweiten Generation

ZEHNERPOTENZEN (BEI WISS: MASSANGABEN)

Faktor	Name	Vorsilbe	Symbol
10^{18}	Trillion	Exa-	E
10^{15}	Billiarde	Peta-	P
10^{12}	Billion	Tera-	T
10^{9}	Milliarde	Giga-	G
10^{6}	Million	Mega-	M
10^{3}	Tausend	Kilo-	k
10^{2}	Hundert	Hekto-	h
10^{1}	Zehn	Deca-	da
10^{-1}	ein Zehntel	Dezi-	d
10^{-2}	ein Hundertstel	Centi-	c
10^{-3}	ein Tausendstel	Milli-	m
10^{-6}	ein Millionstel	Mikro-	m
10^{-9}	ein Milliardstel	Nano	n
10^{-12}	ein Billionstel	Pico	p
10^{-15}	ein Billiardstel	Femto-	f
10^{-18}	ein Trillionstel	Atto-	a

ANMERKUNG: In diesem Buch werden die deutschen Bezeichnungen für Zahlen über eine Million verwandt. Im englischen Sprachraum kennt man keine Milliarden und Billiarden, sondern zählt Billion, Trillion usw.

Register und Wörterbuch

Deutsch / Englisch

Dieses Register, das zugleich als Wörterbuch benutzt werden kann, ist wie folgt aufgebaut:

Die Begriffe sind alphabetisch geordnet.

Der deutsche Begriff ist fett geschrieben, in Klammern steht der Themenbereich, in dem er verwendet wird. Nach dem Schrägstrich folgt die englische Übersetzung. Die Seitenzahl verweist auf die Seite, wo der deutsche Begriff und die entsprechende Abbildung zu finden sind:

Aderhaut (Auge) / choroid (eye) 250

Wissenschaftliche Artnamen sind immer kursiv gesetzt:

Alstroemeria aurea **(Inkalilie)** / *Alstroemeria aurea* (Peruvian lily) 135

Kommt ein deutscher Begriff in verschiedenen Themenbereichen vor, so werden alle Bereiche aufgeführt.

Da im Englischen ein Wort oft nur einem besonderen Zusammenhang zugeordnet wird, findet sich die spezielle englische Übersetzung des Oberbegriffs hinter dem jeweiligen Themenbereich. Z.B. ist *drive* die Übersetzung des Wortes Antrieb beim Auto:

Antrieb
Auto / drive 357
Raddampfer / propulsion system 399

Gibt es für einen deutschen Begriff in den unterschiedlichen Themenbereichen nur eine englische Übersetzung, dann steht sie unmittelbar hinter dem deutschen Begriff, anschließend sind die Themenbereiche aufgelistet. Alle Themenbereiche, in denen es eine abweichende Übersetzung gibt, werden am Ende aufgeführt:

Bucht / bay
Fluß 301
Küste 305
Palstek, doppelter / armpit bight 396

A

A (Note) / A (note) 506
A Bigger Splash / *A Bigger Splash* 447
A-Rahmen / A frame 420
A-Saite / A string 516
A-Säulenverkleidung / inner windscreen moulding 363
A-Turm / A turret 402
Aa-Lava / Aa lava 282
Aale / eels 184
Abakus / abacus
ägyptischer Tempel 463
griechische Säulenkapitelle 464
klassizistisches Gebäude 487
mittelalterliche Kirche 473
Abdampfwassereinspritzung / exhaust steam water injector 335
Abdeckplatte (TGV) / access panel (TGV) 339
Abdeckrahmen (Kamera) / cover frame (camera) 585
Abdeckring (Kamera) / ornament ring (camera) 584
Abdeckung (Rennwagennase) / cover (racing car nose) 367
Abdomen / abdomen 178, *s. auch Hinterleib*
Abdruck (Druckverfahren) / printed image 450
Aberdeen-Haken / Aberdeen hook 554
Abfahrtslauf / downhill racing 544
Abfluß für Kühlmittel / drain for coolant 336
Abflußrohr (BAE 146) / drain mast (BAE 146) 419
Abgasdeflektor / exhaust deflector 59
Abgase / exhaust gases 334
Abgasemission / exhaust emission 334
Abgasrohr / exhaust pipe
Hubschrauber 426
Leichtflugzeug-Motor 429
Abgasrückführung / exhaust gas recirculation 334
Abgassammelring / exhaust collector ring
Avro Biplane 411
Lockheed Electra 412
Abgasstrahl / jet of exhaust gases 423
Abgaswärmetauscher / exhaust heat exchanger 421
Abguß / cast 458
Abies concolor **(Grautanne)** / *Abies concolor* (white fir) 72
Ablagerungen / sediments
Bodenschätze 290, 291
Gletscher 296
Sedimentgesteine 286–287
Ablaßschraube / drain plug 349
Ablaufkanal, vertikaler (Guß) / riser (casting) 458, 459
Ablaufkanal, horizontaler (Guß) / runner (casting) 458, 459
Ablaufmast / drain mast 416
Ablenkeinheit (Minifernseher) / scan coil deflection yoke (mini-TV) 566
Ablenkplatte / deflector 335
Ablenkspule / deflection coil 560, 561
Abluftöffnung / ventilator exit 412, 413
Abomasum / abomasum 204
Abrasionsplattform / wave-cut platform 305
Absatz (Schuh) / heel (shoe) 560, 561
Absatznagel / heel nail 561
Abschiebung (geol.) / downthrow (geol.) 66
Abschlag / teeing 538
Abschlepphaken / lifting hook 367
Abschlußgewebe / epidermis *s. Epidermis*
Abschlußmutter / lock nut 587
Absorptionslinien / absorption lines 22–23
Abspannöse / grommet 430
Absperrhahn / isolator valve 335
Absprung / take-off
Dreisprung 535
Hochsprung 535
Stabhochsprung 535
Weitsprung 535
Absprungbalken / take-off board
Dreisprung 534, 535
Weitsprung 534, 535
Abstimmknopf / tuning knob 566
Abstimmplatine / tuning printed circuit board 566
Abstimmzahnrad / tuning drive gear 566
Abstoß (Kugelstoßen) / release (shot put) 535
Abstoßung (elektrostatische Kraft) / repulsion (electrostatic force) 326, 327
Abtastung (horizontale, vertikale) / scan (horizontal, vertical) 58
Abtragung (durch Wind) / abrasion 292, 296
Abtriebseil / anti-lift bracing wire
Avro Triplane 411
Blackburn Monoplane 409
Curtiss Model-D Pusher 407
Abtritt / privy 388
Abwärme / waste heat 324, 325
Abwehr / defence 533
Abwickelspule (Walkman) / supply real (personal stereo) 581
Abwurf / release
Diskus 535
Hammer 535
Speer 535
Abzug / trigger
Gewehr 541
Pistole 541
Abzugsbügel / trigger guard 541
Abzugsleine (Schwimmweste) / lanyard 553
Acadagnostus / *Acadagnostus* 70
Acamar / Acamar 19
Acanthostachys strobilacea / *Acanthostachys strobilacea* 118
Acanthostega / *Acanthostega* 86
Acer platanoides **(Spitzahorn)** / *Acer platanoides* (Norway maple) 137
Acer pseudoplatanus **(Bergahorn)** / *Acer pseudoplatanus* (sycamore) 137
Acer **sp. (Ahorne)** / *Acer* sp. (maples) 133
Acetabularia **sp. (Hutalge)** / *Acetabularia* sp. 122
Achaene / achene 156
Achal-Tekkiner (Pferd) / Akhal-Teke (horse) 206
Achatspitze (Polierstab) / agate tip (burnisher) 436
Achernar / Achernar 20
Achillessehne / Achilles (calcanean) tendon 242, 243
Achsantrieb (VW) / final drive (VW) 350
Achsantriebssystem (Motorrad) / final drive system (motorcycle) 374
Achse (Fahrzeuge) / axle
ARV Super 2 429
Auto 348
Avro Triplane 410
Bus 343
Dampflok 334
Fahrwerk Blackburn Monoplane 408
Kraftverstärkung 330
Lockheed Electra 412
Motorrad 373, 376
Zugwagon 341
Achse (Pflanzen) / axis (plants) 143, 149
Achselarterie / axillary artery 263

Achselhaut / armpit skin 244
Achselhöhle / armpit / axilla 221
Achselknospe / axillary bud 133, 137
Achselvene / axillary vein 263
Achsenbohrung / axle hole 373
Achsenbürste / axle brush 338
Achsenebene (Falte) / axial plane 66
Achseneinstellung / axle adjuster 376
Achseneinstellvorrichtung / axle adjuster 372
Achslager / axle bearing 348
Achslagerkasten / axle box
  Lok 337
  Tender 334
Achsschenkel / steering knuckle 346
Achsschenkelbolzen / king pin 346, 348
Achsstand / wheelbase 368
Achsstutzen / stub axle 428
Achswelle / half-shaft 348
Achtel(note) / quaver 506
Achter (Riemenboot) / eight (sweep-rowing boat) 553
Achterbrücke / after bridge 403
Achterdeck / quarterdeck 388
Achterdeckshaus (Corbita) / poop deck house (corbita) 381
Achterdeckshaus (Segelschiff) / quarterdeck house 384
Achtergalerie / quarter gallery 386, 387, 389
Achterkastell / aftercastle 383, 385
Achterleine / stern rope 395
Achterpiek / afterpeak 400
Achterschornstein / after funnel
  Raddampfer 400
  Schlachtschiff 403
Achterspring / after spring 395
Achtersteven / sternpost
  Corbita 381
  Galeere 380
  Karv 382
  Kriegs-Segelschiff (16.Jh.) 383, 386
  Sportboot 552
Achtknoten / thumb knot 397
Achtpaß / octafoil 475
Acidalia Planitia / Acidalia Planitia 43
Acipenser sturio (Atlantischer Stör) / Acipenser sturio (sturgeon) 186
Acre / acre 589
Acromion / proscapular process 193
Acrosom / acrosomal cap 269
Acroteuthis / Acroteuthis 288
Acrux / Acrux 21
Acrylfarben / acrylic paints 447, 452
Acrylmalerei / acrylics 446–447
Acryltechniken / acrylic paint techniques 447
Actinia equina (Pferdeaktinie) / Actinia equina (beadlet anemone) 172
Actinium / actinium 320
Actinoide / actinides 320–321
Actinothoe sphyrodeta (Geisteranemone) / Actinothoe sphyrodeta (ghost anemone) 172
Actio / action 331
Adamantoblast / amelodentinal junction 257
Adams-Ring / Adams ring 50–51
Adamsapfel / Adam's apple 254, 255
Adduktormuskel / adductor muscle 179
Adenin (DNA) / adenine (DNA) 226
Aderhaut (Auge) / choroid (eye) 250
Adern (Blutgefäße) / blood vessels s. Arterien und Venen
Adern (Blattadern) / veins (leaves) 132, 142, 144, 145
Aderstreifen (Geige, Kontrabaß) / purfling (violin, double bass) 514, 515
ADF-Antenne / automatic direction finding aerial 427
Adhara / Adhara 18, 21
Ädikula / aedicule
  Renaissancebau 480
  römisches Gebäude 467
Adler (Sternbild=Aquila) / Aquila 19, 20
Admiralitätsanker / admirality anchor 394
Adventielles Bindegewebe / tunica adventitia 262
Aechmea miniata / Aechmea miniata 168
AEG-Turbinenfabrik / AEG Turbine Hall 499
Aegyptopithecus / Aegyptopithecus 81
Aero-Lenkstange / aero handlebar 368, 369
Aerodynamik (Auto) / aerodynamics (car) 358, 366
Aerodynamischer Radschutz / aerofoil wheel guard
  Eurostar 339
  TGV 339
Aeroquip / aeroquip 366
Aesculus hippocastanum (Gemeine Roßkastanie) / Aesculus hippocastanum (common horsechestnut) 136
Aesculus parviflora (Roßkastanie) / Aesculus parviflora (horsechestnut) 143
Affen / apes and monkeys 212–213
Afferente Bahn / dendrite 249
Afrika / Africa
  Erde (im Universum) 38–39
  Erdoberfläche/Landkarten 274–275
  erste Menschen 114
  im Jura 76
  im Karbon 72
  im Ordovizium 70
  im Pleistozän 82
  im Quartär 83
  im Tertiär 80, 81
  in der Kreide 78, 79
  in der Trias 74
  Ornithopoden 102
Afrikanische Platte / African plate 65
Afrikanischer Elefant / African elephant 210, 211
After / anus
  Delphin 215
  Elefant 210
  Entenmuschel 179
  Flußkrebs 179
  Hauskatze 201
  Kaninchen 202
  Knochenfisch 187
  Krake 182
  Kuh 204
  Mensch 259, 268, 271
  Schildkröte 193
  Schmetterling 175
  Schnecke 183
  Seeigel 181
  Seestern 180
Afterburner / afterburner 422
Afterfurche / natal cleft 220
Afterfüße (Krebs) / swimmerets (crayfish) 178
Afterkanal / anal canal 259
Afterschließmuskel / anal sphincter muscle 259
Ägäische Platte / Hellenic plate 65
Agglomerate (Lava-Bruchstücke) / pyroclasts (lava fragments) 282
Aggregat eines Kolbentriebwerks / piston aeroengine 414
Aggregatdeckel (Drehkolbenmotor) / oil-pump housing (rotary engine) 356
Aggregatzustände / states of matter 317
Agnatha / Agnatha 184
Agropyron repens (Quecke) / Agropyron repens (couch grass) 119
Agulhasstrom / Agulhas Current 307
Ägypten / Egypt
  altägyptische Architektur 462, 463
  Bauwerke des Islam 492, 493
  Spurweite Eisenbahn 341
Ahorn / maple 133
Ahornholz (Geige) / maple wood (violin) 514
Ähre / spike 149, 168
Aino Planitia / Aino Planitia 36, 37
Air-Brush / air-brush 446
Akanthus / acanthus leaf 464
Akna Montes / Akna Montes 37
Akropolis / Acropolis 464
Akroterion / acroterion 465
Aktenklammer / bulldog clip 434
Aktive Galaxien / active galaxies 12
Akustische Gitarre / acoustic guitar 516, 517
Al Nair / Al Nair 19, 20
Al secco / al secco 438, 439
Alarmstopptaste (Walkman) / alarm reset button (personal stereo) 580, 581
Alba Fossae / Alba Fossae 43
Alba Patera / Alba Patera 43
Albategnius / Albategnius 40
Albertosaurus / Albertosaurus 90
Albireo / Albireo 20
Aldebaran / Aldebaran 18, 21
Alderamin / Alderamin 19
Aldrin, Edwin „Buzz" / Aldrin, Edwin "Buzz" 58
Alethopteris / Alethopteris 73, 288
Algedi / Algedi 20
Algen / algae
  Acetabularia 122
  Algen und Tange 122, 123
  Blasentang 123
  Braunalgen 122, 123
  Chlamydomonas 122
  Corallina officinalis 123
  Dilsea carnosa 123
  Enteromorpha linza 123
  Entwicklung 123
  Erdgeschichte 62
  Fingertang 122
  Fucus spiralis 122
  Fucus vesiculosus 123
  Grünalgen 118, 122, 123
  in Flechten 120
  Kieselalgen 122
  Laminaria digitata 122
  Micrasterias 118
  Pelvetia canaliculata 122
  Rinnentang 122
  Rotalgen 122, 123
  Spiraltang 122
  Spirogyra 123
  Symbiose mit Pilzen 120
  Thalassiosira 122
  Volvox 122
Algenfossilien / fossil algae 288
Algenib / Algenib 19, 20
Algieba / Algieba 18
Algol / Algol 19, 20
Alhambra / Alhambra 492
Alhena / Alhena 18, 21
Alhidade / alidade 385
Alicante / alicante 454
Alioth / Alioth 18–19
Alkalimetalle / alkali metals 320–321
Alkohol / alcohol 323
Alkor / Alcor 19
Alkyone / Alcyone 20
All-Terrain-Bike / all-terrain bike 586
Allah / Allah 492
Allantois / allantois 198
Allesfresser (Dinosaurier) / omnivores (dinosaurs) 90
Alligator / alligator 192
Alligator mississippiensis (Amerikanischer Alligator) / Alligator mississippiensis (American alligator) 192
Allison-250-C20J-Turbinentriebwerk / Allison-250-C20J turboshaft engine 427
Allium sp. / Allium sp. 149
Allosaurus / Allosaurus 76, 77, 91
Allradfahrzeug / four-wheel-drive car 364
Allroundreifen / all-surface tyre 369
Allzweckfahrrad / all-round bicycle 368
Alamak / Almach 19, 20
Alnilam / Alnilam 18
Alnitak / Alnitak 18
Alouatta seniculus (Roter Brüllaffe) / Alouatta seniculus (red howler monkey) 213
Alpen / Alps
  im Quartär 83
  im Tertiär 81
  Satellitenkarte 275
Alpenbergflachs / Thesium alpinum 151
Alpha Centauri / Alpha Centauri 21
Alpha Hydri / Alpha Hydri 20
Alpha Mensae / Alpha Mensae 20
Alpha Regio / Alpha Regio 36–37
Alpha-Ring / alpha ring 48
Alphard / Alphard 18, 21
Alphecca / Alphecca 18, 21
Alpheratz / Alpheratz 19, 20
Alphonsus / Alphonsus 40
Alrami / Alrami 21
Alstroemeria aurea (Inkalilie) / Alstroemeria aurea (Peruvian lily) 135
Alt(stimme) / alto (voice) 506
Alt-Dämpfer / alto mute 511
Altair / Altair 19, 20
Altar / altar 474
Altar (Sternbild) / Ara (constellation) 20
Altarbild / altarpiece 437
Altarm / oxbow lake
  Flußlandschaften 300
  Seenbildung 303
  Stadien der Flußentwicklung 299
Altocumulus-Wolken / altocumulus clouds 312
Altostratus-Wolken / altostratus clouds 312
Altschlüssel / alto clef (C clef) 506
Altweltaffen / Old World monkeys 212, 213
Aludra / Aludra 21
Alufelge / aluminium wheel 412
Aluminium / aluminium 321
  Außenhaut Lockheed Electra 413
  Erdkruste 64
  Zusammensetzung der Erde 39
Aluminiumblech / aluminium alloy 420
Aluminiumflügel / aluminium wing 411

Aluminiumgehäuse / aluminium outer casing 374
Aluminiumguß / cast aluminium 346
Aluminiumgußgehäuse / aluminium alloy backing 356
Aluminiumlegierungen / aluminium alloys 428
Aluminiumrohr / aluminium tubing 369
Aluminiumstrebe / aluminium beam 418
Aluminiumtürrahmen / aluminium door frame 416
Alveolararterie / alveolar artery 257
Alveolarknochen / alveolar bone 257
Alveolarvene / alveolar vein 257
Alveolen / alveoli 264
***Amaryllis* sp.** / *Amaryllis* sp. 161
Amazonas / Amazon River 274
Amazonasbecken / Amazon Basin 39
Amazone (Architektur) / Amazon (architecture) 483
Amazonis Planitia / Amazonis Planitia 43
Amberbaum / sweetgum 82
Ambiens-Muskel / ambiens muscle
Albertosaurus 90
Iguanodon 103
Amboß / anvil 252
Amboßschröter / hardy 454
Ambulakralfurche / ambulacral groove 181
Ambulakralrinne / ambulacral groove 85
Ameisen / ants 174
Ameisenigel / echidna 216
American Standardbred (Pferd) / American Standardbred (horse) 547
Americium / americium 321
Amerikanische Maßeinheiten / American units of measurement 598
Ammoniak / ammonia
Atmosphäre Jupiter 45
Atmosphäre Saturn 47
Mantel Neptun 51
Mantel Uranus 49
Ammoniten / ammonite molluscs
Aussterben 78
Fossilien 288–289
in Kalkstein 277
Ammoniumdichromat / ammonium dichromate 322
Ammoniumschwefelwasserstoff / ammonium hydrosulphide
Atmosphäre Jupiter 45
Atmosphäre Saturn 47
***Ammophila arenaria* (Strandhafer)** / *Ammophila arenaria* (marram grass) 119
Amnion / amnion
Hühnerei 198
Reptilien 86
Amöbocyte (Schwamm) / amoebocyte (sponge) 172
Amorpher Kohlenstoff / carbon powder 321
Ampere (A) / amps (A) 326
Amphibia / Amphibia 188
Amphibien / amphibians *s. auch Lurche*
Fossilien 288, 289
in der Erdgeschichte 62
urtümliche / primitive 74, 84, 86–87
Amphibolkristalle / amphibole crystals 285
Ampulle (Ohr) / ampulla 253
Amun-Re-Tempel / Temple of Amon-Re 462–463
Amur / River Amur 275
Analfalte / anal flap 210
Anbetung der Könige, Die / *Adoration of the Magi, The* 435
Anchisaurus / *Anchisaurus* 94, 95
Anda / anda 494, 495
Andalusier (Pferd) / Andalucian (horse) 207
Andamenti / andamenti 455
Anden / Andes
Erde im Universum 38–39
im Jura 77
im Quartär 83
im Tertiär 81
in der Kreide 79
in der Trias 75
Weltkarte 274
Andesit / andesite, porphyric 285
Andrehklauen / starter cog 346
Andrehkurbel / starting handle
Ford Modell T 348
Humber-Motor (1911) 353
Renault 1906 346, 347
Androeceum / androecium 146
Andromeda / Andromeda 18, 19, 20
***Anemonia viridis* (Grüne Wachsrose)** / *Anemonia viridis* (green snakelock anemone) 172
Anemophilie / anemophilous pollination 150, *s. auch Windblütigkeit*
Angaberaum (Squash) / service box (squash) 537
Angaria (Sibirien) / Angaria (Siberia) 71
Angelhaken / hook (angling) 554, 555
Angeln (Sport) / angling (sports) 554–555
Angelrute / fishing rod 554, 555
Angiospermae / angiosperms 132
Angiospermen / angiosperms *s. Bedecktsamer*
Angiospermophyta / Angiospermophyta 118
Anglerfisch / anglerfish 186
Anglo-Araber (Pferd) / Anglo-Arab (horse) 206
Angreifer(in) / attack
Netball 533
Volleyball 532
Angriffslinie (Volleyball) / attack line 532
Angriffszone / attack zone
Eishockey 542
Volleyball 532
Anhängervorrichtung / towing pintle 365
Anion / anion 318
Anker (Generator) / main rotor 327
Anker (Motor) / armature 558
Anker (Schiff) / anchor
74-Kanonen-Schiff 388, 389
Corbita 380
Dreimastrahschiff 383
Dschunke 384
Fregatte 405
Kriegs-Segelschiff 385
römischer 380
Schiffanker, verschiedene 394
Schlachtschiff 403
Teeklipper 400
Ankerbeting / riding bitt 380
Ankerboje / anchor buoy 387
Ankerbrücke (Uhr) / pallet cock (clock) 562
Ankerflügel / fluke (anchor) 394
Ankerformen / types of anchor 394
Ankergleitfläche / tripping palm (anchor) 394
Ankerhand / fluke (anchor) 380, 388, 394
Ankerkette / anchor chain 403
Ankerknoten / anchor-joint 496
Ankerkreuz / crown (anchor) 380, 394
Ankermutter (Auto) / anchor nut (car) 367
Ankerschaft / anchor shank 380, 394
Ankerspill / capstan 388
Ankerspindel (Motor) / armature spindle 558
Ankerstock / stock (anchor) 380, 388
Ankerstockband / hoop (anchor) 388
Ankertau / anchor cable 384, 388, 396
Ankerwelle (Uhr) / pallet arbour (clock) 562
Ankerwinde / capstan
74-Kanonen-Schiff 387
Festmachen und Ankern 394
Raddampfer 401
Anklickvorgang (Computer) / clicking (computer) 578, 579
Ankylosaurier / ankylosaurs 89, 98, 100, 101
Ankylosaurus / *Ankylosaurus* 100
Anlasser / starter
Auto 349, 350, 361
Flugzeug 415
Anlasserrad / starter ring 415
Anlasserschalter / starter switch 349
Anlasserzahnkranz / starter ring 355
Anlaufbahn / runway 534
Annahmespieler (Volleyball) / back (volleyball) 532
Annahmezone (Racquets) / receiving line 537
Annes-Fleck / Anne's spot 47
Annie mit Sonnenhut / *Annie with a Sun Hat* 451
Annulus (Rüsselring) / annulus (ring of trunk) 211
Anruf / call 568
Ansaugkanal / inlet track/port/tract 353, 355, 357
Ansaugkrümmer / inlet manifold 353, 355, 361
Ansaugrohr / intake pipe/port 345, 375
Ansaugtakt / induction stroke (= suck) 353
Ansaugventil / inlet valve 353
Anschaltknopf / power button (on-button)
Keyboard 524
Tongenerator 525
Anschießen von Blattgold / picking up gold leaf 436
Anschlagbändsel / parrel 392
Anschlußbuchse für Mikrophon / microphone input 525
Anschlußdraht (Glühbirne) / connecting wire (light bulb) 564
Anschlüsse / terminal
Elektromotor 327
Generator 327
Anschlußkabel (Blas-Synthesizer) / connecting cable 525
Anschlußkasten (Generator) / terminal box 327
Anschreiber/in / scorer
Basketball 530
Netball 533
Volleyball 532
Anschwingen (Hammer) / entry (hammer throw) 535
Ansetzer / rammer 404
Ansetzerhebel / rammer lever 404
Anspiel (Eishockey) / face off 542
Anspielkreis (Eishockey) / face-off circle 542
Anspielpunkt
Eishockey / face-off spot 542
Netball / centre 533
Anstellwinkelabnehmer (Tornado) / angle-of-attack probe 424
Anstellwinkelregelung / pitch change
Lockheed Electra 412
Anstellwinkelregler / autofeather unit 423
Antarala / antarala 495
Antares / Antares 18, 21
Antarktika / Antarctica
Karbon 72
Quartär 82, 83
Tertiär 80
Antarktis / Antarctic continent
Erde im Universum 38
Jura 76
Kreide 78, 79
Tertiär 81
Trias 74
Weltkarte 274–275
Antarktischer Zirkumpolarstrom / Antarctic Circumpolar Current 306
Antefix / antefixa 465
Antenna (=Rah) / antenna (=yard) 380, 381
Antenne / aerial
Auto 359, 367
Fregatte 405
Antennen (Fühler) / antennae
Insekten 174
Krebse 178, 179
Antennen (Weltraumforschung) / aerials 54–56, 58, 59
ausfahrbare 58
steuerbare 59
Antennenanschluß (Fernseher) / antenna connector (TV) 566
Antennenantriebseinheit / aerial drive 58
Antennenhalter (Fernseher) / antenna holder (TV) 567
Antennenmast (Empire State Building) / radio mast (Empire State Building) 498
Antennenmast für elektronische Kriegsführung / electronic warfare mast 405
Antennenrigg / aerial rig 405
Antennenverkleidung (Flugzeug) / aerial fairing 418, 425
Antenpfeiler / anta 465
Antheren / anthers 146, *s. auch Staubbeutel*
falsche (Rittersporn) / false (larkspur) 147
Antheridium / antheridium
Braunalge 123
Farn 127
Moos 125
Antherozoid / antherozoid
Braunalge 123
Farn 127
Moos 125
Anthozoa / Anthozoa 172–173
Anthrazit / anthracite coal 290
***Anthriscus* sp. (Kerbel)** / *Anthriscus* sp. (chervil) 141
Anthropoidea / Anthropoidea 212
***Anthurium andreanum* (Flamingoblume)** / *Anthurium andreanum* (painter's palette) 149
Anti-U-Boot-Torpedorohr / anti-submarine torpedo tube 405
Antieisluftströmkammer / plenum ring for hot anti-icing air 422
Antihelix (Ohr) / antihelix (ear) 252

Antiklinale / anticline 66
Antiklinalfalle / anticline trap 290–291
Antiklinorium / anticlinorium 67
Antikörper / antibodies 263
Antimon / antimony 321
Antimonit / stibnite 278
Antipode / antipodal cell 153
Antiqua-Majuskeln / Roman capitals 449
Antithetische Vertikalverschiebung / reverse dip-slip fault 67
Antitragus / antitragus 252
Antizyklonischer Wirbelsturm / anticyclonic storm 44–45, 47, 50
Antlia / Antlia 18, 21
Antoniadi / Antoniadi 41
Antorbitale Öffnung / antorbital fenestra *s. auch Schläfenfenster*
Baryonyx 89
Antrieb
Auto / drive 357
Raddampfer / propulsion system 399
Antriebsband (Granate) / driving band 405
Antriebskette / driving chain
Benz-Motorwagen 345
Motorrad 374, 376
Wright Flyer 406
Antriebskegelrad / bevel pinion 348
Antriebslagerschild (Generator) / drive end 327
Antriebsmotor (CD-ROM) / drive motor (CD-ROM) 578
Antriebsmutter (Klappengetriebe) / carriage drive nut 417
Antriebsplatte / drive plate 355
Antriebsrad / driving wheel
Auto 344
Bohrer 559
Dampflok 335
Strahltriebwerk-Getriebe 422
Antriebsriemen / drive belt
Auto 345, 346, 361
Motorrad 370
Antriebsriemenscheibe (Auto) / driving/drive pulley 345, 355
Antriebsritzel / drive sprocket/gearing
Auto 345
Geschütz-Zielantrieb Fregatte 404
Antriebsrolle (Walkman) / tension roller gear (personal stereo) 581
Antriebsrollenhalterung / tension gear plate rivetting 581
Antriebswelle / drive shaft
Auto 350, 361, 366
Hubschrauber 426, 427
Luftstrahltriebwerke 423
Mid-West-Wankelmotor 415
Rasenmäher 574
Anuli / annulet 464
Anura / Anura 188
Anzeigeleuchte (Lok) / indicator light 337, 338
Anziehung / attraction 317, 326, 327
Anziehungskräfte des Mondes und der Sonne / gravitational pull 306–307
Anzugleder (Sattel) / bar leather 577
Aorta / aorta *s. auch Hauptschlagader*
Mensch 225, 260, 261, 262, 265, 266, 267
Delphin 215
Aorta descendens
Flußkrebs / sternal artery 179
Frosch / dorsal aorta 188
Aorta dorsalis / dorsal aorta
Hai 185
Knochenfisch 187
Aorta posterior (Flußkrebs) / dorsal abdominal Aorta (crayfish) 179
Aorta pulmonalis / pulmonary artery
Frosch 188
Aortenbogen (Mensch) / arch of aorta 263
Apatosaurus / *Apatosaurus* 89
Apex / apex
Buchstabe 449
Käfer 174
Schmetterling 175
Schnecke 183
Apfel / apple 132, 154, 155
Apfelfrucht / pome 155
Aphaia-Heiligtum / Temple of Aphaia 465
Aphrodite Terra / Aphrodite Terra 36–37
Apollo 11 / *Apollo 11* 58
Apollo 16 / *Apollo 16* 59
Apollo-Raumfahrt / Apollo space mission 41, 57, 59
Apomixis / apomixis 152
Apophyse / apophysis 125
Apostel / apostle 439
Apothezium / apothecium 120
Appalachen / Appalachian mountains
Entstehung von Gebirgen 68
Karbon 73
Quartär 83
Tertiär 81
Trias 75
Weltkarte 274–275
Appendix (Wurmfortsatz) / appendix 202
Apsis / apse 469, 473, 485
APU / APU (auxiliary power unit) 419
Aquädukt (Gehirn) / aqueduct (brain) 246
Aquarell / watercolour 442, 443
Aquarelleffekt / watercolour effect 447
Aquarellmalerei / watercolour paint 442–443
Aquarellpapier / watercolour paper 443, 445
Aquarius / Aquarius *s. Wassermann*
Äquator / equator
Meeresströmungen 306–307
Quartär 82
Saturn 47
Weltkarte 274–275
Winde 310
Äquatoriale Tiefdruckrinne / intertropical convergence zone 310
Äquatorialer Gegenstrom / Equatorial Countercurrent 307
Aquifer / aquifer 302
Aquifuge / aquiclude 302
Aquila / Aquila *s. Adler*
Ar (a) / Ar (a) 588
Ara ararauna **(Ararauna)** / *Ara ararauna* (blue-and-yellow macaw) 196
Araber (Pferd) / Arab (horse) 206
Arabeske / arabesque
Barockgebäude 484
islamische Baukunst 492, 493
römischer Tempel 467
Arabische Halbinsel / Arabia(n) peninsula 76, 78
Arabische Wüste / Arabian Desert 274–275
Arachnida / Arachnida 176
Aralsee / Aral Sea 274–275
Ararauna / blue-and-yellow macaw 196
Araucaria araucana / *Araucaria araucana* 74
Arbeit (physikalische Definition) / work (physical definition) 330
Arbeitsdeck / platform for working 388
Arbeitskammer (Geschützturm) / working chamber (gun turret) 404
Arbeitssattel / working saddle 576
Arbeitsspiele (eines Viertaktmotors) / cycle (of a four stroke combustion engine) 353
Arbeitstakt / power stroke ("bang") 353, 356, 374
Arcadia Planitia / Arcadia Planitia 43
Archaeopteryx / *Archaeopteryx* 63, 90, 91
Archegonium / archegonium
Farn 127
Kiefer 128
Moos 125
Archimedes / Archimedes 40
Architektur / architecture 462–503
Architrav / architrave
ägyptischer Tempel 462
Barock und Klassizismus 482, 483, 484, 485, 486
französischer Tempel 489
gotische Kirche 477
griechischer Tempel 465
Porta Nigra 469
Renaissancebauten 480, 481
römischer Tempel 467
Archivolte / archivolt
Barock und Klassizismus 483, 484, 485
französischer Tempel 489
gotische Kirche 475
Renaissancebau 481
romanischer Turm 472
Ardenner (Pferd) / Ardennais (horse) 209
Arenakapelle (Padua) / Arena Chapel (Padua) 439
Areole / areole 162, 166
Argon / argon 321
Argonvorkommen / argon deposits 35, 37, 39, 43
Argyre Planitia / Argyre Planitia 43
Ariel / Ariel 48
Aries / Aries *s. Widder*
Arillus (Eibe) / aril (yew) 129
Aristarchus / Aristarchus 40
Aristillus / Aristillus 40
Aristoteles / Aristoteles 40
Arkab Prior / Arkab Prior 21
Arkade / arcade
Barockkirche 483, 484, 485
gotische Gebäude 474
Kolosseum 468
Midway Gardens 499
mittelalterliche Kirche 473
Arkturus / Arcturus 18, 21, 23
Arm / arm
Anchisaurus 95
Buchstabe 449
Iguanodon 103
Mensch 220
Pachycephalosaurus 106
Psittacosaurus 109
Seestern 180
Seesternfossil 85
Stegoceras 107
Tyrannosaurus 90
Armaturenbrett / control panel/dash panel
Rasenmäher 575
Renault 1906 347
Renault Clio 362, 363
Armaturenbrettlautsprecher / dash radio speaker 363
Armbeuger / brachialis (muscle) 236
Armbrust / crossbow 540
Ärmelkanal, Flug über den / English Channel, flight across the 406, 408
Armfüßer / brachiopod 71
Armknochen (Mensch) / arm bones (man) 234
Armknospe (Menschenembryo) / arm bud (human embryo) 270
Armlehne / armrest
Lockheed-Electra-Sitz 413
Stuhl 570, 571
TGV-Sitz 339
Armlehnstuhl / armchair 570–571
Armmuskel (*Gallimimus*) / brachial muscle 92
Armöffnung / armhole 430
Armschutz / arm guard 540
Armschwingen / secondary flight feathers/remiges 194, 197
Armstrecker (Mensch) / triceps brachii 237
Armstrong, Neill / Armstrong, Neill 58
Arricio / arricio 438
Arsen / arsenic 321
Arsia Mons / Arsia Mons 43
Arsinotherium / *Arsinotherium* 63, 81, 111
Art déco / art deco 498, 499
Artemon (Vorsegel) / artemon (fore sail) 380
Artenvielfalt / variety of species 110
Arteria carotis (Hai) / carotid artery (shark) 185
Arterien (Mensch) / arteries (man) 245, 262
Arteriolen (Mensch) / arterioles (man) 262, 267
Artesische Quelle / artesian spring 302
Artesischer Brunnen / artesian well 302
Arthropoden / arthropods 288
Artillerierad / artillery wheel 344, 347
Artiodactyla / Ariodactyla 204
Arundinaria nitida **(Bambus)** / *Arundinaria nitida* (bamboo) 137
ARV Super 2 / ARV Super 2 428–429
Arzachel / Arzachel 40
Aschenbecher / ash tray 412
Aschenkegel (Vulkan) / cinder cone (volcano) 283, 284
Aschenrutsche / ash chute 403
Ascraeus Mons / Ascraeus Mons 43
Asiatischer Elefant / Asian elephant 210, 211
Asien / Asia
Entstehung des Himalaja 69
im Jura 76
im Quartär 82, 83
im Tertiär 80, 81
in der Kreide 78, 79
in der Trias 74
Verbreitung Ornithopoden 102
Verbreitung Thyreophora 98
Weltkarte 274–275
Asparagus setaceous **(Spargel)** / *Asparagus setaceous* (asparagus) 70
Assimilationsparenchym / photosynthetic tissue *s. auch Gewebe (Pflanzen), photosynthetisierendes*
Bischofskiefer / mesophyll 130
Schachtelhalm / chlorenchyma 126
Yucca / mesophyll 132
Ast / branch 136
Astat / astatine 321
Asterias rubens **(Gemeiner Seestern)** / *Asterias rubens* (common starfish) 181
Asterina gibbosa **(Fünfeckstern)** / *Asterina gibbosa* (cushion star) 181

Asteroiden / asteroids 30, 52–53
Asteroxylon / *Asteroxylon* 84, 85
Asthenosphäre / asthenosphere 64
Astragal / astragal 490
Astrolabium / astrolabe 384, 385
Astronaut / astronaut 59
Ästuar / estuary 300, 304
Asymmetrischer Hang / asymmetric ridge 293
Atacama-Salzwüste / Atacama Desert 274
Atalanta Planitia / Atalanta Planitia 36
Atelierstaffelei / studio easel 441
Atemhöhle (Christrose) / substomal chamber (Christmas rose) 145
Atemöffnung (Insekten) / spiracle 175
Athenatempel / Temple of Athena 464
Atlantik / Atlantic Ocean
Erde im Universum 39
im Quartär 83
im Tertiär 81
Weltkarte 274–275
Atlas / Atlas
Barocksäule 486
Gebirge 39, 81, 83, 275
Halswirbel (Mensch) 232
Halswirbel (Pferd) 205
Mondkrater 40
Atlasbogen, vorderer/hinterer / arch (of atlas), anterior/posterior 232
Atlasgebirge / Atlas mountains
Erde im Universum 39
im Quartär 83
im Tertiär 81
Weltkarte 275
Atmosphäre / atmosphere
Erde 38–39, 70, 84, 298, 310–311
Jupiter 45
Mars 43
Merkur 34–35
Neptun, Pluto 51
Saturn 47
Uranus 49
Venus 37
Atmosphärischer Druck / atmospheric pressure 36
Atmung / respiration
Fische 186
Mensch 246, 264, 265
Atmungsmechanismus (Mensch) / mechanism of respiration (man) 265
Atmungssystem (Mensch) / respiratory system (man) 264–265
Atoll / atoll 308–309
Atom-U-Boot / nuclear submarine 404, 405
Atomdurchmesser / diameter of an atom 318
Atome / atoms 316, 317, 318–319, 320–321
chem. Eigenschaften 318, 319
chem. Reaktionen 322, 323
Periodensystem / periodic table 320, 321
Atomhülle / atomic shell 318
Atomkern / atomic nucleus 318, 319, 320, 324
Atommasse / atomic mass 320
relative / relative 320
Atomstruktur / atomic structure 320
ATP / ATP (Automatic Train protection) 340
Atreus-Schatzhaus / Treasury of Atreus 465
Atrium / atrium 502
Attikageschoß / attic
St.-Paul's-Kathedrale 484, 491
St. George in the East 485
Tyringham House 487
Ätzen (Kupferstich) / etching (intaglio print) 451
Auditorium / auditorium / circle 483
Auerbach / gainer 550, 551
Aufbaubefestigung / bodywork mounting 372
Aufbauspieler (Basketball) / guard (basketball) 550
Aufblasventil / topping-up valve 553
Aufdoppelung (Schuh) / seat lift (shoe) 560, 561
Auffaltung (Gebirgsbildung) / folding and uplifting (mountain building) 69
Auffangbehälter (Rasenmäher) / grass bag (lawn mower) 574, 575
Aufgaberaum (Volleyball) / service area (volleyball) 532
Aufgetucht / furled 383, 384
Aufhängbänder (Auge) / fibres (eye) 579
Aufhängung / mounting/suspension
Auto / suspension arm 361, 366
Mid-West-Wankelmotor / mounting 415
Motorrad / suspension/mounting 372, 376
Aufhängungsgelenk / suspension linkage 370
Aufhängungssysteme / suspension systems 372
Aufklärer / reconnaissance aircraft 424
Aufklärungsradar / ground-mapping radar 424
Auflösungszeichen (Notenschrift) / natural (musical notation) 506, 507
Aufnahmeknopf (Keyboard) / record button (keyboard) 524
Aufrechter Gang / walking upright 114
Aufschiebung / upthrow 66
Aufschlag (Volleyball) / serve (volleyball) 532
Aufschläger / server
Badminton 537
Racquets 537
Squash 537
Tennis 536
Volleyball 532
Aufschlagfeld
Squash / service box 537
Tennis / service court 536
Aufschlaglinie / service line
Badminton 537
Squash 537
Tennis 536
Aufschlagschiedsrichter (Tennis) / service judge (tennis) 536
Aufschlagzone (Racquets) / service zone (racket ball) 537
Aufschwungphase (Stabhochsprung) / rock-back (pole vault) 535
Aufsitzerpflanzen / epiphytes 168
Aufsteckhülse (Leisten) / thimble/jack-locating hole (last) 560
Auftakt (Kugelstoßen) / crouch (shot put) 535
Auftragsarbeit / commissioned work 437
Auftrieb
Wasserpflanzen / buoyancy 164
Flugzeug / lifting power 410
Auftriebseil / lift bracing wire
Avro Biplane 411
Avro Triplane 411
Blackburn Monoplane 409
Blériot XI 409
Curtiss Model-D Pusher 407
Aufwickelspule (Walkman) / take-up reel (personal stereo) 581
Aufziehschlüssel (Uhr) / winding key (clock) 562
Aufzugsvierkant (Uhr) / barrel arbour hook 562
Augapfel / eyeball 250
Augbolzen
Corbita / ring bolt 381
Linienschiff / eye bolt 389
Auge / eye 250–251, 579
Allosaurus 91
Anchisaurus 95
Angelhaken 554
Camarasaurus 97
Corythosaurus 104
Delphin 214
Dhau 384
Drachenkopf 382
Echse 190
Frosch 188
Gallimimus 92
Gorilla 213
Herrerasaurus 92
Hurrikan 313
Iguanodon 103
Insekten 174, 175
Känguruh 217
Kaninchen 202
Krake 182
Löwe 200
Mensch 221, 222, 250–251, 270, 579
Muschel 182
Neunauge 184
Pachycephalosaurus 106
Pferd 205
Psittacosaurus 109
Ratte 202
Rigg 390, 391
Robbe 214
Salamander 188
Schiffsbemalung Galeere 380
Schildkröte 193
Schlange 190
Schnecke 183
Segel Corbita 380
Spinnentiere 176
Stegoceras 107
Stegosaurus 98
Tauwerk 396
Triceratops 108
Trilobit 84
Tyrannosaurus 90,
Vogel 194
Westlothiana 87
Takelung / collar 387
Augenbraue / eyebrow
Gorilla 213
Mensch 222, 223, 250
Augenbrauenrunzler / corrugator supercilii muscle 238, 239
Augenfleck (*Chlamydomonas*) / eyespot (*Chlamydomonas*) 122
Augenhöhle / orbit
Acanthostega 86
Ankylosaurus 100
Archaeopteryx 91
Arsinoitherium 110
Bär 200
Baryonyx 89
Camarasaurus 97
Diplodocus 96
Echse 190
Elefant 211
Eryops 86
Euoplocephalus 100
Hyaenodon 113
Iguanodon 102
Knochenfisch 187
Lambeosaurus 105
Löwe 200
Mensch 114, 230, 250, 579
Opossum 112
Pachycephalosaurus 106
Pferd 205
Plateosaurus 94
Protoceratops 108
Schimpanse 212
Schlange 191
Schnabeltier 216
Smilodon 113
Stegoceras 107
Styracosaurus 108
Toxodon 112
Triceratops 109
Tyrannosaurus 90
Vogel 195
Augenhöhlendeckknochen / postorbital bone 108
Augenhöhlenleiste / supraorbital ridge
Pachycephalosaurus 106
Styracosaurus 108
Augenhöhlenrand / orbital margin 223
Augenkammer, vordere/hintere / eye chamber, anterior/posterior 251
Augenlid / eyelid
Krokodil 192
Mensch 222, 223, 250, 579
Augenmuskeln / eye muscles 251, 579
Augenring, verknöcherter (*Lambeosaurus*) / sclerotic orbital ring (*Lambeosaurus*) 105
Augenringmuskel / orbicularis oculi muscle 236, 239
Augenwinkel / lateral angle of eye 223
Augenwulst / brow ridge 212
Augspleiß / eye splice 390
Augstropp / rope becket 391
Augusta-Nationalgolfplatz / Augusta National Golf Course 538
Auriga / Auriga *s. Fuhrmann*
Auripigment / orpiment 280–281
Ausatmung / expiration 265
Ausbreitung des Lichts / radiation of light 328
Ausfallenden (Fahrrad) / drop-outs (bicycle) 586
Ausgangsbuchse (E-Gitarre) / output socket 517
Ausgangsleistung / power output 368
Ausgleichsgewicht / counter(balance)weight 354, 355, 357
Ausgleichshorn, aerodynamisches / balance, aerodynamic 418, 419
Ausguck / look-out/crow's nest 383
Ausguckerperiskop / look-out periscope 404
Ausholbewegung / swing
Diskuswurf 535
Hammerwurf 535
Ausholerleitblock / boom guy block 390
Auskupplungsklinke / disengaging catch 399
Auslaßdiffusor / exhaust diffuser 422
Auslaßkanal / exhaust port
Auto 353, 356, 357
Motorrad 375
Auslaßkonus / exhaust cone 423
Auslaßschlitz / exhaust port 374
Auslaßventil / exhaust valve 353, 354, 355
Auslaßverkleidung / exhaust fairing 423
Ausläufer / runner
Erdbeere 134
Gundermann 160
Ausleger
Architektur / end flange/boom 496, 502
Bugspriet und Klüverbaum / whisker boom 390
Curtiss Model-D Pusher / boom 407
Kriegs-Segelschiff / outrigger 385
Sportboot / rigger 552
Triere / outrigger 381
Auslegerspant / aft shoulder 552
Auslöser (Kamera) / shutter release button (camera) 584, 585

Auspuff / exhaust pipe
Auto 355, 360, 367
Flugzeug 411, 412, 413, 431
Motorrad 376
Rasenmäher / muffler 574
Auspuffbefestigung / exhaust mounting 372
Auspuffdämpfer / exhaust silencer 427
Auspuffendrohr / tail pipe 350, 366
Auspuffflansch / exhaust pipe flange 415
Auspuffhitzeschild / exhaust heat shield 355
Auspuffkrümmer / exhaust manifold 347, 355, 361
Auspufföffnung(srohr) / exhaust vent 336, 337
Auspuffrohr / exhaust pipe
Auto 346, 350, 352, 357, 360
Fregatte 403
Motorrad 370, 371, 372, 376, 377
Auspuffrohrschelle / exhaust clamp 370
Auspufftakt / exhaust stroke ("blow") 353
Ausreitgurt (Segelboot) / toestrap (sailing boat) 553
Ausrückhebel / clutch lever 371, 377
Aussackungen des Dickdarms / haustration of colon 259
Ausschieben verbrannten Gases / burnt gas exhaust 356
Außenbordklappe / outboard tab 418
Außenbordspoiler / outboard roll spoiler 418
Außenhaut / outer skin
Flugzeug / skin 409, 417, 420, 425
Mensch / epidermis 245
Außenhautnaht (BAE-146) / skin lap-joint (BAE-146) 417, 418, 419
Außenklüver / flying jib 393
Außenklüverfall / flying jib halyard 393
Außenklüverhals / flying jib tack 391
Außenklüverniederholer / flying jib downhaul 393
Außenklüverschot / flying jib sheet 393
Außenklüverstag / outer jib stay 390
Außenohr / outer ear 252
Außenrichter (Judo) / judge (judo) 548
Außenschale (Atome) / outer shell (atoms) 320, 321
Außenskelett / exoskeleton
s. auch Exoskelett
Krebse 178
Spinnen 177
Trilobit 84
Außentreppe / external staircase 502
Außenzugrohr (Posaune) / outer tube of slide (trombone) 511
Außenzugstütze (Architektur) / outer tension-column (architecture) 501
Aussichtsplattform / viewing platform 491
Ausstellfenster / quarter light 350, 351
Aussterben / extinction 72, 78, 82, 88
Ausstoßöffnung / exhaust tract/port 414
Ausstoßplatte (Granate) / expelling plate (shell) 405
Ausstoßsammler / outlet manifold 415
Ausstoßzusammenleitung / exhaust manifold 414
Austernseitling / oyster fungus 120
Australien / Australia
Architektur 503
Beuteltiere 110
im Jura 76
im Karbon 72
im Ordovizium 70
im Quartär 82, 83
im Tertiär 80, 81
in der Kreide 78, 79
in der Trias 74
Spurweite (Eisenbahn) 341
Verbreitung Ornithopoden 102
Weltkarte 274–275
Australopithecus / *Australopithecus* 80, 83, 113, 114
Austriebsbereich mit Blattnarbe / girdle scar 129
Austriebsnarbe / ring scar
Eberesche 137
Roßkastanie 136
Austrittsdüse / exhaust nozzle 422
Auswechselbank / players' bench
Eishockey 542
Handball 533
Auswechselspieler / substitute 530
Auswuchtbohrung / balancing drilling 357
Auswurfklappe (Rasenmäher) / door (lawnmower) 574
Auswurfklinke (Toaster) / ejector bracket 572, 573
Auswurfknopf
CD-Player / push button 578
Toaster / ejector knob 573
Auswurfschiene (Toaster) / ejector assembly 573
Auswurfschutz (Rasenmäher) / door discharge 575
Auto / car 344–367
im Energiekreislauf 325
Autogiro / Autogiro 426
Automatikeinstellung (Kamera) / aperture auto-lock button (camera) 585
Automatiktür / automatic door 338, 339
Automobil / automobile
s. Auto
Autopilot / autopilot 416
Autotransportwagen (Eisenbahn) / automobile car (railway) 337
Avimimus / *Avimimus* 93
Avogadro / Avogadro 41
Avro Triplane IV / Avro Triplane IV 410, 411
Avro Tutor Biplane / Avro Tutor Biplane 411
Axialdrüse / axial gland 181
Axialneigung der Planeten / axial tilt
Erde 38
Jupiter 44
Mars 42
Merkur 34
Mond 40
Neptun 50
Pluto 51
Saturn 46
Uranus 48
Venus 36
Axinitkristall / axinite crystal 280
Axis (Halswirbel) / axis (cervical vertebra)
Mensch 232
Pferd 205
Axon / axon 248, 249
Axonhügel / axon hillock 249
Axt / axe
schiefe Ebene 330
Schiffbau 382
Steinzeitwerkzeug 113
***Aythya fuligula* (Reiherente)** / *Aythya fuligula* (tufted duck) 194
Azetylenscheinwerfer / acetylene headlamp 346, 347
Azimutalprojektion / azimuthal projection 275
Azogelb / azo yellow 446
***Azolla* sp.** / *Azolla* sp. 164
Azurblau / azurite blue 438, 439
Azurit / azurite 316
als Malpigment 438, 439

B

b (Tonerniedrigungszeichen) / flat 506
Baby (Mensch) / baby (human) 256, 270, 271
Entwicklung 270–271
Bach (Merkurkrater) / Bach (crater of Mercury) 35
Bäche / streams and rivers 296, 297, 302, 303
Backbord / port 552
Backbordbremsklappe / port air-brake 419
Backbordbuganker / port bower anchor 385, 403
Backbordflügelspitze / port wingtip 428
Backbordfockmast / port fore mast 384
Backbordhauptfahrwerk / port main landing gear 428
Backbordmotorverkleidung / port engine cowling 429
Backbordquerruder / port aileron 407, 428
Backbordtragflügel / port wing 429
Backbordtrimmtank / port trim tank 420
Backe / cheek
Block 390, 391
Bug 389
Backenstück / cheek-piece 546, 547
Backentasche / cheek pouch 104
Backenzahn / cheek tooth (also: molar, premolar)
s. auch Molar und Prämolar/Praemolar
Australopithecus 113
Hyaenodon 113
Iguanodon 102
Mensch 114
Moeritherium 111
Pferd 111
Phiomia 111
Schimpanse 212
Backenzähne / cheek teeth (also: molars, premolars)
s. auch Mahlzähne/Molaren und Vorbackenzähne/Prämolaren
Arsinoitherium 110, 111
Mensch 256
Pferd 111
Backstag / lizard (rigging) 390
Backstein / brick 496, 499
Backsteingewölbe / brick vault 496
Backsteinmauerverband / bonded brick wall 496
Badehose / trunks 550
Badekappe / cap (swimming) 550
Badminton / badminton 536, 537
Badmintonnetz / badminton net 537
Badmintonplatz / badminton court 537
Badmintonschläger / badminton racket 537
BAE-146-Turbinenflugzeug / BAE-146 jetliner 416, 418, 419
Baffin-Insel / Baffin Island 274
Bagger (Volleyball) / dig / forearm pass 532
Bahn-Zeitnehmer / lane time-keeper 550
Bahnbegrenzung (Golf) / screen (golf) 538
Bahnebenen der Planeten / orbital planes
Erde 38
Jupiter 44
Mars 42
Merkur 34
Mond 40
Neptun 50
Pluto 51
Saturn 46
Uranus 48
Venus 36
Bahnenlaufschuh / track shoe 535
Baikalsee / Lake Baikal 275, 302
Bailly / Bailly 40
Bairds Schnabelwal / Baird's beaked whale 215
Bajada / bahada 292
Bajonettentriegelung (Kamera) / lens lock release lever (camera) 584, 585
Bajonettverschluß / bayonet fixing 362
Bakterien / bacteria 62
***Balaenoptera musculus* (Blauwal)** / *Balaenoptera musculus* (blue whale) 215
***Balanophyllia regia* (Sternkoralle)** / *Balanophyllia regia* (star coral) 173
Baldachin / canopy 476
Balg(frucht) / follicle (fruit) 156, 157
Balken
Buchstabe / stem 449
Gehirn / corpus callosum 246, 247
Schiff / beam 401
Balkon / balcony
Barock und Klassizismus 482, 486
islamisches Grabmal 493
Renaissancegebäude 481
Ballast / ballast 385
Ballen (Pferdefuß) / heel (foot of horse) 204
Ballenblume / ballflower 474
Ballgrößen-Kennzahl / ball size number 529
Ballhupe / bulb horn 348
Baltica (Baltikum) / Baltica 71
Baltimore-Trupial (Ei) / Baltimore oriole (egg) 199
Baluster / baluster
asiatisches Gebäude 494
gotisches Gebäude 477
klassizistisches Gebäude 487
Balustrade / balustrade
asiatisches Gebäude 494
Barock und Klassizismus 482, 483, 484, 487
Big Ben 497
gotisches Gebäude 477
Midway Gardens 499
Renaissancegebäude 481
Balzac / Balzac 35
Banane / banana 152
Band (architektonische Struktur) / band
asiatische Baukunst 494
französischer Tempel 489
islamische Bauwerke 492, 493
Kuppeln 490
Tyringham House 487
Band (Kassette) / tape (cassette) 580
Bandage (=Springgamaschen) / brushing boot 546
Bandantriebsriemen (Walkman) / capstan belt (personal stereo) 581
Bande (Eishockey) / board (ice hockey) 542
Bandendenfühler / tape end sensor 581
Bänder (menschlicher Körper) / ligaments (human body) 234
Bandgeschwindigkeitsregulierung / tape speed adjustment 580
Bandknopf (Gitarre) / strap peg 516
Bandscheiben / intervertebral discs 222, 228, 233, 235, 269, 271

Bändsel / seizing 392, 395
Bändselung / seizing 392, 396
Bandsortenhebel / tape select lever 581
Bandsortenschalter / tape type selector 580
Bandwahltaste / tape select 580
Bank (Globe Theatre) / bench (Globe Theatre) 481
Bank of England / Bank of England 486
Banner / banner 383
Barbette / barbette 404
Bären / bears 110, 112
Bärenhüter (Sternbild) / Boötes 18, 21
Bärenklau / hogweed 157
Bärenschädel / skull of a bear 200
Barium / barium 320
Barchan / barkhan 293
Barkasse / longboat 388
Bärlapp / clubmoss 70, 72, 126
Barnards Stern / Barnard's Star 23
Barock / baroque 482–487
Barosaurus / *Barosaurus* 88
Barriere (Rennparcours) / barrier (race course) 547
Barriere-Riff / Barrier Reef 309
Barry, C. / Barry, C. 497
Barsche / perch 186
Bartenwale / baleen whales 214
Bartwuchs / growth of beard 222
Baryonyx / *Baryonyx* 89, 90, 91
Baryt / baryta (barium oxide) 280
Basalschicht / stratum basale 245
Basalt / basalt 282, 284–285
Basaltsäulen / basalt columns 284
Basilarmembran / basilar membrane 253
Basilikuskathedrale / St. Basil's Cathedral 491
Basis (Handknochen) / base (bones of hand) 240
Basislack / base coat colour 358
Basismembran / basement membrane 267
Basketball / basketball 530–531
Basketballschuh / basketball shoe 531
Basketballtrikot / basketball vest 531
Baßbogen / double bass bow 515
Bass Drum / bass drum 523
Baßgitarre / bass guitar 516, 517
Baßnote / bass note 519
Baßröhre / bass joint 512
Bass-Schicht / Bass formation 287
Baßschlüssel / bass clef 506
Baßsteg / bass bridge 518, 519
Baß(stimme) / bass (voice) 506
Bastille / Bastille 470
Baststrahl / phloem fibre 140
Batholith / batholith 284–285
Batterie / battery
Auto 345, 352
Elektrizität 326, 327
Hubschrauber 426
Kamera 584
Motorrad 377
Rasenmäher 574, 575
Batterieanschluß (Rasenmäher) / battery connection (lawnmower) 575
Batteriebefestigungsband / battery strap 349
Batteriedeck / gun deck 388
Batteriefach
ARV Super 2 / battery box 428
Fernseher / battery compartment 566
Kamera / battery chamber 584
Lockheed Electra / battery compartment 413
Batteriefachabdeckung / battery cover 581
Batteriehalterung / battery carrier 348
Batteriekasten / battery box 337
Batteriekontakt / battery contact 580, 581
Bauch (Mensch) / abdomen (man) 221
Bauchaorta / abdominal aorta 225, 265
Bauchfell / peritoneum 259, 267
Bauchgording / buntline 380
Bauchgurt
großer (Pferdegeschirr) / girth 547
kleiner (Pferdegeschirr) / belly-band 547
Curtiss Model-D Pusher / lap strap 406
Bauchhöhle (Mensch) / abdominal cavity 224, 225
Bauchmark / ventral nerve cord
Flußkrebs 179
Insekten 175
Bauchmuskel 236
gerader / rectus abdominalis 236
äußerer schräger / external oblique 236
Bauchnabel / umbilicus (navel) *s. Nabel*
Bauchpilz / gasteromycete 120
Bauchrippen / gastralia
Archaeopteryx 91
Struthiomimus 93
Bauchspeicheldrüse / pancreas 224, 225, 258, 259
Bauhinsche Klappe / ileocaecal fold 259
Baum
Energiekreislauf / tree 325
Pflanze *s. Bäume*
Segel / boom 388, 393
Segelboot / boom 553
Baumborke / treebark 168
Bäume / trees 72–73, 128–131, 136–137
Bedecktsamer 136–137
Nacktsamer 128–131
Baumfarn / tree fern 74, 118, *s. auch Cycadeen*
Baummalve / tree mallow 137
Baumtoppnant / topping lift 388
Baumwollbespannung / cotton fabric (cover) 407
Bauteile eines Autos / components of a car 360, 361
Bauxit / bauxite 278
Bayeux, Teppich von / Bayeux Tapestry 382
Becher / cup
Lebermoosbrutbecher 124
Schallbecher / bell 512
Spaltöffnung 163
Sternbild / Crater 18, 21
Becherglas / glass beaker 322
Bechertrommel / bowl-shaped drum 522
Becken (Instrument) / cymbal 508, 509, 520, 521
Becken (Knochen) / pelvis/hipbones
Elefant 211
Hase 203
Hauskatze 201
Känguruh 216
Knochenfisch 187
Pferd 205
Rhesusaffe 212
Robbe 214
Schildkröte 193
Schnabeltier 216
Vogel 195
weibliches (Mensch) 228, 268
Beckengürtel (*Ichthyostega*) / hip girdle (*Ichthyostega*) 86
Beckenknochenlage (Dinosaurier) / position of pelvis (dinosaurs) 88
Becketkapelle / Becket Chapel 471
Bedecktsamer / angiosperms 289
Bedford-Kordpolsterung / Bedford cord upholstery 346
Bedienungseinheit (Rasenmäher) / traction control assembly 575
Bedienungshebel (Rasenmäher) / control lever 575
Beere / berry 154, 155
Mehlbeere / pome 137
Melone / pepo 155
Zitrone / hesperidium 154
Beethoven (Merkurkrater) / Beethoven (crater on Mercury) 35
Befestigungsauge für Steuerpleuelstange / eye for connecting con-rods to secondary crankshaft 353
Befestigungsklammer (für Zeichenpapier) / drawing clip 434
Befestigungsloch / mounting hole 374
Befestigungsnase / mounting lug 375
Befestigungsplatte / attachment plate 428
Befestigungsschelle (Fernseher) / scan coil clamp (TV) 566
Befestigungsschraube / fixing bolt 361
Befiederung (Pfeil) / fletch 540, 541
Befruchtung / fertilization
Pflanzen 123, 125, 127, 128, 150, 152, 153
menschliche Eizelle 268
Befruchtungskanal (Braunalge) / conjugation tube 123
Befruchtungstasche / copulatory bursa 183
Begattungstasche / copulatory bursa 175
Begleitautomatik / multi-accompaniment system 524
Begonia x tuberhybrida / *Begonia x tuberhybrida* 135, 161
Begonie / begonia 135, 161
Begrenzung (Squash) / boundary line 537
Begrenzungsleuchte/licht
Auto / side marker lamp 356
Bus / marker light 342, 343
Motorrad / sidelight 370
Beiboot / longboat 388
Beifahrer-Haltegriff / passenger grab rail 377
Beifahrertür / passenger door 351
Bein / leg
Druckerpresse 453
Mensch 220
Stuhl 570, 571
Tyrannosaurus 90
Westlothiana 87
Beine / legs
Echsen 190, 191
Frösche 188, 189
Insekten 174, 175
Krebse 178, 179
Krokodile und Schildkröten 192, 193
Pferde 206, 207, 208, 209
Spinnentiere 176, 177
Beinhalfter (für Paßgänger) / pacing hobble 547
Beinknochen / leg bones
Fledermaus 111
Mensch 234
Beinknospe / leg bud 270
Beinschiene (Eishockey) / leg protector (ice hockey) 543
Beinstellung / stance *s. Gliedmaßenstellung*
Beinvenen (Mensch) / leg veins (man) 263
Beiwagen / sidecar 370, 376
Beiwagen-Windschutzscheibe / passenger windscreen 377
Beiwagenschiff / sidecar chassis 370, 377
Bekehrung des hl. Paulus / *conversion of St. Paul* 484
Bekleidung (Tau) / serving 391, 396
Bekrönung (Architektur) / finial 483, 492, 497
Belegnagel / belaying pin 390
Belemniten / belemnites 77, 288–289
Belemnotheutis / *Belemnotheutis* 77
Belichtung (Kamera) / exposure 584
Belichtungszeit / exposure time 584
Bell 206 Jetranger / Bell 206 Jetranger 427
Bell 47G-3B1 / Bell 47G-3B1 426
Bell Regio / Bell Regio 36–37
Bellatrix / Bellatrix 18
Bello / Bello 35
Belüftung / air vent 365
Belüftungsklappe / ventilation flap 364
Belüftungsschlitz / vent 405
Belvedere / belvedere 480, 486
Bemannte Raumfahrt / manned space exploration 56–58
Benetnasch / Benetnasch 18–19
Benguelastrom / Benguela Current 306
Benz, Albert / Benz, Albert 344
Benz-Motorwagen / Benz Motorwagen 345
Benzin / petrol/gasoline 325
Benzin-Luft-Gemisch / charge (fuel and air) 353, 354, 356
Benzin-Öltank / fuel and oil tank 406, 407
Benzinhahn / petrol tap 371
Benzinleitung / fuel pipe 406
Benzinmotor / petrol engine 354
Rasenmäher 574
Wright Flyer 406
Benzinrasenmäher / petrol-driven lawnmower 574–575
Benzinschlauch / fuel pipe 413
Benzintank / fuel/gasoline tank 406, 410, 411, 424, 430
Beobachtung des Weltraums / observing space 54–55
Beobachtungsplattform / observation platform 365
Beplankung / planking 381, 382, 383, 385, 388, 400
Berardius bairdi **(Bairds Schnabelwal)** / *Berardius bairdi* (Baird's beaked whale) 215
Berber (Pferd) / Barb(ary horse) 206
Berberis **sp. (Berberitze)** / *Berberis* sp. (barberry) 137
Berberitze / barberry 137
Bergahorn / sycamore 136, 137

Berge / mountains 274–275, 277, 296, 297, 298, 299
Bergfried / keep/donjon 470
Bergholz / wale 381, 389
Bergquelle / mountain spring 298
Bergring / ring of mountains 34
Bergsee / mountain lake 298
Bering (Burg) / chemise (castle) 470
Beringmeer / Bering Sea 274
Berkelium / berkelium 321
Bersey-Elektrowagen / Bersey electric cab 352
Beryll / beryl 280
Beryllium / beryllium 320
Besan-Gaffeltoppsegel / mizzen yard topsail 393
Besanbeting / mizzen bitt 389
Besanbramsegel / mizzen topgallant sail 387
Besanlateinersegel / lateen mizzen sail 383
Besanmars / mizzen top 386
Kriegs-Segelschiff / bonaventure topcastle 385
Besanmarsrah / mizzen topmast yard 387
Kriegs-Segelschiff / bonaventure topmast yard 385
Besanmarssegel / mizzen topsail 387
Besanmarsstenge / mizzen topmast 386
Kriegs-Segelschiff / bonaventure topmast 385
Besanmarsstengepardune / mizzen topmast stay 386
Besanmarswant / mizzen topmast shroud 386
Besanmast / mizzen mast 383, 384, 386, 400
Kriegs-Segelschiff / bonaventure mast 385
Besanmastkoker / mizzen mast hole 389
Besanpardune / mizzen backstay 386
Besanrah / mizzen yard 384
Besanrute / mizzen yard 386
Kriegs-Segelschiff / bonaventure yard 385
Besansegel / mizzen sail 383, 384, 387, 393
Besanstag / mizzen stay 386
Besanunterwant / mizzen shroud 386
Beschleunigung / acceleration 329, 330, 331
Beschreibstoff / writing surface 448
Besen (für Schlagzeug) / wire brush (for drums) 523
Bestäubung / pollination 128, 150, 152
Beta Hydri / Beta Hydri 20
Beta Mensae / Beta Mensae 20
Beta Pictoris / Beta Pictoris 21
Beta-Ring / Beta ring 48
Betätigungsarm / operating arm 373, 374
Beteigeuze / Betelgeuse 18, 21, 23
Beton / concrete 496, 503
Betonboden (Racquets) / concrete floor (racket ball) 537
Betonfries / cement frieze 499
Betonrahmen / concrete frame 500
Betonschiene / concrete track 338
Betriebsanzeige / power indicator 580
Betriebsartenschalter / mode button 581
***Betula* sp. (Birke)** / *Betula* sp. (birch) 80
***Betula lenta* (Zuckerbirke)** / *Betula lenta* (sweet birch) 82
Betulites / *Betulites* 80
Beulenfalle / pinch-out trap 291
Beutelratte / opossum 216, 217
Beuteltiere / marsupials 110, 216–217
Bewaffnung (eines Schiffes) / weaponry/gun section 383, 400, 402, 404, 405
Bewegung (Mechanik) / motion 330–331
Bewegungsenergie / kinetic energy 324, 325
Bewegungskoordination / co-ordination of (body) movement 246, 247
Bewegungszustand / state of motion 331
Bewußtsein / consciousness 246
Bezugsstoff (Stuhl) / seat cover (chair) 571
Bhagirati Parbat / Bhagirati Parbat 68
Bianco di San Giovanni / Bianco di San Giovanni 438, 439
Biathlon / biathlon 540
Biathlon-Kleinkalibergewehr / smallbore biathlon rifle 541
Biber / beaver 203
Bibliotheca Laurenziana / Bibliotheca Laurenziana 479
Bibliothek (Architektur) / library (architecture) 487
Bibliotheksebene / library level 500
Bienen / bees 174
Bienenwachs (für Segelmacher) / beeswax (for sailmaker) 392
Big Ben / Big Ben 497
Bild, bewegtes / picture, moving 566
Bildende Künste / visual arts 432–459
Bildhauer (Sternbild) / Sculptor 19, 20
Bildhauerei / sculpture, art of 456–459
Bildikone / picon (pictorial icon) 579
Bildröhre / cathode ray tube 566
Bildröhrenabdeckung / CRT cover 566
Bildröhrenhals / tube neck (CRT) 566
Bildröhrenöffnung / window (CRT) 567
Bildschirm / screen 566, 578, 579
Bildschirmseite (Computer) / screen (computer) 579
Bildträger / surface (for paintings) 445, 446, 447, 454
Bildzählerabdeckscheibe / counter dial cover 585
Bildzählwerk / exposure counter 584, 585
Bildzentriermagnet / centring magnet (TV) 566
Bilgenförderpumpe / feed bilge pump 399
Billetornament / billet decoration 497
Bimetall / bimetal/duplex metal 572
Bimsstein / pumice 285
Bindebogen / tie/bind 506, 507
Bindegewebsband / connective tissue ligament 241
Bindegewebspapille / dermal papilla 245
Bindegewebszellen / connective tissue cells 227
Bindehaut / conjunctiva 251, 579
Bindemittel / binding medium/agent 436, 444
Binder (Architektur) / header 489, 496
Bindung, chemische / bond(ing) 322
Bindungsachse / internuclear axis 318
Binnenklüver / inner jib 393
Binnenklüverfall / inner jib halyard 393
Binnenklüverhals / inner jib tag 390
Binnenklüverniederholer / inner jib downhaul 393
Binnenklüverschot / inner jib sheet 393
Binnenklüverstag / inner jib stay 390
Binnenvorsteven / rabbit line 388
Binse / rush 141
Biolabor (*Viking*) / biology processor (*Viking*) 55
Biomedizinischer Verschluß / urine transfer connection 57
Biotit-Schiefer / folded schist 284
Birke / birch 80, 82
Bismut (=Wismut) / bismuth 321
Bitterling, Verwachsenblättriger / yellow-wort 150
Bivalvia / Bivalvia 182
Bizeps / biceps brachii 236, 237
Blackburn Monoplane / Blackburn Monoplane 408, 409
Blackburn, Robert / Blackburn, Robert 408
Blackfriar's / Blackfriar's 477
***Blackstonia perforata* (Bitterling)** / *Blackstonia perforata* (yellow-wort) 150
Bläschenfollikel / Graafian follicle 268
Bläschendrüse / Samenblase (Mensch) / seminal vesicle (man) 269
Blase
Harnblase / bladder 187, 191, 193, 201, 202, 210, 212, 215, 224, 225, 266, 267, 268, 269, 271
synaptische / vesicle, synaptic 249
Blasentang / bladder wrack 123
Bläser (Orchester) / woodwind and brass (orchestra) 508
Blasinstrumente / wind instruments 524
Blasloch (Delphin) / blowhole (dolphin) 215
Blasrohr (Dampflok) / blast-pipe 335
Blatt
Architektur / leaf 495
Ruder / blade 552
Sattel / flap 546, 547, 576, 577
Pflanzen / leaf *s. Blätter*
Blätter (Pflanzen) 142–143 / leaves (plants)
Aechmaea 168
Bärenklau 135
Baummalve 137
Blattsukkulenten 163
Brassavola nodosa 168
Brombeere 136
Dikotyle 132, 133
dreieckige 134, 143
Eberesche 136
eingerollte 162
Energiekreislauf 325
Erdbeere 134
Fächerblattbaum 129
Farn 127
Fetthenne 135
Fettkraut 167
Gärtnerchrysantheme 135
Gundermann 160
Gutsmanie 169
Hanfpalme 130
Holunder 136
Kannenstrauch 167
Keimblatt 138
Knöterich 137
Kobrapflanze 166
Lein 135
Mahonie 136, 137
Maulbeere 136
Monokotyle 132, 133
Passionsblume 136
Pfirsich 137
Photosynthese 144
Platterbse 135
Rose 137
schraubig angeordnete 126
Seerose 165
Süßkartoffel 161
Traubeneiche 137
Venusfliegenfalle 166
verschiedene Blattformen 142, 143
Waldrebe 137
Wasserhyazinthe 164
Welwitschie 128
zweilappige (Ginkgo) 128
Blattbasis/Blattbasen / leaf base/leave bases 129, 142, 143, 168, 169
Blattbefestigung (Hubschrauber) / blade-root attachment 426, 427
Blättchen / leaflet 124, 125, 127, 129, 132, 134, 136
Blattdorn, dreizähliger / spine, triple (modified leaf) 136, 137
Blätterkapitell / foliated capital 473
Blättermagen / omasum 204
Blätterpapillen / foliate papilla 254
Blattfeder / leaf spring 334
Blattfläche, verkleinerte / leaf area, reduced 162
Blattgegengewicht / blade counterweight 426
Blattgewebehöcker / placenta (leaf) 127
Blattgold / gold leaf 436, 448, 449, 454, 455, 457
Blattgoldauflage / gilding 437
Blattgoldsmalten (Mosaik) / gold (leaf) tesserae (mosaic) 455
Blattgrund / leaf base 132, 133, 134, 135, 142, 158, 163, 164, 167
Blattgrünkörper / chloroplast 118
Blattknospe / leaf bud 131
Blattlappen, oberer / lobe of leaf, dorsal 164
Blattnarben / leaf scars 129, 134, 135, 136, 140
Blattnerv / vein (leaf) 132, 133, 137, 164, 165
Blattoberfläche, gesprenkelte / surface of leaf, mottled 163
Blattpaar, vereintes / leaf pair, unified 163
Blattprimordium / leaf primordium 140
Blattrand / leaf margin 142, 165
dorniger / spinose 168
dornig gezahnter / spinose-dentate 135
eingerollter / rolled inward 167
gesägter / serrulate 143
gezähnter / dentate 135, 136
Blattreste / remains of leaves 134
Blattrippe (Ruder) / spoon (oar) 552
Blattrosette / rosette of leaves 168
Blattscheide / sheathing leaf base 119
monokotyle 133

Blattschraube (Saxophon) / ligature (saxophone) 513
Blattspalte / fissure (leaf) 163
Blattspindel / rachis 118, 127, 133, 136, 142, 143
Blattspitze / leaf tip 142, 143, 160, 161
Blattspreite / lamina/blade 119, 133, 142, 160, 167
Blattspur / leaf trace 133
Blattspurstrang / branch of connecting tissue to leaf 125
Blattstiel / leaf stalk/petiole 118, 119, 129, 132–137, 142, 143, 150, 159–162, 163, 165
Blattsukkulenten / leaf succulents 162, 163
Blattverschiebung / transform fault 65
Blattwerk / foliage 480
Blaualgen / blue-green algae 84, *s. auch Cyanobakterien*
Blaue Linie / blue line 542
Blauer Überriese / blue supergiant 23, 29
Blauwal / blue whale 213
Blech(blas)instrumente / brass (instruments) 508, 509, 510–511
Blei / lead 321
in Mineralen 278, 291
Bleibende Zähne / permanent teeth 256
Bleiblecheindeckung / lead covering 491
Bleigelb / lead tin yellow 437
Bleigewicht / lead weight 539
Bleiglanz / galena 278
Bleiiodid / lead iodide 323
Bleinitrat / lead nitrate 323
Bleistift / pencil 434
Bleistiftspitzer / pencil sharpener 434
Bleiweiß / lead white 437
Blendarkade / arcading 469
Blendbogen / blind arch
gotische Kathedrale 474, 475, 476
indischer Tempel 495
St.-Paul's-Kathedrale 488, 491
Blenddreipaß / blind trefoil arch 477
Blende
Brustwehr / blindage 385
Kamera / diaphragm 584
Rasenmäher / panel 575
Blendenkorb / supporter ring (camera) 585
Blendenlamellen / diaphragm blade (camera) 585
Blendenverstellring (Kamera) / opening and closing plate (camera) 585
Blendfenster / blind window 482
Blendgiebel / blind pediment
Renaissancegebäude 480
klassizistisches Gebäude 482
Blendmaßwerk / blind tracery
gotische Kirche 475
Tower Bridge 497
Blendrahmen / canvas stretcher 441
Blendtür / blind door 482
Blendwand / curtain wall 470
Blendwerk / foliage 483
Blériot XI / Blériot XI 409
Blériot, Louis / Blériot, Louis 406, 408
Blinddarm / caecum
Brachiosaurus 96
Kaninchen 202
Knochenfisch 187
Krake 182
Mensch 259
Pferd 204
Schimpanse 212
Spinne 176
Blinde (Segel) / spritsail 387
Blinderah / spritsail yard 387
Blindsack (Vogeldarm) / caecum 195
Blindwühlen / caecilian 188
Blink- und Bremsleuchteneinheit (Auto) / rear indicator and stop lamp (car) 362
Blinkleuchte / blinker/turning indicator 342, 351, 363, 365, 370, 371
Blinkleuchtenglühbirne / spotlamp bulb 362
Blinklicht / turning indicator 343
Blitzgerät / flash 584
Blitzlicht / flashlight 584
Blitzlichtkontakt / X-contact 585
Blitzschuh / hot shoe 585
Blitzventil / presta valve 369
Block, fester und laufender / block, standing and running 390, 391
Blockheizkraftwerk / combined heat and power station 324
Blouson in Rennfarben / racing silk jacket 547
Blumenmuster / floral pattern 495
Blumenornament / floral design 492
Blut (Mensch) / blood (human) 258, 260, 261, 262, 263, 265, 266
Blutbecken, mütterliches / pool of maternal blood 270
Blütchen / floret 148
Blüten / flowers 146–149
Bestäubung 150–151
Blütenfarbe 146, 150–159
Blütenknospe 133, 135, 137, 149, 150, 161, 163, 165, 168, 169
Blütenstände 149
Brassavola nodosa 168
Bromelie 119
Brustsproß 160, 161
Cuscuta europaea 169
Dicotyledonen 132–133, 145–147
Duft 150
Eibe 129
Epiphyten 168–169
Fetthenne 135
Gärtnerchrysantheme 135
Guzmania lingulata 169
Inkalilie 135
Knöterich 137
Monocotyledonen 132, 146–147, 149
Platterbse 135
Rose 137
Schmarotzerpflanzen 169
Seerose 165
Sommerwurz 169
Ultraviolettes Licht 151
Waldrebe 137
Wasserpest 165
Blütenansatzstelle/Blütennarbe / scar left by flower 160
Blütenblatt (Architektur) / petal 484
Blütenboden / receptacle 133, 137, 140, 146, 147, 148, 152, 154–157
Blütenhüllblätter / tepals 149
Blütenknospen / flower buds 133, 135, 137, 149, 150, 161, 163, 165, 168, 169
Blütenpflanzen / flowering plants 63, 74, 76, 78, 132 ff
holzige / woody flowering plants 136
krautige / herbaceous flowering plants 134
Blütenstand / inflorescence 119, 146, 154, 168, 169
zusammengesetzter / compound inflorescence 137
zymöser / cyme 135
Blütenstandachse / rachis (of infloresnece) 119
Blütenstandform / type of inflorescence 135
Blütenstandstiel / peduncle/inflorescence stalk 135, 137, 146, 148, 149, 150, 154, 156, 160, 161, 168
Blütenstaub / pollen 148, 151
Blütenstiel / pedicel/flower stalk 119, 133, 137, 146, 147, 149, 152–157, 160, 163, 168
Blutgefäßdurchtrittsstelle / hole for blood vessel 99
Blutgefäße / blood vessels
Auge 579
Delphin 213
fetale 270
Flußkrebs 179
Frosch 188
Katzenhai 185
Knochenfisch 187
Mensch 244, 259, 262, 266, 579
mütterliche 270
Schmetterling 175
Spinne 176
Blutkörperchen / blood cells
rote / red 262, 263
weiße / white 262, 263
Blutpfropf / blood clot 263
Blutplasma / blood plasma *s. Plasma*
Blutplättchen / platelets 262, 263
Blutzellen / blood cells 227
BMW R/60 / BMW R/60 370
Boden
Geige, Gitarre / back 514, 516
Geschützkammer / floor 404
Squash / floor 537
Bodenbalken (Gitarre) / backstrut, transverse (guitar) 516
Bodenbretter (Schiff) / floor (boat) 388
Bodendekoration (Mosaik) / floor decoration (mosaic) 454
Bodenfeld (Schiffsschild) / reinforce (ship's hield) 380
Bodenfolgeradar / terrain-following radar 424
Bodenfreiheit / road clearance 364, 376
Bodenklappe / bottom door 562, 563
Bodenkontaktsonde / surface contact probe 59
Bodenmarkierung (Schwimmbecken) / bottom line (swimming pool) 530
Bodenplatte
Schiff / bottom plating/floor plate 400, 401
VW / floor pan 350
Bodenradar / ground radar 424
Bodenschätze / mineral resources 290–291
Bodenverankerung / floor anchor 413
Bodenwrange / floor plate/girder 401
Bodenzapfen / stalagmitic floor 294
Bogen
Angelhaken / bend 554
Architektur / arch 469–503
Bogenschießen / bow 540
Buchstabe / arch 449
Streicherbogen / bow 514, 515
Bogendreieckskolben / trilobate rotor 356
Bogenformen / forms of arches 488
Bogengang (Architektur) / arcade 497
Bogengänge (menschliches Ohr) / semicircular canals 252, 253
Bogenlaibung / intrados/soffit of arch 473, 488
Bogenrücken / extrados of arch 488
Bogenschenkel / haunch of arch 488
Bogenschießen / archery 540, 541
Bogenschraube / screw (of bow)
Baßbogen 515
Geigenbogen 514
Bogenschützen / archers 380
Bogensegment / cell (of vault) 489
Bogensignatur (Buch) / section/signature (book) 582, 583
Bogenstein / voussoir
Barock und Klassizismus 486, 487, 488
Bogen und Gewölbe 489
Renaissancegebäude 478
römische Gebäude 469
Bogenstreben / arched braces 477
Bogentür / arched doorway 478, 479
Bohne / bean 159
Bohrer / drill
Bohrmaschine 558–559
Feuerbohrer 115
Schiffsbau / auger 382
Bohrfutter / chuck 558, 559
Bohrfutterschlüssel / chuck key 559
Bohrfutterschlüsselloch / chuck keyhole 559
Bohrholz / wooden hearth 115
Bohrium / bohrium/unnilseptium 320
Bohrmaschine / drill(ing machine) 558–559
Bohrmine / bit 558
Bohrung (Blechblasinstrument) / tube (brass instrument) 510, 511
Bohrwinde / brace-and-bit 558, 559
Boing 747-400 / Boing 747-400 416
Bolson / bolson 292
Bolus(grund) / bole 436, 437
Bolzen
Anker / bolt 394
Architektur / pin/bolt 490, 503
Armbrust / bolt 540
Rigg / shank 390
Bolzenauge / lug 394
Bolzenbefestigung (Avro Biplane) / pin joint 411
Bolzengelenk (Architektur) / pin joint (architecture) 502
Bolzenloch / bolt hole 373
Bombenschachttrennwand / weapon-bay bulkhead 425
Bomber / bomber 424
Bomberg, David / Bomberg, David 435
Bonell, Mary / Bonell, Mary 452
Boötes / Boötes *s. Bärenhüter*
Bootsbauer / boatbuilder 382
Bootsbauerwerkzeug / boatbuilders' tools 382
Bootsbaum / boat boom 403
Bootsladebaum / boat handling derrick 402
Bootswinsch / boat winch 402
Bor / boron 321
Bordcomputer / on-board computer 416
Bordino-Dampfwagen / Bordino steam carriage 344
Bordturbine / auxiliary power unit (APU) 419, 421
Borealis Planitia / Borealis Planitia 35
Borke / bark 131, 136, 140

Borneo / Borneo 275
Börse von Philadelphia / Merchants' Exchange, Philadelphia 497
Borsten (Fühlborsten) / hairs (trigger hairs) 166
Borte / lace trim 346, 347
Bosse / cushion block 479
Bothriolepis / *Bothriolepis* 71
Boudinage / boudin 66, 67
Bovenblinde / sprit topsail 387
Bovist / puffball 120
Bowmansche Kapsel / Bowman's capsule 266, 267
Boxen
Autorennsport / pits 366
Kampfsport / boxing 548
Boxermotor / flat opposed piston engine 350, 370
Brachiosaurus / *Brachiosaurus* 94, 97
Brachylophosaurus / *Brachylophosaurus* 104
Brachyopoden / brachyopods 288–289
Bramante / Bramante 35
Bramstenge / topgallant mast 403
Brand des Londoner Parlaments / *Burning of the Houses of Parliament* 443
Brandpilze / smuts 120
Brandsohle / insole 560, 561
Brandungshöhle / sea-cave 305
Brandungstor / sea-arch 305
Brandungszone / swash zone 304
Brasilianisches Bergland / Brazilian Highlands 274
Brasilien / Brazil 341, 402, 403
Brasilstrom / Brazil Current 306
Brassavola nodosa / *Brassavola nodosa* 168
Brassblock / brace block 381
Brasse (Schiff) / brace (ship) 380, 385, 386
***Brassica* sp. (Kohl)** / *Brassica* sp. (cabbage) 138
Bratsche(n) / viola(s) 507, 508, 509, 515
Braunalgen / brown seaweed 122, 123
Braunkohle / brown coal/lignite 290
Brechschere (Löwengebiß) / carnassials 200
Brechscherenzahn (*Smilodon*) / carnassial (*Smilodon*) 113
Breiter Halsmuskel / platysma 239
Breitfußprofil / flat-bottom 341
Breitfußschiene / flat-bottomed rail 341
Breitreifen / wide tyre 377
Breitspur / wide gauge 341
Brekzie / breccia 286–287
Bremsankerplatte / brake back plate 350
Bremsbacke / brake shoe 335, 337, 368, 373
Bremsband / hub brake shoe 348
Bremsbelag / brake lining 360, 361, 373
Bremsbelüftung / brake duct 366, 367
Bremse / brake
Angel 554
Autos 344, 345, 360
Fahrrad 586, 587
Motorrad 372
Straßenbahn 342
Züge 335, 337, 340
Bremsflüssigkeit / brake fluid 373
Bremsflüssigkeitsausgleichsbehälter / brake fluid reservoir 373
Bremsgehäuse / disc drag housing 555
Bremsgestänge / suppressor 334, 335, 337, 347, 349
Bremsgriff / brake lever 587
Bremshalterung / brake mount 428
Bremshebel / brake lever 352, 369, 371, 377
Bremskappe / drag knob 555
Bremskappenschraube / drag knob screw 555
Bremskette (Lok) / brake actuating chain (locomotive) 337
Bremsklappe / air-brake 425, 430
Bremsklappenheber / air-brake jack 425
Bremskraftverstärker / brake booster/servo assistance unit 361
Bremsleitung / brake hose
Auto 361, 367
Flugzeug 412, 413, 418, 428
Bremsmomentstrebe / brake torque arm 372
Bremsmutter / tension nut/drag adjustment 354
Bremspedal / brake pedal
Auto 344, 347, 360,
Motorrad 371, 372, 376
Bremsplatte / brake plate 373
Bremssattel / calliper assembly
ARV Super 2 428
Eisenbahn 341
Motorrad 371, 372, 373, 376, 377
Bremsscheibe / brake disc
ARV Super 2 428
Auto 361
Eisenbahn 341
Bremsschlauch / brake hose 373, 377
Bremsslip / brake slip 403
Bremssteuerungssystem (Zug) / train control system 340
Bremsträger / brake backplate 360
Bremstrommel / brake drum 349, 350, 352, 360
Bremsweg / braking distance 341
Bremszahnbogen / brake quadrant 345
Bremszange / brake calliper 361
Bremszug / brake cable assembly 368, 369, 587
Bremszylinder / brake cylinder 337
Brennen (von Ton) / firing/baking 456, 458
Brennkammer / combustion chamber 423
Brennkammergehäuse / combustion chamber casing 422
Brennraum / combustion chamber 401
Brennraumverbindungsöffnung / port linking combustion chambers 352
Brennspiritus / denatured alcohol 458
Brenntemperatur / baking temperature 459
Bretterzaun / paling 481
Bright-Angel-Schiefer / Bright Angel shale 287
Brille (Reptil) / joined eyelids (reptile) 190
British Automobile Association / British Automobile Association 346
British Rail / British Rail 337
British Royal Automobile Club / British Royal Automobile Club 346
Brockenlava / blocky lava 283
Brokatweste (Fechten) / metal jacket (fencing) 549
Brom / bromine 321
Brombeere / blackberry 136, 152
Bromeliaceen (bromelicer) / bromeliads 168
Bromelie, aufsitzende / bromelia, epiphytic 168, 169
Bronchialnerv / bronchial nerve 264
Bronchien / bronchia/bronchial tubes 225, 264
Bronchiolen / bronchioles 264
Bronze(-Plastik) / bronze (work) 458, 459
Bronzeguß / bronze casting 456, 458–459
Brot (als Malutensil) / bread (for erasing pastels) 444
Bruch (Mineraleigenschaften) / fracture (mineral features) 280
Bruchfläche / fault plane 66
Bruchsteinmauerwerk / rubble masonry 467, 469
Brücke / bridge 405, 471, 538
Menschenkopf / pons (human head) 222, 246, 247
Wasserhyazinthe / isthmus (water hyacinth) 164
Brückenpfeiler / pier 497
Brüllaffe / howler monkey 213
Brust
Computertomographie / chest 224
Gorilla / chest 213
Insekten / thorax 174, 175
Löwe / chest 200
Mensch / breast/chest 221, 224
Pferd / breast 205
Brustbein / sternum
Elefant 211
Hase 203
Iguanodon 102
Känguruh 216
Mensch 221, 228
Pferd 205
Robbe 214
Toxodon 112
Triceratops 108
Vogel 195
Brustbohrer / auger 382
Brusthöhle / thoracic cavity 265
Brustknopf (Bohrwinde) / head (brace-and-bit) 559
Brustkorb-Thermogramm (Mensch) / thermogram of chest region (man) 224
Brustmuskel, großer / pectoralis major 236
Brustnerven / thoraic nerves 248
Brustpaß / chest pass
Basketball 530
Netball 533
Brustpolster / chest padding 543
Brustschwimmen / breaststroke 550, 551
Brüstung / parapet
Barock und Klassizismus 485, 487
indischer Tempel 495
islamisches Grabmal 493
Kuppel der Sorbonnekirche 490
Brüstungsgeländer / balustrade 487
Brüstungsmauer / parapet wall
Barock und Klassizimus 482, 485
Donjon 471
gotische Kathedrale 475, 476
Haus Savoye 498
Tower Bridge 497
Brustwarze / nipple 221
Brustwehr / parapet 385, 470
Brustwirbel / thoraic vertebra
Hase 203
Hauskatze 201
Känguruh 216
Krokodil 192
Mensch 232
Pferd 205
Rhesusaffe 212
Robbe 214
Schnabeltier 216
Brutbecher / gemma cup 124
Brutblatt / Mexican hat plant 160
Brutknospe / adventitious bud 160
Brutkörper / soredia 120, 124
Brutsproß / bulbil 160, 161
Bryce-Canyon / Bryce Canyon 286
Bryophyta / Bryophyta 124
***Bryum* sp.** / *Bryum* sp. 118
Buch / book 582–583
Buchbinden / bookbinding 582–583
Buchdecke / book cover 582
Buche / beech 120
Buchfink (Ei) / chaffinch (egg) 199
Buchmalerei / book illumination 436, 448
Buchrücken / spine/back of book 582, 583
Buchse / socket
Lampe 564
Telefon 569
Walkman 580
Bucht / bay
Fluß 301
Küste 305
Palstek, doppelter / armpit bight 396
Buddhismus (Architektur) / buddhism (architecture) 494
Budh Planitia / Budh Planitia 35
Budjonny (Pferd) / Budenny (horse) 207
Bug / bow
Linienschiff 389
Sportboot 533
Römerschiff / prow 380
Wikingerschiff / prow 383
Buganker / bower anchor 387
Bugatti TYP 57 S / Bugatti Type 57S 366
Bugbalken / headboard 389
Bugball / bowball 533
Bugbereich / bow section 400
Bügel
Rasenmäher / frame 575
Rigg / binding 391
Bügelgriff / bail handle 346
Bügelriemenschlaufe (Sattel) / surcingle (saddle) 577
Bugfahrwerk / nose-gear 420, 421, 424, 428, 429
Bugfahrwerksaufhängung / nose-leg mount 429
Bugfahrwerksschacht / nose-gear door 424
Bugflaggenstock / jack staff 402, 403
Bugrad / nose-wheel 406, 429, 430
Bugradbremse / nose-wheel brake 406
Bugrandhalterung / nose-gear mount 430
Bugreling / head rail 389
Bugspriet / bowsprit 380, 384, 386, 387, 388, 390, 401
Bugsprietbacken / bee (bowsprit) 387
Bugverkleidung / nose shell 430
Buhne / groyne 304
Bühne / stage 481
Bulbille / bulbil 160
Bulbus olfactorius / olfactory bulb 187
Bullauge / porthole
Architektur 491
Schiff 402, 403

Bullenkopfprofil / bullhead rail 341
Bully / face-off 542
Bund (Gitarre) / fret (guitar) 516
Bünde
Buch / ribs 582, 583
Gitarre / frets 516
Bündelpfeiler / compound pier 472, 473
Bundhose (Fechten) / breeches (fencing) 549
Bundmarkierungen / position dots 517
Bundsäule / stud 477
Bundstäbchen / fretwire 517
Bundstreifen (Gitarre) / binding (guitar) 516
Bunker (Golf) / bunker 538, 539
Buntglas (Mosaik) / vitreous glass (mosaic) 455
Buntglasfenster / stained-glass window 474
Buntstift / coloured pencil 434
Bunze (Buchstabe) / inner counter (letter) 449
Buon fresco / *buon fresco* 438
Burgen / castles 470
Busch / bush 136
Busen / breast 221
Busgesellschaft / operator (bus) 342, 343
bushel (Hohlmaß) / bushel (capacity measure) 588
Busse / buses 342, 343
Butluv / boomkin 388
Bütten, handgeschöpftes / handmade paper 449
Button (Bogen) / pressure button (bow) 540

C

C (Note) / C (note) 506, 507
C-Dur-Tonleiter / C major scale 506
C-Säulenverkleidung / rear quarter trim panel 362
C-Schlüssel / C clef *s. Altschlüssel*
C-Takt / common time *s. Viervierteltakt*
Cactaceae / Cactaceae 162
Cadmium (=Kadmium) / cadmium 321
Caecotrophie (=Koprophagie) / coprophagy 202
Caelum / Caelum 18
Caernarvon (Burg) / Caernarvon Castle 470
Calcit / calcite 294, 295, *s. auch Kalziumkarbonat, Calciumcarbonat*
Gesteine 287
in Mineralen 279
Mohs-Skala 281, 285
Tropfsteinhöhlen 294, 295
Calcitplättchen / calcite ossicles 180
Calcium (=Kalzium) / calcium 320
Erdkruste 64
im Meerwasser 306
Calciumcarbonat / calcium carbonate 323
Calciumhydroxid / calcium hydroxide 323
Caldera / caldera
Erde 282, 285, 303
Marskrater 42
Californium / californium 321
***Calliactis parasitica* (Schmarotzerrose)** / *Calliactis parasitica* (parasitic anemone) 172
Calorisbecken / Caloris Basin 34–35
***Calypte helenae* (Hummelkolibri)** / *Calypte helenae* (bee hummingbird) 199
Camarasaurus / *Camarasaurus* 97
***Camellia japonica* (Kamelie)** / *Camellia japonica* (camellia) 143
***Camelus ferus* (Kamel)** / *Camelus ferus* (camel) 205
Campbell / Campbell 41
Camptosaurus / *Camptosaurus* 76, 103
Cancer / Cancer *s. Krebs*
Canes Venatici / Canes Venatici *s. Jagdhunde*
***Canis familiaris* (Haushund)** / *Canis familiaris* (dog) 301
Canis Major / Canis Major *s. Großer Hund*
Canis Minor / Canis Minor *s. Kleiner Hund*
Cannondale SH600 (Hybridfahrrad) / Cannondale SH600 (hybrid bicycle) 369
Cannondale ST100 (Tourenrad) / Cannondale ST100 (touring bicycle) 369
Cañon / canyon 292, 293
Canopus (Stern) / Canopus (star) 15
Cansonpapier / canson paper 445
Cantilever-Hinterradbremse / rear cantilever brake 586
Cantilever-Sockel / cantilever brake boss 587
Cantilever-Vorderradbremse / front cantilever brake 587
Canyon / canyon 286, 287
Cape Royal / Cape Royal 287
Capella / Capella 18, 21
Capricornus / Capricorn *s. Steinbock*
Carapax / carapax 178, 179
Carbonate (=Karbonate) / carbonates 279
***Carduus tenuiflorus* (Distel)** / *Carduus tenuiflorus* (slender thistle) 135
Carina
Entenmuschel / carina plate 179
Sternzeichen / Carina *s. Schiffskiel*
Carinalhöhle (Schachtelhalm) / carinal channel (horsetail plant) 126
Carmelschicht / Carmel formation 286
Carnallit / carnallite 281
Carnivor / carnivore/predatory
Reptilien 192
Saurier 76
Carnivora (= Raubtiere) / carnivora 200
Carpalia / carpals 189
Carpus / carpus 178, 179
Carraramarmor / Carrara marble 457
Carwardine, George / Carwardine, George 564
Casa de las Conchas (Architektur) / Casa de las Conchas (architecture) 480
Casa del Fascio (Architektur) / Casa del Fascio (architecture) 499
Cäsium / caesium 320
Cassinische Teilung / Cassini division 46–47
***Castanea sativa* (Eßkastanie, Edelkastanie)** / *Castanea sativa* (sweet chestnut) 142, 150, 156
Casting / casting 554
Castor / Castor 18, 21
***Castor canadensis* (Kanadischer Biber)** / *Castor canadensis* (American beaver) 203
Catena / catena 380
Catharina / Catharina 40
Cathaysia / Cathaysia 71
Caudofemoral-Muskel / caudo-femoral muscle 103
Cauliculus / cauliculus 464
***Caulophryne jordani* (Anglerfisch)** / *Caulophryne jordani* (anglerfish) 186
Cavea / cavea 469
Cayley, George / Cayley, George 406
CD-ROM / CD-ROM 578–579
Laufwerk 578
Player 579
Programm 578, 579
Cella / cella 464, 465, 467, 489
Celli / cellos 507, 508, 509
Cello / cello 515
Celsius (Grad) / centigrade, Celsius degree 588
Cembalo / harpsichord 518, 525
***Centaurium erythraea* (Echtes Tausendgüldenkraut)** / *Centaurium erythraea* (common centaury) 150
Centaurus / Centaurus *s. Zentaur*
Centaurus A (Radiogalaxie) / Centaurus A (radiogalaxy) 13
Center (Basketball) / centre 530
Centre Pompidou / Centre Pompidou 500, 501
Centriole / centriole 227
Cephalaspis / *Cephalaspis* 71
Cephalopoda / Cephalopoda 182
Cephalothorax / cephalothorax 178, 179
Cer / cerium 320
Cerapoda / Cerapoda 89
Ceratopsia / Ceratopsia 89
Ceratopsiden / ceratopsids 106, 109, 110
Ceratosauria / Ceratosauria 89
Ceraunius Tholus / Ceraunius Tholus 43
Cercidyphyllum / *Cercidyphyllum* 78
***Ceropegia woodii* (Leuchterblume)** / *Ceropegia woodii* (string of hearts) 163
Cerrusit / pyromorphite 279
***Cervus elephas* (Rothirsch)** / *Cervus elephas* (red deer) 205
Cetacea / Cetacea 214
Cetiosaurus / *Cetiosaurus* 97
***Cetorhinus maximus* (Riesenhai)** / *Cetorhinus maximus* (basking shark) 185
Cetus / Cetus *s. Walfisch*
Chaff-Dreifachraketenwerfer / triple "chaff" rocket launcher 405
Chalcedon / chalcedony 281
Charon / Charon 50
Chassis / chassis/framework
Auto 344, 347
Rasenmäher 574, 575
Chassis-Aufhängung (Mondfahrzeug) / chassis support bracket 58
Chaya / chajya 493
Cheiracanthus / *Cheiracanthus* 71
Cheirolepis / *Cheirolepis* 71
Chela / chela 176
Chelicere / chelicera 176, 177
Chelonia / Chelonia 192
Chemie / chemistry *s. Physik und Chemie*
Chemikalienbehandlung (Bronze) / treating with chemicals (bronze) 459
Chemische Eigenschaften / chemical properties 318
Chepreschkrone / Kepresh crown 462
Chert-Schicht / Chert formation 287
Cherub / cherub 476
Chi 1 Orionis / Chi 1 Orionis 18
Chi 2 Orionis / Chi 2 Orionis 18
Chiastolith-Hornfels / chiastolite hornfels 285
Chiastolith-Kristall / chiastolite crystal 285
Chihuahua-Wüste / Chihuahuan Desert 274–275
Chile / Chile
Spurweite 341
China / China
Architektur 494
im Devon 71
im Karbon 72, 73
im Ordovizium 70
Kalligraphie 448
Marginocephaliervorkommen 106
Ornithopodenvorkommen 102
Spurweite der Eisenbahn 341
Chinaborstenpinsel / hog hair brush 446
Chinacridonrot / quinacridone red 446
Chinesischweiß / Chinese white 442
Chinle-Schicht / Chinle formation 286
Chirostenotes / *Chirostenotes* 93
***Chlamydomonas* sp.** / *Chlamydomonas* sp. 122
Chlor / chlorine 321
Chlorid im Meerwasser / chloride in seawater 306
Chlorophyceae / Chlorophyceae 122
Chlorophyll / chlorophyll 122, 144, 145, 168
Chlorophyllkörper / plastid, chloroplast 122
spiralig gewundener 123
Chloroplast / chloroplast 118, 144, 145, 168
Chloroplastenhülle / chloroplast envelope 145
Choane / pterygoid hamulus 230
Choanocyte / choanocyte 172, *s. auch Kragengeißelzelle*
Choke / choke 371
Chondrichthyes / Chondrichthyes 184
Chong Ch'ol / Chong Ch'ol 35
Chons / Chons 462
Chor (Architektur) / choir (architecture) 473, 474, 476
Chorgestühl / choir-stall 474
Chorhaupt / chevet 473
Chorion / chorion 270
Chorionallantoismembran / chorioallantoic membrane 198
Chrom 320
Bodenschätze / chromium 291
Auto / chrome 351, 357
Chrom-Zierleiste / chrome trim strap 351
Chromationen / chromate ions 322
Chromosphäre / chromosphere 32–33
Chromoxid / chromium oxide 322
Chrompassivierung / chrome passivation 358
Chromschicht / chrome plating 357
***Chrysanthemum morifolium* (Gärtnerchrysantheme)** / *Chrysanthemum morifolium* (florist's chrysanthemum) 135
Chryse Planitia / Chryse Planitia 43
Chrysler Building / Chrysler Building 499
***Chrysocyon brachyurus* (Mähnenwolf)** / *Chrysocyon brachyurus* (maned wolf) 201

***Ciconia ciconia* (Weißstorch)** / *Ciconia ciconia* (white stork) 194
Cierva, Juan de la / de la Cierva, Juan 426
Cinabrese(Zinnober mit Bleiweiß) / cinabrese (vermilion and lead white) 437
Cirque Napoleon / Cirque Napoleon 483
Cirripedia / Cirripedia 178
Cirrocumulus-Wolken / cirrocumulus clouds 312
Cirrostratus-Wolken / cirrostratus clouds 312
Cirrus / cirrus
Entenmuschel 179
Wolken 312, 313
Cis (Note) / C sharp/cis (note) 507
***Citrus limon* (Zitrone)** / *Citrus limon* (lemon) 154
Cladonia floerkeana / *Cladonia floerkeana* 120
Cladonia portentosa / *Cladonia portentosa* 120
Claves (Rumbastäbchen) / claves 521
Clavius / Clavius 40
Clavus / clavus 381
Cleithrolepis granulatus / *Cleithrolepis granulatus* 75
Cleithrum / clavicle 187
***Clematis montana* (Waldrebe)** / *Clematis montana* (clematis) 136, 137
***Clematis* sp.** / *Clematis* sp. 143
Cleomedes / Cleomedes 40
Cleopatra Patera / Cleopatra Patera 37
Clitoris / clitoris 268
Clubhaus / clubhouse
Golf 538
Rennparcours 547
Clypeaster / *Clypeaster* 289
Cnidaria / Cnidaria 172–173
Cnidocil / cnidocil 173
Cnidocyten (Nesselzellen) / cnidocytes (stinging cells) 172
Cobalt (=Kobalt) / cobalt 321
Coccosteus / *Coccosteus* 71
Cockpit / cockpit
Flugzeug 411, 412, 425, 428, 429, 430
Rennwagen 366
Segelboot 553
Space-Shuttle 56
Cockpitklimaanlage / cockpit air-conditioning 420
Cockpittürverkleidung / cockpit door panel 412
Cockpitwindschutzscheibe / cockpit windscreen 413
Coconino-Sandstein / Coconino sandstone 286
***Cocos nucifera* (Kokosnuß)** / *Cocos nucifera* (coconut) 141
***Codiaeum variegatum* (Wunderstrauch)** / *Codiaeum variegatum* (croton) 142
Coelodonta / Coelodonta 83, 110
Coelomatisches Kanalsystem / coelomatic canal system 180
Coelophysis / *Coelophysis* 75
Coelurus / *Coelurus* 93
Coenokarper Fruchtknoten / syncarpous gynoecium 146
Coleoptera / Coleoptera 174
Coleridge / Coleridge 35
Colette / Colette 37
***Coleus* sp. (Buntnessel)** / *Coleus* sp. 140
Colon / colon
Mensch *s. Krummdarm*
Verdauungssystem der Kuh 204
Colorado River / Colorado River 63, 287
Colorverglasung / tinted glass 343
Columba / Columba 18, 21
Coma Berenices / Coma Berenices 18, 21
Compacta / compact bone 234
Compsognathus / *Compsognathus* 76
Compton / Compton 41
Computer / computer
CD-ROM 578, 579
Musik 524, 525
Computer-Hardware / computer hardware 579
Computergraphik / computer design 420
Computer-Software (Musik) / computer software (music) 524
Computersteuerung / computer control
People Mover 338
Zündsysteme 354
Computertomographie (CT) / CT scan 224
Comtois / Comtois 208
Concorde / Concorde 420, 421
***Condylactis*-Seeanemone** / *Condylactis* sea anemone 172
Condylus / condyle
Bärenschädel 200
Löwenschädel 200
Condylus occipitalis / occipital condyle
Bärenschädel 200
Löwenschädel 200
Smilodon 113
Toxodon 112
Congas / congas 522, 523
Coniferophyta / Coniferophyta 128
Constratum (Deck) / constratum (deck) 381
Cooksonia / *Cooksonia* 62
Cooksonia hemisphaerica / *Cooksonia hemisphaerica* 70
Copernicus / Copernicus 40
Copilotenplatz / copilot's seat 420
Coprates Chasma / Coprates Chasma 43
Cor Caroli / Cor Caroli 18, 21
Coracoid / coracoid 195
***Corallina officinalis* (Korallenmoos)** / *Corallina officinalis* (coralline) 123
Corbita / corbita 380
Cordaites / Cordaites 73
Cordoba / Cordoba 488
Coriolis-Kraft / Coriolis force 306–307, 310
Corniche / cornice 471
Corona Australis / Corona Australis 19
Corona Borealis / Corona Borealis 18, 21
Cortisches Organ / organ of Corti 253
Corvus / Corvus *s. Rabe*
***Corvus corone* (Rabenkrähe)** / *Corvus corone* (carrion crow) 199
***Corynactis viridis* (Juwelanemone)** / *Corynactis viridis* (jewel anemone) 172
Corythosaurus / *Corythosaurus* 102, 104
Coucy-le-Château / Coucy-le-Château 471
Coulomb (Ladungseinheit) / coulomb (unit of charge) 326
Cowpersche Drüsen / bulbuurethral gland 269
Coxa / coxa
Insektenbein 174
Krebsbein 179
Skorpionbein 176
CQR-Anker (Pflugscharanker) / CQR anchor (plough anchor) 394
Craqueluren / craquelures 437
Crash-Becken / crash cymbal 522
Crashverhalten / impact-resistance 358
Crew / crew 419
Crewmitgliedplatz / seat for crew member 420
Crista sagittalis / sagittal crest
Bärenschädel 200
Löwenschädel 200
Smilodon 113
Crocodilia / Crocodilia 192
***Crocodylus niloticus* (Nilkrokodil)** / *Crocodylus niloticus* (Nile crocodile) 192
***Crossandra nilotica* (Fransenbeutel)** / *Crossandra nilotica* (crossandra) 151
Crown Gateway 2 / *Crown Gateway 2* 452
Cruck-Frame / cruck frame 470
Crus commune (Mündungsbereich der Bogengänge im Ohr) / common crus 253
Crusafontia / *Crusafontia* 62
Crustacea / Crustacea 178
Crux-Centauris-Arm / Crux-Centaurius-Arm 14
Cubic foot / cubic foot 588
Cubic yard / cubic yard 588
***Cucumis melo* (Melone)** / *Cucumis melo* (charentais melon) 155
Cugnot-Dampfwagen / steam-powered Cugnot 344
Cumulonimbus-Wolken / cumulonimbus clouds 312
Cumulus-Wolken / cumulus clouds 312
Cup-Dämpfer / cup mute 511
***Cupressus glabra* (Glatte Arizona-Zypresse)** / *Cupressus glabra* (smooth cypress) 129
Cupula / cupule 156
Curium / curium 321
Curtiss Model-D Pusher / Curtiss Model-D Pusher 406, 407
Curtiss, Glen / Curtiss, Glen 406
***Cuscuta europaea* (Teufelszwirn)** / *Cuscuta europaea* (dodder) 169
Cuticula / cuticle 84, *s. auch Kutikula*
Cutty Sark / *Cutty Sark* 400
Cyanobakterien / cyanobacteria 62
Cyanotrichit-Kristalle / cyanotrichite crystals 279
Cycadeen / cycads 289
Cycadophyta / Cycadophyta 128
***Cycas* (Palmfarn)** / *Cycas* (cycad) 74, 129
Cycas revoluta / *Cycas revoluta* 74, 129
Cyclostomata / Cyclostomata 184
Cygnus / Cygnus *s. Schwan*
Cyrillus / Cyrillus 40
Cytoplasma / cytoplasm 226, 227
Cytoplasmafortsätze / microvilli 226
Cytosin / cytosine 226

D

D (Note) / D (note) 506
D'Alembert / D'Alembert 41
D'Ivry, P. Constant / D'Ivry, P. Constant 482
D-Orbital / d-orbital 318, 320–321
D-Ring / dee 576, 577
D-Saite / D string 516
Dachbalken / roof beams 494
Dachboden / loft, attic 481, 483
Dachfenster / lucarne / dormer window / skylight 490, 497, 498
Dachgalerie Renault 1906 / luggage grid Renault 1906 346
Dachgebälk (klassizistisch) / entablature (neoclassical) 486
Dach(gepäck)träger / roofrack 364, 365
Dachgiebel / dormer head/gable 497
Dachkante / verge (of roof) 496
Dachkehle / furrow (of roof) 496
Dachlatte / lath 468
Dachleiste / roof moulding 362
Dachlüfter / roof vent 339
Dachluke / roof hatch 365
Dachpaßstück / roof trim 412, 413
Dachpavillon / roof pavilion 492, 493
Dachrahmen / canopy frame 429
Dachrinne / eaves 465, 466, 468, 481, 486, 490, 494, 496, 503
Dachschwelle / pole plate 496
Dachwölbung / roof dome 342, 343
Dachzelt (Pinzgauer) / rooftop tent (Pinzgauer) 364
Dachziegel / roof tile 468, 486, 490
Dachzugang / step for roof 365
Dacron / Dacron
Bogensehne 540
Drachenbespannung 430
Segel 392
Dactylus / dactylus 178, 179
Dagoba / dagoba stupa 494, 495
Daimler, Gottlieb / Daimler, Gottlieb 344
Daimler-Doppelscheibenmotor / Daimler double-sleeve valve engine 353
Dakota-Sandstein / Dakota sandstone 286
Dammarharz / dammar resin 440
Dämmtafel / insulating panel 501
Dampf / steam/vapour
Aggregatzustand des Wassers 317
Dampfwagen 344, 352
Lok 334, 335
Dampfabzug / chimney (steamer car) 344
Dampfbarkasse / steam launch 402
Dampfblasen / bubbles of steam 317
Dampfboot / steamboat 399
Dampfdom / steam dome 335
Dampfdruckmesser / steam chest pressure gauge 335
Dämpfer
Blasinstrumente / mute 510, 511
Bugfahrwerk / damper 429
Klavier / damper 518
Motorrad / damper 372
Schlagzeug / damper 522
Squash / telltale/tin 537
Dämpferarm (Klavier) / damper lever (piano) 518
Dämpferfilz (Klavier) / muffler felt (piano) 518
Dämpferlager / shock-strut bearing 418
Dämpferleiste (Röhrenglocken) / damper bar 520

Dämpferpedal / damper pedal 520, 521
Dämpferpuppe / damper 518
Dampferzeuger / steam generator 324
Dampfgenerator / steam generator 352
Dampfgräting / steam grating 388
Dampfheizung / steam heating 335
Dampfkessel / boiler
Dampfwagen / haystack boiler (steamer car) 344
Raddampfer / box boiler (paddlesteamer) 400
Dampfkondensator / steam condenser 405
Dampfleitung / steam pipe
Dampfwagen 345
Schiff 405
Dampflokomotiven / steam locomotives 334–335
Dampfmaschine / steam engine
Dampfwagen 344
Schiff 398, 400
Dampfpfeife / steam whistle 400
Dampfverteilerventil / steam distributor valve 344
Dampfwagen / steamer/ steam car(riage) 344, 352
Dampfzuführungsleitung / steam pipe 344
Dampfzylinder / steam cylinder, oscillating 398
Dan (Judo) / dan (judo) 548
Danforth-Anker / Danforth anchor 394
Danilowa / Danilowa 36
***Darlingtonia californica* (Kobrapflanze)** / *Darlingtonia californica* (cobra lily) 166
Darm / intestines, guts
Delphin 215
Echse 191
Elefant 210
Flußkrebs 179
Frosch 188
Gallimimus 92
Hauskatze 201
Katzenhai 185
Knochenfisch 187
Kuh 204
Schildkröte 193
Schimpanse 212
Schmetterling 175
Darmbein / ilium/iliac bone
Archaeopteryx 91
Arsinoitherium 111
Diplodocus 96
Eryops 87
Euoplocephalus 100
Gallimimus 92
Iguanodon 102, 103
Mensch 228
Parasaurolophus 104
Plateosaurus 94
Stegoceras 106, 107
Stegosaurier 99
Struthiomimus 93
Toxodon 113
Tyrannosaurus 90
Darmbeinarterien / iliac arteries 263
Darmbeinkamm / iliac crest 234, 235
Darmbeinmuskel / iliacus muscle 235
Darmbeinschaufel / iliac fossa 234
Darmbeinstachel / iliac spine 234
Darmzotten / villi 258
Darstellung des Jesusknaben im Tempel / *Presentation in the Temple* 437
Darwin / Darwin 43
Dateneingabe / data entry pad
Musikcomputer 525
Synthesizer 524
***Daucus carota* (Karotte, Möhre)** / *Daucus carota* (carrot) 134, 138
Dauerlaufschuh / running shoe 535
Dauerliegeranker / permanent mooring anchor 394
Dauermagnet / permanent magnet 327
Daumen / thumb
Mensch 221, 240, 241
Vogelflügel / first digit 197
Daumenabspreizer, kurzer / abductor pollicis brevis muscle 241
Daumenanzieher / adductor pollicis muscle 241
Daumenbeugemuskel, kurzer / flexor pollicis brevis muscle 241
Daumendorn / thumb-spike 102
Daumengegensteller / opponens pollicis muscle 241
Daumenklaue / thumb-spike
Apatosaurus 89
Baryonyx 89, 91
Massospondylus 89, 95
Plateosaurus 94
Daumenkralle / thumb-spike
Anchisaurus 95
Iguanodon 103
Daumenloch (des Segelmacherhandschuhs) / thumb-hole (of sailmaker's palm) 392
Daumenraste / thumb hook 510
Daunenfedern / down (feathers) 199
Davit / davit 387, 403
De la Rue / De la Rue 40
Dear-Hopper-Trockenfliege / deer hopper dry fly 555
Dechsel / broad axe 382
Deck / deck 381
Deckblatt (Pflanze) / bract 119, 133, 135, 137, 149, 150
Decke (Geige) / belly 514
Deckel
Konzertflügel / lid (grand piano) 519
Laubmoos / operculum/lid (moss) 125
Öleinfüllstutzen / cap (oil filter) 337
Schlauchpflanze / hood/lid (pitcher plant) 119, 167
Deckelreif (Uhr) / bezel 565
Deckenbalken (Gitarre) / bracing (guitar) 517
Deckenbeleuchtung / overhead lighting 339
Deckend(er Farbauftrag) / opaque (paint) 447
Deckenpappe (Buch) / cover board (book) 582, 583
Deckenträger / floor beam 300
Deckfedern / coverts 194, 197
Deckflügel / elytron (pl. elytra) 174
Deckgrund / ground (printmaking) 451
Deckhaar (Mammut) / coat (mammoth) 113
Decklappen (Qualle) / hood (jellyfish) 173
Decklaterne / deck lantern 400
Decksbalken / deck beam 380, 388, 398, 401
Deckschichtstratum / topset strata 293
Deckschuppe / bract scale 128
Decksohle (Schuh) / inner sock (shoe) 560, 561
Decksplanken / deck planking 401
Decksreling / deck rail 381
Decksrippe / ledge 389
Deckweiß / opaque white/Chinese white 437, 442
Deckworp / wing transom 389
Decorated Style / Decorated Style 474
Deflationswanne / deflation hollow 293
Degas / Degas 34
Degas, Edgar / Degas, Edgar 445
Degen / epee 548, 549
Degenfechter / epeeist 549
Deimos / Deimos 42
Deinonychus / *Deinonychus* 78, 79
Deinotherium / *Deinotherium* 83
Dekaliter (dal) / decalitre (dal) 588
Dekla Tessera / Dekla Tessera 37
Delphin
Schwimmen / butterfly 550, 551
Sternbild (=Delphinus) / Dolphin (=Delphinus) 19, 20
Waltier / dolphin 214–215
Wasserspringen / inward dive 550, 551
***Delphinium orientalis* (Orientalischer Rittersporn)** / *Delphinium orientalis* (Oriental larkspur) 147
***Delphinium* sp. (Rittersporn)** / *Delphinium* sp. (larkspur) 157
Delphinschwimmen / butterfly 550, 551
Delphinus / Delphinus *s. Delphin (Sternbild)*
Delta (Fluß) / delta (river) 276, 277, 298, 299, 300, 301, 304
Delta Andromedae / Delta Andromedae 19
Delta Crucis / Delta Crucis 21
Delta Hydri / Delta Hydri 20
Deltaband / deltoid ligament 242
Deltaflügel / delta wing 420
Delta-Ring / delta ring 48
***Deltic* (Diesellok)** / *Deltic* (diesel-electric locomotive) 336
Demonstrationsmelodien / demonstration tunes 524
Dendrit (=afferente Bahn) / dendrite 249
Dendritenast / branching dendrites 248
dendritisch / dendritic
Metalle 278
Stromgebietsform 298
Deneb / Deneb 19, 20, 23
Deneb Algedi / Deneb Algedi 19, 20
Deneb Kaitos / Deneb Kaitos 19, 20
Denebola / Denebola 18, 21
Denken / thought 246
Dentale / mandible
Bär 200
Elefant 211
Hase 203
Löwe 200
Robbe 214
Schimpanse 212
Smilodon 113
Knochenfisch / dentary 187
Deperdussin, Armand / Deperdussin, Armand 408
Der verlorene Sohn / *The prodigal son* 506
Deslandres / Deslandres 40
Desoxyribonukleinsäure (DNS) / deoxyribonucleic acid (DNA) 145, 226
Destillationsgerät / distiller 405
Deuteriumkern (Hauptreihensterne) / deuterium nucleus (main sequence stars) 22
Deutscher Barock / German baroque 486
Deutscher Werkbund / Deutscher Werkbund 499
Deutschland (Architektur) / Germany (architecture) 469, 482, 488, 496, 499
Devon / Devonian period 62, 70, 71, 84, 86, 289
Devon-Elritze / Devon minnow 555
Dextrale Seitenverschiebung / dextral strike-slip 67
Dezidualplatte / decidual plate 270
Deziliter (dl) / decilitre (dl) 588
Dhau / dhau 384
Diabas-Gang / diabase sill 287
Diagonalabspannung / diagonal bracing 409
Diagonalstrebe / diagonal strut 407
Diagonalstreben (Rennboot) / diagonal frame 352
Diagonaltörn / diagonal turn 396
Diamant / diamond 321
Eigenschaften 280
Minerale 278
Mohs-Skala 281
Diamantquader / diamond-shaped block 479
Diamantwetzstein / diamond whetstone 456
Diaphragma / diaphragm 212
Diastema / diastema 112
Diastole / diastole 260
***Diceros bicornis* (Spitzmaulnashorn)** / *Diceros bicornis* (black rhinoceros) 205
Dichromation / dichromate ions 322
Dichte (Wasser) / density (water) 306
Dichtkolben / junk ring 333
Dichtleiste / seal (apex seal) 337
Dichtring / seal ring
Mid-West-Wankelmotor 413
Pratt & Whitney Turbofan 423
Dichtrinne / seal groove 413
Dichtstreifen / seal spring (side seal spring) 337
Dichtung / seal
Auto 337
Mid-West-Wankelmotor 413
Dickdarm / colon
absteigender / descending colon 259
aufsteigender / ascending colon 259
Brachiosaurus 96
Euoplocephalus 100
Mensch 259
Dickkopfechsen / pachycephalosaurs *s. Pachycephalosaurier*
Dicksonia antarctica / *Dicksonia antarctica* 76, 118
Dicodyledoneae / Dicotyledoneae 132
Dicoelosia bilobata / *Dicoelosia bilobata* 71
Dicyothris / *Dicyothris* 288
***Didelphis virginiana* (Opossum, Beutelratte)** / *Didelphis virginiana* (opossum) 217
Diebstahlsicheres Schloß / pick-proof lock 368
Diederspiegel / dihedral mirror 58
Dienst(bündel) / vaulting shaft 472, 473
Diesel, Rudolf / Diesel, Rudolf 336
Dieselantrieb / diesel power/drive 334
Dieselelektrischer Antrieb / diesel-electric drive 336, 337
Dieselkraftstoff / diesel oil 336

Dieselloks / diesel locomotives 336–337
Dieselmotor / diesel engine
Auto 352, 356
Lok 336, 337
Differentialgehäuse / differential housing 348
Diffusor / diffuser 366
Diffusorrohr / diffuser pipe 423
Digiti / digits *s. auch Fingerstrahl/ Finger(knochen)/Zehen(knochen)*
Delphin 214
Känguruh 217
Ratte 202
Robbe 214
Vogel 195
Dikotyledonenblüte / dicotyledonous flower 132
Dikotyledonenwurzel / dicotyledonous root 133
Dikotylenblatt / dicotyledonous leaf 132
Dikotylenspróß, holziger / dicotyledonous stem, woody 133
Dilsea carnosa / *Dilsea carnosa* 123
Dimetrodon loomisi / *Dimetrodon loomisi* 73
Dinosaurier / dinosaurs 62, 63, 74–80, 86, 88–110, 289
Dinosaurierstammbaum / dinosaur cladogram 89
Diode / diode 569
Dion, Albert / Dion, Albert 344
Dionae muscipula **(Venusfliegenfalle)** / *Dionae muscipula* (Venus fly trap) 166
Dione / Dione 46
Diopter-Zielvorrichtung / peep sight (rifle sight without magnifying glass) 541
Diplodocus / *Diplodocus* 76, 94, 96, 97
Diprotodon / *Diprotodon* 82
Dirigent / conductor 508, 509
Dirigentenpult / conductor's stand 509
Dirk (Schiff) / topping lift (ship) 380, 385, 388
Discovery Rupes / Discovery Rupes 35
Diskantnote / treble note 519
Diskantsteg / treble bridge 518
Diskettenlaufwerk / floppy-disc drive 525
Diskordanz / disconformity 286
ohne / unconformity 286
Diskus / discus 334
Diskusanlage / discus fan 334
Diskusring / discus circle 334
Diskuswurf / discus throw 335
Display / display 524, 525
Displayhalterung / display holder 581
Dissoziation / dissolvation 322
Distanzring
Fahrrad / collar 586
Kamera / spacer 585
DNA / DNA *s. Desoxyribonukleinsäure*
Dobro-Resonator / Dobro Resonator 517
Docht / wick 364
Dodekaeder(-Geschoß) / dodecahedral floor 471
Dogleg (Golf) / dogleg 538
Dolchzähne, gesägte / curved teeth, serrated 91
Dolinen / doline 294–295
Dollbord / saxboard 553
Dollenstift / adjusting screw 552
Dollenverschluß / gate clamp 552
Dolomedes fimbricatus **(Gerandete Jagdspinne)** / *Dolomedes fimbricatus* (raft spider) 177
Dom von Florenz / Florence Cathedral 479, 491
Donatello / Donatello 457
Donjon / donjon/keep 470, 471
Donpferd / Don 207
Doppel (Rückschlagspiele) / doubles (racket sports) 536, 537
Doppel-B / double flat 506
Doppeldecker
Bus / double-decker 342
Flugzeug / biplane 410–411, 412
Doppeldecker-Reisebus / double-decker tour bus 343
Doppeldeckerbusse / double-decker buses 342
Doppeldribbel (Schiedsrichterzeichen) / illegal dribble (referee's signal) 531
Doppelganze (Note) / breve (note) 506
Doppelkolbenmotor / double piston engine 352
Doppelkontrast-Röntgenbild / double contrast X-ray 224
Doppelkreuz / double sharp 506
Doppelpaddel / double paddle 552
Doppelpilaster / double pilaster 480, 485, 487, 495
Doppelplanetensystem / double-planet system
Erde 38
Pluto 50
Doppelpoller / twin bollards 394, 395
Doppelrohrblatt / double reed 512
Doppelruder / twin rudder 380
Doppelt dreizähliges Blatt / biternate leaf 143
Doppelt gefiedertes Blatt / bipinnate leaf 143
Doppelturmtor / two-towered gate 471
Doppelung (Segel) / luff cloth 392
Doppelverglasung / double-glazed window 339
Doppelzentner (dz) / double centner/quintal 588
Doppelzweier (Skullboot) / double scull 553
Doppler / Doppler 41
Dorado / Dorado 21
Dorische Halbsäule / Doric half-column 468
Dorische Ordnung / Doric order 464
Dorische Säule / Doric column 464, 465
Dorisches Gebälk / Doric entablature 464
Dorisches Kapitell / Doric capital 464
Dorn / spine
Nesselzelle 173
Pflanzen 119, 122, 135, 137, 162
Dornfortsatz (Wirbelsäule) / neural spine
Brachiosaurus 96
Euoplocephalus 101
Iguanodon 102
Knochenfisch 186
Pachycephalosaurier 106
Parasaurolophus 104
Plateosaurus 95
Stegoceras 107
Stegosaurier 99
Struthiomimus 93
Triceratops 108
Tyrannosaurus 91
Dosimetertasche / dosimeter pocket 57
Dotter / yolk 198
Dottersack / yolk sac 198
Down-Quark / down quark 319
Dox-Sandstein / Dox sandstone 287
Drache (=Draco, Sternbild) / Dragon (=Draco) 19, 20
Drachen(flieger) / hang-glider 430
Drachenkopf am Bug / dragon prowhead 382
Drachenkörperbeutel / hang-glider body-bag 430
Draco / Draco *s. Drache*
Draggenanker / grapnel-type anchor 384
Draht / wire
Bohrer 558
Elektrizität 327
Telefon 569
Walkman 580
Drahtfächer (Jazzbesen) / wire bristles (wire brush) 523
Drahtgeflecht hydraulischer Schlauch / steel braiding (hydraulic hose) 377
Wachsmodell / wire armature (wax model) 458
Drahtreifenrad / wire wheel 345
Drahtschutzgitter (Toaster) / end element wire guard (toaster) 572, 573
Drahtseile / wire ropes 390
Drahtseilstag / iron wire stay 400
Drahtsiebkissen / wire gauze pad 352
Drahttalje / purchase wire 402
Drahtwicklung (Stromgenerator) / coil of wire (electric generator) 327
Dram (dr) / dram (dr) 588
Dravidabekrönung / Dravidian finial 495
Dravidastil / Dravidian style/order 494
Dreadnought / *Dreadnought* 402
Drehachse (Astrolabium) / pivot (astrolabe) 385
Drehanschlag / droop stop 426, 427
Drehbewegung / rotary motion 352
Drehbolzen / pivot bolt 369
Drehdolle / gate (scull) 552
Drehgelenk / pivot (joint)
Lampe 565
Motorrad 373
Drehgestell / bogie 335, 336, 337, 341
Drehgestellachse / bogie axle 336
Drehgestellrahmen / bogie frame 337
Drehgriffschaltung / twist grip gear change 371
Drehklappen (Vibraphon) / fan (vibraphone) 521
Drehkolbenmotor / rotary-piston engine 352, 356, *s. auch Wankelmotor*
Drehkreuz (Fahrrad) / spider (bicycle) 368
Drehkurbelgriff / turning handle 559
Drehmoment / torque 426
Drehmomentabnehmer / torquemeter 423
Drehmomentausgleich / anti-torque 427
Drehmomentwandler / torque converter 355
Drehpunkt (eines Hebels) / fulcrum 330, 331
Drehreep / tye 385
Drehreep-Fall / tye halyard 382, 383
Drehstabfeder / torsion bar 360
Dreh(stab)stabilisator / anti-roll bar 360, 361
Drehstromgenerator / alternator 336
Drehung (Hunter-Knoten) / twist (Hunter's bend) 396
Drehwarnlicht / rotating beacon
Hubschrauber 426, 427
Lockheed Electra 413
Drehzapfen / round pin 345
Drehzapfenlager / pivot hole 562
Dreibeinmast / tripod mast 402
Dreibeinstativ / tripod 459
Dreibinder / bell crank (triangle) 399
Dreidecker (Flugzeug) / triplane 410–411
Dreieck / triangle 493, 588
Mihrab / trigon 492
Dreieckiges Blatt / deltoid leaf 134, 143
Dreiecksgiebel / triangular pediment 484
Dreifach gefingertes Blatt / tripinnate leaf 143
Dreifachraketenwerfer / triple rocket launcher 405
Dreifuß / tripod
Schlagzeugsynthesizer 524
Staffelei 441
Dreikardeelig / three-strand 395, 396
Dreimastrahschiff / three-masted square-rigged ship 383
Dreipaß / trefoil
Gebäude aus 19.Jh. 497
gotische Kirche 475, 476
Dreipfünder-Kanone / three pounder (gun) 403
Drei-Punkte-Linie / three-point line 530
Dreiradgondel / trike nacelle 431
Dreisprung / triple jump 534, 535
Dreivierteltakt / three-four time (time signature) 506
Dreizehenmöwe / kittiwake 196
Dreizylinder-Anzani-Motor / three-cylinder Anzani engine 409
Dreizylindermotor / three-cylinder engine 429
Dribbeln (Volleyball, Netball, Handball) / dribble 532, 533
Dribbling (Basketball) / dribble 530
Drilling (Angelhaken) / treble hook 554, 555
Drillingslanzettfenster / triple lancet window 474, 475, 476
Drittel / third
Eishockey 542
Netball 533
Driver (Golf) / driver (golf) 539
Dromiceiomimus / *Dromiceiomimus* 92
Drossel / thrush 194, 196
Drosselklappe / throttle valve 355
Drosselklappenhebel / hand throttle 431
Drosselklappenpedal / foot throttle 431
Drosselklappenregler / throttle lever 429
Drosselspule (Fernseher) / choke 567
Druck / pressure
Architektur 498
Gasdruck 316
Gebirgsentstehung 66, 68
Gesteinsbildung 276, 284
Gletscher 296
Kohlebildung 290
Schwimmen 550
Vulkan 283
Graphik / printing 450–453
Druckablaßventil / pressure relief valve 57
Druckanzeige / pressure indicator 57, 364
Druckbetankungsventil / fuel-jettison valve 412

Druckbild / printed image 451
Drücker (Schiffsbug) / supporter (bow)
Drücker (Schiffsheck) / drop (heck) 389
Druckerfarbe, fette / printing colour, greasy 450
Druckerschwärze / printing ink 450
Druckfeder (Périnetventil) / compression spring (piston valve) 510
Druckform (Druckerpresse) / printing block 453
Druckfühler / pressure sensor 422
Druckhalter / pressurizer 324
Druckhandschuh / pressure glove 57
Druckhelm / pressure helmet 57
Druckkabine / pressurized cabin 412
Druckknopf (Trompete) / finger button (trumpet) 510
Druckleitung / pressure line 422
Druckluftabzweigung / compressor air-bleed connection 422, 423
Druckluftbremse / compressed-air brake 336
Druckluftdichtung / pneumatic seal 425
Druckluftschlauch / air hose 446
Druckmesser/Druckmeßgerät / pressure gauge 335
Druckpapier / printing paper 451
Druckplatte
Bohrer / thrust plate 559
Graphik / platen 453
Motorrad / pressure plate 374
Druckreglerschraube (Druckerpresse) / screw pressure adjustor (printing press) 451
Druckschalter (Lampe) / push switch (lamp) 564
Drucksieb / screen and squeegee 452
Druckstempel (Druckerpresse) / piston (printing press) 453
Drucktaste / push button 343
Drucktisch / bed (printing press) 451, 453
Druckverfahren / printing processes 450–453
Druckwahltastatur / push-button key pad 568
Druckzylinder / printing cylinder 450
Drum pad / drum pad 524
Drumlins (geol.)/ drumlins (geol.) 296
Drüse / gland 166
Drüsenmagen / proventriculus (stomach) 195
***Dryopteris filix-mas* (Wurmfarn)** / *Dryopteris filix-mas* (male fern) 126, 127
Dryosaurus / *Dryosaurus* 76
Dschunke / junk 384
Dübel / dowel
Architektur 503
Plankenverbindung 381
Stuhl 570
Dübelloch / dowel hole 570, 571
Dubhe / Dubhe 18–19
Dubika / dubika 494
Dubnium / dubnium (unnilquadium) 320
Ductus choledochus / common bile duct 262, *s. auch Gallengang*
Dunkeld-Naßfliege / Dunkeld wet fly 555
Dunkelnebel / dark nebula 16
Dünndarm / small intestine
Brachiosaurus 96
Euoplocephalus 100
Mensch 224, 258, 259
Duodenum / duodenum *s. auch Zwölffingerdarm*
Elefant 210
Frosch 188
Kaninchen 202
Kuh 204
Schildkröte 193
Vogel 195
Duplex-Zentralrohrrahmen / duplex tubular cradle frame 371
Duradon-Segeltuch / Duradon sailcloth 392
Durchdruck / screen printing 450
Durchgang / passageway 488
Durchmesser / diameter
Atome 318
Erde 30
Fluor-19-Isotop 319
Fluor-Kern 319
Jupiter 26, 44
Jupitermonde 44
Kreis 588
Mars 30
Marsmonde 42
Merkur 30
Mond 40
Neptun 31
Neptunmonde 50
Planeten 30–31
Pluto 31
Saturn 27, 46
Saturnmonde 46
Sonne 32
Sterne 21–27
Uranus 27, 48
Uranusmonde 48
Venus 30
Durchschneidung / intersection 489
Durchziehkurbel (Druckerpresse) / drum handle (printing press) 453
Düsenjet / jet plane 416
Dysprosium / dysprosium 321

E

E (Note) / E (note) 506
E-Saite / E string 516, 517
Earles-Gabel / Earles fork 370
Early English / Early English 474, 476
Ebenholz-Griffbrett / ebony fingerboard 514
Eberesche / rowan 137
***Echidna nebulosa* (Weiße Muräne)** / *Echidna nebulosa* (snowflake moray eel) 186
***Echinocactus grusonii* (Goldkugelkaktus)** / *Echinocactus grusonii* (golden barrel cactus) 162
Echinodermata / Echinodermata 180
Echinus (Architektur) / echinus (architecture) 464
***Echinus esculentus* (Eßbarer Seeigel)** / *Echinus esculentus* (edible sea urchin) 181
Echolot / echo-sounding 308
Echsen / lizards 190–191
Echsenbecken-(Dino)saurier / lizard-hipped dinosaurs *s. Saurischier*
Eckballradius (Fußball) / corner arc (soccer) 528
Eckbolzen / corner bolt 415
Ecke / corner
Buch / corner piece 582
Eishockey / rink corner 542
Eckendichtung / corner seal 357
Eckfahne / corner flag 528
Eckkapitell / corner capital 494
Eckstein / quoin 485, 496
Eckstrebepfeiler / corner buttress 497
Eckturm / turret 474
Eckzahn/Eckzähne / canine tooth/teeth
Hyaenodon 113
Mensch 256
Opossum 112
Smilodon 113
Toxodon 112
Ecphora quadricostata / *Ecphora quadricostata* 81
Eddy Merckx (Rennrad) / Eddy Merckx (racing bicycle) 368
Edelgase / noble gases 320–321
Edelkastanie / sweet chestnut 156
Edelmetall / precious/noble metal 321
Edelstahlabdeckung / stainless steel cover 573
Edelstahldichtung / stainless steel flap seal 417
Edmontonia / *Edmontonia* 101
Efeu / ivy 136
Gemeiner / common English ivy 137, 143
Kaukasischer / Persian ivy 143
Effektregister / effect balance control 525
Efferente Bahn / axon 249
Effusivgestein / igneous rock 285
Ei (Eitemperamedium) / egg (egg yolk binding medium) 436
Ei-Samenleiter / spermoviduct 183
Eiche / oak 80
Eichel
Eichenfrucht / acorn 137
Penis / glans (penis) 269
Eichenbeplankung / oak planking 383
***Eichhornia crassipes* (Wasserhyazinthe)** / *Eichhornia crassipes* (water hyacinth) 164
Eidechse
Sternbild (=Lacerta) / Lacerta 19, 20
Tier / lizard 190
Eier / eggs
Froschlaich 198
Gespenstheuschrecke 198
Hühnerei 198
Katzenhai 198
Maiasaura 104
Reptilien 72, 84, 86
Stabheuschrecke 198
Titanosaurier 97
Vögel 194, 198–199
Eierstab / egg and dart decoration 464, 467
Eierstock / ovary *s. auch Ovar*
Gallimimus 92
Brachiosaurus 96
Mensch 268, 269
Eierstockband / ovarian ligament 269
Eierstöcke (Mensch) / ovaries 268, 269
Eiförmiges Blatt / ovate leaf 134, 135
Eigelb / yolk 436
Eihäute / egg membranes 199
Eikapsel / egg capsule
Gespenstheuschrecke 198
Katzenhai 198
Eiklar / white (of egg) 436
Eileiter / oviduct 175, 179, *s. auch Ovidukt*
Brachiosaurus 96
Euoplocephalus 100
Mensch / Fallopian tube 268, 269, 271
Ein/Aus-Schalter (Bohrer) / on/off button (drill) 558
Einatmung / inspiration 265
Einätzen / etching 450
Eindecker, frühe / monoplanes, early 408–409
Einengungszonen / converging zones 65
Einer
Kajak / one-person kayak 552
Rennboot / single scull 552
Skullboot / single scull 553
Einfaches Blatt / simple leaf 134, 142, 143
Einfachrohrblatt / single reed 512, 513
Einfadenkugellampe / marker lamp bulb 362
Einfallen (Verwerfung) / dip of fault plane 66
Einfallswinkel / angle (of incidence) 329
Einfärbwalze / ground roller 452
Einfaß (Sattel) / facing (saddle) 576
Eingangsbuchse / input socket 57
Eingangshalle / entrance lobby 502
Eingerolltes Blatt / leaf with margin of lamina rolled inwards 162
Eingeweidearterie / coeliac artery/trunk 266
Eingeweideknorpel / visceral cartilage 264
Eingeweidesack / visceral hump 183
Eingeweidevene, untere / mesenteric vein, inferior 263
Eingravieren / etching 450
Einhängehaken / lip-in latch 430
Einheiten / units 588, 589
Einhorn (Sternbild) / Monoceros 18, 21
Einkeimblättrige Pflanzen / Monokotyledonen / monocotyledons 132
Einlaßkanal / intake port 356
Einlaßkonus / inlet cone 422
Einlaßöffnung / inlet tract 414
Einlaßsammelleitung / inlet manifold 415
Einlaßventil / inlet valve 353, 355, 370
Einsatzsegment / insert 357
Einschubbauweise / plug-in services 501
Einschubteil (Bohrer) / insert blank (drill) 558
Einschwärzballen / ink dabber 450
Einspritzanlage / fuel injector 354
Einspritzventil / fuel injector nozzle 355
Einsteinium / einsteinium 321
Einstellagerschale / adjustable cup 586
Einstellbremse (Angeln) / drag adjustment (angling) 554
Einstellschraube (Sicherheitsbindung) / release adjustment screw (safety binding) 544
Einsturzdoline / doline 294–295
Eintauchphase (Wasserspringen) / entry (diving) 550
Einwurf (Eishockey) / face-off 542
Einzel (Rückschlagspiele) / singles (racket sports) 536, 537
Einzelfrucht / simple fruit 154
Einzelradaufhängung / independent portal swing axle 365

Einzelsaftfrucht / simple succulent fruit 154
Einziehmechanik (Fahrwerk) / retraction jack 421
Einziehmechanikzapfen / retraction jack trunnions 418
Einzylinder-Viertakter-Motor (Motocyclette) / IOE engine (Motocyclette) 370
Einzylindermotor / single cylinder engine 345, 346, 370
Eis / ice
Aggregatzustand des Wassers 317
Erde 292, 296–297, 303, 312
Eisbahn (Eishockey) / ice ring (ice hockey) 542, 543
Eischale(n) / egg shell(s)
Hühnerei 198
Maiasaura 104
Titanosaurier 97
Wachtelei 198–199
Eisdecke / ice sheet 83
Eisen / iron
Architektur 496, 497
Element 321
Erdkruste 64
Golf 539
Magnetismus 327
Eisenanker / iron anchor 400
Eisenbahn / railway 334–343
Eisenbahngesellschaft / operating railroad 336
Eisenbahntechnik / train equipment 340–341
Eisenbeton / ferro-concrete 498
Eisenhammer / hammer with iron head 456
Eisenkern (Elektromotor) / iron core (electromotor) 327
Eisenmaßwerk / iron tracery 497
Eisenmeteoriten / iron meteorite 52
Eisenoxid/Eisenoxyd / iron oxide
als Pigment 434, 437
Gesteine 277, 287
Eisenplatten / iron plates 400
Eisenrahmen (Klavier) / iron pressure bar (piano) 518
Eisenreifen / iron tyre 344
Eisenschiff / iron ship 400, 401
Eisenschläger (Golf) / iron (golf) 539
Eisenspäne / iron filings 327
Eisenstein / ironstone 287
Eisenvorkommen / iron deposits
Merkur 35
Venus 37
Erde 39
Eishockey / ice hockey 542–543
Eisila Regio (Venus) / Eisila Regio (Venus) 36–37
Eiskappen / ice caps
Erde 83
Mars 42–43
Eiskristalle / ice crystals 312
Eiswürfel / ice cubes 317
Eiszeiten / ice ages/glacial periods 62, 63, 82
Eitempera / egg tempera 436
Eitemperamedium / egg tempera binding medium 436
Eiweiß / albumen (egg white) 198
Eiweißdrüse / albumen gland 183
Eizahn / egg-tooth 198
Eizelle / egg cell/ovum
befruchtete (Pflanzen) 127
bei Pflanzen 125, 127, 128, 152, 153
Mensch 268, 270
Ekliptik / ecliptic 18–21, 31
Ekman-Spirale / Ekman spiral 306–307
Ektoderm (Qualle) / ectoderm (jellyfish) 173
El Nath / El Nath 18, 21
El-Ainyi-Moschee / El-Ainyi Mosque 492
Elastika / elastic lamina 262
Elefant(en) / elephant(s) 96, 110, 210–211, *s. auch Asiatischer E., Afrikanischer E.*
Elektrische Anlage / electrical plant 500
Elektrische Anschlüsse (der Motorsteuerung) / electronic control unit connector 366
Elektrische Gitarren / electric guitars 516, 517
Elektrische Leitungen / electric circuit 524
Elektrische Signale / electric signals
E. Gitarren 516
elektronische Instrumente 524
Telefon 568
Elektrische Steckverbindungen / electrical connectors 367
Elektrischer Hauptschalter / master electrical switch 367
Elektrischer Strom / electric current 326–327
Elektrischer Zentralanschluß (Rennwagen) / chassis electrical plug (racing car) 367
Elektrizität / electricity 326–327
Loks 337
Auto 352
Elektroantrieb / electric drive 334
Elektrode / electrode 316
Elektrogitarre / electrical guitar *s. elektrische G.*
Elektrolok / electric locomotive 338–339
Elektrolytkondensator / electrolytic capacitor 566
Elektromagnet / electromagnet
Fernseher 566
Physik 327
Telefon 568
Toaster 572
Elektromotor / electromotor/electric motor
Auto 352
Bohrer 558
Lok 336, 342
Physik 326, 327
Vibraphon 521
Elektronen / electrons
Chemie 316, 318, 320, 321
Physik 326, 329
Elektronenabgabe / losing electrons 318
Elektronenaufnahme / gaining electrons 318
Elektronenaustausch / electron transfer 318
Elektronenfluß / electron flow 326
Elektronenladung / electronic charge 318
Elektronenpaare / paired electrons 319
Elektronenschalen / electron shells 319, 320
Elektronenstrahl (Fernseher) / electron beam (TV) 566
Elektronenstrahlkanone / electron gun 566
Elektronische Instrumente / electronical instruments 524–525
Elektronische Steuerung / electronical control 501
Elektrostatische Anziehungskräfte / electrostatic forces 318, 326
Elektrowagen / electric cab 352
Element, chemisches / element, chemical 316, 318, 320, 321, 323
Elementarmagneten / magnetic domains 326, 327
Elemente, chemische / elements, chemical *s. Element*
Minerale 278
Periodensystem 320–321
Elementsymbole / chemical symbol 320–321
Elephas maximus **(Asiatischer Elefant)** / *Elephas maximus* (Asian elephant) 210
Elevon / elevon 421, 425
Elevonantrieb / elevon power control unit 421
Elevonhebelverkleidung / elevon-jack fairing 420
Elfenbein-Schallstückzierring / ivory bell ring 512
Elfenbeinschwarz / ivory black 444
Elfmeter / penalty 528
Elfmeterradius / penalty arc 528
Ellbogen / elbow
Anchisaurus 95
Corythosaurus 104
Diplodocus 96
Edmontia 101
Eryops 86
Gorilla 213
Iguanodon 103
Löwe 200
Mensch 220
Pferd 205
Psittacosaurus 109
Stegoceras 107
Stegosaurus 98
Triceratops 108
Tyrannosaurus 90
Ellbogengelenk / elbow joint
Brachiosaurus 97
Euoplocephalus 100
Mensch 228
Parasaurolophus 105
Plateosaurus 94
Stegoceras 107
Triceratops 108
Ellbogenpolster / elbow pads 543
Elle / ulna *s. auch Ulna*
Archaeopteryx 91
Arsinoitherium 110
Brachiosaurus 97
Diplodocus 96
Echse 190
Elefant 96
Eryops 86
Euoplocephalus 100
Gallimimus 92
Hase 203
Hauskatze 201
Iguanodon 102
Känguruh 216
Krokodil 192
Mensch 228, 240
Pachycephalosaurus 106
Parasaurolophus 105
Pareiasaurus 87
Pferd 205
Plateosaurus 94
Rhesusaffe 212
Robbe 214
Schildkröte 193
Schnabeltier 216
Stegoceras 107
Stegosaurier 99
Struthiomimus 93
Toxodon 112
Triceratops 108
Tyrannosaurus 90
Vogel 195, 197
Ellenarterie / ulnar artery 241, 263
Ellenbeuge / bend of elbow/cubital fossa 221
Ellenkopf / head of ulna 241
Ellennerv / ulnar nerve 241, 248
Ellenseitige Hautvene / basilic vein 263
Ellerman Lines / *Ellerman Lines* 334
Elliott-Achsschenkel / Elliott steering knuckle 346
Elliptische Umlaufbahn / elliptical orbit 30
Elliptisches Blatt / elliptic leaf 143
Elodea canadensis **(Kanadische Wasserpest)** / *Elodea canadensis* (Canadian pond weed) 164
Elrathia / *Elrathia* 70
Eltanin / Eltanin 19
Elytren / elytra 174, *s. auch Deckflügel*
Email(le) / enamel
Architektur 492
Mosaikglas 454
Emailglasmosaik / glass enamel (smalti) mosaic 454
Emblem / badge 410, 411
Embolos (Rammsporn) / embolos (ram) 380
Embryo / embryo
Frosch 198
Katzenhai 198
Mensch 270
Pflanzen 158
Embryonalentwicklung
im Ei 198
im Mutterleib 270, 271
Embryonalhülle (Chorion) / embryonic membrane (chorion) 270
Embryosack / embryo sac 152, 153
Embryosackkern, sekundärer / endosperm nucleus 153
Emissionsnebel / emission nebula 11
Emotionen / emotions 246
Empfänger / receiver 568
Empfangsetage / reception level 500
Empfangsteil (Fernseher) / tuner (TV) 566
Empfindungen / sensations 247
Empire State Building / Empire State Building 498
Empore (mittelalterl. Kirche) / tribune (medieval church) 472
Enceladus / Enceladus 46
Encke / Encke 40
Enckesche Teilung / Encke division 46–47
Endabschaltungshebel / auto-stop lever 581
Enddarm / rectum 258, *s. auch Rektum*
Endfieder / terminal pinna 142
Endknospe / terminal bud 136, 140, 161
Endmoräne / terminal moraine 296, 299
Endodermis / endodermis
Hahnenfuß 133, 138
Kiefernwurzel 131
Mais 133
Orchideenluftwurzel 168
Schachtelhalm 126
Tannenwedel 141
Wasserhyazinthe 164
Wasserpest 165
Endokard / endocardium 260
Endokarp / endocarp 152, 154, 155
Endoplasmatisches Reticulum (ER) / endoplasmatic reticulum (ER)
glattes / smooth ER 226, 249
rauhes / rough ER 227
Endopod / endopod 178
Endoskelett (Innenskelett) / endoskeleton 184, 186
Endosperm / endosperm 152, 153

Endothel / endothelium 262
Endplatte
Ankylosaurus / terminal plate 101
Leuchtstoffröhre / end-piece 329
motorische / motor end plate 238
Endschalldämpfer / rear silencer 360
Endstufe (Triebwerk) / final stage (engine) 56
Energie / energy
Atom- / nuclear energy 324
Auto / car energy 352
chemische / chemical energy 322, 324, 325
elektrische / electrical energy 324, 325
kinetische / kinetic energy *s. Bewegungsenergie*
Licht / light energy 329
potentielle / potential energy *s. Lageenergie*
Energiearme Strahlung / lower-energy radiation 22
Energieausstoß der Sonne / energy emission from the sun 22
Energieformen / forms of energy 324, 325, 328
Energiekreislauf / energy cycle 325
Energieniveau / energy level/quantum state 318, 320
Energiereiche Strahlung / high-energy radiation 22
Energieumwandlung / conversion of energy 324
England (Architektur) / England (architecture) 474, 476, 477, 481, 491, 496, 499
Englischer Barock / English baroque 484, 485
Englischer Sattel / English saddle 376, 377
Englischhorn / cor anglais 508, 509, 512
Enif / Enif 19, 20
Entasis / entasis 465
Enteisungspaneel / deicing panel 420
Enten / ducks 194
Entenmuschel / stalked barnacle 178, 179
Entenschnabel-Dinosaurier / duck-billed dinosaur *s. Hadrosaurier*
***Enteromorpha linza* (Gewellter Darmtang)** / *Enteromorpha linza* 125
Entfernungsmeßeinrichtung / rangefinder 402, 404
Entfernungsmeßplattform / rangefinder platform 402
Entfernungsring (Kamera) / nameplate ring (camera) 585
Entfernungsskala / distance scale 585
Entladedocht, (elektro)statischer / discharge wick, (electro)static 412, 418, 421
Entladedochtbefestigung / static discharge wick attachment 418
Entladungsröhre / discharge tube 321
Entlastungsbogen / relieving arch 466, 469, 470, 471
Entlüfter / vent 337, 367
Entlüftung / vent 337, 339, 350
Entlüftungsleitung / vent pipe 360
Entlüftungsrohr / air-conditioning duct 500
Entlüftungsschlauch (Raumanzug) / exhalation tube (spacesuit) 57
Entlüftungsschlitz / air vent 368, 376, 377
Entlüftungsstutzen des Kraftstofftanks / fuel tank filler neck 360
Entoderm / endoderm 173
Entomophilie / entomophilous pollination 150
Entriegelungsknopf / release button 429
Entwicklung / development
Algen 123
Farn 127
Mensch 270–271
Samenpflanzen 138
Entwicklungskosten / developing costs 376
Entwicklungsnarbe / development scar 151
Enzyme (Pflanzen) / enzymes (plants) 166, 167
Eozän / eocene 63
Epidermis / epidermis
Bärlapp 126
Bedecktsamer 132–133
Farn 127
Ingwer 161
Laubmoos 125
Mensch 244
Nacktsamer 128–131
Orchideenluftwurzel 168
Photosynthese 145
Puffbohne 138
Schachtelhalm 126
Seerose 165
Sonnenblume 148
Sprosse 140, 141
Strandhafer 119
Wasserhyazinthe 164
Wasserpest 165
Wurzeln 138
Epidermisauswuchs / outgrowth of epidermis 141
Epidot / epidote 279
Epikard / epicardium 260
Epikotyl / epicotyl 158, 159
Epiphyt / epiphyte 168
Epithelschicht / epithelium 264
Epizentrum / epicentre 69
Epoche (Erdgeschichte) / epoch (geology) 63
Epsilon Centauri / Epsilon Centauri 21
Epsilon Crucis / Epsilon Crucis 21
Epsilon Hydri / Epsilon Hydri 20
Epsilon-Ring / Epsilon ring 48–49
Equisetatae / Equisetatae 126
Equisetites / *Equisetites* 72
***Equisetum arvense* (Ackerschachtelhalm)** / *Equisetum arvense* (common horsetail) 76, 126
Equuleus / Equuleus *s. Füllen*
Erbium / erbium 321
Erbse / pea 136
Erbsenbein (Handknochen) / pisiform (bone of hand) 240
Erdalkalimetalle / alkaline-earth metals 320–321
Erdanziehungskraft / gravity pull/earth's gravitational attraction 330
Erdbeben / earthquakes 58, 68, 69
Erdbebenherd / hypocentre 69
Erdbeere / strawberry 156
Erde / earth 38–39, 62–115, 274–313
CD-ROM (Strom) / earth connection 578
Energieausstoß der Sonne 22
Objekte im Universum 11
Sonnenfinsternis 32
im Sonnensystem 30
und Mond 40, 41
Erden, seltene / earths, rare *s. Lanthanoide*
Erdfarben / earth colour 438
Erdgas / natural gas 290–291
Erdgasfalle / gas trap 291
Erdgaslagerstätten / gas deposits 63, 291
Erdgeschichte / geology 62–115
Erdkern / earth's core 69
Erdkruste / crust (of the earth) 62–63
Bewegungen 276, 290, 304
Gesteine 284
Meeresboden 308
Regionalmetamorphose 284
Vulkane 282
Erdkrustenplatten / earth's crustal plates 68, 69
Erdnest (*Maiasaura*) / nest made of sand (*Maiasaura*) 104
Erdneuzeit / cenozoic era 80, 82
Erdöl / mineral oil 290–291
Erdölfallen / oil traps 291
Erdöllagerstätten / mineral-oil deposits 63, 291
Erdrotation / rotation of the earth 274–275, 306, 310
Erdsproß / rhizome 126, 127, 161
Erdumlaufbahn / earth orbit 309
Erdung / earth connection 578
Ereignishorizont (Grenze eines Schwarzen Lochs) / event horizon (boundary of black hole) 28 29
Ergonomik / ergonomics 362
Eridanus / Eridanus 19, 20
Eriesee / Lake Erie 274
Erker / oriel, bay 471, 498
Erkerfenster / bay window 481
Erlenmeyerkolben / flat-bottomed glass flask 322, 323
Ernährung (Mensch) / nourishment (man) 258, 259, 270
Erosion / erosion 292–293, 294, 300–301, 304–305
Ersatzpitotrohr (Concorde) / standby pitot head (Concorde) 420, 421
Ersatzreifen / spare tyre 349
Erstarren / freezing 317
Eryops / *Eryops* 86–87
Erythrozyt / erythrocyte *s. Blutkörperchen, rote*
Erzlagerstätten / mineral deposits/ore beds 291
Eschenholzkufe / ash skid 410
Eselshaupt / cap (of mast) 386, 387, 390
Eselsrücken / ogee arch 492
Eßbarer Seeigel / edible sea urchin 181
Eßkastanie / sweet chestnut 142, 150
Eßzimmer / dining room 487
Estonioceras perforatum / *Estonioceras perforatum* 71
Eta Centauri / Eta Centauri 21
Eta Mensae / Eta Mensae 20
Eta Orionis / Eta Orionis 18
Eta Sagittarii / Eta Sagittarii 21
Eta-Ring / Eta ring 48
Etikett / label 569
***Euathlus emilia* (Vogelspinne)** / *Euathlus emilia* (tarantula) 176
Euoplocephalus / *Euoplocephalus* 100
Eurasien / Eurasia 82
Eurasische Platte / Eurasian plate 63, 68, 69
Europa / Europe 274–275
Erdgeschichte 70, 74, 76, 78, 79, 80, 81, 82, 98, 102
Erdkontinent 38–39
Spurweiten 341
Jupitermond /Europa 44
Europium / europium 321
Eurostar / Eurostar 338, 339
Eustachische Röhre / Eustachian tube *s. Ohrtrompete*
Eustreptospondylus / *Eustreptospondylus* 91
Euthynterie / euthynteria 464
Eve / Eve 37
Evolution der Erde / evolution of the earth 63
Exoccipitale / exoccipital bone 189
Exocet-Raketenwerfer / Exocet missile launcher 405
Exodermis / exodermis 168
Exokarp / exocarp 152–155
Exopod / exopod 178
Exoskelett / exoskeleton 174–181
Exosphäre / exosphere 310
Expansion / expansion 336
Expansionshebel / expansion lever 335
Explosion (Motor) / explosion (engine) 352, 353, 356
Explosivgranate / high-explosive projectile 404, 405
Expressionismus / expressionism 499
Extensor-digitorum-communis-Muskel / common digital extensor muscle 90
Exuvie / moult 177
Exzenter / eccentric 400
Exzenterstange / eccentric rod 399
Exzenterwelle / eccentric shaft bearing 356, 357, 414

F

F (Note) / F (note) 506
F-14 Tomcat / F-14 Tomcat Fighter 424
F--Ion / F- ion 318
F-Loch / sound-hole (of violin instruments) 514, 515, 517
F-Orbitale / f-block 320–321
F-Schlüssel / F cleft *s. Baßschlüssel*
F-Turm / F tower 402
Fabry / Fabry 41
Fach für Papiere / document panel 413
Fächergewölbe / fan vault 488, 489
Fächerkrümmer mit abgestimmten Rohrlängen / harmonically tuned exhaust pipe 366
Fächerlunge / book lung 176
Fachwerk / frame-work/latticework 470, 471, 481
Fachwerkträger / lattice-beam/truss 501, 502
Fackel (Energieentladung der Sonne) / solar flare (release of energy) 32–33
Faden
Algen / filament 123
erhitzter / filament 329
Farn / filament 127
Moos / filament 125
Pilze / hypha 120
Sattel / thread 577
Fadengeflecht (Pilze) / mycelium 120
Fadenpapille / filiform papilla 254
Faering / faering 382, 383
Fagott(e) / bassoon(s) 507, 508, 509, 512
Fahne (des Linienrichters) / linesman's flag 528
Fahnenstange / flag-pole 499
Fahrenheit / Fahrenheit 588

Fahrerkanzel / cockpit 502
Fahrersitz / driver's seat 345
Fahrgestell / chassis
Lok 337
Straßenbahn 342
Fahrgestellrahmen / chassis frame 348
Fahrgestellschiene / chassis rail 370
Fahrleine / driving rein 547
Fahrmotor / traction motor 338
Fahrrad / bicycle 368–369, 586–587
Energiekreislauf 325
mit Hilfsmotor / with engine 370
Fahrräder / bicycles 368, 369
Fahrradhelm / helmet (for cyclists) 368
Fahrradsattel / saddle (bike) 368, 369, 370
Fahrradschloß / lock (bike) 368
Fahrstuhl / elevator 501
Fahrstuhlturm / elevator-motor room 501
Fahrtwenderhebel / reverser handle 335
Fahrtzielanzeiger / destination screen 342
Fahrwerksbein / landing gear leg 421, 424, 428, 429
Fahrwerkschachtverkleidung / fairing of landing gear bay 417
Fahrwerkseinstellschraube / landing gear adjustment screw 409
Fahrwerksfeder / road spring 350
Fahrwerksgabel / landing gear fork 413
Fahrwerksgelenkverkleidung / fairing of landing gear pivot 417
Fahrwerkshydraulik / landing gear hydraulics 421
Fahrwerksklappe / landing gear door 412, 413, 418, 420, 424, 425
Fahrwerksschacht / port landing gear leg well 421
Fahrwerksstrebe / landing gear strut 408, 409, 431
Fahrzeugentwicklung / car design development 366
Fairway (Golf) / fairway (golf) 538
***Falco tinnunculus* (Turmfalke)** / *Falco tinnunculus* (kestrel) 195
Falklandstrom / Falkland Current 306
Fall (Schiff) / halyard 380, 383, 384, 396
Falle (Fallgrubenpflanze) / trap (pitcher plant) 166, 167
Fallen (Schiff) / halyards 390
Fallfenster / sash window 342
Fallgrubenpflanze / pitcher plant 166, 167
Fallreepsleiter / ladder way 404
Fallreepstreppe / accommodation ladder 402, 403
Fallrichtung (Hang) / direction of dip (slope) 66
Fallrohr (Architektur) / drain-pipe 496
Fällungsreaktion / precipitation 322
Fallwinkel (Hang, Falte) / angle of dip 66
Falten / folds 66–67
Faltengebirge / fold mountain 68
Faltentypen / types of folds 67
Falter (=Schmetterling) / butterfly imago 174, 175
Faltung / folded rock 66
Falz (Buch) / joint (book) 582
Falzbogen (Buch) / section (book) 582, 583
Fan (Turbotriebwerk) / fan (turbofan) 422, 423
Fang (Hindernis) / standard (showjumping fence) 546
Fangdrüse, gestielte (Fettkraut) / secretory gland, stalked (butterwort) 167
Fanger (Klavier) / back check (piano) 518
Fanghand (Eishockey) / catch glove (ice hockey) 542
Fanschaufelgehäuse / fan-case 422
Farbbehälter (Air-Brush) / paint cup (air-brush) 446
Farbe(n)
Acryl / acrylic paint 446–447
Aquarell / watercolour paints 442
Fresko / colour pigments 438
Minerale / colour 280
Öl / oil paints 440
Pastell / pastels 444
Siebdruck / ink 452
Tempera / tempera 437
Farbkreis / colour wheel 443
Farbnäpfchen / pan of paint 442
Farbpigment / colour pigment 435, 437, 440, 446
Farbrolle / roller 446, 447
Farbskala / range of colours 438
Farbskizze / colour sketch 455
Farbübergänge / blending colours 446
Farbwalze / ink roller 453
Fardier (Cugnot-Dampfwagen) / Fardier (Cugnot steam carriage) 344
Farn / fern 126, 127
Entwicklung 127
Fossilien 72, 74, 76, 289
Farnblattspindel / rachis (of fern leaf) 127
Faserplatte / fibre plate 374
Fasertauwerk / rope 391
Fassade / facade
Centre Pompidou 501
Hongkong- und Shanghai-Bank 502
Kristallpalast 497
Schatzhaus des Atreus 465
St. Paul's-Kathedrale 484
Tyringham House 487
Fassadenwand / facade wall 474
Fassung (Lampe) / body (lamp) 564
Fassungshalterung / lamp holder coupling 565
Faszia/Faszien / fascia(s)
Barock und Klassizismus 483, 485, 486
Gewölbe 489
gotische Gebäude 476
Kuppel 490, 491
mittelalterliche Gebäude 473
Renaissancegebäude 480, 481
römische Gebäude 467, 468
Fäustel / lump hammer 456, 457
Faustkeil / handaxe 115
Fayence / faience 492
Fechtbahn / fencing piste 548, 549
Fechten / fencing 548, 549
Fechthandschuh / fencing gauntlet 548, 549
Fechtkleidung / fencing garment 549
Fechtschuh / fencing shoe 549
Fechtwaffen / fencing weapons 548, 549
Feder
Abdruck / feather 91
Bohrer / spring 558
Kamera / spring 585
Kupplung / spring 374
Rotorwelle / spring 357
Stoßdämpfer / spring 373
Toaster / spring 572, 573
Ventil / spring 357
Vogel / feather 195–197
Waage / spring 330
Walkman / spring 581
Zeichnen / pen, nib 434
Federabdruck (*Archaeopteryx*) / feather impression (*Archaeopteryx*) 91
Federanlenkung / spring suspension 367
Federaufhängung / spring attachment 565
Federball (Ball) / shuttlecock 536, 537
Federball (Sportart) / badminton
Federbaum (Sattel) / spring tree (saddle) 576
Federbefestigungsbolzen (Lampe) / spring attachment bolt 565
Federbein / suspension strut 350, 361
Federbeindomlager / suspension top mount 350
Federbeinriegel / oleo lock-jack 418
Federbreitenleiter (Buchstabe) / ladder of nib widths 449
Federbügel / strap 372
Federchen (Keimpflanze) / plumule (embryonic shoot) 153
Federfahne / vane 197
Federhalter / pen 448
Federhand / dumb iron 346, 352
Federhaus (Uhr) / main-spring barrel 562
Federkiel (Schreibgerät) / quill 448
Federkrone (Federball) / feather crown (shuttlecock) 537
Federn / feathers
Archaeopteryx 91
Vogel 194, 197
Federrahmen / spring and chassis unit 347
Federring (Dichtring) / seal spring 357
Federsattel / spring perch 348
Federschaft / shaft (rachis) 197
Federscheibe (Bohrer) / spring washer (drill) 559
Federspule (Vogelfeder) / quill 197
Federung / spring suspension 337, 344, 360
Federwaage / spring balance 330, 331
Federweg / spring deflection 376
Federwellenlager (Uhr) / barrel pivot hole (clock) 562
Federzange (Sicherheitsbindung) / wing (safety binding) 544
Federzeichnung / pen-and-ink drawing 435
Fehhaarpinsel / squirrel brush 442
Feige / fig 143, 155
Feile (Bildhauerei) / rasp (sculpture) 456, 457
Feinmotorik / skilled movements 247
Feinstimmer / tuning adjustor 514, 515
Feld / field
elektrisches / electric field 328
oszillierendes / oscillating electric field 328
Feld (Schiffsschild) 403
Boden- / reinforce
langes / chase
Felder / fields
elektrische / electric fields 328
magnetische / magnetic fields 326, 327, 328
Felderbesprühung / crop-spraying 426
Feldlinien / lines of magnetic flux 327
Feldpfeil / field arrow 541
Feldspat / feldspar 277, 279, 284
Feldspatmatrix / feldspar groundmass (matrix) 279
Feldspielerschläger (Eishockey) / outfield player's stick (ice hockey) 543
Feldulme / European field elm 150
Feldwicklung (Elektromotor) / field coils (electric motor) 558
Felge / rim
Auto 349
Avro Triplane 410
Fahrrad 368, 586, 587
Felgenband / rim plate 398
Felgenbremse
Fahrrad / calliper brake 368, 369
Zug / rim brake 340
Felgenhalter / rim clamp 347
Felldruckreifen (drum) / lug (drum) 522
Felsendom / Dome of the Rock 491
Felssäulen / stack 305
Felswüste (Hammada) / rock pavement (hamada) 292–293
Femorotibialis-Muskel / femoro-tibial muscle 90
Femur / femur *s. auch Oberschenkel(knochen)*
Albertosaurus 90
Insektenbein 174, 175
Krokodil 192
Rhesusaffe 212
Skorpionbein 176
Spinnenbein 177
Fender Jazzbass / Fender jazz bass guitar 517
Fender Stratocaster / Fender Stratocaster 517
Fenster / window
Ägyptische Gebäude 463
Architektur des 19.Jh.s 496, 497
Architektur des 20.Jh.s 498, 499
asiatische Baukunst 494, 495
Auto 344, 346, 351, 358, 359
Barock und Klassizismus 482, 483, 485, 487
Busse 342, 343
Eisenbahn 335, 339
Gotik 476, 477, 478
Kamera 585
Kuppeln 490, 491
mittelalterliche Gebäude 470, 471
mittelalterliche Kirchen 472, 473
Moderne Architektur 504
ovales (Ohr) 253
Renaissance 479, 480, 481
römische Gebäude 469
Schiff 389
Telefon 568
Fensterbank / window-sill 486, 487
Fensterbogen / window architrave 487
Fensterbrett / window-sill 498
Fenstergitter / jamb 496
Fensterhebermotor / electric window motor 359
Fensterkurbel / window winder handle 351, 363
Fensterkurbelapparat / window winder 351, 359
Fensterpfosten / window lattice 486, 487

Fensterriemen / window lift strap 346
Fensterscheibe / window-pane 351
Fenstersprosse / glazing bar 503
Fenstersturz / window lintel 485, 487
Fermium / fermium 321
Fernsehantenne / TV antenna 566
Fernseher / television (TV) 566–567
im Energiekreislauf 325
Fernsehkamera (Mondsonde) / television camera (lunar probe) 58
Fernsprechnetz / telephone network 568
Fernzüge / long-distance trains 340
Ferrel-Zelle / Ferrel cell 310
Ferse
Block(Rigg) / arse/tail (block) 390
Eishockeyschläger / heel (ice hockey stick) 542
Golfschläger / heel (golf) 539
Mensch / heel (man) 220, 242
Rudersteven / heel (rudder post) 400
Tyrannosaurus / heel 90
Fersenautomatik / heel piece with blind release lever 544
Fersenbein / calcaneus
Mensch 242
Pferd 205
Fersenstütze / ankle support 543
Fertigteilbetonrippe / precast concrete rib 503
Fertigziegel / precast tiles 503
Fessel / pastern
Springpferd 546
Pferd 204, 205
Fesselgelenk (Pferd) / fetlock joint (horse) 546
Festigungsgewebe / supporting tissue
Apfel 132
Farn 127
Photosynthese 145
Schachtelhalm 126
Sprosse 140, 141
Strandhafer 119
Wasserhyazinthe 164
Festigungszelle, kurze / strengthening cell, short 165
Festlandsedimente / terrigenous sediments 309
Festmachen und Ankern / mooring and anchoring 394, 395
Festmacherknoten / mooring rope bends 395
Festmachertaue / berthing ropes 394, 395
Festmacherwirbel / mooring swivel 394
Festplattenlaufwerk / hard-disc drive 525
Festpunkt / freezing point 317
Feststellbolzen / binder bolt 369
Feststellbremse (=Handbremse) / manually operated brake 429
Feststellschraube / adjustment locking nut 565
Feststoff / solid 316, 317, 322
Feststoffraketen-Zusatztriebwerk / solid rocket booster 56
Festzahnrad / fixed/stationary gear 357
Fetaler Kiefer / fetal jaws 256
Fetaler Schädel / fetal skull 230, 256
Fett (Haut) / fat (skin) 244
Fettgewebe / fat/adipose tissue 225, 227, 245
Fetthenne, Ockergelbe / rock stonecrop 134
Fettkraut / butterwort 166, 167
Fettmedium / greasy medium 450
Fettusche / lithographic ink 450
Fettzellen / fat cells 227
Fetus/Fötus (Mensch) / fetus / foetus (man) 270, 271
Feuer (Energiekreislauf) / fire (energy cycle) 325
Feuerbohrer / bow drill (for fire making) 115
Feuerbüchse (Lok) / firebox (locomotive) 334, 335
Feuerkraft / fire power 384
Feuerleiter / fire-escape staircase 501, 502
Feuerlilie / orange lily 160
Feuerlöschöffnung / door for fire-extinguisher 416
Feuerlöschsystem / fire-extinguishing system 416
Feueropal / fire opal 280
Feuerschott / fire-proof bulkhead 425
Feuerstein / flint
Sedimentgesteine 287
Steinzeitwerkzeuge 115
Feuersteinbrechen / flint mining 115
Feuersteinmesser / flint knife 115
Feuersteinpfeilspitze / flint arrow head 115
Feuersteinsplitter / flint flake 115
Feuersteinwerkzeug / flint tool 115
Feuertür / firebox door 335
Feuerzeug (Steinzeit) / fire-making tools (stone age) 115
Fiale / finial 474
Fiberglas / fibreglass
Armbrust 540
Rennbeiwagen 377
Fibrillen, elastische / fibres, elastic 264
Fibrinfäden / filaments of fibrin 263
Fibula / fibula *s. auch Wadenbein*
Albertosaurus 90
Frosch 189
Fibulare (Frosch) / fibulare/calcaneum (frog) 189
Ficus carica **(Feige)** / *Ficus carica* (fig) 154
Ficus **sp.** / *Ficus* sp. 143
Fid / splicing fid 391, 392
Fieder / leaflet/pinna 119, 127, 129, 135, 142, 143
Fiederblatt / pinnate leaf 127, 129, 135, 136, 137, 142
Fiederblattstiel / leaflet stalk/petiolule 142
Fiederchen / pinnule 127, 143
Fiederspalte / en échelon fracture 66, 67
Fiederstiel / petiolule 143
Filament / filament 146, *s. auch Staubfaden*
Filicatae / Filicatae 126
Filmandruckplatte / film pressure plate 584
Filmaufwickelspule / film take-up spool 584
Filmempfindlichkeitsanzeige / film speed indicator 585
Filmführungsrolle / film roller 584
Filmkammer / film chamber 584
Filmschiene / film rail 584
Filmtransportanzeige / cocked indicator 585
Filmtransporthebel / film wind lever 585
Filmzahnrolle / film sprocket spool 584
Filter / filter
Elektronische Instrumente 524
Fernseher 567
Kamera 585
Filtergewindering / cover frame 584
Filterzierring / filter ornament 567
Filz / felt
Druckerpresse 451
Filzstift 448
Klavierdämpfer 518
Saxophonklappenpolster 513
Trommelschlegel 520, 523
Filzschreiber / felt-tip pen 448
Filztuch (Druckerpresse) / felt blanket (printing press) 451
Findling / erratic 296
Finger / finger/digit
Anchisaurus 95
Archaeopteryx 91
Baryonyx 91
Gorilla 213
Iguanodon 103
kleiner 240, 241
Mensch 221
Pachycephalosaurus 106
Pferdehuf 111
Psittacosaurus 109
Stegoceras 107
Tyrannosaurus 90
Fingerarterie / finger/digital artery 241, 263
Fingerbeugesehne / flexor digitorum tendon 241
Fingerendgelenk / distal interphalangeal joint 241
Fingerendglied / distal phalanx 229, 240
Fingerförmige Drüse (Schnecke) / mucous gland (snail) 183
Fingerglieder / phalanges 240
Fingergrundgelenk / metacarpophalangeal joint 241
Fingergrundglied / proximal phalanx 229, 240
Fingerhülle / finger cap 543
Fingerklaue (*Ornithomimus*) / finger-claw (*Ornithomimus*) 89
Fingerknöchel / knuckle 221
Fingerknochen / finger bones
Arsinoitherium 110
Diplodocus 96
Fledermaus 111
Parasaurolophus 105
Plateosaurus 94
Stegoceras 106
Toxodon 112
Triceratops 109
Fingerkralle / finger-claw
Baryonyx 91
Gallimimus 92
Psittacosaurus 109
Stegoceras 107
Fingermittelgelenk / proximal interphalangeal joint 241
Fingermittelglied / middle phalanx 229, 240
Fingernagel / fingernail
Corythosaurus 104
Mensch 241
Fingernerv / digital nerve 241
Fingerplättchen / touchpiece/button 513
Fingerraste / finger support 510, 511
Fingerring / finger ring 510
Fingerschutz (Bogenschießen) / finger tab (archery) 540
Fingerstrahlen / digits 195, 197
Fingertang / oarweed 122
Fingervenen / digital veins 263
Finne (Flugzeug) / fin (aeroplane) 418, 420, 425, 427, 428
Finnenhinterkante / fin trailing edge 419
Finnenspitze / fin tip 425, 428
Finnenwurzel / dorsal fin 428
Finnland (Spurweite) / Finland (track gauge) 341
Firmenlogo / logo 419
Firmenzeichen des Herstellers / manufacture's badge 342
Firneis / firn 297
Firnis / varnish, linseed oil 437, 440
Firnmulde / cirque/corrie 296–297
First / roofridge/rooftop 477, 496, 499, 503
Firstbohle / ridge-board 477
Firstsäule / king-post/king-strut 468, 477, 483
Firstziegel / ridge tile 468
Fischblase (Architektur) / mouchette (architecture) 476
Fischdavit / fish davit 387
Fische / fish 184–187, *s. auch Knochenfische, Haie, Kieferlose Fische*
Fossilien 289
im Karbon 71
in der Kreide 78
in der Trias 75
Sternbild (=Pisces) / Pisces/Fishes 19, 20
Fischfang / fishing
Angeln 554
Baryonyx 89
Fischgrätenmuster / herringbone pattern 492
Fischsaurier / ichthyosaur 63, 76, 77, 78
Fischschädellurche / ichthyostega 62
Fischschuppenziegel / fish-scale tile 480, 481, 490
Fischspeer / fishing tackle 115
Fischung / mast partner 389
Fissura orbitalis superior / superior orbital fissure 231
Fittich / wing 197
Fixativ / fixative 434, 444
Fixierring / installing ring 585
Fixierschraube / fixing stud 415
Fjorde / fjords 304–305
Fjordküste / fjord coastline 305
Flachdach / flat roof 487, 498, 499
Flachdruck / flatbed/lithographic printing 450
Fläche (Flächenberechnung) / area (planimetry)
Dreieck 588
Kreis 588
Rechteck 588
Flacheisen / scorper 453
Flächenmaße / square measures/m. of area 588, 589
Flachglasscheibe / plate glass window 346
Flachkabel (Telefon) / ribbon cable (phone) 569
Flachkopfniet / pan head rivet 400
Flachkuppel / shallow dome 490, 491
Flachmeersedimente / continental margin sediments 309
Flachpinsel / square bush/wash brush 436, 440, 442, 448
Flachrelief / bas-relief 484, 495
Flachrennen / flat race 546
Flachsproß / cladode 135
Flachsspinnerei / flax-mill 496
Flachwagen / flat car 337
Flagellum / flagellum
Antherozoidengeißel 125
Käfer 174
Schnecke 183

Flaggenknopf (Schiff) / truck (ship) 386, 387, 388
Flaggenleine / flag halyard 388
Flaggenmast / flagmast 403
Flaggenstock / ensign staff 404
Flamboyant-Stil / flamboyant style 474, 476
Flamingo / flamingo 194, 196
Flamingoblume / painter's palette 149
Flamme / flame 322, 323
Flammloch / fire hole 335
Flammrohr / fire tube 334, 335
Flammrohrkessel / fire-tube boiler 344
Flamsteed / Flamsteed 40
Flanke (Pferd) / flank (horse) 204
Flankendorn (*Edmontia*) / flank spike (*Edmontia*) 101
Flare / flare *s. Fackel*
Flaschenzug / pulley 330
Flechten / lichens 120
Flechtenthallus / lichen thallus 120
Flechtwerk
Baudekoration / tracery 479
mit Lehmschlag / wattle and daub 468, 469
Wikingerschiff (dekoration) / braiding 382
Fleckenmuster / broken colours 445
Fledermaus / bat 111
Fleischfarben / flesh-colours 437
Fleming / Fleming 41
Flexor-digitorum -Muskel / digital flexor muscle 90
Flexor-tibialis-internus-Muskel / internal tibial flexor muscle 90
Fliege, künstliche / fly, artificial 554, 555
Fliegender Fisch (=Volans, Sternbild) / Volans 21
Fliegendes (Buch) / flyleaf (book) 583
Fliegenfischen / fly fishing 554, 555
Fliegenrute / fly rod 554, 555
Fliesenboden / slab floor/ tiled floor 498
Fließband / moving production line 348
Florett / foil 548, 549
Florettfechter / foilist 549
Floridastrom / Florida Current 308
Flosse(n)
Delphin / fin, flipper, fluke 214, 215
fossile Fische / fins 86, 87
Katzenhai / fins 185
Knochenfisch / fins 186, 187
künstl. Fisch / fins 555
Neunauge / fins 184
Flossensaum / continuous fin 86
Flossenstrahl / fin ray 186
Flossenträger / fin radial 187
Flöten / flutes 507
Flottennummer / fleet number 343
Fluchtpunkt / vanishing point 435, 437
Flugboote / flying boats 412
Flügel
Ahornfrucht / wing 137
Fagott / tenor joint 512
Flugzeug / wing 411, 424, 425
Insekt / wing 174
Kiefernsamen / wing 128
Konzertflügel / grand piano 518, 519
Schiffsschraube / blade 398
Vogel / wing 194–197
Wirbel (Mensch) / ala 233
Flügeladern (Insekten) / wing veins (insects) 174, 175
Flügelanlage (Küken) / developing wing (chick) 198
Flügelbefestigung / attachment for wing 429
Flügelbefestigungsklammer / attachment bracket for wing 428
Flügelfederabdruck / wing-feather impression 91
Flügelhorn / flugelhorn 511
Flügelleiste (Pflanzen) / wing (plants) 119, 166
Flügelmutter (Lampe) / wing nut (lamp) 564, 565
Flügelnarbe / wing scar 128
Flügelneigung (Schiffsschraube) / pitch (propeller) 398
Flügelnuß (Frucht) / samara (fruit) 156
Flügelrippe (Flugzeuge) / rib (of wing) 409, 411
Flügelschraube / wing screw
Schlagzeug 523
Tastzirkel 456
Flügelschutzkufe / wing-protecting skid 406
Flügelsignal / semaphore signal 340
Flügelspanner / wing warping wire 407
Flügelspieler / forward 530
Flügelspitze (BAE-146) / tailplane tip (BAE-146) 419
Flügelstrebe / wing strut 406, 407, 410, 428, 429
Flügeltank / wing containing fuel tank 413
Flügelverkleidung / wing fairing 429
Flügelwurzel / wing root 417, 424
Flügelwurzelverkleidung / wing-root glove fairing 425
Fluginstrumente / flight instruments 429
Flugmaschinen / flying machines 406–431
Flugphase / flight
Wasserspringen 551
Weitsprung 535
Flugsaurier / pterosaur 76, 77
Flugzeugbau / aircraft construction 406
Flugzeuge / aeroplane/aircraft 406–431
Flugzeugname / aircraft name 431
Flugzeugpropeller / propeller/air screw 426
Fluor / fluorine 318, 319, 321
Fluor-19-Atom / fluorine-19-atom 319
Fluoreszenz / fluorescence 328
Fluorit / fluoride 279, 281
Fluorwasserstoff / hydrogen fluoride 318, 319
Flußanzapfung / river capture 298
Flußbett / river-bed 298–301
ausgetrocknetes / wadi/dry wash 293
Flüsse / rivers 298–301
Flußgebietsformen / river drainage patterns 298
Flüssiger Wasserstoff / liquid hydrogen
Jupiter 44–45
Saturn 46–47
Space-Shuttle 56
Flüssiges Helium / liquid helium 45
Flüssigkeit / liquid 316, 317
Flüssigkeitsbehälter / reservoir (for liquid) 354
Flüssigkeitsmaße / fluid measure 588, 589
Flüssigkristallanzeige / liquid crystal display 581
Flüssigsauerstoff / liquid oxygen 56
Flußkrebs / crayfish 178–179
Flußlandschaften / river landscapes 300–301
Flußlauf / river course 300
Flußmündung / river-mouth 300–301
Flußseeschwalbe (Ei) / common tern (egg) 199
Flußstadien / stages in a river's development 298–299
Flußsteilufer / river cliff 299, 300
Flußtal / river valley 298, 299, 300
Flußterrasse / river terrace 300–301
Flußufer / riverbank, riverside 299, 300
Flüstergalerie / whispering gallery 488
Flut / high tide 306–307
Fock / fore sail 393
Fockbeting / fore bitt 388
Fockfall / fore sail halyard 388
Fockklaufall / fore throat halyard 393
Fockmast / fore mast 383, 384, 387, 401
Fockmastkoker / foremast hole 388
Fockpiekfall / fore peak halyard 393
Fockrah / fore yard 384, 387
Fockrahtoppnant / fore yard lift 393
Focksegel / fore mast course 387
Fockwant / fore shroud 387
Focusregler / focus control 567
Fokker-Dreidecker / Fokker triplane 410
Folienstreifenverbinder / film strip connector 578
Follikel / follicle 268
Fön (Energiekreislauf) / electric hair-dryer (energy systems) 325
Fond (Auto) / rear/back seat 349
Fondseitenfenster / quarter glass 358
Foot (Maß) / foot (measure) 588, 589
Foramen infraorbitale / infraorbital foramen
Mensch 231
Opossum 112
Foramen supraorbitale / supraorbital foramen 231
Foraminiferen / foraminifers 289
Ford, Henry / Ford, Henry 348
Ford-Cosworth-V6-12-Ventilmotor / Ford Cosworth V6 12-valve engine 354
Ford Modell T / Ford Model T 348–349
Ford-T-Modell / Ford Model T 348
Ford-Turbo-Diesel-Motor / Ford turbocharged diesel engine 357
Förderplattform (für Öl) / oil rig 325
Forellen / trouts 186
Form (Materie) / form (matter) 316, 317, 322
Formalhaut / Formalhaut 19, 20
Formax / Formax *s. Ofen*
Formel-1-Rennwagen / formula one racing car 366, 367
Formmantel / casting mould 458, 459
Fortepedal / sustaining pedal 518, 519
Fortpflanzung / reproduction
Algen 122, 123
Blütenpflanzen, geschlechtliche 146, 150, 154
Blütenpflanzen, vegetative 160
Farn 127
Kiefer 128
Mensch 224, 268–271
Moos 125
Pilze 121
Fortpflanzungskammer / conceptacle 122, 123
Fortpflanzungsorgan / reproductive organ
Pflanzen, männlich 127, 128, 150
Pflanzen, weiblich 127, 128, 150, 154
Mensch, weiblich 224
Fortpflanzungsstrukturen (Blütenpflanzen) / reproductive structures (flowering plants) 146
Fortpflanzungssystem (Mensch) / reproductive system (man) 268–269
Fosbury-Flop / Fosbury flop 535
Fossile Brennstoffe / fossil fuels 290–291
Energie 324
Fossilien / fossils 70–115, 288–289
Foster, N. / Foster, N. 500, 502
Fotoatelier Elvira / Studio Elvira 499
Fotofilm / photo film 584
Fotografieren / photograph/take pictures 584
Fotokamera / photo camera 584–585
Foul / foul (tackle) 531
Fovea costalis / costal facet 233
Fowlerklappe / Fowler flap 417, 418
Fra Mauro / Fra Mauro 40
Fracastorius / Fracastorius 40
***Fragaria x ananassa* (Erdbeere)** / *Fragaria x ananassa* (strawberry) 134, 156
Fram Rupes / Fram Rupes 35
Francis-Turbine / Francis turbine 324
Francium / francium 320
Frankfurter Schwarz / Frankfort / vine black 437
Frankreich (Architektur) / France (architecture) 470, 472, 473, 474, 476, 477, 480, 481, 482, 483, 486, 489, 490, 496, 497, 498, 500
Fransenbeutel / crossandra 151
Französischer Barock / French baroque 486
Französischer Traber / French Trotter 207
Frau, sich den Hals trocknend / *Woman Drying her Neck* 445
Fregatte / frigate 404–405
Freilauf / freewheel 369
Freilauf-Sicherungsmutter / freewheel lock nut 586
Freilauf-Zahnkranz / freewheel sprockets 586
Freilaufzahnrad / freewheel sprocket 368
Freileitungsmast / overhead (transmission) line 324
Freiraum (Volleyball) / back zone 532
Freistil / freestyle swimming stroke 550
Freiwurf / free throw 530
Freiwurflinie / free-throw line
Basketball 530
Handball 533
Freiwurfzone (Basketball) / restraining circle (basketball) 530
Freizone (Volleyball) / clear space 532
Fremdbestäubung / cross-pollination 150
French Trotter / French Trotter 546
Frequenzanzeige / dial (pointer) 566

Freskenzyklus / series of frescoes 439
Fresko / fresco 438–439
Freskofarben / fresco colours/pigments 438
Freskoschichten / fresco layers 438
Fries / frieze
  ägyptisches Gebäude 463
  Architektur des frühen 20.Jh.s 499
  Barock und Klassizismus 482, 483, 485, 486
  Bogen und Gewölbe 489
  Gotik 474
  griechische Gebäude 465
  Historismus 497
  mittelalterliche Gebäude 470, 473
  Renaissance 480
  römische Gebäude 467, 469
Fringilla coelebs **(Buchfink)** / *Fringilla coelebs* (chaffinch) 199
Frischdampf-Wassereinspritzungsregler / live steam water injector control 335
Frontabdeckung (CD-ROM) / front bezel (CD-ROM) 578
Frontale / frontal bone
  Knochenfisch 187
  Schimpanse 212
Fronthechel / front hackle 555
Frontispiz / frontispiece 583
Frontoparietale / frontoparietal bone 189
Frontspoiler / front spoiler/chin spoiler 356, 367
Frontstabilisator (Wettkampfbogen) / longrod stabiliser (bow) 541
Frosch (mus. Bogen) / frog (mus. bow) 514, 515
Frösche / frogs 188–189
Froscheier (Froschlaich) / frog eggs (frog spawn) 198
Froschfossil / fossil frog 288
Froschkick (Schwimmen) / frog kick 550
Frostgrenze / freezing level 312
Frostsprengung / frost wedging 293, 296–297
Froude-Schraube (Versuchspropeller) / Froude's (early test) propeller 399
Frucht / fruit 134, 152, 154, 155
Fruchtblase (Mensch) / amniotic sac (man) 270
Fruchtblatt / carpel(lary leaf) 146, 147, 150, 152, 153, 154, 157
Fruchtblattränder, verschmolzene / fused edge of carpels 157
Früchtchen (Steinfrüchtchen) / drupelets 152, 153
Fruchtfleisch / fruit flesh 154
Fruchthülle / pericarp 152–154
Fruchtknoten / ovary (plant) 132, 137, 146–153
  coenokarper / syncarpous gynoecium 146
Fruchtknotenwand / ovary wall 152
Fruchtkörper / sporophore 120
Fruchtkörpermündung / ostiole 123
Fruchtstand / compound fruit 154
Fruchtstiel / pedicel 154
Fruchtträger / carpophore 157
Fruchtwand / pericarp 137, 154–157
Fruchtwasser / amniotic fluid 270
Frühholz / spring wood 140
Frühjahrsblattstiel / spring petiole 166
Frühstückszimmer / breakfast-room 487
Frühzündungs-Zündkerze / leading spark-plug 356
Fuchs (=Vulpecula, Sternbild) / Vulpecula 19
Fucoxanthin / fucoxanthine 122
Fucus spiralis **(Spiraltang)** / *Fucus spiralis* (spiral wrack) 122
Fucus vesiculosus **(Blasentang)** / *Fucus vesiculosus* (bladder wrack) 122, 123
Fugenfüller / grout 455
Fugenmörtel / grout 454, 455
Fugenverbindung (Gitarre) / joint (guitar) 516
Fühlborste (Venusfliegenfalle) / trigger hair (Venus flytrap) 166
Fühler / feeler/antenna *s. auch Antenne*
  Schnecke / tentacle 183
Führersitz / driver's seat 335, 337, 338
Führerstand / cab/driver's cabin 334, 335, 336, 337
Führerstandfenster / cab window 337, 339
Führerstandtür / cab door 336, 339
Fuhrmann (=Auriga, Sternbild) / Auriga 18, 21
Führungsstange / slide bar 335
Führungsstift (CD-ROM) / guide post (CD-ROM) 578
Füllen (=Equuleus, Sternbild) / Foal/Equuleus 19, 20
Füller / fountain pen 448
Füllfederhalter / barrel (pen) 448
Füllgewebe / packing tissue/parenchyma 126, 132, 142, 162, 163, 165
Füllgewebezellen / parenchyma/packing cell 138
Füllhorn / cornucopia 484
Füllspant / hawse piece 389
Füllstandsanzeige / discharge indicator 416
Füllung (Architektur) / panel (architecture) 491
Füllwagen (Selbstentladewagen) / hopper car 337
Füllwolle (Sattel) / flock stuffing (saddle) 576
Fumarolen / fumaroles 282–283
Funaria hygrometrica / *Funaria hygrometrica* 125
Fundament / foundation 496
Fundamentplatte (Kawanahaus) / raft (Kawana House) 500
Fünfeckstern / cushion star 181
Fünfstrahlige Radiärsymmetrie / pentaradiate symmetry 180
Fungia fungites **(Pilzkoralle)** / *Fungia fungites* (mushroom coral) 173
Funiculus / funicle 156
Funkantenne / radio aerial
  ARV Super 2 428
  Schlachtschiff 403
  Wostok 1 56
Funkbude / wireless office 403
Funkgerät / radio 57, 426
Funkrah / wireless yard 403
Funkstecker / radio plugs 429
Funktionalismus / functionalism 500
Funktionshebel / control stalk 363
Funktionstastenabdeckung / function button seal 580
Funktionszeichnungen von Luftstrahltriebwerken / how jet engines work 423
Furche, äquatoriale / equatorial furrow 150
Furchenwale / rorquals 214
Furkula / furcula 193
Furnerius / Furnerius 40
Furnier / veneer 466
Furud / Furud 21
Fuß / foot
  Anchisaurus 95
  Buchstabe / tail 449
  Corythosaurus 104
  Druckerpresse 453
  Fußballspiel 528
  Gorilla 213
  Harfe 515
  Herrerasaurus 92
  Hindernis 546
  Iguanodon 102
  Känguruh 217
  Maßeinheit 588, 589
  Mensch 220, 242, 243
  Pachycephalosaurus 106
  Schnecke 183
  Stegoceras 107
  Toaster 572, 573
  Westlothiana 87
Fußball / soccer/football 528–529
Fußballdress / soccer strip 529
Fußballen / ball of the foot 242
Fußballherstellung / making a soccer ball 529
Fußballschuh / soccer shoe 529
Fußballstiefel / soccer boot 529
Fußband
  Architektur / down-brace 481
  menschlicher Körper / ligament of foot 242
Fußbänder / ligaments of foot 242
Fußboden / floor 496, 500
Fußbrett / footboard 345
Füßchen / tube foot
  Seeigel 181
  Seestern 180, 181
Füßchenampulle / ampulla (of tube foot)
  Seeigel 181
  Seestern 180
Füßchenkanal / lateral canal
  Seeigel 181
  Seestern 180
Fußdrüse (Schnecke) / pedal gland (snail) 183
Fußgängerbrücke (Tower Bridge) / footbridge (Tower Bridge) 497
Fußgelenk / ankle joint 90
Fußhalteriemen / toe strap 586, 587
Fußklammer / toe clip 368
Fußliek / foot (sail) 382
Fußmaschine / pedal (bass drum) 522
Fußpedal / pedal 371
Fußpferd / foot rope 386, 387, 390, 393
Fußplatte (*Apollo 16*) / foot pad (*Apollo 16*) 59
Fußraste
  Motorrad / footrest 371, 376, 377
  Sulky / stirrup 547
Fußrastengehänge / footrest hanger 372
Fußscheibe (Seeanemone) / basal disc/pedal disc (sea anemone) 173
Fußschnitt (Buch) / tail (book) 582
Fußsohle / sole of foot 221, 244
Fußsohlenarterie / plantar artery 263
Fußstück (Querflöte) / foot joint (flute) 512
Fußstütze
  Auto / tread plate 365
  Curtiss / footrest 407
Fußtritt (Orgel) / toe piston (organ) 518
Fußvene / foot vein 263
Fußweg (Golfplatz) / pathway (golf course) 538
Fußwurzel / tarsus/metatarsus
  Echse 190
  Elefant 211
  Känguruh 216
  Krokodil 192
  Pferd 205, 206
  Rhesusaffe 212
  Robbe 214
  Schnabeltier 216
Fußwurzelknochen / tarsal bones
  Albertosaurus 90
  Gallimimus 93
  Iguanodon 103
  Mensch 229
Futter
  Bohrer / chuck 559
  Schuh / lining 560
  Stuhl / lining 571
Futterstoff / lining 571

G

G (Note) / G (note) 506
G-Saite / G string 516
G-Schlüssel / G clef/treble clef *s. Violinschlüssel*
Gabbro / gabbro 277, 284–285
Gabel
  Fahrrad / fork 369, 586
  Telefon / cradle switch 569
Gabelarm (Telefon) / cradle switch lever 569
Gabelfederung / fork slide 373
Gabelschaft / steerer tube 587
Gabelumschalter / cradle switch assembly 569
Gabun (Architektur) / Gabon (architecture) 503
Gacrux / Gacrux 21
Gadolinium / gadolinium 321
Gaffel / gaff 388, 392, 393
Gagarin
  Mondkrater / Gagarin 41
  Jurij / Gagarin, Jurij 56
Galaktische Ebene / galactic plane 14–15
Galaktischer Kern / galactic nucleus 12–13
Galaktisches Zentrum / galactic centre 14, 18, 20
Galaxien / galaxies 10, 11, 12–13, 14, 15
Galaxienhaufen / cluster of galaxies 10–11
Galeere / galley 380
Galeocerdo cuvieri **(Tigerhai)** / *Galeocerdo cuvieri* (tiger shark) 183
Galerie / gallery
  Architektur 469, 471, 481, 483, 484, 491, 501
  Schiff 389
Galerieebene / gallery level 500
Galiläische Monde / Galilean moons 44
Galion / head (ship) 384, 388
Galionsbalken / head beam 388
Galionsfigur / figurehead 387, 388, 389
Galionsreling / head rail 387, 388, 389, 386
Galionsscheg / knee of the head 386
Galium aparine **(Klebkraut)** / *Galium aparine* (goosegrass) 156
Galle-Ring / Galle ring 50–51
Gallenblase / gallbladder
  Hauskatze 201
  Kaninchen 202
  Mensch 224, 262
  Schildkröte 193

Gallengang (Mensch) / cystic duct 258, 262
Gallengänge (Vogel) / bile ducts 195
Gallerthülle (*Volvox*) / gelatinous sheath (*volvox*) 122
Gallimimus / *Gallimimus* 88, 92
Gallium / gallium 321
Gallone / gallon 588, 589
Galois / Galois 41
Gametangien, männliche / antheridia 125
Gametangienstand, weiblicher / archegoniophore 124
Gameten / gametes
Algen 122
Farne 126
Moose 124
Nacktsamer 128
Gametophyt / gametophyte
Farne 126
Moose 118, 124
Gamma Centauri / Gamma Centauri 21
Gamma Hydri / Gamma Hydri 20
Gamma Mensae / Gamma Mensae 20
Gamma Velorum / Gamma Velorum 18, 21
Gamma-Ring / Gamma ring 48
Gammastrahlen (Licht) / gamma rays (light) 329
Gammastrahlung / gamma radiation 10, 22, 328
Gänge / gears
Fahrrad 586
Getriebe 374
Ganges / Ganges River 298
Ganges-Tiefebene / Ganges plain 69
Ganglion / ganglion 179
Gangschaltung / gear system 586
Gangspill / capstan 395
Gangspillwelle / barrel (of capstan) 395
Gangsystem / dyke swarm 284
Gänsefeder (zum Schreiben) / goose-feather quill 448
Ganymed / Ganymed 44
Ganze Note / semibreve 506, 507
Ganzkörperwelle (Schwimmen) / whole body undulation 551
Ganzlederband (Buch) / leather-bound book 582, 583
Ganzmetalleindecker / all-metal monoplane 408, 412
Garderobe (Theater) / tiring room 481
Garnele / shrimp 85, 178
Garnierit / garnierite 280
Garntampen (Wurming) / rat tail (worming) 397
Garudimimus / *Garudimimus* 92
Gärung / fermentation 323
Gas / gas
Aggregatzustand 316, 317
chemische Reaktionen 322
Motorrad 371, 373
Gasaufnahme (Pflanzen) / gas-intake (plants) 164
Gasaustausch / gas exchange
Atmung Mensch 264
Pflanzen 136, 138, 140, 144, 162, 164
Gasbogen (Sonne) / gas loop (sun) 32, 33
Gasdrehgriff (Motorrad) / throttle (motorcycle) 377
Gasdruckbehälter für Lebenserhaltungssystem (*Wostok*) / gas pressure bottle for life-support system (*Wostok*) 56
Gasdruckfeder der Heckklappe / tail-gate support 338
Gase / gases
Erdatmosphäre 70
Lichtquellen, künstliche 329
Gasförmig / gaseous 316, 317, 323
Gasgestänge(V12-Motor) / throttle linkage (V12 engine) 355
Gashebel / throttle
Avro Triplane 410
Curtiss Model-D Pusher 406
Ford Modell T 348
Motorrad 371, 373
Rasenmäher 575
Gashülle (Sterne) / gas shell/atmosphere (stars) 16–17, 25
Gaskissen-Wiegenfederung / airbag secondary suspension 341
Gaspedal / throttle pedal 347, 360
Gassendi / Gassendi 40
Gastbootsbaum / guest boat boom 402
Gastralfilament / gastrovascular filament 173
Gastralraum / gastrovascular cavity 173
Gastrocnemius-Muskel / gastrocnemius muscle 90
Gastropoda / Gastropoda 182
Gaswolken / gas clouds/nebulae 12–13, 14, 16–17
Gaszug / throttle cable 360, 371, 376, 377
Gat (Violinenblock) / swallow (fiddle block) 391
Gattungen (Säugetiere) / genera (mammals) 110
Gatwick-People-Mover / Gatwick-People-Mover 338
Gaumen / palate 222, 230, 254, 255
Gaumenbogen / palatoglossal arch 254
Gaumenmandel / palatine tonsil 222, 254, 255
Gaumenzäpfchen / uvula 222
Gavial / gharial/gavial 192
Gavialis gangeticus **(Gavial)** / *Gavialis gangeticus* (gharial) 192
Gebälk / entablature
Cirque Napoleon 483
französischer Tempel 489
Kuppeln 490, 491
Madeleine 482
New State Paper Press 486
Pantheon (Rom) 466
Porta Nigra 469
Poseidontempel 464
St. George in the East 485
St.-Paul's-Kathedrale 484
Gebänderte Milchschlange / banded milksnake 190
Gebärmutter / womb/uterus *s. auch Uterus*
Mensch 268, 269, 271
Gebärmutterhals / cervix/neck of the uterus 268, 269, 271
Gebärmutterkontraktionen / uterus contractions 236
Gebirge / mountains 62, 66
Gebirgsbildung / mountain building 66, 67, 68, 69, 284, 308
Gebirgsketten / mountain chains/ranges 65
Gebirgsrücken, unterseeische / ocean ridges 64
Gebirgszüge / mountain ranges 307
Gebiß
Mensch / teeth/set of teeth 256
Pferdezaum / bit 547
Gebißscheibe (Pferdegeschirr) / bit-guard 547
Gebläse (Dampflok) / blower (steam locomotive) 335
Gebläseabdeckhaube (Rasenmäher) / blower shroud 574
Gebläsemotor / fan motor 361
Gebläsemotorhalter / fan motor support 361
Gebläseregler / blower control 335
Geburt (Mensch) / birth (human) 271
Gefälledach / sloping roof 490
Gefaltete Blattspreite / plicate lamina 133
Gefäßknäuel / glomerulus 266, 267, *s. auch Glomerulus*
Gefäßpflanzen / vascular plants 289
Gefechtskopf / warhead 402
Gefesselte Sklave, Der / *Rebel Slave, The* 457
Gefieder / plumage/feathers 194
Gefiedertes Blatt / pinnate leaf 142, 143
Gefingertes Blatt / digitate leaf 143
Gefühle / emotions 247
Gegengerade / back stretch 547
Gegengewicht / counterweight/counterbalance
Architektur 502
Auto 350, 352, 353, 355, 357
Druckerpresse 453
Flugzeugpropeller 412
Höhenruder 419
Mid-West-Wankelmotor 415
Gegengewichthorn / horn balance 418
Gegenwindung (Ohrmuschel) / antihelix (pinna) 252
Gehäuse
CD-ROM / casing 578
Fernseher / cabinet 566, 567
Kamera / covering 584
Toaster / casing 572, 573
Walkman / cabinet 580, 581
Gehäusebajonettring / mount (for lenslock release) 584
Gehäusedeckel / top cover 584, 585
Gehäuseplatte
Kamera / body covering 584
Mid-West-Wankelmotor / housing (end-plate) 414, 415
Gehäuseschale (Bohrer) / clamshell 559
Gehäuseschnecke / snail 81
Gehäuseschraube
Motorrad / case screw 374
Bohrer / clamshell screw 559
Gehen / walking 534
Gehirn / brain
Delphin 215
Echse 191
Elefant 210
Flußkrebs 179
Hauskatze 201
Kaninchen 202
Katzenhai 185
Knochenfisch 187
Krake 182
Mensch 114, 222, 230, 246–247, 248, 250, 252
Schimpanse 212
Vogel 195
Gehirnkapsel (*Pachycephalosaurus*) / brain cavity/brain case (*Pachycephalosaurus*) 106
Gehirnnerven / cranial nerves 248, 254
Gehölz / wood 538
Gehörgang / auditory meatus
Robbe 214
Schimpanse 212
äußerer (Mensch) / auditory meatus, external 114, 230, 252
Gehörkanal / auditory canal/meatus 252
Gehörknöchelchen / ossicles (of middle ear) 252
Gehörmuschel / pinna *s. Ohrmuschel*
Gehörschnecke / cochlea *s. Schnecke*
Geige(n) / violin(s) 507, 508, 514
Geigenbogen / violin bow 514
Geigenförmiges Blatt / panduriform leaf 142
Geison / cornice
Barockkirche 484
Englischer Barock 485
griechischer Tempel 464
Klassizismus 484
römische Bauwerke 466, 467
Geißel / flagellum
Algen 122, 123
Moosantherozoid 125
Samenzelle (Mensch) 269
Geißfuß / V-shaped gouge 453
Geisteranemone / ghost anemone 172
Geitau / brail line/clew line 380, 387
Gekrösearterie / mesenteric artery 263, 266, 267
Gekrösevene / mesenteric vein 263
Gel / gel 447
Geländer / balustrade
Globe Theater 481
Haus Savoye 498
Hongkong- und Shanghai-Bank 502
St.Paul's 491
London Bridge 471
Raddampfer 399
Geländerbekrönung / baluster finial 494
Geländereifen
Auto / off-road tyre 365
Fahrrad / all-surface tyre 369
Geländewagen / all-terrain vehicle 364, 365
Gelatinewalze / gelatine roller 451
Gelbe Karte / yellow card 528
Gelber Fleck (Auge) / macula 250, 251
Gelber Fluß (Huang He) / Yellow River (Huang He) 275
Gelbkörperchen / corpus luteum 268
Gelege / clutch of eggs 104
Geleitzellen / companion cell 138, 140
Gelenk
Fahrwerk / pivot 418
Körper / joint *s. Gelenke*
Motorrad-Seitenwagen / linkage 370
Gelenkarm (Lampe) / support arm (lamp) 564, 565
Gelenke / joints
Dinosaurier 88
Mensch 234–235
Gelenkfläche (Pferdehuf) / articular surface 111
Gelenkfortsatz (Mensch) / articular process (man) 232, 233
Gelenkgabel / pivoted fork 429
Gelenkhöcker (*Toxodon*) / condyle 112
Gelenkhöhle (Mensch) / articular cavity 235
Gelenkkopf
Baryonyx / olecranon 91
Mensch / spinous process 230, 232
Gelenkpfanne (*Eryops*) / acetabulum 87

Gelenkplatte (Lampe) / pivot plate (lamp) 564, 565
Gelenkschmiere / synovial fluid 234
Gelenkstück (Schuh) / shank 560, 561
Gelenkverbindung (Lampe) / joints (lamp) 564
Gelenkzellen / hinge cells 119
Gelgefüllter Sattel / gel-filled saddle 369
Gemeiner Seestern / common starfish 181
Gemini / Gemini *s. Zwillinge*
Gemisch (Kraftstoff und Luft) / charge 353
Geneigte Windschutzscheibe / raked windscreen 343
Generallamellen (Knochen) / outer lamella (bone) 235
Generator / generator/alternator
Automotor / alternator 354, 355
Diesellok / generator 336, 337
Mid-West-Wankelmotor / generator 414
Physik / generator 324, 326, 327
Turbinenstrahltriebwerk / alternator 422
Generatorabteil / generator compartment 337
Generatorachse / shaft 327
Generatorgehäuse / generator housing 415
Generatorhalterung / alternator mount pad 423
Generatorhaus / rotor house 324
Generatorkeilriemen / alternator belt 361
Generatorriemenscheibe / alternator pulley 355
Genick (Oberkopf Pferd) / poll 205
Genitalplatte / genital plate 181
Genitalporus / gonopore 180, 181
Geologie / geology 62–63, 288–289
Gepäckablage / luggage rack 339
Gepäckraum / luggage space 342
Gepäckraumtür / baggage compartment door 427
Gepäckträger / luggage rack 370
Geradführung / parallel motion 449
Gerandete Jagdspinne / raft spider 177
Geranium pratense (Wiesenstorchenschnabel) / *Geranium pratense* (meadow cranesbill) 150
Gerätemodul / equipment module 56
Gerberette / gerberette 501
Germanium / germanium 321
Geröllstrand / boulder beach 305
Geruchsnerven / olfactory nerves 222
Gerüst / armature/frame 456
Gerüsteisen / iron armature support 459
Gesäß / buttock(s) 220
Gesäßfalte / natal cleft 220
Gesäßmuskeln / gluteus muscles 235, 237
Geschäftsadresse / legal/business address 343
Geschlechts- und Harnleiteröffnung beim Knochenfisch / urogenital opening of bony fish 187
Geschlechtsakt / sexual act 268
Geschlechtsorgane
Mensch / sex organs 268
Pflanzen, männliche / reproductive organs, male 123, 125, 127
Pflanzen, weibliche / reproductive organs, female 123, 125, 127
Geschmacksentwicklung / production of taste 254
Geschmacksknospen / taste buds 254
Geschmacksnerven / gustatory nervse 222
Geschmackssinn / taste 254
Geschmackszonen der Zunge / taste areas on tongue 254
Geschoß
Granate / shell 404, 405
Kanonenkugel / shot 386
Sportwaffe / bullet 541
Geschoßhülle (Granate) / shell case 405
Geschoßkammer / shell room 404
Geschoßtransportvorrichtung / shell-handling gear 404
Geschütz / gun 384, 402, 405
Geschützausguck / gunnery spotting top 402
Geschützbatterie / gun battery 403
Geschützdecks / decks of guns 386
Geschützlafette / gun carriage 385
Geschützpforte / gunport 384, 385, 387 *s. auch Stückpforte*
Geschützpfortendeckel / lid (of gunport) 385
Geschützträger / gunship 426
Geschützturm / turret 404, 405
Geschwindigkeit / speed 330, 331
Geschwindigkeitshebel (Rasenmäher) / ground speed control knob (lawnmower) 575
Gesicht (Mensch) / face (human) 221
Gesichtsausdruck / facial expression 238
Gesichtsmaske / mask/face mask
Eishockey 542
Fechten 548, 549
Gesichtsschutz / face guard 543
Gesims / cornice
asiatische Bauwerke 495
Barock und Klassizismus 482, 483, 484, 485, 486, 487
Bauten des 19.Jh.s 497
Bauwerke des Islam 493
Bogen und Gewölbe 488, 489
Gotik 474, 476, 477
griech. Tempel 465
Kuppeln 490
mittelalterliche Gebäude 471, 473
Renaissance 478, 479, 480, 481
römische Gebäude 466, 467, 468, 469
Gespenstheuschrecke (Eier) / stick insect (eggs) 198
Gesso (=Gips-Kreide) / gesso 436, 437
Gesso grosso / *gesso grosso* 436
Gesso sotile / *gesso sotile* 436
Gestein / rock
Erde 66, 68, 276–277, 278, 282, 284–287, 288, 290–291, 292, 294, 302–303, 308
Merkur 34
Gesteine / rocks 66, 68
Gesteinskreislauf / rock cycle 276–277
Gesteinslippe / rock lip 297
Gesteinsmatrix / rock groundmass 279
Gesteinsmeteorit / stony meteorite 52
Gesteinspartikel / rock particles 276–277
Gesteinsplaneten / rocky planets 30–31, 34–40, 42–43
Gesteinsschichten / rock layers 66, 286, 288–289, 294
Gesteinssockel / rock pedestal 293
Gesteinstrümmer / rock debris 305
Gesteinsverwitterung / rock weathering 292
Getreide / crops 325
Getriebe / gear
Auto / gearbox 350, 361
Bohrer / system of gears 558
Dieselloks / transmission system 336
Flugzeugklappe / gearbox unit 417
Motorrad / gearbox 371, 374
Propeller / gearbox 429
Rasenmäher / gear case assembly 574
Getriebeaufhängung / gearbox mount 414, 417
Getriebebefestigungsbolzen / gearbox fixing stud 366
Getriebegehäuse
Auto / transmission casing 349
Rasenmäher / gear case 574
Getriebegewinde / drive gear spline 415
Getriebeglocke / transmission adaptor plate 354
Getriebekasten
Bohrer / gearcase 558
Flugzeug / gearbox case 414, 416
Getriebekastenantriebsrad / gearbox bevel drive 422
Getriebekastendeckel / gearcase cover 559
Getriebekupplung / sprag clutch 414
Getriebemechanismus / gear mechanism 559
Getriebeölrücklaufleitung / gearbox oil scavenge line 423
Getrieberitzel / gearbox drive spline 414
Getriebesystem / transmission system 374
Getriebezähne / rotor gear teeth 415
Gewandfalten / folded drapery 459
Gewässer / water 86
Gewebe (Pflanzen) / tissue
ablösbares / detachable tissue 124
Gewebe, elastisches / tissue, elastic 91
meristematisches / meristematic tissue 160
photosynthetisierendes / photosynthetic tissue 119, 126, 130, 132, 140, 141, 143
schwammiges / spongy tissue 162
teilungsfähiges / actively dividing cells 140, 141
Gewebescheide / endodermis 130, 131
Gewehrschießen / rifle shooting 540
Geweihhammer / antler hammer 115
Gewicht
Angel / weight 554
Einheiten / mass 588, 589
Kraft und Bewegung / mass 330
Posaune / weight, counterbalancing 510
Gewichte / weights
Angeln 554
Einheiten 588, 589
Gewichtsverlagerung (zur Steuerung eines Flugdrachens) / shifting weight (for steering a hang-glider) 430
Gewinde
Mid-West-Wankelmotor / stud hole 414, 415
Schraube (Kraft und Bewegung) / pitch 330
Gewindebohrung
Auto / hole 356
Bohrer / screw hole 558, 559
Gewindesockel (Glühbirne) / cap (light bulb) 564
Gewindestange (Lampe) / threaded rod (lamp) 565
Gewitterblitze / lightning flashes 326
Gewölbe / vault
Barock und Klassizismus 482, 488
Bauwerke des 19.Jh.s 496
Bogen und 489
Gehirn / fornix 246, 249
Gotik 474, 475
Mittelalter 472, 473
moderne Architektur 503
römische Gebäude 466
Gewölbefach / panel (of vault) 489
Gewölbeformen / types of vault 489
Geysire / geysers 282–283, 284–285
Gezeiten / tides 304, 305, 306–307, 308
Gezeitenabhängige Flußmündung / tidal river mouth 305
Giambologna / Giambologna 458
Gibson les Paul / Gibson les Paul 517
Giebel
Architektur des 19.Jh.s / gable 496
asiatische Baukunst / gable 494
Barock und Klassizismus / pediment 482, 485
Gotik / gable 475, 476, 477
mittelalterliche Gebäude / gable 471, 473
Renaissance / gable 480
römische Gebäude / pediment 466
Giebelfeld / pediment
griechische Architektur 464
Historismus 497
Klassizismus 484
römische Architektur 467
Gierdämpferzugang / access to yaw dampers 419
Gießer (des Mörsers) / lip (of mortar) 436
Giftdrüse / poison gland
Spinne 176
Krake 182
Giftschlange / venomous snake 190
Giftstachel (Skorpion) / sting (scorpion) 176
Gig / gig 403
Gill / gill 588
Gillung / counter (rail) 389
Gillungsknie / counter timber 389
Ginkgo / maidenhair tree 74, 78, 289
Ginkgo biloba (Ginkgo) / *Ginkgo biloba* (maidenhair tree) 74, 129
Ginkgo pluripartita / *Ginkgo pluripartita* 78
Ginkgogewächse / ginkgophytes 128
Ginkgophyta / Ginkgophyta 128
Giornate / giornate 439
Giotto / Giotto 439
Gipfelkrater / summit caldera 42
Gips (Mohs-Skala) / gypsum (Mohs scale) 281

Gipskreide / gesso 436
Gipsputz / gypsum plaster 468
***Giraffa camelopardalis* (Giraffe)** / *Giraffa camelopardalis* (giraffe) 205
Giraffe / giraffe 205
Girlande / festoon 467, 483, 491
Gitarre / guitar 514, 516, 517
Gitter
Eurostar / grille (Eurostar) 339
Lunochod 1 / grid (*Lunokhod 1*) 58
Gitterfenster / lattice window 496
Gitterkräfte / lattice forces 317
Gitterlinien / grid lines 449
Gitterschirmdach / latticed shade 499
Gitterträger / lattice-beam 500
Gitterwerk / lattice-work 493
Gitterwerkmuster / fret pattern 492, 495
Glabella (Trilobit) / glabella (trilobite) 84
Glacier Bay / Glacier Bay 296
Gladiole / gladiolus 160, 161
***Gladiolus* (Gladiole)** / *Gladiolus (gladiolus)* 160, 161
Glas / glass
Chemie 316, 317, 323
Glasfaser 339
Lichtbrechung 329
natürliches 316
Glasfaser / glass fibre/ fibreglass
TGV 339
(Ultra)leichtflugzeuge 429, 430, 431
Glasfaserhaut / fibreglass skin 431
Glasfasertank / fibreglass fuel tank 429
Glasfenster / glass windows 497
Glaskolben / glass flask 329
Glaskörper (Auge) / vitreous humour (eye) 250, 579
Glasmosaik / vitreous glass mosaic 455
Glasmosaiksteinchen / vitreous glass tesserae 455
Glaspapier / glass paper 445
Glasrohr (Versuchsapparatur) / delivery tube (experimental setup) 323
Glasröhre / glass tube 329
Glasscheiben (farbige) / glass (stained) 340
Glasstößel / glass muller 444
Glasur / glaze 447
Glasvorhang / glass curtain 501
Glaswand / glass wall 503
Glatte Muskulatur / smooth muscle 236, 238
Glazialer Detritus / glacial sediments 309
***Glechoma hederacea* (Gundermann)** / *Glechoma hederacea* (ground ivy) 160
***Gleditsia triacanthos* (Lederhülsenbaum)** / *Gleditsia triacanthos* (honey locust) 143
Gleichgewicht / balance 246, 247
Gleichgewichtsnerv / vestibular nerve 253
Gleichgewichtsorgan / organ of balance 252
Gleichstrom / direct current 338
Gleichstrombuchse / direct current jack 566
Gleis / track 340
Gleisabschnitt / section of track 340, 341
Gleiten (Schwimmen) / body glide (swimming) 550
Gleitexzenter / slip eccentric 398
Gleitzone (Kannenpflanze) / waxy zone (pitcher plant) 167
Gletscher / glacier 72, 276, 277, 292, 293, 296–297, 299, 302, 303
Gletscherbach / glacial/subglacial stream 296, 297
Gletschersee / terminal lake (glacier) 296–297
Gletscherspalten / crevasse 297
Gletschersturz / ice-fall 297
Gletschertopf / kettle (glacier) 296
Gletscherzunge / snout (of glacier) 296, 299
Gliederfuß / jointed leg
Eurypteride 85
Insekt 174, 175
Gliederfüßer / arthropods 174, 175
Gliedmaßenstellung / stance
Dinosaurier 88
Säugetiere 110
Glimmer / mica 280, 284
Globale Erwärmung / global warming 310–311
Globe Theatre / Globe Theatre 481
Globus / globe 274
Glockenfels / exfoliation dome 292
Glockengalgen / belfry 388
Glockenkammer / bell chamber 497
Glockenspiel / glockenspiel/tubular bells 508
Glockenturm / belfry 481, 485, 497
Glomerulus / glomerulus 266, 267
***Gloriosa superba* (Ruhmeskrone)** / *Gloriosa superba* (glory lily) 149
Glossopteris / *Glossopteris* 73
Glühbirne / light bulb 564, *s. auch Glühlampe*
beim Trefferanzeigesystem / bulb (electric scoring system) 548
Glühfaden (Autolampe) / incandescent filament (car light) 362
Glühlampe / bulb 326, 329
Glühwendel / filament (in bulb) 564
Glukosemolekül (Photosynthese) / glucose molecule (photosynthesis) 144
Gluon / gluon 319
Glyphe / glyph 464
Gnathostomata / Gnathostomata 184
Gneis / gneiss 284
Gnetophyten / gnetophytes 128
Gnome-7-Zylinder-Rotationsmotor / Gnome seven-cylinder rotary engine 408
Gnomon / gnomon 385
Gnomonzeiger / style of the gnomon 385
Gobi / Gobi Desert 274–275
Gogh, Vincent van / Gogh, Vincent van 441
Gold / gold
Bodenschätze 290–291
Buchmalerei 437
chemisches Element 321
Minerale 278
Prägung 582, 583
Goldblatt / gold leaf 437
Goldfarbige Seerose / Mediterranean sea anemone 172
***Goldfisch* (Mosaik)** / *Goldfish* (mosaic) 455
Goldkugelkaktus / golden barrel cactus 162
Goldprägung (Buch) / gold embossing (book) 582, 583
Goldregen / laburnum 143
Golf (Sport) / golf (sport) 538–539
Golf von Mexiko / Gulf of Mexico 274–275
Golfball / golf ball 538
Golfplatz (18-Loch) / golf course (18 holes) 538
Golfstrom / Gulf Stream 306
Golfzubehör / golf accessories 539
Golgi-Apparat / Golgi apparatus/complex/body 227
Gomphoi (Dübel) / gomphoi (dowel) 381
Gonade / gonad
Krake 182
Seeanemone 173
Seeigel 181
Seestern 180
Gondel (Ultraleichtflugzeug) / nacelle (microlight) 430, 431
Gondelaufhängung / pylon-strut strap 431
Gondelaufhängungsverkleidung / pylon fairing 431
Gondelverkleidung / nacelle shell 431
Gondwana(land) / Gondwanaland 70, 71, 72, 73, 76, 77, 78
Gong / gong 508, 520, *s. auch Tamtam*
***Goniastrea aspera* (Lochkoralle)** / *Goniastrea aspera* (honeycomb coral) 173
Gopura / gopuram 495
Gording / buntline/leechline 380, 383
Gorilla / gorilla 213
Göschstock / jack staff 383, 387
Gotik / Gothic (style) 472, 474–477
Gotische Schrift / Gothic script 449
Gouache / gouache 442
Goya / Goya 35
Graafscher Follikel / Graafian follicle *s. Bläschenfollikel*
Grabanlage / tomb 463
Grab(mal) / tomb 493
Graben
Erdkruste / trench 64
Verwerfung / graben 67
Grabenbruch / rift valley 302–303
Grabensee / graben/block-fault lake 303
Grabhügel / burial mound 494
Gradeinteilung (Jakobsstab) / scale (cross-staff) 384, 385
Gradskala (Jakobsstab) / scale in degrees (cross-staff) 384, 385
Graffias / Graffias 21
Gramm (g) / gram/gramme (g) 330, 588
Gran Chaco / Gran Chaco 274
Granada (Architektur) / Granada (architecture) 492
Granat / garnet 277
Granat-Glimmer-Schiefer / garnet-mica schist 277
Granate / shell 405
Granatenkörper / body (of shell) 405
Granatenpackung / packing (of shell) 405
Grand Canyon / Grand Canyon 63, 286–287
Grand Prix / Grand Prix 376
Granit / granite
Architektur 498, 503
Magmatische und metamorphe Gesteine 285
Granum / granum 145
Graphit / graphite 278, 321, 434
Graphit-Ton-Mine / graphite-clay rod 434
Graptolith / graptolite 71
Grasbahn (Pferderennen) / grass track 547
Grasblütenstand / grass inflorescence 119
Grassteppe / savannah 80
Grat (Gewölbe) / groin (vault) 488, 489
Gräting / grating 389
Gratsparren / hip-rafter 494
Graue Substanz (menschl. Gehirn) / grey matter (human brain) 246, 247, 248
Grauhörnchen / grey squirrel 203
Gravitation / gravitation 26, 306–307
Green / Green 538
Greep / gripe 387
Greifer
Apollo / pincers 57
Geschützturm / grab 404
hydraulische / hydraulic grab 404
Greifklaue / grasping claw 92
Greifschwanz / prehesile tail 212
Griechen, Schiffe der / Greeks (ships of Greece) 380, 381
Griechenland (Architektur) / Greece (architecture) 464, 465
Griechisches Kreuz / Greek cross 493
Griff
Angelrute / hand grip 555
Bogen / grip 540
Fahrrad / handlebar grip 587
Linienrichterfahne / handle/grip 528
Steinzeitwerkzeug / handle 115
Squash-, Badminton- u. Raquetballschläger / handle 537
Tennisschläger / grip 536
Griffbrett / fingerboard
Bratsche 515
Cello 515
Geige 514
Gitarre 517
Kontrabaß 515
Griffel (Pflanzen) / style 137, 146–150, 152, 153, 154
schirmförmiger / umbrella of style 119
Griffelbein / splint bone 204
Griffelfortsatz / styloid process 230, 253
Griffelfortsatz-Zungenmuskel / styloglossus muscle 254
Griffelseeigel / pencil slate sea urchin 181
Griff-Endkappe (Angel) / butt cap (fishing rod) 555
Griffloch (Instr.) / finger hole (instr.) 512
Griffmulde (Flugzeugtür) / finger recess (door of plane) 416
Griffstück (Steuerrad) / handle (ship's wheel) 398
Grille / cricket 174
Grimaldi / Grimaldi 40
Grimmdarm / colon 225, 259, 269
Grönland / Greenland 70, 72, 274–275
Groß-Gaffeltoppsegel / main gaff topsail 393
Großbeting / main bitt 389
Großbrampardune / main topmast backstay 386
Großbramrah / main topgallant yard 385, 387
Großbramsegel / main topgallant sail 387
Großbramstenge / main topgallant mast 385, 386
Großbramstengenstag / main topgallant stay 387

Großbramwant / main topgallant shroud 386
Großbrasse / main brace 381
Großbritannien / Great Britain
Architektur 470, 484, 485, 486, 487, 488, 496, 497, *s. auch England*
Spurweite 341
Größe / size 322, 588, 589
Große Halle / grand hall 500
Große Magellansche Wolke / Large Magellanic Cloud 15, 20–21
Große Moschee / Great Mosque 488
Großer Bär / Great Bear (Ursa Major) 18–19
Großer Bärensee / Great Bear Lake 274, 275
Großer Dunkler Fleck / Great Dark Spot 50–51
Großer Hund (=Canis Major, Sternbild) / Greater Dog (Canis Major) 18, 21
Großer Roter Fleck / Great Red Spot 44–45
Großer Wagen / Plough 19
Großer Zeh / big toe/hallux 243
Großfall / main halyard 381
Großhirn / cerebrum 222, 246, 247, 248
Großhirnarterie / cerebral artery 262
Großhirnhemisphärenkapsel / capsule (brain) 247
Großhirnseitenkammer / lateral ventricle (brain) 246, 247
Großhirnspalte / longitudinal fissure (brain) 246, 247
Großkaliber / bigbore 540, 541
Jagdwaffe / bigbore hunting rifle 541
Sportpistole / target pistol 541
Großmars / main topcastle 385, 386
Großmarsrah / main top yard 385, 387
Großmarsreling / main top rail 386
Großmarssegel / main topsail 387
Großmarsstenge / main topmast 385, 386
Großmarsstengeborgstag / main topmast preventer stay 387
Großmarsstengestag / main topmast stay 385
Großmarswant / main topmast shroud 386
Großmast / main mast 383, 384, 385, 386, 400
Großmastkoker / main mast hole 389
Großmastspur / main mast step 400
Großrah / main yard 384, 385, 387
Großraumgebäude / open-plan building 498
Großschot / main sheet 381, 383, 388, 553
Großsegel / main course 381, 383, 384, 387, 393
Großstag / main stay 387, 393
Großstagtakel / mainstay tackle 387
Großstengenmars / main topmast topcastle 385
Großstengestag / main topmast stay 387
Großtoppsegelfall / main topyard halyard 393
Großzehenbeugemuskel / flexor hallucis muscle 243
Großzehenstreckermuskel / extensor hallucis muscle 243
Großzehenstreckersehne / extensor hallucis tendon 243
Groteske / grotesque 480
Grube
kleine (Zunge) / foramen caecum 254
ovale (Herz) / fossa ovalis 261
Grummet / grommet 383, 392
Grün (Golf) / green (golf) 538, 539
Grünalgen / green algae 118, 122, 123
Grundarterie / basilar artery 262
Grundbewegungen / basic movements 247
Grundgleichung der Mechanik / Newton's second law 331
Grundgesetze der Mechanik / Newton's three laws of motion 331
Grundierung
Aquarell / wash 443
Autolack / primer 358
Ölmalerei / primer 441
Grundlinie
Basketball / end-line 530
Buchstabe / base line 449
Netball / end-line 533
Tennis / base line 536
Grundmatrix / groundmass/matrix 278–279
Grundplatte / baseplate
Sicherheitsbindung 544
Toaster 572
Grundschwelle / sill 468
Grundsubstanz
Chloroplast / stroma 145
Minerale / groundmass/matrix 278–279
Grundtvigskirche / Grundtvig Church 499
Grundwasser / groundwater 302–303
Grundwasserspiegel / water table 302–303
Grüne Drüse (Krebs) / green gland (crayfish) 179
Grüne Erde / green earth 438
Grüne Wachsrose / green snakelock anemone 172
Grüner Fluorit / green fluorite 279
Grüner Leguan / common iguana 88
Grüner Marmor / green marble 285
Gruppe 7 (Architektur) / Gruppo Seven (architecture) 499
Gruppen (Periodensystem) / groups (periodic table) 320
Grus (Sternbild) / Grus *s. Kranich*
Gryptosaurus / *Gryptosaurus* 102, 105
Guanin (DNA) / guanine (DNA) 227
Gubernacula / gubernacula 381
Gubernator / gubernator 381
Guinevere Planitia / Guinevere Planitia 36–37
Gujakholzlager / lignum vitae bearing 395
Gula Mons / Gula Mons 37
Gummi arabicum / gum arabic 442, 444
Gummibandfederung / rubber cord suspension 410, 411, 429
Gummibuchse / rubber mounting bush 373
Gummidichtung / rubber seal
Auto 362
Fahrrad 587
Flugzeugklappe 417
Telefon 568
Gummifuß / rubber foot
Schlagzeug 523
Telefon 569
Gummi-Fußmatte / rubber foot mat 371
Gummi-Gebißscheibe / rubber bit-guard 547
Gummiglocke für den Huf / rubber over-reach boot 547
Gummigriff / rubber handle 528
Gummiharz / gum resin 442
Gummilippe / rubber blade
Drucksieb 452
Gummispachtel 454
Gummilösung / gum arabic solution 452
Gummimischung / rubber compound 373
Gummirad
Eisenbahn / rubber wheel 338
Flugzeugfahrwerk / rubber tyre 410
Gummireifen
Auto / rubber tyre 345
Flugzeugfahrwerk / rubber tyre 413
Sulky / rubber wheel 547
Gummirolle / rubber roller 453
Gummispachtel (zum Verfugen) / grouting squeegee with rubber blade 454
Gummiwischer (Drucksieb) / rubber squeegee 452
Gundermann / ground ivy 160
Gurt / strap
Flugzeug 413
Sattel 577
Gurtband (Stuhl) / webbing (chair) 571
Gurtbefestigung / lap-strap attachment bracket 429
Gurtbogen / transverse rib 489
Gürtel
Jupiter / belt 44–45
Kieselalge / girdle 122
Saturn / belts 46–47
Gürtelklammer (Walkman) / belt clip (personal stereo) 580
Gürtelreifen / radial-ply tyre 373
Gurtentonne / barrel vault 472
Gurtschloß / quick-release mechanism (lap-strap) 429
Gurtstrippe (Sattel) / girth strap (saddle) 577
Guß mit verlorener Form / lost-wax method of casting 458–459
Gußeisen / cast iron
Architektur 496
Schienenstuhl 341
Zylinderfuß 370
Gußkanäle / runners and risers 459
Gußstopfen / foundry plug 395
Gutenberg-Diskontinuität / Gutenberg discontinuity 39
Güterverkehr / freight services 336
Güterwagen / freight car 337
Gutsmanie / scarlet star 169
Guyana (Bergland) / Guiana Highlands 274
Guyot / guyot 308
***Guzmania lingulata* (Gutsmanie)** / *Guzmania lingulata* (scarlet star) 169
Gymnophiona / Gymnophiona 188
Gymnospermae / Gymnospermae 128
Gynoeceum / gynoeceum 146

H

H (Note) / B (note) 506
H-Saite / B string 516
Haarbalg / hair follicle 244, 245
Haarbalgmuskel / arrector pili muscle 245
Haare / hairs *s. auch Fell*
abwärtsgerichtete 119, 166
fleischige 146
ineinandergreifende 119
Mammut 113
Mensch 222, 244–245
Pflanzen 119, 132, 146, 148, 162, 166
steife 119
Haargel / hair gel 316
Haarhaut / cuticle (of hair) 244
Haarkleid / coat of hair 110
Haarmark / medulla (of hair) 244
Haarpapille / papilla (of hair) 245
Haarpelz (Säugetiere) / covering of hair (mammals) 110
Haarpinsel / hairbrush, artist's 436, 440, 442, 444
Haarrinde / cortex (of hair) 244
Haarschaft / hair shaft 244, 245
Haarsterne / crinoids 180
Haarwurzel (=Haarbalg) / hair follicle 244
Haarzwiebel / hair bulb 245
Habitus (Minerale) / habit (minerals) 280–281
Hadar / Hadar 21
Hadley-Zelle / Hadley cell 310
Hadrosaurier / hadrosaur 102, 104, 105
Hadrosaurus / *Hadrosaurus* 102, 105
Haemalbogen / haemal spine 186
Hafnium / hafnium 320
Haftorgan / holdfast
Algen 122, 123
Neunauge 184
Hagel / hail 312
Hagia Sophia / Hagia Sophia 491
Hahn (Pistole) / hammer (pistol) 541
Hahnenfuß / buttercup 133, 139
Haie / sharks 73, 184–185, 198
Haieier / shark eggs 198
Hakatai-Schiefer / Hakatai shale 287
Haken (Block) / hook (block) 391
Hakenbein / hamate 240
Hakenriffler / hooked riffler 458
Hakenschaft / shank (of hook) 392
Hakenspitze / bill (of hook) 392
Halbaffen / prosimians 212
Halbband / half-bound book 582
Halbe Note / minim 506
Halbelliptikfeder / semi-elliptic spring 352
Halbkreis / semicircle 495
Halbkugel (Erde) / hemisphere *s. Südhalbkugel und Nordhalbkugel*
Halbkugelkuppel / hemispherical dome 490, 491
Halbkuppel / semi-dome 488
Halbleiter / semiconductor 316
Halbmetalle / semi-metals 320–321
Halbmond (Fingernagel) / lunule 241
Halbparasit (Pflanze) / partial parasitic plants 168
Halbsäule / half-column 468, 472, 483
Halbsehnenmuskel / semitendinosus muscle 237
Halbstek, doppelter / lighterman's hitch 397
Halbton / half-tone 506

Halbtonerhöhung / raising the pitch/sharp 507
Halle / hall 503
Hälleflint / halleflinta 285
Halleyscher Komet / Halley's comet 52
Hallux / hallux
Anchisaurus 95
Archaeopteryx 91
Herrerasaurus 92
Tyrannosaurus 90
Halm / stem 126, 137
assimilierender, unfruchtbarer 126
nicht assimilierender, fruchtbarer 126
Halmglied / internode 126
Halo / halo 14
Halogen / halogen 321
Halogenide / halides 279
Halogenscheinwerfer / halogen headlamp 362
Hals / neck
Corythosaurus 104
Gitarre 516, 517
Golfschläger 539
Harfe 515
Iguanodon 103
Mensch 221
Pachycephalosaurus 106
Pferd 205, 206, 207, 208, 209
Ratte 202
Stegoceras 107
Stegosaurus 98
Streichinstrumente 514
Tennisschläger / throat 536
Trommelschlegel / taper 523
Hals-Kopf-Vene / brachiocephalic vein 263
Halskrause (Horndinosaurier) / bony frill (Ceratopsia) 106
Halslatz (Fechten) / bib (fencing) 548, 549
Halsmuskulatur / neck muscles
Euoplocephalus 100
Gallimimus 92
Halsnerven / cervical nerves 248
Halsplatte / cervical plate
Stegosaurier 98, 99
Stegosaurus 98
Halsrippe / cervical rib
Iguanodon 102
Stegoceras 106, 107
Triceratops 109
Tyrannosaurus 90
Halsschlagader / common carotid artery 225, 263
Halsschutz (Eishockey) / throat protector (ice hockey) 542
Halswirbel / cervical vertebra
Arsinoitherium 110
Brachiosaurus 97
Echse 190
Elefant 211
Hase 203
Hauskatze 201
Iguanodon 102
Känguruh 216
Krokodil 192
Mensch 222, 232, 234
Parasaurolophus 105
Pferd 205
Plateosaurus 94
Rhesusaffe 213
Robbe 214
Schnabeltier 216
Stegoceras 107
Stegosaurier 99
Struthiomimus 93
Toxodon 112
Vogel 195
Haltebolzen / retaining bolt 374
Haltegriff
Auto / grab handle 365
Judo / hold 548
Halteriemen / retaining strap 57
Halterung
für Elektromotoren / housing for electric motors 352
Generator / bearing (electric generator) 327
Haltezapfen / wrist pin 398
Hamal / Hamal 19, 20
Hämatit / haematite 278
Hammada / hamada 292–293
Hammer / hammer 489
Geweihhammer 115
Hammerwerfen 534
Klavier 518
Gehörknöchelchen / malleus 252
Segelmacher / mallet 392
Hämmerchen
für Schlaginstrumente / mallet 520
Klavier / hammer 519
Hammergriff
Geweihhammer / hammer handle 115
Segelmacherhammer / mallet handle 392
Hammerhai / hammerhead (shark) 185
Hammerklavier / piano(forte) 518, 519
Hammerkopf / hammerhead
Geweihhammer 115
Segelmacherhammer 392
Hammer(ruhe)leiste / hammer rest 518
Hammerstiel / handle (of hammer) 392
Hammerwerfen / hammer throw 534, 535
Hammerwurfsektor / hammer fan 534
Hampshire (Architektur) / Hampshire (architecture) 486
Hand / hand
Anchisaurus 95
Iguanodon 103
Mensch 220, 240–241
Pachycephalosaurus 106
Schimpanse 213
Stegoceras 107
Tyrannosaurus 90
Handarbeit (Auto) / handbuilt (car) 346
Handball / handball 532, 533
Handballpaß (Basketball) / long pass 530
Handballschuh / handball shoe 533
Handballtechniken / handball skills 533
Handbeuger / flexors of hand 237
Handbohrer
Schiffsbau / T-handle auger 382
Tischlerwerkzeug / hand drill 558, 559
Handbohrgerät / hand drill 558, 559
Handbremse / handbrake
Auto 349, 350, 360
Fahrrad 369
Lok 334
Handbremsenzahnbogen / handbrake quadrant 349
Handbremshebel / handbrake lever 347, 369
Handbremsrad / handbrake wheel 341
Handelsschiff / merchant ship 380, 384
Handförmig gelapptes Blatt / palmately lobed leaf 143
Handgasrad / throttle wheel 352
Handgelenk / wrist
Archaeopteryx 91
Brachiosaurus 97
Corythosaurus 104
Diplodocus 96
Euoplocephalus 100
Iguanodon 103
Mensch 221, 228
Parasaurolophus 105
Plateosaurus 94
Stegoceras 106, 107
Stegosaurus 98
Triceratops 108
Tyrannosaurus 90
Handgelenksschelle / wrist clamp 57
Handgepäckfächer / handbaggage bin 420
Handgriff
ARV Super 2 (für Piloten) / pilot's handgrip 429
Handbohrer / handle 559
Metrozug / handle 338
Motorrad / grab handle 370, 371
Rasenmäher / handle 575
Handinnenfläche / palm 221
Handknochen (Mensch) / bones of hand (man) 240
Handkurbel
Ford Modell T / crank handle 349
Kupferdruckpresse / handle 451
Handlauf / handrail
Architektur 481, 487
Tender 334
TGV 339
Handplatte (Gitarre) / scratchplate (guitar) 517
Handpresse / hand press 453
Handpumpe / hand pump 425
Handregistratur (Orgel) / thumb piston (organ) 518
Handschrift / manuscript 449
Handschuh / glove
Bogenschießen 540
Eishockey 543
Fußball 529
Racquetball 537
Raumanzug 57
Segeln 552
Skisport 544
Segelmacher / sailmaker's palm 392
Handschuhfach / glove box 429
Handschutz
Slalom / hand protection 545
Motocrossrad / hand protector 376
Handschutzpolster / pad for hand protection 545
Handschwingen / primaries 194, 197
Handstand / armstand 551
Handstandsprung / armstand dive 550, 551
Handstrecker / extensors of hand 237
Handstütze (des Fagotts) / hand rest (of bassoon) 512
Handteil (Telefon) / handset (telephone) 569
Handwinde (Geländefahrzeug) / hand winch (allterrain vehicle) 364
Handwurzel / carpus
Elefant 211
Hase 203
Hauskatze 201
Känguruh 216
Mensch 241
Pferd 205
Rhesusaffe 212
Robbe 214
Schnabeltier 216
Handwurzelknochen / wrist bones/carpal bones
Diplodocus 96
Elefant 96
Mensch 228, 240
Hanfpalme / Chusan palm 133
Hang / slope 66, 297
Hängelager / hanger 502
Hängesäule / queen-post 477
Hängetal / hanging valley 296–297
Hapteron / hapteron 122, 123
Härchen (Ohr) / microscopic hairs (ear) 252
Harfe / harp 514, 515
Harley-Davidson FLHS Electra Glide / Harley-Davidson FLHS Electra Glide 370, 371
Harmika / harmika 494, 495
Harmon, A.T. / Harmon, A.T. 498
Harnausführgang / urinary meatus 268
Harnblase / urinary bladder
Delphin 215
Echse 191
Elefant 210
Hauskatze 201
Kaninchen 202
Knochenfisch 187
Mensch 224, 225, 266, 267, 268, 269, 271
Schildkröte 193
Schimpanse 212
Harnblasendreieck / trigone (bladder) 267
Harnleiter / urinary duct/ureter *s. auch Ureter*
Elefant 210
Hauskatze 201
Mensch 225, 266, 267, 268, 269
Schnecke 183
Harnleitermündung / ureteric orifice 267
Harnröhre / urethra
Euoplocephalus 101
Hauskatze 201
Kaninchen 202
Mensch 266, 267, 269, 271
Schimpanse 212
Harnröhrenmund / internal urethral orifice 267
Harnröhrenöffnung / urethral opening 269
Harnröhrenschließmuskel / urethral sphincter muscle 267
Harnröhrenschwellkörper / corpus spongiosum 267
Harnsystem / urinary system 224, 266–267
Harpunenspitze / harpoon point 115
Härte (Minerale) / hardness (minerals) 280–281
Hartgummi (Puck) / vulcanized rubber (puck) 543
Härtling-Landschaft / zeugen 292
Hartplatz / mineral surface court 533
Harz / resin
Malerei 434, 440
Pflanzen 130, 131
Harzkanal / resin canal 130, 131
Harzkristalle / resin crystals 440
Hase
Sternbild (=Lepus) / Hare/Lepus 21
Tier / hare 203
Hasentiere / Lagomorpha 202–203
Hassium / hassium/unniloctium 321
Hathor / Hathor 462
Hathor Mons / Hathor Mons 37
Haube
Auto / bonnet 351
Mooskapsel / calyptra 125
Tornado / canopy 424
Haubenentriegelungsgriff / bonnet release handle 351
Haupt (*arch.* Bogen) / crown (arch) 488
Haupt-Zeitnehmer (Schwimmen) / chief timekeeper 550
Hauptarterie / main artery 262
Hauptaufzugskorb / main hoisting cage 404
Hauptbogen / main arch 488
Hauptbremszylinder / main brake cylinder 361, 372

Hauptdampfversorgung / main steam supply pipe 399
Hauptdeck / main deck
Eisenschiff 401
Rennboot 553
Hauptdecksbalken / main deck beam 401
Hauptdeckstringer / main deck tie plate 401
Hauptfahrwerk / main landing gear
ARV Super 2 428
Avro Biplane 411
Blériot XI 409
Concorde 421
Curtiss Model-D Pusher 406, 407
Lockheed Electra 412
Tornado 424, 425
Hauptfahrwerksbein / single leg main landing gear 413
Hauptfahrwerksgelenk / main landing gear crossbeam 421
Hauptfahrwerksverkleidung / main landing gear fairing 419
Hauptflügel (Heckspoiler) / mainplane (racing car wing) 366, 367
Hauptflügelstrebe / main wing bracing-strut 409
Hauptgelenk (Fahrwerk) / main pivot (landing gear) 418
Hauptgruppenmetalle / main group metals 320–321
Hauptholm / main spar bridge 417
Hauptkurbelwange / main crank 398
Hauptlagerzapfen / main journal 357
Hauptluftleitung / main air duct 421
Hauptmanual / great manual 518
Hauptmanualregister / great stop 518
Hauptmaschine / main engine 405
Hauptnabe (Rotor) / main (rotor) hub 426
Hauptniedergang / main companion way 388
Hauptrad / main wheel 430
Hauptreihenstern / main sequence star 11, 22-23, 24, 26
Hauptring / main ring 44
Hauptrotor / main rotor 427
Hauptrotornabe / main rotor hub 427
Hauptrotorwelle / main rotor mast 426
Hauptsaal (Tyringham House)/ central hall 487
Hauptschalldämpfer / main exhaust silencer 431
Hauptschalter, elektrischer / master electrical switch 367
Hauptschaltkreis / main integrated circuit 580
Hauptschergang / main sheer strake 401
Hauptschiff / main vessel/nave
mittelalterliche Kirche 472, 473
gotische Kirche 474
Barockkirche 483
St.-Paul's-Kathedrale 488
Hauptschlagader / aorta 225, 260
Hauptstämmchen (Moos) / main stem (moss) 125
Hauptstimmspindel / tuning gauge 523
Hauptstoßdämpferstrebe / primary shock-absorber strut 59
Hauptstrebe / main strut 410
Haupttribüne / grandstand 547
Haupttür / main door 418
Hauptturbine / main turbine 405
Hauptvenen / main veins 262, 263
Hauptwelle (Getriebe) / output shaft (gearbox) 374
Hauptwurzel / main root 133, 134, 136
Hauptzylinder (Bremse) / master cylinder (brake) 371, 373
Haus / house
Architektur 497, 498, 499
Energiekreislauf 325
Infrarotbild 328
Haus Robie / Robie House 499
Haus Savoye / Villa Savoye 498
Haushalt / household 325
Hauskatze / domestic cat 201
Hausspinne / house spider 177
Haustorie / haustorium 169
Haut / skin
Mensch 244–245
Pflanzen 154, 162, 163
Phiomia 111
wachsige 162, 163
Hautfarben / flesh-colours 437
Hautflügler / Hymenoptera 174
Hauthaar / skin hair 245
Hautmuskel / cutaneous muscle 239
Hautschnitt / section of skin 245
Hautstrukturen / structures of skin 244
Häutung / moulding 177
Hautzellen / epithelial cells 227
Haverscher Kanal / Haversian canal 235
Haversches System / Haversian system 235
Hawksmoor, Nicholas / Hawksmoor, Nicholas 482, 485
***Haworthia truncata* (Haworthie)** / *Haworthia truncata* (haworthia) 163
Hawthorne / Hawthorne 35
Hebeglied (Klavier) / action lever (piano) 518, *s. auch Wippe*
Hebel / lever
Lok 334, 335
Physik 330, 331
Hebelarm / lever arm 330
Hebelprinzip (Bohrwinde) / lever principle (brace-and-bit) 558
Hebelrastung / flap lever detent box 429
Hebelsystem (Flügelsignal) / lever system (semaphore signal) 340
Hechtposition (Wasserspringen) / pike position 551
Heck
Schiff / stern 383, 387, 389, 400, 552, 553
Flugzeug / tail 406 ff
Heckabschlußblech (VW Käfer) / rear valance (Volkswagen Beetle) 351
Heckanker / aft anchor 403
Heckausleger (Hubschrauber) / tail boom (helicopter) 427
Heckbalken / transom 383, 388
Heckbereich / stern section 400
Heckbord / taffrail 386
Heckbordreling / taffrail 389
Heckflügel / tailplane
ARV Super 2 428
Avro Biplane 411
Avro Triplane 410, 411
BAE 146 419
Blackburn Monoplane 409
Blériot XI 409
Lockheed Electra 413
Segelflugzeug 430
Tornado 424
Wright Flyer 407
Heckflügelbefestigung / tailplane attachment bracket 419
Heckflügelspitze / tailplane tip 413
Heckflügelverkleidung / tailplane fairings 419
Heckgalerie / stern walk 403
Heckklappe (Renault Clio) / rear hatch (Renault Clio) 358, 359, 362
Heckklappenverkleidung / tail-gate trim 362
Heckkonus (Concorde) / tail cone (Concorde) 421
Heckkufe / tailskid 428
Hecklaterne / stern lantern 387
Heckmotor / rear-mounted engine 350
Heckpropeller / rear-mounted propeller/pusher propeller
Wright Flyer 406, 407
Ultraleichtflugzeug 430
Heckrad / tailwheel 409, 410, 413, 430
Heckradstrebe / tailwheel bracket 409
Heckreling / stern balustrade 381
Heckrotor / tail rotor 426, 427
Heckrotorschutz / tail rotor guard 427
Heckrundung / round-corner rear part 346
Heckscheibe / rear window 346, 358
Heckscheibendichtung / tail-gate seal 362
Heckscheibenheizung / rear-window heating element 358
Heckscheibenwaschdüse / rear-window washer jet 358
Heckscheibenwischerarm / rear wiper arm 362
Heckscheibenwischerblatt / rear wiper blade 362
Heckspanten / stern framing 400
Heckspiegel / transom 384
Heckspoiler / rear wing 366, 367
Hecksporn / tailskid 408, 409, 411
Heckstütze / pilaster 389
Hecktür / tail gate 365
Heckverzierung / stern carving 389
Heckzier / stern ornament 381
***Hedera colchica* (Kaukasischer Efeu)** / *Hedera colchica* (Persian ivy) 143
***Hedera helix* (Gemeiner Efeu)** / *Hedera helix* (common ivy) 137, 143
Hefe / yeast 323
Hefen / yeasts 120
Heftband (Buch) / tape (book) 582, 583
Heftfaden (Buch) / thread (book) 583
Heftgaze / mull 582, 583
Heftklammer / clip 441
Heiligenschein / halo 437
Heiliger Geist (Taube als Symbol) / Holy Ghost (dove as symbol) 437
Heine / Heine 35
Heinrich VIII., König von England / Henry VIII, King of England 384
Heißer Fleck / hot spot 29
Heißer Luftstrom / hot exhaust gases 423
Heißluftballon / montgolfier balloon 406
Heißluftdüse zur Enteisung der Finne / hot-air de-icing duct to fin 418
Heißwasserschlauch / hot water hose 335
Heizelement (Toaster) / end element (toaster) 572, 573
Heizelementhalterung / inner cage assembly 573
Heizersitz / fireman's seat 335
Heizkessel / heating boiler 336
Heizkraftwerk / heat station 324
Heizrohr / fire tube 335
Heizung, atombetriebene / heater, nuclear-powered 58
Heizungskasten / heater unit 363
Heka / Heka 18
Hektar (ha) / hectare (ha) 588
Hektoliter (hl) / hectolitre (hl) 588
Helen Planitia / Helen Planitia 36
Helferzelle / synergid nucleus 153
***Helianthus annulus* (Sonnenblume)** / *Helianthus annulus* (sunflower) 148
Heliconia peruviana / *Heliconia peruviana* 149
Helicoprion bessonowi / *Helicoprion bessonowi* 73
Helium / helium
Element 321
Jupiter 44–45
Merkur 35
Neptun 51
Saturn 46–47
Sonne 32
Sterne 22, 24–26
Uranus 49
Helium-3-Kern / helium-3-nucleus 22
Helium-4-Kern / helium-4-nucleus 22
Heliumlinie / helium line 23
Helix (planetarischer Nebel) / helix nebula 17
***Helleborus niger* (Christrose)** / *Helleborus niger* (christmas rose) 145
Helligkeitsanzeige / brightness standard indicator 58
Helm
Kobrapflanze / hood 166
Raumanzug / helmet 57
Sport / helmet *s. Kopfschutz*
Turm / spire *s. Turmhelm*
Helmknauf / orb 483, 484
Hemd (Wallmauer) / jacket-wall 470
Hemicyclaspis / *Hemicyclaspis* 62
Hemisphären / hemispheres
der Erde *s. Südhalbkugel, Nordhalbkugel*
des Gehirns 246
Hemmungsrad (Uhr) / escape wheel (clock) 562
Henlesche Schleife / loop of Henlé 266
Hepaticae / Hepaticae 124
***Heracleum* sp. (Bärenklau)** / *Heracleum* sp. (hogweed) 157
***Heracleum sphondylium* (Gemeiner Bärenklau)** / *Heracleum sphondylium* (hogweed) 135
Herbivore Saurier / herbivore dinosaurs 76, 94
Hercules / Hercules 19, 20, 40
Heringe / herrings 186
Hermit-Schiefer / Hermit shale 286
Herodotus / Herodotus 40
Herrerasauridae / Herrerasauridae 89
Herrerasaurus / *Herrerasaurus* 74, 92
Hertzsprung / Hertzsprung 41

Hertzsprung-Russell-Diagramm / Hertzsprung-Russell diagram 22–23
Herz / heart
Delphin 215
Echse 191
Elefant 210
Euoplocephalus 100
Flußkrebs 179
Frosch 188
Gallimimus 92
Hauskatze 201
Kaninchen 202
Knochenfisch 187
Krake 182
Mensch 224, 225, 260–261, 262, 265
Säugetiere 110
Schildkröte 193
Schimpanse 212
Schnecke 183
Spinne 176
Vogel 195
Herzarterien-Angiogramm / angiogram of arteries of heart 224
Herzbeutel / pericardium 260
Herzkammer (Ventrikel) / ventricle 224, 260, 261
Herzkausch / heart thimble 391
Herzkranzarterien / coronary arteries 260, 261, 263
Herzkreislauf / circulatory system of heart 262
Herzmuskel / heart muscle 236, 260
Herzmuskulatur / cardiac muscle 238
Herzscheidewand / septum 260, 261
Herzschlagsequenz / heartbeat sequence 260
Herzvene, große / cardiac vein 260
Herzwand / heart wall 260
Hestia Rupes / Hestia Rupes 37
***Heterocentrotus mammilatus* (Griffelseeigel)** / *Heterocentrotus mammilatus* (pencil slate sea urchin) 181
Heterodontosaurus / *Heterodontosaurus* 89
***Heteropoda venatoria* (Jägerspinne)** / *Heteropoda venatoria* (huntsman spider) 177
Hexagonales System / hexagonal system 280
Hexastylos / hexastyle pteron 465
HF-Funkantenne / HF radio aerial 421
Hi-Hat / hi-hat cymbal 522
Hibiskus / hibiscus 132, 133
***Hibiscus rosa-sinensis* (Roseneibisch, Hibiskus)** / *Hibiscus rosa-sinensis* (hibiscus) 132, 133
Hieroglyphen / hieroglyphs 463
Hilbert / Hilbert 41
Hilfetaste (Computer) / help button 579
Hilfsaggregatgetriebe / accessory drive pad 423
Hilfskessel / donkey boiler 400
Hilfsräder / ground handling wheels 426
Hilfsrahmen / subframe 361, 372
Hillman-Gewicht gegen Verdrillen / Hillman anti-kink weight 554
Hilversum (Architektur) / Hilversum (architecture) 499
Himalaja / Himalayas
Entstehung von Gebirgen 68, 69
Erdgeschichte 62, 63
im Quartär 83
im Tertiär 80, 81
Weltkarte 274–275
Himbeere / raspberry 155
Himeji (Architektur) / Himeji (architecture) 494
Himmelsäquator / celestial equator 18–21
Himmelskörper / celestial bodies 384
Himmelskugel / celestial sphere 18
Himmelspole / celestial poles 18
Himmelstempel / Temple of Heaven 494
Himmelverkleidung / roof trim 362
Hindernislauf / steeplechase 534
Hindernis-Parcours (Springreiten) / course of obstacles 546
Hindernisse (Springreiten) / showjumping fences 546
Hinduismus (Architektur) / hinduism (architecture) 494
Hinterachsantriebsrad / final drive sprocket 374
Hinterachse / rear axle 348
doppelte / twin rear axle 343
Hinterbasissegment (Bronchialbaum) / posterior basal (bronchial tree) 264
Hinterbein / hind leg
Anchisaurus 95
Corythosaurus 104
Edmontia 101
Iguanodon 102
Pachycephalosaurus 106
Psittacosaurus 109
Stegoceras 107
Stegosaurus 98
Triceratops 108
Hinterfuß (*Stegosaurus*) / hind foot (*Stegosaurus*) 98
Hintergabelstrebe / seat stay 368
Hintergrundstrahlung / background radiation 10
Hinterhand (Pferd) / hindquarter 204, 206, 207, 208, 209, 546
Hinterhauptsgelenkshöcker / occipital condyle *s. auch Condylus occipitalis*
Opossum 112
Hinterhauptbein / occipital bone 230
Hinterhauptfortsatz / occipital process
Iguanodon 102
Plateosaurus 94
Hinterhauptkamm / occipital crest 230
Hinterhauptlappen / occipital lobe 246, 247
Hinterhauptloch, großes / foramen magnum 230
Hinterhauptrandknochen / epoccipital bone
Styracosaurus 108
Triceratops 108
Hinterhauptskamm / sagittal crest *s. auch Crista sagittalis oder Sagittalkamm*
Smilodon 113
Hinterindien (Architektur) / Indochina (architecture) 494
Hinterkappe (Schuh) / counter (shoe) 560
Hinterleib / abdomen
Eurypteride 85
Insekt 174, 175
Spinnentiere 176, 177
Hinterrad / rear wheel
Fahrrad 369, 586
Kraft und Bewegung 330
Rasenmäher 574
Hinterradantrieb (Rasenmäher) / gear case assembly (lawnmower) 574
Hinterradaufhängung (VW Käfer) / trailing arm (Volkswagen / Beetle) 350
Hinterradbremse / rear brake 368
Hinterradgabel / chain stay 368, 369
Hinterradnabe / rear wheel hub 586
Hinterradtasche / rear pannier 369
Hinterreifen / rear tyre 362
Hintersäule (Wirbel) / posterior column (vertebra) 233
Hintersegment (Bronchialbaum) / posterior segment (bronchial tree) 264
Hinterzarge (Stuhl) / back rail (chair) 570
Hinterzwiesel / cantle 546, 547, 576
***Hippeastrum* sp. (Amaryllis)** / *Hippeastrum* sp. (amaryllis) 161
***Hippocampus kuda* (Seepferdchen)** / *Hippocampus kuda* (oceanic seahorse) 186
***Hippophae rhamnoides* (Sanddorn)** / *Hippophae rhamnoides* (sea buckthorn) 142
***Hippopotamus amphibius* (Flußpferd)** / *Hippopotamus amphibius* (hippopotamus) 83
***Hippuris vulgaris* (Tannenwedel)** / *Hippuris vulgaris* (mare's tail) 141
Hirnanhangdrüse / pituitary gland 246
Hirngefäß / cerebral vessel 247
Hirnhaut / meninges 247, 250
harte / dura mater 247, 250
weiche / pia mater 247, 250
Hirnholzplatte (für Holzstich) / end-grain wood block 453
Hirnnerv (Ohr) / vestibulocochlear nerve 253
Hirnschädel / brain case *s. auch Hirnkapsel*
Archaeopteryx 91
Australopithecus 114
Eryops 86
Hyaenodon 113
Menschen 114
Moeritherium 111
Fledermaus 111
Opossum 112
Toxodon 112
Tyrannosaurus 90
Hirnsichelblutleiter / sagittal sinus 222, 247
Hirnstamm (=Stammhirn) / brainstem 246
Hirnwasserraum / subarachnoid space 247
Hirsche / deer 110
Historismus / historism 496, 497, 498
Hitchkick (Weitsprung) / hitch-kick (long jump) 535
Hitler, Adolf / Hitler, Adolf 350
Hittorff, Jacques-Ignace / Hittorff, Jacques-Ignace 483
Hitzeschild (Turbofan) / heat shield (turbofan) 423
HMS Warrior / *HMS Warrior* 400
Hobel (Schiffsbau) / shave (boatbuilding) 382
Hochaltar / high altar 474
Hochblatt / bract 149, 169
Hochdecker / high-wing aircraft 428
Hochdruck
Druckverfahren / relief printing 450, 453
Kompressor / high pressure 422
Reifen / high pressure 420
Wetter / high pressure 310–313
Hochdruckgebiete / high-pressure areas 310–313
Hochdruckkompressor / high-pressure compressor 422
Hochdruckpneu / multi-ply high-pressure tyre 420
Hochdruckpumpe der Servolenkung / power steering pump 361
Hochdruckturbine / high-pressure turbine 422, 423
Hochdruckzone / high-pressure zone 310
Hochdruckzylinder / high-pressure cylinder 352
Hochflanschnabe / hub 369
Hochgeschwindigkeitsstrecken / high-speed lines 340
Hochgeschwindigkeitszüge / high-speed trains 338, 339
Hochhaus / skyscraper 498
Hochschollengebirge / uplifted block-fault mountain 68
Hochspannungskabel (Fernseher) / extra-high tension lead 567
Hochspannungsleitung / high voltage cable 324, 325
Hochspannungszündkabel / high-tension ignition lead 354
Hochsprung / high jump 534, 535
Hochsprungmatte / high-jump mat 534
Höcker
Bärenzahn / cusp 112
Wirbel / dens 232
Höckerchen
Corythosaurus / tubercle 104
Pachycephalosaurus / spike 106
Hockney, David / Hockney, David 447
Hoden / testis/testicle
Delphin 215
Entenmuschel 179
Hauskatze 201
Kaninchen 202
Mensch 268, 269
Hodenarterien / testicular arteries 267
Hodenheber / cremasteric fascia 269
Hodensack / scrotum 221, 269
Hodenvenen / testicular veins 267
Höhe / height 588, 589
***Hohenbuehelia petaloides* (Trichterförmiger Muschelseitling)** / *Hohenbuehelia petaloides* 121
Höhenregler (Synthesizer) / pitch modulator (synthesizer) 524
Höhenregulierung (Modelliertisch) / height adjuster (modelling stand) 459
Höhenruder / elevator
ARV Super 2 428
Avro Biplane 411
Avro Triplane 410, 411
Blackburn Monoplane 408, 409
Blériot XI 409
Concorde 420 ,421
Curtiss Model-D Pusher 406, 407
Segelflugzeug 430
Space-Shuttle 56
Tarnkappenbomber 425
Wright Flyer 406, 407
Höhenruderantrieb / rocking elevator arm 428
Höhenrudergehäuse / elevator chassis box 419
Höhenruderhebel / elevator arm 429
Höhenruderscharnier / elevator hinge 408, 419
Höhenruderseil / elevator control wire 407
Höhenruderstange / elevator push-rod 428, 429
Höhenrudertrimmklappenregler / elevator trimtab lever 429
Höhenruderverstellarm / elevator operating arm 407, 409

Höhenruderverstellrad / elevator drive wheel 407
Höhenruderzugseil / elevator control cable 406, 407, 409, 411, 427
Höhenskala (Jakobsstab) / altitude scale (cross-staff) 385
Höhenstabilisator / horizontal stabilizer 427
Höhenverstellschraube / height adjustment key 524
Höhenwinkelmessung / measuring the altitude 384
Hohlbeitel / straight gouge 456, 457
Höhlen / caves 294–295, 296, 304, 305
Höhlenbär / cave bear 83
Hohlhandbogen / palmar arch 263
Hohlhandsehne / palmaris longus tendon 241
Hohlhandvenen / palmar veins 263
Hohlkehle / fillet/cavetto moulding 474, 476, 479, 481, 483
Hohlmaße / measure of capacity 588, 589
Hohlmuskel / hollow muscle 260
Hohlrad des Kolbens / rotor gear 356
Hohlscheibenrad / hollow disc wheel 369
Hohlstopfen / hollow airtight stopper 323
Hohlvene / vena cava 261
obere / superior vena cava 225, 261, 262, 263, 265, 267
untere / inferior vena cava 225, 261, 262, 263, 267
Höhung (mit Deckweiß) / highlighting (with Chinese white) 442
Holden / Holden 43
Holende Part / hauling part 390
Holländischer Violinenblock / dutch fiddle block 391
Holländisches Warmblut (Pferd) / Dutch Warmblood (horse) 207
Holm / spar 419, 421, 431
Holmium / holmium 321
Holozän / holocene epoch 63, 289
Holunder / elder 146
Holz / wood
Blasinstrumente 508–509, 512–513
Energiekreislauf 325
Golf 539
Spalten 330
Holz(blas)instrumente / woodwind instruments 508, 509, 512–513
Holzbildhauerei / wood carving 456
Holzblock, gravierter / wood block, engraved 453
Holzfaser / xylem fibre 140
Holzgehäuse (Klavier) / wooden case (piano) 518, 519
Holzklotz / log 454
Holzkopf (Maraca) / wooden head (maraca) 521
Holznagel / trenail 395
Holzpfeil / wooden arrow 115
Holzpflanzen / woody flowering plants
immergrüne / evergreen woody plants 136
sommergrüne / deciduous woody plants 136
Holzplastik / wood sculpture 457
Holzpropeller / wooden propeller 408, 409, 411
Holzrad / wooden wheel 344
Holzrahmen / wooden frame
Dampfwagen 352
Bild 440, 441
Holzröhre / wooden tube 512
Holzschale (Kastagnetten) / hollowed wood (castanets) 521
Holzschläger (Golf) / wooden club (golf) 539
Holzschlegel (Klöpfel) / carving mallet 456
Holzschnitt / woodcut 450, 453
Holzspeiche / wooden spoke 344
Holzspeichenrad / wooden-spoked wheel 349
Holzstich / wood engraving 450, 453
Holzstichdruck / wood-engraving print 453
Holztafel / wood panel 436
Holzteil (Stamm) / xylem 127, 130, 140, 144, 145, 158, 164, 165, 168, 169
sekundärer / secondary xylem 131, 140
Holzzylinder (Trommel) / wooden cylinder (drum) 523
Homalocephale / *Homalocephale* 107
***Homarus* sp. (Hummer)** / *Homarus* sp. (lobster) 79
Homeosaurus pulchellus / *Homeosaurus pulchellus* 77
Hominiden / hominids 80, 81, 113, 114, 115
Hominoidea / Hominoidea 212
Homo erectus / *Homo erectus* 114
Homo habilis / *Homo habilis* 114
Homo sapiens (sapiens) / *Homo sapiens (sapiens)* 63, 82, 114, 115
Honda CB750 / Honda CB750 370, 371
Honda VF750 / Honda VF750 372
Hondo / Honshu 274–275
Hongkong-und-Shanghai-Bank / Hong Kong and Shanghai Bank 500, 501
Honigblatt / nectary 147
Honigwabenstruktur (Concorde-Elevon) / honeycomb structure 421
Hoover Factory / Hoover Factory 499
Hop (Dreisprung) / hop (triple jump) 535
Hören / hearing 247
Hörer (Telefon) / receiver/handset (telephone) 568
Hörerschnur / handset cord 569
Hörerschnurstecker / handset cord plug 569
Horizontalfrequenzeinsteller (Fernseher) / horizontal frequency adjustment (TV) 567
Horizontalknie (Schiff) / lodging knee (ship) 389
Horizontalschuppe (des Thallus) / basal scale (of thallus) 120
Hörkapsel (Walkman) / earphone (personal stereo) 580
Hörmuschel
Kopfhörer / earphone 581
Telefon / earpiece 568
Hörmuschelumwandler / earpiece transducer 568
Horn / horn
Allosaurus 91
Arsinoitherium 110
Halswirbel Mensch 233
Instrument 510, 511
Marginocephalier 106
Triceratops 108
Horn-Dinosaurier / Ceratopsia 106, 109, 110
Hörner (Instrumente) / horns (instruments) 507, 508, 509
Hornfels / hornfels 284
Hornhaut (Auge) / cornea 250, 251, 579
Hornkiefer (Schildkröten) / horny beak (chelonians) 192, 193
Hornschicht (Haut) / stratum corneum 244, 245
Hornschuppen / horny scale 190
Hornzähnchen / horny tooth 184
Hörorgan / organ of hearing 252
Horst (Verwerfung) / horst (fault) 67
Horu-Geysir / Horu Geyser 282
Horus / Horus 462
Hot Spot / Hot Spot 64, 308
Howe / Howe 36
***Howea forsteriana* (Kentiapalme)** / *Howea forsteriana* (paradise palm) 132
HPV (Human Powered Vehicle) / HPV (Human Powered Vehicle) 368, 369
Hti / hti 494
Huang He / Huang He 275
Huayangosauridae / Huayangosauridae 98
Huayangosaurus / *Huayangosaurus* 98, 99
Hubble-Weltraumteleskop / Hubble space telescope 54
Hubrad / elevating wheel 404
Hubraum
Auto / cylinder capacity 346
Motorrad / combustion chamber capacity 370, 374
Hubraumklassen / cc classes 376
Hubschrauber / helicopter 404, 414, 422, 426–427
Hubschrauberlandeplatz / helicopter landing-pad 502
Hudsonbai / Hudson Bay 274–275
Huf / hoof
Iguanodon 102, 103
Pferd 111,204, 205, 206, 207, 208, 209, 546, 547
Hufbein / hoof bone 204
Hufeisenbogen (=maurischer Bogen) / horseshoe arch (=Moorish arch) 488
Hufkrone (Pferd) / coronet 546
Hüftarterie / iliac artery 235, 263, 267
Hüftbeinloch, Membran / obturator membrane 234
Hüftblutader / iliac vein 225
Hüfte / hip
Anchisaurus 95
Löwe 201
Mensch 221, 234
Stegosaurus 98
Hüftfeger (Judo) / sweeping low throw (judo) 548
Hüftgeflecht / sacral plexus 248
Hüftgelenk / hip joint
Dinosaurier 88
Gallimimus 92
Parasaurolophus 104
Plateosaurus 94, 96
Stegoceras 107
Struthiomimus 93
Tyrannosaurus 90
Hüftgelenk(s)pfanne / acetabulum
Dinosaurier 88
Mensch 235
Huftiere / hoofed animals/ungulates 204–209
Hüftlochkanal / obturator canal 234
Hüftschlagader / iliac artery 225
Hüftvene / iliac vein 225, 263, 267
Hughes, Patrick / Hughes, Patrick 452
Hühnerei / hen's egg 198
Hühnerstall / hen coop 403
Hüllblätter
Blüten / bracts 148
Moosgametangium / rosette 'leaves' 125
Hülle (Kiefernsamen) / integument 128
Hüllmembran (Chloroplast) / envelope membrane (chloroplast) 145
Hülse (Frucht) / legume (fruit) 156
Humanistische Kursive / Italic Roman 449
Humber-Motor / Humber engine 353
Humboldtstrom / Humboldt Current 306
Humerus / humerus *s. auch Oberarmknochen*
Rhesusaffe 212
Huminsäuren / humic acids 294
Hummel / bumblebee 174
Hummelkolibri (Ei) / bee hummingbird (egg) 199
Hummer / lobster 79, 178
Hunde / dogs 110
Hundsfott, feststehender / fixed lug 391
Hundspünt / rat's tail 392
Hundsrobben / seals 214
Hunkin, Tessa / Hunkin, Tessa 454, 455
Hunter-Killer-Atom-U-Boot / nuclear "Hunter-Killer" submarine 404–405
Hunter-Knoten / hunter's bend 396
Hupe / horn
Auto 347, 348, 349
Motorrad 371
Hupenball / horn bulb 349
Hürdenlauf / hurdle race 534
Huronsee / Lake Huron 274
Hurrikan / hurricane 312–313
Husqvara Motocross TC610 / Husqvara Motocross TC610 376
Hutablage / rear shelf 362
Hutalge / acetabularia 122
Hutmutter / cap nut 564
Hütte (Segelschiff) / roundhouse (sailing ship) 388
Hüttendeck / poop deck 381
Hüttendeckabsatz / poop break 381
Hyaenodon / *Hyaenodon* 80, 113
Hybridfahrrad / hybrid bicycle 368, 369
Hydra / Hydra *s. Wasserschlange*
Hydraulik (Motorradbremse) / hydraulic (motorcycle brake) 373, 377
Hydraulikantriebsbefestigung / hydraulic actuator attachment 417
Hydraulikleitungen / systems connector 417
Hydrauliköl / hydraulic brake fluid 373
Hydraulikölkammer / hydraulic fluid chamber 373
***Hydrochoerus hydrochaeris* (Wasserschwein)** / *Hydrochoerus hydrochaeris* (capybara) 203
Hydrogenfluorid / hydrogen fluoride 318
Hydroxidionen / hydroxide ions 322
Hydroxide / hydroxides 278
Hygienetuch / antimacassar 339
Hymenoptera / Hymenoptera 174
Hypacrosaurus / *Hypacrosaurus* 105
Hypäthraltempel / hypaethral temple 464

Hyperesion / hyperesion 381
Hyphen (Pfilzfäden) / hyphae 120, 121
Hypodermis (Gymnospermen) / hypodermis (gymnosperms) 131
Hypogymnia physodes / *Hypogymnia physodes* 120
Hypokotyl / hypocotyl 158, 159
Hypokotylhaken / hypocotyl hook 159
Hypophyse / pituitary gland 246
Hypostyl / hypostyle 462
Hypothalamus / hypothalamus 246
Hypotrachelion / trachelion 464
Hypozentrum / hypocentre 69
Hypsilophodon / *Hypsilophodon* 78, 88
Hypuralia / hypural 186
***Hystrix africaeaustralis* (Stachelschwein)** / *Hystrix africaeaustralis* (crested porcupine) 203

I

ICE (Intercity-Express) / ICE (Intercity-Express) 338
Ichthyosaurier / ichthyosaur 76
Ichthyosaurus megacephalus / *Ichthyosaurus megacephalus* 77
Ichthyostega / *Ichthyostega* 86
***Icterus galbula* (Baltimore-Trupial)** / *Icterus galbula* (Baltimore oriole) 199
Identifikations(codesende)antenne / request identification aerial 424, 425
I-Eisen / I bar 401
***Iguana iguana* (Grüner Leguan)** / *Iguana iguana* (common iguana) 88
Iguanodon / *Iguanodon* 78, 79, 102, 103
Iguanodontiden / iguanodontids 102
Ileum / ileum *s. auch Dünndarm*
Kaninchen 202
Vogel 195
Iliofemoral(is)-Muskel / ilio-femoral muscle
Allosaurus 90
Iguanodon 103
Iliofibular(is)-Muskel / iliofibular muscle
Allosaurus 90
Iguanodon 103
Iliotibial(is)-Muskel / iliotibial muscle
Allosaurus 90
Euoplocephalus 100
Iguanodon 103
Ilium / ilium *s. auch Darmbein*
Frosch 189
Tyrannosaurus 90
Vogel 195
Illuminierte Handschrift / illuminated manuscript 449
ILS-Antenne / instrument landing system aerial 416, 424, 425
Imago / imago 174
Impasto(-Technik) / impasto (technique) 440, 441
Inch / inch 588, 589
Indexschaltfeld / index button 579
Indien / India
Architektur 492, 493, 494, 495
Devon 70
Entstehung von Gebirgen 68, 69
Jura 76
Karbon 72
Kreide 78, 79
Quartär 82, 83
Spurweite 341
Tertiär 80, 81
Thyreophora 102
Trias 74
Indirektes Zuspiel / bounce pass
Handball 533
Netball 533
Indisch-australische Platte / Indo-Australian plate 65, 68, 69
Indischer Ozean / Indian Ocean
Keide 79
Quartär 83
Tertiär 81
Weltkarte 274–275
Indium / indium 321
Indus / Indus 20
Indus-Tal / Indus valley 492
Industriezeitalter/industrielle Revolution / (age of) Industrial Revolution 496
Infektion / infection 244
Infloreszenz / inflorescence 146
Infrarotaufklärungskamera / infra-red reconnaissance camera 424
Infrarotbild / infra-red image 328
Infrarotkarte unserer Galaxis / infra-red map of our galaxy 15
Infrarotsensoren / infra-red sensors 424
Infrarotstrahlen/strahlung / infra-red radiation 22, 328
Inger / hagfish 184
Inglefieldanker / close-stowing anchor 394
Ingrespapier / ingres paper 445
Initial(e) / illuminated (first) letter 436, 448, 449
Inkalilie / Peruvian lily 135
Inkompetente Schicht / incompetent bed 67
Innenbeleuchtung (Renault Clio) / interior light (Renault Clio) 363
Innenbord / in-board 553
Innenbordklappe / inboard tab 417
Innenbordspoiler / inboard lift spoilers 417
Innenbrücke / internal bridge 502
Innenkuppel / inner dome 488, 491
Innenmoräne / englacial moraine 297
Innenohr / inner ear 252, 253
Innenskelett / endoskeleton
Haie 184
Knochenfische 186
Innenverzahnung (Drehkolbenmotor) / rotor gear (Wankel rotary engine) 357
Innenzugrohr (Posaune) / inner tube 511
Innere Kopfarterie / internal carotid artery 262
Inschriften / inscriptions 492
Insekt / insect
fossiles 79
Materie 316
Insekten / insects 174–175
Insektenblumen / insect-pollinated plants 150
Insektenfalle (Schlauchpflanze) / insect trap (pitcher plant) 119
Insektenfossilien / insect fossils 289
Inselberg / inselberg 293
Inseln / islands 301, 304
Inspektionsluke / inspection hatch 336
Inspektionsöffnung / inspection cover 413
Inspektionssockel / inspection socket 336
Instrument-Landesystem (ILS) / instrument landing system (ILS) 424
Instrumentalisten / instrumentalists 508
Instrumentenbrett / dashboard/instrument panel 430
Instrumentenkonsole / instrument panel
ARV Super 2 429
Hubschrauber 426
Instrumententräger / dash panel 363
Intarsien, sternförmige / inlay, star pattern 493
Integrierte Schaltung (IC) / integrated circuit (IC) 569
Integrierte Schaltung in SMD-Technik / surface-mounted integrated circuit 578
Integument / integument 152, 153
Intelligenz / intelligence 246
Intercostalmuskel (*Brachiosaurus*) / intercostal muscle (Brachiosaurus) 97
Interkolumnium / intercolumniation 465, 489
Internodium / internode 126
Interzellulare / intercellular air space 138
Interzellularraum / lacuna 141
Intonaco / intonaco 438
Introitus / introitus 268
Intrusion, heiße magmatische / intrusion, hot igneous 284
Io / Io 44
Iod / iodine 321
Ionen / ions 318, 320, 323
Ionenbindung / ionic bonding 318
Ionische Halbsäule / Ionic half-column 468
Ionische Ordnung / Ionic order 464
Ionische Säule / Ionic column 465, 485, 487, 489
Ionisches Kapitell / Ionic capital 464, 465, 480, 485, 489
Iota Centauri / Iota Centauri 21
Iota Pegasi / Iota Pegasi 19
Iota Sagittarii / Iota Sagittarii 21
***Ipomea batatas* (Süßkartoffel)** / *Ipomea batatas* (sweet potato) 161
Iran / Iran
Architektur 492
Spurweite 341
Iridium / iridium 321
Iris / iris
Auge (Mensch) 223, 236, 251, 579
Blume 143
***Iris lazica* (Iris)** / *Iris lazica* (iris) 143
Irland / Ireland
Spurweite 341
Ischium / ischium *s. auch Sitzbein*
Frosch 189
Krebsfuß 179
Vogel 195
Ishtar Terra / Ishtar Terra 36–37
Isistempel / Temple of Isis 463
Islamische Architektur / islamic architecture 492, 493
Islamische Kunst / islamic art 492, 493
Isokline / isocline 67
Isolation
Concorde / insulation 420
Elektrizität / insulation 326, 327
Evolutionsfaktor / isolation 110
Isolator / insulator 324
Isolierdichtung (CD-ROM) / insulation grommet (CD-ROM) 578
Isolierkissen / insulating pad 341
Isolierung (Lampe) / insulation (lamp) 564
Isoseisten / isoseismal lines 69
Isotope / isotopes 319, 320
Israel / Israel
Totes Meer 303
Architektur 491
Istanbul (Architektur) / Istanbul (architecture) 491
Isthmus tubae / isthmus of fallopian tube 269
Italien (Architektur) / Italy (architecture) 466–469, 477, 478, 479, 482, 486, 491, 499
Italienische Staatsbahnen / Italian State Railways 338
Itimad-ud-Daula / Itimad-ud-Daula 493

J

Jagdbogen / hunting bow 540
Jagdhorn / bugle 510
Jagdhunde (=Canes Venatici, Sternbild) / Hunting Dogs (=Canes Venatici) 18, 21
Jägerspinne / huntsman spider 177
Jaguar-V12-Motor / Jaguar V12 engine 355
Jahr (Planeten) / year (planets) 30–31
Jahresring (Baumstamm) / annual ring (tree stem) 131
Jahreszeiten / seasons 78
Jakobsleiter / Jacob's ladder 386
Jakobsstab / cross-staff/Jacob's staff 384, 385
Jali / jali 492, 493
Jalousie
Architektur / louvre 497, 502
Renault 1906 / blind 346
Jalousieschweller / Venetian swell 518
Jalousiezug (Renault 1906) / blind pull 346, 347
Jami Masjid / Jami Masjid 492
Jangtsekiang / Yangtze River 275
Japan / Japan
Architektur 494, 500
Spurweite 341
Japanisches Meer / Sea of Japan 275
Jardang / yardang 292
Jazz / jazz 510
Jazzbesen / wire brush 523
Jerusalem (Architektur) / Jerusalem (architecture) 491
Jetstream / jet stream 310
Joch (Architektur) / bay 473
Jochbein / zygomatic bone
Iguanodon 102
Mensch 230, 231, 232
Protoceratops 108
Toxodon 112
Triceratops 109
Jochbeinbogen (Mensch) / zygomatic arch 230
Jochbeinmuskel / zygomaticus (muscle) 238, 239
Jochbeinplatte (*Euoplocephalus*) / jugal plate 100
Jochbogen / zygoma(tic arch)
Bär 200
Elefant 211
Löwe 200
Mensch 223
Schimpanse 212
Smilodon 113
Jockey / jockey 546, 547
Johanniskraut / St. John's wort 151
Joliot / Joliot 41
Jolle / dinghy 552, 553
Jones, H. / Jones, H. 497
Jordan / River Jordan 303

Joule (J) / joule (J) 324, 325, 328
Judo / judo 548
Judoanzug / judo kit 548
Judogi / judo kit 548
Judoka / judo fighter 548
Judomatte / judo mat 548
Judowürfe / judo throws 548
Jugendstil / Art Nouveau 499
***Juglans nigra* (Schwarznußbaum)** / *Juglans nigra* (black walnut) 143
Julius Caesar / Julius Caesar 40
Jump (Dreisprung) / jump (triple jump) 535
***Juncus* sp. (Binse)** / *Juncus* sp. (rush) 141
Jungfer (Schiff) / deadeye (ship) 381, 385, 388, 390, 391
Jungfer im Grünen / love-in-a-mist 156, 157
Jungfrau (=Virgo, Sternbild) / Virgin (=Virgo) 18, 21
Jungfrau Maria / Virgin Mary 437
Jupiter / Jupiter 30, 31, 44–45
Jura (Erdperiode) / Jurassic period 63, 76, 77, 94, 289
Justicia aurea / *Justicia aurea* 150
Juwelenanemone / juwel anemone 172

K

Kabardiner (Pferd) / Kabardin (horse) 206
Kabe (Ruderkeipe) / kabe (oar pivot) 383
Kabel / cable
Bohrer 558, 558
Lampe 565
Telefon 569
Turbofan 423
Walkman 580, 581
Kabelbaum
Lunochod 1 / cable harness 58
Pratt & Whitney Turbofan / wiring harness 422
Kabelführung (Fahrrad) / cable guide 368, 586
Kabelhalterung (Rasenmäher) / cable support (lawnmower) 575
Kabelöffnung (Toaster) / cable entry point 572
Kabelstek / rawser bend 395
Kabelstopper / cable holder 403
Kabine / cabin
ARV Super 2 428
Auto 346, 347
Lockheed Electra 412, 413
Schiff 400, 401
Kabinendach (Renault, 1906)) / canopy (1906 Renault) 346, 347
Kabinendruckventil / cabin air-pressure discharge valve 417
Kabinenfenster / passenger window 412
Kabinenheizung / cabin heating 428
Kabinenluftausstoß / cabin air-discharge aperture 418
Kabinenverkleidung / passenger cabin trim panels 412
Kacheln / tiles 492
Kadmiumgelb / cadmium yellow 442
Kadmiumrot / cadmium red 440
Käfer / beetle 174
Auto 350, 351
Käfig (Racquetball) / racketball court 537
Kahnbein / scaphoid bone 240, 242
Kaibab-Kalkstein / Kaibab limestone 286
Kaibab-Plateau / Kaibab Plateau 287
Kaiman / caiman 192
Kaimauer / quay(side) 394, 395
Kaiparowits-Plateau / Kaiparowits Plateau 287
Kaiparowits-Schicht / Kaiparowits formation 286
Kairo (Architektur) / Cairo (architecture) 492
Kaiserkronen in Kupfervase / *Fritillarias* 441
Kajak / kayak 552
Kakteen / cacti 118, 162
Kakteensproß / cactus stem 162
Kalahari / Kalahari Desert 275
***Kalanchoe daigremontiana* (Brutblatt)** / *Kalanchoe daigremontiana* (Mexican hat plant) 160
Kalasha / kalasa finial 493
Kalb (Segelschiff) / bolster 386
Kaledonisches Gebirge / Caledonian Mountains 73, 75, *s. auch Schottische Berge*
Kalium / pottasium
chemisches Element 320
Erdkruste 64
Merkuratmosphäre 35
Kaliumchromat / potassium chromate 322
Kaliumdichromat(ionen) / potassium dichromate (ions) 322
Kaliumiodid / potassium iodide 323
Kaliumionen / potassium ions 322
Kaliumnitrat / potassium nitrate 323
Kaliumpermanganat / potassium permanganate 316
Kalk
Fresko / lime 438
gelöschter / slaked lime 438
Höhlen / limestone/calcite (caves) 294
Kalkstein / limestone 66, 84
Kontaktmetamorphose / limestone 284
Kalkplatten (Krebse) / calcareous plates 178
Kalkputz (Fresko) / lime plaster (fresco) 439
Kalkschlamm / mud groundmass 277, 309
Kalkstein / limestone
Architektur 498
Entstehung 66, 84
Höhlen 295
Kalktuff / calcareous tufa 294
Kalkwasser / lime water 323
Kalligraphie / calligraphy 448–449
Kalligraphie-Papier / calligraphy paper 449
Kallisto / Callisto 44
Kalorie / calorie 324
Kalos / kalos 380
Kältemittelleitung / refrigerant pipe 354
Kälteperioden / cool periods 80
Kaltluft / cold air
Flugzeug 424
Wetter 310, 312
Kaltlufteinlaß (Tornado) / cold air intake/r ram scoop (Tornado) 424
Kalzit (=Kalziumkarbonat) / calcite (=calcium carbonate) 434, *s. auch Calcit*
Kalzium (Knochen) / calcium (bones) 234
Kalziumkarbonat / calcium carbonate 294, 295, *s. auch Calcit*
Kalziumlinie / calcium line 23
Kambium / cambium 141
Kambrium / Cambrian period 62, 84, 289
Kamel / camel 205
Kamelie / camellia 143
Kamera / camera 584–585
Kameratasche (Drachenflieger) / camera pouch (hang-glider) 430
Kames / kame 296
Kamesdelta / kame delta 296
Kamesterrasse / kame terrace 296
Kamin
Architektur / fireplace 470, 471
Kombüsenherd / chimney (galley stove) 388
Kaminschacht / chimney-shaft 471
Kamm
74-Kanonen-Schiff / trailboard 387
Kaiman / crest 193
Leguan / crest 190
Kammer
Rotor / chamber 414
Sattel / gullet 576
Kammerdiastole (Herz) / ventricular diastole (heart) 261
Kammerkontraktion / ventricular systole 261
Kammerleder (Sattel) / gullet lining (saddle) 576
Kammerwasser (Auge) / aqueous humour (eye) 2 51
Kammerwinkel (Auge) / iridocorneal angle (eye) 251
Kammuschel / scallop 182
Kammuskel / pectineus (muscle) 236
Kammzwecke (Sattel) / belly nail (saddle) 576, 577
Kampfdeck / fighting platform 382
Kämpfer
Architektur / impost 469, 470, 473, 488, 492
Judo / contestant 548
Kämpferpunkt / springing point 488, 489
Kampfflugzeuge / bombers/fighters 410, 424, 425
Kampfgericht (Eishockey) / officials (ice hockey) 542
Kanada / Canada
Spurweite 341
Kanäle (Mars) / canals (Mars) 42
Kanalis / coussinet 464
Kanarienstrom / Canaries Current 306
Kandelaber / candelabrum 480
Känguruh / kangaroo 216, 217
Kaninchen / rabbit 202–203
Kanister / jerrycan 364, 365
Kanisterhalterung / jerrycan carrier 365
Kanne (Kannenstrauch) / pitcher 167
Kannelierte Säule / fluted column *s. Kannelüren*
Kannelüren / fluting
französischer Tempel 489
Madeleine 482
Pantheon/Rom 466, 467
Poseidontempel 465
St. George in the East 485
Kannenstrauch / pitcher plant 166, 167
Kanone / gun/cannon 386, 387, 402, 403
Kanonenbein / cannon bone/shannon bone 204, 205
Kanonenkugel / cannon ball 404
Känozoikum / cenozoic era 63, 80
Kantenmeißel / flat chisel 456
Kantspant / cant frame 389
Kanu / canoe 552, 553
Kanzelkuppel, einteilige / canopy, single 424
Kapelle / chapel 483
Kapillaren (Grundwassersystem) / capillary fringe (groundwater system) 303
Kapillarennetzwerk (Lungenbläschen) / capillary network (alveoli) 264
Kapillarschlingen (Haut) / vascular plexus (skin) 245
Kapitalband (Buch) / tailband (book) 582, 583
Kapitänskajüte (Hauptkajüte) / captain's cabin (great cabin) 387, 389
Kapitänsplatz (Concorde) / captain's seat (Concorde) 420
Kapitänsunterstand / captain's shelter 402
Kapitelhaus / chapter house 476
Kapitell / capital
ägyptisches Pflanzen- 463
asiatisches 495
Blätter- 473
dorisches 464, 465
Eck- 494
Glockenturm 481
ionisches 464, 480, 489
kanneliertes 485
klassisches 491
Komposit- 482
korinthisches 464, 467
mittelalterliches 471
Papyrus- 462, 463
Pilaster- 487
polygonales 492
romanisches 472
toskanisches 469
Kappa Pegasi / Kappa Pegasi 19
Kappe / cap
Fernseher 567
Lampe 564
Rennfarben 547
Schuh 560
Skistiefel 544
Kappengewölbe / coved dome 489
Kappenstein / copingstone 499
Kappenversteifung (Schuh) / toe puff (shoe) 560
Kapsel / capsule
Frucht 156, 157
Moos 125
Kapselhals / apophysis 125
Kapselraum (Bowmansche Kapsel) / Bowman's space 267
Kapselzähne / peristome teeth 125
Kapstachelbeere / Cape gooseberry 155
Kar / tarn 303
Karat / carat (weight) 588
Karakum-Wüste / Kara Kum 275
Karbon / Carboniferous 62, 63, 72, 73, 86
Kardanwelle / torque tube 348, 349
Kardeel / strand 396
Kardia / cardia
Haimagen 185
Seestern 180
Karibische Platte / Carribean plate 65
Karibisches Meer / Carribean Sea 274–275
Karnak / Karnak 462
Karnies / cyma 476
Karosserie / bodywork 346, 358–359
Karosseriehalterung / body mount 348
Karosserieverkleidung / bodywork 366
Karpaten / Carpathian Alps 275
Karpell / carpel 146, 153, 154, 157
Karpellwand / carpel wall 154, 157
Karpfen / carp 186
Karren (Druckerpresse) / rail (printing press) 453

Karstquelle / limestone spring 302
Kartenhaus (Schiff) / chart house (ship) 402
Kartoffel / potato 134
Kartusche / cartouche 462
Karv / karv 382
Karweelbeplankung / carvel planking 384, 385, 399
Karyopse / caryopsis 119, 156
Kasachstan (Kasakstania) / Kazakstania 71
Kaspisches Meer / Caspian Sea 275
Kassette
Architektur / coffer 467, 489
Walkman / cassette 580, 581
Kassettenfachöffnungsmechanik / cassette holder click arm assembly 580
Kassettenfachverriegelung / cassette holder clamper 580
Kassettenfenster (Walkman) / cassette window (personal stereo) 580, 581
Kassettengerät / cassette player 580
Kassettengewölbe / coffered vault 489
Kassiopeia / Cassiopeia 19
Kastagnetten / castanets 508, 521
Kastanie / chestnut
Pferdefuß 204
Baum 142, 150, 156
Kastell / castle 382
Kastenkielschwein, seitliches / box sister keelson 401
Kastenprofil / box section 372
Kasuar / cassowary 194
Kasugadoschrein / Kasugado Shrine 494
Kasugastil / kasuga-style 494
Katalysator (Auto) / catalytic converter (car) 354, 360
Katamaran / catamaran 552
Kataphorese / cataphoresic coating 358
Katastroma / katastroma 381
Kathedrale / cathedral
s. auch Dom
St. Paul's / St. Paul's Cathedral 484, 488, 491, 496
von Salisbury / Salisbury Cathedral 474, 475
Kation / cation 318
Katta / ring-tailed lemur 213
Kattblock / cat block 389
Kätzchen, männliches (Eßkastanie) / catkin, male (sweet chestnut) 150
Katzen / cats 110
Katzenhai / dogfish 184, 198
Kaufläche (*Australopithecus*-Zahn) / occlusal surface (tooth of an *Australopithecus*) 113
Kaukasus / caucasus 275
Kaulquappen / tadpoles 188, 189
Kaumagen (Krebs) / proventriculus 195
Kaumuskel / masticatory muscle
Ceratopsiden 106
Mensch / masseter 239
Kaus Australis / Kaus Australis 19–21
Kaus Borealis / Kaus Borealis 21
Kaus Meridionalis / Kaus Meridionalis 21
Kausch / bullseye, thimble 380, 392
Kawanahaus / Kawana House 500
Kayenta-Schicht / Kayenta formation 286
KdF-Wagen / KdF Wagen 350
Keder (Sattel) / welt (saddle) 577
Kedostris africana / *Kedostris africana* 119
Keeler / Keeler 41
Kegel / cone
Hohlkörper 588
Vulkan 68
Kegeldach / conical roof 480, 481
Kegelprojektion / conical projection 274–275
Kegelrad / bevel gear 345, 348
Kehlbalken / collar 477
Kehldeckel / epiglottis 222, 254, 255, 258, 265
Kehle
Kleidkeule / score 396
Mensch / throat 222
Kehlgratsparren / raised valley-rafter 477
Kehlkopf / larynx
Elefant 210
Frosch 188
Mensch 224, 225, 254
Kehlkopfmuskel / cricothyroid (muscle) 239, 254, 255
Kehlkopfnerv / laryngeal nerve 254
Kehlriemen / throat-latch 546
Kehlsack / dewlap 190
Kehlung (Architektur) / moulding (architecture) 484, 489
Keil / wedge 330
Keilbein
Kopf / sphenoid bone 231
Fuß / cuneiform 242
Keilbein-Kahnbein-Band / cuneonavicular ligament 242
Keilbeinflügel / wing of sphenoid bone 230
Keilbeinhöhle / sphenoidal sinus 222, 255
Keilnut / keyway 398
Keilrahmen / wedged stretcher 441
Keilriemen / drive belt
Auto 354, 357
Rasenmäher 574
Keilriemenscheibe / pulley
Auto 357
Rasenmäher 574
Keimblatt / cotyledon/seed leaf 128, 132, 138, 153–159
Dicotyledonen 132
Embryonalentwicklung 153
Entwicklung 138
Kiefer 128
Monocotyledonen 132
Samen 154–155, 156–157, 158–159
Trockenfruchtsamen 156–157
Wurzelentwicklung 138
Keimepithel (Mensch) / germinal epithelium (man) 268
Keimfalte / colpus 150, 151
Keimling (Pflanze) / embryo (plant) 154–156
Keimöffnung / pore 151
Keimpflanze / embryonic shoot 152, 153, 158
Keimschicht (Haut und Haare) / germinal layer (skin and hair) 244
Keimstelle / pore 150, 151
Keimung / germination 127, 158, 159
epigäische / epigeal germination 158, 159
hypogäische / hypogeal germination 158
Keimwurzel / radicle/embryonic root 153, 156, 158, 159
Keimzellen (Pflanzen) / gametes 122, 126
männliche / male gametes 123, 125, 127, 128, 150, 152, 153
weibliche / female gametes 123, 128, 152
Kelch (Pflanzen) / calyx 146, 147, 148, 155
Kelchblatt / sepal
Befruchtung 152–153
Bestäubung 150–151
Blüten 146, 147
Frucht 156
Perigon 132
Platterbse 135
Rose 137
Schlauchpflanze 119
Kelchblattquirl / whorl of sepals 155
Kelchhülle / sepal sheath 147
Kelle / blade
Eishockeyschläger 542
Mosaikwerkzeug 454
Keller / basement 487
Kellerfenster / basement window 487
Kelvin / Kelvin 588
Kendo / kendo 518
Kennzeichen
Auto / number plate 348
Bus / number plate 342, 343
Flugzeuge / aircraft registration code 413, 422, 428
Nationales (Space-Shuttle) / national marking 56
Kennzeichenbeleuchtung / number plate light 351
Kennzeichenleuchte / number plate lamp 362
Kentiapalme / paradise palm 132
Kentrosaurus / *Kentrosaurus* 99
Kepheus / Cepheus 19
Kepler / Kepler 40
Keraia / keraia 380
Keramik-Endplatte / ceramic end-piece 329
Keratin (Haut und Haare) / keratin (skin and hair) 244
Kerbel / chervil 141
Kerbtal / V-shaped valley 299
Kerckringsche Falten / plica circulare 259
Kern
Atom / nucleus 319
Erde / core 39
generativer / generative nucleus 153
vegtativer / vegetative nucleus 153
Kerndurchmesser (Atom) / nuclear diameter (atom) 319
Kernenergie / nuclear energy 324
Kernfusion / nuclear fusion 22, 24, 26, 32
Kernholz / heartwood 131
Kernkraftwerk / nuclear power station 324
Kernspinresonanztomographie / MRI scan 224
Kerntemperatur / core temperature
Erde 39
Hauptreihensterne 24
Jupiter 45
Rote Riesen 25
Rote Überriesen 26
Saturn 47
Sonne 33
Uranus 49
Kernverschmelzung / nuclear fusion 325
Kerze / candle 323
Kerzenlaterne / candle lamp 345
Kerzenwachs (Verbrennung) / candle wax (burning) 322, 323
Kessel
Dampflok / boiler 334, 335
Landschaft / kettle 303
Pauke / kettle 523
Kesseldruckmeßgerät / boiler pressure gauge 335
Kesselmundstück / cup-shaped mouthpiece 510, 511
Kesselpauke(n) / timpanum/kettle drum(s) 508, 509, 523
Kesselsee / kettle lake 303
Kesseltrommel / bowl-shaped drum 522
Ketsch / ketch 392, 393
Kette / chain
Anker 390
Fahrrad 368, 586, 587
Kraftübertragung 330
Motorrad 374
Kettenantrieb / chain drive 374
Kettenblatt (Fahrrad) / chain ring (bicycle) 586, 587
Kettenglied / chain link 394
Kettenkäfig (Fahrrad) / derailleur cage plate 586
Kettenkasten / chain locker 401
Kettenkranz / chain ring 368, 369
Kettenmotiv / chain motif 495
Kettenrad / sprocket 374
Kettenring / crown 390
Kettenschaltung / derailleur 368
Kettenübertragung / chain drive 407
Kettenwasserstag / chain bobstay 390
Kettenwirbel / chain swivel 394
Kevlar / kevlar
Segeltuch 392
Tauwerk 396
Keyboard / keyboard 524
Kick-Down (Schwimmen) / kick-down 550
Kickstarter / kick-starter 371, 374
Kiefer (Baum) / pine 78, 128, 130, 131
Kiefer / jaw(s)
Allosaurus 91
Knochenfisch 187
Krake 182
Mensch 114, 222, 256
Kieferfuß / maxilliped 179
Kieferknochen / jaw-bone
Iguanodon 102
Mensch 114, 257
Toxodon 112
Kieferlose Fische / jawless fish 184–185
Kiefernnadel / pine needle 130
Kiefernsämling / pine seedling 128
Kiefernsproß / pine stem 131
Kiel (Schiff) / keel (ship) 382, 383, 385, 386, 388, 400, 401, 552
Kielbein / keel (bird) 195
Kielbogen / ogee arch/ ogee curve
Big Ben 497
Gotik 476
islamische Bauwerke 493, 494
Kuppeln 490
Renaissance 479, 481
Kielbogenprofil / ogee moulding 485
Kielboote / keel boats 552
Kielförmige Lisene / keeled lesene 490
Kielgang / garboard strake 401
Kielkasten / keel box 421
Kielschwein / keelson (=kelson) 399, 552
Kiemen / gills
Katzenhai 185
Knochenfische 186
Krake 182
Lurche 188, 189
Neunauge 184
Kiemenarterie / epibranchial artery 185
Kiemenblättchen / gill filament 186
Kiemendeckel / operculum 186, 187
Kiemenspalte / gill slit
Haie, Inger 184, 185
Knochenfische 186, 187

Kieselalge / diatom 122
Kieselsäurenadeln / siliceous spicules 172
Kieselschlamm / siliceous ooze 309
Kilogramm (kg) / kilogram (kg) 330, 588, 589
Kiloliter (kl) / kilolitre (kl) 588
Kilometer (km) / kilometre (km) 588, 589
Kimberlit / kimberlite 285
Kimme / open sight 541
Kimmgang / bilge strake 401
Kimmkiel / bilge keel 403, 405
Kimmkielschwein / bilge keelson 401
Kimmstringer / bilge stringer 401
Kimono / kimono 548
Kinetische Plastiken / kinetic sculptures 456
Kinn / chin 221, 222
Kinn-Zungen-Muskel / genioglossus (muscle) 255
Kinn-Zungenbein-Muskel / geniohyoid muscle 255
Kinngrube / chin groove 205
Kinnhalter / chin rest
Bratsche 515
Geige 514
Kinnloch / mental foramen 230, 231
Kinnmuskel / mentalis (muscle) 239
Kinnschutz
Torwarthelm (Eishockey) / chin protection 543
Slalomhelm / chin guard 545
Kipphebel
Dampfwagen / rocking lever 352
Velocette-Motor / rocker arm 375
Kirby BSA Rennbeiwagen / Kirby BSA racing sidecar 377
Kirchen / churches 472, 474, 475, 481, 483, 484
Kirsche / cherry 154
Kissenbodenoberleder / top leather 576
Kissenlava / pillow lava 308
Kissenunterboden (Sattel) / lining of underside of saddle 576
Kitzler / clitoris 268
Kiwi / kiwi fruit *s. Kapstachelbeere*
Klammer / clip
HPV-Rennrad 369
Lichtsignal 340
Zeichenutensil 434
Klampenschlitz / pawl slot 395
Klangauswahl / sound selection control 524
Klangfarben / sounds 524
Klangformübersicht / sound structure guide 524
Klangplatte / bar
Vibraphon 521
Xylophon 520
Klappbrücke / bascule 497
Klappdach / hinged canopy 428
Klappe
aus Fruchtwand gebildete / valve of pericarp 157
zur Drahtbekleidung / heaver for wire serving 391
Holzblasinstrumente / key 512, 513
Klappen (Holzblasinstrumente) / keys (woodwind instruments) 512, 513
Klappenantriebsschraube / flap drive screw 417
Klappenbefestigung / carriage attached to flap 417
Klappendeckel (Saxophon) / key guard (saxophone) 513
Klappengestänge / key rod 513
Klappenhebel / operating arm (of air-brake) 419, 429
Klappenscharnier / tab-hinge line, hinge 417, 419
Klappenschiene / flap track 417
Klappenschienenverkleidung / flap-track fairing 419
Klappenschutz / key guard 513
Klappenspitze / flap tip 418
Klappenstange (Landeklappe) / flap drive-rod 428
Saxophon / key rod 513
Klappenträger / carriage (of flap) 417
Klappenwelle / flap torque tube 428
Klapperschlange / rattlesnake 191
Klappfallenmechanismus / spring-trap mechanism 166
Klappstufe / folding step 336
Klarinette(n) / clarinet(s) 507, 508, 512
Klarlack / varnish
Auto 358
Kunst 444
Klarlackspray / aerosol spray fixative 444
Klasse-402-Lok / class 402 electric locomotive 338
Klassizismus / neo-classical 482–486, 497
Klaue / claw
Dinosaurier 89, 90, 93
Spinne 176
Klaviatur / keyboard 518, 519
Klaviaturboden / keybed 518
Klaviaturdeckel / keyboard lid 519
Klavier / piano 518, 519
Klebeband (Fernseher) / tape (TV) 566
Klebemörtel / cement-based adhesive 454
Klebkraut / goosegrass 156
Klebstoff (Fernseher) / glue (TV) 567
Kleeblattbogen / trefoil arch 477, 488
Kleiderschrank (Concorde) / wardrobe (Concorde) 420
Kleidkeule / serving mallet 392, 396
für Fasertauwerk / rope serving mallet 391
zur Drahtbekleidung / heaver for wire serving 391
Kleine Magellansche Wolke / Small Magellanic Cloud 13, 20
Kleine Sterne / small stars 24–25
Kleiner Bär (=Ursa Minor) / Little Bear (=Ursa Minor) 20, 21
Kleiner Dunkler Fleck / Small Dark Spot 50–51
Kleiner Finger / little finger 240, 241
Kleiner Hund (=Canis Minor, Sternbild) / Lesser/Little Dog (=Canis Minor) 18, 21
Kleiner Löwe (=Leo Minor, Sternbild) / Lesser Lion (=Leo Minor) 18, 21
Kleinfingerabspreizer / abductor digiti minimi muscle 241
Kleinfingergegensteller / opponens digiti minimi muscle 241
Kleinhirn / cerebellum 222, 246, 247, 248
Kleinhirnsichel / falx cerebri 247
Kleinkaliber / smallbore 540, 541
Kleinzehenspreizmuskel / abductor digiti minimi muscle 243
Klemmbacke / jaw
Bohrer 559
Lampe 565
Klemmring (Skulls) / button (oars)
Klemmschraube
Jakobstab / clamp 385
Lampe / clamping screw 565
Klettverschluß / strap 544
Klima / climate 62, 78, 306, 312
Klimaanlage / air conditioning
Auto 354
Flugzeug 420
Gebäude 501
Klimaanlagenkompressor / air conditioning compressor 354
Klimaanlagenschacht / air-conditioning duct 421
Klimaveränderungen / climatic changes 78, 82
Klimazonen / climate zones 74
Klinge (Degen) / blade (epee) 549
Klingeln (Telefon) / ringing (telephone) 568
Klinkerbeplankung / clinker planking 382, 383
Klippen / cliffs 286, 287, 299, 304–305
Klipper / clipper 380
Kloake / cloaca
Brachiosaurus 96
Echse 191
Euoplocephalus 101
Frosch 188
Gallimimus 93
Katzenhai 185
Schildkröte 193
Spinne 176
Vogel 193
Kloakentier / monotreme 216–217
Klöpfel / mallet 456
Klotje / scored bullseye fairlead 391
Klotzbremse / pulley rim brake 370
Klubfarben (Rudern) / colours (rowing) 552
Klumpblock / bullet block 381
Klüse / hawse hole 384, 386, 389
Klüsrohr / hawse pipe 401, 403
Klüver / jibsail 387, 393
Klüverbaum / jib boom 387, 389
Klüverfall / jib halyard 388, 393
Klüverhals / outer jib tack 391
Klüverniederholer / outer jib sheet 393
Klüverschot / flying jib sheet 393
Knarre (Bohrer) / ratchet (drill) 559
Kneifzange / nippers 454, 455
Knie / knee
Anchisaurus 95
Corythosaurus 104
Gorilla 213
Hauskatze 201
Iguanodon 102
Känguruh 217
Kaninchen 203
Mensch 221
Pachycephalosaurus 106
Pferd 204
Psittacosaurus 109
Ruderboot 383
Stegoceras 107
Stegosaurus 98
Tyrannosaurus 90
Kniegelenk / knee joint
Diplodocus 96
Euoplocephalus 100
Mensch 229
Parasaurolophus 104
Plateosaurus 94
Stegoceras 107
Struthiomimus 93
Toxodon 113
Triceratops 108
Tyrannosaurus 90
Knieholz / standard knee 389
Kniekehlarterie / popliteal artery 263
Kniekehle (Mensch) / popliteal fossa (man) 220
Kniepausche / knee roll 546, 576
Kniepauschenüberzug / knee cover 576
Knierad (Judo) / knee wheel 548
Kniescheibe / patella
Hase 203
Hauskatze 201
Mensch 229
Rhesusaffe 212
Schnabeltier 216
Kniescheibenfläche / patellar surface 233
Knieschützer
Eishockey / knee protection 543
Volleyball / knee pads 532
Knöchel / ankle(bone)
Anchisaurus 95
Corythosaurus 104
Edmontia 101
Herrerasaurus 92
Iguanodon 102
Mensch 221, 243
Pachycephalosaurus 106
Psittacosaurus 109
Stegoceras 107
Stegosaurus 98
Triceratops 108
Tyrannosaurus 90
Knöchelgelenk / ankle joint
Brachiosaurus 96
Parasaurolophus 104
Plateosaurus 94
Stegoceras 107
Triceratops 108
Knochen / bones
Mensch 228–233
Versteinerung 288
Knochenbildende Zelle / bone-forming cell 227
Knochenbildungsstelle / area of ossification 240
Knochenfische / bony fish 79, 186–187
Knochenhaut / periosteum 233, 247
Knochenhöcker
Pachycephalosaurus / bony nodule 106
Seestern / ossicles 85
Knochenkamm (Ornithopoden) / bony crest (ornithopods) 104, 105
Knochenleiste / bony shelf
Marginocephalier 106, 107
Knochenmark / bone marrow/medulla 234, 235
Knochenmarkshöhle / medullary cavity 234
Knochenpulver / bone-dust 434
Knochenzelle, inaktive / osteocyte 235
Knolle / tuber
Ackerschachtelhalm 126
Begonie 161
Gladiole 160, 161
Kartoffel 134
Sommerwurz 169
Süßkartoffel 161
unterirdische 134
vegetative Fortpflanzung 160, 161
Knopf / button
Auto 358
Bohrer 558, 559
CD-Player 578
Degen 549
Entriegelung 429
Kamera 584, 585
Keyboard 524
Minifernseher 566
Toaster 573
Tongenerator 525
Trommelstock / acorn 523
Trompete 510
Walkman 580, 581

Knorpelfische / cartilaginous fish 184–185
Knorpeliger Flossenträger / radial cartilage 186
Knospen / buds 125, 136, 140
Achsel- 133, 137
Arm- 270
Bein- 270
Blatt- 131
Blüten- 133, 135, 137, 149, 150, 161, 163, 165, 168, 169
Brut- 160
End- 136, 140, 161
Menschenembryo 270
Schwanz- 270
Seiten- 133, 135–137, 140, 160, 161
Spitzen- 130, 131, 160, 161
Zahn- 256
Knospenschuppe / bud scale 130, 131, 133
Knoten
Pflanzen / node 119, 126, 133–137, 140, 160, 161, 164, 168
Seemannsknoten / knot/hitch 394, 395, 396, 397
synaptischer / knob 238, 249
Knöterich / polygonum 137
Koala / koala 217
Kobalt / cobalt
Farben 444, 446
Minerale 291
Kobaltblau / cobalt-blue/cerulean blue 444, 446
Kobrapflanze / cobra lily 166
Kochab / Kochab 18
Kochausrüstung / cooking equipment 364
Köcher / quiver 540
Kochtopf / cooking pot 364
Köder (Angeln) / lures 555
Kofferfalte / box fold 67
Kofferraum / luggage boot 370
Kofferraumdeckel / bonnet 350
Kofferraumhaube / bonnet 351
Kofferraumhaubenscharnier / bonnet hinge 351
Kohle / coal 334
Bodenschätze 290–291
Energie 324
Organisches Sediment 286
Zeichenmaterial / charcoal 434
Kohlebürste (Bohrer) / brush (drill) 558
Kohleflöze / coal measures 67
Kohlekontakt (Telefon) / carbon contact 568
Kohlekraftwerk / coal-fired power station 324
Kohlendioxid / carbon dioxide
Atmung 264, 265
chemische Reaktionen 323
Erdatmosphäre 39
Fresko 439
Kometenaufbau 53
Kreislauf Mensch 262
Marsatmosphäre 43
Photosynthese 144
Venusatmosphäre 37
Wetter 310
Kohlendioxidabscheider (U-Boot) / carbon dioxide scrubber compartment (submarine) 405
Kohlenhydrate / carbohydrates 323
Photosynthese 144
Kohlenmonoxid / carbon monoxide
Mars 43
Venus 37
Kohlensandstein / millstone grit 67
Kohlenstoff / carbon
Bodenschätze 290
Chemie 321, 322, 323
Minerale 278
Sterne 24–25, 26
Kohlenstoffaser-Scheibenbremse / carbon-fibre disc brake 377
Kohlenstoffatom / carbon atom
Chemie 320–321
Photosynthese 144
Kohlenstoffgruppe / carbon group 321
Kohlenstoffisotop / carbon isotope 320
Kohlenwasserstoff / hydrocarbon 323
Kohlezeichnung / charcoal drawing 435
Koje / bunk 405
Kokos-Platte / Cocos plate 65
Kokospalme / coconut palm 141
Kolben
Blütenstand / spadix 149
Gewehr, Pistole / butt (-end) 541
Motoren / piston 334, 335, 350, 352, 353, 354, 355, 356, 357, 373, 374, 375, 414
Kolbenanordnung / piston arrangement 355
Kolbenbolzen / gudgeon pin 355
Kolbendampfmaschine / oscillating steam engine 398
Kolbenlager / small end 414
Kolbenmotor (Flugzeug) / piston (aero-) engine 414, 428
Kolbenring / piston ring 352
Kolbenringnut / piston ring groove 355
Kolbenringzone / piston ring land 355
Kolbenschaft / piston skirt 355
Kolbenschieber / piston valve 335
Kolbenschraube (Uhr) / cock screw 563
Kolbenstange / piston rod/piston-rod
Automotor 334, 344
Dampfschiff 398
Motorradmotor 373
Kolbentriebwerke (Flugzeug) / piston aero-engine 414–415
Kolk / plunge pool 299, 301
Kollagen / collages 234
Kollektor / commutator 558
Kollenchym / collenchyma 132, 139
Kollidierende Galaxien / colliding galaxies 13
Kollision / collision 358
Kolloide / colloids 316
Kolon / colon *s. auch Colon und Dickdarm*
Kaninchen 202
Schmetterling 175
Kolosseum / colosseum 468
Koma / coma 52–53
Kombinationshebel / combination lever 335
Kombizange / pliers 331
Kombüse / galley 405, 420
Kombüsenherd / galley stove 388
Kometen / comets 30, 52–53
Kometenschweif / tail of a comet 52–53
Komfort / comfort 362
Kommandoturm / conning tower 402, 405
Kommunikationsanschluß / communications input socket 57
Kommutator / commutator
Bohrer 558
Generator 327
Kommutatorlagerschild / non-drive end 327
Kompaß / compass 402
Kompaßhaus / binnacle 386, 400
Kompaßplattform / compass platform 402, 403
Kompetente Schicht / competent bed 67
Komplementärfarben / complementary colours 441
Komplexauge / compound eye
Insekten 174
Krebse 178, 179
Kompositionen / compositions 525
Kompositkapitell / composite capital 482
Kompositmodell / composite model 489
Kompositpilaster / composite pilaster 482
Kompositsäule / composite column 482
Kompression / compression 356
Kompressionsring / compression ring 354, 357
Kompressor / compressor 423
Kompressoreinlaß / inducer 422
Kompressorkolben / compressor piston 354
Kompressorlager, vorderes / compressor front bearing 422
Kompressorüberdruckventil / intercompressor bleed valve 423
Konche / concha 486, 492
Kondensation / condensation 317
Kondensationstopf / cooling water tank 345
Kondensator
elektrisch / capacitor 567, 569
Motoren, Turbinen / condenser 324, 352
Kongo / River Congo (Zaire) 275
Kongobecken / Congo Basin 39
Koniferen / conifer(ous plants) 74
Konkavbogen / concave curve 503
Konsole
Architektur / bracket 488, 495, 497
Telefon / telephone base 568
Kontakt / contact
Elektrizität 326, 329
Fernseher 560
Glühbirne (Auto) 362
Heckscheibenheizung 358
Lampe 564
Telefon 568
Kontakthof / metamorphic aureole 284
Kontaktmetamorphose / contact metamorphism 284
Kontinentaldrift / continental drift 64
Kontinentale Kruste / continental crust 69
Kontinentalhang / continental slope 306, 308
Kontinentalmeer / Continental Sea 79, 81
Kontinentalplatten / continental plates 39, 69
Kontinentalschelf / continental shelf
im Jura 77
in der Trias 75
Kreislauf der Gesteine 276
Meeresboden 308
Kontinente / continents *s. auch Afrika, Amerika, Antarktika, Asien, Australien, Europa, Gondwana, Pangaea*
Devon 70
Erdgeschichte 62
Erdkruste 64
Kreide 78
Quartär 82
Tertiär 80
Weltkarte 274–275
Kontrabaß / double bass 515
Kontrabässe / double basses 507, 508, 509
Kontrafagott / double bassoon 508, 509
Kontrastfilter (Fernseher) / filter (TV) 567
Kontrastregler / contrast control 525
Kontraströntgenbild / contrast X-ray 224
Kontrastwirkung / contrast(ing effect) 445
Kontrollbehälter / control reservoir 336
Kontrollflaggen / control flags 544
Kontrolltür (Uhr) / inspection door 563
Konturen (Kunst) / contours/outlines 435, 442, 444, 447
Konturenmesser / knife 453
Konturenstichel / graver 453
Konus
Fahrrad / race 587
Leisten / cone 560
Konvektionszelle / convection cell 33
Konvektionszone / convective zone 24, 33
Konvexbogen / convex curve 503
Konzeptakel / conceptacle 122, 123
Konzertflügel / concert grand piano 519
Konzertgitarre / concert (acoustic) guitar 516
Koorbitale Monde / co-orbital moons 46
Koordinationszentrum / co-ordinating centre 248
Kope (Riemen) / kope (oar) 380, 381
Kopf / head
Allosaurus 91
Frosch 188
Gitarre 516, 517
Golfschläger 539
Insekten 174, 175
Mensch 221, 222–223, 224, 240, 269
Sicherheitsbindung 544
Stegosaurus 98
Stuhl 570, 571
Tennisschläger 536
Kopfarterie, innere / carotid artery 262
Kopfband
Architektur / up-brace 481
des Oberschenkels / ligament of head of femur 235
Kopfbandgrube / fovea 234
Kopfbein / capitate 240
Kopfbruststück (Spinnentiere) / cephalothorax 176, 177
Köpfchen (Blütenstand) / capitulum (type of inflorescence) 135
Kopfeisen 576
oberes / gullet plate
unteres / web
Kopfhaar / head hair 245
Kopfhaut / scalp 244, 246, 247
Kopfhörer
Raumanzug / earphone 57
Walkman / headset 581
Kopfhörerbuchse
Fernseher / earphone jack 566
Walkman / headphone jack 580
Kopfhörerbuchsendichtung / headphone socket packing 580
Kopfhorn
(*Euoplocephalus*) / head horn (Euoplocephalus) 100

Kopfkausch / head cringle 392
Kopflehne / headrest 369
Kopfleisten (Marginocephalier) / head shelf 106
Kopfliek (Wikingerschiff) / head (Viking karv) 383
Kopflinie (Buchstabe) / cap line 449
Kopfschutz (Fechten) / mesh mask (fencing) 548, 549
Kopfstütze / headrest
ARV Super 2 429
Auto 356, 359
TGV 339
Kopfvene / cephalic vein 182
Kopfwender (Muskel) / sternocleidomastoid (muscle) 236, 237, 239
Kopfwurf (Judo) / stomach throw (judo) 548
Koppel (für Pferde) / paddock 547
Korallen / corals 84, 172–173, 289
Korallenriff / coral reef 308
Korb
Cugnot-Dampfwagen / basket 344
Basketball / basket 530
Netball / net 533
Korbanlage
Basketball / basket and back-board 530
Netball / netball goalpost and net 533
Korbbogen / basket arch 476, 488
Korbleger (Basketball) / lay-up shot (basketball) 530
Korbpfosten (Netball) / goalpost (netball) 533
Korbring (Netball) / ring (netball) 533
Korditkammer / cordite handling room 404
Korditkartusche / cordite case 404
Korditzuführeinrichtung / cordite supply shuttle 404
Korinthische / Corinthian
Halbsäule / half-column 468
Ordnung / order 464, 466
Säule / column 467
Korinthischer / Corinthian
Doppelpilaster / double pilaster 485
Pilaster / pilaster 484
Korinthisches / Corinthian
Gebälk / entablature 467
Kapitell / capital 464, 465, 466, 467, 468, 483, 485
Kork
Abschlußgewebe (Pflanzen) / phellem 131, 133, 140
Holzblasinstrumente / cork 512, 513
Schuh / cork bottom filler 560, 561
Korkgewebe / phellem 131
Korkschicht (Sproß) / cork layer 133
Korkstück (Schuh) / bottom filler 560, 561
Korn (Schußwaffe) / fore sight 541
Kornett / cornet 510, 511
Körnung (von Papier) / texture (paper) 443, 445
Korolew / Korolev 41
Korona / corona 32–33, 310
Körper / body
Hohlkörper 588
menschlicher 220–271, 579
Physik 326, 328, 331
Körperbeutel (Flugdrachen) / body-bag (hang-glider) 430
Körpergeschirr / body cradle 406
Körpergröße (Ornithopoden) / height/length (ornithopods) 102
Körperkabel (Fechten) / reel (fencing) 549
Körperorgane (Mensch) / body organs (man) 224–225, 271, 579
Körperschutz (Eishockey) / body armour (ice hockey) 543
Körpertemperatur / body temperature
Mensch 244, 245
Säugetiere 110
Körperwärme (Thyreophora) / body heat 98
Körperwurf (Judo) / body drop 548
Körperzellen / body cells 226–227, 244, 262, 264, 579
Korpus
Instrument / belly 513, 514, 515, 516
Kajak / body 552
Korund / corundum 281
Kosmische Hintergrundstrahlung / cosmic background radiation 10
Kostalplatte / costal/lateral shield 193
Kötenbehang (Pferd) / feathered feet (horse) 208, 209
Kotflügel / mudguard/wing
Auto 347, 348, 349, 351
Motorrad 370, 371, 372, 376, 377
Kotflügelhalterung / wing stay 349, 370, 371
Kotflügelkeder / wing piping 351
Kotflügelstrebe / mudguard stay 347
Kovalente Bindung / covalent bonding 318, 319
Krabbe
Architektur / crocket 475, 476
Krebs / crab 178
Krabbennebel / crab nebula 28
Kraft (Physik) / force (physics) 318, 330–331
Kraftarm / lever arm of the effort 330, 331
Kräfte, elektrostatische / forces, electrostatic 326
Kraftfahrzeuge / motor vehicles 342–367, 370–377
Definition 344, 348
Kraftmesser / Newton meter 330
Kraftpapier / manila 582
Kraftstoff / fuel *s. auch Treibstoff*
Auto 354
Kraftstoff-Luft-Ansaugrohr / fuel-air intake pipe 347
Kraftstoffbehälter / fuel tank 336
Kraftstoffeinfüllstutzen / fuel filler neck 350, 367
Kraftstoffeinspritzventil / fuel injector nozzle 355
Kraftstoffhahn / fuel tap 374
Kraftstoffilter / fuel sediment bowl 349
Kraftstoffleitung / fuel pipe 355
Kraftstoffniveaugeber / fuel tank sender unit 350
Kraftstoffpumpe / fuel pump
Auto 360
Diesellok 337
Kraftstoffspritzdüse / fuel injector 366
Kraftstofftank / fuel tank *s. auch Treibstofftank*
Auto 345, 350, 352, 360, 364
Rasenmäher 574
Kraftübersetzung / transmission 360
Kraftübertragung / power transmission 374
Kraftwerk / power station 338
Kragarm / rocker-beam 500
Kragengeißelzelle / choanocyte/collar cell 172
Kragstein / corbel/bracket
Barock und Klassizismus 482, 483, 486
Donjon 471
Kuppel 491
Renaissancegebäude 481
Tower Bridge 497
Krake / octopus 182, 183
Kralle(n) / claw(s)
Dinosaurier 91, 95, 101, 103
Echse 190
Insekten 174
Kaiman 193
Känguruh 217
Löwe 200
Vögel 194, 196, 199
Kranbalken / clump cathead 403
Kranbalkenkopf / cathead 388
Kranich (=Grus, Sternbild) / Crane (=Grus) 19, 20
Kranz (von schneckenförmigen Kragsteinen) / ring of scrolls 491
Kranzgesims / cornice 478, 479, 483
Kranzleiste / cornice 466, 479, 483, 485, 490
Kranznaht / coronal suture 230
Kranzstück / felloe 398
Krater / crater
Kreislauf der Gesteine 276
Magmatische und metamorphe Gesteine 283
Mars 42
Merkur 35
Mond 40
Vulkane 68, 282–283
Kraulschwimmen / crawl (stroke) 550, 551
Krebs
Flußkrebs / crayfish 179
Sternbild (=Cancer) / Cancer 18, 21
Krebsfossilien / crustacean fossils 289
Krebstiere / crustaceans 78
Kreditkarte (als Malhilfe) / credit card 446
Kreide
Erdperiode / Cretaceous 62, 63, 78, 79, 80, 102
Malutensil / chalk/crayon 434, 438, 444
Kreidezeit / Cretaceous (period) 289
Kreis / circle
Handball 533
mathematische Berechnung 588
Kreisläufer (Handball) / centre forward (handball) 533
Kreislaufsystem / circulatory system 262–263
Kreisrundes Blatt / orbicular leaf 143
Krepidoma / crepidoma 465, 485
Kreppband / masking tape 447
Kreuz
Architektur / cross 484, 490, 491, 493
Halbtonerhöhung / sharp 506, 507
Kreuzband (Ornament) / cross-band (ornament) 382
Kreuzbein / sacrum
Echse 190
Elefant 211
Hase 203
Hauskatze 201
Känguruh 216
Krokodil 192
Mensch 228, 232, 233, 269, 271
Pferd 205
Rhesusaffe 212
Robbe 214
Kreuzbeinknochen / sacral vertebrae 232
Kreuzbeinloch / sacral foramen 233
Kreuzbeinwirbelkörper-Verschmelzungslinien / site of fusion of vertebral bodies (of sacrum) 233
Kreuzblume / finial 497
Kreuzgaffel / mizzen yard 385
Kreuzgang / cloister 476
Kreuzgewölbe / quadripartite vault 472, 473
Kreuzgratgewölbe / groin vault 483, 488, 489
Kreuzknoten / reef knot/square knot 396
doppelter / double carrick bend 397
Kreuzmars / mizzen top-castle 385
Kreuzmarsgaffel / mizzen top yard 385
Kreuzmarsstenge / mizzen topmast 385
Kreuzmast / mizzen mast 385
Kreuznerven / sacral nerves 248
Kreuzrippe (Architektur) / cross rib (architecture) 473
Kreuzrippengewölbe / ribbed vault 488, 488
Kreuzsprosse (Stuhl) / cross stick (chair) 570
Kriechtiere / reptiles 88, 190–191, 192–193
Kriegs- und Handelsschiffe / warships and traders 384–385
Kriegsflotte / battlefleet 388
Kriegsschiff / warship/battleship 384, 386, 400
brasilianisches 402–403
Kriegssegelschiff / sailing warship 384
Kristalle / crystals
Chemie 316, 317, 318, 321, 323
Kreislauf der Gesteine 276–277
magmatische und metamorphe Gesteine 284–285
Minerale 278–279, 280–281
Verwerfung 66
Kristallgitter / crystal lattice 317
Kristallin / crystalline 316
Kristallpalast / Crystal Palace 497
Kristallsysteme / crystal systems 280
Kristallwasser / water of crystallisation 323
Krokodile / crocodiles 74, 79, 192
Krokodilklemme / crocodile clip 326
Krokoit / crocoite 281
Kronblätter / petal 146–149, 151–153
Dicotyledonen 132–133
Farbe 146, 150–151
Inkalilie 135
Insektenbestäubung 152
Monocotyledonen 132
Platterbse 135
Rose 137
Seerose 165
Waldrebe 137
Krone
Blüte / corolla 149
Harfe / crown 515
Pferdefuß / coronet 204
Kronenbein / coronoid process 102
Kronenfortsatz / coronoid process (human head) 230
Kronröhre / corolla tube 148
Kropf / crop
Krake 182
Schmetterling 175
Schnecke 183
Vogel 195
Kröpfeisen / salmon bend gouge 456

Kröten / toads 188
Krümelschublade (Toaster) / crumb tray (toaster) 572, 573
Krummdarm / ileum 236, 258, 259
Krümmer (Auspuff) / exhaust connection 431
Kruppe (Pferd) / croup 204, 206, 207, 208, 209
Kruste / crust
Erde 39, 274
Kometen 53
kontinentale 64–65, 68, 69
Mars 43
Merkur 35
Mond 41
ozeanische 64–65, 68, 69
Pulsare 28
Venus 37
Krustenflechte / crustose lichen 120
Krypta / crypt 471
Kryptafenster / crypt-window 485
Krypton / krypton 321
Kuan Han-Ch'ing / Kuan Han-ch'ing 35
Kübelsitz / bucket seat 369
Kubernetes / kubernetes 380
Kubikfuß / cubic foot 589
Kubikmeter / cubic metre 588, 589
Kubikzentimeter / cubic centimetre 588, 589
Kubikzoll / cubic inch 589
Kubismus / cubism 499
Kuchenzange (Hebelwirkung) / cake tongs (lever) 331
Kufe
frühe Eindecker / skid 408
Hubschrauber / skid 426, 427
Schlittschuh / blade 542, 543
Kufenbein / cross-tube 427
Kufenstrebe / skid bracing strut 410
Kugel
Granate / bullet 405
Kugelstoßen / shot 534
Kugelgelenk / ball(-and-socket) joint
Arsinoitherium 111
Mensch 234
Kugellager / ball bearing
Bohrer 559
Fahrrad 587
Kugellagerring / caged ball bearings 587
Kugelspinne / orb spider 177
Kugelsternhaufen / globular cluster 12, 16, 21
Kugelstoßanlage / shot-put fan 534
Kugelstoßen / shot put 534, 535
Kugelstoßring / shot-put ring 534
Kuh / cow
Energiekreislauf 325
Magen 204
Kühler / radiator
ARV Super 2 428
Auto 348, 366
Motorrad 372, 377
Kühlerdeckel / radiator filler cap 349
Kühlereinfüllstutzen / radiator filler neck 349
Kühlergebläse / radiator fan 336
Kühlergrill / radiator grille 365
Kühlerpumpe / coolant pump 414
Kühlerrippe / radiator air vent 376
Kühlerrohr / radiator pipe 372
Kühlerrücklauf / bottom hose 361
Kühlerschutz / radiator apron 349
Kühlerrahmen / radiator shell 349
Kühlerzulauf / top hose 361
Kühlgitter / cooling grille 371
Kühlleitung / coolant outlet 414, 415
Kühlluftanlage / cold-air unit 421
Kühllufteinlaß / radiator air intake 367
Kühlluftpumpe / rotor-cooling air pump 415
Kühlluftzufuhr / radiator air duct 367
Kühlmittel / coolant
Eisenbahn 336
Kraftwerk 324
Kühlnetz / cooler matrix 357
Kühlradiator / cooling radiator 58
Kühlrippe / cooling fin
Mid-West-Wankelmotor 415
Motorrad 373, 374, 375
Kühlturm / cooling tower
Centre Pompidou 500, 501
Kraftwerk 324
Kühlventilator / air cooling fan 431
Kühlwagen / refrigerator car 337
Kühlwasserablaßschraube / cooling water drain bolt 356
Kühlwasseranschluß / cooling water connection 352
Kühlwasseraustritt / coolant outlet 355
Kühlwasserkanal / cooling water jacket/coolant passage 351, 356
Kühlwasserkreislauf / cooling water system 324
Kühlwasserrohr / cooling water pipe 353, 367
Kühlwasserschlauch / cooling water hose 349
Kühlwasserzuführung / coolant rail 355
Küken / chick(en) 198, 199
Kunst / art 432–459
Kunsthaarpinsel / artificial hair brush 440, 442, 448
Kunstharz / synthetic resin 446
Kunstspringen / springboard diving 550
Kunststoff / plastics/synthetic material
Chemie 316
Holzblasinstrumente 512
Radschutz 376
Kunststoffabdeckung (Eurostar) / plastic cover (Eurostar) 339
Kunststoffglas / plastic case 440
Kunststoffkanister / plastic jerrycan 364
Kunststoffkotflügel / plastic mudguard 376
Kunststoffkuppel / plastic canopy
Hubschrauber 426, 427
Leichtflugzeug 429
Kunststoffmantel / plastic coat 326, 327
Kunststoffnetzfilter / trumpet guard 366
Kunststoffteile / plastics 362
Kunzit / kunzite 281
Kupfer / copper
Bodenschätze 290–291
Chemie 321, 322
Minerale 278
Kupferdraht (Lampe) / copper conductor 564
Kupferdrahtwicklung / copper winding 327
Kupferdruckpresse / etching/copperplate printing press 451
Kupfererze / copper ore 316
Kupferlasur / azurite *s. Azurit*
Kupferniete / copper rivet 576
Kupfernitrat / copper nitrate 322
Kupferplatte (Kupferstich) / copper plate 451
Kupferstich / copperplate engraving 450, 451
Kupfersulfat / copper sulphate 323
Kupferverkleidung / copper sheathing 400
Kupfervitriol / copper sulphate 323
Kuppel (Architektur) / dome
asiatische Bauwerke 494
Barockkirche 483, 484, 485
Bogen und Gewölbe 488, 489
Börse Philadelphia 497
islamische Bauwerke 493
Kuppelformen/Kuppelbau 490–491
mittelalterliche Gebäude 470, 471
Pantheon 466
Renaissancegebäude 480, 481
verschiedene 490–491
Westmister-Kathedrale 497
Kuppel (Flugmaschinen) / canopy 420, 426, 427, 429, 430
Kuppelkonstruktion aus Holz / dome timbering 490
Kuppelschlauch / coupling hose 336
Kuppelstange (Lok) / coupling rod (locomotive) 335
Kuppeltambour / drum of dome 479
Kuppelturm / domed turret 497
Kuppelverriegelung / canopy latch 429
Kupplung
Auto / clutch 350
Eisenbahn / coupling 334, 336
Motorrad / clutch 374
Walkman / clutch 581
Kupplungsausrücklager / clutch release bearing 361
Kupplungsdruckplatte / clutch pressure plate 361
Kupplungsgehäuse / bell housing 357
Kupplungspedal / clutch pedal 360
Kupplungsscheibe / clutch centre plate 361
Kupplungsseil / clutch cable 371
Kupplungstrommel / clutch drum 374
Kupplungszug / clutch cable 360, 373
Kurbel
Angelrute / handle 554, 555
Bohrer / crank 559
Eisenbahn / crank 335
Raddampfer / crank 399
Rennrad / crank 368
Kurbelbolzen / crank bolt 368
Kurbelgehäuse / crankcase
Auto 346, 352, 353, 354, 355
Eisenbahn 337
Mid-West-Wankelmotor 414
Motorrad 370, 375
Kurbelgehäuseentlüftungsschlauch / crankcase breather pipe 410
Kurbelstange / connecting rod 344
Kurbelwelle / crankshaft
Auto 345, 346, 350, 353, 354, 355
Mid-West-Wankelmotor 414
Motorrad 374, 375
Raddampfer 399, 400
Kurbelwellenhauptlager / main bearing housing 354, 355
Kurbelwellenriemenscheibe / crankshaft pulley 354
Kurbelzapfen / crankpin 353
Kuroshio / Kuroshio Current 307
Kurzstreckenlauf / sprint 534
Kurztrieb / dwarf shoot 130, 131
Kurztriebstrang / dwarf shoot trace 131
Kurzwelle / short-wave (radio) 328
Küsten / coasts 304–305
Küstenablagerungen / depositional features of coastlines 304
Küstenfahrer / coaster 382
Küstenlinien / coastlines 304–305, 308
Kutikula / cuticula
Binse 141
Bischofskiefernadel 130
Christrosenblatt 145
Rose 141
Strandhafer 119
Trockenpflanzen 162
Yucca 132
Kymation / cyma 476, 479

L

L-Wellen / L waves 69
Labialpalpus / labial palp 174
Labmagen / abomasum 204
Labrum / labrum 174
***Laburnum* x *watereri* (Goldregen)** / *Laburnum* x *watereri* (laburnum) 143
Labyrinth (Ohr) / labyrinth (ear) 252, 253
Lacerta / Lacerta *s. Eidechse*
Lacertilia / Lacertilia 190
Lachmöwe / common black-headed gull 195
Lachmuskel / laughing muscle 239
Lachs / salmon
Knochenfisch 186
prähist. Nahrung 115
Lackfirnis / varnish 440
Lackschicht / fixative 444
Lacrimale / lacrimal bone *s. auch Tränenbein*
Knochenfisch 187
Lada Terra / Lada Terra 36–37
Ladearm / loading arm 404
Ladebaum / derrick 400
Ladefläche / load space 344
Ladekäfig / gun loading cage 404
Ladeluke / cargo hatch 384
Lademaß / loading gauge 340, 341
Lademechanismus (CD-ROM) / loading mechanism (CD-ROM) 578
Laderaum / cargo hold 380, 400, 413
Ladung / charge
elektrische 326
negative 318, 320, 326, 329
positive 318, 320, 326
Ladungsausgleich / balance of charge 326
Lage des Sonnensystems / location of solar system 14
Lageenergie / potential energy 324, 325
Lager
Getriebe / bearing 374
Lenksäule / headset 369
Mid-West-Wankelmotor / bearing 414, 415
Lagerbauteil / bearing assembly 429
Lagerbuchse / bearing sleeve 348

Lagerschale, untere (Fahrrad) / bottom cup 587
Lagerstütze für Riemen / stowage crutch for oars 383
Lagerung (Verwitterungsprofil) / bed (eroded strata) 67
Lagerzapfen / spigot 395
Lagomorpha / Lagomorpha 202
***Lagopus lagopus* (Moorschneehuhn)** / *Lagopus lagopus* (willow grouse) 199
***Lagostomus maximus* (Visacha)** / *Lagostomus maximus* (plains visacha) 203
Lagunen / lagoons 300–301, 304–305, 309
Lagunennebel / Lagoon Nebula 21
Laibung / intrados 473, 488
Laich / spawn 189, 198
Lakkolith / laccolith 285
Lakshmi Planum / Lakshmi Planum 37
Lamb, T. / Lamb, T. 498
Lambda Andromedae / Lambda Andromedae 19
Lambda Pegasi / Lambda Pegasi 19
Lambdanaht / lambdoid suture 230
Lambeosaurus / *Lambeosaurus* 102, 104, 105
Lamelle
Knochen / lamella 235
Pilze / lamella/gill 120, 121
Lamellenknochen / compact bone 235
Lamellenkupplung / multiplate clutch 372, 374
Lamina / lamina 142
***Laminaria digitata* (Fingertang)** / *Laminaria digitata* (oarweed) 122
***Lamium* sp. (Taubnessel)** / *Lamium* sp. (deadnettle) 141
Lampe / lamp 564–565
Auto 362
Lampenfassung / bulb socket
Lampe 564
Physik 326
Lampenschirm / lampshade 564
Lampenschutz / lamp shield 340
Lampland / Lampland 43
***Lampropeltis ruthveni* (Gebänderte Milchschlange)** / *Lampropeltis ruthveni* (banded milk snake) 190
***Lampropeltis triangulum annulata* (Mexikanische Bergkönigsnatter)** / *Lampropeltis triangulum annulata* (Mexican mountain king snake) 190
Landabtragung / land erosion 292
Landauer / landau/barouche 344
Landebahn / runway 412
Landebein / landing leg 59
Landeklappe / landing flap 425, 429
Landeklappenhebel / flap lever 429
Landekufe / landing skid
Flugzeug 406, 407, 408, 409, 411
Hubschrauber 426, 427
Landelicht / landing light 413, 418, 419
Landeposition / landing position 412
Landescheinwerfer / landing light 426, 427, *s. auch Landelicht*
Landestufe (Mondkapsel) / descent stage (lunar module) 59
Landetriebwerk / descent engine 59
Landfauna / land animals 74
Landflugzeuge / landplanes 412
Landkartenprojektionen / map projections 274–275
Landpflanzen / land plants 70, 84
primitive / primitive land plants 126
Landschaftsmerkmale / landscape features 300–301, 304
Landtiere / land animals 94
Landung / land(ing)
Dreisprung 535
Hochsprung 535
Stabhochsprung 535
Weitsprung 535
Landwirbeltiere / land vertebrates 70
Landzunge / headland 304, 305
Langboot / longboat 388
Längenmaße / measures of length 588, 589
Langhaus / nave 476, 477
Langholzplatte / side-grain wood block 453
Langrenus / Langrenus 40
Langschiff / nave 382, *s. auch Langhaus*
Längsdüne / seif (linear) dune 293
Längsfurche (Zunge) / median sulcus (tongue) 254
Längskanal / longitudinal channel 126
Längsküste / Dalmatian/Pacific coastline 305
Längslenker / link 370
Längslenkergabel / trailing-link fork 371
Längsmuskelbänder / taenia colica 259
Längsprofil (ARV Super 2) / longeron (ARV Super 2) 428
Längsrippe (Gewölbe) / longitudinal ridge-rib (vault) 489
Langstreckenlauf / long-distance run(ning) 534
Längsverstellung / length adjuster 429
Langwelle / long-wave (radio) 328
Lanthan / lanthanum 320
Lanthanoide (=Seltene Erden) / lanthanides (rare earths) 320–321
Lanzettbogen / lancet arch 477, 488
Lanzettfenster / lancet window 474, 475, 476
Lanzettliches Blatt / lanceolate leaf 137, 142
Lapilli / lapilli 282
Lapislazuli / lapis lazuli 437
Lappenbronchien / secondary bronchi 265
***Larus marinus* (Mantelmöwe)** / *Larus marinus* (greater blackbacked gull) 199
***Larus ridibundus* (Lachmöwe)** / *Larus ridibundus* (common blackheaded gull) 195
Larynx / larynx 254
Lasch (Schiff) / scarph (ship) 403
Laser (CD-ROM) / laser (CD-ROM) 578
Lasersteuerung / laser control 362
Laserstrahl / laser light 329
Lasso / lasso 576
Last / load 330, 331
Lastarm / weight arm 330, 331
Lateinersegel / lateen sail 383, 392
Laterne
alte Autos / side lamp 345, 346, 348, 349
Gebäude / lantern 482, 483, 484, 485, 490, 491, 498
Laternenhalter / lamp bracket 346, 352
Latexbadekappe / latex rubber cap 550
***Lathyrus latifolius* (Breitblättrige Platterbse)** / *Lathyrus latifolius* (everlasting pea) 135
***Lathyrus odoratus* (Gartenwicke)** / *Lathyrus odoratus* (sweet pea) 134
***Latrodectus mactans* (Schwarze Witwe)** / *Latrodectus mactans* (black widow spider) 177
Latte (Hochsprung) / crossbar (high jump) 535
Lattenzaun / paling 470
Laubäsende Säugetiere / browsing mammals 80
Laubbäume, erste / deciduous trees, first 78
Laubblatt / leaf 128–131, 158, 159, 161, 168
Laubflechte / foliose lichen 120
Laubmoose / mosses (Musci) 118, 120, 124, 125
Lauf / barrel
Geschützturm 405
Pistole 541
Laufbahn / lane 534
Laufbeine / walking legs
Insekten 175
Spinnentiere 176, 177
Laufbüchse / cylinder liner 354
Laufdisziplinen / track events 534
Laufende Scheibe / running game target 540
Laufender Block / running block 391
Laufender Keiler / running game target 540
Laufendes Gut / running rigging 390, 393
Läufer (Architektur) / stretcher 489, 496
Laufgang / walkway 501
Laufkatze für Geschosse / shell bogie 404
Laufplanke / gangway 385, 388
Laufrad / trailing wheel 334, 335, 338
Laufrolle / castor 523
Laufschuhe (Leichtathletik) / running shoes (athletics) 535
Laufsohle (Schuh) / outsole 560, 561
Laufsprungtechnik (Weitsprung) / hitch-kick style (long jump) 535
Laufwerksklappe (Computer) / caddy cover flap (computer) 578
Laurasia / Laurasia 72, 76, 77, 78
Laurentia / Laurentia 71
Laurussia / Laurussia 73
Lautsprecher / loudspeaker
Computer 579
E-Gitarre 516
elektronische Instrumente 524, 525
Fernseher 567
Lautstärkeregler / volume control
elektronische Instrumente 524, 525
Fernseher 567
Walkman 580
Lava / lava 36, 40, 42, 44, 68, 276, 282–283, 284–285
Vulkane 68, 282–283
magmatische und metamorphe Gesteine 284–285
Aa 283
Brocken- 283
Kissen 308
Pahoehoe 282
Säulen- 282
Lavafluß / lavaflow 283
***Lavatera arborea* (Baummalve)** / *Lavatera arborea* (tree mallow) 137
Lavatypen / lava types 282, 283
Lavinia Planitia / Lavinia Planitia 36–37
Lawrencium / lawrencium 321
Le Corbusier / Le Corbusier 498
Le-Verrier-Ring / Le Verrier ring 50–51
Lebendgebärend / viviparous 110
Lebenserhaltungssystem, tragbares / portable life-support system (PLSS) 57
Lebensräume / ecosystems 110
Lebensretter / lifeguard 342
Lebensspanne (Ornithopoden) / life span (ornithopods) 102
Lebensspuren, erste / traces of life, first 84, 85
Lebensweise (Ornithopoden) / habit (ornithopods) 102
Leber / liver
Delphin 215
Echse 191
Euoplocephalus 100
Frosch 188
Gallimimus 92
Hauskatze 201
Kaninchen 202
Katzenhai 185
Knochenfisch 187
Mensch 224, 258, 270
Schildkröte 193
Schimpanse 212
Vogel 193
Leberband, sichelförmiges / falciform ligament 258
Leberkreislaufsystem / circulatory system of liver 262
Leberlappen / lobe of liver 258
Lebermoose / liverworts 118, 124
Lebervene / hepatic portal vein 263
LED (=Leuchtdiode) / LED (=Light Emitting Diode) 578
Leda Planitia / Leda Planitia 36–37
Leder / leather
Autodach 344
Bucheinband 582–583
Motorradsitz 370
Sattel 577
Saxophonklappenpolster 513
Schuh 560, 561
Trommelschlegelbezug 520
Lederdach (Bordino-Dampfwagen) / leather hood (Bordino Steam Carriage) 344
Ledereinband (Buch) / leather cover (book) 582
Ledergurt (Sattel) / atherstone girth (saddle) 577
Lederhaut / dermis 223, 244, 245, 250
Lederhülsenbaum / honey locust 143
Lederkappe (Sattel) / chape (saddle) 577
Leder mit Haftbeschichtung / leather treated to make it sticky 537
Lederpolster (Auto) / leather upholstery (car) 347
Lederschlaufe (Becken) / leather strap (cymbals) 521
Lederschürze (Auto) / leather valance (car) 347
Lederstreifen (Sattel) / leather (saddle) 577
Leerdarm / jejunum 258
Leerlaufventil / idle control valve 354
Leesegelbaum / studding sail boom 386
Leesegelrah / studding sail yard/stuns'l yard 386
Leeseite (Sicheldüne) / slip face (barkhan dune) 293
Leeseiten-Stratum / foreset strata 293
Legato / slur 507

Legel / rope strand 392
Lehrercockpit / instructor's cockpit 411
Lehrgerüst / temporary structure used to centre vault 489
Leibnitz / Leibnitz 41
Leichtathletik / athletics 534–535
Leichtbau / lightweight
Architektur 498, 502
Auspuffsystem 376
Leichtbauplatten / lightweight slabs 498
Leichtbaurahmen / light frame 368
Leichtflugzeuge / light aircrafts 414, 428–429
Leichtgewichtrahmen / light-weight frame 369
Leichtmetall / light metal 370
Leichtmetall-Pendelachse / alloy swingarm 376
Leichtmetallegierung / light alloy 354
Leichtmetallgußrad / cast alloy wheel 371
Leichtmetallrad / light alloy wheel
Auto 356, 360, 361
Motorrad 372, 373, 376, 377
Leichtmetallrahmen / alloy frame 372, 376
Leier (=Lyra, Sternbild) / Lyre (= Lyra) 19, 20
Leim / glue/size 436, 441
Lein / toadflax 135
Leine (Takelung) / line (rig) 396, 397
Leinen
Buch / cloth/holland/ buckram 582, 583
Malgrund / canvas/linen 441
Sattel / canvas 577
synthetisches / synthetic flax 392
Leinenabdeckung (Sattel) / canvas (saddle) 577
Leinenauge (Pferdegeschirr) / rein terret 547
Leinenecke (Buch) / buckram corner piece (book) 582, 583
Leinöl (für Malerei) / linseed oil (for painting) 440
Leinölfirnis / linseed-oil varnish 440
Leinsamen / linseed 440
Leinwand (Malerei) / canvas (painting) 440, 441, 446
Leinwandarten / canvases 441
Leinwandstütze / canvas support 441
Leiste
Architektur / fillet, moulding 490, 494
menschlicher Körper / groin 221
Leisten (Schuh) / last (shoe) 560, 561
Leistenfeder / apex seal spring 357
Leistenkonus / cone 561
Leitast / leader 136
Leitbündel / vascular bundle
einkeimblättrige und zweikeimblättrige Pflanzen (Sproß) 132, 133
Farn 127
Frucht 155
Hahnenfuß 133
Kiefer 131
Mais 133
Sprosse 141
Wasserpestsproß 165
Wurzeln 138, 139
Leitbündelinitialen / cells that produce vascular tissue 140
Leitbündelstrang / vascular strand 157
Leitbündelzylinder / vascular cylinder 133, 138, 139
Leiter
Corbita / ladder 380, 381
elektrische / conductor 326, 327
Flügelsignal / ladder 340
Leiterplatte / printed circuit board
Telefon 569
Walkman 580, 581
Leitflügel / strake 420, 421
Leitgewebe / vascular tissue
Aufsitzer 168
ein- und zweikeimblättrige Pflanzen 132–133
Erdsproß 161
Farn 127
fehlende 124
holzige Blütenpflanzen 136
Keimung 158
Nacktsamer 130–131
Schachtelhalm 126
Schmarotzer 169
Sprosse 140
Strandhafer 119
Wasserpflanzen 164, 165
Leitgewebestrang, zentraler / central strand of conducting tissue 125
Leitgewebesystem / vascular system 128, 169
Leitgewebezylinder / vascular cylinder 162
Leitöse / sheet lead 391
Leitrad / guide wheel 338
Leitradarantenne / control RADAR antenna 405
Leitring / traveller 388
Leitschaufeln / nozzle guide vane 422
Leitstange / drag link 399
Leitung, elektrische / electric cable 415, 418
Leitwerksbefestigung-Verkleidung / fin-attachment skin 419
Lemercier, J. / Lemercier, J 490
***Lemur catta* (Katta)** / *Lemur catta* (ring-tailed lemur) 213
Lena (Fluß) / Lena River 275
Lende / loin
Mensch 220
Pferd 204
Lendenmuskel / psoas muscle 235, 236, 267
Lendennerven / lumbar nerves 248
Lendenwirbel / lumbar vertebrae
Diplodocus 96
Echse 190
Elefant 211
Eryops 87
Hase 203
Hauskatze 201
Iguanodon 102
Känguruh 216
Krokodil 192
Mensch 232, 233
Parasaurolophus 104
Pferd 205
Plateosaurus 94
Schildkröte 193
Schnabeltier 216
Stegoceras 107
Lenkerbügel (Fahrrad) / handlebar (bicycle) 587
Lenkereinheit (Rasenmäher) / handle assembly (lawnmower) 575
Lenkerhöhenverstellung (Rasenmäher) / latch handle (lawnmower) 575
Lenkerneigung-Feststellbolzen / binder bolt 369
Lenkerschaft (Fahrrad) / handlebar stem (bicycle) 587
Lenkgestänge / steering link 345
Lenkgetriebe / steering gearbox 349, 350
Lenkhebel / steering tiller/arm 344, 345, 347, 348, 349
Lenkkopf / steering head 345
Lenkkopfrohr (Fahrrad) / head tube (bike) 587
Lenkrad
Auto / steering wheel 347, 348, 352, 360, 363
Seitenruder Curtiss / rudder control wheel 406
Lenkradsäule / steering column 351
Lenkradstern / wheel spider 346
Lenkraketen / guided missiles 424
Lenksäule / steering column 345, 349, 360, 369
Lenkschubstange / drag link 352
Lenkschwengel / steering waffletree 347
Lenkspurstange / steering tie-rod 350
Lenkstange
Fahrrad / handlebar 369
Motorrad / handlebar 370, 376
Oldtimer / drag link 349
Lenkstangenschaft / head tube 369
Lenkstockhebel / drop arm 349, 352
Lenkung / steering system
Auto 360
Motorrad 372
Lenkungszahnstange / steering rack 345
Lenkwaffenleitradar / RADAR for missile control 405
Lenoir, Etienne / Lenoir, Etienne 344
Lentizellen / lenticels 136, 140
Leo / Leo *s. Löwe*
Leo Minor / Leo Minor *s. Kleiner Löwe*
Leonapsis / *Leonapsis* 289
Leonid-Meteorschauer / Leonid meteor shower 52
***Leontopithecus rosalia* (Löwenäffchen)** / *Leontopithecus rosalia* (golden lion tamarin) 213
Lepidodendron / *Lepidodendron* 72, 73
Lepidoptera / Lepidoptera 174
Lepidotes maximus / *Lepidotes maximus* 79
Leptoceratops / *Leptoceratops* 109
Lepus / Lepus *s. Hase*
Leseband (Buch) / ribbon (book) 582, 583
Leselicht / reading light 339
Letronne / Letronne 40
Leuchtdiode / light emitting diode (LED) 578
Leuchtkraft (von Farben) / luminous power (of paint) 436, 441
Leuchtschrift-Zugnummer / illuminated locomotive number 336
Leuchtschriftband / illuminated fascia 502
Leuchtspitze (Hubschraubrotorblatt) / high-visibility tip (helicopter rotor blade) 427
Leuchtstoff / fluorescent material 329
Leuchtstoffröhre / fluorescent tube 329
Li^+-Ion / Li^+ ion 318
Liang K'ai / Liang K'ai 35
Libelle / damselfly 174
Kreidefossil / dragonfly 79
Libellulium longialatum / *Libellulium longialatum* 79
Libertyship / Libertyship 400
Libra / Libra *s. Waage*
Libreville (Architektur) / Libreville (architecture) 500, 502
Licht / light
blaues 328
Energie 324, 325
gelbes 328
grünes 328
kurzwelliges 328, 329
langwelliges 328
orangefarbenes 328
Physik 322, 324, 325, 328–329
rotes 328
sichtbares 329
ultraviolettes 150, 151, 328, 329
violettes 328
weißes 328
Lichtbrechung / optical refraction 328, 329
Lichtenergie / light energy 324, 325
Lichter/Highlights (Kunst) / highlights 437, 441, 442
Lichtfarben / spectral colours 328
Lichtgaden / clerestory 463, 476
Lichtjahr / light-year 14
Lichtmaschine / dynamo/generator 354, 355
Lichtmenge (Kamera) / amount of light (entering the camera) 584
Lichtquellen, künstliche / light sources, artificial 329
Lichtschacht / light-well 491
Lichtschalter / light switch
Auto 349
Motorrad 371
Lichtstärke (Kamera) / intensity of light 584
Lichtstunde / light hour 14
Lichtzeichenanlage / light signal 340
Liebesfuß (Englischhorn) / bulb-shaped bell (cor anglais) 512
Liebespfeilsack (Schnecke) / dart sac (snail) 183
Liegesitz / reclining seat 342
Liek / leech/leach 382, 392
Liektau / bolt rope 380, 392
Lierne / lierne 473
Ligamenta tarsometatarsea dorsalia / posterior tarsometatarsal ligament 242
Ligamentum / ligament
bifurcatum / bifurcate ligament 242
calcaneonaviculare / calcaneonavicular ligament 242
cuneonaviculare / cuneonavicular ligment 242
talonaviculare / talonavicular ligament 242
Lilablättriger Saumpilz / fringed crumble cap 121
Lilie, Wurzel der / lily, root of 139
Lilien / lilies 146, 161
Lilienthal, Otto / Lilienthal, Otto 406
***Lilium bulbiferum* (Feuerlilie)** / *Lilium bulbiferum* (orange lily) 160
***Lilium* sp. (Lilie)** / *Lilium* (lily) 139, 144, 146, 161
Limonit / limonite 278–279
***Linaria* sp. (Lein)** / *Linaria* sp. (toadflax) 135
Lineal / ruler 435
Lineares Blatt / linear leaf 143
Linienführung / line 435
Linieninformation / route information 342
Liniennummer (Bus) / route number (bus) 342, 343
Linienrichter / linesman
Badminton 537
Eishockey 542
Fußball 528
Tennis 536
Volleyball 532

Linienschiff / ship of the line 388
Linksaußen / left wing
Eishockey 542
Handball 533
Linksgewinde (Wantenspannschraube) / left hand screw (rigging screw) 391
Linoleum / linoleum 453
Linolschnitt / linocut / block print 450
Linse / lens
Auge 250, 251, 579
Kamera 584
Linsengruppe (Kamera) / lens group (camera) 585
Linsenkern (Gehirn) / lentiform nucleus (brain) 247
Linsenteleskop / refractor telescope 54
Lippe / lip
Mensch 222
Neunauge 184
Orchideenblüte / *auch* labellum 132
Lippenrotgrenze / vermilion border of lip 223
Lippenschwingung / lips vibrating 510
Lippenspannung / lip tension 510
Liquidambar europaeanum / *Liquidambar europaeanum* 82
***Liquidambar styraciflua* (Amberbaum)** / *Liquidambar styraciflua* (sweetgum) 82
Lisene / lesene
Barock und Klassizismus 484, 485
Gewölbe 489
Gotik 477
Kuppeln 490
Renaissance 480, 481
römisches Gebäude 469
***Litchi chinensis* (Litschi)** / *Litchi chinensis* (lychee) 154
Liter (l) / litre (l) 588, 589
Lithifikation / lithification 276
Lithium / lithium 318, 320
Lithographie / lithography 452
Lithokreide / lithographic crayon 450, 452
Lithops bromfieldii / *Lithops bromfieldii* 163
***Lithops* sp.** / *Lithops* sp. 162
Lithosphäre / lithosphere 64
Lithostein / lithographic stone 452
Lithostift / lithographic pencil 452
Litschi / lychee 154
Loch / hole
Golf 538
Uhr 563
Lochkoralle / honeycomb coral 173
Lochmuster (Schuh-Steifkappe) / perforated wing cap (shoe) 560
Lochspiele (Golf) / match play (golf) 538
Lockheed Electra / Lockheed Electra 412, 413
Löffel (Golfschläger) / toe (golf club) 539
Loft (Golf) / loft (golf) 539
Loge / box (gentlemen's room) 481
Logo / logo 342, 343, 358, 377, 411, 419
Lokomotiven / locomotives 334–339
London (Architektur) / London (architecture) 471, 476, 477, 481, 484, 486, 488, 491, 497, 499
London Bridge / London Bridge 471
Londoner Bus / Metrobus, London 342
Long Johns / long johns 552
Longitudinalwellen / P waves *s. P-Wellen*
Lopolith / lopolith 284
Lorbeer / bay-leaf 484
Lorbeergirlande / bay-leaf garland 484
Lorenzetti, Ambrogio / Lorenzetti, Ambrogio 437
Löschflugzeuge / firebombers 414
Lösungen / solutions 316, 317, 322
Lötstelle (Telefon) / solder joint (telephone) 569
Lotus / lotus 463, 492, 493
Löwe
Raubtier / lion 200
Sternbild (=Leo) / Lion (=Leo) 18, 21
Lowell / Lowell 43
Löwenäffchen / golden lion tamarin 213
Löwenkopf (Schiffsschild) / lion crest (ship's shield) 403
Löwenzahn / dandelion 156
***Loxodonta africana* (Afrikanischer Elefant)** / *Loxodonta africana* (African elephant) 210
Luchs (=Lynx, Sternbild) / Lynx 18, 21
Lufengosaurus / *Lufengosaurus* 95
Luft (Wetter) / sky/air 306, 310, 312–313
Luftansaugtrichter / air-intake trumpet 366, 367
Luftauslaß / air vent
Bohrer 559
Ultraleichtflugzeug 431
Luftbeschleuniger zur Regenwasserbeseitigung / high-velocity air duct to disperse rain 424
Luftbetankungsstutzen / flight refuelling receptacle 425
Luftdatenabnehmer / air data probe 424
Luftdruck / air pressure
Turbinenflugzeug 416
Wetter 313
Luftdruckleitung / airspeed-indicator tube 429
Luftdruckwelle / air-pressure wave 420
Lufteinlaß / air intake/inlet
Automotor 355
Bohrer 559
Busmotor 342, 343
Flugzeuge 412, 415, 420, 422, 423, 424, 425, 428
Hubschrauber 426
Lüfter / cooling fan 337, 354
Lüfterantriebswelle / fan drive shaft 355
Lüfterblatt / fan blade 363
Lüfterbock / fan bracket 353
Lüfterflügel / cooling fan 355
Lüfterhutze / ventilator cowl 401
Luftfahrtpioniere / pioneers of flight 406–407
Luftfilter / air filter/air cleaner
(Ultra-)Leichtflugzeuge 429, 431
Auto 350, 361
Hubschrauber 426
Motorrad 371
Rasenmäher 574
Luftfiltergehäuse / air cleaner box 355
Luftführung zur Rotorkühlung / rotor-cooling airduct 415
Luftgewehr / air rifle 540, 541
Lufthutze / air intake 367
Luftkammer / air chamber 124
Luftkämpfe / air combats/battles 424
Luftkanal (Knochenkamm) / air passage (bony crest) 105
Luftkühlung / air cooling 373, 374
Luftmassen / air masses 306
Luftpistole / air pistol 540, 541
Luftpumpe / air pump 399
Luftraum / air space
Bärlappsproß 126
Moospflanze 125
Wasserhyazinthe 164
Wasserpest 165
Luftreifen / pneumatic tyre 346
Luftröhre / windpipe *s. auch Trachea*
Brachiosaurus 97
Gallimimus 92
Mensch 222, 223, 254, 255, 258, 264, 265
Luftsammler / plenum chamber 354, 355
Luftsauerstoff / atmospheric oxygen 322
Luftsäule / air column 510, 512
Luftschaufelrad / fan 422
Luftschlitz
Eishockeyhelm / air vent 543
VW / air intake vents 351
Luftschwingung (Blasinstrumente) / vibration of air (wind instruments) 510, 512
Luftstarter / air impingement starter 422
Luftstrahltriebwerke / jet engines 423
Luftstromtrennung / flow splitter 422
Lufttaxi / air taxi 426
Lufttemperatur / air temperature 310
Lüftung
Dampflok / vent 335
Hubschrauber / ventilator 426, 427
Lüftungskanäle / ventilating pipes 501
Lüftungsrohr / breather pipe 426
Luftventil / inflation valve 411
Luftwiderstand / drag
Fahrrad 368
Flugzeug 412
Luftwurzel / aerial root 168
Lugger / lugger 392, 393
Luggersegel / lug sail 384, 392
Luggervorsegel / lug foresail 393
Lukarne / lucarne window 484, 490
Luke
Eisenschiff / hatch 401
Kajak / cockpit 553
Mondkapsel / hatch 59
Lukendeckel / hatch board 380
Lukensüll / shot garland / hatch coaming 389
Luna 9 / *Luna 9* 58
Lunae Planum / Lunae Planum 43
***Lunaria annua* (Silberblatt)** / *Lunaria annua* (honesty) 157
Lünette / lunette 484
Lunge / lung(s)
Brachiosaurus 97
Delphin 215
Echse 191
Elefant 210
Euoplocephalus 100
Frosch 188, 189
Gallimimus 92
Hauskatze 201
Kaninchen 202
Mensch 224, 254, 260, 264, 265
Säugetiere 110
Schildkröte 193
Schimpanse 212
Schnecke 183
Vogel 195
Lungenarterie / pulmonary artery 260, 261, 263, 265
Lungenbläschen / alveolus 264, 265
Lungenfische / lungfish/dipnoans 86
Lungenflügel / pulmonary lobe 224, 225
Lungenkreislauf / circulary system of lungs 262
Lungenlappen / pulmonary lobe 264, 265
Lungenschlagaderstamm / pulmonary trunk 261, 263
Lungenvene / pulmonary vein 260, 261, 263
Lunochod I / *Lunochod I* 54
Lurch / amphibian
fossiler 75
Lurche / amphibians 188–189, *s. auch Amphibien*
Lutetium / lutetium 321
Luvseite / windward side 293
Luxuswagen / luxury car 346
Lycoming-6-Zylinder-Triebwerk / Lycoming six-cylinder engine 426
Lycopodiatae / Lycopodiatae 126
***Lycopodium* (Bärlapp)** / *Lycopodium* (clubmoss) 70, 126
Lymphozyten / lymphocytes 263
Lynx / Lynx
Hubschrauber 404
Sternbild *s. Luchs*
Lyra / Lyra *s. Leier*
Lysosom / lysosome 227

M

M22 (Kugelsternhaufen) / M22 (globular cluster) 21
Mäander / meander
Architektur 465
Flüsse 298–299, 300
Mach / Mach
Mondkrater 41
Schallgeschwindigkeit 420
Mackenzie / Mackenzie-Peace River 274
Macrobius / Macrobius 40
Madagaskar / Madagascar 106, 273
Madeleine / The Madeleine 482
Madonna mit Kind / *Madonna and Child* 459
Madreporenplatte / madreporite
Seestern 180
Seeigel 181
Maenianum summum / maenianum summum 469
Magazin (Waffe) / magazine 541
Magellansche Wolke / Magellanic Cloud 15, 20
Magen / stomach
Delphin 215
Echse 191
Elefant 210
Frosch 188
Hauskatze 201
Kaninchen 202
Katzenhai 185
Knochenfisch 187
Kuh 204
Mensch 224, 258
Qualle 173
Schildkröte 193
Schimpanse 212
Schnecke 183
Seestern 180
Spinne 176
Vogel 195
Magenarterie / gastric artery 263
Magenausgang / stomach exit 258
Mageneingang / stomach entrance 258
Magenpförtner / pyloric sphincter 259

Magenzellen, säurebildende / stomach cells, acid-secreting 227
Maginus / Maginus 40
Magma / magma 64, 276, 282, 284, 308, 309
Magmakammer / magma chamber 283, 285
Magmatische Gesteine / igneous rock 276, 284–285
Magnesium / magnesium
Erdkruste 64
Meerwasser 306
Periodensystem 320
Magnesiumlinien / magnesium lines 23
Magnetantrieb / magneto drive 375
Magnetband (Walkman) / magnetic tape (personal stereo) 580
Magneten / magnets 326
Magnetfeld / magnetic field
Physik 326, 327
Walkman 580
oszillierendes 328
Magnetfeldlinie / magnetic field line 28, 38
Magnetische Achse / magnetic axis 28
Magnetisierung / magnetization 327
Magnetismus / magnetism 326–327
Magnetkompaß / magnetic compass 427
Magnetkräfte / magnetic forces 327
Magnetosphäre der Erde / the earth's magnetosphere 38
Magnetspuren / magnetic track 580
Magnetzündung / magneto ignition (system) 407
Magnolia / *Magnolia* 78
Magnolie / magnolia 78
Magnolien, erste / magnolias, first 63
Mahagoniholzrahmen / mahogany frame 346
Mahlzahn / grinder/molar *s. auch Molar*
Mensch 256
Schimpanse 212
Mähne / mane 200, 205, 207, 209
Mähnenkamm (Pferd) / crest (horse) 205
Mähnenwolf / maned wolf 201
***Mahonia lomariifolia* (Mahonie)** / *Mahonia lomariifolia* (mahonia) 137
Mahonie / mahonia 137
Maiasaura / *Maiasaura* 104
Mailänder Dom / Milan Cathedral 477
Mais / maize/corn 133
Makrofibrillen / macrofibrils 244
Makrospicula / macrospicule 33
Malachit (Farbpigment) / malachite (colour pigment) 437
Malacostraca / Malacostraca 178
Malaysia (Spurweite) / Malaysia (track gauge) 341
Malerband / masking tape 447
Malgrund / priming/ground 436, 442, 444
Malkreide / pastel 444
„Mallard" (Dampflok) / „Mallard" (steam locomotive) 334, 335
Malpighische Gefäße / Malpighian tubules
Insekten 175
Spinnen 176
Malprobe / painted colour swatch 442
Malspachtel / trowel-shaped painting knife 440
Malus (Römerschiff) / malus (Roman ship) 381
***Malus* sp. (Apfel)** / *Malus* sp. (apple) 132
***Malus sylvestris* (Apfel)** / *Malus sylvestris* (apple) 155
Malutensilien (für Acrylmalerei) / painting tools (for acrylics) 446
Malvenfarbig / mauve 444
Mammut / mammoth 81, 82, 83, 113
Mammutbaum / redwood tree/sequoia 118
Mammutbäume / redwood trees/sequioas 76
***Mammuthus* (Mammut)** / *Mammuthus* (mammoth) 82, 83, 110
***Mammuthus primigenius* (Mammut)** / *Mammuthus primigenius* (mammoth) 83
Manchester / Manchester 342
Mandapa / Mandapa 49
Mandarinfisch / mandarinfish 186
Mandibel / mandible
Insekt 174
Krebs 179
Mandrill / mandrill 213
***Mandrillus sphinx* (Mandrill)** / *Mandrillus sphinx* (mandrill) 213
Mangan / manganese 320
Manganknollen / nodule 309
Manilatrosse / manilla rope 397
Mannschaftsbank / players' bench
Basketball 530
Volleyball 532
Mannschaftsbereich / accommodation section 400
Mannschaftsgrade / junior ratings 405
Mannschaftssportart / team sport 528–529, 530–531, 532–533, 542–543, 550
Manövrierfähigkeit / manoeuvrability 408
Mansardendach / gambrel/mansard roof 494
Mansardenfenster / dormer window 480, 499
Manschette (Handschuh) / cuff (glove) 545
Mantel
Erde / mantle 39, 64, 69
Fahrwerksrad ARV Super 2 / tyre 428, 429
Lampe / skirt 564
Mars / mantle 43
Merkur / mantle 35
Mond / mantle 41
Muschel / mantle 182
Neptun / mantle 51
Pluto / mantle 51
Schiffsschraube / shroud ring 399
Schnecke / mantle 183
Uranus / mantle 49
Venus / mantle 37
Mantelfläche (Architektur) / surface (architecture) 490
Mantelhöhle / mantle cavity
Entenmuschel 179
Krake 182
Mantelmöwe (Ei) / greater blackbacked gull (egg) 199
Mantelrand (Schnecke) / collar 183
Mantelschraube / shroud ring propeller 399
Mantelstrom (Luftstrahltriebwerk) / bypass air (jet engine) 423
Mantelstromdüse / fan duct nozzle 416
Mantelstromkammer / fan duct 422
Manual / manual 518
Manualtaste / key 518
Maquette (Tonmodell) / maquette (clay model) 459
Maracas / maracas 508, 520, 521
Marchantia polymorpha / *Marchantia polymorpha* 124
Marderhaarpinsel / sable brush 436, 442, 448
Mare Crisium / Mare Crisium 40
Mare Fecunditatis / Mare Fecunditatis 40
Mare Frigoris / Mare Frigoris 40
Mare Humorum / Mare Humorum 40
Mare Imbrium / Mare Imbrium 40
Mare Ingenii / Mare Ingenii 41
Mare Moscoviense / Mare Moscoviense 41
Mare Nectaris / Mare Nectaris 40
Mare Nubium / Mare Nubium 40
Mare Orientale / Mare Orientale 41
Mare Serenitatis / Mare Serenitatis 40
Mare Smithii / Mare Smithii 41
Mare Tranquillitatis / Mare Tranquillitatis 40
Mare Vaporum / Mare Vaporum 40
Mareotis Fossae / Mareotis Fossae 43
Margaritifer Sinus / Margaritifer Sinus 43
Marginalplatte / marginal shield 193
Marginocephalier/Marginocephalia / marginocephalians/Marginocephalia 89, 106, 107
Margo / margin
infraorbitale / infraorbital margin 231
supraorbitalis / supraorbital margin 230, 231
Maria (Mondkrater, „Meere") / maria (moon caters, „seas") 40
Maria Magdalena / *Mary Magdalene* 457
Marineflotten / navies 386
Mariopteris / *Mariopteris* 72
Mark / pith
Ahornsproß 133
Kiefernsproß 131
Orchideenluftwurzel 168
Sonnenblumenblütenstandstiel 148
Sprosse 140–141
Mark, verlängertes (Rückenmark) / medulla oblongata 222, 246, 247
Markab / Markab 19, 20
Markeb / Markeb 21
Markenzeichen des Herstellers / manufacturer's logo 337, 371
Markhöhle / pith cavity
Kerbel 141
Schachtelhalm 126
Markierungsbrett (Leichtathletik) / indicator board (athletics) 534
Markierungsleine, wellenbrechende / anti-turbulence lane line 550
Markkegel (Niere) / medullary pyramid (kidney) 266
Markschicht (Flechte) / medulla (lichen) 120
Markstrahl (Kiefer) / medullary ray (pine) 131
Marlschlag / marlinspike hitch 396
Marlspieker / marlinspike 391, 397
Marmor / marble
Architektur 491, 493
Bildhauerei 454, 457
metamorphes Gestein 284
Marmorbildhauerei (Werkzeuge) / marble carving (tools) 456
Marmorblock / marble block 457
Marmorbrechen / breaking marble 454
Marmorfurnier / marble veneer 466
Marmorpapier (Buch) / marbled paper (book) 582
Marmorplastik / marble sculpture 456, 457
Marmorstaub / marble dust 438
Marmortablett / marble slab 438
Mars (Planet) / Mars (planet) 30, 42–43
Mars 3 / *Mars 3* 55
Marskastell / top castle 383
Marsupialia / Marsupialia 216
***Mars* von Giambologna** / *Mars*, Giambologna 458, 459
Martellange, E. / Martellange, E. 483
Martingal / martingale 546
Mary Rose / *Mary Rose* 384
Maschinen, einfache / machines, simple 330
Maschinenbett / bedplate 398
Maschinenraum / engine room
Eisenbahn 336
Gebäude 496
U-Boot 405
Maschinenraumentlüftung / engine room vent 336
Maschinensteuerraum / machinery control room 405
Maschinentragwerk / machinery raft 405
Maskaron / mascaron 491
Maske / mask 464, 491
Maskenornament / mask 464, 491
Massa lateralis / lateral mass 232
Masse / mass
Atome und Moleküle 318, 319, 320
Energie 325
Einheiten 588, 589
Mechanik 328, 330, 331
Planeten 30–31
Maße / measures 588, 589
amerikanische 588, 589
englische 588, 589
metrische 588, 589
Maßeinheiten / units of measurement 319, 320, 588, 589
Massenaussterben / mass extinction 72, 78
Massenmaße / mass units 588, 589
Massenproduktion von Autos / mass production of cars 348, 349, 350, 351, 358
Massenverkehrsmittel / means of mass transportation 342
Massereiche Sterne / massive stars 26–27
Massospondylus / *Massospondylus* 89, 95
Maßwerk / tracery
Big Ben 497
Gotik 474, 475, 476, 477
Tower Bridge 497
Mast / mast
74-Kanonen-Schiff 386–387, 388,–389
Architektur 502
Corbita 380, 381
Dhau 384
Dreimastrahschiff 383
Dschunke 384
Flügelsignal 340
Fregatte 405
Galeere 380
Kriegssegelschiff 384–385
Rigg 390
Wikingerschiff 382–383
Mastbacken (Schiff) / hounds (ship) 386
Mastband / mast band 390
Mastdarm / rectum 225, 259, 268, 271

Mastixharz / gum mastic 440
Mastknopf / mast truck 380
Mastliek / luff 392, 393
Mastreif / mast hoop 393
Mastrutscher / luff slide 392
Mastspitze / masthead 381
Mastspur / mast step 400
Masttopp / masthead 383, 386
Masttoppstek / jury mast knot/mast head bend 397
Matar / Matar 19
Match (Tennis) / match (tennis) 536
Materie / matter 316–317
Mato-Grosso-Hochland / Mato Grosso 274
Mattenrichter (Judo) / referee (judo) 548
Mattfarben / opaque paints 446
Mauer (Hindernis) / wall (showjumping fence) 546
Maul / mouth
Camarasaurus 97
Delphin 214
Edmontia 101
Elefant 210
Frosch 188
Känguruh 217
Katzenhai 184
Knochenfisch 187
Kuh 204
Pferd 205
Ratte 202
Westlothiana 87
Wantenspannschraube / fork end 391
Maurischer Bogen / Moorish arch 488
Maus / mouse
Computer 525, 578, 579
Säugetier 110
Takelung 387
Mäuse / mice 110
Mawsonites spriggi / _Mawsonites spriggi_ 71
Maxillare / maxilla
Bär 200
Elefant 211
Frosch 189
Knochenfisch 187
Löwe 200
Schimpanse 212
Maxwell Montes (Venus) / Maxwell Montes (Venus) 36–37
Mazda RX-7 / Mazda RX-7 356
McFayden, Jock / Mc Fayden, Jock 451
MCW-Metrobus aus London / MCW-Metrobus, London 342
Mechanik
Auto / mechanics 360, 361
Gitarre / machine heads 517
Physik / mechanics 331
Mechanische Sedimente / clastic sedimentary rock 286
Medaillon / medallion 480
Medianauge / median eye 176
Medullosa / _Medullosa_ 72
Meduse / medusa 71
Meere / seas and oceans 304–309
Bodenschätze 291
Delta 300, 301
Flußmündungen 298–299
Fossilien 288
Küstenformen 304–305
Meeresboden 308–309
Sedimentgesteine 286
Wasserkreislauf 298
Weltkarte 274–275
Wetter 313
Mondkrater / maria _s. Mare und Maria_
Meerenge / strait(s) 69
Meeresarm / inlet 305
Meeresboden / ocean floor/seabed 64, 65, 291, 308–309
Meeresklippe / sea-cliff 304–305
Meeresküste / sea coast 304–305
Meeresschildkröte / sea turtle 79
Meeressedimente / marine sediments 290
Meeresspiegel / sea level 72, 76
Meeresströmungen / ocean currents 306–307
küstennahe / offshore currents 306–307
Oberflächenströmungen / surface currents 306–307
Meerestemperatur / sea temperature 313
Meereswirbellose / marine invertebrates 71
Meereswürmer / seaworms 84
Meersalz / sea salt 306
Meerwasser / seawater 300, 306
Megasporen / megaspores 128
Megazostrodon / _Megazostrodon_ 110
Megrez / Megrez 19
Mehrventilzylinderköpfe / multi-valve cylinder heads 354
Mehrzweckreifen / general-use tyre 373
Meile / mile 588, 589
Meiolania platyceps / _Meiolania platyceps_ 83
Meißelkante (_Arsinoitherium_-Zahn) / chisel-edge (molar of _Arsinoitherium_) 110
Meißnersche Tastkörperchen / Meissner's corpuscle 244, 245, 249
Meitnerium / meitnerium (unnilennium) 321
Mekka (Architektur) / Mecca (architecture) 492
Mekong / River Mekong 275
Melaninkörnchen / melanin granule 244
Melanorosaurus / _Melanorosaurus_ 74, 94, 95
Melodiegitarre, elektrische / electric guitar 516, 517
Melone / melon
Delphin 215
Frucht 155
Membran / membrane
präsynaptische / presynaptic membrane 249
Zelle / cell membrane 145, 226, 227
Membrana elastica externa / external elastic lamina 262
Membrane (ARV Super 2) / diaphragm 428
Membranstapel / stack of thylacoids 145
Memorykarteneingabe / memory card slot 524
Mendel / Mendel 41
Mendelejew / Mendeleev 41
Mendelevium / mendelevium 321
Menkalinan / Menkalinan 21
Menkar / Menkar 19, 20
Menkent / Menkent 21
Mensch(en) / man/humans
im Energiekreislauf 324, 325
in der Erdgeschichte 63, 82, 80, 81, 114, 115
Körper 218–271, 579
Menschenaffen / apes 212, 213
Merak / Merak 19
Merchant's Exchange/Philadelphia / Merchant's Exchange, Philadelphia 497
Merikarp (Teilfrucht) / mericarp (half-fruit) 157
Merkelsche Tastscheiben / Merkel's discs 245, 249
Merkur / Mercury 30, 34–35
Mersenius / Mersenius 40
Merus / merus 178, 179
Merycoidodon culbertsonii / _Merycoidodon culbertsonii_ 81
Mesenterium / mesentery 173, 188
Mesogloea / mesohyal 172
Mesokarp / mesocarp 152, 153, 154
Mesophyll / mesophyll 119, 141
Mesopotamien (Architektur) / Mesopotamia (architecture) 492
Mesosphäre / mesosphere 39, 310
Mesothorax / mesothorax 174
Mesozoikum / Mesozoic age 63, 74, 76, 88, 110, 289
Messe (Schiff) / mess (ship) 405
Messer
Palettenmesser / painting knife 446–447
Rasenmäher / blade 374, 375
Messerabdeckung / blade cover 374
Messerauftrag (Farbe) / application with painting knife 447
Messerbolzen / blade bolt 375
Messerlager / blade retainer 375
Messing / brass
Instrumente 510, 512, 521
Renault 1906 347
Schiffsschraube 398
Stuhl 570
Zündkabelgehäuse 353
Messingeinlage / brass line 570
Messingflügel (Schiffsschraube) / brass blade (propeller) 398
Messinggehäuse / brass housing 353
Messingschräge / brass bevel 347
Messingzierrat / brass scrollwork 347
Meßstelle für statischen Luftdruck / static air-pressure plate 416
Metacarpalia / metacarpal(s) _s. auch Mittelhandknochen_
Echse 190
Frosch 189
Vogel 193
Metallabschirmblech (Fernseher) / metal shield (TV) 566
Metalldeckung (Kuppel) / metalling (dome) 490
Metalldraht / metal(lic) wire 326, 327
Metalle / metals 320–321, 322
Metallfeder / metal nib 448
Metallgriffel / metal holder 434
Metallguß / metal casting 456
Metallhaut (Flugzeug) / metal skin 412
Metallkanister / metal jerrycan 364
Metallkarosserie (Auto) / metal bodyshell (car) 358
Metallkorpus (Instrumente) / metal body (instruments) 513, 517
Metallnabe / metal hub 431
Metallplatte
Druck / metal plate 450
Klangplatte / metal bar 521
Motorrad / metal plate 374
Metallrahmen / metal frame
Gong 520
Klavier 518, 519
Vibraphon 521
Metallreifen / metal tyre 334
Metallröhre / metal tube
Querflöte 512
Röhrenglocken 520
Saxophon 513
Vibraphon 521
Xylophon 520
Metallscheibe (Gong) / metal disc (gong) 520
Metallstab (Triangel) / steel beater (triangle) 521
Metallständer (Xylophon) / metal stand (xylophone) 520
Metallverbundplatte / metal sandwich-panel 501
Metallverkleidung (Architektur) / metal-faced panel (architecture) 500
Metamorphe Gesteine / metamorphic rocks 276–277, 284–285
Metamorphose / metamorphosis/transformation _s. auch Verwandlung_
Frosch 189
Insekten 174
vollständige / complete metamorphosis/ complete transformation 174
Metatarsalia (Frosch) / metatarsals 189, _s. auch Mittelfußknochen_
Metatarsus / metatarsus
Skorpionbein 176
Spinnenbein 177
Metathorax (Insektenbrust) / metathorax 174
Meteore / meteors 52
Meteoriden / meteoroids 10, 52–53
Meteoriten / meteorites 34, 38, 41, 52, 311
Meteorschauer / meteor showers 52
Meter (m) / metre (m) 328, 588, 589
Methan / methane
Jupiter 45
Neptun 50
Pluto 51
Saturn 47
Uranus 48–49
Metis Regio / Metis Regio 36
Metope / metope 464
Metridium senile (Seenelke) / _Metridium senile_ (plumose anemone) 172
Metro / Metro 338
Metrolink / Metrolink 342
Mexikanische Bergkönigsnatter / Mexican mountain king snake 190
Mexiko / Mexico
Spurweite 341
Mezzanin / mezzanine 471
Miaplacidus / Miaplacidus 21
Michelangelo / Michelangelo
Künstler 457
Merkurkrater 35
Michigansee / Lake Michigan 274
Micrasterias sp. / _Micrasterias_ sp. 118
Mid-West-Zweitakt-3-Zylinder-Wankelmotor / Mid West two-stroke three-cylinder engine 414
MIDI (Musical Instrument Digital Interface) / MIDI (Musical Instrument Digital Interface) 524, 525
Midway Gardens / Midway Gardens 499
Mihrab (Gebetsnische) / Mihrab (prayer niche) 492
Mikrofilament / microfilament 227
Mikrofon (Telefon) / microphone (telephone) 568, 569
Mikrofonanschlußbuchse (Tongenerator) / microphone input (digital sampler) 525
Mikrometeoriten-Schutzanzug / micro-meteoroid

garment 57
Mikroorganismen / microorganisms 84
Mikropyle / micropyle
Befruchtung 153
Erdbeere 156
Keimung 159
Kiefer 128
Mikrosporen / microspores 128
Mikrotubulus / microtubule 227
Mikrotubus / microtubule 249
Mikrowellen / microwaves 10, 328
Mikrowellenherd / microwave oven 325
Mikrowellenstrahlung / microwave radiation 10, 328
Milankowic / Milankovic 43
Milchquarz / milky quartz 278, 281
Milchstraße / Milky Way 14–15, 18, 20, 30
Milchzähne (Mensch) / milk teeth (man) 256
Militärflugzeuge / military aircrafts 424–425
Militärjeep / military Jeep 364
Milne / Milne 41
Milton / Milton 35
Milz / spleen
Elefant 210
Frosch 188
Hauskatze 201
Knochenfisch 187
Mensch 225, 259
Schimpanse 212
Milzarterie / splenic artery 263
Mimas / Mimas 46
Mimikmuskeln / muscles of facial expression 238
Mimosa / Mimosa 21
Mimulopsis solmsii / *Mimulopsis solmsii* 151
Minarett / minaret 492, 493
Minerale / minerals 278–281
kristalline / crystalline minerals 316
Mineralquelle / mineral spring 282–283
Mineralstoffaufnahme (Wasserpflanzen) / mineral absorption (wetland plants) 164
Mineralstoffe (Pflanzen) / minerals (plants) 140, 166
Minerva / Minerva 483
Minifernseher / mini-television 366–367
Minmi / *Minmi* 101
Mintaka / Mintaka 18
Minuspol (Fernseher) / negative pole (TV) 566
Minuteneinteilung (Jakobsstab) / scale in minutes (cross-staff) 385
Minutenkreiseinteilung / minute track 563
Minutenrad / minute wheel 563
Minutenradkolben / minute wheel cock 563
Minutenzeiger / minute hand 562, 563
Minze / mint 115
Miozän / miocene 63, 289
***Mir* (Raumstation)** / *Mir* (space station) 56
Mira / Mira 19, 20
Mirach / Mirach 19, 20
Miranda / Miranda 48
Mirfak / Mirfak 19, 20
Mirzam / Mirzam 18, 21
Mississippi / Mississippi River 274
Delta 300–301
Mistel / mistletoe 168
Misteldrossel / mistle thrush 196
Mitochondrium / mitochondrion 227, 249, 269
Mitralklappe / mitral valve 261
Mittelalter (Architektur) / Middle Ages (architecture) 470, 471, 472, 473
Mittelarmnerv / median nerve 248
Mitteldeck (Schiff) / waist (ship) 388
Mittelfeldspieler (Fußball) / midfielder (soccer) 528
Mittelfinger / middle finger 240, 241
Mittelfuß(knochen) / metatarsal(s)
Albertosaurus 90
Archaeopteryx 91
Arsinoitherium 111
Brachiosaurus 96
Echse 190
Elefant 211
Eryops 87
Euoplocephalus 100
Hase 203
Hauskatze 201
Iguanodon 102, 103
Känguruh 216
Mensch 229, 242
Pachycephalosaurus 106
Parasaurosophus 104
Pferd 205
Plateosaurus 94
Rhesusaffe 212
Robbe 214
Schnabeltier 216
Stegoceras 107
Struthiomimus 93
Toxodon 113
Triceratops 108
Tyrannosaurus 90
Mittelfuß-Würfelbein-Keilbein-Bänder / posterior tarsometatarsal ligament 242
Mittelfußarterie / metatarsal artery 263
Mittelgang (TGV) / centre gangway (TGV) 339
Mittelhandgelenk (*Baryonyx*) / metacarpophalangeal joint (baryonyx) 91
Mittelhand(knochen) / metacarpal(s)
Archaeopteryx 91
Arsinoitherium 110
Baryonyx 91
Brachiosaurus 97
Diplodocus 96
Elefant 96, 211
Eryops 86
Euoplocephalus 100
Gallimimus 92
Hase 203
Hauskatze 201
Känguruh 216
Kuh 204
Mensch 228, 229, 240
Opossum 112
Parasaurolophus 105
Pferd 204
Plateosaurus 94
Rhesusaffe 212
Robbe 214
Schnabeltier 216
Stegoceras 106
Triceratops 109
Tyrannosaurus 90
Vogelflügel 197
Mittelhirn / midbrain/mesencephalon 246, 247
Mittelkielschwein / centre line keelson 401
Mittelkonsole / centre console 363
Mittelkreis / centre circle
Fußball 528
Netball 533
Mittellinie
Fechten / centre line 549
Fußball / halfway line 528
Handball / centre line 533
Squash / half-court line 537
Mittellinienfahne / halfway-line flag 528
Mittelmeer / Mediterranean Sea 80, 275
Mittelmoräne / medial moraine 296–297, 299
Mittelnaht (BAE-146-Heckflügel) / centreline/spine (BAE-146 tailplane) 419
Mittelohr / middle ear 252
Mittelozeanische Schwelle / oceanic ridge 64
Mittelozeanischer Rücken / oceanic rift 65, 308–309
Mittelprofilrohr / centreline beam 430, 431
Mittelrad (Uhr) / centre wheel 562
Mittelrippe (Blatt) / midrib (leaf)
Blätter 142
Ein- und Zweikeimblättrige 132, 133
Fleischfressende Pflanzen 167
holzige Blütenpflanzen 137
krautige Blütenpflanzen 135
Moosthallus 124, 125
Spiraltangthallus 122
Wasserpflanzen 165
Mittelruder / centred rudder 382, 383
Mittelschiff (Ägyptischer Tempel) / central nave (Egyptian temple) 463
Mittelstreckenlauf / middle-distance running/race 534
Mittelstück (Holzblasinstrumente) / middle joint (woodwind instr.) 512
Mittelstürmer (Eishockey) / centre (ice hockey) 542
Mitteltank / central fuel tank 417
Mittelwelle / medium-wave (radio) 328
Mittelzugkabel (Fahrrad) / straddle wire (bicycle) 586, 587
Mittschiffsbereich / midship section 400
Mittschiffsspake / king spoke 398
Mizar / Mizar 19
Möbelstücke / furniture 456
Modellierholz / moulding tool 458
Modellierplatte / modelling board 459
Modellierschlinge / wire-ended cutting toll 458
Modelliertisch / modelling stand 459
Modellierwerkzeug / modelling tool 458
Moderator (Druckwasserreaktor) / moderator (pressurized water reactor) 324
Moderne Architektur / modern architecture 500
Modifikationen des Kohlenstoffs / modifications of carbon 321
Modillion / modillion 479, 482, 483
Moenave-Schicht / Moenave formation 286
Moenkopi-Schicht / Moenkopi formation 286
Moeritherium / *Moeritherium* 110, 111
Mohammed / Muhammad 492
Mohnöl / poppy-seed oil 440
Mohorovicic-Diskontinuität / Mohorovicic discontinuity 39
Möhren / carrots 134, 138
Mohssche Härteskala / Mohs scale of hardness 280–281
Molaren / molars *s. auch Backenzähne/Mahlzähne*
Australopithecus 113
Bär 112, 200
Elefant 211
Hyaenodon 113
Mensch 256
Pferd 111
Molche / newts (and salamanders) 188
Moleküle / molecules 316, 317, 318–319, 322
Molekülorbitale / molecular orbitals 318
Mollusca / Mollusca 182
Molybdän / molybdenum 320
Molybdänglanz / molybdenite 281
Molybdänium-Oxide / molybdate 279
Mond / moon/Moon 40–41
Gezeiten 306–307
im Universum 11
und Sonne 32
Mondbein / lunate (bone) 240
Monde / moons
Jupiter 44
Mars 42
Neptun 50
Saturn 46
Sonnensystem 30
Uranus 48
Monderkundungsfahrzeug / lunar rover 59
Mondmission / lunar mission 59
Mondoberfläche / surface of the moon/lunar surface 58, 59
Mondphasen / phases of the moon 41
Mondüberschuh / lunar overshoe 57
Mondumlaufbahn / lunar orbit 59
Mongolei / Mongolia 106
Monitor (Computer) / display monitor 579
Monoceros / Monoceros *s. Einhorn*
Monocoque-Chassis / Monocoque chassis 371
Monocotyledoneae / Monocotyledoneae 132
***Monodon monoceros* (Narwal)** / *Monodon monoceros* (narwhal) 215
Monograptus convolutus / *Monograptus convolutus* 71
Monokline / monocline 67
Monokotyledonen / monocotyledons *s. Einkeimblättrige (Pflanzen)*
Monokotyledonenblüte / monocotyledonous flower 132
Monokotyledonenwurzel / monocotyledonous root 133
Monokotylenblatt / monocotyledonous leaf 132
Monotremata / Monotremata 216
Mons Mensae (Tafelberg) / Mons Mensae 20, 21
Montagehalterung (Fernseher) / mounting bracket (TV) 566
Montes Appenninus / Montes Appenninus 40
Montes Cordillera / Montes Cordillera 41
Montes Jura / Montes Jura 40
Montes Rook / Montes Rook 41
Monteverdi / Monteverdi 35
Montgolfier / Montgolfier 406
Moore, Henry / Moore, Henry 459
Moorschneehuhn (Ei) / willow grouse (egg) 199
Moose / mosses and liverworts 118, 124–125, 168
Moosfarn / selaginella 126
Mooskapsel / moss capsule 119
Moospflanze / bryophyte 124, 125
Moosspore / moss spore 125

Moostierchen / bryozoon 289
Moränen / moraines 296–297, 302–303
Mörser / mortar 436
Mörtel / mortar/grout 438, 454
Mörtelschichten (Fresko) / mortar (fresco) 438
***Morus nigra* (Schwarze Maulbeere)** / *Morus nigra* (common mulberry) 136
Mosaik / mosaic 454–455
islamische 492, 493
Mosaiktechnik 454–455
Mosaikhammer / mosaic hammer 454
Mosaiksteinchen / tessera(e) 454, 455
Mosaikzubehör / mosaic tools 454
Moschee / mosque 488, 492
Moscheemosaik / mosaic mosque design 455
Moskau (Architektur) / Moscow (architecture) 491
Moskitonetz / mosquito netting 364
Motocross-Rennen / motocross 376
Motocyclette Werner / Motocyclette Werner 370
Motoneuron / motor neuron 238
Motor / engine *s. auch Motoren*
Auto 345, 346, 360, 361
Motorrad 370, 371, 374, 376, 377
Rasenmäher 574
Walkman / motor 581
Wright Flyer 406
Motor-IC (Walkman) / motor control integrated circuit 580
Motor-Rettungsboot / motor whaler 405
Motorabdeckung / engine cover 347, 374
Motoransaughutze / engine air intake 367
Motorantriebsbügel (Rasenmäher) / mower drive-handle 575
Motoraufhängeöse / engine lifting eye 357
Motoraufhängung / engine mount(ing)
Flugzeug 414, 415, 429, 431
Motorrad 375
Motorbefestigungsplatte / engine mounting plate 372
Motorbefestigungsschraube / engine mounting bolt 372
Motorblock / engine block 357
Motorbusse / motorized buses 342
Motordrachen / microlights 430
Motoren (A=Auto, E=Eisenbahn, F=Flugzeug, M=Motorrad) / engines
Auto 352, 353, 354, 355, 356, 357
Benzinmotor (A) 354
Boxermotor (A) 350
Daimler Doppelscheibenmotor (A) 353
Dieselmotor (E) 336, 337, (A) 352, 356, 357
Doppelkolbenmotor (A) 352
Drehkolbenmotor (A) 352, 356
Dreizylinder-Anzani-Motor (F) 409
Dreizylindermotor (F) 429
Einzylinder-Viertakt-Motor (M) 370
Einzylindermotor (A) 345, 346, (M) 370
Elektromotor 336, 342, (A) 352
Ford-Cosworth-V6-12-Ventilmotor (A) 354
Ford-Turbo-Dieselmotor (A) 357
Gnome-7-Zylinder-Rotationsmotor (F) 408
Hilfsmotor (M) 370
Humber-Motor (A) 353
Jaguar-V12-Motor (A) 355
Kolbenmotor (F) 414, 428
Mid-West-Zweitakt-3-Zylinder-Wankelmotor (F) 414
Motorrad 374, 375
OHV-Motor (M) 377
Pratt & Whitney-9-Zylinder-Sternmotor (F) 412, 413
Reihenvierzylindermotor (M) 371
Salmson-9-Zylinder-Sternmotor (F) 406, 407
Velocette-Motor (M) 375
Verbrennungsmotor (A) 344, 352, 354, (M) 374, 375
Viertaktmotor (A) 353, (F) 414
Vierzylinder-12-PS-Motor (F) 407
Vierzylinder-Benzin-Verbrennungsmotor (F) 406
Vierzylinder-Boxermotor (A) 350
Vierzylinder-Reihenmotor (A) 355
Vierzylinder-V-Motor (M) 372
Wankelmotor (A) 352, 356, (F) 414
Zweiblockmotor (A) 347
Zweitaktmotor (M) 374, (F) 414
Zweizylinder-Motor (F) 431
Zweizylinder-V-Motor (M) 371
Zwölfzylinder-V-Motor (A) 355
Motorflug / powered flight 406
Motorgabel / engine mount 409
Motorgehäuse (Bohrer) / motor case 558
Motorgeschwindigkeitseinstellung / motor speed preset 580
Motorhaube
Auto / bonnet 346, 347, 349, 351, 359
Motorrad / engine cover 371, 372
Motorhauben-Entriegelungsseilzug / bonnet-release cable 359
Motorhaubenclip / bonnet clip 349
Motorhaubengriff / lifting handle (bonnet) 346
Motorhaubenscharnier / bonnet hinge 359
Motorhaubenschloß / bonnet catch 359
Motorhaubenstütze / bonnet stay 347
Motorhaubenverriegelung / bonnet catch 346
Motorische Endplatte / motor end plate 238
Motorluftansaugstutzen / raised (engine) air intake 364
Motorlufteinlaß (Hubschrauber) / engine air intake (helicopter) 427
Motorplatte (Mid-West-Wankelmotor) / engine mounting plate (Mid West twin-rotor engine) 415
Motorräder / motorcycles 370–377
Motorradfahrer / motorcyclist 370
Motorradrennen / motorcycle race 376
Motorradtechnologie / motorcycle technology 370
Motorrahmen / engine frame 406
Motorschaltermechanismus (Bohrer) / trigger mechanism (drill) 558
Motorsteuerung / motor control 366
Motorträger / engine bearer 353
Motorverkleidung / engine cowling
Auto 366
Flugzeug 411, 413, 428, 431
Motorverkleidungsstück / cowling panel 413
Motte (Architektur) / motte (architecture) 470
Mount Everest / Mount Everest 274
Mountainbike / mountain bike 368, 586–587
Mouse Pad (Computer) / mouse pad (computer) 525, 578, 579
Muav-Kalksteine / Muav limestone 287
Muccini (Pinsel) / muccini (brush) 438
Muezzin / muezzin 492
Mühle / mill 468
Mühlrad / mill wheel 468
Mulassier / Potevin 208
Mulde / syncline 66, 67
Muliphein / Muliphein 21
Mullion-Struktur / mullion 66, 67
Multi-Rolle (Angel) / multiplier reel (fishing rod) 554
München (Architektur) / Munich (architecture) 499
Mund / mouth
Echse 190
Entenmuschel 179
Flußkrebs 179
Gorilla 213
Kaninchen 202
Mensch 221, 222, 254–255, 258, 270
Mooskapseldeckel 125
Qualle 173
Seeigel 181
Mundhöhle / buccal cavitiy
Delphin 215
Elefant 210
Hauskatze 201
Kaninchen 202
Mensch 258
Pachycephalosaurus 106
Schildkröte 193
Schimpanse 212
Vogel 195
Mundloch (Flöte) / blowhole 512
Mundöffnung / mouth
Kobrapflanze 166
Seeanemone 173
Seestern 180, 181
Mundrohr (Fagott) / crook (bassoon) 512
Mundscheibe / oral disc 173
Mundsprühgerät / mouth diffuser 434
Mundstück / mouthpiece
Blechblasinstrumente 510, 511
Feuerbohrer 115
Klarinette 513
Saxophon 513
Mündung / muzzle 403, 405
Mündungskranz / swell of muzzle 403
Mundwinkel / lateral angle of mouth 223
Mundwinkelheber / levator anguli oris 239
Mundwinkelherabzieher / depressor anguli oris 238, 239
Munition / ammunition 541
Murakozer (Pferd) / Murakozer (horse) 208
***Musa 'lacatan'* (Banane)** / *Musa 'lacatan'* (banana) 152
***Muscari* sp.** / *Muscari* sp. 161
Muschel
Architektur / shell 480, 491
Tier / shell(fish)/bivalve 182–183, 288–289
Muschelfossilien / fossil shells 288–289
Muscheln / shells/bivalves 182–183
Muschelseitling, Trichterförmiger / hohenbuehelia 121
Musci / Musci 124
Musik / music 504–525
Musikgalerie / music gallery 481
Musiknotation / musical notation 506–507
Muskelansatznarbe (*Smilodon*) / muscle scar 113
Muskelgewebetypen / types of muscle 238
Muskelkoordination / muscle co-ordination 247
Muskelkraft / effort provided by muscles 330
Muskelmagen / gizzard
Brachiosaurus 97
Euoplocephalus 100
Gallimimus 92
Vogel 195
Muskelmantel (Krake) / mantle muscles (octopus) 182
Muskeln / muscles
Adduktormuskel 179
Albertosaurus 90
Ambiens-Muskel 90, 103
Armmuskel 92
Brachiosaurus 96
Caudofemoral-Muskel 103
Extensor-digitorum-communis-Muskel 90
Femorotibialis-Muskel 90
Flexor-digitorum -Muskel 90
Flexor-tibialis-internus-Muskel 90
Gallimimus 92, 93
Gastrocnemius-Muskel 90
Iliofemoral(is)-Muskel 90, 103
Iliofibular(is)-Muskel 90, 103
Iliotibial(is)-Muskel 90, 100, 103
Intercostalmuskel 97
Kaumuskel 106
Mensch 236–239
Oberarmmuskel 97
Puboischiofemoral-Muskel 103
Retraktormuskel 173
Ringmuskel 173
Schienbeinmuskel 103
Schultermuskel 97
Tibialis-antierior-Muskel 90
Unterarmmuskel 92
Unterschenkelmuskel 93, 96
Wadenbeinbeugemuskel 103
Zehenbeuger 90
Zehenstreckmuskel 100, 103
Zwillingswadenmuskel 100, 103
Muskelseptum / muscular septum 182
Muskelwülste / trabecula 260, 261
Muskowit / muscovite 278–279
Mussaurus / *Mussaurus* 74
Muttaburrasaurus / *Muttaburrasaurus* 103
Mutter / nut
Fahrrad 586, 587
Jungfernschäkel 391
Lampe 564, 565
Toaster 572, 573
Mutterkuchen / placenta 80, *s. auch Plazenta*
Muttermilch (Säugetiere) / mother's breast milk 110
Muttermund / mouth of the womb/uterine orifice 269
Mutterpflanze / stool 160
My Andromedae / My Andromedae 19

My Orionis / My Orionis 19
My Pegasi / My Pegasi 19
Myelinscheide / myelin sheath 249
Mykene / Mycenae 465
Mylar-Segeltuch / Mylar sailcloth 392
Myofibrille / myofibril 238
Myokard / myocardium 260, 261
Myzel / mycelium 120, 121

N

Nabe / hub
ARV-Fahrwerk 428
Blackburn-Monoplane-Propeller 409
Fahrrad 586, 587
Schiffsschraube 398, 399
Nabel
Bauchnabel / umbilicus/navel 221, 270
Samen / hilum 154, 155, 157–159
Nabelarterie / umbilical artery 270
Nabelschnur / umbilical cord 270, 271
Nabelvene / umbilical vein 270
Nabenbolzen / hub bolt 348
Nabenflansch / propeller hub flange 423
Nabenplatte / nave plate 398
Nabenträger / hub carrier 361
Nachbrenner / afterburner 422
Nachbrennerschubdüse / afterburner nozzle 425
Nachführleuchte / tracking light 59
Nachrichtenübermittlung (Raumfahrt) / communication (space exploration) 57
Nachschalldämpfer / after silencer 431
Nachschiebebein / anal clasper 175
Nachtfalter-Orchidee / phalaenopsis orchid 132
Nachweisreaktion (chem.) / test (chem.) 323
Nacken / neck 220
Nackenplatte (*Edmontia*) / nuchal ring (*Edmontia*) 101
Nacktsamer / gymnosperm 128
Nacktschnecken / slugs 182
Nadel / needle
Nadelbaumblatt 128–131
Segelmacherwerkzeug 392
Sonnenuhr 385
Nadelbäume / conifer(ous trees) 63, 128, 289
Nadelgewächse / conifers 74, 76, 78
Nadelhölzer / coniferous trees 128
Nadelknospe / needle bud 131
Nadelpäckchen / needle packet 392
Nadelplatte / metal needle pad 392
Nagel / nail
***Iguanodon*-Fuß** 102
Sattel 576
Nagelhaut / cuticle (of fingernail) 241
Nagelrochen / thornback ray 185
Nager / rodent *s. Nagetiere*
Nagetiere / rodents 110, 202–203
Nagezähne / chisel teeth 202, 203
Nährgewebe (Samen) / endosperm (seed) 158
Nährstoffe / nutrients
Ferntransport (Leitgewebe) 140
Mensch 258, 260, 270
Photosynthese 145
Nahrung / food/nourishment 258, 325
Nahrungsaufbereitung / breaking down food 258
Nahrungsreserve / food store
Samen 153
Speicherorgane 161
Nahrungstransport (glatte Muskeln) / forcing food through the intestines (smooth muscle) 236
Naht
Eisenschiff / seam 400
Samenschale / raphe 159
Nähte (Segel) / seams (sail) 392
Nähwachs (Sattel) / beeswax (saddle) 577
Nair Al Zaurak / Nair Al Zaurak 19, 20
Naismith, James / Naismith, James 530
Namib / Namib Desert 275
Nandus / rheas 194
Nantes (Architektur) / Nantes (architecture) 486
Naos / naos 465, 467
Narbe / scar *s. Austriebsnarbe, Blattnarben, Entwicklungsnarbe, Flügelnarbe, Muskelansatznarbe, Perigonblattnarbe, Samennarbe, Schuppenblattnarbe, Stielnarbe*
Narbe (Pflanzen) / stigma
ausgereifte 151
dreilappige 149
empfangsbereite 152
Fruchtknoten 132, 133, 146, 148–151
unreife 151
zweilappige 148
Narwal / narwhal(e) 215
Nasale / nasal bone *s. auch Nasenbein*
Bär 200
Löwe 200
Nase / nose
Architektur 476, 492
Elefant 210
Flugzeug 412, 421
Kaninchen 202
Mensch 221, 222, 254–255
Pferd 205
Ratte 202
Rennwagen 367
Nasen-Lippen-Furche / philtral ridge 223
Nasenbein / nasal bone
Mensch 230, 231
Panaplosaurus 100
Protoceratops 108
Toxodon 112
Nasenflügel / nasal ala 223
Nasengang / nasal passage
Elefant 210
Mensch 255
Nasengelenk (Concorde) / droop-nose hinge (Concorde) 420
Nasenhöhle / nasal cavity
Elefant 210
Kaninchen 202
Mensch 254, 255, 258
Schimpanse 212
Nasenhorn
Arsinoitherium / nasal horn 110
Triceratops / nose horn 108
Nasenhornknochen (*Triceratops*) / nose horn core (Triceratops) 108, 109
Nasenklemme / nose clip 550
Nasenkonus (Flugzeug) / nose cone (aeroplane) 422
Nasenloch / naris/nostril *s. auch Nasenöffnung*
Arsinoitherium 110
Eryops 86
Gorilla 213
Hauskatze 201
Hyaenodon 113
Känguruh 217
Kaninchen 202
Löwe 200
Mensch 114, 223, 254
Moeritherium 111
Opossum 112
Robbe 214
Schlange 191
Smilodon 113
Tyrannosaurus 90
Vogel 194
Nasenmuschel / nasal concha 222, 230, 231, 251
Nasenmuskel / nasalis 239
Nasenöffnung / naris
Anchisaurus 95
Ankylosaurier 100
Brachiosaurus 97
Corythosaurus 104
Edmontia 101
Horn-Dinosaurier 108, 109
Iguanodon 102, 103
Lambeosaurus 105
Plateosaurus 94
Stegoceras 106, 107
Stegosaurus 98
Tyrannosaurus 90
hintere (Choane) / posterior nasal aperture 230
Nasenrachenraum / nasopharynx 255
Nasenriemen(Pferd) / noseband (horse) 547
Nasenring (Flugzeug) / nose-ring (aeroplane) 408, 411, 416
Nasenringteil / nose-ring segment 413
Nasenrücken / dorsum of the nose 223
Nasenscheidewand / nasal septum 223, 231, 251
Nasenstachel / nasal spine 230, 231
Nasenstoßzahn (*Phiomia*) / nasal tusk (Phiomia) 111
Nasentasche / pocket enclosing nostril 86
Nasenvorhof / vestibule (of nose) 222, 255
Nasenwurzel / root of nose 223, 231
Nash / Nash 21
Naß-auf-Trocken-Technik / wash over dry brush 443
Naß-in-Naß-Technik / wet-in-wet wash 442, 443
Natrium / sodium
Erdkruste 64
Meerwasser 306
Merkuratmosphäre 35
Periodensystem 320
Natriumhydroxid / sodium hydroxide 322
Natriumlinien / sodium lines 23
Natronlauge / aqueous sodium hydroxide 322
Natürlicher Satellit / natural satellite 40
Naturschwamm / natural sponge 442
Naturtöne / naturals 510
Nautiloiden / nautiloid molluscs 71
Nautilus / *Nautilus* 75
Navajo-Mountain / Navajo Mountain 287
Navajo-Sandstein / Navajo sandstone 286
Navigation / naviagation 384
Navigationsantenne / navigation aerial 427, 428
Navigationsbrücke / navigating bridge 402
Navigationsinstrumente / navigational instruments 428
Navigationskonsole / navigator's instrument console 424
Navigationslicht / navigation light 502
Navigationssender(Tacan) / navigation (Tacan) 424
Navigatorkanzel / navigator's cockpit 424
Navka Planitia / Navka Planitia 37
Nazca-Platte / Nazca plate 65
Neandertaler / Neanderthal Man 114
Nebel
Kolloid / mist 316
Mars / fog 42
Sternennebel / nebula 12–13, 14–15, 16–17, 24, 26
Nebelleuchte / fog light 342
Nebellicht / fog-lamp 371
Nebelscheinwerfer / fog-lamp 359, 363
Nebenblatt / stipule 134–137, 158
Nebenbogen / minor arch 488
Nebendarm / siphon 181
Nebenfluß / tributary 298–299, 305
Nebenhoden / epididymis 269
Nebenniere / adrenal gland 225, 267
Nebennierenvene / suprarenal vein 267
Nefertiti Corona / Nefertiti Corona 37
Nehrung / barrier beach 304
Neigung und Rotation von Planeten / tilt and rotation of planets
Erde 38
Jupiter 44
Mars 42
Mond 40
Neptun 50
Pluto 51
Saturn 46
Uranus 48
Venus 36
Nektar / nectar
Blütensaft 148, 150
Fleischfr. Pflanzen 166
Nektardrüse / nectar gland 166, 167
Nektarie / nectary 151
Nektarium / nectary 146, 147
Nektarwulst / nectar roll 166
Neodym / neodymium 320
Neon / neon
Merkur 35
Periodensystem 321
***Nepenthes mirabilis* (Kannenstrauch)** / *Nepenthes mirabilis* (monkey cup) 167
Nephron / nephron 266
Neptun / Neptune 31, 50–51
Neptunium / neptunium 321
Nerv (Pflanze) / vein (plant) 132, 165
Nervatur, parallele / venation, parallel 132
Nerven (Mensch) / nerves (man) 241, 248–249, 250, 252, 253, 254
Nervenenden / nerve endings 244, 245, 249
Nervenfasern / nerve fibres 245, 252
Nervensystem (Mensch) / nervous system (man) 248–249
Nervenszintigramm / scintigram of nervous system 224
Nervenzellen / nerve cells 227, 246, 247
Nesselfaden (einer Nesselzelle) / thread (of cnidocyte) 173
Nesselfutterstoff (Stuhl) / calico lining (chair) 571
Nesseltiere / cnidarians 172–173
Nesselzelle / cnidocyte 173
Netball / netball 532, 533
Netballfeld / netball court 533
Netz
Badminton / net 537

Basketball / cord net 330
Eishockey / netting 542
großes (Bauch) / omentum, greater 224
Sternbild (=Reticulum) / Net (=Reticulum) 20
Tennis / net 536
Volleyball / net 532
Netzhaut / retina 250, 579
Netzhautarterie, zentrale / retinal artery, central 250
Netzhautblutgefäß / retinal blood vessel 250, 251
Netzhautvene, zentrale / retinal vein, central 250
Netzmagen / reticulum 204
Netznervatur / branched venation 133
Netzpfosten (Tennis) / supporting post (tennis net) 536
Netzschalter (CD-ROM) / mains switch (CD-ROM) 578
Netzschiedsrichter (Tennis) / net judge (tennis) 536
Netzteil (CD-ROM) / power supply (CD-ROM) 578
Neubarock / Neo-Baroque 496, 497
Neubyzantinisch / Neo-Byzantine 497
Neugeborenenkiefer / newborn baby's jaws 256
Neugotik / Neo-Gothic 496
Neuguinea / New Guinea 275
Neunauge / lamprey 184
Neuralbogen / neural spine
Knochenfisch 186
Tyrannosaurus 91
Neuralplatte / vertebral shield 193
Neurofilament / neurofilament 249
Neuronen / neurons 248
Neurotransmitter / neurotransmitter 249
Neuseeland / New Zealand
Spurweite 341
Vulkane 282
Weltkarte 275
Neutrale Zone (Eishockey) / neutral zone (ice hockey) 542
Neutrino / neutrino 22
Neutron(en) / neutron(s)
Atom 318, 319
Sterne 22, 28
Neutronensterne / neutron stars 26–29
Neuweltaffen / New World monkeys 212, 213
New State Paper Office / New State Paper Office 486
New York (Architektur) / New York (architecture) 498, 499
New Yorker Bus / New York bus 343
Newton (N) Einheit für Kraft / newton (n) 330
Newton, Isaak / Newton, Isaac 330
Newtonsche Gesetze / Newton's laws 331
NGC 1566 (Seyfert-Galaxie) / NGC 1566 (Seyfert galaxy) 13
NGC 2997 (Spiralgalaxie) / NGC 2997 (spiral galaxy) 12
NGC 4406 (elliptische Galaxie) / NGC 4406 (elliptical galaxy) 11
NGC 4486 (elliptische Galaxie) / NGC 4486 (elliptical galaxy) 12
NGC 5236 (Spiralgalaxie) / NGC 5236 (spiral galaxy) 11
NGC 5754 (kollidierende Galaxien) / NGC 5754 (colliding galaxies) 13
NGC 6656 (Kugelsternhaufen) / NGC 6656 (globular cluster) 21
Nichtmetalle / non-metals 320–321
Nick- und Rollhebel / cyclic-pitch lever 426, 427
Nickel / nickel
Bodenschätze 291
Erde 39
Periodensystem 321
Venus 37
Nickeleisen / nickel-iron 280
Niederblatt / cataphyll 158
Niederdruckfan / low-pressure fan 422
Niederdruckturbine / low-pressure turbine 422, 423
Niederdruckzylinder / low-pressure cylinder 352
Niedergang (Schiff) / companion way (ship) 388, 403
Niedergangstreppe / companion ladder 389, 400
Niederlande (Architektur) / Netherlands (architecture) 482, 499
Niederländischer Kubismus / Dutch cubism 499
Niederländisches Kaltblut (Pferd) / Dutch Draught (horse) 208
Niederschlag / precipitation
chemische Reaktionen 322, 323
Wetter 312
Niedrigwasser / low tide 306–307
Niere / kidney
Brachiosaurus 96
Delphin 215
Echse 191
Elefant 210
Frosch 188
Gallimimus 92
Hauskatze 201
Kaninchen 202
Katzenhai 185
Knochenfisch 187
Mensch 224, 225, 266, 267
Schildkröte 193
Vogel 195
Nierenarterie / renal artery 266, 267
Nierenbecken / renal pelvis 266
Nierenerz (Hämatit) / kidney ore (haematite) 278
Nierenkanälchen / collecting tubule (kidney) 266
Nierenkapsel / fibrous capsule (kidney) 266
Nierenkelch / calyx (kidney) 266
Nierenkörperchen / nephron 266
Nierenmark / medulla (kidney) 266
Nierenpapillen / renal papilla 266
Nierenrinde / cortex (kidney) 266
Nierenvenen / renal veins 266, 267
Niete / rivet 576
Nietnagel (Faering) / clench nail (faering) 383
Nigella damascena **(Jungfer im Grünen)** / *Nigella damascena* (love-in-a-mist) 157
Nil / River Nile 274–275
Nilkrokodil / Nile crocodile 192
Nimbostratus-Wolken / nimbostratus clouds 312
Nimbus-Wolken / nimbus clouds 312
Niob / niobium 320
Niobe Planitia / Niobe Planitia 36, 37
Nipptide / neap tide 306–307
Nische / niche
römisches Gebäude 466
asiatische Bauwerke 493
Barockkirche 484
Domkuppel 491
gotische Gebäude 476
islamische Gebetsnische 492
klassizistisches Gebäude 486
mittelalterliches Gebäude 471
Renaissancegebäude 480
Nischenbogen / arched niche 484
Nissl-Schollen / Nissl body 249
Nitrat (Pflanzennahrung) / nitrate (plant food) 166
Nitrationen / nitrate ions 322
Niveauregulierungspumpe / suspension self-levelling pump 354
Njassasee / Lake Nyasa 275
Nobelium / nobelium 321
Nobelkarossen / elegant cars 346–347
Nockbändsel / head earing 383
Nocke / operating cam 373
Nocken / cams 354
Nockenerhebung / cam lobe 354
Nockenwelle / camshaft 353, 354, 355, 371, 374, 376
Nockenwellenantriebskette / timing chain 353
Nockenwellenantriebsrad / camshaft chain 354, 355
Nockenwellengehäuse / cam cover 354
Nockenwellengehäusedeckel / cam cover 353, 357, 366
Noctis Labyrinthus / Noctis Labyrinthus 42–43
Nonius (Pferd) / Nonius (horse) 207
Nordafrika (Architektur) / Northern Africa (architecture) 492
Nordamerika / North America
Gebirge 68
im Devon 70, 71
im Jura 76
im Karbon 72
im Quartär 82, 83
im Tertiär 80, 81
in der Kreide 78, 79
in der Trias 74
Marginocephalier 106
Ornithopoden 102
Thyreophora 98
Weltkarte 274
Nordamerikanische Kordilleren / North American Cordillera 77
Nordamerikanische Platte / North American plate 65
Nordäquatorialstrom / North Equatorial Current 306–307
Nordatlantik / North Atlantic Ocean 77, 79
Nordatlantischer Strom / North Atlantic Current 306
Nordgalaktischer Pol / north galactic pole 15
Nordhalbkugel der Erde / Northern hemisphere 306–307
Nördlicher Magnetpol / north magnetic pole 29
Nördliches Polarlicht / north polar aurora 45
Nordmeerbucht / Sinus Borealis 75
Nordostafrika / North East Africa 70
Nordostpassat / north-east trade winds 310
Nordostwind / north-easterly wind 313
Nordpazifischer Strom / North Pacific Current 306
Nordpol / North Pole/north pole
Erde 38, 307, 310
Jupiter 44
magnetischer 327
Mars 42
Merkur 34
Mond 40
Neptun 50
Pluto 51
Pulsar 30
Saturn 46
Uranus 48
Venus 36
Nordschwedisches Pferd / North Swedish Horse 208
Nordwestwind / north-westerly wind 313
Norfolk (Architektur) / Norfolk (architecture) 477
Normalspur / standard gauge 340, 341
Normandie (Wikinger) / Normandy (Vikings) 382
Northrop B-2 (Tarnkappenbomber) / Northrop B-2 (stealth bomber) 425
Not-Aus-Ventil / fuel shut-off valve 423
Notausgang / emergency exit
Bahn 339
Bus 342, 343
Notausstieg / emergency exit 412, 420, 421
Noten / notes 506, 507
Notenlinie / stave line 506
Notenpult / music stand 518
Notenschlüssel / clef 506
Notenschrift / musical notation 506–507
Notenständerhalterung / music stand holder 510
Notentriegelung / emergency release handle 424
Notenwert / duration of a note 506
Nothosaurier / nothosaurian reptile 75
Nôtre-Dame / Nôtre-Dame 477
Notsauerstoffzylinder / emergency oxygen cylinders 421
Notsitz / jump seat/opera seat/strapontin 347
Notstromunterbrecher / emergency electricity cut-off 367
Notwasserung / ditch 412
NPT 301-Turbinenluftstrahltriebwerk / NPT 301 turbojet 422
Nucellus / nucellus 153
Nuchale / nuchal plate 193
Nuctenea umbratica **(Kugelspinne)** / *Nuctenea umbratica* (orb spider) 177
Nullmeridian / Greenwich meridian 274–275, 306
Nummernschild / number plate
Auto 351
Motorrad 370
Nummernverzeichnis / number list 568
Nunki / Nunki 19–21
Nuß (Frucht) / nut (fruit) 137, 156
Nüßchen (Erdbeere) / achene (strawberry) 156
Nußgelenk / ball-and-socket joint 234
Nußknacker / nutcracker 331
Nußöl / nut oil 440
Nüster / nostril 205
Nut / groove
Auto 357
Bohrmine 558
Stuhl 570
und Feder / tongue and groove/slot and key 570
Nutzlastraum / cargo bay 56
Nutzleistung / power output 374
Ny Andromedae / Ny Andromedae 19
Ny Orionis / Ny Orionis 19
Nylon / nylon
Segeltuch 392
silikoniertes 392
Taue 396
Nylonseil / nylon rope 396

***Nymphaea* sp. (Seerose) /** *Nymphaea* sp. (water lily) 165
***Nyssa sylvatica* (Tupelobaum) /** *Nyssa sylvatica* (tupelo) 143

O

Oase / oasis 293
Ob und Irtysch / River Ob-Irtysh 275
Oberarm / upper arm
Gliedmaßenstellung 88
Gorilla 213
Mensch 220
Oberarmarterie / brachial artery 263
Oberarm(knochen) / humerus *s. auch Humerus*
Archaeopteryx 91
Arsinoitherium 110
Brachiosaurus 97
Diplodocus 96
Echse 190
Elefant 211
Eryops 86
Euoplocephalus 100
Fledermausfossil 111
Frosch 189
Gallimimus 92
Hase 203
Hauskatze 201
Iguanodon 102
Känguruh 216
Krokodil 192
Mensch 228
Parasaurolophus 105
Pferd 205
Plateosaurus 94
Rhesusaffe 212
Robbe 214
Schildkröte 193
Schnabeltier 216
Stegoceras 106
Stegosaurier 99
Struthiomimus 93
Toxodon 112
Triceratops 108
Tyrannosaurus 90
Vogel 195, 197
Oberarmmuskel
***Brachiosaurus* /** brachial muscle 97
zweiköpfiger / biceps brachii muscle *s. Bizeps*
Oberarmpolster (Fechten) / under plastron (fencing) 549
Oberarmspeichenmuskel / brachioradialis (muscle) 236
Oberblinderah / outer spritsail yard 387
Oberdeck / upper deck
Doppeldeckerbus 342, 343
Schiff 388
Oberdecksbalken / upper deck beam 401
Oberdecksstütze / upper deck pillar/stanchion 401
Oberdeckstringerplatte / upper deck stringer (tie) plate 401
Oberer See / Lake Superior 274
Oberflächenschichten (Grundwassersystem) / surface layers (groundwater system) 303
Oberflächenströmungen (Meer) / surface currents (ocean) 306–307
Oberflächentemperatur / surface temperature
Erde 39
Hauptreihensterne 24
Mars 43
Merkur 35
Neptun 51
Rote Riesen 25
Rote Überriesen 26
Sonne 33
Sterne 22
Venus 37
Oberflächenwellen / L waves *s. L-Wellen*
Obergaden / clerestory 483
Oberhaut / epidermis 244, 245
Oberjura / Late Jurassic 102
Oberkiefer / upper jaw/ maxilla
Ankylosaurier 100
Arsinoitherium 110
Baryonyx 89
Camarasaurus 97
Eryops 86
Iguanodon 102
Mensch 222, 255, 256, 258
Moeritherium 111
Pachycephalosaurier 106
Toxodon 112
Oberkieferfenster (*Diplodocus*) / maxilliary fenestra (*Diplodocus*) 96
Oberkieferknochen (Mensch) / maxilla (man) 230, 231
Oberkreide / Late Cretaceous 67, 98, 102, 106
Oberlänge (Buchstabe) / ascender (letter) 449
Oberleder (Sattel) / top leather (saddle) 576
Oberleitung / catenary 338, 340, 342
Oberlicht / skylight 400, 401, 402
Oberlidheber / levator palpebrae superioris 251
Oberlippenheber / levator labii superioris 239
Oberlippenrinne / philtrum 223
Obermarssegelbrasse / upper topsail brace 393
Oberon / Oberon 48
Oberrohr (Fahrrad) / top tube (bicycle) 587
Obersattel (Saiteninstrumente) / nut (stringed instruments) 514, 515
Oberschenkel / thigh
Gorilla 213
Hauskatze 201
Känguruh 217
Mensch 221, 234
Pferd 204
Oberschenkel(knochen) / femur *s. auch Femur*
Albertosaurus 90
Anchisaurus 95
Archaeopteryx 91
Arsinoitherium 111
Brachiosaurus 96
Corythosaurus 104
Diplodocus 96
Echse 190
Elefant 211
Euoplocephalus 100
Frosch 189
Gallimimus 92
Gliedmaßenstellung 88
Hase 203
Hauskatze 201
Ichthyostega 87
Iguanodon 102, 103
Känguruh 216
Mensch 229, 234, 235
Parasaurolophus 104
Pareiasaurus 87
Pferd 205
Plateosaurus 94
Psittacosaurus 109
Robbe 214
Schildkröte 193
Schnabeltier 216
Stegoceras 107
Stegosaurier 98, 99
Struthiomimus 93
Toxodon 113
Triceratops 108
Tyrannosaurus 90
Vogel 195
Oberschenkelarterie / femoral artery 235, 263
Oberschenkelhals / neck (of the femur) 234, 235
Oberschenkelkopf / head (of the femur) 234, 235
Oberschenkelmuskulatur (*Gallimimus*) / femoral musculature (*Gallimimus*) 92
Oberschenkelrollhügel / trochanter 234, 235
Oberschenkelschaft / shaft (of the femur) 234, 235
Oberschenkelvene / femoral vein 263
Oberschlundganglion / supraoesophageal ganglion 179
Oberstück (Holzblasinstrumente) / upper joint (woodwind instruments) 512
Obertrias (=Obere Trias) / Late Triassic 94
Oberwasser (Kraftwerk) / water in reservoir (power station) 324
Obi / judo belt 548
Objektiv (Kamera) / lens barrel (camera) 585
Objektivgehäuse / main barrel assembly 585
Objektivwechsel / lens alignment 585
Obmann (Fechten) / president (fencing) 549
Oboe(n) / oboe(s) 507, 508, 509, 512
Obsidian / obsidian 285, 316
Occipitale / occipital bone 212
Oceanus Procellarum / Oceanus Procellarum 40
Ocellus / ocellus
Spinne 176, 177
Muschel 182
Ochsenauge (Architektur) / oeil-de-boeuf window 485, 491
Ocker, gelber / ochre, yellow 446
Oculus / oculus 380
Odontoblasten / odontoblast 257
Oerlikon-Geschützstellung / Oerlikon gun position 405
Oesophagus / oesophagus *s. auch Speiseröhre*
Delphin 215
Echse 191
Elefant 210
Hai 185
Hauskatze 201
Kaninchen 202
Kuh 204
Schildkröte 193
Schimpanse 212
Schmetterling 175
Schnecke 183
Spinne 176
Vogel 195
Ofen (=Formax, Sternbild) / Formax 19, 20
Offener Sternhaufen / open star cluster 16
Offizierskabinen / officers' cabins 388
Offizierskajüte / master's sea cabin 389
Offiziersmesse / wardroom 389, 405
Öffnungsfrucht / dehiscent fruit 156
Ohm (Ω) / ohm (Ω) 326
Ohr / ear
Buchstabe 449
Elefant 210, 211
Känguruh 217
Mensch 220, 222, 252–253, 270
Muschelschale / wing 182
Pferd 205
Ratte 202
Ohrecke / tragus 252
Ohrenrobbe / eared seal (otariid) 214
Ohrhölzer / knightheads 388
Ohrknorpel / cartilage of auricle 252
Ohrläppchen / lobule (of ear) 252
Ohrmuschel / pinna/auricle
Elefant 210, 211
Känguruh 217
Mensch 223, 252
Ratte 202
Ohröffnung / auditory meatus
Camarasaurus 97
Stegoceras 107
Stegosaurus 98
Ohrstöpsel für Wassersport / earplug for swimming and diving 550
Ohrtrompete / Eustachian tube 252, 253
Ohrwurm / earwig 174
OHV-Motor / OHV (overhead-valve) engine 377
Okklusionsfront / occluded front 312–313
Oktastylos / octastyle portico 466
Oktav (Fechten) / octave (fencing) 549
Oktavklappe (Saxophon) / octave key (saxophone) 513
Oktogonale Kuppel / octahedral dome 485
Oktogonales Türmchen / octahedral turret 485
Okularende (Jakobsstab) / ocular end (cross-staff) 385
Okularsystem / viewing system 584
Öl / oil
Diesel 336
Energie 325
Laufmittel 374
Ölabstreifring / oil control ring / scraper ring 354, 357
Ölansaugstutzen / oil pick-up pipe 354
Ölbohrung / oil hole 357
Old-St.-Paul's-Kathedrale / Old St. Paul's Cathedral 476
Öldichtring / oil seal 357
Öldruckleitung des Turboladers / oil return pipe for turbocharger 357
Öldrucksteuerventil / oil-pressure regulating valve 423
Öldrüse / oil gland 154
Oldsmobile / Oldsmobile 346, 347
Öldüse / oil jet 357
Öleinfüllklappe / oil-filler door 416
Öleinfüllstutzen / oil filler
Auto 356
Flugzeug 406
Motorrad 377
Rasenmäher 574
***Olenellus* /** *Olenellus* 70
Ölfarben / oil paints 440
Ölfilter / oil filter
Auto 355, 357
Flugzeug 422, 423
Ölgemälde / oil painting 441
Oligozän / Oligocene 63, 289
Olivgrün / olive green 444
Olivin / olivine
Gesteinskreislauf 277
Meteoritengestein 52
Minerale 279
Olivingabbro / olivine gabbro 285
Ölkanal / oil passageway 375
Ölkanne / oil can 335
Ölkontrollklappe / inspection door 413
Ölkraftwerk / oil-fired power station 325
Ölkühler / oil cooler 357
Ölkühlerleitung / pipe to oil cooler 355
Ölkühlluftauslaß / oil-cooler duct 419
Ölleitung / oil pipe
Auto 366
Flugzeug 423
Ölleitungsanschluß / oil pipe banjo 355
Ölmalerei / oil painting 440–441
Ölmeß(tauch)stab / oil dipstick
Auto 354, 356
Rasenmäher 574

Ölnut / oil groove 353
Ölpastell / oil pastel 455
Ölpumpe / oil pump
Auto 353
Bahn 337
Flugzeug 415
Motorrad 375, 377
Ölpumpenantrieb / oil-pump drive 356
Ölpumpengehäuse / oil pump housing 415
Ölpumpenöffnung / oil pump drive shaft cover 415
Ölrücklauf / scavenge oil line 423
Ölstandskontrollfenster / oil level window 372
Ölstrieme (Pflanze) / vitta (plant) 157
Öltank / oil tank
Auto 366
Flugzeug 412, 423
Hubschrauber 426
Motorrad 371
Öltankverschlußdeckel / oil tank filler cap 371
Öltopfapparat / oil-filled lubricator 345
Ölversorgungsleitung / oil feed pipe 374, 375
Ölwanne / oil sump
Automotoren 353, 354, 355, 357
Motorradmotor 375
Olympische Spiele / Olympic Games 534, 546, 550
Olympus Mons / Olympus Mons 42–43
Ölzufuhrleitung / oil feed pipe 355
Omasum / omasum 204
Omega Centauri / Omega Centauri 23
Omikron 1/2 Canis Majoris / Omicron 1/2 Canis Majoris 21
Omikron Andromedae / Omicron Andromedae 19
Omikron Orionis / Omicron Orionis 18
Omikron Sagittarii / Omicron Sagittarii 21
Ontariosee / Lake Ontario 274
Onyx / onyx 278
Oogonium / oogonium 123
Oortsche Wolke / Oort Cloud 52
Oosphäre / oosphere 123, 125, 127
Opaion / opaion 490
Opake Farbe / opaque colour 440
Operculare / opercular bone 187
Operculum / operculum
Heuschreckenei 198
Knochenfische 186
Moos 125
Opernhaus von Sydney / Sydney Opera House 500, 502
Ophidia / Ophidia 190
***Ophiothix fragilis* (Schlangenstern)** / *Ophiothix fragilis* (common brittlestar) 181
Ophthalmos / ophthalmos 380
Ophthalmoskopie der Netzhaut / ophthalmoscopic view of retina 251
Opisthodom / opisthodomos 465
Opisthosoma / opisthosoma 176, 177
Opossum / opossum 216, 217
Optionsschaltfläche (Computerbildschirm) / options button (computer screen) 579
Optische Karte unserer Galaxis / optical map of our galaxy 14–15
Opus incertum / opus incertum 467, 469
Opus quadratum / opus quadratum 469
Opus Sectile / opus sectile 492, 493
Ora serrata / ora serrata 251
Orbit (Umlaufbahn) / orbit 58
Orbita / orbit(s) *s. Augenhöhle*
Orbitale / orbitals 318, 319, 320, 321
Orchester / orchestra 508–509
Orchestermuschel / orchestra shell 499
Orchidee / orchid 139
epiphytische 168
tropische 168
***Orcinus orca* (Schwertwal)** / *Orcinus orca* (killer whale) 215
Ordnung / order
Biologie 89, 94
Elemente 320–321
Ordnungszahl / atomic number 320–321
Ordovizium / Ordovician (period) 62, 70, 289
Organellen / organella
assimilierende 145
Körperzellen (Mensch) 226
Organische Sedimente / organic sedimentary rocks 286
Orgel / organ
Architektur 474
Instrument 507, 518
Orgelpfeifen / organ pipes 518
Orgelstimme / organ part 506
Originalmodell / original model 458
Orion / Orion 18, 21, 24
Orion-Arm / Orion Arm 14
Oriongürtel / Orion's belt 15, 16, 18
Orionnebel / Orion Nebula 15, 17, 18
Orkan / hurricane 312–313
Orlan D-Raumanzug / Orlan D spacesuit 57
Ornamentglas / stained glass 474
Ornithischia/er / ornithischian (dinosaurs) 88, 89, 98, 102, 106
Ornithomimosaurier / ornithomimosaurs 92
Ornithomimus / *Ornithomimus* 89, 90
Ornithopoda/en / ornithopods 89, 102–103
***Ornithorhynchus anatinus* (Schnabeltier)** / *Ornithorhynchus anatinus* (platypus) 217
***Orobanche* sp. (Sommerwurz)** / *Orobanche* sp. (broomrape) 169
Orogenese / orogenesis 68
Orthoklas / orthoclase 279, 281
Ortschuh (Sattel) / point (saddle) 376
Ortschuhkappe / point pocket 376
Os / esker 296
Osculum / osculum 172
Öse / eye(let)
Kamera 584, 585
Schuh 560
Osmium / osmium 321
Ost-West-Entzerrungs-IC / keystone (East-West) amplifier integrated circuit 566
Ostafrika / East Africa
Grabenbruch 66
Spurweite 341
Ostafrikanischer Graben / Great Rift Valley in Africa 66
Ostaustralstrom / East Australian Current 307
Osteichthyes / Osteichthyes 186
***Osteolaemus tetraspis* (Stumpfkrokodil)** / *Osteolaemus tetraspis* (dwarf crocodile) 88
Österreich (Architektur) / Austria (architecture) 486
Ostgrönlandstrom / East Greenland Current 306
Ostiolum / ostiole 123
Ostium / ostium
Schwamm 172
Seeanemone 173
Spinne 176
Otto, Nikolaus / Otto, Nikolaus 352
Ounces / ounces 588, 589
Ouranosaurus / *Ouranosaurus* 103
Oval (Saturn) / oval (Saturn) 46–47
Ovale Grube / fossa ovalis 261
Ovales Fenster (Ohr) / oval window (ear) 253
Ovar(ium) / ovary
Echse 191
Entenmuschel 179
Flußkrebs 179
Katzenhai 185
Knochenfisch 187
Pflanzen 146, *s. auch Fruchtknoten*
Schildkröte 193
Schimpanse 212
Schmetterling 175
Spinne 176
Ovda Regio / Ovda Regio 36–37
Ovidukt / oviduct *s. auch Eileiter*
Echse 191
Katzenhai 185
Schildkröte 193
Schmetterling 175
Spinne 176
***Oxalis* sp. (Sauerklee)** / *Oxalis* sp. (sorrel) 163
Oxide / oxides 278
Oyashio / Oyashio Current 307
Ozeane / oceans 38–39, 306–307, 311
Ozonschicht / ozone layer/ozonosphere 39, 310
Ozonschild / ozone shield 70

P

P-Orbital / p orbital 318, 319, 321
P-Turm (Schlachtschiff) / P turret (battleship) 403
P-Wellen / P waves 69
Paarhufer / artyodactyla 110, 204
Paarig gefiedertes Blatt / even pinnate leaf 143
Pacer (Pferd) / pacer (horse) 546
Pachyceaphalosaurus / *Pachyceaphalosaurus* 106
Pachycephalosauria/er / Pachycephalosauria 89, 106, 107
Pachypleurosaurus / *Pachypleurosaurus* 75
Pachypteris / *Pachypteris* 74
Pachyrhinosaurus / *Pachyrhinosaurus* 109
Packeis / pack ice 306
Paddel / paddle
Boot 552
Eurypteridenbein 85
Padma(kosa) / padmakosa 493
Padua / Padua 439
Pagode / pagoda 494
Pahoehoe-Lava / pahoehoe 282
Painted Desert / Painted Desert 287
Pakistan (Spurweite) / Pakistan (track gauge) 341
Paläozoikum / Palaeozoic era 62, 289
Palast von Westminster / Westminster Palace 496, 497
Palazzo Stanga / Palazzo Stanga 486
Palazzo Strozzi / Palazzo Strozzi 478
Paleozän / Palaeozene epoch 63, 289
Palette
Malpalette / palette 440
Uhr / pallet 562
Palettenmesser / palette knife/painting knife 440, 446
Palettenstecker / palette attachment (double dipper) 440
Palisadenparenchym / palisade mesophyll 132, 145, 165
Palladium / palladium 321
Palmblatt (Architektur) / palm leaf (architecture) 463
Palme / palm 80
Palmette / palmette 464, 484
Palmfarne / cycads 78, 128
Palmoxylon / *Palmoxylon* 80
Palstek / bowline 396
doppelter / French bowline 396
spanischer / Spanish bowline 397
Pamir-Hochebene / Pamirs 275
Pampas / Pampas 274
Panoplosaurus / *Panoplosaurus* 100
***Pan troglodytes* (Schimpanse)** / *Pan troglodytes* (chimpanzee) 213
Panavia Tornado GR-1A / Panavia Tornado GR1A 424
Paneel (Lockheed Electra) / panel (Lockheed Electra) 412
Pangaea / Pangaea 72, 74, 75, 76
Pankreas / pancreas *s. auch Bauchspeicheldrüse*
Frosch 188
Hauskatze 201
Kaninchen 202
Katzenhai 185
Knochenfisch 187
Schildkröte 193
Schimpanse 212
Vogel 195
Panoramafenster / panoramic window 343
Panoramakamera / panoramic camera 58
Pansen / rumen 204
Panzerbeere / pepo 155
Panzerechsen / crocodilians 192
Panzergürtel / belt armour 402
Panzerplatte / armour plate 400, 401
Panzerung von Schlachtschiffen / armour of battleships 403, 404
Papageienschnabel (Horndinosaurier) / snipping beak (Ceratopsia) 106
Papier / paper
als Mal- und Zeichengrund 434, 442, 443, 446
als Malutensil 444
Druckpapier 450
für Bücher 582
Papierbogen / sheet of paper 582
Papierröllchen (als Malutensil) / tortillons 444
Papillarmuskel / papillary muscle 261
Papille / papilla
Lilie 146
Zunge 254
Papillengang / collecting duct 266
Pappe / cardboard/paperboard 446
Pappelstamm / length of poplar 457

Pappus / pappus 148
Papyrus (Architektur) / papyrus (architecture) 462, 463
Parabelbogen, halber / semi-parabolic curve 483
Parabeldüne / parabolic dune 293
Parabolantenne / parabolic aerial 55
Paraboldach / paraboloid roof 503
Paralleldach / multi-gabled ridge and furrow roof 496, 497
Parallele Dünen / parallel dunes 293
Parallelogramm / parallelogram 493
Parana / Parana River 274
Paraphyse / paraphysis 123
Parasaurolophus / *Parasaurolophus* 104
Parasit / parasite 168
Parasitärer Schlot / secondary conduit 276, 282–283
Parasitärer Vulkan / parasitic volcano 283
Paraxeiresia / paraxeiresia 381
Pardune / backstay 388
Pardunenrüste / backstay stool 389
Pareiasaurus / *Pareiasaurus* 87
Parenchym / parenchyma 126, 127, 132, 138, 141, 143, 165
wasserspeicherndes / water-storing parenchyma 162, 163
Parietale / parietal bone
Knochenfisch 187
Schimpanse 212
Paripteris / *Paripteris* 72
Paris (Architektur) / Paris (architecture) 470, 477, 481, 482, 483, 490, 497, 500
Pariser Bus / Paris tour bus 343
Pariser Oper / Paris Opera House 497
Parthenon / Parthenon 463
Partielle Sonnenfinsternis / partial solar eclipse 32
Partitur / score 506, 509, 523
Passagiereingang (Flugzeug) / passenger door (aeroplane) 416
Passagierfenster / passenger window 421
Passagierfensteraussparung / passenger window aperture 418
Passagierflugzeug / passenger aircraft 420
frühes 412–413
Passagierfußstütze (Ultraleichtflugzeug) / passenger's footrest (microlight) 431
Passagierkabine / state room 400, 420
Passagiersitz / passenger's seat 413, 431
Passagiersteuerstange / passenger's steering bar 431
Passagiertür / passenger door
BAE-146 416
Concorde 421
Lockheed Electra 412
Passagierverkehr (Eisenbahn) / passenger services (railway) 336
Passagierzugang / passenger door 419
Passatwinde / trade winds 310
Passen / passing
Handball 532
Netball 532
Volleyball 532
Paßgang / pacing/amble 547
Paßgänger (Rennpferd) / Pacer 546, 547
Passiflora caerulea **(Passionsblume)** / *Passiflora caerulea* (passion flower) 136, 137
Passionsblume / passion flower 136
Passive Einatmung / passive inspiration 186
Paßstift / dowel 414
Paßstiftloch (Uhr) / steady pin hole (clock) 562
Paßstiftöffnung / dowel hole 414, 415
Paßstück / dowel 414
Paßwerkbogen / cusped arch 493
Pastell / pastel 444
Pastellfarbkasten / boxed pastel set 444
Pastellkarton / pastel board 445
geflockt / flocked pastel board 445
Pastellkreiden / pastels 444
Pastellmalerei / pastel painting 444–445
Pastellmalerei-Utensilien / equipment for pastel painting 444
Pastellstift / pastel pencil/crayon 434, 444
Pasteur / Pasteur 41
Pastos / pasty 447, 448
Patagonien / Patagonia 274
Patella / patella
Skorpion 176
Spinne 177
Patentanker / stockless anchor 394
Patentstrick (Skipullover) / double-knit (skiing sweater) 543
Patera / patera 463, 480, 484
Patina / patina 459
Pattadakal / Pattadakal 495
Pauke(n) / timpanum/timpani 507, 520, 522, 523
Paukentreppe (Ohr) / tympanic canal (ear) 253
Pausen (Musik) / rests (music) 506, 507
Pausenzeichen / rest (mark) 506, 507
Pavillon / pavilion 499
Pavlova / Pavlova 37
Pavlovia / *Pavlovia* 288
Pavo / Pavo 40
Pavonis Mons / Pavonis Mons 43
Paxton, J. / Paxton, J. 497
Pazifik (=Pazifischer Ozean) / Pacific Ocean *s. auch Pazifischer Ozean*
Erde im Universum 39
im Jura 77
in der Kreide 79
in der Trias 75
Vulkane 282
Weltkarte 274–275
Pazifische Platte / Pacific plate 65
Pazzikapelle / Pazzi Chapel 479
PC (Personal Computer) / PC (Personal Computer) 524, 525, 578, 579
PC-System / PC system 525
PE (Polyethen) / PE (=polythene) 316, *s. auch Polyethen und Polyethylen*
Pechdraht (Schusterzwirn) / thread (for shoes) 561
Peck / peck 588
Pecopteris / *Pecopteris* 72
Pedal / pedal
Fahrrad 368, 369, 586, 587
Harfe 515
Mechanik 330
Motorrad 374
Orgelstimme 506
Röhrenglocken 520
Schlagzeug 522
Tasteninstrumente 518, 519
Pedalerie / pedal cluster 350
Pedalhaken (Fahrrad) / toe clip 586, 587
Pedalia / pedalia 380
Pedalobertaste / foot pedal 518
Pedalregister / pedal stop 518
Pedaltasten / pedal(s) 518
Pedaluntertaste / pedal board 518
Pedicellus / pedicel 174
Pedipalpus / pedipalp 176, 177
Pedunculus / peduncle 146
Pegasus / Pegasus 19, 20
Pegasus-XL-SE-Ultraleichtflugzeug / Pegasus XL SE microlight 430
Pegmatit / pegmatite 284
Peillineal / sighting rule 385
Peilstab / alidade 384
Peitsche / whip 547
Peitschen-Funkantenne / radio whip aerial 56
Peking (Architektur) / Beijing (architecture) 494
Peloneustes philarcus / *Peloneustes philarcus* 77
Pelvetia caniculata **(Rinnentang)** / *Pelvetia caniculata* (channelled wrack) 122
Pendel (Uhr) / pendulum (clock) 562
Pendelachse (Motorrad) / swingarm (motorcycle) 372, 376
Pendelachsendrehgelenk / swingarm pivot 372
Pendelaufhängung (Uhr) / pendulum assembly (clock) 562
Pendelfeder (Uhr) / suspension spring (clock) 562
Pendellinse (Uhr) / lenticular bob (clock) 562
Pendelstange (Uhr) / pendulum rod (clock) 562
Pendentif / pendentive 483, 488, 492
Pendentifkuppel / pendentive dome 473
Penis / penis
Delphin 215
Mensch 221, 268, 269
Schnecke 183
Penisschwellkörper / corpus cavernosum 269
Penumbra / penumbra 32
People Mover / People Mover 338
Percheron (Pferd) / Percheron (horse) 209
Pergament / parchment 434, 436
Pergamentimitat / imitation parchment paper 449
Pergamentleim / size 435, 441
Pericardium fibrosum / fibrous pericardium 260
Pericardium serosum / serous pericardium 260
Perigonblatt / tepal
Inkalilie 135
Lilie 146
Nachtfalter-Orchidee 132
Ruhmeskrone 149
Perigonblatthülle / perianth 146
Perigonblattnarbe / tepal scar 146
Perihel / perihelion 30–31
Perikardhöhle / pericardial cavity 260
Perikarp / pericarp 152–157
Périnetventil / piston valve 510, 511
Perineum / perineum 268
Periode / period
Erdgeschichte 63
kurze und lange 321
Periodensystem 320–321
Periodensystem / periodic system/periodic table 320–321
Peripheres Nervensystem / peripheral nervous system 248
Peripteraltempel / peripteral temple 464
Periskop / periscope 405
Perissodactyla / Perissodactyla 204
Peristyl / peristyle 465
Perizykel / pericycle 133, 138, 139
Perkussionsinstrumente / percussion instruments *s. Schlaginstrumente*
Perlboot / nautilus 75
Perlmutt / mother-of-pearl
Architektur 493
Fingerplättchenbelag 513
Perm / Permian (period) 63, 72, 73, 289
Permafrost / permafrost 43
Peroxysom / peroxisome 227
Perpendicular Style / Perpendicular Style 474
Perseus / Perseus
Sternbild 19, 20
-Arm 14–15
Persimonenholz / persimmon wood 539
Personalräume / rooms for staff 498
Perspektivstudie (Skizze) / perspective drawing as a preparatory study 435
Peru (Spurweite) / Peru (track gauge) 341
Perustrom / Peru Current 306
Petavius / Petavius 40
Petiolus / petiole 142
Petroleum-Rückleuchte / rear oil lamp 346
Petroleumlaterne / oil lamp 346, 347
Peugeot, Armand / Peugeot, Armand 344
Pfalzkapelle Aachen / Palatine Chapel Aachen 488
Pfannen / pans 364
Pfannenband / plantar calcaneonavicular ligament 242
Pfau (Stern u. Sternbild) / Peacock (Pavo) 20
Pfeil / arrow
Architektur 494
Sport 540
Sternbild (=Sagitta) / Arrow (=Sagitta) 20
Pfeiler / pillar
Architektur des frühen 20.Jh.s 498, 499
asiatische Baukunst 494, 495
Barockkirche 484
Bogen und Gewölbe 488
Donjon 471
mittelalterliche Kirche 472
moderne Architektur 500
Renaissancegebäude 481
Uhr 562
Pfeilerloch (Uhr) / pillar hole (clock) 563
Pfeilspitzen / arrowheads 115
Pferde / horses 80, 110, 111, 204–209
Achal-Tekkiner 206
American Standardbred 547
Andalusier 207
Anglo-Araber 206
Araber 206
Berber 206
Budjonny 207
Comtois 208
Donpferd 207
Französischer Traber (= French Trotter) 207
Holländisches Warmblut 207
Kabardiner 206
leichte 206–207
Mulassier 208
Murakozer 208
Niederländisches Kaltblut 208
Nonius 207
Nordschwedisches Pferd 208

  - **Percheron** 208–209
  - **Potevin** 208
  - **Russisches Kaltblut** 208
  - **schwere** 208–209
  - **Selle Français** 207
  - **Shagya-Araber** 206
  - **Springpferd** 546
  - **Tersker** 207
  - **Trakehner** 207
  - **Wladimirer Kaltblut** 208
- **Pferdeaktinie** / beadlet anemone 172
- **Pferdekopfnebel** / Horsehead Nebula 16
- **Pferderennen** / horse racing 546, 547
- **Pferderücken** / horseback 576
- **Pferdesport** / equestrian sport 546–547
- **Pfette** / purlin 477
- **Pfirsich** / peach 154
- **Pflanzbeet, erhöhtes** / planting bed, raised 498, 499
- **Pflanzen** / plants 118–168
  - **Bodenschätze** 290
  - **einkeimblättrige** 132
  - **embryonale** 153
  - **Energie** 324
  - **Evolution** 62, 70, 72, 73, 74, 76, 80, 82, 104, 111
  - **fleischfressende** 166
  - **Fossilien** 288–289
  - **krautige** 132
  - **Materie** 316
  - **zweikeimblättrige** 132
- **Pflanzendecke** / cover(ting) of vegetation 81, 83
- **Pflanzenfossilien** / plant fossils 288–289
- **Pflanzenfresser** / herbivores 88, 90, 94, 102, 106, 200, *s. auch herbivor*
- **Pflanzenkapitell** / plant capital 463
- **Pflanzenkörper** / plant body 124
- **Pflanzenpigment** / plant pigment 122, 144
- **Pflaster (Boden)** / pavement 496
- **Pflasterplatten** / paving slabs 503
- **Pflugscharanker** / plough anchor 394
- **Pflugscharbein** / vomer 230, 231
- **Pfortenvene** / portal vein 262
- **Pförtner** / pylorus *s. Magenpförtner*
- **Pfosten**
  - **Architektur** / post 490
  - **Doppelpoller** / pillar 395
  - **Triere** / stanchion 381
- **Pfote** / paw 201
- **Pfund** / pound 588, 589
- **Phaeophyceae** / Phaeophyceae 122
- ***Phacops*** / *Phacops* 70
- **Phaet** / Phaet 21
- ***Phalaenopsis* sp. (Nachtfalter-Orchidee)** / *Phalaenopsis* sp. (phalaenopsis orchid) 132
- **Phalange(n)** / phalanx (phalanges)
  - **Echse** 190
  - **Elefant** 211
  - **Frosch** 189
  - **Hase** 203
  - **Hauskatze** 201
  - **Känguruh** 216
  - **Krokodil** 192
  - **Kuh** 204
  - **Pferd** 204, 205
  - **Rhesusaffe** 212
  - **Robbe** 214
  - **Schnabeltier** 216
- ***Phallus impudicus* (Stinkmorchel)** / *Phallus impudicus* (stinkhorn) 120
- **Phanerozoikum** / Phanerozoic eon 289
- **Pharao** / Pharaoh 462, 463
- **Pharynx** / pharynx
  - **Frosch** 187
  - **Katzenhai** 185
  - **Knochenfisch** 186
  - **Mensch** 254
  - **Seeigel** 181
- ***Phascolarctos cinereus* (Koala)** / *Phascolarctos cinereus* (koala) 217
- ***Phaseolus* sp. (Bohne)** / *Phaseolus* sp. (bean) 159
- **Phekda** / Phekda 19
- **Phi Andromedae** / Phi Andromedae 19
- **Phidias** / Phidias 35
- **Philadelphia (Architektur)** / Philadelphia (architecture) 497
- **Philae (Ägypten)** / Philae (Egypt) 463
- **Philippinenplatte (=Philippinische Platte)** / Philippine plate 65
- **Phillips, Horatio** / Phillips, Horatio 410
- **Philoxenus** / Philoxenus 35
- ***Phiomia*** / *Phiomia* 110, 111
- **Phloem** / phloem *s. auch Leitgewebe*
  - **Bischofskiefer** 130, 131
  - **Farn** 127
  - **Glukosetransport** 144
  - **Sprosse** 140–141
  - **Strandhafer** 119
  - **Wurzeln** 133, 138–139
- **Phobos** / Phobos 42
- **Phoebe Regio** / Phoebe Regio 36
- ***Phoenicopterus ruber* (Flamingo)** / *Phoenicopterus ruber* (flamingo) 196
- **Phoenix** / Phoenix 19, 20
- ***Phorusrhacus*** / *Phorusrhacus* 80
- **Phosphat-Zucker-Seitenstrang (DNA-Doppelhelix)** / phosphate-sugar band (DNA double helix) 226
- **Phosphate (Minerale)** / phosphates (minerals) 279
- **Phosphor** / phosphorous
  - **Bildschirm** 566
  - **Erdoberfläche** 274–275
  - **Peridodensystem** 321
- **Phosphorbeschichtung (Bildschirm)** / phosphor coat(ing) (TV screen) 566
- **Phosphoreszenz** / phosphorescence 328
- **Photon** / photon 328
- **Photosphäre** / photosphere 32–33
- **Photosynthese** / photosynthesis 38, 70, 84, 118, 122, 142, 144, 145, 163, 166, 168, 325
  - **Aufsitzerpflanzen** 166
  - **Bedeutung für die Erdatmosphäre** 38, 70, 84
  - **Energiekreislauf** 325
  - **Fleischfressende Pflanzen** 166
  - **Mechanismus** 144–145
  - **Organelle** 145
  - **Photosyntheseorgan Blatt** 140, 142–143
- **Phthalocyaninblau** / phthalo blue 446
- **Phthalocyaningrün** / phthalo green 446
- ***Physalis peruviana* (Kapstachelbeere)** / *Physalis peruviana* (Cape gooseberry) 155
- ***Physeter catodon* (Pottwal)** / *Physeter catodon* (sperm whale) 215
- **Physik und Chemie** / physics and chemistry 314–331
- **Pi 2/6 Orionis** / Pi 2/6 Orionis 18
- **Pi Canis Majoris** / Pi Canis Majoris 21
- **Pi Pegasi** / Pi Pegasi 19
- **Pi Sagittarii** / Pi Sagittarii 21
- **Pi-Orbital (π-Orbital)** / pi orbital (π orbital) 318
- **Pianino** / upright piano 518
- **Pianissimo** / pianissimo 507
- **Piano (Lautstärke)** / piano (volume) 507
- **Piano (Pianoforte, Klavier)** / piano (pianoforte) 518, 519
- **Piano Nobile** / piano nobile 478, 498
- **Piano, R.** / Piano, R. 500
- **Pianopedal** / una corda (soft) pedal 518, 519
- **Pier** / pier 471
- **Pietra-dura-Inkrustation** / pietra dura inlay 493
- **Pigmente** / pigments
  - **alkaliresistente** 438
  - **Farben** 436, 437, 440, 444
- **Pikkoloflöte** / piccolo (flute) 508, 512
- **Pilaster** / pilaster
  - **Barockkirche** 484–485
  - **Bogen und Gewölbe** 488
  - **Domkuppel** 491
  - **Klassizismus** 482, 483, 487
  - **Kolosseum** 468, 469
  - **Renaissancegebäude** 480
- **Pilasterkapitell** / pilaster capital 487, 491
- **Pilgermuschel** / scallop 288
- **Pilot** / pilot 416, 430
- **Pilote** / pilotis 498
- **Pilotendraht (Klavier)** / capstan screw 518
- **Pilotenfußstütze** / pilot's footrest 431
- **Pilotenkanzel** / pilot's cockpit 424
- **Pilotensitz** / pilot's seat 406, 407, 410
- **Pilotensteuerstange** / pilot's steering bar 431
- **Pilzanker** / mushroom anchor 394
- **Pilze** / fungi 118, 120
- **Pilzfaden** / hypha 120, 121
- **Pilzfalte** / fan fold 67
- **Pilzfelsen** / mushroom-shaped rock 292
- **Pilzkoralle** / mushroom coral 173
- **Pilzpapille (Zunge)** / fungiform papilla 254
- ***Pinacosaurus*** / *Pinacosaurus* 101
- **Pinakocyte** / pinacocyte 172
- ***Pinguicula caudata* (Fettkraut)** / *Pinguicula caudata* (butterwort) 167
- **Pinguine** / penguins 194
- **Pinienholz (Trierenrumpf)** / pine hull (hull of triere) 381
- **Pinna (Ohrmuschel)** / pinna (ear flap) 213
- **Pinne** / tiller *s. Ruderpinne*
- **Pinnipedia** / Pinnipedia 214
- **Pinole mit Kugellager (Bohrer)** / quill (drill) 559
- **Pinozytose-Vesikel** / pinocytotic vesicle 227
- **Pinsel** / brush 434, 436, 438, 446, 448
- **Pinselablage** / brush rest 448
- **Pinselbau** / anatomy of a brush 442
- **Pinselstriche** / brush strokes 441, 443, 449
- **Pint** / pint 588
- ***Pinus muricata* (Bischofskiefer)** / *Pinus muricata* (bishop pine) 78, 130, 131
- ***Pinus sylvestris* (Gemeine Kiefer)** / *Pinus sylvestris* (common pine) 128
- **Pinzgauer Turbo D** / Pinzgauer Turbo D 364, 365
- **Pipe-Quelle** / Pipe spring 286
- **Pipette** / pipette 322
- ***Pisanosaurus*** / *Pisanosaurus* 74
- **Pisces** / Pisces
  - **Sternbild** *s. Fische*
  - **wiss. Tierreihenname** 184
- **Piscis Austrinus** / Piscis Austrinus *s. Südlicher Fisch*
- **Pistill** / pestle 436
- **Pistole** / pistol 540, 541
- **Pistolengriff** / pistol-grip (handle)
  - **Fechtwaffe** 549
  - **Golfschläger** 539
- ***Pisum sativum* (Erbse)** / *Pisum sativum* (pea) 156
- **Pitatus** / Pitatus 40
- **Pitching-Wedge (Golf)** / pitching wedge (golf) 539
- **Pitchmark-Reparaturstift** / pitchmark repairer 539
- **Pitotrohr (Flugzeug)** / pitot mast 413, 416, 424, 426, 427, 429
- **Plagioklas** / plagioclase 283
- **Planche (Fechtbahn)** / fencing piste 548, 549
- **Planck** / Planck 41
- **Planetarische Umlaufbahnen** / planetary orbits 30–31
- **Planetarischer Nebel** / planetary nebula 17, 24–25
- **Planeten** / planets 30–51
- **Planetenringe** / rings of planets 44–51
- **Planke (Hindernis)** / plank (showjumping fence) 546
- **Plankengang (Schiff)** / strake (ship) 382, 401
- **Plankenlaschung** / plank scarf 383
- **Planvernietete Metallhaut** / flush-riveted metal skin 412
- **Plasma** / plasm(a)
  - **Blut** 262
  - **heißes Gas** 316
  - **Kometen** 52–53
- **Plasmablitze** / streaks of plasma 316
- **Plasmaschweif** / gas tail 52–53
- **Plastik** / sculpture 456, 457, 459
- **Platanenholz (Boot)** / sycamore (boat) 552
- ***Platanus x acerifolia* (Platane)** / *Platanus x acerifolia* (London plane) 140
- **Plateau** / plateau 286–287
- ***Plateosaurus*** / *Plateosaurus* 74, 75
- **Platin** / platinum 321
- **Platine**
  - **Fernseher** / printed circuit board 567
  - **Uhr** / plate 562, 563
- **Plato** / Plato 40
- **Plattbändselung** / flat seizing 397
- **Plattbindselung** / flat seizing 391
- **Platten** / plates
  - **Dampflok** 334
  - **Erdkruste** 64, 65, 66, 70, 283
  - **Thyreophora** 98
- **Plattenbewegungen (der Erdkruste)** / movements of plates (of the earth's crust) 64
- **Plattengrenzen (der Erdkruste)** / boundaries (of earth's crust's plates) 283
- **Plattenstift (Klavier)** / hitch pin 518, 519
- **Plattentektonik** / plate tectonics 64, 68, 70
- **Plattform** / platform
  - **modernes Gebäude** 502
  - **Straßenbahn** 342
- **Playa** / playa 293
- **Plaza** / plaza 502
- **Plazenta** / placenta
  - **Mensch** 270, 271
  - **Pflanzen** 154–157
  - **Säugetiere** 80
- **Plazentale (=echte) Säugetiere** / placental mammals 80
- **Plazentaseptum** / placental septum 270
- **Plazentatiere** / placentals 110
- **Pleistozän** / Pleistocene 63, 82, 289
- **Plejaden** / Pleiades 14, 16, 19, 20

Plektron / plectrum 514, 516
Pleon / pleon 178
Pleopoden / pleopod 178, 179
Plesiochelys latisculata / *Plesiochelys latisculata* 79
Plesiosaurier / plesiosaur 76, 77
Pleuel / connecting rod/con-rod
Automotor 350, 353, 354, 355
Mid-West-Wankelmotor 414
Motorradmotor 375
Pleuellager / big end 345, 350, 352, 353, 354
Pleuelstange / connecting rod/piston rod
Dampfschiff 399, 400
Motorrad 374
Pleuren (Trilobit) / pleurae (trilobite) 84
Pleurotus pulmonarius (Austernseitling) / *Pleurotus pulmonarius* (oyster fungus) 120
Plicae semilunares / semilunar folds 259
Plinthe / plinth
Barock und Klassizismus 483, 484, 487
Bogen und Gewölbe 489
Empire State Building 498
islamische Bauwerke 493
Midway Gardens 499
moderne Kirche 503
Renaissancegebäude 480
Pliozän / Pliocene 63, 289
Plumula / plumule 128, 156, 158, 159
Pluspol (Fernseher) / positive pole (TV) 566
Pluto / Pluto 31, 50–51
Plutonium / plutonium 321
Pneu / pneumatic tyre 406, 413, 418
Podest / pedestal/podium 503
Podetium / podetium 120
Podium / podium 467
Poissy (Architektur) / Poissy (architecture) 498
Pol / pole
negativer 326, *s. auch Minuspol*
positiver 326, *s. auch Pluspol*
Polacanthus / *Polacanthus* 101
Polarband / polar band 36
Polare Ostwinde / polar easterlies 310
Polarfront / polar front 312–313
Polarfront-Strahlstrom / polar jet stream 310
Polaris / Polaris 14, 18–19
Polarlicht / aurora 38, 311
Polarstern / Pole Star 14, 18
Pole (der Erde) / poles (of earth) 307, 310
Polierstab / burnisher 436
Polierstahl / burnisher 450
Polierwerkzeug / burnishing tool 438, 450, 458
Polkappe / polar hood 36
Polkern / polar nucleus 152, 153
Pollen / pollen 132, 150, 151
Pollenkorn / pollen grain 128, 150, 152
dreikeimfaltiges 151
Pollenkornkeimung / germination of pollen grain 153
Pollenkornwand, äußere / exine/outer coat of pollen grain 150, 151
Pollensack / pollen sac 128
Pollensackwand / pollen sac wall 150
Pollenschlauch / pollen tube 128, 152, 153
Pollenschlauchkern / pollen tube nucleus 153
Poller / bitt 381, 388, 394, 395, 403, 405
Pollerhorn / bollard horn 395
Pollux / Pollux 18, 21
Polonium / polonium 321
Polster / pad
Becken 521
Saxophonklappe 513
Polsterknopf / seat button 413
Polsternagel / tack 571
Polsterung
Auto / upholstering 346
Avro Biplane / padded coaming (Avro Biplane) 411
Eishockeykleidung / padding 543
Skiausrüstung / padding 545
Polstromwender / commutator 327
Polyester-Tau / polyester rope 396
Polyethen / polythene 316
Polyethylen / polyethylene 316
Polygala chamaebuxus (Zwergbuchs) / *Polygala chamaebuxus* (box-leaved milkwort) 150
Polygnotus / Polygnotus 35
Polygonum baldschuanicum (Knöterich) / *Polygonum baldschuanicum* (polygonum) 137
Polypropylen-Tau / polypropylene rope 396
Polystyrolpolsterung / polystyrene padding 368
Polytrichum commune (Goldenes Frauenhaarmoos) / *Polytrichum commune* (common moss) 125
Poopdeck / poop deck 389, 400
Poopreling / poop rail 386, 389
Poopvorderreling / rail at break of poop deck 389
Popart-Acrylbild / pop art acrylic painting 447
Popchu-Sa (Architektur) / Popchu-Sa (architecture) 494
Popmusik / pop music 522
Porenzelle / porocyte/pore cell 172
Porifera / Porifera 172
Porrima / Porrima 21
Porsche, Ferdinand / Porsche, Ferdinand 350
Porta Nigra / Porta Nigra 469
Portal / portal
Barockkirche 484
gotische Kathedrale 475
Renaissancegebäude 480
Portalschwingachse / portal swing axle 365
Portikus / portico
griechische Bauwerke 464
Klassizismus 486, 487
Renaissancegebäude 479
Porus (Schwamm) / pore (sponge) 172
Posaune(n) / trombone(s) 508, 509, 510, 511
Poseidontempel / Temple of Neptune 464, 465
Positionslicht / navigation light
Flugzeug 410, 411, 412, 418, 424, 425
Hubschrauber 426
Positron / positron 22
Postament / pedestal
Barockkirche 484, 485
Cirque Napoleon 483
französischer Tempel 489
Renaissancebauten 480
Postmoderne / post-modernism 500
Postorbitale Öffnung / post orbital 89
Potevin (=Mulassier/Pferd) / Potevin (horse) 208
Pottwal / sperm whale 215
Pound / pound 588, 589
Power / power 524, 525
Power Pack / power pack 525
Pradakshina / pradakshina 495
Praedentale / predentary bone
Iguanodon 102
Protoceratops 108
Triceratops 109
Praemaxillare / premaxilla
Baryonyx 89
Elefant 211
Frosch 189
Iguanodon 102
Knochenfisch 187
Lambeosaurus 105
Schimpanse 212
Praemolaren / premolar *s. auch (Vor)backenzähne und Prämolaren*
Bär 200
Löwe 200
Praeoperculare / preopercular bone 187
Praepubis (Dinosaurier) / prepubis (dinosaurs) 88
Praesepe / Praesepe 18
Prähistorische Nahrung / prehistoric food 115
Prägung / embossing
Buch 582
Heiligenschein 437
Präkambrium / Pre-Cambrian 62, 70, 71, 84, 289
Prallblech / anti-surge baffle (plate) 354, 357
Prämolar(en) / premolar(s) *s. auch (Vor)backenzähne und Praemolaren*
Bär 112
Mensch 256
Pferd 111
Präriestil / Prairie Style 499
Praseodym / praseodymium 320
Präsynaptische Membran / presynaptic membrane 249
Präsynaptisches Axon / presynaptic axon 249
Pratt & Whitney Canada PW 120-Turboprop-Triebwerk / Pratt & Whitney PW120 Series Turboprop 423
Pratt & Whitney PW 305 Turbofan / Pratt & Whitney PW 305 Turbofan 423
Pratt & Whitney-9-Zylinder-Sternmotor / Pratt & Whitney nine-cylinder radial engine 412, 413
Praxiteles / Praxiteles 35
Präzisionsschraube / precision screw 581
Prenocephale / *Prenocephale* 106, 107
Preßbengel / bar (pressure handle) 453
Preßdeckel / tympan 453
Presse / press
Buchbinden 582
Buchdruck *s. Druckerpresse*
Preßfundament / printing block 453
Pricker / pricker(s) 391
Prim (Fechten) / prime (fencing) 549
Primamalerei / single-layer painting 440
Primärantriebsrad / primary-drive gear 374
Primärblatt / primary leaf 127
Primäres Xylem / Protoxylem 127
Primärfarben / primary colours 443
Primärwurzel / primary root 138, 139, 158, 159
Primaten / primates 114, 212–213, 289
Primates / Primates 212
Prisma
Kamera / pentaprism 585
Lichtbrechung / prism 328
Prismahaltefeder (Kamera) / prism retainer spring 585
Probactrosaurus / *Probactrosaurus* 103
Probenbehälter / sample retour container 57
Proboscidea / Proboscidea 210
Processus angularis / angular process
Bär 200
Löwe 200
Processus coronideus / coronoid process
Bär 200
Löwe 200
Toxodon 112
Procompsognatus / *Procompsognatus* 93
Procoptodon / *Procoptodon* 82
Procoracoid / pro-coracoid bone 193
Procyon lotor (Waschbär) / *Procyon lotor* (racoon) 201
Produkte chemischer Reaktionen / products of chemical reactions 322, 323
Produktionszeit / manufacturing time 348
Profileisen (I-Eisen) / angle bar (I bar) 401
Profilkante / trailing edge 417
Profilreifen / non-skid tyre 347
Prokambiumstränge / procambial strands 140
Prokaryonten / prokaryotes 84
Prokyon / Procyon 18, 21
Promethium / promethium 321
Promontorium ossis sacralis / sacral promontory 233
Pronaos / pronaos 465
Prooticum / pro-otic bone 189
Propeller / propeller
Flugzeug 410, 422, 423, 429, 431
Schiff *s. Schiffsschraube*
Propeller-Turbinenluftstrahltriebwerk / turboprop engine 422
Propellerantriebsflansch / propeller drive flange 429
Propellerbolzenöffnung / propeller bolt hole 414
Propellerdrehzahlmesser / propeller speed probe 423
Propellerdurchmesser / propeller diameter 398
Propellerflansch / flanged (propeller) plate 415, 429
Propellergetriebe / propeller drive gearbox 431
Propellernabe / propeller hub 408, 411
Propellerpaßbolzen / propeller-bolt collar 415
Propellerplatte / propeller drive flange 414
Propellerrahmen / propeller thrust frame 406
Propellerscheibe / spinner mounting disc 412
Propellerwelle / propeller shaft bearing 406, 407, 414
Propodus / propodus 178, 179
Propyläen / propylaea 464
Prosauropoden / prosauropods 89, 95, 94
Prosimii / Prosimii 212
Prosoma / prosoma 176, 177
Prostata / prostate (gland) *s. Vorsteherdrüse*
Protactinium / prot(o)actinium 320
Proteinsynthese / protein synthesis 145
Proterozoikum / Proterozoic eon 289

Proteus / Proteus 50
Prothallium / gametophyte 127
Protoceratops / *Protoceratops* 106, 108, 109
Protoceratopsiden / protoceratopsides 106, 109, 110
Protogalaxien / protogalaxies 10–11
Protokollant (Handball) / secretary (handball) 533
Protokollblatt (Golf) / scorecard (golf) 539
Proton / proton 22
Protonema / protonema 125
Protonen / protons 318, 319, 320, 326
Protostern / protostar 24, 26
Prototyp / prototype
 Diesellok „Deltic" 336
 Motocyclette 370
Protuberantia mentalis / mental protuberance 231
Protuberanz / prominence 32–33
Provins (Architektur) / Provins (architecture) 470
Proxima Centauri / Proxima Centauri 18
Prunus persica **(Pfirsich)** / *Prunus persica* (peach) 137
Psathyrella candolleana **(Lilablättriger Saumpilz)** / *Psathyrella candolleana* (fringed crumble cap) 121
Pseudokorinthisches Kapitell / pseudo-Corinthian capital 480
Psi Sagittarii / Psi Sagittarii 21
Psittacosaurus / *Psittacosaurus* 109
Pteraspis / *Pteraspis* 71
Pterichthyodes / *Pterichthyodes* 71
Pteridium aquilinum **(Adlerfarn)** / *Pteridium aquilinum* (bracken) 127
Pterois volitans **(Strahlenrotfeuerfisch)** / *Pterois volitans* (lionfish) 186
Pteron / pteron 464, 467
Pterosaurier / pterosaur 76
Pterygoid / pterygoid bone 189
Ptolemaeus / Ptolemaeus 40
Pubis / pubis *s. auch Schambein*
 Vogel 193
Puboischiofemoral-Muskel (*Iguanodon*) / puboischio-femoral muscle (*Iguanodon*) 103
Puck / puck 542, 543
Puck-Stopper / puck stopper 543
Puffbohne / broad bean 138
 Wurzelspitze 139
Puffer (Eisenbahn) / buffer (railway) 334, 335, 337, 338
Pufferkissen / buffing pad 338
Pufferträger / buffer beam 334
Pugin, A.W.N. / Pugin, A.W.N. 497
Pulmonalisklappe / pulmonary (semilunar) valve 261
Pulpaarterie / pulp artery 257
Pulpanerv / pulp nerve 257
Pulpavene / pulp vein 257
Pulpazacke / pulp horn 257
Puls / pulse 260
Pulsar / pulsar 30
Pultdach
 gotische Kathedrale / lean-to roof 474, 476
 Kirche von Bagneux / lean-to roof 473
 Pagode / pentroof 494
Pumpe / pump
 Auto 354
 Kraftwerk 324
 Raddampfer 399
Pumpenantrieb / pump drive
 Flugzeugmotor 414
 Raddampfer 399
Pumpenantriebsrad / pump drive belt 414
Pumpengehäuse / pump housing 415
Pumpenkolben / pump piston 399
Pumpensodloch / limber hole 401
Pumpenwelle / pump drive shaft 415
Pumpventil / pump valve 510, 511, *s. auch Périnet-ventil*
Pumpvorrichtung (Sportschuh) / air pumping device (running shoe) 535
Punktiereisen (Bildhauerei) / point (sculpture) 456, 457
Punktrichter (Fechten) / scorer (fencing) 549
Punktschulterwurf (Judo) / one arm shoulder throw (judo) 548
Pupille / pupil 223, 236, 250, 250, 251
Pupillenschließer / sphincter muscle (eye) 251
Pupillenweiter / dilator muscle (eye) 251
Puppe (Insekten) / pupa/chrysalis (insects) 174
Puppis / Puppis *s. Schiffsheck*
Purkinje-Zellen / Purkinje's cells 247
Purpurseeigel / purple sea urchin 181
Push-rod / push-rod 367
Push-rod-Verstelleinrichtung / push-rod adjuster 367
Putter (Golf) / putter (golf) 539
Pütting / chain wale 384, 386
Putting Green / putting green 538
Püttingeisen / chain plate 390
Püttingsglied / butterfly plate 390
Püttingwant / futtock shroud 386
Putto / putto 480
Putz (Fresko) / intonaco (fresco) 438, 439
Pygalplatte / pygal shield 193
Pygostyl / pygostyle 193
Pylorusabschnitt des Magens / pyloric section of stomach 185
Pyramiden / pyramids 462
Pyramidendach / pyramidal roof/(tetrahedral) spire
 Barockkirche 485
 Big Ben 497
 Kuppeln 490
Pyramidenstumpfdach / tetrahedral spire 497
Pyrenäen / Pyrenees 81, 83, 273
Pyrenoid / pyrenoid 118, 122
Pyrit / pyrite 85, 278, 280, 284–285
Pyrit-Tonschiefer / slate with pyrites 285
Pyromorphit / pyromorphite 279
Pyroxen / pyroxene 52, 277
Pyxis / Pyxis 18

Q

Quader / rectangular block 588
Quadratfuß / square feet 589
Quadratkilometer (km^2) / square kilometres 588, 589
Quadratmeilen / square miles 589
Quadratmeter (m^2) / square metres 588, 589
Quadratmillimeter (mm^2) / square millimetres 588
Quadratojugale / quadratojugal bone
 Frosch 189
 Heterodontosaurus 89
Quadratyards / square yards 589
Quadratzentimeter (cm^2) / square centimetres 588, 589
Quadratzoll / square inches 589
Quadratum / quadrate bone 187
Quallen / jellyfish 62, 84, 172–173
Quallenfossilien / fossil jellyfish 289
Quarks / quarks 319
Quart
 Fecht-Trefferfläche / quarte 549
 Maßeinheit / quart 588
Quartär / Quaternary period 63, 82, 83, 289
Quartier (Schuh) / quarter (shoe) 360, 561
Quarz / quartz 277, 278, 281
Quasar / quasar 10–13
Quasistellares Objekt / quasi-stellar object 10–13
Quecke / couch grass 119
Quecksilber / mercury 321
Quecksilber-Atom / mercury atom 329
Quecksilberdampf / mercury vapour 329
Quellen / springs 302
Quellhorizont / spring line 302
Querbalken / joist 468
Querbau, rechteckiger / intermediate block 466
Querblattfeder / transverse leaf spring 348
Quercus palustris **(Sumpfeiche)** / *Quercus palustris* (pin oak) 80
Quercus petraea **(Traubeneiche)** / *Quercus petraea* (durmast oak) 137
Querdickdarm / transverse colon 259
Querdüne / transverse dune 293
Querflöte(n) / flute(s) 507, 508, 509, 512
Querfortsatz / transverse process 233
Querfurche (Zunge) / sulcus terminalis 254
Quergestreifte Muskulatur / skeletal muscle/voluntary muscle 236
Querhaus / transept 474, 476, 477
Querklampe (Gangspill) / strengthening chock (capstan) 395
Querlager (Boot) / wheel spacer (boat) 553
Querleine (Trossen) / breast rope (hawsers) 395
Querlenker (VW Käfer) / track control arm (VW Beetle) 350
Querlenker hinten / rear radius arm 366, 369
Querlenker (vorn) unten / wishbone, (front) lower 360, 367
Querrippe (Kreuzrippengewölbe) / transverse ridge-rib (rib vault) 489
Querruder / aileron 406, 408, 412, 418, 420, 421, 424, 430
Querruderausgleichsgewicht / aileron mass balance 428
Querrudergelenkstrebe / aileron hinge strut 411
Querrudernase, eingesenkte / nose of aileron, recessed 411
Querruderscharnier / aileron hinge 418
Querruderzugseil / aileron control wire 411
Querruderstange / aileron operating arm 406, 428
Querruderverstellarm / aileron operating arm 407
Querruderwelle / aileron torque tube 428
Querstab (Jakobsstab) / cross-piece/transversary 385
Quersteg (Posaune) / brace (trombone) 510, 511
Querstrebe
 Avro Biplane / lateral bracing strut 411
 Blackburn Monoplane / cross-member 408
 Stuhl / bottom splat 570, 571
Querträger hinten / rear cross-member 349
Querwand (Pilzhyphe) / cross wall (septum hypha) 121
Quetschfuß (Glühlampe) / glass support (light bulb) 329
Quint (Fechten) / quinte (fencing) 549
Quirl (aus Kelchblättern) / whorl (of sepals) 130

R

Rabe (=Corvus, Sternbild) / Raven (=Corvus) 18, 21
Rabenkrähe (Ei) / carrion crow (egg) 199
Raben(schnabel)bein / coracoid *s. auch Coracoid*
 Diplodocus 96
 Euoplocephalus 100
 Gallimimus 92
 Triceratops 108
 Tyrannosaurus 90
Rachen / throat/pharynx 222, 254–255
Rack / parrel 383, 384, 388
Racktalje / parrel tackle 384
Racquetball / racketball 536, 537
Racquetballkäfig / racketball court 537
Racquets / rackets 536
Rad/Räder / wheel(s)
 Auto 343, 348, 349, 350, 352, 356, 360, 361, 364
 Druckerpresse 451
 Eisenbahn 338, 341
 Fahrrad 369, 586, 587
 Flugzeug 414, 418
 Kraftwirkung 330
 Mondfahrzeug 58
 Motorrad 370, 372
 Rasenmäher 574, 575
 Uhr 562
Radachsen / wheel axles 336
Radarabsorbierendes Material / radar-absorbent material 425
Radarerfassung / radar detection 424
Radarkarte der Venus / radar map of Venus 36
Radarkuppel / radome 416, 419, 421, 424
Radarwarner / radar warning receiver 425
Radbolzen (Rasenmäher) / wheel bolt (lawnmower) 574, 575
Radbremszylinder (Auto) / wheel brake cylinder (car) 360
Raddampfer / paddle-steamer 399
Räderwerk (Uhr) / clock train 562
Radfelge / wheel rim 58
Radgabel / wheel fork
 Benz-Motorwagen 345
 Fahrrad 587

Radialdiffusor / radial diffuser 422
Radiale / carpal 197
Radialkanal (Qualle) / radial canal (jellyfish) 173
Radialmauer / radial wall 469
Radiärkanal / radial canal
Seestern 180
Seeigel 181
Radiärsymmetrie / radiate symmetry 180
Radiator / radiator 56
Radicula / radicle 158
Radieren / erasing 435
Radiergummi / eraser 434, 444
Radierstahl / scriber 450
Radierstift / erasing stick 452
Radii branchiostegi / branchiostegal rays 187
Radio / radio 363
Radioaktives Metall / radioactive material 320
Radioantenne / radio aerial 365, 430
Radioemmission / radiowave emission 15
Radiogalaxien / radio galaxies 12–13
Radiokarte unserer Galaxis / radio map of our galaxy 15
Radioteleskop / radio telescope 54
Radiowellen / radio waves 13, 30, 328
Radiowellen-Blase / radio lobe 13
Radium / radium 320
Radius / radius
Kreis 588
Unterarmknochen *s. auch Speiche*
Vogelflügel 197
Radius-Ulna (Frosch) / radio-ulna (frog) 189
Radiusstrebe / radius rod 411
Radkappe
Auto / wheel trim *s. Radzierkappe*
Flugzeug / wheel fairing 408
Radkasten / wheel guard 377
Radkranz / rim (of paddle wheel) 399
Radlager / hub seal 360, 361
Radlager-Einstellmutter / hub nut 360, 361
Radnabe / hub 344, 346, 361, 377, 418
Radnabenkappe / hub cap 346, 349, 360
Radon / radon 321
Radsatz / wheel set 337
Radscheibe / wheel cover 574
Radschutz
Eisenbahn / wheel guard 334, 338, 339
Sulky / disc covering spokes 547
Radula / radula 182, 183
Radverkleidung (Ultraleichtflugzeug) / spat (microlight) 430, 431
Radzierblende / wheel embellisher 363, 377
Radzierkappe / wheel trim 360, 361, 363
Rah / yard 380, 381, 383, 390, 392, 393, 400
Rahbändsel / roband 380, 382
Rahhanger / jeer 385
Rahmen
Auto / frame 344, 345
Eishockeytor / frame 542
Fahrrad / frame 368, 586, 587
falsche Scheidewand / replum (false septum) 157
Motorrad / frame 372
Schläger / frame 536, 537
Schuh / welt 560, 561
(Ultra-)Leichtflugzeug / frame 428, 430
Walkman / chassis 580
Rahmen-Einziehmechanismus / pivoted retractable frame 420
Rahmenfries (Stuhl) / seat rail (chair) 571
Rahmenkopf / frame head 350
Rahmenquerträger / crossmember 348
Rahmenrohr
Fahrrad / tube 368
(Ultra-)leichtflugzeug / main suspension 430
Rahmenstrebe
Curtiss Model-D / strut 407
Schaufelrad / truss 399
Rahmenträger für Hecktür und Reserverad / door and wheel support frame 365
Rahmentrommel / frame drum 522
Rahmenwinkel / frame angle 368
Rahnock / yardarm 387
Rahsegel / square sail 382, 386, 392
Raja clavata **(Nagelrochen)** / *Raja clavata* (thornback ray) 185
Rakete (Raumfahrt) / rocket (space exploration) 56
Raketenwerfer / missile launcher 405
Ramaria formosa **(Dreifarbiger Ziegenbart)** / *Ramaria formosa* 120
Rammbug, falscher / ram bow, false 402
Rammkappe (Kajak) / nose cone (kayak) 552
Rammkopf / ram 380
Rammsporn / ram/beak 380
Rampe / ramp 471, 498
Randkopfechsen / marginocephalians *s. Marginoscephalier*
Randskelettplatten / row of ossicles 85
Randsomholz / after fashion piece 389
Ranke / tendril
Architektur 484
Kannenstrauch 167
Platterbse 155
Waldrebe 156
Rankenfüßer / cirripedes 178, 179
Ranunculus **sp. (Hahnenfuß)** / *Ranunculus* sp. (buttercup) 133, 138, 139
Ranvierscher Schnürring / node of Ranvier 238, 249
Ras Algethi / Ras Algethi 20
Ras Alhague / Ras Alhague 19, 20
Rasenmäher / lawnmower 374–375
Rasierschaum / shaving foam 316
Raspel, grobe (Bildhauerei) / cabinet rasp (sculpture) 456
Raspelzunge / radula *s. Radula*
Rassel / rattle
Klapperschlange 191
Schlaginstrument 520
Raste (Bohrer) / lock button (drill) 558
Raststütze (Vespa) / centre stand (Vespa) 371
Rathaus Hilversum (Architektur) / Hilversum Town Hall (architecture) 499
Ratten / rats 110
Räuber (Dinosaurier) / preadators (dinosaurs) 88
Raubsaurier / predatory dinosaurs 76, 90
Raubtiere (=Carnivora) / carnivores 110, 200
Rauchglas / smoke-tinted glass 500, 503
Rauchkammer / smokebox
Dampflok 334, 335
Schiff-Dampfmaschine 401
Rauchkammertür / smokebox door 335
Rauchquarz / smoky quartz 278
Rauchrohr (Raddampfer) / chimney (paddlesteamer) 401
Rauhe Linie / intertrochantic line 234
Rauhes ER / rough ER 227
Raumanzüge / spacesuits 54
Raumfahrt / space travel/space exploration 54–59
Raummaße / measures of capacity 588, 589
Raumstationen / space stations 56
Raumstütze (Schiff) / hold pillar/stanchion (ship) 401
Raupe (Schmetterling) / caterpillar (butterfly) 175
Raute / diamond
Architektur 489
Stuhl 570
Rautenförmiges Blatt / rhomboid leaf 143
Rautenmuskel / rhomboideus (muscle) 237
Reactio / reaction 331
Reagenzglas / test tube 323
Reaktanten / reactants 322, 323
Reaktionen / reactions
chemische / chemical reactions 322–323
exotherme / exothermic reactions 322
nicht umkehrbare / irreversible reactions 322
reversible / reversible reactions 322
umkehrbare / reversible reactions 322
reaktionsfreudig / ready to react (with other substances) 320
Reaktionsgeschwindigkeit / rate of a reaction 322
Reaktionsgleichungen / chemical equations 322, 323
Reaktionsträge / inert 329
Reaktorkern / reactor core 324
Reaktorraum (Atom-U-Boot) / reactor space (nuclear submarine) 405
Rebenschwarz / vine black 437
Rechteck / rectangle 588
Rechteckfenster / rectangular window 485, 494
Rechteckpfeiler / rectangular pier 484
Rechteckverzierung / platband 485
Rechtsaußen / right wing
Eishockey 542
Handball 533
Rechtsgewinde (Wantenspannschraube) / right hand screw (rigging screw) 391
Reck (Taudehnung) / stretch (rope) 396
Redisfeder / speedball nib 448
Reduktionsgetriebe / speed reduction gear 423
Redwall-Kalkstein / redwall limestone 287
Reffbändsel / reef point 393
Reflektor
Autoscheinwerfer / reflector 349
Lampe / shade 564, 565
Reflektorschild / reflector shield 58
Reflexion / reflection/reflexion 329
Reflexionsnebel / reflection nebula 16
Regeln / rules
Basketball 530
Fußball 528
Regelventil / control valve 335
Regen / rain 312
Regenbogenhaut / iris *s. Iris (Auge)*
Regency-Stil (Stuhl) / Regency Style 570
Regenrinne (Flugzeug) / rain gutter (aeroplane) 416, 419
Regenwasserbeseitigung / rain dispersion 424
Regenwurmmuskel / lumbrical muscle 241
Regenzeit / rainy season 303
Regie Autonome des Transports Parisien / Regie Autonome des Transports Parisien 338
Regionalmetamorphose / regional metamorphism 284
Register (Orgel)
Pfeifenanordnung / rank/register 518
Knöpfe (Bedienung) / stop(s) 518
Registrator (Judo) / scorer (judo) 548
Regler
Dampflok / regulator/throttle 334, 335
Straßenbahn / controller 342
Synthesizer / edit control 524
Reglerventil / regulator valve 335
Regolith / regolith 41
Regula (Leiste) / regula (fillet) 465
Regulierschraube (Uhr) / rating nut (clock) 562
Regulus / Regulus 18, 21
Reibetusche / rubbing ink 452
Reibholz / skid beam 388
Reibhölzer / boat slide 386
Reibstein / muller 440
Reifen / tyre
BMW R/60 370
Bordino-Dampfwagen 344
Bus 343
Cugnot-Dampfwagen „Fardier" 344
Dampflok „Rocket" 334
Fahrrad 587
Hybridrad 369
Motorradreifen, verschiedene 373
Pinzgauer Turbo D 365
Rasenmäher 374
Rennrad 368
Suzuki RGV500 376, 377
Übertragungsreifen Motocyclette 370
VW Käfer 350
Reifenhaftung / tyre adhesion 366
Reifenheber / tyre lever 364
Reifenprofil / tyre tread pattern 368, 373, 374
Reifenpumpe / tyre pump 364
Reifensicherungsbolzen / tyre security bolt 346
Reifenventil / tyre valve 349
Reifenwand / tyre wall 368
Reihenvierzylindermotor mit obenliegender Nockenwelle / single overhead camshaft engine 371
Reiherente / tufted duck 194
Reisebus / coach 342
Reispapier / rice paper 449
Reißbrett / drawing board 449
Reissnersche Membran / vestibular membrane 253

Reißverschluß / zip(per)
Geländefahrzeug-Zeltaufbau 364
Skihose 545
Reißzähne / carnassials 200
Reiten / riding 576
Reiter / rider 546
Reithalfter / noseband 546
Reithose / jodhpurs 546
Reitjacke / riding jacket 546
Reitstiefel / riding boot 546
Rektaldivertikel / rectal caecum 180
Rektaldrüse / rectal gland 185
Rektum / rectum
Delphin 215
Echse 191
Elefant 210
Frosch 188
Kaninchen 202
Katzenhai 185
Kuh 204
Mensch 258
Schimpanse 212
Schmetterling 175
Vogel 195
Relaiskasten / relay box 340
Relief / relief 450, 494
Reling / rail 381, 400, 403
Relingskopf / mainrail head 387
Reliquienbehälter / reliquary 494
Rempeln (Basketball) / charching with the ball 531
Renaissance / Renaissance 478–481
Renault 1906 / Renault 1906 346, 347
Renault Clio / Renault Clio 358, 359, 360, 361, 362, 363
Rendezvous-Radar / rendezvous radar 59
Rennanzug, einteiliger (Ski) / one-piece ski suit 544
Rennbeiwagen / racing sidecar 376
Rennboot / scull 552
Renndreß / racing jacket 547
Rennfarben / racing silks 546, 547
Rennkette / racing chain 369
Rennmaschinen (Motorräder) / competition motorcycles 376–377
Rennrad / racing bicycle 368
Rennreifen / racing tyre 373, 376
Rennsattel / racing saddle 547
Rennschuh / track shoe 535
Rennwagen / racing car 366, 367
Renoir / Renoir 35
Reptilia / Reptilia 190, 192
Reptilien / reptiles
Dinosaurier 88–109
Erdgeschichte 65
erste 84, 86, 87
Fossilien 289
Karbon 72, 73
Reptilienfossilien / reptile fossils 289
Reserveanker / sheet anchor 403
Reservemagazin (Gewehr) / extra magazine (gun) 541
Reserverad / spare/extra wheel 364, 365
Reserverad-Befestigungsgurt / spare tyre strap 347
Reserveradhalterung / spare tyre carrier 347
Reservereifen / spare tyre 347
Resonanzboden / soundboard 517, 518, 519
Resonanzfell / drumhead 522
Resonanzkasten / soundboard 515
Resonanzkörper
Pauke / resonator/body 523
Streichinstrumente / belly 514, 515
Resonanzplättchen / sound-reflection metal centre of padded key 513
Resonator / resonator 517, 520
Restaurant / restaurant 503
Reststern / stellar core 17
Reticulum / reticulum
endoplasmatisches 226, 227, 249
Netzmagen 204
sarkoplasmatisches 238
Sternbild / Reticulum *s. Netz*
Retinaculum musculorum extensorum / inferior extensor retinaculum 243
Retinaculum flexorum / flexor retinaculum 241
Retraktormuskel (Seeanemone) / retractor muscle (sea anemone) 173
Retroarticularfortsatz (*Baryonyx*) / retroarticular process (*Baryonyx*) 89
Rettungsboot / lifeboat/whaler 402, 403
Rettungsbootdavit / lifeboat davit 403
Rettungsfloß / life-raft 420
Rettungsgurt / rescue strap 553
Rettungshubschrauber / rescue helicopter 426
Rettungsinsel / liferaft cylinder 403
Rettungsring / life buoy 403
Reversierhebel / reverse lever 352
Reviere / territories 106
Rezeptakel / receptacle 122, 123
Rezeptor / receptor 249
Rhachis / rachis 142, *s. auch Blattspindel*
Rhamphodopsis / *Rhamphodopsis* 71
Rhamphorhynchus / *Rhamphorhynchus* 77
Rhenium / rhenium 320
Rhesusaffe / rhesus monkey 212
Rhizinen / rhizines 120
Rhizodermis / epidermis of root 138, 139
Rhizoide / rhizoids 124, 125, 127
Rhizom / rhizome 126, 127, 134, 160
Rho 1 Sagittarii / Rho 1 Sagittarii 21
Rhodium / rhodium 321
Rhodophyceae / Rhodophyceae 122
Rhombus / rhomb(us) 493
Rhynchosaurier / rhynchosaur 74, 75, 77
Rhyolith / rhyolite 284–285
Rhythmischer Wert / duration of a sound 506
Rhythmus / rhythm 506, 507
Rhythmusauswahl / rhythm pattern selector 524
Rhythmusbecken / ride cymbal 523
Rhythmusinstrumente / rhythm instruments 520, 522
Ribosom / ribosome
Chloroplast 145
Körperzellen 227
Richtantenne / directional aerial 58
Richtungsstange / direction bar 418
Ride-Becken / ride cymbal 523
Riechnervenenden / olfactory nerve endings 254
Riedel / grike 294–295
Riemen
Ruder / oar 380, 381, 382, 383, 384, 388
Segelmacherhandschuh / strap 392
Riemenantrieb / belt drive 374
Riemenboote / sweep-rowing boats 552, 553
Riemenscheibe / pulley
Auto 354, 357
Rasenmäher 574
Riemenschutz (Rasenmäher) / belt guard 574
Riemenspanner / belt tensioner 354
Riesen (Sterne) / giants (stars) 22–23, 26
Riesenhai / basking shark 185
Riesenplaneten / giants/gas giants 30–31, 44–45, 46–47, 50–51
Riesenslalom / giant slalom 544
Riesenslalomstart / giant slalom start 544
Riesenslalomtor / giant slalom gate 544
Riesenstabheuschrecke (Eier) / giant stick insect (eggs) 198
Riffler / riffler 458
Riga (Pinsel) / riga (brush) 438
Rigel / Rigel 18, 21, 22
Rigg / rigging 386, 388, 390, 492, 400
Riggarten / sailing rigs 393
Riggbalken / rigging rail 384
Riggbeschläge / rigging fittings 390
Rinde / cortex
Bärlappsproß 126
Erdsproß 161
Keimwurzel 158
Kiefernwurzel 131
Luftwurzel 168
Moosstämmchen 125
Seerosenblattstiel 165
Sprosse 140–141
Wasserhyazinthenwurzel 164
Wasserpestwurzel 165
Wurzeln 133, 138–139
Kiefernsproß / bark 131
Rindenzelle (Luftwurzel) / cortex cell 168
Rinder / cattle 110
Rindshaarpinsel / ox hair brush 446
Rindsleder / cowhide/rawhide 547
Ring / ring
Anker 380, 388
Basketballkorb 530
Farnsporenkapsel 127
Pilzfruchtkörper 121
Saturn (Ring A–G) 46–47
Wantenspannschraube 391
Ringauge / lug 390
Ringbolzen / fender eye bolt 349
Ringbrennkammer / reverse-flow combustion chamber 422
Ringdichtung / ring seal 580
Ringe (Schießsport) / scores (shooting) 540, 541
Ringfinger / ring finger 240, 241
Ringgang / ring dyke 284
Ringkanal / ring canal 180, 181
Ringknorpel / cricoid cartilage 265
Ringknorpel-Luftröhren-Band / cricothyroid ligament 254
Ringmauer / ring wall 470
Ringmuskel
Mensch / orbicularis muscle 238, 239, 255
Seeanemone / sphincter muscle 173
Ringnerv / nerve ring 181
Rinne, radiale (Lebermooslappen) / radial groove (liverwort lobe) 124
Rinnensee / ribbon lake 297
Rinnentang / channelled wrack 122
Rinnleiste / ogee 403
Riojasaurus / *Riojasaurus* 95
Rippe(n) / rib(s)
Archaeopteryx 91
Arsinoitherium 111
Barockkirche 483
Bogen und Gewölbe 488, 489
Brachiosaurus 96
Concordeflügel 421
Diplodocus 96
Echse 190
Elefant 211
Eryops 86
Euoplocephalus 100
Flugdrachen 431
Gallimimus 92
Hase 203
Hauskatze 201
Känguruh 216
Knochenfisch 187
Kuppeln 490–491
Mensch 228
mittelalterliche Kirche 473
modernes Gebäude 503
Muschelschale 182
Parasaurolophus 103
Pareiasaurus 87
Pferd 205
Plateosaurus 94
Rennboot 552
Rhesusaffe 212
Robbe 214
Schlange 191
Schnabeltier 216
Stegoceras 107
Struthiomimus 93
Toxodon 113
Triceratops 108
Tyrannosaurus 90
Ultraleichtflugzeug 430
Vogel 195
Westlothiana 87
Rippenbogen (Mensch) / coastal arch 228
Rippenbogensegment (Architektur) / cell (of rib vault) 489
Rippengewölbe / rib vault
Gewölbe 489
gotische Kirchen 474
mittelalterliche Kirchen 473
Renaissancegebäude 481
Rippenhalter / scalenus (muscle) 239
Rippenmuskeln / intercostal/rib muscles 264
Rippenspanner / eyelet tensioning trailing edge to rib 431
Rispe / panicle 137
***Rissa tridactyla* (Dreizehenmöwe)** / *Rissa tridactyla* (kittiwake) 196
Rißlippe (Schuh) / ribbing (shoe) 561
Ritchey / Ritchey 43
Rittersporn / larkspur 156, 157
Ritzel / pinion
Auto 348, 356
Bohrer 559
Fahrrad 386
Ritzelgehäuse / pinion housing 348
Robben / seals 214–215
***Robinia pseudoacacia* (Robinie)** / *Robinia pseudoacacia* (false acacia) 142
Robinie / false acacia 142
Roboter / robot 362
Roche / Roche 41
Rochen / ray 184
Rocket / *Rocket* 334
Rockmusik / rock music 522
Rocky Mountains / Rocky Mountains 70, 81, 83, 274

Rodentia / Rodentia 202
Rogers, R. / Rogers, R. 500
Rohkarosserie / body shell 351, 358
Rohling (Golfschläger) / raw material (golf club) 539
Rohr / tube
Schallrohr 510, 511
Rohrbalg / blast bag/-breeches 404
Röhrbein (=Kanonenbein) / cannon bone 206, 207, 208, 209
Rohrblattinstrumente / reed instruments 512, 513
Röhre (Schallröhre) / tube 512
Röhren / tubes 520
Röhrenblüten / tubular flowers 135, 148, 151
Röhrenglocken / tubular bells 508, 520
Röhrenknochen / long/hollow/tubular bone 235
Röhrenlampe / festoon bulb 362
Röhrentrachee (Spinne) / trachea (spider) 176
Rohrfeder / reed pen 448
Rohrrahmen
Motorrad / tubular frame 372, 377
Oldtimer / tubular chassis 345
Rokoko / rococo 482, 486, 487
Rolandosche Spalte / central sulcus 246, 247
Rolladen / roller-blind 501
Rollbahn (Boot) / slide track 553
Rolle
Angel / reel 554, 555
Flaschenzug / wheel 330
Motorradantriebskette / roller 374
Rennboot / wheel 553
Saxophon / roller 513
Stromabnehmer / trolley head 342
Rollenbahn / roller path 404
Rollenbahnstütze / roller path support 404
Rollenbolzen / pulley bolt 368
Rollenfuß (Angel) / reel foot/reel scoop (fishing rod) 554
Rollenhalterschraube (Angelrute) / screw locking nut (fishing rod) 555
Rollenlager
CD-ROM / roller bearing 578
Eisenbahn / roller bearing 337
Flugzeug / roller 414
Rollensitz (Angelrute) / reel seat (fishing rod)
Rollensperre (Angel) / ratchet (fishing rod) 554
Rollenstromabnehmer / trolley 342
Rollhebel / cyclic pitch lever 427
Rollhügel / trochlea 91
Rollicht / taxiing light 418, 424
Rollschaltfläche / scrolling button 579
Rolls-Royce Mark-610-Turbinenluftstrahl-Triebwerk / Rolls-Royce Olympus Mark 610 turbojet 421
Rollschweller / swell pedal 518
Rollsitz (Boot) / sliding seat (boat) 553
Rollspoilerhydraulikantrieb-Befestigung / roll-spoiler hydraulic actuator attachment 418
Rollspoilerscharnier / roll-spoiler hinge 418
Rollstek / rolling hitch 396
Rollstuhlzugang / wheelchair access 343
Rolltreppe / escalator 501, 502
Rollwerk / scroll ornament 480, 483, 489
Rom (Architektur) / Rome (architecture) 466, 467, 468, 469, 482
Romanik / Romanesque (style) 472, 496
Römer-Schiffe / Roman ships 380, 381
Römische Ziffer / Roman numeral 563, 589
Röntgenbild des Krabbennebels / X-ray image of the crab nebula 28
Röntgenspektroskop / X-ray spectrometer 58
Röntgenstrahlen / X-rays 329
Röntgenstrahlung / X-ray emission 28, 328
Röntgenteleskop / X-ray telescope 59
***Rosa* sp. (Rose)** / *Rosa* sp. (rose) 136, 137, 141
Rose / rose 136, 141
Roseneibisch / hibiscus 132, 133
Rosennerv / sciatic nerve 248
Rosenquarz / rose-coloured quartz 281
Rosette / rosette
Architektur 484
Gutsmanie 169
Pferdehalfter 547
Westerngitarre / rose 517
Rosettennebel / Rosette Nebula 11
Rosettenverbindung / rose connection 501
Rossby-Welle / Rossby wave 310
Roßhaar (Bogenbespannung) / horsehair (stretched across length of bow) 514, 515
Rossin (Fahrrad) / Rossin (bicycle) 369
Roßkastanie / horse chestnut 136, 142
Rost (Lok) / grate (locomotive) 334
Roste (Pilze) / rusts (fungi) 120
Rostrum / rostrum 179, 214, 288
Rotalgen / red algae/red seaweed 122, 123
Rotation der Planeten / rotation of planets 30
Rotationsachsen der Planeten / axes of rotation *s. einzelne Planeten*
Rote Blutkörperchen / red blood cells 262, 263
Rote Erde (Sinoper) / red earth 437, 438
Rote Karte / red card 528
Rötel / sanguine crayon 434
Roter Fleck / Red Spot 44–45
Roter Riese / red giant 22–25
Roter Überriese / red supergiant 22–23, 26–27
Roter Zwerg / red dwarf 23
Rotfeuerfisch / lionfish 186
Rothirsch / red deer 205
Rotmarder(haar)pinsel / red sable (hair) brush 440, 442
Rotor / rotor
Auto 357
Flugzeug 414, 415, 422
Hubschrauber 426
Kraftwerk 324
Rotorgehäuse
Auto / rotor chamber 356
Flugzeug / trochoid housing 414
Rotorgetriebe / rotor gearbox 427
Rotorkammer / rotor chamber 414
Rotorkühlung / rotor-cooling air duct 415
Rotorlager / rotor bearing
Auto 357
Flugzeug 415
Rotorlagerzapfen / rotor journal 357
Rotornabe / rotor hub 427
Rotorschutz / rotor guard 427
Rotorseitendichtung / rotor side seal 415
Rotorseitenfeder / rotor side seal spring 415
Rotorspitzenfeder / rotor tip spring 415
Rotorstrebe / bracing strut (for tail rotor) 427
Rotorwelle / rotor mast 427
Rotringfeder / Rotring pen 448
Rotunde / rotunda 466, 486
Rouen (Architektur) / Rouen (architecture) 476
Rough (Golf) / rough (golf) 538
Rover / Rover 364
Royal Airforce (RAF) / Royal Airforce (RAF) 410, 411
Royal-Airforce-Flugschule / Royal Airforce Central Flying School 410
Rübe / tap root (carrot) 134
Rubens / Rubens 35
Rubidium / rubidium 320
***Rubus fruticosus* (Brombeere)** / *Rubus fruticosus* (bramble) 136, 152
***Rubus idaeus* (Himbeere)** / *Rubus idaeus* (raspberry) 155
Rücken
Buch / spine 582, 583
Buchstabe / spine 449
Elefant / back 210, 211
Golfschläger / back 539
Löwe / back 201
Mensch / back 220
Pferd / back 204, 206, 207, 208, 209
Rückenansicht eines Mannes und einer Frau / back view of male and female 220
Rückeneinlagepapier (Buch) / lining (book) 583
Rückenhöcker (*Edmontia*) / dorsal scute (*Edmontia*) 101
Rückenlehne
Motorrad / backrest 370
Stuhl / top splat 570
Rückenmark / spinal cord
Delphin 215
Echse 191
Elefant 210
Hauskatze 201
Kaninchen 202
Katzenhai 185
Knochenfisch 187
Mensch 222, 227, 232, 233, 246, 248
Schimpanse 212
Vogel 195
Rückenmarkshaut, harte / dura mater 233
Rückenmarksspalte / anterior median fissure 233, 248
Rückenmuskel, Breiter / latissimus dorsi 237
Rückenpanzer (Schildkröte) / carapace (terrapin) 193
Rückenplatte / dorsal plate
Edmontia 101
Kieferloser Fisch 84
Stegosaurier 98, 99
Rückenschild
Kieferloser Fisch / dorsal shield 84
Krebs / carapace 178
Rückenschwimmen / backstroke (swimming) 550, 551
Rückenstachel (Kieferloser Fisch) / dorsal spine (jawless fish) 84
Rückholfeder / return spring 373
Rücklaufsperre (Angelrute) / anti-reverse ratchet (fishing rod) 554
Rücklehne (Lockheed Electra) / backrest (Lockheed Electra) 413
Rücklehnenrahmen / seat back rest frame 347
Rückleuchte / rear lamp 346, 347
Rückleuchteneinheit / rear lamp cluster 351, 365
Rücklicht / rear light/lamp 338, 339, 350, 368
Rückpositivmanual / choir manual 518
Rückpositivregister / choir stop 518
Rückreaktion / reversing 322
Rückschaltfeld (Computer) / back button (computer) 579
Rückschläger / receiver
Badminton 537
Racquets 537
Tennis 536
Rückschlagspiele / racket sports 536–537
Rückschlagventil / non-return valve 375
Rückschreitende Erosion / headward erosion 300
Rücksitz (Auto) / back/rear seat (car) 349
Rücksitzbank / rear seat assembly 362
Rückspiegel / rear-view mirror 347, 363, 367
Rücksprung (Architektur) / return (architecture) 490, 491, 498
Rückspulgabel / rewind shaft 585
Rückspulknopf (Kamera) / rewind knob (camera) 584, 585
Rückspulkurbel (Kamera) / film rewind crank (camera) 584, 585
Rückspulmechanik (Walkman) / rewind pulley assembly (personal stereo) 581
Rückspulriemen (Walkman) / rewind belt (personal stereo) 581
Rückspulstiftöffnung / hole for film rewind button 585
Rückspultaste / rewind button 580
Rückstellachse / Ruckstell axle 349
Rückstellfeder (Telefon) / return spring (telephone) 569
Rückstoßzylinder / recoil cylinder 404
Rückstrahler / reflector 347
Rückstrom / return current 338
Rückversetzung / backwash 304
Rückwandentriegelungsknopf / back cover release knob 584, 585
Rückwärtsganghebel / reverse lever 352
Rückwärtssprung (Wasserspringen) / backward dive (diving) 550
Rudeljäger / packhunter 88
Ruder
74-Kanonen-Boot / rudder 386, 388
Eisenschiff / rudder 400
Flugzeug / elevator, aileron, rudder *s. Höhenruder, Querruder, Seitenruder*
Fregatte / rudder 404
Kriegs- und Handelsschiffe / rudder 384, 385
Raumfähre / rudder and elevon 56
Schiffe der Griechen und Römer / rudder 380, 381
Schlachtschiff / rudder 403

Sportboot / oar/scull 552, 553
Ruderantrieb / rudder power control unit 421
Ruderantriebsverkleidung / servo control unit fairing 421
Ruderausgleichsgewicht / rudder mass balance 428
Ruderbank / thwart 381, 388
Ruderblatt / blade 381
Ruderboot / rowing boat 383
Ruderdolle / thole pin 388
Ruderducht / thwart 383
Ruderer / oarsman 381
Ruderflosse / fin (rudder) 404
Ruderhaken / gudgeon 383, 386
Ruderkeipe / oar pivot 383
Ruderkette / rudder chain 386
Ruderkopf / rudder head 384
Ruderlager / pivot 382, 383
Rudermaschine / steering gear 400
Rudern (Sport) / rowing (sports) 552, 553
Ruderöse / gudgeon strap 386
Ruderpforte / oar port 383
Ruderpfosten / rudder post 409
Ruderpinne / tiller 381, 382, 383, 384, 388, 398, 553
Ruderschaft / shaft 381
Ruderscharnier / rudder hinge 409, 410
Ruderspannseil / rudder bracing wire 407
Ruderspitze / rudder tip (fairing) 428
Ruderstand / steering position 400
Ruderstange / rudder cable 410
Rudersteven / rudder post 400
Ruderstrebe / braced rudder strut 407
Rudertalje / oar lanyard 381
Ruderzugseil / rudder control cable 407, 411
Ruellia grandiflora / *Ruellia grandiflora* 151
Ruffini-Körperchen / Ruffini corpuscle 245, 249
Ruhe / rest 331
Ruheperiode / dormancy 158
Ruheraum / withdrawing-room 487
Rumbastäbchen / claves *s. Claves*
Rumen / rumen 204
Rumpf
Anchisaurus / body 95
Flugzeug / fuselage 411, 430
Frosch / body 188
Mensch / body 224
Schiff / hull 381
Rumpfbespannung (Avro Triplane) / fuselage skin (Avro Triuplane) 410
Rumpfheck (BAE 146) / fuselage tail-section (BAE 146) 419
Rumpfklappenruder (Space-Shuttle) / body flap (Space shuttle) 56
Rumpfmitte (BAE 146) / fuselage mid-section (BAE 146) 416
Rumpfnase / fuselage nose-section 416
Rumpfplanke (Schiff) / hull plank (ship) 381
Rumpfrahmen (Blackburn Monoplane) / fuselage structure (Blackburn Monoplane) 409
Rumpfscheibe (Seesternfossil) / disc (fossil starfish) 85
Rumpfstück (Pikkoloflöte) / body joint (piccolo) 512
Rumpfverankerung / bolted anchor 429
Rumpfverkleidung / fuselage skin 428
Rumpfwirbel / dorsal vertebra
Arsinoitherium 111
Diplodocus 96
Euoplocephalus 100
Gallimimus 92
Iguanodon 102
Parasaurolophus 105
Plateosaurus 94
Stegosaurier 99, 107
Struthiomimus 93
Rumpler-Monoplane / Rumpler Monoplane 408
Rundbogen / round arch
Barock und Klassizismus 483, 484
Bogen und Gewölbe 488, 489
Historismus 497
Kuppeln 490, 491
mittelalterliche Gebäude 471, 472, 473
Renaissancegebäude 478, 479, 482
römische Gebäude 468, 469
Rundbogenfenster / round-arched window 485, 490
Rundeisen / u-shaped gauge 453
Runden (Golf) / rounds (golf) 538
Rundkausch / round thimble 392
Rundkopfniet / button head rivet 400
Rundleiste / roll moulding/torus 474, 483
Rundmäuler / Cyclostomata 184
Rundmeißel / bullnose chisel 456
Rundmuskel / teres muscle 237
Rundpfeiler / round pillar 481
Rundstab / semicircular torus moulding 481
Rundtonne / tunnel vault/wagon vault 489
Rundtörn / double round turn/frapped turn 395, 397
Rundumverkleidung / all-enclosing fairing 377
Rundung (Buchstabe) / curved stroke 449
Runge (Eisenbahnwaggon) / bulkhead 337
Rupes / Rupes 34–35, 37, 40
Rupes Altai / Rupes Altai 40
Ruß / soot 321, 323
Rüssel / trunk
Elefant 210, 211
Mammut 113
Phiomia 111
Rüsselring / annulus 211
Rüsseltiere / proboscidians 110, 210
Russisches Kaltblut / Russian Heavy Draught 208
Rußland / Russia
Architektur 491
Spurweite 341
Rüste / chain wale (channel) 385, 386, 389
Rustika / rustication 478, 479, 483, 486, 487
Rutenger / vang 386
Ruthenium / ruthenium 321
Rutherfordium / rutherfordium/unnilhexium 320

S

S-Band-Funkverkehr-Antenne, steuerbare / S-band aerial, steerable 59
S-Orbitale / s orbitals 318, 319, 320–321
S-Wellen / S waves 69
S. Maria della Salute / S. Maria della Salute 482
S. Maria della Vittoria / S. Maria della Vittoria 482
Saal / hall 470, 471
Säbel / sabre 548, 549
Säbelbein (Stuhl) / sabre leg (chair) 570, 571
Säbelfechter / sabreur 549
Sabik / Sabik 20
Sacajawea / Sacajawea 37
Sacculus / saccule 253
Sacralwirbel / sacral vertebra *s. auch Lendenwirbel*
Frosch 189
Saeborgium / Saeborgium 320
Safari-Fahrzeug / safari vehicle 364
Saftfrucht / succulent fruit 137, 152, 154
Saftmal / honey guide 146, 147, 151
Saftraum (Vakuole) / vacuole 122
Saftschlauch / juice sac 154
Sagartia elegans **(Tangrose)** / *Sagartia elegans* 172
Sägekante (*Tyrannosaurus*-Zahn) / serrated edge (*Tyrannosaurus* tooth) 90
Sägemuskel / serratus (anterior) muscle 236
Sägeschnitte / incisions made with serrated tool 459
Sägezahn (*Plateosaurus*) / serrated tooth (*Plateosaurus*) 94
Sagitta / Sagitta *s. Pfeil*
Sagittarius / Sagittarius *s. Schütze*
Sagittarius-Arm / Sagittarius Arm 14
Sahara / Sahara Desert 38–39, 274–275
Saigergang / dyke 284
Saiph / Saiph 18
Saite(n) / string(s)
Gitarre 516, 517
Harfe 515
Klavier 518, 519
Schläger 536, 537
Streichinstrumente 514, 515
Saitenhalter (Streichinstr.) / tailpiece (stringed instr.) 514, 515, 517
Saiteninstrumente / stringed instruments 514–515, 516–517, 518, 519
Sakristei / sacristy 474
Salamanca (Architektur) / Salamanca (architecture) 480
Salamander / salamander 188
Saling / spreader 553
Salinge / trestle trees 386
Salisbury, Kathedrale von / Salisbury Cathedral 474, 475
Salmson-9-Zylinder-Sternmotor / nine-cylinder Salmson radial engine 406, 407
Salon (Raddampfer) / lounge (paddlesteamer) 400
Saltasaurus / *Saltasaurus* 78, 97
Salz / salt
Meer 306
Seen 302, 303
Salzbildung / salt formation 322
Salzsäure / hydrochloric acid 322
Salzseen / salt lakes 302
Salzstockfalle / salt-dome trap 291
Samarium / samarium 321
Sambucus nigra **(Holunder)** / *Sambucus nigra* (elder) 136, 149
Same(n) / seed(s)
Befruchtung 152
Früchte 154–158
Nacktsamer 128, 129
Samenanlage / ovule 128, 129, 152, 153, 157
Samenblase (Mensch) / seminal vesicle (man) 269
Samenfarne / seed ferns 78
Samenfarnfossilien / fossil seed ferns 289
Samenflügel / wing of seed 128
Samenhülle / testa 152
Samenleiter / sperm duct/vas deferens
Mensch 268, 269
Hauskatze 201
Samenmantel / aril 154
Samennarbe / seed scar 128
Samenschale / testa 138, 139, 153–159
Samenschuppe / ovuliferous scale 128, 130
Samenstrangfaszie / spermatic fascia 269
Samenzelle (Mensch) / sperm (man) 269
Sammelfrucht / compound fruit 154
Sammelnußfrucht / achene 156
Sammelrohr (Niere) / collecting tubule (kidney) 266
Sammelsteinfrucht / aggregate fruit 136, 153–155
Samotherium / *Samotherium* 80
San-Andreas-Verwerfung / San Andreas Fault 64, 68, 69
Sand / sand 84
Sand-Wedge (Golf) / sand wedge (golf) 539
Sandablagerungen / sand deposits 308
Sandbahn (Pferderennen) / dirt track (horse race) 547
Sandbank / sandbank/point bar 299, 301
Sanddorn / sea buckthorn 142
Sanddünen / sand dunes 277, 292–293
Sander / outwash plain 296–297
Sanderterrasse / outwash terrace 296
Sandgrube (Golf) / sandpit/bunker (golf) 538, 539
Sandkasten (Lok) / sand box (locomotive) 336, 337
Sandmatrix / sand groundmass 287
Sandrippeln / sand waves 309
Sandstein / sandstone
Baustoff 493
Gesteine 286, 287
Sandstreuregler / sanding control 335
Sandstreurohr / sanding pipe 339
Sappho Patera / Sappho Patera 37
Saratoga-Rennparcours / Saratoga Race Course 547
Sarcophilus harrisii **(Tasmanischer Teufel)** / *Sarcophilus harrisii* (Tasmanian devil) 217
Sarkomere / sarcomeres 238
sarkoplasmatisches Reticulum / sarcoplasmatic reticulum 238
Sarracenia purpurea **(Schlauchpflanze)** / *Sarracenia purpurea* (pitcher plant) 119
Satellit / satellite 54–55, 274
Satellitenbild der Erde / satellite picture of earth 38, 274
Satellitenkarte / satellite map 274–275
Sattel / saddle
englischer 576, 577
Fahrrad 586, 587
Gitarre 516, 517
Reitsattel 376–377, 576, 577

Sattelbaum / tree (of saddle) 576
Sattelblatt / block flap (of saddle) 576, 577
Satteldach / saddle roof/saddleback roof
Gebäude des 19.Jh.s 496
Gebäude des 20.Jh.s 499
gotische Gebäude 475, 476
mittelalterliche Gebäude 471
Pantheon 466
Renaissancegebäude 480, 481
Satteldecke / numnah 546
Sattelfalte (Erde) / anticline 66, 67
Sattelfeststeller / saddle clamp 368
Sattelfirst (Erdfalte) / crest of anticline 66
Sattelflanke (Erdfalte) / limb (of fold) 66
Sattelgurt / girth 546, 576
Sattelgurtschnalle / girth buckle 577
Sattelknopf
Geige / end-pin/tail-pin 514
Reitsattel / horn 576
Sattelnagel / plated nail (saddle) 577
Sattelscharnier (Erdfalte) / hingeline (anticline) 66
Sattelstütze (Fahrrad) / seat post (bicycle) 368, 586
Sattelstützenbolzen / seat-post bolt 368
Sattelstützrohr / seat tube 368, 369
Sattelstützrohrwinkel / seat-tube angle 368
Saturn / Saturn 31, 46–47
Satz / game
Rückschlagspiele 536
Volleyball 532
Sauerstoff / oxygen
Atmung (Mensch) 264, 265
Blut 260, 261, 262
Erdatmosphäre 84, 311
Erde 39
Erdkruste 60, 64
Mars 43
Merkur 35
Nebel und Sternhaufen 17
Periodensystem 321
Photosynthese 144
Sterne 26
Versorgung des Embryos 270
Sauerstoffatom (Photosynthese) / oxygen atom (photosynthesis) 144
Sauerstoffmolekül (Photosynthese) / oxygen molecule (photosynthesis) 144
Sauerstoff-Notzufuhr / emergency oxygen feed 57
Sauerstoffversorgung des Fahrers / emergency air hose for driver 367
Sauerstoffzuleitung (Raumanzug) / oxygen inlet (spacesuit) 57
Säuger / mammals 78, *s. auch Säugetiere*
Säugerfossilien / fossil mammals 289
Säugerordnungen / mammalian orders 110
Säugetiere / mammals
Dinosaurier und ... 88, 89
Erdgeschichte 62, 63
frühe 110–115
Jura 76
Quartär 82, 83
Tertiär 80, 81
Saugluftbehälter / vacuum reservoir 334
Saugluftbremsrohr / brake vacuum pipe 334, 335, 337
Saugmagen / sucking stomach 176
Saugmund / sucker 184
Saugnapf / sucker 182
Saugrohr (Wasserkraftwerk) / draft tube (hydroelectric power station) 324
Saugrüssel (=Proboscis) / proboscis 175
Saugwurzeln / haustoria 168
Säulchen
Architektur / colonette 478
Mooskapsel / columella 125
Säule
ägyptischer Tempel / column 462, 463
Architektur des 19.Jh.s / column 497
Barock und Klassizismus / column 483, 484, 485, 487
dorische / column 464, 465
Gewölbe / column 489
griechische Bauwerke / column 464, 465
Harfe / pillar 515
Hindernis / pillar 546
ionische / column 464, 465, 485, 487, 489
korinthische / column 464, 467
Kuppeln / column 491
mittelalterliche Kirche / column 472, 473
***Phalaenopsis*-Blüte** / column 132
römische Bauwerke / column 466–469
Säulenförmig erstarrte Lava / jointed solidified lava (columns) 302
Säulengalerie / arcaded passageway 469
Säulengang / colonnade 466, 487, 488, 491
Säulengebälk / entablature 487
Säulenordnungen / order (of columns) 464, 465
Säulenschaft / shaft (of column) 463, 465, 467, 469, 482, 487, 489, 492, 497
Saumpilz / hohenbuehelia 121
Saumriff / fringing reef 309
Säure / acid 322
Säurelösung / acid solution 452
Saurischia/er / Saurischia/saurischian 88, 90, 94
Sauropoda/en / Sauropoda/sauropod 76, 89, 94
Sauropodomorpha / Sauropodomorpha 89, 94–95
Saxophon / saxophone 508, 512, 513
Scala / scala 380, 381
Scandium / scandium 320
Scapania undulata / *Scapania undulata* 124
Scaphonyx fischeri / *Scaphonyx fischeri* 75
Scapula / scapula *s. auch Schulterblatt*
Schildkröte 193
Scapulocoracoid / scapula (fish) 187
Scelidosauridae / Scelidosauridae 89
Scelidosaurier / scelidosaurs 98
Scelidosaurus / *Scelidosaurus* 77
Schaber / scraper 446, 450
Acrylmalerei 446
Druck 450
Schablone / stencil 450
Schachtelhalm / horsetail 72, 76, 126
Schachtelhalmfossilien / fossil horsetails 289
Schädel / skull
Acanthostega 86
Ankylosaurus 100
Australopithecus 114
Baryonyx 89
Camarasaurus 97
Dimetrodon 73
Diplodocus 96
Echse 190
Elefant 211
Euoplocephalus 100
fetaler 252
Hase 203
Hauskatze 201
Heterodontosaurus 89
Höhlenbär 83
Hyaenodon 113
Iguanodon 102
Känguruh 216
Knochenfisch 187
Krake 182
Krokodil 192
Lambeosaurus 105
Löwe 200
Mensch 114, 222, 228, 230–231, 232, 246, 247, 252
Moeritherium 111
Pachycephalosaurier 106
Panoplosaurus 100
Pferd 205
Phiomia 111
Plateosaurus 94
Protoceratops 108
Robbe 214
Schildkröte 83, 193
Schimpanse 212
Schlange 191
Schnabeltier 216
Smilodon 113
Styracosaurus 108
Schädeldach / cranium
Ankylosaurier 100
Camarasaurus 97
Diplodocus 96
Iguanodon 102
Lambeosaurus 105
Marginocephalier 108
Mensch 230
Pachycephalosaurus 106
Plateosaurus 94
Stegosaurier 99
Struthiomimus 93
Triceratops 109
Schädeldecke (*Pachycephalosaurus*) / skull(cap) (*Pachycephalosaurier*) 106
Schädelhöhle / brain cavity 230
Schäferhund, Deutscher / Alsatian dog 201
Schafshaut / amnion 86
Schaft
Eishockeyschläger / shaft 543
Paddel / shaft 552
Säule / shaft *s. Säulenschaft*
Skistiefel / cuff 544
Skull / shaft 552
Schaftabschluß (Schuh) / cuff (shoe)
Schaftrille (Feuersteinpfeil) / groove cut in shaft (flint arrow) 115
Schaftring / cincture 481
Schäkel / shackle 390, 394
Schäkelbolzen / shackle pin 390
Schale
Elektronenschale / shell 318, 320
für Bolusgrund / bowl 436
Muschel / shell 182
Schnecke / shell 183
Seeigel / shell 181
Skistiefel / shell 544
Schalenklappe (Muschel) / valve (bivalve) 182
Schalenverwitterung / onion-skin weathering/exfoliation 292
Schall / sound
Musik 524
Physik 324, 325
Walkman 580
Schallbecher / bell 512, 513
Schalldämpfer / silencer
Auto 360
Motorrad 370, 371, 376, 377
Schalldämpferbefestigungsschelle / silencer bracket 370
Schallenergie / sound energy 324, 325
Schallgeschwindigkeit / sonic speed/sound speed 420
Schalloch / sound-hole 516, 517
Schallrohr / tube/sound tube 512
Schallröhre / sound tube 510
Schallstück / bell 510, 511, 512, 513
Schalltrichter / flared bell 510, 511, 512
Schallwellen / sound waves
Musik 516
Ohr 252
Telefon 568
Walkman 580
Schaltanlage / switch gear 324
Schalter / switch
Bohrer 558
elektrischer 326
Fernseher 567
Schaltergehäuse / switch enclosure 564
Schaltfläche / button 579
Schaltgabel / selector fork 374
Schalthebel
Auto / gear lever 347, 350, 360
Fahrrad / gearshift 369, 587
Motorrad / gear lever 374, 376
Schalthebelabdeckung / gear lever surround 362
Schaltknöpfe (Toaster) / switches (toaster) 573
Schaltlamellen / intermediate lamella 235
Schaltraum / switchboard room 405
Schaltstange / gear-change rod 361
Schaltung, integrierte / circuit, integrated
CD-ROM 578
Telefon 568, 569
Schaltwelle / selector shaft (for gear lever) 374
Schaltwerkrolle (Fahrrad) / jockey wheel (bike) 586
Schaltzug (Fahrrad) / gear cable (bike) 587
Scham / pudenda 221
Schambein / pubic bone *s. auch Pubis*
Archaeopteryx 91
Arsinoitherium 111
Brachiosaurus 96
Dinosaurierbecken 88
Eryops 87
Gallimimus 92
Iguanodon 102
Mensch 228, 267, 269, 271
Plateosaurus 94
Stegosaurier 99
Struthiomimus 93
Tyrannosaurus 90
Schambein-Oberschenkelband / pubofemoral ligament 234
Schambeinfortsatz / pubic process
Iguanodon 102
Parasaurolophus 104
Stegoceras 106, 107
Schambeinfuge / pubic symphysis 268
Schambeinkörper / body of pubis 234
Schamlippen / labia 268
Schamnerv / pudendal nerve 248
Schanzkleid / bulwark 388, 401
Schanzkleidreling / bulwark cap 401
Scharnier / hinge
Flugzeugbauteile 416, 417, 418, 419, 429
Mundsprühgerät 434
Scharniergabel / hinge bracket 418
Scharniergelenk / hinge joint 234
Scharnierschraube / tapping screw 581
Schattenzone / shadow zone 69
Schaufel 364
Eishockeystock / blade 543

Raddampfer / float/paddle 398, 399
Trommelbremsenkühlung / scoop 373
Turbine/Generator / blade 324
Schaufelmuster / scoop pattern 486, 491
Schaufelrad / paddle wheel 398–399, 400
Schaufelraddampfer / paddlesteamer 400
Schaufelradkasten / paddle wheel box 399
Schaufelradwelle / paddle shaft 399
Schaufelschaft / paddle shaft 399
Schaumstoff (Stuhl) / foam stuffing (chair) 571
Schaumstoffbett (für Pastellkreiden) / foam compartments (for pastels) 444
Schaumstoffpolster (Beinschiene) / foam backing (leg protector) 545
Scheat / Scheat 19, 20
Schedar / Schedar 19
Scheibe (für die Kattgien) / sheave (for cat tackle) 388
Scheibenabdeckung (Bremse) / brake shield 361
Scheibenblüte / disc floret *s. auch Röhrenblüte*
Gärtnerchrysantheme 135
Scheibenbremse / disc brake
Auto 366
Eisenbahn 340, 341
Flugzeugfahrwerk 413
Motorrad 370, 371, 372, 373, 376
Scheibenbremse-Hauptzylinder / brake master cylinder 376
Scheibenventil / sleeve valve 353
Scheibenwaschdüse / washer jet 363
Scheibenwischer / wiper
Auto 342, 351, 363
Bus 338, 339
Zug 336, 337
Scheibenwischerarm / wiper arm 363
Scheibenwischerblatt / wiper blade 363
Scheibenwischerhalterung / wiper bracket and spindles 363
Scheibenwischermotor / windscreen wiper motor assembly 350
Scheidbogenrippe / longitudinal ridge-rib 473
Scheide / vagina 268, 269, 271
Scheidewand / septum
Alveolen 264
falsche 154
Frucht 154, 157
Scheinfrucht / pseudocarp/false fruit 154, 155
Apfel / pome 155
Feige / syconium 154
Scheintür / false door 463
Scheinwerfer / headlamp/headlight
Bahn 336, 338, 339
Bus 342, 343
moderne Autos 359, 363, 365
Motorrad 370, 371
Oldtimer 345, 346, 347, 348, 349
Scheinwerfereinsatz / headlamp unit 351
Scheinwerfergehäuse / headlamp shell 349
Scheinwerferring / headlamp rim 349
Scheinwerferschutz / lamp guard 365
Scheitel
Mensch / crown 222
Architektur / top/apex 488
Scheitelbein / parietal bone 230, 231
Scheitelbeinfenster (*Styracosaurus*) / parietal fenestra 108
Scheitelbeinkrause / parietosquamosal frill
Styracosaurus 108
Triceratops 108, 109
Scheitellappen / parietal lobe 246, 247
Scheitelmeristem / apical meristem 140
Scheitelrippe / ridge-rib 489
Scheitelrohr, schräges / top tube, sloping 368, 369
Schelf / shelf 292
Schenkel
Angelhaken / shank 554
Kuchenzange / tongs 331
menschliches Bein / thigh/femur 233, 236, 237
Zirkel / leg 456
Schenkelanzieher, großer / adductor magnus muscle 237
Schenkelanzieher, langer / adductor longus muscle 235, 236
Schenkelbindenspanner / tensor fasciae latae 236
Schenkelmuskel
äußerer / vastus lateralis 236
gerader / rectus femoris 236
innerer / vastus medialis 236
zweiköpfiger / biceps femoris 237
Schenkelmuskeln / thigh muscles 235, 236, 237
Schenkelnerv / femoral nerve 248
Scherbaum (Sulkygeschirr) / shaft (racing harness) 547
Schere
Architektur / scissor brace 477
Eurypteride / chelicera 85
Flußkrebs / chelicera 179
Pferdegeschirr / shaft 547
Scherenstromabnehmer / pantograph 338
Scherfalte / chevron fold 67
Schergang / sheer strake 382, 383, 388, 401
Scheuerleiste / rubbing strake 380
Schichtmalerei / painting layer on layer 440
Schichtstufe (asymmetrischer Hang) / cuesta (asymmetric ridge) 293
Schichtvulkan / ash-cinder volcano 282
Schickard / Schickard 40
Schiebedach
Avro Super 2 / sliding canopy 428
Dampflok „Mallard" / sliding roof 333
VW Käfer / sun roof 351
Schiebefenster
Architektur / sliding pane 498
Bus / sliding window 343
Flugzeug / sliding window 412
Hubschrauber / sliding window (=direct-vision panel) 426
Schiebekeile / splines 374
Schieberkasten / steam chest 344
Schieberschlitz / sleeve port 353
Schieberventil / sleeve valve 352, 353
Schiebesteckttür / plug-type door 420
Schiedsrichter
Badminton / umpire 537
Basketball / referee 530
Eishockey / referee 542
Fußball / referee 528
Schwimmen / referee 550
Tennis / umpire 536
Volleyball (1./2.) / umpire/referee 532
Schiedsrichterausrüstung (Fußball) / referee's equipment (soccer) 528
Schiedsrichterzeichen (Basketball) / referee's signals (basketball) 531
Schiefe Falte / overturned fold 67
Schiefer(gestein) / schist 284
Schiefer(sediment) / shale 287
Schieferton (=Tonschiefer) / slate/shale 284, 287
Schiemannsgarn / spun yarn 391, 392, 396
Schienbein / shin(bone)/tibia *s. auch Tibia*
Albertosaurus 90
Archaeopteryx 91
Arsinoitherium 111
Diplodocus 96
Echse 190
Elefant 211
Eryops 87
Gallimimus 92
Hase 203
Hauskatze 201
Herrerasaurus 92
Iguanodon 102, 103
Känguruh 216
Krokodil 192
Mensch 229, 242, 243
Parasaurolophus 104
Pferd 205
Plateosaurus 94
Robbe 214
Schildkröte 193
Schimpanse 212
Schnabeltier 216
Stegoceras 107
Stegosaurier 99
Struthiomimus 93
Toxodon 113
Triceratops 108
Tyrannosaurus 90
Schienbeinarterie / tibial artery 263
Schienbeinmuskel / tibialis
Iguanodon 103
Mensch 236, 243
Schienbeinnerv / tibial nerve 248
Schienbeinschutz (Eishockey) / leg pad (ice hockey) 543
Schienbeinschützer
Fußball / shin guard 529
Slalom / leg guard 545
Schiene (Eisenbahn) / rail/track 334, 341
Schiene und Straße / rail and road 334–377
Schienenstrang / track/railway line 342
Schienenstuhl / rail chair 334, 341
Schienenwagen / track roller 417
Schießpulver / explosive 405
Schießscharte / embrasure 471
Schießsport / shooting and archery 540–541
Schiffbau / shipbuilding 382
Schiffe / ships 380–405
Schifferknoten (Pinsel) / clove hitch knot (brush) 442
Schiffs-/Bootsrumpf / hull 383, 400
Schiffsboden / bottom/floor (of ship) 401
Schiffsheck (=Puppis, Sternbild) / Puppis 18, 23
Schiffskanone / gun (of ship) 402
Schiffskategorien / ships' rates/ratings 386
Schiffskiel (=Carina, Sternbild) / Carina 23
Schiffsschild / ship's shield 402, 403
Schiffsschraube / ship's propeller 398–399, 403, 404
Schiffssegel (=Vela, Sternbild) / Vela 23
Schiffszimmermann / shipwright 382
Schiftsparren / jack rafter 477
Schild (=Scutum, Sternbild) / Scutum 19
Schilddrüse / thyroid gland 224, 225, 254, 255, 265
Schilddrüsenarterie / thyroid artery 254
Schilddrüsenzellen / thyroid gland cells 227
Schildknorpel / thyroid cartilage 255, 265
Schildknorpel-Zungenbein-Membran / thyrohyoid membrane 254
Schildknorpel-Zungenbein-Muskel / thyrohyoid muscle 237, 254
Schildkröten / turtles and terrapins 78, 79, 83, 192–193
Schildrippe / formeret 473, 483
Schildvulkan / shield volcano 42, 282
Schildzapfen / trunnion 403
Schimmelpilze / moulds 120
Schimpanse / chimpanzee 212, 213
Schirm (Lampe) / shade (lamp) 565
Schlachtordnung / battle order/array 386
Schlachtschiff / battleship 400, 402–403
Schlacke / cinder 282
Schläfenbein / temporal bone 230, 231, 252
Schläfen(bein)fenster / temporal fenestra
Baryonyx 89
Camarasaurus 97
Diplodocus 96
Heterodontosaurus 89
Lambeosaurus 105
Plateosaurus 94
Protoceratops 108
Triceratops 109
Schläfenlappen / temporal lobe 247
Schläfenmuskel / temporalis (muscle) 236, 237, 239
Schlag / hitch 395, 396
halber / half hitch 396
Schlagbohrmechanismus / hammer mechanism 558, 559
Schlagbohrumschalter / hammer mechanism actuator 558, 559
Schlagbolzen (Pistole) / firing pin (pistol) 541
Schlageisen / flat chisel 456
Schläger
Eishockey / stick 542, 543
Golf / club 538, 539
Rückschlagspiele / racket 536, 537
Schlägerkopf / head (of club) 539
Schlagfell / drumhead 522
Schlagfläche (Golfschläger) / blade (golf club) 539
Schlaginstrumente / percussion instruments 520–521, 522, 523, 524
Schlagpolster / drum pad 524
Schlagwurf / overarm pass 533
Schlagzeug / Drums / drums/drum kit 522–523
Schlagzeugsynthesizer / electronic drums 524
Schlamm / mud 84
Schlammfluß / mud river 308
Schlammkrabbe / mud crab 289
Schlämmkreide / chalk 444
Schlammsprudel / mud pool 282–283

Schlangen / snakes 190–191
Schlangenhals (Wikingerschiff) / serpentine neck (Viking ship) 382
Schlangenhaupt (=Serpens Caput, Sternbild) / Serpens Caput 18, 21
Schlangenkopfverzierung / snake-head ornament 383
Schlangenschwanz (=Serpens Cauda, Sternbild) / Serpens Cauda 19, 20
Schlangenschwanzverzierung / snake-tail ornament 382
Schlangenstern / brittlestar 180, 181
Schlangenträger (Sternbild) / Ophiuchus 19, 20
Schlankmuskel / gracilis (muscle) 236, 237
Schlauch
Reifen / inner tube 428, 587
Versuchsaufbau / tube connection 323
Schlauchanschluß (Aeroquip) / pipe unit (aeroquip) 366
Schlauchpflanze / pitcher plant 119
Schlauchschelle / pipe clamp joint 415
Schlegel / beaters 520, 522, 523
Schleicher-K23-Segelflugzeug / Schleicher K23 Glider 430
Schleier / veil 121
Schleifstein / whetstone/hone-stone 456
Schleimdrüse / mucosal grand 264
Schleimhaut / mucosa 258, 267
Schleimhautfalte / ruga / fold of mucous membrane 258, 259
Schleimhautzotten / villi of mucosa 259
Schlemmkanal / sinus venosus sclerae 251
Schleppkabelführung / towing fairlead 403
Schleppkante / trailing edge 417
Schleppschraube / tug propeller 399
Schleudersitz / ejection seat / ejector-seat 56
Schleudersitzluke / ejector-seat roof hatches 425
Schleuse (Kraftwerk) / gate (power station) 324
Schlick / ooze 308
Schließfrucht / indehiscent fruit 156
Schließmuskel / sphincter muscle 259, 267
Schließzelle (Blatt) / guard cell (leaf) 144, 145
Schlinge (Schiff) / carling/carline 388
Schlitten (Armbrust) / bolt rest (crossbow) 540
Schlittschuh / skate 542, 543
Schlitz (Stuhl) / mortice (chair) 570, 571
Schlitz-Zapfen-Verbindung / mortice-and-tenon fastening
Schiffsplanken 381
Stuhl 570
Schlitzfenster / slit window 499
Schlitzverschluß (Kamera) / shutter curtain (camera) 584
Schloß
Bauwerk / castle 480, 481, 486, 494
Fahrrad / lock 368
Gewehr / bolt 541
Sicherheitsgurt / single-point safety harness release 367
Schloß Blois / Château de Blois 480
Schloß Chambord / Château de Chambord 480
Schloß Fontainebleau / Palais de Fontainebleau 480
Schloß Montal / Château de Montal 480, 481
Schloß von Himeji / Himeji Castle 494
Schloß von Versailles / Palais de Versailles 486
Schloßnagel / round pin 345
Schlot / vent 276, 282, 283
Schlucht / gorge 294–295, 300
Schlucken / swallowing 254
***Schlumbergera truncata* (Weihnachtskaktus)** / *Schlumbergera truncata* (crab cactus) 135
Schlundkopf / buccal mass 182
Schlundrohr / pharynx 173
Schlupf (eines Wachtelkükens) / hatching (of a quail's egg) 198–199
Schlüpfen / hatching
Maiasaura 104
Vogel 198–199
Schlüssel / key
Fahrradschloß 368
Uhr 562
Schlüsselbein / clavicle
Eryops 86
Känguruh 216
Mensch 221, 228
Rhesusaffe 212
Schlüsselbeinarterie / subclavian artery 263
Schlüsselbeinnervensystem / brachial plexus 248
Schlüsselbeinschlagader / subclavian artery 225
Schlüsselbeinvene / subclavian vein 263
Schlußlicht / tail-light 370, 371
Schlußring (Samenzelle) / terminal ring (sperm) 269
Schlußstein / keystone
Barock und Klassizismus 482, 483, 485, 486
Bogen und Gewölbe 488, 489
Kolosseum 469
mittelalterliche Kirche 473
Porta Nigra 469
Renaissancegebäude 480, 481
Titusbogen 467
Schmarotzerpflanze / parasite/parasitic plant 168
Schmarotzerrose / parasitic anemone 172
Schmarting / parcelling 396
Schmelzen / melting 317
Schmelzwasser / meltwater 296, 297, 299
Schmelzwasserbach / meltwater stream 296
Schmelzwassersee / meltwater pool 296
Schmetterball (Volleyball) / spike/smash 532
Schmetterlinge / butterflies and moths 174, 175
Schmiedeeisen (Schiff) / wrought iron 400, 401
Schmierleitung / lubricating pipe 335
Schmuckband / ornamental band 466
Schmuckkästchen (Sternhaufen) / Jewel Box (star cluster) 11
Schmuckleisten / decorative mouldings 484
Schmuckwerk / ornamentation 498
Schnabel / beak
Ankylosaurier 100
Corythosaurus 104
Galeerenrammsporn 380
Gallimimus 92
Iguanodon 103
Protoceratops 108
Stegosaurus 98
Triceratops 109
Vögel 194, 195, 196, 199
Schnabelknochen / rostral bone
Protoceratops 108
Triceratops 109
Schnabelsieb (Flamingo) / beak sieve (flamingo) 196
Schnabeltier / duck-billed platypus 216, 217
Schnallenschoner (Sattel) / buckle guard 577
Schnappbefestigung / snap-on fastening 57
Schnappmechanismus (Angel) / click mechanism (fishing rod) 554
Schnarrsaiten / snare 522
Schnarrteppich / snare 522
Schnauze / snout
Anchisaurus 95
Herrerasaurus 92
Iguanodontiden 102
Kaiman 192
Kieferloser Fisch 84
Pachycephalosaurus 106
Ratte 202
Schnecke
Ohr / cochlea 252, 253
Streichinstrumente / scroll 514, 515
Tier / gastropod mollusc 81, 182–183
Uhr / fusee 562
Schneckenbremse (Uhr) / fusee stop 562
Schneckenbremsenschraube / fusee stop screw 562
Schneckenfossilien / fossil(ized) gastropod molluscs 289
Schneckengang / median canal 253
Schneckenkette (Uhr) / fusee chain 562
Schneckenmotiv / scroll motif 495
Schneckennerv / cochlear nerve 253
Schneckenwellenlager (Uhr) / fusee pivot hole 562
Schnee / snow 296–297, 312
Schneeflocken / snowflakes 312
Schneidermuskel / sartorial (muscle) 236
Schneidezahn / incisor (tooth)
Mensch 255, 256
Toxodon 112
Schnellfeuerpistole / rapid-fire pistol 540
Schnellöseriemen (Fahrrad) / quick-release strap (bike) 368
Schnellspanner (Fahrrad) / quick-release bolt (bike) 586, 587
Schnellspannstift (Fahrrad) / quick-release spindle (bike) 586
Schnellspannverschluß / quick-release lever 369
Schnellverschluß / Dzus fastener 366
Schnellvorlaufmechanik / fast-forward assembly 581
Schnellvorlaufrad (Walkman) / fast-forward gear (personal stereo) 581
Schnellvorlauftaste (Walkman) / fast-forward button (personal stereo) 580
Schnellzug / fast train 335, 338, 339
Schneuß / mouchette 476
Schnitt
Buch / edge 582, 583
Rasenmäher / cut 574
Schnittgut / cuttings 574
Schnitthöheneinstellhebel (Rasenmäher) / height adjuster (lawnmower) 574
Schnitzerei (Segelschiff) / carving (sailing ship) 386
Schnitzwerk / carvings 494
Schnorchel (U-Boot) / snort mast (submarine) 405
Schnörkelzier / scroll work 383
Schnur
Angel / line 554
Geländefahrzeugausrüstung / tie 364
Kastagnetten / cord 521
Schnurfangbügel (Angel) / bail arm (fishing rod) 554
Schnurführung / level-wind system 554
Schnürsenkel / shoelace 560, 561
Schnürsenkelstift / tag 560
Schnurspule, offene / spool, unskirted 554
Schnurwicklung (Pinsel) / twine binding (brush) 438
Schockwellen / shock waves 69
Schollen / blocks/masses of rock 66, 67
Schollengebirge / block-fault mountain 68
Schollenmuskel / soleus (muscle) 237, 243
Schoner / schooner 392
Schönschrift / calligraphy 448
Schornstein
Dampflok / chimney 334, 335
Schiff / funnel 400, 401, 402, 403
Schloß Fontainebleau / chimney-stack 480
Tyringham House / chimney-stack 487
Schornsteinstag / funnel stay 403
Schot (Schiff) / sheet/bend (ship) 390, 396
Schote (Pflanze) / siliqua (plant) 156
Schothorn / clew 381
Schotschäkel / maillot 394
Schotstek / sheet bend/swab hitch 395, 397
Schott / water shoot 552
Schotter / ballast 334
Schottische Berge / Caledonian Mountains 75
Schottverstärkung / bulkhead stiffener 401
Schräge Verschiebung / oblique-slip fault 67
Schräggeison / raking cornice 484, 485, *s. auch Geison*
Schrägspannstrebe / lateral bracing strut 410
Schratsegel / fore-and-aft sails 392
Schraubbolzen / bolt
Rasenmäher 574
Toaster 572
Schraube / screw
Bohrer 558
CD-ROM 578
Druckerpresse 453
Fahrrad 586, 587
Fernseher 566
Gitarre 517
Kamera 585
Kraftwirkung 330
Lampe 564, 565
Mid-West-Wankelmotor 414
Rasenmäher 574, 575
Sattel 576
Stuhl 570
Telefon 568, 569
Toaster 572, 573
Uhr 562
Velocette-Motor 375
Walkman 581
Wantspannschraube 391
Schiffsschraube / propeller 398–399, 403, 404

selbstantreibende / propeller 399
Wasserspringen / twist dive 550, 551
Schraubenfeder
Drehgestellrahmen / coil spring 337
Stoßdämpfer / twin rate spring 373
Schraubenfeder-Aufhängung / coil spring suspension 339
Schraubenkupplung / screw coupling 335
Schraubenlager (Uhr) / screw hole (clock) 562
Schraubenloch / stud hole 414
Schraubennabe / hub (of propeller) 398
Schraubenwelle / propeller shaft 403
Schraubenzieher / screwdriver 330
Schraubgewinde / screw fitting/screw thread 329, 390, 394
Schraubhakenkupplung / hook-screw coupling 338
Schraubig angeordnete Blätter / leaves arranged spirally around the stem 126
Schraubklemme / clamp 450
Schraubensprung / twist dive 550, 551
Schraubloch / bolt hole 395
Schraubschäkel / D shackle 394
Schreibfeder 448
Federhalter / pen
Gänsekiel / quill
Spitze / nib
Schrein / shrine 494, 495
Schreinkammer / shrine chamber 495
Schreitfüße / pereopods 178
Schriftarten / lettering styles 449
Schriftzeichen, chinesische / characters, Chinese 449
Schrittfehler (Basketball) / travelling (basketball) 531
Schrödinger / Schrödinger 41
Schrotkugeln (Maracafüllung) / lead shot (maraca filling) 521
Schub / thrust 423
Schubdüse zur Lageregelung / pitch and yaw control engine 59
Schubert / Schubert 35
Schubkräfte (Architektur) / outward forces (architecture) 488
Schubkriechen / sprawling stance 88
Schublade (CD) / loading tray (CD) 578
Schubstrebe / push-rod 367, 373
Schubumkehrer / thrust-reverser 425
Schubvektorsteuerungssystem / thrust vector control system 56
Schuh / shoe 560–561
Basketball 531
Fußball 529
Golf 539
Laufen 535
Segeln 553
Tennis 536
Schuhherstellung / shoemaking 560–561
Schuhmacher / shoemaker 560
Schülercockpit / pupil's cockpit 411
Schulter / shoulder
Anchisaurus 95
Block 390, 391
Corythosaurus 104
Gorilla 213
Iguanodon 103
Kaninchen 202
Mensch 220
Pferd 205, 206, 207, 208, 209
Stegoceras 107
Stegosaurus 98
Streichinstrumente 514, 515
Schulterblatt / shoulder blade/scapula *s. auch Scapula*
Archaeopteryx 91
Arsinoitherium 110
Brachiosaurus 97
Diplodocus 96
Echse 190
Elefant 211
Eryops 86
Euoplocephalus 100
Gallimimus 92
Hase 203
Hauskatze 201
Iguanodon 102
Känguruh 216
Krokodil 192
Mensch 220, 228
Parasaurolophus 105
Pareiasaurus 87
Pferd 205
Plateosaurus 94
Rhesusaffe 212
Robbe 214
Schnabeltier 216
Stegoceras 107
Struthiomimus 93
Toxodon 112
Triceratops 108
Tyrannosaurus 90
Vogel 195
Schulterblatt-Zungenbein-Muskel / omohyoid (muscle) 239
Schulterdorn / shoulder spike
Edmontia 101
Euoplocephalus 100
Schultergelenk / shoulder joint
Brachiosaurus 97
Eryops 86
Mensch 228
Parasaurolophus 105
Plateosaurus 94
Triceratops 108
Tyrannosaurus 90
Schultergurt / shoulder strap 429
Schultergürtel (*Eryops*) / shoulder girdle (*Eryops*) 86
Schultermuskel
Brachiosaurus / scapular muscle 97
Mensch / deltoid (muscle) 236, 237
Schulterpaß (Netball) / shoulder pass (netball) 533
Schulterpolster / shoulder pad(ding)
Drachenkörperbeutel 430
Eishockeydress 543
Schulterrad (Judo) / shoulder wheel (judo) 548
Schulterverkleidung (Flugzeug) / shoulder cowling (aeroplane) 416
Schulterwürgen (Judo) / single wing (judo) 548
Schuppe(n) / scale(s)
Asteroxylon 85
braune 118
Echsen und Schlangen 190, 191
Haie 184
Knochenfische 186
Krokodile und Schildkröten 192
Pflanzen 129, 134
Schuppenblatt / scale leaf 126, 128, 129, 131, 138, 161, 168
Schuppenblattnarbe / scale leaf scar 130, 161
Schuppenhaare, braune / ramentum 127
Schuppenhaut / scaly skin
Anchisaurus 95
Corythosaurus 104
Edmontia 101
Gallimimus 93
Ichthyostega 86
Iguanodon 103
Pachycephalosaurus 106
Psittacosaurus 109
Reptilien 72, 86
Stegoceras 107
Stegosaurus 98
Triceratops 108
Tyrannosaurus 90
Westlothiana 87
Schürze / skirt
Auto 343, 349
Space-Shuttle 56
Schußpolster (Eishockey) / blocking pad (ice hockey) 542
Schusterzwirn / thread (shoemaker's) 561
Schuttmaterial / scree 292–293
Schuttquelle / coastal (valley) spring 302
Schutzanzug / protective suit 57
Schutzblech / mudguard
Fahrrad 369
Lockheed Electra 412
Schutzbrille
Pferdesport / goggles 547
Rückschlagspiele / protective eyewear 536
Schutzbügel / guard 364
Schütze (=Sagittarius, Sternbild) / Archer (=Sagittarius) 19–21
Schutzkufe (Flugzeugflügel) / wing-protecting skid 407
Schutzkuppel / outer dome 488
Schutzlack
Flugzeug / anti-corrosion paint 417
Malerei / protective varnish/fixative *s. Fixativ*
Schutzleiste / rubbing strip/rubbing strake 364, 365
Schutzleiteranschluß (Toaster) / earth connection (toaster) 572
Schutzmuffe / protective gaiter 426
Schutztasche (Sattel) / skirt (saddle) 576, 577
Schutzterrasse / refuge terrace 502
Schwamm / sponge
Druck 452
Malutensil 442
Tier 172–173, 289
Schwämme / sponges 172
Fossilien 289
Schwammparenchym / spongy parenchyma 132, 145
Schwan (=Cygnus, Sternbild) / Swan (=Cygnus) 19, 20
Schwanenhals
doppelter Palstek / goose neck (French bowline) 396
Heckzier / swan neck ornament 381
Schwangerschaft / pregnancy 270
Schwannsche Zelle / Schwann cell 238, 249
Schwanz / tail
Anchisaurus 95
Corythosaurus 104
Delphin 215
Echse 191
Herrerasaurus 92
Iguanodon 102
Känguruh 216
Kaninchen 203
Klapperschlange 191
Löwe 201
Pachycephalosaurus 106
Pferd 204
Psittacosaurus 109
Ratte 202
Salamander 188
Schildkröte 193
Skorpion 176
Stegoceras 107
Stegosaurus 99
Triceratops 108
Tyrannosaurus 90
Westlothiana 87
Schwanzfedern / tail feathers
Archaeopteryx 91
Vögel 194
Schwanzflosse
Fische / caudal fin 184, 185, 187
Space-Shuttle / fin 56
Schwanzkern (Gehirn) / caudate nucleus (brain) 247
Schwanzkeule (Ankylosaurier) / tail club (ankylosaur) 101
Schwanzknospe (menschl. Embryo) / tail bud (human embryo) 270
Schwanzkonus / tail cone 422
Schwanzmuskulatur / tail muscles
Brachiosaurus 96
Euoplocephalus 101
Gallimimus 93
Schwanzplatte (Stegosaurier) / tail plate (stegosaur) 98, 99
Schwanzschild (Trilobit) / tail shield (trilobite) 84
Schwanzstachel
Garnele / tail spine 85
Stegosaurier / caudal spine 98, 99
Schwanzstück (Samenzelle) / tailpiece (sperm) 269
Schwanzwirbel / tail vertebra
Ankylosaurier 101
Archaeopteryx 91
Arsinoitherium 111
Diplodocus 96
Echse 190
Elefant 211
Hase 203
Hauskatze 201
Iguanodon 102
Känguruh 216
Krokodil 192
Parasaurolophus 104
Pferd 205
Plateosaurus 95
Rhesusaffe 212
Robbe 214
Schnabeltier 216
Stegoceras 107
Stegosaurier 99
Struthiomimus 93
Tyrannosaurus 91
Schwärmer (Antherozoid) / male gamete (antherozoid) 125
Schwarzbär / black bear 201
Schwarze Löcher / black holes 12, 26–29
Schwarze Witwe / black widow spider 177
Schwarzer Zwerg / black dwarf 24–25
Schwarzgurt (Judo) / blackbelt (judo) 548
Schwarznußbaum / black walnut 143
Schwarzweißbilder / black-and-white photos 566
Schwebefähigkeit (Früchte) / ability to hover/to fly (fruits) 156
Schwefel / sulphur
Periodensystem 321
Minerale 278
Schwefeldioxid (Venus) / sulphur dioxide (Venus) 37
Schwefelgase (Vulkanismus) / sulphurous gases (volcanoes) 283
Schwefelsäure (Venus) / sulphuric acid (Venus) 36–37
Schwefelwasserstoff / hydrogen sulphide 51
Schweif / tail 206, 208
Schweifansatz / dock 546
Schweifriemen / crupper 547

Schweifrübe / root of tail 204
Schweine / pigs 110
Schweineborstenpinsel / hog hair brush 436, 438, 440, 448
Schweinerücken / hog's-back
Geländeform 293
Hindernis 546
Schweißband / wristband 536
Schweißdrüsen / sweat glands 244, 245
Schweißkanal / sweat duct 245
Schweißnaht (Eisenschiff) / weld line (iron ship) 400
Schweißpore / sweat pore 244, 245
Schweizer 300 C / Schweizer 300 C 427
Schwelle
Architektur / threshold 467
Eisenbahn / sleeper 334, 340, 341
Schweller / swell 518
Schwellholz / wall-plate 468, 503
Schwellmanual / swell manual/keyboard 518
Schwellmanualregister / swell stop 518
Schwemmfächer / alluvial fan 292
Schwemmkegel / alluvial cone 294
Schwere chemische Elemente / heavy chemical elements 27
Schwerkraft / gravitation/gravity 10
Schwerlastschäkel / heavy-duty shackle 365
Schwertwal / killer whale 215
Schwimmanzug / swimsuit 550
Schwimmbahn / lane 550
Schwimmbecken / swimming pool 550
Schwimmblase
Blasentang / air bladder 123
Fische / swim bladder 184, 186, 187
Schwimmbrille / swimming goggles 550
Schwimmen / swimming 550, 551
Schwimmer / swimmer 550
Schwimmhäute
Dreizehenmöwe / webbed feet (kittiwake) 196
Frosch / web (frog) 188
Schwimmlappen (Zwergtaucher) / lobed feet (little grebe) 196
Schwimmrahmenbremse / floating disc brake 372, 373
Schwimmrichter / strake judge 550
Schwimmweste / lifejacket 552, 553
Schwimmwettkämpfe / swimming competitions 550
Schwingarmaufhängung / spring/damper unit 373
Schwingen (Vogelflügel) / wings (birds) 194,197
Schwingung / vibration
Instrumente 522, 524
Telefon 568
Schwundlöcher / sink-holes 294–295
Schwunggewicht / side lever 400
Schwungrad / flywheel
Auto 345, 346, 352, 353
Flugzeug 415
Rasenmäher 574
Schiff 399
Schwungradgewinde / flywheel retaining thread 415
Schwungscheibe / flywheel 350, 357, 361
***Sciurus carolinensis* (Grauhörnchen)** / *Sciurus carolinensis* (grey squirrel) 203
***Scleroderma citrinum* (Kartoffelbovist)** / *Scleroderma citrinum* (common earth-ball) 121
Scooter / Scooter 50–51
Scorpiones / Scorpiones 176
Scorpius / Scorpius *s. Skorpion*
SCSI (CD-ROM) / Small Computer Systems Interface (SCSI) 578
Sculptor / Sculptor *s. Bildhauer*
Scutellum / scutellum 174
Scutum
Entenmuschel / scutum plate 179
Sternbild / Scutum *s. Schild*
Scyphozoa / Scyphozoa 172
Sea Change / *Sea Change* 452
Seacat-Raketenwerfer / Seacat missile launcher 405
Seamounts / seamounts 308
Seascape / *Seascape* 454
Sechsachteltakt / six-eight time (time signature) 506
Sechsblattblume / tablet flower 492
Sechseck (Architektur) / hexagon (architecture) 493
Sechzehntel(note) / semiquaver 506
Sedimentablagerungen / depositing of sediments 297, 304
Sedimentbank / sediment bar 300
Sedimente / sediments
Bodenschätze 290
Entstehung von Gebirgen 68, 69
Flüsse 298
Fossilien 288
Gletscher 296–297
Kreislauf der Gesteine 276–277
Küstenformen 304–305
Meeresboden 308–309
Sedimentgestein 286–287
Sedimentgestein / sedimentary rock 68, 69, 276–277, 284, 286–287
Sedna Planitia / Sedna Planitia 36–37
***Sedum rupestre* (Ockergelbe Fetthenne)** / *Sedum rupestre* (rock stonecrop) 134
***Sedum spectabile* (Fetthenne)** / *Sedum spectabile* (live-for-ever/iceplant) 135
See und Luft / sea and air 380–431
See-Elefant / sea elephant / elephant seal 214
Seeanemonen / sea anemones 172–173
Seegurke / sea cucumber 180
Seehund / harbour seal 214
Seeigel / sea urchin 180–181
Seelöwen / sea lions 214
Seemannsknoten / sailor's knot 395, 396, 397
Seemeile / nautical mile 588
Seen / lakes
Flußlandschaften 300–301
Gletscher 296, 297
Kreislauf der Gesteine 276, 277
magmatische und metamorphe Gesteine 285
Seen und Grundwasser 302–303
Verwitterung und Erosion 293
Seenelke / plumose anemone 172
Seepferdchen / seahorse 186
Seepocken / barnacles 178
Seeratten / ratfish 184
Seerose / water lily 164, 165
Seesterne / starfish 85, 180–181
Segel / sail(s) 380, 382, 392–393, *s. auch Bram-, Fock-, Groß-, Klüver, Lateiner-, Lugger, Rah-, Vorsegel*
Segelanordnungen / sail patterns 392
Segeleinholen / lowering sails 390
Segelflugzeug / glider 406, 430
Segelfuß / foot (of sail) 392, 393
Segelgarn / seaming twine (for sails) 392
Segelhaken / sail hook 392
Segelklappe, dreizipfelige (Herz) / tricuspid valve 261
Segelkleidung / sailing gear 552
Segelkopf / head (of sail) 392, 393
Segellatte / sail batten 384
Segelmacherhammer / sailmaker's mallet 392
Segelmacherhandschuh / sailmaker's palm 392
Segelmacherwerkzeuge / sailmaking tools 392
Segeln / sailing 552, 553
Segelregatten / sailing regattas 552
Segelschiffahrt / sailing 386–387
Segelsetzen / hoisting sails 390
Segeltrimmen / trimming sails 390
Segeltuch / sailcloth 392
Baumwolle 441, 447
Duradon 392
Kevlar 392
Mylar 392
Nylon 392
Polyester 396
Polypropylen 396
Segeltuchüberzug (Steibe-Seitenwagen) / canvas shroud (Steib chair) 370
Segelverstärkung / sail reinforcement 380, 381, 482
Segmentbogenbacksteingewölbe / segmentally arched brick vault 496
Segmentbronchus / tertiary bronchus 265
Segmente / segments 178
Segmentgiebel / segmental pediment 466, 482
Segnosauria / Segnosauria 89
Sehhügel / thalamus 247, 248
Sehne
Bogen / string 540
Gallimimus / tendon 93
Sehnenfäden / chordae tendineae 261
Sehnenhaube (Schädelhaut) / epicranial aponeurosis 247
Sehnenstreifen, weißer / linea alba 236
Sehnerv / optic nerve 250, 579
Sehnervenpapille / area of optic disc 250, 251
Sehorgan (Mensch) / organ of sight (human) 250
Sehvermögen / vision 247
Seide
Europäische / dodder 169
Malgrund / silk 434
Seil
Flaschenzug / rope 330
Gong / cord 520
Seilfänger / cable stop 373
Seilrack / rope parrel 381
Seismische Aktivität / seismic activity 64
Seismische Wellen / seismic waves 69
Seitenader (Blatt) / lateral vein (leaf) 142
Seitenansicht unserer Galaxis / side view of our galaxy 14
Seitenarmbildung (Fluß) / braiding 300
Seitenast (Schachtelhalm) / lateral branch (horsetail) 126
Seitenband / side brace 418
Seitenband und Einziehmechanikzapfen / side brace and retraction jack trunnions 418
Seitenbasissegment (des Bronchialbaums) / lateral basal segment (of bronchial tree) 264
Seitenbegrenzungsleuchte / side marker lamp 359
Seitenbogen / minor arch 488
Seitenfenster (Flugzeug) / side window (aeroplane) 416
Seitenfontanelle 230
hintere / mastoid fontanelle 230
vordere / sphenoidal fontanelle 230
Seitengaleriekappe / upper finishing 389
Seitengletscher / tributary glacier 296–297
Seitengriff (Bohrer) / side handle (drill) 559
Seitenhorn, hinteres (Ankylosaurier) / postero-lateral horn 100
Seitenkanal (Zahn) / lateral canal 257
Seitenkielschwein / side keelson 401
Seitenknospe / lateral bud 133, 135–137, 140, 160, 161
Seitenleitwerk / rudder unit 409, 413, 419, 427, 428
Seitenleitwerksspitze / fin tip/intermediate fairing 419
Seitenlinie
Badminton / side-line 537
Basketball / side-line 530
Fußball / touch-line 528
Handball / side-line 533
Knochenfisch / lateral line 187
Netball / side-line 533
Tennis / side-line 536
Volleyball / side-line 532
Seitenplatte
Ankylosaurier / lateral plate 101
Auto / end-plate 366, 367
Kieferloser Fisch / lateral plate 84
Seitenreflektor / side reflector 370, 371
Seitenruder
Flugzeug / rudder 406, 407, 409, 410, 419, 420, 425, 428, 430
Schiff / side rudder 382, 383
Seitenruderzugseil / rudder control wire/rudder cable 409, 428
Seitensäule (Halswirbel) / lateral column (cervical vertebra) 233
Seitenschale / pannier 370
Seitenschiff / side aisle
Amun-Re-Tempel 462
gotische Kirche 473, 474, 476
mittelalterliche Kirche 472
St.-Paul's-Kathedrale 488
Seitenschürze (Ford Modell T) / valance (Ford Model T) 349, 366
Seitensegment (Bronchialbaum) / lateral segment (bronchial tree) 264
Seitenspiegel (rechts, links) / rear view mirror (right-hand, left-hand) 359, 365

Seitensproß, umgewandelter / lateral shoot, modified 162
Seitenverkleidung / side fairing 367, 419, 428
Seitenwagen / sidecar 370
Seitenwand / side wall
Racquetskäfig 537
Schwimmbecken 550
Squash 537
Seitenwandschutzleiste / quarter panel moulding 362
Seitenwandverkleidung / quarter trim panel 362
Seitenwurzel / lateral root 133, 134, 136, 139, 158, 159
Seitenzweig / lateral branch 125, 161
Seitvierer (Judo) / side four quarter hold (judo) 548
Sekond (Fechten) / seconde (fencing) 549
Sekundäres Xylem (Wurzel) / Metaxylem (root) 127
Sekundärstoßdämpferstrebe / secondary shock-absorber strut 59
Sekretbläschen / secretory vesicle 226
Sekundärfarben / secondary colours 443
Sekundärkrater / secondary crater 34
Sekunde / second 331
***Selaginella* sp. (Moosfarn)** / *Selaginella* sp. (selaginella) 126
Selbstbestäubung / self-pollination/autogamy 150
Selbstendladewagen / hopper car 337
Selbstöler / mechanical lubricator 335
Selbstzündermotor / C.I. engine/diesel engine 336
Selen / selenium 321
Selenit / selenite 280
Selette / driving saddle 547
Selle Français (Pferd) / Selle Français (horse) 207
Sender / broadcast transmitter 366
Sensoren / sensors 366
Sente / riband 389
Septim (Fechten) / septime (fencing) 549
Septum (Herz) / septum (heart) 260
Sequoiadendron affinis / *Sequoiadendron affinis* 76
Serienauto / family car 354
Serpens Caput / Serpens Caput *s. Schlangenhaupt*
Serpens Cauda / Serpens Cauda *s. Schlangenschwanz*
Serpentes / Serpentes 190
Servoklappe / servo-tab 418, 419
Servolenkung / power (-assisted) steering 361
Servolenkungspumpe / power steering pump 354, 361
Sesambein / sesamoid bone 204
Setzkopf/Rundkopfniet / snap head/button head rivet 400
Setzstufe / riser 481
Setzverfahren (Mosaik) / method (mosaic)
direktes / direct method 454, 455
indirektes / indirect method 454, 455
Sevier-Graben / Sevier fault 286
Sextans / Sextans 21
Seyfert / Seyfert 41
Seyfert-Galaxien / Seyfert galaxies 12–13
Shagya-Araber (Pferd)/ Shagya-Arab (horse) 206
Sharpeysche Fasern / Sharpey's fibres 235
Shaula / Shaula 19, 20
Shelley / Shelley 35
Shinarump-Schicht / Shinarump formation 286
Shinumo-Quarzit / Shinumo quartzite 287
Shreve, R.H. / Shreve, R.H. 498
Shrewsbury (Architektur) / Shrewsbury (architecture) 496
Shunosaurus / *Shunosaurus* 97
Sibirien (geol.) / Siberia (geol.) 70, 72, 73, 78
Sicheldüne / barkhan dune 293
Sichelmotiv / sickle motif 495
Sicherheit / safety
Auto 362
Bahnverkehr 340
Sicherheitsbehälter aus Stahl (Kraftwerk) / steel girder framework (power station) 324
Sicherheitsbindung (Ski) / safety binding (ski) 544
Sicherheitsflächen (Judo) / safety areas (judo) 548
Sicherheitsgurt / seat belt
Auto 362, 363, 367
Flugzeug 410, 431
Sicherheitskette / security chain 365
Sicherheitsgurtschloß / seat belt stalk (catch) 362
Sicherheitsventil / safety valve 335
Sicherungsblech / locking plate 361
Sicherungsscheibe (Fahrrad) / lock washer (bicycle) 586
Sichtaussparung (für Piloten) / pilot's viewing aperture 408
Sichtfenster (CD-ROM) / viewing area (CD-ROM) 579
Sichtschutzwand / screen 498
***Sidalcea malviflora* (Präriemalve)** / *Sidalcea malviflora* (checkerbloom) 142
Siderit-Schicht / band of siderite 287
Sieb (Drucksieb) / mesh (printing screen) 450, 452
Siebblende (Rasenmäher) / screen panel (lawnmower) 575
Siebdruck / screen printing 450, 452
Siebdruckfarben / screen printing inks 452
Sieben Schwestern / Seven Sisters 14
Siebenkampf / heptathlon 534
Siebenmeterlinie (Handball) / penalty line (handball) 533
Siebfortsätze (Fischkiemen) / gill rakers (fish gills) 186
Siebröhre / phloem sieve tube 138
Siebteil / phloem *s. auch Leitgewebe, Phloem*
Bärlappsproß 126
Christrose 145
Farnblattspindel 127
Hahnenfuß 133, 138
Linde 140
Mais 133
Orchideenluftwurzel 168
Puffbohne 158
Strandhafer 119
Wasserhyazinthe 164
Wasserpest 165
Wirtspflanze 169
Siederohr / fire tube 335
Siedetemperatur / boiling temperature 317
Siena / Sienna
Dom von 437
gebrannte 446
Terra di 436, 438
Sierra Madre / Sierra Madre 274
Sierra Nevada / Sierra Nevada 63, 81
Sif Mons / Sif Mons 37
Sigma Canis Majoris / Sigma Canis Majoris 21
Sigma-Orbital (σ-Orbital) / sigma orbital (σ-orbital) 318
Signal / signal
Eisenbahn 340
elektrisches (Telefon) 568
Signalarm / semaphore arm 340
Signaleinrichtung (Schlachtschiff) / signal gear (battleship) 403
Signalflaggenschapp / signal flag compartment 403
Signalhorn (Lok) / signal horn/warning horn (locomotive) 336, 337, 339
Signallicht, rotes / signal light, red-filter 413
Signalpfeife (Lok) / signal(ling) whistle (locomotive) 335
Signalscheinwerfer / signalling lamp 403
Signalsystem / signal(ling) system 340
Signalwirkung (Blüten) / signalling effect (flowers) 150
Signatur / signature 441, 449
Signaturstempel / stamped signature 449
Sikorsky, Igor / Sikorsky, Igor 426
Silber / silver
Bodenschätze 290–291
chemisches Element 321, 322
Minerale 278
Silberdrahtspitze / silver wire tip 434
Silberblatt / honesty 156
Silbernadeln / needles of silver 322
Silbernitrat / silver nitrate 322
Silberstift / silverpoint pen 434, 435
Silberstiftzeichnung / silverpoint drawing 434, 435
Silicium / silicon *s. auch Silizium*
chemisches Element 316, 321
Erdkruste 64
Silikatgestein / silicate rock 39
Silikatstaub / silicate dust 53
Silizium / silicon 26
Erdzusammensetzung 39
Silks / silks 546
Silur / Silurian 62, 289
Sims / string course 491
abgetreppter / stepped cornice 498
Sinfonieorchester / symphony orchestra 508, 509, 522
Singstimmen / voices 506, 507
Singularität / singularity 29
Sinistrale Seitenverschiebung / sinistral strike-slip fault 67
Sinnesgelenk (Venusfliegenfalle) / sensory hinge (Venus fly trap) 166
Sinneskamm / crista 252
Sinnesorgane (Mensch) / sensory organs (human) 244, 250, 252, 254
Sinnesrezeptoren / sensory receptors 254
Sinneszellen (Ohr) / hair cells (of crista) 252, 253
Sinoper / red earth 437, 438, 439
Sinopie / sinopia 438, 439
Sinteroberfläche / sinter surface 438
Sintervorhang / curtain of deposited calcite 295
Sinus coronarius / coronary sinus 260
Sinus Iridum / Sinus Iridum 40
Sinus renalis / renal sinus 266
Siphonoglyphe / siphonoglyph 173
Sirius / Sirius 15, 18, 21–23
Sirius A/B / Sirius A/B 23
Sitz / seat
Boot 552
Dampfwagen 344
Honda CB750 371
Motorradfahrgestell 372
Renault Clio 362
TGV 339
Wesleke Speedway 377
Sitz-Auspuffeinheit, integrierte / one-piece seat and tail unit 376
Sitzbank
Barkasse / side bench 388
Honda VF750 / dual seat 372
Husqvara Motocross / seat 376
Vespa / seat 371
Sitzbein (=Ischium) / ischium
Archaeopteryx 91
Dinosaurier 88
Diplodocus 96
Eryops 87
Euoplocephalus 100
Iguanodon 102
Mensch 228, 234
Parasaurolophus 104
Plateosaurus 94
Stegoceras 106, 107
Stegosaurier 99
Struthiomimus 93
Triceratops 108
Tyrannosaurus 90
Sitzbeinhöcker / ischial tuberosity 234
Sitzbolzen(loch) / seat anchor bolt (hole) 413
Sitzfläche (Sattel) / leather seat (saddle) 576, 577
Sitzgruppe (ARV Super 2) / seat assembly (ARV Super 2) 429
Sitzkissen (Flugzeug) / seat cushion (aeroplane) 413, 429
Sitzkonsole / seat mount 350
Sitzlehne (ARV-Super 2) / backrest (ARV-Super 2) 429
Sitzluke (Kajak) / seat 552
Sitzpolster
Autositz / seat squab 345, 347
Motorrad / seat padding 376
Stuhl / seatpad 570, 571
Sitzrahmen (Stuhl) / seat frame 571
Sitzriemen / seat strap 371
Sitzrohr (Fahrrad) / seat tube (bicycle) 586
Sitzschale (Sulky) / seat (sulky) 547
Sitzschiene / seat attachment rail 420
Sitzstrebe / seat support strut 406
Sixt (Fechten) / sixte (fencing) 549
Skala (Federwaage) / scale (spring balances) 330
Skandinavien / Scandinavia 70
Skandinavische Berge / Scandinavian Mountains 75
Skarn / skarn 284
Skeet (Schießsport) / skeet (shooting) 540
Skelett / skeleton
Archaeopteryx 91
Arsinoitherium 110–111
Diplodocus 96
Echse 190

Elefant 211
Eryops 86
Fledermaus 111
Frosch 189
Hase 203
Hauskatze 201
Hippopotamus 83
Iguanodon 102
Känguruh 216
Knochenfisch 187
Krokodil 192
Mensch 228–229
Parasaurolophus 104–105
Pferd 205
Plateosaurus 94–95
Rhesusaffe 212
Robbe 214
Schildkröte 193
Schlange 191
Schnabeltier 216
Stegoceras 106, 107
Stegosaurier 99
Struthiomimus 93
Toxodon 112–113
Triceratops 108–109
Tyrannosaurus 90–91
Vogel 195
Westlothiana 87
Skelettmuskeln / skeletal muscles 228, 236, 238
Skianzug / ski suit 544, 545
Skibremse (Sicherheitsbindung) / brake arm (safety binding) 544
Skibrille / ski goggles 544, 545
Skier / skis 544, 545
Skiff / single scull 553
Skihandschuh / ski glove 545
Skihose / ski trousers 545
Skilanglauf / cross-country skiing 540
Skip (Dreisprung) / skip (triple jump) 535
Skipullover / padded (ski) sweater 545
Skisport (alpin) / alpine skiing 544–545
Skistiefel / ski boot 544, 545
Skistock / ski pole 544
Skizze / sketch/preparatory study 434
Skizzenbuch / sketch book 434
Sklavenfuß / slave's foot 457
Sklavenhandel / slave trade 384
Sklavenkopf / slave's head 457
Sklereide, sternförmige / sclereids, star-shaped 165
Sklerenchym / sclerenchyma *s. Festigungsgewebe*
Christrosenblatt 145
Farn 127
Rose 141
Schachtelhalm 126
Strandhafer 119
Skorpion / scorpion
fossiles Tier 288
Spinnentier 176
Sternbild (=Scorpio) / Scorpion (=Scorpio) 19–20
Skotie / scotia 467, 489
Skull / oars (for scull) 552
Skullboote / sculls 552, 553
Skulptur / sculpture
Architektur 476, 480, 483, 485, 497, 499
Bildhauerei 456, 458, 459
Skylab / *Skylab* 56
Slalom / slalom
Kanu 552
Ski 544, 545
Slalomausrüstung / slalom equipment 545
Slalomhelm / slalom helmet 545
Slalomski / slalom ski 545
Slalomskistock / slalom ski pole 545
Slalomstart / slalom start 544
Slalomtor / slalom gate 544
Slick-Rennreifen / slick tyre
Auto 367
Motorrad 373, 377
Slipher / Slipher 43
Smalten / smalti 454
Soane, J. / Soane, J. 487
Sobkou Planitia / Sobkou Planitia 35
Sockel (Architektur)
ägyptischer Tempel (Säule) / socle 462
Barock und Klassizismus / socle 482, 483, 484, 485, 488
französischer Tempel / dado 489
gotische Kirche (Wendeltreppe) / socle 476
Kuppellaterne / pedestal 490, 491
mittelalterliche Kirche (Säule) / socle 473
Renaissancegebäude / dado 480
römische Bauwerke / pedestal 466
Sockel (Harfe) / pedestal 515
Sockelkontakt (Glühbirne) / electrical contact (light bulb) 329
Sodalith / sodalite 279
Software (Musik) / software (music) 525
Sohle / sole
Golfschläger 539
Schuh 560, 561
Skistiefel 544
***Solanum tuberosum* (Kartoffel)** / *Solanum tuberosum* (potato) 134
Solar-Wings-Pegasus-Quasar-Ultraleichtflugzeug / Solar Wings Pegasus Quasar Microlight 431
Solarantrieb / solar panel drive 58
Solarium / solarium 498
Solarstromversorgung (Walkman) / solar power pack (personal stereo) 581
Solarzellen / solar panels
Japanisches Haus 500
Raumfahrzeug 54–55, 59
Solfatare / solfatara 282–283
Sombrero / Sombrero 12
Somiten (Brustabschnitte) / somites (thoracic segments) 85
Sommerblattstiel / summer petiole 166
Sommerwurz / broomrape 169
Sonar / SONAR 404, 405
Sonar-Dom / SONAR bulge 405
Sonar-Torpedoscheinziel / SONAR torpedo decoy 404
Sonarraum / Sonar room 405
Sonne / sun 32, 33
Asteroiden, Kometen und Meteoriden 52
Energie 324, 325
Gezeiten 306, 307, 311
im Universum 11
Licht 328
Milchstraße 14
Sonnensystem 30–31
Sterne 22–23
Sonnenblende
Auto / sun visor 363
Hongkong-und Shanghai-Bank / sun scoop 502
Sonnenblume / sunflower 146, 151
Sonnendach (Opernhaus Sydney) / awning (Sydney Opera House) 503
Sonnenenergie / solar energy 32, 33
Atmosphäre 310–311
Energie(kreislauf) 324, 325
Photosynthese 144
Sonnenfinsternis / solar eclipse 32
Sonnenflecken / sunspot 32–33
Sonnenstrahlung / solar radiation 32, 33, 310–311
Sonnensystem / solar system 30–31
Sonnentag / solar day 34
Sonnentau / sundew/ drosera 166
Sonnenuhr / sunddial 384, 385
Sonnenwind / solar wind 32, 38
Sonora / Sonora Desert 274
Sophokles / Sophocles 35
Sopran(stimme) / treble (voice) 506
Soralium / soralium 120
Sorbonne / Sorbonne 490
***Sorbus aucuparia* (Eberesche)** / *Sorbus aucuparia* (rowan) 136
Soredien / soredia 120
Sorgleine / rope preventer 386
Sorus (Mz.:Sori) / sorus (pl. sori) 126, 127
Sound / sound 524
Sound-Modul / sound module 525
Soziusfußraste / passenger footrest 371
Soziushaltegriff / passenger grab rail 370
Soziussitz / passenger seat 370
Sp3-Hybrid-Orbital / sp3-hybrid orbital 318
Space-Shuttle / space shuttle 56
Spachtel (Malerei) / painting knives 440
Spake / spoke 398
Spakengat / bar-hole/ pigeon hole 395
Spakenkranz (Gangspill) / drumhead/upper head (of capstan) 395
Spalt (Höhlenbildung) / joint (cave system) 295
Spaltbarkeit / cleavage 280
Spaltbruch / tear fault 67
Spaltenvulkan / rift volcano 282
Spaltfrucht / schizocarp 137, 156
Bärenklau / cremocarp 157
Spitzahorn / double samara 157
Spaltklappe / split flap 412
Spaltöffnung / stoma 124, 130, 132, 144, 145, 162–164
Spaltstoff / reactor fuel 324
Spandrille / spandrel
Alhambra 492
Big Ben 497
indisches Grabmal 493
Klassizismus 486
Renaissancegebäude 478
Spanien / Spain
Architektur 480, 482, 488, 492
Spurweite 341
Spannbacken (Bohrer) / jaw (drill) 559
Spannbeton / prestressed concrete 498
Spanndraht (Tennisnetz) / white tape (tennis net) 536
Spannfeder (Uhr) / tension spring (clock) 562
Spannfederring (Kamera) / wind lever install spring (camera) 585
Spanngewinde (Kesselpauke) / crown (timpanum) 523
Spannhebel (Pistole) / cocking lever (pistol) 541
Spannkreuz (Kesselpauke) / tension rods (timpanum) 523
Spannmast (Flugzeug) / king post 408, 409, 430, 431
Spannrahmen (Trommel) / lugs (drum) 523
Spannreifen aus Metall (Congas) / metal hoop (congas) 523
Spannriemen / tow strap 365
Spannrolle / tension pulley 368
Spannschraube
Flugzeuge / turnbuckle 406, 409, 420
Schiffstakelage / turnbuckle 390, 391
Schlagzeug / tension rod 522, 523
Skistiefel / tension control 544
Spannseil / bracing wire 408, 431
Spannstrebe / bracing strut 410
Spann- und Steuerseil / lift bracing wire 431
Spannung, elektrische / voltage
Eisenbahn 338
Physik 324, 326
Walkman 580
Spannweite
Bogen / span 488
Flugzeug / wingspan 430
Spant / rib/frame 388, 389, 398, 401
Sparren / rafter 468, 477, 490, 496, 503
Spatha / spathe 149
Spätholz / autumn wood 140
Spätzündungs-Zündkerze / trailing spark-plug 356
Speckschicht (Eiszeittiere) / fat insulation (ice-age animals) 82
Speedway-Rennen / Speedway 376
Speedway-Motorrad / Speedway motorcycle 377
Speer (Sport) / javelin (sport) 534
Speerrückführung (Speerwerfen) / withdrawal stride (javelin throw) 535
Speerspitzen / spearheads 115
Speerwerfen / javelin throw 534, 535
Speerwurfanlage / javelin fan 534
Speiche (Rad) / spoke (wheel)
Avro-Triplane-Rad 410
Druckerpresse 451
Fahrrad 368, 369, 586, 587
Mondfahrzeug 58
Motorrad 376, 377
Oldtimer 344, 345
Schaufelrad 399
Speiche (Unterarmknochen) / radius *s. auch Radius*
Archaeopteryx 91
Arsinoitherium 110
Brachiosaurus 97
Corythosaurus 105
Diplodocus 96
Echse 190
Elefant 211
Eryops 86
Euoplocephalus 100
Hase 203
Hauskatze 201
Iguanodon 102
Känguruh 216
Krokodil 192
Mensch 228, 240
Parasaurolophus 106
Pareiasaurus 87
Pferd 205
Plateosaurus 94
Rhesusaffe 212
Robbe 214
Schildkröte 193
Schnabeltier 216
Stegoceras 107
Struthiomimus 93
Toxodon 112
Triceratops 108
Vogel 195, 197
Speichel / saliva 254
Speicheldrüse / salivary gland 175, 183
Speicheldrüsen / salivary glands 254
Speichenarterie / radial artery 241, 263

Speichenendglied / distal end of radius 241
Speichennerv / radial nerve 248
Speichennippel / spoke nipple 369
Speichenrad / spoked wheel 547
Speichenschutzscheibe / spoke guard 586
Speichenseitige Hautvene / anterior median vein 263
Speicherknopf / store button 525
Speicherorgane (Pflanzen) / storage organs (plants) 134, 161, 164–165
unterirdische 134
Speichersproß / rhizome 164, 165
Speichertaste (Telefon) / memory button 568
Speicherwurzel / storage root 134
Speigatt / scupper 401
Speiseröhre / oesophagus *s. auch Oesophagus*
Brachiosaurus 97
Mensch 222, 225, 255, 258, 265
Spektralklassen / spectral types 22–23
Spektrum / spectrum 328
Spermatheka / spermatheca/seminal receptacle
Schmetterling 175
Schnecke 183
Spinne 176
Spermatophyta / Spermatophyta 128
Sperma(zelle) / sperm (cell)
Mensch 227, 268, 269
Pflanzen 153
Sperrad / click wheel 562
Sperrdifferential / locking differential 365
Sperrklinke
Toaster / catch 572
Uhr / ratchet pawl 562
Sperrklinkenrad / ratchet wheel 344
Sperrklinkenschraube (Uhr) / ratchet screw 562
Sperrschieber (Kolbendampfmaschine) / slide valve (oscillating steam engine) 398
Sperrschieberstange / slide valve rod 398
Speziallamellen / Haversian lamella 235
Sphenethmoid / sphenethmoid bone 189
Sphenopteris latiloba / *Sphenopteris latiloba* 78
Sphinktermuskel / sphincter (muscle) *s. Schließmuskel*
Sphyrna lewini **(Hammerhai)** / *Sphyrna lewini* (scalloped hammerhead shark) 185
Spica / Spica 18, 21
Spicula (Sonne) / spicule (sun) 32–33
Spiculum (Schwamm) / spicule (sponge) 172
Spiegel
Auto / mirror 342, 343, 351
Buch / board paper 582, 583
Lichtreflexion / mirror 329
Mondfahrzeug / mirror 58, 59
Motorrad / mirror 370, 371
Raumanzug / mirror 57
Spiegelreflektor / mirror reflector 346
Spiegelteleskop / reflector (telescope) 54
Spiegelung / reflection 329
Spiegelwrange / filling transom 389
Spiegelwrangenstützen / timbers under transom 389
Spielabschnitte (Basketball) / periods (basketball) 530
Spielbrett (Basketball) / back-board (basketball) 530
Spieldauer (Basketball) / length of the game (basketball) 530
Spieler (Basketball) / player (basketball) 531
Spielerwechsel (Basketball) / substitution (basketball) 531
Spielfeldmarkierungen (Fußball) / pitch markings (soccer) 528
Spielklasse (Basketball) / level (basektball) 530
Spielkleidung (Volleyball) / volleyball kit 532
Spielregeln / rules (of the game)
Fußball 528
Handball 532
Netball 532
Volleyball 532
Spielstäbchen (für Triangel) / steel beater (for triangle) 521
Spieltechniken (Basketball) / basketball skills 530
Spiere / spar 386, 390
Spikes (Laufschuh) / spike(d sole) 535
Spillklampe / whelp 395
Spinalfortsatz / neural spine
Arsinoitherium 110
Toxodon 112
Tyrannosaurus 91
Spinalganglion / spinal ganglion 233
Spinalnerven / spinal nerves 248
Spindel (Bohrer) / spindle (drill) 559
Spindelstock (Motorrad) / headstock (motorcycle) 372
Spinett / spinet 518
Spinnangeln / spinning 554
Spinnen / spiders 176–177
Fossilien 289
Spinnentiere / arachnids 176–177
Spinner / spinner
Angel 554, 555
Flugzeug 413, 428, 429
Spinnerverkleidung / propeller-hub spinner 413
Spinngewebshaut / arachnoid mater 247, 250
Spinnwarzen / spinnerets 176, 177
Spiralarm / spiral arm 12–14
Spiralfalte (Haidarm) / spiral valve (intestine of shark) 185
Spiralfeder / spiral spring
Lampe 564, 565
Motorrad 372
Spiralgalaxie / spiral galaxy 10–11, 12–13, 14–15
Spiralrohr / spiral tube 352
Spiraltang / spiral wrack 122
Spirituskocher / alcohol stove 364
Spirituslampe / spirit lamp 458
Spirogyra / *Spirogyra* 123
Spitzbogen / pointed arch 471, 473, 474, 477
Spitzendichtung (Rotor) / rotor tip seal 413
Spitzenknospe / apical bud 130, 131, 160, 161
Spitzenornament / finial 497
Spitzensegment (Bronchialbaum) / apical segment (bronchial tree) 264
Spitzenseil / apex wire 430
Spitzkuppe / butte 284, 293
Spitzkuppel / polyhedral dome 490, 491
Spitzmaulnashorn / black rhinoceros 205
Spitzpinsel / pointed brush 448
Spitzturm / spire 474, 497
Spitztürmchen / pinnacle 497
Spleiß / splicing 396
Splintholz / sapwood 131
Spoiler
BAE-146-Turbinenflugzeug / spoiler 418
Rennauto / wing 366
Skistiefel / power bar 544
Spoilerschlitz / slot (in rear wing) 366
Spoilerstoßleiste / spoiler bumper 359
Spoilerverankerung / spoiler anchorage 417
Spongin / spongine/sponge protein 172
Spongiosa / cancellous/spongy bone 234
Spongocoel / spongocoel 172
Sponsorenlogo / sponsor's logo 377
Sporangien (Ez.: Sporangium) / sporangia (sg. sporangium)
Asteroxylon 85
Bärlapp 126
Farn 127
Schachtelhalm 126
Sporen / spores
Moose und Farne 124–127
Pilze 121
Sporenbehälter / spore case
Asteroxylon 85
Farn 127
Sporenbildung / spore production 118, 120
Sporenblatt / sporangiophore 126
Sporenkapsel / spore capsule 118, 126, 127
Sporenmuttergewebe / spore-forming tissue 125
Sporenpflanze / cryptogam/sporophyte 124, 125–127
Sporenraum (Moos) / spore-containing space (moss) 125
Sporenständer / basidium 121
Sporn (Pflanzen) / spur (plants) 147, 167
Sporophyllstand / strobilus 126
Sporophyt / sporophyte 118, 124–126
Sportfliegerei / flying sport(s) 428
Sportflugzeug / sport(s) plane 428
Sportlenker / drop handlebar 369
Sportpistole / target pistol 540, 541
Sportrad
VW-Rad / sports wheel 350
Fahrrad / racing bicyle 368
Sportreifen, schlauchloser / sports tyre, tubeless 373
Sprache / speech 246, 247
Sprachfähigkeit / ability to use language 114
Sprachschaltfeld / pronunciation button 579
Sprechfunkanlage / two-way radio 428
Sprechmuschel (Telefon) / mouthpiece (telephone) 568
Spreizfeder (Uhr) / dial washer (clock) 563
Spreizklappe / split flap 412
Spreizlatte / sheer pole 381
Sprengladung / bursting charge 405
Sprengring (Kamera) / supporter ring retainer plate (camera) 585
Sprengwerk / truss frame 474, 477
Spreuschuppen / ramentum 118, 127
Springgamasche / brushing boot 546
Springpferd / showjumping horse 546
Springreiten / showjumping 546
Springsattel / showjumping saddle 546
Springtiden / spring tides 306–307
Spritzgußverfahren / injection-moulding technique 362
Spritzkanal (Mensch) / ejaculatory duct 269
Spritzlappen / mudflap 365
Spritzloch / spiracle
Acanthostega 86
Hai 184
Spritzpistole / air-brush 446
Spritzsack (Delphin) / nasal plug (dolphin) 215
Spritzwand / dashboard 345, 347, 348
Spritzwandkühler / dashboard radiator 346
Sproß / stem 140–141
Bärlapp 126
Brutsproß 160–161
Ein- und Zweikeimblättrige 132–135
Epiphyten 168
Erdsproß 161
Farn 127
holzige Blütenpflanzen 136–137
Kedrostis africana 119
Keimpflanze 153
Keimung 158–159
Nacktsamer 128–131
Schachtelhalm 126
Wasserpflanzen 164–165
Sproßausläufer / stolon 160
Sproßkambium / vascular cambium 132, 140
Sproßknolle / corm 134, 160
Sproßschmarotzer / stem parasite 169
Sproßsukkulenten / stem succulents 162–163
Sprühregen / drizzle 312
Sprungball (Basketball) / jump ball (basketball) 531
Sprungbein
Leichtathletik / foot used for take-off 535
Knochen / talus 242
Sprungbein-Kahnbein-Band / talonavicular ligament 242
Sprunggelenk
Mensch / ankle joint 229
Löwe / hock 201
Pferd / hock 204, 546
Sprunggrube / landing area 534
Sprunghöhe (Verwerfung) / throw (fault) 66
Sprungstile (Wasserspringen) / styles of dives 550, 551
Sprungwurf / jump shot
Basketball 530
Handball 533
Spule
Angel / spool 555
Fechten / reel 549
Fernseher / coil 567
Kassette / reel 580
Spulenabdeckung (Angel) / spool cover (fishing rod) 555
Spulenschraube (Angel) / spools screw (fishing rod) 555
Spund / bung 552
Spurstange / tie rod/track rod 344, 346, 347, 348, 349, 361, 367
Spurstangenkopf / track-rod end 361
Spurweite / gauge 340, 341

Squamata / Squamata 190
Squamosum / squamosal bone 189
Square / square
foot / foot 588
mile / mile 588
yard / yard 588
Squash / squash 536, 537
Squashball / squash ball 536, 537
Squashcourt / squash court
amerikanischer / American 537
internationaler / international 537
Squashschläger / squash racket 537
Sri Lanka (Architektur) / Sri Lanka (architecture) 495
St. Botolph / St. Botolph 477
St. Eustache / St. Eustache 481
St. Foi / St. Foi 472
St. George in the East / St. George in the East 485
St. Lazare / St. Lazare 472
St. Maclou / St. Maclou 476
St. Madeleine / St. Madeleine 472
St. Paul - St. Louis / St. Paul - St. Louis 483
St. Paul's and the River / *St. Paul's and the River* 435
St.-Paul's-Kathedrale / St. Paul's Cathedral 484, 488, 490, 491
St. Pierre / St. Pierre 500, 502
St. Serge / St. Serge 473
Stabheuschrecke (Eier) / stick insect (eggs) 198
Stabhochsprung / pole vault 534, 535
Stabhochsprungmatte / pole-vault mat 534
Stabilisator(en)
Auto / anti-roll bar(s) 350
Fregatte / stabilizer(s) 405
Waffen / stabilzer(s) 540
Stabilisatorgewicht / stabilizer-bar weight 426
Stabmagnet / bar magnet 327
Stabwerk / mullion 476, 477, 480
Stabzelle / rod (cell) 250
Stachel
Cello / spike 515
Dinosaurier / spike 98–99
Kaktus / spine 162
Kontrabaß / spike 515
Pflanzen / prickle 136, 141, 153
Seeigel / spine 180–181
Seesterne / spine 180–181
Stachelechsen / stegosaurs 98
Stachelhäuter / echinoderms 180–181
Fossilien 289
Stachelschwein / porcupine 203
Stachelzellschicht / stratum spinosum 245
Stadion / track and field 534
Stadionrunde / lap 534
Staffelei
Malerei / easel 441
Sternbild (=Pictor) / Pictor 21
Staffellauf / relay race 534
Staffelstäbe / relay batons 535
Staffelwettbewerb (Schießsport) / relay (shooting) 540
Stag / stay 392, 400
Stagfock / fore staysail 393
Stagfockfall / fore staysail halyard 393
Stahl / steel/iron
Architektur 496
Schiff 400
Stahlbahn (Armbrust) / steel bolt rest (crossbow) 540
Stahlbeton / ferro-concrete/reinforced concrete 324, 498, 501
Stahlbetonpfeiler / reinforced-concrete stilt 498
Stahlbeton- und Stahlbodenankerplatte / reinforced-concrete and steel floor-plate 501
Stahlfeder
Schiene / steel spring 341
Schreibfeder / steel nib 448
Stahlfeuerschott / steel firewall 412
Stahlflügel / steel wing 411
Stahlgehäuse / steel casing 327
Stahlgelenkstück (Schuh) / steel shank (shoe) 560
Stahlgitterträger / steel lattice-beam 501
Stahlkante (Ski) / steel edge (ski) 545
Stahlkarosserie / steel body 364
Stahlkelle (Zahnspachtel) / steel blade (trowel) 454
Stahlnabe / steel hub 407
Stahlpfosten / steel mullion 498
Stahlrad / steel wheel 350, 360, 361
Stahlrahmen / steel frame
Fahrrad 368
Motorrad 372
Stahlrohr
Motorrad / steel tubing 372
Signalmast / tubular steel post 340
Stahlrohrachse / tubular steel axle 407
Stahlrohrfahrwerk / tubular steel leg 407
Stahlrohrrumpf, textilbespannter / steel tube fuselage, fabric-covered 411
Stahlsäule / steel column 502
Stahlschiene(n) / steel rail(s) 340, 341
Stahlschloß / steel lock 368
Stahlschraube / steel (tapered) screw 341
Stahlskelettbauweise / steel skeleton construction 498, 501
Stahlskelettstütze / steel-framed services column 501
Stahlstiel, abknickender / steel shank, cranked 440
Stahlstifte (Schuh) / seat rivets (shoe) 561
Stahlstrebe / steel brace 497
Stahlwelle (Propeller) / steel (propeller) shaft 407
Stalagmiten / stalagmites 294–295
Stalaktiten / stalactites 294–295
Stamen / stamen 146
Stamm / stem 118
holziger 129
Stämmchen / stem 124, 125
Stammhirn / brainstem 246
Stammsukkulente (=Sproßsukkulente) / stem succulent 162
Stampfstag / martingale 390, 391
Stampfstock / spear 390
Stampfstockgei / martingale backrope 390
Stanchion / stanchion 381
Standardbred / Standardbred 546, 547
Standardpapier, europäisches / standard European paper 449
Ständer (Schlaginstrumente) / stand (drums) 522, 523
Standernummer / pennant number 405
Ständerpilze / mushrooms 120
Standplatte, stoßfedernde (Ski) / platform under boot, shock-absorbing (ski) 545
Standzylinder / graduated cylinder 322
Stange
Hindernis / pole 546
Instrumentenbogenstange / stick 514
Stangenstromabnehmer / trolley boom 342
Stangentusche / carbon ink stick 448, 452
Stanzlöcher (Schuh) / punchholes (shoe) 560
Stärkeherd / pyrenoid 118, 122
Stärkekern / starch grain 122
Stärkekorn / starch grain 139, 145
Start Abfahrtslauf / downhill start 544
Starter (Schwimmen) / starter (swimming) 550
Startergehäuse (Rasenmäher) / recoil case (lawnmower) 574, 575
Starterschale (Rasenmäher) / starter cup (lawnmower) 574
Starterschnur / rope starter 345
Startlinie
Fechten / on-guard line 549
Leichtathletik / starting line 534
Startnummer (Renn-Motorräder) / racing number plate (competition motorcycles) 372, 376, 377
Startrakete / launch vehicle 56
Stationär-Rolle (Angel) / fixed-spool reel (fishing rod) 554
Stativanschluß (Kamera) / tripod socket hole (camera) 584
Stativklemme / clamp 323
Stativstange / clamp stand 323
Stator / stator
Generator 327
Mid-West-Wankelmotor 414
Turbinenstrahltriebwerk 422
Statue / statue 483
Staubabscheider / dust trap 364
Staubbahn / dust lane 12, 13, 16, 48
Staubbeutel / anther 132, 133, 146–153
Staubblatt / stamen 128, 132, 133, 137, 146–153
Staubfaden / filament 132, 133, 146–153
Staubkappe (Fahrrad) / dust cap (bicycle) 587
Staubkokon / natal cocoon 24, 26
Staubmanschette / dust shroud 350
Staubschutz der Hörmuschel / dustcover for earpiece 568
Staubschweif / dust tail 52–53
Staubsturm / dust storm 43
Staubwolke / dust cloud 11, 12, 14–15, 16–17, 42–43, 282
Stauffer-Schmierbüchse / screwdown greaser 346, 349
Staukuppenvulkan / dome volcano 282
Staumoräne / push moraine 296
Staurikosaurus / *Staurikosaurus* 74, 75
Stealth-Bomber / stealth bomber 424
Stechbeitel / chisel 456, 457
Steckdose (Hubschrauber) / electric power socket (helicopter) 426
Steckdübel für Verkleidung / skin-grip pin 428-
Steckerverbindungsbuchse / female lead connector 580
Steckschwert (Segelboot) / centre-board (sailing dinghy) 553
Steckverbindung / jumper cable 338
Steckverbindungen, elektrische / connectors (to engine), electrical 367
Steeplechase (Pferderennen) / steeplechase (horse racing) 546
Steg / bridge
Bratsche 515
Cello 515
Geige 514
Gitarre 516, 517
Kontrabaß 515
Konzertflügel 519
Stegoceras / *Stegoceras* 106, 107
Stegosauria/er / stegosaurs 76, 89, 98, 99
Stegosauridae / Stegosauridae 98
Stegosaurus / *Stegosaurus* 76, 77, 98, 99
Stegstift / bridge pin 516
stehende Part / standing part 390, 391, 393, 396, 397
stehendes Gut / standing rigging 390, 553
Stehkolben / round-bottomed glass flask 317
Stehplatz (Globe-Theater) / standing room (Globe Theatre) 481
Steibe-Seitenwagen / Steib chair 370
Steifkappe (Schuh) / wing cap (shoe) 560
Steigbügel / stirrup
Gehörknöchelchen / stapes/stirrup 252
Pferdesport 546, 547, 576, 577
Steigbügelriemen / stirrup leather 576
Steigbügelschnalle / stirrup buckle 576
Steigphase (Hochsprung) / drive (high jump) 535
Steig- und Sinkhebel / collective-pitch lever 426
Steigung (Schiffsschraube) / pitch (ship's propeller) 398
Steilküste / highland coastline 305
Steilsprung (Hindernis) / upright planks (show-jumping fence) 546
Steinanker / stone anchor/killick 394
Steinband / stone band 493
Steinbock (=Capricornus, Sternbild) / Capricorn 19, 20
Steindruck / lithographic printing 450
Steinfrucht / drupe 137, 152–154
Steinfrüchtchen / drupelets 153–155
Steingutfliese / earthenware tile 492
Steinkanal / stone canal 180, 181
Steinkern (Frucht) / pip 154, 155
Steinkohle / bituminous coal 290
Steinkohleformationen / carboniferous system 72
Steinkohlewälder / coal-forming forests 63
Steinmetzwerkzeug / mason's tools 489
Steinmetzzeichen / mason's mark 474

Steinplastik / stone sculpture 456
Steinplatte / stone plate 450
Steinsalz / halite/rock salt 279, 286–287
Steiß (Löwe) / rump (lion) 201
Steißbein (Mensch) / coccyx (human) 232, 233
Steißbeinhorn (Mensch) / coccygeal cornu (human) 233
Steißbeinknochen / coccygeal vertebrae 228, 232
Stele / stela 463
Stellares Schwarzes Loch / stellar black hole 29
Stellares Spektrum / stellar spectral absorption lines 22–23
Stellingstek / manharness knot/butterfly knot/artillery loop 397
Stellschrauben (der Staffelei) / adjustment keys (of studio easel) 441
Stemmbrett (Ruderboot) / stretcher (rowing boat) 552
Stemmschritt (Speerwerfen) / step (javelin throw) 555
Stempel
Glühbirne / fuse enclosure 564
Kalligraphensignatur / stamp 449
Stempelkissen / ink pad 449
Stenge / mast 386
Stengel (*Asteroxylon*) / stem (*Asteroxylon*) 85
Stengelglied / internode 135, 136, 140, 160, 161, 164
Stengelorgan (Tang) / stipe (seaweed) 123
Stephenson, Robert / Stephenson, Robert 334
Stereoklang / stereo sound 580
Stereoklinkenstecker / stereo jack plug 580
***Sterna hirundo* (Flußseeschwalbe)** / *Sterna hirundo* (common tern) 199
Sternbild / constellation (of stars) 18–21
Sternbildung im Orion / star formation in Orion 24
Sterndüne / star dune 293
Sterne / stars 14–15, 16, 22–23, 24–25, 26–27, 28–29, 32–33
am Nordhimmel / of northern skies 18–19
am Südhimmel / of southern skies 20–21
Sternenstaub / stardust 12, 14, 16–17, 30, 42–43, 52–53
Sternhaufen / star cluster 11, 16
Sternkoralle / star coral 173
Sternmotiv / star motif 493
Sternparenchym / stellate parenchyma 141
Sternradbremse / star drag 554
Sternschritt (Basketball) / pivot (basketball) 530
Steueranschlag / steering stop 429
Steuerbord / starboard 552
Steuerbordbuganker / starboard bower anchor 403
Steuerbordflügel (Flugzeug) / starboard wing (aeroplane) 418
Steuerbordflügelteile / starboard wing assembly 417
Steuerbordhauptfahrwerk / starboard main landing gear 418, 428
Steuerbordhöhenruder / starboard elevator 419
Steuerbordmotorverkleidung / starboard engine cowling 429
Steuerbordpropeller / starboard propeller 406
Steuerbordseite / starboard side/steerboard side 382
Steuerbordtragflügel / starboard wing 429
Steuerbordtrimmtank / starboard forward trim tank 420
Steuerbordtür / starboard door 419, 421
Steuerbordwand / starboard wall 412, 413
Steuergehäuse / timing chest 353
Steuerholm / control column 429
Steuerhorn / control column 406, 407, 429
Steuerhornöffnung / control-column aperture 429
Steuerkammer / local control cabinet 404
Steuerkette / timing chain 355
Steuerkettenantriebsritzel / timing chain drive sprocket 355
Steuerknüppel (HPV) / joystick (HPV) 369
Steuermann / helmsman 380, 381, 384
Boot mit Steuermann / coxed 553
Rudersport / steersman 552
Steuerplattform / control platform 398
Steuerpleuelstange / secondary crankshaft 353
Steuerrad / steering wheel
Flugzeug 407, 409
Oldsmobile 346
Schiff 386, 398, 402
Steuerruder / steering oar 382
Steuerstäbe (Kernkraftwerk) / control rods (nuclear power station) 324
Steuerstand / control room 405
Steuerstange (des Fahrwerks) / landing gear radius arm 409
Steuerstromkreis / control circuit 338
Steuerung / steering
Flugzeug 428, 430
Schiff 398
Steuerzylinder / steering actuator 420
Steven (=Vordersteven) / stempost 382, 384, 389, 401
Stevenanlauf / forefoot 401
Stevenkopf / stemhead 384
Stichbalken / hammerbeam 477
Stichbalkenträgerpfosten / hammer-post
Stichroulette / roulette 450
Stickstoff / nitrogen
Erdatmosphäre 311
Helixnebel 17
Marsatmosphäre 43
Periodensystem 321
Plutoatmosphäre 51
Venusatmosphäre 37
Stickstoffgruppe / nitrogen group 321
Stickstoffmonoxid / nitrogen monoxide 322
Stickstoffverbindungen (Fleischfressende Pflanzen) / nitrates (carnivorous plants) 166
Stiefel
Fagott / butt 512
Segeln / boot 552
Ski- / boot 544
Stiel
Architektur / strut 477
Entenmuschel / stalk/peduncle 179
Pflanzen / stalk 118, 121, 124, 125
Stielnarbe / stalk scar 129
Stier (=Taurus, Sternbild) / Taurus 19, 20
Stift (Gangspill) / pin (capstan) 393
Stigma / stigma 146, *s. auch Narbe (Pflanzen)*
Stilettapparat (Nesselzelle) / stylet/barb (cnidocyte) 173
Stimmband / vocal cord 255
Stimme / voice
Singstimme 506–507
Telefon 568
Stimmnagel (Klavier) / tuning pin (piano) 518, 519
Stimmnagelblock (Flügel) / wrest plank (grand piano) 519
Stimmpedal (Kesselpauke) / tuning pedal (timpanum) 523
Stimmstock (Klavier) / pin block (piano) 518
Stimmwirbel / tuning peg 514, 515
Stimmzug / tuning slide 510
Stinkmorchel / stinkhorn 120
Stirn / forehead
Delphin 214
Elefant 211
Mensch 221, 222
Pferd 205, 210
Stirnband (Tennis) / headband (tennis) 536
Stirnbein (Mensch) / frontal bone (human) 223, 230, 231
Stirnfontanelle / anterior fontanelle 230
Stirnhautmuskel / procerus (muscle) 239
Stirnhöhle / frontal sinus 222, 255
Stirnhorn / brow horn 108
Stirnhornknochen / brow horn core 109
Stirnlappen / frontal lobe 246, 247
Stirnlocke (Pferd) / forelock (horse) 205
Stirnmuskel / frontalis (muscle) 236, 238, 239
Stirnriemen / browband 546, 547
Stirnseite (Schwimmbecken) / turning wall (swimming pool) 550
Stirnverkleidung (Architektur) / face panel (architecture) 502
Stirnwand (Racquets) / front wall (racketball) 537
Stoa / stoa 464
Stock (Eishockeyschläger) / stick (ice hockey stick) 542, 543
Stockanker / admiralty pattern anchor 394
Stockloser Anker / stockless anchor 394
Stockschraube (Stuhl) / dowel screw (chair) 570, 571
Stockschwelle (Architektur) / top-plate (architecture) 468
Stoff, chemischer / substance, chemical 316, 317
Stoffbespannung (Blackburn Monoplane) / taut fabric (Blackburn Monoplane) 408
Stoffgemische / mixtures (of substances) 316, 317
Stöfler / Stöfler 40
Stollen
ausgetrockneter / dry gallery 295
Fußballschuh / stud 529
Reifen / knob 373, 376, 586
Stollenprofil (Geländereifen) / knobbly tread pattern (trials tyre) 373, 376
Stollenreifen / knobbly tyre
Fahrrad 586
Motorrad 376
Stopfbuchse (=Stopfbüchse) / stuffing box 398
Stopfbuchsendeckel / stuffing box cover 399
Stopfen / bung 323
Stoppsignal / stop light 340, 341
Stopptaste / stop button 580
Stoppuhr / stop-watch 528
Stöpsel
Stuhl / plug 570
Uhr / peg 562
Stör / sturgeon 186
Störklappe / intermediate lift spoiler 418
Stoßauslage (Kugelstoßen) / thrust (shot put) 555
Stoßdämpfer
Auto / shock absorber 346, 348, 349, 350, 360
Eisenbahn / damper 339, 341
Flugzeugfahrwerk / shock-strut 409, 427
Funktionsprinzip / damper unit 373
Motorrad / damper/shock absorber 371, 372, 373, 376
Stoßdämpferbefestigung / shock absorber mounting 372, 376
Stoßdämpfereinsatz / strut insert (shock absorber) 350
Stoßdämpfergelenk / shock absorber linkage 376
Stoßdämpferkörper / damper body 373
Stößelrohr / valve push-rod tube 413
Stößelstange / push rod 375
Stoßfänger/Stoßstange / bumper
Auto 351, 358, 359, 365
Bus 342, 343
Stoßrad / twin-wheel tail bumper 421
Stoßwelle / shock wave 27
Stoßzahn / tusk
Elefant 210, 211
Mammut 113
Phiomia 111
Stoßzunge (Klavier) / jack (piano) 518
Strafraum (Fußball) / penalty area (soccer) 528
Strahlen (Licht) / rays (light) 328
Strahlenförmiger Krater / ray crater 34
Strahlenkörper / ciliary body 251
Strahlenzonenfaser / zonular ligament 251
Strahlrohrverbindung / jet pipe connection 423
Strahlstrom / jet stream 310
Strahltriebwerke / jet engine 414, 422–423
Strahlung / radiation 10, 12–13, 16, 22, 38, 54
elektromagnetische / electromagnetic 324, 325, 326, 327, 331
ultraviolette / ultraviolet 329
Strahlungszone / radiative zone
Hauptreihensterne 24
Sonne 33
Straight-Dämpfer / Straight mute 511
Strand / beach 304–305
Strandhorn / cuspate foreland 304
Strandversetzung / longshore drift 304–305
Straße von Turgai / Turgai Strait 77
Straßenbahnen / trams 342, 343
Straßenbahnwagen / tram 342
Straßenfußball / street football 528
Straßennetz / road network 342
Straßenrennen / road race 376
Stratocumulus-Wolken / stratocumulus clouds 312
Stratosphäre / stratosphere
Erde 39, 310–311

Jupiter 45
Mars 43
Saturn 47
Stratum / strata 293
Strauch / bush/shrub 128, 136
Strauchflechten / fruticose lichens 120
Strauß (Vogel) / ostrich 194
Straußenei / ostrich egg 199
Strebe
Architektur / brace 477, 483, 490, 494, 497
Eisenbahn / stay 334
Fahrrad / stay 586
Schaufelraddampfer / strut 398
Strebebogen / arched buttress 470, 473, 475, 497
Strebepfeiler / arched/flying buttress 474, 475, 482
Strebewerk / flying buttresses 474
Strecke / distance 331
Streckennummer / route number 338
Streckungszone / elongating region 139
Streichen (Hang) / strike (slope) 66
Streicher / strings (stringed section) 508
Streichinstrumente / bowed string instruments 514, 515
Streß / stress 260
Strich (Minerale) / streak (minerals) 280–281
Strindberg / Strindberg 35
***Strix aluco* (Waldkauz)** / *Strix aluco* (tawny owl) 196
Strohdach / thatched roof 481
Strom
elektrischer / electric current 324, 326, 327, 342
Gewässer / (big) river 298–299
Stromabnehmer
Elektrolok / pantograph 338, 340
Straßenbahn / trolley arm 342
Stromabnehmerbock / trolley base 342
Stromabnehmerkontakt / collector strip for electric current 338
Stromabnehmerkopf / trolley head 342
Stromabnehmerschuh / electric rail collector shoe 339
Stromanschluß (Mondfahrzeug) / electrical connector (Lunochod) 58
Stromatolithischer Kalkstein / stromatolithic limestone 84
Stromeinspeisung (Eisenbahn) / providing current (railway) 338
Stromerzeugung / generation of current
Eisenbahn 336
Kraftwerk 324
Stromfluß / flow of current 326
Stromgebietsformen / river drainage patterns 298
Stromgenerator / electric generator 327
Stromkabel / electric cable 521
Strömkammern für heiße Antieisluft / plenum ring for hot anti-icing air 422
Stromkreis / electrical circuit 326
Stromnetz / electric power supply system 325
Stromrichtung, technische / direction of current 326
Stromschiene / third rail 338
Stromschnellen / rapids 298, 300
Strömungsabriß-Warngerät / stall warning vane 416
Strömungswirbel / gyre 306, 307
Stromverbinder (CD-ROM) / power connector to CD-ROM 578
***Strongylocentrotus purpuratus* (Nordamerikanischer Purpurseeigel)** / *Strongylocentrotus purpuratus* (Californian purple sea urchin) 181
Strontium / strontium 320
Stropp / rope sling 381, 391
Struktur (Atome und Moleküle) / structure (atoms and molecules) 318
***Struthio camelus* (Strauß)** / *Struthio camelus* (ostrich) 194, 199
Struthiolaria / *Struthiolaria* 289
Struthiomimus / *Struthiomimus* 90, 93
Stückpforte / gunport/port(hole) 385, 387, *s. auch Geschützpforte*
Stückpfortendeckel / gunport lid 389
Stückpfortensüll / gunport drip 389
Stufe(n) / step(s) 499
ARV Super 2 428
Stufenschalter (Bohrer) / triac device 558
Stuhl / chair 370–371
Stulpe / cuff
Fechthandschuh 549
Skistiefel 544
Stumpfkrokodil / dwarf crocodile 88
Stundenlinie (Sonnenuhr) / hour line (sundial) 385
Stundenmarke (Uhr) / hour marker (clock) 563
Stundenrad (Uhr) / hour wheel (clock) 563
Stundenzeiger (Uhr) / hour hand (clock) 562, 563
Stundenzeigerschraube (Uhr) / hour hand screw (clock) 563
Stupa / stupa 494, 495
Stupika / stupica 495
Stürme / storms 312, 313
Stürmer (Fußball) / striker (soccer) 528
Sturz (geol./arch.) / lintel (geol./arch.) 305, 498
Sturzbügel / crash bar 370, 371
Sturzfeder (Sattel) / stirrup bar (saddle) 576
Sturzhelm (Abfahrtslauf) / helmet (downhill racing) 544
Sturzkappe
Springreiten / hard hat 546
Sulkyrennen / skullcap 547
Stützbein (Druckerpresse) / pillar/post (printing press) 453
Stützbrücke (Uhr) / bridge (clock) 563
Stützdraht (Glühbirne) / support wire (light bulb) 564
Stütze (Architektur) / column (architecture) 496, 500
Stutzen zum Benzinschlauch / fuel pipe inlet connection 415
Stützenhals / necking 389
Stützpfeiler / buttress 476, 483, 484, 485, 490
im Mauerwerk / strut 488
Treppe / supporting pier 481
Stützstab (Gitarre) / truss rod (guitar) 517
Stützstababdeckung / truss rod cover 517
Stützstrebe für Heckausleger / tail boom support strut 427
Stylobat / stylobate 464
Stylum / style 146
Styracosaurus / *Styracosaurus* 108, 109
Subcutis / subcutaneous tissue *s. Unterhaut*
Subduktionszonen / subduction zones 64, 291
Subgenitalhöhle / subgenital pit 173
Sublimieren / turn to gas 321
Subneuralarterie, hintere / ventral abdominal artery 179
Suboperculare / subopercular bone 187
Subtropen-Strahlstrom / subtropical jet stream 310
Sucherokular (Kamera) / viewfinder eyepiece (camera) 584, 585
Suchscheinwerfer / searchlight 402, 403
Suchscheinwerferabdeckung / light screen (searchlight) 402
Suchscheinwerferplattform / searchlight platform 402
Südafrika / South Africa
Devon 70
Spurweite 341
Südamerika / South America
Beuteltiere 110
Devon 70
Erde im Universum 38–39
Jura 76
Karbon 72
Kreide 78, 79
Ornithopoden 102
Quartär 82, 83
Säugetiere 110
Tertiär 80, 81
Trias 74
Weltkarte 274
Südamerikanische Platte / South American plate 65
Sudan (Spurweite) / Sudan (track gauge) 341
Südäquatorialstrom / South Equatorial Current 306–307
Südatlantik / South Atlantic Ocean 79
Südchinesisches Meer / South China Sea 275
Südgalaktischer Pol / South Galactic Pole 15
Südhalbkugel (der Erde) / Southern Hemisphere (of Earth) 306–307
Südkorea (Architektur) / South Korea (architecture) 494
Südlicher Fisch (=Piscis Austrinus, Sternbild) / Piscis Austrinus 19, 20
Südlicher Magnetpol (Pulsar) / south magnetic polar region (pulsar) 28
Südlicher Polarkreis / antarctic circle 274–275, 307
Südliches Dreieck / Triangulum Australe 21
Südostasien (Architektur) / Southeast Asia (architecture) 494–495
Südostpassat / southeast trade wind 310
Südostwind / south-easterly wind 313
Südpol / South Pole/south pole
Erde 38, 307, 310
Jupiter 44
magnetischer 327
Mars 42
Merkur 34
Mond 40
Neptun 50
Pluto 51
Pulsar 28
Saturn 48
Uranus 48–49
Venus 37
Südpolarregion / Antarctic region 70
Südwind / southerly wind 313
Sukkulenten / succulent (plant)s 162
Sulfat / sulphate
Meerwasser 306
Minerale 279
Sulfide / sulphides 278
Sulky / sulky 546, 547
Sulkyrennen / harness racing 547
Sullivan, Arthur / Sullivan, Arthur 506
Süllrand / cockpit rim 552
Sumatra / Sumatra 275
Sumpf / swamp/marsh 300–301, 303
Sumpfwälder / swampy (tropical) forests 72
Supai-Gruppe / Supai group 287
Super-G / Super-G 544
Super-Granule / supergranule 33
Superkontinent / supercontinent 70, 74
Supernova / supernova 16, 26–27, 29
Supernovaüberrest / supernova remnant 14–15, 28
Superriesenslalom / supergiant slalom 544
Supraflüssige Neutronen / superfluid neutrons 28
Supraoccipital-Kamm / supraoccipital crest 90
Supraoccipitale / supraoccipital bone 187
Suprascapula / suprascapula 189
Süßkartoffel / sweet potato 161
Süßwasserbucht / freshwater bay 301
Sutura / suture 212
frontonasalis / nasion 231
zygomatica / frontozygmatic suture 230
Suzuki RGV500 / Suzuki RGV500 376, 377
Sydney (Architektur) / Sydney (architecture) 503
Syenit / syenite 285
Sylviussche Spalte / lateral sulcus 247
Symbiose / symbiosis 120, 139
Symbole / symbols
biologische 589
chemische 316–323, 589
mathematische 589
physikalische 324–331, 589
Symphyse / symphysis *s. Schambeinfuge*
Synapsiden-Reptil / synapsid reptile 73
Synaptische Blase / synaptic vesicle 249
Synaptischer Knoten / synaptic knob 238, 249
***Synchiropus splendidus* (Mandarinfisch)** / *Synchiropus splendidus* (mandarinfish) 186
Synchron-Blitzkontakt (Kamera) / X-flash sync terminal 584
Synklinale / syncline 66
Synklinorium / synclinorium 67
Synsacrum / synsacrum 193
Synthesizer / synthesizer 524
Synthetische Vertikalverschiebung / normal dipslip fault 67
Syria Planum / Syria Planum 42–43
Syrien (Architektur) / Syria (architecture) 492, 493
Systole / systole 261

T

T-Leitwerk / T-type cantilevered fin 430
T-Profilträger (Architektur) / T-section (cast-iron) beam (architecture) 496
Tabletthalterungsöffnung / passenger service panel aperture 412
Tacan-Antenne / Tacan (tactical air navigation) aerial 424
Tachometer / speedometer/rev counter 370, 377
Tachometerantrieb / speedometer drive 373
***Tachybaptus ruficollis* (Zwergtaucher)** / *Tachybaptus ruficollis* (little grebe) 196
Taenia (Architektur) / taenia (architecture) 464
Tafel (mit überhobener Füllung) / fielded panel 491
Tafelberg
Geologie / mesa 285, 287, 292
Mons Mensae (Sternbild) / Mons mensae 20, 21
Südafrika / Drakensberg 275
Tafelbild / panel painting 437
Tafelmalerei / painting on wooden panels 436
Täfelung / panel(ling)
Barockkirche 484, 485
Cirque Napoleon 483
gotische Gebäude 477
indischer Tempel 495
islamischer Bogen 492
Madeleine 482
mittelalterliche Kirche 473
St. Paul - St. Louis 483
Tower Bridge 497
Tagewerk (Fresko) / giornate (fresco) 438, 439
Taifun / typhoon 312
Taileron / taileron 424, 425
Taille / waist
Bratsche 515
Cello 515
Geige 514
Kontrabaß 515
Mensch 220
Takelwerkzeuge / rigging tools 390
Takla-Makan / Takla Makan Desert 275
Taklerlehre / rigger's gauge 390
Takling / sailmaker's whipping 390, 392
Takt / time/bar 506
Taktstrich / bar (line) 506
Taktwiederholung / repeat the previous bar 506
Täler (Erde) / valleys (earth) 277, 287, 296–297, 298–299, 300, 304
Talgbeschichtung / tallow coating 387
Talgdrüse / sebaceous gland 244, 245
Talgletscher / valley glacier 296
Talhang / valley head 299
Talje / tackle 381, 390
Taljereep / lanyard 381, 390, 391
Talk / talc 280–281
Talus / talus 292–293
Talvertiefung durch Fluß / valley deepened by river 305
Tambour / drum 490
Tamburin / tambourine 508, 522
Tamp(en) / tail/rope end(s) 391, 396, 397
Tampon (Einschwärzballen) / ink dabber 450
Tamtam / tam-tam 508, 520
Tandemflügel / tandem wings 410
Tang / seaweed/wrack 122, 123
Tanganjikasee / Lake Tanganyika 275
Tangrose / sagartia 172
Tank / tank *s. auch Treibstofftank, Kraftstofftank, Öltank*
Flugzeug 400, 417, 429
Tankablaßventil / tank drain tap 413
Tankbefestigung / tank support 349
Tankbelüftung
Hubschrauber / fuel vent pipe 426
Motorrad / fuel tank breather 377
Tankdeckel / fuel filler cap 350, 358, 364
Tankeinfüllstutzen / fuel tank filler nozzle 431
Tankverkleidung / fuel tank skin 429
Tankverschlußdeckel (Rasenmäher) / cap (lawnmower) 574, 575
Tankwartungsklappe / tank inspection access 421
Tanne / fir 72
Tannenwedel / mare's tail 141
Tantal / tantalum 320
Tantalus Fossae / Tantalus Fossae 43
Tapeats-Sandstein / Tapeats sandstone 287
Tarantelnebel / Tarantula Nebula 12, 26–27
Tarnkappenbomber / stealth bomber 424
Tarsalia / tarsals 189
Tarsometatarsus / tarsometatarsus 195
Tarsus / tarsus
Insekten 174, 175
Spinnentiere 176, 177
Tasche (Raumanzug) / pocket (spacesuit) 57
Tas-de-charge / tas-decharge 473
Taschenklappe / semilunar valve 261
Tasmanischer Teufel / Tasmanian devil 217
Tassenstößel / cam follower 354, 355, 357
Tastatur / keyboard
Computer 525, 579
Tasteninstrument 518
Tastaturmembrane (Telefon) / keypad membrane (telephone) 568
Taste / key
Computer 525
Keyboard 524
Klavier 518, 519
Orgel 518
Synthesizer 524
Telefon 568
Tastendruck / pressing a key 568
Tasteninstrumente / keyboard instruments 518–519, 524
Tastenrahmen (Telefon) / keypad casing (telephone) 568
Taster (Spinnentiere) / pedipalps (arachnids) 176, 177
Tastzirkel / callipers 456
Tau Orionis / Tau Orionis 18
Tau Sagittarii / Tau Sagittarii 21
Tau (Schiff) / rope (ship) 390, 395
Taube (Symbol des Hl. Geistes) / dove (symbol of Holy Ghost) 439
Taubnessel / dead nettle 141
Taubohrung / rope hole 394
Tauchfalte / overthrust fold 67
Tauführung / fairlead 381
Taukerbe / grooving 391
Taumelscheibe / swash plate 354
Taurus
Gebirge / Taurus Mountains 83
Sternbild / Taurus *s. Stier*
Tauschnecke / cheese/cheesing 390, 396, 397
Tausendgüldenkraut / centaury 151
Tauverzierung / rope moulding 403
Tauwerk / ropes/rigging 390, 396, 397
***Taxus baccata* (Eibe)** / *Taxus baccata* (yew) 76, 129
Teakverstärkung / teak backing 401
Technetium / technetium 320
Technikdisziplinen (Leichtathletik) / field events (athletics) 534
Technosaurus / *Technosaurus* 74, 75
Tee (Golf) / tee (golf) 538, 539
Teeklipper / tea clipper 400
Teestift (Golf) / tee peg (golf) 538, 539
***Tegenaria gigantea* (Hausspinne)** / *Tegenaria gigantea* (house spider) 177
Teich / pond 538
Teilchen (Chemie) / particles (chemistry) 316, 317, 318
Teilchenstrahlung / particle properties of radiation 328
Teilkreis (Schaufelrad) / limb (paddle wheel) 398
Teilung (Manilatrosse) / jaw (manilla rope) 397
Telefon / telephone 568–569
Telefonanschluß / telephone connection 568
Telefonhörer / telephone receiver 568
Telefonhörer mit integrierter Wähleinheit / telephone handset 568, 569
Telefonkonsole / telephone base 569
Telefonnummer / telephone number 568
Telefonschnur / telephone cord 569
Telefonschnurstecker / telephone cord plug 569
Telegraphenrah / telegraphy yard 403
Telemetrie / telemetry 367
Telemetrieantenne / telemetry aerial 56
Teleskope / telescopes 54
Teleskopfederung / telescopic damper 336, 339
Teleskopgabel / telescopic fork 371, 372, 376, 377
Teleskopgabelarm / telescopic fork leg 373
Teleskopstange / telescopic fork 377
Teleskopstrebe / telescopic strut 420, 421
Teller (Skistock) / basket (ski pole) 544
Tellerrad / crown wheel 345, 348
Tellur / tellurium 321
Tellus Regio (Venus) / Tellus Regio (Venus) 36–37
Tellus Tessera / Tellus Tessera 37
Telson / telson
Garnelenfossil 85
Krebse 178
Tempe Fossae / Tempe Fossae 43
Tempel / temple
ägyptischer 462, 463
französischer 489
griechiescher 464, 465
indischer 495
Popchu-Sa 494
römischer 466
Tempelblöcke / temple blocks 520
Temperamalerei / tempera (-painting) 436–437
Temperatur / temperature
Chemie 316, 322
Erde 290, 306, 310–311, 312–313
Maße 588
Physik 329
Temperaturanzeigender Aufkleber / temperature-sensitive sticker 366
Temperaturdifferenzen / differences in temperature 292
Temperaturfühler / temperature probe 416, 422, 427, 429
Temperaturfühler-Sammelleitung / thermocouple bus-bar 423
Temperaturregler (Kocher) / flame regulator (stove) 364
Temperaturveränderungen / changes in temperature 292, 306, 311
Temple-Butte-Dolomite / Temple Butte limestone 287
Temple-Cap-Sandstein / Temple Cap sandstone 286
Tempo (Musik) / time/tempo (music) 506
Temporale / temporal bone 212
Tender / tender 334
Tenderrad / tender wheel 334
Tennis / tennis 536
Tennisaufschlag (Volleyball) / overhand serve 532
Tennisball / tennis ball 536
Tennisschuh / tennis shoe 536
Tennishemd / tennis shirt 536
Tennisnetz / tennis net 536
Tennisplatz / tennis court 536
Tennisrock / tennis skirt 536
Tennisschläger / tennis racket 536
Tennissocke / tennis sock 536
Tennisspieler/in / tennis player 536
Tenor (Stimme) / tenor (voice) 506
Tenor-Dämpfer / tenor mute 511
Tenornote / tenor note 519
Tenorsaxophon / tenor saxophone 513
Tentakel (Pl. Tentakel) / tentacle (pl. tentaceles)
Krake 182
Seeanemone 172, 173
Teppich von Bayeux / *Bayeux Tapestry* 382
Terbium / terbium 321
Tergum / tergum plate 179
Terpentin / turpentine 440
Terra di Siena / raw sienna 438
Terra Verde / terra verde 437
Terrakotta / terra-cotta 459
Terrasse(n) / terrace(s)
Architektur des frühen 20.Jh.s 498, 499
asiatische Bauwerke 494
Landschaft 296
moderne Architektur 501, 503
Terrassenbildung eines Gletschersees / lacustrine terrace 296
Tersker / Tersk 207
Tertiär / Tertiary (period) 63, 80, 81, 289
Terz (Fechten) / tierce (fencing) 549
Tesserae / tesserae
islamische Mosaiken 493
Mosaiktechnik 454
Testa / testa 138, 152,

154–159, *s. auch Samenschale*
Testfahrrad / time-trial bicycle 368, 369
Tetanurae / Tetanurae 89
Tethys
Meer / Tethys Sea 75, 77, 79, 80, 81
Saturnmond / Tethys 46
Teti (ägypt. König) / Teti (Egyptian king) 463
Tetraedrisch / tetrahedral 318
Tetralophodon / *Tetralophodon* 81, 110
Textilbespannung / fabric covering 409
Textilfarbe / textile ink 452
TGV (Train à Grande Vitesse) / TGV (Train à Grande Vitesse) 338, 339
Thalamit / thalamian 381
***Thalassiosira* sp.** / *Thalassiosira* sp. 122
***Thalictrum delavayi* (Wiesenraute)** / *Thalictrum delavayi* (meadow rue) 143
Thallium / thallium 321
Thallus / thallus 124
blattartiger / leafy thallus 122
primärer, schuppiger / primary squamulose thallus 120
sekundärer, strauchartiger / secondary fruticose thallus 120
unverzweigter, spiralig verdrehter / unbranched, spirally twisted frond 123
verzweigter, derber / branched, hard thallus 123
Thar / Thar Desert 275
Tharsis Tholus / Tharsis Tholus 43
Thaumasia Fossae / Thaumasia Fossae 43
Themis Regio / Themis Regio 36
***Theobroma cacao* (Kakao)** / *Theobroma cacao* (cocoa) 154
Therapsiden / therapsides 110
Thermosiphon / thermal siphon 335
Thermosphäre / thermosphere
Erde 310
Mars 43
Venus 37
Thermostat / thermostat 415
Theropoda/en / theropods 89, 90–93–94
***Thesium alpinum* (Alpenbergflachs)** / *Thesium alpinum* 145
Theta 1 Sagattarii / Theta 1 Sagattarii 21
Theta Andromedae / Theta Andromedae 19
Theta Pegasi / Theta Pegasi 19
Thetis Regio / Thetis Regio 36
Thorax / thorax
Mensch 224
Trilobit 84
Thorium / thorium 320
Thranit / thranite 381
Thulium / thulium 321
Thylakoid / thylakoid 145
Thylakoidmembran / lamella (membrane of thylakoid) 145
Thymin / thymine 226
Thyreophora / Thyreophora 89, 98, 99
Thyristor-Stromrichter / thyristor converter 338
Tibet / Tibet 69
Tibia / tibia *s. auch Schienbein*
Frosch 189
Käfer 174
Schmetterling 175
Skorpion 176
Spinne 177
Tibiale / tibiale/astragalus 189
Tibialis-anterior-Muskel (*Albertosaurus*) / anterior tibial muscle (*Albertosaurus*) 90
Tibiotarsus / tibiotarsus 195
Tidenhub / tidal amplitude/tidal range 307
Tidenmarken / tidal levels 304, 305
Tiefdruck
Druckverfahren / intaglio (printing) 450
Wetter / low pressure 310–312
Tiefdruckgebiete / low-pressure areas 310, 311–312
Tiefeneffekt / impression of depth 437
Tiefengestein / intrusive rock 284
magmatisches 285
Tiefenruder / hydroplane 404, 405
Tiefenschärfeskala (Kamera) / depth-of-field guide 585
Tiefenströmung / deep current 307
Tiefgangsmarken / draught/draft mark 387
Tiefgangsmarkierung / draught/draft mark 405
Tiefsee / deep sea 75, 77
Tiefseebecken / abyssal plain 308
Tiefsee-Ebene / abyssal plain 308
Tiefseegraben / ocean trench/deep-sea trench 64, 306, 309
Tiefseesedimente / deep-ocean floor sediments 309
Tiefseeton / pelagic clay 309
Tiegel (Druckerpresse) / platen (printing press) 453
Tierceron / tierceron 489
Tiere / animals 170–217
Energie 324
Tierkopf (Wikingerschiff) / animal head 382
Tigerhai / tiger shark 184, 185
***Tilia* sp. (Linde)** / *Tilia* sp. (lime) 140
***Tilia x europaea* (Winterlinde)** / *Tilia x europaea* (common lime) 149
Tinatin Planitia / Tinatin Planitia 37
Tinte / ink 448
Tintenbeutel (Krake) / ink sac (octopus) 182
Tintenfaß / ink bottle 434
Tintenfische / cephalopods (octopuses, squids, cuttlefish) 182–183
Tintenreservoir / barrel 448
Tintenstein / ink stone 448
Tisch
Haus Savoye / table 498
Tischklemmvorrichtung (Lampe) / table clamp (lamp) 565
Titan / titanium 320
Titania / Titania 48
Titanohyrax / *Titanohyrax* 80
Titanosaurier / titanosaur 97
Titanweiß / titanium white 446
Titusbogen / Arch of Titus 467
Tivoli / Tivoli 466
To-Feder / roundhand nib 448
Toaster / toaster 372–373
Toastscheiben / slices of (toast) bread 572
Tochterknolle / daughter corm 160
Tochterkolonie / daughter coenobium 122
Tochterpflanze / daughter plant 160
Tochterzwiebel / daughter bulb 160
Toilette / toilet
Bus 342
Tyringham House 487
Toleranzen / tolerances 360
Tolstoj / Tolstoj 35
Tomtom / tom-tom 522, 523
Ton / sound *s. Musik*
Tonabnehmer / pick-up 516, 517
Tonart / key 506
Tonartvorzeichen / key signature 506
Tonauswahl / tone selector 524
Tondo (Pinsel) / tondo (brush) 438
Töne / sounds 524
Ton(erde) / clay 458, 459
Tonerhöhung / raising the pitch of a note 506
Tonerniedrigung / lowering the pitch of a note 506
Tonfiguren / clay sculptures (model) 456
Tongenerator / tone generator 524, 525
Tonhaltepedal / sostenuto pedal 518, 519
Tonhöhe / pitch 506, 510, 512, 514, 520, 522
Tonkopf (Walkman) / playback head (personal stereo) 580
Tonleiter / scale 506
Tonmodell / clay model 459
Tonnage / tonnage 388
Tonne (t) / ton (t) 588, 589
Tonnengewölbe / barrel vault
Gewölbeformen 488, 489
Kolosseum 468
Kristallpalast 497
mittelalterliche Kirche 472
römischer Pantheon 467
St.Paul-St. Louis 483
Tonnenwirbel (Angeln) / barrel swivel 554
Tonplastiken / clay sculptures 456
Tonregler / tone editor control 524, 525
Tonrufgeber (Telefon) / tone ringer (telephone) 568, 569
Tonrufschalter / ringer on/off switch 569
Tönung (Papier) / toned colour (paper) 445
Tonwiedergabe / playback 525
Tonzeichenpapier / coloured and tinted paper 445, 449
Topas / topaz 281
Töpfe / pots 364
Toppnant / lift 384, 385, 386
Toppnantblock / single clump block 381
Toppsegel / topsail 384
Toppsegelbrasse / topsail brace 393
Toppsegelschoner / topsail schooner 393
Tor
Eishockey / goal 542
Fußball / goal 528
Handball / goal/net 532, 533
indischer Tempel / gate 495
Skisport / gate 544
Torauslinie (Fußball) / goal-line 528
Torf / peat 290
Torhaus (London Bridge) / gate-house 471
Torkreis (Netball) / goal circle 533
Tormann/frau (Netball) / goalkeeper (netball) 533
Torlinie / goal-line
Eishockey 542
Fußball 528
Handball 533
Tornado (Flugzeug) / Tornado (aeroplane) 424
Tornetz (Handball) / net (handball) 533
Torosaurus / *Torosaurus* 78
Toroweap-Schicht / Toroweap formation 286
Torpedo / torpedo 402
Torpedokammer / torpedo compartment 405
Torpedonetz / torpedo net 403
Torpedonetzbaum / torpedo net boom 403
Torpedorohr / torpedo tube 402, 405
Torpfosten (Handball) / post (of handball net) 533
Torraum / goal area
Fußball 528
Handball 533
Torraumlinie (Handball) / goal-area line (handball) 533
Torrichter (Eishockey) / goal judge 542
Torschiedsrichter (Handball) / goal-line referee 533
Torsionsfeder (Rasenmäher) / twist spring (lawnmower) 574
Torsionsstabfeder / torsion bar cover 350
Torus / torus 467
Torverteidiger/in (Netball) / goal defence (netball) 533
Torwart / goalkeeper
Eishockey 542
Fußball 528, 529
Handball 533
Torwarthelm (Eishockey) / goalkeeper's helmet 543
Torwartlinie (Handball) / guide mark (handball) 533
Torwartraum (Eishockey) / goal crease (ice hockey) 542
Torwartschiene / goalkeeper's pad 542
Torwartschläger (Eishockey) / goalkeeper's stick 542, 543
Torwarttrikot (Fußball) / goalkeeper's shirt 529
Torweg / doorway 499
Toskanische Pilaster / Tuscan pilaster 469
Doppelpilaster / attached Tuscan twin pilasters 487
Toskanisches Kapitell / Tuscan capital 469
Totale Sonnenfinsternis / total solar eclipse 32
Totalisator / tote board 547
Totes Meer / Dead Sea 302–303
Totholz / deadwood 389
Tour de César / Tour de César 470
Tourenrad / touring bicycle 368, 369
Tower Bridge / Tower Bridge 496, 497
Tower von London / Tower of London 470, 488
Toxodon / *Toxodon* 82, 112
Trabekel / trabecula 260, 261
Trachea / trachea *s. auch Luftröhre*
Delphin 215
Echse 191
Elefant 210
Hauskatze 201
Kaninchen 202
Mensch 254, 264
Schildkröte 193
Schimpanse 212
Vogel 195
Trachee (Leitbündel) / xylem vessel 138
Tracheenglied / xylem vessel 140
Trachenleder (Sattel) / web (saddle) 576
Trachenverstärkung / metal reinforcement 576

***Trachycarpus fortunei* (Hanfpalme)** / *Trachycarpus fortunei* (chusan palm) 133, 136
Traditionen / traditions 114
Tragbalken / girder 497
Tragegurt (Köcher) / waistband (quiver) 540
Tragevorrichtung (Walkman) / carry case (personal stereo) 580
Tragfläche / wing 430, 431
Tragflügel / aerofoil 408, 410, 424, 428
Traggabel / carrying fork 344
Trägheitsgesetz / law of inertia / Newton's first law 331
Tragriemenöse (Kamera) / strap lug (camera) 585
Tragus / tragus 252
Tragzapfen / lifting lug 340
Trajansforum / Forum of Trajan 467
Trakehner (Pferd) / Trakehner (horse) 207
Tränenbein / lacrimal bone
Mensch 251
Protoceratops 108
Tränendrüse / lacrimal gland 251
Tränenfilm / tear film 250
Tränennasengang / nasolacrimal duct 251
Tränenpunkt / lacrimal punctum 251
Tränenröhrchen / lacrimal canaliculus 251
Tränensack / lacrimal sac 251
Tränenwärzchen / caruncle 223
Transformator / transformer
Physik 324
Eisenbahn 338
Transistor (Telefon) / transistor (telephone) 569
Transparente Farbe / transparent colour 440, 442
Transpiration / transpiration 142
Transponderantenne / transponder aerial 427
Transporthalterung für 40 Batterien / mounting for tray of 40 batteries 352
Transportsystem / transport system 342
Transversalbogen / transverse arch
mittelalterliche Kirche 472
gotische Kathedrale 473
St.Paul-St.Louis 483
Kreuzrippengewölbe 489
Transversalwellen / S waves *s. S-Wellen*
Trap (Schießsport) / trap (shooting) 540
Trapez / trapezium
Architektur 497
Sterngruppe 17
Trapezmuskel / trapezius (muscle) 236, 237, 239
Traube
Blütenstand / raceme 135
Rachen / uvula 255, 258
Traubenhyazinthe / grape hyacinth 161
Traufbohle / eaves board 494
Traufe / eaves 66
Traverse / crossbeam 502
Travertinarkaden, äußere / travertine shell 468
Trefferanzeigesystem, elektrisches (Fechten) / scoring apparatus, electrical (fencing) 548, 549
Trefferzonen (Fechten) / target areas (fencing) 548, 549
Trefflächen (Fechten) / target areas (fencing) 549
Treibachse / driven axle 339
Treibhauseffekt / greenhouse effect 36, 310–311
Treibhausgase / greenhouse gases 311
Treibrad / driving wheel 334
Treibstange / connecting rod 335
Treibstoff-Luft-Gemisch / mixture of fuel and air 422, 423
Treibstoff-Öl-Wärmetauscher / fuel-cooled oil cooler 422
Treibstoffdruckleitung / fuel-jettison pipe 421
Treibstoffdüse / fuel nozzle 422, 423
Treibstoffeinfüllstutzen / fuel-filler cap 406, 417
Treibstofffilter / fuel filter 423
Treibstoffleitung / fuel pipe/fuel manifold 421, 422, 429
Treibstoffmengenanzeiger / fuel contents indicator 417
Treibstoffpumpe / fuel pump
Flugzeug 420, 421
Hubschrauber 426
Treibstofftank / fuel tank *s. auch Kraftstofftank*
Flugzeug 421, 425
Hubschrauber 427
Motorrad 370, 371, 377
Treibstofftankdeckel / fuel tank filler cap 377
Treibstofftropfenfänger / fuel drip-tray 415
Treibstoffverbrennung / burning fuel 416
Treibstoffzufuhr / fuel inlet 423
Tremolo / wavering pitch 521
Trennbodenebene / floor level 416, 417
Trennventil / isolator valve 335
Trennwand (ARV Super 2) / bulkhead (ARV Super 2) 429
Trennwandverkleidung (Lockheed Electra) / bulkhead trim (Lockheed Electra) 413
Treppe / stair(case)/stairway
Bibliotheca Laurenziana 479
Bus 342
Donjon 470
gotische Kathedrale 474
indisches Grab 493
Opernhaus Sydney 503
Schloß Montal 481
St. Pierre/Libreville 503
Tyringham House 487
Treppenaufgang / staircase
Bibliotheca Laurenziana 479
Centre Pompidou 500
indischer Tempel 503
Schloß Montal 481
Tyringham House 487
Treppenstufen / steps 503
Treppklampe / step 386, 389
Tretkurbel / pedal crank
Fahrrad 586, 587
Kraftwirkung 330
Tretkurbelstern (Fahrrad) / spider (bicycle) 586
Tretlager / pedal-crank bearing 330
Tretlagerachse (Fahrrad) / bottom bracket axle (bike) 586
Tretlagergehäuse (Fahrrad) / bottom bracket shell 586
Tretlagerhülse / bottom bracket sleeve 586
Tretlagerschale, feste (Fahrrad) / fixed cup (bike) 586
Trevithick, Richard / Trevithick, Richard 334
Trials-Reifen / trials tyre 373
Triangel / triangle 508, 521
Triangulum / Triangulum *s. Dreieck*
Triangulum Australe / Triangulum Australe *s. Südliches Dreieck*
Trias / Triassic (period) 63, 74, 75, 90, 94, 110, 289
Tribüne / tribune 471
Triceratops / *Triceratops* 106, 108, 109
Trichom / trichome 162
Trichter
chemisches Gerät / funnel 323
Echse / funnel 191
Eileiter (Mensch) / fimbria of Fallopian tube 268, 269
Krake / siphon/funnel 182, 183
Trieb (Uhr) / pinion (clock) 562
Triebwerke / aero-engines
Kolbentriebwerk 414–415
Raumfahrt 56
Turbinenluftstrahltriebwerk 422
Turbofan 416, 423
Turbojet 423
Turboprop 423
Triebwerklufteinlaß / engine air intake 424
Triebwerksaufhängung / engine mount 422, 423
Triebwerkseinlaß / port engine air intakes 421
Triebwerksinstrumente / engine instruments 429
Triebwerksmast / engine pylon 416
Triebwerkssteuereinheit / engine control, electronic 422
Trier (Architektur) / Trier (architecture) 469
Triere / triere 380, 381
Trifidnebel / Trifid Nebula 16
Triforium / triforium 473
Triglyphe / triglyph 464
Trikot / shirt/team shirt 542
Trikuspidalklappe / tricuspid valve 261
Trillerpfeife / whistle
Schiedsrichter 528
Schwimmweste 553
Trilobiten / trilobites 62, 70, 84, 289
Trimala / trimala 493
Trimmklappe / trimtab 413, 419, 428
Trimmwellenzugang / access to trim jack 419
Trimtab / trimtab 418
Trinitätskapelle / Trinity Chapel/Lady Chapel 474
Triplebarren / triple bar 546
Trireme / trireme 380, 381
Triton / Triton 50
Trittbrett
Eisenbahn / step 334, 336
Auto / running board 347, 349, 351
Trittbretthalterung / running-board support 349
Trittbrettstrebe / running-board stay 348
Trittstufe / step
Auto 344, 365
Flugzeug 427
Treppenaufgang 481
Trizeps / triceps (brachii) 237
Trochanter / trochanter
Insektenbein 174
Skorpionbein 176
Spinnenbein 177
Trockenfrucht / dry fruit 119, 137, 156
Trockenpflanze / xerophytic plant 162
Trockental / dry wash 293
Trockentechnik / dry brush 443
Trockenzeit / dry season 303
Trogtal / U-shaped valley 297
Trojan-Zweitakt-Doppelkolbenmotor / Trojan two-stroke engine 352
Trommel / drum
Bremse 372–373
Druckerpresse 453
Kuppel St. Paul's 485
Kuppeln 490, 491, *s. auch Tambour*
Säule 464
Schlaginstrument 508, 509, 520, 522, 523
Trommelbremse / drum brake 369, 370, 371, 372, 373
Trommelfell
Instrument / drumhead/drumskin 522, 523
Ohr / eardrum/tympanum 188, 190, 199, 252, 253
Trommelfellspannung / tension of the drumhead 522
Trommelkörper / body-shell of drum 523
Trommelschlegel / drum beaters/drum sticks 520
Trommelstock / drum stick 522, 523
Trompe / squinch 470
Trompete
festgesteckte / pinned sheepshank 397
Instrument / trumpet 507, 508, 510
Schifferknoten / sheepshank 397
Tropenvegetation / tropical vegetation 74
Tropeter / tropeter 381
Tropfölschmierbehälter / oil bottle dripfeed 346
Tropic-Schicht / Tropic formation 286
Tropische Wirbelstürme / tropical cyclones 312
Tropischer Regenwald / tropical rainforest 38–39
Troposphäre / troposphere
Erde 310
Jupiter 45
Mars 43
Saturn 47
Venus 37
Trosse / hawser/heavy rope 394, 395, 396
Trossenführung / hawser fairlead 403, 405
Trossenstek / carrik bend 395
Truncus pulmonalis / pulmonary trunk 261, 265, *s. auch Lungenschlagaderstamm*
Tschattra / chattra 494, 495
Tschattravali / chattravali 495
Tschechow / Chekhov 35
Tu-144 / Tu-144 420
Tuba / tuba 508, 509, 511
Tuben-Aquarellfarbe / watercolour paint in tubes 442
Tubenspritzeffekt / extruded/squeezed effect 447
Tubus
distaler / distal convoluted tubule 267
proximaler / proximal convoluted tubule 267
Teleskop / telescope tube 54
Tudorbogen / Tudor arch 488
Tumbas / congas 523
Tunnel (Eisenbahn) / tunnel (railway) 340
Tuojangosaurus / *Tuojangosaurus* 98
Tupelobaum / tupelo 143
Tüpfeleffekt / stippled effect 446
Tupfer / dabs 441
Tür / door
Renault Clio 359
Tyringham House 487
Türanker / anchor for (open) door 416

Türattrappe / dummy door 349
Turbine / turbine
Flugzeugmotor 423, 426
Kraftwerk 324
Turbinenabluft / jet pipe 427
Turbinendüse / core-engine jet pipe 419
Turbinenflugzeuge / jet planes 416–417, 418, 419
Turbinengehäuse / turbine support case 423
Turbinenluftstrahltriebwerk / turbojet 422
Turbinenrad (Turbo-Diesel-Motor) / turbo propeller 337
Turbinenschaufelrad / turbine rotor 422
Turbinenstrahldüse / core-engine jet pipe 416
Turbinenwelle / turbine drive shaft 423
Turbofan / turbofan 416, 422, 423
Turbojet / turbojet 422, 423
Triebwerk 416, 422
Turbolader / turbocharger 337, 357, 366
Türdichtung (Auto) / door seal 362, 363
Turdus viscivorus **(Misteldrossel)** / *Turdus viscivorus* (mistle thrush) 196
Türgriff (Auto) / door handle (car) 358
Türkei / Turkey
Architektur 491
Spurweite 341
Türkenbund / Turk's head 391
Türkischer Halbmond / Turkish crescent 492
Türkisfarbenes Glas / turquoise glass 493
Türkisfarbene Fliesen / turquoise tiles
Turm / tower
Barock und Klassizismus 484–485
Glockenturm 481
Gotik 474–477
Kuppeln 490–491
Minarett 493
mittelalterliche Gebäude 470–471
mittelalterliche Kirchen 472–473
Pagode 494
Turmalin / tourmaline 279
Türmchen / turret
gotische Kirche 475, 476
Kuppeln 490
Renaissancebauten 480, 481
Turmdachreling (Geschützturm) / turret roof rail (gun turret) 403
Turmfalke / kestrel 195
Turmgewölbe / tower vault 473
Turmhelm / spire
gotische Kirche 475, 476, 477
mittelalterliche Kirche 472
Turmknauf / finial 485
Turmknopf / orb 474, 475, 481, 490, 491, 497
Turmlagerrolle (Geschützturm) / turret roller (gun turret) 404
Turmmittelbau (Geschützturm) / turret trunk (gun turret) 404
Turmspringen / high(board) diving 550
Turner, William / Turner, William 443
Türöffner / door opener/ door handle
Auto 351, 363
Flugzeug 416, 418
Türpfosten / door jamb 482
Türscharnier (Auto) / door hinge (car) 359, 365
Türscheibe (Auto) / door glass (car) 358
Türschloß / door lock 358
Türschlüssel (Auto) / door key (car) 358
Türschutzleiste / rubbing strake 356, 363
Türschwellenverkleidung / sill trim 363
Türspion / peephole 416
Türsturz / lintel 463
Türverankerung / anchor for (open) door 416, 418
Türverkleidung / door trim panel 363
Türverriegelungsknopf / door lock 358
Türziehgriff / door pull handle 363
Tuschestift / ink pen/Rotring pen 448
Tuschfeder / tusche pen 452
Tyagaraja / Tyagaraja 35
Tycho / Tycho 40
Tympanalhöhle / tympanic bulla
Bär 200
Löwe 200
Tyrannosaurus / *Tyrannosaurus* 78, 79, 90
Tyringham House / Tyringham House 487

U

U-Boot / submarine 402, 404–405
U-Rohr / U-tube 323
Überaugenwulst / brow ridge
Australopithecus 114
Homo sapiens 114
Überbrückung des Höhenunterschieds zwischen Haupt- und Nebenbogen / concealing difference in heights between main arch and minor arch 488
Überfeder / detatachable ink reservoir 448
Übergangsmetalle / transition metals 320–321
Übergurtschlaufe / surcingle loop 547
Überhang (Architektur) / drop (architecture) 491
Überhängender Steven / raking stempost 384
Überhitzerrohr / superheater tube 335
Überkippte Falte (geol.) / recumbent fold (geol.) 67
Überkopfpaß (Basketball) / overhead pass (basketball) 530
Überlagerung (von Farben) / scumbling (colours) 445
Überlandreisen (Bus) / intercity-travel and touring (bus) 342
Überschallflugzeuge / supersonic aircrafts 420–421
Überschallknall / sonic bang 420
Überschiebung (Verwerfung) / thrust fold 67
Überschwemmung / flood 300
Überschwemmungsebene / flood-plain 299, 300–301
Übersichtsfiguren (CD-ROM-Programm) / navigational figures (CD-ROM) 579
Überspannungsschutz / circuit braker 324
Überströmkanal / transfer port 352
Übertragungsreifen / pulley rim 370
Überwachungsradar / surveillance RADAR 405
Überzug (Buch) / cover (book) 583
Übungsball (Golf) / practice ball (golf) 539
Übungsgranate / practice projectile 404
Uferwall / levee 299, 300–301
UHF-Funkantenne / UHF aerial 424
Uhr / clock 562–563
Walkman 580
Uhrbefestigungsplatte (Walkman) / clock retainer plate shield (personal stereo) 581
Uhrengehäuse / clock case 562
Ulme / elm 156
Ulmus minor **(Feldulme)** / *Ulmus minor* (field elm) 150
Ulnare (Vogelflügel) / carpal (bird's wing) 197
Ultrakurzwelle (UKW) / very high-frequency radio (VHF) 328
Ultraleichtflugzeuge / microlights 414, 430–431
Ultraleichtmaterialien (Auto) / ultra-light materials (car) 366
Ultramarin / ultramarine (blue) 437, 440
Ultraviolette Strahlung / ultraviolet radiation 310
Umbra
Farbpigment / raw umber 438
gebranntes / burnt umber 446
Schattenbereich des Mondes / umbra 32
Umbriel / Umbriel 48
Umformer / inverter 426
Umkehrbild / reverse image 455
Umkehrhebel / rocking beam 344
Umlaufbahn / orbit
äußere Planeten 31
innere Planeten 30
Kometenschweife 52
Mond 41
Sterne am Nordhimmel 18
Sterne am Südhimmel 20
Umlaufblech / footplate 334
Umlaufgeschwindigkeit / orbit velocity
Merkur 34
Sonnensystem 30–31
Umlenkrolle / pulley wheel 330
Umrechnungstabelle (metrisch-englische Maße) / conversion table (metric-imperial measure) 589
Umschlag (Segel) / tabling (sail) 392
Umsetzen (Kugelstoßen) / shift (shot put) 535
Umsprung (Diskuswurf) / shift (discus throw) 535
Umsteuerrad / reversing wheel 400
Umsteuerungswelle / reversing shaft 335
Umwälzpumpe / circulation pump 324
Umwerfer (Fahrrad) / derailleur (bicycle) 586
Ungeladene Teilchen / uncharged particles 318, 319
Ungula / ungula 204
Ungulaten / ungulates 204
Union Pacific / Union Pacific 336
Unisono / unison 507
Universalgriff (Campingausrüstung) / handle for all pans (camping equipment) 364
Universum / universe 10–59
Unpaarhufer / perissodactyl 110, 204
Unpaarig gefiedertes Blatt / odd pinnate leaf 142
Unregelmäßige Galaxis / irregular galaxy 10–11, 13
Unterarm / forearm/lower arm
Gorilla 213
Mensch 220
Unterarmbeuger / flexors of forearm 236
Unterarmbewegung / movement of the forearm 237
Unterarmmuskel (*Gallimimus*) / antebrachial muscle (*Gallimimus*) 92
Unterarmmuskulatur / antebrachial musculature
Brachiosaurus 97
Euoplocephalus 100
Unteraugenfenster / infraorbital foramen
Hyaenodon 113
Opossum 112
Smilodon 113
Unterbodenleitung der Klimaanlage / underfloor air-conditioning duct 420
Unterdeck / lower deck
Doppeldeckerbus 342, 343
Schiff 401
Unterdecksbalken / lower deck beam 401
Unterdeckstringer / lower deck tie plate 401
Unterfell (Mammut) / underhair (mammoth) 113
Untergestell / underframe 342
Untergrätenmuskel / infraspinatus (muscle) 237
Untergurt (Architektur) / bottom boom (architecture) 502
Unterhandpaß (Netball) / underarm pass 533
Unterhaut / hypodermis/subcutis 244
Unterhautbindegewebe / subcutaneous connective tissue 245
Unterhautgewebe / subcutaneous tissue 244
Unterirdische Flüsse / underground rivers/streams 294–295
Unterjura / Early Jurassic 94, 102
Unterkiefer / mandible/ lower jaw
Acanthostega 86
Ankylosaurier 100
Arsinoitherium 110
Australopithecus 113
Bär 112
Baryonyx 89
Camarasaurus 97
Diplodocus 96
Fledermaus 111
Heterodontosaurus 89
Hyaenodon 113
Iguanodon 102
Lambeosaurus 103
Mensch 222, 230, 254, 255, 256, 258
Pachycephalosaurus 106
Plateosaurus 94
Protoceratops 108
Stegoceras 107
Styracosaurus 108
Triceratops 109
Tyrannosaurus 90
Unterkiefer-Zungenbein-Muskel / myohyoid muscle 255
Unterkieferdrüse / mandibular gland 255
Unterkieferknochen / mandible
Mensch 230, 231
Protoceratops 108
Smilodon 113
Unterkieferkopf / condyle 230
Unterkieferspeicheldrüse / submandibular gland 254
Unterklotz (Gitarre) / end block (guitar) 516
Unterkreide / Early Cretaceous 66
Unterlänge (Buchstabe) / descender (letter) 449

Unterlegscheibe / washer
Bohrer 558, 559
CD-ROM 578
Kamera 585
Lampe 565
Stuhl 570
Telefon 569
Toaster 572, 573
Walkman 581
Unterlinie (Buchstabe) / descender line (letter) 449
Unterlippenfurche / mentolabial sulcus 223
Unterlippenherabzieher / depressor labii inferioris 239
Untermarssegelbrasse / lower topsail brace 393
Untermarssegelgeitau / lower topsail clewline 393
Untermast / lower mast 386, 400
Unterordnung / suborder 89, 94, 102
Unterrah / lower yard 403
Unterrohr (Fahrrad) / down tube (bike) 368, 587
Unterschenkel / lower leg
Gliedmaßenstellung 88
Gorilla 217
Mensch 221, 242
Pferd 546
Unterschenkelmuskel / crural muscle
Brachiosaurus 96
Gallimimus 93
Unterseeischer Cañon / submarine canyon 308
Untersegment (des linken Lungenoberlappens) / inferior lingular segment (of upper lobe of left lung) 264
Untersetzungsgetriebe / reduction gearbox 414, 415
Untersicht, verglaste / soffit, glassed 502
Unterströmung / subsurface current 307
Unterstück (Holzblasinstrument) / bell joint (woodwind instrument) 512
Unterwant / main shroud 386
Unterwäsche, flüssigkeitsgekühlte / undergarment, liquid-cooled 57
Unterwasser (Kraftwerk) / afterbay (hydroelectric powerstation) 324
Unterwasserberge / seamounts 308
Unterwassermine / canister 402
Unterwasserpflanzen / submerged plants 164
Unterzug (Architektur) / binder (architecture) 468
Unterzungendrüse / sublingual gland 254, 255
Unukalhai / Unukalhai 21
Up-Quark / up quark 319
Urachus / urachus 267
Ural(gebirge) / Ural Mountains 73, 75, 77, 79, 275
Uran / uranium 320
angereichertes / enriched uranium (fuel) 324
Uranius Tholus / Uranius Tholus 41
Uranus / Uranus 31, 48–49
Ureter / ureter
Echse 191
Kaninchen 202
Knochenfisch 187
Schnecke 183
Vogel 195
Urin / urine 266
Urknall-Theorie / Big Bang theory 10–11
Urne / urn
Barockkirche 485
Madeleine 482
St.-Paul's-Kathedrale 491
Tempel der Vesta 467
Urodelen / Urodela 188
Urogenitalöffnung (Delphin) / urinogenital opening (dolphin) 215
Uropod / uropod 178
Urostyl / urostyle 189
Ursa Major / Ursa Major *s. Großer Bär*
Ursa Minor / Ursa Minor *s. Kleiner Bär*
Ursäugetiere / first mammals 110
Urstrom / post-glacial stream 296
Urstromtal / glacial valley 296
Ursus americanus **(Amerikanischer Schwarzbär)** / *Ursus americanus* (American black bear) 201
Ursus spelaeus **(Höhlenbär)** / *Ursus spelaeus* (cave bear) 83
Urvogel / *Archaeopteryx* *s. Archaeopteryx*
USA (Vereinigte Staaten von Amerika) / USA (United States of America)
Architektur 497, 498, 499
Spurweite 341
Uterus / uterus *s. auch Gebärmutter*
Elefant 210
Schimpanse 212
Utriculus / utricle 253
Utzon, J. / Utzon, J. 503
UV-Strahlung / ultraviolet radiation 22, 70

V

V-Motor / V engine 371, 372
V 2-Motor / V-twin engine 370
V-Stabilisator (Wettkampfbogen) / V-bar stabilizer (competition bow) 540
Vagina / vagina *s. auch Scheide*
Elephant 210
Schimpanse 212
Schnecke 183
Vakuole / vacuole
Körperzelle Mensch 226
pulsierende (Pflanzen) 122
Vakuum-Leistungsschalter / vacuum circuit breaker 338
Valenzelektronen / valency electron 320
Vallecularkanal / vallecular canal 126
Valles Marineris / Valles Marineris 43
Valmiki / Valmiki 35
Van-Allen-Strahlungsgürtel / van Allen radiation belt 38
Van de Graaff / Van de Graaff 43
Van-de-Graff-Generator / Van de Graff generator 326
Van Eyck / Van Eyck 35
Vanadium / vanadium 320
Vas deferens / vas deferens 202
Vastitas Borealis / Vastitas Borealis 43
Vater-Pacinisches Lamellenkörperchen / Pacinian corpuscle 244, 245, 249
Vega / Vega 15, 19, 20
Vegetation / vegetation 76
Vegetationspunkt / vegetative cone/point 159
Vegetationszone / vegatation zone 75, 77, 79
Vegetativer Kern / vegetative nuclens 173
Vela / Vela
Sternbild *s. Schiffssegel*
Supernovaüberrest 17
Velocette-Einzylinder-Viertaktmotor / Velocette overhead valve (OHV) engine 375
Velum / velum
Corbita 381
Kolosseum 468
Velum universale / universal veil 121
Vena cava posterior / posterior vena cava 188
Vena gastroepiploica / gastroepiploic vein 263
Vena mediana cubiti / median cubital vein 263
Venae interloburares renis / interlobular vein (of kidney) 266
Vendelinus / Vendelinus 40
Venedig (Architektur) / Venice (architecture) 482
Venen (Mensch) / veins (human) 245, 262, 263
Venenklappen / valve cusps 262
Venolen / venules 262
Ventil / valve
Blechblasinstrumente 510, 511
Fahrrad 587
Fußball 528
Verbrennungsmotor 346, 354, 373, 375
Ventilator / fan
Automotor 354
Bohrer-Motor 558
Elektrizität 327
Ventilbogen / valve slide 510, 511
Ventildeckel / valve-rocker cover
Hubschrauber 426
Motorradmotor 375
Ventilfeder / valve spring 353, 354, 357
Ventilgehäuse / valve chest 334
Ventilkipphebel / valve rocker 354
Ventilregler / valve setting control 334
Ventilschaft / valve stem 354
Ventilspiel-Einstellungsschraube / screw and lock nut tappet adjuster 375
Ventilsteuerung / timing gear 375
Ventilstößel / valve lifter
Motorradmotor 375
Blackburn Monoplane 408
Ventral / ventral 100
Ventrikel (Gehirn) / ventricle 246, 247
Venturi / venturi 428
Venus / Venus 30, 36–37
Venusfliegenfalle / Venus fly trap 166
Venuskrater / Venusian craters 36
Verbinder / jointer
CD-ROM 578
Walkman 580
Verbindung (chemische) / compound 316, 318, 323
Verbindungsdraht (Toaster) / connecting wire (toaster) 572
Verbindungsriegel / joining latch 413
Verbindungsstange (Bordino) / tie bar (Bordino) 344
Verblendplatte / cladding panel 500, 502
Verbreitung (Ornithopoden) / dispersal (ornithopods) 102
Verbrennung / combustion 322, 323, 324
Luftstrahltriebwerke 423
Verbrennungsmotoren / combustion engines 344, 352, 354, 374, 375
Verbrennungsraum / combustion chamber 354, 375
Verbundglas (Windschutzscheibe) / laminated/compound glass (windscreen) 365
Verbundholzrahmen / flitch-plated wooden chassis 352
Verdaccio / verdaccio 437
Verdauung (Mensch) / digestion (human) 224, 246, 258–259
Verdauungsdrüse (Fleischfressende Pflanzen) / digestive gland (carnivorous plants) 166, 167
Verdauungsenzyme / digestive enzymes 166
Verdauungsflüssigkeit (Fallgrubenpflanze) / digestive fluid (pitcher plant) 167
Verdauungskanal (Mensch) / alimentary canal (human) 258–259
Verdauungssystem (Mensch) / digestive system (human) 258–259
Verdauungszone (Fleischfressende Pflanzen) / digestive zone (carnivorous plants) 166, 167
Verdeck / hood 349
Verdeckhülle / hood bag 356
Verdeckrahmen / hood frame 349
Verdichterrad / turbo impeller/inlet rotor 357
Verdichtung (Treibstoff-Luft-Gemisch) / compression (fuel-air mixture) 353, 356
Verdichtungstakt / compression stroke/squeeze 353
Verdunstung (Pflanzen) / evaporation (plants) 142, 162
Verdunstungsschutz (Pflanzen) / waterproof covering (plants) 119, 145, 162, 163
Vereinswappen (Fußball) / club crest (soccer) 529
Vergaser / carburettor
Autos 346, 349, 353
Leichtflugzeugmotor 429
Mid-West-Wankelmotor 415
Motorrad 374
Vergaserdeckel / carburettor cover 377
Vergaserhalterung / carburettor mounting 374
Vergaserheißlufteinlaß / carburettor hot-air intake pipe 426
Verglasung / glazing
Architektur des frühen 20.Jh.s 498
moderne Architektur 500, 503, 504
Vergoldermesser / gilder's knife 436
Vergoldung / gilding
Buchmalerei 436, 437
Holzplastik 457
Verhalten / behaviour 247
Verkehrsbeobachtung / traffic surveillance 426
Verkehrsflugzeug / passenger aircraft 416
Verkehrt eiförmiges Blatt / obovate leaf 143
Verkleidung
Architektur / cladding 503
ARV Super 2 / cowling 429
Auto / trim 362
Lockheed Electra / trim (panels) 412, 413
Motorrad(-Seitenwagen) / fairing 372, 377
Verkleidungsbefestigung / fairing stay 377
Verkleidungspaneel / cowling panel 416, 419
Verlängertes Rückenmark / medulla oblongata 222, 246, 247
Verletzung / injury 244
Vermehrung / reproduction *s. auch Fortpflanzung*
ungeschlechtliche / vegetative reproduction 160
Vermilion Cliffs / Vermilion Cliffs 287
Verputz (Fresko) / intonaco (fresco) 438
Versalschrift / versal (lettering) 449

Versatz durch Blattverschiebung / stresses resolve into sections 65
Verschiebung (entlang Plattenrändern) / movement along faults 68
Verschlußblock (Geschützturm) / breech block (gun turret) 404
Verschlußkappe
Füller / outer cap 448
Lampe / end cap 564, 565
Verschlußrad (Geschützturm) / breech wheel (gun turret) 404
Verschlußregler / lock control 335
Verschlußzeit (Kamera) / shutter speed (camera) 584
Verschlußzeiteneinstellscheibe / shutter speed index 585
Verschlußzeitenregler / shutter speed dial 584
Verschlußzeitenring / shutter speed dial knob 585
Verschraubung zwischen zwei Bauteilen / intermodule bolted joint 425
Verstärker (elektronische Instrumente) / amplifier (electronical instruments) 524
Verstärkung (Walkman) / reinforcement (personal stereo) 581
Versteifungsrohr / bracing tube 372
Versteinerungen / fossils 288–289, *s. auch Fossilien*
Versteinerungsprozeß / fossilization 288
Verstelldüse / variable nozzle 420, 421, 425
Verstellflügel (Tomcat) / swing-wing (Tomcat) 424
Verstellhebel (Hubschrauber) / flight-control rod 427
Verstellmotor (Concorde) / nozzle actuator (Concorde) 421
Verstellpropeller / variable-pitch propeller
Flugzeug 413
Schiffschraube 404
Verstellsperrhebel / slide locking lever 404
Verteidiger/in / defender
Eishockey 542
Fußball 528
Handball 533
Netball 533
Verteidigung (Thyreophora) / defence (Thyreophora) 98
Verteidigungszone (Eishockey) / defendinng zone (ice hockey) 542
Verteilerantriebswelle / distributor drive shaft 355
Vertex (Architektur) / vertex (architecture) 499
Vertikallinie (Buchstabe) / vertical stroke (letter) 449
Vertreiben (von Farben) / scrumbling technique 445
Vertreibung der Händler aus dem Tempel, Die / *Expulsion of the Merchants from the Temple, The* 439
Verwaltungsebene (Centre Pompidou) / administrative level (Centre Pompidou) 500
Verwandlung / metamorphosis
Frosch 189
Insekten 174
Verwandtschaft unklar (Dinosaurier) / relationship uncertain (dinosaurs) 89
Verwehter Sand / windblown sand 292
Verwerfung / fault 66–67, 68, 291, 293, 302, 303
Verwerfungsfalle / fault trap 291
Verwerfungsquelle / fault spring 302
Verwerfungssee / strike-slip fault lake 303
Verwesung / rotting 288
Verwitterung / weathering/erosion 276–277, 285, 286, 290, 291, 292–293, 300–301, 302
Vespa Grand Sport 160 Mark 1 / Vespa Grand Sport 160 Mark 1 371
Vespa-Roller / Vespa scooter 370
Vesta Rupes / Vesta Rupes 37
Vestatempel / Temple of Vesta 466
Vestibül / vestibule 473, 485, 487
Vestibularapparat / vestibular apparatus/organ 252
Vesuvian / vesuvianite 280
Veverley (Architektur) / Veverley (architecture) 488
Vezelay (Architektur) / Vezelay (architecture) 472
VHF-Antenne / VHF aerial 59, 416
VHF-Funkantenne / VHF radio aerial 419, 420, 421, 426, 427
VHF-I-Funkantenne / VHF aerial 419
VHF-II-Funkantenne / VHF radio aerial 419
Vibraphon / vibraphone 508, 520, 521
Vibrationsdämpfer / vibration damper 414, 415
Vibrato / vibrato 520, 521
Vibratohebel / vibrato arm 517
Vibrissen (Spürhaare) / vibrissa (whisker)
Kaninchen 202
Löwe 200
Ratte 202
Robbe 214
***Vicia faba* (Puffbohne)** / *Vicia faba* (broad bean) 139, 158
Victoriasee / Lake Victoria 275
Viehwagen / livestock car 337
Vieleckbein
großes / trapezium 240
kleines / trapezoid 240
Vielsteckertürschloß / multiple-pinned lock 416
Vierblattblume (Architektur) / tablet flower (architecture) 495
Vierdecker / quadruplane 410
Viereck (Architektur) / quadrilateral (architecture) 493
Vierer (Riemenboot) / four **mit Steuermann** / coxed four 553
ohne Steuermann / coxless four 553
Vierkantstab / square staff 385
Vierpaß / quatrefoil 476, 477
Viertakter / four-stroke (engine) 374
Viertaktmotor / four-stroke engine 353, 414
Viertaktverfahren / four-stroke cycle/Otto cycle 352
Viertel(note) / crotchet 506, 507
Viertelkreisbogen (Architektur) / quadrant arch (architecture) 472
Viertelstab / ovolo/quarter-round
Klassizismusbauten 484
Kuppeln 490, 491
Palazzo Strozzi 479
Vierundsiebzig-Kanonen-Schiff / 74-gun ship 386–389
Vierung / crossing 474
Vierungspfeiler / crossing pier 473, 474
Vierungsquadrat / crossing 473
Vierungsturm / crossing tower 472
Viervierteltakt / four-four time 506
Vierzylinder-12-PS-Motor / four-cylinder 12-HP engine 407
Vierzylinder-Benzin-Verbrennungsmotor / four-cylinder petrol-driven engine 406
Vierzylinder-Boxermotor / flat-four engine 350
Vierzylinder-Reihenmotor / straight 4 cylinder engine 355
Vierzylinder-V-Motor / V4 engine 372
Vierzylindermaschinen / four-cylinder engines 370
Viking / *Viking* 55
Villa Rotunda / Villa Rotunda 479
Vincenza (Architektur) / Vincenza (architecture) 479
Vinci, Leonardo da / da Vinci, Leonardo 435
Viola / viola 515
Violen / violas 508, 509
Violin(en)block / fiddle block 386, 391
Violine(n) / violin(s) 508, 514
Violinfamilie / bowed string family 514, 515
Violinschlüssel / treble clef/G clef 506
Violoncelli / cellos 508, 509
Violoncello / cello 515
Virginal / virginal 518
Virgo (Sternbild) / Virgo *s. Jungfrau*
Virupaksha-Tempel / Temple of Virupaksha 494, 495
Visacha / plains visacha 203
Visier
Armbrust / sight 540
Bogen / sight 540
Concorde / visor 420, 421
Torpedo / sight 402
***Wostok*-Raumanzug** / visor 57
Visierhaube / sighting hood
Geschützturm 404
Schlachtschiff 402
Visiernadel / sight pin 541
Visierringbefestigung / sight pin attachment 541
Viskokupplung / viscous coupling 354, 355
Vivaldi / Vivaldi 35
Vögel / birds 194–199
Archaeopteryx 90
Erdgeschichte 63
Fossilien 289
Vogelbecken-(Dino)saurier / bird-hipped dinosaurs 102, *s. auch Ornithischier*
Vogelfuß-Dinosaurier / ornithopods *s. Ornithopoden*
Vogelfüße / birds' feet 196
Vogelspinne / tarantula 176, 177
Volans / Volans *s. Fliegender Fisch*
Volkmannscher Kanal / Volkmann's canal 257
Volkmannsches Gefäß / Volkmann's vessel 255
Volkswagen / Volkswagen 350, 351
Vollblutpferd / thoroughbred (horse) 546
Vollelliptik(blatt)feder / full-elliptic leaf spring 344
Vollelliptik-Lenkungsfeder / full-elliptic steering spring 347
Volleyball / volleyball 532
Volleyballfeld / volleyball court 532
Volleyballnetz / volleyball net 532
Volleyballtechniken / volleyball shots 532
Vollgummibugrad / rubber-tyred nose-wheel 406
Vollgummirad (Flugzeug) / rubber-sprung wheel (plane) 408, 409
Vollgummireifen / solid rubber tyre 345
Volltafelhinterfüllung / solid-panel infill 498
Volt (V) / volt (V) 324, 326
Volumen / volume 316, 317
konstantes 317
Volumenmaße / volume (units of measurement) 588, 589
Volute / volute
Griechenland 465
ionisches Kapitell 464
islamische Bauwerke 492
Klassizismus 482, 483, 484, 485
Kuppeln 490
Renaissance 480, 481
Volva (=Pilzhüllenreste) / volva (remains of universal veil) 120, 121
***Volvox* sp.** / *Volvox* sp. 122
Von Kármàn / Von Kármàn 41
Vorblatt / bract 147, 149
Vorbramrah / fore topgallant yard 387
Vorbramsegel / fore mast topgallant sail 387
Vorbramstenge / fore topgallant mast 387
Vorbramstengepardune / fore topgallant backstay 387
Vorbramstengestag / fore topgallant stay 387
Vorderachse / front axle
Auto 346, 347, 348
Bus 343
Vorderachsstrebe / radius rod 349
Vorderbacken (Sicherheitsbindung) / toe-piece (safety binding) 544
Vorderbasissegment / anterior basal segment 264
Vorderbein / front leg
Corythosaurus 104
Edmontia 101
Herrerasaurus 92
Stegosaurus 98
Triceratops 108
Vorderblatt (Schuh) / vamp (shoe) 560
Vorderdeck / forecastle/fo'c'sle/forward deck 388, 553
Vordere Kettenschaltung / front derailleur 368
Vorderfuß / forefoot
Edmontia 101
Stegosaurus 98
Vorderkastell / forecastle 383, 384
Vorderladerschießen / muzzle-loader shooting 540
Vorderlicht / front light 338, 368
Vorderrad (Fahrrad) / front wheel (bicycle) 587
Vorderradbremse / front-wheel brake 369, 371
Vorderradnabe / front hub 587
Vorderradtasche / front pannier 369
Vorderreifen / front tyre 363
Vordersitz (Auto) / front seat (car) 349, 363
Vordersitzrahmen / front seat frame 363
Vordersteven / stempost 383, 384, 388
Vorderwagen / forecarriage 345
Vorderwand (Squash, Raquets) / front wall (squash, racketball) 537
Vorderzarge (Stuhl) / front rail (chair) 570

Vorderzwiesel / pommel 546, 547, 576
Vorflügel, ausfahrbarer / powered leading-edge slat 425
Vorflügelschienenverkleidung / slat-arm fairing 411
Vorhang / curtain 339
Vorhangwand / curtain wall 500
Vorhangwandfassade / curtain walling 500, 502
Vorhaut / prepuce/foreskin 269
Vorhof (Herz) / atrium
linker 225, 260, 261
rechter 225, 260, 261
Vorhofdiastole / atrial diastole 260
Vorhofnerv (Ohr) / vestibular nerve (ear) 255
Vorhofsystole / atrial systole 261
Vorhoftreppe (Ohr) / vestibular canal (ear) 255
Vorkeim / prothallium 127
Vorleine / head rope 395
Vorlukentakel / fore hatch tackle 387
Vormars / fore top 384, 387
Vormarspardune / fore topmast backstay 387
Vormarsrah / fore topsail yard 384, 387
Vormarssegel / fore mast topsail 387
Vormarsstenge / fore topmast 384, 387
Vormarsstengeborgstag / fore topmast preventer stay 387
Vormarsstengestag / fore topmast stay 387
Vormarswant / fore topmast shroud 387
Vormast / fore mast 380
Vorobermarssegel / fore upper topsail 393
Vorobermarssegeltoppnant / upper topsail lift 393
Vorpiek / forepeak 401
Vorpostenboot / vedette boat 403
Vorroyalstag / fore royal stay 391
Vorsatz (Buch) / board paper/endpaper 582, 583
Vorschot-Umlenkrolle / jib fairlead 553
Vorsegel / fore sail 380, 383
Vorsignal / caution light 341
Vorsignalarm / distant warning arm 340
Vorspannungsregler / preload adjuster 373
Vorspring / fore spring rope 395
Vorstag / fore stay 380, 384, 387, 390
Vorstagfall / fore stay halyard 388
Vorstagsegel / fore staysail 387, 393
Vorstagsegelschot / fore staysail sheet 393
Vorsteckstift (Uhr) / pin (clock) 563
Vorsteherdrüse / prostate gland 267, 269
Vorstengestag / fore topmast stay 384
Vorstengestagsegel / fore topmast staysail 387, 393
Vorstengestagsegelhals / fore topmast staysail tack 390
Voruntermarssegel / fore lower topsail 393
Vorvorsignal / preliminary caution signal 341
Vorwärtssprung (Wasserspringen) / forward dive 550
Vorwindsegel / driving sails 392
Vorzeichen (Musik) / signature (music) 506, 507
Voyager 2 / *Voyager 2* 55
VS 300 / *VS 300* 426
Vulkan / volcano 68, 69
künstlicher 322
Vulkanasche / volcanic ash 68
Vulkanaufbau / structure of a volcano 283
Vulkanausbrüche / volcanic eruptions 78, 284
Vulkane / volcanoes
Erde 38, 282–283, 285, 291
Jupiter 44
Mars 42
Mond 40
Venus 36
Vulkangestein / volcanic rock 316
Vulkaninseln / volcanic islands 64, 309
Vulkanische Aktivität / volcanic activity 276
Vulkanische Asche / volcanic ash 276, 282–283
Vulkanische Gebirge / volcanic mountains 68
Vulkanismus / volcanism 64
Vulkankegel / volcanic mountain/cone 68, 282–283
Vulkankrater / volcanic crater 68, 282
Vulkanschlot / vent of a volcano
Vulkanseen / volcanic lakes 303
Vulkanstotzen / volcanic plug 282–283, 284
Vulkanvorkommen / location of volcanoes 283
Vulpecula / Vulpecula *s. Fuchs*
Vulva / vulva 210
VW-Käfer / VW Beetle 350–351
Vyasa / Vyasa 35
Vyne (Architektur) / Vyne (architecture) 486

W

Waage
Federwaage / balances 330
Sternbild (=Libra) / Libra 18, 21
Wachs (Guß in verlorener Form) / wax (lost wax process) 458
Wachsfiguren / wax models 456, 458
Wachsmodellierspatel / wax modelling tool 458
Wachstum (Säugetiere) / growth (mammals) 110
Wachstumslinie / growth lines
Kieferloser Fisch 84
Schneckengehäuse 183
Wachstumsspitze (*Asteroxylon*) / growing tip (*Asteroxylon*) 85
Wachstumszone / apical meristem 139
Wachtelküken / quail's chick 198
Wade / calf 220
Wadenbein / fibula *s. auch Fibula*
Albertosaurus 90
Arsinoitherium 111
Brachisaurus 96
Diplodocus 96
Echse 190
Elefant 210
Eryops 87
Euoplocephalus 100
Gallimimus 93
Hase 203
Hauskatze 201
Iguanodon 103
Känguruh 216
Krokodil 192
Mensch 229, 242, 243
Parasaurolophus 105
Pferd 205
Plateosaurus 94
Rhesusaffe 212
Robbe 214
Schildkröte 193
Schnabeltier 216
Stegoceras 107
Stegosaurier 99
Struthiomimus 93
Toxodon 113
Triceratops 108
Tyrannosaurus 90
Wadenbeinarterie / peroneal artery 263
Wadenbeinbeugemuskel / fibular flexor muscle 103
Wadenbeinmuskeln / peroneus muscles 237, 243
Wadenbeinnerv / peroneal nerve 248
Wadenbeinsehne / peroneus tendon 243
Wadenmuskel / gastrocnemius 236, 237
Wadi / wadi 293
Waffelmuster / striated effect 446
Waffenstativ / stores pylon 424, 425
Waffensysteme (Kampfbomber) / weapons (bomber) 424
Wagen
Concorde-Fahrwerk / bogie 421
Mechanik / trolley 331
Wagenkasten / base of wagon 341
Waggon / wagon 334, 340
Wagner / Wagner 35
Wahlschalter / selector switch
CD-ROM 578
Toaster 572, 573
Wählscheibe (Telefon) / dial (telephone) 568
Wahlwiederholungstaste / redial button 568
Wahweap-Sandstein / Wahweap sandstone 286
Waldhorn / horn 511
Waldkauz / tawny owl 196
Waldrebe / clematis 137, 143
Wale / whales (and dolphins) 214–215
Walfisch (=Cetus, Sternbild) / Cetus 19, 20
Walkman / personal stereo 380–381
Wallmauer / jacket-wall/chemise 470, 471
Wallpapillen / vallate papillae 254
Wallriff / barrier reef 309
Walm / hip 499
Walmdach / hip(ped) roof 480, 481
Walroß / walrus 214
Walter / Walter 40
Walze (Druckerpresse) / roller 451
Wanddekoration / wall decoration 454, 492
Wandmalerei / mural/wall painting 438
Wandpfeiler / pilaster
asiatische Baukunst 494
englischer Barock 485
Kuppeln 490
römische Bauwerke 467, 469
Wandsäulchen / attached colonette
islamische Baukunst 492
Klassizismus 483
Wandsäule / attached column
Barock 484
Gotik 477
römische Bauwerke 469
Wandsinter / gour 294–295
Wandstiel / wall-post 468
Wandverankerung / wall anchor 413
Wange / cheek
Mensch 222, 227
Pferd 205
Stegosaurus 98
Wangenhorn (*Psittacosaurus*) / cheek horn (*Psittacosaurus*) 109
Wangenmuskel / buccinator 239
Wankel, Felix / Wankel, Felix 356
Wankelmotor / Wankel engine *s. auch Drehkolbenmotor*
Auto 356
Flugzeug 414
Wannanosaurus / *Wannanosaurus* 107
Want / shroud 381, 384, 388, 391, 400
Wanttalje / swifting tackle 385
Wappen / shield
Architektur 492, 497
Eisenbahn 336
Schiff 380, 402
Warmblütig / warm-blooded 110
Warmblutpferde / warm bloods 546
Wärme / heat
Atmosphäre 310–311
Physik 322, 325
Wärmeaustausch (Stegosaurier) / heat exchange (stegosaur) 99
Wärmeaustauscher / heat exchanger 350
Wärmeenergie / heat energy 324, 325
Wärmereflektorplatte / end baffle plate 572, 573
Wärmeregulation (Thyreophora) / heat regulation (thyreophorans) 98
Wärmeschutzschild / heat shield 371
Wärmetauscher / heat exchanger 324, 421
Wärmetauscherabluft / heat exchanger exhaust duct 424
Wärmetauscherlufteinlaß / heat exchanger air intake/ram scoop 425
Wärmetisch für Ölkanne / oil can warming tray 335
Wärmeverlust / heat loss 222
Warmfront / warm front 312–313
Warmfrontokklusion / warm occlusion 312
Warmluft / warm air
Atmosphäre 310
Wetter 312–313
Warmzeiten / interglacial period 82
Warnblinkleuchte / repeater indicator 343
Warnflächen (Judo) / danger area (judo) 548
Warnlinie (Fechten) / warning line (fencing) 549
Wartestellung / waiting position 404
Wartungsklappe / inspection cover 411
Wartungskran (Architektur) / maintenance crane (architecture) 502
Warze (Kaktus) / tubercle (cactus) 162
Warzenfortsatz / mastoid process 230, 232, 252
Wasatch-Schicht / Wasatch formation 286
Waschbär / racoon 201
Waschbehälter / washing bucket 365
Waschmaschine (Energiekreislauf) / washing machine (energy systems) 325
Wasser / water
Aggregatzustände 316–317
Amphibien 86
Aufnahme durch Pflanzen 138
Bestäubung 150
chemische Reaktionen 322
chemischer Stoff 316, 317, 323
Epiphyten 168
Erde 38
Keimung 158–159

Kraftwerk 324
Lokomotive 336
Lösungen 316
Mars 42
Meer 306
Molekül 144
Photosynthese 144–145
Säugetiere 110
Speicherorgane 162–163
Steindruck 450
Transport in Pflanzen 138, 140, *s. auch Leitgewebe*
Verdunstung (Blätter) 162
Wasserkreislauf 298
Wasserabfluß (Flugzeug) / water-drain mast (plane) 419, 428, 429
Wasseranschluß (zum Kühler) / water outlet 366
Wasserbasis (Farben) / water-based (paints) 436, 452
Wasserbehälter / water container 361
Wasserdampf / water vapour/steam
Chemie 317, 322, 323
Erde 39
Jupiter 43
Kraftwerk 324
Mars 43
Saturn 47
Venus 37
Vulkanismus 283
Wasserkreislauf 298
Wetter 313
Wassereinlaß (Flugzeugkühler) / coolant inlet 428
Wassereis / water ice
Jupiter 45
Kometen 53
Mars 43
Merkur 47
Neptun 51
Wasserfälle / waterfalls 277, 296, 299, 300
Wasserfarben / watercolours 442, 443
Wasserfarbenmalerei / watercolour 442–443
Wasserfarbkasten / box of watercolour paints 442
Wasserflasche / water bottle 369
Wasserflaschenhalter / water-bottle cage 368
Wasserfüller / water filler 334
Wassergang / waterway 388, 389, 401
Wassergefäßsystem (Stachelhäuter) / water vascular system (echinoderms) 180
Wassergraben
Burg / moat 470
Hindernislauf / waterjump 534
Wasserhindernis (Golf) / water obstacle 538
Wasserhyazinthe / water hyacinth 164
Wasserklappe (Blechblasinstrumente) / water key (brass instruments) 310, 311
Wasserkraft / waterpower/hydraulic power 324
Wasserkraftwerk / hydroelectric power station 324
Wasserkreislauf / water cycle 298
Wasserkühler / radiator (cooled by water)
Auto 348, 361, 367
Motorrad 374
Flugzeug 407
Wasserkühlung / water cooling 374
Wasserlinie / wash cant 386, 388
Wassermann / Aquarius 19, 20
Wassermantel / water jacket 333, 337
Wassermolekül (Photosynthese) / water molecule (photosynthesis) 144
Wassernachweis / testing for water (vapour) 323
Wasserpest / waterweed 164
Wasserpflanze / water plant/aquatic plant 164
Wasserpumpe / water pump 352, 355, 356, 361
Wasserpumpengehäuse / water pump housing 415
Wasserrohr / water pipe
Architektur 500, 501
Auto 347
Wasserscheide / watershed 299
Wasserschlange (=Hydra, Sternbild) / Hydra 20
Wasserschräge / weathering 473, 476, 481
Wasserschwein / water hog/capybara 203
Wasserspeier / gargoyle 477
Wassersport / water sports/aquatics 552–553
Wasserspringen / diving 550, 551
Wasserstag / bobstay 387
Wasserstandsanzeige / water level indicator 334
Wasserstandsglas / gauge glass (to show level of water in boiler) 335
Wasserstoff / hydrogen
Chemie 318, 319, 320, 322, 323
Jupiter 45
Kernfusion der Sonne 22
kleine Sterne 24–25
massereiche Sterne 26
Merkur 35
Nebel und Sternhaufen 16–17
Neptun 51
Saturn 47
Sonne 32
Uranus 49
Wasserstoffatom (Photosynthese) / hydrogen atom (photosynthesis) 144
Wasserstoffionen / hydrogen ions 322
Wasserstoffkern / hydrogen nucleus 22
Wasserstofflinien / hydrogen lines 23
Wassertank / water tank
Architektur 501
Auto 352
Bus 344
Eisenbahn 334
Wassertransport (Pflanzen) / water transport (plants) 140
Wassertröpfchen / water droplets 45
Wasserverdunstung / evaporation of water 84
Wasserverlust(e) / water loss/loss of water 86, 162
Wasserversorgung (Schiff) / water supply (ship) 404
Watt (Meer) / mud flats/tideland (sea) 305
Wavelit / Wavellite 279
WC / WC/toilet
BAE 146, 416
Concorde 420
WC-Ablaßklappe (BAE 146) / toilet service connector (BAE 146) 416
Webeleine / ratline 384, 387
Webeleinstek / clove hitch 396
Wechselstrom / alternating current 338
Wechselwirkungsgesetz / Newton's third law 331
Wedel (Farn) / frond (fern) 118, 119, 126, 127
Wegschnecken / slugs 182
Wegwerfpalette / disposable palette 446
Wehrturm / peel tower/keep 470
Weichkreide (Pastellkreide) / soft pastels 444
Weichtiere / molluscs 62, 182–183
Weidenkohle / willow charcoal 434
Weihrauchfaß / censer/incense burner 492
Weinessig / wine vinegar 438
Weisheitszähne / wisdom teeth 256
Weissche Bezirke / magnetic domains 327
Weiße Blutkörperchen / white blood cells 262, 263
Weiße Muräne / snowflake moray eel 186
Weiße Substanz (Gehirn) / white matter (brain) 246, 247, 248
Weiße Zwerge / white dwarfs 22–23
Weißes Oval / white oval
Jupiter 44–45
Saturn 46
Weißkörper / corpus albicans 268
Weißstorch / white stork 194
Weißtöne (Fresko) / fresco whites 438
Weitsprung / long jump 534, 535
Weizen / wheat 115, 156
Welle
Gangspill / spindle 395
Generator / shaft 324, 327
Uhr / arbour 562
Wellen / waves
elektromagnetische 328
Meer 304
seismische 69
Wellenantrieb / shaft drive (system) 374
Wellenbett (Raddampfer) / foundation (paddle-steamer) 400
Wellenbohrung (Schiffsschraube) / shaft hole (ship's propeller) 398
Wellenbrecher / breakwater 403, 405, 553
Wellenfeder (Rotor) / side seal spring (rotor) 357
Wellenkappe (Gangspill) / cap (capstan) 395
Wellenlager (Mid-West-Motor) / big end (Mid West engine) 414
Wellenlänge / wavelength 328
Wellenornament / undulating moulding 494
Wellenschutz (Rasenmäher) / throttle guard (lawnmower) 574
Wellentunnel / propeller shaft boss 403
Weltall / universe 310–311
Weltmeisterschaft / world championship 376
Weltmeisterschaft für Fluggeschwindigkeit / worldwide competition for airspeed 406
***Welwitschia mirabilis* (Welwitschie)** / *Welwitschia mirabilis* (welwitschia) 128
Welwitschie / welwitschia 128–129
Wendekampfrichter (Schwimmen) / turning judge (swimming) 550
Wendekreis des Krebses / Tropic of Cancer 275, 307
Wendekreis des Steinbocks / Tropic of Capricorn 275, 307
Wendel (Glühlampe) / coiled (tungsten) filament 329
Wendeltreppe / spiral staircase 476
Wendeltreppenturm / spiral-staircase tower 480
Werbefläche / advertising panel 343
Werfen / throwing
Handball 532
Netball 532
Volleyball 532
Werfer / thrower 402
Werkzeuge / tools
Bildhauerei 456, 458, 459
Steinzeit 115
Werkzeugkasten / tool box
Auto 345
Motorrad 370
Werner, Gebrüder / Werner brothers 370
Weslake Speedway / Weslake Speedway 377
Westafrika / West Africa
Kreide 79
Spurweite 341
Westaustralstrom / West Australian Current 307
Westerngitarre / twelve-string guitar 516, 517
Westernsattel / Western saddle 576
Westlothiana / *Westlothiana* 73, 86, 87
Westlothiana lizziae / *Westlothiana lizziae* 73
Westminster Abbey / Westminster Abbey 488
Westminster-Kathedrale / Westminster Cathedral 497
Westwindzone / Westerlies 310
Wetter / weather 312–313
Wetterfahne / weather vane 475, 481
Wetterfront / weather front 312–313
Wetterhahn / weathercock 490
Wetterkarte / weather map 313
Wetterradar / weather (warning) radar 416, 420
Wettkampfbogen / bow (for sporting competitions) 540
Wettkampfpiste (alpiner Skisport) / alpine ski slope course 544
Wettkampfregeln / rules for contests/competitions
Fechten 548
Judo 548
Wetzstein / whetstone/hone 456
Wezen / Wezen 18, 21
White-Dampfwagen / White steam car 352
Wicke / sweet pea 134
Wickelrollenplatte (Walkman) / reel printed circuit board riveting 581
Wickelspule / coil 566
Widder (=Aries, Sternbild) / Ram/Aries 19, 20
Widerhaken (Angelhaken) / barb (fishing hook) 554
Widerlager (Architektur) / abutment 488, 489
Widerrist / withers 205, 206, 207, 208, 209
Widerstand / resistance
Telefon 569
elektrischer 326
Widerstandsfähigkeit / strength 358
Wiedereintrittsmodul / reentry module 56
Wiederaufstiegsstufe / ascend stage 59
Wiedergabeknopf / play button
Tongenerator 525
Walkman 581
Wiedergabetaste (Walkman) / play button (personal stereo) 580
Wiegenaufhängung / transverse leaf spring secondary suspension 337
Wiegestahl / rocker 450
Wien (Architektur) / Vienna (architecture) 486
Wiener / Wiener 41
Wiesenraute / meadow rue 143
Wiesenstorchschnabel / meadow cranesbill 150
Wikinger / Vikings 382, 383, 386
Wikingerschiffe / Viking ships 382, 383
Wilhelm der Eroberer / William the Conqueror 382

Williams-Formel-1-Rennwagen / Williams 1990 Formula One racing car 366, 367
Wind / wind
Atmosphäre 310
Ekman-Spirale 307
Erosion 292–293
Kreislauf der Gesteine 276–277
Meere 306–307
Wasserkreislauf 298
Wetter 312–313
Windgeschwindigkeit 313
Windbestäubung / anemophilous pollination 150
Windböendämpfer / variable-incidence gust-alleviator 425
Windcheetah SL Mark VI „Speedy" (HPV-Rennrad) / Windcheetah SL Mark VI „Speedy" (HPV bicycle) 369
Winde (Schiff) / windlass/reel 380, 405
Windfahne / wind vane 383
Windfangwand, verglaste / typhoon screen, glazed 502
Windgasse / furrow 292
Windgeschwindigkeit / wind speed 313
Windkraft / wind power 324
Windschutz (Ablenkscheibe) / wind deflector (baffle) 351
Windschutzscheibe / windscreen
Auto 346, 347, 348, 349, 356, 359, 365
Bus 342, 343
Flugzeug 412, 416, 420, 421, 424
Lok 336, 337, 339
Motorrad 370, 371, 377
Windschutzscheibendichtung / windscreen seal 363
Windschutzscheibeneinstellung / windscreen adjuster 371
Windschutzscheibengestell / windscreen stay 348
Windschutzscheibenwaschbehälter / windscreen washer bottle 365
Windtätigkeiten (Verwitterung) / wind abrasion (weathering) 292
Windungen (Schraube) / turns (screw) 330
Windverspannung / cross-bracing 501
Winkel, einspringender / angle, re-entrant 489
Winkeldiskordanz / angular unconformity 286
Winkelheber / bellcrank lever 417
Winkellineal / adjustable set square 449
Winschspake / windlass bar 388
Winsorgrün / Winsor green 442
Wippe (Hebeglied) / action lever 518
Wirbel
Angel / swivel 554, 555
Muschelschale / umbo 182
Schäkel / swivel 394
Stimmwirbel / tuning-pegs 514, 515
Wirbel (Knochen) / vertebra(e)
Archaeopteryx 91
Arsinoitherium 111
Brachiosaurus 96, 97
Diplodocus 96
Echse 190
Elefant 211
Eryops 86
Euoplocephalus 101
Frosch 189
Gallimimus 92, 93
Hase 203
Hauskatze 201
Känguruh 216
Krokodil 192
Lungenfisch 87
Mensch 232, 271
Parasaurolophus 104, 105
Pferd 205
Plateosaurus 94, 95
Schildkröte 193
Schlange 191
Schnabeltier 216
Stegoceras 107
Stegosaurier 99
Stuthiomimus 93
Toxodon 112
Triceratops 109–110
Tyrannosaurus 90, 91
Vogel 193
Westlothiana 87
Wirbelarterie / vertebral artery 233
Wirbelbogen / lamina 232, 233
Wirbelbogenfuß / pedicle 233
Wirbelfortsatz, unterer / chevron
Eryops 87
Euoplocephalus 101
Gallimimus 93
Iguanodon 102
Parasaurolophus 104
Plateosaurus 95
Stegoceras 107
Stegosaurier 99
Triceratops 108
Wirbelfortsatz, oberer / neural spine 87
Wirbelkasten / peg-box 514, 515
Wirbelkörper / body (of vertebra) 232, 233
Wirbelloch
Geige / peg-hole 514
Mensch / vertebral foramen 232, 233
Wirbellose / invertebrates 62, 71, 289
Wirbelquerfortsatz / transverse process
Mensch 232
Plateosaurus 95
Wirbelsäule / spine/vertebral column 228, 232–233, 248, 267, 270, 271
Wirbelschlagader / vertebral artery 262
Wirbelschrauben / machine head 516, 517
Wirbeltiere / vertebrates 70, 289
Wirkungsgrad / efficiency
Dieselloks 336
Verbrennungsmotor 334
Wirtspflanze / host plant 168, 169
Wischer / wiper
Malutensil 444
Scheibenwischer 336, 337, 338, 339, 342, 351, 363
Wischerarm / arm (of windscreen wiper) 351
Wischerblatt / blade (of windscreen wiper) 351
Wismut / bismuth
Bodenschätze 291
Chemisches Element *s. Bismut*
Wladimirer Kaltblut (Pferd) / Vladimir Heavy Draught (horse) 208
Wobbler, zweiteiliger / jointed plug 555
Wohnzimmer / living/sitting room 498
Wolffscher Gang / Wolffian duct 185
Wolfram / tungsten
Bodenschätze 291
Glühfaden 329
Periodensystem 320
Wolframcarbid / tungsten carbide 454
Wolframdraht / tungsten filament 329
Wolfshaarpinsel / wolf hair brush 448
Wolken / clouds
Atmosphäre 311
Erde 39
Jupiter 44–45
Mars 42–43
Neptun 50–51
Saturn 46–47
Staub und Gas 11, 12–13, 14–15, 24, 26, 62
Uranus 48–49
Venus 36–37
Wasserkreislauf 298
Wetter 312–313
Wolkenkratzer / skyscrapers 498
Wolkenschweif / plume 45
Wollastonit / wollastonite 281
Wollnashorn / *Coelodonta* 82
Wollsackverwitterung / block disintegration 292
Wollstrumpf (Fechten) / stocking (fencing) 549
Wostok 1 / *Wostok 1* 57
***Wostok*-Raumanzug** / *Wostok* spacesuit 57
Wren, Christopher / Wren, Christopher 482, 484, 488, 491
Wright, F.L. / Wright, F.L. 499
Wright Flyer (Doppeldecker) / Wright Flyer (biplane) 406, 407, 414
Wright, Orville & Wilbur / Wright, Orville & Wilbur 406
Wuchtbohrung / balancing drilling 415
Wuerhosaurus / *Wuerhosaurus* 99
Wuhling / woolding 384, 387
Wulst (Architektur) / roll (architecture) 490, 491
Wulstbug (falscher Rammbug) / stem (false ram bow) 402
Wulstreifen / beaded edge tyre 346
Wunderstrauch / croton 142
Wundverschluß (durch Blutgerinnung) / blood clotting 263
Wurfarm aus laminiertem Hartholz (Bogen) / hardwood laminated limb 540
Wurfauslage
Diskuswurf / twist 535
Speerwerfen / drive forward 535
Würfel (mit abgefasten Kanten) / cube (with chamfered corners) 492
Würfelbein / cuboid 242
Würfelkapitell / tetrahedral capital 490
Wurfleine / heaving line 397
Wurfleinenknoten / heaving line knot 397
Wurftaubenschießen / clay-pigeon shooting 540
Würgeschlangen / constrictor snakes 190
Würmer / worms 62, 289
Wurmfarn / male fern 126, 127
Wurmfortsatz / appendix
Mensch 259
Schimpanse 212
Wurming / worming 396
Wurmlinien-Rustika / vermiculated rustication 486
Wurzel / root
Flugzeugflügel 417, 419
Pflanzen 138–139, *s. auch Wurzeln*
Zahn 257
Wurzelfilz, dichter / dense fibrous root system 164
Wurzelhaar / root hair 127, 138
Wurzelhaube / root cap 139, 159
Wurzelhaut (Zahn) / periodontal membrane 257
Wurzelhautfasern (Zahn) / apical fibres of periodontium 257
Wurzelkanal (Zahn) / root canal (tooth) 257
Wurzelknöllchen / root tubercles 134
Wurzelknolle / root tuber 160, 161, 163
Wurzeln (Pflanzen) / roots (plants) 138–139
Bärlapp 126
Dikotyledone 133
Farn 127
Hahnenfuß 138, 139
Kedrostis 119
Keimwurzel 158–159
Kiefernsämling 128
Knolle 161
Kohl 138
krautige Blütenpflanzen 134–135
Lilie 139
Luftwurzel 168
Möhre 138
Monokotyledone 133
Orchidee 139
Primärwurzel 138, 139
Puffbohne 139
Schachtelhalm 126
sproßbürtige Wurzel 118, 119, 127, 132, 134, 137, 161, 164, 168
Symbiose mit Pilz 139
Wasserpflanzen 164–165
Wirtspflanze 169
Wurzelsukkulente 162–163
Wurzelrippe (BAE-146) / root rib (BAE-146) 417
Wurzelschmarotzer / root parasite 169
Wurzelspitze / root tip 138, 139, 158
Wurzelstock / rootstock 136
Wurzelsukkulenten / root succulents 162, 163
Wurzelsystem / root system 138
Wurzelträger / rhizophore 126
Wurzelverwitterung / tree root action (weathering) 292
Wüste(n) / desert(s)
Erdgeschichte 63
Erdoberfläche 274–275
Jura 77
Kreide 79
Kreislauf der Gesteine 276
Quartär 83
Trias 74, 75
Verwitterung und Erosion 292–293
Wüstenklima / desert climate 72
Wüstenrose / daisy gypsum 279

X

X-Linie (Buchstabe) / X line (letter) 449
X-Turm / X turret 403
Xenon / xenon 321
Xeromorphe Pflanzen / xeromorphic plants *s. Xerophyten*
Xerophyten / xerophytes 162
Xi 2 Sagittarii / Xi 2 Sagittarii 21
Xi Orionis / Xi Orionis 18
Xi Pegasi / Xi Pegasi 19
Xylem / xylem *s. auch Holzteil*
Ein- und Zweikeimblättrige 132, 133
Farnblattspindel 127
fehlende 124
Nacktsamer 130, 131
Photosynthese 144
Sprosse 140, 141
Strandhafer 119
Wurzeln 138, 139
Xylophon / xylophone 508, 520

Y

Y-Turm / Y turret 403
Yangchuanosaurus / *Yangchuanosaurus* 91
Yard / yard 588, 589
Yorkshire (Architektur) / Yorkshire (architecture) 488
Ypsilon Sagittarii / Ypsilon Sagittarii 21
Ytterbium / ytterbium 321
Yttrium / yttrium 320
Yucca / yucca 132
***Yucca* sp.** / *Yucca* sp. 132

Z

Zagrosgebirge / Zagros Mountains 81
Zahlensysteme / number systems
arabisch / Arabic 589
römisch / Roman 589
Zahlmeisterkajüte / paymaster's cabin 389
Zählspiele (Golf) / medal/stroke play (golf) 538
Zählwerkscheibe (Kamera) / exposure counter dial (camera) 585
Zahn/Zähne / tooth/teeth
Acanthostega 86
Anchisaurus 95
Ankylosaurier 100
Australopithecus 114
Bär 200
Baryonyx 89
Camarasaurus 97
Diplodocus 96
Drachenkopf 382
Elefanten 212
Fahrrad 586, 587
Hasen und Nagetiere 202
Heterodontosaurus 89
Homo sapiens 114
Horndinosaurier 108
Krokodil 192
Lambeosaurus 105
Löwe 200
Mammut 83
Mensch 232, 256–257, 258
Moeritherium 111
Pachycephalosaurier 106
Pferd 111
Phiomia 111
Tyrannosaurus 90
Venusfliegenfalle 166
Zahnrad 369, 374
Zahnbein / dentine 257
Zahnbein (Knochen) / dentary bone 102, 108
Zahneisen (zur Marmorbearbeitung) / marble claw 456, 457
Zahnfleisch / gum(s) 257
Zahnhals / cervix dentis/neck of the tooth 257
Zahnknospe / tooth bud 256
Zahnkrone / crown of tooth/corona 257
Zahnpulpa / pulp(a) 257
Zahnrad / cogwheel/gear wheel
Fahrrad 369
Mid-West-Wankelmotor 415
Motorrad 374
Zahnschmelz / enamel 256, 257
Zahnschnitt(ornament) / denticulation(s)
Barock und Klassizismus 482, 483, 485
französischer Tempel 489
Kuppel der St.-Paul's-Kathedrale 491
Renaissancebauten 479
römische Bauwerke 466
Zahnspachtel / glue spreader 446, 454
Zahnwal / odontocete/toothed whale 214
Zahnwurzel / dental root 257
Zahnzement / dental cement 257
Zaire / Zaire 275
Zapfen
Auge / cone 250
Kiefer / cone 128, 130
Lampe / spigot 565
Rumpfplankenverbindung / tenon 381
Stuhl / tenon 570
Zypresse / cone 129
Zapfenbildung / cone growth 129
Zapfenfüße / prolegs 175
Zapfenlager (Lampe) / socket (lamp) 565
Zapfenloch der Querstrebe / splat mortice 571
Zapfenverbindung / mortice (and tenon) joint
Architektur 490, 496
Schiffsplanken 381
Zapfenzellen / cone cells 250
Zarge / rib
Bratsche 515
Cello 515
Geige 514
Gitarre 516
Kontrabaß 515
***Zea mays* (Mais)** / *Zea mays* (maize) 133
Zeami / Zeami 35
Zedernbaum-Lakkolith / cedar-tree laccolith 284
Zeeman / Zeeman 41
Zehe(n) / toe(s)
Albertosaurus 90
Anchisaurus 95
Corythosaurus 104
Echse 190
Eryops 86, 87
Frosch 188
Gorilla 213
Iguanodon 102, 103
Kaiman 192
Löwe 200
Mensch 221, 242, 243
Pachycephalosaurus 106
Pferd 111
Psittacosaurus 109
Salamander 188
Schildkröte 193
Stegoceras 107
Toxodon 113
Tyrannosaurus 90
Vögel 194, 199
Zehenbeugemuskel / flexor digitorum muscle *s. Zehenbeuger*
Zehenbeuger / flexor digitorum
Albertosaurus 90
Mensch 243
Zehenendgelenk / interphalangeal joint 242
Zehenendglied / distal phalanx 229, 242
Zehengrundgelenk / metatarsophalangeal joint 242
Zehengrundglied / proximal phalanx 229, 242
Zehenknochen / phalanges / toe bones
Archaeopteryx 91
Arsinoitherium 111
Gallimimus 93
Parasaurolophus 105
Plateosaurus 94
Stegoceras 106, 107
Struthiomimus 93
Triceratops 108
Zehenkralle / toe claw
Pachycephalosaurus 106
Psittacosaurus 109
Stegoceras 107
Zehenmittelglied (Mensch) / middle phalanx (man) 229, 242
Zehennagel / toe nail
Corythosaurus 104
Elefant 96, 210
Gorilla 213
Iguanodon 103
Mensch 243
Stegosaurus 98
Triceratops 108
Zehenstreck(er)muskel / extensor digitorum muscle 100, 103, 243
Zehenstreckersehne / extensor digitorum tendon 243
Zehenvene / digital vein 263
Zehnkampf / decathlon 534
Zeichenbrett / drawing board 434, 448, 449
Zeichenfeder / dip pen 434
Zeichenkarton / drawing paper/cardboard 442, 443, 445
Zeichenmaterialien / drawing materials 434
Zeichenpapier / drawing paper 445
Zeichenwerkzeug / drawing instruments 434
Zeichnen / drawing 434–435
Zeichnung / drawing 434, 435
Zeigefinger / index finger 240, 241
Zeiger
Gnomon / style of gnomon 385
Uhr / hand 562, 563
Waage / pointer 330
Zeigermutter (Uhr) / hand collet (clock) 563
Zeilentransformator / fly back transformer 567
Zeilleria frenzlii / *Zeilleria frenzlii* 72
Zeitalter (Erdgeschichte) / era (geology) 63
Zeitangabetaste (Walkman) / date button (personal stereo) 580, 581
Zeitnehmer/in / time(keep)er
Basketball 530
Fechten 549
Handball 533
Judo 548
Netball 533
Zeitschalter (Toaster) / time switch (toaster) 572
Zeittafel (Erdgeschichte) / geological timescale 62–63
Zeituhr (Toaster) / variable time control knob (toaster) 572, 573
Zelle / cell
Algen 120–121
Bindegewebs- 227
Blut- 227
Ei- 125, 127, 128, 152, 153, 268, 270
Ferrel- 310
Festigungs- 165
Fett- 227
Geleit- 138, 140
Gelenk- 119
Hadley- 310
Haut- 227
Helfer- 153
Keim- 122, 126, 128
Knochen- 227, 235
Konvektions- 33
Körper- (Mensch) 226–227, 244
Kragengeißel- 172, 173
Lenti- 136
Magen- 227
Nerven- 227, 246, 247
Nessel- 173
parenchymale 140
Poren- 172
Purkinje- 247
Rinden- 168
Samen- 269
Schachtelhalm 126
Schildrüsen- 227
Schließ- 144, 145
Schwannsche 238, 249
Sinnes- 252, 253
Solar- 54, 55, 59, 500
Sperma- 153, 227, 268, 269
Stäbchen- 250
Zapfen- 250
zweigeißlige 122
zylindrische 123
Zelleib / cell body 248
Zellfäden / aggregates of cells in filaments 122, 124
sterile 123
Zellkern / nucleus
Mensch 226, 227, 238, 249
Pflanzen 121, 122, 138, 145
Zellkernkörperchen / nucleolus 227, 249
Zellkernmembran / nuclear membrane 226
Zellkernmembranpore / pore of nuclear membrane 227
Zellkernrest / cell nucleus residue 244
Zellkolonien / cell colonies 122
Zellkontrollzentrum / cell's control centre 226
Zellkörper / cell body 248
Zellmembran / cell membrane 226, 227
Zellplasma (Pflanzen) / cytoplasm 122, 123, 138, 145
Zellring / ring of cells 127
Zellsaftraum / vacuole 145
Zellschicht, äußere (Pflanzen) / epidermis (plants) 119, 125–127, 130–133, 138, 139
Zellteilung / cell division 138, 139, 158
Zelltypen / types of cells 226, 227
Zellwand / cell wall 118, 122, 123, 138, 145
wellige / sinuous (wavy) cell wall 162
Zement / cement 498
Zementation / displacement 322, 323
Zementdrüse / cement gland 179
Zementverputzte Mauer / cement-rendered wall 498
Zenitprisma / star diagonal 54
Zentaur (=Centaurus, Sternbild) / Centaurus 18, 21
Zentiliter (cl) / centilitre (cl) 588
Zentimeter (cm) / centimetre (cm) 588, 589
Zentner (Ztr.) / centner (=50 kg) 588
Zentralanschluß, elektrischer (Rennwagen) / chassis electrical plug (racing car) 367
Zentralasien / Central Asia 70
Zentralbereich, gewölbter / central bulge 14
Zentralkanal (Wirbelsäule) / central canal (spinal cord) 248
Zentralnervensystem (ZNS) / central nervous system (CNS) 246, 248
Zentralrohrrahmen / tubular backbone chassis 364
Zentralscheibe (Seestern) / disc (starfish) 180
Zentralverschlußmutter (Beiwagenrad) / knock-off wheel nut 370
Zentrifugaleffekt / centrifugal effect 307
Zentrifugalkompressor / centrifugal compressor 422
Zerebralganglion / cerebral ganglion 183
Zeta Sagittarii / Zeta Sagittarii 21
Zeta Zentauri / Zeta Zentauri 21
Zickzackfalte (Erdfalte) / cuspate fold 67
Zickzackmuster / dancette pattern 493
Ziegenbart, Dreifarbiger / Ramaria formosa 120
Ziegenhaarpinsel / goat hair brush 442, 448
Zielantrieb-Antriebsritzel / training rack gearing 404
Zielfernrohr / telescopic sight 541
Zielgerade (Pferderennen) / home stretch (horse racing) 547

Ziellaser / laser ranger and marked-target seeker 424
Zieleinlaufpfosten / finishing post 534
Ziellinie / finish(ing) line
Leichtathletik 534
Pferderennen 547
Ski alpin 544
Zielscheibe / target 540, 541
Zielschießen / target shooting 540
Zielvorrichtung (Schießsport) / sight (shooting) 540, 541
Zielzahnkranz / training gear 404
Zierband, abgerundetes / quarterround moulding 484
Zierfenster / ornamental light 499
Zierleiste
Architektur / decorative moulding 479, 481, 486, 489, 491
Fernseher / ornamental strip 567
Zierschrift (Architektur) / ornamental inscription 492
Zierstreifen (Telefon) / decorative (plastic) trim 568
Ziffer, römische / numeral, Roman 563
Zifferblatt / clock face
Big Ben 497
Uhr 563
Zigarettenbildchen / cigarette card 402
Zikurratartige Abstufung / ziggurat-style step-back 498
Ziliarkörper / ciliary body 251
Zingel / circular wall (of a castle) 470
***Zingiber officinale* (Ingwer)** / *Zingiber officinale* (ginger) 161
Zink / zinc(um)
Architektur 481
Bodenschätze 291
Chemie 321, 322
Zink-Phosphatierung / zinc phosphating 358
Zinkchlorid / zinc chloride 322
Zinkspäne / zinc metal chippings 322
Zinn / tin
Bodenschätze 291
Periodensystem 321
Zinne / merlon 470
Zinne, kannelierte, runde / fluted, circular pinnacle 485
Zinnenkranz / crenelation/battlement 470, 471
Zinnober / vermilion 437
Zinnoberrot / vermilion (red) 444
Ziolkowski / Tsiolkovsky 41
Zion-Canyon / Zion Canyon 286
Zirbeldrüse / pineal body 222, 246
Zirconium / zirconium 320
Zirkel (Steinmetzwerkzeug) / compass (masons's tool) 489
Zirruswolken / cirrus clouds *s. auch Cirrus*
Neptun 50
Zitrone / lemon 154
Zivile Luftfahrt / civil aviation 412
Zoll / inch 588, 589
Zonenverteidigung (Basketball) / zone defences (basketball) 531
Zoomen / zooming 579
Zosteres / zosteres 380
Zosterophyllum llanoveranum / *Zosterophyllum llanoveranum* 70
Zubenelgenubi / Zubenelgenubi 18, 21
Zubeneschamali / Zubeneschamali 18, 21
Zubon / zubon 548
Zucker / sugar
Energiekreislauf 325
Gärung 323
Photosynthese 145
Zuckermelone / charentais melon 155
Zuckerverbindungen, energiereiche / high-energy sugars 144
Zug
Eisenbahn / train 334–341
Faltung/Verwerfung / tension 66, 67
Stimmzug / tuning slide 510, 511
Zugang / access 343
Zugangsplatte / access panel 343
Zugangstür / access door 343
Zuganker / tie-rod 496
Zugbalken / tie-beam 483, 490
Zugbrücke / drawbridge 497
Zügel / rein 546
Zugentlastung (Toaster) / cable retaining gland (toaster) 572
Zugfeder (Uhr) / mainspring (clock) 562
Zugführer / train driver 340
Zughaken / towing hook 343, 430
Zughebel (Rasenmäher) / traction lever (lawnmower) 575
Zugkabel (Rasenmäher) / traction cable (lawnmower) 575
Zugkabelhalterung (Rasenmäher) / traction cable support (lawnmower) 575
Zugkraft
Lampe / pull 564
Mechanik / effort 330
Zugleine, elastische (Segelboot) / control line, elastic (dinghy) 553
Zugnummer / locomotive unit number 336, 338
Zugon / zugon 381
Zugriemen / strap 543
Zugseil / control wire 427, 428
Zugseitenskull / stroke-side oar 552
Zugstab / tension member 503
Zugstrebe / radius arm 366
Zugstrecke (Mechanik) / pulling distance 330
Zugverkehr / railway traffic 340
Zuleitung
Glühlampe / lead-in wire 329
Toaster / mains input lead 572
Zuluftklappe / pressurized strut 429
Zünder
Granate / transit plug 405
Strahltriebwerk / igniter 422
Zündkabel / ignition cable
Auto 353
Motorrad 375
Zündkabelrohr / plug lead conduit 347
Zündkanal / flash tube 405
Zündkerze / spark (plug)
Auto 352, 353, 356
Mid-West-Wankelmotor 414
Rasenmäher 574
Ultraleichtflugzeugmotor 431
Zündkerzendeckel / spark plug cap 374
Zündkerzenstecker / spark plug socket 353
Zündschalter / ignition switch 347
Zündschloß / ignition lock 370
Zündspulenkasten / trembler coil box 345
Zündstecker / igniter plug 423
Zündsteuerung, elektrische / ignition control, electric 370
Zündsteuerungsgehäuse / ignition trigger housing 414
Zündsteuerungsgerät / electronic ignition unit 361
Zündsysteme, computergesteuerte / ignition systems, computerized 354
Zündung / ignition
Auto 353, 356
Motorrad 374
Zündverstärker / ignition amplifier 355
Zündverstellhebel / ignition lever 348
Zündverteiler / distributor 354, 355, 36
Zunge / tongue
Allosaurus 91
Corythosaurus 104
Delphin 215
Elefant 210
Hauskatze 201
Iguanodon 103
Kaiman 192
Kaninchen 202
Kuh 204
Löwe 200
Mensch 222, 236, 254, 258
Schimpanse 212
Schlange 191
Schuh 560
Zunge mit Nektardrüsen (Kobrapflanze) / fishtail nectary (cobra lily) 166
Zungenbein (Mensch) / hyoid (bone) 254, 255, 265
Zungenbein-Zungen-Muskel / hyoglossus muscle 254
Zungenblüte / ray floret 135, 148, 151
Zungenlängsmuskel, oberer / longitudinal muscle, superior 255
Zungenmandel / lingual tonsil 255
Zungennerv / lingual nerve 254
Zungenspitze / apex of tongue 254, 255
Zupfinstrument / plucked string instrument 514, 515, 516, 517
Zusammengesetzte Blätter / compound leaves
Zusatzflügel, oberer (Rennwagen) / upper flap (racing car) 366
Zuspielformen (Netball) / passes (netball) 533
Zweiblockmotor / bi-block engine 347
Zweier / pair
mit Steuermann / coxed pair 553
ohne Steuermann / coxless pair 553
Zweig / branch 126, 133, 136
unbeblätterter 126
Zweigspurstrang / branch trace 131
Zweikämpfe (Marginocephalier) / combats/headbutting contests 106
Zweikreis-Turbinenluftstrahltriebwerk / turbofan jet engine 422
Zweilappige Blätter / bilobed leaves 128
Zweipunktsicherheitsgurt / centre seat belt 362
Zweitakter / two-stroke (engine) 374
Zweitaktmotor / two-stroke engine
Flugzeug 414
Motorrad 374
Zweitaktverfahren / two-stroke system 352
Zweiter Weltkrieg / Second World War 350
Zweizylinder-Dampfmaschine / twin cylinder steam engine 344
Zweizylinder-Harley-Davidson / twin-cylinder Harley-Davidson 370
Zweizylinder-Motor (Ultraleichtflugzeug) / twin-cylinder engine (microlight) 431
Zweizylinder-V-Motor (45°) / V-twin engine (45°) 371
Zwerchfell / diaphragm
Hauskatze 201
Mensch 224, 225, 264, 265
Zwergbuchs / box-leaved milkwort 150
Zwergtaucher / little grebe 196
Zwiebel / bulb 160, 161
Zwiebelkuppel / onion dome 490
mittelalterliche Gebäude 471
Basilikuskathedrale 491
Mihrab 492
Zwiebelturm / onion tower 490
Zwillinge
Sternbild (=Gemini) / Gemini 18
Ultraschallbild / twins 224
Zwillingssäule / twin columns 485, 491
Zwillingsvergaser / twin carburettors 431
Zwillingswadenmuskel / gastrocnemius muscle
Euoplocephalus 100
Iguanodon 103
Zwinge (eines Pinsels) / ferrule (of a brush) 442
Zwischenboden (Eisenschiff) / deep floor (iron ship) 401
Zwischendeckstreppe / tween decks ladder 401
Zwischeneiszeiten / interglacial periods 82
Zwischenfrequenzspule / intermediate frequency coil 567
Zwischengeschoß (Centre Pompidou) / mezzanine gallery level (Centre Pompidou) 500
Zwischengruppe (Dinosaurierstammbaum) / intermediate group (dinosaur cladogram) 89
Zwischenknochenband / interosseous ligament 242
Zwischenknochenmuskel / interosseous muscle 243
Zwischenordnung / infraorder 94
Zwischenrad (Uhr) / third wheel (clock) 562
Zwischenrippenmuskel / intercostal muscle 265
Zwischenwurzelseptum (Zahn) / interradicular septum (tooth) 257
Zwischenzahnseptum / interdental septum 257
Zwischenzellraum / intercellular space 145
Zwitterdrüse / ovotestis 183
Zwittergang / hermaphrodite duct 183
Zwölffingerdarm / duodenum *s. auch Duodenum*
Mensch 225, 258, 259
Zwölfzylinder-V-Motor / V 12 engine 355
Zygit / zygian 381
Zygote (Pflanzen) / zygote (plants) 122–124, 126, 152
Zyklone / cyclones 312
Zyklonischer Sturm / cyclonic storm 39, 43, 50
Zylinder / cylinder
Automotor 346, 352, 353
Dampflok 334, 335
Flugzeugmotor 412, 414
Hohlkörper 588
Motorradmotor 375
Raddampfer 400

Zylinder-Abflußhahn (Lok) / cylinder drain cock lever (locomotive) 335
Zylinderanordnung (Flugzeugmotor) / cylinder arrangement (aero-engine) 414
Zylinderblock
Auto / cylinder block 349, 366
Flugzeugmotor / cylinder barrel 414
Zylinderdeckel (Raddampfer) / cylinder cover (paddlesteamer) 399
Zylinderfuß aus Gußeisen / cast iron cylinder barrel 370
Zylinderkopf / cylinder head
Auto 346, 353, 354, 355, 366
Flugzeugmotor 414, 429
Lok 337
Motorrad 374, 375
Zylinderkühlrippen (Flugzeugmotor) / cylinder-cooling gills (aero-engine) 413
Zylinderprojektion / cylindrical projection 274
Zylinderschmiereinrichtung / automatic cylinder lubricator 352
Zylinderschraube (Lampe) / cheese head screw (lamp) 565
Zylinderwand / cylinder wall 353
Zylindrische Verwerfung (Geologie) / cylindrical fault (geology) 67

Englisch / Deutsch

Der englische Begriff ist fett geschrieben, in Klammern steht der Themenbereich, in dem der Begriff verwendet wird. Nach dem Schrägstrich folgt die deutsche Übersetzung und eventuell ein weiteres Synonym. Die Seitenzahl verweist auf die Seite, wo der deutsche Begriff und die entsprechende Abbildung zu finden sind:
Abyssal plain / Tiefseebecken/Tiefsee-Ebene 308

Kommen unterschiedliche deutsche Bedeutungen eines englischen Wortes im Buch vor, steht die Hauptbedeutung hinter dem englischen Begriff, alle weiteren in alphabetischer Reihenfolge mit Einzug darunter:
Body / Körper 220-271, 326
  Fassung (Lampe) 564
  Korpus (Kajak) 552
  Rumpf 95, 188, 224

Wissenschaftliche Artnamen sind immer kursiv gesetzt:
***Abies concolor* (white fir)** / *Abies concolor* (Grautanne) 72

A

A (note) / A (Note) 506
A (string) / A-Saite 516
A Bigger Splash / *A Bigger Splash* 447
A frame / A-Rahmen 420
A turret / A-Turm 402
Aa lava / Aa-Lava 282
Abacus / Abakus 463, 464, 473, 487
Abdomen / Abdomen/Hinterleib 85, 174, 175, 176, 177, 178
  Bauch (Mensch) 221
Abdominal aorta / Bauchaorta 225, 265
Abdominal cavity / Bauchhöhle (Mensch) 224, 225
Abductor digiti minimi muscle / Kleinfingerabspreizer 241
  Kleinzehenspreizmuskel 243
Abductor pollicis brevis muscle / Daumenabspreizer, kurzer 241
Aberdeen hook / Aberdeen-Haken 554
***Abies concolor* (white fir)** / *Abies concolor* (Grautanne) 72
Ability to hover/to fly (fruits) / Schwebefähigkeit (Früchte) 156
Ability to use language / Sprachfähigkeit 114
Abomasum / Abomasum/Labmagen 204
Abrasion / Abtragung (durch Wind) 292, 296
Absorption lines / Absorptionslinien 22–23
Abutment / Widerlager (Architektur) 488, 489
Abyssal plain / Tiefseebecken/Tiefsee-Ebene 308
Acadagnostus / *Acadagnostus* 70
Acamar / Acamar 19
Acanthostachys strobilacea / *Acanthostachys strobilacea* 118
Acanthostega / *Acanthostega* 86
Acanthus leaf / Akanthus 464
Acceleration / Beschleunigung 329, 330, 331
Access / Zugang 343
Access door / Zugangstür 343
Access panel / Zugangs-/Abdeckplatte 339, 343
Access to trim jack / Trimmwellenzugang 419
Access to yaw dampers / Gierdämpferzugang 419
Accessory drive pad / Hilfsaggregatgetriebe 423
Accommodation ladder / Fallreepstreppe 402, 403
Accommodation section / Mannschaftsbereich 400
***Acer platanoides* (Norway maple)** / *Acer platanoides* (Spitzahorn) 137
***Acer pseudoplatanus* (sycamore)** / *Acer pseudoplatanus* (Bergahorn) 137
***Acer* sp. (maples)** / *Acer* sp. (Ahorne) 133
***Acetabularia* sp.** / *Acetabularia* sp. (Hutalge) 122
Acetabulum / (Hüft)gelenk(s)pfanne 87, 88, 235
Acetylene headlamp / Azetylenscheinwerfer 346, 347
Achene / Achaene/Sammelnußfrucht/Nüßchen 156
Achernar / Achernar 20
Achilles tendon / Achillessehne 242, 243
Acid / Säure 322
Acid solution / Säurelösung 432
Acidalia Planitia / Acidalia Planitia 43
***Acipenser sturio* (sturgeon)** / *Acipenser sturio* (Atlantischer Stör) 186
Acorn / Eichel (Eichenfrucht) 137
  Knopf (Trommelstock) 523
Acoustic guitar / akustische Gitarre 516, 517
Acre / Acre 589
Acropolis / Akropolis 464
Acrosomal cap / Acrosom 269
Acroterion / Akroterion 465
Acroteuthis / *Acroteuthis* 288
Acrux / Acrux 21
Acrylic paint(s) / Acrylfarbe(n) 446–447, 452
Acrylic paint techniques / Acryltechniken 447
Acrylics / Acrylmalerei 446–447
***Actinia equina* (beadlet anemone)** / *Actinia equina* (Pferdeaktinie) 172
Actinides / Actinoide 320–321
Actinium / Actinium 320
***Actinothoe sphyrodeta* (ghost anemone)** / *Actinothoe sphyrodeta* (Geisteranemone) 172
Action / Actio 331
Action lever (piano) / Wippe/Hebeglied (Klavier) 518
Active galaxies / aktive Galaxien 12
Actively dividing cells / teilungsfähiges Gewebe 140, 141
Adam's apple / Adamsapfel 254, 255
Adams ring / Adams-Ring 50–51
Adductor longus muscle / langer Schenkelanzieher(muskel) 235, 236
Adductor magnus muscle / großer Schenkelanzieher(muskel) 237
Adductor muscle / Adduktormuskel 179
Adductor pollicis muscle / Daumenanzieher(muskel) 241
Adenine (DNA) / Adenin (DNA) 226
Adhara / Adhara 18, 21
Adipose tissue / Fettgewebe 225, 227, 245
Adjustable cup / Einstellagerschale 586
Adjustable set square / Winkellineal 449
Adjusting screw / Dollenstift 552
Adjustment keys (of studio easel) / Stellschrauben (der Staffelei) 441
Adjustment locking nut / Feststellschraube 565
Administrative level (Centre Pompidou) / Verwaltungsebene (Centre Pompidou) 500
Admiralty anchor / Admiralitätsanker 394
Admiralty pattern anchor / Stockanker 394
Adoration of the Magi, The / *Anbetung der Könige, Die* 435
Adrenal gland / Nebenniere 225, 267
Adventitious bud / Brutknospe 160
Advertising panel / Werbefläche 343
Aechmea miniata / *Aechmea miniata* 168
Aedicule / Ädikula 467, 480
AEG Turbine Hall / AEG-Turbinenfabrik 499
Aegyptopithecus / *Aegyptopithecus* 81
Aerial / Antenne 359, 367, 405
Aerial drive / Antennenantriebseinheit 58
Aerial fairing / Antennenverkleidung (Flugzeug) 418, 423
Aerial rig / Antennenrigg 405
Aerial root / Luftwurzel 168
Aerials (space exploration) / Antennen (Weltraumforschung) 54–56, 58, 59
Aero handlebar / Aero-Lenkstange 368, 369
Aero-engines / Triebwerke 56, 414–415, 416, 422, 423
Aerodynamics (car) / Aerodynamik (Auto) 358, 366
Aerofoil / Tragflügel 408, 410, 424, 428
Aerofoil wheel guard / aerodynamischer Radschutz 339
Aeroplanes / Flugzeuge 406–431
Aeroquip / Aeroquip 366
Aerosol spray fixative / Klarlackspray (Fixativ) 444
***Aesculus hippocastanum* (common horsechestnut)** / *Aesculus hippocastanum* (Gemeine Roßkastanie) 136
***Aesculus parviflora* (horse-chestnut)** / *Aesculus parviflora* (Roßkastanie) 143
Africa / Afrika 38–39, 70, 72, 76, 78, 79, 80, 81, 82, 83, 102, 114, 274–275
African elephant / Afrikanischer Elefant 210, 211
African plate / afrikanische Platte 65
Aft anchor / Heckanker 403
Aft shoulder / Auslegerspant 552
After bridge / Achterbrücke 403
After fashion piece / Randsomholz 389
After funnel / Achterschornstein 400, 403
After silencer / Nachschalldämpfer 431
After spring / Achterspring 393
Afterbay (hydroelectric powerstation) / Unterwasser (Kraftwerk) 324
Afterburner / Nachbrenner/Afterburner 422
Afterburner nozzle / Nachbrennerschubdüse 423
Aftercastle / Achterkastell 383, 385
Afterpeak / Achterpiek 400
Agate tip (burnisher) / Achatspitze (Polierstab) 436
Aggregate fruit / Sammelsteinfrucht 136, 153–155
Aggregates of cells in filaments / Zellfäden 122, 123, 124
Agulhas Current / Agulhasstrom 307
Agnatha / Agnatha 184
***Agropyron repens* (couch grass)** / *Agropyron repens* (Quecke) 119
Aileron / Querruder 406, 408, 412, 418, 420, 421, 424, 430
Aileron control wire / Querruderzugseil 411
Aileron hinge / Querruderscharnier 418
Aileron hinge strut / Querrudergelenkstrebe 411
Aileron mass balance / Querruderausgleichsgewicht 428
Aileron operating arm / Querruderstange/-verstellarm 406, 407, 428
Aileron torque tube / Querruderwelle 428
Aino Planitia / Aino Planitia 36, 37
Air battles / Luftkämpfe 424
Air bladder / Schwimmblase (Blasentang) 123
Air chamber / Luftkammer 124
Air cleaner box / Luftfiltergehäuse 355
Air column / Luftsäule 510, 512
Air combats / Luftkämpfe 424
Air conditioning / Klimaanlage 354, 420, 501
Air conditioning compressor / Klimaanlagenkompressor 354

Air cooling / Luftkühlung 373, 374
Air cooling fan / Kühlventilator 431
Air data probe / Luftdatenabnehmer 424
Air filter / Luftfilter 350, 361, 371, 426, 429, 431, 574
Air hose / Druckluftschlauch 446
Air impingement starter / Luftstarter 422
Air intake / Lufthutze 367
Air intake vents / Luftschlitze (VW) 351
Air intake/inlet / Lufteinlaß 342, 343, 355, 412, 415, 420, 422, 423, 424, 425, 426, 428, 559
Air masses / Luftmassen 306
Air passage (bony crest) / Luftkanal (Knochenkamm) 105
Air pistol / Luftpistole 540, 541
Air pressure / Luftdruck 313, 416
Air pump / Luftpumpe 399
Air pumping device (running shoe) / Pumpvorrichtung (Sportschuh) 535
Air rifle / Luftgewehr 540, 541
Air screw / Flugzeugpropeller 426
Air space (in plants) / Luftraum (in Pflanzen) 125, 126, 164, 165
Air taxi / Lufttaxi 426
Air temperature / Lufttemperatur 310
Air vent / Belüftung 365
Entlüftungsschlitz 368, 376, 377
Luftauslaß 431, 559
Luftschlitz (Eishockeyhelm) 543
Air-brake / Bremsklappe 425, 430
Air-brake jack / Bremsklappenheber 425
Air-brush / Air-Brush / Spritzpistole 446
Air-conditioning duct / Entlüftungsrohr 500
Klimaanlagenschacht 421
Air-intake trumpet / Luftansaugtrichter 366, 367
Air-pressure wave / Luftdruckwelle 420
Airbag secondary suspension / Gaskissen-Wiegenfederung 341
Aircraft / Flugzeuge/Flugmaschinen 406–431
Aircraft construction / Flugzeugbau 406
Aircraft name / Flugzeugname 431
Aircraft registration code / Flugzeug-Kennzeichen 413, 422, 428
Airspeed-indicator tube / Luftdruckleitung 429
Akhal-Teke (horse) / Achal-Tekkiner (Pferd) 206
Akna Montes / Akna Montes 37
Al Nair / Al Nair 19, 20
Al secco / al secco 438, 439
Ala / Flügel (Wirbel) 233
Alarm reset button (personal stereo) / Alarmstopptaste (Walkman) 580, 581
Alba Fossae / Alba Fossae 43
Alba Patera / Alba Patera 43
Albategnius / Albategnius 40
Albertosaurus / *Albertosaurus* 90
Albireo / Albireo 20
Albumen (=egg white) / Eiweiß 198
Albumen gland / Eiweißdrüse 183
Alcohol / Alkohol 323
Alcohol stove / Spirituskocher 364
Alcor / Alkor 19
Alcyone / Alkyone 20
Aldebaran / Aldebaran 18, 21
Alderamin / Alderamin 19
Aldrin, Edwin "Buzz" / Aldrin, Edwin „Buzz" 58
Alethopteris / *Alethopteris* 73, 288
Algae / Algen 122, 123
Algedi / Algedi 20
Algenib / Algenib 19, 20
Algieba / Algieba 18
Algol / Algol 19, 20
Alhambra / Alhambra 492
Alhena / Alhena 18, 21
Alicante / Alicante 454
Alidade / Peilstab/Alhidade 384, 385
Alimentary canal (human) / Verdauungskanal (Mensch) 258–259
Alioth / Alioth 18–19
Alkali metals / Alkalimetalle 320–321
Alkaline-earth metals / Erdalkalimetalle 320–321
All-enclosing fairing / Rundumverkleidung 377
All-metal monoplane / Ganzmetalleindecker 408, 412
All-round bicycle / Allzweckfahrrad 368
All-surface tyre / Allroundreifen/Geländereifen 369
All-terrain bike / All-Terrain-Bike/Geländerad 586
All-terrain vehicle / Geländewagen 304, 305
Allah / Allah 492
Allantois / Allantois 198
Alligator / Alligator 192
***Alligator mississippiensis* (American alligator)** / *Alligator mississippiensis* (Amerikanischer Alligator) 192
Allison-250-C20J turboshaft engine / Allison-250-C20J-Turbinentriebwerk 427
***Allium* sp.** / *Allium* sp. 149
Allosaurus / *Allosaurus* 76, 77, 91
Alloy frame / Leichtmetallrahmen 372, 376
Alloy swingarm / Leichtmetall-Pendelachse 376
Alluvial cone / Schwemmkegel 294
Alluvial fan / Schwemmfächer 292
Almach / Alamak 19, 20
Alnilam / Alnilam 18
Alnitak / Alnitak 18
***Alouatta seniculus* (red howler monkey)** / *Alouatta seniculus* (Roter Brüllaffe) 213
Alpha Centauri / Alpha Centauri 21
Alpha Hydri / Alpha Hydri 20
Alpha Mensae / Alpha Mensae 20
Alpha Regio / Alpha Regio 36–37
Alpha ring / Alpha-Ring 48
Alphard / Alphard 18, 21
Alphecca / Alphecca 18, 21
Alpheratz / Alpheratz 19, 20
Alphonsus / Alphonsus 40
Alpine ski slope course / Wettkampfpiste (alpiner Skisport) 544
Alpine skiing / Skisport (alpin) 544–545
Alps / Alpen 81, 83, 273
Alrami / Alrami 21
Alsatian dog / Schäferhund, Deutscher 201
***Alstroemeria aurea* (Peruvian lily)** / *Alstroemeria aurea* (Inkalilie) 135
Altair / Altair 19, 20
Altar / Altar 474
Altarpiece / Altarbild 437
Alternating current / Wechselstrom 338
Alternator / (Drehstrom)generator 336, 354, 355, 422
Alternator belt / Generatorkeilriemen 361
Alternator mount pad / Generatorhalterung 423
Alternator pulley / Generatorriemenscheibe 355
Altitude scale (cross-staff) / Höhenskala (Jakobsstab) 385
Alto (voice) / Alt(stimme) 506
Alto clef / Altschlüssel 506
Alto mute / Alt-Dämpfer 511
Altocumulus clouds / Altocumulus-Wolken 312
Altostratus clouds / Alto stratus-Wolken 312
Aludra / Aludra 21
Aluminium / Aluminium 39, 64, 321, 413
Aluminium alloy / Aluminiumblech 420
Aluminium alloy backing / Aluminiumgußgehäuse 356
Aluminium alloys / Aluminiumlegierungen 428
Aluminium beam / Aluminiumstrebe 418
Aluminium door frame / Aluminiumtürrahmen 416
Aluminium outer casing / Aluminiumgehäuse 374
Aluminium tubing / Aluminiumrohr 369
Aluminium wheel / Alufelge 412
Aluminium wing / Aluminiumflügel 411
Alveolar artery / Alveolararterie 257
Alveolar bone / Alveolarknochen 257
Alveolar vein / Alveolarvene 257
Alveoli / Alveolen 264
Alveolus / Lungenbläschen (=Alveole) 264, 265
***Amaryllis* sp.** / *Amaryllis* sp. 161
Amazon (architecture) / Amazone (Architektur) 483
Amazon Basin / Amazonasbecken 39
Amazon River / Amazonas 274
Amazonis Planitia / Amazonis Planitia 43
Ambiens muscle / Ambiens-Muskel 90, 103
Ambulacral groove / Ambulakralrinne/-furche 85, 181
Amelodentinal junction / Adamantoblast 257
American football / amerikanischer Fußball 528
American squashcourt / amerikanischer Squashcourt 537
American Standardbred (horse) / American Standardbred (Pferd) 547
American units of measurement / amerikanische Maßeinheiten 598
Americium / Americium 321
Ammonia / Ammoniak 45, 47, 49, 51
Ammonite molluscs / Ammoniten 78, 277, 288–289
Ammonium dichromate / Ammoniumdichromat 322
Ammonium hydrosulphide / Ammoniumschwefelwasserstoff 45, 47
***Ammophila arenaria* (marram grass)** / *Ammophila arenaria* (Strandhafer) 119
Ammunition / Munition 541
Amnion / Amnion/Schafshaut 86, 108
Amniotic fluid / Fruchtwasser 270
Amniotic sac / Fruchtblase 270
Amoebocyte (sponge) / Amöbocyte (Schwamm) 172
Amount of light (entering the camera) / Lichtmenge (Kamera) 584
Amphibia / Amphibia 188
Amphibian / Lurch 75
Amphibians / Amphibien/Lurche 62, 74, 84, 86–87, 188–189, 288, 289
Amphibole crystals / Amphibolkristalle 285
Amplifier (electronical instruments) / Verstärker (elektronische Instrumente) 524
Amps (A) / Ampere (A) 326
Ampulla (ear) / Ampulle (Ohr) 253
Ampulla (of tube foot) / Füßchenampulle 180, 181
Anal canal / Afterkanal 259
Anal clasper / Nachschiebebein 175
Anal flap / Analfalte 210
Anal sphincter muscle / Afterschließmuskel 259
Anatomy of a brush / Pinselbau 442
Anchisaurus / *Anchisaurus* 94, 95
Anchor / Anker (Schiff) 380, 383, 384, 385, 388, 389, 394, 400, 403, 405
Anchor buoy / Ankerboje 387
Anchor cable / Ankertau 384, 388, 396
Anchor chain / Ankerkette 403
Anchor for (open) door / Türanker/Türverankerung 416, 418
Anchor nut (car) / Ankermutter (Auto) 367
Anchor shank / Ankerschaft 380, 394
Anchor-joint / Ankerknoten 496
Anda / Anda 494, 495
Andalucian (horse) / Andalusier (Pferd) 207
Andamenti / Andamenti 455
Andes / Anden 38–39, 75, 77, 79, 81, 83, 274
Andesite, porphyric / Andesit 285
Androecium / Androeceum 146
Andromeda / Andromeda 18, 19, 20
***Anemonia viridis* (green snakelock anemone)** / *Anemonia viridis* (Grüne Wachsrose) 172
Anemophilous pollination / Windbestäubung (=Anemophilie) 150
Angaria (Siberia) / Angaria (Sibirien) 71
Angiogram of arteries of heart / Herzarterien-Angiogramm 224
Angiospermophyta / *Angiospermophyta* 118
Angiospermae / Angiospermae 132
Angiosperms / Bedecktsamer (=Angiospermen) 289
Angle (of incidence) / Einfallswinkel 329
Angle bar (I bar) / Profileisen (I-Eisen) 401
Angle of dip / Fallwinkel (Hang, Falte) 66
Angle, re-entrant / Winkel, einspringender 489
Angle-of-attack probe / Anstellwinkelabnehmer (Tornado) 424

Anglerfish / Anglerfisch 186
Angling (sports) / Angeln (Sport) 554–555
Anglo-Arab (horse) / Anglo-Araber (Pferd) 206
Angular process / Processus angularis 200
Angular unconformity / Winkeldiskordanz 286
Animal head / Tierkopf (Wikingerschiff) 382
Animals / Tiere 170–217, 324
Anion / Anion 318
Ankle joint / Fußgelenk 90
Knöchelgelenk 94, 96, 104, 107, 108
Sprunggelenk (Mensch) 229
Ankle support / Fersenstütze 543
Ankle(bone) / Knöchel 90, 92, 93, 98, 101, 102, 104, 106, 107, 108, 221, 243
Ankylosaurs / Ankylosaurier 89, 98, 100, 101
Ankylosaurus / *Ankylosaurus* 100
Anne's spot / Annes-Fleck 47
Annie with a Sun Hat / *Annie mit Sonnenhut* 451
Annual ring (tree stem) / Jahresring (Baumstamm) 131
Annulet / Anuli 464
Annulus (=ring of trunk) / Annulus (=Rüsselring) 211
Anta / Antenpfeiler 465
Antarala / Antarala 495
Antarctic circle / südlicher Polarkreis 274–275, 307
Antarctic Circumpolar Current / antarktischer Zirkumpolarstrom 306
Antarctic continent / Antarktis 38, 74, 76, 78, 79, 274–275
Antarctic region / Südpolarregion 70
Antarctica / Antarktika 72, 80, 82, 83
Antares / Antares 18, 21
Antebrachial muscle (*Gallimimus*) / Unterarmmuskel (*Gallimimus*) 92
Antebrachial musculature / Unterarmmuskulatur 97, 100
Antefixa / Antefix 465
Antenna (=yard) / Antenna (=Rah) 380, 381
Antenna connector (TV) / Antennenanschluß (Fernseher) 566
Antenna holder (TV) / Antennenhalter (Fernseher) 567
Antennae (=feelers) / Antennen (=Fühler) 174, 178, 179
Anterior basal segment / Vorderbasissegment 264
Anterior fontanelle / Stirnfontanelle 230
Anterior median fissure / Rückenmarksspalte 233, 248
Anterior median vein / speichenseitige Hautvene 263
Anterior tibial muscle (*Albertosaurus*) / Tibialis-anterior-Muskel (*Albertosaurus*) 90
Anther / Staubbeutel 132, 133, 146–153
Antheridium / Antheridium/männliches Gametangium 123, 125, 127
Antherozoid / Antherozoid 123, 125, 127
Anthers / Antheren 146, 147
Anthozoa / Anthozoa 172–173
Anthracite coal / Anthrazit 290
***Anthriscus* sp. (chervil)** / *Anthriscus* sp. (Kerbel) 141
Anthropoidea / Anthropoidea 212
***Anthurium andreanum* (painter's palette)** / *Anthurium andreanum* (Flamingoblume) 149
Anti-corrosion paint / Schutzlack (Flugzeug) 417
Anti-lift bracing wire / Abtriebseil 407, 409, 411
Anti-reverse ratchet (fishing rod) / Rücklaufsperre (Angelrute) 554
Anti-roll bar(s) / (Drehstab)stabilisator(en) 350, 360, 361
Anti-submarine torpedo tube / Anti-U-Boot-Torpedorohr 405
Anti-surge baffle (plate) / Prallblech 354, 357
Anti-torque / Drehmomentausgleich 427
Anti-turbulence lane line / wellenbrechende Markierungsleine 550
Antibodies / Antikörper 263
Anticline / Antiklinale/Sattelfalte 66, 67
Anticline trap / Antiklinalfalle 290–291
Anticliniorium / Antiklinorium 67
Anticyclonic storm / Antizyklonischer Wirbelsturm 44–45, 47, 50
Antihelix (pinna) / Antihelix/Gegenwindung (Ohr) 252
Antimacassar / Hygienetuch 339
Antimony / Antimon 321
Antipodal cell / Antipode 153
Antitragus / Antitragus 252
Antler hammer / Geweihhammer 115
Antlia / Antlia 18, 21
Antoniadi / Antoniadi 41
Antorbital fenestra / antorbitale Öffnung 89
Ants / Ameisen 174
Anura / Anura 188
Anus / After 175, 179, 180, 181, 182, 183, 187, 193, 201, 202, 204, 210, 213, 259, 268, 271
Anvil / Amboß 252
Aorta / Aorta/Hauptschlagader 215, 225, 260, 261, 262, 263, 266, 267
Apatosaurus / *Apatosaurus* 89
Aperture auto-lock button (camera) / Automatikeinstellung (Kamera) 585
Apes / Menschenaffen 212–213
Apex / Apex 174, 175, 183, 449
Apex of tongue / Zungenspitze 254, 255
Apex seal spring / Leistenfeder 357
Apex wire / Spitzenseil 430
Aphrodite Terra / Aphrodite Terra 36–37
Apical bud / Spitzenknospe 130, 131, 160, 161
Apical fibres of periodontium / Wurzelhautfasern (Zahn) 257
Apical meristem / Scheitelmeristem/Wachstumszone 139, 140
Apical segment (bronchial tree) / Spitzensegment (Bronchialbaum) 264
Apollo 11 / *Apollo 11* 58
Apollo 16 / *Apollo 16* 59
Apollo space mission / Apollo-Raumfahrt 41, 57, 59
Apomixis / Apomixis 152
Apophysis / Apophyse (=Kapselhals) 125
Apostle / Apostel 439
Apothecium / Apothezium 120
Appalachian mountains / Appalachen 68, 73, 75, 81, 83, 274–275
Appendix / Appendix (=Wurmfortsatz) 202, 212, 259
Apple / Apfel 132, 154, 155
Application with painting knife / Messerauftrag 447
Apse / Apsis 469, 473, 485
APU (auxiliary power unit) / APU 419
Aquarius / Aquarius (=Wassermann, Sternbild) 19, 20
Aqueduct (brain) / Aquädukt (Gehirn) 246
Aqueous humour (eye) / Kammerwasser (Auge) 251
Aqueous sodium hydroxide / Natronlauge 322
Aquiclude / Aquifuge 302
Aquifer / Aquifer 302
Aquila / Adler (Sternbild=Aquila) 19, 20
Ar (a) / Ar (a) 588
Ara (constellation) / Altar (Sternbild) 20
***Ara ararauna* (blue-and-yellow macaw)** / *Ara ararauna* (Ararauna) 196
Arab (horse) / Araber (Pferd) 206
Arabesque / Arabeske 467, 484, 492, 493
Arabia(n) peninsula / arabische Halbinsel 76, 78
Arabian Desert / arabische Wüste 274–275
Arabic number system / arabisches Zahlensystem 589
Arachnida / Arachnida 176
Arachnids / Spinnentiere 176–177
Arachnoid mater / Spinngewebshaut 247, 250
Aral Sea / Aralsee 274–275
Araucaria araucana / *Araucaria araucana* 74
Arbour / Welle (Uhr) 562
Arcade / Arkade/Bogengang (Architektur) 468, 473, 474, 483, 484, 485, 497, 499
Arcaded passageway / Säulengalerie 469
Arcadia Planitia / Arcadia Planitia 43
Arcading / Blendarkade 469
Arch / Bogen 449, 469–503
Arch of aorta / Aortenbogen (Mensch) 263
Arch of atlas, anterior/posterior / Atlasbogen, vorderer/hinterer 232
Arch of Titus / Titusbogen 467
Archaeopteryx / Urvogel (*Archaeopteryx*) 63, 90, 91
Arched braces / Bogenstreben 477
Arched buttress / Strebebogen 470, 473, 475, 497
Arched doorway / Bogentür 478, 479
Arched niche / Nischenbogen 484
Arched/flying buttress / Strebepfeiler 474, 475, 482
Archegoniophore / Gametangienstand, weiblicher 124
Archegonium / Archegonium 123, 127, 128
Archer (=Sagittarius) / Schütze (=Sagittarius, Sternbild) 19–21
Archers / Bogenschützen 380
Archery / Bogenschießen 540, 541
Archimedes / Archimedes 40
Architecture / Architektur 462–503
Architrave / Architrav 462, 463, 467, 469, 477, 480, 481, 482, 483, 484, 485, 486, 489
Archivolt / Archivolte 472, 475, 481,483, 484, 485, 489
Arcturus / Arkturus 18, 21, 23
Ardennais (horse) / Ardenner (Pferd) 209
Area (planimetry) / Fläche (Flächenberechnung) 588
Area of optic disc / Sehnervenpapille 250, 251
Area of ossification / Knochenbildungsstelle 240
Arena Chapel (Padua) / Arenakapelle (Padua) 439
Areole / Areole 162, 166
Argon / Argon 321
Argon deposits / Argonvorkommen 35, 37, 39, 43
Argyre Planitia / Argyre Planitia 43
Ariel / Ariel 48
Aries / Aries *cf. Ram*
Aril / Samenmantel/Arillus 129, 154
Ariodactyla / Artiodactyla 204
Aristarchus / Aristarchus 40
Aristillus / Aristillus 40
Aristoteles / Aristoteles 40
Arkab Prior / Arkab Prior 21
Arm / Arm 85, 90, 93, 103, 106, 107, 109, 180, 220, 449
Arm (of windscreen wiper) / Wischerarm 351
Arm bones (human) / Armknochen (Mensch) 234
Arm bud (human embryo) / Armknospe (Menschenembryo) 270
Arm guard / Armschutz 540
Armature (motor) / Anker (Motor) 558
Armature/frame / Gerüst 456
Armature spindle / Ankerspindel (Motor) 558
Armchair / Armlehnstuhl 570–571
Armhole / Armöffnung 430
Armour of battleships / Panzerung von Schlachtschiffen 403, 404
Armour plate / Panzerplatte 400, 401
Armpit (axilla) / Achselhöhle 221
Armpit bight / Bucht (Palstek, doppelter) 396
Armpit skin / Achselhaut 244
Armrest / Armlehne 339, 413, 570, 571
Armstand / Handstand 551
Armstand dive / Handstandsprung 550, 551
Armstrong, Neill / Armstrong, Neill 58
Arrector pili muscle / Haarbalgmuskel 245
Arricio / Arricio 438
Arrow / Pfeil 494, 540
Arrow (=Sagitta) / Pfeil (Sternbild=Sagitta) 20
Arrowheads / Pfeilspitzen 115
Arse/tail (block) / Ferse (Rigg-Block) 390
Arsenic / Arsen 321
Arsia Mons / Arsia Mons 43
Arsinotherium / *Arsinotherium* 63, 81, 111
Art / Kunst 432–459
Art deco / Art déco 498, 499
Art Nouveau / Jugendstil 499
Artemon (fore sail) / Artemon (Vorsegel) 380
Arteries (human) / Arterien (Mensch) 243, 262
Arterioles (human) / Arteriolen (Mensch) 262, 267

Artesian spring / artesische Quelle 302
Artesian well / artesischer Brunnen 302
Arthropods / Gliederfüßer (=Arthropoden) 174, 175, 288
Articular cavity / Gelenkhöhle (Mensch) 235
Articular process / Gelenkfortsatz (Mensch) 232, 233
Articular surface / Gelenkfläche (Pferdehuf) 111
Artificial hair brush / Kunsthaarpinsel 440, 442, 448
Artillery wheel / Artillerierad 344, 347
Artyodactyla / Paarhufer 110, 204
***Arundinaria nitida* (bamboo)** / *Arundinaria nitida* (Bambus) 137
ARV Super 2 / ARV Super 2 428–429
Arzachel / Arzachel 40
Ascender (letter) / Oberlänge (Buchstabe) 449
Ascending colon / aufsteigender Dickdarm 259
Ascend stage / Wiederaufstiegsstufe 59
Ascraeus Mons / Ascraeus Mons 43
Ash chute / Aschenrutsche 403
Ash skid / Eschenholzkufe 410
Ash tray / Aschenbecher 412
Ash-cinder volcano / Schichtvulkan 282
Asia / Asien 69, 74, 76, 78, 79, 80, 81, 82, 83, 98, 102, 274–275
Asian elephant / Asiatischer Elefant 210, 211
***Asparagus setaceous* (asparagus)** / *Asparagus setaceous* (Spargel) 70
Astatine / Astat 321
***Asterias rubens* (common starfish)** / *Asterias rubens* (Gemeiner Seestern) 181
***Asterina gibbosa* (cushion star)** / *Asterina gibbosa* (Fünfeckstern) 181
Asteroids / Asteroiden 30, 52–53
Asteroxylon / *Asteroxylon* 84, 85
Asthenosphere / Asthenosphäre 64
Astragal / Astragal 490
Astrolabe / Astrolabium 384, 385
Astronaut / Astronaut 59
Asymmetric ridge / asymmetrischer Hang 293
Atacama Desert / Atacama-Salzwüste 274
Atherstone girth (saddle) / Ledergurt (Sattel) 577
Athletics / Leichtathletik 534–535
Atlanta Planitia / Atalanta Planitia 36
Atlantic Ocean / Atlantik 39, 81, 83, 274–275
Atlas / Atlas 40, 205, 232, 486
Atlas mountains / Atlas(gebirge) 39, 81, 83, 275
Atmosphere / Atmosphäre 34–35, 37, 38–39, 43, 45, 47, 49, 51, 70, 84, 298, 310–311
Atmospheric oxygen / Luftsauerstoff 322
Atmospheric pressure / atmosphärischer Druck 36
Atoll / Atoll 308–309
Atomic mass / Atommasse 320
Atomic nucleus / Atomkern 318, 319, 320, 324
Atomic number / Ordnungszahl 320–321
Atomic shell / Atomhülle 318
Atomic structure / Atomstruktur 320
Atoms / Atome 316, 317, 318–319, 320–321, 322, 323
ATP (Automatic Train Protection) / ATP 340
Atrial diastole / Vorhofdiastole 260
Atrial systole / Vorhofsystole 261
Atrium (architecture) / Atrium (Architektur) 502
Atrium (heart) / Vorhof (Herz) 225, 260, 261
Attached colonette / Wandsäulchen 483, 492
Attached column / Wandsäule 469, 477, 484
Attached Tuscan twin pilasters / toskanische Doppelpilaster 487
Attachment bracket for wing / Flügelbefestigungsklammer 428
Attachment for wing / Flügelbefestigung 429
Attachment plate / Befestigungsplatte 428
Attack / Angreifer/in 532, 533
Attack line / Angriffslinie (Volleyball) 532
Attack zone / Angriffszone 532, 542
Attic / Dachboden/Attikageschoß 483, 484, 485, 487, 491
Attraction / Anziehung 317, 326, 327
Auditorium (circle) / Auditorium 483
Auditory canal/meatus / Gehörkanal/Gehörgang 114, 252
Auditory meatus / Ohröffnung 97, 98, 107
Auger / Brustbohrer 382
Augusta National Golf Course / Augusta-National-golfplatz 538
Auriga / Fuhrmann (=Auriga, Sternbild) 18, 21
Aurora / Polarlicht 38, 311
Australia / Australien 70, 72, 74, 76, 78, 79, 80, 81, 82, 83, 102, 110, 341, 274–275, 303
***Australopithecus* („Südaffe")** / *Australopithecus* 80, 83, 113, 114
Austria (architecture) / Österreich (Architektur) 486
Auto-stop lever / Endabschaltungshebel 581
Autofeather unit / Anstellwinkelregler 423
Autogiro / Autogiro 426
Automatic cylinder lubricator / Zylinderschmiereinrichtung 352
Automatic direction finding aerial / ADF-Antenne 427
Automatic door / Automatiktür 338, 339
Automobile / Automobil *cf. car*
Automobile car (railway) / Autotransportwagen (Eisenbahn) 337
Autopilot / Autopilot 416
Autumn wood / Spätholz 140
Auxiliary power unit (APU) / Bordturbine 419, 421
Avimimus / *Avimimus* 93
Avogadro / Avogadro 41
Avro Triplane IV / Avro Triplane IV 410, 411
Avro Tutor Biplane / Avro Tutor Biplane 411
Awning (Sydney Opera House) / Sonnendach (Opernhaus Sydney) 503
Axe / Axt 115, 330, 382
Axes of rotation / Rotationsachsen der Planeten 34, 36, 38, 40, 42, 44, 4648, 50, 51
Axial gland / Axialdrüse 181
Axial plane / Achsenebene (Falte) 66
Axial tilt / Axialneigung der Planeten 36, 38, 40, 42, 44, 46, 48, 50, 51
Axillary artery / Achselarterie 263
Axillary bud / Achselknospe 133, 137
Axillary vein / Achselvene 263
Axinite crystal / Axinitkristall 280
Axis (plants) / Achse (Pflanzen) 143, 149
Axis (cervical vertebra) / Axis (Halswirbel) 205, 232
Axle / Achse (Fahrzeuge) 330, 334, 341, 343, 348, 373, 376, 408, 410, 412, 429
Axle adjustor / Achseneinstellung(svorrichtung) 372, 376
Axle bearing / Achslager 348
Axle box / Achslagerkasten 334, 337
Axle brush / Achsenbürste 338
Axle hole / Achsenbohrung 373
Axon / Axon/Efferente Bahn 249
Axon hillock / Axonhügel 249
***Aythya fuligula* (tufted duck)** / *Aythya fuligula* (Reiherente) 194
Azimuthal projection / Azimutalprojektion 275
Azo yellow / Azogelb 446
***Azolla* sp.** / *Azolla* sp. 164
Azurite / Azurit/Kupferlasur 316, 438, 439
Azurite blue / Azurblau 438, 439

B

B (note) / H (Note) 506
B string / H-Saite 516
Baby (human) / Baby (Mensch) 256, 270, 271
Bach (crater of Mercury) / Bach (Merkurkrater) 35
Back /
Annahmespieler (Volleyball) 532
Boden (Geige, Gitarre) 514, 516
Rücken 201, 204, 206, 207, 208, 209, 210, 211, 220, 539
Back button (computer) / Rückschaltfeld (Computer) 579
Back check (piano) / Fanger (Klavier) 518
Back cover release knob / Rückwandentriegelungsknopf 584, 585
Back rail (chair) / Hinterzarge (Stuhl) 570
Back seat (car) / Rücksitz (Auto) 349
Back stretch / Gegengerade 547
Back view of male and female / Rückenansicht eines Mannes und einer Frau 220
Back zone / Freiraum (Volleyball) 532
Back-board (basketball) / Spielbrett (Basketball) 530
Background radiation / Hintergrundstrahlung 10
Backrest / Rück(en)lehne / Sitzlehne 370, 413, 429
Backstay / Pardune 388
Backstay stool / Pardunenrüste 389
Backstroke (swimming) / Rückenschwimmen 550, 551
Backstrut, transverse (guitar) / Bodenbalken (Gitarre) 516
Backward dive (diving) / Rückwärtssprung (Wasserspringen) 550
Backwash / Rückversetzung 304
Bacteria / Bakterien 62
Badge / Emblem 410, 411
Badminton / Badminton/Federball 536, 537
Badminton court / Badmintonplatz 537
Badminton net / Badmintonnetz 537
Badminton racket / Badmintonschläger 537
BAE-146 jetliner / BAE-146-Turbinenflugzeug 416, 418, 419
Baffin Island / Baffin-Insel 274
Baggage compartment door / Gepäckraumtür 427
Bahada / Bajada 292
Bail arm (fishing rod) / Schnurfangbügel (Angel) 554
Bail handle / Bügelgriff 346
Bailly / Bailly 40
Baird's beaked whale / Bairds Schnabelwal 215
Baking temperature / Brenntemperatur 459
***Balaenoptera musculus* (blue whale)** / *Balaenoptera musculus* (Blauwal) 215
Balance / Gleichgewicht 246, 247
Balance of charge / Ladungsausgleich 326
Balance, aerodynamic / Ausgleichshorn, aerodynamisches 418, 419
Balances / Waage 330
Balancing drilling / (Aus-)Wuchtbohrung 357, 413
***Balanophyllia regia* (star coral)** / *Balanophyllia regia* (Sternkoralle) 173
Balcony / Balkon 481, 482, 486, 493
Baleen whales / Bartenwale 214
Ball bearing / Kugellager 559, 587
Ball of the foot / Fußballen 242
Ball size number / Ballgrößen-Kennzahl 529
Ball(-and-socket) joint / Kugelgelenk/Nußgelenk 111, 234
Ballast / Ballast 385
Schotter 334
Ballflower / Ballenblume 474
Baltic(a) / Baltica (Baltikum) 71
Baltimore oriole (egg) / Baltimore-Trupial (Ei) 199
Baluster / Baluster 477, 487, 494
Baluster finial / Geländerbekrönung 494
Balustrade / Balustrade 477, 481, 482, 483, 484, 487, 494, 497, 499
Brüstungsgeländer 487
Geländer 399, 471, 481, 491, 498, 502
Balzac / Balzac 35
Banana / Banane 152
Band (architectonic structure) / Band (architektonische Struktur) 487, 489, 490, 492, 493, 494
Band of siderite / Siderit-Schicht 287
Banded milksnake / Gebänderte Milchschlange 190
Bank of England / Bank von England 486

Banner / Banner 383
Bar / Klangplatte 520, 521
Bar (line) / Taktstrich 506
Bar (=pressure handle) / Preßbengel 453
Bar leather / Anzugleder (Sattel) 577
Bar magnet / Stabmagnet 327
Bar-hole/pigeon hole / Spakengat 395
Barb (fishing hook) / Widerhaken (Angelhaken) 554
Barb(ary horse) / Berber (Pferd) 206
Barberry / Berberitze 137
Barbette / Barbette 404
Barium / Barium 320
Bark / Borke/Rinde 131, 136, 140
Barkhan / Barchan 293
Barkhan dune / Sicheldüne 293
Barnacles / Seepocken 178
Barnard's Star / Barnards Stern 23
Baroque / Barock 482–487
Barosaurus / *Barosaurus* 88
Barrel /
Füllfederhalter 448
Gangspillwelle 395
Lauf (Schußwaffe) 405, 541
Tintenreservoir 448
Barrel arbour hook / Aufzugsvierkant (Uhr) 562
Barrel pivot hole (clock) / Federwellenlager (Uhr) 562
Barrel swivel / Tonnenwirbel (Angeln) 554
Barrel vault / Tonnengewölbe/Gurtentonne 467, 468, 472, 483, 488, 489, 497
Barrier (race course) / Barriere (Rennparcours) 547
Barrier beach / Nehrung 304
Barrier Reef (Australia) / Barriere-Riff (Australien) 309
Barrier reef / Wallriff 309
Barry, C. / Barry, C. 497
Baryonyx / *Baryonyx* 89, 90, 91
Baryta (=barium oxide) / Baryt 280
Bas-relief / Flachrelief 484, 495
Basal disc (sea anemone) / Fußscheibe (Seeanemone) 173
Basal scale (of thallus) / Horizontalschuppe (des Thallus) 120
Basalt / Basalt 282, 284–285
Basalt columns / Basaltsäulen 284
Bascule / Klappbrücke 497
Base (bones of hand) / Basis (Handknochen) 240
Base coat colour / Basislack 358
Base line / Grundlinie 536, 449
Base of wagon / Wagenkasten 341
Basement / Keller 487
Basement membrane / Basismembran 267
Basement window / Kellerfenster 487
Baseplate / Grundplatte 544, 572
Basic movements / Grundbewegungen 247
Basidium / Sporenständer 121
Basilar artery / Grundarterie 262
Basilar membrane / Basilarmembran 253
Basilic vein / ellenseitige Hautvene 263
Basket / Korb 344, 530
Teller (Skistock) 544
Basket and back-board / Korbanlage (Basketball) 530
Basket arch / Korbbogen 476, 488
Basketball / Basketball 530–531
Basketball shoe / Basketballschuh 531
Basketball skills / Spieltechniken (Basketball) 530
Basketball vest / Baskettballtrikot 531
Basking shark / Riesenhai 185
Bass (voice) / Baß(stimme) 506
Bass bridge / Baßsteg 518, 519
Bass clef / Baßschlüssel 506
Bass drum / Bass Drum 523
Bass formation / Bass-Schicht 287
Bass guitar / Baßgitarre 516, 517
Bass joint / Baßröhre 512
Bass note / Baßnote 519
Bassoon(s) / Fagott(e) 507, 508, 509, 512
Bastille / Bastille 470
Bat / Fledermaus 111
Batholith / Batholith 284–285
Battery / Batterie 326, 327, 345, 352, 377, 426, 574, 575, 584
Battery box / Batteriekasten/Batteriefach 337, 428
Battery carrier / Batteriehalterung 348
Battery chamber / Batteriefach (Kamera) 584
Battery compartment / Batteriefach 413, 566
Battery connection / Batterieanschluß (Rasenmäher) 575
Battery contact / Batteriekontakt 580, 581
Battery cover / Batteriefachabdeckung (Walkman) 581
Battery strap / Batteriebefestigungsband 349
Battle order/array / Schlachtordnung 386
Battlefleet / Kriegsflotte 388
Battleship / Schlachtschiff 400, 402–403
Bauxite / Bauxit 278
Bay / Bucht 301, 303,
Erker 498
Joch (Architektur) 473
Bay window / Erkerfenster 481
Bay-leaf / Lorbeer 484
Bay-leaf garland / Lorbeergirlande 484
Bayeux Tapestry / *Teppich von Bayeux* 382
Bayonet fixing / Bajonettverschluß 362
Beach / Strand 304–305
Beaded edge tyre / Wulstreifen 346
Beadlet anemone / Pferdeaktinie 172
Beak / Schnabel 92, 98, 100, 103, 104, 108, 109, 194, 195, 196, 199, 380
Beak sieve (flamingo) / Schnabelsieb (Flamingo) 196
Beam / Balken (Schiff) 401
Bean / Bohne 159
Bearing /
Halterung (Generator) 327
Lager 374, 414, 415
Bearing assembly / Lagerbauteil 429
Bearing sleeve / Lagerbuchse 348
Bears / Bären 110, 112
Beaters / Schlegel 520, 522, 523
Beaver / Biber 203
Becket Chapel / Becketkapelle 471
Bed / Drucktisch 451, 453
Lagerung (Verwitterungsprofil) 67
Bedford cord upholstery / Bedford-Kordpolsterung 346
Bedplate / Maschinenbett 398
Bee (bowsprit) / Bugsprietbacken 387
Bee hummingbird (egg) / Hummelkolibri (Ei) 199
Beech / Buche 120
Bees / Bienen 174
Beeswax / Bienenwachs/Nähwachs 392, 577
Beethoven (crater on Mercury) / Beethoven (Merkurkrater) 35
Beetle / Käfer 174, 350, 351
Begonia / Begonie 133, 161
Begonia x tuberhybrida / *Begonia x tuberhybrida* 133, 161
Behaviour / Verhalten 247
Beijing (architecture) / Peking (Architektur) 494
Belaying pin / Belegnagel 390
Belemnites / Belemniten 77, 288–289
Belemnotheutis / *Belemnotheutis* 77
Belfry / Glockengalgen 388
Glockenturm 481, 485, 497
Bell / Schallstück/Schallbecher 510, 511, 512, 513
Bell 206 Jetranger / Bell 206 Jetranger 427
Bell 47G-3B1 / Bell 47G-3B1 426
Bell chamber / Glockenkammer 497
Bell crank (triangle) / Dreibinder 399
Bell housing / Kupplungsgehäuse 357
Bell joint (woodwind instrument) / Unterstück (Holzblasinstrument) 512
Bell Regio / Bell Regio 36–37
Bellatrix / Bellatrix 18
Bellcrank lever / Winkelheber 417
Bello / Bello 35
Belly / Decke (Geige) 514
Korpus (Instrument) 513, 514, 515, 516
Resonanzkörper (Streichinstrumente) 514, 515
Belly nail (saddle) / Kammzwecke (Sattel) 576, 577
Belly-band / kleiner Bauchgurt (Pferdegeschirr) 547
Belt armour / Panzergürtel 402
Belt clip (personal stereo) / Gürtelklammer (Walkman) 580
Belt drive / Riemenantrieb 374
Belt guard / Riemenschutz (Rasenmäher) 574
Belt tensioner / Riemenspanner 354
Belt(s) / Gürtel (Planeten) 44–45, 46–47
Belvedere / Belvedere 480, 486
Bench (Globe Theatre) / Bank (Globe Theatre) 481
Bend / Bogen (Angelhaken) 554
Bend of elbow / Ellenbeuge 221
Benetnasch / Benetnasch 18–19
Benguela Current / Benguelastrom 306
Benz Motorwagen / Benz-Motorwagen 345
Benz, Albert / Benz, Albert 344
Berardius bairdi **(Baird's beaked whale)** / *Berardius bairdi* (Bairds Schnabelwal) 213
Berberis **sp. (barberry)** / *Berberis* sp. (Berberitze) 137
Bering Sea / Beringmeer 274
Berkelium / Berkelium 321
Berries / Beeren 154, 155
Bersey electric cab / Bersey-Elektrowagen 352
Berthing ropes / Festmachertaue 394, 395
Beryl / Beryll 280
Beryllium / Beryllium 320
Beta Hydri / Beta Hydri 20
Beta Mensae / Beta Mensae 20
Beta Pictoris / Beta Pictoris 21
Beta ring / Beta-Ring 48
Betelgeuse / Beteigeuze 18, 21, 23
Betula lenta **(sweet birch)** / *Betula lenta* (Zuckerbirke) 82
Betula **sp. (birch)** / *Betula* sp. (Birke) 80
Betulites / *Betulites* 80
Between (='tween) decks ladder / Zwischendeckstreppe 401
Bevel gear / Kegelrad 345, 348
Bevel pinion / Antriebskegelrad 348
Bezel / Deckelreif (Uhr) 563
Bhagirati Parbat / Bhagirati Parbat 68
Bi-block engine / Zweiblockmotor 347
Bianco di San Giovanni / Bianco di San Giovanni 438, 439
Biathlon / Biathlon 540
Bib (fencing) / Halslatz (Fechten) 548, 549
Bibliotheca Laurenziana / Bibliotheca Laurenziana 479
Biceps brachii muscle / zweiköpfiger Oberarmmuskel 236, 237
Biceps femoris / zweiköpfiger Schenkelmuskel 237
Bicycle / Fahrrad 325, 368–369, 586–587
Bicycle with engine / Fahrrad mit Hilfsmotor 370
Bicycles / Fahrräder 368, 369
Bifurcate ligament / Ligamentum bifurcatum 242
Big Bang theory / Urknall-Theorie 10–11
Big Ben / Big Ben 497
Big end / Pleuellager 345, 350, 352, 353, 354
Wellenlager (Mid-West-Motor) 414
Big toe/hallux / Großer Zeh 243
Bigbore / Großkaliber 540, 541
Bigbore hunting rifle / Großkaliber-Jagdwaffe 541
Bile ducts / Gallengänge (Vogel) 193
Bilge keel / Kimmkiel 403, 405
Bilge keelson / Kimmkielschwein 401
Bilge strake / Kimmgang 401
Bilge stringer / Kimmstringer 401
Bill (of hook) / Hakenspitze 392
Billet decoration / Billetornament 497
Bilobed leaves / zweilappige Blätter 128
Bimetal / Bimetall 572
Bind / Bindebogen 506, 507
Binder (architecture) / Unterzug (Architektur) 468
Binder bolt / Feststellbolzen 369
Binding / Bügel (Rigg) 391
Bundstreifen (Gitarre) 516

Binding agent / Bindemittel 444
Binding medium / Bindemittel 436
Binnacle / Kompaßhaus 386, 400
Biology processor (*Viking*) / Biolabor (*Viking*) 55
Biplane / Doppeldecker (Flugzeug) 410–411, 412
Bipinnate leaf / doppelt gefiedertes Blatt 143
Birch / Birke 80, 82
Bird-hipped dinosaurs / Vogelbecken-(Dino)saurier 102, *also ornithischians*
Birds / Vögel 63, 90, 194–199, 289
Birds' feet / Vogelfüße 196
Birth (human) / Geburt (Mensch) 271
Bismuth / Bismut (=Wismut) 291, 321
Bit / Bohrmine 558
Gebiß (Pferdezaum) 547
Biternate leaf / doppelt dreizähliges Blatt 143
Bit-guard / Gebißscheibe (Pferdegeschirr) 547
Bitt / Poller 381, 388, 394, 395, 403, 405
Bituminous coal / Steinkohle 290
Bivalvia / Bivalvia 182
Bizeps / Bizeps 236, 237
Black bear / Schwarzbär 201
Black dwarf / schwarzer Zwerg 24–25
Black holes / schwarze Löcher 12, 26–29
Black rhinoceros / Spitzmaulnashorn 205
Black walnut / Schwarznußbaum 143
Black widow spider / Schwarze Witwe 177
Black-and-white photos / Schwarzweißbilder 566
Blackbelt (judo) / Schwarzgurt (Judo) 548
Blackberry / Brombeere 136, 152
Blackburn Monoplane / Blackburn Monoplane 408, 409
Blackburn, Robert / Blackburn, Robert 408
Blackfriar's / Blackfriar's 477
***Blackstonia perforata* (yellow-wort)** / *Blackstonia perforata* (Bitterling) 150
Bladder / Blase (Harnblase) 187, 191, 193, 201, 202, 210, 212, 213, 224, 225, 266, 267, 268, 269, 271
Bladder wrack / Blasentang 123
Blade / Blatt (Ruder) 552
Flügel (Schiffsschraube) 398
Kelle 454, 542
Klinge (Degen) 549
Kufe (Schlittschuh) 542, 543
Rasenmäher-Messer 574, 575
Ruderblatt 381
Schaufel 324, 364, 543
Schlagfläche (Golfschläger) 539
Wischerblatt 351
Blade bolt / Messerbolzen 575
Blade counterweight / Blattgegengewicht 426
Blade cover / Messerabdeckung 574
Blade retainer / Messerlager 575
Blade-root attachment / Blattbefestigung (Hubschrauber) 426, 427
Blast bag/breeches / Rohrbalg 404
Blast-pipe / Blasrohr (Dampflok) 335
Blending colours / Farbübergänge 446
Blériot XI / Blériot XI 409
Blériot, Louis / Blériot, Louis 406, 408
Blind / Jalousie (Renault 1906) 346
Blind arch / Blendbogen 474, 475, 476, 488, 491, 495
Blind door / Blendtür 482
Blind pediment / Blendgiebel 480, 482
Blind pull / Jalousiezug (Renault 1906) 346, 347
Blind tracery / Blendmaßwerk 475, 497
Blind trefoil arch / Blenddreipaß 477
Blind window / Blendfenster 482
Blindage / Blende (Brustwehr) 385
Blinker/turning indicator / Blinkleuchte 342, 351, 363, 365, 370, 371
Block disintegration / Wollsackverwitterung 292
Block flap (of saddle) / Sattelblatt 576, 577
Block, standing and running / Block, fester und laufender 390, 391
Block-fault mountain / Schollengebirge 68
Blocking pad (ice hockey) / Schußpolster (Eishockey) 542
Blocks/masses of rock / Schollen 66, 67
Blocky lava / Brockenlava 283
Blood (human) / Blut (Mensch) 258, 260, 261, 262, 263, 265, 266
Blood cells / Blutzellen/Blutkörperchen 227
Blood clot / Blutpfropf 263
Blood clotting / Wundverschluß 263
Blood plasma / Blutplasma *cf. plasm(a)*
Blood vessels / Blutgefäße 175, 176, 179, 183, 187, 188, 215, 244, 259, 262, 266, 270, 579
Blower (steam locomotive) / Gebläse (Dampflok) 335
Blower control / Gebläseregler 335
Blower shroud / Gebläseabdeckhaube (Rasenmäher) 574
Blowhole / Mundloch (Flöte) 512
Blasloch (Delphin) 215
Blue line / blaue Linie 542
Blue supergiant / blauer Überriese 23, 29
Blue whale / Blauwal 215
Blue-and-yellow macaw / Ararauna 196
Blue-green algae / Blaualgen 84, *also cyanobacteria*
BMW R/60 / BMW R/60 370
Board (ice hockey) / Bande (Eishockey) 542
Board paper / Spiegel/Vorsatz (Buch) 582, 583
Boat boom / Bootsbaum 403
Boat handling derrick / Bootsladebaum 402
Boat slide / Reibhölzer 386
Boat winch / Bootswinsch 402
Boatbuilder / Bootsbauer 382
Boatbuilders' tools / Bootsbauerwerkzeug 382
Bobstay / Wasserstag 387
Body / Körper 220–271, 326, 328, 331, 579, 588
Fassung (Lampe) 564
Granatenkörper 405
Korpus (Kajak) 552
Rumpf 95, 188, 224
Wirbelkörper 232, 233
Body armour (ice hockey) / Körperschutz (Eishockey) 543
Body cells / Körperzellen 226–227, 244, 262, 264, 579
Body covering / Gehäuseplatte (Kamera) 584
Body cradle / Körpergeschirr 406
Body drop / Körperwurf (Judo) 548
Body flap (Space Shuttle) / Rumpfklappenruder (Space-Shuttle) 56
Body glide (swimming) / Gleiten (Schwimmen) 550
Body heat / Körperwärme (Thyreophora) 98
Body joint (piccolo) / Rumpfstück (Pikkoloflöte) 512
Body mount / Karosseriehalterung 348
Body of pubis / Schambeinkörper 234
Body organs (human) / Körperorgane (Mensch) 224–225, 271, 579
Body shell / Rohkarosserie 351, 358
Body temperature / Körpertemperatur 110, 244, 245
Body-bag (hang-glider) / Körperbeutel (Flugdrachen) 430
Body-shell of drum / Trommelkörper 523
Bodywork / Karosserie(verkleidung) 346, 358–359, 366
Bodywork mounting / Aufbaubefestigung 372
Bogie / Drehgestell 333, 336, 337, 341
Wagen (Concorde-Fahrwerk) 421
Bogie axle / Drehgestellachse 336
Bogie frame / Drehgestellrahmen 337
Bohrium/Unnilseptium / Bohrium 320
Boiler / Kessel (Dampflok) 334, 335
Boiler pressure gauge / Kesseldruckmeßgerät 335
Boiling temperature / Siedetemperatur 317
Boing 747-400 / Boing 747-400 416
Bole / Bolus(grund) / Bol 436, 437
Bollard horn / Pollerhorn 395
Bolson / Bolson 292
Bolster / Kalb (Segelschiff) 386
Bolt / Bolzen (Anker) 394
Bolzen (Armbrust) 540
Schloß (Gewehr) 541
Schraubbolzen 572, 574
Bolt hole / Bolzenloch 373
Schraubloch 395
Bolt rest (crossbow) / Schlitten (Armbrust) 540
Bolt rope / Liektau 380, 392
Bolted anchor / Rumpfverankerung 429
Bomber / Bomber 424
Bomberg, David / Bomberg, David 435
Bonaventure mast / Besanmast (Kriegs-Segelschiff) 385
Bonaventure topcastle / Besanmars (Kriegs-Segelschiff) 385
Bonaventure topmast / Besanmarsstenge 385
Bonaventure topmast yard / Besanmarsrah 385
Bonaventure yard / Besanrute 385, 386
Bond(ing) / Bindung, chemische 322
Bonded brick wall / Backsteinmauerverband 496
Bone marrow/medulla / Knochenmark 234, 235
Bone-dust / Knochenpulver 434
Bone forming cell / Knochenbildende Zelle 227
Bonell, Mary / Bonell, Mary 452
Bones / Knochen 228–233, 288
Bones of hand (man) / Handknochen (Mensch) 240
Bonnet / Haube (Auto) 351
Kofferraumdeckel/-haube 350, 351
Motorhaube (Auto) 346, 347, 349, 351, 359
Bonnet catch / Motorhaubenverriegelung/-schloß 346, 359
Bonnet clip / Motorhaubenclip 349
Bonnet hinge / Kofferraumhaubenscharnier 351
Motorhaubenscharnier 359
Bonnet release handle / Haubenentriegelungsgriff 351
Bonnet stay / Motorhaubenstütze 347
Bonnet-release cable / Motorhauben-Entriegelungsseilzug 359
Bony crest (ornithopods) / Knochenkamm (Ornithopoden) 104, 105
Bony fish / Knochenfische 79, 186–187
Bony frill (Ceratopsia) / Halskrause (Horndinosaurier) 106
Bony nodule / Knochenhöcker (*Pachycephalosaurus*) 106
Bony shelf / Knochenleiste 106, 107
Book / Buch 582–583
Book cover / Buchdecke 582
Book illumination / Buchmalerei 436, 448
Book lung / Fächerlunge 176
Bookbinding / Buchbinden 582–583
Boom / Ausleger (Curtiss Model-D Pusher) 407
Baum (Segel) 388, 393, 553
Boom guy block / Ausholerleitblock 390
Boomkin / Butluv 388
Boot / Stiefel 552, 544
Boötes / Bärenhüter (Sternbild) 18, 21
Bordino steam carriage / Bordino-Dampfwagen 344
Borealis Planitia / Borealis Planitia 35
Borneo / Borneo 273
Boron / Bor 321
Bothriolepis / *Bothriolepis* 71
Bottom boom (architecture) / Untergurt (Architektur) 502
Bottom bracket axle (bicycle) / Tretlagerachse (Fahrrad) 586
Bottom bracket shell / Tretlagergehäuse (Fahrrad) 586
Bottom bracket sleeve / Tretlagerhülse 586
Bottom cup / Lagerschale, untere (Fahrrad) 587
Bottom door / Bodenklappe 562, 563
Bottom filler / Korkstück (Schuh) 560, 561
Bottom hose / Kühlerrücklauf 361
Bottom line (swimming pool) / Bodenmarkierung (Schwimmbecken) 550
Bottom plating / Bodenplatte (Schiff) 400
Bottom splat / Querstrebe (Stuhl) 570, 571
Bottom/floor (of ship) / Schiffsboden 401
Boudin / Boudinage 66, 67

Boulder beach / Geröllstrand 305
Bounce pass / indirektes Zuspiel 533
Boundaries (of earth's crust's plates) / Plattengrenzen (der Erdkruste) 283
Boundary line (squash) / Begrenzung (Squash) 537
Bow / Bogen (Bogenschießen) 540
Bogen (Streicherbogen) 514, 515
Bug (Schiff) 389, 553
Bow drill (for fire making) / Feuerbohrer 115
Bow section / Bugbereich 400
Bowball / Bugball 553
Bowed string family / Violinfamilie 514, 515
Bowed string instruments / Streichinstrumente 514, 515
Bower anchor / Buganker 387
Bowl / Schale 436
Bowl-shaped drum / Bechertrommel/Kesseltrommel 522
Bowline / Palstek 396
Bowman's capsule / Bowmansche Kapsel 266, 267
Bowman's space / Kapselraum (Bowmansche Kapsel) 267
Bowsprit / Bugspriet 380, 384, 386, 387, 388, 390, 401
Box/gentlemen's room / Loge 481
Box boiler (paddlesteamer) / Dampfkessel (Raddampfer) 400
Box fold / Kofferfalte 67
Box of water-colour paints / Wasserfarbkasten 442
Box section / Kastenprofil 372
Box sister keelson / Kastenkielschwein, seitliches 401
Box-leaved milkwort / Zwergbuchs 150
Boxed pastel set / Pastellfarbkasten 444
Boxing / Boxen (Kampfsport) 548
Brace / Brasse (Schiff) 380, 385, 386
Quersteg (Posaune) 510, 511
Strebe (Architektur) 477, 485, 490, 494, 497
Brace block / Brassblock 381
Brace-and-bit / Bohrwinde 558, 559
Braced rudder strut / Ruderstrebe 407
Brachial artery / Oberarmarterie 265
Brachial muscle / Oberarmmuskel 92, 97
Brachial plexus / Schlüsselbeinnervensystem 248
Brachialis (man) / Armbeuger (Mensch) 236
Brachiocephalic vein / Hals-Kopf-Vene 265
Brachiopod / Armfüßer 71
Brachioradialis (muscle) / Oberarmspeichenmuskel 236
Brachiosaurus / *Brachiosaurus* 94, 97
Brachylophosaurus / *Brachylophosaurus* 104
Brachyopods / Brachyopoden 288–289
Bracing (guitar) / Deckenbalken (Gitarre) 517
Bracing strut / Spannstrebe 410
Bracing strut for tail rotor / Rotorstrebe 427
Bracing tube / Versteifungsrohr 372
Bracing wire / Spannseil 408, 431
Bracket / Konsole (Architektur) 488, 495, 497
Bract / Deckblatt (Pflanze) 119, 133, 135, 137, 149, 150
Hochblatt 149, 169
Vorblatt 147, 149
Bract scale / Deckschuppe 128
Bracts / Hüllblätter (Blüten) 148
Braiding / Flechtwerk (Wikingerschiffdekoration) 382
Seitenarmbildung (Fluß) 300
Brail line/ / Geitau 380
Brain / Gehirn 114, 179, 182, 185, 187, 191, 195, 201, 202, 210, 212, 215, 222, 230, 246–247, 248, 250, 252
Brain case / Hirnschädel 86, 90, 91, 111, 112, 113, 114
Brain case (*Pachycephalosaurus*) / Gehirnkapsel (*Pachycephalosaurus*) 106
Brain cavity / Schädelhöhle 230
Brainstem / Stammhirn/Hirnstamm 246
Brake / Bremse 335, 337, 340, 342, 344, 345, 360, 372, 554, 586, 587
Brake actuating chain (locomotive) / Bremskette (Lok) 337
Brake arm (safety binding) / Skibremse (Sicherheitsbindung) 544
Brake back plate / Bremsankerplatte 350
Brake backplate / Bremsträger 360
Brake booster/servo assistance unit / Bremskraftverstärker 361
Brake cable assembly / Bremszug 368, 369, 587
Brake calliper / Bremszange 361
Brake cylinder / Bremszylinder 337
Brake disc / Bremsscheibe 341, 361, 428
Brake drum / Bremstrommel 349, 350, 352, 360
Brake duct / Bremsbelüftung 366, 367
Brake fluid / Bremsflüssigkeit 373
Brake fluid reservoir / Bremsflüssigkeitsausgleichsbehälter 373
Brake hose / Bremsleitung 361, 367, 412, 413, 418, 428
Bremsschlauch 373, 377
Brake lever / Bremshebel/-griff 352, 369, 371, 377, 587
Brake lining / Bremsbelag 360, 361, 373
Brake master cylinder / Scheibenbremse-Hauptzylinder 376
Brake mount / Bremshalterung 428
Brake pedal / Bremspedal 344, 347, 360, 371, 372, 376
Brake plate / Bremsplatte 373
Brake quadrant / Bremszahnbogen 345
Brake shield / Scheibenabdeckung (Bremse) 361
Brake shoe / Bremsbacke 335, 337, 368, 373
Brake slip / Bremsslip 403
Brake torque arm / Bremsmomentstrebe 372
Brake vacuum pipe / Saugluftbremsrohr 334, 335, 337
Braking distance / Bremsweg 341
Bramante / Bramante 35
Branch / Zweig/Ast 126, 133, 136
Branch of connecting tissue to leaf / Blattspurstrang 125
Branch trace / Zweigspurstrang 131
Branched, hard thallus / verzweigter, derber Thallus 123
Branched venation / Netznervatur 133
Branching dendrites / Dendritenast 248
Branchiostegal rays / Radii branchiostegi 187
Brass / Messing 347, 353, 398, 510, 512, 521, 570
Brass bevel / Messingschräge 347
Brass blade (propeller) / Messingflügel (Schiffsschraube) 398
Brass housing / Messinggehäuse 353
Brass instruments / Blech(blas)instrumente 508, 509, 510–511
Brass line / Messingeinlage 570
Brass scrollwork / Messingzierrat 347
Brassavola nodosa / *Brassavola nodosa* 168
***Brassica* sp. (cabbage)** / *Brassica* sp. (Kohl) 138
Brazil / Brasilien 341, 402, 403
Brazil Current / Brasilstrom 306
Brazilian Highlands / Brasilianisches Bergland 274
Bread (for erasing pastels) / Brot (als Malutensil) 444
Breakfast-room / Frühstückszimmer 487
Breaking down food / Nahrungsaufbereitung 258
Breaking marble / Marmorbrechen 454
Breakwater / Wellenbrecher 403, 405, 553
Breast / Brust 205, 221
Busen 221
Breast rope (hawsers) / Querleine (Trossen) 395
Breaststroke / Brustschwimmen 550, 551
Breather pipe / Lüftungsrohr 426
Breccia / Brekzie 286–287
Breech block (gun turret) / Verschlußblock (Geschützturm) 404
Breech wheel (gun turret) / Verschlußrad (Geschützturm) 404
Breeches (fencing) / Bundhose (Fechten) 549
Breve (note) / Doppelganze (Note) 506
Brick / Backstein 496, 499
Brick vault / Backsteingewölbe 496
Bridge / Brücke 405, 471, 538
Steg (Instrumente) 514, 515, 516, 517, 519
Stützbrücke (Uhr) 563
Bridge pin / Stegstift 516
Bright Angel shale / Bright-Angel-Schiefer 287
Brightness standard indicator / Helligkeitsanzeige 58
British Automobile Association / British Automobile Association 346
British Rail / British Rail 337
British Royal Automobile Club / British Royal Automobile Club 346
Brittlestar / Schlangenstern 180, 181
Broad axe / Dechsel 382
Broad bean / Puffbohne 139, 158
Broadcast transmitter / Sender 566
Broken colours / Fleckenmuster 445
Bromelia, epiphytic / Bromelie, aufsitzende 168, 169
Bromeliads / Bromeliaceen / Bromelien 168
Bromine / Brom 321
Bronchia / Bronchien 225, 264
Bronchial nerve / Bronchialnerv 264
Bronchial tubes / Bronchien 225, 264
Bronchioles / Bronchiolen 264
Bronze (work) / Bronze (Plastik) 458, 459
Bronze casting / Bronzeguß 456, 458–459
Broomrape / Sommerwurz 169
Brow horn / Stirnhorn 108
Brow horn core / Stirnhornknochen 109
Brow ridge / Überaugenwulst 114, 212
Browband / Stirnriemen 546, 547
Brown coal / Braunkohle 290
Brown seaweed / Braunalgen 122, 123
Browsing mammals / laubäsende Säugetiere 80
Brush / Pinsel 434, 436, 438, 446, 448
Kohlebürste (Bohrer) 558
Brush rest / Pinselablage 448
Brush strokes / Pinselstriche 441, 443, 449
Brushing boot / Bandage (Springgamasche) 546
Bryce Canyon / Bryce-Canyon 286
Bryophyta / Bryophyta 124
Bryophyte / Moospflanze 124, 125
Bryozoon / Moostierchen 289
***Bryum* sp.** / *Bryum* sp. 118
Bubbles of steam / Dampfblasen 317
Buccal cavitiy / Mundhöhle 106, 193, 195, 201, 202, 210, 212, 215, 258
Buccal mass / Schlundkopf 182
Buccinator / Wangenmuskel 239
Bucket seat / Kübelsitz 369
Buckle guard / Schnallenschoner (Sattel) 577
Buckram corner piece / Leinenecke (Buch)
Bud scale / Knospenschuppe 130, 131, 133
Buddhism (architecture) / Buddhismus (Architektur) 494
Budenny (horse) / Budjonny (Pferd) 207
Budh Planitia / Budh Planitia 35
Buds / Knospen 125, 131, 133, 135, 136, 137, 140, 149, 150, 160, 161, 163, 165, 168, 169, 256, 270
Buffer (railway) / Puffer (Eisenbahn) 334, 335, 337, 338
Buffer beam / Pufferträger 334
Buffing pad / Pufferkissen 338
Bugatti Type 57S / Bugatti TYP 57 S 366
Bugle / Jagdhorn 510
Bulb / Glühlampe 326, 329, 548
Zwiebel 160, 161
Bulb horn / Ballhupe 348
Bulb socket / Lampenfassung 326, 564
Bulb-shaped bell (cor anglais) / Liebesfuß (Englischhorn) 512
Bulbil / Brutsproß/Bulbille 160, 161
Bulbuurethral gland / Cowpersche Drüsen 269
Bulkhead / Schott 401
Runge (Eisenbahnwaggon) 337

Trennwand (ARV Super 2) 429
Schott 401
Bulkhead stiffener / Schottverstärkung 401
Bulkhead trim (Lockheed Electra) / Trennwandverkleidung (Lockheed Electra) 413
Bull-head rail / Bullenkopfprofil 341
Bulldog clip / Aktenklammer 434
Bullet / Geschoß (Sportwaffe) 541
Kugel (Granate) 405
Bullet block/Klumpblock 381
Bullets / Geschosse (Sportwaffe) 541
Bullnose chisel / Rundmeißel 456
Bullseye, thimble / Kausch 380, 392
Bulwark / Schanzkleid 388, 401
Bulwark cap / Schanzkleidreling 401
Bumblebee / Hummel 174
Bumper / Stoßfänger/Stoßstange 342, 343, 351, 358, 359, 365
Bung / Spund 552
Stopfen 323
Bunk / Koje 405
Bunker / Bunker (Golf) 538, 539
Buntline / (Bauch)gording 380
Buoyancy / Auftrieb (Wasserpflanzen) 164
Buon fresco / *buon fresco* 438
Burial mound / Grabhügel 494
Burning fuel / Treibstoffverbrennung 416
Burning of the Houses of Parliament / *Brand des Londoner Parlaments* 443
Burnisher / Polierstab/Polierstahl 436, 450
Burnishing tool / Polierwerkzeug 438, 450, 458
Burnt gas exhaust / Ausschieben verbrannten Gases 356
Burnt umber / gebranntes Umbra 446
Bursting charge / Sprengladung 405
Buses / Busse 342, 343
Bush / Busch/Strauch 128, 136
Bushel (capacity measure) / bushel (Hohlmaß) 588
Butt / Stiefel (Fagott) 512
Butt cap (fishing rod) / Griff-Endkappe (Angel) 555
Butt(-end) / Kolben (Gewehr, Pistole) 541
Butte / Spitzkuppe 284, 293
Buttercup / Hahnenfuß 133, 139
Butterflies and moths / Schmetterlinge 174, 175
Butterfly / Delphinschwimmen 550, 551
Butterfly imago / Falter (=Schmetterling) 174, 175
Butterfly plate / Püttingsglied 390
Butterwort / Fettkraut 166, 167
Buttock(s) / Gesäß 220
Button / Knopf 358, 429, 510, 524, 525, 549, 558, 559, 566, 573, 578, 580, 581, 584, 585
Klemmring (Skulls) 552
Schaltfläche 579
Button head rivet / Rundkopfniet 400
Buttress / Stützpfeiler 476, 483, 484, 485, 490
Bypass air (jet engine) / Mantelstrom (Luftstrahltriebwerk) 423

C

C (note) / C (Note) 506, 507
C clef / C-Schlüssel *cf. alto clef*
C major scale / C-Dur-Tonleiter 506
C sharp / Cis (Note) 507
C.I. engine/diesel engine / Selbstzündermotor 336
Cab door / Führerstandtür 336, 339
Cab window / Führerstandfenster 337, 339
Cab/driver's cabin / Führerstand 334, 335, 336, 337
Cabin / Kabine 346, 347, 400, 401, 412, 413, 428
Cabin air-discharge aperture / Kabinenluftausstoß 418
Cabin air-pressure discharge valve / Kabinendruckventil 417
Cabin heating / Kabinenheizung 428
Cabinet / Gehäuse 566, 567, 580, 581
Cabinet rasp (sculpture) / Raspel, grobe (Bildhauerei) 456
Cable / Kabel 423, 558, 558, 565, 569, 580, 581
Cable entry point / Kabelöffnung (Toaster) 572
Cable guide / Kabelführung (Fahrrad) 368, 586
Cable harness / Kabelbaum (*Lunochod 1*) 58
Cable holder / Kabelstopper 403
Cable retaining gland (toaster) / Zugentlastung (Toaster) 572
Cable stop / Seilfänger 373
Cable support (lawnmower) / Kabelhalterung (Rasenmäher) 575
Cactaceae / Cactaceae 162
Cacti / Kakteen 118, 162
Cactus stem / Kakteensproß 162
Caddy cover flap (computer) / Laufwerksklappe (Computer) 578
Cadmium / Cadmium (=Kadmium) 321
Cadmium red / Kadmiumrot 440
Cadmium yellow / Kadmiumgelb 442
Caecilian / Blindwühlen 188
Caecum / Blinddarm 96, 176, 182, 187, 202, 204, 212, 259
Blindsack (Vogeldarm) 195
Caelum / Caelum 18
Caernarvon Castle / Caernarvon (Burg) 470
Caesium / Cäsium 320
Caged ball bearings / Kugellagerring 587
Caiman / Kaiman 192
Cairo (architecture) / Kairo (Architektur) 492
Cake tongs (lever) / Kuchenzange (Hebelwirkung) 331
Calcanean tendon / Achillessehne 242, 243
Calcaneonavicular ligament / Ligamentum calcaneonaviculare 242
Calcaneum (frog) / Fibulare (Frosch) 189
Calcaneus / Fersenbein 205, 242
Calcareous plates / Kalkplatten (Krebse) 178
Calcareous tufa / Kalktuff 294
Calcite (calcium carbonate) / Kalzit (=Kalziumkarbonat) 279, 281, 285, 287, 294, 295, 434,
alcite ossicles / Calcitplättchen 180
Calcium / Calcium (=Kalzium) 64, 234, 306, 320
Calcium carbonate / Calciumcarbonat/Kalziumkarbonat 294, 295, 323, *also calcite*
Calcium hydroxide / Calciumhydroxid 323
Calcium line / Kalziumlinie 23
Caldera / Caldera 42, 282, 285, 303
Caledonian Mountains / Schottische Berge / Kaledonisches Gebirge 73, 75
Calf / Wade 220
Calico lining (chair) / Nesselfutterstoff (Stuhl) 571
Californium / Californium 321
Call / Anruf 568
***Calliactis parasitica* (parasitic anemone)** / *Calliactis parasitica* (Schmarotzerrose) 172
Calligraphy / Kalligraphie/Schönschrift 448–449
Calligraphy paper / Kalligraphie-Papier 449
Calliper assembly / Bremssattel 341, 371, 372, 373, 376, 377, 428
Calliper brake / Felgenbremse (Fahrrad) 368, 369
Callipers / Tastzirkel 456
Callisto / Kallisto 44
Caloris Basin / Calorisbecken 34–35
Calorie / Kalorie 324
***Calypte helenae* (bee hummingbird)** / *Calypte helenae* (Hummelkolibri) 199
Calyptra / Haube (Mooskapsel) 125
Calyx / Kelch (Pflanzen) 146, 147, 148, 155
Nierenkelch 266
Cam cover / Nockenwellengehäuse(deckel) 354, 355, 357, 366
Cam follower / Tassenstößel 354, 355, 357
Cam lobe / Nockenerhebung 354
Camarasaurus / *Camarasaurus* 97
Cambium / Kambium 141
Cambrian period / Kambrium 62, 84, 289
Camel / Kamel 205
Camellia / Kamelie 143
***Camellia japonica* (camellia)** / *Camellia japonica* (Kamelie) 143
***Camelus ferus* (camel)** / *Camelus ferus* (Kamel) 205
Camera / Kamera 584–585
Camera pouch (hang-glider) / Kameratasche (Drachenflieger) 430
Campbell / Campbell 41
Camptosaurus / *Camptosaurus* 76, 103
Cams / Nocken 354
Camshaft / Nockenwelle 353, 354, 355, 371, 374, 376
Camshaft chain / Nockenwellenantriebsrad 354, 355
Canada / Kanada 341
Canals (Mars) / Kanäle (Mars) 42
Canaries Current / Kanarienstrom 306
Cancellous/spongy bone / Spongiosa 234
Cancer / Krebs (Sternbild=Cancer) 18, 21
Candelabrum / Kandelaber 480
Candle / Kerze 323
Candle lamp / Kerzenlaterne 345
Candle wax (burning) / Kerzenwachs (Verbrennung) 322, 323
Canes Venatici / Canes Venatici *cf. Hunting Dogs*
Canine tooth/teeth / Eckzahn/Eckzähne 112, 113, 256
***Canis familiaris* (dog)** / *Canis familiaris* (Haushund) 301
Canis Major / Canis Major *cf. Greater Dog*
Canis Minor / Canis Minor *cf. Lesser/Little Dog*
Canister / Unterwassermine 402
Cannon ball / Kanonenkugel 404
Cannon bone/shannon bone / Röhrbein / Kanonenbein 204, 205, 206, 207, 208, 209
Cannondale SH600 (hybrid bicycle) / Cannondale SH600 (Hybridfahrrad) 369
Cannondale ST100 (touring bicycle) / Cannondale ST100 (Tourenrad) 369
Canoe / Kanu 552, 553
Canopus (star) / Canopus (Stern) 15
Canopy / Baldachin 476
Haube (Tornado) 424
Kuppel (Flugzeug) 420, 426, 427, 429, 430
Kabinendach (Renault, 1906) 346, 347
Canopy frame / Dachrahmen 429
Canopy latch / Kuppelverriegelung 429
Canopy, single / Kanzelkuppel, einteilige 424
Canson paper / Cansonpapier 445
Cant frame / Kantspant 389
Cantilever brake boss / Cantilever-Sockel 587
Cantle / Hinterzwiesel 546, 547, 576
Canvas / Leinen(abdeckung) 577
Leinwand 440, 441, 446
Canvas shroud (Steib chair) / Segeltuchüberzug (Steibe-Seitenwagen) 370
Canvas stretcher / Blendrahmen 441
Canvas support / Leinwandstütze 441
Canvas/linen / Leinen (Malgrund) 441
Canvases / Leinwandarten 441
Canyon / Canyon/Cañon 286, 287, 292, 293
Cap / Badekappe 550
Deckel (Öleinfüllstutzen) 357
Eselshaupt 386, 387, 390
Gewindesockel (Glühbirne) 564
Kappe (Kopfbedeckung) 544, 547, 550, 560, 564, 567
Tankverschlußdeckel (Rasenmäher) 574, 575
Wellenkappe (Gangspill) 395
Cap line / Kopflinie (Buchstabe) 449
Cap nut / Hutmutter 564
Capacitor / elektrischer Kondensator 567, 569
Cape gooseberry / Kapstachelbeere/Kiwi 155, *also Kiwi fruit*
Cape Royal / Cape Royal 287
Capella / Capella 18, 21
Capillary fringe (groundwater system) / Kapillaren (Grundwassersystem) 303
Capillary network (alveoli) / Kapillarennetzwerk (Lungenbläschen) 264
Capital / Kapitell 462, 463, 464, 465, 467, 469, 471, 472, 473, 480, 481, 482, 485, 487, 489, 491, 492, 494, 495
Capitate / Kopfbein 240
Capitulum (type of inflorescence) / Köpfchen (Blütenstand) 133
Capricorn / Steinbock (=Capricornus, Sternbild) 19, 20

Capstan / Ankerspill 388
Ankerwinde 387, 394, 401
Gangspill 395
Capstan belt (personal stereo) / Bandantriebsriemen (Walkman) 581
Capstan screw / Pilotendraht (Klavier) 518
Capsule / Kapsel (Pflanzen) 125, 156, 157
Großhirnhemisphärenkapsel 247
Captain's cabin (=great cabin) / Kapitänskajüte (Hauptkajüte) 387, 389
Captain's seat (Concorde) / Kapitänsplatz (Concorde) 420
Captain's shelter / Kapitänsunterstand 402
Car / Auto 325, 344–367
Car design development / Fahrzeugentwicklung 366
Carapace / Carapax/ Rückenschild (Krebse) 178
Rückenpanzer (Schildkröte) 193
Carat (weight) / Karat 588
Carbohydrates / Kohlenhydrate 144, 325
Carbon / Kohlenstoff 24–25, 26, 278, 290, 321, 322, 323
Carbon atom / Kohlenstoffatom 144, 320–321
Carbon contact / Kohlekontakt 568
Carbon dioxide / Kohlendioxid 37, 39, 43, 53, 144, 262, 264, 265, 310, 323, 439
Carbon dioxide scrubber compartment (submarine) / Kohlendioxidabscheider (U-Boot) 405
Carbon group / Kohlenstoffgruppe 321
Carbon ink stick / Stangentusche 448, 452
Carbon isotope / Kohlenstoffisotop 320
Carbon monoxide / Kohlenmonoxid 37, 43
Carbon powder / amorpher Kohlenstoff 321
Carbon-fibre disc brake / Kohlenstoffaser-Scheibenbremse 377
Carbonates / Carbonate (=Karbonate) 279
Carboniferous (period) / Karbon 62, 63, 72, 73, 86
Carboniferous system / Steinkohleformationen 72
Carburettor / Vergaser 346, 349, 353, 374, 415, 429
Carburettor cover / Vergaserdeckel 377
Carburettor hot-air intake pipe / Vergaserheißlufteinlaß 426
Carburettor mounting / Vergaserhalterung 374
Cardboard/paperboard / Pappe 446
Cardia / Kardia 180, 183
Cardiac muscle / Herzmuskulatur 238
Cardiac vein / Herzvene, große 260
***Carduus tenuiflorus* (slender thistle)** / *Carduus tenuiflorus* (Distel) 135
Cargo bay / Nutzlastraum 56
Cargo hatch / Ladeluke 384
Cargo hold / Laderaum 380, 400, 413
Caribbean plate / Karibische Platte 65
Carina / Schiffskiel (=Carina, Sternbild) 23
Carina plate / Carina (Entenmuschel) 179
Carinal channel (horsetail plant) / Carinalhöhle (Schachtelhalm) 126
Carling/carline / Schlinge (Schiff) 388
Carmel formation / Carmelschicht 286
Carnallite / Carnallit 281
Carnassial (*Smilodon*) / Brechscherenzahn (*Smilodon*) 113
Carnassials / Brechschere (Löwengebiß) 200
Reißzähne 200
Carnivora / Carnivora (= Raubtiere) 200
Carnivore / carnivor (Reptilien) 76, 192
Carnivores / Raubtiere (=Carnivora) 110, 200
Carotid artery / Arteria carotis (Hai) 185
Kopfarterie, innere 262
Carp / Karpfen 186
Carpal (bird's wing) / Radiale (Vogelflügel) 197
Ulnare (Vogelflügel) 197
Carpals / Carpalia 189
Carpathian Alps / Karpaten 275
Carpel / Karpell 146, 153, 154, 157
Carpel wall / Karpellwand 154, 157
Carpel(lary leaf) / Fruchtblatt 146, 147, 150, 152, 153, 154, 157
Carpophore / Fruchtträger 157
Carpus / Carpus 178, 179
Handwurzel 201, 203, 205, 211, 212, 213, 214, 216, 241
Carrara marble / Carraramarmor 457
Carriage (of flap) / Klappenträger 417
Carriage attached to flap / Klappenbefestigung 417
Carriage drive nut / Antriebsmutter (Klappengetriebe) 417
Caribbean Sea / Karibisches Meer 274–275
Carrik bend / Trossenstek 395
Carrion crow (egg) / Rabenkrähe (Ei) 199
Carrots / Möhren 134, 138
Carry case (personal stereo) / Tragevorrichtung (Walkman) 580
Carrying fork / Traggabel 344
Cartilage of auricle / Ohrknorpel 252
Cartilaginous fish / Knorpelfische 184–185
Cartouche / Kartusche 462
Caruncle / Tränenwärzchen 223
Carvel planking / Karweelbeplankung 384, 385, 399
Carving (sailing ship) / Schnitzerei (Segelschiff) 386
Carving mallet / Holzschlegel (Klöpfel) 456
Carvings / Schnitzwerk 494
Carwardine, George / Carwardine, George 564
Caryopsis / Karyopse 119, 156
Casa de las Conchas (architecture) / Casa de las Conchas (Architektur) 480
Casa del Fascio (architecture) / Casa del Fascio (Architektur) 499
Case screw / Gehäuseschraube (Motorrad) 374
Casing / Gehäuse 572, 573, 578
Caspian Sea / Kaspisches Meer 275
Cassette / Kassette (Walkman) 580, 581
Cassette holder clamper / Kassettenfachverriegelung 580
Cassette holder click arm assembly / Kassettenfachöffnungsmechanik 580
Cassette player / Kassettengerät 580
Cassette window (personal stereo) / Kassettenfenster (Walkman) 580, 581
Cassini division / Cassinische Teilung 46–47
Cassiopeia / Kassiopeia 19
Cassowary / Kasuare 194
Cast / Abguß 458
Cast alloy wheel / Leichtmetallgußrad 371
Cast aluminium / Aluminiumguß 346
Cast iron / Gußeisen 341, 370, 496
Cast iron cylinder barrel / Zylinderfuß aus Gußeisen 370
***Castanea sativa* (sweet chestnut)** / *Castanea sativa* (Eßkastanie, Edelkastanie) 142, 150, 156
Castanets / Kastagnetten 508, 521
Casting / Casting 554
Casting mould / Formmantel 458, 459
Castle / Kastell 382
Schloß (Bauwerk) 480, 481, 486, 494
Castles / Burgen 470
Castor / Castor (Sternbild) 18, 21
Laufrolle 523
***Castor canadensis* (American beaver)** / *Castor canadensis* (Kanadischer Biber) 203
Cat block / Kattblock 389
Catalytic converter (car) / Katalysator (Auto) 354, 360
Catamaran / Katamaran 552
Cataphoresic coating / Kataphorese 358
Cataphyll / Niederblatt 158
Catch / Sperrklinke (Toaster) 572
Catch glove (ice hockey) / Fanghand (Eishockey) 542
Catena / Catena 380
Catenary / Oberleitung 338, 340, 342
Caterpillar (butterfly) / Raupe (Schmetterling) 175
Catharina / Catharina 40
Cathaysia / Cathaysia 71
Cathead / Kranbalkenkopf 388
Cathedral / Kathedrale 479, 484, 488, 491, 496
Cathode ray tube / Bildröhre 566
Cation / Kation 318
Catkin, male (sweet chestnut) / Kätzchen, männliches (Eßkastanie) 150
Cats / Katzen 110
Cattle / Rinder 110
Caucasus / Kaukasus 275
Caudal fin / Schwanzflosse (Fische) 184, 185, 187
Caudal spine / Schwanzstachel (Stegosaurier) 98, 99
Caudate nucleus (brain) / Schwanzkern (Gehirn) 247
Caudo-femoral muscle / Caudofemoral-Muskel 103
Cauliculus / Cauliculus 464
***Caulophryne jordani* (anglerfish)** / *Caulophryne jordani* (Anglerfisch) 186
Caution light / Vorsignal 341
Cave bear / Höhlenbär 83
Cavea / Cavea 469
Caves / Höhlen 294–295, 296, 304, 305
Cavetto moulding / Hohlkehle 476
Cayley, George / Cayley, George 406
Cc classes / Hubraumklassen 376
CD-ROM/CD-ROM 578–579
Cedar-tree laccolith / Zedernbaum-Lakkolith 284
Celestial bodies / Himmelskörper 384
Celestial equator / Himmelsäquator 18–21
Celestial poles / Himmelspole 18
Celestial sphere / Himmelskugel 18
Cell / (Rippen)bogensegment (Architektur) 489
Zelle 33, 54, 55, 59, 119, 120–121, 122, 123, 125, 126, 127, 128, 138, 144, 145, 152, 153, 165, 172, 173, 226, 227, 233, 238, 240, 246, 247, 249, 250, 252, 253, 268, 269, 270, 310, 500
Cell's control centre / Zellkontrollzentrum 226
Cell body / Zelleib/Zellkörper 248
Cell colonies / Zellkolonien 122
Cell division / Zellteilung 138, 139, 158
Cell membrane / Zellmembran 226, 227
Cell nucleus residue / Zellkernrest 244
Cell wall / Zellwand 118, 122, 123, 138, 145, 162
Cella / Cella 464, 465, 467, 489
Cello / (Violon)cello 515
Cellos / (Violon)celli 507, 508, 509
Cells that produce vascular tissue / Leitbündelinitialen 140
Cement / Zement 498
Cement frieze / Betonfries 499
Cement gland / Zementdrüse 179
Cement-based adhesive / Klebemörtel 454
Cement-rendered wall / zementverputzte Mauer 498
Cenozoic era / Känozoikum/Erdneuzeit 63, 80, 82
Censer/incense burner / Weihrauchfaß 492
***Centaurium erythraea* (common centaury)** / *Centaurium erythraea* (Echtes Tausendgüldenkraut) 150
Centaurus / Zentaur (=Centaurus, Sternbild) 18, 21
Centaurus A (radiogalaxy) / Centaurus A (Radiogalaxie) 13
Centaury / Tausendgüldenkraut 151
Centigrade / Celsius degree / Celsius (Grad) 588
Centilitre (cl) / Zentiliter (cl) 588
Centimetre (cm) / Zentimeter (cm) 588, 589
Centner (=50 kg) / Zentner (Ztr.) 588
Central Asia / Zentralasien 70
Central bulge / Zentralbereich, gewölbter 14
Central canal (spinal cord) / Zentralkanal (Wirbelsäule) 248
Central circle / Mittelkreis (Netball) 533
Central fuel tank / Mitteltank 417
Central hall (Tyringham House) / Hauptsaal 487
Central nave (Egyptian temple) / Mittelschiff (Ägyptischer Tempel) 463
Central nervous system (CNS) / Zentralnervensystem (ZNS) 246, 248
Central strand of conducting tissue / Leitgewebestrang, zentraler 125
Central sulcus / Rolandosche Spalte 246, 247
Centre / Anspielpunkt (Netball) 533
Center (Basketball) 530
Mittelstürmer (Eishockey) 542
Centre circle / Mittelkreis (Fußball) 528
Centre console / Mittelkonsole 363

Centre forward (handball) / Kreisläufer (Handball) 533
Centre gangway (TGV) / Mittelgang (TGV) 339
Centre line / Mittellinie 533, 549
Centre line keelson / Mittelkielschwein 401
Centre Pompidou / Centre Pompidou 500, 501
Centre seat belt / Zweipunktsicherheitsgurt 362
Centre stand (Vespa) / Raststütze (Vespa) 371
Centre wheel / Mittelrad (Uhr) 362
Centre- board (sailing dinghy) / Steckschwert (Segelboot) 533
Centre-line beam / Mittelprofilrohr 430, 431
Centre-line/spine (BAE-146 tailplane) / Mittelnaht (BAE-146-Heckflügel) 419
Centred rudder / Mittelruder 382, 383
Centrifugal compressor / Zentrifugalkompressor 422
Centrifugal effect / Zentrifugaleffekt 307
Centring magnet (TV) / Bildzentriermagnet 566
Centriole / Centriole 227
Cephalaspis / *Cephalaspis* 71
Cephalic vein / Kopfvene 182
Cephalopoda / Cephalopoda 182
Cephalopods (octopuses, squids, cuttlefish) / Tintenfische 182–183
Cephalothorax / Cephalothorax (Krebse) 178, 179
Kopfbruststück (Spinnentiere) 176, 177
Cepheus / Kepheus 19
Ceramic end-piece / Keramik-Endplatte 329
Cerapoda / Cerapoda 89
Ceratopsia / Ceratopsia/Horn-Dinosaurier 89, 106, 109, 110
Ceratopsids / Ceratopsiden 106, 109, 110
Ceratosauria / Ceratosauria 89
Ceraunius Tholus / Ceraunius Tholus 43
Cercidyphyllum / *Cercidyphyllum* 78
Cerebellum / Kleinhirn 222, 246, 247, 248
Cerebral artery / Großhirnarterie 262
Cerebral ganglion / Zerebralganglion 183
Cerebral vessel / Hirngefäß 247
Cerebrum / Großhirn 222, 246, 247, 248
Cerium / Cer 320
***Ceropegia woodii* (string of hearts)** / *Ceropegia woodii* (Leuchterblume) 163
Cervical nerves / Halsnerven 248
Cervical plate / Halsplatte 98, 99
Cervical rib / Halsrippe 90, 102, 106, 107, 109
Cervical vertebra / Halswirbel 93, 94, 97, 99, 102, 107, 110, 112, 190, 192, 193, 201, 203, 205, 211, 213, 214, 216, 222, 232, 234
Cervix dentis/neck of the tooth / Zahnhals 257
Cervix/neck of the uterus / Gebärmutterhals 268, 269, 271
***Cervus elephas* (red deer)** / *Cervus elephas* (Rothirsch) 203
Cetacea / Cetacea 214
Cetiosaurus / *Cetiosaurus* 97
***Cetorhinus maximus* (basking shark)** / *Cetorhinus maximus* (Riesenhai) 183
Cetus / Walfisch (=Cetus, Sternbild) 19, 20
Chaffinch (egg) / Buchfink (Ei) 199
Chain / Kette 330, 368, 374, 390, 586, 587
Chain bobstay / Kettenwasserstag 390
Chain drive / Kettenantrieb 374
Kettenübertragung 407
Chain link / Kettenglied 394
Chain locker / Kettenkasten 401
Chain motif / Kettenmotiv 495
Chain plate / Püttingeisen 390
Chain ring (bicycle) / Kettenblatt (Fahrrad) 586, 587
Kettenkranz 368, 369
Chain stay / Hinterradgabel 368, 369
Chain swivel / Kettenwirbel 394
Chain wale / Pütting 384, 386
Rüste 385, 386, 389
Chair / Stuhl 370–371
Chajya / Chaya 493
Chalcedony / Chalcedon 281
Chalk / Schlämmkreide 444
Chalk/crayon / Kreide (Malutensil) 434, 438, 444
Chamber / Kammer (Rotor) 414
Changes in temperature / Temperaturveränderungen 292, 306, 311
Channelled wrack / Rinnentang 122
Chape (saddle) / Lederkappe (Sattel) 577
Chapel / Kapelle 483
Chapter house / Kapitelhaus 476
Characters, Chinese / Schriftzeichen, chinesische 449
Charching with the ball / Rempeln (Basketball) 531
Charcoal / Zeichenkohle 434
Charcoal drawing / Kohlezeichnung 435
Charentais melon / Zuckermelone 155
Charge / Gemisch (Benzin-Luft-Gemisch) 333, 334, 336
Ladung, elektrische 318, 320, 326, 329
Charon / Charon 50
Chart house (ship) / Kartenhaus (Schiff) 402
Chase / langes Feld (Schiffsschild) 403
Chassis / Chassis 344, 347, 374, 375
Fahrgestell 337, 342
Rahmen (Walkman) 580
Chassis electrical plug (racing car) / elektrischer Zentralanschluß (Rennwagen) 367
Chassis frame / Fahrgestellrahmen 348
Chassis rail / Fahrgestellschiene 370
Chassis support bracket / Chassis-Aufhängung (Mondfahrzeug) 58
Château de Blois / Schloß Blois 480
Château de Chambord / Schloß Chambord 480
Château de Montal / Schloß Montal 480, 481
Chattra / Tschattra 494, 495
Chattravali / Tschattravali 495
Cheek / Wange/Backe 98, 203, 222, 227, 389, 390, 391
Cheek horn (*Psittacosaurus*) / Wangenhorn (*Psittacosaurus*) 109
Cheek pouch / Backentasche 104
Cheek teeth / Backenzähne 110, 111, 256, *also: molars, premolars*
Cheek tooth / Backenzahn 102, 111, 113, 114, 212, *also molar and premolar*
Cheek-piece / Backenstück 546, 547
Cheese head screw (lamp) / Zylinderschraube (Lampe) 565
Cheese/cheesing / Tauschnecke 390, 396, 397
Cheiracanthus / *Cheiracanthus* 71
Cheirolepis / *Cheirolepis* 71
Chekhov / Tschechow 33
Chela / Chela 176
Chelicera / Chelicere 176, 177
Schere (Eurypteride/Krebs) 85, 178, 179
Chelonia / Chelonia 192
Chemical energy / chemische Energie 322, 324, 325
Chemical equations / Reaktionsgleichungen 322, 323
Chemical properties / chemische Eigenschaften 318
Chemical reactions / chemische Reaktionen 322–323
Chemical symbols / Elementsymbole 320–321
Chemise / Bering/Hemd/Wallmauer (Burg) 470
Chemistry / Chemie 316–323
Cherry / Kirsche 154
Chert formation / Chert-Schicht 287
Cherub / Cherub 476
Chervil / Kerbel 141
Chest / Brust 200, 213, 221, 224
Chest padding / Brustpolster 543
Chest pass / Brustpaß 530, 533
Chestnut / Kastanie 142, 150, 156, 204
Chevet / Chorhaupt 473
Chevron / Wirbelfortsatz, unterer 87, 93, 95, 99, 101, 102, 104, 107, 108
Chevron fold / Scherfalte 67
Chi 1 Orionis / Chi 1 Orionis 18
Chi 2 Orionis / Chi 2 Orionis 18
Chiastolite crystal / Chiastolith-Kristall 285
Chiastolite hornfels / Chiastolith-Hornfels 285
Chick(en) / Küken 198, 199
Chief time-keeper / Hauptzeitnehmer (Schwimmen) 550
Chihuahuan Desert / Chihuahua-Wüste 274–275
Chile / Chile 341
Chimney / Schornstein (Dampflok) 334, 335
Kamin (Kombüsenherd) 388
Rauchrohr (Raddampfer) 401
Dampfabzug 344
Chimney-shaft / Kaminschacht 471
Chimney-stack / Schornstein 480, 487
Chimpanzee / Schimpanse 212, 213
Chin / Kinn 221, 222
Chin groove / Kinngrube 205
Chin guard / Kinnschutz (Slalomhelm) 545
Chin protection / Kinnschutz (Eishockey-Torwarthelm) 543
Chin rest / Kinnhalter 514, 515
Chin spoiler / Frontspoiler 367
China / China 70, 71, 72, 73, 102, 106, 341, 448, 494
Chinese white / Chinesischweiß 442
Chinle formation / Chinle-Schicht 286
Chirostenotes / *Chirostenotes* 93
Chisel / Stechbeitel 456, 457
Chisel teeth / Nagezähne 202, 203
Chisel-edge (molar of *Arsinoitherium*) / Meißelkante (*Arsinoitherium*-Zahn) 110
***Chlamydomonas* sp.** / *Chlamydomonas* sp. 122
Chlorenchyma / Assimilationsparenchym (Schachtelhalm) 126
Chloride in seawater / Chlorid im Meerwasser 306
Chlorine / Chlor 321
Chlorophyceae / Chlorophyceae 122
Chlorophyll / Chlorophyll 122, 144, 145, 168
Chloroplast / Chloroplast/Blattgrünkörper 118, 144, 145, 168
Chloroplast envelope / Chloroplastenhülle 145
Choanocyte / Choanocyte/Kragengeißelzelle 172
Choir / Chor (Architektur) 473, 474, 476
Choir manual / Rückpositivmanual 518
Choir stop / Rückpositivregister 518
Choir-stall / Chorgestühl 474
Choke / Choke (Motorrad) 371
Drosselspule (Fernseher) 567
Chondrichthyes / Chondrichthyes 184
Chong Ch'ol / Chong Ch'ol 33
Chons / Chons 462
Chordae tendineae / Sehnenfäden 261
Chorioallantoic membrane / Chorionallantoismembran 198
Chorion / Chorion 270
Choroid (eye) / Aderhaut (Auge) 250
Chromate ions / Chromationen 322
Chrome / Chrom (Auto) 351, 357
Chrome passivation / Chrompassivierung 358
Chrome plating / Chromschicht 357
Chrome trim strap / Chrom-Zierleiste 351
Chromium / Chrom (Bodenschätze) 291
Chromium oxide / Chromoxid 322
Chromosphere / Chromosphäre 32–33
***Chrysanthemum morifolium* (florist's chrysanthemum)** / *Chrysanthemum morifolium* (Gärtnerchrysantheme) 135
Chryse Planitia / Chryse Planitia 43
Chrysler Building / Chrysler Building 499
***Chrysocyon brachyurus* (maned wolf)** / *Chrysocyon brachyurus* (Mähnenwolf) 201
Chuck / Bohrfutter 558, 559
Chuck key / Bohrfutterschlüssel 559
Chuck keyhole / Bohrfutterschlüsselloch 559
Churches / Kirchen 472, 474, 475, 481, 483, 484
Chusan palm / Hanfpalme 133

***Ciconia ciconia* (white stork)** / *Ciconia ciconia* (Weißstorch) 194
Cierva, Juan de la / Cierva, Juan de la 426
Cigarette card / Zigarettenbildchen 402
Ciliary body / Strahlenkörper 251
Ziliarkörper 251
Cinabrese (vermilion and lead white) / Cinabrese (Zinnober mit Bleiweiß) 437
Cincture / Schaftring 481
Cinder / Schlacke 282
Cinder cone / Aschenkegel (Vulkan) 283, 284
Circle / Kreis 533, 588
Circuit braker / Überspannungsschutz 324
Circuit, integrated / Schaltung, integrierte 568, 569, 578
Circular wall (of a castle) / Zingel 470
Circulary system of lungs / Lungenkreislauf 262
Circulation pump / Umwälzpumpe 324
Circulatory system of heart / Herzkreislauf 262
Circulatory system of liver / Leberkreislaufsystem 262
Circulatory system / Kreislaufsystem 262–263
Cirque / Firnmulde 296–297
Cirque Napoleon / Cirque Napoleon 483
Cirripedes / Rankenfüßer 178, 179
Cirripedia / Cirripedia 178
Cirrocumulus clouds / Cirrocumulus-Wolken 312
Cirrostratus clouds / Cirrostratus-Wolken 312
Cirrus / Cirrus 179, 312, 313
Cirrus clouds / Zirruswolken 50, *also cirrus*
Cis **(note)** / Cis (Note) 507
***Citrus limon* (lemon)** / *Citrus limon* (Zitrone) 154
Civil aviation / Zivile Luftfahrt 412
Cladding / Verkleidung (Architektur) 503
Cladding panel / Verblendplatte 500, 502
Cladode / Flachsproß 135
Cladonia floerkeana / *Cladonia floerkeana* 120
Cladonia portentosa / *Cladonia portentosa* 120
Clamp / Klemmschraube (Jakobstab) 385
Schraubklemme 450
Stativklemme 323
Clamp stand / Stativstange 323
Clamping screw / Klemmschraube (Lampe) 565
Clamshell / Gehäuseschale (Bohrer) 559
Clamshell screw / Gehäuseschraube (Bohrer) 559
Clarinet(s) / Klarinette(n) 507, 508, 512
Class 402 electric locomotive / Klasse-402-Lok 338
Clastic sedimentary rock / Mechanische Sedimente 286
Claves / Claves (Rumbastäbchen) 521
Clavicle / Cleithrum 187
Schlüsselbein 86, 212, 216, 221, 228
Clavius / Clavius 40
Clavus / Clavus 381
Claw(s) / Klaue(n) 89, 90, 95, 176
Kralle(n) 91, 95, 101, 103, 174, 190, 193, 194, 196, 199, 200, 217
Clay / Ton(erde) 458, 459
Clay model / Tonmodell 459
Clay sculpture (models) / Tonfiguren 456
Clay sculptures / Tonplastiken 456
Clay-pigeon shooting / Wurftaubenschießen 540
Clear space / Freizone (Volleyball) 532
Cleavage / Spaltbarkeit 280
Clef / Notenschlüssel 506
Cleithrolepis granulatus / *Cleithrolepis granulatus* 75
Clematis / Waldrebe 137, 143
***Clematis montana* (clematis)** / *Clematis montana* (Waldrebe) 136, 137
***Clematis* sp.** / *Clematis* sp. 143
Clench nail (faering) / Nietnagel (Faering) 383
Cleomedes / Cleomedes 40
Cleopatra Patera / Cleopatra Patera 37
Clerestory / Lichtgaden 463, 476
Obergaden 483
Clew / Schothorn 381
Clew line / Geitau 387
Click mechanism (fishing rod) / Schnappmechanismus (Angel) 554
Click wheel / Sperrad 562
Clicking (computer) / Anklickvorgang (Computer) 578, 579
Cliffs / Klippen 286, 287, 299, 304–305
Climate / Klima 62, 78, 306, 312
Climate zones / Klimazonen 74
Climatic changes / Klimaveränderungen 78, 82
Clinker planking / Klinkerbeplankung 382, 383
Clip / (Heft)klammer 340, 369, 434, 441
Clipper / Klipper 380
Clitoris / Clitoris/Kitzler 268
Cloaca / Kloake 93, 96, 101, 176, 185, 188, 191, 193, 195
Clock / Uhr 562–563, 580
Clock case / Uhrengehäuse 562
Clock face / Zifferblatt 497, 563
Clock retainer plate shield (personal stereo) / Uhrbefestigungsplatte (Walkman) 581
Clock train / Räderwerk (Uhr) 562
Cloister / Kreuzgang 476
Close-stowing anchor / Inglefieldanker 394
Cloth/holland/buckram / Leinen (Buch) 582, 583
Clouds / Wolken 11, 12–13, 14–15, 24, 26, 36–37, 39, 42–43, 44–45, 46–47, 48–49, 50–51, 62, 298, 311, 312–313
Clove hitch / Webeleinstek 396
Clove hitch knot (brush) / Schifferknoten (Pinsel) 442
Club / Schläger (Golf) 538, 539
Club crest (soccer) / Vereinswappen (Fußball) 529
Clubhouse / Clubhaus 538, 547
Clubmoss / Bärlapp 70, 72, 126
Clump cathead / Kranbalken 403
Cluster of galaxies / Galaxienhaufen 10–11
Clutch / Kupplung 350, 374, 581
Clutch cable / Kupplungszug/Kupplungsseil 360, 371, 373
Clutch centre plate / Kupplungsscheibe 361
Clutch drum / Kupplungstrommel 374
Clutch lever / Ausrückhebel 371, 377
Clutch of eggs / Gelege 104
Clutch pedal / Kupplungspedal 360
Clutch pressure plate / Kupplungsdruckplatte 361
Clutch release bearing / Kupplungsausrücklager 361
Clypeaster / *Clypeaster* 289
Cnidaria / Cnidaria 172–173
Cnidarians / Nesseltiere 172–173
Cnidocil / Cnidocil 173
Cnidocytes (stinging cells) / Cnidocyten (Nesselzellen) 172, 173
Co-orbital moons / koorbitale Monde 46
Coach / Reisebus 342
Coal / Kohle 286, 290–291, 324, 334
Coal measures / Kohleflöze 67
Coal-fired power station / Kohlekraftwerk 324
Coal-forming forests / Steinkohlewälder 63
Coastal (valley) spring / Schuttquelle 302
Coastal arch / Rippenbogen (Mensch) 228
Coaster / Küstenfahrer 382
Coastlines / Küstenlinien 304–305, 308
Coasts / Küsten 304–305
Coat (mammoth) / Deckhaar (Mammut) 113
Coat of hair / Haarkleid 110
Cobalt / Cobalt (=Kobalt) 291, 321, 444, 446
Cobalt-blue/cerulean blue / Kobaltblau 444, 446
Cobra lily / Kobrapflanze 166
Coccosteus / *Coccosteus* 71
Coccygeal cornu (human) / Steißbeinhorn (Mensch) 233
Coccygeal vertebrae / Steißbeinknochen 228, 232
Coccyx (human) / Steißbein (Mensch) 232, 233
Cochlea / Schnecke (Ohr) 252, 253
Cochlear nerve / Schneckennerv 253
Cock screw / Kolbenschraube (Uhr) 563
Cocked indicator / Filmtransportanzeige 585
Cocking lever (pistol) / Spannhebel (Pistole) 541
Cockpit / Cockpit 56, 366, 411, 412, 423, 428, 429, 430, 553
Fahrerkanzel 502
Luke (Kajak) 553
Cockpit air-conditioning / Cockpitklimaanlage 420
Cockpit door panel / Cockpittürverkleidung 412
Cockpit rim / Süllrand 552
Cockpit windscreen / Cockpitwindschutzscheibe 413
Coconino sandstone / Coconino-Sandstein 286
Coconut palm / Kokospalme 141
***Cocos nucifera* (coconut)** / *Cocos nucifera* (Kokosnuß) 141
Cocos plate / Kokos-Platte 65
***Codiaeum variegatum* (croton)** / *Codiaeum variegatum* (Wunderstrauch) 142
Coeliac artery/trunk / Eingeweidearterie 266
Coelodonta / *Coelodonta* (Wollnashorn) 82, 83, 110
Coelomatic canal system / Coelomatisches Kanalsystem 180
Coelophysis / *Coelophysis* 73
Coelurus / *Coelurus* 93
Coffer / Kassette (Architektur) 467, 489
Coffered vault / Kassettengewölbe 489
Cogwheel/gear wheel / Zahnrad 369, 374, 413
Coil / Wickel(spule) 566, 567
Coil of wire (electric generator) / Drahtwicklung (Stromgenerator) 327
Coil spring / Schraubenfeder (Drehgestellrahmen) 337
Coil spring suspension / Schraubenfeder-Aufhängung 339
Coiled (tungsten) filament / Wendel (Glühlampe) 329
Cold air / Kaltluft 310, 312, 424
Cold air intake/ram scoop (Tornado) / Kaltlufteinlaß (Tornado) 424
Cold-air unit / Kühlluftanlage 421
Coleoptera / Coleoptera 174
Coleridge / Coleridge 35
Colette / Colette 37
***Coleus* sp.** / *Coleus* sp. 140
Collages / Kollagen 234
Collar / Distanzring 586
Kehlbalken 477
Mantelrand (Schnecke) 183
Auge (Takelung) 387
Collar cell / Kragengeißelzelle 172
Collecting duct / Papillengang 266
Collecting tubule (kidney) / Sammelrohr (Nierenkanälchen) 266
Collective-pitch lever / Steig- und Sinkhebel 426
Collector strip for electric current / Stromabnehmerkontakt 338
Collenchyma / Kollenchym 132, 139
Colliding galaxies / kollidierende Galaxien 13
Collision / Kollision 358
Colloids / Kolloide 316
Colon / Colon 204
Dickdarm 96, 100, 259
Grimmdarm 225, 259, 269
Kolon 175, 202
Colonette / Säulchen 478
Colonnade / Säulengang 466, 487, 488, 491
Colorado River / Colorado River 63, 287
Colosseum / Kolosseum 468
Colour (minerals) / Farbe (Minerale) 280
Colour pigment / Farbpigment 433, 437, 440, 446
Colour pigments (fresco) / Freskofarben 438
Colour sketch / Farbskizze 433
Colour wheel / Farbkreis 443
Coloured and tinted paper / Tonzeichenpapier 445, 449
Coloured pencil / Buntstift 434
Colours (rowing) / Klubfarben (Rudern) 552
Colpus / Keimfalte 150, 151
Columba / Columba 18, 21
Columella / Säulchen (Mooskapsel) 125
Column / Säule 132, 462, 463, 464, 465, 466–469, 472, 473, 483, 484, 485, 487, 489, 491, 497
Stütze 496, 500
Coma / Koma 52–53

Coma Berenices / Coma Berenices 18, 21
Combats/head-butting contests / Zweikämpfe (Marginocephalier) 106
Combination lever / Kombinationshebel 335
Combined heat and power station / Blockheizkraftwerk 324
Combustion / Verbrennung 322, 323, 324, 423
Combustion chamber / Brennkammer 423
Brennraum 401
Verbrennungsraum 354, 375
Combustion chamber capacity / Hubraum (Motorrad) 370, 374
Combustion chamber casing / Brennkammergehäuse 422
Combustion engines / Verbrennungsmotoren 344, 352, 354, 374, 375
Comets / Kometen 30, 52–53
Comfort / Komfort 362
Commissioned work / Auftragsarbeit 437
Common bile duct / Ductus choledochus 262
Common black-headed gull / Lachmöwe 195
Common carotid artery / Halsschlagader 225, 263
Common crus / Crus commune 253
Common digital extensor muscle / Extensor-digitorum-communis-Muskel 90
Common English ivy / Gemeiner Efeu 137, 143
Common iguana / Grüner Leguan 88
Common starfish / Gemeiner Seestern 181
Common tern (egg) / Flußseeschwalbe (Ei) 199
Common time / C-Takt / *Viervierteltakt* 506
Communication (space exploration) / Nachrichtenübermittlung (Raumfahrt) 57
Communications input socket / Kommunikationsanschluß 57
Commutator / Kollektor 558
Kommutator 327, 558
Polstromwender 327
Compact bone / Compacta 234
Lamellenknochen 235
Companion cell / Geleitzellen 138, 140
Companion ladder / Niedergangstreppe 389, 400
Companion way (ship) / Niedergang (Schiff) 388, 403
Compass / Kompaß 402
Zirkel (Steinmetzwerkzeug) 489
Compass platform / Kompaßplattform 402, 403
Competent bed / kompetente Schicht 67
Competition motorcycles / Rennmaschinen (Motorräder) 376–377
Complementary colours / Komplementärfarben 441
Components of a car / Bauteile eines Autos 360, 361
Composite capital / Kompositkapitell 482
Composite column / Kompositsäule 482
Composite model / Kompositmodell 489
Composite pilaster / Kompositpilaster 482
Compositions / Kompositionen 525
Compound / Verbindung (chemische) 316, 318, 323
Compound eye / Komplexauge 174, 178, 179
Compound fruit / Fruchtstand 154
Sammelfrucht 154
Compound inflorescence / zusammengesetzter Blütenstand 137
Compound leaf / zusammengesetztes Blatt 142
Compound pier / Bündelpfeiler 472, 473
Compressed-air brake / Druckluftbremse 336
Compression (fuel-air mixture) / Kompression/Verdichtung (Treibstoff-Luft-Gemisch) 353, 356
Compression ring / Kompressionsring 354, 357
Compression spring (piston valve) / Druckfeder (Périnetventil) 510
Compression stroke / squeeze / Verdichtungstakt 353
Compressor / Kompressor 423
Compressor air-bleed connection / Druckluftabzweigung 422, 423
Compressor front bearing / Kompressorlager, vorderes 422
Compressor piston / Kompressorkolben 354
Compsognathus / *Compsognathus* 76
Compton / Compton 41
Computer / Computer 524, 525, 578, 579
Computer control / Computersteuerung 338, 354
Computer design / Computergraphik 420
Computer hardware / Computer-Hardware 579
Computer software (music) / Computer-Software (Musik) 524
Comtois / Comtois 208
Concave curve / Konkavbogen 503
Concealing difference in heights between main arch and minor arch / Überbrückung des Höhenunterschieds zwischen Haupt- und Nebenbogen 488
Conceptacle / Konzeptakel/Fortpflanzungskammer 122, 123
Concert (acoustic) guitar / Konzertgitarre 516
Concert grand piano / Konzertflügel 519
Concha / Konche 486, 492
Concorde / Concorde 420, 421
Concrete / Beton 496, 503
Concrete floor (racket ball) / Betonboden (Racquets) 537
Concrete frame / Betonrahmen 500
Concrete track / Betonschiene 338
Condensation / Kondensation 317
Condenser / Kondensator 324, 352
Conductor / Dirigent 508, 509
elektrischer Leiter 326, 327
Conductor's stand / Dirigentenpult 509
***Condylactis* sea anemone** / *Condylactis*-Seeanemone 172
Condyle / Condylus 200
Gelenkhöcker (*Toxodon*) 112
Unterkieferkopf 230
Cone / Kegel 68, 588
(Leisten)konus 560, 561
Zapfen 128, 129, 130, 250
Cone cells / Zapfenzellen 250
Cone growth / Zapfenbildung 129
Congas / Congas/Tumbas 522, 523
Congo Basin / Kongobecken 39
Conical projection / Kegelprojektion 274–275
Conical roof / Kegeldach 480, 481
Conifer(ous plants) / Koniferen 74
Conifer(ous tree)s / Nadelbäume/Nadelhölzer 63, 128, 289
Coniferophyta / Coniferophyta 128
Conifers / Nadelgewächse 74, 76, 78
Conjugation tube / Befruchtungskanal (Braunalge) 123
Conjunctiva / Bindehaut 251, 579
Connecting cable / Anschlußkabel (Blas-Synthesizer) 525
Connecting rod / Kurbelstange 344
Pleuel 350, 353, 354, 355, 375, 414
Pleuelstange 374, 399, 400
Treibstange 335
Connecting wire / Anschlußdraht (Glühbirne) 564
Verbindungsdraht (Toaster) 572
Connective tissue cells / Bindegewebszellen 227
Connective tissue ligament / Bindegewebsband 241
Connectors (to engine), electrical / Steckverbindungen, elektrische 367
Conning tower / Kommandoturm 402, 403
Con-rod / Pleuel 350, 353, 354, 355, 375, 414
Consciousness / Bewußtsein 246
Constellation (of stars) / Sternbild 18–21
Constratum (deck) / Constratum (Deck) 381
Constrictor snakes / Würgeschlangen 190
Contact / Kontakt 326, 329, 358, 362, 560, 564, 568
Contact metamorphism / Kontaktmetamorphose 284
Contestant / Kämpfer (Judo) 548
Continental plates / Kontinentalplatten 39, 69
Continental crust / kontinentale Kruste 69
Continental drift / Kontinentaldrift 64
Continental margin sediments / Flachmeersedimente 309
Continental Sea / Kontinentalmeer 79, 81
Continental shelf / Kontinentalschelf 75, 77, 276, 308
Continental slope / Kontinentalhang 306, 308
Continents / Kontinente 62, 64, 70, 78, 80, 82, 274–275, *also Africa, America, Antarctica, Asia, Australia, Europe, Gondwana, Pangaea*
Continuous fin / Flossensaum 86
Contours/outlines / Konturen (Kunst) 433, 442, 444, 447
Contrast control / Kontrastregler 525
Contrast X-ray / Kontraströntgenbild 224
Contrast(ing effect) / Kontrastwirkung 445
Control circuit / Steuerstromkreis 338
Control column / Steuerhorn 406, 407, 429
Control flags / Kontrollflaggen 544
Control lever / Bedienungshebel (Rasenmäher) 575
Control line, elastic (dinghy) / Zugleine, elastische (Segelboot) 533
Control panel / Armaturenbrett (Rasenmäher) 575
Control platform / Steuerplattform 398
Control RADAR antenna / Leitradarantenne 405
Control reservoir / Kontrollbehälter 336
Control rods (nuclear power station) / Steuerstäbe (Kernkraftwerk) 324
Control room / Steuerstand 405
Control stalk / Funktionshebel 363
Control valve / Regelventil 335
Control wire / Zugseil 427, 428
Control-column aperture / Steuerhornöffnung 429
Controller / Regler (Straßenbahn) 342
Convection cell / Konvektionszelle 33
Convective zone / Konvektionszone 24, 33
Converging zones / Einengungszonen 65
Conversion of energy / Energieumwandlung 324
Conversion of St. Paul / *Bekehrung des hl. Paulus* 484
Conversion table (metric-imperial measure) / Umrechnungstabelle (metrisch-englische Maße) 589
Convex curve / Konvexbogen 503
Cooking equipment / Kochausrüstung 364
Cooking pot / Kochtopf 364
Cooksonia / *Cooksonia* 62
Cooksonia hemisphaerica / *Cooksonia hemisphaerica* 70
Cool periods / Kälteperioden 80
Coolant / Kühlmittel 324, 336
Coolant inlet / Wassereinlaß (Flugzeugkühler) 428
Coolant outlet / Kühlleitung 414, 415
Kühlwasseraustritt 355
Coolant pump / Kühlerpumpe 414
Coolant rail / Kühlwasserzuführung 355
Cooler matrix / Kühlnetz 357
Cooling fan / Lüfter 337, 354
Lüfterflügel 355
Cooling fin / Kühlrippe 373, 374, 375, 415
Cooling grille / Kühlgitter 371
Cooling radiator / Kühlradiator 58
Cooling tower / Kühlturm 324, 500, 501
Cooling water connection / Kühlwasseranschluß 352
Cooling water drain bolt / Kühlwasserablaßschraube 356
Cooling water hose / Kühlwasserschlauch 349
Cooling water jacket/coolant passage / Kühlwasserkanal 354, 356
Cooling water pipe / Kühlwasserrohr 353, 367
Cooling water tank / Kondensationstopf 345
Cooling water system / Kühlwasserkreislauf 324

Co-ordinating centre / Koordinationszentrum 248
Co-ordination of (body) movement / Bewegungskoordination 246, 247
Copernicus / Copernicus 40
Copilot's seat / Copilotenplatz 420
Copingstone / Kappenstein 499
Copper / Kupfer 278, 290–291, 321, 322
Copper conductor / Kupferdraht (Lampe) 564
Copper nitrate / Kupfernitrat 322
Copper ore / Kupfererze 316
Copper plate / Kupferplatte (Kupferstich) 451
Copper rivet / Kupferniete 576
Copper sheathing / Kupferverkleidung 400
Copper sulphate / Kupfersulfat/Kupfervitriol 323
Copper winding / Kupferdrahtwicklung 327
Copperplate engraving / Kupferstich 450, 451
Coprates Chasma / Coprates Chasma 43
Coprophagy / Caecotrophie (=Koprophagie) 202
Copulatory bursa / Befruchtungstasche 183
Begattungstasche 175
Cor anglais / Englischhorn 508, 509, 512
Cor Caroli / Cor Caroli 18, 21
Coracoid / Coracoid/Raben(schnabel)bein 90, 92, 96, 100, 108, 195
Coral reef / Korallenriff 308
***Corallina officinalis* (coralline)** / *Corallina officinalis* (Korallenmoos) 123
Corals / Korallen 84, 172–173, 289
Corbel/bracket / Kragstein 471, 481, 482, 483, 486, 491, 497
Corbita / Corbita 380
Cord / Schnur (Kastagnetten) 521
Seil (Gong) 520
Cord net / Netz (Basketball) 530
Cordaites / Cordaites 73
Cordite case / Korditkartusche 404
Cordite handling room / Korditkammer 404
Cordite supply shuttle / Korditzuführeinrichtung 404
Cordoba / Cordoba 488
Core / Kern (Erde) 39
Core temperature / Kerntemperatur 24, 25, 26, 33, 39, 45, 47, 49
Core-engine jet pipe / Turbinen(strahl)düse 416, 419
Corinthian capital / Korinthisches Kapitell 464, 465, 466, 467, 468, 483, 485
Corinthian column / Korinthische Säule 467
Corinthian double pilaster / Korinthischer Doppelpilaster 485
Corinthian entablature / Korinthisches Gebälk 467
Corinthian half-column / Korinthische Halbsäule 468
Corinthian order / Korinthische Ordnung 464, 466
Corinthian pilaster / Korinthischer Pilaster 484
Coriolis force / Coriolis-Kraft 306–307, 310
Cork / Kork (Holzblasinstrumente) 512, 513
Cork bottom filler / Kork (Schuheinlage) 560, 561
Cork layer / Korkschicht (Sproß) 133
Corm / Sproßknolle 134, 160
Cornea / Hornhaut (Auge) 250, 251, 579
Corner arc (soccer) / Eckballradius (Fußball) 528
Corner bolt / Eckbolzen 415
Corner buttress / Eckstrebepfeiler 497
Corner capital / Eckkapitell 494
Corner flag / Eckfahne 528
Corner piece / Ecke (Buch) 582
Corner seal / Eckendichtung 357
Cornet / Kornett 510, 511
Cornice / Corniche 471
Geison 464, 466, 467, 484, 485
Gesims 465, 466, 467, 468, 469, 471, 473, 474, 476, 477, 478, 479, 480, 481, 482, 483, 484, 485, 486, 487, 488, 489, 490, 493, 495, 497
Kranzgesims 478, 479, 483
Kranzleiste 466, 479, 483, 485, 490
Cornucopia / Füllhorn 484
Corolla / Krone (Blüte) 149
Corolla tube / Kronröhre 148
Corona / Korona 32–33, 310
Corona Australis / Corona Australis 19
Corona Borealis / Corona Borealis 18, 21
Coronal suture / Kranznaht 230
Coronary arteries / Herzkranzarterien 260, 261, 263
Coronary sinus / Sinus coronarius 260
Coronet / (Huf)krone (Pferdefuß) 204, 546
Coronoid process / Processus coronideus 112, 200
Kronenbein 102
Kronenfortsatz 230
Corpus albicans / Weißkörper 268
Corpus callosum / Balken (Gehirn) 246, 247
Corpus cavernosum / Penisschwellkörper 269
Corpus luteum / Gelbkörperchen 268
Corpus spongiosum / Harnröhrenschwellkörper 267
Corrie / Firnmulde 296–297
Corrugator supercilii muscle / Augenbrauenrunzler 238, 239
Cortex / Rinde (Pflanzen) 125, 126, 131, 133, 138–139, 140–141, 158, 161, 164, 165, 168
Haarrinde 244
Nierenrinde 266
Cortex cell / Rindenzelle (Luftwurzel) 168
Corundum / Korund 281
Corvus / Rabe (=Corvus, Sternbild) *cf. Raven*
***Corvus corone* (carrion crow)** / *Corvus corone* (Rabenkrähe) 199
***Corynactis viridis* (jewel anemone)** / *Corynactis viridis* (Juwelanemone) 172
Corythosaurus / *Corythosaurus* 102, 104
Cosmic background radiation / Kosmische Hintergrundstrahlung 10
Costal facet / Fovea costalis 233
Costal/lateral shield / Kostalplatte 193
Cotton fabric (cover) / Baumwollbespannung 407
Cotyledon/seed leaf / Keimblatt 128, 132, 138, 153–159
Couch grass / Quecke 119
Coucy-le-Château / Coucy-le-Château 471
Coulomb (unit of charge) / Coulomb (Ladungseinheit) 326
Counter / Gillung 389
Hinterkappe (Schuh) 560
Counter dial cover / Bildzählerabdeckscheibe 585
Counter timber / Gillungsknie 389
Counter(balance) weight / Ausgleichsgewicht 334, 335, 337
Counterweight/counterbalance / Gegengewicht 330, 332, 333, 335, 337, 412, 415, 418, 419, 453, 502
Coupling / Kupplung (Eisenbahn) 334, 336
Coupling hose / Kuppelschlauch 336
Coupling rod (locomotive) / Kuppelstange (Lok) 335
Course of obstacles / Hindernis-Parcours (Springreiten) 546
Coussinet / Kanalis 464
Covalent bonding / kovalente Bindung 318, 319
Coved dome / Kappengewölbe 489
Cover (book) / Überzug (Buch) 583
Abdeckung (Rennwagennase) 367
Cover board (book) / Deckenpappe (Buch) 582, 583
Cover frame / Filtergewindering 584
Abdeckrahmen (Kamera) 585
Cover(ting) of vegetation / Pflanzendecke 81, 83
Covering / Gehäuse (Kamera) 584
Covering of hair (mammals) / Haarpelz (Säugetiere) 110
Coverts / Deckfedern 194, 197
Cow / Kuh 204, 525
Cowhide/rawhide / Rindsleder 547
Cowling / Verkleidung (ARV Super 2) 429
Cowling panel / Motorverkleidungsstück 413
Verkleidungspaneel 416, 419
Coxa / Coxa 174, 176, 179
Coxed/coxless / Boot mit/ohne Steuermann 553
Coxed four / Vierer mit Steuermann 553
Coxed pair / Zweier mit Steuermann 553
Coxless four / Vierer ohne Steuermann 553
Coxless pair / Zweier ohne Steuermann 553
CQR anchor (plough anchor) / CQR-Anker (Pflugscharanker) 394
Crab / Krabbe (Krebs) 178
Crab nebula / Krabbennebel 28
Cradle switch / Gabel (Telefon) 569
Cradle switch assembly / Gabelumschalter 569
Cradle switch lever / Gabelarm (Telefon) 569
Crane (=Grus) / Kranich (=Grus, Sternbild) 19, 20
Cranial nerves / Gehirnnerven 248, 254
Cranium / Schädeldach 93, 94, 96, 97, 99, 100, 102, 103, 106, 108, 109, 230
Crank / Kurbel 333, 368, 399, 559
Crank bolt / Kurbelbolzen 368
Crank handle / Handkurbel (Ford Modell T) 349
Crankcase / Kurbelgehäuse 337, 346, 352, 353, 354, 355, 370, 373, 414
Crankcase breather pipe / Kurbelgehäuseentlüftungsschlauch 410
Crankpin / Kurbelzapfen 353
Crankshaft / Kurbelwelle 345, 346, 350, 353, 354, 355, 374, 375, 399, 400, 414
Crankshaft pulley / Kurbelwellenriemenscheibe 354
Craquelures / Craqueluren 437
Crash bar / Sturzbügel 370, 371
Crash cymbal / Crash-Becken 522
Crater / Becher (Sternbild) 18, 21
Krater 35, 40, 42, 68, 276, 282–283, 285
Crawl (stroke) / Kraulschwimmen 550, 551
Crayfish / Krebs (Flußkrebs) 178–179
Credit card / Kreditkarte (als Malhilfe) 446
Cremasteric fascia / Hodenheber 269
Cremocarp / Spaltfrucht (Bärenklau) 157
Crenelation/battlement / Zinnenkranz 470, 471
Crepidoma / Krepidoma 465, 485
Crest / Kamm 190, 193
Mähnenkamm (Pferd) 205
Crest of anticline / Sattelfirst (Erdfalte) 66
Cretaceous (period) / Kreide(zeit) 62, 63, 78, 79, 80, 102, 289
Crevasse / Gletscherspalte 297
Crew / Crew 419
Cricket / Grille 174
Cricoid cartilage / Ringknorpel 265
Cricothyroid (muscle) / Kehlkopfmuskel 239, 254, 255
Cricothyroid ligament / Ringknorpel-Luftröhren-Band 254
Crinoids / Haarsterne 180
Crista / Sinneskamm 252
Crocket / Krabbe (Architektur) 475, 476
Crocodile clip / Krokodilklemme 326
Crocodiles / Krokodile 74, 79, 192
Crocodilia / Crocodilia 192
Crocodilians / Panzerechsen 192
***Crocodylus niloticus* (Nile crocodile)** / *Crocodylus niloticus* (Nilkrokodil) 192
Crocoite / Krokoit 281
Crook (bassoon) / Mundrohr (Fagott) 512
Crop / Kropf 175, 182, 183, 195
Crop-spraying / Felderbesprühung 426
Crops / Getreide 325
Cross (architecture) / Kreuz (Architektur) 484, 490, 491, 493
Cross rib (architecture) / Kreuzrippe (Architektur) 473
Cross stick (chair) / Kreuzsprosse (Stuhl) 570
Cross vault / Kreuzgewölbe 472, 473, 488
Cross wall/(septum hypha) / Querwand (Pilzhyphe) 121
Cross-band (ornament) / Kreuzband (Ornament) 382
Cross-bracing / Windverspannung 501
Cross-country skiing / Skilanglauf 540

Cross-member / Querstrebe (Blackburn Monoplane) 408
Rahmenquerträger 348
Cross-piece/transversary / Querstab (Jakobsstab) 385
Cross-pollination / Fremdbestäubung 150
Cross-staff/Jacob's staff / Jakobsstab 384, 385
Cross-tube / Kufenbein 427
Crossandra / Fransenbeutel 151
Crossandra nilotica **(crossandra)** / *Crossandra nilotica* (Fransenbeutel) 151
Crossbar (high jump) / Latte (Hochsprung) 535
Crossbeam / Traverse 502
Crossbow / Armbrust 540
Crossing / Vierung(squadrat) 473, 474
Crossing pier / Vierungspfeiler 473, 474
Crossing tower / Vierungsturm 472
Crotchet / Viertel(note) 506, 507
Croton / Wunderstrauch 142
Crouch (shot put) / Auftakt (Kugelstoßen) 535
Croup / Kruppe (Pferd) 204, 206, 207, 208, 209
Crow's nest / Ausguck 383
Crown / Ankerkreuz 380, 394
Haupt (*Arch.* Bogen) 488
Kettenring 390
Krone (Harfe) 515
Scheitel (Mensch) 222
Spanngewinde (Kesselpauke) 523
Crown Gateway 2 / *Crown Gateway 2* 452
Crown of tooth/corona / Zahnkrone 257
Crown wheel / Tellerrad 345, 348
CRT cover / Bildröhrenabdeckung 566
Cruck frame / Cruck-Frame 470
Crumb tray (toaster) / Krümelschublade (Toaster) 572, 573
Crupper / Schweifriemen 547
Crural muscle / Unterschenkelmuskel 95, 96
Crusafontia / *Crusafontia* 62
Crust / Kruste 28, 35, 37, 39, 41, 43, 53, 64–65, 68, 69, 274
Crust of the earth / Erdkruste 62–63, 276, 282, 284, 290, 304, 308
Crustacea / Crustacea 178
Crustacean fossils / Krebsfossilien 289
Crustaceans / Krebstiere 78
Crustose lichen / Krustenflechte 120
Crux-Centaurus-Arm / Crux-Centauris-Arm 14
Crypt / Krypta 471
Crypt-window / Kryptafenster 485
Cryptogam/sporophyte / Sporenpflanze 124, 125–127
Crystal lattice / Kristallgitter 317
Crystal Palace / Kristallpalast 497
Crystal systems / Kristallsysteme 280
Crystalline / kristallin 316
Crystals / Kristalle 66, 276–277, 278–279, 280–281, 284–285, 316, 317, 318, 321, 323
CT scan / Computertomographie (CT) 224
Cube (with chamfered corners) / Würfel (mit abgefasten Kanten) 492
Cubic centimetre / Kubikzentimeter 588, 589
Cubic foot / Kubikfuß 588, 589
Cubic inch / Kubikzoll 589
Cubic metre / Kubikmeter 588, 589
Cubic yard / Kubik-Yard 588
Cubism / Kubismus 499
Cubital fossa / Ellenbeuge 221
Cuboid / Würfelbein 242
Cucumis melo **(melon)** / *Cucumis melo* (Melone) 155
Cuesta (asymmetric ridge) / Schichtstufe (asymmetrischer Hang) 293
Cuff / Manschette (Handschuh) 545
Schaft (Skistiefel) 544
Schaftabschluß (Schuh)
Stulpe 544, 549
Cumulonimbus clouds / Cumulonimbus-Wolken 312
Cumulus clouds / Cumulus-Wolken 312
Cuneiform / Keilbein (Fuß) 242
Cuneonavicular ligament / Keilbein-Kahnbein-Band (=Ligamentum cuneonaviculare) 242
Cup / Becher 124, 163
Cup mute / Cup-Dämpfer 511
Cup-shaped mouthpiece / Kesselmundstück 510, 511
Cupressus glabra **(smooth cypress)** / *Cupressus glabra* (Glatte Arizona-Zypresse) 129
Cupule / Cupula 156
Curium / Curium 321
Curtain / Vorhang 339
Curtain of deposited calcite / Sintervorhang 295
Curtain wall / Blendwand 470
Vorhangwand 500
Curtain walling / Vorhangwandfassade 500, 502
Curtiss Model-D Pusher / Curtiss Model-D Pusher 406, 407
Curtiss, Glen / Curtiss, Glen 406
Curved stroke / Rundung (Buchstabe) 449
Curved teeth, serrated / Dolchzähne, gesägte 91
Cuscuta europaea **(dodder)** / *Cuscuta europaea* (Teufelszwirn) 169
Cushion block / Bosse 479
Cushion star / Fünfeckstern 181
Cusp / Höcker (Bärenzahn) 112
Cuspate fold / Zickzackfalte (Erdfalte) 67
Cuspate foreland / Strandhorn 304
Cusped arch / Paßwerkbogen 493
Cut (lawnmower) / Schnitt (Rasenmäher) 574
Cutaneous muscle / Hautmuskel 239
Cuticle / Kutikula/Cuticula 84, 119, 130, 132, 141, 145, 162
Cuticle of fingernail / Nagelhaut 241
Cuticle of hair / Haarhaut 244
Cuttings / Schnittgut 574
Cutty Sark / *Cutty Sark* 400
Cyanobacteria / Cyanobakterien 62
Cyanotrichite crystals / Cyanotrichit-Kristalle 279
Cycadophyta / Cycadophyta 128
Cycads / Baumfarne/Palmfarne/Cycadeen 74, 78, 128, 289
Cycas **(cycad)** / *Cycas* (Palmfarn) 74, 129
Cycas revoluta / *Cycas revoluta* 74, 129
Cycle (of a four stroke combustion engine) / Arbeitsspiel (eines Viertaktmotors) 353
Cyclic-pitch lever / Nick- und Rollhebel 426, 427
Cyclones / Zyklone 312
Cyclonic storm / zyklonischer Sturm 39, 43, 50
Cyclostomata / Rundmäuler (=Cyclostomata) 184
Cygnus / Cygnus *cf. Swan*
Cylinder / Zylinder 334, 335, 346, 352, 353, 375, 400, 412, 414, 588
Cylinder arrangement (aero-engine) / Zylinderanordnung (Flugzeugmotor) 414
Cylinder barrel (aero-engine) / Zylinderblock (Flugzeugmotor) 414
Cylinder block (car) / Zylinderblock (Auto) 349, 366
Cylinder capacity (car) / Hubraum (Auto) 346
Cylinder cover (paddle-steamer) / Zylinderdeckel (Raddampfer) 399
Cylinder drain cock lever (locomotive) / Zylinder-Abflußhahn (Lok) 335
Cylinder head / Zylinderkopf 337, 346, 353, 354, 355, 366, 374, 375, 414, 429
Cylinder liner / Laufbüchse 354
Cylinder wall / Zylinderwand 353
Cylinder-cooling gills (aero-engine) / Zylinderkühlrippen (Flugzeugmotor) 413
Cylindrical fault (geology) / zylindrische Verwerfung (Geologie) 67
Cylindrical projection / Zylinderprojektion 274
Cyma / Karnies 476
Kymation 476, 479
Cymbal / Becken (Instrument) 508, 509, 520, 521
Cyme / zymöser Blütenstand 135
Cyrillus / Cyrillus 40
Cystic duct / Gallengang (Mensch) 258, 262
Cytoplasm / Zellplasma/Cytomlasma 122, 123, 138, 145, 226, 227
Cytosine / Cytosin 226

D

D'Alembert / D'Alembert 41
D'Ivry, P. Constant / D'Ivry, P. Constant 482
D (note) / D (Note) 506
D shackle / Schraubschäkel 394
D string / D-Saite 516
D-orbital / d-Orbital 318, 320–321
Da Vinci, Leonardo / Vinci, Leonardo da 435
Dabs / Tupfer 441
Dacron / Dacron 392, 430, 540
Dactylus / Dactylus 178, 179
Dado / Sockel 480, 489
Dagoba stupa / Dagoba 494, 495
Daimler double-sleeve valve engine / Daimler-Doppelscheibenmotor 353
Daimler, Gottlieb / Daimler, Gottlieb 344
Daisy gypsum / Wüstenrose 279
Dakota sandstone / Dakota-Sandstein 286
Dalmatian/Pacific coastline / Längsküste 305
Dammar resin / Dammarharz 440
Damper / Dämpfer 372, 429, 518, 522, 537
Dämpferpuppe 518
Stoßdämpfer 339, 341, 371, 372, 373, 376
Damper bar / Dämpferleiste (Röhrenglocken) 520
Damper body / Stoßdämpferkörper 373
Damper lever (piano) / Dämpferarm (Klavier) 518
Damper pedal / Dämpferpedal 520, 521
Damper unit / Stoßdämpfer (Funktionsprinzip) 373
Damselfly / Libelle 174
Dan (judo) / Dan (Judo) 548
Dancette pattern / Zickzackmuster 493
Dandelion / Löwenzahn 156
Danforth anchor / Danforth-Anker 394
Danger area (judo) / Warnflächen (Judo) 548
Danilova / Danilowa 36
Dark nebula / Dunkelnebel 16
Darlingtonia californica **(cobra lily)** / *Darlingtonia californica* (Kobrapflanze) 166
Dart sac (snail) / Liebespfeilsack (Schnecke) 183
Darwin / Darwin 43
Dash panel / Armaturenbrett 347, 362, 363
Instrumententräger 363
Dash radio speaker / Armaturenbrettlautsprecher 363
Dashboard / Spritzwand 345, 347, 348
Dashboard radiator / Spritzwandkühler 346
Dashboard/instrument panel / Instrumentenbrett 430
Date button (personal stereo) / Zeitangabetaste (Walkman) 580, 581
Daucus carota **(carrot)** / *Daucus carota* (Karotte, Möhre) 134, 138
Daughter bulb / Tochterzwiebel 160
Daughter coenobium / Tochterkolonie 122
Daughter corm / Tochterknolle 160
Daughter plant / Tochterpflanze 160
Davit / Davit 387, 403
Data entry pad / Dateneingabe 524, 525
De la Rue / De la Rue 40
De-icing panel / Enteisungspaneel 420
Dead nettle / Taubnessel 141
Dead Sea / Totes Meer 302–303
Deadeye (ship) / Jungfer (Schiff) 381, 383, 388, 390, 391
Deadwood (ship) / Totholz (Schiff) 389
Decalitre (dal) / Dekaliter (dal) 588
Decathlon / Zehnkampf 534
Decidual plate / Dezidualplatte 270
Deciduous trees, first / Laubbäume, erste 78
Deciduous woody plants / sommergrüne Holzpflanzen 136
Decilitre (dl) / Deziliter (dl) 588
Deck / Deck 381
Deck beam / Decksbalken 380, 388, 398, 401
Deck lantern / Decklaterne 400

Deck planking / Decksplanken 401
Deck rail / Decksreling 381
Decks of guns / Geschützdecks 386
Decorated Style / Decorated Style 474
Decorative moulding / Zierleiste (Architektur) 479, 481, 486, 489, 491
Decorative mouldings / Schmuckleisten 484
Decorative (plastic) trim / Zierstreifen (Telefon) 568
Dee / D-Ring 576, 577
Deep current / Tiefenströmung 307
Deep floor (iron ship) / Zwischenboden (Eisenschiff) 401
Deep sea / Tiefsee 75, 77
Deep-ocean floor sediments / Tiefseesedimente 309
Deer / Hirsche 110
Deer hopper dry fly / Dear-Hopper-Trockenfliege 555
Defence / Abwehr (Sport) 533
Verteidigung (Thyreophora) 98
Defender / Verteidiger/in 528, 533, 542
Defending zone (ice hockey) / Verteidigungszone (Eishockey) 542
Deflation hollow / Deflationswanne 293
Deflection coil / Ablenkspule 560, 561
Deflector / Ablenkplatte 335
Degas / Degas 34
Degas, Edgar / Degas, Edgar 445
Dehiscent fruit / Öffnungsfrucht 156
Deimos / Deimos 42
Deinonychus / *Deinonychus* 78, 79
Deinotherium / *Deinotherium* 83
Dekla Tessera / Dekla Tessera 37
Delivery tube (experimental setup) / Glasrohr (Versuchsapparatur) 323
***Delphinium orientalis* (Oriental larkspur)** / *Delphinium orientalis* (Orientalischer Rittersporn) 147
***Delphinium* sp. (larkspur)** / *Delphinium* sp. (Rittersporn) 157
Delphinus / Delphinus *cf. Dolphin*
Delta (river) / Delta (Fluß) 276, 277, 298, 299, 300, 301, 304
Delta Andromedae / Delta Andromedae 19
Delta Crucis / Delta Crucis 21
Delta Hydri / Delta Hydri 20
Delta ring / Delta-Ring 48
Delta wing / Deltaflügel 420
***Deltic* (diesel-electric locomotive)** / *Deltic* (Diesellok) 336
Deltoid (muscle) / Schultermuskel (Mensch) 236, 237
Deltoid leaf / dreieckiges Blatt 134, 143
Deltoid ligament / Deltaband 242
Demonstration tunes / Demonstrationsmelodien 524
Denatured alcohol / Brennspiritus 458
Dendrite / Dendrit (=afferente Bahn) 249
Dendritic / dendritisch 278, 298
Deneb / Deneb 19, 20, 23
Deneb Algedi / Deneb Algedi 19, 20
Deneb Kaitos / Deneb Kaitos 19, 20
Denebola / Denebola 18, 21
Dens / Höcker (Wirbel) 232
Dense fibrous root system / Wurzelfilz, dichter 164
Density (water) / Dichte (Wasser) 306
Dental cement / Zahnzement 257
Dental root / Zahnwurzel 257
Dentary / Dentale 113, 187, 200, 212, 214
Dentary bone / Zahnbein (Knochen) 102, 108
Dentate leaf-margin / gezähnter Blattrand 135, 136
Denticulation(s) / Zahnschnitt(ornament) 466, 479, 482, 483, 485, 489, 491
Dentine / Zahnbein 257
Deoxyribonucleic acid (DNA) / Desoxyribonukleinsäure (DNS) 145, 226
Deperdussin, Armand / Deperdussin, Armand 408
Depositing of sediments / Sedimentablagerungen 297, 304
Depositional features of coastlines / Küstenablagerungen 304
Depressor anguli oris / Mundwinkelherabzieher 238, 239
Depressor labii inferioris / Unterlippenherabzieher 239
Depth-of-field guide / Tiefenschärfeskala (Kamera) 585
Derailleur / Kettenschaltung 368
Umwerfer (Fahrrad) 586
Derailleur cage plate / Kettenkäfig (Fahrrad) 586
Dermal papilla / Bindegewebspapille 245
Dermis / Lederhaut 223, 244, 245, 250
Derrick / Ladebaum 400
Descender (letter) / Unterlänge (Buchstabe) 449
Descender line (letter) / Unterlinie (Buchstabe) 449
Descending colon / absteigender Dickdarm 259
Descent engine / Landetriebwerk 59
Descent stage (lunar module) / Landestufe (Mondkapsel) 59
Desert climate / Wüstenklima 72
Desert(s) / Wüste(n) 63, 74, 75, 77, 79, 83, 274–275, 276, 292–293
Deslandres / Deslandres 40
Destination screen / Fahrtzielanzeiger 342
Detachable tissue / ablösbares Gewebe 124
Detatachable ink reservoir / Überfeder 448
Deuterium nucleus (main sequence stars) / Deuteriumkern (Hauptreihensterne) 22
Deutscher Werkbund / Deutscher Werkbund 499
Developing costs / Entwicklungskosten 376
Developing wing (chick) / Flügelanlage (Küken) 198
Development scar / Entwicklungsnarbe 151
Devon minnow / Devon-Elritze 555
Devonian period / Devon 62, 70, 71, 84, 86, 289
Dewlap / Kehlsack 190
Dextral strike-slip / dextrale Seitenverschiebung 67
Dhau / Dhau 384
Diabase sill / Diabas-Gang 287
Diagonal bracing / Diagonalabspannung 409
Diagonal frame / Diagonalstreben (Rennboot) 352
Diagonal strut / Diagonalstrebe 407
Diagonal turn / Diagonaltörn 396
Dial / Frequenzanzeige 566
Wählscheibe (Telefon) 568
Dial washer (clock) / Spreizfeder (Uhr) 563
Diameter (planets) / Durchmesser (Planeten) 21–27, 30, 31, 32, 40, 42, 44, 46, 48, 50, 318, 319, 588
Diameter of an atom / Atomdurchmesser 318
Diamond / Diamant 278, 280, 281, 321
Raute 489, 570
Diamond whetstone / Diamantwetzstein 456
Diamond-shaped block / Diamantquader 479
Diaphragm / Blende (Kamera) 584
Diaphragma 212
Membrane (ARV Super 2) 428
Zwerchfell 201, 224, 225, 264, 265
Diaphragm blade (camera) / Blendenlamellen 585
Diastema / Diastema 112
Diastole / Diastole 260
Diatoms / Kieselalgen (Diatomeen) 122
***Diceros bicornis* (black rhinoceros)** / *Diceros bicornis* (Spitzmaulnashorn) 205
Dichromate ions / Dichromation 322
Dicksonia antarctica / *Dicksonia antarctica* 76, 118
Dicoelosia bilobata / *Dicoelosia bilobata* 71
Dicotyledoneae / Dicodyledoneae 132
Dicotyledonous flower / Dikotyledonenblüte 132
Dicotyledonous leaf / Dikotylenblatt 132
Dicotyledonous root / Dikotyledonenwurzel 133
Dicotyledonous stem, woody / Dikotylensproß, holziger 133
Dicyothris / *Dicyothris* 288
***Didelphis virginiana* (opossum)** / *Didelphis virginiana* (Opossum, Beutelratte) 217
Diesel engine / Dieselmotor 336, 337, 352, 356
Diesel locomotives / Dieselloks 336–337
Diesel oil / Dieselkraftstoff 336
Diesel power/drive / Dieselantrieb 334
Diesel, Rudolf / Diesel, Rudolf 336
Diesel-electric drive / dieselelektrischer Antrieb 336, 337
Differences in temperature / Temperaturdifferenzen 292
Differential housing / Differentialgehäuse 348
Diffuser / Diffusor 366
Diffuser pipe / Diffusorrohr 423
Dig (forearm pass) / Bagger (Volleyball) 532
Digestion (human) / Verdauung (Mensch) 224, 246, 258–259
Digestive enzymes / Verdauungsenzyme 166
Digestive fluid (pitcher plant) / Verdauungsflüssigkeit (Fallgrubenpflanze) 167
Digestive gland (carnivorous plants) / Verdauungsdrüse (Fleischfressende Pflanzen) 166, 167
Digestive system (human) / Verdauungssystem (Mensch) 258–259
Digestive zone (carnivorous plants) / Verdauungszone (Fleischfressende Pflanzen) 166, 167
Digit / Finger 91, 95, 103, 106, 107, 109, 213, 221, 240, 241
Digital artery / Fingerarterie 241, 263
Digital flexor muscle / Flexor-digitorum-Muskel 90
Digital nerve / Fingernerv 241
Digital veins / Fingervenen 263
Zehenvenen 263
Digitate leaf / gefingertes Blatt 143
Digits / Digiti 193, 202, 214, 217
Fingerstrahlen 195, 197
Dihedral mirror / Diederspiegel 58
Dilator muscle (eye) / Pupillenweiter 251
Dilsea carnosa / *Dilsea carnosa* 123
Dimetrodon loomisi / *Dimetrodon loomisi* 73
Dinghy / Jolle 552, 553
Dining room / Eßzimmer 487
Dinosaur cladogram / Dinosaurierstammbaum 89
Dinosaurs / Dinosaurier 62, 63, 74–80, 86, 88–110, 289
Diode / Diode 569
Dion, Albert / Dion, Albert 344
***Dionae muscipula* (Venus fly trap)** / *Dionae muscipula* (Venusfliegenfalle) 166
Dione / Dione 46
Dip of fault plane / Einfallen (Verwerfung) 66
Dip pen / Zeichenfeder 434
Diplodocus / *Diplodocus* 76, 94, 96, 97
Diprotodon / *Diprotodon* 82
Direct current / Gleichstrom 338
Direct current jack / Gleichstrombuchse 566
Direct method (mosaic) / direktes Setzverfahren (Mosaik) 454, 455
Direction bar / Richtungsstange 418
Direction of current / Stromrichtung, technische 326
Direction of dip (slope) / Fallrichtung (Hang) 66
Directional aerial / Richtantenne 58
Dirt track (horse race) / Sandbahn (Pferderennen) 547
Disc / Rumpfscheibe (Seesternfossil) 85
Zentralscheibe (Seestern) 180
Disc brake / Scheibenbremse 340, 341, 366, 370, 371, 372, 373, 376, 413
Disc covering spokes / Radschutz (Sulky) 547
Disc drag housing / Bremsgehäuse 555
Disc floret / Scheibenblüte 135
Discharge indicator / Füllstandsanzeige 416
Discharge tube / Entladungsröhre 321
Discharge wick, (electro)static / Entladedocht, (elektro)statischer 412, 418, 421
Disconformity / Diskordanz 286
Discovery Rupes / Discovery Rupes 35
Discus / Diskus 534

Discus circle / Diskusring 534
Discus fan / Diskusanlage 534
Discus throw / Diskuswurf 535
Disengaging catch / Auskupplungsklinke 399
Dispersal (ornithopods) / Verbreitung (Ornithopoden) 102
Displacement / Zementation 322, 323
Display / Display 524, 525
Display holder / Displayhalterung 581
Display monitor / Monitor (Computer) 579
Disposable palette / Wegwerfpalette 446
Dissolvation / Dissoziation 322
Distal convoluted tubule / distaler Tubus 267
Distal end of radius / Speichenendglied 241
Distal interphalangal joint / Fingerendgelenk 241
Distal phalanx / Fingerendglied 229, 240
Zehenendglied 229, 242
Distance / Strecke 331
Distance scale / Entfernungsskala 585
Distant warning arm / Vorsignalarm 340
Distiller / Destillationsgerät 405
Distributor / Zündverteiler 354, 355, 36
Distributor drive shaft / Verteilerantriebswelle 355
Ditch / Notwasserung 412
Diving / Wasserspringen 550, 551
DNA / DNA *cf. deoxyribonucleic acid*
Dobro Resonator / Dobro-Resonator 517
Dock / Schweifansatz 546
Document panel / Fach für Papiere 413
Dodder / Seide, Europäische 169
Dodecahedral floor / Dodekaeder(-Geschoß) 471
Dogfish / Katzenhai 184, 198
Dogleg / Dogleg (Golf) 538
Dogs / Hunde 110
Doline / (Einsturz)doline 294–295
***Dolomedes fimbricatus* (raft spider)** / *Dolomedes fimbricatus* (Gerandete Jagdspinne) 177
Dolphin (animal) / Delphin 214–215
Dolphin (=Delphinus) / Delphin (Sternbild=Delphinus) 19, 20
Dome / Kuppel (Architektur) 466, 470, 471, 480, 481, 483, 484, 485, 488, 489, 490–491, 493, 494, 497
Dome of the Rock / Felsendom 491
Dome timbering / Kuppelkonstruktion aus Holz 490
Dome volcano / Staukuppenvulkan 282
Domed turret / Kuppelturm 497
Domestic cat / Hauskatze 201
Don / Donpferd 207
Donatello / Donatello 457
Donjon/keep / Donjon 470, 471
Donkey boiler / Hilfskessel 400
Door / Tür 359, 487
Auswurfklappe (Rasenmäher) 574
Door and wheel support frame / Rahmenträger für Hecktür und Reserverad 365
Door discharge / Auswurfschutz (Rasenmäher) 575
Door for fire-extinguisher / Feuerlöschöffnung 416
Door glass (car) / Türscheibe (Auto) 358
Door handle (car) / Türgriff (Auto) 358
Door hinge (car) / Türscharnier (Auto) 359, 365
Door jamb / Türpfosten 482
Door key (car) / Türschlüssel (Auto) 358
Door lock / Türschloß 358
Türverriegelungsknopf 358
Door opener/door handle / Türöffner 351, 363, 416, 418
Door pull handle / Türziehgriff 363
Door seal / Türdichtung (Auto) 362, 363
Door trim panel / Türverkleidung 363
Doorway / Torweg 499
Doppler / Doppler 41
Dorado / Dorado 21
Doric capital / Dorisches Kapitell 464
Doric column / Dorische Säule 464, 465
Doric entablature / Dorisches Gebälk 464
Doric half-column / Dorische Halbsäule 468
Doric order / Dorische Ordnung 464
Dormancy / Ruheperiode 158
Dormer head/gable / Dachgiebel 497
Dormer window / Dachfenster 497
Mansardenfenster 480, 499
Dorsal abdominal artery (crayfish) / Aorta posterior (Flußkrebs) 179
Dorsal aorta/ Aorta dorsalis 185, 187
Aorta descendens 188
Dorsal fin / Finnenwurzel 428
Dorsal plate / Rückenplatte 84, 98, 99, 101
Dorsal scute (*Edmontia*) / Rückenhöcker (*Edmontia*) 101
Dorsal shield / Rückenschild (Kieferloser Fisch) 84
Dorsal spine (jawless fish) / Rückenstachel (Kieferloser Fisch) 84
Dorsal vertebra / Rumpfwirbel 92, 93, 94, 96, 99, 100, 102, 105, 107, 111
Dorsum of the nose / Nasenrücken 223
Dosimeter pocket / Dosimetertasche 57
Double bass / Kontrabaß 515
Double bass bow / Baßbogen 515
Double basses / Kontrabässe 507, 508, 509
Double bassoon / Kontrafagott 508, 509
Double carrick bend / doppelter Kreuzknoten 397
Double centner/quintal / Doppelzentner (dz) 588
Double contrast X-ray / Doppelkontrast-Röntgenbild 224
Double flat / Doppel-B 506
Double paddle / Doppelpaddel 552
Double pilaster / Doppelpilaster 480, 485, 487, 495
Double piston engine / Doppelkolbenmotor 352
Double reed / Doppelrohrblatt 512
Double round turn/frapped turn / Rundtörn 395, 397
Double samara / Spaltfrucht (Spitzahorn) 157
Double scull / Doppelzweier (Skullboot) 553
Double sharp / Doppelkreuz 506
Double-decker / Doppeldecker (Bus) 342
Double-decker buses / Doppeldeckerbusse 342
Double-decker tour bus / Doppeldecker-Reisebus 343
Double-glazed window / Doppelverglasung 339
Double-knit (skiing sweater) / Patentstrick (Skipullover) 545
Double-planet system / Doppelplanetensystem 38, 50
Doubles (racket sports) / Doppel (Rückschlagspiele) 536, 537
Dove (symbol of Holy Ghost) / Taube (Symbol des Hl. Geistes) 439
Dowel / Dübel 381, 503, 570
Paßstift 414
Paßstück 414
Dowel hole / Dübelloch 570, 571
Paßstiftöffnung 414, 415
Dowel screw (chair) / Stockschraube (Stuhl) 570, 571
Down (feathers) / Daunenfedern 199
Down quark / down-Quark 319
Down tube (bike) / Unterrohr (Fahrrad) 368, 587
Down-brace / Fußband (Architektur) 481
Downhill racing / Abfahrtslauf 544
Downhill start / Start Abfahrtslauf 544
Downthrow (geol.) / Abschiebung (geol.) 66
Dox sandstone / Dox-Sandstein 287
Draco / Draco *cf. Dragon*
Draft tube (hydroelectric power station) / Saugrohr (Wasserkraftwerk) 324
Drag / Luftwiderstand 368, 412
Drag adjustment / Bremsmutter 554
Einstellbremse (Angeln) 554
Drag knob / Bremskappe 555
Drag knob screw / Bremskappenschraube 555
Drag link / Leitstange 399
Lenkschubstange 352
Lenkstange (Oldtimer) 349
Dragon (=Draco) / Drache (=Draco, Sternbild) 19, 20
Dragon prowhead / Drachenkopf am Bug 382
Dragonfly / Libelle (Kreidefossil) 79
Drain for coolant / Abfluß für Kühlmittel 336
Drain mast / Ablaufmast 416
Abflußrohr (BAE 146) 419
Drain plug / Ablaßschraube 349
Drain-pipe / Fallrohr (Architektur) 496
Drakensberg / Tafelberg (Südafrika) 275
Dram (dr) / dram (dr) 588
Draught/draft mark / Tiefgangsmarke/-markierung 387, 405
Dravidian finial / Dravidabekrönung 495
Dravidian style/order / Dravidastil 494
Drawbridge / Zugbrücke 497
Drawing / Zeichnen 434–435
Zeichnung 434, 435
Drawing board / Reißbrett 449
Zeichenbrett 434, 448, 449
Drawing clip / Befestigungsklammer (für Zeichenpapier) 434
Drawing instruments / Zeichenwerkzeug 434
Drawing materials / Zeichenmaterialien 434
Drawing paper / Zeichenpapier 445
Zeichenkarton 442, 443, 445
Dreadnought / *Dreadnought* 402
Dribble / Dribbeln (Volleyball, Netball, Handball) 532, 533
Dribbling (Basketball) 530
Drill / Bohrer 115, 558–559
Drill(ing machine) / Bohrmaschine 558–559
Drive / Antrieb (Auto) 357
Steigphase (Hochsprung) 533
Drive belt / Antriebsriemen 345, 346, 361, 370
Keilriemen 354, 357, 574
Drive end / Antriebslagerschild (Generator) 327
Drive forward / Wurfauslage (Speerwerfen) 533
Drive gear spline / Getriebegewinde 415
Drive gearing / Antriebsritzel 404
Drive motor (CD-ROM) / Antriebsmotor (CD-ROM) 578
Drive plate / Antriebsplatte 333
Drive pulley / Antriebsriemenscheibe 355
Drive shaft / Antriebswelle 350, 361, 366, 415, 423, 426, 427, 574
Drive sprocket / Antriebsritzel 345
Driven axle / Treibachse 339
Driver's seat / Fahrersitz 345
Führersitz (Lok) 335, 337, 338
Driver (golf) / Driver (Golf) 539
Driving band / Antriebsband (Granate) 405
Driving chain / Antriebskette 345, 374, 376, 406
Driving pulley / Antriebsriemenscheibe (Auto) 345
Driving rein / Fahrleine 547
Driving saddle / Selette 547
Driving sails / Vorwindsegel 392
Driving wheel / Antriebsrad 335, 344, 422, 559
Treibrad 334
Drizzle / Sprühregen 312
Dromiceiomimus / *Dromiceiomimus* 92
Droop stop / Drehanschlag 426, 427
Droop-nose hinge (Concorde) / Nasengelenk (Concorde) 420
Drop / Drücker (Schiffsheck) 389
Überhang (Architektur) 491
Drop arm / Lenkstockhebel 349, 352
Drop handlebar / Sportlenker 369
Drop-outs (bicycle) / Ausfallenden (Fahrrad) 586
Drum / Tambour 490
Trommel 372–373, 453, 464, 485, 490, 491, 508, 509, 520, 522, 523
Drum beaters/drum sticks / Trommelschlegel 520

Drum brake / Trommelbremse 369, 370, 371, 372, 373
Drum handle (printing press) / Durchziehkurbel (Druckerpresse) 453
Drum of dome / Kuppeltambour 479
Drum pad / Drum pad/ Schlagpolster 524
Drum stick / Trommelstock 522, 523
Drumhead / Resonanzfell/ Schlagfell 522
Drumhead/drumskin / Trommelfell (Instrument) 522, 523
Drumhead/upper head (of capstan) / Spakenkranz (Gangspill) 395
Drumlins (geol.) / Drumlins (geol.) 296
Drums/drum kit / Schlagzeug/Drums 522–523
Drupe / Steinfrucht 137, 152–154
Drupelets / Früchtchen (Steinfrüchtchen) 152, 153–155
Dry brush / Trockentechnik 443
Dry fruit / Trockenfrucht 119, 137, 156
Dry gallery / Stollen, ausgetrockneter 295
Dry season / Trockenzeit 303
Dry wash / ausgetrocknetes Flußbett 293
Trockental 293
Dryopteris filix-mas **(male fern)** / *Dryopteris filix-mas* (Wurmfarn) 126, 127
Dryosaurus / *Dryosaurus* 76
Dual seat / Sitzbank (Honda VF750) 372
Dubhe / Dubhe 18–19
Dubika / Dubika 494
Dubnium (unnilquadium) / Dubnium 320
Duck-billed dinosaur / Entenschnabel-Dinosaurier *cf. Hadrosaur*
Duck-billed platypus / Schnabeltier 216, 217
Ducks / Enten 194
Dumb iron / Federhand 346, 352
Dummy door / Türattrappe 349
Dunkeld wet fly / Dunkeld-Naßfliege 555
Duodenum / Duodenum/ Zwölffingerdarm 188, 193, 195, 202, 204, 210, 225, 258, 259
Duplex metal / Bimetall 572
Duplex tubular cradle frame / Duplex-Zentralrohrrahmen 371
Dura mater / harte Hirnhaut 247, 250
harte Rückenmarkshaut 233
Duradon sailcloth / Duradon-Segeltuch 392
Duration of a note / Notenwert 506
Duration of a sound / Rhythmischer Wert 506
Dust cap (bicycle) / Staubkappe (Fahrrad) 587
Dust cloud / Staubwolke 11, 12, 14–15, 16–17, 42–43, 282
Dust lane / Staubbahn 12, 13, 16, 48
Dust shroud / Staubmanschette 350
Dust storm / Staubsturm 43
Dust tail / Staubschweif 52–53
Dust trap / Staubabscheider 364
Dustcover for earpiece / Staubschutz der Hörmuschel 568
Dutch cubism / Niederländischer Kubismus 499
Dutch Draught (horse) / Niederländisches Kaltblut (Pferd) 208
Dutch fiddle block / holländischer Violinenblock 391
Dutch Warmblood (horse) / Holländisches Warmblut (Pferd) 207
Dwarf crocodile / Stumpfkrokodil 88
Dwarf shoot / Kurztrieb 130, 131
Dwarf shoot trace / Kurztriebstrang 131
Dyke / Saigergang 284
Dyke swarm / Gangsystem 284
Dynamo/generator / Lichtmaschine 354, 355
Dysprosium / Dysprosium 321
Dzus fastener / Schnellverschluß 366

E

E (note) / E (Note) 506
E string / E-Saite 516, 517
Ear / Ohr 202, 205, 210, 211, 217, 220, 222, 252–253, 270, 449
Eardrum/tympanum / Trommelfell (Ohr) 188, 190, 199, 252, 253
Eared seal (otariid) / Ohrenrobbe 214
Earles fork / Earles-Gabel 370
Early Cretaceous / Unterkreide 66
Early English / Early English 474, 476
Early Jurassic / Unterjura 94, 102
Earphone / Hörkapsel (Walkman) 580
Kopfhörer 57, 581
Earphone jack / Kopfhörerbuchse (Fernseher) 566
Earpiece / Hörmuschel (Telefon) 568
Earpiece transducer / Hörmuschelumwandler 568
Earplug for swimming and diving / Ohrstöpsel für Wassersport 550
Earth / Erde 11, 22, 30, 32, 38–39, 40, 41, 62–115, 274–313
Earth colours / Erdfarben 438
Earth connection / Erdung/Erde 578
Schutzleiteranschluß (Toaster) 572
Earth's core / Erdkern 69
Earth's crustal plates / Erdkrustenplatten 68, 69
Earth's gravitational attraction / Erdanziehungskraft 330
Earth orbit / Erdumlaufbahn 309
Earthenware tile / Steingutfliese 492
Earthquakes / Erdbeben 38, 68, 69
Earths, rare / Erden, seltene *cf. lanthanides*
Earwig / Ohrwurm 174
Easel / Staffelei 441
East Africa / Ostafrika 66, 341
East Australian Current / Ostaustralstrom 307
East Greenland Current / Ostgrönlandstrom 306
Eaves / Dachrinne 465, 466, 468, 481, 486, 490, 494, 496, 503
Traufe 66
Eaves board / Traufbohle 494
Ebony fingerboard / Ebenholz-Griffbrett 514
Eccentric / Exzenter 400
Eccentric rod / Exzenterstange 399
Eccentric shaft bearing / Exzenterwelle 356, 357, 414
Echidna / Ameisenigel 216
Echidna nebulosa **(snowflake moray eel)** / *Echidna nebulosa* (Weiße Muräne) 186
Echinocactus grusonii **(golden barrel cactus)** / *Echinocactus grusonii* (Goldkugelkaktus) 162
Echinodermata / Echinodermata 180
Echinoderms / Stachelhäuter 180–181, 289
Echinus / Echinus (Architektur) 464
Echinus esculentus **(edible sea urchin)** / *Echinus esculentus* (Eßbarer Seeigel) 181
Echo-sounding / Echolot 308
Ecliptic / Ekliptik 18–21, 31
Ecosystems / Lebensräume 110
Ecphora quadricostata / *Ecphora quadricostata* 81
Ectoderm (jellyfish) / Ektoderm (Qualle) 173
Eddy Merckx (racing bicycle) / Eddy Merckx (Rennrad) 368
Edge / Schnitt (Buch) 582, 583
Edible sea urchin / Eßbarer Seeigel 181
Edit control / Regler (Synthesizer) 524
Edmontonia / *Edmontonia* 101
Eels / Aale 184
Effect balance control / Effektregister 525
Efficiency / Wirkungsgrad 336, 354
Effort / Zugkraft (Mechanik) 330
Effort provided by muscles / Muskelkraft 330
Egg (egg yolk binding medium) / Ei (Eitempera-medium) 436
Egg and dart decoration / Eierstab 464, 467
Egg capsule / Eikapsel 198
Egg cell/ovum / Eizelle 125, 127, 128, 152, 153, 268, 270
Egg membranes / Eihäute 199
Egg shell(s) / Eischale(n) 97, 104, 198–199
Egg tempera / Eitempera 436
Egg tempera binding medium / Eitempera-medium 436
Egg-tooth / Eizahn 198
Eggs / Eier 72, 84, 86, 97, 104, 194, 198–199
Egypt / Ägypten 341, 462, 463, 492, 493
Eichhornia crassipes **(water hyacinth)** / *Eichhornia crassipes* (Wasserhyazinthe) 164
Eight (sweep-rowing boat) / Achter (Riemenboot) 553
Einsteinium / Einsteinium 321
Eisila Regio (Venus) / Eisila Regio (Venus) 36–37
Ejaculatory duct / Spritzkanal (Mensch) 269
Ejection seat/ejector-seat / Schleudersitz 56
Ejector assembly / Auswurfschiene (Toaster) 573
Ejector bracket / Auswurfklinke (Toaster) 572, 573
Ejector knob / Auswurfknopf (Toaster) 573
Ejector-seat roof hatches / Schleudersitzluke 425
Ekman spiral / Ekman-Spirale 306–307
El Nath / El Nath 18, 21
El-Ainyi Mosque / El-Ainyi-Moschee 492
Elastic lamina / Elastika 262
Elbow / Ellbogen 86, 90, 93, 96, 98, 101, 103, 104, 107, 108, 109, 200, 205, 213, 220
Elbow joint / Ellbogengelenk 94, 97, 100, 105, 107, 108, 228
Elbow pads / Ellbogenpolster 543
Elder / Holunder 146
Electric cab / Elektrowagen 332
Electric cable / Leitung elektrische 415, 418
Stromkabel 521
Electric circuit / elektrische Leitungen 524
Electric current / elektrischer Strom 324, 326, 327, 342
Electric drive / Elektroantrieb 334
Electric fields / elektrische Felder 328
Electric generator / Stromgenerator 327
Electric guitars / elektrische Gitarren 516, 517
Electric hair-dryer (energy systems) / Fön (Energiekreislauf) 325
Electric locomotive / Elektrolok 338–339
Electric power socket (helicopter) / Steckdose (Hubschrauber) 426
Electric power supply system / Stromnetz 325
Electric rail collector shoe / Stromabnehmerschuh 339
Electric signals / elektrische Signale 516, 524, 568
Electric window motor / Fensterhebermotor 359
Electrical circuit / Stromkreis 326
Electrical connector (*Lunochod*) / Stromanschluß (Mondfahrzeug) 58
Electrical connectors / elektrische Steckverbindungen 367
Electrical contact (light bulb) / Sockelkontakt (Glühbirne) 329
Electrical energy / elektrische Energie 324, 325
Electrical guitar / Elektrogitarre 516, 517
Electrical plant / elektrische Anlage 500
Electrical signal / elektrisches Signal 568
Electricity / Elektrizität 326–327, 337, 352
Electrode / Elektrode 316
Electrolytic capacitor / Elektrolytkondensator 566
Electromagnet / Elektromagnet 327, 566, 568, 572
Electromagnetic radiation / elektromagnetische Strahlung 324, 325, 326, 327, 331
Electromotor/electric motor / Elektromotor 326, 327, 336, 342, 352, 521, 558
Electron beam (TV) / Elektronenstrahl (Fernseher) 566
Electron flow / Elektronenfluß 326
Electron gun / Elektronenstrahlkanone 566
Electron shells / Elektronenschalen 319, 320
Electron transfer / Elektronenaustausch 318
Electronic charge / Elektronenladung 318

Electronic control unit connector / elektrische Anschlüsse (der Motorsteuerung) 366
Electronic drums / Schlagzeugsynthesizer 524
Electronic ignition unit / Zündsteuerungsgerät 361
Electronic warfare mast / Antennenmast für elektronische Kriegsführung 405
Electronical control / elektronische Steuerung 501
Electronical instruments / elektronische Instrumente 524–525
Electrons / Elektronen 316, 318, 320, 321, 326, 329
Electrostatic forces / Elektrostatische Anziehungskräfte 318, 326
Elegant cars / Nobelkarossen 346–347
Element, chemical / Element, chemisches 278, 316, 318, 320, 321, 323
Elephant(s) / Elefant(en) 96, 110, 210–211, *also African elephant, Asian elephant*
***Elephas maximus* (Asian elephant)** / *Elephas maximus* (Asiatischer Elefant) 210
Elevating wheel / Hubrad 404
Elevator / Fahrstuhl 501
Höhenruder 56, 406, 407, 408, 409, 410, 411, 420 ,421, 425, 428, 430
Elevator arm / Höhenruderhebel 429
Elevator chassis box / Höhenrudergehäuse 419
Elevator control cable / Höhenruderzugseil 406, 407, 409, 411, 427
Elevator control wire / Höhenruderseil 407
Elevator drive wheel / Höhenruderverstellrad 407
Elevator hinge / Höhenruderscharnier 408, 419
Elevator operating arm / Höhenruderverstellarm 407, 409
Elevator push-rod / Höhenruderstange 428, 429
Elevator trimtab lever / Höhenrudertrimmklappenregler 429
Elevator-motor room / Fahrstuhlturm 501
Elevon / Elevon 421, 425
Elevon power control unit / Elevonantrieb 421
Elevon-jack fairing / Elevonhebelverkleidung 420
Ellerman Lines / *Ellerman Lines* 334
Elliott steering knuckle / Elliott-Achsschenkel 346
Elliptical orbit / elliptische Umlaufbahn 30
Elliptic leaf / elliptisches Blatt 143
Elm / Ulme 156
***Elodea canadensis* (Canadian pond weed)** / *Elodea canadensis* (Kanadische Wasserpest) 164
Elongating region / Streckungszone 139
Elrathia / *Elrathia* 70
Eltanin / Eltanin 19
Elytra / Elytren 174
Elytron (pl. elytra) / Deckflügel 174
Embolos (ram) / Embolos (Rammsporn) 380
Embossing / Prägung 437, 582
Embrasure / Schießscharte 471
Embryo / Embryo 158, 198, 270, 271
Keimling (Pflanze) 154–156
Embryo sac / Embryosack 152, 153
Embryonic membrane (chorion) / Embryonalhülle (Chorion) 270
Embryonic shoot / Keimpflanze 152, 153, 158
Emergency air hose for driver / Sauerstoffversorgung des Fahrers 367
Emergency electricity cut-off / Notstromunterbrecher 367
Emergency exit / Notausgang/Notausstieg 339, 342, 343, 412, 420, 421
Emergency oxygen cylinders / Notsauerstoffzylinder 421
Emergency oxygen feed / Sauerstoff-Notzufuhr 57
Emergency release handle / Notentriegelung 424
Emission nebula / Emissionsnebel 11
Emotions / Emotionen/Gefühle 246, 247
Empire State Building / Empire State Building 498
En échelon fracture / Fiederspalte 66, 67
Enamel / Email(le) 454, 492
Zahnschmelz 256, 257
Enceladus / Enceladus 46
Encke / Encke 40
Encke division / Enckesche Teilung 46–47
End baffle plate / Wärmereflektorplatte 572, 573
End block (guitar) / Unterklotz (Gitarre) 516
End cap / Verschlußkappe (Lampe) 564, 565
End element (toaster) / Heizelement (Toaster) 572, 573
End element wire guard (toaster) / Drahtschutzgitter (Toaster) 572, 573
End flange/boom / Ausleger (Architektur) 496, 502
End-grain wood block / Hirnholzplatte (für Holzstich) 453
End-line / Grundlinie 530, 533
End-piece / Endplatte (Leuchtstoffröhre) 329
End-pin/tail-pin / Sattelknopf (Geige) 514
End-plate (car) / Seitenplatte (Auto) 366, 367
Endocardium / Endokard 260
Endocarp / Endokarp 152, 154, 155
Endoderm / Entoderm 173
Endodermis / Endodermis 126, 131, 133, 138, 141, 164, 165, 168,
Gewebescheide 130, 131
Endoplasmatic reticulum (ER) / Endoplasmatisches Reticulum (=ER) 226, 227, 249
Endopod / Endopod 178
Endoskeleton / Innenskelett 184, 186
Endosperm / Endosperm 152, 153
Nährgewebe (Samen) 158
Endosperm nucleus / Embryosackkern, sekundärer 153
Endothelium / Endothel 262
Enif / Enif 19, 20
Enriched uranium (fuel) / angereichertes Uran 324
Ensign staff / Flaggenstock 404
Entablature / Gebälk 464, 466, 469, 482, 483, 484, 485, 486, 489, 490, 491
Dachgebälk (klassizistisch) 486
Säulengebälk 487
Entasis / Entasis 465
Enteromorpha linza / *Enteromorpha linza* (Gewellter Darmtang) 123
Entomophilous pollination / Entomophilie 150
Entrance lobby / Eingangshalle 502
Entry / Anschwingen (Hammer) 535
Eintauchphase (Wasserspringen) 550
Envelope membrane (chloroplast) / Hüllmembran (Chloroplast) 145
Enzymes (plants) / Enzyme (Pflanzen) 166, 167
Eocene / Eozän 63
Epee / Degen 548, 549
Epeeist / Degenfechter 549
Epibranchial artery / Kiemenarterie 185
Epicardium / Epikard 260
Epicentre / Epizentrum 69
Epicotyl / Epikotyl 158, 159
Epicranial aponeurosis / Sehnenhaube (Schädelhaut) 247
Epidermis / Außenhaut (Mensch) 245
Epidermis/Abschlußgewebe 119, 125, 126, 127, 128–131, 132–133, 138, 140, 141, 145, 148, 158, 161, 154, 165, 168, 244
Oberhaut 244, 245
Zellschicht, äußere (Pflanzen) 119, 125–127, 130–133, 138, 139
Epidermis of root / Rhizodermis 138, 139
Engine mounting plate (Mid West twin-rotor engine) / Motorplatte (Mid-West-Wankelmotor) 415
Engine pylon / Triebwerksmast 416
Engine room / Maschinenraum 336, 405, 496
Engine room vent / Maschinenraumentlüftung 336
Engines / Motoren 336, 337, 344, 350, 352, 353, 354, 355, 356, 357, 370, 371, 372, 374, 375, 377, 406, 407, 408, 409, 414, 428, 429, 431
Englacial moraine / Innenmoräne 297
England (architecture) / England (Architektur) 474, 476, 477, 481, 491, 496, 499
English baroque / Englischer Barock 484, 485
English Channel, flight across the / Ärmelkanal, Flug über den 406, 408
English saddle / Englischer Sattel 576, 577
Engine air intake / Motoransaughutze 367
Motorlufteinlaß (Hubschrauber) 427
Triebwerklufteinlaß 424
Engine bearer / Motorträger 353
Engine block / Motorblock 357
Engine control, electronic / Triebwerkssteuereinheit 422
Engine cover / Motorabdeckung 347, 374
Motorhaube (Motorrad) 371, 372
Engine cowling / Motorverkleidung 366, 411, 413, 428, 431
Engine frame / Motorrahmen 406
Engine instruments / Triebwerksinstrumente 429
Engine lifting eye / Motoraufhängeöse 357
Engine mount / Motorgabel 409
Triebwerksaufhängung 422, 423
Engine mount(ing) / Motoraufhängung 375, 414, 415, 429, 431
Engine mounting bolt / Motorbefestigungsschraube 372
Engine mounting plate / Motorbefestigungsplatte 372
Energy (car) / Energie (Auto) 352
Energy cycle / Energiekreislauf 325
Energy emission from the sun / Energieausstoß der Sonne 22
Energy level / Energieniveau 318, 320
Engine / Motor 345, 346, 360, 361, 370, 371, 374, 376, 377, 574, 406
Epididymis / Nebenhoden 269
Epidote / Epidot 279
Epigeal germination / epigäische Keimung 158
Epiglottis / Kehldeckel 222, 254, 255, 258, 265
Epiphyte / Aufsitzerpflanze/Epiphyt 168
Epithelial cells / Hautzellen 227
Epithelium / Epithelschicht 264
Epoccipital bone / Hinterhauptrandknochen 108
Epoch (geology) / Epoche (Erdgeschichte) 63
Epsilon Centauri / Epsilon Centauri 21
Epsilon Crucis / Epsilon Crucis 21
Epsilon Hydri / Epsilon Hydri 20
Epsilon ring / Epsilon-Ring 48–49
Equator / Äquator 47, 82, 274–275,306–307, 310
Equatorial Countercurrent / Äquatorialer Gegenstrom 307
Equatorial furrow / Furche, äquatoriale 150
Equestrian sport / Pferdesport 546–547
Equipment for pastel painting / Pastellmalerei-Utensilien 444
Equipment module / Gerätemodul 56
Equisetatae / Equisetatae 126
Equisetites / *Equisetites* 72
***Equisetum arvense* (common horsetail)** / *Equisetum arvense* (Ackerschachtelhalm) 76, 126
Equuleus / Equuleus
Era (geology) / Zeitalter (Erdgeschichte) 63
Eraser/rubber / Radiergummi 434, 444
Erasing / Radieren 435
Erasing stick / Radierstift 452
Erbium / Erbium 321
Ergonomics / Ergonomik 362
Eridanus / Eridanus 19, 20
Erosion / Erosion 292–293, 294, 300–301, 304–305
Erratic / Findling 296
Eryops / *Eryops* 86 87
Erythrocytes / Erythrozyten *cf. red blood cells*
Escalator / Rolltreppe 501, 502
Escape wheel (clock) / Hemmungsrad (Uhr) 562
Esker / Os 296
Estonioceras perforatum / *Estonioceras perforatum* 71
Estuary / Ästuar 300, 304
Eta Centauri / Eta Centauri 21
Eta Mensae / Eta Mensae 20
Eta Orionis / Eta Orionis 18
Eta ring / Eta-Ring 48

Eta Sagittarii / Eta Sagittarii 21
Etching / Ätzen (Kupferstich) 451
Einätzen 450
Eingravieren 450
Etching/copperplate printing press / Kupferdruckpresse 451
***Euathlus emilia* (tarantula)** / *Euathlus emilia* (Vogelspinne) 176
Euoplocephalus / *Euoplocephalus* 100
Eurasia / Eurasien 82
Eurasian plate / Eurasische Platte 65, 68, 69
Europa / Europa (Jupitermond) 44
Europe / Europa (Kontinent) 38–39, 70, 74, 76, 78, 79, 80, 81, 82, 98, 102, 274–275, 41
European field elm / Feldulme 150
Europium / Europium 321
Eurostar / Eurostar 338, 339
Eustachian tube / Ohrtrompete/Eustachische Röhre 252, 253
Eustreptospondylus / *Eustreptospondylus* 91
Euthynteria / Euthynterie 464
Evaporation (plants) / Verdunstung (Pflanzen) 142, 162
Evaporation of water / Wasserverdunstung 84
Eve / Eve 37
Even pinnate leaf / paarig gefiedertes Blatt 143
Event horizon (boundary of a black hole) / Ereignishorizont (Grenze eines schwarzen Lochs) 28–29, 43
Evergreen woody plants / immergrüne Holzpflanzen 136
Evolution of the earth / Evolution der Erde 63
Exfoliation dome / Glockenfels 292
Exhalation tube (spacesuit) / Entlüftungsschlauch (Raumanzug) 57
Exhaust clamp / Auspuffrohrschelle 370
Exhaust collector ring / Abgassammelring 411, 412
Exhaust cone / Auslaßkonus 423
Exhaust connection / Krümmer (Auspuff) 431
Exhaust deflector / Abgasdeflektor 59
Exhaust diffuser / Auslaßdiffusor 422
Exhaust emission / Abgasemission 354
Exhaust fairing / Auslaßverkleidung 423
Exhaust gas recirculation / Abgasrückführung 354
Exhaust gases / Abgase 354
Exhaust heat exchanger / Abgaswärmetauscher 421
Exhaust heat shield / Auspuffhitzeschild 355
Exhaust manifold / Auspuffkrümmer 347, 355, 361
Ausstoßzusammenleitung 414
Exhaust mounting / Auspuffbefestigung 372
Exhaust nozzle / Austrittsdüse 422
Exhaust pipe / Abgasrohr 426, 429
Auspuff 346, 350, 352, 355, 357, 360, 367, 370, 371, 372, 376, 377, 403, 411, 412, 413, 431
Exhaust pipe flange / Auspuffflansch 415
Exhaust port / Auslaßkanal 353, 356, 357, 375
Auslaßschlitz 374
Ausstoßöffnung 414
Exhaust silencer / Auspuffdämpfer 427
Exhaust steam water injector / Abdampfwassereinspritzung 335
Exhaust stroke ("blow") / Auspufftakt 353
Exhaust tract / Ausstoßöffnung 414
Exhaust valve / Auslaßventil 353, 354, 355
Exhaust vent / Auspufföffnung(srohr) 336, 337
Exine/outer coat of pollen grain / Pollenkornwand, äußere 150, 151
Exocarp / Exokarp 152–155
Exoccipital bone / Exoccipitale 189
Exocet missile launcher / Exocet-Raketenwerfer 405
Exodermis / Exodermis 168
Exopod / Exopod 178
Exoskeleton / Außenskelett 84, 177, 178
Exosphere / Exosphäre 310
Exothermic reactions / exotherme Reaktionen 322
Expansion / Expansion 336
Expansion lever / Expansionshebel 335
Expelling plate (shell) / Ausstoßplatte (Granate) 405
Expiration / Ausatmung 265
Explosion (engine) / Explosion (Motor) 352, 353, 356
Explosive / Schießpulver 405
Exposure / Belichtung (Kamera) 584
Exposure counter / Bildzählwerk 584, 585
Exposure counter dial (camera) / Zählwerkscheibe (Kamera) 585
Exposure time / Belichtungszeit 584
Expressionism / Expressionismus 499
Expulsion of the Merchants from the Temple, The / *Vertreibung der Händler aus dem Tempel, Die* 439
Extensor digitorum muscle / Zehenstreck(er)muskel 100, 103, 243
Extensor digitorum tendon / Zehenstreckersehne 243
Extensor hallucis muscle / Großzehenstreckermuskel 243
Extensor hallucis tendon / Großzehenstreckersehne 243
Extensors of hand / Handstrecker 237
External auditory meatus / äußerer Gehörgang 114, 212, 214, 230, 252
External elastic lamina / Membrana elastica externa 262
External oblique / äußerer schräger Bauchmuskel 236
External staircase / Außentreppe 502
Extinction / Aussterben 72, 78, 82, 88
Extra magazine (gun) / Reservemagazin (Gewehr) 541
Extra-high tension lead / Hochspannungskabel (Fernseher) 567
Extrados of arch / Bogenrücken 488
Extruded/squeezed effect / Tubenspritzeffekt 447
Eye / Auge 84, 87, 90, 91, 92, 93, 97, 98, 103, 104, 106, 107, 108, 109, 174, 175, 176, 182, 183, 184, 188, 190, 193, 200, 202, 203, 213, 214, 217, 221, 222, 230–231, 270, 313, 380, 382, 384, 390, 391, 396, 554, 579
Eye bolt / Augbolzen (Linienschiff) 389
Eye chamber, anterior/posterior / Augenkammer, vordere/hintere 251
Eye for connecting conrods to secondary crankshaft / Befestigungsauge für Steuerpleuelstange 353
Eye muscles / Augenmuskeln 251, 579
Eye splice / Augspleiß 390
Eye(let) / Öse 560, 584, 585
Eyeball / Augapfel 250
Eyebrow / Augenbraue 213, 222, 223, 250
Eyelid / Augenlid 192, 222, 223, 250, 579
Eyespot (*Chlamydomonas*) / Augenfleck (*Chlamydomonas*) 122
Eyelet tensioning trailing edge to rib / Rippenspanner 431

F

F (note) / F (Note) 506
F cleft / f-Schlüssel *cf. bass cleft*
F tower / F-Turm 402
F-ion / F-Ion 318
F-14 Tomcat Fighter / F-14 Tomcat 424
F-block / f-Orbitale 320–321
Fabric covering / Textilbespannung 409
Fabry / Fabry 41
Facade / Fassade 463, 484, 487, 497, 501, 502
Facade wall / Fassadenwand 474
Face (human) / Gesicht (Mensch) 221
Face guard / Gesichtsschutz 543
Face panel (architecture) / Stirnverkleidung (Architektur) 502
Face-off / Anspiel/Bully/Einwurf (Eishockey) 542
Face-off circle / Anspielkreis (Eishockey) 542
Face-off spot / Anspielpunkt (Eishockey) 542
Facial expression / Gesichtsausdruck 238
Facing (saddle) / Einfaß (Sattel) 576
Faering / Faering 382, 383
Fahrenheit / Fahrenheit 588
Faience / Fayence 492
Fairing / Verkleidung (Motorrad) 372, 377
Fairing of landing gear bay / Fahrwerksschachtverkleidung 417
Fairing of landing gear pivot / Fahrwerksgelenkverkleidung 417
Fairing stay / Verkleidungsbefestigung 377
Fairlead / Tauführung 381
Fairway (golf) / Fairway (Golf) 538
Falciform ligament / Leberband, sichelförmiges 258
***Falco tinnunculus* (kestrel)** / *Falco tinnunculus* (Turmfalke) 195
Falkland Current / Falklandstrom 306
Fallopian tube / Eileiter (Mensch) 268, 269, 271
False acacia / Robinie 142
False anthers (larkspur) / falsche Antheren (Rittersporn) 147
False door / Scheintür 463
False fruit (syconium) / Scheinfrucht 154
Falx cerebri / Kleinhirnsichel 247
Family car / Serienauto 354
Fan / Drehklappen (Vibraphon) 521
Fan (Turbotriebwerk) 422, 423
Luftschaufelrad 422
Ventilator 327, 354, 558
Fan blade / Lüfterblatt 363
Fan bracket / Lüfterbock 353
Fan drive shaft / Lüfterantriebswelle 355
Fan duct / Mantelstromkammer 422
Fan duct nozzle / Mantelstromdüse 416
Fan fold / Pilzfalte 67
Fan motor / Gebläsemotor 361
Fan motor support / Gebläsemotorhalter 361
Fan vault / Fächergewölbe 488, 489
Fancase / Fanschaufelgehäuse 422
Fardier (Cugnot steam carriage) / Fardier (Cugnot-Dampfwagen) 344
Fascia(s) / Faszia/Faszien 467, 468, 473, 476, 480, 481, 483, 485, 486, 489, 490, 491
Fast train / Schnellzug 335, 338, 339
Fast-forward assembly / Schnellvorlaufmechanik 581
Fast-forward button (personal stereo) / Schnellvorlauftaste (Walkman) 580
Fast forward gear (personal stereo) / Schnellvorlaufrad (Walkman) 581
Fat (skin) / Fett (Haut) 244
Fat cells / Fettzellen 227
Fat insulation (ice-age animals) / Speckschicht (Eiszeittiere) 82
Fat tissue / Fettgewebe 225, 227, 245
Fault / Verwerfung 66–67, 68, 291, 293, 302, 303
Fault plane / Bruchfläche 66
Fault spring / Verwerfungsquelle 302
Fault trap / Verwerfungsfalle 291
Feather / Feder (Vogel) 91, 193–197
Feather crown (shuttlecock) / Federkrone (Federball) 537
Feather impression (*Archaeopteryx*) / Federabdruck (*Archaeopteryx*) 91
Feathered (horse) feet / Kötenbehang (Pferd) 208, 209
Feathers / Federn 91, 194, 197
Feed bilge pump / Bilgenförderpumpe 399
Feeler / Fühler *cf. antenna*
Feldspar / Feldspat 277, 279, 284
Feldspar groundmass / matrix / Feldspatmatrix 279
Felloe / Kranzstück 398
Felt / Filz 448, 451, 513, 518, 520, 523
Felt blanket (printing press) / Filztuch (Druckerpresse) 451
Felt-tip pen / Filzschreiber 448
Female gamete / weiblicher Gamet 123, 128, 152
Female lead connector / Steckerverbindungsbuchse 580
Femoral artery / Oberschenkelarterie 233, 263
Femoral musculature (*Gallimimus*) / Oberschenkelmuskulatur (*Gallimimus*) 92
Femoral nerve / Schenkelnerv 248
Femoral vein / Oberschenkelvene 263
Femoro-tibial muscle / Femorotibialis-Muskel 90

Femur / Femur/Oberschenkel(knochen) 87, 88, 90, 91, 92, 93, 94, 95, 96, 98, 99, 100, 102, 103, 104, 107, 108, 109, 111, 113, 174, 175, 176, 177, 189, 192, 193, 195, 201, 203, 205, 211, 212, 214, 216, 229, 234, 235
Fencing / Fechten 548, 549
Fencing garment / Fechtkleidung 549
Fencing gauntlet / Fechthandschuh 548, 549
Fencing piste / Planche (=Fechtbahn) 548, 549
Fencing shoe / Fechtschuh 549
Fencing weapons / Fechtwaffen 548, 549
Fender eye bolt / Ringbolzen 349
Fender jazz bass guitar / Fender Jazzbaß 517
Fender Stratocaster / Fender Stratocaster 517
Fermentation / Gärung 323
Fermium / Fermium 321
Fern / Farn 72, 74, 76, 118, 126, 127, 289
Ferrel cell / Ferrel-Zelle 310
Ferro-concrete/reinforced concrete / Stahlbeton/Eisenbeton 324, 498, 501
Ferrule (of a brush) / Zwinge (eines Pinsels) 442
Fertilisation / Befruchtung 123, 125, 127, 128, 150, 152, 153, 268
Festoon / Girlande 467, 483, 491
Festoon bulb / Röhrenlampe 362
Fetal jaws / fetaler Kiefer 256
Fetal skull / fetaler Schädel 230, 256
Fetlock joint (horse) / Fesselgelenk (Pferd) 546
Fetus/foetus (human) / Fetus/Fötus (Mensch) 270, 271
Flood / Überschwemmung 300
Fibre plate / Faserplatte 374
Fibreglass / Fiberglas 377, 540
Fibreglass fuel tank / Glasfasertank 429
Fibreglass skin / Glasfaserhaut 431
Fibres (eye) / Aufhängbänder (Auge) 579
Fibres, elastic / Fibrillen, elastische 264
Fibrous capsule (kidney) / Nierenkapsel 266
Fibrous pericardium / Pericardium fibrosum 260
Fibula / Fibula/Wadenbein 87, 90, 93, 94, 96, 99, 100, 103, 105, 107, 108, 111, 113, 189, 190, 192, 193, 201, 203, 205, 210, 212, 214, 216, 229, 242, 243
Fibular flexor muscle / Wadenbeinbeugemuskel 103
Fibulare(frog) / Fibulare (Frosch) 189
***Ficus carica* (fig)** / *Ficus carica* (Feige) 154
***Ficus* sp.** / *Ficus* sp. 143
Fiddle block / Violin(en)block 386, 391
Field arrow / Feldpfeil 541
Field coils (electric motor) / Feldwicklung (Elektromotor) 558
Field events (athletics) / Technikdisziplinen (Leichtathletik) 534
Fielded panel / Tafel (mit überhobener Füllung) 491
Fig / Feige 143, 155
Fighters/bombers / Kampfflugzeuge 410, 424
Fighting platform / Kampfdeck 382
Figurehead / Galionsfigur 387, 388, 389
Filament / Faden 123, 125, 127, 329
Filament 146
Glühwendel 564
Staubfaden 132, 133, 146–153
Filaments of fibrin / Fibrinfäden 263
Filicatae / Filicatae 126
Filiform papilla / Fadenpapille 254
Fillet /Hohlkehle 474, 479, 483
Zierleiste (Architektur) 481, 489, 490
Filling transom / Spiegelwrange 389
Film chamber / Filmkammer 584
Film pressure plate / Filmandruckplatte 584
Film rail / Filmschiene 584
Film rewind crank (camera) / Rückspulkurbel (Kamera) 584, 585
Film roller / Filmführungsrolle 584
Film speed indicator / Filmempfindlichkeitsanzeige 585
Film sprocket spool / Filmzahnrolle 584
Film strip connector / Folienstreifenverbinder 578
Film take-up spool / Filmaufwickelspule 584
Film wind lever / Filmtransporthebel 585
Filter / Filter 524, 567, 585
Kontrastfilter 567
Filter ornament / Filterzierring 567
Fimbria of Fallopian tube / Trichter (Eileiter) 268, 269
Fin / Finne (Flugzeug) 418, 420, 425, 427, 428
Flosse (Delphin) 214, 215
Flosse (Fische) 86, 87, 184, 185, 186, 187, 555
Ruderflosse 404
Schwanzflosse (Space-Shuttle) 56
Fin radial / Flossenträger 187
Fin ray / Flossenstrahl 186
Fin tip / Finnenspitze 425, 428
Fin tip/intermediate fairing / Seitenleitwerksspitze 419
Fin trailing edge / Finnenhinterkante 419
Fin-attachment skin / Leitwerksbefestigung-Verkleidung 419
Final drive (VW) / Achsantrieb (VW) 350
Final drive sprocket / Hinterachsantriebsrad 374
Final drive system (motorcycle) / Achsantriebssystem (Motorrad) 374
Final stage (engine) / Endstufe (Triebwerk) 56
Finger / Finger 91, 95, 103, 106, 107, 109, 213, 221, 240, 241
Finger artery / Fingerarterie 241, 263
Finger bones / Fingerknochen 94, 96, 105, 106, 109, 110, 111, 112
Finger button (trumpet) / Druckknopf (Trompete) 510
Finger cap / Fingerhülle 543
Finger hole (instr.) / Griffloch (Instr.) 512
Finger recess (door of plane) / Griffmulde (Flugzeugtür) 416
Finger ring / Fingerring 510
Finger support / Fingerraste 510, 511
Finger tab (archery) / Fingerschutz (Bogenschießen) 540
Finger-claw / Fingerkralle 91, 92, 107, 109
Finger-claw (*Ornithomimus*) / Fingerklaue (*Ornithomimus*) 89
Fingerboard / Griffbrett 514, 515, 517
Fingernail / Fingernagel 104, 241
Finial / Bekrönung (Architektur) 483, 492, 497
Fiale 474
Kreuzblume 497
Spitzenornament 497
Turmknauf 485
Finish(ing) line / Ziellinie 534, 544, 547
Finishing post / Zielleinlaufpfosten 534
Finland (track gauge) / Finnland (Spurweite) 341
Fir / Tanne 72
Fire (energy cycle) / Feuer (Energiekreislauf) 325
Fire hole / Flammloch 335
Fire opal / Feueropal 280
Fire power / Feuerkraft 384
Fire tube / Flammrohr 334, 335
Heizrohr 335
Siederohr 335
Fire-bombers / Löschflugzeuge 414
Fire-escape staircase / Feuerleiter 501, 502
Fire-extinguishing system / Feuerlöschsystem 416
Fire-making tools (stone age) / Feuerzeug (Steinzeit) 115
Fire-proof bulkhead / Feuerschott 425
Fire-tube boiler / Flammrohrkessel 344
Firebox (locomotive) / Feuerbüchse (Lok) 334, 335
Firebox door / Feuertür 335
Fireman's seat / Heizersitz 335
Fireplace / Kamin 470, 471
Firing pin (pistol) / Schlagbolzen (Pistole) 541
Firing/baking / Brennen (von Ton) 456, 458
Firn / Firneis 297
First digit / Daumen (Vogelflügel) 197
First mammals / Ursäugetiere 110
Fish / Fische 71, 73, 78, 184–187, 289, *also sharks, jawless fish, teleostians*
Fish davit / Fischdavit 387
Fish-scale tile / Fischschuppenziegel 480, 481, 490
Fishing / Fischfang 89, 554
Fishing rod / Angelrute 554, 555
Fishing tackle / Fischspeer 115
Fishtail nectary (cobra lily) / Zunge mit Nektardrüsen (Kobrapflanze) 166
Fissure (leaf) / Blattspalte 163
Fixative / Fixativ 434, 444
Lackschicht 444
Fixed cup (bicycle) / Tretlagerschale, feste (Fahrrad) 586
Fixed gear / Festzahnrad 357
Fixed lug / Hundsfott, feststehender 391
Fixed-spool reel (fishing rod) / Stationär-Rolle (Angel) 554
Fixing bolt / Befestigungsschraube 361
Fixing stud / Fixierschraube 415
Fjord coastline / Fjordküste 305
Fjords / Fjorde 304–305
Flag halyard / Flaggenleine 388
Flag-pole / Fahnenstange 499
Flagellum / Flagellum 125, 174, 183
Geißel 122, 123, 125, 269
Flagmast / Flaggenmast 403
Flamboyant style / Flamboyant-Stil 474, 476
Flame / Flamme 322, 323
Flame regulator (stove) / Temperaturregler (Kocher) 364
Flamingo / Flamingo 194, 196
Flamsteed / Flamsteed 40
Flanged (propeller) plate / Propellerflansch 415, 429
Flank (horse) / Flanke (Pferd) 204
Flank spike (*Edmontia*) / Flankendorn (*Edmontia*) 101
Flap / Blatt (Sattel) 546, 547, 576, 577
Flap drive screw / Klappenantriebsschraube 417
Flap drive-rod / Klappenstange (Landeklappe) 428
Flap lever / Landeklappenhebel 429
Flap lever detent box / Hebelrastung 429
Flap tip / Klappenspitze 418
Flap torque tube / Klappenwelle 428
Flap track / Klappenschiene 417
Flap-track fairing / Klappenschienenverkleidung 419
Flare / Flare 32, 33
Flared bell / Schalltrichter 510, 511, 512
Flash / Blitzgerät 584
Flash tube / Zündkanal 405
Flashlight / Blitzlicht 584
Flat / b (Tonerniedrigungszeichen) 506
Flat car / Flachwagen 337
Flat chisel / Kantenmeißel 456
Schlageisen 456
Flat opposed piston engine / Boxermotor 350, 370
Flat race / Flachrennen 546
Flat roof / Flachdach 487, 498, 499
Flat seizing / Plattbändselung/Plattbindselung 391, 397
Flat-bottom / Breitfußprofil 341
Flat-bottomed glass flask / Erlenmeyerkolben 322, 323
Flat-bottomed rail / Breitfußschiene 341
Flat-four engine / Vierzylinder-Boxermotor 350
Flatbed printing / Flachdruck 450
Flax-mill / Flachsspinnerei 496
Fleet number / Flottennummer 343
Fleming / Fleming 41
Flesh-colours / Fleischfarben 437
Hautfarben 437
Fletch / Befiederung (Pfeil) 540, 541
Flexor digitorum / Zehenbeuger 90, 243
Flexor digitorum muscle / Zehenbeugemuskel *cf. flexor digitorum*
Flexor digitorum tendon / Fingerbeugesehne 241
Flexor hallucis muscle / Großzehenbeugemuskel 243
Flexor pollicis brevis muscle / Daumenbeugemuskel, kurzer 241
Flexor retinaculum / Retinaculum flexorum 241
Flexors of forearm / Unterarmbeuger 236

Flexors of hand / Handbeuger 237
Flight / Flugphase 535, 551
Flight instruments / Fluginstrumente 429
Flight refuelling receptacle / Luftbetankungsstutzen 425
Flight-control rod / Verstellhebel (Hubschrauber) 427
Flint / Feuerstein 115, 287
Flint arrow head / Feuersteinpfeilspitze 115
Flint flake / Feuersteinsplitter 115
Flint knife / Feuersteinmesser 115
Flint mining / Feuersteinbrechen 115
Flint tool / Feuersteinwerkzeug 115
Flipper / Flosse (Delphin) 214, 215
Flitch-plated wooden chassis / Verbundholzrahmen 352
Float/paddle / Schaufel (Raddampfer) 398, 399
Floating disc brake / Schwimmrahmenbremse 372, 373
Flock stuffing (saddle) / Füllwolle (Sattel) 576
Flocked pastel board / geflockter Pastellkarton 445
Flood-plain / Überschwemmungsebene 299, 300–301
Floor / Boden 404, 537
Bodenbretter (Schiff) 388
Fußboden 496, 500
Floor anchor / Bodenverankerung 413
Floor beam / Deckenträger 500
Floor decoration (mosaic) / Bodendekoration (Mosaik) 454
Floor level / Trennbodenebene 416, 417
Floor pan / Bodenplatte/Bodenwanne (VW) 350
Floor plate / Bodenplatte (Schiff) 401
Floor plate/girder / Bodenwrange 401
Floppy-disc drive / Diskettenlaufwerk 525
Floral design / Blumenornament 492
Floral pattern / Blumenmuster 495
Florence Cathedral / Dom von Florenz 479, 491
Floret / Blütchen 148
Florida Current / Floridastrom 308
Flow of current / Stromfluß 326
Flow splitter / Luftstromtrennung 422
Flower bud / Blütenknospe 133, 135, 137, 149, 150, 161, 163, 165, 168, 169
Flower stalk / Blütenstiel 119, 133, 137, 146, 147, 149, 152–157, 160, 165, 168
Flowering plants / Blütenpflanzen 63, 74, 76, 78, 132–169
Flowers / Blüten 119, 129, 132–133, 135, 137, 145, 146–149, 150–159, 161, 163, 165, 168, 169,
Flugelhorn / Flügelhorn 511
Fluid measure / Flüssigkeitsmaße 588, 589
Fluke / Ankerflügel 394
Ankerhand 380, 388, 394
Flosse (Delphin) 214, 215
Fluorescence / Fluoreszenz 328
Fluorescent material / Leuchtstoff 329
Fluorescent tube / Leuchtstoffröhre 329
Fluoride / Fluorit 279, 281
Fluorine / Fluor 318, 319, 321
Fluorine-19-atom / Fluor-19-Atom 319
Flush-riveted metal skin / planvernietete Metallhaut 412
Flute(s) / (Quer)flöte(n) 507, 508, 509, 512
Fluted column / kannelierte Säule *cf. fluting*
Fluted, circular pinnacle / Zinne, kannelierte, runde 485
Fluting / Kannelüren 465, 466, 467, 482, 485, 489
Fly back transformer / Zeilentransformator 567
Fly fishing / Fliegenfischen 554, 555
Fly rod / Fliegenrute 554, 555
Fly, artificial / Fliege, künstliche 554, 555
Flying boats / Flugboote 412
Flying buttresses / Strebewerk 474
Flying jib / Außenklüver 393
Flying jib downhaul / Außenklüverniederholer 393
Flying jib halyard / Außenklüverfall 393
Flying jib sheet / (Außen)klüverschot 393
Flying jib tack / Außenklüverhals 391
Flying machines / Flugmaschinen 406–431
Flying sport(s) / Sportfliegerei 428
Flyleaf (book) / Fliegendes (Buch) 583
Flywheel / Schwungrad 343, 346, 352, 353, 399, 415, 574
Schwungscheibe 350, 357, 361
Flywheel retaining thread / Schwungradgewinde 415
Foal/Equuleus / Füllen (=Equuleus, Sternbild) 19, 20
Foam backing (leg protector) / Schaumstoffpolster (Beinschiene) 543
Foam compartments (for pastels) / Schaumstoffbett (für Pastellkreiden) 444
Foam stuffing (chair) / Schaumstoff (Stuhl) 571
Focus control / Focusregler 567
Fog / Nebel (Mars) 42
Fog light / Nebelleuchte 342
Fog-lamp / Nebellicht 371
Nebelscheinwerfer 359, 363
Foil / Florett 548, 549
Foilist / Florettfechter 549
Fokker triplane / Fokker-Dreidecker 410
Fold mountain / Faltengebirge 68
Folded drapery / Gewandfalten 459
Folded rock / Faltung 66
Folded schist / Biotit-Schiefer 284
Folding and uplifting (mountain building) / Auffaltung (Gebirgsbildung) 69
Folding step / Klappstufe 336
Folds / Falten 66–67
Foliage / Blattwerk 480
Blendwerk 483
Foliate papilla / Blätterpapillen 254
Foliated capital / Blätterkapitell 473
Foliose lichen / Laubflechte 120
Follicle / Balg(frucht) 156, 157
Follikel 268
Food store / Nahrungsreserve 153, 161
Food/nourishment / Nahrung 258, 325
Foot / Fuß 87, 82, 95, 102, 104, 106, 107, 183, 213, 217,220, 242, 243, 453, 515, 528, 546, 572, 573, 588, 589
Fuß/foot (Maß) 588, 589
Fußliek 382
Segelfuß 392, 393
Foot joint (flute) / Fußstück (Querflöte) 512
Foot pad (*Apollo 16*) / Fußplatte (*Apollo 16*) 59
Foot pedal / Pedalobertaste 518
Foot rope / Fußpferd 386, 387, 390, 393
Foot throttle / Drosselklappenpedal 431
Foot used for take-off / Sprungbein (Leichtathletik) 535
Foot vein / Fußvene 263
Footboard / Fußbrett 345
Footbridge (Tower Bridge) / Fußgängerbrücke (Tower Bridge) 497
Footplate / Umlaufblech 334
Footrest / Fußraste (Motorrad) 371, 376, 377
Fußstütze (Curtiss) 407
Footrest hanger / Fußrastengehänge 372
Foramen caecum / kleine Grube (Zunge) 254
Foramen magnum / Hinterhauptloch, großes 230
Foraminifers / Foraminiferen 289
Force (physics) / Kraft (Physik) 318, 330–331
Forces, electrostatic / Kräfte, elektrostatische 326
Forcing food through the intestines (smooth muscle) / Nahrungstransport (glatte Muskeln) 236
Ford Cosworth V6 12-valve engine / Ford-Cosworth-V6-12-Ventilmotor 354
Ford Model T / Ford Model T/Ford-T-Modell 348–349
Ford turbocharged diesel engine / Ford-Turbo-Diesel-Motor 357
Ford, Henry / Ford, Henry 348
Fore bitt / Fockbeting 388
Fore hatch tackle / Vorlukentakel 387
Fore lower topsail / Voruntermarssegel 393
Fore mast / Fockmast 383, 384, 387, 401
Vormast 380
Fore mast course / Focksegel 387
Fore mast topgallant sail / Vorbramsegel 387
Fore mast topsail / Vormarssegel 387
Fore peak halyard / Fockpiekfall 393
Fore royal stay / Vorroyalstag 391
Fore sail / Fock 393
Vorsegel 380, 383
Fore sail halyard / Fockfall 388
Fore shroud / Fockwant 387
Fore sight / Korn (Schußwaffe) 541
Fore spring rope / Vorspring 393
Fore stay / Vorstag 380, 384, 387, 390
Fore stay halyard / Vorstagfall 388
Fore staysail / Stagfock 393
Vorstagsegel 387, 393
Fore staysail halyard / Stagfockfall 393
Fore staysail sheet / Vorstagsegelschot 393
Fore throat halyard / Fockklaufall 393
Fore top / Vormars 384, 387
Fore topgallant backstay / Vorbramstengepardune 387
Fore topgallant mast / Vorbramstenge 387
Fore topgallant stay / Vorbramstengestag 387
Fore topgallant yard / Vorbramrah 387
Fore topmast / Vormarsstenge 384, 387
Fore topmast backstay / Vormarspardune 387
Fore topmast preventer stay / Vormarsstengeborgstag 387
Fore topmast shroud / Vormarswant 387
Fore topmast stay / Vormarsstengestag 387
Vorstengestag 384
Fore topmast staysail / Vorstengestagsegel 387, 393
Fore topmast staysail tack / Vorstengestagsegelhals 390
Fore topsail yard / Vormarsrah 384, 387
Fore upper topsail / Vorobermarssegel 393
Fore yard / Fockrah 384, 387
Fore yard lift / Fockrahtoppnant 393
Fore-and-aft sails / Schratsegel 392
Forearm/lower arm / Unterarm 213, 220
Forecarriage / Vorderwagen 345
Forecastle / Vorderkastell 383, 384
Forecastle/fo'c'sle/forward deck / Vorderdeck 388, 553
Forefoot / Stevenanlauf 401
Vorderfuß 98, 101
Forehead / Stirn 205, 210, 211, 214, 221, 222
Forelock (horse) / Stirnlocke (Pferd) 205
Foremast hole / Fockmastkoker 388
Forepeak / Vorpiek 401
Foreset strata / Leeseiten-Stratum 293
Fork / Gabel (Fahrrad) 369, 586
Fork end / Maul (Wantenspannschraube) 391
Fork slide / Gabelfederung 373
Form (matter) / Form (Materie) 316, 317, 322
Formalhaut / Formalhaut 19, 20
Formax / Ofen (=Formax, Sternbild) 19, 20
Formeret / Schildrippe 473, 483
Forms of arches / Bogenformen 488
Forms of energy / Energieformen 324, 325, 328
Formula one racing car / Formel-1-Rennwagen 366, 367
Fornix / Gewölbe (Gehirn) 246, 249
Forum of Trajan / Trajansforum 467
Forward / Flügelspieler 530
Forward dive / Vorwärtssprung (Wasserspringen) 550
Fosbury flop / Fosbury-Flop 535
Fossa ovalis / ovale Grube (Herz) 261
Fossil algae / Algenfossilien 288
Fossil frog / Froschfossil 288
Fossil fuels / fossile Brennstoffe 290–291, 324
Fossil gastropod molluscs / Schneckenfossilien 289
Fossil horsetails / Schachtelhalmfossilien 289

Fossil jellyfish / Quallenfossilien 289
Fossil mammals / Säugerfossilien 289
Fossil seed ferns / Samenfarnfossilien 289
Fossil shells / Muschelfossilien 288–289
Fossilization/fossilisation / Versteinerungsprozeß 288
Fossils / Fossilien/Versteinerungen 70–115, 288–289
Foster, N. / Foster, N. 500, 502
Foul (tackle) / Foul 531
Foundation / Fundament 496
Wellenbett (Raddampfer) 400
Foundry plug / Gußstopfen 395
Fountain pen / Füller 448
Four (rowingboat) / Vierer (Riemenboot) 533
Four-cylinder 12-HP engine / Vierzylinder-12-PS-Motor 407
Four-cylinder engines / Vierzylindermaschinen 370
Four-cylinder petrol-driven engine / Vierzylinder-Benzin-Verbrennungsmotor 406
Four-four time / Viervierteltakt 506
Four-stroke (engine) / Viertakter 374
Four-stroke cycle/Otto cycle / Viertaktverfahren 352
Four-stroke engine / Viertaktmotor 353, 414
Four-wheel-drive car / Allradfahrzeug 364
Fovea / Kopfbandgrube 234
Fowler flap / Fowlerklappe 417, 418
Fra Mauro / Fra Mauro 40
Fracastorius / Fracastorius 40
Fracture (mineral features) / Bruch (Mineraleigenschaften) 280
***Fragaria x ananassa* (strawberry)** / *Fragaria x ananassa* (Erdbeere) 134, 156
Fram Rupes / Fram Rupes 35
Frame / Bügel (Rasenmäher) 575
Rahmen 344, 345, 368, 372, 428, 430, 536, 537, 542, 586, 587
Frame angle / Rahmenwinkel 368
Frame drum / Rahmentrommel 522
Frame head / Rahmenkopf 350
Frame-work / Fachwerk 470, 471, 481
France (architecture) / Frankreich (Architektur) 470, 472, 473, 474, 476, 477, 480, 481, 482, 483, 486, 489, 490, 496, 497, 498, 500
Francis turbine / Francis-Turbine 324
Francium / Francium 320
Frankfort vine black / Frankfurter Schwarz 437
Free throw / Freiwurf 530
Free-throw line / Freiwurflinie 530, 533
Freestyle swimming stroke / Freistil 550
Freewheel / Freilauf 369
Freewheel lock nut / Freilauf-Sicherungsmutter 586
Freewheel sprocket / Freilaufzahnrad 368
Freewheel sprockets / Freilauf-Zahnkranz 586
Freezing / Erstarren 317
Freezing level / Frostgrenze 312
Freezing point / Festpunkt 317
Freight car / Güterwagen 337
Freight services / Güterverkehr 336
French baroque / französischer Barock 486
French bowline / doppelter Palstek 396
French Trotter / Französischer Traber 207, 546
Fresco / Fresko 438–439
Fresco colours / Freskofarben 438, 439
Fresco layers / Freskoschichten 438
Fresco pigments / Freskofarben 438, 439
Fresco whites / Weißtöne (Fresko) 438
Freshwater bay / Süßwasserbucht 301
Fret (guitar) / Bund (Gitarre) 516
Fret pattern / Gitterwerkmuster 492, 495
Fretwire / Bundstäbchen 517
Frieze / Fries 463, 465, 467, 469,470, 473, 474, 480, 482, 483, 485, 486, 489, 497, 499
Frigate / Fregatte 404–405
Fringed crumble cap / Lilablättriger Saumpilz 121
***Fringilla coelebs* (chaffinch)** / *Fringilla coelebs* (Buchfink) 199
Fringing reef / Saumriff 309
Fritillarias / *Kaiserkronen in Kupfervase* 441
Frog / Frosch (Tier) 188–189
Frosch (mus. Bogen) 514, 515
Frog eggs (frog spawn) / Froscheier (Froschlaich) 198
Frog kick (swimming) / Froschkick (Schwimmen) 550
Frogs / Frösche 188–189
Frond (fern) / Wedel (Farn) 118, 119, 126, 127
Front axle / Vorderachse 343, 346, 347, 348
Front bezel (CD-ROM) / Frontabdeckung (CD-ROM) 578
Front cantilever brake / Cantilever-Vorderradbremse 587
Front derailleur / vordere Kettenschaltung 368
Front hackle / Fronthechel 555
Front hub / Vorderradnabe 587
Front leg / Vorderbein 92, 98, 101, 104, 108
Front light / Vorderlicht 338, 368
Front pannier / Vorderradtasche 369
Front rail (chair) / Vorderzarge (Stuhl) 570
Front seat (car) / Vordersitz (Auto) 349, 363
Front seat frame / Vordersitzrahmen 363
Front spoiler / Frontspoiler 356
Front tyre / Vorderreifen 363
Front wall / Stirnwand (Racquets) 537
Vorderwand (Squash, Raquets) 537
Front wheel (bicycle) / Vorderrad (Fahrrad) 587
Front-wheel brake / Vorderradbremse 369, 371
Frontal bone / Frontale 187, 212
Stirnbein (Mensch) 223, 230, 231
Frontal lobe / Stirnlappen 246, 247
Frontal sinus / Stirnhöhle 222, 255
Frontalis (muscle) / Stirnmuskel 236, 238, 239
Frontispiece / Frontispiz 583
Frontoparietal bone / Frontoparietale 189
Frontozygmatic suture / Sutura zygomatica 230
Frost wedging / Frostsprengung 293, 296–297
Froude's (early test) propeller / Froude-Schraube (Versuchspropeller) 399
Fruit / Frucht 134, 152, 154, 155
Fruit flesh / Fruchtfleisch 154
Fruticose lichens / Strauchflechten 120
Fucoxanthine / Fucoxanthin 122
***Fucus spiralis* (spiral wrack)** / *Fucus spiralis* (Spiraltang) 122
***Fucus vesiculosus* (bladder wrack)** / *Fucus vesiculosus* (Blasentang) 122, 123
Fuel / Kraftstoff 354
Fuel and oil tank / Benzin-Öltank 406, 407
Fuel contents indicator / Treibstoffmengenanzeiger 417
Fuel drip-tray / Treibstofftropfenfänger 415
Fuel filler cap / Tankdeckel 350, 358, 364
Treibstoffeinfüllstutzen 406, 417
Fuel filler neck / Kraftstoffeinfüllstutzen 350, 367
Fuel filter / Treibstofffilter 423
Fuel injector / Einspritzanlage 354
Kraftstoffspritzdüse 366
Fuel injector nozzle / (Kraftstoff)einspritzventil 355
Fuel inlet / Treibstoffzufuhr 423
Fuel nozzle / Treibstoffdüse 422, 423
Fuel pipe / Benzinleitung 406
Benzinschlauch 415
Kraftstoffleitung 355
Fuel pipe inlet connection / Stutzen zum Benzinschlauch 415
Fuel pipe/fuel manifold / Treibstoffleitung 421, 422, 429
Fuel pump / Kraftstoffpumpe 337, 360
Treibstoffpumpe 420, 421, 426
Fuel sediment bowl / Kraftstoffilter 349
Fuel shut-off valve / Not-Aus-Ventil 423
Fuel tank / Kraftstoffbehälter 336
Kraftstofftank 345, 350, 352, 360, 364, 574
Treibstofftank 370, 371, 377, 421, 425, 427, *also tank*
Fuel tank breather / Tankbelüftung (Motorrad) 377
Fuel tank filler cap / Treibstofftankdeckel 377
Fuel tank filler neck / Entlüftungsstutzen des Kraftstofftanks 360
Fuel tank filler nozzle / Tankeinfüllstutzen 431
Fuel tank sender unit / Kraftstoffniveaugeber 350
Fuel tank skin / Tankverkleidung 429
Fuel tap / Kraftstoffhahn 374
Fuel vent pipe / Tankbelüftung (Hubschrauber) 426
Fuel-air intake pipe / Kraftstoff-Luft-Ansaugrohr 347
Fuel-cooled oil cooler / Treibstoff-Öl-Wärmetauscher 422
Fuel-jettison pipe / Treibstoffdruckleitung 421
Fuel-jettison valve / Druckbetankungsventil 412
Fuel/gasoline tank / Benzintank 406, 410, 411, 424, 430
Fulcrum / Drehpunkt (eines Hebels) 330, 331
Full-elliptic leaf spring / Vollelliptik(blatt)feder 344
Full-elliptic steering spring / Vollelliptik-Lenkungsfeder 347
Fumaroles / Fumarolen 282–283
Funaria hygrometrica / *Funaria hygrometrica* 125
Function button seal / Funktionstastenabdeckung 580
Functionalism / Funktionalismus 500
Fungi / Pilze 118, 120
***Fungia fungites* (mushroom coral)** / *Fungia fungites* (Pilzkoralle) 173
Fungiform papilla / Pilzpapille (Zunge) 254
Funicle / Funiculus 156
Funnel / Schornstein (Schiff) 400, 401, 402, 405
Trichter 182, 183, 191, 323
Funnel stay / Schornsteinstag 403
Furcula / Furkula/Gabelbein 195
Furled / aufgetucht 383, 384
Furnerius / Furnerius 40
Furniture / Möbelstücke 456
Furrow / Dachkehle 496
Windgasse 292
Furud / Furud 21
Fuse enclosure / Stempel (Glühbirne) 564
Fused edge of carpels / Fruchtblattränder, verschmolzene 157
Fusee / Schnecke (Uhr) 562
Fusee chain / Schneckenkette (Uhr) 562
Fusee pivot hole / Schnekkenwellenlager (Uhr) 562
Fusee stop / Schneckenbremse (Uhr) 562
Fusee stop screw / Schnekkenbremsenschraube 562
Fuselage / Rumpf (Flugzeug) 411, 430
Fuselage mid-section (BAE 146) / Rumpfmitte (BAE 146) 416
Fuselage nose-section / Rumpfnase 416
Fuselage skin (Avro Triplane / Rumpfbespannung (Avro Triplane) 410
Rumpfverkleidung 428
Fuselage structure (Blackburn Monoplane) / Rumpfrahmen (Blackburn Monoplane) 409
Fuselage tail-section (BAE 146) / Rumpfheck (BAE 146) 419
Futtock shroud / Püttingwant 386

G

G (note) / G (Note) 506
G clef / G-Schlüssel
cf. treble clef
G string / G-Saite 516
Gabbro / Gabbro 277, 284–285
Gable(s) / Giebel 471, 473, 475, 476, 477, 480, 494, 496
Gabon (architecture) / Gabun (Architektur) 503
Gacrux / Gacrux 21
Gadolinium / Gadolinium 321
Gaff / Gaffel 388, 392, 393
Gagarin (moon crater) / Gagarin (Mondkrater) 41
Gagarin, Jurij / Gagarin, Jurij 56

Gainer / Auerbach 550, 551
Gaining electrons / Elektronenaufnahme 318
Galactic centre / Galaktisches Zentrum 14, 18, 20
Galactic nucleus / Galaktischer Kern 12–13
Galactic plane / Galaktische Ebene 14–15
Galaxies / Galaxien 10, 11, 12–13, 14, 15
Galena / Bleiglanz 278
***Galeocerdo cuvieri* (tiger shark)** / *Galeocerdo cuvieri* (Tigerhai) 185
Galilean moons / Galiläische Monde 44
***Galium aparine* (goosegrass)** / *Galium aparine* (Klebkraut) 156
Gallbladder / Gallenblase 193, 201, 202, 224, 262
Galle ring / Galle-Ring 50–51
Gallery / Galerie 389, 469, 471, 481, 483, 484, 491, 501
Gallery level / Galerieebene 500
Galley / Galeere 380
Kombüse 405, 420
Galley stove / Kombüsenherd 388
Gallimimus / *Gallimimus* 88, 92
Gallium / Gallium 321
Gallon / Gallone 588, 589
Galois / Galois 41
Gambrel/mansard roof / Mansardendach 494
Game / Satz 532, 536
Gametes / Gameten 122, 124, 126, 128
Keimzellen 122, 126
Gametophyte / Gametophyt 118, 124, 126
Prothallium 127
Gamma Centauri / Gamma Centauri 21
Gamma Hydri / Gamma Hydri 20
Gamma Mensae / Gamma Mensae 20
Gamma radiation / Gammastrahlung 10, 22, 328
Gamma rays (light) / Gammastrahlen (Licht) 329
Gamma ring / Gamma-Ring 48
Gamma Velorum / Gamma Velorum 18, 21
Ganges plain / Ganges-Tiefebene 69
Ganges River / Ganges 298
Ganglion / Ganglion 179
Gangway / Laufplanke 385, 388
Ganymed / Ganymed 44
Garboard strake / Kielgang 401
Gargoyle / Wasserspeier 477
Garnet / Granat 277
Garnet-mica schist / Granat-Glimmer-Schiefer 277
Garnierite / Garnierit 280
Garudimimus / *Garudimimus* 92
Gas / Gas 316, 317, 322, 371, 373
Gas clouds/nebulae / Gaswolken 12–13, 14, 16–17
Gas deposits / Erdgaslagerstätten 63, 291
Gas exchange / Gasaustausch 136, 138, 140, 144, 162, 164, 264
Gas loop (Sun) / Gasbogen (Sonne) 32, 33
Gas pressure bottle for life-support system (*Wostok*) / Gasdruckbehälter für Lebenserhaltungssystem (*Wostok*) 56
Gas shell/atmosphere (stars) / Gashülle (Sterne) 16–17, 25
Gas tail / Plasmaschweif 52–53
Gas trap / Erdgasfalle 291
Gas-intake (plants) / Gasaufnahme (Pflanzen) 164
Gaseous / gasförmig 316, 317, 323
Gases / Gase 70, 329
Gassendi / Gassendi 40
Gasteromycete / Bauchpilz 120
Gastralia / Bauchrippen 91, 93
Gastric artery / Magenarterie 263
Gastrocnemius / Wadenmuskel 236, 237
Gastrocnemius muscle / Gastrocnemius-Muskel 90
Zwillingswadenmuskel 100, 103
Gastroepiploic vein / Vena gastroepiploica 263
Gastropod mollusc / Schnecke (Tier) 81, 182–183
Gastropoda / Gastropoda 182
Gastrovascular cavity / Gastralraum 173
Gastrovascular filament / Gastralfilament 173
Gate / Drehdolle 552
Schleuse (Kraftwerk) 324
Tor 495, 544
Gate clamp / Dollenverschluß 552
Gate-house / Torhaus (London Bridge) 471
Gatwick-People-Mover / Gatwick-People-Mover 338
Gauge / Spurweite 340, 341
Gauge glass (to show level of water in boiler) / Wasserstandsglas 335
***Gavialis gangeticus* (gharial)** / *Gavialis gangeticus* (Gavial) 192
Gear cable (bicycle) / Schaltzug (Fahrrad) 587
Gear case / Getriebegehäuse (Rasenmäher) 574
Gear case assembly / Getriebe (Rasenmäher) 574
Gear lever / Schalthebel 347, 350, 360, 374, 376
Gear lever surround / Schalthebelabdeckung 362
Gear mechanism / Getriebemechanismus 559
Gear system (bicycle) / Gangschaltung (Fahrrad) 586
Gear-change rod / Schaltstange 361
Gearbox / Getriebe 350, 361, 371, 374, 429
Gearbox bevel drive / Getriebekastenantriebsrad 422
Gearbox case / Getriebekasten (Flugzeug) 414, 416
Gearbox drive spline / Getrieberitzel 414
Gearbox fixing stud / Getriebebefestigungsbolzen 366
Gearbox mount / Getriebeaufhängung 414, 417
Gearbox oil scavenge line / Getriebeölrücklaufleitung 423
Gearbox unit / Getriebe (Flugzeugklappe) 417
Gearcase / Getriebekasten (Bohrer) 558
Gearcase cover / Getriebekastendeckel 559
Gears / Gänge 374, 586
Gearshift / Schalthebel (Fahrrad) 369, 587
Gel / Gel 447
Gel-filled saddle / gelgefüllter Sattel 369
Gelatine roller / Gelatinewalze 451
Gelatinous sheath (*Volvox*) / Gallerthülle (*Volvox*) 122
Gemini / Zwillinge (Sternbild=Gemini) 18
Gemma cup / Brutbecher 124
Genera (mammals) / Gattungen (Säugetiere) 110
General-use tyre / Mehrzweckreifen 373
Generation of current / Stromerzeugung 324, 336
Generative nucleus / generativer Kern 153
Generator / Generator 324, 326, 327, 336, 337, 414
Generator compartment / Generatorabteil 337
Generator housing / Generatorgehäuse 415
Genioglossus (muscle) / Kinn-Zungen-Muskel 255
Geniohyoid muscle / Kinn-Zungenbein-Muskel 255
Genital plate / Genitalplatte 181
Geological timescale / Zeittafel (Erdgeschichte) 62–63
Geology / Erdgeschichte 62–115
Geologie 62–63, 288–289
***Geranium pratense* (meadow cranesbill)** / *Geranium pratense* (Wiesenstorchenschnabel) 150
Gerberette / Gerberette 501
German baroque / deutscher Barock 486
Germanium / Germanium 321
Germany (architecture) / Deutschland (Architektur) 469, 482, 488, 496, 499
Germinal epithelium (human) / Keimepithel (Mensch) 268
Germinal layer (skin and hair) / Keimschicht (Haut und Haare) 244
Germination / Keimung 127, 158, 159
Germination of pollen grain / Pollenkornkeimung 153
Gesso / Gesso/ *gesso* (Gips-Kreide) 436, 437
Gesso grosso / *gesso grosso* 436
Gesso sotile / *gesso sotile* 436
Geysers / Geysire 282–283, 284–285
Gharial/gavial / Gavial 192
Ghost anemone / Geisteranemone 172
Giambologna / Giambologna 458
Giant slalom / Riesenslalom 544
Giant slalom gate / Riesenslalomtor 544
Giant slalom start / Riesenslalomstart 544
Giant stick insect (eggs) / Riesenstabheuschrecke (Eier) 198
Giants (stars) / Riesen (Sterne) 22–23, 26
Giants/gas giants / Riesenplaneten 30–31, 44–45, 46–47, 50–51
Gibson les Paul / Gibson les Paul 517
Gig / Gig 403
Gilder's knife / Vergoldermesser 436
Gilding / Blattgoldauflage 437
Vergoldung 436, 437, 457
Gill / Gill 588
Gill filament / Kiemenblättchen 186
Gill rakers (fish gills) / Siebfortsätze (Fischkiemen) 186
Gill slit / Kiemenspalte 184, 185, 186, 187
Gills / Kiemen 182, 184, 185, 188, 189
***Ginkgo biloba* (maidenhair tree)** / *Ginkgo biloba* (Ginkgo) 74, 129
Ginkgo pluripartita / *Ginkgo pluripartita* 78
Ginkgophyta / Ginkgophyta 128
Ginkgophytes / Ginkgogewächse 128
Giornate (fresco) / giornate/Tagewerk (Fresko) 438, 439
Giotto / Giotto 439
***Giraffa camelopardalis* (giraffe)** / *Giraffa camelopardalis* (Giraffe) 205
Giraffe / Giraffe 205
Girder / Tragbalken 497
Girdle / Gürtel (Kieselalge) 122
Girdle scar / Austriebsbereich mit Blattnarbe 129
Girth / großer Bauchgurt (Pferdegeschirr) 547
Sattelgurt 546, 576
Girth buckle / Sattelgurtschnalle 577
Girth strap (saddle) / Gurtstrippe (Sattel) 577
Gizzard / Muskelmagen 92, 97, 100, 193
Glabella (trilobite) / Glabella (Trilobit) 84
Glacial sediments / glazialer Detritus 309
Glacial valley / Urstromtal 296
Glacial/subglacial stream / Gletscherbach 296, 297
Glacier / Gletscher 72, 276, 277, 292, 293, 296–297, 299, 302, 303
Glacier Bay / Glacier Bay 296
Gladiolus / *Gladiolus* (Gladiole) 160, 161
Gland / Drüse 166
Glans (penis) / Eichel (Penis) 269
Glass / Glas 316, 317, 323, 329, 339
Glass (stained) / Glasscheiben (farbige) 340
Glass beaker / Becherglas 322
Glass curtain / Glasvorhang 501
Glass enamel (smalti) mosaic / Emailglasmosaik 454
Glass fibre/fibreglass / Glasfaser 339, 429, 430, 431
Glass flask / Glaskolben 329
Glass muller / Glasstößel 444
Glass paper / Glaspapier 445
Glass support (light bulb) / Quetschfuß (Glühlampe) 329
Glass tube / Glasröhre 329
Glass wall / Glaswand 503
Glass windows / Glasfenster 497
Glaze / Glasur 447
Glazing / Verglasung 498, 500, 503, 504
Glazing bar / Fenstersprosse 503
***Glechoma hederacea* (ground ivy)** / *Glechoma hederacea* (Gundermann) 160
***Gleditsia triacanthos* (honey locust)** / *Gleditsia triacanthos* (Lederhülsenbaum) 143
Glider / Segelflugzeug 406, 430
Global warming / globale Erwärmung 310–311
Globe / Globus 274
Globe Theatre / Globe Theatre 481
Globular cluster / Kugelsternhaufen 12, 16, 21
Glockenspiel/tubular bells / Glockenspiel 508
Glomerulus / Gefäßknäuel/Glomerulus 266, 267
***Gloriosa superba* (glory lily)** / *Gloriosa superba* (Ruhmeskrone) 149

Glossopteris / *Glossopteris* 73
Glove / Handschuh 57, 529, 537, 540, 543, 544, 552
Glove box / Handschuhfach 429
Glucose molecule (photosynthesis) / Glukosemolekül (Photosynthese) 144
Glue (TV) / Klebstoff (Fernseher) 367
Leim 436, 441
Glue spreader / Zahnspachtel 446, 454
Gluon / Gluon 319
Gluteus muscles / Gesäßmuskeln 235, 237
Glyph / Glyphe 464
Gnathostomata / Gnathostomata 184
Gneiss / Gneis 284
Gnetophytes / Gnetophyten 128
Gnome seven-cylinder rotary engine / Gnome-7-Zylinder-Rotationsmotor 408
Gnomon / Gnomon 385
Goal / Tor 528, 532, 533, 542
Goal area / Torraum 528, 533
Goal circle / Torkreis (Netball) 533
Goal crease (ice hockey) / Torwartraum (Eishockey) 542
Goal defence (netball) / Torverteidiger/in (Netball) 533
Goal judge / Torrichter (Eishockey) 542
Goal-area line (handball) / Torraumlinie (Handball) 533
Goal-line / Torauslinie (Fußball) 528
Torlinie 528, 533, 542
Goal-line referee / Torschiedsrichter (Handball) 533
Goalkeeper / Torwart 528, 529, 533, 542
Goalkeeper's helmet / Torwarthelm (Eishockey) 543
Goalkeeper's pad / Torwartschiene 542
Goalkeeper's shirt / Torwarttrikot (Fußball) 529
Goalkeeper's stick / Torwartschläger (Eishockey) 542, 543
(Netball) 533
Goalpost (netball) / Korbpfosten (Netball) 533
Goat hair brush / Ziegenhaarpinsel 442, 448
Gobi Desert / Gobi 274–275
Goggles / Schutzbrille 547
Gold / Gold 278, 290–291, 321, 437, 582, 583
Gold (leaf) tesserae (mosaic) / Blattgoldsmalten (Mosaik) 455
Gold embossing (book) / Goldprägung (Buch) 582, 583
Gold leaf / Blattgold 436, 448, 449, 454, 455, 457
Goldblatt 437
Golden barrel cactus / Goldkugelkaktus 162
Golden lion tamarin / Löwenäffchen 213
***Goldfish* (mosaic)** / *Goldfisch* (Mosaik) 455
Golf (sport) / Golf (Sport) 538–539
Golf accessories / Golfzubehör 539
Golf ball / Golfball 538
Golf course (18 holes) / Golfplatz (18-Loch) 538
Golgi apparatus/complex/body / Golgi-Apparat 227
Gomphoi (dowel) / Gomphoi (Dübel) 381
Gonad / Gonade 173, 180, 181, 182
Gondwanaland / Gondwana(land) 70, 71, 72, 73, 76, 77, 78
Gong / Gong 508, 520, *also tam-tam*
***Goniastrea aspera* (honeycomb coral)** / *Goniastrea aspera* (Lochkoralle) 173
Gonopore / Genitalporus 180, 181
Goose neck (French bowline) / Schwanenhals (doppelter Palstek) 396
Goose-feather quill / Gänsefeder (zum Schreiben) 448
Goosegrass / Klebkraut 156
Gopuram / Gopura 495
Gorge / Schlucht 294–295, 300
Gorilla / Gorilla 213
Gothic (style) / Gotik 472, 474–477
Gothic script / gotische Schrift 449
Gouache / Gouache 442
Gour / Wandsinter 294–295
Goya / Goya 35
Graafian follicle / Bläschenfollikel/Graafscher Follikel 268
Grab (gun turret) / Greifer (Geschützturm) 404
Grab handle / Haltegriff (Auto) 365
Handgriff (Motorrad) 370, 371
Graben / Graben (Verwerfung) 67
Graben/block-fault lake / Grabensee 303
Gracilis (muscle) / Schlankmuskel 236, 237
Graduated cylinder / Standzylinder 322
Graffias / Graffias 21
Gram/gramme (g) / Gramm (g) 330, 588
Gran Chaco / Gran Chaco 274
Granada (architecture) / Granada (Architektur) 492
Grand Canyon / Grand Canyon 63, 286–287
Grand hall / Große Halle 500
Grand piano / Konzertflügel 518, 519
Grand Prix / Grand Prix 376
Grandstand / Haupttribüne 547
Granite / Granit 285, 498, 503
Granum / Granum 145
Grape hyacinth / Traubenhyazinthe 161
Graphite / Graphit 278, 321, 434
Graphite-clay rod / Graphit-Ton-Mine 434
Grapnel-type anchor / Draggenanker 384
Graptolite / Graptolith 71
Grasping claw / Greifklaue 92
Grass bag (lawn mower) / Auffangbehälter (Rasenmäher) 574, 575
Grass inflorescence / Grasblütenstand 119
Grass track / Grasbahn (Pferderennen) 547
Grate (locomotive) / Rost (Lok) 334
Grating / Gräting 389
Graver / Konturenstichel 453
Gravitation/gravity / Gravitation/Schwerkraft 10, 26, 306–307
Gravitational pull / Anziehungskräfte des Mondes und der Sonne 306–307
Erdanziehungskraft 330
Greasy medium / Fettmedium 450
Great Bear (Ursa Major) / Großer Bär 18–19
Great Bear Lake / Großer Bärensee 274, 275
Great Britain / Großbritannien 341, 470, 484, 485, 486, 487, 488, 496, 497, *also England*
Great Dark Spot / Großer Dunkler Fleck 50–51
Great manual / Hauptmanual 518
Great Mosque / Große Moschee 488
Great Red Spot / Großer Roter Fleck 44–45
Great Rift Valley in Africa / Ostafrikanischer Graben 66
Great stop / Hauptmanualregister 518
Greater blackbacked gull (egg) / Mantelmöwe (Ei) 199
Greater Dog (Canis Major) / Großer Hund (=Canis Major, Sternbild) 18, 21
Greece (architecture) / Griechenland (Architektur) 464, 465
Greek cross / griechisches Kreuz 493
Greeks (ships of Greece) / Griechen, Schiffe der 380, 381
Green (golf) / Green/Grün (Golf) 538, 539
Green algae / Grünalgen 118, 122, 123
Green earth / Grüne Erde 438
Green fluorite / Grüner Fluorit 279
Green gland (crayfish) / Grüne Drüse (Krebs) 179
Green marble / Grüner Marmor 285
Green snakelock anemone / Grüne Wachsrose 172
Greenhouse effect / Treibhauseffekt 36, 310–311
Greenhouse gases / Treibhausgase 311
Greenland / Grönland 70, 72, 274–275
Greenwich meridian / Nullmeridian 274–275, 306
Grey matter (human brain) / Graue Substanz (menschl. Gehirn) 246, 247, 248
Grey squirrel / Grauhörnchen 203
Grid (*Lunokhod 1*) / Gitter (*Lunochod 1*) 58
Grid lines / Gitterlinien 449
Grike / Riedel 294–295
Grille (Eurostar) / Gitter (Eurostar) 339
Grimaldi / Grimaldi 40
Grinder / Mahlzahn 212, 256, *also molar*
Grip / Griff 536, 540
Gripe / Greep 387
Groin / Grat (Gewölbe) 488, 489
Leiste (menschlicher Körper) 221
Groin vault / Kreuzgratgewölbe 483, 488, 489
Grommet / Abspannöse 430
Grummet 383, 392
Groove / Nut 357, 558, 570
Groove cut in shaft (flint arrow) / Schaftrille (Feuersteinpfeil) 115
Grooving / Taukerbe 391
Grotesque / Groteske 480
Ground (printmaking) / Deckgrund 451
Ground handling wheels / Hilfsräder 426
Ground ivy / Gundermann 160
Ground radar / Bodenradar 424
Ground roller / Einfärbwalze 452
Ground speed control knob (lawnmower) / Geschwindigkeitshebel (Rasenmäher) 575
Ground-mapping radar / Aufklärungsradar 424
Groundmass/matrix / Grundmatrix/Grundsubstanz 278–279
Groundwater / Grundwasser 302–303
Groups (periodic table) / Gruppen (Periodensystem) 320
Grout / Fugenfüller 455
Fugenmörtel (Mosaik) 454, 455
Grouting squeegee with rubber blade / Gummispachtel (zum Verfugen) 454
Growing tip (*Asteroxylon*) / Wachstumsspitze (*Asteroxylon*) 85
Growth (mammals) / Wachstum (Säugetiere) 110
Growth lines / Wachstumslinie 84, 183
Growth of beard / Bartwuchs 222
Groyne / Buhne 304
Grundtvig Church / Grundvigskirche 499
Gruppo Seven (architecture) / Gruppe 7 (Architektur) 499
Grus / Grus (Sternbild) *cf. Crane*
Gryptosaurus / *Gryptosaurus* 102, 103
Guanine (DNA) / Guanin (DNA) 227
Guard (basketball) / Aufbauspieler (Basketball) 530
Schutzbügel 364
Guard cell (leaf) / Schließzelle (Blatt) 144, 145
Gubernacula / Gubernacula 381
Gubernator / Gubernator 381
Gudgeon / Ruderhaken 383, 386
Gudgeon pin / Kolbenbolzen 355
Gudgeon strap / Ruderöse 386
Guest boat boom / Gastbootsbaum 402
Guiana Highlands / Guyana (Bergland) 274
Guide mark (handball) / Torwartlinie (Handball) 533
Guide post (CD-ROM) / Führungsstift (CD-ROM) 578
Guide wheel / Leitrad 338
Guided missiles / Lenkraketen 424
Guinevere Planitia / Guinevere Planitia 36–37
Guitar / Gitarre 514, 516,517
Gula Mons / Gula Mons 37
Gulf of Mexico / Golf von Mexiko 274–275
Gulf Stream / Golfstrom 306
Gullet (saddle) / Kammer (Sattel) 576
Gullet lining (saddle) / Kammerleder (Sattel) 576
Gullet plate / oberes Kopfeisen 576
Gum / Gaumen 257
Gum arabic / Gummi arabicum 442, 444
Gum arabic solution / Gummilösung 452
Gum mastic / Mastixharz 440
Gum resin / Gummiharz 442
Gum(s) / Zahnfleisch 257
Gun / Geschütz 384, 402, 405
Gun (of ship) / Schiffskanone 402

Gun battery / Geschützbatterie 403
Gun carriage / Geschützlafette 385
Gun deck / Batteriedeck 388
Gun loading cage / Ladekäfig 404
Gun/cannon / Kanone 386, 387, 402, 403
Gunnery spotting top / Geschützausguck 402
Gunport / Geschützpforte/Stückpforte 384, 385, 387
Gunport drip / Stückpfortensüll 389
Gunport lid / Stückpfortendeckel 389
Gunship / Geschützträger 426
Gustatory nerves / Geschmacksnerven 222
Gutenberg discontinuity / Gutenberg-Diskontinuität 39
Guyot / Guyot 308
***Guzmania lingulata* (scarlet star)** / *Guzmania lingulata* (Gutsmanie) 169
Gymnophiona / Gymnophiona 188
Gymnosperm / Nacktsamer 128
Gymnospermae / Gymnospermae 128
Gynoeceum / Gynoeceum 146
Gypsum (Mohs scale) / Gips (Mohs-Skala) 281
Gypsum plaster / Gipsputz 468
Gyre / Strömungswirbel 306, 307

H

Habit / Habitus (Minerale) 280–281
Lebensweise (Ornithopoden) 102
Hadar / Hadar 21
Hadley cell / Hadley-Zelle 310
Hadrosaur / Hadrosaurier 102, 104, 105
Hadrosaurus / *Hadrosaurus* 102, 105
Haemal spine / Haemalbogen 186
Haematite / Hämatit 278
Hafnium / Hafnium 320
Hagfish / Inger 184
Hagia Sophia / Hagia Sophia 491
Hail / Hagel 312
Hair bulb / Haarzwiebel 245
Hair cells (of crista) / Sinneszellen (Ohr) 252, 253
Hair follicle / Haarwurzel (=Haarbalg) 244, 245
Hair gel / Haargel 316
Hair shaft / Haarschaft 244, 245
Hairbrush, artist's / Haarpinsel 436, 440, 442, 444
Hairs / Borsten 166
Haare 119, 132, 146, 148, 162, 166, 222, 244–245
Hakatai shale / Hakatai-Schiefer 287
Half hitch / halber Schlag 396
Half-bound book / Halbband 582
Half-column / Halbsäule 468, 472, 483
Half-court line / Mittellinie (Squash) 537
Half-shaft / Achswelle 348
Half-tone / Halbton 506
Halfway line / Mittellinie 528
Halfway-line flag / Mittellinienfahne (Fußball) 528
Halides / Halogenide 279
Halite/rock salt / Steinsalz 279, 286–287
Hall / Halle 503
Saal 470, 471
Halleflinta / Hälleflint 285
Halley's comet / Halleyscher Komet 52
Hallux / Hallux 90, 91, 92, 93
Halo / Halo 14
Heiligenschein 437
Halogen / Halogen 321
Halogen headlamp / Halogenscheinwerfer 362
Halyard(s) / Fall/Fallen (Schiff) 380, 383, 384, 390, 396
Hamada / Hammada 292–293
Hamal / Hamal 19, 20
Hamate / Hakenbein 240
Hammer / Hahn (Pistole) 541
Hammer 115, 489, 518, 534
Hämmerchen (Klavier) 519
Hammer fan / Hammerwurfsektor 534
Hammer handle / Hammergriff 115
Hammer mechanism / Schlagbohrmechanismus 558, 559
Hammer mechanism actuator / Schlagbohrumschalter 558, 559
Hammer rest / Hammer(ruhe)leiste 518
Hammer throw / Hammerwerfen 534, 535
Hammer with iron head / Eisenhammer 456
Hammer-beam / Stichbalken 477
Hammer-post / Stichbalkenträgerpfosten
Hammerhead / Hammerkopf 115
Hammerhead (shark) / Hammerhai 185
Hampshire (architecture) / Hampshire (Architektur) 486
Hand / Hand 90, 95, 103, 106, 107, 213, 220, 240–241
Zeiger (Uhr) 562, 563
Hand collet (clock) / Zeigermutter (Uhr) 563
Hand drill / Handbohrer 558, 559
Hand grip / Griff (Angelrute) 555
Hand press / Handpresse 453
Hand protection / Handschutz (Slalom) 545
Hand protector / Handschutz (Motocrossrad) 376
Hand pump / Handpumpe 425
Hand rest (bassoon) / Handstütze (Fagott) 512
Hand throttle / Drosselklappenhebel 431
Hand winch (all-terrain vehicle) / Handwinde (Geländefahrzeug) 364
Hand-baggage bin / Handgepäckfächer 420
Handaxe / Faustkeil 115
Handball / Handball 532, 533
Handball shoe / Handballschuh 533
Handball skills / Handballtechniken 533
Handbrake / Handbremse 334, 349, 350, 360, 369
Handbrake lever / Handbremshebel 347, 369
Handbrake quadrant / Handbremsenzahnbogen 349
Handbrake wheel / Handbremsrad 341
Handbuilt (car) / Handarbeit (Auto) 346
Handle / Griff 115, 528, 537
Griffstück (Steuerrad) 398
Hammerstiel 392
Handgriff 338, 559, 575
Handkurbel (Kupferdruckpresse) 451
Kurbel (Angelrute) 554, 555
Handle assembly (lawnmower) / Lenkereinheit (Rasenmäher) 575
Handle for all pans (camping equipment) / Universalgriff (Campingausrüstung) 364
Handle/grip / Griff (Linienrichterfahne) 528
Handlebar / Lenkerbügel (Fahrrad) 587
Lenkstange 369, 370, 376
Handlebar stem (bicycle) / Lenkerschaft (Fahrrad) 587
Handmade paper / Bütten, handgeschöpftes 449
Handrail / Handlauf 334,339, 481, 487
Handset (telephone) / Handteil (Telefon) 569
Handset cord / Hörerschnur 569
Handset cord plug / Hörerschnurstecker 569
Hang-glider / Drachen(flieger) 430
Hang-glider body-bag / Drachenkörperbeutel 430
Hanger / Hängelager 502
Hanging valley / Hängetal 296–297
Hapteron / Hapteron 122, 123
Harbour seal / Seehund 214
Hardback book / gebundenes Buch (Halbband/Ganzlederband) 582, 583
Hard hat / Sturzkappe (Springreiten) 546
Hard-disc drive / Festplattenlaufwerk 525
Hardness (minerals) / Härte (Minerale) 280–281
Hardwood laminated limb (bow) / Wurfarm aus laminiertem Hartholz (Bogen) 540
Hardy / Amboßschröter 454
Hare (animal) / Hase (Tier) 203
Hare (=Lepus) / Hase (Sternbild=Lepus) 21
Harley-Davidson FLHS Electra Glide / Harley-Davidson FLHS Electra Glide 370, 371
Harmika / Harmika 494, 495
Harmon, A.T. / Harmon, A.T. 498
Harmonically tuned exhaust pipe / Fächerkrümmer mit abgestimmten Rohrlängen 366
Harness racing / Sulkyrennen 547
Harp / Harfe 514, 515
Harpoon point / Harpunenspitze 115
Harpsichord / Cembalo 518, 525
Hassium/unniloctium / Hassium 321
Hatch / Luke 59, 401
Hatch board / Lukendeckel 380
Hatch coaming/shot garland / Lukensüll 389
Hatching / Schlüpfen 104, 198–199
Hatching of a quail's egg / Schlupf eines Wachtelkükens 198–199
Hathor / Hathor 462
Hathor Mons / Hathor Mons 37
Hauling part / holende Part 390
Haunch of arch / Bogenschenkel 488
Haustoria / Saugwurzeln 168
Haustorium / Haustorie 169
Haustration of colon / Aussackungen des Dickdarms 259
Haversian canal / Haverscher Kanal 235
Haversian lamella / Speziallamellen 235
Haversian system / Haversches System 235
Hawksmoor, Nicholas / Hawksmoor, Nicholas 482, 485
***Haworthia truncata* (haworthia)** / *Haworthia truncata* (Haworthie) 163
Hawse hole / Klüse 384, 386, 389
Hawse piece / Füllspant 389
Hawse pipe / Klüsrohr 401, 403
Hawser fairlead / Trossenführung 403, 405
Hawser/heavy rope / Trosse 394, 395, 396
Hawthorne / Hawthorne 35
Haystack boiler(steamer car) / Dampfkessel (Dampfwagen) 344
Head / Brustknopf (Bohrwinde) 559
Galion 384, 388
Kopf 91, 98, 174, 175, 188, 221, 222–223, 224, 240, 269, 516, 517, 536, 539, 544, 570, 571
Kopfliek (Wikingerschiff) 383
Oberschenkelkopf 234, 235
Schlägerkopf 539
Segelkopf 392, 393
Head beam / Galionsbalken 388
Head cringle / Kopfkausch 392
Head earing / Nockbändsel 383
Head hair / Kopfhaar 245
Head horn (*Euoplocephalus*)/ Kopfhorn (*Euoplocephalus*) 100
Head of ulna / Ellenkopf 241
Head rail / Bugreling 389
Galionsreling 387, 388, 389, 386
Head rope / Vorleine 395
Head shelf / Kopfleisten (Marginocephalier) 106
Head tube (bike) / Lenkkopfrohr (Fahrrad) 587
Lenkstangenschaft 369
Headband (tennis) / Stirnband (Tennis) 536
Headboard / Bugbalken 389
Header / Binder (Architektur) 489, 496
Headlamp/headlight / Scheinwerfer 336, 338, 339, 342, 343, 345, 346, 347, 348, 349, 359, 363, 365, 370, 371
Headlamp rim / Scheinwerferring 349
Headlamp shell / Scheinwerfergehäuse 349
Headlamp unit / Scheinwerfereinsatz 351
Headland / Landzungen 304, 305
Headphone jack / Kopfhörerbuchse (Walkman) 580
Headphone socket packing / Kopfhörerbuchsendichtung 580
Headrest / Kopflehne 369
Kopfstütze 339, 356, 359, 429
Headset / Kopfhörer (Walkman) 581
Lager (Lenksäule) 369
Headstock (motorcycle) / Spindelstock (Motorrad) 372
Headward erosion / Rückschreitende Erosion 300
Hearing / Hören 247

Heart / Herz 92, 100, 110, 176, 179, 182, 183, 187, 188, 191, 193, 195, 201, 202, 210, 212, 215, 224, 225, 260–261, 262, 265
Heart muscle / Herzmuskel 236, 260
Heart thimble / Herzkausch 391
Heart wall / Herzwand 260
Heartwood/ Kernholz 131
Heartbeat sequence / Herzschlagsequenz 260
Heat / Wärme 310–311, 322, 325
Heat energy / Wärmeenergie 324, 325
Heat exchange (stegosaur) / Wärmeaustausch (Stegosaurier) 99
Heat exchanger / Wärmeaustauscher 350 Wärmetauscher 324, 421
Heat exchanger air intake/ram scoop / Wärmetauscherlufteinlaß 425
Heat exchanger exhaust duct / Wärmetauscherabluft 424
Heat loss / Wärmeverlust 222
Heat regulation (thyreophorans) / Wärmeregulation (Thyreophora) 98
Heat shield (turbofan) / Hitzeschild (turbofan) 423 Wärmeschutzschild 371
Heat station / Heizkraftwerk 324
Heater, nuclear-powered / Heizung, atombetriebene 58
Heater unit / Heizungskasten 363
Heating boiler / Heizkessel 336
Heaver for wire serving / Kleidkeule zur Drahtbekleidung 391
Heaving line / Wurfleine 397
Heaving line knot / Wurfleinenknoten 397
Heavy chemical elements / schwere chemische Elemente 27
Heavy-duty shackle / Schwerlastschäkel 365
Hectare (ha) / Hektar (ha) 588
Hectolitre (hl) / Hektoliter (hl) 588
Hedera colchica **(Persian ivy)** / *Hedera colchica* (Kaukasischer Efeu) 143
Hedera helix **(common ivy)** / *Hedera helix* (Gemeiner Efeu) 137, 143
Heel / Absatz (Schuh) 560, 561 Ballen (Pferdefuß) 204 Ferse 90, 220, 242, 400, 539, 542
Heel nail / Absatznagel 561
Heel piece with blind release lever / Fersenautomatik 544
Height / Höhe 588, 589
Height adjuster / Höhenregulierung (Modelliertisch) 459 Schnitthöheneinstellhebel (Rasenmäher) 374
Height adjustment key / Höhenverstellschraube 524
Height/length (ornithopods) / Körpergröße (Ornithopoden) 102
Heine / Heine 35
Heka / Heka 18
Helen Planitia / Helen Planitia 36
Helianthus annulus **(sunflower)** / *Helianthus annulus* (Sonnenblume) 148
Heliconia peruviana / *Heliconia peruviana* 149
Helicoprion bessonowi / *Helicoprion bessonowi* 73
Helicopter / Hubschrauber 404, 414, 422, 426–427
Helicopter landing-pad / Hubschrauberlandeplatz 502
Helium / Helium 22, 24–26, 32, 33, 44–45, 46–47, 49, 51, 321
Helium-3-nucleus / Helium-3-Kern 22
Helium-4-nucleus / Helium-4-Kern 22
Helium line / Heliumlinie 23
Helix nebula / Helix (planetarischer Nebel) 17
Helleborus niger **(christmas rose)** / *Helleborus niger* (Christrose) 145
Hellenic plate / Ägäische Platte 65
Helmet / Fahrradhelm 368 Helm (Raumanzug) 57 Sturzhelm (Abfahrtslauf) 544
Helmsman / Steuermann 380, 381, 384
Help button / Hilfetaste (Computer) 579
Hemicyclaspis / *Hemicyclaspis* 62
Hemisphere (Earth) / Halbkugel (Erde) *cf. Northern Hemisphere, Southern Hemisphere*
Hemispheres (of brain) / Hemisphären (des Gehirns) 246
Hemispherical dome / Halbkugelkuppel 490, 491
Hen's egg / Hühnerei 198
Hen coop / Hühnerstall 403
Henry VIII, King of England / Heinrich VIII., König von England 384
Hepatic portal vein / Lebervene 263
Hepaticae / Hepaticae 124
Heptathlon / Siebenkampf 534
Heracleum **sp. (hogweed)** / *Heracleum* sp. (Bärenklau) 157
Heracleum sphondylium **(hogweed)** / *Heracleum sphondylium* (Gemeiner Bärenklau) 135
Herbaceous flowering plants / krautige Blütenpflanzen 134
Herbivore dinosaurs / herbivore Saurier 76, 94
Herbivores / Pflanzenfresser 88, 90, 94, 102, 106, 200
Hercules / Hercules 19, 20, 40
Hermaphrodite duct / Zwittergang 183
Hermit shale / Hermit-Schiefer 286
Herodotus / Herodotus 40
Herrerasauridae / Herrerasauridae 89
Herrerasaurus / *Herrerasaurus* 74, 92
Herringbone pattern / Fischgrätenmuster 492
Herrings / Heringe 186
Hertzsprung / Hertzsprung 41
Hertzsprung-Russell diagram / Hertzsprung-Russell-Diagramm 22–23
Hestia Rupes / Hestia Rupes 37
Heterocentrotus mammilatus **(pencil slate sea urchin)** / *Heterocentrotus mammilatus* (Griffelseeigel) 181
Heterodontosaurus / *Heterodontosaurus* 89
Heteropoda venatoria **(huntsman spider)** / *Heteropoda venatoria* (Jägerspinne) 177
Hexagon (architecture) / Sechseck (Architektur) 493
Hexagonal system / hexagonales System 280
Hexastyle pteron / Hexastylos 465
HF radio aerial / HF-Funkantenne 421
Hi-hat cymbal / Hi-Hat 522
Hibiscus / Hibiskus/Roseneibisch 132, 133
Hibiscus rosa-sinensis **(hibiscus)** / *Hibiscus rosa-sinensis* (Roseneibisch, Hibiskus) 132, 133
Hieroglyphs / Hieroglyphen 463
High altar / Hochaltar 474
High jump / Hochsprung 534, 535
High pressure / Hochdruck 310–313, 420, 422
High tide / Flut 306–307
High voltage cable / Hochspannungsleitung 324, 325
High(board) diving / Turmspringen 550
High-energy radiation / Energiereiche Strahlung 22
High-energy sugars / Zuckerverbindungen, energiereiche 144
High-explosive projectile / Explosivgranate 404, 405
High-jump mat / Hochsprungmatte 534
High-pressure areas / Hochdruckgebiete 310–313
High-pressure compressor / Hochdruckkompressor 422
High-pressure cylinder / Hochdruckzylinder 352
High-pressure turbine / Hochdruckturbine 422, 423
High-pressure zone / Hochdruckzone 310
High-speed lines / Hochgeschwindigkeitsstrecken 340
High-speed trains / Hochgeschwindigkeitszüge 338, 339
High-tension ignition lead / Hochspannungszündkabel 354
High-velocity air duct to disperse rain / Luftbeschleuniger zur Regenwasserbeseitigung 424
High-visibility tip (helicopter rotor blade) / Leuchtspitze (Hubschrauberrotorblatt) 427
High-wing aircraft / Hochdecker 428
Highland coastline / Steilküste 305
Highlighting (with Chinese white) / Höhung (mit Deckweiß) 442
Highlights / Lichter/Highlights (Kunst) 437, 441, 442
Hilbert / Hilbert 41
Hillman anti-kink weight / Hillman-Gewicht gegen Verdrillen 554
Hilum / Nabel (Samen) 154, 155, 157–159
Hilversum Town Hall (architecture) / Rathaus Hilversum (Architektur) 499
Himalayas / Himalaja 62, 63, 68, 69, 80, 81, 83, 274–275
Himeji (architecture) / Himeji (Architektur) 494
Himeji Castle / Schloß von Himeji 494
Hind foot (*Stegosaurus*) / Hinterfuß (*Stegosaurus*) 98
Hind leg / Hinterbein 95, 98, 101, 102, 104, 106, 107, 108, 109
Hindquarter / Hinterhand (Pferd) 204, 206, 207, 208, 209, 546
Hinduism (architecture) / Hinduismus (Architektur) 494
Hinge / Scharnier 416, 417, 418, 419, 429, 434
Hinge bracket / Scharniergabel 418
Hinge cells / Gelenkzellen 119
Hinge joint / Scharniergelenk 234
Hinged canopy / Klappdach 428
Hingeline (anticline) / Sattelscharnier (Erdfalte) 66
Hip / Hüfte 95, 98, 201, 221, 234 Walm 499
Hip girdle (*Ichthyostega*) / Beckengürtel (*Ichthyostega*) 86
Hip joint / Hüftgelenk 88, 90, 92, 93, 94, 96, 104, 107,
Hip(ped) roof / Walmdach 480, 481
Hip-rafter / Gratsparren 494
Hippeastrum **sp. (amaryllis)** / *Hippeastrum* sp. (Amaryllis) 161
Hippocampus kuda **(oceanic seahorse)** / *Hippocampus kuda* (Seepferdchen) 186
Hippophae rhamnoides **(sea buckthorn)** / *Hippophae rhamnoides* (Sanddorn) 142
Hippopotamus amphibius **(hippopotamus)** / *Hippopotamus amphibius* (Flußpferd) 83
Hippuris vulgaris **(mare's tail)** / *Hippuris vulgaris* (Tannenwedel) 141
Historism / Historismus 496, 497, 498
Hitch / Schlag 395, 396
Hitch pin / Plattenstift (Klavier) 518, 519
Hitch-kick (long jump) / Hitchkick (Weitsprung) 535
Hitch-kick style (long jump) / Laufsprungtechnik (Weitsprung) 535
Hitler, Adolf / Hitler, Adolf 350
Hittorff, Jacques-Ignace / Hittorff, Jacques-Ignace 485
HMS Warrior / *HMS Warrior* 400
Hock / Sprunggelenk 201, 204, 546
Hockney, David / Hockney, David 447
Hog's-back / Schweinerücken 293, 546
Hog hair brush / Chinaborstenpinsel 446 Schweineborstenpinsel 436, 438, 440, 448
Hogweed / Bärenklau 157
Hohenbuehelia / Saumpilz, Muschelseitling 121
Hohenbuehelia petaloides / *Hohenbuehelia petaloides* (Trichterförmiger Muschelseitling) 121
Hoisting sails / Segelsetzen 390
Hold (Judo) / Haltegriff (Judo) 548
Hold pillar/stanchion (ship) / Raumstütze (Schiff) 401
Holden / Holden 43
Holdfast / Haftorgan 122, 123, 184
Hole / Gewindebohrung (Auto) 356 Loch 338, 563
Hole for blood vessel / Blutgefäßdurchtrittsstelle 99
Hole for film rewind button / Rückspulstiftöffnung 585
Hollow airtight stopper / Hohlstopfen 323

Hollow bone / Röhrenknochen 235
Hollow disc wheel / Hohlscheibenrad 369
Hollow muscle / Hohlmuskel 260
Hollowed wood (castanets) / Holzschale (Kastagnetten) 521
Holmium / Holmium 321
Holocene epoch / Holozän 63, 289
Holy Ghost (dove as symbol) / Heiliger Geist (Taube als Symbol) 437
Homalocephale / *Homalocephale* 107
***Homarus* sp. (lobster)** / *Homarus* sp. (Hummer) 79
Home stretch (horse racing) / Zielgerade (Pferderennen) 547
Homeosaurus pulchellus / *Homeosaurus pulchellus* 77
Hominids / Hominiden 80, 81, 113, 114, 115
Hominoidea / Hominoidea 212
Homo erectus / *Homo erectus* 114
Homo habilis / *Homo habilis* 114
Homo sapiens (sapiens) / *Homo sapiens (sapiens)* 63, 82, 114, 115
Honda CB750 / Honda CB750 370, 371
Honda VF750 / Honda VF750 372
Hone / feiner Wetzstein 456
Honesty / Silberblatt 156
Honey guide / Saftmal 146, 147, 151
Honey locust / Lederhülsenbaum 143
Honeycomb coral / Lochkoralle 173
Honeycomb structure (Concorde elevon) / Honigwabenstruktur (Concorde-Elevon) 421
Hong Kong and Shanghai Bank / Hongkong-und-Shanghai-Bank 500, 501
Honshu / Hondo 274–275
Hood / Decklappen (Qualle) 173
Helm (Kobrapflanze) 166
Verdeck 349
Hood bag / Verdeckhülle 356
Hood frame / Verdeckrahmen 349
Hood/lid (pitcher plant) / Deckel (Schlauchpflanze) 119, 167
Hoof / Huf 102, 103, 111,204, 205, 206, 207, 208, 209, 546, 547
Hoof bone / Hufbein 204
Hoofed animals/ungulates / Huftiere 204–209
Hook / Angelhaken 554, 555
Haken (Block) 391
Hook-screw coupling / Schraubhakenkupplung 338
Hooked riffler / Hakenriffler 458
Hoop (anchor) / Ankerstockband 388
Hoover Factory / Hoover Factory 499
Hop (triple jump) / Hop (Dreisprung) 535
Hopper car / Füllwagen (Selbstentladewagen) 337
Horizontal frequency adjustment (TV) / Horizontalfrequenzeinsteller (Fernseher) 567
Horizontal stabilizer / Höhenstabilisator 427
Horn / Horn 91, 106, 108, 109, 110, 233, 510, 511
Hupe 347, 348, 349, 371
Sattelknopf (Reitsattel) 576
Waldhorn 511
Horn balance / Gegengewichthorn 418
Horn bulb / Hupenball 349
Hornfels / Hornfels 284
Horns (instruments) / Hörner (Instrumente) 507, 508, 509
Horny beak (chelonians) / Hornkiefer (Schildkröten) 192, 193
Horny scale / Hornschuppen 190
Horny tooth / Hornzähnchen 184
Horse chestnut / Roßkastanie 136, 142
Horse racing / Pferderennen 546, 547
Horseback / Pferderücken 576
Horsehair (stretched across length of bow) / Roßhaar (Bogenbespannung) 514, 515
Horsehead Nebula / Pferdekopfnebel 16
Horses / Pferde 80, 110, 111, 204–209, 547
Horseshoe arch (=Moorish arch) / Hufeisenbogen (=maurischer Bogen) 488
Horsetail / Schachtelhalm 72, 76, 126
Horst (fault) / Horst (Verwerfung) 67
Horu Geyser / Horu-Geysir 282
Horus / Horus 462
Host plant / Wirtspflanze 168, 169
Hot exhaust gases / heißer Luftstrom 423
Hot shoe / Blitzschuh 585
Hot spot / heißer Fleck 29
Hot Spot / Hot Spot 64, 308
Hot water hose / Heißwasserschlauch 335
Hot-air de-icing duct to fin / Heißluftdüse zur Enteisung der Finne 418
Hounds (ship) / Mastbacken (Schiff) 386
Hour hand (clock) / Stundenzeiger (Uhr) 562, 563
Hour hand screw (clock) / Stundenzeigerschraube (Uhr) 563
Hour line (sundial) / Stundenlinie (Sonnenuhr) 383
Hour marker (clock) / Stundenmarke (Uhr) 563
Hour wheel (clock) / Stundenrad (Uhr) 563
House / Haus 325, 328, 497, 498, 499
House spider / Hausspinne 177
Household / Haushalt 325
Housing (end-plate) / Gehäuseplatte (Mid-West-Wankelmotor) 414, 415
Housing for electric motors / Halterung für Elektromotoren 352
How jet engines work / Funktionszeichnungen von Luftstrahltriebwerken 423
Howe / Howe 36
***Howea forsteriana* (paradise palm)** / *Howea forsteriana* (Kentiapalme) 132
Howler monkey / Brüllaffe 213
HPV (Human Powered Vehicle) / HPV (Human Powered Vehicle) 368, 369
Hti / Hti 494
Huang He / Huang He 273
Huayangosauridae / Huayangosauridae 98
Huayangosaurus / *Huayangosaurus* 98, 99
Hub / Hochflanschnabe 369
Nabe 398, 399, 409, 428, 586, 587
Radnabe 344, 346, 361, 377, 418
Schraubennabe 398
Hub bolt / Nabenbolzen 348
Hub brake shoe / Bremsband 348
Hub cap / Radnabenkappe 346, 349, 360
Hub carrier / Nabenträger 361
Hub nut / Radlager-Einstellmutter 360, 361
Hub seal / Radlager 360, 361
Hubble space telescope / Hubble-Weltraumteleskop 54
Hudson Bay / Hudsonbai 274–275
Hughes, Patrick / Hughes, Patrick 452
Hull (ship) / Rumpf (Schiff) 381, 283, 400
Hull plank (ship) / Rumpfplanke (Schiff) 381
Humber engine / Humber-Motor 333
Humboldt Current / Humboldtstrom 306
Humerus / Humerus/Oberarm(knochen) 86, 90, 91, 92, 93, 94, 96, 97, 99, 100, 102, 103, 106, 108, 110, 111, 112, 189, 190, 192, 193, 195, 197, 201, 203, 205, 211, 212, 214, 216, 228
Humic acids / Huminsäuren 294
Hunkin, Tessa / Hunkin, Tessa 454, 455
Hunter's bend / Hunter-Knoten 396
Hunting bow / Jagdbogen 540
Hunting Dogs (=Canes Venatici) / Jagdhunde (=Canes Venatici, Sternbild) 18, 21
Huntsman spider / Jägerspinne 177
Hurdle race / Hürdenlauf 534
Hurricane / Hurrikan 312–313
Orkan 312–313
Husqvara Motocross TC610 / Husqvara Motocross TC610 376
Hyaenodon / *Hyaenodon* 80, 113
Hybrid bicycle / Hybridfahrrad 368, 369
Hydra / Wasserschlange (=Hydra, Sternbild) 20
Hydraulic (motorcycle brake) / Hydraulik (Motorradbremse) 373, 377
Hydraulic actuator attachment / Hydraulikantriebsbefestigung 417
Hydraulic brake fluid / Hydrauliköl 373
Hydraulic fluid chamber / Hydraulikölkammer 373
Hydraulic grab / hydraulischer Greifer 404
Hydrocarbon / Kohlenwasserstoff 323
Hydrochloric acid / Salzsäure 322
***Hydrochoerus hydrochaeris* (capybara)** / *Hydrochoerus hydrochaeris* (Wasserschwein) 203
Hydroelectric power station / Wasserkraftwerk 324
Hydrogen / Wasserstoff 16–17, 22, 24–25, 26, 32, 35, 45, 47, 49, 51, 318, 319, 320, 322, 323
Hydrogen atom (photosynthesis) / Wasserstoffatom (Photosynthese) 144
Hydrogen fluoride / Fluorwasserstoff (=Hydrogenfluorid) 318, 319
Hydrogen ions / Wasserstoffionen 322
Hydrogen lines / Wasserstofflinien 23
Hydrogen nucleus / Wasserstoffkern 22
Hydrogen sulphide / Schwefelwasserstoff 51
Hydroplane / Tiefenruder 404, 405
Hydroxide ions / Hydroxidionen 322
Hydroxides / Hydroxide 278
Hymenoptera / Hautflügler (=Hymeoptera) 174
Hyoglossus muscle / Zungenbein-Zungen-Muskel 254
Hyoid (bone) / Zungenbein (Mensch) 254, 255, 263
Hypacrosaurus / *Hypacrosaurus* 103
Hypaethral temple / Hypäthraltempel 464
Hyperesion / Hyperesion 381
Hypha / Pilzfaden 120, 121
Hyphae / Hyphen (=Pilzfäden) 120, 121
Hypocentre / Erdbebenherd/Hypozentrum 69
Hypocotyl / Hypokotyl 158, 159
Hypocotyl hook / Hypokotylhaken 159
Hypodermis (gymnosperms) / Hypodermis (Gymnospermen) 131
Hypodermis/subcutis / Unterhaut 244
Hypogymnia physodes / *Hypogymnia physodes* 120
Hypostyle / Hypostyl 462
Hypogeal germination / hypogäische Keimung 158–159
Hypothalamus / Hypothalamus 246
Hypsilophodon / *Hypsilophodon* 78, 88
Hypural / Hypuralia 186
***Hystrix africaeaustralis* (crested porcupine)** / *Hystrix africaeaustralis* (Stachelschwein) 203

I

I bar / I-Eisen 401
Ice / Eis 292, 296–297, 303, 312, 317
Ice ages/glacial periods / Eiszeiten 62, 63, 82
Ice caps / Eiskappen 42–43, 83
Ice crystals / Eiskristalle 312
Ice cubes / Eiswürfel 317
Ice hockey / Eishockey 542–543
Ice ring (ice hockey) / Eisbahn (Eishockey) 542, 543
Ice sheet / Eisdecke 83
ICE train (Intercity-Express) / ICE (Intercity-Express) 338
Ice-fall / Gletschersturz 297
Ichthyosaur / Ichthyosaurier/Fischsaurier 63, 76, 77, 78
Ichthyosaurus megacephalus / *Ichthyosaurus megacephalus* 77
Ichthyostega / Fischschädellurch 62
Ichthyostega / *Ichthyostega* 86
***Icterus galbula* (Baltimore oriole)** / *Icterus galbula* (Baltimore-Trupial) 199
Idle control valve / Leerlaufventil 354
Igneous rock / Effusivgestein 285
magmatische Gesteine 276, 284–285
Igniter / Zünder (Strahltriebwerk) 422
Igniter plug / Zündstecker 423

Ignition / Zündung 353, 356, 374
Ignition amplifier / Zündverstärker 355
Ignition cable / Zündkabel 353, 375
Ignition control, electric / Zündsteuerung, elektrische 370
Ignition lever / Zündverstellhebel 348
Ignition lock / Zündschloß 370
Ignition switch / Zündschalter 347
Ignition systems, computerized / Zündsysteme, computergesteuerte 354
Ignition trigger housing / Zündsteuerungsgehäuse 414
***Iguana iguana* (common iguana)** / *Iguana iguana* (Grüner Leguan) 88
Iguanodon / *Iguanodon* 78, 79, 102, 103
Iguanodontids / Iguanodontiden 102
Ileocaecal fold / Bauhinsche Klappe 259
Ileum / Ileum 195, 202
Krummdarm 236, 258, 259
Iliac arteries / Darmbeinarterien 263
Iliac artery / Hüftarterie 235, 263, 267
Hüftschlagader 225
Iliac crest / Darmbeinkamm 234, 235
Iliac fossa / Darmbeinschaufel 234
Iliac spine / Darmbeinstachel 234
Iliac vein / Hüftblutader 225
Hüftvene 225, 263, 267
Iliacus muscle / Darmbeinmuskel 235
Ilio-femoral muscle / Iliofemoral(is)-Muskel 90, 103
Ilio-fibular muscle / Iliofibular(is)-Muskel 90, 103
Ilio-tibial muscle / Iliotibial(is)-Muskel 90, 100, 103
Ilium/iliac bone / Ilium/ Darmbein 87, 90, 91, 92, 93, 94, 96, 99, 100, 102, 103, 104, 106, 107, 111, 113, 189, 195, 228
Illegal dribble (referee's signal) / Doppeldribbel (Schiedsrichterzeichen) 531
Illuminated fascia / Leuchtschriftband 502
Illuminated letter / Initial(e) 436, 448, 449
Illuminated locomotive number / Leuchtschrift-Zugnummer 336
Illuminated manuscript / illuminierte Handschrift 449
Imago / Imago 174
Imitation parchment paper / Pergamentimitat 449
Impact-resistance / Crashverhalten 338
Impasto (technique) / Impasto(-Technik) 440, 441
Impost (architecture) / Kämpfer (Architektur) 469, 470, 473, 488, 492
Impression of depth / Tiefeneffekt 437
In-board / Innenbord 553
Inboard lift spoilers / Innenbordspoiler 417
Inboard tab / Innenbordklappe 417
Incandescent filament (car light) / Glühfaden (Autolampe) 362
Inch / Zoll/Inch 588, 589
Incisions made with serrated tool / Sägeschnitte 459
Incisor (tooth) / Schneidezahn 112, 255, 256
Incompetent bed / Inkompetente Schicht 67
Indehiscent fruit / Schließfrucht 156
Independent portal swing axle / Einzelradaufhängung 365
Index button / Indexschaltfeld 579
Index finger / Zeigefinger 240, 241
India / Indien 68, 69, 70, 72, 74, 76, 78, 79, 80, 81, 82, 83, 102, 341, 492, 493, 494, 495
Indian Ocean / Indischer Ozean 79, 81, 83, 274–275
Indicator board (athletics) / Markierungsbrett (Leichtathletik) 534
Indicator light / Anzeigeleuchte (Lok) 337, 338
Indirect method (mosaic) / indirektes Setzverfahren (Mosaik) 454, 455
Indium / Indium 321
Indo-Australian plate / Indisch-australische Platte 65, 68, 69
Indochina (architecture) / Hinterindien (Architektur) 494
Inducer / Kompressoreinlaß 422
Induction stroke (= suck) / Ansaugtakt 353
Indus / Indus 20
Indus valley / Indus-Tal 492
Industrial Revolution / Industrielle Revolution/Industriezeitalter 496
Inert / reaktionsträge 329
Infection / Infektion 244
Inferior extensor retinaculum / Retinaculum musculorum extensorum 243
Inferior lingular segment (of upper lobe of left lung) / Untersegment (des linken Lungenoberlappens) 264
Inferior vena cava / untere Hohlvene 225, 261, 262, 263, 267
Inflation valve / Luftventil 411
Inflorescence / Blütenstand 119, 146, 154, 168, 169
Infloreszenz 146
Infra-red image / Infrarotbild 328
Infra-red map of our galaxy / Infrarotkarte unserer Galaxis 15
Infra-red radiation / Infrarotstrahlen/-strahlung 22, 328
Infra-red reconnaissance camera / Infrarotaufklärungskamera 424
Infra-red sensors / Infrarotsensoren 424
Infraorbital foramen / Foramen infraorbitale 112, 231
Unteraugenfenster 112, 113
Infraorbital margin / Margo infraorbitale 231
Infraorde / Zwischenordnung 94
Infraspinatus (muscle) / Untergrätenmuskel 237
Ingres paper / Ingrespapier 445
Injection-moulding technique / Spritzgußverfahren 362
Injury / Verletzung 244
Ink / Siebdruckfarbe 452
Tinte 448
Ink bottle / Tintenfaß 434
Ink dabber / Tampon (Einschwärzballen) 450
Ink pad / Stempelkissen 449
Ink pen/Rotring pen / Tuschestift 448
Ink roller / Farbwalze 453
Ink sac (octopus) / Tintenbeutel (Krake) 182
Ink stone / Tintenstein 448
Inlay, star pattern / Intarsien, sternförmige 493
Inlet / Meeresarm 305
Inlet cone / Einlaßkonus 422
Inlet manifold / Ansaugkrümmer 353, 355, 361
Einlaßsammelleitung 415
Inlet track/port/tract / Ansaugkanal 353, 355, 357
Inlet tract / Einlaßöffnung 414
Inlet valve / Ansaugventil 353
Einlaßventil 353, 355, 370
Inner cage assembly / Heizelementhalterung 573
Inner counter (letter) / Bunze (Buchstabe) 449
Inner dome / Innenkuppel 488, 491
Inner car / Innenohr 252, 253
Inner jib / Binnenklüver 393
Inner jib downhaul / Binnenklüverniederholer 393
Inner jib halyard / Binnenklüverfall 393
Inner jib sheet / Binnenklüverschot 393
Inner jib stay / Binnenklüverstag 390
Inner jib tag / Binnenklüverhals 390
Inner sock (shoe) / Decksohle (Schuh) 560, 561
Inner tube / Innenzugrohr (Posaune) 511
Schlauch (Reifen) 428, 587
Inner windscreen moulding / A-Säulenverkleidung 363
Input socket / Eingangsbuchse 57
Inscriptions / Inschriften 492
Insect fossils / Insektenfossilien 289
Insect trap (pitcher plant) / Insektenfalle (Schlauchpflanze) 119
Insect(s) / Insekt(en) 79, 174–175, 316
Insect-pollinated plants / Insektenblumen 150
Inselberg / Inselberg 293
Insert / Einsatzsegment 357
Insert blank (drill) / Einschubteil (Bohrer) 558
Insole / Brandsohle 560, 561
Inspection cover / Inspektionsöffnung 413
Wartungsklappe 411
Inspection door / Kontrolltür (Uhr) 563
Ölkontrollklappe 413
Inspection hatch / Inspektionsluke 336
Inspection socket / Inspektionssockel 336
Inspiration / Einatmung 265
Installing ring / Fixierring 585
Instructor's cockpit / Lehrercockpit 411
Instrument landing system (ILS) / Instrument-Landesystem (ILS) 424
Instrument landing system aerial / ILS-Antenne 416, 424, 425
Instrument panel / Instrumentenkonsole 426, 429
Instrumentalists / Instrumentalisten 508
Insulating pad / Isolierkissen 341
Insulating panel / Dämmtafel 501
Insulation / Isolation 326, 327, 420
Insulation (lamp) / Isolierung (Lampe) 564
Insulation grommet (CD-ROM) / Isolierdichtung (CD-ROM) 578
Insulator / Isolator 324
Intaglio (printing) / Tiefdruck(verfahren) 450
Intake pipe/port / Ansaugrohr 345, 375
Intake port / Einlaßkanal 356
Integrated circuit (IC) / Integrierte Schaltung (IC) 569
Integument / Hülle (Kiefernsamen) 128
Integument 152, 153
Intelligence / Intelligenz 246
Intensity of light / Lichtstärke (Kamera) 584
Inter-module bolted joint / Verschraubung zwischen zwei Bauteilen 423
Intercellular air space / Interzellulare 138
Intercellular space / Zwischenzellraum 145
Intercity-travel and touring (bus) / Überlandreisen (Bus) 342
Intercolumniation / Interkolumnium 465, 489
Intercompressor bleed valve / Kompressorüberdruckventil 423
Intercostal muscle (*Brachiosaurus*) / Intercostalmuskel (*Brachiosaurus*) 97
Zwischenrippenmuskel 265
Intercostal/rib muscles / Rippenmuskeln 264
Interdental septum / Zwischenzahnseptum 257
Interglacial period / Warmzeiten 82
Zwischeneiszeiten 82
Interior light Renault Clio / Innenbeleuchtung Renault Clio 363
Interlobular vein (of kidney) / Venae interloburares renis 266
Intermediate block / Querbau, rechteckiger 466
Intermediate frequency coil / Zwischenfrequenzspule 567
Intermediate group (dinosaur cladogram) / Zwischengruppe (Dinosaurierstammbaum) 89
Intermediate lamella / Schaltlamellen 235
Intermediate lift spoiler / Störklappe 418
Internal bridge / Innenbrücke 502
Internal carotid artery / innere Kopfarterie 262
Internal tibial flexor muscle / Flexor-tibialis-internus-Muskel 90
Internal urethral orifice / Harnröhrenmund 267
International squash court / internationaler Squashcourt 537
Internode / Halmglied 126
Internodium 126
Stengelglied 135, 136, 140, 160, 161, 164
Internuclear axis / Bindungsachse 318
Interosseous ligament / Zwischenknochenband 242
Interosseous muscle / Zwischenknochenmuskel 243
Interphalangal joint / Zehenendgelenk 242
Interradicular septum (tooth) / Zwischenwurzelseptum (Zahn) 257
Intersection / Durchschneidung 489
Intertrochantic line / Rauhe Linie 234

Intertropical convergence zone / äquatoriale Tiefdruckrinne 310
Intervertebral disc / Bandscheiben 222, 228, 233, 255, 269, 271
Intestines/guts / Darm 92, 175, 179, 185, 187, 188, 191, 193, 201, 204, 210, 212, 215
Intonaco (fresco) / Intonaco/(Ver)putz (Fresko) 438, 439
Intrados / Laibung 473, 488
Intrados/soffit of arch / Bogenlaibung 473, 488
Introitus / Introitus 268
Intrusion, hot igneous / Intrusion, heiße magmatische 284
Intrusive rock / Tiefengestein 284, 285
Invertebrates / Wirbellose 62, 71, 289
Inverter / Umformer 426
Inward dive / Delphinsprung (Wasserspringen) 550, 551
Io / Io 44
Iodine / Iod 321
IOE engine (motocyclette) / Einzylinder-Viertakter-Motor (Motocyclette) 370
Ionic bonding / Ionenbindung 318
Ionic capital / Ionisches Kapitell 464, 465, 480, 485, 489
Ionic column / Ionische Säule 465, 485, 487, 489
Ionic half-column / Ionische Halbsäule 468
Ionic order / Ionische Ordnung 464
Ions / Ionen 318, 320, 323
Iota Centauri / Iota Centauri 21
Iota Pegasi / Iota Pegasi 19
Iota Sagittarii / Iota Sagittarii 21
***Ipomea batatas* (sweet potato)** / *Ipomea batatas* (Süßkartoffel) 161
Iran / Iran 341, 492
Ireland / Irland 341
Iridium / Iridium 321
Iridocorneal angle (eye) / Kammerwinkel (Auge) 251
Iris / Iris (Pflanze) 143
Regenbogenhaut (Auge) 223, 236, 251, 379
***Iris lazica* (iris)** / *Iris lazica* (Iris) 143
Iron / Eisen 64, 321, 327, 496, 497, 539
Eisenschläger (Golf) 539
Iron anchor / Eisenanker 400
Iron armature support / Gerüsteisen 439
Iron core (electromotor) / Eisenkern (Elektromotor) 327
Iron deposits / Eisenvorkommen 35, 37, 39
Iron filings / Eisenspäne 327
Iron meteorite / Eisenmeteoriten 52
Iron oxide / Eisenoxid/Eisenoxyd 277, 287, 434, 437
Iron plates / Eisenplatten 400
Iron pressure bar (piano) / Eisenrahmen (Klavier) 518
Iron ship / Eisenschiff 400, 401
Iron tracery / Eisenmaßwerk 497
Iron tyre / Eisenreifen 344
Iron wire stay / Drahtseilstag 400
Ironstone / Eisenstein 287
Irregular galaxy / unregelmäßige Galaxis 10–11, 13
Irreversible reactions / nicht umkehrbare Reaktionen 322
Ischial tuberosity / Sitzbeinhöcker 234
Ischium / Sitzbein (=Ischium) 87, 88, 90, 91, 93, 94, 96, 99, 100, 102, 104, 106, 107, 108, 179, 189, 195, 228, 234
Ishtar Terra / Ishtar Terra 36–37
Islamic architecture / islamische Architektur 492, 493
Islamic art / islamische Kunst 492, 493
Islands / Inseln 301, 304
Isocline / Isokline 67
Isolation / Isolation (Evolutionsfaktor) 110
Isolator valve / Absperrhahn 335
Trennventil 335
Isoseismal lines / Isoseisten 69
Isotopes / Isotope 319, 320
Israel / Israel 303, 491
Istanbul (architecture) / Istanbul (Architektur) 491
Isthmus (water hyacinth) / Brücke (Wasserhyazinthe) 164
Isthmus of fallopian tube / Isthmus tubae 269
Italian State Railways / Italienische Staatsbahnen 338
Italic Roman / Humanistische Kursive 449
Italy (architecture) / Italien (Architektur) 466–469, 477, 478, 479, 482, 486, 491, 499
Itimad-ud-Daula / Itimad-ud-Daula 493
Ivory bell ring / Elfenbein-Schallstückzierring 512
Ivory black / Elfenbeinschwarz 444
Ivy / Efeu 136

J

Jack (piano) / Stoßzunge (Klavier) 518
Jack rafter / Schiftsparren 477
Jack staff / Bugflaggenstock 402, 403
Göschstock 383, 387
Jacket-wall/chemise / Wallmauer 470, 471
Jacob's ladder / Jakobsleiter 386
Jaguar V12 engine / Jaguar-V12-Motor 355
Jali / Jali (=Steingitterfenster) 492, 493
Jamb / Fenstergitter 496
Jami Masjid / Jami Masjid 492
Japan / Japan 341, 494, 500
Javelin (sport) / Speer (Sport) 534
Javelin fan / Speerwurfanlage 534
Javelin throw / Speerwerfen 534, 535
Jaw / Kiefer 91, 114, 182, 187, 222, 256
Klemmbacke 565, 559
Spannbacken (Bohrer) 559
Teilung (Manilatrosse) 397
Jaw-bone / Kieferknochen 102, 112, 114, 257
Jawless fish (=Agnatha) / Kieferlose Fische 184–185
Jazz / Jazz 510
Jeer / Rahhanger 385
Jejunum / Leerdarm 258
Jellyfish / Quallen 62, 84, 172–173
Jerrycan / Kanister 364, 365
Jerrycan carrier / Kanisterhalterung 365
Jerusalem (architecture) / Jerusalem (Architektur) 491
Jet engines / Luftstrahltriebwerke 423
Strahltriebwerke 414, 422–423
Jet of exhaust gases / Abgasstrahl 423
Jet pipe / Turbinenabluft 427
Jet pipe connection / Strahlrohrverbindung 423
Jet plane / Düsenjet 416
Jet planes / Turbinenflugzeuge 416–417, 418, 419
Jet stream / Jetstream/Strahlstrom 310
Jewel Box (star cluster) / Schmuckkästchen (Sternhaufen) 11
Jib boom / Klüverbaum 387, 389
Jib fairlead / Vorschot-Umlenkrolle 553
Jib halyard / Klüverfall 388, 393
Jibsail / Klüver 387, 393
Jockey / Jockey 546, 547
Jockey wheel (bike) / Schaltwerkrolle (Fahrrad) 586
Jodhpurs / Reithose 546
Joined eyelids (reptile) / Brille (Reptil) 190
Joining latch / Verbindungsriegel 413
Joint / Falz (Buch) 582
Fugenverbindung (Gitarre) 516
Körpergelenk *cf. joints*
Spalt (Höhlenbildung) 295
Jointed leg / Gliederfuß 85, 174, 175
Jointed plug / Wobbler, zweiteiliger 555
Jointed solidified lava (columns) / säulenförmig erstarrte Lava 302
Jointer / Verbinder 578, 580
Joints / Gelenke 88, 234–235
Gelenkverbindung (Lampe) 564
Joist / Querbalken 468
Joliot / Joliot 41
Jones, H. / Jones, H. 497
Joule (J) / Joule (J) 324, 325, 328
Joystick (HPV) / Steuerknüppel (HPV) 369
Judge (judo) / Außenrichter (Judo) 548
Judo / Judo 548
Judo belt / Obi 548
Judo fighter / Judoka 548
Judo kit / Judoanzug/Judogi 548
Judo mat / Judomatte 548
Judo throws / Judowürfe 548
Jugal plate / Jochbeinplatte (*Euoplecephalus*) 100
***Juglans nigra* (black walnut)** / *Juglans nigra* (Schwarznußbaum) 143
Juice sac / Saftschlauch 154
Julius Caesar / Julius Caesar 40
Jump (triple jump) / Jump (Dreisprung) 535
Jump ball (basketball) / Sprungball (Basketball) 531
Jump seat/opera seat/strapontin / Notsitz 347
Jump shot / Sprungwurf 530, 533
Jumper cable / Steckverbindung 338
***Juncus* sp. (rush)** / *Juncus* sp. (Binse) 141
Junior ratings / Mannschaftsgrade 405
Junk / Dschunke 384
Junk ring / Dichtkolben 333
Jupiter / Jupiter 30, 31, 44–45
Jurassic period / Jura (Erdperiode) 63, 76, 77, 94, 289
Jury mast knot/mast head bend / Masttoppstek 397
Justicia aurea / *Justicia aurea* 150
Juwel anemone / Juwelenanemone 172

K

Kabardin (horse) / Kabardiner (Pferd) 206
Kabe (=oar pivot) / Kabe (=Ruderkeipe) 383
Kaibab limestone / Kaibab-Kalkstein 286
Kaibab Plateau / Kaibab-Plateau 287
Kaiparowits formation / Kaiparowits-Schicht 286
Kaiparowits Plateau / Kaiparowits-Plateau 287
Kalahari Desert / Kalahari 275
***Kalanchoe daigremontiana* (Mexican hat plant)** / *Kalanchoe daigremontiana* (Brutblatt) 160
Kalasa finial / Kalasha 493
Kalos / Kalos 380
Kame / Kames 296
Kame delta / Kamesdelta 296
Kame terrace / Kamesterrasse 296
Kangaroo / Känguruh 216, 217
Kappa Pegasi / Kappa Pegasi 19
Kara Kum / Karakum-Wüste 275
Karnak / Karnak 462
Karv / Karv 382
Kasugado Shrine of Enjoji / Kasugaodschrein von Enjoji 494
Kasuga-style / Kasugastil 494
Katastroma / Katastroma 381
Kaus Australis / Kaus Australis 19–21
Kaus Borealis / Kaus Borealis 21
Kaus Meridionalis / Kaus Meridionalis 21
Kawana House / Kawanahaus 500
Kayak / Kajak 552
Kayenta formation / Kayenta-Schicht 286
Kazakstania / Kasachstan (Kasakstania) 71
KdF Wagen / KdF-Wagen 350
Kedostris africana / *Kedostris africana* 119
Keel / Kiel (Schiff) 382, 383, 385, 386, 388, 400, 401, 552
Kielbein 195
Keel boats / Kielboote 552
Keel box / Kielkasten 421
Keeled lesene / kielförmige Lisene 490
Keeler / Keeler 41
Keelson (=kelson) / Kielschwein 399, 552
Keep/donjon / Bergfried 470
Keeper ring / Öse (Angelrute) 554
Kelvin temperature scale / Kelvin-Temperaturskala 588
Kendo / Kendo 548
Kentrosaurus / *Kentrosaurus* 99
Kepler / Kepler 40
Kepresh crown / Chepreschkrone 462
Keraia / Keraia 380
Keratin (skin and hair) / Keratin (Haut und Haare) 244
Kestrel / Turmfalke 195
Ketch / Ketsch 392, 393
Kettle / Gletschertopf 296
Kessel 303, 523
Kettle drum / Kesselpauke 523
Kettle lake / Gletschertopfsee 296
Kesselsee 303

Kevlar / Kevlar 392, 396
Key / Klappe (Holzblasinstrumente) 512, 513
Manualtaste 518
Schlüssel 368, 562
Taste 518, 519, 524, 525, 568
Tonart 506
Key guard / Klappendeckel (Saxophon) 513
Klappenschutz 513
Key rod / Klappengestänge/Klappenstange (Saxophon) 513
Key signature / Tonartvorzeichen 506
Keybed / Klaviaturboden 518
Keyboard / Keyboard 524
Klaviatur 518, 519
Tastatur 518, 525, 579
Keyboard instruments / Tasteninstrumente 518–519, 524
Keyboard lid / Klaviaturdeckel 519
Keypad casing (telephone) / Tastenrahmen (Telefon) 568
Keypad membrane (telephone) / Tastaturmembrane (Telefon) 568
Keys (woodwind instruments) / Klappen (Holzblasinstrumente) 512, 513
Keystone / Schlußstein 467, 469, 473, 480, 481, 482, 483, 485, 486, 488, 489
Keystone (East-West) amplifier integrated circuit / Ost-West-Entzerrungs-IC 566
Keyway / Keilnut 398
Kick-down / Kick-Down (Schwimmen) 550
Kick-starter / Kickstarter 371, 374
Kidney / Niere 92, 96, 185, 187, 188, 191, 193, 195, 201, 210, 215, 224, 225, 266, 267
Kidney ore (=haematite) / Nierenerz (=Hämatit) 278
Killer whale / Schwertwal 215
Kilogram (kg) / Kilogramm (kg) 330, 588, 589
Kilolitre (kl) / Kiloliter (kl) 588
Kilometre (km) / Kilometer (km) 588, 589
Kimberlite / Kimberlit 285
Kimono / Kimono 548
Kinetic energy / Bewegungsenergie/kinetische Energie 324, 325
Kinetic sculptures / Kinetische Plastiken 456
King pin / Achsschenkelbolzen 346, 348
King post / Firstsäule (Architektur) 468, 477, *also king-post*
Spannmast (Flugzeug) 408, 409, 430, 431
King spoke / Mittschiffsspake 398
King-post / Firstsäule 468, 477
King-strut / Firstsäule 483
Kirby BSA racing sidecar / Kirby BSA Rennbeiwagen 377
Kittiwake / Dreizehenmöwe 196
Kiwi fruit / Kapstachelbeere/Kiwi 155, *also cape gooseberry*
Knee / Knie 90, 95, 98, 102, 104, 106, 107, 109, 201, 203, 204, 213, 217, 221, 383
Knee cover / Kniepauschenüberzug 576
Knee joint / Kniegelenk 90, 93, 94, 96, 100, 104, 107, 108, 113, 229
Knee of the head / Galionsscheg 386
Knee pads / Knieschützer (Volleyball) 532
Knee protection / Knieschützer (Eishockey) 543
Knee roll / Kniepausche 546, 576
Knee wheel / Knierad (Judo) 548
Knife / Konturenmesser 453
Malspachtel/Palettenmesser 440
Knightheads / Ohrhölzer 388
Knob / synaptischer Knoten 238, 249
Stollen (Reifen) 373, 376, 586
Knobbly tread pattern (trials tyre) / Stollenprofil (Geländereifen) 373, 376
Knobbly tyre / Stollenreifen 376, 586
Knock-off wheel nut / Zentralverschlußmutter (Beiwagenrad) 370
Knots/hitches / Seemannsknoten 394, 395, 396, 397
Knuckle / Fingerknöchel 221
Koala / Koala 217
Kochab / Kochab 18
Kope (oar) / Kope (Riemen) 380, 381
Korolev / Korolew 41
Krypton / Krypton 321
Kuan Han-ch'ing / Kuan Han-Ch'ing 35
Kubernetes / Kubernetes 380
Kunzite / Kunzit 281
Kuroshio Current / Kuroshio(-Strom) 307

L

L waves / L-Wellen/Oberflächenwellen 69
Label / Etikett 569
Labellum / Lippe (Orchideenblüte) 132
Labia / Schamlippen 268
Labial palp / Labialpalpus 174
Labrum / Labrum 174
Laburnum / Goldregen 143
***Laburnum* x *watereri* (laburnum)** / *Laburnum* x *watereri* (Goldregen) 143
Labyrinth (ear) / Labyrinth (Ohr) 252, 253
Laccolith / Lakkolith 285
Lace trim / Borte 346, 347
Lacerta / Eidechse (Sternbild=Lacerta) 19, 20
Lacertilia / Lacertilia 190
Lacrimal bone / Lacrimale/Tränenbein 108, 187, 231
Lacrimal canaliculus / Tränenröhrchen 251
Lacrimal gland / Tränendrüse 251
Lacrimal punctum / Tränenpunkt auf dem Tränenhügel 251
Lacrimal sac / Tränensack 251
Lacuna / Interzellularraum 141
Lacustrine terrace / Terrassenbildung eines Gletschersees 296
Lada Terra / Lada Terra 36–37
Ladder / Leiter 340, 380, 381
Ladder of nib widths / Federbreitenleiter (Buchstabe) 449
Ladder way / Fallreepsleiter 404
Lagomorpha / Hasentiere (=Lagomorpha) 202–203
Lagoon Nebula / Lagunennebel 21
Lagoons / Lagunen 300–301, 304–305, 309
***Lagopus lagopus* (willow grouse)** / *Lagopus lagopus* (Moorschneehuhn) 199
***Lagostomus maximus* (plains visacha)** / *Lagostomus maximus* (Visacha) 203
Lake Baikal / Baikalsee 275, 302
Lake Erie / Eriesee 274
Lake Huron / Huronsee 274
Lake Michigan / Michigansee 274
Lake Nyasa / Njassasee 275
Lake Ontario / Ontariosee 274
Lake Superior / Oberer See 274
Lake Tanganyika / Tanganjikasee 275
Lake Victoria / Victoriasee 275
Lakes / Seen 276, 277, 285, 293, 296, 297, 300–301, 302–303
Lakshmi Planum / Lakshmi Planum 37
Lamb, T. / Lamb, T. 498
Lambda Andromedae / Lambda Andromedae 19
Lambda Pegasi / Lambda Pegasi 19
Lambdoid suture / Lambdanaht 230
Lambeosaurus / *Lambeosaurus* 102, 104, 105
Lamella / Knochenlamelle 235
Lamelle (Pilze) 120, 121, *also gill*
Thylakoidmembran 145
Lamina / Lamina 119, 133, 142, 160, 167
Wirbelbogen 232, 233
***Laminaria digitata* (oarweed)** / *Laminaria digitata* (Fingertang) 122
Laminated/compound glass (windscreen) / Verbundglas (Windschutzscheibe) 365
***Lamium* sp. (deadnettle)** / *Lamium* sp. (Taubnessel) 141
Lamp / Lampe 362, 564–565
Lamp bracket / Laternenhalter 346, 352
Lamp guard / Scheinwerferschutz 365
Lamp holder coupling / Fassungshalterung 565
Lamp shield / Lampenschutz 340
Lampland / Lampland 43
Lamprey / Neunauge 184
***Lampropeltis ruthveni* (banded milk snake)** / *Lampropeltis ruthveni* (Gebänderte Milchschlange) 190
***Lampropeltis triangulum annulata* (Mexican mountain king snake)** / *Lampropeltis triangulum annulata* (Mexikanische Bergkönigsnatter) 190
Lampshade / Lampenschirm 564
Lanceolate leaf / lanzettliches Blatt 137, 142
Lancet arch / Lanzettbogen 477, 488
Land animals / Landfauna/Landtiere 74, 94
Land erosion / Landabtragung 292
Land plants / Landpflanzen 70, 84
Land vertebrates / Landwirbeltiere 70
Land(ing) / Landung (Sport) 535
Land-planes / Landflugzeuge 412
Landau/barouche / Landauer 344
Landing area (athletics) / Sprunggrube 534
Landing flap / Landeklappe 425, 429
Landing gear / Fahrwerk 421, 424, 428, 429
Landing gear adjustment screw / Fahrwerkseinstellschraube 409
Landing gear door / Fahrwerksklappe 412, 413, 418, 420, 424, 425
Landing gear fork / Fahrwerksgabel 413
Landing gear hydraulics / Fahrwerkshydraulik 421
Landing gear leg / Fahrwerksbein 421, 424, 428, 429
Landing gear radius arm / Steuerstange (des Fahrwerks) 409
Landing gear strut / Fahrwerksstrebe 408, 409, 431
Landing leg / Landebein 59
Landing light / Landelicht 413, 418, 419
Landescheinwerfer 426, 427
Landing position / Landeposition 412
Landing skid / Landekufe 406, 407, 408, 409, 411, 426, 427
Landscape features / Landschaftsmerkmale 300–301, 304
Lane / Laufbahn 534
Schwimmbahn 550
Lane time-keeper / Bahn-Zeitnehmer 550
Langrenus / Langrenus 40
Lantern / Laterne (Gebäude) 482, 483, 484, 485, 490, 491, 498
Lanthanides (rare earths) / Lanthanoide (=Seltene Erden) 320–321
Lanthanum / Lanthan 320
Lanyard / Abzugsleine (Schwimmweste) 553
Taljereep 381, 390, 391
Lap / Stadionrunde 534
Lap strap / Bauchgurt (Curtiss Model-D Pusher) 406
Lap-strap attachment bracket / Gurtbefestigung 429
Lapilli / Lapilli 282
Lapis lazuli / Lapislazuli 437
Large Magellanic Cloud / Große Magellansche Wolke 13, 20–21
Larkspur / Rittersporn 136, 137
***Larus marinus* (greater blackbacked gull)** / *Larus marinus* (Mantelmöwe) 199
***Larus ridibundus* (common blackheaded gull)** / *Larus ridibundus* (Lachmöwe) 195
Laryngeal nerve / Kehlkopfnerv 254
Larynx / Kehlkopf/Larynx 188, 210, 224, 225, 254
Laser (CD-ROM) / Laser (CD-ROM) 578
Laser control / Lasersteuerung 362
Laser light / Laserstrahl 329
Laser ranger and marked-target seeker / Ziellaser 424
Lasso / Lasso 576
Last (shoe) / Leisten (Schuh) 560, 561
Latch handle (lawnmower) / Lenkerhöhenverstellung (Rasenmäher) 575
Late Cretaceous / Oberkreide 67, 98, 102, 106
Late Jurassic / Oberjura 102
Late Triassic / Obertrias (=Obere Trias) 94
Lateen mizzen sail / Besanlateinersegel 383
Lateen sail / Lateinersegel 383, 392

Lateral angle of eye / Augenwinkel 223
Lateral angle of mouth / Mundwinkel 223
Lateral basal segment (of bronchial tree) / Seitenbasissegment (des Bronchialbaums) 264
Lateral bracing strut / Querstrebe (Avro Biplane) 411
Schrägspannstrebe 410
Lateral branch / Seitenast (Schachtelhalm) 126
Seitenzweig 125, 161
Lateral bud / Seitenknospe 133, 135–137, 140, 160, 161
Lateral canal / Füßchenkanal 180, 181
Seitenkanal (Zahn) 257
Lateral column (cervical vertebra) / Seitensäule (Halswirbel) 233
Lateral line / Seitenlinie (Knochenfisch) 187
Lateral mass / Massa lateralis 232
Lateral plate / Seitenplatte 84, 101
Lateral root / Seitenwurzel 133, 134, 136, 139, 158, 159
Lateral segment (bronchial tree) / Seitensegment (Bronchialbaum) 264
Lateral shoot, modified / Seitensproß, umgewandelter 162
Lateral sulcus / Sylviussche Spalte 247
Lateral vein (leaf) / Seitenader (Blatt) 142
Lateral ventricle (brain) / Großhirnseitenkammer 246, 247
Latex rubber cap / Latexbadekappe 550
Lath / Dachlatte 468
***Lathyrus latifolius* (everlasting pea)** / *Lathyrus latifolius* (Breitblättrige Platterbse) 135
***Lathyrus odoratus* (sweet pea)** / *Lathyrus odoratus* (Gartenwicke) 134
Latissimus dorsi / Rückenmuskel, Breiter 237
***Latrodectus mactans* (black widow spider)** / *Latrodectus mactans* (Schwarze Witwe) 177
Lattice forces / Gitterkräfte 317
Lattice window / Gitterfenster 496
Lattice-beam / Fachwerkträger 501, 502
Gitterträger 500
Lattice-work / Gitterwerk 493
Latticed shade / Gitterschirmdach 499
Latticework / Fachwerk 470, 471, 481
Laughing muscle / Lachmuskel 239
Launch vehicle / Startrakete 56
Laurasia / Laurasia 72, 76, 77, 78
Laurentia / Laurentia 71
Laurussia / Laurussia 73
Lava / Lava 36, 40, 42, 44, 68, 276, 282–283, 284–285, 308
Lava types / Lavatypen 282, 283
Lavaflow / Lavafluß/Lavastrom 283
***Lavatera arborea* (tree mallow)** / *Lavatera arborea* (Baummalve) 137
Lavinia Planitia / Lavinia Planitia 36–37
Law of inertia / Newton's first law / Trägheitsgesetz 331
Lawnmower / Rasenmäher 374–375
Lawrencium / Lawrencium 321
Lay-up shot (basketball) / Korbleger (Basketball) 550
Le Corbusier / Le Corbusier 498
Le Verrier ring / Le-Verrier-Ring 50–51
Lead / Blei 278, 291, 321
Lead covering / Bleiblecheindeckung 491
Lead iodide / Bleiiodid 323
Lead nitrate / Bleinitrat 323
Lead shot (maraca filling) / Schrotkugeln (Maracafüllung) 521
Lead tin yellow / Bleigelb 437
Lead weight / Bleigewicht 539
Lead white / Bleiweiß 437
Lead-in wire / Zuleitung (Glühlampe) 329
Leader / Leitast 136
Leading spark-plug / Frühzündungs-Zündkerze 356
Leaf / Blatt (Architektur) 495
Laubblatt 128–131, 158, 159, 161, 168
Leaf/leaves (plants) / Blatt/Blätter (Pflanzen) 126, 127, 129, 132, 133, 134, 135, 136, 137, 138, 142–143, 144, 160, 161, 162, 163, 165, 166, 167, 168, 169, 325
Leaf area, reduced / Blattfläche, verkleinerte 162
Leaf base / Blattgrund/Blattbasis 129, 132, 133, 134, 135, 142, 143, 158, 163, 164, 167, 168, 169
Leaf bud / Blattknospe 131
Leaf margin / Blattrand 142, 163
Leaf pair, unified / Blattpaar, vereintes 163
Leaf primordium / Blattprimordium 140
Leaf scars / Blattnarben 129, 134, 135, 136, 140
Leaf spring / Blattfeder 334
Leaf stalk/petiole / Blattstiel 118, 119, 129, 132–137, 142, 143, 150, 159–162, 163, 165
Leaf succulents / Blattsukkulenten 162, 163
Leaf tip / Blattspitze 142, 143, 160, 161
Leaf trace / Blattspur 133
Leaf vein / Blattnerv 132, 133, 137, 164, 165
Leaflet / Blättchen 124, 125, 127, 129, 132, 134, 136
Fieder 119, 127, 129, 135, 142, 143
Leaflet stalk/petiolule / Fiederblattstiel 142
Leafy thallus / **blattartiger Thallus** 122
Lean-to roof / Pultdach (Kirchen) 473, 474, 476
Leather / Leder 344, 370, 513, 520, 560, 561, 577, 582–583
Lederstreifen (Sattel) 577
Leather cover (book) / Ledereinband (Buch) 582
Leather hood (Bordino Steam Carriage) / Lederdach (Bordino-Dampfwagen) 344
Leather seat (saddle) / Sitzfläche (Sattel) 576, 577
Leather strap (cymbals) / Lederschlaufe (Becken) 521
Leather treated to make it sticky / Leder mit Haftbeschichtung 537
Leather upholstery (car) / Lederpolster (Auto) 347
Leather valance (car) / Lederschürze (Auto) 347
Leather-bound book / Ganzlederband (Buch) 582, 583
LED (=Light Emitting Diode) / LED (Leuchtdiode) 578
Leda Planitia / Leda Planitia 36–37
Ledge / Decksrippe 389
Leech/leach / Liek 382, 392
Leechline / Gording 383
Left hand screw (rigging screw) / Linksgewinde (Wantenspannschraube) 391
Left wing / Linksaußen 533, 542
Leg / Bein 87, 90, 220, 453, 570, 571
Schenkel (Zirkel) 456
Leg bones / Beinknochen 111, 234
Leg bud / Beinknospe 270
Leg guard / Schienbeinschützer (Slalom) 545
Leg pad (ice hockey) / Schienbeinschutz (Eishockey) 543
Leg protector (ice hockey) / Beinschiene (Eishockey) 543
Leg veins (man) / Beinvenen (Mensch) 263
Legal/business address / Geschäftsadresse 343
Legs / Beine 174, 175, 176, 177, 178, 179, 188, 189, 190, 191, 192, 193, 206, 207, 208, 209
Legume (fruit) / Hülse (Frucht) 156
Leibnitz / Leibnitz 41
Lemercier, J / Lemercier, J. 490
Lemon / Zitrone 154
***Lemur catta* (ring-tailed lemur)** / *Lemur catta* (Katta) 213
Lena River / Lena 275
Length adjuster / Längsverstellung 429
Length of poplar / Pappelstamm 457
Length of the game (basketball) / Spieldauer (Basketball) 530
Lenoir, Etienne / Lenoir, Etienne 344
Lens / Linse 250, 251, 579, 584
Lens alignment / Objektivwechsel 585
Lens barrel (camera) / Objektiv (Kamera) 585
Lens group (camera) / Linsengruppe (Kamera) 585
Lens lock release lever / Bajonettentriegelung (Kamera) 584, 585
Lenticels / Lentizellen 136, 140
Lenticular bob (clock) / Pendellinse (Uhr) 562
Lentiform nucleus (brain) / Linsenkern (Gehirn) 247
Leo / Leo *cf. Lion*
Leo Minor / Kleiner Löwe (=Leo Minor, Sternbild) 18, 21
Leonapsis / *Leonapsis* 289
Leonid meteor shower / Leonid-Meteorschauer 52
***Leontopithecus rosalia* (golden lion tamarin)** / *Leontopithecus rosalia* (Löwenäffchen) 213
Lepidodendron / *Lepidodendron* 72, 73
Lepidoptera / Lepidoptera 174
Lepidotes maximus / *Lepidotes maximus* 79
Leptoceratops / *Leptoceratops* 109
Lesene / Lisene 469, 477, 480, 481, 484, 485, 489, 490
Lesser Lion (=Leo Minor) / Kleiner Löwe (=Leo Minor, Sternbild) 18, 21
Lesser/Little Dog (=Canis Minor) / Kleiner Hund (=Canis Minor, Sternbild) 18, 21
Letronne / Letronne 40
Lettering styles / Schriftarten 449
Levator anguli oris / Mundwinkelheber 239
Levator labii superioris / Oberlippenheber 239
Levator palpebrae superioris / Oberlidheber 251
Levee / Uferwall 299, 300–301
Level (basketball) / Spielklasse (Basketball) 530
Level-wind system / Schnurführung 554
Lever / Hebel 330, 331, 334, 335
Lever arm / Hebelarm 330
Lever arm of the effort / Kraftarm 330, 331
Lever principle (brace-and-bit) / Hebelprinzip (Bohrwinde) 558
Lever system (semaphore signal) / Hebelsystem (Flügelsignal) 340
Li^+ ion / Li^+-Ion 318
Liang K'ai / Liang K'ai 35
Libellulium longialatum / *Libellulium longialatum* 79
Libertyship / Libertyship 400
Libra / Waage (=Libra, Sternbild) 18, 21
Library (architecture) / Bibliothek (Architektur) 487
Library level / Bibliotheksebene 500
Libreville (architecture) / Libreville (Architektur) 500, 502
Lichen thallus / Flechtenthallus 120
Lichens / Flechten 120
Lid / Deckel (Konzertflügel) 519
Geschützpfortendeckel 385
Lierne / Lierne 473
Life buoy / Rettungsring 403
Life span (ornithopods) / Lebensspanne (Ornithopoden) 102
Life-raft / Rettungsfloß 420
Lifeboat davit / Rettungsbootdavit 403
Lifeboat/whaler / Rettungsboot 402, 403
Lifeguard / Lebensretter 542
Lifejacket / Schwimmweste 552, 553
Liferaft cylinder / Rettungsinsel 405
Lift / Toppnant 384, 385, 386
Lift bracing wire / Auftriebseil 407, 409, 411
Spann- und Steuerseil 431
Lifting handle (bonnet) / Motorhaubengriff 346
Lifting hook / Abschlepphaken 367
Lifting lug / Tragzapfen 340
Lifting power / Auftrieb (Flugzeug) 410
Ligament of foot / Fußband (menschlicher Körper) 242
Ligament of head of femur / Kopfband des Oberschenkels 235
Ligaments (human body) / Bänder (menschlicher Körper) 234
Ligaments of foot / Fußbänder 242
Ligature (saxophone) / Blattschraube (Saxophon) 513
Light / Licht 322, 324, 325, 328–329
Light aircrafts / Leichtflugzeuge 414, 428–429
Light alloy / Leichtmetallegierung 334
Light alloy wheel / Leichtmetallrad 356, 360, 361, 372, 373, 376, 377
Light bulb / Glühbirne 564, *also bulb*

Light emitting diode (LED) / Leuchtdiode 578
Light energy / Lichtenergie 324, 325, 329
Light frame / Leichtbaurahmen 368
Light hour / Lichtstunde 14
Light metal / Leichtmetall 370
Light screen (searchlight) / Suchscheinwerferabdeckung 402
Light signal / Lichtzeichenanlage 340
Light sources, artificial / Lichtquellen, künstliche 329
Light switch / Lichtschalter 349, 371
Light-weight frame / Leichtgewichtrahmen 369
Light-well / Lichtschacht 491
Light-year / Lichtjahr 14
Lighterman's hitch / Halbstek, doppelter 397
Lightning flashes / Gewitterblitze 326
Lightweight / Leichtbau 376, 498, 502
Lightweight slabs / Leichtbauplatten 498
Lignite / Braunkohle 290
Lignum vitae bearing / Gujakholzlager 395
Lilienthal, Otto / Lilienthal, Otto 406
Lilies / Lilien 146, 161
***Lilium* (lily)** / *Lilium* sp. (Lilie) 139, 144, 146, 161
***Lilium bulbiferum* (orange lily)** / *Lilium bulbiferum* (Feuerlilie) 160
Lily, root of / Lilie, Wurzel der 139
Limb / Sattelflanke (Erdfalte) 66
Teilkreis (Schaufelrad) 398
Limber hole / Pumpensodloch 401
Lime / Kalk (Fresko) 438
Lime plaster (fresco) / Kalkputz (Fresko) 439
Limestone (caves) / Kalk(stein) 66, 84, 284, 295, 498
Limestone spring / Karstquelle 302
Limestone/calcite / Kalk (Höhlen) 294
Lime water / Kalkwasser 323
Limonite / Limonit 278–279
***Linaria* sp. (toadflax)** / *Linaria* sp. (Lein) 135
Line (rig) / Leine (Takelung) 396, 397
Linienführung 435
Schnur (Angel) 554
Linea alba / Sehnenstreifen, weißer 236
Linear leaf / lineares Blatt 143
Lines of magnetic flux / Feldlinien 327
Linesman / Linienrichter 528, 532, 536, 537, 542
Linesman's flag / Fahne (des Linienrichters) 528
Lingual nerve / Zungennerv 254
Lingual tonsil / Zungenmandel 255
Lining / Futter 360, 571
Futterstoff (Stuhl) 571
Rückeneinlagepapier (Buch) 583
Lining of underside of saddle / Kissenunterboden (Sattel) 576
Link / Längslenker 370
Linkage / Gelenk (Motorrad-Seitenwagen) 370
Linocut, block print / Linolschnitt 450
Linoleum / Linoleum 453
Linseed / Leinsamen 440
Linseed oil (for painting) / Firnis 440
Leinöl (für Malerei) 440
Linseed-oil varnish / Leinölfirnis 440
Lintel / Türsturz 463
Sturz (geol./arch.) 305, 498
Lion / Löwe (Raubtier) 200
Lion (=Leo) / Löwe (Sternbild=Leo) 18, 21
Lion crest (ship's shield) / Löwenkopf (Schiffsschild) 403
Lionfish / Rotfeuerfisch 186
Lip / Gießer (des Mörsers) 436
Lippe 132, 184, 222
Lip tension / Lippenspannung 510
Lip-in latch / Einhängehaken 430
Lips vibrating / Lippenschwingung 510
Liquid / Flüssigkeit 316, 317
Liquid crystal display / Flüssigkristallanzeige 581
Liquid helium / flüssiges Helium 45
Liquid hydrogen / flüssiger Wasserstoff 44–45, 46–47, 56
Liquid oxygen / Flüssigsauerstoff 56
Liquidambar europaeanum / *Liquidambar europaeanum* 82
***Liquidambar styraciflua* (sweetgum)** / *Liquidambar styraciflua* (Amberbaum) 82
***Litchi chinensis* (lychee)** / *Litchi chinensis* (Litschi) 154
Lithification / Lithifikation 276
Lithium / Lithium 318, 320
Lithographic crayon / Lithokreide 450, 452
Lithographic ink / Fettusche 450
Lithographic pencil / Lithostift 452
Lithographic printing / Flachdruck/Steindruck 450
Lithographic stone / Lithostein 452
Lithography / Lithographie 452
Lithops bromfieldii / *Lithops bromfieldii* 163
***Lithops* sp.** / *Lithops* sp. 162
Lithosphere / Lithosphäre 64
Litre (l) / Liter (l) 588, 589
Little Bear (=Ursa Minor) / Kleiner Bär (=Ursa Minor) 20, 21
Little finger / kleiner Finger 240, 241
Little grebe / Zwergtaucher 196
Live steam water injector control / Frischdampf-Wassereinspritzungsregler 335
Liver / Leber 92, 100, 185, 187, 188, 191, 193, 195, 201, 202, 212, 215, 224, 258, 270
Liverworts / Lebermoose 118, 124
Livestock car / Viehwagen 337
Living/sitting room / Wohnzimmer 498
Lizard / Eidechse (Tier) 190
Backstag 390
Lizard-hipped dinosaurs / Echsenbecken-(Dino)saurier, *also saurischian*
Lizards / Echsen 190–191
Lancet window / Lanzettfenster 474, 475, 476
Load / Last 330, 331
Load space / Ladefläche 344
Loading arm / Ladearm 404
Loading gauge / Lademaß 340, 341
Loading mechanism (CD-ROM) / Lademechanismus (CD-ROM) 578
Loading tray (CD) / Schublade (CD) 578
Lobe of leaf, dorsal / Blattlappen, oberer 164
Lobe of liver / Leberlappen 258
Lobed feet (little grebe) / Schwimmlappen (Zwergtaucher) 196
Lobster / Hummer 79, 178
Lobule (of ear) / Ohrläppchen 252
Local control cabinet / Steuerkammer 404
Location of solar system / Lage des Sonnensystems 14
Location of volcanoes / Vulkanvorkommen 283
Lock (bike) / Fahrradschloß 368
Lock button (drill) / Raste (Bohrer) 558
Lock control / Verschlußregler 335
Lock nut / Abschlußmutter 587
Lock washer (bicycle) / Sicherungsscheibe (Fahrrad) 586
Lockheed Electra / Lockheed Electra 412, 413
Locking differential / Sperrdifferential 365
Locking plate / Sicherungsblech 361
Locomotive unit number / Zugnummer 336, 338
Locomotives / Lokomotiven 334–339
Lodging knee (ship) / Horizontalknie (Schiff) 389
Loft / Dachboden 481
Loft (Golf) 539
Log / Holzklotz 454
Logo / Firmen(logo) 342, 343, 358, 377, 411, 419
Loin / Lende 204, 220
London (architecture) / London (Architektur) 471, 476, 477, 481, 484, 486, 488, 491, 497, 499
London Bridge / London Bridge 471
Long bone / Röhrenknochen 233
Long johns / Long Johns (lange Unterhosen) 552
Long jump / Weitsprung 534, 535
Long pass / Handballpaß (Basketball) 530
Long ton / long ton 588
Long-distance run(ning) / Langstreckenlauf 534
Long-distance trains / Fernzüge 340
Long-wave (radio) / Langwelle 328
Longboat / Barkasse 388
Beiboot 388
Langboot 388
Longeron (ARV Super 2) / Längsprofil (ARV Super 2) 428
Longitudinal channel / Längskanal 126
Longitudinal fissure (brain) / Großhirnspalte 246, 247
Longitudinal muscle, superior / Zungenlängsmuskel, oberer 255
Longitudinal ridge-rib / Längsrippe (Gewölbe) 489
Scheidbogenrippe 473
Longrod stabiliser (bow) / Frontstabilisator (Wettkampfbogen) 541
Longshore drift / Strandversetzung 304–305
Look-out / Ausguck 383
Look-out periscope / Ausguckerperiskop 404
Loop of Henlé / Henlesche Schleife 266
Lopolith / Lopolith 284
Lorenzetti, Ambrogio / Lorenzetti, Ambrogio 437
Losing electrons / Elektronenabgabe 318
Lost-wax method of casting / Guß mit verlorener Form 458–459
Lotus / Lotus 463, 492, 493
Loudspeaker / Lautsprecher 516, 524, 525, 567, 579
Lounge (paddlesteamer) / Salon (Raddampfer) 400
Louvre / Jalousie (Architektur) 497, 502
Love-in-a-mist / Jungfer im Grünen 156, 157
Low pressure / Tiefdruck (Wetter) 310–312
Low tide / Niedrigwasser 306–307
Low-pressure areas / Tiefdruckgebiete 310, 311–312
Low-pressure cylinder / Niederdruckzylinder 332
Low-pressure fan / Niederdruckfan 422
Low-pressure turbine / Niederdruckturbine 422, 423
Lowell / Lowell 43
Lower deck / Unterdeck 342, 343, 401
Lower deck beam / Unterdecksbalken 401
Lower deck tie plate / Unterdeckstringer 401
Lower leg / Unterschenkel 88, 217, 221, 242, 546
Lower mast / Untermast 386, 400
Lower topsail brace / Untermarssegelbrasse 393
Lower topsail clewline / Untermarssegelgeitau 393
Lower yard / Unterrah 403
Lower-energy radiation / energiearme Strahlung 22
Lowering sails / Segeleinholen 390
Lowering the pitch of a note / Tonerniedrigung 506
***Loxodonta africana* (African elephant)** / *Loxodonta africana* (Afrikanischer Elefant) 210
Lubricating pipe / Schmierleitung 335
Lucarne window / Lukarne/Dachfenster 484, 490
Lufengosaurus / *Lufengosaurus* 95
Luff / Mastliek 392, 393
Luff cloth / Doppelung (Segel) 392
Luff slide / Mastrutscher 392
Lug / Bolzenauge 394
Felldruckreifen 522
Ringauge 390
Lug foresail / Luggervorsegel 393
Lug sail / Luggersegel 384, 392
Luggage boot / Kofferraum 370
Luggage grid (Renault 1906) / Dachgalerie (Renault 1906) 346
Luggage rack / Gepäckablage 339
Gepäckträger 370
Luggage space / Gepäckraum 342
Lugger / Lugger 392, 393
Lugs (drum) / Spannrahmen (Trommel) 523
Lumbar nerves / Lendennerven 248
Lumbar vertebrae / Lendenwirbel 87, 94, 96, 102, 104, 107, 190, 192, 193, 201, 203, 205, 211, 216, 232, 233
Lumbrical muscle / Regenwurmmuskel 241
Luminous power (of paint) / Leuchtkraft (von Farben) 436, 441
Lump hammer / Fäustel 456, 457

Luna 9 / *Luna 9* 58
Lunae Planum / Lunae Planum 45
Lunar mission / Mondmission 59
Lunar orbit / Mondumlaufbahn 59
Lunar overshoe / Mondüberschuh 57
Lunar rover / Monderkundungsfahrzeug 59
***Lunaria annua* (honesty)** / *Lunaria annua* (Silberblatt) 157
Lunate (bone) / Mondbein 240
Lunette / Lünette 484
Lung(s) / Lunge 92, 97, 100, 110, 183, 188, 189, 191, 193, 195, 201, 202, 212, 215, 224, 254, 260, 264, 265
Lungfish/dipnoans / Lungenfische 86
Lunokhod I / *Lunochod I* 54
Lunule / Halbmond (Fingernagel) 241
Lures / Köder 555
Lutetium / Lutetium 321
Luxury car / Luxuswagen 346
Lychee / Litschi 154
Lycoming six-cylinder engine / Lycoming-6-Zylinder-Triebwerk 426
Lycopodiatae / Lycopodiatae 126
***Lycopodium* (clubmoss)** / *Lycopodium* (Bärlapp) 70, 126
Lymphocytes / Lymphozyten 265
Lynx / Luchs (=Lynx, Sternbild) 18, 21
Lynx (Hubschrauber) 404
Lyre (= Lyra) / Leier (=Lyra, Sternbild) 19, 20
Lysosome / Lysosom 227

M

M22 (globular cluster) / M22 (Kugelsternhaufen) 21
Mach / Mach 41, 420
Machine head / Wirbelschrauben 516, 517
Machine heads / Mechanik (Gitarre) 517
Machinery control room / Maschinensteuerraum 405
Machinery raft / Maschinentragwerk 405
Machines, simple / Maschinen, einfache 330
Mackenzie-Peace River / Mackenzie 274
Macrobius / Macrobius 40
Macrofibrils / Makrofibrillen 244
Macrospicule / Makrospicula 33
Macula / Gelber Fleck (Auge) 250, 251
Madagascar / Madagaskar 106, 275
Madonna and Child / *Madonna mit Kind* 459
Madreporite / Madreporenplatte 180, 181
Maenianum summum / Maenianum summum 469
Magazine / Magazin (Waffe) 541
Magellanic Cloud / Magellansche Wolke 15, 20
Maginus / Maginus 40
Magma / Magma 64, 276, 282, 284, 308, 309
Magma chamber / Magmakammer 283, 285
Magnesium / Magnesium 64, 306, 320
Magnesium lines / Magnesiumlinien 23
Magnetic axis / magnetische Achse 28
Magnetic compass / Magnetkompaß 427
Magnetic domains / Elementarmagneten 326, 327
Weissche Bezirke 327
Magnetic field / Magnetfeld 326, 327, 328, 580
Magnetic field line / Magnetfeldlinie 28, 38
Magnetic fields / magnetische Felder 326, 327, 328
Magnetic forces / Magnetkräfte 327
Magnetic tape (personal stereo) / Magnetband (Walkman) 580
Magnetic track / Magnetspuren 580
Magnetism / Magnetismus 326–327
Magnetisation / Magnetisierung 327
Magneto drive / Magnetantrieb 375
Magneto ignition (system) / Magnetzündung 407
Magnetosphere of earth / Magnetosphäre der Erde 38
Magnets / Magneten 326
Magnolia / *Magnolia* 78
Magnolia / Magnolie 78
Magnolias, first / Magnolien, erste 63
Mahogany frame / Mahagoniholzrahmen 346
Mahonia / Mahonie 137
***Mahonia lomariifolia* (mahonia)** / *Mahonia lomariifolia* (Mahonie) 137
Maiasaura / *Maiasaura* 104
Maidenhair tree / Ginkgo 74, 78, 289
Maillot / Schotschäkel 394
Main air duct / Hauptluftleitung 421
Main arch / Hauptbogen 488
Main artery / Hauptarterie 262
Main barrel assembly / Objektivgehäuse 585
Main bearing housing / Kurbelwellenhauptlager 334, 335
Main bitt / Großbeting 389
Main brace / Großbrasse 381
Main brake cylinder / Hauptbremszylinder 361, 372
Main companion way / Hauptniedergang 388
Main course / Großsegel 381, 383, 384, 387, 393
Main crank / Hauptkurbelwange 398
Main deck / Hauptdeck 401, 553
Main deck beam / Hauptdecksbalken 401
Main deck tie plate / Hauptdeckstringer 401
Main door / Haupttür 418
Main engine / Hauptmaschine 405
Main exhaust silencer / Hauptschalldämpfer 431
Main gaff topsail / Groß-Gaffeltoppsegel 393
Main group metals / Hauptgruppenmetalle 320–321
Main halyard / Großfall 381
Main hoisting cage / Hauptaufzugskorb 404
Main (rotor) hub / Hauptnabe (Rotor) 426
Main integrated circuit / Hauptschaltkreis 580
Main journal / Hauptlagerzapfen 337
Main landing gear / Hauptfahrwerk 406, 407, 409, 411, 412, 421, 424, 425, 428
Main landing gear crossbeam / Hauptfahrwerksgelenk 421
Main landing gear fairing / Hauptfahrwerksverkleidung 419
Main mast / Großmast 383, 384, 385, 386, 400
Main mast hole / Großmastkoker 389
Main mast step / Großmastspur 400
Main pivot (landing gear) / Hauptgelenk (Fahrwerk) 418
Main ring / Hauptring 44
Main root / Hauptwurzel 133, 134, 136
Main rotor / Anker (Generator) 327
Hauptrotor 427
Main rotor hub / Hauptrotornabe 427
Main rotor mast / Hauptrotorwelle 426
Main sequence star / Hauptreihenstern 11, 22-23, 24, 26
Main sheer strake / Hauptschergang 401
Main sheet / Großschot 381, 383, 388, 553
Main shroud / Unterwant 386
Main spar bridge / Hauptholm 417
Main stay / Großstag 387, 393
Main steam supply pipe / Hauptdampfversorgung 399
Main stem (Gnoss) / Hauptstämmchen (Moos) 123
Main strut / Hauptstrebe 410
Main suspension (microlight) / Rahmenrohr (Ultra-)Leichtflugzeug 430
Main top rail / Großmarsreling 386
Main top yard / Großmarsrah 385, 387
Main topcastle / Großmars 385, 386
Main topgallant mast / Großbramstenge 385, 386
Main topgallant sail / Großbramsegel 387
Main topgallant shroud / Großbramwant 386
Main topgallant stay / Großbramstengenstag 387
Main topgallant yard / Großbramrah 385, 387
Main topmast / Großmarsstenge 385, 386
Main topmast backstay / Großbrampardune 386
Main topmast preventer stay / Großmarsstengeborgstag 387
Main topmast shroud / Großmarswant 386
Main topmast stay / Großmarsstengestag 385
Großstengestag 387
Main topmast topcastle / Großstengenmars 385
Main topsail / Großmarssegel 387
Main topyard halyard / Großtoppsegelfall 393
Main turbine / Hauptturbine 405
Main veins / Hauptvenen 262, 263
Main vessel/nave / Hauptschiff 472, 473, 474, 483, 488
Main wheel / Hauptrad 430
Main wing bracing-strut / Hauptflügelstrebe 409
Main yard / Großrah 384, 385, 387
Mainplane (racing car wing) / Hauptflügel (Heckspoiler) 366, 367
Mainrail head / Relingskopf 387
Mains input lead / Zuleitung (Toaster) 572
Mains switch (CD-ROM) / Netzschalter (CD-ROM) 578
Mainspring (clock) / Zugfeder (Uhr) 562
Mainspring barrel / Federhaus (Uhr) 562
Mainstay tackle / Großstagtakel 387
Maintenance crane (architecture) / Wartungskran (Architektur) 502
Maize/corn / Mais 133
Making a soccer ball / Fußballherstellung 529
Malachite (colour pigment) / Malachit (Farbpigment) 437
Malacostraca / Malacostraca 178
Malaysia (track gauge) / Malaysia (Spurweite) 341
Male fern / Wurmfarn 126, 127
Male gametes / männliche Gameten 123, 125, 127, 128, 130, 132, 133
Schwärmer (Antherozoid) 125
Mallard (steam locomotive) / Mallard (Dampflok) 334
Mallet / Hammer (Segelmacher) 392
Hämmerchen für Schlaginstrumente 520
Klöpfel 456
Mallet handle / Hammergriff (Segelmacherhammer) 392
Mallet head / Segelmacherhammerkopf 392
Malleus / Hammer (Gehörknöchelchen) 252
Malpighian tubule / Malpighische Gefäße 175, 176
Malus (Roman ship) / Malus (Römerschiff) 381
***Malus* sp. (apple)** / *Malus* sp. (Apfel) 132
***Malus sylvestris* (apple)** / *Malus sylvestris* (Apfel) 133
Mammalian orders / Säugerordnungen 110
Mammals / Säugetiere/Säugetiere 62, 63, 76, 78, 80, 81, 82, 83, 88, 89, 110–113
Mammoth / Mammut 81, 82, 83, 113
***Mammuthus* (mammoth)** / *Mammuthus* (Mammut) 82, 83, 110
***Mammuthus primigenius* (mammoth)** / *Mammuthus primigenius* (Mammut) 83
Man/humans / Mensch(en) 63, 82, 80, 81, 114, 115, 218–271, 324, 325, 579
Manchester / Manchester 342
Mandapa / Mandapa 49
Mandarinfish / Mandarinfisch 186
Mandible / Dentale 200, 203, 211
Mandibel 174, 179
Unterkieferknochen 108, 113, 230, 231
Mandible/lower jaw / Unterkiefer 86, 89, 90, 94, 96, 97, 100, 102, 103, 106, 108, 109, 110, 111, 112, 113, 222, 230, 254, 255, 256, 258
Mandibular gland / Unterkieferdrüse 255
Mandrill / Mandrill 213
***Mandrillus sphinx* (mandrill)** / *Mandrillus sphinx* (Mandrill) 213
Mane / Mähne 200, 203, 207, 209
Maned wolf / Mähnenwolf 201
Manganese / Mangan 320
Manharness knot/butterfly knot/artillery loop / Stellingstek 397

Manila / Kraftpapier 582
Manilla rope / Manilatrosse 597
Manned space exploration / Bemannte Raumfahrt 56–58
Manoeuvrability / Manövrierfähigkeit 408
Mantle / Mantel 35, 37, 39, 41, 43, 49, 51, 64, 69, 182, 183
Mantle cavity / Mantelhöhle 179, 182
Mantle muscles (octopus) / Muskelmantel (Krake) 182
Manual / Manual 518
Manually operated brake / Feststellbremse (Handbremse) 429
Manufacture's badge / Firmenzeichen des Herstellers 342
Manufacturer's logo / Markenzeichen des Herstellers 337, 371
Manufacturing time / Produktionszeit 348
Manuscript / Handschrift 449
Map projections / Landkartenprojektionen 274–275
Maple / Ahorn 133
Maple wood (violin) / Ahornholz (Geige) 514
Maquette (clay model) / Maquette (Tonmodell) 459
Maracas / Maracas 508, 520, 521
Marble / Marmor 284, 454, 457, 491, 493
Marble block / Marmorblock 457
Marble carving (tools) / Marmorbildhauerei (Werkzeuge) 456
Marble claw / Zahneisen (zur Marmorbearbeitung) 456, 457
Marble dust / Marmorstaub 458
Marble sculpture / Marmorplastik 456, 457
Marble slab / Marmortablett 458
Marble veneer / Marmorfurnier 466
Marbled paper (book) / Marmorpapier (Buch) 582
Marchantia polymorpha / *Marchantia polymorpha* 124
Mare's tail / Tannenwedel 141
Mare Crisium / Mare Crisium 40
Mare Fecunditatis / Mare Fecunditatis 40
Mare Frigoris / Mare Frigoris 40
Mare Humorum / Mare Humorum 40
Mare Imbrium / Mare Imbrium 40
Mare Ingenii / Mare Ingenii 41
Mare Moscoviense / Mare Moscoviense 41
Mare Nectaris / Mare Nectaris 40
Mare Nubium / Mare Nubium 40
Mare Orientale / Mare Orientale 41
Mare Serenitatis / Mare Serenitatis 40
Mare Smithii / Mare Smithii 41
Mare Tranquillitatis / Mare Tranquillitatis 40
Mare Vaporum / Mare Vaporum 40
Mareotis Fossae / Mareotis Fossae 43
Margaritifer Sinus / Margaritifer Sinus 43
Marginal shield / Marginalplatte 193
Marginocephalians (=Marginocephalia) / Marginocephalier (=Marginocephalia)/Randkopfechsen 89, 106, 107
Maria (moon caters, "seas") / Maria (Mondkrater, „Meere") 40
Marine invertebrates / Meereswirbellose 71
Marine sediments / Meeressedimente 290
Mariopteris / *Mariopteris* 72
Markab / Markab 19, 20
Markeb / Markeb 21
Marker lamp bulb / Einfadenkugellampe 362
Marker light (bus) / Begrenzungsleuchte/licht (Bus) 342, 343
Marlinspike / Marlspieker 391, 397
Marlinspike hitch / Marlschlag 396
Mars (planet) / Mars (Planet) 30, 42–43
Mars 3 / *Mars 3* 55
***Mars*, Giambologna** / *Mars* von Giambologna 458, 459
Marsupialia / Marsupialia 216
Marsupials / Beuteltiere 110, 216–217
Martellange, E. / Martellange, E. 483
Martingale / Martingal 546
Stampfstag 390, 391
Martingale backrope / Stampfstockgei 390
Mary Magdalene / *Maria Magdalena* 457
Mary Rose / *Mary Rose* 384
Mascaron / Maskaron 491
Mask / Maske 464, 491
Maskenornament 464, 491
Mask/face mask / Gesichtsmaske 342, 548, 549
Masking tape / Kreppband/Malerband 447
Mason's mark / Steinmetzzeichen 474
Mason's tools / Steinmetzwerkzeug 489
Mass / Gewicht 330, 588, 589
Masse 30–31, 318, 319, 320, 325, 328, 330, 331, 588, 589
Mass extinction / Massenaussterben 72, 78
Mass production of cars / Massenproduktion von Autos 348, 349, 350, 351, 358
Mass units / Massenmaße 588, 589
Masseter / Kaumuskel (Mensch) 239
Massive stars / Massereiche Sterne 26–27
Massospondylus / *Massospondylus* 89, 95
Mast / Mast 340, 380, 381, 382, 383, 384, 385, 386–387, 388–389, 390, 403, 502, Stenge 386
Mast band / Mastband 390
Mast hoop / Mastreif 393
Mast partner / Fischung 389
Mast step / Mastspur 400
Mast truck / Mastknopf 380
Master's sea cabin / Offizierskajüte 389
Master cylinder (brake) / Hauptzylinder (Bremse) 371, 373
Master electrical switch / elektrischer Hauptschalter 367
Masthead / Mastspitze 381
Masttopp 383, 386
Masticatory muscle / Kaumuskel (Ceratopsiden) 106
Mastoid fontanelle / Seitenfontanelle, hintere 230
Mastoid process / Warzenfortsatz 230, 232, 252
Matar / Matar 19
Match (tennis) / Match (Tennis) 536
Match play (golf) / Lochspiele (Golf) 538
Mato Grosso / Mato-Grosso-Hochland 274
Matter / Materie 316–317
Mauve / malvenfarbig 444
Mawsonites spriggi / *Mawsonites spriggi* 71
Maxilla / Maxillare 187, 189, 200, 211, 212
Oberkieferknochen (Mensch) 230, 231
Maxillary fenestra (*Diplodocus*) / Oberkieferfenster (*Diplodocus*) 96
Maxilliped / Kieferfuß 179
Maxwell Montes (Venus) / Maxwell Montes (Venus) 36–37
Mazda RX-7 / Mazda RX-7 356
McFayden, Jock / McFayden, Jock 451
MCW-Metrobus, London / MCW-Metrobus aus London 342
Meadow cranesbill / Wiesenstorchschnabel 150
Meadow rue / Wiesenraute 143
Meander / Mäander 298–299, 300, 465
Means of mass transportation / Massenverkehrsmittel 342
Measure of capacity / Hohlmaße 588, 589
Measure(ment)s of capacity / Raummaße 588, 589
Measures / Maße 588, 589
Measures of area / Flächenmaße 588, 589
Measures of length / Längenmaße 588, 589
Measuring the altitude / Höhenwinkelmessung 384
Mecca (architecture) / Mekka (Architektur) 492
Mechanical lubricator / Selbstöler 335
Mechanics / Mechanik 331, 360, 361
Mechanism of respiration (man) / Atmungsmechanismus (Mensch) 265
Medal/stroke play (golf) / Zählspiele (Golf) 538
Medallion / Medaillon 480
Medial moraine / Mittelmoräne 296–297, 299
Median canal / Schneckengang 253
Median cubital vein / Vena mediana cubiti 263
Median eye / Medianauge 176
Median nerve / Mittelarmnerv 248
Median sulcus (tongue) / Längsfurche (Zunge) 254
Mediterranean Sea / Mittelmeer 80, 273
Mediterranean sea anemone / Goldfarbige Seerose 172
Medium-wave (radio) / Mittelwelle 328
Medulla / Haarmark 244
Mark, verlängertes (Rückenmark) 222, 246, 247
Markschicht (Flechte) 120
Nierenmark 266
Medulla oblongata / verlängertes Rückenmark 222, 246, 247
Medullary cavity / Knochenmarkshöhle 234
Medullary pyramid (kidney) / Markkegel (Niere) 266
Medullary ray (pine) / Markstrahl (Kiefer) 131
Medullosa / *Medullosa* 72
Medusa / Meduse 71
Megaspores / Megasporen 128
Megazostrodon / *Megazostrodon* 110
Megrez / Megrez 19
Meiolania platyceps / *Meiolania platyceps* 83
Meissner's corpuscle / Meißnersche Tastkörperchen 244, 245, 249
Meitnerium (unnilennium) / Meitnerium 321
Melanin granule / Melaninkörnchen 244
Melanorosaurus / *Melanorosaurus* 74, 94, 95
Melon / Melone 155, 215
Melting / Schmelzen 317
Meltwater / Schmelzwasser 296, 297, 299
Meltwater pool / Schmelzwassersee 296
Meltwater stream / Schmelzwasserbach 296
Membrane / Membran 145, 226, 227, 249
Memory button / Speichertaste (Telefon) 568
Memory card slot / Memorykarteneingabe 524
Mendel / Mendel 41
Mendeleev / Mendelejew 41
Mendelevium / Mendelevium 321
Meninges / Hirnhaut 247, 250
Menkalinan / Menkalinan 21
Menkar / Menkar 19, 20
Menkent / Menkent 21
Mental foramen / Kinnloch 230, 231
Mental protuberance / Protuberantia mentalis 231
Mentalis (muscle) / Kinnmuskel 239
Mentolabial sulcus / Unterlippenfurche 223
Merak / Merak 19
Merchant's Exchange/Philadelphia / Merchant's Exchange/Philadelphia 497
Merchant ship / Handelsschiff 380, 384
Merchants' Exchange, Philadelphia / Börse von Philadelphia 497
Mercury / Merkur 30, 34–35
Quecksilber 321
Mercury atom / Quecksilber-Atom 329
Mercury vapour / Quecksilberdampf 329
Mericarp (half-fruit) / Merikarp (Teilfrucht) 157
Meristematic tissue / meristematisches Gewebe 160
Merkel's discs / Merkelsche Tastscheiben 245, 249
Merlon / Zinne 470
Mersenius / Mersenius 40
Merus / Merus 178, 179
Merycoidodon culbertsonii / *Merycoidodon culbertsonii* 81
Mesa / Tafelberg (Geologie) 285, 287, 292
Mesenteric artery / Gekrösearterie 263, 266, 267
Mesenteric vein / Gekrösevene 263
Mesenteric vein, inferior / Eingeweidevene, untere 263
Mesentery / Mesenterium 173, 188
Mesh (printing screen) / Sieb (Drucksieb) 450, 452
Mesh mask (fencing) / Kopfschutz (Fechten) 548, 549
Mesocarp / Mesokarp 152, 153, 154
Mesohyal / Mesogloea 172
Mesophyll / Assimiliationsparenchym (Bischofskiefer, Yucca) 130, 132
Mesophyll 119, 141

Mesopotamia (architecture) / Mesopotamien (Architektur) 492
Mesosphere / Mesosphäre 39, 310
Mesothorax / Mesothorax 174
Mesozoic age / Mesozoikum 63, 74, 76, 88, 110, 289
Mess (ship) / Messe (Schiff) 405
Metacarpal(s) / Metacarpalia/Mittelhand(knochen) 86, 90, 91, 92, 94, 96, 97, 100, 105, 106, 109, 110, 112, 189, 190,197, 201, 203, 204, 211, 212, 214, 216, 228, 229, 240, 259
Metacarpophalangeal joint (Baryonyx) / Fingergrundgelenk 241
Mittelhandgelenk (*Baryonyx*) 91
Metal bar / Klangplatte aus Metall 521
Metal body (instruments) / Metallkorpus (Instrumente) 513, 517
Metal bodyshell (car) / Metallkarosserie (Auto) 358
Metal casting / Metallguß 456
Metal disc (gong) / Metallscheibe (Gong) 520
Metal frame / Metallrahmen 518, 519, 520, 521
Metal holder / Metallgriffel 434
Metal hoop (congas) / Spannreifen aus Metall (Congas) 523
Metal hub / Metallnabe 431
Metal jacket (fencing) / Brokatweste (Fechten) 549
Metal jerrycan / Metallkanister 364
Metal needle pad / Nadelplatte 392
Metal nib / Metallfeder 448
Metal plate / Metallplatte 374, 450
Metal reinforcement / Trachenverstärkung 576
Metal sandwich-panel / Metallverbundplatte 501
Metal shield (TV) / Metallabschirmblech (Fernseher) 566
Metal skin / Metallhaut (Flugzeug) 412
Metal stand (xylophone) / Metallständer (Xylophon) 520
Metal tube / Metallröhre 512, 513, 520, 521
Metal tyre / Metallreifen 334
Metal(lic) wire / Metalldraht 326, 327
Metal-faced panel (architecture) / Metallverkleidung (Architektur) 500
Metalling (dome) / Metalldeckung (Kuppel) 490
Metals / Metalle 320–321, 322
Metamorphic aureole / Kontakthof 284
Metamorphic rocks / Metamorphe Gesteine 276–277, 284–285
Metamorphosis/transformation / Metamorphose 174, 189
Metatarsal artery / Mittelfußarterie 263
Metatarsal(s) / Metatarsalia/Mittelfuß(knochen) 87, 90, 91, 93, 94, 96, 100, 102, 103, 104, 106, 107, 108, 111, 113, 189, 190, 203, 205, 210, 211, 212, 214, 216, 229, 242
Metatarsophalangeal joint / Zehengrundgelenk 242
Metatarsus / Metatarsus 176, 177
Metathorax / Metathorax (Insektenbrust) 174
Meteor showers / Meteorschauer 52
Meteorites / Meteoriten 34, 38, 41, 52, 311
Meteoroids / Meteoriden 10, 52–53
Meteors / Meteore 52
Methane / Methan 45, 47, 48–49, 50, 51
Metis Regio / Metis Regio 36
Metope / Metope 464
Metre (m) / Meter (m) 328, 588, 589
***Metridium senile* (plumose anemone) /** *Metridium senile* (Seenelke) 172
Metro / Metro 338
Metrobus, London / Londoner Bus 342
Metrolink / Metrolink 342
Mexican hat plant / Brutblatt 160
Mexican mountain king snake / Mexikanische Bergkönigsnatter 190
Mexico / Mexiko 341
Mezzanine / Mezzanin 471
Mezzanine gallery level (Centre Pompidou) / Zwischengeschoß (Centre Pompidou) 500
Miaplacidus / Miaplacidus 21
Mica / Glimmer 280, 284
Mice / Mäuse 110
Michelangelo / Michelangelo 33, 457
***Micrasterias* sp. /** *Micrasterias* sp. 118
Micro-meteoroid garment / Mikrometeoriten-Schutzanzug 57
Microfilament / Mikrofilament 227
Microlights / Motordrachen 430
Ultraleichtflugzeuge 414, 430–431
Micro-organisms / Mikroorganismen 84
Microphone (telephone) / Mikrofon (Telefon) 568, 569
Microphone input (digital sampler) / Mikrophonanschlußbuchse (Tongenerator) 525
Micropyle / Mikropyle 128, 153, 156, 159
Microscopic hairs (ear) / Härchen (Ohr) 252
Microspores / Mikrosporen 128
Microtubule / Mikrotubulus 227
Mikrotubus 249
Microvilli / Cytoplasmafortsätze 226
Microwave oven / Mikrowellenherd 325
Microwave radiation / Mikrowellenstrahlung 10, 328
Microwaves / Mikrowellen 10, 328
Mid West two-stroke three-cylinder engine / Mid-West-Zweitakt-3-Zylinder-Wankelmotor 414
Midbrain/mesencephalon / Mittelhirn 246, 247
Middle Ages (architecture) / Mittelalter (Architektur) 470, 471, 472, 473
Middle ear / Mittelohr 252
Middle finger / Mittelfinger 240, 241
Middle joint (woodwind instruments) / Mittelstück (Holzblasinstrumente) 512
Middle phalanx / Fingermittelglied 229, 240
Zehenmittelglied 229, 242
Middle-distance running/race / Mittelstreckenlauf 534
Midfielder (soccer) / Mittelfeldspieler (Fußball) 528
MIDI (Musical Instrument Digital Interface) / MIDI (Musical Instrument Digital Interface) 524, 525
Midrib (leaf) / Mittelrippe (Blatt) 122, 124, 125, 132, 133, 135, 137, 142, 165
Midship section / Mittschiffsbereich 400
Midway Gardens / Midway Gardens 499
Mihrab (prayer niche) / Mihrab (Gebetsnische) 492
Milan Cathedral / Mailänder Dom 477
Milankowic / Milankowic 43
Mile / Meile 588, 589
Military aircrafts / Militärflugzeuge 424–425
Military Jeep / Militärjeep 364
Milk teeth (human) / Milchzähne (Mensch) 256
Milky quartz / Milchquarz 278, 281
Milky Way / Milchstraße 14–15, 18, 20, 30
Mill / Mühle 468
Mill wheel / Mühlrad 468
Millstone grit / Kohlensandstein 67
Milne / Milne 41
Milton / Milton 35
Mimas / Mimas 46
Mimosa / Mimosa 21
***Mimulopsis solmsii* /** *Mimulopsis solmsii* 151
Minaret / Minarett 492, 493
Mineral absorption (wetland plants) / Mineralstoffaufnahme (Wasserpflanzen) 164
Mineral deposits / Erzlagerstätten 291
Mineral oil / Erdöl 290–291
Mineral resources / Bodenschätze 290–291
Mineral spring / Mineralquelle 282–283
Mineral surface court / Hartplatz 533
Mineral-oil deposits / Erdöllagerstätten 63, 291
Minerals / Minerale 278–281, 316
Mineralstoffe (Pflanzen) 140, 166
Minerva / Minerva 483
Mini-television / Minifernseher 366–367
Minim / halbe Note 506
***Minmi* /** *Minmi* 101
Minor arch / Nebenbogen 488
Seitenbogen 488
Mint / Minze 115
Mintaka / Mintaka 18
Minute hand / Minutenzeiger 562, 563
Minute track / Minutenkreiseinteilung 563
Minute wheel / Minutenrad 563
Minute wheel cock / Minutenradkolben 563
Miocene / Miozän 63, 289
***Mir* (space station) /** *Mir* (Raumstation) 56
Mira / Mira 19, 20
Mirach / Mirach 19, 20
Miranda / Miranda 48
Mirfak / Mirfak 19, 20
Mirror / Spiegel 57, 58, 59, 329, 342, 343, 351, 370, 371
Mirror reflector / Spiegelreflektor 346
Mirzam / Mirzam 18, 21
Missile launcher / Raketenwerfer 405
Mississippi delta / Mississippi-Delta 300–301
Mississippi River / Mississippi 274
Mist / Nebel (Kolloid) 316
Mistle thrush / Misteldrossel 196
Mistletoe / Mistel 168
Mitochodrion / Mitochondrium 227, 249, 269
Mitral valve / Mitralklappe 261
Mixture of fuel and air / Treibstoff-Luft-Gemisch 422, 423
Mixtures (of substances) / Stoffgemische 316, 317
Mizar / Mizar 19
Mizzen backstay / Besanpardune 386
Mizzen bitt / Besanbeting 389
Mizzen mast / Besanmast 383, 384, 386, 400
Kreuzmast 385
Mizzen mast hole / Besanmastkoker 389
Mizzen sail / Besansegel 383, 384, 387, 393
Mizzen shroud / Besanunterwant 386
Mizzen stay / Besanstag 386
Mizzen top / Besanmars 386
Mizzen top yard / Kreuzmarsgaffel 385
Mizzen topcastle / Kreuzmars 385
Mizzen topgallant sail / Besanbramsegel 387
Mizzen topmast / Besanmarsstenge 386
Kreuzmarsstenge 385
Mizzen topmast shroud / Besanmarswant 386
Mizzen topmast stay / Besanmarsstengepardune 386
Mizzen topmast yard / Besanmarsrah 387
Mizzen topsail / Besanmarssegel 387
Mizzen yard / Besanrah 384
Besanrute 386
Kreuzgaffel 385
Mizzen yard topsail / Besan-Gaffeltoppsegel 393
Moat / Wassergraben (Burg) 470
Mode button / Betriebsartenschalter 581
Modelling board / Modellierplatte 459
Modelling stand / Modelliertisch 459
Modelling tool / Modellierwerkzeug 458
Moderator (pressurized water reactor) / Moderator (Druckwasserreaktor) 324
Modern architecture / moderne Architektur 500
Modifications of carbon / Modifikationen des Kohlenstoffs 321
Modillion / Modillion 479, 482, 483
Moenave formation / Moenave-Schicht 286
Moenkopi formation / Moenkopi-Schicht 286
***Moeritherium* /** *Moeritherium* 110, 111
Mohorovicic discontinuity / Mohorovicic-Diskontinuität 39
Mohs scale of hardness / Mohssche Härteskala 280–281
Molars / Molaren 111, 112, 113, 200, 211, 256
Molecular orbitals / Molekülorbitale 318
Molecules / Moleküle 316, 317, 318–319, 322
Mollusca / Mollusca 182
Molluscs / Weichtiere 62, 182–183
Molybdate / Molybdänium-Oxide 279
Molybdenite / Molybdänglanz 281
Molybdenum / Molybdän 320
Mongolia / Mongolei 106
Monkeys / Affen (mit Schwanz) 212–213
Monoceros / Einhorn (Sternbild) 18, 21
Monocline / Monokline 67

Monocoque chassis / Monocoque-Chassis 371
Monocotyledoneae / Monocotyledoneae 132
Monocotyledonous flower / Monokotyledonenblüte 132
Monocotyledonous leaf / Monokotylenblatt 132
Monocotyledonous root / Monokotyledonenwurzel 133
Monocotyledons / Monokotyledonen/einkeimblättrige Pflanzen 132
Monodon monoceros **(narwhal)** / *Monodon monoceros* (Narwal) 215
Monograptus convolutus / *Monograptus convolutus* 71
Monoplanes, early / Eindecker, frühe 408–409
Monotremata / Monotremata 216
Monotreme / Kloakentier 216–217
Mons Mensae / Mons Mensae (Tafelberg) 20, 21
Montes Appenninus / Montes Appenninus 40
Montes Cordillera / Montes Cordillera 41
Montes Jura / Montes Jura 40
Montes Rook / Montes Rook 41
Monteverdi / Monteverdi 35
Montgolfier / Montgolfier 406
Montgolfier balloon / Heißluftballon 406
Moon / Mond 11, 32, 40–41, 306–307
Moons / Monde 30, 42, 44, 46, 48, 50
Moore, Henry / Moore, Henry 459
Mooring rope bends / Festmacherknoten 395
Mooring swivel / Festmacherwirbel 394
Moorish arch / Maurischer Bogen 488
Moraines / Moränen 296–297, 302–303
Mortar / Mörser 436
Mörtel 438, 454
Mörtelschichten (Fresko) 438
Mortice (=mortise) joint / Zapfenverbindung 381, 490, 496
Mortice (chair) / Schlitz (Stuhl) 570, 571
Mortice-and-tenon fastening / Schlitz-Zapfen-Verbindung 381, 570
Morus nigra **(common mulberry)** / *Morus nigra* (Schwarze Maulbeere) 136
Mosaic / Mosaik 454–455, 492, 493
Mosaic hammer / Mosaikhammer 454
Mosaic mosque design / Moscheemosaik 455
Mosaic tools / Mosaikzubehör 454
Moscow (architecture) / Moskau (Architektur) 491
Mosque / Moschee 488, 492
Mosquito netting / Moskitonetz 364
Moss capsule / Mooskapsel 119
Moss spore / Moosspore 125
Mosses (=Musci) / Laubmoose 118, 120, 124, 125
Mosses and liverworts / Moose 118, 124–125, 168
Mother's breast milk / Muttermilch (Säugetiere) 110
Mother-of-pearl / Perlmutt 493, 513
Motion / Bewegung (Mechanik) 330–331
Motocross motorcycle racing / Motocross-Rennen 376
Motocyclette Werner / Motocyclette Werner 370
Motor / Motor 581
Motor case / Motorgehäuse (Bohrer) 558
Motor control / Motorsteuerung 366
Motor control integrated circuit / Motor-IC (Walkman) 580
Motor end plate / motorische Endplatte 238
Motor neuron / Motoneuron 238
Motor speed preset / Motorgeschwindigkeitseinstellung 580
Motor vehicles / Kraftfahrzeuge 342–367, 370–377
Motor whaler / Motor-Rettungsboot 405
Motorcycle race / Motorradrennen 376
Motorcycle technology / Motorradtechnologie 370
Motorcycles / Motorräder 370–377
Motorcyclist / Motorradfahrer 370
Motorized buses / Motorbusse 342
Motte (architecture) / Motte (Architektur) 470
Mouchette (architecture) / Fischblase (Architektur) 476
Schneuß 476
Moulding / Häutung 177
Kehlung (Architektur) 484, 489
Rundleiste 494
Moulding tool / Modellierholz 458
Moulds / Schimmelpilze 120
Moult / Exuvie 177
Mount (for lenslock release) / Gehäusebajonettring 584
Mount Everest / Mount Everest 274
Mountain bike / Mountainbike 368, 586–587
Mountain building / Gebirgsbildung 66, 67, 68, 69, 284, 308
Mountain chains / Gebirgsketten 65
Mountain lake / Bergsee 298
Mountain ranges / Gebirgszüge 307
Mountain spring / Bergquelle 298
Mountains / Berge 274–275, 277, 296, 297, 298, 299
Gebirge 62, 66
Mounting / Aufhängung 376, 415, 532
Mounting bracket (TV) / Montagehalterung (Fernseher) 566
Mounting hole / Befestigungsloch 374
Mounting lug / Befestigungsnase 375
Mouse / Maus 110, 387, 525, 578, 579
Mouse pad (computer) / Mouse Pad (Compuer) 525, 578, 579
Mouth / Maul 87, 97, 101, 184, 187, 188, 202, 204, 205, 210, 214, 217
Mund 125, 173, 179, 181, 190, 202, 213, 221, 222, 254–255, 258, 270
Mundöffnung 166, 173, 180, 181
Mouth diffuser / Mundsprühgerät 434
Mouth of the womb/uterine orifice / Muttermund 269
Mouthpiece / Mundstück 113, 510, 511, 513
Mouthpiece (telephone) / Sprechmuschel (Telefon) 568
Movement along faults / Verschiebung (entlang Plattenrändern) 68
Movements of plates (of the earth's crust) / Plattenbewegungen (der Erdkruste) 64
Movement of the forearm / Unterarmbewegung 237
Moving production line / Fließband 348
Mower drive-handle / Motorantriebsbügel (Rasenmäher) 575
MRI scan / Kernspinresonanztomographie 224
Muav limestone / Muav-Kalksteine 287
Muccini (brush) / Muccini (Pinsel) 438
Mucosa / Schleimhaut 258, 267
Mucosal grand / Schleimdrüse 264
Mucous gland (snail) / fingerförmige Drüse (Schnecke) 183
Mud / Schlamm 84
Mud crab / Schlammkrabbe 289
Mud flats/tideland (sea) / Watt (Meer) 305
Mud groundmass / Kalkschlamm 277, 309
Mud pool / Schlammsprudel 282–283
Mud river / Schlammfluß 308
Mudflap / Spritzlappen 365
Mudguard / Schutzblech 369, 412
Mudguard stay / Kotflügelstrebe 347
Mudguard/wing / Kotflügel 347, 348, 349, 351, 370, 371, 372, 376, 377
Muezzin / Muezzin 492
Muffler / Auspuff (Rasenmäher) 574
Muffler felt (piano) / Dämpferfilz (Klavier) 518
Muhammad / Mohammed 492
Muliphein / Muliphein 21
Mull / Heftgaze 582, 583
Muller / Reibstein 440
Mullion / Mullion-Struktur 66, 67
Stabwerk 476, 477, 480
Multi-gabled ridge and furrow roof / Paralleldach 496, 497
Multi-accompaniment system / Begleitautomatik 524
Multi-ply high-pressure tyre / Hochdruckpneu 420
Multi-valve cylinder heads / Mehrventilzylinderköpfe 354
Multiplate clutch / Lamellenkupplung 372, 374
Multiple-pinned lock / Vielsteckertürschloß 416
Multiplier reel (fishing rod) / Multi-Rolle (Angel) 554
Munich (architecture) / München (Architektur) 499
Murakozer (horse) / Murakozer (Pferd) 208
Mural/wall painting / Wandmalerei 438
Musa 'lacatan' **(banana)** / *Musa 'lacatan'* (Banane) 152
Muscari **sp.** / *Muscari* sp. 161
Musci / Musci 124
Muscle co-ordination / Muskelkoordination 247
Muscle scar / Muskelansatznarbe (*Smilodon*) 113
Muscles / Muskeln 90, 92, 93, 96, 97, 100, 103, 106, 173, 179, 236–239
Muscles of facial expression / Mimikmuskeln 238
Muscovite / Muskowit 278–279
Muscular septum / Muskelseptum 182
Mushroom anchor / Pilzanker 394
Mushroom coral / Pilzkoralle 173
Mushroom-shaped rock / Pilzfelsen 292
Mushrooms / Ständerpilze 120
Music / Musik 504–525
Music gallery / Musikgalerie 481
Music stand / Notenpult 518
Music stand holder / Notenständerhalterung 510
Musical notation / Musiknotation/Notenschrift 506–507
Mussaurus / *Mussaurus* 74
Mute / Dämpfer (Blasinstrumente) 510, 511
Muttaburrasaurus / *Muttaburrasaurus* 103
Muzzle / Mündung 403, 405
Muzzle-loader shooting / Vorderladerschießen 540
My Andromedae / My Andromedae 19
My Orionis / My Orionis 19
My Pegasi / My Pegasi 19
Mycelium / Fadengeflecht (Pilze) 120
Myzel 120, 121
Mycenae / Mykene 465
Myelin sheath / Myelinscheide 249
Mylar sailcloth / Mylar-Segeltuch 392
Myocardium / Myokard 260, 261
Myofibril / Myofibrille 238
Myohyoid muscle / Unterkiefer-Zungenbein-Muskel 255

N

Nacelle (microlight) / Gondel (Ultraleichtflugzeug) 430, 431
Nacelle shell / Gondelverkleidung 431
Nail / Nagel 102, 576
Nair Al Zaurak / Nair Al Zaurak 19, 20
Naismith, James / Naismith, James 530
Nameplate ring (camera) / Entfernungsring (Kamera) 585
Namib Desert / Namib 275
Nantes (architecture) / Nantes (Architektur) 486
Naos / Naos 463, 467
Naris / Nasenöffnung 90, 94, 95, 97, 98, 100, 101, 102, 103, 104, 105, 106, 107, 108, 109
Narwhal(e) / Narwal 215
Nasal ala / Nasenflügel 223
Nasal bone / Nasale 200
Nasenbein 100, 108, 112, 230, 231
Nasal cavity / Nasenhöhle 202, 210, 212, 254, 255, 258
Nasal concha / Nasenmuschel 222, 230, 231, 251
Nasal horn / Nasenhorn 110
Nasal passage / Nasengang 210, 255
Nasal plug (dolphin) / Spritzsack (Delphin) 215
Nasal septum / Nasenscheidewand 223, 231, 251
Nasal spine / Nasenstachel 230, 231
Nasal tusk (*Phiomia*) / Nasenstoßzahn (*Phiomia*) 111
Nasalis / Nasenmuskel 239
Nash / Nash 21

Nasion / Sutura frontonasalis 251
Nasolacrimal duct / Tränennasengang 251
Nasopharynx / Nasenrachenraum 255
Natal cleft / Afterfurche 220
Gesäßfalte 220
Natal cocoon / Staubkokon 24, 26
National marking / nationales Kennzeichen (Space-Shuttle) 56
Natural (musical notation) / Auflösungszeichen (Notenschrift) 506, 507
Natural gas / Erdgas 290–291
Natural satellite / natürlicher Satellit 40
Natural sponge / Naturschwamm 442
Naturals / Naturtöne 510
Nautical mile / Seemeile 588
Nautiloid molluscs / Nautiloiden 71
Nautilus / *Nautilus* 75
Nautilus / Perlboot 75
Navajo Mountain / Navajo-Mountain 287
Navajo sandstone / Navajo-Sandstein 286
Nave / Langhaus 476, 477
Langschiff 382
Nave plate / Nabenplatte 398
Navel / Bauchnabel *cf. umbilicus*
Navies / Marineflotten 386
Navigating bridge / Navigationsbrücke 402
Navigation / Navigation 384
Navigation (Tacan) / Navigationssender (Tacan) 424
Navigation light / Navigationslicht 502
Positionslicht 410, 411, 412, 418, 424, 425, 426
Navigational aerial / Navigationsantenne 427, 428
Navigational figures (CD-ROM program) / Übersichtsfiguren (CD-ROM-Programm) 579
Navigational instruments / Navigationsinstrumente 428
Navigator's cockpit / Navigatorkanzel 424
Navigator's instrument console / Navigationskonsole 424
Navka Planitia / Navka Planitia 37
Nazca plate / Nazca-Platte 65
Neanderthal Man / Neandertaler 114
Neap tide / Nipptide 306–307
Nebula / (Sternen)nebel 12–13, 14–15, 16–17, 24, 26
Neck / Hals 98, 103, 104, 106, 107, 202, 205, 206, 207, 208, 209, 221, 514, 515, 516, 517, 539
Nacken 220
Neck (of the femur) / Oberschenkelhals 234, 235
Neck muscles / Halsmuskulatur 92, 100
Necking / Stützenhals 389
Nectar / Nektar 148, 150, 166
Nectar gland / Nektardrüse 166, 167
Nectar roll / Nektarwulst 166
Nectary / Honigblatt 147
Nektarium/Nektarie 146, 147, 151
Needle / Nadel 128–131, 385, 392
Needle bud / Nadelknospe 131
Needle packet / Nadelpäckchen 392
Needles of silver / Silbernadeln 322
Nefertiti Corona / Nefertiti Corona 37
Negative pole (TV) / Minuspol (Fernseher) 566
Neo-Baroque / Neubarock 496, 497
Neo-Byzantine / neubyzantinisch 497
Neo-Gothic / Neugotik 496
Neo-classical (period) / Klassizismus 482–486, 497
Neodymium / Neodym 320
Neon / Neon 33, 321
***Nepenthes mirabilis* (monkey cup)** / *Nepenthes mirabilis* (Kannenstrauch) 167
Nephron / Nierenkörperchen (=Nephron) 266
Neptune / Neptun 31, 50–51
Neptunium / Neptunium 321
Nerve cells / Nervenzellen 227, 246, 247
Nerve endings / Nervenenden 244, 245, 249
Nerve fibres / Nervenfasern 245, 252
Nerve ring / Ringnerv 181
Nerves (human) / Nerven (Mensch) 241, 248–249, 250, 252, 253, 254
Nervous system (human) / Nervensystem (Mensch) 248–249
Nest made of sand (*Maiasaura*) / Erdnest (*Maiasaura*) 104
Net / Korb (Netball) 533
Netz (Rückschlagspiele) 532, 536, 537
Tornetz (Handball) 533
Net (=Reticulum) / Netz (=Reticulum, Sternbild) 20
Net judge (tennis) / Netzschiedsrichter (Tennis) 536
Netball / Netball 532, 533
Netball court / Netballfeld 533
Netball goalpost and net / Korbanlage (Netball) 533
Netherlands (architecture) / Niederlande (Architektur) 482, 499
Netting / Netz (Eishockey) 542
Neural spine / Dornfortsatz (Wirbelsäule) 91, 93, 95, 96, 99, 101, 102, 104, 106, 107, 108, 186
Neuralbogen 91, 186
Spinalfortsatz 91, 110, 112
Wirbelfortsatz, oberer 87
Neurofilament / Neurofilament 249
Neuron / Neuron 248
Neurotransmitter / Neurotransmitter 249
Neutral zone (ice hockey) / neutrale Zone (Eishockey) 542
Neutrino / Neutrino 22
Neutron stars / Neutronensterne 26–29
Neutron(s) / Neutron(en) 22, 28, 318, 319
New Guinea / Neuguinea 275
New State Paper Office / New State Paper Office 486
New World monkeys / Neuweltaffen 212, 213
New York (architecture) / New York (Architektur) 498, 499
New York bus / New Yorker Bus 343
New Zealand / Neuseeland 273, 282, 341
New-born baby's jaws / Neugeborenenkiefer 256
Newton (N) / Newton (N, Einheit für Kraft) 330
Newton, Isaac / Newton, Isaak 330
Newton meter / Kraftmesser 330
Newton's first law / Trägheitsgesetz 331
Newton's laws / Newtonsche Gesetze 331
Newton's second law / Grundgleichung der Mechanik 331
Newton's third law / Wechselwirkungsgesetz 331
Newton's three laws of motion / Grundgesetze der Mechanik 331
Newts (and salamanders) / Molche 188
NGC 1566 (Seyfert galaxy) / NGC 1566 (Seyfert-Galaxie) 13
NGC 2997 (spiral galaxy) / NGC 2997 (Spiralgalaxie) 12
NGC 4406 (elliptical galaxy) / NGC 4406 (elliptische Galaxie) 11
NGC 4486 (elliptical galaxy) / NGC 4486 (elliptische Galaxie) 12
NGC 5236 (spiral galaxy) / NGC 5236 (Spiralgalaxie) 11
NGC 5754 (colliding galaxies) / NGC 5754 (kollidierende Galaxien) 13
NGC 6656 (globular cluster) / NGC 6656 (Kugelsternhaufen) 21
Nib / Feder (Zeichnen) 434
Schreibfeder (Spitze) 448
Niche / Nische 466, 471, 476, 484, 486, 491, 492, 495
Nickel / Nickel 37, 39, 291, 321
Nickel-iron / Nickeleisen 280
***Nigella damascena* (love-in-a-mist)** / *Nigella damascena* (Jungfer im Grünen) 157
Nile crocodile / Nilkrokodil 192
Nimbostratus clouds / Nimbostratus-Wolken 312
Nimbus clouds / Nimbus-Wolken 312
Nine-cylinder Salmson radial engine / Salmson-9-Zylinder-Sternmotor 406, 407
Niobe Planitia / Niobe Planitia 36, 37
Niobium / Niob 320
Nippers / Kneifzange 454, 455
Nipple / Brustwarze 221
Nissl body / Nissl-Schollen 249
Nitrate (plant food) / Nitrat (Pflanzennahrung) 166
Nitrate ions / Nitrationen 322
Nitrates (carnivorous plants) / Stickstoffverbindungen (Fleischfressende Pflanzen) 166
Nitrogen / Stickstoff 17, 37, 43, 51, 311, 321
Nitrogen group / Stickstoffgruppe 321
Nitrogen monoxide / Stickstoffmonoxid 322
Nobelium / Nobelium 321
Noble gases / Edelgase 320–321
Noctis Labyrinthus / Noctis Labyrinthus 42–43
Node (plants) / Knoten (Pflanzen) 119, 126, 133–137, 140, 160, 161, 164, 168
Node of Ranvier / Ranvierscher Schnürring 238, 249
Nodule / Manganknollen 309
Non-drive end / Kommutatorlagerschild 327
Non-metals / Nichtmetalle 320–321
Non-return valve / Rückschlagventil 375
Non-skid tyre / Profilreifen 347
Nonius (horse) / Nonius (Pferd) 207
Norfolk (architecture) / Norfolk (Architektur) 477
Normal dip-slip fault / synthetische Vertikalverschiebung 67
Normandy (Vikings) / Normandie (Wikinger) 382
North America / Nordamerika 68, 70, 71, 72, 74, 76, 78, 79, 80, 81, 82, 83, 98, 102, 106, 274
North American Cordillera / Nordamerikanische Kordilleren 77
North American plate / nordamerikanische Platte 65
North Atlantic Current / nordatlantischer Strom 306
North Atlantic Ocean / Nordatlantik 77, 79
North East Africa / Nordostafrika 70
North Equatorial Current / Nordäquatorialstrom 306–307
North galactic pole / nordgalaktischer Pol 15
North magnetic pole / nördlicher Magnetpol 29
North Pacific Current / Nordpazifischer Strom 306
North polar aurora / nördliches Polarlicht 45
North Pole/north pole (planets) / Nordpol (Planeten) 30, 34, 36, 38, 40, 42, 44, 46, 48, 50, 51, 307, 310
North Swedish Horse / Nordschwedisches Pferd 208
North-east trade winds / Nordostpassat 310
North-easterly wind / Nordostwind 313
North-westerly wind / Nordwestwind 313
Northern Africa (architecture) / Nordafrika (Architektur) 492
Northern hemisphere / Nordhalbkugel der Erde 306–307
Northrop B-2 (stealth bomber) / Northrop B-2 (Tarnkappenbomber) 425
Nose / Nase 202, 203, 210, 221, 222, 254–255, 367, 412, 421, 476, 492
Nose clip / Nasenklemme 550
Nose cone (aeroplane) / Nasenkonus (Flugzeug) 422
Rammkappe (Kajak) 552
Nose horn (*Triceratops*) / Nasenhorn (*Triceratops*) 108
Nose horn core (*Triceratops*) / Nasenhornknochen (*Triceratops*) 108, 109
Nose of aileron, recessed / Querrudernase, eingesenkte 411
Nose shell / Bugverkleidung 430
Nose-gear / Bugfahrwerk 420, 421, 424, 428, 429
Nose-gear door / Bugfahrwerksschacht 424
Nose-gear mount / Bugradhalterung 430
Nose-leg mount / Bugfahrwerksaufhängung 429
Nose-ring (aeroplane) / Nasenring (Flugzeug) 408, 411, 416
Nose-ring segment / Nasenringteil 413
Nose-wheel / Bugrad 406, 429, 430
Nose-wheel brake / Bugradbremse 406
Noseband (horse) / Nasenriemen (Pferd) 547
Reithalfter 546
Nostril / Nasenloch 86, 90, 110, 111, 112, 113, 114, 191, 194, 200, 201, 202, 213, 214, 217, 223, 234, *also naris*
Nüster 205
Notes / Noten 506, 507

Nothosaurian reptile / Nothosaurier 75
Nôtre-Dame / Nôtre-Dame 477
Nourishment (man) / Ernährung (Mensch) 258, 259, 270
Nozzle actuator (Concorde) / Verstellmotor (Concorde) 421
Nozzle guide vane / Leitschaufeln 422
NPT 301 turbojet / NPT 301-Turbinenluftstrahltriebwerk 422
Nucellus / Nucellus 153
Nuchal plate / Nuchale 193
Nuchal ring (*Edmontia*) / Nackenplatte (*Edmontia*) 101
Nuclear "Hunter-Killer" submarine / Hunter-Killer-Atom-U-Boot 404–405
Nuclear diameter (atom) / Kerndurchmesser (Atom) 319
Nuclear energy / Atomenergie/Kernenergie 324
Nuclear fusion / Kernfusion 22, 24, 26, 32
Kernverschmelzung 325
Nuclear membrane / Zellkernmembran 226
Nuclear power station / Kernkraftwerk 324
Nuclear submarine / Atom-U-Boot 404, 405
Nucleolus / Zellkernkörperchen 227, 249
Nucleus / Kern (Atom) 319
Zellkern 121, 122, 138, 145, 226, 227, 238, 249
***Nuctenea umbratica* (orb spider)** / *Nuctenea umbratica* (Kugelspinne) 177
Number list / Nummernverzeichnis 568
Number plate / Kennzeichen 342, 343, 348
Nummernschild 351, 370
Number plate lamp / Kennzeichenleuchte 362
Number plate light / Kennzeichenbeleuchtung 351
Number systems / Zahlensysteme 589
Numeral, Roman / Ziffer, römische 563
Numnah / Satteldecke 546
Nunki / Nunki 19–21
Nut / Mutter 391, 564, 565, 572, 573, 586, 587
Nuß (Frucht) 137, 156
Obersattel (Saiteninstrumente) 514, 515
Nut oil / Nußöl 440
Nutcracker / Nußknacker 331
Nutrients / Nährstoffe 140, 145, 258, 260, 270
Ny Andromedae / Ny Andromedae 19
Ny Orionis / Ny Orionis 19
Nylon / Nylon 392, 396
Nylon rope / Nylonseil 396
***Nymphaea* sp. (water lily)** / *Nymphaea* sp. (Seerose) 165
***Nyssa sylvatica* (tupelo)** / *Nyssa sylvatica* (Tupelobaum) 143

O

Oak / Eiche 80
Oak planking / Eichenbeplankung 383
Oar / Riemen (Ruder) 380, 381, 382, 383, 384, 388
Skull 552
Oar lanyard / Rudertalje 381
Oar pivot / Ruderkeipe 383
Oar port / Ruderpforte 383
Oar/scull / Ruder (Sportboot) 552, 553
Oarsman / Ruderer 381
Oarweed / Fingertang 122
Oasis / Oase 293
Oberon / Oberon 48
Obovate leaf / verkehrt eiförmiges Blatt 143
Oblique-slip fault / schräge Verschiebung 67
Oboe(s) / Oboe(n) 507, 508, 509, 512
Observation platform / Beobachtungsplattform 365
Observing space / Beobachtung des Weltraums 54–55
Obsidian / Obsidian 285, 316
Obturator canal / Hüftlochkanal 234
Obturator membrane / Hüftbeinloch, Membran 234
Occipital bone / Hinterhauptbein 230
Occipitale 212
Occipital condyle / Condylus occipitalis 112, 113, 200
Hinterhauptsgelenkshöcker (Opossum) 112
Occipital crest / Hinterhauptkamm 230
Occipital lobe / Hinterhauptlappen 246, 247
Occipital process / Hinterhauptfortsatz 94, 102
Occluded front / Okklusionsfront 312–313
Occlusal surface (tooth of *Australopithecus*) / Kaufläche (*Australopithecus*-Zahn) 113
Ocean currents / Meeresströmungen 306–307
Ocean floor/seabed / Meeresboden 64, 65, 291, 308–309
Ocean ridges / Gebirgsrücken, unterseeische 64
Ocean trench/deep-sea trench / Tiefseegraben 64, 306, 309
Oceanic ridge / Mittelozeanische Schwelle 64
Oceanic rift / Mittelozeanischer Rücken 65, 308–309
Oceans / Ozeane 38–39, 306–307, 311
Oceanus Procellarum / Oceanus Procellarum 40
Ocellus / Ocellus 176, 177, 182
Ochre, yellow / Ocker, gelber 446
Octafoil / Achtpaß 475
Octahedral dome / Oktogonale Kuppel 485
Octahedral turret / Oktogonales Türmchen 485
Octastyle portico / Oktastylos 466
Octave (fencing) / Oktav (Fechten) 549
Octave key (saxophone) / Oktavklappe (Saxophon) 513
Octopus / Krake 182, 183
Ocular end (cross-staff) / Okularende (Jakobsstab) 385
Oculus / Oculus 380
Odd pinnate leaf / unpaarig gefiedertes Blatt 142
Odontoblast / Odontoblasten 257
Odontocete/toothed whale / Zahnwal 214
Oeil-de-boeuf window / Ochsenauge (Architektur) 485, 491
Oerlikon gun position / Oerlikon-Geschützstellung 405
Oesophagus / Oesophagus 175, 176, 183, 185, 191, 193, 195, 201, 202, 204, 210, 212, 215
Speiseröhre 97, 222, 225, 255, 258, 265
Off-road tyre (car) / Geländereifen (Auto) 365
Officers' cabins / Offizierskabinen 388
Officials (ice hockey) / Kampfgericht (Eishockey) 542
Offshore currents / küstennahe Meeresströmungen 306–307
Ogee / Rinnleiste 403
Ogee arch/curve / Kielbogen/Eselsrücken 476, 479, 481, 490, 492, 493, 494
Ogee moulding / Kielbogenprofil 485
Ohm (Ω) / Ohm (Ω) 326
OHV (overhead-valve) engine / OHV-Motor 377
Oil / Öl 325, 336, 374
Oil bottle dripfeed / Tropfölschmierbehälter 346
Oil can / Ölkanne 335
Oil can warming tray / Wärmetisch für Ölkanne 335
Oil control ring/scraper ring / Ölabstreifring 354, 357
Oil cooler / Ölkühler 357
Oil dipstick / Ölmeß-(tauch)stab 354, 356, 574
Oil feed pipe / Ölversorgungsleitung 374, 375
Ölzufuhrleitung 355
Oil filler / Öleinfüllstutzen 356, 377, 406, 574
Oil filter / Ölfilter 355, 357, 422, 423
Oil gland / Öldrüse 154
Oil groove / Ölnut 353
Oil hole / Ölbohrung 357
Oil jet / Öldüse 357
Oil lamp / Petroleumlaterne 346, 347
Oil level window / Ölstandskontrollfenster 372
Oil painting / Ölgemälde 441
Ölmalerei 440–441
Oil paints / Ölfarben 440
Oil passageway / Ölkanal 375
Oil pastel / Ölpastell 455
Oil pick-up pipe / Ölansaugstutzen 354
Oil pipe / Ölleitung 366, 423
Oil pipe banjo / Ölleitungsanschluß 355
Oil pump / Ölpumpe 337, 353, 375, 377, 415
Oil pump drive shaft cover / Ölpumpenöffnung 415
Oil pump housing / Ölpumpengehäuse 415
Oil return pipe for turbocharger / Öldruckleitung des Turboladers 357
Oil rig / Förderplattform (für Öl) 325
Oil seal / Öldichtring 357
Oil sump / Ölwanne 353, 354, 355, 357, 375
Oil tank / Öltank 366, 371, 412, 423, 426
Oil tank filler cap / Öltankverschlußdeckel 371
Oil traps / Erdölfallen 291
Oil-cooler duct / Ölkühlluftauslaß 419
Oil-filled lubricator / Öltopfapparat 345
Oil-filler door / Öleinfüllklappe 416
Oil-fired power station / Ölkraftwerk 325
Oil-pressure regulating valve / Öldrucksteuerventil 423
Oil-pump drive / Ölpumpenantrieb 356
Oil-pump housing (rotary engine) / Aggregatdeckel (Drehkolbenmotor) 356
Old St. Paul's Cathedral / Old-St.-Paul's-Kathedrale 476
Old World monkeys / Altweltaffen 212, 213
Oldsmobile / Oldsmobile 346, 347
Olecranon / Gelenkkopf (*Baryonyx*) 91
Olenellus / *Olenellus* 70
Oleo lock-jack / Federbeinriegel 418
Olfactory bulb / Bulbus olfactorius 187
Olfactory nerve endings / Riechnervenenden 254
Olfactory nerves / Geruchsnerven 222
Oligocene / Oligozän 63, 289
Olive green / olivgrün 444
Olivine / Olivin 52, 277, 279
Olivine gabbro / Olivin gabbro 285
Olympic Games / Olympische Spiele 534, 546, 550
Olympus Mons / Olympus Mons 42–43
Omasum / Blättermagen (=Omasum) 204
Omega Centauri / Omega Centauri 23
Omentum, greater / großes Bauchnetz 224
Omicron 1/2 Canis Majoris / Omikron 1/2 Canis Majoris 21
Omicron Andromedae / Omikron Andromedae 19
Omicron Orionis / Omikron Orionis 18
Omicron Sagittarii / Omikron Sagittarii 21
Omnivores (dinosaurs) / Allesfresser (Dinosaurier) 90
Omohyoid (muscle) / Schulterblatt-Zungenbein-Muskel 239
On-board computer / Bordcomputer 416
On-guard line / Startlinie (Fechten) 549
On/off button (drill) / Ein/Aus-Schalter (Bohrer) 558
One arm shoulder throw (judo) / Punktschulterwurf (Judo) 548
One-person kayak / Einer-Kajak 552
One-piece seat and tail unit / Sitz-Auspuffeinheit, integrierte 376
One-piece ski suit / Rennanzug, einteiliger (Ski) 544
Onion dome / Zwiebelkuppel 471, 490, 491, 492
Onion tower / Zwiebelturm 490
Onion-skin weathering/exfoliation / Schalenverwitterung 292
Onyx / Onyx 278
Oogonium / Oogonium 123
Oort Cloud / Oortsche Wolke 52
Oosphere / Oosphäre 123, 125, 127
Ooze / Schlick 308
Opaion / Opaion 490
Opaque (paint9 / deckend(er Farbauftrag) 447
Opaque colour / opake Farbe 440
Opaque paints / Mattfarben 446
Opaque white/Chinese white / Deckweiß 437, 442
Open sight / Kimme 541
Open star cluster / Offener Sternhaufen 16
Open-plan building / Großraumgebäude 498
Opening and closing plate (camera) / Blendenverstellring (Kamera) 585
Operating arm / Betätigungsarm 373, 374
Operating arm (of air-brake) / Klappenhebel 419, 429
Operating cam / Nocke 373

Operating railroad / Eisenbahngesellschaft 336
Operator (bus) / Busgesellschaft 342, 343
Opercular bone / Operculare 187
Operculum / Kiemendeckel 186, 187
Operculum 125, 186, 198
Deckel (Laubmoos) 125
Ophidia / Ophidia 190
Ophiothix fragilis **(common brittlestar)** / *Ophiothix fragilis* (Schlangenstern) 181
Ophiuchus / Schlangenträger (Sternbild) 19, 20
Ophthalmos / Ophthalmos 380
Ophthalmoscopic view of retina / Ophthalmoskopie der Netzhaut 251
Opisthodomos / Opisthodom 465
Opisthosoma / Opisthosoma 176, 177
Opossum / Opossum (=Beutelratte) 216, 217
Opponens digiti minimi muscle / Kleinfingergegensteller 241
Opponens pollicis muscle / Daumengegensteller 241
Optic nerve / Sehnerv 250, 379
Optical map of our galaxy / Optische Karte unserer Galaxis 14–15
Optical refraction / Lichtbrechung 328, 329
Options button (computer screen) / Optionsschaltfläche (Computerbildschirm) 379
Opus incertum / Opus incertum 467, 469
Opus quadratum / Opus quadratum 469
Opus sectile / Opus Sectile 492, 493
Ora serrata / Ora serrata 251
Oral disc / Mundscheibe 173
Orange lily / Feuerlilie 160
Orb / Helmknauf 483, 484
Turmknopf 474, 475, 481, 490, 491, 497
Orbicular leaf / kreisrundes Blatt 143
Orb spider / Kugelspinne 177
Orbicularis muscle / Ringmuskel 238, 239, 255
Orbicularis oculi muscle / Augenringmuskel 236, 239
Orbit / Augenhöhle 86, 89, 90, 91, 94, 96, 97, 100, 102, 103, 106, 107, 108, 109, 110, 112, 113, 114, 187, 190, 191, 195, 200, 203, 211, 212, 216, 230, 250, 379
Umlaufbahn/Orbit 18, 20, 30, 31, 41, 52, 58
Orbit velocity / Umlaufgeschwindigkeit 30–31, 34
Orbital margin / Augenhöhlenrand 223
Orbital planes / Bahnebenen der Planeten 34, 36, 38, 40, 42, 44, 46, 48, 50, 51
Orbitals / Orbitale 318, 319, 320, 321
Orchestra / Orchester 508–509
Orchestra shell / Orchestermuschel 499
Orchid / Orchidee 139, 168
Orcinus orca **(killer whale)** / *Orcinus orca* (Schwertwal) 215
Order / Ordnung 89, 94, 320–321
Säulenordnungen 464, 465
Ordovician (period) / Ordovizium 62, 70, 289
Ore beds / Erzlagerstätten 291
Organ / Orgel 474, 507, 518
Organ/Körperorgan 224–225, 271, 250, 252, 253, 379
Organ of balance / Gleichgewichtsorgan 252
Organ of Corti / Cortisches Organ 253
Organ of hearing / Hörorgan 252
Organ of sight (human) / Sehorgan (Mensch) 250
Organ part / Orgelstimme 506
Organ pipes / Orgelpfeifen 518
Organella / Organellen 145, 226
Organic sedimentary rocks / organische Sedimente 286
Oriel / Erker 471
Original model / Originalmodell 458
Orion / Orion 18, 21, 24
Orion's belt / Oriongürtel 15, 16, 18
Orion Arm / Orion-Arm 14
Orion Nebula / Orionnebel 15, 17, 18
Orlan D spacesuit / Orlan D-Raumanzug 57
Ornament ring (camera) / Abdeckring (Kamera) 584
Ornamental band / Schmuckband 466
Ornamental inscription / Zierschrift (Architektur) 492
Ornamental light / Zierfenster 499
Ornamental strip (TV) / Zierleiste (Fernseher) 567
Ornamentation / Schmuckwerk 498
Ornithischian (dinosaurs) / Ornithischia/er 88, 89, 98, 102, 106
Ornithomimosaurs / Ornithomimosaurier 92
Ornithomimus / *Ornithomimus* 89, 90
Ornithopods / Ornithopoda/en (Vogelfuß-Dinosaurier) 89, 102–105
Ornithorhynchus anatinus **(platypus)** / *Ornithorhynchus anatinus* (Schnabeltier) 217
Orobanche **sp. (broomrape)** / *Orobanche* sp. (Sommerwurz) 169
Orogenesis / Orogenese 68
Orpiment / Auripigment 280–281
Orthoclase / Orthoklas 279, 281
Oscillating electric field / oszillierendes elektrisches Feld 328
Oscillating steam engine / Kolbendampfmaschine 398
Osculum / Osculum 172
Osmium / Osmium 321
Ossicles / Gehörknöchelchen 252
Knochenhöcker (Seestern) 85
Osteichthyes / Osteichthyes 186
Osteocyte / Knochenzelle, inaktive 235
Osteolaemus tetraspis **(dwarf crocodile)** / *Osteolaemus tetraspis* (Stumpfkrokodil) 88
Ostiole / Fruchtkörpermündung/Ostiolum 123
Ostium / Ostium 172, 173, 176
Ostrich / Strauß (Vogel) 194
Ostrich egg / Straußenei 199
Otto, Nikolaus / Otto, Nikolaus 352
Ounces / Ounces 388, 389
Ouranosaurus / *Ouranosaurus* 103
Outboard roll spoiler / Außenbordspoiler 418
Outboard tab / Außenbordklappe 418
Outer cap / Verschlußkappe (Füller) 448
Outer dome / Schutzkuppel 488
Outer ear / Außenohr 252
Outer jib sheet / Klüverniederholer 393
Outer jib stay / Außenklüverstag 390
Outer jib tack / Klüverhals 391
Outer lamella (bone) / Generallamellen (Knochen) 235
Outer shell (atoms) / Außenschale (Atome) 320, 321
Outer spritsail yard / Oberblinderah 387
Outer tension-column (architecture) / Außenzugstütze (Architektur) 501
Outer tube of slide (trombone) / Außenzugrohr (Posaune) 511
Outfield player's stick (ice hockey) / Feldspielerschläger (Eishockey) 543
Outgrowth of epidermis / Epidermisauswuchs 141
Outlet manifold / Ausstoßsammler 413
Output shaft (gearbox) / Hauptwelle (Getriebe) 374
Output socket / Ausgangsbuchse (E-Gitarre) 517
Outrigger / Ausleger (Triere, Kriegs-Segelschiff) 381, 385
Outsole / Laufsohle (Schuh) 360, 361
Outward force (architecture) / Schubkräfte (Architektur) 488
Outwash plain / Sander 296–297
Outwash terrace / Sanderterrasse 296
Oval (Saturn) / Oval (Saturn) 46–47
Oval window (ear) / ovales Fenster (Ohr) 253
Ovarian ligament / Eierstockband 269
Ovaries / Eierstöcke (Mensch) 268, 269
Ovary / Eierstock/Ovar(ium) 92, 96, 146, 173, 176, 179, 183, 187, 191, 193, 212, 268, 269
Fruchtknoten 132, 137, 146–153
Ovary wall / Fruchtknotenwand 152
Ovate leaf /eiförmiges Blatt 134, 135
Ovda Regio / Ovda Regio 36–37
Overarm pass / Schlagwurf 533
Overhand serve / Tennisaufschlag (Volleyball) 532
Overhead (transmission) line / Freileitungsmast 324
Overhead lighting / Deckenbeleuchtung 339
Overhead pass (basketball) / Überkopfpaß (Basketball) 530
Overthrust fold / Tauchfalte 67
schiefe Falte 67
Oviduct / Eileiter 96, 100, 173, 179
Ovidukt 173, 176, 183, 191, 193
Ovolo/quarter-round / Viertelstab 479, 484, 490, 491
Ovotestis / Zwitterdrüse 183
Ovule / Samenanlage 128, 129, 152, 153, 157
Ovuliferous scale / Samenschuppe 128, 130
Ox hair brush / Rindshaarpinsel 446
Oxalis **sp. (sorrel)** / *Oxalis* sp. (Sauerklee) 163
Oxbow lake / Altarme 299, 300, 303
Oxides / Oxide 278
Oxygen / Sauerstoff 17, 26, 33, 39, 43, 84, 60, 64, 144, 260, 261, 262, 264, 265, 270, 311, 321
Oxygen atom (photosynthesis) / Sauerstoffatom (Photosynthese) 144
Oxygen inlet (spacesuit) / Sauerstoffzuleitung (Raumanzug) 57
Oxygen molecule (photosynthesis) / Sauerstoffmolekül (Photosynthese) 144
Oyashio Current / Oyashio 307
Oyster fungus / Austernseitling 120
Ozone layer/ozonosphere / Ozonschicht 39, 310
Ozone shield / Ozonschild 70

P

P orbital / p-Orbital 318, 319, 321
P turret (battleship) / P-Turm (Schlachtschiff) 403
P waves / P-Wellen (=Longitudinalwellen) 69
Pacer (horse) / Pacer (Pferd) 346, 347
Pachyceaphalosaurus / *Pachyceaphalosaurus* 106
Pachycephalosauria / Pachycephalosauria/er 89, 106, 107
Pachycephalosaurs / Dickkopfechsen 89, 106, 107
Pachypleurosaurus / *Pachypleurosaurus* 75
Pachypteris / *Pachypteris* 74
Pachyrhinosaurus / *Pachyrhinosaurus* 109
Pacific Ocean / Pazifik (=Pazifischer Ozean) 39, 73, 77, 79, 274–275, 282
Pacific plate / Pazifische Platte 63
Pacing hobble / Beinhalfter (für Paßgänger) 347
Pacing/amble / Paßgang 347
Pacinian corpuscle / Vater-Pacinisches Lamellenkörperchen 244, 245, 249
Pack ice / Packeis 306
Packhunter / Rudeljäger 88
Packing (of shell) / Granatenpackung 405
Packing cells / Füllgewebezellen 138
Packing tissue/parenchyma / Füllgewebe 126, 132, 142, 162, 163, 165
Pad / Polster 513, 521
Pad for hand protection / Handschutzpolster 545
Padded (ski) sweater / Skipullover 545
Padded coaming (Avro Biplane) / Polsterung (Avro Biplane) 411
Padding / Polsterung 543, 545
Paddle / Paddel 85, 552
Paddle shaft / Schaufelradwelle 399,
Schaufelschaft 399
Paddle wheel / Schaufelrad 398–399, 400
Paddle wheel box / Schaufelradkasten 399
Paddlesteamer / (Schaufel)raddampfer 399, 400
Paddock / Koppel (für Pferde) 347
Padmakosa / Padma(kosa) 493
Padua / Padua 439

Pagoda / Pagode 494
Pahoehoe / Pahoehoe-Lava 282
Paint cup (air-brush) / Farbbehälter (Air-Brush) 446
Painted colour swatch / Malprobe 442
Painted Desert / Painted Desert 287
Painter's palette / Flamingoblume 149
Painting knife/knives / Palettenmesser 440, 446–447
Spachtel (Malerei) 440
Painting layer on layer / Schichtmalerei 440
Painting on wooden panels / Tafelmalerei 436
Painting tools (for acrylics) / Malutensilien (für Acrylmalerei) 446
Pair / Zweier (Riemenboot) 553
Paired electrons / Elektronenpaare 319
Pakistan (track gauge) / Pakistan (Spurweite) 341
Palaeozene epoch / Paleozän 63, 289
Palaeozoic (era) / Paläozoikum 62, 289
Palais de Fontainebleau / Schloß Fontainebleau 480
Palais de Versailles / Schloß von Versailles 486
Palate / Gaumen 222, 230, 254, 255
Palatine Chapel Aachen / Pfalzkapelle Aachen 488
Palatine tonsil / Gaumenmandel 222, 254, 255
Palatoglossal arch / Gaumenbogen 254
Palazzo Stanga / Palazzo Stanga 486
Palazzo Strozzi / Palazzo Strozzi 478
Palette / Malpalette 440
Palette attachment (double dipper) / Palettenstecker 440
Palette knife / Palettenmesser 440
Paling / Lattenzaun/Bretterzaun 470, 481
Palisade mesophyll / Palisadenparenchym 132, 145, 165
Palladium / Palladium 321
Pallet / Palette (Uhr) 562
Pallet arbour (clock) / Ankerwelle (Uhr) 562
Pallet cock (clock) / Ankerbrücke (Uhr) 562
Palm / Handinnenfläche 221
Palme 80
Palm leaf (architecture) / Palmblatt (Architektur) 463
Palmar arch / Hohlhandbogen 263
Palmar veins / Hohlhandvenen 263
Palmaris longus tendon / Hohlhandsehne 241
Palmately lobed leaf / handförmig gelapptes Blatt 143
Palmette / Palmette 464, 484
Palmoxylon / *Palmoxylon* 80
Pamirs / Pamir-Hochebene 275
Pampas / Pampas 274
Pan head rivet / Flachkopfniet 400
Pan of paint / Farbnäpfchen 442
***Pan troglodytes* (chimpanzee)** / *Pan troglodytes* (Schimpanse) 213
Panavia Tornado GR1A / Panavia Tornado GR-1A 424
Pancreas / Bauchspeicheldrüse 224, 225, 258, 259
Panduriform leaf / geigenförmiges Blatt 142
Panel / Blende (Rasenmäher) 575
Füllung (Architektur) 491
Gewölbefach 489
Paneel (Lockheed Electra) 412
Panel painting / Tafelbild 437
Panel(ling) / Täfelung 473, 477, 482, 483, 484, 485, 492, 495, 497
Pangaea / Pangaea 72, 74, 75, 76
Panicle / Rispe 137
Pancreas / Pankreas 183, 187, 188, 193, 195, 201, 202, 212
Pannier / Seitenschale 370
Panoplosaurus / *Panoplosaurus* 100
Panoramic camera / Panoramakamera 58
Panoramic window / Panoramafenster 343
Pans / Pfannen 364
Pantograph / (Scheren-)stromabnehmer 338, 340
Paper / Papier 434, 442, 443, 44, 446, 450, 582
Papilla / Papille 146, 254
Haarpapille 245
Papillary muscle / Papillarmuskel 261
Pappus / Pappus 148
Papyrus (architecture) / Papyrus (Architektur) 462, 463
Parabolic aerial / Parabolantenne 55
Parabolic dune / Parabeldüne 293
Paraboloid roof / Paraboldach 503
Paradise palm / Kentiapalme 132
Parallel dunes / Parallele Dünen 293
Parallel motion / Geradführung 449
Parallelogram / Parallelogramm 493
Parana River / Parana 274
Parapet / Brüstung 483, 487, 490, 493, 495
Brustwehr 383, 470
Parapet wall / Brüstungsmauer 471, 473, 476, 482, 485, 497, 498
Paraphysis / Paraphyse 123
Parasaurolophus / *Parasaurolophus* 104
Parasite / Parasit 168
Parasitic anemone / Schmarotzerrose 172
Parasitic plant / Schmarotzerpflanze 168
Parasitic volcano / parasitärer Vulkan 283
Paraxeiresia / Paraxeiresia 381
Parcelling / Schmarting 396
Parchment / Pergament 434, 436
Pareiasaurus / *Pareiasaurus* 87
Parenchyma / Parenchym 126, 127, 132, 138, 141, 145, 162, 163, 165
Parietal bone / Parietale 187, 212
Scheitelbein 230, 231
Parietal fenestra / Scheitelbeinfenster (*Styracosaurus*) 108
Parietal lobe / Scheitellappen 246, 247
Parietosquamosal frill / Scheitelbeinkrause 108, 109
Paripteris / *Paripteris* 72
Paris (architecture) / Paris (Architektur) 470, 477, 481, 482, 483, 490, 497, 500
Paris Opera House / Pariser Oper 497
Paris tour bus / Pariser Bus 343
Parrel / Anschlagbändsel 392
Rack 383, 384, 388
Parrel tackle / Racktalje 384
Parthenon / Parthenon 465
Partial parasitic plant / Halbparasit (Pflanze) 168
Partial solar eclipse / partielle Sonnenfinsternis 32
Particle properties of radiation / Teilchenstrahlung 328
Particles (chemistry) / Teilchen (Chemie) 316, 317, 318
Passageway / Durchgang 488
Passenger aircraft / Passagierflugzeug/Verkehrsflugzeug 412–413, 416, 420
Passenger cabin trim panels / Kabinenverkleidung 412
Passenger door / Beifahrertür 351
Passagiertür 412, 416, 421
Passagiereingang 416
Passagierzugang 419
Passenger footrest / Soziusfußraste 371
Passenger grab rail / Beifahrer-Haltegriff 377
Soziushaltegriff 370
Passenger seat / Soziussitz 370
Passenger service panel aperture / Tabletthalterungsöffnung 412
Passenger services (railway) / Passagierverkehr (Eisenbahn) 336
Passenger window / Kabinenfenster 412
Passagierfenster 421
Passenger window aperture / Passagierfensteraussparung 418
Passenger windscreen / Beiwagen-Windschutzscheibe 377
Passenger's footrest (microlight) / Passagierfußstütze/Soziusfußraste (Ultraleichtflugzeug) 431
Passenger's seat / Passagiersitz 413, 431
Passenger's steering bar / Passagiersteuerstange 431
Passes (netball) / Zuspielformen (Netball) 533
***Passiflora caerulea* (passion flower)** / *Passiflora caerulea* (Passionsblume) 136, 137
Passing / Passen 532
Passion flower / Passionsblume 136
Passive inspiration / passive Einatmung 186
Pastel / Malkreide 444
Pastell 444
Pastel board / Pastellkarton 445
Pastel painting / Pastellmalerei 444–445
Pastel pencil/crayon / Pastellstift 434, 444
Pastels / Pastellfarben 444
Pastellkreiden 444
Pastern / Fessel (Pferdebein) 204, 205, 546
Pasteur / Pasteur 41
Pasty / pastos 447, 448
Patagonia / Patagonien 274
Patella / Kniescheibe 201, 203, 212, 216, 229
Patella 176, 177
Patellar surface / Kniescheibenfläche 233
Patera / Patera 463, 480, 484
Pathway (golf course) / Fußweg (Golfplatz) 538
Patina / Patina 459
Pattadakal / Pattadakal 495
Pavement / Pflaster (Boden) 496
Pavilion / Pavillon 499
Paving slabs / Pflasterplatten 503
Pavlova / Pavlova 37
Pavlovia / *Pavlovia* 288
Pavo / Pavo 40
Pavonis Mons / Pavonis Mons 43
Paw / Pfote 201
Pawl slot / Klampenschlitz 395
Paxton, J. / Paxton, J. 497
Paymaster's cabin / Zahlmeisterkajüte 389
Pazzi Chapel / Pazzikapelle 479
PC (Personal Computer) / PC (Personal-Computer) 524, 525, 578, 579
PC system / PC-System 525
PE (=polythene) / PE 316 (=Polyethen), *also polyethylene*
Pea / Erbse 156
Peach / Pfirsich 154
Peacock (Pavo) / Pfau (Stern u. Sternbild) 20
Peat / Torf 290
Peck / peck 588
Pecopteris / *Pecopteris* 72
Pectineus (muscle) / Kammuskel 236
Pectoralis major / Brustmuskel, großer 236
Pedal / Fußmaschine (Trommel) 522
Pedal 330, 368, 369, 371, 374, 506, 513, 518, 519, 520, 522, 586, 587
Pedal board / Pedaluntertaste 518
Pedal cluster / Pedalerie 330
Pedal crank / Tretkurbel 330, 586, 587
Pedal disc (sea anemone) / Fußscheibe (Seeanemone) 173
Pedal gland (snail) / Fußdrüse (Schnecke) 183
Pedal stop / Pedalregister 518
Pedal(s) / Pedaltasten 518
Pedal-crank bearing / Tretlager 330
Pedalia / Pedalia 380
Pedestal / Postament 480, 483, 484, 485, 489
Podest 503
Sockel 466, 490, 491, 513
Pedicel / Blütenstiel 119, 133, 137, 146, 147, 149, 152–157, 160, 163, 168
Fruchtstiel 154
Pedicellus 174
Pedicle / Wirbelbogenfuß 233
Pediment / Giebel(feld) 464, 466, 467, 482, 484, 485, 497
Pedipalp / Pedipalpus/Taster 176, 177
Peduncle / Blütenstandstiel 133, 137, 146, 148, 149, 150, 154, 156, 160, 161, 168
Pedunculus 146
Stiel (Entenmuschel) 179
Peel tower/keep / Wehrturm 470
Peep sight (rifle sight without magnifying glass) / Diopter-Zielvorrichtung 541
Peephole / Türspion 416
Peg / Stöpsel (Uhr) 562
Peg-box / Wirbelkasten 514, 515
Peg-hole (violin) / Wirbelloch (Geige) 514
Pegasus / Pegasus 19, 20
Pegasus XL SE microlight / Pegasus-XL-SE-Ultraleichtflugzeug 430
Pegmatite / Pegmatit 284
Pelagic clay / Tiefseeton 309
Peloneustes philarcus / *Peloneustes philarcus* 77

***Pelvetia caniculata* (channelled wrack)** / *Pelvetia caniculata* (Rinnentang) 122
Pelvis/hipbones / Becken (Knochen) 187, 193, 195, 201, 203, 205, 211, 212, 214, 216, 228, 268
Pen / Feder (Zeichnen) 434
Federhalter 448
Schreibfeder (Federhalter) 448
Pen-and-ink drawing / Federzeichnung 435
Penalty / Elfmeter 528
Penalty arc / Elfmeterradius 528
Penalty area (soccer) / Strafraum (Fußball) 528
Penalty line (handball) / Siebenmeterlinie (Handball) 533
Pencil / Bleistift 434
Pencil sharpener / Bleistiftspitzer 434
Pencil slate sea urchin / Griffelseeigel 181
Pendentive / Pendentif 483, 488, 492
Pendentive dome / Pendentifkuppel 473
Pendulum (clock) / Pendel (Uhr) 562
Pendulum assembly (clock) / Pendelaufhängung (Uhr) 562
Pendulum rod (clock) / Pendelstange (Uhr) 562
Penguin / Pinguin 194
Penis / Penis 183, 215, 221, 268, 269
Pennant number / Standernummer 405
Pentaprism / Prisma (Kamera) 585
Pentaradiate symmetry / fünfstrahlige Radiärsymmetrie 180
Pentroof / Pultdach (Pagode) 494
Penumbra / Penumbra 32
People Mover / People Mover 338
Pepo / Panzerbeere 155
Perch / Barsch 186
Percheron (horse) / Percheron (Pferd) 209
Percussion instruments / Schlaginstrumente/Perkussionsinstrumente 520–521, 522, 523, 524
Pereopods / Schreitfüße 178
Perforated wing cap (shoe) / Lochmuster (Schuh-Steifkappe) 560
Perianth / Perigonblatthülle 146
Pericardial cavity / Perikardhöhle 260
Pericardium / Herzbeutel 260
Pericarp / Fruchthülle 152–154
Fruchtwand 137, 154–157
Perikarp 152–157
Pericycle / Perizykel 133, 138, 139
Perihelion / Perihel 30–31
Perineum / Perineum 268
Period / Periode 63, 320–321
Periodic system/table / Periodensystem 320–321
Periodontal membrane / Wurzelhaut (Zahn) 257
Periods (basketball) / Spielabschnitte (Basketball) 530
Periosteum / Knochenhaut 235, 247
Peripheral nervous system / peripheres Nervensystem 248
Peripteral temple / Peripteraltempel 464
Periscope / Periskop 405
Perissodactyl/a / Unpaarhufer (=Perissodactyla) 110, 204
Peristome teeth / Kapselzähne 125
Peristyle / Peristyl 465
Peritoneum / Bauchfell 259, 267
Permafrost / Permafrost 43
Permanent magnet / Dauermagnet 327
Permanent mooring anchor / Dauerliegeranker 394
Permanent teeth / bleibende Zähne 256
Permian (period) / Perm 63, 72, 73, 289
Peroneal artery / Wadenbeinarterie 263
Peroneal nerve / Wadenbeinnerv 248
Peroneus muscles / Wadenbeinmuskeln 237, 243
Peroneus tendon / Wadenbeinsehne 243
Peroxisome / Peroxysom 227
Perpendicular Style / Perpendicular Style 474
Perseus / Perseus 19, 20
Perseus arm / Perseus-Arm 14–15
Persian ivy / Kaukasischer Efeu 143
Persimmon wood / Persimonenholz 539
Personal stereo / Walkman 380–381
Perspective drawing as a preparatory study / Perspektivstudie (Skizze) 435
Peru (track gauge) / Peru (Spurweite) 341
Peru Current / Perustrom 306
Peruvian lily / Inkalilie 133
Pestle / Pistill 436
Petal (architecture) / Blütenblatt (Architektur) 484
Petals / Kronblätter 132–133, 135, 137, 146–149, 150–153, 165
Petavius / Petavius 40
Petiole / Petiolus 142
Petiolule / Fiederstiele 143
Petrol engine / Benzinmotor 354, 406, 574
Petrol tap / Benzinhahn 371
Petrol-driven lawnmower / Benzinrasenmäher 574–575
Petrol / Benzin 325
Peugeot, Armand / Peugeot, Armand 344
Phacops / *Phacops* 70
Phaeophyceae / Phaeophyceae 122
Phaet / Phaet 21
Phalaenopsis orchid / Nachtfalter-Orchidee 132
***Phalaenopsis* sp. (phalenopis orchid)** / *Phalaenopsis* sp. (Nachtfalter-Orchidee) 132
Phalanges / Fingerglieder 240
Zehenknochen 91, 93, 94, 103, 106, 107, 108, 111
Phalanx (phalanges) / Phalange(n) 189, 190, 192, 201, 203, 204, 205, 211, 212, 214, 216,
***Phallus impudicus* (stinkhorn)** / *Phallus impudicus* (Stinkmorchel) 120
Phanerozoic eon / Phanerozoikum 289
Pharaoh / Pharao 462, 463
Pharynx / Pharynx 181, 185, 186, 187, 254
Schlundrohr 173
***Phascolarctos cinereus* (koala)** / *Phascolarctos cinereus* (Koala) 217
Phases of the moon / Mondphasen 41
***Phaseolus* sp. (bean)** / *Phaseolus* sp. (Bohne) 159
Phekda / Phekda 19
Phellem / Kork (Abschlußgewebe) 131, 133, 140
Phi Andromedae / Phi Andromedae 19
Phidias / Phidias 35
Philadelphia (architecture) / Philadelphia (Architektur) 497
Philae (Egypt) / Philae (Ägypten) 463
Philippine plate / Philippinenplatte (=Philippinische Platte) 65
Phillips, Horatio / Phillips, Horatio 410
Philoxenus / Philoxenus 35
Philtral ridge / Nasen-Lippen-Furche 223
Philtrum / Oberlippenrinne 223
Phiomia / *Phiomia* 110, 111
Phloem / Phloem/Siebteil 119, 126, 127, 130, 131, 133, 138–139, 140–141, 144, 145, 158, 164, 165, 168, 169
Phloem fibre / Baststrahl 140
Phloem sieve tube / Siebröhre 138
Phobos / Phobos 42
Phoebe Regio / Phoebe Regio 36
***Phoenicopterus ruber* (flamingo)** / *Phoenicopterus ruber* (Flamingo) 196
Phoenix / Phoenix 19, 20
Phorusrhacus / *Phorusrhacus* 80
Phosphate-sugar band (DNA double helix) / Phosphat-Zucker-Seitenstrang (DNA-Doppelhelix) 226
Phosphates (minerals) / Phosphate (Minerale) 279
Phosphor coat(ing) (TV screen) / Phosphorbeschichtung (Bildschirm) 566
Phosphorescence / Phosphoreszenz 328
Phosphorous / Phosphor 274–275, 321, 566
Photo camera / Fotokamera 584–585
Photo film / Fotofilm 584
Photograph/take pictures / Fotografieren 584
Photon / Photon 328
Photosphere / Photosphäre 32–33
Photosynthesis / Photosynthese 38, 70, 84, 118, 122, 140, 142, 143, 144, 145, 163, 166, 168, 325
Photosynthetic tissue / Assimiliationsparenchym 126, 130, 132
photosynthetisierendes Gewebe 119, 126, 130, 132, 140, 141, 145
Phthalo blue / Phthalocyaninblau 446
Phthalo green / Phthalocyaningrün 446
***Physalis peruviana* (Cape gooseberry)** / *Physalis peruviana* (Kapstachelbeere) 155
***Physeter catodon* (sperm whale)** / *Physeter catodon* (Pottwal) 215
Physics and chemistry / Physik und Chemie 314–331
Pi 2/6 Orionis / Pi 2/6 Orionis 18
Pi Canis Majoris / Pi Canis Majoris 21
Pi orbital (π orbital) / pi-Orbital (π-Orbital) 318
Pi Pegasi / Pi Pegasi 19
Pi Sagittarii / Pi Sagittarii 21
Pia mater / weiche Hirnhaut 247, 250
Pianissimo / pianissimo 507
Piano / Piano (Pianoforte, Klavier) 518, 519
piano (Lautstärke) 507
Piano nobile / Piano Nobile 478, 498
Piano(forte) / Hammerklavier 518, 519
Piano, R. / Piano, R. 500
Piccolo (flute) / Pikkoloflöte 508, 512
Pick-proof lock / diebstahlsicheres Schloß 368
Pick-up / Tonabnehmer 516, 517
Picking up gold leaf / Anschießen von Blattgold 436
Picon (pictorial icon) / Bildikone 579
Pictor / Staffelei (=Pictor, Sternbild) 21
Picture, moving / Bild, bewegtes 566
Pier / Brückenpfeiler 497
Pier 471
Pietra dura inlay / Pietradura-Inkrustation 493
Pigments / Pigmente 436, 437, 438, 440, 444
Pigs / Schweine 110
Pike position (diving) / Hechtposition (Wasserspringen) 551
Pilaster / Heckstütze 389
Pilaster 468, 469, 480, 482, 483, 484–485, 487, 488, 491
Wandpfeiler 467, 469485, 490, 494
Pilaster capital / Pilasterkapitell 487, 491
Pillar / Pfeiler 471, 472, 481, 484, 488, 494, 495, 498, 499, 500, 562
Pfosten (Doppelpoller) 395
Säule 515, 546
Pillar hole (clock) / Pfeilerloch (Uhr) 563
Pillar/post (printing press) / Stützbein (Druckerpresse) 433
Pillow lava / Kissenlava 308
Pilot / Pilot 416, 430
Pilot's cockpit / Pilotenkanzel 424
Pilot's footrest / Pilotenfußstütze 431
Pilot's handgrip / Handgriff (für Piloten) 429
Pilot's seat / Pilotensitz 406, 407, 410
Pilot's steering bar / Pilotensteuerstange 431
Pilot's viewing aperture / Sichtaussparung (für Piloten) 408
Pilotis / Pilote 498
Pin / Bolzen (Architektur) 490, 503
Stift (Gangspill) 395
Vorsteckstift (Uhr) 563
Pin block (piano) / Stimmstock (Klavier) 518
Pin joint / Bolzenbefestigung (Avro Biplane) 411
Bolzengelenk (Architektur) 502
Pinacocyte / Pinakocyte 172
Pinacosaurus / *Pinacosaurus* 101
Pincers / Greifer (Apollo) 57
Pinch-out trap / Beulenfalle 291
Pine / Kiefer (Baum) 78, 128, 130, 131
Pine hull (hull of triere) / Pinienholz (Trierenrumpf) 381
Pine needle / Kiefernnadel 130
Pine seedling / Kiefernsämling 128
Pine stem / Kiefernsproß 131
Pineal body / Zirbeldrüse 222, 246
***Pinguicula caudata* (butterwort)** / *Pinguicula caudata* (Fettkraut) 167

Pinion / Ritzel 348, 356, 559, 586
Trieb (Uhr) 562
Pinion housing / Ritzelgehäuse 348
Pinna / Fieder 119, 127, 129, 135, 142, 143
Pinna (=Ohrmuschel, Gehörmuschel) 202, 210, 211, 213, 217, 223, 252
Pinnacle / Spitztürmchen 497
Pinnate leaf / Fiederblatt/gefiedertes Blatt 127, 129, 135, 136, 137, 142
Pinned sheepshank / festgesteckte Trompete 397
Pinnipedia / Pinnipedia 214
Pinnule / Fiederchen 127, 143
Pinocytotic vesicle / Pinozytose-Vesikel 227
Pint / pint 588
Pinus muricata **(bishop pine)** / *Pinus muricata* (Bischofskiefer) 78, 130, 131
Pinus sylvestris **(common pine)** / *Pinus sylvestris* (Gemeine Kiefer) 128
Pinzgauer Turbo D / Pinzgauer Turbo D 364, 365
Pioneers of flight / Luftfahrtpioniere 406–407
Pip / Steinkern (Frucht) 154, 155
Pipe clamp joint / Schlauchschelle 415
Pipe spring / Pipe-Quelle 286
Pipe to oil cooler / Ölkühlerleitung 355
Pipe unit (aeroquip) / Schlauchanschluß (Aeroquip) 366
Pipette / Pipette 322
Pisanosaurus / *Pisanosaurus* 74
Pisces / Pisces 184
Pisces/Fishes / Fische (=Pisces, Sternbild) 19, 20
Piscis Austrinus / Südlicher Fisch (=Piscis Austrinus, Sternbild) 19, 20
Pisiform bone / Erbsenbein (Handknochen) 240
Pistol / Pistole 540, 541
Pistol-grip (handle) / Pistolengriff 539, 549
Piston (printing press) / Druckstempel (Druckerpresse) 453
Kolben (Motoren) 334, 335, 350, 352, 353, 354, 355, 356, 357, 373, 374, 375, 414
Piston aero-engine / Aggregat eines Kolbentriebwerks 414
Kolbenmotor (Flugzeug) 414, 428
Kolbentriebwerke (Flugzeug) 414–415
Piston arrangement / Kolbenanordnung 355
Piston ring / Kolbenring 352
Piston ring groove / Kolbenringnut 355
Piston ring land / Kolbenringzone 355
Piston rod / Kolbenstange 334, 344, 373, 398
Pleuelstange 374, 399, 400
Piston skirt / Kolbenschaft 355
Piston valve / Kolbenschieber 335
Périnetventil 510, 511
Pisum sativum **(pea)** / *Pisum sativum* (Erbse) 156
Pitatus / Pitatus 40
Pitch / Flügelneigung (Schiffsschraube) 398
Gewinde (Schraube) 330
Steigung (Schiffsschraube) 398
Tonhöhe 506, 510, 512, 514, 520, 522
Pitch and yaw control engine / Schubdüse zur Lageregelung 59
Pitch change / Anstellwinkelregelung 412
Pitch markings (soccer) / Spielfeldmarkierungen (Fußball) 528
Pitch modulator (synthesizer) / Höhenregler (Synthesizer) 524
Pitcher / Kanne (Kannenstrauch) 167
Pitcher plant / Fallgrubenpflanze 166, 167
Kannenstrauch 166, 167
Schlauchpflanze 119
Pitching wedge (golf) / Pitching-Wedge (Golf) 539
Pitchmark repairer / Pitchmark-Reparaturstift 539
Pith / Mark 131, 133, 140–141, 148, 168
Pith cavity / Markhöhle 126, 141
Pitot mast / Pitotrohr (Flugzeug) 413, 416, 424, 426, 427, 429
Pits / Boxen (Autorennsport) 366
Pituitary gland / Hirnanhangdrüse/Hypophyse 246
Pivot / Drehachse (Astrolabium) 385
Drehgelenk 373, 565
Gelenk (Fahrzeug) 418
Ruderlager 382, 383
Sternschritt (Basketball) 530
Pivot bolt / Drehbolzen 369
Pivot hole / Drehzapfenlager 562
Pivot plate (lamp) / Gelenkplatte (Lampe) 564, 565
Pivoted fork / Gelenkgabel 429
Pivoted retractable frame / Rahmen-Einziehmechanismus 420
Placenta / Plazenta/Mutterkuchen 80, 154–157, 270, 271
Placenta (leaf) / Blattgewebehöcker 127
Placental mammals / plazentale (=echte) Säugetiere/Plazentatiere 80, 110
Placental septum / Plazentaseptum 270
Plagioclase / Plagioklas 285
Plains visacha / Visacha 203
Planck / Planck 41
Planetary nebula / planetarischer Nebel 17, 24–25
Planetary orbits / planetarische Umlaufbahnen 30–31
Planets / Planeten 30–51
Plank (showjumping fence) / Planke (Hindernis) 546
Plank scarf / Plankenlaschung 383
Planking / Beplankung 381, 382, 383, 385, 388, 400
Plant body / Pflanzenkörper 124
Plant capital / Pflanzenkapitell 463
Plant fossils / Pflanzenfossilien 288–289
Plant pigment / Pflanzenpigment 122, 144
Plantar artery / Fußsohlenarterie 263
Plantar calcaneonavicular ligament / Pfannenband 242
Planting bed, raised / Pflanzbeet, erhöhtes 498, 499
Plants / Pflanzen 62, 70, 72, 73, 74, 76, 80, 81, 82, 83, 104, 111, 118–168, 288–289, 290, 316, 324
Plasma / Plasma 52–53, 262, 316
Plastic canopy / Kunststoffkuppel 426, 427, 429
Plastic case / Kunststoffglas 440
Plastic coat / Kunststoffmantel 326, 327
Plastic cover (Eurostar) / Kunststoffabdeckung (Eurostar) 339
Plastic jerrycan / Kunststoffkanister 364
Plastic mudguard / Kunststoffkotflügel 376
Plastics/synthetic material / Kunststoff 316, 362, 376, 512
Plastid/chloroplast / Chlorophyllkörper 122, 123
Platanus x acerifolia **(London plane)** / *Platanus x acerifolia* (Platane) 140
Platband / Rechteckverzierung 485
Plate (clock) / Platine (Uhr) 562, 563
Plate glass window / Flachglasscheibe 346
Plate tectonics / Plattentektonik 64, 68, 70
Plateau / Plateau 286–287
Plated nail (saddle) / Sattelnagel 577
Platelets / Blutplättchen 262, 263
Platen / Druckplatte (Graphik) 453
Tiegel (Druckerpresse) 453
Plateosaurus / *Plateosaurus* 74, 75
Plates / Platten 64, 65, 66, 70, 98, 283, 334
Platform / Plattform 342, 502
Platform for working / Arbeitsdeck 388
Platform under boot, shock-absorbing (ski) / Standplatte, stoßfedernde (Ski) 545
Platinum / Platin 321
Plato / Plato 40
Platypus / Schnabeltier 217
Platysma / Breiter Halsmuskel 239
Play button / Wiedergabeknopf/Wiedergabetaste 525, 580, 581
Playa / Playa 293
Playback / Tonwiedergabe 525
Playback head (personal stereo) / Tonkopf (Walkman) 580
Player (basketball) / Spieler (Basketball) 531
Players' bench / Auswechselbank 533, 542
Mannschaftsbank 530, 532
Plaza / Plaza 502
Plectrum / Plektron/Plektrum 514, 516
Pleiades / Plejaden 14, 16, 19, 20
Pleistocene epoch / Pleistozän 63, 82, 289
Plenum chamber / Luftsammler 354, 355
Plenum ring for hot anti-icing air / Antieisluftströmkammer/Strömkammern für heiße Antieisluft 422
Pleon / Pleon 178
Pleopod / Pleopod 178, 179
Plesiochelys latisculata / *Plesiochelys latisculata* 79
Plesiosaur / Plesiosaurier 76, 77
Pleurae (trilobite) / Pleuren (Trilobit) 84
Pleurotus pulmonarius **(oyster fungus)** / *Pleurotus pulmonarius* (Austernseitling) 120
Plica circulare / Kerckringsche Falten 259
Plicate lamina / gefaltete Blattspreite 133
Pliers / Kombizange 331
Plinth / Plinthe 480, 483, 484, 487, 489, 493, 498, 499, 503
Pliocene epoch / Pliozän 63, 289
Plough (constellation) / Großer Wagen (Sternbild) 19
Plough anchor / Pflugscharanker 394
Plucked string instrument / Zupfinstrument 514, 515, 516, 517
Plug / Stöpsel (Stuhl) 570
Plug lead conduit / Zündkabelrohr 347
Plug-in services / Einschubbauweise 501
Plug-type door / Schiebestecktür 420
Plumage / Gefieder 194
Plume / Wolkenschweif 45
Plumose anemone / Seenelke 172
Plumule / Plumula 128, 156, 158, 159
Federchen (Keimpflanze) 153
Plunge pool / Kolk 299, 301
Pluto / Pluto 31, 50–51
Plutonium / Plutonium 321
Pneumatic seal / Druckluftdichtung 425
Pneumatic tyre / Luftreifen 346
Pneu 406, 413, 418
Pocket (spacesuit) / Tasche (Raumanzug) 57
Pocket enclosing nostril / Nasentasche 86
Podetium / Podetium 120
Podium / Podest 503
Podium 467
Point / Ortschuh (Sattel) 576
Punktiereisen (Bildhauerei) 456, 457
Point pocket / Ortschuhkappe 576
Pointed arch / Spitzbogen 471, 473, 474, 477
Pointed brush / Spitzpinsel 448
Pointer / Zeiger (Waage) 330
Poison gland / Giftdrüse 176, 182
Poissy (architecture) / Poissy (Architektur) 498
Polacanthus / *Polacanthus* 101
Polar band / Polarband 36
Polar easterlies / polare Ostwinde 310
Polar front / Polarfront 312–313
Polar hood / Polkappe 36
Polar jet stream / Polarfront-Strahlstrom 310
Polar nucleus / Polkern 152, 153
Polaris / Polaris 14, 18–19
Pole / Pol 307, 310, 326
Stange (Hindernis) 546
Pole plate / Dachschwelle 496
Pole Star / Polarstern 14, 18
Pole vault / Stabhochsprung 534, 535
Pole-vault mat / Stabhochsprungmatte 534
Poles (of earth) / Pole (der Erde) 307, 310
Poll / Genick (Oberkopf Pferd) 205
Pollen / Blütenstaub/Pollen 132, 148, 150, 151
Pollen grain / Pollenkorn 128, 150, 151, 152
Pollen sac / Pollensack 128
Pollen sac wall / Pollensackwand 150
Pollen tube / Pollenschlauch 128, 152, 153
Pollen tube nucleus / Pollenschlauchkern 153
Pollination / Bestäubung 128, 150, 152
Pollux / Pollux 18, 21

Polonium / Polonium 321
Polyester rope / Polyester-Tau 396
Polyethylene / Polyethylen 316
***Polygala chamaebuxus* (box-leaved milkwort)** / *Polygala chamaebuxus* (Zwergbuchs) 150
Polygnotus / Polygnotus 35
Polygonum / Knöterich 137
***Polygonum baldschuanicum* (polygonum)** / *Polygonum baldschuanicum* (Knöterich) 137
Polyhedral dome / Spitzkuppel 490, 491
Polypropylene rope / Polypropylen-Tau 396
Polystyrene padding / Polystyrolpolsterung 368
Polythene / Polyethen/ Polyethylen 316
***Polytrichum commune* (common moss)** / *Polytrichum commune* (Goldenes Frauenhaarmoos) 125
Pome / Apfelfrucht 155
Mehlbeere (Eberesche) 137
Pommel / Vorderzwiesel 546, 547, 576
Pond / Teich 338
Pons (human head) / Brücke (Menschenkopf) 222, 246, 247
Pool of maternal blood / Blutbecken, mütterliches 270
Poop break / Hüttendeckabsatz 381
Poop deck / Hüttendeck 381
Poopdeck 389, 400
Poop deck house (corbita) / Achterdeckshaus (Corbita) 381
Poop rail / Poopreling 386, 389
Pop art acrylic painting / Popart-Acrylbild 447
Pop music / Popmusik 522
Popchu-Sa (architecture) / Popchu-Sa (Architektur) 494
Popliteal artery / Kniekehlarterie 263
Popliteal fossa (human) / Kniekehle (Mensch) 220
Poppy-seed oil / Mohnöl 440
Porcupine / Stachelschwein 203
Pore / Keimöffnung 151
Keimstelle 150, 151
Porus (Schwamm) 172
Pore of nuclear membrane / Zellkernmembranpore 227
Porifera / Porifera 172
Porocyte/pore cell / Porenzelle 172
Porrima / Porrima 21
Porsche, Ferdinand / Porsche, Ferdinand 350
Port / Backbord 352
Port aileron / Backbordquerruder 407, 428
Port air-brake / Backbordbremsklappe 419
Port bower anchor / Backbordbuganker 385, 403
Port engine air intakes / Triebwerkseinlaß 421
Port engine cowling / Backbordmotorverkleidung 429
Port fore mast / Backbordfockmast 384
Port landing gear leg well / Fahrwerksschacht 421
Port linking combustion chambers / Brennraumverbindungsöffnung 352
Port main landing gear / Backbordhauptfahrwerk 428
Port trim tank / Backbordtrimmtank 420
Port wing / Backbordtragflügel 429
Port wing-tip / Backbordflügelspitze 428
Porta Nigra / Porta Nigra 469
Portable life-support system (PLSS) / Lebenserhaltungssystem, tragbares 57
Portal / Portal 475, 480, 484
Portal swing axle / Portalschwingachse 365
Portal vein / Pfortenvene 262
Porthole / Bullauge 402, 405, 491
Portico / Portikus 464, 479, 486, 487
Position dots / Bundmarkierungen 517
Position of pelvis (dinosaurs) / Beckenknochenlage (Dinosaurier) 88
Positive pole (TV) / Pluspol (Fernseher) 566
Positron / Positron 22
Post / Pfosten (Architektur) 490
Torpfosten (Handball) 533
Post orbital / postorbitale Öffnung 89
Post-glacial stream / Urstrom 296
Post-modernism / Postmoderne 500
Posterior basal (bronchial tree) / Hinterbasissegment (Bronchialbaum) 264
Posterior column (vertebra) / Hintersäule (Wirbel) 233
Posterior nasal aperture / hintere Nasenöffnung (Choane) 230
Posterior segment (bronchial tree) / Hintersegment (Bronchialbaum) 264
Posterior tarsometatarsal ligament / Ligamenta tarsometatarsea dorsalia/Mittelfuß-Würfelbein-Keilbein-Bänder 242
Posterior vena cava / Vena cava posterior 188
Posterolateral horn / Seitenhorn, hinteres (Ankylosaurier) 100
Postorbital bone / Augenhöhlendeckknochen, hinterer 108
Potassium chromate / Kaliumchromat 322
Potassium dichromate (ions) / Kaliumdichromat (-ionen) 322
Potassium iodide / Kaliumiodid 323
Potassium ions / Kaliumionen 322
Potassium nitrate / Kaliumnitrat 323
Potassium permanganate / Kaliumpermanganat 316
Potato / Kartoffel 134
Potential energy / potentielle Lageenergie 324, 325
Potevin (horse) / Mulassier/ Potevin (Pferd) 208
Pots / Töpfe 364
Pottasium / Kalium 35, 64, 320
Pound / Pfund 588, 589
Power / Power 524, 525
Power (-assisted) steering / Servolenkung 361
Power bar / Spoiler (Skistiefel) 544
Power button (=on button) / Anschaltknopf 524, 525
Power connector to CD-ROM / Stromverbinder (CD-ROM) 578
Power indicator / Betriebsanzeige 580
Power output / Ausgangsleistung 368
Nutzleistung 374
Power pack / Power Pack 525
Power station / Kraftwerk 338
Power steering pump / Hochdruckpumpe der Servolenkung 361
Servolenkungspumpe 354, 361
Power stroke ("bang") / Arbeitstakt 353, 356, 374
Power supply (CD-ROM) / Netzteil (CD-ROM) 578
Power transmission / Kraftübertragung 374
Powered flight / Motorflug 406
Powered leading-edge slat / Vorflügel, ausfahrbarer 425
Practice ball (golf) / Übungsball (Golf) 539
Practice projectile / Übungsgranate 404
Pradakshina / Pradakshina 495
Praesepe / Praesepe 18
Prairie Style / Präriestil 499
Praseodymium / Praseodym 320
Pratt & Whitney nine-cylinder radial engine / Pratt & Whitney-9-Zylinder-Sternmotor 412, 413
Pratt & Whitney PW 305 Turbofan / Pratt & Whitney PW 305 Turbofan 423
Pratt & Whitney PW120 Series Turboprop / Pratt & Whitney Canada PW 120-Turboprop-Triebwerk 423
Praxiteles / Praxiteles 35
Pre-load adjustor / Vorspannungsregler 373
Pre-Cambrian / Präkambrium 62, 70, 71, 84, 289
Precast concrete rib / Fertigteilbetonrippe 503
Precast tiles / Fertigziegel 503
Precious/noble metal / Edelmetall 321
Precipitation / Fällungsreaktion 322
Niederschlag 312, 322, 323
Precision screw / Präzisionsschraube 581
Predators (dinosaurs) / Räuber (Dinosaurier) 88
Predatory dinosaurs / Raubsaurier 76, 90
Predentary bone / Praedentale 102, 108, 109
Pregnancy / Schwangerschaft 270
Prehensile tail / Greifschwanz 212
Prehistoric food / prähistorische Nahrung 115
Preliminary caution signal / Vorvorsignal 341
Premaxilla / Praemaxillare 89, 102, 105, 187, 189, 211, 212
Premolar(s) / Prämolar(en)/ Praemolar(en) 111, 112, 200, 256
Prenocephale / *Prenocephale* 106, 107
Preopercular bone / Praeoperculare 187
Prepubis (dinosaurs) / Praepubis (Dinosaurier) 88
Prepuce/foreskin / Vorhaut 269
Presentation in the Temple / *Darstellung des Jesusknaben im Tempel* 437
President (fencing) / Obmann (Fechten) 549
Press / Presse 382, *also printing press*
Pressing a key / Tastendruck 568
Pressure / Druck 66, 68, 283, 276, 284, 290, 296, 316, 498, 550
Pressure button (bow) / Button (Bogen) 540
Pressure gauge / Druckmesser/Druckmeßgerät 333
Pressure glove / Druckhandschuh 57
Pressure helmet / Druckhelm 57
Pressure indicator / Druckanzeige 57, 364
Pressure line / Druckleitung 422
Pressure plate (motorcycle) / Druckplatte (Motorrad) 374
Pressure relief valve / Druckablaßventil 57
Pressure sensor / Druckfühler 422
Pressurized cabin / Druckkabine 412
Pressurized strut / Zuluftklappe 429
Pressurizer / Druckhalter 324
Presta valve / Blitzventil 369
Prestressed concrete / Spannbeton 498
Presynaptic axon / präsynaptisches Axon 249
Presynaptic membrane / präsynaptische Membran 249
Pricker(s) / Pricker 391
Prickle / Stachel (Pflanzen) 136, 141, 153
Primaries / Handschwingen 194, 197
Primary colours / Primärfarben 443
Primary leaf / Primärblatt 127
Primary root / Primärwurzel 138, 139, 158, 159
Primary shock-absorber strut / Hauptstoßdämpferstrebe 59
Primary squamulose thallus / primärer, schuppiger Thallus 120
Primary-drive gear / Primärantriebsrad 374
Primates / Primaten/Primates 114, 212–213, 289
Prime (fencing) / Prim (Fechten) 549
Primer / Grundierung (Autolack, Ölmalerei) 358, 441
Priming/ground / Malgrund 436, 442, 444
Primitive land plants / primitive Landpflanzen 126
Print(ing) / Druck (Graphik) 450–453
Printed circuit board / Leiterplatte 569, 580, 581
Platine (Fernseher) 567
Printed image / Abdruck (Druckverfahren) 450
Druckbild 451
Printing block / Druckform (Druckerpresse) 453
Preßfundament 453
Printing colour, greasy / Druckerfarbe, fette 450
Printing cylinder / Druckzylinder 450
Printing ink / Druckerschwärze 450
Printing paper / Druckpapier 451
Printing processes / Druckverfahren 450–453
Prism / Prisma (Lichtbrechung) 328
Prism retainer spring / Prismahaltefeder (Kamera) 585
Privy / Abtritt 388
Pro-otic bone / Prooticum 189
Probactrosaurus / *Probactrosaurus* 103
Proboscidea / Proboscidea 210
Proboscidian / Rüsseltier 110, 210

Proboscis / Saugrüssel (=Proboscis) 175
Procambial strands / Prokambiumstränge 140
Procerus (muscle) / Stirnhautmuskel 239
Procompsognatus / *Procompsognatus* 93
Procoptodon / *Procoptodon* 82
Pro-coracoid bone / Procoracoid 193
Procyon / Prokyon 18, 21
***Procyon lotor* (racoon)** / *Procyon lotor* (Waschbär) 201
Production of taste / Geschmacksentwicklung 254
Products of chemical reactions / Produkte chemischer Reaktionen 322, 323
Prokaryotes / Prokaryonten 84
Prolegs / Zapfenfüße 175
Promethium / Promethium 321
Prominence / Protuberanz 32–33
Pronaos / Pronaos 465
Pronunciation button (computer) / Sprachschaltfeld (Computer) 579
Propeller / Flugzeugpropeller 410, 422, 423, 426, 429, 431
Schiffsschraube 398–399, 403, 404
Propeller bolt hole / Propellerbolzenöffnung 414
Propeller diameter / Propellerdurchmesser 398
Propeller drive flange / Propellerantriebsflansch 429
Propellerplatte 414
Propeller drive gearbox / Propellergetriebe 431
Propeller hub / Propellernabe 408, 411
Propeller hub flange / Nabenflansch 423
Propeller shaft / Schraubenwelle 403
Propeller shaft bearing / Propellerwelle 406, 407, 414
Propeller shaft boss / Wellentunnel 403
Propeller speed probe / Propellerdrehzahlmesser 423
Propeller thrust frame / Propellerrahmen 406
Propeller-bolt collar / Propellerpaßbolzen 415
Propeller-hub spinner / Spinnerverkleidung 413
Propodus / Propodus 178, 179
Propulsion system / Antrieb (Raddampfer) 399
Propylaea / Propyläen 464
Prosauropodas / Prosauropoden 89, 93, 94
Proscapular process / Acromion 193
Prosimians (=Prosimii) / Halbaffen (=Prosimii) 212
Prosoma / Prosoma 176, 177
Prostate gland / Vorsteherdrüse (=Prostata) 267, 269
Protactinium / Protactinium 320
Protective eyewear / Schutzbrille (Rückschlagspiele) 536
Protective gaiter / Schutzmuffe 426
Protective suit / Schutzanzug 57
Protective varnish / Schutzlack (Malerei) *cf. fixative*
Protein synthesis / Proteinsynthese 145
Proterozoic eon / Proterozoikum 289
Proteus / Proteus 50
Prothallium / Vorkeim 127
Protoceratops / *Protoceratops* 106, 108, 109
Protoceratopsides / Protoceratopsiden 106, 109, 110
Protogalaxies / Protogalaxien 10–11
Proton / Proton 22
Protonema / Protonema 125
Protons / Protonen 318, 319, 320, 326
Protostar / Protostern 24, 26
Prototype / Prototyp 336, 370
Protoxylem (root) / primäres Xylem (Wurzel) 127
Proventriculus / Drüsenmagen (Vogel) 195
Kaumagen (Krebs) 179
Providing current (railway) / Stromeinspeisung (Eisenbahn) 338
Provins (architecture) / Provins (Architektur) 470
Prow / Bug 380, 383
Prowhead (Dragon) / Drachenkopf am Bug 382
Proxima Centauri / Proxima Centauri 18
Proximal convoluted tubule / proximaler Tubus 267
Proximal interphalangeal joint / Fingermittelgelenk 241
Proximal phalanx / Fingergrundglied 229, 240
Zehengrundglied 229, 242
***Prunus persica* (peach)** / *Prunus persica* (Pfirsich) 137
***Psathyrella candolleana* (fringed crumble cap)** / *Psathyrella candolleana* (Lilablättriger Saumpilz) 121
Pseudocarps / Scheinfrüchte 154, 155
Pseudo-Corinthian capital / pseudokorinthisches Kapitell (Architektur) 480
Psi Sagittarii / Psi Sagittarii 21
Psittacosaurus / *Psittacosaurus* 109
Psoas (major) muscle / Lendenmuskel 233, 236, 267
Pteraspis / *Pteraspis* 71
Pterichthyodes / *Pterichthyodes* 71
***Pteridium aquilinum* (bracken)** / *Pteridium aquilinum* (Adlerfarn) 127
***Pterois volitans* (lionfish)** / *Pterois volitans* (Strahlenrotfeuerfisch) 186
Pteron / Pteron 464, 467
Pterosaurs / Pterosaurier/Flugsaurier 76, 77
Pterygoid bone / Pterygoid 189
Pterygoid hamulus / Choane 230
Ptolemaeus / Ptolemaeus 40
Pubic bone / Schambein 87, 88, 90, 91, 92, 93, 94, 96, 99, 102, 111, 228, 267, 269, 271
Pubic process / Schambeinfortsatz 102, 104, 106, 107
Pubic symphysis / Schambeinfuge 268
Pubis / Pubis (Schambein) 193, *also pubic bone*
Pubo-ischio-femoral muscle (*Iguanodon*) / Puboischiofemoral-Muskel (*Iguanodon*) 103
Pubofemoral ligament / Schambein-Oberschenkelband 234
Puck / Puck 542, 543
Puck stopper / Puck-Stopper 543
Pudenda / Scham 221
Pudendal nerve / Schamnerv 248
Puffball / Bovist 120
Pugin, A.W.N. / Pugin, A.W.N. 497
Pull (lamp) / Zugkraft (Lampe) 564
Pulley / Flaschenzug 330
Keilriemenscheibe 357, 574
Riemenscheibe 354, 357, 574
Pulley bolt / Rollenbolzen 368
Pulley rim / Übertragungsreifen 370
Pulley rim brake / Klotzbremse 370
Pulley wheel / Umlenkrolle 330
Pulling distance / Zugstrecke (Mechanik) 330
Pulmonary (semilunar) valve / Pulmonalisklappe 261
Pulmonary artery / Lungenarterie 260, 261, 263, 265
Aorta pulmonalis 188
Pulmonary lobe / Lungenflügel 224, 225
Lungenlappen 264, 265
Pulmonary trunk / Lungenschlagaderstamm (Truncus pulmonalis) 261, 263
Pulmonary vein / Lungenvene 260, 261, 263
Pulp artery / Pulpaarterie 257
Pulp horn / Pulpazacke 257
Pulp nerve / Pulpanerv 257
Pulp vein / Pulpavene 257
Pulp(a) / Zahnpulpa 257
Pulsar / Pulsar 30
Pulse / Puls 260
Pumice / Bimsstein 283
Pump / Pumpe 324, 354, 399
Pump drive / Pumpenantrieb 399, 414
Pump drive belt / Pumpenantriebsrad 414
Pump drive shaft / Pumpenwelle 413
Pump housing / Pumpengehäuse 413
Pump piston / Pumpenkolben 399
Pump valve / Pumpventil 510, 511
Punchholes (shoe) / Stanzlöcher (Schuh) 560
Pupa/chrysalis (insects) / Puppe (Insekten) 174
Pupil / Pupille 223, 236, 250, 250, 251
Pupil's cockpit / Schülercockpit 411
Puppis / Schiffsheck (=Puppis, Sternbild) 18, 23
Purchase wire / Drahttalje 402
Purfling (violin, double bass) / Aderstreifen (Geige, Kontrabaß) 514, 515
Purkinje's cells / Purkinje-Zellen 247
Purlin / Pfette 477
Purple sea urchin / Purpurseeigel 181
Push button / Auswurfknopf (CD-Player) 578
Drucktaste 343
Push moraine / Staumoräne 296
Push rod / Stößelstange 373
Push switch (lamp) / Druckschalter (Lampe) 564
Push-button key pad / Druckwahltastatur 568
Pusher propeller / Heckpropeller 406, 407, 430
Push-rod / Push-rod 367
Schubstrebe 367, 373
Push-rod adjustor / Push-rod-Verstelleinrichtung 367
Putter (golf) / Putter (Golf) 539
Putting green / Putting Green 538
Putto / Putte 480
Pygal shield / Pygalplatte 193
Pygostyle / Pygostyl 195
Pylon fairing / Gondelaufhängungsverkleidung 431
Pylon-strut strap / Gondelaufhängung 431
Pyloric section of stomach / Pylorusabschnitt des Magens 185
Pyloric sphincter / Magenpförtner 259
Pylorus / Pförtner
Pyramidal roof/(tetrahedral) spire / Pyramidendach 485, 490, 497
Pyramids / Pyramiden 462
Pyrenees / Pyrenäen 81, 83, 275
Pyrenoid / Pyrenoid/Stärkeherd 118, 122
Pyrite / Pyrit 85, 278, 280, 284–285
Pyroclasts (lava fragments) / Agglomerate (Lava-Bruchstücke) 282
Pyromorphite / Cerrusit/Pyromorphit 279
Pyroxene / Pyroxen 52, 277
Pyxis / Pyxis 18

Q

Quadrant arch (architecture) / Viertelkreisbogen (Architektur) 472
Quadrate bone / Quadratum 187
Quadratojugal bone / Quadratojugale 89, 189
Quadrilateral (architecture) / Viereck (Architektur) 493
Quadripartite vault / Kreuzgewölbe 473
Quadruplane / Vierdecker 410
Quail's chick / Wachtelküken 198
Quantum state / Energieniveau 318, 320
Quarks / Quarks 319
Quart / quart (Maßeinheit) 588
Quarte (fencing) / Quart (Fecht-Trefferfläche) 549
Quarter (shoe) / Quartier (Schuh) 560, 561
Quarter gallery / Achtergalerie 386, 387, 389
Quarter glass / Fondseitenfenster 358
Quarter light / Ausstellfenster 350, 351
Quarter panel moulding / Seitenwandschutzleiste 362
Quarter trim panel / Seitenwandverkleidung 362
Quarterdeck / Achterdeck 388
Quarterdeck house / Achterdeckshaus (Segelschiff) 384
Quarterround moulding / Zierband, abgerundetes 484
Quartz / Quarz 277, 278, 281
Quasar (=quasi-stellar object) / Quasar (=quasistellares Objekt) 10–13
Quaternary period / Quartär 63, 82, 83, 289
Quatrefoil / Vierpaß 476, 477
Quaver / Achtel(note) 506
Quay(side) / Kaimauer 394, 395
Queen-post / Hängesäule 477

***Quercus palustris* (pin oak) /** *Quercus palustris* (Sumpfeiche) 80
***Quercus petraea* (durmast oak) /** *Quercus petraea* (Traubeneiche) 137
Quick-release bolt (bike) / Schnellspanner (Fahrrad) 586, 587
Quick-release lever / Schnellspannverschluß 369
Quick-release mechanism (lap-strap) / Gurtschloß 429
Quick-release spindle (bicycle) / Schnellspannstift (Fahrrad) 586
Quick-release strap (bike) / Schnellöseriemen (Fahrrad) 368
Quill / Federkiel (Schreibgerät) 448
Federspule (Vogelfeder) 197
Gänsekiel 448
Pinole mit Kugellager (Bohrer) 559
Quinacridone red / Chinacridonrot 446
Quinte (fencing) / Quint (Fechten) 549
Quiver / Köcher 540
Quoin / Eckstein 485, 496

R

Rabbit / Kaninchen 202–203
Rabbit line / Binnenvorsteven 388
Race / Konus (Fahrrad) 587
Raceme / Traube (Blütenstand) 135
Rachis / Blattspindel/Rhachis 118, 127, 135, 136, 142, 143
Blütenstandachse 119
Farnblattspindel 127
Racing bicycle / Rennrad/Sportrad 368
Racing car / Rennwagen 366, 367
Racing chain / Rennkette 369
Racing jacket / Renndreß 547
Racing number plate (competition motorcycles) / Startnummer (Renn-Motorräder) 372, 376, 377
Racing saddle / Rennsattel 547
Racing sidecar / Rennbeiwagen 376
Racing silk jacket / Blouson in Rennfarben 547
Racing silks / Rennfarben 546, 547
Racing tyre / Rennreifen 373, 376
Racket / Schläger (Rückschlagspiele) 536, 537
Racket sports / Rückschlagspiele 536–537
Racketball / Racquetball 536, 537
Racketball court / Racquetballkäfig 537
Rackets / Racquets 536
Racoon / Waschbär 201
Radar detection / Radarerfassung 424
RADAR for missile control / Lenkwaffenleitradar 405
Radar map of Venus / Radarkarte der Venus 36
Radar warning receiver / Radarwarner 425
Radar-absorbent material / radarabsorbierendes Material 425
Radial artery / Speichenarterie 241, 263
Radial canal / Radialkanal (Qualle) 173
Radiärkanal (Stachelhäuter) 180, 181
Radial cartilage / knorpeliger Flossenträger 186
Radial diffuser / Radialdiffusor 422
Radial groove (liverwort lobe) / Rinne, radiale (Lebermooslappen) 124
Radial nerve / Speichennerv 248
Radial wall / Radialmauer 469
Radial-ply tyre / Gürtelreifen 373
Radiate symmetry / Radiärsymmetrie 180
Radiation / Strahlung 10, 12–13, 16, 22, 38, 54
Radiation of light / Ausbreitung des Lichts 328
Radiative zone / Strahlungszone 24, 33
Radiator / Kühler 348, 366, 372, 377, 428
Radiator 56
Wasserkühler 348, 361, 367, 374, 407
Radiator air duct / Kühlluftzufuhr 367
Radiator air intake / Kühllufteinlaß 367
Radiator air vent / Kühlerrippe 376
Radiator apron / Kühlerschutz 349
Radiator fan / Kühlergebläse 336
Radiator filler cap / Kühlerdeckel 349
Radiator filler neck / Kühlereinfüllstutzen 349
Radiator grille / Kühlergrill 365
Radiator pipe / Kühlerrohr 372
Radiator shell / Kühlerrahmen 349
Radicle/embryonic root / Keimwurzel (=Radicula) 153, 156, 158, 159
Radio / Funkgerät 57, 426
Radio 363
Radio aerial / Funkantenne 56, 403, 428
Radioantenne 365, 430
Radio galaxies / Radiogalaxien 12–13
Radio lobe / Radiowellen-Blase 13
Radio mast (Empire State Building) / Antennenmast (Empire State Building) 498
Radio map of our galaxy / Radiokarte unserer Galaxis 15
Radio plugs / Funkstecker 429
Radio telescope / Radioteleskop 54
Radio waves / Radiowellen 13, 30, 328
Radio whip aerial / Peitschen-Funkantenne 56
Radio-ulna (frog) / Radius-Ulna (Frosch) 189
Radio-wave emission / Radioemmission 15
Radioactive material / radioaktives Metall 320
Radium / Radium 320
Radius / Radius (Kreis) 588
Radius/Speiche (Unterarmknochen) 86, 87, 91, 93, 94, 96, 97, 100, 102, 105, 106, 107, 108, 110, 112, 190, 192, 193, 195, 197, 201, 203, 205, 211, 212, 214, 216, 228, 240
Radius arm / Zugstrebe 366
Radius rod / Radiusstrebe 411
Vorderachsstrebe 349
Radome / Radarkuppel 416, 419, 421, 424
Radon / Radon 321
Radula / Radula 182, 183
Raft (Kawana House) / Fundamentplatte (Kawanahaus) 500
Raft spider / Gerandete Jagdspinne 177
Rafter / Sparren 468, 477, 490, 496, 503
Rail / Karren (Druckerpresse) 453
Reling 381, 400, 403
Schiene (Eisenbahn) 334, 341
Rail and road / Schiene und Straße 334–377
Rail at break of poop deck / Poopvorderreling 389
Rail chair / Schienenstuhl 334, 341
Railway / Eisenbahn 334–343
Railway traffic / Zugverkehr 340
Rain / Regen 312
Rain dispersion / Regenwasserbeseitigung 424
Rain gutter (aeroplane) / Regenrinne (Flugzeug) 416, 419
Rainy season / Regenzeit 303
Raised (engine) air intake / Motorluftansaugstutzen 364
Raised valley-rafter / Kehlgratsparren 477
Raising the pitch of a note / Tonerhöhung 506
Raising the pitch/sharp / Halbtonerhöhung 507
***Raja clavata* (thornback ray) /** *Raja clavata* (Nagelrochen) 185
Raked windscreen / geneigte Windschutzscheibe 343
Raking cornice / Schräggeison 484, 485, *also cornice*
Raking stempost / überhängender Steven 384
Ram / Rammkopf 380
Ram bow, false / Rammbug, falscher 402
Ram/Aries / Widder (=Aries, Sternbild) 19, 20
Ram/beak / Rammsporn 380
***Ramaria formosa* /** *Ramaria formosa* (Dreifarbiger Ziegenbart) 120
Ramentum / Schuppenhaare, braune 127
Spreuschuppen 118, 127
Rammer / Ansetzer 404
Rammer lever / Ansetzerhebel 404
Ramp / Rampe 471, 498
Range of colours / Farbskala 438
Rangefinder / Entfernungsmeßeinrichtung 402, 404
Rangefinder platform / Entfernungsmeßplattform 402
Rank / Register 518
***Ranunculus* sp. (buttercup) /** *Ranunculus* sp. (Hahnenfuß) 133, 138, 139
Raphe / Naht (Samenschale) 159
Rapid-fire pistol / Schnellfeuerpistole 540
Rapids / Stromschnellen 298, 300
Rare earths / seltene Erden 320
Ras Algethi / Ras Algethi 20
Ras Alhague / Ras Alhague 19, 20
Rasp (sculpture) / Feile (Bildhauerei) 456, 457
Raspberry / Himbeere 155
Rasping tongue / Raspelzunge *cf. radula*
Rat tail (worming) / Garntampen (Wurming) 397
Rat's tail / Hundspünt 392
Ratchet / Knarre (Bohrer) 559
Rollensperre (Angeln) 554
Ratchet pawl / Sperrklinke (Uhr) 562
Ratchet screw / Sperrklinkenschraube (Uhr) 562
Ratchet wheel / Sperrklinkenrad 344
Rate of a reaction / Reaktionsgeschwindigkeit 322
Ratfish / Seeratten 184
Rating nut (clock) / Regulierschraube (Uhr) 562
Ratline / Webeleine 384, 387
Rats / Ratten 110
Rattle / Rassel 191, 520
Rattlesnake / Klapperschlange 191
Raven (=Corvus) / Rabe (=Corvus, Sternbild) 18, 21
Raw material (golf club) / Rohling (Golfschläger) 539
Raw sienna / Terra di Siena 438
Raw umber / Umbra (Farbpigment) 438
Rawser bend / Kabelstek 395
Ray / Rochen 184
Strahl *cf. rays and radiation*
Ray crater / strahlenförmiger Krater 34
Ray floret / Zungenblüte 135, 148, 151
Rays (light) / Strahlen (Licht) 328
Re-entry module / Wiedereintrittsmodul 56
Reactants / Reaktanten 322, 323
Reaction (physics) / Reactio (Physik) 331
Reactions (chemistry) / Reaktionen (Chemie) 322–323
Reactor core / Reaktorkern 324
Reactor fuel / Spaltstoff 324
Reactor space (nuclear submarine) / Reaktorraum (Atom-U-Boot) 405
Reading light / Leselicht 339
Ready to react (with other substances) / reaktionsfreudig 320
Rear (seat) / Fond 349
Rear axle / Hinterachse 348
Rear brake / Hinterradbremse 368
Rear cantilever brake / Cantilever-Hinterradbremse 586
Rear cross-member / Querträger, hinten 349
Rear gear case assembly (lawnmower) / Hinterradantrieb (Rasenmäher) 574
Rear hatch (Renault Clio) / Heckklappe (Renault Clio) 358, 359, 262
Rear indicator and stop lamp (car) / Blink- und Bremsleuchteneinheit (Auto) 362
Rear lamp / Rückleuchte 346, 347
Rear lamp cluster / Rückleuchteneinheit 351, 365
Rear light/lamp / Rücklicht 338, 339, 350, 368
Rear oil lamp / Petroleum-Rückleuchte 346
Rear pannier / Hinterradtasche 369
Rear quarter trim panel / C-Säulenverkleidung 362
Rear radius arm / Querlenker, hinten 360, 366
Rear seat assembly / Rücksitzbank 362
Rear shelf / Hutablage 362
Rear silencer / Endschalldämpfer 360
Rear tyre / Hinterreifen 362
Rear valance (Volkswagen Beetle) / Heckabschlußblech (VW Käfer) 351

Rear view mirror (right-hand, left-hand) / Seitenspiegel (rechts, links) 359, 365
Rear wheel / Hinterrad 330, 369, 574, 586
Rear wheel hub / Hinterradnabe 586
Rear window / Heckscheibe 346, 358
Rear wing / Heckspoiler 366, 367
Rear wiper arm / Heckscheibenwischerarm 362
Rear wiper blade / Heckscheibenwischerblatt 362
Rear-mounted engine / Heckmotor 350
Rear-mounted propeller / Heckpropeller 406, 407, 430
Rear-view mirror / Rückspiegel 347, 363, 367
Rear-window heating element / Heckscheibenheizung 358
Rear-window washer jet / Heckscheibenwaschdüse 358
Rebel Slave, The / *Gefesselte Sklave, Der* 457
Receiver / Empfänger 568
Hörer (Telefon) 568
Rückschläger 536, 537
Receiving line / Annahmezone (Racquets) 537
Receptacle / Blütenboden 133, 137, 140, 146, 147, 148, 152, 154–157
Rezeptakel 122, 123
Reception level / Empfangsetage 500
Receptor / Rezeptor 249
Reclining seat / Liegesitz 342
Recoil case (lawnmower) / Startergehäuse (Rasenmäher) 574, 575
Recoil cylinder / Rückstoßzylinder 404
Reconnaissance aircraft / Aufklärer 424
Record button (keyboard) / Aufnahmeknopf (Keyboard) 524
Rectal caecum / Rektaldivertikel 180
Rectal gland / Rektaldrüse 185
Rectangle / Rechteck 588
Rectangular block / Quader 588
Rectangular pier / Rechteckpfeiler 484
Rectangular window / Rechteckfenster 485, 494
Rectum / Mastdarm 225, 259, 268, 271
Rektum/Enddarm 175, 185, 188, 191, 195, 202, 204, 210, 212, 215, 258
Rectus abdominalis / gerader Bauchmuskel 236
Rectus femoris / gerader Schenkelmuskel 236
Recumbent fold (geol.) / Überkippte Falte (geol.) 67
Red algae / Rotalgen 122, 123
Red blood cells / rote Blutkörperchen 262, 263
Red card / Rote Karte 528
Red deer / Rothirsch 205
Red dwarf / Roter Zwerg 23
Red earth / Rote Erde (Sinoper) 437, 438, 439
Red giant / Roter Riese 22–23
Red sable (hair) brush / Rotmarder(haar)pinsel 440, 442
Red seaweed / Rotalgen 122, 123
Red Spot / Roter Fleck 44–45
Red supergiant / Roter Überriese 22–23, 26–27
Redial button / Wahlwiederholungstaste 568
Reduction gearbox / Untersetzungsgetriebe 414, 415
Redwall limestone / Redwall-Kalkstein 287
Redwood tree /sequoia / Mammutbaum 76, 118
Reed instruments / Rohrblattinstrumente 512, 513
Reed pen / Rohrfeder 448
Reef knot/square knot / Kreuzknoten 396
Reef point / Reffbändsel 393
Reel / Rolle (Angel) 554, 555
Körperkabel (Fechten) 549
Spule 549, 580
Reel foot/reel scoop (fishing rod) / Rollenfuß (Angel) 554
Reel printed circuit board rivetting / Wickelrollenplatte (Walkman) 581
Reel seat (fishing rod) / Rollensitz (Angelrute)
Referee / Schiedsrichter 528, 530, 532, 542, 550
Mattenrichter (Judo) 548
Referee's equipment (soccer) / Schiedsrichterausrüstung (Fußball) 528
Referee's signals (basketball) / Schiedsrichterzeichen (Basketball) 531
Reflection nebula / Reflexionsnebel 16
Reflection / Reflexion/Spiegelung 329
Reflector / Reflektor (Autoscheinwerfer) 349
Rückstrahler 347
Spiegelteleskop 54
Reflector shield / Reflektorschild 58
Refractor telescope / Linsenteleskop 54
Refrigerant pipe / Kältemittelleitung 354
Refrigerator car / Kühlwagen 337
Refuge terrace / Schutzterrasse 502
Regency Style / Regency-Stil (Stuhl) 570
Regie Autonome des Transports Parisien / Regie Autonome des Transports Parisien 338
Regional metamorphism / Regionalmetamorphose 284
Regolith / Regolith 41
Regula (fillet) / Regula (Leiste) 465
Regulator (steam locomotive) / Regler (Dampflok) 334, 335
Regulator valve / Reglerventil 335
Regulus / Regulus 18, 21
Rein / Zügel 546
Rein terret / Leinenauge (Pferdegeschirr) 547
Reinforce / Boden-Feld (Schiffsschild) 403
Reinforced-concrete and steel floor-plate / Stahlbeton- und Stahlbodenankerplatte 501
Reinforced-concrete stilt / Stahlbetonpfeiler 498
Reinforcement (personal stereo) / Verstärkung (Walkman) 581
Relationship uncertain (dinosaurs) / Verwandtschaft unklar (Dinosaurier) 89
Relative atomic mass / relative Atommasse 320
Relay (shooting) / Staffelwettbewerb (Schießsport) 540
Relay batons / Staffelstäbe 535
Relay box / Relaiskasten 340
Relay race / Staffellauf 534
Release / Abwurf 535
Abstoß (Kugelstoßen) 535
Release adjustment screw (safety binding) / Einstellschraube (Sicherheitsbindung) 544
Release button / Entriegelungsknopf 429
Relief / Relief 450, 494
Relief printing / Hochdruckverfahren 450, 453
Relieving arch / Entlastungsbogen 466, 469, 470, 471
Reliquary / Reliquienbehälter 494
Remains of leaves / Blattreste 134
Remiges / Armschwingen 194, 197
Renaissance / Renaissance 478–481
Renal artery / Nierenarterie 266, 267
Renal papilla / Nierenpapillen 266
Renal pelvis / Nierenbecken 266
Renal sinus / Sinus renalis 266
Renal veins / Nierenvenen 266, 267
Renault 1906 / Renault 1906 346, 347
Renault Clio / Renault Clio 358, 359, 360, 361, 362, 363
Rendezvous radar / Rendezvous-Radar 59
Renoir / Renoir 35
Repeat the previous bar / Taktwiederholung 506
Repeater indicator / Warnblinkleuchte 343
Replum (false septum) / Rahmen (falsche Scheidewand) 137
Reproduction / Fortpflanzung/Vermehrung 121, 122, 123, 125, 127, 128, 146, 150, 154, 160, 224, 268–271
Reproductive organs / Fortpflanzungsorgane 127, 128, 150, 154, 224
Geschlechtsorgane (Pflanzen) 123, 125, 127
Reproductive structures (flowering plants) / Fortpflanzungsstrukturen (Blütenpflanzen) 146
Reproductive system (human) / Fortpflanzungssystem (Mensch) 268–269
Reptile fossils / Reptilienfossilien 289
Reptiles / Kriechtiere/Reptilien 63, 72, 73, 84, 86, 87, 88–109, 190–191, 192–193, 289
Reptilia / Reptilia 190, 192
Repulsion (electrostatic force) / Abstoßung (elektrostatische Kraft) 326, 327
Request identification aerial / Identifikations(codesende)antenne 424, 425
Rescue helicopter / Rettungshubschrauber 426
Rescue strap / Rettungsgurt 553
Reservoir (for liquid) / Flüssigkeitsbehälter 354
Resin / Harz 130, 131, 434, 440
Resin canal / Harzkanal 130, 131
Resin crystals / Harzkristalle 440
Resistance / Widerstand 326, 569
Resonator / Resonator 517, 520
Resonanzkörper (Pauke) 523
Respiration / Atmung 186, 246, 264, 265
Respiratory system (man) / Atmungssystem (Mensch) 264–265
Rest / Ruhe 331
Pausen(zeichen) 506, 507
Restaurant / Restaurant 503
Restraining circle (basketball) / Freiwurfzone (Basketball) 530
Retaining bolt / Haltebolzen 374
Retaining strap / Halteriemen 57
Reticulum / Netzmagen 204
Reticulum 204, 226, 227, 238, 249
Retina / Netzhaut 250, 579
Retinal artery, central / Netzhautarterie, zentrale 250
Retinal blood vessel / Netzhautblutgefäß 250, 251
Retinal vein, central / Netzhautvene, zentrale 250
Retraction jack / Einziehmechanik (Fahrwerk) 421
Retraction jack trunnions / Einziehmechanikzapfen 418
Retractor muscle (sea anemone) / Retraktormuskel (Seeanemone) 173
Retroarticular process (*Baryonyx*) / Retroarticularfortsatz (*Baryonyx*) 89
Return (architecture) / Rücksprung (Architektur) 490, 491, 498
Return current / Rückstrom 338
Return spring / Rückholfeder 373
Rückstellfeder (Telefon) 569
Reverse dip-slip fault / Antithetische Vertikalverschiebung 67
Reverse image / Umkehrbild 455
Reverse lever / Reversierhebel 352
Rückwärtsganghebel 352
Reverse-flow combustion chamber / Ringbrennkammer 422
Reverser handle / Fahrtwenderhebel 335
Reversible reactions / reversible/umkehrbare Reaktionen 322
Reversing / Rückreaktion 322
Reversing shaft / Umsteuerungswelle 335
Reversing wheel / Umsteuerrad 400
Rewind belt (personal stereo) / Rückspulriemen (Walkman) 581
Rewind button / Rückspultaste 580
Rewind knob (camera) / Rückspulknopf (Kamera) 584, 585
Rewind pulley assembly (personal stereo) / Rückspulmechanik (Walkman) 581
Rewind shaft / Rückspulgabel 585
Rhamphodopsis / *Rhamphodopsis* 71
Rhamphorhynchus / *Rhamphorhynchus* 77
Rheas / Nandus 194
Rhenium / Rhenium 320
Rhesus monkey / Rhesusaffe 212
Rhizines / Rhizinen 120
Rhizoids / Rhizoide 124, 125, 127
Rhizome / Erdsproß/Rhizom 126, 127, 134, 160, 161
Speichersproß 164, 165
Rhizophore / Wurzelträger 126
Rho 1 Sagittarii / Rho 1 Sagittarii 21
Rhodium / Rhodium 321
Rhodophyceae / Rhodophyceae 122
Rhomb(us) / Rhombus 493
Rhomboid leaf / rautenförmiges Blatt 143
Rhomboideus (muscle) / Rautenmuskel 237
Rhynchosaur / Rhynchosaurier 74, 75, 77
Rhyolite / Rhyolith 284–285

Rhyolitic lava / aus Rhyolith bestehende Lava 282
Rhythm / Rhythmus 506, 507
Rhythm instruments / Rhythmusinstrumente 520, 522
Rhythm pattern selector / Rhythmusauswahl 524
Rib vault / Rippengewölbe 473, 474, 481, 489
Rib(s) / Rippe(n) 86, 87, 90, 91, 92, 93, 94, 96, 100, 103, 107, 108, 111, 113, 182, 187, 190, 191, 195, 201, 203, 205, 211, 212, 214, 216, 228, 421, 430, 473, 483, 488, 489, 490–491, 503, 552
Bünde (Buch) 582, 583
Flügelrippe (Flugzeuge) 409, 411
Spant 388, 389, 398, 401
Zarge 514, 515, 516
Riband / Sente 389
Ribbed vault / Kreuzrippengewölbe 488, 488
Ribbing (shoe) / Rißlippe (Schuh) 561
Ribbon (book) / Leseband (Buch) 582, 583
Ribbon cable (phone) / Flachkabel (Telefon) 569
Ribbon lake / Rinnensee 297
Ribosome / Ribosom 145, 227
Rice paper / Reispapier 449
Ride cymbal / Rhythmusbecken/Ride-Becken 523
Rider / Reiter 546
Ridge tile / Firstziegel 468
Ridge-board / Firstbohle 477
Ridge-rib / Scheitelrippe 489
Riding / Reiten 576
Riding bitt / Ankerbeting 380
Riding boot / Reitstiefel 546
Riding jacket / Reitjacke 546
Riffler / Riffler 458
Rifle shooting / Gewehrschießen 540
Rift valley / Grabenbruch 302–303
Rift volcano / Spaltenvulkan 282
Riga (brush) / Riga (Pinsel) 438
Rigel / Rigel 18, 21, 22
Rigger / Ausleger (Sportboot) 552
Rigger's gauge / Taklerlehre 390
Rigging / Rigg 386, 388, 390, 492, 400
Rigging fittings / Riggbeschläge 390
Rigging rail / Riggbalken 384
Rigging tools / Takelwerkzeuge 390
Right hand screw (rigging screw) / Rechtsgewinde (Wantenspannschraube) 391
Right wing / Rechtsaußen 533, 542
Rim / Felge 349, 368, 410, 586, 587
Radkranz 399
Rim brake / Felgenbremse (Zug) 340
Rim clamp / Felgenhalter 347
Rim plate / Felgenband 398
Ring / Ring 46–47, 121, 127, 380, 388, 391, 530
Korbring (Netball) 533
Ring bolt / Augbolzen 381
Ring canal / Ringkanal 180, 181
Ring dyke / Ringgang 284
Ring finger / Ringfinger 240, 241
Ring of cells / Zellring 127
Ring of mountains / Bergring 34
Ring of scrolls / Kranz (von schneckenförmigen Kragsteinen) 491
Ring scar / Austriebsnarbe 136, 137
Ring seal / Ringdichtung 580
Ring wall / Ringmauer 470
Ring-tailed lemur / Katta 213
Ringer on/off switch / Tonrufschalter 569
Ringing (telephone) / Klingeln (Telefon) 568
Rings of planets / Planetenringe 44–51
Rink corner / Ecke (Eishockey) 542
Riojasaurus / *Riojasaurus* 95
Riser / Setzstufe 481
vertikaler Ablaufkanal (Guß) 458, 459
Rissa tridactyla **(kittiwake)** / *Rissa tridactyla* (Dreizehenmöwe) 196
Ritchey / Ritchey 43
River / Fluß 298–301
Strom (Gewässer) 298–299
River Amur / Amur 275
River capture / Flußanzapfung 298
River cliff / Flußsteilufer 299, 300
River Congo (Zaire) / Kongo 275
River course / Flußlauf 300
River drainage patterns / Flußgebietsformen 298
Stromgebietsformen 298
River Jordan / Jordan 303
River landscapes / Flußlandschaften 300–301
River Mekong / Mekong 275
River Nile / Nil 274–275
River Ob-Irtysh / Ob und Irtysch 275
River terrace / Flußterrasse 300–301
River valley / Flußtal 298, 299, 300
River-bed / Flußbett 298–301
River-mouth / Flußmündung 300–301
Riverbank / Flußufer 299, 300
Rivers / Flüsse 298–301
Riverside / Flußufer 299, 300
Rivet / Niete 576
Road clearance / Bodenfreiheit 364, 376
Road network / Straßennetz 342
Road race / Straßenrennen 376
Road spring / Fahrwerksfeder 350
Roband / Rahbändsel 380, 382
Robie House / Haus Robie 499
Robinia pseudoacacia **(false acacia)** / *Robinia pseudoacacia* (Robinie) 142
Robot / Roboter 362
Roche / Roche 41
Rock / Gestein 34, 66, 68, 276–277, 278, 282, 284–287, 288, 290–291, 292, 294, 302–303, 308
Rock cycle / Gesteinskreislauf 276–277
Rock debris / Gesteinstrümmer 303
Rock groundmass / Gesteinsmatrix 279
Rock layers / Gesteinsschichten 66, 286, 288–289, 294
Rock lip / Gesteinslippe 297
Rock music / Rockmusik 522
Rock particles / Gesteinspartikel 276–277
Rock pavement (hamada) / Felswüste (Hammada) 292–293
Rock pedestal / Gesteinssockel 293
Rock stonecrop / Fetthenne, Ockergelbe 134
Rock weathering / Gesteinsverwitterung 292
Rock-back (pole vault) / Aufschwungphase (Stabhochsprung) 535
Rocker / Wiegestahl 450
Rocker arm / Kipphebel (Velocette-Motor) 375
Rocker-beam / Kragarm 500
Rocket / *Rocket* 334
Rocket (space exploration) / Rakete (Raumfahrt) 56
Rocking beam / Umkehrhebel 344
Rocking elevator arm / Höhenruderantrieb 428
Rocking lever / Kipphebel (Dampfwagen) 332
Rocks / Gesteine 66, 68
Rocky Mountains / Rocky Mountains 79, 81, 83, 274
Rocky planets / Gesteinsplaneten 30–31, 34–40, 42–43
Rococo / Rokoko 482, 486, 487
Rod (cell) / Stabzelle 250
Rodent / Nager *cf. rodents*
Rodentia / Rodentia 202
Rodents / Nagetiere 110, 202–203
Rogers, R. / Rogers, R. 500
Roll (architecture) / Wulst (Architektur) 490, 491
Roll moulding/torus / Rundleiste 474, 483
Roll-spoiler hinge / Rollspoilerscharnier 418
Roll-spoiler hydraulic actuator attachment / Rollspoilerhydraulikantrieb-Befestigung 418
Rolled inward leaf-margin / eingerollter Blattrand 167
Roller / Farbrolle 446, 447
Rolle 374, 513
Rollenlager (Flugzeug) 414
Walze (Druckerpresse) 451
Roller bearing / Rollenlager 337, 578
Roller path / Rollenbahn 404
Roller path support / Rollenbahnstütze 404
Roller-blind / Rolladen 501
Rolling hitch / Rollstek 396
Rolls-Royce Olympus Mark 610 turbojet / Rolls-Royce Mark-610-Turbinenluftstrahl-Triebwerk 421
Roman capitals / Antiqua-Majuskeln 449
Roman number system / römisches Zahlensystem 589
Roman numeral / römische Ziffer 563, 589
Roman ships / Römer-Schiffe 380, 381
Romanesque (style) / Romanik 472, 496
Rome (architecture) / Rom (Architektur) 466, 467, 468, 469, 482
Roof beams / Dachbalken 494
Roof dome / Dachwölbung 342, 343
Roof hatch / Dachluke 365
Roof moulding / Dachleiste 362
Roof pavilion / Dachpavillon 492, 493
Roof tile / Dachziegel 468, 486, 490
Roof trim / Dachpaßstück 412, 413
Himmelverkleidung 362
Roof vent / Dachlüfter 339
Roof-rack / Dach(gepäck-)träger 364, 365
Roofridge / First 477, 496
Rooftop / First 499, 503
Rooftop tent (Pinzgauer) / Dachzelt (Pinzgauer) 364
Rooms for staff / Personalräume 498
Root / Wurzel 138–139, 257, 417, 419
Root canal (tooth) / Wurzelkanal (Zahn) 257
Root cap / Wurzelhaube 139, 159
Root hair / Wurzelhaar 127, 138
Root of nose / Nasenwurzel 223, 231
Root of tail / Schweifrübe 204
Root parasite / Wurzelschmarotzer 169
Root rib (BAE-146) / Wurzelrippe (BAE-146) 417
Root succulents / Wurzelsukkulenten 162, 163
Root system / Wurzelsystem 138
Root tip / Wurzelspitze 138, 139, 158
Root tuber / Wurzelknolle 160, 161, 163
Root tubercles / Wurzelknöllchen 134
Roots (plants) / Wurzeln (Pflanzen) 118, 119, 126, 127, 128, 132, 133, 134–135, 137, 138–139, 158–159, 161, 162–163, 164, 165, 168, 169
Rootstock / Wurzelstock 136
Rope / Fasertauwerk 391
Seil (Flaschenzug) 330
Tau (Schiff) 390, 393
Rope becket / Augstropp 391
Rope hole / Taubohrung 394
Rope moulding / Tauverzierung 403
Rope parrel / Seilrack 381
Rope preventer / Sorgleine 386
Rope serving mallet / Kleidkeule für Fasertauwerk 391
Rope sling / Stropp 381, 391
Rope starter / Starterschnur 345
Rope strand / Legel 392
Ropes/rigging / Tauwerk 390, 396, 397
Rorquals / Furchenwale 214
Rosa **sp. (rose)** / *Rosa* sp. (Rose) 136, 137, 141
Rose / Rose 136, 141
Rosette (Westerngitarre) 517
Rose connection / Rosettenverbindung 501
Rose-coloured quartz / Rosenquarz 281
Rosette / Rosette 169, 484, 547
Rosette "leaves" / Hüllblätter (Moosgametangium) 123
Rosette Nebula / Rosettennebel 11
Rosette of leaves / Blattrosette 168
Rossby wave / Rossby-Welle 310
Rossin (bicycle) / Rossin (Fahrrad) 369
Rostral bone / Schnabelknochen 108, 109
Rostrum / Rostrum 179, 214, 288
Rotary motion / Drehbewegung 332
Rotary-piston engine / Drehkolbenmotor 352, 356, *also Wankel rotary engine*
Rotating beacon / Drehwarnlicht 413, 426, 427
Rotation of planets / Rotation der Planeten 30
Rotation of the earth / Erdrotation 274–275, 306, 310

Rotor / Rotor 324, 357, 414, 415, 422, 426
Rotor bearing / Rotorlager 357, 415
Rotor chamber / Rotorgehäuse (Auto) 356
Rotorkammer 414
Rotor gear (Wankel rotary engine) / Hohlrad des Kolbens 356
Innenverzahnung (Drehkolbenmotor) 357
Rotor gear teeth / Getriebezähne 415
Rotor gearbox / Rotorgetriebe 427
Rotor guard / Rotorschutz 427
Rotor house / Generatorhaus 324
Rotor hub / Rotornabe 427
Rotor journal / Rotorlagerzapfen 357
Rotor mast / Rotorwelle 427
Rotor side seal / Rotorseitendichtung 415
Rotor side seal spring / Rotorseitenfeder 415
Rotor tip seal / Spitzendichtung (Rotor) 415
Rotor tip spring / Rotorspitzenfeder 415
Rotor-cooling air duct / Rotorkühlung 415
Luftführung zur Rotorkühlung 415
Rotor-cooling air pump / Kühlluftpumpe 415
Rotring pen / Rotringfeder 448
Rotting / Verwesung 288
Rotunda / Rotunde 466, 486
Rouen (architecture) / Rouen (Architektur) 476
Rough (golf) / Rough (Golf) 538
Rough ER / rauhes ER 227
Roulette / Stichroulette 450
Round arch / Rundbogen 468, 469, 471, 472, 473, 478, 479, 482, 483, 484, 488, 489, 490, 491, 497
Round pillar / Rundpfeiler 481
Round pin / Drehzapfen 345
Schloßnagel 345
Round thimble / Rundkausch 392
Round-arched window / Rundbogenfenster 485, 490
Round-bottomed glass flask / Stehkolben 317
Round-corner rear part / Heckrundung 346
Roundhand nib / To-Feder 448
Roundhouse (sailing ship) / Hütte (Segelschiff) 388
Rounds (golf) / Runden (Golf) 538
Route information / Linieninformation 342
Route number / Liniennummer (Bus) 342, 343
Streckennummer 338
Rover / Rover 364
Row of ossicles / Randskelettplatten 85
Rowan / Eberesche 137
Rowing (sports) / Rudern (Sport) 552, 553
Rowing boat / Ruderboot 383
Royal Airforce (RAF) / Royal Airforce (RAF) 410, 411
Royal Airforce Central Flying School / Royal-Airforce-Flugschule 410
Rubber bit-guard / Gummi-Gebißscheibe 547
Rubber blade / Gummilippe 452, 454
Rubber compound / Gummimischung 373
Rubber cord suspension / Gummibandfederung 410, 411, 429
Rubber foot / Gummifuß 523, 569
Rubber foot mat / Gummi-Fußmatte 371
Rubber handle / Gummigriff 528
Rubber mounting bush / Gummibuchse 373
Rubber over-reach boot / Gummiglocke für den Huf 547
Rubber roller / Gummirolle 453
Rubber seal / Gummidichtung 362, 417, 568, 587
Rubber squeegee / Gummiwischer (Drucksieb) 452
Rubber tyre / Gummireifen 345, 410, 413
Rubber wheel / Gummirad 338, 547
Rubber-sprung wheel (plane) / Vollgummirad (Flugzeug) 408, 409
Rubber-tyred nose-wheel / Vollgummibugrad 406
Rubbing ink / Reibetusche 452
Rubbing strake / Scheuerleiste 380
Türschutzleiste 356, 363
Rubbing strip/rubbing strake / Schutzleiste 364, 365
Rubble masonry / Bruchsteinmauerwerk 467, 469
Rubens / Rubens 35
Rubidium / Rubidium 320
***Rubus fruticosus* (common bramble)** / *Rubus fruticosus* (Brombeere) 136, 152
***Rubus idaeus* (raspberry)** / *Rubus idaeus* (Himbeere) 155
Ruckstell axle / Rückstellachse 349
Rudder / Ruder 380, 381, 384, 385, 386, 388, 400, 403, 404
Seitenruder (Flugzeug) 406, 407, 409, 410, 419, 420, 425, 428, 430
Rudder and elevon (Space Shuttle) / Ruder (Raumfähre) 56
Rudder bracing wire / Ruderspannseil 407
Rudder cable / Ruderstange 410
Rudder chain / Ruderkette 386
Rudder control cable / Ruderzugseil 407, 411
Rudder control wheel / Lenkrad (Seitenruder Curtiss) 406
Rudder control wire/rudder cable / Seitenruderzugseil 409, 428
Rudder head / Ruderkopf 384
Rudder hinge / Ruderscharnier 409, 410
Rudder mass balance / Ruderausgleichsgewicht 428
Rudder post / Ruderpfosten 409
Rudersteven 400
Rudder power control unit / Ruderantrieb 421
Rudder tip (fairing) / Ruderspitze 428
Rudder unit / Seitenleitwerk 409, 413, 419, 427, 428
Ruellia grandiflora / *Ruellia grandiflora* 151
Ruffini corpuscle / Ruffini-Körperchen 245, 249
Ruga/fold of mucous membrane / Schleimhautfalte 258, 259
Ruler / Lineal 435
Rules (of the game) / (Spiel)regeln 528, 530, 532
Rules for contests/competitions / Wettkampfregeln 548
Rumen / Rumen (=Pansen) 204
Rump (lion) / Steiß (Löwe) 201
Rumpler Monoplane / Rumpler-Monoplane 408
Runner / Ausläufer 134, 160
horizontaler Ablaufkanal (Guß) 458, 459
Runners and risers / Gußkanäle 459
Running block / laufender Block 391
Running board (car) / Trittbrett (Auto) 347, 349, 351
Running game target / laufende Scheibe 540
laufender Keiler 540
Running rigging / laufendes Gut 390, 393
Running shoe / (Dauer)laufschuh 535
Running-board stay / Trittbrettstrebe 348
Running-board support / Trittbretthalterung 349
Runway / Anlaufbahn 534
Landebahn 412
Rupes / Rupes 34–35, 37, 40
Rupes Altai / Rupes Altai 40
Rush / Binse 141
Russia / Rußland 341, 491
Russian Heavy Draught / Russisches Kaltblut 208
Rustication / Rustika 478, 479, 483, 486, 487
Rusts (fungi) / Roste (Pilze) 120
Ruthenium / Ruthenium 321
Rutherfordium/unnilhexium / Rutherfordium 320

S

S orbitals / s-Orbitale 318, 319, 320–321
S waves / S-Wellen/Transversalwellen 69
S-band aerial, steerable / S-Band-Funkverkehr-Antenne, steuerbare 59
S. Maria della Salute / S. Maria della Salute 482
S. Maria della Vittoria / S. Maria della Vittoria 482
Sabik / Sabik 20
Sable brush / Marderhaarpinsel 436, 442, 448
Sabre / Säbel 548, 549
Sabre leg (chair) / Säbelbein (Stuhl) 570, 571
Sabreur / Säbelfechter 549
Sacajawea / Sacajawea 37
Saccule / Sacculus 253
Sacral foramen / Kreuzbeinloch 233
Sacral nerves / Kreuznerven 248
Sacral plexus / Hüftgeflecht 248
Sacral promontory / Promontorium ossis sacralis 233
Sacral vertebra(e) / Sacralwirbel 189
Kreuzbeinknochen 232
Sacristy / Sakristei 474
Sacrum / Kreuzbein 190, 192, 201, 203, 205, 211, 212, 214, 216, 228, 232, 233, 269, 271
Saddle / Sattel 368, 369, 370, 376–377, 516, 517, 576, 577, 586, 587
Saddle clamp / Sattelfeststeller 368
Saddle roof / Satteldach 466, 471, 475, 476, 480, 481, 496, 499
Saeborgium / Saeborgium 320
Safari vehicle / Safari-Fahrzeug 364
Safety / Sicherheit 340, 362
Safety areas (judo) / Sicherheitsflächen (Judo) 548
Safety binding (ski) / Sicherheitsbindung (Ski) 544
Safety valve / Sicherheitsventil 335
Sagartia elegans / *Sagartia elegans* (Tangrose) 172
Sagitta / Pfeil (=Sagitta, Sternbild) 20
Sagittal crest / Crista sagittalis 113, 200
Hinterhauptskamm (*Smilodon*) 113
Sagittal sinus / Hirnsichelblutleiter 222, 247
Sagittarius / Schütze (=Sagittarius, Sternbild) 19–21
Sagittarius Arm / Sagittarius-Arm 14
Sahara Desert / Sahara 38–39, 274–275
Sail batten / Segellatte 384
Sail hook / Segelhaken 392
Sail patterns / Segelanordnungen 392
Sail reinforcement / Segelverstärkung 380, 381, 482
Sail(s) / Segel 380, 382, 392–393
Sailcloth / Segeltuch 392, 396, 441, 447
Sailing / Segeln 552, 553
Segelschiffahrt 386–387
Sailing gear / Segelkleidung 552
Sailing regattas / Segelregatten 552
Sailing rigs / Riggarten 393
Sailing warship / Kriegssegelschiff 384
Sailmaker's mallet / Segelmacherhammer 392
Sailmaker's palm / Segelmacherhandschuh 392
Sailmaker's whipping / Takling 390, 392
Sailmaking tools / Segelmacherwerkzeuge 392
Sailor's knot / Seemannsknoten 395, 396, 397
Saiph / Saiph 18
Salamanca (architecture) / Salamanca 480
Salamander / Salamander 188
Salisbury Cathedral / Kathedrale von Salisbury 474, 475
Saliva / Speichel 254
Salivary glands / Speicheldrüsen 175, 183, 254
Salmon / Lachs 115, 186
Salmon bend gouge / Kröpfeisen 456
Salt / Salz 302, 303, 306
Salt formation / Salzbildung 322
Salt lakes / Salzseen 302
Salt-dome trap / Salzstockfalle 291
Saltasaurus / *Saltasaurus* 78, 97
Samara (fruit) / Flügelnuß (Frucht) 156
Samarium / Samarium 321
***Sambucus nigra* (elder)** / *Sambucus nigra* (Holunder) 136, 149
Samotherium / *Samotherium* 80
Sample retour container / Probenbehälter 57
San Andreas Fault / San-Andreas-Verwerfung 64, 68, 69
Sand / Sand 84
Sand box (locomotive) / Sandkasten 336, 337
Sand deposits / Sandablagerungen 308
Sand dunes / Sanddünen 277, 292–293
Sand groundmass / Sandmatrix 287
Sand waves / Sandrippeln 309
Sand wedge (golf) / Sand-Wedge (Golf) 539
Sand-pit/bunker (golf) / Sandgrube (Golf) 538, 539

Sandbank/point bar / Sandbank 299, 301
Sanding control / Sandstreuregler 335
Sanding pipe / Sandstreurohr 339
Sandstone / Sandstein 286, 287, 493
Sanguine crayon / Rötel 434
Sappho Patera / Sappho Patera 37
Sapwood / Splintholz 131
Saratoga Race Course / Saratoga-Rennparcours 547
Sarcomeres / Sarkomere 238
***Sarcophilus harrisii* (Tasmanian devil)** / *Sarcophilus harrisii* (Tasmanischer Teufel) 217
Sarcoplasmatic reticulum / sarkoplasmatisches Reticulum 238
***Sarracenia purpurea* (pitcher plant)** / *Sarracenia purpurea* (Schlauchpflanze) 119
Sartorial (muscle) / Schneidermuskel 236
Sash window / Fallfenster 342
Satellite / Satellit 54–55, 274
Satellite map / Satellitenkarte 274–275
Satellite picture of earth / Satellitenbild der Erde 38, 274
Saturn / Saturn 31, 46–47
Saurischia/saurischian / Saurischia/er 88, 90, 94
Sauropoda/sauropod / Sauropoda/en 76, 89, 94
Sauropodomorpha / Sauropodomorpha/en 89, 94–95
Savannah / Grassteppe 80
Saxboard / Dollbord 553
Saxophone / Saxophon 508, 512, 513
Scala / Scala 380, 381
Scale / Gradeinteilung (Jakobsstab) 384, 385
Skala (Federwaage) 330
Tonleiter 506
Scale in degrees (cross-staff) / Gradskala (Jakobsstab) 384, 385
Scale in minutes (cross-staff) / Minuteneinteilung (Jakobsstab) 385
Scale leaf / Schuppenblatt 126, 128, 129, 131, 158, 161, 168
Scale leaf scar / Schuppenblattnarbe 130, 161
Scale(s) / Schuppe(n) 85, 118, 129, 154, 184, 186, 190, 191, 192
Scalenus (muscle) / Rippenhalter 239
Scallop / Kammuschel 182
Pilgermuschel 288
Scalp / Kopfhaut 244, 246, 247
Scaly skin / Schuppenhaut 72, 86, 87, 90, 93, 95, 98, 101, 103, 104, 106, 107, 108, 109
Scan (horizontal, vertical) / Abtastung (horizontale, vertikale) 58
Scan coil clamp (TV) / Befestigungsschelle (Fernseher) 566
Scan coil deflection yoke (TV) / Ablenkeinheit (Fernseher) 566
Scandinavia (geol.) / Skandinavien (geol.) 70
Scandinavian Mountains / Skandinavische Berge 75
Scandium / Scandium 320
Scapania undulata / *Scapania undulata* 124
Scaphoid bone / Kahnbein 240, 242
Scaphonyx fischeri / *Scaphonyx fischeri* 75
Scapula / Scapula 193
Scapulocoracoid (Fisch) 187
Scapular muscle (*Brachiosaurus*) / Schultermuskel (*Brachiosaurus*) 97
Scar left by flower / Blütenansatzstelle, Narbe 160
Scarlet star / Gutsmanie 169
Scarph (ship) / Lasch (Schiff) 403
Scavenge oil line / Ölrücklauf 423
Scelidosauridae / Scelidosauridae 89
Scelidosaurs / Scelidosaurier 98
Scelidosaurus / *Scelidosaurus* 77
Scheat / Scheat 19, 20
Schedar / Schedar 19
Schickard / Schickard 40
Schist / Schiefer(gestein) 284
Schizocarp / Spaltfrucht 137, 156
Schleicher K23 Glider / Schleicher-K23-Segelflugzeug 430
***Schlumbergera truncata* (crab cactus)** / *Schlumbergera truncata* (Weihnachtskaktus) 135
Schooner / Schoner 392
Schrödinger / Schrödinger 41
Schubert / Schubert 35
Schwann cell / Schwannsche Zelle 238, 249
Schweizer 300 C / Schweizer 300 C 427
Sciatic nerve / Rosennerv 248
Scintigram of nervous system / Nervenszintigramm 224
Scissor brace / Schere (Architektur) 477
***Sciurus carolinensis* (grey squirrel)** / *Sciurus carolinensis* (Grauhörnchen) 203
Sclereids, star-shaped / Sklereide, sternförmige 165
Sclerenchyma / Sklerenchym 119, 126, 127, 141, 145
***Scleroderma citrinum* (common earth-ball)** / *Scleroderma citrinum* (Kartoffelbovist) 121
Sclerotic orbital ring (*Lambeosaurus*) / Augenring, verknöcherter (*Lambeosaurus*) 105
Scoop / Schaufel (Trommelbremsenkühlung) 373
Scoop pattern / Schaufelmuster 486, 491
Scooter / Scooter 50–51
Score / Kehle (Kleidkeule) 396
Partitur 506, 509, 525
Scorecard (golf) / Protokollblatt (Golf) 539
Scored bullseye fairlead / Klotje 391
Scorer / Anschreiber/in 530, 532, 533
Punktrichter (Fechten) 549
Registrator (Judo) 548
Scores (shooting) / Ringe (Schießsport) 540, 541
Scoring apparatus, electrical (fencing) / Trefferanzeigesystem, elektrisches (Fechten) 548, 549
Scorper / Flacheisen 453
Scorpion / Skorpion 176, 288
Scorpion (=Scorpio) / Skorpion (=Scorpio, Sternbild) 19–20
Scorpiones / Scorpiones 176
Scotia / Skotie 467, 489
Scraper / Schaber 446, 450
Scratchplate (guitar) / Handplatte (Gitarre) 517
Scree / Schuttmaterial 292–293
Screen / Bahnbegrenzung (Golf) 538
Bildschirm 566, 578, 579
Bildschirmseite 579
Sichtschutzwand 498
Screen and squeegee / Drucksieb 452
Screen panel (lawnmower) / Siebblende (Rasenmäher) 575
Screen printing / Durchdruck/Siebdruck 450, 452
Screen printing inks / Siebdruckfarben 452
Screw / Schraube 330, 375, 391, 414, 453, 517, 558, 562, 564, 565, 566, 568, 569, 570, 574, 575, 576, 578, 581, 585, 586, 587
Screw (of bow) / Bogenschraube 514, 515
Screw and lock nut tappet adjustor / Ventilspiel-Einstellungsschraube 375
Screw coupling / Schraubenkupplung 335
Screw fitting/screw thread / Schraubgewinde 329, 390, 394
Screw hole / Gewindebohrung (Bohrer) 558, 559
Schraubenlager (Uhr) 562
Screw locking nut (fishing rod) / Rollenhalterschraube (Angelrute) 555
Screw pressure adjustor (printing press) / Druckreglerschraube (Druckerpresse) 451
Screwdown greaser / Stauffer-Schmierbüchse 346, 349
Screwdriver / Schraubenzieher 330
Scriber / Radierstahl 450
Scroll / Schnecke (Streichinstrumente) 514, 515
Scroll motif / Schneckenmotiv 495
Scroll ornament / Rollwerk 480, 483, 489
Scroll work / Schnörkelzier 383
Scrolling button / Rollschaltfläche 579
Scrotum / Hodensack 221, 269
Scrumbling / Vertreiben/Überlagerung (von Farben) 445
SCSI (= Small Computer System Interface) / SCSI (CD-ROM) 578
Scull / Rennboot 552
Sculls / Skullboote 552, 553
Sculptor / Bildhauer (Sternbild) 19, 20
Sculpture / Plastik 456, 457, 459
Skulptur 456, 458, 459, 476, 480, 483, 485, 497, 499
Sculpture, art of / Bildhauerei 456–459
Scupper / Speigatt 401
Scutellum / Scutellum 174
Scutum / Schild (=Scutum, Sternbild) 19
Scutum plate / Scutum (Entenmuschel) 179
Scyphozoa / Scyphozoa 172
Sea and air / See und Luft 380–431
Sea anemones / Seeanemonen 172–173
Sea buckthorn / Sanddorn 142
Sea Change / *Sea Change* 452
Sea coast / Meeresküste 304–305
Sea cucumber / Seegurke 180
Sea elephant/elephant seal / See-Elefant 214
Sea level / Meeresspiegel 72, 76
Sea lions / Seelöwen 214
Sea of Japan / Japanisches Meer 275
Sea salt / Meersalz 306
Sea temperature / Meerestemperatur 313
Sea turtle / Meeresschildkröte 79
Sea urchin / Seeigel 180–181
Sea-arch / Brandungstor 305
Sea-cave / Brandungshöhle 305
Sea-cliff / Meeresklippe 304–305
Seacat missile launcher / Seacat-Raketenwerfer 405
Seahorse / Seepferdchen 186
Seal / Dichtung 357, 415
Dichtleiste 357
Robbe 214, 215
Seal groove / Dichtrinne 415
Seal ring / Dichtring 415, 423
Seal spring / Federring (Dichtring) 357
Seal spring (side seal spring) / Dichtstreifen 357
Seals / (Hunds)robben 214–215
Seam / Naht (Eisenschiff) 400
Seaming twine (for sails) / Segelgarn 392
Seamounts / Unterwasserberge/Seamounts 308
Seams (sail) / Nähte (Segel) 392
Searchlight / Suchscheinwerfer 402, 403
Searchlight platform / Suchscheinwerferplattform 402
Seas and oceans / Meere 274–275, 286, 288, 291, 298–299, 300, 301, 304–309, 313
Seascape / *Seascape* 434
Seasons / Jahreszeiten 78
Seat / Sitz(bank) 339, 344, 362, 371, 372, 376, 377, 552
Sitzluke (Kajak) 552
Sitzschale (Sulky) 547
Seat anchor bolt (hole) / Sitzbolzen(loch) 413
Seat assembly (ARV Super 2) / Sitzgruppe (ARV Super 2) 429
Seat attachment rail / Sitzschiene 420
Seat back rest frame / Rücklehnenrahmen 347
Seat belt / Sicherheitsgurt 362, 363, 367, 410, 431
Seat belt stalk (catch) / Sicherheitsgurtschloß 362
Seat button / Polsterknopf 413
Seat cover (chair) / Bezugsstoff (Stuhl) 571
Seat cushion (aeroplane) / Sitzkissen (Flugzeug) 413, 429
Seat for crew member / Crewmitgliedplatz 420
Seat frame / Sitzrahmen (Stuhl) 571
Seat lift (shoe) / Aufdoppelung (Schuh) 560, 561
Seat mount / Sitzkonsole 350
Seat padding / Sitzpolster (Motorrad) 376
Seat post (bicycle) / Sattelstütze (Fahrrad) 368, 586
Seat rail (chair) / Rahmenfries (Stuhl) 571
Seat rivets (shoe) / Stahlstifte (Schuh) 561
Seat squab (car seat) / Sitzpolster (Autositz) 345, 347
Seat stay / Hintergabelstrebe 368
Seat strap / Sitzriemen 371
Seat support strut / Sitzstrebe 406
Seat tube / Sattelstützrohr 368, 369
Sitzrohr (Fahrrad) 586

Seat-post bolt / Sattelstützenbolzen 368
Seat-tube angle / Sattelstützrohrwinkel 368
Seatpad (chair) / Sitzpolster (Stuhl) 570, 571
Seawater / Meerwasser 300, 306
Seaweed/wrack / Tang 122, 123
Seaworms / Meereswürmer 84
Sebaceous gland / Talgdrüse 244, 245
Second / Sekunde 331
Second World War / Zweiter Weltkrieg 350
Secondary bronchi / Lappenbronchien 265
Secondary colours / Sekundärfarben 443
Secondary conduit / Parasitärer Schlot 276, 282–283
Secondary crankshaft / Steuerpleuelstange 353
Secondary crater / Sekundärkrater 34
Secondary flight feathers / Armschwingen 194, 197
Secondary fruticose thallus / sekundärer, strauchartiger Thallus 120
Secondary shock-absorber strut / Sekundärstoßdämpferstrebe 59
Secondary xylem / sekundärer Holzteil 131, 140
Seconde (fencing) / Sekond (Fechten) 549
Secretary (handball) / Protokollant (Handball) 533
Secretory gland, stalked (butterwort) / Fangdrüse, gestielte (Fettkraut) 167
Secretory vesicle / Sekretbläschen 226
Section (book) / Falzbogen (Buch) 582, 583
Bogensignatur (Buch) 582, 583
Section of skin / Hautschnitt 245
Section of track / Gleisabschnitt 340, 341
Security chain / Sicherheitskette 365
Sediment bar / Sedimentbank 300
Sedimentary rock / Sedimentgestein 68, 69, 276–277, 284, 286–287
Sediments / Ablagerungen/Sedimente 68, 69, 276–277, 284, 286–287, 288, 290, 291, 296–297, 298, 304–305, 308–309
Sedna Planitia / Sedna Planitia 36–37
***Sedum rupestre* (rock stonecrop)** / *Sedum rupestre* (Ockergelbe Fetthenne) 134
***Sedum spectabile* (live-forever/iceplant)** / *Sedum spectabile* (Fetthenne) 135
Seed ferns / Samenfarne 78
Seed scar / Samennarbe 128
Seed(s) / Same(n) 128, 129, 152, 154–158
Segmental pediment / Segmentgiebel 460, 482
Segmentally arched brick vault / Segmentbogenbacksteingewölbe 496
Segments / Segmente 178
Segnosauria / Segnosauria 89
Seif (linear) dune / Längsdüne 293
Seismic activity / Seismische Aktivität 64
Seismic waves / Seismische Wellen 69
Seizing / Bändsel/Bändselung 392, 395, 396
***Selaginella* sp. (selaginella)** / *Selaginella* sp. (Moosfarn) 126
Selector fork / Schaltgabel 374
Selector shaft (for gear lever) / Schaltwelle 374
Selector switch / Wahlschalter 572, 573, 578
Selenite / Selenit 280
Selenium / Selen 321
Self-pollination/autogamy / Selbstbestäubung 150
Selle Français (horse) / Selle Français (Pferd) 207
Semaphore arm / Signalarm 340
Semaphore signal / Flügelsignal 340
Semi-dome / Halbkuppel 488
Semi-elliptic spring / Halbelliptikfeder 352
Semi-metals / Halbmetalle 320–321
Semi-parabolic curve / Parabelbogen, halber 483
Semibreve / ganze Note 506, 507
Semicircle / Halbkreis 495
Semicircular canals / Bogengänge (menschliches Ohr) 252, 253
Semicircular torus moulding / Rundstab 481
Semiconductor / Halbleiter 316
Semilunar folds / Plicae semilunares 259
Semilunar valve / Taschenklappe 261
Seminal vesicle (man) / Bläschendrüse/Samenblase (Mensch) 269
Semiquaver / Sechzehntel(note) 506
Semitendinosus muscle / Halbsehnenmuskel 237
Sensations / Empfindungen 247
Sensors / Sensoren 366
Sensory hinge (Venus fly trap) / Sinnesgelenk (Venusfliegenfalle) 166
Sensory organs (human) / Sinnesorgane (Mensch) 244, 250, 252, 254
Sensory receptors / Sinnesrezeptoren 254
Sepal / Kelchblatt 119, 132, 135, 137, 146, 147, 150–151, 152–153, 156
Sepal sheath / Kelchhülle 147
Septime (fencing) / Septim (Fechten) 549
Septum / Herzscheidewand/Septum 260, 261
Scheidewand (allgemein) 154, 157, 264
Sequoiadendron affinis / *Sequoiadendron affinis* 76
Series of frescoes / Freskenzyklus 439
Serous pericardium / Pericardium serosum 260
Serpens Caput / Schlangenhaupt (=Serpens Caput, Sternbild) 18, 21
Serpens Cauda / Schlangenschwanz (=Serpens Cauda, Sternbild) 19, 20
Serpentes / Serpentes 190
Serpentine neck (Viking ship) / Schlangenhals (Wikingerschiff) 382
Serrated edge (*Tyrannosaurus* tooth) / Sägekante (*Tyrannosaurus*-Zahn) 90
Serrated tooth (*Plateosaurus*) / Sägezahn (*Plateosaurus*) 94
Serratus (anterior) muscle / Sägemuskel 236
Serrulate leaf-margin / gesägter Blattrand 143
Serve (volleyball) / Aufschlag (Volleyball) 532
Server / Aufschläger 532, 536, 537
Service area (volleyball) / Aufgaberaum (Volleyball) 532
Service box / Angaberaum (Squash) 537
Aufschlagfeld (Squash) 537
Service court / Aufschlagfeld (Tennis) 536
Service judge (tennis) / Aufschlagschiedsrichter (Tennis) 536
Service line / Aufschlaglinie 536, 537
Service zone (racket ball) / Aufschlagzone (Racquets) 537
Serving / Bekleidung (Tau) 391, 396
Serving mallet / Kleidkeule 392, 396
Servo control unit fairing / Ruderantriebsverkleidung 421
Servo-tab / Servoklappe 418, 419
Sesamoid bone / Sesambein 204
Seven Sisters / Sieben Schwestern 14
Seventy-four-gun ship / Vierundsiebzig-Kanonen-Schiff 386–389
Sevier fault / Sevier-Graben 286
Sex organs (human) / Geschlechtsorgane (Mensch) 268
Sextans / Sextans 21
Sexual act / Geschlechtsakt 268
Seyfert / Seyfert 41
Seyfert galaxies / Seyfert-Galaxien 12–13
Shackle / Schäkel 390, 394
Shackle pin / Schäkelbolzen 390
Shade / Reflektor (Lampe) 564, 565
Schirm (Lampe) 565
Shadow zone / Schattenzone 69
Shaft / Federschaft 197
Generatorachse 327
Oberschenkelschaft 234, 235
Ruderschaft 381
Säulenschaft 463, 465, 467, 469, 482, 487, 489, 492, 497
Schaft 543, 552
Scherbaum (Sulkygeschirr) 547
Schere (Pferdegeschirr) 547
Welle (Generator) 324, 327
Shaft drive (system) / Wellenantrieb 374
Shaft hole (ship's propeller) / Wellenbohrung (Schiffsschraube) 398
Shagya-Arab (horse) / Shagya-Araber (Pferd) 206
Shale / Schiefer(sediment) 287
Shallow dome / Flachkuppel 490, 491
Shank / Bolzen (Rigg) 390
Gelenkstück (Schuh) 560, 561
Hakenschaft 392
Schenkel (Angelhaken) 554
Shark eggs / Haieier 198
Sharks / Haie 73, 184–185, 198
Sharp / Kreuz (Halbtonerhöhung) 506, 507
Sharpey's fibres / Sharpeysche Fasern 235
Shaula / Shaula 19, 20
Shave (boatbuilding) / Hobel (Schiffsbau) 382
Shaving foam / Rasierschaum 316
Sheathing leaf base / Blattscheide 119, 133
Sheave/shiver/shiv / Scheibe (Violinblock) 391
Sheave for cat tackle / Scheibe für die Kattgien 388
Sheepshank / Trompete (Schifferknoten) 397
Sheer pole / Spreizlatte 381
Sheer strake / Schergang 382, 383, 388, 401
Sheet anchor / Reserveanker 403
Sheet bend/swab hitch / Schotstek 395, 397
Sheet lead / Leitöse 391
Sheet of paper / Papierbogen 582
Sheet/bend (ship) / Schot (Schiff) 390, 396
Shelf / Schelf 292
Shell / Geschoß 404, 405
Granate 405
Muschel (Architektur) 480, 491
Schale 181, 182, 183, 318, 320, 544
Shell bogie / Laufkatze für Geschosse 404
Shell case / Geschoßhülle (Granate) 405
Shell room / Geschoßkammer 404
Shell(fish)/bivalve / Muschel (Tier) 182–183, 288–289
Shell-handling gear / Geschoßtransportvorrichtung 404
Shelley / Shelley 35
Shield / Wappen 336, 380, 402, 492, 497
Shield volcano / Schildvulkan 42, 282
Shift / Umsetzen (Kugelstoßen) 535
Umsprung (Diskuswurf) 535
Shifting weight (for steering a hang-glider) / Gewichtsverlagerung (zur Steuerung eines Flugdrachens) 430
Shin guard / Schienbeinschützer 529
Shin(bone) / Schienbein 87, 90, 91, 92, 93, 94, 96, 99, 102, 103, 104, 107, 108, 111, 113, 190, 192, 193, 201, 203, 205, 211, 212, 214, 216, 229, 242, 243, *also tibia*
Shinarump formation / Shinarump-Schicht 286
Shinumo quartzite / Shinumo-Quarzit 287
Ship's propeller / Schiffsschraube 398–399, 403, 404
Ship's shield / Schiffsschild 402, 403
Ship of the line / Linienschiff 388
Shipbuilding / Schiffbau 382
Ships / Schiffe 380–405
Ships' rates/ratings / Schiffskategorien 386
Shipwright / Schiffszimmermann 382
Shirt/team shirt / Trikot 542
Shock absorber / Stoßdämpfer 346, 348, 349, 350, 360, 371, 372, 373, 376
Shock absorber linkage / Stoßdämpfergelenk 376
Shock absorber mounting / Stoßdämpferbefestigung 372, 376
Shock wave(s) / Stoßwellen 27
Schockwellen 69
Shock-strut / Stoßdämpfer (Flugzeugfahrwerk) 409, 427
Shock-strut bearing / Dämpferlager 418
Shoe / Schuh 529, 531, 533, 536, 539, 553, 560–561
Shoelace / Schnürsenkel 560, 561
Shoemaker / Schuhmacher 560

Shoemaking / Schuhherstellung 560–561
Shooting and archery / Schießsport 540–541
Short ton / short ton 588
Short-wave (radio) / Kurzwelle 328
Shot / Geschoß (Kanonenkugel) 386
Kugel (Kugelstoßen) 534
Shot put / Kugelstoßen 534, 535
Shot-put fan / Kugelstoßanlage 534
Shot-put ring / Kugelstoßring 534
Shoulder / Schulter 95, 98, 103, 104, 107, 202, 203, 206, 207, 208, 209, 213, 220, 390, 391
Shoulder blade / Schulterblatt 86, 87, 90, 91, 92, 93, 94, 96, 97, 100, 102, 105, 107, 108, 110, 112, 190, 192, 195, 201, 203, 205, 211, 214, 216, 220, 228, *also scapula*
Shoulder cowling (plane) / Schulterverkleidung (Flugzeug) 416
Shoulder girdle (*Eryops*) / Schultergürtel (*Eryops*) 86
Shoulder joint / Schultergelenk 86, 90, 94, 97, 105, 108, 228
Shoulder pad(ding) / Schulterpolster 430, 543
Shoulder pass (netball) / Schulterpaß (Netball) 533
Shoulder spike / Schulterdorn 100, 101
Shoulder strap / Schultergurt 429
Shoulder wheel (judo) / Schulterrad (Judo) 548
Showjumping / Springreiten 546
Showjumping fences / Hindernisse (Springreiten) 546
Showjumping horse / Springpferd 546
Showjumping saddle / Springsattel 546
Shreve, R.H. / Shreve, R.H. 498
Shrewsbury (architecture) / Shrewsbury (Architektur) 496
Shrimp / Garnele 85, 178
Shrine / Schrein 494, 495
Shrine chamber / Schreinkammer 495
Shroud / Want 381, 384, 388, 391, 400
Shroud ring / Mantel (Schiffsschraube) 399
Shroud ring propeller / Mantelschraube 399
Shrub / Strauch 128, 136
Shunosaurus / *Shunosaurus* 97
Shutter curtain (camera) / Schlitzverschluß (Kamera) 584
Shutter release button (camera) / Auslöser (Kamera) 584, 585
Shutter speed (camera) / Verschlußzeit (Kamera) 584
Shutter speed dial / Verschlußzeitenregler 584
Shutter speed dial knob / Verschlußzeitenring 585
Shutter speed index / Verschlußzeiteneinstellscheibe 585
Shuttlecock / Federball (Ball) 536, 537
Siberia (geol.) / Sibirien (geol.) 70, 72, 73, 78
Sickle motif / Sichelmotiv 495
***Sidalcea malviflora* (checkerbloom)** / *Sidalcea malviflora* (Präriemalve) 142
Side aisle / Seitenschiff 462, 472, 473, 474, 476, 488
Side bench (longboat) / Sitzbank (Barkasse) 388
Side brace / Seitenband 418
Side brace and retraction jack trunnions / Seitenband und Einziehmechanikzapfen 418
Side fairing / Seitenverkleidung 367, 419, 428
Side four quarter hold (judo) / Seitvierer (Judo) 548
Side handle (drill) / Seitengriff (Bohrer) 559
Side keelson / Seitenkielschwein 401
Side lamp (oldtimer) / Laterne (alte Autos) 345, 346, 348, 349
Side lever / Schwunggewicht 400
Side marker lamp / Begrenzungsleuchte/licht (Auto) 356
Side marker lamp / Seitenbegrenzungsleuchte 359
Side reflector / Seitenreflektor 370, 371
Side rudder (ship) / Seitenruder (Schiff) 382, 383
Side seal spring (rotor) / Wellenfeder (Rotor) 357
Side view of our galaxy / Seitenansicht unserer Galaxis 14
Side wall / Seitenwand 537, 550
Side window (plane) / Seitenfenster (Flugzeug) 416
Side-grain wood block / Langholzplatte 453
Side-line (sports) / Seitenlinie (Sport) 530, 532, 533, 536, 537
Sidecar / Beiwagen/Seitenwagen 370, 376
Sidecar chassis / Beiwagenschiff 370, 377
Sidelight (motorcycle) / Begrenzungsleuchte/licht (Motorrad) 370
Sienna / Siena 436, 437, 438, 446
Sierra Madre / Sierra Madre 274
Sierra Nevada / Sierra Nevada 63, 81
Sif Mons / Sif Mons 37
Sight / Visier 402, 540
Zielvorrichtung (Schießsport) 540, 541
Sight pin / Visiernadel 541
Sight pin attachment / Visierringbefestigung 541
Sighting hood / Visierhaube 402, 404
Sighting rule / Peillineal 385
Sigma Canis Majoris / Sigma Canis Majoris 21
Sigma orbital (σ-orbital) / Sigma-Orbital (σ-Orbital) 318
Signal / Signal 340, 568
Signal flag compartment / Signalflaggenschapp 405
Signal gear (battleship) / Signaleinrichtung (Schlachtschiff) 403
Signal horn/warning horn (locomotive) / Signalhorn (Lok) 336, 337, 339
Signal light, red-filter / Signallicht, rotes 413
Signal(ling) system / Signalsystem 340
Signal(ling) whistle (locomotive) / Signalpfeife (Lok) 335
Signalling effect (flowers) / Signalwirkung (Blüten) 150
Signalling lamp / Signalscheinwerfer 405
Signature / Bogensignatur (Buch) 582
Signatur 441, 449
Vorzeichen (Musik) 506, 507
Sikorsky, Igor / Sikorsky, Igor 426
Silencer / Schalldämpfer 360, 370, 371, 376, 377
Silencer bracket / Schalldämpferbefestigungsschelle 370
Silicate dust / Silikatstaub 53
Silicate rock / Silikatgestein 39
Siliceous ooze / Kieselschlamm 309
Siliceous spicules / Kieselsäurenadeln 172
Silicon / Silicium/Silizium 39, 64, 316, 321
Siliqua (plant) / Schote (Pflanze) 156
Silk / Seide (Malgrund) 434
Sill / Grundschwelle 468
Sill trim / Türschwellenverkleidung 363
Silurian / Silur 62, 289
Silver / Silber 278, 290–291, 321, 322
Silver nitrate / Silbernitrat 322
Silver wire tip / Silberdrahtspitze 434
Silverpoint drawing / Silberstiftzeichnung 434, 435
Silverpoint pen / Silberstift 434, 435
Simple fruit / Einzelfrucht 154
Simple succulent fruit / Einzelsaftfrucht 154
Simple leaf / einfaches Blatt 134, 142, 143
Single clump block / Toppnantblock 381
Single cylinder engine / Einzylindermotor 345, 346, 370
Single leg main landing gear / Hauptfahrwerksbein 413
Single overhead camshaft engine / Reihenvierzylindermotor mit obenliegender Nockenwelle 371
Single reed / Einfachrohrblatt 512, 513
Single scull / Einer-Rennboot 552
Einer-Skullboot 553
Skiff 553
Single wing (judo) / Schulterwürgen (Judo) 548
Single-layer painting / Primamalerei 440
Single-point safety harness release / Schloß des Rennwagen-Sicherheitsgurts 367
Singles (racket sports) / Einzel (Rückschlagspiele) 536, 537
Singularity / Singularität 29
Sinistral strike-slip fault / sinistrale Seitenverschiebung 67
Sink-holes / Schwundlöcher 294–295
Sinopia / Sinopie 438, 439
Sinter surface / Sinteroberfläche 438
Sinus Borealis / Nordmeerbucht 75
Sinus Iridum / Sinus Iridum 40
Sinus venosus sclerae / Schlemmkanal 251
Siphon / Nebendarm 181
Trichter (Krake) 182, 183
Siphonoglyph / Siphonoglyphe 173
Sirius / Sirius 13, 18, 21–23
Sirius A/B / Sirius A/B 23
Site of fusion of vertebral bodies (of sacrum) / Kreuzbeinwirbelkörper-Verschmelzungslinien 233
Six-eight time (time signature) / Sechsachteltakt 506
Sixte (fencing) / Sixt (Fechten) 549
Size / Größe 322, 588, 589
Pergamentleim 435, 441
Skarn / Skarn 284
Skate / Schlittschuh 542, 543
Skeet (shooting) / Skeet (Schießsport) 540
Skeletal muscle/voluntary muscle / Quergestreifte Muskulatur 236
Skeletal muscles / Skelettmuskeln 228, 236, 238
Skeleton / Skelett 83, 86, 87, 90–91, 93, 94–95, 96, 99, 102, 104–105, 106, 107, 108–109, 110–111, 112–113, 187, 189, 190, 191, 192, 193, 195, 201, 203, 205, 211, 212, 214, 216, 228–229
Sketch book / Skizzenbuch 434
Sketch/preparatory study / Skizze 434
Ski boot / Skistiefel 544, 545
Ski glove / Skihandschuh 545
Ski goggles / Skibrille 544, 545
Ski pole / Skistock 544
Ski suit / Skianzug 544, 545
Ski trousers / Skihose 545
Skid / Kufe 408, 426, 427
Skid beam / Reibholz 388
Skid bracing strut / Kufenstrebe 410
Skilled movements / Feinmotorik 247
Skin / Außenhaut (Flugzeug) 409, 417, 420, 425
Haut 111, 134, 162, 163, 244–245
Skin hair / Hauthaar 245
Skin lap-joint (BAE-146) / Außenhautnaht (BAE-146) 417, 418, 419
Skin-grip pin / Steckdübel für Verkleidung 428
Skip (triple jump) / Skip (Dreisprung) 535
Skirt / Mantel (Lampe) 564
Schürze 56, 343, 349
Schutztasche (Sattel) 576, 577
Skis / Skier 544, 545
Skull / Schädel 73, 83, 86, 89, 94, 96, 97, 100, 102, 105, 106, 108, 111, 113, 114, 182, 187, 190, 191, 192, 193, 200, 201, 203, 205, 211, 212, 214, 216, 222, 228, 230–231, 232, 246, 247, 252
Skull(cap) (*Pachyephalosaurs*) / Schädeldecke (*Pachycephalosaurier*) 106
Skullcap / Sturzkappe (Sulkyrennen) 547
Sky/air / Luft (Wetter) 306, 310, 312–313
Skylab / *Skylab* 56
Skylight / Dachfenster 498
Oberlicht 400, 401, 402
Skyscraper / Hochhaus/Wolkenkratzer 498
Slab floor / Fliesenboden 498
Slaked lime / gelöschter Kalk 438
Slalom / Slalom 544, 545, 552
Slalom equipment / Slalomausrüstung 545
Slalom gate / Slalomtor 544
Slalom helmet / Slalomhelm 545
Slalom ski / Slalomski 545
Slalom ski pole / Slalomskistock 545
Slalom start / Slalomstart 544
Slat-arm fairing / Vorflügelschienenverkleidung 411
Slate with pyrites / Pyrit-Tonschiefer 285
Slate/shale / Schieferton (=Tonschiefer) 284, 287
Slave's foot / Sklavenfuß 457
Slave's head / Sklavenkopf 457
Slave trade / Sklavenhandel 384

Sleeper / Schwelle (Eisenbahn) 334, 340, 341
Sleeve port / Schieberschlitz 353
Scheibenventil 353
Sleeve valve / Schieberventil 352, 353
Slices of (toast) bread / Toastscheiben 572
Slick tyre / Slick-Rennreifen 367, 373, 377
Slide bar / Führungsstange 335
Slide locking lever / Verstellsperrhebel 404
Slide track / Rollbahn (Boot) 553
Slide valve (oscillating steam engine) / Sperrschieber (Kolbendampfmaschine) 398
Slide valve rod / Sperrschieberstange 398
Sliding canopy / Schiebedach (Avro Super 2) 428
Sliding pane / Schiebefenster (Architektur) 498
Sliding roof / Schiebedach (Dampflok „Mallard") 335
Sliding seat (boat) / Rollsitz (Boot) 553
Sliding window / Schiebefenster (Bus/Flugzeug) 343, 412
Sliding window (=direct-vision panel) / Schiebefenster (Hubschrauber) 426
Slip eccentric / Gleitexzenter 398
Slip face (barkhan dune) / Leeseite (Sicheldüne) 293
Slipher / Slipher 43
Slit window / Schlitzfenster 499
Slope / Hang 66, 297
Sloping roof / Gefälledach 490
Slot (in rear wing) / Spoilerschlitz 366
Slugs / Wegschnecken/ Nacktschnecken 182
Slur / Legato 507
Small Dark Spot / Kleiner Dunkler Fleck 50–51
Small end / Kolbenlager 414
Small intestine / Dünndarm 96, 100, 224, 258, 259
Small Magellanic Cloud / Kleine Magellansche Wolke 15, 20
Small stars / kleine Sterne 24–25
Smallbore / Kleinkaliber 540, 541
Smallbore biathlon rifle / Biathlon-Kleinkalibergewehr 541
Smalti / Smalten 454
Smoke-tinted glass / Rauchglas 500, 503
Smokebox / Rauchkammer 334, 335, 401
Smokebox door / Rauchkammertür 335
Smoky quartz / Rauchquarz 278
Smooth ER / glattes ER 226, 249
Smooth muscle / glatte Muskulatur 236, 238
Smuts / Brandpilze 120
Snail / Gehäuseschnecke 81
Snake-head ornament / Schlangenkopfverzierung 383
Snake-tail ornament / Schlangenschwanzverzierung 382
Snake / Schlange 190–191
Snap head/button head rivet / Setzkopf/Rundkopfniet 400
Snap-on fastening / Schnappbefestigung 57
Snare / Schnarrsaiten/ Schnarrteppich 522
Snipping beak (ceratopsia) / Papageienschnabel (Horndinosaurier) 106
Snort mast (submarine) / Schnorchel (U-Boot) 405
Snout / Schnauze 84, 92, 95, 102, 106, 192, 201
Gletscherzunge 296, 299
Snow / Schnee 296–297, 312
Snowflake moray eel / Weiße Muräne 186
Snowflakes / Schneeflocken 312
Soane, J. / Soane, J. 487
Sobkou Planitia / Sobkou Planitia 35
Soccer boot / Fußballstiefel 529
Soccer shoe / Fußballschuh 529
Soccer strip / Fußballdress 529
Soccer/football / Fußball 528–529
Socket / Buchse 564, 569, 580
Socket (lamp) / Zapfenlager (Lampe) 565
Socle / Sockel 462, 473, 476, 482, 483, 484, 485, 488
Sodalite / Sodalith 279
Sodium / Natrium 33, 64, 306, 320
Sodium hydroxide / Natriumhydroxid 322
Sodium lines / Natriumlinien 23
Soffit, glassed / Untersicht, verglaste 502
Soft pastels / Weichkreiden (Pastellkreiden) 444
Software (music) / Software (Musik) 525
***Solanum tuberosum* (potato)** / *Solanum tuberosum* (Kartoffel) 134
Solar day / Sonnentag 34
Solar eclipse / Sonnenfinsternis 32
Solar energy / Sonnenenergie 32, 33, 144, 310–311, 324, 325
Solar flare (release of energy) / Fackel (Energieentladung der Sonne) 32–33
Solar panels / Solarzellen 54–55, 59, 500
Solar panel drive / Solarantrieb 58
Solar power pack (personal stereo) / Solarstromversorgung (Walkman) 581
Solar radiation / Sonnenstrahlung 32, 33, 310–311
Solar system / Sonnensystem 30–31
Solar wind / Sonnenwind 32, 38
Solar Wings Pegasus Quasar Microlight / Solar-Wings-Pegasus-Quasar-Ultraleichtflugzeug 431
Solarium / Solarium 498
Solder joint (telephone) / Lötstelle (Telefon) 569
Sole / Sohle 539, 544, 560, 561
Sole of foot / Fußsohle 221, 244
Soleus (muscle) / Schollenmuskel 237, 243
Solfatara / Solfatare 282–283
Solid / Feststoff 316, 317, 322
Solid rocket booster / Feststoffraketen-Zusatztriebwerk 56
Solid rubber tyre / Vollgummireifen 345
Solid-panel infill / Volltafelhinterfüllung 498
Solutions / Lösungen 316, 317, 322
Sombrero / Sombrero 12
Somites (thoracic segments) / Somiten (Brustabschnitte) 85
SONAR / Sonar 404, 405
SONAR bulge / Sonar-Dom 405
Sonar room / Sonarraum 405
SONAR torpedo decoy / Sonar-Torpedoscheinziel 404
Sonic bang / Überschallknall 420
Sonic speed/sound speed / Schallgeschwindigkeit 420
Sonora Desert / Sonora 274
Soot / Ruß 321, 323
Sophocles / Sophokles 33
Soralium / Soralium 120
Sorbonne / Sorbonne 490
***Sorbus aucuparia* (rowan)** / *Sorbus aucuparia* (Eberesche) 136
Soredia / Brutkörper/Soredien 120, 124
Sorus (pl. sori) / Sorus (Mz.:Sori) 126, 127
Sostenuto pedal / Tonhaltepedal 518, 519
Sound / Schall 324, 325, 524, 580
Sound 524
Sound energy / Schallenergie 324, 325
Sound module / Sound-Modul 525
Sound selection control / Klangauswahl 524
Sound structure guide / Klangformübersicht 524
Sound tube / Schallröhre 510
Sound waves / Schallwellen 252, 516, 568, 580
Sound-hole / Schalloch 516, 517
f-Loch (bei Violininstrumenten) 514, 515, 517
Sound-reflection metal centre of padded key / Resonanzplättchen 513
Soundboard / Resonanzboden 517, 518, 519
Resonanzkasten 515
Sounds / Klangfarben 524
Töne 524
South Africa / Südafrika 70, 341
South America / Südamerika 38–39, 70, 72, 74, 76, 78, 79, 80, 81, 82, 83, 102, 110, 274
South American plate / Südamerikanische Platte 63
South Atlantic Ocean / Südatlantik 79
South China Sea / Südchinesisches Meer 275
South Equatorial Current / Südäquatorialstrom 306–307
South Galactic Pole / Südgalaktischer Pol 15
South Korea (architecture) / Südkorea (Architektur) 494
South magnetic polar region (pulsar) / südlicher Magnetpol (Pulsar) 28
South Pole/south pole / Südpol 28, 34, 37, 38, 40, 42, 44, 48, 49, 50, 51, 307, 310, 327,
Southeast Asia (architecture) / Südostasien (Architektur) 494–495
Southeast trade wind / Südostpassat 310
South-easterly wind / Südostwind 313
Southerly wind / Südwind 313
Southern Hemisphere (of Earth) / Südhalbkugel (der Erde) 306–307
Sp3-hybrid orbital / sp3-Hybrid-Orbital 318
Space exploration / Erforschung des Weltraums 54–59
Space shuttle / Space-Shuttle 56
Space stations / Raumstationen 56
Space travel / Raumfahrt 54–59
Spacer / Distanzring (Kamera) 583
Spacesuits / Raumanzüge 54
Spadix / Kolben (Blütenstand) 149
Spain / Spanien 341, 480, 482, 488, 492
Span / Spannweite (Bogen) 488
Spandrel / Spandrille 478, 486, 492, 497
Spanish bowline / spanischer Palstek 397
Spar / Holm 419, 421, 431
Spiere 386, 390
Spare tyre / Ersatzreifen 349
Reservereifen 347
Spare tyre carrier / Reserveradhalterung 347
Spare tyre strap / Reserverad-Befestigungsgurt 347
Spare/extra wheel / Reserverad 364, 365
Spark (plug) / Zündkerze 352, 353, 356, 414, 431, 574
Spark plug cap / Zündkerzendeckel 374
Spark plug socket / Zündkerzenstecker 353
Spat (microlight) / Radverkleidung (Ultraleichtflugzeug) 430, 431
Spathe / Spatha 149
Spawn / Laich 189, 198
Spear / Stampfstock 390
Spearheads / Speerspitzen 113
Spectral colours / Lichtfarben 328
Spectral types / Spektralklassen 22–23
Spectrum / Spektrum 328
Speech / Sprache 246, 247
Speed / Geschwindigkeit 330, 331
Speed reduction gear / Reduktionsgetriebe 423
Speedball nib / Redisfeder 448
Speedometer drive / Tachometerantrieb 373
Speedometer/rev counter / Tachometer 370, 377
Speedway / Speedway-Rennen 376
Speedway motorcycle / Speedway-Motorrad 377
Sperm (cell) / Sperma(zelle)/Samenzelle 133, 227, 268, 269
Sperm duct/vas deferens / Samenleiter 201, 268, 269
Sperm whale / Pottwal 213
Spermatheca/seminal receptacle / Spermatheka 175, 176, 183
Spermatic fascia / Samenstrangfaszie 269
Spermatophyta / Spermatophyta 128
Spermoviduct / Ei-Samenleiter 183
Sphenethmoid bone / Sphenethmoid 189
Sphenoid bone / Keilbein (Kopf) 231
Sphenoidal fontanelle / Seitenfontanelle, vordere 230
Sphenoidal sinus / Keilbeinhöhle 222, 255
Sphenopteris latiloba / *Sphenopteris latiloba* 78
Sphincter muscle / Pupillenschließer 251
Ringmuskel 173
Schließmuskel 259, 267
***Sphyrna lewini* (scalloped hammerhead shark)** / *Sphyrna lewini* (Hammerhai) 185
Spica / Spica 18, 21

Spicule / Spicula (Sonne) 32–33
Spiculum (Schwamm) 172
Spider (bike) / Drehkreuz (Fahrrad) 368
Tretkurbelstern (Fahrrad) 586
Spiders / Spinnen 176–177, 289
Spigot / Lagerzapfen 395
Zapfen (Lampe) 565
Spike / Ähre 149, 168
Höckerchen (*Pachycephalosaurus*) 106
Stachel 98–99, 515
Spike(d sole) / Spikes (Laufschuh) 535
Spike/smash / Schmetterball (Volleyball) 532
Spinal cord / Rückenmark 185, 187, 191, 195, 201, 202, 210, 212, 215, 222, 227, 232, 233, 246, 248
Spinal ganglion / Spinalganglion 233
Spinal nerves / Spinalnerven 248
Spindle / Spindel (Bohrer) 559
Welle (Gangspill) 395
Spine / Dorn 119, 122, 135, 137, 162, 173
Rücken (Buch, -stabe) 449, 582, 583
Stachel 180–181, 162
Spine, triple (modified leaf) / Blattdorn, dreizähliger 136, 137
Spine/back of book / Buchrücken 582, 583
Spine/vertebral column / Wirbelsäule 228, 232–233, 248, 267, 270, 271
Spinet / Spinett 518
Spinner / Spinner 413, 428, 429, 554, 555
Spinner mounting disc / Propellerscheibe 412
Spinnerets / Spinnwarzen 176, 177
Spinning / Spinnangeln 554
Spinose leaf-margin / dorniger Blattrand 168
Spinose-dentate leaf-margin / dornig gezahnter Blattrand 135
Spinous process / Gelenkkopf (Mensch) 230, 232
Spiracle / Atemöffnung (Insekten) 175
Spritzloch 86, 184,
Spiral arm / Spiralarm 12–14
Spiral galaxy / Spiralgalaxie 10–11, 12–13, 14–15
Spiral spring / Spiralfeder 372, 564, 565
Spiral staircase / Wendeltreppe 476
Spiral tube / Spiralrohr 352
Spiral valve (intestine of shark) / Spiralfalte (Haidarm) 185
Spiral wrack / Spiraltang 122
Spiral-staircase tower / Wendeltreppenturm 480
Spire / Spitzturm 474, 497
Turmhelm 472, 475, 476, 477
Spirit lamp / Spirituslampe 458
Spirogyra / *Spirogyra* 125
Splat mortice / Zapfenloch der Querstrebe 571
Spleen / Milz 187, 188, 201, 210, 212, 225, 259
Splenic artery / Milzarterie 263
Splicing / Spleiß 396
Splicing fid / Fid 391, 392
Splines / Schiebekeile 374
Splint bone / Griffelbein 204
Split flap / Spaltklappe 412
Spreizklappe 412
Spoiler (BAE-146) / Spoiler (BAE-146) 418
Spoiler anchorage / Spoilerverankerung 417
Spoiler bumper / Spoilerstoßleiste 359
Spoke / Spake 398
Speiche (Rad) 58, 344, 345, 368, 369, 376, 377, 399, 410, 451, 586, 587
Spoke guard / Speichenschutzscheibe 586
Spoke nipple / Speichennippel 369
Spoked wheel / Speichenrad 547
Sponge / Schwamm 172–173, 289, 442, 452
Sponges / Schwämme 172, 289
Spongine/sponge protein / Spongin 172
Spongocoel / Spongocoel 172
Spongy parenchyma / Schwammparenchym 132, 145
Spongy tissue / schwammiges Gewebe 162
Sponsor's logo / Sponsorenlogo 377
Spool / Spule (Angel) 555
Spool cover (fishing rod) / Spulenabdeckung (Angel) 555
Spool, unskirted / Schnurspule, offene 554
Spools screw (fishing rod) / Spulenschraube (Angel) 555
Spoon (oar) / Blattrippe (Ruder) 552
Sporangia (sg. sporangium) / Sporangien (Ez.: Sporangium) 85, 126, 127
Sporangiophore / Sporenblatt 126
Spore capsule / Sporenkapsel 118, 126, 127
Spore case / Sporenbehälter 85, 127
Spore production / Sporenbildung 118, 120
Spore-containing space (moss) / Sporenraum (Moos) 125
Spore-forming tissue / Sporenmuttergewebe 125
Spores / Sporen 121, 124–127
Sporophore / Fruchtkörper 120
Sporophyte / Sporophyt 118, 124–126
Sport(s) plane / Sportflugzeug 428
Sports tyre, tubeless / Sportreifen, schlauchloser 373
Sports wheel / Sportrad (VW-Rad) 350
Spotlamp bulb / Blinkleuchtenglühbirne 362
Sprag clutch / Getriebekupplung 414
Sprawling stance / Schubkriechen 88
Spreader / Saling 553
Spring / Feder (techn.) 330, 337, 373, 374, 558, 572, 573, 581, 585
Quelle 302
Spring and chassis unit / Federrahmen 347
Spring attachment / Federaufhängung 565
Spring attachment bolt / Federbefestigungsbolzen (Lampe) 565
Spring balance / Federwaage 330, 331
Spring deflection / Federweg 376
Spring line / Quellhorizont 302
Spring perch / Federsattel 348
Spring petiole / Frühjahrsblattstiel 166
Spring suspension / Federanlenkung 367
Spring suspension / Federung 337, 344, 360
Spring tides / Springtiden 306–307
Spring tree (saddle) / Federbaum (Sattel) 576
Spring washer (drill) / Federscheibe (Bohrer) 559
Spring wood / Frühholz 140
Spring-trap mechanism / Klappfallenmechanismus 166
Spring/damper unit / Schwingarmaufhängung 373
Springboard diving / Kunstspringen 550
Springing point / Kämpferpunkt 488, 489
Springs / Quellen 302
Sprint / Kurzstreckenlauf 534
Sprit topsail / Bovenblinde 387
Spritsail / Blinde (Segel) 387
Spritsail yard / Blinderah 387
Sprocket / Kettenrad 374
Spun yarn / Schiemannsgarn 391, 392, 396
Spur (plants) / Sporn (Pflanzen) 147, 167
Squamata / Squamata 190
Squamosal bone / Squamosum 189
Square bush/wash brush / Flachpinsel 436, 440, 442, 448
Square centimetres / Quadratzentimeter (cm^2) 588, 589
Square feet / Quadratfuß 589
Square inches / Quadratzoll 589
Square kilometres / Quadratkilometer (km^2) 588, 589
Square measures / Flächenmaße 588, 589
Square metres / Quadratmeter (m^2) 588, 589
Square miles / Quadratmeilen 589
Square millimetres / Quadratmillimeter (mm^2) 588
Square sail / Rahsegel 382, 386, 392
Square staff / Vierkantstab 385
Square yards / Quadratyards 589
Squash / Squash 536, 537
Squash ball / Squashball 536, 537
Squash court / Squashcourt
Squash racket / Squashschläger 537
Squinch / Trompe 470
Squirrel brush / Fehhaarpinsel 442
Sri Lanka (architecture) / Sri Lanka (Architektur) 495
St. Basil's Cathedral / Basilikuskathedrale 491
St. Botolph / St. Botolph 477
St. Eustache / St. Eustache 481
St. Foi / St. Foi 472
St. George in the East / St. George in the East 485
St. John's wort / Johanniskraut 151
St. Lazare / St. Lazare 472
St. Maclou / St. Maclou 476
St. Madeleine / St. Madeleine 472
St. Paul's and the River / *St. Paul's and the River* 435
St. Paul's Cathedral / St.-Paul's-Kathedrale 484, 488, 490, 491
St. Paul - St. Louis / St. Paul - St. Louis 483
St. Pierre / St. Pierre 500, 502
St. Serge / St. Serge 473
Stabilizer(s) / Stabilisator(en) 405, 540
Stabilizer-bar weight / Stabilisatorgewicht 426
Stack / Felssäulen 305
Stack of thylacoids / Membranstapel 145
Stage / Bühne 481
Stages in a river's development / Flußstadien 298–299
Stained glass / Ornamentglas 474
Stained-glass window / Buntglasfenster 474
Stainless steel cover / Edelstahlabdeckung 573
Stainless steel flap seal / Edelstahldichtung 417
Stair(case)/stairway / Treppe 342, 470, 474, 479, 481, 487, 493, 503
Staircase / Treppenaufgang 479, 481, 487, 500, 503
Stalactites / Stalaktiten 294–295
Stalagmites / Stalagmiten 294–295
Stalagmitic floor / Bodenzapfen 294
Stalk / Stiel 118, 121, 124, 125, 179
Stalk scar / Stielnarbe 129
Stalked barnacle / Entenmuschel 178, 179
Stall warning vane / Strömungsabriß-Warngerät 416
Stamen / Staubblatt/Stamen 128, 132, 133, 137, 146–153
Stamp / Stempel 449
Stamped signature / Signaturstempel 449
Stance / Gliedmaßenstellung/Beinstellung 88, 110
Stanchion / Stanchion/Pfosten 381
Stand (drums) / Ständer (Schlaginstrumente) 522, 523
Standard (showjumping fence) / Fang (Hindernis) 546
Standard European paper / Standardpapier, europäisches 449
Standard gauge / Normalspur 340, 341
Standard knee / Knieholz 389
Standardbred / Standardbred 546, 547
Standby pitot head (Concorde) / Ersatzpitotrohr (Concorde) 420, 421
Standing part / stehende Part 390, 391, 395, 396, 397
Standing rigging / stehendes Gut 390, 553
Standing room (Globe Theatre) / Stehplatz (Globe-Theater) 481
Stapes/stirrup / Steigbügel (Gehörknöchelchen) 252
Star cluster / Sternhaufen 11, 16
Star coral / Sternkoralle 173
Star diagonal / Zenitprisma 54
Star drag / Sternradbremse 554
Star dune / Sterndüne 293
Star formation in Orion / Sternbildung im Orion 24
Star motif / Sternmotiv 493
Starboard / Steuerbord 382, 552
Starboard bower anchor / Steuerbordbuganker 403
Starboard door / Steuerbordtür 419, 421
Starboard elevator / Steuerbordhöhenruder 419

Starboard engine cowling / Steuerbordmotorverkleidung 429
Starboard forward trim tank / Steuerbordtrimmtank 420
Starboard main landing gear / Steuerbordhauptfahrwerk 418, 428
Starboard propeller / Steuerbordpropeller 406
Starboard side/steerboard side / Steuerbordseite 382
Starboard wall / Steuerbordwand 412, 413
Starboard wing (plane) / Steuerbord(trag)flügel (Flugzeug) 418, 429
Starboard wing assembly / Steuerbordflügelteile 417
Starch grain / Stärkekorn 122, 139, 145
Stardust / Sternenstaub 12, 14, 16–17, 30, 42–43, 52–53
Starfish / Seesterne 85, 180–181
Stars / Sterne 14–15, 16, 22–23, 24–25, 26–27, 28–29, 32–33
Stars of northern skies / Sterne am Nordhimmel 18–19
Stars of southern skies / Sterne am Südhimmel 20–21
Starter / Anlasser 349, 350, 361, 415
Starter (Schwimmen) 550
Starter cog / Andrehklauen 346
Starter cup (lawnmower) / Starterschale (Rasenmäher) 574
Starter ring / Anlasserrad 415
Anlasserzahnkranz 355
Starter switch / Anlasserschalter 349
Starting handle / Andrehkurbel 346, 347, 348, 353
Starting line / Startlinie 534
State of motion / Bewegungszustand 331
State room / Passagierkabine 400, 420
States of matter / Aggregatzustände 317
Static air-pressure plate / Meßstelle für statischen Luftdruck 416
Static discharge wick attachment / Entladedochtbefestigung 418
Stationary gear / Festzahnrad 357
Stator / Stator 327, 414, 422
Statue / Statue 483
Staurikosaurus / *Staurikosaurus* 74, 75
Stave line / Notenlinie 506
Stay / Stag 392, 400
Strebe 334, 586
Steady pin hole (clock) / Paßstiftloch (Uhr) 562
Stealth bomber / Tarnkappenbomber/Stealth-Bomber 424, 425
Steam / Dampf 317, 334, 335, 344, 352
Steam chest / Schieberkasten 344
Steam chest pressure gauge / Dampfdruckmesser 335
Steam condenser / Dampfkondensator 405
Steam cylinder, oscillating / Dampfzylinder 398
Steam distributor valve / Dampfverteilerventil 344
Steam dome / Dampfdom 335
Steam engine / Dampfmaschine 344, 398, 400
Steam generator / Dampferzeuger 324
Dampfgenerator 352
Steam grating / Dampfgräting 388
Steam heating / Dampfheizung 335
Steam launch / Dampfbarkasse 402
Steam locomotives / Dampflokomotiven 334–335
Steam pipe / Dampf(zuführungs)leitung 344, 345, 405
Steam whistle / Dampfpfeife 400
Steam-powered Cugnot / Cugnot-Dampfwagen 344
Steamboat / Dampfboot 399
Steamer/ steam car(riage) / Dampfwagen 344, 352
Steel/iron / Stahl 400, 496
Steel beater / Metallstab/ Spielstäbchen (für Triangel) 521
Steel blade (trowel) / Stahlkelle (Zahnspachtel) 454
Steel body / Stahlkarosserie 364
Steel bolt rest (crossbow) / Stahlbahn (Armbrust) 540
Steel brace / Stahlstrebe 497
Steel braiding (hydraulic hose) / Drahtgeflecht (hydraulischer Schlauch) 377
Steel casing / Stahlgehäuse 327
Steel column / Stahlsäule 502
Steel edge (ski) / Stahlkante (Ski) 545
Steel firewall / Stahlfeuerschott 412
Steel frame / Stahlrahmen 368, 372
Steel girder framework (power station) / Sicherheitsbehälter aus Stahl (Kraftwerk) 324
Steel hub / Stahlnabe 407
Steel lattice-beam / Stahlgitterträger 501
Steel lock / Stahlschloß 368
Steel mullion / Stahlpfosten 498
Steel nib / Stahl-Schreibfeder 448
Steel rail(s) / Stahlschiene(n) 340, 341
Steel (tapered) screw / Stahlschraube 341
Steel (propeller) shaft / Stahlwelle (Propeller) 407
Steel shank (shoe) / Stahlgelenkstück (Schuh) 560
Steel shank, cranked / Stahlstiel, abknickender 440
Steel skeleton construction / Stahlskelettbauweise 498, 501
Steel spring / Stahlfeder (Schiene) 341
Steel tube fuselage, fabric-covered / Stahlrohrrumpf, textilbespannter 411
Steel tubing / Stahlrohr (Motorrad) 372
Steel wheel / Stahlrad 350, 360, 361
Steel wing / Stahlflügel 411
Steel-framed services column / Stahlskelettstütze 501
Steeplechase / Leichtathletik 534
Steeplechase (Pferderennen) 546
Steerer tube / Gabelschaft 587
Steering / Steuerung 398, 428, 430
Steering actuator / Steuerzylinder 420
Steering column / Lenk(rad)säule 345, 349, 351, 360, 369
Steering gear / Rudermaschine 400
Steering gearbox / Lenkgetriebe 349, 350
Steering head / Lenkkopf 345
Steering knuckle / Achsschenkel 346
Steering link / Lenkgestänge 345
Steering oar / Steuerruder 382
Steering position / Ruderstand 400
Steering rack / Lenkungszahnstange 345
Steering stop / Steueranschlag 429
Steering system / Lenkung 360, 372
Steering tie-rod / Lenkspurstange 350
Steering tiller/arm / Lenkhebel 344, 345, 347, 348. 349
Steering wheel / Lenkrad (Auto) 347, 348, 352, 360, 363
Steuerrad 346, 386, 398, 402, 407, 409
Steeringouffletree / Lenkschwengel 347
Steersman / Steuermann (Rudersport) 552
Stegoceras / *Stegoceras* 106, 107
Stegosauridae / Stegosauridae 98
Stegosaurs / Stegosauria/er (Stachelechsen) 76, 89, 98, 99
Stegosaurus / *Stegosaurus* 76, 77, 98, 99
Steib chair / Steibe-Seitenwagen 370
Stela / Stele 463
Stellar black hole / stellares Schwarzes Loch 29
Stellar core / Reststern 17
Stellar spectral absorption lines / stellares Spektrum 22–23
Stellate parenchyma / Sternparenchym 141
Stem / Balken (Buchstabe) 449
Halm 126, 137
Sproß 119, 126, 127, 128–131, 132–135, 136–137, 140–141, 153, 158–159, 160–161, 164–165, 168
Stamm 118, 129
Stämmchen 124, 125
Stengel (*Asteroxylon*) 85
Wulstbug (falscher Rammbug) 402
Stem parasite / Sproßschmarotzer 169
Stem succulent / Stammsukkulente (=Sproßsukkulente) 162–163
Stemhead / Stevenkopf 384
Stempost / (Vorder)steven 382, 384, 388, 389, 401
Stencil / Schablone 450
Step / Stemmschritt (Speerwerfen) 535
Treppklampe 386, 389
Trittbrett (Eisenbahn) 334, 336
Trittstufe 344, 365, 427, 481
Step for roof / Dachzugang 365
Step(s) / (Treppen-)Stufe(n) 428, 499, 503
Stephenson, Robert / Stephenson, Robert 334
Stepped cornice / abgetreppter Sims 498
Stereo jack plug / Stereoklinkenstecker 580
Stereo sound / Stereoklang 580
Stern (ship) / Heck (Schiff) 383, 387, 389, 400, 552, 553
Stern balustrade / Heckreling 381
Stern carving / Heckverzierung 389
Stern framing / Heckspanten 400
Stern lantern / Hecklaterne 387
Stern ornament / Heckzier 381
Stern rope / Achterleine 395
Stern section / Heckbereich 400
Stern walk / Heckgalerie 403
***Sterna hirundo* (common tern)** / *Sterna hirundo* (Flußseeschwalbe) 199
Sternal aorta / Aorta descendens 179
Sternocleidomastoid (muscle) / Kopfwender (Muskel) 236, 237, 239
Sternpost / Achtersteven 380, 381, 382, 383, 386, 552
Sternum / Brustbein 102, 108, 112, 195, 203, 205, 211, 214, 216, 221, 228
Stibnite / Antimonit 278
Stick / Instrumentenbogenstange 514
Stock (Eishockeyschläger) 542, 543
Stick insect (eggs) / Stab-/ Gespenstheuschrecke (Eier) 198
Stigma / Stigma 146
Stigma (plants) / Narbe (Pflanzen) 132, 133, 146, 148–151, 152
Sting (scorpion) / Giftstachel (Skorpion) 176
Stinkhorn / Stinkmorchel 120
Stipe (seaweed) / Stengelorgan (Tang) 123
Stippled effect / Tüpfeleffekt 446
Stipule / Nebenblatt 134–137, 158
Stirrup / Fußraste (Sulky) 547
Steigbügel 546, 547, 576, 577
Stirrup bar (saddle) / Sturzfeder (Sattel) 576
Stirrup buckle / Steigbügelschnalle 576
Stirrup leather / Steigbügelriemen 576
Stoa / Stoa 464
Stock (anchor) / Ankerstock 380, 388
Stocking (fencing) / Wollstrumpf (Fechten) 549
Stockless anchor / Patentanker/stockloser Anker 394
Stöfler / Stöfler 40
Stolon / Sproßausläufer 160
Stoma / Spaltöffnung 124, 130, 132, 144, 145, 162–164
Stomach / Magen 173, 176, 180, 183, 185, 187, 188, 191, 193, 195, 201, 202, 204, 210, 212, 215, 224, 258
Stomach (=proventriculus) / Drüsenmagen (Vogel) 195
Kaumagen (Krebs) 179
Stomach cells, acid-secreting / Magenzellen, säurebildende 227
Stomach entrance / Mageneingang 258
Stomach exit / Magenausgang 258
Stomach throw (judo) / Kopfwurf (Judo) 548
Stone anchor/killick / Steinanker 394
Stone band / Steinband 493
Stone canal / Steinkanal 180, 181
Stone plate / Steinplatte 450
Stone sculpture / Steinplastik 456
Stony meteorite / Gesteinsmeteorit 52
Stool / Mutterpflanze 160
Stop (organ) / Registerknöpfe (Orgel) 518

Stop button / Stopptaste 580
Stop light / Stoppsignal 340, 341
Stop-watch / Stoppuhr 528
Storage organs (plants) / Speicherorgane (Pflanzen) 134, 161, 164–165
Storage root / Speicherwurzel 134
Store button / Speicherknopf 525
Stores pylon / Waffenstativ 424, 425
Storms / Stürme 312, 313
Stowage crutch for oars / Lagerstütze für Riemen 383
Straddle wire (bicycle) / Mittelzugkabel (Fahrrad) 586, 587
Straight 4 cylinder engine / Vierzylinder-Reihenmotor 355
Straight gouge / Hohlbeitel 456, 457
Straight mute / Straight-Dämpfer 511
Strait(s) / Meerenge 69
Strake / Leitflügel 420, 421
Plankengang (Schiff) 382, 401
Strake judge / Schwimmrichter 550
Strand / Kardeel 396
Strap / Federbügel 372
Gurt 413, 577
Klettverschluß 544
Riemen (Segelmacherhandschuh) 392
Zugriemen 543
Strap lug (camera) / Tragriemenöse (Kamera) 585
Strap peg / Bandknopf (Gitarre) 516
Strata / Stratum 293
Stratocumulus clouds / Stratocumulus-Wolken 312
Stratosphere / Stratosphäre 39, 43, 45, 47, 310–311
Stratum basale / Basalschicht 245
Stratum corneum / Hornschicht (Haut) 244, 245
Stratum spinosum / Stachelzellschicht 245
Strawberry / Erdbeere 156
Streak (minerals) / Strich (Minerale) 280–281
Streaks of plasma / Plasmablitze 316
Streams and rivers / Bäche 296, 297, 302, 303
Street football / Straßenfußball 528
Strength / Widerstandsfähigkeit 358
Strengthening cell, short / Festigungszelle, kurze 165
Strengthening chock (capstan) / Querklampe (Gangspill) 395
Stress / Streß 260
Stresses resolve into sections / Versatz durch Blattverschiebung 65
Stretch (rope) / Reck (Taudehnung) 396
Stretcher / Läufer (Architektur) 489, 496
Stemmbrett (Ruderboot) 552
Striated effect / Waffelmuster 446
Strike (slope) / Streichen (Hang) 66
Strike-slip fault lake / Verwerfungssee 303
Striker (soccer) / Stürmer (Fußball) 528
Strindberg / Strindberg 35
String(s) / Sehne (Bogen) 540
Saite(n) 514, 515, 516, 517, 518, 519, 536, 537
String course / Sims 491
Stringed instruments / Saiteninstrumente 514–515, 516–517, 518, 519
Strings(stringed section) / Streicher 508
***Strix aluco* (tawny owl)** / *Strix aluco* (Waldkauz) 196
Strobilus / Sporophyllstand 126
Stroke-side oar / Zugseitenskull 552
Stroma / Grundsubstanz (Chloroplast) 145
Stromatolithic limestone / Stromatolithischer Kalkstein 84
***Strongylocentrotus purpuratus* (Californian purple sea urchin)** / *Strongylocentrotus purpuratus* (Nordamerikanischer Purpurseeigel) 181
Strontium / Strontium 320
Structure (atoms and molecules) / Struktur (Atome und Moleküle) 318
Structure of a volcano / Vulkanaufbau 283
Structures of skin / Hautstrukturen 244
Strut / Rahmenstrebe (Curtiss Model-D) 407
Stiel (Architektur) 477
Strebe (Schaufelraddampfer) 398
Stützpfeiler im Mauerwerk 488
Strut insert (shock absorber) / Stoßdämpfereinsatz 350
***Struthio camelus* (ostrich)** / *Struthio camelus* (Strauß) 194, 199
Struthiolaria / *Struthiolaria* 289
Struthiomimus / *Struthiomimus* 90, 93
Stub axle / Achsstutzen 428
Stud / Bundsäule 477
Stollen (Fußballschuh) 529
Stud hole / Gewinde (Mid-West-Wankelmotor) 414, 415
Schraubenloch 414
Studding sail boom / Leesegelbaum 386
Studding sail yard/stuns'l yard / Leesegelrah 386
Studio easel / Atelierstaffelei 441
Studio Elvira / Fotoatelier Elvira 499
Stuffing box / Stopfbuchse (=Stopfbüchse) 398
Stuffing box cover / Stopfbuchsendeckel 399
Stupa / Stupa 494, 495
Stupica / Stupika 495
Sturgeon / Stör 186
Style / Griffel (Pflanzen) 137, 146–150, 152, 153, 154
Stylum 146
Zeiger (Gnomon) 385
Styles of dives / Sprungstile (Wasserspringen) 550, 551
Stylet/barb (cnidocyte) / Stilettapparat (Nesselzelle) 173
Stylobate / Stylobat 464
Styloglossus muscle / Griffelfortsatz-Zungenmuskel 254
Styloid process / Griffelfortsatz 230, 253
Styracosaurus / *Styracosaurus* 108, 109
Subarachnoid space / Hirnwasserraum 247
Subclavian artery / Schlüsselbeinarterie 263
Schlüsselbeinschlagader 225
Subclavian vein / Schlüsselbeinvene 263
Subcutaneous connective tissue / Unterhautbindegewebe 245
Subcutaneous tissue / Unterhautgewebe/Subcutis 244
Subduction zones / Subduktionszonen 64, 291
Subframe / Hilfsrahmen 361, 372
Subgenital pit / Subgenitalhöhle 173
Sublingual gland / Unterzungendrüse 254, 255
Submandibular gland / Unterkieferspeicheldrüse 254
Submarine / U-Boot 402, 404–405
Submarine canyon / unterseeischer Cañon 308
Submerged plants / Unterwasserpflanzen 164
Subopercular bone / Suboperculare 187
Suborder / Unterordnung 89, 94, 102
Substance, chemical / Stoff, chemischer 316, 317
Substitute / Auswechselspieler 530
Substitution (basketball) / Spielerwechsel (Basketball) 531
Substomal chamber (Christmas rose) / Atemhöhle (Christrose) 145
Subsurface current / Unterströmung 307
Subtropical jet stream / Subtropen-Strahlstrom 310
Succulent (plant)s / Sukkulenten 162
Succulent fruit / Saftfrucht 137, 152, 154
Sucker / Saugmund/Saugnapf 182, 184
Sucking stomach / Saugmagen 176
Sudan (track gauge) / Sudan (Spurweite) 341
Sugar / Zucker 145, 323, 325
Sulcus terminalis / Querfurche (Zunge) 254
Sulky / Sulky 546, 547
Sullivan, Arthur / Sullivan, Arthur 506
Sulphate / Sulfat 279, 306
Sulphides / Sulfide 278
Sulphur / Schwefel 278, 321
Sulphur dioxide (Venus) / Schwefeldioxid (Venus) 37
Sulphuric acid (Venus) / Schwefelsäure (Venus) 36–37
Sulphurous gases (volcanoes) / Schwefelgase (Vulkanismus) 283
Sumatra / Sumatra 275
Summer petiole / Sommerblattstiel 166
Summit caldera / Gipfelkrater 42
Sun / Sonne 11, 14, 22–23, 30–31, 32, 33, 52, 306, 307, 311, 324, 325, 328
Sun roof (VW beetle) / Schiebedach (VW Käfer) 351
Sun scoop / Sonnenblende (Hongkong-und Shanghai-Bank) 502
Sun visor (car) / Sonnenblende (Auto) 363
Sunddial / Sonnenuhr 384, 385
Sundew/drosera / Sonnentau 166
Sunflower / Sonnenblume 146, 151
Sunspots / Sonnenflecken 32–33
Supai group / Supai-Gruppe 287
Super-G / Super-G 544
Super-giant slalom / Superriesenslalom 544
Supercontinent / Superkontinent 70, 74
Superfluid neutrons / supraflüssige Neutronen 28
Supergranule / Super-Granule 33
Superheater tube / Überhitzerrohr 335
Superior orbital fissure / Fissura orbitalis superior 231
Superior vena cava / obere Hohlvene 225, 261, 262, 263, 265, 267
Supernova / Supernova 16, 26–27, 29
Supernova remnant / Supernovaüberrest 14–15, 28
Supersonic aircrafts / Überschallflugzeuge 420–421
Supply real (personal stereo) / Abwickelspule (Walkman) 581
Support arm (lamp) / Gelenkarm (Lampe) 564, 565
Support wire (light bulb) / Stützdraht (Glühbirne) 564
Supporter (bow) / Drücker (Schiffsbug)
Supporter ring (camera) / Blendenkorb 585
Supporter ring retainer plate (camera) / Sprengring (Kamera) 585
Supporting pier (stairs) / Stützpfeiler (Treppe) 481
Supporting post (tennis net) / Netzpfosten (Tennis) 536
Supporting tissue / Festigungsgewebe 119, 126, 127, 132, 140, 141, 145, 164
Suppressor / Bremsgestänge 334, 335, 337, 347, 349
Supraoccipital bone / Supraoccipitale 187
Supraoccipital crest / Supraoccipital-Kamm 90
Supraoesophageal ganglion / Oberschlundganglion 179
Supraorbital foramen / Foramen supraorbitale 231
Supraorbital margin / Margo supraorbitalis 230, 231
Supraorbital ridge / Augenhöhlenleiste 106, 108
Suprarenal vein / Nebennierenvene 267
Suprascapula / Suprascapula 189
Surcingle (saddle) / Bügelriemenschlaufe (Sattel) 577
Surcingle loop / Übergurtschlaufe 547
Surface / Bildträger 445, 446, 447, 454
Mantelfläche (Architektur) 490
Surface contact probe / Bodenkontaktsonde 59
Surface currents (ocean) / Oberflächenströmungen (Meer) 306–307
Surface layers (groundwater system) / Oberflächenschichten (Grundwassersystem) 303
Surface of leaf, mottled / Blattoberfläche, gesprenkelte 163
Surface of the moon/lunar surface / Mondoberfläche 58, 59
Surface temperature (planets) / Oberflächentemperatur (Planeten) 22, 24, 25, 26, 33, 35, 37, 39, 43, 51
Surface-mounted integrated circuit / integrierte Schaltung in SMD-Technik 578
Surveillance RADAR / Überwachungsradar 405
Suspension (motorcycle) / Aufhängung (Motorrad) 372
Suspension arm (car) / Aufhängung (Auto) 361, 366
Suspension linkage / Aufhängungsgelenk 370
Suspension self-levelling pump / Niveauregulierungspumpe 354
Suspension spring (clock) / Pendelfeder (Uhr) 562

Suspension strut / Federbein 350, 361
Suspension systems / Aufhängungssysteme 372
Suspension top mount / Federbeindomlager 350
Sustaining pedal / Fortepedal 518, 519
Suture / Sutura 212
Suzuki RGV500 / Suzuki RGV500 376, 377
Swallow (fiddle block) / Gat (Violinenblock) 391
Swallowing / Schlucken 254
Swamp/marsh / Sumpf 300–301, 303
Swampy (tropical) forests / Sumpfwälder 72
Swan (=Cygnus) / Schwan (=Cygnus, Sternbild) 19, 20
Swan neck ornament / Schwanenhals (Heckzier) 381
Swash plate / Taumelscheibe 354
Swash zone / Brandungszone 304
Sweat duct / Schweißkanal 245
Sweat glands / Schweißdrüsen 244, 245
Sweat pore / Schweißpore 244, 245
Sweep-rowing boats / Riemenboote 552, 553
Sweeping low throw (judo) / Hüftfeger (Judo) 548
Sweet chestnut / Eßkastanie/Edelkastanie 142, 150, 156
Sweet pea / Wicke 134
Sweet potato / Süßkartoffel 161
Sweetgum / Amberbaum 82
Swell / Schweller 518
Swell manual/keyboard / Schwellmanual 518
Swell of muzzle / Mündungskranz 403
Swell pedal / Rollschweller 518
Swell stop / Schwellmanualregister 518
Swifting tackle / Wanttalje 385
Swim bladder (fish) / Schwimmblase (Fische) 184, 186, 187
Swimmer / Schwimmer 550
Swimmeret (crayfish) / Afterfüße (Krebs) 178
Swimming / Schwimmen 550, 551
Swimming competitions / Schwimmwettkämpfe 550
Swimming goggles / Schwimmbrille 550
Swimming pool / Schwimmbecken 550
Swimsuit / Schwimmanzug 550
Swing (sports) / Ausholbewegung (Sport) 535
Swing-wing (Tomcat) / Verstellflügel (Tomcat) 424
Swingarm (motorcycle) / Pendelachse (Motorrad) 372, 376
Swingarm pivot / Pendelachsendrehgelenk 372
Switch / Schalter 326, 558, 567
Switch enclosure / Schaltergehäuse 564
Switch gear / Schaltanlage 324
Switchboard room / Schaltraum 405
Switches (toaster) / Schaltknöpfe (Toaster) 573
Swivel / Wirbel 394, 554, 555
Sycamore / Bergahorn 156, 157
Platanenholz (Boot) 552
Sydney (architecture) / Sydney (Architektur) 503
Sydney Opera House / Opernhaus von Sydney 500, 502
Syenite / Syenit 285
Symbiosis / Symbiose 120, 139
Symbols / Symbole 316–323, 324–331, 589
Symphony orchestra / Sinfonieorchester 508, 509, 522
Synapsid reptile / Synapsiden-Reptil 73
Synaptic knob / synaptischer Knoten 238, 249
Synaptic vesicle / synaptische Blase 249
Syncarpous gynoecium / Coenokarper Fruchtknoten 146
***Synchiropus splendidus* (mandarinfish)** / *Synchiropus splendidus* (Mandarinfisch) 186
Syncline / Mulde 66, 67
Synklinale 66
Synclinorium / Synklinorium 67
Synergid nucleus / Helferzelle 153
Synovial fluid / Gelenkschmiere 234
Synsacrum / Synsacrum 195
Synthesizer (also: sythesiser) / Synthesizer 524
Synthetic flax / synthetisches Leinen 392
Synthetic resin / Kunstharz 446
Syria (architecture) / Syrien (Architektur) 492, 493
Syria Planum / Syria Planum 42–43
System of gears (drill) / Getriebe (Bohrer) 558
Systems connector / Hydraulikleitungen 417
Systole / Systole 261

T

T-handle auger / Handbohrer (Schiffsbau) 382
T-section (cast-iron) beam (architecture) / T-Profilträger (Architektur) 496
T-type cantilevered fin / T-Leitwerk 430
Tab-hinge line, hinge / Klappenscharnier 417, 419
Table / Tisch (Haus Savoye) 498
Table clamp (lamp) / Tischklemmvorrichtung (Lampe) 565
Tablet flower / Sechsblattblume (Architektur) 492
Vierblattblume (Architektur) 495
Tabling (sail) / Umschlag (Segel) 392
Tacan (tactical air navigation) aerial / Tacan-Antenne 424
***Tachybaptus ruficollis* (little grebe)** / *Tachybaptus ruficollis* (Zwergtaucher) 196
Tack / Polsternagel 571
Tackle / Talje 381, 390
Tadpoles / Kaulquappen 188, 189
Taenia (architecture) / Taenia (Architektur) 464
Taenia colica / Längsmuskelbänder 259
Taffrail / Heckbord 386
Heckbordreling 389
Tag / Schnürsenkelstift 560
Tail / Fuß (Buchstabe) 449
Fußschnitt (Buch) 582
Heck (Flugzeug) 406 ff
Schwanz 87, 90, 92, 95, 99, 102, 104, 106, 107, 108, 109, 176, 188, 191, 193, 201, 202, 203, 204, 215, 216
Schweif 206, 208
Tail boom (helicopter) / Heckausleger (Hubschrauber) 427
Tail boom support strut / Stützstrebe für Heckausleger 427
Tail bud (human embryo) / Schwanzknospe (menschl. Embryo) 270
Tail club (ankylosaur) / Schwanzkeule (Ankylosaurier) 101
Tail cone (Concorde) / Heckkonus (Concorde) 421
Schwanzkonus 422
Tail feathers / Schwanzfedern 91, 194
Tail gate / Hecktür 365
Tail muscles / Schwanzmuskulatur 93, 96, 101
Tail of a comet / Kometenschweif 52–53
Tail pipe / Auspuffendrohr 350, 366
Tail plate (stegosaur) / Schwanzplatte (Stegosaurier) 98, 99
Tail rotor / Heckrotor 426, 427
Tail rotor guard / Heckrotorschutz 427
Tail shield (trilobite) / Schwanzschild (Trilobit) 84
Tail spine (shrimp) / Schwanzstachel (Garnele) 85
Tail vertebra / Schwanzwirbel 91, 93, 95, 96, 99, 101, 102, 104, 107, 111, 190, 192, 201, 203, 205, 211, 212, 214, 216
Tail-gate seal / Heckscheibendichtung 362
Tail-gate support / Gasdruckfeder der Heckklappe 358
Tail-gate trim / Heckklappenverkleidung 362
Tail-light / Schlußlicht 370, 371
Tail/rope end(s) / Tamp(en) 391, 396, 397
Tailband (book) / Kapitalband (Buch) 582, 583
Taileron / Taileron 424, 425
Tailpiece /
Saitenhalter (Streichinstrument) 514, 515, 517
Schwanzstück (Samenzelle) 269
Tailplane / Heckflügel 407, 409, 410, 411, 413, 419, 424, 428, 430
Tailplane attachment bracket / Heckflügelbefestigung 419
Tailplane fairings / Heckflügelverkleidung 419
Tailplane tip / (Heck)flügelspitze 413, 419
Tailskid / Heckkufe 428
Hecksporn 408, 409, 411
Tailwheel / Heckrad 409, 410, 413, 430
Tailwheel bracket / Heckradstrebe 409
Take-off (sports) / Absprung (Sport) 535
Take-off board / Absprungbalken 534, 535
Take-up reel (personal stereo) / Aufwickelspule (Walkman) 581
Takla Makan Desert / Takla-Makan 275
Talc / Talk 280–281
Tallow coating / Talgbeschichtung 387
Talonavicular ligament / Sprungbein-Kahnbein-Band/Ligamentum talonaviculare 242
Talus / Sprungbein (Knochen) 242
Talus 292–293
Tam-tam / Tamtam 508, 520
Tambourine / Tamburin 508, 522
Tandem wings / Tandemflügel 410
Tank / Tank 400, 417, 429, *also fuel tank*
Tank drain tap / Tankablaßventil 413
Tank inspection access / Tankwartungsklappe 421
Tank support / Tankbefestigung 349
Tantalum / Tantal 320
Tantalus Fossae / Tantalus Fossae 43
Tap root (carrot) / Rübe 134
Tape / Band (Kassette) 580
Heftband (Buch) 582, 583
Klebeband (Fernseher) 566
Tape end sensor / Bandendenfühler 581
Tape select / Bandwahltaste 580
Tape select lever / Bandsortenhebel 581
Tape speed adjustment / Bandgeschwindigkeitsregulierung 580
Tape type selector / Bandsortenschalter 580
Tapeats sandstone / Tapeats-Sandstein 287
Taper / Hals (Trommelschlegel) 523
Tapping screw / Scharnierschraube 581
Tarantula / Vogelspinne 176, 177
Tarantula Nebula / Tarantelnebel 12, 26–27
Target / Zielscheibe 540, 541
Target areas (fencing) / Trefferzonen/Trefffflächen (Fechten) 548, 549
Target pistol / (Großkaliber-)Sportpistole 540, 541
Target shooting / Zielschießen 540
Tarn / Kar 303
Tarsal bones / Fußwurzelknochen 90, 93, 103, 229
Tarsals / Tarsalia 189
Tarsometatarsus / Tarsometatarsus 195
Tarsus / Tarsus 174, 175, 176, 177
Fußwurzel 190, 192, 205, 206, 211, 212, 214, 216
Tas-de-charge / Tas-decharge 473
Tasmanian devil / Tasmanischer Teufel 217
Taste / Geschmackssinn 254
Taste areas on tongue / Geschmackszonen der Zunge 254
Taste buds / Geschmacksknospen 254
Tau Orionis / Tau Orionis 18
Tau Sagittarii / Tau Sagittarii 21
Taurus / Stier (=Taurus, Sternbild) 19, 20
Taurus Mountains / Taurus (Gebirge) 83
Taut fabric (Blackburn Monoplane) / Stoffbespannung (Blackburn Monoplane) 408
Tawny owl / Waldkauz 196
Taxiing light / Rollicht 418, 424
***Taxus baccata* (yew)** / *Taxus baccata* (Eibe) 76, 129
Tea clipper / Teeklipper 400
Teak backing / Teakverstärkung 401
Team sport / Mannschaftssportart 528–529, 530–531, 532–533, 542–543, 550
Tear fault / Spaltbruch 67
Tear film / Tränenfilm 250
Technetium / Technetium 320
Technosaurus / *Technosaurus* 74, 75
Tee (golf) / Tee (Golf) 538, 539

Tee peg (golf) / Teestift (Golf) 538, 539
Teeing / Abschlag 538
Teeth/set of teeth (man) / Gebiß (Mensch) 256
***Tegenaria gigantea* (house spider)** / *Tegenaria gigantea* (Hausspinne) 177
Telegraphy yard / Telegraphenrah 403
Telemetry / Telemetrie 367
Telemetry aerial / Telemetrieantenne 56
Telephone / Telefon 568–569
Telephone base / Telefonkonsole 568, 569
Telephone connection / Telefonanschluß 568
Telephone cord / Telefonschnur 569
Telephone cord plug / Telefonschnurstecker 569
Telephone handset / Telefonhörer mit integrierter Wähleinheit 568, 569
Telephone network / Fernsprechnetz 568
Telephone number / Telefonnummer 568
Telephone receiver / Telefonhörer 568
Telescope tube / Tubus (Teleskop) 54
Telescopes / Teleskope 54
Telescopic damper / Teleskopfederung 336, 339
Telescopic fork / Teleskopgabel 371, 372, 376, 377
Teleskopstange 377
Telescopic fork leg / Teleskopgabelarm 373
Telescopic sight / Zielfernrohr 541
Telescopic strut / Teleskopstrebe 420, 421
Television (TV) / Fernseher 325, 566–567
Television camera (lunar probe) / Fernsehkamera (Mondsonde) 58
Tellurium / Tellur 321
Tellus Regio (Venus) / Tellus Regio (Venus) 36–37
Tellus Tessera / Tellus Tessera 37
Telson / Telson 85, 178
Tempe Fossae / Tempe Fossae 43
Tempera / Temperafarbe 437
Tempera(-painting) / Temperamalerei 436–437
Temperature / Temperatur 290, 306, 310–311, 312–313, 316, 322, 329, 588
Temperature probe / Temperaturfühler 416, 422, 427, 429
Temperature-sensitive sticker / temperaturanzeigender Aufkleber 366
Temple / Tempel 462, 463, 464, 465, 466, 489, 494, 495
Temple blocks / Tempelblöcke 520
Temple Butte limestone / Temple-Butte-Dolomite 287
Temple Cap sandstone / Temple-Cap-Sandstein 286
Temple of Amon-Re / Amun-Re-Tempel 462–463
Temple of Aphaia / Aphaia-Heiligtum 465
Temple of Athena / Athenatempel 464
Temple of Heaven / Himmelstempel 494
Temple of Isis / Isistempel 463
Temple of Neptune / Poseidontempel 464, 465
Temple of Vesta / Vestatempel 466
Temple of Virupaksha / Virupaksha-Tempel 494, 495
Temporal bone / Schläfenbein 230, 231, 252
Temporale 212
Temporal fenestra / Schläfen(bein)fenster 89, 94, 96, 97, 105, 108, 109
Temporal lobe / Schläfenlappen 247
Temporalis (muscle) / Schläfenmuskel 236, 237, 239
Temporary structure used to centre vault / Lehrgerüst 489
Tender / Tender 334
Tender wheel / Tenderrad 334
Tendon (*Gallimimus*) / Sehne (*Gallimimus*) 93
Tendril / Ranke 135, 136, 167, 484
Tennis / Tennis 536
Tennis ball / Tennisball 536
Tennis court / Tennisplatz 536
Tennis net / Tennisnetz 536
Tennis player / Tennisspieler/in 536
Tennis racket / Tennisschläger 536
Tennis shirt / Tennishemd 536
Tennis shoe / Tennisschuh 536
Tennis skirt / Tennisrock 536
Tennis sock / Tennissocke 536
Tenon (tongue) / Zapfen (für Schlitz) 381, 570
Tenor (voice) / Tenor (Stimme) 506
Tenor joint / Flügel (Fagott) 512
Tenor mute / Tenor-Dämpfer 511
Tenor note / Tenornote 519
Tenor saxophone / Tenorsaxophon 513
Tension / Zug (Faltung/Verwerfung) 66, 67
Tension control / Spannschraube (Skistiefel) 544
Tension gear plate riveting / Antriebsrollenhalterung 581
Tension member / Zugstab 503
Tension nut / Bremsmutter 354
Tension of the drumhead / Trommelfellspannung 522
Tension pulley / Spannrolle 368
Tension rod (drums) / Spannschraube (Schlagzeug) 522, 523
Tension rods (timpanum) / Spannkreuz (Kesselpauke) 523
Tension roller gear (personal stereo) / Antriebsrolle (Walkman) 581
Tension spring (clock) / Spannfeder (Uhr) 562
Tensor fasciae latae / Schenkelbindenspanner 236
Tentacle (pl. tentacles) / Fühler (Schnecke) 183
Tentakel (Pl. Tentakel) 172, 173, 182
Tepal / Perigonblatt 132, 133, 146, 149
Blütenhüllblatt 149
Tepal scar / Perigonblattnarbe 146
Terbium / Terbium 321
Teres muscle / Rundmuskel 237
Tergum plate / Tergum 179
Terminal / Anschlüsse 327
Terminal box / Anschlußkasten (Generator) 327
Terminal bud / Endknospe 136, 140, 161
Terminal lake (glacier) / Gletschersee 296–297
Terminal moraine / Endmoräne 296, 299
Terminal pinna / Endfieder 142
Terminal plate (*Ankylosaurus*) / Endplatte (*Ankylosaurus*) 101
Terminal ring (sperm) / Schlußring (Samenzelle) 269
Terra verde / Terra Verde 437
Terra-cotta / Terrakotta 459
Terrace(s) / Terrasse(n) 296, 494, 498, 499, 501, 503
Terrain-following radar / Bodenfolgeradar 424
Terrigenous sediments / Festlandsedimente 309
Territories / Reviere 106
Tersk / Tersker 207
Tertiary (period) / Tertiär 63, 80, 81, 289
Tertiary bronchus / Segmentbronchus 265
Tesserae / Tesserae 454, 493
Mosaiksteinchen 454, 455
Test (chem.) / Nachweisreaktion (chem.) 323
Test tube / Reagenzglas 323
Testa / Samenhülle 152
Samenschale/Testa 138, 139, 152–159
Testicular arteries / Hodenarterien 267
Testicular veins / Hodenvenen 267
Testing for water (vapour) / Wassernachweis 323
Testis/testicle / Hoden 179, 201, 202, 215, 268, 269
Tetanurae / Tetanurae 89
Tethys / Tethys (Saturnmond) 46
Tethys Sea / Tethys (Meer) 73, 77, 79, 80, 81
Teti (Egyptian king) / Teti (ägypt. König) 463
Tetrahedral / tetraedrisch 318
Tetrahedral capital / Würfelkapitell 490
Tetrahedral spire / Pyramidenstumpfdach 497
Tetralophodon / *Tetralophodon* 81, 110
Textile ink / Textilfarbe 452
Texture (paper) / Körnung (von Papier) 443, 445
TGV (Train à Grande Vitesse) / TGV (Train à Grande Vitesse) 338, 339
Thalamian / Thalamit 381
Thalamus / Sehhügel 247, 248
***Thalassiosira* sp.** / *Thalassiosira* sp. 122
***Thalictrum delavayi* (meadow rue)** / *Thalictrum delavayi* (Wiesenraute) 143
Thallium / Thallium 321
Thallus / Thallus 120, 122, 123, 124
Thar Desert / Thar 273
Tharsis Tholus / Tharsis Tholus 43
Thatched roof / Strohdach 481
Thaumasia Fossae / Thaumasia Fossae 43
The Madeleine / Madeleine 482
The prodigal son / *Der verlorene Sohn* 506
Themis Regio / Themis Regio 36
***Theobroma cacao* (cocoa)** / *Theobroma cacao* (Kakao) 154
Therapsides / Therapsiden 110
Thermal siphon / Thermosiphon 335
Thermocouple bus-bar / Temperaturfühler-Sammelleitung 423
Thermogram of chest region (human)/ Brustkorb-Thermogramm (Mensch) 224
Thermosphere / Thermosphäre 37, 43, 310
Thermostat / Thermostat 415
Theropods / Theropoda/en 89, 90–93–94
Thesium alpinum / *Thesium alpinum* (Alpenbergflachs) 145
Theta 1 Sagattarii / Theta 1 Sagattarii 21
Theta Andromedae / Theta Andromedae 19
Theta Pegasi / Theta Pegasi 19
Thetis Regio / Thetis Regio 36
Thigh / Oberschenkel 201, 204, 213, 217, 221, 234
Thigh muscles / Schenkelmuskeln 235, 236, 237
Thigh/femur / Schenkel (menschliches Bein) 235, 236, 237
Thimble/jack-locating hole (last) / Aufsteckhülse (Leisten) 560
Third (sports) / Drittel (Sport) 533, 542
Third rail / Stromschiene 338
Third wheel (clock) / Zwischenrad (Uhr) 562
Thole pin / Ruderdolle 388
Thoracic cavity / Brusthöhle 265
Thoracic nerves / Brustnerven 248
Thoracic vertebra / Brustwirbel 192, 201, 203, 205, 212, 214, 216, 232
Thorax / Brust 174, 175, 221
Thorax 84, 224
Thorium / Thorium 320
Thornback ray / Nagelrochen 185
Thoroughbred (horse) / Vollblutpferd 546
Thought / Denken 246
Thranite / Thranit 381
Thread / Faden (Sattel) 577
Heftfaden (Buch) 583
Nesselfaden (einer Nesselzelle) 173
Pechdraht (Schusterzwirn) 561
Schusterzwirn 561
Threaded rod (lamp) / Gewindestange (Lampe) 565
Three pounder (gun) / Dreipfünder-Kanone 403
Three-cylinder Anzani engine / Dreizylinder-Anzani-Motor 409
Three-cylinder engine / Dreizylindermotor 429
Three-four time (time signature) / Dreivierteltakt 506
Three-masted square-rigged ship / Dreimastrahschiff 383
Three-pint line / Drei-Punkte-Linie 530
Three-strand / dreikardeelig 395, 396
Threshold (architecture) / Schwelle (Architektur) 467
Throat / Hals (Tennisschläger) 536
Kehle (Mensch) 222
Throat protector (ice hockey) / Halsschutz (Eishockey) 542
Throat-latch / Kehlriemen 546
Throat/pharynx / Rachen 222, 254–255
Throttle / Gasdrehgriff (Motorrad) 377
Gashebel 348, 371, 373, 406, 410, 575
Regler (Dampflok) 334, 335
Throttle cable / Gaszug 360, 371, 376, 377

Throttle guard (lawnmower) / Wellenschutz (Rasenmäher) 574
Throttle lever / Drosselklappenregler 429
Throttle linkage (V12 engine) / Gasgestänge(V12-Motor) 355
Throttle pedal / Gaspedal 347, 360
Throttle valve / Drosselklappe 355
Throttle wheel / Handgasrad 352
Throw (fault) / Sprunghöhe (Verwerfung) 66
Thrower / Werfer 402
Throwing / Werfen 532
Thrush / Drossel 194, 196
Thrust / Schub 423
Stoßauslage (Kugelstoßen) 535
Thrust fold / Überschiebung (Verwerfung) 67
Thrust plate (drill) / Druckplatte (Bohrer) 539
Thrust vector control system / Schubvektorsteuerungssystem 56
Thrust-reverser / Schubumkehrer 425
Thulium / Thulium 321
Thumb / Daumen 221, 240, 241
Thumb hook / Daumenraste 510
Thumb knot / Achtknoten 397
Thumb piston (organ) / Handregistratur (Orgel) 518
Thumb-hole (of sailmaker's palm) / Daumenloch (des Segelmacherhandschuhs) 392
Thumb-spike / Daumendorn 102
Daumenklaue 89, 91, 94, 95
Daumenkralle 95, 103
Thwart / Ruderbank 381, 388
Ruderducht 383
Thylakoid / Thylakoid 145
Thymine / Thymin 226
Thyreophora / Thyreophora 89, 98, 99
Thyristor converter / Thyristor-Stromrichter 338
Thyrohyoid membrane / Schildknorpel-Zungenbein-Membran 254
Thyrohyoid muscle / Schildknorpel-Zungenbein-Muskel 237, 254
Thyroid artery / Schilddrüsenarterie 254
Thyroid cartilage / Schildknorpel 255, 265
Thyroid gland / Schilddrüse 224, 225, 254, 255, 265
Thyroid gland cells / Schilddrüsenzellen 227
Tibet / Tibet 69
Tibia / Tibia 174, 175, 176, 177, 189, *also shin bone*
Tibial artery / Schienbeinarterie 263
Tibial nerve / Schienbeinnerv 248
Tibiale/astragalus / Tibiale 189
Tibialis / Schienbeinmuskel 103, 236, 243
Tibiotarsus / Tibiotarsus 195
Tidal amplitude/tidal range / Tidenhub 307
Tidal levels /Tidenmarken 304, 305
Tidal river-mouth / gezeitenabhängige Flußmündung 305
Tides / Gezeiten 304, 305, 306–307, 308
Tie / Bindebogen 506, 507
Schnur (Geländefahrzeugausrüstung) 364
Tie bar (Bordino) / Verbindungsstange (Bordino) 344
Tie rod/track rod / Spurstange 344, 346, 347, 348, 349, 361, 367
Tie-beam / Zugbalken 483, 490
Tie-rod / Zuganker 496
Tierce (fencing) / Terz (Fechten) 549
Tierceron / Tierceron 489
Tiger shark / Tigerhai 184, 185
Tiled floor / Fliesenboden 498
Tiles / Kacheln 492
***Tilia* sp. (lime)** / *Tilia* sp. (Linde) 140
***Tilia x europaea* (common lime)** / *Tilia x europaea* (Winterlinde) 149
Tiller / (Ruder)pinne 381, 382, 383, 384, 388, 398, 553
Tilt and rotation of planets / Neigung und Rotation von Planeten 36, 38, 40, 42, 44, 46, 48, 50, 51
Timbers under transom / Spiegelwrangenstützen 389
Time switch (toaster) / Zeitschalter (Toaster) 572
Time(keep)er / Zeitnehmer/in 530, 533, 548, 549
Time-trial bicycle / Testfahrrad 368, 369
Time/bar / Takt 506
Time/tempo (music) / Tempo (Musik) 506
Timing chain / Nockenwellenantriebskette 353
Steuerkette 355
Timing chain drive sprocket / Steuerkettenantriebsritzel 355
Timing chest / Steuergehäuse 353
Timing gear / Ventilsteuerung 375
Timpanum/kettle drum / Kesselpauke 508, 509, 523
Timpani / Pauken 507, 520, 522, 523
Tin / Zinn 291, 321
Tinatin Planitia / Tinatin Planitia 37
Tinted glass / Colorverglasung 343
Tiring room / Garderobe (Theater) 481
Tissue, elastic / Gewebe, elastisches 91
Titania / Titania 48
Titanium / Titan 320
Titanium white / Titanweiß 446
Titanohyrax / *Titanohyrax* 80
Titanosaur / Titanosaurier 97
Tivoli / Tivoli 466
Toadflax / Lein 135
Toads / Kröten 188
Toaster / Toaster 372–373
Toe claw / Zehenkralle 106, 107, 109
Toe clip / Fußklammer 368
Pedalhaken (Fahrrad) 586, 587
Toe nail / Zehennagel 96, 98, 103, 104, 108, 210, 213, 243
Toe piston (organ) / Fußtritt (Orgel) 518
Toe puff (shoe) / Kappenversteifung (Schuh) 560
Toe strap / Fußhalteriemen 586, 587
Toe-piece (safety binding) / Vorderbacken (Sicherheitsbindung) 544
Toe(s) / Löffel (Golfschläger) 539
Zehe(n) 86, 87, 90, 95, 102, 103, 104, 106, 107, 109, 111, 113, 188, 190, 192, 193, 194, 199, 200, 213, 221, 242, 243
Toestrap (sailing boat) / Ausreitgurt (Segelboot) 553
Toilet / Toilette 342, 487
Toilet service connector (BAE 146) / WC-Ablaßklappe (BAE 146) 416
Tolerances / Toleranzen 360
Tolstoj / Tolstoj 35
Tom-tom / Tomtom 522, 523
Tomb / Grabanlage/ Grab(mal) 463, 493
Ton (t) / Tonne (t) 588, 589
Tondo (brush) / Tondo (Pinsel) 438
Tone editor control / Tonregler 524, 525
Tone generator / Tongenerator 524, 525
Tone ringer (telephone) / Tonrufgeber (Telefon) 568, 569
Tone selector / Tonauswahl 524
Toned colour (of paper) / Tönung (Papier) 445
Tongs / Schenkel (Kuchenzange) 331
Tongue / Zunge 91, 103, 104, 191, 192, 200, 201, 202, 204, 210, 212, 213, 222, 236, 254, 258, 560
Tonnage / Tonnage 388
Tool box / Werkzeugkasten 345, 370
Tools / Werkzeuge 115, 456, 458, 459
Tooth bud / Zahnknospe 256
Tooth/teeth / Zahn/Zähne 83, 86, 89, 90, 95, 96, 97, 100, 105, 106, 108, 111, 114, 166, 192, 200, 202, 212, 232, 256–257, 258, 369, 374, 382, 586, 587
Top castle / Marskastell 383
Top cover / Gehäusedeckel 584, 585
Top hose / Kühlerzulauf 361
Top leather (saddle) / (Kissenboden)oberleder (Sattel) 576
Top splat (chair) / Rückenlehne (Stuhl) 570
Top tube (bicycle) / Oberrohr (Fahrrad) 587
Top tube, sloping / Scheitelrohr, schräges 368, 369
Top-plate (architecture) / Stockschwelle (Architektur) 468
Top/apex (architecture) / Scheitel (Architektur) 488
Topaz / Topas 281
Topgallant mast / Bramstenge 403
Topping lift / Baumtoppnant 388
Dirk 380, 383, 388
Topping-up valve / Aufblasventil 553
Topsail / Toppsegel 384
Topsail brace / Toppsegelbrasse 393
Topsail schooner / Toppsegelschoner 393
Topset strata / Deckschichtstratum 293
Tornado (aeroplane) / Tornado (Flugzeug) 424
Torosaurus / *Torosaurus* 78
Toroweap formation / Toroweap-Schicht 286
Torpedo / Torpedo 402
Torpedo compartment / Torpedokammer 405
Torpedo net / Torpedonetz 403
Torpedo net boom / Torpedonetzbaum 403
Torpedo tube / Torpedorohr 402, 405
Torque / Drehmoment 426
Torque converter / Drehmomentwandler 355
Torque tube / Kardanwelle 348, 349
Torquemeter / Drehmomentabnehmer 423
Torsion bar / Drehstabfeder 360
Torsion bar cover / Torsionsstabfeder 350
Tortillons / Papierröllchen (als Malutensil) 444
Torus / Torus 467
Total solar eclipse / totale Sonnenfinsternis 32
Tote board / Totalisator 547
Touch-line (soccer) / Seitenlinie (Fußball) 528
Touchpiece/button / Fingerplättchen 513
Tour de César / Tour de César 470
Touring bicycle / Tourenrad 368, 369
Tourmaline / Turmalin 279
Tow strap / Spannriemen 365
Tower / Turm 470–471, 472–473, 474– 477, 481, 484– 485, 490–491, 493, 494
Tower Bridge / Tower Bridge 496, 497
Tower of London / Tower von London 470, 488
Tower vault / Turmgewölbe 473
Towing fairlead / Schleppkabelführung 403
Towing hook / Zughaken 345, 430
Towing pintle / Anhängervorrichtung 365
Toxodon / *Toxodon* 82, 112
Trabecula / Muskelwülste 260, 261
Trabekel 260, 261
Tracery / Flechtwerk (Baudekoration) 479
Maßwerk 474, 475, 476, 477, 497
Traces of life, first / Lebensspuren, erste 84, 85
Trachea / Röhrentrachee (Spinne) 176
Trachea (Luftröhre) 191, 193, 195, 201, 202, 210, 212, 213, 254, 264
Trachelion / Hypotrachelion 464
***Trachycarpus fortunei* (chusan palm)** / *Trachycarpus fortunei* (Hanfpalme) 133, 136
Track / Gleis 340
Schiene (Eisenbahn) 334, 341
Track and field / Stadion 534
Track control arm (VW Beetle) / Querlenker (VW Käfer) 350
Track events / Laufdisziplinen 534
Track roller / Schienenwagen 417
Track shoe / Bahnenlaufschuh/Rennschuh 535
Track-rod end / Spurstangenkopf 361
Track/railway line / Schienenstrang 342
Tracking light / Nachführleuchte 59
Traction cable (lawnmower) / Zugkabel (Rasenmäher) 575
Traction cable support (lawnmower) / Zugkabelhalterung 575
Traction control assembly / Bedienungseinheit (Rasenmäher) 575
Traction lever (lawnmower) / Zughebel (Rasenmäher) 575
Traction motor / Fahrmotor 338
Trade winds / Passatwinde 310
Traditions / Traditionen 114
Traffic surveillance / Verkehrsbeobachtung 426
Tragus / Ohrecke/Tragus 252
Trailboard / Kamm (74-Kanonen-Schiff) 387
Trailing arm (Volkswagen Beetle) / Hinterradaufhängung (VW Käfer) 350

Trailing edge / Profilkante 417
Schleppkante 417
Trailing spark-plug / Spätzündungs-Zündkerze 356
Trailing wheel / Laufrad 334, 335, 338
Trailing-link fork / Längslenkergabel 371
Train / Zug (Eisenbahn) 334–341
Train control system / Bremssteuerungssystem (Zug) 340
Train driver / Zugführer 340
Train equipment / Eisenbahntechnik 340–341
Training gear / Zielzahnkranz 404
Training rack gearing / Zielantrieb-Antriebsritzel 404
Trakehner (horse) / Trakehner (Pferd) 207
Tram / Straßenbahnwagen 342
Trams / Straßenbahnen 342, 343
Transept / Querhaus 474, 476, 477
Transfer port / Überströmkanal 352
Transform fault / Blattverschiebung 65
Transformation / Verwandlung 174, 189, *also metamorphosis*
Transformer / Transformator 324, 338
Transistor (telephone) / Transistor (Telefon) 569
Transit plug / Zünder (Granate) 405
Transition metals / Übergangsmetalle 320–321
Transmission / Kraftübersetzung 360
Transmission adaptor plate / Getriebeglocke 354
Transmission casing / Getriebegehäuse (Auto) 349
Transmission system / Getriebe(system) 336, 374
Transom / Heckbalken 385, 388
Heckspiegel 384
Transparent colour / transparente Farbe 440, 442
Transpiration / Transpiration 142
Transponder aerial / Transponderantenne 427
Transport system / Transportsystem 342
Transverse arch / Transversalbogen 472, 473, 483, 489
Transverse colon / Querdickdarm 259
Transverse dune / Querdüne 293
Transverse leaf spring / Querblattfeder 348
Transverse leaf spring secondary suspension / Wiegenaufhängung 337
Transverse process / Querfortsatz 233
Wirbelquerfortsatz 95, 232
Transverse rib / Gurtbogen 489
Transverse ridge-rib (rib vault) / Querrippe (Kreuzrippengewölbe) 489
Trap / Falle (Fallgrubenpflanze) 166, 167
Trap (Schießsport) 540
Trapezium / Trapez 17, 497
großes Vieleckbein 240
Trapezius (muscle) / Trapezmuskel 236, 237, 239
Trapezoid / kleines Vieleckbein 240
Traveller / Leitring 388
Travelling (basketball) / Schrittfehler (Basketball) 531
Travertine shell / Travertinarkaden, äußere 468
Tread plate (car) / Fußstütze (Auto) 365
Treasury of Atreus / Atreus-Schatzhaus 465
Treating with chemicals (bronze) / Chemikalienbehandlung (Bronze) 459
Treble (voice) / Sopran (-stimme) 506
Treble bridge / Diskantsteg 518
Treble clef/G clef / Violinschlüssel 506
Treble hook / Drilling (Angelhaken) 554, 555
Treble note / Diskantnote 519
Tree / Baum 72–73, 128–131, 136–137, 325
Sattelbaum 576
Tree fern / Baumfarn 74, 76, 118, *also cycads*
Tree mallow / Baummalve 137
Tree root action (weathering) / Wurzelverwitterung 292
Treebark / Baumborke 168
Trees / Bäume 72–73, 128–131, 136–137
Trefoil / Dreipaß 475, 476, 497
Trefoil arch / Kleeblattbogen 477, 488
Trembler coil box / Zündspulenkasten 345
Trenail / Holznagel 395
Trench / Graben 64
Trestle trees / Salinge 386
Trevithick, Richard / Trevithick, Richard 334
Triac device (drill) / Stufenschalter (Bohrer) 558
Trials tyre / Trials-Reifen 373
Triangle / Dreieck 492, 493, 58
Triangel 508, 521
Triangular pediment / Dreiecksgiebel 484
Triangulum Australe / Südliches Dreieck (=Triangulum Australe) 21
Triassic (period) / Trias 63, 74, 75, 90, 94, 110, 289
Tribune (medieval church) / Empore (mittelalterl. Kirche) 472
Tribüne 471
Tributary / Nebenfluß 298–299, 303
Tributary glacier / Seitengletscher 296–297
Triceps (brachii) / Trizeps/Armstrecker 237
Triceratops / *Triceratops* 106, 108, 109
Trichome / Trichom 162
Tricuspid valve / Segelklappe, dreizipfelige (Herz) 261
Trikuspidalklappe 261
Trier (architecture) / Trier (Architektur) 469
Triere / Triere 380, 381
Trifid Nebula / Trifidnebel 16
Triforium / Triforium 473
Trigger / Abzug 541
Trigger guard / Abzugsbügel 541
Trigger hair (Venus flytrap) / Fühlborste (Venusfliegenfalle) 166
Trigger mechanism (drill) / Motorschaltermechanismus (Bohrer) 558
Triglyph / Triglyphe 464
Trigon / Dreieck 492
Trigone (bladder) / Harnblasendreieck 267
Trike nacelle / Dreiradgondel 431
Trilobate rotor / Bogendreieckskolben 356
Trilobites / Trilobiten 62, 70, 84, 289
Trim (car) / Verkleidung (Auto) 362, 412, 413
Trimala / Trimala 495
Trimming sails / Segeltrimmen 390
Trimtab / Trimmklappe 413, 419, 428
Trimtab 418
Trinity Chapel/Lady Chapel / Trinitätskapelle 474
Tripinnate leaf / dreifach gefingertes Blatt 143
Triplane / Dreidecker (Flugzeug) 410–411
Triple "chaff" rocket launcher / Chaff-Dreifachraketenwerfer 405
Triple bar / Triplebarren 546
Triple jump / Dreisprung 534, 535
Triple lancet window / Drillingslanzettfenster 474, 475, 476
Triple rocket launcher / Dreifachraketenwerfer 405
Tripod / Dreibeinstativ 459
Dreifuß 441, 524
Tripod mast / Dreibeinmast 402
Tripod socket hole (camera) / Stativanschluß (Kamera) 584
Tripping palm (anchor) / Ankergleitfläche 394
Trireme / Trireme 380, 381
Triton / Triton 50
Trochanter / Oberschenkelrollhügel 234, 235
Trochanter 174, 176, 177
Trochlea / Rollhügel 91
Trochoid housing (aeroplane) / Rotorgehäuse (Flugzeug) 414
Trojan two-stroke engine / Trojan-Zweitakt-Doppelkolbenmotor 352
Trolley / Rollenstromabnehmer 342
Wagen (Mechanik) 331
Trolley arm / Stromabnehmer (Straßenbahn) 342
Trolley base / Stromabnehmerbock 342
Trolley boom / Stangenstromabnehmer 342
Trolley head / Rolle (Stromabnehmer) 342
Stromabnehmerkopf 342
Trombone(s) / Posaune(n) 508, 509, 510, 511
Tropeter / Tropeter 381
Tropic formation / Tropic-Schicht 286
Tropic of Cancer / Wendekreis des Krebses 275, 307
Tropic of Capricorn / Wendekreis des Steinbocks 275, 307
Tropical cyclones / tropische Wirbelstürme 312
Tropical rainforest / tropischer Regenwald 38–39
Tropical vegetation / Tropenvegetation 74
Troposphere / Troposphäre 37, 43, 45, 47, 310
Trouts / Forellen 186
Trowel-shaped painting knife / Malspachtel 440
Truck (ship) / Flaggenknopf (Schiff) 386, 387, 388
Trumpet / Trompete (Instrument) 507, 508, 510
Trumpet guard / Kunststoffnetzfilter 366
Trunk / Rüssel 111, 113, 210, 211
Trunks / Badehose 550
Trunnion / Schildzapfen 403
Truss / Fachwerkträger 501, 502
Rahmenstrebe (Schaufelrad) 399
Truss frame / Sprengwerk 474, 477
Truss rod (guitar) / Stützstab (Gitarre) 517
Truss rod cover / Stützstababdeckung 517
Tsiolkovsky / Ziolkowski 41
Tu-144 / Tu-144 420
Tuba / Tuba 508, 509, 511
Tube / Bohrung (Blechblasinstrument) 510, 511
Rahmenrohr (Fahrrad) 368
Röhre (Schallröhre) 512
Schallrohr 510, 511
Tube connection / Schlauch (Versuchsaufbau) 323
Tube foot / Füßchen 180, 181
Tube neck (CRT) / Bildröhrenhals 566
Tube/sound tube / Schallrohr 512
Tuber / Knolle 126, 134, 160, 161, 169
Tubercle / Höckerchen (*Corythosaurus*) 104
Warze (Kaktus) 162
Tubes / Röhren 520
Tubular backbone chassis / Zentralrohrrahmen 364
Tubular bells / Röhrenglocken 508, 520
Tubular bone / Röhrenknochen 233
Tubular chassis / Rohrrahmen (Oldtimer) 345
Tubular flowers / Röhrenblüten 133, 148, 151
Tubular frame / Rohrrahmen (Motorrad) 372, 377
Tubular steel axle / Stahlrohrachse 407
Tubular steel leg / Stahlrohrfahrwerk 407
Tubular steel post / Stahlrohr (Signalmast) 340
Tudor arch / Tudorbogen 488
Tufted duck / Reiherente 194
Tug propeller / Schleppschraube 399
Tuner (TV) / Empfangsteil (Fernseher) 566
Tungsten / Wolfram 291, 320, 329
Tungsten carbide / Wolframcarbid 454
Tungsten filament / Wolframdraht 329
Tunica adventitia / adventielles Bindegewebe 262
Tuning adjustor / Feinstimmer 514, 515
Tuning drive gear / Abstimmzahnrad 566
Tuning gauge / Hauptstimmspindel 523
Tuning knob / Abstimmknopf 566
Tuning pedal (timpanum) / Stimmpedal (Kesselpauke) 523
Tuning peg / Stimmwirbel 514, 515
Tuning pin (piano) / Stimmnagel (Klavier) 518, 519
Tuning printed circuit board / Abstimmplatine 566
Tuning slide / Stimmzug 510, 511
Tuning-pegs / Stimmwirbel 514, 515
Tunnel (railway) / Tunnel (Eisenbahn) 340
Tunnel vault/wagon vault / Rundtonne 489
Tuojangosaurus / *Tuojangosaurus* 98
Tupelo / Tupelobaum 143
Turbine / Turbine 324, 423, 426
Turbine drive shaft / Turbinenwelle 423
Turbine rotor / Turbinenschaufelrad 422
Turbine support case / Turbinengehäuse 423
Turbo impeller/inlet rotor / Verdichterrad 357
Turbo propeller / Turbinenrad (Turbo-Diesel-Motor) 357
Turbocharger / Turbolader 337, 357, 366

Turbofan / Turbofan 416, 422, 423
Turbofan jet engine / Zweikreis-Turbinenluftstrahltriebwerk 422
Turbojet / Turbinenluftstrahltriebwerk/Turbojet 416, 422, 423
Turboprop engine / Propeller-Turbinenluftstrahltriebwerk 422
***Turdus viscivorus* (mistle thrush)** / *Turdus viscivorus* (Misteldrossel) 196
Turgai Strait / Straße von Turgai 77
Turk's head / Türkenbund 391
Turkey / Türkei 341, 491
Turkish crescent / Türkischer Halbmond 492
Turn to gas / sublimieren 321
Turnbuckle / Spannschraube 390, 391, 406, 409, 420
Turner, William / Turner, William 443
Turning handle / Drehkurbelgriff 359
Turning indicator / Blinklicht 343
Turning judge (swimming) / Wendekampfrichter (Schwimmen) 550
Turning wall (swimming pool) / Stirnseite (Schwimmbecken) 550
Turns (screw) / Windungen (Schraube) 330
Turpentine / Terpentin 440
Turquoise glass / türkisfarbenes Glas 493
Turquoise tiles / türkisfarbene Fliesen
Turret / Eckturm 474
Geschützturm 404, 405
Türmchen 475, 476, 480, 481, 490
Turret roller (gun turret) / Turmlagerrolle (Geschützturm) 404
Turret roof rail (gun turret) / Turmdachreling (Geschützturm) 403
Turret trunk (gun turret) / Turmmittelbau (Geschützturm) 404
Turtles and terrapins / Schildkröten 78, 79, 83, 192–193
Tuscan capital / toskanisches Kapitell 469
Tuscan pilaster / toskanische Pilaster 469
Tusche pen / Tuschfeder 452
Tusk / Stoßzahn 111, 113, 210, 211
TV antenna / Fernsehantenne 566
Twelve-string guitar / Westerngitarre 516, 517
Twin bollards / Doppelpoller 394, 395
Twin carburettors / Zwillingsvergaser 431
Twin columns / Zwillingssäule 485, 491
Twin cylinder steam engine / Zweizylinder-Dampfmaschine 344
Twin rate spring (damper unit) / Schraubenfeder (Stoßdämpfer) 373
Twin rear axle / doppelte Hinterachse 343
Twin rudder / Doppelruder 380
Twin-cylinder engine (microlight) / Zweizylinder-Motor (Ultraleichtflugzeug) 431
Twin-cylinder Harley-Davidson / Zweizylinder-Harley-Davidson 370
Twin-wheel tail bumper / Stoßrad 421
Twine binding (brush) / Schnurwicklung (Pinsel) 438
Twins / Zwillinge 224
Twist / Drehung (Hunter-Knoten) 396
Wurfauslage (Diskuswurf) 555
Twist dive / Schraube (Wasserspringen) 550, 551
Twist grip gear change / Drehgriffschaltung 371
Twist spring (lawnmower) / Torsionsfeder (Rasenmäher) 574
Two-stroke engine / Zweitaktmotor/Zweitakter 374, 414
Two-stroke system / Zweitaktverfahren 352
Two-towered gate / Doppelturmtor 471
Two-way radio / Sprechfunkanlage 428
Tyagaraja / Tyagaraja 35
Tycho / Tycho 40
Tye / Drehreep 385
Tye halyard / Drehreep-Fall 382, 383
Tympan / Preßdeckel 453
Tympanic bulla / Tympanalhöhle 200
Tympanic canal (ear) / Paukentreppe (Ohr) 253
Tympanum (ear) / Trommelfell (Ohr) 188, 199
Type of inflorescence / Blütenstandform 135
Types of anchor / Ankerformen 394
Types of cells / Zelltypen 226, 227
Types of folds / Faltentypen 67
Types of muscle / Muskelgewebetypen 238
Types of vault / Gewölbeformen 489
Typhoon / Taifun 312
Typhoon screen, glazed / Windfangwand, verglaste 502
Tyrannosaurus / *Tyrannosaurus* 78, 79, 90
Tyre / Mantel (Rad) 428, 429
Reifen 334, 343, 344, 350, 365, 368, 369, 370, 373, 376, 377, 574, 587
Tyre adhesion / Reifenhaftung 366
Tyre lever / Reifenheber 364
Tyre pump / Reifenpumpe 364
Tyre security bolt / Reifensicherungsbolzen 346
Tyre tread pattern / Reifenprofil 368, 373, 374
Tyre valve / Reifenventil 349
Tyre wall / Reifenwand 368
Tyringham House / Tyringham House 487

U

U-shaped gauge / Rundeisen 453
U-shaped valley / Trogtal 297
U-tube / U-Rohr 323
UHF aerial / UHF-Funkantenne 424
***Ulmus minor* (field elm)** / *Ulmus minor* (Feldulme) 150
Ulna / Elle 86, 87, 90, 91, 92, 93, 94, 96, 97, 99, 100, 102, , 105, 106, 107, 108, 110, 112, 190, 192, 193, 195, 197, 201, 203, 205, 212, 214, 216, 228, 240
Ulnar artery / Ellenarterie 241, 263
Ulnar nerve / Ellennerv 241, 248
Ultra-light materials (car) / Ultraleichtmaterialien (Auto) 366
Ultramarine (blue) / Ultramarin 437, 440
Ultraviolet radiation / ultraviolette/UV-Strahlung 22, 70, 310, 329
Umbilical artery / Nabelarterie 270
Umbilical cord / Nabelschnur 270, 271
Umbilical vein / Nabelvene 270
Umbilicus / Bauchnabel 221, 270
Umbo / Wirbel (Muschelschale) 182
Umbra / Umbra (Schattenbereich des Mondes) 32
Umbrella of style / schirmförmiger Griffel 119
Umbriel / Umbriel 48
Umpire / Schiedsrichter 532, 536, 537
Una corda (soft) pedal / Pianopedal 518, 519
Unbranched, spirally twisted frond / unverzweigter, spiralig verdrehter Thallus 123
Uncharged particles / ungeladene Teilchen 318, 319
Unconformity / ohne Diskordanz 286
Under plastron (fencing) / Oberarmpolster (Fechten) 549
Underarm pass / Unterhandpaß (Netball) 533
Underfloor air-conditioning duct / Unterbodenleitung der Klimaanlage 420
Underframe / Untergestell 342
Undergarment, liquid-cooled / Unterwäsche, flüssigkeitsgekühlte 57
Underground rivers/streams / Unterirdische Flüsse 294–295
Underhair (mammoth) / Unterfell (Mammut) 113
Undulating moulding / Wellenornament 494
Ungula / Ungula 204
Ungulates / Ungulaten 204
Union Pacific / Union Pacific 336
Unison / unisono 507
Units / Einheiten 588, 589
Units of measurement / Maßeinheiten 319, 320, 588, 589
Universal veil / Velum universale 121
Universe / Weltall/Universum 10–59, 310–311
Unukalhai / Unukalhai 21
Up quark / up-Quark 319
Up-brace / Kopfband (Architektur) 481
Upholstering (car) / Polsterung (Auto) 346
Uplifted block-fault mountain / Hochschollengebirge 68
Upper arm / Oberarm 88, 213, 220, 263
Upper deck / Oberdeck 342, 343, 388
Upper deck beam / Oberdecksbalken 401
Upper deck pillar/stanchion / Oberdecksstütze 401
Upper deck stringer (tie) plate / Oberdeckstringerplatte 401
Upper finishing / Seitengaleriekappe 389
Upper flap (racing car) / Zusatzflügel, oberer (Rennwagen) 366
Upper jaw/maxilla / Oberkiefer 86, 89, 97, 100, 102, 106, 110, 111, 112, 222, 255, 256, 258
Upper joint (woodwind instruments) / Oberstück (Holzblasinstrumente) 512
Upper topsail brace / Obermarssegelbrasse 393
Upper topsail lift / Vorobermarssegeltoppnant 393
Upright piano / Pianino 518
Upright planks (show-jumping fence) / Steilsprung (Hindernis) 546
Upthrow / Aufschiebung 66
Urachus / Urachus 267
Ural Mountains / Ural(gebirge) 73, 75, 77, 79, 275
Uranium / Uran 320
Uranius Tholus / Uranius Tholus 41
Uranus / Uranus 31, 48–49
Ureter / Ureter 183, 187, 191, 193, 202
Ureteric orifice / Harnleitermündung 267
Urethra / Harnröhre 101, 201, 202, 212, 266, 267, 269, 271
Urethral opening / Harnröhrenöffnung 269
Urethral sphincter muscle / Harnröhrenschließmuskel 267
Urinary bladder / Harnblase 187, 191, 193, 201, 202, 210, 212, 215, 224, 225, 266, 267, 268, 269, 271
Urinary duct / Harnleiter 183, 201, 210, 225, 266, 267, 268, 269, *also ureter*
Urinary meatus / Harnausführgang 268
Urinary system / Harnsystem 224, 266–267
Urine / Urin 266
Urine transfer connection / biomedizinischer Verschluß 57
Urinogenital opening (dolphin) / Urogenitalöffnung (Delphin) 215
Urn / Urne 467, 482, 485, 491
Urodela / Urodelen 188
Urogenital opening of bony fish / Geschlechts- und Harnleiteröffnung beim Knochenfisch 187
Uropod / Uropod 178
Urostyle / Urostyl 189
Ursa Major / Ursa Major *cf. Greater Bear*
Ursa Minor / Ursa Minor *cf. Little Bear*
***Ursus americanus* (American black bear)** / *Ursus americanus* (Amerikanischer Schwarzbär) 201
***Ursus spelaeus* (cave bear)** / *Ursus spelaeus* (Höhlenbär) 83
USA (United States of America) / USA (Vereinigte Staaten von Amrika) 341, 497, 498, 499
Uterus / Uterus 210, 212, *also womb*
Uterus contractions / Gebärmutterkontraktionen 236
Utricle / Utriculus 253
Utzon, J. / Utzon, J. 503
Uvula / Gaumenzäpfchen 222
Traube (Rachen) 255, 258

V

V 12 engine / Zwölfzylinder-V-Motor 355
V engine / V-Motor 371, 372
V-bar stabilizer (competition bow) / V-Stabilisator (Wettkampfbogen) 540
V-shaped gouge / Geißfuß 453
V-shaped valley / Kerbtal 299
V-twin engine / V 2-Motor 370

V-twin engine (45°) / Zweizylinder-V-Motor (45°) 371
V4 engine / Vierzylinder-V-Motor 372
Vacuole / Saftraum (Vakuole) 122
Vakuole 122, 226
Zellsaftraum 145
Vacuum circuit breaker / Vakuum-Leistungsschalter 338
Vacuum reservoir / Saugluftbehälter 334
Vagina / Scheide/Vagina 183, 210, 212, 268, 269, 271
Valance (Ford Model T) / Seitenschürze (Ford Modell T) 349, 366
Valency electron / Valenzelektronen 320
Vallate papillae / Wallpapillen 254
Vallecular canal / Vallecularkanal 126
Valles Marineris / Valles Marineris 43
Valley deepened by river / Talvertiefung durch Fluß 305
Valley glacier / Talgletscher 296
Valley head / Talhang 299
Valleys (earth) / Täler (Erde) 277, 287, 296–297, 298–299, 300, 304
Valmiki / Valmiki 35
Valve / Schalenklappe (Muschel) 182
Ventil 346, 354, 373, 375, 510, 511, 528, 587
Valve chest / Ventilgehäuse 334
Valve cusps / Venenklappen 262
Valve lifter / Ventilstößel 375, 408
Valve of pericarp / aus Fruchtwand gebildete Klappe 157
Valve push-rod tube / Stößelrohr 413
Valve rocker / Ventilkipphebel 354
Valve setting control / Ventilregler 334
Valve slide / Ventilbogen 510, 511
Valve spring / Ventilfeder 353, 354, 357
Valve stem / Ventilschaft 354
Valve-rocker cover / Ventildeckel 375, 426
Vamp (shoe) / Vorderblatt (Schuh) 560
Van Allen radiation belt / van Allen-Strahlungsgürtel 38
Van de Graaff / Van de Graaff 43
Van de Graaff generator / Van-de-Graaff-Generator 326
Van Eyck / Van Eyck 35
Van Gogh, Vincent / Gogh, Vincent van 441
Vanadium / Vanadium 320
Vane / Federfahne 197
Vang / Rutenger 386
Vanishing point / Fluchtpunkt 435, 437
Vapour / Dampf 317, 334, 335, 344, 352
Variable nozzle / Verstelldüse 420, 421, 425
Variable time control knob (toaster) / Zeituhr (Toaster) 572, 573
Variable-incidence gust-alleviator / Windböendämpfer 425
Variable-pitch propeller / Verstellpropeller 404, 413
Variety of species / Artenvielfalt 110
Varnish / (Lack)firnis 437, 440
Klarlack 358, 444
Vas deferens / Vas deferens 202
Vascular bundle / Leitbündel 127, 131, 132, 133, 138, 139, 141, 155, 165
Vascular cambium / Sproßkambium 132, 140
Vascular cylinder / Leitbündelzylinder 133, 138, 139
Leitgewebezylinder 162
Vascular plants / Gefäßpflanzen 289
Vascular plexus (skin) / Kapillarschlingen (Haut) 245
Vascular strand / Leitbündelstrang 157
Vascular system / Leitgewebesystem 128, 169
Vascular tissue / Leitgewebe 119, 124, 126, 127, 130–131, 132–133, 136, 140, 158, 161, 164, 165, 168, 169
Vastitas Borealis / Vastitas Borealis 43
Vastus lateralis muscle / äußerer Schenkelmuskel 236
Vastus medialis muscle / innerer Schenkelmuskel 236
Vault (architecture) / Gewölbe (Architektur) 466, 472, 473, 474, 475, 482, 488, 489, 496, 503
Vaulting shaft / Dienst(bündel) 472, 473
Vedette boat / Vorpostenboot 403
Vega / Vega 15, 19, 20
Vegatation zone / Vegetationszone 75, 77, 79
Vegetation / Vegetation 76
Vegetative cone/point / Vegetationspunkt 159
Vegetative nucleus / vegetativer Kern 153
Vegetative reproduction / ungeschlechtliche Fortpflanzung 160
Veil / Schleier 121
Vein (plant) / Nerv (Pflanze) 132, 165
Veins / Adern (Blattadern) 132, 142, 144, 145
Venen (Frosch) 188
Venen (Mensch) 245, 262, 263
Vela / Schiffssegel (=Vela, Sternbild) 17, 23
Velocette overhead valve (OHV) engine / Velocette-Einzylinder-Viertaktmotor 375
Velum / Velum 381, 468
Vena cava / Hohlvene 261
Vena cava 188
Venation, parallel / Nervatur, parallele 132
Vendelinus / Vendelinus 40
Veneer / (Marmor)furnier 466
Venetian swell / Jalousieschweller 518
Venice (architecture) / Venedig (Architektur) 482
Venomous snake / Giftschlange 190
Vent / Belüftungsschlitze 405
Entlüfter 337, 367
Entlüftung 337, 339, 350
Lüftung (Dampflok) 335
Schlot/Vulkanschlot 282, 283, 285
Vent pipe / Entlüftungsleitung 360
Ventilating pipes / Lüftungskanäle 501
Ventilation flap / Belüftungsklappe 364
Ventilator (helicopter) / Lüftung (Hubschrauber) 426, 427
Ventilator cowl / Lüfterhutze 401
Ventilator exit / Abluftöffnung 412, 413
Ventral / ventral 100
Ventral abdominal artery / Subneuralarterie, hintere 179
Ventral nerve cord / Bauchmark 175, 179
Ventricle / Herzkammer (Ventrikel) 224, 260, 261
Ventrikel (Gehirn) 246, 247
Ventricular diastole (heart) / Kammerdiastole (Herz) 261
Ventricular systole / Kammerkontraktion 261
Venturi / Venturi 428
Venules / Venolen 262
Venus / Venus 30, 36–37
Venus fly trap / Venusfliegenfalle 166
Venusian craters / Venuskrater 36
Verdaccio / Verdaccio 437
Verge (of roof) / Dachkante 496
Vermiculated rustication / Wurmlinien-Rustika 486
Vermilion / Zinnober 437
Vermilion (red) / Zinnoberrot 444
Vermilion border of lip / Lippenrotgrenze 223
Vermilion Cliffs / Vermilion Cliffs 287
Versal (lettering) / Versalschrift 449
Vertebra(e) / Wirbel (Knochen) 86, 87, 90, 91, 92, 93, 94, 95, 96, 97, 99, 101, 104, 105 , 107, 109, 110, 111, 112, 189, 190, 191, 192, 193, 195, 201, 203, 205, 211, 216, 232, 271
Vertebral artery / Wirbelarterie 233
Wirbelschlagader 262
Vertebral foramen (human) / Wirbelloch (Mensch) 232, 233
Vertebral shield / Neuralplatte 193
Vertebrates / Wirbeltiere 70, 289
Vertex (architecture) / Vertex (Architektur) 499
Vertical stroke (letter) / Vertikallinie (Buchstabe) 449
Very high-frequency radio (VHF) / Ultrakurzwelle (UKW) 328
Vespa Grand Sport 160 Mark 1 / Vespa Grand Sport 160 Mark 1 371
Vespa scooter / Vespa-Roller 370
Vesta Rupes / Vesta Rupes 37
Vestibular apparatus/organ / Vestibularapparat 252
Vestibular canal (ear) / Vorhoftreppe (Ohr) 253
Vestibular membrane / Reissnersche Membran 253
Vestibular nerve / Gleichgewichtsnerv 253
Vorhofnerv (Ohr) 253
Vestibule / Nasenvorhof 222, 255
Vestibül 473, 485, 487
Vestibulocochlear nerve / Hinrnerv (Ohr) 253
Vesuvianite / Vesuvian 280
Veverley (architecture) / Veverley (Architektur) 488
Vezelay (architecture) / Vezelay (Architektur) 472
VHF aerial / VHF-Antenne 59, 416
VHF-I-Funkantenne 419
VHF radio aerial / VHF-Funkantenne 419, 420, 421, 426, 427
VHF-II-Funkantenne 419
Vibraphone / Vibraphon 508, 520, 521
Vibration / Schwingung 522, 524, 568
Vibration damper / Vibrationsdämpfer 414, 415
Vibration of air (wind instruments) / Luftschwingung (Blasinstrumente) 510, 512
Vibrato / Vibrato 520, 521
Vibrato arm / Vibratohebel 517
Vibrissa (whisker) / Vibrisse (Spürhaar) 200, 202, 214
***Vicia faba* (broad bean)** / *Vicia faba* (Puffbohne) 139, 158
Vienna (architecture) / Wien (Architektur) 486
Viewfinder eyepiece (camera) / Sucherokular (Kamera) 584, 585
Viewing area (CD-ROM) / Sichtfenster (CD-ROM) 579
Viewing platform / Aussichtsplattform 491
Viewing system / Okularsystem 584
Viking / *Viking* 55
Viking ships / Wikingerschiffe 382, 383
Vikings / Wikinger 382, 383, 386
Villa Rotunda / Villa Rotunda 479
Villa Savoye / Haus Savoye 498
Villi / Darmzotten 258
Villi of mucosa / Schleimhautzotten 259
Vincenza (architecture) / Vincenza (Architektur) 479
Vine black / Rebenschwarz 437
Viola / Viola/Bratsche 507, 508, 509, 515
Violas / Violen/Bratschen 508, 509
Violin bow / Geigenbogen 514
Violin(s) / Violine(n)/Geige(n) 507, 508, 514
Virgin (=Virgo) / Jungfrau (=Virgo, Sternbild) 18, 21
Virgin Mary / Jungfrau Maria 437
Virginal / Virginal 518
Virgo / Virgo *cf. Virgin*
Visceral cartilage / Eingeweideknorpel 264
Visceral hump / Eingeweidesack 183
Viscous coupling / Viskokupplung 354, 355
Vision / Sehvermögen 247
Visor / Visier 57, 420, 421
Visual arts / Bildende Künste 432–459
Vitreous glass (mosaic) / Buntglas (Mosaik) 455
Vitreous glass tesserae / Glasmosaiksteinchen 455
Vitreous humour (eye) / Glaskörper (Auge) 250, 579
Vitta (plant) / Ölstrieme (Pflanze) 157
Vivaldi / Vivaldi 35
Viviparous / lebendgebärend 110
Vladimir Heavy Draught (horse) / Wladimirer Kaltblut (Pferd) 208
Vocal cord / Stimmband 255
Voice / Stimme 506–507, 568
Voices / Singstimmen 506, 507
Volans / Fliegender Fisch (=Volans, Sternbild) 21
Volcanic activity / vulkanische Aktivität 276
Volcanic ash / vulkanische Asche/Vulkanasche 68, 276, 282–283
Volcanic crater / Vulkankrater 68, 282
Volcanic eruptions / Vulkanausbrüche 78, 284
Volcanic islands / Vulkaninseln 64, 309
Volcanic lakes / Vulkanseen 303

Volcanic mountain/cone / Vulkankegel 68, 282–283
Volcanic mountains / vulkanische Gebirge 68
Volcanic plug / Vulkanstotzen 282–283, 284
Volcanic rock / Vulkangestein 316
Volcanism / Vulkanismus 64
Volcano / Vulkan 68, 69, 322
Volcanoes / Vulkane 36, 38, 40, 42, 44, 282–283, 285, 291
Volkmann's canal / Volkmannscher Kanal 257
Volkmann's vessel / Volkmannsches Gefäß 235
Volkswagen / Volkswagen 350, 351
Volleyball / Volleyball 532
Volleyball court / Volleyballfeld 532
Volleyball kit / Spielkleidung (Volleyball) 532
Volleyball net / Volleyballnetz 532
Volleyball shots / Volleyballtechniken 532
Volt (V) / Volt (V) 324, 326
Voltage / Spannung, elektrische 324, 326, 338, 580
Volume / Volumen 316, 317
Volume (units of measurement) / Volumenmaße 588, 589
Volume control / Lautstärkeregler 524, 525, 567, 580
Volute / Volute 464, 465, 482, 480, 481, 483, 484, 485, 490, 492
Volva (remains of universal veil) / Volva (=Pilzhüllenreste) 120, 121
***Volvox* sp.** / *Volvox* sp. 122
Vomer / Pflugscharbein 230, 231
Von Kármàn / Von Kármàn 41
Voussoir / Bogenstein 469, 478, 486, 487, 488, 489
Voyager 2 / *Voyager 2* 55
VS 300 / *VS 300* 426
Vulcanized rubber (puck) / Hartgummi (Puck) 543
Vulpecula / Fuchs (=Vulpecula, Sternbild) 19
Vulva / Vulva 210
VW Beetle / VW-Käfer 350–351
Vyasa / Vyasa 35
Vyne (architecture) / Vyne (Architektur) 486

W

Wadi / Wadi 293
Wagner / Wagner 35
Wagon / Waggon 334, 340
Wahweap sandstone / Wahweap-Sandstein 286
Waist / Taille 220, 514, 515 Mitteldeck (Schiff) 388
Waistband (quiver) / Tragegurt (Köcher) 540
Waiting position / Wartestellung 404
Wale / Bergholz 381, 389
Walking / Gehen 534
Walking legs / Laufbeine 175, 176, 177
Walking upright / aufrechter Gang 114
Walkway / Laufgang 501
Wall (showjumping fence) / Mauer (Hindernis) 546
Wall anchor / Wandverankerung 413
Wall decoration / Wanddekoration 454, 492
Wall-plate / Schwellholz 468, 503
Wall-post / Wandstiel 468
Walrus / Walroß 214
Walter / Walter 40
Wankel engine / Wankelmotor 356, 414, *also rotary engine*
Wankel, Felix / Wankel, Felix 356
Wannanosaurus / *Wannanosaurus* 107
Wardrobe (Concorde) / Kleiderschrank (Concorde) 420
Wardroom / Offiziersmesse 389, 405
Warhead / Gefechtskopf 402
Warm air / Warmluft 310, 312–313
Warm bloods / Warmblutpferde 546
Warm front / Warmfront 312–313
Warm occlusion / Warmfrontokklusion 312
Warm-blooded / warmblütig 110
Warning line (fencing) / Warnlinie (Fechten) 549
Warship/battleship / Kriegsschiff 384, 386, 400, 402–403
Warships and traders / Kriegs- und Handelsschiffe 384–385
Wasatch formation / Wasatch-Schicht 286
Wash (watercolours) / Grundierung (Aquarell) 443
Wash cant / Wasserlinie 386, 388
Wash over dry brush / Naß-auf-Trocken-Technik 443
Washer / Unterlegscheibe 558, 559, 565, 569, 570, 572, 573, 578, 581, 585
Washer jet / Scheibenwaschdüse 363
Washing bucket / Waschbehälter 365
Washing machine (energy systems) / Waschmaschine (Energiekreislauf) 325
Waste heat / Abwärme 324, 325
Water / Wasser 38, 42, 86, 110, 138, 140, 144–145, 150, 158–159, 162–163, 168, 298, 316–317, 322, 323, 324, 336, 450
Water bottle / Wasserflasche 369
Water container / Wasserbehälter 361
Water cooling / Wasserkühlung 374
Water cycle / Wasserkreislauf 298
Water droplets / Wassertröpfchen 45
Water filler / Wasserfüller 334
Water hog/capybara / Wasserschwein 203
Water hyacinth / Wasserhyazinthe 164
Water ice / Wassereis 43, 45, 47, 51, 53
Water in reservoir (power station) / Oberwasser (Kraftwerk) 324
Water jacket / Wassermantel 353, 357
Water key (brass instruments) / Wasserklappe (Blechblasinstrumente) 510, 511
Water level indicator / Wasserstandsanzeige 334
Water lily / Seerose 164, 165
Water loss/loss of water / Wasserverlust(e) 86, 162
Water molecule (photosynthesis) / Wassermolekül (Photosynthese) 144
Water obstacle / Wasserhindernis (Golf) 538
Water of crystallisation / Kristallwasser 323
Water outlet / Wasseranschluß (zum Kühler) 366
Water pipe / Wasserrohr 347, 500, 501
Water plant/aquatic plant / Wasserpflanze 164
Water pump / Wasserpumpe 352, 355, 356, 361
Water pump housing / Wasserpumpengehäuse 415
Water shoot / Schott 552
Water sports/aquatics / Wassersport 552–553
Water supply (ship) / Wasserversorgung (Schiff) 404
Water table / Grundwasserspiegel 302–303
Water tank / Wassertank 334, 344, 352, 501
Water transport (plants) / Wassertransport (Pflanzen) 140
Water vapour/steam / Wasserdampf 37, 39, 43, 45, 47, 283, 298, 313, 317, 322, 323, 324
Water vascular system (echinoderms) / Wassergefäßsystem (Stachelhäuter) 180
Water(s) / Gewässer 86
Water-based (paints) / Wasserbasis (Farben) 436, 452
Water-bottle cage / Wasserflaschenhalter 368
Water-colour / Aquarell 442, 443 Wasserfarbenmalerei 442–443
Water-colour effect / Aquarelleffekt 447
Water-colour paint / Aquarellmalerei/Aquarellfarbe 442–443
Water-colour paint in tubes / Tuben-Aquarellfarbe 442
Water-colour paper / Aquarellpapier 443, 445
Water-colours / Wasserfarben 442, 443
Water-drain mast (plane) / Wasserabfluß (Flugzeug) 419, 428, 429
Waterfalls / Wasserfälle 277, 296, 299, 300
Waterjump / Wassergraben (Hindernislauf) 534
Waterpower/hydraulic power / Wasserkraft 324
Waterproof covering (plants) / Verdunstungsschutz (Pflanzen) 119, 145, 162, 163
Watershed / Wasserscheide 299
Waterway / Wassergang 388, 389, 401
Waterweed / Wasserpest 164
Wattle and daub / Flechtwerk mit Lehmschlag 468, 469
Wave-cut platform / Abrasionsplattform 305
Wavelength / Wellenlänge 328
Wavellite / Wavelit 279
Wavering pitch / Tremolo 521
Waves / Wellen 69, 304, 328
Wax (lost wax process) / Wachs (Guß in verlorener Form) 458
Wax modelling tool / Wachsmodellierspatel 458
Wax models / Wachsfiguren 456, 458
Waxy zone (pitcher plant) / Gleitzone (Kannenpflanze) 167
WC/toilet / WC 146, 416, 420
Weapon-bay bulkhead / Bombenschachttrennwand 425
Weaponry/gun section / Bewaffnung (eines Schiffes) 383, 400, 402, 404,405
Weapons (bomber) / Waffensysteme (Kampfbomber) 424
Weather / Wetter 312–313
Weather (warning) radar / Wetterradar 416, 420
Weather front / Wetterfront 312–313
Weather map / Wetterkarte 313
Weather vane / Wetterfahne 475, 481
Weathercock / Wetterhahn 490
Weathering / Verwitterung 276–277, 285, 286, 290, 291, 292–293, 300–301, 302 Wasserschräge 473, 476, 481
Web / Schwimmhäute (Frosch) 188
Trachenleder (Sattel) 576 unteres Kopfeisen (Sattel) 576
Webbed feet (kittiwake) / Schwimmhäute (Dreizehenmöwe) 196
Webbing (chair) / Gurtband (Stuhl) 571
Wedge / Keil 330
Wedged stretcher / Keilrahmen 441
Weight / Gewicht (Angel) 554
Weight arm / Lastarm 330, 331
Weight, counterbalancing (trombone) / Gewicht (Posaune) 510
Weights / Gewichte 554, 588, 589
Weld line (iron ship) / Schweißnaht (Eisenschiff) 400
Welt (saddle) / Keder (Sattel) 577 Rahmen (Schuh) 560, 561
***Welwitschia mirabilis* (welwitschia)** / *Welwitschia mirabilis* (Welwitschie) 128–129
Werner brothers / Werner, Gebrüder 370
Weslake Speedway / Weslake Speedway 377
West Africa / Westafrika 79, 341
West Australian Current / Westaustralstrom 307
Westerlies / Westwindzone 310
Western saddle / Westernsattel 576
Westlothiana / *Westlothiana* 73, 86, 87
Westlothiana lizziae / *Westlothiana lizziae* 73
Westminster Abbey / Westminster Abbey 488
Westminster Cathedral / Westminster-Kathedrale 497
Westminster Palace / Palast von Westminster 496, 497
Wet-in-wet wash / Naß-in-Naß-Technik 442, 443
Wezen / Wezen 18, 21
Whales (and dolphins) / Wale 214–215
Wheat / Weizen 115, 156
Wheel / Rolle 330, 553
Wheel axles / Radachsen 336
Wheel bolt (lawnmower) / Radbolzen (Rasenmäher) 574, 575
Wheel brake cylinder (car) / Radbremszylinder (Auto) 360
Wheel cover/ Radscheibe 574
Wheel embellisher / Radzierblende 363, 377
Wheel fairing (aeroplane) / Radkappe (Flugzeug) 408
Wheel fork / Radgabel 345, 587
Wheel guard / Radkasten 377

Radschutz (Eisenbahn) 334, 338, 339
Wheel rim / Radfelge 58
Wheel set / Radsatz 337
Wheel spacer (boat) / Querlager (Boot) 553
Wheel spider / Lenkradstern 346
Wheel trim / Radzierkappe 360, 361, 363
Wheel(s) / Rad/Räder 58, 330, 338, 341, 345, 348, 349, 350, 352, 356, 360, 361, 364, 369, 370, 372, 414, 418, 451, 562, 574, 575, 586, 587
Wheelbase / Achsstand 368
Wheelchair access / Rollstuhlzugang 343
Whelp / Spillklampe 395
Whetstone / Wetzstein/ Schleifstein 456
Whip / Peitsche 547
Whisker boom / Ausleger (Bugspriet und Klüverbaum) 390
Whispering gallery / Flüstergalerie 488
Whistle / Trillerpfeife 528, 553
White (of egg) / Eiklar 436
White blood cells / weiße Blutkörperchen 262, 263
White dwarfs / weiße Zwerge 22–23
White matter (brain) / weiße Substanz (Gehirn) 246, 247, 248
White oval / weißes Oval 44–45, 46
White steam car / White-Dampfwagen 352
White stork / Weißstorch 194
White tape (tennis net) / Spanndraht (Tennisnetz) 536
Whole body undulation / Ganzkörperwelle (Schwimmen) 551
Whorl of sepals / Kelchblattquirl 150, 155
Wick / Docht 364
Wide gauge / Breitspur 341
Wide tyre / Breitreifen 377
Wiener / Wiener 41
William the Conqueror / Wilhelm der Eroberer 382
Williams 1990 Formula One racing car / Williams-Formel-1-Rennwagen 366, 367
Willow charcoal / Weidenkohle 434
Willow grouse (egg) / Moorschneehuhn (Ei) 199
Wind / Wind 276–277, 292–293, 298, 306–307, 310, 312–313
Wind abrasion (weathering) / Windtätigkeiten (Verwitterung) 292
Wind deflector (baffle) / Windschutz (Ablenkscheibe) 351
Wind instruments / Blasinstrumente 524
Wind lever install spring (camera) / Spannfederring (Kamera) 585
Wind power / Windkraft 324
Wind speed / Windgeschwindigkeit 313
Wind vane / Windfahne 383
Wind-blown sand / verwehter Sand 292
Windcheetah SL Mark VI „Speedy" (HPV bicycle) / Windcheetah SL Mark VI „Speedy" (HPV-Rennrad) 369
Winding key (clock) / Aufziehschlüssel (Uhr) 562
Windlass bar / Winschspake 388
Windlass/reel / Winde (Schiff) 380, 405
Window / Fenster 253, 333, 339, 342, 343, 344, 346, 351, 358, 359, 389, 463, 469, 470, 471, 472, 473, 476, 477, 478, 479, 480, 481, 482, 483, 485, 487, 490, 491, 494, 495, 496, 497, 498, 499, 504, 568, 585
Window (CRT) / Bildröhrenöffnung 567
Window architrave / Fensterbogen 487
Window lattice / Fensterpfosten 486, 487
Window lift strap / Fensterriemen 346
Window lintel / Fenstersturz 485, 487
Window winder / Fensterkurbelapparat 351, 359
Window winder handle / Fensterkurbel 351, 363
Window-pane / Fensterscheibe 351
Window-sill / Fensterbank 486, 487
Fensterbrett 498
Windpipe / Luftröhre 92, 97, 222, 225, 254, 255, 258, 264, 265, *also trachea*
Windscreen / Windschutzscheibe 336, 337, 339, 342, 343, 346, 347, 348, 349, 356, 359, 365, 370, 371, 377, 412, 416, 420, 421, 424
Windscreen adjustor / Windschutzscheibeneinstellung 371
Windscreen seal / Windschutzscheibendichtung 363
Windscreen stay / Windschutzscheibengestell 348
Windscreen washer bottle / Windschutzscheibenwaschbehälter 365
Windscreen wiper motor assembly / Scheibenwischermotor 350
Windward side / Luvseite 293
Wine vinegar / Weinessig 438
Wing / Federzange (Sicherheitsbindung) 544
Fittich 197
Flügel 128, 137, 174, 194–197, 411, 424, 425
Flügelleiste (Pflanzen) 119, 166
Ohr (Muschelschale) 182
Spoiler (Rennauto) 366
Tragfläche 430, 431
Wing cap (shoe) / Steifkappe (Schuh) 560
Wing containing fuel tank / Flügeltank 413
Wing fairing / Flügelverkleidung 429
Wing nut (lamp) / Flügelmutter (Lampe) 564, 565
Wing of seed / Samenflügel 128
Wing of sphenoid bone / Keilbeinflügel 230
Wing piping / Kotflügelkeder 351
Wing root / Flügelwurzel 417, 424
Wing scar / Flügelnarbe 128
Wing screw / Flügelschraube 456, 523
Wing stay / Kotflügelhalterung 349, 370, 371
Wing strut / Flügelstrebe 406, 407, 410, 428, 429
Wing transom / Deckworp 389
Wing veins (insects) / Flügeladern (Insekten) 174, 175
Wing warping wire / Flügelspanner 407
Wing-feather impression / Flügelfederabdruck 91
Wing-protecting skid / Flügelschutzkufe 406, 407
Wing-root glove fairing / Flügelwurzelverkleidung 425
Wings (birds) / Schwingen (Vogelflügel) 194, 197
Wingspan / Spannweite (Flugzeug) 430
Winsor green / Winsorgrün 442
Wiper / (Scheiben)wischer 336, 337, 338, 339, 342, 351, 363, 444
Wiper arm / Scheibenwischerarm 363
Wiper blade / Scheibenwischerblatt 363
Wiper bracket and spindles / Scheibenwischerhalterung 363
Wire / Draht 327, 558, 569, 580
Wire armature (wax model) / Drahtgeflecht (Wachsmodell) 458
Wire bristles (wire brush) / Drahtfächer (Jazzbesen) 523
Wire brush / Jazzbesen 523
Wire brush (for drums) / Besen (für Schlagzeug) 523
Wire gauze pad / Drahtsiebkissen 352
Wire ropes / Drahtseile 390
Wire wheel / Drahtreifenrad 345
Wire-ended cutting toll / Modellierschlinge 458
Wireless office / Funkbude 405
Wireless yard / Funkrah 403
Wiring harness / Kabelbaum (Pratt & Whitney Turbofan) 422
Wisdom teeth / Weisheitszähne 256
Wishbone, (front) lower / Querlenker (vorn) unten 367
Withdrawal stride (javelin throw) / Speerrückführung (Speerwerfen) 535
Withdrawing-room / Ruheraum 487
Withers / Widerrist 205, 206, 207, 208, 209
Wolf hair brush / Wolfshaarpinsel 448
Wolffian duct / Wolffscher Gang 183
Wollastonite / Wollastonit 281
Woman Drying her Neck / *Frau, sich den Hals trocknend* 445
Womb / Gebärmutter 268, 269, 271, *cf. uterus*
Wood / Gehölz 338
Holz 325, 330, 508–509, 512–513, 539
Wood block, engraved / Holzblock, gravierter 453
Wood carving / Holzbildhauerei 456
Wood engraving / Holzstich 450, 453
Wood panel / Holztafel 436
Wood sculpture / Holzplastik 457
Wood-engraving print / Holzstichdruck 453
Woodcut / Holzschnitt 450, 453
Wooden arrow / Holzpfeil 115
Wooden case (piano) / Holzgehäuse (Klavier) 518, 519
Wooden club (golf) / Holzschläger (Golf) 539
Wooden cylinder (drum) / Holzzylinder (Trommel) 523
Wooden frame / Holzrahmen 332, 440, 441
Wooden head (maraca) / Holzkopf (Maraca) 521
Wooden hearth / Bohrholz 115
Wooden propeller / Holzpropeller 408, 409, 411
Wooden spoke / Holzspeiche 344
Wooden tube / Holzröhre 512
Wooden wheel / Holzrad 344
Wooden-spoked wheel / Holzspeichenrad 349
Woodwind and brass (orchestra) / Bläser (Orchester) 508
Woodwind instruments / Holz(blas)instrumente 508, 509, 512–513
Woody flowering plants / holzige Blütenpflanzen 136
Woolding / Wuhling 384, 387
Work (physical definition) / Arbeit (physikalische Definition) 330
Working chamber (gun turret) / Arbeitskammer (Geschützturm) 404
Working saddle / Arbeitssattel 576
World championship / Weltmeisterschaft 376
Worldwide competition for airspeed / Weltmeisterschaft für Fluggeschwindigkeit 406
Worming / Wurming 396
Worms / Würmer 62, 289
Wostok 1 / *Wostok 1* 57
***Wostok* spacesuit** / *Wostok*-Raumanzug 57
Wren, Christopher / Wren, Christopher 482, 484, 488, 491
Wrest plank (grand piano) / Stimmnagelblock (Flügel) 519
Wright Flyer (biplane) / Wright Flyer (Doppeldecker) 406, 407, 414
Wright, F.L. / Wright, F.L. 499
Wright, Orville & Wilbur / Wright, Orville & Wilbur 406
Wrist / Handgelenk 90, 91, 94, 96, 97, 98, 100, 103, 104, 105, 106, 107, 108, 221, 228
Wrist clamp / Handgelenksschelle 57
Wrist pin / Haltezapfen 398
Wrist/carpal bones / Handwurzelknochen 96, 228, 240
Wristband / Schweißband 536
Writing surface / Beschreibstoff 448
Wrought iron / Schmiedeeisen (Schiff) 400, 401
Wuerhosaurus / *Wuerhosaurus* 99

X

X line (letter) / X-Linie (Buchstabe) 449
X turret / X-Turm 403
X-contact / Blitzlichtkontakt 585
X-flash sync terminal / Synchron-Blitzkontakt (Kamera) 584
X-ray emission / Röntgenstrahlung 28, 328
X-ray image of the crab nebula / Röntgenbild des Krabbennebels 28
X-ray spectrometer / Röntgenspektroskop 58
X-ray telescope / Röntgenteleskop 59
X-rays / Röntgenstrahlen 329
Xenon / Xenon 321
Xeromorphic plants / xeromorphe Pflanzen *cf. xerophytes*
Xerophytes / Xerophyten 162
Xerophytic plant / Trockenpflanze 162

Xi 2 Sagittarii / Xi 2 Sagittarii 21
Xi Orionis / Xi Orionis 18
Xi Pegasi / Xi Pegasi 19
Xylem / Xylem/Holzteil (Stamm) 119, 124, 127, 130, 131, 132, 133, 138, 139, 140, 141, 144, 145, 158, 164, 165, 168, 169
Xylem fibre / Holzfaser 140
Xylem vessel / Trachee (Leitbündel) 138
Tracheenglied 140
Xylophone / Xylophon 508, 520

Y

Y turret / Y-Turm 403
Yangchuanosaurus / *Yangchuanosaurus* 91
Yangtze River / Jangtsekiang 275
Yard / Rah 380, 381, 383, 390, 392, 393, 400
Yard (Längenmaß) 588, 589
Yardang / Jardang 292
Yardarm / Rahnock 387
Year (planets) / Jahr (Planeten) 30–31
Yeast / Hefe 323
Yeasts / Hefen 120
Yellow card / Gelbe Karte 528
Yellow River (=Huang He) / Gelber Fluß (=Huang He) 275
Yellow-wort / Bitterling, Verwachsenblättriger 150
Yolk / Dotter 198
Eigelb 436
Yolk sac / Dottersack 198
Yorkshire (architecture) / Yorkshire (Architektur) 488
Ypsilon Sagittarii / Ypsilon Sagittarii 21
Ytterbium / Ytterbium 321
Yttrium / Yttrium 320
Yucca / Yucca 132
***Yucca* sp.** / *Yucca* sp. 132

Z

Zagros Mountains / Zagrosgebirge 81
Zaire / Zaire 275
***Zea mays* (maize)** / *Zea mays* (Mais) 133
Zeami / Zeami 35
Zeeman / Zeeman 41
Zeilleria frenzlii / *Zeilleria frenzlii* 72
Zeta Sagittarii / Zeta Sagittarii 21
Zeta Zentauri / Zeta Zentauri 21
Zeugen / Härtling-Landschaft 292
Ziggurat-style step-back / zikurratartige Abstufung 498
Zinc chloride / Zinkchlorid 322
Zinc metal chippings / Zinkspäne 322
Zinc phosphating / Zink-Phosphatierung 358
Zinc(um) / Zink 291, 321, 322, 481
***Zingiber officinale* (ginger)** / *Zingiber officinale* (Ingwer) 161
Zion Canyon / Zion-Canyon 286
Zip(per) / Reißverschluß 364, 545
Zirconium / Zirconium 320
Zone defences (basketball) / Zonenverteidigung (Basketball) 531
Zonular ligament / Strahlenzonenfaser 251
Zooming / Zoomen 579
Zosteres / Zosteres 380
Zosterophyllum llanoveranum / *Zosterophyllum llanoveranum* 70
Zubenelgenubi / Zubenelgenubi 18, 21
Zubeneschamali / Zubeneschamali 18, 21
Zugon / Zugon 381
Zygian / Zygit 381
Zygoma(tic arch) / Joch(bein)bogen 113, 200, 211, 212, 223, 230
Zygomatic bone / Jochbein 102, 108, 109, 112, 230, 231, 232
Zygomaticus (muscle) / Jochbeinmuskel 238, 239
Zygote (plants) / Zygote (Pflanzen) 122–124, 126, 132

Danksagung

Der Verlag dankt:

Das Universum
(fachliche Beratung: Sue Becklake, Gevorkyan Tatyana Alekseyevna):
John Becklake; Kosmonautisches Museum, Moskau; Kosmos-Pavillon, Moskau; The United States Space and Rocket Centre, Alabama; Broadhurst, Clarkson & Fuller Ltd.; Susannah Massey.

Erdgeschichte
(fachliche Beratung: William Lindsay, Martyn Bramwell, Dr. Ralph E. Molnar, David Lambert):
Dr. Monty Reid, Andrew Neuman und den Mitarbeitern des Royal Tyrrell Museum of Palaeontology, Drumheller/Alberta; Dr. Angela Milner und den Mitarbeitern des Department of Palaeontology, Museum of Natural History, London; Professor Dr. W. Ziegler und den Mitarbeitern des Naturmuseums Senckenberg, Frankfurt, insbesondere Michael Loderstaedt; Dr. Alexander Liebau, Axel Hunghrebüller, Reiner Schoch und den Mitarbeitern des Instituts und Museums für Geologie und Paläontologie der Universität Tübingen; Rupert Wild, Institut für Paläontologie, Staatliches Museum für Naturkunde, Stuttgart; Dr. Schreiber, Stadtmuseum Nördlingen; Professor Dr. Dietrich Herm, Staatssammlung für Paläontologie und Historische Geologie, München; Dr. Michael Keith-Lucas, Department of Botany der University of Reading; Richard Walker; American Museum of Natural History, New York.

Pflanzen
(fachliche Beratung: Richard Walker):
Diana Miller; Lawrie Springate; Karen Sidwell; Chris Thody; Michelle Ende; Susan Barnes und Chris Jones, EMU Unit des Natural History Museum, London; Jenny Evans, Kew Gardens, London; Kate Biggs, Royal Horticultural Society Gardens, Wisley/Surrey; Spike Walker, Microworld Services; Neil Fletcher; John Bryant, Bedgebury Pinetum, Kent; Dean Franklin.

Tiere
(fachliche Beratung: Richard Walker):
David Manning's Animal Ark; Intellectual Animals; Howletts Zoo, Canterbury; John Dunlop; Alexander O'Donnell; Sue Evans, Royal Veterinary College, London; Dr. Geoff Potts und Fred Frettsome, Marine Biological Association of the United Kingdom, Plymouth; Jeremy Adams, Booth Museum of Natural History, Brighton; Derek Telling, Department of Anatomy der University of Bristol; Natural History Museum, London; Andy Highfield, Tortoise Trust; Brian Harris, Aquarium des Londoner Zoos; Abt. Wirbellose des Londoner Zoos; Dr. Harold McClure, Yerkes Regional Primate Research Center der Emory University, Atlanta/Georgia; Nielson Lausen, Harvard Medical School, New England Regional Primates Research Centre, Southborough/Massachusetts; Dr. Paul Hopwood, Department of Veterinary Anatomy der University of Sydney; Dean Franklin.

Der menschliche Körper
(fachliche Beratung: Dr. Frances Williams, Dr. Fiona Payne, Richards Cummins FRCS):
Derek Edwards und Dr. Martin Collins, British School of Osteopathy; Dr. M.C.E. Hutchinson, Department of Anatomy der United Medical and Dental Schools of Guy's and St. Thomas' Hospitals, London.
Modelle: Barry O'Rorke (Bodyline Agency) und Pauline Swaine (MOT Model Agency)

Die Erde
(fachliche Beratung: Martyn Bramwell):
Dr. John Nudds vom Museum Manchester; Dr. Alan Wooley und Dr. Alan Clark vom Natural History Museum, London; Graham Bartlett, National Meteorological Library and Archive, Bracknell; Tony Drake, BP Explorations, Uxbridge; Jane Davies, Royal Society of Chemistry, Cambridge; Dr. Tony Waltham, Nottingham Trent University; Smithsonian Institute, Washington; National Geographic Society, Washington; Edward Lawrence Associates (Export Ltd.) Midhurst; John Farndon; David Lambert.

Schiene und Straße
***Schiene* (fachliche Beratung: John Coiley):**
Michael Ashworth, London Transport Museum.

***Straße* (fachliche Beratung: David Burgess-Wise, Hugo Wilson):**
The National Motor Museum, Beaulieu; Alf Newell, Renault UK Ltd.; David Suter, Cheltenham Cutaway Exhibits Ltd.; Francesca Riccini, Science Museum, London; Signore Armadelli, Museo dellÕ Automobile Carlo Biscaretti di Ruffia; Paul Bolton, Mazda MCL Group; Duncan Bradford, Reg Mills Wire Wheels; John und Leslie Brewster, Autocavan; David Burgess-Wise; Trevor Cass, Garrett Turbo Service; John Corbett, The Patrick Collection; Gary Crumpler, Williams Grand Prix Engineering Ltd.; Mollie Easterbrooke und Duncan Gough, Overland Ltd.; Arthur Fairley, Vauxhall Motor Company; Paul Foulkes-Halbard, Filching Manor Motor Museum; Frank Gilbert, I. Wilkinson & Son Ltd..; Paolo Gratton, Gratton Museum; Colvin Gunn, Gunn & Son; Judy Hogg, Ecurie Bertelli; Milton Holman, Dream Cars; Ian Matthews, IMAT Electronics; Eric Neal, Jaguar Cars Ltd.; Paul Niblett, Keith Davidson, MarkReumel & David Woolf, Michelin Tyre plc; Doug Nye; Kevin O'Keefe, O'Keefe Cars; Seat UK; Roger Smith; Jim Stirling, Ironbridge Gorge Museum, Staffordshire; John Taylor; Doug Thompson; Martyn Watkins, Ford Motor Company Ltd.; John Cattermole, Kundenberatung der London Northern Buses; F.W. Evans Cycles Ltd.; Trek UK Ltd. (Fahhrrad); Sam Grimmer.

Physik und Chemie
(fachliche Beratung: Jack Challoner)

See und Luft
***See* (fachliche Beratung: Geoff Hales und Harvey B. Loomis):**
David Spence, Gillian Hutchinson, David Topliss, Simon Stephens, Robert Baldwin, Jonathan Betts vom National Maritime Museum, London; Ian Friel; Simon Turnage, Captain O.M. Watts of London Ltd.; Davey & Company Ltd., Great Dunmow; Avon Inflatables Ltd., Llanelli; Musto Ltd., Benfleet; Peter Martin, Spencer Rigging Ltd., Southampton; Swiftech Ltd., Wallingford; Collin Scattergood, Barrow Boat Company Ltd., Colchester; Professor J.S. Morrison, Trireme Trust, Cambridge; The Cutty Sark Marine Trust; Adrian Daniels, Kelvin Hughes Marine Instruments, London; Arthur Credland, Hull City Council Museums and Art Galleries; The Hull Maritime Society; Gerald Clark; Peter Fitzgerald, Science Museum, London; Alec Michael, HMB Subwork Ltd., Great Yarmouth; Ray Ward, OSEL Group, Great Yarmouth; Richard Bird, UWI, Weybridge; Walker Marine Instruments, Birmingham; The International Sailing Craft Association; The Exeter Marine Museum; Jane Wilson, Trinity Lighthouse Company, London; The Imperial War Museum Collections; Thorn Security Ltd.; Michael Bach.

***Luft* (fachliche Beratung: Bill Gunston):**
Aeromega Helicopters, Stapleford; Aero Shopping, London; Avionics Mobile Services Ltd., Watford; Roy Barber und John Chapman, RAF Museum, Hendon; Mitch Barnes Aviation, London; Mike Beach; British Caledonian Flight Training Ltd.; Fred Coates, Helitech (Luton) Ltd.; Michael Cuttell & CSE Aviation Ltd., Oxford; Dowty Aerospace Landing Gear, Gloucester; Guy Hartcup, Airship Association; Anthony Hooley, Chris Walsh und David Cord, British Aerospace Regional Aircraft Ltd.; Ken Huntley, Mid-West Aero Engines Ltd.; Imperial War Museum, Duxford; The London Gliding Club, Dunstable; Musée des Ballons Calvados; Noel Penny Turbines Ltd.; Andy Pavea, Aviation Scotland Ltd.; Tony Pavey, Thermal Aircraft Developments, London; Kommandant und Flugpersonal der RAF Wittering; The Science Museum, London; Ross Sharp, Science Museum, Wroughton; The Shuttleworth Collection; Skysport Engineering; Mike Smith; Solar Wings Ltd., Marlborough; Julian Temple, Brooklands Museum Trust Ltd.; Kelvin Wilson, Flying Start.

Architektur
(fachliche Beratung: Alexandra Kennedy):
Stephen Cutler für Rat und Text; Gavin Morgan , Museum of London; Chris Zeuner, Weald and Downland Museum, Singleton/Sussex; Alan Hills und James Putnam, British Museum, London; Dr. Simon Penn und Michael Thomas, Avoncraft Museum of Buildings, Bromsgrove/Worcestershire; Christina Scull, Sir John Soane's Museum, London; Paul Kennedy und John Williamson, London Door Company; Lou Davis, The Original Box Sash Window Company, Windsor; Goddard & Gibbs Studios Ltd., London (Buntglasfenster); The Royal Courts of Justice, Strand, London; Charles Brooking und Peter Dalton (Türen und Fenster der

Charles Brooking Collection), University of Greenwich, Dartford/Kent; Clare O'Brian, Shakespeare Globe Trust, Shakespeare's Globe Museum, Bear Gardens, Southwark/London; Ken Teague, Horniman Museum, London; Canon Haliburton, Mike Payton, Kenn Stones und Antony Webb, St. Paul's Cathedral, London; Roy Spring, Salisbury Cathedral; Reverend Gillean Craig, Kirche St. George in the East, London; Science Museum, London; Dr. Neil Bingham; Lin Kennedy, Historic Royal Palaces; Katy Harris, Sir Norman Foster & Partners; Production Design, Thames Television plc, London (Modelle); Dominique Reynier, Le Centre Georges Pompidou, Paris; Denis Roche, Le Musée National des Monuments Français, Paris; Franck Gioria und Studenten von Les Compagnons du Devoir, Paris (Konstruktionsmodelle); Frank Folliot, Le Musée Carnavalet, Paris; Dr. Martina Harms, Hessisches Landesmuseum Darmstadt; Jefferson Chapman, University of Tennessee, Knoxville (Modell der Säulenhalle des Amun-Re-Tempels); Palazzo Strozzi, Florenz; Opernhaus Sydney; Empire State Building, New York; Nick Jackson; Ann Terrell.

Die bildenden Künste
(fachliche Beratung: Pip Seymour):
Rosemary Simmons; Michael Taylor, Pauper Press, London; Tessa Hunkin und Emma Biggs, Mosaik Workshop London; John Tiranti und Jonathan Lyons, Alec Tiranti Ltd., London; Chris Hough; Dr. Ashok Roy; Satwinder Sehmi, Alphabet Soup, London; Phillip Poole, Cornelissens, London; George Weil & Sons Ltd., London; The National Gallery, London; Chris Webster, Tate Gallery, London; China Art Cultural Centre, London; London Graphic Centre; A. P. Fitzpatrick, London; Flowers Graphics, London; Intaglio Printmaker, London; Falkiner Papers, London; Edgar Udny & Co., London; John Green.

Musik
(fachliche Beratung: Susan Sturrock):
Boosey & Hawkes Music Publishers Ltd., London, für die Genehmigung zum Abdruck des Auszugs aus Arthur Sullivans "Der Verlorene Sohn"; The Bass & Drum Cellar, London; Empire Drums & Percussion, London; Argents, World of Music, London; Bill Lewington Ltd., London; Frobenius-Orgel in der Pfarrkirche von Kinston/Surrey; Yamaha-Kemble Music (UK) Ltd., Tilbrook/Milton Keynes; Yamaha Atelier, London; Akai (UK) Ltd., Hounslow/Middlesex; Casio Electronics Co. Ltd., London; Roland (UK) Ltd., Fleet/Hampshire; Richard Schulman.

Sport
The Sports Council Information Centre, London; The British Olympic Games Committee; Brian Crenell, Black's Leisure Group (First Sport); Lillywhites, Piccadilly, London; Mitre Sports International Ltd., Huddersfield; David Bloomfield, Football Association; Denver Athletics Ltd., Norfolk; Wayne Patterson , Basketball Hall of Fame, Springfield/Connecticut; Brian Coleman, English Basketball Association; All American Imports, Northampton; George Bulman, English Volleyball Association; Julie Longdon, Mizuno Mallory (UK) Ltd; Juliet Stanford, All-England Netball Association; Jeff Rowland, British Handball Association; Cally Melin, Adidas UK Ltd.; Ian Lepage und Stephen Barlow, Hockey Association Milton Keynes; Les Bartnett und Jock Bentley, British Athletic Federation Ltd., Birmingham; Mike Gilks, Badminton Association of England; Gurinder Purewall für fachliche Beratung zum Thema Bogenschießen; Chris McCartney, US Archery Association; Geoff Doe, National Smallbore Rifle Association, Bisley/Surry, für Informationen und Material über Schießsport; Fagan Sports Goods Distributors, Surrey; Konrad Bartelski für fachliche Beratung zum Thema Skisport; The British Ski Federation, Edinburgh; Mike Barnett, Snow and Rock of London; Sally Spurway, Mast-Co.Ltd., Reading; Sarah Morgan für fachliche Beratung Reitsport; Steve Brown und der New York Racing Association Inc., New York; Danrho, London; Alan Skipp und James Chambers, Amateur Fencing Association, London; Carla Richards, US Fencing Association; Hamilton Bland und John Dryer, Amateur Swimming Association, Loughborough; Cotswold Camping Ltd., London; Tim Spalton, Glyn Locke Ltd., Chalgrove; Terry Friel, US Rowing Association; House of Hardy; Leeda Fishing Tackle.

Dinge des täglichen Lebens
City Clocks (Uhren); Christopher Cullen, Babber Electronics; Sony UK Ltd. (Mini-Fernseher); Black & Decker Ltd. (Bohrer); British Footwear Manufacturing Federation; Grenson Shoes Ltd. (Schuhe); The Folio Society; R S Bookbinders (Bücher); Pentax UK Ltd. (Kamera); F. E. Murdin, Decorative Lighting Association; Habitat (Lampe); Chingford Reproductions Ltd. (Stuhl); Dualit Ltd. (Toaster); J.B. Dove; Toro Wheelhorse UK Ltd. (Rasenmäher); Wandh Gidden Ltd. (Sattel)

FOTOS:
M. Alexander; Peter Anderson; Charles Brooks; Jane Burton; Peter Chadwick; Simon Clay; John Coiley; Andy Crawford; Geoff Dann; Philip Dowell; John Downs; Mike Dunning; Torla Evans; David Exton; Robert und Anthony Fretwell, Fretwell Photography Ltd.; Philip Gatward; Anna Hodgson; Gary Kevin; J. Heseltine; Cyril Laubscher; John Lepine; Lynton Gardiner (American Museum of Natural History New York); Steve Gorton; Michelangelo Gratton; Judith Harrington; Peter Hayman; Anna Hodgson; Colin Keates; Gary Kevin; Dave King; Bob Langrish; Brian D. Morgan; Nick Nicholls; Nick Parfitt; Tim Parmeter & Colin Keates (Natural History Museum London); Tim Ridley; Dave Rudkin; Philippe Sebert; James Stevenson; Clive Streeter; Harry Taylor; Matthew Ward; Jerry Young

FOTOASSISTENZ:
Kevin Zak; Gary Ombler

ILLUSTRATIONEN:
Julian Baum; Rick Blakesley; Kuo Kang Chen; Karen Cochrane; Simone End; Ian Fleming; Roy Flooks; Mark Franklin; David Gardner; Will Giles; Mick Gillah; David Hopkins; Selwyn Hutchinson; Mei Lim; Linden Artists; Nick Loates; Chris Lyon; Kathleen McDoughall; Coral Mula; Sandra Pond; Dave Pugh; Colin Rose; Graham Rosewarne; John Temperton; John Woodcock; Chris Woolmer

MODELLE:
Roby Braun; David Donkin; Morrison Frederick; Gordon Models; John Holmes; Graham High und Jeremy Hunt, Centaur Studios; Richard Kemp; Kelvin Thatcher; Paul Wilkinson

DESIGNASSISTENZ:
Stefan Morris; Ulysses Santos; Suchada Smith

LEKTORATSASSISTENZ:
Helen Castle, Colette Connoly; Camela Decaire; Nick Harris; Andrea Horth; Stewart McEwen; Damien Moore; Melanie Tham

Bildnachweis

(o=oben, u=unten, r=rechts, l=links, m=Mitte)

Anglo Australian Telescope Board 11ml, 11mro, 11mro, 12or, 12um, 13ol, 13ul, 14ol, 16u, 17om, 17ul, 22ol/D.Malin 16ol, 26or, 27ol; Austin Brown and the Aviation Picture Library 430ol; Baptisterium, Florenz/Allison Harris 459r; Biophoto Associates 227mo, 227mro, 238mum, 238mum, 240or; Paul Brierley 321uro; British Aerospace/Anthony Hooley 417ol, 420ol; British Aerospace (Commercial Aircraft) Ltd 421ol; mit freundlicher Genehmigung der British Library 436ol, 449ul; British Museum 463ol, 463or, 464om, 464ou, 493u; BP Exploration 309; Duncan Brown 23ol; Midway Gardens (1914), ein Werk des amerikanischen Architekten Frank Lloyd Wright (1867–1959): Modell von Richard Tickner , Materialmix, 1987, 41,9x81,3x76,2 (Foto 1989) mit freundlicher Genehmigung des Art Institute of Chicago 499o; J.A.Coiley 341mr; Bruce Coleman Ltd/Andy Price 282ol; mit freundlicher Genehmigung des Victoria and Albert Museums, London 458–459u; European Passenger Services 339ol; ESA/PLV 11ul; Französische Eisenbahnen 339m; Geoscience Features 321mlo; Robert Harding Picture Library 68ol; Michael Holford/British Museum 380ul, Michael Holford 382or; Hutchinson Picture Library 66ml; The Image Bank/Edward Bower 316or; Jet Propulsion Laboratory 11mur, 30um, 31um, 31umr, 38ol, 42mru, 44mu, 44mur, 44um, 44ur, 46ol, 46mr, 46mu, 46um, 46ur, 50ol, 50mro, 50ml, 50m, 50mr, 50ur; KeyMed Ltd 258ul, 259ul, 259uml; Abteilung Druck und Zeichnung, Uffizi, Florenz/Philip Gatward 433om/Uffizi, Florenz/Philip Gatward 435ol; Dr. D.N. Landon (Institute of Neurology) 238ul, ur; Life Science Images /Ron Boardman 254ul, 254ur; Lund-Observatorium 15um; Brian Morrison 339ol; 339or; © The Henry Moore Foundation 459or; Musée d'Orsay, Paris/Philippe Sebert 441om, 445om; Musée du Louvre, Paris/Philippe Sebert 457ol, 457l, 457ur; NASA/AUI13or; NASA/JPL 11mur, 11ur, 30ol, 30ul, 30ur, 30um, 31 um, 31umr, 31ul, 34mr, 38ol, 40ol, 40mr, 42mr, 44ol, 44mu, 44mur, 44um, 44ur, 44mr, 46mru, 46ol, 46mr, 36mu, 46um, 46ur, 48ol, 48mro, 48umo, 48um, 48ur, 50ol, 50um, 5050mur, 50ur, 50mr, 52mr, National Maritime Museum 381ur, 400–401u; National Medical Slide Bank 227ur; Nature Photographs/Paul Sterry 296ol; Newage International 327ul; Oxford Scientific Films/Breck P.Kent 172ol; Planet Earth 284or; Quadrant 336or; Margaret Robinson 342ol; Giotto: Die Vertreibung der Händler aus dem Tempel, Scala 439om, 439ul, 439ur; Science Photo Library 10ul, 13or, 28or, 224umr, 224ul, 246or/Michael Abbey 235om/Agema Infrared Systems 328ol/AGFA 230ol/Biophoto Associates: 227mru/Dr.Jeremy Burgess/Science Photo Library 138or; Dr. Jeremy Burgess 245uml/ CNRI 224ol, 224ml, 224m, 224mr, 224ul, 224mlu, 224mru, 224ulm, 224ur, 227mu, 245umr, 248ol, 259umr, 263or, 263mro, 266ol; Science Photo Library/Earth Satellite Corporation 298ml, 303ur/Dr. Brian Eyden 248mur/Professor C. Ferlaud 255ul/Vaughan Fleming321ol/ Simon Fraser/U.S. Dept. of Energy 224uml, 276ol/Eric Grave 227ur/Hale Observatories32ur/Max Planck Institut für Radioastronomie 15ol/Jan Hinsch 235om/Jodrell Bank 11or, 13m/Manfred Kage 227m, 245ur, 247ur/ Dr. William C. Keel 13ur/Keith Kent 326ol/ Russ Lappa 320uro/Astrid & Hans-Frieder Michler 227or/DennisMilon 52ul/NASA 11mlo, 12ol, 15or, 30m, 31ur, 32ol, 35ol, 36ol, 36ml, 36mr, 36um, 42ur, 42or, 44ol, 52ol, 301or, 400ol/National Optical Astro Observatory 52or/NIBSC 263mru/Novosti Press Agency 42um/Omikron 254um/David Parker 69ul, 324–325, 318ur/Philippe Plailly 318ol, Rousell-UCLAF/CNRI 227om/Rev. Ronald Royer 32mr/Royal Observatory, Edinburg/D.Malin 11ol, 11mr, 12m, 16ml, 16mr, 17ur/David Scharf 345ul/Dr. Klaus Schiller 258uml, 258umr, 258ur/Secchi-Lecaque/Roussel-UCLAF/CNRI 263ur/H. Sochurek 224mu/ Stammers/Thompson 240ol/Sheila Terry 244ol/US Department of Energy 320um/U.S Geological Survey/Science Photo Library 8–9, 30umr, 42ul/Tom Van Sant/Geosphere Project, Santa Monica/Science Photo Library 283or, 291or, 306or, 307ol/Dr. Christopher B. Williams/(Saint Mark's Hospital) 259ur; Oxford Scientific Films/Animals Animals/Breck P. Kent 172ol; Pratt & Whitney Canada 422–423u, 423o; Science Museum 316ul, 316uml, 316umr, 334o, 336–337u, 340or, 341mo, 341mu; Sporting Pictures 528ol, 536mr; Tony Stone Worldwide 290ol; David Bomberg. St Paul's and the River 1945/Dinora Davies-Rees/Tate Gallery 435um; David Hockney: A Bigger Splash 1967/© David Hockney/Tate Gallery 447om; J.M.W. Turner: The Burning of the Houses of Parliament/Tate Gallery 443om; Vision 16om, 27m; Jerry Young 316ol; Dr. Robert Youngson 251mr; Zefa 227um/Janicek 286ol/H. Sochurek 220ol, 260ol, 264ol/G. Steenmans 302ol

---

Einige Seiten dieses Buches sind bereits erschienen in der Reihe *Visuelles Wissen* bei Ravensburger Buchverlag Otto Maier GmbH (Originalausgabe *Visual Dictionary* Series herausgegeben von Dorling Kindersley).

Abbildungen und Texte Seite 579 aus der CD-ROM: Meyer Multimedia *Das Wunder unseres Körpers* , © 1995 Bibliographisches Institut & F.A. Brockhaus AG, Mannheim, © 1994 Dorling Kindersley, London

An der Erstellung dieser Bücher waren u.a. beteiligt:

Bildredaktion:
Duncan Brown, Rosa George, Nicola Liddiard, Andrew Nash, Clare Shedden, Bryn Walls

Layout:
Lesley Betts, Paul Calver, Simone End, Ellen Woodward
ferner:
Sandra Archer, Christina Betts, Alexandra Brown, Nick Jackson, Susan Knight

Lektorat:
Fiona Courtney-Thompson, Paul Docherty, Tim Fraser, Stephanie Jackson, Mary Lindsay,

Lektoratsassistenz:
Emily Hill
Susan Bosanko, Edward Bunting, Candace Burch, Deirdre Clark, Jeanette Cossar, Danièle Guitton, Jacqui Hand, David Harding, Nicholas Jackson, Edwina Johnson, David Lambert, Gail Lawther, David Learmount, Paul Jackson, Christine Murdock, Bob Ogden, Cathy Rubinstein, Louise Tucker, Dr. Robert Youngson

Bildrecherchen:
Vere Dodds, Danièle Guitton, Anna Lord, Catherine O'Rourke, Christine Rista, Sandra Schneider, Vanessa Smith, Clive Webster

Serienredaktion:
Martyn Page

Seriengestaltung:
Paul Wilkinson

Layout und Gestaltung:
Philip Gilderdale, Steve Knowlden
Chez Pictall

Redaktion:
Ruth Midgley

Herstellung:
Jayne Simpson